Reinking/Eggert

Der Autokauf

Der Autokauf

Rechtsfragen beim Kauf neuer und gebrauchter Kraftfahrzeuge sowie beim Leasing

Von

Dr. Kurt Reinking

Rechtsanwalt, Köln

Dr. Christoph Eggert

Vorsitzender Richter am Oberlandesgericht a. D., Düsseldorf

11., neubearbeitete Auflage

Werner Verlag 2012

1. Auflage 1979
2. Auflage 1984
3. Auflage 1987
4. Auflage 1990
5. Auflage 1992
6. Auflage 1996
7. Auflage 2000
8. Auflage 2003
9. Auflage 2005
10. Auflage 2009
11. Auflage 2012

Bibliografische Information Der Deutschen Bibliothek

Die Deutsche Bibliothek verzeichnet diese Publikation in der Deutschen Nationalbibliografie; detaillierte bibliografische Daten sind im Internet über http://dnb.ddb.de abrufbar.

ISBN 978-3-8041-4657-0

Werner – eine Marke von Wolters Kluwer Deutschland

Umschlaggestaltung: futurweiss kommunikation, Wiesbaden
Satz: Satz-Offizin Hümmer GmbH, Waldbüttelbrunn
Druck und Verarbeitung: L.E.G.O. S.p.A. – Lavis, Italy
Gedruckt auf säurefreiem und alterungsbeständigem Papier

Vorwort zur 11. Auflage

Transmissionsriemen der Schuldrechtsreform 2002 war von Beginn an der Autokauf. Mit weitem Abstand vor dem Kauf von Pferden, Spülmaschinen und Fliesen. Dass die „große Lösung", vom Reformgesetzgeber gegen den Widerstand namhafter Stimmen durchgesetzt, ein großer Wurf ist, können nur praxisferne Optimisten behaupten.

Nahezu sämtliche Reformziele sind bislang verfehlt worden. Mehr Bürgernähe und mehr Rechtssicherheit sind fromme Wünsche geblieben, auch und gerade aus der Perspektive des Autokaufrechts. Die Negativbilanz nach zehn Jahren hat viele Gründe. Die meisten sind in Brüssel und Luxemburg (EuGH) zu suchen, manche in Berlin. Wiederum andere sind justizinterner Natur: mangelnde Spezialisierung der Spruchkörper, verstärkter Einsatz von Einzelrichtern (selbst an Obergerichten) bei extensiver Anwendung des § 522 Abs. 2 ZPO a. F.

Umso beruhigender ist es, dass es in Zeiten schwankender Grundlagen mit dem Bundesgerichtshof eine Konstante gibt, auf die Verlass ist. In einer Vielzahl von Entscheidungen, vornehmlich zum Kauf gebrauchter Kraftfahrzeuge, hat der VIII. Senat für einen angemessenen Interessenausgleich gesorgt. Seine aktuelle Rechtsprechung zu analysieren und für die Rechtspraxis nutzbar zu machen, ist eines der zentralen Anliegen dieser Neuauflage. Besonderes Gewicht haben wir dabei auf prozessuale Fragen gelegt. Eine Beweislastumkehr kennt nicht nur § 476 BGB. Für die Praxis nicht weniger bedeutsam sind die Beweisvermutungen der §§ 280 Abs. 1 S. 2, 311a Abs. 2 S. 2 BGB. Neue Wege der Informationsbeschaffung auf Verkäuferseite (Stichwort „Fahrzeughistorie") gilt es hier ebenso zu berücksichtigen wie umgekehrt auf Käuferseite die Möglichkeit des Internetzugriffs auf Fahrzeuginformationen aller Art.

Weitere Schwerpunktthemen der Neuauflage sind der grenzüberschreitende Fahrzeugkauf sowie Inlandsgeschäfte mit Auslandsberührung. Ausgebaut wurden darüber hinaus die Abschnitte über das Wettbewerbsrecht mit seinem auch für den Kfz-Handel so wichtigen Irreführungsverbot nach § 5a UWG.

Ausführlicher Darstellung und Würdigung bedurften diesmal die Auswirkungen, die sich aus der Umsetzung der Verbraucherkreditrichtlinie auf das private Kfz-Leasing ergeben. Im Blickpunkt stehen dabei die Informationspflichten und vor allem die Frage, ob auf Verbraucherleasingverträge mit Kilometerabrechnung die darlehensrechtlichen Schutzvorschriften für Verbraucher entsprechende Anwendung finden. Hochaktuell sind die im Leasingteil eingehend behandelten Fragen zur Abwicklung von Kfz-Leasingverträgen, da in der Wirtschaftskrise zahlreiche Verträge verlängert wurden und derzeit auslaufen. Der Unfallteil befasst sich ausführlich mit den Konsequenzen, die sich nach der BGH-Rechtsprechung für die Leasinggesellschaft ergeben, wenn der Leasingnehmer den Unfall mitverschuldet oder die Betriebsgefahr des Leasingfahrzeugs zum Unfall beigetragen hat.

Leverkusen/Bergisch Gladbach, im Oktober 2011 — Die Verfasser

Schnellübersicht

Teil 1
Der Verkauf neuer Kraftfahrzeuge

Teil 2
An- und Verkauf gebrauchter Kraftfahrzeuge

Inhaltsverzeichnis

Teil 1
Der Verkauf neuer Kraftfahrzeuge

Schrifttumsverzeichnis

Ammenwerth/Janzen	Umsatzsteuer im Kfz-Gewerbe, 9. Aufl. 2011
Bachmeier	Rechtshandbuch Autokauf, 2008
Bamberger/Roth	Bürgerliches Gesetzbuch, 2. Aufl. 2008
Baumgärtel	Handbuch der Beweislast im Privatrecht, Bd. 1, 3. Aufl. 2007
Baumgärtel	Beweislastpraxis im Privatrecht, 1996
Beckmann	Finanzierungsleasing, 3. Aufl. 2008
Breidenbach	Die Voraussetzungen von Informationspflichten beim Vertragsschluss, 1989
Bülow/Artz	Verbraucherkreditrecht, 7. Aufl. 2011
Canaris	Schuldrechtsmodernisierung 2002, Materialien, Texte, Dokumente, 2002
Creutzig	Recht des Autokaufs, 4. Aufl. 1999
Dauner-Lieb/Heidel/Ring	BGB, Schuldrecht, 2. Aufl. 2011
Dauner-Lieb/Konzen/K. Schmidt	Das neue Schuldrecht in der Praxis, 2003
Eckert/Maifeld/Matthiessen	Handbuch des Kaufrechts, 2007
Erman	Handkommentar zum Bürgerlichen Gesetzbuch, 12. Aufl. 2008
Ernsthaler/Funk/Stopper	Handbuch des Automobilvertriebsrechts, 2003
Ernst/Zimmermann	Zivilrechtswissenschaft und Schuldrechtsreform, 2001
Flume	Eigenschaftsirrtum und Kauf, 1948
Geigel	Der Haftpflichtprozess, 25. Aufl. 2008
Godefroid	Verbraucherkreditverträge, 3. Aufl. 2008
Grundmann/Bianca	EU-Kaufrechts-Richtlinie, 2002
Grunewald	Die Grenzziehung zwischen der Rechts- und Sachmängelhaftung beim Kauf, 1980
Grunewald	Kaufrecht, 2006
Gsell	Substanzverletzung und Herstellung, 2003
Haas/Medicus/Rolland/Schäfer/Wendtland	Das neue Schuldrecht, 2002
Henssler/Graf von Westphalen	Praxis der Schuldrechtsreform, 2. Aufl. 2003
Hentschel/König/Dauer	Straßenverkehrsrecht, 40. Aufl. 2009
Himmelreich/Andreae/Teigelack	Autokaufrecht, 4. Aufl. 2011
Hoeren/Martinek	Systematischer Kommentar zum Kaufrecht, 2002
Huber/Faust	Schuldrechtsmodernisierung, 2002
Jauernig	BGB, 13. Aufl. 2009
Katzenmeier	Vertragliche und deliktische Haftung in ihrem Zusammenspiel, dargestellt am Problem der weiterfressenden Mängel, 1994
Kandler	Kauf und Nacherfüllung, 2004
Knöpfle	Der Fehler beim Kauf, 1989
Köhler/Bornkamm	Gesetz gegen den unlauteren Wettbewerb, 29. Aufl. 2011
Lennartz	Rechtliche Strukturen des Gebrauchtwagengeschäfts, 2003
Looschelders	Schuldrecht AT, 6. Aufl. 2008
Looschelders	Schuldrecht BT, 6. Aufl. 2011

Lorenz/Riehm	Lehrbuch zum neuen Schuldrecht, 2002
Mansel/Budzikiewicz	Das neue Verjährungsrecht, 2002
Martinek/Stoffels/ Wimmer-Leonhardt	Handbuch des Leasingrechts, 2. Aufl. 2008
Medicus	Bürgerliches Recht, 21. Aufl. 2007
Medicus/Lorenz	Schuldrecht I, AT, 18. Aufl. 2008
Medicus/Lorenz	Schuldrecht II, BT, 15. Aufl. 2010
Merrath/Jansen	Die Gewährleistungsansprüche beim Kauf eines neuen und gebrauchten Fahrzeuges vom Kfz-Händler, 2006
Münchener Kommentar	Bürgerliches Gesetzbuch, Band 3, Besonderes Schuldrecht Teil 1, 5. Aufl. 2008
Oechsler	Schuldrecht, Besonderer Teil, Vertragsrecht, 2003
Otting/Schmidt	Praxishandbuch Autokaufrecht von A-Z, 2003
Palandt	Bürgerliches Gesetzbuch, 70. Aufl. 2011
Prütting/Wegen/Weinreich,	BGB, 6. Aufl. 2011
Rehm	Aufklärungspflichten im Vertragsrecht, 2003
Reinicke/Tiedtke	Kaufrecht, 7. Aufl. 2004
Reinking/Kessler/Sprenger	Autoleasing und Autofinanzierung, 4. Aufl. 2007
Reinking/Schmidt/Woyte	Die Autoreparatur, 2. Aufl. 2005
Repgen	Kein Abschied von der Privatautonomie, 2001
Rettenbeck	Rückrufpflicht in der Produkthaftung, 1994
Schermaier	Verbraucherkauf in Europa, 2003
Schmidt-Räntsch	Das neue Schuldrecht, 2001
Schulze/Dörner u. a.	BGB, Handkommentar, 6. Aufl. 2009
Schürholz	Die Nacherfüllung im neuen Kaufrecht, 2004
Skamel	Nacherfüllung beim Sachkauf, 2008
Soergel	Bürgerliches Gesetzbuch, 12. Aufl. 1991 ff., 13. Aufl. 2002 ff.
Staudinger	Kommentar zum BGB, Buch 2, Recht der Schuldverhältnisse, 2007
Stöber	Beschaffenheitsgarantien des Verkäufers, 2005
Tempel/Syderhelm	Materielles Recht im Zivilprozess, 4. Aufl. 2005
Thomas/Putzo	Zivilprozessordnung, 31. Aufl. 2010
Ulmer/Brandner/Hensen	AGB-Recht, 11. Aufl. 2011
Vollert	Nachwirkungen des Kraftfahrzeugkaufes, 1984
Westermann	Das Schuldrecht 2002, 2002
Westphalen Graf von	Vertragsrecht und AGB Klauselwerke, 25. Aufl. 2009
ders.	Der Leasingvertrag, 6. Aufl. 2008
Wietoska	Die Verwendung von gebrauchten Ersatzteilen, 2003
Wolf/Lindacher/Pfeiffer	AGB-Recht, 5. Aufl. 2009
Wolf/Eckert/Ball	Handbuch des gewerblichen Miet-, Pacht- und Leasingrechts, 10. Aufl. 2009
Zöller	Zivilprozessordnung, 28. Aufl. 2010

Abkürzungsverzeichnis

a. A.	anderer Ansicht
a. a. O.	am angegebenen Ort
ABE	Allgemeine Betriebserlaubnis
ABlEG	Amtsblatt EG
Abs.	Absatz
Abschn.	Abschnitt
AbzG	Abzahlungsgesetz
AcP	Archiv für civilistische Praxis (Band und Seite)
ADAC	Allgemeiner Deutscher Automobilclub
a. F.	alte Fassung
AG	Amtsgericht
AGB	Allgemeine Geschäftsbedingungen
AGBG	Gesetz zur Regelung des Rechts der Allgemeinen Geschäftsbedingungen
AH	Autohaus (Jahr und Seite)
AKB	Allgemeine Bedingungen für die Kraftfahrtversicherung
Anm.	Anmerkung
AnwBl.	Anwaltsblatt (Jahr und Seite)
Art.	Artikel
ASR	Auto, Steuern und Recht (Jahr und Seite)
ATM	Austauschmotor
Az.	Aktenzeichen
BAG	Bundesarbeitsgericht
BAnz.	Bundesanzeiger
BB	Betriebsberater (Jahr und Seite)
Bd.	Band
BeckRS	Becksche Rechtssammlung (online)
Bekl.	Beklagter
BFH	Bundesfinanzhof
BGB	Bürgerliches Gesetzbuch
BGBl.	Bundesgesetzblatt
BGH	Bundesgerichtshof
BGHR	Rechtsprechung des Bundesgerichtshofs
BGHZ	Entscheidungen des Bundesgerichtshofs in Zivilsachen (Band und Seite)
BStBl.	Bundessteuerblatt
BT-Drucks.	Bundestagsdrucksache
DAR	Deutsches Autorecht (Jahr und Seite)
DAT	Deutsche Automobil Treuhand G. m. b.H
DB	Der Betrieb (Jahr und Seite)
DEKRA	Deutscher Kraftfahrzeugüberwachungsverein e. V.
DGVZ	Deutsche Gerichtsvollzieherzeitung (Jahr und Seite)
Diss.	Dissertation
DiskE	Diskussionsentwurf
DR	Deutsches Recht (Jahr und Seite)
DS	Der Sachverständige (Jahr und Seite)
EBE	Eildienst bundesgerichtlicher Entscheidungen (Jahr und Seite)
EU	Europäische Union

EuGH	Europäischer Gerichtshof
EuZW	Europäische Zeitung für Wirtschaftsrecht (Jahr und Seite)
EWiR	Entscheidungen zum Wirtschaftsrecht
EWS	Europäisches Wirtschafts- und Steuerrecht (Jahr und Seite)
FG	Finanzgericht
FLF	Finanzierung, Leasing, Factoring (Jahr und Seite)
Fn.	Fußnote
FS	Festschrift
FZV	Fahrzeug-Zulassungsverordnung
GPSG	Geräte- und Produktsicherheitsgesetz
GRUR	Gewerblicher Rechtsschutz und Urheberrecht (Jahr und Seite)
GVO	Gruppenfreistellungsverordnung
GW	Gebrauchtwagen
GWP	Gebrauchtwagen Praxis (Jahr und Seite)
GWVB	Gebrauchtwagenverkaufsbedingungen
HGB	Handelsgesetzbuch
HRR	Höchstrichterliche Rechtsprechung (Jahr und Nummer)
i. d. F. v.	in der Fassung vom
i. d. R.	in der Regel
i. E.	im Ergebnis
i. S. d.	im Sinne des
JA	Juristische Arbeitsblätter (Jahr und Seite)
JMBl. NRW	Justizministerialblatt Nordrhein-Westfalen
JR	Juristische Rundschau (Jahr und Seite)
Jura	Juristische Ausbildung (Jahr und Seite)
JuS	Juristische Schulung (Jahr und Seite)
JW	Juristische Wochenschrift (Jahr und Seite)
JZ	Juristen Zeitung (Jahr und Seite)
KG	Kammergericht
Kl.	Kläger
LG	Landgericht
LM	Nachschlagewerk des Bundesgerichtshofs in Zivilsachen, herausgegeben von *Lindenmaier* und *Möhring*
LMK	Kommentierte BGH-Rechtsprechung Lindenmaier-Möhring
LZ	Leipziger Zeitung
MDR	Monatsschrift für Deutsches Recht (Jahr und Seite)
MK	Münchener Kommentar
m. w. N.	mit weiteren Nachweisen
NdsRpfl.	Niedersächsische Rechtspflege (Jahr und Seite)
NJOZ	Neue Juristische Online-Zeitschrift (Jahr und Seite)
NJW	Neue Juristische Wochenschrift (Jahr und Seite)
NJW-RR	Neue Juristische Wochenschrift – Rechtsprechungsreport (Jahr und Seite)
Nr.	Nummer
NStZ	Neue Zeitschrift für Strafrecht (Jahr und Seite)
n. v.	nicht veröffentlicht
NWVB	Allgemeine Geschäftsbedingungen für den Verkauf von fabrikneuen Kraftfahrzeugen und Anhängern
NZV	Neue Zeitschrift für Verkehrsrecht (Jahr und Seite)
OFD	Oberfinanzdirektion
OGH	Oberster Gerichtshof (Österreich)
OLG	Oberlandesgericht

OLGE	Rechtsprechung der Oberlandesgerichte auf dem Gebiet des Zivilrechts (Band und Seite)
OLGR	OLG Report (Jahr und Seite)
OLGZ	Entscheidungen der Oberlandesgerichte in Zivilsachen (Jahr und Seite)
PAngVO	Preisangaben-Verordnung
Pkw-EnVKV	Energieverbrauchs-Kennzeichnungs-Verordnung
ProdHaftG	Produkthaftungsgesetz
ProdSG	Produktsicherheitsgesetz
PVR	Praxis Verkehrsrecht (Jahr und Seite)
pVV/pFV	positive Forderungsverletzung
RdK	Das Recht des Kraftfahrers (Jahr und Seite)
RG	Reichsgericht
RGZ	Entscheidungen des Reichsgerichts in Zivilsachen (Band und Seite)
Rn./Rdn.	Randnummer
r + s	Recht und Schaden (Jahr und Seite)
Rspr.	Rechtsprechung
S.	Seite, Satz
SchlAnz.	Schleswig-Holsteinische Anzeigen (Jahr und Seite)
SP	Schaden-Praxis (Jahr und Seite)
StGB	Strafgesetzbuch
StVG	Straßenverkehrsgesetz
StVZO	Straßenverkehrszulassungsordnung
SVR	Straßenverkehrsrecht (Jahr und Seite)
TÜV	Technischer Überwachungsverein
UKlaG	Unterlassungsklagegesetz
UR	Umsatzsteuer-Rundschau (Jahr und Seite)
Urt.	Urteil
UStG	Umsatzsteuergesetz
UWG	Gesetz gegen den unlauteren Wettbewerb
VA	Verkehrsrecht aktuell (Jahr und Seite)
VerbrGKR	Verbrauchsgüterkauf, Richtlinie 1999/44 EG vom 25. 5. 1999
VerbrKrG	Verbraucherkreditgesetz
VersR	Versicherungsrecht (Jahr und Seite)
vgl.	vergleiche
VGT	Verkehrsgerichtstag (Jahr und Seite)
VkBl.	Verkehrsblatt (Jahr und Seite)
VRR	Verkehrsrechtsreport (Jahr und Seite)
VRS	Verkehrsrecht-Sammlung (Band und Seite)
VuR	Verbraucher und Recht (Jahr und Seite)
VVG	Gesetz über den Versicherungsvertrag
WIB	Wirtschaftsrechtliche Beratung
WM	Wertpapiermitteilungen (Jahr und Seite)
WRP	Wettbewerb in Recht und Praxis (Jahr und Seite)
ZAP	Zeitschrift für die Anwaltspraxis (Fach und Seite)
ZBB	Zeitschrift für Bankrecht und Bankwirtschaft
ZDK	Zentralverband Deutsches Kraftfahrzeuggewerbe e. V.
ZfS	Zeitschrift für Schadensrecht (Jahr und Seite)
ZGS	Zeitschrift für das gesamte Schuldrecht (Jahr und Seite)
ZHR	Zeitschrift für das gesamte Handelsrecht und Wirtschaftsrecht (Jahr und Seite)
Ziff.	Ziffer

ZIP	Zeitschrift für Wirtschaftsrecht und Insolvenzrecht (Jahr und Seite)
ZPO	Zivilprozessordnung
ZRP	Zeitschrift für Rechtspolitik (Jahr und Seite)
ZS	Zivilsenat
ZVR	Zeitschrift für Verkehrsrecht (Jahr und Seite)

Teil 1 Der Verkauf neuer Kraftfahrzeuge

A. Das Neufahrzeug

Fabrikneu – neu – neuwertig – gebraucht – schrottreif: Mit diesen Begriffen und meist auch in dieser Abstufung pflegt man den Lebenszyklus von Kraftfahrzeugen zu beschreiben. Die juristische Sprachregelung ist nicht einheitlich. Sie variiert je nach rechtlicher Ordnungsaufgabe. Mit dem allgemeinen Sprachgebrauch stimmt sie ohnehin nicht überein. 1

Kaufrechtlich steht die **Eigenschaft „fabrikneu"** im Zentrum des Interesses, jedenfalls soweit es um Verträge mit Endabnehmern geht. Verglichen mit „neu" ist „fabrikneu" eine Steigerung. Ein als „neu" oder als „Neuwagen" bezeichnetes Fahrzeug muss nicht unbedingt die vielfältigen Einzelkriterien der Fabrikneuheit erfüllen (näher Rdn. 516 ff.), während umgekehrt Fabrikneuheit die Eigenschaft „neu" voraussetzt.[1] Zum Sonderfall der „Tageszulassung" s. Rdn. 632 ff. 2

B. Der Kaufvertrag

I. Abschlussfragen

1. Kaufantrag und Bindung

Ein Kaufvertrag über ein Neufahrzeug kann zwar **auch mündlich** geschlossen werden. Es entspricht aber allgemeiner, durch das Internet nicht in Frage gestellter Übung, Kaufverträge über Neufahrzeuge **schriftlich** abzufassen und dabei Formularverträge zu verwenden. 3

Nachdem der BGH[1] die vom Automobilhandel jahrelang verwendete **allgemeine Schriftformklausel** („sämtliche Vereinbarungen sind schriftlich niederzulegen") für unwirksam erklärt hat, haben sich die verantwortlichen Verbände entschlossen, eine solche Schriftformklausel nicht mehr zu empfehlen. Verzichtet hat man auch auf die vorübergehend empfohlene Klausel „mündliche Nebenabreden bestehen nicht". Nur punktuell sehen die aktuellen Neuwagenverkaufsbedingungen (NWVB 3/2008) Schriftlichkeit vor (zur Geltung und Einbeziehung der NWVB s. Rdn. 46 ff.). Darauf wird im jeweiligen Kontext eingegangen. Im Übrigen wird auf Rdn. 3270 ff. verwiesen. 4

a) Formularvertragliche Abschlusstechnik

Mit der Unterzeichnung des Bestellscheins („Bestellung für neue Kraftfahrzeuge ...") gibt der Kaufinteressent ein auf den Abschluss eines Kaufvertrages an den Händler gerichtetes Angebot ab. Vom seltenen Fall der Direktannahme (unter Anwesenden) abgesehen, handelt es sich trotz Abgabe der Erklärung im Autohaus in Gegenwart eines Verkaufsangestellten rechtlich um einen **Antrag unter Abwesenden** nach **§ 147 Abs. 2 BGB**.[2] 5

---

1 BGH 26. 3. 1997, NZV 1997, 306; OLG Schleswig 21. 7. 1999, OLGR 1999, 412; a. A. OLG Koblenz 23. 7. 1998, DAR 1999, 262.

1 Urt. v. 27. 9. 2000, NJW 2001, 292 = DAR 2001, 64 ff.

2 BGH 13. 12. 1989, NJW 1990, 1784 (neues Wohnmobil); BGH 15. 10. 2003, SVR 2004, 300 (gebrauchtes Krad).

6 Vorbehaltlich besonderer Abreden, etwa im Zusammenhang mit einer **Finanzierung**, ist der Besteller gem. Abschn. I Ziff. 1 NWVB (Stand 3/08) bei nichtvorrätigen Fahrzeugen, die keine Nutzfahrzeuge sind, „höchstens bis 3 Wochen" an sein **Angebot gebunden**. Bei Nutzfahrzeugen verlängert sich die Frist bis 6 Wochen.[3] Die frühere Vier-Wochen-Frist bei Pkw, die nicht beim Händler standen, ist jetzt **auf 3 Wochen reduziert**. Bei Fahrzeugen, die beim Verkäufer vorhanden sind, z. B. in der Ausstellungshalle (show room) stehen, gelten kürzere Fristen, nämlich 2 Wochen bei Nutzfahrzeugen, im Übrigen 10 Tage.

7 **Definition „Nutzfahrzeug":** Die Aufteilung in „Nutzfahrzeuge" und sonstige Fahrzeuge führt zu **Abgrenzungsschwierigkeiten**. Unter einem Nutzfahrzeug im Sinne der NWVB werden nach traditioneller, möglicherweise aber nicht mehr zeitgemäßer Definition alle mehr als zweirädrigen Kraftfahrzeuge mit Ausnahme derjenigen verstanden, die nach Bauart und Einrichtung nur zur Beförderung von Personen bestimmt sind und nicht mehr als 9 Sitzplätze haben.[4] Eindeutig keine Nutzfahrzeuge sind demnach Zweiräder, Pkw, Kombis (z. B. VW Variant), Geländewagen, SUV's und Vans. Ebenso eindeutig ist die Einstufung von Lastkraftwagen mit einem zulässigen Gesamtgewicht über 7,5 t und Anhängern für diese Zugmaschinen. Auch „Kraftomnibusse" (KOM) gehören zweifellos zur Gruppe der Nutzfahrzeuge.

8 Das Zwischensegment füllen die **„leichten" Nutzfahrzeuge** aus. Nach Art. 1 GVO 1400/2002 („Begriffsbestimmungen") handelt es sich um Kraftfahrzeuge, die der Beförderung **von Waren oder Personen** dienen und deren **zulässige Gesamtmasse 3,5 t** nicht überschreitet. Allerdings sind auch „leichte" Nutzfahrzeuge mit einer zulässigen Gesamtmasse von mehr als 3,5 t auf dem Markt. Prototyp des „leichten" Nutzfahrzeugs ist der Transporter, z. B. ein Mercedes Sprinter[5] oder ein Ford Transit. Dazu zählen aber auch kleinere Fahrzeuge wie z. B. der VW Caddy. Derartige Fahrzeuge werden nicht nur von Unternehmern, sondern vielfach auch von Verbrauchern gekauft.

9 Ein **Wohnmobil** (Reisemobil) gehört nach Ansicht des LG Marburg[6] nicht zur Kategorie der Nutzfahrzeuge, da es während der Fahrt allein der nichtgewerblichen Personenbeförderung dient und nur im Stillstand auch zum Wohnen genutzt werden kann. Bei einem auf der Grundlage der NWVB 3/08 bestellten nichtvorrätigen Wohnmobil würde demnach die dreiwöchige und nicht die sechswöchige Angebotsbindung gelten. Der Handel mit Freizeitfahrzeugen hat indes aus berechtigten Gründen an der Vier-Wochen-Frist festgehalten.[7] Unter Hinweis auf die Besonderheiten bei der Produktion des bestellten Fahrzeugtyps hat der BGH[8] sie ausdrücklich gebilligt.

10 Der in den NWVB nicht definierte und an anderer Stelle der AGB nicht (mehr) benutzte Begriff „Nutzfahrzeug" ist **eigenständig** im Hinblick auf den Regelungsgehalt der Klausel zu bestimmen. Definitionen in anderen Rechtsgebieten, z. B. im Kfz-Steuerrecht, sind zwar wegen der speziellen Regelungsmaterie nicht direkt übertragbar, können aber in Grenzfällen hilfreich sein, z. B. bei der Einstufung eines freizeitorientierten Pick-up wie dem Nissan Navara.[9] Im Definitionskatalog des § 2 FZV taucht der Begriff „Nutzfahrzeug" nicht auf. Auch das StVG, die StVO und die StVZO kennen ihn nicht. Kfz-Steuerrechtlich gilt für Fahrzeuge mit einem zulässigen Gesamtgewicht über 2,8 t, dass im Wege einer Gesamtwürdigung anhand von Bauart und Einrichtung zu beurteilen ist, ob es ein Lkw oder ein Pkw

3 Acht Wochen im Fall OLG Saarbrücken 8. 12. 2010 – 1 U 111/10 (Unwirksamkeit bejaht).
4 *Creutzig*, Recht des Autokaufs, Rn. 1.1.4.
5 Zur Auslegung der Abrede „Zulassung als Pkw" s. AG Gotha 16. 5. 2006, SVR 2006, 464.
6 Urt. v. 22. 11. 1995, DAR 1996, 148.
7 *Hörl*, in: Festschrift Eggert (2008), S. 57, 62.
8 Urt. v. 13. 12. 1989, NJW 1990, 1784.
9 Weitere Hinweise zur Einstufung bei *Bachmeier*, Rn. 136 ff.

ist.[10] Mit diesem Maßstab, ergänzt durch die Verkehrsauffassung und die GVO-Definition, lassen sich auch im Kaufrecht sachgerechte Ergebnisse erzielen. Da die längere Frist für Nutzfahrzeuge die Ausnahme ist, ist der Verkäufer für die tatsächlichen Einstufungsvoraussetzungen **beweispflichtig**. Zu beachten ist eine etwaige Klassifizierung durch die Vertragsparteien wie z. B. „Zulassung als Pkw".[11]

b) Zur Zulässigkeit der Bindungsklausel

Klauseln, die eine Bindung des Bestellers an sein Angebot vorsehen, befinden sich mitunter schon auf der Vorderseite der Bestellscheine, jedenfalls aber in den NWVB. Die für nicht vorrätige Pkw vorgesehene Regelung in den **bisherigen NWVB** (Fassung 4/03 und früher) – „höchstens bis vier Wochen" – ist mit guten Gründen als unangemessen missbilligt worden,[12] wegen der Formulierung „höchstens bis ..." auch als irreführend und intransparent.[13] Demgegenüber hat **der BGH** die Vierwochenfrist weder im Allgemeinen noch im Sonderfall des Kaufs eines neuen Wohnmobils beanstandet.[14] **11**

Der Handel hat die vierwöchige Bindung bei Bestellfahrzeugen mit den **besonderen Verhältnissen im Neuwagengeschäft** gerechtfertigt. Man müsse zunächst das Angebot des Kunden im eigenen Hause überprüfen, sodann die Lieferbarkeit des Fahrzeugs mit dem Herstellerwerk klären und schließlich die Annahmeerklärung an den Besteller weiterleiten. Bei finanzierten Kaufgeschäften sei außerdem erforderlich, die Kreditwürdigkeit des Kunden zu prüfen. Alles in allem benötige man trotz des Einsatzes moderner Technik in den meisten Fällen einen Zeitraum von bis zu vier Wochen,[15] eine Argumentation, die den BGH im Wohnmobil-Fall (NJW 1990, 1784) ersichtlich überzeugt hat. **12**

Durch die **Herabsetzung auf drei Wochen** in den NWVB Fassung 3/08 hat man der Kritik ein Stück weit den Boden entzogen. Die heutige Höchstfrist von drei Wochen für nichtvorrätige Pkw ist **nicht zu beanstanden.**[16] Sie ist weder unangemessen lang noch wegen der Formulierung „höchstens bis ..." irreführend.[17] Gleiches gilt für die Frist von sechs Wochen für nicht bereitstehende Nutzfahrzeuge.[18] **13**

Bei der Bewertung, ob eine Frist zur Annahme oder Ablehnung eines Angebots angemessen oder unangemessen lang ist, muss von dem Grundsatz ausgegangen werden, dass der Antragende nach dem Schutzzweck von **§ 308 Nr. 1 BGB** an sein Angebot nur so lange **14**

---

10 Vgl. BFH 9. 4. 2008 – II R 62/07 – (Toyota Landcruiser, Typ J 8); s. auch die Wohnmobilentscheidung v. 14. 4. 2008 – II B 36/08 –.

11 Dazu für den Fall eines Mercedes Sprinter AG Gotha 16. 5. 2006, SVR 2006, 464.

12 *Christensen* in Ulmer/Brandner/Hensen, Anh. § 310 BGB Rn. 456; *Pfeiffer*, Klauselwerke, Neuwagenkauf (Stand 2004), Rn. 11 f.; *Himmelreich/Andreae/Teigelack*, 2. Aufl., § 1 Rn. 37; *Bachmeier*, Rn. 144; *Mehnle*, DAR 1990, 175; OLG Frankfurt 23. 7. 1997, NJW-RR 1998, 556; LG Hamburg, 2. 12. 1987, NJW 1988, 1150; LG Lüneburg 5. 7. 2001, NJW-RR 2002, 564.

13 *Pfeiffer*, a. a. O., Rn. 11.

14 Urt. v. 13. 12. 1989, NJW 1990, 1784 (Bestellung eines Wohnmobils im August 1986).

15 *Creutzig*, Recht des Autokaufs, Rn. 1.1.1.

16 *Vogt*, Klauselwerke „Neuwagenkauf" Stand 6/2010, Rn. 6; *Christensen* in Ulmer/Brandner/Hensen, Teil 2 Bes. Vertragstypen – Neuwagen – Rn. 18 („dürfte aber akzeptabel sein"); a. A. *Himmelreich/Andreae/Teigelack*, § 1 Rn. 23.

17 Der Hinweis *Pfeiffer's*, a. a. O., auf § 309 Nr. 5b BGB verfängt nicht, zumal der BGH eine den Gesetzeswortlaut nicht 1:1 wiederholende (Alt-)Klausel ausdrücklich gebilligt hat (NJW 2010, 2122).

18 Insoweit a. A. *Christensen* in Ulmer/Brandner/Hensen, Teil 2 Bes. Vertragstypen – Neuwagen – Rn. 18.

gebunden werden darf, wie es die Sachumstände erfordern. Im Interesse des Kunden soll ein längerer Schwebezustand vermieden werden.[19]

15 Unter Abwägung der beiderseitigen Interessen sind einem Kfz-Händler, nicht stets ein Vertragshändler, bei der gebotenen **typisierenden Betrachtungsweise** bis zu drei Wochen zuzugestehen, wenn er das Fahrzeug erst bei seinem Lieferanten, nicht in jedem Fall der Hersteller, bestellen muss. Auch mit drei statt bisher vier Wochen mag zwar der Zeitraum überschritten sein, innerhalb dessen der Kunde den Eingang der Annahmeerklärung unter regelmäßigen Umständen erwarten darf (§ 147 Abs. 2 BGB). Diese gesetzliche Zeitspanne setzt sich zusammen aus der Zeit für die Bearbeitung und Überlegung innerhalb des Kfz-Betriebs sowie der Zeit für die Übermittlung der Antwort an den Kunden.

16 Für die Überschreitung der Frist nach § 147 Abs. 2 BGB kann der Verwender aber – jedenfalls in seiner Eigenschaft als Händler (kein Direktvertrieb) – **ein schutzwürdiges Interesse** geltend machen, hinter dem das Interesse des Bestellers an einer Annahme innerhalb der gesetzlichen Frist zurücktreten muss. Die vom BGH in der Entscheidung vom 13. 12. 1989[20] herausgestellten vertrieblichen und organisatorischen Gesichtspunkte haben, allen Veränderungen zum Trotz, im Kern nach wie vor ihre Berechtigung. Dass die Informations- und Kommunikationswege zwischenzeitlich kürzer geworden sind, ist unbestreitbar. Der effektive Zeitgewinn ist jedoch minimal und im Übrigen durch die Verkürzung von vier auf „bis zu drei Wochen" angemessen berücksichtigt.

17 Hinzu kommt: Der in den letzten Jahren stark gestiegene Grad der Individualisierung bei der Konfiguration der bestellten Neufahrzeuge (Pkw, Kombis, SUV) bei gleichzeitig gestiegenem Anteil an Verbundfinanzierungen sind nicht von der Hand zu weisende Gründe für eine Bindungsfrist in der heutigen Länge. Bei einem Verbund zwischen Kauf- und Darlehensvertrag – Finanzierungsanteil auf dem Pkw-Sektor derzeit über 50 % – fällt die Bonitätsprüfung zwar in den Aufgabenbereich des Darlehensgebers. Doch erst, wenn er „grünes Licht" gegeben hat, wird der Händler sich zur Annahme entschließen. Eine vorherige Auslieferung ist riskant. Bei Ablehnung des Kreditantrags läuft der Händler Gefahr, dass das Geschäft komplett scheitert. Was die Prüfung der Qualität und Verwertbarkeit eines **Inzahlungnahme-Fahrzeugs** angeht (Näheres Rdn. 1406 ff.), so benötigt der Händler allerdings nur ein bis maximal drei Tage, bei Ablösung eines Altkredits nur wenig mehr.

18 Durch eine Bindung von bis zu drei Wochen wird auch ein privater Pkw-Besteller (Anteil heute nur noch ca. 40 %) in seinen schutzwürdigen Interessen, insbesondere seiner Dispositionsfreiheit, nicht über Gebühr beeinträchtigt. Angesichts der erfahrungsgemäß intensiven Vorbereitung der Kaufentscheidung (u. a. Preisrecherche im Internet) hält sich das Risiko, dass ihm ein wesentlich günstigeres Fremdangebot im Anschluss an seine Bestellung entgeht, in engen Grenzen; auch unter Berücksichtigung der allgemeinen Preisschlacht auf dem Neuwagensektor (Pkw). In gewisser Weise ist der Kunde auch dadurch geschützt, dass der Händler ihn bei Ablehnung der Bestellung unverzüglich zu informieren hat (Abschn. I Ziff. 1 S. 4 NWVB).

19 **Keine Angriffsfläche** bieten die heutigen NWVB insoweit, als zwischen Fahrzeugen, die vom Händler erst geordert werden müssen und solchen, die schon bei ihm stehen, differenziert werden muss.[21] Bei **Bestellung eines bereits vorhandenen Pkw** ist der Käufer – wie schon nach den NWVB 4/03 – lediglich **bis 10 Tage** gebunden, bei Nutzfahrzeugen bis zwei Wochen. Diese Fristen mögen in Einzelfällen, z. B. beim Verkauf einer „Tageszulas-

19 Näheres zum Prüfmaßstab BGH 13. 12. 1989, NJW 1990, 1784; v. 13. 9. 2000, NJW 2001, 303 (Möbel-AGB); v. 11. 6. 2010, NJW 2010, 2873 (Eigentumswohnung).

20 NJW 1990, 1784.

21 Zur Notwendigkeit s. BGH 13. 9. 2000, NJW 2001, 303 (Möbel-AGB).

sung" ohne Inzahlungnahme, auf Bedenken stoßen. Bei der gebotenen generalisierenden Betrachtungsweise sind sie aber gleichfalls als noch vertretbar anzusehen.[22]

Falls eine Bindungsklausel gem. § 308 Nr. 1 BGB oder (im unternehmerischen Verkehr) nach § 307 BGB[23] **unwirksam** ist, gilt gem. § 306 Abs. 2 BGB die Regelung in **§ 147 Abs. 2 BGB**. Nach dieser Vorschrift billigte das OLG Frankfurt[24] einer Verkäuferfirma wegen abschlussreifer Vertragsverhandlungen über ein vorrätiges Neufahrzeug eine Annahmefrist von maximal zwei Tagen zu. Zu den „regelmäßigen Umständen" i. S. v. § 147 Abs. 2 BGB gehören auch solche, die der Besteller kannte oder kennen musste.[25] **20**

2. Ablehnung der Kundenbestellung

Gem. Abschn. I Ziff. 1 S. 4 NWVB hat der Verkäufer den Besteller unverzüglich zu unterrichten, wenn er das Angebot auf Abschluss des Kaufvertrages nicht annimmt. Diese ursprünglich auf Lieferhindernisse beschränkte und im Zuge der Überarbeitung der NWVB auf alle denkbaren Fälle der Nichtannahme der Käuferofferte erweiterte Klausel beinhaltet eine über den Rahmen des Üblichen hinausgehende[26] **vorvertragliche Nebenpflicht des Verkäufers**, die einen gewissen Ausgleich für die mehrwöchige (einseitige) Bindung des Bestellers schafft. **21**

Unterlässt der Verkäufer die Ablehnung oder erklärt er sie nicht unverzüglich, hat er dem Kunden den dadurch entstehenden Schaden zu ersetzen.[27] Weist der Besteller nach, dass es ihm bei rechtzeitiger Ablehnung möglich gewesen wäre, das Fahrzeug über einen anderen Händler zu beschaffen und besteht diese Möglichkeit infolge der verspäteten Ablehnung nicht mehr, muss ihm der Händler den Ausfallschaden ersetzen. **22**

Der Verkäufer kann seine Entscheidung über die Annahme oder Ablehnung der Offerte nach Belieben treffen; er schuldet dem Besteller keine Rechenschaft. Um überhaupt überprüfen zu können, ob die Mitteilungspflicht verletzt wurde, muss er jedoch wissen, zu welchem Zeitpunkt der Verkäufer betriebsintern die Nichtannahme des Angebots beschlossen hat. Da er keinen Einblick in dessen Sphäre hat, sind Darlegungs- und Beweiserleichterungen zu erwägen (sekundäre Darlegungslast). **23**

3. Vertragsschluss durch Annahme der Bestellung

Der Kaufvertrag kommt zustande, wenn der Verkäufer die Annahme der Bestellung innerhalb der maßgebenden Frist **schriftlich bestätigt** oder die **Lieferung des Fahrzeugs ausführt** (Abschn. I Ziff. 1 S. 3 NWVB). Das Erfordernis der Schriftlichkeit dient lediglich der Beweisführung und Klarstellung, dass der Vertrag tatsächlich geschlossen wurde.[28] **24**

Eine **formlose Annahme** kann ausdrücklich (mündlich),[29] stillschweigend[30] oder konkludent erfolgen. Allein mit dem Schweigen des Händlers lässt sich ein Zustandekommen des Kaufvertrages jedenfalls im Bereich B2C nicht begründen. Einen Fall konkludenter An- **25**

22 Ebenso *Vogt*, a. a. O., Rn. 6; a. A. auch hier *Himmelreich/Andreae/Teigelack*, § 1 Rn. 24.
23 Zur Indizwirkung s. BGH 19. 12. 2007, NJW 2008, 1148; OLG Saarbrücken 8. 12. 2010 – 1 U 111/10 (Nutzfahrzeugkauf).
24 Urt. v. 23. 7. 1997, NJW-RR 1998, 566 = OLGR 1997, 253.
25 BGH 19. 12. 2007, NJW 2008, 1148.
26 LG Köln 15. 6. 1978 – 78 O 39/78 – n. v.
27 BGH 28. 10. 1971, BGHZ 57, 191 ff.
28 OLG Düsseldorf 31. 10. 2005 – I-1 U 82/05 – n. v.; v. 24. 10. 1997, OLGR 1998, 153.
29 OLG Köln 16. 2. 1995, OLGR 1995, 140; LG Düsseldorf 17. 10. 1979 – 23 S 113/79 – zit. bei *Creutzig*, Recht des Autokaufs, Rn. 1.1.6.4.
30 LG Düsseldorf 28. 11. 1979 – 2 O 200/79 – zit. bei *Creutzig*, Recht des Autokaufs, Rn. 1.1.6.4.

nahmeerklärung sieht die Abschlussklausel mit der Variante „Auslieferung“ vor (Näheres Rdn. 39 ff.).

26 Abgesehen von der (konkludenten) Annahme durch Auslieferung ist von einer **konkludenten Annahmeerklärung,** an die grundsätzlich strenge Anforderungen zu stellen sind, auszugehen, wenn

- der Händler den Pkw entsprechend der vertraglichen Vereinbarung als Vorführwagen auf seinen Betrieb zulässt und dies dem Käufer innerhalb der Annahmefrist mitteilt,[31]
- innerhalb der Annahmefrist Gespräche zwischen den Vertragsparteien stattfinden, in deren Verlauf der Verkäufer dem Käufer mitteilt, er werde sich an die gemeinsam getroffene Vereinbarung halten,[32]
- der Verkäufer das Gebrauchtfahrzeug, das in Zahlung genommen werden soll, zum Zwecke des Weiterverkaufs entgegennimmt.[33]

27 Abweichend von Abschn. I Ziff. 1 S. 3 NWVB können die Parteien den **Vertrag sofort abschließen**. Von einem sofortigen Vertragsabschluss ist im Zweifel auszugehen, wenn das Bestellformular eine Unterschriftsrubrik für den Verkäufer enthält und dieser dort anlässlich der Bestellung direkt unterschreibt.[34] Zur Parallelproblematik beim Gebrauchtwagenkauf mit Rspr.-Nachw. s. Rdn. 2015.

28 Eine auf der Grundlage eines Schadensgutachtens getroffene Vereinbarung, dass der Kaufvertrag über das Neufahrzeug nur unter der Voraussetzung gültig sein soll, dass eine bestimmte Versicherungsleistung gezahlt wird, verhindert nach Ansicht des OLG Düsseldorf[35] den Eintritt der Wirksamkeit des Kaufvertrages, wenn die Zahlung der Versicherung den vom Gutachter geschätzten Betrag deutlich unterschreitet. Eine Differenz von 710 DM liegt nach Ansicht des Gerichts aber noch innerhalb der vom Käufer hinzunehmenden Spanne, die den Bedingungseintritt nicht hindert.

29 Bei einem – selten anzutreffenden – **Kauf auf Probe oder Besichtigung** (§ 454 BGB) kommt der Kaufvertrag mit Ablauf der Billigungsfrist zustande. Das Schweigen des Käufers gilt als Annahme. Gibt der Käufer das ihm zum Ausprobieren überlassene Fahrzeug nicht zum vereinbarten Termin zurück, ist er zur Zahlung des Kaufpreises verpflichtet. Auf die Behauptung, ihm sei das Fahrzeug entwendet worden, kann er sich nicht mit Erfolg berufen, wenn er nicht einmal das äußere Bild eines Diebstahls nachweist[36].

30 Die Parteien können vereinbaren, dass der Besteller auf den **Zugang der Annahmeerklärung verzichtet**. Dies kann auch konkludent geschehen. Eine Verkehrssitte, wonach der Besteller bei einem so bedeutsamen Rechtsgeschäft wie dem Kauf eines Neufahrzeugs auf den Zugang der Annahmeerklärung verzichtet, kann freilich nach wie vor nicht festgestellt werden.[37]

31 Ähnliche Gründe, die gegen die Wirksamkeit eines formularmäßigen Verzichts auf den Zugang der Annahmeerklärung sprechen[38], lassen sich gegen Klauseln ins Feld führen, die vorsehen, dass der Vertrag als abgeschlossen gilt, wenn der Verkäufer das **Angebot nicht** innerhalb der Annahmefrist **zurückweist**.[39]

---

31 KG 14. 12. 1981 – 20 U 4276/81 – zit. bei *Creutzig*, Recht des Autokaufs, Rn. 1.1.6.4.
32 OLG Karlsruhe 26. 3. 1985 – 3 U 13/84, zit. bei *Creutzig*, Recht des Autokaufs, Rn. 1.1.6.4.
33 OLG Düsseldorf 24. 10. 1997, OLGR 1998, 153.
34 LG Kassel 17. 11. 2004 – 4 O 310/04.
35 Urt. v. 24. 10. 1997, OLGR 1998, 153.
36 KG 13. 5. 1996, OLGR 1996, 169.
37 LG Frankfurt/M. 5. 6. 1987, NJW-RR 1987, 1268.
38 Dazu OLG Hamm 14. 3. 1986, NJW-RR 1986, 927 (Leasing-AGB).
39 A. A. OLG Düsseldorf 28. 12. 2004, NJW 2005, 1515, 1516.

4. Verspätete Annahme

Eine verspätete (verfristete) Annahmeerklärung stellt ein neues Angebot dar, das nach **§ 150 Abs. 1 BGB** der Annahme durch den Käufer bedarf. Die Annahme des neuen Angebots kann durch schlüssiges Handeln erfolgen, sofern nach den Umständen davon auszugehen ist, dass der Verkäufer auf eine Antwort keinen Wert legt.[40] **Schweigen** bedeutet im Geschäftsverkehr mit einem privaten Kunden grundsätzlich Ablehnung, kann aber auch bei einem so bedeutsamen Rechtsgeschäft wie dem Kauf eines Neufahrzeugs nach Treu und Glauben ausnahmsweise eine Annahme darstellen.[41] 32

5. Inhaltlich abweichende Annahmeerklärung

Im Regelfall kommt der Kaufvertrag nicht zustande, wenn die Annahmeerklärung des Verkäufers, hier: die schriftliche Bestätigung, **inhaltlich** von dem Angebot des Bestellers **abweicht.** 33

Beispiele aus der Rechtsprechung:

- Hinzufügung einer Preisgleitklausel.[42]
- Fehlen der Angaben über Farbe und Polsterung in der Auftragsbestätigung.[43]
- Angabe eines höheren Preises und einer anderen Ausstattung.[44]
- Abweichung der Lieferfristangabe von 6 Monaten.[45]

Eine inhaltlich mit der Bestellung nicht übereinstimmende Annahmeerklärung des Verkäufers bedeutet ebenso wie eine verspätete Annahme ein neues Angebot an den Käufer, das dieser annehmen oder ausschlagen kann. Von einem **Verzicht** auf ausdrückliche **Gegenbestätigung** durch den Käufer ist im Geschäftsverkehr mit Privatkunden normalerweise nicht auszugehen.[46] 34

6. Zugang der Annahmeerklärung

Den **fristgerechten Zugang** der Annahmeerklärung muss der **Händler beweisen**, wenn der Käufer den Empfang oder (hilfsweise) die Rechtzeitigkeit bestreitet.[47] Eine unstreitige oder bewiesene Absendung mit normaler Post schafft keinen Anscheinsbeweis für den Zugang.[48] Wird die Annahmeerklärung durch Einschreiben mit Rückschein übermittelt, ist die Zustellung mit der Übergabe des Einschreibebriefes an den Adressaten vollzogen. Zum Nachweis der Zustellung genügt der Rückschein. In der Rechtsprechung umstritten ist der Zugangsnachweis bei Einwurfeinschreiben sowie bei Faxschriften und E-Mails.[49] 35

Auf fehlenden Zugang darf sich der Besteller nach Treu und Glauben nicht berufen, wenn er entweder die Annahme grundlos verweigert oder deren Zugang arglistig vereitelt hat.[50] Liegen diese Voraussetzungen nicht vor, muss der Verkäufer nach Kenntniserlangung von dem gescheiterten Zustellversuch unverzüglich einen erneuten Versuch unternehmen, die Erklärung derart in den Machtbereich des Empfängers zu bringen, dass diesem 36

40 Zum Grundsätzlichen BGH 11. 6. 2010, NJW 2010, 2873 Tz. 17, 18.
41 OLG München 22. 9. 1995, DAR 1997, 494 m. Anm. *Nettesheim.*
42 LG Offenburg 31. 5. 1989 – 2 O 5/89 – n. v.
43 LG Hanau 11. 9. 1979 – 2 S 178/79 – n. v., zit. bei *Creutzig*, Recht des Autokaufs, Rn. 1.1.6.1.
44 OLG Düsseldorf 13. 4. 1970, NJW 1971, 622.
45 LG Frankfurt 5. 6. 1987 – 2/17 S 390/86 – n. v., zit. bei *Creutzig*, Recht des Autokaufs, Rn. 1.1.6.1.
46 AG Korbach 2. 7. 1993, NJW-RR 1994, 374.
47 OLG Saarbrücken 8. 12. 2010 – 1 U 111/10.
48 BVerfG Beschl. 15. 5. 1991, NJW 1991, 2757.
49 Vgl. *Palandt/Ellenberger*, § 130 BGB Rn. 6 ff.
50 BGH 27. 10. 1982, NJW 1983, 929, 930.

ohne weiteres eine Kenntnisnahme ihres Inhalts möglich ist.[51] Durch einen zweiten Zustellversuch wird dem Adressaten nicht nur der Einwand abgeschnitten, die Annahmeerklärung sei nicht zugegangen, sondern auch der Einwand, der Zugang sei nicht rechtzeitig erfolgt.[52]

37 Ist von vornherein damit zu rechnen, dass der Empfänger die Annahme verweigert oder deren Zugang bestreitet, empfiehlt es sich, die Vertragsbestätigung entweder persönlich bzw. durch Boten zu überbringen oder sie durch den Gerichtsvollzieher zuzustellen (§ 192 ZPO). Bedient sich der Gerichtsvollzieher der Mithilfe der Post oder eines anderen Unternehmens, erfolgt die Zustellung gegen Zustellungsurkunde (§ 194 ZPO). Stellt er selbst zu, hat er die Zustellung auf der Urschrift zu vermerken oder auf einem mit der Urschrift zu verbindenden Vordruck.

38 Auf fehlenden Zugang der Annahmeerklärung kann sich der Besteller wegen des **Verbots widersprüchlichen Verhaltens** auch dann nicht berufen, wenn er durch sein späteres Verhalten zu erkennen gibt, dass er von einem Zustandekommen des Vertrages ausgeht, indem er dem Händler beispielsweise mitteilt, er habe Schwierigkeiten mit der Finanzierung oder wenn er sich nach Ablauf der Annahmefrist auf Verhandlungen über die Ausrüstung des bestellten Fahrzeugs eingelassen hat.[53]

7. Bestätigung durch Ausführung der Lieferung

39 Gem. Abschn. I Ziff. 1 S. 3 Alt. 2 NWVB kommt der Kaufvertrag auch dann zustande, wenn der Verkäufer die Lieferung innerhalb der jeweils maßgeblichen Bindungsfrist (Annahmefrist) ausgeführt hat. Einer Auftragsbestätigung bedarf es in diesem Fall nicht. Sie hätte nur deklaratorische Bedeutung.

40 Unter Auslieferung ist die **Übergabe des bestellten Fahrzeugs** mit sämtlichen Extras, Schlüsseln und Papieren an den Käufer zu verstehen. Die Zulassung des Fahrzeugs gehört nicht zur Ausführung der Lieferung, es sei denn, dass die Parteien eine entsprechende Vereinbarung getroffen haben.[54] Die **Bekanntgabe des Abholtermins** ist noch keine Auslieferung im Sinne von Abschn. I Ziff. 1 S. 2 NWVB.[55]

41 Um die Lieferung ausführen zu können, muss der Verkäufer das Fahrzeug zur Übergabe bereitstellen und dem Käufer die Bereitstellungsanzeige zustellen. Erst mit dem Zugang dieser Mitteilung beginnt die Abnahmefrist von 14 Tagen gem. Abschn. V Ziff. 1 NWVB.

42 Weist das bereitgestellte Fahrzeug **Mängel** auf, ist der Käufer berechtigt, die **Abnahme zu verweigern** (Näheres unter Rdn. 333 ff.). Folge davon kann sein, dass es innerhalb der vereinbarten Bindungsfrist nicht zur Ausführung der Lieferung kommt. Dadurch wird das Zustandekommen des Vertrages jedoch nicht verhindert, da sich aus der Bereitstellung des Fahrzeugs und der Anzeige der Lieferbereitschaft zweifelsfrei ergibt, dass der Verkäufer das Angebot des Bestellers annimmt.

43 Mit dem Einwand, es sei kein Vertrag zustande gekommen, kann der Käufer nach Treu und Glauben nicht gehört werden, wenn der Verkäufer die für eine fristgerechte Auslieferung des Fahrzeuges erforderlichen Voraussetzungen geschaffen hat, sich die Auslieferung jedoch aus Gründen verzögert, die der Käufer zu vertreten hat.

---

51 BGH 26. 11. 1997, VersR 1998, 472, 473.
52 BGH 13. 6. 1952, LM BGB § 130 Nr. 1.
53 OLG Düsseldorf 4. 6. 1992, OLGR 1992, 334.
54 A. A. *Creutzig*, Recht des Autokaufs, Rn. 1.1.8.
55 LG Bielefeld 9. 9. 1987 – 1 S 94/87 – n. v.

8. Der vermittelte Neufahrzeugkauf

Seit einigen Jahren bieten gewerbsmäßige Vermittler an, Kaufinteressenten und Neufahrzeughändler zusammenzuführen. Zahlreiche Vermittlungsportale haben sich etabliert, die speziell als Neuwagenvermittler **im Internet** präsent sind.[56] Wegen der vermeintlich günstigen Preise nehmen vor allem private Interessenten diese Angebote immer stärker in Anspruch. Für 2011 rechnet man mit rund 35.000 Einheiten, mittelfristig gar mit einem Volumen von 350.000 bis 400.000.[57] Die zentralen Erfolgsfaktoren des neuen Geschäftsmodells sind ausgesprochen attraktive Konditionen wie z. B. „35 % gespart" beim Kauf von deutschen Vertragshändlern „bei voller Herstellergarantie und Ausstattung nach Wunsch". 44

Der Vertrag zwischen dem Interessenten und dem Vermittler („Internetbroker") ist rechtlich als **Maklervertrag**, nicht als Geschäftsbesorgungsvertrag mit Dienstleistungscharakter einzustufen. Der Auftraggeber ist zur Entrichtung der vereinbarten Vergütung gem. § 652 Abs. 1 BGB nur unter der Voraussetzung verpflichtet, dass der Vertrag infolge des Nachweises des Vermittlers zustande kommt. Vertragsklauseln, die den Auftraggeber zur Zahlung einer **erfolgsunabhängigen Provision** verpflichten, sind wegen Verstoßes gegen § 307 Abs. 2 Nr. 1 BGB nichtig.[58] Eine **Anzahlung auf den Kaufpreis** darf der Vermittler nicht behalten, wenn der Kauf aus Gründen scheitert, die in seiner Sphäre liegen.[59] 45

II. Die AGB und ihre Einbeziehung in den Kaufvertrag

1. Die NWVB

Die Neuwagenverkaufsbedingungen (NWVB) wurden von den Verbänden der deutschen Automobilwirtschaft (VDA, VDIK, ZDK) anlässlich der Schuldrechtsreform neu gestaltet[60] und später zweimal überarbeitet. Das **aktuelle Klauselwerk** (Stand 3/2008) ist als Anlage 1 im Anhang abgedruckt. Es ist **seit Mai 2008** im Verkehr. Abgelöst hat es die Version 4/2003. 46

Die Neufassung weicht von der Altregelung (Text in 9. Aufl., S. 1180 ff.) in einer Reihe von Punkten ab. Für die **praktische Arbeit** bedeutet dies: Zum einen ist **darauf zu achten**, welche Version im konkreten Fall in den Vertrag einbezogen ist. Wie die Erfahrung zeigt, habe manche Kfz-Betriebe auch nach Erscheinen der Neufassung im Frühjahr 2008 mit dem überholten Klauselwerk eine zeitlang weitergearbeitet und tun dies auch heute noch (2011). Zu richten ist das Augenmerk zum anderen darauf, auf welche Fassung sich Rechtsprechung und Kommentierungen beziehen.[61] 47

Wie die Vorgänger-AGB gelten die NWVB 3/2008 sowohl für Geschäfte mit Verbrauchern als auch für den Bereich b2b. Alternative Bedingungswerke sind auf dem nationalen Markt – den E-Commerce und den Handel mit Spezialfahrzeugen (z. B. Reisemobile, auch Motorräder) ausgenommen – so gut wie nicht vertreten. Der Anwendungsbereich der NWVB ist nicht beschränkt auf Vertragshändler (Markenbetriebe). Auch fabrikatsunabhängige („freie") Händler verwenden sie; ebenso Hersteller im Direktvertrieb, gleichviel, 48

56 Etwa meinauto.de, autohaus24.de oder carneoo.de.
57 Fachmagazin Autohaus 12/2011.
58 LG München 12. 3. 1998, DAR 1998, 239; s. auch OLG München 23. 9. 2009 – 20 U 2749/09 – BeckRS 2009, 26736.
59 OLG München 23. 9. 2009 – 20 U 2749/09 – BeckRS 2009, 26736.
60 Dazu *Scheibach* in Dauner-Lieb/Konzen/K. Schmidt, Das neue Schuldrecht in der Praxis, S. 739 ff.
61 Umfassende Erläuterung der NWVB 3/2008 durch *Vogt*, Vertragsrecht und AGB Klauselwerke; nur punktuell *Christensen* in Ulmer/Brandner/Hensen (11. Aufl.), Teil 2 Bes. Vertragstypen – Neuwagenkauf – Rn. 18 ff.

ob agenturweise oder über eigene Niederlassungen. Dass diese persönlich wie gegenständlich überaus breitgefächerte Verwendung vielfältige Wertungs- und Transparenzprobleme bei der Inhaltskontrolle aufwerfen muss, liegt auf der Hand.

49 Soweit nicht besonders gekennzeichnet, ist im Folgenden mit „NWVB“ die Fassung 3/2008 gemeint.

2. Einbeziehungsfragen

50 Die NWVB werden gem. § 305 Abs. 2 BGB Vertragsinhalt durch den Hinweis, dass die Bestellung für neue Kraftfahrzeuge ‚nach Kenntnisnahme und unter Anerkennung der nachfolgenden und umseitig verzeichneten Geschäftsbedingungen‘ erfolgt. Dieser Formulartext ist so angeordnet und gestaltet (meist oben rechts auf der ersten Formularseite), dass ein Durchschnittskunde ihn selbst bei flüchtiger Betrachtung nicht übersehen kann.[62] Er unterliegt nicht der Inhaltskontrolle.[63] Dem Erfordernis „bei Vertragsschluss“ (§ 305 Abs. 2 BGB) ist Rechnung getragen, indem der o. a. Hinweis im Zusammenhang mit der Abgabe der Bestellung, des Kaufangebots, erteilt wird. Sicherheitshalber sollte der Anwalt des Autohauses vortragen, dass der Kunde vor Unterzeichnung des Bestellscheins hinreichend Gelegenheit gehabt hat, den Inhalt der AGB zur Kenntnis zu nehmen.[64] Die AGB erst mit dem Bestätigungsschreiben zu übermitteln oder sie erstmals der Rechnung beizufügen, reicht im nichtkaufmännischen Verkehr zur Einbeziehung nicht aus.

51 Selbst ein deutlich sichtbarer Aushang der AGB in den Geschäftsräumen des Verkäufers erfüllt für sich allein genommen die Einbeziehungsvoraussetzung nicht. Die Ausnahmesituation für diese Variante liegt nicht vor. Falls die AGB auf der Rückseite der dem Kunden ausgehändigten Abschrift der Bestellung nicht oder nicht vollständig enthalten sind, werden sie nicht Vertragsinhalt.[65] Den Kunden trifft keine Pflicht, die AGB auf ihre Vollständigkeit hin zu überprüfen.[66]

52 Wenn für die Bestellung, wie üblich, Durchschreibesätze (Durchschriften) verwendet werden, ist darauf zu achten, dass der Kunde die für ihn bestimmte Abschrift erhält, da häufig nur auf diesem Exemplar die AGB in gut lesbarer Schriftgröße abgedruckt sind. Die für den Verkäufer vorgesehenen Durchschriften enthalten die AGB meistens nur im Kleinstdruck. Kann der Käufer, dem die falsche Unterlage ausgehändigt wurde, die AGB wegen der Schriftgröße nicht in zumutbarer Weise zur Kenntnis nehmen, sind sie nicht Vertragsinhalt.[67] Eine zumutbare Kenntnisnahme erfordert mühelose Lesbarkeit der AGB, woran es bei übermäßigem Kleindruck oder bei einer drucktechnisch schwachen Wiedergabe[68] fehlen kann.

53 Eine in den AGB des Käufers enthaltene **Abwehrklausel** ‚anders lautende Bedingungen gelten nicht‘ schließt alle Vertragsbedingungen des Händlers einschließlich solcher AGB aus, die das Klauselwerk des Käufers ergänzen.[69] Das Fehlen dieser Regelung in den NWVB wird im Schrifttum moniert.[70]

---

62 BGH 18. 6. 1986, ZIP 1986, 1126.
63 BGH 1. 3. 1982, BB 1983, 15 ff. m. Anm. von *Bohle*, a. a. O.
64 Vgl. Thür. OLG 23. 6. 2010 – 2 U 9/10 – (GWVB).
65 OLG Frankfurt 2. 11. 1988, DAR 1989, 66 (Gebrauchtwagenagentur).
66 OLG Frankfurt 2. 11. 1988, DAR 1989, 66.
67 LG Köln 20. 10. 2004 – 18 O 21/04 – n. v.
68 OLG Brandenburg 3. 5. 2000, NJW-RR 2001, 488.
69 BGH 24. 10. 2000, NJW-RR 2001, 484.
70 *Koch*, MDR 2003, 661.

Klauseln, die besagen, bestimmte Punkte des Vertrages seien ausgehandelt worden[71] oder der Besteller habe eine Bestätigung des Angebots erhalten, sind wegen Verstoßes gegen § 309 Nr. 12 lit. b BGB unwirksam.[72] 54

III. Lieferfristen und Lieferverzug

1. Vereinbarung einer Leistungszeit

Die NWVB sehen in Abschn. IV Ziff. 1 vor, dass Lieferfristen und Liefertermine **‚unverbindlich'** oder **‚verbindlich'** vereinbart werden können. Sie schließen hiervon abweichende Parteiabsprachen, wie etwa die Übernahme einer Lieferzeitgarantie (§ 276 Abs. 1 BGB) oder die Vereinbarung eines Fixgeschäfts ebensowenig aus wie die nachträgliche Abänderung einer Lieferfristvereinbarung.[73] 55

Unter Lieferfrist ist ein **gewisser Zeitraum** (z. B. Lieferfrist 3 Monate), unter Liefertermin ein **bestimmter Tag oder Zeitpunkt** (Lieferung am 15. Mai oder in der 43. Kalenderwoche) zu verstehen. Haben die Parteien kein exaktes Datum, sondern einen kalendermäßig bestimmten Zeitraum für die Leistung bestimmt, darf der Verkäufer die Zeitspanne voll ausschöpfen.[74] Soll die Lieferung z. B. im Oktober des Jahres erfolgen, endet die Lieferfrist am 31. Oktober. 56

Liefertermine und Lieferfristen sind gem. Abschn. IV Ziff. 1 NWVB **schriftlich** anzugeben. Der **BGH**[75] hat keine Veranlassung gesehen, die Schriftformklausel im Kontrollverfahren nach § 13 Abs. 1 AGBG a. F. zu beanstanden, weil der Käufer nicht unangemessen benachteiligt werde. Schriftform trägt zur Klarheit im Rechtsverkehr bei. 57

Wird auf der Vorderseite des Neuwagen-Verkaufsformulars die Lieferfrist in der dafür vorgesehenen Spalte als ‚unverbindlich' oder ‚verbindlich' angekreuzt, handelt es sich um eine **Individualabrede**.[76] Haben die Parteien eine mündliche Absprache getroffen, ist dem Händler wegen des Vorrangs der Individualvereinbarung die Berufung auf die Schriftformklausel versagt.[77] Formularmäßige Vorbehalte, die einer individuell vereinbarten Lieferfrist entgegenstehen, verstoßen gegen § 308 Nr. 1 BGB und sind im Übrigen gem. § 305b BGB unbeachtlich. 58

Die vom Handel verwendeten Bestellformulare („Bestellscheine") enthalten auf der ersten Seite eine Rubrik für die Eintragung des Liefertermins bzw. der Lieferfrist mit folgender Textvorgabe: 59

‚Liefertermin/Lieferzeit … unverbindlich/verbindlich (Unzutreffendes streichen)'

Mitunter heißt es auch „verbindlich nach schriftlicher Angabe des Lieferanten".

In den meisten Fällen wird bei der **Bestellung eines nicht vorrätigen Fahrzeugs**[78] das Wort „verbindlich" vom Händler bzw. seinem Angestellten – kommentarlos – gestrichen. Immer wieder kommt es vor, dass die Beteiligten – mit Absicht oder aus Nachlässigkeit – zwar den Liefertermin bzw. die Lieferfrist in die betreffende Spalte eintragen, die vorgesehene **Streichung** jedoch **unterlassen**. Lässt sich nicht aufklären, warum das Unzutreffende 60

71 BGH 28. 1. 1987, NJW 1987, 1634.
72 BGH 29. 4. 1987, NJW 1987, 2012.
73 OLG Hamm 16. 9. 1993, OLGR 1993, 317.
74 BGH 18. 4. 1996, WM 1996, 1558.
75 Urt. v. 25. 2. 1982, BB 1982, 2138 ff.
76 BGH 7. 10. 1981, NJW 1982, 331, 333.
77 BGH 15. 5. 1986, NJW 1986, 3131.
78 Rund 60 % der Neuwagen werden nicht aus dem Lagerwagenbestand heraus verkauft (Quelle: Autohaus 9/2009).

nicht gestrichen worden ist, ist **zu Lasten des Händlers** von Verbindlichkeit der Lieferfrist bzw. des Liefertermins auszugehen (§§ 133, 157 BGB). Er hat die Regelungslücke zu verantworten, weil er bei der Ausfüllung des Bestellscheins buchstäblich federführend ist. Der Durchschnittskäufer ist in der Annahme schutzwürdig, dass eine ihm genannte und im Bestellschein niederlege Lieferzeit verbindlich sein soll, solange das Gegenteil nicht unmissverständlich zum Ausdruck gebracht wird.

61 Lieferfristen, gleich, ob verbindlich oder nicht, **beginnen** gem. Abschn. IV Ziff. 1 S. 2 NWVB **mit Vertragsabschluss**, also nicht schon mit der Unterzeichnung des Bestellscheins (Direktannahme durch Gegenzeichnung o. Ä. ausgenommen). Folglich muss die Zeit bis zur Annahme der Bestellung durch schriftliche Bestätigung der vereinbarten Lieferfrist hinzugerechnet werden. Die dagegen erhobenen Bedenken[79] überzeugen nicht. Auch der juristisch nicht gebildete Durchschnittskunde, in der Mehrheit heute nicht mehr eine Privatperson, kann erkennen, dass der Vertrag noch nicht geschlossen ist, solange nur er unterschrieben hat. Unübersehbar heißt es im Übrigen auf der Bestellscheinvorderseite, durch Fettdruck hervorgehoben, „Bestellung" und nicht „Kaufvertrag".

62 Allgemein gehaltene Formulierungen wie **‚schnellstens'**, **‚rasch'** oder **‚baldmöglichst'** verpflichten den Verkäufer lediglich, sich mit den ihm zur Verfügung stehenden Mitteln für eine zügige Belieferung einzusetzen (zum Fixgeschäft s. Rdn. 78). Für den Bereich des Möbelhandels entschied das OLG Nürnberg,[80] dass **‚baldigst'** eine Lieferung innerhalb von höchstens 8 Wochen bedeutet. Das OLG Köln[81] steht auf dem Standpunkt, dass der Käufer eine Belieferung spätestens 12 Wochen nach Vertragsschluss erwarten kann, wenn der Verkäufer versprochen hat, den bestellten Pkw der Luxusklasse **‚schnellstmöglich'** zu liefern.

63 Wenn die Zeit für die Lieferung weder bestimmt noch aus den Umständen zu entnehmen ist, kann der Käufer nach **§ 271 Abs. 1 BGB** die sofortige Ausführung der Lieferung verlangen. Sofort heißt weder ‚auf der Stelle' noch ‚unverzüglich'. Nur in engen Grenzen braucht der Käufer zu warten; nach Meinung des OLG München[82] beim Kauf eines Anhängerfahrzeugs immerhin 4 Wochen.

2. Unverbindlichkeit der Lieferfrist bzw. des Liefertermins

a) Differenzierung

64 Nach Abschn. IV Ziff. 2 S. 1 NWVB kann der Käufer **sechs Wochen** nach Überschreiten eines unverbindlichen Liefertermins oder einer unverbindlichen Lieferfrist den Verkäufer auffordern zu liefern. **Neu** in der aktuellen Fassung (3/08) ist die **Unterscheidung** zwischen nicht vorrätigen und vorrätigen Fahrzeugen. Bei letzteren ist die Schonfrist (Wartefrist) deutlich kürzer (10 Tage, bei Nutzfahrzeugen 2 Wochen). Der Grund liegt auf der Hand: Die Fahrzeuge werden aus dem Lagerwagenbestand heraus verkauft.

b) Angemessenheit der Schonfrist von sechs Wochen

65 Vor Ablauf der Frist von sechs Wochen kann der Verkäufer **bei unverbindlicher Lieferzeit** für ein nicht vorrätiges Fahrzeug nicht in Verzug gesetzt werden. Erst mit Ablauf dieser (Zusatz-)Frist, einer **„unechten" Nachfrist**,[83] wird seine Leistung überhaupt **fällig**. Das zu wissen ist nicht zuletzt deshalb wichtig, weil vor Eintritt der Fälligkeit erklärte Fristsetzungen i. S. d. §§ 281 Abs. 1, 323 Abs. 1 BGB grundsätzlich unbeachtlich sind[84] und Anwalts-

79 *Pfeiffer*, Klauselwerke, Neuwagenkauf Stand 5/2004, Rdn. 26.
80 Urt. v. 13. 11. 1980, NJW 1981, 1104.
81 Urt. v. 31. 7. 1991, OLGR 1992, 36.
82 Urt. v. 12. 11. 1991, NJW-RR 1992, 818, 820.
83 BGH 27. 9. 2000, NJW 2001, 292; v. 25. 10. 2006, NJW 2007, 1198 (Küchenliefer-AGB).
84 LG Berlin 5. 6. 2007 – 30 O 186/07 – n. v.

kosten nicht als Verzögerungsschaden auf den Verkäufer abgewälzt werden können. Zum Eintritt von Verzug s. Rdn. 83.

Die **Wirksamkeit der Sechswochenfrist**, seit Jahrzehnten Bestandteil der NWVB, ist im Laufe der letzten Jahre **strittig** geworden. 1981 hat der **BGH**[85] für die NWVB 1977 eine Nachfrist von sechs Wochen angesichts der **Besonderheiten des Kfz-Handels** für angemessen erklärt. Bei dem breit gefächerten Angebot verschiedenartigster Ausstattungen sei es oft unvermeidbar, dass je nach den Liefermöglichkeiten der Zulieferanten des Herstellers Verzögerungen in der Produktion eintreten. Das nehme der Käufer hin, wenn er sich mit einer nur unverbindlichen Lieferfrist einverstanden erkläre. 66

Diese Einschätzung ist nicht mehr in allen Punkten zeitgemäß. Im Laufe der letzten Jahre wurden die Produktionsprozesse auf sämtlichen Herstellungsstufen weiterentwickelt und beschleunigt, damit auch die Zeit bis zu einer möglichen Fahrzeugauslieferung verkürzt (Stichwort just-in-time).[86] Andererseits hat der Grad der Individualisierung (Konfiguration des Wunschautos) einen historischen Höchststand erreicht, freilich nicht bei der Motorisierung, wo weitgehend mit festen „Bausteinen" operiert wird. Zugenommen hat auch die Abhängigkeit der Hersteller von der Zulieferindustrie, zumal im Pkw-Bereich. Bei interessengerechter Abwägung aller Umstände, wozu auch die gestiegene Quote bei der Verwendung sog. Gleichteile, die Verkürzung der Transportzeiten durch innereuropäische Produktionsanlagen fernöstlicher Hersteller sowie die moderne Kommunikatstechnik gehören, kann eine Schonfrist von 6 Wochen heute nicht mehr als angemessen angesehen werden.[87] Sie ist wegen **Verstoßes gegen § 308 Nr. 1 BGB unwirksam**. 67

An dieser Einschätzung kann die jetzige Differenzierung zwischen vorrätigen und nichtvorrätigen Fahrzeugen nichts ändern. Die Sechswochenfrist verschafft dem Händler, durch die dreiwöchige Bindungsfrist nach Abschn. I Ziff. 1 S. 1 NWVB ohnehin begünstigt, einen sachlich nicht mehr zu rechtfertigenden Spielraum. In Zeiten guter Konjunktur sind lange Lieferzeiten, wie im Jahr 2011 zu beobachten, ein gutes Stück weit ein „Luxusproblem", das Hersteller und Händler durch eine offensive und transparente Informationspolitik lösen können. Der für den Kunden mit der sechswöchigen Schonfrist verbundene Nachteil wird nicht dadurch aufgewogen, dass die echte Nachfrist nach §§ 281, 323 BGB „kurz bemessen" werden kann[88] und Verzug bereits mit Zugang der Lieferaufforderung eintritt. In Fällen höherer Gewalt wie 2011 in Japan oder beim Verkäufer oder bei dessen Lieferanten/Zulieferer eintretenden Betriebsstörungen, wie z. B. durch Aufruhr, Streik und Aussperrung, tritt gem. Abschn. IV Ziff. 5 NWVB kein Verzug ein. Solche Ereignisse verlängern zusätzlich sowohl unverbindliche als auch verbindliche Lieferfristen bzw. Liefertermine um die Dauer der durch diese Umstände bedingten Verzögerungen (s. Rdn. 72). Die sechswöchige Wartefrist betrifft daher Vorkommnisse unterhalb der Schwelle von höherer Gewalt und von Betriebsstörungen der genannten Art, was bei der Inhaltskontrolle der Sechswochenklausel nicht unberücksichtigt bleiben kann. 68

Unabhängig davon ist dem Verkäufer die Berufung auf die Nachfrist nach Treu und Glauben verwehrt, wenn er sich schuldhaft außer Stande gesetzt hat, die vereinbarte (unverbindliche) Lieferfrist einzuhalten. *Beispiel*: Er verkauft das für den Käufer bestimmte und fristgerecht gelieferte Fahrzeug ohne begründeten Anlass an einen anderen Kunden, so dass er ein anderes Fahrzeug nachbestellen muss. 69

---

85 Urt. v. 7. 10. 1981, NJW 1982, 331, 333; ebenso KG 8. 9. 1986 – 2 U 1912/85 – n. v.; OLG Köln 16. 2. 1995, OLGR 1995, 140, 141.

86 *Scheibach* in Dauner-Lieb/Konzen/K. Schmidt, Das neue Schuldrecht in der Praxis, S. 739.

87 So auch *Himmelreich/Andreae/Teigelack*, § 3 Rn. 16 ff. („alter Zopf"); *Bachmeier*, Rn. 301; Bedenken auch von *Christensen*, a. a. O., Rn. 18; differenzierend *Vogt*, a. a. O., Rn. 17.

88 So aber BGH 7. 10. 1981, NJW 1982, 331, 332.

3. Verbindliche Lieferfrist/verbindlicher Liefertermin

70 Die verbindliche Lieferfrist unterscheidet sich von der unverbindlichen dadurch, dass der Verkäufer bereits mit **Überschreiten der Frist** – ohne vorherige Lieferaufforderung – **in Verzug** gerät (Abschn. IV Ziff. 4 S. 1 NWVB). Gleiches gilt bei Nichteinhalten eines verbindlichen **Liefertermins**. Das entspricht der Gesetzeslage (§ 286 Abs. 2 Nr. 1 BGB).

71 Die Zusage eines verbindlichen Termins bzw. Frist kann die Rechtsposition des Bestellers verstärken, wenn er Verkäufer **eine Garantie übernommen** hat. Auch die **Vereinbarung eines Fixgeschäfts**, selbst eines nur relativen, verbessert die Käuferrechte. Dazu und zur Abgrenzung s. Rdn. 78 ff.

4. Höhere Gewalt und Betriebsstörungen

72 Höhere Gewalt oder beim Verkäufer oder dessen Lieferanten eintretende Betriebsstörungen, die den Verkäufer ohne eigenes Verschulden daran hindern, das Neufahrzeug zum vereinbarten Termin oder innerhalb der vereinbarten Frist zu liefern, verändern gem. Abschn. IV Ziff. 5 NWVB die vereinbarten Termine und Fristen um die Dauer der durch die Umstände bedingten Leistungsstörungen.

73 Unter **höherer Gewalt** versteht die Rechtsprechung ein betriebsfremdes, von außen durch elementare Naturkräfte oder durch Handlungen dritter Personen herbeigeführtes, nach menschlicher Einsicht und Erfahrung nicht voraussehbares unvermeidbares Ereignis.[89] Beispiel: Erdbeben und Tsunami in Japan im Frühjahr 2011.

74 **Betriebsstörungen** sind im Gegensatz zur höheren Gewalt nicht betriebsfremd. Soweit höhere Gewalt und Betriebsstörungen schon bei Vertragsabschluss vorliegen und bekannt sind, kann sich der Verkäufer hierauf nicht berufen. Auch wenn solche Ereignisse nachträglich eintreten, muss der Verkäufer den Nachweis fehlenden Verschuldens erbringen. Ohne diesen Entlastungsnachweis wäre die Klausel im Hinblick auf die genannten ‚Betriebsstörungen' unwirksam. Als Betriebsstörungen kommen z. B. Streik, Aussperrung, Maschinenausfall und Störungen im EDV-Bereich in Betracht. Für Betriebsstörungen des Lieferanten hat der Verkäufer nur einzustehen, wenn ihn ein Eigenverschulden trifft. Auf die Frage, ob der Lieferant die Betriebsstörung zu vertreten hat, kommt es nicht an.

75 Die Regelung in Abschn. IV Ziff. 5 NWVB gilt sowohl für verbindliche als auch für unverbindliche Lieferfristen und Liefertermine („vereinbarte" Frist bzw. Termin). Zum Leistungsaufschub kommt es nur dann, wenn die auf höherer Gewalt oder Betriebsstörungen beruhenden Leistungsstörungen vor dem vereinbarten Liefertermin bzw. vor Ablauf der vereinbarten Lieferfrist auftreten.

76 Gem. Abschn. IV Ziff. 5 S. 2 NWVB ist der **Aufschub** auf **4 Monate** befristet. Bei einer auf höherer Gewalt oder auf einer unverschuldeten Betriebsstörung beruhenden Lieferverzögerung von mehr als 4 Monaten kann der Käufer **vom Vertrag zurücktreten.** Rücktrittsrechte aus anderen Gründen bleiben davon unberührt.

77 Die Regelung, die den Leistungsaufschub zeitlich begrenzt und die vom BGH[90] (zum früheren Recht) geforderte Klarstellung enthält, dass „andere Rücktrittsrechte" unberührt bleiben,[91] mag damit zwar dem Transparenzgebot Rechnung tragen. Sie verschafft dem Handel jedoch einen im Hinblick auf die Regelungen in §§ 308 Nr. 1, 309 Nr. 8a BGB sachlich kaum zu rechtfertigenden Vorteil. Durch die Annahme-, Aufschub- und Schonfrist kann sich die Lieferzeit um mehr als ein halbes Jahr verschieben, wenn alle ungünstigen Faktoren zusammentreffen. Eine solche Verzögerung ist dem Käufer eines Neuwagens

89 BGH 4. 5. 1955, BGHZ 17, 199, 201; BGH 20. 2. 1970, BB 1970, 466.
90 Urt. v. 27. 9. 2000, NJW 2001, 292.
91 Gemeint sind gesetzliche Rücktrittsrechte.

schwerlich zuzumuten. Dabei ist zu beachten, dass der Rücktritt im geltenden Recht – anders als nach § 326 BGB a. F. – keinen Leistungsverzug voraussetzt. Außerdem fehlt der Klausel die erforderliche Klarheit[92]. Unangemessen benachteiligt wird der Käufer auch dadurch, dass sie den Händler nicht verpflichtet, den Käufer unaufgefordert und rechtzeitig über mögliche Lieferschwierigkeiten zu informieren. Dessen ungeachtet kann der Verkäufer **nach § 241 Abs. 2 BGB** zu einer entsprechenden Unterrichtung verpflichtet sein. Darüber hinaus kann die Verpflichtung bestehen, sich bei drohenden Lieferproblemen rechtzeitig nach der Möglichkeit einer anderweitigen Beschaffung zu erkundigen.

5. Lieferung zum festen Termin (Fixgeschäft)

Wenn der Käufer das Neufahrzeug zu einem **bestimmten Zeitpunkt** benötigt, z. B. wegen einer geplanten Urlaubsreise[93] oder eines bestimmten Messetermins[94], oder eine terminwidrige Lieferung für ihn wirtschaftlich keinen Sinn hat (etwa aus steuerlichen Gründen), muss er mit seinem Lieferanten eine von dem vorformulierten Text des Bestellformulars abweichende Lieferung **‚zum festen Termin'** vereinbaren. Dann kann es sich um **ein Fixgeschäft** handeln, wobei man zwischen dem **relativen** und dem **absoluten** Fixgeschäft unterscheiden muss,[95] die Grenzen aber mitunter fließend sind. Vom Fixgeschäft zu unterscheiden ist die **Übernahme einer Garantie bzw. des Beschaffungsrisikos** (auch) in zeitlicher Hinsicht (s. Rdn. 129 ff.). Bei einer Garantie haftet der Verkäufer unabhängig von einem Verschulden auf Schadensersatz (§ 276 Abs. 1 BGB). Ob und gegebenenfalls in welche Richtung die Rechte des Käufers erweitert worden sind, ist eine **Frage der Vertragsauslegung.** 78

So ist es auch Auslegungssache, ob der eine oder der andere **Typ von Fixgeschäft** anzunehmen ist oder ob lediglich eine bloße Fälligkeitsabrede getroffen worden ist. Im Handel mit neuen Kfz wird man ein absolutes Fixgeschäft nur ganz ausnahmsweise bejahen können. Die verspätete Lieferung muss absolut keinen Sinn mehr machen. Testfrage: Hätte der Käufer das Fahrzeug in Kenntnis der Nichteinhaltung der Lieferzeit unter gar keinen Umständen gekauft? **Im Zweifel** wird, wenn überhaupt, nur ein relatives Fixgeschäft i. S. d. § 323 Abs. 2 Nr. 2 BGB vorliegen. Doch selbst zur Begründung dieses Typs genügt nicht allein eine genaue Festlegung einer bestimmten Lieferzeit.[96] Weitere Voraussetzung ist Einigkeit darüber, dass der Vertrag mit der Einhaltung oder Nichteinhaltung der vereinbarten Leistungszeit stehen oder fallen soll.[97] Dies darzulegen und notfalls zu beweisen, ist Sache des Käufers; jeder Zweifel gegen die Annahme eines Fixgeschäfts geht zu seinen Lasten.[98] 79

Auf den Fixcharakter der Leistungszeit können Formulierungen hinweisen wie ‚längstens', ‚genau', ‚prompt', ‚spätestens' oder ‚fix', mit denen die Bedeutung des Lieferdatums bekräftigt wird. Dem OLG Saarbrücken[99] genügte für die Annahme eines Fixgeschäftes ein vom Käufer eingefügter Klammervermerk, mit dem er den Liefertermin als ‚unabdingbar' bezeichnete. Die damit in Widerspruch stehenden Verkaufsbedingungen, von deren Streichung der Verkäufer den Käufer abgehalten hatte, waren dadurch außer Kraft gesetzt. 80

92 Siehe BGH 19. 12. 1981, NJW 1981, 1105.
93 So im Fall OLG Düsseldorf 31. 10. 2005 – I-1 U 82/05 – n. v. (Kauf eines Wohnwagens).
94 So im Fall BGH 10. 3. 2009, NJW 2009, 1588 (Gebrauchtwagen).
95 *Medicus/Lorenz*, SchAT, Rn. 420, 421.
96 BGH 25. 1. 2001, NJW 2001, 2878 (kein Autokauf); OLG Düsseldorf 31. 10. 2005 – I-1 U 82/05, n. v. (neuer Wohnwagen); OLG München 16. 6. 2010 – 7 U 4884/09 – n. v. (Lkw).
97 BGH 25. 1. 2001, NJW 2001, 2878.
98 So schon vor der Schuldrechtsreform BGH 25. 1. 2001, NJW 2001, 2878; jetzt auch wegen des Ausnahmecharakters von § 323 Abs. 2 Nr. 2 BGB.
99 Urt. v. 7. 4. 1965, DAR 1965, 299, 300.

81 Um den Fixcharakter der Leistungszeit deutlich werden zu lassen, ist eine klare und unmissverständliche Formulierung zu wählen, wie z. B. ‚Lieferung zum festen Termin am 15.3. diesen Jahres.' Um jegliche Missverständnisse auszuschließen, empfiehlt es sich, den in der Bestellung vorgegebenen Formulartext ‚Liefertermin/Lieferzeit unverbindlich/verbindlich' zu streichen.

82 Falls die Parteien einen festen Liefertermin vereinbaren, es jedoch unterlassen, die in Abschn. IV NWVB enthaltenen Regelungen zu den Ansprüchen des Käufers im Fall des Lieferverzugs zu annullieren, überlagert nach einer Entscheidung des OLG Saarbrücken[100] die Individualabrede zur Lieferzeit lediglich die Modalitäten bei Fristüberschreitung, d. h. das Erfordernis der Fristsetzung entfällt, während es bei den Haftungsbegrenzungen und Haftungsausschlüssen verbleibt. Die Vereinbarung einer unverbindlichen Lieferfrist von 16 Wochen verbunden mit dem Zusatz „spätester Fixtermin 1. 12. 2006" stellt keine Fixabrede dar. Mit Ablauf des 1. 12. 2006 ist lediglich Fälligkeit eingetreten. Vom Fristsetzungserfordernis ist der Käufer nicht freigestellt.[101] In die Auslegung einzubeziehen sind mündliche Äußerungen des Käufers vor und bei Vertragsabschluss; auch die nachvertragliche Korrespondenz kann aufschlussreich sein.[102]

6. Lieferverzug

a) Rechtsfolgen bei Überschreitung eines unverbindlichen Lieferzeitpunkts

aa) Herbeiführung und Beendigung des Verzugs

83 Versäumt der Käufer die nach Ablauf der „unechten" Nachfrist von 6 Wochen zur **Begründung des Verzugs** erforderliche Aufforderung, läuft die „Schonfrist" für den Händler weiter, die Wirksamkeit der AGB-Klausel vorausgesetzt (dazu Rdn. 66 ff.). Mahnt der Käufer die erst mit Fristablauf fällig gewordene Lieferung an, gerät der Verkäufer gem. Abschn. IV Ziff. 2 S. 3 NWVB bereits **mit dem Zugang der Aufforderung** in Verzug. Die Aufforderung, für die Schriftform nicht vorgesehen ist, muss nicht mit einer Fristsetzung verbunden sein, auch nicht mit einer Ablehnungsandrohung.[103] Es empfiehlt sich jedoch, der Aufforderung eine Fristsetzung hinzuzufügen, weil dadurch sogleich die Voraussetzungen für einen Rücktritt und/oder den Anspruch auf Schadensersatz statt der Leistung (Abschn. IV Ziff. 3 NWVB) geschaffen werden (näher Rdn. 101 ff.). Dass der Händler die Lieferung vorher angekündigt hat, soll für eine **„Selbstmahnung"** nicht genügen.[104]

84 Der **Verzug endet** mit der ordnungsgemäßen Erfüllung des Kaufvertrages durch den Verkäufer, der seiner Leistungspflicht genügt, wenn er dem Käufer die Lieferung in einer Annahmeverzug begründenden Weise anbietet.[105] Durch Zugang der Bereitstellungsanzeige beim Käufer wird der Annahmeverzug nicht ausgelöst, da ihm Abschn. V Ziff. 1 NWVB eine Abnahmefrist von 14 Tagen ab Zugang der Bereitstellungsanzeige einräumt.

85 Weist der vom Verkäufer zur Auslieferung bereitgestellte Neuwagen **Mängel** auf, endet der Lieferverzug mit der Abnahme des Fahrzeugs durch den Käufer. Durch spätere Geltendmachung der Nacherfüllung gerät der Verkäufer nicht erneut in Lieferverzug.

86 Weiterhin endet der Lieferverzug mit dem Erlöschen der Pflichten des Verkäufers aus § 433 Abs. 1 BGB. Die Erfüllungspflicht entfällt, wenn die Lieferung unmöglich wird

100 Urt. v. 7. 4. 1965, DAR 1965, 299 ff.
101 LG Berlin 5. 6. 2007 – 30 O 186/07 – n. v.
102 Vgl. OLG Düsseldorf 31. 10. 2005 – I-1 U 82/05 – n. v. (Wohnwagen für die Urlaubszeit).
103 Anders, aber unzulässig, war das in den NWVB 1991 geregelt (dazu BGH 27. 9. 2000, NJW 2001, 292, 294).
104 OLG München 23. 4. 2009 – 8 U 4070/08.
105 OLG Düsseldorf 15. 1. 1999, NJW-RR 1999, 1396.

(§ 275 Abs. 1 BGB), der Verkäufer sich auf ein Leistungsverweigerungsrecht beruft (§ 275 Abs. 2 und Abs. 3 BGB), der Käufer vom Kaufvertrag zurücktritt (§ 323 Abs. 1 BGB) oder Schadensersatz statt der Leistung verlangt (§ 281 Abs. 4 BGB).

Der Käufer verliert den Anspruch auf Lieferung des Neufahrzeugs nicht dadurch, dass die Gegenleistung, bestehend in der Inzahlungnahme des Altwagens, unmöglich wird. Die Vereinbarung über Inzahlungnahme gibt ihm nach der Konstruktion des BGH lediglich das Recht, den primär in bar geschuldeten Kaufpreis ganz oder teilweise zu ersetzen (s. Rdn. 1434 ff.). **87**

bb) Verzugsschaden (Verzögerungsschaden)

Der Käufer hat Anspruch auf Ersatz des ihm durch die verspätete Lieferung entstandenen Schadens (§§ 280 Abs. 1, 2, 286 BGB). Es geht um den Schadensersatz wegen Verzögerung der Leistung als Unterfall des Schadensersatzes neben der Leistung. Unter den Schadensersatz wegen Verzögerung der Leistung fallen nach zutreffender Ansicht nur diejenigen Schäden, die ausschließlich auf die Verzögerung zurückzuführen sind.[106] **88**

Der Anspruch auf Ersatz des Verzögerungsschadens (auch „Verspätungsschaden" genannt) erstreckt sich auf **entgangene Gebrauchsvorteile.**[107] So können die Kosten für einen Mietwagen zu ersetzen sein, die nach Verzugseintritt angefallen sind. Bei einem Verzicht auf einen Mietwagen kann der Käufer grundsätzlich eine pauschale (abstrakte) Nutzungsentschädigung beanspruchen.[108] Der Anspruch besteht nach Ansicht des OLG Köln[109] auch dann, wenn der Käufer sich auf einem „Schrottplatz" ein Ersatzfahrzeug beschafft und provisorisch herrichtet, dessen Nutzungsmöglichkeiten jedoch nicht denjenigen eines Neufahrzeugs entsprechen. Weitere Hinweise im Zusammenhang mit dem (mangelbedingten) Nutzungsausfallschaden unter Rdn. 3734 ff., 3776 ff. **89**

Ein **entgangener Gewinn** aus einem geplanten Weiterverkauf kann sowohl unter den Schadensersatz „neben" der Leistung in Form des Verzögerungsschadens als auch unter den Schadensersatz statt der Leistung fallen.[110] Die Unterscheidung ist nicht zuletzt deshalb von Bedeutung, weil die NWVB für die verschiedenen Schadensarten unterschiedliche Regelungen enthalten. **90**

Kosten der Rechtsverfolgung sind als Verzugsschaden (Verzögerungsschaden) zu ersetzen; nicht jedoch die **Anwaltskosten** für ein den Verzug erst begründendes Aufforderungsschreiben. **91**

cc) Beschränkung der Haftung für Verzugsschäden

(1) Leichte Fahrlässigkeit

Im Abschn. IV – geändert und neu gefasst in den NWVB 3/08 – ist die Haftung des Verkäufers **wegen Lieferverzuges** speziell und nach eigener Devise der Klauselverfasser „abschließend" geregelt, was in Abschn. VIII Ziff. 3 NWVB ausdrücklich klargestellt wird. Auffallend ist, dass die salvatorische Klausel VIII Ziff. 2 nicht einmal teilweise in den Abschnitt über die Haftung in Fällen des Lieferverzugs (IV) integriert wurde. Dort unerwähnt bleibt somit die von einem Verschulden unabhängige Haftung bei Übernahme einer Garan- **92**

106 Vgl. *S. Lorenz*, JuS 2008, 205.

107 *S. Lorenz*, JuS 2008, 204; zum früheren Recht: BGH 14. 7. 1982, NJW 1982, 2304; 15. 6. 1983, NJW 1983, 2139.

108 BGH 14. 7. 1982, NJW 1982, 2304; 20. 10. 1987, NJW 1988, 484; OLG Köln 25. 2. 1993, VRS Bd. 85/93, 241.

109 Urt. v. 25. 2. 1993, VRS Bd. 85/93, 241.

110 Vgl. *S. Lorenz*, JuS 2008, 204; Beispiel für Schadensersatz statt der Leistung: BGH 11. 2. 2009 – VIII ZR 328/07 – (kein Neufahrzeugkauf).

tie und – im Kontext wichtiger – eines Beschaffungsrisikos (näher dazu Rdn. 129 ff.). Welche Konsequenz das Fehlen dieses Hinweises hat, ist eine **offene Frage**.

93 Auch sonst bietet die Regelung im Abschnitt IV – auch in ihrer nachgebesserten Version 3/2008 – **manche Angriffsfläche**. Die Hauptgründe dafür liegen in der Trennung von B2B- und B2C-Geschäften sowie in der Unterscheidung zwischen verbindlichen und unverbindlichen Leistungszeiten mit der Verweisungsregelung in Ziff. 4 S. 2. Zu bewältigen war schließlich die – sachlich gebotene – Differenzierung zwischen den Schadensarten – hier Verzugsschaden, dort Schadensersatz statt der Leistung. Wenn selbst Wissenschaft und Rechtsprechung sich mit diesen Kategorien ausgesprochen schwer tun, kann dies nicht ohne Einfluss auf die Anforderungen bleiben, die an das gegenwärtig ohnehin überstrapazierte **Transparenzgebot** zu stellen sind.

94 Der Anspruch des Käufers auf Ersatz des Verzugsschadens ist bei **leichter Fahrlässigkeit** des Verkäufers auf höchstens **5 % des vereinbarten Kaufpreises** beschränkt (Abschn. IV Ziff. 2 S. 4 NWVB). Zu Lasten von **Unternehmern** und **Behörden** ist die Haftung für leicht fahrlässig verursachte Verzugsschäden nicht mehr vollständig ausgeschlossen.[111] Dies ergibt sich aus Abschn. IV Ziff. 3 S. 3 NWVB, wonach für solche Käufer nur **Schadensersatzansprüche statt der Leistung** bei leichter Fahrlässigkeit gänzlich ausgeschlossen sind. Der Verzugsschaden, auch der im Sinne der NWVB, fällt nicht unter diese Kategorie.

95 Die **Fünfprozentklausel** hat der **BGH**[112] in einem Kontrollverfahren nur insoweit überprüft, als es um die Begrenzung der Zufallshaftung der Höhe nach ging. Im Umfang seiner Kontrolle hat er die Klausel ausdrücklich gebilligt, woraus nicht abgeleitet werden kann, dass die damalige Fünfprozentregelung auch im Übrigen zulässig ist. Im Schrifttum findet sich die Ansicht, ein Betrag bis zu 5 % des Kaufpreises sei unter dem Gesichtspunkt des Verbots der Freizeichnung für typische Schäden zu gering.[113] Diese Bedenken sind nicht begründet, da durch Ausschöpfung des Limits von fünf Prozent im Regelfall die Schäden ausgeglichen werden, die ab Eintritt des Verzuges ausschließlich durch die Verzögerung entstehen und vom Käufer unter Berücksichtigung seiner Obliegenheiten nach § 254 Abs. 2 BGB nicht vermieden werden können. Bei einem Neuwagenpreis (Pkw) von durchschnittlich 26.000 € (2010)[114] liegt die Kappungsgrenze bei 1.300 €. Dieser Betrag reicht aus, um den nach dem gewöhnlichen Lauf der Dinge vorhersehbaren und abwälzbaren (reinen) Verzögerungsschaden abzudecken.

96 Da die Fünfprozentklausel den Schadensersatzanspruch begrenzt, ihn nicht **pauschaliert**, hat der Käufer die Höhe des ihm entstandenen Verzugsschadens darzulegen und zu beweisen.[115]

(2) Grobe Fahrlässigkeit

97 Der nach §§ 280 Abs. 1, 2, 286 BGB zu ersetzende Verzugsschaden ist ohne Höhenbegrenzung, wenn der Verkäufer die Lieferverzögerung **grob fahrlässig** oder **vorsätzlich** verschuldet hat. Deshalb besteht insoweit kein Konflikt mit § 309 Nr. 7b BGB.[116]

98 Für die Behauptung, er habe die Lieferverzögerung überhaupt nicht zu vertreten, trägt der Verkäufer die Darlegungs- und Beweislast (§ 280 Abs. 1 S. 2 BGB). Scheitert die Entlastung, heißt das nicht, dass ein Fall grober Fahrlässigkeit anzunehmen ist. Gesetzlich ver-

---

111 Die Vorgängerregelung war zumindest missverständlich.

112 Urt. v. 27. 9. 2000, NJW 2001, 292.

113 *Von Westphalen*, Beilage zu NJW Heft 43/2002, S. 14; *Vogt*, a. a. O., Rn. 20.

114 DAT-Report 2011, S. 62.

115 *Creutzig*, Recht des Autokaufs, Rn. 4.2.6.2.

116 § 309 Nr. 7a BGB ist vom Schadenstyp her nicht einschlägig.

mutet wird nur einfaches Verschulden. Das OLG Saarbrücken[117] hat in einem „Altfall" ein grob fahrlässiges Verhalten des Händlers angenommen, weil er nicht dargetan habe, aus welchen Gründen der Liefertermin von ihm nicht eingehalten werden konnte. Das ist bedenklich.

Grobe Fahrlässigkeit kann zu bejahen sein, wenn der Händler in Kenntnis von Belieferungsschwierigkeiten und Lieferfristüberschreitungen eine voraussichtlich nicht einhaltbare Terminzusage abgibt oder wenn er trotz bestehender Veranlassung versäumt, mit dem Hersteller/Importeur einen sog. **Eindeckungsvertrag**[118] zu schließen oder einen **Selbstbelieferungsvorbehalt**[119] zu vereinbaren. Nach Meinung von *Creutzig*[120] wird diese Entscheidungspraxis den Besonderheiten im Kfz-Handel, inzwischen weiter verändert, nicht gerecht. 99

Nach gefestigter Rechtsprechung ist **der Hersteller** in seiner Eigenschaft als Lieferant **nicht Erfüllungsgehilfe** des Verkäufers, soweit es um dessen Verpflichtung zur mängelfreien Lieferung geht (§ 433 Abs. 1 S. 2 BGB).[121] Auf einem anderen Blatt steht, ob der Hersteller/Importeur in Bezug auf die Erfüllung der Lieferverpflichtung (Übertragung von Besitz und Eigentum nach § 433 Abs. 1 S. 1 BGB) innerhalb der vereinbarten Leistungszeit Erfüllungsgehilfe des Verkäufers ist. Nur darum geht es in Fällen der Lieferverzögerung, um Rechtzeitigkeit, nicht um die Qualität des Kaufobjekts, auch nicht um die Übergabe als solche. Dass der Verkäufer sich auch bei der Erfüllung seiner Verpflichtung zur zeitgerechten Lieferung i. d. R. nicht seines Lieferanten als Gehilfen i. S. d. § 278 BGB bediene, ist gleichfalls herrschende Meinung[122], jedoch fragwürdig. Zur Frage einer verschuldensunabhängigen (garantiemäßigen) Einstandspflicht des Verkäufers in seiner Eigenschaft als Händler sowie andererseits beim Direktvertrieb s. Rdn. 129 ff. 100

dd) Rücktritt und Schadensersatz statt der Leistung

(1) Voraussetzungen

Rücktritt und Schadensersatz statt der Leistung (also nicht neben der Leistung) haben gem. Abschn. IV Ziff. 3 S. 1 NWVB (3/08) zur Voraussetzung, dass der Käufer dem Verkäufer nach Ablauf der unechten Nachfrist von 6 Wochen (bei nicht vorrätigen Fahrzeugen) erfolglos eine **echte Nachfrist** zur Lieferung gesetzt hat. Die verzugsbegründende Lieferaufforderung und die Nachfristsetzung können miteinander verbunden werden. Zu beachten hat der Anwalt des Käufers lediglich, dass die (Nach-)Fristsetzung nach Eintritt der Fälligkeit erfolgt, eine vorherige ist grundsätzlich unwirksam. Eine Ablehnungsandrohung wie früher im Rahmen des § 326 BGB a. F. ist nicht nötig. 101

An keiner Stelle des Abschn. IV erwähnt werden die durchaus praxisrelevanten „Entbehrlichkeitsfälle", die in den §§ 281 Abs. 2, 323 Abs. 2 BGB detailliert geregelt sind. Unangesprochen bleibt auch die Besserstellung des Käufers nach § 323 Abs. 4 BGB (Rücktritt vor Fälligkeit). Die dagegen erhobenen Wirksamkeitsbedenken[123] können nicht überzeugen. Die Aufnahme all dieser gesetzlichen Sondertatbestände in die NWVB hätte das Klauselwerk zusätzlich belastet und das Verständnis der ohnehin komplexen Materie noch mehr erschwert. Dass dem Käufer die gesetzlichen „Sofortrechte" unter den in §§ 281 Abs. 2, 323 102

117 Urt. v. 7. 4. 1965, DAR 1965, 299, 300.
118 OLG Düsseldorf 15. 11. 1971, BB 1972, 1296 ff.
119 OLG Hamm 13. 3. 1995, VersR 1996, 1119.
120 Recht des Autokaufs, Rn. 4.2.6.4.
121 St. Rspr., vgl. BGH 15. 7. 2008, NJW 2008, 2837; v. 19. 6. 2009, NJW 2009, 2634 Tz. 19.
122 OLG München 23. 4. 2009 – 8 U 4070/08 – unter Hinweis auf (die hier nicht passende Entscheidung) BGH NJW 2008, 2837; *Palandt/Grüneberg*, § 278 BGB Rn. 13; zum Ganzen *Peters*, ZGS 2010, 24 ff.
123 Etwa *Pfeiffer*, a. a. O., Rn. 34 zu den NWVB 4/2003.

Abs. 2 BGB aufgeführten und zum Teil sehr abstrakt formulierten Voraussetzungen (näher dazu Rdn. 105 ff.) ohne jede Einschränkung zugute kommen, ist auch für den Handel eine Selbstverständlichkeit. Jede abweichende Argumentation wäre auch erfolglos.

103 Nach Fristablauf hat der Käufer **die Wahl**: Durchsetzung des Lieferanspruchs mit Inanspruchnahme des Verkäufers auf Ersatz des Verzugsschadens („Verzögerungsschaden") oder Rücktritt vom Vertrag, was den Anspruch auf Schadensersatz statt der Leistung (und anderen Schadensersatz) nicht ausschließt (§ 325 BGB). In welcher Weise, ob kombiniert oder isoliert, und in welcher Reihenfolge die Ansprüche geltend gemacht werden, bleibt dem Käufer überlassen. Selbst durch eine Klage auf Lieferung werden die Folgen der ergebnislosen Fristsetzung nicht aufgehoben.[124] Der Käufer kann auch jetzt noch zu einem Schadensersatzanspruch statt der Leistung übergehen oder den Rücktritt erklären. Macht er diese Sekundärrechte geltend, ist der Erfüllungsanspruch ausgeschlossen.

(2) Angemessene Frist

104 Die Frist darf knapp bemessen werden.[125] Sie braucht nach Auffassung des LG Köln[126] nicht den Zeitraum der vorgeschalteten Schonfrist zu erreichen. Eine Frist von **2 Wochen** dürfte angesichts der Vorausberechenbarkeit der Lieferung und der Schonfrist von 6 Wochen **im Regelfall ausreichend** sein. Setzt der Käufer eine zu kurze Frist, wird eine Frist angemessener Länge in Lauf gesetzt.[127] Auch wenn der BGH terminlose Aufforderungen wie „umgehend" o. Ä. genügen lässt, die Nennung eines Endtermins also für entbehrlich hält,[128] sollte der Anwalt des Käufers sicherheitshalber eine bestimmte Frist bzw. einen bestimmten Endtermin setzen. Ungeachtet der BGH-Entscheidung halten selbst Obergerichte an diesem Erfordernis weiterhin fest.[129]

(3) Entbehrlichkeit der Fristsetzung

105 In einer Reihe von Fällen wird der Käufer als Gläubiger vom Fristsetzungserfordernis freigestellt. Das sind außer den in §§ 281 Abs. 2, 323 Abs. 2 BGB angesprochenen Fallgestaltungen die in § 275 Abs. 1 bis Abs. 3 BGB geregelten Fälle. Ist die Lieferung z. B. wegen Produktionseinstellung unmöglich geworden oder beruft sich der Verkäufer berechtigterweise auf ein Überschreiten der „Opfergrenze" (§ 275 Abs. 2 BGB), kann der Käufer ohne vorherige Fristsetzung vom Vertrag zurücktreten (§ 326 Abs. 5 BGB). Wenn ungewiss ist, ob der Verkäufer von seiner Lieferpflicht wirklich befreit ist, sollte der Käufer ihm **sicherheitshalber** eine Frist setzen. Andernfalls läuft er Gefahr, dass sein Rücktritt unwirksam ist, wenn sich die Annahme eines dauerhaften Lieferhindernisses als unzutreffend herausstellt.

106 Die Konstellation mit der größten Praxisrelevanz ist die **ernsthafte und endgültige Erfüllungsverweigerung** (§§ 281 Abs. 2, 323 Abs. 2 Nr. 1 BGB). Zum Grundsätzlichen (Stichwort „letztes Wort") s. Rdn. 945 ff. In Anwendung der strengen Vorgaben, die der BGH in st. Rspr. macht,[130] hat das LG Berlin die zweimalige Nichteinhaltung des zugesagten Termins nicht genügen lassen.[131] Vertröstungen und Hinhalten reichen gleichfalls nicht aus.[132] Im Prozessalltag vergleichsweise unbedeutend ist die **Generalklausel „besondere**

124 BGH 11. 2. 2009 – VIII ZR 328/07 – Tz. 19.
125 BGH 7. 10. 1981, NJW 1982, 331, 333.
126 Urt. v. 21. 3. 1979 – 73 O 94/78 – n. v.
127 BGH 10. 2. 1982, NJW 1982, 1279, 1280.
128 Urt. v. 12. 8. 2009, NJW 2009, 3153 (zu § 281 Abs. 1 BGB).
129 OLG München 16. 6. 2010 – 7 U 4884/09 – n. v.
130 Urt. v. 17. 10. 2008, NJW 2009, 1813, 1816 Tz. 29.
131 Urt. v. 5. 6. 2007 – 30 O 186/07 – n. v.
132 OLG München 16. 6. 2010 – 7 U 4884/09 – n. v.

Umstände“ (§§ 281 Abs. 2 Alt. 2, 323 Abs. 2 Nr. 3 BGB). Zu diesem Auffangtatbestand s. Rdn. 1015. Für Lieferstreitigkeiten dagegen nicht ungewöhnlich ist die **Fixgeschäft-Diskussion**, festgemacht an § 323 Abs. 2 Nr. 2 BGB. Näher dazu Rdn. 78 ff. Ob diese Vorschrift im Rahmen des § 281 BGB analog angewendet werden kann, ist umstritten. Mangels planwidriger Regelungslücke scheidet eine Analogie jedoch aus. Für eine unterschiedliche Regelung für Rücktritt und Schadensersatz statt der Leistung gibt es im Übrigen überzeugende Sachgründe.[133]

(4) Rücktritt und Schadensersatz statt der Leistung vor Fälligkeit

§ 323 Abs. 4 BGB eröffnet dem Käufer die Möglichkeit, schon vor Eintritt der Fälligkeit 107
des Lieferanspruchs vom Kauf zurückzutreten. Dazu muss offensichtlich sein, dass die Voraussetzungen für einen Rücktritt eintreten werden. Bloße Zweifel an der Liefertreue reichen nicht aus. Das LG Köln[134] hat dem Käufer eines Neuwagens das Recht zugebilligt, vor Eintritt der Fälligkeit des Lieferanspruchs vom Kaufvertrag zurückzutreten (oder Schadensersatz wegen Nichterfüllung geltend zu machen), weil aufgrund entsprechender Mitteilungen des Händlers mit einer Lieferung des bestellten Fahrzeugs innerhalb der vereinbarten Frist unter Hinzurechnung der Warte- und Nachfrist nicht zu rechnen war.

Bei offensichtlichem Eintritt der Rücktrittsreife in absehbarer Zeit macht es zwar keinen 108
Sinn, dem Händler noch eine Nachfrist zu setzen. Der Käufer sollte es sicherheitshalber gleichwohl tun, bevor er den Rücktritt erklärt.

Für den Anspruch auf Schadensersatz statt der Leistung sieht § 281 BGB keine dem 109
§ 323 Abs. 4 BGB vergleichbare Regelung vor. Da es hier, anders als bei § 323 Abs. 2 Nr. 2 BGB, keine sachlichen Gründe für eine unterschiedliche Behandlung beider Fälle gibt, hat eine **Analogie** Einiges für sich.[135]

(5) Rücktritt nach § 324 BGB

Zum **sofortigen Rücktritt** ist der Käufer nach § 324 BGB berechtigt, wenn der Verkäu- 110
fer eine **Verhaltenspflicht** i. S. v. § 241 Abs. 2 BGB verletzt hat und dem Käufer deshalb ein Festhalten am Vertrag nicht zuzumuten ist. Ob der vom BGH[136] nach den Grundsätzen der positiven Forderungsverletzung (hier: Rücktritt) entschiedene Fall, in dem der Verkäufer eines fabrikneuen, zur Auslieferung an den Käufer vorgesehenen Porsche Carrera mit gebrauchten Teilen ausgestattet hat, nunmehr über § 324 BGB und schadensersatzrechtlich nach §§ 282, 280 Abs. 1 BGB zu lösen ist, hängt nicht zuletzt von der Einordnung der Pflichtverletzung ab. Der BGH sieht eine Nebenpflichtverletzung in Gestalt eines Verstoßes gegen die Leistungstreuepflicht. Da die leistungsbezogenen Nebenpflichten nicht unter § 241 Abs. 2 BGB fallen, sprechen die besseren Gründe für ein Rücktrittsrecht nach § 323 Abs. 4 BGB mit Freistellung vom Fristsetzungserfordernis nach § 323 Abs. 2 Nr. 3 BGB. Schadensersatz statt der Leistung kann der Käufer – gleichfalls ohne vorherige Fristsetzung – gem. §§ 280 Abs. 1, 3, 281 Abs. 2 BGB verlangen.[137]

Ein aus §§ 242, 313 BGB ableitbares **Rücktrittsrecht aus wichtigem Grund** liegt nicht 111
vor, wenn über das Vermögen des Herstellers/Importeurs das **Insolvenzverfahren** eröffnet wird, der Verkäufer aber lieferfähig bleibt und bei ihm der Ersatzteil- und Garantiedienst sichergestellt ist.[138]

133 Vgl. *Looschelders*, SchAT, Rn. 705.
134 Urt. v. 19. 2. 1981 – 29 (79) O 223/80 – n. v.
135 Vgl. *Looschelders*, SchAT, Rn. 619; *Palandt/Grüneberg*, § 281 BGB Rn. 8.
136 Urt. v. 19. 10. 1977, NJW 1978, 260 = DAR 1978, 46.
137 *Looschelders*, SchAT, Rn. 620.
138 LG Düsseldorf 27. 6. 1962 – 11 S 68/62 – n. v., zit. bei *Creutzig*, Recht des Autokaufs, Rn. 4.2.8.

(6) Verhältnis von Rücktritt und Schadensersatz

112 Trotz erklärten Rücktritts kann der Käufer Schadensersatz beanspruchen. § 325 BGB hat die **frühere „Rücktrittsfalle“** beseitigt. Der Käufer, der vom Vertrag zurückgetreten ist, kann Schadensersatz jeglicher Art geltend machen: Ersatz des Verzögerungsschadens (§§ 280 Abs. 1, 2, 286 BGB), Ersatz von Begleitschäden (§ 280 Abs. 1 BGB), auch, und das ist das entscheidend Neue, Schadensersatz statt der Leistung und Aufwendungsersatz (§§ 280 Abs. 1, 3, 281, 284 BGB).[139]

(7) Praxisprobleme der Schadensberechnung

113 Der Anspruch auf Schadensersatz statt der Leistung ist ein Geldanspruch und auf Ersatz des positiven Interesses gerichtet (Nichterfüllungsschaden). Der Käufer kann verlangen, wirtschaftlich so gestellt zu werden, wie er stehen würde, wenn der Verkäufer den Vertrag ordnungsgemäß erfüllt hätte.[140] Vom Schadensersatz „neben“ der Leistung unterscheidet er sich dadurch, dass er nur diejenigen Schäden betrifft, die sich aus dem **endgültigen Ausbleiben** der Leistung ergeben. Testfrage nach *S. Lorenz*: Wäre der Schaden behoben, wenn jetzt die Leistung noch käme?[141] Jeder Schadensposten, der auch dann nicht entfiele, wenn die geschuldete Leistung noch erbracht werden könnte, ist nicht Schadensersatz statt, sondern neben der Leistung.

114 Ein entgangener Gewinn kann beides sein.[142] Nutzungsausfallschäden sind als „Schäden in der Zeit“ gleichfalls ambivalent. Mehrkosten, die durch den Kauf eines anderen Fahrzeugs entstehen (Deckungskauf) sind typischerweise Schadensersatz statt der Leistung; ebenso der Verlust eines auf den Altwagen gewährten Rabatts. Ob Porto, Telekommunikationskosten, Bereitstellungskosten eines Anschaffungskredits, Rechtsverfolgungskosten und Steuernachteile unter den Schadensersatz statt der Leistung fallen oder nicht, lässt sich – anders als im früheren Recht – nicht pauschal beantworten.

115 Im Fall der **Nichtlieferung eines Importfahrzeugs** haben das OLG Düsseldorf[143] und das LG Köln,[144]dem Käufer die Mehrkosten zugesprochen, die bei dem Erwerb eines Inlandsfahrzeugs gleichen Typs und gleicher Bauart und Ausstattung anfallen.

116 **Umstritten** ist, ob eine **konkrete Schadensberechnung** durch Gegenüberstellung des Vertragspreises und des objektiven Verkehrswertes bei einem Neuwagenkauf möglich ist. Während der 19. ZS des OLG Hamm[145] sich auf den Standpunkt gestellt hat, bei einem **Schnäppchenkauf** bestehe der Schaden in der Differenz zwischen Marktwert und Kaufpreis, vertrat der 2. ZS des OLG Hamm[146] die Ansicht, ein Pkw – eventuell mit Ausnahme von Oldtimern – sei kein zur Kapitalanlage geeigneter wertbeständiger Vermögensgegenstand, wie etwa ein Grundstück,[147] sondern eine auf Abnutzung angelegte Gebrauchssache. Der ersparte Wertverlust, der den erhöhten Substanzwert praktisch aufhebe, sei bei der Schadensberechnung zu berücksichtigen, ansonsten der Käufer besser stünde als bei einer ordnungsgemäßen Vertragserfüllung. Die Argumentation des 2. ZS ist nicht überzeugend, da der Kaufpreis mit dem Wert des unbenutzten Fahrzeugs zu vergleichen ist. Was nachher

---

139 *Palandt/Grüneberg*, § 325 BGB Rn. 1 ff.
140 BGH 11. 2. 2009 – VIII ZR 328/07 – Tz. 20.
141 JuS 2008, 204.
142 Siehe *S. Lorenz*, JuS 2008, 204; Beispiel für Schadensersatz statt der Leistung: BGH 11. 2. 2009 – VIII ZR 328/07 – (kein Neufahrzeugkauf).
143 Urt. v. 30. 8. 2001, DAR 2002, 212, 213.
144 Urt. v. 19. 4. 2000, DAR 2000, 362.
145 Urt. v. 13. 3. 1995, VersR 1996, 1119.
146 Urt. v. 22. 6. 1995, OLGR 1996, 15.
147 BGH 18. 1. 1980, NJW 1980, 1742.

mit dem Kraftfahrzeug geschieht, hat bei der Schadensberechnung außer Betracht zu bleiben.

Zur Problematik bei Fällen mit **Inzahlungnahme eines Altfahrzeugs** s. Rdn. 1503 ff. **117**

(8) Formularvertragliche Beschränkung des Schadensersatzanspruchs statt der Leistung

Anders als der Verzugsschadensersatz („Verzögerungsschaden") ist der Schadensersatz **118**
statt der Leistung **bei leichter Fahrlässigkeit**, aber auch nur dann, nicht auf 5, auch nicht – wie früher – auf 10, sondern auf **25 Prozent des Kaufpreises** beschränkt. **Völlig ausgeschlossen** ist dieser und allein dieser Anspruch (nicht etwa der Anspruch auf Verzugsschadensersatz) zu Lasten von Unternehmen und Behörden, sofern dem Verkäufer nur leichte Fahrlässigkeit zur Last fällt (vgl. Abschn. IV Ziff. 3 NWVB, 3/08). M. a. W.: Bei grobem Lieferverschulden wird allen Käufergruppen voll gehaftet.

In der heutigen (nachgebesserten) Fassung sind diese Regelungen **nicht mehr zu bean-** **119**
standen. Bei der Beurteilung der 25-Prozent-Klausel ist zu berücksichtigen, dass davon nur der Schadensersatz statt der Leistung betroffen ist, nicht der anderweitig geregelte und bis zu 5 % des Kaufpreises liquidierbare Verzugsschaden. Beide Schadensarten sind auch bei der Inhaltskontrolle **strikt zu trennen**.[148] Bei einem Prozentsatz von 25 ist eine ausreichende Deckung i. S. v. BGHZ 138, 118 gewährleistet. Unangemessen benachteiligt ist der Käufer jedenfalls nicht.[149] Da er bei grobem Verschulden vollen Ersatz erhält, ist das Verbot des § 309 Nr. 7b BGB nicht verletzt.

Vollen Ersatz bei Vorsatz und grober Fahrlässigkeit können auch **Unternehmer und Be-** **120**
hörden beanspruchen. Ausgeschlossen ist die Ersatzpflicht des Verkäufers lediglich für den Fall **leichter Fahrlässigkeit**. Ob dies mit § 307 BGB im Einklang steht, wird die Rechtsprechung zu klären haben.[150] Hinreichend transparent dürfte die Klausel in der jetzigen Fassung sein. Der Abschn. IV NWVB 3/08 ist neu strukturiert und auch im Wortlaut geändert. Klargestellt ist, dass sich der völlige Haftungsausschluss bei leichter Fahrlässigkeit nur auf den Anspruch auf Schadensersatz statt der Leistung bezieht. Verzugsschadensersatz erhält auch ein Unternehmer bzw. eine Behörde, wenngleich limitiert.

(9) Zufallshaftung

Wird dem Verkäufer während seines Verzuges die Lieferung durch Zufall unmöglich, so **121**
haftet er nach Maßgabe der „vereinbarten Haftungsbegrenzungen" (Abschn. IV Ziff. 3 S. 4 NWVB). Nach S. 5 entfällt die Haftung, wenn der Schaden auch bei rechtzeitiger Lieferung eingetreten wäre. Diese Regelung weicht in mehrerer Hinsicht von derjenigen ab, die der BGH durch Urteil vom 27. 9. 2000[151] für ungültig erklärt hat. Seinerzeit war der Anspruch auf Ersatz des Nichterfüllungsschadens auf 10 % des Kaufpreises beschränkt. Das war dem BGH zu wenig, um den vertragstypischen, vorhersehbaren Schaden zu decken. Ob mit der Anhebung auf 25 % diese Bedenken ausgeräumt sind, bleibt abzuwarten. Auch die Schadensrisiken und ihre Abwälzbarkeit sind – ggf. abweichend von BGH NJW 2001, 292 – neu zu bewerten und in die „neuen" Schadenskategorien einzuordnen.

148 Die Erwägungen des BGH (NJW 2001, 292) zum Nebeneinander von Verzögerungsschaden und Nichterfüllungsschaden dürften durch das SMG überholt sein.

149 So auch *Vogt*, a. a. O., Rn. 21.

150 Für Unwirksamkeit aus Gründen mangelnder Transparenz *Vogt*, a. a. O., Rn. 22; im Ergebnis ebenso *Christensen* in Ulmer/Brandner/Hensen, Bes. Vertragstypen Teil 2, Neuwagenkauf, Rn. 18.

151 NJW 2001, 292.

b) Rechtsfolgen bei Überschreitung einer verbindlich vereinbarten Lieferzeit

122 Falls die Parteien – ausnahmsweise – einen verbindlichen Liefertermin oder eine verbindliche Lieferfrist vereinbart haben, gerät der Verkäufer ohne vorherige Mahnung allein schon mit der Fristüberschreitung in Verzug (§ 286 Abs. 2 Nr. 1 BGB). Das ergibt sich mit hinreichender Deutlichkeit aus der Regelung im Abschn. IV NWVB mit der Unterscheidung zwischen verbindlichen und unverbindlichen Lieferzeiten.

123 Seinen Verzugsschaden („Verzögerungsschaden") kann der Käufer sogleich liquidieren. Die weitergehenden Rechtsbehelfe Rücktritt und Schadensersatz statt der Leistung setzen grundsätzlich voraus, dass der Käufer dem Verkäufer erfolglos eine Frist zur Lieferung gesetzt hat (zur Freistellung von diesem Erfordernis s. Rdn. 105). Die Rechtsfolgen sind die gleichen wie im Standardfall mit vorgeschalteter Schonfrist (s. Rdn. 83 ff.).

IV. Unmöglichkeit, Unzumutbarkeit der Lieferung und Störung der Geschäftsgrundlage

124 Die Fälle, in denen der Verkäufer von seiner Leistungspflicht befreit ist, weil ihm die Lieferung des Fahrzeugs nicht möglich (§ 275 Abs. 1 BGB) oder nicht zuzumuten ist (§ 275 Abs. 2 und 3 BGB), spielen im Neuwagenhandel keine große Rolle. Schmal ist auch der Anwendungsbereich des § 313 BGB (Geschäftsgrundlage).[152] Entsprechend spärlich ist das Entscheidungsmaterial.[153]

1. Rechtlicher Rahmen

125 Abgesehen von der Haftungsbeschränkung des Verkäufers für den Fall, dass die Lieferung nach Eintritt des Lieferverzugs durch Zufall unmöglich wird (Abschn. IV Ziff. 3 S. 4 NWVB), enthalten die NWVB keine speziellen Regelungen zu den Rechtsfolgen der Unmöglichkeit und Unzumutbarkeit der Lieferung. Es gelten daher die gesetzlichen Vorschriften mit der Maßgabe, dass die daraus resultierenden Ansprüche nicht den speziellen Ausschlüssen und Begrenzungen der Haftung wegen Lieferverzugs unterliegen, sondern unter die Regelungen im Abschn. VIII („Haftung") fallen. Nur die Haftung für den Störfall „Verspätung der Leistung" (Rücktritt, Ersatz des Verzögerungsschadens und Schadensersatz statt der Leistung) ist im Abschn. IV abschließend geregelt.

126 **Unmöglichkeit i. S. d. § 275 Abs. 1 BGB** bedeutet, dass die Lieferung für den Verkäufer und für jedermann auf Dauer unmöglich ist. Im Fall einer Gattungsschuld tritt eine solche Unmöglichkeit freilich erst ein, wenn entweder die gesamte Gattung nicht existiert oder untergegangen ist. Auf den Automobilhandel übertragen heißt das: Das vom Käufer bestellte, beim Verkäufer nicht vorhandene Fahrzeug wird nicht mehr produziert und sämtliche Vorräte dieses Typs sind erschöpft. Eine nur vorübergehende Unmöglichkeit kann nach der Rechtsprechung[154] einer dauernden gleichzustellen sein. Auch der (im Autohandel seltene) Fall eines absoluten Fixgeschäfts (dazu Rdn. 78 ff.) wird von § 275 Abs. 1 BGB erfasst.

127 Bei **anfänglicher wie bei nachträglicher Unmöglichkeit** ist der Anspruch des Käufers auf Lieferung (§ 433 Abs. 1 S. 1 BGB) ausgeschlossen (Einwendungstatbestand). Die Befreiung des Verkäufers bezieht sich nur auf seine Primärleistungspflicht, die eigentlich geschuldete Leistung. Die Rechte des Käufers ergeben sich aus den in **§ 275 Abs. 4 BGB** auf-

152 Zum Ganzen *Derleder*, NJW 2011, 113 ff.

153 Aus der Zeit vor der Schuldrechtsmodernisierung springt vor allem die Porsche-Entscheidung BGH 1. 12. 1993, NJW 1994, 515 ins Auge.

154 BGH 19. 10. 2007, NJW 2007, 3777 (Immobilienkauf).

geführten Normen, wobei der Anspruch auf Schadensersatz statt der Leistung von vorrangigem Interesse ist. Dies mit der Fragestellung, ob der Verkäufer nur im Fall des Verschuldens oder unabhängig von einem Verschulden wegen Übernahme einer Garantie oder eines Beschaffungsrisikos haftet (dazu Rdn. 129 ff.).

Als Einredetatbestände sind die in **§ 275 Abs. 2 und Abs. 3 BGB** geregelten Fälle „normativer" Unmöglichkeit konstruiert. Die Leistung ist an sich möglich, kann unter Umständen aber verweigert werden. Im Bereich des Neuwagenkaufs sind beide Einredefälle eher theoretischer Natur. Nach welchen Regeln im Rahmen von § 275 Abs. 2 BGB das **grobe Missverhältnis** zwischen Aufwand des Schuldners und Leistungsinteresse des Gläubigers zu ermitteln ist, ist im Grundsätzlichen geklärt.[155] Klar ist auch, dass der Schuldner die **Darlegungs- und Beweislast** für diejenigen Tatsachen trägt, die sein Leistungsverweigerungsrecht stützen sollen.[156] 128

2. Beschaffungsrisiko und Beschaffungsverschulden

Von der Frage anfänglicher oder nachträglicher Unmöglichkeit zu trennen ist die Frage nach der (sekundären) Einstandspflicht des Verkäufers. Dass er von seiner Leistung, hier: Lieferung des bestellten Fahrzeugs, nach § 275 Abs. 1 BGB frei wird, steht der Annahme einer **objektiven Pflichtverletzung** nicht entgegen. Das folgt unmittelbar aus § 275 Abs. 4 BGB, der den Weg zu den Rechten des Käufers ebnet, auch zur Zentralnorm des Schadensersatzrechts: § 280 Abs. 1 BGB. Die den Praktiker interessierende Frage ist, ob der Verkäufer sich entlasten kann (§§ 280 Abs. 1, 311 a Abs. 2 BGB) oder ob er unabhängig von einem Verschulden (garantiemäßig) haftet. 129

Während dieses Problem im früheren Recht vor dem Hintergrund der gesetzlichen Garantiehaftung gem. § 279 BGB a. F. diskutiert wurde – für den Automobilhandel maßgeblich insoweit die Porsche-Entscheidung BGH NJW 1994, 515 – ist heute § 276 Abs. 1 S. 1 BGB der **Dreh- und Angelpunkt**. Eine verschuldensunabhängige Haftung setzt nunmehr eine vertragliche Übernahme des Beschaffungsrisikos voraus, ist damit eine **Frage der Vertragsauslegung**. 130

Kein Automatismus: Die Verpflichtung eines Händlers zur Lieferung eines bei ihm nicht vorhandenen fabrikneuen Kraftfahrzeugs bzw. Anhängers bedeutet nicht automatisch die Übernahme des Beschaffungsrisikos im Sinne einer Garantie. Mit den Worten des BGH: 131

Für nach dem 1. 1. 2002 abgeschlossene Kaufverträge kann nicht mehr angenommen werden, dass dem Leistungsversprechen des Verkäufers auch eine Garantie für sein Leistungsvermögen immanent ist (Urt. v. 19. 10. 2007, NJW 2007, 3777).

Diese **fundamentale Aussage des BGH** ist nicht auf die Lieferung einer Speziessache (Stückschuld) beschränkt. Sie gilt unter dem Blickwinkel „Übernahme eines Beschaffungsrisikos" auch für die Verpflichtung des Händlers, ein Fahrzeug zu liefern, das er selbst erst bestellen muss, sei es beim Hersteller, sei es anderweitig im Markt. So oder so handelt es sich um eine sog. **marktbezogene Gattungsschuld**.[157] Im Fall des Direktvertriebs (Herstellerverkauf) liegt dagegen eine **produktionsbezogene Gattungsschuld** vor, sofern die Niederlassung bzw. der vermittelnde Betrieb das Fahrzeug nicht vorrätig hat. 132

Die Übernahme eines Beschaffungsrisikos muss nicht ausdrücklich erfolgen. Es genügt eine konkludente Vereinbarung.[158] Für eine solche (Garantie-)Übernahme ist jedoch Voraussetzung, dass dafür konkrete Anhaltspunkte vorliegen. Lassen sie sich unter Berück- 133

155 BGH 21. 5. 2010, NJW 2010, 2341; v. 21. 4. 2010, NJW 2010, 2050 (Miete).
156 BGH 21. 5. 2010, NJW 2010, 2341 Tz. 9.
157 Zu den verschiedenen Typen des Gattungskaufs s. *U. Huber*, AcP 210 (2010), 319, 331.
158 BGH 19. 10. 2007, NJW 2007, 3777.

sichtigung der beiderseitigen Interessenlage nicht feststellen, wobei die **Darlegungs- und Beweislast** beim Käufer liegt,[159] bleibt es bei der verschuldensabhängigen Haftung auf Schadensersatz, d. h. dem Verkäufer steht der Entlastungsbeweis offen. Für den Vertrieb fabrikneuer Pkw (incl. Kombis, SUV) bietet sich eine **differenzierende Betrachtung** an.

134 **In Fällen des Direktvertriebs** (Kauf in Werksniederlassungen z. B. der Daimler AG oder der BMW AG, aber auch agenturweise) spricht im Regelfall der Bestellung eines neuen, nichtvorrätigen Kraftfahrzeugs zwar manches für die Annahme, dass der Verkäufer für den Beschaffungserfolg unbedingt (garantiemäßig) einstehen will. Wenn ein Kunde in der Erwartung einer „Liefergarantie" schutzwürdig ist, dann bei dieser Fallgestaltung. Für sie die Auslegungsregel „im Zweifel Übernahme eines Beschaffungsrisikos" aufzustellen, kann auf breite Zustimmung hoffen. Zu bedenken ist freilich, dass die rund 6.000 Einzelteile, aus denen Pkw heute bestehen, zu einem Großteil **von Zulieferern** stammen. Die Abhängigkeit der Fahrzeughersteller von der Zulieferindustrie ist in den letzten Jahren kontinuierlich gestiegen.

135 Dass selbst ein Hersteller-Verkäufer sich nicht im Sinne einer Garantie binden will, geht mittelbar auch aus den Beschränkungen der Verkäuferhaftung für Lieferverzögerungen hervor (Abschn. IV NWVB). Statt den Garantiewillen mehr oder weniger zu unterstellen, erscheint es auf dem Boden des heutigen Vertragskonzepts systematisch überzeugender, den Hebel beim Entlastungsbeweis nach §§ 280 Abs. 1, 311a Abs. 2 BGB anzusetzen. Ein Hersteller-Verkäufer wird sich nur in engen Grenzen entlasten können.[160] Das läuft im Ergebnis auf die Fortsetzung der Garantiehaftung nach § 279 BGB a. F. hinaus.

136 Nicht akzeptabel ist die in den AGB eines selbstverkaufenden Herstellers vorgesehene Freistellung beider Parteien von den Verpflichtungen aus dem Kaufvertrag für den Fall, dass der Kaufgegenstand zum vorgesehenen Liefertermin wegen Serienauslaufs nicht mehr lieferbar ist. Diese Klausel, in der sich der Verkäufer außerdem das Recht vorbehält, dem Käufer ein anderes Fahrzeug zum Kauf anzubieten, benachteiligt den Käufer unangemessen (§ 307 BGB). Dem selbst verkaufenden Fahrzeughersteller ist ohne weiteres zuzumuten, entweder die Produktion einer Fahrzeugserie so lange aufrechtzuerhalten, bis er alle ihm vorliegenden Kaufaufträge erfüllt hat, oder einen Vertragsstopp zu verfügen, wenn er beabsichtigt, die Produktion einzustellen. Die Unangemessenheit der Klausel ist evident. Einerseits bindet sie den Käufer an den Kaufvertrag, während sie andererseits dem Hersteller freie Hand bei der Entscheidung belässt, die Produktion zu einem beliebigen Zeitpunkt einzustellen und sich von seinen vertraglichen Pflichten zu lösen.

137 **Verkauf durch Vertriebshändler:** Je weiter der Verkäufer vom Herstellungsprozess und von der anschließenden Verteilung des Endprodukts und dessen Auslieferung entfernt ist, desto fernliegender ist die Annahme einer vertraglich bindenden Übernahme des Beschaffungsrisikos. Noch hat die Rechtsprechung keine Gelegenheit gehabt, für den Gattungskauf generell, geschweige denn für den Kauf vom Kfz-Händler, die Veränderungen durch die Schuldrechtsreform umzusetzen. Die Porsche-Entscheidung des BGH vom 1. 12. 1993[161] ist in zweifacher Hinsicht keine taugliche Vorlage. Sie ist zu § 279 BGB a. F. ergangen und im Tatsächlichen sehr speziell (Bestellung eines Homologationsmodells mit nachträglichem Ausschalten der Händlerorganisation).

138 In stringenter Umsetzung des neuen Vertragskonzepts, so wie es in § 276 Abs. 1 S. 1 BGB zum Ausdruck kommt und vom BGH[162] nachvollzogen wird, wird man von Fall zu Fall unter Berücksichtigung der beiderseitigen Interessen zu prüfen haben, ob mit der Über-

159 Abw. *Derleder*, NJW 2011, 113, 116.
160 Siehe auch OLG Stuttgart 5. 10. 1987, NJW-RR 1988, 312.
161 NJW 1994, 515.
162 NJW 2007, 3777.

nahme einer (marktbezogenen) Gattungsschuld das konkludente Leistungsversprechen verbunden ist, für die Folgen einer Nichtbelieferung in jedem Fall und unbedingt einstehen zu wollen. Diese Annahme mag beim **Kauf vom Markenhändler** (Fabrikatshändler) infolge der sichtbaren Einbindung in ein festes Vertriebsnetz noch vertretbar sein. Sofern die Parteien, wie üblich, eine **unverbindliche** Lieferfrist/Liefertermin vereinbaren, wird indes schon dadurch ein erstes Fragezeichen gesetzt.

Bei **fabrikatsunabhängigen Neufahrzeughändlern** ist das Gesamtbild ein wesentlich anderes, auch aus der Perspektive des verständigen Durchschnittskäufers. Dies zumal dann, wenn der Händler das Neufahrzeug **im Ausland** beschaffen muss und der Käufer davon Kenntnis hat. Einer spezifischen Risikosituation ist auch der Händler ausgesetzt, der ein **neues Wohnmobil** (Reisemobil) zu liefern verspricht. Die dem Käufer bekannten oder jedenfalls erkennbaren besonderen Produktions- und Lieferbedingungen stehen der Annahme einer konkludenten Risikoübernahme entgegen. **139**

Da sich für den gesamten Bereich des Kaufs von einem Vertriebshändler ein Garantiewille aus den Umständen des konkreten Geschäfts und damit eine konkludente Übernahme eines Beschaffungsrisikos kaum jemals wird feststellen lassen, stehen die Gerichte vor der Frage, ob sie mit einer tatsächlichen Vermutung bzw. einer Auslegungsregel („im Zweifel ...") operieren oder den Weg über den Entlastungsbeweis gehen sollen. Letzteres ist vorzuziehen.[163] **140**

Bestimmte **Klauseln im Vertrag** können das Unterbleiben einer Risikoübernahme verdeutlichen so wie umgekehrt eine „feste" Lieferzusage ein Beleg für die Vereinbarung einer Garantiehaftung sein kann. Contraindiziell ist eine sog. **Selbstbelieferungsklausel**. Wer seine Lieferverpflichtung ausdrücklich von der eigenen Belieferung abhängig macht, will nur bedingt gerade stehen, wenn er mangels Ware nicht oder nicht rechtzeitig an seinen Vertragspartner ausliefern kann. Dass er auch bei einer solchen Abrede verpflichtet bleibt, sich im Rahmen des Zumutbaren um anderweitige Deckung zu bemühen,[164] steht auf einem anderen Blatt und kann im Rahmen des vom Verkäufer zu führenden Entlastungsbeweises Bedeutung gewinnen.[165] Nicht das Belieferungsrisiko, sondern das Herstellungsrisiko wird durch eine Klausel wie **„nach Liefermöglichkeit des Herstellers"** abgedeckt.[166] **141**

Die Möglichkeit, das Beschaffungsrisiko durch eine **Selbstbelieferungsklausel** auszuschließen oder wenigstens abzumildern, hat man in den **verbandsempfohlenen NWVB** nicht gewählt. Ausdrücklich angesprochen wird das Beschaffungsrisiko lediglich in der salvatorischen Klausel im Abschn. VIII Ziff. 2; ferner indirekt im Abschn. IV unter dem Aspekt „höhere Gewalt" und „Betriebsstörungen". Dass ein Händler für die Folgen von Störungen unterhalb dieser Schwelle garantiemäßig einstehen will, kann daraus nicht gefolgert werden. Zu Selbstbelieferungsklauseln in den AGB markenungebundener Neufahrzeughändler liegen nur wenige Entscheidungen vor[167], höchstrichterliche, soweit ersichtlich, fehlen ganz. **142**

Wenn jedenfalls beim Kauf vom Vertriebshändler, gleich ob fabrikatsgebunden oder „frei", allein nach den Umständen des Geschäfts (Gattungsschuld) eine vertragliche Übernahme eines Beschaffungsrisikos nicht in Betracht kommt, steht dem Händler **der Entlastungsbeweis** offen. Für die unternehmerische Entscheidung des Fahrzeugherstellers, einen bestimmten Fahrzeugtyp nicht mehr zu produzieren, ist er persönlich nicht verantwort- **143**

163 Zum Problem ausführlich *Derleder*, NJW 2011, 113 ff.
164 BGH 1. 12. 1993, NJW 1994, 515 (Porsche).
165 Zum Selbstbelieferungsvorbehalt näher *Derleder*, NJW 2011, 113, 115.
166 BGH 1. 12. 1993, NJW 1994, 515 (Porsche).
167 Z. B. LG Duisburg 27. 4. 2007 – 10 O 581/05 – BeckRS 2007, 08347 (Unwirksamkeit bejaht).

lich.[168] Die Zurechnung eines Hersteller- bzw. Lieferantenverschuldens **nach § 278 BGB** wird, sofern man sie nicht von vornherein ausschließt[169], aus tatsächlichen Gründen scheitern. Handelt es sich bei dem bestellten Fahrzeug um ein Großserienprodukt ohne ungewöhnliche Ausstattungswünsche des Käufers (seltener Farbton, Schaltgetriebe bei Regel-Auslieferung mit Automatik o. Ä.), muss sich der Händler darum bemühen, ein entsprechendes Fahrzeug bei einem anderen Händler zu besorgen, wenn der Hersteller die Produktion überraschend und damit für den Verkäufer nicht vorhersehbar eingestellt hat.[170] Falls es dem Händler unmöglich ist, das Fahrzeug anderweit zu beschaffen, ist er dem Käufer gleichwohl nicht zum Schadensersatz verpflichtet, wenn er trotz des Abschlusses eines kongruenten Deckungsgeschäftes mit dem Zweitlieferanten von diesem nachweislich im Stich gelassen worden ist. Dass der BGH **strenge Anforderungen an die Entlastungspflicht** eines Vertragshändlers stellt, geht aus der Porsche-Entscheidung hervor. Selbst bei einem unvorhersehbaren Ausschalten der gesamten Handelsorganisation mit Umstellung auf Direktvertrieb entlässt der BGH den Händler nur bedingt aus seiner Verantwortung.[171]

3. Rechtsfolgen

144 Falls die Lieferpflicht des Verkäufers gem. § 275 Abs. 1 bis 3 BGB ausgeschlossen ist, hat dies gem. §§ 275 Abs. 4, 326 Abs. 5 BGB zur Folge, dass er Käufer ohne Fristsetzung **vom Vertrag zurücktreten** kann.

145 Lag das Lieferhindernis schon bei Abschluss des Kaufvertrags vor (z. B. Einstellung der Fahrzeugproduktion), kann der Käufer gem. § 311a Abs. 2 S. 1 BGB nach seiner Wahl vom Verkäufer Schadensersatz statt der Leistung oder Ersatz seiner vergeblichen Aufwendungen verlangen. Die Ansprüche sind ausgeschlossen, wenn der Verkäufer beweist, dass er das Leistungshindernis bei Vertragsschluss nicht kannte und seine Unkenntnis nicht zu vertreten hat. Diese Entlastungsmöglichkeit entfällt bei Übernahme des Beschaffungsrisikos (dazu Rdn. 129 ff.). Was die Haftung gem. § 311a Abs. 2 BGB im Einzelnen angeht, wird auf Rdn. 3615 ff. verwiesen.

146 Für nach Vertragsschluss eintretende Hindernisse, die zum Ausschluss der Leistungspflicht führen (nachträgliche Unmöglichkeit), haftet der Verkäufer nach §§ 280 Abs. 1, 3, 283 BGB auf Schadensersatz statt der Leistung bzw. Aufwendungsersatz. Beispiel: Das vom Käufer als Einzelstück gekaufte Neufahrzeug wird vor Auslieferung gestohlen, weil ein Mitarbeiter des Autohauses versehentlich den Fahrzeugschlüssel im Zündschloss hat stecken lassen.

147 **Ausschluss und Beschränkung der Schadensersatzhaftung:** Die hier erörterte Schadensersatzhaftung des Verkäufers gem. §§ 280, 283, 311a BGB ist keine aus Lieferverzug, sondern aus Lieferunmöglichkeit. Damit sind nicht die Freizeichnungsklauseln des Abschn. IV NWVB, sondern des Abschn. VIII („Haftung“) einschlägig. Sie müssen sich insbesondere an den §§ 307 und 309 Nr. 7 BGB messen lassen. § 309 Nr. 7b BGB ist nicht berührt, da der Verkäufer in Fällen der Lieferunmöglichkeit für grobes Verschulden unbeschränkt haftet, auch gegenüber Unternehmern und Behörden. Dem absoluten Freizeichnungsverbot gem. § 309 Nr. 7a BGB (Leben, Körper und Gesundheit) ist jetzt ausdrücklich Rechnung getragen, s. Abschn. VIII Ziff. 5 NWVB (3/08). Fraglich ist, ob die Haftungsbeschränkung

168 OLG Düsseldorf 10. 12. 1999, NJW-RR 2000, 721.
169 So die h. M., vgl. OLG München 23. 4. 2009 – 8 U 4070/08 (Ford Transit).
170 *Canaris*, JZ 2001, 518.
171 Urt. v. 1. 12. 1993, NJW 1994, 515 (Porsche).

für **leichte Fahrlässigkeit** nach Maßgabe des neu formulierten Abschn. VIII NWVB (3/08) Bestand haben wird.[172] Einschlägige Rechtsprechung dazu liegt noch nicht vor.

V. Der Kaufpreis

1. Preisvereinbarung

Der **Muster-Bestellvordruck** enthält eine Rubrik für den **Gesamtpreis** (Gesamtbetrag), 148
der sich aus **Einzelpreisposten** für das Fahrzeug, für Sonderausstattung, Transportkosten, Zulassungsbescheinigung II (früher Fahrzeugbrief) und Zulassungskosten zusammensetzt. Bereitstellungskosten sind in dem aktuellen Muster nicht mehr erwähnt. Der zunehmend kritisierte Posten **„Überführungskosten"** („Die Preislüge", ADAC-Motorwelt 12/2010) ist nicht offengelegter Bestandteil der Rubrik „Transportkosten". Vielfach werden die Überführungskosten ebenso wie die Kosten für die Zulassung handschriftlich in die Bestellscheine aufgenommen. Es heißt dann z. B.: „Überführung und Zulassung 660 Euro". Die Formular- und Dokumentationspraxis ist je nach Marke und Handelsorganisation uneinheitlich; auch die Höhe der Kosten variiert.[173] Kaufvertragrechtlich sind die Überführungskosten relativ unproblematisch. Wer als Selbstabholer einen Bestellschein unterzeichnet, in dem Überführungs- bzw. Transportkosten gesondert ausgewiesen sind, mag sich darüber ärgern. Rechtlich stehen seine Chancen schlecht, zumal dann, wenn auch im Bestätigungsschreiben des Händlers dieser Posten, wie üblich, wiederholt wird. Zur **wettbewerbsrechtlichen Problematik** s. Rdn. 163.

Der Preis für das Fahrzeug wird als **‚gegenwärtiger Preis ab Fabrik/Importeurlager'** 149
ausgewiesen. Damit ist nicht der Preis des Herstellers oder des Importeurs gemeint, sondern der des Verkäufers ‚bei Lieferung' ab Fabrik/Importeurlager. Die formularmäßige Kennzeichnung der Preise als **‚gegenwärtige'** besagt nicht, dass die Preisgestaltung ‚offen gehalten' oder der tatsächlich vom Käufer zu entrichtende Preis erst später bei Lieferung des Fahrzeugs festgelegt werden soll.[174] Sie stellt lediglich klar, dass der individuell vereinbarte Kaufpreis auf der Grundlage der gegenwärtigen Bezugspreise des Verkäufers ab Fabrik/Importeurlager beruht. Dieser Preis ist ohne Rücksicht auf die Lieferzeit und zwischenzeitliche Preiserhöhungen verbindlich, es sei denn, die Parteien haben eine abweichende Vereinbarung getroffen.

Laut Neuwagen-Mustervertrag ist die **Umsatzsteuer** gesondert auszuweisen. Fehlt der 150
Eintrag, ist im Zweifelsfall davon auszugehen, dass die Umsatzsteuer als rechtlich unselbstständiger Teil des Preises im Gesamtpreis enthalten ist.[175] Davon ist auch im unternehmerischen Geschäftsverkehr auszugehen, wenn sich aus den Umständen nichts anderes ergibt.[176] Der Händler besitzt keinen Anspruch auf Zahlung versehentlich nicht berechneter Mehrwertsteuer.[177] Zum preisangaben- bzw. wettbewerbsrechtlichen Problem s. Rdn. 159 f.

Missverständnisse über Art und Umfang der vom Verkäufer zu erbringenden und vom 151
Käufer zu vergütenden „Nebenleistungen" sind programmiert, wenn im Bestellformular lediglich der Gesamtpreis ausgewiesen ist und die Rubriken ‚Transportkosten, Zulassungskosten, Zulassungsbescheinigung II' keine Eintragungen enthalten oder gar gestrichen sind.

---

172 Kritisch *Vogt*, a. a. O., Rn. 36 ff., und *Christensen*, a. a. O., Rn. 20; zur Vorgängerklausel s. *Pfeiffer*, a. a. O., Rn. 75 ff.
173 Überblick in ADAC-Motorwelt 12/2010, S. 50.
174 BGH 18. 5. 1983, BB 1983, 921 ff.; 1. 2. 1984, BB 1984, 486 ff.
175 BGH 26. 6. 1991, NJW 1991, 2484; OLG Frankfurt 30. 10. 1997, OLGR 1998, 238.
176 BGH 28. 2. 2002, NJW 2002, 2312; OLG München 3. 12. 1997, OLGR 1998, 246.
177 BGH 24. 2. 1988 BGHZ 103, 284, 287; s. aber auch BGH 14. 1. 2000, DB 2000, 1555.

Die Zulassung des Fahrzeugs ist keine kaufvertraglich geschuldete und kostenlos zu erfüllende Nebenverpflichtung des Verkäufers.[178] Die Zulassungskosten sind auch nicht automatisch im Kaufpreis enthalten. Es entspricht nach wie vor den Gepflogenheiten des Kfz-Handels, dass derartige Leistungen gesondert in Rechnung gestellt werden.[179]

152 Rund 70 % der privaten Neuwagenkäufer ersetzen einen Teil des Kaufpreises durch einen Altwagen, den sie in Zahlung geben. Durch Anrechnung auf den Kaufpreis im Wege einer Ersetzungsbefugnis (so der BGH; ausführlich dazu Rdn. 1435 ff.) wird der Charakter des Kaufvertrages nicht berührt. Ein Tauschgeschäft, bei dem der Käufer als Gegenleistung statt der Geldsumme die Übereignung des Gebrauchtwagens schuldet, ist beim Neuwagenkauf unüblich.

153 Für die **Inzahlungnahme** des Altwagens enthalten die handelsüblichen Bestellformulare überwiegend keine eigene Rubrik. Zu den einzelnen Dokumentationsvarianten s. Rdn. 1418 ff.

154 Falls die Parteien über den Kaufpreis keine Einigung erzielen, kommt der Vertrag nicht zustande, es sei denn, dass dieser Punkt bewusst offen gelassen wird, z. B. ‚Preis wird bei Lieferung bestimmt' oder ‚Preis bleibt vorbehalten'. Ein **Offenhalten des Preises** ist sinnvoll bei langen Lieferfristen und notwendig in den Fällen, in denen der Käufer ein Fahrzeug bestellt, das erst demnächst auf den Markt kommt und dessen Preis bei Abschluss des Kaufvertrages nicht feststeht.

155 Im Einzelfall kann die Auslegung der Vertragsabsprachen ergeben, dass dem Verkäufer das Recht eingeräumt werden soll, den Kaufpreis nach billigem Ermessen **gem. § 315 BGB** zu bestimmen. Dafür trägt der Verkäufer die Beweislast.[180] Falls der Preis nach bestimmten Bemessungsgrundlagen berechnet werden soll, bedarf es hierzu einer Absprache der Parteien.[181] Unbedenklich ist die Vereinbarung eines ‚Tages- oder Marktpreises' als Individualabsprache. Sie besagt, dass im Zweifel der für den Erfüllungsort zur Erfüllungszeit maßgebliche Durchschnittspreis gelten soll.

156 **Umstritten** ist, ob Regelungen, die auf ein **Offenhalten** des **Preises** oder auf einen **Preisvorbehalt** hinauslaufen, der **AGB-Kontrolle** unterliegen, falls sie im Bestellvordruck des Verkäufers formularmäßig enthalten sind.[182] Da Preisvorbehalte ebenso wie Preisänderungsvorbehalte dem Verwender die Befugnis der Entgeltsbemessung einräumen, ist der Auffassung beizutreten, dass Preisvorbehalte generell der Inhaltskontrolle nach § 307 BGB unterliegen, zumal – mehr noch als bei den vom BGH missbilligten **Preisanpassungsklauseln**[183] – bei Preisvorbehaltsklauseln jegliche Konkretisierbarkeit des Preises von vornherein ausgeschlossen ist und demzufolge die erhöhte Gefahr einer willkürlichen Preisgestaltung besteht.

157 Wenn die vereinbarte Lieferfrist **nicht mehr als 4 Monate** beträgt, verstößt ein Offenhalten des Preises in AGB gegen **§ 309 Nr. 1 BGB**. Dessen Schutzzweck besteht darin, wie auch immer geartete formularmäßige Regelungen zu unterbinden, die dem Verwender die Möglichkeit der Preiserhöhung während der Viermonatsfrist einräumen. Näheres zur Problematik „Preisänderung" Rdn. 174 ff.

---

178 OLG Hamm 3. 6. 1998, OLGR 1998, 222.
179 OLG Hamm 3. 6. 1998, OLGR 1998, 222.
180 BGH 19. 1. 1983, NJW 1983, 1777; 21. 1. 1976, DB 1976, 669, 670; 30. 6. 1969, NJW 1969, 1809; OLG Hamm 24. 10. 1975, NJW 1976, 1212.
181 BGH 18. 5. 1983, BB 1983, 921, 923.
182 Offen gelassen vom BGH 18. 5. 1983, BB 1983, 921 ff.
183 Urt. 7. 10. 1981, BB 1982, 146 zu Abschn. II Ziff. 2 NWVB a. F.

2. Preisdarstellung und Wettbewerbsrecht

Kfz-Händler sind grundsätzlich verpflichtet, richtige und wahrheitsgemäße Preisangaben zu machen.[184] Die **Preisangabenverordnung** (PAngV) schreibt in § 1 Abs. 1 S. 1 die Angabe von Preisen vor, die einschließlich Umsatzsteuer und sonstiger Preisbestandteile zu zahlen sind, d. h. Endpreise. Es handelt sich um eine **Marktverhaltensregelung** i. S. v. § 4 Nr. 11 UWG mit Grundlage im Gemeinschaftsrecht.[185] Nach der einschlägigen EU-Richtlinie ist bei Erzeugnissen, die Händler Verbrauchern anbieten, der Endpreis für eine Produkteinheit unmissverständlich, klar erkennbar und gut lesbar als Verkaufspreis anzugeben, der die Umsatzsteuer einschließt.[186] 158

Gegen § 1 Abs. 1 S. 1 PAngV verstößt, wer auf einer **Internetplattform** wie mobile.de oder autoscout24 gewerbsmäßig Fahrzeuge zu **Preisen ohne Umsatzsteuer** anbietet.[187] Diese Angebote richten sich zumindest auch an private Letztverbraucher. Bei Internetangeboten, die für jedermann zugänglich sind, ist davon auszugehen, dass sie zumindest auch Privatkunden ansprechen, wenn sie nicht eindeutig und unmissverständlich eine Beschränkung auf Wiederverkäufer enthalten, z. B. durch den Hinweis „Verkauf nur an Händler".[188] 159

Bleibt die Umsatzsteuer ungenannt, erhält der Verbraucher kein zuverlässiges Bild über den Marktpreis. Er wird **irregeführt** (§ 5 Abs. 1 und 2 S. 1 Nr. 2 UWG 2004 und § 5a Abs. 2 UWG 2008). Die fehlerhafte Preisdarstellung erschwert nicht nur dem privaten Letztverbraucher die Preisvergleichsmöglichkeiten, sondern führt auch zu einer Preisverzerrung, die den Wettbewerb mehr als nur unerheblich beeinträchtigt.[189] 160

Eine **Preisempfehlung**, die nicht die ausdrückliche Angabe enthält, dass die Empfehlung vom Hersteller stammt und/oder unverbindlich ist („empfohlener Verkaufspreis" oder „empfohlener Verkaufspreis des Herstellers"), ist nicht bereits aus diesem Grund irreführend.[190] Denn dem informierten, angemessen aufmerksamen und verständigen Durchschnittsverbraucher ist bekannt, dass Preisempfehlungen üblicherweise vom Hersteller ausgesprochen werden und unverbindlich sind. Die Verwendung einer Abkürzung, die dem Verkehr als Abkürzung für eine unverbindliche Herstellerpreisempfehlung bekannt ist (UVP oder UPE), ist gleichfalls nicht wegen Verstoßes gegen das Irreführungsverbot unzulässig.[191] Im Übrigen gilt: Die unverbindliche Preisempfehlung des Herstellers/Importeurs ist spätestens seit der Abschaffung des Rabattgesetzes und der Zugabeverordnung zum 25. 7. 2001 in aller Regel nicht der Preis, zu dem Fahrzeuge im allgemeinen Geschäftsverkehr angeboten werden.[192] 161

Die **Kosten für die Zulassung** des Fahrzeugs müssen im Endpreis nicht enthalten sein, wenn der Käufer die Möglichkeit hat, das gekaufte Fahrzeug selbst beim Straßenverkehrsamt anzumelden oder damit den Händler zu beauftragen. Ist der Kunde gezwungen, das Fahrzeug durch den Händler anmelden zu lassen, sind die Kosten in den Endpreis aufzunehmen. Nicht geklärt ist die Frage, ob ein gesonderter Hinweis auf die Zulassungskosten zulässig ist. 162

---

184 So auch der Kodex für den Fahrzeughandel im Internet.
185 BGH 29. 4. 2010, GRUR 2011, 82 (Gebrauchtwagen); *Köhler/Bornkamm*, Vorb PAngV, Rn. 5.
186 BGH 29. 4. 2010, GRUR 2011, 82.
187 BGH 29. 4. 2010, GRUR 2011, 82; OLG München 19. 2. 2009 – 29 U 5681/08; zum Umsatzsteuerhinweis beim Fernabsatz (§ 1 Abs. 2 PAngV) s. BGH 4. 10. 2007, NJW 2008, 1595.
188 BGH 29. 4. 2010, GRUR 2011, 82.
189 BGH 29. 4. 2010, GRUR 2011, 82; OLG München 19. 2. 2009 – 29 U 5681/08.
190 BGH 7. 12. 2006, WRP 2007, 769 = GRUR 2007, 603.
191 BGH 7. 12. 2006, WRP 2007, 769 = GRUR 2007, 603 (Sportartikel).
192 BFH 17. 6. 2009, NJW 2009, 3327.

163 Ein wettbewerbsrechtlicher **Streitpunkt ersten Ranges** sind seit jeher die **Überführungskosten** (zur vertragsrechtlichen Seite s. Rdn. 148).[193] Verschärft hat sich das Problem durch die **Sondervorschriften für den Fernabsatz**. Wer gewerbs- oder geschäftsmäßig oder regelmäßig in sonstiger Weise Ware zum Abschluss eines Fernabsatzvertrages anbietet, hat über § 1 Abs. 1 PAngV hinausgehend anzugeben, ob zusätzlich Liefer- und Versandkosten anfallen, wenn ja in welcher Höhe. Ob es sich bei den Überführungskosten um Liefer- und/oder Versandkosten i. S. d. § 1 Abs. 2 S. 1 Nr. 2 PAngV handelt, ist strittig.[194]

164 Schon im Normalfall, also außerhalb des Fernabsatzes, gelten Überführungskosten als „sonstiger Preisbestandteil", als Teil des angabepflichtigen Endpreises, wenn sie i. d. R. anfallen und vom Kunden zu tragen sind. Damit stehen sie praktisch auf einer Stufe mit der Umsatzsteuer. Fallen für einen Kunden Überführungskosten an, sind sie bereits in der Werbung zu berücksichtigen. Sie sind dann Bestandteil des Endpreises, wie er in § 1 Abs. 1 S. 1 PAngV definiert ist.[195]

165 Überführungskosten sind jedenfalls dann Preisbestandteil und damit in den Endpreis einzurechnen, wenn die Möglichkeit einer Selbstabholung ausscheidet, oder wenn auf eine solche Möglichkeit nicht hingewiesen wird, so das OLG Düsseldorf.[196] Bei der Frage, ob ein zuverlässiger Preisvergleich möglich ist, ist an den Regelfall anzuknüpfen.[197] Wenn nach der **Verkehrsauffassung** davon auszugehen ist, der in der Werbung genannte Preis für das Auto enthalte auch die Überführungskosten, so sind diese Kosten in den Endpreis aufzunehmen.[198] Sofern sich diese Vorstellung gar nicht erst bilden kann, weil der Händler „deutlich und eindeutig" auf eine gesonderte Berechnung der Überführungskosten hinweist, scheidet eine Einrechnung in den anzugebenden Endpreis naturgemäß aus.[199]

166 Wie die Überführungskosten in der Werbung konkret darzustellen sind, um den Vorgaben der PAngV i. V. m. BGH NJW 1983, 1558 gerecht zu werden, lässt sich mangels aktueller BGH-Rechtsprechung zu den zahlreichen Detailproblemen **nicht leicht beantworten**. Auch die OLG-Rechtsprechung ist nur bedingt hilfreich.[200] Der in der Werbung und auf Preistafeln zu beobachtende **Zusatz „zuzüglich Überführungskosten"** gilt allgemein als unzulässig, gleichviel, ob mit oder ohne **„Sternchenhinweis"**. Ein neben der Preisangabe angebrachtes Sternchen-Symbol sowie dessen im weiteren Text der Werbeanzeige untergebrachte Aufschlüsselung ‚Unverbindliche Preisempfehlung des Importeurs zuzüglich Überführungskosten' gewährleistet die gebotene Preisklarheit nicht.[201] Es ist irreführend, **in einer Internetbörse** für Autos den Fahrzeugpreis ohne die vom Kunden zu zahlenden Überführungskosten anzugeben, um bei der Suche in der Trefferliste als günstigerer Anbieter zu erscheinen. Dies gilt auch dann, wenn im Rahmen des eigentlichen Angebots bei der Angebotsbeschreibung die vom Kunden zu zahlenden Überführungskosten in Höhe eines bestimmten Betrages angegeben werden.[202]

---

193 Vgl. *Köhler/Bornkamm*, § 1 PAngV Rn. 18.

194 Verneinend OLG Bremen 29. 8. 2008 – 2 U 48/08; s. auch *Köhler/Bornkamm*, § 1 PAngV Rn. 26.

195 OLG Bremen 29. 8. 2008 – 2 U 48/08; OLG Schleswig 23. 1. 2007 – 6 U 65/06; OLG Düsseldorf 4. 9. 2007 – I-20 U 178/06.

196 Urt. v. 4. 9. 2007 – I-20 U 178/06.

197 BGH 16. 12. 1982, NJW 1983, 1558 (Kfz-Endpreis).

198 BGH 16. 12. 1982, NJW 1983, 1558.

199 BGH 16. 12. 1982, NJW 1983, 1558.

200 Zuletzt OLG Bremen 29. 8. 2008 – 2 U 48/08; OLG Düsseldorf 4. 9. 2007 – I-20 U 178/06; OLG Schleswig 23. 1. 2007 – 6 U 65/06.

201 OLG Köln 11. 8. 2000, VuR 2001, 446, 449; OLG Celle 14. 10. 2004 – 13 U 187/04.

202 OLG Düsseldorf 11. 9. 2007 – I-20 U 71/07.

Werden Fahrzeugpreis und Überführungskosten gesondert angegeben, ohne dass aus beiden ein Gesamtpreis (Endpreis) gebildet wird, liegt zwar i. d. R. ein Verstoß gegen § 1 Abs. 1 S. 1 PAngV vor. Er muss aber auch geeignet sein, die Interessen der Mitbewerber und Verbraucher spürbar zu beeinträchtigen, andernfalls ein Wettbewerbsverstoß ausscheidet. Ob ein **Bagatellverstoß** vorliegt oder nicht, ist eine Frage des Einzelfalls. Einem verständigen Verbraucher ist zuzutrauen, dass er zwei Einzelpreise addieren kann, um den tatsächlichen Preis zu ermitteln. Damit ist zugleich gewährleistet, dass Vergleiche mit Angeboten von Mitbewerbern vorgenommen werden können.[203] **167**

Stehen die Überführungskosten noch nicht fest oder sind sie unterschiedlich, ist der Betrag pauschal zu kalkulieren und in den Endpreis einzurechnen.[204] Eine Circa-Preisangabe ist nicht zulässig, da § 1 Abs. 6 PAngV verlangt, dass der Endpreis wahrheitsgemäß und genau beziffert wird. **168**

Auf der sicheren Seite ist der Händler nach alledem, wenn er die Überführungskosten konkret beziffert und sie, das ist entscheidend, als Bestandteil des Endpreises ausweist, sie also einrechnet und nicht ausklammert.[205] Dabei ist das Gebot des § 1 Abs. 6 S. 3 PAngV zu beachten (Hervorhebung des Endpreises). **169**

Im Fall der Gewährung eines **Kredits oder einer Finanzierungshilfe** sind die wesentlichen Konditionen anzugeben (§§ 6, 6a PAngV). Die Bewilligung eines Zahlungsaufschubs gegen eine 3 %ige Bearbeitungsgebühr stellt eine sonstige Finanzierungshilfe i. S. v. § 506 Abs. 1 BGB n. F. dar und verpflichtet zur Angabe des effektiven Jahreszinses.[206] Die bei der Berechnung des effektiven Jahreszinses einzubeziehenden Faktoren (Nominalzins, Bearbeitungs- und Vermittlungsgebühren, obligatorische Restschuldversicherung) schreibt das Gesetz ebenso vor wie die Rechenmethode. Die Angaben sind im Neuwagenhandel bedeutsam für verbundene Verträge (§ 358 BGB) und Teilzahlungsgeschäfte. **170**

Eine unter Verstoß gegen die PAngV getroffene Absprache ist **zivilrechtlich wirksam**.[207] Ein Verstoß gegen § 134 BGB liegt nicht vor. Die PAngV ist auch kein Schutzgesetz i. S. d. § 823 Abs. 2 BGB.[208] **171**

3. Rabattgewährung und Zugaben

Seit Abschaffung des Rabattgesetzes und der Zugabeverordnung zum 25. 7. 2001 sind die vom Neuwagenhandel gewährten Preisnachlässe deutlich angestiegen. Sie liegen zurzeit für Kunden bei Einzelabnahme von Pkw/Kombis/SUVs bei durchschnittlich 11,2 %.[209] Zum Sonderrabatt (Mengenrabatt) mit Haltebindung s. Rdn. 201. Darüber hinaus werden Endabnehmer mit Angeboten umworben wie z. B. Übernahme der Kraftstoffkosten für 10.000 Kilometer oder für ein Jahr, Befreiung von Versicherungsbeiträgen und Kraftfahrzeugsteuer für 2 Jahre, Garantiepreis für das Altauto, Freistellung von den Darlehensraten auf die Dauer eines Jahres bei Eintritt der Arbeitslosigkeit, 1000 € in bar.[210] **172**

Nach allgemeinem Sprachgebrauch ist unter Rabatt ein Preisnachlass zu verstehen, den der Unternehmer seinem Kunden als Nachlass auf den allgemein geforderten Normalpreis **173**

---

203 OLG Düsseldorf 9. 11. 1999 – 20 U 14/99; Erheblichkeit bejahend BGH 16. 12. 1982, NJW 1983, 1558; OLG Schleswig 23. 1. 2007 – 6 U 65/06; OLG Düsseldorf 11. 9. 2007 – I-20 U 71/07; s. auch BGH 29. 4. 2010, GRUR 2011, 82 Tz. 27 (Umsatzsteuer).

204 OLG Düsseldorf 11. 7. 1995 – 20 U 100/95; LG Frankfurt/M. 13. 2. 2002 – 2/6 O 5/02.

205 Vgl. OLG Schleswig 23. 1. 2007 – 6 U 65/06; OLG Düsseldorf 4. 9. 2007 – I-20 U 178/06.

206 BGH 15. 6. 1989, WRP 1990, 239; *Köhler/Bornkamm*, § 6 PAngV Rn. 11.

207 BGH 15. 11. 1978, NJW 1979, 540.

208 *Köhler/Bornkamm*, Vorb PAngV Rn. 7.

209 Quelle: CAR-Forschungszentrum.

210 Zur Zulässigkeit *Köhler/Bornkamm*, § 4 UWG Rn. 1.99 ff. m. w. N.

der Ware oder Leistung gewährt. In Anlehnung an die Definition zu § 1 ZugabeVO ist Zugabe als eine Ware oder Dienstleistung zu definieren, die ohne besondere Berechnung zu einer entgeltlich abgegebenen Ware oder Leistung hinzu gegeben wird und deren Erwerb von ihr abhängig ist.[211] **Übliche Zugaben im Kraftfahrzeughandel** sind Fußmatten, Fensterleder, Schlüsselanhänger, Tankfüllung, Autoradio, Winterreifen, Alarmanlage, kostenlose Jahresinspektion, Motoröl und Filterwechsel. Nach Wegfall der einfach zu handhabenden Formaltatbestände des Rabattgesetzes und der Zugabeverordnung sind diese Erscheinungsformen des Wettbewerbs an den allgemeinen Lauterkeitsregeln des UWG zu messen.[212]

4. Preisänderungen

a) Vertragspraxis

174 Die aktuellen NWVB (3/08) enthalten **keine Regelungstexte** in Bezug auf den Kaufpreis und dessen Anpassung während der vereinbarten Lieferzeit. Dies liegt daran, dass die Verbände der Automobilindustrie mit Preisänderungsklauseln in der Vergangenheit keine guten Erfahrungen gemacht haben.[213]

175 Dem Handel ist es freigestellt, die NWVB durch **Preisanpassungsklauseln** zu ergänzen. Dabei ist allerdings Vorsicht geboten. Im Gegensatz zu individuellen Vereinbarungen sind formularmäßige Preisanpassungsregelungen nur unter bestimmten Voraussetzungen und in engen Grenzen zulässig. Der gesetzliche Rahmen wird von §§ 307, 309 Nr. 1 BGB abgesteckt.

176 Die Mehrheit der Neuwagenanbieter hat es bei dem Wegfall der Regelungstexte zur Preisanpassung belassen. Sie setzen auf **individualvertragliche Absprachen**. Treffen die Parteien des Kaufvertrages keine diesbezüglichen Vereinbarungen, verbleibt es unabhängig von der vereinbarten und tatsächlichen Lieferzeit bei dem Kaufpreis, der bei Vertragsabschluss festgelegt worden ist. Allein die Kennzeichnung der vereinbarten Einzelpreise als „gegenwärtige Preise“ (Bestellscheinvorderseite) schafft keine rechtliche Grundlage für eine spätere Preisanpassung.

177 In manchen Vertragsformularen wird die vom BGH schon vor Jahren verworfene Klausel weiterverwendet, dass sich der Verkaufspreis entsprechend erhöht, wenn sich nach Vertragsschluss die **Mehrwertsteuer ändert**. Sie ist unwirksam, weil die nach § 309 Nr. 1 BGB erforderliche Einschränkung fehlt. Gelegentlich wieder anzutreffen ist auch die unverfängliche Klausel, die 1991 aus den NWVB herausgenommen wurde und die lediglich klarstellt, dass sich der Preis des Kaufgegenstandes ohne Skonto und sonstige Nachlässe zuzüglich Umsatzsteuer (Kaufpreis) versteht und dass vereinbarte Nebenleistungen (z. B. Überführungskosten) zusätzlich berechnet werden.

178 Einige Händler/Hersteller haben sich ermutigt gefühlt, die Regelungslücke in Abschn. II NWVB mit selbst entworfenen AGB zu füllen.

Zwei Klauselbeispiele:

Vertragshändlerklausel

„1. Der Preis des Kaufgegenstandes versteht sich ohne Skonto und sonstige Nachlässe zuzüglich Umsatzsteuer (Kaufpreis). Vereinbarte Nebenleistungen werden zusätzlich berechnet.

---

211 *Köhler*, BB 2001, 1589; *ders.* in Köhler/Bornkamm, § 4 UWG, Rn. 1.122.

212 *Köhler/Bornkamm*, § 4 UWG Rn. 1.121 ff.

213 Die Klauseln wurden allesamt für unwirksam erklärt, s. BGH 7. 10. 1981, BB 1982, 146; ferner BGH 26. 5. 1986, NJW 1986, 3134; 12. 7. 1989, NJW 1990, 115; OLG Düsseldorf 12. 4. 1984, WM 1984, 1134.

2. Liegen zwischen Vertragsschluss und vereinbartem Liefertermin mehr als vier Monate und ändert der Hersteller/Importeur nach Vertragsschluss die unverbindliche Preisempfehlung für das bestellte Fahrzeug oder erhöht sich nach Vertragsschluss die gesetzliche Mehrwertsteuer, ist der Verkäufer berechtigt, den Kaufpreis der Änderung der unverbindlichen Preisempfehlung oder der Erhöhung der Mehrwertsteuer anzupassen. Ergibt sich dadurch eine Erhöhung des Kaufpreises um 5 % oder mehr, so kann der Käufer durch schriftliche Erklärung binnen drei Wochen *(oder 2 Wochen)* seit Eingang der Mitteilung über die Preiserhöhung vom Vertrag zurücktreten.
3. Ziff. 2 gilt nicht für juristische Personen des öffentlichen Rechts, öffentlich-rechtliche Sondervermögen oder einen Unternehmer, der bei Abschluss des Vertrages in Ausübung seiner gewerblichen oder selbstständigen beruflichen Tätigkeit handelt."

Klausel eines überwiegend selbst verkaufenden Herstellers

„1. Der Preis des Kaufgegenstandes versteht sich ab Herstellerwerk zuzüglich etwaiger Überführungskosten und zuzüglich Umsatzsteuer (Kaufpreis). Vereinbarte Nebenleistungen werden zusätzlich berechnet.
2. Die im Kaufvertrag genannte Gesamtsumme ist als Kaufpreis zu zahlen, wenn eine Lieferzeit bis zu 4 Monaten vereinbart ist oder innerhalb von vier Monaten geliefert wird. Andernfalls werden die am Tag der Lieferung geltenden Listenpreise des Herstellers zuzüglich Umsatzsteuer als Kaufpreis vereinbart.

   Erhöhungen zwischen der Mitteilung des zu zahlenden Kaufpreises durch den Verkäufer und der Lieferung werden nicht berechnet, wenn der Käufer das Fahrzeug fristgerecht abnimmt.

   Der Käufer kann vom Vertrag zurücktreten, wenn die Summe der Kaufpreise für Fahrzeug und Sonderausstattung und des Entgelts für die Überführung in der Kaufpreismitteilung die Summe der für den gleichen Umfang in der Bestellung genannten Preis um mehr als 2,5 % – bei vereinbarter Lieferzeit von mindestens 18 Monaten um mehr als durchschnittlich 1,25 % je Vertragshalbjahr – übersteigt.

   Der Rücktritt hat schriftlich binnen 2 Wochen seit Zugang der Kaufpreismitteilung zu erfolgen.
3. Ist der Käufer eine juristische Person des öffentlichen Rechts, ein öffentlich-rechtliches Sondervermögen oder ein Unternehmer, der bei Abschluss des Vertrages in Ausübung seiner gewerblichen oder selbstständigen beruflichen Tätigkeit handelt, werden für Fahrzeug, Sonderausstattung und Überführung die am Tag der Lieferung geltenden Listenpreise des Herstellers zuzüglich Umsatzsteuer als Kaufpreis vereinbart; Ziff. 2 gilt nicht."

b) Gesetzliche Ausgangslage

Außerhalb des Geschäftsverkehrs mit Unternehmern, ihnen gleichgestellten juristischen Personen des öffentlichen Rechts und öffentlich-rechtlichen Sondervermögen sind formularmäßig vorgesehene Erhöhungen des Entgelts für Waren oder Leistungen, die innerhalb von **vier Monaten** nach Vertragsschluss geliefert oder erbracht werden sollen, gem. **§ 309 Nr. 1 BGB** grundsätzlich unzulässig. Dies gilt auch, wenn die Vereinbarung über die Erhöhung des Entgelts von dem übrigen Vertragstext räumlich getrennt wird und eine gesonderte Unterschriftsleistung des Käufers vorgesehen ist.[214] 179

Es kommt nicht auf den tatsächlichen, sondern auf den **vereinbarten** Leistungszeitraum an. Eine Klausel, die offen lässt, ob unter der Lieferzeit die vereinbarte oder die tatsächliche 180

214 LG Münster 29. 5. 1991, DAR 1992, 307 m. Anm. *Mehnle* S. 308.

Lieferzeit zu verstehen ist, ist bedenklich.[215] Die Frist beginnt mit dem Zustandekommen des Vertrages, also mit dem Zugang der Annahmeerklärung des Verkäufers.[216]

181 In die Zeit zwischen **Angebot und Annahme** fallende Preisänderungen werden von § 309 Nr. 1 BGB nicht erfasst. Kommt es vor Bestätigung des Angebots zur Preisänderung und teilt der Händler dem Kunden mit, dass er das Fahrzeug nur noch zu dem geänderten Preis liefern kann, bedeutet diese Erklärung die Ablehnung des Kaufantrags, verbunden mit einem neuen Vertragsangebot (§ 150 BGB). Dieses Angebot bedarf der Annahme durch den Käufer, die ausdrücklich erklärt werden muss.[217] Schriftform ist für die Annahme grundsätzlich nicht erforderlich.

182 Das Preisänderungsverbot gem. § 309 Nr. 1 BGB erfasst **jede Art** von **Preiserhöhungen** einschließlich der Anhebung der **Mehrwertsteuer.** Das Risiko einer Mehrwertsteuererhöhung kann nicht durch eine ‚Netto-Preisvereinbarung zuzüglich Umsatzsteuer‘ auf den Verbraucher verlagert werden, da diese Regelung eine Umgehung von § 309 Nr. 1 BGB darstellen würde, die gem. § 306a BGB unzulässig ist.

183 Soll die Lieferung ‚**so bald als möglich**‘ ausgeführt werden, kommt es darauf an, ob die Parteien eine Lieferung innerhalb oder außerhalb der viermonatigen Frist gewollt haben, was notfalls im Wege der Auslegung zu ermitteln ist.[218] Falls im Vertrag der vereinbarte Lieferzeitpunkt nicht angegeben und ein solcher auch nicht aus den Umständen zu entnehmen ist, gilt § 271 Abs. 1 BGB, d. h. der Käufer kann sofortige Lieferung verlangen; eine Preisänderungsklausel ist unzulässig.

c) Einzelprobleme

184 Im Fall einer Lieferfristvereinbarung **von mehr als vier Monaten** darf der Verkäufer die durch eine gesetzeskonforme Klauselgestaltung vorbehaltene Preiserhöhung nur unter der Voraussetzung an den Käufer weitergeben, dass die **Umstände**, auf denen die Preissteigerung beruht, **nach Vertragsschluss** eingetreten sind und diese für den Verkäufer nicht voraussehbar waren.[219] Prüfmaßstab ist **§ 307 BGB**.

185 Eine Klausel, die lediglich die Möglichkeit der Kaufpreiserhöhung zu Gunsten des Verkäufers vorsieht, verstößt nicht gegen § 307 BGB.[220] Von unwirksamer Klauselgestaltung ist auszugehen, wenn sich der Verkäufer bei Vertragsabschluss die Möglichkeit der Abänderung des vereinbarten Liefertermins einräumen lässt, ohne zugleich die Preisänderungsklausel entsprechend anzupassen.[221]

186 Ein höherer Preis als der bei Vertragsschluss vereinbarte darf dem Käufer nicht abverlangt werden, wenn die ursprünglich vereinbarte, unter vier Monaten liegende **Lieferfrist nachträglich verlängert** wird. Das Gleiche gilt für eine Preissteigerung **nach Eintritt des Lieferverzugs**, da sie der Risikosphäre des Verkäufers zuzurechnen ist.[222] Hierzu in Widerspruch stehende AGB sind unwirksam. Nach Meinung des OLG Düsseldorf[223] kann der Verkäufer dem Käufer eine in die Verzögerungsfrist fallende Preiserhöhung nur entgegenhalten, wenn er beweist, dass zwischen ihm, dem Großhändler, der Vertriebsgesellschaft

215 LG Münster 29. 5. 1991, DAR 1992, 307 m. Anm. *Mehnle*.
216 OLG Frankfurt 15. 1. 1981, DB 1981, 884.
217 BGH 18. 5. 1983, BB 1983, 921, 923.
218 Dazu OLG Köln 31. 7. 1991, OLGR 1992, 36 (schnellstmöglich heißt: Belieferung innerhalb von spätestens 12 Wochen).
219 *Palandt/Grüneberg*, § 309 BGB Rn. 8; LG Frankfurt/M. 6. 3. 1984, BB 1984, 942.
220 OLG Düsseldorf 22. 11. 2001, OLGR 2002, 145, 147; OLG Köln 13. 7. 1998, OLGR 1998, 434.
221 *Burck*, DB 1978, 1385.
222 *Burck*, DB 1978, 1385, 1386.
223 Urt. v. 15. 11. 1971, BB 1972, 1296 ff.

und dem Hersteller eine Kette rechtlich bindender Eindeckungsverträge bestanden und keine dieser Personen die Lieferverzögerung verschuldet hat.

Behält sich der Verkäufer durch eine gesetzeskonforme Klausel eine Preiserhöhung vor, kann er nach einer Entscheidung des LG Mainz[224] den erhöhten Preis nicht vom Käufer verlangen, wenn das bestellte Fahrzeug innerhalb der Frist von vier Monaten an ihn geliefert wird und er es entsprechend einer mit dem Käufer bei Vertragsabschluss getroffenen Vereinbarung drei Monate als Vorführwagen benutzt, ehe er es dem Käufer übergibt. Nach Ansicht der Kammer kommt es auf den Zeitpunkt der Anlieferung des Neufahrzeugs beim Verkäufer an und nicht auf den Zeitpunkt der Übergabe des Fahrzeugs an den Käufer. **187**

Der **Verkäufer** trägt die **Beweislast** dafür, dass die Preiserhöhung sich im Rahmen der nachträglich geänderten Umstände hält. Willkürliche Preisanhebungen scheitern an § 315 BGB. Die dem Verkäufer eingeräumte Befugnis zur Vornahme von Preiserhöhungen unterliegt **richterlicher Kontrolle**. Entspricht die Preiserhöhung nach Marktlage und Lieferzeit nicht der Billigkeit, kann das Gericht die vom Verkäufer getroffene Maßnahme aufheben und durch eigene billige Entscheidung ersetzen. **188**

d) Klauselgestaltung

Eine Preisanpassungsregelung in AGB darf nicht **allgemein gehalten** sein, wie die vom BGH verworfene **Tagespreisklausel.** Wird die Klausel konkret gefasst, besteht die Gefahr der Intransparenz. Wichtig ist, dass der Kunde den Umfang der auf ihn zukommenden Preissteigerung aus der Formulierung der Klausel erkennen kann.[225] Die Wahrscheinlichkeit der Unverständlichkeit wird umso größer, je mehr Faktoren der Kostensteigerung dargestellt werden.[226] **189**

Beachtet man die **vom BGH**[227] erteilten Hinweise, erfordert eine wirksame Preisänderungsklausel, dass **190**

- das Ausmaß der Erhöhung in angemessenem Verhältnis zur eingetretenen Änderung steht und die Klausel eine nachvollziehbare Begrenzung enthält,[228]
- die maßgeblichen Kriterien der Preiserhöhung möglichst konkret bezeichnet sind, d. h. Offenlegung der Kalkulation, wenn die Klausel auf eine Erhöhung der Kostensätze abstellt,[229]
- dem Käufer unter bestimmten Voraussetzungen ein Rücktrittsrecht zusteht.[230]

Bezüglich des **Rücktrittsrechts** („Rücktrittsschwelle") wurden im Anschluss an die o. a. BGH-Entscheidung im Wesentlichen zwei Vorschläge erörtert: Zum einen die Vorgabe einer starren, in Prozent ausgedrückten Limitierung (z. B. Steigerung um mehr als 5 % des Ausgangspreises),[231] zum anderen die Anlehnung an die allgemeine wirtschaftliche Entwicklung, ausgedrückt durch die vom Bundesamt für Statistik festgestellte Steigerung der Lebenshaltungskosten. **191**

Nach Ansicht des BGH[232] muss der Käufer, der sich bei Vertragsabschluss der Veränderlichkeit des Preises und seiner eigenen Leistungsfähigkeit bewusst ist, Preissteigerungen **192**

---

224 Urt. v. 6. 4. 1993 – 3 S 282/92 – n. v.
225 BGH 19. 11. 2002, DAR 2003, 165, 168.
226 BGH 7. 10. 1981, BB 1982, 146.
227 Urt. v. 7. 10. 1981, BB 1982, 146.
228 BGH 12. 7. 1989, NJW 1990, 115, 116.
229 OLG Düsseldorf 24. 11. 1981, DB 1982, 537; OLG Celle 1. 2. 1984, BB 1984, 808.
230 BGH 11. 6. 1980, NJW 1980, 2518 ff.; 7. 10. 1981, BB 1982, 146; 20. 5. 1985, ZIP 1985, 1081; 29. 10. 1985, WM 1986, 73; 26. 5. 1986, ZIP 1986, 919.
231 *Löwe*, BB 1982, 152 ff.
232 Urt. v. 1. 2. 1984, BB 1984, 486, 488.

redlicherweise so lange hinnehmen, wie die Preisentwicklung hinsichtlich des Kraftfahrzeugs von der **allgemeinen Preisentwicklung** nicht erheblich abweicht. Eine Klausel, die ein Rücktrittsrecht des Käufers davon abhängig macht, dass die Preiserhöhung des Kraftfahrzeugs zwischen Bestellung und Auslieferung den Anstieg der allgemeinen Lebenshaltungskosten erheblich übersteigt, trägt dem Umstand Rechnung, dass bei langen Lieferfristen die künftige Kostenentwicklung auf vielfältigen, vom Händler oft nicht voraussehbaren Umständen beruhen kann[233] und schützt den Käufer zugleich vor einem überproportionalen Anstieg der Pkw-Anschaffungskosten.[234]

193 Im Urteil vom 1. 2. 1984 hat der BGH[235] nicht die Voraussetzungen eines wirksamen Preisänderungsvorbehalts geprüft. Er musste lediglich die Lücke füllen, die die unwirksame Tagespreisklausel hinterlassen hatte. In diesem Zusammenhang erklärte er, es sei unbedenklich, wenn im Wege der ergänzenden Vertragsauslegung ein – durch ein Rücktrittsrecht des Käufers begrenztes – Leistungsbestimmungsrecht in den Vertrag eingeführt werde. Die **Kombination** aus Rücktritt und Leistungsbestimmungsrecht wurde so zum Maßstab für die Klauselgestaltung.[236]

194 Bei Kaufverträgen über Neufahrzeuge mit längeren Lieferfristen bestehen somit keine Bedenken gegen die Verwendung von Preissteigerungsklauseln, die außer dem Rücktrittsrecht des Käufers die Regelung enthalten, dass der bei Lieferung geforderte – erhöhte – Preis einer nach **billigem Ermessen** zu treffenden **Leistungsbestimmung** durch den Verkäufer gem. § 315 Abs. 1, 3 BGB entsprechen muss. Hierdurch kann sowohl dem Umstand Rechnung getragen werden, dass eine Bestellung zu einem besonders günstigen, erheblich unter dem Listenpreis liegenden Preis erfolgt, als auch dem Umstand, dass der bei Lieferung verlangte Preis zwar unterhalb der allgemeinen Preissteigerung, aber weit über dem Anstieg der allgemeinen Anschaffungskosten für das Fahrzeug liegt. Die Kontrolle nach § 315 Abs. 3 BGB ist außerdem ein dem Rücktrittsrecht vorgeschaltetes Korrektiv, das die Gefahr mindert, dass der Verkäufer den Käufer durch das Verlangen exorbitanter Erhöhungen[237] aus dem Vertrag drängt.

195 Nach der BGH-Rechtsprechung reicht allein die Festlegung einer starren Rücktrittsgrenze von z. B. 5 % zur Rettung der Preisanpassungsklausel nicht aus. Erforderlich ist vielmehr, dass die Rücktrittsschwelle der Billigkeit entsprechen muss. Sie ist daher an den allgemeinen Lebenshaltungskosten auszurichten und muss dem Käufer das Recht zum Rücktritt vom Vertrag geben, wenn der bei Lieferung verlangte Preis gegenüber dem bei Vertragsabschluss vereinbarten Preis stärker als die allgemeinen Lebenshaltungskosten angestiegen ist.[238] Durch eine Kombination des flexiblen Lösungsansatzes mit der Festlegung einer prozentualen Höchstgrenze lässt sich der Schutz des Käufers optimieren.

196 Nach einer Entscheidung des OLG Hamm[239] berechtigt eine Klausel, die dem Käufer das Recht einräumt, bei einer Preiserhöhung von 5 % zwischen Vertragsschluss und vereinbartem Liefertermin vom Kaufvertrag zurückzutreten, den Käufer zur Ausübung des Rücktritts, wenn der Hersteller die Preise in diesem Zeitraum zwei Mal um insgesamt 5,3 % erhöht und die erste Teuerung der Steigerung der allgemeinen Lebenshaltungskosten entspricht und die zweite Teuerung mit einer verbesserten Ausstattung des Autos (Airbag zusätzlich) einhergeht.

233 BGH 7. 10. 1981, BB 1982, 146.
234 *Bartsch*, BB 1983, 215 ff.
235 BB 1984, 486.
236 BGH 31. 10. 1984, NJW 1985, 621, 623.
237 *Löwe*, BB 1982, 152 ff.; *Trinkner*, BB 1983, 924.
238 *Bartsch*, DB 1983, 215 ff.
239 Urt. v. 8. 7. 1994, BB 1994, 173.

Im **Geschäftsverkehr mit Kaufleuten** gelten weniger strenge Anforderungen. Preiserhöhungsklauseln in Verträgen mit Kaufleuten, juristischen Personen des öffentlichen Rechts und öffentlich-rechtlichen Sondervermögen können zulässigerweise auch ohne Angabe der Erhöhungskriterien und Einräumung eines Rücktrittsrechts vereinbart werden, sofern die Interessen des Käufers in anderer Weise ausreichend gewahrt werden, was z. B. dann der Fall sein kann, wenn sich die Preiserhöhung auf den am Markt durchgesetzten Preis beschränkt oder die Parteiinteressen weitgehend gleichgerichtet sind.[240] Dies gilt auch, wenn der vom Verkäufer bei Lieferung des Fahrzeugs verlangte Preis den Anstieg der allgemeinen Lebenshaltungskosten in der Zeit zwischen Vertragsabschluss und Auslieferung nicht unerheblich übersteigt.[241] Unbedenklich ist im kaufmännischen Geschäftsverkehr die Verwendung von Umsatzsteuer-Gleitklauseln.[242] 197

e) Rechtsfolgen bei Verwendung einer unwirksamen Preisanpassungsklausel

Die durch Wegfall einer unwirksamen Preisanpassungsklausel entstehende **Vertragslücke** ist durch eine Kombination aus ergänzender Vertragsauslegung und Billigkeitskontrolle i. S. v. § 315 BGB zu schließen. An die Stelle der unwirksamen Klausel tritt eine Regelung, die den Käufer zwar grundsätzlich zur Zahlung des bei Auslieferung des Fahrzeugs gültigen Listenpreises verpflichtet, soweit dieser Preis einer nach billigem Ermessen zu treffenden Leistungsbestimmung durch den Verkäufer entspricht, die ihm aber andererseits ein Rücktrittsrecht einräumt, sofern eine Preiserhöhung den Anstieg der allgemeinen Lebenshaltungskosten in der Zeit zwischen Bestellung und Auslieferung erheblich übersteigt.[243] 198

Sofern die vereinbarte Lieferfrist die Sperrfrist des § 309 Nr. 1 BGB um knapp 6 Wochen überschreitet, ist es nach Meinung des LG Münster[244] nicht unbillig, den Händler an dem **ursprünglich vereinbarten** Kaufpreis **festzuhalten**, wenn er mit einer ungültigen Preiserhöhungsklausel arbeitet.[245] 199

Den aufgrund einer unwirksamen Preisanpassungsklausel empfangenen Erhöhungsbetrag muss der Verkäufer dem Käufer **gem. § 812 BGB** insoweit **erstatten**, als nach den vom BGH aufgestellten Grundsätzen eine Vertragsanpassung nicht stattfindet.[246] 200

VI. Zustimmungserfordernis bei Übertragung von Rechten und Pflichten aus dem Kaufvertrag

Für den Käufer besteht grundsätzlich keine Pflicht, dem Verkäufer von sich aus, also ungefragt, eine **Wiederverkaufsabsicht** zu offenbaren.[247] Will sich der Hersteller/Händler davor schützen, dass die von ihm vertriebenen Fahrzeuge auf dem „grauen" Markt von nicht autorisierten Wiederverkäufern gehandelt werden, muss er sich eine Bestätigung über die Eigenverwendung erteilen lassen oder mit dem Abnehmer eine – ggf. mit einer Vertragsstrafe bewehrte – Vereinbarung treffen, die den Weiterverkauf für eine bestimmte Zeit untersagt. Die Wirksamkeit derartiger **Veräußerungsverbote** ist umstritten. Ob darin ein 201

240 BGH 16. 1. 1985, BGHZ 93, 259.
241 BGH 27. 9. 1984, NJW 1985, 426; *Creutzig*, Recht des Autokaufs, Rn. 2.1.15.
242 BGH 28. 1. 1981, NJW 1981, 979; *Wolf*, ZIP 1987, 341, 346; *Dittmann*, BB 1979, 712; *Palandt/Grüneberg*, § 309 BGB Rn. 7.
243 BGH 27. 10. 1983, BB 1984, 175; kritisch *Löwe*, BB 1984, 492; *Trinkner*, BB 1984, 490.
244 Urt. v. 19. 5. 1991, DAR 1992, 307 m. Anm. *Mehnle*.
245 LG Münster 19. 5. 1991, DAR 1992, 307.
246 LG Augsburg 29. 10. 1982, DAR 1982, 231; LG Nürnberg-Fürth 27. 1. 1982, BB 1982, 456 ff.; LG München 30. 3. 1983, DAR 1983, 230; AG München 12. 10. 1982, DAR 1982, 400.
247 BGH 26. 2. 1992, ZIP 1992, 483 ff.

Verstoß gegen Art. 81 II EG liegt, hat der 5. Strafsenat des BGH in dem Beschluss vom 9. 6. 2004[248] offen gelassen. Auch das OLG Düsseldorf konnte diese Frage in einem Prozess dahinstehen lassen, in dem es um die Rückzahlung eines Sonderrabatts (Mengenrabatts) bei Verstoß gegen das vereinbarte Veräußerungsverbot ging.[249] Der Senat hat in der Rückzahlungsklausel eine **Vertragsstrafe** gesehen und sie aus AGB-rechtlichen Gründen verworfen.[250] Zur deliktischen Haftung s. BGH NJW 2004, 2603 (auch zur Frage des Vermögensschadens und seiner Feststellbarkeit).

1. Inhalt, Tragweite und Zulässigkeit des Zustimmungserfordernisses

202 Gem. Abschn. I Ziff. 2 NWVB bedürfen Übertragungen von Rechten und Pflichten des Käufers aus dem Kaufvertrag der **schriftlichen Zustimmung** des Verkäufers. Im umgekehrten Verhältnis benötigt der Verkäufer für die Abtretung seiner Ansprüche aus dem Kaufvertrag nicht das Einverständnis des Käufers.

203 Der Zustimmungsvorbehalt zugunsten des Händlers erstreckt sich auf **sämtliche Rechte und Pflichten** des Käufers einschließlich der Rechte auf Eigentumsverschaffung und aus der Sachmängelhaftung. Zur Abtretbarkeit und Abtretung von Sachmängelrechten s. Rdn. L 67 ff. Die Zustimmung muss vom Käufer eingeholt und vom Verkäufer gem. Abschn. I Ziff. 2 NWVB schriftlich erteilt werden. Ein Schriftformmangel macht die Zustimmung nicht unwirksam.

204 Die Zustimmungsklausel ist nicht überraschend i. S. v. § 305c BGB. Eine erhebliche Abweichung vom gesetzlichen Leitbild des Kaufvertrages liegt nicht vor.[251] Er ist auch nicht unangemessen angesichts der berechtigten Interessen der Händler, die Verträge ausschließlich mit ihren Vertragspartnern abzuwickeln, den Abrechnungsverkehr klar und übersichtlich zu gestalten und nicht unerwartet einem Käufer mit unbekannter Bonität gegenüberzustehen.[252] Vor allem aber sollen mit dem Zustimmungsvorbehalt vertriebsstrategische Zielvorstellungen gewahrt und durchgesetzt werden. Das auf Aufrechterhaltung des Vertragshändlersystems und auf Unterbindung eines grauen Marktes gerichtete Bestreben der Händler findet Ausdruck in der Zustimmungsklausel. Sie wird von der Rechtsprechung gebilligt.[253]

2. Einbeziehung des Zustimmungsvorbehalts in den Übertragungsvertrag

205 Hat der Verkäufer die Zustimmung erteilt, bereitet die Übertragung der Rechte und Pflichten auf einen Dritten keine Probleme. Liegt sie nicht vor, steht es im Belieben des Käufers und des Dritten, in welcher Weise sie den Zustimmungsvorbehalt des Verkäufers in den Vertrag einbeziehen. Sie können Erteilung der Zustimmung des Verkäufers als auflösende oder aufschiebende **Bedingung** vereinbaren. Denkbar ist auch, dass die erwartete Zustimmung des Verkäufers die **Geschäftsgrundlage** des Vertrages darstellt oder dass die eine oder andere Vertragspartei das **Risiko** für die Erteilung der Zustimmung des Verkäufers **übernimmt**.

206 Möglich ist auch eine **Vertragsübernahme**, die der Intention der Beteiligten dann entspricht, wenn der Zweitkäufer vollständig in die Position des Erstkäufers einrücken soll.

---

248 NJW 2004, 2603.
249 Urt. v. 28. 6. 2006 – VI (Kart) 33/05 – BeckRS 2006, 12722.
250 Zur Kontrollfähigkeit von Rabattklauseln auch BGH 13. 7. 2005, IV ZR 83/04.
251 BGH 25. 11. 1999, NJW-RR 2000, 1220, 1221; 24. 9. 1980, NJW 1981, 117, 118; 7. 10. 1981, DAR 1982, 66 ff.
252 BGH 25. 11. 1999, NJW-RR 2000, 1220, 1221 m. w. N.; 24. 9. 1980, NJW 1981, 117, 118.
253 BGH 11. 5. 1989, NJW-RR 1989, 1104; 24. 9. 1980, NJW 1981, 117 ff.; OLG Hamm 9. 7. 1987 – 28 U 268/86.

Einer Vertragsübernahme müssen alle Beteiligten zustimmen, da jeder in seiner Rechtsstellung berührt wird.

Die Auslegung der Vertragserklärungen kann im Einzelfall ergeben, dass an Stelle des Rechtskaufs ein Sachkauf gewollt ist. Nach Ansicht des AG Bergisch Gladbach[254] liegen die Voraussetzungen hierfür vor, wenn der Käufer an dem bestellten Fahrzeug nicht mehr interessiert ist, der Dritte Wert darauf legt, unter Vermeidung langer Lieferfristen alsbald ein Neufahrzeug zu erhalten und den Parteien nach aller Lebenserfahrung gleichgültig ist, mit welcher rechtlichen Konstruktion sich das Ziel erreichen lässt. Beim Sachkauf richtet sich der Anspruch auf Eigentumsverschaffung gegen den Käufer und nicht gegen den Händler, es findet ein Durchgangserwerb statt. **207**

Hat keiner der Beteiligten die Versagung der Genehmigung durch den Verkäufer zu vertreten, werden beide von ihren Leistungspflichten befreit. Falls eine Partei das Risiko übernommen oder die Versagung der Genehmigung vertreten hat, ist sie der anderen gem. § 280 BGB zum Schadensersatz verpflichtet. Beispiel: Der Übernehmer verlangt vom Händler, den Vertrag zu modifizieren, worauf dieser nicht eingeht.[255] **208**

3. Übertragung ohne Zustimmung

Umstritten sind die **Rechtsfolgen** einer Abtretung ohne Zustimmung des Verkäufers. Hierzu wird die Ansicht vertreten, die Übertragung der Rechte sei entsprechend § 135 BGB **relativ**, also nur gegenüber dem Verkäufer, **unwirksam**.[256] Dieser habe es aber in der Hand, die verbotswidrige Verfügung zu genehmigen. Nach der überwiegenden Gegenmeinung fallen sowohl das Abtretungsverbot als auch der Zustimmungsvorbehalt zur Abtretung unter die gesetzlichen Verfügungsbeschränkungen, weil sie der Forderung die Verkehrsfähigkeit nehmen,[257] so dass die einseitige Genehmigung des Verkäufers die **unwirksame Abtretung** nicht gem. § 185 Abs. 2 BGB rückwirkend heilt, sondern als Angebot zum Abschluss eines Änderungsvertrages in Form der Aufhebung des Abtretungsausschlusses mit ex nunc-Wirkung zu verstehen ist.[258] **209**

Verweigert der Verkäufer seine Zustimmung, kann er die Unwirksamkeit einer vom Käufer gleichwohl getroffenen Verfügung (§ 399 BGB) dem Käufer und dem Dritten entgegenhalten.[259] Auch Dritte können sich auf die Unwirksamkeit berufen, da sie zur Folge hat, dass die Forderung im Vermögen des Käufers bleibt.[260] **210**

4. Versagung der Zustimmung

Die Berufung des Händlers auf das Zustimmungserfordernis kann im Einzelfall ausnahmsweise **treuwidrig** sein.[261] Bei längeren Lieferfristen kann es vorkommen, dass der Käufer zum Zeitpunkt der Lieferung an dem bestellten Fahrzeug wegen Erkrankung, Fahruntauglichkeit oder finanzieller Verschlechterung nicht mehr interessiert ist. Solche Ereignisse berechtigen ihn nicht zum Rücktritt vom Vertrag. Eine Auflösung des Vertragsverhältnisses nach den Grundsätzen über eine Störung der Geschäftsgrundlage (§ 313 BGB) **211**

254 Urt. v. 7. 7. 1978 – 16 C 1333/77 – n. v.; einschränkend LG Köln 7. 2. 1979 – 9 S 319/78 – n. v.
255 Vgl. *Kasten*, DAR 1985, 265, 266.
256 BGH 30. 10. 1990, NJW-RR 1991, 764.
257 BGH 14. 10. 1963, BGHZ 40, 156, 160; 27. 5. 1971, BGHZ 56, 229, 231; *Palandt/Grüneberg*, § 399 BGB, Rn. 11 m. w. N.
258 OLG Köln 10. 9. 1999, ZIP 2000, 742; *Lüke*, JuS 1992, 16.
259 BGH 14. 10. 1963, BGHZ 40, 156, 159.
260 BGH 3. 12. 1987, BGHZ 102, 293, 301; 29. 6. 1989, BGHZ 108, 172, 176.
261 BGH 25. 11. 1999, NJW-RR 2000, 1220, 1221; 24. 9. 1980, NJW 1981, 117 ff.; OLG Hamburg 21. 12. 1971, VersR 1972, 631.

kann er ebenfalls nicht verlangen, da die veränderten Umstände die eigene Sphäre betreffen, für die er einzustehen hat. Wenn der Händler in einem solchen Fall die Zustimmung zur Abtretung ohne sachlich zwingende Gründe verweigert und stattdessen Schadensersatz wegen Nichterfüllung vom Käufer begehrt, ist der Anspruch aus dem Gesichtspunkt unzulässiger Rechtsausübung zurückzuweisen.[262] Ein **rechtsmissbräuchliches Handeln** wurde vom OLG Karlsruhe[263] bejaht, weil der Händler den Neuwagen zwar an den Nachkäufer veräußert, einer Vertragsübernahme aber nur deshalb nicht zugestimmt hatte, um erneut Gewinn zu erzielen.

212 Die **Versagung der Zustimmung** ist nicht treuwidrig, wenn

- berechtigte **Zweifel an der Vertragstreue** und **Zahlungsfähigkeit** des Zessionars bestehen (OLG Nürnberg 13. 5. 1982 – 2 U 752/82 – n. v.),
- der Verkäufer die Zustimmung verweigert, um das Entstehen eines **grauen Marktes** zu vermeiden,
- der vom Erstkäufer vorgeschlagene Ersatzkäufer das Fahrzeug einem Dritten durch Leasingvertrag überlassen will, da der Ersatzkäufer einem Wiederverkäufer gleichzusetzen ist, an den der Händler das Neufahrzeug nicht verkaufen darf (OLG Hamm 9. 7. 1987 – 28 U 268/86 – n. v.).

VII. Der Eigentumsvorbehalt

1. Bedeutung für den Neuwagenhandel

213 Der Eigentumsvorbehalt spielt im Geschäftsverkehr mit dem Endabnehmer keine große Rolle. Kaufpreisstundung oder eine Direktfinanzierung durch den Verkäufer sind selten geworden. Neufahrzeuge werden entweder unter Vereinbarung von Barzahlung verkauft, was heute die Ausnahme ist, oder der Kaufpreis wird ganz oder teilweise durch Dritte finanziert. Bei der Fremdfinanzierung wird das Fahrzeug regelmäßig an den Darlehensgeber sicherungsübereignet, so dass für einen Eigentumsvorbehalt des Verkäufers kein Raum bleibt. Zum Vertrag mit Leasinggesellschaften s. Rdn. L 300 ff.

214 Trotz der **geringen praktischen Relevanz** ist der Eigentumsvorbehalt in Abschn. VI NWVB ausführlich geregelt. Der Klauseltext in den aktuellen NWVB (3/08) weicht nur geringfügig von dem der Vorgängerregelung (4/03) ab.[264]

2. Einfacher Eigentumsvorbehalt

215 Gem. Abschn. VI Ziff. 1 S. 1 NWVB bleibt das Fahrzeug bis zum Ausgleich der dem Verkäufer aufgrund des Kaufvertrages zustehenden Forderungen Eigentum des Verkäufers. Der Eigentumsübergang auf den Käufer ist an die aufschiebende Bedingung der vollständigen Bezahlung der Kaufpreisforderung geknüpft. Gegen die Wirksamkeit des einfachen Eigentumsvorbehaltes in AGB bestehen keine Bedenken, da es sich um eine durch § 449 BGB anerkannte Gestaltungsmöglichkeit zur Sicherung der Kaufpreisforderung handelt.[265]

216 Der Eigentumsvorbehalt betrifft das verkaufte Fahrzeug und die **wesentlichen Bestandteile,** auch wenn sie erst nachträglich angebracht werden. **Motor, Räder** und ein **Navigationssystem**[266] sind wegen ihrer Sonderrechtsfähigkeit keine wesentlichen Bestandteile

262 Zustimmend OLG Hamm 9. 7. 1987 – 28 U 268/86 – n. v.
263 Urt. v. 30. 12. 1985, DAR 1986, 151.
264 Zu den Klauseln der NWVB Stand 1991 s. BGH NJW 2001, 292.
265 BGH 3. 2. 1982, NJW 1982, 1749; 5. 5. 1982, NJW 1982, 1751.
266 OLG Karlsruhe 5. 9. 2001, OLGR 2002, 98, 99.

eines Kraftfahrzeugs,[267] wohl aber **Fahrgestell** und **Karosserie**.[268] Durch verschleiß – oder unfallbedingten Austausch von Fahrzeugteilen entsteht keine neue Sache, auch nicht bei Auswechselung des Fahrzeugrahmens.[269] Mitverkauftes **Zubehör** und **unwesentliche Bestandteile** werden i. d. R. von einem auf die Hauptsache bezogenen Eigentumsvorbehalt erfasst, jedoch handelt es sich um eine Auslegungsfrage. Das Autotelefon gehört bei geschäftlich genutzten Personenkraftwagen nicht zum Zubehör, da es in diesen regelmäßig nicht auf Dauer verbleiben soll.[270]

Das Recht zum **Besitz des Fahrzeugbriefs** (= Zulassungsbescheinigung Teil II) steht dem Verkäufer während der Dauer des Eigentumsvorbehalts zu (Abschn. VI Ziff. 1 Abs. 4 NWVB). Da das Eigentum an dem Fahrzeug mit **vollständiger Tilgung** der gesicherten Forderungen auf den Käufer übergeht, hat der Verkäufer den Kfz-Brief an den Käufer herauszugeben.[271] Der Herausgabeanspruch des Käufers ergibt sich aus der entsprechenden Anwendung von § 952 BGB. **217**

3. Erweiterter Eigentumsvorbehalt

Für den Unternehmensverkehr enthält Abschn. VI Ziff. 1 Abs. 2 NWVB einen Kontokorrentvorbehalt.[272] Da es sich dabei um eine besondere Art des erweiterten Eigentumsvorbehalts handelt, setzt die Klausel weder die einzelvertragliche Vereinbarung eines Kontokorrentverhältnisses gem. § 355 HGB[273] noch eine stillschweigende Praktizierung voraus.[274] Ihr Anwendungsbereich darf aber nicht über den vereinbarten Umfang hinaus ausgedehnt werden. Mit dem Ausgleich des Kontos erlischt der Eigentumsvorbehalt und lebt danach nicht wieder auf.[275] **218**

Nach allgemeiner Auffassung ist ein formularvertraglicher Kontokorrentvorbehalt weder überraschend noch führt er zu einer unangemessenen Benachteiligung der anderen Vertragspartei.[276] Um wirksam zu sein, muss sie den Käufer jedoch vor **Übersicherung** durch den Verkäufer schützen.[277] Erforderlich ist die Einräumung einer **Freigabeklausel.** Dient eine Ware zur Sicherheit, muss die Klausel eine Bezugsgröße für die Berechnung des Warenwertes enthalten, der die Feststellung ermöglicht, ob die Deckungsgrenze überschritten ist. Andernfalls verstößt der Kontokorrentvorbehalt gegen § 307 Abs. 1 BGB, weil durch Begründung immer neuer Forderungen bei fortbestehender Geschäftsbeziehung die Eigentumsverschaffungspflicht, bei der es sich um eine Hauptleistungspflicht des Verkäufers handelt, auf unbestimmte Zeit hinausgeschoben ist. **219**

Ob die jetzigen Regelungen in Abschn. VI Ziff. 1 S. 2 NWVB die Anforderungen der Rechtsprechung erfüllen, erscheint aus mehreren Gründen **zweifelhaft**. Nach dem Wortlaut bleibt der Eigentumsvorbehalt auch bestehen ‚für Forderungen des Verkäufers gegen den Käufer aus der laufenden Geschäftsbeziehung bis zum Ausgleich von im Zusammenhang **220**

---

267 BGH 8. 10. 1955, NJW 1955, 1793 ff.; 6. 1. 1973, BGHZ 61, 80; OLG Stuttgart 13. 6. 1951, NJW 1952, 145; OLG Karlsruhe 2. 3. 1955, MDR 1955, 413.
268 OLG Stuttgart 13. 6. 1951, NJW 1952, 145.
269 KG 30. 9. 1960, NJW 1961, 1026.
270 OLG Köln 27. 4. 1993, NJW-RR 1994, 51.
271 KG 2. 2. 1996, OLGR 1996, 81.
272 Aus der Formulierung ergibt sich nicht klar, ob sich die Sicherung auf die einzustellenden Forderungen oder auf den Saldo bezieht; zu den Unterschieden *Erman/Grunewald*, § 449 BGB Rn. 64, 65.
273 BGH 12. 6. 1969, WM 1969, 1072, 1073.
274 *Creutzig*, Recht des Autokaufs, Rn. 6.1.5.
275 BGH 23. 11. 1977, NJW 1978, 632, 633.
276 BGH 23. 11. 1977, BB 1978, 18; 7. 2. 1979, BB 1979, 443 ff.; 19. 12. 1969, WM 1970, 184, 185.
277 BGH 9. 2. 1994, NJW 1994, 1154; 27. 11. 1997, ZIP 1998, 235.

mit dem Kauf zustehenden Forderungen.‘ Es ist nicht klar gesagt, welche Forderungen ‚im Zusammenhang mit dem Kauf‘ stehen und wie sich diese Forderungen von denjenigen Forderungen abgrenzen, die dem Verkäufer aufgrund des Kaufvertrages nach Abschn. VI Ziff. 1 S. 1 NWVB zustehen. Man kann nur vermuten, dass damit Forderungen gemeint sind, die dem Verkäufer aus der Vornahme von Reparaturen, Wartungsdiensten und Inspektionen zustehen. Da die zur Wirksamkeit der Freigabeklausel erforderlichen Bezugsgrößen nicht klar definiert sind, ist die Regelung verbesserungswürdig, wenn auch nicht unbedingt unwirksam.

4. Pflichten des Käufers

221 Gewöhnlich werden dem Käufer im Interesse der Werterhaltung des unter Eigentumsvorbehalt gelieferten Fahrzeugs konkrete Verhaltens- und Obhutspflichten auferlegt, bei deren Verletzung er dem Verkäufer gem. § 280 BGB auf Schadensersatz haftet, falls es zum Vertragsrücktritt kommt.

222 Dem Käufer ist es untersagt, über das Fahrzeug zu verfügen. Er darf es **nicht veräußern, verpfänden oder Dritten zur Sicherheit übereignen.** Dieses Verbot sieht Abschn. VI Ziff. 3 NWVB ausdrücklich vor. Im Hinblick auf das Anwartschaftsrecht unterliegt der Käufer allerdings keinen Beschränkungen.

223 Das in Abschn. VI Ziff. 3 NWVB enthaltene Verbot, Dritten vertraglich **eine Nutzung** des Kaufgegenstandes einzuräumen, bedeutet nicht, dass das Fahrzeug nur vom Vorbehaltskäufer benutzt werden darf. Durch die Klausel soll eine über den normalen Gebrauch hinausgehende Abnutzung des Fahrzeugs, z. B. durch Vermietung, verhindert und eine ordnungsgemäße und pflegliche Behandlung sichergestellt werden. Die mit einem Verlust des unmittelbaren Besitzes verbundene Weitergabe des Fahrzeugs an einen Dritten gefährdet das Eigentum des Vorbehaltsverkäufers.[278]

224 Die Auferlegung von **Benachrichtigungs- und Hinweispflichten** in AGB[279] für den Fall, dass Dritte Zugriff auf das Fahrzeug nehmen, sei es durch Pfändung oder Geltendmachung des Unternehmerpfandrechts, ist unbedenklich. Denn auch ohne ausdrückliche Regelung im Vertrag ist der Käufer eines unter Eigentumsvorbehalt gelieferten Fahrzeugs gem. § 241 Abs. 2 BGB verpflichtet, den Verkäufer über solche Ereignisse zu informieren und den Dritten, der auf das Fahrzeug Zugriff nimmt, auf den Eigentumsvorbehalt hinzuweisen. Sachgemäß und daher nicht zu beanstanden ist eine Regelung in AGB, die den Teilzahlungskäufer verpflichtet, die vom Hersteller vorgeschriebenen **Wartungsarbeiten** und erforderlichen **Instandsetzungen** durch eine Fachwerkstatt unverzüglich durchführen zu lassen.

225 Die Verpflichtung des Käufers, für das Fahrzeug eine **Vollkaskoversicherung** für fremde Rechnung abzuschließen und den Versicherer anzuweisen einen Sicherungsschein zu erteilen,[280] ist für den Verkäufer eine notwendige Maßnahme zur Absicherung der typischen Risiken beim Teilzahlungskauf. Sie wurde bei Neufassung der NWVB unverständlicherweise gestrichen. Allein aus dem Vorbehalt des Eigentums lässt sich eine Nebenpflicht i. S. v. § 241 Abs. 2 BGB zum Abschluss einer Vollkaskoversicherung nicht ableiten.

226 Eine Vertragsregelung, die dem Käufer eines unter Eigentumsvorbehalt stehenden Neufahrzeugs den Abschluss einer Vollkaskoversicherung abverlangt, ist weder überraschend noch unangemessen.[281] Sie dient nicht allein dem Sicherungsinteresse des Verkäufers, son-

278 LG Hannover 23. 1. 1973, MDR 1974, 766.
279 In den NWVB nicht enthalten.
280 Dazu *Creutzig*, Recht des Autokaufs, Rn. 6.5.2.
281 BGH 8. 10. 1969, NJW 1970, 29, 31 (Gebrauchtwagenkauf).

dern auch dem Schutz des Käufers, insofern er im Fall der Beschädigung oder des Untergangs des Fahrzeugs nicht mit eigener Inanspruchnahme zu rechnen braucht.

Eine Bestimmung, dass der Verkäufer selbst die Vollkaskoversicherung abschließen und den Käufer mit den Prämien belasten darf, wenn dieser der vertraglich vereinbarten Pflicht trotz schriftlicher Mahnung des Verkäufers nicht nachkommt, erweist sich in Anbetracht der Bedeutung der Vollkaskoversicherung als sachdienlich und unbedenklich. **227**

5. Rücktritt des Verkäufers vom Kaufvertrag

a) Zahlungsverzug

Die Regelung in Abschn. VI Ziff. 2 S. 1 NWVB, die besagt, dass der Verkäufer bei Zahlungsverzug des Käufers vom Kaufvertrag zurücktreten kann, ist jedenfalls außerhalb des unternehmerischen Verkehrs **unwirksam.**[282] Der Rücktritt erfordert im Gegensatz zu § 455 BGB a. F., dass der Käufer eine fällige Leistung nicht erbringt und der Verkäufer erfolglos eine angemessene Frist zur Leistung gesetzt hat (§ 323 Abs. 1 BGB). Da die **Klausel** ihrem Wortlaut nach dem Verkäufer gestattet, ohne vorherige Fristsetzung vom Kauf zurückzutreten, verstößt sie gegen **§ 309 Nr. 4 BGB.** **228**

Da § 309 Nr. 4 BGB für den **Unternehmensverkehr** nicht anwendbar ist, wird im Schrifttum[283] die Ansicht vertreten, im Rahmen der **nach § 307 BGB** vorzunehmenden Abwägung seien weniger strenge Anforderungen zu stellen und dem Sicherungsinteresse des Vorbehaltsverkäufers Vorrang vor dem Interesse des Käufers an dem Fortbestand des Vertrages einzuräumen. Wegen der Indizwirkung des Verstoßes gegen § 309 Nr. 4 BGB spricht Einiges für die Annahme einer unangemessenen Benachteiligung. Besondere Interessen und Bedürfnisse des unternehmerischen Geschäftsverkehrs, welche die Klausel ausnahmsweise als angemessen erscheinen lassen, sind nicht ersichtlich.[284] **229**

b) Rücktritt nach § 324 BGB

Ein Recht zum Rücktritt kann sich für den Verkäufer auch aus § 324 BGB ergeben. Voraussetzung ist die Verletzung einer nicht leistungsbezogenen Verhaltenspflicht i. S. v. § 241 Abs. 2 BGB. Andere Gründe, wie zum Beispiel eine Vermögensverschlechterung oder die Abgabe der eidesstattlichen Versicherung, reichen für einen Rücktritt nach § 324 BGB nicht aus. Eine zum Rücktritt berechtigende Pflichtverletzung ist anzunehmen, wenn der Käufer über das Fahrzeug verfügt oder es einem Dritten unter Aufgabe seines unmittelbaren Besitzes überlässt.[285] Die vertragswidrige Einräumung eines Nutzungsrechts zugunsten eines Dritten ist ebenfalls ein Rücktrittsgrund, wenn damit die Gefahr einer wesentlichen Verschlechterung des Fahrzeugs verbunden ist. **230**

Eine Verletzung von Benachrichtigungs- und Hinweispflichten, das pflichtwidrige Unterlassen von Wartungsarbeiten und Instandsetzungsmaßnahmen und der Verstoß gegen die Verpflichtung, eine Vollkaskoversicherung abzuschließen, sind weniger gravierende Pflichtverstöße, die für einen Rücktritt allenfalls nach einer erfolglosen Mahnung ausreichen.[286] Eine Fristsetzung oder Abmahnung verlangt § 324 BGB nicht ausdrücklich. Sie sind entbehrlich, da die Pflichtverletzung so erheblich sein muss, dass dem Verkäufer ein Festhalten am Vertrag nicht zuzumuten ist.[287] **231**

282 *Koch*, MDR 2003, 661, 664; *Pfeiffer*, Klauselwerke, Neuwagenkauf (Stand 5/2004), Rn. 83.
283 *Schulze/Kienle*, NJW 2002, 2842, 2843; nicht eindeutig *Erman/Grunewald*, § 449 BGB Rn. 11.
284 Für Unwirksamkeit auch bei B2B-Verträgen *Pfeiffer*, a. a. O., zu den NWVB 4/2003, Rn. 83; s. auch *Palandt/Grüneberg*, § 309 BGB Rn. 23.
285 LG Hannover 23. 1. 1973, MDR 1974, 766.
286 BGH 8. 10. 1969, NJW 1970, 31.
287 *Grothe* in Bamberger/Roth, § 324 BGB Rn. 8.

c) Rücktrittsfolgen und einstweiliger Rechtsschutz

232 Nach wirksamer Erklärung des Rücktritts ist das Vertragsverhältnis nach den Vorschriften des allgemeinen Rücktrittsrechts abzuwickeln. Geteilt sind die Meinungen in der Frage, ob die **Weiterbenutzung** des Fahrzeugs durch den Vorbehaltskäufer **nach dem Rücktritt** des Vorbehaltsverkäufers vom Kaufvertrag den Herausgabeanspruch des Verkäufers gefährdet und einen **Verfügungsgrund** für eine vorläufige Sicherstellung des Kraftfahrzeugs im Wege der **einstweiligen Verfügung** darstellt oder ob dieser Anspruch auf den Fall der übermäßigen Nutzung des Fahrzeugs mit völliger Entwertung zu beschränken ist.[288] Das Argument, die Gefahr einer Veränderung des bestehenden Zustandes i. S. v. § 935 ZPO liege nicht vor, wenn der Vorbehaltsverkäufer das Kraftfahrzeug nach dem Rücktritt in gleicher Weise benutze, wie er dies zuvor getan habe, ist wenig lebensnah. Ein Kraftfahrzeug verliert schon durch bloße Nutzung und die damit einhergehende Abnutzung nicht nur unerheblich an Wert. Zudem besteht das Diebstahls- und Unfallrisiko. Daher ist eine großzügige Beurteilung des Verfügungsgrundes angezeigt.

6. Schadensersatzhaftung und Wertermittlung

233 In Abschn. VI Ziff. 2 S. 2 NWVB ist vorgesehen, dass sich die Parteien des Kaufvertrages darüber einig sind, dass der Verkäufer dem Käufer den gewöhnlichen Verkaufswert des Kaufgegenstandes im Zeitpunkt der Rücknahme vergütet, wenn er das Fahrzeug wieder an sich nimmt. Die Regelung entspricht § 503 Abs. 2 S. 4 BGB a. F., enthält im Gegensatz dazu aber eine Vergütungsabsprache, die zur Voraussetzung hat, dass dem Verkäufer ‚über den Rücktritt hinaus' **Anspruch auf Schadensersatz** statt **der Leistung** zusteht. Wie der Rücktritt setzt dieser Anspruch grundsätzlich den erfolglosen Ablauf einer dem Käufer gesetzten Frist voraus. Im Einzelfall kann das entbehrlich sein.

234 Tritt der Verkäufer wegen Zahlungsverzugs wirksam zurück, ohne dass die Voraussetzungen für einen Schadensersatzanspruch statt der Leistung vorliegen, ist die Einigungsklausel („gewöhnlicher Verkehrswert") für ihn nutzlos. Erkennbar ist sie nicht auf den Rücktritt, sondern auf eine schadensersatzrechtliche Abwicklung zugeschnitten. Wenn die Abwicklung nur nach Rücktrittsrecht vorzunehmen ist, besitzt der Verkäufer keinen Anspruch auf Ersatz des Wertverlustes, der durch die Erstzulassung und die bestimmungsgemäße Ingebrauchnahme des Kraftfahrzeugs eingetreten ist.[289]

235 Liegen die Voraussetzungen von Abschn. VI Ziff. 2 S. 3 NWVB vor, ist die Einschaltung eines Gutachters nur sinnvoll, wenn die Ansichten der Parteien zum gewöhnlichen Verkaufswert auseinander liegen. Um dies beurteilen zu können, muss der Käufer wissen, welchen Wert sich der Verkäufer vorstellt. Von daher erscheint es nicht sachgerecht, die Unverzüglichkeit des Verlangens nach Einschaltung eines Sachverständigen an den Zeitpunkt der Rücknahme des Fahrzeugs zu koppeln, wie dies Abschn. VI Ziff. 2 S. 3 NWVB vorsieht. Maßgeblicher Anknüpfungspunkt für die Beurteilung, ob der Käufer die Beauftragung eines Gutachters ohne schuldhaftes Zögern gewünscht hat, kann vernünftigerweise nur der Zeitpunkt sein, in dem der Käufer von den Vorstellungen des Verkäufers zur Höhe des gewöhnlichen Verkaufswertes Kenntnis erlangt.

236 Abschn. VI Ziff. 2, S. 3 NWVB enthält **keine Schiedsgutachterklausel**. Der vom Gutachter ermittelte gewöhnliche Verkaufswert ist für die Parteien daher nicht verbindlich. Unter dem **gewöhnlichen Verkaufswert** ist der Preis zu verstehen, den der Verkäufer durch Weiterverkauf an einen Endverbraucher erzielen kann, inklusive der darin enthaltenen Ge-

288 Vgl. OLG Düsseldorf 11. 2. 2008 – I-1 U 115/07 (Finanzierung gescheitert); OLG Köln 10. 1. 1997, NJW-RR 1998, 1588, 1589 jew. m. weiterer Rspr.

289 Ausführlich *Koch*, MDR 2003, 661, 664.

winn- und Gemeinkostenanteile des Verkäufers.[290] Zum Nachteil des Verbrauchers abweichende Vereinbarungen sind unwirksam.

Nach Abschn. VI Ziff. 2 S. 4 NWVB belaufen sich die Verwertungskosten – ohne Nachweis – auf 5 % des gewöhnlichen Verkaufswertes. Sie sind höher oder niedriger anzusetzen, wenn der Verkäufer höhere oder der Käufer niedrigere Kosten (oder gar keine) nachweist. Die Pauschale entspricht betragsmäßig dem nach dem gewöhnlichen Lauf der Dinge zu erwartenden Schaden,[291] lässt es aber an der für § 309 Nr. 5b BGB erforderlichen Klarheit vermissen, weshalb sie nach Meinung von *Koch*[292] sowohl im Verbrauchergeschäftsverkehr als auch im geschäftlichen Verkehr mit Unternehmern unwirksam ist. **237**

Nach dem Wortlaut von Abschn. VI Ziff. 2. S. 3 NWVB ist eine Beauftragung des Sachverständigen sowohl durch den Käufer als auch durch den Verkäufer möglich. Wer **die Gutachterkosten** zu tragen hat, ist nicht explizit geregelt. Soweit dem Käufer in Abschn. VI Ziff. 2 S. 4 NWVB sämtliche Kosten der Rücknahme und Verwertung auferlegt werden, gehören die Gutachterkosten nicht zwangsläufig dazu. Die Regelung ist jedenfalls unklar und daher zu Lasten des Verwenders auszulegen. **238**

Haben die Parteien über die Höhe des gewöhnlichen Verkaufswertes verhandelt, aber keine Einigung erzielt, erscheint es gerechtfertigt, die Kostentragung von dem Ergebnis des Gutachtens abhängig zu machen und die Gutachterkosten demjenigen aufzuerlegen, der sich mit seiner Preisvorstellung nicht hat durchsetzen können. Falls der vom Gutachter ermittelte gewöhnliche Verkaufswert zwischen den voneinander abweichenden Preisvorstellungen beider Parteien liegt, ist eine im Verhältnis Obsiegen/Unterliegen entsprechende Quotierung der Gutachterkosten analog den AKB angezeigt. **239**

---

290 OLG Stuttgart 7. 11. 1995, NJW-RR 1996, 563.

291 *Creutzig*, Recht des Autokaufs, Rn. 6.2.10 unter Hinweis auf Erhebungen der DAT.

292 MDR 2003, 661, 664.

C. Rechtsfragen im Zusammenhang mit Test- und Probefahrten

I. Zweck und Durchführung von Test- und Probefahrten

240 Im allgemeinen Sprachgebrauch wird zwischen Testfahrt und Probefahrt kein Unterschied gemacht. Streng genommen sind die meisten „Probefahrten“ reine Testfahrten, entweder mit einem Vorführwagen oder mit einem anderen Fahrzeug des Händlers. Probefahrt im engeren Sinn ist dagegen die Fahrt mit dem ausgesuchten bzw. schon gekauften Fahrzeug. Nach der Legaldefinition in § 2 Nr. 23 FZV ist unter Probefahrt eine Fahrt zur Feststellung und zum Nachweis der Gebrauchsfähigkeit des Fahrzeugs zu verstehen. Für diese Fahrten müssen die eingesetzten Fahrzeuge ein Kurzzeitkennzeichen oder rote Kennzeichen führen (§ 16 Abs. 1 FZV).[1]

241 Durch Gestattung einer Probefahrt mit einem Vorführwagen oder einem vorrätigen Neufahrzeug soll dem Kaufinteressenten im Rahmen der Verkaufsförderung ermöglicht werden, das Fahrzeug im Hinblick auf Funktion, Fahreigenschaften, Bedienungskomfort, Verwendungsmöglichkeit usw. kennen zu lernen, um sich über den Ankauf dieses oder eines anderen Wagens schlüssig zu werden. Davon zu unterscheiden ist die Probefahrt des Käufers mit dem von ihm bestellten Neufahrzeug. Bei ihr steht die Prüfung der vertragsgemäßen Beschaffenheit der Kaufsache im Vordergrund.

II. Die heutige Praxis

242 Zur Durchführung von Probefahrten werden Probefahrt-Verträge („Benutzungsverträge“), Probefahrt-Protokolle oder Probefahrt-Schecks verwendet. Manche Händler arbeiten mit „Leihverträgen“, indem sie die darin vorgesehenen Rubriken für Kilometerentgelt sowie die für den Leihvertrag geltenden AGB durchstreichen. Kilometerbegrenzungen sind in den Formularen meistens nicht vorgesehen. Beginn und Ende der Probefahrt werden protokolliert.

243 Probefahrt-Formulare enthalten mitunter außerdem Hinweise an den Kunden, wie z. B. darauf, dass der Einsatz des Fahrzeugs zum Transport von Gütern nicht zulässig ist, dass der Fahrer nur im Inland fahren darf und dass er sich im Fall einer Beschädigung des Fahrzeugs mit 500,– € an den Kosten für Reparatur oder Wiederbeschaffung zu beteiligen hat. Verbreitet ist auch eine Selbstbeteiligungsklausel wie etwa „... bei Kaskoschäden Selbstbeteiligung von 1.000,– €“. Sie ist nicht zu beanstanden,[2] da es dem Kunden unbenommen bleibt, von der Probefahrt unter diesen Umständen Abstand zu nehmen oder mit dem Autohaus eine abweichende Vereinbarung zu treffen. Was ein die Selbstbeteiligung auslösender „Kaskoschaden“ ist, kann im Einzelfall schwierig zu beantworten sein, z. B. beim Falschtanken.[3]

244 Als Reaktion auf die Zunahme missbräuchlicher Probefahrten („Probefahrtschnorrer“) ist der Handel vereinzelt dazu übergegangen, mit Probefahrern **eine Gebühr** zu vereinbaren, die im Fall eines späteren Kaufs auf den Kaufpreis angerechnet wird. Diese Praxis hat dazu geführt, dass Kaskoversicherer ihre Leistungspflicht wegen gewerblicher Vermietung (Verstoß gegen die Verwendungsklausel) ablehnten.[4]

---

1 Näheres zur Neuregelung bei *Huppertz*, DAR 2008, 606 in Ergänzung zu *Grabolle*, DAR 2008, 173.
2 AG Krefeld 14. 9. 2001 – 78 C 473/00.
3 Vgl. LG Osnabrück 14. 12. 2007, DAR 2008, 484 (statt Diesel Biodiesel; Kaskoschaden verneint; aber nur aus Gründen mangelhafter Darlegung).
4 Zum Problem ausführlich *Halm/Fitz*, DAR 2006, 434 ff.

III. Rechtsnatur der Gebrauchsüberlassung: Vertrag oder Gefälligkeitsverhältnis?

Den im BGB geregelten Vertragstypen lässt sich die Überlassung eines Fahrzeugs zum Zweck einer Probefahrt nicht ohne weiteres zuordnen. Die beiderseitigen Rechte und Pflichten nach kaufrechtlichen Grundsätzen zu bestimmen, scheitert bei der Überlassung eines Vorführwagens daran, dass der notwendige rechtlichen Zusammenhang zu dem allenfalls in Aussicht genommenen Kauf noch nicht hergestellt ist.[5] Die beiderseitigen Rechte und Pflichten lassen sich auch nicht aus einem Leihvertrag ableiten, weil nach Meinung des BGH[6] die Überlassung nicht lediglich im Interesse des Kunden, sondern auch im Geschäftsinteresse des Händlers liegt und weil – so das OLG Düsseldorf[7] – der Händler keine echte Verpflichtung zur Gebrauchsüberlassung eingehen will. Diese Überlegungen veranlassten den BGH zu der Feststellung, dass es sich bei der Gebrauchsüberlassung um einen Vorgang handelt, der seine Bedeutung „in sich selbst" hat.[8] 245

Ob hiermit ein Vertrag (jetzt § 311 Abs. 1 BGB) gemeint sein sollte, blieb unausgesprochen, was Instanzgerichte dazu bewog, in ähnlichen Fällen einen sog. Probefahrtvertrag anzunehmen. Später stellte der BGH[9] ausdrücklich klar, dass mit der Überlassung eines Fahrzeugs, das als Kaufobjekt in Betracht kam, also kein Vorführwagen war, **kein selbstständiges Vertragsverhältnis** zustande kommt. Auch bei dieser Fallgestaltung seien die Parteien lediglich durch das **gesetzliche Schuldverhältnis bei Vertragsverhandlungen** verbunden. 246

Von Fall zu Fall ist nach den Gesamtumständen unter Auswertung etwa vorhandener Dokumente (s. Rdn. 242) festzustellen, ob zwischen den Parteien ein Leihvertrag, bei entgeltlicher Überlassung eventuell gar ein Mietvertrag,[10] ein Vertrag eigener Art („Probefahrtvertrag"), ein Gefälligkeitsverhältnis mit rechtsgeschäftlichem Charakter[11] oder lediglich ein reines Gefälligkeitsverhältnis zustande gekommen ist.[12] Als Alternative zu alledem kommt ein **vorvertragliches Schuldverhältnis** gem. § 311 Abs. 2 BGB in Betracht, eine Lösung, die der BGH sowohl in den Vorführwagenfällen als auch bei Überlassung des bereits als Kaufobjekt in Aussicht genommenen Fahrzeugs zu bevorzugen scheint. Wer **nach Abschluss des Kaufvertrages** – während der Wartezeit – ein Händlerfahrzeug zur Probefahrt und/oder Überbrückung übernimmt, wird im Zweifel keinen zweiten Vertrag abschließen wollen. Wegen der engen Verbindung mit dem Kaufvertrag begründet eine solche Vereinbarung beiderseitige Nebenverpflichtungen aus dem Kaufvertrag.[13] 247

IV. Einzelprobleme

1. Vergütungspflicht bei übermäßigem Gebrauch

In einem vom LG Offenburg[14] entschiedenen Fall hatte der Kaufinteressent mit dem Vorführwagen des Händlers über das Wochenende 973 km zurückgelegt. Der Händler verlangte hierfür eine Vergütung und machte geltend, die Grenze der unentgeltlichen Ge- 248

5 BGH 18. 2. 1964, NJW 1964, 1225.
6 Urt. v. 18. 2. 1964, NJW 1964, 1225.
7 Urt. v. 20. 3. 1967, DAR 1967, 323.
8 Urt. v. 18. 2. 1964, NJW 1964, 1225.
9 Urt. v. 21. 5. 1968, NJW 1968, 1472.
10 Dafür *Halm/Fitz*, DAR 2006, 434.
11 Zu diesem Begriff *Canaris*, JZ 2001, 499, 502.
12 S. a. *Armbrüster*, NJW 2009, 187, 190.
13 Zur Nebenpflicht für den Händler BGH 11. 7. 1961 – VI ZR 214/60.
14 Urt. v. 4. 7. 1988, NJW-RR 1989, 178.

brauchsüberlassung zur Erprobung des Autos sei vom Kaufinteressenten überschritten worden. Seine Klage wurde abgewiesen, da das Gericht keine allgemeine Verkehrssitte erkennen konnte, dass Probefahrten regelmäßig auch ohne besondere Absprache kilometerbegrenzt sind bzw. dass bei Überschreitung einer gewissen km-Grenze ein Entgelt zu zahlen ist.

2. Versicherungsfragen

249 Die Versicherungswirtschaft bietet dem Kfz-Handel einen **speziellen Versicherungsschutz** für Schäden an, die bei Probefahrten verursacht werden.[15] Konkrete Absprachen vor Beginn der Probefahrt sind nicht zuletzt deshalb ratsam, um den Versicherungsschutz nicht aufs Spiel zu setzen.[16] **Erkundigt sich** der Kunde danach, ob **Vollkaskoversicherungsschutz** besteht, muss ihn der Händler, wenn er ein Fahrzeug mit rotem Kennzeichen übergibt, darüber **belehren**, dass der Versicherungsschutz nicht für andere als in § 16 FZV (früher § 28 StVZO) geregelte Fahrten besteht. Einem Neuwagenkäufer, dessen Fahrer das mit rotem Kennzeichen ausgelieferte Neufahrzeug nicht allein für die Überführung, sondern außerdem für eine Fahrt zu einem Einkaufszentrum genutzt hatte, wo es gestohlen worden war, billigte das OLG Frankfurt[17] nach Versagung des Versicherungsschutzes durch die Vollkaskoversicherung einen Schadensersatzanspruch gegen den Händler zu, weil dieser die Aufklärung über die eingeschränkte Kennzeichenverwendung unterlassen hatte. Auch ungefragt muss der Händler aufklären, wenn der Versicherungsschutz gefährdet ist, z. B. wegen eines Aufbaus auf einem Lkw während einer Überführungsfahrt mit roten Kennzeichen.[18]

3. Beschädigung des Probefahrzeugs

250 Bei Probefahrten besteht erfahrungsgemäß ein **erhöhtes Unfallrisiko.** Grund dafür ist ein Mangel an Vertrautheit des Probefahrers mit den Besonderheiten und technischen Neuerungen des Probefahrzeugs im Vergleich mit der Bedienung des eigenen Wagens. Bedienungselemente, Fahrverhalten und Eigenheiten des regelmäßig neuwertigen Händlerfahrzeugs sind gewöhnungsbedürftig. Durch die damit verbundenen Schwierigkeiten kann ein Probefahrer in seiner Aufmerksamkeit vom Verkehrsgeschehen abgelenkt werden. Hinzu kommt sein Bestreben, den Vorführwagen zu testen, z. B. durch starkes Beschleunigen oder eine schnelle Kurvenfahrt. Darin liegt ein weiteres für Probefahrten typisches Gefahrenmoment.

a) Ausschluss der Haftung für leichte Fahrlässigkeit

251 Verursacht der Probefahrer einen Unfall mit Beschädigung des Probefahrzeugs, ist zu unterscheiden, ob ihn leichtes oder grobes Verschulden trifft. Bei nur **leichtem Verschulden** (leichter Fahrlässigkeit) kann der Händler wie jeder andere gewerbliche Anbieter, z. B. eine Werksniederlassung, keinen Ersatz verlangen, wenn der Schaden in Zusammenhang mit den einer Probefahrt eigentümlichen Gefahren steht.[19] Der BGH begründet die **Haftungsfreistellung für leichte Fahrlässigkeit** mit der Annahme eines **‚stillschweigenden**

15 Sonderbedingung zur Haftpflicht- und Fahrzeugversicherung für Kraftfahrzeughandel und -handwerk.

16 Dazu für die Fallgestaltung „entgeltliche Überlassung“ *Halm/Fitz*, DAR 2006, 433.

17 Urt. v. 13. 10. 1995, VersR 1997, 1107.

18 OLG Dresden 7. 10. 2003, NJW-RR 2004, 387, 388; s. a. *Halm/Fitz*, DAR 2006, 433.

19 BGH 7. 6. 1972, NJW 1972, 1363; 7. 11. 1961, VersR 1961, 759; 10. 1. 1979, NJW 1979, 643 (aufgedrängte Probefahrt bei Verkauf eines Gebrauchtwagens); 18. 12. 1979, NJW 1980, 1681 (Sonderfall); OLG Stuttgart 16. 1. 1964, DAR 1964, 267; OLG Koblenz 13. 1. 2003, DAR 2003, 320 = NJW-RR 2003, 1185 (Trike).

Haftungsverzichts'.[20] Dabei lässt er sich von der Überlegung leiten, dass der mit den Risiken einer Probefahrt ständig konfrontierte Händler die spezifischen Gefahren kennt und sich regelmäßig durch den Abschluss einer **Vollkaskoversicherung** absichert. Restrisiken nehme der Händler im Geschäftsinteresse auf sich. Andererseits gehe der Probefahrer, selbst i. d. R. ohne Versicherungsschutz, im Allgemeinen davon aus, dass er für Schäden bei einer Probefahrt nur zu haften brauche, wenn er grobe Fehler mache oder der Schaden mit den eigentümlichen Gefahren einer Probefahrt nichts zu tun habe. An dieser überzeugend begründeten Rechtsprechung hält der BGH trotz gelegentlicher Kritik[21] fest. Die stillschweigende Haftungsbeschränkung zugunsten des Probefahrers gewerblich angebotener Kraftfahrzeuge ist in der Tat interessengerecht.[22]

Das Argument der **Versicherbarkeit** (nicht des effektiven Versicherungsschutzes im **252**
Einzelfall) bei gleichzeitiger Versicherungsschutzlosigkeit des Probefahrers in einer spezifischen Unfallgefahrensituation gibt den Ausschlag.[23]

Vom stillschweigenden Haftungsausschluss **nicht erfasst** sind Schäden, die mit den ei- **253**
gentümlichen Gefahren einer Probefahrt in keinem inneren Zusammenhang stehen, also aus einem anderen Gefahrenkreis resultieren. Im Zweifel ist die (stillschweigende/konkludente) Vereinbarung über die Haftungsprivilegierung **eng auszulegen**. Um eine ergänzende Vertragsauslegung geht es dabei nicht, jedenfalls nicht in denjenigen Fällen, in denen zur Unfallzeit ein Kaufvertrag noch nicht geschlossen ist. Der stillschweigende (besser: konkludent vereinbarte) Haftungsverzicht ist vielmehr eine Abrede, die für sich selbst steht, eingebettet in das gesetzliche vorvertragliche Schuldverhältnis nach § 311 Abs. 2 Nrn. 1, 2 BGB.

Im Fall einer **unbefugten Überlassung des Fahrzeugs an einen Dritten** muss der **254**
Kunde des Händlers für jede Beschädigung einstehen, die der Dritte verursacht hat. Bei Annahme eines Leihvertrages oder eines leiheähnlichen Rechtsgeschäfts folgt dies aus § 603 S. 2 BGB. Besteht, wie meist, lediglich ein vorvertragliches Schuldverhältnis, folgt die Haftung aus §§ 280 Abs. 1, 241 Abs. 2 BGB. Die Pflichtverletzung besteht in dem unbefugten Überlassen des Fahrzeugs an den Dritten. Außerdem hat das Autohaus Ansprüche aus Delikt. Nur bei einem reinen Gefälligkeitsverhältnis ohne jegliche vertragliche bzw. vorvertragliche Bindung scheidet eine Haftung des Autohauskunden für einen Fahrzeugschaden aus, den ein unberechtigter „Unterentleiher" verursacht hat.[24]

Der von der Rechtsprechung angenommene Haftungsausschluss greift ferner nicht ein, **255**
wenn der Händler den Kunden vor Fahrtantritt auf das **volle Haftungsrisiko** ausdrücklich und unmissverständlich **hingewiesen** hat. So wie eine Erklärung des Händlers „das Fahrzeug hat Vollkasko" den Vertrauenstatbestand für den Probefahrer erhärten kann (zu dessen Begründung ist eine solche Positivauskunft nicht erforderlich), hat eine Negativaussage wie **„kein Kaskoschutz"** eine vertrauenzerstörende Wirkung. Allerdings stellen die Gerichte zu Recht **hohe Anforderungen** an die Kundenaufklärung.[25] Dem Probefahrer muss vor Antritt der Probefahrt klar und deutlich vor Augen geführt werden, dass er selbst bei leichter Schuld voll ersatzpflichtig ist. Ein Hinweis auf der Formularvorderseite wie „Bei Unfällen bitte Rückseite beachten" genügt nicht.[26] Wegen Verstoßes gegen § 309 Nr. 12 BGB un-

---

20 S. die Nachw. im Urt. des VI. ZS v. 18. 12. 1979, NJW 1980, 1681.
21 Vgl. *Batsch*, NJW 1972, 1706; *Ströfer*, NJW 1979, 2553; *Schmid*, JR 1980, 138.
22 So auch der AK III des 49. Verkehrsgerichtstags 2011 in der Empfehlung IV.
23 Allgemein zur Auswirkung von Versicherungsschutz auf die Haftung *Armbrüster*, NJW 2009, 187 mit Ausführungen zur Probefahrt S. 189.
24 Zur analogen Anwendung des § 603 S. 2 BGB s. BGH 4. 8. 2010, NJW 2010, 3087.
25 OLG Hamm 17. 12. 1999, NJW-RR 2000, 1047 = DAR 2000, 405 (nicht kaskoversicherter Leihwagen während einer Reparatur eines gebraucht gekauften Pkw); OLG Karlsruhe 11. 2. 2000, DAR 2000, 307 (Leihwagen während Garantiereparatur).
26 OLG Hamm 17,12,1999, NJW-RR 2000, 1047.

wirksam ist eine Formularregelung, durch deren Unterzeichnung der Probefahrer versichert, er werde alle durch ihn entstandenen Schäden voll übernehmen, sofern er keine Tatsachen nachweisen kann, die seine Verantwortlichkeit mindern bzw. wegfallen lassen.[27]

256 Ob **ein Dritter** aus der Sphäre des Autohauskunden, z. B. **ein Angehöriger**, von der Haftungsprivilegierung profitiert – zum einen bzgl. des Verschuldensmaßstabs, zum anderen verjährungsrechtlich –, ist ein Thema, das unter dem Blickwinkel der **Schutzwirkung zugunsten Dritter** erörtert wird.[28] Ist der Dritte, der spätere Schädiger, in einem Autohausdokument ausdrücklich als weiterer Benutzer aufgeführt, darf er haftungsrechtlich nicht schlechter gestellt sein als der eigentliche Kunde. Eine Einbeziehung scheidet dagegen aus, wenn dem Probefahrer jegliche Weitergabe des Fahrzeugs ausdrücklich untersagt ist. Bei Fallgestaltungen ohne ausdrückliche Erlaubnis bzw. mit ausdrücklichem Verbot ist es eine Frage der Auslegung der (stillschweigenden) Vereinbarung über die Haftungsprivilegierung. Die erforderliche „Leistungsnähe" wird man bei Angehörigen und Lebensgefährten bejahen müssen, zumal wenn das Fahrzeug ihnen persönlich im Autohaus ausgehändigt worden ist; ebenso das Einbeziehungsinteresse des Autohauskunden und die Schutzbedürftigkeit des Dritten aus dem Kreis der dem Kunden nahe stehenden Personen.[29]

b) Abgrenzung zwischen grober und leichter Fahrlässigkeit des Probefahrers

257 Bei der **Verschuldensprüfung** legt die Rechtsprechung traditionell **keinen strengen Maßstab** an. Probefahrer genießen allgemein einen Learner-Bonus. Grobe Fahrlässigkeit setzt nach st. Rspr. einen objektiv schweren und subjektiv nicht entschuldbaren Verstoß gegen die Anforderungen der im Verkehr erforderlichen Sorgfalt voraus.[30] Zu beachten ist also stets auch die subjektive Komponente. Es muss sich um eine auch subjektiv schlechthin unentschuldbare Pflichtverletzung handeln, eine Voraussetzung, die gerade bei ungeübten Probefahrern sorgfältig zu prüfen ist.

258 **Einzelfälle:** Das Verhalten eines Probefahrers, der mit einem Fahrzeug ohne Servolenkung in einer scharfen, leicht abschüssigen Linkskurve bei sich verengender Fahrbahn **von der Straße abgekommen** und gegen einen Brückenpfeiler geprallt war, bewertete **der BGH**[31] als leicht fahrlässig. Zugunsten des Probefahrers fiel ins Gewicht, dass er zum Unfallzeitpunkt den Führerschein erst seit fünf Wochen besaß und nur über geringe Fahrpraxis verfügte. Als leicht fahrlässig wertete **der BGH** auch den Zusammenstoß mit einem in der Einfahrt zum Händlerbetrieb abgestellten Pkw,[32] das **Abbremsen aus hoher Geschwindigkeit** vor einer Ortseinfahrt, wobei das Auto von der Fahrbahn geriet und gegen einen Baum prallte,[33] sowie das Abkommen auf gerader Straße infolge Abbremsens.[34] Das Verschalten eines Automatikfahrers mit geringer Fahrpraxis und das auf Schreck beruhende **Unterlassen einer sofortigen Bremsung** sind ebenfalls auf Umstellungsschwierigkeiten beruhende **typische Probefahrtrisiken**.

259 Verneint hat das OLG Karlsruhe[35] ein grobes Verschulden des Probefahrers, der beim **Rangieren auf engem Raum** den Vorwärtsgang an Stelle des Rückwärtsgangs eingelegt

27 OLG Köln 26. 6. 1991, DAR 1991, 428.
28 OLG Oldenburg 6. 11. 2008 – 8 U 151/08 („Leihfahrzeug" bei Reparatur).
29 Dazu OLG Oldenburg 6. 11. 2008 – 8 U 151/08.
30 BGH 10. 2. 2009, NJW 2009, 1482.
31 Urt. v. 7. 6. 1972, NJW 1972, 1363.
32 Urt. v. 10. 1. 1979, NJW 1979, 643 (Gebrauchtwagen).
33 Urt. v. 18. 12. 1979, NJW 1980, 1681.
34 Urt. v. 29. 11. 1979, DAR 1979, 282, Überlassen eines Fahrzeuges während der Vornahme einer Garantiereparatur.
35 Urt. v. 12. 6. 1987, DAR 1987, 380.

hatte und mit dem Auto zwischen zwei Baufahrzeuge geraten war. Auch **ein Verschalten** – Einlegen des 2. statt des 4. Gangs – während eines Beschleunigungsvorganges mit einem Sportwagen rechtfertigt nicht den Vorwurf grober Fahrlässigkeit, vielmehr handelt es sich um eine **augenblickliche Fehlreaktion** leicht fahrlässiger Art.[36] Als nicht grob fahrlässig gilt **ein Falschtanken** (statt Diesel Biodiesel).[37]

Keinen Fall grober Fahrlässigkeit hat das OLG Koblenz[38] bei einer missglückten Probefahrt mit **einem Trike** angenommen. Beim Einfahren auf das Betriebsgelände des Händlers hatte der Beklagte zunächst einen Pkw gestreift, war dabei mit dem Fuß von der Kupplung abgerutscht und auf der Weiterfahrt mit dem rechten Hinterrad am Torpfosten der Reparaturhalle hängen geblieben. **260**

Auf **grobe Fahrlässigkeit** erkannte dagegen das OLG Düsseldorf[39] im Falle eines Probefahrers, der sich selbst als geübten Kraftfahrer bezeichnet hatte und der mit dem Wagen infolge des zu schnellen Anfahrens einer Kurve von der Straße abgekommen war. Ebenfalls grob fahrlässig handelt ein Führerscheinneuling, wenn er anlässlich einer Probefahrt auf einem kurvigen Autobahnteilstück mit einer **Geschwindigkeit von 180 km/h** einen Unfall verursacht[40]. **261**

Für die Tatsache, dass das Fahrzeug während der Probefahrt beschädigt wurde, ist **der Händler beweispflichtig.** Für die Tatsachen, die geeignet, aber auch erforderlich sind, um die Haftungsbeschränkung zugunsten des Probefahrers zu begründen, trägt dieser die **Darlegungs- und Beweislast**. Bleibt offen, ob es sich um einen Fall leichter oder grober Fahrlässigkeit handelt, geht dies zu Lasten des Händlers.[41] Denn grobe Fahrlässigkeit bildet wie Vorsatz eine Ausnahme der Haftungsfreistellung. Im Übrigen müsste auch ein (fiktiver) Kaskoversicherer den Tatbestand der groben Fahrlässigkeit in objektiver wie subjektiver Hinsicht nachweisen (§ 81 Abs. 1 VVG). **262**

c) Haftung bei grober Fahrlässigkeit und Mithaftung des Händlers

Bei unstreitiger oder erwiesener grob fahrlässiger Verursachung des Unfalls kommt dem Probefahrer die Freistellung von der Haftung nicht zugute, es sei denn, dass die Beteiligten die Haftung ausnahmsweise auch für diesen Fall ausgeschlossen haben.[42] Noch hat die Rechtsprechung nicht geklärt, ob und inwieweit der Umstand, dass einige Kaskoversicherer auf den Einwand der groben Fahrlässigkeit in bestimmten Fällen verzichten, auf das Rechtsverhältnis zwischen Händler und Probefahrer durchschlägt. Ein entsprechender Verzicht des Autohausversicherers muss dem Kunden zugute kommen. **263**

Auch bei grober Fahrlässigkeit des Probefahrers muss sich der Händler unter Umständen ein **Mitverschulden gem. § 254 Abs. 1 BGB** entgegenhalten lassen. So z. B., wenn er das Fahrzeug einem Führerscheinneuling ohne Begleitung anvertraut oder wenn er der Behauptung des Kaufinteressenten, er sei ein geübter Fahrer, ohne Nachprüfung leichtfertig vertraut; auch dann, wenn er dem Probefahrer zu einem gefährlichen Fahrmanöver rät[43] oder wenn er einem ersichtlich angetrunkenen Fahrer ein Kfz zum Zweck einer Probefahrt überlässt.[44] Zu weiteren Haftungsfragen, auch zum Mitverschulden nach § 254 BGB, s. Rdn. 1924. **264**

---

36 OLG Köln 26. 6. 1991, DAR 1991, 428.
37 LG Osnabrück 14. 12. 2007, DAR 2008, 484.
38 OLG Koblenz 13. 1. 2003, DAR 2003, 320 = NJW-RR 2003, 1185.
39 Urt. v. 20. 3. 1967, DAR 1967, 323.
40 OLG Düsseldorf 17. 9. 1993, OLGR 1994, 148.
41 OLG Hamm 17. 12. 1999, NJW-RR 2000, 1047; OLG Karlsruhe 11. 2. 2000, DAR 2000, 307.
42 BGH 7. 6. 1972, NJW 1972, 1363.
43 OLG Düsseldorf 20. 3. 1967, DAR 1967, 323.
44 BGH 13. 1. 1967, VersR 1967, 379.

d) Verjährung des Schadensersatzanspruchs des Händlers

265 Schadensersatzansprüche aus Verletzung vorvertraglicher Pflichten verjähren in drei Jahren (§ 195 BGB), bei Verletzung von Leben, Körper, Gesundheit oder Freiheit in dreißig Jahren (§ 199 Abs. 2 BGB). Nach der Rechtsprechung verjähren Ersatzansprüche des Händlers wegen Veränderungen und Verschlechterungen bereits in 6 Monaten ab Rückgabe des Fahrzeugs.[45] Begründet wird die kurze Frist mit einer Analogie zu den §§ 548 Abs. 1 S. 1, 581 Abs. 2, 606 BGB. Zugute kommt sie auch Personen, die in den Schutzbereich des Überlassungsverhältnisses bzw. der Freistellungsvereinbarung einbezogen sind, z. B. ein Familienmitglied.[46]

266 Die Verjährung, die mit der Rückgabe des Fahrzeugs beginnt, beträgt auch bei einem wirtschaftlichen Totalschaden 6 Monate.[47] Nur bei einer völligen Zerstörung des Probefahrzeugs verbleibt es bei der Regelverjährung von 3 Jahren.

267 Soweit Ersatzansprüche des Händlers aus **konkurrierenden Anspruchsgrundlagen**, z. B. aus § 823 Abs. 1 BGB, gerechtfertigt sind, werden die insoweit geltenden Verjährungsfristen von der kurzen Sonderverjährung verdrängt.[48]

268 Die kurze Verjährung von 6 Monaten muss sich auch der aus abgetretenem Recht klagende Händler entgegenhalten lassen, wenn der Kaufinteressent das überlassene Probefahrzeug beschädigt, von dem er annimmt, es gehöre dem Händler, während es in Wirklichkeit im Eigentum eines Dritten steht.[49] Dass die Verjährungseinrede auch gegenüber dem Versicherer zieht, der aus übergegangenem Recht (§ 86 Abs. 1 VVG) klagt, versteht sich von selbst.

45 BGH 21. 5. 1968, DAR 1968, 239 ff.; 18. 2. 1964, MDR 1964, 408.

46 OLG Oldenburg 6. 11. 2008 – 8 U 151/08 („Leihfahrzeug“ während der Reparatur).

47 OLG Oldenburg 6. 11. 2008 – 8 U 151/08; LG Itzehoe 24. 4. 2003, DAR 2003, 421.

48 BGH 21. 5. 1968, DAR 1968, 239, 240; OLG Oldenburg 6. 11. 2008 – 8 U 151/08 mit Hinweis auf BGH NJW-RR 1988, 1358.

49 BGH 14. 7. 1970, NJW 1970, 1736.

D. Besondere Vertriebsformen

I. Gesetzliche Ausgangslage

Für Verträge, die außerhalb des Autohauses zwischen einem Händler und einem privaten Neuwagenkunden geschlossen werden, sei es an der Haustür, sei es auf elektronischem Wege oder sonst unter Einsatz von Fernkommunikationsmitteln, gelten die unter dem Untertitel 2 ‚Besondere Vertriebsformen' zusammengefassten Vorschriften der **§§ 312 ff. BGB.** 269

II. Haustürgeschäfte und ähnliche Geschäfte

1. Bedeutung für den Neuwagenhandel

Neuwagenhändler verkaufen ihre Fahrzeuge üblicherweise nicht an der Haustür. Daran 270 wird sich durch die Lockerung der Vertriebsstrukturen auch in Zukunft nichts ändern. Dennoch werden, so eine Schätzung aus dem Jahr 1999, rund 20 % der Neuwagenbestellungen außerhalb der Geschäftsräume von Händlerfirmen aufgegeben.[1] Der Verkauf außerhalb der Händlerbetriebe wird von Außendienstmitarbeitern durchgeführt, die ihre Kunden im Rahmen von Betreuungsprogrammen in mehr oder weniger regelmäßigen Abständen aufsuchen. Doch meistens handelt es sich bei den Neuwagenbestellungen, die von Kunden außerhalb der Händlerfirmen unterschrieben werden, nicht um Haustürgeschäfte. Dies liegt daran, dass sich der Außendienst im Neuwagenhandel auf gewerbliche Kunden konzentriert und private Kunden selten ohne vorhergehende Bestellung aufgesucht werden.

Beispiel aus der Rechtsprechung: Ein Interessent bat den Autoverkäufer telefonisch, ihm den Vorführwagen des neuen Modells zu Hause zu zeigen, weil er dort ausprobieren wollte, ob er mit dem Rollstuhl in das Auto einsteigen könne. Da er von dem Fahrzeug begeistert war, unterschrieb er anlässlich des Verkäuferbesuchs sofort einen Kaufantrag, den der Händler fristgerecht annahm. Später widerrief der Beklagte seine Bestellung und verweigerte die Abnahme des Fahrzeugs. Das OLG Nürnberg[2] wies die Kaufpreisklage des Händlers zurück. Zutreffend vertrat es die Ansicht, der in der Privatwohnung abgeschlossene Kaufvertrag sei ein Haustürgeschäft, weil der Kunde den Verkäufer nur zur Vorführung des Fahrzeugs und nicht zu Vertragsverhandlungen bestellt hatte.

Der Handel mit Neufahrzeugen ist für Haustürgeschäfte und ähnliche Geschäfte nicht 271 gerüstet. Diese Art des Vertriebs ist und bleibt untypisch. Das Haustürgeschäft stellt, wie das obige Rechtsprechungsbeispiel zeigt, eher eine Gefahr als eine zusätzliche Vertriebschance für den Neuwagenhandel dar. In Autohäusern gibt es weder Formulare mit Widerrufsbelehrungen, die den gesetzlichen Anforderungen entsprechen, noch verfügt das Verkaufspersonal i. d. R. über ausreichende Kenntnisse, um die Risiken eines Haustürgeschäfts einschätzen zu können.

2. Persönliche Voraussetzungen

§ 312 BGB (Widerrufsrecht bei Haustürgeschäften) gilt nur im Verhältnis zwischen Ver- 272 braucher und Unternehmer. Zu diesen Begriffen näher Rdn. 1974 ff.

---

1 *Creutzig*, Recht des Autokaufs, Rn. 141.
2 Urt. v. 17. 3. 1995, NZV 1996, 71.

273 Ein **Existenzgründer**, der als Geschäftswagen ein neues Auto im Zuge der Aufnahme seiner Geschäftstätigkeit kauft, hat kein Widerrufsrecht.[3] Sein Handeln ist nach den objektiven Umständen auf unternehmerisches Tun ausgerichtet, was bei Erwerb eines Nutzfahrzeugs offen zu Tage liegt, beim Kauf eines Pkw aus den Begleitumständen zu ermitteln ist.

274 Die Verbraucherschutznorm des § 312 BGB reicht bis in den familiären Bereich hinein. Die Voraussetzungen eines Haustürgeschäfts sind erfüllt, wenn der Mitarbeiter eines Autohauses, für das er allgemein werbend tätig ist, **einen Angehörigen** in dessen Privatwohnung mit dem Vorschlag überrascht, einen Neuwagenkauf abzuschließen.[4]

275 Das Widerrufsrecht des Verbrauchers wird nicht dadurch ausgeschlossen, dass ein Familienangehöriger als Vertreter den Kaufvertrag über das Neufahrzeug für ihn abgeschlossen hat. Im Fall der Stellvertretung setzt das Widerrufsrecht allerdings voraus, dass der Vertreter durch eine Haustürsituation zum Vertragsabschluss bestimmt worden ist.[5] Fehlt es an dieser Voraussetzung, kann der Vertretene den Vertrag nicht widerrufen, selbst wenn er die Vollmacht in einer Haustürsituation unterschrieben hat.[6]

276 Durch § 312 BGB werden auch **Dritte** geschützt, die sich für die Erfüllung des Kaufvertrages z. B. durch Schuldbeitritt, Schuldübernahme oder als Gesamtschuldner verpflichtet haben. Personen, die sich anlässlich eines Haustürgeschäftes für die Kaufpreisschuld **verbürgt** haben, besitzen ein eigenes Widerrufsrecht nur unter der Voraussetzung, dass die gesicherte Hauptschuld aus dem Kauf ebenfalls als Haustürgeschäft zustande gekommen ist.[7] Sichert der Bürgschaftsvertrag des Verbrauchers eine Verbindlichkeit, die der Käufer als Unternehmer eingegangen ist, liegt kein Haustürgeschäft vor[8], da § 312 BGB keinen weiteren Regelungsbereich abdeckt als die EU-Haustürgeschäfterichtlinie (HausTWRL).

3. Haustürsituationen

277 Die vom Gesetzgeber genannten **„Überrumpelungs-Situationen"** werden in § 312 BGB abschließend aufgezählt und beschrieben. Dadurch wird eine erweiterte Auslegung und auch eine Analogie nicht ausgeschlossen.[9] Vergleichbare Situationen der Vertragsanbahnung, bei denen das gleiche Schutzbedürfnis besteht, werden gelegentlich mit Hilfe des Umgehungsverbots (§ 312g BGB) in den Anwendungsbereich des § 312 BGB einbezogen.

278 Für den Automobilhandel ist allenfalls der Kauf am Arbeitsplatz, im Bereich einer Privatwohnung (§ 312 Abs. 1 Nr. 1 BGB) oder anlässlich einer Freizeitveranstaltung (§ 312 Abs. 1 Nr. 2 BGB) relevant. Neuwagengeschäfte im Anschluss an ein überraschendes Ansprechen in Verkehrsmitteln oder im direkten Bereich öffentlich zugänglicher Verkehrswege (§ 312 Abs. 1 Nr. 3 BGB) sind unüblich.

a) Mündliche Verhandlungen

279 Erforderlich für § 312 Abs. 1 Nr. 1 BGB ist die Anwesenheit der anderen Partei, ihres Gehilfen oder eines von ihr beauftragten Verhandlungsführers am Arbeitsplatz des Kunden oder in einer Privatwohnung zusammen mit dem Kunden sowie die Ursächlichkeit der an

---

3 BGH 15. 11. 2007, NJW 2008, 435; s. auch BGH 24. 2. 2005, NJW 2005, 1273 (zu § 1031 Abs. 5 S. 1 ZPO).
4 BGH 17. 9. 1996, NJW 1996, 3414.
5 BGH 22. 1. 1991, NJW-RR 1991, 1074; OLG Hamm 24. 7. 1990, NJW-RR 1991, 121.
6 BGH 2. 5. 2000 NJW 2000, 2268; *Hoffmann*, ZIP 1999, 1586 zum Widerruf der Vollmacht.
7 EuGH 17. 3. 1998, NJW 1998, 1295, 1296; BGH 14. 5. 1998, NJW 1998, 1295, 1296 i. V. m. BGH 11. 1. 1996, WM 1996, 384.
8 BGH 14. 5. 1998, NJW 1998, 1295, 1296; abl. *Pfeiffer*, ZIP 1998, 1136; *Reinicke/Tiedtke*, DB 1998, 2001; *dies.* in ZIP 1998, 893; *Auer*, ZBB 1999, 161.
9 *Palandt/Grüneberg*, § 312 BGB Rn. 11 und Rn. 19 m. w. N.

diesem Ort geführten mündlichen Verhandlung für den Vertragsabschluss. Da es entscheidend darauf ankommt, dass sich Unternehmer und Verbraucher persönlich gegenüberstehen, fallen Katalogversand, Telefonmarketing[10] und Internetshopping nicht unter die Rubrik der Haustürgeschäfte, sondern sind abschließend in den §§ 312b ff. BGB über den Fernabsatz geregelt.

Einzelheiten der Vertragsgestaltung müssen bei den mündlichen Verhandlungen nicht 280 besprochen werden. Es genügt jedes werbemäßige Ansprechen eines Kunden, das auf einen späteren Vertragsschluss abzielt.[11] Entscheidend ist, dass der Kunde durch die mündliche Verhandlung zur Abgabe seiner auf den Vertragsabschluss gerichteten Willenserklärung bestimmt wird. Für die Ursächlichkeit genügt die Feststellung, dass der spätere Vertrag ohne die besonderen Umstände der ersten Kontaktaufnahme nicht oder nicht so wie geschehen zustande gekommen wäre.[12]

Die Voraussetzungen von § 312 Abs. 1 Nr. 1 BGB sind bereits erfüllt, wenn der Kunde 281 einen – unbestellten – Besuch des Verkäufers zum Anlass nimmt, Änderungswünsche zu einem bestehenden Vertrag zu äußern und anschließend ein neuer – ersetzender – Vertrag geschlossen wird.[13] Die besonderen Umstände der ersten Kontaktaufnahme können allein schon ursächlich für den Vertragsschluss sein, wenn der Kunde seine Vertragserklärung später in Abwesenheit des Vertragspartners und eines für diesen auftretenden Werbers unterschrieben hat.[14] Liegt zwischen dem in einer Haustürsituation abgegebenen Angebot und dem späteren Vertragsabschluss ein Zeitraum von rund neun Monaten, besitzt der Verbraucher nach Meinung des OLG Frankfurt[15] kein Widerrufsrecht, wenn er nicht dartun kann, dass der Vertrag trotz des Zeitablaufs auf der Überrumpelung beruht oder ein Umgehungsgeschäft darstellt. Zum Merkmal „vorhergehende Bestellung“ s. Rdn. 292 ff.

b) Arbeitsplatz

Der Begriff „Arbeitsplatz“ ist weit auszulegen. Zum Arbeitsplatz gehört wegen der Mög- 282 lichkeit der überraschenden Einflussnahme jeder Ort im Betriebsgebäude oder auf dem Betriebsgelände. Der Arbeitsplatz endet am Werkstor. Der Selbstständige wird durch § 312 BGB ebenfalls geschützt, wenn er an seinem Arbeitsplatz einen „privaten“ Vertrag abschließt.

c) Privatwohnung

Privatwohnung kann sein die Miet- oder Eigentumswohnung, das Wohnhaus, die Woh- 283 nung im Senioren- oder Pflegeheim, das Zimmer im Studentenwohnheim, die Unterkunft für Asylbewerber, die Ferienwohnung, das Wohnmobil, der Campingwagen, eine private Baustelle und ein Hotelzimmer. Zur Privatwohnung zählen außer dem eigentlichen Wohnbereich auch der Hausflur und das Treppenhaus eines Mehrfamilienhauses, der Garten sowie die Tiefgarage und die Gemeinschaftsräume größerer Wohnanlagen, nicht jedoch die öffentlich zugänglichen Orte wie Hotelhallen, Cafes, Gaststätten, Kinos und Spiel- oder Sportplätze.

Mit Rücksicht auf das Umgehungsverbot des § 312g BGB wird die Auffassung vertreten, 284 dass ein Vertragschluss als Haustürgeschäft zu charakterisieren ist, wenn die Parteien aufgrund eines spontanen Entschlusses den Verhandlungsort entgegen der ursprünglichen Ab-

10 BGH 16. 1. 1996, WM 1996, 390; *Klingsporn*, NJW 1997, 1546.
11 BGH 16. 1. 1996, WM 1996, 387; OLG Stuttgart 4. 3. 1997, OLGR 1997, 71.
12 BGH 16. 1. 1996, WM 1996, 387.
13 BGH 19. 11. 1998, ZIP 1999, 70.
14 BGH 17. 9. 1996, NJW 1996, 3416.
15 Urt. v. 21. 10. 2003, OLGR 2004, 41, 43; s. a. OLG Frankfurt 15. 8. 2007, MDR 2008, 495.

sicht in ein der Privatwohnung nahe gelegenes kleines Café verlegen[16] oder wenn die Vertragsverhandlungen in einer Hotelhalle[17] geführt werden und der Kunde dort in eine vergleichbare Zwangslage gebracht wird, wie sie in einer Privatwohnung besteht.[18]

285 Bei der Privatwohnung muss es sich nicht um diejenige des Kunden handeln; es kann ebenso die Wohnung eines Dritten sein.[19] Obwohl allein schon die Atmosphäre einer Privatwohnung den auf den Kunden ausgeübten Kaufdruck wesentlich verstärkt, fällt die Privatwohnung des Händlers oder die seines Verhandlungsführers nicht unter § 312 BGB, wenn der Käufer sie aufsucht, um Verhandlungen zu führen.[20] Die Regelungen zum Haustürgeschäft sind aber anwendbar, wenn der Kunde die Privatwohnung des Händlers oder die seines Verhandlungsgehilfen zu einem privaten Besuch aufgesucht hat.[21]

d) Freizeitveranstaltung

286 Von dem Tatbestand der Freizeitveranstaltung i. S. v. § 312 Abs. 1 Nr. 2 BGB sollen nach dem Willen des Gesetzgebers diejenigen Fälle erfasst werden, in denen der Verbraucher nach der Lebenserfahrung unseriösen Verkaufspraktiken im Direktvertrieb leicht erliegt und in seiner Entscheidungsfreiheit überfordert wird, sodass ihn der Kauf anschließend reut.[22]

287 Der Begriff der Freizeitveranstaltung ist von zwei zusammenwirkenden, in einer Wechselwirkung zueinander stehenden Faktoren bestimmt: zum einen durch den **Freizeitcharakter der Veranstaltung**, die den Verbraucher in eine seine rechtsgeschäftliche Entschließungsfreiheit beeinflussende Freizeitstimmung versetzt, zum anderen durch die **Organisationsform der Veranstaltung**, der sich der Kunde nur schwer entziehen kann.[23] Der Freizeitcharakter der Veranstaltung geht nicht dadurch verloren, dass die eigentliche gewerbliche Zielsetzung des Veranstalters von den Teilnehmern erkannt und durchschaut wird.[24] Maßgeblich ist der **tatsächliche Ablauf**. Für die Beurteilung kann ausschlaggebend sein, ob die Veranstaltung als Verkaufs- oder überwiegend als Freizeitveranstaltung angekündigt wird, da es letztlich entscheidend darauf ankommt, ob der Teilnahmeentschluss des Kunden von der Vorstellung einer ‚Freizeitveranstaltung' geprägt ist oder ob er von vornherein den Hauptzweck der Veranstaltung in der Verkaufstätigkeit sieht.[25]

288 Die eine Freizeitveranstaltung prägenden Merkmale sind i. d. R. erfüllt, wenn im Zusammenhang mit sog. Kaffee-, Ausflugs-, Besichtigungs- und Butterfahrten, Gewinnabholungsveranstaltungen, Wanderlagern mit Bewirtung, Kultur- und Sportereignissen, Filmvorführungen, Tanzveranstaltungen, Modenschauen usw. den Teilnehmern Waren oder Leistungen angedient werden. All diese Unternehmungen weisen die Gemeinsamkeit auf, dass Leistungen unterhaltender Art seitens der Veranstalter geboten werden, die in keinem sachlichen Zusammenhang mit dem eigentlichen Kaufvorgang stehen,[26] die den Verkaufscharakter verschleiern, in der Freizeit des angesprochenen Kundenkreises stattfin-

16 AG Freilassing 14. 6. 1988, NJW-RR 1988, 1326.
17 OLG Frankfurt 19. 1. 1994, WM 1994, 1730; LG Lüneburg 22. 6. 1988, NJW-RR 1989, 119.
18 LG Mannheim 3. 8. 1990, NJW-RR 1990, 1395.
19 OLG Hamm 24. 7. 1990, NJW-RR 1991, 121.
20 BGH 30. 3. 2000, NJW 2000, 3498; *Palandt/Grüneberg*, § 312 BGB Rn. 15.
21 OLG Stuttgart 9. 3. 2004, ZIP 2004, 891, 895.
22 OLG Frankfurt 16. 1. 1990, NJW-RR 1990, 374, 375; *Gilles*, NJW 1986, 1131; *Löwe*, BB 1986, 821, 825.
23 BGH 10. 7. 2002, NJW 2002, 3100; v. 28. 10. 2003, ZIP 2004, 365; v. 27. 4. 2005, NJW-RR 2005, 1417 (Hessentag 2000).
24 BGH 21. 6. 1990, NJW 1990, 3265.
25 BGH 21. 6. 1990, NJW 1990, 3265; SchlHOLG 13. 11. 1997, OLGR 1998, 21.
26 LG Würzburg 19. 5. 1988, NJW-RR 1988, 1324; *Löwe*, BB 1986, 825; *Gilles*, NJW 1986, 1140.

den[27] und den Verbraucher in eine unbeschwerte Stimmung versetzen, so dass er sich dem auf einen Geschäftsabschluss gerichteten Angebot nur schwer entziehen kann.[28]

Verbraucherausstellungen, die sichtbar auf den Verkauf von Waren angelegt sind („Messen") haben nicht den Charakter von Freizeitveranstaltungen, auch wenn sie mit einem umfangreichen Unterhaltungsangebot locken, die den Rahmen abrunden und die Veranstaltung insgesamt attraktiver machen sollen.[29] 289

Ob der Verbraucher, der eine solche Ausstellung besucht, durch **§ 312 Abs. 1 Nr. 3 BGB** geschützt wird, ist umstritten. Nach Ansicht des OLG Stuttgart[30]sind die zum Durchgang in den Messehallen einer Verkehrsausstellung bestimmten Flächen **keine Verkehrsflächen** i. S. dieser Bestimmung. 290

4. Das Widerrufs- und Rückgaberecht

a) Fristbeginn

Bei einem Haustürgeschäft steht dem Verbraucher ein Widerrufsrecht gem. § 355 BGB zu (§ 312 Abs. 1 S. 1 BGB). Die im S. 2 vorgesehene Alternative des Rückgaberechts ist praktisch bedeutungslos. Die **Widerrufsfrist** beträgt 14 Tage. Sie **beginnt** nach § 355 Abs. 2 S. 1 BGB, wenn dem Verbraucher eine den Anforderungen des § 360 Abs. 1 BGB entsprechende Belehrung über sein Widerrufsrecht in Textform mitgeteilt worden ist. Der Fristanlauf ist vom Zeitpunkt des Zustandekommens des Vertrages unabhängig, d. h. die Widerrufsfrist kann zu laufen beginnen, bevor der Unternehmer die Bestellung (Kaufangebot) angenommen hat.[31] Sie wird mit Unterzeichnung des Bestellscheins durch den Verbraucher in Gang gesetzt, sofern er zu diesem Zeitpunkt **ordnungemäß belehrt** ist, z. B. durch eine Belehrung auf dem unterschriebenen Bestellschein.[32] 291

b) Ausschluss bei vorhergehender Bestellung

Das Widerrufs- oder Rückgaberecht ist gem. § 312 Abs. 3 Nr. 1 BGB ausgeschlossen, wenn die für den Vertragsschluss maßgeblichen mündlichen Verhandlungen auf einer vorhergehenden Bestellung des Verbrauchers beruhen. Die Vielzahl von Gerichtsentscheidungen,[33] in der Tendenz verbraucherfreundlich, ist ein Beleg dafür, dass immer wieder versucht wird, Kunden in einer Haustürsituation zum Vertragsschluss zu verleiten. 292

Eine „vorhergehende Bestellung" i. S. v. § 312 Abs. 3 Nr. 1 BGB, für die der Unternehmer **darlegungs- und beweispflichtig** ist,[34] ist **nicht anzunehmen**, wenn der Verbraucher 293

---

27 OLG Hamm 3. 11. 1988, NJW-RR 1989, 117.

28 BGH 28. 10. 2003, NJW 2004, 362; 10. 7. 2002, NJW 2002, 3100, 3102; 26. 3. 1992, NJW 1992, 1889.

29 BGH 27. 4. 2005, NJW-RR 2005, 1417 (Hessentag 2000); OLG Stuttgart 17. 3. 2003, OLGR 2003, 257, 258 (HAFA 2000) entgegen 12. 9. 1989, VuR 1989, 345; s. ferner LG Bremen 3. 6. 1988, NJW-RR 1988, 1325; – ‚Niederrhein-Schau' – LG Kleve 10. 3. 1988, NJW-RR 1988, 825; KG 9. 2. 1990, NJW-RR 1990, 1338; OLG Brandenburg 11. 7. 2001, NJW-RR 2001, 1635; ‚Harz und Heide' – LG Braunschweig 13. 7. 1992, NJW-RR 1992, 1401; ‚Caravan-Motor-Touristik (CMT)' – AG Ludwigsburg 7. 9. 1995, DAR 1995, 490; ‚Camping- und Caravanmesse' – OLG Düsseldorf 2. 3. 1999, OLGR 1999, 193; der Charakter einer Freizeitveranstaltung wurde ‚Für Familie' vom OLG Stuttgart 13. 7. 1988, NJW-RR 1988, 1323 und der ‚Mittelsachsenschau' in Riesa 1994 vom OLG Dresden 28. 2. 1997, NJW-RR 1997, 1346 bejaht.

30 Urt. v. 17. 3. 2003, OLGR 2003, 257, 258.

31 BGH 23. 9. 2010, NJW 2010, 3503.

32 Zu den inhaltlichen Anforderungen an die Widerrufsbelehrung bei einem Vertrag vor dem 11. 6. 2010 s. BGH 1. 12. 2010, NJW 2011, 1061 und v. 2. 2. 2011, NJW-RR 2011, 785.

33 Zuletzt BGH 15. 4. 2010, NJW 2010, 2868; BGH 15. 11. 2007, NJW 2008, 435.

34 BGH 15. 4. 2010, NJW 2010, 2868.

- sein Einverständnis mit Vertragsverhandlungen in seiner Wohnung bei einer unerbetenen und ihn unvorbereitet treffenden telefonischen Anfrage des Anbieters erteilt,[35]
- sich lediglich mit den vom Vertragspartner angetragenen Verhandlungen zum Zweck der Warenpräsentation oder des Vertragsabschlusses[36] mit einem Hausbesuch einverstanden erklärt,[37]
- aufgrund eines Anrufs des Unternehmers einen Beratungstermin bei sich zu Hause vereinbart, der bereits zum Vertragsschluss führt,[38]
- bei einem nicht von ihm veranlassten Telefongespräch eine Einladung von sich aus ausspricht,[39]
- nach einem Gespräch Besuch erhält, bei dem über einen völlig anderen Gegenstand gesprochen wird,[40]
- vor dem vereinbarten Termin aufgesucht wird,[41]
- auf einer Verkaufsveranstaltung für eine Verlosung Name und Adresse angibt und danach ein Besuch des Verkäufers erfolgt,[42]
- auf einer Werbeantwortkarte, mit der er kostenlos Informationsmaterial anfordert, seine Telefonnummer angibt, der Verkäufer daraufhin zwecks Vereinbarung eines Besprechungstermins anruft und ihn unter Hinweis auf Sondermodelle zu einem sofortigen Termin drängt, bei dem es dann zum Vertragsschluss kommt,[43]
- auf einer Postkarte seine Telefonnummer angibt, um weitere Informationen zu erhalten, und es aufgrund eines Gesprächs mit einem Vertreter des Verkäufers zu einem Informationsbesuch kommen soll,[44]
- einen Hausbesuch ohne Einverständnis seiner Ehefrau vereinbart und diese in die Vertragsverhandlungen einbezogen und zum Kauf bzw. zur Übernahme einer Mithaftung aus dem Kauf veranlasst wird,[45]
- auf einem Messestand auf die Frage nach den Kosten die Antwort erhält, der Preis könne erst nach Besichtigung der Wohnung genannt werden,[46]
- bei einem verabredeten Hausbesuch ein Angebot bekommt, das den Rahmen der Bestellung überschreitet,[47]
- vom Unternehmer die Mitteilung erhält, er werde nur einmal aufgesucht, weil dann die Beratung und die Bestellung zeitlich zusammenfallen würden,[48]

---

35 BGH 29. 9. 1994, ZIP 1994, 1696, 1697; OLG Bamberg 18. 6. 2003, OLGR 2004, 46.

36 OLG Frankfurt 2. 12. 1988, NJW-RR 1989, 494; 2. 8. 2000, OLGR 2000, 259.

37 BGH 25. 10. 1989, NJW 1990, 181; OLG Stuttgart 12. 5. 1989, NJW-RR 1989, 956; 24. 11. 1989, NJW-RR 1990, 501; 4. 3. 1997, OLGR 1997, 71; OLG Dresden 18. 11. 1997, OLGR 1998, 39.

38 SchlHOLG 20. 8. 1997, OLGR 1997, 345; OLG Köln 29. 4. 1988, NJW 1988, 1985.

39 BGH 25. 10. 1989, ZIP 1989, 1575.

40 LG Hamburg 11. 11. 1987, NJW-RR 1988, 824.

41 OLG Stuttgart 4. 3. 1988, NJW 1988, 1986.

42 OLG Frankfurt 2. 12. 1988, NJW-RR 1989, 494; AG Elmshorn 15. 1. 1987, NJW 1987, 1204.

43 BGH 25. 10. 1989, ZIP 1989, 1575; LG Zweibrücken 23. 2. 1988, NJW-RR 1988, 823.

44 OLG Frankfurt 15. 3. 1989, NJW-RR 1989, 1342.

45 BGH 22. 1. 1991, WM 1991, 313.

46 OLG Stuttgart 12. 5. 1989, NJW-RR 1989, 956.

47 BGH 7. 12. 1989, ZIP 1990, 148 mit Anm. von *Teske*, a. a. O., 150 sowie die vorausgegangene Entscheidung des OLG Stuttgart 11. 10. 1988, ZIP 1990, 152 sowie OLG Koblenz 25. 8. 1989, ZIP 1990, 155.

48 OLG Köln 18. 12. 1989, NJW-RR 1990, 377.

- den Termin, der zum Vertragsabschluss führt, anlässlich eines unbestellten Hausbesuchs vereinbart hat, der für sich gesehen die Voraussetzungen eines Haustürgeschäfts erfüllt,[49]
- zur Bestellung provoziert wird, z. B. durch das Versprechen von Werbegeschenken für den Fall der Rücksendung einer zweiten Antwortkarte,[50]
- den Verkäufer bestellt, um ihm ein Auto unverbindlich vorzuführen, und es bei diesem Termin in der Wohnung des Kunden zum Abschluss des Autokaufs kommt,[51]
- durch vorangegangene Verhandlungen in einer sog. Haustürsituation mitursächlich für den späteren Vertragsabschluss eingestimmt wird,[52]
- zu Hause ein Angebot erhält, das über das hinausgeht, was er nach den Umständen objektiv erwarten durfte.[53]

c) Rechtsfolgen des Widerrufs

Nach wirksamem Widerruf eines Haustürgeschäfts bestimmen sich die Rechtsfolgen gem. § 357 BGB i. V. m. §§ 346 ff. BGB. Die nur „entsprechende" Anwendung der Rücktrittsvorschriften über § 357 Abs. 1 BGB eröffnet den notwendigen Freiraum, um den Besonderheiten des Haustürgeschäfts bei der Rückabwicklung Rechnung zu tragen.[54] Wegen des **weitgehenden Gleichlaufs** mit den Rechtsfolgen des Widerrufs beim Fernabsatz und beim finanzierten Kauf wird das **Widerrufsfolgenrecht** einheitlich dort dargestellt, wo es aus der Sicht des Autokaufs praktisch am bedeutsamsten ist, nämlich beim finanzierten Kauf (s. Rdn. 1813 ff.). 294

III. Fernabsatzverträge

1. Bedeutung für den Neuwagenhandel

Aussagen wie „Verbraucher kaufen Neuwagen immer häufiger online"[55] sind mit Vorsicht zu genießen. Gemeint sein kann das Internet als bloßes Informationsmedium. 56 % aller Neuwagenkäufer mit Internetzugang (92 %) nutzten im Jahr 2010 (auch) das Internet als Informationsquelle.[56] Pauschalaussagen wie oben können auch auf Online-Vermittlerportale wie „meinauto.de" anspielen (dazu Rdn. 44). Der Online-Abschluss eines Kaufvertrages über ein Neufahrzeug ist jedenfalls im Bereich B2C nach wie vor die Ausnahme. 295

Trotz zunehmender Präsenz der Neufahrzeughändler im Internet wird nicht erwartet, dass der aktive Verkauf in Richtung Fernabsatz geht (online oder mit sonstigen Fernkommunikationsmitteln). Diese besondere Vertriebsform ist für die Vermarktung von Neufahrzeugen in der Tat nur bedingt geeignet. Das liegt auch daran, dass die Widerrufsfrist bei der Lieferung von Waren nicht vor dem Tag ihres Eingangs beim Empfänger beginnt (§ 312d Abs. 2 BGB). Diese Regelung ist zwingend. Dem Händler ist es verwehrt, mit dem Verbraucher eine Vereinbarung zu treffen, die es ihm gestattet, das Fahrzeug erst nach Ablauf der Widerrufsfrist auszuliefern. 296

49 Brand OLG 17. 6. 1997, OLGR 1997, 309; ebenso KG 26. 4. 1996, OLGR 1996, 157.
50 OLG Dresden 8. 11. 1995, NJW-RR 1996, 758.
51 OLG Nürnberg 17. 3. 1995, NZV 1996, 71.
52 OLG Stuttgart 30. 3. 1999, BB 1999, 1453.
53 OLG Naumburg 16. 4. 2002, OLGR 2002, 505.
54 Dazu für den Wertersatzanspruch BGH 15. 4. 2010, NJW 2010, 2868 (kein Kauf).
55 Der Kfz-Sachverständige, 5/2010, S. 3.
56 DAT-Report 2011, S. 14.

2. Voraussetzungen eines Fernabsatzvertrages

297 **Persönliche Kontakte** der Vertragsparteien in der **Phase der Vertragsanbahnung**, z. B. eine Fahrzeugbesichtigung oder eine Probefahrt, können der Annahme eines Fernabsatzgeschäfts entgegenstehen. Es geht um das Merkmal **„ausschließliche Verwendung“** von Fernkommunikationsmitteln (FKM) in § 312b Abs. 1 BGB. In der Kommentarliteratur wird die Ansicht vertreten, dass die Vorschriften über den Fernabsatz nicht anzuwenden seien, wenn der Verbraucher im Geschäft des Händlers über alle für den Vertragsschluss wesentlichen Umstände informiert wurde und/oder die Ware besichtigt hat und der Vertrag zeitnah zu dem direkten Kontakt unter Einsatz von FKM abgeschlossen worden ist.[57] Im Einzelnen ist hier nach wie vor noch vieles unklar. Klar ist dagegen, dass ein Fernabsatzgeschäft nicht mit dem Argument verneint werden kann, der Verbraucher habe **die Möglichkeit** gehabt, vor Vertragsschluss das konkrete Fahrzeug oder ein typ- bzw. modellgleiches Fahrzeug bei dem Händler oder einem anderen Kfz-Betrieb zu besichtigen.[58] Nur wenn er oder sein Vertreter von der Möglichkeit der Besichtigung des konkreten Kaufobjekts tatsächlich Gebrauch gemacht hat, kann die Schutzbedürftigkeit entfallen, um deretwillen ein Widerrufsrecht eingeräumt wird.

298 Gleichfalls geklärt ist die Verteilung der **Darlegungs- und Beweislast**. Wenn die vertragskonstitutiven Erklärungen Angebot und Annahme per FKM abgegeben worden sind (diese müssen nicht gleichartig sein), spricht eine **tatsächliche Vermutung** für Ausschließlichkeit i. S. d. § 312b Abs. 1 BGB. Die Vermutung zu erschüttern und die dafür maßgeblichen Tatsachen zu beweisen, ist Sache des Unternehmers.[59] An seinen Vortrag, vor Ort seien „alle Vertragseinzelheiten“ geklärt worden, stellen die Gerichte bereits hohe Substanziierungsanforderungen.[60]

299 **Bedeutsam für den Unternehmer** (zum Begriff/Eigenschaft s. Rdn. 1974 ff.) ist die – von ihm zu beweisende – **Ausnahme**, dass der Kaufvertrag nicht im Rahmen eines für den Fernabsatz organisierten Vertriebs- oder Dienstleistungssystems erfolgt ist (§ 312b Abs. 1 S. 1 Halbs. 2 BGB). Bei einem Online-Verkauf über die Internetplattform eBay scheidet dieser Einwand ersichtlich aus. In Betracht kommt er in anderen Fällen des Geschäftsabschlusses ohne persönliche Kontaktaufnahme, etwa per Zeitungsanzeige, Telefon, Fax oder E-Mail. Sofern der Kaufvertrag unter ausschließlicher Verwendung solcher Fernkommunikationsmittel geschlossen wurde, kommt es nach der Gesetzesbegründung[61] darauf an, ob der Unternehmer in personeller und sachlicher Ausstattung innerhalb seines Betriebs die organisatorischen Voraussetzungen geschaffen hat, die notwendig sind, um regelmäßig im Fernabsatz zu tätigende Geschäfte zu bewältigen. Ein größerer personeller oder sachlicher Aufwand wird nicht vorausgesetzt. Die Unterhaltung einer Homepage im Internet mit Bestellmöglichkeit per E-Mail soll genügen.[62]

300 Der **gelegentliche Verkauf eines Neuwagens** unter Einsatz von Fernkommunikationsmitteln reicht für die Annahme einer organisierten Vertriebsform dann nicht aus, wenn die Kaufverträge ‚im Regelfall‘ in den Geschäftsräumen des Händlers ausgehandelt und abgeschlossen werden und es dort zu einer Begegnung zwischen Verkäufer und Käufer und zu einer Besichtigung der Ware kommt. Dies trifft auf die meisten Händlerbetriebe zu, die mit Neufahrzeugen am Markt vertreten sind. Eine Faustformel oder Quote haben die Gerichte

57 Vgl. *Palandt/Grüneberg*, § 312b BGB Rn. 8 m. w. N.
58 OLG Düsseldorf 17. 7. 2009 – I-16 U 168/08.
59 *Palandt/Grüneberg*, § 312b BGB Rn. 8.
60 Z. B. LG Köln 15. 5. 2008 – 37 O 1054/07.
61 BT-Drucks. 14/2658, S. 30.
62 *S. Lorenz*, JuS 2000, 2049, 2053.

noch nicht festgelegt. Im Zweifel wird man die hier in Rede stehende Ausnahme jedoch **eng verstehen** und auch verstehen müssen.[63]

3. Das Widerrufsrecht beim Fernabsatz

a) Beginn der Widerrufsfrist

Während der Beginn der 14tägigen Widerrufsfrist bei einem Haustürgeschäft allein an 301
die Erteilung einer ordnungsgemäßen Widerrufsbelehrung geknüpft ist (§ 355 Abs. 3 S. 1 BGB), hängt der Anlauf der gleichfalls 14tägigen Frist bei einem im Fernabsatz gekauften Fahrzeug oder Zubehörteil von **drei Voraussetzungen** ab: 1. Erfüllung der Informationspflichten gem. § 312d Abs. 2 BGB, 2. Erteilung einer ordnungsgemäßen Widerrufsbelehrung in Textform, 3. Auslieferung des Fahrzeugs (= Ablieferung wie bei § 438 BGB, s. dazu Rdn. 4093).

Erheblichen Streitstoff, auch **wettbewerbsrechtlich**, lieferten in der Vergangenheit die 302
Informations- und Belehrungspflichten des Unternehmers.[64] Auch der Beginn bzw. die Dauer der Widerrufsfrist beim Fernabsatz war ein ständiger Streitpunkt.[65] Durch die **Neuordnung** der einschlägigen Vorschriften **per 11. 6. 2010** konnten etliche Unzulänglichkeiten beseitigt werden. Der Zentralverband Deutsches Kfz-Gewerbe (ZDK) hat die Änderungen deshalb begrüßt und seinen Mitgliedern empfohlen, ihre bisher verwendeten Belehrungsmuster gegen neue Muster auszutauschen. Allerdings müssen auch diese wieder ersetzt bzw. aktualisiert werden. Aus Anlass des am 4. 8. 2011 in Kraft getretenen Gesetzes zur Anpassung der Wertersatzvorschriften hat man die Musterbelehrungen **abermals geändert**.[66]

Seit dem 11. 6. 2010 haben die Muster für die Widerrufs- und Rückgabebelehrung Geset- 303
zesrang.[67] Verwendet der Unternehmer den vorgesehenen Mustertext, genügt seine Belehrung den gesetzlichen Anforderungen (s. § 360 Abs. 3 BGB).[68] Die gebotene Unterrichtung und Belehrung des Verbrauchers kann in einem einzigen Text zusammengefasst werden.[69] Erst wenn die letzte der drei oben Rdn. 301 genannten Voraussetzungen erfüllt ist, beginnt die Widerrufsfrist zu laufen.

b) Ausschluss des Widerrufsrechts beim Fernabsatz

Von den in § 312d Abs. 4 BGB geregelten Ausschlusstatbeständen haben die Anferti- 304
gung nach Kundenspezifikation (Nr. 1) und die Versteigerungsfälle (Nr. 5) die größte Bedeutung für den Fernabsatz von Automobilen. Keinen völligen Ausschluss, sondern nur eine Konkurrenzklausel enthält **§ 312d Abs. 5 BGB n. F.** für das **Zusammentreffen** eines Fernabsatzvertrags mit einem widerruflichen Verbraucherdarlehensvertrag, einer Finanzierungshilfe oder Ratenlieferungsvertrag. Das fernabsatzrechtliche Widerrufsrecht ist lediglich subsidiär. Für den Widerruf nach den §§ 495, 506 ff. BGB bleibt es bei dem späteren Beginn der Widerrufsrist nach § 312d Abs. 2 S. 1 BGB[70]. Bei einem verbundfinanzierten Kauf, der in beiden Teilen im Fernabsatz zustande gekommen ist, konnte der Verbraucher

63 So auch *Palandt/Grüneberg*, § 312b BGB Rn. 11.
64 Vgl. BGH 29. 4. 2010, NJW 2010, 3566 (Holzhocker); BGH 4. 10. 2007, NJW 2008, 1595 (Kleidung u. a.).
65 Vgl. BGH 29. 4. 2010, NJW 2010, 3566.
66 Kritisch PWW/*Medicus/Stürner*, § 357 Rn. 10/11.
67 Dazu und zur Neuregelung insgesamt *Schröder*, NJW 2010, 1933; *Ebnet*, NJW 2011, 1029.
68 *Palandt/Grüneberg*, § 312d BGB Rn. 5.
69 *Palandt/Grüneberg*, § 312d BGB Rn. 5.
70 *Looschelders*, SchAT Rn. 176.

nach dem bis zum 11.6./30. 7. 2010 geltenden Recht nur den Liefervertrag widerrufen, nicht den Darlehensvertrag.[71]

305 **Anfertigung nach Kundenspezifikation (Nr. 1):** Kein Widerrufsrecht besteht, wenn die Ware nach Kundenspezifikation angefertigt wird oder eindeutig auf die persönlichen Bedürfnisse des Verbrauchers zugeschnitten ist. Verneint hat das OLG Düsseldorf diesen Sonderfall, für den der Unternehmer darlegungs- und beweispflichtig ist[72], für die Bestellung eines VW Touran Baujahr 2006 in einer Ausstattung (ABS, Airbags, Servo u. a.), die auch von anderen Kunden gewählt zu werden pflegt.[73] Ergänzend hat der Senat mit Blick auf die Leitentscheidung BGH NJW 2003, 1665 darauf hingewiesen, dass das Fahrzeug im Fall der Rücknahme keineswegs wirtschaftlich wertlos oder nur mit großem Preisabschlag verwertbar wäre.

306 Individualisierung kann in beide Richtungen gehen. Auch die Bestellung eines Fahrzeugs in „Mageraustattung" (kein Navi, kein Automatikgetriebe) kann als „Kundenspezifikation" relevant sein. Eine Weitervermarktung kann in einem solchen Fall sogar schwieriger sein als bei einer Individualisierung „nach oben". Die Gerichte stellen **strenge Anforderungen** an die Darlegungspflicht des Unternehmers, so dass der Ausschlusstatbestand „Kundenspezifikation" in Kfz-Fällen praktisch nicht zum Zuge kommt.

307 **Versteigerungen (Nr. 5):** Erfasst werden nur Versteigerungen i. S. v. § 156 BGB, bei denen der Vertrag nicht durch Angebot und Annahme, sondern durch Zuschlag zustande kommt. **Internetauktionen** wie z. B. bei ebay fallen nicht unter Nr. 5, d. h. der Verbraucher hat in solchen Fällen ein Widerrufsrecht,[74] s. a. Rdn. 2420.

308 Ob und inwieweit ein online oder anderweitig per FKM geschlossener Kaufvertrag von den Parteien **nachträglich abgeändert** oder gar durch einen Neuvertrag Auge in Auge komplett ersetzt werden kann, ist für die Praxis durchaus bedeutsam, freilich in erster Linie bei der Vermarktung von Gebrauchtfahrzeugen (s. Rdn. 2425 f.).

c) Rückabwicklung nach Widerruf des Fernabsatzvertrags

309 Welche Rechtsfolgen ein wirksamer Widerruf bei einem Fernabsatzgeschäft hat, bestimmt sich nach den §§ 357 ff. BGB. Die in § 312d Abs. 6 BGB geregelte Einschränkung der Wertersatzpflicht betrifft lediglich Fernabsatzverträge über Dienstleistungen. Was den Wert- und Nutzungsersatz bei Warenlieferungen angeht, sind am 4. 8. 2011 **weitere Gesetzesänderungen** in Kraft getreten.[75] Hintergrund sind die EuGH-Entscheidungen v. 3. 9. 2009[76] und vom 15. 4. 2010.[77] BGH-Rechtsprechung zur Rückabwicklung eines widerrufenen Fahrzeugkaufs im Fernabsatz fehlt nach wie vor. Manche Fragen der Wertersatzpflicht sind indes durch das **Wasserbett-Urteil des BGH** v. 3. 11. 2010[78] geklärt. Zu Einzelthemen s. Rdn. 1818 ff.

---

71 So OLG Düsseldorf 17. 7. 2009 – I-16 U 168/08; zur aktuellen Konkurrenzsituation s. *Palandt/Grüneberg*, § 358 BGB Rn. 8.
72 LG Hannover, 20. 3. 2009, DAR 2009, 530 (Winterräder).
73 Urt. v. 17. 7. 2009 – I-16 U 168/08.
74 Grundlegend BGHZ 146, 129.
75 Vgl. *Wendehorst*, NJW 2011, 2551.
76 NJW 2009, 3015.
77 NJW 2010, 1941.
78 NJW 2011, 56.

E. Lieferung, Abnahme und Zahlung

I. Abnahme

Wie beim Kauf eines gebrauchten Kfz vom Händler ist die Pflicht zur Abnahme des bestellten Neufahrzeugs im Regelfall als **Nebenpflicht** einzustufen. Dass sie damit außerhalb des Synallagmas steht, ist für die Praxis ohne nennenswerte Bedeutung. Gem. Abschn. V Ziff. 1 NWVB beträgt die dem Käufer eingeräumte **Abnahmefrist** vierzehn Tage. Die Frist beginnt mit dem Zugang der Bereitstellungsanzeige, die nicht (mehr) in schriftlicher Form erfolgen muss. Im Streitfall hat der Verkäufer den Beweis zu führen, dass der Käufer die Bereitstellungsanzeige erhalten hat. Die Abnahmeklausel ist unbedenklich, da sie dem Käufer genügend Zeit für die Prüfung des Fahrzeugs und die zur Erfüllung des Kaufvertrages notwendigen Besorgungen lässt. **310**

II. Zahlung des Kaufpreises

Die Zahlungspflicht des Käufers setzt **Fälligkeit des Kaufpreises** gem. § 271 BGB voraus. In Abschn. III Ziff. 1 NWVB ist vorgesehen, dass der Kaufpreis und Preise für Nebenleistungen bei **Übergabe des Kaufgegenstandes** und **Aushändigung oder Übersendung der Rechnung** zur Zahlung fällig sind. In einigen Neuwagenverträgen wurde die Klausel dahin ergänzt, dass die Zahlung ‚in bar' zu leisten ist. Einer Klarstellung bedarf es jedoch nicht, da die Kaufpreiszahlung grundsätzlich in Geld zu erfolgen hat, soweit nichts anderes vereinbart ist.[1] Eine andere Zahlungsweise kann sich daraus ergeben, dass der Verkäufer auf der Rechnung ein Konto benennt, auf das der Käufer mit befreiender Wirkung Zahlung leisten kann. Bargeldlose Zahlungen durch Zahlungsanweisungen, Schecks oder Wechsel bedeuten keine Erfüllung der Zahlungspflicht und müssen vom Verkäufer nur nach besonderer Vereinbarung angenommen werden. **311**

An einer durchsetzbaren Kaufpreisforderung fehlt es, wenn der Käufer das ihm angebotene Fahrzeug **berechtigterweise** wegen eines Sach- oder Rechtsmangels **zurückweist** (dazu Rdn. 333 ff.). Beruft er sich auf die Einrede des nichterfüllten Vertrages, kann eine Verurteilung zur Kaufpreiszahlung nur Zug um Zug gegen Nachbesserung/Nachlieferung erfolgen.[2] **312**

Die **Erteilung der Rechnung** ist eine Nebenpflicht[3], von deren Erfüllung die Pflicht zur Kaufpreiszahlung normalerweise nicht abhängt.[4] Da der Verkäufer jedoch hierzu gem. Abschn. III Ziff. 1 NWVB verpflichtet ist, kann der Käufer den Kaufpreis gem. § 273 Abs. 1 BGB zurückhalten, bis ihm der Verkäufer die Rechnung ausgehändigt oder übersandt hat. Maßgeblicher Zeitpunkt für das Erlöschen des Zurückbehaltungsrechts ist der Zugang der Rechnung beim Käufer; zur Empfangsvollmacht i. S. d. § 56 HGB s. OLG Düsseldorf 28. 4. 2008 – I – 1 U 239/07. **313**

In der Rechnung sind das **Ausstellungsdatum** und das **Datum der Lieferung** anzugeben (§§ 14, 14a UStG). Als Lieferzeitpunkt reicht die Angabe des Kalendermonats aus. Fallen Lieferzeitpunkt und Datum der Rechnungserstellung zusammen, genügt die Angabe ‚Lieferdatum = Rechnungsdatum'. **314**

1 *Erman/Grunewald*, § 433 BGB Rn. 38; MüKo-BGB/*Westermann*, § 433 BGB Rn. 75.
2 LG Ellwangen 13. 12. 2002, NJW 2003, 517, 518.
3 BGH 10. 3. 2010, NJW-RR 2010, 1579 Tz. 15 (Strohmanngeschäft).
4 BGH 18. 12. 1989, BGHZ 79, 176, 178; *Pahlow*, JuS 2001, 236, 237.

315 Der **Abzug eines Skontos** wegen pünktlicher Zahlung ist im Neuwagenhandel nicht üblich und ohne Absprache daher unzulässig.

316 Haben die Parteien eine **Inzahlungnahme eines Altwagens** vereinbart, hängt es von der Auslegung des Vereinbarten ab, welche Bedeutung dieser Vorgang für die Kaufpreisschuld hat (näher Rdn. 1428 ff.).

317 Eine Kaufpreistilgung durch **Aufrechnung** ist nur zulässig, wenn die Gegenforderung des Käufers unbestritten ist oder ein rechtskräftiger Titel vorliegt (Abschn. III Ziff. 2 Halbs. 1 NWVB). Die Klausel hält sich im Rahmen des nach § 309 Nr. 3 BGB Erlaubten.[5] Vom Aufrechnungsverbot nicht erfasst werden entscheidungsreife Forderungen[6], weshalb eine Klausel, die den Ausschluss der Aufrechnung anordnet, unwirksam ist.[7]

318 Nicht ausgeschlossen ist das **Zurückbehaltungsrecht** wegen **bestrittener Gegenansprüche**, soweit es auf Ansprüchen aus dem Kaufvertrag beruht (Abschn. III Ziff. 2. Halbs. 2 NWVB).

III. Erfüllungsort für Abnahme und Zahlung

319 Erfüllungsort für die Abnahme ist gem. § 269 BGB der **Betriebssitz des Verkäufers**[8], während für die Zahlung des Kaufpreises im Zweifel der Wohnsitz des Käufers maßgeblich ist (§ 269 Abs. 1 i. V. m. § 270 Abs. 4 BGB). Die Zahlung des Kaufpreises hat aber dann am Sitz des Verkäufers zu erfolgen, wenn dort die „vertragscharakteristische“ Leistung zu erbringen ist.[9] Das ist beim Neuwagenkauf typischerweise der Betriebssitz des Verkäufers.[10] Eine Klausel, die den Betriebssitz des Verkäufers als den Erfüllungsort für alle aus dem Kaufvertrag resultierenden beiderseitigen Pflichten bestimmt, ist außerhalb des kaufmännischen Geschäftsverkehrs wegen Verstoßes gegen § 307 BGB unwirksam.[11]

320 Sieht der Kaufvertrag vor, dass der Neuwagenpreis teilweise durch Inzahlungnahme des Gebrauchtfahrzeugs getilgt wird (dazu Rdn. 1428 ff.), hat der Käufer es am Betriebssitz des Verkäufers zu übergeben.[12]

321 Die Vereinbarung **‚Werksabholung durch den Käufer‘** ist als Abrede dahin gehend zu verstehen, dass die Übergabe am Ort des Herstellers erfolgen soll.

IV. Händlerpflichten vor und bei Auslieferung

322 Im Zustand werkseitiger Anlieferung ist ein Neuwagen üblicherweise nicht ohne weiteres fahrbereit. Der Verkäufer muss die Betriebsbereitschaft durch bestimmte Maßnahmen wie z. B. eine **Ablieferungsinspektion** herstellen. Ihn trifft keine Pflicht, das Fahrzeug – über das im Rahmen der Ablieferungsinspektion erforderliche Maß hinausgehend – daraufhin zu überprüfen, ob es versteckte Konstruktions- und Fabrikationsmängel aufweist.[13] Er genügt seiner **Untersuchungspflicht**, wenn er das Fahrzeug **in Augenschein nimmt** und

5 BGH 18. 4. 1989, ZIP 1989, 783, 784; s. a. BGH 27. 6. 2007, NJW 2007, 3421 (Miete).
6 BGH 15. 2. 1978, WM 1978, 620; OLG Koblenz 16. 5. 1997, OLGR 1997, 185; OLG Düsseldorf 25. 10. 1996, NJW-RR 1997, 757.
7 BGH 15. 2. 1978, WM 1978, 620; *Palandt/Grüneberg*, § 309 BGB Rdn. 17 m. w. N.
8 OLG Nürnberg 2. 11. 1995, NZV 1996, 194.
9 *Palandt/Grüneberg*, § 269 BGB Rn. 13.
10 LG Bremen 30. 11. 1964, NJW 1965, 203; *Creutzig*, Recht des Autokaufs, Rn. 3.1.4.
11 OLG Koblenz 14. 4. 1989, WM 1989, 892 zu § 9 AGBG.
12 LG Baden-Baden 23. 1. 1981 – 2 O 27/80 – n. v.; *Creutzig*, Recht des Autokaufs, Rn. 3.1.4.
13 BGH 18. 6. 1969, NJW 1969, 1708.

sichtbare Mängel abstellt.[14] Zumindest eine ‚flüchtige Prüfung'[15] des Neufahrzeugs im Hinblick auf dessen Verkehrssicherheit darf aber vom Händler erwartet werden. Weitergehende Kontrollen sind ihm üblicherweise nicht zuzumuten, denn er kann darauf vertrauen, dass das Produkt ordnungsgemäß hergestellt und einer sorgfältigen werkseitigen Prüfung vor Auslieferung unterzogen wurde; s. a. Rdn. 1243 ff.

Gesteigerte Anforderungen an die Prüfpflicht sind bei Lieferung eines Neuwagens mit einer vom serienmäßigen Lieferangebot **abweichenden Sonderausstattung** zu stellen (Spezialreifen, Spoiler usw.). In einem solchen Fall gehört es zur selbstverständlichen Pflicht des Verkäufers, ein zum öffentlichen Verkehr zulassungsfähiges Kfz bereitzustellen.[16] Er muss überprüfen, ob sich die ABE auf die Anbauteile erstreckt oder ob sie infolge der Umrüstung des Fahrzeugs mit nicht genehmigten Teilen erloschen ist. 323

Eine Pflichtverletzung des Händlers liegt nicht vor, wenn er vor Übergabe des Neufahrzeugs bei der Ablieferungsinspektion nicht kontrolliert, ob **die Reifen** richtig montiert sind (zur Reifenkontrolle beim Verkauf eines Gebrauchtwagens s. Rdn. 3898 ff.).[17] Übersieht der Händler bei Ausführung der vertraglich übernommenen Ablieferungsinspektion schuldhaft einen erkennbaren Fehler und verursacht dieser eine Beschädigung des Fahrzeugs, haftet er dem Käufer auf Ersatz des Schadens. Dies entschied der BGH[18] zu Lasten eines Händlers, dessen Mitarbeiter bei Vornahme der Ablieferungsinspektion eine Verbeulung der Felge übersehen hatte, die ursächlich für einen Autounfall war. 324

Ein pflichtwidriges Verhalten ist anzunehmen, wenn der Händler an einem neuen, zur Auslieferung bereitstehenden Fahrzeug ohne Zustimmung des Käufers werkseitig **nicht vorgesehene Veränderungen** vornimmt. Wenn – wie geschehen – der Händler an einem fabrikneuen Sportwagen Heck- und Frontspoiler demontiert hat und nicht den Verdacht ausräumen kann, das Fahrzeug in dem beschriebenen Zustand ausliefern zu wollen, zerstört er durch sein Verhalten die Vertrauensbasis. Unter solchen Umständen ist der Käufer gem. § 324 BGB berechtigt, vom Vertrag zurückzutreten.[19] Näheres zu den Rechtsfolgen bei Nebenpflichtverletzungen s. Rdn. 4616 ff.; zur Verjährung s. Rdn. 4622. 325

V. Prüfrecht des Käufers und Recht auf Probefahrt

Der Käufer ist berechtigt, das Fahrzeug innerhalb der Abnahmefrist am vereinbarten Ort der Abnahme (dazu Rdn. 319) zu prüfen. Anders als früher (z. B. NWVB 1991) wird ein Recht auf Prüfung zwar nicht mehr vertraglich zugestanden. Es versteht sich aber von selbst. 326

Prüfungskosten, die z. B. durch Einschaltung eines Gutachters entstehen, gehen zu Lasten des Käufers, es sei denn, dass die Parteien eine abweichende Vereinbarung getroffen haben. 327

Eine **Probefahrt** vor Abnahme (Übernahme) des Neufahrzeugs war früher allgemein üblich. Die Gepflogenheiten haben sich im Laufe der Zeit geändert. Nur noch rund 40 % der Neufahrzeuge (Pkw/Kombi) gehen heute an Privatpersonen. Doch auch in diesem Käu- 328

14 Vgl. BGH 25. 9. 1968, NJW 1968, 2238.
15 BGH 5. 7. 1978, DB 1978, 1878, 1880.
16 BayObLG 16. 1. 1986, DAR 1986, 154.
17 LG Münster 12. 10. 1965 – 3 O 271/65 – n. v.; vgl. ferner BGH 15. 3. 1956, VersR 1956, 759 (Verkauf eines Motorrollers, oberflächliche Besichtigung und Probefahrt im üblichen Rahmen reichen aus).
18 Urt. v. 18. 6. 1969, VersR 1969, 835 ff. mit Anm. *von Loewenstein*, NJW 1969, 2043 ff.
19 BGH 19. 10. 1977, DAR 1978, 46 (positive Vertragsverletzung).

ferkreis verzichtet man immer öfter auf eine Probefahrt mit dem zur Abnahme bereitgestellten Fahrzeug. Häufig hat vor der Bestellung eine Testfahrt mit einem Vorführwagen stattgefunden. Damit gibt man sich dann zufrieden. Gewerbliche Kunden haben erfahrungsgemäß noch weniger Interesse an einer Probefahrt, deren Erkenntniswert in der Tat fragwürdig geworden ist.

329 An der **Länge der Probfahrt** – bis 20 km – hat der Wegfall der entsprechenden Klausel Abschn. V Ziff. 2 NWVB a. F. nichts geändert. Eine solche Fahrstrecke ist für die Prüfung eines Neufahrzeugs mindestens erforderlich. Eine darüber hinausgehende Probefahrt ist dem Käufer ohne Sondervereinbarung nicht gestattet.[20] S. a. Rdn. 248.

330 Zur Prüfung (mit oder ohne Probefahrt) ist der Käufer berechtigt, nicht aber verpflichtet.[21] Dies gilt auch für Kaufleute, da **§ 377 HGB** erst nach der Ablieferung eingreift. Vorher gilt auch für sie nur **§ 442 BGB**.

331 Verursacht der Käufer oder dessen Beauftragter während der Probefahrt einen **Schaden an dem Neufahrzeug**, haftet der Käufer nur bei grober Fahrlässigkeit und Vorsatz. Es gilt der gleiche Haftungsmaßstab wie bei der Testfahrt eines Kaufinteressenten mit einem Vorführwagen (ausführlich dazu Rdn. 245 ff.).

VI. Vorbehaltlose Annahme und Untersuchungsobliegenheit

332 Da § 464 BGB a. F. ersatzlos gestrichen wurde, muss sich der Käufer, der ein mangelhaftes Fahrzeug in Kenntnis des Mangels abnimmt, seine Rechte wegen des Mangels nicht (mehr) vorbehalten. Ob der Käufer, der über einen Mangel vollständig unterrichtet ist, mit der vorbehaltlosen Abnahme auf seine Mängelrechte konkludent verzichtet, gar ein Angebot auf nachträgliche Änderung der Soll-Beschaffenheit macht, hängt von den Umständen des Einzelfalles ab. Jedenfalls sind an die Annahme derartiger Erklärungen hohe Anforderungen zu stellen. Zur Bedeutung auffälliger Mängel (Defekte) für die Beweisvermutung nach § 476 BGB s. Rdn. 3361. Der völlige Verlust von Gewährleistungsrechten kann die Folge einer Obliegenheitsverletzung gem. § 377 HGB sein (näher dazu Rdn. 3945 ff.); zum Fall grober Fahrlässigkeit nach § 442 BGB s. Rdn. 3927 ff.

VII. Berechtigte Abnahmeverweigerung

333 Stellt sich heraus, dass das vom Händler zur Auslieferung bereitgestellte Neufahrzeug nicht vertragsgemäß ist, ist der Käufer grundsätzlich dazu berechtigt, es zurückzuweisen und die Abnahme zu verweigern.[22] Durch die Reaktorkatastrophe in Japan 2011 ist zu den herkömmlichen Ablehnungsgründen wie falsche Farbe[23], unvollständige Ausstattung oder vertragswidrige Motorisierung ein weiterer Konfliktfall hinzu gekommen: das **radioaktiv belastete Importfahrzeug**. Eine nachweisbare Kontamination wäre ein Sachmangel, allerdings ein behebbarer, sofern ein unbelastetes Ersatzfahrzeug lieferbar ist. Der bloße **Verdacht einer Verstrahlung** wird vor Gericht kaum als Sachmangel und damit als Zurückweisungsgrund Anerkennung finden.

334 Generell gilt: Da es noch nicht zum Gefahrübergang (hier: Übergabe) gekommen ist, stehen dem Käufer Sachmängelrechte nicht zu. Er hat lediglich den Erfüllungsanspruch aus § 433 Abs. 1 S. 2 BGB (mängelfreie Lieferung) und bei dessen Nichterfüllung die Rechts-

---

20 *Creutzig*, Recht des Autokaufs, Rn. 5.2.2.

21 MüKo-BGB/*Westermann*, § 433 BGB Rn. 85; *Erman/Grunewald*, § 433 BGB Rn. 61.

22 Zur Unterscheidung von Zurückweisung und Abnahmeverweigerung s. *Ernst*, NJW 1997, 896 ff.

23 Dazu BGH 17. 2. 2010, NJW-RR 2010, 1289 = DAR 2010, 263 = LMK 2010, 302497 (*Reinking*).

behelfe des allgemeinen Leistungsstörungsrechts. Bei **Unbehebbarkeit des Mangels** – weder durch Ersatzlieferung noch durch Nachbesserung ist er aus der Welt zu schaffen – ist der Erfüllungsanspruch in Bezug auf die Mängelfreiheit nach § 275 Abs. 1 BGB ausgeschlossen. Der Käufer hat das Recht zum sofortigen Rücktritt (§§ 323, 326 Abs. 5 BGB). Der Verkäufer kann es nach herrschender, aber umstrittener Ansicht mit dem **Einwand der Unerheblichkeit** zu Fall bringen (§ 323 Abs. 5 S. 2 BGB), näher unten Rdn. 340.

Ist der **Mangel** dagegen, wie in den meisten Fällen des Neuwagenkaufs, **behebbar**, kann **335** der Käufer die Annahme als Erfüllung und zugleich die nach § 433 Abs. 2 BGB geschuldete Abnahme ablehnen und die Zahlung des Kaufpreises nach § 320 BGB vollständig verweigern. Zu den Grenzen dieser Rechte s. Rdn. 337 ff. Er kann dem Verkäufer auch eine Frist zur Beseitigung des Mangels setzen und nach erfolglosem Ablauf der Frist vom Kauf zurücktreten, wobei sich wiederum die Bagatellproblematik des § 323 Abs. 5 S. 2 BGB stellt (dazu Rdn. 1022 ff.).

Auf welche Weise der Verkäufer einen vor Auslieferung entdeckten und ggf. vom Käu- **336** fer bereits vorab gerügten Mangel beseitigt, ist seine Sache.[24] Der Käufer kann darauf keinen Einfluss nehmen, weil ihm ein Nacherfüllungsanspruch in der Phase vor Übergabe (Gefahrübergang) noch nicht zusteht, damit auch nicht das Recht, zwischen Ersatzlieferung und Nachbesserung wählen zu können.

1. Grenzen des Zurückweisungsrechts

Unter Zurückweisung versteht man die Weigerung des Käufers, die ihm angebotene **337** Ware als Erfüllung anzunehmen. Sie kann, muss aber nicht mit der Abnahmeverweigerung zusammenfallen.[25] Wenn der Käufer wie im Corvette-Fall BGH NJW-RR 2010, 1289 die Abnahme des Fahrzeugs mit der Begründung „falsche Farbe" ablehnt, weist er das angebotene Fahrzeug zugleich als erfüllungsuntauglich zurück. Zurückweisung und Abnahmeverweigerung fallen zusammen.

Mit der Zurückweisung kann der Käufer bereits ein ihm zustehendes Gewährleistungs- **338** recht (vorab) ausüben. Er kann sich aber auch, wie im Corvette-Fall, auf seine oben genannten **Passivrechte** beschränken. Ob und ggf. inwieweit sie **eingeschränkt** sind, ist eine Frage, die sich im modernisierten Kaufrecht auch deshalb neu stellt, weil der Käufer den Vertrag bei Unerheblichkeit der Pflichtverletzung nicht liquidieren kann (§§ 323 Abs. 5 S. 2, 281 Abs. 1 S. 3 BGB). Bei einem behebbaren Mangel kann eine weitere Schranke, abgesehen von der generellen nach § 242 BGB, das „Recht" des Verkäufers zur zweiten Andienung bilden. Auch wenn es nur ein Reflexrecht ist, kann es womöglich eine Vorwirkung zugunsten des mangelhaft anbietenden Verkäufers entfalten.

Zunächst ist für den Neufahrzeughandel festzustellen, dass das Abnahmeverweigerungs- **339** bzw. das Zurückweisungsrecht des Käufers **formularmäßig** nicht mehr eingeschränkt ist. Es heißt nicht mehr wie früher, der Käufer könne die Abnahme nur bei „erheblichen Mängeln" ablehnen.[26] Andererseits räumen die aktuellen NWVB (3/08) aber auch kein Ablehnungsrecht bei einem nur „unerheblichen" (geringfügigen) Mangel ein.

Dass der Käufer berechtigt ist, ein mangelhaftes Auto zurückzuweisen, es als Erfüllung **340** nicht anzunehmen braucht, sofern ihm das Recht zum Rücktritt vom Kauf zusteht, ist im Ausgangspunkt allgemein anerkannt.[27] **Umstritten** ist, ob ein Zurückweisungsrecht auch ohne die Einschränkung nach § 323 Abs. 5 S. 2 BGB besteht, also auch bei einem gering-

24 *Medicus/Lorenz*, SchBT Rn. 70.
25 Dazu *Ernst*, NJW 1997, 896 ff.
26 Nach BGH 27. 9. 2000, NJW 2001, 292, 296 (unter VI 2) unwirksam.
27 BGH 17. 2. 2010, NJW-RR 2010, 1289.

fügigen Sachmangel, der nach Übergabe einen Rücktritt nicht legitimieren kann.[28] Diese vom BGH im **Corvette-Fall**[29] offen gelassene Frage ist **zugunsten des Käufers** zu entscheiden. Unerheblichkeit der Pflichtverletzung schließt laut Gesetz (§§ 323 Abs. 5 S. 2, 281 Abs. 1 S. 3 BGB) nur den Rücktritt und den großen Schadensersatz aus. Für das Zurückweisungsrecht (wie auch für das Abnahmeverweigerungsrecht) findet sich keine ausdrückliche Regelung. Das ist ein erster, wenngleich nicht zwingender Beleg dafür, dass das Zurückweisungsrecht mit der heiklen Bagatellregelung (näher Rdn. 1022 ff.) nicht belastet sein soll. Deren Funktion besteht darin, zustande gekommene und erfüllte Verträge („hat der Schuldner ... bewirkt") wegen Kleinigkeiten nicht aufs Spiel zu setzen (pacta sunt servanda). Dieser Gedanke der Vertragserhaltung trägt in der Situation vor Auslieferung des Fahrzeugs allenfalls bedingt.

341 Zudem würde eine Versagung des Zurückweisungsrechts wegen Unerheblichkeit des Mangels bei einem Verbrauchsgüterkauf auf europarechtliche Bedenken stoßen. Hinzu kommt: Wenn der Käufer bei einem nur geringfügigen Mangel anerkanntermaßen Nacherfüllung verlangen kann, auch in Form der Ersatzlieferung, will nicht recht einleuchten, dass er in einem solchen Fall kein Zurückweisungsrecht hat. I. Ü. hat er ein schutzwürdiges Interesse daran zu verhindern, dass die Beweislast für das Vorhandensein eines Mangels durch die Übernahme des Fahrzeugs ihm zufällt. Schließlich sprechen auch praktische Gründe dafür, die Abnahmephase von einem Streit um die Bedeutung und das Gewicht der Reklamation freizuhalten.

2. Die Situation bei behebbaren Mängeln

342 Sind vor Auslieferung des Neufahrzeugs entdeckte bzw. gerügte Mängel, wie meist, behebbar, ist der Verkäufer verpflichtet, das Fahrzeug innerhalb angemessener, vom Käufer zu bestimmender Frist in einen vertragsgemäßen Zustand zu versetzen. In Abschn. V Ziff. 3 NWVB 1991 war vorgesehen, dass der Käufer die Abnahme endgültig ablehnen konnte, falls der Verkäufer die vom Käufer in der Abnahmefrist gerügten Mängel nicht innerhalb einer **Frist von 8 Tagen** vollständig beseitigt hatte. Obwohl diese Klausel (V 3) aufgegeben wurde, liefert sie einen Hinweis zur Angemessenheit der Frist. Da die vom Handel ausbedungene Maximalfrist von 8 Tagen für die Mängelbeseitigung als ausreichend angesehen und hierüber ernsthaft nicht gestritten wurde, kann diese Zeitspanne weiterhin als Maßstab für die Länge der vom Käufer zu setzenden Frist dienen, zumindest im Sinne einer **Faustregel**.

343 Wenn der Verkäufer **vor Ablauf** der vereinbarten Lieferzeit bzw. vor Ausschöpfung der Schonfrist von sechs Wochen ein nicht mangelfreies Fahrzeug anbietet, stellt sich die Frage, ob der Käufer ihm die noch nicht verbrauchte Lieferfrist für die Mängelbeseitigung zubilligen muss oder ob er bereits vorher – nach Ablauf einer Nachfrist von 8 Tagen – vom Kaufvertrag zurücktreten und/oder Schadensersatz statt der Leistung geltend machen kann. Nach hier vertretener Auffassung hat das eine mit dem anderen nichts zu tun. Erklärt der Verkäufer vor Ablauf der sechswöchigen Schonfrist, er sei zur Leistung bereit, verzichtet er konkludent auf die Ausschöpfung der ihm verbleibenden Lieferzeit und die damit für ihn verbundenen Vorteile. Er steht damit im Wort und kann dem Käufer die ursprünglich vereinbarte Lieferzeit nicht mehr entgegenhalten, da die Individualabrede den NWVB gem. § 305b BGB vorgeht. Wenn es ihm nicht gelingt, innerhalb angemessener Frist ein mangelfreies Fahrzeug anzubieten, ist der Käufer berechtigt, vom Vertrag zurückzutreten und Schadensersatz geltend zu machen, auch wenn die ursprünglich geltende Schonfrist zu diesem Zeitpunkt noch nicht abgelaufen ist.

---

28 Zum Meinungsstand s. BGH 17. 2. 2010, NJW-RR 2010, 1289 Tz. 21.
29 BGH 17. 2. 2010, NJW-RR 2010, 1289.

3. Rechtsfolgen bei berechtigter Abnahmeverweigerung

Bei berechtigter Zurückweisung des Fahrzeugs kommt der Käufer weder in Annahmeverzug noch in Verzug mit der Abnahme, auch nicht in Zahlungsverzug. Dem Käufer stehen, da vor Gefahrübergang, die **Rechte des allgemeinen Leistungsstörungsrechts** (mit Regelverjährung) zur Verfügung, damit auch das Recht zum Rücktritt und der Anspruch auf Schadensersatz statt der Leistung. Die auf Vertragsauflösung abzielenden Rechtsbehelfe (Rücktritt und großer Schadensersatz) bei Unerheblichkeit der „Pflichtverletzung" als ausgeschlossen anzusehen, erscheint nach den §§ 323 Abs. 5 S. 2, 281 Abs. 1 S. 3 BGB zwingend. Das letzte Wort hat der BGH. Will der Käufer am Vertrag festhalten, kann er Auslieferung des (mangelhaften) Fahrzeugs verlangen und den „kleinen" Schadensersatz (statt der Leistung) fordern. **344**

Der Händler muss daran interessiert sein, wenigstens die **Beschränkung seiner Schadensersatzhaftung** in den NWVB zur Geltung zu bringen. Dabei stellt sich die Abgrenzungsfrage, ob es um seine Haftung wegen Lieferverzugs oder um seine „allgemeine" Haftung geht. Letztere ist im Abschn. VIII geregelt, wobei dieser Abschnitt die Schadensersatzhaftung wegen eines Sachmangels umfasst (vgl. Abschn. VIII Ziff. 4). **345**

Die Sachmängelhaftung des Händlers muss im vorliegenden Fall ausgeklammert bleiben. Maßgebend ist das allgemeine Leistungsstörungsrecht mit seinen Schadenskategorien. Die im Abschn. IV NWVB abschließend geregelte Haftung wegen Lieferverzugs erstreckt sich auf den Verzugsschaden (Verzögerungsschaden) und auf den Schadensersatz statt der Leistung (zur Abgrenzung und zum Nebeneinander s. Rdn. 88 ff.). Regelungsgegenstand ist die Verletzung der Pflicht zur rechtzeitigen Lieferung. Dass der Grund für die Verzögerung in der Mangelhaftigkeit des Fahrzeugs liegt, ändert nichts daran, dass es der Sache nach um Lieferverzug und nicht um einen Fall der Schlechtleistung oder um eine sonstige Pflichtverletzung geht. Damit ist die Regelung im Abschn. IV einschlägig (zu den dortigen Haftungsbegrenzungen s. Rdn. 92 ff.). **346**

VIII. Die unberechtigte Abnahmeverweigerung

1. Übersicht

Die Verletzung der Pflicht zur Abnahme (§ 433 Abs. 2 BGB) hat vielfache Konsequenzen: Der Verkäufer kann auf Abnahme bestehen, sie notfalls einklagen. Nach Ablauf der Frist – 14 Tage ab Zugang der Bereitstellungsanzeige – kann er nach § 323 BGB vom Vertrag zurücktreten und/oder Schadensersatz statt der Leistung verlangen (§§ 280 Abs. 1, 3, 281 BGB). Außerdem kommt der Käufer durch die unberechtigte Abnahmeverweigerung in Annahmeverzug. **347**

Schuldnerverzug (Abnahmeverzug) setzt voraus:

Bereitstellung des Fahrzeugs durch den Händler am vereinbarten Abnahmeort,

Zusendung der **schriftlichen Bereitstellungsanzeige** an den Käufer,

Nichtabnahme des Fahrzeugs durch den Käufer innerhalb von 14 Tagen ab Zugang der Bereitstellungsanzeige.

Die Abnahmeverpflichtung des Käufers wird mit dem **Zugang der Bereitstellungsanzeige** fällig. Mit dem Ablauf der 14-tägigen Abnahmefrist tritt automatisch Verzug ein. Einer Mahnung bedarf es nicht, da sich der Leistungszeitpunkt ab dem Zugang der Bereitstellungsanzeige nach dem Kalender berechnen lässt (§ 286 Abs. 2 Nr. 2 BGB). **348**

2. Bereitstellung des Fahrzeugs und Bereitstellungsanzeige

349 Der Verkäufer hat das Fahrzeug am vereinbarten Übergabeort (Abholort) in einem vertragsgemäßen Zustand zur Ablieferung bereitzustellen. Hierzu ist erforderlich, dass er das Neufahrzeug ‚verkaufsfertig' herrichtet, wozu insbesondere das Entwachsen und die Vornahme einer Erstinspektion gehören können.[30] Die Bereitstellungspflicht besteht auch bei Personenwagen mit nicht gängiger Ausstattung, bei im Verkaufsgebiet des Verkäufers selten verlangten Fahrzeugtypen und bei Nutzfahrzeugen.

350 Wenn der Käufer gegenüber dem Verkäufer bestimmt und eindeutig erklärt hat, er werde das Fahrzeug nicht abnehmen, genügt gem. § 295 BGB für die **Herbeiführung des Annahmeverzugs** ein **wörtliches Angebot**, abgesehen davon auch bei einer Holschuld, die beim Kauf eines Neufahrzeugs regelmäßig gegeben ist. Die Zusendung der Bereitstellungsanzeige und die an den Käufer gerichtete Aufforderung zur Vornahme einer Mitwirkungshandlung (z. B. Aufforderung zur Zulassung des Fahrzeugs beim zuständigen Straßenverkehrsamt) stehen einem wörtlichen Angebot gleich. Eine Bereitstellung entfällt, wenn der Käufer vereinbarungswidrig die in der Bestellung offen gelassenen Ausstattungsdetails nicht bestimmt, da es dem Händler nicht möglich ist, das Fahrzeug zu „individualisieren" (die Gattungsschuld zu konkretisieren), damit die Leistungsgefahr übergehen kann.[31]

351 Auch bei einem **wörtlichen Angebot** setzt der Eintritt von Annahmeverzug voraus, dass der Verkäufer leistungsfähig, leistungsbereit und leistungswillig ist. Bei hartnäckiger Annahmeverweigerung des Käufers kann die Vorleistungspflicht des Verkäufers, bestehend in der Bereitstellung des Fahrzeugs in einem auslieferungsbereiten Zustand, nach Treu und Glauben entfallen. Sofern er eine Gattungsschuld zu erfüllen hat, muss er das Fahrzeug nicht aussondern (§§ 243 Abs. 2, 300 Abs. 2 BGB). Er genügt seinen Pflichten, wenn er das Fahrzeug jederzeit kurzfristig beschaffen und dem Käufer in einem vertragsgemäßen Zustand anbieten kann.[32]

352 Der Einwand, der Verkäufer habe das Fahrzeug am vereinbarten Übergabeort nicht zur Auslieferung bereitgestellt, ist treuwidrig, wenn der Käufer schon vorher erklärt hat, er könne das Auto wegen finanzieller Schwierigkeiten nicht abnehmen und der Händler in Anbetracht dessen und mangels eigener Abstellkapazitäten das Fahrzeug zunächst im zentralen Auslieferungslager belässt, um die weiteren Entschließungen des Käufers abzuwarten.[33]

3. Rechtswirkungen der unberechtigten Abnahmeverweigerung

a) Annahmeverzug (Gläubigerverzug)

353 Der Annahmeverzug begründet als solcher keine Schadensersatzverpflichtung des Käufers. Die Rechtswirkungen sind in den §§ 300 bis 304 BGB abschließend geregelt. Gem. § 300 Abs. 1 BGB hat der Verkäufer während des Annahmeverzugs des Käufers nur **Vorsatz** und **grobe Fahrlässigkeit** zu vertreten. Um seine Leistungsfähigkeit (Lieferung eines mangelfreien Fahrzeugs) zu erhalten, muss er jetzt nur noch geringere Sorgfalt aufwenden. Leichte (normale) Fahrlässigkeit ist unschädlich. Der Anspruch auf den Kaufpreis bleibt erhalten (§ 326 Abs. 2 BGB), dem Käufer steht ein Anspruch auf Schadensersatz nicht zu. Hat ein Dritter die Beschädigung, den Untergang oder die Unmöglichkeit der Herausgabe des Fahrzeugs verschuldet, kann der Käufer vom Verkäufer Abtretung der Ansprüche gegen den Dritten verlangen. Im Falle beiderseits zu vertretender Unmöglichkeit, was auf Seiten

30 OLG Celle 4. 2. 1988, NJW 1988, 1675.

31 LG Marburg 15. 8. 2001 – 2 0 91/01 – n. v.; zur Bedeutung des § 300 Abs. 2 BGB neben § 243 Abs. 2 BGB *Medicus/Lorenz*, SchR AT, Rn. 525.

32 *Palandt/Grüneberg*, § 295 BGB Rn. 3, § 297 BGB Rn. 2.

33 OLG Düsseldorf 2. 3. 1994 – 3 U 26/93 – n. v.

des Verkäufers mindestens grob fahrlässiges Verhalten erfordert, steht dem Verkäufer ein um den eigenen Mitverschuldensanteil verkürzter Kaufpreisanspruch zu.[34]

Der Verkäufer kann vom Käufer Ersatz der durch Annahmeverzug verursachten tatsächlichen **Mehraufwendungen** gem. § 304 BGB beanspruchen, sofern diese objektiv erforderlich sind.[35] Hierzu gehören die Kosten für das Unterstellen und die Pflege des Fahrzeugs, unter Umständen auch die Kosten für eine eigens abgeschlossene Diebstahlversicherung.[36] Ist der Verkäufer Kaufmann, kann er gem. § 354 HGB vom Käufer, auch von einem Verbraucher,[37] Ersatz der ortsüblichen Lagerkosten verlangen. Bei Fremdeinlagerung hat ihm der Käufer gem. § 373 HGB die tatsächlich entstandenen Kosten zu ersetzen.[38] **354**

b) Zahlungsverzug

Aus dem Kontext der Regelungen von Abschn. III und V NWVB ergibt sich, dass die Abnahme – und folglich auch deren unberechtigte Verweigerung – eine Tatbestandsvoraussetzung für den Eintritt des Zahlungsverzugs darstellt.[39] Da die Fälligkeit des Kaufpreises außer dem Zugang der Rechnung die Übergabe des Fahrzeugs erfordert, gerät der Käufer mit der Kaufpreiszahlung in Schuldnerverzug, wenn folgende Voraussetzungen erfüllt sind: **355**

- Bereitstellung des Fahrzeugs durch den Verkäufer, sofern keine Befreiung besteht,
- Zugang der Bereitstellungsanzeige beim Käufer,
- Aushändigung oder Übersendung der Rechnung (Abschn. III Ziff. 1 NWVB),
- Ablauf der 14-tägigen Abnahmefrist (Abschn. V Ziff. 1 NWVB),
- Aufforderung des Verkäufers an den Käufer, den Kaufpreis zu zahlen.

Da sich den NWVB nicht zweifelsfrei entnehmen lässt, ob mit dem Ablauf der nach dem Kalender berechenbaren Abnahmefrist Zahlungsverzug eintritt, bedarf es zur Herbeiführung des Zahlungsverzugs grundsätzlich einer **Mahnung** (§ 286 Abs. 1 S. 1 BGB). **356**

Nach § 286 Abs. 2 Nr. 3 BGB ist eine Mahnung entbehrlich, wenn der Käufer die Zahlung ernsthaft und endgültig verweigert hat. An die Annahme dieses Ausnahmetatbestandes sind **strenge Anforderungen** zu stellen (s. Rdn. 945 ff.). Das Verhalten des Käufers muss gewissermaßen als sein „letztes Wort“ aufzufassen sein.[40] Solange noch die Möglichkeit eines Sinneswandels besteht, sollte der Händler nicht davon absehen, ihn durch eine Mahnung umzustimmen. **357**

Wenn sich absehen lässt, dass der Käufer zur Zahlung des Kaufpreises ersichtlich nicht im Stande ist, z. B. bei Zahlungseinstellung oder bevorstehender Insolvenz, kann ein Anwendungsfall des § 286 Abs. 2 Nr. 4 BGB vorliegen. **358**

Die **Rechtsfolgen des Zahlungsverzugs** sind in den NWVB nicht geregelt. Es gelten daher die gesetzlichen Bestimmungen. **359**

c) Rücktritt

Lässt der Käufer die 14-tägige Frist zur Abnahme (Abschn. V Ziff. 1 S. 1 NWVB) und eine ihm gesetzte Nachfrist verstreichen, kann der Verkäufer vom Vertrag zurücktreten. Eine Frist von 10 bis 14 Tagen ist angemessen, wenn nicht besondere Umstände vorliegen, **360**

34 OLG Oldenburg 4. 6. 1975, NJW 1975, 1788.
35 BGH 25. 10. 2006, NJW 2007, 1198 Tz. 35.
36 OLG Düsseldorf 25. 7. 1963, BB 1964, 1320.
37 BGH 25. 10. 2006, NJW 2007, 1198 Tz. 38.
38 BGH 14. 2. 1996, NJW 1996, 1464 = WM 1996, 826.
39 *Koch*, MDR 2003, 661, 663.
40 BGH 18. 9. 1985, NJW 1986, 661; 18. 1. 1991, ZIP 1991, 506, 508.

die eine längere Frist erforderlich machen, wie z. B. eine Urlaubsabwesenheit des Käufers oder ein Krankheitsfall. Probleme und Hindernisse im Zusammenhang mit der Beschaffung des Kaufpreises rechtfertigen i. d. R. keine Fristverlängerung.[41]

361 Da der Rücktritt eine (objektive) Pflichtverletzung voraussetzt und eine solche nicht vorliegt, solange die 14-tägige Abnahmefrist nicht abgelaufen ist, stellt sich die Frage, ob eine vor Ablauf der Abnahmefrist gesetzte Nachfrist für einen Rücktritt ausreicht. Allgemein wird die Ansicht vertreten, dass eine Fristsetzung vor Fälligkeit grundsätzlich wirkungslos sei.[42] Ob dies auch für eine Nachfrist gilt, die nach Fälligkeit, aber vor Ablauf eines dem Schuldner zugestandenen Leistungszeitraums erfolgt, ist ungeklärt. Da nicht auszuschließen ist, dass einer verfrühten Nachfristsetzung die nötige Warnfunktion abgesprochen wird, sollte der Verkäufer die Nachfrist erst nach Ablauf einer eingeräumten Wartezeit setzen.

362 Zum Ausschluss des Rücktrittsrecht nach **§ 323 Abs. 6 BGB** und zum sog. tu-quoque-Grundsatz s. OLG München 23. 2. 2011, 7 U 4264/10 (Verkauf eines neuen Pkw Bugatti durch eine lieferunfähige Verkaufskommissionärin).

363 Mit dem Zugang der wirksamen Rücktrittserklärung erlöschen die beiderseitigen Erfüllungsansprüche. Das Vertragsverhältnis ist nach den §§ 346 ff. BGB abzuwickeln.

d) Schadensersatz

364 Verlangt der Verkäufer Schadensersatz, steht es ihm frei, entweder den ihm durch die Nichterfüllung **im konkreten Fall** entstandenen Schaden **nachzuweisen** (ggf. mit abstrakter Berechnung) oder die **Schadenspauschale** in Höhe von 15 % des Kaufpreises gem. Abschn. V Ziff. 2 NWVB geltend zu machen (zu den Bedenken im Hinblick auf die Wirksamkeit der Klausel s. Rdn. 371 ff.). Der Verkäufer hat das **Wahlrecht**, von einer Berechnungsart auf die andere überzugehen.[43] Im Fall der Unwirksamkeit der Pauschalierungsklausel ist die konkrete Abrechnung nicht versperrt.[44]

aa) Schadensberechnung durch Einzelnachweis

365 Der Verkäufer kann von dem Käufer, der die Ware vertragswidrig nicht abnimmt, als **entgangenen Gewinn** den Unterschied zwischen Vertragspreis und billigerem Einkaufspreis beanspruchen.[45] Ist er selbst der Hersteller (z. B. Daimler AG), ist der Unterschied zwischen Vertragspreis und Herstellungspreis maßgebend.[46] Ob und inwieweit der Differenzbetrag zum Vorteil des vertragsbrüchigen Käufers zu reduzieren ist und ob bestimmte Positionen zu seinem Nachteil hinzuzurechnen sind, ist durch die Grundsatzentscheidung des BGH vom 22. 2. 1989[47] zumindest in den Grundzügen geklärt. Gleichwohl herrscht hier – auch in Autokauffällen – noch **einige Unklarheit**, wie die Entscheidung des OLG Jena vom 26. 4. 2005[48] beispielhaft zeigt.

366 **Besondere Aufwendungen** (sog. Spezialunkosten), die der Verkäufer durch den Vertragsbruch des Käufers erspart hat, mindern den Schaden. Dazu kann eine an den Verkaufsangestellten gezahlte **Provision** zählen. **Transportkosten** mindern nicht die Gewinnspanne des Händlers beim Verkauf eines nicht vorrätigen Fahrzeugs, wenn die Überfüh-

---

41 OLG Düsseldorf 2. 3. 1994 – 3 U 26/93 – n. v.; s. aber auch OLG München 23. 2. 2011 – 7 U 4264/10 – n. v. (Kaufpreis für Bugatti i. H. v. 1,7 Mio. Euro).

42 *Palandt/Grüneberg*, § 323 BGB Rn. 12.

43 LG Köln 24. 4. 1986 – 21 O 550/85 – n. v.

44 OLG Celle 16. 2. 1995, NJW-RR 1996, 50.

45 BGH 22. 2. 1989, BGHZ 107, 67 = NJW 1989, 1669.

46 BGH 22. 2. 1989, BGHZ 107, 67 = NJW 1989, 1669.

47 BGHZ 107, 67 = NJW 1989, 1669.

48 DAR 2005, 399 m. Anm. *Kranich*.

rungskosten nach dem Inhalt des Kaufvertrags von dem Käufer zu tragen sind (zum Spezialkostenabzug s. a. Rdn. 373).

Fixe Kosten (sog. Generalunkosten) sind in der Schadensbilanz grundsätzlich neutral. **367**
Ausnahmsweise sind sie zu berücksichtigen, wenn der Käufer substanziiert darlegt und beweist, dass sie bei der Durchführung des Kaufvertrags höher gewesen wären als bei der unterbliebenen Vertragserfüllung.[49]

Der Schadensersatzanspruch ist im Regelfall **umsatzsteuerfrei**,[50] weshalb bei der Er- **368**
mittlung des Schadensbetrages anhand von Bruttobeträgen ein entsprechender Abzug in Höhe der Umsatzsteuer vorgenommen werden muss. Im Rahmen der konkreten Schadensberechnung sind das Standgeld für ein beim Händler abgestelltes Gebrauchtfahrzeug des Käufers, das in Zahlung genommen werden soll, die Lagerkosten für das bereitgestellte Neufahrzeug sowie der Verzögerungsschaden zu berücksichtigen, der dem Verkäufer in der Zeit bis zum Ablauf der Nachfrist für die Fahrzeugabnahme entstanden ist. Zu den Einzelheiten der konkreten Schadensberechnung s. a. Rdn. 2074 ff.

bb) Die Schadenspauschalierungsklausel

Die Pauschalierungsklausel in **Abschn. V Ziff. 2 NWVB**, die dem Verkäufer Schadens- **369**
ersatz **in Höhe von 15 %** des vereinbarten Kaufpreises zubilligt, ist für Verträge mit Verbrauchern ebenso wie für den Unternehmensverkehr[51] bestimmt. Sie findet sich auch in den AGB für die Lieferung fabrikneuer Nutzfahrzeuge.[52] Unterschieden wird weder nach der Art des Neufahrzeugs noch nach der Vertriebsform (Direktvertrieb durch Hersteller[53] oder Verkauf durch Händler); auch nicht nach Händlertyp (Vertragshändler, freier Händler, Großhändler oder B-Händler).

(1) § 309 Nr. 5b BGB

Gem. § 309 Nr. 5b BGB muss **dem Käufer** ausdrücklich der Nachweis gestattet werden, **370**
dass ein Schaden überhaupt nicht entstanden oder wesentlich niedriger als die Pauschale ist. Diesen Anforderungen genügen manche Klauselwerke bis heute nicht. Durch die Neufassung der NWVB per 3/2008 sind die Bedenken gegen die Klausel in der Vorgängerversion – Gegenbeweis nur in „Kurzform“ – endgültig ausgeräumt. Nach BGH NJW 2010, 2122 = DAR 2010, 579 (betr. die Gebrauchtwagen-Verkaufsbedingungen 2003) waren sie ohnehin nicht stichhaltig. Zum Vorteil der Kundschaft wird in den aktuellen NWVB sogar auf das gesetzliche Merkmal „wesentlich“ verzichtet; es genügt der Nachweis, dass der tatsächliche Schaden niedriger ist als die Pauschale. Dass auch **dem Verkäufer** der Gegenbeweis offen gehalten wird, macht die Klausel nicht unzulässig, was sich indirekt mit der o. a. BGH-Entscheidung zu den GWVB 2003 begründen lässt.

(2) § 309 Nr. 5a BGB

Nach § 309 Nr. 5a BGB darf eine Schadenspauschale nicht den nach dem **gewöhnlichen** **371**
Lauf der Dinge zu erwartenden Schaden übersteigen. Mit den 15 % vom vereinbarten Kaufpreis wird nicht der (persönliche) Durchschnittsschaden des jeweiligen Verwenders,

---

49 BGH 22. 2. 1989, BGHZ 107, 67 = NJW 1989, 1669; OLG Düsseldorf, 2. 3. 1994 – 3 U 26/93 – n. v.; anders OLG Jena 26. 4. 2005, DAR 2005, 399 für sog. Vorhaltekosten (Personal und Einrichtungen).

50 *Palandt/Grüneberg*, § 281 BGB Rn. 30.

51 Dazu OLG Naumburg 19. 3. 1999, NJW-RR 2000, 720.

52 OLG Naumburg 19. 3. 1999, NJW-RR 2000, 720 (Allradkipper vom Hersteller); LG Hamburg 19. 5. 1988 – 96 O 604/86 – n. v.

53 Beispiel für Kauf vom Hersteller: OLG Naumburg 19. 3. 1999, NJW-RR 2000, 720 (Nutzfahrzeug).

sondern der **branchentypische Durchschnittsschaden** „in den geregelten Fällen“ pauschaliert. Das wirft eine Reihe von Problemen auf.

372 **Bezugsgröße Kaufpreis:** Maßgebend ist der **vereinbarte Brutto-Kaufpreis**, nicht etwa der Durchschnittspreis in Form des früher üblichen Listenpreises. Wenn der Kaufpreis **Nebenleistungen** wie Überführung und Zulassung einschließt – Formularverträge sehen dies manchmal vor –, sind auch diese Positionen als Preisbestandteile einzubeziehen. Die **Umsatzsteuer** gehört zum Kaufpreis (Endpreis), weil darunter üblicherweise, jedenfalls im Kfz-Handel, **der Bruttopreis** zu verstehen ist. Dass für die Berechnung der Schadenspauschale der Nettopreis maßgeblich sein soll, lässt sich weder dem Abschn. V Ziff. 2 NWVB entnehmen noch ergibt sich diese Konsequenz aus anderen Umständen. Der Ansicht, bei der Berechnung der Schadenspauschale sei regelmäßig vom Nettopreis auszugehen[54], kann demnach nicht zugestimmt werden.[55] Das Argument, es könne nicht Sinn und Zweck der Pauschalierung sein, dass der vertragsbrüchige Käufer dem Verkäufer auch noch indirekt einen Mehrwertsteuerbetrag zukommen lasse, den dieser nicht an die Steuerbehörde abführen müsse, mag durchaus berechtigt sein, er ändert aber nichts an der Tatsache, dass das vertraglich Vereinbarte vorgeht.

373 **Was wird erfasst, was nicht**? Der nach dem gewöhnlichen Lauf der Dinge zu erwartende Schaden besteht bei reinen Verkaufsgeschäften zwar in dem entgangenen Veräußerungsgewinn, der Käufer kann jedoch ersparte Aufwendungen gegenrechnen. Nach h. M. ist der nach dem gewöhnlichen Lauf der Dinge zu erwartende Schaden anhand der **durchschnittlichen Händlermargen** abzüglich der ersparten Aufwendungen zu ermitteln.[56] Zu den ersparten Aufwendungen gehören eine Verkäuferprovision sowie die Kosten für Übergabeinspektion, Reinigung des Fahrzeugs, ggf. Überführung und Zulassung (Vertrag entscheidet); Durchführung der Erstinspektion; auch ersparte Belastungen aus der Sachmängelhaftung, soweit sie nicht an den Hersteller/Importeur durchgestellt werden können.[57] Bei der Schadensbilanz des Verkäufers nicht zu berücksichtigen sind seine **fixen Kosten** (Generalunkosten) wie z. B. die Kosten für Personal und Gebäude.[58] Anders verhält es sich mit anlassbezogenen Verwaltungskosten wie Schriftverkehr, Telefon, Porti, Mahnkosten etc. Zum **Abgeltungsumfang** der Pauschale s. a. Rdn. 393 f.

374 **Die Angemessenheitsfrage in der Rechtsprechung:** Allen faktischen Veränderungen in den letzten Jahrzehnten zum Trotz behauptet sich in der Rechtsprechung die Ansicht, die Pauschale von 15 % liege im Rahmen des nach dem gewöhnlichen Lauf der Dinge zu erwartenden Schadens.[59] Die Instanzgerichte – vom BGH liegt keine Entscheidung vor[60] – haben sich noch nicht dazu durchgerungen, die 15-Prozent-Klausel kritischer als bisher zu sehen. Das **OLG Düsseldorf**[61] hält die Klausel für wirksam, freilich ohne dies näher zu begründen, was im konkreten Fall auch nicht erforderlich war. Gleichfalls keine durchgreifenden Bedenken hat das **OLG Naumburg.**[62] Doch auch hier hat der Käufer nicht geltend gemacht, die Pauschale übersteige den typischen Durchschnittsschaden. Das **OLG Köln** stellt in zwei

54 *Kohlndorfer*, zfs 1994, 37, 38.

55 Insoweit auch OLG Jena 26. 4. 2005, DAR 2005, 399 m. Anm. *Kranich.*

56 Instruktiv aus betriebswirtschaftlicher Sicht *Bitz*, DB 1979, 2409.

57 *Bitz*, DB 1979, 2409; s. a. OLG Köln 17. 9. 1996, OLGR 1997, 3; OLG Jena 26. 4. 2005, DAR 2005, 399 m. Anm. *Kranich.*

58 Anders OLG Jena 26. 4. 2005, DAR 2005, 399 m. Anm. *Kranich.*

59 Aktuell OLG Jena 26. 4. 2005, DAR 2005, 399 m. Anm. *Kranich*; LG Saarbrücken 21. 3. 2007 – 5 O 31/06 – BeckRS 2007, 16153; weitere Rspr.nachw. im Folgenden.

60 In der Sache BGH NJW 1982, 2316 hat die Revision des Neuwagenkäufers die Angemessenheit der 15 %-Pauschale nicht angegriffen, so dass der BGH die Klausel unter diesem Blickwinkel nicht geprüft hat und auch nicht prüfen musste; i. Ü. waren 15 % seinerzeit nicht zu beanstanden.

61 Urt. v. 24. 10. 1997, OLGR 1998, 153.

62 OLG Naumburg 19. 3. 1999, NJW-RR 2000, 720, 721.

Entscheidungen aus den Jahren 1996 und 1998[63] fest, dass sich die Pauschalierung trotz mittlerweile gesunkener Händlergewinne bei generalisierender Betrachtungsweise im Rahmen des nach dem gewöhnlichen Lauf der Dinge zu erwartenden Schadens bewege. Auch das **OLG Jena**[64] sieht keinen Verstoß gegen § 309 Nr. 5a BGB.[65]

Stellungnahme: Der gegenwärtigen Rechtsprechung kann **nicht zugestimmt** werden. **375**
Angesichts veränderter Strukturen des Vertriebs neuer Kraftfahrzeuge (Zunahme des Direktvertriebs und des Onlinehandels u. a.), der enormen Bandbreite bei den einzelnen Fahrzeugkategorien (vom Kleinwagen bis zum Lkw) und des hohen Grades an Individualisierung innerhalb der Gattung „Pkw“ stößt eine für sämtliche Geschäftsvorgänge geltende Pauschalierungsklausel **von vornherein** auf erhebliche Bedenken. Je größer die Anzahl der Teil- und Sondermärkte ist, desto fragwürdiger wird das Kriterium der Branchentypizität („üblicherweise“) als Grundlage und Richtschnur der Schadenspauschalierung.[66]

Die heutige Vertriebs- und Kostenstruktur rechtfertigt nicht mehr die Einschätzung, der **376**
branchentypische Durchschnittsschaden mache in allen geregelten Fällen 15 % des Kaufpreises aus. Er ist zumindest in Teilbereichen wesentlich geringer. Die **Gewinne** im Neuwagenhandel (Pkw/Kombi) sind schon vor Jahren **deutlich geschrumpft** und stagnieren seither auf niedrigem Niveau. Die Herstellermargen wurden in den letzten Jahren wesentlich gekürzt. Häufig besteht freilich die Möglichkeit, die Margen aufzubessern, was von vielerlei Faktoren abhängt z. B. Betriebstyp, Volumen, Kundenzufriedenheit, Betreuung, Leistung und Marktausschöpfung.[67]

Zum Rückgang der Gewinne hat außerdem entscheidend beigetragen, dass der unter **377**
massivem Konkurrenzdruck stehende Handel gezwungen ist, **erhebliche Preisnachlässe** auf Neufahrzeuge (Pkw) zu gewähren. Die Rabattschlacht als solche ist allgemeinkundig. Das Ausmaß ist empirisch erforscht. Auch die Zunahme der Parallelimporte und der Verkauf von Tageszulassungen haben dazu geführt, dass die durchschnittlichen Bruttoerträge deutlich unter 10 % gesunken sind. Die Aussage, der Vertragshändler eines Automobilherstellers ‚lebe‘ vom Neuwagengeschäft[68], ist schon seit langem nicht mehr gültig. Nach eigenen Angaben aus Händlerkreisen beträgt die Umsatzrendite auf dem Pkw-Sektor derzeit **nur noch 0,3 %** im Durchschnitt.[69] Nach alledem kann die 15 %-ige Schadenspauschale jedenfalls für den Verkauf fabrikneuer Pkw/Kombis/SUV einer an § 309 Nr. 5a BGB ausgerichteten Kontrolle nicht länger standhalten. Die Klausel Abschn. V Ziff. 2 S. 1 NWVB (3/08) ist **unwirksam**;[70] gem. §§ 307, 310 Abs. 1 BGB auch im Bereich B2B.

Transparenzgebot: *Pfeiffer*[71] hält die Pauschalierungsklausel in den NWVB 4/2003 un- **378**
ter diesem Blinkwinkel (§ 307 Abs. 1 S. 2 BGB) für unwirksam. Er sieht die Gefahr einer Irreführung des Kunden, weil mit der Terminologie „Nichtabnahme“ im Dunkeln bleibe, welcher Schaden pauschaliert werde, der reine Nichtabnahmeschaden, verstanden als Verzugsschaden, oder der Schadensersatz statt der (ganzen) Leistung. Hintergrund dieser Trennung nach der Schadensart ist die an sich zutreffende Ansicht, dass die Pflicht zur Abnahme

63 Urt. v. 17. 9. 1996, OLGR 1997, 3; 21. 9. 1998, OLGR 1999, 26.
64 Urt. v. 26. 4. 2005, DAR 2005, 399 m. Anm. *Kranich.*
65 Ebenso LG Saarbrücken 21. 3. 2007 – 5 O 31/06 – BeckRS 2007, 16153 (Toyota); LG Coburg 23. 6. 2004 – 13 O 197/04 mit § 522 – Beschluss des OLG Bamberg v. 21. 10. 2004 – 5 U 147/04; LG Kaiserslautern 29. 7. 2005 – 2 O 771/04 (AUDI-Zentrum); LG Nürnberg-Fürth 28. 12. 2006 – 17 O 5528/06.
66 Dazu BGH 14. 4. 2010, NJW 2010, 2122.
67 Vgl. LG Kaiserslautern 29. 7. 2005 – 2 O 771/04 (AUDI-Zentrum).
68 OLG Köln 27. 5. 1993, NJW-RR 1993, 1404; OLG Naumburg 19. 3. 1999, NJW-RR 2000, 720.
69 So ZDK-Präsident Radermacher in Kfz-Betrieb v. 6. 3. 2008, S. 10 (Erosion der Umsatzrendite).
70 So auch *Vogt*, a. a. O., Rn. 26; *Himmelreich/Andreae/Teigelack*, § 4 Rn. 23.
71 Klauselwerke Neuwagenkauf (Stand 5/2004), Rn. 42, 43.

eine Nebenpflicht ist, so dass ein Schadensersatzanspruch statt der Leistung nur unter den Voraussetzungen des § 282 BGB in Betracht kommt. Mit diesen Erwägungen kann die Transparenz der Pauschalierungsklausel indes nicht überzeugend in Frage gestellt werden.[72] Auch der juristisch nicht vorgebildete Käufer wird nicht auf den Gedanken kommen, dass der Verkäufer nur einen Teilschaden, den reinen Verzugsschaden (Verzögerungsschaden), pauschaliert sehen möchte. Schon die Höhe der Pauschale spricht eine andere Sprache. Verstanden wird die Klausel allgemein als Vereinbarung einer **„Abstandszahlung“** oder **„Abstandssumme“**. Dem Verkäufer soll ersichtlich der entgangene Gewinn ersetzt werden, wie es in früheren Klauseln ausdrücklich hieß. Auch ohne diesen klarstellenden Hinweis ist einem Durchschnittskäufer klar, was der Verkäufer haben will.

(3) Darlegungs- und Beweislastfragen, insbesondere der Gegenbeweis des Käufers

379 Ob der Verwender die Angemessenheit der Pauschale darlegen und beweisen muss oder sein Vertragspartner die Unangemessenheit, ist **strittig.**[73] Selbst wenn der letztgenannten Ansicht zu folgen sein sollte, ist jedenfalls dann, wenn die Schadenspauschale ungewöhnlich hoch ist, das Vorbringen des Verwenders zur Anspruchshöhe nur schlüssig, wenn er die Angemessenheit darlegt.[74]

380 Da die 15-Prozent-Pauschale in keinem offenen Missverhältnis zur Höhe des branchentypischen Durchschnittsschadens steht, immerhin wird sie von den Instanzgerichten allgemein anerkannt, ist der Verkäufer davon freigestellt, von sich aus nähere Angaben zur Angemessenheit zu machen. Eine Klageforderung unter Hinweis auf die Klausel Abschn. V Ziff. 2 NWVB ist somit **der Höhe nach schlüssig**. Ist auch zum Grund der Haftung hinreichend vorgetragen, kann ein **Versäumnisurteil** gegen den Käufer ergehen.

381 Im Prozess hat der Käufer **zwei Möglichkeiten:** Er kann die Angemessenheit der Pauschale als solche bestreiten. Er kann aber auch, zugeschnitten auf seinen Kauf, den Gegenbeweis eines geringeren Schadens oder des Fehlens jeglichen Schadens antreten. Stellt er die Angemessenheit der Pauschale in Abrede, sind an seinen Sachvortrag keine hohen Anforderungen zu stellen. I. d. R. kennt er weder die Kalkulationsprinzipien noch die Kalkulationsfaktoren, die der Ermittlung der Pauschale zu Grunde liegen. Sich bei den Verbänden (VDA, VDIK, ZDK) oder im Internet oder anderweitig kundig zu machen, kann von ihm nicht verlangt werden. In dieser Situation genügt die schlichte Behauptung, der Durchschnittsschaden im Neuwagenhandel liege unter den heutigen Bedingungen deutlich unter dem eingeklagten Pauschalbetrag.[75]

382 Bei einem **erheblichen Bestreiten** der Angemessenheit der Pauschale ist der Verkäufer am Zug. Er muss jetzt Tatsachen darlegen und notfalls beweisen, aus denen der Richter schließen kann, dass die Pauschale an einer durchschnittlichen Einbuße orientiert ist. Seine eigene Kalkulation muss er nicht vorlegen; wenn überhaupt die branchenüblichen Kalkulationswerte. Mit nachprüfbaren Angaben über den branchenüblichen Verlust bei Nichtabnahme eines Neufahrzeugs genügt der Verkäufer seiner Darlegungslast. Das Beweisangebot „Auskunft ZDK“ oder „Auskunft VDA“ ist zulässig, weil es auf die Einholung einer quasiamtlichen Auskunft gerichtet ist. Üblicherweise wird Sachverständigenbeweis angetreten, was gleichfalls zulässig ist. Das LG Köln[76] gab sich mit der unwiderlegten Behauptung des Herstellers und Verkäufers zufrieden, der Verkaufspreis des Fahrzeugs entspreche

72 S. a. *Vogt*, a. a. O., Rn. 26.

73 Vgl. BGH 3. 11. 1999, NJW-RR 2000, 719; OLG Jena 26. 4. 2005, DAR 2005, 399 m. Anm. *Kranich.*

74 So BGH 3. 11. 1999, NJW-RR 2000, 719; s. a. BGH 10. 11. 1976, NJW 1977, 381.

75 Vgl. AG Rendsburg 23. 12. 1994, zfs 1995, 256.

76 Urt. v. 24. 2. 1984 – 89 O 195/83 – n. v.

dem üblichen Marktpreis, da der Marktpreis regelmäßig eine Spanne von 15 % Kosten für Vertrieb und dauerhaften Fortbestand der Produktion beinhalte.

Gegenbeweis des Käufers: Das Recht, den Gegenbeweis anzutreten, darf ihm nicht abgeschnitten werden (s. Rdn. 370). Dass der Verkäufer überhaupt keinen Schaden erlitten hat, wird der Käufer ernsthaft nicht behaupten können. Sein Ziel muss sein, den Beweis dafür zu erbringen, dass der Pauschalbetrag dem Händler einen ungerechtfertigten Vorteil verschafft, d. h. dass die Forderung bei individueller Schadensermittlung geringer ausfällt. Wesentlich geringer muss es nicht sein. **383**

Welche Anforderungen an die Darlegungs- und Beweislast des Käufers im Rahmen des Gegenbeweises zu stellen sind, ist **umstritten.**[77] Unklarheit herrscht schon darüber, mit welchen Umständen der Käufer in welcher Weise zu hören ist, wobei insbesondere die Berücksichtigung von Preisnachlässen kontrovers diskutiert wird. Vom Ansatz her gilt: Der Käufer kann alle Umstände vorbringen, die geeignet sind, den Richter davon zu überzeugen, dass der effektive Schaden des Verkäufers vom branchentypischen Durchschnittsschaden nach unten abweicht. Zulässig ist z. B. die Behauptung, zum **Selbstkostenpreis** verkauft zu haben.[78] Das darf indes nicht ins Blaue hinein behauptet werden. Mit einer sekundären Darlegungslast des Verkäufers wäre dem Käufer geholfen. Das hat das OLG Naumburg indes mit ausführlicher Begründung abgelehnt.[79] Zurückgewiesen hat es auch den Antrag des Beklagten auf Einholung eines Sachverständigengutachtens. Der Verkäufer müsse seine Kalkulation nicht offen legen; sie ausschließlich dem Sachverständigen offenzulegen, sei prozessual nicht zulässig. Auch eine **lange Standzeit** soll als gewinnmindernder Faktor eingebracht werden dürfen,[80] **384**

Die Bedeutung von Preisnachlässen und sonstigen Vergünstigungen: Umstritten ist, auf welche Weise ein gewinnmindernder Faktor wie ein Rabatt zu berücksichtigen ist. Das LG Bonn[81] vertritt die Ansicht, einer Rabattgewährung sei bei der Schadensberechnung in der Weise Rechnung zu tragen, dass die Berechnung der 15 %-Pauschale nicht anhand des Listenpreises, sondern anhand des rabattbereinigten Bruttokaufpreises zu erfolgen habe. Der auf diese Weise ermittelte Betrag dürfe nicht noch einmal um den eingeräumten Rabatt gekürzt werden, da ein solches Vorgehen zu einer doppelten Berücksichtigung des Rabatts führe. In die gleiche Richtung zielt die Argumentation von *Creutzig*,[82] die Vereinbarung eines Sonderrabattes reduziere nur den Kaufpreis, nicht die Pauschale. Demgegenüber ist nach Ansicht des OLG Köln ein Rabattabzug auch dann vorzunehmen, wenn in der Schadenspauschale von 15 % ein üblicherweise (z. B. bei Barzahlung) gewährter Rabatt enthalten ist.[83] In der gleichen Entscheidung hat das OLG Köln die Pauschale von 15 % des Bruttokaufpreises nicht nur um den Sonderrabatt, sondern außerdem um diejenigen Aufwendungen gekürzt, die der Verkäufer dadurch erspart hat, dass das Geschäft gescheitert ist. **385**

Stellungnahme: Zu lösen ist das Problem der „Sonderkonditionen" einschließlich Rabattgewährung („Hauspreis") nur über den Gegenbeweis nach Abschn. V Ziff. 2 NWVB. Gegenbeweislich relevant ist nur ein Nachlass, mit dessen Hilfe der Käufer nachweisen kann, dass der konkrete Schaden des Händlers geringer ist als die Pauschale. In den Pauschalbetrag eingearbeitete (branchenübliche) Nachlässe helfen ihm nicht. Ob und inwieweit man bei dem Pauschalsatz von 15 % „normale" Rabatte berücksichtigt hat, kann nicht gesagt werden. Früher bestand dazu keine Notwendigkeit. Heute liegen die Dinge anders. **386**

77 Ausführlich dazu OLG Naumburg 19. 3. 1999, NJW-RR 2000, 720.
78 OLG Naumburg 19. 3. 1999, NJW-RR 2000, 720.
79 Urt. v. 19. 3. 1999, NJW-RR 2000, 720.
80 OLG Naumburg 19. 3. 1999, NJW-RR 2000, 720.
81 Urt. v. 12. 10. 1994, MDR 1995, 363.
82 Recht des Autokaufs, Rn. 5.5.5.
83 OLG Köln 17. 9. 1996, OLGR 1997, 3.

Einen Rabatt, den praktisch jeder erhält, kann der Käufer nicht dazu verwenden, den konkreten Schaden des Händlers zu minimieren. Die allgemeine Preisgestaltung ist ein Problem der Angemessenheit der Pauschale, nicht des konkreten Schadens im Einzelfall.

387 Erheblich ist dagegen die Behauptung des Käufers, ihm sei ein **individueller Sondernachlass** eingeräumt worden, z. B. ein Journalistenrabatt. Allerdings führt nicht jeder Sondernachlass zu einer entsprechenden Gewinnschmälerung auf Seiten des Händlers. Es gibt hier „Teilungsabkommen“ mit den Herstellern und Importeuren, wie z. B. eine 50 : 50-Teilung.

388 Ob der konkrete Schaden des Händlers unter dem pauschalierten Schaden liegt, kann nur eine Gegenüberstellung der beiden Schadenssäulen zeigen. Dabei ist die Säule „pauschalierter Schaden“ von gewinnmindernden Einzelfaktoren wie einem Sondernachlass freizuhalten, d. h. bei der Pauschale ist – nur im Rahmen des Kostenvergleichs – der Bruttokaufpreis ohne (Sonder)Nachlass anzusetzen. Andernfalls wird bei dem gebotenen Vergleich Typisches und Atypisches unzulässig vermengt.

389 **Skontoabzug:** Er ist bei der Schadensberechnung nach Meinung des OLG Karlsruhe[84] **nicht** zugunsten des Käufers zu **berücksichtigen**, da der mit der Skontoeinräumung bezweckte Erfolg einer schnelleren Zahlung innerhalb der Skontofrist durch eine an die Stelle der vertraglich geschuldeten Leistung tretende Schadensersatzleistung nicht mehr erreicht werden kann. Außerdem wäre es unbillig, denjenigen, der seine Zahlungspflicht überhaupt nicht erfüllt, besser zu stellen als denjenigen, der zu spät zahlt und dadurch die Skontofrist versäumt.

390 **Einwand „Zweitgeschäft“:** Nicht gehört wird der Käufer mit dem Vorbringen, der Verkäufer sei ungeachtet des entstandenen Schadens in der Lage gewesen, das Auto mit **Gewinn** an einen **Dritten** zu **verkaufen.**[85] Für den im **Handelsverkehr** tätigen **Verkäufer** streitet die **Vermutung**, dass er das Gewinn bringende Zweitgeschäft auch im Fall einer ordnungsgemäßen Erfüllung des Erstgeschäfts getätigt hätte. Die aus der Nichtabnahme des Fahrzeugs resultierende Schadensersatzverpflichtung kann der Käufer nur dadurch verhindern, indem er darlegt und beweist, dass der Verkäufer zur Erfüllung eines zusätzlichen Kaufvertrages nicht im Stande gewesen wäre.[86] Beachtlich ist daher der Einwand des Käufers, der Verkäufer habe durch den anderweitigen Verkauf keinen Schaden erlitten, weil die Nachfrage nach dem Modell größer als das ihm vom Lieferanten zugeteilte Kontingent gewesen sei. Unter diesen Umständen kann der Verkäufer den Einwand des Käufers nicht mit der Behauptung entkräften, er hätte dem Zweitkäufer ein anderes Fahrzeug veräußert.

391 An einem Schaden des Verkäufers fehlt es jedoch, wenn das nicht abgenommene Fahrzeug einen Ersatzkäufer gefunden hat, der anderenfalls ein solches Auto nicht erworben hätte.[87] Allein aus der Tatsache, dass der Verkäufer für das nicht abgenommene Fahrzeug einen anderen Käufer gefunden hat, lässt sich nicht im Wege freier Beweiswürdigung die Schlussfolgerung herleiten, dass dieser Käufer sonst kein derartiges Fahrzeug bestellt und die Lieferzeit abgewartet hätte. Der Verkäufer hat dem Käufer insoweit Auskunft zu erteilen.[88]

84 Urt. v. 30. 9. 1993, MDR 1994, 31.

85 BGH 8. 10. 1969, NJW 1970, 29, 32; BGH 29. 6. 1994, NJW 1994, 2478 (jew. GW-Handel); OLG Hamm, 7. 2. 1975 – 20 U 215/84 – n. v.; LG Hannover, 13. 1. 1987 – 26 O 60/86 – n. v.; LG Wuppertal 22. 9. 1966, NJW 1966, 1129; OLG Hamm 6. 2. 1992 – 28 U 190/91 – n. v.; 4. 6. 1992, OLGR 1992, 369; 16. 9. 1993 OLGR 1993, 317.

86 BGH 29. 6. 1994, DAR 1994, 396.

87 OLG Schleswig 4. 5. 1988, NJW 1988, 2247, 2248 m. w. N.

88 KG 30. 5. 1994, zfs 1994, 330.

Weist der Käufer einen anderen Kaufinteressenten nach, wird er nicht ohne Weiteres von seiner Schadensersatzverpflichtung gegenüber dem Verkäufer befreit. Seine Haftung entfällt nur unter der (weiteren) Voraussetzung, dass der Verkäufer der Vertragsüberleitung entweder zustimmt oder aber die Zustimmung treuwidrig verweigert und der Käufer außerdem beweist, dass der von ihm benannte Ersatzkäufer das Auto nur für ihn übernehmen wollte, ansonsten aber ein derartiges Fahrzeug nicht gekauft hätte.[89] **392**

(4) Abgeltungsumfang der Schadenspauschale

Verschiedentlich wird darüber gestritten, ob der Händler **zusätzlich** zur Pauschale weitere Schadensposten geltend machen kann, z. B. **vorgerichtliche Anwaltskosten**. Der Erfolg des Einwands „all inclusive" hängt davon ab, was Gegenstand der Pauschale ist. Von der Schadensart her gesehen soll der Anspruch auf Schadensersatz statt der Leistung (Nichterfüllungsschaden) pauschal abgegolten werden, also der Schaden, der sich aus dem endgültigen Ausbleiben der Leistung (Abnahme und Zahlung) ergibt (§§ 280 Abs. 1, 3, 281 BGB). Das ist mit Schadensersatz i. S. v. Abschn. V Ziff. 2 NWVB gemeint. **393**

Ob ein bestimmter Schadensposten unter den Schadensersatz statt der Leistung fällt, hängt vom jeweiligen Einzelfall ab, lässt sich nicht pauschal mit Kategorien wie „entgangener Gewinn", „Mangelfolgeschaden" oder dergleichen beschreiben.[90] Inhaltlich geht es bei der Pauschale um den branchenüblichen Durchschnittsschaden (s. Rdn. 371). Damit ist der Abgeltungsumfang der Klausel hinreichend bestimmt. Nicht von der Pauschale erfasst sind **einzelfallbezogene** (individuelle) **Schadensposten**, die **nach Eintritt des Verzugs** angefallen sind, z. B. die Kosten einer Rückführung nach Fahrzeuganlieferung beim Käufer (Abholkosten)[91] oder **außergerichtliche Anwaltskosten**.[92] Ist der Anwalt tätig geworden, um den Käufer erst in Verzug zu setzen, kann sein Honorar nicht neben der Pauschale gesondert ersetzt verlangt werden.[93] **394**

(5) Umsatzsteuer auf die Pauschale?

Die auf der Grundlage des Bruttopreises zu ermittelnde Schadenspauschale unterliegt entgegen OLG Jena DAR 2005, 399 ihrerseits **nicht** der Umsatzsteuer, weil sie kein Entgelt des Käufers für eine steuerbare Leistung des Verkäufers i. S. v. § 1 Abs. 1 Nr. 1 UStG darstellt.[94] **395**

89 OLG Hamm 9. 7. 1987 – 28 U 268/86.

90 So *S. Lorenz*, JuS 2008, 203, 204.

91 OLG Düsseldorf 11. 12. 2006, NJW-RR 2007, 1129.

92 BGH 14. 4. 2010, NJW 2010, 2122; LG Bonn 11. 9. 2007, DAR 2008, 28 m. Anm. *Spoelgen* („sehr zweifelhaft", so *Christensen*, a. a. O., Rn. 19, Fn. 111); LG Kaiserslautern 29. 7. 2005 – 2 O 771/04.

93 OLG Hamm 13. 7. 1982, DAR 1982, 330; *Creutzig*, Recht des Autokaufs, Rn. 5.5.2.

94 BGH 11. 2. 1987, NJW 1987, 1690; anders, wenn als Schaden die infolge des Schadensersatzverlangens untergegangene Vergütungsforderung für tatsächlich erbrachte Leistungen ersetzt wird, vgl. BGH 17. 7. 2001, DB 2002, 475.

F. Eigentumsverschaffung und gutgläubiger Eigentumserwerb

396 Nach § 433 Abs. 1 S. 1 BGB hat der Verkäufer dem Käufer das Eigentum an der Kaufsache zu verschaffen. Diese Pflicht erfüllt er auch, wenn der Käufer es kraft seines guten Glaubens nach §§ 932 BGB, 366 HGB erwirbt. Scheitert die Übertragung des Eigentums daran, dass ein Dritter Eigentümer ist, haftet der Verkäufer nicht aus Rechtsmängelhaftung, sondern nach allgemeinem Leistungsstörungsrecht (s. Rdn. 4764).

397 Bei dem Erwerb eines Neufahrzeugs von einem Vertragshändler sind an die Gutgläubigkeit eines privaten Erwerbers im Allgemeinen **keine hohen Anforderungen** zu stellen. Er muss sich über das Eigentum und/oder die Verfügungsbefugnis des Händlers keine Gewissheit durch Vorlage des Kfz-Briefes (Zulassungsbescheinigung II) verschaffen.[1] Insoweit unterscheidet sich die Sach- und Rechtslage fundamental vom Erwerb eines gebrauchten Kfz vom Nichtberechtigten (dazu Rdn. 4658 ff.).

398 Dass ein Neuwagenhändler die **Zulassungsbescheinigung II** (Fahrzeugbrief) bei den Vertragsverhandlungen und auch später nicht vorlegt, kann viele Gründe haben. Das ist, da nicht ungewöhnlich, kein verdächtiger Umstand.[2] Üblicherweise wird dieses Dokument erst ausgehändigt bzw. übersandt, wenn der Händler sein Geld auf dem Konto hat, und zwar entweder an den Käufer direkt oder an die finanzierende Bank. Auf diese Weise sieht die Mehrzahl der privaten Neuwagenkunden den Fahrzeugbrief erst nach Ablösung des Kredits. Im normalen Geschäftsverkehr darf er darauf vertrauen, dass ein Vertragshändler, der das Fahrzeug in Besitz hat und es gegen vollständige Zahlung des Kaufpreises aus der Hand gibt, dazu von dem **Vorlieferanten** – auch bei vorbehaltenem Eigentum – **ermächtigt** ist.[3]

399 Für den **privaten Käufer** besteht eine **Nachforschungs- und Erkundigungspflicht** im Hinblick auf die Verfügungsbefugnis eines Vertragshändlers nur, wenn **besondere Umstände** hierzu Veranlassung geben.[4] Die Vorlage eines Blankobriefs entbindet den Käufer noch nicht von der Pflicht zu weiteren Nachforschungen, wenn der Verkäufer des Neufahrzeugs kein autorisierter Vertragshändler ist und weitere Misstrauen erregende Besonderheiten hinzukommen, wie z. B. mehrere Jahre zurückliegende Eintragungen im Kfz-Brief.[5] Falls man, wie es das OLG Karlsruhe[6] getan hat, dem Käufer den Gutglaubensschutz auf Grund der Erklärung des Verkäufers versagt, ihm sei der Zugang zum bankverwahrten Fahrzeugbrief verschlossen, kann der auf Herausgabe des Briefes gerichtete Anspruch des Herstellers unter Umständen daran scheitern, dass er sich der Mithilfe des Direkthändlers ohne vorausgegangene Prüfung der Seriosität und Bonität bedient hat.[7]

400 Im **kaufmännischen Geschäftsverkehr** sind gesteigerte Anforderungen an die Sorgfaltspflicht des Käufers bzw. seines Vertreters zu stellen. Dies gilt vor allem, wenn ein Unternehmer wie eine **Leasinggesellschaft** Fahrzeuge in großer Stückzahl einkauft und von daher oder allgemein mit den Vertragsverhältnissen, die zwischen einem Händler und des-

---

1 Vgl. BGH 9. 2. 2005, NJW 2005, 1365; BGH 21. 9. 1959, BGHZ 30, 374, 380; OLG Düsseldorf 16. 5. 1990, NJW-RR 1992, 381.

2 BGH 9. 2. 2005, NJW 2005, 1365.

3 BGH 21. 9. 1959, BGHZ 30, 374, 380; OLG Hamm 13. 1. 1964, NJW 1964, 2257; OLG Karlsruhe 7. 4. 1989, NZV 1989, 434; OLG Düsseldorf 16. 5. 1990, NJW-RR 1992, 381.

4 OLG Düsseldorf 16. 5. 1990, NJW-RR 1992, 381.

5 OLG Nürnberg 6. 12. 2000, OLGR 2001, 131, 133.

6 OLG Karlsruhe 7. 4. 1989, NZV 1989, 434.

7 OLG Karlsruhe 7. 4. 1989, NZV 1989, 434 m. Anm. von *Roth*, a. a. O., 435.

sen Lieferanten bestehen, vertraut ist. Er weiß oder muss zumindest wissen, dass der Händler nicht frei über die Fahrzeuge verfügen kann. Zahlt ein solcher Käufer unter diesen Umständen den Kaufpreis vor Erhalt des Briefes, ohne sich ausreichende Kenntnisse über die wirtschaftlichen und finanziellen Verhältnisse des Händlers verschafft zu haben, kann er grob fahrlässig handeln.[8]

Konkrete Veranlassung, die rechtlichen Verhältnisse zu überprüfen, besteht nach Ansicht des BGH,[9] wenn die Niederlassung eines Fahrzeugherstellers zwei Neufahrzeuge fremden Fabrikats **aus Privathand** unter Übernahme von Fahrzeugbriefen ohne Haltereintragungen erwirbt. Nicht nach deutschem, sondern nach französischem Recht beurteilt sich die Frage des Eigentumsübergangs, wenn ein deutscher Zwischenhändler ein Neufahrzeug an einen französischen Abnehmer verkauft hat und die Besitzverschaffung nicht diesseits, sondern jenseits der Grenze stattfindet. Die Heranziehung der §§ 932 BGB, 366 HGB in einem solchen Fall des grenzüberschreitenden Versendungskaufs ist fehlerhaft.[10] Zu weiteren Fällen mit Auslandsberührung s. Rdn. 4720 ff. **401**

Nach den milderen Grundsätzen zum Neufahrzeugkauf entscheiden die Gerichte auch in Fällen mit **Vorführwagen**. Solche Fahrzeuge, rechtlich Gebrauchtwagen, werden mit Blick auf den Gutglaubensschutz Neuwagen weitgehend gleichstellt.[11] Dahinter steht die Überlegung, dass Kfz-Händler, die einen neuwertigen Pkw als Vorführwagen verkaufen, als vertrauenswürdig gelten. Auch bei solchen Geschäften kommt es jedoch ganz auf die Einzelfallumstände an. **402**

---

8 BGH 9. 2. 2005, NJW 2005, 1365 (Leasinggesellschaft/Lkw); OLG Frankfurt 25. 4. 1997, OLGR 1997, 121.

9 Urt. v. 30. 10. 1995, NJW 1996, 314.

10 BGH 10. 6. 2009, NJW 2009, 2824.

11 OLG Frankfurt 8. 12. 1998, NJW-RR 1999, 927; OLG Karlsruhe 7. 4. 1989, NJW-RR 1989, 1461; LG Darmstadt 10. 4. 1997, DAR 1999, 265.

G. Die Haftung des Verkäufers eines Neufahrzeugs für Sachmängel

I. Der rechtliche Rahmen

1. Die Neuwagenverkaufsbedingungen (NWVB)

a) Kein AGB-Mangelbegriff

403 Die aktuellen NWVB (3/08) verzichten auf eine Definition des Begriffs „Sachmangel“ bzw. der Mangelfreiheit. Anders als früher wird auch davon abgesehen, den Maßstab für die Feststellung von Mangelfreiheit zu konkretisieren, etwa durch eine Klausel, die auf den Stand der Technik für vergleichbare Fahrzeuge verweist.[1] Eine Bezugnahme auf die Angaben in den bei Vertragsschluss „gültigen Beschreibungen ...“ fehlt heute gleichfalls.

404 Damit ist jedenfalls beim Kauf eines vorrätigen Neufahrzeugs (Stückkauf) allein nach **§ 434 BGB** darüber zu entscheiden, ob es mangelfrei ist oder nicht. Ist der Kauf, wie häufig, ein **Gattungskauf**, kommt ergänzend hinzu, dass das Kaufobjekt – vorbehaltlich einer abweichenden Festlegung – **mittlerer Art und Güte** zu entsprechen hat (§ 243 Abs. 1 BGB). In der Mehrzahl der Fälle bestellen Käufer Fahrzeuge, deren Beschaffenheit und Ausstattung sie anhand von Prospektmaterial zusammenstellen. Die so konfigurierten Fahrzeuge werden oftmals im Werk erst hergestellt und sodann ausgeliefert. Der Händler, aber auch der direkt verkaufende Hersteller, übernimmt in diesen Fällen die Pflicht, ein der Gattung nach bestimmtes Fahrzeug zu liefern.[2] Dass dessen Beschaffenheit in wesentlichen Merkmalen bis hin zur Sonderausstattung vorab festgelegt ist, steht der Annahme einer Gattungsschuld nicht entgegen.

405 Ein Gattungskauf liegt auch in dem (seltenen) Fall vor, dass der Käufer beim Händler ein vom Hersteller zunächst lediglich konzipiertes Fahrzeug aus einer sodann limitiert aufgelegten Serie ordert;[3] auch dann, wenn der Motor des bestellten Serienfahrzeugs vor dessen Auslieferung vom Händler getunt werden soll.[4] Besonderheiten aus der Eigenart der Gattungsschuld ergeben sich im Hinblick auf die Frage der Mangelhaftigkeit nicht. Diese beurteilt sich i. Ü. auch dann nach § 434 BGB und nicht nach § 631 BGB, wenn die Lieferung eines Fahrzeugs versprochen wird, das nach den konkreten Vorstellungen des Bestellers erst hergestellt werden soll.[5] Das mag die Annahme rechtfertigen, der Vertrag habe die Lieferung einer nicht vertretbaren Sache zum Gegenstand. Das ändert gem. § 651 S. 3 BGB aber nichts an der grundsätzlichen Anwendbarkeit von Kaufrecht und somit auch von § 434 BGB. Zum Beschaffungsrisiko in Fällen des Gattungskaufs s. Rdn. 129 ff., zur Nachlieferung beim Gattungskauf s. Rdn. 726 ff.

b) Der Änderungsvorbehalt gem. Abschn. IV Ziff. 6 NWVB

406 Gem. Abschn. IV Ziff. 6 S. 1 NWVB (3/08) bleiben Konstruktions- oder Formänderungen, Abweichungen im Farbton sowie Änderungen des Lieferumfangs seitens des Herstellers während der Lieferzeit vorbehalten, sofern sie unter Berücksichtigung der Interessen

1 Nach wie vor üblich ist diese Formulierung in Garantiebedingungen.

2 OLG Düsseldorf 2. 3. 1995, OLGR 1995, 142; OLG Stuttgart 28. 6. 2000, DAR 573, 574; OLG Frankfurt 9. 10. 2001, OLGR 2002, 39; zu den verschiedenen Formen des Gattungskaufs *U. Huber*, AcP 210 (2010), 319, 331.

3 BGH 1. 12. 1993, NJW 1994, 515 = JZ 1994, 625 (Porsche 959).

4 OLG Düsseldorf 30. 10. 1992 – 22 U 79/91 (Leitsätze in OLGR 1993, 129).

5 BGH 9. 2. 2010 – X ZR 82/07 (Sattelauflieger zum Transport einer Fräsmaschine).

des Verkäufers für den Käufer zumutbar sind. Das in der Vorgängerklausel enthaltene Kriterium der Unerheblichkeit des Mangels wurde gestrichen.

Dass ein formularvertraglicher Änderungsvorbehalt angesichts des heutigen Höchstmaßes an **Verbraucherschutz** auf Kritik stoßen muss, ist naheliegend.[6] Die Bedenken können indes nicht geteilt werden. Zum Spannungsverhältnis zwischen dem durch § 475 BGB abgesicherten Verbraucherschutz – prinzipiell nur auf der Rechtsfolgenebene, nicht bei der geschuldeten Beschaffenheit – und dem Grundsatz der Privatautonomie s. Rdn. 2461 ff. Die Änderungsklausel, die allein die geschuldete Beschaffenheit berührt, ist ein **Gebot der wirtschaftlichen Vernunft**. Sie liegt im wohlverstandenen Interesse der Kundschaft, auch der privaten. **407**

Ihre sachliche Berechtigung findet die Klausel in der besonderen Situation des Kraftfahrzeughändlers als Bindeglied zwischen dem Herstellerwerk und dem Kunden ohne eigene Möglichkeit, während häufig langer Lieferfristen auf das Einfluss nehmen zu können, was letztlich vom Band läuft. Der hinter dem Händler stehende Hersteller ist seinerseits vital daran interessiert, seine Produkte ständig weiterzuentwickeln, auf Kundenwünsche einzugehen und veränderten Produktionstechniken und gesetzlich vorgeschriebenen Änderungen gerecht zu werden.[7] Daraus leitet sich ein **legitimes Verlangen** nach einem einseitigen Änderungsvorbehalt ab.[8] **408**

Für die Änderung muss allerdings **ein triftiger Grund**, ein besonderer Anlass, vorliegen. Dieser wird in der Klausel zwar nicht ausdrücklich genannt, was mit Blick auf BGH NJW 2005, 3420 auf Bedenken stoßen kann.[9] Beschrieben wird nur die Art der Änderung bzw. Abweichung und auch dies nur recht allgemein. I. Ü. wird der Wortlaut des **§ 308 Nr. 4 BGB** wiederholt. Dennoch ist die Klausel hinreichend transparent. **409**

In den meisten Fällen **technischer Änderungen** wird es so sein, dass sie vom **mutmaßlichen Willen** des Käufers gedeckt sind. Sie entsprechen damit der Verkehrserwartung. Ein Fahrzeug nicht in der allerneuesten technischen Version zu erhalten, würde auf Unverständnis stoßen. Vor Nachteilen wird er durch das **Kriterium der Zumutbarkeit** bei der gebotenen engen Auslegung hinreichend geschützt. Eine Konkretisierung dieses Wertungsbegriffs in den NWVB kann nicht verlangt werden, auch nicht eine Aufzählung von Beispielen. **410**

Sollte der Fall eintreten, dass Änderungen während der Lieferzeit zu einer Erhöhung des Kaufpreises führen oder dass sie sich auf Form, Ausstattung oder Lieferumfang nachteilig auswirken, kann **der Käufer** Unzumutbarkeit einwenden und die Abnahme verweigern. Es ist dann die **Aufgabe des Händlers**, den Nachweis zu erbringen, dass die Änderung für den Käufer zumutbar ist.[10] Dafür lassen sich naturgemäß keine allgemeinen Regeln aufstellen. Die Bewertung muss dem Richter überlassen bleiben. Maßgebend sind die Umstände des Einzelfalles, wobei **im Zweifel zugunsten des Käufers** zu entscheiden ist. **411**

Im Gegensatz zu früheren NWVB ist die **Erheblichkeit der Änderung** kein eigenständiges Beurteilungskriterium mehr. Dieser Gesichtspunkt, so konturenlos er auch sein mag, bleibt dennoch ein Teil der Zumutbarkeitsprüfung. Erhebliche Abweichungen sind eher unzumutbar als unerhebliche, jedoch können auch erhebliche zumutbar und unerhebliche un- **412**

6 Vgl. *Vogt*, Klauselwerke, Neuwagenkauf, Rn. 12, 13; *Pfeiffer*, ZGS 2002, 175.

7 *Creutzig*, Recht des Autokaufs, Rn. 4.5.4.; *Scheibach* in: Dauner-Lieb/Konzen/K. Schmidt, Das neue Schuldrecht in der Praxis, S. 739, 745.

8 Vgl. BGH 11. 3. 1987, ZIP 1987, 713 ff.

9 Zur Zulässigkeit eines Änderungsvorbehalts s. a. BGH 21. 9. 2005, DAR 2006, 21 (Versandhandel).

10 OLG Hamm 28. 10. 1982, DAR 1983, 79; *Palandt/Grüneberg*, § 308 BGB Rn. 23; *Creutzig*, Recht des Autokaufs, Rn. 4.5.6.

zumutbar sein.[11] Entscheidungshilfe im Einzelfall liefern folgende Urteile, in denen das Recht der Abnahmeverweigerung unter dem Gesichtspunkt der Erheblichkeit der Abweichung geprüft und bejaht wurde:

- grundlegende Änderungen der Konstruktion,[12]
- Modellwechsel im Sinne einer Veränderung des Aussehens,[13]
- Normalfelgen statt Stahlsportfelgen,[14]
- fehlende Sonderausstattungsmerkmale bei einem Fahrzeug der Luxusklasse (Skisack, CD-Wechsler, Fondeinzelsitze, Multikonturlinien im Fond), da Kunden, die sich ein Luxusauto kaufen, auf die kleinste Kleinigkeit achten,[15]
- eine Änderung der Farbe, wenn die geänderte Farbe nicht in derselben Farbpalette verbleibt und ein Auto mit grüner statt mit blauer Farblackierung geliefert wird.[16]

413 Als nicht erheblich stufte **der BGH**[17] eine Farbänderung von ‚taiga' auf ‚resedagrün' ein. Das OLG Köln[18] entschied, die wegen Fehlens der mitbestellten Zentralverriegelung von einer Fachwerkstatt vorgenommene **Nachrüstung** durch Einbau einer Zentralverriegelung sei dem Käufer nicht zuzumuten. Die Montage eines Heckspoilers ist nach Ansicht des LG Bochum[19] eine erhebliche, dem Käufer nicht zumutbare Änderung, wenn das Fahrzeug (AUDI TT der ersten Generation) laut Prospekt bei Vertragsabschluss nicht mit einem Spoiler ausgerüstet sein sollte. Generell gilt: technische Änderungen sind eher zumutbar als Änderungen im Bereich der Optik, insbesondere im Farbton.

2. Die Mangelkategorien nach § 434 BGB

414 Die für die Beurteilung der Mängelfreiheit eines Neufahrzeugs aus der Sicht der Praxis wichtigsten Kriterien enthält § 434 Abs. 1 S. 2 Nr. 2 BGB. Daran muss sich das Fahrzeug in seinem Ist-Zustand messen lassen, wenn die Parteien keine – vorrangige – Vereinbarung über die Beschaffenheit getroffen haben. Zum **Begriff der Beschaffenheit** s. Rdn. 2440 f. Die unter Rdn. 4600 aufgeführten Beispiele aus dem Bereich des Neufahrzeugkaufs machen deutlich, dass die Abgrenzung zwischen Beschaffenheit und sachfremden Umständen von **erheblicher praktischer Bedeutung** ist (Haftungsvoraussetzungen und -folgen, auch Verjährung).

415 Im Folgenden werden – vor der Darstellung der Einzelfälle unter Rdn. 502 ff. – allgemeine Fragen der Soll-Beschaffenheit nur erörtert, soweit sie für den Geschäftstyp „Neufahrzeugkauf" wichtig sind. Ergänzend wird auf Rdn. 2439 ff. verwiesen (Gebrauchtwagenkauf).

a) Die Beschaffenheitsvereinbarung

416 Sämtliche in den handelsüblichen Bestellscheinen (Kaufverträgen) aufgeführten Eigenschaften des Fahrzeugs, sein Fabrikat, Typ und Modell, die Farbe, der Motor (ccm/kw) sowie die bestellte Sonderausstattung sind Gegenstand einer **ausdrücklichen Beschaffenheitsvereinbarung** i. S. v. § 434 Abs. 1 S. 1 BGB. Dies auch bei der Bestellung eines nicht vorrätigen Neufahrzeugs. Die genannten Merkmale dienen im Fall eines Gattungskaufs

11 *Schmitz*, DAR 1975, 141, 144; OLG Hamm 28. 10. 1982, DAR 1983, 79 f.
12 OLG Zweibrücken 20. 11. 1969, MDR 1970, 325.
13 LG Stuttgart 28. 1. 1959, BB 1959, 538; vgl. ferner *Creutzig*, Recht des Autokaufs, Rn. 4.5.6.
14 LG Köln 1. 2. 1979 – 1 S 332/78 – n. v.
15 OLG Hamm 21. 9. 1993, VersR 1995, 546, 547.
16 OLG Hamm 28. 10. 1982, DAR 1983, 79 f.
17 Urt. v. 19. 3. 1980, DB 1980, 1534.
18 Urt. v. 5. 12. 1986 – 19 U 135/86 – n. v.
19 Urt. v. 14. 1. 2001, NJW-RR 2002, 810 = DAR 2002, 170.

nicht nur der Konkretisierung (Aussonderung), sondern legen zugleich die vertragsgemäße Beschaffenheit verbindlich fest.

Heißt es in einem Pkw-Bestellschein unter **„Sonderausstattung"** beispielsweise **„Getriebe Autotronic, stufenloses Automatikgetriebe"**, so ist es eine Frage der Auslegung, welche Eigenschaften das Getriebe außer den genannten haben soll, ob es dem neuesten Stand der Baureihe oder einer früheren zu entsprechen hat, ob es mit der neuesten Software ausgerüstet sein soll oder nicht. Dabei sind auch die **Begleitumstände** des Kaufs zu berücksichtigen, etwa eine Probe- bzw. Testfahrt mit dabei geäußerten Vorstellungen und Wünschen des Kaufinteressenten. In Ermangelung gegenteiliger Anhaltspunkte ist die Bestellung dahin auszulegen, dass das Fahrzeug mit demjenigen Getriebe ausgestattet sein soll, das der Hersteller zur Zeit der Bestellung in die Modellreihe des fraglichen Typs einzubauen pflegt.[20] Dass die gewünschte Sonderausstattung dem **neuesten Stand der Technik** zu entsprechen hat, wird sich in den meisten Fällen schon im Wege der Vertragsauslegung feststellen lassen, nicht erst durch einen Rückgriff auf die objektiven Standards i. S. d. § 434 Abs. 1 S. 2 Nr. 2 BGB.[21] **417**

Wird **„Innenausstattung Leder Ebenholz Schwarz"** vereinbart, sind aber bestimmte Bereiche nur mit Kunstleder überzogen, stellt diese Abweichung einen Mangel dar.[22] Komplizierter liegen die Dinge bei der Auswahl eines **Navigationsgeräts mit Blue-tooth-Freisprechanlage** aus dem Zubehörprogramm. Zu Problemen mit derartigen Freisprechanlagen der Werksausstattung kann es kommen, wenn die Abstimmung der Anlage mit dem Handy oder Smartphone nicht einwandfrei funktioniert. Welchen Standard der Käufer insoweit erwarten kann, hat die Rechtsprechung noch nicht geklärt. Der richtige Ansatz ist der objektive Mangelbegriff (§ 434 Abs. 1 S. 2 Nr. 2 BGB). Zur noch spärlichen Rechtsprechung bei Störfällen im Bereich „Audiosysteme" s. Rdn. 589, 590. **418**

Begründet bzw. ausgestaltet wird eine (ausdrückliche) Beschaffenheitsvereinbarung nicht nur durch die Erklärungen, wie sie im Kaufvertrag (Bestellschein) ihren Niederschlag gefunden haben. Eine Rolle können selbstverständlich auch Erklärungen außerhalb der Vertragsurkunde spielen, und sei es nur bei der Auslegung der eigentlichen Vertragsangaben. Darauf ist besonders beim Kauf neuer „Spezialfahrzeuge" zu achten (z. B. Wohnmobil der Sonderklasse, Nutzfahrzeuge mit Umbauwünschen etc.). Dem Kaufvertrag kann z. B. eine **Modellbeschreibung** zugrunde liegen, die Aufschluss über das wirklich Vereinbarte gibt.[23] Weitere Hinweise zur Bedeutung schriftlicher Erklärungen außerhalb der Vertragsurkunde unter Rdn. 3274 ff. **419**

Dass auch **mündliche Äußerungen** der Vertragsparteien und ihrer Vertreter – auch solche per Telefon[24] – bei der Ermittlung des vertraglich Vereinbarten relevant sein können, bedarf keiner näheren Begründung. Zur Bedeutung von Schriftform- und Bestätigungsklauseln s. Rdn. 3270 ff. Zur Beweisvermutung der Kaufvertragsurkunde (Vollständigkeit und Richtigkeit) s. Rdn. 3261 ff. **420**

Für den Verkauf neuer Kraftfahrzeuge von nur geringer Praxisrelevanz ist die Entscheidung des BGH v. 12. 1. 2011[25] zur **Bedeutung von Lichtbildern** eines im Internet angebotenen (gebrauchten) Pkw. Abbildungen im Internet, aber auch in den Printmedien können **421**

20 Brand OLG 19. 3. 2008, NJW-RR 2008, 1282.
21 Brand OLG 19. 3. 2008, NJW-RR 2008, 1282.
22 LG Saarbrücken 17. 12. 2008, DAR 2009, 148 (Opel GT 2.0).
23 Vgl. BGH 29. 6. 2011, NJW 2011, 2872 (Wohnmobil).
24 Zur Verwertbarkeit der Aussage eines Mithörzeugen BGH 17. 2. 2010, NJW-RR 2010, 1289 (Streit über die Wagenfarbe); s. a. BGH 7. 6. 2006, NJW 2006, 2839.
25 NJW-RR 2011, 462 = ZGS 2011, 130.

die Textbeschreibung ergänzen. Eine Beschaffenheitsvereinbarung kann sich u. U. allein auf ein **Foto vom Fahrzeug** mit einem bestimmten Ausstattungsdetail gründen.[26]

422 Wie in anderen Fällen des Kaufs kann eine Beschaffenheitsvereinbarung auch beim Neufahrzeugkauf **stillschweigend** oder durch **konkludentes Verhalten** zustande kommen. Erörtert wird dies vor allem im Zusammenhang mit der **Eigenschaft „fabrikneu"** (näher Rdn. 504 ff.). Basiseigenschaften wie Verkehrssicherheit, Funktionstauglichkeit und Haltbarkeit sehen die Gerichte nicht als stillschweigend bzw. konkludent vereinbart an, weder mit Blick auf bestimmte Einzelteile oder Baugruppen noch in der Summe.

423 Auch der allgemeine bzw. jeweilige **Stand der Technik** ist i. d. R. kein stillschweigend/konkludent vereinbartes Qualitätsmerkmal. Das schließt nicht aus, bei der Auslegung von Erklärungen über bestimmte Fahrzeugeigenschaften, etwa Sonderausstattungen, den „neusten Stand der Technik" als geschuldet anzusehen. Anders als früher enthalten die heutigen NWVB keine Klausel, die auf dieses Kriterium Bezug nimmt. Stand-der-Technik-Klauseln sind im modernen Automobilhandel nur noch vereinzelt anzutreffen, z. B. in AGB von Verkäufern sog. Nischenfahrzeuge oder Importen aus Schwellenländern wie China und Indien. Nur nach § 434 Abs. 1 S. 3 BGB (öffentliche Äußerungen) in die Bestimmung der Soll-Beschaffenheit einzubeziehen sind Werbeaussagen wie „hochwertige Fahrzeuge auf dem neuesten Stand der Technik".

424 Keine Aufnahme in den Kanon stillschweigend vereinbarter Beschaffenheiten hat schließlich die **Eignung zur gewöhnlichen Verwendung** gefunden; ebenso wenig die technischen Eigenschaften, die Voraussetzung dafür sind, dass diese Grundanforderung an ein Kraftfahrzeug erfüllt ist. Ersichtlich sieht man vor dem Hintergrund des objektiven Mangelbegriffs in § 434 Abs. 1 S. 2 Nr. 2 BGB kein Bedürfnis für eine Lösung im Subjektiven. So geht der BGH im Rußpartikelfilter-Fall[27] mit keinem Wort auf die Frage ein, ob der Kläger bei Abschluss des Kaufvertrages eine uneingeschränkte Nutzbarkeit des Opel Zafira im Kurzstreckenbetrieb als gewöhnliche Verwendung vorausgesetzt und der Händler dieser Erwartung konkludent zugestimmt hat.

b) Die vertraglich vorausgesetzte Verwendung

425 Der in **§ 434 Abs. 1 S. 2 Nr. 1 BGB** geregelte Fall – wie beim Gebrauchtwagenkauf auch beim Kauf neuer Fahrzeuge ohne große Praxisrelevanz – gilt als besondere Ausprägung des subjektiven Fehlerbegriffs.[28] Die Norm kommt zum Zuge, wenn von einer vertraglich vereinbarten Beschaffenheit nicht ausgegangen werden kann, die Parteien gleichwohl eine bestimmte Verwendung der Kaufsache bei Vertragsschluss gemeinsam vorausgesetzt haben.[29] Die Formulierung „nach dem Vertrag vorausgesetzte Verwendung" macht deutlich, dass eine einseitige Vorstellung des Käufers von der beabsichtigten Verwendung nicht ausreichend ist, selbst wenn dieser Verwendungszweck dem Verkäufer bekannt ist. Die Parteien müssen sich – noch im Zeitpunkt des Vertragsschlusses[30] – zumindest konkludent darüber einig sein, dass derjenige Verwendungszweck, den der Käufer später im Rechtsstreit als verfehlt reklamiert, gewährleistet sein sollte.

Beispiel:
Der Käufer wünscht ein geländegängiges Fahrzeug, weil er an einer Rallye im Ausland teilnehmen möchte. Er berichtet dem Verkäufer von diesem Vorhaben anlässlich des Verkaufsgesprächs. Die Teilnahme an der Rallye scheitert jedoch, weil das Fahrzeug

26 BGH 12. 1. 2011, NJW-RR 2011, 462 = ZGS 2011, 130.
27 NJW 2009, 2056.
28 *Medicus/Lorenz*, SchBT, Rn. 81.
29 BT-Drucks. 14/6040, S. 213.
30 Dazu BGH 9. 2. 2010 – X ZR 82/07 (Sattelauflieger zum Transport einer Fräsmaschine).

die Zulassungsvoraussetzungen des Landes nicht erfüllt, in dem die Veranstaltung stattfindet.

Im Beispielsfall ist die Eignung des Fahrzeugs für die Teilnahme an der Rallye keine einseitige Vorstellung des Käufers geblieben, es liegt eine Übereinstimmung der Parteien über eine konkrete Einsatzmöglichkeit vor. Der Verkäufer hat zu keinem Zeitpunkt vor Vertragsschluss zu verstehen gegeben, dass der beabsichtigte Rallyeeinsatz fraglich oder gar ausgeschlossen sei. Das Einigsein der Parteien kann eine (auch konkludente) Beschaffenheitsvereinbarung bedeuten (dann S. 1). Die Dinge können aber auch so liegen, dass eine rechtsgeschäftliche Vereinbarung, aus welchen Gründen auch immer, nicht getroffen oder dokumentiert worden ist oder vom Käufer, zumal bei fehlender oder nur bruchstückhafter Dokumentation, nicht bewiesen werden kann. Dann kommt gewissermaßen als **Auffangtatbestand Satz 2 Nr. 1** ins Spiel. Da sich deren Wortlaut ohne inhaltliche Veränderung an die Fassung des § 459 Abs. 1 S. 1 BGB a. F. anlehnt, ist die dazu ergangene Rechtsprechung nicht bedeutungslos geworden. **426**

Beispiele aus der Rechtsprechung zu § 459 Abs. 1 S. 1 BGB a. F.:

- unzureichende Nutzbarkeit eines 57-sitzigen Busses wegen zu geringer Nutzlast (BGH 13. 11. 1956, LM Nr. 3 zu § 459 Abs. 1 BGB),
- eingeschränkte Tauglichkeit eines Tanklastzuges zum Transport handelsüblicher Flüssigkeiten (BGH 28. 4. 1971, NJW 1971, 1795),
- Nichteignung eines PKW zum Trailern eines Bootes (LG Köln 15. 12. 1995 –21 O 285/95),

begründeter Verdacht mangelnder Eignung zum vertraglich vorausgesetzten Betrieb des Fahrzeugs mit Biodiesel (OLG Karlsruhe 29. 5. 2002, OLGR 2002, 248).

Das Gemeinsame dieser und ähnlicher „Altfälle", mitunter aus dem Grenzbereich zwischen Kauf- und Werkvertrag[31], besteht darin, dass eine bestimmte Sondernutzung, meist eine **spezielle Transportaufgabe**, nicht gewährleistet war. Ein instruktiver „Neufall" ist Gegenstand der **BGH-Entscheidung v. 9. 2. 2010**[32]: Bestellung eines Sattelaufliegers, der zum Transport einer bestimmten Fräsmaschine geeignet sein sollte. Unstreitig entsprach der Auflieger diesem Anforderungsprofil nicht; strittig war, ob die beklagte Lieferantin ihre Kundin darauf hingewiesen hatte. Anders als die Vorinstanz hat der BGH den Vertrag als Kaufvertrag eingeordnet (was für die Anwendbarkeit von § 377 HGB wichtig war). Nach den Feststellungen des OLG haben die Parteien die Eignung zum Transport der Fräse nicht vertraglich i. S. e. Beschaffenheit des Aufliegers vereinbart. Das hat der BGH so gelten lassen, um dann auf den Gesichtspunkt „vertraglich vorausgesetzte Verwendung" einzugehen. **427**

Für die Praxis wichtig sind die Ausführungen des BGH im Hinblick auf **die Beweislastverteilung**. Für ihre Behauptung, die Klägerin, ein Straßenbauunternehmen, auf Eignungszweifel hingewiesen zu haben, trage nicht die beklagte Lieferantin die Beweislast. Bei ihrem Vorbringen handele es sich vielmehr um substanziiertes Bestreiten des Klagevorbringens zur vertraglich vorausgesetzten Verwendung. Insoweit sei die Klägerin voll beweispflichtig. Die Vermutung der Vollständigkeit und Richtigkeit der Vertragsurkunde helfe ihr schon deshalb nicht, weil die Eignung des Aufliegers zum Transport der Fräse dieser Urkunde gerade nicht zu entnehmen war, sondern von den Parteien (nur) vertraglich vorausgesetzt worden sein soll. Verglichen mit dem Nachweis einer Beschaffenheitsvereinbarung ist die **Beweisführung des Käufers** bei der vertraglich vorausgesetzten Verwendung **deutlich erleichtert**. Es genügt der Beweis, dass er als Käufer eine bestimmte Verwendungs- **428**

31 Zu § 631 BGB s. BGH 2. 7. 1996, WM 1996, 1918 = zfs 1986, 453 (Bestellung eines Spezialaufbaus für Hobbyzwecke, u. a. Pferdetransport).

32 Az. X ZR 82/07.

möglichkeit bei den Vertragsverhandlungen zum Ausdruck gebracht hat und der Verkäufer dem zumindest konkludent zugestimmt hat. Bloßes Schweigen reicht nur im kaufmännischen Verkehr aus.

429 Nach unten abzugrenzen ist die „nach dem Vertrag vorausgesetzte Verwendung" von der **„gewöhnlichen Verwendung"**, als erster Bezugspunkt angesprochen in Nr. 2 von § 434 Abs. 1 S. 2 BGB. Ob die vertraglich vorausgesetzte oder die gewöhnliche Verwendung (näher dazu Rdn. 430 ff.) beeinträchtigt ist, ist im praktischen Ergebnis – auch für die Erheblichkeitsprüfung nach §§ 323 Abs. 5 S. 2, 281 Abs. 1 S. 3 BGB – in den meisten Fällen belanglos. Wenn sich das gekaufte Fahrzeug nicht zur gewöhnlichen Verwendung eignet, wird ihm i. d. R. auch die vertraglich vorausgesetzte Verwendbarkeit fehlen. Deckungsgleichheit besteht indes nicht. Das Merkmal „gewöhnliche Verwendung" soll dem Käufer einen objektiven (Mindest-)Standard gewährleisten, während ein ungewöhnlicher (atypischer) Verwendungszweck nur über eine Beschaffenheitsvereinbarung, hilfsweise unter dem Aspekt der vertraglich vorausgesetzten Verwendung zum Vertrags-Soll erhoben werden kann. Dass ein Neufahrzeug sich zur **direkten Weiterveräußerung** ins Ausland eignet, zählt gewiss nicht zur gewöhnlichen Verwendung. Um das Risiko der Unverkäuflichkeit auf den Verkäufer zu verlagern, muss der Käufer seine Weiterverkaufsabsicht zumindest offen legen. Sache des Verkäufers ist es dann, ob und ggf. wie er dieser Vorstellung des Käufers entgegentritt.[33] Nach den Umständen des Einzelfalls kann ihn eine vorvertragliche **Hinweis- oder Aufklärungspflicht** treffen.

c) Gewöhnliche Verwendung, übliche und zu erwartende Beschaffenheit

430 Bei der Abgrenzung dieser drei Merkmale (für manche sind es nur zwei) tun sich **die Instanzgerichte** weiterhin schwer; ebenso bei dem – regelmäßig überflüssigen – Versuch, jedem Einzelelement eine eigenständige Bedeutung beizumessen. So werden Käufererwartungen in das Kriterium „gewöhnliche Verwendung" projiziert wie man auch umgekehrt die Käufererwartung geprägt sieht durch Umstände, die man zwanglos unter die „gewöhnliche Verwendung" subsumieren kann. *Beispiel:* Tanken von Normalbenzin ist entgegen einer Prospektangabe nicht möglich. Das OLG München sieht die gewöhnliche Verwendung beeinträchtigt.[34] Da die Verwendbarkeit stets die Konsequenz einer bestimmten Beschaffenheit ist, hätte man auch – unter Hinweis auf § 434 Abs. 1 S. 3 BGB (öffentliche Äußerungen) – auf ein Beschaffenheitsdefizit abstellen können.

431 Obgleich die **„gewöhnliche Verwendung"** in § 434 Abs. 1 S. 2 Nr. 2 BGB an erster Stelle steht und auch in der EU-Richtlinie über den Verbrauchsgüterkauf eine Vorrangstellung einnimmt, wird dieses Kriterium bei der Beurteilung von Neufahrzeugfällen von den weiteren Merkmalen der Nr. 2 mehr oder weniger verdrängt, mitunter überhaupt nicht separat geprüft.[35] Es könnte in der Tat ersatzlos gestrichen werden, denn jeder Mangeltest kann ohne Unterschied im Ergebnis mit Hilfe der beiden anderen Kriterien durchgeführt werden. Wenn das Fahrzeug der üblichen und der zu erwartenden Beschaffenheit entspricht, eignet es sich in aller Regel auch für die gewöhnliche Verwendung.

Beispiel: Ein **Diesel-Pkw mit Partikelfilter** (DPF) kann nach dem Stand der Filtertechnik nicht uneingeschränkt im Kurzstreckenbetrieb eingesetzt werden, vielmehr muss der Filter bei Bedarf durch eine „Freibrennfahrt" gereinigt werden. Wenn, wie im Fall BGH NJW 2009, 2056 (DPF), die Prüfung anhand der Kriterien „übliche und zu erwartende

---

33 S. a. BGH 20. 5. 2009, NJW 2009, 2807 (Gebrauchtwagen).
34 Urt. v. 15. 9. 2004, NJW-RR 2005, 494.
35 Z. B. KG 1. 3. 2010, NZV 2011, 33,34 (Eigenlenkverhalten).

Beschaffenheit" zum Ergebnis „mangelfrei" führt, kann diese Bewertung nicht mit Hilfe des Merkmals „gewöhnliche Verwendung" in ihr Gegenteil verkehrt werden.[36]

Umgekehrt gilt das nicht. Ein Neufahrzeug, das sich für die gewöhnliche Verwendung eignet, kann gleichwohl nach den übrigen Merkmalen der Nr. 2 mangelhaft sein. Die übliche wie die zu erwartende Beschaffenheit decken angesichts des weiten Beschaffenheitsbegriffs einen größeren Bereich objektiver Vertragsmäßigkeit ab als das vergleichsweise engere Merkmal „gewöhnliche Verwendung". **432**

Beispiele: Ein wegen **überlanger Standzeit** nicht mehr fabrikneues Fahrzeug eignet sich uneingeschränkt zur gewöhnlichen Verwendung, entspricht gleichwohl, sofern keine abweichende Vereinbarung getroffen wurde, nicht der üblichen und der zu erwartenden Beschaffenheit. Ein um 8 % **überhöhter Kraftstoffverbrauch** stellt die gewöhnliche Verwendung nicht in Frage. Die Reichweite ist nur marginal geringer, so dass ein Tauglichkeitsmangel schwerlich zu begründen ist, ggf. aber eine Abweichung von der üblichen bzw. der zu erwartenden Beschaffenheit. Nach (fragwürdiger) Ansicht des OLG Karlsruhe[37] eignet sich ein Alfa Romeo 159 JTDM mit Start/Stopp-Taste[38] zwar für die gewöhnliche Verwendung. Mit dem Argument, eine **nicht fernliegenden Fehlbedienung** der Starttechnik werde technisch nicht hinreichend kompensiert, so dass es zu nicht unerheblichen Startproblemen komme, bejaht der Senat gleichwohl einen Sachmangel. Das Fahrzeug sei von einer erwartungswidrigen Beschaffenheit. Die Klägerin habe angesichts des Standards der vergleichbaren Fahrzeugklasse berechtigterweise erwarten dürfen, dass „keineswegs fernliegende Bedienungsfehler" (zu spätes und zu zaghaftes Drücken der Start/Stopp-Taste) von der Technik kompensiert würden. Erwiesenermaßen hatte die Klägerin sich nicht an die Vorgaben der werksseitigen Bedienungsanleitung gehalten, die indes in den Augen des Senats, auch insoweit sachverständig beraten, nicht unzulänglich ist.

Auf den Gesichtspunkt „nicht fernliegende Fehlbedienung" abzustellen, ist im Rahmen der Sachmängelhaftung problematisch. Beheimatet ist er im Produkthaftungsrecht. Im Rahmen seiner Instruktionsverantwortung hat der Hersteller sich auch auf den „Dümmsten Anzunehmenden User" (DAU) einzustellen (näher Rdn. 1659 ff.). Die Sachmängelhaftung verfolgt einen anderen Schutzzweck. Geschützt ist das Äquivalenzinteresse des Käufers. Ohne Vereinbarung einer Beschaffenheit, die seinen persönlichen Verhältnissen (auch Unzulänglichkeiten) Rechnung trägt, muss er mit der üblichen Beschaffenheit vorliebnehmen. Das Risiko persönlicher Nutzungsschwierigkeiten trägt grundsätzlich der Käufer. Nur in engen Grenzen schuldet der Verkäufer eine individuelle Beratung (dazu Rdn. 1252 ff.). Ihn im Rahmen der von einem Verschulden unabhängigen Sachmängelhaftung mit dem Risiko der „nicht fernliegenden Fehlbedienung" zu belasten, ist sach- und systemwidrig. **433**

Dass ein Neufahrzeug mit einem **technischen Mangel**, der eine störungsfreie Benutzung im Straßenverkehr verhindert oder auch nur erschwert, auch im rechtlichen Sinn mangelhaft ist, versteht sich von selbst. Beeinträchtigt ist, keine Frage, die Eignung zur gewöhnlichen Verwendung.[39] Zudem entspricht es weder der üblichen noch der zu erwartenden Beschaffenheit. Im Kernbereich technischer Unzulänglichkeiten infolge von **Fabrikations- und Konstruktionsfehlern** macht es im Ergebnis keinen Unterschied, welches Kriterium des § 434 Abs. 1 S. 2 Nr. 2 BGB man zur Falllösung heranzieht, zumal der BGH die zu er- **434**

36 BGH 4. 3. 2009, NJW 2009, 2056 Tz. 12 (Vorinstanz OLG Stuttgart 4. 6. 2008, NJW-RR 2008, 1077 = DAR 2008, 477).

37 Urt. v. 1. 12. 2008, DAR 2009, 699 = NZV 2010, 96 (nur Ls.).

38 Gestartet wird nicht mittels eines herkömmlichen Zündschlüssels, sondern durch Einschieben eines bartlosen Schlüssels und Drücken der Start/Stopp-Taste.

39 Zur gewöhnlichen Verwendung eines Gebrauchtwagens s. BGH 10. 10. 2007, NJW 2008, 53.

wartende Beschaffenheit mit der üblichen Beschaffenheit im Regelfall gleichsetzt (dazu Rdn. 439 f.).

435 „Gewöhnliche Verwendung“ ist nicht gleichbedeutend mit fehlerfreier Fahrweise, erst recht ist nicht der Maßstab des „Idealfahrers“ (§ 17 Abs. 3 StVG) anzulegen. Damit die Voraussetzung „gewöhnliche Verwendung“ erfüllt ist, muss auch eine solche Fahrweise gefahrenfrei möglich sein, die nicht im Einklang mit der StVO steht. Das AG Sigmaringen[40] hat sie als ‚besonnen‘ bezeichnet und hinzugefügt, der Raser werde gewährleistungsrechtlich nicht besonders geschützt. Das ist selbst kaufrechtlich eine zu enge Sicht.[41]

436 **Grenzbeanspruchungen**, die nach der Lebenserfahrung voraussehbar sind, hat der Hersteller – produkthaftungsrechtlich – durch ausreichende Sicherheitszuschläge bei Konstruktion und Materialausstattung einzuplanen.[42] Den im Straßenverkehr täglich vorkommenden Notsituationen müssen Kraftfahrzeuge – gleich welcher Art – ohnehin gewachsen sein. Die Bremsen dürfen bei einer Vollbremsung zur Vermeidung eines Auffahrunfalls und bei Dauerbeanspruchung auf längeren Gefällstrecken nicht versagen und ein Kraftfahrzeug muss so beschaffen sein, dass es selbst bei ungewöhnlichen Lenk- und Ausweichmanövern nicht umkippt. Zur **Pendelproblematik** bei einem **Motorrad** s. OLG Hamm NJW-RR 2009, 485, zum **Eigenlenkverhalten** („Schiefziehen“) eines Pkw bei normalem Fahrbetrieb KG NZV 2011, 33, 34.

437 Genügt ein neues Fahrzeug nicht den Sicherheitsanforderungen, eignet es sich nicht für die gewöhnliche Verwendung und ist schon deshalb mangelhaft. Außerhalb des üblichen Gebrauchs liegenden Grenz- und Dauerbeanspruchungen (z. B. durch Teilnahme an Geländefahrten, Rallyes und Autorennen) braucht ein neues Kraftfahrzeug gewährleistungsrechtlich nicht gewachsen zu sein, wenn nicht die Parteien die Tauglichkeit für derartige Verwendungen zum Inhalt des Vertrages gemacht oder i. S. v. oben Rdn. 425 vertraglich vorausgesetzt haben.

438 Im **Fahrkomfort** sehen die Gerichte – gerade bei einem neuen Pkw – einen besonderen Aspekt der Eignung zur gewöhnlichen Verwendung. Als Eignungsmangel – aber auch als Beschaffenheitsdefizit – werden störende **Fahr- und Windgeräusche**, unruhiger Motorlauf, Luftzug im Fahrzeuginneren, **„Bremsenquietschen“** und ähnliche Komforteinbußen eingestuft (Einzelfälle unter Rdn. 585 f.). Dass bei der Eignung zur gewöhnlichen Verwendung ein streng objektiver und damit nivellierender Maßstab gilt, führt die **Wohnmobil-Entscheidung des BGH** vom 29. 6. 2011[43] vor Augen. Während die Vorinstanz (OLG Schleswig) einen Eignungsmangel darin gesehen hat, dass sich die Eingangstür bei geöffnetem Ausstellfenster nicht bis zum Anschlag an die Wand öffnen lässt, bescheinigt der BGH dem 134.437 Euro teuren Wohnmobil die gewöhnliche Verwendungstauglichkeit.

d) Beschaffenheit, Vergleichsmaßstab und Stand der Technik

aa) Ausgangslage und Problemaufriss

439 **Dreh- und Angelpunkt** ist die **übliche Beschaffenheit gleichartiger Sachen**. Wer sie ermittelt hat, hat nach der **Rechtsprechung des BGH** zugleich die entscheidende Orientierungsgröße für die Bestimmung der vom Käufer **zu erwartenden Beschaffenheit.** Denn in Ermangelung abweichender Anhaltspunkte orientiert sich die Erwartung, die der Durch-

---

40 Urt. v. 14. 7. 2000, DAR 2000, 530, 531 (AUDI TT); II. Instanz LG Hechingen 29. 8. 2001, NZV 2001, 479.

41 S. a. *Bachmeier*, Rn. 243.

42 BGH 16. 2. 1972, VersR 1972, 559.

43 NJW 2011, 2872 = DAR 2011, 521.

schnittskäufer berechtigterweise hat (objektive Käufererwartung), jedenfalls im Regelfall an der üblichen Beschaffenheit gleichartiger Sachen.[44]

Diese **enge Andockung** der zu erwartenden Beschaffenheit an die übliche Beschaffenheit ist für die Praxis von **enormer Bedeutung**, vereinfacht sie doch im Regelfall die Handhabung der nicht gerade glücklich formulierten Vorschrift über den „objektiven Fehlerbegriff". Noch haben die Instanzgerichte diesen Gleichschritt nicht in der gebotenen Weise nachvollzogen, was **Fehlurteilen** Vorschub leistet. Mehr als die übliche Beschaffenheit kann der Durchschnittskäufer auch beim Erwerb eines Neufahrzeugs im Allgemeinen – ohne Sonderabrede und ohne weitergehende „öffentliche Äußerung" z. B. im Prospekt (dazu Rdn. 478 ff.) – in der Tat nicht erwarten. Die beim Käufer konkret vorhandene Vorstellung interessiert auf dieser letzten der drei Prüfstufen ebenso wenig wie der durchschnittliche technische Informationsstand auf Käuferseite, empirisch ohnehin nur schwer fassbar. **440**

Bei Sachen gleicher Art üblich: Wie problematisch die Bildung von „Arten" bei technischen Massenprodukten ist, zeigt der **Dieselpartikelfilter-Fall BGH NJW 2009, 2056**. Unter der Art einer Sache kann man sowohl ihre Beschaffenheit, d. h. alle sie kennzeichnenden bzw. ihr anhaftenden Merkmale, als auch ihre Zugehörigkeit zu einer bestimmten Klasse oder Gruppe verstehen.[45] Der BGH folgt ohne nähere Begründung der ersten Version, und zwar für beide „Beschaffenheiten", die übliche („Sachen gleicher Art") und die zu erwartende („nach Art der Sache"). Hätte er – wie das OLG Stuttgart in seiner Ausgangsentscheidung[46] – seine Artenbildung bei „Pkw mit Dieselmotor" beendet, die Ausrüstung mit einem Partikelfilter ausgeblendet, wäre die Entscheidung vermutlich schon im ersten Durchgang zugunsten des Käufers ausgefallen.[47] **441**

Unter Abkehr von der Verkehrsanschauung, einem bisher weithin anerkannten Gesichtspunkt bei der Bildung von Gattungen, ist der BGH einen **entscheidenden Schritt weitergegangen**, indem er die Menge der Referenzfahrzeuge verkleinert hat. **442**

Beispiel: Gekauft wurde ein neuer Opel Zafira, 1.9 CTDI mit Dieselpartikelfilter. Vergleichsfahrzeuge sind für den BGH nur Pkw mit Dieselmotor und Partikelfilter.[48] Dahinter scheint der Gedanke zu stehen: Wo das Problem „mangels Masse" (Bauteil) nicht auftreten kann, fehlt es an Gleichartigkeit und damit an Vergleichbarkeit. Was diese **industrie- und händlerfreundliche Vergleichsbetrachtung** für die Praxis bedeutet, wird im Folgenden anhand von drei typischen Szenarien dargestellt, um sodann bestimmte Gruppen von Mängelrügen in den Blick zu nehmen.

bb) Praktische Folgerungen

(1) Szenario I: Stand der Serie verfehlt

Rechtlich relativ unproblematisch sind die Fälle mit Abweichungen vom **technischen Stand der Serie**. In einem ersten Vergleich ist das streitgegenständliche Fahrzeug **typ- und modellgleichen Fahrzeugen desselben Herstellers** gegenüber zu stellen, d. h. ein Opel Zafira 1.9 CTDI muss sich messen lassen an Fahrzeugen dieser Modellserie, nicht un- **443**

44 BGH 29. 6. 2011, NJW 2011, 2872 Tz. 12 (neues Wohnmobil); BGH 4. 3. 2009, NJW 2009, 2056 (neuer Pkw); BGH 20. 5. 2009, NJW 2009, 2807 (Gebrauchtwagen).

45 Vgl. *Jorden/Lehmann*, JZ 2001, 952, 954.

46 NJW-RR 2008, 1077.

47 Gewonnen hat der Käufer erst im zweiten Durchgang vor dem OLG Stuttgart (Urt. v. 7. 7. 2010 – 3 U 82/09). Begründung: Mangel wegen unzulänglicher Funktion der Warnleuchte.

48 NJW 2009, 2056 Tz. 9 a. E.; ebenso OLG Hamm 19. 3. 2009 – I-2 U 194/08 (gleichfalls Opel Zafira); OLG Hamm 9. 6. 2009, NJW-RR 2010, 566 (Volvo); LG Bielefeld 13. 4. 2011 – 3 O 193/09 (Jaguar XJ 2.7 D).

bedingt des gleichen Baujahrs. Stellt sich heraus, dass das Bauteil, das Gegenstand der Mängelrüge ist (z. B. der Dieselpartikelfilter), negativ von der Beschaffenheit entsprechender Bauteile in anderen Opel Zafira 1.9 CTDI (Vergleichsfahrzeuge) abweicht, liegt entweder ein Einzelfehler aus dem Herstellungsbereich vor (Zulieferer oder Opel) oder ein Fahr- bzw. Bedienungsfehler, jedenfalls kein der ganzen Serie/Baureihe anhaftender (Serien-)Fehler. Ein Rückgriff auf die Kategorie „allgemeiner Stand der Technik" ist bei dieser Fallgestaltung nicht erforderlich. Ein etwaiger Fabrikationsfehler bleibt hinter dem geschuldeten Soll, gleich wie man es definiert, stets zurück.

444 Bleiben dem **Sachverständigen** nach der Ermittlung der Ist-Beschaffenheit des ihm vorgestellten Fahrzeugs Zweifel, ob es sich um eine Einzel- oder um eine Serienerscheinung handelt, wird er nach Testfahrten bzw. Untersuchungen von Vergleichsfahrzeugen endgültig Klarheit haben. Zu achten hat er allerdings darauf, dass die Testfahrzeuge tatsächlich vergleichbar sind. Bei Verbesserungen bzw. Umstellungen während der laufenden Produktion scheiden diese Fahrzeuge als Vergleichsobjekte aus, ihre Beschaffenheit kann freilich ein Indiz für einen Qualitätsmangel sein.

(2) Szenario II: herstellerübergreifender Vergleich

445 Gesetzt den Fall, dass vergleichbare Autos der Konkurrenz (zur Bildung der Vergleichsmenge s. Rdn. 451 ff.) nicht in gleicher oder vergleichbarer Weise betroffen sind, es sich also ausschließlich um ein „hausgemachtes" Problem handelt, stellt sich die altbekannte Frage, ob ein solcher herstellerinterner „Serienfehler"[49] bzw. „Schwachpunkt" ein Sachmangel ist oder nicht.[50] Für Mangelfreiheit lässt sich immerhin anführen, der Zustand des Fahrzeugs sei „normal", bei dem fraglichen Hersteller eben üblich und bei ihm Stand der Technik. Mit dieser Argumentation finden Neufahrzeugverkäufer schon seit langem kein Gehör. Bei Neufahrzeugen greift die Rechtsprechung seit Jahrzehnten auf den **technischen Entwicklungsstand der gesamten Automobilindustrie** zurück, nicht auf den Stand des jeweiligen Herstellers („Stand der Serie") und/oder das Qualitätsniveau des jeweiligen Herstellerlandes.[51]

446 Begründet wird diese **globale Sichtweise** („herstellerübergreifender Vergleich") vor allem mit dem Argument, bei einem engen, markeninternen Vergleich blieben Konstruktions- oder Fertigungsfehler, die einer ganzen Bauserie anhaften, ohne Sanktion. Als Weltautos gebaute Fahrzeuge sollen sich am Weltstandard messen lassen, nicht „Tata/Nano" aus Indien, andererseits auch nicht Audi, BMW oder Mercedes.

447 Dass ein fabrikneues Fahrzeug dem Stand der Serie voll entsprechen und dennoch mangelhaft i. S. v. § 434 Abs. 1 S. 2 Nr. 2 BGB sein kann, gilt heute als gesicherte Erkenntnis, wenngleich **der BGH** sich, soweit ersichtlich, noch nicht ausdrücklich dafür ausgesprochen hat. Bei Störungen, die die **Verkehrssicherheit beeinträchtigen**, z. B. ein Defekt der Bremsanlage oder ein „Schiefziehen", bedarf es zur Rechtfertigung der herstellerübergreifenden Sichtweise keiner näheren Begründung. Es sind dies diejenigen Fälle, die einen Rückruf erfordern. Der einer Vielzahl von Fahrzeugen des betroffenen Herstellers anhaftende Sicherheitsmangel ist kaufrechtlich eindeutig als Mangel zu qualifizieren. Dies auch dann, wenn infolge der Verwendung von Gleichteilen andere Hersteller (Koopera-

---

49 Es kann, muss sich aber nicht um einen Konstruktionsfehler handeln.

50 Ausführlich dazu *Otting*, FS Eggert (2008), S. 33 ff.

51 OLG Hamm 15. 5. 2008, NJW-RR 2009, 485; OLG Köln 27. 4. 2010, NJW-RR 2011, 61; KG 1. 3. 2010, NZV 2011, 33, 34; OLG Karlsruhe 1. 12. 2008, DAR 2009, 699; OLG Karlsruhe 28. 6. 2007, NJW-RR 2008, 137; OLG Düsseldorf 18. 1. 2008, NJW-RR 2008, 1230; OLG Düsseldorf 8. 6. 2005, NJW 2005, 2235; OLG Koblenz 26. 6. 2003, NJW-RR 2003, 1380; OLG Saarbrücken 29. 6. 1999, zfs 1999, 518 = NZV 2000, 261; lesenswert auch AG Köln 3. 11. 2006 – 136 C 207/05 – BeckRS 2007, 14788.

tionspartner) in gleicher Weise betroffen sind. Ein herstellerübergreifendes Verfehlen des Qualitätsstandards „Stand der Technik“ (näher Rdn. 451 ff.) kann den Verkäufer nicht aus seiner Gewährleistung entlassen.

Problematisch ist dagegen die Bewertung von Störungen des **Fahr- und Bedienungskomforts**, z. B. Wind- und Dröhngeräusche, Vibrationen, Schaltstöße, Quietschen der Bremsen, eine Anfahrschwäche in Form eines „Turbolochs“ oder Beanstandungen der Klimaanlage, des Audiosystems oder der Start/Stop-Technik[52], bei einem **Wohnmobil** Komforteinbußen auch im Wohnbereich.[53] Eine weitere Problemgruppe bilden die Fälle mit angeblich zu geringer Haltbarkeit eines einzelnen Aggregates. Schwerpunktmäßig geht es hier um Getriebeausfälle mit der schwierigen Abgrenzung „Verschleiß/Sachmangel“. Weniger die Technik, mehr die Optik und Ästhetik sind das Thema einer dritten Gruppe. 448

Bei der Beurteilung all dieser Fälle komme es auf den allgemeinen Stand der Technik in der gesamten Automobilindustrie an, heißt es stereotyp in der Rechtsprechung.[54] Gewonnen hat man diesen herstellerübergreifenden Vergleichsmaßstab nicht auf dem Boden des früheren Fehlerbegriffs (§ 459 Abs. 1 BGB a. F.), sondern im Wege der Auslegung der Stand-der-Technik-Klausel in den ehemaligen NWVB.[55] Konsequent durchgehalten wird die globale Sichtweise freilich nicht, denn bei Bedarf greift man auf den europäischen Standard zurück.[56] 449

Wenn demnach Konkurrenzprodukte bei der Ermittlung der üblichen Beschaffenheit grundsätzlich einzubeziehen sind, muss **in einem weiteren Schritt** geklärt werden, welche Fahrzeuge anderer Hersteller als Referenzfahrzeuge in Betracht kommen und welche auszuscheiden haben. So selbstverständlich die beiden Selektionskriterien Fabrikneuheit und Bauart (Pkw/Lkw/Krad) sind, und so einleuchtend innerhalb der Gruppe „Pkw“ die Unterscheidung zwischen einem „normalen“ Pkw und einem Sondertyp wie Kombi oder SUV ist sowie ferner die Differenzierung nach der Klassenzugehörigkeit (Klein-, Mittel- und Oberklasse[57]), so problematisch ist die weitere Bildung der erforderlichen Vergleichsmenge, was das folgende Szenario verdeutlicht. 450

(3) Szenario III: jeweiliger Stand der Technik

Wenn das, was Gegenstand der Reklamation ist, auch bei bauartgleichen Neufahrzeugen anderer Hersteller in gleicher oder ähnlicher Weise auftaucht[58], ist zunächst **die Vergleichsfrage** zu stellen. Die Antwort liefert der BGH mit seiner Dieselpartikelfilter-Entscheidung[59]. Mit der Vorinstanz (OLG Stuttgart) sämtliche bei Abschluss des Kaufvertrages neuen Diesel-Pkw, gleich, ob mit oder ohne Partikelfilter, in den Vergleich aufzunehmen, ist naheliegend. Durch die Herausnahme von „Benzinern“ scheint dem Gebot, auf „Sachen gleicher Art“ abzustellen, ausreichend Rechnung getragen. 451

Überraschenderweise hat **der BGH**[60] die Menge der Vergleichsfahrzeuge anderweitig **verkleinert**, indem er **nur Diesel-Pkw mit Partikelfilter** zum Vergleich herangezogen 452

52 Dazu OLG Karlsruhe 1. 12. 2008, DAR 2009, 699 (Alfa Romeo 159 JTDM).
53 Dazu BGH 29. 6. 2011, NJW 2011, 2872 = DAR 2011, 521.
54 Richtungweisend OLG Köln 9. 5. 1986, DAR 1986, 230; OLG Köln 19. 4. 1991, NJW-RR 1991, 1340.
55 Der Wortlaut wurde im Laufe der Jahre wiederholt geändert.
56 OLG Zweibrücken 3. 4. 1995, DAR 1995, 332; noch enger (Mitteleuropa) OLG Stuttgart 15. 8. 2006, NJW-RR 2006, 1720 (GW-Kauf).
57 „Premium“ schließt nicht nur die Oberklasse ein, sondern bezeichnet auch Pkw der Mittelklasse und inzwischen sogar Kleinwagen als Produkte höchster Qualität.
58 Was nur ein erfahrener Kfz-Sachverständiger beurteilen kann.
59 NJW 2009, 2056.
60 Urt. v. 4. 3. 2009, NJW 2009, 2056.

hat. Da nach den getroffenen Feststellungen das auch von anderen Herstellern eingesetzte Filtersystem dem Stand der Technik entsprach, lag für den BGH, anders als für das OLG Stuttgart, kein Fall der Mangelhaftigkeit nach § 434 Abs. 1 S. 2 Nr. 2 BGB vor.[61] Dass die Nutzungsbeschränkung infolge der Notwendigkeit von „Freibrennfahrten“ ein vertragsgemäßer Zustand ist, wie der BGH annimmt, ist freilich nicht zwingend. Zu teilen ist seine Ansicht, wenn das von Opel und anderen Herstellern eingesetzte Filtersystem im Zeitpunkt der Fahrzeugbestellung alternativlos gewesen ist, sei es, dass seinerzeit ein anderes System überhaupt nicht auf dem Markt war, sei es, dass eine alternative Technologie Schwächen anderer Art aufgewiesen hat.

453 Die Differenzierung bei der Ermittlung der Referenzfahrzeuge lässt sich noch weiter treiben, indem man nicht nur das einzelne (störungsursächliche) Bauteil, sondern auch dessen Position, Anordnung und Abstimmung mit anderen Bauteilen in den Blick nimmt. *Beispiel:* Das Getriebe ist bei einem in den USA für den dortigen Markt gebauten Pkw so positioniert, dass es bei landesüblicher Fahrweise (Tempolimit) ausreichend gekühlt wird, bei höheren Geschwindigkeiten auf europäischen Straßen aber die Zahnflanken der Zahnräder mit der Folge eines Getriebeschadens relativ schnell abgenutzt sind. Das OLG Stuttgart sieht in der „vorzeitigen“ Abnutzung der Zahnflanken einen „konstruktiven Fehler“.[62] Andere Fahrzeuge des gleichen Typs, die unter demselben „Fehler“ litten, dürfe man nicht als Vergleichsmaßstab heranziehen. Vielmehr sei der Vergleich durch **Einbeziehung von Fremdfabrikaten** zu erweitern und verstärkt auf das Kriterium der Verkehrsauffassung und die Käufererwartung abzustellen.[63] Diese unstrukturierte Zusammenschau mehrerer Elemente begünstigt Fehlbewertungen – im Zweifel zu Lasten des Verkäufers.

454 **Den richtigen Weg** weist der BGH.[64] Dass seine bauteilbezogene, am Störfaktor, nicht an der Verkehrsauffassung und/oder an der Preiskategorie, ausgerichtete Festlegung des Vergleichsmaßstabs an Grenzen stoßen kann, macht z. B. der Innenverkleidungsfall OLG Saarbrücken DAR 2006, 509 deutlich. Bei starker Sonneneinwirkung behielten die Verkleidungen der Vordertüren nicht die gewünschte Form – „konstruktive Schwäche“, so der Händler, oder Sachmangel? Letzteres, meint das OLG Saarbrücken[65]. Es sieht einen „echten Konstruktionsfehler“ …., der nach dem damaligen Stand der Technik ohne Weiteres vermeidbar gewesen sei und bei vergleichbaren Konkurrenzprodukten, aber auch bei anderen Modellen des besagten Herstellers (VW), vermieden worden sei. Leichter umzusetzen ist die BGH-Vorgabe dagegen in folgendem Fall: Hat der Geländewagen, dessen Getriebe beanstandet wird, eine Drei-Gang-Automatik[66], kann er nicht ohne Weiteres mit Geländewagen verglichen werden, die über eine Sechs-Gang-Automatik verfügen. Weiteres Beispiel: Reklamiert der Käufer Startprobleme beim Betätigen der Start/Stopp-Taste, sind zum Vergleich jedenfalls in erster Linie Fahrzeuge der gleichen Fahrzeugklasse mit gleicher Starttechnik zum Vergleich heranzuziehen.[67] S. a. OLG Oldenburg 4. 3. 2011 – 6 U 243/10 (Motor).

455 Sofern der Ist-Zustand der Vergleichsfahrzeuge ausreichend sicher ermittelt ist -hier liegt in der Gerichtspraxis **das eigentliche Problem** –, hat der Richter mit der **artüblichen Beschaffenheit** die nötige Bewertungsgröße und mit ihr i. d. R. zugleich die – kumulativ erforderliche – **„zu erwartende“ Beschaffenheit** (zum praktischen Gleichlauf oben

61 Ebenso OLG Hamm 9. 6. 2009, NJW-RR 2010, 566 (Volvo); v. 19. 3. 2009 – I-2 U 194/08 (Opel Zafira).

62 NJW-RR 2006, 1720 (Ford Windstar).

63 OLG Stuttgart 15. 8. 2006, NJW-RR 2006, 1720.

64 NJW 2009, 2056; krit. OLG Oldenburg 4. 3. 2011 – 6 U 243/10 (ECO-TEC Motor).

65 DAR 2006, 509.

66 So im Fall OLG Karlsruhe 28. 6. 2007, NJW-RR 2008, 137.

67 Vgl. OLG Karlsruhe 1. 12. 2008, DAR 2009, 699 (Alfa Romeo 159 JTDM).

Rdn. 439 f.). In technischer Hinsicht kann ein Käufer als übliche Beschaffenheit grundsätzlich nicht mehr erwarten, als dass das Fahrzeug dem **jeweiligen Stand der Technik** entspricht.[68] Anders formuliert: Ein Fahrzeug, das dem Stand der Technik vergleichbarer Fahrzeuge entspricht, ist nicht deswegen i. S. d. § 434 Abs. 1 S. 2 Nr. 2 BGB mangelhaft, weil der Stand der Technik hinter der tatsächlichen oder der durchschnittlichen Käufererwartung zurückbleibt.[69]

Mit „Stand der Technik" ist beim Kauf eines neuen Kraftfahrzeugs, zumal eines Pkw, grundsätzlich der **neueste Stand** gemeint, keine veraltete, überholte Technik. Etwas anderes kann sich aus Bezeichnungen ergeben wie z. B. „Lagerfahrzeug" oder „Auslaufmodell" (dazu auch Rdn. 514 ff.). Stand der Technik ist insoweit ein relativer Begriff, als der Stand der Technik der **jeweiligen Fahrzeugklasse** gemeint ist, also unterschieden werden muss zwischen Klein-, Mittel- und Oberklasse.[70] **456**

Maßgeblicher Zeitpunkt ist der Abschluss des Kaufvertrages.[71] Für die Einhaltung des geschuldeten technischen Standards kommt es hingegen auf die Auslieferung an den Käufer an. Verkörpert wird der Stand der Technik durch den jeweils **aktuellen Status an Wissen und Erfahrung** auf technischem Gebiet.[72] „Stand der Technik" ist nicht gleichbedeutend mit optimale technische Lösung.[73] Für jedes technische Problem gibt es eine Bandbreite von Lösungsmöglichkeiten, die noch vertragsgerecht sind[74]. Deshalb hat das OLG Oldenburg[75] zu Recht die im selbstständigen Beweisverfahren aufgestellte Beweisbehauptung zurückgewiesen, es sei technisch möglich, einen Dieselpartikelfilter so herzustellen, dass er zu keiner Zeit Einfluss auf das Fahrverhalten im Kaltstart habe. Eine nur unausgereifte, verbesserungswürdige Technik ist kein Mangel im rechtlichen Sinn.[76] Fahrzeugbau ist stets eine Sache des Kompromisses. **457**

Unter welchen Bedingungen einer **exklusiven Neuentwicklung** („Weltneuheit") eines einzelnen Herstellers das Prädikat „Stand der Technik" abgesprochen werden kann, ist gewährleistungsrechtlich eine offene Frage (zur produkthaftungsrechtlichen Seite s. Rdn. 1646 ff.). Nach Markteinführung der ersten **Elektroautos** mit ihren vielfältigen Besonderheiten in der Technologie, der Nutzung und Wartung wird sich die Leistungsfähigkeit der bisherigen vertragsrechtlichen Parameter und hier insbesondere der Stand-der-Technik-Klausel herausstellen. Auch wenn die allgemeine Anerkennung und die praktische Bewährung keine notwendigen Voraussetzungen sind, verbindet man mit „Stand der Technik" jedenfalls bei Kraftfahrzeugen Eigenschaften wie geeignet, erprobt und sicher.[77] Von einer serienreifen und langfristigen Erprobung unter regulären Betriebsbedingungen kann bei den jetzt (2011) angekündigten Elektroautos kaum die Rede sein.[78] **458**

Sofern die Reklamation des Käufers das Alleinstellungsmerkmal betrifft, wären nach der kleinteiligen Artenbildung des BGH sämtliche Konkurrenzprodukte als Referenzfahrzeuge auszuklammern. Ob in einem solchen Sonderfall die Vergleichsbetrachtung zu modifizie- **459**

---

68 BGH 4. 3. 2009, NJW 2009, 2056; Mangelhaftigkeit deshalb im Ergebnis zu Recht verneint von KG 1. 3. 2010, NZV 2011, 33, 34 (Eigenlenkverhalten/Citroen C4).

69 BGH 4. 3. 2009, NJW 2009, 2056 (Pkw); für ein Motorrad OLG Hamm 15. 5. 2008, NJW-RR 2009, 485.

70 OLG Nürnberg 21. 4. 1999 – 4 U 3825/97 (Geräusche).

71 OLG Hamm 9. 6. 2009 – 28 U 57/08; OLG Karlsruhe 1. 12. 2008, DAR 2009, 699.

72 Näher *Eggert*, DS 2009, 247 ff.

73 OLG Koblenz 26. 6. 2003, NJW-RR 2003, 1380; OLG Karlsruhe 1. 12. 2008, DAR 2009, 699.

74 So OLG Koblenz 26. 6. 2003, NJW-RR 2003, 1380; ähnlich OLG Karlsruhe 1. 12. 2008, DAR 2009, 699.

75 DAR 2005, 685.

76 Zustimmend OLG Hamm 9. 6. 2009 – 28 U 57/08.

77 S. a. die StVZO und die einschlägigen EU-Richtlinien.

78 *Bomsdorf*, Der Kfz-Sachverständige 4/2011, S. 24.

ren ist, wird der BGH zu entscheiden haben. In seiner industrie- und fortschrittsfreundlichen Linie einen Freibrief für risikoreiche Technik oder gar technische Schlamperei zu sehen, wäre ein gründliches Missverständnis.

460 Ob und in welchem Umfang Fahrzeughersteller bestimmte **Neuentwicklungen** wie z. B. ESP, Seitenairbags, elektronische Fahrwerkunterstützungen und die Start-Stopp-Technik serienmäßig oder optional zur Vermeidung der Sachmängelhaftung anbieten müssen, kann nicht generell beantwortet werden. In Gewährleistungsprozessen stellt sich diese Frage ohnehin nur selten, etwa beim Verkauf von Re-Importen mit Mageraussattung (dazu Rdn. 1376 ff.) oder im Handel mit sog. Billigautos.

461 Was ein Käufer an Serienausrüstung und Qualität erwarten kann, ist nicht zuletzt eine Frage **der Preiskategorie**.[79] Bei einem Modell der Oberklasse sind die Anforderungen an die technische Ausrüstung und Ausstattung gewiss höher als bei einem Kleinwagen. Doch auch bei preiswerten Fahrzeugen, selbst bei sog. „Billigautos", ist im Hinblick auf Konstruktion und Fabrikation die Einhaltung der **technischen Mindestvoraussetzungen** unerlässlich. Allgemein anerkannte **Grundregeln der Technik** hat jeder Hersteller, auch der chinesische oder indische, uneingeschränkt zu beachten. Dem entspricht die objektive Käufererwartung. Sie gründet sich nicht zuletzt auch darauf, dass das Fahrzeug für den deutschen Markt amtlich zugelassen worden ist.

cc) Fallgruppen

(1) bauartbedingte Eigenheiten

462 Ein Unterfall der „konstruktionsbedingten Eigentümlichkeiten" sind **bauart- und typbedingte Besonderheiten**. Sofern sie die Gebrauchstauglichkeit und Verkehrssicherheit des Fahrzeugs nicht beeinträchtigen, handelt es sich im Zweifel nicht um Sachmängel.[80] Der Käufer muss gewisse fahrzeugspezifische Konzessionen redlicherweise hinnehmen, etwa wenn er sich für einen Sportwagen, ein Geländefahrzeug oder ein puristisch gestyltes „Kultauto" oder für ein ungewöhnlich leistungsstarkes Motorrad[81] entscheidet.

463 Aus diesem Grund ist bei einem **Cabrio** ein Mangel zu verneinen, wenn nach starkem Regen beim Öffnen der Türen Wasser auf die Sitze tropft[82] oder beim Öffnen des Kofferraumdeckels Wasser hineintropft.[83] Dies kann konstruktions- bzw. bauartbedingt nicht zu vermeiden sein und dem Stand der Technik bei Fahrzeugen dieses Typs entsprechen (Sachverständigenfrage).[84] Gleiches gilt, wenn bei einem Cabrio dadurch Wasser in das Wageninnere eindringt, dass beim Vorreinigen in einer Waschstraße der Wasserstrahl waagerecht auf die Kante des Verdecks gehalten wird.[85] Mangelhaftigkeit ist demgegenüber bejaht worden, wenn ein Cabriodach durch seine Grundkonstruktion an mehreren Stellen undicht ist[86] oder Wasser zwischen Cabrioverdeck und Dichtleiste eindringt.[87]

---

79 OLG Frankfurt 9. 12. 2010 – 4 U 161/10 (BMW X3/Windgeräusche); s. a. BGH 7. 2. 2007, NJW 2007, 1351 (Pferdekauf).

80 Brand OLG 21. 7. 2007, NJW-RR 2007, 928; OLG Koblenz 26. 6. 2003, NJW-RR 2003, 1380; OLG Frankfurt 17. 5. 1991, DAR 1992, 381.

81 Dazu OLG Hamm 15. 5. 2008, NJW-RR 2009, 485 (Honda ST 1300).

82 KG 22. 1. 1997, OLGR 1997, 173.

83 LG Frankenthal 6. 11. 2008 – 3 O 19/08.

84 Zur Bildung der Vergleichsmenge s. LG Frankenthal 6. 11. 2008 – 3 O 19/08 (Opel Astra Twin Top wurde mit folgenden vier Cabrios verglichen: VW EOS, Renault Megane CC, Peugeot 307 CC und Ford Focus CC).

85 Brand OLG 21. 7. 2007, NJW-RR 2007, 928.

86 OLG Hamm 22. 7. 2010, DAR 2011, 28.

87 OLG Frankfurt 4. 9. 2008 – 15 U 40/06.

Bei einem **Sportwagen** zwingt eine niedrige und offene Bauart zu Kompromissen, die der Käufer durch seine Kaufentscheidung akzeptiert. Die damit verbundenen Nachteile, vor allem die beengten Platzverhältnisse, haben als solche nicht die Qualität eines Mangels im Rechtssinn. Ob das auch für „Quietschgeräusche“ beim Bremsen gilt, hat das OLG Hamm[88] dahinstehen lassen.[89] **464**

Bauartbedingte Eigenheiten stehen zum Stand der Technik nicht in Widerspruch, wenn z. B. der Scheibenwischer bei einer extrem geneigten und gekrümmten Windschutzscheibe auf einer Länge von einigen Zentimetern nicht fest auf der Scheibe aufliegt und einen etwa 2 cm breiten halbrunden Wasserstreifen stehen lässt, wenn sich die Tür nur mit verstärktem Andruck schließen lässt, wenn der Fußraum in der Weise beengt ist, dass der Schuh eines ungeübten Fahrers hängen bleiben kann,[90] wenn sich auf verbreiterte Hinterradfelgen, die eine optimale Übersetzung der hohen Motorleistung auf die Reifen bewirken und die Straßenlage verbessern, keine Winterreifen aufziehen lassen und das Umstellen auf die Winterausrüstung dadurch erschwert wird[91], wenn ein Geländewagen nicht die Fahreigenschaften eines normalen Pkw besitzt[92] oder wenn in einem Cabrio trotz eines Windschotts Zugluftbewegungen auftreten, die mit zunehmender Geschwindigkeit stärker werden. Ein **Geländewagen** kann und muss nicht den Komfort einer Limousine bieten.[93] Bei einem hochwertigen Geländewagen, der überwiegend im normalen Straßenverkehr gefahren wird (z. B. Range Rover) kann der Käufer dagegen den Qualitätsstandard einer „normalen“ Limousine erwarten, auch hinsichtlich des Schutzes vor Feuchtigkeit im Wageninneren.[94] **465**

(2) konstruktive Schwächen und ähnliche Besonderheiten

In den letzten Jahren hat sich die Rechtsprechung wiederholt mit Fallgestaltungen beschäftigen müssen, bei denen es nicht um Fabrikationsfehler geht, sondern um Erscheinungen aus dem Formenkreis konstruktiver Mängel und Schwächen. Die Besonderheit dieser Fallgruppe – auffallend oft **Getriebeprobleme**[95] – besteht darin, dass nicht nur das streitgegenständliche Fahrzeug davon betroffen ist, sondern in gleicher oder ähnlicher Weise eine Vielzahl anderer Fahrzeuge derselben Bauserie bzw. Modellreihe (oben Szenario II). Die Dinge können auch so liegen, dass Fahrzeuge anderer Hersteller das gleiche Problem haben, manche Hersteller aber auch „problemlos“ produzieren (Szenario III). **466**

Eine weitere Fallgestaltung ist Gegenstand des BGH-Urteils v. 4. 3. 2009[96]: Alle **Dieselfahrzeuge** mit einem ganz bestimmten **Partikelfiltersystem** haben – herstellerübergreifend – das gleiche Problem: Der Filter muss in bestimmten Abständen gereinigt werden, was durch „Freibrennfahrten“ bei höherer Geschwindigkeit (mit höherer Abgastemperatur) zu geschehen hat. Die Alternative ist eine **automatische Regeneration** durch eine Mehreinspritzung von Kraftstoff oder einem sonstigen Mittel. Die zusätzlich eingespritzte Kraftstoffmenge, die zur Erhöhung der Abgastemperatur führen soll, gelangt in die Motorölwan- **467**

88 Urt. v. 9. 12. 2010 – I-28 U 103/10 – (Porsche 911 GT 3).
89 Siehe auch LG Regensburg 23. 12. 2009 – 3 O 1938/09 – n. v. (Abrollgeräusche beim Durchfahren von Kurven mit niedrigem Tempo bei einem AUDI R8 4.2 quattro kein Mangel).
90 OLG Frankfurt 17. 5. 1991, DAR 1992, 381.
91 LG Würzburg 5. 7. 1995 – 44 S 538/95 – n. v.
92 OLG Koblenz 30. 3. 1995, zfs 1995, 418.
93 Zum Problem „Wassereintritt beim Waten“ s. Brand OLG 11. 6. 2008 – 185/07 (Nissan Patrol GR).
94 LG Aurich 9. 5. 2008, DAR 2008, 481; s. a. BGH 5. 11. 2008, NJW 2009, 508.
95 OLG Düsseldorf 19. 6. 2006, NJW 2006, 2858; OLG Düsseldorf 23. 6. 2008 – I-1 U 264/07; OLG Stuttgart 15. 8. 2006, NJW-RR 2006, 1720 (jew. GW); OLG Koblenz 8. 3. 2007, DAR 2007, 462 = NZV 2008, 156; OLG Düsseldorf 18. 1. 2008, NJW-RR 2008, 1230; Brand OLG 19. 3. 2008 – 4 U 135/07; LG München I 9. 5. 2008 – 29 O 6962/07 – n. v. (Anfahrschwäche); LG Leipzig 1. 6. 2007 – 10 O 551/06 – n. v. (Geräusche).
96 NJW 2009, 2056.

ne, wodurch die Schmierfähigkeit des Motoröls herabgesetzt wird, was wiederum Lagerschäden hervorrufen kann.

468 Das LG Bielefeld[97] hat in einem solchen Fall **Mangelhaftigkeit** i. S. d. § 434 Abs. 1 S. 2 Nr. 2 BGB **bejaht**. Den Sachmangel hat es allerdings nicht in der Notwendigkeit häufigerer Ölwechsel gesehen (alle 7.500 km lt. SV), auch nicht, jedenfalls nicht allein, in einer unzureichenden Warnung im Handbuch (Bedienungsanleitung). Die Vertragwidrigkeit bestehe, so das LG, in dem durch Ölverdünnung verursachten Motorschaden ohne Verhinderungsmöglichkeit durch den Fahrer. Die beklagte Händlerin habe die Vermutung eines schon bei Auslieferung **unzureichenden Warnsystems**[98] in Bezug auf die Ölverdünnung und deren Folgen nicht widerlegt, heißt es an anderer Urteilsstelle. Entscheidungserheblich war für das LG, ob vor dem Schadenseintritt eine **Warnleuchte** aufgeleuchtet hat oder nicht. Die Behauptung der Klägerin, dies sei nicht der Fall gewesen, hat es für erwiesen erachtet (Anhörung des Fahrers und Fehlerspeicherauslese). Dass bei einem non liquet in dieser Frage die Klage vermutlich abgewiesen worden wäre, legt eine Schwachstelle der im Ergebnis zutreffenden Entscheidung offen.

469 Um **schädliche Nebenwirkungen** eines Dieselpartikelfilters geht es auch in einem Urteil des AG Köln[99]. Einen Sachmangel hat es in den **Spannungsschwankungen im Bordnetz** gesehen, deren Ursache Regelungsvorgänge im Zusammenhang mit dem Rußpartikelfilter waren.[100]

470 Bei reklamierten **Schwachstellen in der Technologie** (zu Qualitäts- und Verarbeitungsmängeln s. Rdn. 475 ff.) kommt es darauf an, ob die Beschaffenheit des Fahrzeugs innerhalb der Bandbreite der technisch möglichen Lösungsansätze liegt, die sich zur Problembewältigung gegenwärtig anbieten.[101] Wenn kein Hersteller von Fahrzeugen mit Dieselmotor und katalytischer Partikelfiltertechnik (wie bei Opel, VW und AUDI) in der Lage ist, Kurzstreckentauglichkeit ohne Einschränkung sicherzustellen, mag diese Technologie unausgereift sein, Stand der Technik ist es gleichwohl. Eine nur unausgereifte, verbesserungswürdige Technik ist hiernach für sich allein kein Mangel im rechtlichen Sinn.[102]

471 Über **neuartige Bedienungs- und Wartungsnotwendigkeiten** muss der Durchschnittskäufer nicht in jedem Fall vor Abschluss des Kaufvertrages individuell aufgeklärt werden. Zur produkthaftungsrechtlichen Instruktionspflicht s. Rdn. 1659 ff. Deutlich geringer als in jenem Bereich, wo zudem auf den Benutzerkreis mit den schlechtesten Verständnismöglichkeiten abzustellen ist, sind die Anforderungen an die individuelle Aufklärungspflicht des Verkäufers im Hinblick auf Umstände, die nicht für die Betriebs- und Verkehrssicherheit relevant sind, sondern lediglich den Fahrkomfort, die Wirtschaftlichkeit der Fortbewegung und sonstige sicherheitsneutrale Faktoren betreffen. Insoweit kann eine Instruktion durch die erst nach Vertragsabschluss ausgehändigte **Bedienungsanleitung** (Betriebsanleitung, Bord- oder Handbuch) durchaus genügen[103]; allein oder in Verbindung mit einem (fehlerfreien) Warnsystem für den jeweiligen Fahrer.

---

97 Urt. v. 13.4.2011 – 3 O 193/09 (Jaguar XJ 2.7 D); Az. OLG Hamm: 28 U 101/11.

98 Zur Sachmangelhaftigkeit wegen ungenügender Warnung s. OLG Hamm 9.6.2009, NJW-RR 2010, 566 (Volvo/DPF); OLG Stuttgart 7.7.2010 – 3 U 82/09 – n.v. (Opel Zafira/DPF); zum Problem „Phantommeldung“ s. OLG Stuttgart 1.12.2009, DAR 2010, 140 = NJW-RR 2010, 412.

99 Vom 3.11.2006 – 136 C 207/05 – BeckRS 2007, 14788 (Peugeot 807 HDI).

100 Zur Mangelhaftigkeit eines isoliert gekauften Rußpartikelfilters s. LG Bonn 27.10.2009 – 8 S 93/09.

101 Vgl. Brand OLG 21.2.2007, NJW-RR 2007, 928.

102 Zustimmend OLG Hamm 9.6.2009, NJW-RR 2010, 566 (Volvo mit DPF-Problem).

103 OLG Hamm 9.6.2009, NJW-RR 2010, 566 (Volvo/DPF); s. aber auch OLG Karlsruhe 1.12.2008, DAR 2009, 699 (Alfa Romeo mit „problematischem“ Startverhalten bei Betätigung der Start/Stopp-Taste).

Anders liegen die Dinge, wenn der Käufer sich **gezielt erkundigt** oder der Händler aus einem sonstigen Grund konkreten Anlass zur Aufklärung schon bei den Vertragsverhandlungen hat, etwa bei Kenntnis davon, dass der Käufer das mit einem Dieselpartikelfilter ausgerüstete Fahrzeug nur oder überwiegend im Kurzstreckenverkehr einzusetzen beabsichtigt.[104] Bei einer lediglich fahrlässig unterbliebenen Aufklärung in Bezug auf eine bestimmte Eigenschaft bzw. Beschaffenheit des Fahrzeugs scheidet eine **Haftung aus c. i. c.** wegen des Vorrangs der Sachmängelhaftung aus[105] (näher dazu Rdn. 4599). **472**

Ob eine **Unzulänglichkeit der Bedienungsanleitung** selbst eine Beschaffenheitsabweichung und damit einen Sachmangel darstellt, hat das OLG Hamm in einem Dieselpartikel-Fall dahinstehen lassen.[106] Zur Bedienungsanleitung s. a. Rdn. 498 f. **473**

Bei **elektronischen Systemen** kommt es nicht darauf an, ob der Hersteller jeweils die allerneuesten Software-Elemente verwendet hat. Entscheidend ist die Funktionsfähigkeit des Gesamtsystems. Eine aus der Zusammenstellung älterer Software-Versionen entstandene Konfiguration kann daher dem aktuellen Stand der Technik entsprechen, wenn sie als lang erprobt und in der Anwendung zuverlässig die sichere Gewähr für einen störungsfreien Betrieb bietet.[107] Schon einen Sachmangel, nicht erst dessen Erheblichkeit, soll das OLG Celle bei einer Fehlfunktion der Elektronik verneint haben, wenn die Störung auf seltene Einzelfälle beschränkt ist.[108] Kein Mangel, sondern Stand der Technik, so das LG München I für eine Anfahrschwäche („Turboloch").[109] **474**

(3) Qualitäts- und Verarbeitungsmängel

Schlechte Verarbeitung und die Verwendung fehlerhafter Materialien, auch bei Zulieferteilen, sind die Hauptursache für Qualitätsmängel. Die Erwartungen deutscher Käufer in Bezug auf Material- und Verarbeitungsqualität neuer Kraftfahrzeuge sind ausgesprochen hoch. Für viele ist das Auto kein gewöhnlicher Gebrauchsgegenstand, der ihnen Mobilität ermöglicht, sondern ein in besonderem Maße geschätztes Wirtschaftsgut, bei dem Affektionsinteressen und Reputationserwartungen eine nicht unerhebliche Rolle spielen. Diese Verkehrsanschauung prägt das hohe Anspruchsniveau der Kunden, insbesondere der privaten, ist bei der Beurteilung der Fahrzeugbeschaffenheit aber nicht der alleinige Maßstab. Es wird erwartet, dass sich ein Neufahrzeug in einem technisch wie optisch makellosen Zustand befindet. Mangelhafte Ausführung der Lackierung, Farbtondifferenzen, Tropfnasenbildung, Schmutzpartikeleinschlüsse im Lack, fehlerhafte Befestigung bzw. Einpassung von Fahrzeugteilen, Verschmutzungen der Innenverkleidung und Rostbildung gehören zu den typischen Qualitätsmängeln von Neufahrzeugen. Für sie gilt das Gleiche wie für Funktionsmängel: Geringfügige Fehler und Abweichungen vom Serienstandard, wie z. B. ein Webfehler im Sitzbezug oder ein Staubkorneinschluss im Fahrzeuglack, sind Mängel im Rechtssinn, freilich nicht in jedem Fall von dem erforderlichen Gewicht, um den Rücktritt vom Kauf zu rechtfertigen; dazu Rdn. 1022 ff. **475**

104 Dazu OLG Hamm 9. 6. 2009, NJW-RR 2010, 566 (keine gesonderte Aufklärung wegen Angabe einer Jahresfahrleistung von 31. 000 km); OLG Hamm 19. 3. 2009 – I-2 U 194/08 (ohne Kenntnis von Kurzstreckenverkehr kein Anlass für Hinweis); LG Bielefeld 13. 4. 2011 – 3 O 193/09.

105 So mit Recht OLG Stuttgart 7. 7. 2010 – 3 U 82/09 (abschließende Entscheidung im Dieselpartikelfall BGH NJW 2009, 2056).

106 Urt. v. 19. 3. 2009 – I-2 U 194/08 – n. v. (Opel Zafira); s. a. OLG Karlsruhe 1. 12. 2008, DAR 2009, 699 (Start/Stopp-Technik bei Alfa Romeo 159).

107 Brand OLG 1. 12. 1998, NJW-RR 1999, 850.

108 Urteil vom 21. 7. 2008 – 7 U 99/08; vorsichtiger die I. Instanz LG Hannover 27. 2. 2008 – 11 O 80/06 – n. v. (selbsttätiges Öffnen von Fenstern eines BMW 730).

109 Urt. v. 9. 5. 2008 – 29 O 6962/07 – n. v.

476 Von echten Qualitätsmängeln sind **Qualitätsunterschiede** abzugrenzen. Eine mindere Qualität, die sich in einem niedrigen Preis niederschlägt, macht ein Neufahrzeug grundsätzlich noch nicht mangelhaft. Wegen der Modellvielfalt und der unterschiedlichen Qualitätsstandards besteht leicht die Gefahr, dass der **Bezugspunkt** für die Beurteilung der vertragsgemäßen Beschaffenheit eines Neufahrzeugs aus dem Auge verloren wird, vor allem dann, wenn es um die Beurteilung von Fahrzeugen geht, die im Ausland unter Bedingungen hergestellt worden sind, die dem deutschen Standard nicht entsprechen. Es herrscht Unsicherheit, ob für diese Fahrzeuge die in der Bundesrepublik Deutschland geltenden hohen Qualitätsanforderungen als Maßstab zugrunde zu legen sind. Dass beim Stand der Technik zumindest bei den Basiseigenschaften und -funktionen ein „globaler“ Vergleich gilt (s. Rdn. 445 ff.), besagt noch nicht, dass auch im Hinblick auf die Verarbeitung und die Ausstattung Weltniveau der richtige Maßstab ist.

477 **Marke und Herstellerland** prägen wesentlich die Qualitätserwartung von Neuwagenkäufern. Wer für „kleines Geld“ einen neuen Pkw aus China oder Indien kauft, nimmt gerade in punkto Qualität und Verarbeitung Defizite in Kauf. Aktuellen europäischen/japanischen Standard kann er nicht einmal in der Technik erwarten. Mit veralteten Technologien der Neunziger Jahre muss vernünftigerweise gerechnet werden, selbst bei Fahrzeugen der höheren Preisklassen. Was der Käufer berechtigterweise erwarten kann ist das Vorhandensein automobiler Basiseigenschaften, eine Erwartung, die sich auch auf den Umstand stützt, dass das Fahrzeug für den deutschen Markt zugelassen ist. Abstriche muss der Käufer von Billigautos aus den Schwellenländern, aber auch aus dem europäischen Bereich (z. B. Dacia), in jedem Fall bei den Merkmalen „Qualität und Verarbeitung“ machen. Ist z. B. die Geräuschentwicklung des Getriebes eines ausländischen Fabrikats wesentlich stärker als bei vergleichbaren deutschen Fabrikaten, bedeutet dies nicht, dass das Fahrzeug mangelhaft ist, da ein niedriger Qualitätsstandard im Allgemeinen noch keinen Mangel im Rechtssinne darstellt.

e) Die Bedeutung von Werbung und Kennzeichnung (öffentliche Äußerungen)

478 Zur üblichen wie zur erwartungsgerechten (nicht zur vereinbarten) Beschaffenheit gehören gem. **§ 434 Abs. 1 S. 3 BGB** Eigenschaften, die der Käufer nach den öffentlichen Äußerungen des Verkäufers, des Herstellers oder seines Gehilfen, insbesondere in der Werbung, erwarten kann. Diese Erweiterung des Mangelbegriffs[110] hat selbst auf dem Gebiet des Neufahrzeugkaufs, der eigentlichen Domäne dieser Regelung, in den praktischen Resultaten nur wenig bewirkt. Eine nennenswerte Erweiterung des Käuferschutzes kann jedenfalls nicht festgestellt werden. Wo die Gerichte mit Hilfe der Neuregelung auf Mangelhaftigkeit erkannt haben, hätte man mit dem altrechtlichen Instrumentarium die gleichen Ergebnisse erzielen können. Der Vorteil der Neuregelung besteht darin, dass im Zusammenhang mit Herstellerangaben, weniger bei vertragsnäheren Verkäuferinformationen, auf fragwürdige Hilfskonstruktionen wie die konkludent vereinbarte Einbeziehung in den Kaufvertrag verzichtet werden kann.[111]

479 **Vorrang** hat nach wie vor das ausdrücklich oder konkludent Vereinbarte, d. h. auf die Vorschrift in S. 3 kommt es nur an, soweit die „öffentliche Äußerung“ **nicht Vertragsinhalt** geworden ist. Im Verkaufsgespräch zugesagte Eigenschaften, wie z. B. das Zuladegewicht eines Kombis, sind verbindlich, entgegenstehende Prospektangaben unbeachtlich.[112]

---

110 Näher dazu *Kasper*, ZGS 2007, 172 ff.; *Höffmann*, ZGS 2011, 299.

111 Zur (eigenständigen) Bedeutung des § 434 Abs. 1 S. 3 BGB OLG Hamm 15. 5. 2008, NJW-RR 2009, 485 (Motorradprospekt).

112 BGH 23. 5. 2001, VIII ZR 279/99 – BeckRS 2001, 30182455 (Volvo 850).

Das ist dem Vorrang des Subjektiven geschuldet. Bei entgegenstehenden AGB gilt § 305b BGB.

Angaben und technische Spezifikationen **in Prospekten** sowie in Bezug genommene technische Regelwerke[113] und Normen gelten in der Rechtsprechung häufig als **Bestandteil einer Beschaffenheitsvereinbarung**, ohne dass es hierzu einer ausdrücklichen Einbeziehungsabrede der Parteien bedarf.[114] Dass das Prospektmaterial dem Käufer bei den Vertragsverhandlungen zur Einsicht vorgelegen hat, er tatsächlich Einblick genommen hat, ist ein gewichtiges Indiz für eine Einbeziehung in den Vertrag mit einer entsprechenden Beschaffenheitsvereinbarung. Von einer Einbeziehung der Prospekt- und Werbeangaben sind die früheren NWVB ausgegangen (bei Vertragsschluss „gültige Beschreibungen"). Auch der Änderungsvorbehalt in Abschn. IV Ziff. 6 S. 1 NWVB ist ein Fingerzeig in diese Richtung. **480**

Herrscht Streit darüber, welcher Prospekt vor bzw. bei den Vertragsverhandlungen vorgelegen hat, kann den Händler eine **sekundäre Darlegungslast** treffen. Durch die Neuregelung in S. 3 des § 434 Abs. 1 BGB hat sich der Streit auf den Tatbestand der „Berichtigung" verlagert (dazu Rdn. 487 ff.). Sofern der Händler dem Kunden ein Angebot auf der Grundlage des alten Prospektmaterials unterbreitet hat, kann er nicht ohne Weiteres davon ausgehen, dass die spätere Kaufentscheidung auf den neuesten Katalog gestützt ist. Das Risiko der **Prospektveralterung** trägt der Händler. Gut beraten ist er, den Käufer bei den Kaufverhandlungen ausdrücklich darauf hinweisen, dass ein neuer Verkaufsprospekt vorliegt (zur Berichtigung durch Aktualisierung s. a. Rdn. 487 f.). Eine Berufung auf AGB, die besagen, dass nur die Prospektangaben zum Zeitpunkt des Vertragsschlusses Vertragsinhalt sind, ist dem Händler bei einem Verbrauchsgüterkauf verwehrt, da die Haftung für Prospektangaben hierdurch über § 434 BGB hinaus eingeschränkt würde.[115] Nicht zuletzt deshalb hat man die Klausel „bei Vertragsschluss gültigen Beschreibungen …" ersatzlos gestrichen. **481**

In der **aktuellen Judikatur** lässt man häufig dahinstehen, ob und inwieweit Prospektangaben oder vergleichbare „öffentliche Äußerungen", etwa in Betriebs- oder Gebrauchsanleitungen, in den Vertrag Eingang gefunden haben. Man greift sogleich auf die Vorschrift in § 434 Abs. 1 S. 3 BGB durch,[116] was im Zweifel der richtige Weg ist, zumal bei Angaben des Herstellers, der mit dem Verkäufer nicht identisch ist. **In Fällen des Direktvertriebs**, also bei Identität von Verkäufer und Hersteller, wie generell in Fällen von „öffentlichen" Händlerangaben ist die Vertragslösung mit Rücksicht auf die zentrale Aussage in BGH NJW-RR 2010, 1289 Tz. 23 eine in jedem Einzelfall zu prüfende Alternative, wenn es um die Frage der Erheblichkeit der Pflichtverletzung (des Mangels) geht. Vom Ansatz her können auch Erklärungen von am Vertrag nicht beteiligten Dritten, insbesondere des Herstellers, zu einer entsprechenden Beschaffenheitsvereinbarung führen. Ohne weiteres wird man das aber nicht annehmen können[117], so dass sich in solchen Fällen eine Lösung mit Hilfe von S. 3 anbietet. **482**

Fahrzeugwerbung: Die für die Verkehrserwartung so bedeutsame **Werbeszene** wird auf dem Neuwagensektor nicht von den Händlern, sondern von den **Autoherstellern und Autoimporteuren** beherrscht. Letztere nutzen die Medien, um die eigene Marke, aber auch die neuen Modelle nebst deren Ausstattungsvarianten und Eigenschaften in **483**

---

113 BGH 28. 2. 1996, ZIP 1996, 711, 713; 25. 9. 1968, NJW 1968, 2238, 2240.

114 OLG Karlsruhe 1. 2. 2008, NZV 2008, 414 (Verbrauchsangaben).

115 AG Essen-Steele 4. 11. 2003, DAR 2004, 278, 279.

116 Z. B. OLG München 15. 9. 2004, NJW-RR 2005, 494 = NZV 2005, 309 (Art des Kraftstoffs); OLG Köln 14. 10. 2005, NJW 2006, 781 (Farbprospekt); s. a. LG Schweinfurt 11. 1. 2006, DAR 2006, 512 (Kraftstoffangaben); OLG Hamm 15. 5. 2008, NJW-RR 2009, 485 (Motorradprospekt).

117 So auch BT-Drucks. 14/6040, S. 214.

das Bewusstsein der Kunden zu rücken. Sie erstellen das Prospektmaterial für die Händler und tragen im Innenverhältnis die Verantwortung für die darin enthaltenen „öffentlichen Äußerungen“, soweit sie dem Händler nach § 434 Abs. 1 S. 3 BGB zuzurechnen sind.

484 Im Hinblick auf **Werbeaussagen von Fabrikatshändlern** kommt § 434 Abs. 1 S. 3 BGB nur geringe Bedeutung zu. Öffentliche Äußerungen von Händlern, z. B. im Internet, fließen meist in die späteren Vertragsverhandlungen ein und bestimmen auf diese Weise die Soll-Beschaffenheit.

485 Um gewährleistungsrechtlich relevant zu sein, muss die öffentliche Äußerung, gleichviel, ob vom Verkäufer oder dem Hersteller/Importeur oder einem „Gehilfen“[118] stammend, eine **konkrete Eigenschaft** des Fahrzeugs betreffen, wie z. B. den Kraftstoffverbrauch oder die Kraftstoffart (näher dazu Rdn. 593 ff.) oder das zulässige Gesamtgewicht oder die Achslast.[119] Ob auch die Nichterwähnung einer Eigenschaft (z. B. „Tageszulassung“) als beredtes Schweigen eine öffentliche Äußerung i. S. v. § 434 Abs. 1 S. 3 BGB darstellen kann,[120] muss bezweifelt werden. Allgemein gehaltene Werbeaussagen mit reklamehaftem („reißerischem“) Inhalt sind jedenfalls nicht geeignet, die Haftung des Verkäufers zu begründen.[121]

486 Dem Verkäufer **nicht zuzurechnen** sind öffentliche Äußerungen, die er nicht kannte und nicht kennen musste, die im Zeitpunkt des Vertragsschlusses in gleichwertiger Weise berichtigt waren oder die Kaufentscheidung nicht beeinflussen konnten (§ 434 Abs. 1 S. 3 BGB). Vertragshändler müssen die Herstellerwerbung kennen, auch und gerade den Inhalt von Verkaufsprospekten. Zwischen Inlandsherstellern und ausländischen Autobauern zu unterscheiden, macht in der heutigen Zeit keinen Sinn. Die Kommunikationswege sind denkbar kurz. Informationsdefizite gehen im Verhältnis zwischen den Kaufvertragsparteien zu Lasten des Verkäufers. Schuldlose Unkenntnis hat er zu beweisen.

487 Die **Berichtigung** einer öffentlichen Äußerung, z. B. einer Prospektangabe, muss den gleichen Wirkungsgrad wie die Ursprungsäußerung haben. Bei einem Prospekt heißt „in gleichwertiger Weise“, dass die Änderung aus einem gleichfalls veröffentlichten Prospekt hervorgehen muss.[122] Welche **inhaltlichen Anforderungen** an eine Berichtigung im Sinne einer Richtigstellung zu stellen sind, ist gerichtlich noch nicht abschließend geklärt. Auch scheint nicht klar zu sein, was Berichtigung im Zusammenhang mit Herstellerangaben überhaupt bedeutet. Wird ein neues Produkt vorgestellt und beworben, geht es nicht um die Berichtigung früherer Produktinformationen. Berichtigungsbedarf herrscht dagegen, wenn für ein bestimmtes Modell Informationen anhand eines Prospektes geliefert werden, die auf ein später produziertes Modell der gleichen Serie/Baureihe nicht mehr zutreffen. *Beispiel*: Im Prospekt Stand Oktober 2002 heißt es für einen VW Polo, dass er mit Super oder Normal gefahren werden kann. Der Käufer erhält auf Grund eines Kaufs im März 2003 einen Polo, für den nur Superplus oder Super, nicht Normal, zulässig ist. Darauf wird in dem Prospekt (Stand März 2003) auch hingewiesen – ein Fall der Berichtigung (zur Zeitpunktfrage s. Rdn. 489).

488 An die Darstellung der Berichtigung sind bei den typischen Neuwagenprospekten **keine hohen Anforderungen** zu stellen. So muss in einem neuen (aktuellen) Prospekt weder allgemein noch für die konkrete Detailinformation ausdrücklich darauf hingewiesen werden, dass anderslautende Informationen im Vorgängerprospekt nicht mehr gültig sind. Das ver-

118 Es kann auch ein „Gehilfe“ des Verkäufers sein, z. B. ein Vermittler bzw. Makler, OLG Hamm 15. 12. 2008 – 22 U 90/08.

119 Dazu OLG Hamm 10. 9. 2008 – 11 U 151/07 (Wohnmobil).

120 Dazu *Bernreuther*, WRP 2002, 368, 371; *ders.*, MDR 2003, 63.

121 *Faust* in Bamberger/Roth, § 434 BGB Rn. 83.

122 OLG München 15. 9. 2004, NJW-RR 2005, 494 = NZV 2005, 309.

steht sich von selbst. Neuwageninteressenten ist die Bedeutung aktueller Prospekte bewusst. Frühere Werbung des Herstellers interessiert nicht mehr, sobald der neue Prospekt auf dem Markt ist. Neben Testberichten und Internetinformationen ist der Prospekt das Medium, das die Kaufentscheidung am nachhaltigsten beeinflusst.[123]

Entscheidend für eine Berichtigung i. S. d. § 434 Abs. 1 S. 3 BGB ist der **Zeitpunkt des Vertragsschlusses**. Die Berichtigung muss vorher stattgefunden haben. Der Händler muss also nachweisen, dass der neue Prospekt mit der geänderten Information spätestens vor diesem Zeitpunkt auf dem Markt war.[124] Ob der Käufer ihn zur Kenntnis genommen hat, ist unerheblich. Da der Vertragsschluss in den meisten Fällen nicht mit der Bestellung des Kunden zusammenfällt (Näheres s. Rdn. 3 ff.), es aber nach dem Zweck des Ausschlusstatbestandes auf die Willensbildung des Käufers vor Abgabe einer ihn bindenden Bestellung ankommt, spricht einiges dafür, den Berichtigungszeitpunkt entsprechend vorzuziehen. Zu spät ist jedenfalls eine Korrektur erst bei Auslieferung.[125] Aufklärungsnachteile gehen zu Lasten des Händlers, weil er die Berichtigung in der rechten Art und zur rechten Zeit beweisen muss.[126] **489**

Ohne Einfluss auf die Soll-Beschaffenheit ist eine öffentliche Äußerung schließlich dann, wenn sie **die Kaufentscheidung nicht beeinflussen konnte**. Abgestellt wird demnach auf die Ursprungsäußerung, nicht auf die berichtigte Fassung. Da beim Kauf eines Neufahrzeugs kaum eine öffentliche Produktinformation ohne jeglichen Einfluss auf die Kaufentscheidung ist, ist der Nachweis der Einflusslosigkeit praktisch nicht zu führen.[127] **490**

f) Montagemangel, mangelhafte Montageanleitung

Diese Mangelkategorien (§ 434 Abs. 2 BGB) spielen beim Kauf fabrikneuer Kfz nur eine untergeordnete Rolle. Zum Gebrauchtwagenkauf s. Rdn. 2548. **491**

aa) Montagemangel

Nach § 434 Abs. 2 S. 1 BGB liegt ein Sachmangel vor, wenn die vereinbarte Montage durch den Verkäufer oder seinen Erfüllungsgehilfen unsachgemäß durchgeführt worden ist. Nicht erfasst werden die Fälle, in denen die Montage vor Gefahrübergang durchgeführt wird. *Beispiel*: Der Händler übergibt ein Kraftfahrzeug, an das er vereinbarungsgemäß einen Dachgepäckträger montiert, hierbei jedoch einen Montagefehler gemacht hat. Die aus Dachgepäckträger und Kraftfahrzeug bestehende Sacheinheit ist bereits nach § 434 Abs. 1 BGB mangelhaft. Ebenso liegt es, wenn der Händler sich vertraglich zum **Ausbau eines Nutzfahrzeugs** zu einem Kühlfahrzeug verpflichtet und im „Ausbauteil" ein Fehler unterlaufen ist[128] oder bei einer im Kaufpreis enthaltenen mangelhaften **Umrüstung auf Gasbetrieb**.[129] Zum Verkauf eines neuen Pkw, der vom Lieferanten zu einem **Bestattungsfahrzeug** umgebaut werden sollte, s. OLG Hamm 21. 1. 2010, I-28 U 178/09. Weitere Rechtsprechung zu derartigen Fallgestaltungen unter Rdn. 2557 ff. **492**

Von dem eigenständigen Tatbestand der fehlerhaften Montage werden ausschließlich die Fälle erfasst, in denen die **Montage nach dem Kauf** erfolgt.[130] Damit verliert die Vorschrift für den Neuwagenkauf weitgehend an Bedeutung, denn eine von vornherein vereinbarte **493**

---

123 Zum Informationsverhalten von Neuwagenkäufern s. DAT-Report 2010, S. 21.
124 OLG München 15. 9. 2004, NJW-RR 2005, 494 = NZV 2005, 309.
125 OLG München 15. 9. 2004, NJW-RR 2005, 494 = NZV 2005, 309.
126 OLG München 15. 9. 2004, NJW-RR 2005, 494 = NZV 2005, 309.
127 S. a. hierzu OLG München 15. 9. 2004, NJW-RR 2005, 494 = NZV 2005, 309; OLG Köln 14. 10. 2005, NJW 2006, 781 (Farbton); LG Schweinfurt 11. 1. 2006, DAR 2006, 512.
128 KG 18. 6. 2009, DAR 2009, 519.
129 OLG Hamm 5. 8. 2010 – I-28 U 22/10 – NJOZ 2011, 447; LG Leipzig 28. 4. 2011, DAR 2011, 532.
130 NK-BGB/*Büdenbender*, § 434 BGB Rn. 56.

nachträgliche Montage kommt allenfalls dann vor, wenn der Verkäufer die für die Montage benötigten Teile nicht vorrätig hat.

494 Für § 434 Abs. 2 S. 1 BGB ist nicht entscheidend, ob die Montage **entgeltlich oder unentgeltlich** durchgeführt wird und ob sie eine Neben- oder Hauptpflicht darstellt. Die Vorschrift findet auch Anwendung, wenn es sich bei der vereinbarten Montage um eine Hauptpflicht handelt, die gleichrangig neben die Lieferpflicht aus dem Kaufvertrag tritt.[131] Nicht anwendbar ist § 434 Abs. 2 S. 1 BGB, wenn die Parteien einen vom Kaufvertrag unabhängigen Montagevertrag schließen. Hierbei ist jedoch zu beachten, dass über eine Trennung von Kauf und Montage der für den Bereich des Verbrauchsgüterkaufs zwingende Charakter von § 434 Abs. 2 S. 1 BGB nicht unterlaufen werden darf. Die Voraussetzungen einer Umgehung i. S. v. § 475 BGB können erfüllt sein, wenn eine schon bei Abschluss des Kaufvertrages beabsichtigte Montage auf Veranlassung des Verkäufers zum Gegenstand eines eigenständigen Werkvertrags gemacht wird.

495 Im Vergleich zum Werkvertrag ist der **Kauf mit Montageverpflichtung** für den Käufer von Vorteil. Er kommt zwar nicht in den Genuss des Rechts der Selbstvornahme (§ 637 BGB), hat aber Anspruch auf Lieferung eines anderen mangelfreien Fahrzeugs, wenn ein nicht unerheblicher Montagefehler vorliegt, dessen Beseitigung fehlgeschlagen ist. Als Verbraucher genießt er außerdem die Vorzüge des Verbrauchsgüterkaufs. Zu seinem Vorteil kann sich insbesondere die Beweislastumkehr (§ 476 BGB) auswirken, da sie sich auf Montagefehler erstreckt.

496 Die Abgrenzungskriterien zwischen Kauf mit Montageverpflichtung und Werkvertrag sind unklar, da die Begründung zum Regierungsentwurf[132] nicht deutlich erkennen lässt, ob es bei der kaufrechtlichen Sachmängelhaftung verbleibt, wenn die Montage den Schwerpunkt der vertraglich geschuldeten Leistung bildet. Die darin enthaltene Verweisung auf die Rechtsprechung des BGH[133] könnte ein Hinweis darauf sein, dass die Vorschriften des Werkvertragsrechts anzuwenden sind, wenn die Werkleistung im Vordergrund steht.[134]

497 **Unsachgemäß** ist die Montage, wenn sie nicht der Vereinbarung entspricht. Haben die Parteien keine Vereinbarung getroffen, ist auf die nach dem Vertrag vorausgesetzte Verwendung sowie darauf abzustellen, ob die Montage bei Sachen der gleichen Art üblich ist und nach Art der Sache zu erwarten war.[135] Von § 434 Abs. 2 S. 2 BGB werden außer der fehlerhaften Montage (z. B. unzureichende Befestigung des Dachgepäckträgers), die i. d. R. durch eine Neumontage beseitigt werden kann, auch diejenigen Sachverhalte erfasst, in denen die Kaufsache oder die zu montierende Sache durch den Montagefehler zu Schaden kommt (Dachgepäckträger löst sich während der Fahrt und wird zerstört). Der Montagemangel erstreckt sich nicht auf Schäden an anderen Rechtsgütern (Dachgepäckträger fällt herunter und beschädigt ein nachfolgendes Fahrzeug).[136]

bb) Mangelhafte Montageanleitung, Bedienungsanleitung

498 Da es sich bei einem Neufahrzeug nicht um einen Kaufgegenstand handelt, der durch den Zusammenbau einzelner Teile vom Kunden hergestellt wird, hat die Fehlerkategorie ‚mangelhafte Montageanleitung' für den Neuwagenkäufer praktisch keine Bedeutung. Auf eine richtige Montageanleitung legt der Käufer bei der **Anschaffung von Zubehör** Wert, wenn er beabsichtigt, die Montage selbst vorzunehmen. Auch wer ein Fahrzeug als Selbstbausatz

131 BT-Drucks. 14/6040 S. 215.
132 BT-Drucks. 14/6040 S. 215.
133 Urt. v. 22. 7. 1998, NJW 1998, 3197.
134 *Gruber*, VuR 2002, 120, 121.
135 *Gruber*, VuR 2002, 120, 121.
136 *Huber* in Huber/Faust, Schuldrechtsmodernisierung, S. 306 Rn. 53; *Boerner*, ZIP 2001, 2264, 2266.

kauft, benötigt diese Instruktion. Es kommt im Rahmen von § 434 Abs. 2 S. 2 BGB nicht darauf an, dass die Sache vom Käufer montiert wird. Die Montage kann auch ein Dritter vornehmen, selbst der Verkäufer.[137]

Auf die **Bedienungsanleitung**, die beim Erwerb eines Neufahrzeugs ausgehändigt zu **499** werden pflegt, ist § 434 Abs. 2 S. 2 BGB nicht zugeschnitten und daher weder direkt noch analog unanwendbar.[138] Eine fehlerhafte oder fehlende Bedienungsanleitung (Betriebsanleitung, Bordbuch) stellt einen **Sachmangel nach § 434 Abs. 1 S. 2 Nr. 2 BGB** dar, wenn sich das Fahrzeug ohne eine sachgerechte Anleitung für die gewöhnliche Verwendung nicht eignet. Zu inhaltlichen Defiziten von Bedienungsanleitungen in **produkt- und gewährleistungsrechtlicher Hinsicht** s. a. Rdn. 1659 ff., 471.

Dass der Käufer sämtliche zum Fahrzeug gehörenden Unterlagen einschließlich der Zu- **500** satzbücher für Navigations- und ähnliche Systeme vollständig erhält, ist für den seriösen Handel eine Selbstverständlichkeit. Konfliktstoff liefern hier allenfalls Käufe von Spezialfahrzeugen wie z. B. hochpreisige Sportwagen. Dass der Käufer das Fahrzeug ohne den kompletten Satz an Dokumenten in Betrieb genommen und eine zeitlang benutzt hat, bedeutet weder einen Verzicht noch eine Einschränkung seiner Rechte.

g) Falschlieferung

Die Problematik der Falschlieferung mag für die Rechtswissenschaft interessant sein, für **501** die Praxis des Neuwagenkaufs (zum Gebrauchtwagenkauf s. Rdn. 2570 ff.) ist sie nahezu irrelevant. Aus diesem Grund kann auf eine vertiefende Darstellung verzichtet werden.

II. Einzelfälle von Sachmängeln

1. Alter, Produktionszeitpunkt, Standzeit

Unter welchen Voraussetzungen ein als „neu" bzw. „fabrikneu" gekauftes Fahrzeug aus **502** Altersgründen nicht vertragsgemäß ist, wird unter dem Stichwort **„Fabrikneuheit"** erörtert (s. Rdn. 516 ff.). Dort wird auch das Kriterium der Modellaktualität einschließlich der Aufklärungspflicht des Händlers behandelt, ebenso die Bedeutung von Bezeichnungen wie „Lagerfahrzeug" und „Auslaufmodell". Zu den Besonderheiten bei „EU-Neufahrzeugen" s. Rdn. 1344 ff.

2. Produktionsort

Nach Ansicht des LG Ellwangen (NJW 2003, 517) ist ein in Deutschland verkaufter VW **503** Golf sachmangelhaft, wenn er in Südafrika produziert worden ist. Dem ist nicht zu folgen. VW-Fahrzeuge werden heute rund um den Globus produziert.[139] **made in Germany** ist gerade im Fahrzeugbau eine veraltete Kategorie. Der deutsche Wertanteil an der Produktion von deutschen Pkw liegt teilweise deutlich unter 50 %.

137 *Westermann*, NJW 2002, 441, 444.

138 OLG Karlsruhe 1. 12. 2008, DAR 2009,699; OLG Hamm 19. 3. 2009 – I-2 U 194/08; *Looschelders*, SchBT, Rn. 63; *Boerner*, ZIP 2001, 2264, 2267; a. A. *Eberle*, VRR 2010, 367; s. a. OLG München 9. 3. 2006, OLGR 2006, 461 (Whirlpool) und BGH 5. 7. 1989, NJW 1989, 3222.

139 Für Insider erkennbar an einem bestimmten Buchstaben innerhalb der Fahrzeugidentifizierungsnummer (FIN).

3. Fehlen der Fabrikneuheit

a) Terminologisches

504 Was bei einem Kraftfahrzeug unter „fabrikneu“ im Detail zu verstehen ist, wurde jahrzehntelang kontrovers diskutiert. Inzwischen ist das facettenreiche Thema **höchstrichterlich** weitgehend abgearbeitet. Gleichwohl sind noch einige Fragen offen.

505 **Zunächst:** An keiner Stelle in den handelsüblichen Kaufverträgen findet man den Ausdruck „fabrikneu“. Die Bestellung bezieht sich expressis verbis auf ein „neues“ Kraftfahrzeug. Auch in den Neuwagenwagenverkaufsbedingungen (NWVB) taucht „fabrikneu“ nicht mehr auf.[140] Die Verwendung des Allerweltsbegriffs „neu“ entspricht dem landläufigen Sprachgebrauch. Er differenziert nicht zwischen „fabrikneu“ und „neu“. In der juristischen Terminologie wird „neu“ im Zusammenhang mit Kraftfahrzeugen ganz unterschiedlich definiert. Was als „neu“ zu gelten hat, wird im Steuerrecht anders beurteilt als im Wettbewerbsrecht. Im Recht der AGB kommt es darauf an, ob es sich um eine **neu hergestellte** Sache handelt (§ 309 Nr. 8b BGB), während im Unfallschadensrecht Fahrzeuge bis 1000 km (unter Umständen bis 3.000 km) als „neu“ bzw. „neuwertig“ angesehen werden.

506 Für den Kauf neuer Kraftfahrzeuge hat **der BGH** – einzigartig für ein Industrieprodukt – in einer Reihe von Entscheidungen eine **autonome Begrifflichkeit** entwickelt.[141] Hiernach vereinen sich unter dem Dachbegriff „fabrikneu“ mehrere Einzeleigenschaften. I. d. R. ist ein Kraftfahrzeug nur dann „fabrikneu“, wenn es aus **neuen Materialien** zusammengesetzt und **unbenutzt** ist (Basiseigenschaften für „neu“) und **darüber hinaus**,

- wenn und solange das Modell des Kraftfahrzeugs unverändert weitergebaut wird,[142]
- wenn es keine durch längere Standzeit bedingten Mängel aufweist,[143]
- wenn zwischen Herstellung und Abschluss des Kaufvertrages nicht mehr als 12 Monate liegen,[144]
- wenn nach seiner Herstellung keine (erheblichen) Beschädigungen eingetreten sind, auch wenn sie vor Auslieferung an den Käufer nachgebessert wurden.[145]

507 Das Fehlen eines dieser vier Kriterien beseitigt die Fabrikneuheit insgesamt,[146] d. h. schon bei einer Standzeit von 15 statt 12 Monaten ist das Kraftfahrzeug nicht mehr fabrikneu. „Gebraucht“ i. S. v. § 475 Abs. 2 BGB ist es damit noch nicht[147] (zur Abgrenzung „neu/gebraucht“ beim Verbrauchsgüterkauf s. Rdn. 1898 ff.).

508 Im Leitsatz des BGH-Urteils v. 15. 10. 2003[148] wird das **Erfordernis der Beschädigungsfreiheit** nicht ausdrücklich erwähnt. Weiterhin fehlt ein Hinweis darauf, dass die Eigenschaft „fabrikneu“ fehlen kann, wenn das Fahrzeug – von einer etwaigen Überführungsfahrt abgesehen – eine **„ungeklärte Fahrstrecke“** zurückgelegt hat (näher dazu Rdn. 561 ff.). Daraus kann jedoch nicht der Schluss gezogen werden, der BGH wolle an diesen Merkmalen nicht festhalten.[149] Der Sachverhalt, über den er zu befinden hatte, gab keine Veranlassung, auf diese von ihm schon immer geforderten Kriterien gesondert einzugehen.

---

140 Anders ggf. in der Verbandsempfehlung.
141 Zur Entwicklung *Eggert*, DAR 2004, 327.
142 Urt. v. 16. 7. 2003, NJW 2003, 2824; 22. 3. 2000, NJW 2000, 2018; 6. 2. 1980, NJW 1980, 1097.
143 Urt. v. 6. 2. 1980, NJW 1980, 1097.
144 BGH 15. 10. 2003, NJW 2004, 160.
145 Urt. v. 18. 6. 1980, DB 1980, 1836.
146 So ausdrücklich OLG Düsseldorf 15. 10. 1981 – 6 U 216/80 – n. v.; OLG Köln 19. 10. 1987 – 12 U 9/87 – n. v.; *Eggert*, DAR 2004, 327.
147 Dazu neigend *S. Lorenz*, EWiR § 463 BGB a. F. 2/03, 1181, 1182.
148 NJW 2004, 160.
149 *Eggert*, DAR 2004, 327, 331.

Dass ein als „neu" verkauftes Fahrzeug zum Zeitpunkt der Übergabe an den Käufer keine längere ungeklärte Fahrstrecke aufweisen darf, bezieht sich i. Ü. nur mittelbar auf die Eigenschaft „fabrikneu". Eigentlich geht es um die Basiseigenschaft „neu", um die Abgrenzung von „neu" gegen „gebraucht". Prima facie ist davon auszugehen, dass ein Fahrzeug zum Zwecke der Teilnahme am allgemeinen Straßenverkehr benutzt wurde, wenn es eine längere ungeklärte Fahrstrecke aufweist. Diese tatsächliche Vermutung kann der Verkäufer entkräften, indem er etwa nachweist, dass die Fahrstrecke bei einer Überführung oder Erprobung des Fahrzeugs zurückgelegt wurde.[150] 509

Die Rechtsprechung des BGH und insbesondere sein Urteil v. 15. 10. 2003[151] gelten nicht nur für Pkw/Kombis, sondern grundsätzlich für **Kraftfahrzeuge aller Art**, damit auch für Motorräder[152], Wohnmobile[153] und Nutzfahrzeuge. Auf fahrzeugspezifische Besonderheiten ist bei der Prüfung der Einzelelemente Rücksicht zu nehmen.[154] 510

b) Vereinbarung der Fabrikneuheit

aa) Der Regelfall

Mit dem Versprechen, ein „Neufahrzeug" zu liefern (siehe Bestellschein mit der Formulierung „Bestellung für neue Kraftfahrzeuge"[155]), übernimmt der Händler **im Regelfall** die Pflicht, dem Käufer, gleich, ob Unternehmer oder Verbraucher, ein Fahrzeug zu verschaffen, das sämtliche unter Rdn. 506 genannten Kriterien erfüllt. Erforderlich dafür ist nicht, dass die Parteien über die „Fabrikneuheit" verhandeln oder sie ausdrücklich zum Inhalt des Kaufvertrages machen. Wer einen Neuwagen bestellt, tut dies regelmäßig in der Erwartung, ein „fabrikneues" Kraftfahrzeug zu erhalten.[156] Insoweit kommt **konkludent** jedenfalls eine **Beschaffenheitsvereinbarung** zustande (§ 434 Abs. 1 S. 1 BGB). Ob das mit einer **Garantieübernahme** verbunden ist, wie im alten Kaufrecht in ständiger Spruchpraxis angenommen (Zusicherung i. S. d. §§ 459 Abs. 2, 463 S. 1 BGB a. F.), steht auf einem anderen Blatt (dazu Rdn. 565 ff.). 511

bb) Ausnahmefälle

Dass der Verkäufer eines Neuwagens aufgrund konkludent getroffener Vereinbarung zur Lieferung eines rundum fabrikneuen Fahrzeugs verpflichtet ist, gilt selbstverständlich nur unter der Voraussetzung, dass sich aus den konkreten Vertragsabsprachen und den sonstigen Umständen nichts Abweichendes ergibt. Der BGH hat die Kriterien der Fabrikneuheit mit ihrer Einbettung in die geschuldete (zugesicherte) Beschaffenheit **nur für den Regelfall** aufgestellt. So hat er den Instanzgerichten genügend Spielraum gelassen, den besonderen Umständen des Einzelfalls gerecht zu werden. Damit zu Lasten des Käufers eine vom Regelfall abweichende Beschaffenheit angenommen werden kann, bedarf es entweder klarer Absprachen oder **„unübersehbarer Umstände"**, die ihm Anlass geben müssen, die Frage der Fabrikneuheit des Fahrzeugs einer näheren Prüfung zu unterziehen.[157] 512

---

150 OLG Köln 9. 10. 1987 – 12 U 9/87 – n. v.

151 NJW 2004, 160.

152 LG Berlin 18. 12. 2004, NJW 2005, 2163 (BMW R 1100 S, Lagerzeit von mehr als 16 Monaten, „fabrikneu" verneint).

153 OLG Düsseldorf 12. 3. 2010 – I-22 U 168/09, NJOZ 2010, 2375.

154 *Eggert*, DAR 2004, 327.

155 Der Begriff „fabrikneu" wird also nicht benutzt; ebenso wenig in den aktuellen verbandsempfohlenen NWVB 3/2008; gelegentlich heißt es aber auch heute noch, wie generell bis 2003/2004, „Allgemeine Geschäftsbedingungen für den Verkauf von *fabrikneuen* Kraftfahrzeugen und Anhängern".

156 BGH 22. 3. 2000, NJW 2000, 2018.

157 BGH 22. 3. 2000, NJW 2000, 2018.

513 Eine den Umständen nach anzunehmende **Ausnahmesituation** i. S. d. vom BGH etablierten **Regel-Ausnahme-Verhältnisses** kann z. B. gegeben sein, wenn ein „Neuwagen" von einer Person oder einem Unternehmen außerhalb des Kfz-Handels verkauft wird[158] oder wenn der Kaufvertrag die Lieferung eines Sonderfahrzeugs (z. B. Wohnmobil[159]) oder eines Fahrzeugs mit besonderer Ausstattung zum Inhalt hat. Fabrikneuheit in allen Punkten kann ein Käufer nicht erwarten, wenn er mit dem Händler die Lieferung eines Fahrzeugs der vorhergehenden Serie vereinbart hat. Nicht geschuldete Modellaktualität (näher Rdn. 533 ff.) kann zugleich bedeuten, dass der Käufer auch in puncto Standzeit Abstriche machen muss (s. Rdn. 522 f.).

514 Bezeichnungen wie **„Lagerfahrzeug"** oder **„Auslaufmodell"** oder **„Tageszulassung"** können dagegen (müssen nicht) geeignet sein, im Hinblick auf die Elemente „Standzeit" und/oder „Modellaktualität" die Normalerwartung des Käufers zumindest in Frage zu stellen. Gleiches gilt für Begriffe wie „Vorführwagen" oder „Geschäftswagen". Ob sie allein oder erst in Verbindung mit anderen Umständen (etwa ein ungewöhnlich hoher Preisnachlass) die Aussagekraft haben, dem Käufer für ihn nachteilige Abweichungen vom Standardfall vor Augen zu führen, ist stets eine Frage des Einzelfalls (Näheres bei den Einzelkriterien). Generell sind im Interesse der Käufer **hohe Anforderungen** an die Feststellung eines Ausnahmefalles zu stellen. **Preisnachlässe** haben in Zeiten von „Rabattschlachten", wenn überhaupt, nur geringe Aussagekraft.[160] Zur speziellen Fallgruppe „**EU-Neuwagen**" s. Rdn. 1344 ff.

515 **Darlegungs- und Beweislast:** Nicht immer sind die getroffenen Vereinbarungen, die Vorstellungen und Erklärungen der Parteien eindeutig, häufig auch im Tatsächlichen strittig. Nach allgemeinen Regeln müsste an sich der Käufer die Vereinbarung der Lieferung eines i. S. d. Rechtsprechung „fabrikneuen" Fahrzeugs darlegen und beweisen, wenn er aus dieser Soll-Beschaffenheit Rechte für sich herleitet. Die Tendenz der Rechtsprechung geht jedoch dahin, dem Käufer zu helfen, indem man dem Händler zumindest in Detailpunkten eine **sekundäre Darlegungslast**, wenn nicht gar punktuell eine Beweislast, auferlegt.[161] Dahinter steht die Vorstellung, dass im Regelfall die Verpflichtung des Neuwagenverkäufers zur Lieferung eines in allen Belangen fabrikneuen Fahrzeugs besteht, so dass er den Ausnahmefall darzulegen und die für den Käufer streitende Vermutung bzw. den Lebenserfahrungssatz zu entkräften hat.[162]

c) Die Einzelkriterien von „fabrikneu"

aa) Das Kriterium Lagerdauer/Standzeit

516 Nach der Verkehrsanschauung ist die Lagerdauer für die **Wertschätzung** eines Kraftfahrzeugs von wesentlicher Bedeutung.[163] Wie jedes technische Produkt unterliegt auch ein Kraftfahrzeug einem natürlichen **Alterungsprozess**, der mit dem Verlassen des Produktionsbandes einsetzt. Längere Standzeiten auf Lager – ob in der Halle oder im Freien – führen zwangsläufig dazu, dass sich der **Allgemeinzustand** eines Fahrzeugs und seiner Teile **verschlechtert.**[164] Betroffen sind vor allem Gummidichtungen, Schmierstoffe und die Batterie. Luftfeuchtigkeit und Kondenswasser beschleunigen die Oxydation der Metallteile, und unter Sonneneinstrahlung verbleicht und verschleißt die Polsterung. **Die Reifen** werden

158 Z. B. von einem Möbelhaus als Gelegenheitsverkäufer von Neufahrzeugen (BGH 26. 3. 1997, NJW 1997, 1847).
159 Vgl. Brand OLG 17. 1. 2008, 12 U 107/07; OLG Düsseldorf 12. 3. 2010 – I-22 U 168/09.
160 S. a. BGH 22. 3. 2000, NJW 2000, 2018.
161 Für Beweislast OLG Oldenburg 8. 1. 2007, DAR 2007, 212 = OLGR 2007, 357 (Standzeit).
162 *Eggert*, DAR 2004, 327, 332 m. w. N.
163 BGH 7. 6. 2006, NJW 2006, 2694 (Jahreswagen).
164 BGH 15. 10. 2003, NJW 2004, 160; OLG Frankfurt 17. 12. 1997, OLGR 1998, 191.

aufgrund physikalischer Veränderungen schadhaft, wenn sie längere Zeit gelagert werden. Schon nach zweijähriger Lagerung sollen Reifen nicht mehr die Qualität von Neureifen haben, eine umstrittene und auch für den Handel mit Reifen zentrale Frage.[165] Instruktiv zu den Standzeitrisiken AG Rottweil DAR 1999, 369 mit Aufzählung von 8 Risikofaktoren.

Längere Standzeiten werden aus all diesen Gründen als wertmindernd empfunden, selbst **517**
wenn sie rein technisch gesehen unbedenklich sind.[166] Seinem Wortsinn nach enthält der Begriff „fabrikneu“ eine zeitliche Komponente im Sinne von „frisch“ hergestellt,[167] weshalb ein „Ladenhüter“ dieses Prädikat nicht verdient.[168] Selbst eine beschädigungsfreie Aufbewahrung unter optimalen Bedingungen kann das allein zeitbedingte Altern i. S. d. Älterwerdens und die damit einhergehende fortschreitende Verschlechterung nicht aufhalten.[169]

Mit der Entscheidung, dass ein Neufahrzeug[170] nicht älter als **12 Monate** sein darf, hat **518**
der BGH[171] der lange Zeit kontrovers geführten Diskussion über die höchstzulässige Dauer der Lagerhaltung eines Neufahrzeugs ein Ende gesetzt und dadurch Rechtssicherheit geschaffen. Obwohl sich die Rechtsprechung einiger Instanzgerichte auf diese Messgröße bereits eingependelt hatte, gab es extreme Abweichungen nach oben und unten. Die Spanne betrug 8 bis 28 Monate.[172]

Die Zwölfmonatsfrist, zum einen nur **eine Regelfrist** und i. Ü. keine starre Frist[173], **be-** **519**
ginnt bei einem **Pkw/Kombi** (auch einem SUV) mit der Beendigung der Produktion (Endmontage) und **endet** mit dem Abschluss des Kaufvertrages.[174] Wenn zwischen der verbindlichen Bestellung des Kunden und der Annahme des Angebots durch schriftliche Bestätigung des Verkäufers ein längerer Zeitraum liegt (max. 3 Wochen bei nicht vorrätigen Pkw), stellt sich die Frage, ob es auf das Bestelldatum oder auf das spätere Zustandekommen des Vertrages ankommt. Ohne schriftliche Bestätigung ist der Vertrag erst mit Auslieferung des Fahrzeugs (s. Abschn. I Ziff. 1 NWVB) oder durch einen anderen konkludenten Akt zum Abschluss gebracht. Bei Vertragsverhandlungen im Dreieck (unter Beteiligung einer Leasinggesellschaft oder einer Bank) kann sich der Abschluss des Kaufvertrages gleichfalls verzögern. In Kenntnis der besonderen Abschlusstechnik beim Neuwagenkauf (dazu Rdn. 3 ff.) hat der BGH sich auf den Vertragsabschluss und nicht auf das Bestelldatum festgelegt, allerdings ohne auf das Problem näher einzugehen. Das LG Flensburg[175] stellt dagegen ausdrücklich auf den früheren Zeitpunkt der Bestellung ab, was dem Handel hilft und i. Ü. leicht feststellbar ist. Dennoch sollte es bei der für den Kunden günstigeren Ansicht des BGH bleiben. Maßgeblich ist demnach nicht das Bestelldatum, sondern der Zeitpunkt des Vertragsabschlusses.[176]

---

165 S. a. *Hilgers*, DAR 2008, 491 zu AG Hamburg 23. 7. 2007 – 5 C 99/06
166 LG Darmstadt 24. 7. 1980 – 17 S 25/80 – n. v.
167 OLG Köln 23. 3. 1970, OLGZ 1971, 15 ff.
168 AG Mönchengladbach 16. 6. 1976, NJW 1977, 110; LG Darmstadt 24. 7. 1980 – 17 S 25/80 – n. v., OLG Hamm 2. 12. 1982, DAR 1983, 357.
169 OLG Köln 23. 3. 1970, OLGZ 1971, 15 ff.
170 Auch ein Motorrad, s. LG Berlin 18. 2. 2004, NJW 2005, 2163; zum Wohnmobil s. Brand OLG 17. 1. 2008, SP 2008, 343; OLG Düsseldorf 12. 3. 2010 – I-22 U 168/09 (gebraucht gekauft).
171 BGH 15. 10. 2003, NJW 2004, 160; so auch OLG Karlsruhe 31. 5. 2005 – 8 U 1/05 – n. v.
172 S. dazu die Rechtsprechungsübersicht unter Rn. 206 ff. der 9. Aufl.
173 Eine Überschreitung um wenige Tage ist unschädlich, vgl. LG Flensburg 27. 9. 2006, SP 2007, 409.
174 BGH 15. 10. 2003, NJW 2004, 160; BGH 7. 6. 2006, NJW 2006, 2694 Tz. 10.
175 Urt. v. 27. 9. 2006, SP 2007, 409.
176 So ausdrücklich im Jahreswagen-Urteil vom 7. 6. 2006, NJW 2006, 2694 Tz. 10 („Abschluss des Kaufvertrags“).

520 Der Zeitpunkt der **Produktion einzelner Baugruppen** oder **bestimmter Einzelteile**, z. B. der Reifen, ist in diesem Zusammenhang nicht relevant. Anders liegen die Dinge bei Sonderfahrzeugen wie z. B. **Wohnmobilen** (Reisemobilen). Für die Berechnung der Standzeit ist bei einem Wohnmobil nicht auf die Produktion des Fahrgestells abzustellen, auch nicht auf das Datum der Erteilung der ABE, sondern auf die Fertigstellung der Aufbauten[177], d. h. auf die Fertigstellung der Fahrzeug-Gesamtheit.[178]

521 Da allein die Standzeit des vollständig fertig gestellten Fahrzeugs für seine Fabrikneuheit entscheidend ist, kommt es auf die näheren **Umstände der Lagerhaltung** nicht an.[179] Die Frage, wo und wie aufbewahrt wurde, wird nur relevant, wenn ein Fahrzeug mit einer Standzeit/Lagerdauer von weniger als 12 Monaten Lagermängel aufweist, die für sich genommen zu einem vorzeitigen Verlust der Fabrikneuheit führen können (dazu Rdn. 554).

522 Veranlassung für eine **vom Regelfall abweichende Beurteilung** kann bestehen, wenn der Verkäufer das Neufahrzeug ausdrücklich und sichtbar als **‚Lagerfahrzeug‘** deklariert. Auf **„Vorführwagen“** ist die Zwölf-Monats-Rechtsprechung dagegen schon vom Ansatz her nicht übertragbar.[180] „Lagerfahrzeug“ besagt aus der maßgeblichen Sicht des Käufers nicht mehr, als dass der Händler das betreffende Fahrzeug **„am Lager“** hat, es mithin nicht erst beim Hersteller/Importeur bestellen muss.[181] **Der BGH:**

> *„Auch für ein ‚Lagerfahrzeug‘, das als ‚Neuwagen‘ oder ‚neues Fahrzeug‘ verkauft wird, sichert der Verkäufer damit grundsätzlich die Fabrikneuheit zu“* (Urt. v. 22. 3. 2000, NJW 2000, 2018).

523 Die Bezeichnung „Lagerfahrzeug“ nahm das OLG Koblenz[182] zum Anlass, dem Verkäufer eine **Lagerfrist von 18 Monaten** anstatt der sonst üblichen Frist von bis zu 12 Monaten zuzubilligen. Die Aufklärung des Käufers darüber, dass es sich um ein Fahrzeug aus dem Lagerbestand handelt, befreit den Händler nicht von seiner Verantwortung für die Modellaktualität.[183] Hat der Hersteller das betreffende Modell zwischenzeitlich mit einer wesentlich verbesserten Ausstattung (ABS) ausgerüstet, fehlt einem als Lagerfahrzeug bezeichneten Importauto die vom Verkäufer geschuldete Eigenschaft der Fabrikneuheit.[184] Anders kann es liegen, wenn der Händler das Fahrzeug als „Lagerfahrzeug“ bezeichnet und ein ganz bestimmtes Modelljahr („Modell 2002“) hinzufügt.[185] In einem solchen Fall kann sogar eine Standzeit **von 27 Monaten** noch vertragsgerecht sein.[186]

524 Mit einer Lagerdauer von mehr als 12 Monaten muss der Käufer auch dann rechnen, wenn der Händler ihm ein Fahrzeug als Nullkilometerfahrzeug mit einem überdurchschnittlichen Abschlag verkauft und darauf hinweist, dass es nicht dem neuesten Modell entspricht.[187]

---

177 OLG Düsseldorf 12. 3. 2010 – I-22 U 168/09, NJOZ 2010, 2375 (gebraucht gekauft); s. a. OLG Karlsruhe 19. 2. 2009, DAR 2009, 501 = MDR 2009, 501 = Die Justiz 2009, 190 (Vorinstanz zu BGH NJW 2010, 3710 – Vorführwagen).

178 *Hörl* in: FS Eggert (2008), S. 57, 61.

179 BGH 18. 6. 1980, NJW 1980, 2127.

180 BGH 15. 9. 2010, NJW 2010, 3710.

181 BGH 22. 3. 2000, NJW 2000, 2018.

182 Urt. v. 13. 7. 1995 – 5 U 166/95 – n. v.

183 BGH 22. 3. 2000, NJW 2000, 2018; OLG Koblenz 22. 12. 1994, NZV 1995, 399.

184 OLG Koblenz 27. 6. 1996, MDR 1996, 1125 (Standzeit 18 Monate); OLG Bamberg 21. 6. 2002, OLGR 2002, 328 (Standzeit 18 Monate und 20 % Rabatt); OLG Köln 1. 4. 2004, DAR 2005, 87 (Tageszulassung, Standzeit 24 Monate, 37,5 % Rabatt, Modellwechsel zum Zeitpunkt des Verkaufs 11 Monate zuvor).

185 Vgl. OLG Braunschweig 7. 7. 2005, NJW-RR 2005, 1508.

186 OLG Braunschweig 7. 7. 2005, NJW-RR 2005, 1508.

187 OLG Zweibrücken 5. 5. 1998, NJW-RR 1998, 1211; OLG Köln 1. 4. 2004, DAR 2005, 87.

Auch für **modellveraltete Neufahrzeuge** gibt es Altersgrenzen. Das AG Erkelenz[188] entschied, dass dem Käufer eines japanischen Importfahrzeugs, dessen Produktion eingestellt worden war, eine Lagerzeit von 28 Monaten nicht zuzumuten ist. 23 Monate sind dem OLG Oldenburg[189] zuviel, selbst wenn dem Käufer erklärt wurde, das Fahrzeug werde „seit längerer Zeit" nicht mehr gebaut. **525**

Praxisproblem „Altersforschung": Seitdem die Hersteller nicht mehr verpflichtet sind, das Baujahr in den Fahrzeugpapieren und/oder am Fahrzeug direkt anzugeben, ergibt sich für den Käufer die **unerfreuliche Konsequenz**, dass er über die Standzeit des Fahrzeugs im Unklaren gelassen wird, ihm also ein wertbildender Faktor vorenthalten wird. Damit er in die Lage versetzt wird, das Alter des Neufahrzeugs zu überprüfen und seine Rechte angemessen wahrzunehmen, gehört die Forderung nach Wiedereinführung der Pflicht zur Eintragung des Baujahres/Herstellungsdatums in den Kraftfahrzeugpapieren auf die Tagesordnung. Der jetzige Zustand ist spätestens seit dem BGH-Urteil v. 15. 10. 2003[190] untragbar. Es gibt keine Argumente, die gegen diese Forderung sprechen.[191] **526**

Derzeit befindet sich der Käufer im Hinblick auf seine Möglichkeiten, eine überlange Standzeit/Lagerdauer nachzuweisen, in einer prekären Lage.[192] Da das **Fertigstellungsdatum** bei den meisten Fabrikaten nur **verschlüsselt** im Kfz-Brief (Zulassungsbescheinigung II) enthalten ist, muss er detektivische Kleinarbeit leisten, um herauszufinden, wann sein Auto tatsächlich gebaut wurde. Hinweise auf das Produktionsdatum können ferner der **Reifenkennzeichnung** entnommen werden. Die dort eingeprägte **DOT-Nummer**, seit Januar 2000 vierstellig, gibt Aufschluss über Woche und Jahr der Reifenherstellung. *Beispiel*: 3908 = 39. KW 2008. **527**

Überalterte Reifen können für sich genommen die Mängelhaftung begründen. Allerdings ist die Rechtsprechung in diesem Punkt uneinheitlich. Sechs Jahre alte Winterreifen sind nach OLG Düsseldorf (NZV 1994, 433) nicht vertragsgemäß. Käufergünstiger AG Hamburg 23. 7. 2007, 5 C 99/06, mit Besprechung von *Hilgers*.[193] **528**

Fertigungsmarkierungen an anderen Bauteilen enthalten Zahlenkombinationen, deren Ziffern das Jahr und den Fertigungsmonat angeben. In Kunststoff- und Gussteile werden oftmals **Produktionsmarken** eingestanzt oder eingegossen, die das Produktionsdatum als Jahres- und Monatszahl enthalten. Die letzte Zahl, im Uhrzeigersinn betrachtet, gibt den Produktionsmonat an. Auch auf der Windschutzscheibe eines Kraftfahrzeugs befinden sich manchmal Schlüsselzahlen, die das Datum der Herstellung bezeichnen. Nach Auskunft des ADAC geben übereinstimmende Produktionsdaten auf verschiedenen Bauteilen verlässlich Auskunft über das Herstellungsdatum des Gesamtfahrzeugs, da die Zulieferung zeitnah zur Fahrzeugherstellung erfolgt. **529**

Die internationale 17-stellige **Fahrzeug-Identifizierungsnummer** (FIN), die auch den Produktionszeitraum wiedergeben soll, wurde von vielen, aber nicht von allen Kraftfahrzeugherstellern eingeführt. Anders als in den USA besteht hierzu in der Bundesrepublik Deutschland kein gesetzlicher Zwang.[194] Der Buchstabe bzw. die Ziffer an der 10. Stelle gibt **das Modelljahr** an, das jedoch mit dem Kalenderjahr nicht unbedingt identisch ist. Das Modelljahr kann je nach Hersteller/Fahrzeugmodell in ganz unterschiedlichen Monaten beginnen (näher Rdn. 2607 ff.). Die Möglichkeit, den **Monat der Produktion** aus der **530**

188 Urt. v. 25. 4. 1997, zfs 1997, 298.
189 Urt. v. 8. 1. 2007, DAR 2007, 212 = OLGR 2007, 357.
190 NJW 2004, 160.
191 So die Empfehlung des 42. VGT (2004); in diesem Sinne *Reinking*, DAR 2003, 582; *Eggert*, DAR 2004, 329.
192 Beispiel für eine erfolgreiche Beweisführung: LG Köln 15. 5. 2008 – 37 O 1054/07 – n. v.
193 DAR 2008, 491; s. a. AG Starnberg 16. 12. 2009, DAR 2010, 96.
194 DAR 1985, 353 – Anm. der Schriftleitung zum Urteil des OLG Hamm v. 14. 5. 1985.

Fahrzeug-Identifizierungsnummer herauszulesen, haben nur Insider, allen voran der Hersteller.

531 Auskünfte über das Alter erteilt auch das Kraftfahrt-Bundesamt. Es reicht dazu aus, dem Kraftfahrt-Bundesamt Hersteller und Fahrgestellnummer mitzuteilen. Zwar kann der Auskunft nicht immer exakt entnommen werden, wann das betreffende Fahrzeug hergestellt wurde, doch lässt sie Rückschlüsse auf das ungefähre Fertigstellungsdatum zu. Das Gericht kann von Amts wegen eine **amtliche Auskunft** einholen. Käufer sind gut beraten, einen entsprechenden Antrag ausdrücklich zu stellen. Zielführender ist es, gem. **§ 142 ZPO** einen Produktionsnachweis des Herstellers/Importeurs zu erwirken. Auf Unzumutbarkeit i. S. d. § 142 Abs. 2 ZPO wird er sich nicht berufen können. Geschäftsgeheimnisse stehen nicht auf dem Spiel.

532 Angesichts der Schwierigkeiten, das Herstellungsdatum eines Kraftfahrzeugs zu ermitteln, ist ein **Auskunftsanspruch** des Käufers gegen den Verkäufer aus **vertraglicher Nebenpflicht** in Erwägung zu ziehen.[195] Der Verkäufer verfügt zwar nicht über die Herstellungsunterlagen des Fahrzeugs, kann diese aber beim Hersteller/Importeur besorgen. Daneben kommt ein **Direktanspruch gegen den Hersteller/Importeur** in Frage, wobei an eine analoge Anwendung des § 810 BGB zu denken ist. Eine weite Auslegung der Vorschrift zugunsten des Käufers erscheint gerechtfertigt.[196]

bb) Das Kriterium Modellaktualität

(1) Allgemeines

533 Dem Kfz-Handel ist es nicht verwehrt, bei einem **Modell- oder Typenwechsel** während der Übergangszeit Fahrzeuge der alten und der neuen Serie nebeneinander zu verkaufen und dabei die alten Modelle ggf. mit Preisnachlass anzubieten. Häufig ist der Unterschied zwischen dem alten und dem neuen Modell schon anhand der Modell- bzw. Typenbezeichnung für den Kaufinteressenten erkennbar. Mitunter wird bei Einführung neuer Modelle aber auch an der alten Bezeichnung festgehalten, was zu Missverständnissen führen kann.[197] Überhaupt ist das Kriterium der Modellaktualität von sämtlichen „Fabrikneu"-Eigenschaften dasjenige mit dem **größten Konfliktpotenzial**. Entsprechend groß ist die Rechtsunsicherheit gewesen, bis **der BGH** im Anschluss an seine Entscheidung vom 22. 3. 2000[198] durch Urteil vom 16. 7. 2003 klargestellt hat:

> *„Ein als Neuwagen verkaufter Pkw ist entgegen der i. d. R. hierin liegenden konkludenten Zusicherung nicht mehr ‚fabrikneu', wenn das betreffende Modell im Zeitpunkt des Verkaufs nicht mehr unverändert hergestellt wird"* (NJW 2003, 2824 = DAR 2003, 510).

534 **Maßgeblicher Zeitpunkt für die Änderung** ist die Einstellung der Produktion des bisherigen Modells, nicht die Auslieferung der neuen Modellserie an den Handel.[199] Dabei kommt es nicht darauf an, ob der Händler oder der Kunde als Außenstehender den Zeitpunkt der **betriebsinternen Produktionsumstellung** kannte oder erkennen konnte. Entscheidend ist vielmehr, dass dieser Zeitpunkt objektiv festgestellt werden kann.

535 Sofern sich die Produktionszeiträume überlappen, das neue Modell also bereits an den Handel ausgeliefert wird, ohne dass die Herstellung des Vorgängermodells eingestellt wurde, kann der Händler verpflichtet sein, den Käufer darauf hinzuweisen, wenn er ihm das alte Modell verkauft. Unterlässt er in Kenntnis der Fakten die Aufklärung über den Modell-

---

195 Bejahend *Ferner*, SVR 2004, 62.
196 BGH 15. 12. 1965, BB 1966, 99.
197 Vgl. OLG Düsseldorf 7. 6. 2004, SVR 2005, 26 und 105 (Peugeot 406).
198 NJW 2000, 2018.
199 BGH 16. 7. 2003, NJW 2003, 2824.

wechsel, kann er sich schadensersatzpflichtig machen.[200] Zur Aufklärungspflicht s. a. Rdn. 548.

Die **Bezeichnung „Modell"** ist unscharf. Laut § 2 Nr. 15 Pkw-EnVKV ist „Modell" die Handelsbezeichnung eines Fahrzeugs bestehend aus Fabrikmarke, Typ sowie ggf. Variante und Version. Im Zusammenhang mit der Beurteilung der Fabrikneuheit eines Kraftfahrzeugs erübrigt sich eine genaue Festlegung des Begriffs, da es nicht darauf ankommt, ob die Änderung der Technik und Ausstattung im Zusammenhang mit einem Modellwechsel erfolgt oder ob sie lediglich der Verbesserung der laufenden Modellserie dient, also nur eine Maßnahme der Modellpflege und Typverbesserung[201] oder ein Face-lifting darstellt. Für die Fabrikneuheit ist entscheidend, dass das gelieferte Fahrzeug im Vergleich zur Serie keinerlei Änderungen in Technik und Ausstattung aufweist. **536**

Lange Zeit galt, dass nur **erhebliche Veränderungen** einer in Produktion befindlichen Fahrzeugserie die Fabrikneuheit zuvor hergestellter Fahrzeuge beeinträchtigen. Als eine Veränderung von nicht hervorragender Bedeutung, sondern als technische Einzelverbesserung im Sinne betriebsinterner Modellpflege wertete das KG[202] die Änderung der Hinterachskonstruktion, die eine Verbesserung der Fahreigenschaften bewirkte, ohne dass die ursprüngliche Konstruktion Funktionsstörungen aufwies. In dem gleichen Sinne urteilten das OLG Zweibrücken[203], das die Einführung eines Kurzhalsgetriebes als nicht grundlegende Konstruktionsverbesserung ansah, und das OLG Stuttgart[204] im Fall der Anbringung eines zusätzlichen Rücklichts. Sie nahmen damit Rücksicht auf die Automobilindustrie, die ein Interesse daran hat, ihre Fahrzeuge kontinuierlich technisch zu verbessern, ohne gleichzeitig dem Zwang unterworfen zu sein, die bereits hergestellten Produkte preislich herabsetzen zu müssen. **537**

Dieser herstellerfreundlichen Auffassung ist **der BGH** schon in seiner Entscheidung v. 6. 2. 1980[205] entgegengetreten. Seither gilt, dass ein Neufahrzeug, um fabrikneu zu sein, **‚keinerlei Änderungen' in Technik und Ausstattung** im Vergleich zur laufenden Modellreihe aufweisen darf. Danach kommt es auf die Erheblichkeit der Änderung nicht an. Die Instanzgerichte sind dem BGH gefolgt.[206] Nur vereinzelt hat man an dem Erfordernis einer wesentlichen Veränderung festgehalten[207], das bei Verbesserungen technischer Art meistens anzunehmen ist.[208] **538**

Beispiele aus der Rechtsprechung:

- Änderung des Motors, die es ermöglichte, das Fahrzeug statt mit Superbenzin mit Normalbenzin zu fahren – OLG Köln 2. 7. 1982, DAR 1982, 403,
- Fehlen der in dem geänderten Modell serienmäßig vorhandenen Servolenkung – OLG Köln 9. 11. 1983 – 2 U 70/83 – n. v.,

---

200 Von BGH 16. 7. 2003, NJW 2003, 2824 (letztlich offen gelassen).

201 S. a. OLG Hamm 20. 3. 1980, DAR 1980, 285.

202 Urt. v. 7. 2. 1969, NJW 1969, 2145 ff.

203 Urt. v. 20. 11. 1969, MDR 1970, 325.

204 Urt. v. 26. 1. 1959, BB 1959, 338; ferner OLG München 9. 2. 1965, DAR 1965, 272, das auf bau- und fahrtechnisch bedeutsame Veränderungen abstellt.

205 NJW 1980, 1097.

206 OLG Köln 18. 1. 2005, DAR 2005, 629 (um 50 % größeres Tankvolumen/Smart); OLG Hamm 20. 3. 1980, DAR 1980, 285; OLG Düsseldorf 15. 10. 1981, NJW 1982, 1156; LG Köln 8. 1. 1981 – 2 O 371/80 – n. v.; 6. 1. 1983 – 8 O 216/81 – n. v.

207 So OLG Karlsruhe 31. 5. 2005 – 8 U 1/05 – n. v., wonach Maßnahmen der Modellpflege und einige Änderungen, die in einem Zeitraum von 2 Jahren nach Produktionsbeginn vorgenommen wurden, die Fabrikneuheit nicht beseitigen und nicht zur Folge haben, dass der Händler zur Nacherfüllung (Ersatzlieferung) außer Stande ist.

208 OLG Köln 10. 1. 1990, DAR 1990, 457.

- Verbesserung des Grundmodells durch Ausstattung mit Katalysator ohne Änderung der Typenbezeichnung – OLG Köln 10. 1. 1990, DAR 1990, 457,
- Ausrüstung der laufenden Modellreihe mit Wegfahrsperre und ABS, nicht aber eine geringfügige Veränderung der Lackierung und des Herstellungsverfahrens – OLG Zweibrücken 5. 5. 1998, NJW-RR 1998, 1211,
- Fehlen des Kickstarters bei einem Motorroller der Vorjahresserie – AG Frankfurt 7. 2. 1997, NJW-RR 1998, 489,
- Getriebemodifizierung bei einem Motorrad wegen Mängel der Vorserie; offen gelassen im Hinblick auf den Einbau eines Fahrerinformationsdisplays – LG Köln 10. 10. 1995 – 4 O 395/94,
- Notbremsassistent mit Einschaltautomatik der Warnblinkleuchten statt elektronischer Notbremsassistent; zusätzlicher Einbau einer Einschaltautomatik des Abblendlichts sowie Einbau einer Wärme abweisenden Windschutzscheibe statt einer Wärmeschutzverglasung – OLG Düsseldorf 7. 6. 2004 – 1 U 11/04 – n. v.,
- Vergrößerung des Tankinhalts um 50 % bei einem Kleinwagen (Smart) – OLG Köln 18. 1. 2005, DAR 2005, 629 = NZV 2005, 310.

539 Die vom BGH zur Modellaktualität aufgestellten Grundsätze gelten uneingeschränkt auch für **reimportierte Kraftfahrzeuge**. Importfahrzeuge aus der Vorserie sind nicht fabrikneu.[209] Zur Aufklärungspflicht des Verkäufers und zu den Besonderheiten beim „EU-Neuwagen" s. Rdn. 1361 ff.

540 Wenn Modellaktualität kraft ausdrücklicher oder konkludent zustande gekommener Vereinbarung ausnahmsweise nicht geschuldet ist, besagt das nicht ohne weiteres, dass das Fahrzeug auch i. Ü. nicht „fabrikneu" zu sein hat. Der Käufer, der ein nicht mehr aktuelles Modell erwirbt, darf mangels gegenteiliger Hinweise erwarten, dass die übrigen „Fabrikneu"-Eigenschaften erfüllt sind. Das Fahrzeug darf noch nicht benutzt worden sein und keine Lagermängel oder Beschädigungen aufweisen.[210] Mit einem höheren Fahrzeugalter (längerer Standzeit) muss beim Kauf eines modellveralteten Fahrzeugs allerdings unter Umständen gerechnet werden, etwa wenn der Verkäufer einen ungewöhnlich hohen Preisnachlass gewährt.[211]

(2) Sonderprobleme

541 **Modellaktualität vorrätiger Neufahrzeuge:** Die Grundsätze zur Fabrikneuheit sind grundsätzlich auch auf den Kauf vorrätiger Fahrzeuge anzuwenden.[212] Das sind diejenigen Fahrzeuge, die in der Terminologie der NWVB beim Verkäufer „vorhanden" sind, die er am Lager hat, z. B. in der Ausstellungshalle stehen. Nicht durchgesetzt hat sich die lebensfremde Ansicht, der Käufer eines vorrätigen Fahrzeugs müsse, wenn er einen dem allerneuesten Stand entsprechenden Fahrzeugtyp erhalten wolle, mit dem Händler eine entsprechende Vereinbarung treffen.

542 Ursprünglich vertraten nur das OLG Düsseldorf[213] und das OLG Köln[214] die Auffassung, der Käufer eines vorrätigen Neuwagens habe grundsätzlich Anspruch auf Lieferung eines

209 OLG Koblenz 22. 12. 1994, NZV 1995, 399; 27. 6. 1996, NJW-RR 1997, 430; LG Köln 6. 12. 1984 – 2 O 166/84 – n. v.

210 OLG Düsseldorf 15. 10. 1981 – 6 U 216/80 – n. v.

211 Vgl. OLG Köln 1. 4. 2004, DAR 2005, 87 = VersR 2005, 1253; s. a. OLG Oldenburg 8. 1. 2007, DAR 2007, 212.

212 BGH 6. 2. 1980, NJW 1980, 1097; a. A. LG Köln 16. 11. 1995 – 22 O 619/94 – n. v. – Verkauf eines Neufahrzeugs aus dem ‚Pool' des Herstellers.

213 Urt. v. 13. 4. 1970, NJW 1971, 622.

214 Urt. v. 23. 3. 1970, OLGZ 1971, 15 ff.

Kraftfahrzeugs mit allen technischen Neuheiten der zuletzt gefertigten und auf dem Markt befindlichen Bauserie. Das OLG Düsseldorf[215] beanstandete das Fehlen der Fabrikneuheit, weil der vorrätige Neuwagen nicht mit einer vom Hersteller zwischenzeitlich eingeführten Doppel-Zweikreis-Bremsanlage und einer Warnblinkanlage ausgerüstet war. Während der Übergangszeit waren sowohl Fahrzeuge der Vorserie als auch die technisch verbesserten Modelle auf dem Markt zu gleichen Preisen angeboten worden. In den Urteilsgründen räumten die Richter ausdrücklich ein, dass beim Kauf eines Ausstellungswagens die Vertragsauslegung durchaus zu einem anderen Ergebnis führen kann. Ein fabrikneues Auto kann der Käufer nicht erwarten, wenn sich aus den Umständen ergibt, dass das Fahrzeug bereits vor einem länger zurückliegenden Zeitpunkt an den Händler geliefert wurde.

Ausstellungswagen: Allein die Tatsache, dass ein Neufahrzeug als Ausstellungsstück einige Zeit beim Händler gestanden hat, beeinträchtigt bei eingehaltener Gesamtstandzeit von 12 Monaten nicht die Fabrikneuheit. Die bloße Präsentation im showroom stellt im Allgemeinen keine Benutzung dar.[216] Nach Meinung des OLG Düsseldorf[217] gilt dies selbst dann, wenn ein Präsentationsfahrzeug in den Ausstellungsräumen des Händlers während eines Zeitraums von mehr als einem halben Monat nicht nur ernsthaften Kaufinteressenten vorgestellt wurde, sondern potenziellen Kunden allgemein zugänglich war. Eine Beeinträchtigung der Fabrikneuheit ist freilich anzunehmen, wenn ein Ausstellungsauto **deutliche Gebrauchs- und Abnutzungsspuren** aufweist, die durch häufiges Probesitzen, Öffnen und Schließen der Türen, Anfassen und Betätigen der Bedienungselemente entstanden sind.[218] Auch bei einer Präsentation eines Neufahrzeugs außerhalb des Firmensitzes des Händlers, z. B. in einem Möbelhaus oder bei einem „Event“, kann die Eigenschaft „fabrikneu“ entfallen. Die Alternative ist eine Lösung unter Annahme einer Aufklärungspflicht. 543

Kein Anspruch auf Nachfolgemodell: Die Regelung Abschn. IV Ziff. 6 S. 1 NWVB (3/08), wonach zumutbare Änderungen während der Lieferzeit vorbehalten bleiben, gewährt dem Käufer keinen Rechtsanspruch auf ein Fahrzeug mit den neuesten Änderungen (Nachfolgemodell). Der Käufer trägt somit das Risiko, dass der Hersteller das Modell während der Lieferzeit ändert. Der Kunde, so das LG Hamburg,[219] müsse immer damit rechnen, dass auf der nächsten Ausstellung ein neuer Fahrzeugtyp herauskomme.[220] Da der Käufer das Fahrzeug in der von ihm bestellten Ausstattung erhält, kann er nicht einwenden, es sei inzwischen veraltet. 544

Liefert der Händler das Fahrzeug in geänderter Version, gibt es i. d. R. keine Probleme. Gegen unliebsame Veränderungen wird der Käufer durch Abschn. IV Ziff. 6 S. 1 NWVB geschützt. Er kann das Fahrzeug zurückweisen, wenn die Änderungen für ihn unzumutbar sind (s. Rdn. 406 ff.). 545

Bestellung des Nachfolgemodells: Aus dem Vertrag kann sich ergeben, dass die Lieferung des Nachfolgemodells vereinbart wurde. Dies entnahm der BGH[221] der Formulierung **‚neue Ausführung‘** in der Bestellung eines Neuwagens, dessen Preis und Ausstattung im Zeitpunkt des Vertragsabschlusses noch nicht feststanden. Nach einer Entscheidung des OLG Karlsruhe[222] ist nach den Grundsätzen von Treu und Glauben von dem Zustandekommen eines Vertrages über das Nachfolgemodell auszugehen, wenn dessen Produktion noch nicht aufgenommen, die des Vorgängermodells aber bereits eingestellt wurde. Eine von der 546

215 Urt. v. 13. 4. 1970, NJW 1971, 622.
216 Vgl. auch OLG Köln 18. 1. 2005, DAR 2005, 629; OLG Köln 1. 4. 2004, DAR 2005, 87.
217 OLG Düsseldorf 12. 7. 1991, NJW-RR 1991, 1464.
218 LG München I 16. 5. 2002 – 4 O 17.799/01 – n. v.
219 Urt. v. 23. 11. 1960, BB 1961, 67.
220 *Schmid*, DAR 1981, 43 ff.
221 Urt. v. 19. 3. 1980, NJW 1980, 1680 ff.
222 Urt. v. 19. 10. 1977, DAR 1978, 13.

Bestellung abweichende Auftragsbestätigung des Verkäufers steht einer solchen Auslegung nach Ansicht der Richter nicht entgegen, wenn es dem Käufer darum geht, die lange Lieferfrist für das neue Modell durch frühzeitige Bestellung abzukürzen und der Verkäufer diese Absicht erkennt.

547 Die Einigung über eine Fahrzeugbeschaffenheit, die der Regelausstattung des Modells zum vereinbarten Lieferzeitpunkt entspricht, ist nach Meinung des LG Köln anzunehmen, wenn bereits bei Vertragsschluss feststeht, dass die Fahrzeugausstattung geänderten Zulassungsvorschriften angepasst werden muss, die vor dem vereinbarten Liefertermin in Kraft treten.[223]

548 **Aufklärungspflicht des Verkäufers bei Modellwechsel:** Zu unterscheiden ist zwischen der **vertragsrechtlichen** und der **wettbewerbsrechtlichen** Aufklärungspflicht. Grundsätzlich ist es Sache eines jeden Kaufinteressenten, sich selbst zu informieren. Das gilt auch mit Blick auf Marke, Typ, Modell und Version des zu bestellenden Fahrzeugs. Das Informationsverhalten von Neuwagenkäufern ist Gegenstand umfangreicher empirischer Forschung.[224] Welche Bedeutung Testberichte, Prospekte, Internet und sonstige Informationsquellen haben, ist gründlich erforscht. Nie zuvor waren Neuwagenkäufer so gut informiert wie gegenwärtig. Andererseits waren die Neuwagenangebote in der Finanzierung wie in der Ausstattung nie zuvor derart unübersichtlich, dass der Neuwagenkauf bereits als **„Wissenschaft“** bezeichnet wird.[225]

549 Wettbewerbsrechtlich, aber auch mit Blick auf das Informationsverhalten des Verkäufers bei den Vertragsverhandlungen ist **die Verkehrserwartung** von entscheidender Bedeutung. Bei einem Pkw geht die Erwartung der Kaufinteressenten zweifellos dahin, darüber aufgeklärt zu werden, dass der angebotene Wagen **ein Auslaufmodell** ist.[226] Ein Hinweis darauf ist für den BGH **„grundsätzlich unerlässlich“**.[227] Damit ist noch nicht die Frage beantwortet, ob der Händler von sich aus, d. h. ungefragt, auf einen **bevorstehenden Modellwechsel** hinzuweisen hat. Dies ist zu verneinen.

550 **Erkundigt sich der Käufer** ausdrücklich danach, ob mit dem Erscheinen eines neuen Modells zu rechnen ist, muss der Verkäufer ihn wahrheitsgemäß aufklären. Das Gleiche gilt im Hinblick auf eine bevorstehende Einstellung der Fahrzeugproduktion wegen Werksschließung, zumal dann, wenn **der Hersteller** das Fahrzeug als Auslaufmodell bezeichnet.[228] Falls der Händler die Vorzüge des älteren Modells anpreist, muss er auch auf die Nachteile hinweisen.[229]

551 Die Verletzung einer Aufklärungspflicht kann eine Haftung aus **culpa in contrahendo** begründen (dazu Rdn. 4597 ff.). Gesperrt ist sie allerdings, wenn der Verkäufer über einen Umstand (fahrlässig) nicht oder falsch informiert hat, der sich auf die Beschaffenheit des Fahrzeugs bezieht. Ein bevorstehender Modellwechsel ist ein externer Umstand. Er liegt außerhalb des Sachbereichs der §§ 434 ff. BGB, so dass die c. i. c.-Haftung nicht gesperrt ist.[230]

---

223 Urt. v. 11. 4. 1991 – 2 O 472/90 – n. v.

224 Z. B. die jährlichen DAT-Reports.

225 FAZ v. 23. 7. 2005.

226 BGH 3. 12. 1998, NJW 1999, 2190, 2191.

227 Urt. v. 3. 12. 1998, NJW 1999, 2190, 2191 (Wettbewerbssache).

228 BGH 6. 10. 1999, NJW-RR 2000, 1204; s. a. OLG Hamm 20. 3. 1980, MDR 1980, 846; OLG Köln 28. 4. 1995, OLGR 1996, 48, das unter Auslaufmodellen Produkte versteht, die vom Hersteller nicht mehr produziert werden und nur noch als Restbestände im Vertrieb verfügbar sind.

229 OLG Köln, 10. 1. 1990, NZV 1991, 28.

230 Vgl. *S. Lorenz* EWiR § 463 BGB a. F. 2/03, 1181.

cc) Das Kriterium „Beschädigungsfreiheit“

Von „fabrikneu“ kann laut BGH[231] nur die Rede sein, wenn das Fahrzeug keine durch längere Standzeit bedingten Mängel aufweist und wenn es nach dem Verlassen des Herstellerwerkes unbeschädigt geblieben ist. **552**

Fabrikations- und **Konstruktionsfehler** beseitigen grundsätzlich nicht die Fabrikneuheit eines Kraftfahrzeugs, denn „fabrikneu“ bedeutet nicht mängelfrei.[232] Das gilt auch dann, wenn es sich bei dem zu liefernden Kraftfahrzeug um eine Gattungssache handelt, deren Beschaffenheit von mittlerer Art und Güte sein muss (§ 243 Abs. 1 BGB). Im Zusammenhang mit „fabrikneu“ sind nur solche Schäden von Bedeutung, die außerhalb des Produktionsprozesses liegen, nicht notwendigerweise außerhalb der Werkstore. Es geht insbesondere um Transportschäden („Überführungsschäden“), Schäden bei der Lagerung oder Ausstellung und dergleichen. Um dem Fahrzeug die Eigenschaft „fabrikneu“ nehmen zu können, müssen sie von einer gewissen Schwere sein, wobei die Grenze kraft Natur der Sache sehr eng zu ziehen ist. **553**

(1) Lagermängel (Standzeitmängel)

Beispiele aus der Rechtsprechung: **554**

- Beeinträchtigung der Fabrikneuheit durch zahlreiche und umfangreiche Roststellen (LG Mannheim 29. 6. 1978, DAR 1979, 74).
- Anomale Verschmutzungen, Rostansätze am Reflektor sowie ringsum Flecken und Kratzer (BGH 27. 9. 1967, BB 1967, 1268; ferner OLG Karlsruhe 16. 6. 1971, DAR 1972, 17; LG Berlin 30. 9. 1975, NJW 1975, 151).
- „Standbeulen“ in den Reifen („Standplatten“).

Ist eine über die Regelfrist von 12 Monaten hinausgehende Lagerdauer/Standzeit ausnahmsweise nicht vertragswidrig (dazu Rdn. 522 ff.), können die damit typischerweise einhergehenden Beeinträchtigungen die Eigenschaft „fabrikneu“ nicht entfallen lassen. Unübliche Lagerschäden gehen indes zu Lasten des Verkäufers.[233] Allerdings hat er ein Recht zur Nacherfüllung, hier Mängelbeseitigung, während das Fehlen von „fabrikneu“ einen unbehebbaren Mangel bedeutet. **555**

(2) Nachlackierungen

Ein Thema, mit dem sich die Rechtsprechung schon unter dem Blickwinkel „fabrikneu“ wiederholt befassen musste, sind Nach- und Neulackierungen. Dafür gibt es zahlreiche Anlässe: Behebung von Mängeln der Erstlackierung, Beseitigung eines Lagermangels oder von Beschädigungen im Werk, beim Transport oder in der Sphäre des Händlers. Zur Frage der Nachbesserungsfähigkeit s. a. Rdn. 937 ff., zur Parallelproblematik beim Gebrauchtwagenkauf Rdn. 4421 ff. **556**

Beispiele aus der Rechtsprechung:

- Für das KG[234] war ausschlaggebend, dass die **Zweitlackierung** nach den gültigen Richtlinien des Herstellers vorgenommen worden war. Mängel der Zweitlackierung (Übernebelung des Lacks) sahen die Richter als nachbesserungsfähig an.

---

231 Urt. v. 6. 2. 1980, NJW 1980, 1097; 18. 6. 1980, NJW 1980, 2127.

232 *Himmelreich/Andreae/Teigelack* § 6 Rn. 21; nach OLG Köln 15. 6. 1999, OLGR 1999, 325 sind im Werk durchgeführte Karosseriearbeiten zur Behebung von Fertigungsmängeln offenbarungspflichtig; s. a. LG Bonn 26. 9. 2006, NJW-RR 2007, 1424.

233 Vgl. OLG Braunschweig 7. 7. 2005, NJW-RR 2005, 1508 (Reifenschäden in Form von „Standbeulen“).

234 Urt. v. 29. 5. 1979 – 6 U 365/79 – n. v.; zust. LG Bonn 26. 9. 2006, NJW-RR 2007, 1424.

- Das OLG Düsseldorf[235] hatte über die Fabrikneuheit eines im Ausland hergestellten Fahrzeugs zu befinden, an dem umfangreiche Nachlackierungsarbeiten durchgeführt worden waren. Es vertrat die Ansicht, die Eigenschaft ‚fabrikneu' werde nicht beeinträchtigt, wenn die Werkstatt die Fehler der Werkslackierung vor dem ersten Auftreten erheblicher Rostschäden durch eine fachgerechte Nachlackierung behebe.
- Das OLG Karlsruhe[236] verneinte die Fabrikneuheit eines Kraftfahrzeugs, an dem verschiedene Lackschäden vor Auslieferung durch Teillackierungen unzureichend ausgebessert worden waren. Der Käufer lege nach der Verkehrsanschauung auf eine makellose Lackierung auch deshalb besonderen Wert, weil eine unversehrte Lackierung Korrosion verhindere.
- Ähnlich das LG Lahn-Gießen in einem Fall,[237] in dem der Sachverständige nicht feststellen konnte, ob durch die nachträgliche Ganzlackierung die vorher schon vorhandene Unterrostung gestoppt und beseitigt worden war.

(3) Reparierte Vorschäden

557 Ausgehend von der Prämisse, dass nur solche **Beschädigungen** die Soll-Beschaffenheit „fabrikneu" beeinträchtigen, die **außerhalb des Produktionsprozesses** eingetreten sind, entschied das OLG Köln,[238] ein Fahrzeug sei nicht fabrikneu, wenn sich im Nachhinein nicht mehr feststellen lasse, ob es im Bereich des Händlers oder des Herstellers beschädigt worden sei. Abzulehnen ist die Ansicht des OLG Koblenz,[239] das eine abschließende Klärung der Ursachen und der Herkunft der Schäden verlangt und dem Käufer die Beweisführung auferlegt. Die dem Käufer zur Verfügung stehenden Aufklärungsmittel sind begrenzt. Er ist überfordert, wenn von ihm ‚beweiserheblicher Sachvortrag spezifischer Zielrichtung' verlangt wird. Es genügt, wenn er ein Anzeichen für eine Beschädigung vorträgt, z. B. eine Lackunregelmäßigkeit. Da der Verkäufer im Gegensatz zum Käufer den Vertriebs- und Transportweg des Fahrzeugs kennt, jedenfalls im Detail nachvollziehen kann (Hersteller/Importeur-Auskunft; Nachfrage beim Spediteur), ist ihm zumindest eine **sekundäre Darlegungslast** aufzuerlegen. Zu erwägen ist, allein schon in der Ungewissheit über die Herkunft des Schadens wenigstens einen „normalen" Sachmangel zu sehen, will man das Merkmal „fabrikneu" nicht tangiert sehen.

558 Die vom BGH vorgenommenen Differenzierungen betreffend den Ort des Schadenseintritts sind fragwürdig.[240] In der Sache macht es keinen Unterschied, ob der Schaden im Herstellerwerk, auf dem Transport oder beim Händler eingetreten ist.[241] Es ist auch nicht von ausschlaggebender Bedeutung, wer den Schaden behoben hat, der Hersteller, der Händler oder eine autorisierte Drittwerkstatt.[242] Entscheidend ist allein, ob das Auto **nach der Verkehrsanschauung** noch als „fabrikneu" gilt.[243] Die vom KG[244] vertretene Ansicht, die Fabrikneuheit werde nicht beeinträchtigt, wenn, was immer wieder einmal vorkomme, z. B.

---

235 Urt. v. 15. 10. 1981 – 6 U 216/80 – n. v.
236 Urt. v. 22. 12. 1976, DAR 1977, 323.
237 Urt. v. 16. 2. 1978 – 3 O 290/77 – n. v.
238 Urt. v. 7. 2. 1997, OLGR 1997, 127.
239 4. 12. 1998, NJW-RR 1999, 702.
240 Krit. auch *Himmelreich/Andreae/Teigelack*, § 6 Rn. 26 ff.
241 OLG München 19. 5. 1981 – 9 U 1291/81 – n. v. Auslieferung eines wegen Transportschadens zum Preis von 640 DM nachlackierten Neufahrzeugs.
242 OLG Nürnberg 11. 10. 1984, DAR 1985, 81 und LG München 2. 2. 1984 – 6 S 1865/83 – n. v., zit. in Autohaus 1986, 61.
243 LG Bonn 26. 9. 2006, NJW-RR 2007, 1424.
244 Urt. v. 29. 5. 1979 – 6 U 365/79 – n. v.; ebenso LG Köln 3. 5. 1978 – 9 S 399/77 – n. v. zur Auslieferung eines Neufahrzeugs mit einem reparierten Rahmenschaden.

gerade produzierte Fahrzeuge auf dem Werksgelände zusammenstoßen, kann in dieser Allgemeinheit nicht geteilt werden.

Bereits **geringfügige Verformungen** im Blech der Ölwanne und des Getriebeschutzes, die für sich allein betrachtet minimal sind und mit einem geringen Reparaturaufwand von 145,32 € behoben werden können, fallen bei einem Neuwagen nicht mehr unter „Bagatellschäden".[245] Der Käufer eines neuen Kraftfahrzeugs erwartet ein völlig unbenutztes und in jeder Hinsicht unbeschädigtes Auto. Als erheblich bewertete das OLG Köln[246] die mangelhafte Einpassung und Lackierung eines nach Behauptung des Käufers erneuerten Kofferraumdeckels, dessen ordnungsgemäße Instandsetzung einen Kostenaufwand von 635,37 € verursacht hätte.[247] Das LG Gießen[248] entschied, der Käufer eines fabrikneuen Pkw werde arglistig getäuscht, wenn ihm eine Delle in der hinteren Tür verschwiegen wird, die mit einem Aufwand von 390 € gespachtelt und neu lackiert werden musste. **559**

Nach Meinung des OLG Hamm[249] stellen einige Lackmängel, verursacht durch Vogelkot, die Neuwageneigenschaft nicht in Frage, wenn sie vor Auslieferung des Fahrzeugs vom Händler beseitigt worden sind. Die Nachlackierung muss fachgerecht ausgeführt und darf weder technisch minderwertig noch optisch für einen Nichtfachmann erkennbar sein. Das LG Duisburg[250] hat sich in Anlehnung an das Kfz-Schadensrecht auf den Standpunkt gestellt, dass eine Beule unbekannten Ausmaßes an der Motorhaube die Eigenschaft fabrikneu nicht beseitige, wenn die Motorhaube ausgetauscht wird und danach kein Minderwert verbleibt, weil es sich um einen reinen Blechschaden an nicht tragenden Teilen handelt. **560**

dd) Das Kriterium „keine ungeklärte Fahrstrecke"

Schon die Eigenschaft „neu" hängt davon ab, dass das Fahrzeug **unbenutzt** ist. Erst recht ist Ungebrauchtsein **Grundvoraussetzung** für „fabrikneu". Zur Bedeutung der Angabe **„Neufahrzeug mit Werkskilometern"** s. BGH NJW 1997, 1847 (Ferrari). **Fahrstrecken innerhalb des Werks** oder auf werkseigenen Teststrecken sind grundsätzlich neutral, sofern sie noch zum Schlussteil des Produktionsprozesses, zur Produktbeobachtung und Qualitätssicherung gehören. Ein Selbstabholer eines AUDI A 4 wurde mit seinem Ersatzlieferungsverlangen, gestützt auf eine ihm auch im Prozess nicht plausibel erklärte Fahrstrecke von immerhin **57 km**, vom LG Augsburg abgewiesen.[251] Eine Laufleistung von „wenigen dutzend Kilometern" sei auch bei fabrikneuen Fahrzeugen nicht völlig ungewöhnlich. **561**

Dass Neufahrzeuge bei Anlieferung auf fremder Achse mit Null km auf dem Wegstreckenzähler zum Händler kommen, ist in der Tat eher die Ausnahme.[252] Aus vielfältigen Gründen kann es nach dem Verlassen des Produktionsbandes zu Fahrzeugbewegungen außerhalb des öffentlichen Verkehrsraums kommen, z. B. auch durch sog. Hafenkilometer in Bremerhaven. Selbst wenn ein Neufahrzeug mit Tachostand Null beim Händler angeliefert wird, können sich kurze Fahrten in der Sphäre des Händlers (auf seinem Gelände oder zum Tanken) leicht zu einer Strecke von einigen Kilometern summieren. **562**

Wenn das Fahrzeug nach Verlassen des Werks **im Straßenverkehr** benutzt worden ist, ist es nach der Verkehrsanschauung grundsätzlich nicht mehr „fabrikneu".[253] Toleriert wird lediglich eine sog. **Überführungsfahrt**. Argument: kein bestimmungsgemäßer Gebrauch **563**

---

245 OLG Oldenburg 31. 1. 1992, DAR 1992, 380.
246 Urt. v. 7. 2. 1997, OLGR 1997, 127.
247 S. a. LG Bonn 26. 9. 2006, NJW-RR 2006, 1424.
248 Urt. v. 11. 11. 2004, NJW-RR 2005, 493.
249 Urt. v. 20. 4. 1998, NJW-RR 1998, 1212.
250 Urt. v. 14. 2. 2003 – 7 S 207/02 – n. v. (Opel Astra Caravan).
251 Urt. v. 25. 11. 2010 – 13 O 3460/10 – n. v.
252 So auch *Haug*, Autohaus 21/2000, S. 59.
253 BGH 6. 2. 1980, NJW 1980, 1097; v. 18. 6. 1980, NJW 1980, 2127.

(im Straßenverkehr). Ist eine Überführungsfahrt weder ausdrücklich noch nach den Umständen vereinbart, soll ein Neuwagenkäufer in der Annahme schutzwürdig sein, dass das Fahrzeug mit einem Tachostand von nicht mehr als 20 km in seine Hände gelangt.[254] Den Grenzwert für den Regelfall auf **50 km** festzulegen, ist nach den heutigen Usancen im Neuwagenhandel realistischer.[255] Bei einer einverständlichen oder einer zumindest für den Käufer erkennbaren Überführung ist es unschädlich, wenn nicht der denkbar kürzeste Weg gewählt worden ist. Mehrkilometer bis 10 % muss er hinnehmen.[256]

564 Ob Fahrten von einem Betrieb des Händlers zu einem anderen oder gar zu fremden Betrieben zum Zwecke des Testens, der Aufbereitung, der Montage von bestelltem Zubehör oder aus ähnlichen Gründen Überführungsfahrten gleichzustellen sind, hat der BGH offen gelassen.[257] Solange der Händler eine Fahrstrecke als nötige Vorbereitung vertragskonformer Auslieferung (Qualitätssicherung und -kontrolle, Tanken) plausibel und nachvollziehbar erläutern kann, ist er auf der sicheren Seite. Nimmt der Käufer den Wagen mit einer bestimmten Anzahl von Kilometern auf dem Wegstreckenzähler ohne Vorbehalt entgegen, ist dies zumindest ein Indiz dafür, dass er mit den angezeigten Kilometern einverstanden war. I. Ü. ist an § 442 BGB zu denken. Zu schützen ist der Käufer vor **ungeklärten Fahrstrecken** größeren Ausmaßes. Mehr als 200 km ungeklärte Strecke nimmt dem Fahrzeug die Fabrikneuheit.[258] Das ist indes keine untere Grenze, sondern eine einzelfallbezogene Aussage des BGH.[259]

d) „fabrikneu“ Gegenstand einer Garantie?

565 Im früheren Kaufrecht war es gefestigte höchstrichterliche Rechtsprechung, allein schon in dem Verkauf eines Kraftfahrzeugs unter der Bezeichnung „Neuwagen“ i. d. R. die **konkludente Zusicherung** der Eigenschaft „fabrikneu“ mit sämtlichen Einzelelementen zu sehen.[260] Diese Spruchpraxis machte es möglich, dem Käufer – losgelöst von der Frage der Erheblichkeit der Vertragswidrigkeit – zu einem Anspruch auf Schadensersatz wegen Nichterfüllung zu verhelfen (§ 463 S. 1 BGB a. F.). Außerdem konnte die Rechtsfigur der Zusicherung erfolgreich gegen eine (seltene) Freizeichnungsklausel und zur Überwindung von Verjährungshürden eingesetzt werden.[261]

566 Aufgrund dieser gefestigten Rechtsprechung muss damit gerechnet werden, dass die Verpflichtung des Verkäufers zur Lieferung eines i. S. d. Rechtsprechung „fabrikneuen“ Fahrzeugs im Regelfall, insbesondere beim Kauf vom Markenhändler und in Werksniederlassungen, als Übernahme einer Garantie (§§ 276, 444, eventuell auch § 443 BGB) verstanden wird. In diesem Sinn entschieden ist das noch nicht.[262]

567 **Nach der Schuldrechtsmodernisierung** hat die frühere Zusicherungsrechtsprechung zu „fabrikneu“, ohnehin von Anbeginn an ziemlich schwach legitimiert,[263] selbst in einem

254 OLG Düsseldorf 11. 12. 2006, NJW-RR 2007, 1129 (EU-Import).
255 Für 30 km *Haug*, Autohaus 21/2000, S. 59.
256 OLG Dresden 4. 10. 2006, DAR 2007, 87.
257 Urt. v. 18. 6. 1980, NJW 1980, 2127.
258 BGH 18. 6. 1980, NJW 1980, 2127.
259 Anders die Deutung von OLG Dresden 4. 10. 2006, DAR 2007, 87.
260 Vgl. BGH 7. 6. 2006, NJW 2006, 2694 m. w. N.
261 Vgl. *Eggert*, DAR 2004, 327, 329.
262 Keine Entscheidung im Jahreswagen-Urteil des BGH v. 7. 6. 2006, NJW 2006, 2694; offen gelassen auch von OLG Köln 18. 1. 2005, DAR 2005, 629. Wenn das OLG Koblenz (16. 4. 2009, NJW 2009, 3519) in einem Tageszulassungsfall von „Beschaffenheitsvereinbarung“ spricht, besagt das nicht, dass eine Beschaffenheitsgarantie ausgeschlossen ist.
263 Näheres bei *Eggert*, DAR 2004, 327 ff.; s. a. *Stöber*, Beschaffenheitsgarantien des Verkäufers, S. 90 ff., 330.

Regelfall **keine Berechtigung mehr**.[264] Insbesondere ist kein Raum für die Annahme einer Beschaffenheitsgarantie nach § 443 BGB.[265] So wie der BGH im Bereich des Gebrauchtwagenhandels frühere Positionen wegen geänderter Rahmenbedingungen zu Recht aufgegeben hat,[266] wird die Rechtsprechung sich auch bei der Zusage „fabrikneu" neu positionieren müssen.

Stillschweigende bzw. konkludente Zusicherungen hat der BGH bei fabrikneuer Ware schon im alten Kaufrecht **nur in engen Grenzen** bejaht. Die Annahme einer stillschweigenden Zusicherung sei hier **grundsätzlich die Ausnahme**, die der besonderen Begründung anhand der Umstände des Einzelfalls bedürfe.[267] Wegen des besonderen Stellenwerts der Eigenschaft „fabrikneu" und aus Gründen des Vertrauensschutzes hat der BGH eine Garantieübernahme in Form der Eigenschaftszusicherung bejaht. Der innere Grund für diese Aufwertung war von Anfang an fragwürdig.[268] Heute besteht jedenfalls kein hinreichender Grund mehr dafür, dem Neuwagenhändler einen Garantiewillen gewissermaßen zu unterstellen. **568**

Die Annahme einer Beschaffenheitsgarantie, gleichviel ob i. S. d. § 444 BGB, des § 276 BGB oder des § 443 BGB (zur Abgrenzung s. Rdn. 2580 ff.), setzt **Eindeutigkeit** des Erklärungstatbestandes voraus. Selbst die Vereinbarung einer Beschaffenheit kommt laut BGH nur noch in einem eindeutigen Fall in Betracht.[269] Darüber hinaus fordert der BGH, insoweit an seine frühere Zusicherungsrechtsprechung anknüpfend, dass der Verkäufer in „vertragsgemäß bindender Weise die Gewähr für das Vorhandensein der vereinbarten Beschaffenheit übernimmt und damit seine Bereitschaft zu erkennen gibt, für alle Folgen des Fehlens dieser Beschaffenheit einzustehen".[270] Das muss im Einzelfall anhand konkreter Tatsachen festgestellt werden. Für die Abgrenzung zwischen einfacher Beschaffenheitsvereinbarung und Beschaffenheitsgarantie stellt der BGH, Kontinuität auch insoweit, entscheidend auf die typischerweise gegebene Interessenlage ab.[271] **569**

Nach der schuldrechtsreformbedingten Verbesserung der Rechtsstellung des Käufers, auch des Neufahrzeugkäufers, ist die (beiderseitige) **Interessenlage neu zu bestimmen**. Der Schadensersatzhaftung ist ein Händler bereits im Fall des Bruchs einer einfachen Beschaffenheitsvereinbarung (§ 434 Abs. 1 S. 1 BGB) ausgesetzt, wobei sein Verschulden/Vertretenmüssen gesetzlich vermutet wird. Über eine Entlastung nach §§ 311a Abs. 2, 280 Abs. 1 S. 2 BGB wird er sich seiner Haftung kaum entziehen können. Denn er verfügt über die zur Beurteilung der Fabrikneuheit erforderlichen Angaben bzw. kann diese ohne Weiteres beschaffen.[272] Direktverkaufenden Herstellern wie Daimler und BMW den Entlastungsbeweis mit Hilfe der Konstruktion einer Garantieübernahme abzuschneiden (§ 276 BGB), macht ohnehin keinen Sinn. Im praktischen Ergebnis haften Werksniederlassungen „garantieartig" auf Schadensersatz. **570**

Ob die sonstigen Vorteile, die mit der Annahme einer Beschaffenheitsgarantie verbunden sind (dazu Rdn. 2579), einem Neuwagenkäufer zugute kommen sollen, bedarf im Einzelfall sorgfältiger Prüfung anhand der oben (Rn. 569) aufgezeigten Richtlinien des BGH. **571**

---

264 Ausführlich dazu *Eggert*, DAR 2004, 327 ff.; s. a. *Stöber*, Beschaffenheitsgarantien des Verkäufers, S. 90 ff.; gegen die Annahme einer Garantie, wenngleich ohne Begründung, auch MüKo-BGB/*Westermann*, § 434 BGB Rn. 57.

265 A. A. *Pfeiffer* in Klauselwerke, Neuwagenkauf, Rn. 70.

266 Vor allem Urt. v. 12. 3. 2008, NJW 2008, 1517.

267 Urt. v. 28. 11. 1994, NJW 1995, 518 (ABS).

268 Vgl. *Eggert*, DAR 2004, 327 ff.

269 Urt. v. 12. 3. 2008, NJW 2008, 1517.

270 Urt. v. 29. 11. 2006, NJW 2007, 1346.

271 Urt. v. 29. 11. 2006, NJW 2007, 1346.

272 *Eggert*, DAR 2004, 333, 330.

Entscheidungshilfe können die unter Rdn. 2594/2595 aufgeführten Anhaltspunkte pro und contra liefern.

572 Sollte die Rechtsprechung sich zu einer Neuorientierung, für die hier plädiert wird, nicht entschließen, wird jedenfalls zu überlegen sein, ob bestimmte Verkäufertypen (z. B. freie Händler, EU-Neuwagenverkäufer, branchenfremde Verkäufer u. a.) von der Garantiehaftung freizustellen sind. Dafür hat der BGH schon im früheren Recht Raum gelassen.[273] Überlegenswert ist auch, zumindest in solchen Sonderfällen nicht jedes der fünf Einzelelemente von „fabrikneu“ als garantiert anzusehen. Eine Unterscheidung nach Käufertypen (privat oder geschäftlich) ist ein weiterer Differenzierungsansatz. Sofern ein garantiemäßiges Einstehenwollen ausnahmsweise zu bejahen sein sollte, wird man keine Beschaffenheitsgarantie i. S. v. § 443 BGB, sondern eine Garantieübernahme nach §§ 276, 444, 442 BGB anzunehmen haben.

4. Funktionsstörungen und Qualitätsmängel (Einzelfälle nach Baugruppen und Bauteilen)

573 **Vorbemerkung:** Durch den Wegfall der Bagatellgrenze i. S. d. § 459 Abs. 1 S. 2 BGB a. F. sind die im Folgenden zitierten Entscheidungen, in denen Mangelhaftigkeit nach dem früheren Recht verneint wurde, nur noch bedingt von Nutzen. Legt man den Maßstab von § 434 BGB zugrunde, muss in einigen Fällen ein Sachmangel bejaht werden, wobei sich das Problem der Erheblichkeit dann auf der Rechtsfolgeseite stellt (§§ 323 Abs. 5 S. 2, 281 Abs. 1 S. 3 BGB). Bei Abweichungen von Messwerten, z. B. Höchstgeschwindigkeit oder Kraftstoffverbrauch, ist die Prüfung jetzt **dreigestuft:** (1) Toleranzbereich, (2) Mangel im Rechtssinn (ausreichend für Nacherfüllung, Minderung und „kleinen“ Schadensersatz), (3) erheblicher Mangel („Rücktrittserheblichkeit“).

a) Motor

aa) Mangel ja

574 – Nicht aufklärbare Geräusche des Motors („Rascheln/Kratzen“) mit konkretem Verdacht eines gravierenden Problems (OLG Naumburg 6. 11. 2008, 1 U 30/08 – Toyota Avensis),
- Leistungsloch bei Tempo 140 km/h (OLG Karlsruhe 28. 6. 2007, NJW-RR 2008, 137; s. a. OLG Rostock 20. 3. 2006, OLGR 2006, 671 – Rücktritt wg. fehlender Fristsetzung unwirksam),
- Höchstgeschwindigkeit von nur 161 km/h statt der angegebenen 171 km/h (Abweichung 6,3 %) vgl. OLG Rostock 19. 2. 1997, OLGR 1997, 281; dazu auch OLG Düsseldorf 7. 9. 2005, NJW 2005, 3504,
- Motorminderleistung von 16 kW (= ca. 5,5 %); statt 291 nur 275 kW (OLG Köln 2. 12. 2010 – 21 U 18/10); s. a. LG Wuppertal 16. 11. 2010, DAR 2011, 533,
- „Verschlucken“ des Motors beim Start und bei längeren Autobahnfahrten (OLG Nürnberg 28. 4. 1994, DAR 1994, 364),
- bei einer bestimmten Drehzahl auftretende Motorengeräusche einer ganzen Fahrzeugserie (OLG Oldenburg 11. 1. 1995, DAR 1995, 161),
- deutlicher Leistungsabfall des Motors und Hochschnellen des Drehzahlmessers (OLG Düsseldorf 16. 12. 1994 – 14 U 95/94 – n. v.),
- unzureichende Motorleistung eines Lastkraftwagens wegen eines Defekts am Turbolader (OLG Celle 2. 12. 1993, OLGR 1994, 49),

273 Vgl. Urt. v. 22. 3. 2000, NJW 2000, 2018 unter 2a.

- Ölverlust wegen eines undichten Simmerings an der Ausrückwelle eines Motorrades (OLG Hamm 19. 10. 1994, zfs 1994, 241),
- starkes Lastwechselrucken, beruhend auf fehlender Dämpfung durch Drehmomentwandler und auf konstruktionsbedingter Aufhängung des Motors (OLG Celle 13. 2. 1996, OLGR 1996, 145),
- fehlerhafte Funktion der Motorelektronik, die zum Einschalten eines unwirtschaftlichen Notprogramms mit verminderter Leistung führt und das Aufleuchten der Kontrollleuchte zur Folge hat (LG Augsburg 10. 2. 1998, DAR 1998, 476),
- sporadisches Stehenbleiben des Fahrzeugs aus unerklärlichen Gründen (OLG Düsseldorf 17. 1. 1992, NJW-RR 1992, 821),
- Aufheulen des Motors durch erhöhte Drehzahl nach längerer Sonneneinstrahlung und Temperaturen von oberhalb 22 Grad, das noch vor dem Anfahren von selbst wieder verschwindet (OLG Dresden 2. 11. 2001, DAR 2002, 162).

bb) Mangel nein

- Unterschreitung der Prospektangabe bis zu max. 5 %; Motorleistung nur 62,5 kW statt 66 kW; Höchstgeschwindigkeit statt 155 km/h nur 148 km/h, (OLG Schleswig 3. 9. 1980, DAR 1982, 101), **575**
- Höchstgeschwindigkeit statt 202 km/h nur 197, 5 km/h bei einem Opel Omega (kein Rücktrittsgrund, so OLG Düsseldorf 7. 9. 2005, NJW 2005, 3504); s. a. OLG München 6. 8. 2009 – 8 U 2223/09: Mangelhaftigkeit aus tatsächlichen Gründen verneint (Möglichkeit einer Leistungsverschlechterung zwischen Übergabe und SV-Gutachten – fast 3 Jahre, rd. 75.000 km – nicht ausgeschlossen),
- Abweichung von weniger als 5 % kein Fehler (OLG Köln 8. 9. 2004 – 11 U 185/02 – n. v.). Unterschreiten der Höchstgeschwindigkeit um 3,2 % im Durchschnitt,
- Abweichung von 8 % vertragsgemäß (LG Saarbrücken 9. 6. 1988 – 11 S 240/87 – n. v.) Die Minderleistung des Motors betrug 6 PS,
- Leistungsdefizit bis 10 % kein Mangel (OLG Celle 28. 3. 2001, DAR 2002, 211). Begründung: Der durch die DIN vorgegebene Rahmen besitzt nur Empfehlungscharakter und kann deshalb nicht den alleinigen Maßstab darstellen,
- Beschleunigungsloch in der Warmlaufphase nach dem Abschalten der Startautomatik im Geschwindigkeitsbereich von 40–50 km/h auf einer Fahrstrecke von 500 bis 600 Metern, das sich durch hochtouriges Fahren im niedrigeren Gang vermeiden lässt (LG Köln 4. 7. 1990 – 23 O 221/89 – n. v.),
- Nichterreichen der vom Pkw-Hersteller angegebenen Höchstgeschwindigkeit in der letzten, nicht als Schongang ausgelegten Schaltstufe, während in dem darunter liegenden Gang die Höchstgeschwindigkeit bei aufheulendem Motor und hoher Drehzahl nahezu erreicht wird, in der Herstelleranleitung jedoch vor einer solchen Fahrweise ausdrücklich gewarnt wird (OLG Köln 8. 9. 2004 – 11 U 185/02 – n. v.).

b) Getriebe

aa) Mangel ja

- Ruckeln beim Herunterbremsen in der Fahrstufe D bei einem Mercedes ML 280 CDI mit Siebengang-Automatikgetriebe (OLG Köln 27. 4. 2010, NJW-RR 2011, 61), **576**
- Verzögerung der Zurückschaltung bei plötzlicher Beschleunigung, Schaltstöße, Loch beim Beschleunigen (OLG Düsseldorf 18. 1. 2008, NJW-RR 2008, 1230, Rücktrittsgrund bejaht),

- periodisch wiederkehrendes „schabendes“ Geräusch (LG Leipzig 1.6.2007 – 10 O 551/06 – n. v.; Rücktrittsgrund bejaht),
- Geräuschentwicklung des Getriebes im Drehzahlbereich unter 800 U/min mit treckerähnlichen Geräuschen und Rüttelerscheinungen (OLG Hamm 3.12.1976, NJW 1977, 809),
- Herausspringen des ordnungsgemäß eingelegten Ganges als Hinweis auf einen Getriebemangel (LG Köln 3.3.1988 – 15 O 572/86 – n. v.),
- sporadisches Stehenbleiben des Fahrzeugs aus unerklärlichen Gründen (OLG Düsseldorf 17.1.1992, NJW-RR 1992, 821),
- Anfahrschwäche („Turbo-Loch“), LG München I 9.5.2008 – 29 O 6962/07 – n. v.,
- Gang springt heraus („konstruktive Schwäche“), OLG Koblenz 8.3.2007, DAR 2007, 462.

bb) Mangel nein

577 – spürbares Zittern und Schütteln eines Fahrzeugs mit Wählhebel des Automatikgetriebes in Fahrstellung bei laufendem Motor und betätigter Fußbremse (OLG Düsseldorf 10.1.1986 – 14 U 140/85 – n. v. *[Mangel nach § 434 BGB]*),
- bauartbedingtes ‚Magerruckeln‘ im unteren Drehzahlbereich bei einem schadstoffarmen Fahrzeug, das sich durch Wahl eines niedrigeren Ganges und durch zügige Beschleunigung ausgleichen lässt (OLG Düsseldorf 19.12.1991, OLGR 1992, 77),
- Automatikgetriebe entspricht nicht den bei einer Probefahrt mit einem modellgleichen Fahrzeug gewonnnen Vorstellungen (Brand OLG 19.3.2008, NJW-RR 2008, 1282 mit Ausführungen zur Auslegung einer im Bestellschein unter „Sonderausstattung“ festgehaltenen Getriebebeschreibung),
- kein für den Übergabezeitpunkt feststellbarer Getriebefehler bei Anzeige im Display „Getriebestörung“ erst nach rd. 30.000 km und knapp zwei Jahren (Brand OLG 3.4.2008 – 12 U 188/07).

c) Lenkung, Achse

aa) Mangel ja

578 – sich verstärkendes Vibrieren der Lenkung beim Abbremsen infolge einer die Verkehrssicherheit beeinträchtigenden Unwucht der Bremsscheiben als in Fachkreisen bekannte Schwachstelle (LG Köln 23.11.1988 – 30 O 224/86 – n. v.),
- starkes Vibrieren des Lenkrads zwischen 100 und 140 km/h bei nicht ermittelter Fehlerquelle (AG Kerpen 1.7.1987 – 3 C 1009/86 – n. v.).
- gestörter Geradeauslauf („seitliches Ziehen“), OLG Zweibrücken 3.4.1995, DAR 1995, 332; s. a. BGH 15.6.2011, MDR 2011, 1159.

bb) Mangel nein

579 – Eigenlenkverhalten mit Versatz von ca. 1 m pro 100 m nur während der Beschleunigungsphase ab 80 km/h (KG 1.3.2010, NZV 2011, 33 – Citroen C4).

d) Karosserie (Undichtigkeit, Wassereintritt u. a.)

aa) Mangel ja

580 – konstruktionsbedingte Undichtigkeiten an verschiedenen Stellen eines Cabriodaches (OLG Hamm 22.7.2010, DAR 2011, 28),

- Eindringen von Wasser im Heckklappenbereich eines Smart fortwo coupé (KG 20. 7. 2009 – 8 U 96/09),
- Eindringen von Wasser in Innen- und Kofferraum infolge unzureichender Verklebung der Heckscheibe oder von Heckklappenteilen bei einem VW Golf (OLG Karlsruhe 14. 5. 2009 – 4 U 187/07),
- Wassereintritt beim Öffnen der Hintertüren nach Regen; Rücksitzbank feucht (LG Aurich 9. 5. 2008, DAR 2008, 481 – Geländewagen),
- Eindringen von Regenwasser in den Kofferraum infolge fehlerhafter Konstruktion (AG Düsseldorf 29. 5. 2006 – 37 C 9665/04 – BeckRS 2006, 07410),
- Undichtigkeit der Fahrertür und des hinteren Ausstellfensters bei einem Kleinwagen mit Wassereintritt bei starkem Regen, Reinigen mit Schlauch oder in der Waschstraße (OLG Koblenz 5. 3. 1992, DAR 1993, 348),
- Undichtigkeiten im unteren Bereich der Beifahrertür, so dass es bei einer Schrägstellung des Fahrzeugs zu einem starken Wassereintritt kommt (OLG Saarbrücken 26. 3. 1996, NJW-RR 1997, 1423),
- mangelhaft ausgebildete Rasterpositionen der Türfangeinrichtungen, die nicht verhindern, dass die Türen durch ihr Eigengewicht bei geringer Schräglage oder bei leichtem Druck zuschlagen (OLG Celle 23. 5. 1996, OLGR 1996, 209),
- Anstoßen der hinteren Kante des Schiebedaches gegen den Dachrahmen, wodurch Scheuerstellen entstehen (LG Köln 10. 12. 1992 – 2 O 323/91 – n. v.),
- Undichtigkeiten der Karosserie, die es nach den Feststellungen des Gutachters verbieten, das Fahrzeug in einer Waschanlage zu waschen oder es bei starkem Regenfall zu benutzen, da sonst ungewöhnlich große Wassermengen in das Fahrzeuginnere gelangen; auch dann erheblicher Fehler, wenn er sich mit geringem Aufwand beseitigen lässt (OLG Celle 24. 11. 1995, OLGR 1996, 100),
- Festfrieren der Türen an der beflockten Dachleiste wegen des Eintritts von Feuchtigkeit bei normalem Niederschlag/Landregen und Vollsaugen der Türdichtungen entspricht nicht dem Stand der Technik und stellt einen erheblichen Fehler i. S. v. § 459 Abs. 1 BGB a. F. dar (OLG Hamm 21. 1. 2003, DAR 2003, 223),
- Wassereintritt wegen undichter Dachkonstruktion (LG Berlin 19. 10. 1978 – 4 O 262/77 – n. v.),
- Undichtigkeiten an den Seitentüren und am Schloss der Hecktür mit Eintritt geringer Wassermengen und vom Gutachter geschätzten Reparaturkosten von etwa 120–150 DM (OLG Köln 16. 10. 1986 – 12 U 71/86 – n. v.),
- tropfenweise eindringendes Wasser durch die Türdichtung der Fahrertür im Bereich der Schlosssäule, wenn hierdurch Feuchtigkeitsschäden im Bereich des Teppichbodens weder entstanden noch künftig zu befürchten sind (LG Köln 12. 9. 1989 – 3 O 91/88 – n. v.).

bb) Mangel nein

- Abtropfen von Regenwasser auf die Sitze, wenn bei einem Cabrio nach starkem Regen die Türen geöffnet werden (KG 22. 1. 1997, OLGR 1997, 173), 581
- Hineintropfen von Regenwasser beim Öffnen des Kofferraumdeckels als konstruktionsbedingter Zustand aller Fahrzeuge dieses Typs (hier: Opel Astra Twin Top/Cabrio), LG Frankenthal 6. 11. 2008 – 3 O 19/08,
- Eindringen von Waschwasser beim Vorreinigen („Abkärchern“) eines Cabrios in einer Waschstraße (Brand OLG 21. 7. 2007, NJW-RR 2007, 928),
- Undichtigkeit der Tür wegen unzulänglicher Gummidichtung (OLG Celle 7. 1. 1982 – 7 U 72/81 – n. v.),

- geringfügige Abweichungen bei den Spaltmaßen (OLG Celle 8. 1. 1998, OLGR 1998, 221),
- fehlerhafter Türschluss bei Kleinwagen (OLG Düsseldorf 8. 6. 2005, NJW 2005, 2235, wenn überhaupt, nur unerheblicher Mangel).

e) Lackierung

aa) Mangel ja

582 – Lack- und Chromschäden sowie Undichtigkeiten in erheblichem Umfang und gehäuft auftretend (LG Berlin 30. 9. 1975, NJW 1976, 151),
- nicht ausreichende Festigkeit des Lackes (OLG Naumburg 23. 12. 1996, OLGR 1997, 160),
- anderer Farbton (OLG Köln 14. 10. 2005, NJW 2006, 781 = NZV 2006, 210),
- Lieferung eines schwarzen statt eines in blau bestellten Pkw (BGH 17. 2. 2010, NJW-RR 2010, 1289 = DAR 2010, 263),
- Poren und Silikoneinschlüsse im Dachbereich eines hochwertigen Pkw (OLG Hamm 12. 5. 2005 – 28 U 179/04 – n. v.).

bb) Mangel nein

583 – „Orangenhaut" am hinteren Kennzeichenträger, zwar Mangel, aber unerheblich (OLG Koblenz 24. 1. 2008, OLGR 2008, 256),
- Anbringung von 2 Firmenschildern des Händlers (Länge 7,3 cm, Breite 3 cm) an beiden Vorderkotflügeln durch Bohrlöcher von jeweils 2 mm Durchmesser (OLG Nürnberg 23. 4. 1968 – 7 U 201/67 – n. v.).

f) Korrosion

584 Mangel ja

- sich weiter fressende Unterrostungen, die entweder auf fehlerhafter Herstellung oder auf nicht fachgerechter Nachbesserung beruhen (OLG Hamm 24. 11. 1975, DAR 1976, 299),
- Roststellen unterhalb der Gummidichtungen des Motor- und Kofferraums, der hinteren Türen und des Windleitbleches (LG Frankfurt 22. 1. 1985, DAR 1985, 290),
- Rostschäden, Kratzer, Verschmutzung, Rost in einem Scheinwerfer (BGH 27. 9. 1967, BB 1967, 1268),
- Roststellen (LG Mannheim 29. 6. 1978, DAR 1979, 74; OLG Karlsruhe 22. 12. 1976, DAR 1977, 323),
- nicht endgültig beseitigte und gestoppte Rostbildung nach durchgeführter Ganzlackierung (LG Lahn-Gießen 16. 2. 1978 – 3 O 290/77 – n. v.),
- optische Beeinträchtigung der Aluminiumfelgen durch Flecken (LG Hannover 9. 1. 1985, DAR 1985, 122),
- innerhalb der Gewährleistungsfrist auftretende Rostschäden, die auf mangelhafter Lackierung beruhten und die umfangreiche Arbeiten und eine weit gehende Neulackierung erforderlich machten (OLG Saarbrücken 6. 11. 1993, MDR 1993, 213),
- Lack- und Chromschäden sowie Undichtigkeiten in erheblichem Umfang und gehäuft auftretend (LG Berlin 30. 9. 1975, NJW 1976, 151),
- Roststellen (LG Mannheim 29. 6. 1978, DAR 1979, 74; OLG Karlsruhe 22. 12. 1976, DAR 1977, 323).

g) Geräusche, Vibrationen

aa) Mangel ja

- Ungewöhnlich starke Windgeräusche ab 130 km/h wegen fehlerhaften Anschlusses Frontscheibe/A-Säulenverkleidung (OLG Düsseldorf 18. 8. 2008 – I-1 U 238/07, Mercedes A-Klasse), s. a. OLG Frankfurt 9. 12. 2010, 4 U 161/10 (Windgeräusche bei BMW X3 im Hochgeschwindigkeitsbereich; Mangelhaftigkeit zweifelhaft, jedenfalls unerheblich i. S. d. § 323 V 2 BGB), **585**
- abnorme Fahrgeräusche (Windgeräusche) nach Ausfahren der bordeigenen Stabantenne (LG Coburg 18. 11. 2008, DAR 2009, 529 – Jaguar XKR),
- starke Zugluft ab 50 km/h als erhebliche Minderung der Gebrauchstauglichkeit (OLG Düsseldorf 17. 1. 1986, NJW-RR 1987, 635),
- Poltergeräusche im vorderen Fahrwerksbereich, starke Fahr- und Windgeräusche und Ölverlust (LG Köln 2. 9. 1988 – 14 O 309/87 – n. v.),
- unüberhörbare hellfrequentierte Knirsch- und Klappergeräusche aus dem Armaturenbereich, die störend sind und sich vom allgemeinen Fahrgeräusch negativ abheben (LG Köln 31. 5. 1990 – 2 O 628/89 – n. v.; s. a. LG Bremen 21. 9. 2007, DAR 2008, 529),
- Dröhngeräusche bei einem Kleinwagen, die als Vibrationen auf der Beifahrerseite sowohl in der Bodengruppe als auch in der Stirnwand spürbar sind, bei normalem Fahrbetrieb häufig vorkommen und den Fahrkomfort beeinträchtigen (OLG Köln 19. 4. 1991, NJW-RR 1991, 1340),
- leichtes schleifendes und mahlendes, zum Teil knirschendes Geräusch von Motor und Getriebe ohne Funktionsbeeinträchtigung (LG Köln 4. 5. 1994 – 23 O 24/92 – n. v.),
- unangenehme, laute Windgeräusche in Höhe des Fahrerkopfes ab 120 km/h (OLG Düsseldorf 12. 11. 1993, NZV 1994, 395),
- bei einer bestimmten Drehzahl auftretende Motorengeräusche einer ganzen Fahrzeugserie (OLG Oldenburg 11. 1. 1995, DAR 1995, 161),
- Resonanzgeräusche und Vibrationen im Drehzahlbereich zwischen 800 und 1000 U/min (OLG München 22. 4. 1994, DAR 1994, 362),
- Geräusche am Armaturenbrett und im hinteren Fahrzeugteil, die während der Fahrt auftreten und sich von den üblichen Fahrgeräuschen abheben (OLG Nürnberg 28. 4. 1994, DAR 1994, 364),
- Klopf- und Schabgeräusche eines Kleinwagens, die in unregelmäßigen Abständen auftreten und deren Ursache nicht feststellbar ist (OLG Düsseldorf 1. 2. 1993, OLGR 1993, 129),
- auffallend störende Antriebsdröhngeräusche und Vibrationen am Fahrzeugboden und am Schalthebel eines Geländewagens, die nicht dem Qualitätsstandard vergleichbarer Fahrzeuge und damit nicht dem Stand der Technik entsprechen (LG Freiburg 7. 4. 1995, DAR 1995, 291),
- krachende Geräusche im Bereich des Armaturenbretts und der Verkleidungen bei allen Fahrbedingungen, bei denen sich die Karosserie verwindet (Pfälzisches OLG 17. 2. 2000 – 4 U 202/98 – n. v.),
- Knallgeräusche und Fehlzündungen (Saarländisches OLG 29. 6. 1999, zfs 1999, 518 m. Anm. *Diehl*),
- Betriebsgeräusche einer Zusatzheizung, die in der Aufheizphase auftreten und im Fahrzeug (BMW 730d) deutlich zu hören sind (OLG Düsseldorf 24. 2. 2003 – 1 U 12/02),
- Vibrationsgeräusche vom Armaturenbrett (österr. OGH 28. 9. 2005, ZVR 2006, 285; zusammen mit anderen Mängeln war die Bagatellgrenze überschritten),

- quietschende Bremsgeräusche (OLG Schleswig 25. 7. 2008, 14 U 125/07, SVR 2009, 140; s. a. OLG Hamm 9. 12. 2010 – I-28 U 103/10),
- Geräusche ungeklärter Herkunft im Motorraum (OLG Naumburg 6. 11. 2008 – 1 U 30/08),
- Vibrationen bei Leerlaufzahl von 600 U/min im Rückenbereich des Fahrersitzes und an der Kopfstütze deutlich fühlbar und auffällig (LG München I 29. 1. 2009, DAR 2009, 531 – MB E 320 CDI),
- Quietschgeräusche beim Bremsen und Fahren auf unebenem Untergrund (LG Köln 24. 6. 2009 – 28 O 11/07 – Audi Avant 2.0).

bb) Mangel nein

586 – Windgeräusche bei einem Ford Focus Fun (LG Nürnberg-Fürth 8. 11. 2010 – 15 S 4739/10),
- Abrollgeräusche beim Durchfahren von Kurven mit langsamer Geschwindigkeit bei einem AUDI R8 4.2 quattro (LG Regensburg 23. 12. 2009 – 3 O 1938/09),
- Auftreten eines Bremsgeräusches beim Anrollen des Fahrzeugs auf abschüssiger Strecke bei nur teilweise gelöster Handbremse (LG Freiburg 2. 12. 1992, MDR 1992, 119),
- Vibrationsgeräusch von geringer Intensität bei einem Kleinwagen, das im Schubbetrieb auftritt und nur wahrnehmbar ist, wenn andere Nebengeräusche ausgeschaltet werden, auch wenn dessen Beseitigung mangels Klärung der Ursache nicht möglich ist (OLG Düsseldorf 21. 1. 1994, OLGR 1994, 277),
- Motorengeräusch, das bei einem Fahrzeug der Spitzenklasse nur in einem bestimmten Betriebszustand auftritt (Veränderung des Klangbildes beim Gaswegnehmen) und von einem unbefangenen Fahrzeugführer nicht oder kaum als störend empfunden wird (OLG Düsseldorf 23. 2. 1996, NJW-RR 1997, 1211),
- minimale Dröhngeräusche (unterhalb 70dB A) in einem Pkw der Mittelklasse (OLG Nürnberg 21. 4. 1999 – 4 U 3825/97).

h) Elektronik/Elektrik

aa) Mangel ja

587 – Selbsttätiges Öffnen des Schiebedaches und Schließen nur bis zu $^3/_4$ bei einem Mercedes ML 280 CDI (OLG Köln 27. 4. 2010, NJW-RR 2011, 61),
- Fehlfunktion der Lenkradfernbedienung (Mangel, aber nicht erheblich, OLG Düsseldorf 8. 1. 2007, NJOZ 2008, 601 = ZGS 2007, 157),
- Fehlfunktion der elektrischen Sitzverstellung, selbstständiges Verstellen (LG Coburg 25. 8. 2010, 13 O 637/08, rkr.),
- nicht funktionierender Tempomat bei einem Geländewagen (LG Köln 13. 5. 1993 – 2 O 446/92 – n. v.),
- nicht vollständige Abriegelbarkeit der Zuluft im Fußraum (OLG Celle 8. 1. 1998, OLGR 1998, 221),
- irreguläre Funktion der Funkfernbedienung, weil der Verriegelungsvorgang nicht durch dreimaliges Blinken der Blinkleuchten optisch bestätigt wird (OLG Oldenburg 10. 2. 2000, DAR 2000, 219),
- Defekt am elektrisch faltbaren Verdeck eines Peugeot 206 CC; sporadisches Versagen der Öffnungs- und Schließtechnik (OLG Düsseldorf 21. 1. 2008, NJW-RR 2008, 1199; Rücktrittsgrund bejaht),
- wiederholte „Abstürze“ der Elektronik mit Ausfall des Steuergerätes, des Telefons und des CD-Spielers bei einem MB 500 CL (OLG Düsseldorf 10. 2. 2006, I-22 U 149/05,

VRR 2006, 306; Rücktrittsgrund bejaht; ähnlich LG Zweibrücken 2. 8. 2004 – 1 O 274/03 – n. v., MB 270 CDI),
- Spannungsschwankungen im Bordnetz durch Steuerung des Dieselpartikelfilters (AG Köln 3. 11. 2006 – 136 C 207/05),
- wiederkehrende „Phantommeldungen“ mit Liegenbleiben des Fahrzeugs (OLG Koblenz 19. 6. 2008, NJW 2009, 151 m. Anm. *Reinking*),
- wiederkehrende Störungen der „Softclose-Funktion“ (Türenschließen), OLG Karlsruhe 25. 11. 2008, NJW 2009, 1150,
- Kontrollinstrumente zeigen fälschlicherweise einen Defekt der hydropneumatischen Federung bei einem Citroen C 6 an (OLG Hamm 16. 11. 2009, 2 U 141/09, VRR 2010, 147),
- Fehlfunktion des Timers für die Standheizung (OLG Celle 1. 7. 2009, NJW-RR 2010, 356),
- Startprobleme wegen einer „nicht fernliegenden Fehlbedienung“ der Start-Stopp-Taste (= Bedienungsfehler) bei einem Alfa Romeo 159 TJDM (OLG Karlsruhe 1. 12. 2008, DAR 2009, 699),
- falsche Fehlermeldung („Phantommeldung“) für Bremsflüssigkeitsstand (OLG Stuttgart 1. 12. 2009, DAR 2010, 140 = NJW-RR 2010, 412),
- Fehlfunktionen von Warnleuchten (DSC und Motor) bei einem Jaguar XKR (KG 27. 7. 2009, NJW-RR 2010, 706),
- Nichtfunktionieren der Warnleuchte für den Dieselpartikelfilter bei einem Opel Zafira (OLG Stuttgart 7. 7. 2010 – 3 U 82/09).

bb) Mangel nein

- Abhängigkeit der Heizleistung einer Klimaanlage vom Einstrahlwinkel der Sonne bei einem Mittelklassewagen in Form von Kaltluftausstrahlung aus den Düsen des Armaturenbretts (OLG Düsseldorf 19. 12. 2003 – 1 U 109/03), **588**
- Störungen beim automatischen Öffnen des Cabriodaches mit der Fernbedienung allenfalls unerheblicher Mangel (LG Bielefeld 9. 12. 2008 – 5 O 381/07 – Opel Astra).

i) Informationssysteme

aa) Mangel ja

- Ausfall des „Command-Systems“ (Navi, MP3-Player, Radio, Telefon) bei einem MB SLK 350, OLG Köln 27. 3. 2008, 15 U 175/07, VRR 2008, 228 = OLGR 2008, 584 (nur Ls); s. a. OLG Köln 12. 12. 2006, NJW 2007, 1694 (Gebrauchtwagen) und OLG Karlsruhe 5. 9. 2001, NZV 2002, 132 = OLGR 2002, 98, **589**
- Störung des MP3 – Radios (OLG Köln 27. 3. 2008, 15 U 175/07, OLGR 2008, 584 – Ls.),
- Fehlfunktion der Telefoneinrichtung (LG Coburg 18. 11. 2008, DAR 2009, 529 – Jaguar XKR),
- Störungen beim Radioempfang (LG Düsseldorf 22. 9. 2005, DAR 2006, 511, nur unerhebliche Beeinträchtigung des Fahrkomforts),
- sporadischer Ausfall des CD-Players (OLG Düsseldorf 10. 2. 2006 – I-22 U 149/05, VRR 2006, 306 – MB 500 CL mit weiteren Mängeln).

bb) Mangel nein

- Wiedergabe von Verkehrsdurchsagen aufgrund werkseitiger Voreinstellung des mitgelieferten Autoradios mit geringer Lautstärke nach dem Einschalten der TA-Funktion, wenn die gewünschte Lautstärke jedoch vor dem Einschalten der TA-Funktion individu- **590** ell gewählt werden kann und diese Maßnahme nach jedem Zwischenhalt neu durchgeführt werden muss (OLG Düsseldorf 25. 8. 2000, OLGR 2001, 44),

j) Sonstige Störungen und Defizite

aa) Mangel ja

591 – „Verzerrungen“ an der Frontscheibe („allenfalls unerheblicher Mangel“, so LG Bad Kreuznach 25. 6. 2007, SVR 2008, 102),
- starkes, nach Zeugenaussagen Übelkeitsgefühle verursachendes Lastwechselrucken, beruhend auf fehlender Dämpfung durch Drehmomentwandler und auf konstruktionsbedingter Aufhängung des Motors (OLG Celle 13. 2. 1996, OLGR 1996, 145),
- Ausrüstung eines Personenkraftwagens mit einem ungeregelten statt mit einem geregelten Katalysator (AG Dortmund 29. 4. 1987, NJW-RR 1988, 1462),
- zu geringe Zuladung bei einem Reisemobil, so dass sie für den gewöhnlichen Gebrauch nicht ausreicht, laut Prospekt sollte die Zuladung von 1,6 t möglich sein, in Wahrheit betrug sie nur ca. 300 kg (OLG Nürnberg 14. 11. 2001, NJW-RR 2002, 628),
- massive Geruchsbelästigung im Fahrgastinnenraum, die bei Bergfahrten nach mehr als 45 Minuten und Geschwindigkeiten von mehr als 150 km/h auftritt und zu starken Schleimhautreizungen führt (OLG Düsseldorf 16. 12. 1994 – 14 U 95/94 – n. v.),
- Unterdimensionierung der Vordersitze (Lehnen) für übergewichtige Personen (LG Frankfurt/M. 20. 1. 2000, DAR 2000, 313).

bb) Mangel nein

592 – um 10 % geringere Kraftstoff-Nachfüllmenge als das im Prospekt angegebene Tankvolumen (45 Liter statt 50 Liter; LG Köln 6. 11. 1990, DAR 1991, 461),
- eingeschränkte Wintertauglichkeit der Hinterradfelgen eines Sportwagens, auf die keine Winterreifen aufgezogen werden können (AG Würzburg 26. 1. 1995 – 15 C 215/94 – n. v.),
- konstruktiv bedingte Besonderheiten eines Sportwagens ohne negativen Einfluss auf die Verkehrssicherheit (OLG Frankfurt 17. 5. 1991, DAR 1991, 381),
- Überbelastung der Hinterachse eines Wohnmobils, die durch eine andere Verteilung der Zuladung vermieden werden kann (OLG Düsseldorf 15. 6. 2000, OLGR 2001, 180),
- Geruchsbelästigung durch ein dem Stand der Technik entsprechendes Katalysatorsystem (LG Stuttgart 17. 2. 1989 – 6 S 202/88 – n. v.).

5. Kraftstoffverbrauch

a) Problembeschreibung

593 Nach Zuverlässigkeit, Preis und Aussehen stand der Kraftstoffverbrauch in den Jahren 2009/2010 an **vierter Stelle der wichtigsten Kriterien** beim Kauf neuer Pkw.[274] Infolge der Preisentwicklung in jüngster Zeit hat dieser Aspekt zusätzlich an Bedeutung gewonnen. Allerdings gibt es Unterschiede je nach Käufertyp (privat oder geschäftlich) und auch in Abhängigkeit von der Fahrzeugmarke. So ist der Kraftstoffverbrauch für Käufer neuer BMW-, Mercedes- und Audi-Modelle weniger wichtig als für Käufer anderer Marken.[275]

274 DAT-Reporte 2009 und 2010.
275 DAT-Report 2008, S. 18.

Nach einer aktuellen Studie verbrauchen unsere Autos unter realitätsnahen Bedingungen im Durchschnitt 27 % mehr als vom Hersteller angegeben.[276] Angesichts dessen ist von **„systematischer Täuschung“** und von **„Spritlüge“** die Rede.[277] Hersteller und Händler ziehen sich auf das Messverfahren nach der einschlägigen EU-Richtlinie zurück (Nr. 80/1268/EWG v. 16. 12. 1980 i. V. m. der Richtlinie 91/441/EWG und 93/116 EG). Ihre (Pflicht-)Angaben seien nach der dort vorgesehenen Messmethode ermittelt und bezögen sich nicht auf den – von vielfältigen Faktoren abhängigen – Verbrauch auf der Straße. **594**

Das **kaufrechtliche Hauptproblem** (zur wettbewerbsrechtlichen Seite s. Rdn. 623) besteht in der Festlegung der Soll-Beschaffenheit (dazu Rdn. 596 ff.) und der Falsifizierung im Wege des Sachverständigenbeweises (dazu Rdn. 613). Kaum weniger umstritten ist das **Thema „Grenzwerte“**, wobei zwei Schwellen zu beachten sind, die Toleranzschwelle (Nichtmangel/Mangel) und die Erheblichkeitsschwelle gem. §§ 281 Abs. 1 S. 3, 323 Abs. 5 S. 2 BGB (näher Rdn. 615 ff.). Vor Gericht haben Neufahrzeugkäufer, insgesamt gesehen, nur **geringe Gewinnchancen**, wie die Fülle Klage abweisender Entscheidungen zeigt. Günstiger ist ihre Lage, wenn sie sich darüber beschweren, dass ihr Auto nicht mit dem Kraftstoff betrieben werden kann, den man sich auf Grund von Hersteller- oder Verkäuferangaben vorgestellt hat. Die **Art des Kraftstoffs,** d. h. dessen Eignung für das konkrete Fahrzeug, ist zweifelsohne ein Merkmal seiner Beschaffenheit.[278] **595**

b) Rechtsgrundsätze und Rechtsprechung

aa) Ausgangspunkt Soll-Beschaffenheit

Gewährleistungsrechtlicher Ausgangspunkt ist die Bestimmung der **Soll-Beschaffenheit.** Bevor in einem zweiten Schritt die Ist-Beschaffenheit ermittelt und gegenübergestellt wird, muss klar sein, wie hoch der Verbrauch sein darf. **Ausdrückliche Vereinbarungen** in Schriftform werden in diesem Punkt so gut wie nie getroffen. Die meisten Kaufverträge sind frei von jeglichen Verbrauchsinformationen. **596**

Ob und inwieweit bei den Vertragsverhandlungen das Thema „Verbrauch“ eine Rolle gespielt hat, ist im Nachhinein erfahrungsgemäß nur schwer zu klären. Dagegen ist man sich meist darin einig, dass der **Herstellerprospekt** (Verkaufsprospekt) oder ein Testbericht oder ein sonstiges Dokument mit Verbrauchsangaben vor oder bei den Vertragsverhandlungen vorgelegen hat. Wenn es in BGH NJW 1997, 2590 im Tatbestand heißt, die Betriebsanleitung sei Gegenstand der Vertragsverhandlungen gewesen, ist dies selbst auf der Grundlage des (in diesem Punkt nicht klaren) Klägervorbringens zumindest zweifelhaft. Im OLG-Urteil ist von „Firmenprospekt“ die Rede.[279] Die Betriebsanleitung gehört zum Fahrzeug und wenn dieses erst bestellt werden muss, kann sie jedenfalls im Original bei Vertragsabschluss noch nicht vorliegen. Von einer (Beschaffenheits-)Vereinbarung geht das OLG Karlsruhe[280] aus, wenn den Vertragsverhandlungen ein **„Technisches Datenblatt“** mit Angaben zum Kraftstoffverbrauch zugrunde gelegen hat. Ein Datenblatt mit Verbrauchswerten, das im Fahrzeug gelegen hat, ist für das OLG Hamm[281] eine „öffentliche Äußerung“ i. S. d. § 434 Abs. 1 S. 3 BGB. **597**

276 Untersuchung der Universität Duisburg-Essen für das Ifo-Institut München (Kölner StAnz. v. 19./20. 9. 2009).
277 Der Spiegel Nr. 42/2008.
278 OLG München 15. 9. 2004, NJW-RR 2005, 494 (VW Polo); LG Schweinfurt 11. 1. 2006, DAR 2006, 512 (VW Passat).
279 OLG Düsseldorf 22. 12. 1995 – 22 U 64/95.
280 Urt. v. 1. 2. 2008, NJW-RR 2008, 1735 = DAR 2008, 651.
281 Urt. v. 9. 6. 2011 – I-28 U 12/11.

598 Der Soll-Verbrauch kann sich auch aus **mündlichen Äußerungen** des Händlers bzw. seines Personals ergeben. So ist der Vortrag schlüssig, bei den Vertragsverhandlungen habe der Verkaufsberater ohne Einschränkung erklärt, die Angaben im Prospekt entsprächen den tatsächlichen Verbrauchswerten, diese Werte seien realistisch („Wagen bleibt unter 7 Liter“). Darüber muss ggf. der angetretene Zeugenbeweis erhoben werden, selbst bei einer vertraglichen Schriftformklausel. Eine Beweisaufnahme mit dem auf BGH NJW 1996, 1337 und BGH NJW 1997, 2590 gestützten Argument abzulehnen, der Kläger habe eine verbindliche „Zusicherung“ des Händlers bzw. seines Mitarbeiters nicht schlüssig dargetan, wäre verfehlt. Es genügt die Behauptung einer bloßen Beschaffenheitsangabe, eine Zusicherung, sprich Beschaffenheitsgarantie, muss es nicht sein. Freilich verlangt auch eine Beschaffenheitsvereinbarung außer Eindeutigkeit des Erklärten auch Verbindlichkeit. Da ein Verkäufer, der nicht selbst Hersteller ist, über den Verbrauch eines noch zu liefernden Neufahrzeugs aus eigenem Wissen erkennbar keine Angaben machen kann, liegt in einem solchen Fall die Deutung nahe, in einer mündlichen Verbrauchsauskunft nur eine bloße **Wissensmitteilung** zu sehen; eine Information, die erkennbar ihre Grundlage in den Herstellerangaben hat.[282] Das gilt insbesondere für Neuerscheinungen und Modelle mit stärkerer Motorisierung als bisher. Handelt es sich dagegen um den Kauf eines bereits seit längerer Zeit eingeführten Modells, kann der Käufer in der Annahme schutzwürdig sein, der Händler verfüge über eigene Erfahrungswerte.

599 Mangels abweichender ausdrücklicher oder konkludenter Parteivereinbarung wird sich die Soll-Beschaffenheit in den meisten Fällen nach den publizierten **Herstellerangaben** (Werksangaben) richten.[283] Sofern sie nicht durch Einbeziehung stillschweigend/konkludent **Vertragsinhalt** geworden sind, wofür besonders in Fällen des Direktvertriebs Einiges spricht[284], kommen sie bei der Ermittlung der Soll-Beschaffenheit nach § 434 Abs. 1 S. 2 Nr. 2 BGB als **„öffentliche Äußerungen“** i. S. v. S. 3 in den Blick. Dass dieser objektive Ansatz in der aktuellen Judikatur favorisiert wird[285], ist angesichts der Modernisierung des Mangelbegriffs durch das SMG naheliegend. Im praktischen Ergebnis läuft es meist auf das Gleiche hinaus, wie zahlreiche Entscheidungen zeigen, die „doppelt“ begründet worden sind.[286] Ein Unterschied besteht freilich insoweit, als der Bruch einer Beschaffenheitsvereinbarung Erheblichkeit i. S. v. § 323 Abs. 5 S. 2 BGB indiziert[287], während eine Vertragswidrigkeit nach rein objektiven Kriterien milder zu bewerten sein kann (zur Grenzwertdiskussion s. Rdn. 615 ff.). Anwälte auf Käuferseite sind deshalb gut beraten, auf die Karte „Beschaffenheitsvereinbarung“ zu setzen, indem sie konkrete Tatsachen dafür vortragen, dass die Herstellerangaben durch Einbeziehung Vertragsinhalt geworden sind.

600 Von Verbrauchsinformationen in Prospekten und sonstigen öffentlichen „Beschreibungen“ des Herstellers/Importeurs (Datenblätter, Betriebsanleitungen)[288] sind diejenigen öffentlichen Angaben zu unterscheiden, die der **Pkw-Energieverbrauchskennzeichnungs-**

---

282 BGH 14. 2. 1996, NJW 1996, 1337 (Abgrenzung Beschaffenheitsangabe/Zusicherung).

283 Zum Sonderfall der Installation eines Gastanks in einen Kastenwagen mit Streit über die Mindestreichweite s. OLG Koblenz 28. 10. 2010 – 2 U 1487/09.

284 Contraindiziell sind Hinweise in den öffentlichen Informationen wie „kein Bestandteil des Angebots“ entsprechend Nr. 5b Anlage 1 Abschn. I Pkw-EnVKV (bei Mercedes selbst in der Werbung üblich).

285 Z. B. OLG Hamm 9. 6. 2011 – I-28 U 12/11 (Datenblatt im Fahrzeug); LG Stuttgart 22. 6. 2007, DAR 2009, 149 (Betriebsanleitung).

286 Z. B. OLG Karlsruhe 1. 2. 2008, NJW-RR 2008, 1735 = DAR 2008, 651 = NZV 2008, 414 (Technisches Datenblatt mit Verbrauchsangaben; lag den Verhandlungen zugrunde); AG Michelstadt 23. 12. 2009 – 1 C 140/09 (Herstellerprospekt).

287 BGH 17. 2. 2010, NJW-RR 2010, 1289 Tz. 23.

288 Keine „öffentlichen Äußerungen“ sind die Angaben in der EG-Typengenehmigung (AG Michelstadt 23. 12. 2009 – 1 C 140/09).

verordnung (Pkw-EnVKV) geschuldet sind. Nach der am 1. 11. 2004 in Kraft getretenen Pkw-EnVKV sind ausgestellte Neufahrzeuge („neue Personenkraftwagen") unter Verwendung eines vorgeschriebenen Mustertextes zu kennzeichnen, und zwar deutlich sichtbar am jeweiligen Fahrzeug, zumindest aber in unmittelbarer Nähe und eindeutig dem Fahrzeug zuzuordnen. Zusätzlich zu dieser **Einzelkennzeichnung** hat der Händler am Verkaufsort, gleichfalls deutlich sichtbar, einen **Aushang** anzubringen. Zu informieren ist über den Kraftstoffverbrauch und die CO_2-Emissionen.

Außerdem wird den Händlern zur Auflage gemacht, einen **Leitfaden** über den Kraft- **601** stoffverbrauch und die CO_2-Emissionen aller in Deutschland angebotenen neuen Pkw-Modelle bereitzuhalten und der Kundschaft unentgeltlich zur Verfügung zu stellen (s. auch § 47d StVZO – „Bescheinigung"). Die Verbände VDA und VDIK haben durch die Deutsche Automobiltreuhand (DAT) den vorgeschrieben Leitfaden mit einer jeweils aktualisierten Aufstellung aller neuen Pkw-Modelle erstellen lassen, abrufbar unter www.dat.de. Ob es sich dabei (sog. DAT-Liste oder DAT-Werte) um eine öffentliche Äußerung i. S. d. § 434 Abs. 1 S. 3 BGB handelt, haben die Gerichte noch nicht entschieden. Schließlich: Hersteller und Händler haben nach § 5 Pkw-EnVKV sicherzustellen, dass die erforderlichen Angaben bereits **in der Werbung** gemacht werden[289] (zu wettbewerbsrechtlichen Problemen s. Rdn. 623).

Was den Kraftstoffverbrauch angeht, sind nach der Pkw-EnVKV **drei Werte** mitzutei- **602** len: Der Kombinationswert („kombiniert"), außerdem die Verbrauchswerte innerorts und außerorts. Anzugeben ist jeweils der Kraftstoffverbrauch in Liter je 100 Km, für erdgasgetriebene Fahrzeuge Kubikmeter je 100 km, und zwar in beiden Fällen bis zur ersten Dezimalstelle. Letzteres ist deshalb von Bedeutung, weil Hersteller in der Werbung mitunter **Von-Bis-Werte** mitteilen, mit teilweise enormer Spannbreite wie z. B. beim Ford S-MAX (10,9 bis 5,7 kombiniert). Gerechtfertigt ist dies gem. Anlage 4 (zu § 5) der Verordnung bei einer Werbung für mehrere Modelle (wegen der meist unterschiedlichen Motorisierung).

Ein **Streitpunkt** im Zusammenhang mit der Pkw-EnVKV ist die gewährleistungsrecht- **603** liche **Bedeutung des Hinweises**, der gem. Anlage 1 Abschn. I **Nr. 5b** gegeben werden darf, nämlich:

„Die Angaben beziehen sich nicht auf ein einzelnes Fahrzeug und sind nicht Bestandteil des Angebots, sondern dienen allein Vergleichszwecken zwischen den verschiedenen Fahrzeugtypen."

Nicht vorgesehen, freilich auch nicht untersagt, ist dieser Hinweis bei Verbrauchsanga- **604** ben **in der Werbung** (§ 5) und **im Leitfaden** nach § 4 Pkw-EnVKV Die Praxis in der Werbung ist uneinheitlich. Manche Hersteller nennen lediglich die drei Verbrauchswerte, verzichten sogar auf den Hinweis gem. Anlage 1 Abschn. I **Nr. 5a** („gemessen nach RL 80/1268/EWG i. d. F. 1999/100/EG" oder „nach VO EG 715/2007" oder einfach „nach EU-Norm"). Andere Hersteller[290] und Händler geben dagegen auch in ihrer Werbung den oben wörtlich zitierten Hinweis Nr. 5b, mitunter etwas verkürzt. Nicht nur bei der Kennzeichnung nach der Pkw-EnVKV, auch in ihren Prospekten und sonstigen Verlautbarungen (z. B. Betriebsanleitungen, Datenblättern) weisen viele Hersteller ausdrücklich darauf hin, dass die angegebenen Werte nach dem EU-Messverfahren ermittelt worden sind (Zusatz Nr. 5a).

Wenn ein Käufer weder von dem einen noch von dem anderen Hinweis bei Abschluss des **605** Vertrages Kenntnis gehabt hat, sollen die darin enthaltenen Einschränkungen (für manche

289 Weitere Einzelheiten zur Pkw-EnVKV bei *Hoffmann/Westermann*, EuZW 2003, 583; *Hoffmann*, NZV 2004, 504; *M. Schmidt*, NJW 2005, 329,

290 Z. B. Daimler AG.

nur Klarstellungen) bei der Bestimmung der Soll-Beschaffenheit außer Betracht bleiben.[291] Das ist richtig, soweit es um die Frage nach einer Beschaffenheitsvereinbarung geht. Im Rahmen von S. 3 des § 434 Abs. 1 BGB kommt es dagegen auf die objektive Verkehrserwartung an, nicht darauf, was der einzelne Käufer gekannt hat oder kennen musste. Sollten die zur Zeit des Vertragsabschlusses allgemein zugänglichen Verbrauchsangaben des Herstellers für das bestellte Neufahrzeug ohne jegliche Einschränkung i. S. d. Hinweise nach den Nrn. 5a und 5b publiziert worden sein, verböte sich gleichwohl die Deutung, die mitgeteilten Werte seien keine Norm-, sondern Realverbrauchswerte. Abzustellen ist im europäischen Recht auf den mündigen Verbraucher.[292] Diesem, aber auch dem „durchschnittlich informierten und verständigen Autokäufer"[293], ist die Realitätsferne der Herstellerangaben nicht zuletzt aufgrund der ständigen Berichterstattung in sämtlichen Medien seit langem bekannt.

606 In der Anlage 1 Abschn. I Nr. 5b Pkw-EnVKV einen **Verstoß gegen die Verbrauchsgüterkaufrichtlinie bzw. gegen § 475 BGB** i. V. m. **§ 434 Abs. 1 S. 3 BGB** zu sehen[294], ist nicht gerechtfertigt. Auch die Umsetzung der „Empfehlung" in der Praxis hat gewährleistungsrechtlich keine negativen Folgen für den Neufahrzeugverkäufer, gleichviel, ob der 5b-Hinweis in der Information am konkreten Fahrzeug, im Aushang oder in der Werbung enthalten ist. Zu bedenken ist freilich, dass die Richtlinie 1999/94 EG (Grundlage der Pkw-EnVKV) keine Bestimmung enthält, die dem entspricht, was der deutsche Verordnungsgeber in der Nr. 5b zugunsten der Händler (und Hersteller) geregelt hat. Richtig ist auch, dass § 475 Abs. 1 BGB in richtlinienkonformer Auslegung jeder Beschränkung von Verbraucherrechten sehr enge Grenzen setzt. Andererseits ist allgemein anerkannt, dass Verkäufer ihrem Warenangebot Hinweise hinzufügen dürfen, mitunter sogar müssen, um den Verbraucher ins richtige Bild zu setzen. So verhält es sich hier.

607 Zielsetzung des Neuen Europäischen Fahrzyklus (NEFZ) seit dem 1. 1. 1996 ist nicht die Messung des tatsächlichen Verbrauchs. Entwickelt wurde er zur Ermittlung der Emissionen. Ermöglichen soll er nur, nicht anders als seine Vorgänger, eine **vergleichende Bewertung** von neuen Pkw. Die nach den EG-Messvorschriften[295] zu ermittelnden und nach der Pkw-EnVKV mitzuteilenden Verbrauchswerte und die bei individueller Fahrweise erreichbaren Verbrauchswerte müssen sich nicht decken; allenfalls in engen Grenzen besteht Deckungsgleichheit. Erstere sind **„Laborwerte"**, letztere werden von einer Vielzahl individueller Faktoren beeinflusst (u. a. Zuladung, Ausstattung, Zubehör, Klimaanlage, Reifendruck, Fahrstil des Fahrers, Verkehrsdichte, Verkehrsfluss, Gelände, Witterung). Sie lassen sich nicht auf einen gemeinsamen Nenner in Gestalt einer technischen Norm bringen.[296] M. a. W.: Die Verbrauchsangaben der Hersteller sind mit den Verbrauchswerten im täglichen Fahrbetrieb **nicht vergleichbar**.[297]

608 Konsequenterweise gehen **die Gerichte** bei der Festlegung der objektiven Soll-Beschaffenheit mehrheitlich von den auf **„verobjektivierender Grundlage"**[298] beruhenden Herstellerangaben i. S. v. „Laborwerten" aus.[299] Wird in einer Herstellerinformation, z. B. einem „Technischen Datenblatt", der Kraftstoffverbrauch in l/km „nach 1999/100/EG" dar-

291 So LG Stuttgart 22. 6. 2007, DAR 2009, 149; ähnlich LG Wiesbaden 30. 12. 2010 – 3 O 208/09.
292 EuGH 7. 3. 1990 – Rs. C – 362/88, Slg. 1990, I-667, 689.
293 So das BGH-Leitbild (z. B. NJW 2005,1442).
294 So *M. Schmidt*, NJW 2005, 329, die außerdem einen Verstoß gegen die Richtlinie 1999/94 EG annimmt; a. A. insoweit *Hoffmann/Westermann*, EuZW 2003, 583.
295 Richtlinie 80/1268/EWG i. d. F. 1999/100/EG.
296 BGH 18. 6. 1997, NJW 1997, 2590.
297 So mit Recht das Beispielgutachten SP 2008, 345, 347.
298 BGH 18. 6. 1997, NJW 1997, 2590; OLG Karlsruhe 1. 2. 2008, NZV 2008, 414.
299 OLG Düsseldorf 18. 8. 2008 – I-1 U 238/07; OLG Hamm 9. 6. 2011 – I-28 U 12/11; OLG Karlsruhe 1. 2. 2008, NZV 2008, 414; im Ansatz auch LG München I 29. 1. 2009, DAR 2009, 531.

gestellt, bedeute dies nicht, dass diese Werte in der täglichen Fahrpraxis erreichbar sein müssen.[300] Den Käufer auf den fehlenden Realitätsbezug der Angaben noch deutlicher hinzuweisen, als dies durch die Zusätze Nr. 5a und 5b geschieht, wird von Herstellern und Händlern nicht verlangt.[301] Erforderlich ist also weder eine nähere Erläuterung des EU-Zyklus noch der Zusatz, dass die Verbrauchsermittlung auf Basis der Serienausstattung erfolgt ist. Werden derartige Hinweise gegeben, was in Verkaufsprospekten und in Betriebsanleitungen nicht selten geschieht (z. B. BMW), verbessert dies die Rechtsposition des Händlers bzw. des direktvertreibenden Herstellers.

Dass Hersteller und Händler kaufvertrags- und wettbewerbsrechtlich derzeit davon frei- 609
gestellt sind, die Verbrauchsangaben näher zu erläutern, mag man beklagen. Der Ruf nach einer weltweit harmonisierten Testprozedur erscheint berechtigt. Was fehlt, sind Taten. Wenn die gegenwärtige Informationspraxis kaufrechtlich ohne Sanktion bleibt,[302] so liegt das auf der Linie von BGH NJW 1997, 2590 zur Auslegung des Zusatzes in einer Betriebsanleitung „Die Kraftstoffverbrauchsangaben wurden nach EG-Richtlinien ermittelt". Dieser Zusatz entspricht dem Hinweis Nr. 5a im Abschn. I der Anlage 1 zu § 3 Abs. 1 Nr. 1 Pkw-EnVKV. Durch den weiteren Hinweis nach Maßgabe von Nr. 5b wird die vom BGH definierte objektive Verkehrserwartung eher bestärkt, keinesfalls zugunsten der Kundschaft neu ausgerichtet.[303]

bb) Darlegungsfragen

Vielfach scheitern Kläger schon in der Darlegungsstation.[304] Richtigerweise nur maß- 610
volle Anforderungen stellt das OLG Schleswig:

„Seiner Darlegungslast hat der Kläger dadurch Genüge geleistet, dass er aufgrund der von ihm durchgeführten Vergleichsberechnungen durchschnittliche Verbrauchswerte des streitgegenständlichen Pkw AUDI A 2 TDI auf 100 km bis maximal 5,91935 l behauptet hat … kann mehr von ihm nicht verlangt werden, denn der Käufer genügt seiner Pflicht zur Mängelanzeige, wenn er das Erscheinungsbild des Fehlers hinreichend genau beschreibt" (Urt. v. 15. 12. 2004 – 9 U 120/03 – n. v.; Vorinstanz zu BGH NJW 2007, 2111).

In Fällen ohne bzw. nicht nachweisbare Abrede über den Kraftstoffverbrauch im Sinne 611
einer Beschaffenheitsvereinbarung ist die Soll-Beschaffenheit anhand der objektiven Merkmale des § 434 Abs. 1 S. 2 Nr. 2 i. V. m. S. 3 BGB („öffentliche Äußerungen") zu bestimmen. Der Käufer hat entsprechend vorzutragen. Das geschieht in der Praxis dadurch, dass er sich den Inhalt von Dokumenten (Prospekt, Betriebsanleitung, Datenblatt etc.) zu eigen macht, in denen der Hersteller oder der Verkäufer Verbrauchsangaben für das betreffende Fahrzeug publiziert hat. In dieser Hinsicht gibt es in der forensischen Praxis kaum Probleme, sieht man einmal von den mitunter bestehenden Schwierigkeiten bei der Zuordnung der Verbrauchsangaben zum streitgegenständlichen Fahrzeug ab.

Das **eigentliche Darlegungsproblem** betrifft den **Ist-Verbrauch**. Vorzutragen hat der 612
Käufer in seiner Eigenschaft als Kläger nämlich auch, dass der tatsächliche Verbrauch seines Fahrzeugs zu seinem Nachteil von dem Soll-Verbrauch abweicht. Die in dieser Hinsicht zu stellenden Anforderungen hängen entscheidend davon ab, wie der Soll-Verbrauch im konkreten Einzelfall lautet, ob es eine (vorrangige) Beschaffenheitsvereinbarung gibt,

300 So OLG Karlsruhe 1. 2. 2008, NJW-RR 2008, 1735 = DAR 2008, 651 = NZV 2008, 414; ebenso OLG Hamm 9. 6. 2011 – I-28 U 12/11.
301 OLG Karlsruhe 1. 2. 2008, NJW-RR 2008, 1735; a. A. LG Wiesbaden 30. 12. 2010 – 3 O 208/09.
302 So OLG Karlsruhe 1. 2. 2008, NJW-RR 2008, 1735 = DAR 2008, 651 = NZV 2008, 414.
303 Für Unbeachtlichkeit des Hinweises Nr. 5b dagegen LG Stuttgart 22. 6. 2007, DAR 2009, 149.
304 Z. B. Brand OLG 19. 3. 2008, NJW-RR 2008, 1282.

wenn ja, welchen Inhalts, oder ob sich der Soll-Verbrauch, wie in der Mehrzahl der Fälle, allein nach einem objektiven Maßstab bestimmt, hier nach den einschlägigen Herstellerangaben als öffentliche Äußerungen i. S. der Interpretation durch die h. M. (oben Rdn. 608). Manche Richter verlangen entweder den Vortrag der tatsächlichen „Laborwerte" (was entschieden zu weit geht) oder wenigstens nähere Angaben dazu, wie die behaupteten Ist-Werte ermittelt worden sind. Wenn nicht erläutert werde, ob der behauptete Verbrauch bei einer Fahrweise ermittelt worden ist, die zur Vergleichbarkeit mit den Herstellerangaben führe, sei das Vorbringen nicht hinreichend substantiiert; es genüge nicht die Behauptung, der tatsächliche Verbrauch liege deutlich oberhalb der (höchsten) Herstellerangabe.[305] Auch das ist zu streng. Zuzustimmen ist der käuferfreundlichen Ansicht des OLG Schleswig.[306] Wer mithilfe des Bordcomputers oder nach der „alten" Methode (Nachtanken) einen Verbrauch ermittelt hat, der von den Herstellerangaben signifikant abweicht, behauptet damit zugleich, dass die „Laborwerte" für sein Fahrzeug nicht stimmen.[307]

cc) Beweisfragen

613 Das Standardbeweismittel ist der **Sachverständigenbeweis.**[308] Beweis für den tatsächlichen Verbrauch (Ist-Verbrauch) durch Zeugen und/oder durch Vorlage von Verbrauchsaufzeichnungen anzutreten, ist nicht zielführend. Denn das **Beweisthema** lautet nicht, wie hoch der tatsächliche Verbrauch im gewöhnlichen Straßenverkehr ist. Danach ist im Regelfall aus Rechtsgründen nicht zu fragen, weil die im täglichen Fahrbetrieb erzielten oder auch nur erzielbaren Werte nicht der Maßstab für die Ermittlung eines vertragswidrigen Verbrauchs sind. Dies wird in Beweisbeschlüssen nicht immer beachtet. Generell wäre eine präzisere Anleitung der gerichtlich bestellten Sachverständigen wünschenswert.

614 Angesichts der rechtlichen Ausgangslage kann die **Aufgabenstellung für den Sachverständigen** nur dahin gehen, den Verbrauch des streitgegenständlichen Fahrzeugs[309] durch Messungen nach Maßgabe der Richtlinie 80/1268/EWG i. V. m. den einschlägigen Folgerichtlinien zu ermitteln. Rechtlich wie methodisch ist das der allein richtige Prüfweg.[310] Dass die Kosten inzwischen bei **ca. 5.000 €** liegen, ist zwar ein Faktum, gegenwärtig sind es aber unvermeidbare Beweiserhebungskosten. Da für die Feststellung eines möglicherweise überhöhten Kraftstoffverbrauchs der nach der EG-Messvorschrift ermittelte Verbrauch maßgeblich ist, muss die Vergleichsmessung unter Beachtung der dort vorgesehenen Bedingungen norm-/regelgerecht durchgeführt werden. Messungen des Sachverständigen unter realen Bedingungen liefern selbst unter Berücksichtigung eines prozentualen Abschlags (wie hoch sollte er sein?) gegenwärtig keine rechtssicheren Resultate. Nur ein neuer internationaler Prüfstandard kann mit der „Spritlüge" (Der Spiegel) Schluss machen.

---

305 So Brand OLG 19. 3. 2008, NJW-RR 2008, 1282.

306 Urt. v. 15. 12. 2004 – 9 U 120/03 – n. v. (Vorinstanz zu BGH NJW 2007, 2111).

307 Zur Frage der Schadensersatzhaftung eines Käufers wegen fehlerhafter Spritreklamation s. LG Berlin 25. 11. 2008 – 55 S 123/08.

308 Instruktiv *Priester*, zfs 2007, 556 und das in SP 2008, 345 abgedr. Beispielgutachten.

309 In seiner konkreten Beschaffenheit, damit auch mit der konkreten Achsübersetzung (dazu LG Essen 21. 11. 2007, SVR 2008, 300 – Ford Fiesta mit Achsübersetzung 4,06); s. a. OLG München 1. 10. 1997, NJW-RR 1998, 1213 (Lkw).

310 OLG Düsseldorf 18. 8. 2008 – I-1 U 238/07; OLG Karlsruhe 1. 2. 2008, NJW-RR 2008, 1735 = NZV 2008, 414; OLG Düsseldorf 8. 3. 2006, OLGR 2006, 707; anders LG Stuttgart 22.6. 2007, DAR 2009, 149 (Messungen im normalen Straßenverkehr beweiskräftig, was der 7. ZS OLG Stuttgart entgegen anders lautenden Meldungen nicht bestätigt hat; sein Urteil v. 4. 12. 2008, 7 U 132/07 ist ein Anerkenntnisurteil); s. a. LG München I 29. 1. 2009, DAR 2009, DAR 2009, 531; informativ *Priester* (Kfz-Sachverständiger), zfs 2007, 556.

dd) Die Erheblichkeitsproblematik (Grenzwerte)

Bis zur Schuldrechtsreform wurde ein Mehrverbrauch **von bis zu 10 %** des angegebe- 615
nen Verbrauchs als **nicht erheblich** angesehen (§ 459 Abs. 1 S. 2 BGB a. F.), so dass **jegliche Gewährleistung entfiel.**[311] Eine Absenkung des Grenzwertes auf unter 10 % hat der BGH in „Altfällen" abgelehnt, weil ein geringerer Mehrverbrauch den Wert des Fahrzeugs nur unerheblich beeinträchtige und im Hinblick auf die geringere Reichweite nicht mehr als eine bloße Belästigung für den Käufer mit sich bringe.[312]

Die Diskussion darüber, ob und inwieweit die altrechtliche Grenzziehung auf die Beur- 616
teilung von „Neufällen" übertragbar ist, hat **der BGH** in einem zentralen Punkt beendet, indem er am 8. 5. 2007 entschieden hat:

Ein Sachmangel stellt eine unerhebliche Pflichtverletzung dar, die den Käufer gemäß § 323 Abs. 5 S. 2 BGB nicht zum Rücktritt berechtigt, wenn er im Sinne von § 459 Abs. 1 S. 2 BGB a. F. den Wert oder die Tauglichkeit nur unerheblich mindert. Bei einer Abweichung des Kraftstoffverbrauchs eines verkauften Neufahrzeugs von den Herstellerangaben um weniger als 10 % ist ein Rücktritt vom Kaufvertrag daher ausgeschlossen (NJW 2007, 2111).

Im Streitfall hatte der Käufer eines AUDI A 2 1,2 TDI reklamiert, dass der Verbrauch 617
entgegen der Herstellerwerbung im Internet und im Verkaufsprospekt und auch entgegen den Angaben im Verkaufsgespräch nicht 3,0 bis 3,2 Liter Diesel auf 100 km betrage, sondern mit fast 6 Liter deutlich darüber liege. Während das LG Flensburg[313] die Rückabwicklungsklage schon wegen Missachtung des Nacherfüllungsvorrangs abgewiesen hat, hat das OLG Schleswig ein Verbrauchsgutachten eingeholt. Danach ergab sich ein Mehrverbrauch von 11 % (ungerundet 10,53 %) im städtischen Verkehr, 7 % im außerstädtischen Verkehr und 6 % im Durchschnitt der beiden Fahrzyklen (Kombi-Wert). Diese Ist-Werte genügten dem OLG weder isoliert noch insgesamt betrachtet, um dem Kläger ein Rücktrittsrecht zuzubilligen. Es sei wegen Unerheblichkeit der Pflichtverletzung ausgeschlossen (§ 323 Abs. 5 S. 2 BGB). Entscheidend sei der Gesamtverbrauch (Durchschnittswert) und dieser liege mit einem Mehr von nur 6 % deutlich unter dem Grenzwert, den der BGH im früheren Kaufrecht mit 10 % festgesetzt habe.

Der BGH hat die Nichtzulassungsbeschwerde mit dem o. a. Leitsatz zurückgewiesen. 618
Damit ist entschieden, dass ein Rücktritt vom Kaufvertrag bei einer Abweichung des Kraftstoffverbrauchs von weniger als 10 % von der Herstellerangabe über dem weiterhin maßgeblichen **Gesamtverbrauch** (Durchschnittswert) **im Regelfall** ausgeschlossen ist. Gegenstand des Beschlusses ist allein die Erheblichkeitsproblematik beim Rücktritt (§ 323 Abs. 5 S. 2 BGB), nicht mehr, aber auch nicht weniger. **Nicht entschieden** hat **der BGH**,

* ob es ausnahmsweise auch auf einen Einzelwert ankommen kann oder ob der Gesamtverbrauch („kombiniert") die alleinige Richtschnur ist,[314]
* wo die Grenze zwischen Mangelhaftigkeit als solcher und einer vom Käufer ohne jegliche Sanktion hinzunehmenden Abweichung verläuft, d. h. unter welchen Voraussetzungen der Käufer wenigstens seine „kleinen", von einer Erheblichkeit unabhängigen Rechtsbehelfe geltend machen kann (Nacherfüllung, Minderung, kleiner Schadensersatz),

---

311 BGH 18. 6. 1997, NJW 1997, 2590 im Anschluss an das Urteil v. 14. 2. 1996, NJW 1996, 1337.

312 Zusatzinformationen bei *Beyer*, NJW 2010, 1025 (früher stell. Vors. des VIII. ZS).

313 Urt. v. 1. 9. 2003 – 8 O 112/03 – n. v.

314 Für den Gesamtverbrauch auch OLG Schleswig 15. 12. 2004 – 9 U 120/03; AG Michelstadt 23. 12. 2009 – 1 C 140/09; LG Stuttgart 22. 6. 2007, DAR 2009, 149. Bei einem Fahrzeug, das – für den Verkäufer erkennbar – nur für den Kurzstreckenverkehr („Stadtfahrzeug") gekauft worden ist, mag es anders liegen.

* was für Transporter, kleinere Nutzfahrzeuge, Lkw und Motorräder gilt,
* ob und ggf. inwieweit die Rechtsprechung zum Kauf neuer Pkw auf den Gebrauchtwagenkauf, insbesondere auf den Kauf „junger" Gebrauchter wie Vorführwagen[315] und Jahreswagen, übertragen werden kann (s. dazu Rdn. 2864).

619 **Im Umkehrschluss** der BGH-Entscheidung vom 8. 5. 2007 zu entnehmen, dass eine Abweichung, die die 10-Prozent-Grenze übersteigt, den Käufer zum Rücktritt berechtigt und ihm auch beim großen Schadensersatz über die Bagatellhürde hilft, ist **für den Regelfall** gerechtfertigt.[316] Der 10 %-Wert ist gewissermaßen brutto zu verstehen, d. h. incl. Fehlertoleranzen und Messungenauigkeiten (dazu Rdn. 621). Auch bei einer Abweichung um weniger als 10 % kann im Einzelfall die Erheblichkeitsschwelle der §§ 281 Abs. 1 S. 3, 323 Abs. 5 S. 2 BGB überschritten sein, z. B. beim (seltenen) Bruch einer ausdrücklichen Beschaffenheitsvereinbarung (BGH NJW-RR 2010, 1289 Tz. 23), erst recht bei einer nicht eingehaltenen Garantie oder im (gleichfalls eher theoretischen) Fall der arglistigen Täuschung.[317] Umgekehrt kann der Händler mit seinem Bagatelleinwand selbst dann durchdringen, wenn die 10 %-Grenze geringfügig, etwa um einen halben Prozentpunkt, überschritten ist.

620 In der vorgelagerten Frage der **Mangelhaftigkeit als solcher** zeigt die Rechtsprechung der Instanzgerichte **kein einheitliches Bild**.[318] Einig ist man sich lediglich darin, einen – etwa zur Minderung berechtigenden – Mangel auch dann anzunehmen, wenn die Grenze von 10 % nicht überschritten ist.[319] Sie ist in der Tat keine technische oder physikalische Toleranzgrenze, die sich an Messungenauigkeiten oder Fertigungstoleranzen orientiert,[320] sondern ein normativer Wert. Bewertet wird eine Benachteiligung des Käufers, nicht bezogen auf die Funktionsfähigkeit seines Fahrzeugs und dessen „gewöhnliche Verwendung",[321] sondern mit Bezug auf den Wert des Fahrzeugs und die finanzielle Situation des Käufers.

621 **Physikalische Toleranzen und Messungenauigkeiten** sind in den Blick zu nehmen, wenn es darum geht, die Grenze zwischen gewährleistungsrechtlich neutraler und vertragswidriger Beschaffenheit zu bestimmen (Schwelle 1 oder Toleranzgrenze). Hierzu das OLG Düsseldorf:

Hinzunehmen hat er (Anm.: der Käufer) *lediglich eine Fehlertoleranz, die bei der Herstellung von technischen Produkten nicht auszuschließen ist. Sie ist mit 2 % zu veranschlagen. Hinzu kommt, dass selbst bei einer Messung nach dem EU-Verfahren Abweichungen in Form von Messungenauigkeiten von bis zu 2 % als normal gelten. Das bedeutet, dass ein Neufahrzeugkäufer einen erhöhten Kraftstoffverbrauch von bis zu 4 % hinzunehmen hat* (Urt. v. 18. 8. 2008 – I-1 U 238/07).

622 **Mangelhaftigkeit als solche** bejaht dagegen das LG Ravensburg[322] bereits bei einem Mehrverbrauch von nur 3,03 %, lehnt jedoch eine Minderung des Kaufpreises mangels

315 Dazu AG Michelstadt 23. 12. 2009 – 1 C 140/09 (Vorführwagen mit 2.000 km).

316 *Reinking*, NJW 2007, 2112; *Klöhn*, EWiR § 323 BGB 1/07, 621.

317 Vgl. *S. Lorenz*, DAR 2007, 509.

318 Eine dem BGH vorliegende Sache, in der es um diese Frage ging, wurde durch Vergleich erledigt (LG Berlin 15. 4. 2007, 52 S 104/06).

319 OLG Düsseldorf 18. 8. 2008 – I-1 U 238/07 (8,0 %); OLG Hamm 9. 6. 2011 – I-28 U 12/11 (8,45 %); nur vereinzelt setzt man die Anforderungen gleich, indem man bei einer Abweichung von weniger als 10 % jegliche Gewährleistung, auch ein Minderungsrecht, verneint (z. B. LG Kassel 29. 9. 2010 – 6 O 1499/09). Dieser Fehler wirkt sich auch bei der Behandlung von Feststellungsanträgen aus.

320 So BGH 8. 5. 2007, NJW 2007, 2111; *Beyer*, NJW 2010, 1025.

321 Die Verringerung der Reichweite ist im Unter-10 %-Bereich zu vernachlässigen.

322 Urt. v. 6. 3. 2007, NJW 2007, 2127.

Messbarkeit des Minderwerts ab.[323] Dazu und zur Möglichkeit, selbst bei Nichtermittelbarkeit eines Minderungsbetrages einen Vermögensschaden zu liquidieren oder auf Feststellung der Ersatzpflicht des Verkäufers zu klagen, s. Rdn. 1241, 1277. Das LG Berlin[324] hat richtigerweise Mangelhaftigkeit bei einem Mehr von 3,4 % verneint.[325] In beiden Fällen ist die Toleranzgrenze von 4 % nicht überschritten, so dass der Verkäufer von jeglicher Haftung frei sein muss.[326] Der Erfolg eines **Feststellungsantrags** („festzustellen, dass die Beklagte verpflichtet ist, dem Kläger die Kosten eines vertragswidrigen Mehrverbrauchs seit dem .... zu ersetzen") hängt nicht vom Überschreiten der 10 %-Grenze ab.[327] Es genügt Mangelhaftigkeit als solche (ab 4 %). Die Wahrscheinlichkeit, dass dadurch bedingt künftig Mehrkosten anfallen, lässt sich nicht leugnen.

c) Wettbewerbsrechtliche Fragen

Auch wettbewerbsrechtlich liefert die Pkw-EnVKV reichhaltigen Konfliktstoff. Anerkannt ist, dass ein Verstoß gegen die Verordnung einen Gesetzesverstoß i. S. d. § 4 Nr. 11 UWG darstellt.[328] Umstritten ist ihre Anwendbarkeit auf **Tageszulassungen**[329] und **Vorführwagen**[330]. Ein weiterer Streitpunkt betrifft die Freistellung von der Kennzeichnungspflicht in der Werbung nach Anlage 4 Abschn. I Nr. 3 (Bestimmung von Marke und Typ).[331] Ob firmeninterne Magazine als „Werbung" einzustufen sind, ist gleichfalls strittig.[332] Schließlich stellt sich auch in diesem Bereich die Frage der wettbewerbsrechtlichen Unerheblichkeitsgrenze[333], zumal in Fällen angeblich „einmaliger" Werbeaktionen[334] und bei Abmahnungen wegen zu kleiner Schrift.[335] **623**

6. Kohlendioxidemissionen, Schadstoffklasse und Steuereingruppierung

Zu den nach der Pkw-EnVKV und gem. § 47d StVZO mitteilungspflichtigen Umständen gehört außer dem Kraftstoffverbrauch auch der **Kohlendioxid-Ausstoß.** Vermutlich am 1. 11. 2011 tritt die **Neuregelung zur Einführung eines Ökolabels** in Kraft. Alle Neufahrzeuge müssen dann mit einem Ökolabel versehen werden, das sowohl die **Energieeffizienz** **624**

323 Berechtigte Kritik von *Fischinger/Lettmaier*, ZGS 2009, 394, 397; zur Berechnung des Minderungsbetrages bei einer Überschreitung von 6,6 % s. AG Michelstadt 23. 12. 2009 – 1 C 140/09.

324 Urt. v. 5. 4. 2007 – 52 S 104/06 – n. v. Das Revisionsverfahren VIII ZR 171/07 endete – nach mündlicher Verhandlung am 16. 4. 2008 – durch außergerichtlichen Vergleich.

325 Siehe auch LG Essen 21. 11. 2007, SVR 2008, 300 (Mehrverbrauch von 8,2 % kein erheblicher Mangel, aber eventuell ein – geringfügiger – Mangel).

326 Für die Vier-Prozent-Grenze auch AG Michelstadt 23. 12. 2009 – 1 C 140/09; *Fischinger/Lettmaier*, ZGS 2009, 394, 395.

327 Unrichtig LG Kassel 4. 2. 2011 – 9 O 1559/09.

328 BGH 4. 2. 2010, NJW-RR 2010, 1560 = GRUR 2010, 852 = WRP 2010, 1143 – Gallardo Spyder; OLG Oldenburg 14. 9. 2006, OLGR 2007, 243 = WRP 2007, 96; *Köhler/Bornkamm*, § 4 UWG Rn. 11.131a.

329 Bejahend OLG Köln 14. 2. 2007, OLGR 2007, 404; KG 15. 9. 2009 – 5 U 116/08; LG Essen 8. 3. 2006 – 41 O 168/05.

330 Bejahend KG 15. 9. 2009 – 5 U 116/08; LG Berlin 3. 7. 2007 – 15 O 863/06; verneinend OLG Koblenz 13. 10. 2010 – 9 U 518/10; OLG Düsseldorf 27. 4. 2010 – I-20 U 202/09.

331 Dazu BGH 4. 2. 2010, NJW-RR 2010, 1560; OLG Frankfurt 9. 3. 2010 – 6 W 1/10; OLG Oldenburg 14. 9. 2006, OLGR 2007, 243 = WRP 2007, 96; OLG Köln 14. 2. 2007, OLGR 2007, 404; LG München 6. 8. 2007 – 11 HKO 9409/07.

332 OLG Stuttgart 30. 9. 2010 – 2 U 45/10 („Christophorus" von Porsche).

333 Vgl. BGH 4. 2. 2010, NJW-RR 2010, 1560.

334 Dazu LG Heidelberg 26. 4. 2005, SVR 2005, 420 (Antrag auf Erlass einer einstweiligen Verfügung abgelehnt); s. a. OLG Köln 14. 2. 2007, OLGR 2007, 404.

335 Dazu LG Kassel 25. 11. 2010 – 11 O 4021/10 – n. v.; LG Hannover 16. 2. 2011 – 21 O 44/10 – n. v.

ausweist als auch Angaben zur Jahressteuer und zu den Energieträgerkosten bei einer Laufleistung von 20.000 km.

625 Auch bei den CO2- Emissionen handelt es sich um **„Laborwerte“.** Auf die Ausführungen zum Kraftstoffverbrauch wird Bezug genommen (Rdn. 607 ff.). Da nach dem einschlägigen Messverfahren (Richtlinie 1999/94/EG) der Kraftstoffverbrauch aus den kohlenstoffhaltigen Emissionen berechnet wird, bedeutet ein erhöhter Wert beim Kraftstoffverbrauch zugleich einen erhöhten Kohlendioxidanteil. Um einen gesonderten Sachmangel handelt es sich nicht.[336] Beides geht, technisch wie mathematisch, Hand in Hand.[337]

626 **Schadstoffklassen, Abgasnormen und Steuersätze:** Dutzende von Schlüsselnummern, Fußnoten, Sternchen und verwirrende Abkürzungen in den Verkaufsprospekten sind für alle Beteiligten, die Händler eingeschlossen, eine Quelle ständigen Ärgers und Streits. Betroffen sind vor allem Diesel-Pkw über 2,5 t. **Prototypisch** ist der Fall, über den in erster Instanz das LG Münster[338] und das OLG Hamm als Berufungsgericht[339] entschieden haben, und zwar mit unterschiedlichen Ergebnissen. Das OLG Hamm hat erkannt:

> *„In Ermangelung einer ausdrücklichen Beschaffenheitsvereinbarung kann der Käufer eines Neufahrzeugs einen zum Rücktritt berechtigenden Sachmangel nicht daraus herleiten, dass ein Fahrzeug der Schadstoffklasse ‚Euro 3‘ steuerlich vom Finanzamt als ‚Euro 2‘ eingestuft worden ist“* (hier: Citroen C 8, Euro 3, Schlüssel-Nr. 51).

627 In die gleiche **händlerfreundliche Richtung** geht das Urteil des Kammergerichts vom 6. 3. 2008,[340] wenn es heißt:

> *„Die Mitteilung einer bestimmten EU-Schadstoffnorm im Kfz-Kaufvertrag stellt keine Beschaffenheitsangabe oder Zweckabrede dar, aufgrund deren der Käufer auf eine Einordnung in eine bestimmte Kfz-Steuerklasse vertrauen darf“* (Fahrzeug: BMW X 5 3,0 d, EU3 N1-G3).

628 **Im Vordergrund** der facettenreichen Euronorm-Rechtsstreitigkeiten[341] stehen folgende Fragen: Bedeutung von Angaben in Prospekten oder Technischen Datenblättern[342] betreffend die Abgasnorm, z. B. „EURO 3“, und die Schlüsselnummer (z. B. 51).[343] Kann der Kunde aus diesen Informationen verlässlich auf eine bestimmte Eingruppierung bei der Kfz-Steuer schließen oder sind Euronorm und Steuerklasse erkennbar unterschiedliche Sachverhalte? Hat der Händler eine Aufklärungs- oder gar eine Beratungspflicht? Wenn ein Mangel zu bejahen ist: Ab welchem Steuernachteil besteht die Befugnis zum Rücktritt (Erheblichkeitsproblematik)?

629 Soweit ersichtlich, hat bisher nur das LG Münster eine verbraucherfreundliche Position eingenommen.[344] Ganz überwiegend werden die Klagen abgewiesen (meist ohne Beweisaufnahme); allerdings mit unterschiedlicher Begründung. Als Hilfsbegründung wird oftmals die Unerheblichkeit eines etwaigen Mangels betont. Mit einer solchen Doppelbegründung hat auch das Brand OLG – nach Beweisaufnahme zum Inhalt der Vertragsverhandlun-

336 OLG Hamm 9. 6. 2011 – I-28 U 12/11.

337 So das OLG Hamm 9. 6. 2011 – I 28 U 12/11.

338 Urt. v. 6. 12. 2006 – 8 O 320/06 – n. v.

339 Urt. v. 28. 6. 2007, 2 U 28/07, VA 2007, 177 = SP 2008, 235 (Nichtzulassungsbeschwerde erhoben).

340 Az. 27 U 66/07, veröffentlicht, soweit ersichtlich, nur in VRR 2008, 265 (Revision nicht zugelassen).

341 Siehe auch OLG Bremen 14. 6. 2001, DAR 2001, 400; OLG Celle 29. 11. 2001, OLGR 2002, 38 und OLG Koblenz 7. 11. 2001, MDR 2002, 452.

342 Zur Bedeutung der Pkw-EnVKV s. Rdn. 600 ff.

343 So auch im Fall LG Heilbronn, Urt. v. 14. 9. 2006, DAR 2007, 523 (Mangel verneint).

344 Urt. v. 6. 12. 2006 – 8 O 320/06, vom OLG Hamm abgeändert. Kritik daran von *Bachmeier*, Rn. 282.

gen – die Klage eines beweisfällig gebliebenen Halters abgewiesen, dessen Fiat Doblo 1,6, an sich zutreffend mit Euro 3 beschrieben, als Euro4-Fahrzeug angeboten worden sein soll.[345]

Ergänzend wird auf die Rechtsprechung zum Gebrauchtwagenkauf verwiesen (Rdn. 2902 ff.). **630**

7. Zulassungseignung und Überladungsfälle

Gegenstand einer Beschaffenheitsvereinbarung kann die Frage sein, ob das Fahrzeug als Pkw oder als Lkw zugelassen werden kann. Dazu AG Gotha 16. 5. 2006, SVR 2006, 464 („Zulassung als Pkw" beim Kauf eines Mercedes Sprinter). Zur Haftung für Zulassungshindernisse s. Rdn. 2694 ff. Eine besondere Fallgruppe bilden die Fälle, in denen Käufer eine **Überschreitung der zulässigen Achslasten** beanstanden („Überladungsfälle"). Zumal bei Wohnmobilen/Reisemobilen[346] und sonstigen Sonderfahrzeugen ist das immer wieder ein Streitpunkt. **631**

8. Tages- und Kurzzulassung

Das Fahrzeug ist eine „Tageszulassung", wenn es maximal eine Zulassung auf einen Handelsbetrieb aufweist, wobei der Zeitraum der Zulassung 30 Tage nicht überschreiten darf, so der erste Teil der Definition zum Kodex für den Fahrzeughandel im Internet. Wegen des nicht auf einen einzigen Tag beschränkten Zulassungszeitraums ist auch von **„Kurzzulassung"** die Rede. Innerhalb von 30 Tagen werden die Fahrzeuge wieder abgemeldet.[347] **632**

Derartige „Papierzulassungen" gelten als „notwendiges Übel",[348] als eine typische Entwicklung in einem gesättigten Markt. Hersteller und Händler versuchen, über Konditionenwettbewerb im schwachen Markt ihr Volumen zu stabilisieren und verkaufen zu Deckungsbeiträgen.[349] In den letzten Jahren ist die Zahl der Kurzzulassungen deutlich zurückgegangen.[350] Zum Sonderthema „Kurzzulassung bei EU-Neuwagen" s. Rdn. 1357. **633**

In der Rechtsprechung der Instanzgerichte und im Schrifttum war man **bis 2005** überwiegend der Ansicht, Fahrzeuge mit Tages- oder Kurzzulassung seien wegen der Voreintragung des Händlers und der damit verbundenen Nachteile für den Käufer nicht mehr „fabrikneu", jedenfalls nicht vertragsgemäß.[351] Die Hauptnachteile sah man darin, dass durch die Voreintragung des Händlers der Wert des Fahrzeugs gemindert und die Fristen für die Herstellergarantie[352], die HU (§ 29 StVZO), die AU und für die Kasko-Neupreisentschädigung verkürzt werden. **634**

---

345 Urt. v. 14. 2. 2007 – 13 U 92/06 – n. v.

346 Vgl. OLG Hamm 10. 9. 2008 – 11 U 151/07 (auch zur Bedeutung von Prospektangaben und des Käuferwunsches nach – gewichtserhöhender – Sonderausstattung); OLG Düsseldorf 15. 6. 2000, OLGR 2001, 180 (Mangel verneint); OLG Nürnberg 14. 11. 2001, NJW-RR 2002, 628.

347 I. S. d. Pkw-EnVKV handelt es sich um „neue" Pkw (vgl. OLG Köln 14. 2. 2007, OLGR 2007, 404).

348 So ZDK-Präsident *Radermacher*, AUTOHAUS 1–2/2008.

349 *Dudenhöffer*, Kfz-Betrieb 9/2008, S. 17; zu den Hintergründen und Zielsetzungen s. a. BGH (VIII. ZS) 12. 1. 2005, NJW 2005, 1422 und v. 5. 6. 1996, NJW 1996, 2302; BGH (I. ZS) 13. 1. 2000, NJW 2000, 2821 und v. 30. 6. 1994, DAR 1994, 451.

350 Höchststand 2001 mit 169.360 Einheiten, 2007 nur noch 118.183, 2008/09 unter 100.000.

351 Z. B. OLG Köln 17. 4. 1998, NZV 1999, 46; OLG Naumburg 2. 9. 1999, NJW-RR 2001, 461; OLG Dresden 14. 10. 1998, NJW 1999, 1036 = OLGR 1999, 87 m. w.N (jedenfalls bei 5 Wochen nicht mehr „fabrikneu"); LG Saarbrücken 2. 4. 1979, DAR 1980, 19.

352 Nicht ausnahmslos beginnt die Herstellergarantie mit der Erstzulassung, vielfach ist es ein früherer Termin, z. B. die Auslieferung. Maßgeblich sind stets die Garantiebedingungen im Einzelfall.

635 Dieser käuferfreundlichen Sichtweise ist der für das Autokaufrecht zuständige **VIII. Senat des BGH**[353] entgegengetreten. In Anlehnung an die Rechtsprechung des Wettbewerbssenats des BGH[354] hat er entschieden, dass die vom Autohändler konkludent zugesicherte Eigenschaft „fabrikneu" auch dann noch vorhanden sei, wenn der Käufer ein unbenutztes Kraftfahrzeug mit einer Tages- oder Kurzzulassung erwerbe, sofern der Verkauf a) kurze Zeit nach der Erstzulassung erfolge, b) diese sich auf nur wenige Tage beschränke und c) die Herstellergarantie um nicht mehr als zwei Wochen verkürzt werde. Dem potenziellen Käufer sei bekannt, dass eine Tageszulassung nur rein formal erfolge; entscheidend sei für ihn, ein unbenutztes Neufahrzeug zu erwerben. Dass durch die Kurzzulassung die Herstellergarantie, die Fristen im Rahmen einer Vollkaskoversicherung (Neuwertentschädigung) sowie für eine nach § 29 StVZO vorgeschriebene Fahrzeuguntersuchung um wenige Tage verkürzt würden, sei nicht von „wesentlicher Bedeutung".[355]

636 Wichtig für das Verständnis des BGH-Urteils v. 12. 1. 2005, ergangen in einem „Altfall", ist der Umstand, dass der BGH ebenso wie die Vorinstanz den Sachvortrag des Klägers als wahr unterstellt hat, der von ihm (als Leasingnehmer) ausgesuchte Pkw sei als Neuwagen **ohne Hinweis auf die Tageszulassung** verkauft worden. Demgegenüber hatte der Händler behauptet, auf dem Verkaufsschild und zusätzlich durch den zuständigen Verkaufsberater auf die Tageszulassung gezielt hingewiesen zu haben. Eine derartige Kundenaufklärung entspricht der heute üblichen Praxis. Vielfach wird im Bestellschein (Kaufvertrag) ausdrücklich festgehalten, dass es sich um eine „Tageszulassung" oder eine „Kurzzulassung" handelt, bisweilen unter ausdrücklicher Datumsangabe.[356]

637 **Aufklärungspflicht:** Aus den Gründen der BGH-Entscheidung v. 12. 1. 2005[357] ergibt sich **mittelbar**, dass der Händler nicht in jedem Fall und unter allen Umständen verpflichtet ist, den Käufer auf eine „Tageszulassung" bzw. die Voreintragung im Fahrzeugbrief (ZB II) **von sich aus hinzuweisen**. In dem Rahmen, in dem das Fahrzeug nach Ansicht des BGH trotz „Tageszulassung" seine Fabrikneuheit behält, besteht keine Pflicht, ungefragt den Käufer über diesen Umstand zu informieren. Dass der Händler auf gezielte Nachfrage korrekt zu antworten hat, versteht sich von selbst. Problematisch ist allein die „Von-sich-aus-Aufklärung". Wer nach Meinung des BGH trotz einer „Tageszulassung" die Zusicherung/Garantie oder (und richtig) die Beschaffenheitszusage (§ 434 Abs. 1 S. 1 BGB) „fabrikneu" einhält und insoweit vertragsgemäß liefert, kann in diesem Punkt schwerlich wegen Verletzung einer Aufklärungspflicht belangt werden. Dass „fabrikneu" nicht „mangelfrei" bedeutet, ist zwar richtig, hier aber kein stichhaltiges Gegenargument. Denn wenn selbst die sensibelste aller Eigenschaften eines Neufahrzeugs, nämlich „fabrikneu", trotz einer Kurzzulassung bestehen bleiben kann, kann die Aufklärungspflicht erst einsetzen, wenn die Kurzzulassung den vom BGH gesteckten Rahmen (oben a bis c) zum Nachteil des Käufers verlassen hat. Da dieser Rahmen im konkreten Fall eingehalten war, hat der BGH die Frage, ob die Schadenersatzklage unter dem Gesichtspunkt des Verschuldens bei den Vertragsverhandlungen begründet sein könnte, konsequenterweise gar nicht erst aufgeworfen, was ihn zugleich der Aufgabe enthoben hat, den Sachbereich der §§ 459 ff. BGB a. F. von der c. i. c.-Haftung abzugrenzen.

638 Der Rechtssicherheit und Rechtsklarheit wäre gewiss damit gedient, ausnahmslos jede Kurzzulassung, gleich welcher Länge und welcher zeitlichen Distanz zum Kauf und auch unabhängig von ihren Auswirkungen im konkreten Fall, für **aufklärungspflichtig** zu halten. Es ist schlicht ein **Gebot von Treu und Glauben**, einen Kaufinteressenten, zumal eine

353 Urt. v. 12. 1. 2005, NJW 2005, 1422 = DAR 2005, 281; krit. *Reinking*, DAR 2005, 320.
354 Urt. v. 13. 1. 2000, NJW 2000, 2821 („Tageszulassung mit 0 km").
355 BGH 12. 1. 2005, NJW 2005, 1422.
356 Z. B. OLG Koblenz 16. 4. 2009, NJW 2009, 3519 = NZV 2009, 567.
357 NJW 2005, 1422.

Privatperson, auf diesen ungewöhnlichen Umstand auch ungefragt hinzuweisen. Die wettbewerbsrechtliche Entscheidung des I. ZS des BGH v. 13. 1. 2000[358] dürfte dem nicht entgegenstehen. Sie betrifft den Tatbestand der Irreführung durch eine konkrete Angabe („Tageszulassung 0 km"), nicht den Fall des Verschweigens (jetzt § 5a UWG). Die Aufklärungspflicht von der Dauer der (Kurz-)Zulassung und etwaigen negativen Auswirkungen (Stichwort: Garantieverkürzung) abhängig zu machen, ist keine überzeugende Alternative. Damit ist auch dem Kfz-Handel nicht gedient, weil er ohne klare Handlungsanleitung bleibt. Was den **Handel im Internet** angeht, hat man sich für **die Werbung** ausdrücklich auf die BGH-Linie (I. ZS) verständigt, auf eine Verkürzung der Herstellergarantie hinzuweisen, wenn sie im Zeitpunkt der Bewerbung mehr als 14 Tage beträgt. Flankiert wird diese Selbstverpflichtung durch die Pflicht, die tatsächliche Erstzulassung nach Monat und Jahr anzugeben. Dazu BGH 17. 3. 2011, I ZR 170/08.

Die im BGH-Urteil v. 12. 1. 2005[359] unter Hinweis auf die Entscheidung des Wettbewerbssenats v. 15. 7. 1999[360]angesprochene **Zwei-Wochen-Frist** betrifft nicht die Dauer der Zulassung, auch nicht, wie manche meinen, den Zeitraum zwischen Zulassung und Verkauf. Die vom Wettbewerbssenat des BGH[361] festgelegte Zwei-Wochen-Frist bezieht sich allein auf die erstzulassungsbedingte Verkürzung der Herstellergarantie **zum Zeitpunkt der Werbung**. Wettbewerbsrechtlich sei eine Aufklärungspflicht des Händlers erst dann anzunehmen, wenn zum Zeitpunkt der Werbung bereits mehr als zwei Wochen der Herstellergarantie verstrichen seien. Eine sich in diesem Rahmen haltende Verkürzung der Herstellergarantie (Werksgarantie) wiege noch nicht so schwer, dass ein Hinweis in der Zeitungswerbung unter allen Umständen zwingend erforderlich erscheine.[362] Kaufrechtlich ist der Händler **auf der sicheren Seite**, jegliche „Tageszulassung" von sich aus offenzulegen. Der Kaufrechtssenat des BGH scheint dies – händlerfreundlicher – erst dann zu verlangen, wenn eines der Kriterien oben a bis c (Rdn. 635) zum Nachteil des Käufers nicht eingehalten ist. 639

Das Anforderungsprofil von „Tageszulassungen": Auf der Linie von BGH NJW 2005, 1422 liegt die Ansicht, dass auch der Käufer einer „Tageszulassung" grundsätzlich erwarten könne, ein Fahrzeug zu erhalten, das in jeder Hinsicht „fabrikneu" ist, es also sämtliche Einzelmerkmale aufweist, die diese Eigenschaft nach der Rechtsprechung des BGH ausmachen.[363] Für die **Standzeit/Lagerdauer** von zwölf Monaten folgt dies zum einen aus dem BGH-Urteil v. 12. 1. 2005[364], indirekt auch aus der Jahreswagen-Entscheidung des BGH v. 7. 6. 2006[365]. Mit Recht hat deshalb das OLG Koblenz den Bruch der Beschaffenheitsvereinbarung „fabrikneu" bei einer Standzeit von 15 Monaten bejaht, trotz offen gelegter „Tageszulassung".[366] In Ermangelung entgegenstehender Anhaltspunkte kann der Käufer einer „Tageszulassung" ferner erwarten, dass der Wagen so wie ein Neufahrzeug ohne Zulassung der **aktuellen Modellreihe** mit allen bisherigen Weiterentwicklungen und technischen Veränderungen entspricht. Ist dies nicht der Fall, muss ihn der Verkäufer hierüber aufklären.[367] Die Angabe des Datums der (Tages-)Zulassung reicht hierzu nicht aus, da auch ein nur kurz zurückliegendes Zulassungsdatum nicht besagt, dass es sich um ein veraltetes Modell handelt. 640

358 NJW 2000, 2821.
359 NJW 2005, 1422.
360 NJW 1999, 3267.
361 Urt. v. 15. 7. 1999, NJW 1999, 3267.
362 BGH 15. 7. 1999, NJW 1999, 3267.
363 So ausdrücklich OLG Koblenz 16. 4. 2009, NJW 2009, 3519.
364 NJW 2005, 1422.
365 NJW 2006, 2694.
366 Urt. v. 16. 4. 2009, NJW 2009, 3519.
367 OLG Köln 17. 4. 1998, NZV 1999, 46.

641 Während die Kurzzulassung im BGH-Fall NJW 2005, 1422 **vor dem Verkauf** stattgefunden hatte, hat das LG Wuppertal über einen Fall mit (siebentägiger) Zulassung **nach Abschluss des Kaufvertrages** ohne Zustimmung des Käufers entscheiden müssen. Auch in diesem Fall habe der Käufer einen „Neuwagen", ein „fabrikneues" Auto erhalten, so die Kammer[368] unter Bezugnahme auf die BGH-Entscheidung. Dem ist das LG Bonn in einem ähnlich gelagerten Fall mit Recht entgegengetreten.[369] Es hat einen Verkäufer zur Lieferung eines Neufahrzeugs ohne Tageszulassung verurteilt, der geltend gemacht hat, in seiner Eigenschaft als Servicepartner kraft Herstellerbindung nur Fahrzeuge nach vorheriger Zulassung auf sich ausliefern zu dürfen. Auf diesen Umstand war der Käufer vor Vertragsabschluss nicht hingewiesen worden, worin das LG ein Aufklärungsversäumnis gesehen hat. Durch die nachträgliche Tageszulassung sei das Fahrzeug mangelhaft geworden, was den Käufer zur Zurückweisung berechtige.

642 **Stellungnahme:** Dass die zentrale Eigenschaft „fabrikneu" nicht durch jede kurzfristige Händlerzulassung („Papierzulassung" oder „Registrierungszulassung") verloren geht, verdient Zustimmung. Den ohnehin arg strapazierten Begriff „fabrikneu" mit dem heiklen Zulassungsthema zusätzlich zu befrachten, sollte möglichst vermieden werden, gleichviel, ob man eine Beschaffenheitsgarantie oder richtigerweise nur eine bloße Beschaffenheitsvereinbarung annimmt. Das heißt aber nicht, dass der Käufer eine „Tageszulassung" in jedem Fall klaglos hinzunehmen hat. Die Lösung sollte lauten: fabrikneu mit Einschränkung ja, „neu hergestellt" i. S. d. § 309 Nr. 8b BGB uneingeschränkt ja, ebenso ja für ungebraucht i. S. d. §§ 474 Abs. 1, 475 Abs. 2 BGB (dazu auch Rdn. 1901), aber mangelhaft, sofern der Händler eine Beschaffenheitszugsage nicht einhält oder die zu erwartende Beschaffenheit fehlt. Der über eine „Tageszulassung", gleich welcher Dauer, nicht aufgeklärte Käufer erhält ein Fahrzeug, das nicht der üblichen und von ihm zu erwartenden Beschaffenheit entspricht (§ 434 Abs. 1 S. 2 Nr. 2 BGB). Eine Tages- oder Kurzzulassung ist nach der Statistik eine seltene Ausnahme. Die objektiv berechtigte Erwartung des durchschnittlichen Neufahrzeugkäufers ist auf den Erwerb eines Fahrzeugs ohne jegliche frühere Zulassung gerichtet.

643 Soweit der BGH feststellt, es gebe keinen Erfahrungssatz, wonach der Käufer eines nur wenige Tage formal auf den Händler zugelassenen Fahrzeugs im Falle des Weiterverkaufs einen geringeren Erlös als der Käufer eines nur auf sich zugelassenen Neufahrzeugs erziele, ist dem nicht zu folgen. Nach üblicher Bewertungspraxis wird pro Eintragung ein **Wertabzug** von mindestens 2 – 3 % vorgenommen.[370] I. Ü. ist der Gesichtspunkt „Mindererlös" nur einer von mehreren Aspekten im Zusammenhang mit einem potenziellen Weiterverkauf. Nicht zu unterschätzen sind die praktischen Schwierigkeiten und Risiken. Das beginnt mit der rechtssicheren Formulierung des Angebots mit der üblichen Angabe der Vorbesitzer/Vorhalter[371] und endet bei dem Rechtfertigenmüssen der Voreintragung im konkreten Verkaufsgespräch mit einem Interessenten, dem die Feinheiten einer „Tageszulassung" nicht geläufig sind. Hinzu kommt: In der Zulassungsbescheinigung Teil II (früher Fahrzeugbrief) ist nur noch Platz für zwei Haltereintragungen. Im Fall des Weiterverkaufs muss eine neue Zulassungsbescheinigung beantragt werden, was mit Kosten und Mühe verbunden ist.

---

368 Urt. v. 9. 2. 2006, DAR 2007, 652 m. Anm. *Hachenberg-Trompetter.*

369 Urt. v. 13. 11. 2009, NJW-RR 2010, 1358.

370 S. a. *Hachenberg-Trompetter*, DAR 2007, 653.

371 Zur richtigen Zählung bei einer Tageszulassung LG Kiel 9. 12. 2008, NZV 2009, 243.

9. Voreintragung auf Dritte

Von der Tages- oder Kurzzulassung auf den Händler zu unterscheiden ist der Fall, dass ein bereits **auf einen Dritten** zugelassenes Fahrzeug als „neu" oder als „Neuwagen" weiterverkauft wird. Diese Fallgestaltung ist Gegenstand des **BGH-Urteils v. 26. 3. 1997:**[372] Ein in den Niederlanden auf einen dortigen Kunden zugelassener Ferrari Testarossa 512 TR wurde von einem deutschen Möbelhaus, das gelegentlich mit Ferrari-Fahrzeugen Handel trieb, an eine deutsche Käuferin als „Neufahrzeug mit Werkskilometern" verkauft. Bei Abschluss des Kaufvertrages war der Käuferin die fünf Monate zurückliegende Auslandsauslieferung bekannt, die NL-Zulassung möglicherweise zu diesem Zeitpunkt noch nicht (war strittig). Das OLG Oldenburg[373] hat die Bezeichnung „Neufahrzeug" trotz des Hinweises auf Werkskilometer (200) als Zusicherung gedeutet, und zwar mit dem Inhalt, dass der Ferrari noch nicht auf einen anderen Kunden zugelassen worden ist. Diese Auslegung hat der BGH beanstandet. Die der Käuferin bekannte Auslieferung an den NL-Erstkunden sei nicht hinreichend gewürdigt worden. Das sei ein „ungewöhnlicher Umstand", der bedeuten könne, dass das Fehlen einer Erstzulassung in den Niederlanden gerade nicht zugesichert gewesen sei. 644

Veräußerungen von Fahrzeugen, die bereits auf Dritte (Nicht-Händler) zugelassen wurden, betreffen Erstverkäufe, die aus irgendwelchen Gründen gescheitert sind. Es kann sich um Fahrzeuge handeln, deren Abnahme die Erstkäufer wegen nicht vertragsgemäßer Beschaffenheit abgelehnt haben. Hintergrund kann auch eine Insolvenz sein. Nicht ernsthaft zu bezweifeln ist, dass Kraftfahrzeuge, die auf Dritte (Erstkunden) zugelassen wurden, und sei es auch nur für kurze Zeit, nicht mehr als „fabrikneu" gelten können. Der Händler darf solche Fahrzeuge nicht als „Neufahrzeuge" anbieten, ohne den Käufer auf die Voreintragung hinzuweisen. Andernfalls setzt er sich dem Vorwurf der arglistigen Täuschung aus. 645

In einer älteren Entscheidung hat sich das OLG Karlsruhe[374] auf den Standpunkt gestellt, dass ein Pkw allein durch die Zulassung auf einen Dritten die Neuwageneigenschaft verliere und zum „Gebrauchtfahrzeug" werde, obwohl feststehe, dass der Dritte das Fahrzeug nicht benutzt habe. Nach Auffassung des Gerichts ist die Zulassung nicht mit dem Ausprobieren von Kleidern vergleichbar, da sie zu einer Minderbewertung des Fahrzeugs führe. Diese beruhe darauf, dass Folgeerwerber eine Erhöhung des Risikos beim Gebrauch infolge Fahrerwechsels und der nicht bekannten und nicht nachweisbaren Umstände wegen des Wechsels befürchten müssen, wenn sie auf die Voreintragung in den Kfz-Papieren stoßen. 646

---

372 NJW 1997, 1847.

373 Urt. v. 6. 3. 1996, NZV 1996, 455 = BB 1996, 2321.

374 Urt. v. 16. 6. 1971, DAR 1972, 17 ff.; 22. 12. 1976, DAR 1977, 323; a. A. LG Köln 3. 11. 1982 – 13 S 207/82 – n. v., das die Fabrikneuheit eines etwa 1,5 Monate nach Erstzulassung verkauften Fahrzeugs bejahte; differenzierend LG Bonn 17. 2. 1972, NJW 1972, 1137; LG Köln 11. 9. 1990 – 33 S 1/90 – n. v.; krit. *Andres*, NJW 1971, 2377 ff.

H. Nacherfüllung

I. Bedeutung für den Neufahrzeugkauf

647 Auch zehn Jahre nach In-Kraft-Treten der Schuldrechtsreform sind zahlreiche Probleme der Nacherfüllung, allgemeine wie autokaufspezifische, weiterhin ungelöst. Während Neuwagenkäufer im früheren Kaufrecht einen Nachbesserungsanspruch nur auf AGB-Basis hatten,[1] ist ihr Anspruch auf Nacherfüllung jetzt in **§ 439 Abs. 1 BGB** geregelt. Mit dem Gefahrübergang, i. d. R. die Übergabe, treten an die Stelle des (Erfüllungs-)Anspruchs auf Lieferung eines mangelfreien Fahrzeugs die in § 437 BGB aufgezählten Sachmängelrechte[2], wobei der Anspruch auf Nacherfüllung an erster Stelle steht. Damit wird der **Nacherfüllungsvorrang** optisch unterstrichen. Inhaltlich kommt er im **Fristsetzungserfordernis** (§§ 323 Abs. 1, 281 Abs. 1 S. 1 BGB) zum Ausdruck, indirekt auch durch § 440 S. 1 BGB.

648 Nacherfüllung ist bekanntlich in **zwei Formen** möglich, durch **Ersatzlieferung** (Neulieferung) oder durch **Nachbesserung** (Mängelbeseitigung). Diese **Zweispurigkeit**, die es beim Kauf eines bereits gebrauchten Kraftfahrzeugs nur grundsätzlich, praktisch jedoch nicht gibt (dazu Rdn. 3435 ff.), wird beim Kauf fabrikneuer Fahrzeuge um eine **dritte Spur** erweitert. Typischerweise hat der Käufer eines neuen Pkw im Fall der Mangelhaftigkeit primär drei Ansprüche: Ersatzlieferung, Nachbesserung und (Hersteller-)Garantie. Anders als beim Kauf eines bereits gebrauchten Kfz ist der Anspruch auf Ersatzlieferung nur in Ausnahmefällen wegen Unmöglichkeit ausgeschlossen (dazu Rdn. 932 ff.). Zum Nebeneinander von Nacherfüllung in Form der Nachbesserung und einer Herstellergarantie s. Rdn. 1573 ff.

649 Eine augenfällige **Besonderheit des Neuwagenkaufs** besteht darin, dass Käufern in den handelsüblichen AGB (NWVB) ausdrücklich das Recht eingeräumt wird, sich zur Mängelbeseitigung statt an den Verkäufer an einen vom Hersteller/Importeur anerkannten Betrieb zu wenden.[3] Aus Anlass der BGH-Entscheidung vom 15. 11. 2006[4] ist die entsprechende **Klausel in den NWVB** insoweit **geändert** worden, als man **die Informationspflicht** des Käufers präzisiert hat. Die Vorgängerklausel enthielt keine ausdrückliche Vorgabe, wie und vor allem wann der Käufer den Verkäufer über die Einschaltung eines Drittbetriebes zu unterrichten habe.

650 Die vom BGH konstatierte Mehrdeutigkeit ist jetzt behoben. In nicht zu beanstandender Weise ist festgelegt, dass der Käufer den Verkäufer **unverzüglich** zu unterrichten hat, wenn **die erste Mängelbeseitigung erfolglos** war (vgl. Abschn. VII Ziff. 2a NWVB 3/08). Er darf also nicht warten, bis die Nachbesserung durch mehrere erfolglose Versuche anderer Betriebe fehlgeschlagen ist. Andererseits hat der Verkäufer kein Recht auf Information vor Einschaltung des Fremdbetriebes. In der Tatsache, dass in der Klausel von „erster Mängelbeseitigung" die Rede ist, wird man eine Irreführung des Kunden nicht sehen können. Ihm wird nicht suggeriert, nur einen einzigen Versuch zu haben.

651 Eine **Verletzung der Informationspflicht** kann zur Folge haben, dass schon der Tatbestand des Fehlschlagens der Nachbesserung nicht festgestellt werden kann, jedenfalls die

---

1 Beim Gattungskauf bestand außerdem ein Nachlieferungsanspruch gem. § 480 Abs. 1 BGB a. F.

2 H. M., anders für den Fall anfänglicher Unmöglichkeit *Heyers/Heuser*, NJW 2010, 3057.

3 Beim Kauf durch eine Leasinggesellschaft kann es fraglich sein, ob die NWVB und damit die Drittfirma-Klausel Vertragsinhalt geworden ist (vgl. OLG Hamm 6. 2. 2006, DAR 2006, 390). Hat der Leasingnehmer eine autorisierte Werkstatt in Anspruch genommen, verlangt das OLG für die Zurechnung der dortigen Arbeiten die Darlegung, dass die Klausel Inhalt des Vertrages zwischen Leasinggesellschaft und Lieferant ist. Zur Zurechnung s. a. OLG Karlsruhe 16. 3. 2006, DAR 2007, 31.

4 NJW 2007, 504.

Berufung darauf nach § 242 BGB unzulässig ist.[5] Ein eigener Schadensersatzanspruch des Verkäufers gem. §§ 280 Abs. 1, 241 Abs. 2 BGB wird meist aus Kausalitätsgründen ohne Erfolg bleiben. Entgegensetzen kann der Käufer den Einwand des Mitverschuldens, wenn die Drittfirma ihm nicht ausdrücklich mitgeteilt hat, dass eine Benachrichtigung der Verkaufsfirma erforderlich sei. Da Käufer ihre Verpflichtung nach den AGB erfahrungsgemäß nicht, jedenfalls nicht genau kennen, ist ein ausdrücklicher Hinweis vor Ort geboten.

Infolge der vom Verkäufer erteilten Ermächtigung wird der vom Käufer zur Nachbesse- **652**
rung eingeschaltete Betrieb **als Erfüllungsgehilfe** des Verkäufers tätig.[6] Er muss sich deshalb die von dieser Werkstatt ausgeführten Mängelbeseitigungsarbeiten und die dabei abgegebenen Erklärungen, auch Unterlassungen in Form fehlender Hinweise, gem. § 278 BGB zurechnen lassen,[7] ebenso Wissen, das die Fremdwerkstatt erlangt hat („Wissensvertreter").[8]

Da die Drittfirmenklausel **nur eine Abwicklungsregelung** zum Inhalt hat, gibt sie dem **653**
Käufer keinen einklagbaren Anspruch gegen den Drittbetrieb, nicht einmal auf Mängelbeseitigung.[9] Zur Frage der Hemmung durch Nachbesserungsarbeiten in einem Drittbetrieb s. Rdn. 4139.

Ohne Änderung in die aktuellen NWVB (3/2008) übernommen ist die Klausel Abschn. **654**
VII Ziff. 2b, wonach der Käufer sich an den ‚nächstgelegenen' vom Hersteller/Importeur autorisierten Betrieb zu wenden hat, wenn das **Fahrzeug** wegen eines Sachmangels **betriebsunfähig** wird. Diese Klausel, die dem Käufer kein Recht gibt, sondern ihm eine Pflicht (Obliegenheit) auferlegt, ist in mehrfacher Hinsicht **problematisch**. Allerdings muss sie im Licht der Erfüllungsort-Entscheidung des BGH vom 13. 4. 2011[10] gesehen werden, was zumindest einem Teil der Bedenken den Boden entzieht.

Durch ihren apodiktischen Wortlaut „hat ... zu wenden" kann die Klausel bei einem **655**
durchschnittlichen Käufer den Eindruck erwecken, als sei er dazu verpflichtet, das betriebsunfähige Fahrzeug zum nächstgelegenen Betrieb der betreffenden Marke transportieren zu lassen.[11] Diesen nur benachrichtigen zu müssen, um ggf. einen Abschleppwagen dieses Unternehmens kommen zu lassen, ist zwar eine denkbare, aber keine alternativlose Deutung der Klausel. Klarheit und Verständlichkeit werden zudem durch die unscharfen und damit auslegungsbedürftigen Begriffe „betriebsunfähig" und „nächstgelegener ... Betrieb" zusätzlich erschwert.[12] Dass dem Käufer die Pflicht auferlegt wird nachzuforschen, wo sich der „nächstgelegene" Betrieb befindet, stößt angesichts der ihm auch in einer Not- oder Eilsituation zur Verfügung stehenden Informationsmöglichkeiten (Bordunterlagen, Hotline, ADAC) nicht auf durchgreifende Bedenken, auch nicht unter dem Blickwinkel „erhebliche Unannehmlichkeiten" i. S. d. Verbrauchsgüterkaufrichtlinie.

Das wesentliche Argument gegen die Wirksamkeit der Klausel besteht darin, dass dem **656**
Käufer und damit auch einem Verbraucher (Anteil freilich nur noch ca. 35 %) überhaupt ein bestimmtes Tun vorgeschrieben wird. Das steht nicht im Einklang mit § 475 Abs. 1 BGB

---

5 Vgl. BGH 15. 11. 2006, NJW 2007, 504.

6 St. Rspr., z. B. OLG Köln 27. 3. 2008, VRR 2008, 228 = OLGR 2008, 584 (nur Ls.) im Fall eines mangelhaften Mercedes SLK (da Verkäufer der Hersteller war, sind sämtliche Niederlassungen und sonstige Direktverkaufsbetriebe ohnehin autorisiert gewesen).

7 BGH 15. 11. 2006, NJW 2007, 504; LG Wuppertal 16. 11. 2010 – 16 O 134/08.

8 OLG Düsseldorf 28. 1. 2008 – I-1 U 151/07; s. a. OLG Bremen 7. 4. 2011, NJW-RR 2011, 1202 (keine Zurechnung der Kenntnis von einer Rücktrittserklärung des Käufers).

9 Siehe auch BGH 15. 5. 1985, NJW 1985, 2819 und BGH 10. 4. 1991, ZIP 1991, 733.

10 NJW 2011, 2278 = DAR 2011, 388.

11 Bemerkenswerterweise ist die Parallelklausel in den GWVB (VI, 3) weicher formuliert („kann sich der Käufer").

12 Insgesamt keinen Verstoß gegen das Transparenzgebot sieht *Christensen*, a. a. O., Rn. 20.

und verstößt im Übrigen gegen § 307 Abs. 1 BGB.[13] Außerdem wird bemängelt, dass die nach § 309 Nr. 8 lit. b Unterbuchst. bb BGB erforderlichen Hinweise auf diejenigen Rechtsbehelfe fehlen, die dem Käufer im Fall des Fehlschlagens zustehen sowie der darüber hinaus gebotene Hinweis auf mögliche Ansprüche auf Schadens- und Aufwendungsersatz.[14]

II. Vertragliche Beschränkungen des Nacherfüllungsanspruchs (Abdingbarkeit)

1. Verbrauchsgüterkaufverträge

657 Für den Verbrauchsgüterkauf gilt, dass der Anspruch des Käufers auf Nacherfüllung weder ausgeschlossen noch nur zu seinem Nachteil eingeschränkt werden darf.[15] Das Verbot erstreckt sich auch auf das Wahlrecht des Käufers zwischen Mängelbeseitigung und Ersatzlieferung. Auf abweichende Vereinbarungen, getroffen vor der Anzeige des Mangels, kann sich der Verkäufer gegenüber dem Käufer nicht berufen (§ 475 Abs. 1 S. 1 BGB).

Beispiel:
Macht der Verkäufer die Gewährung eines Preisnachlasses davon abhängig, dass der Verbraucher auf das Nachlieferungsrecht verzichtet, verstößt der Verzicht gegen §§ 439, 475 Abs. 1 BGB. Der Verkäufer kann sich gegenüber dem Verbraucher darauf nicht berufen, muss sich aber an dem vereinbarten Preisnachlass festhalten lassen.

2. Geschäftsverkehr zwischen Unternehmern

658 Außerhalb des Verbrauchsgüterkaufs ist § 439 BGB im Rahmen der Vertragsfreiheit grundsätzlich abdingbar. Modifizierungen können zugunsten des Verkäufers wie des Käufers erfolgen. Abreden mit **AGB-Charakter** unterliegen den §§ 305 ff. BGB. Einschlägige Rechtsprechung zur Klauselkontrolle ist schon deshalb rar, weil die **handelsüblichen AGB** für den Neufahrzeugkauf (NWVB 3/2008) auch im B2B-Bereich Verwendung finden. Abgesehen von der Verjährung (dazu Rdn. 4077) enthalten sie keinerlei Beschränkungen zum Nachteil gewerblicher Käufer. Für die Praxis ist dies vor allem mit Blick auf Mängelstreitigkeiten bei **Leasingfahrzeugen** bedeutsam (s. auch Rdn. L 88 ff.).

659 Sofern der Nacherfüllungsanspruch eines gewerblichen Käufers einmal atypischerweise formularmäßig eingeschränkt oder gar ausgeschlossen ist, empfiehlt sich eine Kontrolle anhand der Regelungen des § 309 Nr. 8b bb, cc und dd BGB. Sie sind über §§ 310 Abs. 1, 307 BGB auch im Verkehr zwischen Unternehmern anwendbar.[16] So gilt der Rechtsgedanke von Buchst. b bb auch hier.[17] Der vollständige **Ausschluss des Nacherfüllungsanspruchs** dürfte auch gegenüber einem Unternehmer unzulässig sein.[18] Die **Übertragung des Wahlrechts** zwischen den Nacherfüllungsarten (dazu Rdn. 677) auf den Verwender ist dagegen gegenüber einem Unternehmer ebenso zulässig wie die **Beschränkung auf eine bestimmte Art der Nacherfüllung.**[19] Keine durchgreifenden Bedenken bestehen gegen eine Klausel,

---

13 Für Unwirksamkeit auch *Vogt*, Klauselwerke, Neuwagenkauf, Rn. 32; *Pfeiffer*, ZGS 2002, 175.

14 *Von Westphalen*, NJW 2002, 12, 24.

15 BGH 15.11.2006, NJW 2007, 674 Tz. 44.

16 *Palandt/Grüneberg*, § 309 BGB Rn. 71, 73 und 77 mit Nachw.; zur Inhaltskontrolle von Nacherfüllungsklauseln in den Einkaufsbedingungen eines Baumarktbetreibers s. BGH 5.10.2005, NJW 2006, 47.

17 Siehe BGH NJW 1981, 1501, 1510; 1985, 623, 630; 1994, 1004, 1005; *Pfeiffer*, in: Dauner-Lieb/Konzen/Schmidt, S. 240 f.

18 So *Pfeiffer*, in: Dauner-Lieb/Konzen/Schmidt, S. 241 unter Verweis auf Art. 46 Abs. 1 CISG.

19 NK-BGB/*Kollmann*, § 309 BGB Rn. 147.

der zufolge der **Erfüllungsort** (Leistungsort) für die Nacherfüllung in beiden Varianten der Firmensitz des Verkäufers ist.

III. Wahlrecht des Käufers und Bindung

1. Die Wahl zwischen Mängelbeseitigung und Ersatzlieferung

Das Recht des Käufers, zwischen Mängelbeseitigung und Ersatzlieferung frei zu wählen, **660** hat zur Voraussetzung, dass beide Arten der Nacherfüllung **rechtlich möglich** sind. Wann das der Fall ist und wann nicht, wird unter Rdn. 932 ff. näher dargestellt. Im Fall der Unmöglichkeit der Nacherfüllungsvariante Nachbesserung ist der Anspruch des Käufers aus § 439 Abs. 1 BGB von vornherein auf die Alternative Ersatzlieferung beschränkt; ebenso umgekehrt. Bei **zweifacher Unmöglichkeit** (in Neuwagenfällen höchst selten) entfällt jegliche Nacherfüllung. Konsequenz: Die in § 437 Nr. 2 und 3 BGB aufgeführten (Sekundär-)Ansprüche stehen dem Käufer direkt zur Verfügung.

Kein Wahlrecht kann dem Käufer im Hinblick auf **einzelne Teile** (z. B. Zubehör) des **661** Fahrzeugs zugestanden werden. Erweist sich z. B. das Radio als mangelhaft, hat er nicht das Recht, vom Verkäufer zu verlangen, dass dieser statt der Reparatur des Radios ein anderes mangelfreies Radio im Austausch in das Fahrzeug einbaut.[20] Zur Dispositionsbefugnis des Verkäufers im Rahmen der getroffenen Wahl s. a. Rdn. 671.

Wenn von mehreren als **„Sachgesamtheit“** gekauften Fahrzeugen (10 Stück in gleicher **662** Farbe und Ausstattung für einen Firmenfuhrpark) nur ein einziges Fahrzeug einen nicht behebbaren Sachmangel aufweist, ist zur Erzielung eines sachgerechten Ergebnisses erforderlich, dem Käufer ein punktuelles Wahlrecht in Bezug auf das mangelhafte Fahrzeug zu geben. Ohne diese Möglichkeit würden ihm faktisch nur die Sekundäransprüche verbleiben, da der Nachlieferungsanspruch bezüglich des aus 10 Fahrzeugen bestehenden Blocks an der Einrede des § 439 Abs. 3 BGB scheitert. Er stünde damit schlechter, als wenn er die Fahrzeuge einzeln gekauft hätte. Für den Verkäufer ist das punktuelle Wahlrecht von Vorteil. Es verhindert, dass der Käufer von dem Kaufvertrag über den Gesamtkauf zurücktritt, nur weil ein Fahrzeug einen unbehebbaren Fehler aufweist. Im Übrigen besteht für den Verkäufer die gleiche Situation, als hätte er die Fahrzeuge einzeln verkauft.

Umstritten ist, ob und ggf. unter welchen Voraussetzungen der Käufer an die einmal ge- **663** troffene Wahl – ausgeübt durch empfangsbedürftige Willenserklärung – gebunden bleibt. Klar ist zunächst: Mit dem Verlangen der einen Nacherfüllungsvariante ist ein konkludenter Verzicht auf die andere Variante regelmäßig nicht verbunden (s. aber auch Rdn. 677). Bei **technischen Mängeln** an einem Neufahrzeug entscheiden sich nahezu alle Käufer als Erstes für die Variante „Mängelbeseitigung“. Aus einer Vielzahl von Gründen steht die Alternative Ersatzlieferung faktisch eindeutig an zweiter Stelle.

Die gesetzliche Freistellung von Verbrauchern von der Pflicht, für die Nutzung des man- **664** gelhaften Fahrzeugs eine Vergütung zu zahlen (dazu Rdn. 737), hat dieses Regel-Ausnahme-Verhältnis nur unwesentlich beeinflusst. Wenn ein Neufahrzeugkäufer auf die Variante Ersatzlieferung „umsteigt“, ist der Grund für diesen Wechsel erfahrungsgemäß in einer irgendwie gearteten Störung bei der Mängelbeseitigung zu suchen, und sei es nur ein Missverständnis wie im Fall OLG Saarbrücken NJW 2009, 369. Völlig grundlos wird praktisch nicht gewechselt.

Vor diesem Hintergrund ist das Problem der Bindung an die einmal getroffene Wahl **665** ohne allzu große Praxisrelevanz.[21] Die im Zusammenhang damit erörterte Streitfrage

20 *Ball*, NZV 2004, 217, 219.

21 Offen gelassen von OLG Hamm 22. 7. 2010, DAR 2011, 28; s. aber auch LG Hagen 29. 7. 2011 – 2 O 50/10.

nach **Wahlschuld** (§§ 262 ff. BGB) oder **elektiver Konkurrenz**[22] dahinstehen lassend, hat das OLG Saarbrücken[23] in einem Neuwagenfall so entschieden:

Hat der Käufer das ihm nach § 439 Abs. 1 BGB zustehende Wahlrecht dahin ausgeübt, dass er Beseitigung des Mangels verlangt hat, ist es ihm nach Treu und Glauben verwehrt, den Verkäufer ohne sachlich gerechtfertigten Grund mit einer veränderten Wahl (Nachlieferung) zu konfrontieren.

666 Dieses zutreffende Ergebnis wäre ohne Rückgriff auf § 242 BGB aus §§ 262, 263 Abs. 2 BGB analog ableitbar gewesen. Die Befürworter einer sog. **elektiven Konkurrenz**[24] können ihm gleichfalls zustimmen. In der Bindungsfrage hat die unterschiedliche Einordnung in der Tat allenfalls geringe praktische Auswirkungen. Mit Hilfe des § 242 BGB lässt sich die Strenge der Wahlschuldlösung lockern wie umgekehrt das ius variandi (elektive Konkurrenz) unter dem Vorbehalt zulässiger Rechtsausübung steht.

667 Eine Wahlsituation entsprechend der in § 262 BGB geregelten Wahlschuld anzunehmen bedeutet, dass die vom Käufer gewählte Art der Nacherfüllung gem. § 263 Abs. 2 BGB als die von Anfang an allein geschuldete gilt. Ob eine derart frühe und einschneidende Bindung des Verbrauchers in seiner Eigenschaft als Gläubiger mit der Verbrauchsgüterkaufrichtlinie in Einklang steht, ist fragwürdig.[25] Den schutzwürdigen Interessen des Käufers, auch dem Gesetzeszweck, wie er in § 439 Abs. 3 BGB zum Ausdruck kommt, trägt die Einordnung im Sinne einer elektiven Konkurrenz eher Rechnung.[26]

668 Im Ergebnis weitgehend einig ist man sich darin, dass der Käufer vor Ablauf der von ihm gesetzten Frist **grundsätzlich nicht wechseln** darf (Gedanke der Selbstbindung). Hat er keine zeitlich bestimmte Frist gesetzt, sondern den Verkäufer mit Formulierungen wie „umgehend" oder „unverzüglich" zur Nacherfüllung in einer bestimmten Art aufgefordert, richtet sich die Dauer der Bindung nach der Länge einer angemessenen Frist.[27] Auf diese fiktive Frist ist auch dann abzustellen, wenn der Käufer keinerlei Zeitdruck auf den Verkäufer ausgeübt hat, z. B. Nachbesserung mit offenem Abholtermin verlangt hat. Zur Frage der Fristangemessenheit s. Rdn. 902.

669 Übereinstimmung herrscht ferner darin, dass der Käufer nicht mehr ohne triftigen Grund „springen" darf, wenn der Verkäufer bereits damit begonnen hat, die gewählte Art der Nacherfüllung in die Tat umzusetzen.[28] Ab diesem Zeitpunkt kollidiert eine begründungsfreie Neuwahl mit berechtigten Verkäuferinteressen. Hat der Verkäufer den geforderten Ersatzwagen oder Ersatzteile für die verlangte Mängelbeseitigung bereits bestellt, hat der Käufer abzuwarten, ob der bereits eingeleitete Versuch der Nacherfüllung innerhalb der gesetzten bzw. angemessenen Frist Erfolg hat oder nicht.

Problematisch sind dagegen die Fallgestaltungen, dass der an sich nacherfüllungsbereite Verkäufer verspätet tätig wird, d. h. nach Ablauf der gesetzten bzw. angemessenen Frist oder kurz vorher, aber ohne realistische Möglichkeit zeitgerechter Vollendung. Frag-

---

22 Zum Streitstand umfassend *Skamel*, Nacherfüllung beim Sachkauf, S. 53 ff.; *Schürholz*, Die Nacherfüllung im neuen Kaufrecht, S. 64 ff.

23 Urt. v. 29. 5. 2008, NJW 2009, 369 = VRR 2008, 388 (*Notthoff*) = ZGS 2008, 429.

24 *Skamel*, Nacherfüllung beim Sachkauf, S. 53 ff., 239; *Ball*, NZV 2004, 217, 219; *Schürholz*, Die Nacherfüllung im neuen Kaufrecht, S. 65; *Palandt/Weidenkaff*, § 439 BGB Rn. 5; *Palandt/Grüneberg*, § 262 BGB Rn. 6; *Schröter*, NJW 2006, 1761 m. w. N.; für eine Lösung entsprechend der Wahlschuld dagegen v. a. NK-BGB/*Büdenbender*, § 439 BGB Rn. 19; *ders.* AcP 205 (2005), 386 ff.

25 Vgl. *Schürholz*, Die Nacherfüllung im neuen Kaufrecht, S. 65.

26 Überzeugend *Eckert/Maifeld/Matthiessen*, a. a. O., Rn. 584.

27 *Ball*, NZV 2004, 217, 219.

28 In diese Richtung OLG Celle 28. 6. 2006, NJW-RR 2007, 353 unter A 2a; *Ball*, NZV 2004, 217, 219; *Spickhoff*, BB 2003, 589 ff.

lich ist, ob diese Fälle im Ergebnis so behandelt werden können wie jene, in denen **außer Streit steht**, dass der Käufer sofort auf den anderen Anspruch übergehen kann: (a) Der Verkäufer lehnt jegliche Nacherfüllung ab, (b) er lehnt die gewählte Art ab, (c) die gewählte Art schlägt fehl.[29] Angesichts der vorhandenen Nacherfüllungsbereitschaft und der objektiven Aussicht auf eine erfolgreiche Realisierung kann der Käufer nach Treu und Glauben gehalten sein, noch eine Zeitlang mit der Neuwahl zu warten.[30] Für die insoweit maßgeblichen Tatsachen ist der Verkäufer **darlegungs- und beweispflichtig**. Seine „Nachspielchance" ist nur in engen Grenzen anzuerkennen. Bei der Interessenabwägung kommt es darauf an, warum der Verkäufer nicht rechtzeitig, wie verlangt, nacherfüllt hat und was er in tatsächlicher Hinsicht in die Wege geleitet hat, um seiner Verpflichtung doch noch nachzukommen. Zusätzlich zu berücksichtigen, ob er den Ausgangsmangel zu vertreten hat (Verschulden), ist nicht systemwidrig.

Ausgeschlossen ist ein Wechsel spätestens im Zeitpunkt einer in jeder (auch zeitlicher) Hinsicht ordnungsgemäßen Erfüllung des primär Verlangten. 670

2. Keine Wahl des Käufers im Rahmen der Nachbesserung

Hat der Käufer sich für Nacherfüllung in Form von Nachbesserung entschieden, hat der Verkäufer grundsätzlich **freie Hand**, da er keine bestimmte Art der Nachbesserung, sondern nur deren Erfolg schuldet. Die **Wahl der Mittel** und **die Art und Weise** der Nachbesserung stehen im Ermessen des Verkäufers.[31] Er und seine Erfüllungsgehilfe (autorisierte Drittwerkstatt) können frei darüber entscheiden, ob mangelhafte Teile repariert oder durch Neuteile ersetzt werden, ob die Instandsetzung in eigener Werkstatt, durch einen anderen Betrieb mit ggf. überlegener Technik, den Zulieferer oder durch das Herstellerwerk erfolgen soll. 671

Falls eine erfolgreiche Nachbesserung auf unterschiedliche Weise möglich ist, ist der Verkäufer gehalten, denjenigen Weg zu wählen, der für den Käufer **mit den geringsten Unannehmlichkeiten** verbunden ist. Dies folgt mittelbar aus Art. 3 Abs. 3 VerbrGKRL. Danach müssen Maßnahmen der Nacherfüllung innerhalb angemessener Frist und ohne erhebliche Unannehmlichkeiten für den Verbraucher erfolgen. Ein unmittelbares Einwirkungs- oder Mitspracherecht des Verbrauchers ergibt sich daraus nicht. Falls der Händler mit der von ihm ausgewählten Reparaturmethode die Grenze der Zumutbarkeit überschreitet (s. Rdn. 1014), kann der Käufer gem. § 440 BGB ohne Fristsetzung auf die Sekundäransprüche zurückgreifen und den Nachbesserungsversuch auf diesem Wege stoppen.[32] 672

Unredlich, weil widersprüchlich, verhält sich der Käufer, wenn er einerseits Nachbesserung verlangt, andererseits aber eine vom Verkäufer vorgeschlagene, objektiv geeignete Maßnahme nicht akzeptiert.[33] Sind die zur Verfügung stehenden Reparaturmethoden nicht gleichwertig, muss sich der Verkäufer für diejenige entscheiden, die am ehesten Erfolg verspricht.[34] Ist die Mängelbeseitigung **nur auf eine ganz bestimmte Weise** möglich, ist der Verkäufer verpflichtet, auf diesem Weg vorzugehen. Ein dieser Verpflichtung nicht entsprechendes Vorgehen, z. B. das Angebot, statt eines alternativlosen Teiletau- 673

29 Statt vieler *Ball*, NZV 2004, 217, 219; im Fall des Fehlschlagens stellt sich die Frage der Anrechenbarkeit von Fehlversuchen bei der Nacherfüllung Variante II.

30 Siehe auch *Ball*, NZV 2004, 217, 219.

31 Ganz h. M., vgl. OLG Celle 28. 6. 2006, NJW-RR 2007, 353; *Ball*, NZV 2004, 217, 219; NK-BGB/*Büdenbender*, § 439 BGB Rn. 28; *Schürholz*, a. a. O., S. 67/68; *Skamel*, a. a. O., S. 52 m. w. N.; s. a. BGH 27. 5. 2010, NJW 2010, 2571 Tz. 19 (Werkvertrag).

32 *Huber* in *Huber/Faust*, Schuldrechtsmodernisierung, Kap. 13 Rn. 24.

33 BGH 27. 11. 2003, NJW-RR 2004, 303 (Werkvertrag).

34 BGH 24. 4. 1997, DB 1997, 2170; *Kandler*, Kauf und Nacherfüllung, S. 440.

sches das defekte Teil instandsetzen zu wollen, darf der Käufer ohne Rechtsnachteil ablehnen.[35]

674 Falls Käufer und Verkäufer über die Art und Weise der Fehlerbeseitigung eine **Vereinbarung** treffen, sind beide so lange daran gebunden, als eine Nachbesserung möglich und zumutbar ist. Eine solche Vereinbarung kann auch konkludent zustande kommen, was aber eine Einigung in allen wesentlichen Punkten einschließlich der Unentgeltlichkeit/Vergütungspflicht voraussetzt. Zu Konfliktfällen in der Vergütungsfrage s. Rdn. 768 ff. und OLG Schleswig 22. 2. 2011, 3 U 66/10, wonach dem Händler ein Vergütungsanspruch nicht schon daraus erwächst, dass er die Wahl der Reparaturmaßnahme (hier: Motorschaden) dem Käufer überlassen hat, der Nachbesserungsversuch aber fehlgeschlagen ist.

675 Das Einverständnis des Käufers mit einer bestimmten Art der Nachbesserung bedeutet i. d. R. keinen konkludenten Verzicht auf bestehende Sachmängelrechte.[36]

676 Der Verkäufer handelt nicht treuwidrig, wenn er ein von der getroffenen Absprache abweichendes Nachbesserungsverlangen des Käufers zurückweist.[37] Auf eine vereinbarte Nachbesserung muss sich der Käufer nicht einlassen, wenn der Hersteller für die Reparatur Anweisungen erteilt hat, die keine wirksame Abhilfe gewährleisten.[38]

IV. Übertragung des Wahlrechts auf den Verkäufer

677 Der Käufer kann auf sein Wahlrecht verzichten, es auch auf den Verkäufer übertragen.[39] Beim Verbrauchsgüterkauf sind die Einschränkungen von § 475 Abs. 1 BGB zu beachten, d. h. auf eine vor Mitteilung des Mangels getroffene Vereinbarung kann sich der Verkäufer nicht berufen. Zu B2B-Verträgen s. Rdn. 658 f. Verlangt der Käufer vom Verkäufer pauschal Nacherfüllung oder Abhilfe, wird man darin nicht ohne Weiteres eine **konkludente Übertragung** des Wahlrechts auf den Verkäufer sehen können. Es ist eine Frage der Auslegung, was der Käufer wirklich will. Dabei spielen neben der Art des gerügten Mangels die Begleitumstände eine Rolle. Beim Neufahrzeugkauf, auch in Fällen des Gattungskaufs, ist im Zweifel Mängelbeseitigung, nicht Ersatzlieferung, gewollt. Wenn ein Käufer ausnahmsweise die ungewöhnliche Variante in Anspruch nehmen möchte, muss er dies klar zum Ausdruck bringen. Andernfalls ist sein nicht näher konkretisiertes Nacherfüllungsverlangen als Wahl der Variante Nachbesserung zu deuten (§§ 133, 157 BGB).

678 Falls ungewiss ist, ob der Käufer einen durchsetzbaren Anspruch auf die von ihm gewünschte Art der Nacherfüllung hat, kann es sinnvoll sein, dem Verkäufer die Wahl zu überlassen.[40] Damit wird er frühzeitig in die Lage versetzt, die Voraussetzungen des § 439 Abs. 3 BGB zu prüfen.[41] Kommt es z. B. bei einem Serienfahrzeug nach kurzer Fahrtstrecke zu einem Motortotalschaden, hat der Käufer das Wahlrecht zwischen einer Ersatzlieferung und dem Einbau eines neuen Motors. Er weiß aber nicht, ob der Verkäufer den einen oder anderen Anspruch mit der Einrede der Unverhältnismäßigkeit (§ 439 Abs. 3 BGB) zu Fall bringen kann. Durch eine Auseinandersetzung mit dem Verkäufer über die Berechtigung des von ihm geltend gemachten Anspruchs verliert er wertvolle Zeit, in der die andere Art der Nacherfüllung realisiert werden könnte. Dem Verkäufer kann die Wahl des „falschen“ Anspruchs ebenfalls zum Nachteil gereichen, wenn er längere Zeit be-

35 BGH 5. 5. 2011 – VII ZR 28/10 – BeckRS 2011, 13878 (Werkvertrag).
36 BGH 26. 9. 1996, WM 1997, 39.
37 BGH 30. 1. 1991, NJW-RR 1991, 870, 872.
38 OLG Köln 13. 1. 1995, VersR 1995, 420; OLG Karlsruhe 19. 2. 1987, NJW-RR 1987, 889.
39 *Staudinger/Matusche-Beckmann*, § 439 BGB Rn. 8.
40 *Ball*, NZV 2004, 217, 219; *Palandt/Weidenkaff*, § 439 BGB Rn. 5; *Kandler*, Kauf und Nacherfüllung, S. 436.
41 *Palandt/Weidenkaff*, § 439 BGB Rn. 5.

nötigt, um anhand des Kostenvergleichs festzustellen, ob die vom Käufer verlangte Nacherfüllung unverhältnismäßige Kosten verursacht. Teilt er dem Käufer erst gegen Ende der Nacherfüllungsfrist mit, dass er sich auf die Einrede der Unverhältnismäßigkeit beruft (zur Zeitpunktfrage s. Rdn. 801), besteht für ihn die Gefahr, dass der Käufer sich auf die andere Art der Nacherfüllung nicht mehr einzulassen braucht und sofort die Rechte gem. § 437 Nr. 2 und 3 BGB geltend macht.[42]

Ist der Käufer unentschlossen und andererseits der Verkäufer an klaren Verhältnissen interessiert, soll er die Möglichkeit haben, das **Wahlrecht** analog § 264 Abs. 2 BGB **auf sich überzuleiten**. Voraussetzung dafür wäre ein Verzug des Käufers mit seiner Wahl, was sich kaum begründen lässt. Jedenfalls stößt eine Überleitungsbefugnis im Anwendungsbereich des Verbrauchsgüterkaufs auf erhebliche Bedenken.[43] Womöglich auch deshalb haben Neuwagenhändler diese Möglichkeit bislang nicht erprobt. Rechtsprechung dazu liegt, soweit ersichtlich, nicht vor. **679**

V. Geltendmachung der Nacherfüllung

1. Mängelanzeige und Abhilfeverlangen

Abgesehen von der Informationspflicht bei Inanspruchnahme einer anderen Vertragswerkstatt, dem Anspruch auf Aushändigung einer schriftlichen Bestätigung über den Eingang einer mündlichen Mängelanzeige (Abschn. VII Ziff. 2a S. 2 NWVB) und der Verpflichtung des Käufers, sich an den nächstgelegenen dienstbereiten Betrieb zu wenden, wenn das Fahrzeug betriebsunfähig liegen bleibt (Abschn. VII Ziff. 2b NWVB), halten sich **die NWVB 3/2008** bemerkenswert zurück. So fehlen insbesondere Hinweise darauf, dass der Käufer regelmäßig neben dem Anspruch auf Nacherfüllung einen Anspruch aus der Herstellergarantie hat. Mit Rücksicht auf die unterschiedlichen Garantielösungen der Hersteller und Importeure ist dieser Verzicht nachvollziehbar. Die Garantiebedingungen schließen die bestehende Lücke freilich nur unvollständig, trotz der Vorgaben des § 477 BGB. Verständlich ist auch, dass die NWVB keinerlei Regelungen darüber enthalten, was der Käufer zu tun bzw. zu unterlassen hat, um **seine Obliegenheit** gegenüber dem Verkäufer zu erfüllen, ihm erst Gelegenheit zur Nacherfüllung zu geben, bevor die Rechte aus § 437 Nr. 2 und Nr. 3 BGB von der zweiten an die erste Stelle treten (zu diesem Problemkreis s. Rdn. 892 ff.). **680**

Gleichviel, ob man das Nacherfüllungsverlangen unter dem Blickwinkel der Verfolgung des Anspruchs aus §§ 437 Nr. 1, 439 Abs. 1 BGB oder unter dem Aspekt der Käuferobliegenheit sieht (näher dazu Rdn. 893): So oder so ist erforderlich, dass der Käufer dem Verkäufer den angeblichen **Mangel anzeigt** (zur Konkretisierung s. Rdn. 688 f.) und ihn auffordert, **Abhilfe zu schaffen**, sei es durch Beseitigung des Mangels, sei es durch Lieferung eines anderen Fahrzeugs. Die Ausübung dieses Rechts – zugleich die (Teil-)Erfüllung der Käuferobliegenheit – ist **formfrei** und erfolgt durch **empfangsbedürftige Willenserklärung**. **681**

Die bloße Anzeige des Mangels ist noch keine Geltendmachung der Nacherfüllung. Diese muss verlangt werden. Häufig fallen **Mängelanzeige** und **Abhilfeverlangen** zusammen. Es kann aber durchaus sein, dass der Käufer dem Verkäufer den Mangel lediglich anzeigt und ihm mitteilt, dass er eine autorisierte Drittwerkstatt aufsucht und die Nachbesserung dort durchführen lässt.[44] Für den Käufer ist es ratsam, das Einverständnis des Verkäufers hierzu einzuholen. Sollte die Nachbesserung durch die andere Werkstatt scheitern, **682**

42 *Haas* in Haas/Medicus/Rolland/Wendtland, Das neue Schuldrecht, S. 204, Rn. 166.
43 *Skamel*, Nacherfüllung beim Sachkauf, S. 59.
44 Vgl. AG Landau 24. 2. 2005 – 4 C 1337/04 – n. v.

kann der Verkäufer später nicht einwenden, der Käufer habe ihm keine Gelegenheit zur Nacherfüllung eingeräumt. Zur Mängelbeseitigung in einer autorisierten Drittwerkstatt s. a. Rdn. 649 ff. Verweist der Verkäufer den Käufern an eine Drittwerkstatt ist eine dortige Reparatur als Nachbesserung zu behandeln, nicht als Erfüllung des Anspruchs auf den kleinen Schadensersatz.[45]

683 Rechtlich hat der Verkäufer keine Handhabe, vom Käufer die Unterzeichnung eines **„Werkstattauftrags"** oder eines ähnlichen Dokuments zu verlangen. Dies selbst dann nicht, wenn ihm zugesagt wird, dass Kosten nicht berechnet werden.[46] Wenn Händler ihre Kunden mit einem „Reparaturauftrag" o. Ä. konfrontieren, hat das vor allem damit zu tun, dass sie zur eigenen Absicherung einen Beleg für durchgeführte Garantie- bzw. Gewährleistungsarbeiten zur Vorlage beim wahren Kostenträger benötigen (Hersteller, Importeur, Garantieunternehmen). Außerdem dienen diese Schriftstücke der Beweissicherung, was auch im Interesse des Käufers liegt (Nachweis der Reklamation, Einhaltung der Zwei-Versuche-Regel). Ein vom Käufer **unterzeichneter „Reparaturauftrag"** ist im Zweifel als Nachbesserungsverlangen zu deuten.[47] Als Alternative kommen die Verfolgung eines Garantieanspruchs oder die Erteilung eines vergütungspflichtigen Werkstattauftrags in Betracht (dazu auch Rdn. 769 ff., 4230 ff.). Denkbar ist auch ein gemischter Auftrag.

684 Streitigkeiten, in denen Käufern von ihnen unterzeichnete „Reparaturaufträge" zur **Begründung von Werklohnansprüchen** oder Kostenbeteiligungen vorgehalten werden, entscheiden die Gerichte **tendenziell käuferfreundlich**. Aus der Unterzeichnung eines Antrags mit dem Stempelaufdruck ‚Garantiearbeit – Altteile aufbewahren' lässt sich nicht die Erteilung eines Reparaturauftrags ableiten, selbst wenn das Antragsformular die Klausel enthält, dass die Entscheidung über die Garantieansprüche dem Lieferwerk vorbehalten bleibt und der Kunde bei Ablehnung der Garantie die Reparaturkosten zu bezahlen hat.[48] In der vorbehaltlosen Zahlung einer Rechnung im Anschluss an einen „Reparaturauftrag" ist weder ein deklaratorisches noch ein tatsächliches Anerkenntnis zu sehen.[49]

2. Zeitliche Grenzen

685 Weder die Verbrauchsgüterkaufrichtlinie noch das BGB schreiben dem Käufer vor, dass er seine Gewährleistungsrechte innerhalb einer „angemessenen" Frist ausüben muss. Von der in der Richtlinie vorgesehenen Option, dem Käufer eine Ausschlussfrist für die Anzeige des Mangels zu setzen, hat der deutsche Gesetzgeber keinen Gebrauch gemacht. Im Grundsatz kann der Käufer deshalb auch den Nacherfüllungsanspruch solange geltend machen, bis er verjährt ist.

686 Eine **unverzügliche Anzeige** des Mangels ist freilich in mehrfacher Hinsicht von Vorteil für den Käufer. Zum einen aus Gründen der Beweissicherung, auch mit Blick auf § 476 BGB (Sichzeigen innerhalb der Sechsmonatsfrist). Zum anderen riskiert der Käufer den Verlust seiner Rechte, wenn er einen Mangel nicht unverzüglich nach Entdeckung anzeigt und er durch die Weiterbenutzung des Fahrzeugs die Gefahr heraufbeschwört, dass sich der Mangel vergrößert bzw. „weiterfrisst". Zum Ausschluss des Rücktritts in solchen Fällen nach § 323 Abs. 6 BGB s. Rdn. 1065 ff. Schadensersatzrechtlich kann sich ein Versäumnis des Käufers gem. § 254 BGB nachteilig auswirken. Aus seiner Sicht empfehlenswert ist es,

45 LG Münster 13. 5. 2009, DAR 2009, 531 (Gebrauchtwagenkauf).
46 OLG Köln 2. 4. 1985, NJW-RR 1986, 151.
47 OLG Saarbrücken 29. 5. 2008, NJW 2009, 369.
48 So AG Bremerhaven 7. 2. 1979, DAR 1979, 281; s. a. BGH 17. 5. 1982, NJW 1982, 2235; OLG Düsseldorf 23. 6. 1994, NZV 1995, 110.
49 BGH 11. 11. 2008, NJW 2009, 580 (Gebrauchtwagenkauf mit Garantie).

die unverzügliche Anzeige des Mangels mit der **Aufforderung zur Beseitigung** des Mangels zu verbinden. Dadurch sichert er sich zugleich seinen Anspruch auf Ersatz eines etwaigen Nutzungsausfallschadens auf der „zweiten Ebene" (Verzug).

Für den Anspruch auf Nacherfüllung ist eine **Fristsetzung** keine irgendwie geartete Vo- **687**
raussetzung. Insoweit ist sie nur unter dem Gesichtspunkt des Verzugs bedeutsam (Mahnung). Wesentlich anders liegen die Dinge mit Blick auf die sekundären Rechtsbehelfe (§ 437 Nr. 2 und Nr. 3 BGB). Hier ist eine (erfolglose) Fristsetzung grundsätzlich ein Muss (s. a. Rdn. 892).

3. Beschreibung des Mangels

Die Nacherfüllung betrifft den Mangel, den der Käufer festgestellt und dem Reparatur- **688**
betrieb zur Abhilfe angezeigt hat. Es kann sich um einen offensichtlichen, wahrnehmbaren oder versteckten Mangel handeln. Aufgabe des Käufers ist es aus grundsätzlichen Erwägungen nicht, vorab zu klären bzw. festzustellen, ob die von ihm gerügte Erscheinung Symptom eines Mangels ist. Die Ursache des „Problems" herauszufinden, ist er gleichfalls nicht verpflichtet.[50] Für ein ordnungsgemäßes Nacherfüllungsverlangen reicht es, wenn er das **Erscheinungsbild des Mangels** (das Symptom) hinreichend genau beschreibt,[51] so dass eine Überprüfung der Angaben – auch im Hinblick auf etwaige Fahr- und Bedienungsfehler – möglich ist.[52]

Die Anzeige einer **Mangelerscheinung** umfasst alle hierfür ursächlich in Frage kom- **689**
menden Fehler.[53] Einzelne Defekte, die auf einem „**Grundmangel**" beruhen, wie z. B. die Schadensanfälligkeit eines Getriebes wegen der auf einem Konstruktionsfehler beruhenden Gefahr eines Ölverlusts, sind keine isoliert zu behandelnden Sachmängel, sondern Teile eines **einheitlichen Mangelkomplexes**. Zu dieser gerade in Autokauffällen (z. B. bei Elektronikproblemen oder Feuchtigkeitsfällen) wichtigen Abgrenzungsfrage s. auch die Ausführungen und die Rechtsprechung zur Hemmung der Verjährung durch Verhandlungen (Rdn. 4130) und zur Zwei-Versuche-Regel i. S. d. § 440 BGB (Rdn. 971 f.).

Solange der Käufer nicht sicher ist, dass er die Ursache des Mangels kennt, sollte er die **690**
Mängelrüge nicht auf die vermutete Ursache beschränken, sondern den Mangel in seiner Erscheinungsform beschreiben, andernfalls er seine Sachmängelansprüche wegen anderer in Frage kommender Fehlerursachen gefährdet. Zur Gefahr, sich selbst schadensersatzpflichtig zu machen, s. Rdn. 786 ff. Macht sich der Fehler nur an einer Stelle bemerkbar, ist er aber auch an anderen Stellen vorhanden, beschränkt sich die Mängelanzeige nicht auf die vom Käufer bezeichnete Stelle. Vielmehr erstreckt sie sich auf alle in Frage kommenden Ursachen und erfasst den Mangel selbst in vollem Umfang.[54]

Beispiel:

Der Hinweis des Käufers auf eine Roststelle als erstes Anzeichen einer ungewöhnlichen Rostanfälligkeit des Autos infolge fehlerhaft vorbereiteter Karosseriebleche betrifft als

50 BGH 23. 1. 2008, NJW 2008, 1147, 1148.

51 BGH 3. 12. 1998, NJW 1999, 1330; BGH 23. 2. 1989, NJW-RR 1989, 667; 6. 10. 1988, DB 1989, 424 m. w. N.; s. a. BGH 9. 10. 2008, NJW 2009, 354 (Werkvertrag)

52 Siehe auch OLG Hamm 12. 5. 2009, ZGS 2009, 473, 475 = NJW-RR 2009, 1718 (GW-Kauf); OLG Hamm 21. 1. 2010 – 28 U 178/09 (Bestattungsfahrzeug); OLG München 9. 3. 2006, OLGR 2006, 461; OLG Saarbrücken 29. 5. 2008, NJW 2009, 369.

53 BGH 18. 1. 1990, BGHZ 110, 99, 103; OLG Hamm 20. 1. 2010 – 28 U 178/09.

54 BGH 6. 10. 1988, DB 1989, 424; 23. 2. 1989, NJW-RR 1989, 667; s. a. OLG Hamm 22. 7. 2010, DAR 2011, 28 (Undichtigkeiten eines Cabriodaches an verschiedenen Stellen als „Gesamtmangel").

Beschreibung einer Mangelerscheinung die Mangelursache als Ganzes und erfasst alle später auftretenden Roststellen.

VI. Abwicklung der Nacherfüllung

1. Nachbesserung

a) Inhalt und Umfang des Anspruchs

691 **Richtschnur** ist die Herstellung von Mangelfreiheit. Der Verkäufer hat im zweiten Anlauf das Fahrzeug in einen vertragsgemäßen Zustand zu versetzen, nicht weniger, aber auch nicht mehr. Die Ist-Beschaffenheit muss mit der Soll-Beschaffenheit zur Deckung gebracht werden. Wenn der Verkäufer ohne eigenes Verschulden eine hundertprozentige Mängelbeseitigung nicht bewerkstelligen kann, hängt es vom Einzelfall ab, ob der Käufer bestimmte Defizite hinzunehmen hat.[55] Eine mit Treu und Glauben unvereinbare Ablehnung einer „99-Prozent-Lösung" ist unbeachtlich.

692 **Bloße Ausbesserung** ist grundsätzlich keine Nachbesserung.[56] Zumindest derjenige Mangel, dessen Beseitigung der Käufer verlangt hat, muss fachgerecht und vollständig und zudem nachhaltig, nicht nur provisorisch, beseitigt werden. Dazu gehört auch eine Beseitigung der **Mangelursache**, sofern sie nicht selbst den Sachmangel darstellt und somit von der Beseitigungspflicht direkt erfasst ist.

Beispiel: Der Käufer beanstandet einen wiederholt auftretenden Leistungsverlust des Motors verbunden mit Rütteln und unrundem Lauf. Vordergründig betrachtet sind das Mängel. Da sie bei Übergabe aber nicht vorhanden waren, seinerzeit und auf den ersten tausend Kilometern lief der Motor einwandfrei, scheiden sie als Sachmängel aus. Zurückzugreifen ist auf die Ursache der später aufgetretenen Erscheinungen. Deren Ursache ist der Sachmangel. Der Leistungsabfall, das Rütteln und der unrunde Lauf sind lediglich die **Mangelsymptome**.[57] Im Rahmen der Nachbesserung hat der Verkäufer dafür zu sorgen, dass die Ursache(n) der angezeigten Mangelsymptome beseitigt werden. Treten sie erneut auf, ohne dass der Käufer dafür einen ursächlichen Beitrag geliefert hat (z. B. Fahrfehler, Falschtanken), ist der Mangel nicht behoben, die Nachbesserung fehlgeschlagen. Zur Beweisproblematik s. Rdn. 996 ff.

693 **Fehlende, aber mitverkaufte Fahrzeugteile**, müssen (wieder) eingebaut werden.[58] Auch das gehört zur Mängelbeseitigung.

694 Unter die Pflicht zur Mängelbeseitigung fallen auch eine **Verschlimmerung bzw. Intensivierung** (Ausdehnung) des Mangels in der Zeit zwischen Übergabe und dem Nacherfüllungsverlangen, ebenso ein sog. **Weiterfressermangel** (Weiterfresserschaden), also das Übergreifen des Mangels auf andere Bauteile des Fahrzeugs. Für eine Einbeziehung dieser Erscheinungen in die Mängelbeseitigungspflicht spricht, dass der Verkäufer **den Zustand herzustellen** hat, der bei Gefahrübergang[59] geschuldet war.[60] Hätte der Verkäufer von Anfang an mängelfrei geliefert, wären die genannten „Nebenwirkungen" des Mangels ausgeblieben. Dass der Käufer bei der Nacherfüllungsalternative der Ersatzlieferung Anspruch

55 Nicht entschieden im Dackel-Fall BGHZ 163, 234; dazu *Gutzeit*, NJW 2007, 956.

56 Dazu *Gutzeit*, NJW 2007, 956.

57 Vgl. BGH 9. 3. 2011, NJW 2011, 1664 Tz. 16. Unberechtigt die Kritik von *Kleinhenz* a. a. O., S. 1666.

58 BGH 12. 1. 2011, NZV 2011, 183 = ZGS 2011, 130 (Standheizung).

59 Für manche führt die Übergabe einer mangelhaften Sache, da sie nicht die verkaufte ist, nicht zum Gefahrübergang (vgl. *Skamel*, Nacherfüllung beim Sachkauf, S. 68, 144 ff.).

60 *Ball*, NZV 2004, 217, 218; s. a. BGH 15. 7. 2008, NJW 2008, 2837 Tz. 20 und ausführlich zu dieser Frage *Skamel*, Nacherfüllung beim Sachkauf, S. 69 ff., 239.

auf Lieferung eines Fahrzeugs hat, das rundum mangelfrei ist, ohne für die „Nebenwirkungen“ Wertersatz leisten zu müssen, (§ 346 Abs. 3 S. 1 Nr. 3 BGB), ist ein zusätzliches Argument. Diese Rücktrittsnorm liefert zugleich den Maßstab bei der Prüfung, ob und inwieweit **der Käufer (mit-) verantwortlich** ist, wenn die Intensivierung des Mangels (z. B. ein Motorschaden nach Riss des schon anfänglich schadhaften Zahnriemens) von ihm verursacht und verschuldet ist (näher dazu Rdn. 1065 ff. und Rdn. 3800 ff.).

Die Nacherfüllungsverpflichtung umfasst ferner die Behebung solcher Schäden, die erst durch die Nacherfüllungsbemühungen des Verkäufers entstanden sind. Zu dieser Fallgestaltung s. Rdn. 837 ff. Ob der Verkäufer **darüber hinaus** auch solche Mängel und deren Ursachen zu beseitigen hat, die nicht Gegenstand des Nachbesserungsverlangens sind, bei Ablieferung des Fahrzeugs in der Werkstatt aber tatsächlich vorhanden sind, ist in mehrfacher Hinsicht **von grundsätzlicher Bedeutung**: Pflichteninhalt/objektive Pflichtverletzung, Vertretenmüssen/Verschulden, Fristsetzung und Verjährung. Wenn der Verkäufer bei der Prüfung und Beseitigung des angezeigten Mangels einen bis dahin **ungerügten Zweitmangel** entdeckt, darf er, keine Frage, nicht tatenlos bleiben. Sein Vorsprung an Kenntnis gegenüber dem Käufer kann auch auf einer Testfahrt als Abschluss der Nachbesserung beruhen, auch auf einer Herstellerinformation oder auf sonstigen Erkenntnisquellen. **695**

Dass der Verkäufer seine Entdeckung nicht für sich behalten darf, versteht sich von selbst. Er verhielte sich vertragswidrig, würde er den Käufer nicht wenigstens informieren. Was er schuldet, ist Mangelfreiheit des gesamten Fahrzeugs, nicht nur die Entfernung des beanstandeten Mangels. **Völlige Mangelfreiheit** im zweiten Anlauf steht im Pflichtenheft des Händlers. Daran gemessen stellt die Rückgabe des Fahrzeugs auch dann eine objektive Pflichtverletzung dar, wenn der gerügte Mangel beseitigt ist, das Fahrzeug aber einen weiteren Mangel hat, den der Verkäufer weder kennt noch kennen muss. Nur mit Blick auf das Vertretenmüssen kommt es darauf an, ob der Verkäufer dazu verpflichtet ist, das Fahrzeug daraufhin zu kontrollieren, ob es über den gerügten Mangel hinaus weitere Mängel aufweist, die bei Auslieferung vorhanden waren. Insoweit bietet sich die Lösung an, die der Bundesgerichtshof auch sonst in solchen Fällen bevorzugt: Ohne konkrete Anhaltspunkte keine Untersuchungspflicht (s. Rdn. 1245). **696**

Wenn der Händler den Zweitmangel ohne vorherige Information des Käufers „in einem Abwasch“ gleich mitbeseitigt, verhält er sich – anders als im Parallelfall des Reparaturvertragsrechts – vertraglich korrekt. Er ist als Verkäufer für den Zweitmangel verantwortlich und schuldet auch dessen Beseitigung. Schutzwürdige Interessen des Käufers, etwa in finanzieller Hinsicht, werden durch eine solche Vorgehensweise nicht verletzt. **697**

b) Durchführung der Nachbesserung

aa) Regeln der Technik und Herstellerrichtlinien

Maßnahmen der Mängelbeseitigung sind nach den Regeln der Technik und nach Maßgabe der NWVB, soweit gegenüber Verbrauchern wirksam, durchzuführen. Die Kfz-Reparaturbedingungen der Werkstatt gelten dafür nicht.[61] Über die Frage Instandsetzung oder Teiletausch entscheidet der Verkäufer nach pflichtgemäßem Ermessen (dazu Rdn. 671). Die Reparaturmaßnahme als solche muss **fachgerecht und vollständig** durchgeführt werden. Stehen mehrere gleichwertige Reparaturvarianten zur Verfügung, wird der Verkäufer im Zweifel auf die kostengünstigste zurückgreifen; bei einem Lackschaden z. B. auf die **Spotrepair-Methode**.[62] Er muss dabei auch auf die Interessen des Käufers Rücksicht nehmen und nach Möglichkeit diejenige Variante auswählen, die mit den geringsten Unan- **698**

61 *Creutzig*, Recht des Autokaufs, Rn. 7.2.7.
62 Vgl. OLG Hamm 12. 5. 2005 – 28 U 179/04 – n. v. (Rücktritt mangels Nachfristsetzung abgelehnt).

nehmlichkeiten für den Käufer verbunden ist. Auf nicht ordnungsgemäße Reparaturmaßnahmen braucht sich der Käufer nicht einzulassen.

Beispiele:

- Instandsetzung des Fahrzeugs mit unzulänglichen Mitteln oder durch nicht fachkundige Monteure[63];
- Überpinseln von Lackschäden anstelle einer gebotenen Teil- oder Ganzlackierung;
- Einbau von ungeeigneten Ersatzteilen;
- Vornahme einer behelfsmäßigen Reparatur statt einer erforderlichen Kompletterneuerung, z. B. Anschweißen eines beschädigten Rahmenlängsträgers bei einem Gebrauchtfahrzeug etwa 10 cm hinter der Vorderradaufhängung, obwohl die Werksvorschriften die Anschnittstelle vor der Vorderachsaufhängung vorsehen.[64]

699 Erforderlich ist weiterhin, dass die Reparatur unter Beachtung der **Vorschriften des Herstellerwerks** durchgeführt wird.[65] Allein durch die Abweichung von Werksvorschriften kann der Wert einer Reparaturleistung erheblich beeinträchtigt sein. Moderne Ausbeultechniken bei kleineren Schäden, die nicht zu einer Beschädigung des Lacks führen, sind zulässig (smart oder spot repair). Auf derartige Reparaturmethoden greifen auch Hersteller zurück, um kleinere Beschädigungen von Neufahrzeugen vor Auslieferung zu beseitigen.[66]

bb) Teiletausch

700 Soweit ein **Austausch von Teilen** erforderlich ist, kann der Käufer eines neuen Fahrzeugs verlangen, dass **Originalersatzteile** eingebaut werden, wenn der Hersteller die Verwendung dieser Teile vorschreibt. Im Gegensatz zur Kfz-GVO 1400/2002 enthält die **neue Kfz-GVO 461/2010** keine Definition des Begriffs „Originalersatzteil“. Aus den Leitlinien ergibt sich indes, was Originalersatzteile und was **qualitativ gleichwertige Ersatzteile** sind. Der Unterschied zu den Originalersatzteilen besteht darin, dass sie nicht nach den Vorgaben des Herstellers produziert wurden. Sie können z. B. aus einer anderen Farbe oder einem anderen Werkstoff bestehen. Auskunft darüber, ob ein bestimmtes Ersatzteil die Voraussetzung „qualitativ gleichwertig“ erfüllt, kann der Fahrzeughersteller geben.

701 **Verwendung von Neuteilen:** Diskutiert wird, ob der zur Nacherfüllung verpflichtete Verkäufer den Zustand herzustellen hat, den das Fahrzeug bei Ablieferung an den Käufer hätte haben sollen oder denjenigen Zustand, in dem sich die Sache zum Zeitpunkt der Nacherfüllung befände, wenn sie ursprünglich mangelfrei gewesen wäre.[67] Bedeutsam ist der Unterschied vor allem für die Frage, ob im Fall des Neufahrzeugverkaufs ausnahmslos **Neuteile** für die Nachbesserung zu verwenden sind oder ob mangelhafte Bauteile – z. B. nach längerer Nutzung/Abnutzung – auch durch gebrauchte ersetzt werden dürfen (zur Problematik beim Kauf eines bereits gebrauchten Kfz s. Rdn. 3488 ff.).

702 Geht man davon aus, dass der Käufer, der sich für eine Ersatzlieferung entscheidet, die Lieferung eines neuen, ungebrauchten Fahrzeugs beanspruchen kann, will nicht recht einleuchten, für Nachbesserungsmaßnahmen an einem Neufahrzeug die Verwendung gebrauchter Teile zuzulassen. Entgegenstehende Entscheidungen aus der Zeit vor der Schuldrechtsreform, die dem Verkäufer den Einbau werksmäßig überprüfter und überholter Teile gestatteten,[68] lassen sich auf das gesetzliche Recht der Mängelbeseitigung im Rahmen der

---

63 LG Bonn 29. 5. 1964 – 11 W 6/64 – n. v.

64 OLG Karlsruhe 19. 2. 1987, NJW-RR 1987, 889.

65 BGH 30. 5. 1978, DAR 1978, 278.

66 Dazu OLG Karlsruhe 21. 8. 2003, NJW 2003, 3208, 3209.

67 Vgl. *Ball*, NZV 2004, 217, 218.

68 LG Limburg 7. 2. 1992 – 4 O 465/90 – n. v.; LG Köln 11. 1. 1996 – 6 S 271/95 – n. v. betreffend den Einbau eines Austauschgetriebes bei 8400 km.

Nacherfüllung nicht übertragen. Sie basieren auf der vertraglichen Gewährleistungsklausel, die der BGH[69] als unselbstständige Haltbarkeitsgarantie einstufte und die lediglich einen Ersatz von Teilen vorsah und dem Käufer nach ihrem insoweit unmissverständlichen Wortlaut keinen Anspruch auf Verwendung von Neuteilen einräumte.

Bereits nach früherem Recht wurde die Verwendung **gebrauchter Teile** zur Ausführung **703** von Gewährleistungs- und Garantiearbeiten an Neufahrzeugen äußerst selten und nur in engen Grenzen zugelassen. Das AG Brühl[70] entschied, dem Käufer eines Neufahrzeugs, dessen Motor anlässlich der Erstinspektion bei 1000 km schadhaft geworden war, sei der Einbau eines werksüberholten Gebrauchtmotors nicht zuzumuten. Es konzedierte einen Anspruch auf Einbau eines **Neuteilemotors**. Auf gleicher Linie liegt ein Urteil des OLG München[71], das allerdings die Frage dahinstehen lassen konnte, ob der Einbau eines Original-Austauschmotors bei einer Laufleistung von ca. 5000 km einen erheblichen Sachmangel i. S. v. § 459 BGB a. F. darstellt, weil ein aus Neuteilen bestehender Ersatzmotor eingebaut worden war, den der Sachverständige als technisch völlig gleichwertig bezeichnet hatte.

Durch Verwendung gebrauchter Teile, mögen sie technisch auch noch so gut und auch **704** zertifiziert sein, lässt sich die geschuldete Beschaffenheit eines fabrikneu verkauften Pkw im Allgemeinen nicht herbeiführen.[72] Davon abgesehen entspricht es üblicher Gepflogenheit im Neuwagenhandel, für Gewährleistungs- und Garantiearbeiten sowie für Arbeiten im Rahmen von Rückrufaktionen ausschließlich neue Originalersatzteile zu verwenden.

Eigentumsübergang: Im Austausch **ersetzte Teile** werden gem. Abschn. VII. Ziff. 2c **705** NWVB Eigentum des Verkäufers und sind vom Käufer herauszugeben. Auch von dem anderen Betrieb, der auf Verlangen des Käufers Nachbesserung erbracht hat, kann der Verkäufer Herausgabe des ersetzten Teils verlangen.[73]

c) Der Erfüllungsort bei der Nachbesserung

aa) Bedeutung des Problems für die Praxis

Entgegen der Einschätzung von *Palandt/Weidenkaff*[74] hat die Frage nach dem Erfül- **706** lungsort (Leistungsort) der Nacherfüllung außerordentlich hohe praktische Bedeutung. Der Erfüllungsort ist zum einen für den **Gerichtsstand nach § 29 ZPO** relevant (dazu Rdn. 848). Am Erfüllungsort können alle Ansprüche auf Nacherfüllung und sonstige Gewährleistung, insbesondere auch Ansprüche auf Kostenerstattung und Schadensersatz, eingeklagt werden. Maßgebend ist er auch für das gerade in Gewährleistungsstreitigkeiten so wichtige selbstständige Beweisverfahren.

Zum anderen und für die Praxis **weitaus bedeutsamer** stellt sich die Frage nach dem Er- **707** füllungsort der Nachbesserung im Zusammenhang mit der **Obliegenheit des Käufers**, dem Verkäufer Gelegenheit zur Nacherfüllung zu geben. Näher dazu Rdn. 893 ff. Die Verpflichtung des Verkäufers nach § 439 Abs. 1 BGB ist auf die Vornahme der hierzu erforderlichen Handlungen **am Erfüllungsort** begrenzt. Deshalb ist die Ortsfrage bereits bei der Aufforderung des Käufers zur Nacherfüllung ein zentraler Punkt.

Darf der Verkäufer die im Rahmen der Nacherfüllung geschuldete Leistung an seinem **708** Betriebssitz erbringen, muss der Käufer das Fahrzeug dort hinschaffen. Er hat kein Recht

69 Urt. v. 19. 6. 1996, DAR 1996, 361.
70 Urt. v. 11. 12. 1978 – 2 C 269/78 – n. v.
71 Urt. v. 13. 8. 2003, NJW-RR 2003, 1562.
72 Eine Differenzierung nach Verschleiß- und Nichtverschleißteilen erwägt *Ball*, NZV 2004, 217, 218.
73 *Creutzig*, Recht des Autokaufs, Rn. 7.2.8.
74 § 439 BGB Rn. 3a.

auf Abholung. Fordert der Käufer den Verkäufer gleichwohl unberechtigterweise zum Abholen auf, verbaut er sich damit den Zugriff auf die Sekundärrechte des § 437 Nr. 2 und 3 BGB. Er verletzt seine Obliegenheit, dem Verkäufer Gelegenheit zur Nacherfüllung dort zu geben, wo sie geschuldet ist.[75] Ein in dieser Situation erklärter Rücktritt ist **unwirksam**. Ist hingegen am Wohn- oder Betriebssitz des Käufers bzw. am aktuellen Belegenheitsort (Gebrauchsort) nachzuerfüllen, riskiert der Verkäufer den Verlust seines Rechts zur zweiten Andienung, wenn er ein berechtigtes Abholverlangen des Käufers zurückweist.

709 Von Bedeutung ist der Erfüllungsort schließlich in den nicht seltenen Fällen eines Nacherfüllungsverlangens, das sich als **objektiv unberechtigt** herausstellt. Muss der Händler am Belegenheitsort tätig werden oder das vermeintlich mangelhafte Fahrzeug dort abholen, um die Mängelrüge in seiner Werkstatt zu prüfen, kann er die ihm entstandenen Transport- und Prüfkosten nur in engen Grenzen ersetzt verlangen (dazu Rdn. 786 ff.). Für ihn wesentlich günstiger ist das **Diagnoserisiko** verteilt, wenn der Käufer den Betrieb des Verkäufers aufsuchen muss, um dort die Reklamation prüfen und ggf. beheben zu lassen. Stellt sich die Mängelrüge als objektiv unberechtigt heraus, trägt der Käufer seine eigenen Kosten selbst (keine Abwälzbarkeit nach § 439 Abs. 2 BGB), die jetzt vergleichsweise geringen Kosten einer Diagnose, eventuell auch für den Ausbau von Teilen, gehen nur im Fall eines Verschuldens zu Lasten des Käufers. So gesehen, kann sogar er davon profitieren, dass Erfüllungsort der Betriebssitz des Händlers ist.

710 Aus der Perspektive des Fahrzeughandels ist die Erfüllungsortfrage vor allem ein **Thema des Gebrauchtwagenkaufs**. Hier steht dem Käufer, anders als beim Kauf eines neuen Pkw, nicht das globale Werkstättennetz der autorisierten Markenhändler zur Verfügung. Meist fehlt auch die Möglichkeit, in einer Mobilitätsgarantie oder einer ähnlichen Regelung Schutz vor Distanznachteilen zu finden.

bb) Stand der Rechtsprechung

711 Der VIII. Senat des BGH hat durch **Urteil vom 13. 4. 2011**[76] entschieden:

Der Erfüllungsort der Nacherfüllung hat im Kaufrecht des Bürgerlichen Gesetzesbuches keine eigenständige Regelung erfahren. Für seine Bestimmung gilt daher die allgemeine Vorschrift des § 269 Abs. 1 BGB.

Danach sind in erster Linie die von den Parteien getroffenen Vereinbarungen entscheidend. Fehlen vertragliche Abreden über den Erfüllungsort, ist auf die jeweiligen Umstände, insbesondere die Natur des Schuldverhältnisses, abzustellen. Lassen sich auch hieraus keine abschließenden Erkenntnisse gewinnen, ist der Erfüllungsort letztlich an dem Ort anzusiedeln, an welchem der Verkäufer zum Zeitpunkt der Entstehung des Schuldverhältnisses seinen Wohnsitz oder seine gewerbliche Niederlassung (§ 269 Abs. 2 BGB) hatte.

712 Damit hat der BGH **eine der umstrittensten Fragen** des modernisierten Kaufrechts geklärt; ohne Anrufung des Großen Senats, wie manche wegen des Urteils des X. Senats vom 8. 1. 2008[77] spekuliert haben, und auch ohne Vorlage an den EuGH. Der zugrundeliegende Sachverhalt – **Kauf eines neuen Camping-Faltanhängers** von in Frankreich wohnhaften Käufern – weist zwar **einige Besonderheiten** auf. Der VIII. Senat hat indes keine Einzelfallentscheidung getroffen, sondern eine allgemein gültige Antwort für die Nacherfüllung beim Kauf beweglicher Sachen gegeben, gleich, ob **Verbrauchsgüterkauf**[78] **oder unter-**

---

75 Mitunter heißt es auch, der Käufer habe eine „notwendige Mitwirkungshandlung" nicht vorgenommen, so OLG Saarbrücken 6. 3. 2011 – 1 U 547/09.

76 NJW 2011, 2278 = DAR 2011, 388.

77 NJW-RR 2008, 724 = DAR 2008, 267 = MDR 2008, 552.

78 Siehe aber auch EuGH 16. 6. 2011, NJW 2011, 2269 Tz. 51.

nehmerischer Verkehr. Entgegenstehende Rechtsprechung der Instanzgerichte[79] ist hiernach überholt. Entscheidungen wie die des OLG Koblenz als Vorinstanz (DAR 2011, 84 m. Anm. *Döll*) sind nur im Ergebnis zutreffend, wenn sie den Erfüllungsort für die Nachbesserung ohne Einschränkung mit dem Erfüllungsort der ursprünglichen Leistungsverpflichtung gleichsetzen.[80]

(1) Vertragliche Vereinbarung

Bei der **vorrangig zu prüfenden Frage**, ob die Parteien eine vertragliche Abrede über den Erfüllungsort der Nacherfüllung getroffen haben, können auch **die AGB** von Bedeutung sein. Eine **ausdrückliche Individualvereinbarung** wird in diesem Punkt erfahrungsgemäß nicht getroffen. Ob sich das mit Rücksicht auf die BGH-Entscheidung vom 13. 4. 2011 ändern wird, bleibt abzuwarten. Trotz § 475 Abs. 1 BGB ist sie eine Einladung zur Änderung der AGB. Bisher findet man lediglich in manchen AGB für den Kauf fabrikneuer Sonderfahrzeuge eine ausdrückliche Regelung des Erfüllungsortes, so z. B. in den seit Mai 2008 im Caravaningfahrzeughandel verwendeten NWVB. Im Abschn. VII Ziff. 2 ist ausdrücklich geregelt, dass die Nacherfüllung beim Verkäufer oder an dem vom Verkäufer bestimmten Ort, z. B. beim Hersteller, erfolgt, soweit die Parteien nichts anderes vereinbaren. **713**

In den **handelsüblichen AGB** für den Kauf neuer Kraftfahrzeuge und Anhänger (NWVB, Stand 3/2008) ist für die Mängelbeseitigung bestimmt, wo der Käufer den Anspruch „geltend machen" kann, nämlich entweder beim Verkäufer oder bei einem anerkannten (autorisierten) anderen Betrieb der Marke (Abschn. VII Ziff. 2a). Bei verständiger Interpretation bedeutet „Geltendmachen" zugleich „Mängelbeseitigung", was sich für die Option „autorisierter Drittbetrieb" von selbst versteht. Der Drittbetrieb hat keine andere Funktion als die, für den Verkäufer die Mängelbeseitigungsarbeiten durchzuführen. Die dem Käufer eingeräumte Möglichkeit, einen autorisierten Drittbetrieb zur Nachbesserung einzuschalten und auch die für den Fall der Betriebsunfähigkeit getroffene Regelung (Abschn. VII Ziff. 2b) machen hinreichend deutlich, dass eine Nachbesserung am Wohnsitz des Käufers bzw. am aktuellen Belegenheitsort keinesfalls in Betracht kommt. Diese ohnehin fernliegende Möglichkeit ist vertraglich ausgeschlossen. In den NWVB ungeregelt ist dagegen geblieben, ob der Verkäufer das Fahrzeug abholen oder der Käufer es bringen muss. **714**

Der BGH ist in der Faltanhänger-Entscheidung auf die AGB-Problematik nicht näher eingegangen. Entweder lagen dem Kauf keine AGB zugrunde, was unwahrscheinlich ist, oder sie waren in den Augen des Senats unergiebig. Nicht genügend Aussagekraft in Richtung „Nacherfüllung am Betriebssitz" hat für ihn der Vermerk in der **Auftragsbestätigung** in der Rubrik „Lieferung": „ab Polch, Selbstabholer". Dass der beklagte Händler den Anhänger entgegen dieser Abrede später an den Wohnsitz der Kläger angeliefert hat und zunächst auch bereit war, ihn zum Zwecke der Nachbesserung dort abzuholen, war für das Berufungsgericht keine tragfähige Grundlage für die Annahme einer Vereinbarung dahin, dass der in Frankreich gelegene Wohnsitz der Käufer der Erfüllungsort für Nacherfüllungsansprüche sei. Diese tatrichterliche Auslegung individueller Umstände hat der BGH nicht beanstandet.[81] **715**

Was die Parteien für den Lieferanspruch (Erfüllungsanspruch) vereinbart haben, ist nicht automatisch auf den Nacherfüllungsanspruch übertragbar, gleich in welcher Variante.[82] Insoweit keine Vereinbarung getroffen zu haben, lässt vielmehr darauf schließen, dass sie die- **716**

79 Nachweise im Urteil des BGH vom 13. 4. 2011, NJW 2011, 2278 und in der Vorauflage Rn. 354 ff.
80 So auch OLG Saarbrücken 16. 3. 2011 – 1 U 547/09 (Baumaschine).
81 Urt. v. 13. 4. 2011, NJW 2011, 2278 Tz. 54.
82 BGH 13. 4. 2011, NJW 2011, 2278 Tz. 31/50 f.

sen Punkt nicht geregelt sehen wollten oder nicht daran gedacht haben. Der Versuchung, diese Lücke durch eine **ergänzende Vertragsauslegung** zu schließen, wird erfahrungsgemäß nicht jedes Instanzgericht widerstehen. Rückendeckung durch die BGH-Entscheidung vom 13. 4. 2011 hat man insoweit nicht.

717 Zustandekommen kann eine Vereinbarung über den Erfüllungsort selbstverständlich auch durch **konkludentes Verhalten**. Ein einseitiger Vermerk auf der Rechnung genügt indes ebenso wenig wie ein Hinweis im Bestätigungsschreiben des Händlers, das vom Käufer nicht gegenbestätigt worden ist. Besonderheiten gelten im **Bereich B2B**, wobei außer einem Handelsbrauch und den Geschäftsgepflogenheiten auch die AGB eine wichtige Auslegungshilfe sein können. Die Klausel in den AGB eines Baumaschinenlieferanten, der angeblich mangelhafte Gegenstand sei „zur Besichtigung durch den Unternehmer bereit zu halten", stellt keine Vereinbarung über den Erfüllungsort für die Nachbesserung dar.[83]

718 Wenn der Käufer abweichend von der Grundregel des § 269 Abs. 1 BGB – Erfüllungsort am Schuldnerwohnsitz – einen anderen Erfüllungsort für vereinbart hält, etwa den momentanen (aktuellen) Belegenheitsort, ist er für diejenigen Tatsachen **darlegungs- und beweisbelastet**, die diese Behauptung stützen.

(2) Die jeweiligen Umstände

719 In Ermangelung einer vertraglichen Abrede ist der Erfüllungsort nach **den gesamten** für das Schuldverhältnis **maßgebenden Umständen** zu ermitteln.[84] Im Urteil vom 13. 4. 2011[85] zeigt der BGH auf, worauf es ankommt und was belanglos ist. Für die Reparatur eines neuen Camping-Faltanhängers hat er die Notwendigkeit betont, das Fahrzeug unter Einsatz von geschultem Personal und Werkstatttechnik in die entsprechend ausgestattete Werkstatt des Verkäufers zu bringen. Die Möglichkeit einer Mängelbehebung vor Ort (in Frankreich) war für den BGH „nicht ersichtlich", was Fragen aufwirft, in technischer Hinsicht, aber auch für die – im Neufahrzeughandel nicht völlig ungewöhnliche – Konstellation des Verkaufs durch einen **Händler ohne eigene Werkstatt**.[86]

720 Das Fehlen einer Werkstatt kann ein Umstand i. S. d. § 269 Abs. 1 BGB sein, der in der Ortsfrage von richtungweisender Bedeutung ist, nämlich in Richtung aktueller Belegenheitsort. Diese Lösung im Wege der ergänzenden Vertragsauslegung zu gewinnen, liegt nahe, ist aber aus grundsätzlichen Erwägungen abzulehnen. So oder so muss bedacht werden, dass Gelegenheit zur Nacherfüllung geben auch heißt, das Fahrzeug zur Prüfung der Mängelrüge zur Verfügung zu stellen. Besichtigen und prüfen kann ein Händler, je nach Art der Reklamation, auch ohne den technischen Apparat einer Werkstatt. Im Übrigen verfügen werkstattlose Händler erfahrungsgemäß über Kooperationspartner in ihrer Nähe, so dass Einiges dafür spricht, zwischen einem Händler mit eigener Werkstatt und einem werkstattlosen Händler in der Erfüllungsortfrage keinen Unterschied zu machen.

721 Im Faltanhänger-Fall war für den BGH entscheidend, dass der Transport des Anhängers zum Firmensitz/Werkstatt des Händlers in Polch bei Koblenz für die französischen Käufer nicht unzumutbar war, d. h. nach europarechtlicher Diktion keine **„erheblichen Unannehmlichkeiten"** damit verbunden waren. Wäre die Wertung in diesem **zentralen Punkt** anders ausgefallen, wäre der Wohnsitz der Käufer der maßgebliche Erfüllungsort für die Nachbesserung gewesen, das Verlangen der Käufer, den Anhänger dort abzuholen in diesem Fall berechtigt.

---

83 OLG Saarbrücken 16. 3. 2011 – 1 U 547/09.
84 BGH 13. 4. 2011, NJW 2011, 2278 = DAR 2011, 388.
85 NJW 2011, 2278 = DAR 2011, 388.
86 Dazu OLG Celle 10. 12. 2009, NJOZ 2010, 612 (aber Gebrauchtwagen).

Für die Nachbesserung beim Kauf fabrikneuer Kraftfahrzeuge und Anhänger bedeutet das BGH-Urteil vom 13. 4. 2011[87]: Entscheidend sind die Umstände des konkreten Einzelfalls, jede schematische Lösung verbietet sich. Es gibt kein Entweder-Oder, sondern nur ein elastisches „Es-kommt-darauf-an". Die damit verbundene Einbuße an Rechtssicherheit hält sich in Grenzen. Beim **Kauf vom Händler mit angeschlossener Werkstatt** und einem Mangel, der in der Technik begründet sein soll und eine Diagnose und Beseitigung in einer Werkstatt erfordert, ist die Werkstatt des Verkäufers der Ort der Nachbesserung, es sei denn, dass es dem Käufer **unzumutbar** ist, das Fahrzeug dorthin zu bringen. Nicht ohne Absicht erwähnt der BGH, a. a. O., Tz. 55, ausdrücklich die **Reparatur von Kraftfahrzeugen.** 722

Die Zumutbarkeitsfrage („ohne erhebliche Unannehmlichkeiten") ist im Wege einer **Gesamtschau aller Einzelfallumstände** nach den Gesichtspunkten zu beurteilen, die der BGH näher beschrieben hat.[88] Die Fahrt zum Händler **auf eigener Achse**, also mit einem trotz des gerügten Mangels fahrbereiten und verkehrssicheren Fahrzeug, ist **nicht von vornherein** und in allen Fällen eine nur unerhebliche Unannehmlichkeit.[89] Andererseits bedeuten die damit verbundenen Mühen und der Zeitverlust nicht in jedem Fall erhebliche Unannehmlichkeiten. Das leuchtet bei einer Entfernung zwischen Käuferwohnsitz (Belegenheitsort) und Firmensitz des Verkäufers von nur wenigen Kilometern unmittelbar ein. Entfernungsgrenzen hat der BGH nicht thematisiert. Sie wären auch nicht sinnvoll. Selbst als Faustregeln sind sie ungeeignet.[90] Darin, dass der Käufer die Strecke bis zum Verkäufer für den Abschluss des Vertrages und/oder die Abholung des Fahrzeugs auf sich genommen hat, werden manche einen Grund dafür sehen, ihm auch die Fahrt zum Verkäufer zum Zwecke der Nacherfüllung zuzumuten. Damit kann freilich auch umgekehrt argumentiert werden. 723

Zugunsten des Käufers verschieben kann sich die Wertung, wenn das Fahrzeug mangelbedingt **nicht mehr fahrbereit** ist. Für den Fall der **Betriebsunfähigkeit** sehen die handelsüblichen NWVB eine Sonderregelung vor, die dem Käufer die Abwicklung der Reklamation erleichtern soll (Abschn. VII Ziff. 2b). Zugleich ist sie ein Anhaltspunkt dafür, dass dem Käufer die lästige Aufgabe eines Transports auf fremder Achse oder durch Abschleppen abgenommen werden soll. Je nach Aufwand an Organisation und Mühe und unter Berücksichtigung der Höhe der ggf. vorzuschießenden Kosten kann die Erheblichkeitsschwelle im Einzelfall überschritten sein. Aufgabe der Instanzgerichte wird sein, die Vorgaben des BGH zu konkretisieren. Zu beachten ist in diesem Zusammenhang auch sein Hinweis darauf, dass der Erfüllungsort statt am Sitz des Verkäufers beim Käufer anzusiedeln ist, wenn der **Rücktransport nicht oder nur unter erschwerten Bedingungen** zu bewerkstelligen ist.[91] Das zu konkretisieren, bleibt den Instanzgerichten vorbehalten. 724

Bei der Umsetzung der BGH-Vorgaben wird der Verteilung der **Darlegungs- und Beweislast** eine wichtige Steuerungsfunktion zukommen; ferner der Frage, welche Anforderungen an die Substanziierungslast zu stellen sind. Grundsätzlich hat der Käufer diejenigen Tatsachen vorzutragen und notfalls zu beweisen, die ein „Verbringen" des Fahrzeugs zum Firmensitz des Verkäufers als „erhebliche Unannehmlichkeit" und damit als unzumutbar erscheinen lassen. 725

---

87 NJW 2011, 2278 = DAR 2011, 388.

88 Siehe auch BGH 14. 10. 2009, NJW 2009, 3714 Tz. 13 zu einer Inspektionsklausel in Garantiebedingungen.

89 BGH 13. 4. 2011, NJW 2011, 2278 Tz. 42 gegen gewichtige Literaturstimmen.

90 Nach eine Online-Umfrage von autoscout24 würden 47 % der Kaufinteressenten mehr als 100 km zurücklegen, um bei der Suche nach einem Wunschfahrzeug erfolgreich zu sein (Quelle: Der Kfz-Anwalt 2/2011, S. 3).

91 Urt. v. 13. 4. 2011, NJW 2011, 2278 Tz. 34.

2. Ersatzlieferung

a) Inhalt und Umfang des Anspruchs

726 Bei der Ersatzlieferung (Neulieferung) ist an Stelle der ursprünglich gelieferten mangelhafte Sache eine mangelfreie – im Übrigen aber **gleichartige und gleichwertige** – Sache zu liefern.[92] Es genügt nicht, dass die Ersatzsache lediglich den bislang gerügten Mangel nicht aufweist. Sie muss rundum mangelfrei sein. Der Anspruch des Neuwagenkäufers zielt grundsätzlich auf ein marken- und typgleiches Fahrzeug mit identischer Ausstattung und Farbton. Eine Ersatzlieferung ist auf die Lieferung einer mangelfreien Sache „aus der geschuldeten Gattung" gerichtet, so das LG Nürnberg-Fürth[93]. An der erforderlichen Identität fehle es, wenn ein VW Tiguan an die Stelle eines VW Touran trete.

727 Exakte Identität kann der Käufer allerdings nicht in jedem Fall beanspruchen.[94] Ob und inwieweit **zwischenzeitlichen Modelländerungen** und **Modellpflegemaßnahmen** Rechnung zu tragen ist, ist eine Frage des Einzelfalles. Ist ein modellgleiches Fahrzeug nicht nachlieferbar, weil etwa der Hersteller die Produktion des Modells eingestellt hat, und kann der Verkäufer auch anderweitig keinen Ersatz beschaffen, liegt ein Fall der **Unmöglichkeit gem. § 275 Abs. 1 BGB** vor.[95] Beispiel: Der Käufer hat einen Jaguar S-Type in der persönlich von ihm ausgesuchten Farbe midnight blue gekauft. Im Zeitpunkt seines Nachlieferungsverlangens wird der S-Type in dieser Farbe nicht mehr produziert. Der Nachfolgefarbton lunar grey sei „praktisch gleich", erklärt der Händler beschwichtigend. Dennoch liegt ein Fall der Nachlieferungs-Unmöglichkeit i. S. d. § 275 Abs. 1 BGB vor, sofern der Händler nicht auf andere Weise als direkt vom Werk einen gleichartigen Wagen in midnight blue beschaffen kann. Umgekehrt ist der Händler nicht verpflichtet, dem Käufer ein Nachfolgemodell mit verbesserter Ausstattung als Ersatz zur Verfügung zu stellen. Argument: Die Verpflichtung zur Ersatzlieferung kann nicht weitergehen als die Ursprungsverpflichtung. Orientierungshilfe in Konfliktfällen leistet der Änderungsvorbehalt in Abschn. IV Ziff. 6 NWVB in der Auslegung der Rechtsprechung (Rdn. 406 ff.).[96] Zur Unmöglichkeit der Ersatzlieferung nach § 275 Abs. 1 BGB s. a. Rdn. 932 ff.

728 Mit einem Vorführwagen oder einer Tageszulassung (Kurzzulassung) muss sich der Käufer nicht zufrieden geben, wenn der Kaufvertrag die Lieferung eines fabrikneuen (unbenutzten) Fahrzeugs ohne Händler-Voreintragung zum Inhalt hat. Der Verkäufer kann dem Anspruch auf Ersatzlieferung nicht entgegenhalten, der Verkauf des ursprünglichen Fahrzeugs sei zum „Schnäppchenpreis" erfolgt, da hierdurch die Nacherfüllungsvariante der Ersatzlieferung faktisch weitgehend ausgeschlossen wäre, was sich bei einem Verbrauchsgüterkauf mit § 475 BGB nicht vereinbaren ließe.[97]

729 Nach Ansicht von *Ball*[98] ergibt sich aus den Gesetzesmaterialien und aus § 439 Abs. 4 BGB, dass der Käufer Anspruch auf Lieferung eines **neuen Kraftfahrzeugs** besitzt. Ohne eine Nutzungsvergütung zahlen zu müssen (dazu Rdn. 737), kann ein Verbraucher selbst nach einer Fahrstrecke von zigtausend Km in der Tat einen fabrikneuen Ersatzwagen mit Null km beanspruchen.[99] Ziel der Nachlieferung ist es, den Käufer so zu stellen, als habe

---

92 BGH 15. 7. 2008, NJW 2008, 2837 (Parkettstäbe); OLG Düsseldorf 26. 11. 2004, NJW-RR 2004, 832 (auch kein Fahrzeugkauf).

93 Beschl. v. 18. 8. 2010 – 16 S 5198/10.

94 OLG Karlsruhe 31. 5. 2005 – 8 U 1/05 (AUDI A 4 mit überlanger Standzeit); OLG Celle 28. 6. 2006, NJW-RR 2007, 353 (Wohnmobil); OLG Hamm 22. 7. 2010, DAR 2011, 28 (5 kW stärkerer Motor).

95 Siehe dazu auch OLG Celle 28. 6. 2006, NJW-RR 2007, 353.

96 Siehe auch OLG Hamm 22. 7. 2010, DAR 2011, 28 (ergänzende Vertragsauslegung).

97 *Ball*, NZV 2004, 217, 220; a. A. *Heinrich*, ZGS 2003, 253, 256.

98 NZV 2004, 217, 218.

99 EuGH 17. 4. 2008, NJW 2008, 1433 („neues Verbrauchsgut").

der Verkäufer die Sache ursprünglich in vertragsgemäßem Zustand geliefert. Mit der Lieferung eines Gebrauchten als Ersatz für den Neuen wird dieses Ziel verfehlt.

b) Abwicklungsfragen

aa) Ersatzlieferungsverlangen oder Rücktritt mit Neukauf?

Nicht zuletzt durch die Freistellung von Verbrauchern von der Pflicht, für die Nutzung **730**
des mangelhaften Fahrzeugs eine Vergütung zahlen zu müssen (dazu Rdn. 737 ff.), wird mitunter darüber gestritten, ob Verbraucher-Käufer die für sie günstige Variante der Ersatzlieferung oder die mit einer Nutzungsvergütung verbundene Lösung „Rücktritt mit Neukauf" gewählt haben. Zumal für (Verbraucher-)Vielfahrer ist der Modus „Austausch" interessant, während Autohäuser auf „Stornierung" (Rückabwicklung/Rücktritt) setzen, um dann die Nutzungsvergütung verrechnen zu können.

Den Weg für eine Rücktrittslösung frei machen kann ein Autohaus auf vielfältige Weise. **731**
Eine ausdrücklich verlangte Ersatzlieferung zu verweigern, ist eine Möglichkeit (provozierter Rücktritt). Eine andere besteht darin, dem Käufer ein vermeintlich attraktives Neukaufangebot zu machen, ohne ihn auf die Anrechnung der Nutzungsvergütung hinzuweisen (Verschleierungsfall). Ob und inwieweit der Händler zur **Aufklärung bzw. Beratung des Verbrauchers** verpflichtet ist, haben die Gerichte bislang nicht entschieden. Anlass dafür kann z. B. auch ein Streit über die **Ersatzfähigkeit von Anwaltskosten** sein. Wenn der Käufer eines mangelhaften Fahrzeugs vom Autohaus in Richtung Rücktritt gedrängt wird und in dieser Situation anwaltlichen Rat einholt, sind die Kosten verzugsunabhängig zu ersetzen, nicht gem. § 439 Abs. 2 BGB, sondern nach §§ 437 Nr. 3, 280 Abs. 1 BGB. In Betracht kommt auch eine Ersatzpflicht wegen einer nachvertraglichen Pflichtverletzung (§ 241 Abs. 2 BGB).

Was der Käufer tatsächlich gewollt hat, ob Ersatzlieferung oder Rücktritt mit Neukauf, **732**
ist zunächst eine **Frage der Auslegung** des Erklärten. Heißt es in einem Schreiben eines anwaltlich nicht beratenen Käufers, er trete vom Vertrag zurück und verlange Lieferung eines Neufahrzeugs, so ist das zwar in sich widersprüchlich[100]. Das wahre Ziel wird jedoch deutlich (Ersatzlieferung). Nach der Papierform sind Händler im Vorteil, wenn sie das „Neugeschäft" in einem separaten Formular „Neuwagenbestellung" dokumentiert haben und auf Käufererklärungen wie „Wandelung" oder „Rücktritt" verweisen können. Gleichwohl entscheiden manche Gerichte selbst dann noch zugunsten von Verbrauchern, etwa wenn der Neue von gleicher Marke und Typ ist und kein weiteres Geld geflossen ist.[101] Bei einem Unterschied im Typ/Modell trotz Markenidentität dagegen für eine Rücktrittslösung: AG Nürnberg, Urt. v. 7.6.10, 34 C 555/10[102] (erst VW Touran, dann VW Tiguan).

Ungeklärt ist bislang die Haltung der Gerichte in **Missbrauchsfällen**. Beispiel: Verlan- **733**
gen einer Ersatzlieferung kurz vor Ablauf der zweijährigen Verjährung nach gefahrenen 65.000 km mit der Begründung, der Wagen habe statt Voll-Leder an einigen Stellen nur Kunstleder.[103] Wenn in derartigen Fällen § 442 BGB nicht zieht, wird der Richter an die Rechtsfiguren Verzicht und Verwirkung zu denken haben.

bb) Austausch der Fahrzeuge

Der Austausch der Fahrzeuge erfolgt gem. **§ 439 Abs. 4 BGB** nach Maßgabe der §§ 346 **734**
bis 348 BGB, d. h. der Käufer hat das mangelhafte Fahrzeug Zug um Zug gegen Lieferung des anderen Fahrzeugs zurückzugeben (zum Erfüllungsort Rdn. 741 ff., zum Prozessualen

100 OLG Naumburg 6. 11. 2008 – 1 U 30/08.
101 AG Erlangen 21. 10. 2009 – 1 C 1561/09.
102 Bestätigt durch LG Nürnberg-Fürth 18. 8. 2010 – 16 S 5198/10.
103 Nach LG Saarbrücken 17. 12. 2008, DAR 2009, 148 ein Fall von Mangelhaftigkeit.

Rdn. 847 ff.). Vorleistungspflichtig ist also weder der Verkäufer noch der Käufer. Für Letzteren ist es ratsam, die Rückgabe des mangelhaften Fahrzeugs anzubieten, da er den Verkäufer nur auf diese Weise in Verzug setzen kann (zum Rückgabeort s. Rdn. 745). Dass der Verkäufer nicht nur zur Neulieferung, sondern auch zur Rücknahme der Erstlieferung verpflichtet ist, sagt das Gesetz zwar nicht ausdrücklich. Die **Rücknahmepflicht des Verkäufers** lässt sich jedoch unmittelbar aus dem Sinn und Zweck der Nacherfüllung durch Neulieferung herleiten, d. h. aus dem Gedanken des „Austauschs".[104]

cc) Fahrzeugveränderungen (Verschlechterungen und Verbesserungen)

735 Befindet sich das Fahrzeug in einem verschlechterten Zustand oder ist es untergegangen, hat der Käufer nach §§ 439 Abs. 4, 346 Abs. 2 S. 1 Nr. 3 BGB **Wertersatz zu leisten**, es sei denn, das Haftungsprivileg des § 346 Abs. 3 S. 1 Nr. 3 BGB greift zu seinen Gunsten ein (s. Rdn. 1106 ff.). Zum Rücktritt wird überwiegend die Ansicht vertreten, dass der hierzu Berechtigte der Schadensersatzhaftung des § 346 Abs. 4 BGB unterliegt, sobald er den Rücktrittsgrund kennt oder hätte kennen müssen (s. Rdn. 1192 ff.). Überträgt man diesen Gedanken auf den Nachlieferungsanspruch, dürfte der Zeitpunkt maßgeblich sein, in dem der Käufer weiß oder wissen musste, dass er einen Anspruch auf Ersatzlieferung hat. Die hierzu erforderliche Gewissheit besitzt der Käufer aber erst, wenn feststeht, dass sich der Verkäufer nicht auf die Einrede der Unzumutbarkeit/Unverhältnismäßigkeit beruft und die Rückgabe des mangelhaften Fahrzeugs verlangt. An einem Rückgabeinteresse des Verkäufers kann es fehlen, wenn sich das Fahrzeug in einem stark beschädigten Zustand befindet und die Rückführungskosten über dem Wert des Fahrzeugs liegen.

736 Wenn der Käufer das mangelhafte Fahrzeug **verändert bzw. umgestaltet** hat (z. B. Umrüstung auf Gasbetrieb, Einbau von Extras o. Ä.), stellt sich die Frage nach einem Ausgleich in umgekehrter Richtung. Im Ausgangspunkt gilt: Alles, was über die Herstellung eines vertragsgemäßen Zustandes hinausgeht, fällt nicht mehr unter die Nacherfüllung als solche, sondern ist eine Frage der Kostenregelung des § 439 Abs. 2 BGB und des Schadensersatzes,[105] ggf. auch des von einem Vertretenmüssen unabhängigen Verwendungsersatzes gem. § 347 Abs. 2 BGB, auf den § 439 Abs. 4 BGB gleichfalls verweist.[106]

dd) Nutzungsersatz: gespaltene Rechtslage

737 In der jahrelang hochstrittigen Frage des Nutzungsersatzes – Wertersatz für die Nutzung der mangelhaften Kaufsache – hat **der Gesetzgeber** mit Wirkung vom 16. 12. 2008 die Konsequenzen aus **der EuGH-Entscheidung** vom 17. 4. 2008[107] und der Anschlussentscheidung des BGH vom 26. 11. 2008[108] gezogen: Nach **§ 474 Abs. 2 S. 1 BGB n. F.** ist **ein Verbraucher** nicht verpflichtet, einem unternehmerischen Verkäufer eines mangelhaften Verbrauchsgutes gezogene Nutzungen herauszugeben oder deren Wert zu ersetzen. Für die Voraussetzungen eines Verbrauchsgüterkaufs und damit auch für seine Eigenschaft als Verbraucher ist der Käufer **darlegungs- und beweispflichtig**.[109]

738 Ob Verbraucher, die Nutzungsersatz **irrtümlich geleistet** haben, **Rückzahlung** verlangen können, z. B. kraft nachvertraglicher Nebenpflicht oder aus § 812 Abs. 1 BGB, war vorübergehend umstritten. Auf Grund der EuGH-Entscheidung vom 17. 4. 2008 steht lediglich fest, dass die deutsche Regelung richtlinienwidrig ist. Ob das gleichbedeutend ist

---

104 *S. Lorenz*, NJW 2009, 1633, 1635; s. a. BGH 14. 1. 2009, NJW 2009, 1660 Tz. 22.
105 Näheres Rdn. 751 ff.
106 Vgl. *Skamel*, Nacherfüllung beim Sachkauf, S. 120.
107 NJW 2008, 1433 = DAR 2008, 328 m. Anm. *S. Lorenz*.
108 NJW 2009, 427; s. a. BGH 11. 2. 2009, DAR 2009, 398.
109 BGH 11. 2. 2009, DAR 2009, 308 Tz. 8.

mit Rechtsgrundlosigkeit oder dem Wegfall des rechtlichen Grundes i. S. d. § 812 Abs. 1 BGB, ist heute nicht mehr von praktischem Interesse.

Klärungsbedürftig ist weiterhin, welche Folgen es hat, wenn ein Verbraucher das Kaufobjekt in einer Weise nutzt, die **über das Normale hinausgeht** (nicht bestimmungsgemäß ist), aber noch unterhalb der Verschlechterungsgrenze i. S. v. § 346 Abs. 2 S. 1 Nr. 3 BGB i. V. m. § 439 Abs. 4 BGB liegt. Auch hier müsste ggf. nach dem Zeitpunkt der Kenntnis des Verbrauchers von der Möglichkeit eines „Austausches" differenziert werden.[110] Erwägenswert ist ferner, die **Verwirkungsgrenze** in Fällen „übermäßigen" Gebrauchs neu zu definieren (zum Parallelproblem beim Rücktritt und großen Schadenersatz s. Rdn. 1079, 3796 ff.). **739**

Ohne Auswirkungen ist die Gesetzesänderung in § 474 Abs. 2 S. 1 BGB auf die Nacherfüllung durch Ersatzlieferung bei **B2B-Geschäften**. Hier wie auch bei Kaufverträgen zwischen Verbrauchern bleibt es bei der Verpflichtung zum Nutzungsersatz (§§ 439 Abs. 4, 346 Abs. 1 BGB). Zur Berechnung und zu weiteren Einzelfragen s. Rdn. 1157 ff. **740**

c) Erfüllungsort bei Ersatzlieferung

Wenngleich es in der Entscheidung des BGH vom 13. 4. 2011[111] vor allem um die Frage geht, an welchem Ort der Verkäufer nachzubessern hat, so gelten die Grundaussagen doch gleichermaßen für die Nacherfüllungsvariante der Ersatzlieferung (Neulieferung). Auch insoweit findet sich im Kaufrecht keine eigenständige Regelung, so dass auch hier die allgemeine Vorschrift des § 269 Abs. 1 BGB in richtlinienkonformer Auslegung den Prüfmaßstab liefert. **741**

Anders als für die Nachbesserung enthalten die marktüblichen NWVB keine Anhaltspunkte dafür, wo die Ersatzlieferung abzuwickeln ist. In einigen Klauselwerken, z. B. der Daimler AG, findet sich lediglich eine Bestimmung des **Erfüllungsortes für die Erstlieferung**. Ohne vertragliche Vereinbarung kommt es auf die jeweiligen Umstände an, insbesondere auf die Natur des Schuldverhältnisses. Bei Ergebnislosigkeit einer daran orientierten Prüfung ist letztlich der Wohn- bzw. Geschäftssitz des Schuldners maßgebend. Im Regelfall wird sich den Umständen nicht entnehmen lassen, dass die Ersatzlieferung am Wohnort des Käufers oder dort stattfinden soll, wo das mangelhafte Fahrzeug aktuell steht (momentaner Belegenheitsort). **742**

Dass die Erstlieferung, wie meist, eine Holschuld gewesen ist, schließt zwar nicht zwingend aus, die Ersatzlieferung als Bringschuld zu behandeln. Es fehlt auch die besondere Bindung an den Firmensitz des Händlers, wie sie für die Mängelbeseitigung typisch und damit prägend ist. Zu berücksichtigen ist ferner, dass mit der Ersatzlieferung anders als bei der Nachbesserung ein Fahrzeugaustausch verbunden ist (§§ 439 Abs. 4, 346 ff. BGB), weshalb von einem „gemeinsamen Erfüllungsort" oder von „Austauschort" gesprochen wird.[112] **743**

Die insoweit für die Rückabwicklung nach Wandelung bzw. Rücktritt entwickelten käufergünstigen Lösungen sind auf die Nacherfüllung durch Ersatzlieferung nicht übertragbar.[113] Das Abwicklungsverhältnis nach §§ 439 Abs. 4, 346 ff. BGB unterliegt einer eigenständigen Beurteilung. Im Zweifel kommt **die Auffangregel** des § 269 Abs. 1 BGB zum Zuge, wonach der Wohn- bzw. Geschäftssitz des Schuldners maßgeblich ist. Erfüllungsort für die **Auslieferung des Ersatzfahrzeugs** ist somit der Firmensitz des Händlers bzw. der Ort der Werksniederlassung. **744**

---

110 Zu den verbleibenden Möglichkeiten einer individuellen Vorteilsabschöpfung s. *Herrler/Tomasic*, BB 2008, 1245; *Herresthal*, NJW 2008, 2475.

111 NJW 2011, 2278 = DAR 2011, 388.

112 Vgl. *Skamel*, Nacherfüllung beim Sachkauf, S. 133 ff.

113 BGH 13. 4. 2011, NJW 2011, 2278 Tz. 28; s. a. Staudinger/Artz, NJW 2011, 3121.

745 Dass der Käufer seinerseits Schuldner ist, weil er das mangelhafte Fahrzeug zurückzugeben hat, ändert daran nichts. Allenfalls ist ein Ortssplitting gerechtfertigt.[114] Die besseren Gründe sprechen dafür, den Erfüllungsort für den „Austausch" des Fahrzeugs am Firmensitz des Verkäufers anzusiedeln.[115] Voraussetzung dafür ist freilich, dass diese Abwicklung **ohne erhebliche Unannehmlichkeiten** für den Käufer bewerkstelligt werden kann. Das ist eine Frage des Einzelfalls. Für die Rückgabe des mangelhaften Fahrzeugs gelten ähnliche Überlegungen wie sie unter Rdn. 723 ff. für die Nachbesserung in der Werkstatt des Händlers angestellt worden sind.

VII. Kosten der Nacherfüllung

1. Grundsätzliches

746 Der Verkäufer hat sämtliche zum Zwecke der Nacherfüllung **erforderlichen Aufwendungen** allein zu tragen (§ 439 Abs. 2 BGB). Der Käufer hat Anspruch auf die **unentgeltliche Herstellung** der vertragsgemäßen Beschaffenheit, sei es durch Mängelbeseitigung, sei es durch Ersatzlieferung. Die Unentgeltlichkeit ist **wesentlicher Bestandteil** des durch die Verbrauchsgüterkaufrichtlinie gewährleisteten Verbraucherschutzes.[116] Diese dem Verkäufer auferlegte Verpflichtung, die Herstellung des vertragsgemäßen Zustands des Verbrauchsguts unentgeltlich zu bewirken, sei es durch Nachbesserung, sei es durch Austausch des vertragswidrigen Verbrauchsguts, soll den Verbraucher vor drohenden finanziellen Belastungen schützen, die ihn in Ermangelung eines solchen Schutzes davon abhalten könnten, seine Ansprüche geltend zu machen.[117]

747 **Umstritten** ist, ob § 439 Abs. 2 BGB nur eine Kostenzuweisungsnorm ist oder zugleich eine – von einem Vertretenmüssen unabhängige – **Anspruchsgrundlage** für die Erstattung von Kosten enthält, die der Käufer zur Herstellung des geschuldeten Zustandes selbst aufgewandt hat.[118] Nach Ansicht des BGH erschöpft sich § 439 Abs. 2 BGB in einer Kostentragungsregel, die aber zugleich Anspruchscharakter hat.[119] Angesichts des Schutzzwecks des Unentgeltlichkeitsgebots erkennt der BGH auch einen **Vorschussanspruch** des Käufers an[120], was bei hohen Transport- oder Versandkosten eine spürbare Entlastung bedeutet.

748 **Voreilige Aufwendungen**, d. h. solche, die der Käufer unter Missachtung des Nacherfüllungsvorrangs gemacht hat (z. B. eine eigenmächtige Selbstreparatur), sind nicht erstattungsfähig. Es fehlt an der nötigen „Erforderlichkeit" (zum Problem der Selbstvornahme s. Rdn. 831 ff.). Außerhalb der sog. Vereitelungsfälle ist der Käufer durch die schadensersatzrechtlichen Vorschriften und durch §§ 683, 670 BGB geschützt. Hat der Käufer in der irrigen Annahme, zur Zahlung verpflichtet zu sein, die Kosten einer Instandsetzung (inhaltlich Nachbesserung) durch eine Zahlung gegenüber dem Verkäufer ganz oder teilweise (z. B. die Selbstbeteiligung bei einer Garantieabwicklung) beglichen, hat er nach Ansicht des BGH einen Erstattungsanspruch aus § 812 Abs. 1 S. 1 BGB.[121]

---

114 Dafür *Skamel*, Nacherfüllung beim Sachkauf, S. 136, wenn die Lieferschuld eine Holschuld war.
115 So *S. Lorenz*, NJW 2009, 1633, 1635; s. a. *Ball*, NZV 2004, 217, 220.
116 EuGH 16. 6. 2011, NJW 2011, 2269 Tz. 46.
117 So der EuGH 16. 6. 2011, NJW 2011, 2269 Tz. 46.
118 Zum Meinungsstand *Skamel*, Nacherfüllung beim Sachkauf, S. 155 ff.
119 Urt. v. 13. 4. 2011, NJW 2011, 2278 Tz. 24/37.
120 Urt. v. 13. 4. 2011, NJW 2011, 2278 Tz. 37.
121 Urt. v. 11. 11. 2008, NJW 2009, 580.

2. Einzelpositionen

a) Arbeits- und Materialkosten

Die für die Beseitigung des Mangels aufzuwendenden Lohn- und Materialkosten sind in voller Höhe vom Verkäufer bzw. von der in Anspruch genommenen (autorisierten) Fabrikatswerkstatt zu tragen, jedenfalls nicht vom Käufer. Die Materialkosten umfassen die Kosten für Ersatzteile. Deren Einbau wie der Ausbau schadhafter oder nicht mehr benötigter Teile gehen gleichfalls zu Lasten des Verkäufers, gleichviel, ob er von seinem Lieferanten einen Ausgleich erhält oder nicht. Der zur Reparatur notwendige Teiletausch ist Inhalt der Nacherfüllungspflicht durch Nachbesserung. 749

Bei **der Ersatzlieferung** hat der Verkäufer außer den Beschaffungskosten diejenigen Kosten zu tragen, die erforderlich sind, um das Ersatzfahrzeug dem Käufer zu Besitz und Eigentum zu übertragen, und zwar unabhängig davon, wo der Erfüllungsort ist. Von Kosten des Transports des mangelhaften Fahrzeugs wie des Ersatzfahrzeugs ist der Käufer in jedem Fall freizustellen. Vor übermäßigen Kosten schützt den Verkäufer § 439 Abs. 3 BGB in der durch die Entscheidung des EuGH vom 16. 6. 2011[122] gebotenen Auslegung. 750

b) Aus- und Einbaukosten bei Ersatzlieferung

Wurde das Neufahrzeug in einem umgerüsteten, aufgebauten oder in sonstiger Weise veränderten Zustand **von vornherein** vom Verkäufer geschuldet, kann nicht zweifelhaft sein, dass er dem Käufer im Rahmen der Nacherfüllung durch Ersatzlieferung ein entsprechend ausgestattetes Ersatzfahrzeug zu liefern hat. Diese Verpflichtung bedeutet freilich nicht automatisch eine Pflicht zur Demontage und Montage umbaufähiger Ersatzteile oder Aufbauten. Die Ersatzlieferungspflicht geht grundsätzlich nicht weiter als die ursprüngliche Lieferpflicht.[123] Wenn der Händler also ein Fahrzeug mit Anhängerkupplung oder mit einer Telefonanlage zu liefern verpflichtet war, erfüllt er seine Neulieferungspflicht nur durch Übergabe eines gleichartigen Fahrzeugs. Beim Austausch der Fahrzeuge ist es ihm allerdings unbenommen, mangelfreie Zusatzteile wie z. B. die erwähnte Telefonanlage bzw. Anhängerkupplung zu demontieren und in den Ersatzwagen einzubauen. Die Kosten der Demontage und der Montage gehen bei dieser Fallgestaltung zweifelsohne zu Lasten des Verkäufers. 751

Problematisch ist die Rechtslage, wenn der Käufer das mangelhafte Fahrzeug **von sich aus** umgerüstet hat, z. B. durch den Einbau von Zubehörteilen oder durch Tuningmaßnahmen. Muss der Käufer auf eigene Kosten den Rückbau vornehmen? Schuldet er gar die Rückgabe des mangelhaften Fahrzeugs im ursprünglichen Zustand bei Auslieferung? Oder schuldet umgekehrt der Verkäufer die Demontage? Können die dabei anfallenden Kosten und die der erneuten Montage als – verschuldensunabhängiger – Aufwendungsersatz (§ 439 Abs. 2 BGB), wenigstens als – verschuldensabhängiger – Schadensersatz auf ihn abgewälzt werden? 752

Im Tatsächlichen davon zu unterscheiden ist die Fallgestaltung des Erwerbs von **mangelhaftem Zubehör** mit bestimmungsgemäßem Einbau durch den (Zubehör-) Käufer oder einen Dritten. Für die **Einbaufälle** hat **der EuGH** auf Anfrage u. a. des BGH[124] durch Urteil vom 16. 6. 2011[125] entschieden: 753

Art. 3 Abs. 2 und 3 der Richtlinie ist dahin auszulegen, dass, wenn der vertragsgemäße Zustand eines vertragswidrigen Verbrauchsguts, das vor Auftreten des Mangels vom

122 NJW 2011, 2269.
123 BGH 13. 4. 2011, NJW 2011, 2278 Tz. 49; a. A. EuGH 16. 6. 2011, NJW 2011, 2269, Tz. 62.
124 Beschl. v. 14. 1. 2009, NJW 2009, 1660.
125 NJW 2011, 2269; dazu *S. Lorenz*, NJW 2011, 2241 ff.

Verbraucher gutgläubig gemäß seiner Art und seinem Verwendungszweck eingebaut wurde, durch Ersatzlieferung hergestellt wird, der Verkäufer verpflichtet ist, entweder selbst den Ausbau dieses Verbrauchsguts aus der Sache, in die es eingebaut wurde, vorzunehmen und das als Ersatz gelieferte Verbrauchsgut in diese Sache einzubauen, oder die Kosten zu tragen, die für diesen Ausbau und den Einbau des als Ersatz gelieferten Verbrauchsguts notwendig sind. Diese Verpflichtung des Verkäufers besteht unabhängig davon, ob er sich im Kaufvertrag verpflichtet hatte, das ursprünglich gekaufte Verbrauchsgut einzubauen.

754 Damit steht jedenfalls für den **Bereich des Verbrauchsgüterkaufs** fest, dass die Kosten für den Ausbau der mangelhaften Sache ebenso wie die Kosten für den Einbau der ersatzweise gelieferten Sache vom Verkäufer zu tragen sind, und zwar **unabhängig von einem Verschulden**, d. h. nicht, wie bisher national judiziert, als Schadensersatz, sondern als Aufwendungen i. S. d. § 439 Abs. 2 BGB. Der Verkäufer kann sich ggf. beim Hersteller schadlos halten (§ 478 Abs. 2 BGB).[126]

755 Kein Einbau der Kaufsache steht in Rede, wenn der Käufer das mangelhafte Fahrzeug lediglich umgerüstet oder anderweitig verändert hat (z. B. durch den Einbau einer Telefon- oder Audioanlage). Im Ergebnis können diese Fälle auf dem Boden des sehr weiten Begriffs der Unentgeltlichkeit des EuGH nicht anders behandelt werden als die sog. Einbaufälle, vorausgesetzt, dass der Käufer im Zeitpunkt seiner „Umbauaktion" guten Glaubens gewesen ist. Wenn sogar der komplette Ausbau einer mangelhaften Sache und der Einbau der Ersatzsache zu Lasten des Verkäufers gehen (Verbrauchsgüterkauf/EuGH), dann muss dies erst recht für einen bloßen Umbau gelten, d. h. für die Demontage des Zubehörteils aus dem mangelhaften Fahrzeug und die Montage in das Ersatzfahrzeug.[127] Dem Verkäufer ist es freigestellt, das Ersatzfahrzeug mit einem entsprechenden Zubehörteil aus seinem Bestand zu bestücken. Der Inhalt seines Rücknahmeanspruchs verändert sich dadurch allerdings nicht, er bleibt gegenständlich auf das gerichtet, was er geliefert hat.

756 Soweit der EuGH[128] im Zusammenhang mit dem von ihm verworfenen Einwand der absoluten Unverhältnismäßigkeit – gewissermaßen als „Trostpflaster" für den Verkäufer – die Möglichkeit einer **Beschränkung auf die angemessenen Kosten** in den Raum stellt, bleibt abzuwarten, wie die nationale deutsche Rechtsprechung bzw. der Gesetzgeber darauf reagieren wird.[129] Eine erste Antwort wird der BGH in der abschließenden Entscheidung im sog. Fliesen-Fall (VIII ZR 70/08) geben.

c) Aufwendungen zur Feststellung des Mangels und seiner Ursache, insbesondere Sachverständigenkosten

757 Von § 439 Abs. 2 BGB grundsätzlich nicht erfasst sind Aufwendungen, die beim Käufer zur Vorbereitung der Mängelrüge und weiterer gewährleistungsrechtlicher Rechtsverfolgung anfallen (zu Anwaltskosten s. Rdn. 763). Zu den erstattungsfähigen Nacherfüllungskosten zählen nach der Rechtsprechung indessen auch solche Aufwendungen, die nötig sind, um **die „Schadensursache" aufzufinden.**[130] Das Verlangen einer Mängelbeseiti-

126 Zu den praktischen Folgen aus dem EuGH-Urteil vom 16. 6. 2011, NJW 2011, 2269 s. *S. Lorenz*, NJW 2011, 2241 ff.

127 So auch im Ergebnis *Ball*, NZV 2004, 217, 218 am Beispiel einer Standheizung.

128 Urteil v. 16. 6. 2011, NJW 2011, 2269 Tz. 74.

129 Informativ auch zu diesem Aspekt *S. Lorenz*, NJW 2011, 2241 ff.

130 BGH (VIII. ZS) 23. 1. 1991, NJW 1991, 1604 (Lieferung einer Pumpenanlage); v. 17. 2. 1999, NJW-RR 1999, 813 (Bausache).

gung, aber auch einer Ersatzlieferung, setzt nach Ansicht des BGH[131] im „Pumpenanlagen-Fall" voraus, dass die Schadensursache festgestellt worden ist.

Das ist in dieser Allgemeinheit jedenfalls für den Autokauf nicht richtig. Es genügt, wenn der Käufer den Mangel seinem Erscheinungsbild nach beschreibt (s. Rdn. 688 ff.). Die Ursache muss er grundsätzlich nicht angeben und deshalb auch nicht ergründen, geschweige denn beweisen. Anders liegen die Dinge, wenn die Ursache einer Funktionsbeeinträchtigung ihrerseits als vertragswidrige Beschaffenheit in Betracht kommt. *Beispiel*: Das Auto wird mit funktionierendem Motor ausgeliefert. Wegen eines Zahnriemenrisses kommt es zu einem Schaden des Motors mit Totalausfall. Das Endresultat ist nicht der Mangel, auf den es gewährleistungsrechtlich ankommt. Die Ursache kann aber in einer vertragswidrigen Beschaffenheit liegen und damit ihrerseits den Mangel ausmachen. Es kann jedoch auch ein Fall der Eigenverursachung in der Sphäre des Käufers vorliegen, eventuell schon vom Verkäufer behauptet sein. In derartigen Fällen, zumal bei Motor- und Getriebeschäden, hat der Käufer ein berechtigtes Interesse an einer Ursachenerforschung durch einen Sachverständigen. Hinzu kommt: Um sich ein Bild davon zu machen, ob er Ersatzlieferung oder Nachbesserung verlangen soll, muss es wissen, „was los ist". Zudem: Er schwebt in der Gefahr, sich schadensersatzpflichtig zu machen, wenn er den Verkäufer zu früh auf Nacherfüllung in Anspruch nimmt oder ihn auf die falsche Fährte setzt (dazu Rdn. 786 ff.). 758

Bemerkenswerterweise hat **der BGH** die Kosten für ein von einer Neufahrzeugkäuferin eingeholtes **außergerichtliches Beweisgutachten** dem (einfachen) Schadensersatz zugeordnet, ohne § 439 Abs. 2 BGB auch nur zu erwähnen.[132] Demgegenüber steht das AG Marienberg auf dem Standpunkt, sogar die **Kosten eines selbstständigen Beweisverfahrens** (einschließlich Anwaltsgebühren) seien als zum Zwecke der Mangelfeststellung erforderlicher Aufwand gem. § 439 Abs. 2 BGB vom Verkäufer zu tragen.[133] Zum Zwecke der Mangelfeststellung mag es nötig gewesen sein, nachdem die Parteien sich nicht darauf verständigen konnten, dass der Wagen im Betrieb des Verkäufers untersucht wird. Ihn auf eigene Kosten dorthin zu bringen, wie die Beklagte gefordert hatte, war dem Kläger nicht zuzumuten, wie das AG mit Recht feststellt. Er hätte den Wagen aber einer anderen autorisierten Werkstatt in seiner Nähe vorstellen können. Das hätte das Beweisverfahren überflüssig gemacht. Deshalb bestehen Bedenken gegen die AG-Entscheidung in zweifacher Hinsicht: Zum Zwecke der Mangelfeststellung ist nicht gleichbedeutend mit zum Zweck der Nacherfüllung i. S. d. § 439 Abs. 2 BGB. Zum anderen ist das Merkmal der „Erforderlichkeit" fragwürdig. Zumindest sollte man es auch in Abhängigkeit vom Erfolg der sachverständigen Untersuchung sehen. Trotz des weiten Verständnisses des EuGH[134] vom Begriff der Unentgeltlichkeit bleibt eine schadensersatzrechtliche Lösung vorzugswürdig. 759

d) Transport-, Wege-, Abschleppkosten

Die Kosten des Transports des Fahrzeugs zum Verkäufer fallen gem. § 439 Abs. 2 BGB dem Verkäufer zur Last, wenn tatsächlich ein Mangel vorliegt.[135] Bringt der Käufer sein Fahrzeug auf eigener Achse oder per Transporter in die Werkstatt des Verkäufers, sind ihm bei berechtigter Mängelrüge die für das Hinbringen und Abholen des Fahrzeugs aufge- 760

131 Urt. v. 23. 1. 1991, NJW 1991, 1604; s. a. BGH (X.ZS) 17. 2. 1999, NJW-RR 1999, 813 (Bausache).
132 Urt. v. 20. 7. 2005, NJW 2005, 2848; offen gelassen vom OLG Hamm in dem 91a-Beschluss v. 23. 12. 2008 – 28 W 27/08.
133 Urt. v. 4. 8. 2006, NZV 2007, 87 (Getriebeschaden).
134 Zuletzt Urt. v. 16. 6. 2011, NJW 2011, 2269.
135 BGH 21. 12. 2005, NJW 2006, 1195; OLG Hamm 23. 12. 2008 – 28 W 27/08.

wendeten Kosten zu erstatten.[136] Zu den zum Zwecke der Nachbesserung notwendigen Aufwendungen zählen auch die Kosten für den Kraftstoff, der auf der Fahrt zur Werkstatt und auf der anschließenden Abholfahrt verbraucht wird. Der Käufer kann die voraussichtlichen Kosten auch **vorschussweise** geltend machen.[137]

761 Grundsätzlich gehören zu den vom Verkäufer zu tragenden Aufwendungen auch erhöhte Transportkosten, die darauf beruhen, dass der Käufer das Fahrzeug an einen anderen Ort verbracht hat. Durch die Regelung in Abschn. VII Ziff. 2b NWVB, die den Käufer an den nächstgelegenen Betrieb verweist, wenn das Fahrzeug wegen eines Sachmangels betriebsunfähig liegen bleibt, werden diese Kosten allerdings in Grenzen gehalten. Auch dem Käufer erspart die Regelung Unannehmlichkeiten, da er sich nicht um einen Transport des Fahrzeugs zum Betrieb des Verkäufers bemühen muss. Begehrt der Käufer berechtigterweise Ersatzlieferung statt der Mängelbeseitigung, hat der Verkäufer die Kosten für den Rücktransport zu tragen.

e) Zusätzliche Wartungskosten

762 Soweit infolge der Nachbesserung zusätzliche Wartungsarbeiten erforderlich werden, z. B. eine 1.000km-Inspektion nach Austausch des Motors, muss der Verkäufer die **Folgekosten** einschl. Material und Öl tragen. Diese Aufwendungen sind auf den Mangel zurückzuführen und damit gleichfalls „erforderlich“.

f) Anwaltskosten

763 Auch Anwaltskosten sollen als Nachbesserungsaufwendungen gem. § 439 Abs. 2 BGB und damit unabhängig von einem Vertretenmüssen des Verkäufers erstattungsfähig sein, allerdings, so der X. ZS in einer Bausache[138], unter der Voraussetzung, dass sie „zur Auffindung des zu beseitigenden Mangels notwendig sind“. Bezogen ist diese Aussage nicht nur auf den Sachverständigen, sondern auch auf den Anwalt. Als Fehlersuchgehilfe kann seine Beauftragung in einem weiten Sinn notwendig sein, etwa, wenn der Käufer anwaltlichen Rat benötigt, um einen geeigneten Sachverständigen mit der Mangelsuche und -feststellung zu beauftragen einschließlich der Begleitung des Sachverständigen und der Überprüfung seines Gutachtens. Das Merkmal „zum Zwecke der Nacherfüllung“ wird damit aber sehr stark strapaziert. Vorzuziehen ist der schadensersatzrechtliche Ansatz. Anwaltskosten können einerseits als Schadensersatz neben der Leistung – unabhängig von einem Verzug des Verkäufers – nach §§ 437 Nr. 3, 280 BGB zu liquidieren sein (s. Rdn. 3764/3822). Im Fall des Verzugs hat der Käufer zum anderen in §§ 280 Abs. 1 und 2, 286 BGB eine **zweite Anspruchsgrundlage**. Verfehlt ist es, den Käufer allein auf diese zweite Möglichkeit zu verweisen, wie es häufig zu beobachten ist. Zum Ersatz von Anwaltskosten im Rahmen eines selbstständigen Beweisverfahrens s. Rdn. 3421 ff.

g) Nutzungsausfallschaden

764 Ein durch die Nacherfüllung verursachter Nutzungsausfall ist nicht gem. § 439 Abs. 2 BGB zu ersetzen. Zu den in Betracht kommenden Anspruchsgrundlagen und weiteren Fragen beim Nutzungsausfallschaden s. Rdn. 3734 ff., 3776 ff.

---

136 AG Wuppertal 25. 11. 1987, NJW-RR 1988, 1141; AG Dülmen 31. 10. 1986, NJW 1987, 385; zur Berechnung vgl. *Jung*, DAR 1980, 353 ff.
137 BGH 13. 4. 2011, NJW 2011, 2278 Tz. 37.
138 Urt. v. 17. 2. 1999, NJW-RR 1999, 813.

h) Verdienstausfall, entgangene Freizeit, Reisekosten und sonstige Kosten

Zu § 476a BGB a. F. war die Ansicht vorherrschend, dass Kosten für **Reklamationen** und **Terminabstimmungen** nicht erfasst werden, weil sich diese Aufwendungen nicht auf die Kaufsache selbst beziehen bzw. als nicht erforderlich angesehen wurden.[139] Da derartige Aufwendungen jedoch zur Vorbereitung und Durchführung der Nacherfüllung erforderlich, im Einzelfall sogar unerlässlich sein können, kann dieser Auffassung in dieser Strenge nicht mehr gefolgt werden. Nach Sinn und Zweck des § 439 Abs. 2 BGB sollen dem Käufer durch die Wahrnehmung seiner Mängelrechte **keinerlei Kosten** entstehen. Angesichts dessen muss der Verkäufer auch die **Reinigungskosten** übernehmen, die mit der Reparatur des Fahrzeugs anfallen.[140] Verschmutzungen, die durch die Reparatur entstehen, sind ebenfalls auf Kosten des Verkäufers zu entfernen, da eine fachgerechte Instandsetzung das Entfernen von Reparaturspuren miterfasst. **765**

Einbußen in Form von Verdienst-, Gewinnausfall und entgangener Freizeit können dem Käufer entstehen, wenn sein Fahrzeug während einer Reise oder während des Urlaubs wegen eines Sachmangels in die Werkstatt muss. Bei diesen Positionen handelt es sich ebenso wie bei den Kosten für die Unterbringung und die Heimreise um Folgeschäden, resultierend aus der Mangelhaftigkeit des Fahrzeuges. Sie sind keine Aufwendungen zur Ermöglichung der Nachbesserung. Der Verkäufer hat sie daher nicht nach § 439 Abs. 2 BGB zu übernehmen, sondern nur dann, wenn er dem Käufer auf Schadensersatz haftet. **766**

i) Kosten für eine Begutachtung der durchgeführten Nachbesserung

Lässt der Käufer das Fahrzeug im Anschluss an die Nachbesserungsmaßnahme von einer anderen Fachwerkstatt oder einem Sachverständigen überprüfen und stellt sich dabei heraus, dass der Mangel fachgerecht behoben wurde, ist der Verkäufer nicht verpflichtet, die dadurch entstandenen Kosten zu ersetzen.[141] Es handelt sich dabei nicht um Kosten, die zum Zwecke der Nachbesserung angefallen sind. Gibt es jedoch konkrete Anhaltspunkte, dass der Fehler nicht behoben wurde und wird dieser Verdacht durch die Nachuntersuchung bestätigt, haftet der Verkäufer wegen Verletzung seiner Nachbesserungspflicht (§§ 439 Abs. 1, 280 Abs. 1 BGB), nicht aus § 439 Abs. 2 BGB. **767**

VIII. Kostenbeteiligung des Käufers

1. Prinzip der Unentgeltlichkeit

Im Werkvertragsrecht ist seit jeher anerkannt, dass das Prinzip der Unentgeltlichkeit der Nachbesserung eine Kostenbeteiligung des Bestellers nicht von vornherein ausschließt.[142] Da der kaufrechtliche Nacherfüllungsanspruch, soweit er die Mängelbeseitigung betrifft, dem werkvertraglichen Anspruch auf Nachbesserung nachgebildet ist, spricht an sich einiges für eine Übertragung der werkvertraglichen Rechtsprechungsgrundsätze auf das Kaufrecht. Einer Übernahme eins zu eins steht indes das Prinzip der Unentgeltlichkeit gem. Art. 3 Abs. 2 – 4 VerbrKRL entgegen. Ob und inwieweit in Fällen des **Verbrauchsgüterkaufs** die „Garantie der Unentgeltlichkeit" (EuGH, NJW 2008, 1433) Raum für eine Kostenbeteiligung lässt, haben die nationalen Gerichte noch nicht abschließend entschieden.[143] Auch im Bereich B2B fehlt es an höchstrichterlicher Klärung. Folgende **Fallgruppen** sind zu unterscheiden: **768**

139 Vgl. *Staudinger/Matusche-Beckmann*, § 439 BGB Rn. 439.
140 BGH 13. 12. 1963, NJW 1963, 805, 806.
141 LG Aachen 15. 1. 2003, DAR 2003, 120.
142 *Palandt/Sprau*, § 635 BGB Rn. 7 m. w. N.
143 Zum Ganzen *Mankowski*, NJW 2011, 1025 ff.

2. Rechtsgeschäftliche Kostenregelungen

769 Nach Mitteilung eines Mangels kann der Händler selbst mit einem Verbraucher eine **Vereinbarung in der Kostenfrage** treffen, ein für die Abwägung der beiderseitigen Interessen in Fällen ohne Konsenslösung nicht unwichtiger Umstand. § 475 Abs. 1 BGB schließt nur nachteilige Vereinbarungen vor diesem Zeitpunkt aus. Allerdings muss sich die Kostenregelung auf den angezeigten Mangel beschränken. Erstreckt sie sich auf Mängel, die mit dem angezeigten nichts zu tun haben, kann eine derartige Abrede an § 475 Abs. 1 BGB scheitern, ggf. auch an § 307 BGB. Zur Frage „einheitlicher Mangel" oder „Mangelmehrheit" sowie zur Symptomproblematik s. Rdn. 689.

770 Gegenüber einem Verbraucher, der kein Käufer, sondern nur **Leasingnehmer** ist, besteht die Schranke des § 475 Abs. 1 BGB nicht. Mit der Leasinggesellschaft kann der Händler wie mit jedem anderen gewerblichen Käufer vor wie nach dem Kauf eine Kostenabsprache frei treffen. An dieser Freiheit vermag die leasingtypische Abtretung der Sachmängelrechte nichts zu ändern. In Fällen ohne wirksame Abtretung ist es eine Frage der Vertretungsmacht, ob die Leasinggesellschaft an eine Vereinbarung gebunden ist, die der Leasingnehmer mit dem Autohaus ausgehandelt hat.

771 Ob die Parteien sich in der Kostenfrage tatsächlich einig geworden sind, ist erfahrungsgemäß mitunter nur schwer zu rekonstruieren. Die Kfz-Betriebe sind zwar im eigenen Interesse um Dokumentation bemüht. Nicht selten ist sie jedoch nur bruchstückhaft, fehlt ganz oder wird im Nachhinein vom Käufer wegen Irrtums oder unter Berufung auf ein Missverständnis als nicht bindend zurückgewiesen. Besonders konfliktträchtig ist das Nebeneinander von gesetzlicher Gewährleistung und vertraglicher Garantie mit Selbstbeteiligungsklauseln. In der Sache geht es vorwiegend um den **Austausch von Motoren und Getrieben**. Bei Bestehen einer Garantie mit „Kundenanteil" haben Kfz-Betriebe ein handfestes wirtschaftliches Interesse daran, den Fall auf Garantiebasis abzuwickeln. Die Folge sind Streitigkeiten, wie sie der **BGH-Entscheidung vom 11. 11. 2008** zugrunde liegen.[144] Mit Recht hat der BGH in der **vorbehaltlosen Zahlung des Kundenanteils** von 30 % der Materialkosten für sich allein genommen weder ein deklaratorisches (bestätigendes) noch ein „tatsächliches" Anerkenntnis gesehen.

772 Grundsätzlich ist es Sache des Verkäufers **darzulegen und zu beweisen**, dass der Käufer sich zur Übernahme bestimmter Kosten bereit erklärt hat. Das kann zwar auch durch **schlüssiges Verhalten** erfolgt sein. Doch sind an die Annahme einer derartigen Abrede strenge Anforderungen zu stellen, zumal bei Beteiligung eines Verbrauchers. Nach Ansicht des OLG Karlsruhe[145] reicht es für eine Kostenübernahme aus, dass der Verkäufer vorher ausdrücklich erklärt, er werde vom Käufer Kostenerstattung verlangen, falls sich herausstellen sollte, dass ein Mangel nicht vorliegt oder nicht aus seinem Verantwortungsbereich stammt und der Käufer daraufhin der Begutachtung zustimmt. Das **Akzeptieren des Einbaus eines Neuteilemotors** im Tausch gegen einen mangelhaften Motor eines neu gekauften Pkw rechtfertigt selbst bei hoher Laufleistung des Fahrzeugs (Motors) für sich allein nicht die Annahme, der Käufer wolle sich an den Kosten des Motorentausches beteiligen.[146] Mit der Auslegungsregel des § 631 Abs. 1 BGB lässt sich die Lücke nicht schließen. Denn nach den Umständen ist es gerade nicht zu erwarten, dass der Verkäufer nur gegen eine Vergütung tätig wird. Aus schutzwürdiger Sicht des Käufers ist das Gegenteil der Fall.

773 Eine andere Frage ist es, ob der Verkäufer, der auf Nacherfüllung in Anspruch genommen wird, sein Tätigwerden **davon abhängig machen darf**, dass der Käufer eine Erklärung

---

144 NJW 2009, 580 = DAR 2009, 90; Besprechung von *Fischinger*, NJW 2009, 563.

145 Urt. v. 13. 5. 2003, OLGR 2003, 327.

146 Siehe auch OLG Schleswig 22. 2. 2011 – 3 U 66/10 – (Anspruch des Käufers aus § 812 Abs. 1 S. 1 BGB nach Bezahlung einer – fehlgeschlagenen – Turboladerinstandsetzung).

abgibt, wonach er die Kosten der Untersuchung und weiterer Maßnahmen für den Fall übernimmt, dass der Verkäufer für den Mangel nicht verantwortlich ist. Diese Möglichkeit ist ihm nach Ansicht des BGH versperrt.[147] Infolgedessen fällt dem Käufer **kein Mitverschulden** zur Last, wenn er eine derartige Kostenzusage verweigert. Vielmehr können die Dinge so liegen, dass der Verkäufer durch sein unzulässiges Verlangen den Weg für die Sekundärrechtsbehelfe frei macht. Zur nur bedingten Nacherfüllungsbereitschaft als Unterfall einer „ernsthaften und endgültigen Verweigerung" s. Rdn. 954.

3. Mitverursachung des Mangels durch den Käufer

Eine Mitverursachung des Mangels durch den Käufer in der Phase der Produktion ist **774**
kaum vorstellbar. Allenfalls dann, wenn er vor Gefahrübergang bei der Bereitstellung des Fahrzeugs, der Montage von Zubehör oder später bei der Nachbesserung mitwirkt, kann es vorkommen, dass er einen Mangel (mit)verursacht.

Praxisrelevant sind diejenigen Fälle, in denen der Käufer durch eigenes (Fehl-)Verhal- **775**
ten dazu beiträgt, dass sich ein bei Übergabe vorhandener Mangel ausweitet oder zu Folgeschäden am Fahrzeug führt.

Beispiel:
Obwohl die Warnlampe aufleuchtet und sofortiges Anhalten gebietet, setzt der Käufer die Fahrt fort, wodurch es zu einem Kolbendefekt mit Motortotalschaden kommt.

Zu dieser Fallgruppe liegt eine umfangreiche Judikatur vor, soweit es um den Verlust von **776**
Garantieansprüchen wegen Obliegenheitsverletzung geht (s. Rdn. 4227). Gewährleistungsrechtlich sind diese Fälle der Mitverantwortlichkeit des Käufers ein Thema des Rücktrittsausschlusses nach **§ 323 Abs. 6 BGB** (s. Rdn. 1065 ff.), in Schadensersatzfällen nach § 254 BGB, außerdem der Wertersatzpflicht und deren Wegfalls nach § 346 Abs. 3 Nr. 3 BGB (s. Rdn. 1101 ff.). In Fällen ohne das für einen völligen Verlust des Rücktrittsrechts (oder großer Schadensersatz) erforderliche Gewicht dem Käufer eine Beteiligung an den Kosten aufzuerlegen, etwa in Form **abschichtbarer Mehrkosten**, ist nicht von vornherein ausgeschlossen. Wenn eine vertragsrechtliche Lösung ausscheidet, wobei auch an eine konkludente Kostenübernahme zu denken ist, bleibt in den Mitverursachungsfällen als Ansatz eine einschränkende Auslegung des § 439 Abs. 2 BGB („erforderlich") oder eine quotale Kostenbeteiligung in Form eines Zuschusses gem. §§ 254, 242 BGB.[148]

4. Sowieso-Kosten

Sowieso-Kosten sind solche, die unabhängig von dem Sachmangel und dessen Beseiti- **777**
gung ohnehin angefallen wären und die dem Käufer aufgrund der Nacherfüllung erspart bleiben.[149] Führt z. B. ein gewährleistungspflichtiger Mangel des Motors zu einem Schaden, der nur durch Austausch des kompletten Motors behoben werden kann und auch behoben wird, erhält der Käufer häufig zugleich eine neue Füllung mit Öl, ggf. auch einen neuen Filter. War zu diesem Zeitpunkt ein Wechsel des Motoröls und eventuell auch des Filters sowieso fällig, kann der Verkäufer die insoweit anfallenden Kosten in Rechnung stellen[150], allerdings nicht zu seinen Hauspreisen, sondern zu marktüblichen Konditionen (angesichts der teilweise überzogenen Preise für Motoröl im Fachhandel ein wirtschaftlich durchaus relevanter Faktor). Nicht gehört werden kann der Händler mit dem Argument, der Wechsel

147 Urt. v. 2. 9. 2010, NJW 2010, 3649 (Bausache/Altfall).

148 Vgl. BGH 27. 5. 2010, NJW 2010, 2571 Tz. 18/19 (Bauvertrag); *Skamel*, Nacherfüllung beim Sachkauf, S. 164 m. w. N.; *Staudinger/Matusche-Beckmann*, § 439 BGB Rn. 36.

149 *Ball*, NZV 2004, 217, 221; *Skamel*, Nacherfüllung beim Sachkauf, S. 166/167; *Palandt/Weidenkaff*, § 439 BGB Rn. 13; *Palandt/Sprau*, § 635 BGB Rn. 7 m. w. N.

150 H. M., vgl. *Mankowski*, NJW 2011, 1025, 1027.

von Motoröl und –filter sei zwar jetzt noch nicht fällig gewesen, der Käufer habe jedoch durch das Vorziehen künftige Aufwendungen erspart. Belastet werden kann der Käufer, wenn überhaupt, nur mit Kosten, die er durch die Nachbesserung jetzt und realiter, nicht erst in ungewisser Zukunft, erspart hat. Die **Darlegungs- und Beweislast** trägt der Verkäufer.

5. Mitbeseitigung von Defekten aus der Sphäre des Käufers

778 Es kommt vor, dass durch die Mängelbeseitigung andere bereits vorhandene oder bevorstehende Defekte mehr oder weniger zwangsläufig mitbeseitigt werden. *Beispiel*: Eine im Herstellerwerk nicht ordnungsgemäß eingepasste Frontscheibe muss ausgetauscht werden. Nach Auslieferung des Fahrzeugs an den Käufer hat die Scheibe durch Steinschlag einen Riss bekommen und müsste aus Gründen der Betriebssicherheit repariert bzw. gewechselt werden. In diesem Fall spart der Käufer Kosten, die er ohne die Sachmängelhaftung des Verkäufers hätte aufwenden müssen. Denkbar ist aber auch, dass es sich bei dem zwangsläufig mitbeseitigten Defekt um etwas handelt, was der Käufer von sich entweder gar nicht oder kostengünstig in Eigenregie behoben hätte, wie z. B. einen Kratzer an der Beifahrertür. In solchen Fällen ohne betriebstechnische Notwendigkeit nach dem Maßstab der StVZO ist eine Kostenbelastung des Käufers zu verneinen. Eine etwaige Bereicherung ist eine aufgedrängte.[151]

6. Beteiligung des Käufers nach den Grundsätzen „neu für alt“

779 **Grundsätzlich** kommt eine Beteiligung nach den (schadensrechtlichen) Grundsätzen „neu für alt“ nicht in Betracht, soweit die Nachbesserungspflicht und damit die Kostentragungslast des Verkäufers reicht. M. a. W.: Eine Verbesserung, die nicht über das hinausgeht, was der Verkäufer zur Herstellung der Mangelfreiheit schuldet und unentgeltlich zu erbringen hat, kann eine Ausgleichspflicht des Käufers in Form eines klagbaren Gegenanspruchs des Verkäufers nicht begründen. Das ist ein Gebot richtlinienkonformer Auslegung von § 439 Abs. 2 BGB und entspricht der ganz h. M.[152] Ernsthaft gestritten werden kann in der Tat nur darüber, ob eine unverlangte Verbesserung, die **über die Nachbesserungspflicht hinausgeht**, vom Verkäufer abgeschöpft werden kann.

780 **Vorrangig** ist demnach zu klären, was der Verkäufer im Rahmen der Nacherfüllung zu leisten verpflichtet ist. Ist er als **Neufahrzeugverkäufer**, wie in der Regel, zum Einbau eines neuen Ersatzteils verpflichtet, kann er vom Käufer grundsätzlich keine Kostenbeteiligung mit dem Argument fordern, dieser habe durch den Einbau des Neuteils nunmehr ein „besseres“ Auto, jedenfalls einen wirtschaftlichen Vorteil erlangt, den er ausgleichen müsse. Dabei macht es rechtlich keinen Unterschied, ob es sich bei dem ausgewechselten Teil um ein Verschleißteil handelt oder nicht. Es kommt auch nicht darauf an, ob und inwieweit das Teil bereits verschlissen und/oder durch Alterung geschwächt war, so dass es über kurz oder lang vom Käufer auf eigene Kosten hätte erneuert werden müssen.[153] Kein taugliches Differenzierungskriterium ist ferner die funktionale Bedeutung des Neuteils. Ob es sich um ein Kleinteil oder um ein Aggregat wie Motor oder Getriebe handelt, kann rechtlich keinen

151 A. A. AG Bad Hersfeld 26. 1. 1999, NJW-RR 1999, 1211.

152 LG Münster 13. 5. 2009, DAR 2009, 531 (Kauf eines gebrauchten BMW X 5 mit Getriebeschaden, beseitigt durch Einbau eines neuen Getriebes; Revision zugelassen, aber ersichtlich nicht durchgeführt); *Ball*, NZV 2004, 217, 221; *Mankowski*, NJW 2011, 1025, 1027; MüKo-BGB/*Westermann*, § 439 BGB Rn. 16; *Skamel*, DAR 2004, 565, 568; *Faust* in *Bamberger/Roth*, § 439 BGB Rn. 23; *Erman/Grunewald*, § 439 BGB Rn. 4.

153 *Ball*, NZV 2004, 217, 221.

Unterschied machen. Im Übrigen stößt jede diesbezügliche Differenzierung auf kaum lösbare Abgrenzungsschwierigkeiten.

Selbst im **Haftpflichtschadensrecht**, der „Mutter“ des Neu-für-alt-Abzugs[154], ist die **781**
Rechtsprechung mit einer Anspruchskürzung ausgesprochen zurückhaltend. Anders als in Kaskosachen wird darauf abgestellt, ob durch die Verwendung des Neuteils der Wert des Fahrzeugs als Ganzes messbar gestiegen ist. Nach den maßgeblichen Richtlinien für die Erstattung von Gutachten bei Haftpflichtschäden tritt bei Erneuerung einzelner Fahrzeugteile i. d. R. **keine Wertsteigerung** des (gesamten) Fahrzeugs ein. Nur wenn Teile vorgeschädigt sind oder sie aufgrund „erheblicher Verschleißschäden“ ohnehin hätten erneuert werden müssen, hält man Abzüge für zulässig. Schadensrechtlich ist das nicht erst eine Frage des Bereicherungsverbots, sondern bereits der Differenzhypothese. Der Schädiger hat den vorigen Zustand wieder herzustellen (§ 249 Abs. 1 BGB). Beschädigt er ein gebrauchtes Fahrzeug, geht seine Ersatzpflicht nach § 249 Abs. 2 BGB auf die Finanzierung des erforderlichen Herstellungsaufwands (Reparatur- oder Wiederbeschaffungskosten). Richtschnur für die Naturalrestitution ist stets der Zustand des Fahrzeugs im Zeitpunkt der Schädigung.[155]

Vom Ansatz her eher übertragbar erscheinen die Grundsätze über den Abzug „neu für **782**
alt“ bei der Bemessung des **kaufrechtlichen** und des **werkvertraglichen Schadensersatzanspruchs.**[156] Wie bei der Nacherfüllung geht es hier nicht um Naturalrestitution. Gerichtet ist der Anspruch auf Schadensersatz statt der Leistung (Nichterfüllung). Eine Besserstellung durch die Ersatzleistung im Vergleich mit der ursprünglich geschuldeten Leistung ist grundsätzlich auszugleichen.[157] Das verlangt nicht zuletzt das Bereicherungsverbot. Allerdings kann es im Einzelfall zurücktreten. Ob und inwieweit ein Vermögenszuwachs durch die schadensersatzrechtliche Geld-Ersatzleistung auszugleichen ist, ist eine Wertungsfrage. Jede schematische Lösung verbietet sich.

Auf dieser Rechtsprechungslinie können auch Verbesserungen und Wertsteigerungen im **783**
Rahmen der Nacherfüllung im Einzelfall ausgleichspflichtig sein, nicht durch einen Abzug „neu für alt“, sondern in Form eines eigenständigen Gegenanspruchs des Verkäufers.[158] Die **Darlegungs- und Beweislast** liegt bei ihm.[159] Der Nachweis einer messbaren Bereicherung durch eine „überschießende“ Nachbesserungsmaßnahme ist nur die Mindestvoraussetzung. Sie besteht aus zwei Elementen: Zum einen aus dem Nachweis, dass das Endresultat der erbrachten Nacherfüllung zum Vorteil des Käufers über die geschuldete Leistung hinausgeht. Beispiel: Einbau eines Neuteilemotors in ein gebraucht verkauftes Auto (zum Abzug „neu für alt“ in Fällen des Gebrauchtwagenkaufs s. ergänzend Rdn. 3492 ff.). Zum anderen hat der Verkäufer darzulegen und notfalls zu beweisen, dass der Überschuss an Nacherfüllung zu einem wirtschaftlichen Vorteil des Käufers geführt hat, sei es in Form einer Wertsteigerung, sei es durch Vermeidung oder durch pekuniär messbares Hinausschieben notwendiger Investitionen.

Darzulegen und zu beweisen hat der Verkäufer darüber hinaus die Tatsachen, aus denen **784**
das Gericht auf die **Zumutbarkeit der Vorteilsherausgabe** schließen soll. Das ist eine Tat-

154 Grundlegend BGH 24. 3. 1959, NJW 1959, 1078.

155 Zur unterschiedlichen Zielrichtung auch BGH 17. 5. 1984, NJW 2457, 2459 unter II, 3b (Werkvertrag); *Mankowski*, NJW 2011, 1025, 1027.

156 Siehe BGH (VIII. ZS) 6. 12. 1995, NJW 1996, 584 (gebrauchter Tankwagen); BGH (X. ZS) 13. 3. 1990, NJW-RR 1990, 826 (Beschädigung eines Flugzeugmotors bei Wartungsarbeiten); BGH 7. 5. 2004, NJW 2004, 2526 (Grundstückskauf).

157 BGH 7. 5. 2004, NJW 2004, 2526 (Grundstückskauf, zu § 463 S. 2 BGB a. F.).

158 Den Unterschied betont *Mankowski*, NJW 2011, 1025.

159 A. A. für den Abzug „neu für alt“ im Rahmen des werkvertraglichen Schadensersatzes OLG Koblenz 8. 1. 2009, DS 2010, 78.

und zugleich eine Rechtsfrage. Ein wesentlicher Wertungsgesichtspunkt ist, dass der Preis für die zweite Chance auch darin besteht, dass der Käufer durch die Nacherfüllung in Grenzen besser gestellt sein kann als bei mangelfreier erster Andienung. Dieser Vorteil kann im Einzelfall willkommen, gar erwünscht sein, was die vorrangige Frage nach einer vertragsrechtlichen Lösung aufwirft (oben Rdn. 769 ff.). Ist er unerwünscht, gelten die Regeln, die eine sog. **aufgedrängte Bereicherung** ohne Ausgleich lassen. Der Abschöpfung einer unverlangten Verbesserung, die über die Nachbesserungspflicht hinaus geht, steht außerdem die Wertung des **§ 241a Abs. 1 BGB** entgegen.[160] Dieser schließt auch Bereicherungsansprüche des Verkäufers aus. Angesichts dessen hat die europarechtliche Argumentation auf der Grundlage von Art. 3 VerbrKRL und der Quelle-Entscheidung des EuGH vom 17. 4. 2008[161] keine tragende Bedeutung. Im Ergebnis macht es keinen Unterschied, ob es ein Fall des Verbrauchsgüterkaufs ist oder nicht.

785 In die Zumutbarkeitsprüfung einzubeziehen sind **die Interessen des Verkäufers.** Sie sind zunächst dadurch gewahrt, dass seine Nacherfüllungspflicht nach § 275 Abs. 1 BGB ausgeschlossen sein kann. Eine Verbesserung wird grundsätzlich nicht geschuldet. Führt die Herstellung von Mangelfreiheit zwangsläufig, etwa aus technischen Gründen, zu einer Verbesserung des Fahrzeugs, kann es voreilig sein, direkt die Kostenseite zu prüfen (§ 439 Abs. 3 BGB).[162] Sofern Nacherfüllung in Form der Nachbesserung verlangt und geschuldet wird, kann der Verkäufer frei darüber entscheiden, auf welche Weise er den Mangel beseitigt, ob durch Instandsetzung oder durch einen unter Umständen kostspieligeren Teiletausch. Schutzfunktion entfaltet darüber hinaus die Opfergrenze des § 439 Abs. 3 BGB. Sie ist zugleich ein Beleg dafür, dass der Verkäufer sich vergütungsfrei ein erhebliches Stück weit „zu strecken" hat, um den Kaufpreisanspruch nicht zu gefährden. Nicht unberücksichtigt kann schließlich bleiben, dass der Verkäufer die Möglichkeit hat, mit dem Käufer eine Kostenvereinbarung zu treffen, was im Anschluss an die Mängelanzeige selbst mit einem Verbraucher zulässig ist (s. § 475 Abs. 1 BGB).

IX. Kostenersatz bei unberechtigtem Nacherfüllungsverlangen

786 Falls sich die Mängelrüge bzw. das Nacherfüllungsverlangen als **objektiv unberechtigt** herausstellt, drängt sich die Frage auf, ob der Verkäufer diejenigen Kosten auf den Käufer abwälzen kann, die bei ihm infolge der Vertragsverletzung des Käufers angefallen sind. Typischerweise sind es Aufwendungen für die Prüfung der Mängelrüge (Diagnose, Demontage, Zerlegung), Transport-, Anwalts- und Sachverständigenkosten können hinzukommen. Zum Problem grundlegend **der BGH:**

> *„Ein unberechtigtes Mängelbeseitigungsverlangen des Käufers nach § 439 Abs. 1 BGB stellt eine zum Schadensersatz verpflichtende schuldhafte Vertragsverletzung dar, wenn der Käufer erkannt oder fahrlässig nicht erkannt hat, dass ein Mangel der Kaufsache nicht vorliegt, sondern die Ursache für das Symptom, hinter dem er einen Mangel vermutet, in seinem eigenen Verantwortungsbereich liegt"* (Urt. v. 23. 1. 2008, NJW 2008, 1147).

787 Diese Entscheidung, ergangen in einem B2B-Fall (kein Kauf), sowie das Urteil des V. ZS des BGH vom 16. 1. 2009[163] (in einer Immobiliensache) haben Kfz-Händler ermutigt, bei unberechtigten Kundenreklamationen Gegenforderungen aufzubauen, mitunter **in Form von Widerklagen**. Speziell zum Autokauf und zum Werkstattrecht liegen höchst-

---

160 *Mankowski*, NJW 2011, 1025.

161 NJW 2008, 1433.

162 Zutreffend *Skamel*, Nacherfüllung beim Sachkauf, S. 69, 168.

163 NJW 2009, 1262 (Immobiliensache).

richterlichen Entscheidungen noch nicht vor.[164] Aus der Rechtsprechung der Instanzgerichte:

OLG Frankfurt/M. 18. 8. 2009, 16 U 59/09, n. v.: Ein Autohaus wird mit der Widerklage auf Ersatz vorgerichtlicher Anwaltskosten mit dem Argument in Anspruch genommen, das Verlangen nach Rückabwicklung einer Inzahlungnahme sei unberechtigt. Letzteres war zwar objektiv zutreffend, die Vorgehensweise des Händlers war aber nicht fahrlässig, **788**

LG Berlin 25. 11. 2008, 55 S 123/08, n. v.: Unberechtigter Rücktritt in einem Kraftstoff-Mehrverbrauchsfall, Klage des Autohauses abgewiesen, **789**

AG Krefeld 31. 3. 2009, 5 C 434/06, n. v.: Werkstattfall, Zahnriemen zehn Tage nach 80.000er Inspektion gerissen; 8.000 km vorher Zahnriemenwechsel in anderer Werkstatt; Werkstatt II konnte die Anwalts- und Sachverständigenkosten nicht abwälzen, **790**

AG Neuss 26. 2. 2009, 77 C 884/08, n. v.: Audi A 4-Käufer scheitert mit seiner Mängelklage, während die Widerklage des Autohauses auf Erstattung der Schadensermittlungskosten Erfolg hat, **791**

LG Duisburg 7. 2. 2007, 11 S 148/06, n. v.: Ein Privatkäufer wird zur Zahlung von Anwaltskosten verurteilt, weil er unberechtigterweise Mängel gerügt und zudem ohne Nachfristsetzung ein Sekundärrecht verfolgt hat. Das **Verschulden seines Anwalts** wurde dem Käufer zugerechnet. **792**

Steht fest, dass der Käufer zu Unrecht Nacherfüllung verlangt hat, wofür der Verkäufer die Darlegungs- und Beweislast trägt (objektiver Tatbestand einer Pflichtverletzung gem. § 241 Abs. 2 BGB), kommt es **entscheidend** darauf an, ob dem Käufer **der Entlastungsbeweis** nach § 280 Abs. 1 S. 2 BGB gelingt. Dazu der V. ZS des BGH: **793**

„Im Sinne von § 280 Abs. 1 S. 2 BGB zu vertreten hat die Vertragspartei diese Pflichtwidrigkeit aber nicht schon dann, wenn sie nicht erkennt, dass ihre Rechtsposition in der Sache nicht berechtigt ist, sondern erst, wenn sie diese Rechtsposition auch nicht als plausibel ansehen durfte" (Urt. v. 16. 1. 2009, NJW 2009, 1262).

Angesichts dieser Aussage sind Käufer ebenso wie deren Anwälte im Fall einer objektiv unberechtigten Rüge eines technischen Defekts nur einem relativ **geringen Haftungsrisiko** ausgesetzt. Mehr als eine **Plausibilitätskontrolle** („Evidenzkontrolle", *D. Kaiser*) wird von einem Käufer nicht verlangt. Was das konkret bedeutet, müssen die Gerichte noch herausarbeiten.[165] **794**

Ausgangspunkt ist, dass ein Käufer auch nach Übernahme und Nutzung des Fahrzeugs grundsätzlich nicht dazu verpflichtet ist, bei Auftreten einer technischen Störung die Ursache zu erkunden.[166] Bevor er den Händler oder eine autorisierte Werkstatt einschaltet, wird er erfahrungsgemäß eine Antwort in der Betriebsanleitung suchen. Eine Rechtspflicht dazu besteht ebenso wenig wie für ein ADAC-Mitglied die Hinzuziehung des Pannendienstes. Eine grundsätzlich strengere Sicht folgt für den gewerblichen Käufer nicht aus seiner Untersuchungs- und Rügeobliegenheit gem. § 377 HGB. Auf der anderen Seite darf der Käufer konkrete Hinweise darauf, dass die Ursache der Störung in seiner eigenen Sphäre liegt, nicht unbeachtet lassen. **795**

In den ersten sechs Monaten ab Übergabe hilft nicht nur einem Verbraucher, jedenfalls aber diesem, die **Beweisvermutung des § 476 BGB**. Bei einem technischen Defekt, der sich innerhalb der Sechsmonatsfrist zeigt, darf ein Käufer mangels eindeutiger gegenteiliger Anhaltspunkte davon ausgehen, dass die Ursache im Verantwortungsbereich des Ver- **796**

---

164 Weitere wichtige Leitlinien finden sich im Urteil des Bausenats des BGH v. 2. 9. 2010, NJW 2010, 3649 = DAR 2010, 699 (Ls).

165 Vorschläge bei *Deckenbrock*, NJW 2009, 1247.

166 So auch BGH 2. 9. 2010, NJW 2010, 3649 für das Werkvertragsrecht.

käufers liegt. Dieser Gedanke hat in Fällen des Neufahrzeugkaufs seine besondere Berechtigung, weil das Fahrzeug unbenutzt ausgeliefert wurde, Vorbesitzer als Schadensverursacher damit ausscheiden. Die Möglichkeit eines eigenen Fahr- oder Bedienungsfehlers oder einer sonstigen Mangelursache in seiner Sphäre (z. B. Marderbiss) muss er nicht ausschließen können, andererseits aber in Betracht ziehen, wenn er greifbare Anhaltspunkte für das Vorliegen eines „Eigenschadens" hat. Insoweit kommt es neben der Dauer der bisherigen Nutzung und der Kilometerlaufleistung gewiss auch auf die Erkenntnis- und Prüfmöglichkeiten des Käufers an (technischer Laie oder Fachmann). Eine gewisse Entlastung erfährt der Käufer auch dadurch, dass das Gesetz ihm die Obliegenheit auferlegt, dem Verkäufer Gelegenheit zur Nacherfüllung zu geben. Damit wird er ein Stück weit in Zugzwang gesetzt, wobei die weitere Obliegenheit, den Schaden klein zu halten (§ 254 Abs. 2 BGB), als Verstärker wirken kann.

797 **Mitverschulden des Verkäufers:** Aufgrund seiner fachlichen Kompetenz wird ein Kfz-Händler häufig ohne aufwändige Untersuchung erkennen, ob eine Mängelrüge berechtigt ist oder nicht. Außerdem hat er die Möglichkeit, den Kundendienst des Herstellers/Importeurs zur Untersuchung des Fahrzeugs hinzuzuziehen. Nutzt er vorhandene Aufklärungsmöglichkeiten nicht, können die angefallenen Kosten ganz oder teilweise zu seinen Lasten gehen (§ 254 Abs. 2 BGB). Liegt aus Sicht des Händlers kein Mangel vor, schaltet er gleichwohl einen Sachverständigen ein, um sicher zu gehen, wird er im Bestätigungsfall die entstandenen Sachverständigenkosten kaum auf den Käufer abwälzen können. Zweifelhaft ist schon die adäquate Kausalität. Im Übrigen wird er sich mit dem Vorwurf unnötiger Schadensvergrößerung auseinander zu setzen haben.

798 Außer den §§ 280 Abs. 1, 241 Abs. 2 BGB kommen § 812 Abs. 1 S. 1 Alt. 1BGB (Ersparnis eigener Kosten) und G. o. A. (§§ 683, 670 BGB) als Anspruchsgrundlagen in Betracht.[167] Zur Absicherung des Händlers in Form einer Kostenabsprache s. Rdn. 769 ff.

X. Nacherfüllungsverweigerung aus Kostengründen (§ 439 Abs. 3 BGB)

1. Grundlagen

799 § 439 Abs. 3 BGB gibt dem Verkäufer – unbeschadet der Leistungsverweigerungsrechte aus § 275 Abs. 2 und Abs. 3 BGB – das Recht, die vom Käufer gewählte Art der Nacherfüllung zu verweigern, wenn sie nur mit **unverhältnismäßigen Kosten** möglich ist. Nach dem Wortlaut des § 439 Abs. 3 BGB und auch nach dem Willen des deutschen Gesetzgebers bezieht sich die Einrede auf beide Arten der Nacherfüllung, so dass der Verkäufer diese dann **total verweigern** kann. **Art. 3 Abs. 3 der Verbrauchsgüterkaufrichtlinie** regelt dagegen nur den Fall der relativen Unverhältnismäßigkeit, gibt dem Verkäufer also kein Totalverweigerungsrecht. Das hat die Frage der Richtlinienkonformität des § 439 Abs. 3 BGB aufgeworfen.[168] Sie ist jetzt beantwortet. Nach dem **Urteil des EuGH vom 16. 6. 2011**[169] kann ein Verkäufer im Fall des Verbrauchsgüterkaufs sich nicht auf die Einrede absoluter Unverhältnismäßigkeit berufen. Ihm bleibt nur die Möglichkeit, die eine oder die andere Art der Nacherfüllung wegen (relativer) Unverhältnismäßigkeit der Kosten abzulehnen.

800 **Geltendmachung**. § 439 Abs. 3 BGB begründet lediglich **eine Einrede**.[170] Der Verkäufer kann sie geltend machen, er kann darauf auch verzichten. Das Gericht berücksichtigt

---

167 Vgl. *Medicus/Lorenz*, SchBT, Rn. 145; *Deckenbrock*, NJW 2009, 1247, 1249 Fn. 18; *Jordans/Müller-Sartori*, MDR 2009, 779; s. a. BGH 2. 9. 2010, NJW 2010, 3649 Tz. 22.

168 Siehe die EuGH-Vorlage durch BGH 14. 1. 2009, NJW 2009, 1660.

169 NJW 2011, 2269.

170 BGH 21. 12. 2005, NJW 2006, 1195 Tz. 26.

seine Kostenbelastung nicht von Amts wegen. Wegen der Wirkungen nach §§ 439 Abs. 3 S. 3, 440 S. 1 BGB ist die – empfangsbedürftige – Erklärung des Verkäufers **bedingungsfeindlich** und **unwiderruflich**. Wirksam ist die Einrede auch dann erhoben, wenn der Verkäufer sie nicht näher begründet. Substanziiert vortragen muss er erst im Prozess (s. Rdn. 802). Vorgerichtlich genügt es, wenn der Käufer Klarheit darüber hat, dass die von ihm geltend gemachte Art der Nacherfüllung aus Kostengründen abgelehnt wird. Wer eine geforderte Ersatzlieferung ablehnt und auf die Möglichkeit einer Mängelbeseitigung verweist, erhebt damit konkludent die Einrede nach § 439 Abs. 3 BGB.[171]

Zeitliche Grenze. Nach Ablauf der ihm gesetzten (angemessenen) Nacherfüllungsfrist kann der Verkäufer die Einrede nicht mehr erheben.[172] Denn mit Fristablauf entstehen die Sekundärrechte des Käufers. Allenfalls im Bereich B2B mag es angehen, dem Verkäufer auch noch nach Ablauf der Frist, aber vor Ausübung des Rücktrittsrechts oder der Geltendmachung eines sonstigen Sekundärrechtsbehelfs die Kosteneinrede zu gestatten. Einem Verbraucher gegenüber ist der Tag vor Ablauf der Frist der **späteste Zeitpunkt**.[173] **801**

Darlegungs- und Beweislast: Da es sich bei § 439 Abs. 3 BGB um eine Einrede handelt, überdies um einen Ausnahmetatbestand, liegt die Darlegungs- und Beweislast für die tatsächlichen Voraussetzungen der geltend gemachten Unverhältnismäßigkeit beim Verkäufer.[174] Soweit Umstände aus der Sphäre des Käufers in die Abwägung einfließen, kann ihn eine **sekundäre Darlegungspflicht** treffen. **802**

2. Bedeutung für den Autokauf

Die in **§ 275 Abs. 2 und 3 BGB** geregelten Einredefälle spielen beim Autokauf, wie allgemein im Kaufrecht, praktisch **keine Rolle**. Während § 275 Abs. 2 BGB ein grobes Missverhältnis zwischen dem Aufwand des Schuldners und dem Leistungsinteresse des Gläubigers verlangt[175], setzt § 439 Abs. 3 BGB eine deutlich **„niedrigere Schwelle“**.[176] Gleichwohl handelt es sich um einen **Ausnahmetatbestand**, der zum Nachteil des Verkäufers eng auszulegen ist. **803**

Aufs Ganze gesehen hat § 439 Abs. 3 BGB für den Autokauf bei weitem nicht die praktische Bedeutung, die man anfänglich vielfach angenommen hat. Das spiegelt sich auch in der Rechtsprechung wider. Nach einigen wenigen Entscheidungen[177] in den ersten Jahren nach In-Kraft-Treten der Schuldrechtsreform ist es auffallend still geworden.[178] Zu tun hat das zum einen mit dem Verhalten der Neufahrzeugkäufer. Verschwindend gering ist die Zahl derer, die als Erstes Ersatzlieferung wählen. In Betracht kommt diese Variante bei Farbweichungen und gravierenden Ausstattungsdefiziten. Bei technischen Mängeln steht die Alternative Nachbesserung ganz im Vordergrund. Diesem Verlangen die Einrede **804**

171 LG Münster 7. 1. 2004, DAR 2004, 226 = zfs 2004, 215.

172 OLG Celle 28. 6. 2006, NJW-RR 2007, 353 (nach dem mitgeteilten Leitsatz 2 „bis der Käufer vom Vertrag zurücktritt“, anders die Entscheidungsgründe).

173 Siehe auch *S. Lorenz*, NJW 2007, 1, 5; *Schürholz*, Die Nacherfüllung im neuen Kaufrecht, S. 238 (auch zum frühesten Zeitpunkt).

174 St. Rspr., z. B. LG Ellwangen 13. 12. 2002, NJW 2003, 517; OLG Braunschweig 4. 2. 2003, NJW 2003, 1053 = DAR 2003, 169; LG Münster 7. 1. 2004, DAR 2004, 226.

175 BGH 22. 6. 2005, NJW 2005, 2852 (Hundekauf); zu § 275 Abs. 2 BGB ferner BGH 30. 5. 2008, MDR 2008, 968; v. 14. 1. 2009, NJW 2009, 1660.

176 Begr. BT-Drucks. 14/6040, S. 232; BGH 14. 1. 2009, NJW 2009, 1660, Tz. 18.

177 OLG Braunschweig 4. 2. 2003, NJW 2003, 1053 = DAR 2003, 169 = JZ 2003, 863 m. Bespr. *Canaris* S. 831 ff. (Tagszulassung); LG Ellwangen 13. 12. 2002, NJW 2003, 517 (neuer Pkw); LG Münster 7. 1. 2004, DAR 2004, 226 = zfs 2004, 215 (neuer Pkw).

178 Aus der jüngeren Respr.: OLG Hamm 22. 7. 2010, DAR 2011, 28 (Verweigerung der Ersatzlieferung); LG Hagen 29. 7. 2011 – 2 O 50/10.

aus § 439 Abs. 3 BGB entgegenzusetzen, ist selbst bei Motor- und Getriebeschäden wenig aussichtsreich. Zudem ist es in den meisten Fällen für diese Verteidigung schlicht zu spät (dazu Rdn. 801).

805 Ist die Nachbesserung fehlgeschlagen, wäre ein Wechsel zur Alternative „Ersatzlieferung" in Fällen des Neufahrzeugskaufs zwar in den meisten Fällen an sich möglich. Doch selbst Verbraucher-Käufer machen in dieser Situation erfahrungsgemäß – trotz der Änderung des § 474 Abs. 2 S. 1 BGB (kein Nutzungsersatz) – weiterhin von ihren Sekundärrechtsbehelfen Gebrauch. Von alledem abgesehen: Die geringe praktische Relevanz des § 439 Abs. 3 BGB beruht auch auf der Einsicht der Händlerschaft, dass eine Nacherfüllung jedenfalls im B2B-Bereich vorteilhafter ist als eine Rückabwicklung nach Rücktritts- oder Schadensersatzrecht. Eine wesentliche Rolle spielt schließlich der Umstand, dass das Mängelrisiko in Neufahrzeugfällen letztlich der Hersteller trägt.[179]

806 Die Frage der relativen Unverhältnismäßigkeit kann sich praktisch nur **in Neuwagenfällen** stellen. Prototyp für ein Nebeneinander beider Nacherfüllungsarten mit der Möglichkeit bzw. Notwendigkeit eines internen Kostenvergleichs ist der Neuwagenkauf in Form des Gattungskaufs.

Beispiel für die Einrede relativer Unverhältnismäßigkeit: Der Käufer verlangt Neulieferung eines mangelfreien Pkw, der Händler lehnt diese Art der Nacherfüllung mit der Begründung ab, eine Nachbesserung sei deutlich billiger, die Kosten einer Ersatzlieferung unverhältnismäßig hoch.

807 Nach bisheriger Rechtslage konnte ein Neuwagenhändler vom Ansatz her sowohl die eine wie die andere Art der Nacherfüllung aus Kostengründen verweigern. Zumindest im Bereich des Verbrauchsgüterkaufs ist ein solches Totalverweigerungsrecht **richtlinienwidrig,** wie **der EuGH** nun entschieden hat.[180]

808 Für den **Gebrauchtwagenkauf** ist demgegenüber die Situation typisch, dass weder eine Ersatzlieferung noch eine Mängelbeseitigung möglich ist. Das sind die Fälle mit einem unbehebbaren Mangel. Bei Behebbarkeit bleibt es beim Ausschluss der Ersatzlieferung, zwar nicht von vornherein, aber als Regelfall; die einzig mögliche Art der Nacherfüllung ist dann die Nachbesserung. Mithin kommt in diesem Bereich des Fahrzeugkaufs nur eine absolute Unverhältnismäßigkeit der (Nachbesserungs-)Kosten in Betracht, nach dem EuGH-Urteil vom 16. 6. 2011[181] jedoch nicht mehr in Fällen des Verbrauchsgüterkaufs.

3. Einzelaspekte der Prüfung

809 **Leitgedanke** ist, dass sich die Unverhältnismäßigkeit nur aus einer Relation zwischen dem Nacherfüllungsaufwand des Verkäufers und dem Nutzen der Nacherfüllung für den Käufer, seinem Erfüllungsinteresse, ergeben kann. In welchem Verhältnis der Aufwand des Verkäufers zu seinem Gewinn, insbesondere zum Kaufpreis, steht, ist nicht entscheidend.

810 **Prüfungsansatz:** Wie man bei der Prüfung vorzugehen hat, schreibt das Gesetz nicht vor, allenfalls die juristische Logik.[182] Gegenstand der Prüfung durch den Anwalt des Käufers wie für den Richter ist die Berechtigung der Einrede in ihrer jeweiligen Zielrichtung. Wendet sich der Verkäufer allein gegen die vom Käufer gewählte Nacherfüllungsvariante der Ersatzlieferung, ist er aber zur Nachbesserung bereit, stellt sich die Frage der **relativen**

179 Zur Bedeutung der Regressmöglichkeit nach § 478 BGB s. *Kaeding*, NJW 2010, 1031, 1033.
180 Urt. v. 16. 6. 2011, NJW 2011, 2269.
181 NJW 2011, 2269.
182 Vorschlag einer Zwei-Stufen-Prüfung bei *Bitter/Meidt*, ZIP 2001, 2114, 2112.

Unverhältnismäßigkeit. Dabei sind insbesondere der Wert des Fahrzeugs in mangelfreiem Zustand – nicht etwa der Kaufpreis[183] –, die Bedeutung des Mangels und die Frage zu berücksichtigen, ob auf die andere Art der Nacherfüllung – hier: Nachbesserung – ohne erhebliche Nachteile für den Käufer zurückgegriffen werden kann (§ 439 Abs. 3 S. 2 BGB).

Bei der Prüfung der relativen Unverhältnismäßigkeit ist ein Vergleich der beiden Arten der Nacherfüllung anzustellen, vorausgesetzt beide sind möglich, d. h. nicht nach § 275 Abs. 1 BGB ausgeschlossen. Ein Vergleich der beiden Arten scheidet auch aus, wenn eine von beiden zulässigerweise (B2B?) wegen absoluter Unverhältnismäßigkeit ausgeschlossen ist.[184] Um sich ein Bild machen zu können, müssen die Kosten für beide (möglichen) Formen der Nacherfüllung bekannt sein. **811**

a) Kosten der Ersatzlieferung (Neulieferung)

Ausgangspunkt. Der Verkäufer hat alle Kosten zu tragen, die für die Herstellung des vertragsgemäßen Zustands durch Ersatzlieferung notwendig sind. Zu ermitteln sind demnach zunächst die Kosten, die der Verkäufer für die Beschaffung eines identisch ausgestatteten Neufahrzeugs aufwenden muss (zur Frage der Gleichartigkeit/Gleichwertigkeit s. Rdn. 726 ff.). Bei der Ermittlung des zur Nacherfüllung erforderlichen Aufwands ist grundsätzlich auf den **Zeitpunkt** abzustellen, in dem die vertragsgemäße Lieferung geschuldet war.[185] Eine spätere Erhöhung der Kosten für die Ersatzbeschaffung wäre demnach nicht zu berücksichtigen.[186] Jedenfalls darf der Verkäufer keinen Vorteil daraus ziehen, dass er die Nacherfüllung längere Zeit verweigert hat. Preissteigerungen aus dieser Phase darf er nicht dazu nutzen, den Nacherfüllungsanspruch des Käufers zu torpedieren. **812**

Die Kosten bestehen beim Kauf vom Händler (kein Direktvertrieb) aus dem Händlereinkaufspreis (Listenpreis abzüglich Händlerrabatt).[187] Hinzu kommen Überführungs- und Aufbereitungskosten. Wenn der Austausch der Fahrzeuge am Wohn- oder Betriebssitz des Käufers zu erfüllen ist (zum Erfüllungsort bei der Ersatzlieferung s. Rdn. 741 ff.), sind die insoweit erforderlichen Transportkosten ebenfalls in die Berechnung einzustellen. **813**

Bei Vorsteuerabzugsberechtigung des Verkäufers, die im Regelfall vorliegt, sind sämtliche Posten **ohne Umsatzsteuer** anzusetzen.[188] **814**

Der Kostenaufwand für die Ersatzlieferung wäre unvollständig ermittelt, bliebe außer Ansatz, was an den Verkäufer im Zuge der Abwicklung zurückfließt.[189] Er hat Anspruch auf Rückgewähr des mangelhaften Fahrzeugs (§ 439 Abs. 4 i. V. m. § 346 Abs. 1 BGB). Von der Nettosumme der Beschaffungs- und Begleitkosten ist der Veräußerungswert des vom Käufer zurückzugebenden Fahrzeugs abzuziehen. Bei der Wertermittlung bleibt der streitgegenständliche Sachmangel außer Betracht[190], was allerdings zweifelhaft ist. **815**

Stichtag für die Wertermittlung kann nicht der Zeitpunkt der Auslieferung des mangelhaften Fahrzeugs sind. Der Händler hat nämlich bei einer Ersatzlieferung den Wertverlust bei dem ursprünglich gelieferten Fahrzeug zu tragen.[191] Außer der Haltereintragung ist der zwischenzeitliche Gebrauch des Fahrzeugs als Wertverlustfaktor zu berücksichtigen, **816**

183 OLG Braunschweig 4. 2. 2003, NJW 2003, 1053 = DAR 2003, 169; *Ball*, NZV 2004, 217, 223.
184 *Reinicke/Tiedtke*, Rn. 444.
185 BGH 23. 2. 1995, NJW 1995, 1836 (Bausache mit Bewertung des Nachbesserungsaufwands).
186 Anders BGH 14. 1. 2009, NJW 2009, 1660 für die zwischenzeitliche Erhöhung der Umsatzsteuer von 16 auf 19 %.
187 LG Ellwangen 13. 12. 2002, NJW 2003, 517.
188 Für den Bruttopreis BGH 14. 1. 2009, NJW 2009, 1660 Tz. 16, allerdings war dieser Punkt unstreitig (Vorinstanz OLG Frankfurt 14. 2. 2008, ZGS 2008, 315).
189 LG Münster 7. 1. 2004, DAR 2004, 226.
190 So LG Münster 7. 1. 2004, DAR 2004, 226 = zfs 2004, 215.
191 OLG Hamm 22. 7. 2010, DAR 2011, 28.

wozu der Verkäufer zumindest ansatzweise vorzutragen hat.[192] Dazu ist er auch in der Lage, wenn der Käufer, wie es seiner Obliegenheit entspricht, das Fahrzeug zur Besichtigung und Prüfung zur Verfügung gestellt hat.

817 Oft werden die Dinge so liegen, dass allein die Höhe des Wertverlustes genügt, um die Kosten einer Ersatzlieferung als vergleichsweise (relativ) unverhältnismäßig bewerten zu können. *Beispiel:* Wertverlust allein durch die Zulassung (Haltereintragung im Fahrzeugbrief = ZB II) und die Ingebrauchnahme (ohne die weitere Nutzung) 15 bis 20 Prozent des Kaufpreises[193], was bei einem durchschnittlichen Neuwagenpreis von 25.000 EUR einen Betrag zwischen 3.750 und 5.000 EUR ausmacht. Wenn demgegenüber die Nachbesserungskosten nur 500 bis 750 EUR betragen, ist die wirtschaftliche Belastung des Händlers durch eine Ersatzlieferung evident unverhältnismäßig.[194]

818 Bei der Ermittlung des Wertverlusts muss allerdings bedacht werden, dass der durch die Nutzung verursachte Wertverlust durch die von einem unternehmerischen Käufer geschuldete **Nutzungsvergütung** zumindest teilweise kompensiert wird. Keine Kompensation tritt ein, wenn der Käufer **ein Verbraucher** ist. Gem. § 474 Abs. 2 S. 1 BGB n. F. braucht er keinen Nutzungsersatz zu leisten. Diese Freistellung wirkt sich mithin zugunsten des Verkäufers aus, wenn er eine Ersatzlieferung wegen Unverhältnismäßigkeit der Kosten gegenüber einem Verbraucher ablehnt.[195] Dieser muss aber auch selbst Käufer sein, nicht nur ein privater Leasingnehmer, der aus abgetretenem Recht Ersatzlieferung verlangt.

819 Wenn der Käufer im Fall einer Verschlechterung des Fahrzeugszustands, z. B. durch einen Unfallschaden, wegen des Haftungsprivilegs von § 346 Abs. 3 Nr. 3 i. V. m. § 439 Abs. 4 BGB keinen Wertersatz zu leisten hat und der Verkäufer auch anderweitig keinen Ausgleich erlangen kann, entfällt ein ansonsten zu berücksichtigender Rückfluss-Posten. Das führt zu einer entsprechend höheren Belastung des Verkäufers, die er im Rahmen des § 439 Abs. 3 BGB für sich nutzen darf.

b) Kosten der Nachbesserung

820 **Ausgangspunkt** ist auch hier, dass der Verkäufer sämtliche Kosten in Ansatz bringen kann, die zum Zwecke der Nachbesserung erforderlich sind. Dazu, welche das im Einzelnen sind, s. Rdn. 749 ff. Im Falle einer **Eigenreparatur** sind die Selbstkosten zugrunde zu legen; der Händlergewinn muss folglich abgezogen werden. Da im Rahmen der Sachmängelhaftung durchzuführende Mängelbeseitigungsmaßnahmen, die dem Kunden nicht berechnet werden dürfen, nicht der Umsatzsteuer unterworfen sind[196], ist der **Nettobetrag der Reparaturkosten** in Ansatz zu bringen.

821 Falls der Händler nicht über eine eigene Werkstatt verfügt und die Nachbesserung **von einer Drittwerkstatt** vornehmen lässt (Fremdreparatur), sind Mehrkosten zugunsten des Händlers in die Bilanz aufzunehmen, umgekehrt erzielbare Kostenvorteile abzuziehen. Das Gleiche gilt für die Umsatzsteuer bei bestehender Vorsteuerabzugsberechtigung des Verkäufers.

822 Für Schäden und Mängel, die nicht von der Sachmängelhaftung des Verkäufers erfasst und die im Zuge der Nachbesserung aus technischer Notwendigkeit beseitigt werden, kann ein Kostenansatz zu Lasten des Käufers vorzunehmen sein. In die Kostenermittlung einzubeziehen ist auch eine etwaige Kostenbeteiligung des Käufers (dazu Rdn. 768 ff.).

---

192 OLG Braunschweig 4. 2. 2003, NJW 2003, 1053 = DAR 2003, 169; LG Münster 7. 1. 2004, DAR 2004, 226 = zfs 2004, 215.

193 Für 15 % OLG Hamm 22. 7. 2010, DAR 2011, 28; LG Ellwangen 13. 12. 2002, NJW 2003, 517.

194 OLG Hamm 22. 7. 2010, DAR 2011, 28.

195 So auch *Kaeding*, NJW 2010, 1031; s. a. *Pamer*, Der Kfz-Anwalt 4/2010, S. 7.

196 *Ammenwerth/Grützner/Janzen*, Umsatzsteuer im Kfz-Gewerbe, 2008, S. 227 f.

c) Gegenüberstellung der Kosten und Abwägung

aa) Relative Unverhältnismäßigkeit

Wann bei dem **internen Kostenvergleich** eine (relative) Unverhältnismäßigkeit anzunehmen ist, lässt sich, streng dogmatisch gesehen, nicht anhand eines bestimmten Prozentsatzes oder Grenzwertes bestimmen.[197] Nach dem **Erwägungsgrund 11** der Verbrauchsgüterkauf-RL soll entscheidend sein, ob die Kosten der Abhilfe **deutlich höher** sind als die Kosten einer anderen Abhilfe. Der Käufer soll nicht Ersatz der Waren verlangen, die normalerweise kostengünstiger repariert als hergestellt werden können. Umgekehrt soll sich der Verkäufer einer Reparatur widersetzen dürfen, deren Kosten über dem Wert der Ware liegen.[198] **823**

Weder mit dem Gesetzeswortlaut, der nichts Brauchbares enthält,[199] noch mit solchen Auslegungshilfen ist dem Verkäufer im konkreten Einzelfall gedient; ebenso wenig dem Käufer, der sich mit einer Kosteneinrede auseinander zu setzen hat. Angesichts dieses Dilemmas ist der Ruf nach Richtwerten und Pauschalierungen allzu verständlich. Da es im Kern um Kosten, um eine wirtschaftliche Belastungsgrenze geht, ist eine Orientierung an bestimmten Prozentsätzen auch dogmatisch zu rechtfertigen, jedenfalls eher als im Rahmen der Bagatellprüfung nach § 323 Abs. 5 S. 2 BGB. Darüber, dass sie in der Praxis hilfreich, wenn nicht gar unverzichtbar sind, herrscht kaum Streit[200], wenngleich man im Werkvertragsrecht ohne solche Hilfsmittel auskommt und § 439 Abs. 3 BGB in Anlehnung an die zu § 633 Abs. 2 S. 3 BGB a. F. entwickelten Grundsätze formuliert worden ist.[201] **824**

Für den Regelfall ist an eine **Faustformel**[202] zu denken, die zwischen 20 und 30 % liegen sollte. Die von *Bitter/Meidt*[203] für den internen Kostenvergleich vorgeschlagene Grenze von 10 % ist zu niedrig angesetzt.[204] Zudem soll dieser Grenzwert nur bei „Gleichwertigkeit der Nacherfüllungsalternativen" bzw. „Gleichwertigkeit der Käuferwahl" gelten.[205] Dieser Gesichtspunkt ist nicht praktikabel. Bei den Begleitnachteilen wird es meist Unterschiede geben. Aber selbst bei unterstellter „Gleichwertigkeit": Für den Verkäufer eines Kraftfahrzeugs, gleich, ob neu oder gebraucht, wird es in der Tat ein Leichtes sein, eine Kostendifferenz in der geringfügigen Höhe von rund 10 % darzustellen.[206] Damit liefe der Anspruch auf Ersatzlieferung praktisch leer, der Käufer wäre faktisch auf die Variante Nachbesserung festgelegt. **825**

In Anlehnung an die für das Kfz-Schadensrecht richterrechtlich anerkannte (in den Details indes umstrittene) „Opfergrenze" von 130 % hat das LG Ellwangen[207] als Faustformel **826**

197 Schematisierungen dieser Art generell ablehnend NK-BGB/*Büdenbender*, § 439 Rn. 45 (letztlich „willkürlich"); *S. Lorenz*, NJW 2009, 1633, 1637; Hk-BGB/*Saenger*, § 439 BGB Rn. 5; s. a. *Reinking*, DAR 2002, 15, 18 und LG Münster 7. 1. 2004, DAR 2004, 226, 227 (keine starre Übernahme von Wertgrenzen); s. aber auch BGH 14. 1. 2009, NJW 2009, 1660 Tz. 15 („erster Anhalt", Rechtssicherheit fördernd); *Ball*, NZV 2004, 217, 224 f.

198 *Bianca* in: EU-Kaufrechtsrichtlinie, Art. 3 Rn. 33, 34.

199 Treffend *Ball*, NZV 2004, 217, 223.

200 Zur Parallelproblematik bei der Regulierung von Kfz-Schäden *Eggert*, ZAP-Sonderausgabe 2009, S. 26 ff.; s. a. *Beyer*, NJW 2010, 1025 ff.

201 Reg-Begr., in: Canaris, SchuldRMod, S. 847.

202 *Skamel*, DAR 2004, 565, 568; *Haas* in Haas/Medicus/Rolland/Wendtlandt, Das neue Schuldrecht, Kap. 5 Rn. 153 a. E.; *Reinking*, zfs 2003, 57, 58.

203 ZIP 2001, 2120, 2122; zust. *Reinicke/Tiedtke*, Rn. 446.

204 *Ball*, NZV 2004, 217, 223; *Skamel*, DAR, 2004, 565, 569; *Faust* in Bamberger/Roth, § 439 Rn. 47 schlägt eine vom Verschuldensgrad abhängige Staffelung von 5 % (unverschuldet) bis 25 % (Vorsatz) vor, was jeder Praktiker mit Skepsis sehen muss.

205 *Bitter/Meidt*, ZIP 2001, 2114, 2122, 2124.

206 *Ball*, NZV 2004, 217, 223.

207 Urt. v. 13. 12. 2002, NJW 2003, 517.

einen **Grenzwert von 20 %** für den Vergleich der beiden Nacherfüllungsalternativen angenommen. Die Herabsetzung von 30 % auf 20 % hat es damit begründet, bei einer 130 %-Prozent- Reparatur sei das Interesse des Geschädigten darauf gerichtet, das Fahrzeug zu behalten, während es dem Käufer bei der Nachlieferung darum gehe, sich von dem mangelhaften Fahrzeug im Austausch gegen ein mangelfreies Fahrzeug zu trennen. Die Parallele zu § 251 Abs. 2 S. 1 BGB („unverhältnismäßige Aufwendungen") und zur 130-Prozent-Rechtsprechung kann nicht überzeugen. Erstens wird die „Opfergrenze" von 130 % nicht an § 251 Abs. 2 BGB, sondern an § 249 Abs. 2 S. 1 BGB festgemacht. Und dies auch nur beim Fahrzeugschaden. Im Übrigen sind die schadensrechtlichen Grenzziehungen schon vom Ansatz her nicht auf § 439 Abs. 3 BGB übertragbar.[208]

827 Auch bei dem internen Kostenvergleich, also bei der relativen Unverhältnismäßigkeit, ist **die Bedeutung des Mangels** ein ausdrücklich erwähntes Abwägungskriterium (§ 439 Abs. 3 S. 2 BGB). Verlangt wird eine typisierende (objektive) Betrachtung. Es geht also zumindest im Anwendungsbereich des § 434 Abs. 1 S. 2 Nr. 2 BGB nicht darum, wie der Käufer den Mangel und seine Auswirkungen in seiner persönlichen Situation subjektiv einschätzt. Wie bei der Bagatellprüfung im Rahmen des § 323 Abs. 5 S. 2 BGB ist darauf abzustellen, ob und in welchem Ausmaß der Wert und/oder die Gebrauchstauglichkeit beeinträchtigt sind. Je schwerer der Mangel wiegt, desto mehr an Kosten hat der Verkäufer aufzuwenden. Bei einem Bündel von Mängeln, gar einem „Montagsauto" (dazu Rdn. 983 ff.), kann das dazu führen, dass sich die Waagschale zugunsten einer Ersatzlieferung neigt, selbst bei Kosten, die doppelt so hoch sind wie die Kosten für die Mängelbeseitigung.[209]

828 In die Prüfung der relativen Unverhältnismäßigkeit (und nur insoweit) einzubeziehen ist die Frage, ob auf die andere Art der Nacherfüllung „**ohne erhebliche Nachteile für den Käufer** zurückgegriffen werden könnte" (§ 439 Abs. 3 S. 2 BGB). Geschuldet ist dieser Passus der Umsetzung von Art. 3 Abs. 3 S. 2 letzter Spiegelstrich der Verbrauchsgüterkaufrichtlinie. „Ohne erhebliche Unannehmlichkeiten" heißt es dort. Hier wie dort wird der Gesichtspunkt der Zumutbarkeit ins Spiel gebracht, freilich auf den Käufer bezogen, während es bei der Kosteneinrede nach § 439 Abs. 3 BGB im Kern darum geht, die Zumutbarkeit für den Verkäufer, seine wirtschaftliche Belastungsgrenze, zu bestimmen. Nicht zuletzt diese Verquickung zweier Gedanken lässt den Rechtsanwender ebenso rat- wie hilflos zurück.[210] Verkäufern, die sich gegen eine gewählte Ersatzlieferung zur Wehr setzen, ist zu empfehlen, auf die Problemlosigkeit einer Mängelbeseitigung für den Käufer ausdrücklich hinzuweisen (z. B. schneller Werkstatttermin, rascher Austausch schadhafter Komponenten etc.), eventuell auch darauf, dass für die Zeit des Werkstattaufenthalts ein Leihwagen zur Verfügung steht.

bb) Absolute Unverhältnismäßigkeit

829 Mit der Einrede, die Nacherfüllung sei absolut unverhältnismäßig (§ 439 Abs. 3 S. 3 Hs. 2 BGB), ist der Verkäufer zumindest in Fällen des Verbrauchsgüterkaufs nach der **EuGH-Entscheidung vom 16. 6. 2011**[211] nunmehr ausgeschlossen. Welche weiteren Konsequenzen sich aus diesem Urteil ergeben, bleibt abzuwarten.[212] Bei absoluter Unverhältnismäßigkeit den Anspruch des Verbrauchers auf Erstattung der Kosten für den Aus- und Einbau auf einen angemessenen Betrag zu begrenzen, hält der EuGH für richtlinienkonform. Die abschließende Entscheidung des BGH in der Vorlagesache NJW 2009, 1660 (Fliesen) wird

208 Zutreffend *Schürholz*, Die Nacherfüllung im neuen Kaufrecht, S. 227.
209 LG Münster 7. 1. 2004, DAR 2004, 226; s. a. LG Hagen 29. 7. 2011 – 2 O 50/10.
210 Berechtigt deshalb die Kritik von *Ball*, NZV 2004, 217, 225.
211 NJW 2011, 2269.
212 Erste Überlegungen von *S. Lorenz*, NJW 2011, 2241 ff.; *Staudinger*, DAR 2011, 502 ff.

in diesem Punkt näheren Aufschluss geben. Ob und ggf. welche Konsequenzen der nationale Gesetzesgeber aus der EuGH-Entscheidung zieht, ist derzeit noch offen.

Ein Ende des Streits um die richtige Grenzziehung ist jedenfalls nicht in Sicht.[213] Dass der BGH sich bereits für die Marke **150 % des Wertes der Kaufsache** im mangelfreien Zustand ausgesprochen habe, wie mancherorts in seinen Beschluss vom 14. 1. 2009[214] hineininterpretiert wird, erscheint nicht gesichert. Im Schrifttum werden unterschiedliche Prozentsätze genannt.[215] Umstritten ist zudem, ob ein **Verschulden des Verkäufers** in die Gesamtabwägung einzubeziehen ist.[216] Nach der **weitestgehenden Ansicht** ist in dem Fall, dass der Verkäufer den Mangel nicht zu vertreten hat – typisch für den Neuwagenkauf vom Händler –, absolute Unverhältnismäßigkeit anzunehmen, wenn die Kosten der Nacherfüllung 150 % des Wertes der Sache im mangelfreien Zustand oder 200 % des mangelbedingten Minderwerts übersteigen.[217] Als Richtwerte sind diese Prozentsätze durchaus geeignet, dem Verkäufer Orientierung zu geben und das Risiko einer unbegründeten Kosteneinrede zu begrenzen. **830**

XI. Selbstvornahme und Kostenersatz

Der Käufer hat im Gegensatz zum Besteller eines Werkes kein von einem Vertretenmüssen unabhängiges Recht zur Selbstvornahme (Ersatzvornahme) mit Kostenerstattungspflicht des Verkäufers. Mangels Regelungslücke scheidet eine analoge Anwendung des § 637 BGB aus. Dem Käufer steht es zwar frei, einen von ihm entdeckten Mangel zu beseitigen, persönlich oder durch einen Dritten. Wenn und soweit die Nacherfüllung Vorrang hat, kann der Käufer die ihm entstandenen oder entstehenden (fiktiven) Kosten der Selbstvornahme nicht auf den Verkäufer abwälzen. Er hat nicht einmal einen Anspruch auf Ersatz bzw. Anrechnung der Nacherfüllungsaufwendungen, die der Verkäufer nach § 439 Abs. 2 BGB zu tragen gehabt hätte und nunmehr durch die Selbstvornahme des Käufers eingespart hat.[218] **831**

Nicht gehört wird der Käufer mit dem Argument, nicht gewusst zu haben, dass der Verkäufer für den Mangel verantwortlich sei, weshalb er keine Bedenken gehabt habe, eine andere Werkstatt zur Reparatur aufzusuchen. Dieser **Einwand der „Gutgläubigkeit“** sticht jedenfalls nicht bei einem Auftreten des Mangels in den ersten sechs Monaten nach Auslieferung des Fahrzeugs.[219] Gedanke: Vermutung der Verkäuferverantwortlichkeit nach § 476 BGB. Bei einem späteren Sichzeigen des Mangels muss der Käufer zumindest die Möglichkeit einer Haftung des Verkäufers in Betracht ziehen; auch wenn er daneben Garantieschutz durch eine Herstellergarantie hat.[220] Insoweit können ihm Hinweise in **832**

213 Zur Grenzwertproblematik s. BGH 14. 1. 2009, NJW 2009,1660.

214 NJW 2009, 1660.

215 Nachw. in BGH 14. 1. 2009, NJW 2009, 1660; *Ball*, NZV 2004, 217, 223; *Kaeding*, NJW 2010, 1031.

216 Bejahend BGH 16. 4. 2009, NJW 2009, 2123; v. 10. 4. 2008, MDR 2008, 738 (aber jew. Werkvertrag); ablehnend *Ball*, NZV 2004, 217, 224.

217 *Bitter/Meidt*, ZIP 2001, 2114, 2121.

218 Grundlegend BGH 23. 2. 2005, BGHZ 162, 219 = NJW 2005, 1348 (Neuwagen); ferner BGH 7. 12. 2005, NJW 2006, 988 (Pferdetausch); BGH 21. 12. 2005, NJW 2006, 1195 (Gebrauchtwagen); BGH 12. 1. 2011, NJW-RR 2011, 462 (Gebrauchtwagen); OLG Schleswig 22. 2. 2011, NJW-RR 2011, 993 (Gebrauchtwagen); für eine Ersparnisanrechnung öster. OGH 16. 8. 2008, JBl. 2008, 780; dazu *Karner*, ZVR 2009, 152; zur BGH-Gegenposition s. *Medicus/Lorenz*, SchBT, Rn. 139 ff. m. w. N.

219 BGH 21. 12. 2005, NJW 2006, 1195.

220 Zu einer solchen Konstellation s. OLG Karlsruhe 16. 3. 2006, DAR 2007, 31 (markenfreier Händler verkauft ein Neufahrzeug, das in Vertragswerkstätten im Rahmen der Herstellergarantie repariert wird; keine Zurechnung dieser Arbeiten zu Lasten des Händlers, d. h. der Nacherfüllungsvorrang setzt sich durch).

der Betriebsanleitung („Störfälle") und in den Garantiebedingungen helfen. Anders als der Käufer eines Gebrauchtwagens ist der Käufer eines Neufahrzeugs (Pkw) beim Kauf vom Markenhändler dadurch geschützt, dass er (autorisierte) Drittfirmen ohne Gefährdung eigener Ansprüche in Anspruch nehmen darf. Wenn er diese im Wortsinn naheliegende Möglichkeit nicht nutzt und einen Defekt, von dem er nicht weiß, wer dafür verantwortlich ist, in einer anderen, markenfreien Werkstatt beheben lässt, bleibt er im Fall notwendiger Fristsetzung auf Grund des Nacherfüllungsvorrangs auf den Kosten sitzen.[221]

833 Das Fristsetzungserfordernis erfolgreich zu bekämpfen, indem er einen der zahlreichen Entbehrlichkeitstatbestände geltend macht (näher dazu Rdn. 927 ff.), muss in diesen Fällen das **Ziel des Käufers** sein. Allerdings ist damit nach der BGH-Rechtsprechung nichts gewonnen, wenn der Verkäufer weder den Mangel selbst noch die Umstände zu vertreten hat, auf denen es beruht, dass er den Mangel nicht beseitigt hat.[222] In einem solchen Fall doppelter „Schuldlosigkeit" hat der Käufer – trotz seiner Freistellung vom Fristsetzungserfordernis (!) – auch keinen Anspruch aus **§ 326 Abs. 2 S. 2 BGB** (analog) i. V. m. § 326 Abs. 4 BGB.[223]

834 Kein praxistauglicher Weg ist der Vorschlag von *Braun*,[224] dem Käufer einen Ausgleich gem. § 823 Abs. 2 BGB i. V. m. § 263 StGB zu verschaffen. Betrugsvorsatz wird sich kaum jemals feststellen lassen. Die in der Drittwerkstatt angefallenen Reparaturkosten dem Verkäufer als **notwendige**, hilfsweise als nützliche **Verwendungen** („andere Aufwendungen") anzulasten, ist gleichfalls kein gangbarer Weg.[225] Auch § 284 BGB scheidet als Anspruchsgrundlage aus.[226]

XII. Pflichtverletzungen während der Nacherfüllung

1. Ausgangslage

835 Als Störfälle kommen in Betracht:

- Verweigerung der Nacherfüllung,
- Verzögerung der Nacherfüllung,
- Nichtbeseitigung des Mangels,
- mangelhafte Ersatzlieferung,
- Verletzung von Nebenpflichten.

836 Pflichtwidrigkeiten dieser Art können – unabhängig von einem Verschulden des Verkäufers – dazu führen, dass der Käufer – ohne vorherige Fristsetzung – von seinen prinzipiell sekundären Rechten (Rücktritt, Minderung, Schadens- oder Aufwendungsersatz) Gebrauch machen kann. Im Fall einer schuldhaften Verletzung der Nacherfüllungspflicht haftet der Verkäufer auf Schadensersatz, selbst wenn er den Mangel als solchen (Pflichtverletzung Nr. 1) nicht zu vertreten hat, eine für den Neuwagenkauf **typische Situation**. Von erheblicher Bedeutung ist diese **Doppelung von Pflichtverletzungen** für den Entlastungsbeweis, den der Verkäufer zu führen hat (dazu Rdn. 1243 ff.). Aus Sicht des Käufers kann die Pflichtverletzung Nr. 2 der entscheidende Anknüpfungspunkt für den Ausgleich von

---

221 Siehe auch OLG Schleswig 22. 2. 2011, NJW-RR 2011, 993 (Gebrauchtwagen mit Motorschaden).

222 BGH 7. 12. 2005, NJW 2006, 988.

223 BGH 7. 12. 2005, NJW 2006, 988; gegen eine Analogie bei notwendiger Fristsetzung auch OLG Schleswig 22. 2. 2011, NJW-RR 2011, 993 (Gebrauchtwagenkauf).

224 ZGS 2006, 328.

225 OLG Schleswig 22. 2. 2011, NJW-RR 2011, 993.

226 OLG Schleswig 22. 2. 2011, NJW-RR 2011, 993.

Vermögenseinbußen sein. Im Vordergrund des Interesses steht hier der Anspruch auf **Ersatz von Nutzungsausfallschäden** bei verzögerter und/oder unsachgemäßer Nacherfüllung. Näheres zu diesem Fragenkreis unter Rdn. 3734 ff., 3776 ff.

2. Beschädigung des Fahrzeugs im Zuge der Nachbesserung

Dass der Verkäufer zum Schadensersatz verpflichtet ist, wenn er im Rahmen der Nach- **837**
erfüllung **andere Rechtsgüter** des Käufers verletzt, versteht sich von selbst. Problematisch sind die Fallgestaltungen mit Beschädigung des gekauften Fahrzeugs.

Beispiel:

Der Verkäufer erneuert die mangelhafte Steuerkette, die er leicht fahrlässig nicht richtig einstellt, so dass es zu einem Motorschaden kommt. Außerdem fällt ihm der Schraubenschlüssel auf die Motorhaube, die dadurch beschädigt wird.

Aus herkömmlicher Sicht handelt es sich im Beispielsfall sowohl bei dem Motorschaden **838**
als auch bei dem Schaden an der Motorhaube um **Mangelfolgeschäden**, zu ersetzen nach den Regeln der positiven Forderungsverletzung (zumindest Motorhaube). Während der Motorschaden unmittelbar auf die fehlerhafte Beseitigung des Mangels zurückzuführen ist, der Nachbesserungsversuch also eindeutig erfolglos war, beruht die Beschädigung der Motorhaube auf der Verletzung einer Nebenpflicht, die nicht auf die geschuldete Leistung „Nachbesserung" bezogen ist. Für das „neue" Kaufrecht hat das OLG Saarbrücken einen Fall dieser Art wie folgt entschieden:

„Beschädigt der Verkäufer während der Nachbesserung die Kaufsache, so sind die Vorschriften des Gewährleistungsrechts auf diesen Schaden nicht anzuwenden; vielmehr kann der Käufer Schadensersatz nach §§ 280 Abs. 1, 241 Abs. 2 BGB verlangen. Eine Rückgabe der Kaufsache kommt nur unter den Voraussetzungen des § 282 BGB in Betracht" (Urt. v. 25. 7. 2007, NJW 2007, 3503; Leitsatz von *Faust*, JuS 2008, 179).

Weil ihr Peugeot Cabrio (vermutlich neu gekauft) nicht richtig ansprang, hatte die Klä- **839**
gerin wiederholt die Werkstatt des beklagten Verkaufsbetriebs aufgesucht. Beim letzten Mal kam es infolge eines Versehens eines Mechanikers zu einer Beschädigung des Vorderwagens, als der Pkw bei einem Startversuch gegen eine Werkbank stieß. Reparaturkosten: 2.771 EUR. Die Beklagte setzte den Wagen (wohl ohne Rücksprache mit der Klägerin) instand, wobei ein merkantiler Minderwert von schätzungsweise 600 bzw. 950 EUR zurückblieb. Die Klägerin erklärte den Rücktritt vom Kauf. Eine angebotene Ausgleichszahlung von 950 EUR lehnte sie ab. Das LG sprach der Klägerin nur die 950 EUR zu. Ihre Berufung blieb ohne Erfolg.

Das OLG Saarbrücken verneint ein Recht zur Rückabwicklung nach Sachmängelrecht. **840**
Die Nachbesserung sei nicht fehlgeschlagen. Eine analoge Anwendung der Vorschriften über die Sachmängelhaftung komme nicht in Betracht. Eine Rücktrittsbefugnis nach § 324 BGB wird vom OLG nicht erörtert, wohl aber eine schadensersatzrechtliche Vertragsauflösung nach §§ 282, 241 Abs. 2 BGB wegen Verletzung einer Nebenpflicht. „Jenseits der Feinheiten der Unzumutbarkeit" sei „diese Voraussetzung offensichtlich nicht gegeben". Die Beklagte habe den Karosserieschaden behoben, und allein der technische (richtig: der merkantile) Minderwert mache es für die Klägerin keinesfalls unzumutbar, „das Fahrzeug im Übrigen zu behalten".

Das Urteil des OLG Saarbrücken kann in mehrfacher Hinsicht nicht überzeugen.[227] Die **841**
gewährleistungsrechtliche Haftung sieht der Senat zu eng, indem er allein auf den Ausgangsmangel (Anspringproblematik) abstellt. Was sich aus dem bei Fahrzeugauslieferung

227 Dogmatisch ablehnend *Faust*, JuS 2008, 179; krit. auch *Bachmeier*, Rn. 856 ff.; für eine Lösung außerhalb des Sachmängelrechts dagegen *Stodolkowitz*, ZGS 2010, 448, 451.

vorhandenen Mangel infolge von Zeitablauf und/oder Nutzung entwickelt (Intensivierungs- oder „Weiterfresser“-Fall), fällt anerkanntermaßen gleichfalls unter die Pflicht des Verkäufers, per Nacherfüllung mängelfrei zu liefern; ebenso die Beseitigung bisher nicht gerügter Mängel, wenn sie während der Nachbesserungsarbeiten entdeckt werden. Dann liegt es aber in der Tat nahe, noch einen Schritt weiterzugehen und auch solche Schäden am Fahrzeug nach den Grundsätzen der Sachmängelhaftung zu erfassen, die sich nicht aus dem Ausgangsmangel unmittelbar – ohne Zutun des Verkäufers – entwickelt haben und die auch nicht auf eine Fehlleistung des Mechanikers bei der eigentlichen Nachbesserungsarbeit beruhen, sondern im Zuge der Nachbesserung infolge einer Sorgfaltspflichtverletzung am Objekt der Nachbesserung eintreten.

842 Da der Zweitschaden (Beschädigung des Vorderwagens) kein Mangel ist, für den der Verkäufer aus der Sachmängelhaftung direkt einzustehen hat (bei Gefahrübergang war der Vorderwagen unbeschädigt), stellt sich die Frage nach einer **analogen Anwendung der Sachmängelvorschriften**.[228] Für eine Lösung dieser (seltenen) Fälle nach diesen Regeln und damit außerhalb des allgemeinen Leistungsstörungsrechts sprechen die besseren Gründe. Da die Nacherfüllung dem Zweck dient, das Fehlschlagen der Ersterfüllung ungeschehen zu machen, fallen alle Tätigkeiten, die dazu dienen, aus der Schlecht- eine Gutleistung zu machen, unter die Pflicht zur mangelfreien Lieferung (§§ 433 Abs. 1 S. 2, 439 Abs. 1 BGB). Infolgedessen ist dem Verkäufer nicht nur die Pflicht aufzuerlegen, sondern auch das Recht einzuräumen, Schäden zu beseitigen, die bei Nachbesserungsarbeiten am Fahrzeug entstanden sind. Der bekannte Fall der Verwechselung von Normal- und Superbenzin beim Betanken ist demnach in Analogie zum Sachmängelrecht zu lösen, wenn dem Verkäufer ein solcher Fehler im Zusammenhang mit der Nacherfüllung unterläuft.

843 Auf eine Beseitigung von Beschädigungen, die anlässlich der Nachbesserung verursacht wurden, muss sich der Käufer freilich nicht einlassen, wenn ein **technischer Minderwert** zurückbleibt, selbst einen nur **merkantilen Minderwert** muss er nicht akzeptieren. Er kann stattdessen Ersatzlieferung verlangen, falls diese möglich ist. Andernfalls verbleiben ihm die Sekundäransprüche, wobei es eine Frage der Erheblichkeit ist, ob es für eine Rückabwicklung des gesamten Geschäfts genügt (§§ 281 Abs. 1 S. 3, 323 Abs. 5 S. 2 BGB). Wenn das Fahrzeug auf einer Probefahrt nach Abschluss der Nachbesserungsarbeiten in einen Unfall mit mehr als einem Bagatellschaden verwickelt wird, kann das Rücktrittsrecht nicht zweifelhaft sein. Bei einem Minderwert nahe der 1.000-Euro-Grenze im o. a. Fall des OLG Saarbrücken ist bei einem Neuwagen die Bagatellgrenze überschritten. Der Rücktritt hätte also anerkannt werden müssen, gleich auf welcher Rechtsgrundlage.

XIII. Gefahrtragung im Nacherfüllungsstadium

844 Gesetzlich nicht geregelt ist die Frage, wer die Gefahr des zufälligen Untergangs und der zufälligen Verschlechterung während der Nacherfüllung trägt.

Beispiele:

(1) Das mit einem Motordefekt ausgelieferte Fahrzeug wird vor der Garage des Käufers durch Hagelschlag beschädigt, a) vor Mängelrüge/Abhilfeverlangen, b) danach.

(2) Das auf dem Betriebsgelände des Verkäufers zum Zwecke der Beseitigung des gerügten Motorschadens abgestellte Fahrzeug wird durch Hagelschlag oder einen herunterfallenden Ast beschädigt.

845 Die Gefahrtragung während der Nacherfüllung ist eine bislang weitgehend unbeachtet gebliebene Problematik des neuen Schuldrechts, so *Stodolkowitz*.[229] Die praktische Bedeu-

228 Siehe auch *Klinck*, ZGS 2008, 217 für eine vergleichbare Konstellation.
229 ZGS 2009, 496.

tung freilich ist sehr gering, wie schon das Fehlen einschlägiger Rechtsprechung zeigt. Im Schrifttum besteht weitgehend Einigkeit darin, dass der Verkäufer die Sachgefahr zumindest während des Zeitraums trägt, in dem sich das Fahrzeug zum Zwecke der Nacherfüllung wieder in seinem Gewahrsam oder im Gewahrsam eines Dritten befindet (oben Beispiel 2). Hergeleitet wird dieses Ergebnis aus § 439 Abs. 2 BGB, der Regelung in § 346 Abs. 2 Nr. 2 und 3 BGB sowie aus dem allgemeinen Sphärengedanken.

Was den Sonderfall der **Transportgefahr** angeht, wurde zu § 476a BGB a. F. die Auf- **846**
fassung vertreten,[230] dass der Verkäufer die Transportgefahr sowohl für den Hin- und Rücktransport als auch für Transporte zum Hersteller oder zu anderen Reparaturwerkstätten trägt. Daran ist im Rahmen von § 439 BGB festzuhalten. Der Verkäufer trägt die Transportgefahr nicht nur, wenn er das mangelhafte Fahrzeug selbst transportiert oder durch einen Beauftragten transportieren lässt, sondern auch in den Fällen, in denen der Käufer das Fahrzeug selbst in die Werkstatt bringt.[231] Diese Risikozuordnung gebietet die in Art. 3 Abs. 3 VerbrKRL enthaltene Aussage, dass dem Käufer durch den erneuten Erfüllungsversuch weder Kosten noch „erhebliche Unannehmlichkeiten“ entstehen dürfen.[232]

XIV. Prozessuale Fragen der Nacherfüllung

Falls der Verkäufer die verlangte Nacherfüllung verweigert oder in Verzug gerät, kann **847**
der Käufer die in § 437 Nr. 2 und 3 BGB aufgeführten (Sekundär-) Rechtsbehelfe geltend machen, er muss es aber nicht. Stattdessen kann er auch seinen Nacherfüllungsanspruch aus §§ 437 Nr. 1, 439 Abs. 1 BGB gerichtlich verfolgen. Trotz relativ geringer prozessualer Anforderungen gelten Leistungsklagen auf Nacherfüllung, gleich, ob auf Nachbesserung oder auf Ersatzlieferung gerichtet, als wenig empfehlenswert. Abschreckende Wirkung dürfte nicht nur das vermeintlich umständliche Zwangsvollstreckungsverfahren haben.

1. Gerichtsstand

B2B-Verträge: Rund sieben von zehn Neufahrzeugen (Pkw/Kombis) werden im natio- **848**
nalen Handel im Segment B2B verkauft. Dort kommt die **Gerichtsstandsklausel** im Abschn. IX Ziff. 1 NWVB 3/2008 oder eine vergleichbare Regelung zum Zuge. **Ausschließlicher Gerichtsstand** ist nach den NWVB der Sitz des Verkäufers. Voraussetzung ist freilich, dass die Gerichtsstandsvereinbarung Inhalt des konkreten Kaufvertrages geworden ist. Das versteht sich nicht von selbst. Im Massengeschäft des Verkaufs an Leasinggesellschaften kommt es immer wieder vor, dass die Einbeziehung der NWVB mit der Gerichtsstandsklausel im Abschn. IX Ziff. 1 unterbleibt oder nicht nachgewiesen werden kann. Dem Händler helfen kann dann eine Rahmenvereinbarung. Auch eine Vereinbarung über den Erfüllungsort (Leistungsort) kann gem. § 29 ZPO zur Begründung des Gerichtsstandes „Sitz des Verkäufers“ führen; ebenso eine entsprechende Festlegung nach den Umständen i. S. d. § 269 Abs. 1 BGB nach Maßgabe des BGH-Urteils vom 13. 4. 2011.[233]

Verbrauchsgüterkauf: Von den in der Klausel IX Ziff. 2 S. 1 NWVB genannten Son- **849**
derfällen der erschwerten Rechtsverfolgung abgesehen, gilt für Ansprüche des Verkäufers gegenüber dem (Verbraucher-)Käufer dessen Wohnsitz als Gerichtsstand. Seine eigenen Ansprüche aus einer Abwicklung gem. §§ 437 Nr. 1, 439 Abs. 1, Abs. 4 BGB i. V. m. §§ 346 ff. BGB kann ein Händler in einem Fall des Verbrauchsgüterkaufs also nicht vor

230 *Soergel/Huber*, § 476a Rn. 15, § 446 Rn. 61; *Hager*, Gefahrtragung beim Kauf, S. 174.
231 Umfassend *Unberath/Cziupka*, JZ 2008, 867.
232 Zum Einfluss der Richtlinie auf die gesamte Gefahrproblematik ausführlich *Stodolkowitz*, ZGS 2009, 496, 500 f.
233 NJW 2011, 2278.

dem Gericht seines Firmensitzes verfolgen. Was die Ansprüche des Verbrauchers angeht, insbesondere sein Anspruch auf Ersatzlieferung oder auf Nachbesserung, trifft die Klausel Abschn. IX keine Regelung. Sie hätte ebenso wenig Bestand wie eine (in den meisten NWVB auch gar nicht vorgesehene) Erfüllungsortklausel mit einer einheitlichen Regelung zum Nachteil des Verbrauchers (arg. § 29 Abs. 2 ZPO).

850 Dem nationalen Recht ist ein allgemeiner Verbraucherschutzgerichtsstand fremd. Das wirft die Frage auf, welche Auswirkung das **verbraucherschützende EU-Recht** auf die Auslegung des § 29 Abs. 1 ZPO hat. Dass der materiell-rechtliche Erfüllungsort (Leistungsort) automatisch den besonderen Gerichtsstand nach § 29 Abs. 1 ZPO bestimmt, ist zumindest zweifelhaft. Zu erwägen ist eine **Abkoppelung** vom materiell-rechtlichen Erfüllungsort, soweit er mit dem Wohnsitz des Verbrauchers nicht identisch ist.[234] Ein Gleichlauf mit dem verfahrensrechtlichen Verbraucherschutz im EU-Recht hätte zur Folge, dass ein Verbraucher selbst dann an seinem Wohnsitzgericht auf Nacherfüllung klagen könnte, wenn der Erfüllungsort für den streitgegenständlichen Nacherfüllungsanspruch der Firmensitz des Verkäufers ist. Abzuwarten bleibt, ob die Rechtsprechung den Verbraucherschutz in dieser Weise weiterentwickeln wird.

851 Ist Erfüllungsort (Leistungsort) für die Nachbesserung nach Maßgabe von BGH NJW 2011, 2278 der Firmensitz des Verkäufers (dazu Rdn. 711 ff.), kann auf dem Boden der traditionellen Auslegung des § 29 ZPO auch ein Verbraucher-Käufer seine **Nachbesserungsklage** nicht bei dem Gericht einreichen, in dessen Bezirk er seinen Wohnsitz hat oder sich der vertragsgemäße (aktuelle) Belegenheitsort befindet. Zuständig ist vielmehr auch unter dem Blickwinkel des § 29 Abs. 1 ZPO in dem bisherigen Verständnis das Gericht des Ortes, an dem der Verkäufer seinen Betriebssitz bzw. Niederlassung hat.

852 Diese Zuständigkeit gilt nicht nur für eine Nachbesserungsklage, sondern grundsätzlich auch schon für ein vorgelagertes **selbstständiges Beweisverfahren** (§ 486 Abs. 2 ZPO). Welches Gericht in der Hauptsache berufen wäre, bestimmt sich freilich nach dem **Vortrag des Antragstellers**. Näher dazu Rdn. 3407 f. Sofern der Käufer ausdrücklich und ausschließlich eine Klage auf Nachbesserung in den Raum stellt, bleibt es – vom Fall des § 486 Abs. 3 ZPO abgesehen – bei der örtlichen Zuständigkeit wie unter Rdn. 849 ff. beschrieben. Ebenso in den Fällen, in denen allgemein von einer Klage auf Nacherfüllung die Rede ist oder der Käufer expressis verbis eine Ersatzlieferungsklage vorbereiten möchte. Wenn ein Sekundärrechtsbehelf, z. B. der Rücktritt, hilfsweise geltend gemacht werden soll, entscheidet das (fiktive) Hauptbegehren. Ist dieses ausschließlich auf eine rücktrittsrechtliche Lösung oder auf Schadensersatz oder Minderung gerichtet, eventuell auch auf einen im Katalog des § 437 BGB nicht genannten Garantieanspruch, kommt es für die Zuständigkeit für das selbstständige Beweisverfahren auf die vom Antragsteller zu bezeichnende Hauptsache an. Dazu auch Rdn. 3407 f.

853 **Klage auf Ersatzlieferung:** Ist nach Maßgabe des § 269 Abs. 1 BGB im Licht der BGH-Entscheidung vom 13. 4. 2011[235] der Betriebssitz des Verkäufers als Erfüllungsort für die Nacherfüllung auch in der Form der Ersatzlieferung anzusehen (dazu näher Rdn. 741 ff.), gelten die Ausführungen unter Rdn. 851 f. für die Ersatzlieferungsklage und die örtliche Zuständigkeit für das selbstständige Beweisverfahren entsprechend. Daran ändert sich nichts dadurch, dass der Käufer nicht nur Gläubiger, sondern auch Schuldner ist, und dass die beiderseitigen Leistungen Zug um Zug zu erbringen sind.

---

234 Für ein unterschiedliches Verständnis bei der Auslegung von Art. 5 Nr. 1b EuGVVO OLG Karlsruhe 15. 1. 2009 – 4 U 72/07; zum Ganzen Staudinger/*Artz*, NJW 2011, 3121.

235 NJW 2011, 2278.

2. Klageanträge und erforderlicher Klagevortrag

Bei einer auf **Nachbesserung gerichteten Klage** könnte der Klageantrag so lauten: ...... den Verkäufer zu verurteilen, den Mangel (konkrete Beschreibung erforderlich) des Fahrzeugs XY (mit Fahrzeugidentifizierungsnummer) zu beseitigen. Vor dem AG kann der Käufer den Weg des **§ 510b ZPO** gehen und die beiden dort genannten Zusatzanträge stellen. Im erstinstanzlichen Verfahren vor dem LG besteht die Möglichkeit einer Kombination gem. §§ 255, 259 ZPO.[236] Bei einer isolierten Nachbesserungsklage kann der Käufer den Weg über § 887 ZPO wählen.[237] 854

Klage auf Ersatzlieferung: Sie ist gerichtet auf Lieferung (Übergabe und Übereignung) eines näher zu bezeichnenden Fahrzeugs Zug um Zug gegen Rücknahme des ursprünglich gelieferten Fahrzeugs. Dem Antrag kann der Käufer – wie bei einer Rückabwicklungsklage nach Rücktritt – einen Antrag auf Feststellung des Annahmeverzugs hinzufügen.[238] Außerdem hat er die Möglichkeit, einen künftigen Schadensersatzanspruch geltend zu machen (§§ 255, 259, 510b ZPO). 855

Bei einer Ersatzlieferungsklage wird mitunter ein **Hilfsantrag** auf Nachbesserung gestellt, etwa für den Fall, dass das Gericht die Einrede des Verkäufers nach § 439 Abs. 3 BGB für berechtigt hält oder den Ersatzlieferungsanspruch nach § 275 Abs. 1 BGB als ausgeschlossen ansieht. Keine durchgreifenden Bedenken bestehen auch gegen einen Hilfsantrag mit dem Ziel der Kaufpreisrückzahlung. Der **Rücktritt** kann noch im Verlauf des Prozesses für den Fall erklärt werden, dass das Ersatzlieferungsverlangen keinen Erfolg hat.[239] 856

Was den Klagevortrag angeht, sind die Anforderungen an eine Nacherfüllungsklage angesichts der Symptom-Rechtsprechung des BGH nur gering (Näheres dazu s. Rdn. 688 ff., 3292 ff.). 857

236 Vgl. *Palandt/Grüneberg*, § 281 BGB Rn. 49.
237 Nach OLG Karlsruhe ist auch § 637 BGB analog anwendbar (NJW 2009,1150).
238 Vgl. LG Münster 7. 1. 2004, DAR 2004, 226.
239 OLG Hamm 22. 7. 2010, DAR 2011, 28 unter B 2a.

I. Die sekundären Sachmängelrechte

858 Während der Nacherfüllungsanspruch gem. § 437 Nr. 1 BGB der primäre Rechtsbehelf des mangelhaft belieferten Käufers ist, werden die in den Nrn. 2 und 3 genannten Rechtsbehelfe als Sekundärrechte bezeichnet. Dies deshalb, weil sie **grundsätzlich nachrangig** sind. Der Käufer kann sie nicht, wie im früheren Recht, sofort und ohne Weiteres geltend machen.[1] Zur Verfügung stehen sie ihm grundsätzlich erst nach **fruchtlosem Ablauf** einer von ihm gesetzten **Frist zur Nacherfüllung** (§§ 323 Abs. 1, 281 Abs. 1 S. 1, 440 BGB). Näheres zur Fristenfrage Rdn. 892 ff. Trotz an sich klarer Gesetzessystematik gibt es nach wie vor eine Reihe **ungelöster Schnittstellenprobleme**.

I. Rechtslage bei erfolgreicher Nacherfüllung innerhalb der gesetzten Frist

859 Hat der Verkäufer erfolgreich und fristgerecht nacherfüllt, entstehen die Gewährleistungsrechte Rücktritt, Minderung oder Schadensersatz statt der Leistung erst gar nicht.[2] Durch die Nacherfüllung soll der Verkäufer den Rücktritt und die sonstigen sekundären Käuferrechte abwenden können. Bei fachgerechter und vollständiger Beseitigung des Mangels erlischt der Nacherfüllungsanspruch (§ 362 Abs. 1 BGB). Zugleich ist der Käufer mit weiteren (Mängel-)Rechten wegen dieses Mangels ausgeschlossen.[3] Dies auch dann, wenn er ausnahmsweise davon freigestellt war, dem Verkäufer eine Frist zur Nacherfüllung zu setzen, etwa wegen einer arglistigen Täuschung.[4]

860 Der in Art. 3 Abs. 5 VerbrGKRL enthaltenen Forderung, dem Verbraucher auch bei erfolgreicher Abhilfe sowohl eine Minderung als auch die Vertragsauflösung (Rücktritt) zu ermöglichen, wenn diese **mit erheblichen Unannehmlichkeiten** für ihn verbunden war, ist der deutsche Gesetzgeber nicht durch eine entsprechende Regelung nachgekommen. Bevorstehende wie bereits eingetretene „Unannehmlichkeiten", wie sie z. B. mit ständigen Werkstattbesuchen verbunden sein können, werden im deutschen Recht von der Zumutbarkeitsregelung in § 440 BGB und den Generalklauseln der §§ 323 Abs. 2 Nr. 3, 281 Abs. 2 BGB („besondere Umstände") erfasst, insoweit jedoch nur unter dem Blickwinkel der Entbehrlichkeit der Fristsetzung (Beispiel „Montagsauto"). Anspruchsbegründend können „Unannehmlichkeiten", was immer das sein mag, nur unter den Voraussetzungen der §§ 280 Abs. 1, 282, 324 BGB i. V. m. § 241 Abs. 2 BGB wirken.

861 Ersatz eines **Nutzungsausfallschadens** kann der Käufer trotz erfolgreicher Nacherfüllung verlangen, wenn der Verkäufer den Mangel zu vertreten hat (s. Rdn. 3734 ff.). Außerdem hat der Verkäufer zum Zweck der Nacherfüllung angefallene Aufwendungen nebst Zinsen zu ersetzen (§§ 439, 256 BGB). Näheres Rdn. 746 ff.

---

1 Zur Möglichkeit eines Rücktritts quasi „auf erstes Anfordern" durch die Zusage „bei Problemen Rücknahme" s. OLG Koblenz 13. 11. 2008 – 5 U 900/08 (Pferdekauf).

2 BGH 12. 3. 2010, NJW 2010, 1805 Tz. 10; OLG Hamm 26. 2. 2008 – 28 U 135/07 – BeckRS 2008, 20190.

3 OLG Naumburg 13. 2. 2008 – 6 U 131/07 (Rücktritt).

4 BGH 12. 3. 2010, NJW 2010, 1805.

II. Rechtslage bei fruchtlosem Ablauf der Frist oder anderweitigem Scheitern der Nacherfüllung

1. Überblick und Problemaufriss

Ist die vom Käufer gesetzte (angemessene) Frist verstrichen, ohne dass der Verkäufer die vom Käufer gewählte und von ihm, dem Verkäufer, nicht berechtigterweise verweigerte Art der Nacherfüllung erbracht hat, hat das zur Folge: Der Nacherfüllungsanspruch des Käufers bleibt bestehen; er kann klageweise geltend gemacht werden[5] (zum Prozessualen s. Rdn. 847 ff.), aber auch passiv in Form des Leistungsverweigerungsrechts (§ 320 BGB) eingesetzt werden. Statt wie bisher Nachbesserung zu verlangen, kann der Käufer auch auf die Alternative Ersatzlieferung überwechseln, sofern diese Art der Nacherfüllung rechtlich möglich ist. Umgekehrt gilt das Gleiche. Die Bindung an die zunächst getroffene Wahl ist infolge des Scheiterns der Erstwahl aufgehoben, der Weg frei zur alternativen Nacherfüllung (LG Hagen 29. 7. 2011, 2 O 50/10). **862**

Solange der Nacherfüllungsanspruch fortbesteht, kann er auch erfüllt werden, d. h. Nacherfüllung kann auch noch in der Phase zwischen Ablauf der Frist und der Ausübung eines Sekundärrechts bewirkt werden.[6] Der Anspruch des Käufers bleibt bis zur wirksamen Erklärung des Rücktritts (oder Minderung oder Schadensersatz) erfüllbar. **863**

Umgestaltet wird die materielle Rechtslage nur insoweit, als mit fruchtlosem Ablauf der Frist die **sekundären Rechte entstehen**. Der Käufer kann diese jetzt wahlweise ausüben (elektive Konkurrenz). Keines seiner Rechte geht dadurch verloren, dass der Käufer nach Fristablauf (zunächst) weiterhin Nacherfüllung verlangt.[7] Ein vor Fristablauf erklärter Rücktritt ist unwirksam. Er muss wiederholt werden, was auch konkludent geschehen kann, auch noch im Prozess, z. B. durch Weiterverfolgung des Antrags auf Rückzahlung des Kaufpreises.[8] **864**

Der Nacherfüllungsvorrang ist mit fruchtlosem Ablauf der Nacherfüllungsfrist oder im Fall anderweitigen Scheiterns der Nacherfüllung aufgehoben. Das sog. Recht des Verkäufers zur zweiten Andienung, ohnehin nur ein Reflexrecht, kein eigenständiger (durchsetzbarer) Anspruch[9], ist nunmehr außer Kraft gesetzt. Aus Sicht des Käufers: Seine Obliegenheit, dem Verkäufer unter Fristsetzung Gelegenheit zur Nacherfüllung zu geben, besteht nicht mehr. Nach einem innerhalb der gesetzten Frist gescheiterten Nachbesserungsversuch muss der Käufer **keinen zweiten Nachbesserungsversuch** einräumen und insoweit nochmals eine Frist setzen.[10] **865**

Nach fruchtlosem Fristablauf ist der Käufer bis zur Grenze der Treuwidrigkeit nicht mehr verpflichtet, ein erst jetzt und damit verspätet unterbreitetes Angebot des Verkäufers zur Nacherfüllung anzunehmen.[11] Er kann es annehmen, er darf es aber auch zurückweisen. Die Entscheidung liegt bei ihm. Dass der Gesetzgeber von einer fortbestehenden Erfüllbarkeit des Anspruchs ausgeht, steht der Annahme eines Zurückweisungsrechts nicht entgegen. Erfüllbarkeit zu bejahen, heißt freilich auch, dass der Verkäufer nicht nur in Schuld- **866**

5 OLG Hamm 22. 7. 2010, DAR 2011, 28.

6 Regbegr. zu § 323 BGB, in: Canaris, SchuldRMod, S. 762; *Skamel*, SVR 2010, 172, 174; *ders.*, Nacherfüllung beim Sachkauf, S. 193 ff.

7 BGH 20. 1. 2006, NJW 2006, 1198; OLG Hamm 22. 7. 2010, DAR 2011, 28.

8 BGH 20. 5. 2009, NJW 2009, 2532.

9 *Canaris* in: FS Kropholler, 2008, S. 3, 12; *Medicus/Lorenz*, SchR BT, Rn. 123.

10 OLG Saarbrücken 9. 9. 2010 – 8 U 367/09 – BeckRS 2010, 28141.

11 Zum Meinungsstand ausführlich *Skamel*, Nacherfüllung beim Sachkauf, S. 193 ff.; s. a. BGH (VII. ZS) 27. 2. 2003, NJW 2003, 1526 zu § 633 BGB a. F.; zur grundlosen Vereitelung eines vom Verkäufer eingeräumten (weiteren) Nachbesserungsversuchs s. OLG Hamm 22. 7. 2010, DAR 2011, 28.

nerverzug, sondern der Käufer auch in Annahmeverzug (Gläubigerverzug) geraten kann, wenn er das (verspätete) Angebot nicht annimmt.[12] Letzteres zu leugnen, ist inkonsequent.

867 Zu verlangen ist vom Käufer, dass er das Angebot entweder als verspätet zurückweist, wozu er grundsätzlich berechtigt ist, oder es dadurch zu Fall bringt, dass er eines der ihm zustehenden Sekundärrechte ausübt. Den Verkäufer „hängen" zu lassen, setzt ihn dem Vorwurf treuwidrigen Verhaltens aus.[13] Auch wenn seine Interessen angesichts der zweifachen Pflichtverletzung des Verkäufers (§§ 433 Abs. 1 S. 2, 439 Abs. 1 BGB) in dieser Phase des Geschehens eindeutig Vorrang haben, muss er sich weiterhin redlich verhalten. Dieses Gebot kann ihn dazu verpflichten, auf ein verspätetes Nacherfüllungsangebot des Verkäufers zumindest zu reagieren, was realiter ja auch die Regel ist. Eine Erklärungspflicht als Minimum wird zumal dann anzunehmen sein, wenn dem Käufer bekannt ist, dass der Verkäufer größere Investitionen beabsichtigt, um seiner Nacherfüllungspflicht doch noch nachzukommen, z. B. die Beschaffung kostspieliger Ersatzteile oder gar die Bestellung eines Ersatzfahrzeugs.

868 Ob das Verhalten des Käufers im Einzelfall mit dem Grundsatz von Treu und Glauben vereinbar ist, möglicherweise sogar gegen § 254 BGB verstößt, hängt entscheidend von den konkreten Umständen ab. Mit den §§ 242, 254 BGB verfügt die Rechtsprechung über genügend Spielraum, um das dogmatische Vakuum sachgerecht auffüllen zu können. Folgende **Fallgruppen** sind zu unterscheiden:

2. Mängelbeseitigung nach zunächst gescheiterter Nacherfüllung vor Ausübung eines Sekundärrechts (Schwebelage-Fälle)

a) Mit Zustimmung des Käufers

869 **Ausgangspunkt:** Der Mangel muss nicht nur bei Gefahrübergang, sondern auch noch zu dem Zeitpunkt vorhanden sein, in dem der Käufer ein Sekundärrecht geltend macht, z. B. den Rücktritt vom Kauf erklärt. Dass zu diesem Zeitpunkt nur eine mögliche, keine tatsächliche Mangelhaftigkeit vorliegt, macht den Rücktritt unwirksam.[14] Anders ist es, wenn der bloße Verdacht eines Defekts zur Annahme eines Sachmangels ausnahmsweise genügt (zur Frage „Verdacht als Mangel" s. Rdn. 2513). Das Erfordernis des Fortbestehens der Mangelhaftigkeit[15] ergibt sich im Umkehrschluss aus § 440 BGB. Die Entbehrlichkeit der Fristsetzung macht nur Sinn, wenn der Mangel, um dessen Beseitigung es geht, noch vorhanden ist. Im Zeitpunkt der letzten mündlichen Verhandlung über eine Klage, mit der der Käufer die Rücktrittsfolgen geltend macht, muss der Mangel indes nicht mehr vorliegen.[16]

Fallbeispiel

Der Käufer fährt nach erfolglosem Ablauf der von ihm gesetzten (angemessenen) Nacherfüllungsfrist erneut zur Werkstatt seines Händlers, um den Mangel beheben oder restliche Arbeiten durchführen zu lassen. Vom Kauf zurücktreten will er noch nicht. Die neuerlichen Bemühungen des Händler sind a) erfolglos, b) erfolgreich.

870 Im Fall a) soll der Käufer nicht daran gehindert sein, den Rücktritt vom Kauf wegen Unzumutbarkeit weiterer Nachbesserungsversuche zu erklären, ohne einen weiteren Endter-

12 Dazu ausführlich *Skamel*, Nacherfüllung beim Sachkauf, S. 197 ff.

13 Dazu OLG Hamm 22. 7. 2010, DAR 2011, 28.

14 OLG Naumburg 13. 2. 2008 – 6 U 131/07.

15 Davon geht auch der BGH aus (Urt. v. 11. 9. 2009, NJW 2009, 1341 Tz. 15; v. 9. 3. 2011, NJW 2011, 1664).

16 BGH 5. 11. 2008, NJW 2009, 508 m. Anm. *Bruns*; zur Problematik nach altem Recht s. BGH 20. 10. 2000, NJW 2001, 66 (Immobilienkauf/Minderung).

min zu setzen.[17] Dies kann in der Tat entbehrlich sein, nachdem der Verkäufer seine „dritte Chance“ nicht genutzt hat. Die Schwelle der Unzumutbarkeit (§ 242 BGB) ist jetzt – nach vorheriger zweifacher Pflichtverletzung (§§ 433 Abs. 1 S. 2, 439 Abs. 1 BGB) – noch weiter abgesenkt als im Normalfall des § 440 BGB.

Fall b: Hat der Verkäufer hingegen seine „dritte Chance“ genutzt, indem er erfolgreich nachgebessert hat, ist es dem Käufer verwehrt, sich auf das anfängliche Scheitern der Nacherfüllung zu berufen.[18] Begründen lässt sich diese differenzierungsbedürftige Aussage mit einem konkludenten Verzicht auf die Ausübung des (bereits entstandenen) Sekundärrechts oder mit einem Rückgriff auf § 242 BGB.[19] Bei Annahme eines Verzichts ist es eine Frage der Auslegung (§§ 133, 157 BGB), wie weit seine Wirkung reicht, ob sämtliche sekundären Rechtsbehelfe erfasst sind und sich der Verzicht insbesondere auch auf den Ersatz von Begleitschäden wie ein eingetretener oder bevorstehender Nutzungsausfall erstreckt. Im Zweifel ist ein Verzicht, zumal ein nicht ausdrücklich erklärter, eng auszulegen. **871**

b) Ohne Zustimmung des Käufers

Wie die Rechtslage ist, wenn der Verkäufer den Mangel **eigenmächtig**, gegen den erklärten Willen des Käufers, zu einem Zeitpunkt beseitigt, in dem das Scheitern der Nacherfüllung feststeht, der Käufer sein Recht zur Wahl zwischen Rücktritt, Minderung und Schadensersatz aber noch nicht ausgeübt hat, sagt das Gesetz nicht. **872**

Beispiel:
Der Käufer erklärt im Anschluss an den zweiten erfolglosen Nachbesserungsversuch, er dulde keine weiteren Arbeiten an dem Fahrzeug mehr und werde die Sache seinem Anwalt übergeben. Bevor dieser sich meldet, hat der Verkäufer den Mangel beseitigt.

Nach heutigem Recht spricht alles dafür, dem Käufer trotz der Mängelbeseitigung die Sekundärrechte zuzubilligen.[20] Aus seiner Eigenmacht, seiner aufgedrängten Nacherfüllung, darf der Verkäufer keinen Nutzen ziehen. Der Käufer, gleichviel, ob Verbraucher oder Unternehmer, soll nach der Konzeption des Gesetzes frei darüber entscheiden dürfen, wie er sich im Fall des Scheiterns der von ihm verlangten Nacherfüllung verhält. Der eigenmächtige Eingriff des Verkäufers in die Dispositionsbefugnis des Käufers ist nicht schutzwürdig. **873**

c) Wegfall des Mangels ohne Zutun des Verkäufers

Fällt ein Mangel in der Zeit zwischen dem Scheitern der Nacherfüllung (Fristablauf oder Entbehrlichkeitstatbestand) und der Geltendmachung eines Sekundärrechts ohne einen Beitrag einer der beiden Kaufvertragsparteien weg, z. B. durch technische „Selbsterholung“ (z. B. Reset bei einem Elektronikdefekt) oder durch ein „Zuwachsen“ der ursprünglich fehlenden Eigenschaft (z. B. durch eine Gesetzesänderung), macht eine Klage auf Nacherfüllung keinen Sinn, sie ist gegenstandslos. Ist sie bereits rechtshängig, hilft § 91a ZPO. Zu beachten ist allerdings, dass der Mangel samt seinen Ursachen und Auswirkungen endgültig und auf Dauer beseitigt sein muss. Ist er nur vorübergehend verschwunden, reicht die Gefahr des Wiederauftretens, um von einem fortbestehenden Mangel auszugehen; erst recht, **874**

---

17 Vgl. OLG Bremen 21. 6. 2007, ZGS 2007, 471 (aber kein Fahrzeugkauf, sondern Herstellung und Lieferung eines Hydraulikaggregates mit Anwendung von Kaufrecht gem. § 651 S. 1 BGB).

18 OLG Hamm 26. 2. 2008, 28 U 135/07, BeckRS 2008, 20190 unter Hinweis u. a. auf BGHZ 90, 198, 204 = NJW 1984, 2287 (Nachholung der geschuldeten Typ-Prüfung vor der Wandelungserklärung).

19 OLG Hamm 26. 2. 2008, 28 U 135/07, BeckRS 2008, 20190; s. a. OLG Naumburg 13. 2. 2008 – 6 U 131/07 – n. v. – unter Ziff. 3. (Gestatten eines dritten Versuchs, obgleich die Nachbesserung bereits fehlgeschlagen war).

20 Zur altrechtlichen Frage der Mängelbeseitigung zwischen Erklärung und Vollzug der Wandelung s. BGH 17. 12. 1997, NJW-RR 1998, 680; Urt. v. 19. 6. 1996, NJW 1996, 2647.

wenn nur das Mangelsymptom eine zeitlang nicht mehr auftritt. Trotz endgültiger Beseitigung des Mangels verbleibende Einbußen sind dem Käufer nach den Regeln des Schadensersatzes zu ersetzen, insbesondere ein Nutzungsausfall (dazu Rdn. 3734 ff.).

3. Mängelbeseitigung im Anschluss an die Ausübung eines Sekundärrechts

875 Für diese Fallgruppe kommt es zunächst darauf an, ob die Ausübung des Sekundärrechts überhaupt **wirksam** gewesen ist. Nur wenn der Käufer eine bestimmte Rechtsposition durch wirksame Rechtsausübung erlangt hat, kann sich die Frage stellen, unter welchen Voraussetzungen er sie wieder eingebüßt haben kann. Wegen der **rechtsgestaltenden Wirkung** eines (wirksam) erklärten Rücktritts (Gleiches gilt für die Minderung) ist die Problematik der nachträglichen Mängelbeseitigung heute in einem anderen Licht zu sehen als zu „Wandelungszeiten". Ein wirksam erklärter Rücktritt kann nicht mehr einseitig widerrufen werden.[21] Bei der Wandelung lagen die Dinge anders. Ob die dazu ergangene Rechtsprechung auf den Rücktritt übertragbar ist, hat der BGH in der Entscheidung vom 5. 11. 2008[22] offengelassen.[23] Die Frage ist bisher, auch obergerichtlich, allenfalls punktuell geklärt.[24]

876 **Vorrangig** ist in derartigen Fällen zu prüfen, ob und ggf. inwieweit sich die Parteien auf eine bestimmte Lösung **geeinigt** haben, was auch konkludent geschehen sein kann. Insoweit kann die Korrespondenz Aufschluss geben. Aus ihr ergibt sich häufig, ob der Anwalt des Käufers das Angebot des Autohauses, nunmehr tätig zu werden, uneingeschränkt oder nur unter Vorbehalt angenommen hat. Auch vom Autohaus formulierte Bedingungen wie z. B. die Bezahlung einer Reparaturkostenrechnung können der Annahme einer Einigung entgegenstehen.[25]

a) Mängelbeseitigung durch den Verkäufer mit Zustimmung des Käufers nach erklärtem Rücktritt

877 Stimmt der Käufer einer ersten oder einer erneuten Maßnahme der Mängelbeseitigung in der Werkstatt des Händlers oder einer autorisierten Drittfirma zu, obwohl die Nacherfüllung zumindest aus seiner Sicht gescheitert ist und er daraufhin den **Rücktritt erklärt** hat, kann darin ein vorläufiger oder bedingter Verzicht auf die Verfolgung derjenigen Ansprüche liegen, die sich aus dem erklärten Rücktritt ergeben.[26] Naheliegend ist die Annahme einer Einigung auf (weitere) Nachbesserung unter dem Vorbehalt des Erfolgs der Reparatur, vergleichbar der Situation „Einräumen einer dritten Chance vor Rücktrittserklärung" (oben Rdn. 871). Als Alternative bietet sich eine Lösung ohne vertraglichen Charakter an, indem man allein das Verhalten des Käufers würdigt und sich fragt, ob er dem Tätigwerden des Verkäufers **zugestimmt hat oder nicht**.

878 An seine einmal erteilte Zustimmung zu einer nachträglichen Fehlerbeseitigung ist der Käufer nach Treu und Glauben **grundsätzlich gebunden**. Ohne triftigen Grund kann er sie nicht zurückziehen. Nur wenn die Vertrauensgrundlage entfällt oder erheblich erschüttert ist, kann er von seiner Zustimmung Abstand nehmen. Da es sich um die „allerletzte Chance" für den Verkäufer handelt, sind auch bei dieser Fallgestaltung und hier erst recht keine hohen Anforderungen zu stellen. Die Zumutbarkeitsschwelle ist deutlich eher über-

21 OLG Saarbrücken 9. 9. 2010 – 8 U 367/09 – BeckRS 2010, 28141.
22 NJW 2009, 508 m. Anm. *Bruns* = DAR 2009, 89.
23 Uneingeschränkt bejahend *Skamel*, SVR 2010, 172, 173.
24 Zum Einfluss weiterer (erfolgloser) Reparaturversuche im Anschluss an eine Rücktrittserklärung s. OLG Köln 27.3. 2008, VRR 2008, 228 = OLGR 2008, 584 (nur Ls.).
25 Vgl. OLG Celle 5. 11. 2003, OLGR 2004, 151 = ZGS 2004, 74.
26 OLG Celle 5. 11. 2003, OLGR 2003, 151 = ZGS 2004, 74; OLG Düsseldorf 13. 8. 2010 – I-22 U 44/10 – unter Hinweis auf BGH 12. 3. 2010, NJW 2010, 1805.

schritten als im Normalfall des § 440 BGB. Bei Annahme einer Vereinbarung der nachträglichen Fehlerbeseitigung mit einhergehendem (vorläufigen) Verzicht auf die Weiterverfolgung der Sekundäransprüche[27]: Sie wird hinfällig, wenn die **Nachbesserung nicht gelingt**. Die Einigung steht unter dem Vorbehalt des Erfolgs der Reparatur.

Sofern es **dem Verkäufer gelungen** ist, den Mangel nachträglich zu beseitigen und dies mit Wissen und Einverständnis des Käufers geschehen ist, soll das **Festhalten des Käufers** an dem wirksam erklärten Rücktritt **treuwidrig** sein.[28] Das entspricht der Rechtsprechung des BGH zur Wandelung[29], wird vom VIII. Senat aber außerdem auch unter dem Gesichtspunkt treuwidrigen Verhaltens (§ 242 BGB) so gesehen. Letzterem ist zuzustimmen. Die (weitere) Verfolgung der Rechte aus dem erklärten Rücktritt ist in der Tat unvereinbar mit dem Gebot, sich konsequent und widerspruchsfrei zu verhalten. Mit seiner Einwilligung gibt der Käufer zu verstehen, dass er für den Fall einer erfolgreichen Mängelbeseitigung das Fahrzeug jedenfalls wegen dieses Mangels nicht mehr zurückgeben will, der Verkäufer den gezahlten Kaufpreis behalten kann. Nur unter dieser Bedingung, für den Käufer durchaus erkennbar, wird der Verkäufer tätig. **879**

Ob der Käufer der nachträglichen Mängelbeseitigung tatsächlich zugestimmt hat, lässt sich in Fällen des Autokaufs verhältnismäßig einfach feststellen. Ausdrücklich muss das Einverständnis nicht erklärt worden sein, eine **konkludente Zustimmung** genügt. Gewiss ist bei der Würdigung des Käuferverhaltens zu beachten, dass er mit seinem zuvor erklärten Rücktritt zum Ausdruck gebracht hat, sich von dem Fahrzeug trennen zu wollen. Er muss sich aber auch an seinem weiteren Tun messen lassen, wobei es auf den Horizont des Händlers ankommt. Wenn der Käufer ihm trotz erklärten Rücktritts die Möglichkeit zur Mängelbeseitigung einräumt, indem er den Wagen in die Werkstatt bringt oder vom Händler abholen lässt, spricht zumindest eine tatsächliche Vermutung für eine Zustimmung. So auch, wenn er vorbehaltlos darin einwilligt, dass sich ein vom Verkäufer mit der Mängelbehebung beauftragter Dritter das Fahrzeug anschaut[30] oder dass es im Zuge einer Rückrufaktion des Herstellers repariert wird.[31] **880**

Ob der Käufer mit seiner Zustimmung zur nachträglichen Mängelbeseitigung auf sämtliche ihm zu diesem Zeitpunkt zustehenden Rechte „verzichtet“ hat oder ob nur die Rückabwicklung im Erfolgsfall obsolet sein soll, ist eine Frage der Auslegung seines Gesamtverhaltens. Bestehende Ansprüche auf Ersatz eines etwaigen **Verzögerungsschadens**, z. B. in Form eines Nutzungsausfallschadens, werden von einem konkludenten Verzicht des Käufers auf die Durchsetzung seines ausgeübten Rücktrittsrechts im Zweifel nicht erfasst. **881**

b) Mängelbeseitigung durch den Verkäufer ohne Zustimmung des Käufers

Erfolgt die nachträgliche Nachbesserung ohne Zustimmung des Käufers, also **eigenmächtig**, bleibt die durch die (wirksame) **Rücktrittserklärung** geschaffene Rechtslage davon unberührt. Der Käufer verhält sich nicht treuwidrig, wenn er auf der Rückabwicklung des Kaufs beharrt, zumal die Nachbesserungsleistung des Verkäufers nicht bei ihm verbleibt, sondern dem Verkäufer zugute kommt. Im Fall einer vom Käufer geltend gemachten **Minderung** kann eine andere Beurteilung angezeigt sein.[32] Aber so wie der Käufer im Fall **882**

---

27 Dazu ausführlich OLG Köln 27. 3. 2008, VRR 2008, 228 = OLGR 2008, 584 (nur Ls.).
28 BGH 5. 11. 2008, NJW 2009. 508 m. Anm. *Bruns* = DAR 2009, 89.
29 Urt. v. 19. 6. 1996, NJW 1996, 2647 = JR 1997, 101 m. Anm. *Peters*.
30 OLG Köln 9. 10. 1992, NJW-RR 1993, 565; 1. 2. 1993, OLGR 1993, 130; s. a. BGH 19. 6. 1996. NJW 1996, 2647 (Reparatur eines Baggers im Betrieb der Käuferin im Beisein des Inhabers).
31 OLG München 23. 4. 1997, OLGR 1999, 202.
32 Zum früheren Recht s. BGH 20. 10. 2000, NJW 2001, 66 (Immobilienkauf, aber kein Fall eigenmächtiger Mängelbeseitigung, sondern anderweitiges „Zuwachsen“ einer ursprünglich fehlenden Eigenschaft).

der eigenmächtigen Selbstvornahme nach der strengen Rechtsprechung des BGH jeglichen Anspruch einbüßt (näher Rdn. 831 ff.), erscheint es nicht unbillig, den Verkäufer bei der hier vorliegenden Fallgestaltung leer ausgehen zu lassen; ihm auch keinen Anspruch aus G. o. A. oder ungerechtfertigter Bereicherung zu geben.

c) Mängelbeseitigung durch den Käufer

883 Wenn der Käufer den Mangel im Anschluss an seine (wirksame) Rücktrittserklärung selbst beseitigt oder in einer anderen Werkstatt beseitigen lässt, wird man sein Festhalten am Rücktritt und den Abwicklungsfolgen zum einen unter dem Blickwinkel des Verzichts und der Verwirkung zu sehen haben. Zum anderen kommt ein Verlust der rücktrittsrechtlichen Position (§§ 346 ff. BGB) nach § 242 BGB im Hinblick auf das Verbot widersprüchlichen Verhaltens in Betracht. Wenn der Käufer selbst auf seine Rechte aus dem bestehenden Rückabwicklungsverhältnis verzichtet, indem er auf einen alternativen Rechtsbehelf wechselt, stellt sich das **Problem der Bindung** nach wirksamer Ausübung eines Gestaltungsrechts (allgemein dazu Rdn. 3829 ff.). In der Praxis handelt es sich um die Fälle, in denen der Käufer die **Kosten der Mängelbeseitigung** als Schadensersatz geltend macht.[33]

884 Was den Rücktritt angeht, sollte das Festhalten des Käufers nicht allein nach Maßgabe des ziemlich apodiktisch formulierten Leitsatzes c) zur BGH-Entscheidung vom 5. 11. 2008[34] beurteilt werden. Instanzgerichte können sich dadurch leicht zu Fehlschlüssen verleiten lassen.[35] Die entscheidenden Wertungskriterien finden sich in dem Urteil es VIII. Senats vom 8. 2. 1984[36]. Die Selbstbeseitigung mit anschließender Weiterbenutzung des Kaufobjekts lässt die Weiterverfolgung der Rückabwicklung des Kaufs nicht notwendigerweise als unzulässige Rechtsausübung erscheinen. Erforderlich ist eine **umfassende Abwägung der beiderseitigen Interessen**.[37]

885 Zu fragen ist insbesondere **nach dem Grund** für die Beseitigung des Mangels in Eigenregie, auch **der Zeitpunkt** spielt eine Rolle. Im Interesse der Schadensgeringhaltung kann der Käufer sogar rechtlich verpflichtet sein, die Sache selbst in Hand zu nehmen statt zu warten, bis der Verkäufer das mangelhafte Fahrzeug zurücknimmt, freiwillig oder erst nach einem womöglich langjährigen Rücktrittsprozess.

886 Wer beispielsweise zur Kontrolle eines für ihn ungünstigen Gutachtens, das ein Gericht in einem Rückabwicklungsprozess eingeholt hat, sein Fahrzeug in eine andere Werkstatt bringt, und bei dieser Gelegenheit der Mangel behoben wird (z. B. durch den Einbau eines neuen Steuergeräts), verhält sich **nicht treuwidrig**, wenn er an seiner Rücktrittsklage festhält. Er hat in Wahrnehmung eines berechtigten Aufklärungsinteresses gehandelt. Ziel seines Handelns ist die Feststellung anfänglicher Mangelhaftigkeit und damit auch die Widerlegung des Vorwurfs, den Defekt selbst verursacht zu haben. Dass die Werkstatt den Mangel behebt, war nicht Gegenstand eines bestimmten Auftrags, sondern geschah aus Sicht des Käufers **eher zufällig**.

887 Selbst ein **gezielter Reparaturauftrag** im Anschluss an eine Rücktrittserklärung muss nicht zum Verlust der Rücktrittsfolgenrechte führen, etwa wenn das Fahrzeug in Ermangelung eines Ersatzwagens benötigt wird und/oder das Gebot, den Nutzungsausfallschaden zu begrenzen, ein Tätigwerden verlangt. Anlass für eine Beseitigung des Mangels kann auch ein Weiterverkauf sein, der im Zeitpunkt der Rücktrittserklärung noch nicht geplant war.

---

33 Beispiel dafür AG Kassel 10. 3. 2011 – 432 C 4334/10 – mit PKH-Beschl. des LG Kassel 11. 7. 2011 – 1 S 154/11 – n. v. (Wechsel von Rücktritt auf den kl. Schadensersatz unzulässig).
34 NJW 2009, 508 = DAR 2009, 89.
35 So geschehen in der Sache OLG Düsseldorf I-3 U 36/10 mit 91a-Beschl. v. 9. 12. 2010.
36 NJW 1984, 1525 (selbstfahrende Arbeitsmaschine).
37 BGH 8. 2. 1984, NJW 1984, 1525.

Zu fragen ist in derartigen Fällen, ob der Käufer eine sinnvolle und ihm zumutbare Alternative zum Festhalten an der Rückabwicklung des Kaufs hat. Während eines bereits **laufenden Rückabwicklungsprozesses** kommt ein Wechsel zur Minderung oder zum kleinen Schadensersatz im Wege der Klageänderung in Betracht (zur mat.-rechtlichen Seite des Problems s. Rdn. 3829 ff.). Erwägungswert ist auch ein Vorgehen nach § 91a ZPO oder eine Klage auf Feststellung, dass sich der Rechtsstreit in der Hauptsache erledigt hat. All diese Möglichkeiten sind jedoch mit erheblichen Kostenrisiken verbunden und einem Rücktrittskläger schon deshalb nicht zuzumuten. Bei einer Kostenentscheidung nach § 91a ZPO ist für die Kostenverteilung entscheidend, wie das Verfahren ohne die Erledigung ausgegangen wäre. Kommt es nicht mehr zur Durchführung einer ohne die Erledigung gebotenen (weiteren) Beweisaufnahme, werden die Kosten „nach summarischer Prüfung" i. d. R. gegeneinander aufgehoben,[38] eine für den Käufer mitunter höchst unbefriedigende Lösung. **888**

Für diejenigen Umstände, die die Grundlage des rechtsvernichtenden Einwands der unzulässigen Rechtsausübung bilden, ist der Verkäufer **darlegungs- und beweisbelastet**.[39] **889**

d) Mängelbeseitigung durch den Sachverständigen

Immer wieder kommt es vor, dass ein Mangel im Verlauf eines selbstständigen Beweisverfahrens oder während des Prozesses vom gerichtlich bestellten Gutachter beseitigt wird, mal endgültig, mal nur provisorisch. Beispiele: loses Kabel im Pkw, das die Blinkleuchte außer Betrieb setzt, ein defektes Potentiometer der Drosselklappe, das Zündaussetzer des Motors zur Folge hat[40] oder ein verstopfter Tankdeckel, der den Kraftstoffzufluss zum Motor stört, so dass dieser sporadisch nicht anspringt oder nach kurzer Laufzeit ausgeht.[41] Aus dem Bereich des Gebrauchtwagenkaufs ist der Fall erwähnenswert, dass der Gerichtssachverständige durch einige wenige Handgriffe die Ursache für Feuchtigkeit im Wageninneren eines Range Rover zumindest provisorisch beseitigt hat.[42] Derartige Maßnahmen des Sachverständigen „als Monteur" dienen häufig nur dem Zweck, die Ursache einer Störung zu ermitteln. Wenn sie anschließend nicht mehr auftritt, weiß der Sachverständige, woran es gelegen hat. **890**

Eine Nacherfüllungsklage kann in einem solchen Fall in der Hauptsache für erledigt erklärt (§ 91a ZPO). Bereits entstandene Ansprüche aus einem wirksam erklärten Rücktritt oder Minderung können dagegen weiterverfolgt werden, sie bleiben grundsätzlich unberührt. Anders können die Dinge liegen, wenn der Sachverständige mit Wissen und im ausdrücklichen Einverständnis des Käufers gehandelt hat. Dann kann dem Anspruch auf Rückabwicklung des Kaufs, aber auch einer Kaufpreisminderung, materiellrechtlich die Grundlage entzogen sein.[43] Die Reparaturmaßnahme des Sachverständigen lediglich zu dulden, ihr also nicht entgegenzutreten, hindert den Käufer nicht daran, an seinem Rücktritt festzuhalten.[44] **891**

---

38 OLG Düsseldorf 9. 12. 2010 – I-3 U 36/10.
39 BGH 8. 2. 1984, NJW 1984, 1525, 1527.
40 OLG Hamm 28. 4. 1995, zfs 1995, 296.
41 LG Köln 10. 11. 1993 – 26 S 44/93 – n. v.
42 BGH 5. 11. 2008, NJW 2009, 508 m. Anm. *Bruns* = DAR 2009, 89.
43 Vgl. BGH 5. 11. 2008, NJW 2009, 508 m. Anm. *Bruns*; zum früheren Recht: OLG Düsseldorf 19. 12. 1997, NJW-RR 1998, 1587; 28. 4. 1995, zfs 1995, 296.
44 BGH 5. 11. 2008, NJW 2009, 508 m. Anm. *Bruns*.

III. Fristsetzungserfordernis und Käuferobliegenheit

1. Ausgangslage

892 Nach Art. 3 Abs. 5 VerbrGKRL sind für **Rücktritt und Minderung** zwar ein Nacherfüllungsverlangen des Käufers und ein Unterbleiben der Nacherfüllung innerhalb angemessener Frist erforderlich, nicht aber **eine Fristsetzung durch den Verbraucher**, so wie es die §§ 323 Abs. 1, 281 Abs. 1 S. 1 BGB i. V. m. § 440 S. 1 BGB[45] für jeden Typ von Käufer für sämtliche Sekundärrechte vorsehen.[46] Ungeachtet der in der Literatur geäußerten Bedenken[47] gilt das Fristsetzungserfordernis nach der **Rechtsprechung des BGH** in Fällen des Verbrauchsgüterkaufs auch für Rücktritt und Minderung.[48] Die Instanzgerichte sind dem ganz überwiegend gefolgt, meist unkritisch.[49] Soweit es um **Schadens- und Aufwendungsersatzansprüche** wegen Mangelhaftigkeit geht (§ 437 Nr. 3 BGB), besteht kein Richtlinienkonflikt, die Notwendigkeit einer Fristsetzung ist insoweit allgemein anerkannt.

2. Rechtsnatur und inhaltliche Anforderungen

893 Das Erfordernis eines fristgebundenen Nacherfüllungsverlangens umschreibt **keine Vertragspflicht**, sondern eine **Obliegenheit des Käufers.**[50] Mit der Formulierung „notwendige Mitwirkungshandlung" meinen die Instanzgerichte[51] das Gleiche. Vorzuziehen ist die Terminologie des BGH. Die Erfüllung der Obliegenheit liegt im eigenen Interesse des Käufers. Denn nach der gesetzlichen Regelung ist ein den Anforderungen der §§ 323 Abs. 1, 281 Abs. 1 S. 1, 439 Abs. 1 BGB entsprechendes Nacherfüllungsverlangen **eine Wirksamkeitsvoraussetzung**. Ein Rücktritt ohne vorherige Aufforderung zur Nacherfüllung innerhalb einer bestimmten Frist ist **grundsätzlich** von vornherein **unwirksam**. Gleiches gilt für die Minderung und den Anspruch auf Schadensersatz statt der Leistung bzw. den Aufwendungsersatzanspruch nach §§ 437 Nr. 3, 284 BGB.

894 Die Einstufung als Käuferobliegenheit bzw. als Wirksamkeitsvoraussetzung („Tatbestandsvoraussetzung"[52]) hat **weitreichende Konsequenzen**, inhaltliche wie prozessuale. Verletzt der Käufer seine Obliegenheit, erschöpfen sich die Rechtsfolgen in der Unwirksamkeit des von ihm geltend gemachten Sekundärrechts. Da es an einer Vertragspflicht fehlt, steht dem Verkäufer **kein Schadensersatzanspruch** zu, wenn der Käufer es versäumt, das zu tun, was er zur Vermeidung eigener Rechtsnachteile zu tun verpflichtet ist.[53]

895 Die Fristsetzung nach §§ 323 Abs. 1, 281 Abs. 1 S. 1 BGB ist eine **einseitige empfangsbedürftige Erklärung**, deren Zugang der Käufer im Fall des Bestreitens beweisen muss. Die Erklärung muss vom Käufer oder seinem Rechtsnachfolger stammen. Bei **Leasingfahrzeugen** mit leasingtypischer Abtretungskonstruktion ist der Leasingnehmer erklärungsberechtigt. Die Fristsetzung kann wie das Abhilfeverlangen mündlich oder schriftlich erfolgen. Schon aus Beweisgründen ist jedenfalls für die Fristsetzung eine schriftliche Erklärung vorzuziehen.

---

45 Nur indirekt ergibt sich das Fristsetzungserfordernis aus dieser Vorschrift.

46 Für die Minderung folgt das Fristsetzungserfordernis aus § 441 Abs. 1 i. V. m. § 323 Abs. 1 BGB.

47 Vgl. *Skamel*, NJW 2010, 271, 272; *R. Koch*, NJW 2010, 1636; Staudinger/*Artz*, NJW 2011, 3121.

48 Urt. v. 9. 11. 2005, NJW 2006, 613 (Rücktritt); v. 13. 7. 2011, ZGS 2011, 406 (Rücktritt).

49 Z. B. OLG Frankfurt 19. 8. 2009 – 17 U 282/08; ausdrücklich a. A. AG Köln 28. 1. 2010 – 137 C 436/09 – n. v. (Möbelkauf).

50 BGH 10. 3. 2010, NJW 2010, 1448 = DAR 2010, 328; v. 13. 4. 2011, NJW 2011, 2278; *Skamel*, NJW 2010, 271, 272.

51 Z. B. OLG Saarbrücken 16. 3. 2011 – 1 U 547/09; s. a. OLG Koblenz 16. 7. 2010, DAR 2011, 84 als Vorinstanz zu BGH 13. 4. 2011, NJW 2011, 2278.

52 *Skamel*, NJW 2010, 271, 272.

53 Vgl. BGH 15. 12. 2010, ZGS 2011, 133 (Kündigungsbegründung).

Die Fristsetzung bezieht sich, wie aus § 323 Abs. 1 BGB hervorgeht, auf die Nacherfüllung. **896** Ihr Gegenstand ist der Nacherfüllungsanspruch aus §§ 437 Nr. 1, 439 Abs. 1 BGB. Dem Verkäufer muss nach Sinn und Zweck des Fristsetzungserfordernisses klar sein, dass der Käufer Nacherfüllung verlangt und in welcher Form sie begehrt wird, ob in der Variante Nachbesserung oder in der Alternative Ersatzlieferung. Sofern er, wie meist, Nachbesserung wählt, muss er dem Verkäufer hinreichend deutlich machen, was er nachgebessert sehen will.

Die Anforderungen an die **Konkretisierung des Nachbesserungsverlangens** sind in **897** Kfz-Fällen im Allgemeinen nicht sehr hoch. Die Bezeichnung des Mangelsymptoms kann auch im Fall einer Aufforderung zur Nachbesserung mit Fristsetzung genügen. Dazu auch Rdn. 688 ff. Wegen der Warn- und Mahnfunktion wird man im Fall der Fristsetzung tendenziell strengere Anforderungen zu stellen haben als bei einem reinen Nachbesserungsverlangen ohne Fristsetzung. Für eine Fristsetzung **nicht ausreichend** ist, wenn der Käufer den Verkäufer lediglich dazu auffordert, sich innerhalb einer bestimmten Frist zu seiner Leistungsbereitschaft zu erklären.[54] Ungenügend ist auch die Frage „Treten Sie im Rahmen der Gewährleistung für diesen Schaden ein"?[55]

Sagt der Händler bzw. seine Werkstatt einen bestimmten Abholtermin zu, muss er sich **898** daran festhalten lassen. Bei Nichteinhaltung des Termins ist eine Fristsetzung zumindest entbehrlich. Es gelten die Regeln der **Selbstmahnung**.

3. Untersuchungsmöglichkeit für den Verkäufer

Nach der Entscheidung des BGH vom 10. 3. 2010[56] heißt „Gelegenheit zur Nacherfüllung geben" nicht nur, den Verkäufer mündlich oder schriftlich zur Nacherfüllung aufzufordern. **899** Voraussetzung ist ferner die **Bereitschaft des Käufers**, dem Verkäufer die Kaufsache **zur Überprüfung** der erhobenen Mängelrügen zur Verfügung zu stellen. Auf eine „Ferndiagnose" allein auf der Grundlage der Beanstandungen des Käufers braucht sich ein Händler jedenfalls bei technischen Defekten i. d. R. nicht einzulassen. An **welchem Ort** die Untersuchung zu geschehen hat, sagt der BGH in diesem Urteil nicht. Dazu bestand auch keine Veranlassung, weil der Käufer eines fabrikneuen Pkw nicht dazu bereit war, dem Händler das Fahrzeug ohne Vorbedingung zur Untersuchung (wo auch immer) zu überlassen. Infolge dieser obliegenheitswidrigen Haltung des Käufers war sein **Rücktritt unwirksam**.[57] Spätestens seit der Entscheidung des BGH vom 13. 4. 2011[58] zum Erfüllungsort für die Nacherfüllung steht fest, dass Gelegenheit zur Nacherfüllung geben auch heißt, sie **am Erfüllungsort** zu geben, d. h. das Fahrzeug zum Firmensitz des Händlers zu bringen, wenn der Erfüllungsort dort anzusiedeln ist (dazu Rdn. 706 ff.).

Gelegenheit zur Nacherfüllung geben heißt ferner, dem Verkäufer das Fahrzeug so vorzustellen, **900** dass er den beanstandeten Mangel sachgerecht prüfen und ggf. beseitigen kann. Ein Störfaktor kann insoweit ein **vorangegangener Nachbesserungsversuch** in einer anderen Werkstatt sein, es sei denn, der Käufer war vertraglich berechtigt, sie aufzusuchen. Nicht jede Beauftragung einer unautorisierten Werkstatt („Fremdgehen") bedeutet eine Obliegenheitsverletzung des Käufers. Abgesehen von Eil- und Notsituationen, denen bei der Interessenabwägung nach §§ 323 Abs. 2 Nr. 3, 281 Abs. 2 BGB Rechnung zu tragen ist, sind Fälle vorstellbar, in denen berechtigte Verkäuferinteressen durch die Einschaltung der Fremdwerkstatt unberührt bleiben.[59]

---

54 BGH 16. 9. 1999, NJW 1999, 3710 (zu § 634 Abs. 1 BGB a. F.).
55 LG Hannover 14. 10. 2010 – 8 S 82/09 (Gebrauchtwagenkauf).
56 NJW 2010, 1448 = DAR 2010, 328
57 BGH 10. 3. 2010, NJW 2010, 1448 = DAR 2010, 328.
58 NJW 2011, 2278 = DAR 2011, 388.
59 Vgl. OLG Schleswig 22. 2. 2011, NJW-RR 2011, 993 (Gebrauchtwagenkauf/Motorschaden).

4. Fristsetzung „ohne Frist"?

901 Nach Ansicht des VIII. Senats des BGH ist es nicht unbedingt erforderlich, dass der Käufer einen bestimmten (End-)Termin oder einen bestimmten Zeitraum nennt. Die Aufforderung, den Mangel **„umgehend"** oder **„sofort"** oder **„unverzüglich"** zu beseitigen, soll genügen.[60] Weiterhin ratsam ist dennoch, eine konkrete Frist unter Angabe eines bestimmten Zeitraums bzw. Tages zu setzen. Manche Instanzgerichte folgen dem BGH nicht oder haben seine Lockerungs-Rechtsprechung nicht zur Kenntnis genommen.[61] Eine Ablehnungserklärung bzw. -androhung ist nicht erforderlich, aber ebenso unschädlich wie die Angabe einer falschen Rechtsgrundlage.

5. Angemessenheit der Frist

902 Nach Ansicht des Gesetzgebers kommt es vorrangig auf die Interessen des Käufers an.[62] Er muss dem Verkäufer aber die Zeit zugestehen, die dieser für die geforderte Art der Nacherfüllung bei objektiver Betrachtung benötigt. Es kommt also darauf an, innerhalb welcher Zeit die Mängelbeseitigung oder die Ersatzlieferung nach den gegebenen Umständen möglich ist. Verlangt ein Neufahrzeugkäufer ausnahmsweise Ersatzlieferung, wäre eine für eine Instandsetzung i. d. R. ausreichende Frist von einigen Werktagen zu kurz, wenn die Lieferfrist 3 Monate beträgt und der Verkäufer nicht die Möglichkeit hat, ein Ersatzfahrzeug in kürzerer Zeit anderweitig zu beschaffen.

903 Letztlich kann die Frage der Angemessenheit der Frist nur unter Berücksichtigung der **Umstände des Einzelfalles** beantwortet werden. Dabei kann ins Gewicht fallen, dass der Käufer den Verkäufer bereits unter Überlassung des Fahrzeugs zur Nacherfüllung aufgefordert hat, ohne ihm eine konkrete Frist gesetzt zu haben. In einem solchen Fall trifft die Fristsetzung den Verkäufer nicht unerwartet und unvorbereitet.[63] Andererseits kann ihm ein Zeitzuschlag zu konzedieren sein, wenn der Käufer sich unkooperativ zeigt, mit der angebotenen Nacherfüllung gar in Annahmeverzug geraten ist.[64]

904 Eine Frist von nur zwei Tagen zur Mängelbeseitigung ist nach Ansicht des LG Duisburg nur bei „ganz besonderer Eilbedürftigkeit" angebracht.[65] Dass der Käufer beruflich auf seinen Wagen angewiesen ist, begründet keinen Eil- oder Notfall. Für Reparaturen im Bereich von Motor, Getriebe und Elektrik/Elektronik ist – mit allem Vorbehalt – als **Faustformel** eine Frist von **fünf Werktagen** vorzuschlagen,[66] für eine Ersatzlieferung im Fall des Bestellkaufs eine Frist von **einem Monat**. Sich an der ursprünglichen Lieferzeit, meist eine unverbindliche, zu orientieren[67], bevorzugt den Verkäufer in unangemessener Weise. Angesichts seiner Schlechtleistung schuldet er eine beschleunigte Ersatzlieferung.

905 Setzt der Käufer eine **zu kurz bemessene** Frist, wird eine angemessen lange Frist selbsttätig in Lauf gesetzt.[68] Das ist vom Gericht in einem späteren Prozess festzustellen.

60 Urt. v. 12. 8. 2009, NJW 2009, 3153 (zu § 281 BGB) m. Anm. *Klein*; abl. *R. Koch*, NJW 2010, 1636.
61 Z. B. KG 26. 3. 2010 – 7 U 123/09 – BeckRS 2010, 18546 (Werkvertrag).
62 BT-Drucks. 14/6040 S. 234.
63 OLG Hamm 22. 7. 2010, DAR 2011, 28.
64 Vgl. BGH 3. 4. 2007, NJW 2007, 2761 (Werkvertrag).
65 Urt. v. 7. 2. 2007 – 11 S 148/06 – n. v.
66 Für das OLG Celle (NJW 2004, 3566) waren in einem GW-Fall 8 Tage zu kurz (Mängelmehrheit).
67 So der Praxistipp von *Himmelreich/Andreae/Teigelack*, § 6 Rn. 133.
68 BGH 12. 8. 2009, NJW 2009, 3153 Tz. 11; OLG Hamm 22. 7. 2010, DAR 2011, 28; OLG Celle 4. 8. 2004, NJW 2004, 3566; *Koch*, NJW 2010, 1636, 1637 m. w. N.

6. Mängelmehrheit gleich Fristenmehrheit?

Das „Recht“ des Verkäufers nachzuerfüllen, erstreckt sich **grundsätzlich** auf alle bei 906
Gefahrübergang vorhandenen Mängel. Für Gewährleistungsstreitigkeiten in Kfz-Sachen, auch beim Neuwagenkauf, nicht ungewöhnlich ist die Konstellation, dass das Fahrzeug mehrere Defekte und Defizite aufweist, die nicht auf einen Schlag, sondern **sukzessive** auftreten und entsprechend zeitlich versetzt gerügt werden. Den Gipfel bilden die sog. **Montagsautos** (zu dieser besonderen Fallgruppe s. Rdn. 983 ff.).

Verlangt der Käufer, der bereits einige Male mit seinem Wagen in der Werkstatt gewesen 907
war, ihn jetzt „endlich in Ordnung zu bringen“ und setzt er dazu ausdrücklich eine Frist oder wählt er mit „umgehend“ oder „sofort“ fristgleiche Formulierungen, so sind von der Fristsetzung dem Wortlaut nach alle bei Übergabe vorhandenen Mängel erfasst, ob bekannt oder unbekannt, ob ausdrücklich gerügt oder nicht. Wenn nach erneuter Rücknahme des Fahrzeugs aus der Werkstatt eine weitere, bisher unbekannte und unbeanstandete Störung auftritt, wäre die Nachbesserung insgesamt erfolglos (zum Nachweis der Erfolglosigkeit s. Rdn. 999 ff.). Bei Auftreten des Neumangels während noch laufender Frist, kann der Käufer nicht sogleich zurücktreten. Das Rücktrittsrecht entsteht grundsätzlich erst mit Ablauf der (fruchtlos) gesetzten Frist. Vor Ablauf oder ganz ohne Fristsetzung kann der Käufer nur in bestimmten Ausnahmefällen zurücktreten, mindern oder Schadensersatz verlangen (zu diesen Konstellationen s. Rdn. 927 ff.). Tritt der Neumangel erst nach Ablauf der gesetzten Frist auf, ist bei Erfolglosigkeit der Nachbesserung der Weg frei zu einem der Sekundärrechtsbehelfe. Aber: Ist die Nachbesserung wirklich erfolglos geblieben? Muss dem Verkäufer nicht getreu dem Grundsatz „zweite Chance für jeden Mangel“ wegen des Neumangels eine neue Frist gesetzt werden?

In der Praxis liegen die Fälle meist so, dass jedenfalls **anwaltliche Nachbesserungsver-** 908
langen, gleich ob mit oder ohne Fristsetzung, recht konkret formuliert sind. Die „Mängel“ werden im Einzelnen aufgelistet, zum Teil auf Gutachten oder sonstige Expertisen gestützt. Wenn zwischen Mangel, Mangelursache und Mangelsymptom nicht immer präzise differenziert wird (schwierig genug), ist das unschädlich. Das Problem liegt woanders: Nach Ablauf der gesetzten Frist taucht ein Mangel auf, der bisher nicht in Erscheinung getreten ist und folglich auch nicht in der Mängel- bzw. Nachbesserungsliste des Käufer-Anwalts zu finden ist.

Darüber, ob dem Verkäufer wegen des Neumangels eine neue Frist gesetzt werden muss, 909
lässt sich gewiss streiten. Manches aus dem **Problemkreis „Auftauchen weiterer Mängel“**[69] ist Gegenstand der „Montagsauto“-Entscheidung des OLG Düsseldorf vom 23. 3. 2011.[70] Von den zahlreichen Mängeln, die Gegenstand des fristgebundenen Nachbesserungsverlangens waren, war nach dem Gerichtsgutachten nur ein einziger bei Übergabe vorhanden und dieser hatte nach Meinung des OLG nicht genügend Gewicht, um den erklärten Rücktritt zu tragen (§ 323 Abs. 5 S. 2 BGB). In der Zeit nach der Rücktrittserklärung waren indes weitere Mängel aufgetreten bzw. gerügt worden. Der anwaltlich beratene Käufer setzte insoweit **keine neue Frist** und beließ es auch bei der früheren Rücktrittserklärung.

Das OLG Düsseldorf hat die Rückabwicklungsklage abgewiesen. Eine weitere Fristset- 910
zung sei nicht entbehrlich gewesen, insbesondere nicht unter dem Blickwinkel „Montagsauto“. Aus Rechtsgründen gehe es nicht an, die Wirksamkeit einer Gestaltungserklärung mit einer „nachträglich eingetretenen Sachlage zu begründen und damit erst im Nachhinein herbeizuführen“.[71] Daran ist Zweierlei richtig. Zum einen der – generell wie in seiner

69 Umfassend dazu *Dauner-Lieb*, FS Canaris, S. 143 ff.
70 DAR 2011, 324 = NJW-RR 2011, 1276.
71 OLG Düsseldorf 23. 3. 2011, DAR 2011, 324.

Reichweite freilich umstrittene – **Gedanke der Einzelbetrachtung** (jeder Mangel zählt einzeln), zum anderen die Ansicht, dass es für die Wirksamkeit des Rücktritts auf den Zeitpunkt ankommt, zu dem er erklärt worden ist. Nachträgliche Geschehnisse können ihn „weder retten noch kippen", so jedenfalls der Grundsatz.

7. Die verfrühte Fristsetzung und ihre Nachholbarkeit

911 Eine verfrühte Fristsetzung ist unwirksam. Da der Nacherfüllungsanspruch frühestens mit der Übergabe des Fahrzeugs fällig wird, ist eine Fristsetzung erst von diesem Zeitpunkt an möglich. Die Frist kann noch **während des Prozesses** gesetzt werden, sogar noch in der **Berufungsinstanz.**[72] Hat der Käufers es, aus welchem Grund auch immer, unterlassen, dem Verkäufer vorgerichtlich eine Frist zur Nacherfüllung zu setzen, hält das Gericht eine Fristsetzung indes für notwendig (kein Entbehrlichkeitsfall nach Maßgabe von Rdn. 927 ff.), so kann der Käufer das Versäumte nachholen. Er kann nachträglich die materiell-rechtlichen Voraussetzungen für den von ihm geltend gemachten Klageanspruch – z. B. auf Rückzahlung des Kaufpreises – schaffen. Für den BGH handelt es sich um den Fall eines **„neuen Angriffsmittels"** i. S. d. prozessualen Präklusionsvorschriften.[73]

912 Wenn vorgerichtlich ohne Fristsetzung oder eine vergleichbare Dringlichkeitsformulierung wie etwa „umgehend" zur Nacherfüllung aufgefordert worden war, kann die Aufforderung wiederholt und ihr eine bestimmte Frist hinzugefügt werden. Die fristgebundene (qualifizierte) Aufforderung kann aber auch vollständig nachgeholt werden. Zumindest hilfsweise und vorsorglich sollte der Anwalt des Käufers zur Entbehrlichkeit der Fristsetzung vortragen, zumal dann, wenn der Verkäufer vorgerichtlich zur Nacherfüllung aufgefordert worden war und das Versäumnis lediglich in der unterbliebenen Fristsetzung gesehen wird. Helfen kann in dieser Situation bereits ein Hinweis auf die käuferfreundliche „Umgehend"-Rechtsprechung des BGH (dazu Rdn. 901).

913 Nimmt man mit dem BGH ein „neues Angriffsmittel" an, besteht eine **offene Flanke des Käufers** in der Tat in den **Präklusionsvorschriften**. Nicht nur die Fristsetzung als solche ist neu, zwingend neu ist auch die Behauptung der Erfolglosigkeit der Fristsetzung. Sie kann naturgemäß erst aufgestellt werden, wenn der Verkäufer innerhalb der ihm gesetzten Frist den geschuldeten Erfolg nicht herbeigeführt hat.[74] Bis dahin ist es eine offene Frage. Neu ist überdies die **Rücktrittserklärung**, die bei erfolgloser Fristsetzung **nachgeholt** werden muss.

914 Das OLG Celle hat eine erst **in der Berufungsbegründung** nachgeholte Fristsetzung als präkludiert angesehen (§ 531 Abs. 2 Nr. 3 ZPO), musste sich aber durch den BGH[75] eines Besseren belehren lassen. Eine erstmals im Berufungsverfahren erfolgte, unstreitige Fristsetzung zur Nacherfüllung sei unabhängig von den Voraussetzungen des § 531 Abs. 2 S. 1 Nr. 1 bis 3 ZPO zuzulassen. Dem liegt die heute allgemein anerkannte Ansicht zugrunde, dass der Ausschluss von neuen Angriffs- und Verteidigungsmitteln im Berufungsverfahren nicht für unstreitige Tatsachen gilt.[76] Lediglich mit streitigem und deshalb beweisbedürftigem Vorbringen kann eine Partei präkludiert sein.

915 Gewiss ist die während eines laufenden Prozesses erklärte Fristsetzung als solche unstreitig. Man wird in ihrer Einführung in das Verfahren auch ein Angriffsmittel i. S. d. § 531 Abs. 2 ZPO sehen können, nicht nur eine Ergänzung oder Erweiterung des bereits zur Berechtigung des Klageanspruchs, z. B. aus Rücktritt, erstinstanzlich vorgetragenen

72 BGH 20. 5. 2009, NJW 2009, 2532; Bespr. *Skamel*, NJW 2010, 271.
73 Urt. v. 20. 5. 2009, NJW 2009, 2532; a. A. *Rohlfing*, NJW 2010, 1787.
74 Vgl. *Skamel*, NJW 2010, 271, 273.
75 Urt. v. 20. 5. 2009, NJW 2009, 2532.
76 BGHZ 177, 212 (Einrede der Verjährung).

Tatsachenstoffs. Voraussetzung eines wirksamen Rücktritts ist indes auch die **Erfolglosigkeit der Fristsetzung**. Das Berufungsgericht wird also zu prüfen haben, ob auch dieser weitere Punkt unstreitig ist (wie im Fall BGH NJW 2009, 2532) oder ob Streit im Tatsächlichen herrscht. Letzterenfalls kann der Käufer, Nachlässigkeit unterstellt[77], mit seinem Versuch, den Rücktritt gewissermaßen zu heilen, nach § 531 Abs. 2 Nr. 3 ZPO ausgeschlossen sein. So etwa, wenn der Verkäufer behauptet, erfolgreich nachgebessert zu haben. Ebenso wenn er behauptet, gar nicht mangelhaft geliefert zu haben. Immer dann, wenn das Berufungsgericht von seinem Standpunkt aus aufgrund der nachgeholten Fristsetzung Beweis erheben müsste, kommt eine Präklusion in Betracht.[78]

8. Zweitwahl und Zweitfrist

Wenn sich die vom Käufer gewählte Art der Nacherfüllung als objektiv unmöglich erweist (§ 275 Abs. 1 BGB) oder vom Verkäufer gem. § 439 Abs. 3 BGB berechtigterweise verweigert wird (dazu Rdn. 799 ff.), stellt sich die Frage, ob der Käufer dem Verkäufer hinsichtlich der verbleibenden und rechtlich möglichen Art der Nacherfüllung erneut eine angemessene Frist setzen muss. **916**

Beispiel: Der Käufer verlangt – ohne vorheriges Nachbesserungsverlangen – Ersatzlieferung und setzt hierzu eine Frist von vier Wochen. Der Händler macht Unmöglichkeit nach § 275 Abs. 1 BGB geltend und beruft sich hilfsweise auf (relative) Unverhältnismäßigkeit der Ersatzlieferungskosten nach § 439 Abs. 3 BGB. Nach Ablauf der Vierwochenfrist tritt der Käufer vom Kauf zurück. Der Händler weist auf seine Bereitschaft zur Nacherfüllung in Form der Nachbesserung hin und hält den Rücktritt für unwirksam, weil der Käufer ihm zur Nachbesserung keine Gelegenheit gegeben und insbesondere insoweit keine Frist gesetzt habe.

Ist die verlangte Ersatzlieferung unmöglich (Fall von § 275 Abs. 1 BGB) oder sind die Kosten tatsächlich unverhältnismäßig (§ 439 Abs. 3 BGB), ist die Ablehnung der Ersatzlieferung rechtlich nicht zu beanstanden. Die vom Käufer gewählte Art der Nacherfüllung wird von dem Händler nicht geschuldet. Ist die alternative Art aber rechtlich möglich, muss der Käufer dem Verkäufer Gelegenheit zur Nacherfüllung in dieser Art gegeben haben, bevor er eines seiner sekundären Mängelrechte geltend macht. **917**

Der Nacherfüllungsvorrang erstreckt sich auf beide (möglichen) Nacherfüllungsarten, was für den Käufer mit der Obliegenheit verbunden ist, die Alternative auch geltend zu machen, wenn die Erstwahl wegen Unmöglichkeit oder berechtigter Ablehnung nach § 439 Abs. 3 BGB gescheitert ist. Der Weg zu den Sekundärrechtsbehelfen wird nur durch eine **erneute Fristsetzung** eröffnet,[79] es sei denn, dass bezogen auf die verbleibende Art der Nacherfüllung einer der zahlreichen Entbehrlichkeitstatbestände vorliegt (dazu Rdn. 927 ff.). Das Verlangen als solches – im Beispielsfall Nachbesserung ist auch ohne erneute Fristsetzung wirksam. Die Frage der (zweiten) Fristsetzung stellt sich nur, wenn der Käufer zurücktritt, mindert oder Schadensersatz statt der Leistung fordert. **918**

Abwandlung des obigen Beispiels: Der Käufer verlangt zunächst Nacherfüllung in Form von Nachbesserung, setzt aber insoweit keine Frist (auch keine Aufforderung wie „umgehend" o. Ä.). Aus Gründen, über die nachträglich gestritten wird, steigt er auf die Variante Ersatzlieferung um und setzt hierzu auch eine Frist. Der Händler lehnt die an sich mögliche **919**

77 Entlasten kann sich der Käufer bzw. sein Anwalt unter Hinweis darauf, dass ein entschuldbarer Rechtsirrtum vorgelegen hat. Die umfangreiche Rechtsprechung zur Entbehrlichkeit der Fristsetzung zeigt, wie umstritten dieser Problemkreis ist.

78 Zu weiteren prozessualen Fragen s. *Skamel*, NJW 2010, 271.

79 BT-Drucks. 14/6040, S. 234; OLG Düsseldorf 29. 10. 2007 – I-1 U 2/07; s. a. *Ball*, NZV 2004, 217, 220.

Ersatzlieferung wegen unverhältnismäßig hoher Kosten mit Recht ab (§ 439 Abs. 3 BGB) und beruft sich auf seine fortbestehende Nachbesserungsbereitschaft. Der Rücktritt des Käufers wird u. a. mit den Argumenten bekämpft: a) keine erneute Gelegenheit zur Nachbesserung gegeben, b) keine Fristsetzung zur Nachbesserung.

920 Anders als im Ausgangsfall hat der Käufer hier immerhin Nacherfüllung auch in Form der Nachbesserung verlangt, wenn auch ohne Fristsetzung. Zu klären ist, ob diese ihm zustehende Art der Nacherfüllung fehlgeschlagen ist (§ 440 S. 1 BGB). Wenn ja, ist er nicht verpflichtet, dem Verkäufer abermals eine Frist zu setzen, diesmal zur Nachbesserung. Ist die Nachbesserung nicht i. S. d. § 440 BGB fehlgeschlagen (z. B. noch kein zweiter erfolgloser Versuch), besteht wie im Ausgangsfall die Notwendigkeit erneuter Fristsetzung, allerdings auch hier nur im Grundsatz. Aus den in §§ 281 Abs. 2, 323 Abs. 2 BGB aufgeführten Gründen kann der Käufer von diesem Erfordernis freigestellt sein.

921 *Weitere Abwandlung* (wie OLG Hamm DAR 2011, 28): Der Käufer verlangt zunächst Nachbesserung und setzt hierzu auch eine angemessene Frist. Nach ergebnislosem Fristablauf tritt er nicht zurück, sondern bringt den Wagen zur weiteren Nachbesserung in die Werkstatt des Händlers. Sie bleibt aus seiner Sicht erfolglos. Der Händler bietet weitere Nachbesserung an, worauf sich der Käufer nicht einlässt, weil ihm kein Leihwagen gegeben wurde. Die nunmehr verlangte Ersatzlieferung wird vom Händler als zu teuer abgelehnt. Gleichwohl wird er auf Ersatzlieferung verklagt. Der Händler wiederholt seine Einrede aus § 439 Abs. 3 BGB. Als das Gericht zu verstehen gibt, sie für berechtigt zu halten, erklärt der Käufer im laufenden Prozess vorsorglich den Rücktritt und verlangt hilfsweise Rückzahlung des Kaufpreises.

922 Das OLG Hamm[80] sieht den Nacherfüllungsvorrang als gewahrt und gibt dem Hilfsantrag auf Abwicklung nach Rücktrittsrecht statt. Seines Erachtens ist das Fristsetzungserfordernis beachtet. Das Recht zum Rücktritt habe dem Käufer bereits nach fruchtlosem Ablauf der Nachbesserungsfrist zugestanden. Durch die späteren Geschehnisse – Konzession eines weiteren Nachbesserungsversuchs, danach Angebot des Händlers zum nochmaligen Nachbessern und sodann das Ersatzlieferungsverlangen – sei die dem Käufer durch den Fristablauf zugewachsene Rechtsposition nicht aufgehoben worden.

9. Fristsetzung ohne objektive Notwendigkeit

923 Wer aus Gründen der Vorsorge oder aus einem anderen Grund eine Frist zur Nacherfüllung setzt, obgleich objektiv ein Fall der Entbehrlichkeit vorliegt, muss sich daran festhalten lassen.[81] Beispiel: Der Käufer war zweimal wegen des gleichen Mangels ergebnislos in der Werkstatt des Händlers. Er hält die Nachbesserung für fehlgeschlagen, setzt dennoch eine Frist zur Beseitigung des Mangels.

10. Darlegungs- und Beweislast

924 Der Käufer hat darzulegen und notfalls zu beweisen, dass er seine Obliegenheit, dem Verkäufer unter Fristsetzung Gelegenheit zur Nacherfüllung gegeben zu haben, erfüllt hat. Es handelt sich um eine Voraussetzung für die wirksame Ausübung desjenigen Sekundärrechts, das der Käufer gewählt hat (Rdn. 893). Darzulegen und zu beweisen hat er zunächst sein Nacherfüllungsverlangen als solches, ferner die Fristsetzung bzw. eine ihr gleichkommende Dringlichkeitsaufforderung wie „umgehend“ oder „unverzüglich“ (einschließlich des Zugangs beim Verkäufer). Außerdem hat der Käufer nachzuweisen, dass der Verkäufer den Mangel, den er hat beseitigen sollen, innerhalb der gesetzten Frist nicht

80 Urt. v. 22.7.2010, DAR 2011, 28.
81 OLG Saarbrücken 16.3.2011 – 1 U 547/09.

behoben hat. Näheres zum Beweis der Erfolglosigkeit des Nachbesserungsversuchs unter Rdn. 999 ff.

Herrscht Streit darüber, ob der Käufer bereit gewesen ist, dem Verkäufer das Fahrzeug zur Überprüfung der erhobenen Mängelrügen zur Verfügung zu stellen, trifft den Käufer eine weitere Darlegungs- und Beweispflicht. Seine Bereitschaft ist Teil seiner Obliegenheit[82] (oben Rdn. 893), der entsprechende „Anspruch" des Verkäufers auf eine vorherige Untersuchung nur das dazugehörige Reflexrecht. Macht der Verkäufer geltend, die Bereitschaft sei nicht oder nur bedingt vorhanden gewesen, hat der Käufer dieses Vorbringen, soweit rechtserheblich, zu entkräften. Sieht man den Betriebssitz des Verkäufers als Erfüllungsort für die Mängelbeseitigung an (zum Problem Rdn. 711 ff.), genügt die bloße Bereitschaft zur Untersuchung nicht, sie muss auch am richtigen Ort ermöglicht werden. 925

Ein den gesetzlichen Anforderungen entsprechendes Nacherfüllungsverlangen kann auch dadurch in Frage gestellt sein, dass der Käufer es mit unberechtigten Forderungen verknüpft hat. Eine solche **Zuvielforderung** kann in engen Grenzen zur Unwirksamkeit des Nacherfüllungsverlangens führen. Ob der Käufer „über das Ziel hinausgeschossen ist", beurteilt sich nach den Maßstäben, die für die beiden Arten der Nacherfüllung unter Rdn. 691 ff. (Nachbesserung) und Rdn. 726 ff. (Ersatzlieferung) dargestellt sind, im Übrigen in Anlehnung an die Grundsätze, die die Rechtsprechung zum Verzug durch eine Zuvielmahnung entwickelt hat.[83] Dafür, dass sein Nacherfüllungsverlangen sich im Rahmen des Erlaubten hält, eine Zuvielforderung nicht gestellt worden ist, ist der Käufer gleichfalls beweispflichtig. 926

IV. Entbehrlichkeit der Fristsetzung

1. Überblick

Von **überragender Bedeutung**, außergerichtlich wie in der gerichtlichen Praxis, ist die Frage, unter welchen Umständen der Käufer davon befreit ist, dem Verkäufer eine Frist zur Nacherfüllung zu setzen. Vielfach setzen Käufer, wie im alten Recht, überhaupt keine Frist. Nach mehreren erfolglosen Werkstattaufenthalten haben sie und ihre Anwälte die Vorstellung, dass Rücktrittsreife auch ohne Fristsetzung gegeben sei. In einer solchen Situation (erstmals) eine Frist zu setzen, um damit dem Händler eine weitere Chance zu geben, wird nicht selten als Zumutung empfunden. Ein Rücktritt ohne vorherige Fristsetzung erscheint in einer solchen Situation ohne Alternative. Zu beobachten ist auch folgendes Szenario: Nach einer Fristsetzung bezüglich des Mangels A wird versäumt, eine weitere Frist zu setzen, damit der Verkäufer auch den Mangel B beheben kann (zur Notwendigkeit s. Rdn. 906 ff.). 927

Die Anzahl klageabweisender Urteile wegen Nichteinhaltung des Fristsetzungserfordernisses war in den ersten Jahren nach der Schuldrechtsreform außerordentlich hoch, was sicher auch justizinterne Gründe hat (Möglichkeit ohne Sachaufklärung durchzuentscheiden). Mittlerweile sind Käufer und ihre Anwälte in der Fristsetzungsfrage problembewusster. 928

Einer Fristsetzung bedarf es zunächst dann nicht, wenn die Nacherfüllung (in beiden Varianten) gem. § 275 Abs. 1 BGB **unmöglich** ist (s. § 326 Abs. 5 BGB) oder vom Verkäufer nach § 275 Abs. 2 BGB oder (und praxisrelevanter) nach § 439 Abs. 3 BGB **zu Recht verweigert** wird. In § 439 Abs. 3 BGB ist ausdrücklich von beiden Arten der Nacherfüllung die Rede. In den genannten Fällen ist es schlicht sinnlos, dem Verkäufer eine Frist zur Nach- 929

82 BGH 10. 3. 2010, NJW 2010, 1448 = DAR 2010, 328.
83 BGH 12. 7. 2006, NJW 2006, 3271; s. a. *B. Lorenz*, ZGS 2011, 111, 113.

erfüllung zu setzen (s. a. § 326 Abs. 5 BGB und § 440 S. 1 BGB). Entbehrlich ist eine Fristsetzung darüber hinaus, wenn

- der Verkäufer die Nacherfüllung ernsthaft und endgültig verweigert (§ 281 Abs. 2 alt. 1, § 323 Abs. 2 Nr. 1 BGB),
- besondere Umstände vorliegen, die unter Abwägung der beiderseitigen Interessen die sofortige Geltendmachung des Schadensersatzanspruchs bzw. des Rücktritts/der Minderung rechtfertigen (§ 281 Abs. 2 alt. 2, § 323 Abs. 2 Nr. 3 BGB),
- der Verkäufer die Leistung zu einem im Vertrag bestimmten Termin oder einer bestimmten Frist nicht bewirkt und der Käufer im Vertrag den Fortbestand seines Leistungsinteresses an die Rechtzeitigkeit der Leistung gebunden hat (sog. absoluter Fixkauf, § 323 Abs. 2 Nr. 2 BGB),
- die Nacherfüllung fehlgeschlagen ist,
- die Nacherfüllung unzumutbar ist.

930 Von den gesetzlichen Befreiungsgründen zu unterscheiden sind **vertragliche Freistellungen** vom Fristsetzungserfordernis oder, weitergehend, von der Notwendigkeit, überhaupt Gelegenheit zur Nacherfüllung geben zu müssen. So kann ein **Rücktritt „auf erstes Anfordern“** vereinbart worden sein, bei Abschluss des Kaufvertrages oder später, eventuell erst nach der Auslieferung des Fahrzeugs. Für den Neufahrzeugkauf ist das eine eher theoretische Möglichkeit, weil der Handel sein Recht zur zweiten Andienung hochhält und nur in Sonderfällen darauf zu verzichten bereit sein wird (zur Möglichkeit formularmäßiger Abbedingung s. Rdn. 659).

931 Eine Erklärung wie z. B. „bei Problemen werden wir das Fahrzeug zurücknehmen“ ist auslegungsbedürftig. Sie bedeutet nicht zwingend einen Verzicht auf jegliche Art der Nacherfüllung. Gemeint sein kann auch ein Austausch, d. h. eine Ersatzlieferung. Anders können die Dinge liegen, wenn der Händler seiner o. a. Erklärung hinzufügt „..... gegen Rückerstattung des Kaufpreises“. Doch selbst eine solche in Richtung auf einen vertraglichen Rücktritt gehende Zusage bedeutet im Zweifel keine Freistellung des Käufers von der gesetzlichen Obliegenheit, dem Verkäufer als Erstes Gelegenheit zur Nacherfüllung zu geben.[84]

2. Keine Fristsetzung bei Unmöglichkeit der Nacherfüllung

a) Unmöglichkeit der Ersatzlieferung

932 Der Fall der Unmöglichkeit der Ersatzlieferung ist in § 440 BGB nicht erwähnt. Geregelt ist dagegen das **Fehlschlagen der Nacherfüllung** auch in der Variante Ersatzlieferung. Unmöglichkeit und Fehlschlagen müssen getrennt werden, d. h. die Unmöglichkeit ist kein Unterfall des Fehlschlagens. Fehlschlagen kann nur eine an sich mögliche Ersatzlieferung.

933 Ersatzlieferung ist wegen Unmöglichkeit nach § 275 Abs. 1 BGB ausgeschlossen, wenn das Neufahrzeug **nach dem Parteiwillen nicht austauschbar** ist.[85] Austauschbarkeit ist i. d. R. beim Kauf eines nicht vorrätigen Fahrzeugs anzunehmen (Bestell- oder Gattungskauf). Beim Kauf eines **beim Händler vorrätigen und persönlich ausgesuchten Neufahrzeugs** kann nach dem maßgeblichen Willen der Parteien die Möglichkeit eines Austausches ausscheiden. Da ausdrückliche Erklärungen i. d. R. fehlen und auch die AGB in diesem Punkt allenfalls indirekt weiterhelfen, indem die Nacherfüllungsvariante Ersatzlieferung im Gegensatz zur ausdrücklich näher geregelten Mängelbeseitigung unerwähnt bleibt, ist der Wille der Parteien nach dem sonstigen Vertragsinhalt und nach den Begleit-

84 Siehe auch OLG Koblenz 13. 11. 2008 – 5 U 900/08 (Pferdekauf).
85 Zur Maßgeblichkeit des Parteiwillens grundlegend BGH 7. 6. 2006, BGHZ 168, 64.

umständen einschließlich der vor- und nachvertraglichen Korrespondenz zu ermitteln. Zur Parallelproblematik beim Kauf eines gebrauchten Kraftfahrzeugs s. Rdn. 3435 ff.

Umstände, die für die Möglichkeit einer Ersatzlieferung sprechen, sind die Zugehörigkeit des Fahrzeugs zu einer Großserie, eine serienmäßige Ausstattung, d. h. keine oder nur unwesentliche „Extras", ferner die Unternehmereigenschaft des Käufers, wobei im Fall des Kaufs durch eine Leasinggesellschaft auf diese, nicht auf den Leasingnehmer abzustellen ist. Starke Indizwirkung pro Austauschbarkeit hat ein vertragliches Umtauschrecht (ist freilich selten). Eine Tages- oder Kurzzulassung ist nicht contraindiziell, sofern das Fahrzeug noch unbenutzt ist. Im Zweifel ist auch beim Kauf eines neuen Pkw aus dem Bestand des Händlers von Austauschbarkeit auszugehen. 934

Trotz an sich bestehender Austauschbarkeit kann ein Fall der Unmöglichkeit der Ersatzlieferung zu bejahen sein, wenn es dem Verkäufer auf Dauer nicht möglich ist, anstelle des mangelhaften Fahrzeugs ein gleichartiges und gleichwertiges (mangelfreies) Ersatzfahrzeug zu liefern. Der Inhalt des Ersatzlieferungsanspruchs entscheidet darüber, ob ein solcher Fall der Unmöglichkeit vorliegt (dazu Rdn. 726 ff.). Der klassische Fall der Unmöglichkeit der Ersatzlieferung ist der Neuwagen mit einem **Konstruktionsmangel** („Serienmangel"). Schwieriger zu beurteilen sind die Fälle, in denen Ersatzfahrzeuge wegen zwischenzeitlicher **Modelländerung** oder **„Modellpflege"** nicht mehr geliefert werden können.[86] 935

b) Unmöglichkeit der Nachbesserung

Die Nacherfüllungsvariante Nachbesserung ist nach § 275 Abs. 1 BGB ausgeschlossen, wenn der Mangel auf diesem Weg nicht behoben werden kann. Beim Verkauf fabrikneuer Kfz sind unbehebbare Mängel eine Rarität. „Nichts ist unmöglich" lautet ein bekannter Herstellerslogan. Die Domäne unbehebbarer Mängel ist der Gebrauchtwagenkauf, weshalb auf die dortigen Ausführungen verwiesen wird (Rdn. 3457 ff.). Prototyp des unbehebbaren Mangels eines Neuwagens ist das Fehlen der **Eigenschaft „fabrikneu"**, gleich aus welchem der zahlreichen Einzelgründe. Ebenso wie eine überlange Standzeit lässt sich der Mangel der Modellaktualität i. d. R nicht im Wege der Nachbesserung beseitigen. Ein Auslaufmodell bleibt ein Auslaufmodell; daran vermag eine nachträgliche Umrüstung nichts zu ändern. 936

Soweit Beschädigungen die Fabrikneuheit nicht berühren, sondern nur „einfache" Mängel sind, z. B. ein Schaden in der Sphäre des Händlers (Probefahrt, Rangieren auf dem Hof o. Ä.), kann eine Nachbesserung gleichfalls ein Fall der Unmöglichkeit i. S. d. § 275 Abs. 1 BGB sein. Geschuldet wird i. d. R. ein Neufahrzeug, bei dem sich sämtliche Einzelteile **im Originalzustand** befinden, auch und gerade **die Lackierung**. Fehlt es an dieser Beschaffenheit im Zeitpunkt der Auslieferung und lässt sie sich nicht wieder herstellen, liegt ein Fall objektiver Unmöglichkeit der Mängelbeseitigung vor (§ 275 Abs. 1 BGB). Dass der Schaden technisch fachgerecht und vollständig zu beseitigen ist, z. B. durch eine **einwandfreie Teilneulackierung**, ändert daran nichts,[87] s. a. unten Rdn. 939. 937

Objektive Unmöglichkeit der Nachbesserung ist **bei einem technischen Mangel** anzunehmen, wenn er im Wege der Nachbesserung überhaupt nicht oder nicht einwandfrei[88] oder nur unter Zurückbleiben einer Wertminderung beseitigt werden kann.[89] Bei dem heutigen Stand der Technik sind das höchst seltene Fälle, zumal bei Unmöglichkeit einer In- 938

---

86 Vgl. OLG Karlsruhe 31. 5. 2005 – 8 U 1/05; s. a. OLG Celle 28. 6. 2006, NJW-RR 2007, 353 (Wohnmobil, Serie angeblich ausverkauft); OLG Hamm 22. 7. 2010, DAR 2011, 28 (5 kW stärkerer Motor bei Pkw kein Unmöglichkeitsgrund).

87 Zur anders gelagerten Situation bei einem Gebrauchtfahrzeug s. BGH 20. 5. 2009, NJW 2009, 2807 m. Anm. *Gutzeit*.

88 Zum Beispiel wegen einer Fehlkonstruktion, vgl. BGH 24. 1. 1963, NJW 1963, 1148.

89 OLG Düsseldorf 9. 11. 1995, OLGR 1996, 41; OLG Köln 7. 8. 1964, DB 1965, 140.

standsetzung eines Einzelteils oder einer Komponente die Variante Teiletausch bleibt. Auch **konstruktive Mängel** sind nicht per se unbehebbar.[90] Einer Nachbesserung können heutzutage selbst **gravierende Fabrikationsfehler** zugänglich sein. Wegen der Veränderungen im Automobilbau sind ältere Entscheidungen, in denen Unmöglichkeit bejaht worden ist, mit Vorsicht heranzuziehen. Seinerzeit als unbehebbar eingestuft hat man außerhalb des serienmäßigen Streubereichs liegende Vibrationen des Lenkrads, die nicht auf einer Unwucht der Reifen oder der Fehlerhaftigkeit eines Teiles, sondern auf einer Summierung negativer Fertigungstoleranzen beruhen,[91] ferner Verbeulungen an Türen und Türschlössern infolge von Verwendung zu dünner Karosseriebleche.[92] Soweit im Zusammenhang mit dem Typus **„Montagsauto“** („Zitronenwagen“) Nachbesserungs-Unmöglichkeit diskutiert wird, ist auf Rdn. 983 ff. zu verweisen.

939 Auf den Gesichtspunkt der Unmöglichkeit einer **wertminderungsfreien Fehlerbehebung** stellt das OLG Köln in einem Fall ab,[93] in dem es um ein Fahrzeug mit **erheblichen Rostschäden** und mangelhafter **Nachlackierung** ging. Bei Lackreklamationen (dazu bereits Rdn. 937) ist Ausgangspunkt der Beurteilung, dass ein Neuwagenverkäufer ein Fahrzeug mit **Originalerstlackierung** schuldet. Deren Fehlen, gänzlich oder partiell, kann dem Fahrzeug bereits die Kerneigenschaft „fabrikneu“ nehmen (dazu Rdn. 556), jedenfalls aber unvereinbar sein mit der Beschaffenheitszusage „im Originallack“ bzw. der entsprechenden üblichen Beschaffenheit. Was **der BGH** für einen rund vierjährigen Gebrauchtwagen entschieden hat[94], kann für Neufahrzeuge so nicht gelten. Jedenfalls ist schon die Grenze zur Unmöglichkeit in diesem Bereich sehr viel eher überschritten als beim Kauf eines bereits gebrauchten Kfz; ebenso die Zumutbarkeitsgrenze.

940 Als eine zur fachgerechten Fehlerbeseitigung nicht geeignete Maßnahme bewertete das LG Essen[95] das Angebot des Verkäufers, Fehler der Erstlackierung in Form von grauen Streifen, die sich durch Beipolieren nicht hatten beseitigen lassen, durch eine **komplette Neulackierung** des Fahrzeugs beheben zu lassen. Auszug aus der Urteilsbegründung:

‚Derjenige, der einen Neuwagen kauft, legt gerade Wert auf die Werkslackierung. Der Originallack ist auch für den Weiterverkauf ein wertbildender Faktor, unabhängig davon, ob die Beklagte über eine moderne Lackiererei verfügt. Eine Zweitlackierung ist auch bei noch so sorgfältiger Ausführung eben nicht mehr der Originallack, auf dessen ordnungsgemäßen Zustand der Käufer bei Auslieferung einen Anspruch hat. Einen Pkw mit einer Zweitlackierung braucht er nicht hinzunehmen.‘

941 Selbst wenn nach Durchführung der Arbeiten kein technischer und (ausnahmsweise) auch kein merkantiler Minderwert verbleibt, muss der Käufer nach Ansicht des OLG Saarbrücken[96] eine weitgehende **Neulackierung**, die mit umfangreichen Aus- und Einbauten und der Zerlegung von Karosserieteilen verbunden ist, nicht akzeptieren, da der **Originalzustand** eines Neufahrzeugs durch solche Maßnahmen erheblich **verändert** wird.

942 Was in Gebrauchtwagenstreitigkeiten der Standardfall der Nachbesserungs-Unmöglichkeit ist, nämlich die Lieferung eines angeblich unfallfreien Fahrzeugs mit einem **Unfallvorschaden**, spielt im Neuwagenhandel naturgemäß keine nennenswerte Rolle. Doch auch hier ist von einem Fall des § 275 Abs. 1 BGB auszugehen, wenn der Wagen einen Vorschaden

90 OLG Saarbrücken 16. 3. 2011 – 1 U 547/09 (aber Baumaschine); s. a. LG Leipzig 28. 4. 2011, DAR 2011, 532 (Gasumbau).
91 LG Köln 30. 11. 1979 – 79 O 301/78 – n. v.
92 AG Leverkusen 17. 10. 1977 – 25 C 159/77 – n. v.
93 Urt. v. 1. 3. 1974 – 9 U 86/73 – n. v.; ebenso LG Aschaffenburg 10. 3. 1971 – 2 O 200/70 – n. v., betr. die Lieferung eines vor Übergabe nachlackierten Fahrzeuges.
94 Urt. v. 20. 5. 2009, NJW 2009, 2807 m. Anm. *Gutzeit*.
95 Urt. v. 7. 7. 1994 – 16 O 180/94 – n. v.
96 Urt. v. 6. 11. 1992, MDR 1993, 213; dazu auch OLG Düsseldorf 9. 11. 1995, OLGR 1996, 41.

hat, gleichviel, ob nach fachgerechter Beseitigung ein merkantiler Minderwert zurückbleibt oder nicht. Die Eigenschaft der Vorschädigung ist irreparabel.[97]

c) Sonderfall Kombination von behebbarem und unbehebbarem Mangel

Eine solche Kombination ist in Neuwagensachen zwar selten, bei Streitigkeiten in Gebrauchtwagenfällen dafür umso häufiger. Kein Problem besteht, wenn eine Ersatzlieferung möglich ist und damit auch diejenigen Mängel beseitigt werden können, deren Behebung im Wege der Nachbesserung nicht möglich ist. Handelt es sich um einen sog. Serienmangel, können je nach Verbreitung und Art des Mangels beide Nacherfüllungsalternativen ausscheiden (§ 275 Abs. 1 BGB). Weist ein Fahrzeug mit einem technisch unbehebbaren Serienmangel einen weiteren Mangel auf, dessen Behebung möglich ist, steht der Käufer vor der Frage, ob er dem Verkäufer wegen dieses Mangels Gelegenheit zur Nachbesserung geben muss, oder ob er wegen des durch keine Art der Nacherfüllung behebbaren Mangels ohne Fristsetzung auf die Ansprüche der Sekundärstufe zurückgreifen kann. **943**

Das Gesetz gibt auf diese Frage keine Antwort. Dem LG Ellwangen[98] lag ein Neuwagen-Mischfall mit behebbaren Mängeln (Rost an den Kofferraumscharnieren, Funktionsstörungen des Fensters) und einem durch Nachbesserung nicht behebbaren Mangel (Herstellung des Fahrzeugs in Südafrika statt wie vereinbart in einem EU-Land) vor. Das Gericht musste auf das Problem nicht näher eingehen, da der Käufer die Lieferung eines in der EU hergestellten Ersatzfahrzeugs nicht, jedenfalls nicht ausdrücklich, eingeklagt hatte. Zu Lösungsmöglichkeiten s. Rdn. 3470. **944**

3. Die ernsthafte und endgültige Verweigerung der Nacherfüllung

a) Grundlagen

Geregelt ist dieser Fall der Freistellung vom Fristsetzungserfordernis in **§§ 323 Abs. 2 Nr. 1, 281 Abs. 2 alt. 1 BGB**. Eine kaum mehr überschaubare Menge von Entscheidungen, vom Amtsgericht bis zum Bundesverfassungsgericht,[99] erschwert die Orientierung im Einzelfall. An die Annahme, der Verkäufer verweigere **unberechtigterweise** endgültig und ernsthaft jegliche Nacherfüllung, stellt **der BGH** betont **strenge Anforderungen**. Eine endgültige Erfüllungsverweigerung liegt nur vor, wenn **945**

> *„der Schuldner eindeutig zum Ausdruck bringt, er werde seinen Vertragspflichten nicht nachkommen"* (Urt. v. 21. 12. 2005, NJW 2006, 1195 Tz. 25; ebenso BGH 20. 5. 2009, NJW 2009, 2532 Tz. 13; BGH 29. 6. 2011, NJW 2011, 2872 Tz. 14).

Die Instanzgerichte[100] folgen dieser strengen Linie auch deshalb bereitwillig, kann man doch auf diese Weise kurzen Prozess machen. Eine Beweisaufnahme zur Frage der Mangelhaftigkeit ist entbehrlich. Klagen, soweit auf einen sekundären Rechtsbehelf gestützt, sind abweisungsreif. **946**

b) Reaktionen des Verkäufers und ihre Bewertung

Zeitpunkt: Der Tatbestand der ernsthaften und endgültigen (Nach-)Erfüllungsverweigerung kann nur eingreifen, wenn feststeht, dass der Verkäufer die Leistung bereits verwei- **947**

---

97 Siehe auch BGH 18. 6. 1980, DB 1980, 1836; 27. 9. 1967, BB 1967, 1268, 1269.

98 Urt. v. 13. 12. 2002, NJW 2003, 517.

99 Beschl. v. 26. 9. 2006, ZGS 2006, 470 = JuS 2007, 181.

100 Z. B. OLG Düsseldorf 29. 10. 2007 – I-1 U 2/07; OLG Hamm 12. 5. 2005 – 28 U 179/04; OLG Celle 26. 7. 2006, NJW-RR 2007, 352; OLG Koblenz 23. 4. 2009, NJW-RR 2009, 985 (Tierkauf); AG München 30. 3. 2009, ZGS 2009, 527; bemerkenswert käuferfreundlich dagegen OLG Saarbrücken 22. 2. 2011 – 4 U 557/09.

gert hat, bevor der Käufer den Mangel selbst beseitigt hat oder hat beseitigen lassen.[101] Eine nachträgliche Leistungsverweigerung reicht grundsätzlich nicht aus. Späteres Verhalten des Verkäufers kann aber **Rückschlüsse** darauf zulassen, wie er sich im maßgeblichen Zeitpunkt (fiktive Fristsetzung) verhalten hätte.[102] Die Verweigerung muss nicht notwendigerweise vor der Rücktrittserklärung oder der Geltendmachung eines sonstigen Sekundärrechts zum Ausdruck gebracht werden.[103] Wer im Anschluss an ein Rücktrittsschreiben, dem eine Fristsetzung nicht vorausgegangen ist, dem Käufer schriftlich mitteilt, er lehne jegliche Gewährleistung ohne Einschränkung ab, dem muss keine Frist mehr gesetzt werden.[104] Das wäre, wie man zu sagen pflegt, eine **bloße Förmelei**.

948 **Inhaltliche Anforderungen:** Einprägsam ist die Formel vom **„letzten Wort“**,[105] aus der Sicht des Käufers ex ante. Die Nichtvornahme von Nachbesserungsarbeiten reicht für sich allein nicht aus,[106] erst recht nicht **bloßes Schweigen** auf eine Aufforderung zur Nachbesserung ohne Fristsetzung.[107] Auch mehrere erfolglose Versuche, den Verkäufer wegen einer Mängelrüge zu erreichen, lassen das Erfordernis der Fristsetzung nicht entfallen.[108] Ebenso wenig die Mitteilung des Verkäufers, alle Mängel seien behoben.[109]

949 Bei der Beurteilung seines Verhaltens ist zu Gunsten des Verkäufers zu berücksichtigen, dass die Art und Weise der geschuldeten Nachbesserung in seinem Ermessen liegt.[110] Der Käufer kann zwar Vorschläge machen, der Verkäufer muss sie aber nicht annehmen. Seine Ablehnung ist in einem solchen Fall keine endgültige, nicht einmal eine vorläufige Erfüllungsverweigerung. Für die Annahme einer endgültigen Verweigerung kann genügen, dass die Werkstatt im Anschluss an eine Überprüfung der Mängelrüge mit Hilfe eines Diagnosegeräts die Auskunft erteilt „Fahrzeug war mangelfrei“. Wird eine solche Auskunft mit dem Zusatz verbunden, bei erneutem Auftreten der (Elektronik-)Probleme möge man wiederkommen, wird die Ablehnung relativiert. Sie ist dann noch nicht „endgültig“.[111] Es kann also auf jedes Wort ankommen, s. a. BGH 13. 7. 2011, MDR 2011, 967 = ZIP 2011, 1571.

950 Wenn der Käufer zuviel verlangt, z. B. nicht nur die Beseitigung des gerügten Mangels, sondern außerdem einen „Leihwagen“, kann sein Nacherfüllungsverlangen wegen **unzulässiger Zuvielforderung** insgesamt unbeachtlich sein, die Ablehnung des Verkäufers damit keine „ernsthafte und endgültige“ Erfüllungsverweigerung. Vertreten lässt sich aber auch die Ansicht, der Verkäufer könne seine Ablehnung auf den überschießenden Teil beschränken und im Übrigen seiner Nacherfüllungspflicht nachkommen.[112]

951 Wenn der Händler nicht nur aus der Sachmängelhaftung verpflichtet ist, sondern er oder ein Dritter, z. B. der Hersteller, auch **aus einer „Garantie“** haftet, muss geklärt werden, worauf sich eine Ablehnungserklärung des Händlers bezieht, auf die kaufvertraglich geschuldete Mängelbeseitigung oder auf die Inanspruchnahme aus einer Garantie.[113] Maßge-

---

101 BGH 20. 1. 2009, ZGS 2009, 239.
102 BGH 20. 1. 2009, ZGS 2009, 239.
103 OLG Karlsruhe 12. 9. 2007, NJW 2008, 925.
104 OLG Karlsruhe 12. 9. 2007, NJW 2008, 925.
105 BGH 18. 9. 1985, NJW 1986, 661; OLG Koblenz 13. 11. 2008 – 5 U 900/08; OLG Düsseldorf 21. 11. 2005 – I-1 U 69/05; OLG Celle 26. 7. 2006, NJW-RR 2007, 352; OLG Hamm 12. 5. 2005 – 28 U 179/04.
106 OLG Celle 4. 8. 2004, NJW 2004, 3566; LG Duisburg 7. 2. 2007 – 11 S 148/06 – n. v. (eine Woche während der Hauptferienzeit).
107 AG München 30. 3. 2009, ZGS 2009, 527.
108 AG München 30. 3. 2009, ZGS 2009, 527.
109 BGH 29. 6. 2011, NJW 2011, 2872 Tz. 15.
110 OLG Celle 26. 7. 2006, NJW-RR 2007, 352.
111 Vgl. OLG Saarbrücken 22. 2. 2011 – 4 U 557/09.
112 In diese Richtung LG Coburg 8. 5. 2007 – 22 O 473/06.
113 Vgl. BGH 23. 2. 2005, NJW 2005, 1348.

bend ist der Horizont des Käufers. Dem Durchschnittskäufer ist die Unterscheidung zwischen Gewährleistung und Garantie nicht hinreichend bekannt.

Schwierigkeiten machen außerdem diejenigen Fälle, in denen es nicht um einen einzigen Mangel geht, sondern um **eine Mehrheit von Mängeln**, sei es, dass sie im Bündel gerügt werden, sei es, dass die Rügen sukzessive erhoben werden, weil auch die Mängel nacheinander auftreten bzw. vom Käufer als solche erkannt werden. Immer wieder kommt es vor, dass Händler bestimmte Defekte als Mängel durchaus anerkennen, andere dagegen nicht, z. B. wegen Verschleißes oder angeblicher Eigenverursachung. Mit einer Mängelmehrheit hatte es **der BGH** im sog. Turbolader-Fall zu tun. Für den Turboladerschaden – als Endresultat nicht der Gewährleistungsmangel – gab es zwei potenzielle (alternative) technische Ursachen. Als der Händler einen Austausch des Turboladers ablehnte (Erfüllungsverweigerung?), war von der zweiten Ursache (fehlerhaft verbaute Papierdichtung) noch keine Rede. Bezogen auf diesen Sachmangel lag für den BGH kein Fall der ernsthaften und endgültigen Verweigerung der Reparatur vor.[114] **952**

Das deutet auf **eine Einzelbetrachtung** hin, wie der BGH sie auch in einem ähnlichen Zusammenhang bejaht[115] und wie sie in anderen Bereichen der Sachmängelhaftung favorisiert wird.[116] Jeder einzelne Mangel ist Gegenstand eines eigenständigen Anspruchs auf Nachbesserung bzw. umgekehrt des (Reflex-)Rechts auf zweite Andienung. Auch die Frage der Erfüllungsverweigerung bezogen auf den jeweiligen Einzelmangel zu sehen, ist im Ansatz konsequent. Zu klären ist, worauf sich die Ablehnung des Verkäufers erstreckt; zum einen auf welche Art der Nacherfüllung und zum anderen bei Mangelmehrheit auf welchen Mangel. Verlangt der Käufer die Beseitigung von zwei Mängeln, ist der Verkäufer aber nur bereit, einen der beiden zu beheben, braucht der Käufer sich auf eine Teilinstandsetzung nicht einzulassen. Nach § 266 BGB ist der Schuldner zu Teilleistungen nicht berechtigt. Auch wenn diese Vorschrift nicht unmittelbar anwendbar ist, trifft der dahinter stehende Gedanke des Gläubigerschutzes doch auch hier zu. **953**

Einer ernsthaften und endgültigen Nacherfüllungsverweigerung stellt die Rechtsprechung den Fall gleich, dass der Verkäufer seine Nacherfüllungsbereitschaft an eine **unzulässige Bedingung** knüpft, z. B. die Unterzeichnung eines Reparaturauftrags mit ungeklärter Kostenregelung[117] oder die **Übernahme der Prüf- und Instandsetzungskosten** ohne Rücksicht darauf, ob ein Mangel vorliegt oder nicht. Zulässig ist dagegen das Verlangen nach Kostenübernahme für den Fall, dass sich bei der Prüfung ein Sachmangel nicht herausstellen sollte (Eigenverursachung, Marderbiss o. Ä.). **954**

Wenn der **Erfüllungsort** (Leistungsort) ausnahmsweise nicht der Firmensitz des Verkäufers, sondern der vertragsmäßige bzw. momentane Belegenheitsort ist, kann eine unberechtigte Nacherfüllungsverweigerung auch darin liegen, dass der Verkäufer zwar nachbesserungsbereit ist, eine Reparatur außerhalb seiner Werkstatt aber entschieden ablehnt. Ein Rechtsirrtum entlastet nicht. Sieht der Händler den Erfüllungsort richtigerweise an seinem Firmensitz, lehnt er aber die **Finanzierung des Transports** ab, kann dies einer endgültigen Ablehnung der Nacherfüllung gleichkommen. So auch, wenn er eine (berechtigte) Vorschussanforderung des Käufers strikt zurückweist. Zur Frage des Erfüllungsortes s. Rdn. 706 ff. Die Bereitschaft zur Nacherfüllung davon abhängig zu machen, dass der Käufer den **restlichen Kaufpreis zahlt**, ist im Fall objektiv vorhandener Mangelhaftigkeit gleichfalls ein Fall unberechtigter Verweigerung.[118] **955**

114 Urt. 23. 11. 2005, NJW 2006, 434.
115 Urt. v. 29. 6. 2011, NJW 2011, 2872 Tz. 17 (Wohnmobil).
116 Umfassend dazu *Dauner-Lieb*, FS Canaris, S. 143 ff.
117 Vgl. OLG Köln 2. 4. 1985, NJW-RR 1986, 151.
118 OLG Oldenburg 24. 9. 2010, NJW-RR 2011, 480 (auch zu § 321 BGB).

c) Das Prozessverhalten des Verkäufers

956 Dass es bei der Frage der endgültigen und ernsthaften Erfüllungsverweigerung auch auf das Verhalten des Verkäufers im Prozess ankommen kann, steht im Grundsatz außer Streit.[119] In der Tat können prozessuale Erklärungen des Verkäufers einen Rückschluss darauf zulassen, wie er auf eine Fristsetzung reagiert hätte, ob sie etwas in Richtung Nacherfüllung bewirkt hätte oder nicht. Ein typisches Argumentationsmuster ist es, außergerichtliches Verkäuferhandeln und Prozessverhalten in **einer Zusammenschau** zu sehen.[120]

957 Der **Antrag auf Abweisung einer Klage,** die auf Rückzahlung des Kaufpreises und Erstattung von Aufwendungen gerichtet ist, besagt nicht ohne weiteres, dass der Verkäufer auch eine Nacherfüllung abgelehnt hätte.[121] Der Abweisungsantrag kann auch oder sogar ausschließlich darauf gestützt sein, dass der Käufer den Nacherfüllungsvorrang missachtet hat. Bei einer Klage auf Ersatzlieferung oder Nachbesserung liegen die Dinge anders. In einem solchen Fall kann der Klageabweisungsantrag als Indiz für eine Erfüllungsverweigerung angesehen werden. Wird nur hilfsweise auf Nacherfüllung geklagt, bezieht sich der Abweisungsantrag zwar auch auf diesen Hilfsantrag, dennoch bleibt er ohne indizielle Bedeutung.[122]

958 Das vorübergehende **Leugnen der Passivlegitimation** lässt gleichfalls keinen Rückschluss auf mangelnde Nachbesserungsbereitschaft zu.[123] Anders kann es im Fall des nachhaltigen (kategorischen) **Bestreitens des gerügten Mangels** sein.[124] Wer als Verkäufer beanstandet, ihm sei keine Gelegenheit zur Nacherfüllung gegeben worden und daneben bzw. hilfsweise Mangelhaftigkeit leugnet, verweigert die Nacherfüllung nicht ernsthaft und endgültig.[125] Zum Bestreiten von Mängeln aus „prozesstaktischen Gründen" als Alternative zu einem „Bestreiten schlechthin" s. auch BGH NJW 2006, 1195 und OLG Celle NJW 2004, 3566.[126] Für den Anwalt des Verkäufers ist es **eine Gratwanderung**. Hält er sich in seinem Vortrag zu stark zurück, kann dies als Zugeständnis/Nichtbestreiten der Mangelhaftigkeit gewertet werden. Trägt er zu viel vor, läuft er Gefahr, dass das Gericht von einer endgültigen Verweigerung der Nacherfüllung ausgeht.

d) Darlegungs- und Beweislast

959 Die tatsächlichen Voraussetzungen für die Annahme einer endgültigen und ernsthaften Nacherfüllungsverweigerung hat der Käufer zu beweisen.[127] Argument: Ausnahmetatbestand. Wesentliche Beweisbedeutung haben die gewechselte Korrespondenz und Telefonate.[128]

---

119 BVerfG 26. 9. 2006, ZGS 2006, 470; BGH 20. 1. 2009, ZGS 2009, 239; BGH 21. 12. 2005, NJW 2006, 1195; BGH 23. 2. 2005, NJW 2005, 1348; s. a. BGH 18. 9. 1985, NJW 1986, 661; OLG Saarbrücken 22. 2. 2011 – 4 U 557/09.

120 Z. B. OLG Saarbrücken 22. 2. 2011 – 4 U 557/09.

121 OLG Celle 4.8. 2004, NJW 2004, 3566; OLG Celle 26. 7. 2006, NJW-RR 2007, 352.

122 OLG Düsseldorf 29. 10. 2007 – I-1 U 2/07.

123 BGH 23. 2. 2005, NJW 2005, 1348.

124 Vgl. OLG Saarbrücken 22. 2. 2011 – 4 U 557/09.

125 BGH 9. 1. 2008, NJW 2008, 1359; s. a. OLG Koblenz 23. 4. 2009, NJW-RR 2009, 985 (jew. Tierkauf).

126 Auch BGH 20. 1. 2009, ZGS 2009, 239 = NZBau 2009, 377.

127 BGH 11. 2. 2009, NJW 2009, 1341 (für den Entbehrlichkeitstatbestand „Fehlschlagen"); *Grothe* in Bamberger/Roth, § 323 BGB Rn. 45.

128 Zur Mithörproblematik s. BGH 17. 2. 2010, NJW-RR 2010, 1289 = DAR 2010, 263.

4. Das Fehlschlagen der Nacherfüllung

a) Ausgangslage

Fehlschlagen kann vom Ansatz her jede der beiden Arten der Nacherfüllung. § 440 S. 1 BGB stellt auf die dem Käufer zustehende Art ab. Das ist die von ihm verlangte, dem Verkäufer mögliche (kein Fall des § 275 Abs. 1 BGB) und von ihm nicht nach §§ 275 Abs. 2, 3 oder 439 Abs. 3 BGB verweigerte Variante der Nacherfüllung.[129] Das Fehlschlagen der Nacherfüllung ist ein sog. **Entbehrlichkeitstatbestand** und an dieser Stelle nur unter diesem engen Blickwinkel – nicht als Haftungstatbestand[130] – von Interesse. Entbehrlich kann bereits das Setzen einer Frist sein, entbehrlich kann aber auch sein, auf das Ablaufen einer gesetzten Frist zu warten, wenn die Nacherfüllung vorher fehlgeschlagen ist. **960**

Hat der Käufer eine (angemessene) Frist zur Nacherfüllung gesetzt und ist diese ergebnislos, weil fruchtlos abgelaufen, kann mit Blick auf den Nacherfüllungsvorrang dahinstehen, welche Gründe die Untätigkeit hat. Es ist also nicht so, dass dem Verkäufer stets oder auch nur im Regelfall zwei Nachbesserungsversuche zustehen; nicht einmal einen einzigen Fehlversuch muss der Käufer hinnehmen, wenn der Verkäufer eine ihm gesetzte Frist versäumt hat.[131] Nur das Ergebnis im Zeitpunkt des Fristablaufs zählt, nicht die Gründe. Anders gesagt: Nicht die Unzumutbarkeit weiterer Nachbesserungsversuche macht den Weg frei zur zweiten Stufe, sondern das Scheitern der Nacherfüllung trotz Fristsetzung.[132] **961**

Was der Gesetzgeber unter „Fehlschlagen“ der Nacherfüllung versteht, erschließt sich aus § 440 BGB allenfalls mittelbar. Nicht erfasst ist **der Fall der Unmöglichkeit**. Er ist in § 275 Abs. 1 BGB geregelt. Dazu Rdn. 932 ff. Die weite Definition der Rechtsprechung zu § 11 Nr. 10b AGBG ist schon deshalb auf § 440 BGB nicht ohne weiteres übertragbar. Dies umso weniger, als bestimmte Formen des Fehlschlagens heute gesetzlich ausdrücklich geregelt sind. Für ein Fehlschlagen i. S. d. § 440 BGB verbleiben somit im Wesentlichen **962**

- das Unterlassen
- die Unzulänglichkeit und vor allem
- der misslungene Versuch.[133]

b) Praktische Bedeutung für den Autokauf

Im früheren Recht des Neuwagenkaufs hing die „Wandelungsreife“ nicht, jedenfalls nicht ausschließlich, vom Ablauf einer Nachbesserungsfrist ab, sondern vom Eintritt eines der zahlreichen Tatbestände, die man unter dem Sammelbegriff des „Fehlschlagens“ zusammengefasst hat. Durch die Schuldrechtsreform hat sich im rechtlichen Ansatz nur wenig geändert. Was den Umgang mit dem Tatbestand des Fehlschlagens gegenwärtig in tatsächlicher wie rechtlicher Hinsicht erheblich erschwert, ist im Allgemeinen mit dem Stichwort „Mehrfachstörung“ und im Besondern mit dem Begriff „Elektronik“ verbunden. Durch die zunehmende Verwendung elektronischer Bauteile kommt es vermehrt zu **„Mehrfachstörungen“**. Technisch in der Diagnose und Behebung sowie rechtlich in der Trennung zwischen Mangel, Ursache und Symptom können diese Fälle erhebliche Schwierigkeiten machen, wie der Audi-S 4-Fall BGH NJW 2011, 1664 beispielhaft zeigt. **963**

Nicht zuletzt durch die **Zunahme elektronischer Komponenten** hat die Frage an Bedeutung gewonnen, ob das, was der Händler bzw. seine Werkstatt auf die Rüge des Käufers **964**

---

129 Vgl. BGH 15. 11. 2006, NJW 2007, 504.

130 Von Bedeutung ist das Fehlschlagen der Nacherfüllung auch beim verbundfinanzierten Kauf (§ 359 S. 3 BGB).

131 OLG Saarbrücken 9. 9. 2010 – 8 U 367/09 – BeckRS 2010, 28141.

132 Zumindest schief OLG Bremen 21. 6. 2007, ZGS 2007, 471.

133 *Eckert/Maifeld/Matthiessen*, Rn. 649.

hin getan hat, überhaupt ein Nachbesserungsversuch im Rechtssinn gewesen ist. *Beispiel:* Der Käufer beanstandet „ein Ruckeln beim Beschleunigen". Die Werkstatt des Händlers macht nach einer Probefahrt eine **Fehlerspeicherabfrage** und erstellt ein **Fehlerprotokoll** („Eingangs-Kurztest-Protokoll" o. Ä.) mit dem Ergebnis „kein Fehler" (nur Häkchen). Wenn aus nachträglicher Sicht ein Fehler gleichwohl vorhanden war, wird man geneigt sein, die objektiv falsche bzw. unvollständige Diagnose als gescheiterten Nachbesserungsversuch einzustufen (näher dazu Rdn. 967 ff.). Vorwiegend vor dem Hintergrund von „Elektronikproblemen" stellt sich die weitere Frage, ob eine Nachbesserung ein Misserfolg war, wenn der gleiche (oder ein ähnlicher?) Mangel oder ein Mangelsymptom einige Zeit nach Rückgabe des Fahrzeugs erneut auftritt.[134] Zu dieser technisch wie rechtlich anspruchsvollen Thematik s. Rdn. 996 ff.

965 Da Ersatzlieferung (Neulieferung) nur höchst selten verlangt wird, ist autokaufrechtliche Judikatur zum Fehlschlagen dieser Nacherfüllungsvariante, soweit ersichtlich, nicht vorhanden. Zu den maßgeblichen Kriterien s. Rdn. 1012, zum Fall der Unmöglichkeit nach § 275 Abs. 1 BGB s. Rdn. 932 ff.

c) Fehlschlagen der Nachbesserung

966 Nach dem **Prinzip der Einzelbetrachtung** („jeder Mangel zählt extra") muss dem Verkäufer **grundsätzlich** wegen jedes einzelnen Mangels Gelegenheit gegeben werden, ihn zu beseitigen, um auf diese Weise die Sekundärrechte des Käufers abzuwehren.[135] Dazu unter dem Blickwinkel des Fristsetzungserfordernisses s. o. Rdn. 906 ff.

967 **Nachbesserung oder nur (Vor-)Prüfung?** Als Erstes stellt sich die Frage, ob das, was der Verkäufer unternommen hat, überhaupt als Nachbesserungsversuch i. S. d. § 440 S. 2 BGB gewertet werden kann. Während das Interesse des Händlers naturgemäß dahin geht, nur „echte" Arbeiten am Fahrzeug gelten zu lassen, möchten Käufer und ihre Anwälte schon **die erste Untersuchung** (Probefahrt, Diagnose, Fehlerspeicherabfrage) als Nachbesserungsversuch verstanden wissen. Sie zählen die Werkstatttermine, weniger das, was der Verkäufer auf die Beanstandung hin konkret unternommen hat.

968 **Die Gerichte** folgen in dieser Frage überwiegend der Sichtweise der Käufer,[136] was angesichts der begrenzten Einsicht des Käufers in das Werkstattgeschehen nicht verwundert. Vergleichbar dem weiten Verständnis des Begriffs „Verhandlungen" (§ 203 BGB) wird „Nachbesserung" bzw. „Nachbesserungsversuch" weit ausgelegt. Andererseits wird auch betont, dass ein Aufenthalt in der Werkstatt zum Zwecke einer fälligen Inspektion, nicht zur gezielten Erledigung einer Mängelrüge, kein Nachbesserungsversuch ist.[137]

969 So wie **eine Probefahrt** des Kundendienstberaters oder des Werkstattmeisters zur Prüfung der Rüge eines mechanischen Fehlers, z. B. Schiefziehen der Lenkung oder Bremsenquietschen, für sich allein noch keinen Versuch der Mangelbeseitigung darstellt, ist bei elektronischen Problemen die **Fehlerspeicherabfrage mit Erstellung eines Fehlerprotokolls** nur ein erster, technisch notwendiger Schritt, um zu klären, ob ein Mangel überhaupt vorliegt oder nicht. Die **Beanstandungsebene** ist damit noch nicht verlassen. Auf ihr findet das Sammeln von Informationen statt. Dieser erste Schritt dient auch dazu, sich Klarheit über die Vorgehensweise zu verschaffen, wie man dem gerügten Fehler auf die Spur kommen kann, wie er einzugrenzen und ggf. zu beseitigen ist. Eine Mängelbeseitigung i. S. d.

---

134 Dazu BGH 11. 2. 2009, NJW 2009, 1341; v. 9. 3. 2011, NJW 2011, 1664 m. Anm. *Kleinhenz*.

135 BGH 29. 6. 2011, NJW 2011, 2872 Tz. 17; OLG Saarbrücken 29. 5. 2008, NJW 2009, 369; OLG Düsseldorf 10. 2. 2006, VRR 2006, 306; OLG Hamm 26. 2. 2008 – 28 U 135/07; KG 27. 7. 2009, NJW-RR 2010, 706.

136 Z. B. OLG Karlsruhe 14. 5. 2009 – 4 U 148/07 (Erstuntersuchung nach Rüge „Wassereintritt" = 1. Nachbesserungsversuch).

137 OLG Koblenz 1. 4. 2010, ZGS 2010, 378.

kaufrechtlichen Nacherfüllung ist mit diesem ersten Schritt noch nicht verbunden, so dass die Werkstattaufenthalte, in denen lediglich eine Probefahrt und/oder eine Fehlerspeicherabfrage mit Protokoll gemacht wurde, nicht ohne weiteres gezählt werden können, wenn es um die Zwei-Versuche-Regel geht.

Sobald der Verkäufer sich mit einem von ihm entdeckten oder für möglich gehaltenen Defekt mit dem Ziel beschäftigt, ihn oder dessen Ursache zu beseitigen, handelt es sich um einen Nachbesserungsversuch.[138] Dies freilich nur unter der Voraussetzung, dass er im Rahmen der Mängelrüge des Käufers aktiv geworden ist. Denn ob ein Nachbesserungsversuch erfolgreich war oder nicht, bestimmt sich grundsätzlich nach dem vom Käufer geltend gemachten Mangel.[139] Da es genügt, wenn er ein Mangelsymptom nennt, zählt als Nachbesserungsversuch auch **die Beschäftigung mit dem Symptom**. Was Mangel, was Symptom ist, ob das geschilderte Symptom gar den Mangel darstellt, ist für die Beteiligten oft nur schwer zu erkennen und abzugrenzen, zumal bei Elektronik- und Elektrikproblemen (zur Unterscheidung von Mangel und Symptom auch Rdn. 1004). Wer zur Beseitigung eines Mangelsymptoms eine bestimmte Maßnahme ergreift, die sich als ungeeignet erweist, hat vergeblich nachgebessert. Wird er nach Rückgabe des Fahrzeugs ein zweites Mal wegen desselben Symptoms tätig, handelt es sich bei erneuter Erfolglosigkeit um zwei vergebliche Versuche.[140] Zum Nachweis der Erfolglosigkeit näher Rdn. 999 ff. **970**

Mangeleinheit oder Mangelmehrheit? Typisch für Mängelstreitigkeiten in Neufahrzeugfällen ist folgende Fragestellung: Hat der Käufer nur einen **einzigen Mangel** (mit möglicherweise verschiedenen Symptomen) oder eine **Mehrheit von Mängeln** beanstandet? Sie ist nicht nur unter dem Gesichtspunkt des Fehlschlagens der Nachbesserung von Interesse. Bedeutung hat sie auch für das „Sichzeigen" innerhalb der Sechsmonatsfrist des § 476 BGB, für die Rügeobliegenheit nach § 377 HGB, die Bagatellprüfung nach § 323 Abs. 5 S. 2 BGB und schließlich für die Verjährung, z. B. die Erstreckung der Hemmungswirkung bei Verhandlungen oder durch den Antrag auf Einleitung eines selbstständigen Beweisverfahrens. Die dazu ergangene Rechtsprechung kann ergänzend herangezogen werden, wenn es darum geht, festzustellen, ob die Nachbesserung i. S. d. § 440 BGB fehlgeschlagen ist. **971**

Gehen z. B. **Undichtigkeiten** an verschiedenen Stellen eines Daches auf eine gemeinsame Ursache zurück, so handelt es sich um einen **einheitlichen Mangel**, etwa in der Konstruktion des Daches.[141] Um die Anzahl der erlaubten Fehlversuche zu erhöhen, sind Händler erfahrungsgemäß bestrebt, eine Mangelmehrheit anzunehmen, während Käufer ein Interesse daran haben, mit einer Mangeleinheit zu argumentieren. Im Streitfall ist das eine Frage für den Sachverständigen. **Besonders problematisch** sind wirkliche oder nur vermeintliche **Fehler der Elektrik und Elektronik**. **972**

Erfolglosigkeit des Versuchs. Ob ein Nachbesserungsversuch erfolglos ist oder nicht, ist am Gegenstand und am Inhalt der Nachbesserungspflicht zu messen. Was zählt ist **das Ergebnis** der Bemühungen. Wenn das unter Rdn. 691 ff. beschriebene Ziel verfehlt wird, ist der Versuch erfolglos, gleichviel, was der Verkäufer unternommen hat. Auch wer praktisch nichts getan hat, bevor er den Wagen zurückgibt, hat erfolglos nachgebessert.[142] Erfolglosigkeit bezieht sich auf den einzelnen Versuch, meist auf den zweiten und letzten. Fehlschlagen meint das Scheitern der Nachbesserung insgesamt. Zur Nachweisproblematik s. Rdn. 999 ff. **973**

---

138 Beispiel: Diagnose eines Defekts des Drehzahlgebers als Ursache für das Nichtanspringen des Motors und Erneuerung des Drehzahlgebers (OLG Koblenz 1. 4. 2010, ZGS 2010, 378).
139 OLG Saarbrücken 29. 5. 2008, NJW 2009, 369.
140 OLG Stuttgart 1. 12. 2009, NJW-RR 2010, 412 = DAR 2010, 140.
141 OLG Hamm 22. 7. 2010, DAR 2011, 28.
142 LG Wuppertal 16. 11. 2010 – 16 O 134/08.

974 **Aufenthalte in autorisierten Werkstätten.** Dortige Fehlversuche muss sich die Verkaufsfirma grundsätzlich **zurechnen** lassen, sofern die Klausel Abschn. VII Ziff. 2a NWVB 3/08 oder eine entsprechende Klausel Vertragsinhalt geworden ist. Das versteht sich – zumal bei Ankäufen durch Leasingfirmen – nicht von selbst.[143] **Anwälte von Käufern** sind daher gut beraten, sich vor der Erklärung des Rücktritts oder der Geltendmachung eines anderen Sekundärrechtsbehelfs **zu vergewissern**, ob, der Mandant einen Drittbetrieb aufgesucht hat und wenn ja, ob dieser vertraglich zur Nachbesserung ermächtigt gewesen ist oder nicht. Spätestens im Prozess ist hierzu unter Beweisantritt vorzutragen.[144] Zur Einschaltung autorisierter Drittbetriebe s. a. Rdn. 649 ff. **Nicht zurechnen** lassen muss sich **ein freier Händler** Garantiearbeiten, die der Käufer in einer Vertragswerkstatt im Rahmen einer Händlergarantie hat durchführen lassen. Deren Misserfolg ist kein Fehlschlagen i. S. d. § 440 S. 2 BGB.[145]

aa) Anzahl der Versuche und Beurteilungskriterien

975 Wie viele erfolglose Nachbesserungsversuche der Käufer sich gefallen lassen muss, bevor von einem **Fehlschlagen der Nachbesserung** gesprochen werden kann, bestimmt § 440 S. 2 BGB im Sinne eines Regeltatbestandes („gilt"). Die **Zwei-Versuche-Regel** wird auch **als Vermutung** verstanden[146], was nicht zuletzt für die Verteilung der Darlegungs- und Beweislast von Bedeutung ist.

976 Ob der Verkäufer erst einmal oder schon zweimal, ggf. sogar weitere Male, ohne Erfolg nachgebessert hat, ist nicht immer auf Anhieb klar. Auch bei einem einzigen Mangel sind mehrere Werkstattaufenhalte kein zwingendes Indiz für eine Mehrheit von Versuchen. Bestimmte Einstiegstätigkeiten des Verkäufers haben von vornherein außer Betracht zu bleiben (dazu Rdn. 967 ff.). Sodann ist zu beachten, dass der Verkäufer sich mit ein und demselben Mangel oder einem Mangelsymptom durchaus zweimal befassen kann, ohne dass dies zwei gescheiterte Nachbesserungsversuche sind.

Beispiel: Auf die Rüge „Bremsenquietschen" lässt der Händler zunächst die Bremsbeläge austauschen. Dem Käufer wird mitgeteilt, er könne das Fahrzeug abholen. Dazu kommt es aber zunächst nicht, weil der Händler einen neuen Abholtermin nennt, um noch die Bremsscheiben auszutauschen. Dieser Gesamtvorgang kann nicht in zwei Nachbesserungsversuche zerlegt werden.[147]

977 Ein Indiz für Zweimaligkeit ist neben der Rückgabe des Fahrzeugs als „mängelfrei" die Aufnahme einer abermaligen Mängelrüge in einem neuen „Reparaturauftrag". Wenn selbst der Händler keinen Fortsetzungsfall annimmt, muss er sich gefallen lassen, dass die erneute Befassung als zweiter Versuch gewertet wird.

978 **Regelfall und Ausnahmen**. Die gesetzliche Vermutung des Fehlschlagens der Nachbesserung bei zwei erfolglosen Versuchen kann je nach den Umständen des Einzelfalles **in beiden Richtungen** außer Kraft gesetzt sein.[148] Die Grenze des Zumutbaren kann bei an sich möglicher und auch zumutbarer Nachbesserung schon nach einem **einzigen Fehlversuch**

---

143 Vgl. OLG Koblenz 1. 4. 2010, ZGS 2010, 378; OLG Hamm 6. 2. 2006, DAR 2006, 390; andererseits LG Wuppertal 16. 11. 2010 – 16 O 134/08.

144 OLG Koblenz 1. 4. 2010, ZGS 2010, 378.

145 OLG Karlsruhe 16. 3. 2006, DAR 2007, 31; s. a. OLG Celle 8. 3. 2006, OLGR 2006, 707 (aber „Altfall" mit Fehlschlagen von Garantiearbeiten und der Frage des Wiederauflebens von Gewährleistungsansprüchen).

146 OLG Hamm 12. 5. 2005 – 28 U 179/04.

147 So mit Recht OLG Hamm 9. 12. 2010 – I-28 U 103/10.

148 Vgl. OLG Hamm 9. 12. 2010 – I-28 U 103/10.

überschritten sein.[149] Umgekehrt sind Konstellationen denkbar, bei denen der Käufer ausnahmsweise **mehr als zwei Versuche** hinzunehmen hat. In Betracht kommt das **laut BGH** etwa bei besonderer (technischer) Komplexität, schwer zu behebenden Mängeln oder ungewöhnlich widrigen Umständen bei vorangegangen Nachbesserungsversuchen.[150] Entscheidend ist für das OLG Hamm[151], ob der Käufer davon ausgehen darf, dass der Verkäufer zu einer ordnungsgemäßen Nachbesserung außer Stande ist.

Für die Beurteilung spielt zunächst **keine Rolle**, ob es sich um einen hochpreisigen Sportwagen, eine „Luxuslimousine" oder um einen Kleinwagen handelt.[152] Von Bedeutung ist dagegen, ob die **Ursache des Defekts** mühelos oder nur sehr schwer zu finden ist.[153] Lässt sie sich nur mit großem Aufwand oder nicht eindeutig ermitteln, typisch für **„Elektronikprobleme"** und **Feuchtigkeitsfälle** (Rspr.nachw. zu diesen beiden Fallgruppen unter Rdn. 587, 580), ist dieser Umstand zugunsten des Verkäufers zu berücksichtigen. Andererseits ist zu Lasten eines Markenhändlers zu bedenken, dass ihm das technische Knowhow des Herstellers zur Verfügung steht. Auch seine Möglichkeit, beim Hersteller Regress zu nehmen, fällt in diesem Zusammenhang ins Gewicht.[154] Gesteigerte Anforderungen sind an einen **direktverkaufenden Hersteller** zu stellen (z. B. Daimler, aber auch BMW u. a.). Dass an seinem Fahrzeug mehrmals oder längere Zeit mehr oder weniger plan- und ziellos ‚herumexperimentiert' wird, ist einem Neufahrzeugkäufer generell nicht zuzumuten.[155] **979**

Bei der Abwägung der beiderseitigen Interessen sind **Anzahl und Dauer der Werkstattaufenthalte** ebenso von Bedeutung wie die Frage, welche **Mühe und Sorgfalt** der Händler bei der Fehlersuche und dem Versuch der Beseitigung aufgewendet hat. Zu seinen Ungunsten kann sich auswirken, dass er oder von ihm eingeschaltete Kundendienstmitarbeiter des Herstellers/Importeurs, deren Handeln er sich zurechnen lassen muss, berechtigte Beanstandungen des Käufers **bagatellisiert** oder **als normal hingestellt** haben.[156] Eine gewisse **Zurückhaltung des Verkäufers** mit zunehmendem Zeitablauf gegenüber Reklamationen des Käufers ist nachvollziehbar und ohne Auswirkung auf die Zumutbarkeitsschwelle, wenn der Käufer kleinste Fehler, wie z. B. das Scheibenwischerblatt und die Beschichtung sowie den Blickwinkel des Außenspiegels, beanstandet und teilweise nicht verifizierbare Rügen vorgebracht hat.[157] **980**

Auch die **Begleitumstände** sind bei der Prüfung zu berücksichtigen. Im Rahmen der Abwägung kann es durchaus eine Rolle spielen, dass der Verkäufer, ohne hierzu rechtlich verpflichtet zu sein, dem Käufer während der Zeit der Reparatur **einen Ersatzwagen** („Mobilitätsfahrzeug") kostenlos zur Verfügung gestellt[158] oder nicht ordnungsgemäß funktionierende Teile „großzügig" ausgetauscht hat (Kulanz).[159] Als „sonstigen Umstand" i. S. d. **981**

---

149 OLG Saarbrücken 29. 5. 2008, NJW 2009, 369 (bei erheblichen Unannehmlichkeiten für den Fall des Wartens auf einen zweiten Versuch); s. a. OLG Hamm 9. 12. 2010 – I 28 U 103/10 (zweiter Versuch bei „Bremsenquietschen" bei Porsche 911 GT 3 zugestanden) und OLG Hamm 10. 3. 2011 – I-28 U 131/10 (nur ein Versuch bei „schlampiger" Arbeitsweise).

150 Urt. v. 15. 11. 2006, NJW 2007, 504; s. a. OLG Karlsruhe 14. 5. 2009 – 4 U 148/07 (Undichtigkeit/Feuchtigkeit); OLG Saarbrücken 16. 3. 2011 – 1 U 547/09 (Baumaschine).

151 Urt. v. 9. 12. 2010 – I-28 U 103/10.

152 OLG Hamm 9. 12. 2010 – I-28 U 103/10 (Porsche 911 GT 3).

153 BGH 15. 11. 2006, NJW 2007, 504; OLG Karlsruhe 14. 5. 2009 – 4 U 148/07.

154 OLG Düsseldorf 29. 10. 2007 – I-1 U 59/07 (nicht mehr als zwei Versuche bei nicht funktionierender Elektronik); s. a. OLG Naumburg 13. 12. 2006, OLGR 2007, 815.

155 Zustimmend OLG Celle 1. 7. 2009, NJW-RR 2010, 356.

156 Dazu OLG Hamm 9. 12. 2010 – I-28 U 103/10 („Bremsenquietschen" Porsche 911 GT 3); OLG Köln 2. 9. 1988 – 14 U 309/87 – n. v.

157 OLG Celle 8. 1. 1998, OLGR 1999, 221.

158 Dazu OLG Hamm 26. 2. 2008 – 28 U 135/07.

159 LG Köln 1. 3. 1979 – 2 O 524/77 – n. v.

§ 440 S. 2 BGB sieht das OLG Rostock die Zustimmung des Käufers zu einer weiteren Überprüfung der Reklamation (hier: Leistungsabfall).[160] In einem solchen Fall ist ein Rückgriff auf § 440 S. 2 BGB überflüssig. Bei Vereinbarung eines dritten (oder vierten) Versuchs kann der Käufer nur aus wichtigem Grund vorher zurücktreten.

982 Andererseits fällt zu Ungunsten des Verkäufers ins Gewicht, wenn er

- eine Nachbesserung nur vortäuscht,
- die ‚Übertünchung‘ eines Sachmangels statt dessen Beseitigung betreibt, indem er an Stelle der vom Hersteller vorgesehenen Mängelbeseitigungsmaßnahmen lediglich Einstellarbeiten vornimmt,[161]
- beim ersten Nachbesserungsversuch oberflächlich und unsachgemäß vorgeht, indem er bei gerügtem Wassereintritt eine Dichtigkeitskontrolle durch Abspritzen des Wagens unterlässt und bei der unsachgemäßen Trocknung des Wagens weitere Schäden verursacht,[162]
- gravierende Ausführungsfehler begeht (OLG Hamm 10. 3. 2011 – I-28 U 131/10 – undichtes Wohnmobil)
- vorhandene Mängel bagatellisiert, indem er sie z. B. als ‚Peanuts‘ abtut.[163]

bb) Sonderfall „Montagsauto“

983 Selbst deutschen Premiumherstellern ist es bis in die jüngste Zeit hinein nicht erspart geblieben, dass ihre Produkte von den Gerichten als „Montagsauto“ oder „Zitronenauto“ tituliert worden sind.[164] Nüchtern betrachtet leistet der Begriff deutlich weniger, als er zu versprechen scheint. Nicht die Gerichte haben ihn geprägt, es handelt sich also nicht um eine richterrechtliche Rechtsfigur,[165] die es zu konkretisieren gilt. Wenn die Instanzgerichte diesen von Käuferseite eingeführten Begriff aufnehmen und argumentativ einsetzen, so geschieht das meist nur zur Beschreibung eines bestimmten Phänomens oder – wie das OLG Düsseldorf sagt[166] – eines bestimmten Typus. Den Begriff „Montagsauto“ definieren zu wollen, verspricht keinen Erfolg. Entscheidend sind die damit verbundenen Sachprobleme. Von zentraler Bedeutung ist die Frage nach der **Reichweite des Nacherfüllungsvorrangs**. Aus Sicht des Käufers gesehen geht es um sein Recht auf eine Nacherfüllung „ohne erhebliche Unannehmlichkeiten“ i. S. v. BGH NJW 2011, 2278 Tz. 38 ff.

984 Als typisch für ein sog. „Montagsauto“ („Zitronenauto“) gilt das Auftreten einer Vielzahl mehr oder weniger kleinerer Defekte, und zwar nicht auf einen Schlag, sondern sukzessive und dies meist zeitnah zur Auslieferung. Wiederkehrende Mängel, schlechte Verarbeitungsqualität, Fehleranfälligkeit und Prognoseunsicherheit in puncto Mangelfreiheit sind die Gesichtspunkte, die das Bild vom „Montagsauto“ prägen.

985 Bei einer auf Qualitätsmängeln (z. B. Verarbeitungsmängeln) beruhenden **Fehleranfälligkeit** kann bereits ein Fall der **Unmöglichkeit der Nachbesserung** in Betracht kommen.[167]

---

160 Urt. v. 20. 3. 2006, OLGR 2006, 671.
161 OLG Köln 13. 1. 1995, VersR 1995, 420.
162 LG Freiburg 20. 3. 1974 – 6 O 191/72 – n. v.; s. a. OLG Hamm 10. 3. 2011 – I-28 U 131/10 (Feuchtigkeitsschaden Wohnmobil).
163 OLG Saarbrücken 29. 6. 1999, zfs 1999, 518.
164 OLG Düsseldorf 10. 2. 2006, VRR 2006, 306 (MB CL 500); LG Zweibrücken 2. 8. 2004, SVR 2005, 188 (MB E 270 CDI); LG Duisburg 22. 5. 2006 – 3 O 274/04 – n. v. (E 440 CDI); verneint dagegen von OLG Düsseldorf 23. 3. 2011, DAR 2011, 324 (Mercedes Viano).
165 Anders die Einschätzung von *Breidenstein*, DAR 2009, 542.
166 Urt. v. 23. 3. 2011 – I-3 U 47/10, DAR 2011, 324 = NJW-RR 2011, 1276.
167 OLG Düsseldorf 23. 3. 2011, DAR 2011, 324; *Lempp*, Der Verkehrsjurist des ACE 4/1996, 1 ff., 4; *Breidenstein*, DAR 2009, 542.

Langzeitige oder gar dauerhafte Irreparabilität kann den Tatbestand des § 275 Abs. 1 BGB erfüllen. Näheres zur Kategorie **„unbehebbarer Mangel"** und den Folgen unter Rdn. 936 ff. Schon vor der Modernisierung des Kaufrechts galt der Tatbestand der Unmöglichkeit als Unterfall des Fehlschlagens der Nachbesserung i. S. d. seinerzeitigen AGB-Klausel (Abschn. VII Ziff. 4: „..... Fehler nicht beseitigt werden kann"). Gleichwohl hat man die naturgemäß seltenen „Montagsauto"-Fälle ganz überwiegend nicht auf dieser Grundlage, sondern mit Hilfe des Kriteriums der Zumutbarkeit gelöst.

Unmöglichkeit der Nachbesserung (§ 275 Abs. 1 BGB) wird sich bei dem heutigen Stand der Technik kaum jemals sicher feststellen lassen. Selbst eine erhebliche Fehleranfälligkeit in mehreren Bereichen bzw. Baugruppen des Fahrzeugs bedeutet nicht ohne weiteres einen Fall der Unmöglichkeit. Erwägenswert ist, aus dem Nichterreichen des Ziels „Mangelfreiheit in angemessener Zeit" auf Unmöglichkeit i. S. d. § 275 Abs. 1 BGB zu schließen. Für den Käufer und seinen Anwalt ist der Hinweis auf Unmöglichkeit **die erste Argumentationslinie**, wenn darüber gestritten wird, ob dem Fristsetzungserfordernis Rechnung getragen ist oder nicht. Durchschlagenden Erfolg wird man in diesem Punkt kaum haben.[168] **986**

Infolgedessen wird sich alles auf die Frage konzentrieren, ob dem Käufer weitere Nachbesserungsarbeiten zuzumuten sind oder nicht. Da er, wenn überhaupt, erst im Nachhinein erkennen kann, ob er ein „Montagsauto" erworben hat, kommt er nicht umhin, dem Verkäufer beim Auftreten der ersten Mängel oder deren Symptome Gelegenheit zur Nacherfüllung einzuräumen. Sodann sind **zwei Fallgestaltungen** zu unterscheiden: **987**

Fall A: Der Käufer ist nach einer Vielzahl von Werkstattaufenhalten mit seiner Geduld am Ende und erklärt den Rücktritt vom Kauf, ohne zuvor eine Frist zur Nachbesserung gesetzt zu haben. **988**

Fall B: Der Käufer war mit seinem Fahrzeug wiederholt in der Werkstatt des Verkäufers. Einige Rügen wurden erfolgreich erledigt, andere nicht oder nur vorübergehend. Der Käufer sucht einen Anwalt auf. Dieser verlangt unter Fristsetzung Beseitigung der nach Meinung des Mandanten noch vorhandenen Mängel. Einige Zeit später erklärt der Käufer durch seinen Anwalt den Rücktritt vom Kauf, gestützt auch auf solche Mängel, die in der Zwischenzeit aufgetreten sind und die nicht Gegenstand eines Nachbesserungsverlangens, geschweige denn einer Fristsetzung gewesen sind (Fall nach OLG Düsseldorf DAR 2011, 324). **989**

Für das OLG Düsseldorf[169] kommt es darauf an, ab welchem Erkenntnisstand die Qualifizierung als „Montagsauto" gerechtfertigt ist. Bei einem Neufahrzeug sei das dann der Fall, wenn das bisherige Geschehen „die wertende und prognostische Elemente enthaltende Beurteilung" zulasse, es handele sich um ein Fahrzeug, das wegen seiner auf Qualitätsmängeln, namentlich auf schlechter Verarbeitung, beruhenden Fehleranfälligkeit insgesamt mangelhaft sei und von dem zu erwarten stehe, dass es den Zustand der Mangelfreiheit nie über längere Zeit erreichen werde. Eine so verstandene „Gesamt-Mangelhaftigkeit" sei zwar irreparabel, die hierdurch begründete Unmöglichkeit der Nachbesserung werde aber durch den Gesichtspunkt der Unzumutbarkeit „überlagert". **990**

Der Gedanke der „Überlagerung" verdunkelt mehr als er erhellend wirkt. In der Sache ist dem OLG Düsseldorf aber zu folgen. In der Tat ist es der **Gesichtspunkt der Zumutbarkeit**, der den Ausschlag geben muss. Konstruktiv kann man das Zumutbarkeitsproblem auf **drei Wegen** bewältigen. Zum einen indirekt über das Fehlschlagen durch Zählen der Versuche, zum anderen durch direkten Rückgriff auf das in § 440 S. 1 Alt. 3 BGB genannte Kriterium der Unzumutbarkeit im Licht der Richtlinienvorgabe „ohne erhebliche Unannehmlichkeiten". Mit der Generalklausel „besondere Umstände" halten die §§ 323 Abs. 2 Nr. 3, **991**

---

168 Siehe auch OLG Düsseldorf 23. 3. 2011, DAR 2011, 324 = NJW-RR 2011, 1276.
169 Urt. v. 23. 3. 2011, DAR 2011, 324 = NJW-RR 2011, 1276.

281 Abs. 2 alt. 2 BGB einen dritten Lösungsansatz bereit. Da mit ihm eine Interessenabwägung verbunden ist, ist er für den Käufer tendenziell ungünstiger als eine Bewertung allein nach dem Gesichtspunkt der Zumutbarkeit (ohne erhebliche Unannehmlichkeiten). Die Herangehensweise der Instanzgerichte ist unterschiedlich, zum Teil stößt man auch auf einen Mix an Argumenten. **Hauptaufgabe** ist so oder so die Ermittlung der Unzumutbarkeitsgrenze, die die „Sekundarreife" markiert (Rücktritt/Minderung/Schadensersatz).

992 Die Mehr-Versuche-Regel in § 440 S. 2 BGB ist zugeschnitten auf Sachverhalte mit einem einzigen Mangel. Bei einer Mehrheit selbstständiger Mängel gilt der Grundsatz, dass dem Verkäufer hinsichtlich jedes einzelnen Mangels Gelegenheit zur Nacherfüllung gegeben werden muss.[170] Sieht man in der Fehleranfälligkeit (Schadensanfälligkeit) den maßgeblichen Mangel, wäre die Nachbesserung nach dem zweiten erfolglosen Versuch, diesen (Grund-)Mangel zu beseitigen, i. S. d. Regelsatzes des § 440 S. 2 BGB fehlgeschlagen. Zu erwägen bliebe nur noch, ob nach der Art des Mangels oder den besonderen Umständen weitere Versuche zu konzedieren sind, eventuell auch weniger als zwei. Nimmt man dagegen die Einzelerscheinungen in den Blick und behandelt sie nicht als Symptome des (Grund-)Mangels, sondern als rechtlich selbstständige Mängel, ist die Mehr-Versuche-Regel ungleich schwieriger zu handhaben. Für Käufer, die mit ihrem Unmöglichkeits-Einwand nicht durchdringen, ist es tendenziell günstiger, wenn auf den „Grundmangel" abgestellt wird.

993 Die Prüfung der Gerichte ist **zweistufig.**[171] Der Zumutbarkeitsfrage vorausgehen muss die Ermittlung des „Mangelbildes", bezogen auf den Zeitpunkt der Rücktrittserklärung.[172] Welche Mängel sind in diesem Moment noch vorhanden und waren auch schon bei Auslieferung da? Auf der Grundlage der nach sachverständiger Beratung zu treffenden Feststellungen kommt es für den Richter sodann darauf an, ob der Käufer berechtigterweise die Befürchtung haben konnte, der Händler werde nicht nur die noch vorhandenen Mängel in angemessener Zeit nicht beseitigen, sondern darüber hinaus das Ziel vollkommener Mangelfreiheit auch künftig verfehlen (oben Fall A).

994 In diesem Zusammenhang ist von Bedeutung, wie oft der Käufer mit seinem Fahrzeug aus welchem Anlass, mit welchem Eigenaufwand an Zeit und Mühe sowie mit welchen konkreten Ergebnissen in der Werkstatt des Händlers war. Gelangt das Gericht nach umfassender Prüfung (ohne Berücksichtigung der Verkäuferinteressen) zu dem Ergebnis, dass die Toleranzgrenze überschritten ist, wird es einen Fall der Unzumutbarkeit i. S. d. § 440 S. 1 Alt. 3 BGB bejahen und sodann einen Rücktritt ohne vorherige Fristsetzung akzeptieren.[173] Unzumutbarkeit der Nacherfüllung meint nicht nur die Konstellation von Anfang an bestehender „erheblicher Unannehmlichkeiten". Von § 440 S. 1 Alt. 3 BGB erfasst ist auch der Fall, dass sich im Verlauf der vom Käufer verlangten Nachbesserung herausstellt, dass sie mit „erheblichen Unannehmlichkeiten" für ihn verbunden ist.

995 Im obigen Fall B (Auftauchen weiterer Mängel nach Ablauf der Erstfrist) geht die entscheidende Frage dahin, ob vom Käufer **eine weitere Fristsetzung** zu fordern ist oder ob sie aus Gründen der Unmöglichkeit oder der Unzumutbarkeit entbehrlich ist, vielleicht auch allein schon deshalb, weil der Käufer eine Frist bereits gesetzt hat, ohne dass der Verkäufer sämtliche Mängel beseitigt hat (der verbliebene oder die verbliebenen war(en) nach § 323 Abs. 5 S. 2 BGB unerheblich). Bei dieser Konstellation (Fall OLG Düsseldorf DAR

170 BGH 29. 6. 2011, NJW 2011, 2872 Tz. 17.

171 Vgl. OLG Hamm 26. 2. 2008 – I-28 U 135/07; OLG Düsseldorf 23. 3. 2011, DAR 2011, 324; s. a. KG 27. 7. 2009, NJW-RR 2010, 706; OLG Rostock 8. 4. 2008, DAR 2009, 204 (Wohnwagen).

172 Vgl. OLG Düsseldorf 23. 3. 2011, DAR 2011, 324 = NJW-RR 2011, 1276.

173 So KG 27. 7. 2009, NJW-RR 2010, 706 (Jaguar XKR); OLG Düsseldorf 10. 2. 2006, VRR 2006, 306 (Mercedes CL 500); aus dem alten Recht OLG Frankfurt 2. 10. 1989, NJW-RR 1990, 889 = NZV 1990, 70 (Pkw).

2011, 324) ist der Verkäufer weniger schutzwürdig als im Fall A. Immerhin hat der Käufer seine Obliegenheit erfüllt, dem Verkäufer Gelegenheit zur Nacherfüllung innerhalb angemessener Frist zu geben. Der offen gebliebene Mangel hätte auch ein Recht zur Minderung oder zum kleinen Schadensersatz gegeben. Nur für einen Vertragsauflösung war die Pflichtverletzung bei isolierter Betrachtung „unerheblich". Gute Gründe sprechen hier dafür, den Nacherfüllungsvorrang bezüglich der weiteren Mängel zurücktreten zu lassen. Anders kann es liegen, wenn der Verkäufer auf die erste Fristsetzung hin sämtliche gerügten Mängel beseitigt hat und in der Folgezeit neue Mängel aufgetreten sind. Ob in einer solchen Situation der Käufer eine weitere Frist zu setzen hat, der Verkäufer also ein Recht zur fortgesetzten zweiten Andienung hat, wird der BGH noch zu klären haben. Zum Problem „Einzelfrist/Fristenmehrheit" s. a. Rdn. 906 ff.

cc) Darlegungs- und Beweislastfragen beim Fehlschlagen der Nachbesserung

Damit das Gericht den Fall des Fehlschlagens der Nachbesserung als Voraussetzung für **996**
die trotz fehlender Fristsetzung wirksame Ausübung eines Sekundärrechts feststellen kann, müssen die hierfür relevanten Tatsachen substanziiert dargelegt werden. Das ist grundsätzlich **Aufgabe des Käufers**. Er ist für das Fehlschlagen der Nacherfüllung gem. § 440 BGB darlegungs- und beweisbelastet und hat somit auch den **Nachweis der Erfolglosigkeit der Nachbesserung** zu erbringen.[174] **Der BGH** begründet das im Fall der Rücknahme des Fahrzeugs nach durchgeführten Nachbesserungsarbeiten mit § 363 BGB, nicht etwa mit dem Argument, der Entbehrlichkeitstatbestand des Fehlschlagens i. S. v. § 440 BGB sei ein Ausnahmefall, eine Ausnahme von dem Grundsatz des Fristsetzungserfordernisses. Dass die Einhaltung des Nacherfüllungsvorrangs, d. h. die Erfüllung der den Käufer treffenden Obliegenheit, dem Verkäufer eine zweite Chance zu geben, eine Wirksamkeitsvoraussetzung eines jeden Sekundärrechts ist, bleibt als Rechtfertigung für die vom BGH angenommene Beweislastverteilung gleichfalls im Hintergrund.

Indem der BGH auf die (erneute) Entgegennahme des Fahrzeugs abstellt, erübrigt sich in **997**
der Praxis eine Entscheidung danach, ob der Käufer eine Frist gesetzt hat oder nicht. So oder so wird er durch die Rücknahme seines Fahrzeugs im Anschluss an Nachbesserungsarbeiten beweismäßig „zurückgeworfen", freilich nicht auf den status quo ante. Denn seine durch die Rücknahme begründete (weitere) Beweispflicht hat als Bezugspunkt nicht die Beschaffenheit des Fahrzeugs bei Auslieferung, sondern die Ist-Beschaffenheit nach dem letzten Werkstattaufenthalt und vor Ausübung des Sekundärrechts.

§ 363 BGB scheidet als Beweislastnorm aus, wenn der Käufer sein Fahrzeug im An- **998**
schluss an den letzten Nachbesserungsversuch **in der Werkstatt des Händlers stehen lässt** und unter Berufung auf die Erfolglosigkeit vom Kauf zurücktritt. Das OLG Hamm[175] wirft die Frage auf, ob ein Fahrzeugkäufer sich i. d. R. zumindest durch Augenschein über das Ergebnis der Nacherfüllung vergewissern müsse, bevor er hinreichend substanziiert behaupten könne, dass die Nacherfüllung erfolglos gewesen sei. Im konkreten Fall ließ der 28. Senat die Behauptung zu, weil nach der Darstellung des Klägers aussagekräftige Unterlagen über noch offene Mängel vorlagen. Die grundsätzliche Darlegungs- und Beweislast hat der Senat auch in dieser Konstellation (Fahrzeug bleibt beim Händler) beim Käufer gesehen. Dem ist zuzustimmen. Den Fortbestand des Mangels, d. h. die Erfolglosigkeit der Nacherfüllung, hat der Käufer unabhängig von einer Rücknahme des Fahrzeugs zu beweisen.

---

174 BGH 11. 2. 2009, NJW 2009, 1341 = DAR 2009, 265 m. Anm. *Reinking*; BGH 9. 3. 2011, NJW 2011, 1664 m. Anm. *Kleinhenz* = DAR 2011, 319; OLG Hamm 23. 12. 2008 – 28 W 27/08.

175 Beschl. v. 23. 12. 2008 – 28 W 27/08.

(1) Der Erfolglosigkeitsnachweis

999 Gleich, ob mit oder ohne Rücknahme des Fahrzeugs: Von der Mängelseite her sind zwei Konstellationen zu unterscheiden:

1000 Ist nur **ein einziger Mangel** im Streit, Fall eins, muss der Käufer darlegen und notfalls beweisen, dass auch der zweite Reparaturversuch erfolglos geblieben ist, der Mangel also trotz des zweiten Versuchs bis zur Erklärung des Rücktritts (bzw. der Minderung oder des Schadensersatzverlangens) **fortbestanden** hat. Bleibt nach zweimaliger Nachbesserung ungeklärt, ob das erneute Auftreten des Mangels auf der erfolglosen Nachbesserung des Verkäufers oder auf einer **unsachgemäßen Behandlung des Fahrzeugs durch den Käufer** nach erneuter Übernahme durch ihn beruht, so geht dies zu Lasten des Käufers.[176]

1001 Das hat **der BGH** im Fall eines Maserati Quattroporte mit **defektem elektrischen Fensterheber** entschieden, allerdings ohne – wie in der Anschlussentscheidung BGH NJW 2011, 1664 – zwischen **Mangel und Symptom** zu unterscheiden. Zweimal war der Maserati in der Werkstatt des Händlers. Gerügt worden war jeweils ein fehlerhaftes Schließen des Fensters der Fahrertür. Bei dieser Fehlfunktion handelte es sich nur um **das Symptom eines potenziellen Mangels**, nicht um den Mangel als solchen. Denn bei Auslieferung und in der Zeit bis zur ersten Mängelrüge hat sich das Fenster (allem Anschein nach) einwandfrei öffnen und schließen lassen. Als Mangel im Rechtssinn kam damit nur die bei Auslieferung des Fahrzeugs möglicherweise schon vorhandene Ursache für die Fehlfunktion des Fensterhebers in Betracht. Das war ein Defekt eines Sensors und damit eine potenziell vertragswidrige Beschaffenheit. Potenziell deshalb, weil außer einem **Produktfehler** als Ursache für den Sensordefekt **ein Einbruchsversuch** vor der dritten Beanstandung in Frage kam und dieser nach der Behauptung der Beklagten in der Sphäre der Klägerin stattgefunden haben soll. Das non liquet in der Ursachenfrage – Produktfehler oder Einbruchsversuch – ging zu Lasten der Klägerin. Der Mangel-Fortbestehens-Nachweis (Mangel-II-Nachweis) war nicht geführt.

1002 Im Anschluss an das Fensterheber-Urteil hat der BGH in einer weiteren Neuwagenentscheidung verdeutlicht und klargestellt, worauf sich die Beweispflicht des Käufers beim Mangel-II-Beweis erstreckt und was er nicht zu beweisen braucht. Streitobjekt war ein **AUDI S 4 mit „Motorproblemen“**, die schon bald nach Übergabe aufgetreten waren. Sie zeigten sich in Form von Zündaussetzern (Verbrennungsaussetzern), sporadischem Leistungsverlust und Rütteln des Motors (unrunder Lauf). Die Beklagte führte mehrfach Nachbesserungsarbeiten durch. Mit der Behauptung, diese seien erfolglos geblieben, trat der Kläger vom Kauf zurück. Die Vorinstanzen haben die Klage abgewiesen. Den Nachweis des Fehlschlagens der Nachbesserung hat das OLG Bamberg mit folgender Begründung als nicht geführt angesehen: Zugunsten des Klägers könne zwar angesichts des vergleichbaren äußeren Erscheinungsbildes des Mangels **ein Anscheinsbeweis** für die Erfolglosigkeit der Nachbesserungsarbeiten sprechen. Er sei indes durch „ernsthafte Alternativursachen“ erschüttert. Für die neuerlichen Zündaussetzer kämen eine Vielzahl weiterer Ursachen in Betracht, die der Kläger widerlegen müsse. Das hat der BGH nicht gebilligt.[177]

1003 Der **entscheidende Unterschied** zum Fensterheber-Fall (BGH NJW 2009, 1341) liegt darin, dass weder für den Mangel noch für das gerügte Mangelsymptom eine Ursache aus der Sphäre des Käufers, etwa eine unsachgemäße Fahrweise, behauptet worden war und ernsthaft auch nicht in Betracht kam. Klargestellt hat der BGH, dass der Nachweis des Fehlschlagens der Nachbesserung auch geführt sein kann (nicht unbedingt sein muss), wenn feststeht, dass **das gerügte Mangelsymptom** nach Fahrzeugrücknahme weiterhin auftritt. Anders sei es nur, wenn das erneute Auftreten des Mangelsymptoms möglicher-

176 BGH 11. 2. 2009, NJW 2009, 1341 = DAR 2009, 265 m. Anm. *Reinking*.
177 Urt. v. 9. 3. 2011, NJW 2011, 1664 m. Anm. *Kleinhenz*.

weise auf einer unsachgemäßen Behandlung der Kaufsache nach deren erneuter Übernahme durch den Käufer beruht.[178]

1004 Die **Differenzierung zwischen Mangel und Mangelsymptom** in der AUDI-Entscheidung des BGH mag irritieren und die Praxis womöglich auch überfordern.[179] Sinnvoll und brauchbar ist sie dennoch. Wenn der Motor des AUDI S 4 im Zeitpunkt der Auslieferung keine Zündaussetzer hatte und auch keine Anlage dazu bestanden hat (Schadensanfälligkeit i. S. d. Keimtheorie als Sonderfall der Mangelhaftigkeit), scheiden die Zündaussetzer als solche als rechtlich relevanter Mangel aus. Indes kann die Ursache der Zündaussetzer ihrerseits eine vertragswidrige Beschaffenheit des Fahrzeugs darstellen. Wenn ja, sind die Zündaussetzer nur das Mangelsymptom, so wie auch der unrunde Lauf des Motors und der sporadische Leistungsverlust.

1005 Mit dem Nachweis des erneuten Auftretens des identischen Symptoms (oder der Symptome) ist laut BGH der Beweis der Erfolglosigkeit der Nachbesserung grundsätzlich geführt. Die Ursache für das erneute Auftreten des Mangelsymptoms interessiert erst und nur dann, wenn **der Verkäufer substanziiert behauptet**, für das Wiederkehren gebe es einen Grund aus der Sphäre des Käufers. Dann besteht, wie im o. a. Fensterheber-Fall, Aufklärungsbedarf. Bleiben nach vollständiger Sachaufklärung ernsthafte Ursachenzweifel, gehen sie zu Lasten des Käufers, gleichviel, ob Verbraucher oder nicht. Zur Bedeutung des § 476 BGB im Nacherfüllungsstadium s. Rdn. 3401 ff. Zur kaufmännischen Untersuchungs- und Rügeobliegenheit (§ 377 HGB) im Anschluss an die Nacherfüllung s. Rdn. 3950.

1006 Zu erwägen ist, ob dem Käufer eine **Beweiserleichterung** bis hin zur Beweislastumkehr einzuräumen ist. Ein weiterer Ansatz besteht darin, an die Behauptung einer Verursachung in der Sphäre des Käufers gesteigerte Anforderungen zu stellen. Überlegenswert ist ferner, dem Käufer wie beim Mangel-I-Beweis mit der Konstruktion eines zumindest „tatsächlichen Anerkenntnisses" zu helfen. Mit dem Einwand der Eigenverursachung wird der Verkäufer beim Mangel-I-Beweis nicht mehr gehört, wenn er sich auf eine Nachbesserung eingelassen und diese vorbehaltlos zu Ende geführt hat. Das Bestehen des Mangels bei Übergabe soll dadurch gewissermaßen anerkannt und damit unstreitig gestellt worden sein.[180]

1007 Auf den Mangel-II-Beweis lässt sich diese vom BGH noch nicht bestätigte Anerkenntnis-Rechtsprechung nicht übertragen. Allenfalls ist sie in Form einer Beweiserleichterung in Form eines Anscheinsbeweises oder einer tatsächlichen Vermutung zu ergänzen. Für die Annahme eines **Anscheinsbeweises** fehlt es in solchen Fällen indessen an der notwendigen und unverzichtbaren Typizität des Geschehensablaufs. Beweisthema ist die Erfolglosigkeit einer im Detail meist nicht bekannten Werkstatttätigkeit. Der Geschehensablauf, dessen Typizität zu prüfen ist, wäre das vom Käufer nachzuweisende erneute Auftreten des Mangels bzw. des Mangelsymptoms im Anschluss an den letzten Werkstatttermin. Dazwischen können mehrere Wochen, gar Monate liegen, der Wagen kann inzwischen zigtausend Kilometer gefahren worden sein. Wegen dieser von Fall zu Fall ganz unterschiedlichen Umstände und auch mit Blick auf die Art des jeweiligen Mangels kann der Ablauf nicht zu einem „typischen" verdichtet werden.

1008 Im Fensterheber-Fall (Maserati) ist der BGH auf das Thema „Beweiserleichterung" nicht näher eingegangen. Er hat der klagenden Leasingnehmerin **die volle Beweislast** aufgebürdet. Sie hatte die Möglichkeit einer Sensorbeschädigung durch einen Einbruchsversuch in ihrer Sphäre auszuschließen (§ 286 ZPO), obgleich der Wagen zweimal wegen derselben Fehlfunktion des Fensterhebers in der Werkstatt war und zu beiden Zeitpunkten **aus-**

178 BGH 9. 3. 2011, NJW 2011, 1664.

179 Kritisch *Kleinhenz*, NJW 2011, 1665; *S. Lorenz*, LMK 2011, 317572.

180 OLG Karlsruhe 25. 11. 2008, NJW 2009, 1150; auch das OLG Bamberg hat diesen Gedanken übernommen (Vorinstanz zu BGH NJW 2011, 1664).

schließlich ein Produktfehler als Ursache in Betracht kam. In einer solchen Situation dem Käufer mit einer Beweiserleichterung zu helfen, ist nahe liegend, gleichwohl keine taugliche Lösung. Es ist eine Frage der **Beweiswürdigung im Einzelfall**, ob der Nachbesserungsversuch des Verkäufers erfolgreich war oder nicht.

1009 Bei einer **Mehrheit von Mängeln**, Fall zwei, hat der Käufer wegen eines jeden Einzelmangels, sofern abgrenzbar, unter Beweisantritt vorzutragen, wann er ihn geltend gemacht hat und wie oft der Händler die Nachbesserung versucht hat.[181] An die Substanziierungslast sind nur maßvolle Anforderungen zu stellen, weil der Käufer i. d. R. technischer Laie ist und außerdem aus eigenem Wissen nicht beurteilen kann, was der Händler an seinem Fahrzeug im Einzelnen gemacht hat. Eine sekundäre Darlegungslast kann die primäre des Käufers abmildern. Eine weitere Hilfe bietet § 142 ZPO (Vorlage von Reparaturaufträgen, Fehlerprotokolle o. Ä.). Was den Beweis der Erfolglosigkeit der einzelnen Nachbesserungsversuche angeht, so gelten die für den Fall „Fahrzeug mit nur einem Mangel" unter Rdn. 1000 ff. mitgeteilten BGH-Grundsätze entsprechend.

(2) Dritter und weiterer Versuch

1010 Nimmt **der Verkäufer** abweichend von der gesetzlichen Vermutung des § 440 S. 2 BGB das Recht auf einen **dritten Versuch** (oder weiteren Versuch) für sich in Anspruch, trifft ihn die Darlegungs- und Beweislast insoweit, als es um die tatsächlichen Voraussetzungen für die „Verlängerung" geht.[182] Zu den Umständen, die Anlass geben können, ein Fehlschlagen der Nachbesserung erst bei mehr als zwei erfolglosen Nachbesserungsversuchen anzunehmen, s. Rdn. 978. Beanstandet der Käufer einen Leistungsabfall des Motors und ist es dem Händler trotz zweier Versuche nicht gelungen, das Problem zu lösen, kann ein Fehlschlagen nicht angenommen werden, wenn der Käufer dem Vorschlag zugestimmt hat, den Wagen nunmehr auf einem Leistungsprüfstand zu testen.[183] Darin sieht das OLG Rostock einen **„sonstigen Umstand"** i. S. d. § 440 S. 2 BGB. Von vornherein kein „sonstiger Umstand" ist die Tatsache, dass nach einer Beweisaufnahme unklar bleibt, auf welcher Ursache ein erneut aufgetretener Mangel beruht.[184] Herkunfts- und Ursachenzweifel, die während der Nachbesserungsarbeiten auftreten, können dagegen den Verkäufer ausnahmsweise berechtigen, einen dritten Versuch zu unternehmen.

(3) Nachweis des Fehlschlagens nach nur einem Versuch

1011 So wie der Verkäufer die Darlegungs- und Beweislast dafür trägt, dass entgegen der Zwei-Versuche-Regel ein weiterer Versuch Erfolg versprechend und zumutbar ist, muss umgekehrt der Käufer den Sachverhalt des Fehlschlagens **schon nach einem einzigen Nachbesserungsversuch** darlegen und notfalls beweisen. Die dafür in Betracht kommenden Umstände sind erfahrungsgemäß solche, die der Käufer ins Feld führt, um die Unzumutbarkeit eines zweiten Versuchs zu begründen (dazu Rdn. 978, 1014).

d) Fehlschlagen der Ersatzlieferung

1012 Dazu, wann diese Variante der Nacherfüllung fehlgeschlagen ist, trägt das Gesetz nichts bei. Dass die Zwei-Versuche-Regel in § 440 S. 2 BGB nicht herangezogen werden kann, auch nicht analog, entspricht allgemeiner Ansicht.[185] Zu unterscheiden ist der Fall der (objektiven) Unmöglichkeit (dazu Rdn. 932 ff.) von den drei Fallgestaltungen des Fehlschlagens, wie sie unter Rdn. 962 aufgeführt sind. Davon abzugrenzen ist wiederum der Sonder-

181 Vgl. OLG Saarbrücken 29. 5. 2008, NJW 2009, 369.
182 OLG Düsseldorf 29. 10. 2007 – I-1 U 59/07.
183 OLG Rostock 20. 3. 2006 – 3 U 124/05.
184 BGH 11. 2. 2009, NJW 2009, 1341 Tz. 22.
185 Statt aller *Ball*, NZV 2004, 217, 225.

fall (oder Auffangtatbestand) der allgemeinen Unzumutbarkeit (Rdn. 1014). So umfangreich die Rechtsprechung zum Fehlschlagen der Nachbesserung ist, so rar sind Autokauf-Entscheidungen zur Parallelproblematik bei der vor der Modernisierung des Kaufrechts nahezu bedeutungslosen Nacherfüllungsvariante der Ersatzlieferung.

Entscheidet der Neufahrzeugkäufer sich ausnahmsweise für die Lieferung eines Ersatz- **1013**
wagens, wird im Zweifel bereits beim ersten Fehlversuch ein Scheitern anzunehmen sein. Einen weiteren Versuch der Neulieferung muss der Käufer – anders als bei der Nachbesserung – im Regelfall nicht abwarten.[186] Das Ersatzauto muss in jeder Hinsicht mängelfrei sein. Dass lediglich der gerügte Mangel, der Anlass für den „Tausch", nicht mehr vorhanden ist, genügt nicht. Entgegen einer verbreiteten Meinung[187] kommt es nicht darauf an, ob die Befürchtung besteht, die zweite Ersatzlieferung werde wiederum mangelhaft sein, gar einen Konstruktions- oder Serienfehler aufweisen. Wenn ja, wird das die Unzumutbarkeit für den Käufer, dem Verkäufer eine weitere Lieferchance einzuräumen, zusätzlich verstärken.

5. Unzumutbarkeit der Nacherfüllung

Die Unzumutbarkeit der Nacherfüllung wird in § 440 S. 1 Alt. 3 BGB als weiterer Fall **1014**
der Entbehrlichkeit einer Fristsetzung genannt. Zur Bedeutung und Funktion dieser Regelung, den einzelnen Konstellationen und zu Anwendungsbeispielen aus dem Bereich des Autokaufs s. Rdn. 3534 ff. Speziell für den Neuwagenkauf ist ergänzend zur **„Montagsauto"-Rechtsprechung** unter Rdn. 983 ff. auf das Urteil des OLG Hamm vom 12. 5. 2005, 28 U 179/04, hinzuweisen (Fehlstellen im Lack eines hochwertigen Pkw; Unzumutbarkeit verneint); ferner auf OLG Saarbrücken NJW 2009, 369: mangelhafte Lackierung, Schaden an der Frontscheibe; Unzumutbarkeit gleichfalls verneint, zumal der Käufer eine Nachbesserungsmöglichkeit eingeräumt hatte. Unzumutbarkeit ebenfalls verneint: LG Coburg 8. 5. 2007, 22 O 473/06 (Mazda M 6 Kombi mit zahlreichen „Bagatellmängeln"; keine Anwendung der „Montagsauto"-Grundsätze, zumal der Käufer in sehr kurzer Zeit außergewöhnlich viel gefahren war).

6. Besondere Umstände i. S. d. §§ 323 Abs. 2 Nr. 3, 281 Abs. 2 BGB

Die Fristsetzung ist auch dann entbehrlich, wenn **besondere Umstände** vorliegen, die **1015**
unter Abwägung der beiderseitigen Interessen den sofortigen Rücktritt (auch die Minderung) oder die sofortige Geltendmachung des Schadensersatzanspruches statt der Leistung rechtfertigen. Diese **Generalklausel** mit der Funktion eines Auffangtatbestandes[188] spielt beim Autokauf angesichts der speziellen Zumutbarkeitsregelungen in § 440 BGB (Fehlschlagen und Unzumutbarkeit) keine nennenswerte Rolle. **Verkäuferarglist** ist – ohne dass es im Ergebnis darauf ankommt – ein Unterfall der Unzumutbarkeit i. S. v. § 440 S. 1 Alt. 3 BGB (s. Rdn. 3540). Zur unzulässigen Freizeichnung BGH MDR 2011, 967.

In Betracht kommt die Regelung in §§ 281 Abs. 2 Alt. 2 und 323 Abs. 2 Nr. 3 BGB z. B. **1016**
in denjenigen Fällen, in denen der Neufahrzeugkäufer **auf schnelle Hilfe** angewiesen war und sich unter Übergehen seines Händlers und autorisierter Fremdwerkstätten mit einem Reparaturauftrag direkt an einen Dritten, z. B. eine **freie Werkstatt**, gewandt hat. Angesichts des dichten Werkstattnetzes der Hersteller/Importeure und der eingerichteten Soforthilfen („Sofort-Service") wird sich für einen Neuwagenkäufer jedenfalls im Inland kaum jemals eine Situation ergeben, die ihm eine „Notreparatur" durch einen nicht autorisierten

---

186 NK-BGB/*Büdenbender*, § 440 BGB Rn. 13 m. w. N.; s. aber auch *Ball*, NZV 2004, 217, 225.

187 *Palandt/Weidenkaff*, § 440 BGB Rn. 7 m. w. N.

188 Dazu BGH 22. 6. 2005, NJW 2005, 3211 (Hundekauf); BGH 21. 12. 2005, NJW 2006, 1195 (Gebrauchtwagenkauf); BGH 8. 12. 2006, NJW 2007, 835 (Immobilienkauf).

Drittbetrieb gestattet. Ob der Käufer nach einer ausnahmsweise legitimen Eil- oder Notmaßnahme den Verkäufer mit den weiteren Arbeiten zu betrauen hat, hat der BGH[189] offen gelassen. Pauschal lässt sich die Frage nicht beantworten. Wenn die Ausnahmesituation nicht mehr besteht und der Käufer aus rechtlichen Gründen nicht gehindert ist, die Werkstatt zu wechseln, wird sich das Nacherfüllungsinteresse des Verkäufers im Zweifel durchsetzen.

V. Rücktritt

1. Ausübung des Rücktrittsrechts

1017 Der Rücktritt ist **ein Gestaltungsrecht**. Durch die **wirksame** Rücktrittserklärung wird der Kaufvertrag nicht beseitigt, sondern in ein Rückabwicklungsverhältnis umgestaltet.[190] Die primären Leistungspflichten **erlöschen**, auch der Nacherfüllungsanspruch des Käufers.[191] Die Rücktrittsfolgen und die daraus resultierenden Ansprüche sind in den §§ 346 ff. BGB geregelt (dazu Rdn. 1089 ff.). Ansprüche des Fahrzeugkäufers **aus dem Rückgewährschuldverhältnis** verjähren nicht nach § 438 BGB in zwei, sondern gem. § 195 BGB in drei Jahren (näher Rdn. 4075).

1018 **Rücktrittserklärung**. Sie bedarf grundsätzlich **keiner Begründung**.[192] Der Käufer kann sein Rücktrittsrecht **auch konkludent** ausüben (§§ 349, 133, 157 BGB), z. B. durch das Abstellen und Zurücklassen des Fahrzeugs auf dem Hof des Händlers.[193] Ein konkludent erklärter Rücktritt kann auch in der Klageschrift zu sehen sein, auch in einem Schriftsatz mit Antrag auf Rückabwicklung, der erst im Laufe des Verfahrens eingereicht wird.[194] Zur vorrangig zu prüfenden Frage einer **einverständlichen** Rückabwicklungslösung s. Rdn. 876, 1089.

1019 Nicht immer ist klar, ob der Käufer von seinem Rücktrittsrecht Gebrauch macht oder ob er den Vertrag im Wege der Anfechtung, z. B. wegen arglistiger Täuschung, auflösen möchte, um dann seine Rechte nach §§ 812 ff. BGB zu verfolgen. Da eine Rückabwicklung auch im Wege des Schadensersatzes erfolgen kann, z. B. durch Geltendmachung des großen Schadensersatzes, kann auch in dieser Hinsicht Klärungsbedarf herrschen. Zu diesem Problemkreis und auch zum Wechsel in der Rechtsverfolgung s. Rdn. 3829 ff.

1020 Wenn eine Rücktrittserklärung nicht begründet werden muss, kann es nicht schädlich sein, wenn der Käufer eine Begründung beifügt oder sie nachträglich ändert. Ein anderer Rücktrittsgrund als zunächst angegeben kann „nachgeschoben" werden.[195] Beachtlich ist er indes nur, wenn auch insoweit „Rücktrittsreife" vorliegt.

1021 **Wirksamkeitsvoraussetzungen:** Soweit es um den fruchtlosen Ablauf einer Nacherfüllungsfrist als Grundvoraussetzung des Rücktritts geht, wird auf die Ausführungen unter Rdn. 892 ff. verwiesen. Die für die Praxis so wichtigen Fallgestaltungen, bei denen eine Fristsetzung ausnahmsweise entbehrlich ist, sind unter Rdn. 927 ff. dargestellt.

---

189 Urt. v. 21. 12. 2005, NJW 2006, 1195 (Gebrauchtwagen).

190 BGH 14. 4. 2010, NJW 2010, 2426 m. Anm. *Wittschier* = DAR 2010, 513.

191 BGH 28. 11. 2007, NJW 2008, 911.

192 OLG Hamm 9. 6. 2011 – I-28 U 12/11; OLG Stuttgart 24. 6. 2008 – 12 U 210/07.

193 Vgl. OLG Hamm 9. 6. 2009, NJW-RR 2010, 566; s. auch OLG Bremen 7. 4. 2011, NJW-RR 2011, 1202 (Adressat).

194 OLG Hamm 26. 2. 2008 – 28 U 135/07 – BeckRS 2008, 20190.

195 OLG Hamm 9. 6. 2011 – I-28 U 12/11; OLG Stuttgart 24. 6. 2008 – 12 U 210/07.

2. Ausschluss des Rücktritts wegen Unerheblichkeit der Pflichtverletzung bzw. des Mangels

a) Gesetzliche Ausgangslage

Während bei einer nur unerheblichen Minderung der Gebrauchstauglichkeit oder des Wertes der Kaufsache im früheren Recht **schon kein Fehler** vorgelegen hat, der Verkäufer also in keiner Weise einstandspflichtig war (§ 459 Abs. 1 S. 2 BGB a. F.), hat sich die Bagatellproblematik im heutigen Kaufrecht **auf die Rechtsfolgeseite verlagert**. § 434 BGB kennt im Gegensatz zu § 459 BGB a. F. keine Bagatellklausel. Grundsätzlich haftet der Verkäufer damit auch für einen „unerheblichen" (geringfügigen) Mangel. Ausgeschlossen ist er nur mit zwei Rechtsbehelfen, dem Rücktritt (§§ 437 Nr. 2, 323 Abs. 5 S. 2 BGB) und dem Schadensersatzanspruch statt der ganzen Leistung (großer Schadensersatz), vgl. §§ 437 Nr. 3, 281 Abs. 1 S. 3 BGB. Alle übrigen Mängelrechte – Nacherfüllung, Minderung und kleiner Schadensersatz – bestehen unabhängig von einer Erheblichkeit des Mangels, d. h. auch bei einem nur geringfügigen Mangel. **1022**

Nach den Gesetzesmaterialien zur Schuldrechtsreform ist der Rücktritt bei einer unerheblichen Minderung des Wertes oder der Tauglichkeit i. S. d. früheren § 459 Abs. 1 S. 2 BGB bzw. bei einer „geringfügigen Vertragswidrigkeit" i. S. d. Art. 3 Abs. 6 VerbrKRL ausgeschlossen.[196] Unter welchen Voraussetzungen eine Vertragswidrigkeit wie die Lieferung eines mangelhaften Kraftfahrzeugs nur ‚geringfügig' (‚minor') ist, geht weder aus der Richtlinie selbst noch aus den Materialien hervor.[197] Die **notwendige Konkretisierung** hat man – vernünftigerweise – der Rechtsprechung überlassen. Bei aller – zum Teil durchaus berechtigten – Kritik an der Spruchpraxis der Instanzgerichte: Die vom Gesetzgeber gewählte Lösung ist alternativlos. Mit einer gesetzlichen Konkretisierung der Ausschlussklausel wäre nur vordergründig etwas gewonnen. **1023**

Als Beispiel für eine nicht unerhebliche Pflichtverletzung nennt der deutsche Gesetzgeber lediglich den Fall, dass der Verkäufer eine **„Zusicherung"** (jetzt Beschaffenheitsgarantie) nicht eingehalten hat. Unerwähnt bleibt der Einfluss eines Verkäuferverschuldens, z. B. eine arglistige Täuschung. Wenn eine Garantieübernahme reicht, um Unerheblichkeit zu verneinen, sollte dies erst recht für eine **arglistige Täuschung** gelten, wie der BGH inzwischen auch entschieden hat.[198] Näher dazu Rdn. 1056. Zur Bedeutung des Bruchs einer **„einfachen" Beschaffenheitsvereinbarung** s. Rdn. 1057 f. **1024**

b) Grundlinien der Rechtsprechung

Wie kaum ein anderes Thema des modernisierten Kaufrechts hat die „Bagatellproblematik" von Beginn an die Gerichte beschäftigt. In der Mehrzahl der Fälle vor dem Hintergrund von Rückabwicklungsklagen nach Rücktritt vom Kfz-Kauf, nur relativ selten unter dem identischen Vorzeichen des § 281 Abs. 1 S. 3 BGB (großer Schadensersatz). Wie wichtig das Thema auch für **den Anwalt des Käufers** ist, zeigt nicht zuletzt das **Regressurteil des OLG Frankfurt** vom 19. 8. 2009, 17 U 282/08. Hiernach hat der Anwalt den Käufer in der Erheblichkeitsfrage umfassend zu beraten und zu belehren und im Zweifel den Weg der Minderung/kleiner Schadensersatz zu wählen. **1025**

In seiner **ersten wichtigen Entscheidung** zur Geringfügigkeitsgrenze hat **der VIII. Senat des BGH** am 8. 5. 2007 entschieden: **1026**

196 BT-Drucks. 14/6040, S. 222, 223.

197 Zur Bedeutung von Art. 3 Abs. 6 der Richtlinie für die Auslegung des § 323 Abs. 5 S. 2 BGB s. *Schmidt-Räntsch*, FS Wenzel (2005), S. 409 ff.

198 Urt. v. 24. 3. 2006, NJW 2006, 1960 (Immobilienkauf).

Ein Sachmangel stellt eine unerhebliche Pflichtverletzung dar, die den Käufer gem. § 323 Abs. 5 S. 2 BGB nicht zum Rücktritt berechtigt, wenn er im Sinne von § 459 Abs. 1 S. 2 BGB a. F. den Wert oder die Tauglichkeit der Kaufsache nur unerheblich mindert (NJW 2007, 2111 m. Anm. *Reinking*).

1027 Dass bei Störungen, die nach altem Recht „unerheblich" waren und damit keinerlei Haftung begründen konnten, der Rücktritt ausgeschlossen ist, ergibt sich eindeutig aus den Gesetzesmaterialien, versteht sich i. Ü. auch von selbst. Das Problem, vor dem die Praxis tagtäglich steht, ist ein anderes, gewissermaßen eine Stufe höher angesiedelt: Es gilt zu ermitteln, in welchen Fällen Käufern anstelle von Minderung oder des kleinen Schadensersatzes das Recht zusteht, den Kaufvertrag im Wege des Rücktritts oder des großen Schadensersatzes aufzulösen, d. h. die **Grenzlinie zwischen Mangelhaftigkeit als solcher** und **„Rücktritts-Mangelhaftigkeit"** zu bestimmen. Bei dieser nachgelagerten Erheblichkeit kann nicht ohne weiteres an die – ohnehin uneinheitliche – Rechtsprechung zu § 459 Abs. 1 S. 2 BGB a. F. angeknüpft werden.[199] Das wäre systemwidrig und würde „die den §§ 281 Abs. 1 S. 3, 323 Abs. 5 S. 2 BGB zukommende Filterfunktion weitgehend leer laufen lassen".[200]

1028 Zur Geringfügigkeitsproblematik hat **der BGH** (VIII. ZS) sich inzwischen wiederholt geäußert, zuletzt in den Urteilen vom 9. 3. 2011[201], 15. 6. 2011[202] und vom 29. 6. 2011[203]. Nur am Rande angesprochen wird sie in den Urteilen vom 14. 9. 2005[204] und vom 29. 11. 2006[205] sowie in den beiden „Unfallwagen"-Entscheidungen vom 17. 10. 2007[206] und 12. 3. 2008[207] zur Erheblichkeit von unbehebbaren Mängeln. Dass eine **„umfassende Interessenabwägung"** erforderlich sei, wobei es auf die Umstände des Einzelfalls ankomme, ist spätestens seit der BGH-Entscheidung vom 17. 2. 2010[208] **gemeinsamer Ausgangspunkt** der Rechtsprechung.[209] Sodann hat sich die Unterscheidung nach der Art des Mangels – behebbar oder unbehebbar – als erste Weichenstellung bewährt.

aa) Der unbehebbare Mangel

1029 *Die „Pflichtverletzung", die in der Lieferung eines Gebrauchtwagens mit dem unbehebbaren Mangel der Eigenschaft als Unfallwagen liegt, ist i. S. v. § 323 Abs. 5 S. 2 BGB unerheblich, wenn sich der Mangel allein in einem merkantilen Minderwert des Fahrzeugs auswirkt und dieser weniger als 1 % des Kaufpreises beträgt* (Urt. v. 12. 3. 2008, NJW 2008, 1517).

1030 Distanziert hat der VIII. Senat sich von seiner kurz zuvor eher beiläufig geäußerten Ansicht, ein unbehebbarer Mangel sei per se „erheblich".[210] Worauf es bei einem unbehebbaren Mangel ankommt, wird unter Rdn. 3512 ff. am Beispiel von Gebrauchtwagenfällen dar-

199 So auch OLG Düsseldorf 8. 1. 2007, NJOZ 2008, 601 = ZGS 2007, 157; OLG Bamberg 10. 4. 2006, DAR 2006, 456 = MDR 2007, 87; *Schmidt-Räntsch*, FS Wenzel (2005), S. 409, 417, 418; a. A. *Himmelreich/Andreae/Teigelack*, § 6 Rn. 122, die aber den Willen des Gesetzgebers überbetonen. Dazu, was er wirklich gewollt hat, authentisch *Schmidt-Räntsch* a. a. O.

200 OLG Bamberg 10. 4. 2006, DAR 2006, 456 = MDR 2007, 87.

201 NJW 2011, 1664 (AUDI S 4 mit Motorproblemen).

202 MDR 2011, 1159 (Mazda M 6).

203 NJW 2011, 2872 (Wohnmobil).

204 NJW 2005, 3490 (Ford Fiesta/Vorführwagen).

205 NJW 2007, 1346 (Motorrad mit zu hoher Laufleistung).

206 NJW 2008, 53.

207 NJW 2008, 1517.

208 NJW-RR 2010, 1289 = DAR 2010, 263 Tz. 23.

209 OLG Hamm 10. 3. 2011 – I-28 U 131/10; OLG Düsseldorf 8. 1. 2007, NJOZ 2008, 601 = ZGS 2007, 157; so auch öster. OGH 28. 9. 2005, ZVR 2006, 285.

210 NJW 2008, 1517 Tz. 22.

gestellt. In Gewährleistungsstreitigkeiten aus Neuwagenkauf sind es in erster Linie behebbare Mängel, deren Bedeutung und Gewicht zu beurteilen sind. Unbehebbar ist in diesem Bereich z. B. das **Fehlen von „fabrikneu“**. Angesichts des außerordentlich hohen Stellenwertes dieser Grundeigenschaft kann die Erheblichkeit und damit die Rücktrittsbefugnis des Käufers nicht zweifelhaft sein, zumal die Eigenschaft „fabrikneu“ zumindest eine Beschaffenheitszusage, wenn nicht gar eine Garantie ist.

bb) Der behebbare Mangel

Der BGH hat am 29. 6. 2011 entschieden: 1031

„. . . für die Frage der Erheblichkeit der Pflichtverletzung i. S. d. § 323 Abs. 5 S. 2 BGB bei behebbaren Mängeln ist grundsätzlich auf die Kosten der Mängelbeseitigung und nicht auf das Ausmaß der Funktionsbeeinträchtigung abzustellen“ (NJW 2011, 2872 Tz. 21).

Bei welchem Prozentsatz die Bagatellgrenze überschritten ist, hat der BGH auch in der 1032
o. a. Entscheidung offengelassen. Bekräftigt hat er indes seine Ansicht aus dem Ford-Fiesta-Urteil NJW 2005, 3490, dass Aufwendungen **in Höhe von nur knapp einem Prozent** des Kaufpreises unzweifelhaft als unerheblich i. S. d. § 323 Abs. 5 S. 2 BGB einzustufen sind.[211] Dies gelte auch für den Kauf eines Fahrzeugs der „Luxusklasse“ (hier: Reisemobil für 134.437 Euro). Damit hat er indirekt die Überlegung verworfen, es komme nicht nur auf die Relation der Mängelbeseitigungskosten zum Kaufpreis an, sondern auch darauf, ob die Kosten **absolut gesehen** geringfügig seien.[212]

Für die Praxis von größter Tragweite ist sodann die weitere Aussage des VIII. Senats zur 1033
Bedeutung der Auswirkungen eines behebbaren Mangels. Denn genau in diesem Punkt „schwimmen“ die Instanzgerichte. Der BGH stellt nunmehr klar:

„Für die Frage der Erheblichkeit der Pflichtverletzung i. S. d. § 323 Abs. 5 S. 2 BGB kommt es auf das Ausmaß der Funktionsbeeinträchtigung nur dann an, wenn der Mangel nicht oder nur mit hohen Kosten behebbar oder die Mangelursache im Zeitpunkt der Rücktrittserklärung ungewiss ist“ (Urt. v. 29. 6. 2011, NJW 2011, 2872).

Soweit **die Instanzgerichte** in Autokauffällen behebbare Mängel zu gewichten hatten, 1034
haben sie von Anfang an vor allem, aber nicht ausschließlich, auf die Kosten der Mängelbeseitigung abgestellt, nicht in absoluter Höhe, sondern in Relation zum Kaufpreis. Befürwortet wurden Grenzwerte zwischen 3 und 10 % (s. die Kasuistik unter Rdn. 1059 ff.). Sich auf einen bestimmten Prozentsatz festzulegen, war in vielen Fällen entbehrlich, eine Neigung zur 5-Prozent-Marke freilich unübersehbar, zumal in Neuwagenfällen. Die Mängelbeseitigungskosten mit dem Kaufpreis in Relation zu setzen, nicht mit dem Wert des Fahrzeugs in mangelfreiem Zustand, deckt sich mit der Sichtweise des BGH[213] und überzeugt auch in der Sache.

Zum Teil haben die Instanzgerichte bei der Bildung von Grenzwerten, aber auch bei ihrer 1035
– nach jetziger Ansicht des BGH verfehlten – „Gesamtschau“, zwischen Neufahrzeugen und Gebrauchtwagen unterschieden. Generell hat man bei Neuwagen die Bagatellgrenze enger und damit käuferfreundlicher als bei schon gebrauchten Fahrzeugen gezogen. Letztere trotz vorhandener Mangelhaftigkeit zu behalten, gilt als vergleichsweise eher zumutbar.[214] Bei Neufahrzeugen wird auch nach der Wagenklasse differenziert. Die Schwelle der Unerheblichkeit der Pflichtverletzung liege „besonders niedrig“, so das OLG Düssel-

211 Urt. v. 29. 6. 2011, NJW 2011, 2872 Tz. 19.
212 Offen gelassen von BGH (V. ZS) 24. 3. 2006, NJW 2006, 1960 Tz. 17.
213 Urt. v. 29. 6. 2011, NJW 2011, 2872 Tz. 20.
214 OLG Düsseldorf 18. 8. 2008 – I-1 U 238/07; Urt. v. 8. 1. 2007, NJOZ 2008, 601 = ZGS 2007, 157; OLG Köln 27. 3. 2008, VRR 2008, 228 = OLGR 2008, 584.

dorf im Fall eines 45.000 Euro-Autos der gehobenen Mittelklasse.[215] Nach einer anderen Entscheidung des OLG Düsseldorf stehen Mängelbeseitigungskosten unter 5 % des Kaufpreises einem Rücktritt nicht prinzipiell entgegen.[216] Die Frage der Erheblichkeit sei **keine Frage von Prozentsätzen.**[217]

(1) Die Auswirkungen des behebbaren Mangels

1036 Bis zur Wohnmobil-Entscheidung BGH NJW 2011, 2872 war es in der instanzgerichtlichen Spruchpraxis üblich, generell, nicht nur in Sonderfällen, nach den Auswirkungen des (behebbaren) Mangels zu fragen.[218] Dabei sah man sich in den Bahnen des § 459 Abs. 1 BGB a. F. und der dazu ergangenen Rechtsprechung. Im Vordergrund der Betrachtung standen somit die **Gebrauchstauglichkeit** (Einsatzfähigkeit, Fahrsicherheit und Fahrkomfort) und **der Wert** des Fahrzeugs. Defekte an **Motor und Getriebe** fielen stärker ins Gewicht als nur optische Defizite oder bloße Komfortmängel. Permanenter **Ärger mit der Elektronik** (wiederkehrende „Aussetzer“) ist für die Gerichte bei niedrigen Reparaturkosten (unter 5 %) ein Erheblichkeitsfaktor (s. nachfolgende Kasuistik). Die **finanziellen Auswirkungen** nehmen sie vor allem bei Mängeln wie Kraftstoffmehrverbrauch (dazu Rdn. 615 ff.) und „falsche“ Schadstoffklasse mit Steuernachteilen (dazu Rdn. 624 ff.) in den Blick.

1037 Für die Fallgruppe „behebbarer Mangel“ steht nun für die Praxis fest: Das **Ausmaß der Funktionsbeeinträchtigung** ist nur dann Prüfmaßstab, wenn der Mangel nur „mit hohen Kosten“ behebbar oder die Mangelursache im Zeitpunkt der Rücktrittserklärung ungewiss ist, etwa weil auch der Verkäufer sie nicht feststellen konnte.[219] M. a. W.: Im Regelfall des behebbaren Mangels interessiert nur die Relation zwischen Mängelbeseitigungskosten und Kaufpreis.

1038 Was der BGH unter „nur mit hohen Kosten behebbar“ – **Ausnahmefall Nr. 1** – versteht, konkretisiert er nicht. Vor Augen dürften ihm Fälle stehen, in denen die Beseitigung des Mangels zwar möglich ist, die Kosten jedoch ungewöhnlich hoch sind, wie z. B. bei einem technisch notwendigen Austausch eines kompletten Aggregats, etwa ein Motortausch wegen zu hohen Kraftstoffverbrauchs oder eines Leistungsdefizits wie Nichterreichen der Höchstgeschwindigkeit. Allerdings beurteilt sich die Erheblichkeit des Mangels gerade in solchen Fällen des **Zurückbleibens hinter Normwerten** nach eigenen Regeln. Zum **Kraftstoffmehrverbrauch** s. Rdn. 615 ff., zur **Motorminderleistung** die Kasuistik unter Rdn. 1059.

1039 Nur mit „hohen Kosten“ behebbar können z. B. störende Windgeräusche sein (kostenintensiver Eingriff in die Dachkonstruktion). Sie können ferner bei vergleichsweise „kleinen“ Mängeln anfallen wie bei Lackfehlstellen oder einem Reifenschaden mit dem Erfordernis, alle vier Reifen auszuwechseln. In solchen (Ausnahme-)Fällen bedarf es zum Schutz des Verkäuferinteresses am Bestand des Kaufvertrages eines Korrekturfaktors. Mit dem Ausmaß der Funktionsbeeinträchtigung gibt der BGH der Praxis eine sachgerechte Größe an die Hand. **„Funktionsbeeinträchtigung“** meint in erster Linie eine Beeinträchtigung der normalen Gebrauchstauglichkeit. **Komforteinbußen** sind indes gleichfalls zu berücksichtigen. In den „Geräuschfällen“ (Kasuistik Rdn. 1059/1060) geht es vorwiegend um „Komfortmängel“.

---

215 Urt. v. 18. 1. 2008, NJW-RR 2008, 1230; in der Tendenz ebenso OLG Hamm 21. 1. 2010 – I-28 U 178/09.

216 Urt. v. 18. 8. 2008 – I-1 U 238/07.

217 So auch OLG Köln 27. 3. 2008, VRR 2008, 228 = OLGR 2008, 584.

218 Zutreffend OLG Hamm 21. 1. 2010 – I-28 U 178/09 (Bestattungswagen mit zu geringer Bodenfreiheit).

219 BGH 29. 6. 2011, NJW 2011, 2872 (Wohnmobil).

Schärfere Konturen hat der **Ausnahmefall Nr. 2:** Ungewissheit der Mangelursache im Zeitpunkt der Rücktrittserklärung. Ein solcher Befund sei „regelmäßig als erheblicher Mangel“ einzustufen, so der BGH[220]. Dass ein Mangel seine Erheblichkeit auch oder sogar ausschließlich aus dem Umstand beziehen kann, dass sich seine Ursache nicht oder nur schwer hat klären lassen, ist in der Rechtsprechung seit langem anerkannt und vom BGH auch bei der Prüfung nach § 323 Abs. 5 S. 2 BGB aufgegriffen worden, allerdings nur als Zusatzargument pro Erheblichkeit.[221] Zumal bei „Elektronikschäden“ haben die Instanzgerichte den Aspekt „unklare Ursache“ in die Bewertung aufgenommen.[222] Zu verstehen ist die Rechtsprechung des BGH dahin, dass die Ungewissheit über die Mangelursache nur ein Erheblichkeitsindiz ist, für sich allein nicht ausreichend, um einen Rücktritt zu legitimieren. Zusätzlich kommt es auf die Auswirkungen des in seiner Herkunft ungeklärten Mangels an. 1040

(2) Stellungnahme

Die Instanzgerichte erst zu einer „umfassenden Interessenabwägung“ und damit zu einer Gesamtbetrachtung aller Umstände aufzurufen, um dann bei einem behebbaren Mangel im Regelfall nur die Höhe der Mängelbeseitigungskosten als Richtschnur zu fordern, mag manche irritieren. Dennoch ist dem BGH (VIII. ZS) zuzustimmen, wenn er die Auswirkungen eines behebbaren Mangels nur in den beiden o. a. Ausnahmefällen berücksichtigt sehen will. Dieses **Regel-Ausnahme-Verhältnis** wird die Praxis begrüßen. Befreit sind die Gerichte im Regelfall davon, sich Gedanken darüber zu machen, ob und in welcher Weise sich der behebbare Mangel auf die Funktionstauglichkeit, die Betriebs- und Verkehrsicherheit, auf den geschuldeten Komfort oder auf den Wert des Fahrzeugs auswirkt. Die dazu angestellten Relevanzerwägungen und Differenzierungen nach Kleinwagen und Luxusfahrzeugen, nach Neu- und Altfahrzeug, sind zwar in der Sache überwiegend überzeugend gewesen, trugen aber ein hohes Maß an Rechtsunsicherheit in die Auseinandersetzungen hinein, vorgerichtlich wie gerichtlich. Die vom BGH für den Regelfall befürwortete Prozentmethode gewährleistet demgegenüber **Rechtssicherheit**, insbesondere auch im außergerichtlichen Bereich.[223] 1041

Die Frage ist jetzt nur noch, **ab welchem Prozentsatz** die Geringfügigkeitsgrenze überschritten ist. Der BGH wird sich letztlich zwischen 5 und 10 % entscheiden müssen. Geringere ebenso wie höhere Sätze stehen nicht ernsthaft zur Diskussion.[224] Die besseren Gründe sprechen dafür, die Erheblichkeitsschwelle **bei 10 Prozent** der Mängelbeseitigungskosten anzusetzen[225], und zwar **einheitlich** für alle Typen des Fahrzeugkaufs, gleichviel, ob neu oder gebraucht, ob Pkw oder Motorrad, auch unabhängig von der Person des Käufers. Verbrauchern eine leichtere Rücktrittsmöglichkeit zu eröffnen als Nichtverbrauchern macht keinen Sinn[226], wäre bei Leasingfahrzeugen in privater Hand auch kaum nachvollziehbar zu begründen. 1042

---

220 Urt. v. 9. 3. 2011, NJW 2011, 1664 Tz. 18 (Motorprobleme Audi S 4).

221 BGH 5. 11. 2008, NJW 2009, 508 (Innenraumfeuchtigkeit/Gebrauchtwagen); v. 9. 3. 2011, NJW 2011, 1664 (Verbrennungsaussetzer/neuer Audi S 4); v. 15. 6. 2011, MDR 2011, 1159 (Achseinstellung/neuer Mazda M 6).

222 Vgl. OLG Düsseldorf 21. 1. 2008, NJW-RR 2008, 1199.

223 Zu den Vorteilen von Prozentsätzen überzeugend *Ball*, NZV 2004, 217, 224 (zu § 439 Abs. 3 BGB); *Beyer*, NJW 2010, 1025 ff.

224 Siehe auch *Reinking* in FS Eggert (2008), S. 15 ff.

225 So auch, allerdings nur obiter, OLG Bamberg 10. 4. 2006, DAR 2006, 456 = MDR 2007, 87 = zfs 2006, 387 = OLGR 2006, 502 (Jahreswagen); in diese Richtung auch *Schmidt-Räntsch*, FS Wenzel (2005), S. 409, 424 (8 bis 10 %); *Palandt/Grüneberg*, § 323 BGB Rn. 32; dezidiert gegen die 10 %-Marke OLG Köln 12. 12. 2006, NJW 2007, 1694 (gebr. Leasing-BMW).

226 Zur europarechtlichen Dimension s. *Schmidt-Räntsch*, FS Wenzel (2005), S. 409, 413 f.

1043 Den Schwellenwert statt auf 10 auf nur 5 Prozent festzusetzen, ist dem Einwand zu großer Nähe zu den altrechtlichen Ausgrenzungen bei 3 bzw. 4 % ausgesetzt. Im Rahmen des § 323 Abs. 5 S. 2 BGB muss der Prozentsatz schon aus Gründen der Systematik deutlich höher liegen.[227] Mit der Marke von 10 % ist das Abstandsgebot eingehalten. Im Übrigen ist der 5-Prozent-Wert angesichts der heutigen Werkstattpreise wenig plausibel. Schon ein bloßer Ölwechsel kostet gegenwärtig bis zu 300 Euro und für eine „normale" Inspektion werden bis zu 1.000 Euro verlangt. Bei einem Durchschnittspreis für neue Pkw von 26.000 Euro (2010) läge der Grenzbetrag auf 5 %-Basis bei nur 1.300 Euro, bezogen auf den Kauf eines gebrauchten Pkw vom Neuwagenhändler bei rund 650 Euro.

1044 Gleichviel, welchen Prozentsatz man wählt: Die Rücktrittsschwelle für Neuwagenkäufer liegt bei der Prozentmethode tendenziell höher als für Gebrauchtwagenkäufer, was die Instanzgerichte bisher genau gegenteilig gesehen haben. Dass bei einem hohen Anschaffungspreis der Kaufvertrag stärkeren Bestand hat als bei einem vergleichsweise niedrigen Preis, mag nicht jedem einleuchten, ist andererseits aber auch nicht evident sachwidrig. Eine vergleichbare Inkohärenz nimmt man bei der Bemessung der Gebrauchsvorteile seit jeher in Kauf.

(3) Ermittlung der Mängelbeseitigungskosten

1045 Abzustellen ist auf den gesamten Aufwand zur Behebung des Mangels bzw. der Mängel. Dazu gehören außer den Material- und Lohnkosten auch notwendige Zusatzkosten für den Ausbau des mangelhaften Teils, ggf. auch sog. Verbringungskosten. Abstellen ist auf die Brutto-Fremdkosten, nicht etwa auf die niedrigeren Eigenkosten des Verkäufers. Zur Darlegungs- und Beweislast s. Rdn. 1064.

dd) Die Zeitpunktfrage

1046 Für die Beurteilung, ob ein Mangel als geringfügig i. S. d. § 323 Abs. 5 S. 2 BGB einzustufen ist, ist auf den **Zeitpunkt der Rücktrittserklärung** abzustellen.[228] Ein in diesem Zeitpunkt „erheblicher" Mangel verliert sein Gewicht nicht durch nachträgliche Ereignisse wie etwa eine provisorische Beseitigung durch den gerichtlich bestellten Sachverständigen.[229] Der Mangel wird in seiner Erheblichkeit gewissermaßen „eingefroren".[230] Wenn im Zeitpunkt der Rücktrittserklärung die **Ursache der Mangelhaftigkeit**, z. B. eine Fehlfunktion des Motors, trotz mehrfacher vorausgegangener Reparaturversuche weiterhin **im Dunkeln liegt**, ist ein solcher Befund **regelmäßig** als erheblicher Mangel einzustufen.[231] Dass durch spätere Aufklärung, z. B. durch ein Gerichtsgutachten, die Ursache geklärt wird und der Aufwand für die Beseitigung des Mangels sich als verhältnismäßig geringfügig herausstellt, kommt dem Verkäufer nicht zugute.[232]

1047 **Gestritten** wird mitunter darüber, ob einer objektiv nur geringfügigen Pflichtverletzung (Mangel) nach Abgabe der – unwirksamen – Rücktrittserklärung **„Erheblichkeit" zuwachsen** kann, etwa durch eine Verschlimmerung des Ausgangsmangels oder durch einen weiteren Mangel, der erst nach der Rücktrittserklärung entdeckt und gerügt worden ist. Diese Problematik ist in der Rechtsprechung noch nicht abschließend geklärt.

---

227 *Reinking* in FS Eggert (2008), S. 15 ff.

228 BGH 5. 11. 2008, NJW 2009, 508 = DAR 2009, 89; v. 9. 3. 2011, NJW 2011, 1664; v. 15. 6. 2011, MDR 2011, 1159.

229 BGH 5. 11. 2008, NJW 2009, 508 = DAR 2009, 89.

230 Siehe auch BGH 9. 3. 2011, NJW 2011, 1664 Tz. 18.

231 So BGH 9. 3. 2011, NJW 2011, 1664 Tz. 18; ähnlich BGH 5. 11.2008, NJW 2009, 508 Tz. 19; s. a. BGH 15. 6. 2011, MDR 2011, 1159 (Mazda M 6).

232 BGH 15. 6. 2011, MDR 2011, 1159 (Mazda M 6).

Bei einem im Zeitpunkt des Rücktritts nur unerheblichen Mangel ist der Käufer mit dem Rücktritt insoweit ausgeschlossen, er ist unwirksam. Der richtige Sekundärrechtsbehelf wäre die Minderung gewesen, ggf. auch der „kleine“ Schadensersatz. Im Fall der Verschlimmerung (Intensivierung) des zunächst unerheblichen Mangels, wird der Käufer mit Überschreiten der Erheblichkeitsgrenze nachträglich rücktrittsberechtigt. Maßgeblich für diese Beurteilung ist der Zeitpunkt der letzten mündlichen Verhandlung. BGH NJW 2009, 508; MDR 2011, 1159 steht wegen des sich selbst entwickelnden Mangels nicht entgegen. Wenn der Käufer mit dem Antrag auf Rückzahlung des Kaufpreises weiterverhandelt, gibt er konkludent eine erneute Rücktritterklärung ab. Mit gutem Grund lässt sich auch die Ansicht vertreten, in einem solchen Fall der **Verschlimmerung ein und desselben Mangels** sei eine nochmalige Rücktrittserklärung nicht erforderlich. Jedenfalls kann der Verkäufer dem Mangel in seiner Endform nicht die Verjährungseinrede entgegensetzen, wenn der wegen Geringfügigkeit anfänglich unwirksame Rücktritt rechtzeitig erklärt worden ist (Gedanke des § 213 BGB). **1048**

ee) Probleme bei Mängelmehrheit

Bei Erstauslieferung des Fahrzeugs muss jeder einzelne Mangel vorhanden gewesen sein, und sei es nur in der Anlage. Andernfalls fällt der gerügte Defekt von vornherein aus der Wertung, weil er rechtlich kein Mangel ist. Auszublenden sind (echte) Mängel, die **vor der Rücktrittserklärung beseitigt** worden sind.[233] Sie geben kein Rücktrittsrecht mehr. Eine den Verkäufer belastende **Nachwirkung** bei der Erheblichkeitsprüfung ist grundsätzlich abzulehnen. Die Erheblichkeit eines fortbestehenden Mangels hat nichts damit zu tun, in welchem Umfang der Verkäufer zuvor, d. h. vor dem Rücktritt, andere Mängel beseitigt hat.[234] Anders kann es ausnahmsweise sein, wenn der Mangel als solcher zwar im Wesentlichen beseitigt ist, er sich aber über den Zeitpunkt des Rücktritts hinaus negativ auswirkt, eine eher theoretische Konstellation. **1049**

In Fällen der Mehrfachstörung ist zunächst zu klären, ob es sich, wie häufig bei „Elektronikproblemen“, um einen sog. **Systemmangel** handelt, rechtlich also um einen **einheitlichen Mangel.** Wenn ja, kann der Käufer die Spätsymptome zur Anreicherung des Rücktrittsgrundes ohne weiteres heranziehen. Der **Grundsatz der Einzelbetrachtung**, so der denn im Rahmen des § 323 Abs. 5 S. 2 BGB überhaupt gilt, bleibt angesichts der Mangelidentität gewahrt. **1050**

Bei einer **Mehrheit von Mängeln**, die im Zeitpunkt des Rücktritts **noch vorhanden sind**, stellt sich die Frage Einzelbetrachtung oder Gesamtschau. Dass **mehrere geringfügige Mängel** in der Summe das Gewicht haben können, dem Käufer über die Bagatellhürde zu verhelfen, entspricht weitgehend gefestigter Rechtsprechung[235], wenngleich vom BGH noch nicht bestätigt.[236] **1051**

In Fällen sukzessive auftauchender Mängel stellt sich zudem folgendes Problem: Die **Nichtbeseitigung des Erstmangels** (A) kann eine zusätzliche Pflichtverletzung darstellen (Verstoß gegen § 439 Abs. 1 BGB). Sie kann als nachgelagerte Pflichtverletzung zu Lasten des Verkäufers in die Erheblichkeitsprüfung hinsichtlich des Mangels A einbezogen werden. Den später aufgetauchten Mangel B bei dem Nachbesserungsversuch bzgl. Mangel A **nicht entdeckt** und **nicht mitbeseitigt** zu haben, kann gleichfalls eine Pflichtverletzung bedeuten. Das ist eine Frage des Einzelfalls. Grundsätzlich hat ein Neufahrzeugverkäufer **1052**

---

233 OLG Hamm 26. 2. 2008 – 28 U 135/07 – BeckRS 2008, 20190.

234 BGH 29. 6. 2011, NJW 2011, 2872 Tz. 22 (Wohnmobil).

235 Z. B. OLG Düsseldorf 18. 8. 2008 – I-1 U 238/07; OLG Köln 27. 4. 2010, NJW-RR 2011, 61; s. aber auch OLG Hamm 26. 2. 2008 – 28 U 135/07 – BeckRS 2008, 20190 (drei Mängel reichten nicht aus, waren freilich nicht sicherheitsrelevant).

236 Für eine „zusammenfassende“ Würdigung auch *Fischinger/Lettmaier*, ZGS 2009, 394, 398.

nicht die Pflicht, im Rahmen seines Versuchs, einen vom Käufer gerügten Mangel zu beseitigen, der Frage nachzugehen, ob weitere, vom Käufer nicht gerügte Mängel vorhanden sind. Liegen jedoch konkrete Anhaltspunkte für die Existenz eines weiteren, dem Käufer bislang verborgen gebliebenen Mangels vor, z. B. ein Herstellerrückruf oder eine interne Herstellerinformation, kann das Untätigbleiben des Verkäufers pflichtwidrig sein, eventuell sogar einen Schadensersatzanspruch begründen. Diesen Verstoß bei der Erheblichkeitsbeurteilung auszublenden, würde berechtigte Käuferinteressen verletzen. Er steht in einem inneren Zusammenhang mit dem Mangel A und dessen Nichtbeseitigung.

1053 Pflichtverletzungen auf der Nacherfüllungsebene wird in der Rechtsprechung selten eigenständige Bedeutung beigemessen, soweit es um die Geringfügigkeitsproblematik geht. Durchweg wird allein auf die Mangelhaftigkeit als solche, die Schlechtlieferung, abgestellt. Dass schon bloße „Unannehmlichkeiten" im Verlauf der Nachbesserung zu Lasten des Verkäufers gehen können, geht aus einem Urteil des OLG Naumburg hervor:

> *„Im Rahmen der Interessenabwägung fällt zu Lasten des Verkäufers ins Gewicht, dass er den Käufer mit seinem berechtigten Anliegen, das grundlose Leuchtsignal dauerhaft zu beheben, vielfach abgewiesen hat. Dieses Verhalten verstärkt die Pflichtverletzung des Verkäufers so, dass sie deshalb nicht mehr als unerheblich gelten kann"* (Urt. v. 13. 12. 2006, OLGR 2007, 815).

1054 In Fällen nacheinander auftretender Mängel ist es dem Käufer unbenommen, wegen des „Spätmangels" erneut den Rücktritt zu erklären, ggf. nach vorheriger erfolgloser Fristsetzung.[237] Zur Frage eines bei Geringfügigkeit des Mangels in Betracht kommenden **Wechsels von Rücktritt auf Minderung** s. Rdn. 1225 ff.

ff) Weitere Einzelfragen

1055 Durch den **BGH** sachgerecht geklärt sind zwei Fragen, denen in der Praxis nicht immer die nötige Beachtung geschenkt wird. Zum einen geht es darum, dass **Defekte und Unzuträglichkeiten**, die nicht die Qualität von Sachmängeln besitzen (z. B. natürlicher Verschleiß oder normale Gebrauchsspuren) im Rahmen der Erheblichkeitsprüfung nicht zu berücksichtigen sind.[238] Außer Betracht haben darüber hinaus „echte" Sachmängel zu bleiben, hinsichtlich derer der Verkäufer noch sein **Recht zur zweiten Andienung** hat.[239] Erst wenn auch insoweit „Rücktrittsreife" eingetreten ist, kann der Mangel in die Bewertung einbezogen werden.

1056 Für die Praxis geklärt ist auch die in der Literatur kontrovers diskutierte Frage, ob subjektive Momente wie z. B. eine **arglistige Täuschung** zu berücksichtigen sind. **Der BGH** hat dies in einem Fall des Immobilienkaufs bejaht, indem er einem an sich (objektiv betrachtet) möglicherweise nur geringfügigen Mangel infolge der Arglist des Verkäufers die für den Rücktritt erforderliche „Erheblichkeit" bescheinigt.[240] Zumindest i. d. R. sei Unerheblichkeit zu verneinen, wenn dem Verkäufer Arglist zur Last falle.[241] Zu beachten ist, dass bei Bagatellmängeln Arglist häufig aus tatsächlichen Gründen nicht festgestellt werden kann.

1057 Dass der **Bruch einer „einfachen" Beschaffenheitsvereinbarung** (§ 434 Abs. 1 S. 1 BGB) im Rahmen der Erheblichkeitsprüfung ein stärkeres Gewicht hat als ein Mangel nach den objektiven Kriterien des § 434 Abs. 1 S. 2 Nr. 2 BGB, kann folgender Aussage des BGH entnommen werden:

---

237 Vgl. OLG Hamm 26. 2. 2008 – 28 U 135/07 – BeckRS 2008, 20190.
238 BGH 14. 9. 2005, NJW 2005, 3490.
239 BGH 14. 9. 2005, NJW 2005, 3490; LG Bremen 21. 9. 2007, DAR, 2008, 529.
240 Urt. v. 24. 3. 2006, NJW 2006, 1960.
241 BGH 24. 3. 2006, NJW 2006, 1960.

„Dabei wird i. d. R. ein Verstoß gegen eine Beschaffenheitsvereinbarung .... die Erheblichkeit der Pflichtverletzung indizieren" (Urt. v.17. 2. 2010, NJW-RR 2010, 1289 = DAR 2010, 263 – falsche Wagenfarbe bei Neuwagen).

Wenn der Gesetzgeber einem Verkäufer, der ohne ein Verschulden eine übernommene Garantie nicht eingehalten hat, die Berufung auf eine „unerhebliche" Pflichtverletzung versagt (BT-Drucks. 14/6040, S. 223), kann daraus geschlossen werden: Ein Verstoß gegen eine (bloße) Beschaffenheitsvereinbarung i. S. d. § 434 Abs. 1 S. 1 BGB hat diese Wirkung nicht notwendigerweise. Mit der Annahme einer bloßen Indizwirkung und dies auch nur im Regelfall lässt der BGH den Instanzgerichten den nötigen Wertungsspielraum für einzelfallgerechte Lösungen. Zu unterscheiden ist zwischen ausdrücklichen Beschaffenheitsvereinbarungen und solchen, die nur stillschweigend oder konkludent zustande gekommen sind. Letztere haben auch aus der Sicht der Käufer einen niedrigeren Rang. Abstellen kann man auch auf den Gegenstand der Beschaffenheitsvereinbarung, ob es sich um eine wesentliche oder eher unwesentliche Eigenschaft des Fahrzeugs handelt. Auch bei einem fabrikneuen Pkw führt deshalb nicht jeder Bruch einer Beschaffenheitsvereinbarung automatisch zu einer Rücktrittsberechtigung. Nicht zu befürworten ist eine Ausdehnung der BGH-Rechtsprechung auf unrichtige Wissensmitteilungen sowie auf öffentliche Äußerungen des Verkäufers, etwa auf einer Internetplattform, mit Relevanz nur für die Bestimmung der zu erwartenden Beschaffenheit (§ 434 Abs. 1 S. 3 BGB). 1058

c) Kasuistik Neufahrzeugkauf

aa) Erheblichkeit bejaht

1059

Sachverhalt	Entscheidung
Mazda M 6 Kombi, Achseinstellungsproblem ungeklärter Herkunft	BGH MDR 2011, 1159
Verbrennungsaussetzer mit der Folge, dass das Fz. (AUDI S 4) jew. angehalten und neu gestartet werden musste	BGH NJW 2011, 1664 = DAR 2011, 319
vereinbarungswidrige Farbe (Lackierung) eines in den USA bestellten Pkw	BGH NJW-RR 2010, 1289 = DAR 2010, 263
Pkw unbekannten Typs, Vibrationsgeräusche am Lenkrad, Schwergängigkeit Tür hi. li., irregulärer Geradeauslauf	öster. OGH ZVR 2006, 285
VW Golf Plus, multiple Elektronikstörungen (selbsttätiges Öffnen der Fenster, Ausfall der Regensensoren u. a.)	OLG Saarbrücken 22. 2. 2011, 4 U 557/09
hochpreisiger Pkw mit Motorminderleistung zwischen 8,09 und 11 %	LG Wuppertal 16. 11. 2010, 16 O 134/08, DAR 2011, 533
Fehlfunktion der elektrischen Sitzverstellung, selbstständiges Verstellen, 50.000 €-Pkw	LG Coburg 25. 8. 2010, 13 O 637/08
Fehlanzeige „Bremsflüssigkeitsstand zu niedrig", Peugeot 206 oder 207 CC	OLG Stuttgart NJW-RR 2010, 412 = DAR 2010, 140

Sachverhalt	Entscheidung
„ruckelndes“ Automatikgetriebe und Fehlfunktion der Schließtechnik für Schiebedach (Mercedes ML 280 CDI)	OLG Köln NJW-RR 2011, 61 = NZV 2011, 298
Zum Bestattungswagen umgebauter Pkw mit zu geringer Bodenfreiheit und fehlendem Navigationsgerät	OLG Hamm 21. 1. 2010, 28 U 178/09
Falsche „Fehlermeldung Federung“, plötzliche Veränderung des Federungsverhaltens, Citroen C 6	OLG Hamm 16. 11. 2009, VRR 2010, 147
Wassereintritt im Heckklappenbereich, Smart fortwo coupe	KG 20. 7. 2009, 8 U 96/09
Undichtigkeit im Bereich der Heckklappe, VW Golf	OLG Karlsruhe 14. 5. 2009, 4 U 148/07
Wiederkehrende Fehlermeldungen ohne Grund	OLG Koblenz NJW 2009, 151
Quietsch- und Pfeifgeräusche beim Bremsen, Audi Avant 2.0 TDI	LG Köln 24. 6. 2009, 28 O 11/07
Fehlfunktion der Telefoneinrichtung und abnorme Fahrgeräusche bei Jaguar XKR Cabrio	LG Coburg DAR 2009, 529
Fahrerspezifische Startprobleme bei Alfa Romeo 159 JTDM mit Start/Stopp-Taste	OLG Karlsruhe DAR 2009, 699
Unerklärliche Motorgeräusche mit Verdacht auf gravierendes Problem (Toyota Avensis)	OLG Naumburg 6. 11. 2008, 1 U 30/08
MB A Klasse 200 CDI, anormale Windgeräusche ab 130 km/h und Dieselmehrverbrauch von 8 % im Mix	OLG Düsseldorf 18. 8. 2008, I-1 U 238/07
Peugeot 206 CC, wiederkehrende Funktionsstörungen beim Schließmechanismus des Verdecks	OLG Düsseldorf NJW-RR 2008, 1199
Mercedes Benz CL 500 Coupé, Tageszulassung, Leasingwagen, wiederholter Ausfall der Elektronik, z. B. Komplettabstürze des Info-Systems	OLG Düsseldorf 10. 2. 2006, I-22 U 149/05, VRR 2006, 306
Pkw der gehobenen Mittelklasse mit Getriebeproblemen („Ruckeln“)	OLG Düsseldorf NJW-RR 2008, 1230
Wiederholte Störungen von Funktionen des Command-Systems eines Mercedes SLK (Navi, MP3-Player, Telefon u. a.)	OLG Köln VRR 2008, 228 = OLGR 2008, 584 (nur Ls.)
VW Passat, mit Normalbenzin nicht fahrbar	LG Schweinfurt DAR 2006, 512

Sachverhalt	Entscheidung
Mercedes Benz, E 270 CDI, zahlreiche Elektronikmängel, isoliert betrachtet geringfügig, in der Summe aber erheblich	LG Zweibrücken SVR 2005, 188
PKW (75.000 €), quietschende Bremsgeräusche	OLG Schleswig 25. 7. 2008, 14 U 125/07

bb) Erheblichkeit verneint

1060

Sachverhalt	Entscheidung
Mängelbeseitigungskosten unter 1 % des Kaufpreises (Luxus-Wohnmobil)	BGH NJW 2011, 2872
Windgeräusche erst ab 220 km/h, BMW X3	OLG Frankfurt 9. 12. 2010, 4 U 161/10
Motorminderleistung von ca. 5,5 % (statt 291 nur 275 kW)	LG Aachen 17. 6. 2010, 8 O 278/08, – a. A. OLG Köln 2. 12. 2010, 21 U 18/10
Fehlen der Sonderausstattung „automatisch abblendbarer Innen- und Außenspiegel“, Porsche Cayenne	Thür. OLG 19. 11. 2009, 1 U 389/09, NZB zurückgew. durch BGH 1. 6. 2011, VIII ZR 320/09
Mängel an Seitenscheiben, Fahrerspiegel und Innverkleidung, Gesamtkosten unter 600 €, Peugeot 307, Kaufpreis 24.750 €	OLG Hamm 26. 2. 2008, 28 U 135/07, BeckRS 2008, 20190
Opel Vectra, Fehlfunktionen der Lenkradfernbedienung, keine Annahme von Eingabebefehlen, ungewollte Umschaltungen	OLG Düsseldorf NJOZ 2008, 601 = ZGS 2007, 157
AUDI A 2, 1,2 l TDI, Kraftstoffmehrverbrauch 11 % innerstädtisch, 7 % außerstädtisch, 6 % im Durchschnitt	BGH NJW 2007, 2111
Ford Fiesta (Vorführwagen) mit leichten Karosserieschäden; bei einem Mängelbeseitigungsaufwand von nur knapp 1 % des Kaufpreises „ohne Zweifel unterhalb der ‚Bagatellgrenze‘“	BGH NJW 2005, 3490
BMW 1 mit einer Vielzahl kleinerer Reklamationen, u. a. Lack	OLG Düsseldorf 1. 5. 2007, I-1 U 201/05
Fiat Doblo, Einstufung nach „Euro 3“ statt, wie angeblich vereinbart, nach „Euro 4“; Steuernachteil nur geringfügig	Brand OLG 14. 2. 2007, 13 U 92/06
Peugeot 607, fehlerhafte Tankanzeige (zu frühes Aufleuchten „Geringer Treibstoff-Vorrat“)	OLG Düsseldorf 11. 6. 2007, I-1 U 259/06

Sachverhalt	**Entscheidung**
Citroen C 3, Cabrio, Wassertropfen an den Innenscheiben beim Durchfahren einer Waschstraße	Brand OLG 21. 2. 2007, 4 U 121/06, NJW-RR 2007, 928 = DAR 2007, 520
Nur sporadische Fehlfunktion beim automatischen Öffnen des Daches (Opel Astra TT Cabrio)	LG Bielefeld 9. 12. 2008, 5 O 381/07
BMW 330 i, Entladen der Batterie durch nicht kompatible Software des Kunden-Handys; Pkw hatte Telefonvorbereitung	LG Coburg 9. 11. 2005, 13 O 834/04
Pkw, Typ nicht bekannt, Störungen beim Radioempfang, überlagernde Geräusche u. a.	LG Düsseldorf DAR 2006, 511
Pkw, Typ nicht bekannt, zweitüriger Kleinwagen, fehlerhafter, nicht bündiger Türschluss	OLG Düsseldorf NJW 2005, 2235
Pkw, Typ nicht bekannt, „Verzerrungen" der Windschutzscheibe bis zu 4 cm über dem unteren Rand	LG Bad Kreuznach SVR 2008, 102
Pkw, Typ nicht bekannt, „Knackgeräusche"	LG Bremen DAR 2008, 529
Wohnmobil, Nutzungseinschränkung wegen „Überladung"	OLG Hamm 10. 9. 2008, 11 U 15/07

d) Kasuistik „technische Mängel/Gebrauchtwagen"

1061 Eine nützliche Orientierungshilfe auch bei der Bearbeitung von Neuwagenfällen sind Entscheidungen zum Gebrauchtwagenkauf, soweit es um die Bedeutung technischer Mängel geht.

aa) Erheblichkeit bejaht

1062

Sachverhalt	Entscheidung
Range Rover, 8 Jahre, 101.500 km, Wassereintritt ins Wageninnere an mehreren Stellen, Ursache im Zeitpunkt des Rücktritts ungeklärt	BGH NJW 2009, 508 = DAR 2009, 89
Wohnmobil, 8 Jahre, 85.300 km, mit Feuchtigkeitsschäden	OLG Hamm 10. 3. 2011 – I-28 U 131/10
BMW, Aussetzer im Drehzahlbereich zwischen 1000 und 2000 in den Gängen drei und vier; Ursache defekte Zündkerzenstecker	LG Frankfurt/M. DAR 2007, 90

Sachverhalt	Entscheidung
BMW 330d, Fehlfunktionen des Navi, Kostenaufwand 2.000 € = mehr als 5 % des Kaufpreises	OLG Köln NJW 2007, 1694
VW Sharan, EZ 3/96, 98.000 km, konstruktionsbedingte „Formunbeständigkeit“ der Innenverkleidung der beiden Vordertüren	OLG Saarbrücken DAR 2006, 509
Pkw, Typ nicht bekannt, keine Vorlage des nach der StVZO notwendigen Umrüstungsnachweises	OLG Bamberg DAR 2005, 619
Mercedes Benz 240, Wassereintritt hinterer Karosseriebereich	OLG Karlsruhe DAR 2005, 31
Mitsubishi Outlander, grundloses Aufleuchten eines Leuchtsignals (Motor)	OLG Naumburg OLGR 2007, 815
Wohnmobil, Defekt der Klimaanlage, Reparaturkosten 1.801 €	Brand OLG 23. 9. 2005, 4 U 45/05

bb) Erheblichkeit verneint

1063

Sachverhalt	Entscheidung
Fehlerhafte Radbefestigung	OLG Frankfurt 19. 8. 2009, 17 U 282/08
Nissan Primera, Jahreswagen, unzureichende Befestigung der Innenverkleidung, fehlende Dekorbeschichtung des Schalthebelknaufs, Defekt an Freisprechanlage; Kosten deutlich unter 10 %	OLG Bamberg DAR 2006, 456 = MDR 2007, 87 = zfs 2006, 387
Renault Twingo, Reserverad mangelhaft, Endschalldämpfer schadhaft, erhöhter Abgaswert im Leerlauf, Reparaturkosten weniger als 3 % des Kaufpreises von 6.090 €	OLG Düsseldorf NJW-RR 2004, 1060 = DAR 2004, 392
Skoda Octavia, Kaufpreis 7.500 €, Feuchtigkeit Beifahrerfußraum, Reparaturkosten 4,5 % des Kaufpreises	LG Kiel DAR 2005, 38

e) Darlegungs- und Beweislast

Für die tatsächlichen Voraussetzungen der Unerheblichkeit der Pflichtverletzung trägt 1064
der Verkäufer die Darlegungs- und Beweislast.[242] Es handelt sich um eine rechtsvernich-

242 St. Rspr., z. B. OLG Düsseldorf 21. 1. 2008, NJW-RR 2008, 1199; OLG Köln 12. 12. 2006 – 3 U 70/06.

tende Einwendung i. S. e. **Ausschlussgrundes** (s. § 441 BGB). Händler sind gut beraten, die Kosten einer fachgerechten Beseitigung anhand eines spezifizierten Kostenvoranschlags zu belegen. Mitzuteilen sind nicht die Eigenkosten, sondern Fremdkosten incl. Umsatzsteuer. Bemerkenswerterweise fällen die Gerichte in der Erheblichkeitsfrage fast ausnahmslos Entscheidungen ohne Beweisfälligkeit des Verkäufers.

3. Ausschluss des Rücktritts nach § 323 Abs. 6 BGB

1065 Ausgeschlossen ist der Rücktritt gem. § 323 Abs. 6 Alt. 1 BGB, wenn der Käufer für den Umstand, der ihn zum Rücktritt berechtigen würde, allein oder weit überwiegend verantwortlich ist. Dem steht der – für die Kaufrechtspraxis noch weniger bedeutsame – Fall gleich, dass der vom Verkäufer nicht zu vertretende Umstand zu einer Zeit eintritt, zu der sich der Käufer in Annahmeverzug befunden hat (§ 323 Abs. 6 Alt. 2 BGB). § 323 Abs. 6 BGB ist gem. § 326 Abs. 5 BGB auch in denjenigen Fällen anwendbar, in denen der Verkäufer gem. §§ 275 Abs. 1 bis 3 BGB nicht zu leisten braucht. Einzureihen ist hier § 439 Abs. 3 BGB (berechtigte Verweigerung aus Kostengründen).

1066 **Wichtigster Anwendungsfall** aus praktischer Sicht ist die „qualitative" Unmöglichkeit gem. **§ 275 Abs. 1 BGB**. Zum Rücktritt berechtigender Umstand ist im Fall des § 326 Abs. 5 BGB sowohl der Sachmangel als solcher als auch **die Unmöglichkeit seiner Behebung**. Im Fall anfänglicher Unmöglichkeit (Beispiel: Lieferung eines vorrätigen Pkw ohne die Eigenschaft „fabrikneu") wird der Käufer kaum jemals Verantwortung tragen. In Fällen **nachträglicher Unmöglichkeit** kann es dagegen durchaus vorkommen, dass der Käufer für die Unmöglichkeit der Mängelbeseitigung „verantwortlich" ist, möglicherweise weit überwiegend, wenn nicht gar allein. Die Behandlung dieser auch für den Autokauf relevanten Fallgestaltungen ist **umstritten**,[243] auch im Hinblick auf eine etwaige Privilegierung des Käufers analog § 346 Abs. 3 S. 1 Nr. 3 BGB (eigenübliche Sorgfalt). Nur in der Begründung auseinander gehen die Meinungen im Sonderfall der **eigenmächtigen Selbstbeseitigung** des Mangels (= Selbstvornahme). Im Ergebnis ist man sich weitgehend darin einig, dass der Käufer mit seinem Rücktrittsrecht ausgeschlossen ist.[244]

1067 § 323 Abs. 6 BGB basiert wie die Parallelregelung in § 326 Abs. 2 S. 1 BGB auf dem **allgemeinen Rechtsgedanken**, dass der Gläubiger aus einer Situation, die er selbst zu verantworten hat, entweder keine oder nur geschmälerte Rechte herleiten darf. Damit wird für den Rücktritt das umgesetzt, was für den Anspruch auf Schadensersatz in § 254 Abs. 1 BGB geregelt ist.[245] So wie dort ein deutlich überwiegendes Mitverschulden (Mitverursachung) zum Anspruchsverlust führen kann, soll der Käufer bei einer Verantwortungsquote von mindestens 80 % mit seinem Rücktrittsrecht ausgeschlossen sein.[246]

1068 Nach der Rechtsprechung ist „Verantwortung" i. S. v. **Verschulden** zu verstehen.[247] „Formen einfacher Fahrlässigkeit" sollen regelmäßig nicht ausreichen; nur **leichte Fahrlässigkeit** soll die Verkäuferverantwortung nicht verdrängen können.[248] Es müsse ein Verschulden des Käufers vorliegen, das bei einer fiktiven Abwägung nach § 254 BGB zu seiner alleinigen Haftung führen würde.[249]

---

243 Vgl. *Medicus/Lorenz*, SchBT Rn. 139 ff.; *Looschelders*, SchBT Rn. 111 ff.; *Palandt/Grüneberg*, § 323 BGB Rn. 29 m. Nachw.
244 Vgl. *Palandt/Grüneberg*, § 323 BGB Rn. 29.
245 Zum Grundsätzlichen *Dötterl*, ZGS 2011, 115 ff.
246 *Palandt/Grüneberg*, § 323 BGB Rn. 29.
247 OLG Naumburg 24. 6. 2010, NJW-RR 2011, 64 = ZGS 2010, 526.
248 OLG Naumburg 24. 6. 2010, NJW-RR 2011, 64 = ZGS 2010, 526.
249 OLG Naumburg 24. 6. 2010, NJW-RR 2011, 64 = ZGS 2010, 526.

Der Verweis auf § 254 BGB und den dahinter stehenden Grundsatz von Treu und Glauben ist zutreffend. Dann kann es aber nur um ein **„Verschulden gegen sich selbst"** gehen; nicht um eine Rechtspflicht, sondern um eine Obliegenheit des Käufers. Sachgerecht abwägen lässt sich eine Obliegenheitsverletzung des Käufers nur unter Berücksichtigung der Pflichtverletzung des Verkäufers. Isoliert kann sie nur als solche festgestellt, aber nicht gewichtet werden. Ob die Verantwortungsquote unter oder über der Ausschlussgrenze von 80 % liegt, hängt auch davon ab, wie die Pflichtverletzung des Verkäufers zu beurteilen ist. Sie kann auf eine bloße Schlechtleistung beschränkt sein. Subjektive Momente wie Arglist oder der Bruch einer Garantie können der Pflichtverletzung nach § 433 Abs. 1 S. 2 BGB, also dem Mangel, ein besonderes Gewicht verleihen, so wie ein zusätzlicher Verstoß des Verkäufers gegen § 439 Abs. 1 BGB im Fall eines behebbaren Mangels seinen Verantwortungsanteil erhöht. **1069**

Gleichviel, wie man § 323 Abs. 6 BGB dogmatisch einordnet[250]: Im Kfz-Mängelrecht ist der Anwendungsbereich dieser Vorschrift **sehr schmal**. Verkäufer dringen mit ihrer darauf gestützten Argumentation in aller Regel nicht durch. Da der Käufer für Fahrzeugmängel, die bei Übergabe vorhanden sind, regelmäßig keine (Mit)Verantwortung trägt[251], bleiben für einen Rücktrittsausschluss nach § 323 Abs. 6 BGB in Mängelfällen praktisch nur **zwei Fallgruppen:** die Verschlimmerung des Mangels bei fortbestehender Mangelidentität (Ausweitungs- oder Intensivierungsfälle) und die Vereitelung einer möglichen Nacherfüllung (§ 275 Abs. 1 BGB), sei es durch einen bestimmungswidrigen Gebrauch bis hin zur Zerstörung, sei es durch eine eigenmächtige Selbstreparatur. **1070**

Bei der **ersten Fallgruppe** muss scharf getrennt werden zwischen Mangelhaftigkeit bezogen auf die Übergabe einerseits und andererseits einer vom Käufer möglicherweise fahrlässig beeinflussten Entwicklung während seiner Besitzzeit.[252] Ein **Motorschaden** mit Ausfall des gesamten Aggregats infolge eines gerissenen Zahnriemens ist nicht der maßgebliche Gewährleistungsmangel, weil der Motor bei Übergabe funktionierte. Der Mangel, für den der Verkäufer einzustehen hat, kann jedoch die Ursache des Motorschadens sein, hier: ein möglicherweise schon bei Auslieferung schadhafter Zustand des Zahnriemens. Zur Problematik „die Ursache als Mangel" s. Rdn. 3368. In der Weiternutzung eines Pkw mit einem „schadenanfälligen" Zahnriemen trotz wahrnehmbarer Geräusche und trotz eines Hinweises der Werkstatt (der allerdings nicht eindeutig war) hat das OLG Naumburg im Ergebnis zu Recht keinen Fall des § 323 Abs. 6 BGB gesehen.[253] **1071**

Schon aus Gründen der Unerheblichkeit des Mangels, nicht wegen eigener Verantwortlichkeit ist der Käufer mit dem Rücktritt ausgeschlossen, wenn sich ein bei Gefahrübergang vorhandener **geringfügiger Mangel** infolge seines „Verschuldens" **vergrößert** oder anderweitig ausweitet. Nur wenn sich der Ursprungsmangel quasi in sich selbst weiterentwickelt, Mangelidentität also gewahrt bleibt, kann diese Art von „Weiterfressen" nach § 323 Abs. 6 BGB zu Lasten des Käufers gehen. Das wird nur selten der Fall sein. Ist der Sachmangel dagegen erheblich, kann der Käufer sein Rücktrittsrecht grundsätzlich nicht dadurch verlieren, dass er **notwendige Inspektionen unterlässt** oder in sonstiger Weise mit dem Fahrzeug sorglos umgeht.[254] Für solche Sachverhalte sieht das Rücktrittsfolgenrecht differenzierende Sonderregelungen vor (s. Rdn. 1096 ff.). **1072**

Kein Anwendungsbeispiel für § 323 Abs. 6 BGB ist der vom LG Dortmund nach dieser Vorschrift entschiedene Fall einer defekten Einspritzdüse bei Übergabe mit Nachlässigkei- **1073**

250 Nachweise zum Diskussionsstand bei *Dötterl*, ZGS 2011, 115 ff.
251 Denkbar bei Fahr- und Bedienungsfehlern bei einer Probefahrt vor Auslieferung.
252 Zutreffend OLG Hamm 8. 9. 2005, NZV 2006, 421 (Motorschaden).
253 Urt. v. 24. 6. 2010, NJW-RR 2011, 64 = ZGS 2010, 526.
254 OLG Hamm 8. 9. 2005, NZV 2006, 421; s. a. OLG Koblenz 8. 3. 2007, NZV 2008, 156 („die Missachtung der Inspektionstermine hat die Getriebeschwäche nicht befördert").

ten des Käufers während des Fahrens (Übersehen von Warnzeichen wie Qualm und Leistungsabfall) und einem „gravierenden" Motorschaden als Endergebnis.[255] Der Verkäufer war lediglich für die defekte Einspritzdüse verantwortlich. Wenn das ein nur unerheblicher Mangel ist, wie das LG meint, ist der Käufer nach § 323 Abs. 5 S. 2 BGB mit dem Rücktritt ausgeschlossen. Der Rückgriff auf § 323 Abs. 6 BGB ist unnötig, kann auch zu falschen Ergebnissen führen. Verschlechterungen des Fahrzeugs ist, sofern sie nicht den Mangel als solchen betreffen, nach den speziellen Regeln über die Wertersatzpflicht Rechnung zu tragen (s. Rdn. 1101 ff.).

1074 Mit dem Rücktritt ausgeschlossen hat das OLG München[256] den Käufer eines fabrikneuen Pkw-Anhängers. Zwei kleinere Mängel waren von Anfang an vorhanden, stark beschädigt wurde der Anhänger aber erst bei Wegebaumaßnahmen im Gebirge, ohne dass die (Ausgangs-)Mängel dafür ursächlich waren. Schadensursächlich war ein bestimmungswidriger Gebrauch. Infolgedessen, so das OLG, sei der Rücktritt nach § 323 Abs. 6 BGB ausgeschlossen, wegen der Koppelung der Minderung an den Rücktritt auch das Recht, den Kaufpreis zu mindern. Das ist in zweierlei Hinsicht nicht überzeugend. Erstens liegt kein Fall des § 323 Abs. 6 BGB vor, wenn ja, bedeutet der Verlust des Rücktrittsrechts nicht automatisch einen Ausschluss der Minderung (str.). Immerhin hat das OLG München den Käufer nicht ganz leer ausgehen lassen, sondern ihm in analoger Anwendung des § 326 Abs. 2 S. 2 BGB einen Anspruch auf Ersatz der vom Verkäufer eingesparten Mängelbeseitigungskosten zuerkannt.

4. Ausschluss des Rücktrittsrechts mangels eigener Vertragstreue

1075 Es ist allgemein anerkannt, dass eigene Vertragsuntreue gem. § 242 BGB zum Ausschluss des Rücktritts führt, sofern die Pflichtverletzung des Gläubigers in einem inneren Zusammenhang mit der Leistungspflicht des Schuldners steht.[257] Dieser Ausschlussgrund hat für den Neuwagenkauf keine allzu große Bedeutung. Allein aus der Vorenthaltung des Kaufpreises lassen sich keine Rückschlüsse auf mangelnde Vertragstreue ziehen, da der Käufer eines Neuwagens nicht vorleistungspflichtig ist und wegen der ihm zustehenden Einrede des § 320 BGB so lange nicht in Verzug gerät, bis der Verkäufer vorhandene Mängel beseitigt hat. Nur wenn von vornherein feststeht, dass der nachleistungspflichtige Käufer zur Gegenleistung grundsätzlich nicht bereit ist, kann ihm die Möglichkeit des Rücktritts nach Treu und Glauben versagt sein.

5. Ausschluss des Rücktrittsrechts aus Gründen des § 242 BGB

1076 Im Anschluss an die Rücktrittserklärung legen Fahrzeugkäufer nicht selten ein Verhalten an den Tag, das ihnen später im Rückabwicklungsprozess vom Verkäuferanwalt als widersprüchlich und/oder treuwidrig angekreidet wird. Zu der praktisch bedeutsamsten Fallgruppe „Werkstatttermin beim Verkäufer nach Rücktritt" s. o. Rdn. 877 ff.

1077 **Verwirkung:** Für Gestaltungsrechte gilt kein allgemeiner Grundsatz, dass eine Verwirkung bereits nach einem kurzen Zeitablauf eintritt.[258] Treu und Glauben können es allerdings verlangen, dass der Berechtigte im Interesse der anderen Vertragspartei alsbald Klarheit darüber schafft, ob er beabsichtigt, sein Gestaltungsrecht auszuüben, und damit nicht länger zögert als notwendig. Bei der Frage der Verwirkung des gesetzlichen Rücktrittsrechts kann der Rücktrittsgegner nicht darauf verwiesen werden, er habe die Möglichkeit

255 Urt. v. 21. 12. 2007 – 22 O 212/06 – n. v.
256 Urt. v. 21. 7. 2006, ZGS 2007, 80 = MDR 2007, 259; Bespr. v. *Löhnig*, ZGS 2007, 134.
257 *Palandt/Grüneberg*, § 323 BGB Rn. 29; *Grothe* in *Bamberger/Roth*, § 323 BGB Rn. 41 m. w. N.
258 BGH 18. 10. 2001, BGHR 2002, 140.

der Fristsetzung gehabt. § 350 BGB gilt nur für den vertraglichen Rücktritt. Entscheidend sind letztlich immer die Umstände des Einzelfalls.[259]

Eine Verwirkung des Rücktrittsrechts kann anzunehmen sein, wenn der Käufer einen **1078** Mangel nach Ablieferung feststellt und anzeigt, das Fahrzeug jedoch in Benutzung nimmt und seine Rechte erst unmittelbar vor Ablauf der Verjährungsfrist geltend macht. In einem ähnlichen Gebrauchtwagenfall entschied das OLG Köln,[260] der Käufer habe mögliche Gewährleistungsansprüche gem. § 242 BGB verwirkt. Von einer Verwirkung ist nach einem Urteil des OLG Hamm[261] auszugehen, wenn der Käufer den Mangel sechs Monate nach dem Kauf feststellt, jedoch erst 2 1/2 Jahre später nach einer Fahrstrecke von ca. 60.000 Kilometern und nach Eintritt erheblicher Beschädigungen vom Verkäufer die Rückabwicklung des Kaufvertrages verlangt.

Für den BGH[262] stellt die Weiterverfolgung des Anspruchs auf Rückgängigmachung des **1079** Kaufvertrages eine unzulässige Rechtsausübung dar, wenn der Käufer das Auto monatelang benutzt, ohne den Mangel zu bemerken und ohne Nachteile zu erleiden, und der Fehler vor der Geltendmachung des Rückabwicklungsverlangens beseitigt wird. Zu weiteren Fragen der Verwirkung (diskutiert wird auch ein konkludenter Verzicht), insbesondere durch ungewöhnlich starke Fahrzeugnutzung, s. Rdn. 3796 ff. mit umfangreicher Kasuistik zur **„Verwirkungsgrenze“.** Die Möglichkeit einer Verwirkung des Rücktritts nicht einmal angesprochen hat das OLG Koblenz[263] bei einer Gesamtfahrstrecke eines geleasten Pkw von 183.971 km, davon allerdings allein rund 51.000 km während des Berufungsverfahrens. Wer **als Leasingnehmer** nach erklärtem Rücktritt das Fahrzeug zu Eigentum erwirbt, verhält sich nicht widersprüchlich; die Weiterverfolgung der Rechte aus dem Rücktritt ist nicht treuwidrig.[264] Zum Verlust der Rechte aus einem vom Leasingnehmer erklärten Rücktritt durch einvernehmliche Vertragsfortsetzung s. OLG Saarbrücken 9. 9. 2010, 8 U 367/09 (Zubehörkauf/Lkw).

6. Gesamtrücktritt und Teilrücktritt

a) Kauf mehrerer Fahrzeuge

Der Wegfall der §§ 469, 470 BGB hat zu Regelungslücken geführt, für die das „neue“ **1080** Rücktrittsrecht nur zum Teil Lösungen anbietet. Die Vorschrift von § 469 S. 1 BGB a. F. betraf die Wandelung beim Verkauf mehrerer als zusammengehörig verkaufter Sachen (Sachgesamtheit) und gestattete die Einzelwandelung, wenn nur eine Sache mangelhaft war. Daran hat sich nichts geändert. Nach Auffassung des Gesetzgebers ist ein Teilrücktritt möglich, wenn sich die Mangelhaftigkeit nur auf eine einzelne von mehreren Sachen bezieht (Teilbarkeit der Leistung). Dies ergibt sich im Wege des Umkehrschlusses aus § 323 Abs. 5 S. 1 BGB, der die Teilleistung betrifft. Für die **Schlechtleistung** kann – so heißt es[265] – nichts anderes gelten, wenn sie sich auf einen abtrennbaren, selbstständigen Teil der Leistung bezieht. Sowohl für den Teilrücktritt als auch für den Rücktritt vom ganzen Vertrag gilt dann die Erheblichkeitsschwelle des § 323 Abs. 5 S. 2 BGB.

Das bedeutet konkret, dass der Käufer sich im Wege des Teilrücktritts von einem man- **1081** gelhaften Fahrzeug trennen kann, wenn er durch einen einheitlichen Vertrag mehrere Fahrzeuge gekauft hat, von denen nur ein Fahrzeug einen Sachmangel aufweist. Zum Rücktritt

259 BGH 18. 10. 2001, BGHR 2002, 140.
260 Urt. v. 1. 6. 2001 – 3 U 213/00 – n. v.; s. a. OLG Köln 27. 3. 2008, OLGR 2008, 584.
261 Urt. v. 20. 4. 1998, NJW-RR 1998, 1212.
262 Urt. v. 22. 2. 1984, NJW 1984, 2287.
263 Urt. v. 19. 6. 2008, NJW 2009, 151 m. Anm. *Reinking.*
264 LG Wuppertal 16. 11. 2010 – 16 O 134/08.
265 BR-Drucks. 14/6857, S. 62.

vom ganzen Vertrag ist er berechtigt, wenn der Mangel des einzelnen Fahrzeugs die Gesamtleistung erheblich beeinträchtigt. Diese Voraussetzungen sind z. B. erfüllt, wenn von 50 Fahrzeugen, die für einen Firmenfuhrpark in der Farbe ‚zart-lila' bestellt worden sind, 40 Fahrzeuge eine einwandfreie Lackierung aufweisen, während die Lackierung der restlichen 10 Fahrzeuge erheblich von der bestellten Farbe abweicht.[266] Dem Unternehmer ist mit 40 farblich einwandfreien Fahrzeugen nicht gedient, wenn er 50 Stück benötigt. Er kann vom ganzen Vertrag zurücktreten, falls es dem Verkäufer nicht gelingt, die Farbmängel zu beseitigen. Auf die Frage, ob sich das Ergebnis aus § 323 Abs. 5 S. 1 oder S. 2 BGB ableitet, kommt es nicht entscheidend an, da sich das fehlende Interesse an der Teilleistung von 40 fehlerfreien Fahrzeugen i. S. v. S. 1 und die Erheblichkeit des Mangels i. S. v. S. 2, die darin besteht, dass von 50 Fahrzeugen 10 mangelhaft sind, komplett überdecken.[267] In Zweifelsfällen ist es nahe liegend, das Kriterium des fehlenden Interesses an der Teilleistung in die Erheblichkeitsprüfung hinein zu projizieren. Bei einem Teilrücktritt ist der Gesamtkaufpreis proportional nach dem Wert des vom Rücktritt betroffenen Fahrzeugs und dem Wert der davon nicht betroffenen Fahrzeuge aufzuteilen.[268]

b) Mangelhafter Bestandteil (Zubehör)

1082 § 470 S. 2 BGB a. F. sah vor, dass bei Mangelhaftigkeit einer Nebensache, wie z. B. eines **Autoradios,**[269] einer **Alarmanlage,**[270] eines **Autotelefons**, eines **CD-Wechslers**, einer **Navigationsanlage**[271] oder eines Dachgepäckträgers, nur hinsichtlich dieser Nebensache Wandlung verlangt werden konnte. Für diese Fälle, in denen **abtrennbare Nebensachen** mangelhaft sind, bietet § 323 Abs. 5 BGB keine Lösung an.

1083 Schon im Stadium der Nacherfüllung hat der Käufer kein (punktuelles) Wahlrecht zwischen Reparatur und Ersatzlieferung des Teils. Ist die Nacherfüllung eines mangelhaften Bestandteils gescheitert, hat der Käufer kein Recht auf Teilrücktritt. Er kann nur vom Kaufvertrag insgesamt zurücktreten, wenn der Mangel der Nebensache im Hinblick auf das Fahrzeug als Ganzes nicht unerheblich ist. Fehlt es an dieser Voraussetzung, hat er nur die Möglichkeit, den Kaufpreis zu mindern und/oder Schadensersatz statt der Leistung zu verlangen. Mit dem mangelhaften Teil muss er sich abfinden.

c) Rücktritt wegen Nicht- oder Schlechterfüllung von Nebenleistungen

1084 **Keine Nebenleistung** verspricht ein Neuwagenhändler, wenn er sich zum Ausbau eines Kastenwagens zu einem Kühlfahrzeug verpflichtet. Kann die Kühlung wegen des Fehlens eines bestimmten Bauteils nicht in Betrieb genommen werden, liegt kein Fall teilweiser (Nicht-)Erfüllung des Kaufvertrags vor („offene Teilleistung“), sondern ein Sachmangel.[272]

1085 Am Beispiel des Neuwagenkaufs mit dem **Zugabeversprechen** eines **zweitägigen Hotelaufenthalts** gelangt *Köhler*[273] zu dem Ergebnis, dass der Käufer berechtigt ist, vom Kaufvertrag über das Auto wegen Wegfalls der Geschäftsgrundlage zurückzutreten, wenn der Verkäufer weder ein Ersatzhotel anbietet noch bereit ist, eine Geldentschädigung zu zahlen. Diese Lösung vermag nicht zu überzeugen, weil Hauptleistung und Zugabe un-

266 Zur Bedeutung der Wagenfarbe beim Kauf eines Einzelfahrzeugs s. BGH 17. 2. 2010, NJW-RR 2010, 1289.
267 Kritisch *Canaris*, Schuldrechtsmodernisierung, 2002, Einf. S. XXII.
268 *Faust* in Bamberger/Roth, § 437 BGB Rn. 38.
269 OLG Köln 22. 4. 1998, OLGR 1999, 276.
270 OLG Düsseldorf 27. 10. 1995, OLGR 1996, 53.
271 OLG Karlsruhe 5. 9. 2001, NZV 2002, 132.
272 KG 18. 6. 2009, DAR 2009, 519 = NZV 2009, 514 (Ls.).
273 BB 2001, 1589, 1590.

gleichwertig sind und eine Vertragsanpassung i. S. v. § 313 Abs. 1 BGB durchaus möglich ist, etwa durch die Herabsetzung des Kaufpreises für das Auto um den Wert, den der Käufer für den Hotelaufenthalt hätte aufwenden müssen. Falls der Hotelaufenthalt zwar stattgefunden hat, jedoch mangelhaft war, kann diesem Umstand durch eine Herabsetzung des Kaufpreises um den Minderwert des Hotelaufenthalts Rechnung getragen werden. Die Möglichkeit eines Rücktritts nach § 313 Abs. 3 BGB ist nur dann ernsthaft in Betracht zu ziehen, wenn die Möglichkeit der Vertragsanpassung nicht besteht.

Bei einer **ausgehandelten Zugabe** ist der Lösungsansatz in §§ 437 Nr. 2, 323 Abs. 5 **1086** BGB zu suchen, da die Zugabe Inhalt des Kaufvertrages über die Ware wird und die Hauptleistung entsprechend erweitert. Erweist sich im Ausgangsbeispiel die Nebenleistung wegen der Hotelschließung als undurchführbar, kann in Bezug auf die Hauptleistung ein Fall der Schlechtleistung oder eine Teilleistung nach § 323 Abs. 5 S. 1 BGB vorliegen. Nach dem Willen des Gesetzgebers ist diese Fallvariante nicht unter diese Norm zu subsumieren, so dass das Schicksal des Kaufvertrages über das Auto von der Erheblichkeit der Pflichtverletzung abhängt, die in der Nichterfüllung oder Schlechterfüllung des Zugabeversprechens besteht (Abs. 5 S. 2).

Belohnende Zugaben sind solche, die der Verkäufer dem Käufer nach Vertragsschluss **1087** einseitig gewährt. Es besteht keine rechtliche Abhängigkeit der Zugabe vom Hauptvertrag. Die belohnende Zugabe ist eine **Schenkung.** Demnach richten sich die Ansprüche des Käufers nach § 524 BGB, wenn die Zugabe einen Mangel aufweist. Der Verkäufer haftet somit nur, wenn er einen Mangel der Zugabe arglistig verschweigt.

Die Sachmängelhaftung des Verkäufers aus dem Kaufvertrag über das Fahrzeug schlägt **1088** bei der **angekündigten Zugabe** über § 313 BGB auf den Zugabevertrag in unterschiedlicher Weise durch. Die Geltendmachung der Nacherfüllung wirkt sich auf den Zugabevertrag nicht aus. Gleiches gilt für die Minderung, es sei denn, der Käufer mindert auf Null.[274] Tritt der Käufer wegen des Sachmangels vom Neuwagenkauf zurückt, entfällt die Geschäftsgrundlage für das Zugabeversprechen. Da eine Anpassung des Zugabevertrages nicht möglich ist, hat der Käufer auf Verlangen des Verkäufers die Zugabe nach den Vorschriften des Rücktrittsrechts zurückzugewähren (§ 313 BGB). Falls der Verkäufer den Mangel der Hauptsache zu vertreten hat, ist er verpflichtet, den Käufer so zu stellen, wie dieser im Fall einer ordnungsgemäßen Erfüllung des Kaufvertrages stünde. Folglich hat er dem Käufer den Wert der Zugabe im Wege des Schadensersatzes zu ersetzen. Bei der ausgehandelten Zugabe sind die Rechtsfolgen die gleichen wie bei der angekündigten Zugabe. Der Unterschied besteht darin, dass sich die Rechtsfolgen aus § 437 Nr. 2 und 3 BGB ergeben.

VI. Das Rückgewährschuldverhältnis

Mit wirksamer Ausübung des Rücktrittsrechts **erlöschen** die beiderseitigen Primärleis- **1089** tungspflichten, soweit sie noch bestehen, ex nunc.[275] Der Anspruch des Käufers auf Nacherfüllung ist ausgeschlossen so wie umgekehrt das Reflexrecht des Verkäufers auf zweite Andienung spätestens jetzt keine Rolle mehr spielt. Zu Ausnahmesituationen s. Rdn. 875 ff. In ein Rückabwicklungsverhältnis nach Maßgabe der §§ 346 ff. BGB kann der Vertrag auch durch **Vereinbarung der Vertragsparteien** umgewandelt worden sein („Wandelungsvereinbarung").[276] Die gesetzlichen Bestimmungen können vollständig, aber auch nur teilweise oder gar nicht Vertragsinhalt geworden sein.[277]

274 *Köhler*, BB 2002, 1589, 1591.
275 BGH 14. 4. 2010, NJW 2010, 2426.
276 Zum Zustandekommen s. OLG Koblenz 1. 4. 2010 – 2 U 1120/09 – ZGS 2010, 378; OLG Saarbrücken 29. 5. 2008, NJW 2009, 369 (Leasing-Pkw).
277 Zur Auslegung s. OLG Koblenz 18. 12. 2008 – 6 U 564/08 – VRR 2009, 226.

1. Rückgewähr in Natur

1090 Zielsetzung ist die Herstellung eines Zustandes, der im Wesentlichen am **negativen Interesse** der Vertragsparteien ausgerichtet ist.[278] Zumal in Fällen des Gebrauchtwagenkaufs ist aber zu beachten, dass das rücktrittsrechtliche Ausgleichssystem zusammentreffen kann mit einem Ausgleich nach den Grundsätzen des **„großen" Schadensersatzes**, was Korrekturen zugunsten des Käufers erforderlich machen kann.[279] Demgegenüber kommt es in Fällen des Neufahrzeugkaufs vom Händler meist zu einer lupenreinen Rückabwicklung allein nach Rücktrittsrecht. Den Mangel als solchen hat der Händler i. d. R. nicht zu vertreten (dazu Rdn. 1243 ff.). Zu einer Kumulation von Rücktritt und Schadensersatz statt der Leistung kann es in Neuwagenfällen kommen, wenn der Händler seine Nacherfüllungspflicht verletzt hat (dazu Rdn. 1256 f.).

1091 Die sich aus dem rücktrittsrechtlichen Rückabwicklungsverhältnis ergebenden Verpflichtungen sind gem. § 348 S. 1 BGB **Zug um Zug** zu erfüllen. Vor- und Nachteile werden nicht, wie bei der Geltendmachung von Schadensersatz, saldiert oder verrechnet. Vielmehr stehen sich, wie die §§ 346–348 BGB erkennen lassen, die gegenseitigen Forderungen selbstständig gegenüber. Derartige Forderungen können, wenn sie gleichartig sind, gegen den Anspruch der anderen Partei nach §§ 387 ff. BGB **aufgerechnet** werden. Das hindert den Käufer als Rückgewährschuldner nicht daran, Gegenforderungen des Verkäufers, z. B. auf Nutzungsausgleich oder Wertersatz, von sich aus mit seinem Anspruch auf Rückzahlung des Kaufpreises zu verrechnen, bevor er Klage erhebt.

1092 **Der Verkäufer** hat den gezahlten – nicht unbedingt den vereinbarten – Kaufpreis zu erstatten. Sind in der Zahlung des Käufers das Entgelt für Zubehörteile, z. B. Winterreifen, oder für den Einbau einer Sitzheizung enthalten, fallen auch diese Beträge unter die Rückgewährpflicht.[280] Der Verkäufer kann den Käufer insoweit nicht auf den Verwendungsersatz verweisen.[281]

1093 **Der Käufer** muss das Fahrzeug einschließlich des mitverkauften Zubehörs, der Schlüssel und der Fahrzeugpapiere zurückgeben, so das normale Rückabwicklungsprogramm. Ist er Eigentümer geworden, muss er das Fahrzeug an den Verkäufer **rückübereignen**. Geht er, wie typischerweise bei **Leasingfahrzeugen,** aus abgetretenem Recht vor, findet die Rückübereignung im Verhältnis zwischen dem Zedenten, z. B. der Leasinggesellschaft, und dem Verkäufer statt. Zu den daraus resultierenden Abwicklungsproblemen, die sich in ähnlicher Weise bei **Sicherungseigentum von Banken** stellen, s. Rdn. 1875 ff.

1094 Wenn nach § 346 Abs. 1 BGB die tatsächlich empfangenen Leistungen zurückzugewähren sind, stellt sich zum einen die Frage, ob der Verkäufer **zur Rücknahme verpflichtet** ist. Wenn ja, **an welchem Ort** dies zu geschehen hat; ob dort, wo sich das Fahrzeug im Zeitpunkt des Rücktritts vertragsgemäß befindet (momentaner Belegenheitsort) oder am Betriebssitz des Verkäufers. Zu beiden Punkten hat der BGH im Dachziegelfall (BGHZ 87, 104 = NJW 1983, 1479) Stellung bezogen. Allerdings hat er offen gelassen, ob eine Rücknahmepflicht des Verkäufers stets oder nur bei einem besonderen Interesse des Käufers anzunehmen ist. Letzteres ist nach einem Rücktritt vom Kauf eines ausgelieferten Kraftfahrzeugs wegen eines Sachmangels i. d. R. gegeben.[282] Der Käufer, der private wie der gewerbliche, hat ein berechtigtes Interesse daran, das mangelhafte Fahrzeug loszuwerden. Seiner-

---

278 BGH 14. 4. 2010, NJW 2010, 2426; BGH v. 28. 11. 2007, NJW 2008, 911.

279 Grundlegend BGH 14. 4. 2010, NJW 2010, 2426

280 OLG Koblenz 16. 4. 2009, NJW 2009, 3519.

281 OLG Koblenz 16. 4. 2009, NJW 2009, 3519.

282 Restriktiver OLG Köln 27. 4. 2010, NJW-RR 2011, 61, das einen Anspruch auf Abnahme des Fahrzeugs von der Darlegung eines „besonderen Interesses" abhängig macht. Eine Weiternutzung sei kontraindiziell.

seits schuldet er nur das Zurückgewähren des Fahrzeugs, d. h. er hat dafür zu sorgen, dass der Verkäufer seine Rücknahmepflicht erfüllen kann. Der Ort für die Rückgabe- bzw. Rücknahmeverpflichtung ist der Ort, an dem sich die Ware vertragsgemäß befindet, so der BGH im Dachziegelfall zur Wandelung.[283] Daran ist für die rücktrittsrechtliche Rückabwicklung festzuhalten (Näheres mit Rspr. unter Rdn. 1217 ff.).

Falls der Käufer einen Teil des Kaufpreises durch **Hingabe seines** Altfahrzeugs „ersetzt" **1095**
oder eine ähnliche Finanzierungsabrede mit dem Autohaus getroffen hat, stellen sich im Fall des Rücktritts vom Neuwagenkauf heikle Fragen. Sie werden im Kapitel „Inzahlungnahme" unter Rdn. 1471 ff. behandelt.

2. Wertersatz statt Herausgabe

Nach **§ 346 Abs. 2 S. 1 BGB** hat der Rückgewährschuldner Wertersatz zu leisten, wenn **1096**
er die empfangene Leistung aus den in dieser Vorschrift aufgeführten Gründen nicht oder nicht unverändert zurückgewähren kann. Die Aufzählung der in § 346 Abs. 2 S. 1 Nr. 1 bis 3 BGB genannten Fallgruppen ist – trotz der Auflistungstechnik – **nicht abschließend**.[284] Vielmehr kommt in der Bestimmung ein allgemeiner Rechtsgedanke des Inhalts zum Ausdruck, dass der Rückgewährschuldner in allen Fällen, in denen ihm die Rückgewähr der Leistung, so wie empfangen, **unmöglich** ist, zum Wertersatz verpflichtet ist.[285]

a) Veräußerung

Bei dem in § 346 Abs. 2 S. 1 Nr. 2 BGB u. a. genannten Fall der Veräußerung geht der **1097**
Gesetzgeber von einer dauerhaften Unmöglichkeit des Rückgewährschuldners zur Rückübertragung von Besitz und Eigentum aus. Gemeint ist das **dingliche Geschäft**, nicht etwa der bloße Verkauf als obligatorischer Vertrag. Wenn der Kaufvertrag abgeschlossen und das Fahrzeug übergeben ist und nur noch der Erwerb des Eigentums fehlt, kann dies einer Veräußerung i. S. v. § 346 Abs. 2 S. 1 Nr. 2 BGB gleichstehen.[286]

Ob die Veräußerung vor oder nach Entdeckung des Mangels erfolgt ist, spielt keine Rol- **1098**
le. Hat sie nach Ausübung des Rücktrittsrechts stattgefunden[287], kann neben den von einem Verschulden unabhängigen Wertersatzanspruch ein Anspruch auf Schadensersatz wegen Verletzung der Rückgewährpflicht treten (§ 346 Abs. 4 BGB, dazu Rdn. 1192 ff.).

Im Kfz-Handel sind es vorwiegend **Leasingfahrzeuge** und **bankfinanzierte Fahrzeu- 1099**
ge, die Gegenstand von Veräußerungsgeschäften vor und nach einem mangelbedingten Rücktritt sind. Während Banken lediglich **Sicherungseigentum** erwerben, erlangen die Abnehmer von Leasingwagen Volleigentum, sei es der Leasingnehmer selbst (Andienungsrecht oder Kaufoption), sei es ein Dritter, wobei der Rückkauf durch den Lieferanten hier außer Betracht zu bleiben hat. Hat der Käufer die rechtliche Verfügungsmacht über das Fahrzeug durch dessen „Veräußerung" verloren, liegt ein Fall **subjektiver Unmöglichkeit** vor, solange er nicht behauptet und beweist, dass er zum Wiedererwerb willens und in der Lage ist.[288] Im Fall der **Sicherungsübereignung,** z. B. an die finanzierende Bank, genügt die durch Vorlage des Kreditvertrages samt Sicherungsabrede untermauerte Behauptung, bei Ablösung des Kredits wieder alleinverfügungsberechtigter Volleigentümer zu werden, gleich auf welchem rechtstechnischen Weg.[289]

---

283 Urt. v. 9. 3. 1983, BGHZ 87, 104.
284 So BGH (VIII. ZS) 20. 2. 2008, NJW 2008, 2028; BGH (V. ZS) 10. 10. 2008, NJW 2009, 63.
285 BGH 20. 2. 2008, NJW 2008, 2028.
286 *Palandt/Grüneberg*, § 346 BGB Rn. 8a.
287 Zu dieser Konstellation KG 27. 7. 2009, NJW-RR 2010, 706 = NZV 2009, 609 (nur Ls.).
288 Vgl. BGH 10. 10. 2008, NJW 2009, 63 Tz. 10.
289 Vgl. OLG Stuttgart 1. 12. 2009, NJW-RR 2010, 412 = DAR 2010, 140.

1100 Kein Fall der Kreditsicherung durch Begründung von Sicherungseigentum, sondern die Bestellung einer Grundschuld zur Finanzierung einer Immobilie ist **für den BGH** Anlass gewesen, zur strittigen Frage der Verpflichtung des Rückgewährschuldners zur Wiederbeschaffung/Reparatur bzw. der Beseitigung einer Belastung der zurückzugewährenden Sache Stellung zu beziehen.[290] Wertersatz wegen der Belastung, wozu auch die Einräumung von Sicherungseigentum zu zählen ist, kann der Verkäufer demnach nur beanspruchen, wenn feststeht, dass dem Käufer die Beseitigung der Belastung unmöglich ist. Die von ihm herbeigeführte Belastung zu beseitigen, gehört nach Ansicht des BGH zu seinen Pflichten.[291] Bei einer Vollveräußerung ist dagegen typischerweise von einem dauerhaften Unvermögen ohne Wiederbeschaffungspflicht auszugehen. Um sich von seiner Wertersatzpflicht zu befreien, ist es Sache des Käufers, den Nachweis zu führen, dass ihm ein Rückerwerb möglich ist. Sieht er sich dazu in der Lage, kann er dem Verkäufer die Rücknahme des mangelhaften Fahrzeugs Zug um Zug gegen Rückzahlung des nur um eine etwaige Nutzungsvergütung zu kürzenden Kaufpreises anbieten. Das alles gilt freilich nur im Fall des Rücktritts. Soweit er Käufer daneben oder stattdessen **Schadenersatz statt der Leistung** verlangen kann (Näheres dazu Rdn. 3829 ff.), kann sich seine Abwicklungssituation entscheidend verbessern.

b) Verschlechterung und Untergang

1101 Nach § 346 Abs. 2 S. 1 Nr. 3 BGB hat der Käufer Wertersatz zu leisten, wenn sich der Zustand des Fahrzeugs verschlechtert hat oder wenn es vollständig untergegangen ist. Letzteres meint bei einem Kraftfahrzeug den technischen Totalschaden. Ein **Diebstahl** des Fahrzeugs steht seinem „Untergang" gleich, ist jedenfalls analog Nr. 3 zu behandeln.[292] Verschlechterung meint jede Beeinträchtigung der Sachsubstanz oder der Funktionstauglichkeit.[293] Da es auf Erheblichkeit nicht ankommt, hat der Käufer für jede Art von Verschlechterung Wertersatz zu leisten. Eine Verpflichtung, die **Beschädigung** vor der Rückgabe des Fahrzeugs **zu beseitigen**, trifft ihn nicht.[294] Die Reparatur käme einer Schadensersatzleistung in Form der Naturalrestitution gleich, wozu ein Rückgewährschuldner grundsätzlich nicht verpflichtet ist.

1102 **Zugunsten des Käufers** in seiner Eigenschaft als Rückgewährschuldner ist diejenige Verschlechterung von der Wertersatzpflicht ausgenommen, die durch die **bestimmungsgemäße Ingebrauchnahme** des Fahrzeugs entstanden ist (§ 346 Abs. 2 Nr. 3 a. E. BGB). Dieser Vorgang hat bei einem Neufahrzeug zur Folge, dass allein durch die Erstzulassung zum Straßenverkehr die Eigenschaft der Fabrikneuheit verloren geht. Infolgedessen kann das Fahrzeug selbst bei einer Fahrstrecke von nur wenigen Kilometern (Probefahrt als Bestandteil der Ingebrauchnahme) nur noch als Gebrauchtwagen weiterverkauft werden. Bei neuen Pkw/Kombis/SUV ist der damit verbundene Wertverlust außerordentlich hoch. Er liegt zwischen 15 % und 25 % des Kaufpreises je nach Fahrzeugtyp.[295] Mit dieser Wertminderung kann der Käufer im Fall des Rücktritts vom Kauf nicht im Wege der Wertersatzpflicht belastet werden, auch und erst recht nicht mit den negativen Folgen, die auf die Prüfung des Fahrzeugs nach dessen Auslieferung zurückgehen. Eine messbare Wertminderung wird sich durch diesen Vorgang ohnehin nicht feststellen lassen (zum Problem beim Verbraucherwiderruf s. Rdn. 1818 ff.).

290 Urt. v. 10. 10. 2008, NJW 2009, 63; dazu *Derleder*, NJW 2009, 1034 ff.
291 Urt. v. 10. 10. 2008, NJW 2009, 63.
292 Vgl. *Palandt/Grüneberg*, § 346 BGB Rdn. 9.
293 OLG Saarbrücken 26. 7. 2007, OLGR 2007, 773, 777.
294 BGH 10. 10. 2008, NJW 2009, 63 Tz. 23.
295 Siehe auch BT-Drucks. 14/4060 S. 199 (etwa 20 %).

Von der bestimmungsgemäßen Ingebrauchnahme ist der anschließende (bestimmungsgemäße) **Gebrauch des Fahrzeugs** zu unterscheiden. Für den dadurch eingetretenen **Wertverlust** schuldet der Käufer schon deshalb keinen Ersatz nach § 346 Abs. 2 Nr. 3 BGB, weil es sich nicht um eine „Verschlechterung" im Sinne dieser Vorschrift handelt.[296] Im Übrigen wird die durch die bloße Nutzung bedingte Wertminderung durch die Vergütung ausgeglichen, die der Käufer dem Verkäufer für jeden gefahrenen Kilometer als Ersatz schuldet. **1103**

3. Wegfall der Wertersatzpflicht

Die von einem Verschulden unabhängige Wertersatzpflicht wird durch die Ausschlusstatbestände gem. § 346 Abs. 3 S. 1 Nr. 1 bis 3 BGB ein Stück weit **entschärft.** Die Regelung in **Nr. 1**, die darauf abstellt, dass sich der zum Rücktritt berechtigende Mangel erst während der Verarbeitung oder Umgestaltung des Gegenstandes gezeigt hat, ist für den Fahrzeugkauf nicht einschlägig. **1104**

Nach § 346 Abs. 3 S. 1 **Nr. 2** BGB entfällt die Wertersatzpflicht, wenn der Verkäufer als Rückgewährgläubiger den Untergang oder die Verschlechterung zu vertreten hat oder der Schaden bei ihm gleichfalls eingetreten wäre. Das Vertretenmüssen ist nicht im Sinne eines Verschuldens zu verstehen,[297] da sich andernfalls der Wegfall der Wertersatzpflicht des Käufers von selbst verstehen würde. § 346 Abs. 3 S. 1 Nr. 2 BGB regelt vor allem diejenigen Fälle, in denen entweder der Sachmangel oder eine fehlerhafte Nacherfüllung zur Verschlechterung oder zum Untergang des Fahrzeugs geführt haben.[298] Den Ausschlusstatbestand in Nr. 2 kann der Käufer auch entgegensetzen, wenn der Verkäufer es abgelehnt hat, den Wagen zurückzunehmen und es auch dadurch zu einer Verschlechterung des Fahrzeugzustandes gekommen ist.[299] Der Ausnahmefall, dass der Schaden auch beim Verkäufer eingetreten wäre, ist vom Käufer kaum zu beweisen. **1105**

a) Eigenübliche Sorgfalt und Verkehrsunfälle

Der für das gesetzliche Rücktrittsrecht wegen Mangelhaftigkeit **wichtigste Fall der Befreiung** von der Wertersatzpflicht ist in **§ 346 Abs. 3 S. 1 Nr. 3 BGB** geregelt. Doch selbst in Fällen des Fahrzeugkaufs ist er trotz der spezifischen Beschädigungs- und Verlustanfälligkeit der Kaufobjekte von nur begrenzter praktischer Bedeutung, wie die geringe Anzahl einschlägiger Gerichtsentscheidungen zeigt. Aus Sicht der Praxis empfiehlt sich eine **Einteilung nach Fallkonstellationen:** Ist die Beschädigung bzw. der Verlust des Fahrzeugs vor Kenntnis bzw. Kennenmüssen des Rücktrittsrechts eingetreten oder nach diesem Zeitpunkt, möglicherweise sogar erst nach Erklärung des Rücktritts? **1106**

Am einfachsten zu lösen sind die Konstellationen „Schaden vor Kenntnis/Kennenmüssen" und „Schaden nach Rücktrittserklärung". Im ersten (und praxisrelevantesten) Fall kann der Käufer praktisch nicht zur Rechenschaft gezogen werden. Beim Wertersatz ist er nach § 346 Abs. 3 S. 1 Nr. 3 BGB privilegiert; Schadensersatz kann der Verkäufer mangels Pflichtverletzung nicht beanspruchen. Deutlich schärfer ist die Verantwortung des Käufers im Fall: Beschädigung/Diebstahl nach Erklärung des Rücktritts. Hier haftet der Käufer für jede Fahrlässigkeit (§§ 346 Abs. 4, 346 Abs. 1, 280 Abs. 1, 3, 283 BGB). Der **eigentliche Problemfall** liegt dazwischen: Beschädigung/Diebstahl in der Phase zwischen Kenntnis bzw. Kennmüssen und Rücktritt.[300] **1107**

296 BT-Drucks. 14/7052, S. 193.
297 *Kaiser*, JZ 2001, 10957, 1060.
298 BT-Drucks. 114/1640 S. 198.
299 OLG Saarbrücken 26. 7. 2007, OLGR 2007, 773.
300 Zum Diskussionsstand *Medicus/Lorenz*, SchAT Rn. 573; s. a. *Faust*, JuS 2009, 481 ff.

1108 Ob der Käufer als Rückgewährschuldner sich auf die Haftungsprivilegierung der eigenüblichen Sorgfalt nach § 346 Abs. 3 S. 1 Nr. 3 BGB berufen kann, wenn sein Auto **in der Phase eins** – keine Kenntnis vom Mangel und auch kein Kennenmüssen – **bei einem Verkehrsunfall** beschädigt oder zerstört worden ist, ist höchstrichterlich noch nicht abschließend geklärt. In der **BGH-Entscheidung vom 28. 11. 2007**[301] geht es zwar um einen Fall, in dem ein gebraucht gekaufter Pkw bei einem **Glatteisunfall**, verursacht durch den Ehemann der Käuferin, erheblich beschädigt worden war und erst durch die Unfallbegutachtung der Mangel in Form eines Vorschadens entdeckt wurde.[302] Im Rahmen seiner schadensrechtlichen Überlegungen geht der VIII. Senat davon aus, dass die Käuferin das Fahrzeug in beschädigtem Zustand zurückgeben konnte, ohne wegen des Unfalls eine Schmälerung ihres Anspruchs auf Rückerstattung des Kaufpreises hinnehmen zu müssen. Das bedeutet, dass der BGH die Käuferin von einer Wertersatzpflicht freigestellt sieht, die als solche aber nicht streitgegenständlich war. Zudem war Unfallverursacher der Ehemann.

1109 Als **nicht privilegiert** angesehen hat das **OLG Karlsruhe**[303] den Käufer eines Motorrades, der – gleichfalls in der Phase eins (keine Kenntnis oder Kennenmüssen) – in einen Unfall verwickelt war. Er war auf ein vorausfahrendes Fahrzeug aufgefahren, nach Ansicht der beklagten Verkäuferin aus grober Fahrlässigkeit. Das OLG Karlsruhe[304] ist von nur **einfacher Fahrlässigkeit** ausgegangen, und zwar nach Anscheinsbeweisgrundsätzen bei Auffahrunfällen. Trotz nur einfacher Fahrlässigkeit hat der Senat, wie schon das LG, eine Wertersatzpflicht des Käufers bejaht, ihm also die Privilegierung nach § 346 Abs. 3 S. 1 Nr. 3 BGB versagt.

1110 Nachvollziehbar ist die ausführliche Begründung des OLG Karlsruhe nur vor dem Hintergrund der BGH-Rechtsprechung zu **§§ 708, 1359, 1664 BGB**. Hiernach kommt die in diesen Vorschriften angeordnete Haftungserleichterung der eigenüblichen Sorgfalt bei Verkehrsunfällen nicht zum Zuge, so dass es bei dem allgemein gültigen objektiven Sorgfaltsmaßstab nach § 276 BGB bleibt.

1111 Wenn diese Einschränkung des § 277 BGB auf § 346 Abs. 3 S. 1 Nr. 3 BGB übertragbar ist, bliebe die Wertersatzpflicht selbst bei nur einfacher (leichter) Fahrlässigkeit des Käufers im Straßenverkehr bestehen. Das geht entschieden zu weit. Was unter eigenüblicher Sorgfalt i. S. d. § 346 Abs. 3 S. 1 Nr. 3 BGB zu verstehen ist, muss bei einer Beschädigung der Kaufsache im Straßenverkehr unabhängig von Erwägungen zum Schutzzweck der StVO autonom nach **Sinn und Zweck der Privilegierung** bestimmt werden, losgelöst auch von der spezifische (Schutz-)Zwecke verfolgenden Rechtsprechung des BGH zu §§ 708, 1359, 1664, 277 BGB in Fällen deliktischer Haftung.[305]

1112 Struktur und Tragweite der Privilegierung i. S. d. § 346 Abs. 3 S. 1 Nr. 3 BGB näher zu bestimmen, hat **der BGH** bislang keine Gelegenheit gehabt.[306] Bei erwiesenermaßen nur leichter Fahrlässigkeit des Käufers sollte der BGH auch bei Beschädigungen im öffentlichen Verkehr entgegen der Ansicht des OLG Karlsruhe eine Privilegierung bejahen.[307] Dies jedenfalls für die Konstellation, dass sich der Unfall zu einem Zeitpunkt ereignet hat, zu dem der Käufer von dem Sachmangel keine Kenntnis hatte und auch nicht haben musste. Den in diesem Sinn **gutgläubigen Käufer** stellt das OLG Frankfurt[308] bei einem

---

301 NJW 2008, 911 m. Anm. *Gsell.*
302 So auch die Konstellation im Fall OLG Frankfurt 17. 6. 2010, NJOZ 2011, 878.
303 Urt. v. 12. 9. 2007, NJW 2008, 925 (Revision zugelassen).
304 Urt. v. 12. 9. 2007, NJW 2008, 925; dazu auch *Gsell*, NJW 2008, 911, 912.
305 Gegen eine Übertragbarkeit der BGH-Rspr. auch *Faust*, JuS 2009, 481, 487.
306 Die vom OLG Karlsruhe (NJW 2008, 925) zugelassene Revision ist allem Anschein nach nicht durchgeführt worden.
307 Dafür auch *Looschelders*, SchAT Rdn. 847, 1227; wohl auch *Medicus/Lorenz* SchR AT Rdn. 570.
308 Beschl. v. 17. 6. 2010, NJOZ 2011, 878.

allenfalls leicht fahrlässig verursachten „Wildunfall“ von einer **Schadensersatzpflicht** nach §§ 346 Abs. 4, 280 Abs. 1 BGB frei; die Wertersatzpflicht wird nicht einmal erwähnt.

Wie § 346 Abs. 3 S. 1 Nr. 3 BGB deutlich macht, ist der Käufer als potenzieller Rückgewährschuldner i. S. d. §§ 437 Nr. 2, 323, 346 BGB selbst vor Kenntnis oder fahrlässiger Unkenntnis vom Rücktrittsgrund zwar nicht von allen „Sorgfaltspflichten“ mit Blick auf den Erhalt und Zustand des Kaufobjekts freigestellt. So darf er es im eigenen Interesse nicht vorsätzlich oder grob fahrlässig beschädigen, will er nicht etwaige gesetzliche Rückabwicklungsansprüche gefährden. Auch als potenzieller Rückgewährschuldner darf er mit seinem Auto aber so fahren und es generell so behandeln, wie er es „in eigener Angelegenheit“ zu tun pflegt. Das Verständnis dieses Kriteriums ist bekanntlich **umstritten**[309] und gerade in Verkehrsunfallsachen wegen des Hineinragens fremder – auch allgemeiner – Interessen besonders problematisch. Für die Praxis wäre die Handhabung der Privilegierungsnorm um Einiges einfacher, wenn es hieße, dass die Wertersatzpflicht bei Vorsatz und grober Fahrlässigkeit bestehen bleibt.[310] Den nach § 437 Nr. 2 BGB rücktrittsberechtigten Käufer von allem zu entlasten, was unterhalb dieser beiden Schuldformen liegt, entspricht der ratio von § 346 Abs. 3 S. 1 Nr. 3 BGB.[311] **1113**

Sobald zu den Obliegenheiten des Käufers in Bezug auf das Fahrzeug **echte Rechtspflichten**, nämlich Pflichten zum Schutz Dritter und der Allgemeinheit, hinzukommen, verliert der Maßstab der eigenüblichen Sorgfalt an Trennschärfe und damit an Handhabbarkeit. An der Schnittstelle liegen die Fälle des Fahrens im Straßenverkehr ohne Gefährdung Dritter. Beispiel: Infolge der ihm eigenen riskanten Fahrweise kommt der Käufer auf menschenleerer Straße mit seinem Auto von der Fahrbahn ab. Oder er verunglückt infolge Glatteises, das er bei sorgfältiger Beobachtung rechtzeitig hätte wahrnehmen können. **1114**

Eine Privilegierung ist bei diesem Typ von Sachbeschädigung (reiner Eigenschaden) nicht von vornherein ausgeschlossen, d. h. nicht jeder „Verkehrsunfall“, der nach dem objektiven Maßstab des § 276 BGB fahrlässig verursacht wurde, ist der Privilegierung schon deshalb entzogen, weil es sich um einen Schadensfall im öffentlichen Verkehr handelt.[312] „Öffentlicher Verkehr“ oder „Verkehrsunfall“ sind ohnehin **fragwürdige Kategorien**, wie die Rechtsprechung zu §§ 7 ff. StVG und § 828 Abs. 2 BGB zeigt, etwa bei den heiklen Abgrenzungen „ruhender/fließender Verkehr“ und „öffentlicher/privater Verkehrsraum“. Dass man mit einem Auto auf öffentlicher Straße sorgsamer umzugehen verpflichtet ist als auf dem eigenen Gelände, ist unbestreitbar. Nur: Der Maßstab der eigenüblichen Sorgfalt i. S. d. § 346 Abs. 3 S. 1 Nr. 3 BGB verschiebt sich nicht, sobald der Käufer seine Garage verlassen hat. „In eigenen Angelegenheiten“ fährt man nicht wie der „Idealfahrer“ i. S. d. Rechtsprechung zu § 17 Abs. 3 StVG. Selbst leichte Fahrfehler, ein Augenblicksversagen oder eine momentane Unaufmerksamkeit im Folgeverkehr mit Auffahren auf den Vordermann, liegen im Rahmen der eigenüblichen Sorgfalt, so wie sie in § 346 Abs. 3 S. 1 Nr. 3 BGB nach Sinn und Zweck der Privilegierung verstanden werden muss.[313] **1115**

Nach einem Verkehrsunfall von einer Wertersatzpflicht freigestellt ist jedenfalls der gutgläubige Käufer demnach in folgenden Fällen: **1116**

höhere Gewalt (§ 7 StVG)

unabwendbares Ereignis (§ 17 Abs. 3 StVG)

---

309 Umfassend *Kohler*, AcP 206 (2006), 683; *ders.* ZGS 2007, 295; *Faust*, JuS 2009, 481 ff.

310 Zu den Gründen und Hintergründen der Gesetzesfassung s. *Canaris*, Schuldrechtsmodernisierung, Einführung, XXXIX–XLIII.

311 Ausführlich dazu *Canaris*, a. a. O.

312 Dafür kann die BGH-Entscheidung vom 28. 11. 2007, NJW 2008, 911 als zumindest indirekter Beleg gelten; i. Ü. *Canaris*, a. a. O. XLI; *Looschelders*, SchAT Rn. 847, 1227.

313 Vgl. *Canaris*, a. a. O., XLI; *Looschelders*, SchAT Rn. 847, 1227.

bei Fahrerhaftung kraft vermuteten Verschuldens (§ 18 StVG)
bei einfacher Fahrlässigkeit (§ 276 BGB).

1117 Zur Darlegungs- und Beweislast s. Rdn. 1125 f.

b) Eigenübliche Sorgfalt außerhalb des öffentlichen Straßenverkehrs

1118 Soweit es um die Sorgfaltspflichten beim Fahren, Bedienen und Verwahren von Fahrzeugen geht, haben **die Instanzgerichte** keine nennenswerten Schwierigkeiten mit der Anwendung des Kriteriums der eigenüblichen Sorgfalt. Eine Verletzung von Sorgfaltspflichten in eigenen Angelegenheiten

ist nur dann gegeben, wenn der Betr. diejenige Sorgfalt außer Acht lässt, die nach der (ihm erkennbaren) Lage der Sache erforderlich scheint, um sich selbst vor Schaden zu bewahren (OLG Hamm NZV 2006, 421).

1119 Sanktionslos kann der Käufer eines Fahrzeugs von Inspektionen absehen, die er auch sonst nicht oder nicht regelmäßig durchzuführen pflegt. Ein **unterlassener Wechsel des Zahnriemens** bedeutet keine Verletzung der eigenüblichen Sorgfalt.[314] Ebenso wenig ist es für den Käufer nachteilig, wenn er nicht alle Warnzeichen beachtet, z. B. die **Kühlwasseranzeige** übersieht oder falsch deutet.[315] Das Privileg aus § 346 Abs. 3 S. 1 Nr. 3 BGB kommt auch einem Käufer zugute, der Motorgeräusche nicht richtig eingeordnet hat, vielmehr den Dingen ihren „normalen Lauf" lässt.[316] Ein versehentliches Falschtanken (z. B. statt Diesel Bio-Diesel) ist gleichfalls keine grobe Fahrlässigkeit.[317]

c) Zeitliche Grenze

1120 Einigermaßen gesichert ist, dass der Käufer als Rücktrittsberechtiger so lange privilegiert ist, wie er keine Kenntnis von dem Mangel hat und ihn auch nicht kennen musste (Phase eins). Ab Kenntnis des Mangels (Phase zwei) ist das Privileg einzuschränken.[318] Bloßes Kennenmüssen (einfache Fahrlässigkeit) genügt nicht, andernfalls das Privileg zu stark eingeschränkt würde. Dass ein Käufer einen Fahrzeugmangel nach Übernahme aus grober Fahrlässigkeit übersieht, ist durchaus denkbar. In einem solchen Fall wird man ihm das Privileg nach § 346 Abs. 3 S. 1 Nr. 3 BGB nicht mehr uneingeschränkt zugestehen können. Mit Ausübung des Rücktrittsrechts (Phase drei) geht das Privileg zwar nicht völlig verloren,[319] jedoch steigen die Anforderungen an die eigenübliche Sorgfalt. Nunmehr kann einfache Fahrlässigkeit genügen, um die Wertersatzpflicht bestehen zu lassen. Einschlägige Rechtsprechung zu Unfällen in den Phasen zwei und drei liegt noch nicht vor. Zur Schadensersatzhaftung des Käufers nach §§ 346 Abs. 4, 280 BGB s. Rdn. 1192 f.

d) Herausgabe einer Bereicherung

1121 Im Fall der Befreiung von der Wertersatzpflicht hat der Käufer dem Verkäufer eine verbleibende Bereicherung herauszugeben. Dabei kann er sich auf Entreicherung berufen, da es sich bei **§ 346 Abs. 3 S. 2 BGB** um eine Rechtsfolgenverweisung handelt.[320] Etwaige **Schadensersatzansprüche gegen Dritte** aus §§ 7, 18 StVG, 823 ff. BGB sind an den Verkäufer abzutreten; auch Ansprüche gegen den eigenen Ehepartner, wenn dieser Unfallver-

---

314 OLG Hamm 8. 9. 2005, NZV 2006, 421.
315 LG Trier 21. 3. 2005 – 4 O 185/03 – n. v.
316 OLG Hamm 18. 6. 2007 – 2 U 220/06 – BeckRS 2007, 14370.
317 LG Osnabrück 14. 12. 2007 – 2 O 1793/07.
318 *Canaris*, a. a. O., XLVII; abw. *Medicus/Lorenz*, SchAT Rn. 572 (bis zur Rücktrittserklärung volle Privilegierung).
319 Vgl. *Eckert/Maifeld/Matthiessen*, Rn. 679 mit überzeugender Begründung.
320 BT-Drucks. 14/6040, S. 196; BGH 28. 11. 2007, NJW 2008, 911.

ursacher war.[321] Empfangene Ersatzleistungen sind herauszugeben.[322] Nach einer Entscheidung des OLG Bremen[323] ist der Käufer nicht verpflichtet, seine **Kaskoversicherung** in Anspruch zu nehmen bzw. Ansprüche daraus an den Verkäufer abzutreten. Eine tatsächlich erhaltene **Versicherungsleistung** hat der zum Wertersatz nicht verpflichtete Käufer hingegen herauszugeben.[324]

4. Höhe des Wertersatzes

Ausgangspunkt für die Höhe des Wertersatzes ist, soweit vorhanden, die vertraglich **be-** 1122
stimmte Gegenleistung (§ 346 Abs. 2 S. 2 BGB), damit **der Kaufpreis**.[325] Auf den vereinbarten Preis ist auch dann abzustellen, wenn er erheblich über dem objektiven Wert des Fahrzeugs liegt; ebenso im umgekehrten Fall. Die Parteien sind an ihren ursprünglichen vertraglichen Bewertungen festzuhalten.[326] Von praktischer Relevanz ist dies insbesondere bei Rückabwicklung eines Neufahrzeugkaufs mit Inzahlungnahme eines Altwagens, der infolge einer Weiterveräußerung nicht mehr zurückgegeben werden kann. Dazu näher Rdn. 1483 ff.

Die Anknüpfung an die vereinbarte Gegenleistung steht unter der Prämisse, dass die 1123
empfangene Leistung **mangelfrei** ist.[327] Es wäre in der Tat widersinnig, dem mangelhaft liefernden Verkäufer Wertersatz in Höhe des vollen Kaufpreises zu geben. Da der den Rücktrittsfall auslösende Mangel den Wert des Fahrzeugs mindert, muss dem gestörten Äquivalenzverhältnis zugunsten des Käufers Rechnung getragen werden. Darüber ist man sich im Prinzip einig. In der Frage des Wie ist nach wie vor **vieles umstritten**.[328] Folgerichtig ist, mit der h. M. von denselben Grundsätzen wie bei der Minderung auszugehen, d. h. der Kaufpreis (Gegenleistung) ist nach Maßgabe des **§ 441 Abs. 3 BGB** herabzusetzen.[329] Dabei ist grundsätzlich anzunehmen, dass der Wert des Fahrzeugs in mangelfreiem Zustand dem vereinbarten Preis entspricht. Aus rechtssystematischen wie aus praktischen Gründen ist davon abzusehen, den **Gewinnanteil des Verkäufers** zugunsten des Käufers deshalb gesondert zu berücksichtigen, weil er mangelhaft beliefert worden ist.[330]

5. Darlegungs- und Beweislastfragen

a) Grund und Höhe des Wertersatzes

Die Partei, die Wertersatz verlangt, muss die Voraussetzungen ihres Anspruchs nach 1124
Grund und Höhe nachweisen.[331] Das ist für den Händler als Rückgewährgläubiger nicht immer ohne Weiteres möglich, weil er keinen Einblick in die Verhältnisse auf Käuferseite hat. Im Zuge von Nachbesserungsarbeiten kann er sich zwar ein Bild von der Beschaffenheit des Fahrzeugs machen. Das sind häufig aber nur Momentaufnahmen. Nach der Rücktrittserklärung kann sich je nach Zeitablauf das Bild verändern. Hier müssen eine Anzeigeobliegen-

321 BGH 28. 11. 2007, NJW 2008, 911 m. Anm. *Gsell.*
322 BGH 28. 11. 2007, NJW 2008, 911 m. Anm. *Gsell.*
323 Urt. v. 22. 6. 1993 – 3 U 25/93 – n. v.
324 OLG Frankfurt 17. 6. 2010, NJOZ 2011, 878 (Teilkasko/Wildunfall).
325 Grundlegend BGH 19. 11. 2008, NJW 2009, 1068 m. Anm. *Witt* (Sonderfall mit nur bestimmbarer Gegenleistung; Rücktrittsgrund Zahlungsverzug, kein Sachmangel).
326 Vgl. BGH 19. 11. 2008, NJW 2009, 1068 m. Anm. *Witt*; OLG Saarbrücken 26. 7. 2007, OLGR 2007, 773 (Inzahlungnahme).
327 *Canaris*, SchuMod. 2002, S. XXXIX; *Looschelders*, SchR AT Rn. 842.
328 Vgl. NK-BGB/*Hager*, § 346 BGB Rn. 46 m. w. N.
329 BGH 14. 7. 2011, VII ZR 113/10, Tz. 9.
330 Vgl. *Canaris*, SchuMod. 2002, S. XXXIX; NK-BGB/*Hager*, § 346 BGB Rn. 46
331 BGH 9. 2. 2010 – X ZR 82/07 – Tz. 15; *Palandt/Grüneberg*, § 346 BGB Rn. 21.

heit und eine **sekundäre Darlegungslast** des Käufers in Betracht gezogen werden.[332] Zur Abwendung der Schwierigkeiten auf Verkäuferseite wird auch vorgeschlagen, dem Verkäufer die Möglichkeit einzuräumen, dem Käufer für die Rückgabe der Sache eine angemessene Frist zu setzen, nach deren Ablauf er die Rücknahme verweigern kann.[333] Nach einer Entscheidung des LG Dortmund[334] greifen die Beweiserleichterungen, die für die Geltendmachung von Ansprüchen wegen eines Diebstahls der Sache gegen die Kaskoversicherung gelten, bei der Berufung auf die Unmöglichkeit der Herausgabe im Rahmen der Rückabwicklung eines Kaufvertrages nicht ein.

b) Wegfall der Wertersatzpflicht

1125 Da es sich beim Wegfall der Wertsatzpflicht nach § 346 Abs. 3 S. 1 Nr. 1 bis 3 BGB um **Ausschlusstatbestände** (Privilegierungen) handelt, ist **der Käufer** als Rückgewährschuldner grundsätzlich darlegungs- und beweispflichtig.[335] Hat er sich, wie im Fall des OLG Karlsruhe NJW 2008, 925, fahrlässig verhalten (Auffahrverschulden nach Anscheinsbeweisregeln), muss er nach einer gängigen Formel beweisen, dass er in eigener Angelegenheit nicht sorgfältiger zu verfahren pflegt als im konkreten Fall.[336]

1126 Soweit „Selbstschädigern" ein **Anscheinsbeweis** pro diligentia quam in suis zugestanden wird,[337] ist dies aus grundsätzlichen Erwägungen ebenso abzulehnen wie ein Beweis des ersten Anscheins für grobe Fahrlässigkeit. In beiden Fällen ist der Gegenstand der Beweisführung einem Anscheinsbeweis nicht zugänglich. Individuelles wie die *eigen*übliche Sorgfalt entzieht sich einer generalisierenden Betrachtung. Wie im Fall grober Fahrlässigkeit fehlt es an der erforderlichen Typizität als Grundvoraussetzung eines jeden Anscheinsbeweises.

1127 Damit trifft den rücktrittsberechtigten Käufer die volle Beweisführungspflicht. Er muss den Richter davon überzeugen, dass der Schaden eingetreten ist, obwohl er sich so verhalten hat, wie es für ihn persönlich „normal" ist. Nicht erforderlich ist, dass er möglichst viele Verkehrsunfälle aufführt, um den Unfall als „Normalfall" hinzustellen. Auch „Ersttäter" können privilegiert sein. Entscheidend ist die Schwere der Pflichtwidrigkeit im konkreten Fall. Dazu, was im Straßenverkehr einfache Fahrlässigkeit ist und was ausnahmsweise – objektiv wie subjektiv – unter grobe Fahrlässigkeit fällt, gibt es eine umfangreiche Rechtsprechung. Sie ermöglicht es dem Richter, zu einem sachgerechten Ergebnis zu gelangen. Der Versuchung, mit einer Non-liquet-Lösung zu Lasten des Käufers zu entscheiden, sollte er widerstehen. Die Privilegierung darf nicht beweisrechtlich ausgehöhlt werden.

1128 Bei der **Fallgruppe „technische Schäden"** genügt den Gerichten der Nachweis des Käufers, nicht grob fahrlässig gehandelt zu haben.[338] Mitunter wird sogar dem Verkäufer der Beweis dafür auferlegt, dass der Käufer grob fahrlässig gehandelt hat,[339] was so nicht richtig ist.

---

332 Mangels anderer Anhaltspunkte und abweichenden Händlervortrags legt das KG (27. 7. 2009, NJW-RR 2010, 706) den von der Leasinggeberin erzielten Verkaufspreis zugrunde.
333 *Benicke*, ZGS 2002, 369, 371.
334 Urt. v. 18. 3. 2005 – 3 O 583/03 – n. v.
335 OLG Karlsruhe 12. 9. 2007, NJW 2008, 925.
336 OLG Karlsruhe 14. 4. 1994, NJW 1994, 1966; *Palandt/Grüneberg*, § 346 BGB Rn. 21.
337 Nachweise OLG Karlsruhe 12. 9. 2007, NJW 2008, 925.
338 Vgl. OLG Hamm 18. 6. 2007 – 2 U 220/06 – BeckRS 2007, 14370 (Motorgeräusche).
339 LG Trier 21. 3. 2005 – 4 O 185/03 – n. v. (Motorschaden).

6. Notwendige Verwendungen und andere Aufwendungen

a) Gesetzliche Regelung

1129 Den Verwendungs- und Aufwendungsersatz regelt **§ 347 Abs. 2 BGB** sowohl für die Zeit vor als auch für die Zeit nach Erklärung des Rücktritts bis zur endgültigen Rückabwicklung.[340] Anspruchsberechtigt ist der Käufer, der das Fahrzeug zurückgibt oder Wertersatz leistet. Keinen Verwendungsersatz erhält er, wenn er gem. § 346 Abs. 3 S. 1 Nr. 3 BGB von der Wertersatzpflicht befreit ist.[341] Soweit er in einem solchen Fall eine Bereicherung, z. B. einen Veräußerungserlös, nach § 346 Abs. 2 S. 2 BGB an den Verkäufer herauszugeben hat, reduzieren die Verwendungen/Aufwendungen den Bereicherungsanspruch des Verkäufers, so dass eine nochmalige Berücksichtigung im Rahmen von § 347 Abs. 2 BGB nicht stattfindet.[342]

1130 Von den notwendigen Verwendungen und den „anderen Aufwendungen" i. S. d. § 347 Abs. 2 BGB sind die vergeblichen Aufwendungen abzugrenzen, die unter § 284 BGB fallen und deren Ersatz von einem Vertretenmüssen/Verschulden abhängig ist. Zu dieser für die Rückabwicklung von Kfz-Käufen wichtigen Abgrenzung s. Rdn. 3807 ff.

1131 **Fällig** wird der Anspruch aus § 347 Abs. 2 BGB – anders als der Ersatzanspruch aus §§ 437 Nr. 3, 284 BGB – erst mit der Rückgabe des Fahrzeugs, vorher ist er nicht einmal entstanden.[343] Er steht in einem Gegenseitigkeitsverhältnis nach § 348 BGB. Nur Zug um Zug gegen (eine mögliche) Rückgewähr des Fahrzeugs ist der Verkäufer zum Verwendungsersatz verpflichtet. Wichtig ist das für die **Frage des Verzugs**. Solange er das Fahrzeug nicht zurückerhalten hat, kann der Verkäufer grundsätzlich nicht in Verzug geraten und folglich auch keine Verzugszinsen schulden (zur Verzinsung auch Rdn. 1146). Das ändert sich zu seinem Nachteil allerdings von dem Zeitpunkt an, zu dem der Käufer ihm das Fahrzeug in Annahmeverzug begründender Weise angeboten hat.[344]

1132 Die **Darlegungs- und Beweislast** für sämtliche Voraussetzungen des Anspruchs auf Ersatz notwendiger bzw. nur nützlicher Verwendungen (andere Aufwendungen) trägt nach Grund und Höhe der Käufer.[345] Üblicherweise wird der Beweis anhand von Anschaffungsbelegen geführt. Verkäufer von Leasingfahrzeugen weisen gerne darauf hin, dass ein solcher Wagen abgesehen von Winterreifen vertraglich nicht verändert werden darf.

b) Notwendige Verwendungen

1133 **Verwendungen** i. S. d. § 347 Abs. 2 S. 1 BGB sind Vermögensaufwendungen, die nach einem objektiven Maßstab zum Zeitpunkt der Vornahme zur Erhaltung, Wiederherstellung oder Verbesserung der Sache dienen.[346] Sie müssen in diesem Sinn zumindest auch, also nicht unbedingt ausschließlich, der Sache zugute kommen. **Notwendig** sind sie, wenn sie zur Erhaltung oder Wiederherstellung der Sache **objektiv erforderlich** sind. Zu einer Wertsteigerung oder dauerhaften Werterhaltung müssen die Verwendungen nicht beitragen. Maßnahmen, die der Umgestaltung bzw. Umrüstung des Fahrzeugs dienen, sind i. d. R. keine notwendigen Verwendungen. Sie können aber als „andere Aufwendungen" nach § 347 Abs. 2 S. 2 BGB (s. Rdn. 1143) oder, was für den Kfz-Kauf besonders wichtig ist, gem. §§ 437 Nr. 3, 284 BGB als „vergebliche Aufwendungen" zu ersetzen sein (dazu Rdn. 3807 ff.).

---

340 *Palandt/Grüneberg*, § 347 BGB Rn. 1.
341 Umkehrschluss aus § 347 Abs. 2 S. 1 BGB mit Nennung von Nr. 1 und Nr. 2.
342 *Gaier*, WM 2002, 1, 7; NK-BGB/*Hager*, § 347 BGB Rn. 11.
343 LG Bonn 2. 9. 2010 – 8 S 126/10.
344 BGH 20. 7. 2005, NJW 2005, 2848 unter II a. E. für den Anspruch aus § 284 BGB.
345 Allg. Meinung, z. B. LG Kassel 3. 11. 2009 – 7 O 53/08.
346 BGH 24. 11. 1995, NJW 1996, 921 zu § 994 BGB.

1134 Im Gegensatz zu § 994 Abs. 1 BGB werden von § 347 Abs. 2 S. 1 BGB auch die **gewöhnlichen Erhaltungskosten** von dem Anspruch auf Ersatz der notwendigen Verwendungen umfasst, da der Rückgewährschuldner auch die Nutzungen herausgeben bzw. vergüten muss.[347] S. a. Rdn. 3555.

1135 Die Kosten, die der Käufer **für den Betrieb des Fahrzeugs** aufwendet, fallen weder unter notwendige Verwendungen i. e. S. noch unter den gewöhnlichen Erhaltungsaufwand. Zu den **Betriebskosten** gehören z. B. die Kosten für Kraftstoff, Öle, Schmiermittel, Park- und Mautgebühren. Umstritten ist die Behandlung von Aufwendungen für **Kraftfahrzeugsteuer** und **Versicherungsprämie**, wobei mitunter zwischen Haftpflicht (Pflichtversicherung) und Kasko unterschieden wird. Da derartige Aufwendungen weder unmittelbar noch mittelbar dem Fahrzeug zugute kommen, auf seinen Zustand ohne jeglichen Einfluss sind, sondern nur dem Halter bzw. dem Nutzer für die Verfolgung seiner Zwecke dienen, handelt es sich schon nicht um Verwendungen, erst recht nicht um notwendige.[348] S. a. die Kasuistik Rdn. 1142.

aa) Unterstell- und Garagenkosten

1136 Nach allgemeiner Ansicht gehören Kosten für das Unterstellen und Aufbewahren des (mangelhaften) Fahrzeugs bis zu dessen Rückgabe zu den notwendigen Verwendungen, sofern dies zur Werterhaltung objektiv erforderlich ist.[349] Da die gewöhnlichen Erhaltungskosten unter den Begriff der notwendigen Verwendungen fallen, kommt es für die Erstattung von Unterstell- und Aufbewahrungskosten im Anwendungsbereich von § 347 Abs. 2 S. 1 BGB nicht auf die hypothetische Frage an, ob das Fahrzeug an Wert verloren hätte, wenn es nicht in einer Garage, einem Carport oder auf einer Parkfläche außerhalb des öffentlichen Verkehrsraums unter- bzw. abgestellt worden wäre.

1137 Die Kosten für das Unterstellen und Aufbewahren gehören zu den Aufwendungen, die vor allem der Käufer eines neuen Pkw im Interesse der Werterhaltung und des Schutzes vor Entwendung und Beschädigung incl. Vandalismus investiert. Würde er das Fahrzeug im öffentlichen Verkehrsraum abstellen, wäre das Risiko des Diebstahls und der Beschädigung ungleich höher als bei der Aufbewahrung in einer Garage oder auf einem gesicherten Gelände. Auf ein abweichendes Interesse des Verkäufers kommt es nicht an. Entscheidend ist allein, dass die vom Käufer ergriffene Maßnahme eine nach allgemeiner Verkehrsanschauung ebenso gewöhnliche wie nötige Aufwendung darstellt.

1138 Die **Garagenmiete** für ein Neufahrzeug ist vom Verkäufer im Regelfall zu übernehmen, wenn die Anmietung eigens zum Zweck seiner Aufbewahrung erfolgt.[350] Stellt der Käufer das Fahrzeug in seiner eigenen oder in einer schon vor der Übernahme des Fahrzeugs angemieteten Garage unter, kann es an einer Verwendung i. S. d. § 347 Abs. 2 BGB fehlen.[351] Er kann unter diesen Umständen Verwendungsersatz nur unter der Voraussetzung fordern,

347 BGH 15. 11. 2006, NJW 2007, 674 (Tierkauf); LG Bonn 2. 9. 2010 – 8 S 126/10 (Pkw).

348 LG Kassel 30. 3. 2004 – 7 O 1981/03 – n. v.; indirekt auch BGH 14. 4. 2010, NJW 2010, 2426, wo die Aufwendungen für Kfz-Steuer und Versicherung nur unter dem Aspekt des Schadens- und Aufwendungsersatzes nach §§ 280 Abs. 1 und 3, 281 Abs. 1, 284 BGB erörtert werden; a. A. OLG Frankfurt 14. 1. 2009 – 17 U 223/08 – für die rücktrittsrechtliche Abwicklung eines Pkw-Leasingvertrages (mit Differenzierung nach Haftpflicht und Kasko für die Zeit der Unterstellung, insoweit keine Kasko, und unter Hinweis auf die leasingvertragliche Versicherungspflicht).

349 BGH 11. 1. 1978, NJW 1978, 1256 unter Hinweis auf OLG Frankfurt JW 1932, 1228; OLG Köln 7. 7. 1987 – 9 U 8/87 – n. v.; OLG Nürnberg 17. 10. 1980, VersR 1981, 138; LG Bonn 2. 9. 2010 – 8 S 126/10.

350 LG Bonn 2. 9. 2010 – 8 S 126/10.

351 Vgl. OLG Celle 18. 5. 1995, DAR 1995, 404, 406; OLG Köln 7. 7. 1987 – 9 U 8/87 – n. v.; OLG Nürnberg 17. 10. 1980, VersR 1981, 138; OLG Nürnberg 13. 1. 1966, NJW 1966, 738; LG Kassel 30. 3. 2004 – 7 O 1981/03 – n. v.; LG Bonn 2. 9. 2010 – 8 S 126/10.

dass er schlüssig darlegt und notfalls nachweist, seine Garage im fraglichen Zeitraum an einen Dritten vermietet zu haben.[352]

Wenn und insoweit ein Ersatzanspruch nach § 347 Abs. 2 S. 1 BGB wegen einer notwendigen Verwendung besteht, kommt es nicht darauf, ob der Käufer zusätzlich einen Ausgleich nach **§ 284 BGB** verlangen kann. Dieser von einem Vertretenmüssen des Verkäufers abhängige Anspruch setzt zwar keine Notwendigkeit der Investition voraus, dafür ist er aber dem Einwand nach § 254 BGB ausgesetzt und ferner einer Kürzung unter dem Blickwinkel der Vorteilsausgleichung. Falls der Verkäufer nach erklärtem Rücktritt mit der Rücknahme des Fahrzeugs in Schuldnerverzug gerät (zur Rücknahmepflicht s. Rdn. 1094), kann die Verpflichtung zum Ersatz von Unterstellkosten auch unter dem Blickwinkel der **§§ 346 Abs. 4, 280 Abs. 1 BGB** zu sehen sein, gleichfalls mit der Möglichkeit, ein Mitverschulden des Käufers nach § 254 BGB anzurechnen. Eine weitere Anspruchsgrundlage bietet **§ 304 BGB** im Falle des Annahmeverzugs des Verkäufers. **1139**

bb) Reparaturen, Wartungen und Inspektionen

Welche Reparaturen, Wartungen und Inspektionen als notwendige Verwendungen **von der Rechtsprechung** anerkannt wurden und welche nicht, zeigen die Übersichten Rdn. 3553 und Rdn. 3556. **1140**

Eigenleistungen, die der Erhaltung, Wiederherstellung oder Verbesserung der Sache dienen, sind nach der vom BGH[353] zu § 994 BGB vertretenen – auf § 347 Abs. 2 S. 1 BGB insoweit übertragbaren – Ansicht als notwendige Verwendungen anzuerkennen, unabhängig davon, ob der Besitzer sie im Rahmen seines Gewerbes oder Berufes erbracht hat. Sie muss lediglich „geldwert" sein, d. h. auf dem maßgeblichen Markt nur gegen Bezahlung erhältlich. Da Pkw-Käufer normalerweise nicht über die erforderliche Ausrüstung und die notwendigen Kenntnisse und Fähigkeiten verfügen, um Kfz-Reparaturen fachgerecht ausführen zu können, ist die „Eigenleistungs"-Rechtsprechung für den Neuwagensektor kaum relevant. **1141**

Keine notwendigen Verwendungen sind nach der Rspr. (Ergänzung zu Rdn. 3556): **1142**

- Eigenkosten für die Abholung des Fahrzeugs im Werk,[354]
- Kosten für die Nummernschilder und Zulassung des Fahrzeugs,[355]
- Aufwendungen für die Kfz-Steuer und die Versicherungsprämie (s. a. Rdn. 3821),
- Kosten für die erste Inspektion, die der Käufer als Nutzer des Fahrzeugs zu tragen hat (str.),[356]
- Kosten für Reifenersatz und Hauptuntersuchung gem. § 29 StVZO,[357]
- Anschaffung von Winterreifen,[358] (str.)
- Anschaffung eines Windschotts für ein Cabrio.[359]

352 LG Bonn 2. 9. 2010 – 8 S 126/10; OLG Köln 7. 7. 1987–9 U 8/87 – n. v.; OLG Nürnberg 13. 1. 1966, NJW 1966, 738 m. w. N.; LG Köln 15. 4. 1982 – 6 S 9/82 – n. v.

353 Urt. v. 24. 11. 1995, NJW 1996, 921.

354 OLG Celle 18. 5. 1995, DAR 1995, 404, 405.

355 Vergebliche Aufwendungen i. S. v. § 284 BGB, so BGH 20. 7. 2005, NJW 2005, 2848.

356 OLG Köln 9. 5. 1986, DAR 1986, 320 ff.; a. A. OLG Frankfurt 25. 11. 1987, DAR 1988, 242, 243; OLG Stuttgart 24. 6. 2008 – 12 U 210/07 für die Wartungsdienste bei 15.000 und 30.000 km.

357 OLG Köln 31. 10. 1985 – 12 U 55/85 – n. v.

358 OLG Celle 18. 5. 1995, DAR 1995, 404, 406; OLG Hamm 18. 12. 2008, NJW-RR 2009, 1505 (berechtigte Kritik von *Faust*, NJW 2009, 3696, 3699); pro „notwendig" dagegen OLG Naumburg 6. 11. 2008 – 1 U 30/08 – bezogen auf 2003 (Käufer wohnte im Harz); pro „nützlich" i. S. v. § 347 Abs. 2 S. 2 BGB OLG Frankfurt 17. 6. 2010, NJOZ 2011, 878 (Ersatz nur des Zeitwerts bei einer Lebenserwartung von 8 Jahren; nach 4 Jahren also nur 50 %).

359 OLG Düsseldorf 21. 1. 2008, NJW-RR 2008, 1199 (Peugeot 206 CC).

c) Andere Aufwendungen (nützliche Verwendungen)

1143 „Andere Aufwendungen" i. S. d. § 347 Abs. 2 S. 2 BGB sind solche, die **nicht notwendig**, sondern nur nützlich sind. Sie werden dem Käufer nach § 347 Abs. 2 S. 2 BGB nur ersetzt, wenn der Verkäufer durch sie **bereichert** wird. Die sog. **Vertragskosten,** eine in Kfz-Sachen unter der Geltung des alten Rechts (§ 467 S. 2 BGB a. F.) besonders praxisrelevante Kategorie, sind keine „anderen Aufwendungen". Es handelt sich vielmehr um vergebliche Aufwendungen, deren Ersatz sich nach §§ 437 Nr. 3, 284 BGB richtet (s. Rdn. 3807 ff.).

1144 *Beispiele* aus der Rechtsprechung für nützliche Verwendungen:

- Komplette Neulackierung eines Fahrzeugs vor Kenntnis vom Rücktrittsgrund,[360]
- Anbringung von Sportfelgen mit entsprechenden Reifen sowie leistungssteigernde Veränderungen des Motors,[361]
- Anbringung einer Anhängerkupplung, die je nach Verwendungszweck des Fahrzeugs aus der Sicht des Käufers sinnvoll und im Einzelfall sogar unerlässlich sein kann,[362]
- Anschaffung eines Wagenhebers,[363]
- Ausstattung eines Fahrzeugs mit Fußmatten, neuen Reifen und neuen Rückleuchten[364]
- Gepäckraumnetz[365]
- Heckspoiler[366]
- Winterreifen[367] (bestr., s. o. Rdn. 1142 „keine notwendigen Verwendungen").

d) Anspruchsbemessung und Verzinsung

1145 Grundlage für die Berechnung des Anspruchs auf Ersatz der **notwendigen Verwendungen** gem. § 347 Abs. 2 S. 1 BGB sind die vom Käufer aufgewendeten Kosten. Vorteile, die dem Käufer durch die Nutzung seiner Verwendungen zugeflossen sind, rechtfertigen keinen Abzug. Darin unterscheidet sich der Verwendungsersatz des § 347 Abs. 2 S. 1 BGB vom Ersatzanspruch wegen vergeblicher Aufwendungen nach § 284 BGB. Zum Inhalt dieses von einem Vertretenmüssen abhängigen Anspruchs, den Einzelpositionen und zur Kürzung wegen teilweiser Zweckerreichung s. Rdn. 3807 ff.

1146 Nach § 256 S. 1 BGB steht dem Ersatzberechtigten ein verzugsunabhängiger **Anspruch auf Verzinsung** des aufgewendeten Betrages zu, und zwar bereits ab dem Zeitpunkt der Aufwendung. Die Höhe der Zinsen beträgt gem. § 246 BGB 4 %, bei beiderseitigen Handelsgeschäften, z. B. Verkauf eines Neufahrzeugs an eine Leasinggesellschaft, nach § 352 HGB 5 %. Noch ist **höchstrichterlich nicht geklärt**, ob § 256 BGB auf die beiden Ersatzansprüche nach § 347 Abs. 2 S. 1 und S. 2 BGB überhaupt anwendbar ist.[368] Dagegen spricht, dass es an dem für § 256 BGB maßgeblichen Kriterium der Fremdnützigkeit der Investition fehlt. Auch der frühe Zeitpunkt der Verzinsung nach § 256 BGB passt nicht,

360 OLG Köln 7. 7. 1987 – 9 U 8/87 – n. v.
361 OLG Nürnberg 11. 4. 1978, DAR 1978, 324.
362 OLG Köln 9. 5. 1986, DAR 1986, 320.
363 LG Köln 19. 1. 1989 – 22 O 582/87 – n. v.
364 LG Osnabrück 5. 2. 1990 – 7 O 364/89 – n. v.
365 OLG Naumburg 6. 11. 2008 – 1 U 30/08.
366 OLG Naumburg 6. 11. 2008 – 1 U 30/08.
367 OLG Frankfurt 17. 6. 2010, NJOZ 2011, 878.
368 Bejahend *Palandt/Grüneberg*, § 256 BGB Rn. 1; Hk-BGB/*Schulze*, § 256 BGB Rn. 2, jew. ohne Begründung; für den Anspruch aus § 284 BGB bejahend OLG Düsseldorf 21. 1. 2008, NJW-RR 2008, 1199; a. A. *Unberath* in: Bamberger/Roth, § 284 BGB Rn. 20; *Looschelders*, SchAT Rn. 321.

wenn man bedenkt, dass der Anspruch aus § 347 Abs. 2 BGB erst mit der Rückgabe der Sache entsteht und zugleich fällig wird.

Hält man § 256 BGB für grundsätzlich anwendbar, ist die Ausnahmeregelung in S. 2 zu beachten. Hiernach sind Zinsen für die Zeit, für die dem Ersatzberechtigten die Nutzungen verbleiben, nicht zu entrichten. Dadurch soll dessen Bereicherung vermieden werden. Die Zinspflicht besteht jedoch fort, wenn der Berechtigte für die Nutzung eine Vergütung zahlen muss, so wie der Käufer, der wegen eines Sachmangels zurücktritt. Ihm verbleiben die Nutzungen (Gebrauchsvorteile) gerade nicht. 1147

7. Verzinsung des Kaufpreises

Aus dem empfangenen Kaufpreis tatsächlich **erzielte Zinserträge** sind vom Verkäufer **nach § 346 Abs. 1 BGB** herauszugeben bzw. gem. Abs. 2 Nr. 1 dem Wert nach zu ersetzen. Die Zinsen sind aus dem vollen Betrag des gezahlten Kaufpreises zu berechnen, nicht aus dem nach Abzug der Gebrauchsvorteile verbleibenden Restbetrag.[369] Allerdings ist nicht auf den Bruttokaufpreis abzustellen. Maßgebend ist der **Nettobetrag**, weil Zinserträge nur daraus zu erzielen sind.[370] Im Fall der **Inzahlungnahme**, d. h. der teilweisen Ersetzung des Kaufpreises durch eine Sachleistung, ist nur auf den Baranteil abzustellen.[371] Aus dem Gebrauch des (Alt-)Fahrzeugs gezogene Nutzungen (selten) sind nach den insoweit geltenden Grundsätzen zu ersetzen. 1148

Eine wirtschaftlich **bedeutsame Entlastung** gewährt die Rechtsprechung dem Händler dadurch, dass sie ihm gestattet, vom kassierten Verkaufspreis **den Einkaufspreis abzuziehen**, so dass nur die Netto-Marge Gegenstand der Verzinsung ist.[372] Was das für den direktverkaufenden Hersteller (Daimler, zum Teil auch BMW u. a.) bedeutet, ist noch ungeklärt. In Gebrauchtwagenfällen wird, soweit über die Verzinsung des empfangenen Kapitals überhaupt entschieden wird, der empfangene Geldbetrag ungekürzt zugrundegelegt.[373] Richtigerweise ist auch in diesem Bereich der Einkaufspreis abzusetzen. Freilich muss vom Verkäufer dazu vorgetragen werden. 1149

Zu den tatsächlich gezogenen Nutzungen gehören nicht nur erzielte Zinsen (Anlagezinsen), sondern auch die **Zinszahlungen**, die der Verkäufer durch die Tilgung eines Kredits mit dem empfangenen Geld **erspart** hat.[374] Das kann ein Kredit zur Finanzierung des Einkaufs des konkreten Fahrzeugs sein, muss es aber nicht; ein allgemeiner Dispositionskredit genügt. Ob und inwieweit der Verkäufer Vorteile in Form von Zinsersparnissen erlangt hat, kann der Käufer eines neuen Kraftfahrzeugs naturgemäß aus eigenem Wissen nicht sicher beurteilen, allenfalls vermuten. Zu den Konsequenzen für die **Darlegungs- und Beweislast** s. Rdn. 1153 f. 1150

Neben dem Anspruch auf Herausgabe gezogener Nutzungen nach § 346 Abs. 1 BGB steht dem Käufer ein Anspruch auf **Prozesszinsen** nicht zu.[375] 1151

---

369 Thür. OLG 20. 12. 2007 – 1 U 535/06.

370 Zustimmend OLG Hamm 5. 8. 2010 – I-28 U 22/10 – NJOZ 2011, 447 (Revision zugelassen); ebenso OLG Frankfurt 17. 6. 2010 – 4 W 12/10 – BeckRS 2011, 00350; LG Wuppertal 16. 11. 2010 – 16 O 134/08 (für § 347 Abs. 1 S. 1 BGB).

371 OLG Hamm 18. 12. 2008, NJW-RR 2009, 1505; AG Nordenham 14. 12. 2007 – 3 C 227/07.

372 OLG Hamm 5. 8. 2010 – I-28 U 22/10 – NJOZ 2011, 447.

373 Z. B. OLG Frankfurt 17. 6. 2010 – 4 W 12/10 – BeckRS 2011, 00350.

374 OLG Düsseldorf 21. 1. 2008, NJW-RR 2008, 1199 unter Hinweis auf BGH 6. 3. 1998, NJW 1998, 2354 (zu § 818 Abs. 1 BGB); OLG Koblenz 18. 12. 2008 – 6 U 564/08 – VRR 2009, 226 (Refinanzierungszinsen); AG Nordenham 14. 2. 2007 – 3 C 227/07 (Dispokredit).

375 BGH 12. 5. 1998, NJW 1998, 2529 (zu § 818 Abs. 1 BGB).

1152 Hat der Verkäufer **keine Nutzungen** in Form von Zinsen aus dem empfangenen Kaufpreis gezogen (weder Anlagezinsen noch ersparte Schuldzinsen), kann er dem Käufer gem. **§ 347 Abs. 1 S. 1 BGB** zum Ersatz derjenigen Zinsen verpflichtet sein, die er nach den Regeln einer ordnungsgemäßen Wirtschaft hätte erzielen können.[376] Auch im Rahmen dieser auf gewerbliche Verkäufer zugeschnittenen Bestimmung ist zu unterscheiden, welche Zinsen auf dem Kapitalmarkt erzielbar gewesen wären (unterlassene Kapitalanlage) und welche Zinszahlungen durch Rückführung eines Kredits mit dem empfangenen Geld hätten erspart werden können. Der Verkäufer kann sich durch den **Nachweis eigenüblicher Sorgfalt** entlasten (§ 347 Abs. 1 S. 2 BGB), was ihm in seiner Eigenschaft als Kaufmann allerdings schwer fallen dürfte[377], in jedem Fall aber konkreten Sachvortrag voraussetzt.

1153 Da die in § 347 Abs. 1 S. 3 BGB a. F. angeordnete Festverzinsung abgeschafft ist, ergibt sich für den Käufer die Notwendigkeit, zum Nutzungsersatzanspruch in Form von Zinsen aus dem Kaufpreis unter Beweisantritt vorzutragen. **Erleichtert** wird die **Darlegungs- und Beweislast** durch tatsächliche Vermutungen, Lebenserfahrungssätze und eine sekundäre Darlegungslast des Verkäufers und im Übrigen durch § 287 ZPO.

1154 Als Gläubiger steht dem Käufer für die Ermittlung der vom Verkäufer gezogenen Kapitalnutzungen in beiden Formen (Anlagezinsen und ersparte Zinsen) zudem **ein Auskunftsanspruch** zu.[378] Gibt der Verkäufer keine oder nur bruchstückhaft Auskunft, hat das Gericht die Möglichkeit, die Behauptung des Käufers als zugestanden zu behandeln[379] oder Beweislücken gem. § 287 ZPO zu schließen. Das LG Aschaffenburg hat den Nutzungsvorteil (bezogen auf 2005) auf 2,5 % geschätzt.[380] **Nicht erwirtschaftete Zinsen** (§ 347 Abs. 1 S. 1 BGB) hat das Thür. OLG[381] in Höhe von 5 Prozentpunkten über dem Basiszinssatz zuerkannt, weil der Verkäufer sich dazu nicht substantiiert erklärt hatte. Das LG Wuppertal hat für den Zeitraum 2007/2008 (vor der Finanzkrise) 4 % zuerkannt[382], während das OLG Frankfurt[383] die Höhe der nicht erwirtschafteten Zinsen generell auf 4 % (§ 246 BGB) schätzt, wenn der Verkäufer sich in diesem Punkt nicht erklärt.

1155 Angesichts der hohen Beträge, die hier auf dem Spiel stehen können, sind **Verkäufer gut beraten**, sich so konkret wie möglich mit etwaigen – verzugsunabhängigen – Zinsforderungen der Käufer auseinander zu setzen.

8. Vergütung der Gebrauchsvorteile (Nutzungswertersatz)

a) Nicht gezogene Nutzungen

1156 Unter den Voraussetzungen von § 347 Abs. 1 BGB ist der Käufer als Rückgewährschuldner verpflichtet, für nicht gezogene Nutzungen vor und nach Erklärung des Rücktritts Wertersatz zu leisten. Diese Vorschrift ist, soweit es um die Sachnutzung (Gebrauchsvorteile gem. § 100 BGB) geht, für den Autokauf **bedeutungslos**. Bereits in der Kommentierung zu § 467 BGB a. F. hat *U. Huber*[384] zutreffend darauf aufmerksam gemacht, dass es bei einer (nur) zum Eigengebrauch bestimmten Sache nicht zur ordnungsgemäßen Bewirtschaftung gehört, sie auch wirklich zu benutzen.

376 Vgl. LG Wuppertal 16. 11. 2010 – 16 O 134/08.
377 Vgl. OLG Frankfurt 17. 6. 2010 – 4 W 12/10 – BeckRS 2011, 00350 (Gebrauchtwagenhändler); OLG Frankfurt 14. 1. 2009 – 17 U 223/08 (Leasinggesellschaft).
378 BGH 27. 10. 1982, NJW 1983, 929, 939.
379 AG Nordenham 14. 12. 2007 – 3 C 227/07.
380 Urt. v. 30. 5. 2006, NZV 2006, 657.
381 Urt. v. 20. 12. 2007 – 1 U 535/06 – n. v.
382 Urt. v. 16. 11. 2010 – 16 O 134/08.
383 Beschl. v. 17. 6. 2010 – 4 W 12/10 – BeckRS 2011, 00350.
384 *Soergel/Huber*, § 467 BGB Rn. 174.

b) Gezogene Nutzungen (Gebrauchsvorteile)

Zu den gezogenen Nutzungen, die der Käufer im Fall des Rücktritts gem. § 346 Abs. 1 BGB herausgeben muss, gehören die Vorteile, die ihm aus dem Gebrauch der Sache erwachsen sind (§ 100 BGB). Da die Gebrauchsvorteile nicht in Natur herausgegeben werden können, hat der Käufer ihren Wert zu ersetzen (§ 346 Abs. 2 Nr. 1 BGB). Die Verpflichtung zum Nutzungswertersatz betrifft sowohl die Zeit vor als auch die Zeit nach der Erklärung des Rücktritts, d. h., für jeden zwischen Übernahme und Rückgabe des Fahrzeugs gefahrenen Kilometer hat der Käufer grundsätzlich Ersatz zu leisten. **1157**

Nach vorübergehenden Irritationen im Zusammenhang mit der eine Zeitlang umstrittenen Privilegierung von Verbrauchern im Rahmen der Ersatzlieferung hat **der BGH** mit erfreulicher Deutlichkeit klargestellt: Bei **Rückabwicklung eines Verbrauchsgüterkaufs** (hier: Gebrauchtwagenkauf) steht einem Anspruch des Verkäufers auf Nutzungswertersatz gem. § 346 Abs. 1 BGB **europäisches Recht** (Verbrauchsgüterkaufrichtlinie) nicht entgegen.[385] Abweichende Rechtsprechung zugunsten von Verbrauchern ist damit überholt.[386] **1158**

Ersatzpflichtig sind grundsätzlich auch solche Nutzungen, die der Käufer **unfreiwillig gezogen** hat, die ihm dadurch mehr oder weniger **aufgedrängt** worden sind, dass der Verkäufer die Rücknahme des Fahrzeugs sowie die Rückzahlung des Kaufpreises zu Unrecht verweigert hat.[387] Nach dem Grundgedanken des Rücktrittsfolgenrechts (Wiederherstellung des am negativen Interesse ausgerichteten Zustandes) kann dem Käufer ein unentgeltlicher Gebrauch des Fahrzeugs weder von Anfang an noch für spätere Zeiträume zugestanden werden. **1159**

Korrekturen zugunsten des Käufers kommen jedoch im Wege des Schadensersatzes in Betracht, einmal durch den konkurrierenden Anspruch auf Schadensersatzersatz infolge der Mangelhaftigkeit bzw. Verletzung der Nacherfüllungspflicht, zum anderen bei Verletzung der Rücknahme- und Rückzahlungspflicht (§§ 346 Abs. 4, 280 BGB). Eine dritte, in Neuwagenfällen eher theoretische Korrekturmöglichkeit eröffnet die deliktische Haftung. Dagegen ist es dem Käufer bei einer rein rücktrittsrechtlichen Abwicklung nicht gestattet, sich auf den Einwand der Entreicherung (§ 818 Abs. 3 BGB) zu berufen. **1160**

c) Bemessung des Nutzungswertersatzes (Gebrauchsvorteile)

Die Gebrauchsvorteile also solche sind ebenso wie der nach § 346 Abs. 2 Nr. 1 BGB geschuldete Wertersatz nicht exakt berechenbar und deshalb vom Gericht analog **§ 287 Abs. 2 ZPO** zu **schätzen**.[388] Im (seltenen) Fall des **Verkaufs mit Rückkaufvereinbarung** kann der Rücknahmepreis eine Schätzhilfe sein.[389] Für den Regelfall hat sich im Laufe der Jahre eine Bemessungsmethode herausgebildet und mittlerweile so verfestigt, dass in den zentralen Punkten hinreichende Klarheit herrscht. Umstritten sind nur noch einige Detailfragen. **1161**

aa) Kilometeranteilige lineare Wertminderung

Grundsätzlich wird der Wert von Gebrauchsvorteilen bei der Eigennutzung einer beweglichen Sache nach der **zeitanteiligen linearen Wertminderung** berechnet, also nach einem **1162**

385 Urt. v. 16. 9. 2009, NJW 2010, 148 = DAR 2009, 692; ebenso OLG Stuttgart 1. 12. 2009, NJW-RR 2010, 412 = DAR 10, 140.; OLG Karlsruhe 1. 12. 2008, DAR 2009, 699; LG Mosbach 3. 2. 2009 – 2 O 305/08 – BeckRS 2009, 05141.

386 Z. B. LG Düsseldorf 3. 7. 2009 – 15 O 9/09 – BeckRS 2009, 86151.

387 St. Rspr., z. B. OLG Koblenz 19. 6. 2008, NJW 2009, 151 m. Anm. *Reinking*; OLG Düsseldorf 2. 6. 1995, NJW-RR 1996, 46; OLG Brandenburg 3. 5. 1996, OLGR 1996, 133.

388 BGH 2. 6. 2004, BGHZ 159, 215 = NJW 2004, 2299 (Gebrauchtwagen); v. 26. 6. 1991, NJW 1991, 2484 (Betten).

389 LG Bielefeld 13. 4. 2011 – 3 O 193/09 – n. v.

Vergleich zwischen dem tatsächlichen Gebrauch und der voraussichtlichen Gesamtnutzungsdauer der Sache unter Berücksichtigung des vereinbarten Kaufpreises.[390] Bei Kraftfahrzeugen wird die Nutzungsdauer regelmäßig **in Kilometern** bemessen. Die **maßgeblichen Eckpunkte** für die Ermittlung der Gebrauchsvorteile sind demnach die voraussichtliche Gesamtlaufleistung des Fahrzeugs und der **vereinbarte Brutto-Kaufpreis**[391] incl. des Entgelts für mitverkauftes Zubehör und Einbauten[392]einerseits und die tatsächlich zurückgelegte Fahrstrecke andererseits. Das ist heute **im Ausgangspunkt unumstritten**,[393] so dass sich nähere Ausführungen erübrigen.[394]

1163 **Linear, nicht degressiv:** Gegen die lineare Berechnungsmethode in Reinform hat man eingewandt, sie berücksichtige nicht, dass ein Kfz auch am Ende seiner „normalen Entwicklung" einen gewissen Restwert repräsentiere, der kaum unter 10 % absinke.[395] Ein weiteres Argument gründet sich auf die unbestreitbare Tatsache, dass der tatsächliche Wertverlust **bei einem Neufahrzeug** in der Anfangsphase der Benutzung besonders hoch ist. Dieser **hohe Anfangsverlust** würde den Käufer bei Anschaffung eines gleichartigen mangelfreien Fahrzeugs gleichfalls getroffen haben. Die lineare Berechnungsmethode, basierend auf einer gleichmäßigen Verteilung des Kaufpreises anhand der durchschnittlichen Gesamtlaufleistung, würde den Wertverlust eines Neufahrzeugs in der ersten Zeit nicht angemessen erfassen.[396]

1164 Die Forderung nach einer Beteiligung des Neufahrzeugkäufers am erhöhten Anfangsverlust hat sich selbst für den Fall der Wandelung bzw. heute Rücktritt nicht durchsetzen können. Die besseren Argumente, letztlich sind es Praktikabilitätserwägungen[397], sprechen für die auch **vom BGH**[398] befürwortete lineare Berechnungsmethode.[399] An ihr ist auch unter Geltung der Berechnungsregel des § 346 Abs. 2 S. 2 BGB im Grundsatz festzuhalten, gleichviel, ob das Fahrzeug neu oder gebraucht gekauft worden ist. Nur für den Wertersatz für den Gebrauchsvorteil eines Darlehens hat der Gesetzgeber eine Sonderregelung getroffen.

1165 **Obergrenze:** Wenn der auf die voraussichtliche Gesamtlaufleistung umgelegte Kaufpreis den Wert des Fahrzeugs repräsentiert oder, anders formuliert, der Käufer Mobilität im Umfang von x Kilometer erwirbt, kann der Nutzungsausgleich nicht höher als der Kaufpreis sein. Er bildet somit die Obergrenze für den Nutzungswertersatz. Noch einen Schritt weiter geht das **OLG Hamm**, indem es in der Differenz zwischen dem Neuwagenpreis und dem „verbliebenen Zeitwert" die maximale Nutzungsvergütung im Wandelungsfall sieht,

---

390 BGH (V. ZS) 31. 3. 2006, NJW 2006, 1582 Tz. 12/13; v. 6. 10. 2005, NJW 2006, 53 (VII. ZS).

391 Er ist unabhängig von der Frage der Vorsteuerabzugsberechtigung zugrunde zu legen, vgl. BGH 26. 6. 1991, NJW 1991, 2484; kein Abzug einer „Verschrottungsprämie" (OLG Koblenz 16. 4. 2009, NJW 2009, 3519).

392 OLG Koblenz 16. 4. 2009, NJW 2009, 3519 (Winterräder, Sitzheizung).

393 BGH (VIII. ZS) 2. 6. 2004, NJW 2004, 2299 m. w. N.

394 Zum Für und Wider s. Vorauflage Rn. 615 ff.

395 Davon geht auch die unter maßgeblicher Beteiligung von *Rädel* entwickelte Schwacke-Liste ‚Gebrauchsvorteil für Pkw, Geländewagen und Transporter' (1997) aus. Zur Gewinnung einer mathematischen Lösung wird für die Ermittlung der Gebrauchsvorteile bei älteren Fahrzeugen eine Restlaufleistung von 10 % der Gesamtlaufleistung ansetzt.

396 So vor allem der 7. Senat des OLG Celle in ständiger Spruchpraxis, z. B. Urt. v. 5. 11. 2003, OLGR 2004, 151 = ZGS 2004, 74 (neuer Honda Civic); grundlegend Urt. v. 10. 1. 1991, NZV 1991, 230.

397 Sachgründe führt z. B. das OLG Saarbrücken an, vgl. Urt. v. 20. 9. 1989, NJW-RR 1990, 493.

398 Urt. v. 17. 5. 1995, NJW 1995, 2159 = WM 1995, 1145 unter III, 2 (die Grundaussage zur linearen Wertminderung betrifft Kfz. generell, nicht nur den Kauf von Gebrauchtwagen, für den lediglich beim Anschaffungspreis eine Modifizierung verlangt wird); zur linearen Methode s. a. BGH (V. ZS) 31. 3. 2006, NJW 2006, 1583 Tz. 12, 13; BGH (VII. ZS) 6. 10. 2005, NJW 2006, 53.

399 Anerkannt ist sie auch in Österreich, vgl. *Pfeffer/Ottlyk*, ZVR 2008, 451, 457.

einen höheren Formelbetrag entsprechend kappt.[400] Der BGH hatte bisher keine Gelegenheit, sich zu dieser **Kappungsgrenze** zu äußern. Das OLG Koblenz hätte dazu angesichts einer abzurechnenden Fahrstrecke von 183.971 km (bei voraussichtlichen 200.000 km) Anlass gehabt, ist auf diesen Aspekt aber nicht eingegangen.[401] Stellt man bei der Ermittlung der Gebrauchsvorteile richtigerweise auf die Wertminderung ab, die das Kraftfahrzeug erfahren hat, erscheint die Kappung folgerichtig.

bb) Berechnungsformel

Die mathematische Formel für die Berechnung der Gebrauchsvorteile lautet: 1166

$$\text{Gebrauchsvorteil} = \frac{\text{Bruttokaufpreis} \times \text{gefahrene Kilometer}}{\text{erwartete Gesamtlaufleistung}}$$

Diese Formel wird vom BGH[402] auch für die Berechnung der Gebrauchsvorteile bei Kaufverträgen über Gebrauchtfahrzeuge verwendet, dort allerdings mit der Maßgabe, dass der Divisor in der voraussichtlichen Restlaufleistung besteht (s. Rdn. 3564). Die Restlaufleistung ist die Differenz zwischen der Gesamtfahrleistung und den bereits gefahrenen Kilometern. Bei der rücktrittsrechtlichen Rückabwicklung eines Kaufvertrags über ein Neufahrzeug dürfen die bis zum Rücktritt zurückgelegten Kilometer nicht in Abzug gebracht werden, da die Formel auf der im Zeitpunkt der Fahrzeugübergabe (Auslieferung) zu erwartenden Gesamtfahrleistung aufbaut.[403] 1167

Nach der o. a. Formel beträgt die Nutzungsvergütung bei einer zu erwartenden Gesamtfahrleistung von 1168

150.000 km 0,67 % des Kaufpreises je gefahrene 1.000 km,

200.000 km 0,5 %,

250.000 km 0,4 %,

300.000 km 0,33 %.

cc) Rechtsprechung zur Höhe des Nutzungswertersatzes für Pkw/Kombis/SUV

Eine schematische Anwendung der 0,67 %-Formel verbietet sich unter den heutigen Bedingungen. Das Ziel einer möglichst wirklichkeitsnahen Bemessung der Gebrauchsvorteile wird damit in der Mehrzahl der Fälle verfehlt. Eine **Gesamtfahrleistung von 150.000 km**, die Basis der 0,67 %-Formel, ist als **generelle Größe** nicht mehr tauglich.[404] Vielmehr muss die voraussichtliche Gesamtfahrleistung in jedem Einzelfall ermittelt werden, und zwar im Wege richterlicher Schätzung, notfalls nach sachverständiger Beratung[405]. Bei strittiger Gesamtfahrleistung und hoher Fahrstrecke ist Käufern zu empfehlen, den von ihnen angesetzten höheren Wert ausdrücklich unter **Sachverständigenbeweis** zu stellen. Dass das Gericht von Amts wegen tätig wird, kann nicht erwartet werden. 1169

Nicht gefolgt werden kann dem OLG Braunschweig,[406] das sich auf den Standpunkt gestellt hat, man komme der Einzelfallgerechtigkeit nicht entscheidend näher, wenn man die 1170

400 Urt. v. 21. 1. 1982, MDR 1982, 580.
401 Urt. v. 19. 6. 2008, NJW 2009, 151 m. Anm. *Reinking*.
402 Urt. v. 2. 6. 2004, NJW 2004, 2299.
403 A. A. *Creutzig*, Recht des Autokaufs, Rn. 7.4.11.3.
404 Bei Mittelklasse-Pkw weiterhin für 150.000 km OLG Koblenz 18. 12. 2008 – 6 U 564/08 – VRR 2009, 226.
405 OLG Stuttgart 24. 6. 2008 – 12 U 210/07.
406 Urt. v. 6. 8. 1998, OLGR 1998, 274.

Ermittlung der Gebrauchsvorteile künftig in die Hand von Sachverständigen legen wollte, da die Kosten einer solchen Vorgehensweise bei einer Gesamtbetrachtung die Vorteile im Einzelfall wieder einholen würden. Zum einen wird hier die wirtschaftliche Bedeutung verkannt, die die Position „Nutzungsvergütung" im Einzelfall haben kann. Beträge in der Größenordnung von 5.000 bis 10.000 EUR sind keine Seltenheit. Im Übrigen darf Einzelfallgerechtigkeit, die es anzustreben gilt, prinzipiell nicht an der Kostenfrage Halt machen.

1171 Pkw/Kombis/SUV der mittleren und gehobenen Klasse erreichen aufgrund des hohen Qualitätsstandards heutzutage **Gesamtfahrleistungen von 200.000 bis 300.000 km.** Derartige Laufleistungen sind schon in den Neunziger Jahren realistisch gewesen, wie die SCHWACKE-Liste „Gebrauchsvorteile" gezeigt hat.[407] Die Rechtsprechung hat sich dieser Erkenntnis nicht verschlossen. Einen **Überblick nach Marke und Typ** gibt die Aufstellung Rdn. 3574.

dd) Nutzungswertersatz bei Sonderfahrzeugen

1172 Bei **Lastkraftwagen**[408] und **Omnibussen**[409] sind die zu erwartenden Gesamtlaufleistungen naturgemäß deutlich höher als bei Personenkraftwagen. Sie liegen zwischen 500.000 und 1 Million km. Bei einem **Geländewagen** hat das LG Freiburg[410] eine Gesamtlaufleistung von 150.000 km veranschlagt. Bei einem **Motorrad** ist das OLG Schleswig[411] von einer voraussichtlichen Gesamtfahrleistung von 80.000 km ausgegangen. Das OLG Hamm[412] hat einem Motorradverkäufer eine Nutzungsvergütung von 0,19 DM pro km zuerkannt. Zu den Besonderheiten bei der Bemessung der Nutzungsvergütung im Fall von **Reisemobilen** (Wohnmobilen) und **Caravans** und zu weiteren Sonderfahrzeugen s. Rdn. 3578 ff.

ee) Mängelbedingter Abschlag

1173 Da die Methode der kilometeranteiligen linearen Wertschwundberechnung auf einer normalen Gebrauchstauglichkeit des Fahrzeugs basiert, sind die vom Käufer zu vergütenden Gebrauchsvorteile ggf. zu kürzen, falls der Mangel die **Gebrauchstauglichkeit** des Fahrzeugs **erheblich einschränkt**. Dabei darf der Mangel nicht beim Ausgangswert der linearen Berechnung, d. h. dem Kaufpreis, berücksichtigt werden.[413] Die voraussichtliche Gesamtfahrleistung mit dem Argument herabzusetzen, wegen der Mangelhaftigkeit sei sie illusorisch, kann gleichfalls nicht überzeugen.[414] In Ansatz zu bringen ist der Mangel „bei der Würdigung des Wertes des ... anzurechnenden Nutzungsvorteils" (BGH). Kurz: Der Nutzungsvorteil hängt auch von der Nutzbarkeit des Fahrzeugs ab.

1174 Zahlreiche Mängel haben keinerlei negative Auswirkung auf die Gebrauchstauglichkeit, z. B. eine überlange Standzeit; auch eine Modellveralterung rechtfertigt i. d. R. keinen Mängelabschlag. Er wäre jedenfalls kaum messbar. Gleiches gilt im Allgemeinen für einen fachgerecht reparierten Unfallschaden. Ein überhöhter Kraftstoffverbrauch ist, von Extremfällen abgesehen, gleichfalls nutzbarkeitsneutral. Lackschäden und kleinere (offene) Blechschäden beeinträchtigen weder die Nutzungsmöglichkeit noch den Komfort.[415] Nicht

407 Nach der Erstauflage 1997 nicht fortgeführt.
408 Vgl. OLG Saarbrücken 20. 9. 1989, NJW-RR 1990, 493.
409 Dazu BGH 17. 5. 1995, NJW 1995, 2159.
410 Urt. v. 7. 4. 1995, DAR 1995, 291.
411 Urt. v. 2. 5. 1986, DAR 1987, 87.
412 19. 10. 1994, zfs 1995, 133.
413 BGH (VII. ZS) 6. 10. 2005, NJW 2006, 53 (Immobilie); anders zahlreiche Instanzgerichte z. B. LG Frankfurt/M. 19. 7. 2006 – 2-2 O 470/05 – n. v. („der um den Mangel geminderte Kaufpreis").
414 KG 27. 7. 2009, NJW-RR 2010, 706 („Montagsauto").
415 OLG Köln 30. 1. 2002, DAR 2002, 453.

jede Beeinträchtigung des Komforts berechtigt im Übrigen zur Kürzung der Nutzungsentschädigung. **Gewisse Komforteinbußen**, wie etwa sporadisches „Getrieberuckeln“ oder Knallgeräusche eines Automatikgetriebes, hat der rücktrittsberechtigte Käufer ohne Kürzungsmöglichkeit hinzunehmen.[416]

Nur wenn eine **wesentliche Einschränkung der Nutzung** infolge des Mangels oder der 1175
Mängel feststellbar ist, wofür der Käufer darlegungs- und beweisbelastet ist, hat das Gericht für die davon betroffene Fahrstrecke einen Abschlag zu machen.[417] Er ist unter Berücksichtigung aller Umstände **nach § 287 ZPO** zu schätzen.[418] Einer Kürzung unterliegen nicht die diejenigen Kilometer, auf denen der Mangel sich nicht negativ bemerkbar gemacht hat.

Berechnung des Abschlags: Es bleibt beim Bruttokaufpreis als Ausgangsgröße. Er ist 1176
nicht um den Mangelunwert zu kürzen. Für die Berechnung des Abschlags ist eine etwaige Wertminderung keine taugliche Berechnungsgröße; ebenso wenig die Kosten der Mängelbeseitigung. Zu empfehlen ist ein prozentualer Abschlag von der „normalen“ (rechnerisch ermittelten) Nutzungsvergütung. Abschläge unter 10 % sind nicht sinnvoll. Die Obergrenze dürfte bei 50 % liegen.

Beispiele aus der Rechtsprechung:

- Das OLG Köln[419] hielt wegen starker Beeinträchtigung des Fahrkomforts durch Schaltstöße eines Automatikgetriebes eine Nutzungsvergütung von nur 0,15 DM je km bei einem Neukaufpreis von etwa 34.000 DM für angemessen;
- Das OLG Celle[420] kappte die Gebrauchsvergütung wegen nachhaltiger Einbuße der Nutzungsmöglichkeit um einen Pauschalbetrag von 4.000 DM, weil dem Käufer beim Ausfall des elektronischen Steuergeräts für den Motor eine Fahrt auf der Autobahn nur mit einer maximalen Geschwindigkeit von 40 km/h möglich war.[421]
- Das OLG Düsseldorf[422] schätzte die durch Benutzung gezogenen Gebrauchsvorteile für ein Fahrzeug, das neu 46.440 DM gekostet und mit dem der Käufer 47.178 km zurückgelegt hatte, auf 11.740 DM, 2.920 DM weniger als ohne den Mangel in Form einer starken Geruchsbelästigung.

ff) Weitere Einzelfragen zum Nutzungswertersatz

Werkstattfahrten und Prüffahrten. Fahrten, die der Käufer zur Prüfung und Beseiti- 1177
gung von Mängeln unternommen hat, sind als sog. Leerfahrten bei der Berechnung der Gebrauchsvorteile nicht zu berücksichtigen. Es handelt sich um keine bestimmungsgemäße, sondern eine regelwidrige Nutzung. Im Übrigen hat der Verkäufer gem. § 439 Abs. 2 BGB Fahrtkosten als Nacherfüllungsaufwendungen zu übernehmen.[423] **Prüffahrten eines Sachverständigen**, auch eines gerichtlich bestellten, bleiben gleichfalls unberücksichtigt.

---

416 OLG Hamm 5. 8. 2010 – I-28 U 22/10 – NJOZ 2011, 447 (Ruckeln des Getriebes beim Beschleunigen, sporadisches Ausgehen des Motors/Skoda Fabia); OLG Hamm 29. 6. 1993, OLGR 1993, 333; OLG Düsseldorf 18. 8. 2008 – I-1 U 238/07(abnorme Windgeräusche ab 130 km/h).

417 OLG Stuttgart 1. 12. 2009, NJW-RR 2010, 412 = DAR 2010, 140 („nachhaltige Beeinträchtigung der Einsatzfähigkeit“; bejaht bei „unmotivierter“ Fehlanzeige des Bremsflüssigkeitsstandes).

418 BGH 6. 10. 2005, MDR 2006, 261.

419 Urt. v. 9. 5. 1986, DAR 1986, 320 ff.

420 Urt. v. 10. 1. 1991, NZV 1991, 230, 232.

421 Ablehnend OLG Hamm 10. 12. 1987, NJW-RR 1988, 1140; OLG Braunschweig, 7. 10. 1993 – 2 U 128/93 – n. v.

422 Urt. v. 16. 12. 1994 – 14 U 95/94 – n. v.; s. a. OLG Düsseldorf 10. 2. 2006 – I-22 U 149/05 – VRR 2006, 306 (kein Abschlag bei „Montagsauto“, aber gewisse Konzession bei Wahl des Prozentsatzes von 0,67; s. a. KG 27. 7. 2009, NJW-RR 2010, 706).

423 OLG Hamm 22. 9. 1981 – 28 U 131/81 – n. v.; OLG Köln 10. 1. 1992, DAR 1993, 349; OLG Düsseldorf 16. 12. 1994 – 14 U 95/94 – n. v.

1178 **Umsatzsteuer:** Da die zu vergütenden Gebrauchsvorteile wirtschaftlich als Entgelt für eine Gebrauchsüberlassung behandelt werden,[424] unterliegen sie der Umsatzsteuer, gleichviel, ob der Verkäufer sie isoliert oder im Wege der Verrechnung mit dem von ihm zu erstattenden Kaufpreis geltend macht.[425] Das ist im Ausgangspunkt unstrittig.[426] Bei der Nutzungsüberlassung handelt es sich steuerrechtlich um eine sonstige Leistung (§ 1 Abs. 1 Nr. 1 UStG). Das dafür vom Käufer geschuldete Entgelt unterliegt beim Händler der Umsatzsteuer.

1179 Gestritten wird darüber, ob die Berechnung der Nutzungsvergütung auf dem Brutto- oder Nettokaufpreis des Fahrzeugs basieren muss, wenn das Entgelt der Umsatzsteuer unterworfen wird. Im Prinzip, so das Brand OLG[427], müsste die Nutzungsvergütung vom Nettokaufpreis berechnet werden, wenn der Empfänger vorsteuerabzugsberechtigt ist. Sodann müsste in einem zweiten Schritt auf den Betrag der Gebrauchsvorteile die Umsatzsteuer aufgeschlagen werden. Ob die Umsatzsteuer bei der Ermittlung der Nutzungsvergütung nur einmal, nämlich bei der Größe „Kaufpreis“, zu veranschlagen ist oder ein zweites Mal durch Aufschlag auf den auf Basis des Bruttokaufpreises errechneten Betrag, ist eine höchstrichterlich noch nicht entschiedene Frage. Üblicherweise gehen die Gerichte so vor, dass sie in Übereinstimmung mit BGH, NJW 1991, 2484 den Bruttokaufpreis zugrunde legen, um dann dem sich daraus ergebenden Betrag die Umsatzsteuer zuzuschlagen.[428]

1180 **Zinsen:** Eine Verzinsung der Nutzungsvergütung unabhängig von einem Verzug des Käufers hat der BGH mit dem Argument abgelehnt, der Wortlaut von § 347 S. 3 BGB a. F. sehe eine Verzinsungspflicht nur für empfangene Geldleistungen vor.[429] Für die Herausgabe gezogener Nutzungen – auch in Form des Wertersatzes – bestehe keine Zinspflicht, weil der Käufer insoweit keine Geldleistung empfangen habe. Das Wortlautargument hat zwar heute keine Gültigkeit mehr. Aus den erlangten Gebrauchsvorteilen hat der Käufer indes keine Nutzungen in Form von Zinsen gezogen, so dass der Anspruch des Verkäufers auf Nutzungswertersatz nur im Falle des Verzugs und gem. § 291 BGB zu verzinsen ist. Solange der Käufer die mit seinem Rücktritt fällige Zahlung zurückhalten darf, sei es, dass der Verkäufer sie noch nicht geltend gemacht hat, sei es, dass er seiner eigenen Rückzahlungspflicht noch nicht nachgekommen ist, sind selbst Prozesszinsen nicht geschuldet.[430]

d) Geltendmachung der Gebrauchsvorteile im Prozess

aa) Möglichkeiten des Verkäufers

1181 Der Anspruch des Verkäufers auf Vergütung der bis zur Rücktrittserklärung gezogenen Nutzungen wird mit dem Rücktritt fällig. Von § 346 Abs. 1 BGB werden auch diejenigen Gebrauchsvorteile erfasst, die der Käufer **nach Erklärung des Rücktritts** bis zur Rückgabe des Fahrzeugs erlangt. Insoweit wird die anwachsende Forderung gewissermaßen fortlaufend fällig. Den Anspruch auf Nutzungsersatz muss der Verkäufer im Fall des Rücktritts geltend machen, d. h. es findet **keine automatische Saldierung** oder Verrechnung mit dem Kaufpreis bzw. einer Anzahlung statt.[431]

---

424 Vgl. Brand OLG 28. 11. 2007 – 4 U 68/07 (Rückabwicklung eines Pkw-Leasingvertrages).
425 BGH 12. 1. 1994, ZIP 1994, 461, 472; s. a. BGH 6. 8. 2008, NJW 2009, 1266 (Umsatzsteuerpflicht bei bereicherungsrechtlich geschuldeter Nutzungsentschädigung).
426 *Ammenwerth/Janzen*, Umsatzsteuer im Kfz-Gewerbe, 9. Aufl., 2011, S. 53/63.
427 Urt. v. 28. 11. 2007 – 4 U 68/07 – n. v.
428 Z. B. LG Braunschweig 14. 3. 2008 – 4 O 2804/07 – n. v.
429 BGH 26. 6. 1991, NJW 1991, 2484.
430 BGH 14. 1. 1971, NJW 1971, 615; v. 6. 10. 2005, NJW 2006, 53 Tz. 27.
431 So auch KG 22. 7. 2009, NJW-RR 2010, 706.

Dem Rücktrittsfolgenrecht angepasst ist nunmehr die Abwicklung beim Schadensersatz statt der (ganzen) Leistung. Aus § 281 Abs. 5 BGB ergibt sich, dass bei einer Rückabwicklung nach den Grundsätzen des **„großen" Schadensersatzes** die Nutzungen nicht mehr wie früher nach den Regeln der Vorteilsausgleichung zu berücksichtigen sind[432] (s. a. Rdn. 3786 ff.). Dieser Gleichlauf in der Abwicklung hat den praktischen Vorteil, dass das Gericht nicht zu klären braucht, welchen der beiden Rechtsbehelfe der Käufer gewählt hat, allein oder eventuell kombiniert. **1182**

Die ihm zustehenden Gegenansprüche kann der Verkäufer dem Käufer entweder im Wege der **Einrede** gem. §§ 348, 320 BGB oder, wie üblich, durch (Hilfs-)**Aufrechnung**[433] entgegenhalten oder durch **Widerklage** geltend machen. Welchen Weg er geht, hängt auch von der Vorgehensweise des Käufers ab (dazu Rdn. 1185 ff.). Versäumt der Verkäufer es, den Anspruch auf Nutzungsvergütung in das Prozessverfahren über den Rücktritt einzubringen, dürfte mangels Rechtskrafterstreckung kein Rechtsverlust eintreten. Als Rückgewährgläubiger trägt der Verkäufer in allen Fällen der Geltendmachung eines Nutzungsersatzes **die Beweislast.**[434] **1183**

Das dem Verkäufer wegen der Nutzungsvergütung zustehende Leistungsverweigerungsrecht aus §§ 348, 320 BGB hindert den Eintritt des Schuldnerverzugs bezüglich der Rückgewähr des zu erstattenden Kaufpreises (s. Rdn. 1195 ff.). Auch mit der Erfüllung der Rücknahmepflicht gerät der Verkäufer nicht in Schuldnerverzug. Solange der Käufer die Fahrleistung nicht bekannt gibt, kann der Verkäufer nicht abrechnen. Aus diesem Grunde handelt er im Allgemeinen nicht gegen Treu und Glauben, wenn er bis zur Bekanntgabe der Fahrleistung oder anderweitiger Kenntnis davon den gesamten Kaufpreis zurückhält. Dies muss auch dann gelten, wenn sich im Nachhinein herausstellt, dass der Nutzungswertersatz gemessen am Kaufpreis nur gering ist. Die zeitweilige Ungewissheit geht zu Lasten des Käufers, zumal er es in der Hand hat, sie zu beenden. Zu den Möglichkeiten des Verkäufers, die benötigte Information zur erlangen, s. Rdn. 3577. **1184**

bb) Möglichkeiten des Käufers

Dem die Rückabwicklung des Kaufs betreibenden Käufer ist **aus Kostengründen** und zur Ausschaltung eines Zurückbehaltungsrechts (auch im Rahmen der Zwangsvollstreckung) anzuraten, den mit der Klage geltend gemachten Anspruch auf Rückzahlung des Kaufpreises, ggf. auch Verwendungsersatz, **von sich aus** jedenfalls um den Betrag der bis zur Klageeinreichung gezogenen Gebrauchsvorteile zu kürzen. Materiell-rechtlich besteht für diesen Eigenabzug kein Grund, weil es Sache des Verkäufers ist, ob und wie er seinen Gegenanspruch realisiert. **1185**

Wenn der Käufer die Rückabwicklung gerichtlich durchsetzen muss, vergehen von der Einreichung der Klage bis zur Rückgabe des Fahrzeugs oft mehrere Monate, wenn nicht Jahre. Benutzt der Käufer das Fahrzeug in dieser Zeit (zulässigerweise) weiter, erhöht sich mit jedem gefahrenen Kilometer die Nutzungsvergütung. Zu vergüten sind die Gebrauchsvorteile bis zum **Tag der Rückgabe** des Fahrzeugs **1186**

Der Käufer hat in einer solchen Situation **folgende Alternativen:** Nach Abrechnung der Nutzungsvergütung per Km-Stand zur Zeit der Klageeinreichung kann er die Benutzung einstellen, sein Fahrzeug ggf. stilllegen. Für den Regelfall der Weiterbenutzung kann er es dem Verkäufer überlassen, vom Urteilsspruch nicht erfasste Kilometer gesondert geltend zu machen, notfalls durch eine Vollstreckungsgegenklage. Einer voraussichtlichen Weiter- **1187**

432 Vgl. BGH 31. 3. 2006, NJW 2006, 1583 (Immobilienkauf).
433 BGH 26. 6. 1991, NJW 1991, 2484; v. 2. 2. 1994 NJW 1994, 1004; OLG Köln 30. 1. 2002, DAR 2002, 453.
434 BGH 9. 2. 2010 – X ZR 82/07 – Tz. 15.

nutzung bis zur Rückgabe des Fahrzeugs kann der Käufer aber auch von sich aus Rechnung tragen, indem er einen Antrag auf Basis der sog. **Karlsruher Formel** wie folgt stellt:

‚Der Beklagte wird verurteilt, Zug um Zug gegen Rückgabe des Fahrzeugs .... an den Kläger den Kaufpreis .... abzüglich eines Betrages zu zahlen, der sich wie folgt berechnet: 0,20 € × Kilometer gemäß Tachometerstand im Zeitpunkt der Rückgabe des Fahrzeugs an den Beklagten.‘

1188 Diese Abzugsmethode, mit der sämtliche Kilometer erfasst werden, die der Käufer zwischen Übernahme und Rückgabe zurückgelegt hat, ist in der Rechtsprechung teils auf Zuspruch,[435] teils auf strikte Ablehnung gestoßen.[436] Gleiches gilt für **die Variante** der Karlsruher Formel „.... abzüglich x Euro pro Kilometer, der gemäß Tachostand des nachfolgend aufgeführten Fahrzeugs y km übersteigt", wobei y im Fall eines Neufahrzeugs mit Tachostand Null den Km-Stand meint, den der Anwalt bereits zulasten seines Mandanten in der Klage bei der Bezifferung des Rückzahlbetrages berücksichtigt hat.

1189 Der Klageantrag sei nicht hinreichend bestimmt (in Haupt- und Zinsforderung), was auch zur Unbestimmtheit des Tenors und damit zur Vollstreckungsunfähigkeit führe, zudem ließen sich Streitwert und Beschwer nicht korrekt ermitteln, so die Hauptargumente gegen die Karlsruher Formel. Deren Befürworter führen in erster Linie **Praktikabilitätsgründe** ins Feld.

1190 Vorzuziehen und zur Anwendung zu empfehlen ist die traditionelle Methode des Festbetragsabzugs mit Anpassung in der letzten mündlichen Verhandlung und entsprechender **Teilerledigungserklärung nach § 91a ZPO** (keine Teilrücknahme). Das ist zwar umständlich, dafür aber gerichtsfest. Dringt der Käufer mit der Klage durch, sind die Kosten des – durch Verrechnung mit der im Verlauf des Verfahrens entstandenen Nutzungsvergütung – erledigten Teils der Klage dem Verkäufer aufzuerlegen. Die Karlsruher Formel, gleich in welcher Variante, ist zumindest **in Fällen des Gebrauchtwagenkaufs** höchst bedenklich. Anders als beim Neuwagenkauf fehlt es hier an einem – auch für den Gerichtsvollzieher – verlässlichen Basis-Kilometerstand. Im Übrigen stellt das Kammergericht[437] zu Recht die Frage, wer die entscheidende Feststellung des Tachostandes treffen soll, wenn es – auf Grund der Feststellung des Annahmeverzugs im Tenor – eines tatsächlichen Angebots des Pkw nicht bedarf.

1191 Abzuraten ist in jedem Fall von einem Antrag auf Rückzahlung des Kaufpreises Zug um Zug gegen Vergütung der gezogenen Nutzungen, ohne diese zu beziffern oder nach der Karlsruher Formel zu konkretisieren.[438] Der Gerichtsvollzieher kann die Höhe der Gegenleistung aus dem Urteil nicht ablesen, so dass die Vollstreckung komplett scheitern kann.

9. Störungen im Rückabwicklungsverhältnis

a) Beschädigung des Fahrzeugs

1192 Die Verpflichtung des Käufers zum Wertersatz (dazu Rdn. 1096 ff.) wird ergänzt durch die schadensrechtliche Haftung nach **§ 346 Abs. 4 BGB**, die eine Pflichtverletzung voraus-

---

435 Insbesondere OLG Karlsruhe 7. 3. 2003, NJW 2003, 1950; OLG Karlsruhe 28. 6. 2007, NJW-RR 2008, 137; OLG Karlsruhe 1. 12. 2008, DAR 2009, 699; OLG Oldenburg 8.11. 1990, NJW 1991, 1187; Thür. OLG 20. 12. 2007 – 1 U 535/06 – n. v. (Gebrauchtwagen); LG Wuppertal 16. 11. 2010 – 16 O 134/08 (Neuwagen).

436 Ausführlich OLG Koblenz 16. 4. 2009, NJW 2009, 3519; OLG Koblenz 18. 12. 2008 – 6 U 564/08 – VRR 2009, 226 (Neuwagenkauf); ferner KG 18. 12. 2006, OLGR 2007, 346 (Gebrauchtwagen); OLG Düsseldorf 21. 1. 2008, NJW-RR 2008, 1199 (Neuwagen).

437 Urt. v. 18. 12. 2006, OLGR 2007, 346.

438 So geschehen im Falle des OLG Oldenburg 20. 5. 1988, NZV 1988, 225.

setzt und (Folge-)Schäden erfasst, die über eine wertersatzpflichtige Verschlechterung bzw. den Untergang des Fahrzeugs hinausgehen.[439]

Wie sich die Regelungen über den Wertersatz und den Schadensersatz zueinander verhalten, ist **umstritten.**[440] Eine Lösungshilfe bieten die Gesetzesmaterialien: **1193**

„Eine Rechtspflicht zur sorgsamen Behandlung entsteht erst, wenn die Partei weiß oder wissen muss, dass die Rücktrittsvoraussetzungen vorliegen. Sie setzt spätestens ein, wenn der Rücktritt erklärt wird, kann sich unter Umständen aber auch bereits früher ergeben" (BT-Drucks. 14/7052, S. 193).

Um Wertungswidersprüche zu der Privilegierung nach § 346 Abs. 3 S. 1 Nr. 3 BGB (dazu Rdn. 1106 ff.) zu vermeiden, ist der Maßstab der diligentia quam in suis jedenfalls bis zur Erklärung des Rücktritts auch im Rahmen des Vertretenmüssens nach § 280 Abs. 1 S. 2 BGB zu beachten[441]. Vor Abgabe der Rücktrittserklärung besteht noch kein Rückabwicklungsverhältnis und damit keine Rückgewährpflicht, die der Käufer verletzen könnte. Gleichwohl kann (frühestens) in der Phase zwischen Kenntnis/Kennenmüssen und Rücktrittserklärung eine Haftung nach §§ 241 Abs. 2, 280 Abs. 1 BGB in Betracht kommen. Nach Ansicht des OLG Frankfurt[442] soll der Käufer bis zur Kenntnis vom Rücktrittsgrund nur für eine **vorsätzliche Beschädigung** seines Fahrzeugs auf Schadensersatz nach §§ 346 Abs. 4, 280 Abs. 1 BGB haften. Selbst das geht manchen zu weit.[443] **1194**

b) Schuldnerverzug des Verkäufers

Mit der **Rückzahlung des Kaufpreises** und der **Rücknahme des Fahrzeugs** kommt der Verkäufer nicht schon durch den Zugang der (wirksamen) Rücktrittserklärung in Verzug.[444] Damit tritt erst Fälligkeit ein. Für den Anspruch auf Verwendungsersatz nach § 347 Abs. 2 BGB ist die Fälligkeit noch weiter hinausgeschoben (Fahrzeugrückgabe). **1195**

Eine mit dem Rücktrittsschreiben verbundene Aufforderung, den Kaufpreis ganz oder teilweise (nach Abzug von „Kilometergeld") Zug um Zug gegen Rücknahme des Fahrzeugs zurückzuzahlen, kann jedoch als **verzugsbegründende Mahnung** zu verstehen sein. Die Mahnung kann bekanntlich mit dem die Fälligkeit auslösenden Akt (hier: Rücktritt) verbunden werden. Im Einzelfall kann eine Mahnung auch entbehrlich sein (§ 286 Abs. 2 BGB), so z. B., wenn der Verkäufer die Rückabwicklung des Kaufs ernsthaft und endgültig verweigert hat. Allein durch das Stehenlassen des Fahrzeugs auf dem Gelände des Händlers tritt noch kein Rückzahlungsverzug ein.[445] **1196**

Ob der **Verkäufer seinerseits Ansprüche** gegen den Käufer hat, ist für die Frage der Fälligkeit belanglos; nicht so in Bezug auf den Schuldnerverzug und auf die weitere Frage, ob dem Käufer wenigstens – verzugsunabhängige – Prozesszinsen nach § 291 BGB zustehen. Den Eintritt des Verzugs hindern kann auch eine **Zuvielforderung** des Käufers (Rdn. 1198). Ein dritter Streitpunkt betrifft die Frage, welche **Prüf- und Regulierungsfrist** einem Händler oder einem direktverkaufenden Hersteller zuzubilligen ist, bevor Zahlungsverzug festgestellt werden kann. Vor allem Großorganisationen wie Mercedes und BMW benötigen aus innerbetrieblichen Gründen mitunter eine längere **Zeit zur Prüfung eines Rückabwicklungsvorgangs** als ein Vertragshändler vor Ort, der trotz seiner Bindung an **1197**

---

439 BT-Drucks. 14/6040, S. 93.

440 Vgl. *Canaris*, SchuRechtMod. 2002, S. XLV ff.; *Looschelders*, SchAT Rn. 858 ff.

441 LG Trier 21. 3. 2005 – 4 O 185/03 – n. v. (Gebrauchtwagen/Motorschaden); *Eckert/Maifeld/Matthiessen*, Rn. 680.

442 Beschl. v. 17. 6. 2010 – 4 W 12/10 – NJOZ 2011, 878.

443 Vgl. *Looschelders*, SchAT Rn. 862.

444 OLG Naumburg 12. 1. 2007 – 10 U 42/06.

445 KG 27. 7. 2009, NJW-RR 2010, 706.

den Hersteller bzw. Importeur weitgehende Handlungsfreiheit hat. Verzögerungen durch interne Organisationsabläufe von direktverkaufenden Herstellern liegen in ihrem Verantwortungsbereich.[446]

1198 **Zuvielforderung:** Da der vom Vertrag zurücktretende Käufer materiell-rechtlich nicht gehalten ist, die von ihm gefahrenen Kilometer bei der Bezifferung seines Rückzahlungsanspruchs von sich aus zu berücksichtigen, kann unter diesem Blickwinkel eine verzugshindernde Zuvielforderung nicht angenommen werden. Die Aufforderung, den gesamten Kaufpreis ohne Abzug der Nutzungsvergütung Zug um Zug gegen Rückgabe des Fahrzeugs zurückzuzahlen, stellt deshalb selbst dann keine Zuvielforderung (Zuvielmahnung) dar, die die **Wirksamkeit der Mahnung** in Frage stellen könnte,[447] wenn der Käufer das Fahrzeug benutzt hat und dafür eine Vergütung schuldet. Das Bestehen einer aufrechnungsfähigen Gegenforderung ist grundsätzlich kein Fall der Zuvielforderung. Solange die Aufrechnung nicht erklärt worden ist, kann der Käufer den vollen Betrag verlangen.[448]

1199 Eine andere Frage ist, ob der Verkäufer ein **verzugsausschließendes Zurückbehaltungsrecht** deshalb hat, weil er nicht in der Lage ist, den Nutzungswertersatzanspruch allein zu berechnen. In dieser Situation kann es (auch) an dem **erforderlichen Verschulden** fehlen (§ 286 Abs. 4 BGB).[449] Allerdings wird man vom Verkäufer verlangen können, dass er sich nach dem aktuellen Kilometerstand erkundigt, um seinen Gegenanspruch beziffern zu können. Bleibt er untätig, ist Verzug anzunehmen. Entsprechendes gilt mit Blick auf etwaige Wertersatzansprüche des Verkäufers wegen Beschädigungen des Fahrzeugs.

1200 Zu einem **Forderungsüberschuss** mit der Folge der Unwirksamkeit der Mahnung kann es leicht dadurch kommen, dass der Käufer nach Grund und/oder Höhe unberechtigte Forderungen auf **Ersatz von Verwendungen bzw. Aufwendungen** verlangt. Der Verwendungsersatzanspruch gem. § 347 Abs. 2 BGB ist zwar hinsichtlich seiner Fälligkeit und damit auch mit Blick auf einen etwaigen Verzug des Verkäufers grundsätzlich separat zu beurteilen. Eine Zuvielforderung beim Verwendungsersatz, die mit dem Anspruch auf Kaufpreisrückzahlung verbunden ist und gemeinsam angemahnt wird, kann aber den Eintritt von Schuldnerverzug auch hinsichtlich der Kaufpreisrückzahlung verhindern.[450]

1201 Der Eintritt von Schuldnerverzug des Verkäufers setzt nicht voraus, dass der Käufer die Rückgabe des Fahrzeugs anbietet. Erhebt der Verkäufer aber die Einrede der Zug-um-Zug-Leistung, macht er also im Prozess sein **Leistungsverweigerungsrecht** ausdrücklich oder konkludent geltend, verhindert er damit den Eintritt von Verzug von Anfang an. Schon das Bestehen des im Prozess geltend gemachten Leistungsverweigerungsrechts nach §§ 348 S. 2, 320 BGB schließt einen Zahlungsverzug aus.[451] Noch genauer: Bereits der Bestand des Einrederechts, nicht erst seine Geltendmachung, verhindert den Eintritt von Schuldnerverzug.[452] Herbeiführen kann der Käufer ihn in einem solchen Fall dadurch, dass er das Fahrzeug in Annahmeverzug begründender Weise anbietet[453] (s. dazu Rdn. 1204 ff.).

---

446 So das AG Stuttgart-Bad Cannstatt 29. 1. 2008 – 6 C 2981/07 – n. v.

447 Zur Problematik s. BGH 12. 7. 2006, NJW 2006, 3271 m. w. N.; *B. Lorenz*, ZGS 2011, 111.

448 *B. Lorenz*, ZGS 2011, 111, 113.

449 Schuldner- wie Annahmeverzug verneinend OLG Koblenz 16. 4. 2009, NJW 2009, 3519 unter Hinweis auf BGH NJW 2005, 2848, 2851; LG Köln 24. 6. 2009 – 28 O 11/07 – BeckRS 2009, 89538 unter Hinweis auf BGH NJW 1991, 1286.

450 BGH 20. 7. 2005, NJW 2005, 2848; OLG Karlsruhe 12. 9. 2007, NJW 2008, 925 für den Fall des Annahmeverzugs.

451 St. Rspr., z. B. BGH 6. 12. 1991, NJW 1992, 556 m. w. N.

452 OLG Naumburg 21. 1. 2007 – 10 U 42/06 – BeckRS 2007, 65018; KG 27. 7. 2009, NJW-RR 2010, 706 Tz. 48.

453 St. Rspr., z. B. BGH 20. 7. 2005, NJW 2005, 2848; OLG Naumburg 21. 1. 2007 – 10 U 42/06 – BeckRS 2007, 65018; KG 27. 7. 2009, NJW-RR 2010, 706 Tz. 48/49.

Während des Verzugs hat der Käufer **Verzugszinsen** gem. § 288 Abs. 1 BGB zu beanspruchen. Einen **weitergehenden Verzugsschaden** muss ihm der Verkäufer nach § 288 Abs. 4 BGB ersetzen. Dieser kann darin bestehen, dass der Käufer die **Kosten eines fortlaufenden Kredits** tilgen muss, den er zur Finanzierung des mangelhaften Fahrzeugs aufgenommen hat,[454] dass er ein **Darlehen für die Beschaffung eines Ersatzfahrzeugs** aufnehmen muss[455] oder **Rechtsverfolgungskosten** für die Geltendmachung der Forderungen aus dem Rückgewährschuldverhältnis aufzuwenden hat. Letztere können unabhängig von einem Verzug allein schon aus Gründen der Mangelhaftigkeit des Fahrzeugs als „einfacher" Schadensersatz erstattungsfähig sein. 1202

Zum **Ersatz von Nutzungsausfall** unter dem Gesichtspunkt des Verzugs ist der Verkäufer verpflichtet, wenn der Käufer das Fahrzeug infolge der Mangelhaftigkeit nicht benutzen kann (keine Fahrbereitschaft) und er sich deshalb einen Mietwagen nimmt. Der Anspruch aus §§ 346 Abs. 4, 280 Abs. 1, Abs. 2, 286 BGB ist freilich von einer Reihe von Voraussetzungen abhängig und unterliegt außerdem einer Vielzahl von Einschränkungen nach Grund und Höhe (Angewiesensein auf Mobilität, Unmöglichkeit bzw. Unzumutbarkeit einer Notreparatur, keine Alternative in Form von Taxi oder öffentlicher Verkehrsmittel, Erwerb eines Ersatzfahrzeugs oder Interimsfahrzeugs nicht möglich, z. B. aus finanziellen Gründen). Zu diesem Fragenkreis und auch zur Möglichkeit einer „abstrakten" Nutzungsausfallentschädigung s. Rdn. 3776 ff. 1203

c) Annahmeverzug des Verkäufers (Gläubigerverzug)

Der Annahmeverzug des Verkäufers gehört im Zusammenhang mit einem entsprechenden Feststellungsantrag des Käufers zu den Standardthemen in Rückabwicklungsprozessen. Zum Prozessualen s. Rdn. 1273 ff. Dort auch zur Frage, auf welchen Zeitpunkt es für die Beurteilung ankommt, ob ein Rückgabeangebot annahmeverzugsbegründende Wirkung hat oder nicht. 1204

aa) Begründung des Annahmeverzugs

Im früheren Recht war weitgehend anerkannt und vom BGH[456] bestätigt, dass der Verkäufer bereits durch das berechtigte Wandelungsverlangen und das Rückgabeangebot des Käufers in Annahmeverzug geriet. Nach **§ 294 BGB** ist die Leistung dem Gläubiger so, wie sie wirklich zu bewirken ist, tatsächlich anzubieten. Unter der Prämisse, dass Leistungsort (Erfüllungsort) für die Rücknahme des mangelhaften Fahrzeugs der Wohn- bzw. Betriebssitz des Käufers ist (dazu Rdn. 1217 ff.), genügt die Mitteilung an den Verkäufer, dass das Fahrzeug an einem bestimmten Tag an diesem Ort (nicht etwa an einem anderen) zur Abholung bereit steht. 1205

Dieser **Fall der Holschuld** ist in **§ 295 S. 1 BGB** geregelt, wonach **ein wörtliches Angebot** an Stelle eines tatsächlichen Angebots unter anderem dann genügt, wenn der Gläubiger die geschuldete Sache abzuholen hat. Das erforderliche Angebot kann auch **in der Klageschrift** gesehen werden, wenn vorgerichtlich kein oder nur ein unzureichendes Angebot unterbreitet worden ist.[457] 1206

Ausreichend ist ein wörtliches Angebot ferner, wenn der Gläubiger erklärt hat, er lehne die Annahme ab (§ 295 S. 1 Fall 1 BGB). Das betrifft den Fall der Bring- und Schickschuld, 1207

---

454 LG Köln 4. 5. 1994 – 23 O 24/92 n. v.

455 AG Stuttgart-Bad Cannstatt 19. 1. 2008 – 6 C 2981/07 – n. v. (Zwischenfinanzierungskosten incl. Bearbeitungskosten und Vorfälligkeitsentschädigung voll erstattungsfähig).

456 Urt. v. 18. 12. 1991 – VIII ZR 282/90 – n. v.

457 Vgl. BGH 20. 5. 2009, NJW 2009, 2807 Tz. 20 für die Widerklage eines Verkäufers, gerichtet auf Zahlung des Restkaufpreises.

nicht der Holschuld, um den es bei der Rücknahme des Fahrzeugs nach Rücktritt (gr. Schadensersatz) geht. Ist der Verkäufer bereit, das vom Käufer angebotene Fahrzeug anzunehmen bzw. abzuholen, verweigert er jedoch bestimmt und eindeutig die Erfüllung seiner (Rück-)Zahlungspflicht, besteht **keine uneingeschränkte Annahmebereitschaft.** Während bei Vorlage eines tatsächlichen Angebots die nur eingeschränkte Annahmebereitschaft nach § 298 BGB den Annahmeverzug des Gläubigers zur Folge hat, bewirkt die vorab erklärte, nur eingeschränkte Annahmebereitschaft des Verkäufers, dass der Käufer kein tatsächliches Angebot zu machen braucht und er die Rückgabe des Fahrzeugs wörtlich anbieten kann.[458]

1208 In etlichen Fällen, in denen die Instanzgerichte Annahmeverzug festgestellt haben, lagen die Voraussetzungen dafür in Wirklichkeit nicht vor bzw. waren nicht festgestellt. Das ist die Lehre aus zahlreichen Urteilen des BGH[459] und einer Vielzahl von OLG-Entscheidungen. Verkannt bzw. übersehen wird oft, dass Gläubigerverzug nur durch ein zur Erfüllung taugliches Leistungsangebot begründet werden kann.[460] Das ist zwar an sich nur das Angebot, das Fahrzeug als solches am richtigen Ort (dazu Rdn. 1217 ff.) zurückzugeben. Zu einem ordnungsgemäßen Leistungsangebot gehören aber auch die Fahrzeugpapiere (zum Brief s. Rdn. 1209), Begleitdokumente wie das Serviceheft, sämtliche empfangenen Schlüssel ebenso mitgekaufte Gegenstände wie ein Hardtop o. Ä.

1209 Außerdem muss der Käufer die Rücknahme des Fahrzeugs unter Bedingungen anbieten, die im Rahmen des Rückgewährschuldverhältnisses liegen. M. a. W.: Wenn der Käufer das Fahrzeug unter Modalitäten anbietet, die der Verkäufer zu erfüllen nicht verpflichtet ist, kann es an einem ordnungsgemäßen, Annahmeverzug begründenden Angebot fehlen. Der Käufer darf einerseits **nicht zu viel** fordern.[461] Eine geschuldete Nutzungsvergütung muss er jedoch nicht von sich aus abziehen (zum Einfluss auf den Zahlungsverzug des Verkäufers s. Rdn. 1198). Das Verlangen einer ungekürzten oder fehlerhaft gekürzten Rückzahlung steht dem Eintritt des Annahmeverzugs des Verkäufers nicht entgegen.[462] Andererseits darf der Käufer auch nicht **zu wenig** bereithalten, etwa nur die Möglichkeit der Besitzübertragung ohne Eigentumsverschaffungsmacht, wozu die Vorlage und Übergabe des Fahrzeugbriefes (ZB II) gehört, eine bei Leasingwagen und bankfinanzierten Fahrzeugen häufig nicht oder nur eingeschränkt vorhandene Voraussetzung.[463] Der Verkäufer gerät auch dann nicht in Annahmeverzug, wenn der Käufer unter Fristsetzung die Rückzahlung des Kaufpreises verlangt und lediglich in Aussicht stellt, nach Eingang des Geldes das Kfz herauszugeben.[464]

bb) Rechtsfolgen des Annahmeverzugs

1210 Nach Begründung des Annahmeverzugs hat der Käufer im Hinblick auf das Fahrzeug und nur insoweit[465] nur **Vorsatz** und **grobe Fahrlässigkeit** zu vertreten. Setzt er sich durch eine vorsätzliche oder grob fahrlässige Pflichtverletzung außer Stande, seine Rückgabe-

458 BGH 15. 11. 1996, NJW 1997, 581 (Rückabwicklung eines Grundstückskaufs).
459 Z. B. Urt. v. 20. 7. 2005, NJW 2005, 2848.
460 Vgl. BGH 20. 7. 2005, NJW 2005, 2848; OLG Karlsruhe 12. 9. 2007, NJW 2008, 925.
461 Vgl. BGH 20. 7. 2005, NJW 2005, 2848; OLG Karlsruhe 12. 9. 2007, NJW 2008, 925; OLG Koblenz 19. 6. 2008, NJW 2009, 151 m. Anm. *Reinking*; LG Köln 24. 6. 2009 – 28 O 11/07 – BeckRS 2009, 89538.
462 A. A. OLG Koblenz 19. 6. 2008, NJW 2009, 151 m. Anm. *Reinking*; LG Köln 24. 6. 2009 – 28 O 11/07 – BeckRS 2009, 89538.
463 Vgl. OLG Rostock 11. 7. 2007, NJW 2007, 3290 = DAR 2007, 588; s. aber auch OLG Stuttgart 1. 12. 2009, NJW-RR 2010, 412 = DAR 2010, 140 (Sicherungsübereignung an Bank).
464 AG Köln 2. 12. 1988–111 C 717/87 – n. v.
465 BGH 14. 4. 2010, NJW 2010, 2426 Tz. 34.

pflicht zu erfüllen, endet der Annahmeverzug des Verkäufers.[466] Dieser kann die Beendigung des Annahmeverzugs gegenüber dem aus dem Urteil vollstreckenden Käufer mit der Vollstreckungsabwehrklage geltend machen.[467]

Nicht grob fahrlässig handelt nach einer Entscheidung des LG Köln[468] der Käufer, der einen gebrauchten Wagen mehrere Monate lang auf dem eingefriedeten Gelände einer Vertragswerkstatt stehen lässt, ohne sich um das Auto zu kümmern. In anderer Sache hat das LG Köln[469] entschieden, eine grobe Fahrlässigkeit des Käufers liege selbst dann nicht vor, wenn die Umzäunung eines ansonsten nicht ohne weiteres zugänglichen Abstellgeländes an mehreren Stellen unterbrochen sei. Es stellt keinen Verstoß gegen die Sorgfaltspflicht dar, wenn der Käufer das Fahrzeug auf der Straße abstellt und nicht eigens eine Garage anmietet.[470] Wird das Fahrzeug vom Käufer in einer Halle aufbewahrt und damit vor äußeren Witterungseinflüssen geschützt, muss er es weder mit einem Karosserieschutz versehen noch den Feuchtigkeitsgrad der Halle untersuchen, denn schuldhaft handelt er nur dann, wenn er es in vorwerfbarer Weise einer über das normale Maß hinausgehenden Gefahr ausgesetzt hat.[471] **1211**

Wird das Fahrzeug dem Sachverständigen nach Erklärung des Rücktritts zur Begutachtung im Rahmen eines selbstständigen Beweisverfahrens übergeben und bewahrt dieser das Auto im Einvernehmen mit dem Käufer während des anschließenden Prozesses auf, muss sich der Käufer dessen Verschulden über § 278 BGB zurechnen lassen. Diese Rechtsfolge tritt allerdings dann nicht ein, wenn sich der Verkäufer mit der Rücknahme des Fahrzeugs in Annahmeverzug befindet, da der Sachverständige in diesem Fall als Lagerhalter und nicht als Erfüllungsgehilfe des Käufers tätig wird. **1212**

Der Käufer hat gegen den Verkäufer einen Anspruch auf Ersatz der **Mehraufwendungen**, die er für das erfolglose Angebot, die **Aufbewahrung** und die **Erhaltung** des Fahrzeugs bis zu dessen Rückgabe machen muss (§ 304 BGB).[472] Stellt der Käufer das Fahrzeug in einer von ihm bereits vor Erklärung des Rücktritts angemieteten Garage unter, beruht die Mietzinsverpflichtung nicht auf einem späteren Annahmeverzug des Verkäufers.[473] Zum Ersatz von Unterstell- und Aufbewahrungskosten unter dem Gesichtspunkt des Verwendungs- und Aufwendungsersatzes s. Rdn. 1136 ff. **1213**

Eine ersatzpflichtige Mehraufwendung i. S. d. § 304 BGB kann vorliegen, wenn der Käufer nachweist, dass er ohne Annahmeverzug den Mietvertrag gekündigt hätte oder dass er für das normalerweise in der Garage abgestellte Zweitfahrzeug wegen des Annahmeverzugs eine andere Garage angemietet hätte. Im Rahmen der Schadensminderungspflicht ist der Käufer gehalten, für das Fahrzeug einen preiswerten Stellplatz zu besorgen.[474] **1214**

Wegen der Mehraufwendungen steht dem Käufer ein Zurückbehaltungsrecht zu, und der Verkäufer muss, um den Annahmeverzug zu beenden, nicht nur die Urteilssumme, sondern auch Mehraufwendungsersatz anbieten.[475] **1215**

Ohne Auswirkungen ist der Annahmeverzug auf das Recht des Verkäufers, seine Leistungen nur Zug um Zug erbringen zu müssen, d. h. er verliert sein **Leistungsverweigerungsrecht** nicht dadurch, dass er das ihm angebotene Fahrzeug nicht annimmt. Deshalb **1216**

466 LG Köln 17. 1. 1985 – 15 O 284/84 – n. v.
467 *Zöller/Stöber*, § 756 ZPO Rn. 16.
468 Urt. v. 22. 1. 1975 – 16 O 37/73 – n. v.
469 Urt. v. 24. 6. 1987 – 26 S 289/86 – n. v.
470 OLG Bremen 22. 6. 1993 – 3 U 25/93 – n. v.
471 OLG Köln 14. 4. 2000, NZV 2001, 219, 220.
472 OLG Hamm 25. 2. 1997, OLGR 1997, 301; LG Köln 21. 9. 1989 – 15 O 419/88 – n. v.
473 AG Köln 7. 2. 1990 – 122 C 599/89 – n. v.
474 OLG Hamm 25. 2. 1997, OLGR 1997, 301.
475 *Palandt/Grüneberg*, § 304 BGB Rn. 2.

stellen Käufer zu Recht einen Antrag auf Zug-Zug-Zug-Verurteilung auch dann, wenn sich der Verkäufer in Annahmeverzug befindet.[476]

10. Erfüllungsort (Leistungsort)

1217 Dass die beiderseitigen Leistungen aus dem Rückgewährschuldverhältnis gem. § 348 BGB Zug um Zug zu erfüllen sind, begründet allein noch keinen gemeinsamen Erfüllungsort. Grundsätzlich muss der Erfüllungsort für jede Verpflichtung **gesondert** bestimmt werden.[477] Allerdings hat die Rechtsprechung bei bestimmten Vertragstypen einen **einheitlichen Erfüllungsort** für Leistung und Gegenleistung (Austauschort) angenommen.

1218 Wie früher bei der Wandelung nimmt die h. M. heute beim Rücktritt als Erfüllungsort für die zurückzugewährenden Leistungen denjenigen Ort an, an dem sich das vom Käufer zurückzugebende Fahrzeug zur Zeit des Rücktritts nach dem Vertrag „bestimmungsgemäß" befindet.[478] Gerechtfertigt wird diese käuferfreundliche Ortsbestimmung mit dem Argument, die rücktrittsauslösende Vertragsverletzung liege auf Seiten des Verkäufers, der Käufer müsse nicht mehr tun als die mangelhafte Ware zur Rücknahme bereit zu stellen. Auch von der Prozessökonomie her sei es sinnvoll, den Käufer dort klagen zu lassen, wo sich das Fahrzeug befindet und begutachtet werden kann. Im Fall der Kombination von Rücktritt und großem Schadensersatz soll es bei der für den Rücktritt geltenden käuferfreundlichen Lösung bleiben.[479]

1219 **Vorrangig** ist zu klären, ob die Vertragsparteien für den Fall der Rückabwicklung des Vertrages eine Vereinbarung über den Leistungsort getroffen haben. Das ist beim Kfz-Kauf i. d. R. nicht der Fall. Abschn. IX Ziff. 1 NWVB betrifft im kaufmännischen Verkehr und nur für diesen nicht den Erfüllungsort, sondern den Gerichtsstand. Den Austauschort im Rücktrittsfall gesondert festzulegen, sah man vermutlich deshalb kein Bedürfnis, weil es in der Praxis, jedenfalls im B2B-Bereich, im wesentlichen nur um den Gerichtsstand geht. Näher dazu Rdn. 1263. Etwaige Abreden der Parteien zum Leistungsort der Primärleistung und/oder der Nacherfüllung können nicht ohne weiteres auf die Rückgewähr ausgetauschter Leistungen bei Mangelhaftigkeit der Kaufsache erstreckt werden. Sie lassen allenfalls Rückschlüsse auf den mutmaßlichen Parteiwillen zu.

1220 Nach dem mutmaßlichen Willen der Vertragsparteien – beim Verbrauchsgüterkauf wie im Bereich B2B (z. B. Verkauf an Leasinggesellschaften) – ist i. d. R. der **Wohnort** oder der **Betriebssitz des Käufers** als einheitlicher Erfüllungsort anzunehmen.[480] Selbst wenn der Käufer das Fahrzeug bereits an den Verkäufer herausgegeben hat, soll es bei diesem Ort als Erfüllungsort bleiben.[481] Der Verkäufer hat daher sowohl die **Kosten der Rücknahme**

476 Zur Situation eines uneingeschränkten Antrags mit eingeschränkter Verurteilung s. BGH 19. 12. 1991, NJW 1992, 1172.

477 OLG Bamberg 18. 8. 2010, ZGS 2011, 140; *Palandt/Grüneberg*, § 269 BGB Rn. 13 unter Hinweis auf BGH NJW 1995, 1546 (BGH NJW 2010, 2426 Tz. 15 ist ein Fehlzitat).

478 Für die Wandelung s. BGH 9. 3. 1983, BGHZ 87, 104 (Dachziegelfall); OLG Stuttgart 23. 10. 1998, NJW-RR 1999, 1576; OLG Nürnberg 25. 6. 1974, NJW 1974, 2237; **für den Rücktritt** als Nachfolger der Wandelung OLG Köln 28. 2. 2011, DAR 2011, 260 m. Anm. *Andreae* (gebr. Wohnmobil); OLG Naumburg 12. 11. 2010 – 10 W 32/10; OLG Nürnberg 20. 2. 2009 – 2 U 2074/08 – BeckRS 2009, 07185 (Gebrauchtwagenkauf); OLG Karlsruhe 1. 12. 2008, DAR 2009, 699 (Neuwagenkauf); BayObLG 9. 1. 2004, BeckRS 2004, 02051; OLG Bamberg 18. 8. 2010, ZGS 2011, 140 (Werkvertrag über Individualsoftware); *Palandt/Grüneberg*, § 269 BGB Rn. 16; a. A. mit beachtlichen Gründen *Stöber*, NJW 2006, 2661.

479 OLG Naumburg 12. 11. 2010 – 10 W 32/10.

480 Vgl. BGH 9. 3. 1983, BGHZ 87, 104, 111 (Dachziegelfall); s. a. BGH 13. 4. 2011, NJW 2011, 2278 Tz. 28.

481 Str. in diesem Sinne *Zöller/Vollkommer*, § 29 ZPO Rn. 25, Stichwort Kaufvertrag m. w. N.

des mangelhaften Neufahrzeugs[482] als auch die Kosten des Rücktransports eines vom Käufer in Zahlung gegebenen Altwagens zu tragen.[483] Eine Klausel, die den Käufer mit diesen Kosten belastet, ist unwirksam.[484] Befindet sich das Fahrzeug im Zeitpunkt des Rücktritts an einem anderen als dem „vertragsgemäßen" Bestimmungsort, besteht für den Verkäufer keine Verpflichtung, es dort abzuholen.

VI. Minderung

1. Voraussetzungen der Minderung

Bis auf den Ausschlussgrund „Unerheblichkeit der Pflichtverletzung" (§ 323 Abs. 5 S. 2 BGB) sind die Voraussetzungen für eine Minderung die gleichen wie beim Rücktritt. Insbesondere gilt der **Nacherfüllungsvorrang**. Ob in Fällen des **Verbrauchsgüterkaufs** das Fristsetzungserfordernis mit Art. 3 Abs. 5 2. Spiegelstrich VerbrKRL vereinbar ist, ist nach wie vor offen. Zum Problem s. Rdn. 892. Zu den zahlreichen Durchbrechungen des Nacherfüllungsvorrangs, die für die Minderung wie für den Rücktritt zu beachten sind, s. Rdn. 927 ff. Unter den Voraussetzungen, unter denen ein Rücktritt nach § 323 Abs. 6 BGB ausgeschlossen ist (dazu Rdn. 1065 ff.), entfällt auch das Minderungsrecht.[485] Bei einer Mitverantwortlichkeit des Käufers für den Mangel in seinem konkreten Ausmaß und/oder für die Erfolglosigkeit der Nacherfüllung unterhalb der Ausschlussschwelle des § 326 Abs. 6 BGB (weniger als 80 %) kann eine Kürzung des Minderungsbetrages entsprechend § 254 BGB in Frage kommen.[486] **1221**

Im Schrifttum wird die Frage diskutiert, ob dem Käufer in richtlinienkonformer Befolgung von Art. 3 Abs. 5 3. Spiegelstrich VerbrKRL **trotz erfolgreicher Mängelbeseitigung** ein Minderungsrecht zuzubilligen ist, wenn sich die Nacherfüllung entweder verzögert hat oder für den Käufer mit erheblichen Unannehmlichkeiten verbunden war. Während eine Minderung des Kaufpreises wegen Verzögerung der Nacherfüllung mangels Schutzlücke überwiegend abgelehnt wird, befürwortet man in Teilen der Literatur eine Minderung als **Ausgleich für Unannehmlichkeiten des Verbrauchers**.[487] Dogmatisch ist der Anspruch kaum begründbar. Außerdem würde er das Gewährleistungsrecht je nach Käufertyp spalten, was nach der Freistellung von Verbrauchern vom Nutzungswertersatz bei der Ersatzlieferung freilich kein schlagendes Argument mehr ist. Zur Parallelproblematik beim Rücktritt s. Rdn. 860. **1222**

Nach fruchtlosem Ablauf der Frist zur Nacherfüllung bzw. in den Fällen der Entbehrlichkeit gelangen die Sekundärrechte zur Entstehung, damit auch das Recht zur Minderung. **Sein Wahlrecht** erlischt, wenn der Käufer die Minderung in wirksamer Weise geltend macht.[488] Wie beim Rücktritt handelt es sich um **ein Gestaltungsrecht**. Die Gestaltungswirkung – Herabsetzung des Kaufpreises – tritt mit Zugang der Minderungserklärung ein. Hat der Käufer, wie typischerweise beim Kfz-Kauf, mehr als den geminderten Kaufpreis gezahlt, ist der **Mehrbetrag** vom Verkäufer **zu erstatten** (§ 441 Abs. 4 S. 1 BGB). Unter den Voraussetzungen der §§ 346 Abs. 1, 347 Abs. Abs. 1 BGB ist der Betrag **zu verzinsen** (zum Nutzungsersatz bei Anlage- bzw. ersparten Sollzinsen s. Rdn. 1148 ff.). **1223**

482 OLG Stuttgart 23. 10. 1998, NJW-RR 1999, 1576.
483 LG Köln 8. 1. 1992, VuR 1992, 89.
484 Vgl. BGH 9. 3. 1993, BGHZ 87, 104; OLG Stuttgart 23. 10. 1998, NJW-RR 1999, 1576.
485 *Medicus/Lorenz*, SchBT Rn. 166; str., vgl. BGH 5. 11. 2010, NJW 2011, 1217 Tz. 33 (vom V. ZS nicht entschieden).
486 BT-Drucks. 14/6040, S. 235.
487 *Staudinger/Matusche-Beckmann*, § 441 BGB Rn. 48; *Faust* in Bamberger/Roth, § 437 BGB Rn. 24 und § 441 BGB Rn. 32, 34.
488 KG 29. 10. 2009 – 1 U 41/08 (in DAR 2010, 267 nur Ls.).

1224 **Erfüllungsort** für die Minderung ist der Betriebssitz des Verkäufers,[489] es sei denn, die Parteien haben einen anderen Ort als Erfüllungsort vereinbart.

2. Nebeneinander und Nacheinander

1225 Da das Minderungsrecht „anstelle" des Rechts zum Rücktritt gegeben wird (§ 441 Abs. 1 BGB), kann der Käufer **wegen des gleichen Mangels** beide Rechte **nicht nebeneinander** geltend machen. Er kann Minderung aber auch im Fall der Mangelidentität mit all jenen Rechtsbehelfen kumulieren, die ihrerseits mit dem Rücktritt kombinierbar sind[490], z. B. den Anspruch auf den **kleinen Schadensersatz** (s. auch Rdn. 3837). Dieser kann im Prozess auch hilfsweise geltend gemacht werden, was sich z. B. dann empfiehlt, wenn die Ermittlung eines Minderungsbetrages nach der Berechnungsweise des § 441 Abs. 3 S. 1 BGB mit Schwierigkeiten verbunden ist, etwa in Kraftstoffmehrverbrauchsfällen[491]. Der Käufer kann nämlich einen mangelbedingten Vermögensschaden erlitten haben, ohne dass ihm ein Recht auf Preisminderung zusteht.[492]

1226 Von der Rechtslage im Fall der Mangelidentität mit mehrfacher Rechtsausübung (gleichzeitig oder sukzessive) ist die für den Autokauf bedeutsame Konstellation zu unterscheiden, dass der Käufer **mehrere Mängel** rügt, entweder gleichzeitig oder nacheinander. Im Ausgangspunkt gilt das **Prinzip der Einzelbetrachtung**. Durch die Minderungserklärung für den Mangel A wird der Kaufpreis nur wegen dieses Mangels herabgesetzt. Im Übrigen bleibt der Kaufvertrag mit allen Rechten und Pflichten bestehen. Zeigt sich später **ein weiterer Mangel** (Mangel B), kann der Käufer erneut mindern, ggf. erst nach erfolglosem Ablauf einer Frist zur Nacherfüllung hinsichtlich dieses Mangels. Der Käufer kann aber auch wegen des Mangels B vom Vertrag zurücktreten[493] oder Schadensersatz statt der Leistung verlangen, allerdings auch hier nur unter Beachtung des Nacherfüllungsvorrangs.[494] Das ist kein Problem des Wechsels bzw. der Bindung, sondern eine Frage der Rechtsausübung bei einer **Mehrheit von Mängeln**.

1227 Im Fall des Rücktritts nach vorheriger Minderung wegen des Erstmangels (A) kann sich bei Geringfügigkeit des neuen Mangels (B), diesen isoliert betrachtet, die Frage stellen, ob der bereits „abgerechnete" Mangel A unterstützend herangezogen werden kann, um die **Erheblichkeitsschwelle** (§ 323 Abs. 5 S. 2 BGB) zu überwinden. Grundsätzlich dazu Rdn. 1049 ff. Man ist geneigt, das mit dem Argument zu bejahen, es sei mehr oder weniger Zufall, jedenfalls nicht vom Käufer zu verantworten, dass mehrere bei Auslieferung des Fahrzeugs vorhandene Mängel nicht zeitgleich, sondern nacheinander auftreten und damit nur sukzessive rügefähig werden. Der Käufer wird geltend machen, dass er sich in Kenntnis des neuen Mangels nicht auf eine Minderung eingelassen hätte, während der Verkäufer auf das Prinzip der Einzelbetrachtung pochen wird. Noch hat die Rechtsprechung zu dieser Problematik keine Stellung bezogen. Die besseren Gründe sprechen auch hier für eine **Einzelbetrachtung** (Einzelmangelprinzip). Die Erheblichkeit des Zweitmangels hat nichts damit zu tun, was mit dem Erstmangel geschehen ist, ob er konkret beseitigt wurde oder nur rechnerisch ausgeglichen wurde. Siehe ergänzend Rdn. 1049 ff.

1228 Ist der Zweitmangel arglistig verschwiegen worden, kann der Käufer auch bei (objektiver) Geringfügigkeit dieses Mangels vom Vertrags zurücktreten (s. Rdn. 1056). Zum „Aufpäppeln" wird Mangel A nicht benötigt. Bloße Fahrlässigkeit in Bezug auf Mangel B kann

489 *Palandt/Grüneberg*, § 269 BGB Rn. 16.
490 *Medicus/Lorenz*, SchBT Rn. 168.
491 Vgl. LG Ravensburg 6. 3. 2007, NJW 2007, 2127; AG Michelstadt 23. 12. 2009 – 1 C 140/09.
492 Vgl. BGH 5. 11. 2010, NJW 2011, 1217 (Immobilienkauf).
493 KG 29. 10. 2009 – 1 U 41/08 (in DAR 2010, 267 nur Ls.).
494 KG 29. 10. 2009 – 1 U 41/08.

dem rücktrittswilligen Käufer dagegen nicht helfen, wohl aber der Bruch einer Beschaffenheitsgarantie oder der Verstoß gegen eine Beschaffenheitsvereinbarung (s. Rdn. 1057). In all diesen Fällen besteht kein Bedürfnis, auf den Mangel A zurückzugreifen, weil der Rücktritt wegen des Mangels B auch bei isolierter Betrachtung nicht nach § 323 Abs. 5 S. 2 BGB ausgeschlossen ist.

3. Geltendmachung der Minderung

Als Gestaltungsrecht ist die Minderung grundsätzlich **bedingungsfeindlich** und ab Zugang (§ 130 BGB) **unwiderruflich.** Im Prozess darf sie aber hilfsweise geltend gemacht werden. Ein **Eventualantrag** empfiehlt sich für den Käufer, wenn er nicht sicher beurteilen kann, ob die für eine Rückabwicklung des Kaufvertrages erforderliche Erheblichkeit des Mangels vorliegt (§§ 323 Abs. 5 S. 2, 281 Abs. 1 S. 3 BGB). Vorgerichtlich hat er außerdem die Möglichkeit, Rücktritt und Minderung alternativ zu erklären und dem Verkäufer die Wahl zu überlassen. Hierzu kann ihm jedoch nicht geraten werden, da er sich dadurch der Möglichkeit begibt, die Rangfolge der Rechte zu bestimmen. Dementsprechend selten ist diese Variante in der Praxis. **1229**

Da die Minderung des Käufers die Höhe des Kaufpreises ändert, ist zu verlangen, dass sich das Verlangen der Minderung **klar** und **eindeutig** aus der Erklärung des Käufers ergibt. Sie kann auch konkludent geltend gemacht werden, etwa durch die Forderung nach teilweiser Kaufpreisrückzahlung. Es überwiegt die Ansicht, dass die Minderung bei Abgabe der Erklärung **nicht beziffert** werden muss, da sich die Höhe aus dem Gesetz ergebe.[495] **1230**

Folglich kann allein aus der fehlenden Angabe des Minderungsbetrages die Mitteilung des Käufers nicht als bloße Ankündigung einer künftigen Minderung mit Bezifferung aufgefasst werden, wenn der Käufer keinen Zweifel daran lässt, dass er den Kaufpreis herabgesetzt sehen möchte. Daraus folgt jedoch nicht, dass dem Käufer die Angabe der für die Bezifferung der Minderung erforderlichen Fakten erspart bleibt. **1231**

Eine **fehlerhafte Bezifferung** der Minderung führt nicht zur Unwirksamkeit des Minderungsverlangens. Macht der Käufer eine überhöhte Minderung geltend, geht der Anspruch ins Leere. Falls der Käufer einen zu geringen Betrag geltend macht, schöpft er die Differenz zwischen dem vereinbarten und dem durch das Minderungsverlangen kraft Gesetzes ermäßigten Kaufpreis nicht in vollem Umfang aus. Der Käufer behält somit die Möglichkeit, die Minderung nachträglich aufzustocken, wenn er erfährt, dass seine Berechnung zu niedrig ausgefallen ist. **1232**

Ob eine **unbezifferte Klage** wie beim Schmerzensgeld mit einem in das Ermessen des Gerichts gestellten Betrag zulässig ist, ist noch nicht abschließend geklärt. Lässt man diese Möglichkeit zu, wogegen nichts spricht, muss der Käufer die für eine gerichtliche Schätzung notwendigen Tatsachen vortragen und beweisen. Zu den Mindestangaben gehören Typ, Alter, Laufleistung, Kaufpreis, Art des Mangels und die Kosten der Mangelbeseitigung. Gegen Kostennachteile ist der Käufer – in Grenzen – nach § 92 Abs. 2 Nr. 2 ZPO geschützt. Ist die Höhe der Minderung ungewiss, kann die Geltendmachung eines Teilbetrages zur Geringhaltung des Prozesskostenrisikos sinnvoll sein. Nicht zu beanstanden ist der an den Ausgang einer Begutachtung anknüpfende Vorbehalt der Geltendmachung einer weiteren Minderung. § 441 Abs. 3 S. 2 BGB erleichtert die Beweisführung, indem sie dem Käufer gestattet, die für die Minderung maßgeblichen Werte, soweit erforderlich, durch Schätzung ermitteln zu lassen. **1233**

495 *Schellhammer*, MDR 2002, 310, 303; *Staudinger/Matusche-Beckmann*, § 441 BGB Rn. 5; *Faust* in *Bamberger/Roth*, § 441 Rn. 7.

4. Berechnung der Minderung

1234 Die Minderung ist gem. § 441 Abs. 3 S. 1 BGB in der Weise zu ermitteln, dass der Kaufpreis entsprechend dem Verhältnis des Wertunterschieds zwischen mangelfreier und mangelhafter Sache herabgesetzt wird (Proportionalmethode). Wenn sich die beiden Werte decken, scheidet eine Minderung aus.[496] Der Zeitpunkt (Stichttag), auf den es für die Wertefeststellung ankommt, ist nach § 441 Abs. 3 S. 1 BGB der des Vertragsschlusses, nicht der Übergabe der Kaufsache.

1235 Die **Berechnungsformel** lautet:

$$\text{Geminderter Preis} = \text{vereinbarter Kaufpreis} \times \frac{\text{Ist-Wert}}{\text{Soll-Wert}}$$

1236 Von den drei Faktoren, bestehend aus Kaufpreis, Wert des Fahrzeugs in mangelfreiem Zustand (Soll-Wert) und Wert des Fahrzeugs in mangelhaftem Zustand (Ist-Wert), sind beim Neuwagenkauf im Regelfall zwei deckungsgleich, nämlich der Kaufpreis und der Wert des Fahrzeugs in mangelfreiem Zustand, wobei es auf Zeitpunkt des Kaufs ankommt. Nach der Rechtsprechung des BGH darf unter diesen Voraussetzungen (und nur unter ihnen) von der im Gesetz vorgesehenen Proportionalmethode (§ 441 Abs. 3 S. 1 BGB, § 472 BGB a. F.) abgewichen und die Minderung **auf der Grundlage der Mängelbeseitigungskosten** berechnet werden.[497] Abzustellen ist auf den Bruttobetrag. Will das Gericht diesen Weg ausnahmsweise gehen, müssen nicht nur Kaufpreis und Soll-Wert unstreitig oder erwiesenermaßen deckungsgleich sein, die Parteien müssen auf diese exceptionelle Berechnungsweise auch ausdrücklich hingewiesen werden, um Gelegenheit zur Stellungnahme zu geben.

1237 Minderung und (Brutto-)Nachbesserungsaufwand sind nicht immer identisch. Deshalb hat es der Gesetzgeber abgelehnt, den Minderungsbetrag mit den Kosten der Nachbesserung gleichzusetzen.[498] Insbesondere bei nicht notwendigen Instandsetzungsmaßnahmen, z. B. wegen optischer Fehler, übersteigen die Aufwendungen für die Nacherfüllung oftmals die Wertminderung. *Beispiel:* Lackschäden, die sich nur durch eine Ganzlackierung einwandfrei beseitigen lassen.[499]

1238 Die Geltendmachung der Minderung kann zur Falle werden, wenn „wertneutrale" Mängel in Rede stehen. Ist das Rücktrittsrecht mangels Erheblichkeit eines wertneutralen Mangels (Geschmack, Optik, Ästhetik) ausgeschlossen (§ 323 Abs. 5 S. 2 BGB), muss der Käufer auf Nacherfüllung bestehen und diese notfalls im Klagewege durchsetzen oder unter den Voraussetzungen eines Verschuldens die Umrüstungskosten als Schadensersatz geltend machen. Falls der Wert des Fahrzeugs durch eine zur Fehlerbehebung erforderliche Ganzlackierung beeinträchtigt wird, empfiehlt es sich, die merkantile Wertminderung als Maßstab für die Reduzierung des Kaufpreises heranzuziehen.[500]

1239 Erweist sich ein Mangel als unbehebbar, können die dem Käufer entstehenden Mehrkosten einen Anhaltspunkt für die Berechnung der Minderung bilden. Von dieser Überlegung ausgehend, verurteilte das AG Mülheim/Ruhr[501] einen Neuwagenhändler zur Zahlung des Differenzbetrages zwischen Normal- und Superbenzin für die voraussichtliche Lebensdauer des verkauften Neufahrzeugs, dessen Motor beim Gebrauch von Normalbenzin klingelte und nachdieselte, während der Mangel bei Benutzung von Superbenzin verschwand.

496 BGH 5. 11. 2010, NJW 2011, 1217 Tz. 20.
497 Beschl. v. 29. 10. 2009 – V ZR 59/09 – m. w. N. (Grundstückskauf/Altfall).
498 BT-Drucks. 14/6040, S. 235.
499 OLG Düsseldorf 9. 11. 1995, OLGR 1996, 41.
500 OLG Düsseldorf 9. 11. 1995, OLGR 1996, 41.
501 Urt. v. 21. 2. 1980 – 10 C 333/79 – n. v.

Im Gegensatz hierzu vertrat das LG Köln[502] den Standpunkt, bei der Position ‚erhöhte Benzinkosten' handele es sich um einen Mangelfolgeschaden.

Falls sich die Minderung wegen konstruktiv bedingter **Unbehebbarkeit des Mangels** weder nach der Proportionalmethode noch mit Hilfe der Reparaturkosten noch über eine Mehrbelastung des Käufers bestimmen lässt, bleibt die Möglichkeit der freien Schätzung gem. § 441 Abs. 3 S. 2 BGB. Auf diese Weise bewertete das AG Köln[503] die Minderung eines Pkw, der neu rd. 30.000 DM gekostet hatte und dessen Tankvolumen bei eingebautem Tank etwa 4 Liter unter der Prospektangabe des Herstellers lag (56 l statt 60 l), mit einem Betrag von 1.000 DM.[504] **1240**

Auf eine unzureichende Substantiierung der Klage auf Erstattung des Mehrbetrags hat das Gericht den Käufer hinzuweisen, bevor es zu seinem Nachteil entscheidet.[505] Im Übrigen kann der Käufer selbst bei einem Fehlschlagen der Minderung Anspruch auf Ersatz eines Vermögensschadens haben.[506] **1241**

VII. Schadens- und Aufwendungsersatz

1. Bedeutung im Neuwagenhandel

Im Bereich des Neuwagenhandels ist die Schadensersatzhaftung wegen Mangelhaftigkeit des Kaufobjekts (§ 437 Nr. 3 BGB i. V. m. den dort genannten Vorschriften) aus einer Reihe von Gründen weniger bedeutsam als in Fällen des Gebrauchtwagenkaufs. So wie früher die Wandelung der klassische Rechtsbehelf des Neuwagenkäufers war, ist es jetzt der Rücktritt, nicht der Anspruch auf Schadensersatz statt oder neben der Leistung. Zur deliktischen Schadensersatzhaftung des Neufahrzeugverkäufers s. Rdn. 1707 ff., speziell zur Haftung für „Weiterfressermängel" Rdn. 1720 ff. **1242**

a) Die Schadensersatzhaftung des Händlers wegen Mangelhaftigkeit

Im Fall mangelhafter Lieferung haftet grundsätzlich auch der Neuwagenverkäufer (Markenhändler oder „freier" Händler) schon **bei bloßer Fahrlässigkeit** auf Schadensersatz. Das ist in zweifacher Hinsicht eine Verschärfung gegenüber dem früheren Recht: Zum einen reicht Fahrlässigkeit, zum anderen wird ein **Verschulden** (Vertretenmüssen) gesetzlich **vermutet** (§§ 280 Abs. 1 S. 2, 311a Abs. 2 BGB). Zudem tritt mit der gesetzlichen **Nacherfüllungspflicht** (§ 439 Abs. 1 BGB) eine weitere Pflicht auf den Plan, deren Verletzung den Neufahrzeugverkäufer schadensersatzpflichtig machen kann. Da er in seiner Eigenschaft als (Zwischen-)Händler grundsätzlich keine Untersuchungspflicht hat (dazu sogleich Rdn. 1245), ist diese **zweite Ebene** in Neuwagenstreitigkeiten von besonderem Interesse. Hier ist auch ein Neufahrzeughändler Herr des Geschehens und damit in der eigenen Verantwortung. Zum **Bezugspunkt des Vertretenmüssens** – der Mangel als solcher und/oder die unzulängliche Nacherfüllung – s. Rdn. 3679. **1243**

Nimmt man den **Mangel als Bezugspunkt des Vertretenmüssens**, hat ein Neufahrzeughändler bei produktionsbedingten Mängeln gute Chancen, den Entlastungsbeweis (§ 280 Abs. 1 S. 2 BGB) erfolgreich zu führen. Da er den technischen Defekt nicht selbst verursacht hat, stellt sich die Frage, ob er ihn kannte oder bei Anwendung der verkehrserforderlichen Sorgfalt jedenfalls kennen musste, was nach neuem Schuldrecht immerhin vermutet wird (§ 280 Abs. 1 S. 2 BGB). **1244**

502 Urt. v. 17. 10. 1984 – 20 O 178/81 – n. v.
503 Urt. v. 13. 9. 1989 – 137 C 434/88 – n. v.
504 Aufgehoben aus anderen Gründen vom LG Köln 6. 11. 1990, DAR 1991, 461.
505 BVerfG 28. 6. 1993, NJW 1994, 848.
506 BGH 5. 11. 2010, NJW 2011, 1217 = ZGS 2011, 90.

1245 Auch einem Neufahrzeughändler, der den Wagen direkt vom Hersteller oder von einem anderen Händler bezogen hat, kommt die Rechtsprechung zugute, wonach ein solcher Verkäufer **grundsätzlich** nicht dazu verpflichtet ist, fabrikneue Ware darauf zu überprüfen, ob sie Konstruktions- oder Fabrikationsfehler aufweist. Dabei spielt es nach h. M. keine Rolle, ob das Neufahrzeug aus dem Vorrat (Bestand) oder als Gattungssache nach Bestellung verkauft wird.[507] Eine Untersuchung (Prüfung) wird einem Händler nur abverlangt, wenn er „handgreifliche" Anhaltspunkte für eine Mangelhaftigkeit hat.[508] Näheres zur (deliktsrechtlichen) Untersuchungspflicht von Neufahrzeugverkäufern unter Rdn. 1709. Dass die handelsrechtliche Untersuchungsobliegenheit (§ 377 Abs. 1 HGB) mit der hier interessierenden Frage der Untersuchungspflicht nichts zu tun hat, entspricht ganz h. M.[509]

1246 Eine Pflicht zur Erkundigung beim Hersteller/Importeur über die Eigenschaften und eventuelle Besonderheiten des Fahrzeugs trifft den Händler, wenn er aufgrund konkreter Anhaltspunkte Zweifel an der Eignung für die vom Käufer beabsichtigte Verwendung hat oder haben muss.[510] Von sich aus (anlasslos) muss er keinen „Qualitäts-Check" machen, auch nicht bei einem Modell, das gerade erst im Markt eingeführt worden ist und bei dem mit „Kinderkrankheiten" gerechnet werden muss. Bislang haben die Gerichte auch nicht nach Größe und Reputation des Herstellers differenziert, womit sie gut beraten sind, wie das Beispiel Toyota zeigt. Ohne Einfluss auf die Rechtsprechung ist bisher ferner die Tatsache geblieben, dass Neufahrzeughändler heutzutage durch **das Internet** ganz andere Möglichkeiten des Zugriffs auf Produktinformationen haben als in der Vergangenheit. Rückrufdateien sind dabei nur eine von zahlreichen Erkenntnisquellen.

1247 Wird ein Neufahrzeughändler also die Vermutung eines Vertretenmüssens in seiner Person und auch mit Blick auf seine eigenen Mitarbeiter in den meisten Fällen technischer Mangelhaftigkeit widerlegen können, bleibt die Frage, ob er sich ein Verschulden seines Lieferanten **gem. § 278 BGB** zurechnen lassen muss. Auch in diesem Punkt ist die Rechtsprechung nach wie vor ausgesprochen händlerfreundlich. § 278 BGB sei unanwendbar, soweit es um die Verpflichtung des Händlers zur Eigentums- und Besitzverschaffung gehe, heißt es zu Recht.[511] Nun trifft den Verkäufer darüber hinaus die im „neuen" Recht als Hauptleistungspflicht ausgestaltete Pflicht, frei von Sach- und Rechtsmängeln zu liefern (§ 433 Abs. 1 S. 2 BGB). Doch auch insoweit sieht die h. M. im **Hersteller** keinen Erfüllungsgehilfen des Verkäufers, ein Verschulden des Herstellers bei der Fahrzeugproduktion wird mithin nicht zugerechnet.[512] Durch die Umstrukturierung der Verkäuferpflichten ist diese These zumindest brüchig geworden.

1248 Im Zusammenhang mit **vertraglichen Nebenverpflichtungen** wie Informations- und Kontrollpflichten bestehen dagegen keine Bedenken, den Hersteller/Lieferanten hinsichtlich dieser Verbindlichkeiten als Erfüllungsgehilfen des Händlers anzusehen.[513] Wenn ein Neufahrzeughändler seinen Kunden beim Weiterverkauf über die Funktion und die erforderliche Wartung (z. B. Zahnriemenwechsel) aufzuklären hat, kann der Hersteller Erfüllungsgehilfe sein.[514] Etwaige Falschinformationen in Bedienungsanleitungen, Hersteller-

507 Zur Kontroverse in dieser Frage *Schroeter*, JZ 2010, 495.

508 Grundlegend BGH 25. 9. 1968, NJW 1968, 2238; s. a. BGH 19. 6. 2009, NJW 2009, 2674 Tz. 19.

509 Vgl. *Schroeter*, JZ 2010, 495, 496 m. Nachw.

510 BGH 16. 6. 2004, NJW 2004, 2301 (kein Kfz-Fall).

511 BGH 21. 6. 1967, NJW 1967, 1903.

512 Allgemein BGH (VIII. ZS) 15. 7. 2008, NJW 2008, 2837 Tz. 29 (Parkettstäbe); BGH (V. ZS) 19. 6. 2009, NJW 2009, 2674; speziell OLG Frankfurt 1. 3. 2006, OLGR 2006, 756 (Kfz); OLG München 23. 4. 2009 – 8 U 4070/08; OLG Hamm 23. 12. 2008 – 28 W 27/08; *Canaris* XXVII; a. A. *Peters*, ZGS 2010, 24; *Schroeter*, JZ 2010, 495; für eine Überprüfung der h. A. *Klees*, MDR 2010, 305.

513 BGH 5. 4. 1967, NJW 1967, 1805; OLG Düsseldorf 25. 2. 2003, NJW-RR 2004, 672.

514 BGH 5. 4. 1967, NJW 1967, 1805; OLG Düsseldorf 25. 2. 2003, NJW-RR 2004, 672.

empfehlungen, Rundschreiben o. Ä. sind dem Händler in einem solchen Fall gem. § 278 BGB zuzurechnen.[515]

b) Die Schadensersatzhaftung des Hersteller-Verkäufers wegen Mangelhaftigkeit

Anders als Vertragshändler oder „freie" Neuwagenhändler stehen **direktverkaufende Hersteller** in einer umfassenden Produktverantwortung (zur außervertraglichen Herstellerhaftung s. Rdn. 1692 ff.). Beim **Verkauf durch Werksniederlassungen** oder über **Verkaufsagenturen** (Vermittler) ist Hersteller-Verkäufern der Entlastungsbeweis nach den §§ 280 Abs. 1 S. 2, 311a Abs. 2 BGB schon auf der Ebene Schlechtleistung/Sachmangel kraft ihrer Produktnähe und ihrer überragenden Sachkunde faktisch so gut wie abgeschnitten. Erfolgreich kann er ausnahmsweise bei solchen Fabrikationsfehlern geführt werden, die trotz aller zumutbaren Vorkehrungen als so genannte „Ausreißer" unvermeidbar sind. Die Darlegungs- und Beweislast hierfür trägt der Hersteller-Verkäufer (§ 280 Abs. 1 S. 2 BGB). Gelingen kann der Entlastungsbeweis, wenn der Hersteller ein renommiertes Zulieferunternehmen ausgewählt und eingehend überprüft hat. Das Vorhandensein einer effizienten Qualitätssicherungsvereinbarung kann insoweit von Bedeutung sein.[516] Relativ gute Entlastungschancen haben selbst Hersteller-Verkäufer auch in Kraftstoff-Mehrverbrauchsfällen (dazu Rdn. 593 ff.). **1249**

c) Garantie und Arglist

Einer Schadensersatzhaftung ausgesetzt ist der Neufahrzeugverkäufer, gleich, ob Händler oder direktverkaufender Hersteller, wenn er **eine Garantie** für eine bestimmte Beschaffenheit des Fahrzeugs übernommen oder eine negative Eigenschaft **arglistig verschwiegen** hat. Allerdings sind beide Tatbestände (anders als bei § 463 BGB a. F.) nicht Voraussetzung der Schadensersatzhaftung nach § 437 Nr. 3 BGB i. V. m. den dort genannten Vorschriften. Bei Übernahme einer Garantie haftet der Verkäufer unabhängig von einem Verschulden auf Schadensersatz. Der Entlastungsbeweis ist versperrt (§ 276 BGB). **1250**

Die rechtliche Bedeutung einer arglistigen Täuschung liegt gewährleistungsrechtlich nicht mehr auf der Ebene der Haftungsbegründung. Verkäuferarglist hat vielfältige Auswirkungen auf anderen Feldern, s. Rdn. 4242 f. Die wichtigsten für den Bereich des Neuwagenkaufs sind das Zurücktreten des Nacherfüllungsvorrangs[517] und auf dem B2B-Sektor (Leasingfahrzeuge!) die Ausschaltung von Freizeichnungsklauseln einschließlich Verjährungserleichterungen (§ 444 BGB). **1251**

d) Schadensersatzhaftung wegen Verschuldens bei den Vertragsverhandlungen

Angesichts des weiten Beschaffenheitsbegriffs bleibt nur wenig Raum für eine Haftung des Neuwagenverkäufers wegen Verschuldens bei den Vertragsverhandlungen. Bei fahrlässigen Falsch- oder Nichtangaben über Merkmale der Beschaffenheit hat das Sachmängelrecht grundsätzlich nach Auslieferung des Fahrzeugs Vorrang (näher Rdn. 4599). Verletzungen von Nebenpflichten des Verkäufers – **Aufklärungs-, Hinweis- und Beratungspflichten** – sind dann nicht haftungsbegründend, sondern nur mit Blick auf den Entlastungsbeweis nach § 280 Abs. 1 S. 2 BGB von Interesse. Aufgehoben ist die Sperre bei **1252**

515 Zur nötigen Differenzierung *Palandt/Grüneberg*, § 278 BGB Rn. 13.

516 Vgl. BGH 26. 1. 2010 – VI ZR 179/09 zu OLG Düsseldorf 22. 4. 2009 – I-19 U 23/08, zfs 2010, 433 (Produkthaftung eines LKW-Herstellers).

517 Vgl. BGH 9. 1. 2008, NJW 2008, 1359 (Tierkauf).

arglistiger Täuschung,[518] erst gar nicht errichtet wird sie in den praktisch seltenen Fällen, dass sich die Pflichtverletzung nicht auf die Sache „Auto“ bezieht, wie z. B. eine unzulängliche Finanzberatung. Dann kann der Käufer uneingeschränkt auf die c. i. c.-Haftungsregeln zurückgreifen. Wann das in Fällen des Neufahrzeugverkaufs bei bloßer Fahrlässigkeit ausnahmsweise möglich ist, ist anhand von Fallbeispielen unter Rdn. 4600 dargestellt. Rechtsprechung zur Arglisthaftung von Neuwagenverkäufern ist vergleichsweise rar. Konfliktanfällig ist der Verkauf von „EU-Wagen“ (Rdn. 1348 ff.) und das Thema „Alter/Standzeit/Modellaktualität“ (dazu Rdn. 516 ff.).

1253 Der Vorrang der Sachmängelhaftung besteht auch dann nicht, wenn der Verkäufer einen **selbstständigen Beratungsvertrag** verletzt hat. Ein solches Beratungsverhältnis neben dem Kaufvertrag ist auch im Bereich des Neufahrzeugverkaufs an Endabnehmer nur unter engen Voraussetzungen anzunehmen. Näherliegend ist die Annahme einer **unselbstständigen kaufvertraglichen Nebenverpflichtung** des Verkäufers zur Beratung des Käufers. Sie kann sich auf ganz unterschiedliche Themen beziehen: Finanzierung, Steuer, Versicherung, Besonderheiten der Verwendung des Fahrzeugs (z. B. im Zusammenhang mit neuen Technologien wie der Dieselpartikelfilter); auch die Modellablösung kann ein Beratungsthema sein (s. dazu Rdn. 548). Zum Selbstverständnis eines jeden seriösen Neufahrzeughändlers gehört heute eine **Rund-um-Beratung**.

1254 Schon die **Grundvoraussetzung** für eine unselbstständige Beratungspflicht – der Informationsvorsprung des Fachmanns und der Beratungsbedarf auf Verbraucherseite – ist im Neuwagenhandel in weiten Teilen nicht mehr erfüllt. Nur noch rund 40 % der Käufer neuer Pkw/Kombis/SUV sind Verbraucher. Ob und inwieweit ein Neuwagenhändler einem Verbraucher gegenüber zur Beratung verpflichtet ist, ist **eine Frage des Einzelfalles**. Verkehrssitte und Verkehrsauffassung sind angesichts der sich rasant verändernden Verhältnisse als Grundlage einer (unselbstständigen) Beratungspflicht von schwindender Tragfähigkeit.

1255 Von wesentlicher Bedeutung ist, ob der Käufer die Beratung durch den Fachmann gesucht hat, ob er deutlich genug zu verstehen gegeben hat, dass er mehr wünscht als das, was über das Fahrzeug im Internet und im Prospekt nachzulesen ist und mit Blick auf die künftige Nutzung aus der Bedienungsanleitung hervorgeht. Durch diese „öffentlichen Äußerungen“ werden die Autohäuser ein Stück weit von ihrer Einzelberatung entlastet. Von sich aus müssen sie Kaufinteressenten im Allgemeinen nicht zusätzlich (mündlich) über die Eigenschaften des als Kaufobjekt in Betracht gezogenen Fahrzeugs informieren. Gezielte Fragen des Kunden sind selbstverständlich vollständig und richtig zu beantworten. Sie können Anlass geben, den Kunden über Umstände zu informieren, die anderen Kunden gegenüber unangesprochen bleiben können. Werden dem Autohausangestellten im Kundengespräch oder anderweitig Besonderheiten im Fahrstil/Fahrweise oder im geplanten Einsatz (z. B. überwiegend Kurzstrecke) bekannt, kann er zu einer besonderen Aufklärung bzw. Beratung verpflichtet sein.

e) Schadensersatzhaftung wegen nachvertraglichen Verschuldens, speziell in der Nacherfüllungsphase

1256 Neufahrzeughändler, die sich in puncto mangelhafte (Erst-)Lieferung meist erfolgreich exculpieren können, tun sich erfahrungsgemäß schwer damit, ihre „Schuldlosigkeit“ auch auf der **Ebene der Nacherfüllung** zu beweisen. Zum Pflichtenheft des Neuwagenverkäufers im Zusammenhang mit der gesetzlich geschuldeten **Nachbesserung** s. Rdn. 691 ff. Fehlermitteilungen des Käufers nicht ernst zu nehmen, ist eigenes Händlerrisiko.[519] Auf

518 Beispiel aus dem Neuwagenkauf LG Gießen 11. 11. 2004, NJW-RR 2005, 493 (Verschweigen eines Karosserieschadens).

519 OLG Stuttgart 1. 12. 2009, NJW-RR 2010, 412 = DAR 2010, 140 – Phantommeldung.

Unerkennbarkeit der Fehlerursache könne ein Neuwagenhändler sich nicht berufen, so das OLG Stuttgart.[520] Anders, aber sehr großzügig, das OLG Hamm[521] bei einem „äußerst schwierig festzustellenden Konstruktions- oder Produktionsmangel“ (Audi A 8 mit Motorproblemen). Neuwagenhändler, die nicht über die technischen Mittel bzw. das technische Know-how verfügen, um den gerügten Mangel zu diagnostizieren und beseitigen, müssen sich sachkundiger Hilfe bedienen. Technisches Unvermögen entlastet im Allgemeinen nicht. Keine Entlastung verschafft ein Hinweis des Verkäufers auf eine bestehende Garantie.[522]

Lehnt ein Händler die vom Käufer geforderte **Neulieferung** grundlos ab, macht er sich 1257
schadensersatzpflichtig. Der Käufer kann im Rahmen des Schadensersatzes verlangen so gestellt zu werden, wie er bei ordnungsgemäßer Neulieferung gestanden hätte. Dann wären z. B. die Kosten für die Zulassung und für die Kennzeichen des Ersatzfahrzeugs nach § 439 Abs. 2 BGB zu Lasten des Händlers gegangen. Die für das selbst angeschaffte Fahrzeug angefallenen Kosten sind somit im Wege des Schadensersatzes zu ersetzen.[523]

Zur Haftung des Neuwagenverkäufers für **Nebenpflichtverletzungen** in der Phase nach 1258
Abschluss des Kaufvertrages s. Rdn. 4616 ff.

2. Schadensberechnung und Schadenspositionen

Was den zu ersetzenden Schaden und die einzelnen Positionen angeht, wird auf 1259
Rdn. 3720 ff. verwiesen. Zur auch für Neuwagenfälle **enorm wichtigen** Anspruchsgrundlage § 284 BGB (vergebliche Aufwendungen) s. Rdn. 3807 ff.

3. Freizeichnung von der Schadensersatzhaftung für Mangelhaftigkeit

Abschn. VII NWVB („Sachmangel“) bestimmt in Ziff. 4, dass für Ansprüche auf Scha- 1260
densersatz wegen eines Sachmangels nicht der Abschn. VII, sondern Abschnitt VIII („Haftung“) gilt. Ob die geänderte Fassung (Stand 3/08) einer Inhaltskontrolle standhält, ist gerichtlich noch nicht geklärt. Angriffsflächen bietet die Neuregelung allemal.[524] Im konkreten Fall ist selbstverständlich vorab zu klären, ob die Klausel, auf die der Verkäufer die Haftungsbeschränkung stützt, Vertragsinhalt geworden ist und wenn ja, um welches Klauselwerk es sich handelt, um die NWVB 3/08 oder ein früheres.

Die Herausnahme der Schadensersatzhaftung wegen Sachmangelhaftigkeit aus dem 1261
Abschn. VII der aktuellen NWVB 3/08 sowie die Verweisung auf den Abschn. VIII sind unter Transparenzgesichtspunkten nicht zu beanstanden. Erste Unklarheit entsteht indes dadurch, dass die Schadensersatzansprüche wegen Sachmängeln im Abschn. VIII expressis verbis nur punktuell angesprochen werden (Ziff. 1 Abs. 2 – B2B). Ein Verbraucher steht damit vor der Frage, in welchem Umfang der Verkäufer ihm gegenüber von der in § 475 Abs. 3 BGB eröffneten Möglichkeit der Haftungsbeschränkung Gebrauch gemacht hat. Erkennen mag er noch, dass die Haftung bei leichter Fahrlässigkeit nicht völlig ausgeschlossen, sondern nur beschränkt ist. Dass es sich bei der Lieferung eines mangelhaften Fahrzeugs um die Verletzung einer „vertragswesentlichen“ Pflicht handelt, was unter der Geltung des § 433 Abs. 1 S. 2 BGB kaum zweifelhaft sein kann, wird indes auch ein verständiger Endverbraucher nicht ohne weiteres nachvollziehen können. Auch die Anschlussklauseln im Abschn. VIII Ziff. 1 Abs. 1 NWVB 3/08 werfen mancherlei Fragen auf[525].

520 Urt. v. 1. 12. 2009, NJW-RR 2010, 412 = DAR 2010, 140.
521 Urt. v. 18. 12. 2008, NJW-RR 2009, 1505.
522 OLG Hamm 23. 2. 2006 – 28 U 164/05 – BeckRS 2006, 07007.
523 OLG Naumburg 6. 11. 2008 – 1 U 30/08.
524 Vgl. *Vogt*, a. a. O., Rn. 36 ff.
525 Vgl. *Vogt*, a. a. O., Rn. 37 ff.

1262 Dem Verbotstatbestand **§ 309 Nr. 7 lit. a BGB** (Verletzung von Leben, Körper und Gesundheit) ist nunmehr (NWVB 3/08) Rechnung getragen, und zwar sowohl was die eigentliche Schadensersatzhaftung nach § 437 Nr. 3 BGB angeht als auch mit Blick auf die Verkürzung der Verjährung von zwei Jahren auf ein Jahr im Bereich B2B. Ob auch der Verbotstatbestand in **§ 309 Nr. 7 lit. b BGB** (Vorsatz und grobe Fahrlässigkeit) in zulässiger Weise umgesetzt ist, mag dagegen zweifelhaft erscheinen. S. a. Rdn. 2091, 4005.

VIII. Hinweise zum Verfahren und zur Vollstreckung (nur Sekundärrechtsbehelfe)

1. Gerichtsstand

1263 **Rückabwicklung bei Rücktritt bzw. großem Schadensersatz:** Vorrangig ist zu klären, ob eine **Gerichtsstandsvereinbarung** vorliegt, wie sie in den handelsüblichen AGB getroffen ist, z. B. Abschn. IX NWVB 3/2008. Hiernach ist **im B2B-Bereich** der Sitz des Verkäufers ausschließlicher Gerichtsstand. Zu beachten haben dies auch Privatpersonen, wenn sie im Wege der Zession – wie typischerweise **Leasingnehmer** – aus dem Recht eines unternehmerischen Käufers vorgehen.

1264 In Fällen ohne zulässige Gerichtsstandsvereinbarung herrscht **Rechtsunsicherheit.** Denn für Klagen auf Rückabwicklung nach Rücktritt (wie auch beim großen Schadensersatz) ist höchstrichterlich ungeklärt, wo der Käufer klagen darf bzw. klagen muss. Auf den **vertragsgemäßen Belegenheitsort**, d. h. den bestimmungsgemäßen Standort des Fahrzeugs als **Erfüllungsort i. S. d. § 29 ZPO** stellt die h. M. ab (s. Rdn. 1218). In der Gerichtsstandsfrage anderer Ansicht sind insbesondere manche Amtsgerichte, die von Käufern als „Heimatgerichte“ angerufen wurden. Sie haben sich für örtlich unzuständig erklärt und den Wohn- bzw. Geschäftssitz des Verkäufers als allein maßgeblichen (allgemeinen) Gerichtsstand erklärt,[526] was mit beachtlichen Gründen auch *Stöber* befürwortet.[527] Zum Gerichtsstand für eine Rückabwicklungsklage, die kumulativ oder ausschließlich auf den **großen Schadensersatz** gestützt ist, s. Rdn. 3804 ff. Für Klagen auf und aus **Minderung** ist auch im nichtkaufmännischen Verkehr der Betriebssitz des Verkäufers maßgebend. § 29 ZPO findet zugunsten des Käufers keine Anwendung, weil der Erfüllungsort, anders als beim Rücktritt, der Betriebssitz des Verkäufers ist.[528] Zum Gerichtsstand für Nacherfüllungsklagen s. Rdn. 848 ff.

1265 Streitigkeiten im Zusammenhang mit einem Fahrzeugkauf, den ein Mitarbeiter des Herstellers unter Inanspruchnahme der Vorzugskonditionen für **Werksangehörige** mit seinem Arbeitgeber geschlossen hat, fallen in die ausschließliche **Zuständigkeit des Arbeitsgerichts.** Die Möglichkeit des verbilligten Einkaufs stellt eine Nebenleistung des Arbeitgebers i. S. d. Zuständigkeitsregel des § 2 Abs. 1 Nr. 4a ArbGG dar, weil sie auf dem Arbeitsverhältnis beruht und dem Austauschverhältnis von Arbeit und Entgelt unterfällt. Aus der Intention des Gesetzgebers, arbeitsgerichtliche Fragen weitestgehend der Beurteilungskompetenz der ordentlichen Gerichte zu entziehen, hat das OLG Braunschweig[529] die Schlussfolgerung gezogen, die Zuständigkeitsnorm betreffe nicht nur Ansprüche auf Abschluss des Vertrages mit seinen sozialen Vorzugsleistungen, sondern sei auf sämtliche Ansprüche aus einem solchen Vertrag, also auch auf Ansprüche wegen Sachmängeln, zu erstrecken. Falls der Werksangehörige das Fahrzeug unter Ausschöpfung der Vorzugsbedin-

---

526 Z. B. AG Bergisch Gladbach 21. 5. 2008, ZGS 2009, 431; AG Köln 5. 11. 2009 – 137 C 304/09 – BeckRS 2009, 29736.

527 NJW 2006, 2661.

528 *Palandt/Grüneberg*, § 269 BGB Rn. 16.

529 Beschl. v. 10. 2. 1993, DAR 1993, 390.

gungen nicht direkt bei seinem Arbeitgeber, sondern bei einem Händler gekauft hat, sind die ordentlichen Gerichte zuständig.

2. Prozessuale Vorgehensweise

a) Zug-um-Zug-Antrag

Auf die Klage aus dem Rückgewährschuldverhältnis nach Erklärung des Rücktritts oder **1266**
im Wege des großen Schadensersatzes finden die §§ 320, 322 BGB Anwendung (§§ 348, 281 Abs. 5 BGB).[530] Die auf Rückzahlung des Kaufpreises gerichtete Klage muss nicht das Zug-um-Zug-Angebot der Gegenleistung enthalten. Schlüssig ist sie auch ohne diese Einschränkung.[531] Denn der auf Rückzahlung des Kaufpreises gerichtete Anspruch ist inhaltlich nicht etwa dahin beschränkt, dass er nur Zug um Zug gegen Rückübereignung des erworbenen Fahrzeugs geltend gemacht werden kann. Für den großen Schadensersatz ist das heute nicht anders. Bei Nichterhebung der Einrede aus §§ 348, 320 BGB ergeht Versäumnisurteil gegen den Verkäufer, ohne dass der Käufer die Erbringung der Gegenleistung vortragen muss.[532] Wer eine inhaltliche Beschränkung des Rückgewähranspruchs annimmt, wird in dem unbedingt gestellten Zahlungsantrag den Antrag auf Verurteilung Zug um Zug als minus enthalten sehen.[533]

Der beklagte Verkäufer muss sein Leistungsverweigerungsrecht **nicht ausdrücklich** **1267**
geltend machen. Eine Zug-um-Zug-Verurteilung setzt **keinen formellen Antrag** des Beklagten voraus. Vielmehr reicht es aus, wenn er einen uneingeschränkten Klageabweisungsantrag stellt, sofern der Wille, die eigene Leistung im Hinblick auf das Ausbleiben der Gegenleistung zurückzubehalten, **eindeutig** erkennbar ist.[534] Das ist bei der Rückabwicklung von Kfz-Käufen regelmäßig der Fall. Will das Gericht dennoch uneingeschränkt verurteilen, muss es vorher einen entsprechenden Hinweis geben (§ 139 ZPO).

Verzug des Verkäufers im Hinblick auf die Rücknahme des Fahrzeugs hat nicht zur Fol- **1268**
ge, dass der Käufer nunmehr Rückzahlung des Kaufpreises verlangen kann, ohne seinerseits Zug um Zug das Fahrzeug herausgeben zu müssen.[535] Die gegenteilige Schlussfolgerung[536] lässt sich nicht aus §§ 274 Abs. 2, 322 BGB ableiten, da es sich bei diesen Bestimmungen nicht um materiell-rechtliche Normen, sondern um solche handelt, die prozessuale und vollstreckungsrechtliche Folgen der Geltendmachung des Zurückbehaltungsrechts regeln.[537] Aus diesem Grunde **empfiehlt es sich**, den Klageantrag **von vornherein** mit der Maßgabe zu stellen, dass die Rückzahlung des Kaufpreises Zug um Zug gegen Herausgabe des Fahrzeugs und des Fahrzeugbriefes (Zulassungsbescheinigung Teil II) erfolgt. Wenn im Antrag nur von Herausgabe, nicht von **Rückübereignung** die Rede ist, bietet das eine Angriffsfläche für den Anwalt des Händlers. Dem Verkäufer muss daran gelegen sein, das Eigentum am Fahrzeug und gem. § 952 BGB analog auch am Fahrzeugbrief zurückzuerlangen.

530 Ebenso bei einer Rückabwicklung nach Bereicherungsrecht, wobei an Stelle des § 320 BGB auch § 273 BGB herangezogen wird.

531 OLG Köln 27. 4. 2010, NJW-RR 2011, 61; missverständlich OLG Naumburg 6. 11. 2008 – 1 U 30/08.

532 *Palandt/Grüneberg*, § 322 BGB Rn. 2, 3.

533 So OLG Naumburg 6. 11. 2008 – 1 U 30/08.

534 BGH 7. 6. 2006, NJW 2006, 2839, 2842; v. 16. 10. 2009, NJW 2010, 146 Tz. 20; OLG Saarbrücken 26. 7. 2007, OLGR 2007, 773; nicht bedacht von OLG Köln 27. 4. 2010, NJW-RR 2011, 61.

535 BGH 22. 3. 1984, BGHZ 90, 354; BGH 19. 12. 1991, NJW 1991, 1172; OLG Köln 12. 6. 1995, NJW-RR 1996, 500.

536 *Doms*, NJW 1984, 1340.

537 *Schibel*, NJW 1984, 1945.

1269 Wird der Antrag auf Zug-um-Zug-Verurteilung überhaupt nicht oder nur **hilfsweise** gestellt, können sich daraus **erhebliche Kostennachteile** für den Käufer ergeben.[538] Das LG Bonn[539] belastete einen Käufer, der den Eventualantrag gestellt hatte, mit der Hälfte der Prozesskosten, obwohl er mit seinem Wandlungsbegehren obsiegte.

1270 Begründung:

‚Die Kosten des Hauptantrags waren dem Kläger in vollem Umfange aufzuerlegen, da er mit diesem Antrag aus den dargestellten Gründen unterlegen ist. Die Streitwerte für Haupt- und Hilfsantrag bewertet die Kammer gemäß den geltend gemachten Zahlungsansprüchen in gleicher Höhe, weshalb der Kläger aufgrund seines Unterliegens mit dem Hauptantrag die Kosten des Rechtsstreits zu 50 % zu tragen hat.‘

1271 Einen **unbedingt** gestellten Zahlungsantrag kann der beklagte Verkäufer unter Vorbehalt der Gegenleistung des Käufers anerkennen. Ein entsprechendes Anerkenntnisurteil i. S. v. § 307 ZPO darf das Gericht nur erlassen, wenn der klagende Käufer seinen Antrag der Einschränkung anpasst, womit er seinerseits das Gegenrecht des Verkäufers anerkennt.[540]

b) Wertersatz

1272 Es empfiehlt sich, **Verschlechterungen** des herauszugebenden Fahrzeugs zur Vermeidung späteren Streits in das Prozessverfahren einzubringen, z. B. durch einen auf Herausgabe des Fahrzeugs und auf Zahlung von Wertersatz gerichteten Zug-um-Zug-Antrag. Als sinnvoll kann sich ein (negativer) **Feststellungsantrag des Käufers** erweisen, dass für eine bestimmte vor Erklärung des Rücktritts eingetretene Verschlechterung des Fahrzeugs wegen des Privilegs von § 346 Abs. 3 S. 1 Nr. 3 BGB Wertersatz nicht zu leisten ist.

c) Feststellung des Annahmeverzugs

1273 Zur Vereinfachung und Beschleunigung des Zugriffs in der Zwangsvollstreckung ist es ratsam, bereits im Klageverfahren feststellen zu lassen, dass sich der Verkäufer mit der Rücknahme des Fahrzeugs in (Annahme)Verzug befindet. Das **notwendige Feststellungsinteresse** ist gegeben (§ 256 ZPO).[541] Die im Urteilstenor enthaltene Feststellung des Annahmeverzugs der Gegenpartei versetzt den Käufer in die Lage, sofort wegen des Zahlungsanspruchs zu vollstrecken, ohne selbst noch einmal die Gegenleistung anbieten zu müssen. Das Urteil ist eine öffentliche Urkunde i. S. d. **§§ 756, 765 ZPO** und als solche zum Nachweis des Annahmeverzugs geeignet. Zwar darf der Gerichtsvollzieher auch dann vollstrecken, wenn der Annahmeverzug aus dem Tatbestand oder aus den Gründen des Urteils ersichtlich ist, jedoch kann es hierüber leicht zu Meinungsverschiedenheiten kommen. Weigert sich der Gerichtsvollzieher, die Zwangsvollstreckung vorzunehmen, bleibt dem Käufer nichts anderes übrig, als im Wege der Erinnerung nach § 766 ZPO vorzugehen. Für den Käufer, der die Rückabwicklung des Kaufvertrags geltend macht, lässt sich ohne entsprechende Antragstellung nicht sicherstellen, dass das Gericht in den Entscheidungsgründen den Annahmeverzug mit einer für den Gerichtsvollzieher ausreichenden Deutlichkeit feststellt. Unter diesen Umständen kann das Feststellungsinteresse des Käufers in der Tat nicht zweifelhaft sein.[542]

1274 Ob der Feststellungsantrag **auch begründet** ist, hängt davon ab, ob der Verkäufer sich tatsächlich in Annahmeverzug befindet. Dazu Rdn. 1204 ff. Der maßgebliche Zeitpunkt

538 Dazu OLG Naumburg 6. 11. 2008 – 1 U 30/08 – unter Hinweis auf *Hensen*, NJW 1999, 295 (im konkreten Fall Freistellung des Klägers von jeglicher Kostenlast).

539 Urt. v. 28. 4. 1989 – 13 O 482/88 – n. v.

540 BGH 5. 4. 1989, ZIP 1989, 736, 737.

541 St. Rspr., z. B. OLG Düsseldorf 21. 1. 2008, NJW-RR 2008, 1199.

542 Siehe auch BGH 10. 3. 2010, NJW 2010, 2503, Tz. 24.

für die Beurteilung des Ob und des Wann ist die letzte mündliche Verhandlung.[543] Manche Kläger interessiert nur das Ob, andere legen Wert darauf, auch den Tag des Verzugseintritts im Tenor festgeschrieben zu sehen.

Ein „Dauerbrenner" ist die **Bemessung des Streitwerts** für den Antrag auf Feststellung des Annahmeverzugs. Teilweise wird die Auffassung vertreten, wegen Identität mit dem Leistungsbegehren sei kein gesonderter Streitwert festzusetzen.[544] Nach anderer Ansicht soll er mit dem Betrag der ersparten Kosten anzusetzen sein, die dem Gläubiger entstehen würden, wenn er die eigene Leistung anbieten müsste.[545] Manche Gerichte setzen den Streitwert mit Beträgen zwischen 100 und 1.000 € fest.[546] Das OLG Bremen bemisst ihn mit 1 % des Wertes desjenigen Antrags, dessen Vollstreckung durch die Feststellung erleichtert werden soll[547], das OLG Düsseldorf setzt 3 % des zurückverlangten Kaufpreises an.[548] Für **den BGH** ist die Frage des Annahmeverzugs nur ein rechtlich unselbstständiges Element der umstrittenen Leistungsverpflichtung und deshalb mit dieser wirtschaftlich identisch. Eine mit dem Feststellungsausspruch verbundene etwaige Kostenersparnis des Gläubigers in der Zwangsvollstreckung könne für die Ermittlung des Streitwerts (oder des Werts der Beschwer) im Erkenntnisverfahren nicht maßgeblich sein.[549] 1275

d) Verschlechterung und Untergang des Fahrzeugs während des Prozesses

Wird das Fahrzeug während des Prozesses beschädigt oder zerstört,[550] kann eine **Klageanpassung** erforderlich werden. Statt des Fahrzeugs kann der Verkäufer dessen Wiederbeschaffungswert als Schadensersatz gem. § 346 Abs. 4 BGB geltend machen, wenn der rückgewährpflichtige Käufer das zum Untergang führende Ereignis verschuldet hat, wobei die Haftungserleichterung des § 300 Abs. 1 BGB zu beachten sein kann. Hat der Käufer das Ereignis nicht zu vertreten, muss er eine verbleibende Bereicherung gem. § 346 Abs. 3 S. 2 BGB anbieten oder den Antrag auf Zug-um-Zug-Leistung zurücknehmen, wenn eine Bereicherung nicht eingetreten ist. 1276

e) Feststellung der Ersatzpflicht bzgl. weiterer Schäden

Zu Beginn eines Rechtsstreits lässt sich mitunter nicht überschauen, jedenfalls nicht oder nur mit Schwierigkeiten beziffern, welche Einbußen der Käufer infolge der mangelhaften Lieferung im Endergebnis hat. Schäden in der Entwicklung („Zukunftsschäden") sind insbesondere der Nutzungsausfall und die Kosten für die Aufbewahrung des Fahrzeugs. In dieser Situation einen Feststellungsantrag zu stellen, ist legitim (§ 256 ZPO). Er kann auch **als Hilfsantrag** für den Fall des Erfolgs des auf Rückabwicklung gerichteten Hauptantrags gestellt werden.[551] Der Streitwert ist nach § 3 ZPO zu schätzen (80 % der künftigen Einbußen).[552] 1277

---

543 OLG Koblenz 19. 6. 2008, NJW 2009, 151 m. Anm. *Reinking*.
544 Nachweise bei OLG Hamm 20. 6. 2007 – 11 W 27/07 – Mit.Bl. Arge Verkehrsrecht 3/2007, S. 127.
545 So z. B. OLG Rostock 11. 7. 2007, NJW 2007, 3290 = DAR 2007, 588 (300 EUR); OLG Hamm 20. 6. 2007 – 11 W 27/07 – Mit.Bl. Arge Verkehrsrecht 3/2007, S. 127 (300 EUR); OLG Hamm 23. 12. 2008 – 28 W 27/08 – (150 EUR).
546 *Zöller/Herget*, § 3 ZPO, Stichwort Annahmeverzug.
547 Urt. v. 21. 6. 2007, ZGS 2007, 471.
548 Urt. v. 23. 3. 2011 – I-3 U 47/10 – in DAR 2011, 324 nicht abgedruckt.
549 BGH 6. 7. 2010, NJW-RR 2010, 1295 (kein Autokauf).
550 Beispiel: BGH 19. 12. 1991, NJW 1992, 1172 (schwere Brandbeschädigung kurz vor Ablauf der Erklärungsfrist im schriftlichen Verfahren).
551 OLG Hamm 10. 3. 2011 – I-28 U 131/10.
552 Vgl. BGH 4. 3. 2008 – VIII ZR 228/07.

3. Zwangsvollstreckung aus dem Zug-um-Zug-Urteil

a) Verfahrensweise

1278 Bei einem Zug-um-Zug-Urteil auf der Grundlage der §§ 348, 320 BGB erwächst der titulierte (Rück-)**Zahlungsanspruch** des Käufers, nicht aber der Rückgabeanspruch des Verkäufers in **Rechtskraft**. Der Käufer wird nicht zur Erbringung der Gegenleistung verurteilt.[553] Die Möglichkeit zur Zwangsvollstreckung aus einem Zug-um-Zug-Urteil zu Lasten des Verkäufers als Rücktrittsgegner hat deshalb nur der Käufer.[554]

1279 Die Erbringung der Gegenleistung kann nur durch öffentliche oder öffentlich beglaubigte Urkunden (§ 415 ZPO) nachgewiesen werden. Deshalb ist davor zu warnen, das Fahrzeug ohne gleichzeitigen Empfang der Gegenleistung aus der Hand zu geben. Eine **privatschriftliche Übergabebestätigung** reicht für §§ 756, 765 ZPO nicht aus. Ist zwischen den Parteien unstreitig, dass der Verkäufer das Fahrzeug vom Käufer zurückerhalten hat, verhält der Verkäufer sich **treuwidrig,** wenn er auf dem Nachweis durch öffentliche oder öffentlich beglaubigte Urkunde besteht.[555]

1280 Hat der Verkäufer das Fahrzeug, wie regelmäßig, beim Käufer abzuholen (zum Erfüllungsort s. Rdn. 1217 ff.), hat das Prozessgericht den Käufer auf Antrag gem. § 887 ZPO zu ermächtigen, den Rücktransport auf Kosten des Verkäufers durchzuführen. Der Käufer kann stattdessen dem Verkäufer eine Nachfrist zur Vornahme der Abholung setzen und anschließend die Kosten des Rücktransports im Wege des **Schadensersatzes** geltend machen.

1281 Bei der Vollstreckung aus einem Zug-um-Zug-Urteil, das weder die Feststellung des Annahmeverzuges enthält noch die Rücknahme des Fahrzeugs als Holschuld ausweist, ist es erforderlich, dass das **Fahrzeug** und – auch ohne ausdrücklichen Urteilsausspruch – der dazugehörige **Kfz-Brief** (Zulassungsbescheinigung Teil II) dem Verkäufer **tatsächlich angeboten** werden. Das im Urteil bezeichnete Auto muss vorhanden und als die Gegenleistung identifizierbar sein.

1282 Besteht die Befürchtung, dass der Gerichtsvollzieher den Verkäufer nicht antrifft und er ihm deshalb die Gegenleistung nicht wirksam anbieten kann, ist es ratsam, wenn er die **Gegenleistung** gem. § 299 BGB eine angemessene Zeit vorher **ankündigt**.[556]

b) Pfändung des zurückzugebenden Fahrzeugs

1283 Die **Aufbewahrung des Autos** wird für den Käufer bei fruchtloser Zwangsvollstreckung zum Problem. Oft fehlt der notwendige Platz für die Aufbewahrung, und im öffentlichen Verkehrsraum darf ein abgemeldetes Auto nicht abgestellt werden. In solchen Fällen stehen Käufer vor der Frage, wie sie sich von dem Auto trennen können, ohne ihre Rechte aus dem Urteil zu verlieren.

1284 In Betracht zu ziehen ist eine **Pfändung des Fahrzeugs**, das der Käufer zurückzugeben hat. Die Pfändung **gläubigereigener Sachen** wird mit unterschiedlicher Begründung allgemein bejaht.[557] Ein Vorgehen nach § 808 ZPO scheitert allerdings daran, dass der Verkäufer keinen Gewahrsam besitzt. Der Gerichtsvollzieher kann den für die Pfändung nach § 808 ZPO erforderlichen Gewahrsam nicht herbeiführen, da er nicht befugt ist, das Fahrzeug an den zur Annahme bereiten, jedoch nicht zahlungswilligen Verkäufer zu übergeben. Es

553 BGH 19. 12. 1991, NJW 1992, 1172.
554 BGH 19. 12. 1991, NJW 1992, 1172.
555 LG Hannover 18. 2. 1985, DGVZ 1985, 171; LG Köln 30. 1. 1991 – 10 T 24/91 – n. v.
556 *Zöller/Stöber*, § 756 ZPO Rn. 8 m. w. N.
557 *Hartmann* in Baumbach/Lauterbach/Albers/Hartmann, § 804 ZPO Rn. 7; *Furtner*, MDR 1963, 445; *Blomeyer* in FS für *von Lübtow* 1970, S. 803 ff., 828.

besteht aber die Möglichkeit, dass der bei der Vollstreckung anwesende Käufer das Fahrzeug dem Verkäufer übergibt, um es anschließend sofort pfänden zu lassen.[558]

Gem. § 809 ZPO können Sachen gepfändet werden, die sich im **Gewahrsam des Vollstreckungsgläubigers** befinden. Da beim Gläubigergewahrsam nicht die Vermutung gilt, dass die Sachen, die er in seinem Gewahrsam hat, auch zu seinem Vermögen gehören, wird die Ansicht vertreten, der Gerichtsvollzieher müsse deren Zugehörigkeit zum Schuldnervermögen prüfen.[559] Das Gesetz liefert hierfür allerdings keinen Anhalt. Bei der Vermögenszuordnung ist eine wirtschaftliche Betrachtung angezeigt. Würde man den Beurteilungsspielraum auf die dingliche Rechtslage reduzieren, wäre die Pfändung gläubigereigener Sachen grundsätzlich ausgeschlossen. 1285

c) Andere Verwertung

Der Käufer kann beim Vollstreckungsgericht beantragen, dass ihm das Fahrzeug zum Verkehrswert gemäß der Schätzung eines Gutachters in **Anrechnung auf die titulierte Forderung** zugewiesen wird. Der Anordnung einer anderen Art der Verwertung gem. § 825 ZPO steht nicht entgegen, dass der Käufer das Eigentum an der zurückzugebenden Sache bereits besitzt.[560] Die andere Art der Verwertung stellt gegenüber der öffentlichen Versteigerung eine Ausnahme dar und ist daher nicht wahlweise neben der öffentlichen Versteigerung zulässig, sondern nur, wenn sie vorteilhafter erscheint. Dies ist der Fall, wenn die öffentliche Versteigerung keinen dem Wert der Sache entsprechenden Erlös erwarten lässt und die andere Art der Verwertung dem schutzwürdigen Interesse des Schuldners auf weitgehende Tilgung der Forderung entspricht. 1286

Textvorschlag für den Zwangsvollstreckungsauftrag: 1287

Namens des Gläubigers beauftragen wir Sie, die Zwangsvollstreckung gegen den Schuldner vorzunehmen und im Zuge dieser Vollstreckung das in Händen des Gläubigers befindliche Fahrzeug vom Typ . . ., Fahrgestell-Nr . . . zu pfänden. Wir werden beim Vollstreckungsgericht nach Ausbringung der Pfändung beantragen, dass das Fahrzeug abweichend von § 814 ZPO dem Gläubiger zu dem von ihm gebotenen Anrechnungspreis in Höhe des Verkehrswertes gemäß beigefügtem Gutachten zugewiesen wird. Zwecks Vorlage beim Vollstreckungsgericht bitten wir um Erteilung einer Bescheinigung, dass im Falle der öffentlichen Versteigerung voraussichtlich ein geringerer als der vom Sachverständigen geschätzte Verkehrswert erzielt wird.

Textvorschlag für den Antrag gem. § 825 ZPO: 1288

Namens des Gläubigers beantragen wir zu beschließen, dass der ausweislich des Protokolls des Gerichtsvollziehers Nett am 2. 4. 2005 gepfändete Personenkraftwagen der Marke . . ., Fahrgestell-Nr . . . dem Gläubiger unter Anrechnung des vom Kfz-Sachverständigenbüro ‚NEUTRAL UND SACHKUNDIG' mit Gutachten vom 15. 3. 2005 geschätzten Verkehrswertes (Gutachten anbei) von € 10.000 auf die durch Urteil des LG Köln Aktenzeichen titulierte Hauptforderung von € 18.500 nebst 6,5 % Zinsen seit dem 15. 8. 2004 zugewiesen wird.

d) Verwertung durch öffentliche Versteigerung

Für den Käufer besteht außerdem die Möglichkeit, sich der lästigen Aufbewahrungspflicht durch **öffentliche Versteigerung** des Fahrzeugs (Selbsthilfeverkauf) gem. 1289

558 *Paschold*, DGVZ 1994, 107 m. w. N.
559 *Münzberg* in Stein/Jonas, § 809 ZPO Rn. 4; *Paschold*, DGVZ 1994, 107, 108 m. w. N.; a. A. *Zöller/Stöber*, ZPO, § 809 Rn. 7.
560 *Lüke*, JuS 1970, 630.

§§ 383 ff. BGB zu entledigen.[561] Der Gerichtsvollzieher verfährt hierbei nicht nach den Bestimmungen der Pfändungsversteigerung (§§ 814 ff. ZPO), sondern ausschließlich nach den §§ 383 bis 386 BGB.

1290 Bei **unbekanntem Aufenthalt des Verkäufers** (§ 132 Abs. 2 BGB) ist die öffentliche Versteigerung gem. §§ 383 ff. BGB auch ohne die Voraussetzung eines Gläubigerverzugs zulässig. Die Berechtigung hierzu folgt aus § 383 Abs. 1 S. 2 BGB in Verbindung mit § 372 S. 2 BGB. Als ein in der Person des Gläubigers liegender Umstand i. S. v. § 372 S. 3 BGB ist der unbekannte Aufenthalt des anderen allgemein anerkannt. Die sonst grundsätzlich erforderliche Androhung der Versteigerung darf unterbleiben, da sie untunlich ist, wenn sie öffentlich zugestellt werden muss.

e) Verfahren bei Beschädigungen und Mängeln des Fahrzeugs

1291 Nach der Grundsatzentscheidung des BGH vom 7. 7. 2005[562] nicht mehr umstritten ist die Frage, ob und in welchem Umfang **der Gerichtsvollzieher** von sich aus oder jedenfalls auf eine Beanstandung des Schuldners hin zu prüfen hat, ob das angebotene Fahrzeug mit erheblichen Mängeln bzw. Schäden behaftet ist oder nicht. Der Mängeleinwand ist vom Gerichtsvollzieher grundsätzlich nicht zu berücksichtigen.[563]

f) Neue Klage ohne Zug-um-Zug-Einschränkung

1292 Wird dem Käufer die Rückgabe des Fahrzeugs ohne sein Verschulden unmöglich, behält er seinen Anspruch auf Rückzahlung des Kaufpreises und kann neue Klage stellen, dass die Zwangsvollstreckung ohne Gegenleistung für zulässig erklärt werde.[564] Das Gleiche gilt, wenn dem Käufer die Herausgabe infolge leichter Fahrlässigkeit zu einer Zeit unmöglich geworden ist, in der sich der Verkäufer mit der Rücknahme des Fahrzeugs in Annahmeverzug befunden hat (§ 300 BGB).

1293 Das OLG Düsseldorf[565] hat sich auf den Standpunkt gestellt, dass **die Rechtskraft** eines Urteils, das dem Käufer Anspruch auf den großen Schadensersatz Zug um Zug gegen Rückgabe des Fahrzeugs gewährt, einer neuen Klage auf den großen oder kleinen Schadensersatz ohne die im Vorprozess beantragte Einschränkung nicht entgegensteht, wenn sich der Käufer vergeblich bemüht hat, aus dem Urteil zu vollstrecken und das Fahrzeug im Anschluss an die Ermittlung des Zeitwertes durch einen Sachverständigen freihändig veräußert hat. Da nur die Leistungspflicht des Verkäufers und nicht die Pflicht zur Gegenleistung in Rechtskraft erwächst, bildet nach Ansicht des Gerichts der von der Rechtskraft nicht berührte Streitgegenstand im Ergebnis den Anspruch, die Zwangsvollstreckung nunmehr ohne die einschränkende Zug-um-Zug-Verurteilung vornehmen zu können. Anders wäre es, wenn der Käufer bereits im Vorverfahren einen unbeschränkten Klageantrag gestellt hätte. In diesem Fall wäre zwar das Bestehen der Gegenforderung nicht festgestellt worden, wohl aber die – sich aus dem Bestehen der Gegenforderung ergebende – Beschränkung des Klageanspruchs.

1294 **Zur Rechtskraft** eines Mängelgewährleistungsansprüche **verneinenden Urteils** s. OLG Koblenz SVR 2010, 266 = Der Kfz-Anwalt 5/2010, 18. Im späteren Zahlungsprozess des Verkäufers ist die Prüfung auch solcher Mängel ausgeschlossen, mit denen der Käufer im Vorprozess an Präklusionsvorschriften gescheitert ist.

---

561 *Paschold*, DGVZ 1995, 5.
562 NJW-RR 2006, 144 = NJOZ 2005, 3395.
563 BGH 7. 7. 2005, NJW-RR 2006, 144 = NJOZ 2005, 3395; dazu und zum Gesamtkomplex *Kaiser*, NJW 2010, 2330.
564 Zur Rechtskraftproblematik s. BGH 19. 12. 1991, NJW 1991, 1172 (schwerer Brandschaden während des schriftlichen Verfahrens).
565 Urt. v. 15. 11. 2004 – I-1 U 103/04 (unter Berufung auf BGH 4. 7. 1962, NJW 1962, 2004).

J. Der Neufahrzeugkauf als Verbrauchsgüterkauf

I. Verbrauchsgüterkauf

Nur noch knapp 40 % der Neufahrzeuge (Pkw/Kombi) werden zur Zeit von Verbrauchern gekauft. Es gelten dann ergänzend zu den allgemeinen Vorschriften des Kaufrechts die Sonderregeln für den Verbrauchsgüterkauf (§§ 474 ff. BGB). Während die Unternehmereigenschaft des Verkäufers i. d. R. unstreitig ist, kommt es mitunter zum Streit über den **Verbraucherstatus des Käufers**. Die **Darlegungs- und Beweislast** liegt insoweit bei ihm.[1] Zur Verbrauchereigenschaft in Grenzfällen, auch zum dual use, s. Rdn. 1986 ff. **1295**

II. Beweislastumkehr nach § 476 BGB

Nicht das gebrauchte, sondern das fabrikneue „Verbrauchsgut" hat bei der europarechtlich gebotenen Einführung der Beweislastumkehr (§ 476 BGB) Modell gestanden. Hier macht die Regelung auch einigermaßen Sinn. Entsprechend niedrig liegt die Zahl von Rechtsstreitigkeiten aus dem Bereich des Neufahrzeugskaufs, in denen es um die Anwendung der Beweisvermutung geht. Ganz anders sieht es bekanntlich beim Kauf gebrauchter Kraftfahrzeuge aus. **1296**

Zu den vielfältigen Streitfragen rund um § 476 BGB wird auf die Ausführungen unter Rdn. 3296 ff. verwiesen. Aus der Sicht des Neuwagenkaufs besonders bedeutsam sind das „Sichzeigen" innerhalb der Sechsmonatsfrist (problematisch bei Mängelbündeln und Kettenmängeln)[2], der Unvereinbarkeitsfall „Art des Mangels" in seiner subjektiven Ausprägung (dazu Rdn. 3339, 3361 ff.), ferner diejenigen Fallgestaltungen mit technischen Defekten, in denen die Ursache des Defekts, nicht das Endresultat, der rechtlich relevante Sachmangel ist (Rdn. 3368 ff.). Weniger der natürliche Verschleiß als vielmehr Fahr- und Bedienungsfehler, Marderbiss und sonstige Schadensursachen in der Sphäre des Käufers bilden eine auch für Neufahrzeugverkäufer wichtige Verteidigungslinie zur Bekämpfung der Beweislastumkehr (näher dazu Rdn. 3376 ff.). **1297**

III. Händlerregress

Gem. § 478 Abs. 1 BGB hat der Letztverkäufer ein Rückgriffsrecht gegen seinen Lieferanten, wenn und soweit er einem Verbraucher aus dem Verkauf eines neu hergestellten Fahrzeugs wegen eines Sachmangels haftet. Die Rückgriffsregelung soll verhindern, dass der Einzelhändler die Nachteile des verbesserten Verbraucherschutzes auch dann allein zu tragen hat, wenn der Mangel der Kaufsache nicht in seinem Verantwortungsbereich entstanden ist.[3] Händlerregressstreitigkeiten erreichen die Gerichte nur selten. Wenn ja, scheint man sich zu vergleichen oder anderweitig zu verständigen. Entsprechend rar ist Entscheidungsmaterial. **1298**

1 BGH 11. 2. 2009, DAR 2009, 398 Tz. 8; BGH 11. 7. 2007, NJW 2007, 2619 Tz 13.

2 Beispiel aus der Rechtsprechung: Brand OLG 3. 4. 2008 – 12 U 188/07 – n. v. (Getriebe); weitere Nachw. im Teil „Gebrauchtwagenkauf", Rdn. 3364 ff.

3 BT-Drucks. 14/6040, S. 247; BGH 5. 10. 2005, NJW 2006, 47, 50; zum Ganzen *Tiedtke/Schmitt*, ZIP 2005, 681 ff.

1. Grundzüge, Voraussetzungen und Folgen (§ 478 Abs. 1 BGB)

1299 § 478 Abs. 1 BGB enthält **keine eigenständige Anspruchsgrundlage** für den Letztverkäufer gegen seinen Lieferanten. Die Norm gibt dem Verbraucher als Letztkäufer auch keinen Anspruch gegen den Hersteller als (Vor-)Lieferanten. Sie gewährt lediglich gewisse Erleichterungen zugunsten des Letztverkäufers im Verhältnis zu seinem Lieferanten („unselbstständiger Regress"). Eine **analoge Anwendung** auf Kaufverträge außerhalb des Verbrauchsgüterkaufs wie auch im Verhältnis des Herstellers zu seinen Lieferanten wird diskutiert[4], ist aber mit der speziell auf den Verbrauchgüterkauf zugeschnittenen Norm nicht zu vereinbaren.[5] Dem steht insbesondere die außerhalb des Verbrauchsgüterkaufs zulässige Möglichkeit der Haftungsfreizeichnung entgegen.

a) Voraussetzungen für die Anwendbarkeit des § 478 BGB

1300 Voraussetzung ist zunächst ein **Verbrauchsgüterkauf**. Sein Gegenstand muss eine **„neu hergestellte"** Sache sein. Das ist auch eine Tages- oder Kurzzulassung (s. Rdn. 632 ff.). Ein Vorführwagen fällt nicht darunter. Er gilt als „gebraucht", auch wenn nur wenige Kilometer mit ihm gefahren worden sind und er lediglich eine Händlerzulassung hatte (Näheres zu dieser Fahrzeugkategorie Rdn. 2732). Die Beschränkung auf neu hergestellte Sachen ist mit der Verbrauchsgüterkaufrichtlinie vereinbar. Zwar macht Art. 4 S. 1 keinen Unterschied zwischen neu und gebraucht. S. 2 lässt jedoch dem innerstaatlichen Recht Spielraum. Der deutsche Gesetzgeber hat ihn zu Lasten des Gebrauchtwagenhandels genutzt.

1301 § 478 BGB knüpft daran an, dass der Letztverkäufer **die mangelhafte Sache** infolge des Mangels von dem Verbraucher im Rahmen der Sachmängelhaftung **zurücknehmen** oder eine **Kaufpreisminderung hinnehmen musste**. Rücknahme der mangelhaften Ware bedeutet nach umstrittener Ansicht nicht nur Rückabwicklung im Wege des Rücktritts oder des großen Schadensersatzes, sondern auch die Rücknahme im Zuge einer Ersatzlieferung (Austausch nach § 439 Abs. 4 BGB).[6] Zwingend ist das nicht, nach der Systematik sprechen die besseren Gründe für eine Beschränkung auf die Rücknahme im Rahmen der beiden Sekundärrechtsbehelfe Rücktritt/großer Schadensersatz.

1302 **Weitere Voraussetzung** des § 478 BGB ist, dass im Verhältnis zwischen dem Letztverkäufer und seinem Lieferanten Mängelansprüche nach § 437 BGB bestehen.[7] Dies folgt bereits unmittelbar aus dem Wortlaut der §§ 478 Abs. 1, 479 Abs. 2 BGB, wenn dort die Rechte des Letztverkäufers aus § 437 BGB thematisiert werden.[8] Hat der Letztverkäufer gegen seinen Vorlieferanten keine Rechte aus § 437 BGB, ist auch kein Raum für eine Modifizierung durch § 478 BGB.[9]

1303 Die Anbindung an das deutsche Mängelrecht wirft die Frage auf, welche Regeln für den Fall gelten, dass ein deutscher Zwischenhändler ein „neu hergestelltes" Fahrzeug von einem **ausländischen Lieferanten** erwirbt. Dann gilt nicht deutsches Mängelrecht, sondern in den meisten Fällen **UN-Kaufrecht** (CISG). Im Geltungsbereich des CISG sind die Vorschriften des BGB und damit auch § 437 BGB verdrängt. Allerdings ist das CISG dispositiv. Um in den Genuss einer Regressmöglichkeit nach Maßgabe des § 478 BGB zu kommen, müsste also das CISG abgewählt werden. Dann gilt für das Vertragsverhältnis dasjenige Recht, das die Parteien ausdrücklich oder konkludent bestimmt haben oder das nach dem

4 *Matusche-Beckmann*, BB 2002, 2561, 2563.
5 *Eckert/Maifeld/Matthiessen*, Rn. 766, 769; s. a. BGH 5. 10. 2005, NJW 2006, 47, 50.
6 Zum Meinungsstand NK-BGB/*Büdenbender*, § 478 BGB Rn. 31 ff.
7 BT-Drucks. 14/6040, S. 248.
8 NK-BGB/*Büdenbender*, § 478 BGB Rn. 15.
9 NK-BGB/*Büdenbender*, § 478 BGB Rn. 15.

IPR berufene Recht. Auf der sicheren Seite ist der deutsche Importeur, wenn er sich mit seinem Lieferanten ausdrücklich auf die Geltung deutschen Rechts verständigt.[10]

b) Rechtsfolgen

Nach § 478 Abs. 1 BGB ist der Letztverkäufer **davon freigestellt**, seinem Lieferanten zunächst **eine Frist zur Nacherfüllung zu setzen**. Damit enthält diese Vorschrift im Kontext mit § 440 BGB (nur) einen **weiteren Entbehrlichkeitstatbestand**. Der Unternehmer kann die ihm selbst zustehenden Gewährleistungsrechte also direkt geltend machen. Die Rücknahme des Fahrzeugs aus Kulanz oder aus einem sonstigen Grund außerhalb der Sachmängelhaftung eröffnet diese Möglichkeit nicht.[11] 1304

Durch § 478 Abs. 3 BGB wird die in § 476 BGB geregelte **Beweislastumkehr** in das Regressverhältnis hineinprojiziert. Danach wird vermutet, dass die Kaufsache zum Zeitpunkt des Gefahrübergangs auf den Unternehmer mangelhaft war, wenn sich innerhalb von 6 Monaten nach Gefahrübergang auf den Verbraucher ein Mangel zeigt. Dies gilt unabhängig davon, ob der Unternehmer den Wagen innerhalb von 6 Monaten weiterverkauft.[12] 1305

c) Abdingbarkeit

Die Regressregelungen von § 478 Abs. 1 bis 3 BGB können nur gegen Gewährung eines **gleichwertigen Ausgleichs** ausgeschlossen werden (§ 478 Abs. 4 S. 1 BGB). Was das bedeutet, ist gerichtlich noch nicht geklärt. Diskutiert werden pauschale Ausgleichs- und Rabattsysteme, die sich für Massengeschäfte, nicht aber für den Neuwagenkauf eignen. Sinnvoll sind Vereinbarungen, die den Händler von der Sachmängelhaftung intern freistellen oder aber konkrete Regelungen im Vertrag zwischen Hersteller und Händler, die dem Händler den Durchgriff auf den Hersteller ermöglichen[13] und den Regelungen von § 478 BGB wirtschaftlich vergleichbar sein müssen. 1306

d) Bedeutung von § 377 HGB

Gem. § 478 Abs. 6 BGB bleibt § 377 HGB unberührt. Zwischen dem Händler und seinem Lieferanten liegt regelmäßig ein beiderseitiger Handelskauf vor, so dass der Händler gem. § 377 HGB verpflichtet ist, das Fahrzeug zu prüfen und Mängel unverzüglich zu rügen, um seine Mängelrechte nicht zu verlieren. Dies gilt auch für Mängel, die sich erst später bemerkbar machen. Einzelheiten zur Untersuchungs- und Rügeobliegenheit unter Rdn. 3945 ff. 1307

2. Der Aufwendungsersatz nach § 478 Abs. 2 BGB

a) Anspruchsinhalt

Anders als § 478 Abs. 1 BGB enthält Abs. 2 eine **eigenständige Anspruchsgrundlage**.[14] Von seinem Lieferanten kann der Unternehmer Ersatz derjenigen Aufwendungen verlangen, die er im Verhältnis zum Verbraucher nach § 439 Abs. 2 BGB zu tragen hatte, vorausgesetzt der vom Verbraucher geltend gemachte Mangel war bereits bei Auslieferung des Fahrzeugs an den Unternehmer vorhanden. Auch hier hilft dem Unternehmer die Beweisvermutung des § 476 BGB (vgl. § 478 Abs. 3 BGB). 1308

10 Zur Problematik bei internationalen Geschäften *Gruber*, NJW 2002, 1180.
11 *Eckert/Maifeld/Matthiessen*, Rn. 770.
12 *Tiedtke/Schmitt*, ZIP 2005, 681, 684.
13 *Faust* in Bamberger/Roth, § 478 Rn. 27; *Staudinger/Matusche-Beckmann*, § 478 BGB Rn. 115.
14 BT-Drucks. 14/6040, S. 249.

1309 Welche Aufwendungen unter § 439 Abs. 2 BGB fallen und welche nicht ist unter Rdn. 749 ff. im Einzelnen dargestellt. Dem Unternehmer verbleiben zahlreiche **ungedeckte Positionen**. Er besitzt keinen Anspruch auf Ersatz seiner Aufwendungen, wenn

- die Fahrzeugprüfung ohne Mängelbefund endet,
- eine Nachbesserung auf Kulanzbasis durchgeführt wird,[15]
- unnötige Arbeiten vorgenommen werden, weil fälschlich von einem Mangel ausgegangen wird (zur Haftung des Verbrauchers s. Rdn. 786 ff.)
- in Verkennung der Sachlage die Einrede der Unverhältnismäßigkeit (§ 439 Abs. 3 BGB) nicht erhoben[16] und mit überobligationsmäßigem Aufwand nachgebessert wird,[17]
- durch eine fehlerhafte Nachbesserung zusätzliche Kosten entstehen.

1310 Weiterhin sollen die Kosten eines verlorenen Sachmängelprozesses nicht nach § 478 Abs. 2 BGB ersatzfähig sein[18], zumindest dann nicht, wenn der Prozess nicht erforderlich war[19] oder deshalb verloren wurde, weil der Letztverkäufer den Mangel oder den Anspruch zu Unrecht bestritten hat.[20]

1311 Im Übrigen gilt auch für den Aufwendungsersatz, dass der Lieferant nur für die „eigenen Mängel" einzustehen hat. Vereinbart der Unternehmer mit dem Verbraucher eine abweichende Beschaffenheit, ist der Lieferant dafür nicht verantwortlich.[21]

Beispiel:
Der Händler verkauft ein bei ihm längere Zeit auf Lager stehendes Fahrzeug als fabrikneu, obwohl der Hersteller inzwischen das Modell geändert hat.

b) Verjährung

1312 Die Verjährung der Aufwendungsersatzansprüche gem. § 478 Abs. 2 BGB beträgt gem. **§ 479 Abs. 1 BGB** zwei Jahre ab Ablieferung des Fahrzeugs und tritt frühestens zwei Monate nach dem Zeitpunkt ein, in dem der Unternehmer die Ansprüche des Verbrauchers erfüllt hat (§ 479 Abs. 2 BGB). Die **Ablaufhemmung** wiederum endet spätestens 5 Jahre nach dem Zeitpunkt, in dem der Lieferant die Sache an den Unternehmer geliefert hat.[22]

---

15 *Marx*, BB 2002, 2566, 2570.
16 *Matthes*, NJW 2002, 2505, 2507.
17 *Tröger*, ZGS 2003, 296, 299.
18 *Matthes*, NJW 2002, 2510.
19 *Marx*, BB 2002, 2566, 2570.
20 *Erman/Grunewald*, § 478 BGB Rn. 14; so auch *Tröger*, ZGS 2003, 296, 298.
21 *Staudinger/Matusche-Beckmann*, § 478 BGB Rn. 13 ff.
22 Zu Einzelheiten der Verjährung, insbesondere zur Ablaufhemmung, s. *Sendmeyer*, NJW 2008, 1914.

K. Versorgung des Käufers mit Ersatzteilen

I. Die Ausgangslage

Die außerordentliche Typen- und Modellvielfalt, immer kürzere Produktions- und Modellzyklen, der Anstieg der gewöhnlichen Nutzungsdauer, wechselnde Zulieferer, Fusionen und Trennungen von Autoherstellern sowie Lager- und Kostenprobleme, nicht zuletzt die hohe Zahl von Händlerinsolvenzen[1] sind die Hauptursachen von **Versorgungsproblemen** im Pkw-Bereich. Verschärft hat sich die Situation durch die Zunahme von Elektronikbauteilen. Ob Zündung, Klimaanlage oder Airbag, ohne Steuergerät funktioniert nichts mehr. Wenn ein Elektronik-Bauelement durchbrennt, müssen betroffene Autofahrer immer länger auf das entsprechende Ersatzteil warten, je nach Baujahr des Wagens bis zu mehreren Monaten; mitunter ohne Aussicht auf Erfolg. Elektronikteile für ältere Fahrzeuge sind nicht selten entweder überhaupt nicht mehr vorrätig oder nicht mehr kompatibel. **1313**

Wenngleich die Mehrzahl der Hersteller nach wie vor ausreichende Ersatzteillager unterhält, um Kundenwünsche auch **auf lange Sicht** befriedigen zu können,[2] häufen sich neuerdings Beschwerden über Verzögerungen bei der Ersatzteilversorgung. Monatelange Wartezeiten mussten Käufer selbst bei jüngeren Fahrzeugen hinnehmen. Oft sind es Kleinteile, wie spezielle Schrauben oder eben elektronische Bauteile, die nicht oder nicht rechtzeitig zu besorgen sind. Zu allem Ärger für Eigentümer und Halter kommt hinzu, dass für einfachste Ersatzteile mitunter deutlich überhöhte Preise verlangt werden.[3] Auch die Preise für Kotflügel und andere sichtbare Ersatzteile könnten erheblich niedriger ausfallen, wenn das Monopol der Autohersteller, abgesichert durch den sog. Designschutz für sichtbare Teile, fiele.[4] Originalteile der Hersteller konkurrieren mit Identteilen oder Nachbauteilen.[5] **1314**

II. Rechtsgrundlagen einer Ersatzteilversorgungspflicht

1. Keine gesetzliche Sonderregelung

Weder im nationalen Recht noch im EU-Verbraucherrecht existiert derzeit eine Norm, die den Verkäufer eines langlebigen technischen Wirtschaftsgutes dazu verpflichtet, für die gesamte Lebensdauer der Ware Ersatzteile bereitzuhalten. Auch die Hersteller und Importeure trifft keine spezialgesetzliche Verpflichtung zur Ersatzteilhaltung und -versorgung. Beides hätte durch die Verbrauchsgüterkaufrichtlinie geregelt werden können. Die Chance wurde verpasst. **1315**

2. Begrenzter Schutz durch Gewährleistung und Garantie

Ein Stück weit geschlossen wird die Lücke dadurch, dass der Verkäufer kraft seiner gesetzlichen Mängelhaftung zur Nachbesserung verpflichtet ist. Die zur Erfüllung dieser Pflicht benötigten Ersatzteile hat er vorzuhalten oder notfalls zu beschaffen. Eine weitergehende Verpflichtung kann aus §§ 437 Nr. 1, 439 Abs. 1 BGB nicht hergeleitet werden. Da- **1316**

1 Auch vereinzelte Herstellerinsolvenzen (z. B. Rover, Saab) haben zu Engpässen geführt.

2 AUDI, BMW, Mercedes, VW und Skoda halten „Fahrbereitschaftsteile" 15 Jahre lang vor, so ihre Auskunft lt. ADAC-Motorwelt 11/2006, S. 73.

3 Siehe dazu ADAC-Motorwelt 10/2002, S. 56 ff.

4 ADAC-Motorwelt 11/2010 („40 % sparen").

5 Im Gegensatz zur partiell abgelösten Kfz-GVO 1400/2002 enthält die neue Kfz-GVO 461/2010 keine Definition für Originalersatzteile. Aus den Leitlinien geht jedoch hervor, was Originalersatzteile und was „qualitativ gleichwertige" Teile sind.

mit ist die auf § 439 Abs. 1 BGB gegründete Ersatzteilpflicht zeitlich wie inhaltlich so stark begrenzt, dass Käufern und vor allem Anschlussbesitzern damit wenig geholfen ist. Entscheidend kommt es Letzteren auf einen **Langzeitschutz** an. Wegen des häufig längeren Zeitraums allemal interessanter sind deshalb **Garantien** für das Fahrzeug bzw. für einzelne Baugruppen. Doch selbst die vollmundig als „lebenslang" bezeichnete Garantie von Opel ist auf 160.000 km begrenzt und gilt zudem nur für den Erstkäufer. Nach Ablauf der Gewährleistungs- und Garantiefristen, so klagt der ADAC, hängt der Kunde in der Luft.[6] Nur: Zu diesem Zeitpunkt haben selbst private Erstkäufer ihr Fahrzeug häufig bereits gewechselt.

3. Nachvertragliche Verpflichtung des Verkäufers

1317 Ersatzteile auch nach Ablauf der kaufrechtlichen Verjährungsfrist von zwei Jahren bereit zu halten, kann eine nachvertragliche Verpflichtung des Neufahrzeugverkäufers sein.[7] Ob und ggf. in welchem Umfang den Verkäufer nachvertragliche bzw. nachwirkende Nebenpflichten treffen, ist zunächst eine Frage der vertraglichen Vereinbarung. Da ausdrückliche Ersatzteil-Abreden in aller Regel nicht getroffen werden, richtet sich das Augenmerk auf stillschweigende oder konkludent zustande gekommene Vereinbarungen. Will man Fiktionen vermeiden, muss dieser Ansatz ohne Erfolg bleiben. Damit konzentriert sich alles auf die Möglichkeit einer **ergänzenden Vertragsauslegung** (§§ 133, 157 BGB).

1318 Als Alternative ist an eine **gesetzliche Nebenpflicht** nach **§ 241 Abs. 2 BGB** zu denken. Danach kann das Schuldverhältnis nach seinem Inhalt jeden Teil zur Rücksicht auf die Rechte, Rechtsgüter und **Interessen des anderen** verpflichten. Gegenstand dieser Pflichten ist primär das Integritätsinteresse des Gläubigers. Die Pflicht zur Wahrung dieses Interesses besteht zwar über den Zeitpunkt der Vertragserfüllung hinaus. Bei weitem Verständnis des Integritätsinteresses kann man auch das Interesse des Käufers an einer dauerhaft ungestörten Nutzung des Kaufobjekts dazu rechnen; ebenso sein Interesse, an einer möglichst langfristigen Werterhaltung, auch mit Blick auf einen Weiterverkauf. Die Grundlage der Nebenpflicht ist indes nicht § 241 Abs. 2 BGB, sondern das jeweilige Schuldverhältnis selbst.[8]

1319 Ob der Vertragsinhalt im Wege der **ergänzenden Vertragsauslegung** dahin erweitert werden kann, dass der Verkäufer eines fabrikneuen Fahrzeugs über den Zeitpunkt seiner Vertragserfüllung hinaus eine Ersatzteilversorgung schuldet, erscheint schon methodisch durchaus zweifelhaft. Der tatsächliche Parteiwille errichtet zwar keine Auslegungssperre. Auch Schriftform- und Vollständigkeitsklauseln sind dazu nicht imstande. Eine ergänzende Vertragsauslegung hat jedoch auch dann zu unterbleiben, wenn nicht erkennbar ist, was die Parteien bei einer angemessenen Abwägung ihrer Interessen nach Treu und Glauben als redliche Vertragspartner vereinbart hätten, wenn sie den von ihnen nicht geregelten Fall bedacht hätten.[9] Das gilt insbesondere dann, wenn mehrere gleichwertige Auslegungsmöglichkeiten in Betracht kommen.

1320 Grundsätzlich kann eine **nachvertragliche Handlungspflicht** eines Vertragspartners bei einem interessengegensätzlichen Vertrag wie einem Fahrzeugkauf nur **unter besonderen Umständen** angenommen werden,[10] jedenfalls in engeren Grenzen als eine Unterlas-

---

6 ADAC-Motorwelt, 11/2006 S. 73; s. a. *Schattenkirchner*, DAR 2004, 280/281.

7 Ohne nähere Begründung grundsätzlich bejahend AG Rüsselsheim 30. 1. 2004, DAR 2004, 280 m. Anm. *Schattenkirchner*; mit Recht kritisch („Ausreißer") *Bachmeier*, Rn. 486; allgemein zum Problem der nachvertraglichen Ersatzteilbelieferung und -bevorratung *Kühne*, BB 1986, 1527; *Ulbrich/Ulbrich*, BB 1995, 371.

8 *Medicus/Lorenz*, SchR AT Rn. 507.

9 BGH 10. 2. 2009, NJW 2009, 1482 Tz. 24.

10 Bejaht von LG Köln 16. 10. 1997, NJW-RR 1999, 1285 für Software-Wartungsleistungen eines Softwareanbieters.

sungspflicht. Dieser **restriktiven Grundlinie** folgend wird man zunächst danach zu unterscheiden haben, um welchen **Typ von Verkäufer** es sich handelt. Ohne weiteres einleuchtend ist, dass ein freier (markenungebundener) Neufahrzeughändler nicht in gleicher Weise in die Ersatzteilpflicht genommen werden kann wie ein Hersteller, der seine Fahrzeuge im Direktvertrieb verkauft. Zu differenzieren ist ferner nach **Käufergruppen.** Nur noch ca. 40 % der Abnehmer neuer Pkw sind Privatpersonen. Gewerbliche Käufer wie Mietwagenfirmen und Leasinggesellschaften erneuern ihren Pkw-Bestand in relativ kurzen Zeiträumen von 6 Monaten bis zu 5 Jahren. Ein Interesse an einer Ersatzteilversorgung über diesen Zeitpunkt hinaus besteht nicht.

1321 Auslegungsrelevant ist überdies, ob und in welcher Weise das – unbestrittene und auch unbestreitbare – Interesse von Fahrzeugbesitzern an einer nachhaltigen Ersatzteilversorgung durch Dritte, etwa durch den Hersteller, befriedigt werden kann. Wenn und soweit der Hersteller/Importeur zur Ersatzteilversorgung rechtlich verpflichtet ist, besteht für eine Ergänzung selbst eines Verbrauchsgüterkaufs um eine nachvertragliche Ersatzteilversorgungspflicht kein anerkennenswertes Bedürfnis. Ein zweifacher Schutz ist nicht zu rechtfertigen.

4. Der Hersteller als Versorgungsalternative

1322 Die Bemühungen, dem Käufer eines neuen Pkw generell einen **Direktanspruch gegen den Hersteller/Importeur** zu verschaffen, stoßen außerhalb des Direktvertriebs und/oder vertraglicher Garantieübernahmen auf unüberwindbare rechtliche Schwierigkeiten. Dass Hersteller Wert darauf legen, ihre Fahrzeuge nur mit Originalersatzteilen bestückt zu sehen, ist auch unter Berücksichtigung von § 242 BGB allein keine tragfähige Grundlage für die Annahme einer Ersatzteilversorgungspflicht.[11]

1323 Nur beim **Direktvertrieb** (z. B. Daimler AG) ist der Hersteller Vertragspartner des Käufers. Außerhalb dieses Vertriebswegs kann eine vertragliche Beziehung zwischen Käufer und Hersteller durch die **Herstellergarantie** („Werksgarantie") oder eine sonstige Garantieübernahme begründet sein. Dass die Hersteller/Importeure im Rahmen ihrer Garantieverpflichtungen für eine ausreichende Ersatzteilbelieferung zu sorgen haben, bedarf keiner näheren Begründung. Je nach Art und Dauer der Garantie kann damit ein Langzeitschutz des Garantienehmers, ggf. auch von Anschlussbesitzern, verbunden sein. Beispiele: „lebenslange Garantie" von Opel oder 30 Jahre Durchrostungsgarantie von Daimler (mobilo life). Zunehmend längere Garantiezeiträume[12] führen zu einer entsprechenden **Entlastung des Verkäufers**. Zugleich wird deutlich, dass es für die Frage einer nachvertraglichen Ersatzteilpflicht des Neufahrzeughändlers ganz auf die Umstände des konkreten Einzelfalles ankommt. Jede Pauschallösung verbietet sich.

1324 Bloßen **Werbeaussagen der Hersteller** kann in aller Regel ein rechtsgeschäftlicher Verpflichtungswille gegenüber dem Kunden nicht entnommen werden. Sie sind inhaltlich zu unbestimmt,[13] und zwar sowohl im Hinblick auf den angesprochenen Personenkreis (Händler, Erstkäufer, Zweiterwerber) als auch im Hinblick auf den Zeitraum der Ersatzteilproduktion und -bevorratung.

1325 Allzu konstruiert und realitätsfern ist die von *Greulich*[14] in Betracht gezogene Annahme einer **stillschweigenden Abtretung** aller Ansprüche des Händlers gegen den Hersteller/Importeur einschließlich solcher Ansprüche, die aus Nachwirkungen des Kaufs resultieren.

---

11 So aber AG Rüsselsheim 30. 1. 2004, DAR 2004, 280 m. Anm. *Schattenkirchner.*

12 Die Hersteller-Vollgarantien haben mittlerweile Laufzeiten von bis zu 7 Jahren (z. B. Kia).

13 *Leenen*, Probleme der Hersteller- und Händlerhaftung bei der Versorgung des Kunden mit Ersatzteilen, Gutachten erstellt um Auftrag des ADAC.

14 BB 1955, 208, 209.

Eine **Regresslösung**, hergeleitet aus der Rechtsbeziehung zwischen Händler und Hersteller, gestützt auf den Rechtsgedanken des § 285 BGB und kombiniert mit einer aus entsprechenden Werbeaussagen des Herstellers unter Heranziehung des Rechtsgedankens des § 122 BGB abgeleiteten – quasi – (nach)vertraglichen Vertrauensbeziehung soll nach Meinung von *Vollert*[15] die Brücke zum Hersteller schlagen. Der Lösungsvorschlag, mit dem der Hersteller als wirtschaftlicher Träger der Ersatzteilbevorratung in die Haftung genommen werden soll, wirkt gleichfalls konstruiert und begegnet vielerlei rechtlichen Bedenken, etwa dem Einwand, dass eine Weitergabe des Regressanspruchs als Surrogat nur insoweit in Frage kommen kann, als dem Käufer aus der Vertragsbeziehung zum Verkäufer Ansprüche gegen diesen zustehen.

1326 Rechtlich nicht haltbar ist auch der Vorschlag einer Anspruchsbegründung über das Institut der **Drittschadensliquidation**.[16] Gleiches gilt für den **Vertrag mit Schutzwirkung zugunsten Dritter**. In den Schutzbereich des Händlervertrages ist der Käufer nicht einbezogen, auch nicht in den jeweiligen Kaufvertrag zwischen dem Verkäufer und dem Vorlieferanten. Abgesehen davon lässt sich unter diesem Gesichtspunkt kein Leistungsanspruch des Käufers gegen den Hersteller bzw. den Vorlieferanten begründen, allenfalls ein Schadensersatzanspruch.

1327 Für eine aus wirtschaftlicher Vernunft gebotene Durchgriffslösung im Sinne eines unmittelbaren Anspruchs des Kunden gegen den Hersteller/Importeur treten *Canaris*[17] und *Finger*[18] ein. Während *Canaris* die Leistungsverpflichtung aus einem von dem Kaufvertrag zu trennenden Vertrauensverhältnis zwischen dem Produzenten und dem Endabnehmer herleitet, plädiert *Finger* für die Annahme einer echten Nebenpflicht im Verhältnis Hersteller/Kunde, deren dogmatische Begründung er in dem Vertrauensgedanken, dem sozialen Kontakt bzw. in dem Rechtsgüterkontakt zu finden glaubt. Beide Auffassungen sind ebenso wie andere Konstruktionen einer „Sonderverbindung“[19] durchgreifenden Bedenken ausgesetzt.[20]

1328 Wenn und soweit gegenüber Herstellern und Importeuren kein klagbarer Anspruch auf Ersatzteilversorgung besteht, liegt es nahe, diese Lücke im Wege ergänzender Vertragsauslegung zugunsten der Neuwagenkäufer zu schließen. Bei Abwägung der beiderseitigen Interessen verdienen gewerbliche Pkw-Käufer keinen derartigen Schutz, zumal dann nicht, wenn die Haltedauer zwischen einem und fünf Jahren liegt. Bei einer durchschnittlichen Haltedauer von rund sechs Jahren sind selbst private Erstkäufer von neuen Pkw (Anteil ca. 40 %) allenfalls begrenzt daran interessiert, ihr Auto über diesen Zeitpunkt hinaus mit Ersatzteilen versorgt zu sehen. Anschlusseigentümer und -besitzer zu schützen kann nicht Sinn und Zweck des (Erst-)Kaufvertrages sein. Schließlich ist zu bedenken, dass außer dem Hersteller/Importeur weitere Marktteilnehmer vorhanden sind, die Versorgungslücken entweder in natura (Ersatzteilhandel) oder in Form von Versicherungsschutz (Kasko und Haftpflicht bei Fremdverursachung) finanziell decken können.

III. Nachvertragliche Wartungs- und Reparaturpflicht

1329 Die Bereitstellung von Ersatzteilen reicht allein nicht aus, um die Verkehrs- und Betriebssicherheit eines Kraftfahrzeugs während seiner gewöhnlichen Nutzungsdauer zu ge-

15 Nachwirkungen des Kraftfahrzeugkaufs, S. 189 ff.
16 *Greulich*, BB 1955, 208, 209.
17 JZ 1968, 494, 502.
18 NJW 1970, 2051.
19 Dazu *Schattenkirchner*, DAR 2004, 280/281.
20 Vgl. die Kritik von *Leenen*, Probleme der Hersteller- und Händlerhaftung bei der Versorgung des Kunden mit Ersatzteilen, Gutachten erstellt im Auftrag des ADAC.

währleisten. Es muss außerdem sichergestellt sein, dass die benötigten Ersatzteile montiert und fällige Wartungsdienste und Reparaturen ordnungsgemäß und fachgerecht durchgeführt werden. Auf diesen Service, den nur leistungsfähige Betriebe mit geschultem Personal erbringen können, ist der Käufer eines Kraftfahrzeugs angewiesen.

Wer den Verkäufer in der nachvertraglichen Verpflichtung zur Ersatzteilversorgung sieht, wird geneigt sein, diese Pflicht um eine Einbaupflicht zu ergänzen. Auch hier ist wiederum zu differenzieren. Eine generelle nachvertragliche Nebenpflicht zum Einbau sowie zur Wartung und ggf. Instandsetzung kann aus dem Neufahrzeug-Kaufvertrag mit einem Händler nicht hergeleitet werden. Selbst wenn er über eine eigene Werkstatt verfügt, kommt es auf die näheren Umstände des Einzelfalles an (Markenbindung oder freier Händler, Garantieschutz und wenn ja, wofür und wie lange). **1330**

L. EU-Neuwagenkauf

I. Marktlage

1331 Immer häufiger nutzen deutsche Verbraucher die Preisvorteile des Europäischen Binnenmarktes. Manche kaufen direkt im EU-Ausland, i. d. R. werden markenungebundene deutsche Händler eingeschaltet.[1] Auch der deutsche Markenhandel hat den Import von EU-Fahrzeugen als lukrative Nische erkannt. Solange die Hersteller Autos in der EU zu unterschiedlichen Preisen in die jeweiligen Vertriebskanäle geben, wird sich an der gegenwärtigen Situation nichts ändern. Der Konkurrenzkampf im Handel ist härter denn je, zum Vorteil des mündigen Kunden.

1332 Manche Hersteller und Vertragshändlerverbände bezeichnen die Geschäfte der freien Importeure bis in die jüngste Zeit hinein als **„Grauimporte"** oder „Graumarktgeschäfte", eine Ausdrucksweise, deren werbliche Verwendung die Rechtsprechung schon vor Jahren untersagt hat.[2] Die Vorstellungen darüber, welche Merkmale einen „Grauimport" ausmachen und was ihn von einem „Re-Import" unterscheidet (mitunter werden die Begriffe synonym benutzt) gehen auseinander. Klare Definitionen fehlen.

1333 **Hauptanreiz** für Importgeschäfte sind in der Tat die zum Teil **erheblichen Preisunterschiede** für Neufahrzeuge in EU-Ländern. Außerdem werden in einigen Mitgliedsstaaten hohe **Zulassungssteuern** (z. B. in Portugal, Spanien, Polen, Finnland) und **Verbrauchssteuern** (in den Niederlanden) erhoben. Die Differenzen bei den Abgabepreisen beruhen außerdem auf ungleichen Wettbewerbssituationen und auf Kaufkraftschwankungen. Bevorzugte Länder für den Parallelimport sind die Niederlande, Belgien, Dänemark, Polen, Tschechien und die Slowakei.

1334 Durch den Kauf von Neufahrzeugen im Ausland lassen sich, je nach Fabrikat und Typ, **Preisvorteile zwischen 10 und 30 %** erzielen.[3] Die EU-Kommission veröffentlicht zweimal jährlich einen Preisindex der meistverkauften Pkw-Modelle der europäischen Hersteller, der laut ADAC aber nicht sehr aussagekräftig ist.[4]

1335 Soweit Neufahrzeuge aus **Nicht-EU-Staaten** (Drittstaaten), z. B. **USA** oder **Russland**, eingeführt und vermarktet werden, folgen diese Geschäfte eigenen Regeln. Nationale zivilrechtliche Judikatur ist angesichts des Nischencharakters überschaubar.

II. Einschaltung eines Importvermittlers

1. Rechtliche Ausgangslage

1336 Mit Einführung der – für den Neuwagenvertrieb bis zum 31. 5. 2013 verlängerten – Kfz-GVO 1400/2002 hat es viele Fragen nach der Abgrenzung zustimmungsfreier und zustimmungspflichtiger Vermittlungstätigkeit im Neuwagenbereich gegeben. Der EU-Kommission kommt es für das Vorliegen einer zustimmungsfreien Vermittlungstätigkeit in erster Linie darauf an, ob sich das Neuwagengeschäft bei wirtschaftlicher Betrachtung als ein

1 Gesamtanteil der Re-Importfahrzeuge 2010: ca. 10 %, davon 96 % von einem deutschen und 4 % von einem ausländischen Händler gekauft (DAT-Report 2011, S. 15).

2 OLG Köln WRP 1997, 200.

3 Eine Spanne von 15 bis 20 % hat der Sachverständige im Fall OLG Naumburg, DAR 2006, 327 genannt.

4 http: europa.eu.int/comm/competition/carsector.

vom Endverbraucher ausgehendes Vermittlungsgeschäft darstellt. In einem **Schreiben der EU-Kommission vom 9. 9. 2004** heißt es auszugsweise:

„... *Andererseits muss es jedem Kunden möglich sein, einen Vermittler zu beauftragen, für ihn ein bestimmtes Neufahrzeug bei einem Vertragshändler zu beschaffen. I. d. R. treten Vermittler daher im Auftrag und im Namen ihres Kunden auf; der Kaufvertrag und die Rechnung des verkaufenden Händlers nennen also üblicherweise unmittelbar den Kunden als Käufer. Das folgt aus der Tatsache, dass der Kunde dem Vermittler eine Vollmacht erteilt und auch in gewissem Umfang das zu beschaffende Fahrzeug näher festlegt. ... Wenn der Vermittler diese Unterlagen eines Käufers dem Händler, der das betreffende Neufahrzeug verkauft, vorgelegt hat, halten wir es für zulässig, dass das betreffende Fahrzeug kurzfristig dem Vermittler in Rechnung gestellt und auch an ihn übereignet wird, sofern der Vermittler es umgehend an diesen Kunden ausliefert ... Bei wirtschaftlicher Betrachtung handelt es sich bei einem solchen Geschäft immer noch um ein vom Endverbraucher ausgehendes Vermittlungsgeschäft.*“

Unabhängig von diesem „funktionalen Ansatz“[5] legen die nationalen Zivilgerichte die Rolle des beteiligten Kfz-Händlers nach den allgemein maßgeblichen Kriterien des Offenkundigkeitsprinzips und des Transparenzgebots fest (Näheres Rdn. 1401 ff.). **1337**

2. Vertragsgestaltung und anwendbares Recht

Zu differenzieren ist zwischen der Neuwagenvermittlung im Auftrag des Kunden und einer solchen im Auftrag eines ausländischen Vertragshändlers. Im Verhältnis zwischen dem deutschen Kunden und dem Vermittler werden **zwei Varianten** unterschieden: die reine Bevollmächtigung und der Auftrag zu einem sog. **Beschaffungsgeschäft** (An- und Verkauf durch Vermittler). Die Dokumentation ist aufgrund vielfacher Zwänge heute sehr viel professioneller als in der Vergangenheit, eine Entwicklung, wie sie auch beim Agenturgeschäft im Gebrauchtwagenhandel zwischen 1968 und 1990 zu beobachten war. Die Rollenverteilung ist i. d. R. ausreichend transparent und dem Durchschnittskunden verständlich. **1338**

Vom Vermittlungsgeschäft (Agentur) abzugrenzen ist das **Eigengeschäft** des deutschen Händlers. Dazu liegt eine umfangreiche Judikatur vor.[6] Ältere Entscheidungen sind aufgrund **veränderter Verhältnisse** mit Vorsicht heranzuziehen. Was in den Augen der EU-Kommission noch ein Vermittlungsgeschäft ist, muss es im nationalen Zivilrecht nicht sein. Wenn der Vermittler selbst fakturiert und/oder das Eigentum am Fahrzeug überträgt, Vorgänge die lt. EU-Kommission der Annahme eines Vermittlungsgeschäfts nicht zwingend entgegenstehen, sind das – zivilrechtlich betrachtet – deutliche Anhaltspunkte für ein Eigengeschäft. Wird der Importeur in den Vertragsunterlagen durchgängig als Vermittler bezeichnet, hat dies allerdings contraindizielle Wirkung.[7] **1339**

Die Klausel, dass der Vermittler **keine Garantieleistung bzw. Gewährleistung** übernimmt, was auf einen Kaufvertrag mit Freizeichnung hindeuten könnte, hat nur klarstellende Funktion, wenn an anderer Stelle des Vertrages darauf hingewiesen wird, dass dem Käufer Ansprüche gegen den Hersteller entsprechend den jeweiligen Bestimmungen des Herstellerwerkes zustehen. Ist im Vertrag bestimmt, dass der Käufer bis zur vollständigen Bezahlung aller Forderungen aus dem Vermittlungsvertrag seine Ansprüche auf Verschaf- **1340**

5 *Ernsthaler*, Kfz-Betrieb 6/2005, S. 22.

6 Aus neuerer Zeit OLG Stuttgart 26. 3. 2008, DAR 2008, 478 m. Anm. *Niebling*; OLG Frankfurt 28. 1. 2005, NJW-RR 2005, 1222 = DAR 2005, 284; OLG Celle 6. 11. 2002 – 7 U 229/01, BeckRS 2002, 30292048 (zur Erteilung der Vollmacht und deren Wirksamkeit).

7 OLG Frankfurt 28. 1. 2005, NJW-RR 2005, 1222 = DAR 2005, 284; s. a. OLG Celle 6. 11. 2002 – 7 U 229/01, BeckRS 2002, 30292048.

fung des Eigentums sowie sonstige Anwartschaftsrechte an dem Fahrzeug an den Vermittler abtritt, kann aus einem Eigentumsvorbehalt des Vermittlers nicht abgeleitet werden, dass er den Verkauf im eigenen Namen getätigt hat.[8]

1341 Wenn der Kaufvertrag zwischen einem **Verbraucher** mit gewöhnlichem Aufenthalt in Deutschland und einem ausländischen Händler geschlossen wird, findet auf die Vertragsbeziehung nicht das UN-Kaufrecht (CISG), sondern **deutsches Recht** Anwendung, vgl. Art. 29 EGBGB[9] bzw. bei Verträgen ab dem 17. 12. 2009 **Art. 6 Rom I-VO**. Im Fall einer zulässigen Vereinbarung über das anwendbare Recht hat allerdings stets ein sog. **Günstigkeitsvergleich** zu erfolgen (Art. 6 Abs. 2 Rom I-VO). Ist das gewählte ausländische Recht in der zu entscheidenden Sachfrage, z. B. der Widerruflichkeit des Kaufs, ungünstiger für den deutschen Verbraucher als sein Heimatrecht, kommt punktuell letzteres zum Zuge.

1342 Ist der Kauf **kein Verbrauchervertrag**, galt für den Kauf eines Fahrzeugs für den persönlichen Gebrauch (andernfalls CISG) mangels einer bestimmten Rechtswahl bislang Art. 28 EGBGB. Maßgeblich war das Recht desjenigen Staates, mit dem der Vertrag die engste Verbindung aufwies (Art. 28 Abs. 1 S. 1 EGBGB). Beim Kauf eines Kraftfahrzeugs war die maßgebliche **„charakteristische Leistung“** die Überlassung des Kaufobjekts, nicht die Zahlung des Kaufpreises. Auf den Vertrag zwischen einem deutschen Käufer und einem US-Händler über einen neuen Pkw, der nach seiner Einfuhr wegen der deutschen Zulassungsvorschriften umgerüstet wurde, hat der BGH nach Art. 28 Abs. 1 S. 1 EGBGB deutsches Recht für anwendbar erklärt.[10] Außerhalb des Anwendungsbereichs des CISG ist seit dem 17. 12. 2009 in Fällen ohne Rechtswahl statt Art. 28 EGBGB **Art. 4 Rom I-VO** maßgebend. Nach Buchst. a Abs. 1 unterliegen Kaufverträge über bewegliche Sachen dem Recht des Staates, in dem der Verkäufer seinen gewöhnlichen Aufenthalt hat.

1343 In Anwendung deutschen Rechts entschied das OLG Celle[11] zugunsten eines Käufers, der von einem niederländischen Fahrzeughändler auf Zahlung des Kaufpreises verklagt worden war. Der deutsche Vermittler (Agent) sei als **Zahlstelle** des Klägers anzusehen mit der Folge, dass dieser, nicht etwa der deutsche Kunde, das Risiko der Insolvenz des Vermittlers (Nichteinlösung des Schecks) trage. Die Barzahlung des beklagten Käufers bei Fahrzeugübergabe hat der Senat als **Leistung an einen Dritten** mit Erfüllungswirkung nach § 362 Abs. 2 BGB behandelt. Den Umständen nach, auch wegen der bestehenden Geschäftsbeziehung, sei der Vermittler als ermächtigt anzusehen (§ 185 Abs. 1 BGB), das Geld für die (niederländische) Händlerin in eigenem Namen in Empfang zu nehmen.

3. Die Begriffe „EU-Neufahrzeug“, „EU-Import“ und „Re-Import“

1344 Im Glossar zum **Kodex für den Fahrzeughandel im Internet** werden die Begriffe „EU-Import/Re-Import“ folgendermaßen definiert: „Das Fahrzeug ist ursprünglich nicht für den deutschen Markt vorgesehen und wird aus dem EU-Ausland wieder in den deutschen Markt eingeführt.“ Das Wörtchen „wieder“ („re“) war früher einmal zutreffend. Wenn das Fahrzeug, wie vielfach, erstmals nach Deutschland gelangt, trifft es nicht zu.

1345 Was der maßgebliche Verkehr bei einem als **„EG-Neuwagen“** beworbenen Fahrzeug erwartet, hat der **Wettbewerbssenat des BGH** im Urteil vom 15. 7. 1999[12] näher ausgeführt und in der EG-Neuwagen II-Entscheidung vom 19. 8. 1999[13] ergänzend erläutert. Richt-

8 OLG Frankfurt 28. 1. 2005, NJW-RR 2005, 1222 = DAR 2005, 284.
9 Dazu OLG Celle 6. 11. 2002 – 7 U 229/01, BeckRS 2002, 30292048.
10 Urt. v. 17. 2. 2010, NJW-RR 2010, 1289 Tz. 16.
11 Urt. v. 6. 11. 2002 – 7 U 229/01, BeckRS 2002, 30292048.
12 NJW 1999, 3267 (EG-Neuwagen I).
13 NJW 1999, 3491.

schnur ist die **EuGH-Entscheidung** vom 16. 1. 1992.[14] Hiernach ist es grundsätzlich **nicht irreführend**, wenn ein Parallelimporteur Kraftfahrzeuge, die für die Erstauslieferung auf einem ausländischen Markt ausgerüstet sind, als preisgünstige Neuwagen anbietet, ohne auf die vorherige Zulassung im Ausland und insbesondere auf die geringerwertige Ausstattung im Vergleich zu entsprechenden, für den heimischen Markt hergestellten Modellen hinzuweisen.

Hintergrund der Wettbewerbsstreitigkeiten vor den Höchstgerichten waren, wie so oft, **1346** **Ausstattungsdefizite** und die **Verkürzung der Herstellergarantie** infolge vorheriger Auslandszulassung. Zur **kaufrechtlichen Bedeutung** der Bezeichnung eines **aus den Niederlanden importierten**, dort bereits auf einen Endkunden (!) zugelassenen Pkw als „Neufahrzeug" hat der VIII. ZS des BGH in der Entscheidung vom 26. 3. 1997[15] Stellung genommen. An sich sei der Begriff „Neufahrzeug" bzw. „Neuwagen" in einem solchen Fall mit Auslandszulassung auf einen Endabnehmer nicht mehr gerechtfertigt. Wenn die Vertragsparteien ihn dennoch benutzten, sei er in einem vom üblichen Sprachgebrauch abweichenden weiteren Sinn zu verstehen oder jedenfalls von den Parteien so verstanden worden.

Nach einem unveröffentlichten Urteil des OLG Köln[16] ergibt sich aus der Bezeichnung **1347** **„EU-Neuwagen"** für den Käufer lediglich, ‚dass das Fahrzeug über ein EU-Land importiert worden ist – mit einer für den deutschen Käufer ersichtlich günstigeren Preisgestaltung'. Dem Begriff sei nicht zu entnehmen, dass es sich dabei um ein in Deutschland nicht mehr aktuelles oder sonst nicht gängiges Modell handele. Die Bezeichnung **„neues EU-Kfz"** bedeutet nach einem Urteil des LG Essen vom 21. 1. 2005[17] nicht, „neu aus der EU eingeführt", sondern, dass es sich um ein „neues" Fahrzeug handele. Ebenso wie ein Käufer, der ein Fahrzeug als „fabrikneu" kaufe, gehe ein Käufer, der ein „neues EU-Kfz" erwerbe, davon aus, dass dieser Pkw nicht mit solchen wertmindernden Faktoren behaftet ist, die seine Eigenschaft als „Neuwagen" beeinträchtigen. Bei dieser zutreffend beurteilten Ausgangslage verlangt das LG Essen eine gezielte Aufklärung des Käufers, wenn die Standzeit/Lagerdauer über 12 Monate hinausgeht. Zur praktisch sehr bedeutsamen Problematik der Standzeit/Lagerdauer und Modellaktualität näher Rdn. 1361 ff.

4. Verbot der Irreführung und Käuferaufklärung

a) Trennung zwischen Wettbewerbsrecht und Vertragsrecht

Zu unterscheiden ist das **wettbewerbsrechtliche Verbot der Irreführung** von der ein- **1348** zelvertraglich geschuldeten **Käuferaufklärung**. Auf beiden Feldern ist wiederum zu trennen zwischen einer Täuschung durch positives Tun einerseits und durch ein Unterlassen andererseits. Grundsätzlich verfolgen das UWG und das Vertragsrecht unterschiedliche Ziele.[18] Das UWG will auf das Vertragsrecht keinen Einfluss nehmen. Es ist zudem europarechtlich auszulegen, während das nationale Kaufrecht auch in richtlinienkonformer Auslegung eigene Wege geht. Eine **Aufklärungspflichtverletzung** nach den Grundsätzen des Verschuldens bei den Vertragsverhandlungen indiziert **keinen Wettbewerbsverstoß** wie umgekehrt aus einer irreführenden Werbung für einen „EU-Neuwagen" nicht zwingend auf ein vorvertragliches Verschulden geschlossen werden kann.

Diese **unterschiedlichen Regelungszwecke** gilt es zu beachten, wenn man die umfang- **1349** reiche Judikatur zur Fallbearbeitung heranzieht. Wegen **veränderter Verhältnisse** im Fak-

14 WRP 1993, 233 = ZIP 1992, 719 – Nissan.

15 NJW 1997, 1847 = NZV 1997, 306 – Ferrari Testarossa 512 TR.

16 14. 7. 1998, 15 U 155/97.

17 Az. 8 O 759/04 – n. v. (rechtskräftig nach Berufungsrücknahme auf einen Hinweis des OLG Hamm, das die LG-Ansicht bestätigt haben soll).

18 *Köhler/Bornkamm*, Einl. UWG, Rn. 7.1 ff.

tischen wie im Rechtlichen ist bei älteren Entscheidungen **besondere Vorsicht** geboten. Angesichts der nach wie vor unsicheren Rechtslage sind **Händler gut beraten**, die EU-Historie bei ihrer Werbung und erst recht gegenüber dem Einzelkunden so weit wie möglich offenzulegen. Nach dem Kodex für den Fahrzeughandel im Internet ist es ein Muss, den Kunden über den Umstand „EU-Import“ zu informieren. Das ist zwar nach Ob und Wie **umstritten**, auch wegen der EU-garantierten Freizügigkeit des Warenverkehrs.[19] Bis EU-Fahrzeuge „normalen“ Inlandswagen in der Wertschätzung des Publikums (Stichwort: preisbildender Faktor) gleichgestellt sind, wird es noch einige Zeit brauchen. Die traditionell hinterherhinkende Rechtsprechung kann bei dieser wünschenswerten Entwicklung nicht Vorreiter sein, sie sollte sie aber auch nicht unnötig behindern.[20]

b) Konfliktfälle

1350 In der Sache selbst stehen **zwei Fallgruppen** im Vordergrund, wettbewerbs- wie kaufrechtlich. Die erste betrifft diejenigen Fahrzeuge, die zwar unbenutzt sind, im Ausland jedoch bereits zugelassen wurden, sei es auf den Händler, sei es auf eine andere Person. Da mit der Erstzulassung im Ausland die **Herstellergarantie** zu laufen begonnen haben kann (nicht muss), kann die **Garantiezeit** beim Verkauf an den deutschen Kunden nicht mehr die volle Länge haben (dazu Rdn. 1353 ff.). Die andere Gruppe besteht aus Fahrzeugen, deren Ausstattung nicht dem Inlandsstandard entspricht und/oder bei denen die strengen Kriterien der Fabrikneuheit nicht erfüllt sind, etwa hinsichtlich der Standzeit von max. 12 Monaten.

1351 In all diesen Fällen – wobei es auch zu Kombinationen kommen kann – ist es hauptsächlich **der Wert des Fahrzeugs**, den Käufer als gemindert ansehen. Eine Einschränkung der **Gebrauchstauglichkeit** wird bei solchen Störfällen selten beanstandet. Ob gleichwohl die Sachmängelhaftung eingreift oder ob der Verkäufer nach den allgemeinen Vorschriften, insbesondere nach c. i. c.-Grundsätzen, haftet, ist kaufrechtlich eine der **zentralen Fragen**. Die Eigenschaft, ein **„Re-Import“** zu sein, ist für die Rechtsprechung **kein Merkmal der Beschaffenheit** i. S. v. § 434 Abs. 1 BGB,[21] was den Weg frei macht für eine Haftung wegen **Verschuldens bei Vertragsschluss** schon bei Fahrlässigkeit. Angesichts der weiten Auslegung des Begriffs der Beschaffenheit im „neuen“ Kaufrecht (dazu näher Rdn. 2441) ist diese Auffassung zumindest zweifelhaft.

1352 Die gleiche Abgrenzungsfrage stellt sich im Zusammenhang mit der **Verkürzung** oder dem **Wegfall der (Hersteller-)Garantie**. Im früheren Recht hat man diesen Fall mit der Culpa-Haftung erfasst, während nunmehr im Fehlen einer zugesicherten Werksgarantie ein Sachmangel gesehen wird.[22] **Unterschiede in der Ausstattung** sind demgegenüber so stark mit dem Fahrzeug, seiner körperlichen Beschaffenheit, verbunden, dass die Zuständigkeit des Sachmängelrechts außer Streit steht.[23]

---

19 Zum Grundsätzlichen OLG Naumburg 7. 12. 2005, DAR 2006, 327 = ZGS 2006, 238 (Verkauf eines AUDI A 2 im Februar 2004 als Gebrauchtwagen).

20 Anzeichen für eine Neubewertung bei OLG Naumburg 7. 12. 2005, DAR 2006, 327 = ZGS 2006, 238. Verdienstvollerweise hat der Senat über die Behauptung eines um ca. 10 % geringeren Wertes, bezogen auf das Jahr 2004, Sachverständigenbeweis erhoben.

21 OLG Hamm 13. 5. 2003, NJW-RR 2003, 1360 = OLGR 2004, 18 (Einzelimport aus Italien); OLG Naumburg 7. 12. 2005, DAR 2006, 327 = ZGS 2006, 238 (aus Spanien reimportierter Audi A 2, als Gebrauchtwagen verkauf); offen gelassen von OLG Düsseldorf 17. 12. 2007 – I-1 U 103/07, weil der Re-Import durch den Vermerk im GW-Bestellschein „Das Fahrzeug ist reimportiert“ aufgedeckt war.

22 So OLG Stuttgart 1. 2. 2006, ZGS 2008, 479.

23 OLG Naumburg 7. 12. 2005, DAR 2006, 327 = ZGS 2006, 238 (ESP).

aa) Verkürzung der Garantiefrist

Herstellergarantien (Werksgarantien) laufen üblicherweise ab dem Tag, an dem die Fahrzeuge die Sphäre des Herstellers verlassen. Garantiebeginn kann aber auch der Tag der Erstzulassung sein, gleichviel, auf wen und für welche Dauer, d. h. auch eine „Tageszulassung" auf einen ausländischen Händler kann zum Anlauf der Garantiefrist führen (Klauselbeispiele unter Rdn. 1565 f.). Der deutsche Käufer kommt damit nicht in den Genuss der vollen Frist. Nach der **wettbewerbsrechtlichen Leitentscheidung** des BGH vom 15. 7. 1999[24] ist auf eine garantiezeitverkürzende Auslandszulassung nur dann in der Werbung hinweisen, wenn die Garantiezeit zum Zeitpunkt der Werbung um **mehr als zwei Wochen** verkürzt ist. Eine geringere zeitliche Einschränkung der Werksgarantie sei unwesentlich.[25] Gelingt es dem Händler nicht, den Bezug von Neuwagen aus dem EU-Ausland so zu organisieren, dass er das importierte Fahrzeug innerhalb von zwei Wochen nach dem Beginn der Garantiezeit bewerben kann, muss er ausdrücklich auf die Verkürzung hinweisen.[26] 1353

Kaufrechtlich stellt sich im Fall einer Verkürzung der Garantiefrist die Frage, ob der Käufer durch die Sachmängelhaftung geschützt ist oder einen Anspruch aus culpa in contrahendo hat, ggf. zusätzlich nach den §§ 812 ff. (nach Anfechtung gem. § 123 BGB) und aus §§ 823 ff. BGB. Richtigerweise bedeutet eine zeitliche Verkürzung der Herstellergarantie auch im modernisierten Kaufrecht keinen Sachmangel[27] (s. Rdn. 2745; zur Abgrenzung auch Rdn. 4599 ff.). Selbst gegenüber seinem Verkäufer hat der Erwerber eines EU-Neufahrzeugs mit verkürzter Garantielaufzeit, wenn überhaupt, nur einen Anspruch nach den allgemeinen Vorschriften (c. i. c., §§ 812 ff., 823 ff. BGB). 1354

Ob in concreto eine (kaufrechtliche) Aufklärungspflicht bestanden hat und der Verkäufer bzw. Vermittler sie schuldhaft verletzt hat, hängt von den **Umständen des Einzelfalls** ab. Abgesehen von den stets vorrangig zu berücksichtigenden Abreden und Hinweisen kommt es entscheidend auf das Ausmaß der Verkürzung an. Eine gewisse Orientierung bietet insoweit die **Zwei-Wochen-Entscheidung** des Wettbewerbssenats des BGH.[28] Für die Frage des Vertretenmüssens ist relevant, ob und mit welchem Aufwand es dem Verkäufer/Vermittler möglich gewesen ist, den Beginn der Herstellergarantie zu ermitteln. Bei einer Verkürzung um nur 23 Tage hat das LG Amberg beim Verkauf eines **re-importierten Gebrauchtwagens** (Opel) eine Aufklärungspflicht verneint.[29] Ist von der Garantiezeit von 24 oder 36 Monaten dagegen schon ein Zeitraum von sechs Monaten abgelaufen, wird man darin einen aufklärungspflichtigen Umstand sehen müssen.[30] Weitere Rechtsprechung zur Garantieverkürzung und -verlust unter Rdn. 2745, 4600. 1355

bb) Produktion im Ausland

Selbst bei Neufahrzeugen deutscher Hersteller muss der Käufer in Zeiten der Globalisierung damit rechnen, dass sie im Ausland hergestellt wurden. Dies gilt besonders für EU-Import-Fahrzeuge. Nach einer Entscheidung des OLG Köln[31] ist allein der Umstand der Herstellung im Ausland (Großbritannien) nicht offenbarungspflichtig, während das LG Ellwangen[32] sich auf den (irrigen) Standpunkt gestellt hat, der Produktionsort Südafrika sei bei einem Pkw deutschen Fabrikats (VW Golf) ein Mangel im Rechtssinn. 1356

24 NJW 1999, 3267.
25 Präzisierung und Klarstellung von BGH 20. 2. 1986, GRUR 1986, 615.
26 BGH 15. 7. 1999, NJW 1999, 3267.
27 A. A. OLG Stuttgart 1. 2. 2006, ZGS 2008, 479.
28 Urt. v. 15. 7. 1999, NJW 1999, 3267.
29 Urt. v. 16. 10. 2007, NZV 2008, 301.
30 Vgl. BGH 24. 4. 1996, NJW 1996, 2025 (aus Frankreich importierter Volvo-Lkw).
31 OLG Köln 16. 2. 1995, NZV 1995, 485.
32 Urt. v. 13. 12. 2002, NJW 2003, 517, 518.

cc) Zulassung/Kennzeichen

1357 EU-Importe bzw. EU-Neuwagen haben häufig eine Erstzulassung im EU-Ausland, i. d. R. auf einen Fabrikatshändler, nicht auf einen Endkunden.[33] Typischerweise handelt es sich um „Tageszulassungen". Wenn die Auslandszulassung beim Verkauf nicht aufgedeckt wird und der Käufer sie erst nach Übernahme des Fahrzeugs bemerkt, z. B. anlässlich von Wartungs- und Inspektionsarbeiten, ist Streit programmiert; auch noch in Fällen der Weitervermarktung als Gebrauchtwagen.[34] Nach der Rechtsprechung des BGH hebt eine **Tageszulassung** bzw. **Kurzzulassung** nicht in jedem Fall die Eigenschaft „fabrikneu" auf, s. Rdn. 635. Zur Bedeutung von Kurzzulassungen im Normalfall s. Rdn. 632 ff. Ob und inwieweit beim Kauf eines „EU-Neuwagens" Besonderheiten bestehen, die eine vom Regelfall abweichende Beurteilung in wettbewerbs- wie kaufrechtlicher Hinsicht erforderlich machen, ist eine Frage des Einzelfalles. Das für Inlandsfälle erreichte Käuferschutzniveau anzuheben, besteht keine Veranlassung. Eher ist die Schutzwürdigkeit des Käufers eines preisgünstigen EU-Neufahrzeugs einzuschränken. Er geht bewusst ein höheres Risiko ein als beim Kauf vom inländischen Markenhändler. Das kann im Einzelfall nicht ohne Einfluss darauf bleiben, welche Beschaffenheit er i. S. d. § 434 Abs. 1 S. 2 Nr. 2 BGB erwarten darf; auch welches Maß an Aufklärung.

1358 Ein Erfahrungssatz, dass ein „grauer" Import bzw. Re-Import immer nur über eine Tageszulassung möglich sei, bestand schon Mitte der Neunziger, zur Zeit der Ferrari-Entscheidung des BGH,[35] nicht mehr, wenn er überhaupt jemals berechtigt war. Dass Import- und Reimportfahrzeuge im Ausland eine Erstzulassung auf den dortigen Händler erhalten, bevor sie – unbenutzt – nach Deutschland weiterveräußert werden, beruht auf zivilrechtlichen Vertragsgestaltungen der Fahrzeughersteller. Die Ausfüllung eines Vordrucks der Zulassungsbescheinigung Teil II (Fahrzeugbrief) gem. § 12 Abs. 1 FZV setzt nicht voraus, dass ein nach Deutschland importiertes Fahrzeug zuvor in keinem anderen Staat zugelassen war.[36]

1359 **Kennzeichen:** Immer wieder kommt es vor, dass Käufer – in der unangebrachten Erwartung aller inländischen Standards – sich über Vorgänge beschweren, die entweder beim Erwerb eines EU-Imports geschäftsimmanent sind oder jedenfalls so kommuniziert wurden, dass ein verständiger Käufer hinreichend aufgeklärt ist. Ein Beispiel dafür ist der Fall, über den das OLG Düsseldorf durch Urteil vom 11. 12. 2006 entschieden hat.[37] Der per Transporter angelieferte Fünfer BMW hatte ein dänisches Kennzeichen und außerdem 307 km auf dem Tachometer. In keinem der beiden Punkte hat der Senat eine Vertragswidrigkeit gesehen. Das Kennzeichen war ein **dänisches Registrierkennzeichen**, keine Auslandszulassung, die dem Wagen unter Umständen die Eigenschaft „fabrikneu" hätte nehmen können. Die Registrierung in Dänemark gehörte quasi zu den Spielregeln des Geschäfts, auf das der Käufer sich aus Gründen der Kostenersparnis eingelassen hatte.

dd) Ungeklärte Fahrstrecke

1360 Grundsätzlich, so das OLG Düsseldorf[38], könne auch der Käufer eines EU-Neuwagens von einem Tachostand Null bis 20 km ausgehen, er müsse jedenfalls nicht mit einer Fahrstrecke von 307 km rechnen. Tolerabel seien lediglich, wie bei „normalen" Neufahrzeugen (dazu Rdn. 561 ff.), Kurzstrecken zu Testzwecken. Je nach Einzelfall könnten auch Über-

---

33 Anders im Ferrari-Fall BGH 26. 3. 1997, NJW 1997, 1847 (Import aus den Niederlanden).

34 Dazu OLG Düsseldorf 17. 12. 2007 – I-1 U 103/07.

35 Urt. v. 26. 3. 1997, NJW 1997, 1847; s. a. BGH (I. ZS) 15. 7. 1999, NJW 1999, 3267.

36 Dazu und zu weiteren Fragen des Zulassungsverfahrens bei Importfahrzeugen mit vorheriger „Papierzulassung" im Ausland s. OVG Koblenz 25. 2. 2010 – 7 A 11062/09, BeckRS 2010, 47066

37 NJW-RR 2007, 1129.

38 Urt. v. 11. 12. 2006, NJW-RR 2007, 1129.

führungskilometer unschädlich sein; auch eine Fahrstrecke im Ausland, z. B. vom zentralen Auslieferungslager zum Betriebssitz des ausländischen Händlers und Geschäftspartners des deutschen Importeurs. Wenn der Käufer mit einer solchen Erstüberführung im Ausland einverstanden gewesen ist, sie möglicherweise aus Gründen der Beschleunigung sogar gewünscht hat, hat er keinen Grund zur Rüge.[39] Erst recht dann nicht, wenn die Laufleistung im Kaufvertrag ausdrücklich notiert ist.[40]

ee) Standzeit/Modellaktualität

Diese beiden Aspekte werden üblicherweise – auch bei EU-Neufahrzeugen – im Zusammenhang mit dem Thema „fabrikneu“ erörtert, ferner unter dem Gesichtspunkt der Aufklärungspflichtverletzung. Zu den insoweit für den Normalfall geltenden Rechtsgrundsätzen s. Rdn. 516 ff. (Standzeit/Lagerdauer) und Rdn. 533 ff. (Modellaktualität). Ob und inwieweit der Käufer eines „EU-Neufahrzeugs“ **Abstriche bei den Einzeleigenschaften** hinzunehmen hat, die die **konkludent zugesagte Eigenschaft „fabrikneu“** ausmachen, haben die Instanzgerichte im Wesentlichen geklärt. Allerdings wird nicht immer scharf genug unterschieden zwischen „fabrikneu“ und lediglich „neu“ in Abgrenzung zu „gebraucht“.[41] 1361

In der Tendenz ist die Judikatur kaum weniger käuferfreundlich als in den Normalfällen des Neufahrzeugkaufs. Dabei entscheidet sich der Käufer allein wegen des günstigen Preises sehenden Auges für ein Produkt aus einem Sondermarkt, der für ihn noch komplexer und damit intransparenter ist als der normale Markt. Statt den EU-Wagen-Käufer an seiner eigenen Auswahlentscheidung festzuhalten und sein Aufklärungsinteresse daran zu messen, stellt man ihn auf eine Stufe mit demjenigen Konsumenten, der sich deutlich teurer auf dem Normalmarkt versorgt. Das ist aus grundsätzlichen Erwägungen bedenklich. 1362

Auch für das Segment „EU-Neufahrzeug-Kauf“ ist noch nicht entschieden, ob die konkludente Zusage „fabrikneu“ oder schlicht „neu“ **eine Beschaffenheitsgarantie** darstellt. Das wäre bei diesem Geschäftstyp erst recht verfehlt (s. a. Rdn. 565 ff.). Andererseits sind Versuche von Händlern ohne Erfolg geblieben, der strengen „Fabrikneu“-Rechtsprechung dadurch auszuweichen, dass sie Begriffe wie „fabrikneu“ oder „neu“ in den Vertragsunterlagen einschließlich der AGB vermeiden. Gleichfalls keine Anerkennung findet der Versuch, den Käufer nach einem Inserat, z. B. im Internet, mit Verwendung des Begriffs „Neufahrzeug“ (nur) in den AGB darauf hinzuweisen, dass man kein „klassischer Neuwagen-Vertragshändler“ sei und mit Fahrzeugen handele, die eventuell mehr als ein Jahr nach der Produktion gestanden haben können oder eine Kurzzeit- oder Tageszulassung haben.[42] Selbst der Anschlusshinweis „Zwar sind es EU-Fahrzeuge mit 0 km, aber jedoch Gebrauchtwagen nach Deutschem Recht“ erzielt nicht die gewünschte Wirkung.[43] 1363

Was die Grundeigenschaften von „fabrikneu“ und zugleich die beiden einzigen Merkmale der Subkategorie „neu“ angeht, gilt Folgendes: Auch ein als „EU-Neuwagen“ verkauftes Fahrzeug muss aus **neuen Materialien** zusammengebaut sein und noch nicht im Straßenverkehr zu Verkehrszwecken – Test- und Überfahrungsfahrten ausgenommen, s. Rdn. 1360 – benutzt worden sein, d. h. **ungebraucht** sein. Zumindest diese beiden Eigenschaften kann auch der Käufer eines als „EU-Neuwagen“ angebotenen Fahrzeugs mangels konkreter gegenteiliger Anhaltspunkte erwarten. Abweichungen zum Nachteil des Käufers müssen offen gelegt werden. 1364

39 OLG Düsseldorf 11. 12. 2006, NJW-RR 2007, 1129.

40 So im Fall OLG Celle 11. 6. 2008 – 7 U 226/07 (100 km nicht zu „Verkehrszwecken“, sondern wohl nur anlässlich von Probefahrten u. Ä.)

41 Z. B. LG Köln 20. 1. 2011 – 8 O 338/10.

42 LG Köln 20. 1. 2011 – 8 O 338/10.

43 LG Köln 20. 1. 2011 – 8 O 338/10.

1365 Die **zentrale Frage** ist, ob der Käufer mehr als diese beiden Eigenschaften erwarten kann, ob er also, wie im Normalfall, in der Annahme schutzwürdig ist, dass es sich bei dem „Neufahrzeug“ um ein „fabrikneues“ Fahrzeug nach Maßgabe der BGH-Rechtsprechung handelt. Zumal bei der **Standzeit/Lagerdauer** und – damit in Verbindung stehend – bei der **Modellaktualität** können die Besonderheiten des Geschäftstyps „EU-Neuwagen-Kauf“ eine **differenzierende Sichtweise** erforderlich machen.

1366 Das OLG Düsseldorf hat entschieden:

Auch ein EU-Neufahrzeug darf grundsätzlich nicht älter als 12 Monate sein, gleichviel, von welchem Typ von Kfz-Händler es angeboten wird (Urt. v. 24. 10. 2005, I-1 U 84/05, SVR 2006, 330).

1367 Es ging um die **Sachmängelhaftung** des beklagten inländischen Fahrzeughändlers, nicht um die Aufklärungspflicht eines EU-Importeurs kraft Geschäftsbesorgungsvertrag. Gegenstand des Kaufs war ein **noch nicht zugelassener Geländewagen** der Marke Suzuki, Typ Samurai. „Es handelt sich bei dem Pkw um ein EU-importiertes Fahrzeug“, hieß es im Bestätigungsschreiben, also nicht etwa „Neuwagen“ o. Ä.[44] Abgesehen von hier nicht interessierenden technischen Defiziten rügte der Käufer ein zu hohes Alter des Fahrzeugs. Bei Abschluss des Kaufvertrages war die Zwölfmonatsgrenze nur um zwei bis drei Wochen überschritten. Mit dem Argument, ihm sei das Ende der Produktion des besagten Typs bekannt gewesen, so dass er mit einer längeren Lagerzeit als 12 Monate habe rechnen müssen, hat die erste Instanz die Altersbeschwerde zurückgewiesen.

1368 Das OLG Düsseldorf[45] ist dem nur im Ergebnis gefolgt. Der Senat macht im Hinblick auf das vom BGH in der Grundsatzentscheidung zur Zwölfmonatsfrist[46] angenommene **Regel-Ausnahme-Verhältnis** deutlich, dass je nach den Umständen des Einzelfalls eine vom Regelfall abweichende Beurteilung der Altersfrage in Betracht kommen könne. **Atypizität** könne allerdings nicht allein damit begründet werden, dass das Fahrzeug ein „EU-Neuwagen“ sei und der Anbieter als „EU-Importeur“ auftrete.[47] Anders gesagt: Allein mit einer Beschaffenheitsangabe wie „EU-Neuwagen“ oder einem Hinweis wie „Erstzulassung: EU-Fahrzeug“ wird nicht konkludent vereinbart (negative Beschaffenheitsvereinbarung), dass der Wagen älter als 12 Monate ist oder auch nur sein könnte. Vielmehr ist auf die Angabe „EU-Neuwagen“, isoliert betrachtet, die Zwölfmonats-Rechtsprechung des BGH zu den Bezeichnungen „fabrikneu“ (NJW 2004, 160) und „Jahreswagen“ (NJW 2006, 2694) anwendbar. Ebenso, wenn es im Internetinserat heißt „Geländewagen/Pickup, Neufahrzeug“ und lediglich in den AGB Zusatzhinweise auf eine eventuell längere Standzeit enthalten sind.[48]

1369 Dass ein Händler mit der Kennzeichnung **„EU-Importwagen, Neuwagen“** auf dem Schild am Fahrzeug und mit dem Ausdruck „Neuwagen“ im Darlehensvertrag bei Verwendung eines Bestellformulars für ein gebrauchtes Kfz die Eigenschaft „fabrikneu“ **nicht konkludent zusichere**, stellt demgegenüber das OLG Schleswig heraus und unterscheidet subtil, aber zutreffend, zwischen „fabrikneu“ und nur „neu“. Letztere Eigenschaft sei bei einem Fahrzeugalter von rund zweieinhalb Jahren nicht beeinträchtigt, sofern der Wagen unbenutzt, nicht modellveraltet und ohne Standzeitmängel sei.[49] Zum Verkauf eines Chrys-

44 Insoweit anders im Fall LG Köln 20. 1. 2011 – 8 O 338/10, wo es im Internetinserat ausdrücklich hieß „Geländewagen/Pickup, Neufahrzeug“.

45 Urt. v. 24. 10. 2005, SVR 2006, 330 (*Wietoska*).

46 Urt. v. 15. 10. 2003, NJW 2004, 160.

47 Urt. v. 24. 10. 2005, SVR 2006, 330 (*Wietoska*).

48 LG Köln 20. 1. 2011 – 8 O 338/10 (den Unterschied von „fabrikneu“ und „neu“ nicht genug beachtend).

49 Urt. v. 21. 7. 1999, NJW-RR 2000, 505 = DAR 2000, 69 = OLGR 1999, 412 = EWiR § 459 BGB 1/2000, 67 (*Reinking*).

ler PT Cruiser als „Import-Fahrzeug wie gesehen" mit dem Hinweis „Lagerfahrzeug" ohne Verwendung des Begriffs „Neuwagen" siehe die klageabweisende Entscheidung OLG Braunschweig NJW-RR 2005, 1508.

Dass selbst ein **Import aus den Vereinigten Staaten von Amerika** für sich allein ge- **1370**
nommen keinen Grund für eine Abweichung vom Regelfall und damit für eine Standzeitverlängerung über 12 Monate hinaus darstellt, hat **der BGH** schon in der o. a. Zwölfmonatsentscheidung ausgeführt. Für den (Re-)Import aus EU-Staaten gilt das erst recht. Auch der i. d. R. vergleichsweise günstige Kaufpreis scheidet als Hinweis auf ein höheres Alter aus, allein und auch in Verbindung mit dem Umstand des EU-Imports oder der Bezeichnung als „EU-Neuwagen".[50]

Nicht verkannt hat das OLG Düsseldorf[51], dass freie Importeure wegen ihrer fehlenden **1371**
Vernetzung mit dem jeweiligen Hersteller Schwierigkeiten bei der Ermittlung des genauen Produktionsdatums als Basis der Berechnung der Zwölfmonatsfrist haben. Diese seien jedoch nicht unüberwindbar und könnten im Übrigen nicht zu Lasten der Verbraucher gehen. Gleichwohl hat das OLG Düsseldorf nach den konkreten Umständen des Falles (Informationsstand des Käufers und Angebotsverhalten des Händlers) eine **Abweichung vom Regelfall bejaht** und die nur geringfügige Überschreitung der Zwölfmonatsfrist toleriert.

Mangelhaftigkeit hat demgegenüber das OLG Celle im Fall eines re-importierten VW **1372**
Polo angenommen, bei dem zwischen der Produktion und der Erstzulassung in Deutschland, also nicht im Ausland, **mehr als 18 Monate**, nämlich genau 22, lagen.[52] Die Zwölfmonatsrechtsprechung des BGH für noch nicht zugelassene Pkw sowie für Jahreswagen vom Händler gelte auch für Kaufverträge über Reimporte, ebenso die obergerichtliche Judikatur zur Bedeutung des Erstzulassungsdatums beim Verkauf (jüngerer) Gebrauchtwagen. Ein Fahrzeughändler, der einen neuen bzw. neuwertigen Re-Import verkaufe, habe eine „gesteigerte Hinweispflicht". Über die Vorgeschichte des Fahrzeugs, soweit sie sich negativ auf den Wert auswirke, sei der Käufer aufzuklären, so das OLG Celle. Nur auf diese Weise könne eine berechtigte Alterserwartung zerstört werden. Im konkreten Fall wäre dies eine Mitteilung des Baujahres gewesen (war der Beklagten bekannt).

Festzuhalten ist, dass die Gerichte in der Altersfrage zu Lasten der Händler entscheiden, **1373**
wenn sie eine vom Regelfall abweichende Fallgestaltung nicht feststellen können. Dazu wird entweder eine konkrete (negative) Beschaffenheitsvereinbarung oder eine vollständige und wahrheitsgemäße Aufklärung des Käufers verlangt. So oder so schiebt man dem Verkäufer die Beweislast zu, was nur für die negative Beschaffenheitsvereinbarung zutreffend ist. Das Unterbleiben einer gebotenen Aufklärung hat grundsätzlich der Käufer nachzuweisen.

Dass es neben den Informationen im Kaufvertrag (z. B. Hinweis auf das Produktionsda- **1374**
tum, das Baujahr, das Erstzulassungsdatum, Bezeichnungen wie „Auslaufmodell" oder „Lagerfahrzeug") auf öffentliche Äußerungen in Anzeigen im Internet[53] und anderorts ankommt, ist auch der Grundtenor älterer Entscheidungen zum Problemschwerpunkt „Standzeit/Alter".[54] Außerdem spielen selbstverständlich die Begleitumstände, soweit für den Käufer erkennbar, eine wesentliche Rolle bei der Festlegung der Soll-Beschaffenheit wie auch beim Thema Aufklärungspflichtverletzung.

50 OLG Celle 11. 6. 2008 – 7 U 226/07.
51 Urt. v. 24. 10. 2005, SVR 2006, 330 (*Wietoska*).
52 Urt. v. 11. 6. 2008 – 7 U 226/07.
53 Dazu LG Köln 20. 1. 2011 – 8 O 338/10.
54 OLG Koblenz 27. 6. 1996, NJW-RR 1997, 430 (Lagerzeit zweieinhalb Jahre); AG Erkelenz 25. 4. 1997, zfs 1997, 298 (28 Monate).

1375 Um bei einer Standzeit von mehr als zwölf Monaten zwischen Produktion und Verkauf bzw. Erstzulassung – bei Restbeständen und Auslaufmodellen kein Einzel-, sondern eher der Regelfall – auf der sicheren Seite zu sein, ist Händlern eine **individuelle Aufklärung** zu empfehlen, die vernünftige Zweifel und Missverständnisse ausschließt.[55] Mit einer verständlichen (nachvollziehbaren) Angabe des Produktionsdatums ist es allemal getan, auch mit einer Baujahrsinformation. Problematisch sind vorformulierte Hinweise, weil sie einer AGB-Inhaltskontrolle unterliegen können. Das Transparenzgebot gilt allerdings nur eingeschränkt, weil der Käufer sich ganz bewusst für ein Billigangebot entschieden hat, das gerade in der Standzeitfrage vom Üblichen und Erwartbaren abweicht. Nicht anders verhält es sich logischerweise mit der **Modellaktualität.** Auch insoweit ist zumindest fraglich, ob der Käufer eines EU-Neufahrzeugs in seiner Erwartung gleichermaßen schutzwürdig ist wie im Normalfall.

ff) Ausstattungsdefizite

1376 Unterschiede in der Ausstattung und Ausrüstung von EU-Neuwagen im Vergleich zur Serienausstattung „normaler" Inlandswagen („Magerausstattung") sind seit jeher ein heikles Thema wettbewerbs- wie kaufrechtlicher Streitigkeiten. Es geht um Details wie **Airbag, ESP, Leuchtweitenregulierung** und Teilbarkeit der Rücksitzbank.

1377 Schon **in der Werbung** auf eine geringwertigere Serienausstattung des EU-Fahrzeugs hinzuweisen, wird vom Händler nicht verlangt, wenn er das Fahrzeug in der Werbung hinreichend als „EG-Neuwagen" bezeichnet, so der BGH in der „EG-Neuwagen II-Entscheidung" vom 19. 8. 1999.[56] Etwas anderes könne gelten, so der Wettbewerbssenat weiter, wenn den beworbenen Fahrzeugen wesentliche Ausrüstungs- oder Ausstattungsmerkmale fehlen, die der Verkehr als selbstverständlichen Bestandteil der Serienausstattung kennt. Letzteres sei beim Beifahrer-Airbag und der Teilbarkeit der Rücksitzbank nicht der Fall. Insoweit genüge in einem solchen Fall ein Hinweis in der Werbung wie „EG-Neuwagen". Anders dürften die Dinge beim Elektronischen Stabilitätsprogramm (ESP) liegen. Die Ausstattung von Fahrzeugen zumindest ab der Kompaktklasse mit ESP sei in Deutschland derart selbstverständlich, dass ein Käufer ohne besonderen Hinweis nicht damit rechnen müsse, bei einem Re-Import könne das nicht der Fall sein. Das gelte umso mehr dann, wenn das Fahrzeug einer besonderen Ausstattungslinie angehöre, die auch in Deutschland vertrieben werde.[57]

1378 Ob und in welcher Weise der Händler **im Verkaufsgespräch** aufklärungspflichtig ist, lässt sich nicht pauschal sagen. Kommt der Kunde auf eine Anzeige im Internet oder in der Zeitung, kann er bereits durch entsprechende Angaben vollständig unterrichtet sein. Sicherheitshalber sollten etwaige Ausstattungsdefizite im Kaufvertrag nochmals ausdrücklich benannt werden, nicht nur mündlich bei den Vertragsverhandlungen. Mit dem bloßen Hinweis auf die Importeigenschaft („EU-Neuwagen" oder „Re-Import") ist es im Zweifel nicht getan, jedenfalls dann nicht, wenn dem Fahrzeug wesentliche Ausrüstungs- oder Ausstattungsmerkmale fehlen, wie etwa ESP[58]. Im Umfang vollständiger und wahrheitsgemäßer Aufklärung bedeutet das Fehlen von Ausstattungsmerkmalen keine Mangelhaftigkeit i. S. d. § 434 BGB. Die Parteien haben insoweit eine **negative Beschaffenheitsvereinbarung** getroffen. Beweispflichtig dafür ist der Verkäufer.[59] Im Fall des non liquet, typisch bei nur mündlichen Angaben im Verkaufsgespräch, muss sich das Fahrzeug an den objek-

55 Gefordert auch vom LG Essen 21. 1. 2005 – 8 O 759/04; s. a. LG Köln 20. 1. 2011 – 8 O 338/10.
56 NJW 1999, 3491 – Opel Corsa 1,2i Swing.
57 LG Karlsruhe 30. 7. 2010, zfs 2010, 566 (aber Vertragssache).
58 Dazu LG Karlsruhe 30. 7. 2010, zfs 2010, 566 (Re-Import eines Opel Astra GTC aus Russland); s. a. OLG Naumburg 7. 12. 2005, DAR 2006, 327 = ZGS 2006, 238 (AUDI A 2 aus Spanien).
59 LG Karlsruhe 30. 7. 2010, zfs 2010, 566.

tiven Standards nach § 434 Abs. 1 S. 2 Nr. 2 BGB messen lassen. Zur üblichen Beschaffenheit eines Neufahrzeugs der Mittelklasse (hier: Opel Astra) gehöre eine Ausstattung mit ESP.[60]

Zur Anfechtung des Kaufvertrages **wegen arglistiger Täuschung** ist der Käufer berechtigt, wenn ihn der Verkäufer eines **aus den USA** importierten Fahrzeugs nicht ungefragt auf das Fehlen des Ölkühlers hingewiesen hat, mit dem die von der Tochtergesellschaft des Herstellers importierten vergleichbaren Fahrzeuge serienmäßig ausgestattet waren. Der Vermerk im Kaufvertrag ‚Spezifikation wie USA' entlastet den Verkäufer nicht, weil er nichts über die Aufklärung des Käufers über den fehlenden Ölkühler besagt.[61] **1379**

gg) Beschädigungen/Ausbesserungen/Nachlackierungen

Welche Umstände der genannten Art die Eigenschaft „fabrikneu" entfallen lassen und welche anderweitig haftungsrelevant sind, ist unter Rdn. 552 ff. dargestellt. Für „EU-Neuwagen" gelten diese Grundsätze gleichermaßen, es sei denn, aus den Umständen des konkreten Falles ergibt sich etwas anderes. Eine fachgerecht durchgeführte Nachlackierung an einem re-importierten Seat Ibiza hat das LG Aachen[62] als nicht vertragswidrig angesehen, obgleich ungeklärt war, ob die Lackierung im Werk, wie von der Beklagten behauptet, oder außerhalb des Werkes erfolgt ist. Klar war dagegen, dass der Anlass der Nachlackierung kein Blechschaden, sondern lediglich ein Schaden der Originallackierung war. Zudem betrug der merkantile Minderwert max. 100 €. **1380**

5. Garantiefragen

a) Herstellergarantie

Eine Herstellergarantie (Werksgarantie) verpflichtet grundsätzlich nur denjenigen, der sie erteilt hat. Das ist der Hersteller des Fahrzeugs als Garantiegeber. Dieser kann sein Vertriebsnetz, die eigenen Vertragshändler und die autorisierten Werkstätten verpflichten, die in der Garantie zugesagten Leistungen dem Kunden als Garantienehmer gegenüber zu erbringen (Näheres zur Herstellergarantie Rdn. 1547 ff.). **1381**

Garantiezusagen der Hersteller enthalten üblicherweise **keine Ausschlüsse oder Einschränkungen** für den Fall der Veräußerung des Fahrzeugs durch einen der Händlerkette nicht angeschlossenen Händler. Berechtigte aus der Garantie sind regelmäßig der Eigentümer oder Halter, also nicht nur der Erstkäufer. In den Garantienbedingungen wird ausdrücklich klargestellt, dass Ansprüche durch einen Eigentumswechsel nicht berührt werden. **1382**

aa) Gleichstellung von Inlandsfahrzeugen und „EU-Importen"

Um zu verhindern, dass Garantiearbeiten an Fahrzeugen geleistet werden, die außerhalb der selektiven Vertriebswege erworben wurden, haben **inländische Vertragshändler** in der Vergangenheit die Erbringung von Garantieleistungen mitunter davon abhängig gemacht, dass der Kunde entweder eine vom ausländischen Verkäufer ausgefüllte Garantieurkunde oder ein von diesem abgestempeltes Serviceheft mit dem Vermerk über die ordnungsgemäße Vornahme der Ablieferungsinspektion vorlegt. Mit derartigen Argumenten können sich Automobilhersteller und die mit ihnen verbundenen Vertragshändler nach Ansicht der **EU-Kommission** ihrer Verpflichtung zur Vornahme von Garantiearbeiten nicht **1383**

60 LG Karlsruhe 30. 7. 2010, zfs 2010, 566.
61 OLG Düsseldorf 28. 5. 1993, NJW-RR 1993, 1463.
62 Urt. v. 23. 8. 2005 – 8 O 156/05 – n. v.; s. a. OLG Koblenz 20. 11. 1999, NJW-RR 1999, 702 (US-Import).

entziehen. Ein solches Verhalten wurde im Interesse der Besitzer von Importfahrzeugen schon vor Jahren von der Kommission gerügt:

‚*Sollte das Kundendienstheft für den Verbraucher nicht erkennbar von einem der Hersteller-Vertragshändler inkorrekt ausgefüllt worden sein, so handelt es sich um ein Problem, das das Vertragsverhältnis zwischen Hersteller und Vertragshändler betrifft. Das Vertragsverhältnis zwischen Hersteller und Verbraucher ist dadurch nicht berührt. Folglich hat der Verbraucher innerhalb des Vertriebsnetzes uneingeschränkt Anspruch auf Anerkennung der Herstellergarantie und damit auch auf eine sofortige Garantieabwicklung*‘ (ADAC-Motorwelt 7/1995, S. 52).

1384 Bereits aus Anlass des Cartier-Urteils des EuGH vom 13. 1. 1994 hatte sich die EU-Kommission auf den Standpunkt gestellt, der Garantieanspruch des Käufers bestehe unabhängig davon, ob der autorisierte Händler berechtigt war, das Auto an einen nicht autorisierten Händler (Importvermittler ohne Kundenvollmacht) zu verkaufen. Es gibt keine Hinweise darauf, dass die Kommission ihre Meinung in diesem Punkte zu Lasten der Verbraucher geändert hat. Im Gegenteil spricht alles für einen Ausbau des Verbraucherschutzes. Die Freistellung vom selektiven Vertrieb hat gem. Ziff. 17 der Gründe zur **Kfz-GVO 1400/2002**[63] zur Voraussetzung, dass zugelassene Händler mit eigener Werkstatt und zugelassene freie Werkstätten ‚Gewähr, unentgeltlichen Kundendienst und Kundendienst im Rahmen von Rückrufaktionen‘ in dem vom Hersteller veranlassten Mindestumfang unabhängig davon zu leisten haben, wo das Fahrzeug im Gemeinsamen Markt verkauft worden ist. Mit Gewähr ist die Sachmängelhaftung des Verkäufers gemeint, wie sich aus den weiteren in Ziff. 17 zur Kfz-GVO 1400/2002 aufgeführten Gründen ergibt. Unentgeltlicher Kundendienst betrifft die **Vornahme von Garantiearbeiten** und von Kulanzmaßnahmen des Herstellers/Importeurs.

1385 Sofern der freie Importeur als Einkaufsvermittler tätig wird, indem er als **offener Stellvertreter** für einen Endverbraucher unter Vorlage von dessen Vollmacht beim autorisierten Händler auftritt, steht der volle Herstellergarantieschutz ohnehin außer Frage. Der Ankauf des Fahrzeugs ist über den autorisierten Fachhandel erfolgt, eine Verletzung des selektiven Vertriebssystems liegt nicht vor.[64] Nach Meinung von *Creutzig*[65] wird die dem autorisierten Handel auferlegte Pflicht zur kostenlosen Vornahme von Garantiearbeiten jedoch hinfällig, wenn ein Fahrzeug von einem der Händlerkette nicht angeschlossenen Importeur unter Verletzung des selektiven Vertriebssystems weiterverkauft wird. Die Bezugs- und Absatzbindung des autorisierten Fachhandels sei die Geschäftsgrundlage der Garantie, deren Wegfall anzunehmen sei, wenn ein Händler aus der Solidargemeinschaft der Fabrikatshändler ausbreche und unter Verletzung der mit dem Hersteller getroffenen Vereinbarung Fahrzeuge an außenstehende Wiederverkäufer veräußere. Nach der Kfz-GVO 1400/2002 und der für den Neuwagenvertrieb **ab dem 1. 6. 2013** eingreifenden Vertikal-GVO 330/2010 muss diese Ansicht als überholt angesehen werden.

1386 Nach deutschem Recht führt der Verstoß des ausländischen Vertragshändlers gegen das Verbot des Verkaufs von Neufahrzeugen an gewerbsmäßige Wiederverkäufer außerhalb des Vertragshändlernetzes weder zur Unwirksamkeit des Kaufvertrages noch zum Wegfall der Garantieverpflichtung.[66] Ein Zuwiderhandeln gegen vertragliche Absprachen fällt nicht unter § 134 BGB.

---

63 Für den Neuwagenvertrieb verlängert bis zum 31. 5. 2013.
64 *Creutzig*, Recht des Autokaufs, Rn. 7.1.4.2.
65 Recht des Autokaufs, Rn. 7.1.4.2.
66 BGH 26. 2. 1992, ZIP 1992, 483; OLG Schleswig 4. 5. 1988, NJW 1988, 2247.

bb) Kein Direktanspruch gegen inländische Vertragshändler

Ob sich aus den Verträgen zwischen dem Hersteller und seinen Vertragshändlern und autorisierten Werkstätten eine Begünstigung der Endabnehmer nach Maßgabe eines **Vertrages zugunsten Dritter** herleiten lässt, ist strittig (s. Rdn. 1562). Im Fall eines aus Österreich **re-importierten Ford Focus** hat das OLG Stuttgart eine solche Konstruktion abgelehnt, und zwar unabhängig von der Re-Importeigenschaft des Fahrzeugs.[67] Weder aus der Kfz-GVO 1400/2002 noch aus dem Vertrag zwischen Ford und seinen Vertragshändlern bzw. Vertragswerkstätten ergebe sich ein Direktanspruch des Kunden gegen einen inländischen Vertragshändler auf Garantieleistungen in Form von Mängelbeseitigung. **1387**

Die Passivlegitimation gleichfalls verneint hat das LG Saarbrücken: Die inländische Tochtergesellschaft sei für Ansprüche aus der Werksgarantie einer ausländischen Automobilfirma nicht passivlegitimiert, wenn das Fahrzeug im EU-Ausland gekauft und im Wege einer Importvermittlung nach Deutschland verbracht worden sei.[68] Ein Direktanspruch werde nicht dadurch begründet, dass das Tochterunternehmen üblicherweise die gegen den im Ausland ansässigen Automobilhersteller gerichteten Garantieansprüche in Deutschland abwickele. Ein solches Verhalten deute weder auf eine Schuldübernahme noch auf einen Schuldbeitritt hin. **1388**

Ähnlich wie das OLG Stuttgart hat vor Jahren schon das Kammergericht[69] entschieden: Der Abschluss des Garantievertrages sei nicht geeignet, dem Käufer unmittelbare Ansprüche gegen einen beliebigen Fabrikatshändler zu verschaffen, da es nach § 328 BGB Verträge zugunsten, nicht aber zulasten Dritter gebe. Zwar könnten dem Käufer unmittelbare Ansprüche gegen jeden beliebigen Vertragshändler aus dem Vertrag zwischen Hersteller und Händler in Verbindung mit der Garantieurkunde erwachsen, da jedoch der Käufer den Inhalt des Vertragshändlervertrages naturgemäß nicht kenne, sei es sinnvoll, den Garantieanspruch (nur) gegen den Aussteller der Garantiekarte zu geben. **1389**

b) Garantiezusagen des Importvermittlers

Sie verpflichten nur den Vermittler, nicht aber andere Fabrikatshändler oder den Hersteller. Nicht bindend und wegen Verstoßes gegen § 309 Nr. 8b aa BGB unwirksam sind Verweisungen in AGB eines freien Importeurs auf die Erfüllung von Garantieansprüchen durch den autorisierten Fachhandel, wenn hierzu die materiellen Voraussetzungen fehlen. Erweist sich ein solches Garantieversprechen als unzutreffend, kann der Käufer berechtigt sein, den Vertrag mit dem Importeur gem. § 123 BGB anzufechten.[70] **1390**

6. Sachmängelhaftung

a) Ansprüche gegen den inländischen Händler

aa) Grundsätzliches

Kaufrechtliche Sachmängelrechte gegen den deutschen Händler bestehen nur, sofern er als Verkäufer aufgetreten ist. Wenn er lediglich als Vermittler gehandelt hat, ist er für die in § 437 BGB genannten Rechtsbehelfe nicht passivlegitimiert.[71] Die Freistellung von der **1391**

---

67 Urt. v. 26. 3. 2008, DAR 2008, 478 mit in diesem Punkt ablehnender Anm. von *Niebling* (Revision zugelassen, aber nicht eingelegt).

68 Urt. v. 27. 4. 1989, NJW-RR 1989, 1085.

69 Urt. v. 16. 5. 1983 – 12 U 4837/82 – veröffentlicht in Autohaus 1983, 1685.

70 OLG Hamburg 17. 9. 1986, DB 1986, 2428; OLG Köln 4. 3. 1982 – 1 U 78/81 – n. v. – Fehlen der Deutschlandgarantie.

71 OLG Stuttgart 26. 3. 2008, DAR 2008, 478 m. Anm. *Niebling*; OLG Frankfurt 28. 1. 2005, NJW-RR 2005, 1222.

Mängelgewährleistung setzt voraus, dass der Importeur seine Vermittlertätigkeit im Vertrag oder anderweitig hinreichend klar zum Ausdruck gebracht hat. Zum Offenkundigkeits- und Transparenzgebot s. a. Rdn. 2284 ff. Geht aus den Vertragsunterlagen nicht mit ausreichender Deutlichkeit hervor, dass der Importeur als Vermittler aufgetreten ist, ist er als Verkäufer zu behandeln. Er haftet dem Käufer in dieser Eigenschaft für die ordnungsgemäße Erfüllung des Vertrages,[72] und zwar einschließlich der Freiheit von Sach- und Rechtsmängeln. Zur Abgrenzung der Mängelhaftung gegen c. i. c. s. Rdn. 4597 ff. Wegen der Regressmöglichkeit des Händlers nach § 478 BGB s. Rdn. 1303.

bb) Sondergestaltungen und Umgehensversuche

1392 Verspricht der Importeur Nachbesserung durch inländische Vertragswerkstätten, haftet er dem Käufer nach Ansicht des OLG Düsseldorf[73] auf Ersatz der Reparaturkosten, wenn sich die in Anspruch genommene Vertragswerkstatt weigert, Sachmängel kostenlos zu beseitigen. Das LG Darmstadt[74] sieht im Fehlen der vom Importeur versprochenen Wartungsfähigkeit des Fahrzeugs durch Vertragsstätten einen Sachmangel. Der Käufer sei berechtigt, vom Vertrag zurückzutreten, wenn auch nur ein einziger Vertragshändler Wartungs- und Inspektionsarbeiten ablehne.

1393 Manche Importeure haben jahrelang die Risiken der strengen Sachmängelhaftung vermeiden wollen, indem sie von ihnen importierte EU-Fahrzeuge auf den eigenen Namen zugelassen und anschließend als **„Gebrauchtfahrzeuge mit 0-km-Fahrleistung"** unter Vereinbarung eines Gewährleistungsausschlusses weiterverkauft haben. Diese Konstruktion scheitert **in Fällen des Verbrauchsgüterkaufs** an dem Verbot der Haftungsfreizeichnung (§ 475 Abs. 1 S. 1 BGB). Selbst durch eine Individualvereinbarung lässt es sich vor der Mängelanzeige nicht außer Kraft setzen. Zu den Möglichkeiten einer Haftungsentlastung auch in Fällen des Verbrauchsgüterkaufs s. Rdn. 2457 ff.

1394 Die Vereinbarung eines Haftungsausschlusses für Sachmängel kommt nur noch bei einem **Verkauf an einen Nichtverbraucher** in Betracht. Doch auch im B2B-Bereich sind der Haftungsfreizeichnung Grenzen gesetzt. Der formularmäßige Ausschluss der gesetzlichen Sachmängelhaftung kann an § 309 Nr. 8b aa BGB scheitern, einer Norm, die im Verkehr zwischen Unternehmern entsprechend anzuwenden ist (§ 307 BGB).[75] ‚Neu hergestellt' im Sinne dieser Vorschrift bedeutet nicht, dass die verkaufte Sache ‚fabrikneu' sein muss.[76] Mit einer für den Import außerhalb der vom Hersteller eingerichteten Vertriebswege notwendigen Tageszulassung ist ein in AGB vorgesehener Haftungsausschluss für Sachmängel nicht zu rechtfertigen.[77] Grundsätzlich haben es die Parteien zwar in der Hand, das Klauselverbot des § 309 Nr. 8b aa BGB auszuschalten, jedoch reicht hierzu eine formularmäßige Deklarierung als Gebrauchtwagen nicht aus, wenn es sich in Wahrheit um ein Neufahrzeug handelt.[78]

---

72 OLG Düsseldorf 30. 8. 2001, DAR 2002, 212.

73 OLG Düsseldorf 30. 1. 1997, NJW-RR 1997, 1419.

74 Urt. v. 13. 7. 1979 – 1 O 68/79 – n. v.

75 BGH 23. 11. 1994, WM 1995, 160; 19. 6. 1996, DAR 1996, 361, 361.

76 OLG Schleswig 21. 7. 1999, NJW-RR 2000, 505 = OLGR 1999, 412.

77 *Reinking/Eggert*, NZV 1999, 7, 12; LG Gießen 17. 7. 1991, NJW-RR 1992, 186 steht dem nicht entgegen, da die Billigung des Haftungsausschlusses im Wesentlichen darauf beruhte, dass das Fahrzeug (mit Tageszulassung) erheblich verschmutzt und zu einem extrem niedrigen Preis verkauft worden war.

78 Ebenso *Creutzig*, Recht des Autokaufs Rn. 7.1.4.2; a. A. OLG München 19. 2. 1998 – 8 U 4547/97 – n. v.

cc) Das Recht zur zweiten Andienung (Nacherfüllungsvorrang)

1395 Dafür, dass auch ein (inländischer) Verkäufer eines EU-Neuwagens das Recht zur zweiten Andienung hat, der Käufer also den Nacherfüllungsvorrang beachten muss, liefert die **BGH-Entscheidung vom 23. 2. 2005**[79] ein anschauliches Beispiel: Der Kaufvertrag mit dem beklagten Händler war durch Vermittlung eines anderen (inländischen) Händlers zustande gekommen. Nachdem dieser es abgelehnt hatte, einen Motorschaden als eigene Garantieleistung zu regulieren, ließ der Kläger den Motor unter Umgehung des beklagten Verkäufers durch einen Vertragshändler austauschen. Seine Klage auf **Ersatz der Reparaturkosten** blieb in allen Instanzen erfolglos, weil er dem Beklagten **keine Frist zur Beseitigung des Motorschadens** gesetzt hatte. Davon war er nach Ansicht des BGH nicht freigestellt. Für den Senat ist es unerheblich, dass der Käufer erfolglos aus der Garantie vorgegangen war. Die Ablehnung der Einstandspflicht hinsichtlich der (Produkt-)Garantie des vermittelnden Händlers habe für den mit dem Beklagten abgeschlossenen Kaufvertrag keine Rechtsfolgen gehabt; sie habe sich auf ein von dem Kaufvertrag unabhängiges Rechtsverhältnis bezogen, an dem der Beklagte als Verkäufer nicht beteiligt gewesen sei. Eine Nachfristsetzung sei auch nicht deshalb entbehrlich gewesen, weil dem Kläger bei der Übergabe des Fahrzeugs **kein ordnungsgemäß ausgefülltes Serviceheft** ausgehändigt worden war. Gleichwohl hätte der Kläger den Beklagten zur Nacherfüllung auffordern müssen, bevor er einen anderen Betrieb mit der Beseitigung des Motorschadens beauftragt. Die bahnbrechende BGH-Entscheidung zu den Folgen einer (voreiligen) Selbstvornahme – näher dazu Rdn. 831 – muss Käufern von EU-Neuwagen eine Lehre sein. Der Händler/Importeur ist kein Verkäufer zweiter Klasse, sondern hat ebenso wie jeder andere Verkäufer das Recht zur zweiten Andienung.

b) Ansprüche gegen den ausländischen Verkäufer

1396 Bei einem vermittelten Kauf von einem ausländischen Händler trifft diesen und nur ihn die gesetzliche Sachmängelhaftung. Zur Frage, **welches materielle Recht** insoweit anwendbar ist – UN-Kaufrecht, deutsches oder ausländisches Mängelrecht – s. Rdn. 1341 f. Der Mindeststandard der Sachmängelhaftung wurde durch die **EU-Verbrauchsgüterkaufrichtlinie** festgelegt. Verbraucher haben, soweit die Richtlinie umgesetzt wurde, **in allen EU-Ländern** inhaltlich **gleiche Mindestrechte**, wenn der Verkäufer seiner Verpflichtung zur Lieferung eines mangelfreien Fahrzeugs nicht nachkommt. In einigen Ländern gehen die Verbraucherrechte indes wesentlich weiter als von der EU gefordert. So beträgt die Gewährleistungsfrist in Großbritannien und Irland sechs Jahre, die Frist bei der Beweislastumkehr in Portugal zwei Jahre. Anders als gegenwärtig in Deutschland gibt es in Italien, Spanien, Polen, Ungarn und den Niederlanden eine zweimonatige Reklamationsfrist, was einer Rechtsverfolgung nach dem Recht dieser Länder schon aus diesem Grund entgegenstehen kann.

1397 Soweit es nach dem maßgeblichen Kaufrecht auf Rügefristen, Mängelanzeigen oder, wie nach deutschem Recht, auf eine (Nach-)Fristsetzung ankommt, wird man den deutschen Importeur als **empfangsbevollmächtigt** anzusehen haben. Zumindest dürfte er Empfangsbote sein.[80]

1398 Von der Verbraucherschutzbestimmung in Art. 6 Abs. 1 Rom I zu unterscheiden ist die Vorschrift über den **Verbrauchergerichtsstand** gem. Art. 15 Abs. 1 Brüssel I, die wiederum in ihrem Anwendungsbereich Vorrang hat vor § 29 ZPO. Unabhängig von der Frage des Erfüllungsortes kann ein deutscher Verbraucher, der das Fahrzeug in Deutschland über

---

79 NJW 2005, 1348.

80 Zur stillschweigenden Ermächtigung, Geld in Empfang zu nehmen, s. OLG Celle 6. 11. 2002 – 7 U 229/01.

einen dort ansässigen Vermittler von einem **Händler aus einem EU-Staat** erworben hat, diesen in Deutschland vor seinem Heimatgericht beispielsweise auf Nacherfüllung verklagen. Voraussetzung ist, dass der ausländische Händler seine gewerbliche Tätigkeit in Deutschland ausübt oder eine solche (auch) auf Deutschland „ausrichtet" und der konkrete Kauf in den Bereich dieser Tätigkeit fällt. Was unter „ausrichten" zu verstehen ist, insbesondere bei einer **Werbung im Internet**, hat der EuGH in dem Urteil vom 7. 12. 2010 näher erläutert,[81] allerdings nicht anhand eines Fahrzeugkaufs, sondern aus Anlass von Streitigkeiten aus Verträgen über eine Frachtschiffsreise sowie einen Hotelaufenthalt.

1399 Zur Bestimmung der **internationalen Zuständigkeit** in Fällen mit Drittstaaten-Auslandsberührung (z. B. Händler aus Russland oder Serbien) ist auf die Regeln der örtlichen Zuständigkeit nach §§ 12 ff. ZPO, damit auch auf § 29 ZPO zurückzugreifen.[82] Anzuwenden sind die Regeln des autonomen deutschen Rechts freilich nur, wenn die internationale Zuständigkeit nicht durch vorrangige Bestimmungen in internationalen Vereinbarungen geregelt wird.

1400 Maßgeblich für die Bestimmung der Zuständigkeit ist gemäß **§ 29 Abs. 1 ZPO** grundsätzlich die streitige Verpflichtung. Sie muss nicht identisch sein mit der klageweise geltend gemachten Verpflichtung. Ausschlaggebend ist vielmehr die zugrunde liegende verletzte Vertragspflicht. Deren Erfüllungsort wird dabei nach dem materiellen Recht bestimmt, das den Vertrag regiert, was sich nach deutschem Kollisionsrecht bestimmt. Der Erfüllungsort wird daher lege causae qualifiziert, indem er grundsätzlich dem Vertragsstatut entnommen wird.[83] Wer den bestimmungsgemäßen Belegenheitsort des Fahrzeugs nicht als den materiell-rechtlichen Erfüllungsort für die Nacherfüllung ansieht, dem Käufer damit eine Klage vor seinem Wohnsitzgericht an sich versagt, muss sich die Frage stellen, ob für einen Verbraucher nicht nach der in Art. 15 ff. Brüssel I -VO getroffenen Wertentscheidung eine Korrektur zugunsten des Verbrauchers auch in einem Drittstaatenfall angezeigt ist (Gedanke der Synchronisierung bzw. des Gleichlaufs). Abzuwarten bleibt, wie die Rechtsprechung sich hierzu in Kaufrechtsfällen entwickeln wird.

7. Eigenhaftung des Importeurs als Nichtvertragspartei

1401 Der inländische Vermittler, der das Fahrzeug gegen eine Provision im Auftrag eines ausländischen Händlers angeboten und verkauft hat, kann nach den Gründsätzen der **§§ 311 Abs. 3, 241 Abs. 2, 280 Abs. 1 BGB** persönlich auf Schadensersatz haften. Zu den Voraussetzungen einer solchen Eigenhaftung des Vermittlers/Vertreters s. Rdn. 2305 ff. Mit Blick auf den Vermittler von EU-Neufahrzeugen (aber auch von sonstigen Importwagen) wird zu unterscheiden sein:

1402 Hat der Vermittler im Auftrag des deutschen Käufers gehandelt, liegt ein **Geschäftsbesorgungsvertrag** vor (§ 675 BGB). Pflichtverletzungen sind dann Vertragsverstöße. Eines Rückgriffs auf die Grundsätze der Eigenhaftung vertragsfremder Dritter bedarf es bei einer solchen Konstellation nicht. Eine Haftung des Nur-Vermittlers nach den Grundsätzen des Vertrages mit Schutzwirkung zu Gunsten Dritter kommt jedenfalls nicht in Betracht. Der deutsche Käufer ist in den Schutzbereich des Vertrages zwischen den beiden Kfz-Händlern nicht einbezogen. Dafür fehlt das erforderliche Schutzbedürfnis, wenn der Käufer in Form eines Geschäftsbesorgungsvertrags mit dem inländischen Vermittler verbunden ist. Ist der Importeur als Geschäftsbesorger des Käufers tätig geworden, haftet er ihm wegen Verletzung des Geschäftsbesorgungsverhältnisses nach allgemeinem Leistungsstörungsrecht.

---

81 NJW 2011, 505 m. Bespr. von *Staudinger/Steinrötter*, EWS 2011, 70 ff.; *Leible/Müller*, NJW 2011, 495 ff.

82 BGH 18. 1. 2011, NJW 2011, 2056; näher Staudinger/*Artz*, NJW 2011, 3121, 3124.

83 BGH 18. 1. 2011, NJW 2011, 2056; näher Staudinger/*Artz*, NJW 2011, 3121, 3124.

Ob und in welchem Umfang er in dieser Eigenschaft zur Aufklärung und zur Wahrnehmung der Interessen des Auftraggebers verpflichtet ist, hängt naturgemäß von den Umständen des Einzelfalls ab. Im Ergebnis machen die Instanzgerichte mit Blick auf die Anforderungen an die Informations- und Sorgfaltspflicht keinen wesentlichen Unterschied zwischen einem EU-Importeur in der Verkäuferrolle und einem Nicht-Verkäufer (reiner Geschäftsbesorger).

Wenn zwischen dem Vermittler und dem deutschen Käufer **keine vertragliche Beziehung** besteht (weder ein Auftrag noch ein Geschäftsbesorgungsvertrag), wohl aber eine – möglicherweise dauerhafte – Geschäftsbeziehung zu dem ausländischen Lieferanten, kann Anlass bestehen, den Käufer nicht nur nach Deliktsrecht zu schützen. Zumindest bei dieser Fallgestaltung kommt zusätzlich eine **Eigenhaftung des Vermittlers** nach c. i. c.-Grundsätzen in Betracht. Dabei sind als haftungsbegründende Tatbestände die Inanspruchnahme besonderen persönlichen Vertrauens (sog. Sachwalterhaftung) einerseits und ein Handeln aus wirtschaftlichem Eigeninteresse andererseits zu unterscheiden. Zu beiden Kriterien s. Rdn. 2308, 2320. **1403**

Das OLG Frankfurt hat eine Haftung unter beiden Blickwinkeln verneint.[84] Diese restriktive Linie ist an sich zu begrüßen, eine abweichende Wertung aber je nach den Umständen des Einzelfalles möglich. Immerhin ist der deutsche Importeur der einzige, den der Käufer persönlich kennt. Er ist seine Bezugsperson, seine einzige Vertrauensperson. So wie man Gebrauchtwagen-Vermittler zu „Sachwaltern“ aufgewertet hat (s. Rdn. 2308 ff.), kann man das mit guten Gründen auch bei EU-Importeuren tun. **1404**

Allerdings geht eine etwaige Eigenhaftung des Vermittlers aus Verschulden bei Vertragsschluss wegen eines Sachmangels **nicht weiter** als die Haftung des (ausländischen) Verkäufers, in dessen Auftrag und als dessen Erfüllungsgehilfe der Vermittler den Vertragsabschluss angebahnt und zustande gebracht hat.[85] Damit profitiert der Vermittler von EU-Neuwagen **indirekt von dem Nacherfüllungsvorrang**, der zum Schutz des Verkäufers besteht. Der Käufer kann den Vermittler demnach nicht auf Ersatz von Mängelbeseitigungskosten in Anspruch nehmen, wenn er dem (ausländischen) Verkäufer keine Frist zur Nacherfüllung gesetzt hat und auch kein Fall der Entbehrlichkeit der Fristsetzung vorliegt. Die **Sperrwirkung des Nacherfüllungsvorrangs** entfällt von vornherein, wenn er in dem konkret anwendbaren Kaufrecht nicht vorgesehen ist. EU-weit ist er in Fällen des Verbrauchsgüterkaufs gesetzlich verankert, freilich in unterschiedlicher Ausgestaltung.[86] Bei uneingeschränkter Anwendbarkeit deutschen Rechts ist verstärkt an den Entbehrlichkeitstatbestand in § 323 Abs. 2 Nr. 3 BGB zu denken (parallel § 281 Abs. 2 Alt. 2 BGB). Zu den Abwägungsgesichtspunkten s. Rdn. 1015. **1405**

84 Urt. v. 28. 1. 2005, NJW-RR 2005, 1222 = DAR 2005, 284.
85 Dazu und zur Sperrwirkung des Nacherfüllungsvorrangs s. BGH 12. 1. 2011, NJW-RR 2011, 462.
86 Was bei einem ggf. erforderlichen Günstigkeitsvergleich eine Rolle spielen kann.

M. Der Neufahrzeugkauf mit Hereinnahme eines Gebrauchtfahrzeugs

I. Wirtschaftliche Bedeutung

1406 Größter Vorwagen-Abnehmer beim Kauf eines neuen Pkw/Kombis/SUVs ist der Neuwagenhandel. Bedingt durch die Abwrackprämie ist die Inzahlungnahmequote 2009 zwar gesunken. 2010/11 hat sie jedoch wieder Normalmaß erreicht. In Abhängigkeit von der Marke des gekauften Neuwagens liegt sie zwischen 41 % und 52 % und in Abhängigkeit von der Marke des Altwagens zwischen 39 % und 57 %.[1] Kein Zweifel: Für sämtliche Beteiligten – Hersteller, Händler und Käufer – ist die Inzahlungnahme eine **wirtschaftliche Notwendigkeit.**

1407 Die Übernahme von älteren Gebrauchtwagen ist zwar aus Sicht der Händler vielfach unerwünscht, seit der Schuldrechtsreform noch mehr als zuvor. An der Inzahlungnahme führt aber kein Weg vorbei. Hersteller/Direktvertreiber und Händler müssen an dieser Form der Kaufpreisfinanzierung interessiert sein. Dass sie es auch tatsächlich sind, beweisen die vielfältigen Werbeaktivitäten (z. B. ‚für Ihren Gebrauchten 10 % über Schwacke') und Verkaufsförderungsprogramme, bei denen die Hereinnahme von Altfahrzeugen ein wesentlicher Bestandteil ist.

1408 Die Hereinnahme von Altwagen fördert nicht nur den Absatz von Neufahrzeugen. Für den Händler bietet sie zugleich die Möglichkeit zu einem erfolgreichen Gebrauchtwagenverkauf (u. a. Angebotsverbesserung und Sortimentserweiterung). Ein gutes Gebrauchtwagengeschäft wirkt sich zudem positiv auf den Handel mit Neufahrzeugen aus. Der Gebrauchtwagenkäufer von heute ist der Neuwagenkunde von morgen (Gesichtspunkt der Kundenbindung und der Vertrauensbildung). Schließlich profitieren auch das Werkstattgeschäft und der Verkauf von Zubehör von einem aktiven Gebrauchtwagengeschäft. Das **Interesse des Kfz-Handels** an der Inzahlungnahme von Altfahrzeugen ist damit weitaus stärker und vielschichtiger, als der BGH es – abweichend von BGHZ 46, 338, 340 und BGHZ 83, 334 – in der Entscheidung vom 30. 11. 1983[2] sieht.

1409 Aus der Sicht des Neuwagenkäufers, zumal des privaten, hat die Inzahlunggabe in erster Linie **Finanzierungsfunktion**. Der in seinem Altwagen steckende Tauschwert wird ‚finanzierungshalber' aktiviert.[3] Bei Anschaffung eines fabrikneuen Pkw beläuft er sich im Durchschnitt auf ca. 25 % des Kaufpreises.[4] Ein isolierter Verkauf auf dem Teilmarkt ‚reiner Gebrauchtwagenhandel' brächte regelmäßig einen geringeren Erlös. Bessere Chancen bietet insoweit das private Direktgeschäft. Die Abgabe des Altfahrzeugs an den Neuwagenhandel bringt jedoch den mit Abstand höchsten Erlös.[5] Regelmäßig liegt der Wert des Altfahrzeugs unter dem Wert, mit dem es auf den Neuwagenpreis in Anrechnung gebracht wird, weil der Händler dem Kunden einen **verdeckten Preisnachlass** gewährt.[6]

1410 Darüber hinaus werden dem Neuwagenkäufer, der sein Altfahrzeug in Zahlung gibt, eigene Verkaufsbemühungen und -risiken abgenommen. Anders als bei einer Inzahlunggabe wird beim Privatverkauf zwar i. d. R. ein Gewährleistungsausschluss vereinbart (z. B. im ADAC-Mustervertrag). Die Haftungsentlastung beim Privatverkauf ist aber nur vorder-

1 DAT-Report 2011, S. 31.
2 BGHZ 89, 126 = NJW 1984, 429 = WM 1984, 58.
3 *Dubischar*, JuS 1985, 19.
4 DAT-Report 2011, S. 30.
5 DAT-Report 2011, S. 30.
6 *Ammenwerth/Janzen*, Umsatzsteuer im Kfz-Gewerbe, S. 68.

gründig weitreichender als bei einer Inzahlunggabe. Denn die Rechtsprechung stellt den Inzahlunggeber durch die Konstruktion stillschweigender Haftungsausschlüsse (vgl. Rdn. 1521 ff.) im Ergebnis in ungefähr gleichem Umfang haftungsfrei.

Wer von den Beteiligten, wozu auch die Hersteller/Importeure und die Leasinggesellschaften gehören, das stärkere Interesse an einem Neuwagengeschäft mit Inzahlungnahme hat, ist eine müßige Frage. Die Vor- und Nachteile sind unvergleichbar. Jede Seite hat ihren spezifischen Nutzen, dessentwegen etwaige Nachteile in Kauf genommen werden. Diesen Nutzen gilt es zu ermitteln, wenn danach gefragt werden muss, etwa im Wege ergänzender Vertragsauslegung, was die Parteien bei angemessener Abwägung ihrer Interessen nach Treu und Glauben als redliche Vertragspartner vereinbart hätten. **1411**

1. Erscheinungsformen der Inzahlungnahme

Meist steht die Hingabe eines Altfahrzeugs in Verbindung mit dem Erwerb – Kauf oder Leasing – eines **(fabrik)neuen Kraftfahrzeugs**. Die Konstellation **‚Gebraucht auf Gebraucht'** ist vergleichsweise selten, nimmt aber angesichts der Vorliebe der privaten Kundschaft für junge Gebrauchte zu. *Beispiele* aus der Rechtsprechung für ‚Gebraucht auf Gebraucht': BGH NZV 1997, 432; BGHZ 89, 126 = NJW 1984, 429; BGH NJW 1972, 46; OLG Brandenburg 3. 2. 2010 – 7 U 109/09 (Vorführwagen); OLG Stuttgart NJW-RR 2009, 551 (Inzahlunggabe von zwei Altwagen bei Kauf eines Ex-Mietwagens); OLG Düsseldorf SVR 2006, 177 = VRR 2005, 426; OLG Saarbrücken DAR 2006, 509 = MDR 2006, 227; OLG Düsseldorf OLGR 1993, 285; OLG Frankfurt NJW 1974, 1823; LG Wuppertal NJW-RR 1997, 1416; s. a. KG NJW 1983, 2326 (Agentur); BGH NJW 1982, 1699 (Agentur auf Agentur); AG Langen zfs 1995, 457; OLG Koblenz VRS 102/02, 174. **1412**

Das Geschäft, dessen Bestandteil die Inzahlungnahme ist, ist in der Mehrzahl der Fälle **bilateral.** Es können aber auch komplizierte Mehr-Personen-Beziehungen bestehen. Ein **Dreiecksverhältnis** entsteht z. B., wenn der Fahrzeughersteller zugleich als Verkäufer auftritt (z. B. Mercedes), er die Hereinnahme und Vermarktung des Altwagens aber seinem Verkaufsvermittler (Agenten) überlässt.[7] Auch bei einem Neufahrzeugkauf über einen (vermittelnden) Unterhändler kann eine Drei-Personen-Beziehung entstehen. Keineswegs ungewöhnlich ist auch eine Konstellation wie im Fall BGH NJW 1996, 2504, wo eine **Leasinggesellschaft** in einen Kauf mit Inzahlungnahme eingetreten ist.[8] Ist der Händler zugleich Leasinggeber (Händlerleasing), hat sein Kunde die Möglichkeit, seinen Altwagen als Mietsonderzahlung einzusetzen.[9] Sind Händler und Leasinggeber, wie regelmäßig, personenverschieden, werden in einem Fall ohne Vertragseintritt (Eintrittsmodell) an sich zwei Kaufverträge geschlossen: der Neuwagenkaufvertrag zwischen dem Händler und der Leasinggesellschaft sowie daneben ein separater Vertrag zwischen Leasingnehmer und Händler über die Hereinnahme des Altfahrzeugs.[10] **1413**

Nicht immer ist der Neuwagenkäufer Volleigentümer des Altfahrzeugs, das in Zahlung gegeben werden soll. Es kann im **Eigentum einer Leasinggesellschaft** oder im **Sicherungseigentum einer Bank** stehen. So oder so hat der Kunde des Händlers kein freies Verfügungsrecht. Um ihn dennoch zum Kauf eines Neufahrzeugs zu bewegen, erklären sich manche Händler bereit, den **Altwagen „auszulösen"**, um ihn dann selbst zu Eigentum zu **1414**

7 Vgl. OLG Hamm 1. 12. 1992, OLGR 1993, 98.
8 So auch die Konstellation im Fall OLG Hamm 18. 12. 2008, NJW-RR 2009, 1505.
9 Vgl. BGH 30. 10. 2002, NJW 2003, 505.
10 Zu einer solchen Konstellation s. OLG Düsseldorf 12. 2. 2008 – I-10 U 117/07 – n. v. (Hinweisbeschluss nach § 522 Abs. 2 ZPO).

erwerben. Geschäfte dieser **erweiterten Art der Inzahlungnahme** haben inzwischen auch die Gerichte erreicht.[11]

1415 Wird ein **geleastes Kfz in Zahlung gegeben**, tauchen zudem schwierige **umsatzsteuerliche Fragen** auf.[12] Sie können auf die zivilrechtliche Beurteilung ausstrahlen. Für die umsatzsteuerliche Behandlung ist von Bedeutung, von wem der Händler den Gebrauchtwagen in Zahlung nimmt: von einem zum Umsatzsteuerausweis berechtigten Unternehmer oder von einer Privatperson, z. B. dem privaten Leasingnehmer, oder einem nicht zum Umsatzsteuerausweis berechtigten Unternehmer. Die Finanzbehörden bestehen zunehmend auf Anwendung der Regelbesteuerung. Die von vielen Kfz-Betrieben praktizierte Differenzbesteuerung wird als **unzulässiges Umgehungsgeschäft** eingestuft. Um beim späteren Verkauf die Differenzbesteuerung an Stelle der Regelbesteuerung anzuwenden, wird ein Kurz-Verkauf des von der Leasinggesellschaft zum Restwert angekauften Fahrzeugs an den privaten Neuwagenkäufer zwischengeschaltet.[13]

1416 Mit Einführung der Differenzbesteuerung (§ 25a UStG) ist die **agenturweise Hereinnahme** von Altwagen weithin obsolet geworden. I. d. R. besteht keine steuerliche Notwendigkeit mehr, gebrauchte Kraftfahrzeuge von Privatpersonen nur ‚zur Vermittlung' hereinzunehmen. Der Kfz-Handel praktiziert seit Mitte 1990 wieder, wie bis 1968, die traditionelle ‚echte' Inzahlungnahme. Nur in Ausnahmefällen weicht man auf eine Agentur und – noch seltener – auf eine **Verkaufskommission** aus, vgl. Rdn. 2138 ff.

1417 Zur Unterscheidung von der agenturweisen Übernahme des Altwagens hat man die ‚echte' Inzahlungnahme als ‚fest' bezeichnet, weil der Anrechnungspreis ein **verbindlicher Festpreis** ist. Hereinnahmen zum **Schätzwert** kommen heute nur noch vereinzelt vor (zur Auslegung von Schätzpreisklauseln s. Rdn. 2114 ff.).

2. Vertragsgestaltungen

1418 Nur wenige Kfz-Händler verfahren heute noch so wie im Ausgangsfall BGHZ 46, 338. Seinerzeit (1962) war lediglich im Neuwagen-Vertragsformular notiert worden: ‚Fahrzeug ... wird mit 4.800 DM in Zahlung genommen, Rest per Scheck bei Übernahme'. Solche Kurzfassungen der Inzahlungnahme-Vereinbarung haben im Laufe der Jahre, auch bedingt durch das stark formalisierte und bürokratisierte Agenturgeschäft, einer **Zwei-Formulare-Version** Platz gemacht. Wie der Fall BGH NJW 2008, 2028 zeigt, wird die Ein-Formular-Variante nach wie vor praktiziert, dies sogar, um eine atypische Abrede wie die einer Ablösung eines noch laufenden Kredits aus der Altwagenfinanzierung festzuhalten.

1419 So wie zu Zeiten des Agenturgeschäfts die Hereinnahme des Altwagens in einem getrennten Vermittlungsauftrag bemerkenswert detailliert fixiert wurde, wird heute vielfach ein separates Formular **‚Gebrauchtwagen-Ankauf'** (‚Ankaufvertrag' oder ‚Ankaufschein') benutzt. Zum Teil wird es zeitgleich mit dem Neuwagenbestellschein ausgefüllt, zum Teil erst bei Auslieferung des Neufahrzeugs. Das zeitliche Auseinanderklaffen kann umsatzsteuerliche Gründe haben.

1420 In Aufbau und Text gleichen die meisten ‚Ankaufverträge' dem handelsüblichen Bestellschein für den Gebrauchtfahrzeugverkauf. Wie dort hat man ein besonderes Augenmerk auf

11 Vgl. BGH 20. 2. 2008, NJW 2008, 2028 (Kreditablösung/Sicherungseigentum); OLG Frankfurt 1. 4. 2010, ZGS 2010, 378; OLG Düsseldorf 12. 2. 2008 – I-10 U 117/07 – n. v. (Dreieck Händler/Leasinggeber/Leasingnehmer mit gescheitertem Leasingvertrag und anschließendem Streit zwischen Leasingnehmer und Händler über die Verpflichtungen aus der Altwagenhereinnahme); s. a. Brand OLG 30. 9. 2008 – 6 U 136/07; Brand OLG 9. 7. 2008 – 7 U 12/08.

12 Dazu *Ammenwerth/Janzen*, Umsatzsteuer im Kfz-Gewerbe, S. 71 ff., 77.

13 Für das FG Rheinland-Pfalz 19. 1. 1998 – 5 K 2903/96, DStRE 1998, 726, eine unzulässige Gestaltung.

die Themen ‚Unfallfreiheit/bestimmter Unfallvorschaden‘ und ‚Gesamtfahrleistung‘ gelegt. Dass die Angaben zu diesen zentralen Punkten Zusicherungen bzw. Beschaffenheitsgarantien sind, geht aus den gängigen Ankaufformularen expressis verbis nicht hervor. Es ist also eine Frage der Auslegung im Einzelfall, ob nur eine Beschaffenheitsvereinbarung getroffen worden ist oder ob der Autohauskunde – wie im Ausgangsfall BGHZ 46, 338 (‚unfallfrei‘) – eine Garantie übernommen hat. Die **Vertragsgestaltungsmacht** liegt eindeutig beim Händler, selbst gegenüber gewerblichen Kunden. Er entscheidet nicht nur darüber, ob und in welcher Weise und zu welchem Zeitpunkt das Geschäft schriftlich fixiert wird. Allein schon durch seine vorformulierten Texte ist er auch für den Vertragsinhalt federführend.

Haftungsfreistellungen zugunsten des Inzahlunggebers sind in den üblichen Formula- **1421**
ren i. d. R. nicht vorgesehen. Individualabreden über Haftungsausschlüsse bzw. -beschränkungen werden erfahrungsgemäß nur ganz vereinzelt getroffen, noch seltener schriftlich festgehalten. Eine irgendwie geartete Beschränkung ihrer Sachmängelhaftung können selbst verhandlungsstarke Neufahrzeugkäufer in aller Regel nicht durchsetzen. Meist unterbleibt schon der Versuch einer solchen Absicherung.

Neben dem ‚Ankaufsschein‘ oder als Ersatz dafür kommen **Bewertungsprotokolle** oder **1422**
ähnliche Dokumente zum Einsatz.[14] Mit deren Hilfe werden die wesentlichen Fahrzeugdaten festgehalten und der Reparaturbedarf errechnet. Der Kunde muss die Richtigkeit seiner Angaben versichern und durch seine Unterschrift bekräftigen. Der ihm mitgeteilte und im Bestellschein vermerkte Ankauf-/Eintauschpreis beruht, wenn Abweichendes nicht vereinbart ist, auf dem zum Zeitpunkt der Erstbewertung vorhandenen Zustand. Zusätzlich zur Eingangsbewertung nehmen viele Händler bei der Ablieferung des Altfahrzeugs eine **Nachbesichtigung/Nachbewertung** vor oder lassen sie durch eine Prüforganisation durchführen.[15] Auch sie wird – zumal mit Rücksicht auf die Beweislastumkehr nach § 476 BGB – häufig dokumentiert.

Zwischen Erstbewertung des Altfahrzeugs und seiner endgültigen Ablieferung können – **1423**
je nach Lieferzeit für den Neuwagen – mehrere Monate liegen. In der Zwischenzeit hat der Autohauskunde sein Fahrzeug weiterbenutzt. Es besteht damit die **Gefahr der Verschlechterung**. Zur Begrenzung des Weiterveräußerungsrisikos werden dem Altwageneigentümer besondere Aufklärungspflichten auferlegt, etwa schon im Ankaufsformular, spätestens im Übernahmeprotokoll. Zumal bei längerer Lieferzeit kommt auch die Vereinbarung einer Höchststrecke in Betracht („vereinbarte Laufleistung bis Übergabe 81.000 km“[16]). Zur Klausel ‚in der Zwischenzeit aufkommende Schäden gehen zu Lasten des derzeitigen Fahrzeughalters‘ s. OLG Stuttgart 2. 4. 1987 – 7 U 308/86 (Nockenwellenschaden nach Abschluss der Hereinnahmevereinbarung). Wie stark das Absicherungsinteresse von Autohäusern ist, macht die Entscheidung des LG Hannover vom 23. 6. 2010[17] deutlich.[18] Doch je detaillierter die Übernahmebedingungen und die Rechte des Händlers im Störfall formuliert werden, desto anfälliger sind die Klauseln bei der **Inhaltskontrolle**.[19]

Die **Verbindung** der Altwagenhingabe mit dem Neuwagenkauf bzw. dem Kauf eines **1424**
‚neuen‘ Gebrauchten kann auf vielfältige Weise hergestellt und dokumentiert werden. Die handelsüblichen Formulare für den Neuwagenkauf (‚verbindliche Bestellung eines

14 Vgl. OLG Karlsruhe 25.10. 2010 – 4 U 71/09; LG Hannover 23. 6. 2010, DAR 2010, 524 (jew. Mercedes-Niederlassung).
15 Vgl. LG Hannover 23. 6. 2010, DAR 2010, 524.
16 LG Hannover 23. 6. 2010, DAR 2010, 524.
17 DAR 2010, 524.
18 S. a. LG Duisburg 30. 10. 2007 – 6 O 179/07 (rkr.) – zur Klausel „GW-Inzahlungnahme vorbehaltlich optische und technische Prüfung ohne Befund“.
19 Vgl. LG Hannover 23. 6. 2010, DAR 2010, 524.

neuen Kraftfahrzeugs') enthalten in der Spalte ‚Zahlungs- und Finanzierungs-Vereinbarung' oder in der Rubrik ‚Zahlungsweise' mitunter **vorgedruckte Klauseln** wie ‚Eintauschwagen gemäß Hausschätzung ...'. Mitunter ist auch formuliert: „Ein ...... wird an Erfüllungs Statt in Zahlung genommen zum Schätzpreis von ... €, zum Gesamtpreis von ... €." Dass der Haupttext eines ‚Ankaufscheins' in die Neuwagenbestellung gewissermaßen integriert wird, um ein zweites Formular überflüssig zu machen, kommt vor,[20] ist aber nicht die Regel.

1425 In den verbandsempfohlenen **Neuwagen-Verkaufsbedingungen** (NWVB, Stand 3/08) bleibt die Inzahlungnahme nach wie vor unerwähnt. Von ‚Ersetzungsbefugnis' bzw. ‚Leistung an Erfüllungs statt', so die Schlüsselbegriffe des BGH, ist im gesamten Klauselwerk des Kfz-Handels nirgendwo die Rede.

1426 Dass die Altwagen-Hereinnahme nicht isoliert im Raum, sondern in einer bestimmten Beziehung zu einem anderen Geschäft steht, können die Vertragsparteien auf verschiedene Weise sichtbar machen. Die Verknüpfung wird mitunter ausdrücklich durch eine Klausel hergestellt wie z. B. ‚Dieser Ankaufvertrag wird erst mit der Erfüllung des gleichzeitig von mir/uns als Käufer an die Firma ... gerichteten Kaufantrages wirksam.' Nicht minder deutlich ist die Verbindung, wenn es unter ‚Zahlungsweise' im Neuwagen-Bestellschein heißt: ‚Opel Astra ... wird an Erfüllungs Statt .... in Zahlung genommen.' Ohne eine solche ausdrückliche Verklammerung kann sich die Zusammengehörigkeit aus der Preisgestaltung/Preisabrede im Neuwagen-Bestellschein oder aus Vermerken wie ‚Verrechnung mit ...' oder ‚Gutschrift auf ...' im Ankaufschein ergeben.[21]

1427 Die Hereinnahme des Altfahrzeugs wird vom Händler üblicherweise nicht separat bestätigt. Gegenstand der **schriftlichen Bestätigung** ist die Annahme der Neuwagen-Bestellung mit ihrem – notfalls durch Auslegung zu ermittelnden – Inhalt.[22] Zum Zustandekommen des Gesamtgeschäfts, zur Frage der Aufrechterhaltung einzelner Bestandteile und ähnlichen Fragen s. Rdn. 1536 ff.

II. Auslegung und Qualifizierung der Vereinbarungen

1. Auslegungsgegenstände

1428 Als Gegenstand der Vertragsauslegung kommen folgende **Urkunden** in Frage:

- Neuwagen-Bestellschein (‚Kaufantrag') bzw. – beim Kauf eines ‚neuen' Gebrauchten – die Gebrauchtwagen-Bestellung,
- Auftragsbestätigung des Händlers,
- Ankaufformular Altwagen (‚Ankaufschein'),
- Bewertungsbogen/Zustandsbericht Altwagen,
- Nachbewertungsbogen/Ablieferungsschein,
- Rechnung des Autohauses, Gutschrift für den Altwagen
- Leasingunterlagen (Ankauf durch Leasingfirma, Vereinbarung der Mietsonderzahlung, Zahlung/Anrechnung Altwagen),
- Kreditunterlagen (einschließlich Sicherungsabrede).

1429 Auslegungsrelevant sind nicht nur diejenigen Unterlagen, die letztlich das Gesamtgeschäft verkörpern. Auch **gegenstandslos gewordene Dokumente** wie z. B. eine frühere,

20 Zu beobachten bei Opel-Vertragshändlern.
21 Vgl. LG Hannover 23. 6. 2010, DAR 2010, 524.
22 Zur Bedeutung eines formularmäßigen Bestätigungsvorbehalts s. BGH 11. 10. 1967, NJW 1968, 32.

dann aber stornierte Neuwagenbestellung liefern nicht selten wertvolle Hinweise bei der Ermittlung des Geschäftsinhaltes.

Die Urkunde mit der **höchsten Priorität** ist zweifellos der Neuwagen-Bestellschein, also **1430**
der Kaufvertrag über den Neuen, der freilich auch ein Gebrauchter sein kann („Gebraucht auf Gebraucht"). Schon aus dem Neuwagen-Bestellschein geht meist mit hinreichender Deutlichkeit hervor, dass der Neuwagenkauf und die Hingabe des Altfahrzeugs nach dem Willen der Parteien nicht zufällig nebeneinander, sondern in einem **gewollten rechtlichen Zusammenhang** stehen. Typischerweise soll kein Teil für sich allein gelten, sondern gemeinsam „stehen und fallen".[23] Bei Vorhandensein eines „Ankaufscheins" mit Bezugnahme auf die Neuwagenbestellung rundet sich das Bild in diesem Sinn.

Bei nur bruchstückhafter Dokumentation der Parteierklärungen kommt es auf die Ge- **1431**
samtumstände und die beiderseitige Interessenlage an. Ein Indiz für eine auch rechtliche Verknüpfung von ‚neu' und ‚alt' ist neben der Identität der Beteiligten insbesondere der zeitliche Rahmen, in dem Alt- und Neuwagen den Besitzer wechseln sollen. Besonders deutlich wird die **rechtliche Einheit des Geschäfts**, wenn alle Abreden nur in dem Neuwagenkaufvertrag niedergelegt sind.

Die Vertragsurkunden haben die **Vermutung der Vollständigkeit und Richtigkeit** für **1432**
sich. **Mündliche Nebenabreden**[24] muss derjenige beweisen, der sich darauf beruft. **Hauptstreitpunkt** ist hier erfahrungsgemäß die Höhe des Zuzahlbetrages oder, anders gesehen, der Anrechnungsbetrag für den Altwagen. An die Widerlegung der Vollständigkeitsvermutung zugunsten eines Autohändlers stellt das OLG Köln hohe Anforderungen,[25] das LG Paderborn[26] nur geringe, soweit der Kunde sich auf eine ihm günstige mündliche Anrechnungszusage des Autohauses beruft.

Eine **Schriftformklausel** steht der Wirksamkeit mündlich getroffener Individualabre- **1433**
den, die nach § 305b BGB Vorrang haben, nicht entgegen.[27] Sie kann auch durch eine nachträgliche mündliche Abrede außer Kraft gesetzt werden. Bedenklich ist die Ansicht des OLG Düsseldorf,[28] einen angebotenen Zeugen (Beweisthema: mündliche Vereinbarung eines höheren Anrechnungsbetrages) deshalb nicht zu vernehmen, weil die Behauptung fehlte, das Formerfordernis durch Vertragsänderung außer Kraft gesetzt zu haben. Die Entscheidung verkennt die spezifische AGB-Problematik (damals §§ 4, 9 AGBG) und die einschlägige Rechtsprechung des BGH.[29]

2. Auslegungs- und Einordnungsversuche

Während es meist keine großen Schwierigkeiten macht, den tatsächlichen Inhalt der ge- **1434**
troffenen Vereinbarungen jedenfalls im Kern beweiskräftig festzustellen,[30] herrscht bei der rechtlichen Beurteilung nach wie vor eine **gewisse Unsicherheit**, zumal bei neuen Varianten wie die Kreditablösung durch das Autohaus. Das Spektrum der Auslegungs- und Einordnungsversuche ist ungewöhnlich breit. Im Wesentlichen beruhen die Meinungsverschiedenheiten auf einer **unterschiedlichen Deutung und Bewertung der beiderseitigen**

---

23 Zum ‚Einheitlichkeitswillen' und zur widerleglichen Vermutung für dessen Fehlen bei einer Zwei-Verträge-Konstellation s. BGH 30. 3. 2011, NJW 2011, 2874.

24 Unter ‚Nebenabrede' im Sinne von Schriftform- und Bestätigungsklauseln versteht der BGH auch die Vereinbarung einer Inzahlungnahme, Urt. v. 11. 10. 1967, NJW 1968, 32.

25 Urt. v. 8. 7. 1969, JMBl. NW 1970, 154.

26 Urt. v. 23. 11. 2007 – 4 O 370/07 – n. v.; abgeändert durch OLG Hamm 18. 12. 2008, NJW-RR 2009, 1505.

27 St. Rspr., vgl. BGH 23. 5. 2001, VIII ZR 279/99, n. v.

28 Urt. v. 10. 10. 1991, EWiR § 125 BGB 1/91, 1055 *(Teske).*

29 NJW 1986, 3131; NJW 1986, 1809.

30 Ein Ausnahmefall ist Gegenstand der Entscheidung BGH 29. 3. 2000, NJW 2000, 2508.

Interessen. Hauptgrund dafür sind Fehlvorstellungen im Tatsächlichen. Veränderungen des Marktgeschehens werden oftmals ignoriert oder unterschätzt. Dogmatische Differenzen, z. B. im Zusammenhang mit der Rechtsnatur von Ersetzungsbefugnis und der Leistung an Erfüllungs statt, spielen demgegenüber nur eine untergeordnete Rolle.

a) Die Konzeption des BGH: Kaufvertrag mit Ersetzungsbefugnis

1435 Sein grundlegendes Urteil vom 18. 1. 1967,[31] mit dem der BGH sich für die Annahme eines **einheitlichen Kaufvertrages mit Ersetzungsbefugnis** entschieden hat, hat er im Jahre 1983 bekräftigt und gegen die zahlreich erhobenen Einwände verteidigt.[32] Bis heute hält er an dieser Lösung **für den Regelfall** fest.[33] Durch die Schuldrechtsmodernisierung sieht er sie nicht in Frage gestellt. Durch Urteil vom 30. 10. 2002[34] hat der BGH seine Rechtsprechung auf einen Fall des Händlerleasings mit Inzahlungnahme übertragen.

1436 Nach dem Grundmodell des BGH ist dem Käufer/Leasingnehmer die **Ersetzungsbefugnis** eingeräumt, seinen Altwagen für den vertraglich festgesetzten Teil des Kaufpreises bzw. der Mietsonderzahlung an Erfüllungs statt zu leisten. Einen **einheitlichen Kaufvertrag** nimmt der BGH in Fortführung seiner Rechtsprechung auch für den Fall an, dass der Händler beim Verkauf eines Neufahrzeugs einen Gebrauchtwagen des Käufers übernimmt und dafür den für den Gebrauchtwagen **noch laufenden Kredit** durch Zahlung eines Betrages an die Bank **ablöst**, der über dem vereinbarten Wert des Altfahrzeugs liegt.[35]

1437 Einen **Doppelkauf mit Verrechnungsabrede** hat der BGH bisher lediglich in Betracht gezogen, in diese Richtung ausgelegt hat er noch kein Geschäft. Noch weniger Gefallen scheint er an der Konstruktion eines **typengemischten Kauf-Tausch-Vertrages** zu finden. Die ältere OLG-Rechtsprechung ist bisweilen andere Wege als der BGH gegangen.[36] Auch das **OLG Oldenburg** (14. ZS) hat sich durch Urteil vom 28. 7. 1994[37] ausdrücklich von der Generallinie des BGH distanziert und sich für die Annahme eines typengemischten Vertrages ausgesprochen;[38] ebenso das LG Wuppertal NJW-RR 1997, 1416 (Kauf eines gebrauchten Pkw gegen Hingabe eines Krades).

1438 Schon in der Ausgangsentscheidung BGHZ 46, 338 = NJW 1967, 553 weist der VIII. Senat darauf hin, dass ‚bei entsprechender Interessenlage' auch eine **abweichende Deutung** möglich sei. Als Beispiel skizziert er folgende Situation: Dem Neuwagenkäufer kommt es darauf an, das gesamte Geschäft davon abhängig zu machen, seine Gegenleistung durch die Hingabe seines Gebrauchtwagens erbringen zu können.

1439 Bei einer Vollzahlerquote von bis zu 90 %, wie sie bis in die Siebziger Jahre üblich war, konnte der BGH eine solche Situation vernachlässigen. Angesichts der gestiegenen Neuwagenpreise bei gleichzeitig zurückgehender Kapitalausstattung des privaten Durchschnittskäufers kommt es zumindest der Privatkundschaft heute genau auf das an, worin der BGH, seinerzeit zu Recht, **eine Ausnahme** gesehen hat: den teilweisen Ersatz der Kaufpreiszahlung durch Hingabe des Altwagens. In realistischer Einschätzung der Dinge stellt

31 BGHZ 46, 338 = NJW 1967, 553 = LM § 433 Nr. 26 m. Anm. *Braxmeier*.

32 Urt. v. 30. 11. 1983, BGHZ 89, 126 = NJW 1984, 429.

33 Urt. v. 20. 2. 2008, NJW 2008, 2028 m. w. N.

34 NJW 2003, 505.

35 Urt. v. 20. 2. 2008, NJW 2008, 2028; dem folgend OLG Koblenz 1. 4. 2010, ZGS 2010, 378.

36 Vgl. OLG Braunschweig 8. 1. 1909, OLGR 20 (1910), 184; OLG Hamburg 18. 10. 1962, BB 1963, 165; OLG Köln 16. 5. 1972, DAR 1973, 326 (letztlich offen gelassen so wie auch von OLG Hamm 7. 2. 1975, NJW 1975, 1520).

37 NJW-RR 1995, 689.

38 Anders der 13. ZS des OLG Oldenburg 24. 4. 1995 – 13 U 1/95 – n. v.

der BGH bereits im Jahre 1982 fest,[39] dass ein Neuwagenkäufer ‚häufig den Neuwagen nur bei gleichzeitiger Veräußerung des Altwagens bezahlen kann oder will'. Das ist **heute der Regelfall**.

Die Fallgestaltung, die gegenwärtig als **verkehrstypisch** gelten kann, ist durch folgende Merkmale gekennzeichnet: 1440

- Kauf eines fabrikneuen Pkw bzw. Kombis,
- Hingabe eines im Eigentum des Neufahrzeugkäufers stehenden Altfahrzeugs,
- Beteiligung eines Kfz-Händlers bzw. einer Werksniederlassung auf der einen, einer Privatperson auf der anderen Seite,
- Unvermögen des Neuwagenkäufers zur Bezahlung des gesamten Neuwagenpreises,
- deutliches Übergewicht des Kaufpreises (bar und/oder Finanzierung) gegenüber dem Inzahlungnahmebetrag (ca. 80: 20),
- Dokumentation des Gesamtgeschäfts in zwei getrennten Formularen.

Die Annahme eines einheitlichen Kaufvertrages mit bloßer Ersetzungsbefugnis ist si- 1441
cherlich dadurch begünstigt worden, dass im Ausgangsfall BGHZ 46, 338 die Inzahlungnahme nur rudimentär unter ‚Zahlungsbedingungen' im Neuwagen-Bestellschein festgehalten war.[40] Überwiegend wird das Gesamtgeschäft heute mit Hilfe von **zwei getrennten Formularen** dokumentiert (s. Rdn. 1418 ff.),[41] nicht selten zeitversetzt. In BGHZ 83, 334 = NJW 1982, 1700 lässt der BGH es ausdrücklich offen, ob auch in einem solchen Fall ein einheitlicher Kaufvertrag mit Ersetzungsbefugnis oder zwei selbstständige Kaufverträge (‚Doppelkauf') mit Verrechnungsabrede anzunehmen sind.[42] Eine Einheit auch bei getrennten Urkunden infolge der Gesamtumstände und des Parteiwillens bejaht BGHZ 128, 111, allerdings war diese Frage außer Streit. In der Entscheidung vom 30. 10. 2002[43] hat der BGH zwar sein Grundmodell „einheitlicher Kaufvertrag" auch für ein **‚Zwei-Formulare-Geschäft'** gelten lassen. Unter den gegebenen Umständen lag es indes nahe, den ‚Ankaufschein' über den Altwagen nur als Übergabebescheinigung zu behandeln. Dass der BGH trotz separater Vertragsurkunden einen einheitlichen Kauf mit Ersetzungsbefugnis jedenfalls im Regelfall annehmen wird, kann seinem Urteil vom 20. 2. 2008[44] entnommen werden. Der inhaltliche Zusammenhang ist ihm wichtiger als die äußere Gestaltung, was prinzipiell sicher richtig ist. Bei der Zwei-Formulare-Konstellation „NW-Bestellung mit Eintritt Leasinggesellschaft/Ankaufschein" nimmt das OLG Hamm deshalb zutreffend ein einheitliches Geschäft ein.[45] Pro rechtliche Einheit trotz getrennter Formulare auch OLG Düsseldorf[46], OLG Celle[47] und OLG Brandenburg,[48] ebenso die Rechtsprechung der Land-

39 Urt. v. 21. 4. 1982, BGHZ 83, 334, 339 = NJW 1982, 1700; ähnlich OLG Hamm schon 1975 (NJW 1975, 1520, 1521).

40 Zur Vermutung des ‚Einheitlichkeitswillens' bei dieser Konstellation s. BGH 25. 3. 1987, NJW 1987, 2004, 2007.

41 Z. B. OLG Hamm 18. 12. 2008, NJW-RR 2009, 1505.

42 Andererseits spricht der BGH unter II, 2b der Urteilsgründe von einer ‚Trennung in zwei selbstständige Verträge mit Verrechnungsabrede'; s. a. *Hiddemann*, WM 1982, Sonderbeilage Nr. 5, S. 9 (Nebeneinander von zwei selbstständigen Verträgen sogar in Fällen wie BGHZ 46, 338).

43 NJW 2003, 505.

44 NJW 2008, 2028 Tz. 12 (in concreto war alles im Neuwagenkaufvertrag niedergelegt).

45 Urt. v. 18. 12. 2008, NJW-RR 2009, 1505 (Vermerk im Ankaufschein: „Inzahlungnahme i. V. m. Neuwagen-Geschäft").

46 Urt. v. 22. 11. 1993, MDR 1994, 347 = OLGR 1994, 45; vgl. auch OLG Düsseldorf 28. 7. 1993, OLGR 1993, 285 und 24. 4. 1998, NZV 1998, 466.

47 Urt. v. 6. 1. 1994, OLGR 1994, 129; ebenso 15. 12. 1994, OLGR 1995, 85; 26. 1. 1996, OLGR 1996, 182 (4. ZS).

48 Urt. v. 3. 2. 2010 – 7 U 109/09 (Vorführwagenverkauf und GW-Ankauf).

und Amtsgerichte.[49] Bezeichnungen wie „Zusatzvereinbarung“ oder „Ergänzungsvereinbarung“ indizieren die Zusammengehörigkeit, ebenso Ausdrücke wie „Nachlass“ oder „Anrechnung“.

1442 Ist der Neuwagenkauf ohne Inzahlungnahme zustande gekommen (zum Zeitpunkt s. Rdn. 3 ff.) und hat man sich **erst im Anschluss** daran auf eine ‚Hereinnahme‘ des Kundenfahrzeugs verständigt,[50] kann es naheliegen, mangels hinreichender Verklammerung von zwei rechtlich und wirtschaftlich selbstständigen Verträgen auszugehen (Doppelkauf). Eine Verbindung kann allerdings auch **nachträglich** im Zusammenhang mit der Altwagenhereinnahme hergestellt werden, auch stillschweigend bzw. durch konkludentes Verhalten.[51]

1443 Umgekehrt kann ein zunächst verbundenes Geschäft im Nachhinein in zwei selbstständige Teile zerlegt werden, etwa aus steuerlichen Gründen. Die Darlegungs- und Beweislast für eine solche **Entklammerung** trägt die Partei, die sich auf die Vertragsänderung beruft. Wenn der Neufahrzeughändler aus Gefälligkeit dem Kunden gegenüber mit einer getrennten Zahlung nachträglich einverstanden ist, muss das nicht unbedingt eine Trennung in zwei rechtlich und wirtschaftlich selbstständige Verträge bedeuten. Der Kunde kann aus Abschreibungsgründen daran interessiert sein, den gesamten Neuwagenpreis noch im alten Jahr zu zahlen, während der Eingang der Zahlung des Autohauses im neuen Jahr erfolgen soll. Das LG Essen[52] hat in einem Fall dieser Art zwei getrennte Kaufverträge angenommen.

1444 Als **weitere Ausnahme** mit einer vom Regelfall abweichenden Interessenbewertung hat der BGH den Fall einer **atypischen Wertrelation** zwischen Geldleistung und Sachwert angesprochen.[53] Ein Wertverhältnis, aus dem sich ein Übergewicht der Sachleistung ergebe, könne, müsse aber nicht ein Indiz contra Ersetzungsbefugnis sein. Dementsprechend hat der BGH selbst in einem Wertverhältnis von 6.000 DM (‚neuer‘ Gebrauchter) zu 4.750 DM (Altwagen) keinen hinreichenden Grund für eine vom Regelfall abweichende Deutung des Geschäfts gesehen.[54]

1445 Raum für alternative Lösungen sieht der BGH außerdem bei **Geschäften außerhalb des Kfz-Handels**. Da die Konstruktion ‚einheitlicher Kaufvertrag mit Ersetzungsbefugnis‘ wesentlich auf einer Bewertung der beiderseitigen Interessen beruht, kann sich bei einem Geschäft zwischen Privatpersonen oder zwischen zwei Unternehmen außerhalb der Kfz-Branche in der Tat eine andere Lösung anbieten (zum Privatgeschäft s. auch Rdn. 1953).

b) Kritik an der BGH-Rechtsprechung

1446 Die Lösung des BGH – einheitlicher Kaufvertrag mit Ersetzungsbefugnis – ist im Laufe der Jahre – schon vor der Schuldrechtsreform – brüchig geworden. Die ökonomischen Rahmenbedingungen haben sich entscheidend verändert, und zwar auf beiden Seiten. Im Mittelpunkt der Kritik steht die Beurteilung der beiderseitigen Interessen.[55] Dabei muss unterschieden werden: Die Interessenlage ist zum einen von Bedeutung, wenn es um die Frage geht, ob die Parteien einen einheitlichen Vertrag oder zwei selbstständige Verträge abgeschlossen haben. Dieser Aspekt steht im Zentrum des jüngsten **BGH-Urteils vom 20. 2. 2008**.[56] Entgegen der Einschätzung der Vorinstanz (KG) hat der VIII. ZS sich mit überzeugenden Argumenten für eine **rechtliche Einheit** ausgesprochen.[57]

49 Z. B. LG Hannover 23. 6. 2010, DAR 2010, 524.
50 Beispiel OLG Celle 5. 11. 2003, ZGS 2004, 74 = OLGR 2004, 151.
51 Vom OLG Celle 5. 11. 2003, ZGS 2004, 74 = OLGR 2004, 151 nicht erörtert.
52 Urt. v. 18. 4. 1996, 4 O 576/95, n. v., rechtskräftig.
53 Urt. v. 30. 11. 1983, BGHZ 89, 126 = NJW 1984, 429.
54 Urt. v. 30. 11. 1983, BGHZ 89, 126 = NJW 1984, 429.
55 Ausführlich dazu *Lennartz*, S. 36 ff.
56 NJW 2008, 2028; Besprechung von *Gsell*, NJW 2008, 2002.
57 Insoweit zustimmend auch *Gsell*, NJW 2008, 2002.

Auf einem **anderen Blatt** steht, welchen Inhalt das einheitliche Geschäft hat. Aus der Annahme eines „Gesamtgeschäfts" folgt nicht automatisch, dass es sich um einen einheitlichen Kaufvertrag mit Ersetzungsbefugnis handelt. Alternative Deutungen hält auch der BGH für möglich. In einem Punkt hat sich der BGH selbst korrigiert, indem er die Vorstellung aufgegeben hat, die Inzahlungnahme sei lediglich ein ‚Entgegenkommen' des Händlers.[58] In BGHZ 89, 126 = NJW 1984, 429 nimmt er zu Recht auch das Eigeninteresse des Händlers in den Blick. Bemerkenswert ist auch die Richtungsänderung in dem kurz zuvor ergangenen Urteil BGHZ 83, 334 = NJW 1982, 1700. Demgegenüber bedeutet die Entscheidung vom 30. 10. 2002[59] einen Rückschritt, wenn es wiederum heißt, das Interesse des Kfz-Händlers sei erkennbar auf die Veräußerung gegen Geld und nicht auf den Erwerb eines gebrauchten Fahrzeugs gerichtet. Nur der zweite Teil ist zutreffend. Eine „Veräußerung gegen Geld" mag wünschenswert sein, die Realität sieht hingegen anders aus. Dass das Absatzinteresse des Händlers „im Vordergrund" stehe und dass dies dem Käufer bewusst sei,[60] lässt sich nicht bestreiten. Genauso ist umgekehrt dem Händler das Inzahlunggabe-Interesse seines Kunden bewusst. **1447**

Aufrechterhalten bleibt die Kritik, dass der BGH es versäumt hat, aus der **Veränderung der wirtschaftlichen Verhältnisse** auf beiden Seiten die gebotenen Konsequenzen zu ziehen. Infolgedessen muss er sich – heute mehr denn je – den Vorwurf gefallen lassen, mit der Konstruktion eines einheitlichen Kaufvertrages mit Ersetzungsbefugnis berechtigte Verbraucherinteressen zu vernachlässigen. Denn selbst für den Fall der **unverschuldeten Zerstörung** oder des **Diebstahls des Altwagens** belastet der BGH den Käufer mit einer Nachschusspflicht. Im statistischen Durchschnittsfall liegt der Betrag mit ca. 7.500 €[61] deutlich über der jährlichen Sparleistung eines Arbeitnehmerhaushaltes. Damit belastet zu werden, **widerspricht dem erkennbaren Willen** des Käufers. **1448**

Ein Anspruch auf Nachzahlung kann dem Händler nach der BGH-Konstruktion zudem aus der **Mangelhaftigkeit des Altwagens** erwachsen. Dieses Risiko hat der BGH zwar durch die Annahme eines stillschweigenden Haftungsausschlusses begrenzt, bislang jedoch nur bei sog. Verschleißmängeln.[62] Was darunter zu verstehen ist, ist in der neueren BGH-Rechtsprechung zum Gebrauchtwagenkauf zwar erkennbar, aber noch nicht in sämtlichen Details geklärt (s. a. Rdn. 2944 ff.). **1449**

Ob der stillschweigende Gewährleistungsausschluss auch andere Mängel erfasst, insbesondere verborgene Unfallvorschäden, ist weiterhin offen. Die Instanzgerichte bejahen nicht selten einen umfassenden Haftungsausschluss (s. Rdn. 4052 ff.). In diese Richtung deutet auch die Rechtsprechung des BGH zur agenturweisen Hereinnahme von Altwagen.[63] Es bleibt abzuwarten, wie der BGH sich für einen Fall der ‚echten' Inzahlungnahme entscheiden wird. Schon um sein Grundmodell nicht aufgeben zu müssen, wird er geneigt sein, den weder täuschenden noch eine Garantie gewährenden Inzahlunggeber von jeglicher ‚Gewährleistung' (§ 365 BGB) freizustellen. **1450**

In welchem Umfang dem Händler das Recht zur (isolierten) Rückgabe bzw. Nichtannahme des Altwagens zugestanden wird, ist mitentscheidend für die Akzeptanz der BGH-Konstruktion. Zurzeit ist dieses Problem nicht befriedigend gelöst. Da Neuwagenkäufer, selbst gewerbliche, ihre Mängelhaftung üblicherweise nicht ausdrücklich ausschließen, sehen sie sich immer wieder Nachzahlungsforderungen mit dem Verlangen nach Rücknahme **1451**

58 So in BGHZ 46, 338, vgl. auch BGH 20. 5. 1960, NJW 1960, 1853, 1854.
59 NJW 2003, 505.
60 Urt. v. 20. 2. 2008, NJW 2008, 2028.
61 DAT-Report 2010, S. 24.
62 Urt. v. 21. 4. 1982, BGHZ 83, 334 = NJW 1982, 1700.
63 Vgl. Urt. v. 5. 4. 1978, NJW 1978, 1482 = WM 1978, 756; 31. 3. 1982, NJW 1982, 1699 = WM 1982, 710.

des Altwagens ausgesetzt. Dann droht die Gefahr, dass das Geschäft nachträglich in einen ungewollten und oftmals nicht finanzierbaren Kauf in Reinform verwandelt wird.

1452 Berechtigt ist ferner der Einwand, die Deutung der Inzahlungnahme-Vereinbarung als Ersetzungsbefugnis mit einer Leistung an Erfüllungs statt werde der **Vertragswirklichkeit** nicht gerecht. Diese lebensfremden Begrifflichkeiten findet man, von Ausnahmen abgesehen (Opel-Vertragshändler), an keiner Stelle des gesamten Vertragswerkes, obgleich derartige Bezeichnungen für den Kfz-Händler günstig wären und er sie als Formularverwender in den Vertrag einführen könnte. Mit Blick auf den Altwagen ist in den meisten Formularen vielmehr von ‚Ankauf' oder von ‚Eintauschwagen' die Rede.

1453 In realistischer Einschätzung des wahren Geschehens geht die **Finanzverwaltung** von einem **Tausch mit Baraufgabe** aus.[64] Gewiss geht es beiden Seiten typischerweise nicht um einen Fahrzeugtausch, sondern in erster Linie um den Erwerb bzw. die Veräußerung eines Neufahrzeugs. So gesehen ist die Inzahlunggabe des Altwagens in der Tat kein ‚gleichwertiger Bestandteil'[65] des Geschäftes. Was aber heißt ‚gleichwertig'? Damit kann das Wertverhältnis zwischen Neuwagen und Altwagen angesprochen sein.[66] Mit ‚kein gleichwertiger Bestandteil' kann aber auch der Stellenwert von ‚neu' und ‚alt' gemeint sein, wobei die Neuanschaffung bei natürlicher Betrachtungsweise für beide Seiten im Vordergrund zu stehen pflegt.

1454 Bei nüchterner Beurteilung der Finanzierungsseite führt indes kein Weg an der Einsicht vorbei: Der durchschnittliche Neuwagenkäufer kann und will die Gegenleistung für den Neuwagen von vornherein nur teilweise in Geld, zum anderen Teil durch seinen Altwagen erbringen. Irgendetwas zu ‚ersetzen' oder eine ‚Ersatzleistung' zu erbringen, ist **erkennbar** nicht sein Ziel. Ein derartiges Ansinnen würde ebenso auf Unverständnis stoßen wie die Einstufung der Inzahlungnahme als bloße ‚Nebenabrede' (BGHZ 89, 126). In den Augen privater Neufahrzeugkäufer setzt sich ihre Leistung, dem Händler bewusst, von Anfang an aus **Geld und Altfahrzeug** zusammen.[67] Die vom Käufer geschuldete Gegenleistung in voller Höhe als eine Geldschuld zu begreifen,[68] geht schon seit Jahren an der Realität vorbei. Der durchschnittliche Neuwagenkäufer will einen Teil des Kaufpreises für das Neufahrzeug mit seinem Altwagen ‚bezahlen'. Das ist mit der Annahme einer Ersetzungsbefugnis nicht zu vereinbaren.

1455 Zu bedenken ist auch: Wegen des außerordentlich scharfen Wettbewerbs auf dem Neufahrzeugmarkt (Pkw/Kombis) ist der Händler zumeist gezwungen, für den Altwagen des Kunden deutlich mehr zu bieten, als er tatsächlich wert ist. Mit **Überzahlungen** wird regelrecht geworben (‚10 % über Schwacke' o. Ä.). Die Inzahlungnahmepreise liegen seit Jahren erheblich über den Verkehrswerten. Damit gewährt der Händler, was als gerichtsbekannt angesehen wird,[69] einen **versteckten Preisnachlass** auf den Neuwagen. Umsatzsteuerlich bedeutet das eine Minderung des Entgelts für die Lieferung des Neufahrzeugs.[70] Es war und ist nicht so, dass der Neuwagenkäufer ein Angebot des Händlers zum ‚Listenpreis' annimmt, um sich anschließend in einer ‚Zusatzvereinbarung' über die Inzahlungnahme des Altwagens zu verständigen. Der Neuwagenpreis ohne Hingabe eines Altwagens wird im Allgemeinen gar nicht erst ausgehandelt.[71] Er interessiert allenfalls als rechnerische Ausgangsgröße. Verhandelte man über ihn, wäre er oftmals niedriger als der Gesamtpreis

64 *Ammenwerth/Janzen*, Umsatzsteuer im Kfz-Gewerbe, S. 65.
65 BGHZ 89, 126, 130.
66 Zur Bedeutung dieser Relation vgl. *Mayer-Maly* in FS Larenz 1973, 673.
67 So auch *Lennartz*, S. 58.
68 So weiterhin der BGH 30. 11. 2002, NJW 2003, 505.
69 OLG Frankfurt 28. 3. 2002, OLGR 2002, 171, 172.
70 Abschn. 153 Abs. 4 UStR.
71 Anders im Fall OLG Celle 15. 12. 1994, OLGR 1995, 85; s. a. BGH 10. 7. 1986, WM 1986, 1533.

mit Inzahlungnahme.[72] Auch diese wirtschaftliche Seite des Geschäfts spricht gegen die Annahme eines einheitlichen Kaufvertrages mit Ersetzungsbefugnis, bei dem die Zahlung des vollen Kaufpreises die Gegenleistung des Neuwagenkäufers ist.

Rückt man von dieser Konstruktion ab und sieht man die Hingabe des Altwagens als **1456** einen von zwei Bestandteilen der Hauptleistungspflicht des Käufers an, lassen sich auch die mit dem versteckten (verdeckten) Preisnachlass verbundenen Probleme sachgerecht lösen. Angesichts der heutigen Marktverhältnisse sollte dieser Aspekt nicht unterschätzt werden. Erhebliche Beträge stehen auf dem Spiel. Bei Annahme einer Ersetzungsbefugnis läuft der Käufer Gefahr, den ausgehandelten Vorteil einzubüßen, ohne dass ihn ein Verschulden an der Vertragsstörung trifft.[73] Ohne Einfluss auf die Preisvereinbarung ist es, wenn der Händler den verdeckten Preisnachlass nach dem Weiterverkauf offenlegt, die Neuwagenrechnung ‚berichtigt' und sich die Mehrwertsteuerdifferenz vom Finanzamt zurückholt. Ein Erstattungsanspruch des Kunden in gleicher Höhe besteht nicht, obgleich er die ‚gesetzliche Umsatzsteuer' schuldet. Der Händler ist nicht ungerechtfertigt bereichert.

Dogmatische Bedenken bestehen darüber hinaus gegen die Ansicht des BGH, die An- **1457** nahme der Ersatzleistung stelle einen **entgeltlichen Austauschvertrag** dar.[74] Gegen die Hingabe des Altfahrzeugs verzichte der Händler auf einen bestimmten Teil seiner ursprünglichen Forderung, er erwerbe die Ersatzleistung im Austausch gegen die primär geschuldete Leistung. An einer Primärleistung des Käufers fehlt es indessen, wenn man mit dem BGH davon ausgeht, der Händler sei zur Annahme des Altwagens verpflichtet. Folglich ist auch ein Austauschvertrag nur schwer vorstellbar.[75] Ein anderes Verständnis der Vereinbarung einer Leistung an Erfüllungs statt wird freilich in BGHZ 89, 126, 133 deutlich, wenn es heißt, die Anwendung des § 364 Abs. 1 BGB diene allein der konstruktiven Erläuterung des Schuldtilgungsvorgangs.

Zuzugeben ist dem BGH, dass seine Konstruktion von einem einheitlichen Kaufvertrag **1458** mit Ersetzungsbefugnis eine überzeugendere Antwort auf die Frage gibt, ob dem Händler ein **Anspruch auf Lieferung des Altfahrzeugs** zusteht. Dabei läuft es dem Interesse des durchschnittlichen Neuwagenkäufers keineswegs zuwider, dem Händler im Rahmen des Gesamtgeschäfts einen Anspruch auf Lieferung seines Fahrzeugs so wie bei einem Tauschgeschäft einzuräumen. Eine andere Verwendung als die Ablieferung des Fahrzeugs an den Händler ist erfahrungsgemäß nicht beabsichtigt. Beide Seiten gehen als selbstverständlich davon aus, dass der Altwagen im Zuge der Auslieferung des Neufahrzeugs übergeben wird. Den handelsüblichen ‚Ankaufschein' wörtlich genommen, hat der Händler sogar einen eigenen Lieferanspruch. Da dieser Aspekt für die Beteiligten nur von untergeordneter Bedeutung ist, sollte er bei der typologischen Einordnung nicht überbewertet werden.

c) Mischvertrag aus Kauf und Tausch

Dem mutmaßlichen Parteiwillen und der beiderseitigen Interessenlage wird am ehesten **1459** die Ansicht gerecht, wonach es sich **im Normalfall** der Inzahlungnahme um einen gemischten Vertrag aus Kauf und Tausch handelt, ergänzt um die – praktisch kaum bedeutsame – Befugnis des Käufers, statt seinen Altwagen abzuliefern den festgelegten Anrechnungsbetrag zu zahlen.[76] Die Vereinbarung der Inzahlungnahme ist keine bloße Nebenabrede (‚Zu-

---

72 Im Fall OLG Celle OLGR 1995, 85 waren es 10 %.

73 Ausführlich dazu OLG Hamm 18. 12. 2008, NJW-RR 2009, 1505.

74 Urt. v. 18. 1. 1967, BGHZ 46, 338, 342.

75 So auch OLG Oldenburg 28. 7. 1994, NJW-RR 1995, 689, 690; zu diesem Kritikpunkt s. a. *Lennartz*, S. 63/64.

76 So auch OLG Oldenburg (14. ZS) 28. 7. 1994, NJW-RR 1995, 689; LG Wuppertal 28. 6. 1996, NJW-RR 1997, 1416; früher schon OLG Hamburg 18. 10. 1962, BB 1963, 165 und die wohl h. M. im Schrifttum und der Kommentarliteratur (vgl. *Medicus*, BürgR, Rn. 756; *Faust* in Bamberger/

satzvereinbarung‘) des Neuwagenkaufs, gleichviel, ob die Parteien das Geschäft in einem oder in zwei Formularen erfasst haben, ob die Dokumentation zeitgleich oder sukzessive erfolgt ist. Selbst wenn der Händler keinen Anspruch auf Lieferung des Altwagens erwirbt, kann aufgrund der Pflicht zur Annahme des Altwagens von einer aus Geld und Fahrzeug zusammengesetzten Gegenleistung des Neuwagenkäufers gesprochen werden.

1460 Vorzuziehen ist die Konstruktion ‚Mischvertrag‘ auch deshalb, weil sie für eine erheblich größere Zahl von Fallgestaltungen einen einheitlichen Rechtsrahmen liefert als die vom BGH ‚für den Regelfall‘ angebotene Alternative. Das breite Spektrum der vom BGH aufgezeigten Ausnahmefälle – besonders problematisch ist die Fallgruppe ‚atypische Wertverhältnisse‘ (s. Rdn. 1444) – schafft Rechtsunsicherheit, zumal bei der quantitativ nicht zu unterschätzenden, ständig ansteigenden Fallgruppe ‚Gebraucht auf Gebraucht‘.

1461 Die mit der **Schuldrechtsreform** verbundenen Änderungen geben Anlass, die Tragfähigkeit der Annahme eines typengemischten Vertrages zu überprüfen. Auch das Grundmodell des BGH ist auf seinen Fortbestand zu hinterfragen.[77] Nicht ausgeschlossen ist, dass nach neuem Recht ein Doppelkauf (mit Verrechnungsabrede) die zeitgemäßere Lösung darstellt. Das Zusammentreffen eines Verbrauchsgüterkaufs ‚im Hauptteil‘ mit einem Nicht-Verbraucher-Geschäft ‚im Anhang‘ gehört zu den auffälligsten Neuerungen. Der Hauptunterschied zur früheren Rechtslage besteht indes zum einen darin, dass auch der Kunde des Neuwagenhändlers grundsätzlich ein Recht zur zweiten Andienung hat, soweit der Mangel behebbar ist. Zum anderen darin, dass der Händler bei einem Weiterverkauf des Altfahrzeugs im eigenen Namen und für eigene Rechnung seine Sachmängelhaftung nicht mehr ausschließen darf, wenn der Abnehmer ein Verbraucher ist (§ 475 BGB). Bei einem Unternehmer-Käufer ist eine umfassende Freizeichnung nach wie vor möglich und üblich. Ältere Gebrauchtfahrzeuge (ab etwa 6 Jahren), insbesondere Fremdfabrikate, werden von den Autohäusern vorzugsweise an freie Händler abgegeben, nicht selten gehen sie in den Export. Ein wichtiger Aspekt ist dabei die Garantiefähigkeit. Hier liegt die Altersgrenze bei 6 bis 7 Jahren. Die von den Neuwagenkäufern abgegebenen Vorwagen waren im Jahr 2009 im Durchschnitt 10,3 Jahre alt und hatten eine Gesamtlaufleistung von ca. 141.020 km.[78]

1462 Vor diesem Hintergrund hält sich die Belastung des Neufahrzeughandels, die ihm das neue Kaufrecht bei der Vermarktung in Zahlung genommener Altwagen auferlegt, in erträglichen Grenzen. Als Alternative zu einem risikoreichen Eigengeschäft mit einem Verbraucher bleibt ein Agenturverkauf (zur Frage der Umgehung nach § 475 Abs. 1 BGB s. Rdn. 1978 ff.). Dabei ist wieder zu unterscheiden zwischen einem Verbraucher-Verbraucher-Geschäft und (bei Firmenwagen) einem Unternehmer-Verbraucher-Kauf, also einem

---

Roth, § 433 Rn. 14; *ders.*, NJW 2009, 3696; *Staudinger/Mader*, § 480 BGB Rn. 14; *Gsell*, NJW 2008, 2002; *Walter*, Kaufrecht, S. 306; *Larenz*, SchR, Bd. II, Hbd. 1, § 42 I; *Mayer-Maly* in FS Larenz 1973, 673, 681; *Gernhuber*, Erfüllung, § 10, 2; *Honsell*, Jura 1983, 523, 524; *Schulin*, JA 1983, 161, 164; *Pfister*, MDR 1968, 361, 362 f.; *H. W. Schmidt*, DAR 1964, 201; *Lennartz*, S. 125, 133; *Himmelreich/Andreae/Teigelack*, § 2 Rn. 43; Das neue Schuldrecht/*Haas*, Kap. 5 Rn. 74; ähnlich auch *Leenen*, Typus und Rechtsfindung, 1971, S. 159, 161 und *Behr*, AcP 185, 401, die beide zur Annahme eines besonderen Vertragstyps (‚Verkehrstyps‘, so *Behr*) gelangen; abw. auch *Dubischar*, JZ 1969, 175; *ders.*, JuS 1985, 15 und in AK-BGB, § 366 Rn. 4; gegen BGH auch *Reich* in AK-BGB § 433 BGB Rn. 33. **Dem BGH folgen** u. a. *Reinicke/Tiedtke*, Rn. 1026; NK-BGB/*Büdenbender*, § 433 BGB Rn. 49; *Bachmeier*, Rn. 369; *Rensen*, MDR 2010, 4; *Creutzig*, a. a. O., 2.1.7; *Oechsler*, SchuldR BT, § 2 Rn. 356; *Binder*, NJW 2003, 393; *ders.*, EWiR § 346 BGB 1/08, 263; HK-BGB/*Saenger*, § 433 BGB Rn. 7; **unentschieden bzw. ergebnisoffen** *Palandt/Weidenkaff*, § 480 BGB Rn. 6/7; Müko-BGB/*Westermann*, § 433 BGB Rn. 30; *Erman/Westermann*, § 364 BGB Rn. 4; s. aber auch *Westermann*, JZ 2001, 541.

77 Vgl. Das neue Schuldrecht/*Haas*, Kap. 75 Rn. 74; *Binder*, NJW 2003, 393.

78 DAT-Report 2010, S. 24.

Verbrauchsgüterkauf. Zumal der BGH[79] Agenturgeschäfte mit Verbraucherbeteiligung auf der Käuferseite nicht generell als unzulässige Umgehungen i. S. d. § 475 Abs. 1 BGB einstuft, kann in der reformbedingten Schlechterstellung bei der Weitervermarktung von ‚Eintauschwagen' kein hinreichender Grund gefunden werden, die hier befürwortete Konstruktion eines Mischvertrages aus Kauf und Tausch zugunsten des BGH-Modells zu verwerfen.[80] Mängelrisiken kann der Handel zudem mit Garantiemodellen (‚Rest-Risikoversicherung') auffangen.

Was die Rechtsposition des Händlers mit Blick auf die Mängelhaftung des Inzahlunggebers angeht, besteht gegenüber dem alten Recht ein wesentlicher Unterschied: Auch als Privatperson hat der Inzahlunggeber ein Recht auf zweite Andienung, sofern der Mangel behebbar ist. In den Fällen, die die Praxis beschäftigen, geht es indessen mehrheitlich um unbehebbare Mängel wie verdeckte Unfallvorschäden und zu hohe Gesamtlaufleistungen. Die Mehrbelastung des Handels durch lästige Nachbesserungsprozeduren fällt um so weniger ins Gewicht, als der Kunde in den ohnehin seltenen Fällen, in denen er für Mängel einzustehen hat, zumeist direkt (ohne vorherige Nachbesserung) in Anspruch genommen werden darf, z. B. bei arglistiger Täuschung. **1463**

Auch auf der anderen Seite des Geschäfts, dem Neuwagenteil, gibt es für eine grundlegende Neuorientierung keinen rechtfertigenden Anlass. Mit Blick auf den zu liefernden Neuwagen hat sich die Rechtsposition des Händlers de facto nicht wesentlich verschlechtert. Der bislang vertraglich eingeräumte Nachbesserungsanspruch hat einem gesetzlichen Anspruch auf Nacherfüllung Platz gemacht. **1464**

Festzuhalten bleibt: Geben die vertraglichen Absprachen für eine anderslautende Einordnung des Geschäfts nicht genügend her, ist weiterhin ein gemischter Vertrag aus Kauf und Tausch anzunehmen. **1465**

Für die **Beweislastverteilung** bedeutet dies: Der Händler muss bei einer (Nach-)Zahlungsklage beweisen, dass ein einheitlicher Kauf mit Ersetzungsbefugnis über das von ihm gelieferte Fahrzeug zu Stande gekommen ist. Andererseits hat der Altwageneigentümer, der für sein Fahrzeug Zahlung verlangt, zu beweisen, dass der Händler es unabhängig von der Bestellung des Neuwagens (oder Gebrauchtwagens) angekauft hat und verrechnungsfrei bezahlen soll.[81] **1466**

Bei einer **Inzahlungnahme im Dreiecksverhältnis** (z. B. Hersteller/Händler/Käufer) liegen zwei rechtlich selbstständige, wirtschaftlich aber miteinander verbundene Kaufverträge vor. Die Trennung zwischen Hersteller und Verkaufsvermittler kommt in diesem Ausnahmefall schon in den Vertragsformularen erkennbar zum Ausdruck. Für das Neuwagengeschäft ist der Hersteller, für das Gebrauchtwagengeschäft sein Vertreter/Vermittler als Vertragspartner des Kunden ausgewiesen. Typisch ist diese Sonderform beim Kauf von Neufahrzeugen der Marke Mercedes-Benz, soweit sie nicht über Werksniederlassungen vertrieben werden[82]. So lag es auch im Fall OLG Hamm OLGR 1993, 98. Der 28. ZS nimmt einen **Doppelkauf mit Verrechnungsabrede** an. Das hat zur Folge: Der Neuwagenkäufer erlangt keinen Anspruch auf Auszahlung des Kaufpreises für sein Altfahrzeug, auch dann nicht, wenn das Neuwagengeschäft mit dem Hersteller wider Erwarten scheitert. In einem solchen Fall hat die Inzahlungnahmevereinbarung ‚keine Gültigkeit'.[83] Dieses richtige Ergebnis sollte nicht unter Rückgriff auf § 158 BGB begründet werden. Man kann mit ‚Stö- **1467**

79 Urt. v. 26. 1. 2005, NJW 2005, 1039.

80 Ebenso für das neue Recht *Himmelreich/Andreae/Teigelack*, § 2 Rn. 43.

81 OLG Brandenburg 3. 2. 2010 – 7 U 109/09 (Vorführwagenkauf); zur Beweislastverteilung bei einem Streit über Inzahlunggabe oder Agentur s. OLG Hamm 30. 4. 1975, NJW 1976, 53.

82 Zu einem Koppelungsgeschäft mit einer Werksniederlassung s. LG Hannover 23. 6. 2010, DAR 2010, 524.

83 OLG Hamm 1. 12. 1992, OLGR 1993, 98.

rung der Geschäftsgrundlage' (jetzt § 313 BGB) oder direkt mit einer ergänzenden Vertragsauslegung argumentieren.

1468 Wie beim bilateralen Kauf mit Inzahlungnahme verzichtet der Neuwagenverkäufer, hier der Hersteller, auf Vollzahlung des Kaufpreises. Sein Anspruch ist beschränkt auf Leistung des Baranteils. Auf das Altfahrzeug hat er keinen Zugriff. Anders als im Zwei-Personen-Verhältnis dürfte der Händler als Käufer des Altfahrzeugs einen eigenen Lieferanspruch haben, vorausgesetzt, dass beide Verträge wirksam sind. Notwendig ist es nicht, ihm diese Rechtsposition einzuräumen. Denn die Auslieferung des Neufahrzeugs erfolgt i. d. R. Zug um Zug gegen Hingabe des Altwagens und Zahlung des Baranteils. Die gesamte Abwicklung des Geschäfts liegt in den Händen des vom Hersteller eingesetzten Vertreters. Aus Sicht des Kunden macht es keinen gravierenden Unterschied, ob er das Fahrzeug direkt vom Hersteller oder von einem Vertragshändler kauft.

III. Störfälle

1. Mangel des Neufahrzeugs (bzw. des neuen Gebrauchten)

a) Nacherfüllung

1469 Solange der Neufahrzeugkäufer lediglich Nacherfüllung verlangen kann, ist die Rechtslage mit Blick auf das Altfahrzeug wenig problematisch. I. d. R. ist es mit Übernahme des Neuwagens abgeliefert worden, kann mithin nicht mehr zurückgehalten werden. Ist der Käufer ausnahmsweise noch im Besitz seines Altwagens, kann er dessen Ablieferung selbst bei Annahme einer entsprechenden Leistungspflicht bis zur vollständigen Nacherfüllung verweigern (§ 320 BGB).

1470 In der Nacherfüllungsphase treffen den Neufahrzeughändler hinsichtlich des übernommenen Altfahrzeugs keine gesteigerten Sorgfaltspflichten. Das Verwertungsrisiko liegt weiterhin bei ihm. Ein Nacherfüllungsverlangen begründet noch **keine Weiterverkaufssperre**. Umgekehrt ist der Händler auch nicht dazu verpflichtet, das in Zahlung genommene Fahrzeug bevorzugt zu behandeln, um einer standzeitbedingten Entwertung vorzubeugen.[84] Wenn der Händler, wie im Regelfall, mit einem Fehlschlagen der Nacherfüllung und damit mit einer Rückabwicklung nicht zu rechnen braucht, darf er seine normalen Bemühungen um einen Weiterverkauf fortsetzen, insoweit also auch verkaufsfördernde Veränderungen am Fahrzeug vornehmen. Allein wegen der Möglichkeit des Fehlschlagens der Nacherfüllung mit eventuell anschließender Rückabwicklung besteht keine Verpflichtung, die Verkaufsbemühungen zu beenden und das Fahrzeug für eine etwaige Rückgabe an einem sicheren Ort bereit zu stellen.[85] Anders können die Dinge liegen, wenn der Händler weiß oder wissen muss, dass er sein Recht auf zweite Andienung aus tatsächlichen und/oder rechtlichen Gründen nicht wird realisieren können. Kennen und Kennenmüssen (Fahrlässigkeit sollte genügen) sind nicht auf die potenzielle Rücktrittserklärung des Käufers zu beziehen. Bezugspunkt sind die in seiner Sphäre liegenden Umstände, die eine Nacherfüllung scheitern lassen können.

b) Rücktritt

1471 Erklärt der Neufahrzeugkäufer wegen eines (erheblichen) Mangels des Neuwagens berechtigterweise den Rücktritt, sind die ausgetauschten Leistungen gem. §§ 437 Nr. 2, 323, 346, 348 BGB grundsätzlich in natura Zug um Zug zurückzugewähren.[86] Vorbehaltlich

---

84 OLG Frankfurt 28. 3. 2002, OLGR 2002, 171 (von BGH 30. 10. 2002, NJW 2003, 505 bestätigt).
85 Vgl. auch OLG Frankfurt 28. 3. 2002, OLGR 2002, 171, 173.
86 BGH 20. 2. 2008, NJW 2008, 2028.

einer abweichenden Vereinbarung, die im Anschluss an die Rücktrittserklärung des Käufers getroffen worden ist, sind die Parteien nach der gesetzlichen Rücktrittsregelung so zu stellen, als wäre das eine rechtliche Einheit bildende Gesamtgeschäft nicht geschlossen worden. Die empfangenen Leistungen sind § 346 Abs. 1 BGB zurückzugewähren. Folglich hat der Käufer den mangelhaften Neuwagen abzuliefern, während der Händler das empfangene Geld (Baranteil mit Verzinsung/Wertersatz nach § 347 Abs. 1 S. 1 BGB, dazu Rdn. 1148 ff.) sowie den Altwagen, sofern noch vorhanden, zurückzugeben hat. Zur Rückabwicklung bei der Konstellation „Leasing/Inzahlunggabe“ s. Rdn. 1508.

aa) Keine Auszahlung des Anrechnungsbetrages bei Rückgabemöglichkeit

Solange die Rückgabe des Altwagens noch möglich ist, hat der lediglich rücktrittsberechtigte Neuwagenkäufer – vorbehaltlich einer abweichenden Vereinbarung – nicht das Recht, statt seines Altwagens den dafür angerechneten Betrag zu verlangen. Das war bis Anfang der Achtziger Jahre strittig. Für die Praxis ist der Meinungsstreit durch die **Entscheidung des BGH vom 30. 11. 1983**[87] beendet worden. Sie zog die richtige Konsequenz aus der Annahme eines einheitlichen Geschäfts und entsprach dem Grundgedanken der Wandelung. Die Auffassung des BGH[88] hat auch die Zustimmung derer gefunden, die das Geschäft, abweichend von seiner Konstruktion, als typengemischten Vertrag qualifizieren. 1472

An diesem Rückabwicklungsmodus ist – bei noch vorhandenem Altfahrzeug – für das **„neue“ Recht** festzuhalten.[89] Dadurch, dass an die Stelle der Wandelung der Rücktritt getreten ist, hat sich in der Sache nichts geändert.[90] Neu ist die besondere „Rücktrittserheblichkeit“ (§ 323 Abs. 5 S. 2 BGB). 1473

Der Neufahrzeughändler schuldet die Rückgewähr des in Zahlung genommenen Altwagens in dem Zustand, in dem er sich tatsächlich befindet. Hat er inzwischen einen **Wertverlust** erlitten, kommt es für einen Ausgleichsanspruch des Käufers auf die Gründe für die Wertminderung an (zum Anspruch auf Wert- und Schadensersatz s. Rdn. 1496 ff.). Eine Verurteilung des beklagten Händlers auf Rückübereignung (ggf. zuzüglich Wertersatz bei Verschlechterung) kann **nur auf Antrag** des Käufers (Klägers) erfolgen.[91] Auf die Sachdienlichkeit eines solchen Antrags hat das Gericht hinzuweisen. 1474

An Stelle des noch beim Händler stehenden Altwagens den Anrechnungsbetrag zu beanspruchen, war dem lediglich zur Wandelung (nicht wahlweise zum Schadensersatz nach § 463 BGB a. F.) berechtigten Neuwagenkäufer bei noch möglicher Rückgabe nur bei einer entsprechenden **Vereinbarung** gestattet. Wurde der Anrechnungspreis als ‚Anzahlung‘ bezeichnet und formularmäßig vereinbart, dass diese vom Verkäufer im Falle der Vertragsauflösung zurückzuzahlen sei,[92] so können die Parteien die gesetzlichen Folgen des Rücktritts – Austausch in natura – vertraglich dahin abgeändert haben, dass der Käufer statt Rückgabe des noch vorhandenen Altwagens den vereinbarten Anrechnungsbetrag verlangen kann. Im Zweifel ist der Vertrag nicht in dieser Weise zu deuten. 1475

Eine andere Auslegung könnte bei Inzahlungnahme eines Altwagens geboten sein, für den der Händler vom Hersteller/Importeur eine **Abwrackprämie** oder eine vergleichbare 1476

87 BGHZ 89, 126 = NJW 1984, 429.

88 Bestätigt durch BGH 30. 10. 2002, NJW 2003, 505; BGH 28. 11. 1994, NJW 1995, 518; BGH 7. 5. 1997, NZV 1997, 432; BGH 19. 6. 1996, NJW 1996, 2504; s. a. BGH 28. 5. 1980, NJW 1980, 2190 (kommissionsweise Hereinnahme).

89 BGH 20. 2. 2008, NJW 2008, 2028; OLG Hamm 18. 12. 2008, NJW-RR 2009, 1505; OLG Koblenz 16. 4. 2009, NJW 2009, 3519; *Reinicke/Tiedtke*, Rn. 1028; *Faust*, NJW 2009, 3696.

90 Vgl. auch *Binder*, NJW 2003, 393, 398.

91 BGH 20. 2. 2008, NJW 2008, 2028 Tz. 25.

92 So im Fall BGHZ 89, 126, 136.

Vergütung erhält und dem Neufahrzeugkäufer, wie auch anderen, als Kaufanreiz verspricht.[93] Davon zu unterscheiden ist der Fall, dass der Händler kraft eigener Entscheidung eine „Prämie" aussetzt. Wieder anders lagen die Dinge bei der **Umweltprämie** (Abwrackprämie), mit welcher der Staat im Jahr 2009 den Kauf von Neufahrzeugen und Jahreswagen unterstützt hat. Dabei ist es auch zu Kombinationen in Form von „doppelter Umweltprämie" gekommen. Die Gewährung der staatlichen Umweltprämie ist nicht an die Voraussetzung geknüpft worden, dass der Käufer den Neuen eine bestimmte Zeit behält. Es genügten Erwerb und Zulassung innerhalb des vorgegebenen Zeitraums. Damit war die Prämie bestandskräftig „verdient". Sie konnte dem Käufer nicht mehr entzogen werden, jedenfalls nicht vom Händler.

1477 Bei **Händler-/Hersteller-Prämien** muss es hingegen mangels entgegenstehender vertraglicher Abrede dabei bleiben: Solange der Händler den Altwagen noch zurückgeben kann, geht seine Rückgewährpflicht auf den Baranteil am Kaufpreis und den Altwagen in natura, d. h. dem nur zum Rücktritt berechtigten Neuwagenkäufer kommt im Fall möglicher Rückgabe des Altwagens eine von Verkäuferseite zugesagte „Verschrottungsprämie" nicht zugute. Der Fall unterscheidet sich also nicht von dem Normalfall der Inzahlungnahme mit verdecktem Preisnachlass. Verbessern kann der Käufer seine Rechtsposition hier wie dort, wenn er sein Rückabwicklungsverlangen (auch) **schadensersatzrechtlich** untermauern kann, s. Rdn. 1503 ff.

bb) Rückabwicklung bei Weiterveräußerung und Verschrottung des Altfahrzeugs

1478 Nach früherem Recht konnte dem Neuwagenkäufer im Fall der Veräußerung des Altwagens ein Anspruch auf Schadensersatz nach den §§ 467, 347 S. 1 BGB a. F. i. V. m. § 989 BGB zustehen.[94] Dessen Bemessung war ähnlich strittig wie heute die Ermittlung des Wertersatzes. Nach heutigem Recht steht einem Neufahrzeugkäufer, der nur zum Rücktritt berechtigt ist (daneben oder stattdessen also keinen Schadensersatzanspruch statt der Leistung hat) im Fall einer Weiterveräußerung des Altwagens vor Rücktrittserklärung grundsätzlich weder ein Schadensersatzanspruch noch ein Anspruch auf Auszahlung des Erlöses als Surrogat i. S. d. **§ 285 BGB** zu.[95] Was er beanspruchen kann, ist allein **Wertersatz nach § 346 Abs. 2 S. 1 Nr. 2 BGB**. In ihrem Anwendungsbereich hat die Norm Vorrang vor § 285 BGB. Sie regelt abschließend, was der Rückgewährschuldner bei Unmöglichkeit der Rückgabe der empfangenen Sache zu ersetzen hat.

1479 Im Sinn dieser Vorschrift „empfangen" ist auch der Altwagen, gleichviel, ob man einen einheitlichen Kaufvertrag mit Ersetzungsbefugnis oder einen Mischvertrag annimmt. Aufgrund der Veräußerung muss die **Rückgabe unmöglich** sein. Ein bloßer Verkauf reicht nicht aus. Das dingliche Geschäft muss hinzukommen, wobei ein Verkauf unter Eigentumsvorbehalt genügt. Zur Frage der Wiederbeschaffungspflicht s. Rdn. 1100.[96]

1480 Ist der Altwagen nicht weiterveräußert, sondern **verschrottet** worden – eine Umgestaltung i. S. v. § 346 Abs. 2 Nr. 2 BGB oder ein Untergang i. S. v. Nr. 3 – liegt die Unmöglichkeit der Rückgabe auf der Hand. Auch in einem solchen Fall schuldet der Verkäufer Wertersatz gem. § 346 Abs. 2 BGB.[97]

---

93 So im Fall OLG Koblenz 16. 4. 2009, NJW 2009, 3519 („Verschrottungsprämie" für jeden Kauf eines neuen Fiat Stilo); s. a. OLG Düsseldorf 24. 4. 1998, NJW-RR 1998, 1752 = NZV 1998, 466.

94 BGH 30. 11. 1983, BGHZ 86, 126, 135 (insoweit in NJW 1984, 429 nicht abgedruckt); die Rede ist von ‚Wertersatz', gemeint ist aber Schadensersatz.

95 Für Anwendbarkeit des § 285 BGB OLG Stuttgart 31. 7. 2008, NJW-RR 2009, 551; *Reinicke/Tiedtke*, Rn. 1029.

96 Auch *Faust*, NJW 2009, 3696.

97 OLG Koblenz 16. 4. 2009, NJW 2009, 3519.

(1) Beweislastverteilung bei strittiger Weiterveräußerung/Verschrottung

Behauptete der (nur wandelungsberechtigte) Neuwagenkäufer, der Händler könne den Altwagen nicht mehr herausgeben, z. B. wegen zwischenzeitlicher Veräußerung, und wollte er mit diesem Vortrag die Auszahlung des Anrechnungsbetrages erreichen, hatte er nach früherem Recht das Unvermögen des Händlers zur Rückgabe zu beweisen.[98] Zur heutigen Rechtslage s. Rdn. 1124. Ist die Veräußerung als solche unstreitig, kann der Käufer (Kläger) den Wertersatzanspruch auch noch **in zweiter Instanz** geltend machen, nach Ansicht des OLG Saarbrücken selbst dann, wenn die Anspruchshöhe strittig ist.[99] Zum Höheproblem s. Rdn. 1483 ff. **1481**

(2) Rückerwerb des Altfahrzeugs

Sollte der Händler nach einer Weiterveräußerung den Besitz am Altwagen ausnahmsweise zurück erworben haben, weil der Altwagenkäufer seinerseits den Rücktritt erklärt hat oder weil sich der Händler kulanterweise zur Rücknahme bereit erklärt hat, gilt Folgendes: Den Anrechnungspreis kann der vom Vertrag zurücktretende Neuwagenkäufer aus den unter Rdn. 1472 ff. genannten Gründen i. d. R. nicht verlangen. Die Alternative kann nur lauten: Rückgabe des Altwagens und Ausgleich für etwaigen Wertverlust oder Erstattung des gesamten Fahrzeugwertes. Für beide Lösungen sprechen gute Gründe. Gesetzeskonformer ist die Rückabwicklung, die den Neuwagenkäufer wieder in den Besitz seines Altwagens bringt. Nach der Grundentscheidung des Gesetzgebers soll der Käufer beim gesetzlichen Rücktritt als Nachfolger der Wandelung so gestellt sein, als hätte er sich auf den Vertrag nicht eingelassen. Sofern die faktische Ausgangssituation wiederhergestellt werden kann, hat sich die Rückabwicklung nach den tatsächlichen Gegebenheiten zu richten. So zu tun, als sei der wieder im Besitz des Händlers befindliche Altwagen rechtlich nicht mehr vorhanden, ist umso weniger gerechtfertigt, als der Neuwagenkäufer etwaige Werteinbußen (z. B. durch eine weitere Haltereintragung) nicht in jedem Fall entschädigungslos hinzunehmen braucht. **1482**

(3) Der Wertersatzanspruch (Bemessungsfragen)

Im Ausgangspunkt ist es für die Höhe des Wertersatzes ohne Belang, aus welchem Grund der Händler zur Herausgabe des Altwagens außerstande ist. Entscheidend ist die Unmöglichkeit als solche. Deshalb sehen die Gerichte in Nur-Rücktritts-Fällen davon ab, Zeitpunkt und Grund für das Verschwinden des Altwagens zu klären. **1483**

Gem. **§ 346 Abs. 2 S. 2 Halbs. 1 BGB** ist der Berechnung des Wertersatzes **die Gegenleistung**, sofern im Vertrag bestimmt, zugrunde zu legen. Was das in den Inzahlungnahme-Fällen bedeutet, wird **kontrovers diskutiert.**[100] Der BGH hat sich bisher lediglich in dem Sonderfall der Inzahlungnahme mit Restkreditablösung mit dem Thema „Wertersatz" befasst.[101] Da die Bemessung anhand der Höhe der Forderung, von der der Händler den Käufer vereinbarungsgemäß befreit hat, ohne Alternative ist, wird man dieses Urteil nicht als präjudiziell in der hier interessierenden Bewertungsfrage ansehen können. **1484**

Die Antwort darauf ist zumindest in der Begründung davon abhängig, wie man den Vertrag auslegt, ob als typengemischten Vertrag aus Kauf und Tausch oder als einheitlichen Kaufvertrag mit Ersetzungsbefugnis. Bei Annahme eines **typengemischten Vertrages** besteht die berechnungsrelevante **Gegenleistung für den Altwagen** in einem Teil des Neu- **1485**

98 So BGH 19. 6. 1996, NJW 1996, 2504 unter III, 1; OLG Düsseldorf 22. 11. 1993, MDR 1994, 347 = OLGR 1994, 45.
99 Urt. v. 22. 6. 2005, DAR 2006, 509 = MDR 2006, 227.
100 Überblick über den Meinungsstand bei *Rensen*, MDR 2010, 4.
101 Urt. v. 20. 2. 2008, NJW 2008, 2028.

wagens. Dass der Geldwert der Gegenleistung im Tauschteil nicht beziffert ist, steht der Anwendung des § 346 Abs. 2 S. 2 Halbs. 1 BGB nicht entgegen.[102] Es reicht aus, wenn er durch Auslegung der Vereinbarung, ggf. durch Schätzung nach § 287 ZPO, bestimmbar ist.[103] Das ist der Fall: Wert des Neuwagens (in mangelfreiem Zustand) abzüglich der vom Neuwagenkäufer zu leistenden Geldzahlung. Dieser Betrag, nicht der Anrechnungspreis, ist unter der Prämisse „Mischvertrag“ als Wert des veräußerten bzw. verschrotteten Altwagens anzusetzen.[104]

1486 Für die Rechtspraxis wichtiger ist die Frage, worin bei einem **Kaufvertrag mit Ersetzungsbefugnis** die Gegenleistung für das Altfahrzeug besteht, ob es überhaupt eine Gegenleistung i. S. v. § 346 Abs. 2 S. 2 Halbs. 1 BGB gibt. Verblüffend einfach ist die Antwort des OLG Saarbrücken (1. ZS): Die maßgebende Gegenleistung besteht im Anrechnungsbetrag.[105] Der 8. Senat des OLG Saarbrücken[106] stellt auf die „für den Altwagen vereinbarte Gegenleistung“ ab, was im Ergebnis auf den Ansatz des 1. Senats hinausläuft.[107] Beide Senate stimmen jedenfalls darin überein, dass der **tatsächliche Wert** des Altfahrzeugs **unmaßgeblich** ist.

1487 Während das OLG Koblenz[108] offen lässt, ob im Regelfall der Inzahlungnahme als Gegenleistung i. S. d. § 346 Abs. 2 S. 2 Hs. 1 BGB der Anrechnungsbetrag anzusehen ist, hat sich das OLG Hamm eindeutig positioniert.[109] Als Gegenleistung kommet der „Anrechnungspreis“ nicht in Betracht, weil er lediglich eine Ersetzungsbefugnis des Käufers beinhalte, womit seine Stellung außerhalb des Verhältnisses von Leistung und Gegenleistung hervorgehoben werde. Wo keine Leistung, da keine Gegenleistung, so die Argumentation.

1488 Dieses Verständnis von Leistung und Gegenleistung ist zu eng. Verkannt wird die Funktion des § 346 Abs. 2 S. 2 Halbs. 1 BGB.[110] Soweit wie möglich hat das vertraglich Vereinbarte Vorrang bei der Bemessung des Wertersatzes (subjektives Äquivalenzprinzip). Demgemäß sieht *Faust*[111] die berechnungsrelevante Gegenleistung auf dem Boden der (auch von ihm abgelehnten) BGH-Konstruktion nicht im Neuwagen, auch nicht in einem Teil desselben, sondern in der **teilweisen Befreiung von der Kaufpreisschuld**. Für den BGH bestehe die Gegenleistung in dem „verrechnungsfähigen Guthaben“[112], das der Händler dem Käufer abrufbereit zur Verfügung stelle, d. h. in dem **Anrechnungspreis.** Der Wert des Altfahrzeugs entspricht hiernach dem Betrag desjenigen Teils der Kaufpreisforderung von dem der Käufer nach § 364 Abs. 1 BGB frei geworden ist.[113]

1489 Gleichviel, wie man das Geschäft einordnet: Beim Wertersatz für das nicht mehr vorhandene Altfahrzeug muss der Händler sich am ursprünglich Vereinbarten festhalten lassen.[114]

---

102 BGH 19. 11. 2008, NJW 2009, 1068 Tz. 12.

103 BGH 19. 11. 2008, NJW 2009, 1068 Tz. 12.

104 *Faust*, NJW 2009, 3696; die abw. Ansicht in der Vorauflage Rn. 841 wird aufgegeben.

105 Urt. v. 22. 6. 2005, DAR 2006, 509 = MDR 2006, 227 (Gebraucht auf Gebraucht).

106 Urt. v. 26. 7. 2007, OLGR 2007, 773.

107 So auch OLG Stuttgart 31. 7. 2008, NJW-RR 2009, 551 („vertragliche Bewertung der Altfahrzeuge“).

108 Urt. v.16. 4. 2009, NJW 2009, 3519.

109 Urt. v. 18. 12. 2008, NJW-RR 2009, 1505.

110 Dazu ausführlich und überzeugend BGH 19. 11. 2008, NJW 2009, 1068 Tz. 16.

111 NJW 2009, 3696.

112 Urt. v. 30. 11. 1983, BGHZ 89, 126.

113 So auch im Ergebnis OLG Saarbrücken 26. 7. 2007, OLGR 2007, 773; OLG Saarbrücken 22. 6. 2005, DAR 2006, 509 = MDR 2006, 227; weitere Nachw. bei *Faust*, NJW 2009, 3696, Fn. 10.

114 Vgl. BGH 19. 11. 2008, NJW 2009, 1069 Tz. 16 unter Hinweis auf die Gesetzesbegründung; den Primat des Vereinbarten betont auch OLG Saarbrücken 26. 7. 2007, OLGR 2007, 773; ebenso OLG Stuttgart 31. 7. 2008, NJW-RR 2009, 551 („gebraucht auf gebraucht“).

Es entspricht der gesetzgeberischen Intention, dass der Käufer als Rückgewährschuldner beim Wertersatz begünstigt wird, wenn der Kaufpreis hinter dem objektiven Wert der Sache zurückbleibt. Das gilt gleichermaßen umgekehrt; auch für den Händler als Quasi-Ankäufer. Auf die objektiven Wertverhältnisse soll es nur ausnahmsweise ankommen, nämlich nur dann, wenn eine Bestimmung der Gegenleistung fehlt, sie auch nicht bestimmbar ist.[115] So liegen die Dinge hier nicht, auch nicht bei Annahme eines Kaufvertrages mit Ersetzungsbefugnis.[116]

Das Festhalten an der vertraglichen Bewertung des Altfahrzeugs steht nur vordergründig **1490** im Widerspruch zu BGHZ 89, 126, wonach dem Käufer der Vorteil eines günstigen Anrechnungspreises im Fall der Rückgängigmachung des Kaufs nicht erhalten bleiben soll. Diese Aussage bezieht sich auf die Fallgestaltung „Rückgabe möglich". Bei Unmöglichkeit der Rückgabe ist nach dem Wortlaut des Gesetzes und dem Willen des Gesetzgebers eine Benachteiligung des Verkäufers in seiner Eigenschaft als Rückgewährschuldner hinzunehmen. Sie ist auch nicht unbillig. Nicht nur der Grund für die Rückabwicklung, auch die Störung der Rückabwicklung in natura liegt in seiner Sphäre. Gegen die Verpflichtung des Neufahrzeughändlers zum Wertersatz in Höhe des Anrechnungsbetrages kann nicht ins Feld geführt werden, der Neuwagenkäufer profitiere unangemessen von der Rückgabe-Unmöglichkeit. Kann ihm der Altwagen nicht mehr zurückgegeben werden, fehlt er als Finanzierungsmittel oder als „Prämienfahrzeug" bei einem Deckungskauf. Dieser Nachteil wird kompensiert, wenn der Bemessung des Wertersatzes der Anrechnungsbetrag zugrunde legt. Zu dessen Ermittlung s. Rdn. 1493 ff.

Hinzu kommt: Wertersatz nur in Höhe des tatsächlichen Verkehrswertes (Wiederbe- **1491** schaffungswert)[117] reicht erfahrungsgemäß nicht aus, um dem Käufer Mobilität wie vor dem Kauf durch Erwerb eines gleichwertigen Altfahrzeugs zu verschaffen. Der seriöse Fachhandel, die einzig zumutbare Einkaufsquelle, hat ältere Gebrauchtwagen nicht mehr im Angebot. Im Übrigen würde auch die berechtigte Erwartung des Neuwagenkäufers enttäuscht, dass der günstige Anrechnungspreis einem ‚Festpreis' zumindest nahe kommt[118], vorausgesetzt, dass er seine eigenen Vertragspflichten erfüllt.[119] Für eine Orientierung am vertraglich Vereinbarten sprechen schließlich **auch praktische Gründe**.[120] Mag der Anrechnungsbetrag auch im Einzelfall nach Grund und Höhe im Nachhinein strittig sein, so ist er infolge seiner urkundlichen Fixierung – aufs Ganze gesehen – doch die brauchbarere Größe als der „wahre" Wert des Fahrzeugs. Da es infolge der Veräußerung (häufig ins Ausland) oder der Verschrottung zur Bewertung durch einen Sachverständigen nicht mehr zur Verfügung steht, müsste das Gericht bei seiner Schätzung (§ 287 ZPO) auf anderweitige Erkenntnisquellen zurückgreifen,[121] jedenfalls in eine Beweisaufnahme eintreten.

115 BGH 19. 11. 2008, NJW 2009, 1069 Tz. 16.

116 A. A. OLG Hamm 18. 12. 2008, NJW-RR 2009, 1505; für einen Sonderfall auf den tatsächlichen Wert abstellend auch OLG Koblenz 16. 4. 2009, NJW 2009, 3519 („Verschrottungsprämie" für alle Neufahrzeuge des gekauften Typs).

117 Bewertungsstichtag wäre der Zeitpunkt der Vereinbarung der Inzahlungnahme (OLG Hamm 18. 12. 2008, NJW-RR 2009, 1505) oder des Leistungsaustausches (so *Rensen*, a. a. O.), jedenfalls nicht der Rücktrittserklärung (a. A. OLG Düsseldorf 24. 4. 1998, NJW-RR 1998, 1752 – Wandelungserklärung).

118 Mitunter ist ausdrücklich von „Festpreis" die Rede (z. B. LG Hannover 23. 6. 2010, DAR 2010, 524).

119 Kritik an dieser Überlegung von OLG Düsseldorf 24. 4. 1998, NJW-RR 1998, 1752 (Schadensersatzbemessung, kein Wertersatz).

120 Dazu auch BGH 19. 11. 2008, NJW 2009, 1068 Tz. 17.

121 Ein sachverständiger Zeuge in Gestalt eines Kfz-Händlers wie im Fall OLG Koblenz NJW 2009, 3519 steht i. d. R. nicht zur Verfügung.

1492 Wie im Normalfall des verdeckten Preisnachlasses sollte auch in den Sonderfällen mit **Abwrack- oder Verschrottungsprämie** die ursprüngliche vertragliche Bewertung den Ausschlag geben. Maßgebend ist das Vereinbarte, d. h. die Höhe des Guthabens, das der Händler – aus welchem Grund auch immer – zur Verrechnung zur Verfügung stellt. Dass die Verschrottungsprämie nach den Vorstellungen beider Seiten deutlich über dem wahren Fahrzeugwert liegt, ist kein überzeugendes Gegenargument.[122] Ist es eine Aktionsprämie, hilft dem Käufer das Zusatzargument, bei einem Kauf von einem anderen Händler der betreffenden Marke hätte er sich den Prämienvorteil auf Dauer sichern können. Händlern ist zu raten, eine ausdrückliche Abrede dahin zu treffen, dass im Fall der Rückabwicklung des Vertrages die Prämie auch dann verfällt, wenn das Altfahrzeug nicht mehr vorhanden ist und stattdessen der tatsächliche Wert bei Ablieferung gelten soll. Für eine nur den Umständen nach (konkludent) getroffene Vereinbarung dieses Inhalts ist der Verkäufer darlegungs- und beweispflichtig.

1493 **Ermittlung des Anrechnungsbetrags:** Mitunter wird darüber gestritten, ob der Betrag ein Festbetrag ist oder unter einem Vorbehalt steht, z. B. dem Ergebnis einer noch durchzuführenden Prüfung.[123] Wie etliche Streitigkeiten zeigen, weichen die Notierungen und Erklärungen im Neuwagen-Bestellschein bisweilen von denen ab, die im Ankaufvertrag stehen.[124] Das betrifft vor allem den Anrechnungspreis. Autohäuser versuchen diese Divergenz mit buchungstechnischen oder steuerlichen Gründen zu erklären. Den hereinzunehmenden Altwagen weisen sie in der Neufahrzeug-Bestellung mit einem deutlich niedrigeren Betrag aus, als es mit dem Kunden zuvor vereinbart ist. Die Differenz wird dann als Nachlass auf den Neuwagen (z. B. ‚Sondernachlass') deklariert. Neben dem Betrag für den Altwagen steht verschiedentlich ein Zusatz wie ‚Differenzbesteuerung'.

1494 Die **Differenzbesteuerung** und der **verdeckte Preisnachlass** stellen Autohäuser in der Tat vor einige Probleme. **Umsatzsteuerlich** ist der Verkauf eines Neufahrzeugs unter Inzahlungnahme eines Gebrauchtwagens ein **Tausch mit Baraufgabe**.[125] Den Wert des Altfahrzeugs kann der Händler nach A 10.5. Abs. 4 S. 5 UStAE auf verschiedene Weise ermitteln, je nachdem, ob der Wagen veräußert wurde, wenn ja, innerhalb von drei Monaten oder später. Für die Besteuerung des Neuwagenverkaufs durch den Händler gilt zunächst der vereinbarte Inzahlungnahmepreis als Wert des Altwagens. Der Händler kann dem Finanzamt aber auch einen niedrigeren Betrag nachweisen, z. B. nach einem Verkauf des Altwagens.[126]

1495 **Zivilrechtlich** ist entscheidend, was die Parteien tatsächlich vereinbart haben.[127] Die steuerlichen Aspekte sind für einen Durchschnittskunden nicht verständlich. Für die notwendige Klarheit hat der Händler zu sorgen. Seine Erklärungen in den Vertragsurkunden haben die Vermutung der Richtigkeit und Vollständigkeit für sich. Diese Vermutungswirkung entfällt jedoch, wenn im Neuwagen-Bestellschein und im Ankaufschein widersprüchliche Angaben stehen. Doch selbst wenn sie vordergründig miteinander harmonieren, ist es nicht gerechtfertigt, dem Neufahrzeugkäufer die Beweisführungspflicht dafür aufzuerlegen, dass er mit dem Autohaus einen höheren Anrechnungsbetrag als schriftlich fixiert ausgehandelt hat. Vielmehr ist es Sache des Autohauses, die Gründe für die konkrete Preisgestaltung nachvollziehbar zu erläutern und insbesondere darzulegen, warum auf den Neuwa-

---

122 So aber OLG Koblenz 16. 4. 2009, NJW 2009, 3519.

123 Dazu LG Hannover 23. 6. 2010, DAR 2010, 524; LG Duisburg 30. 10. 2007 – 6 O 179/07 – n. v. (rechtskräftig nach Berufungsrücknahme).

124 Z. B. OLG Saarbrücken 26. 7. 2007, OLGR 2007, 773; OLG Hamm 18. 12. 2008, NJW-RR 2009, 1505 (Vorinstanz LG Paderborn 23. 11. 2007 – 4 O 370/07).

125 *Ammenwerth/Janzen*, S. 65.

126 Zu den Einzelheiten mit Berechnungsbeispielen *Ammenwerth/Janzen*, S. 65 ff.

127 OLG Saarbrücken 26. 7. 2007, OLGR 2007, 773.

genpreis ein vermeintlich offener Nachlass bewilligt worden ist. Bleiben trotz näherer Darlegungen des Autohauses Zweifel am wirklich Gewollten, muss in die Beweisaufnahme eingetreten werden.[128] Wenn erwiesen ist, dass die Parteien sich **mündlich auf den höheren Anrechnungspreis** verständigt haben, ist dieser auch dann maßgebend, wenn der Autohausangestellte im Neufahrzeug-Bestellschein einen niedrigeren Betrag verbunden mit einem offenen Nachlass notiert hat.[129] Bleibt die mündliche Preisabsprache ungeklärt, sollte man dem Autohaus die Beweislast für seine Behauptung auferlegen, dass der (ausgewiesene) niedrigere Betrag der tatsächlich vereinbarte Anrechnungspreis ist. Aus der Sicht der Kunden wird bei Inzahlungnahmen ein Nachlass nicht offen, sondern ‚verdeckt' gewährt, nämlich durch eine Überbewertung der Altfahrzeuge.

cc) Rückabwicklung bei Verschlechterung und Verlust des Altfahrzeugs

Ein Wertersatzanspruch entsteht nach § 346 Abs. 2 S. 1 Nr. 3 BGB auch, wenn das in **1496**
Zahlung genommene Fahrzeug untergegangen ist oder sich verschlechtert hat. Von der Pflicht zum Wertersatz ausdrücklich ausgenommen ist diejenige Verschlechterung, die durch die bestimmungsgemäße Ingebrauchnahme entstanden ist. Der anschließend aus dem bestimmungsgemäßen Gebrauch erwachsende Wertverlust ist gleichfalls nicht zu ersetzen. Argument: Kunde erhält Nutzungsvergütung. Eine Minderung des Wertes und/oder des Zustands durch **Probefahrten** oder durch die **Ausstellung des Fahrzeugs** im Händlerbetrieb löst keine – von einem Verschulden unabhängige – Wertersatzpflicht aus, erst recht keinen (verschuldensabhängigen) Anspruch auf Schadensersatz.

Ein allein auf der **Standzeit** beruhender **Wertverlust** des Altwagens ging schon nach al- **1497**
tem Recht grundsätzlich zu Lasten des Käufers, obgleich er die Rückabwicklung bei Mangelhaftigkeit des Neufahrzeugs nicht zu verantworten hat.[130]

Den Neuwagenkäufer das Wertverlustrisiko tragen zu lassen, wird man besonders dann **1498**
als Härte empfinden, wenn die Rücknahme erst Jahre nach Übergabe des Altwagens erfolgt. Immer längere Garantiefristen beim Neufahrzeugkauf und/oder die Dauer gerichtlicher Auseinandersetzungen um die Berechtigung zum Rücktritt können zu einem spürbaren Nachteil für den Käufer führen. Nach altem Recht war das ein ‚Ausfluss der gesetzgeberischen Grundentscheidung in den Vorschriften der §§ 467, 346 ff. BGB', mit denen dem Käufer ein Ausgleich für alle Nachteile nicht eingeräumt wurde (BGHZ 89, 126, 134).[131] Das schloss jedoch in Härtefällen nicht aus, den Begriff der Verschlechterung in § 347 S. 1 BGB a. F. ‚großzügig' auszulegen oder eine vertragsrechtliche Korrektur anhand der typischen Interessenlage vorzunehmen. Das neue Recht ist in diesem Punkt nicht weniger flexibel.

Vom Anspruch auf Wertersatz wegen Verschlechterung der Sache mit seinen speziellen **1499**
Ausschlusstatbeständen (u. a. eigenübliche Sorgfalt, s. dazu Rdn. 1106 ff.) ist der **Anspruch auf Schadensersatz** zu trennen. Wegen Verletzung einer Pflicht aus dem Rückgewährschuldverhältnis kann der Händler nach Maßgabe der §§ 280 bis 283 BGB haften (§ 346 Abs. 4 BGB). Dazu s. Rdn. 1192 ff. Eine Pflicht zur sorgsamen Behandlung des übernommenen Altfahrzeugs entsteht erst, wenn der Händler weiß oder wissen muss, dass die Rücktrittsvoraussetzungen vorliegen. An die Stelle der „eigenüblichen Sorgfalt" tritt jetzt – schon vor dem Rücktritt – der Haftungsmaßstab des § 276 BGB, d. h. der Händler haftet schon für einfache Fahrlässigkeit. Das kann Auswirkungen auf die Beurteilung von Ver-

128 Vgl. LG Paderborn 23. 11. 2007 – 4 O 370/07 (Vorinstanz von OLG Hamm 18. 12. 2008, NJW-RR 2009, 1505).
129 LG Kleve 14. 4. 2000 – 5 S 2/00 – n. v.
130 BGH 30. 11. 1983, BGHZ 89, 126 = NJW 1984, 429.
131 Vgl. auch BGH 28. 11. 1994, NJW 1995, 518; BGH 30. 10. 2002, NJW 2003, 505 (Händlerleasing mit Inzahlungnahme).

säumnissen im Zusammenhang mit der Verwahrung des Fahrzeugs haben (zur ähnlichen Situation beim Vermittlungsauftrag mit nur möglicher Rückgabepflicht s. Rdn. 2214 ff.).

1500 Das Unterlassen eines Weiterverkaufs des im Zeitpunkt der Rücktrittserklärung noch vorhandenen Fahrzeugs kann dem Händler selbst bei einem günstigen Kaufangebot nicht als Pflichtverletzung angelastet werden. Zu erwägen ist, ihm eine Informationspflicht aufzuerlegen. Nach erklärtem Rücktritt ist es grundsätzlich Sache des Inzahlunggebers, sich um das Altfahrzeug zu kümmern. Bei ungeklärter Sach- und Rechtslage hinsichtlich des Neufahrzeugs kann ein Teilvergleich über den Altwagen sinnvoll sein (Veräußerung durch den Händler oder Sofortrücknahme durch den Käufer).

dd) Rückabwicklung in Fällen der Kreditablösung

1501 In welcher Weise nach Rücktrittsrecht rückabzuwickeln ist, wenn der Händler den vollen Kaufpreis für den Neuwagen und den Altwagen des Kunden erhalten hat, diesen aber von einer Darlehensverbindlichkeit durch Ablösung eines Kredits für den Altwagen befreit hat, ergibt sich aus der Entscheidung des BGH vom 20. 2. 2008.[132] Über die Rückabwicklung des Kaufvertrages über den – mangelhaften – Neuwagen war man sich einig; strittig waren allein die Modalitäten, insbesondere die Behandlung des **versteckten Preisnachlasses**, den der Händler in der Weise gewährt hat, dass er eine Kreditschuld übernommen hat, die um ca. 6.000 € über dem (im Vertrags angesetzten) Wert des Altfahrzeugs lag. Nach Ansicht des BGH hat der Käufer dem Händler den Wert der Forderung zu ersetzen, von der er abredegemäß befreit worden ist. Der Betrag entspreche der Ablösesumme, nicht etwa dem um rund 6.000 € niedrigeren Wert des Altwagens. Der Wertersatzanspruch des Händlers sei, so der BGH weiter, mit dem Anspruch des Klägers auf Rückzahlung des Kaufpreises **zu saldieren**, ein Modus, der im Rücktrittsfolgenrecht sonst nicht praktiziert wird.[133]

1502 Was den – noch nicht weiterveräußerten – Altwagen angeht, nimmt der BGH eine Pflicht des Händlers zur Rückübereignung an, nicht verkennend, dass der Wagen bei Abschluss des Gesamtgeschäfts nicht im Eigentum des Käufers, sondern im Sicherungseigentum einer Bank gestanden hat.[134]

c) Schadensersatz statt der Leistung

1503 Machte ein Neuwagenkäufer im früheren Recht den auf Rückabwicklung gerichteten großen Schadensersatz aus § 463 BGB a. F. geltend, z. B. wegen Fehlens der zugesicherten Eigenschaft ‚fabrikneu', konnte er außer dem gezahlten Kaufpreisteil auch den für seinen Altwagen auf den Kaufpreis angerechneten Geldbetrag verlangen; auch eine ‚Verschrottungsprämie' blieb ihm erhalten. Diese **käufergünstige Abrechnung** war unabhängig davon, ob der Altwagen noch im Besitz des Händlers war oder nicht. Auch insoweit unterschied sich die schadensersatzrechtliche Lösung von der Abwicklung bei Wandelung. An dieser Differenzierung, die der BGH überzeugend begründet hat,[135] ist für das neue Recht festzuhalten.[136] Rechtsprechung dazu liegt noch nicht vor, auch nicht für die Fallgestaltung „Gebraucht auf Gebraucht".

1504 Das Fehlen schadensersatzrechtlicher Entscheidungen beruht auch darauf, dass Neufahrzeugkäufer in den meisten Fällen **ausschließlich auf Rücktritt setzen**, so wie sie früher nur Wandelung verlangt haben. Dabei lassen sie sich weiterhin von der Vorstellung leiten, der

---

132 NJW 2008, 2028; s. a. Brand OLG 30. 9. 2008 – 6 U 136/07; OLG Koblenz 1. 4. 2010, ZGS 2010, 378 (ohne Rückabwicklung).

133 Deshalb Kritik von *Gsell*, NJW 2008, 2002.

134 Kritisch zu diesem Teil der BGH-Entscheidung v. 20. 2. 2008 *Gsell*, NJW 2008, 2002.

135 Urt. v. 28. 11. 1994, BGHZ 128, 111 = NJW 1995, 518.

136 So auch *Reinicke/Tiedtke*, Rn. 1029.

Verkäufer hafte nicht auf Schadensersatz, weil er den Mangel nicht verschuldet habe. Das ist zwar in vielen Fällen zutreffend, abgesehen von der käufergünstigen Veränderung bei der Beweislastverteilung wird jedoch nicht genügend berücksichtigt, dass mit der **Verletzung der Nacherfüllungspflicht** ein **zweiter Haftungsgrund** in Betracht kommt. Insoweit hat auch ein Neufahrzeughändler durchaus Schwierigkeiten, den ihm obliegenden Entlastungsbeweis zu führen (s. Rdn. 1256). In Fällen des Direktverkaufs durch den Hersteller (auch agenturweise) stehen die Entlastungschancen sogar auf beiden Feldern – einerseits Schlechtleistung, andererseits Unterbleiben der Nacherfüllung – ausgesprochen schlecht. Wiederum anders liegen die Dinge bei der Konstellation ‚Gebraucht auf Gebraucht'. Zum Entlastungsbeweis beim Verkauf eines Gebrauchtfahrzeugs s. Rdn. 3623 ff., 3678 ff.

Ein Gericht, das einen Rückabwicklungsstreit ausschließlich rücktrittsrechtlich sieht, muss sich entgegenhalten lassen, den Sach- und Streitstoff nicht voll ausgeschöpft zu haben. Klagt der Käufer einen Betrag in Höhe des Anrechnungspreises ein, ist sein Begehren bei unstreitiger oder erwiesener Mangelhaftigkeit des Neufahrzeugs und respektiertem Nacherfüllungsvorrang **auch schadensersatzrechtlich** dem Grunde nach schlüssig, sei es wegen Verletzung der Pflicht aus § 433 Abs. 1 S. 2 BGB, sei es wegen Verletzung der Nacherfüllungspflicht, sei es unter beiden Blickwinkeln. Wenden kann der Verkäufer das Blatt zu seinen Gunsten nur bei erfolgreicher Entlastung. Dann ist er nur der milderen Haftung nach Rücktrittsrecht ausgesetzt. **1505**

Beim **kleinen Schadensersatz** (statt der Leistung) bleibt der Käufer im Besitz des mangelhaften Neufahrzeugs bzw. des neuen Gebrauchten. Schadensersatzrechtlich ist er so zu stellen, wie er bei Mangelfreiheit des gekauften Fahrzeugs gestanden hätte. Die Differenz zwischen dem Wert im mangelfreien Zustand und dem Wert im mangelhaften Zustand macht den Mindestschaden aus. Auf den Kaufpreis für den Neuwagen kommt es hiernach nicht an, so dass offen bleiben kann, ob er in voller Höhe eine Geldschuld ist oder sich aus Geld und Sachleistung zusammensetzt. **1506**

d) Minderung

Für die Minderung kommt es auf den vereinbarten Kaufpreis an, denn er ist Gegenstand der Herabsetzung. Bei Annahme eines einheitlichen Kaufvertrages mit voller Geldschuld (BGH-Lösung) ist auf den nominellen Kaufpreis abzustellen. Wer einen Mischvertrag aus Kauf und Tausch befürwortet, muss den Tauschteil bewerten. Ob dann auf den Anrechnungsbetrag oder auf den (zumeist niedrigeren) wahren Wert des Altfahrzeugs abzustellen ist, ist nicht unproblematisch.[137] Mit einer Schätzung anhand der Kosten für die Beseitigung des Mangels kann man sich ggf. aus dem Dilemma befreien; s. a. Rdn. 1236 ff. **1507**

e) Wegfall der Geschäftsgrundlage und bereicherungsrechtliche Rückabwicklung

Eine Rückabwicklung nach Bereicherungsrecht hat das OLG Frankfurt in einem Fall mit **vereinbarter Rückabwicklung** eines **Leasingvertrages** mit Inzahlungnahme als Ausgangspunkt für seine Lösung gewählt.[138] Allerdings ging es um **‚Händlerleasing'**, bei dem Leasinggeber und Lieferant identisch sind. Entsprechend den Rückabwicklungsregeln im Wandelungsfall hat das OLG dem Leasingnehmer/Inzahlunggeber bei noch abholbereitem (und von ihm auch abgeholtem) Altwagen keinen Anspruch auf Rückzahlung der durch Hingabe des Altwagens ersetzten Mietsonderzahlung gegeben. Der Rückgewähranspruch sei trotz zwischenzeitlichen Wertverlustes auf den Altwagen in Natur gerichtet. **Der BGH**[139] **1508**

137 Vgl. *Lennartz*, S. 46.
138 Urt. v. 28. 3. 2002, OLGR 2002, 171.
139 Urt. v. 30. 10. 2002, NJW 2003, 505.

hat diese Entscheidung bestätigt, jedoch offen gelassen, ob Bereicherungsrecht gilt oder die Rücktrittsvorschriften anzuwenden sind. Wie die Rückabwicklung unter sonst gleichen Umständen (mangelhafter Leasingwagen, Inzahlungnahme statt Mietsonderzahlung) im Dreiecksverhältnis Händler/Leasinggesellschaft/Leasingnehmer zu erfolgen hat, ist dem BGH-Urteil vom 30. 10. 2002[140] nicht zu entnehmen.[141]

1509 **Bereicherungsrechtliche Rückabwicklung nach Arglistanfechtung:** Dass ein Neufahrzeugkäufer über Fahrzeugmängel arglistig getäuscht wird, kommt erfahrungsgemäß selten vor. Bei der Konstellation ‚Gebraucht auf Gebraucht‘ ist eine Rückabwicklung nach erfolgreicher Anfechtung wegen arglistiger Täuschung durchaus praxisrelevant. Zu den Einzelheiten s. Rdn. 4519 ff.

2. Mangel des Gebrauchtfahrzeugs

a) Konsequenzen in Abhängigkeit von der Einordnung des Vertrages

1510 Die Unterschiede in der Auslegung des Geschäfts kommen insbesondere dann zum Tragen, wenn das in Zahlung gegebene Gebrauchtfahrzeug mangelhaft ist. Die Haftung des Autohauskunden für Sachmängel an seinem Altfahrzeug war und ist **das Kardinalthema** bei einem Kauf mit Inzahlungnahme (auch beim Händlerleasing mit Übernahme des Altwagens in Anrechnung auf die Mietsonderzahlung). Vor allem in dieser Situation muss sich die Leistungsfähigkeit einer jeden Vertragseinordnung erweisen. Mit Hilfe der Grundsätze über das Fehlen bzw. den Wegfall der Geschäftsgrundlage oder der Annahme von aufschiebenden/auflösenden Bedingungen[142] einen interessengerechten Ausgleich zu erzielen, kann immer nur die zweitbeste Lösung sein.

aa) Nacherfüllungsvorrang und sein Wegfall

1511 Bevor der Händler auf die Rechtsbehelfe der zweiten Ebene (Minderung, Rücktritt, Schadensersatz) zurückgreifen kann, muss dem Recht des Inzahlunggebers auf „zweite Andienung“ Rechnung getragen werden. So jedenfalls der Grundsatz. Der Nacherfüllungsvorrang gilt auch im Rahmen der Gewährleistung für eine an Erfüllungs statt hingegebenen Sache (§ 365 BGB). Ob mit Blick auf den Nacherfüllungsvorrang Unterschiede je nach typologischer Einordnung zu machen sind, bleibt instanzgerichtlich schon deshalb regelmäßig unerörtert, weil die Gerichte, dem BGH folgend, auf **§ 365 BGB** zurückgreifen.[143] Für alle Ansichten gilt: Nachlieferung scheidet im Regelfall nach dem mutmaßlichen Parteiwillen aus (s. Rdn. 3435 ff.). Nachbesserung kommt nur bei behebbaren Mängeln in Frage, also nicht bei Unfallvorschäden und zu hoher Gesamtfahrleistung, den beiden wichtigsten Praxisfällen.

1512 Da der Inzahlunggeber bei einem **unbehebbaren Mangel** von seiner Mängelbeseitigungspflicht gem. § 275 Abs. 1 BGB freigestellt ist, kann der Händler in einem solchen Fall sofort, d. h. ohne vorherige Fristsetzung, Minderung oder Rücktritt und/oder Schadensersatz statt der Leistung verlangen.[144] Bei einem **behebbaren Mangel** hat ein Käufer (hier: der Händler als Quasikäufer) diese Möglichkeiten erst, wenn die Nachbesserung fehlgeschlagen ist. Noch nicht entschieden haben die Gerichte, ob die für den „normalen“ Fahr-

---

140 NJW 2003, 505.

141 Dazu *F. Graf von Westphalen*, BB 2004, 2025; einen Teilaspekt nach gescheitertem Leasingvertrag erörtert der Hinweisbeschluss des OLG Düsseldorf v. 12. 2. 2008 – I-10 U 117/07 – n. v.

142 Dazu LG Hannover 23. 6. 2010, DAR 2010, 524.

143 Das LG Hannover erwähnt diese Vorschrift nicht, geht aber als selbstverständlich vom Fristsetzungserfordernis und damit vom Nacherfüllungsvorrang aus (Urt. v. 23. 6. 2010, DAR 2010, 524).

144 LG Duisburg 30. 10. 2007 – 6 O 179/07 – n. v. (Rücktritt sogar vor Ablieferung wegen eines Vorschadens, der bei einer Zustandsbewertung entdeckt worden war).

zeugverkauf geltenden Regeln zu modifizieren sind, wenn Abnehmer des mangelhaften Gebrauchtfahrzeugs ein Händler ist, der seinerseits ein anderes Fahrzeug verkauft hat.[145] Beachtung verdient das Urteil des LG Hannover vom 23. 6. 2010[146], wonach ein Neufahrzeugverkäufer (hier: Mercedes-Niederlassung) sich **formularmäßig** nicht von der Obliegenheit befreien kann, dem Kunden zunächst Gelegenheit zur Nacherfüllung zu geben. Da die Kammer Verstöße gegen §§ 308 Nr. 4, 309 Nr. 4 BGB bejaht hat, konnte sie die interessante Frage offen lassen, ob dem Inzahlunggeber in seiner Eigenschaft als Verbraucher der **Schutz des § 475 BGB** zuteil wird. Das ist selbst bei Annahme eines typengemischten Vertrages nicht zu befürworten. Der Entbehrlichkeitstatbestand der ernsthaften und endgültigen Nacherfüllungsverweigerung (dazu näher Rdn. 945 ff.) kommt auch einem Händler uneingeschränkt zugute.[147]

bb) Die sekundären Rechtsbehelfe des Neufahrzeugverkäufers

Nach dem **Grundmodell des BGH**[148] – einheitlicher Kaufvertrag mit Ersetzungsbefugnis – stehen dem Händler gem. § 365 BGB in Ansehung des Gebrauchtwagens die Rechte eines Käufers zu. Sein Kunde hat wie ein Verkäufer ‚Gewähr zu leisten'. Damit sind die Rechtsbehelfe des § 437 BGB gemeint. Erklärt der Händler den **Rücktritt,** erfasst dieses Gestaltungsrecht – wirksame Ausübung unterstellt – **nur den Gebrauchtwagen-Teil**, d. h. lediglich die mit der Hingabe des Altwagens eingetretene Rechtsfolge wird rückgängig gemacht. **1513**

Die **Rücktrittserklärung** kann darin gesehen werden, dass der Händler Zahlung des Anrechnungsbetrags als Restkaufpreis und Rücknahme des Altfahrzeugs verlangt.[149] **1514**

Da die Kaufpreisforderung infolge der Inzahlungnahme in Höhe des Anrechnungsbetrages nach § 364 Abs. 1 BGB erloschen ist, hatte der Händler im Fall der Wandelung an sich nur einen Anspruch auf Wiederbegründung dieser erloschenen Teilkaufpreisforderung. Im Rechtsstreit konnte er jedoch nach der Herstellungstheorie unmittelbar auf Erfüllung des neu zu begründenden Anspruchs klagen.[150] Der Käufer musste also im Falle der Wandelung wegen eines Mangels an seinem Altfahrzeug den **vollen Neuwagenkaufpreis** zahlen. Die Ablösung der Wandelung durch den Rücktritt hat daran im Ergebnis nichts geändert.[151] **1515**

Da der **Rücktritt** bei Unerheblichkeit der Pflichtverletzung (des Mangels) nach § 323 Abs. 5 S. 2 BGB **ausgeschlossen** ist, stellt sich ein Problem, das so im früheren Recht kein Thema war. Zur „Rücktrittserheblichkeit" s. Rdn. 1022 ff. Das Verschweigen von Vorschäden hat das LG Duisburg auch ohne Feststellungen zur Arglist ausreichen lassen.[152] Um auf dem Boden der BGH-Konstruktion zu sachgerechten Ergebnissen zu gelangen, steht den Instanzgerichten mit dem Kriterium der Erheblichkeit eine Art **Härteklausel** zur Verfügung. **1516**

Bei Annahme eines **Doppelkaufs** erstrecken sich die Sachmängelrechte des Händlers/Inzahlungnehmers nur auf das mangelhafte Gebrauchtfahrzeug. Das Neufahrzeuggeschäft bleibt unberührt, gleichviel, welches der unterschiedlichen Rechte ausgeübt wird. Dagegen führt der **Rücktritt des Händlers** wegen Mangelhaftigkeit des Altwagens zur Rückabwick- **1517**

145 Dazu *Oechsler*, Schuldrecht BT, § 2 Rn. 172.
146 DAR 2010, 524.
147 Vgl. LG Hannover 23. 6. 2010, DAR 2010, 524 (Leugnen der Mangelhaftigkeit im Prozess).
148 Urt. v. 18. 1. 1967, BGHZ 46, 338; v. 30. 11. 1983, BGHZ 89, 126.
149 LG Duisburg 30. 10. 2007 – 6 O 179/07 – n. v.; s. a. LG Hannover 23. 6. 2010, DAR 2010, 524.
150 BGH 18. 1. 1967, BGHZ 46, 338; OLG Frankfurt 28. 5. 1974, NJW 1974, 1823; OLG Oldenburg 24. 4. 1995 – 13 U 1/95, n. v. – Arglistfall.
151 *Reinicke/Tiedtke*, Kaufrecht Rn. 1030; *Binder*, NJW 2003, 393, 397; *Dennhardt* in Bamberger/Roth, § 365 BGB Rn. 4.
152 Urt. v. 30. 10. 2007 – 6 O 179/07 – n. v.

lung des **gesamten Vertrages,** wenn man einen **einheitlichen Tauschvertrag** annimmt. Macht der Händler anstelle des Rücktritts von seinem Recht auf **Minderung** Gebrauch, ist zu beachten, dass die Wertansätze (Tauschpreise) bloße Rechnungsposten sind. Die Minderung wird danach beim Tausch nicht unter Zugrundelegung des Anrechnungsbetrages für den Gebrauchtwagen, sondern in Bezug auf den Neuwagenpreis ermittelt.

1518 Bei Annahme eines **Mischvertrags aus Kauf und Tausch** (ebenso bei der Konstruktion einer anderweitigen „Typenmischung") erfasst der **Rücktritt** gleichfalls den **ganzen Vertrag,**[153] da ein einheitlicher Vertrag auch nur einheitlich stehen oder fallen soll.[154] Die Verknüpfung der beiden Teile in der Phase des Vertragsabschlusses wirkt bei der Rückabwicklung fort, sofern diese sich (ausschließlich) nach Rücktrittsregeln vollzieht. Das ist systemgerecht und entspricht der Ansicht des BGH bei Mangelhaftigkeit des Neufahrzeugs. Bei Mangelhaftigkeit des in Zahlung genommenen Fahrzeugs kann im Ausgangspunkt nichts anderes gelten. Die **Einheitlichkeit des Geschäfts** muss auch und gerade bei dieser Fallkonstellation gelten. Der Händler kann nicht – unter Rückgängigmachung nur des ‚Altwagenteils' – Zahlung des Verrechnungsbetrages verlangen. Vielmehr hat er den Altwagen zurückzugeben und den empfangenen Geldbetrag zurückzuzahlen, i. d. R. abzüglich einer Nutzungsvergütung. Demgegenüber schuldet der Neufahrzeugkäufer die Rückgabe des Neuwagens mit Vergütung gezogener Nutzungen.[155]

1519 Will der Händler das Neufahrzeuggeschäft nicht zur Disposition stellen, was i. d. R. seinem Interesse entspricht, kann er – bei Ablehnung einer Ersetzungsbefugnis i. S. d. der BGH-Rechtsprechung – an Stelle des Rücktritts in analoger Anwendung der Vorschrift über die **Minderung** (§ 441 BGB, ggf. i. V. m. § 365 BGB) einen Wertausgleich in Geld beanspruchen. Der vereinbarte Anrechnungsbetrag für den Altwagen wird dann in dem Verhältnis herabgesetzt, in dem der Wert des mangelhaften Wagens den Wert des mangelfreien Wagens unterschreitet. Dabei bleibt dem Käufer, wenn er für seinen Wagen einen besonders günstigen Preis erzielt hat, ein entsprechender Vorteil (verdeckter Preisnachlass) erhalten.[156] Statt der Minderung kann der Händler auch den **kleinen Schadensersatz** wählen (§§ 437 Nr. 3, 280 Abs. 1, 3, 281 oder § 311a Abs. 2 BGB). Auch in diesem Fall bleibt das Gesamtgeschäft bestehen, so dass der Käufer nicht voll nachschießen muss.

cc) Verjährung

1520 Für den Beginn der Verjährung der Sachmängelansprüche des Händlers kommt es auf die endgültige Ablieferung des Altfahrzeugs an,[157]selbst wenn es dem Händler vor Übernahme des Neufahrzeugs übergeben worden ist. Näheres zur Verjährung s. Rdn. 4072 ff.

b) Haftungserleichterungen zugunsten des Altwagenbesitzers

1521 Den Inzahlunggeber bei Reklamationen des Händlers zu schonen, ist das Ziel der vielfältigen Bemühungen in Rechtsprechung und Literatur. Im Wie gehen die Ansichten auseinander. Fakt ist, dass Autohauskunden ihre Altfahrzeuge gewöhnlich ohne ausdrückliche Haftungsfreizeichnung in Zahlung geben. Angesichts dieser – vor allem für private Inzahlunggeber – **misslichen Ausgangslage** ist es naheliegend, den gesetzlichen Haftungsausschluss der groben Fahrlässigkeit (§ 442 Abs. 1 S. 2 BGB) großzügig zu ihren Gunsten ein-

---

153 So für die Wandelung OLG Oldenburg 28. 7. 1994, NJW-RR 1995, 689; LG Wuppertal 28. 6. 1996, NJW-RR 1997, 1416 für die Arglistanfechtung nach § 123 BGB; für das neue Recht ebenso *Haas* in Das neue Schuldrecht, Kap. 5 Rn. 74.

154 *Pfister*, MDR 1968, 361, 363; OLG Oldenburg 28. 7. 1994, NJW-RR 1995, 689.

155 OLG Oldenburg 28. 7. 1994, NJW-RR 1995, 689.

156 *Pfister*, MDR 1968, 361, 365 mit Berechnungsbeispiel in Fn. 52; s. a. *Honsell*, Jura 1983, 523, 525.

157 OLG Saarbrücken 13. 6. 2000, OLGR 2000, 525; OLG Stuttgart 8. 10. 1999 – 2 U 71/99 – n. v.

zusetzen (s. Rdn. 3941) und darüber hinaus stillschweigend bzw. konkludent vereinbarte Freizeichnungen in Betracht zu ziehen. Zur Entwicklung und zum Stand der Rechtsprechung in dieser zweiten Frage s. Rdn. 4043, 4051 f. An die Offenbarungspflicht des (privaten) Inzahlunggebers nur maßvolle Anforderungen zu stellen, ist ein weiterer Ansatz (s. dazu Rdn. 4409 ff.). Zurückhaltend ist man seit jeher in der Annahme von Eigenschaftszusicherungen i. S. d. § 459 Abs. 2 BGB a. F.[158], was sich heute bei der Prüfung einer Beschaffenheitsgarantie/Beschaffenheitsvereinbarung fortsetzt.[159] Die Abnahme des Altwagens zur Geschäftsgrundlage für den Kauf des Neuwagens zu erheben oder die Durchführung der Inzahlungnahme zur Bedingung für die Wirksamkeit des (Haupt-)Vertrages zu machen, sind demgegenüber eher selten eingesetzte Instrumente des Inzahlunggeberschutzes.[160]

Dem Käufer/Inzahlunggeber die Ersetzungsbefugnis zu nehmen und ihn mit einer vollen Nachschusspflicht zu belasten, ist nicht in jedem Fall unbillig. Immerhin hat er mit der Lieferung des mangelhaften Altwagens den entscheidenden Grund für die Vertragsstörung gesetzt. Dieser Gesichtspunkt schlägt jedenfalls dann zu seinen Lasten durch, wenn er den Händler erwiesenermaßen arglistig getäuscht hat oder wenn er ihm eine unrichtige Garantie gegeben hat, also in Fällen, in denen nach altem Recht ein Schadensersatzanspruch aus § 463 BGB a. F. begründet war. Bei Annahme einer **umfassenden** – konkludent vereinbarten – **Freizeichnung** kann der Händler Sachmängelrechte praktisch nur bei arglistiger Täuschung oder bei unrichtiger Beschaffenheitsgarantie geltend machen (§ 444 BGB). Das bedeutet andererseits nicht, dass der Händler seine schadensersatzrechtlich legitimierte Nachforderung an einem höheren Preis als dem Vertragspreis ausrichten darf, etwa am Listenpreis. 1522

Zumindest im Fall von Schadensersatzansprüchen des Händlers, die auf einem **vorsätzlichen Verhalten** des Inzahlunggebers beruhen, ist es auch bei Annahme eines gemischten Vertrages vertretbar, dem Händler einen Anspruch auf ‚Nachzahlung' gegen Rücknahme des Altfahrzeugs zu geben. In einem Fall **arglistiger Täuschung** über einen Unfallvorschaden (Rdn. 4409 ff.) kann es demnach **offen bleiben**, welcher der verschiedenen Auslegungen zu folgen ist. Anders liegen die Dinge, wenn der Inzahlunggeber den Sachmangel/Pflichtverletzung **nicht zu vertreten** hat, er aber infolge einer Garantieübernahme auch ohne Verschulden einstandspflichtig ist. Zwischen diesen beiden Konstellationen liegen die Fälle der **Fahrlässigkeit** und des vermuteten Verschuldens, neuerdings ausreichend für eine Schadensersatzhaftung des Verkäufers/Inzahlunggebers. 1523

3. Störungen vor Geschäftsabwicklung

a) Unmöglichkeit der Lieferung des Gebrauchtfahrzeugs

Der Auffassung des BGH zufolge schuldet der Käufer als Gegenleistung für den Neuwagen ausschließlich eine (volle) Geldleistung. Kann er von seiner Ersetzungsbefugnis keinen Gebrauch machen, weil sein Fahrzeug in der Zeit zwischen Vertragsabschluss und Vertragserfüllung einen Totalschaden erlitten hat oder gestohlen worden ist, bleibt seine Pflicht zur Zahlung des vollen Kaufpreises hiernach grundsätzlich bestehen. Nach der BGH-Konstruktion wird ein Käufer selbst bei einem **unverschuldeten** Totalschaden seines Altwagens nicht von seiner Kaufpreisschuld befreit.[161] Begründet wird diese Strenge damit, dass die Störung aus der Sphäre des Käufers komme. Im Übrigen behalte er den Anspruch auf die 1524

158 Die Angabe ‚unfallfrei' hat der BGH jedoch ohne Zögern als Zusicherung behandelt, BGHZ 46, 338 = NJW 1967, 553.

159 Dazu LG Bielefeld 3. 2. 2010 – 3 O 222/09 – juris („unfallfrei" in vorformulierter Urkunde „Erklärung über Beschaffenheit").

160 Vgl. LG Hannover 23. 6. 2010, DAR 2010, 524.

161 BGH 18. 1. 1967, BGHZ 46, 338.

volle Gegenleistung des Händlers bei nun voller Zahlung des Kaufpreises. Das Risiko, diesen nicht aufbringen zu können, lasse sich durch eine entsprechende Vertragsgestaltung steuern, z. B. durch die Vereinbarung einer Bedingung.

1525 Die regelmäßig nicht einkalkulierte und von den meisten Inzahlunggebern finanziell nicht ohne weiteres zu verkraftende Belastung mit dem vollen Kaufpreis will *Behr*[162] durch ein **Recht zum Rücktritt** auffangen. Der für Fälle unfallbedingter Unmöglichkeit vorgebrachte Einwand, es gehe nicht um Verschulden, sondern um die Betriebsgefahr des Autos, die der Halter zu Recht trage,[163] ist nicht stichhaltig. Das dem Halter in § 7 StVG zugewiesene, seit dem 1. 8. 2002 gesteigerte Haftungsrisiko betrifft die Haftung für Verletzung fremder Rechtsgüter. Für das eigene Auto bedeutet die Gefährdungshaftung keine Risikozuweisung. Auf dem Boden der BGH-Rechtsprechung ist an eine analoge Anwendung des § 275 Abs. 2 BGB oder an ein Lösungsrecht nach § 313 BGB (Störung der Geschäftsgrundlage) zu denken.[164]

1526 Erlangt der Käufer Schadensersatz vom Schädiger oder einer Versicherung, kann der Händler bei Annahme eines typengemischten Vertrages nach § 285 BGB Herausgabe des Surrogats verlangen. Da das Altfahrzeug nach dem BGH-Grundmodell nicht der geschuldete Gegenstand ist, kommt hiernach nur eine analoge Anwendung des § 285 BGB in Betracht. Greift der Händler auf das Surrogat zurück, bleibt seine Verpflichtung zur Lieferung des Neufahrzeugs bestehen, vorausgesetzt, dass sein Anspruch voll erfüllt wird.[165]

1527 Geht man von einem **gemischten Vertrag** aus, ist es dem Händler im Falle nicht zu vertretender Zerstörung oder des Verlusts des Altwagens verwehrt, den Käufer auf Vollzahlung des Neuwagenkaufpreises in Anspruch zu nehmen. Ein solcher Anspruch hat, anders als nach der Ansicht des BGH, zu keinem Zeitpunkt bestanden. Er kann nicht dadurch entstehen, dass dem Neuwagenkäufer die Übergabe seines Altwagens aus Gründen, die er nicht zu vertreten hat, nachträglich unmöglich geworden ist. Da der Altwagen als Tauschteil Leistungsgegenstand war, liegt ein Fall der **Teilunmöglichkeit** vor. Sie strahlt auf den Vertragsrest aus. Der Anspruch des Händlers ist insgesamt ausgeschlossen (§ 275 Abs. 1 BGB). Seine Rechte bestimmen sich nach den §§ 280, 283 bis 285, 311a und 326 BGB (§ 275 Abs. 4 BGB).

1528 Bei Annahme eines **Doppelkaufs** sind die Rechtsfolgen nachträglicher Unmöglichkeit auf den Kauf zu beschränken, der von der Störung betroffen ist. Bei Zerstörung des Altfahrzeugs behält der Händler seinen Anspruch auf Bezahlung des Neuwagenpreises, so wie nach der BGH-Konstruktion. Zu denken ist an eine Vertragsanpassung gem. § 313 BGB.

b) Verzug und Unmöglichkeit der Lieferung des Neufahrzeugs

1529 Kann der Händler das bestellte Neufahrzeug nicht oder nicht rechtzeitig liefern, bestimmen sich die Rechte des Kunden vorrangig nach den vertraglichen Vereinbarungen einschließlich der Allgemeinen Geschäftsbedingungen. Zur Rechtslage bei einem Neufahrzeugkauf ohne Vereinbarung einer Inzahlungnahme s. Rdn. 83 ff. Die dort für den jeweiligen Grundfall (Verzug, Unmöglichkeit) entwickelte Lösung ist bei einem Kauf mit Inzahlungnahme interessengerecht zu modifizieren.

1530 Für die Frage, ob der Verkäufer **in Lieferverzug** geraten ist, kann es auch darauf ankommen, wie der Käufer/Inzahlunggeber mit seinem Altwagen verfährt. Zur Situation, dass der Händler zwar im Besitz des in Zahlung genommenen Wagens ist, aber den Fahrzeugbrief noch nicht in Händen hat, s. OLG Düsseldorf OLGR 2000, 446.

---

162 AcP 185, 401, 418.

163 *Soergel/Huber*, vor § 433 BGB Rn. 215, Fn. 17.

164 S. a. BGHZ 89, 126, 129; *Binder*, NJW 2003, 393, 396.

165 Vgl. auch *Schulin*, JA 1983, 161, 165.

Bei einer Lieferverzögerung von längerer Dauer kann der Wert des in Zahlung gegebenen Fahrzeugs allein durch den Zeitablauf sinken. Wenn diesem Umstand ausnahmsweise nicht im Wege der (ergänzenden) Vertragsauslegung Rechnung getragen werden kann, ist der **zeitabhängige Wertverlust** schadenersatzrechtlich dem säumigen Verkäufer anzulasten. Anders liegen die Dinge bei Zustandsverschlechterungen aus der Sphäre des Käufers. **1531**

Erklärt der auf sein Neufahrzeug wartende Käufer **den Rücktritt** vom Kauf, wird der Vertrag in ein Rückgewährschuldverhältnis umgestaltet, wodurch die primären Leistungspflichten erlöschen. Eine etwaige Anzahlung kann er zurückfordern, ggf. mit Verzinsung (Nutzungsersatz). Sollte er seinen Altwagen ausnahmsweise bereits abgeliefert haben, kann er auch diesen zurückfordern. All das ist unproblematisch. Kompliziert wird es, wenn der Käufer einen Ausgleich dafür haben möchte, dass ihm ein günstiges Geschäft entgangen ist (hoher Anrechnungsbetrag, offener Preisnachlass). **1532**

Weitere Ansprüche eröffnet die Möglichkeit, den Rücktritt mit einem **Schadensersatzverlangen** zu kombinieren oder ausschließlich Schadensersatz statt der Leistung zu fordern. Auch nach dem Erlöschen seiner Erfüllungsansprüche soll der schadensersatzberechtigte Käufer verlangen können, vermögensmäßig so gestellt zu werden, wie er bei ordnungsgemäßer Erfüllung durch den Verkäufer stünde. Eine Rücktrittserklärung verbunden mit der Forderung, den **vereinbarten Anrechnungspreis** (Inzahlungnahmepreis) gegen Übereignung des Gebrauchtfahrzeugs zu zahlen, ist im zweiten Punkt das Verlangen nach Schadensersatz. Ob der Käufer Rücktritt und Schadensersatz kumuliert oder ob er Schadensersatz isoliert geltend macht, ist eine Frage der Auslegung seiner Erklärungen. Im Zweifel gilt das aus seiner Sicht Günstigere. Keinesfalls darf er bei einer Kumulation im Vergleich zu einer isolierten Geltendmachung von Schadensersatz benachteiligt werden.[166] Um Nachteile und Missverständnisse bei einem Nebeneinander von Rücktritt und Schadensersatz vermeiden, ist Käufern zu raten, ausschließlich Schadensersatz statt der Leistung zu fordern. **1533**

Wählt der Käufer den **Anspruch auf Schadensersatz statt der Leistung**, ist er so zu stellen, wie er bei rechtzeitiger Lieferung des Neufahrzeugs gestanden hätte (Erfüllungsinteresse).[167] Die Frage ist, ob er seinen Schaden nach der **Differenz-** oder nach der **Surrogationstheorie** berechnen darf. Bei einem Rücktritt vom Kauf soll die Berechnung nach der Surrogationstheorie ausgeschlossen sein,[168] ein zusätzlicher Grund, den Rücktritt zu meiden. Hat der Käufer ein Interesse daran, seinen Gebrauchtwagen abzugeben, ist er berechtigt, seine Leistung – Übereignung des Gebrauchtwagens und Zahlung des Baranteils – zu erbringen und von dem Händler Schadensersatz in Höhe des tatsächlichen Neuwagenwertes zu verlangen, im Fall eines beabsichtigten Weiterverkaufs zuzüglich eines entgangenen Gewinns. Damit hat der Käufer sich zugunsten der Surrogationstheorie bzw. der gemäßigten Differenztheorie entschieden.[169] Jedenfalls darf ihm als Schadensersatzgläubiger das Anliegen nicht durchkreuzt werden, den Altwagen los zu werden, Ersetzungsbefugnis hin oder her. Rechtsprechung zu dieser Problematik liegt, soweit ersichtlich, nicht vor, was auch darauf beruht, dass in den ohnehin seltenen Fällen des Händlerverzugs eine schadenersatzrechtliche Abwicklung mit Ablieferung des in Zahlung gegebenen Altwagens unerwünscht zu sein scheint. Man beschränkt sich auf eine Berechnung nach den Grundsätzen der Differenztheorie. Wenn der Gebrauchtwagen, wie meist, mit einem seinen Verkehrswert übersteigenden Betrag (verdeckter Preisnachlass) in Zahlung genommen wurde, bleibt **1534**

---

166 BGH 14. 4. 2010, NJW 2010, 2426 Tz. 22.
167 BGH 14. 4. 2010, NJW 2010, 2426 Tz. 23.
168 NK-BGB/*Dauner-Lieb*, § 281 BGB Rn. 63.
169 Vgl. *Dubischar*, JZ 1969, 175, 178.

dem schadensersatzberechtigten Käufer dieser Vorteil erhalten.[170] Er kann die Barauszahlung dieses „Wertüberschusses“ verlangen.[171]

1535 In Fällen des Lieferverzugs sind die **Haftungsbegrenzungen** im Abschn. IV NWVB zu beachten (dazu Rdn. 92 ff.). Wenn dort der ‚vereinbarte Kaufpreis‘ als Bezugsgröße der Haftungsbeschränkung genannt wird, so ist dies bei Annahme eines einheitlichen Kaufvertrages mit Ersetzungsbefugnis der volle Bruttokaufpreis.

c) Scheitern des Neuwagengeschäfts wegen Ablehnung der Käuferofferte und sonstige Abschlussprobleme

1536 In der Regel treffen die Parteien schon bei der Neuwagenbestellung eine Absprache über die Inzahlungnahme. Dabei wird der Anrechnungsbetrag festgelegt und zumindest im Bestellschein notiert (Näheres zum Geschäftsablauf und zu Preisabreden s. Rdn. 1418 ff.). Übergeben wird das Altfahrzeug häufig erst zu einem späteren Zeitpunkt, meist bei Auslieferung des Neuwagens. Die Annahme der Käuferofferte (‚Bestellung eines neuen Kraftfahrzeugs‘) wird auch in Fällen mit Inzahlungnahme regelmäßig schriftlich bestätigt, entweder durch Unterschrift der ‚Verkäufer-Firma‘ direkt auf dem Neuwagenbestellschein (sog. Direktbestätigung) oder durch ein separates Schreiben des Autohauses innerhalb der Annahmefrist (vgl. Abschn. I Ziff. 1 NWVB). Der Vertragsabschluss wird also i. d. R. nicht bis zur Auslieferung des Neuwagens in der Schwebe gehalten (2. Alternative im Abschn. I Ziff. 1 S. 2 NWVB).

1537 Abweichend von den handelsüblichen Formularen können sich die Parteien sowohl über die Verbindung von ‚neu und alt‘ als auch über den Zeitpunkt des Vertragsschlusses anderweitig einigen, ungeachtet einer Schriftformklausel auch durch mündliche Absprache oder durch konkludentes Verhalten. Diese Frage steht im Zentrum der Entscheidung des OLG Düsseldorf vom 30. 5. 2000.[172] In zutreffender Bewertung des Geschäftsablaufs und der beiderseitigen Interessenlage hat der Senat die Auffassung des LG korrigiert, der Kaufvertrag sei ohne schriftliche Bestätigung des Händlers zustande gekommen. Bestellung und Kaufvertrag sind, dem durchschnittlichen Verbraucher erkennbar,[173] zwei verschiedene Dinge.

1538 An die Feststellung einer Einigung außerhalb des geschäftsüblichen, durch Formular und AGB näher ausgestalteten Rahmens sind strenge Anforderungen zu stellen. Autohäuser haben gerade in Fällen mit Inzahlungnahme ein berechtigtes Interesse daran, das Zustandekommen des Gesamtgeschäfts von einer schriftlichen Bestätigung der Geschäftsleitung abhängig zu machen. Kritischer Punkt ist die Höhe des Eintauschpreises/Anrechnungsbetrags. Insoweit möchte man sich das letzte Wort vorbehalten, nicht zuletzt aus steuerlichen Gründen. Verkaufsangestellte unterhalb der Ebene der Geschäftsleitung benötigen zur wirksamen Vertretung des Autohauses einer Vertretungsmacht, die sich nicht bereits aus einer analogen Anwendung des § 56 HGB ergibt.[174]

1539 Für die Annahme eines verbindlichen Geschäftsabschlusses außerhalb der üblichen Bahnen und vorformulierter Regeln kann die Entgegennahme des Altwagens mit Schlüsseln und Papieren im Anschluss an die Unterzeichnung der Neuwagenbestellung zweifellos ein Indiz sein, zumal dann, wenn das Neufahrzeug vorrätig ist oder seine Auslieferung unmittelbar bevorsteht. Von Bedeutung kann insoweit auch sein, dass der Autohauskunde

---

170 BGH 28. 11. 1994, BGHZ 128, 111= NJW 1995, 518 für den Anspruch aus § 463 BGB a. F.

171 *Dubischar*, JZ 1969, 175, 178.

172 MDR 2001, 86 = DAR 2001, 305.

173 Das Neuwagenformular ist auf der Vorderseite im Fettdruck unübersehbar als ‚Bestellung‘ gekennzeichnet.

174 Vgl. BGH 4. 5. 1988, ZIP 1988, 1188; Brand OLG 30. 9. 2008 – 6 U 136/07 – n. v.

dem Verkaufsberater sogleich nach Unterzeichnung des Bestellscheins seinen Personalausweis und die Versicherungsdoppelkarte zur Fahrzeuganmeldung ausgehändigt hat.[175] Eine frühzeitige Übernahme des Altfahrzeugs kann sogar für ein eigenes Interesse des Händlers am Altfahrzeug sprechen und die Annahme eines Ankaufs unabhängig von dem Neuwagengeschäft nahe legen.[176]

Die Vertragsabschlussfreiheit des Neufahrzeughändlers wird nicht dadurch eingeschränkt, dass er sich zur Inzahlungnahme des Kundenfahrzeugs bereit erklärt hat. Folglich lässt selbst eine objektiv grundlose Nichtannahme der Neuwagenbestellung die Inzahlungnahme scheitern,[177] gleichviel, ob man einen einheitlichen Kaufvertrag mit Ersetzungsbefugnis, einen typengemischten Vertrag oder zwei getrennte Kaufverträge mit Verrechnungsabrede annimmt. Abweichend hiervon hat das OLG Hamburg in einem Sonderfall (Übergabe des Altwagens vor schriftlicher Entschließung des Händlers) entschieden, der Händler habe den Altwagen zu behalten und den Anrechnungspreis in bar auszuzahlen.[178] Die Nebenabrede über die Inzahlungnahme stehe unter der Bedingung, dass der Neuwagenkauf zu Stande komme. Wenn der Händler die Annahme der Käuferofferte ohne triftigen Grund ablehne, müsse er sich nach § 162 BGB so behandeln lassen, als sei es zum Abschluss des Neuwagenkaufvertrages gekommen. **1540**

Selbst auf der Grundlage der Konstruktion i. S. v. BGHZ 46, 338, der das OLG Hamburg ausdrücklich gefolgt ist, kann seine Entscheidung nicht überzeugen.[179] Neuwagengeschäft und Inzahlungnahme sind nicht durch eine Bedingung im Rechtssinn miteinander verknüpft. Beide Teile sind Bestandteile eines einheitlichen Vertrages, sei es nun Kauf oder eine Mischung aus Kauf und Tausch. Bei Annahme zweier getrennter Kaufverträge, die lediglich durch eine Verrechnungsabrede miteinander verbunden sind, ist mit dem OLG Hamm in der Durchführung des Neuwagengeschäfts die **Geschäftsgrundlage** für das Altwagengeschäft zu sehen.[180] **1541**

In richtiger Einschätzung der Abschlussfreiheit stellt das OLG Celle[181] den Händler davon frei, die Ablehnung der Neuwagenbestellung näher zu begründen. Der Händler kann sich jeglicher (schriftlicher) Stellungnahme enthalten. Gegen unredliches Händlerverhalten ist der Besteller/Altwageneigentümer nach den Regeln über Verschulden bei den Vertragsverhandlungen hinreichend geschützt. Seinem Schutz dient ferner die Klausel, wonach der Händler ihn unverzüglich zu unterrichten hat, wenn die Bestellung nicht angenommen wird (Abschn. I, 1 a. E. NWVB). **1542**

Solange die Parteien sich über das Zustandekommen des (schuldrechtlichen) Gesamtgeschäfts noch nicht einig geworden sind, bleibt der Autohauskunde Eigentümer seines Altfahrzeugs; dies auch dann, wenn er es dem Verkäufer bereits übergeben hat.[182] **1543**

d) Widerruf des Verbrauchers

Welchen Folgen die Ausübung des Widerrufsrechts auf das Gesamtgeschäft in Fällen des finanzierten Neufahrzeugkaufs mit Inzahlungnahme hat, ist in den handelsüblichen Vertragsunterlagen nicht näher bestimmt. Insbesondere fehlt eine Klausel, wonach der Wi- **1544**

---

175 So im Fall OLG Düsseldorf 30. 5. 2000, MDR 2001, 86 = DAR 2001, 305.

176 Zu diesem Aspekt OLG Hamm 7. 2. 1975, NJW 1975, 1520, 1521.

177 So auch OLG Celle 15. 12. 1994, OLGR 1995, 85; OLG Hamm 1. 12. 1992, OLGR 1993, 98 (aber Dreiecksbeziehung).

178 Urt. v. 22. 10. 1970, MDR 1971, 134.

179 Abl. auch OLG Celle 15. 12. 1994, OLGR 1995, 85.

180 Urt. v. 7. 2. 1975, NJW 1975, 1520; vgl. auch OLG Hamm 1. 12. 1992, OLGR 1993, 98.

181 Urt. v. 15. 12. 1994, OLGR 1995, 85.

182 OLG Celle 23. 11. 1956, BB 1956, 1166; anders auch hier OLG Hamburg 22. 10. 1970, MDR 1971, 134, 135.

derruf des Kunden zur Aufhebung des Vertrages über den „Ankauf“ des Fahrzeugs führt. Auf dem Boden der BGH-Lösung (einheitlicher Kauf mit Ersetzungsbefugnis) ist sie ebenso entbehrlich wie bei Annahme eines typengemischten Vertrages.

1545 Wie im Fall eines finanzierten Kaufs mit Inzahlungnahme nach Widerruf des Verbrauchers rückabzuwickeln ist, geht aus der Entscheidung des OLG Saarbrücken vom 26. 7. 2007[183] hervor. Hinzuweisen ist ferner auf das Urteil des OLG Naumburg vom 25. 7. 2002,[184] das allerdings einen ‚Altfall‘ betrifft. Zu den Widerrufsfolgen im Normalfall des finanzierten Kaufs s. Rdn. 1803 ff.

e) Erfüllungsverweigerung durch den Neufahrzeugkäufer

1546 Lehnt der Neufahrzeugkäufer die Erfüllung des wirksam abgeschlossenen Gesamtgeschäfts ab, kann der Händler nach seiner Wahl auf Erfüllung klagen oder Schadensersatz verlangen. Er kann auch vom Vertrag zurücktreten, wodurch sein Anspruch auf Schadensersatz nicht ausgeschlossen wird (§ 325 BGB). Die Erfüllungsklage hat der Händler auf der Grundlage der BGH-Konstruktion (einheitlicher Kaufvertrag mit Ersetzungsbefugnis) auf Zahlung des vollen Neuwagenkaufpreises zu richten, Zug um Zug gegen Abnahme des Neuwagens. Sein altes Auto als Geldersatz hinzugeben, ist bei Annahme einer bloßen Ersetzungsbefugnis Sache des beklagten Käufers. Bis zur Beendigung der Zwangsvollstreckung kann er damit warten. Schon zur Vermeidung von Kostennachteilen muss dem Händler gestattet sein, die Ersetzungsbefugnis des Beklagten an sich zu ziehen, indem er auf Zahlung des Baranteils und Lieferung des Altfahrzeugs klagt, hilfsweise (für den Fall der Nichtlieferung) auf Zahlung des Anrechnungsbetrages. Für die Befürworter eines typengemischten Vertrages ist das ohnehin der richtige Weg.

---

183 OLGR 2007, 773.

184 Az. 4 U 62/02.

N. Garantien im Neuwagenhandel

I. Marktüberblick

Kein anderes Instrument befriedigt das Sicherheitsbedürfnis der Verbraucher so effektiv wie eine Garantie, am besten vom Hersteller und mit möglichst langer Laufzeit. Deshalb war die Kundschaft stark verunsichert, als deutsche Autobauer die **Schuldrechtsreform 2002** zum Anlass nahmen, sich von der einjährigen Haltbarkeitsgarantie zu verabschieden, die laut BGH mit der damaligen Gewährleistungsklausel in den NWVB verbunden war.[1] Sie verwiesen die Käufer auf die gesetzlichen Sachmängelansprüche, verlängerten die Frist der Beweislastumkehr von 6 auf 12 bzw. 24 Monate und versprachen im Übrigen Kulanz. **1547**

Diese restriktive Garantiepolitik gehört der Vergangenheit an. Immer kleiner geworden ist die Zahl derjenigen Hersteller/Importeure, die fabrikneue Pkw ohne Herstellergarantie („Werksgarantie") auf den Markt bringen. Dann hat der Neufahrzeugkäufer nur die Rechte aus der zweijährigen Sachmängelhaftung, mitunter erweitert durch eine Verlängerung der Frist bei der Beweislastumkehr (6 + x).[2] Bei Identität von Hersteller und Verkäufer (Direkt- und Niederlassungsvertrieb[3]) fallen Garantie- und Gewährleistungsträgerschaft zusammen, was nicht ausschließt, dass der direktvertreibende Hersteller parallel zur gesetzlichen Gewährleistung eine Garantie übernimmt.[4] **1548**

Was den **Gegenstand der Garantie** angeht, kann man unterscheiden zwischen **1549**

- Fahrzeug
- Lack
- Rost
- Mobilität.

Eine Fahrzeuggarantie wiederum kann als **Baugruppengarantie** oder als **Komplettgarantie** (Vollgarantie) ausgestaltet sein. Letztere erstreckt sich grundsätzlich auf sämtliche Bauteile, was bestimmte inhaltliche Einschränkungen nicht ausschließt. **1550**

Die **Laufzeiten der Herstellergarantien** sind sehr unterschiedlich. Bei den europäischen Herstellern sind es, grob gesagt, zwei, bei den asiatischen in der Regel drei Jahre.[5] Für Aufsehen gesorgt hat 2010 die **„Lebenslang"-Garantie** von Opel. Sie wird laut Werbung als „Anschlussgarantie für Ersthalter nach den Bedingungen der CG Car Garantie bis max. 160.000 km" angeboten. Da ein Zeitlimit, anders als üblich, nicht vorgesehen ist, ist „lebenslang" jedenfalls auf den ersten Blick zutreffend. Gleichwohl sehen manche eine Irreführung der Verbraucher. Ob die Kritik, auch der Wettbewerbszentrale, berechtigt ist, haben die Gerichte noch nicht (rechtskräftig) festgestellt.[6] Alternativ zur zeitlichen Begrenzung sehen viele Angebote ein **Kilometerlimit** vor, meist 100.000 km. Es gibt aber auch zahlreiche Herstellergarantien ohne Begrenzung der Laufleistung. **1551**

Fast alle Hersteller/Importeure bieten Garantie-Verlängerungen in Form von **Anschlussgarantien** an. Die Kosten zwischen 99 und 1.000 € sind i. d. R. nicht im Neuwagenpreis ent- **1552**

1 Urt. v. 19. 6. 1996, DAR 1996, 361.
2 Beispiel BMW.
3 Anteil bei Pkw/Kombis inzwischen ca. 25 %, Tendenz steigend.
4 Beispiel Daimler (Mercedes).
5 Manche asiatische Hersteller geben inzwischen auf bestimmte Modelle bis zu 7 Jahre Garantie (z. B. Kia).
6 Zur Wettbewerbswidrigkeit einer Garantie mit einer Laufzeit von 40 Jahren s. BGH 26. 6. 2008, NJW 2008, 2995 (Aluminiumdächer).

halten, vom Käufer also gesondert zu zahlen.[7] Die Dauer von Anschlussgarantien reicht von 12 Monaten bis 7 Jahre, wobei längerfristige Garantien regelmäßig Laufleistungsbegrenzungen von 100.000 bis max. 150.000 km enthalten. Garantien gegen **Durchrostung**, deren Laufzeiten 6 bis 30 Jahre betragen,[8] zählen nicht zu den Anschlussgarantien, da sie bereits mit der Übergabe des Fahrzeugs bzw. der Erstzulassung wirksam werden. Gleichfalls Zusatzleistungen zur Neuwagengarantie sind **Lackgarantien** (Laufzeit zwei oder drei Jahre) und **Mobilitätsgarantien**. Voll im Trend des Rundum-Schutzes liegen **Flatrates und Wartungsverträge**, die von der Mehrzahl der Hersteller/Importeure neuerdings angeboten werden.

II. Rechtliche Einordnung

1553 Durch eine Garantie des Verkäufers kann seine gesetzliche Mängelhaftung (Gewährleistung) ergänzt bzw. erweitert werden. Die Garantie kann aber auch **von einem Dritten**, z. B. dem Hersteller, gegeben werden. Zentralnorm ist **§ 443 BGB**. Sie regelt die **Beschaffenheits-** und die **Haltbarkeitsgarantie** von Verkäufern und Dritten. Zur Terminologie und Abgrenzung s. Rdn. 2580 ff.

1554 Garantien im Bereich des Neufahrzeughandels sind typischerweise **Haltbarkeitsgarantien** i. S. d. § 443 BGB. Sie begründen als **selbstständige** Garantien ein eigenständiges Schutzsystem neben der gesetzlichen Sachmängelhaftung – auf freiwilliger Basis mit individuellem Inhalt in gegenständlicher wie in zeitlicher Hinsicht. Gegenstand, konkrete Ausgestaltung und Wirkungen unterliegen – in den Grenzen der §§ 134, 138, 307 ff., 475, 477 BGB – der Vertragsautonomie.

III. Übernahme der Garantie

1555 Die Übernahme einer Garantie setzt nach traditioneller Auffassung eine entsprechende **Vereinbarung** zwischen dem Garantiegeber und dem Käufer (Garantienehmer) voraus. Beim Neuwagenkauf geschieht dies gewöhnlich durch **Übergabe einer Garantieurkunde** (Garantieschein) und/oder eines Serviceheftes mit darin abgedruckten Garantiebedingungen und -hinweisen.[9] Die Erklärungen stellen ein rechtlich bindendes **Angebot des Herstellers/Importeurs** dar, das der Käufer – da eine Antwort nicht erwartet bzw. auf den Zugang der Antwort verzichtet wird – stillschweigend/konkludent annimmt.[10]

1556 Die **„einschlägige Werbung“** (§ 443 Abs. 1 BGB) ist nicht nur für die Frage relevant, welchen Inhalt eine Garantie hat. Aus der Werbung kann sich bereits ergeben, ob eine Garantie übernommen wurde. Werbung und Garantieerklärung können zusammenfallen, was jedoch nur unter engen Voraussetzungen anzunehmen ist.[11] Unter eine Garantieerklärung i. S. d. § 477 BGB fällt nur eine Willenserklärung, die zum Abschluss eines Kaufvertrages oder eines eigenständigen Garantievertrages führt, nicht dagegen die Werbung, die den Verbraucher lediglich zum Kauf auffordert und in diesem Zusammenhang eine Garantie ankündigt, ohne sie bereits rechtsverbindlich zu versprechen.[12]

---

7 Zur Entgeltfrage BGH 6. 7. 2011, MDR 2011, 1034 (Saab).

8 Z. B. auf Mercedes-Neufahrzeuge („mobilo life“), dazu BGH 12. 12. 2007, NJW 2008, 843; OLG Stuttgart 14. 10. 2008, NJW 2009, 1089.

9 Textbeispiel OLG Frankfurt 8. 7. 2009, DAR 2010, 89; s. a. BGH 12. 11. 1980, BGHZ 78, 369 = NJW 1981, 275; OLG Düsseldorf 14. 5. 1993, OLGR 1994, 1.

10 BGH 23. 3. 1988, DAR 1988, 204; 12. 11. 1980, BGHZ 78, 369 = NJW 1981, 275.

11 NK-BGB/*Büdenbender*, § 443 BGB Rn. 27.

12 BGH 14. 4. 2011, NJW 2011, 2653 (Wettbewerbssache, 3 Jahre Garantie für Druckerpatronen).

Nach Ansicht des **OLG Frankfurt** reicht die zum Zeitpunkt des Neufahrzeugkaufs im Internet veröffentlichte Werbung eines Kfz-Herstellers („.... wir scheuen uns deshalb nicht, eine Fahrzeuggarantie von 3 Jahren bis 100.000 km zu gewähren") zur Begründung einer Garantieverpflichtung i. S. d. § 443 BGB aus, das Zustandekommen eines Vertrages sei nicht erforderlich, eine Annahme des Herstellerangebots also entbehrlich.[13] Zur Begründung verweist der Senat auf **Art. 6 Abs. 1 VerbrGKRL** und auf § 443 BGB als Umsetzungsvorschrift. Ein allein durch öffentliche Bekanntmachung begründetes Schuldverhältnis sei im Übrigen dem deutschen Zivilrecht keineswegs fremd. **1557**

Das OLG Frankfurt hat bewusst davon abgesehen, die Frage nach dem Zustandekommen einer Herstellergarantie dem EuGH oder dem BGH zur Klärung vorzulegen. Dazu sah es sich berechtigt, weil es „nur" nach § 91a ZPO über die Kosten des Verfahrens zu entscheiden hatte, nachdem die Parteien wegen zwischenzeitlicher Beseitigung des Mangels (in Eigenregie des Klägers) den Rechtsstreit in der Hauptsache übereinstimmend für erledigt erklärt hatten. **1558**

Das **praktische Bedürfnis** für eine höchstrichterliche Klärung ist aus Sicht des Fahrzeughandels gering. Dass ein Erstkäufer sein Neufahrzeug ohne irgendein Dokument übernimmt, dem sich ein **konkretes Garantieangebot** des Herstellers/Importeurs entnehmen lässt, ist realitätsfern. Im Fall des OLG Frankfurt fehlte zwar die Garantiekarte. Lediglich das Serviceheft soll sich in dem Pkw befunden haben. Allerdings sei unklar gewesen, wer der darin erwähnte Garantiegeber sei, der (beklagte) Hersteller oder der Verkäufer.[14] Mangels „Bestimmung eines Garantiegebers", so das OLG, sei allein aus der Überlassung des Fahrzeugs mit Serviceheft „kein Vertragsschluss für eine Garantie" zustande gekommen. Diese Sichtweise ist zu eng. Denn **im Zweifel** ist es allein der Hersteller/Importeur, der bei einer Neuwagengarantie als Garantieträger in Betracht kommt. Die Informationen auf seiner Website können für die Zuordnung (Zuständigkeit) ein Beleg sein. Der Händler als Verkäufer scheidet als sinnvolle Alternative in aller Regel aus. Ist eine Garantieerklärung bereits in der Werbung zu sehen, was bei Neufahrzeugen mangels Konkretisierung i. S. v. § 477 Abs. 1 Nr. 2 BGB nur selten der Fall sein wird, bestehen keine durchgreifenden Bedenken, darin ein Angebot an den, den es angeht, zu sehen. Die Annahme liegt im Erwerb des so beworbenen Fahrzeugtyps (§ 151 S. 1 BGB). **1559**

Zur **Erfüllung seiner Garantiezusage** bedient sich der Automobilhersteller seines Vertriebsnetzes, seiner Vertragshändler und der von ihm autorisierten Werkstätten. Gegen diese (Erfüllungs-)Gehilfen hat der Kunde indes keinen klagbaren Anspruch auf Vornahme von Garantiearbeiten. Der Garantievertrag mit dem Hersteller ist dafür keine Grundlage.[15] Dass der Garantieanspruch nur bei einem Vertragshändler bzw. einer autorisierten Werkstatt geltend gemacht werden kann, steht dem nicht entgegen.[16] Ein **Direktanspruch** des Kunden gegen diese Unternehmen lässt sich auch nicht aus der – 2010 partiell verlängerten – **Kfz-GVO 1400/2002** herleiten.[17] **1560**

Verweigert ein in Anspruch genommener Vertragshändler bzw. eine autorisierte Werkstatt die Vornahme von Garantiearbeiten, ist der Anspruch aus der Garantie **unmittelbar gegen den Garantiegeber** zu richten. Dieser hat dafür zu sorgen, dass der Mangel durch eine hierzu bereite Vertragswerkstatt oder eine autorisierte Werkstatt beseitigt wird. Näheres zur Rechtsverfolgung Rdn. 1588 ff. **1561**

---

13 Beschl. v. 8. 7. 2009, DAR 2010, 89.
14 Wer genau das war, war strittig.
15 BGH 12. 11. 1980, BGHZ 78, 369 = NJW 1981, 275.
16 BGH 12. 11. 1980, BGHZ 78, 369 = NJW 1981, 275.
17 OLG Stuttgart 26. 3. 2008, DAR 2008, 478; *Niebling*, DAR 2008, 480.

1562 Den Endabnehmer begünstigende Wirkung – **Vertrag zugunsten Dritter** – können diejenigen Verträge haben, die zwischen dem Hersteller und seinen Vertragshändlern und autorisierten Werkstätten abgeschlossen worden sind. In solchen **Service- und/oder Vertriebsverträgen** ist auch geregelt, ob und inwieweit der Vertragspartner des Herstellers einen Werkstattbetrieb einzurichten und zu unterhalten hat, um vom Hersteller übernommene Garantieverpflichtungen zu erfüllen.[18] Der BGH hat in der Entscheidung vom 12. 11. 1980[19] Händlerverträge zwischen der Ford AG und deren Händlerschaft darauf untersucht, ob ihnen eine Befreiung oder eine subsidiäre Haftung des Herstellers zu entnehmen ist. Das hat der VIII. Senat verneint. Seine Ausführungen können dahin gedeutet werden, dass er einen Vertrag zugunsten des Endabnehmers ablehnt, einer solchen Konstruktion zumindest skeptisch gegenübersteht. Ausdrücklich verneint wird ein Vertrag zugunsten Dritter vom OLG Stuttgart.[20]

1563 Dem ist zu folgen. Allein mit dem Interesse des Neuwagenkunden, im Fall der Verweigerung von Garantieleistungen den Händler bzw. die Werkstatt direkt in Anspruch nehmen zu können, lässt sich ein Vertrag zu seinen Gunsten nicht begründen. Seinem berechtigten Interesse ist dadurch Genüge getan, dass er einen klagbaren Anspruch gegen den Hersteller/Importeur als Garantiegeber hat. Einen Zweitschuldner benötigt er nicht. Dessen Inanspruchnahme stieße auch auf praktische Schwierigkeiten. Dem Garantienehmer ist der Inhalt der Vertragsbeziehung zwischen dem Hersteller und dem „widerspenstigen" Betrieb unbekannt, so dass er kaum je in der Lage sein dürfte, eine Drittbegünstigung substantiiert und beweiskräftig zu begründen. Ihn auf einen Auskunftsanspruch gegen den Hersteller zu verweisen, ist keine sinnvolle Lösung.

IV. Vertragsinhalt

1564 Kerninhalt der Herstellergarantie (Werksgarantie) ist die Fehlerfreiheit des Fahrzeugs und seiner Teile während der Garantiezeit. Die Einzelheiten ergeben sich aus der Garantieerklärung und den Garantiebedingungen sowie ergänzend aus der „einschlägigen Werbung", die in § 443 Abs. 1 BGB ausdrücklich erwähnt wird.

1565 **Klauselbeispiel** einer Haltbarkeitsgarantie ohne Kilometerbegrenzung:

Der Hersteller/Importeur/Händler gibt für jedes fabrikneue Fahrzeug seiner Marke eine Garantie für die Dauer von zwei Jahren, gerechnet vom Tage der Lieferung an den Endabnehmer oder dem Tag der Erstzulassung, je nachdem, welcher Tag früher liegt, ohne Begrenzung der Kilometerleistung dafür, dass das Fahrzeug und seine Teile frei von Mängeln sind.

1566 **Klauselbeispiel** einer Haltbarkeitsgarantie mit Kilometerbegrenzung:

Der Hersteller/Importeur/Händler garantiert dem Endabnehmer eines fabrikneuen Kraftfahrzeugs eine dem jeweiligen Stand der Technik entsprechende Fehlerfreiheit in Werkstoff und Werkarbeit für die Dauer von drei Jahren, maximal 100.000 Kilometer. Die Garantie beginnt mit dem Tag der Erstzulassung oder – falls das Fahrzeug nicht sogleich zugelassen wird – mit der Übergabe an den Endabnehmer und endet mit Ablauf von 3 Jahren.

1567 **Ausgenommen** von der (Hersteller-)Garantie sind regelmäßig **normaler Verschleiß** sowie Schäden, die auf äußeren Einwirkungen oder nicht genehmigten Veränderungen des Fahrzeugs beruhen, z. B. leistungssteigernden Maßnahmen (Tuning). Zur Frage „normaler

18 Näheres bei *Ensthaler/Funk/Stopper*, Rn. 155 ff.
19 BGHZ 78, 369 = NJW 1981, 275.
20 Urt. v. 26. 3. 2008, DAR 2008, 478; im Ergebnis auch OLG Celle 8. 3. 2006, OLGR 2006, 707 (Jaguar-Herstellergarantie); a. A. *Niebling*, DAR 2008, 480.

Verschleiß" s. Rdn. 3021 ff., zur Beweislast s. Rdn. 4225. Weitere Ausschlussgründe können sein: Nichtvornahme vorgeschriebener Wartungsdienste, unfachmännisch durchgeführte Reparaturen, Einbau nicht zugelassener Teile, Zerstörung der Hohlraumversiegelung (bei Rostschutzgarantien). Zur Zulässigkeit solcher Klauseln s. Rdn. 1571, 4216 ff.

Neuwagengarantien, gleich welcher Art, gewähren dem Berechtigten **grundsätzlich** keinen Anspruch auf Schadensersatz, sondern im Allgemeinen nur einen Anspruch auf **kostenlose Beseitigung des Mangels**; mitunter auch nur einen **Kostenerstattungsanspruch**[21]. Weitergehende Rechte begründen Herstellergarantien in der Regel nicht.[22] Ausnahmen können sich aus den Garantiebedingungen oder sonstigen Verlautbarungen des Garantiegebers ergeben. **1568**

Mit der Zusage, im Garantiefall den Mangel kostenlos zu beseitigen, ist **ein Anspruch auf Neulieferung** (Umtausch) selbst dann ausgeschlossen, wenn dies nicht ausdrücklich erklärt wird. Eine Neulieferung ist auch dann keine (alternative) Garantieleistung, wenn der Hersteller mit dem Verkäufer identisch ist.[23] Anders als bei der (gesetzlichen) Sachmängelhaftung kann sie nicht mit dem Argument verlangt werden, eine Mängelbeseitigung sei unmöglich oder fehlgeschlagen. Mängelbeseitigung auf dem Garantieweg ist kein Fall der Nacherfüllung mit Wahlrecht. Anders gesagt: Der Anspruch aus der Garantieerklärung des Herstellers ist kein Recht des Käufers wegen Mangelhaftigkeit des Fahrzeugs (§ 437 BGB), sondern ein von einem Verschulden unabhängiger **Erfüllungsanspruch** aus der Garantieabrede. Das hat auch zur Konsequenz, dass der Käufer als Garantienehmer nicht auf die sekundären Rechtsbehelfe nach § 437 Nr. 2 und Nr. 3 BGB zurückgreifen kann, wenn die Garantieleistung ausbleibt. Näher zum Nebeneinander von (Hersteller-)Garantie und Sachmängelhaftung unter Rdn. 1573 ff. **1569**

Garantiebeginn: Haltbarkeitsgarantien beginnen entweder mit der **Erstzulassung** oder mit der **Auslieferung der Fahrzeuge** an den Käufer (s. obige Klauselbeispiele). Zum Problem der Garantieverkürzung, bei Import-Fahrzeugen immer wieder ein Streitpunkt, s. Rdn. 1353 ff. **1570**

AGB-Kontrolle: Im Zuge der Umsetzung der Kfz-GVO 1400/2002 haben nahezu alle Hersteller und Importeure ihre Garantiebedingungen geändert.[24] Grund hierfür war die kartellrechtliche Äußerung der EU-Kommission im Rahmen der Beantwortung der **Frage 37** der Leitlinien zur GVO 1400/2002. Danach darf die **Herstellergarantie** nicht daran geknüpft werden, dass das Fahrzeug ausschließlich im eigenen Werkstattnetz gewartet und repariert wird. Das für die Kfz-Branche außerordentlich wichtige **Thema „Kundenbindung"** ist Gegenstand der **BGH-Entscheidung vom 12. 12. 2007**[25] (Durchrostungsgarantie eines Herstellers beim Direktverkauf eines Neufahrzeugs mit der „Auflage" regelmäßiger Wartung ab dem 5. Jahr in autorisierten Werkstätten). Einschlägig ist ferner das **Saab-Urteil vom 6. 7. 2011**.[26] Zu dieser Thematik und zu weiteren Fragen der AGB-Kontrolle von Leistungsbeschränkungen bzw. Obliegenheiten s. Rdn. 4216 ff. **1571**

Irreführend i. S. d. höchstrichterlichen Rechtsprechung ist die Einräumung eines Nachbesserungs- oder Nachlieferungsanspruchs durch einen Fachhändler nach Wahl des Herstellers in Verbindung mit der Klausel, dass weitergehende Ansprüche ausgeschlossen sind, **1572**

---

21 Beispiel dafür OLG Brandenburg 8. 6. 2010 – 3 W 58/09 (Ford oder Toyota, jedenfalls Hersteller mit Sitz in Köln).

22 Vgl. OLG Celle 8. 3. 2006, OLGR 2006, 707 (Jaguar); OLG Frankfurt 8. 7. 2009, DAR 2010, 89 (Marke unbekannt).

23 A. A. OLG Frankfurt 8. 7. 2009, DAR 2010, 89.

24 *Dilchert*, Der Kfz-Sachverständige 3/2008, 22.

25 NJW 2008, 843 (mobilo-life von Mercedes; dazu auch OLG Stuttgart 14. 10. 2008, NJW 2009, 1089).

26 MDR 2011, 1034.

namentlich solche auf Rücktritt vom Vertrag, Minderung oder Schadensersatz. Solche und ähnliche Garantiebedingungen, die beim Kunden den Eindruck erwecken, er könne gegen den Verkäufer keine weitergehenden Ansprüche wegen eines Sachmangels geltend machen, sind gem. § 307 Abs. 1 S. 1 BGB **unwirksam.**[27] Die unangemessene Benachteiligung des Käufers besteht darin, dass er – irritiert durch die Garantiebedingungen – von der Durchsetzung seiner Rechte gegen den Verkäufer abgehalten wird. Im Rahmen der Kontrolle nach § 307 Abs. 1 S. 1 BGB kommt es auf einen entsprechenden Vorteil des Verwenders von AGB ebenso wenig an wie darauf, dass dem Kunden Nachteile zwar nicht im Verhältnis zum Verwender der Klausel, aber in der Rechtsbeziehung zu einem Dritten drohen. Zur wettbewerbsrechtlichen Bedeutung von § 477 BGB s. BGH 14. 4. 2011, NJW 2011, 2653.

V. Nebeneinander von Garantie und Sachmängelhaftung

1573 Die Haltbarkeitsgarantie des Herstellers/Importeurs tritt **selbstständig** neben die Sachmängelhaftung des Händlers. Letztere wird nicht verdrängt, wie § 443 Abs. 1 BGB klarstellt („unbeschadet . . .“). Umgekehrt ist der Garantieanspruch **nicht subsidiär** in dem Sinne, dass der Käufer zunächst den Händler zur Behebung des Sachmangels auffordern muss, bevor er aus der Garantie vorgeht.[28] In beide Richtungen gilt das **Trennungsprinzip**. Jedes Haftungsregime ist nach seinen Voraussetzungen, seinem Inhalt und seiner Durchsetzung selbstständig zu beurteilen. Daraus folgt auch, dass der Fortbestand des Kaufvertrages keine Voraussetzung für das Fortbestehen des Garantieanspruchs ist. M. a. W.: Der Käufer kann wegen eines Sachmangels vom Kaufvertrag zurücktreten und parallel dazu die Leistung aus einer bei Abschluss des Kaufvertrages wirksam erteilten Garantie abrufen.[29] Versprochen wird eine Herstellergarantie zwar nur unter der Bedingung, dass es zum Abschluss eines Kaufvertrages kommt. Das liegt auf der Hand. Das weitere Schicksal des Kaufvertrages ist aber – vorbehaltlich einer anderslautenden Vereinbarung – ohne Einfluss auf den Bestand des Garantieanspruchs. Ihn zu realisieren, kann der Käufer im Rahmen des kaufvertraglichen Rückgewährschuldverhältnisses sogar verpflichtet sein. Ein Unterlassen kann auch ein Mitverschulden (§ 254 BGB) oder eine für den Fortbestand der Garantie relevante Obliegenheitsverletzung begründen.

1574 Ist der Verkäufer zugleich der Hersteller des Fahrzeugs (Direkt- oder Niederlassungsvertrieb), hat der Käufer in jedem Fall die Rechte aus der gesetzlichen Mängelhaftung, ggf. zu seinen Gunsten modifiziert (etwa bei der Frist für die Beweislastumkehr).[30] Zusätzlich zu den kaufvertraglichen Sachmängelrechten kann dem Neuwagenkäufer auch im Fall des Direktvertriebs eine Garantie für die Haltbarkeit des Fahrzeugs gewährt worden sein, als Vollgarantie und/oder z. B. in Form einer Rostschutzgarantie.[31]

1575 Bei einem Nebeneinander von vertraglicher Garantie und gesetzlicher Sachmängelhaftung hat der Käufer/Garantienehmer bei Personenverschiedenheit (z. B. Kauf vom Vertragshändler) die **freie Wahl**, wen er wann in Anspruch nehmen will.[32] Entscheidet er sich für ein Vorgehen aus der Herstellergarantie, hat er Anspruch auf die versprochene Garantieleistung, meist nur in Form der Mängelbeseitigung. Weitergehende Rechte stehen

27 BGH 23. 3. 1988, DAR 1988, 204.

28 BGH 19. 6. 1997, NJW 1997, 3376, 3377; 23. 3. 1988, BGHZ 82, 85, 86; 12. 11. 1980, NJW 1981, 275.

29 Nicht eindeutig *Palandt/Weidenkaff*, § 443 BGB Rn. 16.

30 So das generelle Konzept von BMW.

31 Vgl. BGH 12. 12. 2007, NJW 2008, 843 („mobilo- life“); OLG Stuttgart 14. 10. 2008, NJW 2009, 1089.

32 OLG Stuttgart 7. 11. 1995, NJW-RR 1997, 1553; OLG Hamm 24. 11. 1975 – 2 U 86/75 – n. v.

ihm gegen den Garantiegeber aus der Garantieabrede in der Regel nicht zu. Zur Frage der Schadensersatzhaftung des Garantiegebers s. Rdn. 1593.

Dass zwischen dem Garantieverhältnis und dem Kaufvertrag **strikt zu trennen** ist, **1576** macht die Seat-Arosa-Entscheidung des BGH vom 23. 2. 2005[33] deutlich. Dem Käufer des EU-Neufahrzeugs standen zwei (!) Garantiegeber zur Verfügung, außer der Seat-Deutschland GmbH ein Händler, mit dem er eine Garantievereinbarung über den Kauf bestimmter Produkte getroffen hatte. Als beide Unternehmen Garantieleistungen ablehnten, ließ der Käufer den Motorschaden durch einen Vertragshändler beseitigen, ohne „seinem" Händler zuvor Gelegenheit zur Nacherfüllung gegeben zu haben. Die Ablehnung der Garantieleistung habe für den Kaufvertrag keine Rechtsfolgen gehabt, so der BGH, weil sie sich auf ein vom Kaufvertrag **unabhängiges Rechtsverhältnis** ohne Beteiligung des verkaufenden Händlers bezogen habe.

Die **rechtliche Unabhängigkeit** beider Haftungssysteme hat zur Folge, dass sie auch in **1577** der Realisierung der Ansprüche getrennte Wege gehen.[34] Das **Trennungsprinzip**, dem Verbraucher eher fremd, kann jedoch aus objektiven Gründen hinfällig werden. Dem Käufer/Garantienehmer kann es auch dann nicht entgegengesetzt werden, wenn die Berufung darauf treuwidrig ist. Wenn der Verkäufer den gerügten Defekt im Wege der Garantie beseitigen wollte, sein Vorhaben aber misslingt, kann das Scheitern auf der Garantieebene gleichbedeutend sein mit einem Fehlschlagen der kaufrechtlich geschuldeten Nachbesserung.

Die Aussage, dass erfolglose Reparaturen im Rahmen der Garantie nicht zu einem Fehl- **1578** schlagen der Nachbesserung führen, ist nur bedingt richtig. Bei Identität des Defekts (Garantiemangel = Sachmangel) ist ein Fehlversuch auf der einen Ebene zugleich ein solcher auf der anderen. Auch ein Fehlversuch in einer autorisierten Drittwerkstatt, die im Rahmen der Garantie tätig wird, kann das Gewährleistungskonto des Händlers belasten, wenn der Käufer vertraglich ermächtigt war, kaufvertragliche Nacherfüllung in Form der Nachbesserung bei diesem Drittbetrieb geltend zu machen. Die Ermächtigung kann auch nachvertraglich erfolgt sein. Zu achten ist stets darauf, dass der Käufer den kaufrechtlichen **Nacherfüllungsvorrang** nicht unterlaufen darf. So kann einem Händler das Recht zur zweiten Andienung (Nacherfüllung in eigener Regie) nicht mit der Begründung abgeschnitten werden, der Garantiegeber oder ein von ihm Beauftragter habe bereits vergeblich versucht, den Mangel zu beheben[35] oder eine Garantieleistung abgelehnt.[36] Wenn der Händler (Verkäufer) mit der Einschaltung des Dritten einverstanden war, muss er sich so behandeln lassen, als sei er selbst nacherfüllend tätig geworden. Zur Überschneidungsproblematik s. a. OLG Dresden DAR 2002, 162 und die unter Rdn. 4230 ff. mitgeteilte Rechtsprechung.

Ein **Durchschlagen** einer objektiven Unmöglichkeit der Fehlerbeseitigung (Garantie- **1579** leistung) **auf den Kaufvertrag** ist in Betracht zu ziehen, wenn der Erfolg der Mängelbeseitigung versprochen wird und die hierauf gerichtete Garantie entweder Bedingung des Kaufvertrages ist oder dessen Geschäftsgrundlage darstellt.[37] Unter solchen Voraussetzungen wäre im Fall des Scheiterns der Mängelbeseitigung der Kaufvertrag entweder wegen Nichteintritts der Bedingung hinfällig oder der Käufer könnte nach § 313 Abs. 3 S. 1 BGB zurücktreten, wenn eine Vertragsanpassung nicht möglich oder unzumutbar ist. Eine Rückabwicklung des Kaufvertrages aus dem Gesichtspunkt des Wegfalls der Geschäftsgrundlage wegen Unmöglichkeit der Fehlerbeseitigung hat das OLG Bremen[38] erwogen, in concreto

33 NJW 2005, 1348.
34 S. a. OLG Celle 8. 3. 2006, OLGR 2006, 707 (Jaguar-Herstellergarantie).
35 Vgl. OLG Karlsruhe 16. 3. 2006, DAR 2007, 31 (Verkäufer war kein Vertragshändler).
36 BGH 23. 2. 2005, NJW 2005, 1348.
37 Zu diesem Problem auch OLG Celle 8. 3. 2006, OLGR 2006, 707 (Jaguar-Herstellergarantie und einjährige Verkäufergewährleistung nach den NWVB/Altfall).
38 Urt. v. 21. 1. 1999, OLGR 1999, 169.

aber verworfen, weil der vom Käufer gerügte Mangel nach ‚dem Stand der Technik‘, worauf sich die Garantie bezog, nicht beseitigt werden konnte.

1580 Falls der Hersteller oder an seiner Stelle der Importeur eine Fahrzeuggarantie erteilt hat, ist es dem Händler aufgrund der ihm durch § 437 BGB auferlegten eigenen Sachmängelhaftung nicht gestattet, den Käufer wegen der Realisierung seiner Ansprüche auf die vorherige gerichtliche Inanspruchnahme des Garantiegebers zu verweisen.[39] Formularregelungen in Kaufverträgen, die den Käufer auf die Ansprüche aus der Garantie verweisen und einen Ausschluss von Ansprüchen wegen eines Sachmangels gegen den Verkäufer oder dessen subsidiäre Pflicht zur Behebung des Sachmangels vorsehen, sind unwirksam. Sie verstoßen gegen das Drittverweisungsverbot (§ 309 Nr. 8b aa BGB), das auch im Geschäftsverkehr zwischen Unternehmern anzuwenden ist. Falls ein Verbrauchsgüterkauf vorliegt, scheitert sowohl eine in AGB enthaltene als auch eine individualvertraglich vereinbarte Drittverweisung an § 475 BGB.

1581 Umgekehrt kann dem Hersteller, der eine Haltbarkeitsgarantie übernimmt, nicht verwehrt werden, wenn er die Erbringung von Garantieansprüchen von der Voraussetzung abhängig macht, dass der Käufer wegen dieses Mangels auf die gesetzlichen Rechte gegen den Verkäufer nach § 437 BGB (Nacherfüllung, Rücktritt vom Vertrag, Herabsetzung des Kaufpreises, Schadensersatz, Ersatz vergeblicher Aufwendungen) verzichtet, da er in der Ausgestaltung seiner Garantie weitgehend freie Hand hat.[40] Soweit der Verzicht auf die gesetzlichen Rechte gegen den Verkäufer nur dann nicht gelten soll, wenn der Mangel technisch unbehebbar ist, stößt die Regelung auf Bedenken, da sie dem Käufer, wenn er sich erst einmal auf die Inanspruchnahme der Mängelbeseitigung aus Garantie eingelassen hat, in anderen Fällen des Fehlschlagens der Nachbesserung (Verweigerung, Unzumutbarkeit weiterer Versuche, unzumutbare Verzögerung) den Zugriff auf die gesetzlichen Ansprüche versperrt. Die Regelung höhlt den gesetzlichen Käuferschutz aus und führt nicht nur beim Verbrauchsgüterkauf zu unerträglichen Resultaten. Aus diesem Grunde ist der Verkäufer mit dem Einwand, der Käufer habe aufgrund der Inanspruchnahme der Garantie auf seine Rechte aus § 437 BGB verzichtet, nicht zu hören.

1582 Klauseln im Kaufvertrag, denen zufolge sich der Verkäufer zur Gewährleistung nur in einem vom Hersteller festgelegten Umfang verpflichtet, sind nur akzeptabel, wenn die Vorgaben den gesetzlich vorgeschriebenen Mindeststandard der Sachmängelhaftung nicht unterschreiten und die Sachmängelrechte in vollem Umfang gewahrt bleiben (§§ 475, 307 ff. BGB). Für den rechtlich nicht vorgebildeten Durchschnittskunden muss die Garantie deutlich machen, dass dem Käufer im Fall des Scheiterns der Nachbesserung/Ersatzlieferung die weitergehenden Ansprüche auf Rücktritt, Minderung und Schadensersatz zustehen. Nimmt der Verkäufer im Rahmen der Sachmängelhaftung Bezug auf den vom Hersteller festgelegten Umfang der Garantie, kann er gegenüber dem Käufer nicht mit Einwendungen durchdringen, die sich aus seinen Rechtsbeziehungen zum Hersteller ergeben. Er darf sich gegenüber dem Käufer also nicht darauf berufen, der Hersteller habe die Sachmängelhaftung abgelehnt und sei ihm gegenüber nicht zur Kostenerstattung bereit.[41]

1583 Sehen die Garantiebedingungen vor, dass die Entscheidung über Garantieansprüche dem Lieferwerk vorbehalten bleibt und bessert der aus Garantie in Anspruch genommene Vertragshändler nach, so kann er bei Ablehnung der Garantie nach Meinung des AG Bremerhaven[42] Werklohn für die Arbeiten selbst dann nicht verlangen, wenn die Garantiebestim-

39 OLG Hamburg 17. 9. 1986, DB 1986, 2428; LG Frankfurt 11. 1. 1978 – 2/6 O 286/77 – n. v.
40 Diese Regelung ist im Garantie- und Serviceheft eines italienischen Herstellers/Importeurs unter der Rubrik ‚Mängelbeseitigungsgarantie‘ enthalten.
41 A. A. AG Köln 9. 2. 1978 – 111 C 5709/76 – n. v.
42 Urt. v. 7. 2. 1979, DAR 1979, 281.

mungen die Regelung beinhalten, dass in einem solchen Fall die Reparaturkosten vom Garantienehmer zu bezahlen sind.

Das Nebeneinander von Garantie und Sachmängelhaftung muss dem Käufer klar gemacht werden. Erforderlich ist ein deutlich gestalteter Hinweis auf die gesetzlichen Rechte sowie darauf, dass sie durch die Garantie nicht eingeschränkt werden.[43] Diese Forderung der Rechtsprechung findet ihren gesetzlichen Niederschlag in **§ 477 Abs. 1 Nr. 1 BGB**, dessen Anwendungsbereich allerdings auf den **Verbrauchsgüterkauf** beschränkt ist. **1584**

Klauselbeispiel:

Unabhängig von der Garantie haben Sie gesetzliche Rechte gemäß nationalem Kaufrecht. Diese Rechte werden durch die Garantie nicht eingeschränkt.

Im **Geschäftsverkehr zwischen Unternehmern** folgt das Klarstellungserfordernis aus dem **Transparenzgebot** von § 307 Abs. 1 S. 2 BGB. Ein allgemein verständlicher und deutlich hervorgehobener Hinweis auf die gesetzlichen Rechte sowie darauf, dass sie durch die Garantie nicht eingeschränkt werden, wird vor allem deshalb verlangt, weil der Begriff der Garantie mehrdeutig ist[44] und der Kunde wegen der vielfältigen Verzahnungen von Garantie und Sachmängelhaftung Schwierigkeiten hat, das eine von dem anderen zu unterscheiden. Zur allgemeinen Verwirrung trägt bei, dass Autohersteller in ihren Garantieerklärungen – und in der Werbung – oftmals den Anschein erwecken, die gesamte Abwicklung der Garantie-/Sachmängelhaftung liege in ihrer Hand.[45] Der schlichte Hinweis darauf, dass die gesetzliche Sachmängelhaftung durch die Garantiebedingungen nicht berührt wird, reicht daher nicht aus, um die durch die Garantie begründete Vermutung zu entkräften, durch sie werde auch die Sachmängelhaftung abschließend geregelt. **1585**

Vom Wettbewerbsrecht abgesehen[46], sind **die Rechtsfolgen**, die sich aus der Verletzung der Hinweispflichten nach § 477 Abs. 1 BGB ergeben, noch nicht abschließend geklärt.[47] Der fehlende Hinweis führt nicht zur Unwirksamkeit der Garantie, da andernfalls dem Käufer lediglich die gesetzlichen Sachmängelansprüche verbleiben würden. Für den Verbrauchsgüterkauf wird dies in § 477 Abs. 3 BGB ausdrücklich klargestellt. Der Garantiegeber hat somit die Garantie in dem von ihm erteilten Umfang zu erfüllen. Ob er dem Käufer darüber hinaus für die Folgen der Nichterfüllung der Hinweispflicht auf Schadensersatz haftet, ist zweifelhaft, da es sich bei der Garantie um eine privat-autonome freiwillige Leistung handelt. Vor diesem Hintergrund erscheint es durchaus angebracht, die Verletzung der Hinweispflicht mit einer auf das Erfüllungsinteresse gerichteten Schadensersatzforderung zu sanktionieren. Eine derart weitreichende Haftung wird aus der Garantie abgeleitet, die wegen Missachtung von § 477 Abs. 1 S. 1 BGB zulasten des Garantiegebers und zugunsten des Garantienehmers auszulegen ist. Der BGH hat schon vor Jahren angedeutet, dass diejenigen Hersteller, die irreführende Garantiebedingungen verwenden, mit entsprechenden haftungsrechtlichen Sanktionen rechnen müssen.[48] **1586**

Das LG Göttingen[49] hat aus der Verbindung einer zwölfmonatigen Herstellergarantie im Serviceheft mit einer zeitlich nicht bestimmten Sachmängelhaftung des Verkäufers für die Mängelfreiheit des Neufahrzeugs eine **Rechtsscheinhaftung des Herstellers** abgeleitet, **1587**

43 BGH 10. 12. 1980, NJW 1981, 867; OLG München 6. 3. 1986, EWiR 1986, 327 (*Hensen*); OLG Hamburg 19. 9. 1986 – 5 U 40/86.

44 *Müller*, ZIP 1981, 707.

45 *Tonner*, NJW 1984, 1730, 1733.

46 Grundlegend insoweit BGH 14. 4. 2011, NJW 2011, 2653.

47 Allg. zivilrechtliche Judikatur ist nach wie vor spärlich, etwa LG Köln 5. 12. 2006 – 11 S 526/05 (Gebrauchtwagen).

48 BGH 23. 3. 1988, DAR 1988, 204 ff.

49 Beschl. v. 6. 12. 1991 – 8 O 128/91 – n. v.; s. auch OLG Bremen 21. 1. 1999, OLGR 1999, 169.

weil die Kombination den Eindruck vermittelte, als wolle der Händler für innerhalb eines Jahres auftretende Mängel einstehen. Für den durch die Garantiebestimmungen in Verbindung mit den AGB des Händlers erweckten Rechtsschein habe der Hersteller den Käufer aus dem Gesichtspunkt der Vertrauenshaftung so zu stellen, als hätte der Händler eine Sachmängelhaftung von einem Jahr übernommen.

VI. Rechtsverfolgung aus der Garantie

1. Vorgehensweise beim Primäranspruch

1588 Für die außergerichtliche Geltendmachung des Garantieanspruchs genügt die **unverzügliche Mängelanzeige** an den Verkäufer oder einen Vertragshändler unter Vorlage der Garantieurkunde, der Nachweis über die Ausführung der vom Hersteller (wirksam) vorgeschriebenen Wartungsmaßnahmen und das Verlangen der Nachbesserung. Die Einzelheiten sind in den **Garantiebedingungen** geregelt. Sie und etwaige weitere Garantieunterlagen (z. B. das Serviceheft) geben Auskunft darüber (sollten es jedenfalls), wer der wahre Garantiegeber ist und welches Verfahren im Garantiefall einzuhalten ist.

1589 Falls der Garantiegeber die versprochene Garantieleistung nicht erbringt, kann der Käufer/Garantienehmer gegen ihn auf Leistung (Erfüllung) klagen**.** Der **Klageantrag** lautet auf ‚kostenlose Beseitigung des Mangels durch eine vom Garantiegeber zu bezeichnende Vertragswerkstatt.‘[50] **Aktivlegitimiert** kann auch der **Rechtsnachfolger** des Garantienehmers sein. In der Regel sind die Neufahrzeuggarantien an das Fahrzeug gebunden, nicht an den jeweiligen Eigentümer oder Halter.[51] Dessen ungeachtet treten Leasinggesellschaften ihre Garantieansprüche gegen den Hersteller/Importeur/Dritte an den Leasingnehmer ab (s. Abschn. XIII der Leasing-AGB).

1590 **Passivlegitimiert** ist der Hersteller als Garantiegeber. Der **inländische Repräsentant** (z. B. eine Tochtergesellschaft) eines **ausländischen Fahrzeugherstellers** ist – vorbehaltlich einer hiervon abweichenden Bestimmung in den Garantiebedingungen – für Ansprüche aus der Herstellergarantie nicht passivlegitimiert.[52] Die Klage ist daher gegen den ausländischen Hersteller zu richten. Dieser kann jedoch an dem **inländischen Wohnsitzgericht** des Käufers/Garantienehmers verklagt werden, wenn er die Garantieleistung (auch) in Deutschland zu erbringen hat.[53] Nach **Art. 15 Abs. 1 lit. c Brüssel I-VO** ist erforderlich, dass der Unternehmer seine Tätigkeit (auch) auf den Verbraucherstaat „ausrichtet“. Näher zum Verbrauchergerichtsstand Rdn. 1398. **Nicht passivlegitimiert** sind bei einer Herstellergarantie die Vertragshändler und die autorisierten Werkstätten des Herstellers[54] (s. a. Rdn. 1387 ff.).

1591 Was den **Gerichtsstand des Erfüllungsortes** (§ 29 ZPO) angeht – wichtig in Inlandsfällen und außerhalb des Anwendungsbereichs der Brüssel I-VO (asiatische Hersteller, USA) –, stellen manche Gerichte für die Klage auf Mängelbeseitigung (nicht auf Geldleistung) auf den Wohnsitz des Fahrzeugkäufers ab.[55] Dies jedenfalls dann, wenn der Garantiegeber in seinen Bedingungen keine anderweitige Regelung über den Erfüllungsort getroffen

50 So auch OLG Celle 8. 3. 2006, OLGR 2006, 707 (Jaguar).
51 Ausnahme z. B. die „lebenslange“ Garantie von Opel (nur zugunsten des Ersthalters).
52 LG Saarbrücken 27. 4. 1989, NJW-RR 1989, 1085 (Rostschutzgarantie eines französischen Herstellers).
53 LG Saarbrücken 27. 4. 1989, NJW-RR 1989, 1085 zu Art. 5 Nr. 1 EuGVÜ.
54 OLG Stuttgart 26. 3. 2008, DAR 2008, 478; OLG Celle 8. 3. 2006, OLGR 2006, 707 (Herstellergarantie von Jaguar neben einjähriger Verkäufergewährleistung/Altfall).
55 LG Saarbrücken 30. 11. 2010 – 5 T 517/10 (12-jährige Rostschutzgarantie der Ford AG).

hat. Ist die Herstellergarantie auf eine Geldleistung beschränkt, soll das Gericht zuständig sein, in dessen Bezirk der Hersteller seinen Sitz hat, und zwar auch für ein **selbstständiges Beweisverfahren**, in dem der Hersteller nur einer von mehreren Antragsgegnern ist.[56] Vor diesem Hintergrund ist es nicht ratsam, Händler und Hersteller gemeinsam zu verklagen. Auch im selbstständigen Beweisverfahren ist eine Paketlösung nicht empfehlenswert, zumal dann nicht, wenn der Hersteller nach seiner Garantieerklärung ausschließlich eine Geldleistung schuldet.

Notfalls sollte beim Hersteller/Importeur, d. h. bei dem inländischen Repräsentanten wie z. B. der Jaguar Deutschland GmbH), **nachgefragt** werden, wer der richtige Adressat für eine Klage bzw. einen Beweissicherungsantrag oder eine Streitverkündung ist. Auch der Händler als Verkäufer kann um Auskunft gebeten werden. Dann werden Schwierigkeiten vermieden, wie sie in einer Sache aufgetreten sind, die vom Brandenburgischen OLG entschieden worden ist.[57] Unklar war, ob der Besteller/Leasingnehmer eines Nissan Patrol aus dem Pan-Europe-Garantiezertifikat gegen den Händler vorgehen konnte. Diese Frage war in zweifacher Hinsicht relevant, einmal für die Aktivlegitimation des Klägers (eigenes oder abgetretenes Recht der Leasinggesellschaft), aber auch mit Blick auf die Passivlegitimation des Händlers, der auf **Rückzahlung von Reparaturkosten** in Anspruch genommen wurde. Zur Problematik in Rückforderungsfällen s. a. Rdn. 4238. 1592

2. Rechte bei Nicht- oder Schlechterfüllung des Garantievertrages

Bei endgültiger und ernsthafter Verweigerung der Garantieleistung in Form der Mängelbeseitigung bejaht das OLG Frankfurt einen **Anspruch auf Schadensersatz statt der Leistung** gem. § 281 BGB.[58] Grundnorm und eigentliche Anspruchsgrundlage ist § 280 Abs. 1 BGB. **Passivlegitimiert** ist nur der Garantiegeber, nicht der örtliche Betrieb, der die Garantieleistung verweigert hat.[59] Dem Garantienehmer ein Wahlrecht zu geben, besteht kein hinreichender Grund. Ein Schuldbeitritt der Werkstatt lässt sich in der Regel nicht begründen. 1593

Beim Schadensersatz statt der Leistung geht der Anspruch bekanntlich auf Ersatz des Erfüllungsinteresses. Der Garantienehmer kann verlangen, so gestellt zu werden, wie er bei korrekter und rechtzeitiger Erfüllung der Garantieleistung gestanden hätte. Der ihm durch das endgültige Ausbleiben der Garantieleistung entstandene Schaden ist Gegenstand des Schadensersatzes statt der Leistung, der übrige Schaden fällt unter die Kategorie **„Schadensersatz neben der Leistung“**. Das **Fristsetzungserfordernis** ist nur beim Anspruch auf Schadensersatz statt der Leistung zu beachten. Ob eine Fristsetzung ausnahmsweise entbehrlich ist, richtet sich allein nach § 281 Abs. 2 BGB, nicht ergänzend nach § 440 BGB.[60] Die dort enthaltenen Regelungen können bei der Prüfung, ob „besondere Umstände“ i. S. v. § 281 Abs. 2 BGB gegeben sind, berücksichtigt werden.[61] Der weitere Entbehrlichkeitstatbestand der ernsthaften und endgültigen Erfüllungsverweigerung kann erfüllt sein, wenn ein vom Hersteller autorisierter Betrieb jegliche Mängelbeseitigung auf dem Garantieweg ablehnt. Der Berufung auf einen Vollmachtsmangel kann eine Anscheinsvollmacht entgegengesetzt werden. Sicherheitshalber ist eine direkte Erklärung des Herstellers/Importeurs einzuholen. 1594

56 OLG Brandenburg 8. 6. 2010 – 3 W 58/09.

57 Urt. v. 11. 6. 2008 – 4 U 185/07.

58 Beschl. v. 8. 7. 2009, DAR 2010, 89; § 281 BGB soll im Regelfall Anspruchsgrundlage sein, so *Palandt/Weidenkaff*, § 443 BGB Rn. 21, was in dieser Allgemeinheit nicht zutreffend ist.

59 Anders (Vertragshändler) OLG Celle 8. 3. 2006, OLGR 2006, 707 in einem Fall aus der Zeit vor der Schuldrechtsmodernisierung, was aber in dieser Frage keine Rolle spielt.

60 Abw. OLG Frankfurt 8. 7. 2009, DAR 2010, 89 (Zwei-Versuche-Regel).

61 *Haas* in Haas/Medicus/Rolland/Schäfer/Wendtland, Das neue Schuldrecht, S. 258, Rn. 402.

1595 Nach Ansicht des OLG Frankfurt[62] kann der Garantienehmer im Fall fehlgeschlagener Mängelbeseitigung Ersatz derjenigen Kosten verlangen, die für den Erwerb eines entsprechenden Fahrzeugs im mangelfreien Zustand anfallen (Wiederbeschaffungskosten) Zug um Zug gegen Übereignung seines Fahrzeugs an den Garantiegeber. Eine Schadensberechnung nach den Grundsätzen des **Schadensersatzes statt der ganzen Leistung** (großer Schadensersatz) ist dem Garantienehmer nicht grundsätzlich versperrt. Auch an der Bagatellschwelle des § 281 Abs. 1 S. 3 BGB wird sein Anspruch nur ausnahmsweise scheitern.

1596 Problematisch ist **die Schadensberechnung**. Das Fahrzeug, für das die Garantie gegeben wurde, kann nicht ohne Weiteres einbezogen werden. Draußen vor muss es bleiben, wenn der Garantiegeber keinerlei Arbeiten am Fahrzeug hat durchführen lassen. Bei völliger Nichterfüllung des Garantieanspruchs hat der Garantienehmer nichts erhalten, was er in das Abrechnungsverhältnis einstellen könnte oder müsste. Insoweit liegt der Fall nicht anders als bei einem Werkstattauftrag mit unterbliebener Reparatur. Ein Interesse, das Fahrzeug los zu werden, kann indes bestehen, wenn es trotz mehrfacher Versuche nicht gelungen ist, den Mangel zu beheben. So wie ein Besteller im Werkvertragsrecht im Wege des großen Schadensersatzes das mangelhaft errichtete Werk zurückweisen und den (Mehr-)Aufwand für die Herstellung eines neuen Werkes verlangen darf[63], kann ein Garantienehmer in den Grenzen des § 254 BGB berechtigt sein, sich seines Fahrzeugs mit der mangelhaften Reparaturleistung zu entledigen.[64]

1597 Wenn der Garantienehmer, wie meist, sein Fahrzeug behalten will, kann er den **kleinen Schadensersatz** liquidieren (§§ 280 Abs. 1, 3, 281 BGB). Der Anspruch ist dann auf Ersatz der erforderlichen Kosten für die Mängelbeseitigung gerichtet,[65] ggf. auch auf Rückzahlung der Garantiegebühr (bei der Herstellergarantie meist im Fahrzeugpreis enthalten). Nutzungsausfall kann, je nach den Umständen, unter den **Schadensersatz neben der Leistung** fallen. Zu dieser Kategorie zählt auch **Verzögerungsschaden** nach §§ 280 Abs. 1, 2, 286 BGB. Unter diesem Blickwinkel kann dem Garantienehmer gleichfalls eine Nutzungsausfallentschädigung zustehen, außerdem Ersatz von Rechtsverfolgungskosten.[66] S. a. Rdn. 4229.

3. Beweislast

1598 Wer was zu beweisen hat, richtet sich in erster Linie nach den **vertraglichen Vereinbarungen**. In den Grenzen des § 309 Nr. 12 BGB herrscht insoweit Vertragsfreiheit; auch in Fällen des Verbrauchsgüterkaufs. Soweit die Garantiebedingungen keine (wirksame) Regelung treffen, gelten neben **§ 443 Abs. 2 BGB** die allgemeinen Grundsätze der Beweislastverteilung.

1599 **Der Garantienehmer** muss das Zustandekommen eines Garantievertrages zwischen ihm und dem in Anspruch Genommenen beweisen, ebenso den von ihm behaupteten Inhalt der Garantie. Geht er als angeblich Drittbegünstigter aus einer Garantie vor, hat er die Voraussetzungen eines Vertrages zu seinen Gunsten als Dritter zu beweisen. In jedem Fall trifft den Kläger darüber hinaus die Darlegungs- und Beweislast für den „Garantiefall", d. h. für das Vorhandensein eines Defektes, dessen Ausbleiben nach den Garantiebedingungen „garantiert" ist. Diesen Ob-Überhaupt-Beweis hat der Garantienehmer ungeachtet des § 443

62 Beschl. v.8. 7. 2009, DAR 2010, 89.

63 BGH 29. 6. 2006, NJW 2006, 2912.

64 In diesem Sinn OLG Frankfurt 8. 7. 2009, DAR 2010, 89; s. a. *Fahl/Giedinghagen*, ZGS 2004, 344, 347 mit Überlegungen zu § 255 BGB.

65 Ob bei fiktiver Reparatur nur netto, so der Bausenat des BGH 22. 7. 2010, NJW 2010, 3085 für das Werkvertragsrecht, ist eine offene Frage.

66 S. a. OLG Karlsruhe 22. 9. 2004, NJW 2005, 515 (Altfall).

Abs. 2 BGB auch bei einer Haltbarkeitsgarantie zu führen. Dabei macht es keinen Unterschied, ob die Haltbarkeitsgarantie von einem Dritten oder von dem Verkäufer gegeben worden ist.

Nach § 443 Abs. 2 BGB wird bei einer Haltbarkeitsgarantie (und nur bei einer solchen) lediglich **vermutet**, dass ein während ihrer Geltungsdauer auftretender Sachmangel die Rechte aus der Garantie begründet. Diese Regelung begünstigt den Garantienehmer in stärkerem Maße als die Beweislastumkehr nach § 476 BGB (zum Strukturunterschied s. Rdn. 3303). Das zeigt sich besonders deutlich in Fällen behaupteter Fahr- und Bedienungsfehler,[67] auch beim Streit darüber, ob ein Marderbiss oder ein sonstiges Ereignis in der Sphäre des Garantienehmers ursächlich für den Eintritt des „Schadens", ggf. auch seiner Ausweitung, gewesen ist. **1600**

4. Verjährung der Garantieansprüche

Nur wenige Neuwagengarantien enthalten Regelungen zur Verjährung der Garantieansprüche.[68] **1601**

Beispiele:

- Ansprüche wegen Mängeln verjähren mit dem **Auslaufen der Garantie.**
- Die Verjährung mitgeteilter Fehler wird bis zum nächsten zumutbaren Reparaturtermin **gehemmt.**
- Ansprüche wegen Fehlern, die Gegenstand von Beseitigungsmaßnahmen waren, verjähren drei Monate nach Erklärung der Werkstatt, der Fehler sei behoben oder nicht vorhanden, nicht jedoch vor Ablauf der Garantiefrist.

Falls die Verjährung vertraglich nicht geregelt ist, ist nach Maßgabe der Ausführungen unter Rdn. 4192 ff. zu differenzieren. **1602**

---

67 Dazu auch Brand OLG 11. 6. 2008 – 4 U 185/07 (Geländewagen/Wassereintritt).

68 Zur Unterscheidung zwischen Garantiezeit und der Verjährung des aus der Garantie sich ergebenden Anspruchs auch BGH 26. 6. 2008, NJW 2008, 2995.

O. Kulanz beim Neuwagenkauf

1603 Für einen Neuwagenhändler gibt es zahlreiche Gründe für Maßnahmen lediglich „auf Kulanzbasis". So kann unklar sein, wer den gerügten Defekt verursacht hat. Ungewiss kann auch sein, ob der Hersteller oder ein anderer Garantieträger eine Kostenübernahmeerklärung erteilen wird. „Kulanzangebote" zur Nachbesserung werden oft mit Formeln versehen wie „ohne Anerkennung einer Rechtspflicht" bzw. „ohne Anerkennung der Mangelhaftigkeit" oder nachträglich aus derartigen Bezeichnungen abgeleitet. Kulanz kann auch als Mittel der Kundenbindung, zur Imagepflege oder als Maßnahme eingesetzt werden, um ein unberechtigtes Abstreiten der rechtlichen Verpflichtung zur Nacherfüllung zu kaschieren.

1604 Das charakteristische Merkmal einer Kulanzleistung wird im **Fehlen einer rechtlichen Verpflichtung** gesehen, in der Freiwilligkeit von Zusage und deren Erfüllung. Ob das Tun des Händlers oder des hinter ihm stehenden Herstellers tatsächlich nur eine außerrechtliche Gefälligkeit darstellt oder vom Willen zur rechtlichen Bindung getragen ist, ist anhand der Umstände des jeweiligen Einzelfalles zu beurteilen. Der Rechtsbindungswille muss durch Auslegung der Kulanzregelung unter Berücksichtigung der wirtschaftlichen und rechtlichen Bedeutung der Angelegenheit sowie der Interessenlage festgestellt werden.[1] Was als „Kulanzangebot" präsentiert wird, kann gleichwohl rechtlich bindend sein bzw. durch die Annahme von Seiten des Käufers Rechtsverbindlichkeit erlangen. So wie mit der Aufnahme von Vertragsverhandlungen ein Schuldverhältnis entsteht, kann hierfür auch eine nachvertragliche Kulanzregelung genügen (§§ 311 Abs. 2, 241 Abs. 2 BGB). Virulent wird das Thema meist im Zusammenhang mit **Verjährungsfragen** (Verhandlungen gem. § 203 BGB, sonstiges Anerkenntnis nach § 212 Abs. 1 Nr. 1 BGB). Näher dazu Rdn. 4117 ff.

1605 Bei Annahme eines Schuldverhältnisses i. S. d. § 311 Abs. 2 BGB haftet der Händler für **Pflichtverletzungen** nach §§ 280 Abs. 1, 241 Abs. 2 BGB, ohne dass er sich auf eine Haftungserleichterung, etwa nach §§ 521, 524 BGB, berufen kann. Daneben ist der Käufer selbstverständlich **deliktsrechtlich** geschützt.

1 OLG München 1. 3. 2011, NJW 2011, 1369 (Werkvertrag).

P. Produkthaftung

I. Gegenstand und Entwicklung der Produkthaftung

Die Produkthaftung betrifft die Haftung für Körper-, Gesundheits- und Sachschäden, die durch ein fehlerhaftes Produkt verursacht worden sind. Gegen derartige Folgeschäden, so der allgemeine Befund vor In-Kraft-Treten des Schuldrechtsmodernisierungsgesetzes und des Zweiten SchadÄndG, boten die vertraglichen Haftungssysteme dem Eigentümer und Benutzer von Kraftfahrzeugen **keinen ausreichenden Schutz**. In den meisten Fällen besteht keine vertragliche Beziehung zwischen Hersteller und Endabnehmer. In der Bundesrepublik beliefern nur wenige Pkw-Hersteller Endabnehmer unmittelbar (Direkt- oder Niederlassungsvertrieb).[1] Die Mehrzahl der Automobilproduzenten vertreibt fabrikneue Pkw/Kombis über Händler/Unterhändler oder Importgesellschaften (Vertragshändlersystem).[2] **1606**

Angesichts der **zahlreichen Schutzlücken**, vor allem zu Lasten von **Endverbrauchern**, hat die Rechtsprechung mit der **deliktischen Produzentenhaftung** eine eigenständige Haftungsordnung entwickelt.[3] Die vertragsrechtlichen Lösungsversuche – Vertrag mit Schutzwirkung zugunsten Dritter, Schadensliquidation im Drittinteresse – sind seit dem Hühnerpesturteil des BGH vom 26. 11. 1968[4] überholt. Seither entspricht es gefestigter Rechtsprechung, dass sich die Haftung des Warenherstellers, der nicht zugleich Verkäufer ist, allein nach außervertraglichen Regeln beurteilt. **1607**

Das (Richter-)Recht der deliktischen Produzentenhaftung wird in Teilbereichen ergänzt durch das **Produkthaftungsgesetz** (ProdHaftG). Es soll den **Verbraucherschutz** verbessern, auf eine gesetzliche Basis stellen und EU-weit vereinheitlichen. Aus deutscher Sicht war es weitgehend überflüssig. Angesichts der verschärften Deliktshaftung bestand, national gesehen, kein besonderer Regelungsbedarf. Demgemäß ist das ProdHaftG – jedenfalls aus Sicht des Kfz-Vertriebs – ‚weitgehend bedeutungslos'.[5] Eine **wichtige Änderung** hat das **2. SchadÄndG** mit sich gebracht. Bei einem „schädigenden Ereignis"[6] nach dem 31. 7. 2002 kann der Geschädigte – unabhängig von einem Verschulden – auch Ersatz für seinen **immateriellen Schaden** verlangen (§ 8 ProdHaftG). **1608**

Das ProdHaftG gewährt nur einen EU-einheitlichen Mindestschutz, so dass weitergehende Ansprüche gegen den Hersteller und andere Verantwortliche grundsätzlich unberührt bleiben (§ 15 Abs. 2 ProdHaftG). Es besteht **Anspruchsnormenkonkurrenz.**[7] Zum Nebeneinander von verschuldensunabhängiger und deliktischer Produkthaftung s. a. Rdn. 1643. **1609**

Die EU-Richtlinie 92/59 vom 29. 6. 1992 über die allgemeine Produktsicherheit[8] ist durch das Produktsicherheitsgesetz (ProdSG) umgesetzt worden. Dessen Hauptbedeutung für den Kfz-Bereich lag in der Regelung über den **Rückruf** (§ 9 ProdSG). Das **Geräte- und Produktsicherheitsgesetz** vom 6. 1. 2004 (GPSG) hat sowohl das ProdSG als auch das Gerätesicherheitsgesetz (GSG)[9] außer Kraft gesetzt, zugleich aber auch durch Zusammenfüh- **1610**

1 Daimler, zum Teil auch BMW, Citroen, Peugeot u. a.
2 Näheres zu den Vertriebsstrukturen bei *Ensthaler/Funk/Stopper*, S. 37 ff.
3 Zum Ganzen *Wellner* in Geigel, Kap. 14 Rn. 270 ff.
4 BGHZ 51, 91 = NJW 1969, 269.
5 *Honsell*, JuS 1995, 21; s. a. *G. Müller*, VersR 2004, 1073, 1079.
6 Dazu BGH 16. 6. 2009, NJW 2009, 2952 Tz. 9 (Airbag).
7 *Diederichsen*, Probleme der Produzentenhaftung, DAV, 1988, S. 9, 17.
8 ABl. Nr. L 228 vom 11. 8. 1992, S. 24 ff.
9 Dazu BGH 28. 3. 2006, NJW 2006, 1589 (Tapetenkleistermaschine).

rung ersetzt. Umgesetzt werden mit dem GPSG die Vorgaben der europäischen Produktsicherheitsrichtlinie 2001/95 EG.[10] Dem GPSG unterfallen auch gebrauchte Produkte, was für den Gebrauchtfahrzeughandel eine Haftungsverschärfung mit sich bringt. Zur Umsetzung des GPSG hat das Kraftfahrtbundesamt einen Kodex erstellt, vgl. *Scheibach* DAR 2006, S. 190, 193.[11] Inzwischen hat die Bundesregierung den Referentenentwurf für ein **neues Produktsicherheitsgesetz** vorgelegt.[12]

II. Die Haftung für fehlerhafte Produkte nach dem Produkthaftungsgesetz

1. Verschuldensunabhängige Haftung

1611 Für Schäden, die durch fehlerhafte Produkte verursacht werden, haften der Hersteller und die ihm gleich gestellten Personen ohne Rücksicht auf Verschulden.[13] **Vermögensschäden**, die nicht Folge eines Sach- oder Personenschadens sind, werden nicht ersetzt, was zu Abgrenzungsproblemen beim Sachschaden führen kann.[14]

1612 **Haftungsbegründender Umstand** ist das Inverkehrbringen eines fehlerhaften Produktes, dessen Gefahrträchtigkeit dem Hersteller im Schadensfall zugerechnet wird. Lediglich bei den so genannten **Ausreißerschäden** bringt das ProdhaftG eine gewisse Verbesserung gegenüber der deliktsrechtlichen Produzentenhaftung. Bisher musste der Geschädigte mit einer Exkulpation durch den Hersteller rechnen. Dieses Risiko ist ihm jetzt abgenommen. Die Haftung für Fabrikationsfehler in Form des so genannten **Ausreißers** ist nicht nach § 1 Abs. 2 Nr. 5 ProdHaftG ausgeschlossen.[15] Bei der verschuldensunabhängigen Produkthaftung, aber auch nur hier, ist der ‚Ausreißer-Einwand' damit praktisch unerheblich.[16]

2. Der nach dem Produkthaftungsgesetz haftende Personenkreis

1613 In erster Linie ist **der Hersteller** für sein Produkt verantwortlich. Ob er zum Zeitpunkt feststellbar war, als das Produkt in den Verkehr gebracht wurde, ist belanglos.[17] Der Geschädigte muss lediglich vortragen, dass das in Anspruch genommene Unternehmen die Sache hergestellt hat, wann das war, ist ohne Bedeutung.[18]

1614 Außer dem **Hersteller** des Endproduktes haften der Hersteller des fehlerhaften Einzelteiles (Teilehersteller), der Erzeuger des Grundstoffes, der **Quasi-Hersteller,** derjenige also, der sich durch Anbringung seines Waren- oder Erkennungszeichens als Hersteller ausgibt,[19] sowie ferner der **Importeur,** der fehlerhafte Produkte aus Drittstaaten[20] in die EU einführt. Für die Annahme der Quasi-Herstellereigenschaft genügt bereits die Ausstattung des Produkts.[21] Hersteller i. S. d. ProdHaftG ist auch derjenige, der lediglich die **Endmon-**

---

10 Einführung durch *Klindt*, NJW 2004, 465; *Lenz*, MDR 2004, 918; *Littbarski*, VersR 2005, 448; zur Umsetzung des GPSG in der Automobilindustrie *Scheibach*, DAR 2006, 190 ff.

11 S. a. www.kba.de

12 Vgl. *Klindt*, NJW-aktuell 17/2011, S. 14.

13 Zur Rechtsnatur der Haftung nach dem ProdHaftG s. *Marburger*, AcP 192, 1, 10 ff.

14 Vgl. *Wellner* in Geigel, Kap. 14 Rn. 342; s. a. *Sack*, VersR 2006, 582 ff.

15 BGH 9. 5. 1995, NJW 1995, 2162 (Mineralwasserflasche II); v. 16. 6. 2009, NJW 2009, 2952 Tz. 27 Airbag); OLG Dresden 23. 5. 1996, VersR 1998, 59.

16 Vgl. *Groß*, VersR 1996, 657, 661; *G. Müller*, VersR 2004, 1073, 1076, 1079.

17 BGH 21. 6. 2005, NJW 2005, 2695 (Grillanzünder).

18 BGH 21. 6. 2005, NJW 2005, 2695 (Grillanzünder).

19 Dazu BGH 21. 6. 2005, NJW 2005, 2695 (Grillanzünder).

20 Dazu OLG Dresden 23. 5. 1996 VersR 1998, 59 (CSSR als damaliger „Drittstaat").

21 Dazu BGH 21. 6. 2005, NJW 2005, 2695 (Grillanzünder).

tage besorgt.[22] Zur Produkthaftung der **Vertriebs- und Tochtergesellschaft des Herstellers** s. EuGH NJW 2006, 825 (kein Kfz-Fall).

Die Einbeziehung des Quasi-Herstellers in den Kreis der nach § 4 ProdHaftG verant- **1615**
wortlichen Personen ist für **Tuning-Unternehmen** bedeutsam, die Serienfahrzeuge anderer Hersteller verändern und mit ihrem Erkennungszeichen versehen. Sie sind dem Geschädigten als Quasi-Hersteller auch dann haftbar, wenn dieser den tatsächlichen Hersteller des Serienfahrzeuges kennt. Der Händler wird durch die Anbringung seines Firmenschildes am Fahrzeug nicht zum Quasi-Hersteller, da er sich dadurch nicht als Hersteller, sondern als Vertreiber des Produktes ausgibt.[23]

Den **Händler/Lieferanten** trifft grundsätzlich keine Haftung nach dem ProdhaftG. Eine **1616**
Ausnahme ist in **§ 4 Abs. 3 ProdHaftG** geregelt.[24] Eine Inanspruchnahme des Händlers wegen **Nichtfeststellbarkeit des Herstellers** oder Importeurs des von ihm gelieferten Neufahrzeugs ist unter den gegebenen Umständen eher unwahrscheinlich. Die subsidiäre Lieferantenhaftung, die eine Reihe von Fragen aufwirft, etwa hinsichtlich ihrer rechtlichen Qualifikation,[25] des Umfangs der Einstandspflicht und der Rechtsfolgen bei nachträglicher Benennung,[26] kann den Neuwagenhändler allenfalls dann treffen, wenn es ihm nicht gelingt, den verantwortlichen Teilehersteller innerhalb der Monatsfrist zu benennen. Allerdings ist strittig, ob § 4 Abs. 3 ProdHaftG bei Nichtfeststellbarkeit des Teileherstellers[27] überhaupt anwendbar ist.[28] Zur Frage einer kaufrechtlichen Nebenpflicht s. OLG Bamberg, NJW 1998, 2228.

3. Verletzungstatbestände

Die Haftung nach dem ProdhaftG setzt voraus, dass eines der in § 1 Abs. 1 genannten **1617**
Rechtsgüter verletzt worden ist. Problematisch ist die Sachbeschädigung. Diejenige Sache, die durch das fehlerhafte Produkt beschädigt wurde, muss eine andere als das fehlerhafte Produkt sein und zudem ihrer Art nach gewöhnlich für den **privaten Ge- oder Verbrauch** bestimmt und hierzu hauptsächlich von dem Geschädigten verwendet worden sein (§ 1 Abs. 1 S. 2 ProdfhaftG). Damit verbleibt es im gesamten gewerblichen und industriellen Bereich bei der konventionellen Produkthaftung.[29]

Die **Zweckbestimmung** nach § 1 Abs. 1 S. 2 ProdhaftG ist aufgrund der **Verkehrsan-** **1618**
schauung zu ermitteln,[30] während es bei der Beurteilung, ob die Sache hauptsächlich zum privaten Ge- oder Verbrauch verwendet worden ist, auf die tatsächliche Nutzung der Sache ankommt. Falls eine Zuordnung aus der Art der Sache nicht möglich ist, da diese sowohl für private als auch für gewerbliche Zwecke benutzt werden kann, wie z. B. bei Personenkraftwagen und Personalcomputern, ist die Bestimmung für mehrere Zwecke unschädlich, wenn die tatsächliche Nutzung hauptsächlich der Befriedigung persönlicher Interessen dient.[31]

22 OLG Dresden 23. 5. 1996, VersR 1998, 59 – Fahrrad; zur Verantwortung des Assemblers s. *Wältermann/Kluth*, ZGS 2006, 296.
23 *Taschner*, NJW 1986, 611, 613.
24 Dazu BGH 21. 6. 2005, NJW 2006, 2695 (Grillanzünder); OLG Bamberg 25. 2. 1997, NJW 1998, 2228 = BB 1998, 664.
25 Dazu OLG Saarbrücken 12. 10. 2006, OLGR 2007, 192 = MDR 2007, 768 (Importeur von Fahrrädern aus Italien).
26 Dazu OLG Zweibrücken 19. 6. 2006, MDR 2007, 406.
27 Zum maßgeblichen Zeitpunkt s. OLG Düsseldorf 7. 4. 2000, OLGR 2000, 194.
28 Dafür *Rolland*, Produkthaftungsrecht, § 4 Rn. 78.
29 *Wellner* in Geigel, 14. Kap. Rn. 343.
30 *Rolland*, Produkthaftungsrecht, § 1 Rn. 81.
31 *Rolland*, Produkthaftungsrecht, § 1 Rn. 80.

1619 Auf die konkrete Nutzung im Zeitpunkt des Schadensfalls kommt es nicht an. Entscheidend ist die hauptsächliche Nutzung. Ein Haftungsfall im Sinn des ProdhaftG liegt auch dann vor, wenn ein hauptsächlich privat genutztes Fahrzeug auf einer Geschäftsfahrt durch ein anderes Produkt mit einem Fehler beschädigt wird. Da die Art und Weise der Verwendung zu den anspruchsbegründenden Voraussetzungen i. S. v. § 1 ProdHaftG gehört, trägt der Geschädigte die Beweislast für die vorwiegend private Nutzung.

1620 Was im Verhältnis zum schadensverursachenden fehlerhaften Produkt die **‚andere Sache‘** ist, entscheidet sich nach der **Verkehrsauffassung.**[32] Danach wird sich in aller Regel, so die Amtliche Begründung weiter,[33] das komplette Endprodukt ‚als die eine Sache darstellen, die eine andere Sache des Geschädigten beschädigt hat‘. Im Einzelfall auftretende Abgrenzungsprobleme soll die Rechtsprechung lösen.[34]

1621 Mit Rücksicht auf den Wortlaut des § 1 Abs. 1 S. 2 ProdHaftG und die Gesetzesmaterialien lehnt die h. M.[35] es ab, die Rechtsprechung des BGH zu den **‚Weiterfresserschäden‘** (dazu Rdn. 1720 ff.) im Bereich des ProdHaftG anzuwenden. Das hat zur Konsequenz: Der Fahrzeughersteller haftet nicht für eine Beschädigung des Autos, die durch ein defektes Einzelteil, beispielsweise den Gaszug, verursacht wurde. Mit einer gewissen Berechtigung weist *Sack*[36] indessen darauf hin, dass das fehlerhafte Produkt i. S. v. § 1 Abs. 1 S. 2 ProdHaftG nicht gleichbedeutend mit dem gelieferten Endprodukt (Gesamtprodukt) sein muss. Das fehlerhafte Produkt könne auch der Gaszug sein, das Fahrzeug mithin die ‚andere Sache‘. Eine Stütze findet diese Argumentation in § 2 ProdHaftG, der als Produkte auch **Teile** anderer Sachen definiert.[37] Schließlich kennt das ProdhaftG auch die Haftung des **Teileherstellers** für fehlerhafte (Teil-)Produkte (§§ 1 Abs. 1, 4 Abs. 1 ProdHaftG). Aus der Sicht des Herstellers von Gaszügen kann es sich bei den mit seinen Produkten bestückten Autos durchaus um ‚andere Sachen‘ handeln. Es kommt jedoch weder auf die Sicht des Teileherstellers noch auf die des Herstellers des Endprodukts an. Maßgebend ist die **Verkehrsauffassung.**[38] Danach ist der Schaden am Endprodukt Auto auch dann kein Schaden an einer anderen Sache i. S. d. § 1 Abs. 1 S. 2 ProdHaftG, wenn er durch ein funktional abgrenzbares Teilprodukt wie einen Gaszug verursacht wurde. Soweit die Haftung des Fahrzeugherstellers in Rede steht, ist demnach der h. M. zu folgen.

1622 Problematischer ist die **Haftung des Teileherstellers.** Die ‚andere Sache‘, für deren Beschädigung der **Zulieferer** einstandspflichtig ist, ist nicht das Auto ohne fehlerhaftes Teilprodukt, sondern eine Sache außerhalb des Fahrzeugs.[39] Anders ist es selbstverständlich, wenn das Teilprodukt nicht vom Endprodukthersteller, sondern vom Fahrzeugeigentümer oder seiner Werkstatt (als Ersatzteil) eingebaut worden ist. Vermutlich wird die Rechtsprechung diese Unterscheidung nicht machen und den Teilehersteller haften lassen, wenn sein fehlerhaftes Teilprodukt andere Teile der Gesamtsache beschädigt oder zerstört hat. Mit dem Wortlaut der §§ 2, 4 Abs. 1 ProdHaftG lässt sich das zwar in Einklang bringen, nicht aber mit dem Sinn und Zweck der (Teil-)Produzentenhaftung.

32 Amtl. Begründung zu § 1, abgedruckt bei *Kullmann*, Aktuelle Rechtsfragen der Produkthaftpflicht, 4. Aufl., S. 178.
33 A. a. O.
34 S. a. *Wellner in* Geigel, Kap. 14, Rn. 345.
35 Nachweise bei *Reinicke/Tiedtke*, Kaufrecht, Rn. 982 ff.; abw. LG Chemnitz 14. 12. 2009, SVR 2010, 335 = DAR 2011, 531 (Einbau eines konstruktionsfehlerhaften Steuergeräts in einen BMW 525).
36 VersR 1988, 439; VGT 1988, 245, 254.
37 S. a. *Wellner* in Geigel, Kap. 14, Rn. 345.
38 Dazu *Marburger*, AcP 192, 1, 9; *von Westphalen*, Jura 1992, 511, 513.
39 So mit überzeugenden Argumenten gegen die h. M. *Marburger*, AcP 192, 1, 8 f.; ebenso *Tiedtke*, NJW 1990, 2961; *Reinicke/Tiedtke*, Rn. 988 ff.; *Honsell*, JuS 1995, 211.

4. Fehlerbegriff im Sinne des Produkthaftungsgesetzes

Ein Produktfehler liegt nach § 3 ProdHaftG nicht – wie im kaufrechtlichen Mängelrecht – in einer Beeinträchtigung des Äquivalenzinteresses, sondern im Zurückbleiben des Produkts hinter den maßgebenden Sicherheitsanforderungen. Dabei ist nicht auf den individuellen Empfängerhorizont des Eigentümers bzw. Benutzers abzustellen, sondern darauf, ob das Produkt diejenige Sicherheit bietet, welche die in dem entsprechenden Bereich herrschende Verkehrsauffassung für erforderlich hält.[40] Es gelten dieselben objektiven Maßstäbe wie bei den Verkehrspflichten des Herstellers im Rahmen der deliktischen Haftung gem. § 823 Abs. 1 BGB.[41] **1623**

Die vom BGH im Zusammenhang mit der deliktischen Produkthaftung herausgearbeiteten **Fehlerkategorien** – Konstruktions-, Fabrikations- und Instruktionsfehler – nimmt das ProdhaftG zwar nicht ausdrücklich auf. Bei der Haftungsbegründung wird gleichwohl an mehreren Stellen darauf Bezug genommen[42], weshalb auf die Rechtsprechung zu den einzelnen Fehlertypen im Rahmen der Prüfung von § 3 ProdHaftG zurückgegriffen werden kann.[43] Zur Vermeidung von Wiederholungen wird deshalb auf die Ausführungen zu den einzelnen Fehlerkategorien im Rahmen der Produzentenhaftung verwiesen (Rdn. 1645 ff.). **1624**

Auch für die Beurteilung der Fehlerhaftigkeit nach dem ProdHaftG ist der **Zeitpunkt des Inverkehrbringens** maßgeblich. Abzustellen ist auf das **konkrete Fahrzeug**, das den Schaden verursacht hat bzw. haben soll, nicht etwa auf den Zeitpunkt der Markteinführung des betreffenden Typs.[44] Ein Fahrzeug ist noch nicht für den Verkehr freigegeben, wenn es von Werksangehörigen entweder auf dem Werksgelände oder im öffentlichen Verkehr nur getestet wird.[45] Andererseits setzt ein Inverkehrbringen nicht voraus, dass das Fahrzeug in die Warenabsatzkette gegeben wird. Es genügt, wenn der Hersteller das Auto anderen Personen außerhalb des Produktionsbereichs zur Nutzung überlässt oder sich in anderer Weise willentlich der Herrschaftsgewalt über das Produkt begibt.[46] Die nachfolgende Erstzulassung folgt demnach dem Inverkehrbringen, ist also nicht etwa damit gleichbedeutend. Zur Zeitpunktfrage auch unten Rdn. 1640 f. **1625**

Eine **Produktbeobachtungspflicht** mit ihren Ablegern (Warn- und Rückrufpflichten) ist im Produkthaftungsgesetz nicht geregelt.[47] Sie war bisher für die deliktische Produkthaftung reserviert und hat jetzt eine zusätzliche Grundlage in **§ 5 Abs. 1 Nr. 2 GPSG**. Im Rahmen des § 3 ProdHaftG wird sie allenfalls insoweit relevant, als es zu den ‚berechtigten Erwartungen' im Sinne dieser Vorschrift gehört, dass der Hersteller aus Rückmeldungen vom Markt in Form von Reklamationen, Unfällen usw. Konsequenzen für die künftige Herstellung seiner Fahrzeuge zieht.[48] **1626**

5. Haftungsausschlüsse und Haftungsbeschränkungen

Von den Ausschlusstatbeständen in § 1 Abs. 2 ProdHaftG bereitet der in Nr. 5 genannte die größten Schwierigkeiten. Hiernach ist die Ersatzpflicht des Herstellers ausgeschlossen, wenn der Fehler nach dem Stand der Wissenschaft und Technik im Zeitpunkt des Inverkehrbringens nicht erkannt werden konnte. Mit den Worten des BGH: Ein **Entwicklungsfehler** **1627**

---

40 BGH 16. 9. 2009, NJW 2009, 2952 Tz. 12 m. w. N. (Airbag).
41 BGH 16. 9. 2009, NJW 2009, 2952 Tz. 12 (Airbag).
42 Vgl. BGH 16. 6. 2009, NJW 2009, 2952 Tz. 12 (Airbag).
43 Vgl. *Klindt/Handorn*, NJW 2010, 1105.
44 *Klindt/Handorn*, NJW 2010, 1105, 1106.
45 *Kullmann*, Probleme der Produzentenhaftung, DAV, 1988, 33, 56.
46 *Kullmann*, a. a. O., S. 56.
47 *Rolland*, Produkthaftungsrecht, § 1 Rn. 191.
48 Zum Problem s. *Koch*, Produkthaftung, Arge Verkehrsrecht, 2001, S. 115.

liegt vor, wenn die potenzielle Gefährlichkeit des Produkts (nicht der konkrete Produktfehler) im Zeitpunkt seiner Inverkehrgabe nach dem **damaligen Stand von Wissenschaft und Technik** nicht erkannt werden konnte, weil die Erkenntnismöglichkeiten (noch) nicht weit genug fortgeschritten waren.[49] Der Stand von Wissenschaft und Technik wird verkörpert durch die Summe an Wissen und Technik, die allgemein, also nicht nur in der Branche und innerhalb Deutschlands, sondern international anerkannt ist und zur Verfügung steht, auch ohne praktische Bewährung.[50]

1628 **Beweislast**. Wie bei der deliktischen Haftung muss der Hersteller im Rahmen des Produkthaftungsgesetzes nachweisen, dass es sich um einen Entwicklungsfehler handelt.[51] Die Nichterkennbarkeit der potenziellen Produktgefährlichkeit nach dem Stand von Wissenschaft und Technik ist ein **objektiver Ausschlussgrund** der Haftung und fällt nach § 1 Abs. 4 ProdHaftG unter die Beweislast des Herstellers. Maßgeblich sind nicht die subjektiven Erkenntnismöglichkeiten des betroffenen Herstellers. Vielmehr kommt es darauf an, ob die Erkenntnisse objektiv zugänglich waren. Wenn im Zeitpunkt der Inverkehrgabe des Fahrzeugs Fehlermeldungen oder ähnliche Informationen über „Probleme“ objektiv verfügbar waren, ist der Entwicklungsfehler-Nachweis des Herstellers gescheitert. Seine unzutreffende Annahme, eine bekannte Gefahr durch konstruktive Verbesserungen des bestehenden Systems behoben zu haben, reicht nicht aus, um einen Entwicklungsfehler anzunehmen, für den er als Hersteller nicht einzustehen hat.[52]

1629 **Freizeichnungsverbot:** Die Haftung nach dem ProdHaftG kann im Voraus weder ausgeschlossen noch beschränkt werden. Dem tragen die Neuwagenverkaufsbedingungen in Abschn. VIII Ziff. 2 ausdrücklich Rechnung. Das Freizeichnungsverbot betrifft alle nach dem ProdhaftG verantwortlichen Personen. Verboten sind auch Umgehungen, etwa in Form der Verkürzung von Verjährungsfristen, der Statuierung von Ausschlussfristen für die Geltendmachung des Schadens, die Abänderung der Beweislast zum Nachteil des Geschädigten und die Relativierung eigener Verkehrssicherungspflichten. Das Freizeichnungsverbot und das Verbot der Umgehung gelten sowohl für Haftungsausschlüsse in AGB als auch für entsprechende Individualabreden. Auch die Freizeichnung eines gesamtschuldnerisch mithaftenden Herstellers ist eine Haftungsbeschränkung i. S. v. § 14 ProdHaftG und als solche nichtig.

1630 Die Haftung kann auch nicht durch eine interne Verlagerung von Verkehrssicherungspflichten, etwa in Form von Qualitätssicherungsvereinbarungen, ausgeschlossen oder beschränkt werden. Die Doppelhaftung von Zulieferer und Endprodukthersteller ist mithin unabdingbar. Im Verhältnis zum Endprodukthersteller genießt der Zulieferer allerdings das Haftungsprivileg des § 1 Abs. 3 ProdHaftG; seine Verantwortlichkeit entfällt, wenn das Teilprodukt aufgrund einer Anweisung unter Anleitung des Endproduktherstellers fehlerhaft geworden ist oder wenn der Fehler durch die Art und Weise des Einbaus in das Endprodukt eingetreten ist. Beispiel: Anbringung von Reifen, die bis zu einer Höchstgeschwindigkeit von 180 km/h ausgelegt sind, an einem 200 km/h schnellen Auto.

6. Beweisführung und Beweislastverteilung

1631 Für den Fehler, den Schaden und den ursächlichen Zusammenhang zwischen Fehler und Schaden trägt grundsätzlich **der Geschädigte** die Beweislast (§ 1 Abs. 4 S. 1 ProdHaftG). Hingegen hat der **Hersteller** die Beweislast für die **Entlastungsgründe** in § 1 Abs. 2 und 3

49 Urt. v. 16. 6. 2009, NJW 2009, 2952 Tz. 28 (Airbag).
50 Dazu BGH 9. 5. 1995, NJW 1995, 2162 (Mineralwasserflasche II); BGH 16. 9. 2009, NJW 2009, 2952 Tz. 16/17 (Airbag).
51 BGH 16. 6. 2009, NJW 2009, 2952 Tz. 29 (Airbag).
52 BGH 16. 6. 2009, NJW 2009, 2952 Tz. 31 (Airbag).

ProdHaftG. Zum Entwicklungsfehler s. Rdn. 1671. Soweit die haftungsbegründenden Merkmale zur Beweislast des Geschädigten stehen, gilt § 286 ZPO mit den etablierten Beweiserleichterungen des deutschen Haftungsrechts. Grundlegende Unterschiede zur deliktischen Produkthaftung bestehen nicht (dazu Rdn. 1747 ff.).

Beispiel:
Der Fahrzeugeigentümer, der nach einem Unfall den Hersteller mit der Begründung auf Schadensersatz in Anspruch nimmt, der **Fahrerairbag** sei trotz eines heftigen Aufpralls **nicht ausgelöst** worden, muss darlegen und notfalls beweisen: ein Unfallgeschehen, bei dem der Airbag nach den Angaben des Herstellers ausgelöst wird, ferner, dass er trotz gegebener Auslösesituation nicht gezündet hat und er, der Kläger, dadurch zu Schaden gekommen ist. Zur Haftung des Fahrzeugherstellers für eine **Fehlauslösung von Airbags** s. BGH NJW 2009, 2952 = DAR 2009, 582.[53]

7. Mitverschulden

Auswirkungen kann ein Mitverschulden sowohl im Hinblick auf den Schadenseintritt als **1632** auch in Bezug auf die Schadenshöhe haben, da die Verweisung in § 6 ProdHaftG auf § 254 BGB beide Absätze einschließt.[54] Fehlt die für das Mitverschulden erforderliche Zurechnungsfähigkeit bei Minderjährigen, Taubstummen oder infolge krankhafter Störung der Geistestätigkeit, findet § 829 BGB entsprechende Anwendung,[55] falls es die Billigkeit ausnahmsweise gebietet.[56] Eine Mithaftung aus Billigkeitsgründen entfällt normalerweise, wenn der nach dem ProdHaftG verantwortliche Schädiger haftpflichtversichert ist, was auf dem Kfz-Sektor meistens der Fall ist.[57] Auch eine mitwirkende Betriebsgefahr, etwa nach §§ 7, 18 StVG, ist dem Geschädigten entsprechend § 254 BGB zuzurechnen;[58] diese Grundsätze gelten auch im Rahmen von § 6 ProdHaftG.[59]

Im Hinblick auf die **Schadenshöhe** obliegen dem Geschädigten die nach § 254 Abs. 2 **1633** BGB gebotenen Warn-, Abwendungs- und Minderungspflichten, wobei er sich ein Verschulden von Hilfspersonen nach vorherrschender Meinung[60] nur zurechnen lassen muss, wenn diese im Rahmen eines bestehenden Schuldverhältnisses zum Schaden beigetragen haben. Ein Verschulden der mit der Feststellung oder Beseitigung eines Schadens beauftragten Person (Gutachter u. Reparaturwerkstatt) muss sich der Geschädigte auch im Rahmen des ProdHaftG grundsätzlich nicht zurechnen lassen. Diese Personen sind nicht seine Erfüllungsgehilfen.[61]

8. Gesamtschuldnerschaft

Haben mehrere Hersteller für denselben Schaden aufzukommen, haften sie gem. § 5 S. 1 **1634** ProdHaftG gesamtschuldnerisch. Als Gesamtschuldner kommen in Betracht: der Hersteller des Endproduktes, der Hersteller eines fehlerhaften Teilproduktes, der Quasi-Hersteller, der Importeuer und unter den Voraussetzungen des § 4 Abs. 3 S. 1 der Lieferant, wenn man davon ausgeht, dass die Haftung des Letzteren auch dann bestehen bleibt, wenn der

53 Bespr. von *Klindt/Handorn*, NJW 2010, 1105.
54 *Rolland*, Produkthaftungsrecht, § 6 Rn. 4.
55 BGH 10. 4. 1962, BGHZ 37, 102.
56 BGH 24. 6. 1969, NJW 1969, 1762.
57 OLG Karlsruhe 24. 11. 1989, DAR 1990, 137.
58 BGH 13. 4. 1956, BGHZ 20, 259.
59 *Rolland*, Produkthaftungsrecht, § 6 Rn. 12.
60 BGH 3. 7. 1951, BGHZ 3, 46.
61 BGH 29. 10. 1974, BGHZ 63, 183.

Hersteller nachträglich bekannt wird.[62] Die in § 5 S. 1 ProdHaftG angeordnete gesamtschuldnerische Haftung betrifft ausschließlich den Fall der Verantwortlichkeit mehrerer Hersteller nebeneinander. Falls der Hersteller und ein Dritter für denselben Schaden aufzukommen haben, gilt die Regelung von § 6 Abs. 2 ProdHaftG, die besagt, dass der Hersteller unabhängig von der Haftung eines Dritten stets für den ganzen Schaden aufzukommen hat. Eine gesamtschuldnerische Haftung zwischen dem Hersteller und einem daneben verantwortlichen Dritten nach allgemeinem Deliktsrecht wird durch § 6 Abs. 2 ProdHaftG nicht gesperrt.

1635 Die für das **Außenverhältnis** mehrerer verantwortlicher Hersteller geltende Gesetzesregel des § 5 S. 1 ProdHaftG erfordert, dass mehrere Hersteller für denselben Schaden einzustehen haben. An dieser Voraussetzung fehlt es, wenn sich der Schaden abgrenzen und dem jeweils verantwortlichen Hersteller konkret zuordnen lässt. Auf der anderen Seite bedeutet gesamtschuldnerische Haftung für denselben Schaden nicht zwangsläufig, dass jeder der verantwortlichen Hersteller auf denselben Schadensbetrag haftet. Insoweit können die Haftungsanteile durchaus unterschiedlich zu bewerten sein.[63]

1636 Für den **Innenausgleich** mehrerer verantwortlicher Hersteller und der ihnen gleichgestellten Personen ist § 5 S. 2 ProdHaftG einschlägig. Der Anspruch ist auf Befreiung von der Leistungspflicht in dem Umfang gerichtet, den der Ausgleichspflichtige im Innenverhältnis zu tragen hat; nach Befriedigung des Geschädigten verwandelt er sich in einen Zahlungsanspruch. Für den Ausgleich im Verhältnis der nach außen gesamtschuldnerisch verantwortlichen Hersteller gelten vorrangig die zwischen ihnen getroffenen Vereinbarungen. Fehlen vertragliche Regelungen über den Schadensausgleich, so hängt die Haftungsverteilung im Innenverhältnis abweichend von der Regel des § 426 Abs. 1 S. 1 BGB davon ab, inwieweit der Schaden vorwiegend von dem einen oder dem anderen Teil verursacht worden ist.[64]

9. Verjährung

1637 Gemäß § 12 ProdHaftG verjähren Ansprüche nach diesem Gesetz in 3 Jahren. Fristbeginn ist der Zeitpunkt, in dem der Geschädigte von dem Schaden, dem Fehler und der Person des Ersatzpflichtigen Kenntnis erlangt oder Kenntnis hätte erlangen müssen. Eine Ultimoregelung fehlt. Im Gegensatz zu § 852 BGB a. F. und auch abweichend von § 199 Abs. 1 BGB n. F. reicht bereits eine (leicht) fahrlässige Unkenntnis des Ersatzberechtigten aus. Ihm wird abverlangt, dass er sich im Rahmen des Zumutbaren sachkundig macht und sich die für die Durchsetzung seiner Ansprüche erforderlichen Kenntnisse verschafft.

1638 Ausreichend für den Fristbeginn ist ein Kenntnisstand, der den Betroffenen in die Lage versetzt, eine zulässige und schlüssige Feststellungsklage zu erheben, was besonders für die Fälle bedeutsam sein kann, in denen der Schaden nicht endgültig feststeht.[65] Letzte Klarheit über den Produktfehler im Sinn der Kenntnis aller haftungsbegründenden Umstände wird nicht vorausgesetzt.[66] Mit zumutbarem Aufwand muss sich der Geschädigte um die Person des Ersatzpflichtigen bemühen. Lässt er es daran fehlen, beginnt die Verjährungsfrist in dem Zeitpunkt zu laufen, in dem er bei zumutbarer Anstrengung kundig geworden wäre.[67]

1639 Solange wegen des zu leistenden Schadensersatzes zwischen dem Schädiger und dem Ersatzberechtigten verhandelt wird, ist die **Verjährung** gem. § 12 Abs. 2 ProdHaftG **ge-**

62 Vgl. *Rolland*, Produkthaftungsrecht, § 4 Rn. 95.
63 Vgl. *Rolland*, Produkthaftungsrecht, § 5 Rn. 9.
64 Zu den Einzelheiten des Regresses s. *Wandt*, BB 1994, 1436 ff.
65 BGH 20. 9. 1983, NJW 1984, 661.
66 *Rolland*, Produkthaftungsrecht, § 12 Rn. 11.
67 BGH 17. 3. 1966, VersR 1966, 632, 634.

hemmt, bis die Fortsetzung der Verhandlungen von der einen oder anderen Seite verweigert wird. Einseitige Verhandlungsbereitschaft reicht nicht aus, jedoch ist im Zweifel von einer Verhandlungsbereitschaft beider Seiten auszugehen. Die Hemmungswirkung betrifft das Verhältnis der verhandelnden Parteien und erstreckt sich nicht auf Ansprüche des Geschädigten gegen andere nach dem Produkthaftungsgesetz oder aus einem anderen Rechtsgrund ersatzpflichtige Personen.[68]

10. Erlöschen von Ansprüchen

Ansprüche nach dem ProdHaftG erlöschen grundsätzlich 10 Jahre nach dem Zeitpunkt, **1640** in dem der Hersteller das fehlerhafte Produkt in Verkehr gebracht hat (§ 13 ProdHaftG). Das Erlöschen des Anspruchs ist von Amts wegen zu beachten.[69] Den Zeitpunkt des Inverkehrbringens hat der Hersteller zu beweisen, weshalb Dokumentation angeraten wird.[70] Es kommt darauf an, zu welchem Zeitpunkt das konkret mit einem Produktfehler behaftete Fahrzeug, das den Schaden verursacht hat, vom Hersteller in Verkehr gebracht worden ist. Dies gilt auch dann, wenn sämtliche Fahrzeuge einer Serie den gleichen Produktfehler haben. Aus § 13 ProdHaftG ergeben sich keine Anhaltspunkte dafür, dass im Fall eines Serienmangels die Ausschlussfrist mit der Auslieferung des ersten oder letzten fehlerhaften Produktes zu laufen beginnen soll.[71]

Da für das Inverkehrbringen eines Kraftfahrzeuges der Zeitpunkt als maßgeblich ange- **1641** sehen wird, in dem es mit dem Willen des Herstellers das Werk als Produktionsstätte endgültig verlässt (Werktorprinzip), und zwischen Werksauslieferung und Weiterverkauf, insbesondere in Zeiten schwacher Nachfrage, oft sehr viel Zeit vergeht, verkürzt sich die Haftung des Fahrzeugherstellers nach dem Produkthaftungsgesetz entsprechend. Folgt man der überwiegend vertretenen Auffassung, die davon ausgeht, dass bei einem Teilprodukt die Auslieferung an den Hersteller des Endproduktes als Zeitpunkt für das Inverkehrbringen des Teilproduktes anzusehen ist,[72] so ergibt sich daraus zwangsläufig, dass die Haftung des Herstellers eines fehlerhaften Teilproduktes stets kürzer ist als die Haftung des verantwortlichen Herstellers des Endproduktes. Der dem Geschädigten daraus entstehende Zeitnachteil wird allerdings dadurch kompensiert, dass ihm der Hersteller des Endprodukts für die Fehlerhaftigkeit des Teilproduktes verantwortlich bleibt, auch wenn der Fehler für ihn nicht erkennbar war.

Die Ausschlussfrist des § 13 ProdHaftG greift nicht ein, wenn über den Anspruch ein **1642** Rechtsstreit oder ein Mahnverfahren anhängig ist. Rechtshängigkeit ist nicht erforderlich.[73] Der Antrag auf Anordnung des selbstständigen Beweisverfahrens leitet keinen Rechtsstreit ein und verhindert folglich nicht den Verlust des Anspruchs gem. § 13 Abs. 1 S. 1 ProdHaftG.[74]Vor dem Erlöschen nach 10 Jahren bewahrt sind rechtskräftig festgestellte, auf anderen Vollstreckungstiteln beruhende sowie außergerichtlich anerkannte oder verglichene Ansprüche.

68 *Rolland*, Produkthaftungsrecht, § 12 Rn. 17; abw. BGH 1. 12. 1964, MDR 1965, 198.
69 *Palandt/Sprau*, ProdHaftG, § 13 Rn. 1.
70 *Hollmann*, DB 1985, 2439, 2441.
71 *Rolland*, Produkthaftungsrecht, § 13 Rn. 5.
72 *Taschner*, Produkthaftung, 1986, Art. 7; *Rolland*, Produkthaftungsrecht, § 1 Rn. 95.
73 *Rolland*, Produkthaftungsrecht, § 13 Rn. 15.
74 Zustimmend OLG Schleswig 19. 10. 2007, NJW-RR 2008, 691.

III. Deliktische Produkthaftung

1. Nebeneinander von verschuldensunabhängiger und deliktischer Produkthaftung

1643 Die von der Rechtsprechung als Sondergebiet des Rechts der unerlaubten Handlung entwickelte deliktische Produkthaftung bleibt durch das ProdhaftG grundsätzlich unberührt (vgl. § 15 Abs. 2 ProdHaftG). Es herrscht – wie im Verhältnis zwischen Vertrags- und Deliktsrecht – **Anspruchsnormenkonkurrenz**.

1644 **In der Praxis** liegt das Schwergewicht **weiterhin** eindeutig bei der Haftung aus unerlaubter Handlung. Nicht nur der Haftungsumfang ist weiter – so erfasst § 823 Abs. 2 BGB auch reine Vermögensschäden – auch der Kreis der deliktsrechtlich haftenden Personen ist größer, als er durch § 4 ProdHaftG für die verschuldensunabhängige Produkthaftung gezogen wird. Das gilt insbesondere für die gerade im Kfz-Bereich wichtige **Haftung von Importeuren und Vertriebsgesellschaften,** aber auch für die Einstandspflicht von Vorständen und Geschäftsführern von Herstellerfirmen. Darüber hinaus kennt die deliktische Produkthaftung mit der Produktbeobachtungspflicht und den daraus abgeleiteten Warn- und Rückrufpflichten besondere Verkehrspflichten, die im ProdHaftG keine Regelung gefunden haben. Von **überragender Bedeutung** für die Rechtspraxis sind die **beweisrechtlichen Vorgaben des BGH**. Nicht zuletzt deshalb wird dieser Fragenkreis in einem gesonderten Kapitel dargestellt (s. Rdn. 1747 ff.).

2. Die einzelnen Fehlerkategorien

1645 Im Rahmen der deliktischen Produkthaftung wird traditionell zwischen **drei Fehlerkategorien** unterschieden: Konstruktionsfehler, Fabrikationsfehler und Instruktionsfehler. Sie beschreiben unterschiedliche Verantwortlichkeiten bzw. Verantwortungsbereiche.[75] Als **weiterer Haftungstatbestand** anerkannt ist die Verletzung der **Produktbeobachtungspflicht** mit ihren Ablegern in Gestalt von Warn-, Hinweis- und Rückrufpflichten.

a) Konstruktionsfehler

1646 Ein Konstruktionsfehler liegt vor, wenn das Produkt schon seiner Konzeption nach unter dem gebotenen Sicherheitsstandard bleibt.[76] Der Hersteller hat diejenigen Maßnahmen zu treffen, die zur Vermeidung einer Gefahr (1) objektiv erforderlich und (2) dem Hersteller nach objektiven Maßstäben wirtschaftlich zumutbar sind.[77] Als wesentliche Kriterien, nach denen sich das ‚Pflichtenheft' des **Herstellers von Kraftfahrzeugen** im Stadium der Konstruktion und Planung beurteilt, sind zu nennen: sach- und zweckgerechte, betriebssichere Konstruktion des Fahrzeugs und seiner Bedienungselemente auch für voraussehbare Not- und Sonderfälle, Vorkehrungen gegen Gewöhnungsgefahren[78] und gegen nicht fernliegende Fehlbedienung,[79] die Beachtung dessen, was nach dem im Zeitpunkt des Inverkehrbringens des Produkts vorhandenen **neuesten Stand von Wissenschaft und Technik** konstruktiv möglich ist[80], auch der gültigen Unfallverhütungsvorschriften, außerdem: Einbau von Sicherheitseinrichtungen[81], Auswahl fehlerfreier Bestandteile, Beachtung der

75 Vgl. *Kullmann*, NZV 2002, 1, 4 ff.

76 BGH 16. 6. 2009, NJW 2009, 2952 (Airbag).

77 BGH 17. 3. 2009, NJW 2009, 1669 (Kirschtaler); v. 16. 6. 2009, NJW 2009, 2952 (Airbag); zu dieser Doppelprüfung auch *Klindt/Handorn*, NJW 2010, 1105, 1106.

78 Vgl. OLG Celle 23. 3. 1983, VersR 1984, 276.

79 OLG Köln 1. 3. 1990, NJW-RR 1991, 285.

80 BGH 16. 6. 2009, NJW 2009, 2952 Tz. 16 (Airbag).

81 Zum Airbag s. BGH 16. 6. 2009, NJW 2009, 2952.

Leistungsgrenzen der Produktionsverfahren, Auswertung und Berücksichtigung von Testergebnissen sowie Einsatz von Kontrollverfahren.[82]

Art und Umfang der Erprobung sind gesetzlich nicht vorgeschrieben. Wann ein Fahrzeug **Serienreife** hat, liegt im Ermessen des Herstellers. Sicherstellen muss er, dass die Produktion eines Fahrzeugs erst aufgenommen wird, wenn die Entwicklung ausgereift und der Prototyp erprobt ist.[83] Ob diesem Gebot bei der bevorstehenden **Einführung von Elektroautos** mit ihren besonderen Risiken für Nutzer und Dritte hinreichend Rechnung getragen worden ist, kann erst die Zukunft zeigen.[84] 1647

Das technisch Mögliche ist das Eine, das Andere ist die **wirtschaftliche Zumutbarkeit.** Die Frage, ob eine Sicherungsmaßnahme nach objektiven Maßstäben zumutbar ist, lässt sich nur unter Berücksichtigung sämtlicher Umstände des Einzelfalles beurteilen.[85] Was das für die Vermeidung von Fehlauslösungen von Airbags bedeutet, geht aus der BGH-Entscheidung vom 16. 6. 2009 hervor.[86] 1648

Einzelfälle: In früheren Jahren hat der BGH sich wiederholt mit konstruktiven Mängeln **an der Bremsvorrichtung** befasst.[87] Die Bedeutung des Urteils vom 28. 9. 1970[88] liegt in beweisrechtlichen Erwägungen. Verklagt worden war eine Fahrzeugherstellerin, die zugleich als Verkäuferin aufgetreten war. Der Kläger war bei einem Überholmanöver auf der Autobahn zum Abbremsen gezwungen worden, wodurch sein Pkw ins Schleudern geriet und umkippte. Das Berufungsgericht hatte die Klage abgewiesen. Hauptbegründung: kein Nachweis eines Verschuldens. Hilfsbegründung: Unfallursächlichkeit der behaupteten Fehlkonstruktion der Bremsanlage nicht nachgewiesen. In beiden Punkten hat der BGH das angefochtene Urteil beanstandet und heute noch gültige Beweisregeln aufgestellt. 1649

Weitere *Beispiele* aus der Rechtsprechung zu Konstruktionsfehlern im Fahrzeugbau: Fehlauslösung von Airbags,[89] durch Motorschwingungen verursachtes Abbrechen eines unzureichend befestigten Ölablassrohres,[90] Verminderung der Haftfähigkeit des Reifens durch Austritt von Öldämpfen,[91] Bruch einer Mopedgabel, bedingt durch konstruktiv fehlerhafte Biegung und Kerbung,[92] Lenkradbruch eines Kinderfahrrades infolge nicht werkstoffgerechter Konstruktion;[93] s. a. LG Köln, NJW 2005, 1199 (Becherhalter). 1650

Die Erteilung der **Allgemeinen Betriebserlaubnis** gem. §§ 20, 22 StVZO schließt weder die zivilrechtliche[94] noch die strafrechtliche[95] Eigenverantwortlichkeit des Herstellers aus. Sie begründet allenfalls eine tatsächliche Vermutung dafür, dass das Fahrzeug den gesetzlichen Anforderungen entspricht.[96] Der Hersteller darf folglich nicht darauf vertrau- 1651

82 *Schmidt-Salzer*, ProdH., Bd. 3, Rn. 4.656.
83 BGH 10. 3. 1970, VersR 1970, 469; 23. 6. 1952, VersR 1952, 357; s. a. BGH 16. 6. 2009, NJW 2009, 2952 Tz. 16 (Airbag).
84 Erste Risikoanalyse bei *Bomsdorf*, Der Kfz-Sachverständige 4/2011, S. 24.
85 BGH 16. 6. 2009, NJW 2009, 2952 (Airbag).
86 NJW 2009, 2952; weiterführende Hinweise von *Klindt/Handorn*, NJW 2010, 1105 ff.
87 Urt. v. 28. 9. 1970, BB 1970, 1414; v. 17. 5. 1957, VersR 1957, 584; v. 22. 6. 1971, DAR 1972, 16.
88 BB 1970, 1414.
89 BGH 16. 6. 2009, NJW 2009, 2952.
90 OLG Nürnberg 4. 11. 1987, NJW-RR 1988, 378.
91 OLG Frankfurt 6. 3. 1986 – 12 U 73/85 – abgedr. bei *Kullmann/Pfister*, Produzentenhaftung, Kz. 7502/1.
92 LG Lindau 26. 4. 1955, VersR 1955, 428.
93 LG Frankfurt 28. 4. 1989, NJW-RR 1989, 1193; s. a. OLG Frankfurt 8. 6. 1993, NJW-RR 1994, 800.
94 BGH 13. 7. 1956, VersR 1956, 625.
95 BGH 31. 8. 1951, NJW 1952, 233.
96 BGH 7. 10. 1986, NJW 1987, 372; v. 9. 12. 1986, NJW 1987, 1009 – Honda; ähnlich schon RG 17. 1. 1940, RGZ 163, 21.

en, die Zulassungsbehörde werde etwaige Mängel entdecken und die Zulassung verweigern.[97]

1652 Aus der Tatsache, dass ein Auto den gesetzlichen Anforderungen entspricht, folgt keineswegs zwingend, dass Konstruktionsfehler ausgeschlossen sind. Den gegenteiligen Standpunkt vertrat das LG Köln.[98] Es versagte einem Geschädigten Ersatzansprüche, der bei einem selbst verschuldeten Unfall verletzt worden war, weil ihm der im Herstellerprospekt als **‚integrierter Überrollbügel'** bezeichnete Teil des Daches keinen Schutz geboten hatte. Der aus gefalztem Blech bestehende Teil des Daches, der keine Konstruktions- und Fabrikationsmerkmale eines Überrollbügels besaß, war beim Überschlag zusammengeknickt und hatte den Kläger an der Schulter getroffen. Einen Konstruktionsfehler verneinte das Gericht u. a. mit folgender Begründung:

> *‚Ein Konstruktionsfehler liegt vor, wenn ein Produkt nicht den gängigen technischen Anforderungen entspricht. Abzustellen hierbei ist auf die jeweils geltenden Regeln der Technik. Das vom Kläger erworbene Fahrzeug entsprach diesen Regeln, wie auch der Kläger einräumt. In der Bundesrepublik Deutschland müssen nämlich offene Pkw, und zwar auch offene Geländewagen, nicht mit einem Überrollbügel ausgerüstet sein. Ein Überrollbügel kann demnach nicht zu den notwendigen technischen Voraussetzungen gerechnet werden, da die Anforderungen hier nicht schärfer gefasst werden können, als sie sich etwa aus der Straßenverkehrszulassungsordnung ergeben.'*

1653 Das Urteil verkennt, dass durch § 20 StVZO die öffentlich-rechtliche Kontrolle im Hinblick auf Konstruktion und Ausstattung eines Fahrzeugs sichergestellt, nicht aber dem Hersteller das Risiko einer Fehlkonstruktion abgenommen wird.

1654 Bereits die Konstruktionsverantwortung, nicht erst die Instruktionspflicht des Herstellers, wird dadurch eingeschränkt, dass der potenzielle Benutzer die Gefahr kennt, die mit dem Gebrauch der Sache verbunden ist. **Gefahrenkenntnis** kann also davon entbinden, die Gefahr durch konstruktive Maßnahmen abzuwenden[99], ein beim Bau von technischen Massenprodukten mit dem Gefahrenpotenzial von Kraftfahrzeugen praktisch bedeutungsloser Befreiungsgrund.

b) Fabrikationsfehler

1655 Fehler dieses Typs stammen aus der Fabrikation (Fertigung) und sind auf ungenügende Erfüllung der Fabrikationsverantwortung zurückzuführen. Vom Hersteller wird verlangt, dass er seine Produkte möglichst fehlerfrei fabriziert. Hierzu muss er die erforderlichen personellen und materiellen Voraussetzungen schaffen. Da bei industrieller Fertigung stets mit einer mehr oder minder großen **Ausreißerquote** gerechnet werden muss, hat der Hersteller die von ihm gefertigten Stücke zu kontrollieren. Umfang und Intensität der Kontrollen bestimmen sich nach der Gefährlichkeit des Produktes unter Beachtung des Verwendungszweckes und nach der vorhersehbaren Fehlerhäufigkeit.[100] Lässt sich Fehlerfreiheit nur durch Einsatz von Maschinen bewerkstelligen, gehört deren Anschaffung zu den Organisationspflichten des Herstellers.[101] Technische Anlagen zur Produktsteuerung, Roboter und Computer müssen eine exakte und fehlerfreie Produktion gewährleisten.[102] Sicherzustellen ist eine ‚beherrschte Fertigung'.[103] Dazu gehört bei Kraftfahrzeugen, die in Serie hergestellt werden, eine Endkontrolle, die sich an die Fabrikation unmittelbar anschließt.

---

97 BGH 9. 12. 1986, NJW 1987, 1009 – Honda.
98 Urt. v. 19. 2. 1986, 19 S 240/85, n. v.
99 *Kullmann*, NJW 2002, 30 unter Hinweis auf OLG Koblenz 21. 3. 2001 – 1 U 898/96 (Hubstapler).
100 *Schmidt-Salzer*, ProdH. Bd. 3, Rn. 4903.
101 BGH 26. 11. 1968, BGHZ 51, 91 = NJW 1969, 269 (Hühnerpest).
102 *Kullmann*, Probleme der Produzentenhaftung, DAV, 1988, 33, 40.
103 *Beuler*, Auto 2000, S. 111, 119.

Betriebs- und Verkehrssicherheit eines Kraftfahrzeugs – und damit Leib und Leben seiner Insassen – hängen selbstredend von den Bremsen, der Lenkung sowie von den Rädern und Reifen ab. Bei Fertigung und Kontrolle dieser elementaren Teile muss vom Hersteller ein gesteigertes Maß an Sorgfalt erwartet werden; stichprobenartige Kontrollen reichen hier nicht aus.[104] Die Kontroll- und Prüfeinrichtungen müssen dem Stand der Technik und den gesetzlichen Bestimmungen entsprechen.[105] **1656**

Als **Musterbeispiel** eines Fabrikationsfehlers ist der **Schubstreben-Fall** zu nennen.[106] Eine im Betrieb eines Fahrzeugteileherstellers fehlerhaft geschmiedete Schubstrebe war bei normaler Beanspruchung des Fahrzeugs unter gewöhnlichen Einsatzbedingungen gebrochen, was einen Unfall mit Personenschaden zur Folge hatte. **1657**

Weitere **Rechtsprechungsbeispiele für Fabrikationsfehler:** fehlerhafte Montage einer Motorroller-Lenkung,[107] einer Lkw-Lenkung,[108] mangelhafte Schweißung einer Fahrradgabel,[109] Defekt an Fahrradnabe[110] und unzureichende Befestigung einer Hohlschraube an einer Lkw-Kraftstoffanlage.[111] Ein Kfz-Hersteller verletzt seine Organisationspflicht, wenn er für eine neu konstruierte Bremseinrichtung keine neuen Prüfstände zur Verfügung stellt, obwohl auf den bisherigen Prüfständen eine zuverlässige Prüfung nicht mehr möglich ist.[112] **1658**

c) Instruktionsfehler

Die Instruktionsverantwortlichkeit **des Herstellers**[113] besteht **grundsätzlich** nur im Rahmen der **Verbrauchererwartung**,[114] wobei der Hersteller von Kraftfahrzeugen Inhalt und Umfang seiner Instruktionen nach der am wenigsten informierten Benutzergruppe auszurichten hat.[115] Inhalt und Umfang der Instruktionspflichten im Einzelfall werden wesentlich durch die Größe der Gefahr und das gefährdete Rechtsgut bestimmt.[116] **1659**

Die **Eigenheiten und typischen Gefahren** eines Kraftfahrzeugs, insbesondere von Personenkraftwagen, können als weitgehend bekannt vorausgesetzt werden. Ein **Fahrzeughersteller** muss die Endabnehmer deshalb weder über allgemeines Erfahrungswissen[117] noch über abstrakte Gefahren und normale Verschleißerscheinungen informieren.[118] Dasselbe gilt für Gefahrenquellen, die offen vor Augen liegen.[119] Entbehrlich ist z. B. der Hinweis darauf, dass die Geschwindigkeit eines Kraftfahrzeugs durch Betätigung des Gaspedals erhöht wird. Von selbst versteht sich auch die Wirkungsweise der üblichen Bremsvor- **1660**

104 BGH 17. 10. 1967, DAR 1968, 17; 28. 10. 1958, VersR 1959, 104.
105 BGH 28. 9. 1970, VersR 1971, 80 = BB 1970, 1414 (Konstruktionsfehler der Bremsanlage).
106 BGH 17. 10. 1967, NJW 1968, 247 = DAR 1968, 17.
107 BGH 15. 3. 1956, VersR 1956, 259
108 OLG Karlsruhe 4. 3. 1964, BB 1964, 740.
109 BGH 21. 4. 1956, VersR 1956, 410.
110 OLG Dresden 23. 5. 1996, VersR 1998, 59.
111 OLG Frankfurt 10. 2. 1998, r + s 1999, 369.
112 BGH 17. 3. 1981, BGHZ 80, 186; s. a. BGH 28. 9. 1970, BB 1970, 1414.
113 Zu den Grundsätzen s. BGH 16. 6. 2009, NJW 2009, 2952 (Airbag); v. 18. 5. 1999, NJW 1999, 2815 (Papierreißwolf); v. 9. 6. 1998, NJW 1998, 2905 (Feuerwerkskörper).
114 BGH 14. 5. 1996, NJW 1996, 2224; *G. Müller*, VersR 2004, 1073, 1077.
115 BGH 4. 2. 1986, NJW 1986, 1863 (Überrollbügel); v. 5. 5. 1992, NJW 1992, 2016 (Silokipper); LG Duisburg 24. 1. 1999, DAR 1999, 550 (Gebrauchsanleitung bzgl. Inspektionen); vgl. auch OLG Düsseldorf 29. 11. 1996, NJW 1997, 2333 (Mountain-Bike).
116 BGH 16. 6. 2009, NJW 2009, 2952 Tz. 24 (Airbag).
117 BGH 4. 2. 1986, NJW 1986, 1863.
118 OLG Celle 10. 7. 1985, NJW-RR 1986, 25.
119 BGH 17. 5. 1957, VersR 1957, 584; OLG Karlsruhe 10. 10. 2001, zfs 2003, 226 (Holzhackmaschine).

richtungen. Gleiches gilt für das Verhalten von ‚normalen' (allgemein gebräuchlichen) Kraftfahrzeugen während einer Kurvenfahrt. **Grundkenntnisse** über die Gesetzmäßigkeiten der Physik und Fahrzeugtechnik darf ein Fahrzeughersteller als bekannt voraussetzen.

1661 Auf **Fahranfänger** und insbesondere Führerscheinneulinge braucht ein Hersteller von Kraftfahrzeugen keine gesteigerte Rücksicht zu nehmen. Mit dem Erwerb der Fahrerlaubnis haben sie den Nachweis erbracht, über die technischen Kenntnisse zu verfügen, die zur sicheren Führung eines Kfz erforderlich sind (vgl. § 17 Abs. 1 FeV). Ein Grundkurs für Führerscheinneulinge in der Betriebsanleitung ist deshalb entbehrlich. Erst recht bedarf es keiner speziellen Aufklärungsbroschüre, die einem ungeübten Käufer bei Auslieferung des Fahrzeugs auszuhändigen ist.

1662 Auch mit Blick auf diese Benutzergruppe und unter Berücksichtigung der relativ hohen Durchfallquote bei der Führerscheinprüfung genügt eine **allgemein gehaltene Instruktion** in Form der gängigen – ohnehin mit Detailinformationen überladenen – Betriebsanleitungen.[120] Wer sich an das Steuer eines technisch einwandfreien, dem allgemeinen Sicherheitsstandard genügenden Kraftfahrzeugs setzt, trägt grundsätzlich selbst die Verantwortung dafür, dass er dabei nicht zu Schaden kommt und auch Dritte nicht in Gefahr bringt. Zum Gesichtspunkt der Selbstverantwortung des Verbrauchers s. a. BVerfG NJW 1997, 249.

1663 **Wesentliches Medium** der Instruktion ist die **Gebrauchs- und Betriebsanleitung** (Bedienungsanleitung). Bei der Beurteilung, ob ein Produkt den Anforderungen i. S. v. § 4 Abs. 2 GPSG genügt, ist sie einzubeziehen (§ 4 Abs. 2 S. 2 Nr. 4 GPSG). Unvollständige oder irreführende Anleitungen können unter dem Gesichtspunkt des Instruktionsfehlers die Herstellerhaftung begründen. In Frage kommt auch eine Händlerhaftung mit Zurechnung eines Herstellerversagens nach § 278 BGB.[121]

1664 Welche **Anforderungen an den Inhalt einer Betriebsanleitung** für einen Pkw/Kombi zu stellen sind, ist höchstrichterlich nicht geklärt. Zurückgewiesen hat der BGH die Nichtzulassungsbeschwerde im Zentralverriegelungsfall OLG München DAR 2003, 525.[122] Hiernach muss ein Autohersteller nicht auf jede Möglichkeit zur Produktoptimierung hinweisen, auch dann nicht, wenn dies bereits optional im Fahrzeug vorgesehen ist. Allgemein gilt für Pkw-Betriebsanleitungen ebenso wie für andere Gebrauchsanweisungen, dass sie klar und vollständig sein müssen (Transparenzgebot).[123] Dabei kommt es auf den Horizont des durchschnittlichen Verbrauchers an. Je größer die ihm unbekannte Gefahr ist, so die Faustregel, desto intensiver muss die Instruktion sein.

1665 **Fahrzeughersteller** sind aus Rechtsgründen in der Regel nicht dazu verpflichtet, ihre **Vertragshändler** dazu zu veranlassen, Neufahrzeugkäufer in Bedienung und Technik (mündlich) einzuweisen. Was heute vor der Fahrzeugauslieferung allgemein Kundendienst ist, nämlich eine ‚Einweisung' (mit fragwürdigem Instruktionserfolg), geht über das rechtlich Erforderliche hinaus. Eine andere Frage ist es, ob der Letztverkäufer im Einzelfall dazu verpflichtet sein kann, einem erkennbar überforderten Fahrzeugkäufer gezielt ‚Nachhilfe' zu erteilen, um Gefahren von ihm abzuwenden (dazu Rdn. 1714). Nach der neueren Rechtsprechung des BGH[124] müssen auch Fahrzeughersteller davon ausgehen, dass für sie – neben den Endverbrauchern – auch die Letztverkäufer als **Instruktionsadressaten** in Betracht kommen können. Zur eigenen Instruktionsverantwortung von **Vertriebshändlern** s. BGH NJW 1995, 1286.

---

120 Zur vertraglichen Pflicht des Verkäufers zur Übergabe einer Gebrauchsanweisung s. *Krebber*, AcP 201, 333.

121 OLG Düsseldorf 25. 2. 2003, NJW-RR 2004, 672 (kein Kfz-Fall).

122 Beschl. v. 18. 3. 2003 – VI ZR 352/02 – n. v.; s. a. LG Göttingen 25. 8. 2004, DAR 2005, 161.

123 Dazu OLG Düsseldorf 14. 6. 2002, r+s 2004, 36 (Flughandbuch); AG Nürnberg 8. 1. 2004, NJW 2004, 3123 (Gebrauchsanleitung für eine Kfz-Abschleppstange).

124 Urt. v. 9. 6. 1998, NJW 1998, 2905 (Feuerwerkskörper).

Im Rahmen der Instruktionspflicht hat der Hersteller auch solche **Unvorsichtigkeiten** zu berücksichtigen, mit denen nach der Lebenserfahrung zu rechnen ist. Nur wenn es um die Verwirklichung von Gefahren geht, die sich aus einem vorsätzlichen oder äußerst leichtfertigen **Fehlgebrauch** ergeben, entfällt eine Warn- und Hinweispflicht.[125] Bei **Sportwagen,** die für den allgemeinen Markt, also nicht für den Motorsport bestimmt sind, kann aufgrund besonderer Umstände, z. B. Aussagen und Anpreisungen in der Werbung, die Verpflichtung des Herstellers bestehen, potenzielle Erwerber über die Leistungsfähigkeit und Leistungsgrenzen gezielt zu informieren, etwa in der Betriebsanleitung.[126] **1666**

Der BGH[127] hat wiederholt darauf hingewiesen, dass ein Hersteller immer dann, wenn sich aus der Werbung für ein Produkt Einsatzmöglichkeiten ableiten, bei denen sich dieses Produkt – für den Nutzer nicht ohne Weiteres erkennbar – als gefährlich erweisen kann, zu Hinweisen und Warnungen verpflichtet ist. Besondere Gefahren für Autofahrer ergeben sich aus der suggestiven Wirkung moderner Präsentationen von Neuerscheinungen im Internet, auf Automobilmessen und in der TV-Werbung. **1667**

Bei Fahrzeugen, die mit **Rückhaltesystemen** (Gurt, Gurtstraffer, Airbag) ausgestattet sind, muss der Hersteller darauf hinweisen, dass nach einer gewissen Gebrauchsdauer des Fahrzeugs Teile dieser Einrichtung ausgetauscht und im Falle eines Unfalls mit Airbag-Auslösung die Anlage u. U. komplett erneuert werden muss. Zum Einwand des Herstellers, es handele sich um einen Entwicklungsfehler, etwa bei einer **Fehlauslösung eines Airbags**, s. Rdn. 1671. Ein besonderes Problem stellt die Deaktivierung von **Beifahrer-Airbags** dar. In Abstimmung mit den Automobilherstellern, dem TÜV und den Bundesländern hat das Bundesverkehrsministerium Empfehlungen veröffentlicht. Sie richten sich an die Industrie, an die Werkstätten und die Fahrzeughalter (s. a. § 35a Abs. 8 StVZO – Beifahrersitz/Kinderschutz). **1668**

Die turnusmäßige Erneuerung des **Zahnriemens,** eines besonders anfälligen Teils in ca. 75 % aller Pkw-Motoren**,** muss nicht Gegenstand eines ausdrücklichen Hinweises in der Betriebssanleitung sein, wenn der Hersteller in geeigneter Weise hervorgehoben hat, dass die vorgeschriebenen Inspektionen regelmäßig durchzuführen sind.[128] Zur Haftung des Fahrzeugherstellers wegen unzureichender Wartungsrichtlinien in Bezug auf den Zahnriemen unter dem Gesichtspunkt der Verletzung der Produktbeobachtungspflicht s. LG München I DAR 1999, 127 und die im DAR 2008, 485 mitgeteilte Verfügung (!) des AG Heilbronn vom 6. 9. 2006 in der durch Versäumnisurteil erledigten Sache 4 C 1494/06. Zu weiteren ‚Zahnriemen-Fällen' s. Rdn. 1735 f., 3028. **1669**

Verschärfte Warnpflichten bestehen, sobald dem Hersteller Gefahrenquellen bekannt werden. So ist z. B. ein Unternehmer, der Anbausätze für Sicherungseinrichtungen von Kraftfahrzeugen herstellt und diese mit Anbauanleitungen in Verkehr gebracht hat, die eine unsachgemäße und sicherheitsgefährdende Montage vorsehen, nach Aufdeckung dieses Sachverhalts u. a. verpflichtet, in den neuen Anbauanleitungen durch deutliche, nicht zu übersehende Hinweise auf die richtige Montageart aufmerksam zu machen.[129] Zur Produktbeobachtungspflicht und den sich daraus ergebenden Warn- und Hinweispflichten s. Rdn. 1672 ff. **1670**

Entlastungsgrund Entwicklungsfehler: Was bei der Ersatzpflicht nach dem ProdHaftG gem. § 1 Abs. 2 Nr. 5 ein Ausschlussgrund ist (s. Rdn. 1627), nämlich die Nichter- **1671**

125 BGH 18. 5. 1999, NJW 1999, 2815 (Papierreißwolf).
126 Zur (kaufrechtlichen) Problematik ‚AUDI TT' vgl. AG Sigmaringen 14. 7. 2000, DAR 2000, 530 und LG Hechingen (Berufungsinstanz) 29. 8. 2001, NZV 2001, 479.
127 Z. B. NJW 1996, 2224 (Schmiermittel).
128 LG Duisburg 24. 1. 1999, DAR 1999, 550.
129 BGH 4. 2. 1986, NJW 1986, 1863 (Überrollbügel).

kennbarkeit des Fehlers, spielt bei der Haftung für Instruktionsfehler (auch für Konstruktionsfehler) eine Rolle unter dem Aspekt der **objektiven Pflichtwidrigkeit**. Im Fall eines Entwicklungsfehlers handelt der Hersteller schon objektiv nicht pflichtwidrig.[130] Die **Beweislast** für den Entwicklungsfehler trägt, nicht anders als nach dem ProdHaftG, der Hersteller,[131] näher Rdn 1754. Zur Beweislast bei einem Instruktionsfehler i. Ü. s. Rdn. 1754.

3. Produktbeobachtungspflicht und Rückrufprobleme

1672 Die Pflicht des **Herstellers** zur sachgerechten Instruktion des Produktbenutzers ist nicht das letzte Glied in der Kette der Herstellerpflichten, m. a. W.: Die Gefahrabwendungspflichten enden nicht am Werktor. Sie setzen sich nach der Produktauslieferung fort.[132] Produktbeobachtung zielt darauf ab, die Kenntnis zu gewinnen, um bestehenden Produktgefahren angemessen begegnen zu können. Die **Grundzüge** dieser ‚nachmarktlichen' Pflicht sind in BGHZ 80, 199 – Apfelschorf II – definiert.[133] In einer Reihe weiterer Entscheidungen hat der BGH seine Rechtsprechung konkretisiert.[134] Er unterscheidet zwischen aktiver und passiver Produktbeobachtung(-spflicht). Welche Pflichten ein Hersteller vor und nach dem Inverkehrbringen seiner Verbraucherprodukte hat, ist in **§ 5 GPSG** geregelt.[135]

a) Aktive und passive Produktbeobachtung

1673 Die Pflicht des Herstellers zur **aktiven Produktbeobachtung** besteht nach der Rechtsprechung im Aufbau einer Betriebsorganisation zur Beschaffung von Informationen über die Bewährung des Produkts bei seinem Einsatz in der Praxis und deren Auswertung. **Passive Produktbeobachtung** bedeutet demgegenüber die Überprüfung von Beanstandungen des Produktes.[136] Unter die Produktbeobachtungspflicht fallen nicht nur neu eingeführte Produkte, sondern auch diejenigen, die sich auf dem Markt bereits bewährt haben.[137] **In zeitlicher Hinsicht** erstreckt sich die Verpflichtung zur Beobachtung des Produkts – sie setzt ohne konkreten Anlass mit der Auslieferung ein – auf die betriebsgewöhnliche Nutzungsdauer. Das ist bei einem heutigen Pkw ein Zeitraum von durchschnittlich 12 Jahren (1975: 9,4).

1674 Die Aufmerksamkeit des **Fahrzeugherstellers** hat sich insbesondere (aber nicht nur) auf **sicherheitsrelevante Teile,** wie z. B. die Bremsen, die Reifen, die Lenkung usw., zu richten. Da der Hersteller bei **Neukonstruktionen** trotz gründlicher Erprobung stets damit rechnen muss, dass bei längerer Benutzung Fehler auftreten, hat er durch geeignete Maßnahmen Vorsorge zu treffen, dass er über Anzeichen für einen Produktmangel unverzüglich unterrichtet wird.[138] Von **Autoherstellern** wird verlangt, dass sie ihre Vertragshändler und Vertragswerkstätten anhand eines Pflichtenkataloges zur Durchführung von Produktbeobachtungsmaßnahmen und Meldung von Produktmängeln verpflichten. Dazu gehört auch die Beobachtung der Benutzergewohnheiten sowie die Kontrolle, ob die Bedienungsanlei-

---

130 BGH 16. 6. 2009, NJW 2009, 2952 (Airbag).
131 BGH 16. 6. 2009, NJW 2009, 2952 (Airbag).
132 Zuletzt BGH 16. 12. 2008, NJW 2009, 1080.
133 Dazu und zur weiteren Entwicklung *Birkmann*, DAR 1990, 124; *ders.* DAR 2000, 435; *Kullmann*, BB 1987, 1957; *Kunz*, BB 1994, 450; *Michalski*, BB 1998, 961.
134 Urt. v. 9. 12. 1986, NJW 1987, 1009 (Honda); v. 7. 12. 1993, NJW 1994, 517 (Gewindeschneidemittel); v. 27. 9. 1994, NJW 1994, 3349 (Atemüberwachungsgerät); v. 16. 12. 2008, NJW 2009, 1080 (Pflegebetten).
135 Näheres dazu bei *Klindt*, NJW 2004, 465, 469; *Scheibach*, DAR 2006, 190 ff.
136 BGH 7. 12. 1993, NJW 1994, 517; kritisch zu dieser Unterscheidung *Brüggemeier*, JZ 1994, 578; s. a. *Foerste*, NJW 1994, 909.
137 BGH 17. 3. 1981, BGHZ 80, 199 (Apfelschorf II).
138 OLG Karlsruhe 22. 6. 1977, VersR 1978, 530.

tung sowie Warnhinweise verstanden und befolgt werden. Es muss auch sichergestellt sein, dass der Hersteller über einen etwaigen Fehlgebrauch oder eine Überbeanspruchung des Fahrzeugs informiert wird. Unterlässt der Hersteller Anordnungen in diesem Bereich der Qualitätssicherung, haftet er dem geschädigten Benutzer wegen unzureichender Produktbeobachtung, auch wenn ihn hinsichtlich der Erprobung und der Produktkontrolle im konkreten Fall kein Verschulden trifft.[139]

Die Pflicht zur Produktbeobachtung schließt ein, die Entwicklung bei den wichtigsten **1675**
Konkurrenzprodukten zu verfolgen.[140] Sie erstreckt sich auch auf die von **fremden Firmen** produzierten und gelieferten **Zubehörteile,**[141] selbst wenn der Endprodukthersteller sie nicht eingebaut oder mitgeliefert und deren Einbau auch nicht empfohlen hat. Diese sehr weitgehende Produktbeobachtungspflicht trifft nicht nur den Fahrzeughersteller, sondern auch die in der Bundesrepublik Deutschland ansässige **Vertriebsgesellschaft** eines ausländischen Herstellers.[142] Zur (passiven) Produktbeobachtungspflicht eines **Alleinimporteurs** von Lkw s. a. OLG Frankfurt, r + s 1999, 369 und OLG Frankfurt, NZV 1996, 147 = VersR 1996, 982. Zur Produktbeobachtungspflicht des **Vertragshändlers** s. Rdn. 1715.

Bezüglich **notwendiger Zubehörteile,** die den Betrieb des Fahrzeugs erst möglich ma- **1676**
chen, und solcher, die konstruktionstechnisch bereits vorgesehen sind, z. B. durch Bohrlöcher, Haltevorrichtungen, genügt es nicht, wenn der Hersteller den Zubehörmarkt nur im Auge behält. Vielmehr muss er die Zubehörteile durch Versuche, Testfahrten o. Ä. selbst überprüfen. Reifen, Felgen und auch das Lenkrad sind, wenn überhaupt, notwendiges Zubehör; zum konstruktionstechnisch vorgesehenen Zubehör gehören z. B. Dachgepäckträger, Schneeketten, Antennen, Packtaschen bei Motorrädern. Im Hinblick auf **allgemein gebräuchliche Zubehörteile** verdichtet sich die Pflicht der Produktbeobachtung zu einer Überprüfungspflicht, wenn konkreter Anlass besteht, dass das Zubehörteil in Verbindung mit dem eigenen Produkt dem Benutzer gefährlich werden kann.[143]

Die Produktbeobachtungspflicht bei allgemein gebräuchlichen Zubehörteilen, die die **1677**
Gebrauchs- und Verkehrssicherheit in Frage stellen können, verlangt vom Hersteller schon vor dem Eintreffen der ersten Hiobsbotschaften gewisse Anstrengungen. Er genügt seiner Produktbeobachtungspflicht nicht, wenn er die Zubehörteile lediglich im Auge behält. Vielmehr muss er organisatorisch über Vertrieb, Mitarbeiter usw. sicherstellen, dass er von etwaigen Schadensfällen sofort Kenntnis erhält. Unter Umständen muss er bereits in diesem Stadium stichprobenartige Überprüfungen vornehmen.

Welche Maßnahmen der **Hersteller** ergreifen muss, wenn er nach Inverkehrbringen **1678**
einen Fehler seines Produkts erkennt oder sich ein entsprechender Verdacht ergibt, hängt von den Umständen des Einzelfalls ab, insbesondere von dem Ausmaß der Gefahr und der Qualität der auf dem Spiel stehenden Rechtsgüter. **Er muss alles tun, was ihm den Umständen nach zugemutet werden kann,** so schon das RG.[144] Nach ihrer Zielrichtung lassen sich **zwei Kategorien** von Sicherheitsmaßnahmen unterscheiden: **Warnungen** und **Hinweise** zur selbstverantwortlichen Gefahrsteuerung auf Seiten des gefährdeten Personenkreises, zum anderen **Rückrufe** bzw. **Austauschaktionen** als direkte Einwirkung auf die Gefahrenquelle. Das **GPSG** unterscheidet zwischen Rücknahme und Rückruf.

Warnungen und Hinweise als Ausfluss der Produktbeobachtung können im Einzelfall **1679**
zur Gefahrbekämpfung genügen. Bei weniger gefährlichen Fehlern sind nach dem **Grund-**

---

139 BGH 28. 9. 1970, BB 1970, 1414 (Bremsen).
140 BGH 17. 10. 1989, ZIP 1990, 516.
141 BGH 9. 12. 1986, NJW 1987, 1009 (Honda); BGH 27. 9. 1994, WM 1994, 2288 (Atemüberwachungsgerät).
142 BGH 9. 12. 1986, NJW 1987, 1009 (Honda).
143 BGH 9. 12. 1986, NJW 1987, 1009 (Honda); dazu *Kullmann*, BB 1987, 1957.
144 Urt. v. 17. 1. 1940, RGZ 163, 21.

satz der Verhältnismäßigkeit die wirtschaftlichen Belange des Herstellers angemessen zu berücksichtigen. Drohen nur Sachschäden oder sonstige Vermögensschäden, kann die Abwägung ergeben, dass eine **Rückrufaktion** wirtschaftlich unvertretbar ist. In solchen Fällen genügt der **Hersteller** seiner Gefahrenabwendungspflicht, wenn er die Öffentlichkeit oder den ihm bekannten Erwerberkreis warnt, sobald sich der Verdacht der Gefährlichkeit aufgrund von Untersuchungen verdichtet hat.[145]

1680 Das Bestehen einer – nachträglichen – **Warnpflicht** als praktische Konsequenz der Produktbeobachtungspflicht ist allgemein anerkannt.[146] Zur Warnung ist der für die Verkehrssicherung verantwortliche Unternehmer auch dann verpflichtet, wenn er den Fehler nicht verschuldet hat.[147] Auslöser ‚nachmarktlicher' Warn- und Hinweispflichten ist das nachträgliche Erkennen einer konkreten Produktgefahr, die abzuwenden im Einflussbereich des Produktverantwortlichen liegt.[148]

1681 Das Unterlassen gebotener Warnhinweise kann **schadensersatzpflichtig** machen, wie der Bundesgerichtshof in einer Reihe von Entscheidungen festgestellt hat (z. B. BGHZ 80, 199 = NJW 1981, 1606 – Apfelschorf; BGHZ 99, 167 = NJW 1987, 1009 – Honda; BGH NJW-RR 1995, 342 – Gewindeschneidemittel II). Nach Ansicht des LG München I haftet ein Fahrzeughersteller wegen Verletzung der Produktbeobachtungspflicht (nicht wegen eines Instruktionsmangels), wenn er in seinen Wartungsrichtlinien nicht auf die Notwendigkeit turnusmäßiger **Erneuerung bzw. Überprüfung des Zahnriemens** hinweist.[149] Zu den in der Praxis sehr bedeutsamen ‚Zahnriemen-Fällen' s. a. Rdn. 1735 f., 3028.

1682 **Inhaltliche Anforderungen:** Die Warnung muss detailliert unter Darstellung der erforderlichen Schutzmaßnahmen erfolgen, damit der Benutzer des Produkts die drohenden Gefahren und Risiken in ihrer ganzen Tragweite hinreichend genau abschätzen und ihnen selbstverantwortlich begegnen kann.[150] Hinweise, die der Gefahrvermeidung dienen, sind besonders kenntlich zu machen durch räumliche Trennung vom übrigen Text, durch Rahmung, Fettschrift, Unterstreichung oder Hinweise wie ‚Vorsicht' oder ‚Achtung'. Angesichts des internationalen Benutzerkreises sind bei Kraftfahrzeugen Piktogramme besonders informativ. Warnhinweise dürfen auf keinen Fall zwischen Werbung, Anwendungsvorschlägen usw. verschwinden.[151] Es kann genügen, die Vertragshändler zu informieren, damit sie sich der Sache bei der nächsten Inspektion annehmen. Je nach Grad der Gefährdung und des Umfangs des Wartungsintervalls kann aber eine zusätzliche Information des Endabnehmers geboten sein.[152]

1683 Bei **drohenden Gesundheits- und Körperschäden** entsteht die Warnpflicht bereits bei einem ernst zu nehmenden, wenn auch nicht dringenden Verdacht.[153] Falls ein einwandfreies Produkt lediglich mit fehlender oder fehlerhafter Instruktion in Verkehr gebracht worden ist und dies bei der Produktbeobachtung erkannt wird, lässt sich die Gefahr i. d. R. durch Nachlieferung einer vollständigen und richtigen Instruktion beseitigen.[154] Zulasten

145 BGH 17. 3. 1981, NJW 1981, 1603 (Apfelschorf I).
146 BGHZ 99, 167 = NJW 1987, 1009 (Honda).
147 BGH 17. 3. 1981, NJW 1981, 1603 (Apfelschorf I).
148 Ausführlich dazu *Rettenbeck*, Die Rückrufpflicht in der Produkthaftung, 1994 S. 70 ff.
149 Urt. v. 7. 10. 1998, DAR 1999, 127; vgl. auch LG Duisburg 24. 1. 1999, DAR 1999, 550; AG Heilbronn 6. 9. 2006 – 4 C 1494/06 – DAR 2008, 485 (kein streitiges Urteil).
150 BGH 7. 10. 1986, NJW 1987, 372 (Verzinkungsspray).
151 BGH 9. 12. 1986, BGHZ 99, 167 = NJW 1987, 1009 (Honda).
152 Vgl. OLG Frankfurt 24. 10. 1995, NZV 1996, 147 = VersR 1996, 982 (erforderliche Umrüstung einer Lkw-Kraftstoffanlage).
153 BGH 17. 3. 1981, NJW 1981, 1603 (Apfelschorf I); BGH 27. 9. 1994, NJW 1994, 3349 (Atemüberwachungsgerät).
154 BGH 4. 2. 1986, NJW 1986, 1863 (Überrollbügel).

des Herstellers geht das Risiko, dass die der Gefahrenbeseitigung dienende Instruktion den Benutzer nicht oder nicht rechtzeitig erreicht.[155]

b) Rückrufpflicht, Rückrufpraxis und Rückrufkosten

Die Sicherungspflichten des Herstellers **nach Inverkehrbringen** seines Produktes sind **1684**
nicht notwendig auf die Warnung vor Gefahren beschränkt. Zu den weitergehenden Pflichten kann gehören, das Produkt aus dem Verkehr zu ziehen. Im Kfz-Bereich haben **Rückrufaktionen** der Hersteller/Importeure trotz generell verbesserter Qualität **signifikant zugenommen**. Von 50 Rückrufen im Jahr 1995 ist die Zahl jährlicher Rückrufe kontinuierlich gestiegen.[156] Als Hauptgründe gelten kürzere Modellzyklen mit entsprechend kürzeren Entwicklungszeiten bei gleichzeitiger Zunahme innovativer Technik (vor allem im Elektronikbereich); zunehmende Modellvielfalt (Variantenreichtum) mit größerer Fehleranfälligkeit im Konstruktions- und Fabrikationsbereich, ferner die Verbreiterung der Produktpalette bei fast allen Herstellern. Zudem verfolgen die Hersteller und Importeure von Pkw/Kombis seit einigen Jahren eine offensive Rückrufpolitik. Zugenommen haben Fahrzeugrückrufe schließlich auch dadurch, dass die Haftungsrisiken der Hersteller im Fall unterbliebener Rückrufe deutlich gestiegen sind.

Unter welchen Voraussetzungen sich die deliktische Gefahrabwendungspflicht zur **1685**
Rückrufpflicht verdichtet, ist im Grundsatz geklärt.[157] Doch soweit ersichtlich ist bislang kein einziger Fahrzeughersteller oder sonstiger Träger der Produktverantwortung (Zulieferer, Importeur) mit der Begründung zum Schadensersatz verurteilt worden, er habe eine bestehende Rückrufpflicht verletzt. Es ist auch noch keinem Betroffenen gelungen, einen (Individual-)Anspruch auf Rückruf (Rücknahme) eines Automobils gerichtlich durchzusetzen. Die von der Rechtsprechung entschiedenen Fälle waren meist so gelagert, dass Zulieferer von schadhaften Teilen von ihren Abnehmern auf **Ersatz von Rückrufkosten** in Anspruch genommen wurden. Es ging also um **Regresslagen** und ähnliche Konstellationen.[158]

Ein dem Käufer zustehender **individueller Anspruch** auf Beseitigung eines Fahrzeug- **1686**
mangels, der nur sein Äquivalenz- und Nutzungsinteresse beeinträchtigt, besteht lediglich im Rahmen **kaufrechtlicher Sachmängelhaftung** (Nachbesserung) und (selbstständiger) Garantieverpflichtungen. Um eine deliktische Rückrufpflicht i. w. S. (Warnung, Reparatur, Austausch) auszulösen, muss das **Integritätsinteresse** des Eigentümers/Benutzers oder eines Dritten betroffen sein. Darüber herrscht im Grundsatz weitgehend Einigkeit.[159] Strittig ist, ob die Rückrufpflicht auf Fälle drohender Personenschäden zu beschränken ist oder

155 *Rolland*, Produkthaftungsrecht, Teil II, Rn. 47.

156 2010 waren es laut KBA 185 Aktionen, 39 mehr als 2009.

157 Zur Einordnung und Bewertung der bisherigen Rechtsprechung informativ *Stöhr* in: FS G. Müller (2009), S. 173, 179 f.; s. a. *Molitoris*, NJW 2009, 1049, der im Urteil des BGH v. 16. 12. 2008, NJW 2009, 1080 (Pflegebetten) keine Kehrtwende des BGH bei Produktrückrufen sieht; ferner *Burckhardt*, VersR 2007, 1601 ff.; *Bodewig*, DAR 1996, 341 mit Nachw. der umfangreichen Literatur; allgemein zur Rückrufproblematik *Rettenbeck*, Die Rückrufpflicht in der Produkthaftung; weitere Nachweise bei *Palandt/Sprau*, § 823 BGB Rn. 173; s. a. DAR 2005, 176 (ADAC-Rechtsforum).

158 Vgl. BGH 12. 2. 1992, NJW 1992, 1225 – Ersatz von Nachbesserungs-, nicht Rückrufkosten; OLG Karlsruhe 30. 5. 1985, VersR 1986, 1125 mit NA-Beschl. des BGH v. 18. 3. 1986, VersR 1986, 1127; OLG München 4. 3. 1992, VersR 1992, 1135 = OLGR 1992, 51; OLG Karlsruhe NJW-RR 1995, 594; OLG Düsseldorf 31. 5. 1996, NJW-RR 1997, 1344; OLG München 18. 2. 1998, NJW-RR 1999, 1657; umfassend und m. w. Rspr. *Stöhr* in: FS G. Müller (2009), S. 173 ff.; *Burckhardt*, VersR 2007, 1601 ff.

159 Vgl. *Stöhr* in: FS G. Müller (2009), S. 173, 175; LG Frankfurt 1. 8. 2006, VersR 2007, 1575; dazu *Burckhardt*, VersR 2007, 1601, 1604.

ob sie auch bei reinen Sachschäden einsetzen muss.[160] Überzeugender ist, sämtliche absoluten Rechtsgüter in den Schutz einzubeziehen.

1687 Während die deliktische Rückrufpflicht des Produktherstellers im Grundsatz anerkannt ist,[161] lehnt die h. M. einen damit korrespondierenden Individualanspruch auf Erfüllung dieser Pflicht ab, und zwar sowohl zur Schadensverhütung als auch zur Mängelbeseitigung.[162] Das OLG Düsseldorf[163] scheint zwar die Existenz eines Anspruchs zu bejahen (‚deliktischer Rückruf- und Austauschanspruch gegen den Hersteller'). Diese Frage war indes für die Entscheidung unerheblich, weil eine Regressforderung im Streit war.

1688 **Insgesamt lässt sich feststellen**, dass die Rückrufproblematik jedenfalls im Verhältnis zwischen Fahrzeughersteller/Importeur einerseits und dem gefährdeten Personenkreis andererseits aus einer Reihe von faktischen Gründen bei weitem nicht die Bedeutung hat, die ihr im Schrifttum seit Mitte der Siebziger Jahre und auch gegenwärtig wieder beigemessen wird.[164]

1689 Durch das **GPSG**, in Kraft seit dem 1. 5. 2004, hat die juristische Diskussion neue Impulse erhalten.[165] Nach dessen § 2 Ziff. 17 ist Rückruf jede Maßnahme, die auf Erwirkung der Rückgabe eines bereits in den Verkehr gebrachten Produkts durch den Verwender abzielt. Von besonderem Interesse ist **§ 5 Abs. 1 Nr. 1 lit. c GPSG** mit seiner Verpflichtung des Herstellers, auch für einen etwaigen Rückruf ‚Vorkehrungen' zu treffen.[166] Diese Vorschrift über ein ‚Rückrufmanagement'[167] ist ein **Schutzgesetz i. S. d. § 823 Abs. 2 BGB**.[168] Angenommen wird das auch für **§ 4 GPSG**[169] bzw. für das GPSG in seiner Gesamtheit.[170]

1690 Unter welchen Voraussetzungen ein Hersteller zum Rückruf und/oder einer Rücknahme verpflichtet ist, ist auch **im GPSG nicht geregelt**. § 8 Abs. 4 Nr. 7 GPSG enthält lediglich eine Ermächtigungsgrundlage für die zuständige Behörde, bei begründetem Verdacht für eine gravierende Produktunsicherheit (§ 4 GPSG) die Rücknahme oder den Rückruf anzuordnen. Eine Reparatur oder einen Austausch des fehlerhaften Produkts kann die Behörde dagegen nicht verfügen. Um sich ein Bild von der Beschaffenheit zu machen, darf sie das verdächtige Produkt prüfen oder prüfen lassen. Die damit verbundenen Kosten können ggf. auf den Hersteller abgewälzt werden (§ 8 Abs. 7 GPSG). Diese fiskalische Kostennorm gibt nichts für die Frage her, ob der Produktbenutzer einen eigenen Anspruch gegen den Hersteller auf Übernahme von Rückrufkosten hat, etwa in dem Fall, dass er den Mangel von sich aus vor Beginn der Rückrufaktion beseitigt hat (‚verfrühte' Eigenreparatur). Solange es keinen anerkannten Individualanspruch gegen den Nur-Hersteller auf Rücknahme oder Rückruf gibt, ist auch für Kostenerstattungsansprüche im Verhältnis Verbraucher/Hersteller **kein Raum**.[171] Ohne gesetzliche Regelung der Kostenfrage kann der Verbraucher nur auf Kulanz hoffen.

---

160 Vgl. *Koch*, AcP 203, 603, 614.

161 Näheres bei *Foerste* in Produkthaftungshandbuch, Bd. 1, § 24 Rn. 258 ff.; *ders.*, a. a. O., Bd. 2, § 39 mit umfangreichen Nachweisen.

162 OLG München 18. 2. 1998, NJW-RR 1999, 1657 (ohne nähere Begründung); *Foerste* in Produkthaftungshandbuch, Bd. 2, § 39; abw. *Koch*, Produkthaftung, Arge Verkehrsrecht, 2001, S. 118 ff.; s. a. *Vieweg/Schrenk*, Jura 1997, 561; *Spindler*, NJW 1999, 3741; *Bodewig*, DAR 1996, 341.

163 Urt. v. 31. 5. 1996, NJW-RR 1997, 1344.

164 Zum aktuellen Stand der Diskussion *Stöhr* in: FS G. Müller (2009), S. 173 ff.; *Molitoris*, NJW 2009, 1049 ff.

165 Vgl. *Reinicke/Tiedtke*, Rn. 1024.

166 Dazu *Scheibach*, DAR 2006, 190 ff.; *Klindt*, NJW 2004, 465, 468.

167 *Klindt*, NJW 2004, 465, 469.

168 *Reinicke/Tiedtke*, Rn. 1024; s. a. *G. Müller*, VersR 2004, 1073, 1074.

169 *Bachmeier*, Rn. 1400 m. w. N.

170 OLG Hamm 10. 11. 2008, DAR 2009, 524 (Falschtanken).

171 Zum Ganzen und insbes. zur jüngeren Rechtsprechung *Stöhr* in: FS G. Müller (2009), S. 173 ff.; *Molitoris*, NJW 2009, 1049 ff.; *Burckhardt*, VersR 2007, 1601 ff.

4. Der aus deliktischer Produkthaftung verantwortliche Personenkreis

Die einschränkende Umschreibung des haftenden Personenkreises in § 4 ProdHaftG gilt nicht für die deliktische Haftung nach § 823 Abs. 1 BGB.[172] Wer insoweit als Haftender in Betracht kommt, ist unabhängig davon zu bestimmen.[173] 1691

a) Die Verantwortung des Endproduktherstellers

Gefahrabwendungspflichten treffen in erster Linie den **Hersteller,** also denjenigen, der das Produkt in eigener Verantwortung industriell oder handwerklich anfertigt und in Verkehr bringt. Der Warenhersteller trägt grundsätzlich die **weitestgehende** (umfassende) Verantwortung für einen Produktfehler, der in seinem ‚Tätigkeits- und Wissensbereich' entstanden ist,[174] und zwar von der Konzeptphase bis zur Fertigung und sogar darüber hinaus (Produktbeobachtungspflicht). Zu den Einzelpflichten von Fahrzeugherstellern im Konstruktions-, Fabrikations-, Instruktions- und Beobachtungsbereich s. Rdn. 1645 ff. 1692

Für den Hersteller eines Endprodukts mit hohem Qualitätsanspruch ist die **Qualität der Zulieferteile** von elementarer Bedeutung. Mehr als 50 % der Einzelteile eines Pkw werden von Lieferanten (Zulieferern) eingekauft, Tendenz steigend. Heutzutage werden mehr und mehr komplette Systeme (Baugruppen) direkt ans Band geliefert (z. B. Armaturenbretter, Achsen, Lenkungen und Bremsen). Oftmals werden diese Systeme von den Zulieferern selbst in die Fahrzeuge eingebaut. Der Aufstieg von Zulieferern zu so genannten **Systempartnern** verlangt eine Neuverteilung der Verantwortungssphären. 1693

Grundsätzlich fällt es in den Verantwortungsbereich des jeweiligen Folge- und Endherstellers, die für den eigenen Fertigungsprozess geeigneten Materialien auszuwählen.[175] Das **Verwendungsrisiko** liegt bei ihm als dem Käufer. Er ist – unabhängig von § 377 HGB – verpflichtet, **Zulieferteile** im Hinblick auf ihre Verwendbarkeit und ihre fehlerfreie Beschaffenheit zu überprüfen.[176] 1694

Umfang und Intensität der **Prüfungspflichten** lassen sich nicht generell festlegen. Maßgebend sind die Umstände des Einzelfalls. Wegen der Arbeitsteilung bei der industriellen Fertigung sind die Kontrollpflichten des **Endproduktherstellers** im Allgemeinen wesentlich strenger als die des Teileherstellers. Eine vollständige Wiederholung aller Kontrollmaßnahmen wird dem Hersteller des Endproduktes nicht abverlangt, da dies unwirtschaftlich wäre und vielfach seine fachliche Kompetenz übersteigen würde. Ein gesteigertes Maß an Sorgfaltspflichten trifft den Endprodukthersteller dann, wenn Einzelteile nach seinen Vorgaben von einem so genannten Auftragsfertiger hergestellt werden.[177] 1695

Falls die Tätigkeit des **Endproduktherstellers** vornehmlich darin besteht, von Spezialfirmen angelieferte Teile zusammenzubauen, kann die Eigenhaftung des Endherstellers u. U. völlig entfallen, weil seine Kontroll- und Überprüfungspflichten im Hinblick auf etwaige Konstruktions- und Fabrikationsmängel der zugelieferten Teile im Vergleich zu denen des Zulieferers abgeschwächt sind.[178] Bezieht der Hersteller des Endproduktes Teile von einer als zuverlässig bekannten Zulieferfirma, welche die Qualität und Tauglichkeit ih- 1696

172 BGH 15. 12. 1992, NJW 1993, 655, 656.
173 Zu den Trägern der haftungsrechtlichen Produktverantwortung im Kfz-Bereich s. *Kremer*, DAR 1996, 134.
174 St. Rspr., z. B. BGH 7. 12. 1993, NJW 1994, 517 unter II, 2b, aa.
175 BGH 14. 5. 1996, NJW 1996, 2224.
176 BGH 14. 6. 1977, BB 1977, 1117; *Rolland*, Produkthaftungsrecht, Teil II, Rn. 71.
177 BGH 3. 6. 1975, NJW 1975, 1827.
178 BGH 14. 6. 1977, BB 1977, 1117; OLG München 16. 5. 1955, VersR 1955, 410.

rer Produkte bescheinigt, reduziert sich die Pflicht des Herstellers auf die Prüfung, ob die Lieferung der Bestellung entspricht.[179]

1697 Zur Abgrenzung der Verantwortungsbereiche zwischen Endhersteller des kompletten Fahrzeugs oder von Einzelteilen wie einer Zentralverriegelung und dem jeweiligen Vorlieferanten s. a. BGH NJW 1996, 2224 (Haftung eines Schmiermittelherstellers), BGH NJW 1992, 1225 – Kondensatoren und BGH NJW 1998, 1942 – Transistoren.

1698 Schon im Vorfeld hat der **Endproduktthersteller** dafür zu sorgen, dass er grundsätzlich nur solche Teile erwirbt, die nach Einfügung in sein Produkt oder in Verbindung mit ihm für den späteren Benutzer nicht gefährlich werden können. Die Verhaltenspflichten in diesem Stadium fasst der BGH in dem Urteil vom 27. 9. 1994, NJW 1994, 3349, zusammen (Atemüberwachungsgerät).[180]

b) Die Verantwortung des Zulieferers

1699 Der **Zulieferer von Fahrzeugteilen,** die er selbst produziert hat, ist auch deliktsrechtlich Hersteller. Wie jeder Produzent hat er dafür einzustehen, dass das von ihm gefertigte Produkt im Rahmen des bestimmungsgemäßen Gebrauchs auch in der Weiterverarbeitung durch andere in vollem Umfang fehlerfrei und ohne Gefährdung des Eigentums Dritter eingesetzt werden kann.[181] Das hat zur Konsequenz, dass er sowohl dem Abnehmer seines Produkts als auch dem Endabnehmer des Fahrzeugs deliktisch haften kann.[182]

1700 Der Unternehmer, der auftragsgemäß nur die Fabrikation einzelner Produkte oder Produktteile für den Endprodukthersteller nach dessen Vorgaben hinsichtlich Konstruktion und Materialauswahl übernimmt, trägt in erster Linie die Fabrikationsverantwortung. Sorgfaltspflichten im Sinne einer die Konstruktion des Einzelteils betreffenden Gefahrenabwehr entstehen für ihn aber nicht nur, wenn die Konstruktion Fabrikationsfehler zur Folge haben kann. Vielmehr muss er zur Gefahrenabwehr auch immer dann beitragen, wenn die Gefährlichkeit der Konstruktion für ihn erkennbar ist und Grund zu der Annahme besteht, dass der für die Konstruktion Verantwortliche keine ausreichende Vorsorge getroffen hat.[183]

c) Die Verantwortung von Importeuren und Vertriebsgesellschaften

1701 Nicht nur Endprodukt- und Teilehersteller sowie die so genannten **Quasi-Hersteller** sind produktrechtlich verantwortlich. Auch andere in den Warenabsatz eingeschaltete Unternehmen können sich wegen Verletzung von Verkehrssicherungspflichten schadensersatzpflichtig machen. Je nach Funktion werden ihnen unterschiedliche Pflichten zugewiesen.

1702 Ausgehend von der Überlegung, dass die deliktische Haftung nicht nur an die ‚Herstellung', sondern vor allem an das Inverkehrbringen anknüpft (Verkehrssicherungspflicht), wird die Forderung erhoben, auch **Vertriebsgesellschaften** und **Importeure** in die deliktische Produkthaftung stärker als bisher einzubeziehen.[184] Diese Unternehmen haften aber grundsätzlich nur für die Verletzung **händlerspezifischer Verkehrspflichten** im Bereich des Warenabsatzes. Selbst mit dem Hersteller verbundene **Vertriebsgesellschaften**

179 OLG Köln 15. 3. 1989, NJW-RR 1990, 414.

180 S. a. OLG Oldenburg 23. 2. 2005, NJW-RR 2005, 1338 (Fahrradhersteller/Zulieferer); OLG Oldenburg 7. 12. 2006, OLGR 2007, 903 (Fahrrad mit Konstruktions- und Fabrikationsfehler der Tretkurbel).

181 BGH 14. 5. 1996, NJW 1996, 2224.

182 BGH 17. 10. 1967, DAR 1968, 17 (Schubstrebe).

183 BGH 9. 1. 1990, ZIP 1990, 514.

184 *Kossmann*, NJW 1984, 1664; *Weitnauer*, NJW 1968, 1593; zur Händlerhaftung vor allem *Möllers*, JZ 1999, 24; *Johannsen/Rademacher*, BB 1996, 2636; s. a. EuGH 9. 2. 2006, NJW 2006, 825 (kein Kfz-Fall).

wie inländische Repräsentanten können deliktsrechtlich mit diesem nicht gleichgestellt werden.[185]

Importeurhaftung: Der Importeur ausländischer Kraftfahrzeuge steht dem Hersteller nicht gleich; er haftet nicht als Quasi-Hersteller, wenn er wie ein Hersteller auftritt,[186] auch dann nicht, wenn zwischen ihm und dem Hersteller eine wirtschaftliche Verflechtung besteht. Selbst konzerneigene **Vertriebsgesellschaften,** die anstelle des ausländischen Herstellers die ABE nach § 20 StVZO erhalten haben, sind für Konstruktions- und Fabrikationsfehler grundsätzlich nicht nach § 823 BGB haftbar.[187] **1703**

Bezieht ein Importeur die Waren von einem großen und renommierten Auslandsunternehmen, darf er sich darauf verlassen, dass sie von ihrer Konstruktion her ausreichend Sicherheit bieten.[188] **1704**

Welche **Prüfungen** der Importeur anstellen und in welchem Umfang er importierte Güter untersuchen oder untersuchen lassen muss, ist eine **Frage des Einzelfalles.**[189] Zur Untersuchung auf gefahrenfreie Beschaffenheit ist der Importeur nur verpflichtet, wenn hierzu aus besonderen Gründen Anlass besteht, z. B. bei der Einfuhr von Gütern aus Entwicklungsländern[190] oder einem Staat mit niedrigerem technischem Standard, als er in Deutschland besteht.[191] Allein die Tatsache, dass die Ware aus einem Nicht-EU-Land stammt, begründet für sich allein noch keine Untersuchungspflicht des Importeurs.[192] Andererseits ist es ohne weiteres möglich, dass erhöhte Sorgfalts- und Überprüfungspflichten im Hinblick auf solche Produkte bestehen, die aus EU-Mitgliedsstaaten eingeführt werden, wenn hierfür besondere Gründe bestehen.[193] Soweit es um die Einfuhr aus so genannten Drittstaaten geht, z. B. Fahrzeuge aus China oder Indien, hat § 4 Abs. 2 ProdHaftG den Verbraucherschutz zusätzlich verstärkt. **1705**

Alleinimporteure kann auch die Pflicht zur **Produktbeobachtung** treffen.[194] Zumindest die Pflicht zur sog. **passiven Produktbeobachtung** hat ein Importeur, der ein im Ausland (incl. EU-Staaten) hergestelltes Produkt einführt und hier mit eigenem Markenzeichen in den Verkehr bringt.[195] **1706**

d) Die Verantwortung des Händlers

Nach § 5 ProdSG a. F. hatte auch der Händler dazu beizutragen, dass nur sichere Produkte in den Verkehr gebracht werden. Verletzte er diese Pflicht, konnte er seinem Kunden nicht nur kaufvertragsrechtlich, sondern auch nach § 823 Abs. 1 BGB oder gem. § 823 Abs. 2 BGB i. V. m. § 5 ProdSG a. F. zum Schadensersatz verpflichtet sein. Die Verkehrssicherungspflicht des Händlers ist jetzt in **§ 5 Abs. 3 GPSG** geregelt. Die Vorschrift gilt **1707**

185 *Kullmann*, Aktuelle Rechtsfragen der Produkthaftpflicht, 4. Aufl., S. 62 f. m. Rspr.
186 BGH 7. 12. 1993, NJW 1994, 517 = ZIP 1994, 213.
187 BGHZ 99, 167 = NJW 1987, 1009 (Honda); s. a. *Kullmann*, Aktuelle Rechtsfragen der Produkthaftpflicht, 4. Aufl., S. 62 m. w. N. aus der Rspr.; *ders.*, Probleme der Produzentenhaftung, DAV, 1988, S. 33, 43 f.; *ders.*, NJW 2000, 1915.
188 BGH 11. 12. 1979, NJW 1980, 1219 (Klappfahrrad).
189 BGH 28. 3. 2006, NJW 2006, 1589 (Tapetenkleistermaschine); OLG Saarbrücken 12. 10. 2006, OLGR 2007, 192 („hohe Hürden").
190 BGH 28. 3. 2006, NJW 2006, 1589 (China).
191 LG Frankfurt 24. 3. 1986, NJW-RR 1986, 658.
192 OLG Zweibrücken 27. 4. 1987, NJW 1987, 2684; s. aber auch BGH 28. 3. 2006, NJW 2006, 1589 („besondere Verantwortung").
193 Vgl. BGH 28. 3. 2006, NJW 2006, 1589.
194 BGH 7. 12. 1993, NJW 1994, 517 m. w. N.; OLG Frankfurt 10. 2. 1998, r+s 1999, 369; dazu *Birkmann*, DAR 2000, 435, 436.
195 BGH 7. 12. 1993, NJW 1994, 517, JZ 1994, 574 m. krit. Anm. *Brüggemeier;* OLG Frankfurt 10. 2. 1998, r+s 1999, 369 (Volvo).

auch für Gebrauchtwagenhändler. Ebenso wie ein Neufahrzeughändler ist auch er zur Unterrichtung der zuständigen Behörde verpflichtet (§ 5 Abs. 2 GPSG).

1708 Bei Verletzung einer Verkehrssicherungspflicht haftet der (Zwischen-)Händler nach § 823 Abs. 1 BGB; auf Ersatz reiner Vermögensschäden, von Abs. 1 nicht erfasst, nach § 823 Abs. 2 BGB i. V. m. § 5 Abs. 3 GPSG.[196] Bei positiver Kenntnis der Gefahrensituation kommt ferner eine Haftung nach § 826 BGB in Betracht.

1709 Nach ständiger Rechtsprechung ist ein Zwischenhändler **grundsätzlich** nicht zur Untersuchung der an Endabnehmer weiterveräußerten Ware verpflichtet.[197] Dabei macht es keinen Unterschied, ob es sich um einen Spezies- oder um einen Gattungskauf handelt.[198] Auch einen Neufahrzeughändler trifft eine **Prüf- und Untersuchungspflicht** nur ausnahmsweise, nämlich dann, wenn aus einem **besonderen Grund** dazu Anlass besteht, d. h., wenn konkrete Anhaltspunkte dafür vorliegen, dass mit dem Fahrzeug „etwas nicht stimmt".

1710 Diese **Regel-Ausnahme-Verhältnis** ist nicht nur bei der Prüfung einer vertraglichen Nebenpflichtverletzung zu beachten (dazu Rdn. 4616 ff.). Auch der deliktische Schutz des Käufers findet nur in diesem Rahmen statt. Er kann nicht weiter gehen als das, wozu der Händler kraft Vertrages verpflichtet ist. **Gegenüber Dritten** ist die Verkehrssicherungspflicht eines Zwischenhändlers eher schwächer als stärker. Dafür, dass Dritte durch die von ihm angebotenen Fahrzeuge keinen Schaden erleiden, hat der Händler (nur) im Rahmen des technisch Möglichen und wirtschaftlich Zumutbaren zu sorgen.

1711 Von sich aus, d. h. ohne konkreten Anlass, muss ein Händler nicht der Frage nachgehen, ob das an ihn ausgelieferte Neufahrzeug gefahrlos in den Verkehr gebracht werden kann. Ein Grund zum Tätigwerden kann sich z. B. aus einem Rundschreiben eines Kfz-Herstellers ergeben, in dem auf einen bestimmten Mangel oder ein bestimmtes Risiko hingewiesen wird,[199] ebenso bei einer dem Händler bekannten oder fahrlässig unbekannten Rückrufaktion.[200] Zur Untersuchungspflicht des Händlers beim Verkauf eines gebrauchten Kraftfahrzeugs s. Rdn. 3843 ff.

1712 Für Fehler im **Konstruktions- und Herstellungsbereich** braucht ein (Zwischen-)Händler grundsätzlich nicht einzustehen. Der Produzent ist nach gefestigter Rechtsprechung auch nicht sein Erfüllungs- oder Verrichtungsgehilfe (§§ 278, 831 BGB).[201] Zur Zurechnungsproblematik s. Rdn. 1247 f. Hat der Händler aber Kenntnis oder fahrlässige Unkenntnis von einem Konstruktions- oder Fabrikationsfehler, kann er ausnahmsweise auch deliktisch in der Haftung sein.[202] Haftungsgrund ist das Inverkehrbringen des fehlerhaften Fahrzeugs. Ist der Mangel bzw. die Schadensursache in diesem Zeitpunkt (noch) nicht vorhanden, kommt die Verletzung einer auch deliktsrechtlich relevanten **Warn- und Instruktionspflicht** in Betracht,[203] was für Käufer oder spätere Besitzer aus Verjährungsgründen interessant ist.

1713 Fehler, die im Zusammenhang mit einer **„Ablieferungsinspektion"** des Autohauses oder eines Subunternehmers[204] unterlaufen, können außer einer vertraglichen Haftung unter

196 Schutzgesetzcharakter bejahend *Reinicke/Tiedtke*, Rn. 1024; s. a. *G. Müller*, VersR 2004, 1073, 1074; *Bachmeier*, Rn. 1399 ff.; ohne Begründung für das gesamte GPSG OLG Hamm 10. 11. 2008, DAR 2009, 524.
197 BGH 18. 2. 1981, NJW 1981, 1269 m. w. N.
198 BGH 18. 2. 1981, NJW 1981, 1269.
199 Vgl. BGH 18. 5. 2004, NJW-RR 2004, 1427.
200 Vgl. OLG Düsseldorf 29. 7. 2009 – I-22 U 157/08 (Verkauf eines gebrauchten Alfa Romeo 156).
201 BGH 21. 6. 1967, NJW 1967, 1903; 5. 5. 1981, NJW 1981, 2250.
202 OLG Düsseldorf 29. 7. 2009 – I-22 U 157/08 (Kenntnis durch Rückrufaktion).
203 Bejaht von OLG Düsseldorf 29. 7. 2009 – I-22 U 157/08 (Korrosionsanfälligkeit des Motorhaubenschlosses eines gebraucht verkauften Alfa 156).
204 Zur Erfüllungsgehilfeneigenschaft BGH 18. 6. 1969, NJW 1969, 1708.

dem Gesichtspunkt der Nebenpflichtverletzung (dazu Rdn. 4616 ff.) auch zu einer Ersatzpflicht aus unerlaubter Handlung führen.[205]

Ist das vom Händler zur Auslieferung bereitgestellte Fahrzeug mangels gegenteiliger Anhaltspunkte als fehlerfrei und sicher einzustufen, ist ein Unsicherheitsfaktor aber **in der Person des Käufers** begründet, können den Kfz-Händler Fürsorge- und Schutzpflichten treffen. Eine besondere Gefahrenquelle besteht darin, dass ein Auto in die Hand einer Person gelangen kann, die es nicht sicher beherrscht. Unsicherheiten am Steuer können bekanntlich vielfältige Gründe haben (mangelnde Erfahrung eines Fahranfängers, neue Technik, ältere Menschen u. a.). Erkennbaren Gefahren muss der Händler beim Verkauf, spätestens bei der Auslieferung, in zumutbarer Weise begegnen.[206] **1714**

Von einer **aktiven Produktbeobachtungspflicht** ist der Vertriebshändler bisher freigestellt gewesen. Anders verhält es sich mit der **passiven Produktbeobachtungspflicht**.[207] **1715**

5. Geschützte Rechtsgüter, insbesondere der Schutz des Eigentums

Grundvoraussetzung für einen Anspruch aus § 823 Abs. 1 BGB ist die Verletzung eines der in dieser Vorschrift genannten Rechtsgüter: Leben, Körper, Gesundheit, Freiheit, Eigentum oder ein ‚sonstiges Recht'. Aufgabe des Deliktsrechts ist es nicht, das **Nutzungs- und Äquivalenzinteresse** von Erwerbern und Nutzern zu schützen.[208] Das ist Sache der Vertragsordnung, während § 823 Abs. 1 BGB jedenfalls primär dem **Schutz des Integritätsinteresses** dient. Dieses schließt indes das Gebrauchs- und Funktionsinteresse ein,[209] was zu **Überschneidungen der Schutzrichtungen** von Vertrags- und Deliktsrecht führt.[210] Die unterschiedlichen Zuständigkeiten zu trennen, macht vor allem mit Blick auf den Tatbestand der **Eigentumsverletzung** (§ 823 Abs. 1 BGB) nach wie vor beträchtliche Schwierigkeiten. **1716**

a) Der Tatbestand der Eigentumsverletzung (§ 823 Abs. 1 BGB)

Nach ständiger Rechtsprechung des BGH setzt eine Eigentumsverletzung **keinen Eingriff in die Substanz** der Sache voraus. Auch eine bloße Beeinträchtigung des bestimmungsgemäßen Gebrauchs kann den Tatbestand der Eigentumsverletzung begründen.[211] Auf Kraftfahrzeuge übertragen heißt das, dass schon eine Fehlfunktion wie das Nachlassen der Bremswirkung eine Eigentumsverletzung darstellen kann.[212] Ist die Verkehrssicherheit nicht gewährleistet, z. B. wegen eines Defekts der Bremsanlage, darf das Fahrzeug nicht in Betrieb genommen werden (§ 23 Abs. 1, 2 StVO, § 31 Abs. 2 StVZO). **1717**

Da § 823 Abs. 1 BGB an die **Verletzung des Eigentums** anknüpft, kommt es für die deliktische Haftung nicht auf den Zeitpunkt der schadensstiftenden Handlung an. Derjenige, der im **Zeitpunkt des Unfalls** Fahrzeugeigentümer ist, hat daher bei einer **unsachgemäßen Reparatur** einen Anspruch aus § 823 Abs. 1 BGB, selbst wenn er zur Zeit der Reparatur **1718**

---

205 Dazu BGH 18. 6. 1969, NJW 1969, 1708 (Eindellung der inneren rechten Hinterradfelge mit späterem Reifenschaden/Unfall).

206 Grundsätzliches dazu in BGH 24. 4. 1979, NJW 1979, 2309; s. a. BGH 31. 10. 2006, NJW 2007, 762.

207 Vgl. *Birkmann*, DAR 2000, 435, 436 mit Hinweisen auf OLG-Rechtspr.; s. a. LG München I 7. 10. 1998, DAR 1999, 127 (Zahnriemen).

208 BGH (VI. ZS) 16. 12. 2008, NJW 2009, 1080, Tz. 19 m. w. N.

209 BGH 8. 12. 1998, NJW 1999, 500 = BB 1999, 178.

210 Umfassend dazu *Gsell*, Substanzverletzung und Herstellung, 2003.

211 BGH 7. 12. 1993, NJW 1994, 517 = JZ 1994, 574 m. krit. Anm. *Brüggemeier* (Gewindeschneidemittel I).

212 Näheres dazu bei Koch, Produkthaftung, Arge Verkehrsrecht, 2001, S. 121 ff.

mit dem Auto noch nichts zu tun hatte.[213] Für den Tatbestand der Eigentumsverletzung ist es unerheblich, wie lange und für welche Zwecke der Eigentümer die Sache im Besitz hatte und ob die eigentliche Gebrauchsbeeinträchtigung bei seinem Abnehmer bzw. Auftraggeber eingetreten ist.[214]

1719 Eine Eigentumsverletzung kann auch dadurch verursacht werden, dass ein Endprodukthersteller **mangelhafte Teilprodukte** mit einwandfreien Teilprodukten zu einer neuen (Gesamt-)Sache verbindet. Verhältnismäßig unproblematisch ist dabei die Konstellation, dass schon durch das Zusammenfügen Schäden an dem bis dahin unversehrten (Teil-)Produkt entstanden sind. Dann haftet der für den Fehler verantwortliche Unternehmer in gleicher Weise wie z. B. der Hersteller eines **Kfz-Ersatzteils,** dessen schädliche Eigenschaften sich nach dem Einbau in ein Fahrzeug ausgewirkt haben.[215] Eine ‚neue deliktsrechtliche Haftungsdimension'[216] weist demgegenüber die folgende Konstellation auf: Nicht der Ein- oder Anbau mangelhafter Teile, sondern erst später vorgenommene Reparaturarbeiten an der Gesamtsache haben bis dahin unversehrte Teile in Mitleidenschaft gezogen. *Beispiel:* Ein Hersteller elektronischer Regler für ABS-Bremsanlagen baute schadhafte **Kondensatoren** ein. Da die Bremsanlagen nicht funktionierten, musste er die Regler zurücknehmen. Beim Auswechseln der schadhaften Kondensatoren entstanden Schäden an anderen Teilen der Regler. Der BGH[217] hat eine Eigentumsverletzung bejaht. Ausdrücklich offen hat er gelassen, ob diese Verletzung ‚bereits durch die Verbindung mit den fehlerhaften Kondensatoren oder erst mit deren Ausbau eingetreten ist'; bejahend BGH NJW 1998, 1942 – Transistoren.

b) Haftung für Schäden an der Kaufsache selbst (‚Weiterfressermangel')

1720 Schäden an dem fehlerhaften Produkt selbst sind nach dem **ProdHaftG** (§ 1 Abs. 1 S. 1) von der Ersatzpflicht ausgenommen. Dahinter steht die in der Amtlichen Begründung[218] formulierte Annahme, solche Schäden seien durch die Spezialregelungen in den §§ 459 ff., 633 ff. BGB a. F. zufriedenstellend zu regulieren. Genau dies war bis in die Siebziger Jahre hinein die vorherrschende Auffassung zum Verhältnis zwischen deliktischer Produkthaftung und Vertragsordnung. Zudem war man allgemein der Meinung, die Auslieferung einer Kaufsache mit einem mangelhaften Einzelteil könne schon tatbestandsmäßig keine Eigentumsverletzung i. S. v. § 823 Abs. 1 BGB darstellen.[219]

aa) Die Rechtsprechung des Bundesgerichtshofs

1721 Dass auch das Kaufobjekt selbst Gegenstand einer Eigentumsverletzung i. S. v. § 823 Abs. 1 BGB sein kann, steht für die Rechtsprechung seit Mitte der Siebziger Jahre außer Frage. Die **Kehrtwende** hat der VIII. Senat des **BGH** mit dem vielbeachteten **Schwimmerschalter-Urteil v. 24. 11. 1976**[220] eingeleitet. Beide Vorinstanzen hatten die Klage gegen den Lieferanten (Hersteller und Verkäufer einer Industrieanlage) abgewiesen. Kaufrechtliche Schadensersatzansprüche waren verjährt. Unter dem Gesichtspunkt der unerlaubten

213 BGH 15. 12. 1992, NJW 1993, 655 (Handbremse); OLG Hamm 8. 7. 2003, OLGR 2004, 83 (Umlenkrolle).
214 BGH 6. 12. 1994, NJW-RR 1995, 342 (Gewindeschneidemittel II).
215 Zu dieser Fallgruppe gibt es eine gefestigte Rechtsprechung, s. die Nachweise in BGHZ 117, 183, 188 = NJW 1992, 1225 (Kondensatoren).
216 *Kullmann*, NJW 1994, 2671.
217 Urt. v. 12. 2. 1992, BGHZ 117, 183 = NJW 1992, 1225; s. a. BGH 26. 2. 1991, NJW-RR 1992, 283 (Möbellack).
218 BR-Drucks. 101/88, 28.
219 Für das RG war eine Prüfung unter diesem Gesichtspunkt ersichtlich abwegig, vgl. Urt. v. 17. 1. 1940, RGZ 163, 21 (Bremsnocken).
220 BGHZ 67, 359 = NJW 1977, 379.

Handlung war die Klage nach Ansicht des Berufungsgerichts schon nicht schlüssig. Dem ist der BGH nicht gefolgt. Entscheidend sei, dass die in der Mitlieferung des schadhaften Schalters liegende Gefahrenursache sich erst nach Eigentumsübertragung zu einem über diesen Mangel hinausgehenden Schaden herausgebildet habe und dadurch das im Übrigen mangelfreie Eigentum des Erwerbers an der Anlage insgesamt verletzt worden sei.

Wenig später bekräftigte der VIII. Senat seinen Standpunkt, indem er die Verurteilung **eines Kraftfahrzeughändlers** zum Schadensersatz im Ergebnis bestätigte.[221] Der Beklagte hatte an den Kläger einen **gebrauchten Sportwagen** verkauft, der vom Vorbesitzer vorschriftswidrig bereift worden war. Bei einer Fahrt des Klägers **platzte ein Hinterreifen,** der für die Felge nicht zugelassen war. Wie im Schwimmerschalterfall waren kaufvertragliche Schadensersatzansprüche verjährt. Dennoch hatte die Klage auch hier aus § 823 Abs. 1 BGB Erfolg. Der geltend gemachte Schaden, so der Kernsatz, sei mit dem Mangel der vorschriftswidrigen Bereifung **nicht stoffgleich.** **1722**

Weiterentwickelt und modifiziert wurde die Rechtsprechung des VIII. Senats durch eine Reihe von Entscheidungen des für Streitigkeiten aus unerlaubter Handlung zuständigen **VI. Senats des BGH**. Grundlegend und richtungweisend ist sein Urteil vom 18. 1. 1983 im **‚Gaszug-Fall'**.[222] Streitgegenstand war eine Klage eines VW-Käufers **gegen das Herstellerwerk**. Zur Begründung brachte er vor, aufgrund eines Fabrikationsfehlers sei der Gaszug ‚hängen geblieben', wodurch das Fahrzeug beim Rückwärtsfahren unerwartet beschleunigt und gegen einen Zaun geraten sei. Anspruch auf Ersatz der Reparaturkosten für den eigenen Wagen, nicht für den Gartenzaun, war dem Kläger in beiden Tatsacheninstanzen mit der Begründung versagt worden, von einer Eigentumsverletzung im Sinne eines ‚Weiterfresserschadens' könne nicht ausgegangen werden. Demgegenüber hat der BGH entschieden: **1723**

‚Dem Käufer einer Sache können gegen deren Hersteller auch dann deliktische Schadensersatzansprüche aus Eigentumsverletzung zustehen, wenn diese Sache nach ihrem Erwerb infolge eines fehlerhaft konstruierten oder mit Herstellungsfehlern versehenen Einzelteils beschädigt wird' (Leitsatz a).

‚Für deliktische Schadensersatzansprüche ist jedoch kein Raum, wenn sich der geltend gemachte Schaden mit dem Unwert, welcher der Sache wegen ihrer Mangelhaftigkeit von Anfang an anhaftete, deckt' (Leitsatz b).

Für die im Leitsatz b beschriebene ‚Deckungsgleichheit' hat sich der Begriff der **Stoffgleichheit** eingebürgert. Fortan diente er als das entscheidende **Abgrenzungskriterium**. Danach ist zu fragen, ob der geltend gemachte (eingetretene) Schaden mit dem Unwert ‚stoffgleich' ist, welcher der Sache von Anfang an anhaftete. Entscheidend ist mithin der Vergleich des geltend gemachten Schadens mit dem im Augenblick des Eigentumsübergangs dem Produkt anhaftenden **‚Mangelunwert'**. **1724**

Unter ‚Mangelunwert' versteht der BGH die im Mangel verkörperte Entwertung der Sache für das Äquivalenz- und Nutzungsinteresse des Erwerbers.[223] Bei welchen Fallgestaltungen ‚Stoffgleichheit' vorliegt und wann sie zu verneinen ist, hat er in einer Reihe von Entscheidungen, vorwiegend aus dem Kfz-Bereich, durch **Bildung von Fallgruppen** und Formulierung konkreter Zusatzkriterien herausgearbeitet.[224] Ergänzende Erläuterun- **1725**

---

221 NJW 1978, 2241 = BB 1978, 1491 = DB 1978, 1878; dazu *Kraft*, JuS 1980, 408.

222 BGHZ 86, 256 = NJW 1983, 810.

223 Z. B. Urt. v. 14. 5. 1985, NJW 1985, 2420 (Kompressor).

224 Zusammenfassend im ‚Austauschmotorenfall', NJW 1992, 1678 unter 2 a; s. a. BGH 31. 3. 1998, NJW 1998, 1942 (Transistoren); BGH 12. 12. 2000, NJW 2001, 1346 (Schlacke) und BGH 16. 12. 2008, NJW 2009, 1080 (Pflegebetten).

gen und weitere Abgrenzungshilfen geben die ehemaligen Mitglieder des VI. Senats *Steffen*[225] und *Kullmann*[226] sowie *Wellner* als derzeitiges Mitglied des VI. Senats.[227]

1726 Für den Kfz-Bereich **besonders wichtig** (aber auch sehr problematisch) ist neben der Gaszug-Entscheidung[228] der **Austauschmotor-Fall**.[229] Der Kläger hatte für seinen Pkw einen Ersatzmotor von einer Firma gekauft, die von der Beklagten beliefert worden war. Diese hatte den Motor ‚generalüberholt' und als Austauschmotor verkauft. Bei der Generalüberholung war ihr nach der Behauptung des Klägers ein Fehler unterlaufen, weil eine Befestigungsschraube des Nockenwellensteuerrades nicht angebracht worden sei. Dies habe einige Zeit nach Einbau des Motors in den Pkw des Klägers zu einem Schaden am gesamten Aggregat geführt. Der BGH hat die auf § 823 Abs. 1 BGB gestützte Klage für schlüssig gehalten. Die Ansicht des Berufungsgerichts, das Fehlen der Befestigungsschraube des Nockenwellensteuerrades sei mangels Erkennbarkeit unbehebbar gewesen, hat er als irrelevant zurückgewiesen. Ob der Erwerber den Fehler des Einzelteils vor dem Eintritt des endgültigen Schadens bei normalem Lauf der Dinge entdecken konnte oder nicht, sei unerheblich. Wesentlich für die Beurteilung der ‚Stoffgleichheit' sei jedoch, dass der Einzelteilfehler, wäre gezielt nach ihm gesucht worden, technisch hätte aufgespürt und behoben werden können und dass weder die Fehlersuche noch die Mangelbeseitigung einen wirtschaftlich unverhältnismäßigen Aufwand an Zeit und Kosten erfordert hätte.[230]

1727 Das letzte Glied in der Kette automobilspezifischer BGH-Judikate **unter der Geltung des alten Schuldrechts** ist die **Hinterreifen II-Entscheidung** des VIII. Senats vom 11. 2. 2004.[231] Anders als im Hinterreifen I-Fall[232] war der geplatzte Reifen nicht von seiner Dimension her vorschriftswidrig, sondern wegen Überalterung verkehrsunsicher und auch (sach-)mangelhaft. Ohne den Gesichtspunkt der Stoffgleichheit auch nur zu erwähnen, hat der Senat die Voraussetzungen einer Haftung nach § 823 Abs. 1 BGB bejaht. Die maßgebliche Verletzungshandlung/Pflichtwidrigkeit ist für ihn nicht die Montage der Reifen (auf Wunsch eines früheren Kunden), auch nicht die Auslieferung des Ferrari an den später unfallgeschädigten Käufer. Fahrlässig habe man im Bereich des Händlers deshalb gehandelt, weil man trotz gegebenen Anlasses das Alter der Reifen nicht überprüft habe (zu diesem Aspekt s. Rdn. 3900 ff.).

1728 Die Hinterreifen II -Entscheidung des BGH kann weder als Abschied von der ‚Stoffgleichheits-Formel' noch als Neuorientierung in Richtung auf eine Verortung der ‚Weiterfresserfälle' im Rahmen der deliktischen Instruktionshaftung verstanden werden.[233] Ob die vom BGH angenommene Anspruchskonkurrenz im modernisierten Schuldrecht fortgilt, kann seinem Urteil vom 11. 2. 2004[234] nicht einmal andeutungsweise entnommen werden.

bb) Die Rechtsprechung der Instanzgerichte (nur Kfz-Fälle)

1729 Nach Maßgabe der BGH-Grundsätze entschied das AG Köln,[235] richtig wertend, dass bei von Anfang an vorhandener Fehlerhaftigkeit eines **Getriebes** bezüglich der Fahrstufen

225 VersR 1988, 977.
226 BB 1985, 409.
227 In *Geigel*, Kap. 14, Rn. 283.
228 NJW 1983, 810.
229 BGH 24. 3. 1992, NJW 1992, 1678.
230 BGH 24. 3. 1992, NJW 1992, 1678.
231 NJW 2004, 1032; zum Werkvertragsrecht s. a. noch BGH 27. 1. 2005, NJW 2005, 1423.
232 BGH 5. 7. 1978, NJW 1978, 2241.
233 Zu beiden Aspekten s. *Gsell*, NJW 2004, 1913; zum Hinterreifen II-Fall s. a. *Masch/Herwig*, ZGS 2005, 24, 27.
234 NJW 2004, 1032.
235 Urt. v. 7. 12. 1984, 123 C 240/84, n. v.; bestätigt durch LG Köln.

schnell/langsam ‚Stoffgleichheit' vorliege und eine Produzentenhaftung ausscheide, und zwar selbst dann, wenn die Mangelhaftigkeit einer technisch definierten Funktionsgruppe des Getriebes zuzuordnen sei. Denn, so das Gericht wörtlich,

‚bei natürlicher Betrachtungsweise kann aber ein Getriebe nur als Einheit betrachtet werden, auch wenn es aus mehreren Funktionsgruppen besteht; war die Funktion schnell/langsam des Getriebes defekt, so war damit das Getriebe insgesamt mangelhaft'.

Verneint wurde die Deliktshaftung vom OLG Düsseldorf[236] in einem Fall, in dem es zu einer **Motorblockade** gekommen war, weil die **Pleuel-Halbschalen** nicht zu den jeweils dazugehörigen Pleueln montiert worden waren und Materialablagerungen im Lager Druckstellen an den Pleuellagern sowie Abrieb am Hauptlager und Kolben zur Folge hatten. Der 6. Zivilsenat bejahte ‚Stoffgleichheit' und wies die Klage ab. Zur Begründung führte er aus, dass die Annahme, der Käufer habe ein fehlerfreies Auto mit fehlerfreiem Motor, aber fehlerhaften Pleueln erworben, die dann die fehlerfreien Teile des Motors beeinträchtigt und so das Eigentum des Käufers verletzt hätten, jeder natürlichen und wirtschaftlichen Betrachtungsweise widerspreche (angesichts der BGH-Entscheidung im Austauschmotor-Fall, NJW 1992, 1678, zumindest zweifelhaft). **1730**

Um die Frage der ‚Stoffgleichheit' geht es ferner in der Entscheidung des 22. Zivilsenats des OLG Düsseldorf vom 31. 5. 1996.[237] Gestritten wurde um die Erstattung von Rückrufkosten aus Anlass einer Rückrufaktion der Porsche AG. Kunststoff-Kugelpfannen für Tempostate waren durch Stahlkugelgelenkstangen ersetzt worden. **1731**

Das AG Kiel[238] billigte einem Fahrzeughalter Schadensersatz aus dem Gesichtspunkt der Produzentenhaftung zu, weil er die Geschwindigkeit des Autos wegen eines **Bremsversagens** vor einer Kurve nicht ausreichend vermindern konnte und mit den Rädern mehrfach gegen die Bordsteinkante prallte, wobei die Achsen zu Schaden kamen. Ursächlich für den Unfall war eine schadhafte **Manschette des Hauptbremszylinders** infolge fehlerhafter Erstmontage. Das Gericht verneinte die Deckungsgleichheit zwischen dem Mangel der Bremse und dem Schaden an der Achse. **1732**

Dem LG Saarbrücken[239] und dem LG Köln[240] lagen Fälle mit **Motorschäden** infolge des Zerreißens **konstruktiv** zu schwach ausgelegter **Steuerketten** vor. Beide Berufungskammern haben Stoffgleichheit zwischen Mangel und Schaden mit der Begründung bejaht, die Steuerkette und die durch ihren Riss beschädigten Motorteile seien Teile derselben technischen und funktionsmäßigen Einheit ‚Motor'. Es würde jeder natürlichen und wirtschaftlichen Betrachtungsweise widersprechen, wenn man annehmen wollte, der Käufer habe ein fehlerfreies Fahrzeug mit fehlerfreiem Motor, aber fehlerhafter Steuerkette erworben, wodurch dann die fehlerfreien Teile des Motors beeinträchtigt worden seien. **1733**

Beide LG-Urteile stehen nicht im Einklang mit der BGH-Rechtsprechung, wie sie in der (später ergangenen) Entscheidung im Austauschmotor-Fall[241] zusammengefasst und präzisiert worden ist. **1734**

Motorschäden infolge defekter Steuerkette oder Zahnriemen, die innerhalb der Frist einer Haltbarkeitsgarantie auftreten, führen nur selten zu gerichtlichen Auseinandersetzungen. Ohne Garantieschutz kann schon ein **Neuwagenkäufer** nach Ablauf der ersten sechs Monate (Beweislastumkehr nach § 476 BGB) in Beweisnot geraten,[242] erst recht ein Zweit- **1735**

236 Urt. v. 10. 1. 1985, WM 1985, 1079.
237 NJW-RR 1997, 1344.
238 Urt. v. 22. 4. 1984, DAR 1984, 28.
239 Urt. v. 5. 12. 1988, 13 S 14/88, n. v.
240 Urt. v. 6. 4. 1990, 12 S 456/89, n. v.
241 BGH NJW 1992, 1678.
242 Dazu *Schattenkirchner*, 40. VGT, 2002, S. 81, 85.

oder Drittbesitzer. Nach Ablauf von Garantie- und Gewährleistungsfristen bleiben Neuwagenkäufern, abgesehen von Kulanz, zumeist nur geringe Möglichkeiten, ihren häufig beträchtlichen Schaden abzuwälzen. Deutlich ungünstiger stehen die Chancen für Gebrauchtfahrzeugkäufer. Daran ändert die freizeichnungsfeste Sachmängelhaftung gegenüber Verbrauchern nur wenig. Auch die Beweislastumkehr des § 476 BGB ist, wie der Zahnriemenfall BGH NJW 2004, 2299, zeigt, nur von begrenztem Wert. Steuerketten und Zahnriemen sind Verschleißteile, so dass Gebrauchtwagenkäufer bereits dem Einwand ausgesetzt sind, es handele sich gar nicht um einen Mangel im Rechtssinn, sondern um normalen Verschleiß (Rechtsprechung dazu unter Rdn. 2973).

1736 **Händler** als Verkäufer/Inspektionsfirma können in den erfahrungsgemäß hochkomplizierten **Zahnriemen/Steuerketten-Fällen** ebenso wie **Werkstätten** außerhalb des Gewährleistungsrechts wegen fehlerhafter Wartung oder wegen eines Informationsverschuldens auf vertraglicher Grundlage zum Schadensersatz verpflichtet sein.[243] Außerdem kommt eine Haftung unter dem Gesichtspunkt des ‚Weiterfressermangels' in Betracht. Sie kann auch den **Hersteller** treffen,[244] ferner eine Werkstatt, die ohne vom Autobesitzer beauftragt worden zu sein, als autorisierter ‚Dritthändler' Garantie- bzw. Gewährleistungsarbeiten durchgeführt hat.[245] Zur Instruktionsverantwortung des Herstellers mit Blick auf die Wartung/Zahnriemenwechsel s. Rdn. 1669.

1737 ‚Stoffgleichheit' dürfte nach den Kriterien der BGH-Rechtsprechung im **Austauschmotor-Fall**[246] zu verneinen sein, wenn der Zahnriemen als solcher bei Gefahrübergang beschädigt war (z. B. durch einen Anriss) und sein späteres Zerreißen zum Ausfall des gesamten Motors geführt hat.[247] Ebenso liegt es, wenn der Zahnriemen oder die Steuerkette bei Übergabe unzureichend gespannt war. Häufig versagen Zahnriemen nicht infolge einer äußeren Beschädigung oder ungenügender Spannung. Ursächlich für sein Abrutschen kann z. B. auch ein ausgeschlagenes Wasserpumpenlager sein.[248] Denkbar ist auch, dass ausgetretenes Öl auf den Zahnriemen gelangt, weshalb dieser überspringt oder durchrutscht. Schäden an der Funktionsgruppe Steuerkettentrieb[249] entstehen vorwiegend infolge von Montage- und Wartungsfehlern. Bekannt geworden sind auch Brüche der Gleitscheine. Wegen der Komplexität der Schadensbilder und der Schadensursachen[250] ist in all diesen Fällen ein **technisches Gutachten** unerlässlich. Die Vorgaben, die dem Sachverständigen zur Beurteilung der Stoffgleichheits-Frage unbedingt zu machen sind, ergeben sich aus der BGH-Entscheidung im Austauschmotor-Fall.[251]

1738 Auf der Linie der BGH-Rechtsprechung liegt die Entscheidung des OLG Köln v. 16. 11. 1990:[252] Der **Motor** eines Lkw war durch einen **Ventilbruch** beschädigt worden.[253] Der Ventilbruch beruhte auf einem Materialfehler. Das OLG Köln bewertete die Zerstörung des Motors als die Verwirklichung eines den Unwert des Nutzungs- und Äquivalenzinteresses übersteigenden, mithin nicht ‚stoffgleichen' Schadens. Der Ventilfehler, so heißt es in

243 LG München I 7. 10. 1998, DAR 1999, 127 – GOLF GTI 16 V, EZ 3/87.

244 LG München I 7. 10. 1998, DAR 1999, 127; AG Heilbronn 9. 6. 2006, DAR 2008, 485 (kein Urteil, sondern nur eine Verfügung; erledigt wurde die Sache durch VU v. 12. 2. 2007).

245 OLG Koblenz 21. 7. 1998, MDR 1999, 35 = OLGR 1998, 439 (kein Zahnriemenfall); s. a. OLG Hamm 8. 7. 2003, OLGR 2004, 83 (beim Zahnriemenwechsel die Umlenkrolle nicht erneuert).

246 NJW 1992, 1678.

247 Vgl. auch *Schattenkirchner*, 40. VGT 2002, S. 81.

248 Vgl. KG 16. 7. 2004, ZGS 2005, 76.

249 Bestehend aus Steuerkette, mind. 2 Kettenräder, Spannschiene, Führungs- und Gleitschiene sowie Kettenspanner.

250 Ausführlich dazu *Greuter/Zima*, Motorschäden, S. 366 ff.

251 NJW 1992, 1678.

252 NJW-RR 1991, 740.

253 Ähnlich der Porsche-Fall OLG Köln 11. 11. 2003, DAR 2004, 91.

der Urteilsbegründung, habe zunächst nur einen begrenzten Minderwert des Motors verursacht, der mit verhältnismäßig geringem Aufwand von ca. 1.000 DM zu beseitigen gewesen sei. Keine Rolle spiele der Umstand, dass dem Motor von Anfang an infolge des Fehlers eine weitergehende Zerstörung gedroht habe. Sei nämlich ein behebbarer Mangel nur auf einen Teil des Produktes beschränkt und führe er erst später zu dessen Zerstörung, dann besitze der von dem Fehler nicht erfasste Teil des Motors einen davon unabhängigen Wert.

Ein **Motorschaden** ist auch Gegenstand der Entscheidung des AG Köln vom 1739
13. 1. 1993.[254] Vier Jahre nach der Erstzulassung war an einem Dieselmotor eines Pkws ein irreparabler Schaden eingetreten, weil der fehlerhaft konstruierte **Kühlwasserschlauch** im Laufe der Zeit durchgescheuert war. Darin hat das Gericht – in Anlehnung an die Entscheidung des BGH im Kompressorfall[255] – eine Verletzung des Integritätsinteresses des Klägers gesehen. Das deckt sich mit der Entscheidung des BGH im Austauschmotor-Fall.[256]

Zur kaum noch überschaubaren Kasuistik ‚Motorschäden' zählen ferner OLG Koblenz 1740
MDR 1999, 35 = OLGR 1998, 439 (fehlerhafter Einbau eines Austauschmotors im Zuge von Nachbesserungsarbeiten einer vertragsrechtlich nicht haftenden Drittfirma) und OLG Hamm OLGR 2004, 83 (Zahnriemenwechsel ohne gebotene Erneuerung der Umlenkrolle). Ist die Umlenkrolle im Zeitpunkt des Fahrzeugserwerbs zwar noch funktionsfähig, aber als Verschleißteil so schadensträchtig, dass mit dem Eintritt eines Motorschadens vor dem nächsten Wechselintervall gerechnet werden muss, so ist der darin liegende ‚Mangelunwert' nicht deckungsgleich („stoffgleich") mit dem später tatsächlich eingetretenen Schaden am gesamten Motor.[257]

Um abgetretene Schadensersatzansprüche von Lkw- Eigentümern ging es u. a. in der Sa- 1741
che, über die das OLG Stuttgart durch Urteil vom 1. 3. 2004[258] entschieden hat. Hintergrund war die Lieferung angeblich schadhafter Kolbenringe, die die klagende Werkstatt in Motoren von Kundenfahrzeugen eingebaut hatte. Eine Haftung unter dem Gesichtspunkt des ‚Weiterfressermangels' wurde mit der Begründung verneint, der Tatbestand einer Eigentumsverletzung sei nicht schlüssig dargetan. Notwendig sei ein substantiierter Vortrag, welches bisher unversehrte Eigentum durch eine fehlerhafte Sache beschädigt oder zerstört worden sei.

Dem Urteil des OLG Frankfurt vom 10. 2. 1998[259] liegt der Fall zugrunde, dass an einem 1742
Volvo-LKW ein Brandschaden dadurch entstanden sein soll, dass die vom Kraftstofffilter zur Einspritzpumpe führende **Kraftstoffleitung** nicht ordnungsgemäß mit dem erforderlichen Drehmoment angezogen gewesen sein soll. Das OLG hat zwar eine passive Produktbeobachtungspflicht des Alleinimporteurs bejaht, im Ergebnis aber eine Haftung verneint.[260]

cc) Stellungnahme

Das **Schuldrechtsmodernisierungsgesetz 2002** hat der Rechtsprechung des BGH **nicht** 1743
den Boden entzogen, wie vielfach – unter Wiederholung alter, aber auch mit neuen Argumenten – behauptet wird.[261] Richtig ist zwar, dass die Rechte des Käufers bei Lieferung einer sachmangelhaften Sache erheblich verstärkt worden sind, auch mit Blick auf die Scha-

254 118 C 289/91, n. v.
255 NJW 1985, 2420.
256 Urt. v. 24. 3. 1992, NJW 1992, 1678.
257 So OLG Hamm 8. 7. 2003, OLGR 2004, 83 (Werkstattfall).
258 Az. 5 U 140/03.
259 r+s 1999, 369 m. NA-Beschl. des BGH v. 6. 10. 1998 – VI ZR 85/98.
260 Vgl. auch *Birkmann*, DAR 2000, 435, 436.
261 *Brüggemeier*, WM 2002, 1376, 1384; *Grigoleit*, ZGS 2002, 78; *Mansel* in AnwK Schuldrecht, § 195 Rn. 54; *Mansel/Budzikiewicz*, § 5 Rn. 139 ff.; *Foerste*, ZRP 2001, 342.

densersatzhaftung des Verkäufers. Beseitigt ist vor allem die kurze Verjährung von 6 Monaten, für viele der eigentliche Auslöser der Rechtsprechung zu den ‚Weiterfressermängeln'. Indessen sind die kaufrechtliche Verjährungsfrist und die deliktsrechtliche Frist nur vordergründig zusammengewachsen. So machen Gebrauchtfahrzeughändler beim Verbrauchsgüterkauf in aller Regel von der Möglichkeit der **Verkürzung auf ein Jahr** Gebrauch. Hinsichtlich der Dauer der Durchsetzbarkeit der verschiedenen Ansprüche bestehen nach wie vor erhebliche Unterschiede.[262] Ein triftiger Grund für die Aufgabe der BGH-Rechtsprechung in den ‚Weiterfresser-Fällen' kann schließlich nicht darin gefunden werden, dass dem Verkäufer auch beim Stückkauf neuerdings ein Recht auf zweite Andienung zusteht. Zum einen ist dieser Gesichtspunkt (Nacherfüllungsvorrang) aus dem bisherigen Werkvertragsrecht bekannt.[263] Zum anderen ist die Befürchtung, das Nacherfüllungsrecht des Verkäufers könne unterlaufen werden, eher theoretischer Natur. In den einschlägigen Fällen aus dem Kfz-Bereich wäre eine Nacherfüllung entweder aus tatsächlichen Gründen nicht in Betracht gekommen (§ 275 Abs. 1 BGB) oder unter dem Gesichtspunkt der Unzumutbarkeit ausgeschieden. In Fällen, in denen dem Verkäufer ein Nacherfüllungsrecht zusteht,[264] ist dem Rechnung zu tragen. Auch nach Deliktsrecht sind behebbare „Weiterfresseschäden" grundsätzlich erst nach Ablauf einer angemessenen Frist zur Nacherfüllung ersatzfähig.[265]

1744 Unter all diesen Umständen ist es sachgerecht, an der festgefügten Rechtsprechung zu den ‚Weiterfressermängeln' **im Grundsatz festzuhalten**.[266] Auf den Willen des Reformgesetzgebers kann man sich dabei nur bedingt berufen. Aus guten Gründen hat er sich in dieser Frage nicht exponiert und die weitere Behandlung **der Rechtsprechung** überlassen.[267] Diese hat bisher keinen Grund gesehen, ihre altrechtliche Position aufzugeben.[268] Die damit verbundenen Vorteile – insbesondere **mit Blick auf die Verjährung** und bei **Händlerinsolvenz** – wissen Kfz-Käufer und ihre Nachfolger nicht immer zu nutzen.

1745 **In der Praxis** liegt **das Hauptproblem** weiterhin weniger im Grundsätzlichen als darin, anhand der Kriterien des BGH zu sachgerechten Abgrenzungen zu gelangen. Selbst Obergerichte stehen der Abgrenzungsproblematik, sofern die Möglichkeit deliktischer Haftung überhaupt erkannt wird, oft ziemlich hilflos gegenüber; trotz oder vielleicht auch gerade wegen einer Rechtsprechung des BGH, die in einer mitunter verwirrenden Vielfalt einzelne Entscheidungskriterien aufzeigt.[269] Die Umsetzung in der täglichen Praxis, auch der beratenden, erfordert nicht nur genaueste Kenntnis der einschlägigen BGH-Entscheidungen. Sie setzt auch technischen Sachverstand voraus, den ein nicht spezialisierter Jurist erfahrungsgemäß nicht mitbringt. Wie stark der BGH **die Instanzgerichte überfordert**, zeigt bei-

---

262 Dazu *Wagner* in *Dauner-Lieb/Konzen/K. Schmidt*, Das neue Schuldrecht in der Praxis, S. 203, 207; *Masch/Herwig*, ZGS 2005, 24, 28.

263 BGH 7. 11. 1985, NJW 1986, 922, 924 (Spundwand).

264 Es erstreckt sich auf Ausweitungen des Mangels und auch auf „Weiterfressermängel"; dazu auch *Heßeler/Kleinhenz*, JuS 2007, 706, 709.

265 Vgl. *Faust* in *Bamberger/Roth*, § 437 BGB Rn. 199 m. w. N.; ferner *Heßeler/Kleinhenz*, JuS 2007, 706.

266 So auch NK-BGB/*Büdenbender* § 437 BGB Rn. 130; HK-BGB/*Staudinger*, vor §§ 823–853 BGB Rn. 13; *ders.* ZGS 2002, 145; *Palandt/Sprau*, § 823 BGB Rn. 177 m. w. N.

267 BT-Drucks. 14/6040, S. 228.

268 BGH 16. 12. 2008, NJW 2009, 1080 (Pflegebetten) ist nur ein mittelbarer Beleg (Altfall); expressis verbis für Fortgeltung LG Krefeld (Urt. v. 19. 8. 2008, 2 O 344/07) als Vorinstanz von OLG Düsseldorf 29. 7. 2009 – I-22 U 157/08 (für den Senat kam es aus tatsächlichen Gründen auf diese Frage nicht an).

269 Bemerkenswert ist das Urt. des LG Chemnitz v. 14. 12. 2009, SVR 2010, 335 = DAR 2011, 531, wonach ein Motorschaden infolge Ölmangels als „Weiterfresserschaden" deshalb eingestuft wird, weil das Steuergerät fehlerhaft konstruiert gewesen sei (keine rechtzeitige Mitteilung des Ölstandes an den Fahrer). Haftung des Herstellers (BMW) sogar nach § 1 ProdHaftG bejaht!

spielhaft der Austauschmotoren-Fall,[270] in dem das OLG München die Klage wegen ‚Stoffgleichheit' abgewiesen hat, während der BGH eine Verletzung des Integritätsinteresses als schlüssig dargetan sieht. Selbst wenn man den subtilen Erwägungen des BGH folgt,[271] muss die Entscheidung aus der Sicht der Praxis auf Bedenken stoßen. Nicht ohne Grund hat der **40. VGT (2002)** an den BGH appelliert, seine Abgrenzungskriterien zu verdeutlichen. Das ist bislang nicht geschehen.

Bei der Arbeit am konkreten Fall empfiehlt es sich, auf die sog. **Funktionsgruppentheorie** zurückzugreifen. Sie liefert brauchbare Abgrenzungskriterien. Der erforderliche Bewertungsspielraum bleibt erhalten, wie etwa bei der Frage, ob beim Motor eines Kraftfahrzeugs auch die Aggregate wie Lichtmaschine, Anlasser, Vergaser zur Funktionseinheit gehören und ob bei einem Schadensübergriff (‚sachinterne Mängelausbreitung'[272]) von einer Funktionsgruppe auf die andere bezüglich des Schadens an der anderen Funktionsgruppe stets von fehlender ‚Stoffgleichheit' auszugehen ist. Werden statt der Funktionsgruppen das Wertverhältnis zwischen Mangel und Schaden und die ursprüngliche Behebbarkeit des Mangels – die Erkennbarkeit ist unzweifelhaft kein Kriterium – in den Vordergrund der Überlegungen gerückt, wird die Grenze zwischen ‚stoffgleichen' und ‚stoffungleichen' Mängeln/Schäden verwischt. 1746

6. Beweisfragen

a) Modifizierung der allgemeinen Grundsätze

Die Entwicklung der deliktischen Produkthaftung zu einem eigenständigen Bereich des Deliktsrechts ist im Wesentlichen auf die Rechtsprechung zur Beweislastverteilung zurückzuführen. Der BGH hat die allgemeine Beweislastverteilung in vielfältiger Weise zugunsten Geschädigter modifiziert. Obgleich mit dem In-Kraft-Treten des ProdHaftG mit seinen eigenen Beweisregeln (dazu Rdn. 1631) ein wesentlicher Grund für die Einführung richterrechtlicher Beweiserleichterungen entfallen ist, hält der BGH an seinen – die unteren Instanzen häufig überfordernden[273] – Beweisgrundsätzen zur deliktischen Produzentenhaftung unverändert fest.[274] 1747

Statt eines Abbaus von Beweisprivilegien ist sogar eine Verschärfung zulasten bestimmter Hersteller zu beobachten (zur Befundsicherungspflicht als Instrument für eine Beweislastumkehr s. Rdn. 1759 ff.). Durch die Schuldrechtsreform mit ihren Beweislastregeln in §§ 280 Abs. 1 S. 2, 476 BGB hat sich für die deliktische Haftung nichts geändert. Die Beweislastumkehr nach § 280 Abs. 1 S. 2 BGB gilt nur im Rahmen eines bestehenden Schuldverhältnisses. 1748

Bei einer Schadensersatzklage, gestützt auf die deliktische Produkthaftung nach § 823 Abs. 1 BGB, hat **der Geschädigte** nur noch in folgenden Punkten die **Darlegungs- und Beweislast:** 1749

- Eigenschaft des in Anspruch genommenen Unternehmens als Hersteller oder sonst deliktsrechtlich Verantwortlichem (Zulieferer, Importeur u. a.),
- Vorhandensein eines Produktfehlers (Konstruktions-, Fabrikations-, Instruktions- oder Produktbeobachtungsfehler),

---

270 Urt. v. 24. 3. 1992, NJW 1992, 1678 = VersR 1992, 758.
271 Abl. insbes. *Reinicke/Tiedtke*, Rn. 960 ff.
272 *Gsell*, NJW 2004, 1913, 1915.
273 Z. B. OLG Jena 10. 4. 2008 – 1 U 665/06 (Vorinstanz zu BGH 16. 6. 2009, NJW 2009, 2952 – Airbag).
274 Vgl. BGH 16. 6. 2009, NJW 2009, 2952 (Airbag).

- Entstehung (Verursachung) des Produktfehlers im Verantwortungsbereich des verklagten Herstellers, ‚Fehler-Bereichsbeweis' als erste Stufe des Kausalitätsnachweises[275],
- haftungsbegründender Kausalzusammenhang zwischen – zugeordnetem (s. o.) – Produktfehler und Rechtsgutsverletzung (Körperverletzung, Sachbeschädigung u. a.) zweite Stufe des Kausalitätsnachweises[276],
- haftungsausfüllende Kausalität zwischen Rechtsgutsverletzung und dem geltend gemachten Schaden, der – ebenso wie die (haftungsausfüllende) Kausalität – nach § 287 ZPO zu beurteilen ist.

1750 Nach allgemeinen Beweislastgrundsätzen hätte der Geschädigte außer der **Rechtswidrigkeit** (Pflichtwidrigkeit) der behaupteten Rechtsgutsverletzung auch ein **Verschulden** des Herstellers zu beweisen. Davon entbindet ihn die Rechtsprechung in Form einer **Beweislastumkehr,** sofern unstreitig oder erwiesen ist,[277] dass der Produktfehler aus dem Verantwortungsbereich des Beklagten stammt. Dann, aber auch nur dann, braucht ein Produktgeschädigter nicht zu beweisen:

- das Verschulden des Herstellers i. S. v. § 276 BGB (‚innere Sorgfalt')[278],
- die objektive Pflichtwidrigkeit (‚äußere Sorgfalt') im Hinblick auf Konstruktions- und Fabrikationsfehler (= Rechtswidrigkeit i. S. v. § 823 Abs. 1 BGB)[279],
- den ursächlichen Zusammenhang zwischen (objektiver) Pflichtwidrigkeit und Produktfehler.

1751 Soweit dem Geschädigten die Beweisführungspflicht nicht abgenommen ist, hilft ihm die Rechtsprechung in oft großzügiger Weise mit **Beweisvermutungen** und **Anscheinsbeweisregeln.**[280] So schloss der BGH[281] beispielsweise aus dem Fehlen von Brems- und Blockierspuren am Unfallort prima facie auf das Vorliegen eines **Konstruktionsmangels der Bremsanlage**. In einem anderen Fall ließ er zum Nachweis des ursächlichen Zusammenhangs zwischen Fehlerhaftigkeit des Kfz und Herstellerverantwortung die Feststellung genügen, dass die Hinterradfelge vor dem Unfall eine Verbeulung aufwies, die beim Einschlagen der Lenkung ein Entweichen der Luft ermöglicht hatte.[282] Bei Unfällen im Zusammenhang mit **Reifenschäden** ist der Nachweis eines Konstruktions- oder Fabrikationsfehlers mit Hilfe der Anscheinsbeweisregeln kaum zu führen.[283] Zur Beweisproblematik in Reifenfällen s. Rdn. 1768, ferner Rdn. 4647 ff.

1752 Wenn überhaupt, hilft der **Anscheinsbeweis** dem Geschädigten auf der Stufe ‚Fehler-Bereichsbeweis'. Beim Nachweis des (eigentlichen) Ursachenzusammenhangs zwischen schädlichen Eigenschaften eines Produkts und einer Rechtsgutsverletzung kommt der An-

---

275 BGH 26. 11. 1968, BGHZ 51, 91, 104 (Hühnerpest); v. 7. 6. 1988, BGHZ 104, 323 (Limonadenflasche I).

276 St. Rspr., z. B. BGH 7. 6. 1988, BGHZ 104, 323 (Limonadenflasche I); OLG Frankfurt 8. 6. 1993, NJW-RR 1994, 800 (Fahrradlenker); zu den Anforderungen an die Darlegungspflicht s. BGH 10. 1. 1995, NJW 1995, 1160 (Holzschutzmittel).

277 Auch bei einem Non liquet mit Beweislastverteilung zu Lasten des Herstellers bei unterlassener Befundsicherung.

278 Grundlegend BGH 26. 11. 1968, BGHZ 51, 91 (Hühnerpest); Erweiterung auf Kleinbetriebe in BGH 19. 11. 1991, ZIP 1992, 410.

279 BGH 26. 11. 1968, BGHZ 51, 91 mit Klarstellung in BGH NJW 1981, 1603, 1605 und BGH NJW 1996, 2507.

280 Vgl. *Kullmann*, Aktuelle Rechtsfragen der Produkthaftpflicht, 4. Aufl., S. 76 ff.; *Rolland*, Teil II, S. 370.

281 Urt. v. 28. 9. 1970, BB 1970, 1414, JZ 1971, 29; inzwischen durch ABS überholt.

282 Urt. v. 18. 6. 1969, DAR 1969, 240.

283 Vgl. *Kullmann*, NZV 2002, 7 mit Hinweisen auf unveröffentlichte OLG-Rspr.

scheinsbeweis nur selten zum Zuge.[284] Denn es wird meist an einem typischen Geschehensablauf fehlen.[285]

1753 In **Ausnahmefällen** entlastet der BGH einen Produktgeschädigten sogar von dem Nachweis, dass der Produktfehler im Verantwortungsbereich des Herstellers entstanden ist; er braucht dann den sog. **Fehler-Bereichsnachweis** nicht zu erbringen. Vielmehr ist es Sache des beklagten Herstellers, seinerseits nachzuweisen, dass er das Produkt fehlerfrei in den Verkehr gebracht hat (vergleichbar der Regelung in § 1 Abs. 4 S. 2 ProdHaftG). Eine solche **Beweislastumkehr** zulasten des Herstellers nimmt der BGH an, wenn der Hersteller ‚aufgrund der ihm im Interesse des Verbrauchers auferlegten Verkehrssicherungspflicht gehalten war, das Produkt auf seine einwandfreie Beschaffenheit zu überprüfen und den Befund zu sichern, er dieser Verpflichtung aber nicht nachgekommen ist'.[286] Dazu näher Rdn. 1759.

b) Beweisrechtliche Besonderheiten beim Instruktionsfehler

1754 Für den **ursprünglichen** – schon beim Inverkehrbringen begangenen – Instruktionsfehler gilt grundsätzlich nichts anderes als für Konstruktions- und Fabrikationsfehler. Insoweit hat der Geschädigte lediglich den Beweis zu führen, dass eine unterbliebene Instruktion wie etwa eine Warnung erforderlich bzw. eine erteilte Instruktion objektiv unrichtig war.[287] Es ist dann Sache des Herstellers, entsprechende Tatsachen vorzutragen und zu beweisen, die auf seine Schuldlosigkeit schließen lassen.[288] Bereits die **objektive Pflichtwidrigkeit**, nicht erst ein Verschulden, wird von ihm geleugnet, wenn er geltend macht, nach dem bei Inverkehrgabe vorhandenen Stand von Wissenschaft und Technik sei eine Gefahr, eine potenzielle Gefährlichkeit, nicht erkennbar gewesen, erst **die weitere Entwicklung** habe zu einem anderen, verbesserten Erkenntnisstand geführt. Auch im Instruktionsbereich kommt einem Hersteller zwar das **Entwicklungsfehlerprivileg** zugute.[289] Die **Beweislast für einen Entwicklungsfehler** trägt indes der Hersteller,[290] womit der BGH einen Gleichlauf zur Haftung im Rahmen des Produkthaftungsgesetzes herstellt.

1755 **Kausalität:** Bei einem Instruktionsfehler hat der Geschädigte **grundsätzlich** zu beweisen, dass der Schaden bei ausreichender Instruktion nicht eingetreten wäre.[291] Das ist eine Frage der haftungsbegründenden Kausalität mit Beweismaß nach § 286 ZPO. Doch kann, wenn nicht konkrete Umstände des Falles für das Gegenteil sprechen, eine **tatsächliche Vermutung** dafür bestehen, dass ein deutlicher und plausibler Hinweis auf das bestehende Risiko von dem Adressaten der Warnung beachtet worden wäre.[292] Der instruktionspflichtige Hersteller muss diese Vermutung dann entkräften, was regelmäßig misslingt. Mit einer solchen Vermutung für aufklärungsrichtiges Verhalten zu operieren, ist nicht unproblematisch.[293] Die Erfahrung zeigt, dass manche Instanzgerichte von einer generellen (grundsätzlichen) Vermutungswirkung ausgehen, sie damit u. U. voreilig bejahen. Kaum beachtet wird die vom BGH wohl nicht nur als salvatorische Klausel formulierte Einschränkung, dass „konkrete Umstände" nicht für das Gegenteil sprechen dürfen.[294] Noch stärker sind

284 Vgl. *Kullmann*, NJW 1994, 1698, 1706; *G. Müller*, VersR 2004, 1073, 1078.
285 Wie im Fall OLG Frankfurt 8. 6. 1993, NJW-RR 1994, 800 (Fahrradlenker).
286 BGH 7. 6. 1988, BGHZ 104, 323 = NJW 1988, 2611 (Limonadenflasche I).
287 *Kullmann*, NJW 1992, 2669, 2677.
288 BGH 31. 1. 1995, NJW 1995, 1286 (Kindertee III); v. 18. 5. 1999, NJW 1999, 2815 (Papierreißwolf); OLG Düsseldorf 29. 11. 1996, NJW 1997, 2333 (Mountain-Bike); *Kullmann*, NJW 1992, 2669, 2677.
289 BGH 16. 6. 2009, NJW 2009, 2952 (Airbag).
290 BGH 16. 6. 2009, NJW 2009, 2952 Tz. 29 (Airbag).
291 BGH 16. 6. 2009, NJW 2009, 2952 Tz. 33 (Airbag).
292 BGH 16. 6. 2009, NJW 2009, 2952 Tz. 33 (Airbag) m. w. N.
293 Berechtigte Bedenken bei *Klindt/Handorn*, NJW 2010, 1105, 1108.
294 Z. B. OLG Düsseldorf 29. 7. 2009 – I-22 U 157/08 (im Ergebnis aber zutreffend).

die Bedenken gegen die Annahme **eines Anscheinsbeweises** für aufklärungsrichtiges Verhalten.

c) Beweisrechtliche Besonderheiten bei der Produktbeobachtungspflicht

1756 Ähnliche Schwierigkeiten wie bei Fehlern im Bereich der Instruktionsverantwortung ergeben sich bei der **prozessualen Behandlung** von Verstößen gegen Produktbeobachtungspflichten. Die Notwendigkeit der Produktbeobachtung und die Erforderlichkeit geeigneter Maßnahmen zur Gefahrenabwendung hat der Geschädigte zu beweisen. Das ist bei einer Pflicht vom Typus der Produktbeobachtungspflicht mit daraus abgeleiteter Warnpflicht nichts anderes als der **Nachweis objektiver Pflichtwidrigkeit**.

1757 Auch soweit die **Kausalität** zwischen unterbliebener bzw. unzureichender Warnung vor der Produktgefahr nach Inverkehrgabe und dem eingetretenen Schaden im Streit ist, trägt grundsätzlich der Geschädigte die Beweislast.[295] Im Honda-Urteil[296] ist der BGH davon als selbstverständlich ausgegangen. Andernfalls wäre sein Hinweis überflüssig gewesen, dass die Beweiserleichterungen bei vertraglichen Aufklärungspflichtverletzungen im Bereich der Deliktshaftung nicht ohne Weiteres Anwendung fänden. Im Vertragsrecht, etwa bei der Haftung für fehlerhafte Anlageberatung, hat die höchstrichterliche Rechtsprechung den Beweisschwierigkeiten von Geschädigten auf unterschiedliche Weise Rechnung getragen. Die dabei angewandten Mittel reichen von der Anwendung des § 287 ZPO (statt § 286 ZPO) über den Anscheinsbeweis und den Rückgriff auf die Lebenserfahrung sowie auf ‚tatsächliche Vermutungen' bis zur Verlagerung der Beweislast auf den Aufklärungspflichtigen.[297]

1758 Der Weg des BGH bei einem Verstoß gegen die Produktbeobachtungspflicht wird nicht von dem abweichen, den er beim ursprünglichen Instruktionsfehler eingeschlagen hat (dazu oben Rdn. 1754), d. h. keine Freistellung vom Kausalitätsnachweis, aber Erleichterung in Form einer ‚tatsächlichen Vermutung'. *Birkmann* gibt zu erwägen, in besonders gelagerten Fällen entsprechend den Grundsätzen im ‚Limonadenflaschen-Urteil' eine Beweislastumkehr zugunsten des Produktgeschädigten vorzunehmen.[298] Dagegen bestehen Bedenken. Die Beweissituation ist nicht vergleichbar.

d) Befundsicherungspflicht und Beweislastumkehr

1759 Unter dem Aspekt ‚Befundsicherungspflicht' wird die Frage erörtert, ob in Umkehrung der Beweislast dem Hersteller die Beweislast dafür aufzubürden ist, dass er sein Produkt fehlerfrei in den Verkehr gebracht hat. Dies kann man zwar als erste Stufe des Kausalitätsbeweises bezeichnen,[299] weil zu klären ist, ob der Fehler im Bereich des beklagten Herstellers seine Ursache hat. Besser spräche man von Herkunft oder Entstehung. Insoweit kann eine **Beweislastumkehr in Ausnahmefällen** gerechtfertigt sein.

1760 Die **Überprüfungs- und Befundsicherungspflicht** ist nicht gleichzusetzen mit der Pflicht des Herstellers zur üblichen **Warenendkontrolle**.[300] Die Endkontrolle ist als Qualitätsprüfung Bestandteil der allgemeinen Verkehrssicherungspflicht, ebenso die Wareneingangskontrolle bei Zulieferungen. Fahrzeughersteller, die auf diese bewährten Qualitätssicherungsmaßnahmen verzichten, mögen pflichtwidrig handeln. Allein das genügt jedoch nicht, um eine Beweislastumkehr beim Fehler-Bereichsbeweis zu rechtfertigen.[301]

295 Vgl. *Birkmann*, DAR 1990, 124; *Kunz*, BB 1994, 450, 452.
296 NJW 1987, 1009.
297 Vgl. *Stodolkowitz*, VersR 1994, 11 m. N.
298 DAR 1990, 124, 129 ff.
299 So *Birkmann*, DAR 1989, 281, 282.
300 OLG Düsseldorf 18. 12. 1998, r+s 2000, 430.
301 BGHZ 104, 323, NJW 1988, 2611 unter 2b, aa; OLG Düsseldorf 18. 12. 1998, r+s 2000, 430; *Birkmann*, DAR 1989, 281.

Eine so weitgehende Beweiserleichterung auf dieser Ebene setzt einen Verstoß gegen eine besondere Befundsicherungspflicht voraus.

Wie der BGH ferner klargestellt hat,[302] geht es bei der Befundsicherungspflicht nicht um eine ‚Beweiserhaltungspflicht' des Herstellers, auch nicht um eine Dokumentationspflicht in dem Sinne, dass die einzelnen Prüfungen zu dokumentieren und die Befunde aufzubewahren sind. Befundsicherung im Sinne der BGH-Rspr. bedeutet vielmehr die Sicherstellung eines Kontrollverfahrens zur ‚signifikanten Verringerung des Produktrisikos'[303] **in bestimmten Ausnahmefällen**. **1761**

Ob und inwieweit **Hersteller von Kraftfahrzeugen** und **Fahrzeugteilen** zur ‚Befundsicherung' verpflichtet sind, hat die Rechtsprechung noch nicht ausdrücklich entschieden. Der Spruchpraxis des VI. Zivilsenats in den Mehrwegflaschen-Fällen[304] und den ergänzenden Erläuterungen und Hinweisen von *Kullmann*[305] und *Birkmann*[306] kann Folgendes entnommen werden: Eine Befundsicherung, deren Unterlassen eine Beweislastumkehr begründen kann, kommt **nur unter besonderen Umständen** in Betracht. Das bedeutet sicher nicht, dass es immer um geplatzte Mehrwegflaschen oder um vergleichbare Produkte mit besonderem Wiederverwendungsrisiko gehen muss. Vorausgesetzt wird ein Produkt, ‚das erhebliche Risiken für den Verbraucher in sich trägt, die in der Herstellung geradezu angelegt sind und deren Beherrschung deshalb einen Schwerpunkt des Produktionsvorgangs darstellt'.[307] **1762**

Dass dem Gesamtprodukt Kraftfahrzeug diese ‚besondere Schadenstendenz' bisher nicht bescheinigt worden ist, besagt in diesem Zusammenhang nicht viel. Es genügt, wenn bestimmte Einzelteile sie aufweisen. Nur sog. ‚Sicherheitsteile' sollen unter die Befundsicherungspflicht des Kfz-Herstellers fallen können.[308] *Kullmann*[309] wirft aber mit Recht die Frage auf, ob dies für alle sicherheitsrelevanten Teile gilt, wie *Birkmann*[310] vorschlägt. **1763**

Da die Verkehrs- und Betriebssicherheit eines Kraftfahrzeuges von einer großen Zahl von Einzelteilen ganz unterschiedlicher Sicherheitsbedeutung abhängig ist, liegt es nahe, nach dem Grad der Gefahr zu differenzieren. Für sämtliche Fahrzeugteile, die irgendwie sicherheitsrelevant sind, ein betriebsinternes Controlling im Sinne einer ‚Statussicherung' zu verlangen, dürfte zu weit gehen. Auch die Befundsicherungspflicht besteht nur in den Grenzen des technisch Möglichen und wirtschaftlich Zumutbaren. **1764**

Der **Motor und seine Einzelteile** sind zwar für die Betriebssicherheit von Fahrzeugen und damit auch für deren Verkehrssicherheit von Bedeutung. Ein plötzlicher Ausfall des Motors kann eine gefährliche Verkehrssituation heraufbeschwören, z. B. beim Überholen. Dass ein klemmender Gaszug zu einem Unfall führen kann, ist gerichtsbekannt. Dennoch wird man die Antriebsaggregate einschließlich Nebenaggregate ebenso wie Kupplung und Getriebe von der ‚Befundsicherung' ausnehmen müssen. Dass Hersteller auch und gerade diese Fahrzeugteile einer systematischen Qualitätssicherung unterziehen,[311] beruht nicht **1765**

302 Urt. v. 8. 12. 1992, VersR 1993, 367, ZIP 1993, 440 (Mineralwasserflasche I).

303 BGH 9. 5. 1995, ZIP 1995, 1094, 1097 (Mineralwasserflasche II).

304 BGHZ 104, 323 = NJW 1988, 2611; BGH NJW 1993, 528 = ZIP 1993, 440; BGH ZIP 1995, 1094; s. a. BGH NJW-RR 1993, 988.

305 NJW 1994, 1698, 1704; NJW 2000, 1912, 1916; *ders.* in Probleme der Produzentenhaftung, 1988, S. 33, 44 f.

306 DAR 1989, 281.

307 BGH 8. 12. 1992, ZIP 1993, 440 = NJW 1993, 528; s. a. OLG Düsseldorf 18. 12. 1998, r+s 2000, 430 (Feuerlöschanlage).

308 *Kullmann*, NJW 1994, 1698, 1705.

309 NJW 1994, 1698, 1705.

310 DAR 1989, 281, 283.

311 Instruktiv *Beuler* in: Auto 2000, S. 111 ff. Allgemein zur Qualitätssicherung *Anhalt*, Handbuch der Produzentenhaftung, Bd. 3, Teile 27–29.

auf einer ‚besonderen Schadenstendenz'. Qualitätsprobleme können, müssen aber nicht Sicherheitsprobleme sein. Der Anwendungsbereich der ‚Befundsicherung' im Automobilbau kann damit von vorneherein nur mit einem eng begrenzten Ausschnitt der modernen Qualitätssicherung deckungsgleich sein.

1766 Unzweifelhaft kommt bestimmten Baugruppen und Bauteilen eine gesteigerte Bedeutung für die Betriebs- und Verkehrssicherheit zu. Im Wesentlichen handelt es sich um diejenigen Teile, die Gegenstand der Hauptuntersuchung nach § 29 StVZO sind: die Bremsanlagen, die Lenkanlagen, die lichttechnischen Einrichtungen, Bereifung/Räder und das Fahrgestell mit Aufbau einschließlich Achsen. Die besondere Sicherheitsrelevanz der vorgenannten Fahrzeugteile reicht für sich allein nicht aus, um deren Hersteller bzw. den Endprodukthersteller zu ‚Befunderhebungen' und ‚Befundsicherungen' zu verpflichten. Es muss gleichzeitig um Fälle gehen, in denen nach Inverkehrgabe des Produkts nicht mehr sicher festgestellt werden kann, ob der Fehler schon vorher vorlag.[312] Nur dann besteht für den Geschädigten die **Beweisnot,** die dem BGH Anlass für die Umkehr der Beweislast gegeben hat.

1767 Bei **fabrikneuen Kraftfahrzeugen** und Fahrzeugteilen ist die Aufklärung der Herkunft von Produktfehlern vergleichsweise unproblematisch.[313] **Konstruktionsfehler** sind, wenn sie als solche feststehen, im Allgemeinen unschwer zuzuordnen. Wenn sie in verschiedenen Herstellersphären ihre Ursache haben können, hilft dem Geschädigten **§ 830 Abs. 1 S. 2 BGB.**[314] Diese Regelung gilt auch bei **Fabrikationsfehlern.** In diesem Bereich sind die Beweisschwierigkeiten von Geschädigten allerdings ungleich größer. Denn es kommen **alternative Kausalverläufe** in Betracht, die außerhalb des Einfluss- und Gefahrenbereichs des beklagten Herstellers liegen. Der Mangel kann auf Bedienungs- oder Wartungsfehlern beruhen. Er kann seinen Grund auch in unzulänglichen Reparaturarbeiten oder im ‚Tuning' haben. Häufig scheiden diese Alternativen jedoch von vornherein aus oder sind nicht ernsthaft in Erwägung zu ziehen. **Materialfehler** wie **Haarrisse** an einer Schubstrebe für eine Pkw-Hinterachse sind typischerweise auf Mängel im Fertigungsprozess des (Teile-)Herstellers zurückzuführen. Sie fallen deshalb nicht unter die Beweislastumkehr.[315] Auch **Bruchschäden** weisen darauf hin, dass die Ursache im Werkstoff und/oder in der Konstruktion liegt. Es kommt auch ein Fehler bei der Montage im Werk in Frage. Werkstatteinwirkung und Fehler aus der Sphäre des Fahrzeugbenutzers sind regelmäßig auszuschließen.

1768 Ausgesprochen komplex ist das Kausalitätsproblem **bei Reifenschäden.** Das Platzen eines Fahrzeugreifens kann mehrere Ursachen haben: Fertigungsfehler, unsachgemäße Lagerung, normale Alterung, Fahren mit zu niedrigem Luftdruck, zu geringer Profiltiefe oder mit einem falschdimensionierten Reifen.[316] Trotz verfeinerter Untersuchungsmethoden und Verfahrenstechniken gelingt es nicht immer, Ursache und Entstehungszeitpunkt von Reifenschäden zuverlässig aufzuklären. Ob eine Beweiserleichterung in Form der Beweislastumkehr die richtige Konsequenz daraus ist, erscheint indes fraglich (zur kaufrechtlichen Beweislastumkehr nach § 476 BGB s. Rdn. 3296 ff.). Denn die Beweisschwierigkeiten beruhen zu einem guten Teil auf Umständen aus dem Einflussbereich des Fahrzeugbenutzers. Insofern unterscheiden sich Reifenschäden von Materialfehlern bei Mehrwegflaschen, bei denen Schadensursachen im Verbraucherbereich nie ernsthaft zur Diskussion standen. Eine Parallele zu den Mehrwegflaschen-Fällen besteht freilich bei der Verwendung runderneu-

312 BGH 7. 6. 1988, BGHZ 104, 323 (Limonadenflasche I); BGH 8. 12. 1992, NJW 1993, 528 (Mineralwasserflasche I).
313 *Kullmann*, NJW 2000, 1915; *ders.*, NZV 2002, 6 ff.
314 Zur Anwendbarkeit im Rahmen der Instruktionshaftung s. BGH 11. 1. 1994, NJW 1994, 932.
315 *Kullmann*, NJW 1994, 1698, 1705 (Fn. 69).
316 Vgl. auch BGH 9. 5. 1995, NZV 1995, 310; 5. 7. 1978, NJW 1978, 2241; 11. 2. 2004, NJW 2004, 1032; OLG München 12. 5. 2003, DAR 2005, 89 (Motorrad).

erter Reifen. Denn auch hier besteht die Gefahr einer Vorschädigung. Im Automobilbau sind runderneuerte Altreifen indes kein Thema. Sie kommen, wenn überhaupt noch, im Ersatzteilgeschäft zum Verkauf (zur Haftung für Reifenschäden s. a. Rdn. 4647 ff.).

Aufs Ganze gesehen wird die ‚besonders schwer und unsicher zu bestimmende Befundsicherungspflicht'[317] weder im Automobilbau selbst noch im Bereich der Zulieferer praktische Bedeutung gewinnen.[318] Damit bleibt es im Rahmen der deliktischen Produkthaftung dabei: Fahrzeuggeschädigte müssen die Fehlerhaftigkeit des Produkts im Augenblick des Inverkehrbringens beweisen. Insoweit scheidet eine Beweislastumkehr regelmäßig aus. Darin unterscheidet sich die Beweislastverteilung von derjenigen nach dem ProdHaftG. **1769**

7. Haftungsfreizeichnung

Während die Ersatzpflicht des Herstellers nach § 14 ProdHaftG weder ausgeschlossen noch beschränkt werden kann, ist es nach dem AGB-Gesetz nicht ausdrücklich verboten gewesen, die Haftung für Schäden aus unerlaubter Handlung auszuschließen bzw. zu beschränken. Grenzen zogen im alten Recht die §§ 11 Nr. 7, 9 AGB-Gesetz. Im Grundsatz hat sich daran durch die Übernahme des AGB-Rechts in das BGB, hier: §§ 307 ff., nichts geändert. **1770**

Vertragliche und deliktsrechtliche Ansprüche konkurrieren typischerweise miteinander, wenn der Geschädigte direkt vom Hersteller gekauft oder mit ihm einen Werk- bzw. Werklieferungsvertrag abgeschlossen hat. Beispiele für diese Anspruchskonkurrenz sind der Schwimmerschalter-Fall[319] und der Silokipper-Fall.[320] Im Hinterreifen I-Fall[321] standen ebenso wie im Hinterreifen II-Fall[322] vertragliche und deliktische Schadensersatzansprüche eines Gebrauchtfahrzeugkäufers gegen einen Vertragshändler nebeneinander. Doch auch hier war zu klären, ob sich der formularmäßige Gewährleistungsausschluss (Abschnitt VII der damaligen Gebrauchtwagenverkaufsbedingungen) auf die Deliktshaftung (für einen ‚Weiterfresserschaden') erstreckte. Dabei war im Hinterreifen I-Fall[323] der Besonderheit Rechnung zu tragen, dass der beklagte Vertragshändler einen ‚technisch einwandfreien' Zustand des Sportwagens zugesichert hatte. **1771**

Vor der Inhaltskontrolle steht die Auslegung. Vorrangig ist deshalb zu prüfen, ob eine Freizeichnungsklausel den geltend gemachten Anspruch aus unerlaubter Handlung überhaupt erfasst. Darüber entscheidet die Auslegung im Einzelfall.[324] Die maßgeblichen Auslegungsgrundsätze hat der BGH im Silokipper-Fall[325] zusammengefasst. Sie gelten seiner Meinung nach auch im kaufmännischen Verkehr. **1772**

Soweit fabrikneue Fahrzeuge auf der Grundlage der im Jahre 2008 erneut geänderten Neuwagenverkaufsbedingungen (NWVB) **im Direktbezug** vom Hersteller erworben werden (Daimler, mitunter auch BMW u. a.), sind die Klauseln im Abschnitt VIII zu beachten. Diese mit ‚Haftung' überschriebenen Bedingungen sind – ebenso wie in den gleichfalls im Jahre 2008 geänderten Gebrauchtwagen-AGB – deutlich abgesetzt von dem Regelungskomplex ‚Sachmangel' im Abschnitt VII. Insoweit besteht eine Parallele zu den Bedin- **1773**

317 *Arens*, ZZP 104, 135.

318 S. a. *Schwung*, 40. VGT (2002), S. 99 mit einem interessanten Hinweis auf Äußerungen von Mitgliedern des 6. Zivilsenats des BGH.

319 BGH 24. 11. 1976, BGHZ 67, 359 = NJW 1977, 379.

320 BGH 5. 5. 1992, NJW 1992, 2016.

321 BGH 5. 7. 1978, NJW 1978, 2241.

322 BGH 11. 2. 2004, NJW 2004, 1032.

323 BGH 5. 7. 1978, NJW 1978, 2241.

324 BGH 5. 5. 1992, NJW 1992, 2016 (Silokipper).

325 NJW 1992, 2016.

gungswerken in den Fällen BGH NJW 1979, 2148 – Kartonmaschine und BGH NJW 1992, 2016 – Silokipper. Dem Transparenzgebot, jetzt in § 307 Abs. 1 S. 2 BGB verankert, dürfte damit Genüge getan sein.[326] Ob die aus Gründen der Schuldrechtsreform mehrfach neu gefassten Klauseln einer Inhaltskontrolle auch i. Ü. standhalten, werden die Gerichte zu entscheiden haben.

326 Dazu BGH 24. 11. 1976, BGHZ 67, 359 (Schwimmerschalter) und BGH 5. 7. 1978, NJW 1978, 2241 (Hinterreifen I).

Q. Der finanzierte Neufahrzeugkauf

I. Marktsituation

Die Finanzierungsquote liegt im Bereich des Neuwagenhandels (Pkw/Kombi/SUV) derzeit deutlich über 50 %, in vielen Autohäusern zwischen 80 und 90 %. **Drei Grundmodelle** stehen zur Wahl: Leasing, Dreiwegefinanzierung und normaler Kredit. Rund 25 % der Neuwagenkäufer haben sich im Jahr 2010 entschlossen, ihr Fahrzeug zu leasen.[1] Doch in der Mehrzahl der Fälle nehmen jedenfalls Privatpersonen, die ihr Fahrzeug nicht aus Eigenmitteln und mit Hilfe ihres Altwagens finanzieren können, einen Kredit in Anspruch. Bundesweit gesehen wurden beim Kauf neuer Pkw/Kombi/SUV durchschnittlich 9.683 € aufgenommen, bei einem Durchschnittspreis der (nicht geleasten) Neuwagen von rund 26.000 €. **1774**

Beim Fahrzeugkauf mit Kreditaufnahme hat der Käufer **zwei Möglichkeiten:** den Kredit der Hausbank und die Finanzierung über den Händler. Fast jeder Neufahrzeughändler arbeitet heute eng mit einem Fahrzeugfinanzierer zusammen (Herstellerbank, Spezialinstitute wie z. B. die Santander Consumer Bank). Bei der Schaffung innovativer Finanzprodukte kennt der Phantasiereichtum der Absatzfinanzierer kaum noch Grenzen. Ähnlich wie bei den Garantien werden die Verbraucher ständig mit neuen Angeboten förmlich überschüttet, so dass der Neuwagenkauf auch insoweit „zur Wissenschaft" wird.[2] Das verlangt eine **verstärkte Beratung und Aufklärung** der Kundschaft. Mit Wirkung vom 11. 6. 2010 ist diese Pflicht gesetzlich verankert (§§ 491a, 655a Abs. 2 BGB). **1775**

II. Kreditaufnahme ohne Händlerbeteiligung

Bei der Kaufpreisfinanzierung durch Aufnahme eines Kredits **auf eigene Faust** („Personalkredit") besteht keine wirtschaftliche und erst recht keine rechtliche Einheit zwischen Darlehens- und Kaufvertrag. Die Möglichkeit der Finanzierung durch Aufnahme eines selbst zu beschaffenden Kredits ist im Allgemeinen auch **keine Geschäftsgrundlage** des Kaufvertrages.[3] Für eine **Anfechtung wegen Irrtums** über die Finanzierungsmöglichkeit ist kein Raum, da die enttäuschte Erwartung des Käufers, ein Darlehen zum Zwecke der Autofinanzierung zu erhalten, einen typischen Motivirrtum darstellt. Die im Neuwagenkaufvertrag enthaltene Klausel, wonach der Restkaufpreis vom Käufer finanziert werden soll, hat nicht ohne weiteres die Bedeutung einer **auflösenden Bedingung** des Kaufvertrages.[4] Weder der Wortlaut der Klausel noch die Tatsache, dass der Käufer ohne die angenommene Möglichkeit der Finanzierung vom Kauf Abstand genommen hätte, lassen eine solche Auslegung zu.[5] Das Risiko des Scheiterns der Kreditaufnahme trägt bei dieser Finanzierungsvariante – anders als bei einem geplanten Verbundgeschäft – grundsätzlich der Käufer. **1776**

1 Die Zahlen sind dem DAT-Report 2011 entnommen.

2 FAZ v. 23. 7. 2005.

3 Vgl. OLG Oldenburg 4. 6. 1975, NJW 1975, 1788; LG Hamburg 6. 12. 1951, BB 1952, 11.

4 S. aber auch OLG Düsseldorf 11. 5. 2005, DAR 2005, 625 (Darlehen von Herstellerbank nicht gewährt, Käufer kein Verbraucher); KG 11. 1. 1971, NJW 1971, 1139.

5 *Hereth*, NJW 1971, 1704; *Rutkowsky*, NJW 1971, 1075; ferner OLG Düsseldorf 25. 7. 1963, NJW 1963, 2079.

III. Zweckgebundene Drittfinanzierung (Verbundgeschäft)

1777 Anders als beim Kredit auf eigene Faust steht die Kreditsumme nicht zur freien Verfügung des Käufers. Er erhält das Geld entweder mit der vertraglichen Auflage, es für den Neuwagenkauf zu verwenden oder die Auszahlung erfolgt unmittelbar an den Verkäufer, was heute die Regel ist. Der finanzierte Kauf besteht aus (mindestens) **zwei Rechtsgeschäften** mit unterschiedlichen Vertragspartnern, dem **Darlehensvertrag** auf der einen und dem **Kaufvertrag** auf der anderen Seite. In den Kaufvertrag kann eine **Rückkaufvereinbarung** („Rückkaufgarantie") integriert sein. Sie kann aber auch, was gegen einen Verbund spricht, separat neben dem Kaufvertrag stehen.[6] Mit einem **Restschuldversicherungsvertrag** kann auf der Finanzierungsseite ein weiterer Vertrag hinzukommen. Er und der Darlehensvertrag können verbundene Geschäfte i. S. d. § 358 Abs. 3 BGB sein,[7] was eine darauf zugeschnittene Widerrufsbelehrung erfordert. Als Alternative kommt die Konstruktion „Zusatzleistung zum Darlehensvertrag" in Betracht. Gem. dem **neuen § 359a Abs. 2 BGB** sind dann die Verbundvorschriften über den Widerrufsdurchgriff (§ 358 Abs. 2 und 4 BGB) entsprechend anwendbar, nicht aber § 359 BGB (Einwendungsdurchgriff).

1778 **Das Besondere** beim verbundfinanzierten Kauf besteht zum einen darin, dass sich **das Widerrufsrecht** des Verbrauchers in Bezug auf den Darlehensvertrag auf den Kaufvertrag erstreckt, sofern nicht bereits der Kauf als solcher widerruflich ist (z. B. beim Fernabsatz).[8] Zum anderen kann der Verbraucher Einwendungen aus dem Kaufvertrag nicht nur dem Verkäufer, sondern auch dem Darlehensgeber entgegenhalten. Im Übrigen sind auf das verbundene Verbraucherdarlehen die §§ 491 ff. BGB n. F. sowie die für Teilzahlungsgeschäfte vorgesehene Rücktrittsfiktion des § 508 Abs. 2 S. 5 BGB n. F. anzuwenden.

1. Verbundene Verträge

1779 Nach **§ 358 Abs. 3 S. 1 BGB** sind ein Vertrag über die Lieferung einer Ware oder die Erbringung einer anderen Leistung (z. B. einer Restschuldversicherung) und ein Verbraucherdarlehensvertrag miteinander verbunden, wenn das Darlehen ganz oder teilweise der Finanzierung des anderen Vertrages dient und beide Verträge eine wirtschaftliche Einheit bilden.

a) Verbraucherdarlehensvertrag

1780 Ein Verbraucherdarlehensvertrag ist nach der Definition des § 491 Abs. 1 S. 1 BGB ein entgeltlicher Darlehensvertrag zwischen einem Unternehmer als Darlehensgeber und einem Verbraucher als Darlehensnehmer. Während die Unternehmereigenschaft auf Geberseite kaum jemals ein Streitpunkt ist,[9] wird mitunter darüber gestritten, ob der Darlehensnehmer/Käufer ein Verbraucher i. S. d. § 13 BGB ist. Von praktischem Interesse sind die Mischfälle (dual use), das Thema „Existenzgründung" und die Behandlung von Täuschungsfällen.

1781 In den **Mischfällen** kommt es nach der Rechtsprechung darauf an, welche Nutzung überwiegt. Nur bei einer überwiegend privaten Nutzung greifen die darlehensrechtlichen

6 Ein Verbundgeschäft verneinend OLG Celle 7. 3. 2011 – 3 U 18/11.

7 Grundlegend dazu BGH 15. 12. 2009, NJW 2010, 531; s. a. BGH 18. 1. 2011, NJW 2011, 1063; *Reinking*, DAR 2010, 252, 253.

8 Zur Neuregelung der Konkurrenz von Widerrufsrechten ab 30. 7. 2010 s. *Palandt/Grüneberg*, § 358 BGB Rn. 8.

9 Eine erstmalige Darlehensvergabe gelegentlich der gewerblichen Tätigkeit kann ausreichend sein, vgl. BGH 9. 12. 2008, BGHZ 179, 126 = ZGS 2009, 139.

Schutzvorschriften,[10] die unter den Voraussetzungen von § 358 Abs. 3 BGB auf den verbundenen Kaufvertrag durchschlagen. Für den Kaufvertrag hat ein überwiegend privater Verwendungszweck zur Folge, dass die Vorschriften des Verbrauchsgüterkaufs anwendbar sind (näher Rdn. 1988). Wer in Wirklichkeit ein Verbraucher ist, einen gewerblichen Verwendungszweck aber vortäuscht, kann sich auf seine Verbrauchereigenschaft nicht berufen, insbesondere steht ihm kein Widerrufsrecht zu.[11]

Die Schutzvorschriften der §§ 491 ff. BGB für den Verbraucherdarlehensvertrag sind auch auf eine **Gesellschaft bürgerlichen Rechts** anzuwenden, zu der sich mehrere natürliche Personen zusammengeschlossen haben.[12] Idealvereine sind keine natürlichen Personen und können daher nicht Verbraucher sein.[13] Mangels Ausübung einer gewerblichen oder selbstständigen beruflichen Tätigkeit gehören sie auch nicht dem Kreis der Unternehmer an. **1782**

Auf Kaufleute, Handwerker, Landwirte, selbstständige Gewerbetreibende und Freiberufler finden die Vorschriften zum Verbraucherdarlehen keine Anwendung, sofern sie das Darlehen in Ausübung ihrer gewerblichen oder selbstständigen beruflichen Tätigkeit aufnehmen. In der Phase der **Existenzgründung** wird ihnen der Schutz der Vorschriften über das Verbraucherdarlehen jedoch zuteil, wenn sie sich als natürliche Person das Darlehen für die Aufnahme einer gewerblichen oder selbstständigen beruflichen Tätigkeit gewähren lassen, es sei denn, der Nettodarlehensbetrag übersteigt 75.000 € (§ 512 BGB). Wird ein Fahrzeug von einer Frau, die im Bestellformular als Handelsvertreterin ausgewiesen ist, zugunsten ihres arbeitslosen, eine Existenz gründenden Ehemanns gekauft, gelten die Regeln des verbundenen Geschäfts.[14] **1783**

Entgegen der früheren Regelung von § 1 Abs. 1 VerbrKrG tragen die Käufer/Darlehensnehmer **die Beweislast** dafür, dass die Inanspruchnahme des Darlehens in der Existenzgründungsphase erfolgt ist.[15] Dem Darlehensgeber obliegt allerdings die Beweisführung, dass das Kreditgeschäft wegen Überschreitung des Höchstbetrages nicht unter die §§ 491 ff. BGB fällt. Umstritten ist die Frage, ob die Nettodarlehensbeträge **zu addieren** sind, wenn ein Darlehensnehmer für die Gründung einer Existenz **mehrere Darlehen** aufnimmt.[16] Das Brand OLG[17] hat eine Addition verneint. **1784**

Geschäftserweiterungen und mehrmalige Existenzgründungen: Die Erweiterung einer bereits ausgeübten gewerblichen oder selbstständigen beruflichen Tätigkeit führt nicht zur Anwendung der §§ 491 ff. BGB. Bei Aufnahme einer weiteren gewerblichen oder selbstständigen beruflichen Tätigkeit ist der Existenzgründer dem Verbraucher nur unter der Voraussetzung gleichgestellt, dass die bereits ausgeübte Tätigkeit mit der neuen Tätigkeit nicht im Zusammenhang steht und davon klar abgegrenzt ist.[18] Zu der Frage, ob ein Existenzgründungsdarlehen angenommen werden kann, wenn der Darlehensnehmer zuvor bereits in der gleichen Branche tätig war, gehen die Meinungen auseinander. Das OLG **1785**

---

10 S. a. EuGH 20. 1. 2005, NJW 2005, 653 zu Art. 13 Abs. 1 EuGVÜ: Wer sich auf seine Verbrauchereigenschaft beruft, muss beweisen, dass der berufliche/gewerbliche Zweck eine ganz untergeordnete Rolle spielt.

11 Brand OLG 22. 11. 2006 – 4 U 84/06 unter Hinweis auf BGH NJW 2005, 1045.

12 BGH 23. 10. 2001, WM 2001, 2379; dazu auch BGH 29. 1. 2001, NJW 2001, 1056.

13 EuGH 22. 11. 2001, EuZW 2002, 32.

14 OLG Hamm 8. 9. 2005, NZV 2006, 421.

15 *Bülow*, NJW 2002, 1145, 1147; *Godefroid*, Teil 2, Rn. 97.

16 Übersicht bei MüKo-BGB/*Habersack*, § 507 BGB Rn. 8.

17 Urt. v. 5. 5. 1999, OLGR 1999, 443.

18 BGH 3. 11. 1999, NJW-RR 2000, 719; 22. 12. 1999, NJW-RR 2000, 1221 jeweils m. w. N.; zur Anwendung der Vorschriften über das Verbraucherdarlehen bei Gründung eines zweiten Unternehmens s. BGH 14. 12. 1994, BB 1995, 217; 4. 5. 1994, WM 1994, 1390.

Köln[19] hat zutreffend darauf hingewiesen, dass die aufgegebene Selbstständigkeit in der Vergangenheit einer Existenzgründung nicht im Wege steht. Allerdings kann ein Existenzgründungsdarlehen nicht angenommen werden, wenn die frühere Existenz ohne ‚deutliche Zäsur' fortgesetzt werden soll.[20] Die Kontinuität ist deutlich unterbrochen, wenn ein Gastwirt nach einer Krankheit in einem anderen Ort eine neue Gaststätte eröffnet.[21] Von einer wiederholten Existenzgründung oder Betriebsänderung, welche die Anwendbarkeit von Verbraucherkreditrecht ausschließt, kann auch dann nicht ausgegangen werden, wenn der Darlehensnehmer, bevor er in der gleichen Branche ein neues Geschäft eröffnet, im Angestelltenverhältnis gearbeitet hat.[22]

b) Mitverpflichtete Personen

1786 Verbraucher, die der Schuld eines anderen aus einem Darlehensvertrag beitreten,[23] dessen Schuld übernehmen oder in den Vertrag als weitere Darlehensnehmer (Mitdarlehensnehmer[24]) eintreten, werden durch die Vorschriften über Verbraucherdarlehensverträge ebenfalls geschützt. Wenn ein Unternehmer und ein Verbraucher gemeinsam einen Darlehensvertrag zur Finanzierung eines Neuwagens abschließen, den der eine gewerblich, der andere privat nutzen möchte, zwingt § 13 BGB zur Anwendung der Verbraucherrechte auf die Person, die den Vertrag für private Zwecke abschließt.[25]

1787 Soweit Dritte, z. B. die Ehefrau, eine Mithaftung übernommen haben, ist unabhängig von den Verbraucherschutzvorschriften die Rechtsprechung zur **sittenwidrigen Überforderung** dieses Personenkreises zu beachten.[26] Sittenwidrigkeit setzt eine **krasse finanzielle Überforderung** voraus, die anzunehmen ist, wenn der Mithaftende im Fall seiner Inanspruchnahme nicht einmal die laufenden Zinsen der Hauptschuld aufbringen kann.[27] Erforderlich ist weiterhin, dass die Bank die Überforderung erkennt und in sittlich anstößiger Weise die emotionale Beziehung des Mithaftenden zu dem Hauptschuldner ausnutzt, wovon bei Ehepartnern oder nahen Angehörigen normalerweise ausgegangen werden kann.[28] Ein auf freie Willensentscheidung hindeutendes Handeln ist allerdings grundsätzlich zu bejahen, wenn der Darlehensnehmer und die mithaftende Person ein gemeinsames Interesse an der Darlehensaufnahme haben oder dem Mithaftenden aus der Verwendung der Darlehensvaluta unmittelbare und ins Gewicht fallende Vorteile erwachsen.[29]

1788 Diese von der Rechtsprechung entwickelten Grundsätze sind auch dann anzuwenden, wenn das Darlehen nicht von einer Bank, sondern von einem anderen Darlehensgeber in Ausübung seiner gewerblichen oder selbstständigen beruflichen Tätigkeit gewährt wird.[30] Auf Gesellschafter, die für Verbindlichkeiten der GmbH eine Mithaftung oder Bürgschaft übernommen haben, ist die Rechtsprechung zur Sittenwidrigkeit nur anwendbar, wenn sie in Strohmannfunktion oder aus emotionaler Verbundenheit gehandelt haben und dies für die Bank evident war.[31] Der finanziell überforderte Ehegatte kann weder unter dem Ge-

---

19 Urt. v. 5. 12. 1994, ZIP 1994, 1931.
20 SchlHOLG 21. 11. 1997, OLGR 1998, 41.
21 OLG Köln 5. 12. 1994, ZIP 1994, 1931.
22 OLG Celle 4. 1. 1995, NJW-RR 1996, 119; s. a. OLG Düsseldorf 22. 11.2005, ZGS 2006, 119.
23 Die ‚selbstschuldnerische Mitverpflichtung' einer Partei spricht für einen Schuldbeitritt (Thür. OLG 3. 5. 1999, OLGR 2000, 32).
24 BGH 14. 11. 2000, ZIP 2001, 189.
25 OLG Koblenz 14. 4. 2011 – 2 U 796/10.
26 BVerfG 19. 10. 1993, NJW 1994, 36; w. Nw. bei *Palandt/Ellenberger*, § 138 BGB Rn. 37 ff.
27 St. Rspr. BGH 4. 12. 2001, ZIP 2002, 210; BGH 14. 11. 2000, BGH-Report 2001, 132.
28 BGH 8. 10. 1998, WM 1998, 2327, 2328.
29 BGH 14. 11. 2000, BGH-Report 2001, 133, 135.
30 BGH 13. 11. 2001, ZIP 2002, 123.
31 BGH 15. 1. 2002, DB 2002, 630 ff.

sichtspunkt der Nichtigkeit der Mitverpflichtung noch nach dem Tode des anderen Ehepartners wegen Wegfalls der Geschäftsgrundlage eine Änderung der tatsächlichen Verhältnisse im Wege der Vollstreckungsabwehrklage geltend machen.

Auf die Frage, ob der Mithaftende wirtschaftlich krass überfordert wurde, kommt es nicht an, wenn dieser **gleichfalls Darlehensnehmer** ist. Der Kreditgeber hat es nicht in der Hand, durch entsprechende Formulierung des Darlehensvertrages aus einem Mithaftenden einen „Mitvertragspartner" zu machen, um sich dadurch der Nichtigkeitsfolgen des § 138 BGB zu entledigen.[32] Ob (Mit-)Darlehensnehmereigenschaft vorliegt, ist im Wege der Auslegung des Vertrages unter Berücksichtigung aller Umstände zu beurteilen, wobei insbesondere das Interesse des Mitverpflichteten an einer Darlehensaufnahme zu berücksichtigen ist.[33] Ein auf Vertragspartnerschaft hinweisendes Eigeninteresse **der Ehefrau** ist bei der Anschaffung eines Mittelklassewagens durch den Ehemann anzunehmen, wenn es sich dabei um das einzige Fahrzeug der Familie handelt, das den finanziellen Verhältnissen entspricht und zur Gestaltung und Bewältigung des täglichen Lebens z. B. für gemeinsame Einkaufsfahrten benutzt wird. Dagegen spricht nicht, dass die Ehefrau nicht über eine Fahrerlaubnis verfügt und der Kaufvertrag nur auf den Namen des Ehemannes lautet.[34] 1789

c) Verbindung der Verträge zur wirtschaftlichen Einheit

Die nach § 358 Abs. 3 S. 1 BGB erforderliche **Zweckbindung** des Darlehens (Zweck-Mittel-Verhältnis) muss nicht ausdrücklich im Vertrag festgelegt sein. Es genügt, dass der Verkäufer und Käufer den Zusammenhang zwischen dem Neuwagenkauf und der Finanzierung kennen und billigen. Das Darlehen muss ganz oder teilweise dem Kauf dienen und nicht umgekehrt der Kauf die Darlehenvergabe bezwecken. Auf die zeitliche Reihenfolge der Vertragsabschlüsse kommt es nicht an. 1790

Zur Zweckbindung hinzukommen muss die wirtschaftliche Einheit der beiden Verträge. Gem. § 358 Abs. 3 S. 2 Alt. 2 BGB spricht dafür eine **unwiderlegliche Vermutung**, wenn sich der Darlehensgeber bei der Vorbereitung oder dem Abschluss des Darlehensvertrages der Mitwirkung des Verkäufers bedient. Es kommt vor allem darauf an, dass sich Kauf- und Darlehensvertrag **aus der Sicht des Käufers** als Teilstücke eines wirtschaftlich einheitlichen Vorgangs darstellen, mit dem das Ziel verfolgt wird, den Erwerb des Kaufgegenstandes gegen Ratenzahlungen zu ermöglichen.[35] Dem steht nicht entgegen, dass der Käufer sich darüber im Klaren ist, dass er mit verschiedenen Unternehmen zwei Verträge abschließt, die rechtlich selbstständig sind.[36] Entscheidend ist vielmehr, dass sich beide Verträge entweder wechselseitig bedingen oder der eine seinen Sinn erst durch den anderen erhält.[37] 1791

In Regelfällen des kreditfinanzierten Autokaufs wird gegenwärtig kaum noch über die „Einheitsfrage" gestritten. Problematisch sind Sonderkonstellationen wie eine Rückkaufgarantie[38] oder eine Restschuldversicherung. Angesichts der engen Zusammenarbeit zwischen Autohaus und Finanzierer ist die wirtschaftliche Einheit im Regelfall unstreitig. Sollte ausnahmsweise einmal Streit herrschen, kommen **als konkrete Anhaltspunkte** für 1792

32 BGH 4. 12. 2001, WM 2002, 223, 224; 28. 5. 2002, WM 2002, 1649, 1650.
33 Zur Darlegungs- und Beweislast BGH 16. 12. 2008, NJW 2009, 1494.
34 BGH 23. 3. 2004, DAR 2004, 385, 386; 25. 1. 2005, NJW 2005, 973; s. a. OLG Celle 21. 4. 2004, NJW 2004, 2599.
35 8 Entscheidungen des BGH v. 20. 2. 1967, BGHZ 47, 224 ff.; aus neuerer Zeit BGH 4. 12. 2007, NJW 2008, 845; v. 18. 12. 2007, NJW-RR 2008, 1436.
36 *Reinicke/Tiedtke*, Rn. 1577.
37 BGH 20. 2. 1967, BGHZ 47, 253, 255.
38 Gegen ein Verbundgeschäft OLG Celle 7. 3. 2011 – 3 U 18/11.

eine Verbindung der Verträge zu einer wirtschaftlichen Einheit weiterhin in Betracht[39]: Direktauszahlung der Darlehenssumme an den Verkäufer, Behandlung des Kauf- und Darlehensvertrages als Einheit, Bezeichnung des Kunden als ‚Käufer/Darlehensnehmer' im Darlehensvertrag[40], Ausschluss des Käufers von der freien Verfügung über das Darlehen und Direktvalutierung an den Verkäufer[41], enge innere Verbindung der Verträge, aus der sich ergibt, dass kein Geschäft ohne das andere geschlossen worden wäre[42], Verwendung eines für verbundene Verträge bestimmten Vertragsformulars[43], enger zeitlicher Zusammenhang zwischen Kauf- und Darlehensvertrag[44], wechselseitige Bedingtheit beider Verträge[45] sowie ihre Bezugnahme aufeinander.[46]

1793 Für die Annahme eines Verbunds i. S. v. § 358 Abs. 3 BGB **genügt nicht**, dass der Neuwagenhändler dem Verbraucher lediglich **ein Kreditinstitut empfiehlt**, mit dem dieser sodann ohne seine Mitwirkung einen Finanzierungsvertrag abschließt. Unter diesen Umständen ist eine wirtschaftliche Einheit selbst dann nicht anzunehmen, wenn der Händler dem Verbraucher die Finanzierungsunterlagen aushändigt und die Bank auf Anweisung des Käufers die Darlehensvaluta direkt an den Händler überweist.[47] Nicht repräsentativ ist die vom OLG Celle[48] vertretene Auffassung, der Annahme einer wirtschaftlichen Einheit der Verträge stehe nicht entgegen, dass der Darlehensvertrag **erst Monate später** nach dem Abschluss des Kaufvertrages geschlossen worden sei. Eine Zeitspanne von einer Woche ist unbeachtlich, wenn bereits im Kaufvertrag auf die Finanzierung des Restkaufpreises hingewiesen wird.[49]

1794 Durch **nachträgliche Umgestaltung** eines Barverkaufs in ein drittfinanziertes Verbundgeschäft gefährdet der Verkäufer seine unbedingten Erfüllungsansprüche, da sie dem Käufer die Möglichkeit eröffnet, den Antrag auf Gewährung des Verbraucherdarlehens zu widerrufen und dadurch dem Kaufvertrag den Boden zu entziehen.[50] Dagegen kann sich der Händler schützen, indem er mit dem Verbraucher vereinbart, dass es bei dem Barkauf bleibt, falls der Darlehensantrag von der Bank nicht angenommen oder vom Darlehensnehmer widerrufen werden sollte.

1795 Ins Leere geht der Widerruf des Käufers, wenn ihm der Verkäufer **acht Monate nach Vertragsabschluss** anstelle der vereinbarten Barzahlung die Gewährung eines Darlehens durch seine Hausbank vermittelt und der Käufer dieses Entgegenkommen zum Anlass nimmt, den Kaufvertrag durch rechtsmissbräuchliche Ausnutzung des Widerrufsrechts zu Fall zu bringen.[51]

1796 Der Verbund zwischen Verbraucherdarlehen und Kaufvertrag erstreckt sich nicht – jedenfalls nicht ohne Zustimmung des Darlehensgebers – auf einen Kaufvertrag über ein **zweites Fahrzeug**, das der Darlehensnehmer unter Verwendung einer an ihn gezahlten

39 Informativ BGH 18. 12. 2007, NJW-RR 2008, 1436.
40 BGH 25. 3. 1982, BGHZ 83, 301 ff.; so auch OLG Düsseldorf 18. 11. 1994, OLGR 1995, 49.
41 BGH 25. 5. 1983, WM 1983, 786, 787.
42 BGH 4. 4. 1984, BGHZ 91, 37, 43; ebenso OLG Hamm 14. 10. 1988, NJW-RR 1989, 369.
43 BGH 15. 1. 1987, NJW 1987, 1698; BGH 11. 10. 1995, DAR 1996, 189.
44 Zur nachträglichen Verbindung des Kaufvertrages mit dem Darlehensvertrag s. BGH 29. 3. 1984, NJW 1984, 1765 ff.; OLG Frankfurt 16. 12. 1986, NJW 1987, 848; OLG Celle 18. 5. 1995, DAR 1995, 404; s. a. OLG Naumburg 25. 7. 2002 – 4 U 62/02. (Unterzeichnung des Darlehensantrags nach Abschluss des Kaufvertrages nicht contraindiziell).
45 OLG Stuttgart 21. 3. 1989, NJW 1989, 887.
46 OLG Köln 5. 12. 1994, ZIP 1995, 21.
47 BGH 15. 5. 1990, NJW-RR 1990, 1072.
48 Urt. v. 18. 5. 1995, DAR 1995, 404.
49 OLG Naumburg 25. 7. 2002 – 4 U 62/02.
50 BGH 30. 5. 1985, WM 1985, 1103.
51 LG Trier 22. 4. 1993, WM 1994, 436.

Kaskoentschädigung für das untergegangene Erstfahrzeug erwirbt.[52] Dies folgt aus § 359 S. 2 BGB, der besagt, dass sich der Darlehensgeber nachträgliche Vereinbarungen zwischen Verkäufer und Käufer, soweit sie nicht auf Mängeln der Kaufsache beruhen, nicht entgegenhalten lassen muss.

Nichtzustandekommen des Darlehensvertrages: Falls der Vertrag über das mit dem Kauf zu verbindende Darlehen nicht zustande kommt, entfällt der Kaufvertrag. Dazu bedarf es weder des Rückgriffs auf das Rechtsinstitut der Störung der Geschäftsgrundlage (§ 313 BGB) noch der Feststellung, dass der Kaufvertrag durch das Nichtzustandekommen des Darlehensvertrags auflösend bedingt ist oder aufschiebend bedingt durch den Abschluss des Darlehensvertrages geschlossen wurde.[53] S. dazu auch Rdn. 1896. **1797**

Da es auf eine Verknüpfung i. S. v. § 158 BGB zwischen Kauf- und Darlehensvertrag nicht ankommt, sind die Gründe des Scheiterns der Finanzierung nicht relevant. Es stellt sich insbesondere nicht die Frage, ob der Käufer das Zustandekommen des Darlehensvertrages treuwidrig verhindert hat, was nach Ansicht des LG Gießen[54] nicht anzunehmen ist, wenn der Verbraucher sich gegenüber der Bank weigert, weitere Belege zur Beurteilung seiner Zahlungsfähigkeit einzureichen. Vereinbaren die Parteien nachträglich, dass das Darlehen nicht in Anspruch genommen werden soll, wird der Verbund zwischen Kauf und Darlehen aufgelöst und der finanzierte Kauf verwandelt sich in einen Barkauf. **1798**

2. Schriftform, Angabeerfordernisse, Widerrufsbelehrung

Bei verbundenen Geschäften sind die für den Verbraucherdarlehensvertrag in § 492 Abs. 1 S. 1 BGB vorgeschriebene Schriftform und die Angabeerfordernisse nach § 492 Abs. 2 BGB i. V. m. Art. 247 §§ 6 bis 13 EGBGB zu beachten. Wegen der Einzelheiten und der Folgen bei Verstößen wird auf die einschlägigen Kommentierungen verwiesen. **1799**

Für das Widerrufsrecht des Verbrauchers bei verbundenen Verträgen bestimmt **§ 358 BGB** in den Abs. 1 und 2, dass sich der Widerruf des Liefervertrags auf den (Verbraucher-)Darlehensvertrag **erstreckt** und umgekehrt. Auf diese Folgen ist in der **Widerrufsbelehrung** hinzuweisen (§ 358 Abs. 5 BGB).[55] Der frühere Ausschluss des Widerrufsrechts aus § 495 BGB (Darlehensvertrag) durch § 358 Abs. 2 S. 2 BGB a. F. im Fall der Widerruflichkeit des Liefervertrages ist mit Wirkung vom 30. 7. 2010 aufgehoben.[56] **1800**

Die Belehrung über das Recht zum Widerruf der auf Abschluss des Kaufvertrages gerichteten Willenserklärung (z. B. beim Fernabsatz- oder Haustürgeschäft) gehört in den Kaufvertrag. Ort für die Belehrung über das Widerrufsrecht gem. § 495 BGB ist der Verbraucherdarlehensvertrag. Eine Belehrung im Kaufvertrag reicht nicht aus, denn der Kaufpreis als solcher wird durch die Finanzierung nicht gestundet.[57] **1801**

3. Ausübung des Widerrufsrechts beim Verbundgeschäft

Ist der finanzierte Kauf, wie meist, nicht widerruflich (kein Haustür- oder Fernabsatzgeschäft), kann Gegenstand des Widerrufs **allein** die auf den Abschluss des Darlehensvertrages gerichtete Willenserklärung des Verbrauchers sein. Dann stellt sich mitunter die Frage, ob der Eingang einer Widerrufserklärung beim Autohaus genügt. Das wird von der Recht- **1802**

52 OLG Düsseldorf 23. 3. 1999, OLGR 1999, 318.
53 Zu den einzelnen Lösungsansätzen s. a. OLG Düsseldorf 11. 5. 2005, DAR 2005, 625 (Bekl. war kein Verbraucher).
54 Urt. v. 18. 9. 1996, NJW-RR 1997, 1081.
55 Zu den inhaltlichen Anforderungen BGH 23. 6. 2009, NJW 2009, 3020.
56 Zur Konkurrenzsituation nach neuem Recht s. *Palandt/Grüneberg*, § 358 BGB Rn. 8.
57 Umfassend zur Widerrufsbelehrung nach neuem Recht *Ebnet*, NJW 2011, 1029 ff.

sprechung unter der – regelmäßig vorliegenden – Voraussetzung bejaht, dass das Autohaus **als Empfangsbote** auch zur Entgegennahme eines für die Bank bestimmten Widerrufs ermächtigt ist.[58] Für die **Rechtzeitigkeit des Widerrufs** kommt es nicht darauf an, ob und wann das Autohaus die Widerrufserklärung an die Bank weitergeleitet hat. Zur Wahrung der **vierzehntägigen Widerrufsfrist** genügt die rechtzeitige Absendung (§ 355 Abs. 1 S. 2 Halbs. 2 BGB).

4. Rückabwicklung des Verbundgeschäfts nach Widerruf

1803 Bei einem wirksamen Widerruf entfällt sowohl die Bindung an den widerrufenen Vertrag als auch die Bindung an den verbundenen Vertrag. Die Verträge sind gem. §§ 346 ff. BGB in der Modifikation der §§ 358 Abs. 4, 357 BGB rückabzuwickeln.

a) Zwei Fallgestaltungen

aa) Abwicklung zwischen Käufer und Autohaus

1804 Hat das Autohaus den **Nettokreditbetrag** bei Wirksamwerden des Widerrufs **noch nicht erhalten**, vollzieht sich die Rückabwicklung des nicht wirksam gewordenen Kaufvertrages allein im Verhältnis zwischen Autohaus und Verbraucher (Umkehrschluss aus § 358 Abs. 4 S. 3 BGB). Einen Anspruch auf Erstattung der nach Zugang des Widerrufs überwiesenen Darlehensvaluta hat der Käufer nicht. Er kann vom Verkäufer lediglich eine Anzahlung sowie ein in Zahlung gegebenes Fahrzeug zurückverlangen,[59] Zug um Zug gegen Herausgabe des bestellten Pkw und Zahlung einer Nutzungsvergütung nach den unter Rdn. 1157 ff. dargestellten Regeln. Wie früher bei der Wandelung und heute in Rücktrittsfällen kann der Käufer also auch beim Widerruf seinen Altwagen nicht „versilbern". Dem Kreditgeber steht bei dieser ersten Fallgestaltung kein Anspruch gegen den Käufer auf Rückzahlung des dem Autohaus überwiesenen Betrages zu. Insoweit muss er sich direkt an das Autohaus halten (Bereicherungsanspruch).[60]

bb) Abwicklung zwischen Käufer und Darlehensgeber

1805 Ist der Nettokreditbetrag dem Autohaus im Zeitpunkt des Wirksamwerdens des Widerrufs bereits zugeflossen, findet die Abwicklung nicht nur des Darlehensvertrages, sondern auch des Kaufvertrages **ausschließlich** zwischen dem Darlehensgeber und dem Käufer statt (§ 358 Abs. 4 S. 3 BGB). Das Autohaus ist bei dieser zweiten Fallgestaltung vollkommen außen vor; es ist weder aktiv- noch passivlegitimiert. Die Verkäuferrolle ist mit allen Rechten und Pflichten auf die Bank übergegangen. Es handelt sich also nicht um einen Schuldbeitritt, sondern um einen Wechsel in der Schuldner- und Gläubigerstellung.[61]

1806 Die Auswechselung hängt davon, ob der Nettokreditbetrag dem Autohaus bereits **zugeflossen** war, als der Widerruf wirksam wurde. Entscheidend ist nicht der Zeitpunkt der Absendung des Widerrufs, auch nicht der Tag des Eingangs des Schreibens im Autohaus. Maßgebend ist der **Zugang beim Kreditgeber** als dem Empfänger der Willenserklärung.[62] Ist das Autohaus, wie meist, Empfangsbote, zählt der Tag, an dem die Übermittlung Autohaus/Bank normalerweise zu erwarten ist (normale Postlaufzeit, wenn nicht gar Faxzeit). Ob das

58 Ausführlich und überzeugend dazu OLG Saarbrücken 26. 7. 2007, OLGR 2007, 773; s. a. BGH 11. 10. 1995, NJW 1995, 3386 a. E.
59 OLG Naumburg 25. 7. 2002 – 4 U 62/02.
60 BGH 17. 9. 1996, NJW 1996, 3414 (HWiG).
61 BGH 11. 10. 1995, NJW 1995, 3386.
62 BGH 11. 10. 1995, NJW 1995, 3386.

Autohaus das Schreiben des Käufers tatsächlich weitergeleitet hat, ist im Falle der Botenstellung, erst recht bei Empfangsvollmacht, belanglos.[63]

Was in § 358 Abs. 4 S. 3 BGB unter **„zugeflossen"** zu verstehen ist, ergibt sich aus der Entscheidung des BGH vom 11. 10. 1995.[64] Da der Käufer keinen Einblick in die Buchhaltung des Autohauses hat, ist er auf eine entsprechende Auskunft angewiesen. Die Bank ist auskunftspflichtig.[65] Ein Anspruch besteht aber auch gegenüber dem Autohaus. **1807**

Bei **Eintritt in das kaufrechtliche Rückabwicklungsverhältnis** ist der Darlehensgeber verpflichtet, dieses in der Weise abzuwickeln, als wäre er selbst der Verkäufer des Neuwagens.[66] Er ist Gläubiger und Schuldner an Stelle des Autohauses und damit **allein aktiv- und passivlegitimiert**.[67] Er muss das Neufahrzeug zurücknehmen, eine vom Käufer an den Verkäufer geleistete Anzahlung zurückzahlen,[68] einen vom Verkäufer in Zahlung genommenen Gebrauchtwagen herausgeben[69] oder bei Weiterveräußerung Wertersatz leisten,[70] notwendige Verwendungen und andere Aufwendungen des Verbrauchers nach Maßgabe von § 347 Abs. 2 BGB ersetzen und Schadensersatzverpflichtungen des Verkäufers erfüllen. **1808**

Seinerseits hat der Darlehensgeber Anspruch darauf, dass der Verbraucher die Nutzungen vergütet und unter den Voraussetzungen der §§ 346 Abs. 2 Nr. 3, 357 Abs. 3 S. 1 BGB für die durch Ingebrauchnahme eingetretene Verschlechterung des Fahrzeugs Wertersatz leistet (näher Rdn. 1818 ff.). Einen Zug-um-Zug-Antrag muss er nicht ausdrücklich stellen, wiewohl es empfehlenswert ist. Eine uneingeschränkte Verurteilung der Bank, die keinen förmlichen Zug-um-Zug-Antrag gestellt hat, ist **prozessual fehlerhaft**, wenn aus ihrem Prozessvorbringen ersichtlich ist, dass ihr Gegenansprüche zustehen.[71] Notfalls muss das Gericht fragen (§ 139 ZPO). **1809**

Zur **Rückzahlung der Darlehensvaluta** ist der Verbraucher auch bei der zweiten Fallgestaltung (Alleinzuständigkeit der Bank) nicht verpflichtet.[72] Ein darauf gerichteter Anspruch steht der Bank nur unter der – für verbundene Verträge untypischen – Voraussetzung zu, dass die Auszahlung des Geldes an den Verbraucher erfolgt ist und dieser das Geld nicht an den Verkäufer weitergeleitet hat. **1810**

Ein dem Händler vom Verbraucher erteilter Auftrag, das **Darlehen über den Altwagen abzulösen**, um dessen Inzahlungnahme für den Kauf eines Neufahrzeugs zu ermöglichen, ist nach Ansicht des LG Gießen[73] in seiner Wirksamkeit unabhängig von dem Bestand des Kaufvertrages über den Neuwagen und des damit verbundenen Darlehensvertrages und wird durch den Widerruf nicht hinfällig. Zur Restkreditablösung s. a. BGH NJW 2008, 2028. Das OLG Jena[74] entschied zu §§ 7, 9 Abs. 2 VerbrKrG a. F., dass der Widerruf des zur Finanzierung eines Pkw-Kaufvertrages geschlossenen Verbraucherkreditvertrages den nicht durch den Verbraucherkredit finanzierten Vertrag über den Ankauf von Zubehörteilen nicht erfasst. Wenn der Kaufvertrag über Zubehör jedoch ein einheitliches Rechtsge- **1811**

63 OLG Saarbrücken 26. 7. 2007, OLGR 2007, 773.
64 NJW 1995, 3386 (Verrechnungsscheck).
65 BGH 11. 10. 1995, NJW 1995, 3386.
66 OLG Saarbrücken 26. 7. 2007, OLGR 2007, 773.
67 BGH 11. 10. 1995, NJW 1995, 3386.
68 BGH 11. 10. 1995, NJW 1995, 3386.
69 OLG Naumburg 25. 7. 2002 – 4 U 62/02 (kein Anspruch auf Zahlung des Anrechnungspreises oder des Fahrzeugwertes, so lange das Fahrzeug herausgegeben werden kann – für Fallgestaltung 1 mit Rückabwicklungszuständigkeit auch des Verkäufers).
70 Dazu OLG Saarbrücken 26. 7. 2007, OLGR 2007, 773.
71 OLG Saarbrücken 26. 7. 2007, OLGR 2007, 773 unter Hinweis auf BGH NJW 2006, 2839.
72 BGH 17. 9. 1996, NJW 1996, 3414, 3415 (HWiG); *Reinicke/Tiedtke*, Rn. 1583.
73 Urt. v. 19. 10. 1994, zfs 1995, 375.
74 Urt. v. 30. 7. 2002, OLGR 2002, 530.

schäft mit dem Kaufvertrag über den Pkw darstellt, wird der Käufer durch den Widerruf des Darlehensvertrages auch von seinen Leistungspflichten aus dem Zubehörkauf befreit, so dass die Risiken beim Verkäufer hängen bleiben.

1812 Gesetzlich nicht geregelt sind die Rechtsfolgen im **Verhältnis zwischen Darlehensgeber und Verkäufer**. Der Darlehensgeber ist daher gut beraten, wenn er dem Verkäufer entweder die Netto-Darlehenssumme erst nach Ablauf der Widerrufsfrist zur Verfügung stellt oder eine Rückgriffsregelung vereinbart. Falls Darlehensgeber und Verkäufer die Rechtsfolgen vertraglich nicht geregelt haben und der Verkäufer keine gesamtschuldnerische Mithaftung für die Zahlungsverpflichtungen des Verbrauchers aus dem Rückgewährschuldverhältnis übernommen hat, ist die Rückabwicklung zwischen Darlehensgeber und Verkäufer **nach Bereicherungsrecht** zu vollziehen. Im Einzelnen ist hier manches strittig.[75]

5. Einzelfragen des Widerrufsfolgenrechts (auch Haustür- und Fernabsatzgeschäft)

1813 Im Anschluss an die Gesetzesänderung per 11. 6. 2010 sind die Vorschriften über die Rechtsfolgen des Widerrufs abermals geändert worden. Anlass ist das Urteil des EuGH vom 3. 9. 2009, NJW 2009, 3015 (Notebook). Ziel des Gesetzes, in Kraft getreten am 4. 8. 2011, ist es, die Regelungen über den Wertersatz im Fall des **Widerrufs eines Fernabsatzvertrags** entsprechend den Vorgaben des EuGH auszugestalten. Außerdem erfolgen Klarstellungen in den §§ 358 und 359a BGB.

a) Erfüllungsort und Gerichtsstand

1814 Gemeinsamer Erfüllungsort (Leistungsort) ist der Ort, wo sich das Fahrzeug vertragsgemäß (bestimmungsgemäß) befindet,[76] d. h. in der Regel der Wohnort des Käufers; dies selbst dann, wenn der Käufer das Fahrzeug zwischenzeitlich an den Verkäufer zurückgegeben hat.[77] Für die Rückabwicklungsklage **nach Widerruf eines verbundfinanzierten Kaufs** ist demnach gem. § 29 ZPO der gemeinsame Erfüllungsort maßgebend.[78] Es besteht ein Gleichlauf mit der Zuständigkeit für Rücktrittsklagen (dazu Rdn. 1264).

1815 Für Klagen **aus Haustürgeschäften** besteht der Gerichtsstand des § 29c ZPO. Das Wohnsitzgericht des Verbrauchers ist auch zuständig für eine Klage, mit der ein Verbraucher Schadensersatzansprüche wegen Verletzung vertraglicher Pflichten, wegen Verschuldens bei Vertragsschluss oder wegen einer mit dem Haustürgeschäft begangenen unerlaubten Handlung gegenüber der anderen Vertragspartei oder deren Vertreter geltend macht.[79] Kann ein Haustürgeschäft außerdem nach anderen Vorschriften widerrufen werden, z. B. beim Abschluss eines Verbraucherleasingvertrages in einer Haustürsituation, ändert sich dadurch nicht die örtliche Zuständigkeit nach § 29c ZPO.

b) Verzinsung des Kaufpreises

1816 Nutzungen aus dem empfangenen Kaufpreis, ggf. nur einer Anzahlung, in Form erzielter, ersparter oder nach den Regeln einer ordnungsgemäßen Wirtschaft erzielbarer **Zinsen** sind vom Verkäufer bzw. der Bank herauszugeben oder zu vergüten (s. Rdn. 1148 ff.).

---

75 Vgl. *Godefroid*, Teil 2 Rn. 583 ff.
76 *Palandt/Grüneberg*, § 269 BGB Rn. 16.
77 LG Kleve 22. 11. 2002, NJW-RR 2003, 196.
78 LG Mönchengladbach 13. 10. 2006 – 1 O 18/06.
79 BGH 7. 1. 2003, WM 2003, 605; OLG Celle 15. 4. 2004, OLGR 2004, 335.

c) Vergütung für gefahrene Kilometer (Nutzungswertersatz)

Die durch den Gebrauch des Fahrzeugs **gezogenen Nutzungen** (Gebrauchsvorteile) muss der Käufer grundsätzlich dem Wert nach ersetzen (§§ 357 Abs. 1 S. 1, 346 Abs. 1, Abs. 2 Nr. 1 i. V. m. § 100 BGB). Eine Einschränkung macht jetzt § 312e BGB n. F. **im Fall eines Fernabsatzgeschäfts:** Nutzungswertersatz für Gebrauchsvorteile ist nur zu leisten, soweit der Verbraucher die Ware in Kenntnis seines Widerrufsrechts in einer Weise genutzt hat, die über die Prüfung der Eigenschaften und der Funktionsweise hinausgeht (dazu Rdn. 1822 ff.), also nicht mehr generell. Soweit geschuldet, ist der Nutzungswertersatz auf der Grundlage der linearen Wertschwundberechnung zu ermitteln (Rdn. 1157 ff.). **1817**

d) Wertersatz für Verschlechterung durch Prüfung und Ingebrauchnahme

aa) Wiederholt geänderte Vorschriften

§ 357 Abs. 3 BGB ist **erneut geändert** worden und lautet in der ab dem 4. 8. 2011 geltenden Fassung wie folgt: **1818**

„(3) Der Verbraucher hat abweichend von § 346 Absatz 2 S. 1 Nummer 3 Wertersatz für eine Verschlechterung der Sache zu leisten

1. soweit die Verschlechterung auf einen Umgang mit der Sache zurückzuführen ist, der über die Prüfung der Eigenschaften und der Funktionsweise hinausgeht, und

2. wenn er spätestens bei Vertragsschluss in Textform auf diese Rechtsfolge hingewiesen worden ist. . . .“

Von **„bestimmungsgemäßer Ingebrauchnahme“** und der Privilegierung des Verbrauchers im Fall einer Verschlechterung, die **ausschließlich durch die Prüfung** der Sache verursacht wurde, ist in der Neufassung nicht mehr die Rede. Nach **§ 357 Abs. 3 S. 1 BGB a. F.** hatte der Verbraucher für eine durch die bestimmungsgemäße Ingebrauchnahme der Sache entstandene Verschlechterung Ersatz zu leisten[80], indes mit der Freistellung gem. S. 3 („ausschließlich auf die Prüfung . . .“). **1819**

bb) Altfälle

Was die frühere Regelung konkret besagt, geht aus der **Entscheidung des BGH vom 3. 11. 2010**[81] hervor, freilich nicht zum Kauf eines Fahrzeugs, sondern eines **im Fernabsatz** erworbenen Wasserbettes. Aufbau des Betts und Befüllung der Matratze mit Wasser sind für den BGH lediglich eine Prüfung der Sache i. S. d. § 357 Abs. 3 S. 2 BGB a. F. (= S. 3 i. d. F. v. 11. 6. 2010). Unter „Prüfung“ sei auch eine Ingebrauchnahme der Sache jedenfalls dann zu verstehen, wenn die Ingebrauchnahme zu Prüfzwecken erforderlich sei.[82] Verschlechterung durch „Ingebrauchnahme“ beziehe sich nur auf die Wertminderung, die allein dadurch entstehe, dass die Sache nicht mehr eine „neue“, sondern eine „gebrauchte“ sei. **1820**

cc) Neufälle

Soweit die Verschlechterung auf einen Umgang mit der Sache zurückzuführen ist, der über die Prüfung der Eigenschaften und der Funktionsweise **hinausgeht**, hat der (korrekt belehrte) Verbraucher Wertersatz zu leisten (§ 357 Abs. 3 BGB n. F.). **1821**

80 Zur umstrittenen Frage der Europarechtskonformität s. BGH 3. 11. 2010, NJW 2011, 56 Tz. 17 (offen gelassen).
81 NJW 2011, 56.
82 BGH 3. 11. 2010, NJW 2011, 56 Tz. 22.

(1) Prüfung der Eigenschaften und der Funktionsweise

1822 Unter „Prüfung der Eigenschaften und der Funktionsweise“ versteht **der Gesetzgeber** das Testen und Ausprobieren der jeweiligen Ware, wie es etwa im Ladengeschäft möglich und üblich ist. Dem Verbraucher müsse die Möglichkeit eingeräumt werden, die Ware eingehend auf ihre Eigenschaften und ihre Funktionsweise zu untersuchen. Je nach Art der Ware könne hierfür eine Ingebrauchnahme erforderlich sein. Dem Verbraucher müsse es zumindest gestattet sein, dieselben Ergebnisse wie bei einer Prüfung im Ladengeschäft zu erzielen. Der Umstand, dass bei einer Prüfung der Ware zu Hause die im stationären Handel vielfach üblichen Beratungs-, Vergleichs- und Vorführmöglichkeiten fehlen, sei durch angemessene Prüfungsmöglichkeiten zu Hause auszugleichen. Der Verbraucher dürfe also mit der Ware grundsätzlich so umgehen und sie so ausprobieren, wie er das in einem Geschäft hätte tun dürfen. Nicht umfasst sei jedoch die intensive, nicht zur Prüfung notwendige Nutzung.[83]

1823 Eine über die bestimmungsgemäße Ingebrauchnahme der Sache hinausgehende Nutzung – z. B. eine besonders intensive oder ihrer Art nach nicht vorgesehene Nutzung – werde, so der Gesetzgeber weiter[84], stets über die Prüfung der Eigenschaften und Funktionsweise hinausgehen. Für eine Verschlechterung auf Grund eines solchen Verhaltens müssen Verbraucher daher weiterhin Wertersatz leisten.

1824 Bezogen auf den Kauf eines (neuen) Kraftfahrzeugs gilt **im Ausgangspunkt:** Ein Verhalten, das den Käufer zum Wertersatz wegen Verschlechterung verpflichtet, kann **zum einen** in einer bestimmungsgemäßen Ingebrauchnahme liegen, die über die Prüfung hinausgeht. Es kann **zum anderen** bei einer nicht bestimmungsgemäßen Ingebrauchnahme vorliegen. Beim Kauf eines neuen Kraftfahrzeugs stellt sich – nach der bisherigen wie nach der neuen Regelung – die Frage, ob eine wertersatzfreie Prüfung auf die Besichtigung des Fahrzeugs, das Hineinsetzen, Ausprobieren der Bedienungselemente, das Starten des Motors und das Zurücklegen einer kurzen Fahrstrecke auf nichtöffentlichem Gelände (damit ohne Zulassungspflicht) zu beschränken ist, jeder weitere Aktivität, insbesondere die **amtliche Zulassung**, nicht mehr bloße Prüfung der Eigenschaften und Funktionsweise, sondern ausgleichspflichtige Verschlechterung ist.

1825 **Der Schuldrechtsreform-Gesetzgeber** hat seinerzeit unter anderem am Beispiel des Neuwagenkaufs erläutert, wie er sich die Risikoverteilung vorstellt. Die durch die **Erstzulassung** entstehende Wertminderung müsse der Käufer tragen, sofern er ordnungsgemäß belehrt worden sei. Denn diese Wertminderung sei gerade nicht auf die Prüfung des Pkws zurückzuführen. Sie beruhe allein auf der Zulassung des Fahrzeugs und sei damit **prüfungsunabhängig**. Dagegen dürfe der Käufer nicht mit derjenigen Wertminderung belastet werden, die dadurch verursacht werde, dass er sich in den Wagen setze, die Instrumente ausprobiere und eine kurze Strecke auf nichtöffentlicher Verkehrsfläche fahre.[85] In der amtlichen Begründung des am 4. 8. 2011 in Kraft getretenen Gesetzes wird der Erwerb eines Pkws nur am Rande erwähnt. Zusätzliche Erkenntnisse liefert diese Stelle nicht.

1826 Die Vorstellung, ein neues Fahrzeug könne durch eine Besichtigung und eine kurze Probefahrt, noch dazu auf Privatgelände, „geprüft“ werden, ist wenig lebensnah. Es genügt selbst bei einem neuen Kraftfahrzeug nicht, nur eine „kurze Strecke“ zu fahren, um festzustellen, ob seine Beschaffenheit im Wesentlichen vertragsgemäß ist. Eine Sicht- und Funktionsprüfung ‚im Stand‘ liefert keine Erkenntnisse über den Zustand des Fahrzeugs und seine Haupteigenschaften (Fahr-, Brems- und Beschleunigungsverhalten). An einer Testfahrt (Probefahrt) mit dem Neufahrzeug auf öffentlicher Straße ist ein Verbraucher in be-

83 BT-Drucks. 17/5097.
84 BT-Drucks. 17/5097.
85 BT-Drucks. 14/6040, S. 199 f.

sonderem Maße dann interessiert, wenn er bis dahin keine Gelegenheit hatte, mit einem vergleichbaren Händlerfahrzeug eine solche Fahrt zu unternehmen. Allerdings bedarf es hierzu nicht notwendigerweise einer „normalen" amtlichen Zulassung zum Straßenverkehr. Der Käufer kann eine solche Fahrt auch mit einem roten Kennzeichen oder einem Kurzzeitkennzeichen (§ 16 FZV) im öffentlichen Straßenverkehr durchführen. Damit ist im Allgemeinen keine Wertminderung verbunden und der Rahmen der Prüfung i. S. d. § 357 Abs. 3 S. 1 BGB wird nicht gesprengt, wenn die Erprobungsfahrt auf eine kurze Strecke (bis zu 20 km) beschränkt bleibt.[86]

Das Fahrzeug auf den eigenen Namen amtlich zuzulassen, geht hiernach über eine Prü- 1827
fung der Eigenschaften und der Funktionsweise hinaus. Nach der Vorstellung des Gesetzgebers sind die Grenzen der Prüfung überschritten, wenn sich die Sache anschließend nicht mehr als ‚neu' verkaufen lässt.[87] So liegen die Dinge bei einem Fahrzeug bei einer nicht nur formalen Erstzulassung.

Der allein durch die Erstzulassung herbeigeführte **Wertverlust** beträgt nach der Vorstel- 1828
lung des Gesetzgebers bei einem Pkw **regelmäßig 20 %**.[88] Angesichts der je nach Marke und Typ unterschiedlichen Marktverhältnisse ist diese Größenordnung selbst als Regelsatz **nicht unproblematisch**. Für die **Besitzumschreibung eines gebrauchten Pkw** (weitere Zulassung) hat das LG Mönchengladbach[89] die Wertminderung auf 15 % des Kaufpreises geschätzt.

(2) Beweislastverteilung

Die Änderung von § 357 Abs. 3 BGB bedeutet zugleich eine **Änderung der Beweislast-** 1829
verteilung.[90] Der Verbraucher muss entsprechend dem EuGH-Urteil NJW 2009, 3015 Tz. 27 (gebrauchtes Notebook) nicht beweisen, dass er die Sache nicht anders behandelt hat, als es zu ihrer Prüfung erforderlich war.[91] Auch für die nach der bisherigen Formulierung notwendige Vorfrage einer bestimmungsgemäßen Ingebrauchnahme soll der Verbraucher nicht beweispflichtig sein. Durch die Neufassung des Satzes 1 in § 357 Abs. 3 BGB wird die Beweislast für die Frage, ob die Verschlechterung auf einen Umstand zurückzuführen ist, der für die Prüfung der Sache nicht notwendig war, in beiden Fällen – (1) bestimmungsgemäße Ingebrauchnahme, die über die Prüfung hinausgeht, und (2) nicht bestimmungsgemäße Ingebrauchnahme – vom Verbraucher auf den Unternehmer verlagert.[92] Aus Gründen der Einheitlichkeit und Übersichtlichkeit hält der Gesetzgeber es für sachgerecht, diese Beweislastumkehr grundsätzlich auf alle Widerrufsrechte zu erstrecken.[93]

(3) Weitere Fragen

Der Wertersatzanspruch nach § 357 Abs. 3 BGB a. F. hatte zur Voraussetzung, dass der 1830
Verbraucher spätestens bei Vertragsschluss in Textform auf diese Rechtsfolge und eine Möglichkeit, sie zu vermeiden, ausdrücklich hingewiesen worden ist.[94] Für die Fassung der entsprechenden Belehrung in „Altfällen" stellte das Muster Anlage 6 zu Art. 247

86 *Himmelreich/Andreae/Teigelack*, § 1 Rn. 36.
87 BT-Drucks 14/6040, S. 200.
88 BT-Drucks. 14/6040, S. 199, 200. Nicht klar ist, ob 20 % des (Brutto-?)Kaufpreises oder des Verkehrswerts.
89 Urt. v. 13. 10. 2006 – 1 O 18/06.
90 PWW/*Medicus/Stürner*, § 357 BGB Rn. 9b.
91 BT-Drucks. 17/5097.
92 BT-Drucks. 17/5097.
93 BT-Drucks. 17/5097.
94 Zu den inhaltlichen und gestalterischen Anforderungen bei einem Verbundgeschäft aus dem Jahre 2005 s. OLG Saarbrücken 26. 7. 2007, OLGR 2007, 773.

EGBGB im Gestaltungshinweis 8c eine Formulierungshilfe zur Verfügung. Bei einem **Fernabsatzvertrag** war die Sonderregelung in § 357 Abs. 3 S. 2 BGB a. F. zu beachten.

1831 Im **neugefassten § 357 Abs. 3 BGB** wird nunmehr auf das Erfordernis verzichtet, dass der Unternehmer den Verbraucher über eine Möglichkeit informiert, den Wertersatz zu vermeiden. Vorgeschrieben ist nur noch der Hinweis auf die Wertersatzpflicht als solche.

1832 Die in § 357 Abs. 3 BGB a. F. wie n. F. vorgesehene Belehrung (Hinweis) ist grundsätzlich **keine Voraussetzung** für den Beginn der Widerrufsfrist, d. h. auch bei fehlender oder unzureichender Information über die Wertersatzpflicht (in Altfällen incl. deren Vermeidung) läuft die Widerrufsfrist bei im Übrigen ordnungsgemäßer Belehrung an.[95] S. auch § 312d Abs. 2 BGB.

1833 **Rückblick:** In der Zeit **vor dem 11. 6. 2010** haben die Banken beim finanzierten Fahrzeugkauf beispielsweise folgenden Text gewählt:

‚Der Darlehensnehmer hat im Fall des Widerrufs des Darlehensvertrages Wertersatz für die durch die bestimmungsgemäße Ingebrauchnahme des Fahrzeugs entstandene Verschlechterung, insbesondere für die durch die Zulassung des Fahrzeugs entstandene Wertminderung, zu leisten. Diese Rechtsfolge kann dadurch vermieden werden, dass der Gebrauch ausschließlich auf die Prüfung des Fahrzeugs beschränkt wird und die Zulassung erst erfolgt, wenn der Darlehensnehmer sich entschlossen hat, von seinem Widerrufsrecht keinen Gebrauch zu machen.‘[96]

1834 Das LG Mönchengladbach[97] hat diesen Hinweis gebilligt.[98] Dass eine Aussage über den voraussichtlichen Umfang der Wertminderung fehle, sei unschädlich.[99] Dem ist zuzustimmen.[100] Auch die aktuellen Musterhinweise verzichten auf eine derartige Konkretisierung.

e) Wertersatz wegen Verschlechterung vs. Nutzungswertersatz

1835 Ist der Käufer wegen fehlender oder unzureichender Belehrung davon freigestellt, den von ihm verursachten Wertverlust (Verschlechterung) nach der vergleichsweise strengen Regelung des § 357 Abs. 3 BGB zu ersetzen,[101] wird der Verkäufer bzw. der Kreditgeber versucht sein, über einen Ausgleich für die zurückgelegten Kilometer hinaus (§§ 357 Abs. 1, 346 Abs. 1 und 2 BGB) Ersatz für diejenige Wertminderung zu erlangen, die durch die Nutzung und/oder die Alterung des Fahrzeugs eingetreten ist. Das ist nicht Erfolg versprechend. Denn die Wertminderung, die durch die bestimmungsgemäße (normale) Nutzung verursacht ist, kann nicht „doppelt“ zu Lasten des Käufers gehen. Sie fließt in die Berechnung der herauszugebenden Gebrauchsvorteile ein. Eine Verschlechterung i. S. d. § 346 Abs. 2 S. 1 Nr. 3 Halbs. 1 Alt. 1 BGB stellt die Abnutzung durch bestimmungsgemäße Ingebrauchnahme schon dem Gesetz nach nicht dar. Gleiches gilt für die bestimmungsgemäße Weiternutzung nach der Ingebrauchnahme.[102] Auch für den altersbedingten Wertverlust schuldet der Käufer keinen Wertersatz. Selbst wenn der Tatbestand der Verschlechterung erfüllt sein sollte, was im Zweifel zu verneinen ist, greift § 346 Abs. 3 S. 1 Nr. 2 BGB zugunsten des Käufers ein.[103]

---

95 LG Kassel 21. 5. 2010 – 7 O 1441/09; *Palandt/Grüneberg*, § 360 BGB Rn. 2 a. E.

96 Text der Belehrung in Darlehensverträgen der Santander Consumer Bank, vgl. LG Mönchengladbach 13. 10. 2006 – 1 O 18/06.

97 Urt. v. 13. 10. 2006 – 1 O 18/06.

98 Ebenso LG Kassel 21. 5. 2010 – 7 O 1441/09.

99 Urt. v. 13. 10. 2006 – 1 O 18/06 (Gebrauchtwagenkauf); s. a. OLG Saarbrücken 26. 7. 2007, OLGR 2007, 773, das lediglich die Gestaltung des Hinweises beanstandet hat.

100 Strenger *Palandt/Grüneberg* § 357 BGB Rn. 10.

101 Wie z. B. im Fall OLG Saarbrücken 26. 7. 2007, OLGR 2007, 773.

102 BT-Drucks. 14/6040, S. 193; OLG Saarbrücken 26. 7. 2007, OLGR 2007, 773.

103 OLG Saarbrücken 26. 7. 2007, OLGR 2007, 773.

1836 Außerdem kommt dem nicht ordnungsgemäß belehrten Käufer die Haftungsmilderung nach § 346 Abs. 3 S. 1 Nr. 3 BGB (diligentia quam in suis) zugute (§ 357 Abs. 3 S. 3 BGB n. F.).

f) Wertersatz auch bei alternativ bestehendem Rücktrittsrecht wegen eines Sachmangels?

1837 Mitunter konkurriert das Widerrufsrecht mit dem Recht zum Rücktritt wegen eines Sachmangels. Für den Käufer und seinen Anwalt stellt sich bei dieser Konstellation die Frage, für welches der beiden Rechte er sich entscheiden soll. Trotz der Privilegierung beim Wertersatz für die Nutzung von Fernabsatzware durch EuGH NJW 2009, 3015 und jetzt § 312e Abs. 1 BGB n. F. und trotz der Durchgriffsregelung des § 358 Abs. 4 S. 3 BGB (Eintritt der solventen Bank) kann der Widerruf für einen – ordnungsgemäß belehrten – Verbraucher mit erheblichen Nachteilen verbunden sein. Entscheidet er sich gleichwohl dafür und gegen einen Rücktritt, stellt sich die Frage, ob und inwieweit das Rücktrittsfolgenrecht in die widerrufsrechtliche Abwicklung hineinspielt.

1838 Da nicht angenommen werden kann, dass der Gesetzgeber den widerrufsberechtigten Käufer einer mangelhaften Sache schlechter als im Falle eines – ihm möglichen – Rücktritts stellen will, ist der Anwendungsbereich des § 357 Abs. 3 S. 1 BGB n. F. im Wege **teleologischer Reduktion** anzugleichen. Voraussetzung hierfür ist, dass das alternative Rücktrittsrecht zum Zeitpunkt des Widerrufs tatsächlich besteht, der Nachrang hinter dem Nacherfüllungsanspruch aufgehoben ist.

1839 Damit der gewährleistungsrechtliche Verbraucherschutz seine Wirkung im Widerrufsfolgenrecht nicht verfehlt, ist es erforderlich, dem Käufer bei einem Verbrauchsgüterkauf den Vorteil der Beweislastumkehr (§ 476 BGB) zu erhalten. Darauf kann es ankommen, wenn streitig ist, ob ein nach Rückgabe des Fahrzeugs vom Händler festgestellter Mangel schon bei Gefahrübergang vorhanden war (näher zu § 476 BGB Rdn. 3296 ff.). *Beispiel*: Der Verbraucher entdeckt einige Tage nach Übernahme des Fahrzeugs, dass Schäden am Rand des rechten Kotflügels und am hinteren Radlauf vorhanden sind. Nachdem er den Widerruf erklärt und das Auto an den Händler zurückgegeben hat, verlangt dieser Wertersatz mit der Behauptung, der Schaden sei bei Auslieferung nicht vorhanden gewesen.

6. Nichtigkeit des Darlehensvertrages

1840 Die Unwirksamkeit des Darlehensvertrages kann z. B. darauf beruhen, dass er gesetzes- oder sittenwidrig ist (§§ 134, 138 BGB), nicht formgerecht abgeschlossen oder erfolgreich angefochten wurde, z. B. wegen arglistiger Täuschung. Zur **Aufklärungspflicht des Darlehensgebers** und zur **Zurechnung von Täuschungshandlungen des Verkäufers** s. Rn 1853 ff. Die Rückabwicklung des nichtigen Darlehensvertrages erfolgt nach §§ 812 ff. BGB. Daneben können dem Käufer Ansprüche auf Schadensersatz aus c. i. c. bzw. §§ 823 ff. BGB zustehen.

1841 Wenn der Kaufvertrag trotz Unwirksamkeit des Darlehensvertrages ausnahmsweise wirksam (geblieben) ist – Unanwendbarkeit der §§ 139, 158 BGB, keine „Gesamtkausalität“ einer Täuschung –, stellt sich die Frage, welche Konsequenzen die **Auszahlung der Darlehensvaluta an den Verkäufer** hat. Entweder hat die Bank als **Dritter gem. § 267 Abs. 1 BGB** oder als **Hilfsperson des Käufers** unter Übermittlung von dessen Tilgungsbestimmung gem. § 362 Abs. 1 BGB an den Verkäufer gezahlt.[104] Letzteres dürfte beim verbundfinanzierten Fahrzeugkauf die Regel sein. Zweck der Zahlung ist die Erfüllung der (vermeintlichen) Verpflichtung zur Auszahlung der Darlehensvaluta aus dem Darlehens-

104 BGH 27. 6. 2008, WM 2008, 1703 = MDR 2008, 1086 (finanzierte Eigentumswohnung).

vertrag. Das steht der Annahme einer eigenen Tilgungsbestimmung des Darlehensgebers als Dritter i. S. v. § 267 BGB entgegen.[105] Eine Erfüllung der (wirksam entstandenen) Kaufpreisforderung durch die Bank als Hilfsperson des Käufers setzt voraus, dass der Käufer die Zahlung der Bank wirksam als Tilgung der Kaufpreisforderung bestimmt und die Bank ihre Zahlung als Leistung des Käufers erbracht hat. Bei Nichtigkeit des Darlehensvertrags ist **die Tilgungsbestimmung** indes gleichfalls **unwirksam.**[106] Eine wirksame Tilgungsbestimmung lässt sich auch nicht daraus herleiten, dass der Käufer seinen Darlehensauszahlungsanspruch in dem – wirksam gebliebenen – Kaufvertrag an den Verkäufer abgetreten hat.[107]

1842 Vor diesem Hintergrund drohen dem Käufer bei Nur-Nichtigkeit des Darlehensvertrages zwei Ansprüche: wegen des nichtigen Darlehensvertrags ein Anspruch der Bank aus ungerechtfertigter Bereicherung (§ 812 Abs. 1 S. 1 BGB) und zum anderen die – noch nicht erfüllte – Kaufpreisforderung. Diese kann an die Bank abgetreten sein.[108] Die **Bereicherungsklage** kann nicht darauf gestützt werden, der Käufer sei von der Kaufpreisschuld befreit und insoweit ungerechtfertigt bereichert. Befreiung ist mangels Erfüllungswirkung nicht eingetreten. Bei Annahme einer ungerechtfertigten Bereicherung[109] braucht der Käufer die Darlehensvaluta **nur in Raten laut Tilgungsplan** im (unwirksamen) Darlehensvertrag zurückzuzahlen, wenn die Bank oder das vermittelnde Autohaus den Grund für die Nichtigkeit des Darlehensvertrages gekannt oder sich dieser Erkenntnis leichtfertig verschlossen hat.[110]

1843 Der **Kaufpreisklage** aus abgetretenem Recht kann der Käufer den Einwand entgegensetzen, die Bank habe sich **schadensersatzpflichtig** gemacht, z. B. wegen Verletzung einer Aufklärungs- oder Beratungspflicht, was einen **Anspruch auf Freistellung** von den Verpflichtungen aus dem Kaufvertrag zur Folge habe.[111] Klagt der Verkäufer den Kaufpreis selbst ein, muss der Käufer alles daran setzen, der Forderung unter Berufung auf die Nichtigkeit des Darlehensvertrages den Boden zu entziehen, und sei es wegen Wegfalls der Geschäftsgrundlage oder allein nach § 242 BGB. Eine eigene Pflichtverletzung des Verkäufers oder eine ihm zurechenbare Pflichtwidrigkeit der Bank (§ 278 BGB) kann dem Käufer einen Schadensersatzanspruch geben, der ihn von der Erfüllung der Kaufpreisforderung freistellt.

7. Einwendungsdurchgriff

a) Regelungsgehalt und Schutzzweck

1844 Der Einwendungsdurchgriff, geregelt in **§ 359 BGB**[112], soll **den Verbraucher** davor schützen, dass er auf Zahlung der Darlehensraten in Anspruch genommen wird, obwohl der Kaufvertrag unwirksam ist oder der Verkäufer nicht oder nicht fehlerfrei geliefert oder eine sonstige mit der Lieferung zusammenhängende Pflicht verletzt hat.[113] Umgekehrt gilt das nicht: Einwendungen aus dem Darlehensvertrag können nicht ohne weiteres, jedenfalls nicht nach § 359 BGB, auf den finanzierten Kauf durchgreifen.

1845 Bestehen Einwendungen unmittelbar aus dem Darlehensvertrag, kann der Verbraucher sie der Bank direkt entgegensetzen. Das ist von praktischer Relevanz nicht nur bei eigenen

105 BGH 27. 6. 2008, WM 2008, 1703 = MDR 2008, 1086.
106 BGH 27. 6. 2008, WM 2008, 1703 = MDR 2008, 1086.
107 BGH 27. 6. 2008, WM 2008, 1703 = MDR 2008, 1086.
108 So die Konstellation BGH 27. 6. 2008, WM 2008, 1703 = MDR 2008, 1086.
109 Vom BGH im Urteil v. 27. 6. 2008, WM 2008, 1703 = MDR 2008, 1086 inzidenter verneint.
110 BGH 16. 6. 1989, NJW 1989, 3217 (isolierter Konsumentenkredit).
111 BGH 27. 6. 2008, WM 2008, 1703 = MDR 2008, 1086.
112 Die ab 11. 6. 2010 geltende Fassung ist bis auf die 200 Euro-Klausel unverändert.
113 *Reinicke/Tiedtke*, Rn. 1574.

Pflichtverletzungen der Bank,[114] sondern auch in Fällen, in denen die Bank sich Fehlverhalten des Autohauses gem. § 278 BGB zurechnen lassen muss.[115] Bei solchen Fallgestaltungen kann der Käufer sich mit seinen Einwendungen gegenüber der Bank – ohne Durchgriff – zur Wehr setzen.

Der Einwendungsdurchgriff nach § 359 BGB setzt nicht voraus, dass dem Verbraucher die Inanspruchnahme des Verkäufers unmöglich bzw. unzumutbar ist. Nach dem Gesetzeswortlaut ist der Verbraucher ohne Weiteres berechtigt, die Rückzahlung des Darlehens zu verweigern, soweit Einwendungen aus dem verbundenen Kaufvertrag ihn gegenüber dem Verkäufer zur Verweigerung seiner Leistung berechtigen würden. Das Zahlungsverweigerungsrecht hat ausschließlich ex-nunc-Wirkung, d. h. es gilt nur **für künftige Raten**. **1846**

b) Einwendungen des Verbrauchers

Als Einwendungen aus dem verbundenen Kaufvertrag kommen in Betracht: **1847**

- Nichtigkeit des Kaufvertrages
- vollständige oder teilweise Nichterfüllung
- Lieferverzug
- Störung der Geschäftsgrundlage
- Rücktritt, Minderung, Schadensersatzansprüche statt und neben der Leistung, Aufwendungsersatzansprüche
- Ansprüche aus c. i. c. und Delikt.[116]

Hinsichtlich der **Entstehung der Einwendung** kommt es auf das Verhältnis zwischen Verbraucher und Verkäufer an. Die **Anfechtung des Kaufvertrages** z. B. wegen arglistiger Täuschung kann nur gegenüber dem Verkäufer erklärt werden. Die bloße Anfechtbarkeit begründet als solche kein Recht zur Leistungsverweigerung. Das Recht, Einwendungen aus dem finanzierten Kaufvertrag, der Bank gegenüber geltend zu machen, ist **akzessorisch**. Sofern der Verbraucher seine Einwendung verloren hat oder sie nicht durchsetzen kann (z. B. wegen Eintritts der Verjährung), entfällt die Grundlage für den Einwendungsdurchgriff. **1848**

Bestreitet der Darlehensgeber vorgerichtlich die Berechtigung der vom Käufer geltend gemachten Einwendung, muss der Käufer die Streitfrage nicht erst mit dem Verkäufer klären, schon gar nicht auf gerichtlichem Wege. Die gegenteilige Auffassung lässt sich mit dem Zweck des § 359 BGB nicht vereinbaren, der dem Käufer die sofortige Geltendmachung der Einwendung ermöglichen will.[117] Ob dem Käufer aufgrund der von ihm geltend gemachten Einwendung ein Leistungsverweigerungsrecht zusteht, muss in dem Rechtsstreit zwischen den Parteien des Darlehensvertrages geprüft werden. Allerdings steht es dem Käufer frei, ob er sich den Einwendungsdurchgriff zu Nutze macht. Von Amts wegen wird er nicht berücksichtigt. **1849**

Vom Einwendungsdurchgriff nicht erfasst werden solche Einwendungen, die sich **aus einem Änderungsvertrag** ergeben, den die Parteien des Kaufvertrages nach dem Zustandekommen des Darlehensvertrages geschlossen haben (§ 359 S. 2 BGB). Eine vom Auto- **1850**

114 Z. B. bei einem Aufklärungs- oder Beratungsverschulden oder der Verletzung einer Nebenpflicht, etwa in Bezug auf den Kfz-Brief (keine eigenmächtige Herausgabe an das Autohaus; dazu OLG Celle 9. 8. 2006 – 3 U 74/06).

115 Vgl. OLG Dresden 14. 3. 2005 – 8 U 0024/05; LG Duisburg 27. 9. 2007 – 8 O 220/05 (Vorwurf der arglistigen Täuschung über Kreditkonditionen bei einer Ballonfinanzierung zurückgewiesen).

116 OLG Dresden 14. 3. 2005 – 8 U 0024/05.

117 *Reinicke/Tiedke*, Rn. 1595.

haus gesondert gegebene **Rückkaufgarantie** steht außerhalb des Verbundgeschäfts. Der Käufer kann eine Verletzung dieser Vereinbarung der Bank nicht entgegenhalten.[118]

c) Unwirksamkeit von Kauf- und Darlehensvertrag

1851 Im Fall des sog. **Doppelmangels**, z. B. bei Unwirksamkeit beider Geschäfte infolge arglistiger Täuschung[119], stellt sich nicht die Frage, ob der Käufer dem Darlehensgeber die Unwirksamkeit des Kaufvertrages nach § 359 BGB entgegenhalten kann. Da auch der Darlehensvertrag unwirksam ist, besteht bereits aus diesem Grund für den Verbraucher keine vertragliche Verpflichtung, das dem Verkäufer zugeflossene Darlehen zurück- und die Raten weiterzuzahlen. Ein aus dem Kaufvertrag abgeleitetes Leistungsverweigerungsrecht benötigt er nicht.

1852 Bei einem Doppelmangel ergeben sich folgende Ansprüche: Der Darlehensgeber muss die Darlehensvaluta vom Verkäufer zurückfordern. Er hat seinerseits die vom Verbraucher geleisteten Darlehensraten einschließlich Zins- und Kostenanteile an diesen zurückzuzahlen; ein Anspruch auf weitere Ratenzahlung besteht nicht. Wegen der Rückgabe eines in Zahlung gegebenen Altwagens oder einer geleisteten Anzahlung muss sich der Verbraucher an den Verkäufer halten. Das gekaufte Neufahrzeug ist vom Verbraucher an den Verkäufer herauszugeben und das Eigentum vom Darlehensgeber auf den Verkäufer unter Rückgabe des Kfz-Briefes zu übertragen.[120]

1853 Was die **Aufklärungspflicht der Bank** gegenüber einem Verbraucher angeht, so bringt **§ 491a BGB n. F.** substanziell nichts Neues, insbesondere keine Verschärfung gegenüber dem früheren Rechtszustand. Die Vorschrift begründet umfangreiche vorvertragliche Informationspflichten des Darlehensgebers beim Abschluss eines Verbraucherdarlehensvertrages. Näheres ist in Art. 247 EGBGB geregelt.

1854 Für den finanzierten Fahrzeugkauf gleichfalls wichtig ist **§ 655a BGB n. F.**, wonach auch der **Vermittler eines Verbraucherdarlehensvertrages** in die Informationspflicht genommen wird. Art und Umfang hängen davon ab, ob das Autohaus **in lediglich untergeordneter Funktion** als Darlehensvermittler tätig wird, etwa indem es **als Nebenleistung** den Abschluss des Darlehensvertrages vermittelt (§ 655a Abs. 2 S. 3 BGB). Letzterenfalls ist der Vermittler von der Verpflichtung befreit, die den Darlehensgeber nach § 491a BGB trifft; bestehen bleibt jedoch auch im Fall bloßer Nebenleistung die Pflicht nach § 655a Abs. 2 S. 1 BGB.

1855 Unter welchen Voraussetzungen ein Vermittler nur in „untergeordneter Funktion" tätig wird, lässt der Gesetzgeber ebenso wie das Tatbestandsmerkmal „Nebenleistung" undefiniert im Raum stehen. Abgrenzungsprobleme sind damit programmiert. Ähnlich wie in § 5 Abs. 1 S. 2 RDG wird es für den Begriff „Nebenleistung" auf den Inhalt, den Umfang und den sachlichen Zusammenhang mit der eigentlichen Haupttätigkeit ankommen.[121] Nicht entscheidend ist, in wessen Auftrag der Vermittler tätig geworden ist (i. d. R. ist es allein die Bank). Es kommt auch nicht, jedenfalls nicht allein, darauf an, ob seine Tätigkeit vertragsrechtlich als Haupt- oder als Nebenleistung zu qualifizieren ist. Auch der Umstand, dass der vermittelte Darlehensvertrag mit dem Kaufvertrag **eine wirtschaftliche Einheit** bildet, hebt die Vermittlungstätigkeit nicht auf eine Stufe mit dem Abschluss des Kaufvertrages, zweifellos die Haupttätigkeit eines Autohauses. Erkenntnisgewinn verspricht eher

118 OLG Celle 7. 3. 2011 – 3 U 18/11.

119 Wenn und weil beide Geschäfte eine wirtschaftliche Einheit bilden, ist i. d. R. davon auszugehen, dass eine arglistige Täuschung im Zusammenhang mit dem Abschluss des Kaufvertrages auch die Anfechtung des Darlehensvertrages begründet.

120 Zur Vorgehensweise s. MüKo-BGB/*Habersack*, § 359 BGB Rn. 57 ff.

121 S. a. *Reinking*, DAR 2010, 252, 256.

die Figur des **institutionalisierten Zusammenwirkens** zwischen Bank und Verkäufer/Vermittler.[122] Wer als Kfz-Verkäufer ständig mit einer bestimmten Bank zusammenarbeitet und für sie als Vermittler tätig wird, sozusagen deren verlängerter Arm ist (Beispiel: Herstellerbank), wird sich auf das Vorliegen einer bloßen Nebenleistung kaum berufen können. Da es sich um einen **Ausnahmetatbestand** handelt, der von vornherein sowie auch im Interesse eines effektiven Verbraucherschutzes eng auszulegen ist, trifft den Vermittler die **Darlegungs- und Beweislast** für die tatsächlichen Voraussetzungen einer bloßen Nebenleistung.

Nach wie vor ist weder der Darlehensgeber noch der Vermittler dazu verpflichtet, von **1856** sich aus, d. h. ohne gezielte Aufforderung, zu prüfen, ob der vom Verbraucher verfolgte Zweck für diesen sinnvoll ist. Der Darlehensgeber hat lediglich für **ausreichende Erläuterungen** zu sorgen, damit der Verbraucher dies in eigener Verantwortung beurteilen kann (§ 491a Abs. 2 S. 1 BGB). Ausnahmsweise bestehen über die in §§ 491a, 655a BGB geregelten Pflichten hinaus Aufklärungs- und Beratungspflichten **in Sondersituationen**. Etwa dann, wenn der Bank bekannt oder auch nur erkennbar ist, dass das Autohaus bestimmte Finanzierungszusagen gemacht hat, deren Einhaltung unsicher ist, z. B. über ein **verbrieftes Rückgaberecht** zu unrealistischen Konditionen oder über eine **Ablösung der (hohen) Schlussrate** durch das Autohaus mit damit verbundener Insolvenzgefahr.[123]

Die vom BGH[124] für die Fälle des **institutionalisierten Zusammenwirkens** zwischen **1857** Bank und Vertreiber bzw. Vermittler von „Schrottimmobilien" und sonstigen Vermögensanlagen entwickelten **Beweiserleichterungen** müssen beim Verbund von Kauf und Darlehen nach § 358 Abs. 3 BGB dem Käufer/Darlehensnehmer in ähnlicher Weise zugute kommen. Im Übrigen ist die BGH-Rechtsprechung zur **Zurechnung von arglistigem Verkäuferverhalten** bei verbundenen Geschäften zu beachten. Eine Bank, die ein Geschäft eines Verbrauchers finanziert, muss sich eine arglistige Täuschung des Vermittlers/Verkäufers über das Kaufobjekt zurechnen lassen mit der Folge, dass der Verbraucher in diesem Fall auch den Darlehensvertrag nach § 123 BGB anfechten kann.[125]

Unterhalb der Arglistschwelle ist der Käufer nach den Grundsätzen des Verschuldens **1858** bei den Vertragsverhandlungen geschützt. Fahrlässigkeiten eines Autohausmitarbeiters im finanziellen Bereich sind der Bank nach § 278 BGB zuzurechnen. Wegen der direkt wirkenden Einwendung aus dem Darlehensvertrag ist der Verbraucher in solchen Fällen auf den Schutz des § 359 BGB nicht angewiesen.

d) Unwirksamkeit nur des Kaufvertrages

Ist nur der Kaufvertrag unwirksam, gleichviel, ob von Anfang an (z. B. nach § 138 BGB) **1859** oder nur kraft ex-tunc-Wirkung bei erfolgreicher Anfechtung (§ 142 Abs. 1 BGB), kann der Verbraucher dem Darlehensgeber die Einwendung der Unwirksamkeit des Kaufvertrages gem. § 359 BGB entgegenhalten, etwa sein Recht, die Kaufpreiszahlung zu verweigern. Dann steht auch dem Anspruch des Darlehensgebers aus dem Darlehensvertrag eine **dauernde Einrede i. S. v. § 813 Abs. 1 S. 1 BGB** entgegen.[126]

122 Dazu BGH 27. 6. 2008, WM 2008, 1703 m. w. N.

123 Dazu LG Kassel 21. 5. 2010 – 7 O 1441/09 (evtl. nicht rechtskräftig geworden); LG Duisburg 27. 9. 2007 – 8 O 220/05 (Rechtskraft gleichfalls zw.).

124 Nachw. in BGH 27. 6. 2008, WM 2008, 1703.

125 Nachw. in BGH 30. 3. 2011, NJW 2011, 2874 Tz. 20.

126 BGH 4. 12. 2007, NJW 2008, 845 (zu § 9 Abs. 3 VerbrKrG a. F.). Nichtigkeitsgrund war ein Mangel in der Vertretung, kein Fall der Arglistanfechtung. Bei anfänglicher Unwirksamkeit infolge Anfechtung, z. B. wegen arglistiger Täuschung, wird teilweise eine differenzierende Lösung vertreten, vgl. NK-BGB/*Ring*, § 359 Rn. 32.

1860 Die trotz dieser Einrede auf den Kredit geleisteten Zahlungen kann der Verbraucher gem. § 813 Abs. 1 S. 1 BGB i. V. m. § 812 Abs. 1 S. 1 BGB vom Darlehensgeber zurückverlangen.[127] Im Gegenzug muss er ihm seine Ansprüche abtreten, die ihm gegen den Verkäufer zustehen. Weiterhin ist er zur Herausgabe des Fahrzeugs an den Verkäufer verpflichtet, der eine vom Käufer geleistete Anzahlung zurückzuzahlen und ein in Zahlung gegebenes Fahrzeug herauszugeben bzw. dessen Wert zu ersetzen hat.

e) Lieferverzug und Nichtbelieferung

1861 Beim finanzierten Neuwagenkauf erfolgt die Auszahlung des Darlehens durch den Kreditgeber regelmäßig erst nach der Bestätigung des Käufers, dass er das Fahrzeug erhalten hat. Solange der Verkäufer seine Lieferverpflichtung nicht erfüllt hat und dem Darlehensgeber das Empfangsattest des Käufers nicht vorweisen kann, ist die Auszahlung blockiert, so dass eine Rückzahlungsverpflichtung des Verbrauchers aus dem Darlehensvertrag nicht entsteht.

1862 Überweist der Darlehensgeber die Darlehensvaluta vertragswidrig vor Kaufpreisfälligkeit an den Verkäufer, wird dadurch eine Verpflichtung des Käufers zur Zahlung der Darlehensraten nicht ausgelöst. Diese entsteht erst mit der Übergabe des Fahrzeugs. Bleibt die Lieferung endgültig aus, muss sich der Kreditgeber wegen der Darlehensrückzahlung an den Verkäufer halten.

1863 Falls die Bank das Darlehen dem Verbraucher zwecks Weiterleitung an den Verkäufer zur Verfügung stellt, muss sie ihn über die Risiken einer Zahlung vor Warenerhalt aufklären. Kommt sie der Aufklärungspflicht nicht nach, haftet sie dem Käufer auf Schadensersatz. Den Anspruch aus Verletzung der Aufklärungspflicht kann der Käufer der Bank unmittelbar entgegenhalten. Auf § 359 S. 1 BGB muss nicht zurückgegriffen werden.

1864 Auf den Schutz des § 359 BGB kann der Verbraucher sich nicht berufen, wenn er die Auszahlung des Darlehens vor Lieferung des Fahrzeugs ausdrücklich verlangt hat oder wenn er das Fahrzeug auf eigenen Wunsch dem Verkäufer zur Verwahrung überlassen hat und die für einen späteren Zeitpunkt vorgesehene Herausgabe daran gescheitert ist, dass zwischenzeitlich über das Vermögen des Verkäufers das Insolvenzverfahren eröffnet wurde.[128] Einer Geltendmachung von Einwendungen aus dem Kaufvertrag gegenüber dem Darlehensgeber steht § 242 BGB entgegen, wenn Käufer und Verkäufer in kollusivem Zusammenwirken durch eine fingierte Empfangsbestätigung die Auszahlung des Darlehens an den Verkäufer herbeigeführt haben.

1865 **Schadensersatzansprüche des Käufers** gegen den Verkäufer wegen Nichtlieferung des Fahrzeugs sind für den Einwendungsdurchgriff faktisch nicht von Bedeutung, da die Darlehensvaluta normalerweise nicht vor Übergabe des Fahrzeugs überwiesen wird. Im Gegensatz dazu überdauern Ersatzansprüche des Käufers aus Lieferverzug (dazu Rdn. 83 ff.) zumeist den Zeitpunkt der Darlehensauszahlung. Sie können dem Darlehensgeber im Wege des Einwendungsdurchgriffs entgegengehalten werden.

1866 Die Möglichkeit des Einwendungsdurchgriffs hindert den Käufer nicht daran, mit seinen Ansprüchen aus Lieferverzug gegen die Kaufpreisforderung aufzurechnen, wozu er nach Abschn. III Ziff. 2 NWVB nur unter der Voraussetzung berechtigt ist, dass seine aus §§ 280 Abs. 1, 2, 286 BGB resultierenden Gegenforderungen unbestritten oder rechtskräftig tituliert sind. Stellt der Darlehensgeber dem Verkäufer die Darlehensvaluta in Höhe des vollen Barkaufpreises zur Verfügung, obwohl dieser bereits zum Teil durch Aufrechnung erloschen ist, liegt eine ungerechtfertigte Bereicherung vor, die der Verkäufer an den Käufer herauszugeben hat. Die Forderung auf Herausgabe des durch Aufrechnung erloschenen

127 BGH 4. 12. 2007, NJW 2008, 845.
128 BGH 18. 12. 1969, WM 1970, 219.

Kaufpreisanteils kann der Käufer dem Rückzahlungsanspruch des Kreditgebers als Einwendung gem. § 359 S. 1 BGB entgegensetzen. Wenn die Auszahlung des Darlehensbetrags auf ein Verschulden des Darlehensgebers oder auf ein Fehlverhalten des Verkäufers zurückzuführen ist, das sich der Darlehensgeber gem. § 278 BGB zurechnen lassen muss, besteht die Möglichkeit der Direkteinwendung.

f) Ansprüche des Käufers bei Sach- und Rechtsmängeln

aa) Nacherfüllung

Erst wenn die Nacherfüllung **fehlgeschlagen** ist, hat der Verbraucher das Recht, die Rückzahlung des Darlehens zu verweigern (§ 359 S. 3 BGB). Diese **Einschränkung des Einwendungsdurchgriffs** bedeutet zunächst: Bloße Mangelhaftigkeit des Autos ist noch kein hinreichender Grund, die Ratenzahlung ganz oder auch nur teilweise einzustellen. Ein Leistungsverweigerungsrecht entsteht erst, wenn der Tatbestand des Fehlschlagens nachweislich erfüllt ist. **1867**

Da nur eine rechtlich mögliche Nacherfüllung fehlschlagen kann, sind an sich die Konstellationen auszuklammern, in denen Nacherfüllung **nach § 275 Abs. 1 BGB ausgeschlossen** ist. Man kann „Fehlschlagen" i. S. d. § 359 S. 3 BGB aber auch in weiter Auslegung dahin verstehen, dass die Unmöglichkeitsfälle erfasst sind. So oder so: Wenn Nacherfüllung **in beiden Varianten** (Ersatzlieferung und Nachbesserung) unmöglich ist, kann der Verbraucher-Käufer bei Mangelhaftigkeit des Fahrzeugs seine Ratenzahlungen sogleich einstellen. Der Nacherfüllungsvorrang ist aufgehoben, der Weg zu den Rechtsbehelfen des § 437 Nr. 2 und Nr. 3 BGB frei. Zugleich entfällt die Einschränkung (Subsidiarität) des Einwendungsdurchgriffs. Dazu bedarf es nicht der Ausübung des Rechts auf Rücktritt oder Minderung oder der Geltendmachung des Anspruchs auf Schadens- bzw. Aufwendungsersatzes. Es genügt das Bestehen dieser Rechte als Grundlage eines (fiktiven) Leistungsverweigerungsrechts gegenüber dem Verkäufer. Zur Schwebelage s. a. unten Rdn 1871. **1868**

Im weiteren Sinn „fehlgeschlagen" ist die Nacherfüllung auch dann, wenn sie vom Verkäufer – in beiden Varianten – **berechtigterweise verweigert** wird (§ 439 Abs. 3 BGB). Dazu Rdn. 799 ff. Die Verweigerung nach § 275 Abs. 2 BGB spielt praktisch keine Rolle. **1869**

Im engeren Sinn „fehlgeschlagen" ist die Nacherfüllung, wenn der **in § 440 BGB** geregelte Tatbestand für beide Arten der Nacherfüllung erfüllt ist. Dazu und insbesondere zur Zwei-Versuche-Regel bei der Nachbesserung s. Rdn. 960 ff. Dem Fall des Fehlschlagens gleichzustellen sind die **Unzumutbarkeit der Nacherfüllung** und die **unberechtigte Verweigerung**. **1870**

Der Gefahr, dass der Verbraucher durch Nichtausübung des Wahlrechts zwischen Rücktritt, Minderung, Schadens- und Aufwendungsersatz die Rückzahlung des Darlehens blockiert, kann der Darlehensgeber nicht durch Fristsetzung gem. § 264 Abs. 2 BGB begegnen. Zum einen ist er nicht der maßgebliche Schuldner, zum anderen handelt es sich bei dem ius variandi nicht um einen Anwendungsfall des § 264 BGB. Eine Analogie zu § 350 BGB scheidet mangels Regelungslücke aus.[129] Ein rechtsmissbräuchliches Verhalten lässt sich dadurch verhindern, dass dem Käufer der Einwendungsdurchgriff nur für die Dauer einer angemessenen Entscheidungsfrist zugestanden wird.[130] Um den Schwebezustand zu beenden, kann der Kreditgeber seinem Vertragspartner eine solche Frist setzen, allerdings nur mit einer Belehrung über die Folgen weiterer Passivität.[131] **1871**

129 Anders *Möller* in *Bamberger/Roth*, § 359 BGB Rn. 4.
130 *Hofmann*, ZGS 2004, 293 ff., 296.
131 Dazu Müko-BGB/*Habersack*, § 359 BGB Rn. 70.

bb) Rücktritt und großer Schadensersatz

1872 Welche Auswirkung ein (wirksamer) Rücktritt des Käufers auf die Rechtsbeziehungen der drei Beteiligten hat, ist im Grundsätzlichen wie in den Details **umstritten.**[132] Übereinstimmung herrscht noch mit Blick auf den eigentlichen Mechanismus des § 359 BGB (Begründung eines Leistungsverweigerungsrechts gegenüber der Bank). Gleichviel, ob der Käufer den Rücktritt isoliert erklärt oder ausschließlich oder kumulativ den rücktrittsähnlichen „großen" Schadensersatz geltend macht: Er kann die **Zahlungen** an die Bank **auf Dauer einstellen,**[133] und zwar **ab dem Zeitpunkt**, zu dem der Rücktritt bzw. das Schadensersatzverlangen mit Zugang der entsprechenden Erklärung gegenüber dem Verkäufer **wirksam** geworden ist. Dem Käufer steht ein **dauerhaftes Leistungsverweigerungsrecht** zu.[134] Zur Begründung dafür, dass der Darlehensvertrag keine Rechtsgrundlage für weitere Ansprüche der Bank gegen den Verbraucher bietet, muss nicht auf das Rechtsinstitut des Wegfalls der Geschäftsgrundlage (§ 313 BGB) zurückgegriffen werden.[135]

1873 Sofern der Verbraucher trotz wirksamen Rücktritts und des daraus resultierenden Leistungsverweigerungsrechts **den Darlehensvertrag weiter bedient** hat, steht ihm gegen die Bank ein **Rückzahlungsanspruch** gem. § 813 Abs. 1 S. 1 BGB zu.[136] Dabei ist er dem Einwand aus § 814 BGB ausgesetzt.

1874 **Problematisch ist**, welche **weiteren Folgen** der Rücktritt bzw. der große Schadensersatz für die Abwicklung des Verbundgeschäfts hat. Aus Sicht der Praxis **interessieren in erster Linie** Fragen der Aktivlegitimation[137], auch der Passivlegitimation, ferner der inhaltlichen Ausgestaltung und Durchsetzbarkeit der Einzelansprüche bis hin zur dinglichen Seite der Rückabwicklung und der Verteilung des Insolvenzrisikos, angesichts des derzeitigen Händlersterbens kein unwichtiger Aspekt. Nach der gegenwärtig **vorherrschenden obergerichtlichen Judikatur**[138], der zuzustimmen ist, gilt Folgendes:

(1) Ansprüche des Käufers gegen den Verkäufer nach Rücktrittsrecht

1875
- Erstattung nur der gezahlten Nettokreditraten, nicht etwa der gesamten Darlehensvaluta (Nettodarlehensbetrag/Überweisungssumme),[139]
- Rückzahlung einer Anzahlung (unproblematisch),

---

132 Zum Ganzen Müko-BGB/*Habersack*, § 359 BGB Rn. 68 ff.

133 Z. B. *Möller* in Bamberger/Roth, § 359 BGB Rn. 8; *Godefroid*, Teil 2, Rn. 604

134 OLG Hamm 8. 9. 2005, NZV 2006, 421; Müko-BGB/*Habersack*, § 359 BGB Rn. 75.

135 Für § 313 BGB OLG Naumburg 12. 1. 2007 – 10 U 42/06 – BeckRS 2007, 65018 (Käufer war aber kein Verbraucher).

136 Müko-BGB/*Habersack*, § 359 BGB Rn. 76.

137 Weder der Umstand eines Verbundgeschäfts noch die Sicherungsübereignung lassen die Aktivlegitimation des Käufers für eine Rückabwicklungsklage entfallen (OLG München 1. 9. 2010 – 3 U 2432/10).

138 OLG Hamm 5. 8. 2010 – I-28 U 22/10 – NJOZ 2011, 447; OLG Hamm 8. 9. 2005, NZV 2006, 421; OLG Naumburg 22. 11. 2001, OLGR 2003, 87 (zu § 9 VerbrKrG a. F.); OLG Naumburg 12. 1. 2007 – 10 U 42/06 – BeckRS 2007, 65018 (zwar kein finanzierter Verbrauchsgüterkauf, aber Verbundfinanzierung); s. a. OLG Bamberg 21. 12. 2006 – 6 U 39/06 – n. v. (kein Anspruch des Käufers gegen den Verkäufer auf Weiterzahlung der Raten); abw. OLG Düsseldorf (24. ZS) 23. 4. 1996, NJW-RR 1996, 1265 (Wandelung).

139 Für Letzteres aber, konstruktiv konsequent, OLG Koblenz 18. 12. 2008 – 6 U 564/08 – VRR 2009, 226, und weite Teile des Schrifttums, z. B. *Höpfner*, NJW 2010, 127, 128 unter Hinweis auf BGH WM 1964, 679. In der Tat trifft es zu, dass die Überweisung des Nettodarlehensbetrages durch die Bank i. d. R. eine vom Verkäufer empfangene Leistung des Käufers darstellt (zu den Konstruktionsmöglichkeiten s. BGH 27. 6. 2008, WM 2008, 1703 = MDR 2008, 1086 – finanzierter Immobilienerwerb).

- Ersatz derjenigen Nutzungen, die aus dem empfangenen Kapital (Banküberweisung, Anzahlung) tatsächlich gezogen worden sind einschl. ersparter Kreditzinsen (§ 346 Abs. 1 S. 2 Nr. 1 BGB)[140], wobei der Kapitalabfluss durch Bezahlung des Einkaufspreises ebenso zu berücksichtigen ist wie die Umsatzsteuer[141]; näher zum Thema Kapitalnutzung Rdn. 1148 ff.,
- Ersatz nicht gezogener Kapitalnutzungen (§ 347 Abs. 1 S. 1 BGB); näher dazu Rdn. 1152.
- Verwendungsersatz nach § 347 Abs. 2 BGB (s. Rdn. 1129 ff.),
- Rückgabe eines in Zahlung genommen Altwagens bzw. Wertersatz (dazu Rdn. 1478 ff.).

Nur als Schadens- bzw. Aufwendungsersatz 1876

Erstattung von gezahlten Zinsen, soweit es sich um vergebliche Aufwendungen handelt 1877
(§§ 437 Nr. 3, 284 BGB),[142]

- Erstattung sonstiger Finanzierungskosten (Bearbeitungsgebühr, RSV-Prämie u. a.), soweit vergebliche Aufwendungen (keine Erstattung nach Rücktrittsrecht),[143]
- Ersatz sonstiger Aufwendungen und Schadensersatz (§§ 437 Nr. 3, 280, 281, 284 BGB),
- Freistellung von Ansprüchen der Bank.[144]

(2) Gegenansprüche des Verkäufers gegen den Käufer:

- Ersatz der Gebrauchsvorteile (§§ 437 Nr. 2, 346 Abs. 1, 2 BGB), 1878
- Rückübereignung des an die Bank sicherungsübereigneten Fahrzeugs, ggf. Wertersatz.

Praktische Konsequenzen für den Käufer: Da zahlreiche, wirtschaftlich bedeutsame 1879
Positionen (z. B. Zinsen und Kosten) nicht mehr, wie früher, unabhängig von einem Verkäuferverschulden als „Vertragskosten" geltend gemacht werden können, wird der Käufer bzw. sein Anwalt sich gut überlegen müssen, ob ein Rücktritt der richtige Rechtsbehelf ist. Nur wenn er ihn um einen Anspruch auf Schadens- und Aufwendungsersatz ergänzen kann (wahlweise ihn allein geltend machen kann), ist ihm ein voller Ausgleich sicher. Zumal beim Erwerb eines neuen Fahrzeugs vom Händler (kein Direktvertrieb) läuft der Käufer Gefahr, mit dem „großen" Schadensersatz und damit zugleich mit dem so wichtigen Anspruch auf Aufwendungsersatz nach § 284 BGB zu scheitern. Wer sich dennoch für den Rücktritt entscheidet, muss im Verfahren gegen das Autohaus darlegen und belegen, wie hoch die bisher gezahlten Nettokreditraten sind. Ggf. hilft eine Auskunft der Bank. Generell ist **dringend zu empfehlen**, den Darlehensgeber in die Rückabwicklung **einzubinden**.

---

140 Für Ersatz in Höhe der Refinanzierungskosten OLG Koblenz 18. 12. 2008 – 6 U 564/08 – VRR 2009, 226; s. a. LG Frankenthal 4. 6. 2010 – 4 O 460/09.

141 OLG Hamm 5. 8. 2010 – I-28 U 22/10 – NJOZ 2011, 447 Tz. 37 ff.

142 Dazu OLG Hamm 5. 8. 2010 – I-28 U 22/10 – NJOZ 2011, 447; OLG Hamm 8. 9. 2005, NZV 2006, 421 (der Senat lässt die Phase der Nutzlosigkeit der Zinsaufwendungen mit dem Verlust der tatsächlichen Nutzungsmöglichkeit infolge des Mangels, hier: Motorschaden, beginnen, d. h. von diesem Zeitpunkt an kann der Verbraucher die Bruttoraten ersetzt verlangen, für die Zeit ungestörter Nutzung jedoch nur die Nettoraten. Die vorübergehende Weiterzahlung der vollen Raten statt Zahlungseinstellung begründet so lange kein Mitverschulden des Verbrauchers, bis er Klarheit darüber hat, wer für den Schaden verantwortlich ist).

143 OLG Hamm 5. 8. 2010 – I-28 U 22/10 – NJOZ 2011, 447; OLG Naumburg 12. 1. 2007 – 10 U 42/06 – BeckRS 2007, 65018 (Käufer kein Verbraucher!); abw. OLG Koblenz 18. 12. 2008, VRR 2009, 226 (Erstattung gezahlter Zinsen und Gebühren nach § 347 Abs. 2 S. 2 BGB).

144 Ob ein Freistellungsanspruch überhaupt besteht und wenn ja, aus § 346 BGB oder nur unter dem Blickwinkel eines Schadensersatzanspruchs, ist strittig (vom BGH im Urt. v. 16. 9. 2009, NJW 2010, 148 nicht entschieden; auch dazu *Höpfner*, NJW 2010, 127, 128).

1880 *Zum einen* wegen der Möglichkeit einer Vorausabtretung der Rückabwicklungsansprüche gegen das Autohaus (s. Darlehensbedingungen). *Zum anderen* wegen der Berechnung der Forderung, die gegen das Autohaus aus eigenem oder aus rückabgetretenem Recht – ggf. auch Prozessstandschaft bzw. Einziehungsermächtigung[145] – geltend zu machen ist. *Zum dritten* ist eine Absprache zwischen Käufer und Bank auch deshalb anzuraten, weil die Bank als **Sicherungseigentümerin des Fahrzeugs** den Fahrzeugbrief (Zulassungsbescheinigung II) in ihrem Besitz hat.[146] Von Interesse ist insoweit: Ist zwischen dem Autohaus und dem Käufer ein Eigentumsvorbehalt vereinbart? Nach den Neuwagenverkaufsbedingungen ist das der Fall. Hat der Käufer sein Anwartschaftsrecht der Bank zur Sicherheit übertragen? Wenn ja, erwirbt die Bank mit Zahlung des Kaufpreises an das Autohaus (Sicherungs-)Eigentum.[147] In den meisten Fällen erfolgt der Eigentumserwerb der Bank **nicht auflösend bedingt** (§ 158 Abs. 2 BGB) mit einem entsprechenden Anwartschaftsrecht des Käufers/Darlehensnehmers.[148] Dieser hat vielmehr nur einen schuldrechtlichen Anspruch, das Eigentum bei Erledigung des Sicherungszwecks von der Bank zurückzuerhalten.[149]

1881 Die **dingliche Rechtslage** geklärt zu haben, ist für den Anwalt des Käufers schon vorprozessual wichtig, nämlich mit Blick auf den **Annahmeverzug** des Verkäufers und damit indirekt auch für dessen **Schuldnerverzug**. Wenn der Käufer nicht frei über das Fahrzeug verfügen kann, kann ein auf Rücknahme des Fahrzeugs gerichtetes wörtliches Angebot (§ 295 BGB) unwirksam sein.[150] Auch bei **Stellung des Klageantrags** muss klar sein, wozu der Kläger (Käufer) dinglich in der Lage ist und wozu nicht, ob er Eigentum an Fahrzeug und Brief übertragen kann oder nicht.[151] Die Bank muss sich mit der Rückübertragung des Eigentums auf den Verkäufer einverstanden erklären und den Fahrzeugbrief zur Verfügung stellen, sofern sie kein Zurückbehaltungsrecht hat, etwa bei einem Anspruch auf Verwertung des Fahrzeugs. Macht die Bank Schwierigkeiten, berechtigterweise oder nicht, kann der Käufer statt einer Leistungsklage **eine Feststellungsklage** erheben oder bei bereits anhängiger Leistungsklage dazu übergehen.[152] Der Antrag ist auf die Feststellung zu richten, dass der Kaufvertrag vom ... über den Pkw ... durch den Rücktritt vom ... in ein Abwicklungsverhältnis umgestaltet worden ist.

1882 Mit dem wirksam erklärten Rücktritt hat sich der Zweck der Sicherung der Darlehensforderung – vorbehaltlich abweichender vertraglicher Regelung –erledigt. Da nach der üblichen Vertragsgestaltung kein automatischer Eigentumserwerb auf Seiten des Verbrauchers stattfindet, steht diesem nur ein Anspruch auf Übertragung des Eigentums zu, entweder auf sich selbst oder auf den Verkäufer. Seine Verpflichtung aus der Sicherungsabrede hat der Kreditgeber mangels gegenteiliger Regelung unbedingt zu erfüllen. Er kann also nicht die Bedingung stellen, der Verbraucher möge seine Ansprüche gegen den Verkäufer abtreten (allerdings sehen Darlehensbedingungen Vorausabtretungen vor). Der Kreditge-

145 Dazu OLG Schleswig 18. 8. 2005, NJW-RR 2005, 1579 (Vorinstanz zu BGH NJW 2006, 2839).

146 Zur Pflicht, ihn zu behalten und nicht eigenmächtig herauszugeben, s. OLG Celle 9. 8. 2006 – 3 U 74/06.

147 OLG Saarbrücken 10. 8. 2006 – 8 U 484/05; kein „Vorbehaltseigentum" wie es in BGH 19. 6. 2007, NJW 2007, 2844 irrtümlich heißt.

148 Anders die Vorstellung des BGH im Urt. v. 20. 2. 2008, NJW 2008, 2028.

149 S. a. *Gsell*, NJW 2008, 2002, 2003 mit Hinweis auf die Bedingungen der BMW-Bank; *Würdinger*, NJW 2008, 1422, 1423; ferner OLG Saarbrücken 10. 8. 2006 – 8 U 484/05 (im allg. sei nicht anzunehmen, dass mit Rückzahlung der gesicherten Schuld der Sicherungsgeber automatisch Eigentümer werde). Auch im Fall OLG Celle 9. 8. 2006 – 3 U 74/06 – war nur eine Pflicht zur Übertragung des Eigentums vorgesehen, was allein im Interesse der Banken liegt.

150 Gegen Annahmeverzug in einem solchen Fall OLG Rostock 11. 7. 2007, NJW 2007, 3290 = DAR 2007, 588.

151 Vgl. OLG Rostock 11. 7. 2007, NJW 2007, 3290 = DAR 2007, 588.

152 Zur (bejahten) Zulässigkeit dieses Vorgehens OLG München 1. 9. 2010 – 3 U 2432/10.

ber kann auch nicht verlangen, dass der Käufer den Verkäufer anweist, an die Bank zu zahlen. Das ist Sache des Innenverhältnisses (Rahmenvertrag).

Praktische Konsequenzen für den Verkäufer: Er hat im Fall einer unumgänglichen Rückabwicklung ein berechtigtes Interesse daran, nur nach Rücktrittsrecht zu haften. Da die den Rücktritt tragende (erhebliche) Pflichtverletzung kraft gesetzlicher Vermutung (§§ 280 Abs. 1 S. 2, 311a Abs. 2 S. 2 BGB) von ihm zu vertreten ist, muss sein Augenmerk auf eine erfolgreiche Entlastung gerichtet sein. Im Übrigen muss der Verkäufer dafür sorgen, dass er das Fahrzeug samt Fahrzeugbrief tatsächlich zurückerhält, wenn er seine Verpflichtungen aus dem Abwicklungsverhältnis erfüllt. In der Praxis kommt es immer wieder vor, dass die Bank nicht mitspielt, z. B. wegen eines eigenen Interesses an Fahrzeug und Brief. 1883

(3) Verhältnis zwischen Darlehensgeber und Verkäufer

Das OLG Hamm verweist die Beteiligten auf das zwischen dem Verkäufer und dem Darlehensgeber bestehende Rechtsverhältnis.[153] Das ist in der Regel **ein Rahmenvertrag.** Dann muss nicht auf das Bereicherungsrecht zurückgegriffen werden. Ohne vertragliche Regressabrede kommt eine **Durchgriffskondiktion** in Betracht.[154] 1884

cc) Minderung und kleiner Schadensersatz

Der auf Minderung beruhenden Einwendung des Käufers ist durch eine Neuberechnung des Darlehens auf der Grundlage des geminderten Kaufpreises und durch eine entsprechende Herabsetzung der Raten unter Berücksichtigung der Laufzeit des Darlehensvertrages Rechnung zu tragen, wobei vom Verbraucher geleistete Überzahlungen zu berücksichtigen sind.[155] 1885

Hat der Verkäufer den Mangel zu vertreten bzw. ist seine Entlastung wenig aussichtsreich, kann die Geltendmachung des kleinen Schadensersatzes empfehlenswert sein. Er gibt dem Käufer das – allerdings nicht unbestrittene – Recht, die Raten so lange einzubehalten, bis die Schadensersatzsumme abgegolten ist. 1886

8. Kein Rückforderungsdurchgriff gegen den Darlehensgeber

Ob § 359 S. 1 BGB dem Verbraucher im Fall der Rückabwicklung eines verbundenen Kaufs einen **Anspruch gegen den Darlehensgeber** auf Rückzahlung der geleisteten Darlehensraten einschließlich der darin enthaltenen Zins- und Kostenanteile gewährt, **ist strittig**. Überwiegend wird ein Durchgriff auf den Darlehensgeber mit Recht abgelehnt.[156] Die instanzgerichtliche Rechtsprechung zu diesem für die Praxis wichtigen Thema (z. B. bei Autohausinsolvenz) ist uneinheitlich. Soweit ein Rückforderungsdurchgriff in Wandelungsfällen bejaht worden ist, ist diese ohnehin nicht überzeugende Judikatur spätestens seit der BGH-Entscheidung vom 4. 12. 2007[157] überholt. Selbst im Fall anfänglicher Vertragsnichtigkeit sieht der BGH keine Grundlage für eine analoge Anwendung von § 9 Abs. 2 S. 4 VerbrKrG a. F. zur Begründung eines Rückforderungsdurchgriffs. 1887

153 Urt. v. 8. 9. 2005, NZV 2006, 421.
154 BGH 17. 9. 1996, NJW 1996, 3414 (Widerruf nach HWiG); einen Anspruch der Bank bejaht auch das OLG Bamberg, Beschl. v. 21. 12. 2006 – 6 U 39/06 (die Anspruchsgrundlage bleibt offen).
155 *Godefroid*, Teil 2 Rn. 604; Berechnungsbeispiel bei *Reinking/Kessler/Sprenger*, § 18 Rn. 163.
156 Vgl. *Palandt/Grüneberg*, § 359 BGB Rn. 8 m. w. N.
157 NJW 2008, 845.

9. Kündigung wegen Zahlungsverzugs und Rücknahme des Fahrzeugs

1888 Für verbundene Verträge war in § 503 Abs. 2 S. 5 BGB a. F. bestimmt, dass die Ansichnahme der finanzierten Sache durch den Darlehensgeber als Ausübung des Rücktrittsrechts gilt. Diese Regelung findet sich mit Wirkung ab 11. 6. 2010, im Wesentlichen unverändert, in **§ 508 Abs. 2 S. 6 BGB n. F.** Das für die Auslösung der Rücktrittsfiktion (fingiert wird nur die Rücktrittserklärung) maßgebliche Kriterium des ‚Ansichnehmens' erfordert nicht, dass der Darlehensgeber das Fahrzeug in unmittelbaren Besitz nimmt. Die Begründung mittelbaren Besitzes reicht aus, wenn die Herausgabe auf sein Verlangen an einen Dritten erfolgt, der ihm den Besitz mittelt. Nach h. M. löst bereits ein ernsthaftes und begründetes Rückgabeverlangen oder eine Herausgabeklage die Rücktrittsfiktion aus.[158] Es genügt aber nicht, wenn der Darlehensgeber heimlich die Nummernschilder und Zulassungspapiere eines Kraftfahrzeugs wegnimmt[159] oder das Lenkrad eines Schleppers entfernt,[160] weil der Käufer durch solche Maßnahmen zwar die Nutzungsmöglichkeit, nicht aber den Besitz verliert. Gegenüber einem neben dem Käufer mithaftenden Gesamtschuldner, der aus dem Darlehensvertrag kein Recht auf Besitz und auf Nutzung des Fahrzeugs hat, fand § 503 Abs. 2 S. 4 BGB a. F. keine Anwendung.[161]

1889 Im Fall der fingierten Ausübung des Rücktrittsrechts durch die Ansichnahme des Fahrzeugs und materiellrechtlich begründeter Kündigungssituation[162] bestimmt sich das Rechtsverhältnis zwischen dem Darlehensgeber und dem Verbraucher gem. § 508 Abs. 2 S. 6 BGB n. F. nach den Sätzen 3 und 4.

1890 Eine **nicht berechtigte Ansichnahme** kann eine verbotene Eigenmacht und eine Pflichtverletzung aus dem Darlehens- oder Kaufvertrag darstellen. Der Verbraucher hat Anspruch auf Wiedereinräumung des Besitzes.

1891 Die unwiderlegliche Vermutung, dass in der Ansichnahme des Fahrzeugs die Erklärung des Rücktritts liegt, greift gem. § 508 Abs. 2 S. 5 Halbs. 2 BGB n. F. nicht ein, wenn sich die Parteien – bei Vertragsschluss oder später – **darüber geeinigt** haben, dass der Darlehensgeber/Verkäufer dem Verbraucher den gewöhnlichen Verkaufswert (§ 813 Abs. 1 S. 1 ZPO) im Zeitpunkt der Wegnahme vergütet (vgl. LG Itzehoe 11. 11. 2010 – 7 O 302/09 m. w. N.).

10. Verwertung des Fahrzeugs

1892 Insoweit sind in erster Linie die Darlehensbedingungen maßgebend. Heißt es dort, dass dem Darlehensnehmer der **„gewöhnliche Verkaufswert"** im Zeitpunkt der Rücknahme vergütet werde, so bedeutet das nicht „Händlereinkaufspreis" oder „Einkaufswert". Unter dem gewöhnlichen Verkaufswert ist nach überwiegend vertretener Ansicht[163] der gegenüber dem Letztverbraucher erzielbare Verkaufspreis zu verstehen. Maßgeblicher Zeitpunkt für den Verkaufswert ist, sofern nicht so vereinbart, der Zeitpunkt der Wegnahme. Eine Vereinbarung, dass der Darlehensgeber den Händlereinkaufspreis zugunsten des Darlehensnehmers auf die Darlehensforderung verrechnet, ist unwirksam.[164] Soll der Verkaufswert oder ein sonstiger Wert von einem **Sachverständigen** ermittelt werden, so kann

158 BGH 19. 10. 1978, WM 1979, 223.
159 OLG Celle 7. 6. 1968, BB 1968, 1308.
160 OLG Kiel 6. 2. 1957, BB 1957, 692.
161 BGH 12. 9. 2001, ZIP 2001, 1992.
162 Dazu OLG Dresden 4. 7. 2007 – 8 U 279/07 und Rdn. L 756 ff.
163 OLG Schleswig 23. 8. 2007, DAR 2008, 213 = MDR 2008, 96; Brand OLG 30. 4. 2008 – 3 W 58/07; OLG Stuttgart 7. 11. 1995, NJW-RR 1996, 593; LG Itzehoe 11. 11. 2010 – 7 O 302/09.
164 *Bülow*, VerbrKrR, § 503 Rn. 89; a. A. OLG Köln 5. 9. 1997, OLGR 1998, 1.

der Darlehensnehmer das Wertgutachten mit der Begründung offenkundiger Unbilligkeit (§ 319 Abs. 1 BGB) angreifen.[165]

Da der Darlehensgeber die Verwertung zur Deckung der Darlehensforderung verwendet, **1893** handelt er zum eigenen Nutzen. Zur Schadensminderungspflicht s. OLG Bamberg 9. 2. 2011, 8 U 166/10[166] (Verstoß verneint). Der erzielte Verkaufserlös ist umsatzsteuerlich Entgelt und kein durchlaufender Posten und daher mit **Umsatzsteuer** zu belegen.[167]

11. Verbundene Verträge ohne Verbraucherbeteiligung

Die gesetzlichen Regelungen über verbundene Geschäfte betreffen ausschließlich Ver- **1894** träge zwischen einem Unternehmer als Verkäufer oder Erbringer einer Leistung und einem Verbraucher. Für andere Verbundgeschäfte, namentlich solchen zwischen Unternehmern, enthält das BGB **keine Sonderbestimmungen**. Gewerbliche Käufer/Darlehens- und Leasingnehmer verbrauchergleich unter Rückgriff auf den allgemeinen Grundsatz des § 242 BGB zu schützen, lehnt der BGH[168] ab.

Für Darlehensverträge außerhalb des Anwendungsbereichs von § 358 Abs. 3 BGB ist **1895** von Interesse, wie sich Kauf- und Darlehensvertrag zueinander verhalten. Unter bestimmten Umständen können auch selbstständige Vereinbarungen ein einheitliches Rechtsgeschäft darstellen mit der Folge, dass die Nichtigkeit eines der Verträge gem. **§ 139 BGB** zur Nichtigkeit der Gesamtvereinbarung führt.[169] Die Verknüpfung mehrerer Verträge zu einem einheitlichen Rechtsgeschäft setzt aber voraus, dass sie nach dem Willen der Vertragsschließenden nicht für sich allein gelten, sondern miteinander „stehen und fallen" sollen. Die Niederlegung mehrerer selbstständiger Verträge in verschiedenen Urkunden begründet die **widerlegliche Vermutung**, dass die Verträge nicht in rechtlichem Zusammenhang stehen sollen, der erforderliche **Einheitlichkeitswille** also fehlt.[170]

Bei Unanwendbarkeit des § 139 BGB können die §§ 158 ff. BGB, auch § 313 BGB eine **1896** Lösung anbieten.[171] Nach verbreiteter Meinung ist der **Kaufvertrag auflösend bedingt** durch das Zustandekommen des Darlehensvertrags, wenn im Einzelfall keine gegenteiligen Anhaltspunkte vorliegen.[172] Es macht im Ergebnis keinen wesentlichen Unterschied, ob man statt einer auflösenden Bedingung eine aufschiebende Bedingung annimmt, ob man das Rechtsinstitut Störung der Geschäftsgrundlage bemüht[173] oder davon ausgeht, dass die Finanzierung ein Regelungspunkt des Kaufvertrages sei, der nicht zustande kommt, solange der Käufer die Bedingungen der Bank, mit welcher der Verkäufer zusammenarbeitet, nicht akzeptiert hat.[174] In allen Fällen wird der Kaufvertrag hinfällig, wenn es – ohne dass der Käufer dies zu vertreten hat – nicht zum Abschluss des Darlehensvertrages kommt.[175]

Die **Anfechtung des Kaufvertrages**, z. B. wegen arglistiger Täuschung, erstreckt sich **1897** mangels Verklammerung nach Art des Verbraucher-Verbundgeschäfts, anders als dort, nicht ohne weiteres auf den Darlehensvertrag. Es empfiehlt sich für den arglistig getäusch

165 OLG Schleswig 23. 8. 2007, DAR 2008, 213 = MDR 2008, 96.
166 BeckRS 2011, 06194.
167 BFH 17. 7. 1980, BStBl. II 1980, 673.
168 Urt. v. 27. 1. 2004, WM 2004, 620, 622 = MDR 2004, 641; s. a. Urt. v. 30. 3. 2011, DAR 2011, 321 (Leasing).
169 BGH 30. 3. 2011, DAR 2011, 321 Tz. 24.
170 BGH 30. 3. 2011, DAR 2011, 321 Tz. 24.
171 Vgl. OLG Naumburg 12. 1. 2007 – 10 U 42/06 – BeckRS 2007, 65018.
172 OLG Düsseldorf 11. 5. 2005, DAR 2005, 625; OLG Köln 31. 10. 1984, ZIP 1985, 22, 25.
173 OLG Frankfurt 12. 7. 1977, BB 1977, 573.
174 LG Essen 16. 4. 1958, NJW 1958, 869.
175 OLG Düsseldorf 11. 5. 2005, DAR 2005, 625.

ten Käufer, vorsorglich beide Verträge anzufechten.[176] Bei der Anfechtung des Darlehensvertrags stellt sich allerdings die Frage, ob der täuschende Verkäufer im Verhältnis zum gutgläubigen Kreditgeber als Dritter i. S. d. § 123 Abs. 2 S. 1 BGB anzusehen ist. Die Rechtsprechung hat dies im Normalfall des finanzierten Abzahlungsgeschäftes stets verneint und damit die Anfechtung des Darlehensvertrags wegen arglistiger Täuschung grundsätzlich bejaht,[177] da der Verkäufer als Abschlussgehilfe des Kreditgebers anzusehen ist.[178] Freilich kann die Anfechtung nur wegen solcher Täuschungen zugelassen werden, die in unmittelbarer Beziehung zu dem Darlehensvertrag stehen, wie dies z. B. bei unrichtigen Angaben über die wirtschaftliche Belastung der Fall ist. Sofern der Verkäufer einen Mangel des Fahrzeugs arglistig verschwiegen hat, kann der (unternehmerische) Käufer im Zweifel nur den Kaufvertrag, nicht auch den Darlehensvertrag gem. § 123 BGB anfechten.[179]

---

176 Wie in BGH 5. 7. 1971, NJW 1971, 2303; s. aber auch OLG Brandenburg 12. 7. 2006 – 4 U 134/05 (nur Kaufvertrag).

177 BGH 17. 11. 1960, BGHZ 33, 302; 20. 2. 1967, BGHZ 47, 224.

178 BGH 20. 2. 1967, BGHZ 47, 224.

179 Zur Differenzierung nach dem Pflichtenkreis s. a. BGH 30. 3. 2011, DAR 2011, 321 (Kfz-Leasing mit Refinanzierungsvereinbarung durch „Werbekostenzuschuss“).

Teil 2 An- und Verkauf gebrauchter Kraftfahrzeuge

A. Das gebrauchte Kraftfahrzeug

I. Der Gebrauchtfahrzeugbegriff

Automobile werden üblicherweise in Neu- und Gebrauchtfahrzeuge eingeteilt. Ein Pkw, der nicht mehr „fabrikneu“ im Sinne der BGH-Rechtsprechung ist (s. Rdn. 506 ff.), kann nicht ohne Weiteres als „gebraucht“ eingestuft werden.[1] Zu beachten sind die Zwischenstufen „neu“ und „neu hergestellt“. Grundvoraussetzung für die Qualifizierung als „Gebrauchtwagen“ ist außer der Zulassung zum Straßenverkehr ein bestimmungsgemäßer Gebrauch, d. h. eine Benutzung im öffentlichen Verkehr.[2] **Halbjahres- und Jahreswagen** (näher dazu Rdn. 2762 ff.) sind damit eindeutig Gebrauchtfahrzeuge; ebenso **Vorführ-, Dienst- und Direktionswagen**. In einer Grauzone zwischen „neu“ und „gebraucht“ bewegen sich **Fahrzeuge mit Kurzzulassungen** („Tageszulassungen“), dazu näher Rdn. 632 ff. **1898**

Generell empfiehlt sich, das Begriffspaar Neuwagen/Gebrauchtwagen oder allgemeiner: neu und gebraucht, stets mit Blick auf das **konkrete Sachproblem** zu sehen. Welcher Maßstab gilt, hängt nicht allein von den Kategorien des deutschen Rechts ab. Die Abgrenzung hat auch eine **europarechtliche Dimension**, etwa beim Verbrauchsgüterkauf mit seinen Sonderregeln für gebrauchte Sachen (§§ 474 Abs. 1, 475 Abs. 2 BGB). Ob ein Fahrzeug neu oder gebraucht ist, ist nach einem objektiven Maßstab zu bestimmen und jedenfalls bei einem **Verbrauchsgüterkauf** der Parteivereinbarung entzogen.[3] **1899**

Im Kaufrecht kann unter „Gebrauchtwagen“ etwas anderes zu verstehen sein als im Versicherungsrecht.[4] Wiederum anders können die Dinge im Wettbewerbs- und Steuerrecht[5] liegen. **Bastler- und Schrottfahrzeuge** sowie sog. **Unfallreste** unter den kaufrechtlichen Gebrauchtwagenbegriff zu subsumieren ist nach der Verkehrsauffassung sicherlich richtig.[6] Als was ein Kraftfahrzeug verkauft worden ist, ob z. B. als „Jahreswagen“, „Unfallwagen“, als „Oldtimer“ oder als „Youngtimer“, kann für die Feststellung der Vertragswidrigkeit (§ 434 BGB) von ausschlaggebender Bedeutung sein. **1900**

Grundsätzlich ist es den Vertragsparteien unbenommen, ein Fahrzeug als „gebraucht“ zu verkaufen, das objektiv noch neu oder neuwertig ist. Das ist Ausdruck ihrer Vertragsautonomie. Entscheidend ist das wirklich Gewollte, nicht die Bezeichnung des Objekts. Eingeschränkt ist die Vertragsautonomie **beim Verbrauchsgüterkauf**. Ein objektiv ungebrauchtes (neues) Fahrzeug, z. B. eine **Tageszulassung** mit null Km, kann nicht als „gebraucht“ verkauft werden, um eine Abkürzung der Verjahrung von Mangelansprüchen des Verbrauchers nach § 475 Abs. 2 BGB zu ermöglichen.[7] **1901**

1 *Eggert*, DAR 2004, 327, 332.
2 So auch die Definition im Kodex für den Fahrzeughandel im Internet (Glossar).
3 BGH 15. 11. 2006, NJW 2007, 674 (aber Tierkauf).
4 Vgl. z. B. BGH 14. 11. 1979, VersR 1980, 159, 160 (zu § 13 AKB).
5 Vgl. §§ 1b, 25a UStG.
6 *Hörl*, DAR 1986, 99.
7 Vgl. BGH 15. 11. 2006, NJW 2007, 674 (Tierkauf); anders LG Bremen 19. 6. 2008, DAR 2008, 530 (Vorführkrad, 35 km).

II. Marktüberblick

1. An- und Verkauf gebrauchter Pkw/Kombi/SUV

1902 Gebrauchte Pkw/Kombi/SUV werden heute im Wesentlichen auf folgenden Teilmärkten vermarktet:

- Privatmarkt (privates Direktgeschäft)
- Neuwagenhandel mit Gebrauchtwagenabteilung (Fabrikatshändler)
- Reiner Gebrauchtwagenhandel (ohne Neuwagengeschäft).

1903 Die Entwicklung dieser drei Teilmärkte in den Jahren 2000 bis 2010 verdeutlicht folgende Grafik:

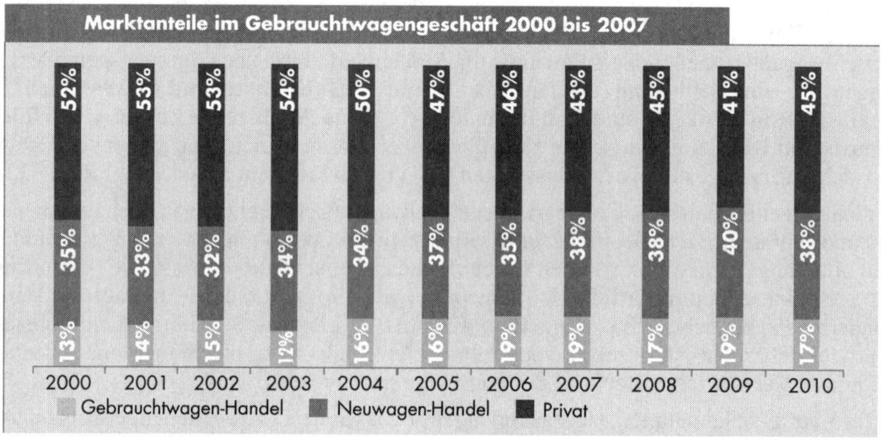

Quelle: DAT

1904 Auf den beiden Teilmärkten mit Beteiligung von Händlern bzw. Herstellern (Werksniederlassungen) sind vor allem fünf Bezugsquellen zu unterscheiden:

- Inzahlungnahme/Ankauf von Privat
- Jahreswagen/Vorführwagen
- Mietwagen/Leasingrückläufer
- Versteigerungen.

2. An- und Verkauf gebrauchter Nutzfahrzeuge

1905 Jährlich werden auf dem deutschen Markt über 300.000 Lkw und rund 20.000 Sattelzugmaschinen sowie ca. 10.000 Omnibusse gebraucht gekauft. Dieser Handel ist ein **Sondermarkt** mit eigenen Regeln. Aus zivilrechtlicher Sicht stehen Fragen der Finanzierung, des Gutglaubenserwerbs und der Sachmängelhaftung im Vordergrund. Nähere Ausführungen dazu finden sich in den jeweiligen Kapiteln.

3. An- und Verkauf von Youngtimern und Oldtimern

1906 Nach Überschreiten des statistischen Höchstalters von derzeit ca. 12 Jahren erwirbt ein Pkw zunächst – nach 20 Jahren – das Prädikat „Youngtimer“, um dann nach 30 Jahren zu einem „Oldtimer“ zu werden. Der Bestand an Youngtimern und Oldtimern wächst ständig.

Für das Jahr 2010 zählte das Kraftfahrtbundesamt rund 1,9 Millionen Fahrzeuge, die älter als 20 Jahre sind.[8]

Die **Dreißigjahresgrenze** zieht – **zulassungsrechtlich** – § 2 Nr. 22 der Fahrzeug-Zulassungsverordnung (FZV). Hiernach sind Oldtimer Fahrzeuge, die vor mindestens 30 Jahren erstmals in Verkehr gekommen sind, weitestgehend dem Originalzustand entsprechen, in einem guten Erhaltungszustand sind und zur Pflege des kraftfahrzeugtechnischen Kulturgutes dienen. Zur Einstufung eines Fahrzeugs in diesem Sinne ist ein spezielles Gutachten erforderlich (§ 23 S. 1 StVZO). **1907**

Das Geschäft mit Oldtimern boomt wie nie zuvor.[9] Restaurierung und Handel werfen vielfältige zivilrechtliche Fragen auf. Im Vordergrund stehen naturgemäß **Probleme der Sachmängelhaftung**, hier vor allem die Bestimmung der Soll-Beschaffenheit. Detailfragen werden im jeweiligen Sachzusammenhang behandelt. **1908**

4. An- und Verkauf sonstiger Kraftfahrzeuge (Wohnmobile, Wohnwagen, Zweiräder u.da.)

Für den Verkauf von gebrauchten Wohnmobilen (Reisemobilen), Wohnanhängern gelten ebenso wie für den Handel mit Motorrädern prinzipiell die gleichen Regeln wie für den Pkw-Verkauf. Besonderheiten werden im jeweiligen Sachzusammenhang erörtert. **1909**

8 Quelle DAT-Report 2011, S. 10.
9 Umsatzvolumen allein für Reparatur- und Wartungsarbeiten ca. 750 Mio. Euro im Jahr 2010 (DAT-Report 2011, S. 11).

B. Das private Direktgeschäft

I. Der Vertragsschluss

1910 Ungefähr jeder zweite gebrauchte Pkw/Kombi/SUV wird derzeit von privat an privat verkauft, Tendenz fallend.[1] Auch und gerade auf diesem Teilmarkt spielt **das Internet** eine zentrale Rolle, sei es als bloßes Informationsmedium, sei es – wie bei eBay – als Versteigerungsplattform. Die Mehrzahl der privaten Direktgeschäfte wird weiterhin vor Ort, am Wohnsitz des Verkäufers, abgeschlossen.

1. Form und Zustandekommen des Vertrages

1911 Auch Privatpersonen verzichten nur selten auf eine schriftliche Fixierung ihrer Abmachungen. Beide Seiten sind daran interessiert, wenigstens die Kerndaten des Geschäfts schriftlich festzuhalten. Automobilverbände, Versicherer und andere Anbieter stellen **Vertragsformulare** zur Verfügung; nicht selten von zweifelhafter Qualität. Juristisch einwandfrei sind die Musterverträge des ADAC. Er hat seine Vertragsformulare wiederholt geändert, zuletzt aus Anlass der Schuldrechtsreform. Formularverträge finden ferner beim Verkauf auf privaten Automärkten Verwendung. Inhaltlich entsprechen sie häufig dem ADAC-Mustervertrag. Wer in all diesen Fällen des privaten Direktgeschäfts auf Basis eines vorformulierten Vertrages **Verwender i. S. v. § 305 Abs. 1 BGB** ist, ist nicht immer leicht zu entscheiden. Näheres dazu und zu der BGH-Entscheidung vom 17. 2. 2010, NJW 2010, 1131, unter Rdn. 4028 ff. Zum Vertragsschluss bei **Internetauktionen** (Online-Auktionen) wie eBay s. Rdn. 2418 ff. Zur Variante „Verkäufer-Mail mit angehängtem Vertrag" s. OLG Celle 23. 4. 2009, 11 U 238/08 (auch zur Bedeutung von Änderungen in der Antwort-Mail des Käufers).

2. Besichtigung und Probefahrt

1912 Der Kauf eines gebrauchten Kraftfahrzeugs von privat an privat ist trotz Internet nach wie vor zumeist ein Kauf nach Besichtigung und Probefahrt. Nach Treu und Glauben mit Rücksicht auf die Verkehrssitte kann der Verkäufer eine uneingeschränkte Bindung des Kaufinteressenten i. d. R. erst erwarten, wenn dieser den Wagen geprüft hat. Die Klausel „vorbehaltlich, dass eine Probefahrt keine technischen Mängel ergibt" stellt nach Ansicht des LG Berlin eine **aufschiebende Bedingung** dar.[2] Ob ein Kauf auf Probe i. S. v. § 454 Abs. 1 BGB, ein Kauf zur Probe oder ein beiderseits fest abgeschlossener Kauf mit Rücktrittsvorbehalt vorliegt, ist Auslegungssache.

1913 Wenn der Käufer das Fahrzeug bereits besichtigt und Probe gefahren hat, er sich jedoch das Recht vorbehalten hat, es durch eine Werkstatt oder einen Sachverständigen, z. B. den ADAC, überprüfen zu lassen, wird – wie im Fall LG Berlin MDR 1970, 923 – ein Kauf unter einer aufschiebenden Bedingung zu bejahen sein. Dafür, dass ein Kaufvertrag ohne Bedingung zustande gekommen ist, ist **der Verkäufer beweispflichtig,** sofern er kaufvertragliche Rechte geltend macht.[3] Zur Darlegungs- und Beweislast beim Kauf auf Probe vgl. OLG Frankfurt OLGR 1994, 253; KG KGR 1996, 169. Ergänzend sei auf die Rechtsprechung zur Ankaufsuntersuchung beim Tierkauf verwiesen (z. B. OLG Köln NJW-RR 1995, 913).

---

1 2009 waren es wegen der Abwrackprämie nur noch 41 %, 2010 wieder 45 %.

2 Urt. v. 27. 5. 1970, MDR 1970, 923; s. a. OLG Düsseldorf 2. 4. 2004, ZGS 2004, 271 (Pferdekauf mit Ankaufuntersuchung).

3 BGH 10. 6. 2002, NJW 2002, 2862.

3. Haftung bei einem Unfall während der Probefahrt

Allein durch die Überlassung des zum Verkauf angebotenen Fahrzeugs zum Zwecke einer Probefahrt (Legaldefinition in § 2 Nr. 23 FZV) kommt auch bei Anbahnung eines privaten Direktgeschäfts i. d. R. noch keine vertragliche Beziehung zustande. Die Annahme eines **Leihvertrages** oder eines „Probefahrtvertrages" (Vertrag sui generis) entspricht im Allgemeinen nicht dem wahren Willen der Beteiligten.[4] Entscheidend sind jeweils die gesamten **Umstände des konkreten Falles**, wobei es auch auf den Wert und das Alter des überlassenen Fahrzeugs, den Versicherungsschutz (Vollkasko?), die Länge der Strecke und die Dauer der Probefahrt ankommt; auch darauf, ob der Kaufinteressent in Begleitung des veräußerungswilligen Fahrzeugeigentümers und damit unter dessen Beobachtung gefahren ist. Im Zweifel wird ein **bloßes Gefälligkeitsverhältnis** vorliegen.[5] 1914

Verursacht der Kaufinteressent während der Probefahrt einen Unfall, sind als **Anspruchsgrundlagen** damit in erster Linie außervertragliche Vorschriften zu prüfen, speziell § 823 Abs. 1 BGB. In Betracht kommt auch eine Haftung wegen Verschuldens bei der Vertragsanbahnung (§§ 280 Abs. 1, 311 Abs. 2, 241 Abs. 2 BGB) und bei Annahme eines Leihvertrages ein Schadensersatzanspruch aus positiver Forderungsverletzung (§ 280 Abs. 1 BGB). Nur bei Bestehen eines Leihvertrages, nicht allein aufgrund eines bloßen Gefälligkeitsverhältnisses, haftet der Kaufinteressent verschuldensunabhängig nach § 603 S. 2 BGB, wenn er das Fahrzeug ohne Wissen des Verkäufers **einem Dritten** überlassen hat und dieser einen Schaden verursacht.[6] 1915

Sofern der Kaufinteressent oder sein Begleiter (Erfüllungsgehilfe, so LG Braunschweig NZV 1995, 491) die Beschädigung des Fahrzeugs i. S. v. § 276 Abs. 1 BGB zu vertreten hat,[7] wird er sich vor allem mit dem Einwand verteidigen, die **Haftung für einfache Fahrlässigkeit** sei **stillschweigend ausgeschlossen** worden. Eine ausdrückliche Haftungsvereinbarung kommt unter Privatpersonen so gut wie nie zustande. Ob sie stillschweigend bzw. konkludent mit dem Inhalt getroffen worden ist, dass der Kaufinteressent für **leicht fahrlässig** herbeigeführte Schäden nicht hafte, ist ebenso umstritten wie die damit in Zusammenhang stehende Frage, ob ein privater Anbieter den Interessenten auf das **Fehlen einer Vollkaskoversicherung** ausdrücklich hinzuweisen hat.[8] 1916

Im Ergebnis ist man sich weitgehend darin einig, den Kaufinteressenten, der ein privat angebotenes Kraftfahrzeug Probe fährt, einem größeren Haftungsrisiko auszusetzen als den Kunden eines Kfz-Händlers (zur Rechtslage beim Gebrauchtwagenkauf vom Händler vgl. Rdn. 2049 ff.; zur Parallelsituation beim Neufahrzeugkauf Rdn. 240 ff.). Er soll **grundsätzlich** auch für **einfache Fahrlässigkeit** einzustehen haben.[9] Begründet wird dies mit dem Unterschied in der Interessen- und Risikolage, insbesondere damit, dass es dem privaten Anbieter – anders als einem Kfz-Händler – nicht zumutbar sei, „lediglich mit Rücksicht 1917

---

4 Zur Abgrenzung BGH 22. 6. 1956, BGHZ 21, 102, 107; OLG Köln 18. 4. 2005, MDR 2006, 90 (aber Händler).

5 Zur Figur „Gefälligkeitsverhältnis mit rechtsgeschäftlichem Charakter" s. *Canaris*, JZ 2001, 499, 502.

6 BGH 4. 8. 2010, NJW 2010, 3087; zum Haftungsprivileg nach § 104 SGB VII s. OLG Hamm 20. 3. 2002 – 13 U 229/01; zur sog. Benzinklausel in der Privathaftpflicht bei einem Schaden im Rahmen einer Besichtigung mit Motoranlassen s. LG Dortmund 18. 3. 2010 – 2 S 51/09.

7 Beweisvermutung zugunsten des Verkäufers nach § 280 Abs. 1 S. 2 BGB bei vertraglicher oder vertragsähnlicher Haftung (c. i.c).

8 S. a. den Bericht über die Referate, die Diskussion und die Empfehlungen Arbeitskreis III des VGT 2011 im DAR 2011, 171 f.

9 OLG Köln 20. 11. 1995, NJW 1996, 1288; OLG Schleswig 3. 6. 1981, VersR 1982, 585; OLG Zweibrücken 27. 4. 1990, NZV 1990, 466; *Jox*, NZV 1990, 53, 55; vgl. auch *Fuchs*, AcP 191, 331, 342; *M. J. Schmidt*, JR 1980, 138; *Ströfer*, NJW 1979, 2553.

auf den beabsichtigten Verkauf des Wagens eine Fahrzeugvollversicherung abzuschließen".[10] Dementsprechend könne der Probefahrer „grundsätzlich nicht davon ausgehen, dass eine Fahrzeugvollversicherung bestehe".[11]

1918 Diese obiter dicta hat **der BGH** in der Entscheidung vom 8. 1. 1986[12] wiederholt. Eine abschließende Stellungnahme zur Haftung des privaten Kaufinteressenten für einen leicht fahrlässig verursachten Unfallschaden bei einer Probefahrt mit einem direkt von privat angebotenen Kfz steht noch aus. Das BGH-Urteil vom 18. 12. 1979[13] ist nicht einschlägig. Der bei der Probefahrt ums Leben gekommene Anbieter war ein freiberuflich tätiger Kraftfahrzeugmeister. Ihm sei der Abschluss einer Versicherung gegen Personenschäden durchaus zuzumuten gewesen, so der BGH, ebenso wie der Abschluss einer Kaskoversicherung für mögliche Schäden am Fahrzeug. Damit gehört dieser Fall zur Gruppe „Probefahrt beim Kauf vom gewerblichen Kfz-Händler".

1919 Missglückte Fahrten bei Anbahnung eines privaten Direktgeschäfts sind Gegenstand der Entscheidungen des OLG Schleswig vom 3. 6. 1981[14] und des OLG Zweibrücken vom 27. 4. 1990.[15] Beide Gerichte verneinen zu Recht unter Hinweis auf die besondere Interessen- und Risikolage eine stillschweigend vereinbarte Haftungsfreistellung des Probefahrers. Im Fall des OLG Schleswig war der Pkw bereits knapp fünf Jahre zum Straßenverkehr zugelassen, so dass der beklagte Probefahrer nicht mehr von der Existenz einer Fahrzeugvollversicherung ausgehen konnte. Aber auch bei einem weniger alten Pkw kann sich ein Kaufinteressent nicht ohne weiteres darauf verlassen, dass Vollkaskoschutz besteht. Anders liegen die Dinge bei Jahreswagen aus dem Besitz von Werksangehörigen. Üblicherweise werden sie vollkaskoversichert.

1920 Das OLG Zweibrücken[16] hat einen Gebrauchtwageninteressenten für schadensersatzpflichtig gehalten, der sich mit dem Einwand verteidigt hat, in Kenntnis der Einschränkung des Vollkasko-Versicherungsschutzes (ausgenommen war eine wertvolle, beim Unfall beschädigte Sonderausstattung) von der Probefahrt abgesehen zu haben. Der private Anbieter sei nicht verpflichtet gewesen, den Beklagten über den Umfang der bestehenden Kaskoversicherung „detailliert" aufzuklären, dies selbst dann nicht, wenn man von einem Leihverhältnis ausgehe. Im Übrigen, so das OLG Zweibrücken in einer Hilfserwägung, habe nicht festgestellt werden können, dass der Beklagte im Falle einer Risikoaufklärung auf die Probefahrt mit dem weniger als zwölf Monate alten Fahrzeug verzichtet hätte oder vorsichtiger gefahren wäre.

1921 **Atypisch** ist der Sachverhalt, über den das OLG Köln durch Urteil vom 20. 11. 1995[17] entschieden hat. Der Pkw war bei einem Autohaus zum Privatverkauf ausgestellt. Dem Urteil sind indes wichtige Grundsätze zur **Darlegungs- und Beweislast** zu entnehmen.

1922 Wenn auch die **typische Interessenlage** beim privaten Direktgeschäft regelmäßig gegen die Annahme einer stillschweigend vereinbarten Haftungsfreistellung spricht (diese Konstruktion erscheint dogmatisch ohnehin fragwürdig),[18] so kann sich jedoch **ausnahmsweise** aus den konkreten Umständen des Einzelfalls eine solche Haftungsbeschränkungsabrede ergeben. Eine langjährige Freundschaft genügt nach Ansicht des OLG Schleswig[19] nicht,

10 BGH 10. 1. 1979, NJW 1979, 643, 644.
11 BGH 10. 1. 1979, NJW 1979, 643.
12 NJW 1986, 1099.
13 NJW 1980, 1681.
14 VersR 1982, 585.
15 NZV 1990, 466.
16 NZV 1990, 466.
17 NJW 1996, 1288 = VersR 1996, 1420.
18 Vgl. *Ströfer*, NJW 1979, 2553; *M. J. Schmidt*, JR 1980, 138.
19 VersR 1982, 585.

auch nicht in Verbindung mit der Tatsache, dass dem Kfz-Eigentümer bei Antritt der Probefahrt alle unfallerhöhenden Risiken (Glatteis, mangelndes Vertrautsein mit dem Fahrzeugtyp) bekannt waren. Im Hinblick auf einen stillschweigend bzw. konkludent vereinbarten Haftungsverzicht kann es aber nach der Rechtsprechung von Bedeutung sein, dass der private Kfz-Eigentümer den Interessenten zu einer Probefahrt überredet hat oder sie ihm gar, wie im Fall BGH NJW 1979, 643, trotz seines Sträubens und offenkundiger Unsicherheit aufgedrängt hat. Die Annahme einer vertraglichen Haftungsbeschränkung im Vorfeld des eigentlichen Vertrages wird freilich immer dem Einwand ausgesetzt sein, den Rechtsbindungswillen der Beteiligten letztlich zu fingieren.

Eine **Sondersituation** liegt auch dann vor, wenn der Kaufinteressent keine eigentliche Probefahrt macht, sondern das Fahrzeug im Auftrag oder lediglich mit Zustimmung des Verkäufers zu einer TÜV- oder ADAC-Prüfstelle fährt, um es dort untersuchen zu lassen. Denkbar ist auch eine Überführungsfahrt zu einer Werkstatt.[20] **1923**

Bei nicht nachweisbarer Haftungsfreistellung bleibt dem Probe fahrenden Unfallverursacher nur der **Einwand des Mitverschuldens** nach § 254 Abs. 1 BGB. Hier kommt es ganz auf die Umstände des konkreten Falles an. Zu Lasten des Anbieters geht es i. d. R., wenn er sich nicht über die Personalien des Probefahrers vergewissert, insbesondere von einer Vorlage des Führerscheins absieht, bevor er sein Fahrzeug aus den Händen gibt.[21] Ein Beispiel für eine angemessene Abwägung der beiderseitigen Verursachungsanteile ist das Urteil des OLG Schleswig vom 3. 6. 1981.[22] Hinzuweisen ist ferner auf die Bewertungen von Verschulden und Mitverschulden in der unter Rdn. 264 mitgeteilten Judikatur. **1924**

Verjährung des Schadensersatzanspruchs tritt analog § 606 BGB in sechs Monaten ab Rückgabe des beschädigten Fahrzeugs ein, gleichviel, ob der Anspruch auf ein Verschulden bei der Vertragsanbahnung oder auf § 823 BGB gestützt ist.[23] Die kurze Verjährung greift auch im Fall des wirtschaftlichen Totalschadens (kalkulierte Reparaturkosten über Wiederbeschaffungswert) ein, aber nicht bei Totalzerstörung oder -verlust.[24] **1925**

II. Die Pflichten des privaten Verkäufers

1. Übergabe

Der Verkäufer ist verpflichtet, dem Käufer das Fahrzeug zu übergeben und ihn damit zum **unmittelbaren Besitzer** zu machen (§ 433 Abs. 1 S. 1 BGB). Die Vertragsparteien können auch vereinbaren, dass der Käufer zusammen mit einer am Kaufvertrag nicht beteiligten Person, z. B. Ehefrau oder Freundin, **Mitbesitz** (§ 866 BGB) erwirbt. Im Zweifel will der Verkäufer den Besitz nur auf seinen Vertragspartner übertragen. **1926**

Die **Aushändigung des Fahrzeugbriefes** (jetzt Zulassungsbescheinigung Teil II) steht der Übergabe des Fahrzeugs nicht gleich. Der Brief ist kein sog. Traditionspapier.[25] Die Besitzverschaffungspflicht des Verkäufers ist erst mit dem Erwerb der tatsächlichen Herrschaft des Käufers über das Fahrzeug erfüllt. Wesentliches Indiz für den Besitzerwerb ist die „Schlüsselgewalt". Wer sämtliche Fahrzeugschlüssel in den Händen hat, ist regelmäßig **1927**

---

20 Vgl. OLG Frankfurt 18. 11. 1997, NJW 1998, 1232 (nur bedingt einschlägig).

21 Zur Frage der groben Fahrlässigkeit i. S. v. § 61 VVG a. F. s. OLG Frankfurt 26. 11. 1997, OLGR 1998, 125; OLG Düsseldorf 23. 2. 1999, OLGR 1999, 450; OLG Frankfurt 8. 6. 2001, NJW-RR 2002, 30; s. a. BGH 26. 11. 1996, NJW 1997, 660.

22 VersR 1982, 585.

23 Vgl. BGH 21. 5. 1968, NJW 1968, 1472 (Probefahrt mit Kraftwagen vom Händler); vgl. auch BGH 18. 2. 1964, NJW 1964, 1225; BGH 24. 6. 1992, NJW 1992, 2413.

24 LG Itzehoe 24. 4. 2003, DAR 2003, 421.

25 BGH 13. 9. 2006, NJW 2006, 3488.

Alleinbesitzer.[26] Das OLG Köln hat Mitbesitz sogar in einem Fall bejaht, in dem die führerscheinlose Freundin des Käufers nur den Zweitschlüssel besaß.[27] Seiner Besitzverschaffungspflicht genügt der Verkäufer auch dadurch, dass er den Wagen im Einverständnis mit dem Käufer vorläufig behält und dem Käufer **mittelbarer Besitz** eingeräumt wird.

1928 Mit dem Fahrzeug sind sämtliche **mitverkauften Zubehörteile** zu übergeben (Winterreifen, Hardtop etc.). Nicht zuletzt mit Blick auf einen etwaigen Diebstahl ist es für den Käufer wichtig, alle zum Fahrzeug gehörenden **Schlüssel/Fernbedienungen** zu erhalten. Eine Verletzung dieser Pflicht ist kein Fall der Sachmängelhaftung,[28] sondern ein Verstoß gegen § 433 Abs. 1 S. 1 BGB. Die Pflicht zur Schlüsselaushändigung ist auf die vorhandenen Schlüssel beschränkt, erstreckt sich also nicht notwendigerweise auf die ursprünglich bei der Erstauslieferung überreichten oder zum Fahrzeug gehörenden Schlüssel. Einen Verlust muss der Käufer insbesondere bei einem privat angebotenen Gebrauchtwagen mit mehreren Vorbesitzern einkalkulieren. Vorrang hat selbstverständlich das vertraglich Vereinbarte.

1929 Liefert der Verkäufer das Fahrzeug oder mitverkaufte Teile nicht oder nicht rechtzeitig, so kann der Käufer **auf Herausgabe klagen**. Außer Vertragserfüllung kann er **Ersatz seines Verzögerungsschadens** verlangen, § 280 Abs. 2 i. V. m. § 286 BGB. Dazu rechnen höhere Kfz-Steuer und höhere Versicherungsprämien für den bisherigen Altwagen. Hat sich der Käufer aufgrund der Vorenthaltung des Fahrzeugs einen Ersatzwagen gemietet, sind auch die Mietwagenkosten zu ersetzen (abzüglich Eigenersparnis). Die Rechtsprechung zum Unfallhaftpflichtrecht kann auch insoweit herangezogen werden, als es um die „abstrakte“ Nutzungsausfallentschädigung geht.[29]

1930 Bei verspäteter Herausgabe des Fahrzeugbriefs hat der BGH eine Entschädigung wegen vorenthaltener Gebrauchsmöglichkeit ausdrücklich anerkannt.[30] Zugleich hat er zu verstehen gegeben, dass er den Fall verspäteter Übergabe des Fahrzeugs ebenso beurteilen werde. Dies wäre nur folgerichtig, wobei es nicht darauf ankommen kann, ob der Käufer den Kaufpreis schon ganz oder teilweise bezahlt hat.[31] Bei der Bemessung der Nutzungsausfallentschädigung orientiert sich die Rechtsprechung auch in den Vertragsfällen an der Tabelle *Sanden/Danner/Küppersbusch* (NJW 2011, Beilage Heft 1–2). Für ältere Fahrzeuge, auch für Young- und Oldtimer, gelten Sonderregeln.[32]

1931 Entzieht der Verkäufer dem Käufer den Besitz durch Wegnahme des Fahrzeugs oder durch Abmontieren der Nummernschilder, so hat er gleichfalls eine Nutzungsentschädigung zu zahlen. Diese kann den Wert des verkauften Fahrzeugs übersteigen.[33]

1932 Wahlweise kann der nichtbelieferte Käufer auch **vom Vertrag zurücktreten** (§ 323 BGB) oder **Schadensersatz statt der Leistung** verlangen (§§ 280 Abs. 1, 3, 281 Abs. 1 BGB). Voraussetzung dafür ist grundsätzlich eine erfolglose Fristsetzung. Bei einem günstigen Kaufpreis („Schnäppchenkauf“) besteht der Nichterfüllungsschaden in der Differenz

---

26 Zustimmend SchlHOLG 28. 2. 1997, OLGR 1997, 152.

27 Urt. v. 10. 7. 1986, 18 U 48/86, n. v.; s. a. OLG Köln 21. 6. 1996, NJW-RR 1997, 1420 – Eheleute in Gütertrennung.

28 Anders AG München 31. 3. 2004, SP 2005, 70 beim Fehlen des Zentralschlüssels („Master Key“); s. a. OLG Nürnberg 21. 3. 2005, NJW 2005, 2019 = DAR 2005, 450.

29 OLG Nürnberg 21. 3. 2005, NJW 2005, 2019 = DAR 2005, 450 (Vorenthaltung von Schlüsseln).

30 Urt. v. 15. 6. 1983, NJW 1983, 2139.

31 Anders OLG Hamm 22. 6. 1995, OLGR 1996, 15 zu § 326 BGB a. F.; vgl. auch BGH 20. 10. 1987, NJW 1988, 484 (Verweigerung der Herausgabe eines reparierten Pkw).

32 BGH 23. 11. 2004, NJW 2005, 277; 20. 10. 1987, NJW 1988, 484 (Sonderfall); zur abstrakten Nutzungsentschädigung bei einem Oldtimer-Unfall OLG Düsseldorf 30. 11. 2010 – I-1 U 107/08, VA 2011, 77; ausführlich dazu *v. La Chevallerie*, zfs 2007, 423.

33 OLG Hamm 8. 9. 1988, NJW-RR 1989, 55 = DB 1988, 2456.

zum höheren Marktpreis.[34] Zu weiteren Einzelheiten der Schadensberechnung bei Lieferverzug bzw. -unmöglichkeit s. Rdn. 83 ff.

Die Rechte des Käufers bei Diebstahl oder Zerstörung bzw. Beschädigung des Fahrzeugs **1933**
zwischen Vertragsabschluss und Übergabe, also vor Gefahrübergang, richten sich nach den in § **275 Abs. 4 BGB** genannten Vorschriften.

2. Übereignung

Die Eigentumsübertragung bestimmt sich nach §§ 929 ff. BGB. Zum Eigentumserwerb **1934**
bei einer Mehrheit von Käufern, z. B. Eheleuten, vgl. OLG Saarbrücken OLGR 2004, 172, OLG Köln NJW-RR 1997, 1420; Brand OLG 19. 9. 2002 – 9 U 31/01 (aber Kauf im Autohaus).

Auch bei **gutgläubigem Erwerb** erfüllt der Verkäufer seine Eigentumsverschaffungs- **1935**
pflicht nach § 433 Abs. 1 S. 1 BGB. Zum Erwerb des Eigentums vom Nichtberechtigten und zu den Rechtsfolgen bei fehlgeschlagener Übereignung s. Rdn. 4658 ff.

Ein **Eigentumsvorbehalt** (§ 449 BGB) kann stillschweigend bzw. durch konkludentes **1936**
Verhalten vereinbart werden. Spätestens bei der Besitzübergabe muss der Eigentumsvorbehalt dem Empfänger gegenüber deutlich erklärt werden. An die Klarheit einer solchen Erklärung ist ein strenger Maßstab anzulegen. Ob dafür das kommentarlose **Einbehalten des Fahrzeugbriefs** (Zulassungsbescheinigung Teil II) genügt, hängt von den Umständen des Einzelfalls ab.[35]

3. Aushändigung der Kfz-Papiere und sonstiger Dokumente

Zur vollständigen Vertragserfüllung gehört auch beim privaten Direktgeschäft i. d. R. die **1937**
Aushändigung von **Fahrzeugbrief** und **Fahrzeugschein**[36] (heute Zulassungsbescheinigungen II und I). Für den Brief ergab sich die Herausgabepflicht des Verkäufers aus § 444 BGB a. F. Bei ihm handelt es sich um eine „zum Beweis des Rechts dienende Urkunde" im Sinne dieser Vorschrift. Nach deren ersatzloser Streichung ist der Kaufvertrag die maßgebliche Grundlage für den Herausgabeanspruch. Häufig gibt schon der Vertragstext Auskunft darüber, was der Käufer erhalten soll bzw. erhalten hat. Im Vertragsformular oder der Empfangsquittung nicht genannte Papiere dürfen im Zweifel zurückgehalten werden (Vermutung der Vollständigkeit der Urkunde).

Seinem Wortlaut nach war § 444 BGB a. F. nicht anwendbar, sofern der Verkäufer den **1938**
Fahrzeugbrief nicht in seinem Besitz hatte. Da der Käufer mit dem Erwerb des Eigentums am Fahrzeug auch **Eigentümer des Fahrzeugbriefes** wird (§ 952 BGB analog), hat er gegen den Dritten einen Herausgabeanspruch aus § 985 BGB. Den Verkäufer trifft die Nebenpflicht, den Käufer bei der Verwirklichung dieses Anspruchs zu unterstützen. Im Fall des mittelbaren Besitzes hat er seinen eigenen Herausgabeanspruch an den Käufer abzutreten.

Bei Fahrzeugen, für die kein Fahrzeugbrief, sondern nur eine **Betriebserlaubnis** ausge- **1939**
stellt ist, z. B. Bagger und ähnliche Arbeitsmaschinen, gilt § 952 BGB gleichfalls zugunsten des Fahrzeugeigentümers.[37]

Die Pflicht zur Übergabe des **Fahrzeugbriefes** ist – wie der BGH bereits Anfang der **1940**
Fünfziger Jahre festgestellt hat[38] – eine **Hauptpflicht** des Verkäufers. Für die **Zulassungs-**

34 OLG Hamm 10. 3. 1995, VersR 1996, 1119.
35 Vgl. BGH 13. 9. 2006, NJW 2006, 3488; dazu *Fritsche/Würdinger*, NJW 2007, 1037.
36 Auch die ZB I (früher: Fahrzeugschein) ist eine öffentliche Urkunde i. S. d. § 271 StGB (BGH 30. 10. 2008, NJW 2009, 1519 = DAR 2009, 95).
37 KG 2. 2. 1996, MDR 1996, 795.
38 Urt. v. 25. 6. 1953, NJW 1953, 1347; vgl. auch BGH 15. 6. 1983, NJW 1983, 2139.

bescheinigung Teil II als Nachfolger gilt das Gleiche. Der Käufer kann für die Verschaffung dieses Dokuments eine Nachfrist setzen und nach Ablauf vom Vertrag zurücktreten oder Schadensersatz statt der Leistung verlangen.[39] Zum ersatzfähigen **Verzugsschaden** gehört die vorenthaltene Nutzungsmöglichkeit.[40] Für die Anwendung der Sachmängelvorschriften ist entgegen OLG Stuttgart[41] auch dann kein Raum, wenn ein Dritter die Herausgabe des Fahrzeugbriefes verweigert. Zu den Rechten des Käufers bei **fehlender Übereinstimmung** zwischen den Eintragungen im Fahrzeugbrief und der tatsächlichen Beschaffenheit des verkauften Fahrzeuges s. Rdn. 2703.

1941 Ebenso wie für den Kaufvertrag ist die Übergabe des Fahrzeugbriefes auch für das **dingliche Geschäft** ohne Bedeutung. Sie ersetzt insbesondere nicht den Erwerb des unmittelbaren Besitzes an dem Fahrzeug.[42]

1942 Mitunter erhält der Käufer den Fahrzeugbrief schon, bevor er den Kaufpreis vollständig bezahlt hat, z. B. zum Zwecke der Ummeldung des Fahrzeugs. An sich ist der Verkäufer bei einem Verkauf unter Eigentumsvorbehalt berechtigt, den Brief bis zur endgültigen Bezahlung des Kaufpreises zurückzubehalten.[43] Er ist lediglich verpflichtet, durch Vorlage des Briefes beim Straßenverkehrsamt die Zulassung des Fahrzeugs auf den Käufer zu ermöglichen (s. a. § 12 Abs. 6 FZV). Gibt er ihn unvorsichtigerweise früher aus der Hand, kann darin ein Verzicht auf sein Vorbehaltseigentum zu sehen sein.[44] In der Überlassung des Briefes nur zum Zwecke der Zulassung liegt ein solcher Verzicht noch nicht.[45] Ebenso wenig ist dieser Vorgang als Ermächtigung des Verkäufers zu sehen, dass der Käufer nunmehr über das vorbehaltene Eigentum frei verfügen könne.[46]

1943 Ferner hat der Käufer – auch ohne besondere Vereinbarung – einen Anspruch auf Überlassung von Fahrzeugdokumenten wie **Betriebsanleitung, Bordbuch, Service-Heft** (Kundendienstscheckheft), Garantiebelege, Betriebserlaubnis für bestimmte Fahrzeugteile (§ 22 StVZO) und Anhängerschein.

1944 Je mehr Elektroniksysteme im Automobil eingesetzt werden, desto wichtiger wird für den Endverbraucher die Beherrschbarkeit der ihm angebotenen Hightech-Produkte. Die **Betriebsanleitungen der Hersteller** werden immer umfangreicher, zumal bei Fahrzeugen der Oberklasse. Der Gedanke liegt daher nahe, im Fehlen derartiger Dokumente **einen Sachmangel** zu sehen, so wie die Rechtsprechung es bei der Bedienungsanleitung für Computer angenommen hat.[47] Soweit Dokumente wie das Inspektionsheft („Scheckheft“) für die Beurteilung des Fahrzeugs und/oder für die Verfolgung von Ansprüchen erforderlich sind, die – wie z. B. ein Garantieanspruch – nicht an die Person des Halters/Eigentümers, sondern an das Fahrzeug gebunden sind, ist die Lösung von Konfliktfällen (Fehlen des Scheckhefts, unterlassene Aufklärung über Servicelücken etc.) **außerhalb des Sachmängelrechts** zu suchen.[48]

1945 Ein Verkäufer erfüllt grundsätzlich seine Pflicht, wenn er die vorhandenen Unterlagen dem Käufer aushändigt. Eine Erläuterung und eine Aufklärung über Unregelmäßigkeiten, die sich aus dem Scheckheft ergeben, kann der Käufer ohne weiteres nicht erwarten. Zum

---

39 OLG Oldenburg 16. 12. 1998, NJW-RR 2000, 507 (kein Privatgeschäft).
40 BGH 15. 6. 1983, NJW 1983, 2139; BGH 20. 10. 1987, NJW 1988, 484 (Reparaturfall).
41 Urt. v. 10. 4. 1970, DAR 1971, 13.
42 BGH 8. 5. 1978, NJW 1978, 1854.
43 Zur Bedeutung des Einbehaltens s. BGH 13. 9. 2006, NJW 2006, 3488.
44 S. a. BGH 13. 9. 2006, NJW 2006, 3488.
45 Anders in dem Sonderfall BGH 20. 5. 1958, NJW 1958, 1231.
46 OLG Hamburg 20. 2. 1986, NJW-RR 1987, 1266; vgl. auch *Schmidt*, DAR 1963, 321.
47 OLG Frankfurt NJW 1987, 3206; so auch OLG Köln, NJW 1988, 2477; vgl. auch BGH 5. 7. 1989, NJW 1989, 3222; BGH 4. 11. 1992, DB 1993, 424.
48 So LG Duisburg 16. 7. 2004 – 2 O 450/03 – n. v.; anders LG Itzehoe 4. 6. 2002 – 7 O 166/01 – n. v.

Schadensersatzanspruch des Käufers, wenn ihm das für die Abwicklung von Garantieansprüchen wichtige **Serviceheft** (Kundendienstscheckheft)[49] nicht ausgehändigt werden kann, s. AG Oberhausen DAR 2000, 124.

Auch der letzte Bericht über die regelmäßige **Fahrzeughauptuntersuchung** i. S. v. § 29 StVZO („TÜV-Bericht“), der **AU-Schein** und die Bescheinigung über eine Stilllegung können Gegenstand der Herausgabepflicht des Verkäufers sein. **1946**

Besonders umfangreich sind die Dokumente für **Reisemobile und Wohnanhänger** (Caravans). Auch bei Oldtimern, Replicas und umgebauten bzw. getunten Fahrzeugen erschöpft sich die Herausgabepflicht des Verkäufers häufig nicht in der Aushändigung der „normalen“ Fahrzeugpapiere. Gibt der Wortlaut des Vertrages keine Auskunft, dreht sich der Streit auch in diesen Sonderfällen um die Frage, ob der Verkäufer aus der Sachmängelhaftung in Anspruch zu nehmen ist oder ob ein Fall der Nichterfüllung i. S. d. § 433 Abs. 1 S. 1 BGB vorliegt.[50] **1947**

4. Die Pflicht des Privatverkäufers zur mangelfreien Lieferung

Auch ein nicht gewerblicher Verkäufer hat das Fahrzeug **frei von Sach- und Rechtsmängeln** zu übergeben (§ 433 Abs. 1 S. 2 BGB). Die Lieferung einer mangelfreien Sache ist nach heutigem Kaufrecht eine **Leistungspflicht** (Erfüllungspflicht) des Verkäufers. Zu den Rechten des Käufers bei Verletzung dieser Pflicht – Pflichtverletzung i. S. v. § 280 Abs. 1 BGB – s. Rdn. 2439 ff. (Sachmängelhaftung) und Rdn. 4650 ff. (Rechtsmängelhaftung). **1948**

5. Nebenpflichten

Zum Schutz des Käufers hat die Rechtsprechung eine Vielzahl von Nebenpflichten des Verkäufers entwickelt. Für den Gebrauchtfahrzeugkauf von besonderer Bedeutung, allerdings weniger für das private Direktgeschäft, sind (leistungsbezogene) Aufklärungs-, Beratungs-, Hinweis- und Untersuchungspflichten. Das Pflichtenprogramm eines privaten Verkäufers weicht in zahlreichen Punkten von demjenigen eines gewerblichen Verkäufers ab. Auf die Gemeinsamkeiten und Unterschiede wird bei den jeweiligen Sachfragen eingegangen. **1949**

Ein privater Verkäufer schuldet seinem privaten Abnehmer grundsätzlich keine Beratung in Fragen der Gewährleistung und der Garantie. So ist er nicht einmal dazu verpflichtet, von sich aus auf Restlaufzeiten von Garantien und/oder fällige Inspektionen zur Erhaltung des Garantieschutzes hinzuweisen. Er genügt seiner Pflicht i. d. R. durch Übergabe der vorhandenen Dokumente. Auf gezielte Nachfrage seines Vertragspartners hat er wahrheitsgemäß und vollständig zu antworten. **1950**

III. Die Pflichten des privaten Käufers

1. Kaufpreiszahlung

Bis zur Grenze der Sittenwidrigkeit, die beim privaten Direktgeschäft so gut wie nie überschritten wird, bleibt es den Vertragspartnern überlassen, welchen Preis sie vereinbaren. Wann und wie der Kaufpreis zu zahlen ist, richtet sich in erster Linie nach der konkreten **1951**

---

49 Einige Hersteller haben auf einen „Digitalen Service-Nachweis“ umgestellt (z. B. Mazda).

50 Vgl. OLG Koblenz 20. 9. 2007, NJW-RR 2008, 69 (Montagedokumentation für Sportwagen-Nachbau); OLG Bamberg 2. 3. 2005, DAR 2005, 619 (Umrüstungsnachweis i. S. v. § 19 Abs. 4 StVZO).

Vereinbarung der Vertragspartner, hilfsweise nach den gesetzlichen Bestimmungen (§§ 270, 271, 320 BGB).

1952 Behauptet der Käufer eine **Stundungsabrede,** trifft ihn die Beweislast.[51] Zur Abrede, der Vertrag werde erst mit Scheckeinzug „rechtskräftig", s. OLG Düsseldorf 1. 3. 1985, NJW 1985, 2484.[52] Zur Klausel „Anzahlung ... DM, Rest bei Abholung" s. OLG Köln 14. 6. 1995, NZV 1996, 66 = VRS 90, 10.

1953 Die **Inzahlungnahme** („Gebraucht gegen Gebraucht") spielt beim privaten Direktgeschäft keine große Rolle. Gibt ein Käufer ausnahmsweise einmal seinen Altwagen „in Zahlung", hängt es von der Auslegung der Vertragserklärungen unter Berücksichtigung der beiderseitigen Interessenlage ab, ob man einen Tauschvertrag mit Zuzahlabrede, zwei selbstständige Kaufverträge mit Verrechnungsvereinbarung oder einen einheitlichen Kaufvertrag mit Ersetzungsbefugnis annimmt (s. Rdn. 1428 ff.). Denkbar ist auch, in der Inzahlungnahme des Altwagens die Geschäftsgrundlage für den Kaufvertrag zu sehen mit der Folge einer Nachverhandlungspflicht. Schließlich ist die gleichfalls käufergünstige Lösung in Betracht zu ziehen, die Wirksamkeit des Kaufvertrages an die Bedingung zu knüpfen, dass der Altwagen vom Verkäufer übernommen und von ihm auch akzeptiert wird. In jedem Einzelfall ist dem Ausnahmecharakter privater Inzahlungnahme Rechnung zu tragen. Bei der Auslegung ist vor allem zu berücksichtigen, dass sich zwei in etwa gleich starke Vertragsparteien gegenüberstehen.

1954 Wesentliche Indizien bei der Ermittlung des Parteiwillens sind das Verhältnis von Wert und Gegenwert und die Höhe des Barzahlungsbetrages. Die Einordnung als Kauf oder Tausch hängt im Übrigen entscheidend davon ab, ob derjenige Vertragsteil, der einen bestimmten Betrag bar zu zahlen hat, nur das Recht oder auch die Pflicht zur Hingabe seines Altwagens hat. Eine Sachleistungspflicht des Barzahlers wird im Zweifel nicht gewollt sein. Vom ehemaligen VerbrKrG wurden Kredite unter Privatleuten nicht erfasst. Daran hat sich durch die Integration dieser Regelungen in das BGB nichts geändert.

1955 **Verjährung:** Der Anspruch des Verkäufers auf Zahlung des Kaufpreises verjährt **in drei Jahren** (§§ 195, 199 BGB). Die Verjährung beginnt mit dem Schluss des betreffenden Jahres (Ultimoregel). Eingetretene Verjährung schließt ein **Zurückbehaltungsrecht des Verkäufers** nicht aus (§ 215 BGB). Er darf also z. B. die Herausgabe des Fahrzeugbriefes verweigern, auch wenn sein Kaufpreisanspruch verjährt ist.

2. Abnahme des Fahrzeugs

1956 Nach § 433 Abs. 2 BGB ist der Käufer verpflichtet, das Kaufobjekt abzunehmen. Der Verkäufer hat einen entsprechenden Anspruch, den er **klageweise** durchsetzen kann. Isolierte Abnahmeklagen sind allerdings selten. Denn der Käufer, der das Fahrzeug nicht abholt, bleibt meist auch die Bezahlung schuldig. Verkäufer klagen in solchen Fällen zweckmäßigerweise auf Zahlung und Abnahme oder auf Zahlung Zug um Zug gegen Übergabe und Übereignung des Fahrzeugs.

1957 Mit dem Argument, die Zahlungsschuld sei im Gegensatz zur Abnahmepflicht Hauptleistungspflicht, soll es bei einer Klage auf Zahlung und auf Abnahme prozessual allein auf den Anspruch auf Zahlung des Kaufpreises ankommen. Allein danach sollen sich der **Gerichtsstand** und auch der **Streitwert** bestimmen.[53]

1958 Die Einstufung der Abnahmepflicht beim Kauf von privat als **bloße Nebenpflicht** entspricht traditioneller Sichtweise. Beim Kauf eines Fahrzeugs aus privater Hand sprechen

51 KG 25. 2. 1995, KGR 1996, 265.

52 Vgl. auch OLG Düsseldorf 24. 4. 1996, OLGR 1997, 4.

53 *Eckert/Maifeld/Matthiessen*, Rn. 1256.

indes gute Gründe dafür, die Abnahmepflicht ausnahmsweise als **Hauptleistungspflicht** anzusehen. Dem Privatverkäufer ist im Allgemeinen erkennbar daran gelegen, seinen Wagen so schnell wie möglich abzugeben und ab- bzw. umzumelden. Er will von seinen vielfältigen Pflichten als Kfz-Halter ohne Verzögerung freigestellt sein. Während er das Ende der Steuerpflicht und der Haftpflicht selbst herbeiführen kann, hängt das Erlöschen der Haltereigenschaft von der Mitwirkung des Käufers ab. Erst wenn der Verkäufer die tatsächliche Verfügungsgewalt über das Fahrzeug verloren hat,[54] ist er nicht mehr Halter. Angesichts der besonderen Verantwortlichkeit des Kfz-Halters (z. B. nach § 7 Abs. 1 StVG) hat der Verkäufer – dem Käufer erkennbar – ein besonderes Interesse an einem raschen Besitzwechsel. Andere Gründe, z. B. Platzmangel wegen Erwerbs eines anderen Wagens, können dieses Interesse verstärken.

Da das Nichtabholen des Fahrzeugs meist mit einem Zahlungsverzug einhergeht, kam es schon nach altem Recht auf die genaue dogmatische Einordnung der Abnahmepflicht nur selten an. Nunmehr wird in § 323 Abs. 1 BGB nicht mehr vorausgesetzt, dass die verletzte Pflicht eine Hauptleistungspflicht ist. Auch die Verletzung einer (leistungsbezogenen) Nebenpflicht ermöglicht den **Rücktritt**. Bei einer nur unerheblichen Pflichtverletzung ist er jedoch ausgeschlossen (§ 323 Abs. 5 S. 2 BGB), so dass es unter diesem Blickwinkel auf die sachliche Bedeutung der Abnahmepflicht durchaus ankommen kann; ebenso im Rahmen der Abwägung der beiderseitigen Interessen nach § 323 Abs. 2 Nr. 3 BGB (Rücktritt ohne Fristsetzung). **1959**

Durch die Ausübung des Rücktrittsrechts ist der Anspruch auf **Schadensersatz statt der Leistung** (§§ 280 Abs. 1, 3, 281 BGB) nicht ausgeschlossen (§ 325 BGB). Näher dazu Rdn. 3831. **1960**

Im Rahmen seiner **Schadensminderungspflicht** kann der Verkäufer gehalten sein, sich alsbald um den Weiterverkauf des Fahrzeugs zu bemühen, insbesondere bei „Saisonfahrzeugen“ wie Cabriolets.[55] Zur Anwendbarkeit des § 254 Abs. 2 BGB im Rahmen des § 326 BGB a. F. s. BGH, NJW 1997, 1231. Die Weiterbenutzung des Fahrzeugs durch den Verkäufer nach der Nichtabnahmeerklärung des Käufers kann seinen Schaden mindern.[56] **1961**

Abzunehmen und zu bezahlen hat der Käufer das Fahrzeug nur, wenn es sich in vertragsgemäßem Zustand befindet. Bei Rechts- oder Sachmängeln besteht grundsätzlich keine Abnahmeverpflichtung, sondern ein Zurückweisungsrecht (vgl. Rdn. 333 ff.). Zum Einfluss vertraglicher und gesetzlicher Haftungsausschlüsse auf die Abnahmepflicht s. Rdn. 4071. **1962**

Ort und **Zeit** der Abnahme bestimmen sich nach den vertraglichen Vereinbarungen. Beim Kfz-Kauf unter Privatleuten ist es im Allgemeinen Sache des Käufers, das Fahrzeug beim Verkäufer abzuholen. **1963**

3. Überführungsfahrt

Bei einem Unfall während der Überführungsfahrt[57] ist darauf abzustellen, wer die Überführungsfahrt durchgeführt hat. Ist es der Verkäufer, so haftet er **als Halter** gegenüber Dritten, gleichviel, ob er oder der Käufer die Überführungskosten zu tragen hat. Der Verkäufer verliert seine Haltereigenschaft, wenn der Wagen vom Käufer oder einem Beauftragten des Käufers überführt wird. Sie geht nicht erst mit der Ummeldung (Neuzulassung) auf den **1964**

---

54 Dazu BGH 26. 11. 1996, NJW 1997, 660.

55 OLG Köln 31. 1. 1990, OLGZ 1990, 341 = JMBl.NW 1990, 173.

56 OLG Köln 31. 1. 1990, OLGZ 1990, 341 = JMBl.NW 1990, 173; vgl. auch OLG Oldenburg 4. 6. 1975, NJW 1975, 1788; LG Frankfurt/O. 3. 7. 2009 – 12 O 24/09 (500 € für 7. 500 km – Chrysler Grand Voyager).

57 Zum Begriff s. § 2 Nr. 25 FZV.

Käufer über. Eine Überführungsfahrt darf auch ohne Betriebserlaubnis (Zulassung) unternommen werden (§ 16 Abs. 1 FZV). Dann muss aber ein **Kurzzeitkennzeichen** oder ein **rotes Kennzeichen** mitgeführt werden (§ 16 Abs. 1 FZV).[58]

1965 Beim Kauf von Privat ist es i. d. R. der Käufer, der ein solches Kennzeichen beantragt. Wird es ausnahmsweise vom Verkäufer zur Verfügung gestellt, darf der Käufer darauf vertrauen, dass **Haftpflichtversicherungsschutz** besteht. Ein privater Verkäufer ist i. d. R. nicht verpflichtet, den Käufer von sich aus auf die Begrenzung des Versicherungsschutzes nur für die Überführungsfahrt ausdrücklich hinzuweisen; auch nicht darauf, dass kein Vollkaskoschutz besteht.[59] Zur Rechtslage bei Nutzung eines roten Händler-Kennzeichens s. OLG Düsseldorf NJOZ 2004, 3532.

4. Ummeldung/Kfz-Steuer/Haftpflicht- und Kaskoversicherung

1966 Nach § 13 Abs. 4 S. 3 FZV hat der Erwerber bei der zuständigen Zulassungsbehörde die Ausfertigung einer neuen Zulassungsbescheinigung und ggf. die Zuteilung eines neuen Kennzeichens zu beantragen. Neben dieser öffentlich-rechtlichen Pflicht besteht die **kaufvertragliche Nebenpflicht** zur unverzüglichen Ummeldung. In Kaufverträgen zwischen Privatleuten wird diese Pflicht häufig ausdrücklich festgehalten, so z. B. im ADAC-Mustervertrag (max. eine Woche). Auch ohne ausdrückliche Fixierung kann sie als (stillschweigend) vereinbart gelten.

1967 Dem Verkäufer als dem bisherigen Halter/Eigentümer geht es darum, den Halterwechsel so schnell wie möglich – auch nach außen hin – zu dokumentieren. Wenn der Käufer die Ummeldung (Neuzulassung) unterlässt, läuft er Gefahr, für Fehlverhalten des Käufers oder Dritter verantwortlich gemacht zu werden. Kennzeichenanzeigen können auf ihn zurückfallen, weil die Zulassungsstelle die Datei noch nicht berichtigt hat. Er kann auch mit den Kosten der Zwangsabmeldung bzw. -stilllegung belastet werden.[60] Polizeirechtlich bleibt er für das Fahrzeug verantwortlich, wenn die Ummeldung unterbleibt und das Fahrzeug herrenlos wird. Von seiner eigenen Anzeigepflicht nach § 13 Abs. 4 S. 1 FZV kann sich der Verkäufer allerdings nicht dadurch befreien, dass er den Käufer privatrechtlich zur Meldung verpflichtet.[61]

1968 Ist eine Ummeldung wegen fehlender TÜV-Abnahme nicht möglich oder wird sie dadurch verzögert, muss der Käufer das Fahrzeug notfalls abmelden (vorübergehend stilllegen).[62]

1969 Eine – individuell vereinbarte – **Vertragsstrafe** von 10 DM für jeden Tag schuldhafter Säumnis hat die Rechtsprechung als angemessen anerkannt.[63] Ist die Vertragsstrafe in einem Formularvertrag enthalten, ist § 309 Nr. 6 BGB einschlägig, vorausgesetzt, der Verkäufer ist Verwender des Vertragsformulars (dazu Rdn. 4028).

1970 Nicht selten wird dem Käufer im **Innenverhältnis** die Pflicht auferlegt, die **Kfz-Steuer** vom Tag der Auslieferung des Fahrzeugs an zu zahlen. Auch ohne einen solchen (deklaratorischen) **Schuldbeitritt** hat der Verkäufer eine Handhabe, den Käufer auf Erstattung weitergezahlter Kfz-Steuer zu verklagen (§ 446 S. 2 BGB i. V. m. § 426 BGB). Rechnen muss er mit dem Einwand, das Fahrzeug nicht abgemeldet zu haben.

58 Dazu *Grabolle*, DAR 2008, 173.
59 OLG Karlsruhe 19. 3. 1998, NJW-RR 1999, 779; s. a. OLG Dresden 7. 10. 2003, NZV 2004, 38 = NJW-RR 2004, 387 (Sonderfall, kein Privatgeschäft).
60 Dazu AG Kempen 23. 5. 2006, NZV 2007, 475.
61 LG Wuppertal 5. 5. 1980, VersR 1980, 1179 zu § 27 Abs. 3 StVZO a. F.
62 AG Düsseldorf 10. 3. 1988 – 50 C 389/87 – n. v. (Motorrad).
63 AG Düsseldorf 10. 3. 1988 – 50 C 389/87 – n. v. (Motorrad); AG Essen 1. 6. 1987, 29 C 158/87, n. v. (Pkw).

Was die **Prämien für die Haftpflichtversicherung** angeht, endet die Beitragspflicht des Verkäufers (= Versicherungsnehmer) weder durch die Veräußerungs- noch durch die Erwerbsanzeige i. S. v. § 13 FZV. Nach § 95 Abs. 2 VVG i. V. m. § 122 VVG haften Veräußerer und Erwerber für die Prämie, die auf die zur Zeit des Eintritts des Erwerbers (Erlangung vollen Eigentums, ggf. gutgläubig) laufende Versicherungsperiode entfällt, als Gesamtschuldner. Im **Innenverhältnis** kann der Verkäufer auch ohne ausdrücklichen Schuldbeitritt des Käufers Prämienerstattung verlangen (§ 446 S. 2 BGB analog i. V. m. § 426 BGB oder kraft stillschweigenden Schuldbeitritts). Ob Gleiches für die Prämien einer **Fahrzeugversicherung** (Teil- oder Vollkasko) gilt, ist wegen der unterschiedlichen Interessenlage zweifelhaft. Einiges spricht dafür, dem Verkäufer nur bei einer ausdrücklichen Übernahmeerklärung einen Erstattungsanspruch zu geben. Nicht auf den Käufer abwälzen kann er **ein Bußgeld**, das er wegen einer Zwangsstilllegung zu zahlen hat.[64] 1971

Nach Übergabe des Fahrzeugs ist es grundsätzlich Sache des Käufers, für einen wirksamen **Haftpflichtversicherungsschutz** zu sorgen.[65] Zu unterscheiden ist der Eintrittsfall nach §§ 95 Abs. 1, 122 VVG vom Abschluss einer neuen Haftpflichtversicherung. Letzterenfalls ist die Kündigungsfiktion gem. § 3b PflVG zu beachten.[66] 1972

64 AG Kempen 23. 5. 2006, NZV 2007, 475 (kein Verkaufsfall, aber vergleichbar).
65 BGH 7. 3. 1984, NJW 1984, 1967; BGH 26. 10. 1988, NJW-RR 1989, 211.
66 Zu den versicherungsrechtlichen Besonderheiten in n Veräußerungsfällen s. *Ch. Huber* in Schwintowski/Brömmelmeyer, § 122 Rn. 1 ff.

C. Der Verbrauchsgüterkauf

I. Der Kaufvertrag zwischen einem Verbraucher und einem Kfz-Händler

1. Verbraucher und Unternehmer

1973 Wenn ein Verbraucher von einem Unternehmer ein gebrauchtes Kraftfahrzeug kauft, gelten die **Sonderregeln des Verbrauchsgüterkaufs** (§§ 474 ff. BGB). Eine **Ausnahme** macht das Gesetz für gebrauchte Sachen, die im Wege einer **öffentlichen Versteigerung** verkauft werden, an der der Verbraucher persönlich teilnehmen kann (§ 474 Abs. 1 S. 2 BGB). Für den Begriff der öffentlichen Versteigerung gilt die Legaldefinition des § 383 Abs. 3 S. 1 BGB.[1] Damit fallen nur Versteigerungen durch einen bestellten Gerichtsvollzieher, Beamten oder einen öffentlich angestellten bzw. bestellten Versteigerer[2] unter die Bereichsausnahme des § 474 Abs. 1 S. 2 BGB. Nicht erforderlich ist, dass der die Auktion leitende öffentlich bestellte Versteigerer zugleich Veranstalter der Auktion ist.[3] Den damit bestehenden Gestaltungsspielraum hat der Kfz-Handel nicht genutzt. Bei Versteigerungen, die keine öffentlichen i. S. d. § 383 Abs. 3 S. 1 BGB sind, wie z. B. bei eBay, bleibt es bei der Anwendbarkeit des Verbrauchsgüterkaufrechts. Näheres zum Kfz-Erwerb bei Versteigerungen unter Rdn. 2403 ff.

a) Unternehmereigenschaft des Verkäufers

aa) Regelfälle

1974 Auf der Verkäuferseite besteht an der Unternehmereigenschaft in aller Regel kein Zweifel, wenn das Fahrzeug vor Ort von einem **Markenhändler mit Gebrauchtwagenabteilung** oder einem **freien Gebrauchtwagenhändler** angeboten und verkauft wird. Unsicherheit kann dagegen bei Internetangeboten aufkommen. Bei **Internetauktionen** ist ein gewerblicher Anbieter i. d. R. nicht verpflichtet, im Angebotstext auf seine Händlereigenschaft hinzuweisen.[4] Ob z. B. ein **eBay-Verkäufer** als Unternehmer i. S. d. § 14 BGB oder als Verbraucher i. S. d. § 13 BGB anzusehen ist (Rspr. dazu Rdn. 2423), ist über den Verbraucherschutz nach §§ 474 ff. BGB hinaus für die Frage des Widerrufsrechts nach § 355 BGB von Bedeutung.[5]

1975 Nach **§ 14 BGB** soll sich die Unternehmereigenschaft danach entscheiden, ob das konkrete rechtsgeschäftliche Handeln einer (natürlichen oder juristischen) Person ihrer gewerblichen oder selbstständigen beruflichen Tätigkeit zuzurechnen ist. Erhebliche Schwierigkeiten hat die Rechtspraxis bei Fahrzeugverkäufen als **„branchenfremde" Nebengeschäfte**, sei es von juristischen Personen außerhalb der Kfz-Branche wie im Fall BGH MDR 2011, 967 (Drucktechnik-GmbH), sei es von Handwerkern, Landwirten oder Freiberuflern. Näheres dazu Rdn. 2102 ff. Generell gilt: Die Unternehmerstellung setzt nicht voraus, dass der Verkäufer mit seiner Geschäftstätigkeit die Absicht verfolgt, Gewinn zu erzielen.[6]

---

1 BGH 9. 11. 2005, NJW 2006, 613; v. 24. 2. 2010, NJW-RR 2010, 1210.
2 Dazu BGH 24. 2. 2010, NJW-RR 2010, 1210 (Pferdeauktion).
3 BGH 24. 2. 2010, NJW-RR 2010, 1210 (Pferdeauktion).
4 So OLG Oldenburg 20. 1. 2003, OLGR 2003, 130; Näheres bei *Szczesny/Holthusen*, NJW 2007, 2586.
5 Dazu BGH 3. 11. 2004, MDR 2005, 132.
6 BGH 29. 3. 2006, NJW 2006, 2250.

Beweislast: Die Unternehmereigenschaft des Verkäufers hat der Käufer zu beweisen, wenn er als Verbraucher den Schutz der §§ 474 ff. BGB in Anspruch nimmt. Die tatsächlichen Voraussetzungen eines Verbrauchsgüterkaufs stehen insgesamt zur Beweislast des Käufers.[7] **1976**

bb) Rollenwechsel auf Verkäuferseite

(1) Unternehmer tritt als Privatverkäufer auf

Den Versuchen einiger Händler, den Unternehmerstatus durch Übernahme der Verbraucherrolle aufzugeben, haben die Gerichte schon bald nach In-Kraft-Treten der Schuldrechtsreform einen Riegel vorgeschoben. So hat das AG Zeven bereits Ende 2002 entschieden, dass der Unternehmerstatus nicht durch Vereinbarung geregelt werden könne.[8] Allerdings ging es im konkreten Fall nicht um den Verkäufer, sondern um den Käufer, den der beklagte Händler – noch dazu formularmäßig – zum Unternehmer machen wollte (zu dieser Konstellation s. Rdn. 1991). Selbst die handschriftliche Eintragung über dem Kaufvertrag „von Privat" nützte einem Händler nichts. Das AG München[9] bejahte unter Hinweis auf die allgemeine Tätigkeit des Beklagten als gewerblicher Kfz-Händler dessen Unternehmereigenschaft und wies ergänzend auf die Verwendung von AGB hin, was für den privaten Verkauf unüblich sei. Unter Hinweis auf die Vermutungswirkung des schriftlichen Kaufvertrags haben manche Gerichte aber auch zu Lasten von Käufern entschieden, indem sie den Vermittlerstatus anerkannt haben.[10] Zu den Agenturlösungen s. Rdn. 2147 ff. Ein **Vermögensschaden i. S. d. § 263 StGB** (wichtig auch für § 823 Abs. 2 BGB) entsteht nicht schon dadurch ein, dass ein Händler als Privatverkäufer auftritt und mit einem Verbraucher einen Gewährleistungsausschluss vereinbart.[11] **1977**

(2) Unternehmer verschleiert Eigengeschäft

Schiebt ein Unternehmer einen Verbraucher als Verkäufer vor, um das Fahrzeug unter Ausschluss der Haftung für Mängel zu verkaufen, so richten sich **die Mängelrechte des Käufers** nach § 475 Abs. 1 S. 2 BGB wegen **Umgehung der Bestimmungen über den Verbrauchsgüterkauf** gegen den Unternehmer und nicht gegen den als Verkäufer vorgeschobenen Verbraucher.[12] Im BGH-Fall NJW 2007, 759 hatte der Kfz-Betrieb, eine GmbH, nicht **die Agenturlösung** (Vermittlungsgeschäft) gewählt (dazu Rdn. 2147 ff.). Das zum Verkauf angebotene Fahrzeug wurde vielmehr nach außen hin, dem Papier nach, von einem GmbH-Geschäftsführer – selbst ein Verbraucher[13] – an einen Verbraucher verkauft. **1978**

Offen gelassen hat der BGH, ob ein Umgehungsgeschäft i. S. d. § 475 BGB schon deshalb anzunehmen ist, weil es sich bei dem mehr als neun Jahre alten Pkw um **ein Firmenfahrzeug** gehandelt haben soll, das, so der Kläger, auf die GmbH zugelassen und von dieser ganz überwiegend betrieblich genutzt worden sein soll. Die Zugehörigkeit zum Betriebsvermögen im Zeitpunkt des Verkaufs kann ein Indiz dafür sein, dass der Betrieb das wirt- **1979**

7 BGH 11. 7. 2007, NJW 2007, 2619; KG 11. 9. 2006, DAR 2007, 643 = NZV 2007, 311.
8 Urt. v. 19. 12. 2002, DAR 2003, 379 = ZGS 2003, 158.
9 Urt. v. 23. 4. 2003, DAR 2004, 158; s. a. AG München 30. 11. 2004 – 241 C 37663/03 – n. v. und AG München 23. 7. 2007 – 212 C 23532/06 – n. v. (Inhaber einer Kfz-Werkstatt mit Handelsvertretung für Lada-Fahrzeuge verkauft einen auf ihn privat zugelassenen BMW von „privat"; Nachweis der Unternehmereigenschaft gescheitert).
10 AG Charlottenburg 10. 7. 2006 – 237 C 187/05 – n. v. (ADAC-Kaufvertrag für den Privatverkauf); AG Gotha 21. 2. 2005, SP 2005, 397.
11 OLG Köln 2. 12. 2008, DAR 2009, 95 (nur Ls.).
12 BGH 22. 11. 2006, NJW 2007, 759 m. Anm. *Bruns*; OLG Celle 15. 11. 2006, OLGR 2007, 509 = ZGS 2007, 79; OLG Saarbrücken 4. 1. 2006, MDR 2006, 1108; *Czaplinski*, ZGS 2007, 92.
13 BGH 22. 11. 2006, NJW 2007, 759.

schaftliche Risiko des Verkaufs trägt. Anders liegen die Dinge, wenn ein Zwischenverkauf an den angeblich nur vorgeschobenen Verkäufer (Strohmann?) mit Übernahme des Weiterverkaufsrisikos plausibel und beweiskräftig dargestellt werden kann. Das ist eine Frage des Einzelfalles und der Würdigung der Begleitumstände. Bei einer eigenen Präsentation des Fahrzeugs im Internet oder den eigenen Verkaufsräumen (mit Firmenpreisschild) wird es einem Händler schwer fallen, den äußeren Anschein eines Eigengeschäfts zu erschüttern.

1980 Steht die Person, die nach der Vertragsurkunde Verkäufer sein soll und in dieser Eigenschaft auch unterschrieben hat, in einer **besonderen Nähe zum Kfz-Betrieb** (Ehefrau/Lebensgefährtin des Geschäftsinhabers oder Geschäftsführer des Betriebs wie in BGH NJW 2007, 759 oder Angestellter wie im Fall OLG Düsseldorf 7. 4. 2008, I-1 U 203/07), so spricht eine gewisse Vermutung für ein verschleiertes Händler-Eigengeschäft. Sie wird nicht ohne Weiteres dadurch ausgeräumt, dass die Kaufvertragsurkunde in Großbuchstaben mit „PRIVATVERKAUF“ überschrieben ist.[14] Wer in solchen Fällen der wahre, wer der vorgeschobene Verkäufer ist, wird oftmals schnell klar, wenn Unterlagen über den Fahrzeugankauf und die Fahrzeugpapiere vorgelegt werden.[15] Bleiben diese Unterlagen unter Verschluss, wird das Gericht daraus seine Schlüsse ziehen. Käufern kann mit **§ 142 ZPO** geholfen werden.

1981 **Vorgerichtliches und gerichtliches Vorgehen:** In Fällen, die nach einer Verschleierung eines Unternehmer-Eigengeschäfts aussehen, steht der Käufer/Verbraucher vor der Frage, gegen wen er außergerichtlich (Nacherfüllungsverlangen, Fristsetzung, Rücktritt, Rücknahmeangebot) und später gerichtlich vorgehen soll. Mitunter wird nur derjenige verklagt, der „dem Papier nach“ Verkäufer ist. Das war im BGH-Fall NJW 2007, 759 der GmbH-Geschäftsführer. Die Klage blieb in sämtlichen Instanzen erfolglos, weil **Ansprüche aus der Sachmängelhaftung** nach Ansicht des BGH **ausschließlich** gegen die GmbH zu richten waren; der Strohmann war jedenfalls insoweit nicht passivlegitimiert.[16] Die dogmatische Begründung dafür hat der BGH offen gelassen. Abgelehnt hat er lediglich die von *S. Lorenz* mit guten Gründen vertretene Ansicht, den Hintermann aus dem Spiel und den Vordermann uneingeschränkt für Fahrzeugmängel haften zu lassen.[17]

1982 Wenn der Strohmann nach BGH aus der Sachmängelhaftung nicht in Anspruch genommen werden kann, bleibt die Frage nach einer **Haftung aus §§ 311, 241 BGB**, ggf. nach den Regeln der Eigenhaftung von Vertretern und Abschlussgehilfen (§ 311 Abs. 3 BGB)[18]. Im Einzelfall kann auch eine **Dritthaftung nach § 443 BGB** in Betracht kommen. Hiernach kann jemand, der nicht selbst Verkäufer ist, aus einer Haltbarkeits- oder Beschaffenheitsgarantie in Anspruch genommen werden (zur Garantieübernahme nach § 443 BGB s. Rdn. 2580 ff.). Darüber hinaus kommt eine **Schadensersatzhaftung nach §§ 823, 826 BGB** in Frage.

1983 Eine Garantieübernahme nach § 443 BGB hat der BGH für die Zusage „Fahrzeug ist fahrbereit“ verneint.[19] Eine nichtvertragliche Haftung des Strohmanns zu erörtern, bestand mit Rücksicht auf das Klagebegehren (Rückabwicklung) kein Anlass. So ging der Käufer leer aus. Sachmängelansprüche gegen die GmbH waren nicht mehr realisierbar (Verjährung; Verlängerung wegen Arglist aber diskutabel). Zu vermeiden war dieses Ergebnis durch eine Klage allein gegen die GmbH oder zusammen mit dem Geschäftsführer; auch eine Streitverkündung an die GmbH hätte geholfen, nicht nur verjährungsrechtlich.

---

14 OLG Düsseldorf 7. 4. 2008 – I-1 U 203/07.

15 Vgl. OLG Celle 15. 11. 2006, OLGR 2007, 509; Brand OLG 9. 7. 2008 – 7 U 12/08; OLG München 13. 2. 2008 – 3 U 3796/07.

16 Urt. v. 22. 11. 2006, NJW 2007, 759.

17 Müko-BGB, *S. Lorenz*, § 475 BGB Rn. 36; *ders.* in: FS H. P. Westermann, 2008, S. 415, 422 ff.

18 Dazu OLG München 13. 2. 2008 – 3 U 3796/07.

19 Urt. v. 22. 11. 2006, NJW 2007, 759.

Den mutmaßlichen **Strohmann allein zu verklagen**, ist nicht in jedem Fall nur die zweitbeste Lösung. Immerhin ist seine Verkäuferrolle urkundlich belegt. Das Problem ist meistens nicht die Person des Haftenden als solche, sondern allein **der vertragliche Gewährleistungsausschluss**. Insoweit ist in der Vergangenheit oft übersehen worden, dass er als Formularklausel schon deshalb keinen Bestand haben konnte, weil die Vorgaben des § 309 Nr. 7a und b BGB nicht beachtet sind. Dass (wie in BGH NJW 2007, 759) zusätzlich ein wirksamer Haftungsausschluss mündlich vereinbart wurde, ist höchst selten und im Übrigen kaum nachweisbar. Außer Kraft gesetzt werden kann ein an sich zulässiger Haftungsausschluss schließlich stets mit den herkömmlichen Instrumenten der Beschaffenheitsgarantie und der Arglist (§ 444 BGB). In Fällen unwirksamer Freizeichnung muss der Käufer mit dem Argument rechnen, für eine Umlenkung der Haftung auf den Hintermann (Unternehmer) bestehe kein Bedürfnis, der Vordermann hafte ja seinerseits in vollem Umfang. Zu diesem Aspekt hat sich die Rechtsprechung noch nicht geäußert. Abgesehen davon: Stets zu prüfen ist auch, ob der sich als Verbraucher gerierende Verkäufer in Wahrheit nicht doch als Unternehmer verkauft hat. 1984

Den „Papier-Verkäufer" zusammen mit dem dahinter stehenden Betrieb bzw. dessen Inhaber zu verklagen, verlangt außer einer sorgfältigen Vorprüfung der tatsächlichen Verhältnisse und der Beweischancen (Internetauftritt, Fahrzeugstandort, Fahrzeugpapiere, Vorbesitzerrecherche) eine saubere Trennung nach Anspruchsgrundlagen. Der Käufer als Kläger hat es in der Hand, wen er woraus in Anspruch nimmt. Beide Beklagten aus der Sachmängelhaftung zu verklagen, funktioniert in einem Strohmannfall laut BGH[20] nicht. Hier gilt ein Entweder-Oder. Stehen die Chancen gut, die Strohmannversion nachweisen zu können, empfiehlt sich aus Käufersicht eine Alleinklage gegen den Betrieb (Hintermann), kombiniert mit einer **Streitverkündung** an den Vordermann. 1985

b) Verbrauchereigenschaft des Käufers

aa) Allgemeines

Verbraucher i. S. d. **§ 13 BGB** ist jede natürliche Person, die einen Kaufvertrag zu einem Zweck abschließt, der weder ihrer gewerblichen noch ihrer selbstständigen beruflichen Tätigkeit zugerechnet werden kann. Entscheidend ist die – objektiv zu bestimmende – **Zweckrichtung des Verhaltens**, m. a. W., ob das Verhalten der Sache nach dem privaten – dann Verbraucherhandeln – oder dem gewerblich-beruflichen Bereich – dann Unternehmertum – zuzuordnen ist.[21] Der Inhalt des Geschäfts, nicht der innere Wille der Parteien ist maßgebend.[22] 1986

Nach Ansicht des LG Regensburg[23] kommt es nicht darauf an, ob das Rechtsgeschäft ausschließlich oder überwiegend der privaten Tätigkeit des Erwerbers zuzurechnen ist, sondern darauf, ob es überhaupt der gewerblichen oder beruflichen Tätigkeit zugerechnet werden kann. Davon ausgehend hat es den **Inhaber eines Restaurants**, der von einem Händler einen – auch geschäftlich eingesetzten – Porsche 993 gekauft hat, nicht als Verbraucher behandelt. 1987

bb) Dual use

Auf den Verbraucherstatus festgelegt hat sich das OLG Celle in einem Fall, in dem **ein Anwalt** einen neuwertigen MB E 500 in einem Autohaus gekauft hat. Werde die Kaufsache sowohl gewerblich wie auch privat genutzt (dual use), so sei für die Einordnung des Ge- 1988

20 Urt. v. 22. 11. 2006, NJW 2007, 759.
21 BGH 15. 11. 2007, NJW 2008, 435; öster. OGH 16. 2. 2006, ZVR 2006, 414 (Landwirt).
22 OLG Saarbrücken 23. 3. 2006, zfs 2006, 508, 570; KG 31. 1. 2011 – 8 U 107/10.
23 Urt. v. 30. 9. 2003 – 2 S 205/03 – n. v.

schäfts als gewerbliches oder als Verbrauchsgüterkauf auf den **erklärten Parteiwillen**, also den durch Auslegung zu ermittelnden Inhalt des Vertrages abzustellen. Entscheidend sei im Grundsatz, wie der Käufer gegenüber seinem Vertragspartner auftrete und wie dieses Auftreten vom Verkäufer unter Berücksichtigung der Lebens- und Berufssituation des Käufers objektiv verstanden werden könne.[24]

1989 Nach Ansicht des OLG Bremen[25] ist Verbraucher i. S. d. § 13 BGB, wer ein Geschäft überwiegend **zu privaten Zwecken** abschließt.[26] Dafür sei der zeitliche Anteil der privaten Nutzung, nicht das Maß der Kostendeckung durch den anderen Nutzungsanteil entscheidend. Wie auch das OLG Bremen[27] betont, kommt es nicht auf den inneren Willen des Käufers an. Maßgeblich sei der Vertragszweck unter Berücksichtigung der Begleitumstände. Indizielle Bedeutung hat insbesondere die **Rechnungsgestaltung**.[28] Zur Dual-use-Problematik s. a. EuGH NJW 2005, 653.

cc) Beweislast

1990 Nicht der Verkäufer muss ein Unternehmerhandeln des Käufers darlegen, sondern umgekehrt der Käufer sein Verbraucherhandeln. Er hat darzulegen und zu beweisen, dass er beim Abschluss des Kaufvertrages als Verbraucher i. S. d. § 13 BGB gehandelt hat.[29] Gelungen ist der Nachweis, wenn feststeht, dass er das Fahrzeug nicht in Ausübung einer gewerblichen oder beruflichen Tätigkeit gekauft hat.

dd) Rollenwechsel auf Käuferseite

1991 Zu den „Rollenspielen", die nach der Schuldrechtsreform zu beobachten sind, gehören auch die Versuche, auf der Käuferseite aus Verbrauchern Unternehmer zu machen. Demjenigen Käufer, der dem Verkäufer einen **gewerblichen Verwendungszweck** des Fahrzeugs **vortäuscht**, ist die Berufung auf die Vorschriften über den Verbrauchsgüterkauf verwehrt.[30] Nur der **redliche Vertragspartner** verdient Verbraucherschutz. Wer sich wahrheitswidrig als Händler ausgibt, um mit einem Unternehmer einen Kaufvertrag über ein Gebrauchtfahrzeug abzuschließen, das an einen Verbraucher nicht verkauft worden wäre, handelt in der Tat treuwidrig, wenn er sich nach Entdecken von Mängeln auf die Verbraucherschutzvorschriften beruft.[31]

1992 In der vom BGH[32] entschiedenen Sache war die gezielte **Täuschung des Händlers** erwiesen. Fraglich ist, wer in diesem Punkt die Beweislast trägt. Klärungsbedürftig ist ferner, ob und inwieweit sich ein Kennenmüssen nachteilig für den Verkäufer auswirkt. **Im Ausgangspunkt** gilt: Der Käufer hat nicht nur die Unternehmereigenschaft des Verkäufers zu beweisen. Wenn sein eigener Status als Verbraucher strittig ist, muss er auch die Tatsachen beweisen, die seine Verbrauchereigenschaft begründen (s. Rdn. 1976). Schon daraus folgt, dass der Händler in seiner Eigenschaft als Verkäufer nicht den Nachweis zu führen hat, einem Täuschungsmanöver zum Opfer gefallen zu sein. Solange der Verkäufer in der Erwartung schutzwürdig ist, sein Vertragspartner kaufe das Fahrzeug zu gewerblichen oder

---

24 OLG Celle 4. 4. 2007, 7 U 193/06, VA 2007, 154 = OLGR 2008, 475.
25 Urt. v. 11. 3. 2004, OLGR 2004, 319 = ZGS 2004, 394 (Motorboot).
26 So auch OLG Celle 11. 8. 2004, NJW-RR 2004, 1646 = ZGS 2004, 474 = OLGR 2004, 525, allerdings für den Fall gemischter Nutzung auf Verkäuferseite.
27 Urt. v. 11. 3. 2004, OLGR 2004, 319 = ZGS 2004, 394 (Motorboot).
28 OLG Saarbrücken 23. 3. 2006, zfs 2006, 508, 570; AG Herford 12. 8. 2005, SVR 2005, 99.
29 BGH 11. 7. 2007, NJW 2007, 2619; OLG Saarbrücken 23. 3. 2006, zfs 2006, 508, 570.
30 BGH 22. 12. 2004, NJW 2005, 1045; s. a. Brand OLG 22. 11. 2006 – 4 U 84/06 – n. v. (finanzierter Kauf).
31 BGH 22. 12. 2004, NJW 2005, 1045; AG Rudolstadt 6. 1. 2011 – 3 C 44/10.
32 NJW 2005, 1045.

beruflichen Zwecken, darf er es außerhalb der Regeln für den Verbrauchsgüterkauf verkaufen. Insbesondere hat ein vereinbarter Ausschluss der Sachmängelhaftung grundsätzlich Bestand. § 475 Abs. 1 BGB ist unanwendbar.

Wenn die äußeren Umstände wie eine handschriftliche Eintragung des Käufers im Kauf- **1993**
vertrag **„Keine Gewährleistung, Händlergeschäft"** auf ein unternehmerisches Handeln hindeuten, bleibt es bei der Beweislast des Käufers für seine Verbrauchereigenschaft. Wenn umgekehrt nicht der Käufer, sondern der Unternehmer-Verkäufer entgegen den wahren Gegebenheiten ein Kaufvertragsformular handschriftlich mit **„Händlervertrag"** kennzeichnet und zusätzlich wahrheitswidrig vermerkt „Fzg. wird zum Wiederverkauf erworben", verdient der gutgläubige Käufer den vollen Schutz der §§ 474 ff. BGB.[33] Zu dieser Fallgruppe zählt die Entscheidung des AG Zeven vom 19. 12. 2002.[34] Der **Formularklausel** „Die Verkäuferin geht davon aus, dass der Käufer das o. g. ebenfalls zu gewerblichen Zwecken nutzen will und als Gewerbetreibender zu diesem Zweck kauft", ist zu Recht jegliche Wirkung abgesprochen worden. Sofern es sich nicht schon um eine Überraschungsklausel i. S. v. § 305c Abs. 1 BGB handelt, greift § 475 Abs. 1 BGB ein.

Ob im Wege einer **Individualvereinbarung** mit dem Käufer dessen Status als Nichtver- **1994**
braucher verbindlich festgelegt werden kann, kann nicht pauschal beantwortet werden.[35] Inwieweit sich der Geschäftszweck nach dem erklärten Willen oder ggf. nach davon abweichenden objektiven Gegebenheiten richtet, hat der BGH in der Entscheidung vom 22. 12. 2004[36] dahinstehen lassen. Im Fall der **bewussten Irreführung** des anderen Vertragspartners kann diese Grundsatzfrage in der Tat offen bleiben.

In einer Sache, über die das LG Duisburg entschieden hat,[37] war der handschriftlich no- **1995**
tierte Zusatz „Händler bestätigt, dass er Kfz-Händler ist", nichts anderes als eine schriftliche Lüge, ebenso der Stempelaufdruck „Händlergeschäft". Der Käufer, eine Privatperson, benötigte den Pkw für rein private Zwecke. Ihm muss der Verbraucherschutz zugute kommen.

Sind sich die Vertragsparteien dagegen darin einig, dass das Fahrzeug ausschließlich **1996**
oder zumindest überwiegend zu gewerblichen oder beruflichen Zwecken angeschafft werden soll und halten sie dies in einer unmissverständlichen Individualerklärung im Kaufvertrag oder anderweitig fest, so kann sich der Käufer nachträglich nicht auf die Verbraucherschutzvorschriften der §§ 474 ff. BGB berufen, selbst wenn er in Wirklichkeit die (innere) Absicht zur privaten Nutzung gehabt haben sollte. Das wäre mit § 242 BGB unvereinbar. Auch ein Verbraucher, sofern er nicht getäuscht worden ist, muss sich aus Gründen des allgemeinen Verkehrsschutzes an seinen Erklärungen festhalten lassen.

Ob die Vertragsparteien sich über die Unternehmereigenschaft des Käufers tatsächlich **1997**
einig waren oder ob die Einigung nur auf dem Papier steht, bedarf im Einzelfall sorgfältiger Prüfung unter Berücksichtigung sämtlicher Umstände. Zu erwarten ist, dass die Gerichte solchen Käufern, die auf den ersten Blick als Verbraucher erscheinen, Beweiserleichterungen bis hin zur Beweislastumkehr zugute kommen lassen. Mit dem Schutzanliegen der §§ 474 ff. BGB wäre eine solche Praxis ohne weiteres vereinbar. Die Regeln über den Anscheinsbeweis sollten allerdings nicht herangezogen werden.[38]

33 LG Duisburg 10. 10. 2003 – 1 O 57/03 – n. v. (rkr.); s. a. KG 31. 1. 2011 – 8 U 107/10 („eingetragener Vollkaufmann").
34 DAR 2003, 379 = ZGS 2003, 158.
35 Zu dieser Fallgruppe s. *May*, DAR 2004, 557, 562; *M. Müller*, NJW 2003, 1975, 1979.
36 NJW 2005, 1045.
37 Urt. v. 10. 10. 2003 – 1 O 57/03 – n. v. (rkr).
38 Zur beweisrechtlichen Problematik informativ *Soergel/Pfeiffer*, § 13 BGB Rn. 53 ff.

2. Die Allgemeinen Geschäftsbedingungen

1998 Der Kaufvertrag über ein gebrauchtes Kraftfahrzeug wird üblicherweise formularmäßig auf der Grundlage der „Geschäftsbedingungen für den Verkauf von gebrauchten Fahrzeugen und Anhängern“ abgeschlossen. Dem Verkauf von **Vorführwagen,** kaufrechtlich Gebrauchtfahrzeuge, werden gelegentlich die Neuwagenverkaufsbedingungen (NWVB) zugrunde gelegt[39] wie andererseits hin und wieder neue bzw. neuwertige Fahrzeuge wie Kurzzulassungen/Tageszulassungen auf der Basis von Formularen für das Gebrauchtwagengeschäft verkauft werden.

1999 Die Gebrauchtwagen-Verkaufsbedingungen (GWVB) sind aus Anlass der **Schuldrechtsreform** grundlegend umgestaltet worden. Das Klauselwerk, das der **Zentralverband Deutsches Kraftfahrzeuggewerbe** e. V. (ZDK) unverbindlich zur Anwendung empfohlen hat, liegt in der Fassung 7/2003 Kaufverträgen zugrunde, die im Zeitraum 2003 bis etwa Mai 2008 abgeschlossen worden sind. Im Mai 2008 ist eine Neufassung erschienen (Stand 3/08), s. Anlage 2.

2000 Neben den vom ZDK empfohlenen GWVB gibt es eine Vielzahl von Musterverträgen mit zum Teil abweichenden Allgemeinen Geschäftsbedingungen, etwa bei Händlern, die im Bundesverband freier Kfz-Händler (BVfK) zusammengeschlossen sind. Spezielle AGB sind auch im Handel mit Sonderfahrzeugen anzutreffen (Wohnmobile, Motorräder u. a.).

a) Einbeziehung in den Kaufvertrag

2001 Die vom ZDK empfohlenen Bedingungen für das Eigengeschäft sind in der Fassung und Gestaltung, wie sie von den Fachverlagen vertrieben werden (Stand: 3/08) und für den Kunden bestimmt sind (Exemplar mit größerem Druck), weder unleserlich noch unübersichtlich.[40] Sie werden deshalb gem. § 305 Abs. 2 BGB Bestandteil des Kaufvertrages, es sei denn, dass sie dem Käufer nicht oder – wie im (Agentur-)Fall OLG Frankfurt NJW 1989, 1095 – nicht vollständig ausgehändigt worden sind.

2002 Nach Meinung des OLG Frankfurt[41] geht es zulasten des Händlers, wenn ihm nicht der Nachweis gelingt, dass die AGB dem Kunden vollständig ausgehändigt worden sind. Darauf, dass sie in seinem Betrieb ausgehängt sind, kann sich der Händler nicht berufen. Anders als die Kfz-Reparaturbedingungen werden die Verkaufsbedingungen üblicherweise nicht durch Aushang in den Betriebsräumen zur Kenntnis gebracht. Die Übergabe der kompletten AGB – bei Geschäften „mit Garantie“ einschließlich der Garantiebedingungen – kann der Händler durch Zeugnis seines zuständigen Verkaufsangestellten beweisen.

2003 Wird ein Fahrzeug „mit Gebrauchtwagengarantie gemäß den beigefügten Garantiebedingungen“ verkauft, müssen auch diese Bedingungen ausgehändigt werden.[42] Näheres zum Verkauf „mit Garantie“ s. Rdn. 4163 ff. Auch ohne Nachweis der Aushändigung der AGB können sie Vertragsbestandteil geworden sein, z. B. wenn der Käufer bei Übergabe des Fahrzeugs schriftlich bestätigt, über die „Garantie-/Gewährleistungsbedingungen“ informiert worden zu sein.[43]

39 So z. B. in den Fällen BGH NJW-RR 1991, 870 und OLG Düsseldorf OLGR 1995, 143; anders im Wohnmobil-Fall BGH NJW 2010, 3710.

40 Für ein früheres Klauselwerk s. OLG Hamm 3. 7. 1986 – 23 U 35/86 – n. v.

41 Urt. v. 2. 11. 1988, NJW 1989, 1095 – DAR 1989, 66.

42 Dazu BGH 23. 11. 1994, NJW 1995, 516.

43 OLG Brandenburg 10. 4. 2006, DAR 2006, 456 = zfs 2006, 387.

b) Der Vertragsabschluss

aa) Konventionelle Abschlusstechniken

Trotz verstärkten Einsatzes moderner Kommunikationsmittel steht der Kauf **im Autohaus** nach wie vor im Vordergrund. Mit der Unterzeichnung des **Bestellformulars** („verbindliche Bestellung") durch den Kaufinteressenten ist entgegen weitverbreiteter Meinung (z. B. OLG Brandenburg OLGR 1997, 88) der Kaufvertrag in den meisten Fällen noch nicht geschlossen. Der Besteller (Kaufinteressent) gibt lediglich ein **Angebot** zum Abschluss eines Kaufvertrages ab. Wirksam wird es durch Rückgabe des von ihm unterzeichneten Bestellscheins. Er selbst erhält eine (mehrseitige) Durchschrift. Die formularmäßige Bestätigung, eine Durchschrift der Bestellung erhalten zu haben, verstößt gegen § 309 Nr. 12b BGB.[44] 2004

(1) Annahmefrist und Bindung

Wird die schriftliche Bestellung des Kunden vom Autohändler oder seinem Mitarbeiter nicht sofort angenommen (z. B. durch Direktbestätigung auf dem Bestellschein in Form der Gegenzeichnung), ist sie als **Antrag an einen Abwesenden** i. S. d. § 147 Abs. 2 BGB zu behandeln.[45] Zugunsten des Verkäufers als Verwender ist formularmäßig eine bestimmte **Annahmefrist** vorgesehen. Nach Abschn. I, 1 ZDK-AGB (Stand: 3/08) ist der Besteller **höchstens bis 10 Tage** an sein Angebot **gebunden,** bei Nutzfahrzeugen bis 2 Wochen. Gemeint sind Kalender-, nicht Arbeitstage. 2005

Selbst eine **Bindung von 14 Tagen** ist beim Kauf gebrauchter Personenwagen noch nicht als unangemessen i. S. v. § 10 Nr. 1 AGBG (jetzt § 308 Nr. 1 BGB) angesehen worden,[46] wohl aber eine Frist von 4 Wochen.[47] Durch den Einsatz moderner Kommunikationsmittel, die Optimierung der Prozessabläufe in den Autohäusern und nicht zuletzt mit Blick auf den allgemeinen Wandel im Einkaufsverhalten sind die bisherigen Einschätzungen **fragwürdig** geworden. Diesen Veränderungen haben die Klauselverfasser durch eine Herabsetzung der Annahmefrist von 14 auf „höchstens bis 10 Tage" Rechnung getragen. Nach Ansicht des LG Bremen[48] ist selbst diese reduzierte Frist nicht „für jede Fallgestaltung" wirksam. Zu missbilligen sei sie jedenfalls in den Fällen, in denen das Fahrzeug (Pkw) vorrätig sei und man Barzahlung ohne Inzahlungnahme vorgesehen habe. Dem ist zuzustimmen.[49] 2006

Bei der Konstellation, über die das LG Bremen entschieden hat und die nach wie vor **geschäftstypisch** ist, ist eine Annahmefrist von zehn Tagen in der Tat wesentlich länger als die in § 147 Abs. 2 BGB beschriebene Frist. Mehr als drei Arbeitstage benötigt ein durchschnittliches Autohaus in einem solchen Fall nicht, um die Bestellung durch die Geschäftsleitung zu prüfen und zu bearbeiten. In diesem Zeitraum lassen sich auch Fragen der Garantieübernahme und die heute übliche Befundsicherung („Zustandsbericht") erledigen. Etwaige Umbauarbeiten, Nachrüstungen, TÜV und AU sind nicht einzurechnen. Derartige Arbeiten können auch im Anschluss an die schriftliche Bestätigung ausgeführt werden. 2007

44 BGH 29. 4. 1987, NJW 1987, 2012, 2014 zu § 11 Nr. 15 AGBG.

45 BGH 15. 10. 2003, VIII ZR 329/02, SVR 2004, 300.

46 OLG Köln 27. 5. 1993, NJW-RR 1993, 1404 = OLGR 1993, 205; OLG Hamm 16. 1. 1981, MDR 1981, 580; *Eggert*, BB 1980, 1827; a. A. AG Diepholz 20. 5. 1987, MDR 1987, 936 (Agenturkauf); zur Bindungsfrist beim Neuwagenkauf vgl. BGH 13. 12. 1989, NJW 1990, 1784 und hier Rdn. 3 ff.

47 LG Wuppertal 7. 3. 1995 – 16 S 173/94 – n. v.; vgl. auch LG Berlin 6. 3. 1987, VuR 1988, 50; offen gelassen von BGH 15. 10. 2003, VIII ZR 329/02, SVR 2004, 300 (Motorradkauf).

48 Urt. v. 9. 9. 2003, NJW 2004, 1050; zustimmend *Graf von Westphalen*, NJW 2004, 1993, 1998; keine Bedenken gegen die Zehntage-Frist bei AG Duisburg-Hamborn 10. 1. 2003 – 7 C 303/02 – n. v.

49 Ebenso AG Northeim 12. 2. 2009 – 3 C 820/08 – VRR 2009, 122 (nur Ls.); für generelle Zulässigkeit *Christensen*, a. a. O., Bes. Vertragstypen Gebrauchtwagenkauf, Rdn. 16.

Gleiches gilt für die Zulassung bzw. Ummeldung. Hinzu kommt jedoch die Postlaufzeit für die als alternative Annahmehandlung vorgesehene schriftliche Bestätigung. Alles in allem genügt somit eine Zeitspanne von einer Woche.

2008 An einer Zehn- oder gar Vierzehntagefrist hat der Handel **kein anerkennenswertes Interesse**, hinter dem das Interesse des Kunden am baldigen Wegfall seiner Bindung zurückstehen muss.[50] Gewiss ist dem Händler daran gelegen, für sämtliche in seinem Betrieb vorkommenden Fallgestaltungen, also auch für Finanzierungen, Inzahlungnahmen und Beschaffungsaktionen (Transporte), eine einheitliche Annahmefrist vorzusehen. Richtig ist auch, dass in bestimmten Fällen, etwa bei einer Finanzierung mit vorheriger Bonitätsprüfung,[51] eine längere Bearbeitungszeit als im Normalfall erforderlich ist. Inzahlungnahmen rechtfertigen hingegen i. d. R. keine nennenswerte Zeitzugabe. Denn das Kundenfahrzeug wird erfahrungsgemäß untersucht und bewertet, bevor der Kunde den Bestellschein unterzeichnet. Bestand kann die Zehntage-Klausel demnach **nur in Sonderfällen** haben, etwa, wenn eine vom Autohaus „mitgelieferte" Finanzierung für einen zusätzlichen Arbeits- und Zeitaufwand sorgt. Diese und andere Sondersituationen (z. B. Fahrzeug ist nicht vorrätig) sind indes kein ausreichender Grund, die Annahmefrist generell auf bis zu zehn Tage, geschweige denn vierzehn Tage, auszudehnen.

2009 Ist die Annahmefrist unangemessen lang und damit **gem. § 308 Nr. 1 BGB** – im unternehmerischen Verkehr nach § 307 Abs. 1 S. 1 BGB[52] – **unwirksam**, so tritt an die Stelle der unwirksamen Annahmefrist die gesetzliche Regelung des **§ 147 Abs. 2 BGB**. Unter „regelmäßigen Umständen" kann der Kaufinteressent den Eingang der Annahmeerklärung zwar nicht am darauffolgenden Tag[53], wohl aber innerhalb einer Frist von drei Werktagen erwarten. Während dieser Zeitspanne[54] ist er an sein Angebot gebunden.

2010 Solange der Besteller an sein Angebot gebunden ist, kann er es einseitig – abgesehen vom Verbraucherwiderruf – nur dadurch zunichte machen, dass er es anficht (§§ 119, 123 BGB) oder dass er sich auf ein Verschulden bei den Vertragsverhandlungen beruft. Mängelansprüche (§§ 437 ff. BGB) können zwar ausnahmsweise schon vor Gefahrübergang (Übergabe) geltend gemacht werden, Mindestvoraussetzung ist jedoch ein abgeschlossener Kaufvertrag. Ein Kaufinteressent, der den Bestellschein ohne vorherige Besichtigung des Fahrzeugs unterschrieben hat, bleibt an sein Angebot auch dann gebunden, wenn eine spätere Besichtigung und/oder Probefahrt zu einem Sinneswandel führt. Ein „Rücktritt" während der Annahmefrist ist unbeachtlich.[55]

(2) Abschlussmodalitäten

2011 **Abgeschlossen** ist der Kaufvertrag, wenn der Händler oder sein Vertreter die **Annahme** der Bestellung innerhalb der Annahmefrist **schriftlich bestätigt** oder das **Fahrzeug ausliefert**. Diese Regelung im Abschn. I, 1 ZDK-AGB ist gültig, selbst wenn man die dort bestimmte Annahmefrist von zehn Tagen im Einzelfall für unwirksam hält. Mitunter heißt es auch: „Das Kaufangebot gilt als angenommen, wenn der Verkäufer es nicht innerhalb der Annahmefrist abgelehnt hat." Diese Vertragsabschlussklausel gilt als unbedenklich.[56]

50 Zur Interessenabwägung s. BGH 13. 9. 2000, NJW 2001, 303 (Möbelkauf).

51 Der Kreditanteil beim Gebrauchtwagenkauf steigt zwar von Jahr zu Jahr, drittfinanzierte Käufe unter Einschaltung des Händlers liegen aber immer noch deutlich unter 50 %.

52 OLG Saarbrücken 8. 12. 20010 – 1 U 111/10 (neues Nutzfahrzeug).

53 So aber AG Northeim 12. 2. 2009 – 3 C 820/08 – VRR 2009, 122 (nur Ls.).

54 Zur Berechnung BGH 11. 6. 2010, NJW 2010, 2873 (finanzierter Immobilienkauf); OLG Saarbrücken 8. 12. 2010 – 1 U 111/10 (neues Nutzfahrzeug).

55 OLG Hamm 16. 1. 1981, MDR 1981, 580.

56 OLG Köln 21. 3. 1984 – 24 U 238/83 – n. v.; s. a. OLG Düsseldorf 28. 12. 2004, NJW 2005, 1515; *Walchshöfer*, WM 1986, 1041.

Die schriftliche Annahmeerklärung des Händlers muss dem Kaufinteressenten innerhalb der Annahmefrist **zugegangen** sein.[57] Der Händler muss **Zugang** und **Rechtzeitigkeit beweisen**. Zur Rechtslage bei Nichtabholen eines Einschreibebriefs und allgemein zu Fragen des Zugangs einer schriftlichen Händlerbestätigung siehe BGH 26. 11. 1997, NJW 1998, 976.[58] Dieser Fragenkreis ist von **großer praktischer Bedeutung**, weil Besteller von Gebrauchtfahrzeugen oftmals einwenden, eine Auftragsbestätigung nicht erhalten zu haben.[59] **2012**

Eine verspätete Bestätigung gilt als **neuer Antrag** (§ 150 BGB), den der Käufer frei ablehnen kann. Er kann ihn auch annehmen, auch durch **konkludentes Verhalten**, etwa durch Überweisung einer Anzahlung oder durch Bestellung von Zubehörteilen.[60] **2013**

Die Annahme der Bestellung im Wege schriftlicher Bestätigung ist nur eine von zwei in den AGB vorgesehenen Möglichkeiten. Annehmen kann der Händler das Angebot auch dadurch, dass er **das Fahrzeug ausliefert**. Diese Variante wird ganz überwiegend praktiziert. Die bloße Bereitstellung des Fahrzeugs genügt nicht. Unter „Lieferung ausführen" ist die Übergabe (Auslieferung) des Fahrzeugs an den Besteller zu verstehen. Verweigert er die erforderliche Mitwirkungshandlung und vereitelt er so die Annahmewirkung, muss er sich analog § 162 BGB so behandeln lassen, als wäre der Kaufvertrag zustande gekommen.[61] **2014**

(3) Sonderfall Direktbestätigung

Eine schriftliche Bestätigung kann bereits auf dem Bestellschein erfolgen („Direktbestätigung"). Vielfach ist dort eine spezielle Rubrik für die Bestätigung der „Verkäufer-Firma" vorgesehen („hiermit bestätigen wir die Annahme der Bestellung ..."). Mit der Unterschrift des Autohausangestellten ist die (unterschriebene) Bestellung des Kunden angenommen. Eine bloße Paraphe des Autohausangestellten auf einem Bestellschein ohne Formularfeld für eine Direktbestätigung soll diese Wirkung nicht haben.[62] **2015**

(4) Sonderfall Vertragsschluss durch konkludentes Verhalten

Bei Verwendung eine handelsüblichen Bestellscheins mit formularmäßig vorgegebenen Abschlussmodalitäten kann nicht ohne Weiteres davon ausgegangen werden, dass der Besteller (Kaufinteressent) auf eine Annahmeerklärung ihm gegenüber verzichtet oder dass sie anderweitig entbehrlich ist (§ 151 BGB). Ein Verzicht ist zwar auch stillschweigend bzw. durch konkludentes Verhalten möglich. Das ist indes Tatfrage und im Zweifel zu verneinen.[63] **2016**

Die in den AGB vorgesehene **Schriftform für die Annahmeerklärung** können die Parteien ebenso **einverständlich aufheben** wie anderweitige formularmäßige Abschlussmodalitäten, indem sie sich **mündlich** auf das Zustandekommen des Vertrages **einigen**.[64] An die Feststellung eines Vertragsabschlusses, der vom formularmäßig vorgesehenen **2017**

57 OLG Saarbrücken 8. 12. 2010 – 1 U 111/10 (neues Nutzfahrzeug); zur Rechtslage bei verspäteter Annahme s. a. AG Korbach 2. 7. 1993, NJW-RR 1994, 374.

58 Dazu *Franzen*, JuS 1999, 429.

59 Dazu auch OLG Saarbrücken 8. 12. 2010 – 1 U 111/10 (neues Nutzfahrzeug).

60 Zur Qualifizierung eines Käuferverhaltens als „schlüssig" s. BGH 11. 6. 2010, NJW 2010, 2873 Tz. 18.

61 So das OLG Hamm 10. 1. 1992, OLGR 1992, 77 (zw.).

62 LG Marburg 28. 11. 2007 – 5 S 133/06 – n. v.

63 Generell zur Qualifizierung eines Verhaltens als „schlüssig" BGH 11. 6. 2010, NJW 2010, 2873 Tz. 18.

64 Dazu OLG Hamm 10. 1. 1992, OLGR 1992, 77; OLG Köln 16. 2. 1995, OLGR 1995, 140 – Neufahrzeugkauf; OLG Düsseldorf 30. 5. 2000, MDR 2001, 86 = DAR 2001, 305 – Neufahrzeugkauf mit Inzahlungnahme; LG Mönchengladbach 6. 8. 2003 – 4 S 27/03 – n. v.; LG Düsseldorf 17. 10. 1979 – 23 S 113/79 – n. v.

Weg abweicht, stellt die Rechtsprechung jedoch **strenge Anforderungen.**[65] **Hintergrund** sind häufig Klagen von Autohäusern auf Ersatz der pauschalierten Nichtabnahmeentschädigung. Aber auch der Kaufinteressent (Besteller) kann in Ausnahmefällen an einer Direktbindung des Autohauses interessiert sein.

2018 Wer bei Unterzeichnung des Bestellscheins **eine Anzahlung leistet** und/oder dem Autohaus Dokumente zur Ummeldung des Fahrzeugs überlässt, wird womöglich davon ausgehen, dass der Kauf perfekt und alles Weitere nur reine Formsache ist. Ob er in dieser Erwartung schutzwürdig ist, ist **eine Frage des Einzelfalls**.

2019 Die Entgegennahme einer Anzahlung ist im Zweifel noch **keine konkludente Annahme** der Bestellung, zumal dann nicht, wenn der Verkaufsberater die Formularrubrik für eine Direktbestätigung gestrichen hat und damit den Annahmevorbehalt der Geschäftsleitung unterstreicht. Die beiderseitige Unterzeichnung eines Zustandsprotokolls und/oder eines Antrags auf Abschluss einer Garantieversicherung soll gleichfalls noch keinen Vertragsschluss bedeuten.[66] Auch die Entgegennahme des Personalausweises des Bestellers und der Versicherungsdoppelkarte reichen dafür nicht aus, wohl aber die anschließende Zulassung des bestellten Fahrzeugs auf den Namen des Bestellers durch das Autohaus.[67]

2020 Bestätigungscharakter können auch schriftliche Äußerungen des Autohauses haben, so z. B. ein Schreiben, durch das eine Rücktrittserklärung des Kaufinteressenten zurückgewiesen wird,[68] eventuell auch ein schriftliches Schadenersatzverlangen.[69] Nach Meinung des LG Hamburg stellt ein nicht unterschriebener Stempel „Bestellung angenommen" keine schriftliche Annahmeerklärung dar.[70]

(5) Darlegungs- und Beweislast

2021 Sie trägt diejenige Partei, die sich auf einen Vertragsabschluss beruft, und sei es auch nur ein **Vorvertrag.**[71] Um den Bindungswillen des Bestellers geht es in diesen Fällen nicht. Er hat den Bestellschein unterzeichnet und sich durch Abgabe seines Angebots gebunden. Zu klären ist, ob der Händler das Angebot durch konkludentes Verhalten angenommen hat. Gegen eine Bindung außerhalb des formularmäßig vorgesehenen Rahmens spricht der Umstand, dass der Verkäufer eine im Bestellschein vorgesehene Rubrik für eine „Direktbestätigung" nicht ausgefüllt bzw. unterzeichnet hat. Das deutet auf ein Offenhalten hin.

2022 **Besondere Umstände** können eine andere Sicht rechtfertigen, so etwa die Situation, dass der Kaufinteressent selbst oder ein Angehöriger, z. B. der Ehepartner, bereits im Besitz des Fahrzeugs ist. Zu derartigen Konstellationen kann es vor allem bei **„Leasingausläufern"** kommen. Ob der Kaufvertrag mit dem Leasingnehmer oder einem Angehörigen allein schon durch die Unterzeichnung des Bestellscheins zustande kommt, hängt von den Umständen des Einzelfalles ab.[72] Die Marktusancen sind nicht einheitlich. Mitunter wird schon bei Abschluss des Leasingvertrages ein Kaufvertrag mit dem Leasingnehmer geschlossen.

---

65 LG Marburg 28. 11. 2007 – 5 S 133/06 – n. v.; LG Bonn 14. 2. 2006, SVR 2006, 333.

66 LG Bonn 14. 2. 2006, SVR 2006, 333.

67 Zu diesen Konstellationen s. LG Mönchengladbach 6. 8. 2003 – 4 S 27/03 – n. v.; OLG Düsseldorf 30. 5. 2000, MDR 2001, 86 = DAR 2001, 305.

68 OLG Hamm 16. 1. 1981, MDR 1981, 580.

69 Offengelassen von LG Marburg 28. 11. 2007 – 5 S 133/06 – n. v.

70 Urt. v. 17. 4. 1990 – 71 O 435/89 – n. v.

71 Zur Möglichkeit eines Vorvertrages s. BGH 15. 10. 2003, VIII ZR 329/02, SVR 2004, 300 (zu Recht verneint).

72 Verneinend OLG Düsseldorf 10. 3. 2008 – I-1 U 201/07.

(6) Pflicht zur Unterrichtung und Verschulden bei Vertragsschluss

Bei **Nichtannahme der Bestellung** ist der Verkäufer nach den ZDK-AGB verpflichtet, den Kunden **unverzüglich** davon **zu unterrichten.** Ein Verstoß gegen die selbst auferlegte Informationspflicht kann einen Anspruch aus **Verschulden bei den Vertragsverhandlungen** begründen. Der BGH[73] hat einen solchen Anspruch für den Fall verneint, dass ein Händler das bestellte Motorrad nach Ablehnung einer Finanzierung ohne erneute Verhandlungen mit dem Kunden weiterverkauft hat. Die Verpflichtung zur unverzüglichen Benachrichtigung stand seinerzeit nicht in den AGB. 2023

(7) Vertretungsfragen

Im Zusammenhang mit Fragen der **Aktiv- und Passivlegitimation** wird mitunter darüber gestritten, ob die eine oder die andere Seite **wirksam vertreten** war. Stellvertretung muss grundsätzlich offen gelegt werden (§ 164 BGB). Bei Bargeschäften des täglichen Lebens ist es i. d. R. ohne Bedeutung, ob der andere Teil im eigenen oder fremden Namen handelt. Der Vertrag kommt mit demjenigen zustande, den es angeht. Diese Regel soll beim Kfz-Kauf vom Händler (im Betrieb, nicht Internet) nicht zu Lasten des Händlers gelten.[74] Dazu, wer in einem Kfz-Betrieb wen vertritt, s. Rdn. 4286 ff. Zu weiteren Vertretungsfragen s. Rdn. 2393 f. 2024

Übersehen wird bisweilen die gesetzliche Ermächtigung nach **§ 56 HGB**. Sie gilt auch für den kaufmännischen Verkauf eines gebrauchten Kraftfahrzeugs,[75] jedoch nicht für den Ankauf und auch nicht für eine Inzahlungnahme.[76] Die gesetzliche **Vertretungsmacht des Ladenangestellten** erstreckt sich auf sämtliche Erklärungen, die mit dem Verkauf eines Gebrauchtfahrzeugs üblicherweise zusammenhängen, insbesondere auf Angaben zu wesentlichen Beschaffenheitsmerkmalen wie Gesamtfahrleistung und Unfallfreiheit. Insoweit sind auch Garantieübernahmen (Beschaffenheitsgarantien) von § 56 HGB gedeckt. Sofern die handelsrechtlichen Spezialvorschriften keine Anwendung finden, sind die allgemeinen Grundsätze über die **Anscheins- und Duldungsvollmacht** in Betracht zu ziehen. 2025

Nicht das Thema Vertretung, sondern um die **Haftung nach § 25 HGB** (Firmenfortführung) geht es in der interessanten Entscheidung des Brand OLG v. 22. 3. 2011, 11 U 25/10. 2026

bb) Fernabsatzgeschäfte

(1) Bedeutung für den Gebrauchtwagenhandel

Online geschlossene Gebrauchtwagenkaufverträge zwischen Unternehmer als Verkäufer und Verbraucher als Käufer (Verbrauchsgüterkauf) sind, abgesehen von Ebay-Geschäften und vergleichbaren Online-Auktionen, nach wie vor unüblich, wenngleich in der Tendenz steigend. In den letzten Jahren stark zugenommen haben Geschäftsabschlüsse, die über das Internet angebahnt werden (Gebrauchtwagenbörsen, Händler-Websites) und ohne jeglichen oder nur „schwachen" persönlichen Kontakt zustande kommen, sei es per E-Mail, Fax oder Telefon. Ein Online-Bestellsystem sind die Börsen nicht. Daran ändert nichts die Einrichtung einer automatisierten E-Mail-Kontaktmöglichkeit. 2027

(2) Einzelfragen

Fernkommunikationsmittel (FKM) müssen **ausschließlich** zum Einsatz gekommen sein. Sobald ein direkter persönlicher Kontakt zwischen Verkäufer und Käufer stattgefunden hat, 2028

73 Urt. v. 15. 10. 2003, VIII ZR 329/02, SVR 2004, 300.
74 So OLG Celle 1. 11. 2006, SVR 2007, 19.
75 OLG Düsseldorf 11. 11. 2002 – 1 U 29/02 – n. v.
76 BGH 4. 5. 1988, NJW 1988, 2109; s. a. OLG Brandenburg 30. 9. 2008 – 6 U 136/07.

kann das Merkmal „ausschließlich" zu verneinen sein. Bestellt ein Kunde ein in der Zeitung oder im Internet angezeigtes Gebrauchtfahrzeug nach einer Probefahrt per E-Mail oder Telefon, ist der Vertrag nicht ausschließlich unter Verwendung von FKM zustande gekommen. Es gelten die allgemeinen Regeln des BGB. Ein Widerrufsrecht steht dem Käufer dann nicht zu. S. a. Rdn. 297 ff.

2029 Zu beachten ist der **Ausnahmetatbestand in § 312b Abs. 1 S. 1 Hs. 2 BGB**. Hiernach sind die Regeln über den Fernabsatzvertrag nicht anwendbar, wenn der Vertrag nicht im Rahmen eines **für den Fernabsatz organisierten Vertriebs- oder Dienstleistungssystems** erfolgt. Dazu auch Rdn. 299. Das Vertriebssystem der Kfz-Betriebe, die mit gebrauchten Kraftfahrzeugen handeln, ist typischerweise nicht auf einen Verkauf im Wege des Fernabsatzes angelegt. Es dominiert nach wie vor der traditionelle Direktvertrieb mit Unterzeichnung des Bestellscheins im Autohaus. Allerdings spricht bei einem Vertragsschluss unter ausschließlicher Verwendung von FKM **eine Vermutung** für einen Abschluss im Rahmen eines für den Fernabsatz organisierten Vertriebssystems. Diese Vermutung muss der Unternehmer widerlegen. Damit hat er Erfolg, wenn sich ein Kunde auf eine Zeitungsanzeige hin telefonisch bei ihm meldet und man am Telefon oder per Fax oder E-Mail handelseinig wird. Diese „klassischen" Abschlussinstrumente bilden kein „für den Fernabsatz organisiertes Vertriebssystem".

2030 Zum Widerrufsrecht, der Widerrufsbelehrung und zur Rückabwicklung beim Fernabsatz s. Rdn. 301 ff. und Rdn. 1818 ff.

c) Schriftformklauseln

2031 Die GWVB, die der ZDK zur Anwendung empfohlen hat, verzichten auf eine allgemeine Schriftformklausel. Die früher übliche Klausel hat den bezweckten Schutz verfehlt. Zur Problematik von Schriftformklauseln s. Rdn. 3270.

d) Zirkaklauseln

2032 Die Klausel, dass Angaben über Leistungen, Betriebskosten, Öl- und Kraftstoffverbrauch etc. als annähernd zu betrachten sind, ist in den aktuellen ZDK-AGB nicht mehr enthalten. Dabei hatte der BGH in der grundlegenden Entscheidung vom 8. 10. 1969[77] eine solche Klausel ausdrücklich für zulässig erklärt. Soweit formularmäßige Zirkaklauseln heute noch vorkommen, können sie vor allem bei der Frage Bedeutung gewinnen, ob eine (erhebliche) Abweichung der Ist- von der Soll-Beschaffenheit vorliegt. Auch ohne ausdrückliche Zirkaklausel kann die Soll-Beschaffenheit unter dem Vorbehalt geringfügiger Abweichungen stehen, so z. B. bei Angaben über die Kilometerlaufleistung.

e) Zahlung/Fälligkeit/Verzug/Aufrechnung

2033 **Preis:** Ebenso wie in den Neuwagen-Verkaufsbedingungen fehlt weiterhin eine Regelung zum Thema „Preise". Preisrechtliche Fragen spielen denn auch beim Gebrauchtfahrzeugkauf eine vergleichsweise untergeordnete Rolle. Auf die Ausführungen zum Neufahrzeugkauf wird verwiesen (Rdn 148 ff.).

2034 **Rechnung:** Nur eine vertragliche Nebenpflicht ist die Ausstellung einer Rechnung. Ein Verstoß berechtigt den Käufer nicht zum Rücktritt.[78] Zur Frage der Verpflichtung zur Erteilung von Rechnungen mit Umsatzsteuerausweis bei Strohmanngeschäften BGH NJW-RR 2010, 1579.

77 NJW 1970, 29.
78 LG München II 1. 6. 2006, NZV 2006, 656 (nur Ls.).

Nebenleistungen: Ob Nebenleistungen wie z. B. die Zulassung (Ummeldung) als vergütungspflichtig vereinbart sind, ergibt sich meist aus dem „Bestellschein" (Kaufvertragsformular). Wird ein Autohaus vom Käufer mit der Zulassung beauftragt, kann es Erstattung der amtlichen Gebühren und eine Pauschale für sein eigenes Tätigwerden verlangen, es sei denn, dass ausdrücklich Kostenfreiheit vereinbart worden ist.[79] **2035**

Umsatzsteuer: Die **Neufassung des § 249 BGB** mit Wirkung vom 1. 8. 2002 hat die Frage aufgeworfen, ob ein Kfz-Händler beim Verkauf eines **differenzbesteuerten Fahrzeugs** die **kaufvertragliche Nebenpflicht** hat, den Käufer über die Höhe des – in der Rechnung nicht ausgewiesenen – **Umsatzsteueranteils** zu informieren. Als Unfallgeschädigter kann der Käufer auf diese Information angewiesen sein. Denn ohne Nachweis, dass Umsatzsteuer bei der Ersatzbeschaffung in einer bestimmten Höhe tatsächlich angefallen ist, pflegen KH-Versicherer auf Nettobasis zu regulieren. Dass der Händler den Umsatzsteueranteil in der Rechnung nicht ausweisen darf, besagt nicht, dass er ihn auch sonst geheim halten muss. Gegen eine separate Auskunft ist steuerrechtlich nichts einzuwenden. Deshalb ist eine Auskunftspflicht des Händlers aus § 242 BGB zu bejahen.[80] **2036**

Die in einem Kaufvertrag ausgewiesene **Umsatzsteuer kann zurückgefordert werden**, wenn beide Vertragsparteien irrtümlich davon ausgegangen sind, dass der Vertrag der Umsatzsteuer unterliegt.[81] Der Irrtum kann z. B. darauf beruhen, dass das Fahrzeug zum Betriebsvermögen des Händlers gerechnet wurde, während es in Wirklichkeit zum Privatvermögen gehörte. **2037**

Fälligkeit: Im Abschnitt II, 1 der **ZDK-AGB** (Stand 3/08) ist die Fälligkeit der Kaufpreisforderung geregelt. Übergabe des Fahrzeugs und die Aushändigung bzw. Übersendung der Rechnung müssen zusammenkommen, um die Fälligkeit des Kaufpreises und der Preise für Nebenleistungen zu begründen. **2038**

Die Klausel „Die Verkaufsangestellten des Verkäufers sind nur bei schriftlicher Ermächtigung zur Annahme von Zahlungen befugt" verstieß gegen § 9 AGBG,[82] heute ist § 307 BGB einschlägig. Auf die Vereinbarung von **Inzahlungnahmen** mit Festlegung eines bestimmten Verrechnungspreises erstreckt sich diese Klausel, meist auf der Formularvorderseite abgedruckt, schon ihrem Wortlaut nach nicht. **2039**

Der Preis, den der Händler bzw. sein Verkaufsangestellter in den Bestellschein eingetragen hat, ist auch dann für ihn verbindlich, wenn er irrtümlich um einige tausend Euro zu niedrig beziffert worden ist. Die **Anfechtung** des Händlers gem. **§ 119 Abs. 1 BGB** ist unbeachtlich.[83] Während der Annahmefrist (s. Rdn. 2005) hat der Händler allerdings die Möglichkeit der Preiskorrektur. Nach Zustandekommen des Vertrages ist es nur in engen Grenzen möglich, ein Schreibversehen zu berichtigen; s. a. BGH NJW 2005, 976. **2040**

Zahlungsverzug: Nach altem Recht war eine **Nachbesserung** nur dann von Bedeutung für den Verzug des Käufers mit der Erfüllung seiner Zahlungspflicht, wenn sie ausnahmsweise vereinbart worden war. So konnte selbst ein bestehender Zahlungsverzug dadurch geheilt werden, dass die Vertragspartner eine Nachbesserung vereinbarten.[84] Ein Garantievertrag mit einem Dritten stand einer solchen Nachbesserungsvereinbarung nicht ohne weiteres gleich. Nach **neuem Kaufrecht** ist der Verkäufer bei Mangelhaftigkeit der Sache grundsätzlich zur Nacherfüllung verpflichtet; im Fall des Verkaufs eines gebrauchten Fahrzeugs, **2041**

---

79 OLG Hamm 3. 6. 1998, DAR 1998, 354 = OLGR 1998, 222.

80 AG Friedberg/H. 7. 11. 2003, Schaden Praxis 2004, 124; so auch *Steiger*, DAR 2002, 377; a. A. *Ch. Huber*, NZV 2004, 112; s. a. *Heß*, zfs 2002, 367, 369; *Heinrich*, zfs 2004, 147.

81 OLG Jena 7. 11. 2000, OLGR 2002, 330.

82 KG 3. 2. 1988 – 23 U 2930/87 – n. v.

83 So das OLG Oldenburg 22. 6. 1999 – 5 U 41/99 – n. v.

84 OLG Hamm 15. 1. 1998, OLGR 1998, 217 (Kühlanhänger).

wenn überhaupt, nur in Form der Nachbesserung, Ersatzlieferung entfällt i. d. R. (s. Rdn. 3435 ff.). Zu den sich daraus ergebenden Konsequenzen für den Zahlungsanspruch des Verkäufers s. OLG Oldenburg NJW-RR 2011, 480.

2042 **Aufrechnung:** Gegen Ansprüche des Verkäufers kann der Käufer nur in den Grenzen der Klausel im Abschnitt II, 2 ZDK-AGB (3/08) aufrechnen. Zur Auslegung und Inhaltskontrolle s. BGH NJW 2007, 3421 (Mietvertrag).

f) Lieferung und Lieferverzug

2043 Anders als beim Kauf eines fabrikneuen, beim Händler nicht vorrätigen Kraftfahrzeugs besteht beim Gebrauchtwagenkauf zumeist kein Bedürfnis, eine Lieferfrist festzulegen, die erst mit Vertragsabschluss beginnt. Gebrauchtwagenkaufverträge kommen im gewerblichen Handel in der Mehrzahl erst durch die Auslieferung des Fahrzeugs zustande. In der Auslieferung liegt die Annahme des Kaufangebots, sofern der Händler – wie meist – von einer „Direktbestätigung" oder einer schriftlichen Bestätigung abgesehen hat.

2044 Heißt es im Bestellformular „Lieferung binnen drei Tagen" oder „Lieferfrist eine Woche", so führt dies zu einer **Verkürzung** der zehntägigen Annahmefrist nach Abschn. I, 1 ZDK-AGB. Solche Lieferfristen beginnen bereits mit der Unterzeichnung des Bestellformulars durch den Kaufinteressenten, nicht erst mit der schriftlichen Bestätigung des Händlers. Die übliche Formulierung „Lieferung sofort" bedeutet hingegen „sofort" nach Vertragsabschluss, d. h. der Händler darf die ihm eingeräumte Annahmefrist von zehn Tagen voll ausschöpfen. Bei der Angabe eines konkreten Datums als Termin der Auslieferung handelte es sich um ein **Fixgeschäft** i. S. v. § 361 BGB a. F.

2045 Ohne ausdrückliche Kennzeichnung als „unverbindlich" ist von einer **verbindlichen Bestimmung** der Leistungszeit auszugehen. Dass diese Individualabrede **schriftlich** zu treffen ist, war mit Blick auf § 9 AGBG (jetzt § 307 BGB) nicht zu beanstanden.[85] Ob ein Käufer sich mit Erfolg darauf berufen kann, ihm sei mündlich ein verbindlicher Lieferzeitpunkt zugesagt worden, hat der BGH in der Neuwagen-Entscheidung vom 7. 10. 1981[86] offen gelassen. Die Frage ist zu bejahen, weil eine individuelle mündliche Erklärung des Händlers oder eines vertretungsbefugten Angestellten stets Vorrang vor der formularmäßigen Schriftformklausel hat (§ 305b BGB). Die Beweislast für die mündliche Lieferzusage trifft allerdings den Käufer.[87]

2046 Während der Händler bei einer **verbindlichen** Leistungszeit schon durch deren Überschreiten (ohne Mahnung) **in Verzug** gerät (vgl. Abschn. III Ziff. 3 ZDK-AGB und § 286 Abs. 2 S. 1 BGB), hat der Käufer bei einem **unverbindlichen Lieferzeitpunkt** noch eine **„Wartefrist"** von zehn Tagen, bei Nutzfahrzeugen von zwei Wochen, einzuhalten, ehe er den Händler durch eine Aufforderung zur Lieferung in Verzug setzen kann (vgl. Abschn. III Ziff. 2 S. 1 ZDK-AGB). Diese Regelung erscheint noch akzeptabel.[88]

2047 Was die **Rechte des Käufers bei Lieferverzug** angeht, so macht es keinen Unterschied, ob ein unverbindlicher oder ein verbindlicher Liefertermin bzw. Lieferfrist nicht eingehalten worden ist. Von Bedeutung ist diese Differenzierung nur für den Eintritt des Verzugs. Im Wesentlichen stimmt die Regelung über die **Verzugsfolgen** mit den entsprechenden Klauseln in den Neuwagen-Verkaufsbedingungen überein (s. Rdn. 83 ff.). Statt wie dort auf 25 % ist der Anspruch des privaten Käufers auf Schadensersatz statt der Leistung bei leich-

---

85 BGH 7. 10. 1981, NJW 1982, 331.
86 NJW 1982, 331.
87 BGH 28. 1. 1981, NJW 1981, 922, 923.
88 *Eggert*, BB 1980, 1827; *Christensen*, a. a. O., Rn. 16; abw. *Dammann* in Wolf/Lindacher/Pfeiffer, Klauseln Rn. G 70.

ter Fahrlässigkeit hier auf 10 % des Kaufpreises beschränkt (Abschn. III Ziff. 2 S. 2 ZDK-AGB), was nicht unbedenklich ist.[89]

Dazu, wie der Schaden zu berechnen ist, ob konkret oder abstrakt, s. BayVerfGH NJW-RR 2001, 1645. Zur Schadensberechnung bei Nichtlieferung eines Import- bzw. Re-Importfahrzeugs s. OLG Düsseldorf NJW 2002, 523 und LG Köln DAR 2000, 362 (jeweils Neuwagen). 2048

g) Probe- und Testfahrt

Die früher gebräuchliche Klausel, wonach der Käufer berechtigt ist, das Fahrzeug „innerhalb von acht Tagen nach Zugang der Bereitstellungsanzeige am vereinbarten Abnahmeort zu prüfen", lief in der Praxis weitgehend leer. In den aktuellen AGB ist sie nicht mehr enthalten. Verzichtet hat man auch auf eine Begrenzung der Probefahrt nach Kilometern und/oder Zeit. 2049

Beim Kauf eines gebrauchten Kfz findet typischerweise vor der Unterzeichnung des Bestellformulars eine mehr oder weniger gründliche Besichtigung statt. Eine technische Kontrolle ist einem Durchschnittskunden häufig ohne fremde Hilfe nicht möglich. Auch Probefahrten („einmal um den Block") sind nur bedingt von Nutzen. Bei jungen Gebrauchten vom Fachhandel wird darauf zunehmend verzichtet. Zur Frage der groben Fahrlässigkeit i. S. v. § 442 Abs. 1 S. 2 BGB s. Rdn. 3927 ff. 2050

Verursacht der Kaufinteressent bei einer **Probefahrt** (mit dem ausgesuchten Fahrzeug) bzw. einer **Testfahrt** (mit einem Vorführwagen oder einem anderen Vergleichsfahrzeug) einen **Unfall,** so gelten im Wesentlichen die gleichen Grundsätze wie bei einem Unfall, den ein Neuwagenkäufer mit einem neuen Fahrzeug oder einem Vorführwagen[90] verursacht hat (s. dazu Rdn. 240 ff., ergänzend Rdn. 1914 ff.). 2051

Zur Rechtslage bei einem Unfall während der **Überführungsfahrt** mit einem **roten Kennzeichen** – vom Händler zur Verfügung gestellt – s. OLG Karlsruhe NJW-RR 1999, 779; OLG Düsseldorf NJOZ 2004, 3532; LG Berlin 26. 11. 2003 – 17 O 329/02.[91] Erst bei **endgültiger Übergabe** an den Erwerber scheidet ein nicht zugelassenes Fahrzeug des Händlers aus dem Haftungsverband einer Haftpflicht- und Fahrzeugversicherung für den Kfz-Handel aus.[92] 2052

Zur Bedeutung einer Erklärung wie „Motor jetzt in Ordnung", abgegeben vom Verkäufer im Anschluss an eine Reparatur nach einer Probefahrt, s. OLG Hamm OLGR 1996, 223. 2053

h) Übergabe und Abnahme

Gem. Abschnitt IV Ziff. 1 ZDK-AGB (3/08) ist der Käufer verpflichtet, den Kaufgegenstand[93] innerhalb von acht Tagen ab Zugang der Bereitstellungsanzeige abzunehmen. Beim Kauf eines Gebrauchtfahrzeugs vom Händler ist die **Pflicht zur Abnahme** – anders als 2054

89 Vgl. *Christensen*, a. a. O., Rn. 16.

90 Dazu OLG Düsseldorf 17. 9. 1993, OLGR 1994, 148.

91 Zum Gebrauch roter Kennzeichen bei Probefahrten *Grabolle*, DAR 2008, 173; *Huppertz*, DAR 2008, 606.

92 OLG Hamm 11. 11. 1998, NJW-RR 1999, 538; zum Versicherungsschutz bei Probefahrten s. *Halm*, DAR 2006, 433 ff.

93 Dazu gehören auch die Fahrzeugschlüssel, die Bedienungsanleitung und mitverkaufte Zubehörteile. Anspruch auf den vollständigen Schlüsselsatz wie bei der Erstauslieferung hat der Käufer eines älteren Gebrauchtwagens mit mehreren Vorbesitzern nur bei einer ausdrücklichen Vereinbarung, ansonsten beschränkt sich die Pflicht des Verkäufers auf die ihm vom Vorbesitzer ausgehändigten Schlüssel.

beim privaten Direktgeschäft (dazu s. Rdn. 1958) – i. d. R. nur eine **Nebenpflicht**.[94] Das Interesse des Händlers, den Wagen los zu werden, damit er in seiner Halle oder auf seinem Ausstellungsgelände Platz gewinnt, macht die Abnahmepflicht noch nicht zur Hauptleistungspflicht. Der Gefahr, durch einen „Steher" in den Augen der Kundschaft einen Imageverlust zu erleiden, kann der Händler vorbeugen, indem er ein Schild „verkauft" an dem Fahrzeug anbringt oder es umsetzt.

2055 Mit Blick auf § 9 AGBG war es nicht zu beanstanden, dass der Händler die Abnahmepflicht des Käufers **formularmäßig** zu einer **Hauptpflicht** ausgestaltet hat.[95] Diesen Weg ist man in den früheren ZDK-AGB gegangen, indem man an die Nichtabnahme des Fahrzeugs die Rechtsfolgen aus § 326 BGB a. F. geknüpft hat. Im aktuellen Bedingungswerk (3/08) heißt es nur noch: Im Falle der Nichtabnahme kann der Verkäufer von seinen gesetzlichen Rechten Gebrauch machen (IV Ziff. 1 S. 2). Zum Anspruch auf Schadensersatz statt der Leistung und zum Rücktrittsrecht s. a. die Kommentierung der entsprechenden Klausel in den NWVB (Rdn. 369 ff.).

i) Schadensersatz und Schadenspauschalierung

aa) Klauselpraxis

2056 Seit der Ablösung des Agenturgeschäfts durch das Händler-Eigengeschäft im Jahr 1990 sind Pauschalierungsabreden wieder fester Bestandteil von Gebrauchtwagen-Verkaufsbedingungen. Die Klausel im Abschn. IV Ziff. 2 der **ZDK-AGB** (7/03) – Gegenstand der BGH-Entscheidung NJW 2010, 2122 – lautet:

„Verlangt der Verkäufer Schadensersatz, so beträgt dieser 10 % des Kaufpreises. Der Schadensersatz ist höher oder niedriger anzusetzen, wenn der Verkäufer einen höheren oder der Käufer einen geringeren Schaden nachweist."

2057 Um Bedenken auszuräumen, die sich nach der BGH-Entscheidung vom 14. 4. 2010[96] als unbegründet erwiesen haben, hat man in der Neufassung (3/08) den Schlusssatz geringfügig modifiziert und dem Gesetzeswortlaut in § 309 Nr. 5b BGB angepasst („oder überhaupt kein Schaden"). Klauseln mit einer Pauschale von 20 % sind heute nicht mehr gebräuchlich. Weiterhin auf dem Markt sind 15-Prozent-Pauschalen an Stelle der verbandsempfohlenen Zehnprozent-Klausel.

bb) Inhaltskontrolle

2058 Schadenspauschalierungsklauseln außerhalb von B2B-Geschäften[97] müssen sich an **§ 309 Nr. 5a und 5b BGB** messen lassen. Die **bis 2002** handelsübliche **15 Prozent-Pauschale** hat man teilweise für unwirksam gehalten.[98] Die Pauschale von 15 % war zumindest in einem Teilbereich des Gebrauchtwagenhandels höher als der seinerzeit nach dem gewöhnlichen Lauf der Dinge zu erwartende Schaden. Das BGH-Urteil vom 8. 10. 1969[99] stand dieser Beurteilung nicht entgegen. Ohnehin war es zu keinem Zeitpunkt im Sinn einer Grundsatzentscheidung maßgeblich. Zu einer einschlägigen BGH-Entscheidung über die

---

94 Vgl. auch OLG Oldenburg 4. 6. 1975, NJW 1975, 1788.

95 Zum Problem vgl. AGB-Klauselwerke/*Pfeiffer* in Gebrauchtwagenkauf, Rn. 27.

96 NJW 2010, 2122 = DAR 2010, 579.

97 Im unternehmerischen Verkehr ist § 309 Nr. 5 BGB gem. §§ 307, 310 Abs. 1 BGB anzuwenden (*Palandt/Grüneberg*, § 309 BGB Rn. 32 m. w. N.).

98 Vgl. OLG Celle 16. 10. 1997, OLGR 1998, 93; OLG Köln 27. 5. 1993, NJW-RR 1993, 1404 = OLGR 1993, 205; LG Oldenburg 7. 11. 1997, MDR 1998, 714 = BB 1998, 1280; LG Hamburg 26. 7. 1996, NJW-RR 1997, 560; AG Rendsburg 23. 12. 1994, zfs 1995, 256; a. A. OLG Köln 19. 4. 1996 – 3 U 248/92 – n. v.

99 NJW 1970, 29.

inhaltliche Angemessenheit der Pauschale ist es in der Folgezeit nicht gekommen. In seinem Urteil vom 29. 6. 1994[100] hat **der BGH** lediglich auf die im Schrifttum geäußerten Bedenken hingewiesen. Einer eigenen Stellungnahme hat er sich enthalten, weil das Berufungsgericht zur generellen Angemessenheit des Pauschbetrages von 15 % keine Feststellungen getroffen hatte. Das OLG Köln (3. ZS) hat dies sodann nachgeholt. Sachverständig beraten ist es zu dem Ergebnis gelangt, dass die 15 %-Klausel nicht zu beanstanden sei.[101]

Gegenstand der **BGH-Entscheidung vom 14. 4. 2010**[102] ist nicht die Höhekontrolle nach § 309 Nr. 5a BGB, sondern die Prüfung nach Nr. 5b. Allerdings weist der BGH darauf hin, dass die Annahme der Vorinstanz, die **10-Prozent-Klausel** sei der Höhe nach angemessen, revisionsrechtlich nicht zu beanstanden sei. Auch könne der angesetzte Wert (10 % des Kaufpreises) **nicht als ungewöhnlich hoch** angesehen werden.[103] 2059

(1) Kontrolle nach § 309 Nr. 5a BGB

Gegenstand der Pauschalierung ist der gesamte bei dem Verwender typischerweise eintretende Schaden.[104] Im Wesentlichen geht es um den **Schadensersatz statt der Leistung** (§§ 280 Abs. 1, 3, 281 BGB). Der Schaden gewerblicher Verkäufer liegt nicht nur, aber maßgeblich im **entgangenen Gewinn**. Bei der Ermittlung des **branchentypischen Durchschnittsschadens**, der entscheidenden Messgröße bei der Kontrolle nach § 309 Nr. 5a BGB[105], können nicht alle Händler, die gebrauchte Fahrzeuge vermarkten, gleich behandelt werden. Vielmehr ist je nach Teilmarkt zu differenzieren. Auch bei generalisierender (typisierender) Betrachtung können die Unterschiede in der Kosten- und Ertragssituation nicht unberücksichtigt bleiben. 2060

Mit Blick auf den **Teilmarkt „Markenhandel“** (Neuwagenhändler mit Gebrauchtwagenabteilung) führt kein Weg an der Erkenntnis vorbei, dass die Ertragslage sich seit Jahren verschlechtert hat. Im Markenhandel kommt der Bestand an gebrauchten Pkw/Kombis/SUVs ganz überwiegend durch **Inzahlungnahmen** beim Neuwagenverkauf und beim Verkauf junger Gebrauchter zustande. Der **freie Zukauf** ist die Ausnahme, mag dieser Beschaffungsweg in den letzten Jahren auch ausgebaut worden sein. Aufs Ganze gesehen zu vernachlässigen sind auch Leasingrückläufer und ehemalige Mietfahrzeuge. 2061

Setzt sich der Gebrauchtwagenbestand des Markenhandels typischerweise überwiegend aus in Zahlung genommenen Fahrzeugen zusammen, muss ein Phänomen beachtet werden, das mit **„verdeckter Preisnachlass“** beschrieben wird. Überhöhte Inzahlungnahmepreise schmälern den Erlös des Händlers, sei es aus dem Neufahrzeugverkauf, sei es aus dem Weiterverkauf des hereingenommenen Altwagens. An sich ist ein verdeckter Preisnachlass zugunsten des Neuwagenkäufers dem Neuwagengeschäft zuzuordnen. Bei Nichtabnahme des überteuert hereingenommenen Altfahrzeugs fließt der verdeckte Preisnachlass jedoch in die Schadensbilanz ein, die der Händler seinem vertragsbrüchigen Kunden aufmacht. Je teurer er das Fahrzeug eingekauft hat, desto geringer ist sein entgangener Gewinn. 2062

Markenungebundene Gebrauchtwagenhändler ohne Neuwagengeschäft haben eine andere Kostenstruktur als Neuwagenhändler mit Gebrauchtwagenabteilung. Sie können billiger einkaufen, weil der Altfahrzeug-Ankauf nicht im Zusammenhang mit einem Neufahrzeug-Verkauf steht. Brutto- und Nettoerträge auf diesem Teilmarkt, der ca. 20 % des 2063

100 BGHZ 126, 305 = NJW 1994, 2478.
101 Urt. v. 19. 4. 1996 – 3 U 248/92 – n. v.
102 NJW 2010, 2122 = DAR 2010, 579.
103 Urt. v. 14. 4. 2010, NJW 2010, 2122 Tz. 14.
104 BGH 14. 4. 2010, NJW 2010, 2122 Tz. 22.
105 BGH 14. 4. 2010, NJW 2010, 2122 Tz. 22.

gewerblichen Handels abwickelt (Tendenz steigend), lassen sich nur schwer abschätzen. Betriebswirtschaftliche Analysen liegen nicht vor.

(2) Kontrolle nach § 309 Nr. 5b BGB

2064 Unwirksam ist eine Pauschalierungsklausel ferner, wenn sie dem Käufer nicht ausdrücklich den Nachweis gestattet, ein Schaden sei überhaupt nicht entstanden oder wesentlich niedriger als die Pauschale. Diesem Erfordernis trug selbst die Klausel Abschn. IV Ziff. 2 ZDK-AGB in der Fassung 7/03 hinreichend Rechnung, obgleich sie nur die Möglichkeit des geringeren Schadens anspricht. Unerwähnt blieb der Fall, dass überhaupt kein Schaden entstanden ist, was jedoch unschädlich ist.[106] Die vermeintliche Unvollständigkeit ist in der aktuellen Fassung (3/08) behoben. Dass die jetzige Klausel ebenso wie deren Vorgängerin auch einen **Beweisvorbehalt zugunsten des Verkäufers** enthält, ist nicht zu beanstanden.[107]

cc) praktische Konsequenzen

2065 Eine Schadensersatzklage eines **Markenhändlers** oder einer **Werksniederlassung** wegen Nichtabnahme eines gebrauchten **Pkw/Kombi/SUV**, die ohne nähere Darlegung eines branchenüblichen Durchschnittsschadens allein auf die **Zehnprozent-Klausel** in Abschn. IV Ziff. 2 ZDK-AGB gestützt wird, ist der Höhe nach **schlüssig.**[108] Die gegenteilige Ansicht in früheren Auflagen wird ausdrücklich aufgegeben.[109] Für die Behauptung eines branchentypischen Durchschnittsschadens in Höhe des Pauschbetrages ist der Händler als Verwender bei Bestreiten des Käufers **beweispflichtig.**[110] Die Pflicht zur substantiierten Darlegung kann durch Vorlage eines ZDK-Gutachtens erfüllt werden (Parteigutachten). Als Beweismittel kommt das Gutachten eines Wirtschaftsprüfers oder eine Auskunft der örtlichen Industrie- und Handelskammer in Frage.

2066 Beim Kauf eines Pkw (incl. Kombi, Van, SUV) von einem **freien Gebrauchtwagenhändler** ist eine pauschale Nichtabnahmeentschädigung von 15 % ohne nähere Darlegung schlüssig. Jede höhere Pauschale stößt auf Bedenken. Eine 20 %-Pauschale ist auch auf diesem Marktsektor mit § 309 Nr. 5a BGB unvereinbar.

2067 **Gegenbeweis des Käufers:** Im Fall einer wirksamen Schadenspauschale ist der Käufer darlegungs- und beweispflichtig dafür, dass überhaupt kein oder ein geringerer Schaden entstanden ist.[111] Zu einer Offenlegung seiner Kalkulation ist der Händler nicht verpflichtet; ihn trifft **keine sekundäre Darlegungslast.**[112] Im Rahmen des von ihm zu führenden Beweises kann der Käufer regelmäßig nicht damit gehört werden, der Händler habe deshalb keinen Schaden erlitten, weil er das Fahrzeug anderweitig zum gleichen oder gar einem höheren Preis verkauft habe. Zugunsten des Händlers wird nämlich vermutet (§ 252 BGB), dass er bei ordnungsgemäßer Erfüllung des ersten Kaufvertrages dem Zweitkunden ein an-

106 BGH 14. 4. 2010, NJW 2010, 2122 = DAR 2010, 579.

107 Indirekt BGH 14. 4. 2010, NJW 2010, 2122 = DAR 2010, 579; zustimmend *Lindacher* in BGH EWiR § 309 BGB 1/10, 411 unter Hinweis auf die abw. Ansicht von *Hensen*, in: Ulmer/Brandner/Hensen, AGB-Recht, 10. Aufl., § 309 Nr. 5 Rdn. 24.

108 BGH 14. 4. 2010, NJW 2010, 2122 Tz. 14 („nicht ungewöhnlich hoch"); LG Mainz 22. 4. 2009 – 301 S 170/08 (Vorinstanz zu BGH 14. 4. 2010, NJW 2010, 2122); AG Duisburg-Hamborn 10. 1. 2003 – 7 C 303/02 – n. v.; AG Sigmaringen 24. 11. 2006 – 2 C 386/06 – n. v.

109 Fortbestehende Bedenken bei *Christensen*, a. a. O., Rn. 16.

110 Str., vgl. BGH 3. 11. 1999, NJW-RR 2000, 719 m. w. N.; wie hier *Palandt/Grüneberg*, § 309 BGB Rdn. 29; s. a. *Weyer*, NJW 1977, 2237.

111 OLG Naumburg 19. 3. 1999, NJW-RR 2000, 720 (Neufahrzeugkauf).

112 OLG Naumburg 19. 3. 1999, NJW-RR 2000, 720 (Neufahrzeugkauf).

deres gleichwertiges Fahrzeug verkauft hätte.[113] Dann hätte er aus beiden Geschäften Gewinn gezogen. Grundlage dieser Vermutung ist die – fragwürdige – Annahme, dass es sich bei einem gebrauchten Pkw um eine marktgängige Ware handelt. Nach dem gewöhnlichen Lauf der Dinge ist eine solche Ware jederzeit zum Marktpreis absetzbar. Auf in großen Stückzahlen gebaute Serienfahrzeuge in gängiger Farbe und ohne Sonderausstattung mag dies zutreffen.

Auf noch schwächerer Tatsachenbasis ruht die weitere Vermutung, die der BGH[114] gleichfalls dem § 252 S. 2 BGB entnimmt, dass nämlich der Zweitkunde ein anderes gleichwertiges Fahrzeug gekauft hätte. Da der vertragsbrüchige Käufer keinen Einblick in den Lagerbestand und die geschäftliche Situation des Händlers hat, muss dieser zunächst darlegen, in welcher Weise das Zweitgeschäft möglich gewesen wäre. Alsdann ist es Sache des Käufers, darzutun, dass der Händler zur Erfüllung eines zusätzlichen Vertrages mit jenem Kunden nicht imstande gewesen wäre. **2068**

dd) Mitverschulden

Der auf Zahlung einer Schadenspauschale in Anspruch genommene Käufer kann sich mit dem Einwand des **Mitverschuldens** verteidigen. Hat der Händler gegen seine **Schadensminderungspflicht** (§ 254 Abs. 2 BGB) verstoßen, besteht ein Schadensersatzanspruch nicht in voller Höhe. Dem Händler bleibt nur der Einzelnachweis. **2069**

ee) Berechnung der Pauschale

Ausgangsbasis ist der **tatsächlich vereinbarte Kaufpreis** nach Abzug etwaiger Skonti oder sonstiger Nachlässe. Zur Auswirkung offener und versteckter Rabatte s. Rdn. 385 ff. Das Entgelt für vereinbarte Nebenleistungen, z. B. Zulassung oder Einbau eines Radios, bleibt unberücksichtigt. **2070**

ff) Umsatzsteuer

Es kommt darauf an, ob das Auto unter Anwendung der Differenzbesteuerung oder nach der Regelbesteuerung verkauft worden ist. Beim Ausfüllen der „Zahlungsvereinbarung Bargeschäft“ hat der Händler zwei Möglichkeiten: Verkauf unter Anwendung der Differenzbesteuerung nach § 25a UStG oder Verkauf mit Regelbesteuerung. Mit dem Ankreuzen eines der beiden vorgedruckten Kästchen legt er fest, ob er die Umsatzsteuer nur auf die positive Differenz oder auf den gesamten Umsatz bezahlen muss. Bei einem Verkauf nach der Differenzbesteuerung besteht ein Verbot, die Umsatzsteuer auszuweisen. Infolgedessen enthalten die Bestellscheine in der Rubrik „Zahlungsvereinbarungen und Bargeschäft“ den Hinweis: „Für Vorsteuerabzugsberechtigte kein Umsatzsteuerausweis möglich, § 25a UStG“. Bemessungsgrundlage der Schadenspauschale ist in diesem Fall der Rechnungsbetrag.[115] Verzichtet der Händler auf die Anwendung der Differenzbesteuerung und optiert er für die Regelbesteuerung, zählt die Umsatzsteuer zum vereinbarten Kaufpreis im Sinne der Pauschalierungsklausel. **2071**

Die Schadenspauschale ihrerseits unterliegt nicht der Umsatzsteuer, weil sie kein Entgelt gem. § 1 Abs. 1 Nr. 1 UStG darstellt.[116] S. a. Rdn. 395. **2072**

---

113 BGH 29. 6. 1994, NJW 1994, 2478; früher schon BGH 8. 10. 1969, NJW 1970, 29; s. a. BGH 22. 12. 1999, NJW 2000, 1409.

114 Urt. v. 29. 6. 1994, NJW 1994, 2478.

115 Stets für Nettobetrag *Kohlndorfer*, zfs 1994, 37; im Ergebnis auch (mit Hilfe der Unklarheitenregel) OLG Celle 5. 4. 1995, OLGR 1995, 182.

116 BGH 11. 2. 1987, NJW 1987, 1690; OLG Celle 5. 4. 1995, OLGR 1995, 182; *Kohlndorfer*, zfs 1994, 37.

gg) Abgeltungsumfang

2073 Zu Frage, welche Schadenspositionen von der Pauschale erfasst sind und welche eventuell gesondert geltend gemacht werden können, etwa **Rechtsverfolgungskosten**, s. Rdn. 393.

hh) konkrete Schadensberechnung

2074 Anspruchsgrundlage sind die §§ 280 Abs. 1, 3, 281 BGB. Als Schadensersatz statt der Leistung kann der Händler die **Differenz** zwischen seinem Interesse an der Vertragserfüllung und der von ihm ersparten Gegenleistung verlangen. Er ist so zu stellen, wie er bei ordnungsgemäßer Vertragserfüllung durch den Käufer (Zahlung und Fahrzeugabnahme) gestanden hätte.[117]

2075 **Ermittlung und Berechnung:** Im Vordergrund steht der **entgangene Gewinn**. Durch den Vertragsbruch des Käufers entgeht dem Händler zunächst der **vereinbarte Kaufpreis**. Dieser kann sich auch bei einem Gebrauchtwagengeschäft aus einem Baranteil und einem Anrechnungswert für einen Altwagen des Käufers zusammensetzen („Gebraucht auf Gebraucht“). Der Barbetrag ist ein Nettobetrag, sofern das Fahrzeug unter Anwendung der Differenzbesteuerung verkauft worden ist.

2076 Bestandteil des Kaufpreises kann die Prämie für eine Garantie (Reparaturkostenversicherung) sein. Tritt der Händler selbst als Garantiegeber auf, gehört der Aufpreis für die Garantie zum Verkaufspreis des Fahrzeuges. Bei einer nur vermittelten Garantie ist die Versicherungsprämie hingegen kein Bestandteil des Verkaufspreises.

2077 Der vereinbarte Verkaufspreis (Vertragspreis), der auch bei einer Inzahlungnahme in voller Höhe in die Schadensberechnung eingeht, kann in Beziehung gesetzt werden zu a) dem (billigeren) Einkaufspreis, b) dem (niedrigeren) Kaufpreis aus einem tatsächlichen Deckungsverkauf oder c) dem (niedrigeren) Marktpreis aus einem künftigen – gem. § 252 BGB vermuteten – Deckungsgeschäft.

2078 Macht der Händler die Differenz zwischen Vertragspreis und billigerem Einkaufspreis als entgangenen Gewinn geltend, stellt sich meist das Problem des **verdeckten Preisnachlasses**. Denn die Hereinnahme des nicht abgenommenen Fahrzeugs steht im Zweifel im Zusammenhang mit einem Neufahrzeugverkauf. Durch einen überhöhten Inzahlungnahmepreis wird auf das Neufahrzeug häufig ein verdeckter Preisnachlass gewährt. Dessen Bedeutung für die Schadensberechnung haben die Gerichte noch nicht geklärt. Umsatzsteuerlich ist das Problem gelöst. Sowohl bei der Ermittlung des Entgelts für den Neuwagen als auch bei der Differenzbesteuerung ist der tatsächliche („gemeine“) Wert des hereingenommenen Gebrauchtwagens anzusetzen.[118]

2079 Bei der Berechnung des entgangenen Gewinns wird man richtigerweise auf den konkreten Einstandspreis abzustellen haben. Wer um eines anderen Geschäftes willen eine Ware zu teuer einkauft, kann sich auch gegenüber einem vertragsbrüchigen Käufer nicht auf einen fiktiven Einkaufspreis zurückziehen. Bei der Ermittlung des tatsächlichen Einkaufspreises sind auch die Kosten für Reparaturen und diejenigen Aufwendungen des Händlers zu berücksichtigen, die er zum Zwecke des Verkaufs in das Fahrzeug investiert, z. B. TÜV-Abnahme, AU, Kat-Umrüstung, allgemeine Aufbereitung, Werbung etc. Von diesen speziellen Verkaufskosten sind die allgemeinen Geschäftskosten zu trennen. Sie bleiben außer Betracht.

---

117 BGH 22. 2. 1989, BGHZ 107, 67 = NJW 1989, 1669; BGH 20. 5. 1994, NJW 1994, 2480; BGH 22. 12. 1999, NJW 2000, 1409.

118 Steuer-Erfahrungsaustausch Kraftfahrzeuggewerbe 1/95, S. 7.

Einige Schwierigkeiten bereitet die Schadensberechnung bei einem **Weiterverkauf** des nicht abgeholten Fahrzeugs an einen Zweitkunden. Ein solcher **Deckungsverkauf** zum selben Preis führt i. d. R. nicht zum Wegfall des Schadens. Denn zugunsten eines Kraftfahrzeughändlers wird vermutet, dass er dem Zweitkunden ein anderes gleichwertiges Fahrzeug aus seinem Bestand verkauft und damit aus zwei Geschäften Gewinn gezogen hätte.[119] Einen **Mindererlös** aus dem Deckungsverkauf kann der Händler ersetzt verlangen,[120] wobei er freilich mit dem Einwand rechnen muss, gegen seine Schadensminderungspflicht (§ 254 Abs. 2 BGB) verstoßen zu haben. **2080**

Die Gründe für einen Mindererlös sind vielfältig: Überbewertung beim Erstgeschäft, Preisverfall während der Standzeit, weitere Eintragung im Fahrzeugbrief u. a. Erzielt der Händler hingegen – wie im Fall OLG Köln NJW-RR 1993, 1404 – einen **Mehrerlös**, so beurteilt sich die Anrechnung nach den Grundsätzen des BGH-Urteils vom 6. 6. 1997.[121] Eine (seltene) Steigerung des Zeitwerts zwischen Erstverkauf und Deckungsverkauf kommt dem Käufer zugute. Anders ist es, wenn der Mehrerlös auf überobligationsmäßigen Anstrengungen des Verkäufers oder auf einem außergewöhnlichen Erwerbsinteresse des „Deckungskäufers" beruht. **2081**

In den Einzelheiten weitgehend ungeklärt ist, ob und inwieweit der Differenzbetrag zwischen Einkaufs- und Verkaufspreis (Rohgewinn) um bestimmte Posten gekürzt werden muss, und was ein Kfz-Händler zusätzlich zu seinem entgangenen Rohgewinn an Schadenspositionen geltend machen kann. **2082**

Nicht abzuziehen sind die **allgemeinen Geschäftskosten.**[122] Sie bleiben dem Händler durch den Vertragsbruch des Käufers nicht erspart. Eine Vermutung spricht dafür, dass sie unabhängig davon angefallen sind. **Ersparte Aufwendungen** können hingegen sein: Transportkosten, Verkäuferprovision und sonstige Kosten, die bei der vertragsgemäßen Abwicklung des Geschäfts angefallen wären. **2083**

Zum ersatzfähigen Schaden des Händlers gehören außer dem entgangenen Gewinn **nutzlose Vermarktungsaufwendungen** (Instandsetzungsaufwand, z.Zt. durchschnittlich 250 € pro Pkw; Aufwand für Aufbereitung, z.Zt. ca. 100 €; Kosten für Werbung einschließlich Inserate), ferner die Kosten für die regelmäßige **Pflege** des nicht abgenommenen Fahrzeugs, schließlich die Kosten für die **Finanzierung** des Gebrauchtwagenbestandes, die bei pünktlicher Zahlung des vereinbarten Kaufpreises zu einem bestimmten Anteil vermieden worden wären.[123] **2084**

Offen gelassen hat das OLG Köln,[124] ob der Händler auch ein **Standgeld** beanspruchen kann. Im Parallelfall des Werkstattrechts ist dies allgemein anerkannt. Für die Nichtabnahme eines gekauften Fahrzeugs kann nichts anderes gelten.[125] Die Höhe des Standgeldes ist gem. § 287 ZPO zu schätzen. Dabei ist zu berücksichtigen: Aufbewahrung im Freien oder in einer Halle, Größe des Fahrzeugs, Lage des Betriebes (Großstadt oder ländliche Gegend). Bei einem normalen Pkw dürfte zurzeit (2011) ein Tagessatz von bis zu 10 € angemessen sein. **2085**

---

119 BGH 29. 6. 1994, NJW 1994, 2478; s. a. *Pohlmann*, NJW 1995, 3169.
120 LG Hamburg 26. 7. 1996, NJW-RR 1997, 560.
121 NJW 1997, 2378.
122 BGH 22. 2. 1989, BGHZ 107, 67 = NJW 1989, 1669.
123 OLG Köln 27. 5. 1993, NJW-RR 1993, 1404.
124 NJW-RR 1993, 1404.
125 S. a. BGH 14. 2. 1996, NJW 1996, 1464 mit Hinweis auf §§ 304 BGB, 354 HGB.

j) Eigentumsvorbehalt

2086 Die Übertragung des Eigentums richtet sich nach den §§ 929 ff. BGB. Die modernisierten **ZDK-AGB** (Stand 3/08) enthalten eine Reihe von Bestimmungen über den Eigentumsvorbehalt; ebenso andere Klauselwerke. Da die einzelnen Regelungen den Klauseln in den Neuwagenverkaufsbedingungen weitgehend entsprechen, wird auf deren Kommentierung verwiesen (Rdn. 213 ff.).

2087 Wenn ein Fahrzeug ohne schriftlich vereinbarten Eigentumsvorbehalt verkauft worden ist, stellt sich die Frage, ob ein solcher **mündlich** oder **durch schlüssiges Verhalten** vereinbart wurde. Jedenfalls beim Autokauf kann der Käufer, der den Kaufpreis noch nicht gezahlt hat, die **Einbehaltung des Fahrzeugsbriefes** bei der Übergabe des Fahrzeugs regelmäßig nur dahin verstehen, dass der Verkäufer ihm das Eigentum am Fahrzeug zur Sicherung seiner Kaufpreisforderung nur unter der aufschiebenden Bedingung vollständiger Zahlung des Kaufpreises übertragen will.[126]

2088 Wenn mit dem Autohaus Ratzenzahlung vereinbart worden ist und der Fahrzeugbrief erst nach vollständiger Bezahlung ausgehändigt werden soll, bleibt das Eigentum am Fahrzeug bis zur vollständigen Tilgung der Kaufpreisforderung beim Autohaus.[127] Ergänzend ist auf eine Entscheidung des OLG Hamburg[128] hinzuweisen, wonach in der Übergabe des Fahrzeugbriefs kein stillschweigender Verzicht auf den Eigentumsvorbehalt liegt, wenn der Käufer einen (ungedeckten) Scheck gegeben hat.[129] Zur Rechtslage bei **Eheleuten auf Käuferseite** s. Brand OLG 19. 9. 2002, 9 U 31/01.

k) Haftung für Sachmängel

2089 Was früher mit zwei kurzen Sätzen im Abschnitt VII („Gewährleistung“) geregelt war, erstreckt sich in den heutigen ZDK-AGB (Fassungen 7/03 und 3/08) über eine halbe Seite. Zu den einzelnen Neuregelungen im Abschn. VI („Sachmangel“) s. Rdn. 3964 ff. (Verbrauchsgüterkauf) und Rdn. 3977 ff. (Verkauf an Nichtverbraucher).

l) Freizeichnung von der Haftung auf Schadensersatz

2090 Früher war es unbedenklich, ja sogar ein Gebot der Transparenz, Sachmängelhaftung und allgemeine Haftung in getrennten Klauselkomplexen zu regeln. Diese Trennung war auch mit Blick auf § 139 BGB von Vorteil. Angesichts der Integration der Sachmängelhaftung in das allgemeine Leistungsstörungsrecht sind Bedenken gegen die Beibehaltung der bisherigen Klauselsystematik angemeldet worden. Eine Trennung sei heute kaum möglich.[130]

2091 Augenfällig wird die Problematik im Abschn. VI Ziff. 5 ZDK-AGB (3/08). Hiernach gelten für Schadensersatzansprüche wegen eines Sachmangels die Regelungen des Abschn. VII („Haftung“). Die Schadensersatzhaftung des Verkäufers ist damit **einheitlich** in einem einzigen Abschnitt geregelt. Diese Integrationslösung, so konsequent sie auch erscheinen mag, wirft Fragen auf, insbesondere mit Blick auf die Ansprüche des Käufers auf Schadensersatz nach § 437 Nr. 3 BGB i. V. m. den dort aufgezählten Vorschriften. Die Einzelregelungen im Abschn. VII der ZDK-AGB (3/08) stimmen weitgehend mit denjenigen des Klauselwerks für den Neuwagenkauf überein. Näheres unter Rdn. 4625 ff.

---

126 BGH 13. 9. 2006, NJW 2006, 3488.
127 OLG Oldenburg 19. 10. 2004, DAR 2005, 90.
128 Urt. v. 20. 2. 1986, NJW-RR 1987, 1266.
129 S. a. BGH 20. 5. 1958, VRS 15, 1; OLG Düsseldorf 24. 4. 1996, OLGR 1997, 4.
130 So *Hoeren* in Martinek/Hoeren, SKK, Teil 3 Rn. 57.

m) Schiedsstelle/Schiedsverfahren

In Kfz-Werkstattsachen seit 1970 eine bewährte Einrichtung, hat das Schiedsverfahren im Gebrauchtwagenhandel bis 1980 eher ein Schattendasein geführt. Mit seiner Integration in die ZDK-AGB 1980 ist der Anwendungsgrad dieses in der heutigen Zeit besonders wichtigen Instruments außergerichtlicher Streitbeilegung deutlich gestiegen. 2092

Die Klauseln über die Schiedsstelle in Abschn. VIII der ZDK-AGB (7/03 und 3/08) sind in jeder Hinsicht unbedenklich. Sie sind weder überraschend i. S. v. § 305c Abs. 1 BGB noch bedeuten sie eine unangemessene Benachteiligung des Käufers i. S. d. § 307 BGB. 2093

Wichtig ist, dass die Anrufung der Schiedsstelle für keine der beiden Vertragsparteien obligatorisch, sondern **fakultativ** ist. Sie erweckt beim Käufer auch nicht den Eindruck, der Rechtsweg sei ausgeschlossen.[131] Dem steht die Fakultativ-Klausel („können") in Ziff. 1 entgegen. Im Übrigen heißt es in Ziff. 2 ausdrücklich, dass der Rechtsweg durch die Entscheidung der Schiedsstelle nicht ausgeschlossen wird. 2094

Auch wenn der Händler die Schiedsstelle ordnungsgemäß angerufen hat, braucht sich der Käufer auf dieses Verfahren nicht einzulassen. Es besteht keine Pflicht zur Stellungnahme auf die Anrufungsschrift. Der mündlichen Verhandlung kann der Käufer fernbleiben, ohne Nachteile bei der Verfolgung seiner Rechte befürchten zu müssen. Die Entscheidung der Schiedskommission nach Lage der Akten kann ihn nicht daran hindern, seinerseits den Rechtsweg zu beschreiten. 2095

Während sich der Händler dem Spruch der Schiedskommission von vornherein unterwirft, entfaltet er gegenüber dem Käufer **keine bindende Wirkung**. Abschn. VIII Ziff. 2 ZDK-AGB macht deutlich, dass der Käufer das Recht hat, die Entscheidung der Schiedsstelle in vollem Umfang nachprüfen zu lassen, also nicht nur in den Grenzen des § 319 BGB.[132] 2096

Da der Spruch der Schiedsstelle auch unterhalb der Schwelle offenbarer Unbilligkeit i. S. v. § 319 Abs. 1 BGB keine bindende Wirkung für den Käufer hat, ist die personelle Besetzung der Kommission für ihn nicht entscheidend. 2097

n) Gerichtsstand

Die Klauseln über den Gerichtsstand im Abschn. IX decken sich im Wesentlichen mit den Vorgängerbestimmungen im Abschn. X der ZDK-AGB aus der Zeit vor der Schuldrechtsreform. Hinzu gekommen ist die Klausel, wonach in allen nicht geregelten Fällen bei Ansprüchen des Verkäufers gegenüber dem Käufer dessen Wohnsitz als Gerichtsstand gilt. Diese Klarstellung ist zu begrüßen. Zum Gerichtsstand bei den einzelnen Klagetypen s. Rdn. 848 (Nacherfüllung), Rdn. 1263 (Rücktritt), Rdn. 3804 (großer Schadensersatz) und Rdn. 4517 (Bereicherungsrecht). 2098

3. Finanzierter Kauf

Auch beim Kauf eines gebrauchten Pkw reichen die Eigenmittel häufig nicht aus, um den Kaufpreis – im Jahre 2010 durchschnittlich 12.820 € beim Markenhändler[133] – zu bezahlen. Der statistische Finanzierungsanteil bleibt mit 24 % naturgemäß deutlich hinter dem beim Neufahrzeugkauf (37,2 %) zurück, ist tendenziell aber steigend. Finanzierungs- und Leasinggeschäfte sind auch auf dem Gebrauchtfahrzeugsektor weiterhin auf dem Vormarsch. 2099

Ein wesentlicher Unterschied zum finanzierten Absatz von Neufahrzeugen besteht darin, dass die Hersteller/Importeure sich mit Subventionen in Form günstiger Zinssätze zurück- 2100

---

131 Vgl. auch BGH 14. 7. 1987, NJW 1987, 2818 und BGH 10. 10. 1991, BB 1992, 90.
132 Vgl. auch *Gottwald/Reichenberger/Wagner*, NZV 2000, 6.
133 Quelle DAT-Report 2011, S. 62.

halten. Gleichwohl arbeiten viele Vertragshändler auch bei der Gebrauchtwagenfinanzierung mit den Banken des jeweiligen Herstellers zusammen. Herstellerunabhängige Spezialbanken und die örtlichen Universalbanken und Sparkassen teilen den Rest unter sich auf.

2101 In rechtlicher Hinsicht macht es keinen nennenswerten Unterschied, ob die Anschaffung eines neuen oder eines gebrauchten Kraftfahrzeugs finanziert wird. Auf die Ausführungen unter Rdn. 1774 ff. kann deshalb verwiesen werden. Zur Rückabwicklung eines bankfinanzierten Kaufs mit einem (unerkannt) geschäftsunfähigen Käufer s. OLG Stuttgart NJW-RR 2002, 1579.

II. Der Kaufvertrag zwischen einem Unternehmer außerhalb der Kfz-Branche und einem Verbraucher

2102 Auch ohne Beteiligung von Kfz-Händlern werden gebrauchte Kraftfahrzeuge unternehmerisch vermarktet, vor allem durch Leasinggesellschaften und Autovermieter. Sofern deren Abnehmer Verbraucher i. S. d. § 13 BGB sind (zum Begriff s. Rdn. 1986), gelten gleichermaßen die Regeln des Verbrauchsgüterkaufs (§§ 474 ff. BGB). Eine besondere Sachkunde, wie sie einem Kfz-Händler typischerweise zu Eigen ist, ist für den Unternehmerbegriff des § 14 BGB kein Qualifikationsmerkmal.[134] Dass Unternehmer außerhalb der Kfz-Branche naturgemäß nicht über das technische Know-how und auch nicht über den technischen Apparat von Kfz-Händlern verfügen, spielt gleichfalls keine Rolle. Es kommt auch nicht darauf an, ob der Verkäufer mit seiner Geschäftstätigkeit einen Gewinn erzielen will.[135]

2103 Auch bei einem **„branchenfremden" Nebengeschäft** wie dem Verkauf eines gebrauchten Pkw aus dem Bestand einer im Bereich der Drucktechnik tätigen **GmbH** an einen Verbraucher sind die §§ 474 ff. BGB anwendbar, wie **der BGH** unter Hinweis auf die **Vermutung in § 344 Abs. 1 HGB** durch Urteil vom 13. 7. 2011 entschieden hat.[136]

2104 Ob **ein Freiberufler** wie ein Anwalt oder ein Steuerberater „in Ausübung seiner selbstständigen beruflichen Tätigkeit" handelt, wenn er seinen gebrauchten Pkw verkauft, wird kontrovers diskutiert.[137] Restriktiv und damit verkäuferfreundlich ist die Ansicht des LG Frankfurt/M.,[138] wenn eine „kausale Verknüpfung" zwischen der unternehmerischen Tätigkeit und dem konkreten Verkauf verlangt wird. Es bedürfe einer **„engeren Verknüpfung zum Unternehmenszweck"**,[139] was bei einem Pkw-Verkauf durch eine **Zahnärztin** auch dann fehle, wenn der Wagen steuerlich über die Praxis gelaufen sei. Zumindest im Ergebnis überzeugt die Meinung des OLG Celle,[140] dass eine nebenberuflich selbstständig tätige **Übersetzerin** beim Verkauf ihres überwiegend privat genutzten Oldtimers nicht als Unternehmerin einzustufen sei. Ein wesentliches Überwiegen der privaten Nutzung sieht das LG Trier nicht bei 57 % zu 43 %; ein **Apotheker** wurde folglich als Unternehmer behandelt.[141] Zu den Dual-use-Fällen auf Käuferseite s. Rdn. 1988.

---

134 Zu eng AG Bad Homburg v d. H. 14. 11. 2003, NJW-RR 2004, 345 (im Ergebnis bestätigt von LG Frankfurt/M. 7. 4. 2004, NJW-RR 2004, 1208).

135 BGH 29. 3. 2006, NJW 2006, 2250 (Tierverkauf); OLG Köln 8. 8. 2007, OLGR 2008, 37.

136 MDR 2011, 967 = ZIP 2011, 1571.

137 Vgl. *Looschelders*, SchBT Rn. 260.

138 Urt. v. 7. 4. 2004, NJW-RR 2004, 1208.

139 So auch KG 11. 9. 2006, NZV 2007, 311 = OLGR 2007, 214 = DAR 2007, 643 (Fachberaterin auf dem Gebiet des Vertriebs von Fertighäusern keine Unternehmerin).

140 Urt. v. 11. 8. 2004, NJW-RR 2004, 1646 = ZGS 2004, 474 = OLGR 2004, 525; s. a. OLG Celle 4. 4. 2007, ZGS 2007, 354 (Anwalt auf Käuferseite).

141 Urt. v. 8. 6. 2004 – 1 S 87/03 – n. v.; ebenso LG Bochum 22. 6. 2010 – 1 O 471/09 für einen selbst. Vermögensberater.

Verkauft **ein Bäcker** seinen geschäftlich genutzten Lieferwagen an einen Verbraucher, handelt es sich um einen Verbrauchsgüterkauf. Gleiches gilt für **Handwerksbetriebe** und sonstige im Handelsregister nicht eingetragene Gewerbetreibende außerhalb der Kfz-Branche. Jede Differenzierung nach Haupt- und Nebengeschäft, nach Kompetenz und ähnlichen Kriterien stellt die Rechtspraxis vor kaum lösbare Abgrenzungsprobleme. Auf die **steuerliche Zuordnung** des Fahrzeugs soll es nicht ankommen.[142] Zur Unternehmereigenschaft von **Ebay-Verkäufern** s. Rdn. 2423. **2105**

Zur Verteilung der **Darlegungs- und Beweislast**, s. Rdn. 1976, 1990 . In Grenzfällen der vorliegenden Art neigen manche Gerichte dazu, das gewünschte Ergebnis (kein Unternehmer) durch eine Anhebung der **Anforderungen an die Substanziierungspflicht** des Käufers zu erreichen.[143] **2106**

142 So KG 11. 9. 2006, DAR 2007, 643 = NZV 2007, 311; s. a. LG Münster 2. 12. 2009 – 2 O 522/09.
143 Z. B. KG 11. 9. 2006, DAR 2007, 643 = NZV 2007, 311.

D. An- und Verkäufe zwischen Unternehmern

2107 Nur im unternehmerischen Verkehr werden in aller Regel Geschäfte über **gebrauchte Nutzfahrzeuge** wie Lkw und Busse abgewickelt. Die insoweit zu beachtenden Sonderregeln kommen dort zur Sprache, wo das konkrete Sachproblem behandelt wird.

2108 Bei der Vermarktung von gebrauchten **Pkw/Kombis/SUV** gibt es vielfältige Formen von B2B-Geschäften, z. B. Autovermieter an Kfz-Händler, Leasinggesellschaften an Kfz-Händler und nicht zuletzt Kfz-Händler untereinander. Zu Kaufverträgen im Rahmen von **Auktionen** s. Rdn. 2412 ff. Zum **grenzüberschreitenden Kauf** mit Anwendbarkeit des **CISG** bei fragwürdiger Unternehmereigenschaft des ausländischen Käufers s. OLG Hamm NJW-RR 2010, 708. Zur Anwendbarkeit des **CMR** bei Abschluss eines Überführungsvertrages (hier: Ziel Kasachstan) s. OLG Stuttgart 11. 11. 2009 – 3 U 98/09 (BeckRS 2010, 00565).

2109 Bei Verkäufen im unternehmerischen Verkehr sind der Vertragsgestaltungsfreiheit generell weitere Grenzen gesetzt als bei Verbraucherverträgen. So kann z. B. die **Sachmängelhaftung vollständig ausgeschlossen** werden; auch formularmäßig. Von dieser Möglichkeit wird in den ZDK-AGB (3/08) im Abschn. VI Ziff. 1 Abs. 2 („unter Ausschluss jeglicher Sachmängelansprüche") Gebrauch gemacht.

2110 Bei Formularverträgen sind die Beschränkungen zu beachten, die in **§ 309 Nr. 7a und b BGB** vorgesehen sind und die über § 307 BGB mittelbar auch auf AGB im unternehmerischen Verkehr einwirken.[1] Der vom ADAC für Unternehmer-Unternehmer-Verkäufe bereitgestellte Mustervertrag trägt diesem – in anderen Klauselwerken nicht immer beachteten – Gesichtspunkt Rechnung.

2111 Von **zentraler Bedeutung** ist die durch **§ 444 BGB** eröffnete Möglichkeit, eine an sich wirksame Freizeichnungsklausel mit Hilfe des Nachweises einer arglistigen Täuschung oder einer Garantieübernahme außer Kraft zu setzen. Durch BGHZ 170, 86 = NJW 2007, 1346 hinzugekommen ist die Möglichkeit, selbst einen **individualvertraglichen Gewährleistungsausschluss**, der, wie so oft, nur pauschal formuliert ist (z. B. „unter Ausschluss jeglicher Gewährleistung") schon mit Hilfe einer bloßen Beschaffenheitsvereinbarung auszuhebeln.

---

1 BGH 19. 9. 2007, NJW 2007, 3774.

E. Verkauf Verbraucher an Unternehmer

I. Die Marktsituation

Soweit gebrauchte Personenkraftwagen nicht verschrottet oder direkt an Privat verkauft werden, werden sie hauptsächlich vom Kfz-Handel übernommen, sei es durch Ankauf, sei es zur Vermittlung. Echte Kommissionsgeschäfte sind nach wie vor sehr selten. 2112

Die Abgabe von Gebrauchtfahrzeugen an den Handel ist zumeist mit dem Erwerb eines anderen Fahrzeugs (Neu- oder Altwagen) gekoppelt. Am „freien" Ankauf privatgenutzter Pkw/Kombis sind die Fabrikatshändler mit Gebrauchtwagenabteilung erfahrungsgemäß wenig interessiert. Weitaus stärker ist das Interesse von Kfz-Betrieben, die ausschließlich mit Gebrauchtfahrzeugen handeln. „Erstklassige Gebrauchte gesucht" oder „Wir suchen ständig gute Gebrauchte" lauten die gängigen Anzeigen nicht immer seriöser Händler. Kontakte mit Privatpersonen kommen auch dadurch zustande, dass diese ihre Fahrzeuge in Verkaufsanzeigen oder im Internet zum Kauf anbieten. Zum Geschäftsmodell „Ankauf mit Rückkaufsrecht" s. BGH NJW 2009, 3368 (Wettbewerbssache mit Schwerpunkt § 34 Abs. 4 GewO). 2113

II. Der Ankauf mit Schätzwert-Klausel

1. Inhalt und Auslegung von Schätzwert-Klauseln

Typischer Bestandteil von Ankaufverträgen waren in früheren Jahren Preisklauseln wie 2114

- „Der Kfz-Ankauf erfolgt zum DAT-Schätzpreis abzüglich 50 % / 40 % / 30 % / 20 %",
- „zum DAT-Schätzpreis-Händlereinkauf abzüglich 3.000,00 DM",
- „zum DAT-Schätzwert-Händlereinkauf mit bzw. ohne MWSt".

Seit Anfang der Neunziger Jahre haben Klauseln dieser Art an Bedeutung verloren. Sie sind jedoch, speziell im Raum Stuttgart, auch heute noch anzutreffen,[1] was durch zahlreiche aktuelle Urteile belegt wird.[2] Verbreitet ist z. B. die Klausel „Händlereinkaufspreis netto nach Sachverständigenschätzung" (ggf. abzüglich eines bestimmten Prozentsatzes). 2115

Den ohne klarstellenden Zusatz zumindest missverständlichen **Begriff „DAT-Schätzpreis"** bzw. „DAT-Schätzwert" hat die Rechtsprechung händlergünstig im Sinne von **Händlereinkaufswert** ausgelegt; dies sogar bei einer Klausel wie „Der Ankauf erfolgt zum DAT-Schätzpreis abzüglich 50 % / 40 % / 30 % / 20 %".[3] Schon bei einer Individualabrede dieses oder eines ähnlichen Inhalts bestehen gegen diese Auslegung Bedenken, erst recht bei einer **formularmäßigen** Preisklausel. Die Rechtsprechung hat mit dem Transparenzgebot geholfen. Dazu und zur Inhaltskontrolle s. Rdn. 2120 ff. 2116

Mitunter enthalten Schätzwert-Klauseln den Zusatz „gültiger Schätzwert". Im Zusammenhang mit einer DAT-Schätzung bedeutete dies zweierlei: zum einen Aktualität der Schätzung, zum anderen deren Endgültigkeit. Nach dem DAT-Schätzverfahren war als 2117

1 ADAC-Motorwelt 9/2002, S. 42 ff.; ADAC-Motorwelt 3/2003, S. 58; *Halbgewachs*, NZV 2004, 115.

2 LG Stuttgart 4. 1. 2002, DAR 2003, 276 (bestätigt durch OLG Stuttgart 5. 8. 2002 – 5 U 23/02 – n. v.); OLG Stuttgart 10. 12. 2002, NJW-RR 2003, 419; OLG Stuttgart 28. 10. 2002 – 5 U 90/02 – n. v.

3 BGH 18. 5. 1983, NJW 1983, 1854 = WM 1983, 731; AG Berlin-Schöneberg 9. 7. 1981, AH 1982, 757.

„endgültig" festgestellt nur derjenige Schätzwert anzusehen, der nach einem Einspruchsverfahren[4] bestätigt oder neu festgelegt worden ist.[5]

2. Sittenwidrigkeit

2118 In der Regel verstößt eine Schätzpreisklausel selbst dann nicht gegen die guten Sitten (§ 138 BGB), wenn vom Händler-Einkaufspreis noch ein bestimmter Prozentsatz abgezogen wird. Abschläge von 10 – 30 % liegen noch deutlich unter dem Grenzwert, bei dem ein auffälliges Missverhältnis zwischen Leistung und Gegenleistung anzunehmen ist (s. Rdn. 4462). Auch unter Berücksichtigung der Unerfahrenheit des privaten Autobesitzers in seiner ungewohnten Rolle als Verkäufer, ja selbst bei einer gewissen wirtschaftlichen Bedrängnis, ist ein Verstoß gegen § 138 BGB in diesen Fällen nicht zu bejahen. Die kritische Grenze dürfte erst überschritten sein, wenn nach Abzug des Prozentwertes oder eines festen Euro-Betrages weniger als die Hälfte des Marktpreises (Verkaufswert) übrig bleibt.[6] In die Sittenwidrigkeitsprüfung ist der gesamte Vertragsinhalt einschließlich der AGB einzubeziehen. Zu berücksichtigen sind auch die den Vertragsschluss begleitenden Umstände. Nicht selten unterschreiben private Fahrzeugbesitzer Vertragsformulare, ohne zu wissen, worauf sie sich einlassen.

3. Rechtsnatur der Schätzwertklausel

2119 Es handelt sich um einen Fall der Leistungsbestimmung durch einen Dritten i. S. v. § 317 Abs. 1 BGB. Schätzwert-Klauseln sind daher als **Schiedsgutachtenabrede** zu qualifizieren.[7]

4. Inhaltskontrolle gem. § 307 BGB

2120 Mit dem **BGH** ist davon auszugehen, dass Schätzwert-Klauseln der Inhaltskontrolle unterliegen.[8] Preisabreden sind ihr zwar grundsätzlich entzogen. Anders ist es aber, wenn das Wie der Preisfindung klauselartig festgelegt wird.[9] Bei einem Verbrauchervertrag, so der Regelfall, müssen auch die **konkret-individuellen Umstände des Vertragsschlusses** in die Inhaltskontrolle einbezogen werden (§ 310 Abs. 3 Nr. 3 BGB).[10]

2121 Ob die formularmäßige „DAT-Schätzwert"-Klausel den privaten Autoverkäufer unangemessen i. S. v. § 9 AGBG benachteiligt, hat der BGH in seinem grundlegenden Urteil vom 18. 5. 1983[11] nicht abschließend geprüft. Zum einen war der Verkäufer über die Bedeutung der Klausel vor Vertragsabschluss aufgeklärt worden, wenn auch nur über den Inhalt, nicht über die Rechtsfolgen dieser Abrede, speziell deren Bindungswirkung. Deshalb brauchte sich der BGH mit dem **Transparenzerfordernis** nicht abschließend auseinander zu setzen. Zum anderen fehlte es in jenem Fall an einem hinreichenden Vortrag von Tatsachen, die auf eine wirtschaftliche oder rechtliche Abhängigkeit zwischen Händler und Schiedsgutachter hindeuteten. Mangels tatrichterlicher Feststellungen brauchte der BGH nicht zu prüfen, ob der Sachverständige, der den DAT-Schätzwert ermitteln sollte, unabhängig und sachkundig war.

---

4 Vgl. dazu *Eggert/Reinking/Hörl*, S. 141 f.
5 OLG Hamm 19. 2. 1981 – 28 U 166/80 – n. v.
6 Zustimmend *Halbgewachs*, NZV 2004, 115, 117.
7 Ganz h. M., vgl. BGH 18. 5. 1983, NJW 1983, 1854; *Halbgewachs*, NZV 2004, 115 m. w. N.
8 Urt. v. 18. 5. 1983, NJW 1983, 1854; so auch OLG Stuttgart 10. 12. 2002, NJW-RR 2003, 419; *Halbgewachs*, NZV 2004, 115, 116.
9 Vgl. *Köndgen*, NJW 1989, 943, 948.
10 OLG Stuttgart 10. 12. 2002, NJW-RR 2003, 419 zu § 24a AGBG.
11 NJW 1983, 1854.

a) Das Transparenzgebot

Auch ohne besondere Aufklärung des privaten Autoanbieters über Inhalt und Tragweite der Schätzwert-Klausel ist dem Transparenzgebot (§ 307 Abs. 1 S. 2 BGB) Genüge getan, wenn die – im Übrigen verständliche – Klausel den klarstellenden Zusatz „Händlereinkaufspreis“ oder „Händlerverkaufspreis“ enthält. Mit diesen Begriffen sollte ein durchschnittlicher Verbraucher mit mittleren Deutschkenntnissen etwas anzufangen wissen.[12] Sie ermöglichen es ihm, sein Preiserzielungsrisiko abzuschätzen. **2122**

Ohne den erläuternden Hinweis auf die Art des Preises (EK oder VK) ist die Preisbildung und damit die Schätzpreisklausel intransparent,[13] selbst wenn sie – wie im BGH-Fall[14] – gestaffelte Abzugsbeträge (20 % – 50 %) aufweist. Die prozentualen Abzüge deuten an sich darauf hin, dass sie mit dem Verkaufswert in Zusammenhang stehen. Je höher der Abschlag ist, desto stärker muss auch für einen Laien der Eindruck sein, Ausgangspunkt der Rechenoperation sei der Händlerverkaufspreis oder der objektive Verkehrswert (Marktpreis), jedenfalls nicht der Einkaufswert. Ein Abzug von nur 20 % deutet schon eher auf den Händlereinkaufspreis als Basisgröße hin. Dieser berücksichtigt nämlich nur die durchschnittliche Handelsspanne. Der ankaufende Händler hat jedoch ein berechtigtes, dem Anbieter freilich nicht immer erkennbares Interesse daran, anstelle der Durchschnittsmarge seine eigene geschäfts- und fahrzeugspezifische Handelsspanne in Ansatz zu bringen. Ein Fabrikatshändler mit Werkstattbetrieb, der einen Gebrauchtwagen seines Fabrikats ankauft, hat wegen der voraussichtlich kürzeren Standzeit und damit geringeren Finanzierungskosten und des geringeren Wertverlustes eine andere Kostensituation als ein Fremdfabrikatshändler oder ein reiner Gebrauchtwagenhändler. Da diese Kalkulationsüberlegungen dem Durchschnittskunden insgesamt fremd sind, bringen die prozentualen Abzüge nur dann einen Zuwachs an Transparenz, wenn eindeutig klar ist, wovon wie viel abgezogen wird. Tendenziell stellt die Rechtsprechung zu Recht hohe Anforderungen an eine transparente Klauselgestaltung.[15] **2123**

b) Der Neutralitätsaspekt

Die gebotene Unabhängigkeit des Schiedsgutachters ist nicht nur unter wirtschaftlichen Gesichtspunkten zu beurteilen. Auch sonstige Bindungen sachlicher oder rechtlicher Natur können Zweifel daran wecken, dass der vorgesehene Schiedsgutachter unabhängig und unbeeinflusst von sachfremden Erwägungen tätig wird.[16] **2124**

c) Rechtsfolgen bei Unwirksamkeit der Schätzpreisklausel

Die Rechtsfolge eines Verstoßes gegen § 307 BGB ist an sich nur die Unwirksamkeit der Klausel. Weitergehend hat das OLG Stuttgart[17] – entgegen der Regel des § 6 Abs. 1 AGBG (jetzt § 306 Abs. 1 BGB) – **Unwirksamkeit des gesamten Vertrages** angenommen. Voraussetzung dafür war die Feststellung, dass es unter den gegebenen Umständen keinesfalls zu einem Verkauf an den Beklagten gekommen wäre. Bei Unwirksamkeit des gesamten Kaufvertrages hat der Käufer das ihm überlassene, eventuell schon übereignete Fahrzeug nach §§ 812 Abs. 1, 818 Abs. 1 BGB herauszugeben. Ist er dazu nicht mehr in der Lage, schuldet er Wertersatz in Form des objektiven Wertes. Zu ersetzen ist der Wiederbeschaf- **2125**

---

12 Oft sind die Anbieter Ausländer mit mangelhaften Deutschkenntnissen (so im Fall OLG Stuttgart 28. 10. 2002 – 5 U 90/02 – n. v.).

13 Ebenso *Halbgewachs*, NZV 2004, 115, 116.

14 NJW 1983, 1854.

15 Vgl. OLG Stuttgart 10. 12. 2002, NJW-RR 2003, 419.

16 So BGH 18. 5. 1983, NJW 1983, 1854.

17 Urt. v. 10. 12. 2002, NJW-RR 2003, 419.

fungswert. Nach Ansicht des OLG Stuttgart[18] ist der Betrag maßgebend, der bei einem Verkauf an Privat erzielbar war.

5. Unverbindlichkeit des Schätzwertes gem. § 319 BGB analog

2126 Unverbindlich ist der Schätzwert, wenn er **offenbar unrichtig** ist. Dieser Fall wird der offenbaren Unbilligkeit i. S. d. § 319 Abs. 1 S. 1 BGB gleichgestellt.[19] Offenbare Unrichtigkeit verlangt mehr als bloße Unrichtigkeit der Schätzung. Offenbar unrichtig ist sie erst dann, wenn sie „den Grundsatz von Treu und Glauben in grober Weise verletzt und wenn sich ihre Unrichtigkeit dem Blick eines sachkundigen und unbefangenen Beurteilers sofort aufdrängen muss".[20] Diese Formel ist wegen ihrer Unschärfe nur schwer zu handhaben. Schwierigkeiten bereitet vor allem das normative Element des § 242 BGB, das in der Entscheidung des BGH vom 2. 2. 1977[21] allerdings nicht mehr erwähnt wird. Bei gutachterlichen Wertermittlungen und Schätzungen liegt die Möglichkeit eines gewissen Spielraums („Streubereich") in der Natur der Sache.[22] Das Schätzergebnis muss, um offenbar unrichtig zu sein, erheblich außerhalb des an sich üblichen Toleranzbereichs entsprechender Schätzungen liegen. Es muss **evident grob falsch** sein. Das wird bei Abweichungen in einer Größenordnung von unter 15 % regelmäßig zu verneinen sein.[23] Der Schwellenwert für eine relevante Fehlschätzung liegt bei 20–25 %.[24]

2127 Die offenbare Unrichtigkeit des Schätzergebnisses hat grundsätzlich derjenige **darzulegen und zu beweisen,** der sie geltend macht.[25] Der Verkäufer genügt seiner Darlegungs- und Beweislast nicht schon dadurch, dass er auf abweichende Schätzergebnisse hinweist.[26] Die alternativen Schätzungen müssen zum einen jenseits des Schwellenwertes von 20–25 % liegen. Zum anderen muss auch die Offensichtlichkeit der Fehlschätzung bewiesen werden. Die Behauptung, der Sachverständige oder die Schätzorganisation weigere sich, Einzelheiten der Wertermittlung bekannt zu geben, entbindet ihn nicht von seiner Darlegungs- und Beweispflicht.

2128 Eine **Beweislastumkehr** erscheint geboten, wenn der Aufkäufer das Fahrzeug in Kenntnis der Abweichung von der Preisvorstellung des Verkäufers veräußert hat, ohne diesen vorher davon zu unterrichten, und das Fahrzeug infolgedessen für eine Nachschätzung nicht mehr zur Verfügung steht (Gedanke der Beweisvereitelung).

6. Irrtumsanfechtung

2129 Um von dem Kaufvertrag loszukommen, müsste der Verkäufer darlegen und beweisen, dass er – abweichend von dem urkundlich belegten Tatbestand seiner Erklärung – die Vorstellung hatte, das Fahrzeug entweder überhaupt nicht oder zum Festpreis oder für einen Betrag in Höhe des Verkehrswertes zu verkaufen.[27] Diese inneren Tatsachen zu beweisen, ist selbst für unerfahrene Privatpersonen mit erheblichen Schwierigkeiten verbunden. Haben ausnahmsweise beide Seiten die Erwartung gehegt, der Schätzwert werde deutlich über

18 Urt. v. 10. 12. 2002, NJW-RR 2003, 419.
19 *Halbgewachs*, NZV 2004, 115, 117.
20 BGH 14. 12. 1967, WM 1968, 307; vgl. auch BGH 24. 9. 1990, NJW-RR 1991, 228.
21 NJW 1977, 801; vgl. auch BGH 25. 1. 1979, NJW 1979, 1885; BGH 16. 11. 1987, NJW-RR 1988, 506.
22 BGH 1. 4. 1987, NJW-RR 1987, 917 (zu § 64 VVG).
23 BGH 1. 4. 1987, NJW-RR 1987, 917.
24 Vgl. die Nachweise bei *Halbgewachs*, NZV 2004, 115, 118 (Fn. 87).
25 BGH 21. 9. 1983, NJW 1984, 43, 45.
26 So auch *Halbgewachs*, NZV 2004, 115, 118.
27 BGH 18. 5. 1983, NJW 1983, 1854.

dem festgesetzten Betrag liegen, so führt dieser beiderseitige Motivirrtum nach verbreiteter Meinung zum Wegfall der Geschäftsgrundlage.[28]

7. Aufklärungsverschulden

Privatpersonen haben häufig die Vorstellung, sich mit ihrer Unterschrift noch nicht fest zu binden, insbesondere keinen Kaufvertrag mit einer gerade für sie risikoreichen Preisklausel abzuschließen. Hinzu kommen oft unrealistische Preisvorstellungen. Nach Ansicht des OLG Frankfurt[29] ist ein Gebrauchtwagenhändler, der Fahrzeuge zum Schätzpreis abzüglich eines bestimmten Prozentsatzes ankauft, nur zur Information über die Bedeutung der Schätzung des Händler-Einkaufswertes verpflichtet, d. h. er muss den Kunden von sich aus, also **ungefragt,** darüber unterrichten, dass der Händler-Einkaufswert bereits Gewinn und Kosten des Händlers berücksichtigt.[30] **2130**

Zum Schutz der **Entschließungsfreiheit** des Verbrauchers ist eine derartige Aufklärung das notwendige Minimum. Dem Fahrzeugeigentümer muss klar gemacht werden, worauf er sich einlässt. Wer trotz eines ausdrücklichen und verständlichen Hinweises einen prozentualen Abschlag vom Schätzpreis akzeptiert, ist nur ausnahmsweise schutzwürdig.[31] Dem aufgeklärten Kfz-Eigentümer ist es unbenommen, vom Verkauf Abstand zu nehmen oder eine untere Preisgrenze festzusetzen oder den Vertrag erst dann zu unterzeichnen, wenn sein Fahrzeug geschätzt worden ist. Auch ein Rücktrittsvorbehalt bietet Schutz; ebenso eine Rückfrage beim ADAC o. a. **2131**

Wenn der Händler – von sich aus oder auf ausdrückliches Befragen des Verkäufers – eine unrichtige oder unvollständige Preisauskunft gegeben hat (z. B. der Schätzpreis werde in jedem Fall den Betrag X übersteigen, die Schätzung sei ohne jedes Risiko), haftet er aus Verschulden bei den Vertragsverhandlungen.[32] Die Schadensersatzpflicht kann sich auch aus §§ 823 Abs. 2, 826 BGB ergeben. Darüber hinaus kann der Verkäufer zur Anfechtung wegen arglistiger Täuschung gem. § 123 BGB berechtigt sein.[33] Die Anfechtung erfasst im Zweifel auch die dingliche Seite des Geschäfts,[34] was zu einem Schadensersatzanspruch gem. §§ 990 Abs. 1, 989 BGB führen kann.[35] **2132**

Ist strittig, ob und inwieweit eine Aufklärung stattgefunden hat, trägt der Aufkäufer die **Beweislast**. Mit der üblichen Vertragsurkunde allein ist der Beweis nicht geführt.[36] Auf der anderen Seite muss der Händler nicht beweisen, den Anbieter (nur) durch mündliche Zusatzerklärungen aufgeklärt zu haben. Die Aufklärung kann selbstverständlich auch in schriftlicher Form erfolgen. **2133**

Dass der Verkäufer sich auch im Fall der ihm geschuldeten Aufklärung auf die strittige Schätzwertklausel eingelassen hätte, hat der Aufkäufer darzulegen und zu beweisen.[37] Diese Kausalitätsfrage stellt sich jedoch erst, wenn ein Aufklärungsverschulden feststeht. **2134**

---

28 So auch die Vorinstanz zu LG Hamburg 27. 5. 1970, NJW 1970, 2064.

29 Urt. v. 26. 5. 1982, MDR 1982, 847.

30 Anders AG Berlin-Schöneberg 9. 7. 1981, AH 1982, 757 (ohne Nachfrage keine Aufklärungspflicht).

31 Zustimmend *Halbgewachs*, NZV 2004, 115, 119.

32 LG Frankfurt 18. 6. 1976 – 2/10 O 126/76 – n. v.

33 LG Stuttgart 4. 1. 2002, DAR 2003, 276 m. Anm. *Stroech*; OLG Stuttgart 28. 10. 2002 – 5 U 90/02 – n. v.

34 LG Stuttgart 4. 1. 2002, DAR 2003, 276 m. Anm. *Stroech*.

35 LG Stuttgart 4. 1. 2002, DAR 2003, 276 m. Anm. *Stroech*; OLG Stuttgart 28. 10. 2002 – 5 U 90/02 – n. v.

36 Zur Beweiskraft der Ankaufvertragsurkunde s. OLG Stuttgart 28. 10. 2002 – 5 U 90/02 – n. v.

37 Vgl. BGH 8. 4. 2001, NJW 2001, 2021, 2022.

2135 Bei schuldhafter Verletzung der Informationspflicht kann der Verkäufer verlangen, dass der Vertrag rückgängig gemacht wird. Sofern das Fahrzeug bereits übergeben ist, ist der Händler zur Herausgabe, bei pflichtwidriger Vorenthaltung auch zum Ersatz entgangener Gebrauchsvorteile verpflichtet.[38] Die Herausgabepflicht erstreckt sich auf die Fahrzeugpapiere. Bei Unmöglichkeit der Herausgabe, z. B. wegen Weiterverkaufs, hat der Ankäufer den Verkehrswert des Fahrzeugs zu ersetzen.[39]

2136 Mitunter haben Kaufinteressenten gar nicht die Absicht, den Anbieter an dem Ergebnis der Schätzung festzuhalten. Ihnen ist mehr daran gelegen, sich den Wunsch, vom Vertrag loszukommen, gut bezahlen zu lassen, entweder in Form einer festen oder prozentualen Abstandszahlung und/oder durch Übernahme der Schätzkosten, Zahlung von **Standgeld**, Arbeitslohn, Vorführkosten usw. Manche Fahrzeugeigentümer gehen auf solche Angebote ein, weil sie darin die günstigere Alternative sehen. Kommt es zu keiner Einigung über die Auflösung des Vertrages, verlangen Händler bisweilen unter Berufung auf formularmäßige Klauseln eine „Abstandszahlung". Dabei kann es sich um eine unzulässige **Vertragsstrafe** handeln.[40] Auch als Pauschalierung von Schadensersatzansprüchen sind derartige Klauseln nicht frei von Bedenken. Kontrollmaßstab ist jetzt § 309 Nr. 5 BGB.

38 Vgl. BGH 14. 7. 1982, NJW 1982, 2304 (gekündigter Vermittlungsauftrag).
39 S. a. OLG Stuttgart 10. 12. 2002, NJW-RR 2003, 419.
40 Vgl. AG Frankfurt 1. 12. 1978, DAR 1979, 286.

F. Das Vermittlungsgeschäft (Agenturgeschäft)

I. Die steuerrechtlichen Rahmenbedingungen

Mit Wirkung vom 1. 7. 1990 ist eine nationale Sonderregelung für die Besteuerung der Umsätze im Handel mit Gebrauchtfahrzeugen eingeführt worden. Es handelt sich um die **Differenzbesteuerung** nach § 25a UStG.[1] Bemessungsgrundlage ist nicht, wie üblicherweise gem. § 10 Abs. 1 UStG, das Entgelt, sondern nur die Differenz zwischen Einkaufs- und Verkaufspreis.[2] 2137

II. Auswirkungen der Differenzbesteuerung auf den Handel mit Gebrauchtfahrzeugen

1. Die Marktsituation

Die steuerlichen Gründe, die seit dem 1. 1. 1968 zur flächendeckenden Praxis des Agenturgeschäfts geführt haben, sind mit In-Kraft-Treten des § 25a UStG zum 1. 7. 1990 weitgehend entfallen. Von Sonderfällen abgesehen, gibt es für Kfz-Händler heute **keinen steuerlichen Grund** mehr, die Rolle des Vermittlers zu übernehmen. 2138

Doch so wie es schon vor der Änderung des UStG im Jahre 1968 vereinzelt Agenturgeschäfte gegeben hat, ist dieser Geschäftstyp auch nach Einführung der Differenzbesteuerung weiterhin praktiziert worden, wenn auch in deutlich geringerem Umfang und aus unterschiedlichen, keineswegs nur haftungsrechtlichen Erwägungen.[3] 2139

Neuen Auftrieb hat das Agenturgeschäft durch die **Reform des Kaufrechts** zum 1. 1. 2002 erhalten. Zu einer allgemeinen **„Flucht in das Agenturgeschäft"** ist es indes nicht gekommen.[4] Zu groß war und ist trotz der BGH-Entscheidung vom 26. 1. 2005[5] der Abschreckungseffekt des § 475 Abs. 1 S. 2 BGB (zur Umgehungsproblematik s. Rdn. 2147 ff.). Für eine generelle Ausweichstrategie fehlt i. Ü. auch der erforderliche wirtschaftliche Druck. Die Nachteile der Umsatzsteuerregelung zwischen 1968 und 1990 trafen den Kfz-Handel weitaus empfindlicher als die zivilrechtlichen Haftungsverschärfungen beim Händler-Eigengeschäft seit dem 1. 1. 2002. 2140

Soweit es um den früheren Hauptanwendungsfall des Agenturgeschäfts geht, die **Koppelung eines Neuwagenverkaufs mit der Hereinnahme eines Gebrauchtwagens**, traten Kfz-Händler bis Ende 2001 praktisch nur noch als Eigenhändler auf („feste Inzahlungnahme"). Wurden sie in diesem Bereich weiterhin als Agent (Vermittler) tätig, so liefen sie angesichts der ab 1988 **verschärften Rechtsprechung des BFH**[6] Gefahr, steuerlich wie Eigenhändler eingestuft zu werden. 2141

Steuerlich weniger brisant war und ist die Situation für den Kfz-Händler bei der sog. **reinen Agentur**. Hier ist der Vermittlungsauftrag **isoliert erteilt** worden. Es besteht kein Zu- 2142

1 Zu Grundsatzfragen s. *Lennartz*, a. a. O., S. 11 ff.

2 Zu den vielfältigen Detailproblemen (z. B. bei Inzahlungnahmen, Garantien, Vermittlerprovisionen) s. *Ammenwerth/Janzen*, S. 71 ff.

3 Zu den Vor- und Nachteilen des Agenturmodells unter den heutigen steuerlichen Rahmenbedingungen s. *Lennartz*, a. a. O., S. 267 ff., 303 ff.

4 Im ADAC-Test 2007 haben von 46 Händlern nur 3 „im Kundenauftrag" verkauft (ADACmotorwelt 4/2007, S. 36).

5 NJW 2005, 1039.

6 Nachweise bei *Eggert*, NZV 1989, 456, 458; *Lennartz*, a. a. O., S. 163 ff.

sammenhang mit dem Erwerb eines anderen Fahrzeugs (Kauf oder Leasing). Doch auch in solchen Fällen kann der vermittelnde Händler steuerlich als Eigenhändler angesehen werden. Agenturschädlich ist z. B. sein Verzicht auf einseitige Beendigung des Vermittlungsvertrages, es sei denn aus wichtigem Grund. Ein Beweisanzeichen dafür, dass er wirtschaftlich gesehen das Verkaufsrisiko übernommen hat, kann auch darin liegen, dass er schon bei Abschluss des Agenturauftrags den sog. Mindestverkaufspreis voll oder teilweise an seinen Kunden ausgezahlt hat, ohne einen etwaigen Rückzahlungsanspruch abzusichern.

2143 Von der Änderung des UStG unberührt sind die so genannten **Gelegenheitsvermittlungen** geblieben. Im gewerblichen Bereich sind es vorwiegend Reparaturbetriebe und Tankstellen, die beim Absatz gebrauchter Pkw eingeschaltet werden. Der Vermittlungsauftrag wird meist nur mündlich erteilt. Gelegentlich werden Privat-Pkw ohne festen Vermittlungsauftrag nur deshalb in Autohäuser gestellt, um sie dort wegen des größeren Interessentenkreises besser an den Mann zu bringen. Zu einem solchen Sonderfall s. OLG Köln NJW 1996, 1288. Keine Gelegenheitsvermittler sind die organisierten **Jahreswagen-Vermittler** (vgl. Rdn. 2762). Einen speziellen Geschäftszweig bilden Vermittlungsgeschäfte im Zusammenhang mit **Import- bzw. Re-Importfahrzeugen**, s. Rdn. 1336 ff. Im Übrigen sind es gegenwärtig vor allem Sonderfahrzeuge wie **Oldtimer, Exoten** oder auch **Motorräder**, die häufig per Agenturgeschäft vermarktet werden.[7]

2. Vertragsrechtliche Konsequenzen

2144 **Zivilrechtlich** sind Vermittlungsgeschäfte (Agenturgeschäfte) nach wie vor möglich und infolge allgemeiner Vertragsgestaltungsfreiheit **grundsätzlich zulässig**. § 25a UStG enthält unbestritten kein Verbot i. S. v. § 134 BGB. Wegen der hauptsächlich aus steuerlichen Gründen gewählten „Einkleidung“ der Verträge ist das gesamte **Agenturgeschäft alter Art** (bis 1990) vielfach als **Schein- oder Umgehungsgeschäft** disqualifiziert worden.[8] Man hat den Kfz-Händler so behandelt, als habe er das Fahrzeug im eigenen Namen und für eigene Rechnung erworben. Vor allem aber wollte man ihn nicht aus seiner Verkäuferhaftung entlassen.

2145 Demgegenüber hat **der BGH** in ständiger Rechtsprechung die steuerlich motivierte Vertragsgestaltung „Agenturvertrag“ sowohl bei isolierter als auch bei einer an einen Neufahrzeugkauf gekoppelten Hingabe eines Altwagens akzeptiert.[9] In der Rechtsprechung[10] war und ist allgemein anerkannt, dass ein **Scheingeschäft** nicht schon deshalb vorliegt, weil zur Ersparnis von Umsatzsteuer eine Vertragsgestaltung gewählt worden ist, die den Händler als Vertragspartei ausschaltet. Die ausdrücklich und unmissverständlich erklärte Rechtsfolge – Kaufvertrag ohne Beteiligung des Händlers – mochte zwar aus der Sicht der Käufer nicht optimal, vielleicht sogar unerwünscht sein. Rechtlich kam es jedoch auf den **erklärten Willen** an. Gewollt war eine Gestaltung ohne Vertragsbeteiligung des Händlers. Ein auch nur stillschweigendes Einverständnis der Parteien über den Scheincharakter anzunehmen, war nichts anderes als eine Fiktion.

2146 An dieser Rechtslage hat sich durch die **Einführung des § 25a UStG** zum 1. 7. 1990 im Ergebnis nichts geändert. Gewiss ist die steuerliche Ausgangssituation seither grundlegend anders. Von Sonderfällen abgesehen, gibt es **keine steuerliche Notwendigkeit** mehr, einen Altwagen von einem Nichtunternehmer nur zur Vermittlung zu übernehmen, statt ihn an-

---

7 *Otting*, GWP 7/2009, S. 16.

8 *Walz/Wienstroh*, BB 1984, 1693; *Haase*, JR 1981, 324; *Honsell*, Jura 1983, 523; *Rixecker*, DAR 1986, 110.

9 Grundlegend Urt. v. 5. 4. 1978, NJW 1978, 1482; für isolierten Vermittlungsauftrag s. BGH 24. 11. 1980, NJW 1981, 388.

10 Nachweise bei *Schulze-Osterloh*, AcP 190, 139.

zukaufen oder „fest“ in Zahlung zu nehmen. Ein Kfz-Händler, der gleichwohl mit seinem Kunden einen „Agenturvertrag“ (Vermittlungsauftrag) abschließt, kann dafür verschiedene Gründe außerhalb des Steuerrechts haben (vgl. Rdn. 2167 ff.). Sie sind zivilrechtlich grundsätzlich zu respektieren. **Gestaltungsgrenzen** für die Hereinnahme wie für den Absatz zogen bis zur Schuldrechtsmodernisierung nur die **§§ 117, 134, 138 BGB**. Nunmehr ist außerdem das verbraucherschutzrechtliche Umgehungsverbot nach **§ 475 Abs. 1 S. 2 BGB** zu beachten.

3. Vermittelter Kauf und Verbraucherschutz

a) Ausgangslage

Von einer positiven Regelung dahin, dass die Vorschriften über den Verbrauchsgüter- 2147
kauf generell auch dann gelten, wenn ein Unternehmer eine bewegliche Sache als Vermittler im Auftrag eines Kunden an einen Verbraucher verkauft, hat der nationale Gesetzgeber im Einklang mit der Verbrauchsgüterkaufrichtlinie vernünftigerweise Abstand genommen. Entsprechende Forderungen im Vorfeld der Schuldrechtsreform gingen zu weit, weil sie die Vertragsfreiheit von Unternehmer und Verbraucher unangemessen einschränkten. Zur Umsetzung von **Art. 7 Abs. 1 Verbrauchsgüterkaufrichtlinie** genügt – als flankierende Maßnahme zur Anordnung zwingenden Rechts in § 475 Abs. 1 S. 1 BGB – ein **allgemeines Umgehungsverbot**, wie es in **§ 475 Abs. 1 S. 2 BGB** formuliert ist.

Das Umgehungsverbot war für den **nationalen Gesetzgeber** so selbstverständlich, dass 2148
er von einer näheren Erläuterung abgesehen hat. Verhindert werden soll, so die knappe **amtliche Begründung**, dass die dem Verbraucher gewährten Rechte durch eine Vereinbarung auch nicht „mittelbar“ außer Kraft gesetzt werden.[11] Anwendungsbeispiele werden in der Gesetzesbegründung nicht genannt, nicht einmal andeutungsweise. Insbesondere fehlt jeglicher Hinweis auf Kommissions- und Vermittlungsgeschäfte als denkbare **„anderweitige Gestaltungen“**.

Dabei war das mit dem Schlagwort „Agenturgeschäft“ beschriebene Problem dem Re- 2149
formgesetzgeber durchaus bekannt. Im Vorfeld der Schuldrechtsreform hat es ausführliche Diskussionen gegeben, z. B. auf dem **39. Verkehrsgerichtstag 2001**. Damals wurde der Gesetzgeber aufgefordert, zu verhindern, dass der Unternehmer „seine Haftung nach den neuen Vorschriften durch missbräuchliche Agenturverträge und ähnliche Vertragsgestaltungen umgeht“.[12] Agenturverträge sollten also **nicht generell** als Umgehungsgeschäfte eingestuft werden. Beschränkt wurde die Forderung des Arbeitskreises ausdrücklich auf **„missbräuchliche“ Agenturverträge**. Bei den Beratungen hatte sich nämlich herausgestellt, dass der lediglich vermittelte Verkauf eines gebrauchten Kraftfahrzeugs in bestimmten Sondersituationen – auch aus Verbrauchersicht – eine wirtschaftlich vernünftige Alternative zum Händler-Eigengeschäft darstellen kann. Folglich sollte den Beteiligten ein Rest an Vertragsfreiheit erhalten bleiben.

In Richtung eines **Regel-Ausnahme-Verhältnisses** tendierte auch *Hermanns* in ihrem 2150
Referat auf dem Verkehrsgerichtstag 2001.[13] Ähnlich wie im Rahmen des § 42 AO sei danach zu fragen, ob **vernünftige oder wirtschaftlich verständliche Gründe** für die gewählte Gestaltung ersichtlich seien. Dass nicht nur die **inhaltliche Gestaltung** eines zwischen einem Unternehmer und einem Verbraucher abgeschlossenen Kaufvertrages, sondern bereits **die Wahl des Vertragstyps** – Verbrauchsgüterkauf oder vermittelter Verkauf ohne Unternehmerbeteiligung – unter den Umgehungsschutz fällt,[14] wurde nicht nur von

11 BT-Drucks. 14/6040, 244.
12 Empfehlungen des AK III des 39. VGT.
13 Veröffentlichungen des 39. VGT, S. 123 = zfs 2001, 437, 440.
14 Seinerzeit in § 305c Abs. 2 DiskE formuliert.

Hermanns als selbstverständlich unterstellt. Daran hat sich in der Folgezeit – jedenfalls für die Rechtsprechung – nichts geändert.

b) Lösungsansätze ohne Rückgriff auf § 475 Abs. 1 S. 2 BGB

2151 Über problematische Fälle, so *Teichmann*, soll der Richter allein mit Hilfe der Auslegung des Gesetzes, unter Umständen mit dessen analoger Anwendung, zu entscheiden haben.[15] *Medicus* hält das Umgehungsverbot des § 475 BGB gar für gänzlich überflüssig,[16] im Grunde genommen für eine „Angstklausel" des Gesetzgebers, der unvorhergesehene Erfindungen der Formularpraxis befürchtet. Richtig daran ist, dass es zumindest für den Bereich des Kfz-Handels des Umgehungsverbots nicht bedurft hätte. Nahezu sämtliche Ergebnisse, die man mit seiner Hilfe erzielt, wären auch ohne Rückgriff auf § 475 BGB erreichbar gewesen. Mehr als ein **Auffangtatbestand** ist er deshalb nicht.[17]

2152 Die **Herangehensweise der Gerichte** ist unterschiedlich: In „Agenturfällen" wie in „Strohmannfällen" prüft man überwiegend einen Verstoß gegen das Umgehungsverbot, was vor dem Hintergrund von BGH NJW 2005, 1039 und BGH NJW 2007, 759 nahe liegt. Ohne auf die Umgehungsproblematik einzugehen, hat dagegen das AG Bonn[18] einen Händler als (passivlegitimierten) Verkäufer behandelt, der versucht hatte, ein Fahrzeug über eine **vorgeschobene Privatperson** unter Gewährleistungsausschluss zu verkaufen. Zu dieser Fallgruppe („Strohmannfälle") s. Rdn. 1978 f. Umgekehrt hat das AG Gotha[19] einen über die Rollenverteilung ausdrücklich aufgeklärten Verbraucher („Privatverkauf, keine Gewährleistung, keine Garantie") mit seiner Mängelklage wegen wirksamer Freizeichnung abgewiesen. Selbst bloße Erkennbarkeit des Vermittlungsgeschäfts schließe die Annahme eines Umgehungsfalls aus. Dieser vertragsrechtliche Ansatz ist nicht BGH-konform.

2153 **Streitgegenständlich** sind in aller Regel nur **Ansprüche aus der Sachmängelhaftung**. In deren Durchsetzung sieht sich der Verbraucher-Käufer dadurch gehindert, dass er dem Papier nach „unter Ausschluss jeglicher Gewährleistung" gekauft hat, und zwar von einer Privatperson. Sie bzw. der „Hintermann" beruft sich auf die Wirksamkeit der (formular-)**vertraglichen Freizeichnung**. Oftmals freilich schon deshalb erfolglos, weil die Formularklausel nicht die Vorgaben des **§ 309 Nr. 7a, b BGB** beachtet und bereits deshalb **unwirksam** ist. Eine (zusätzlich) mündlich vereinbarte Freizeichnung wie im Fall BGH NJW 2007, 759 ist höchst ungewöhnlich. Unbeachtlichkeit einer jeden Haftungsbeschränkung kann gem. **§ 444 BGB** auf „klassischem" Weg durch den Nachweis einer arglistigen Täuschung oder einer unzutreffenden Beschaffenheitsgarantie erreicht werden.

2154 Diese klauselorientierten Lösungsansätze treten jedoch in den Hintergrund, wenn der Verbraucher seine Sachmängelrechte gegen den „Hintermann" verfolgt. Ihm in seiner Eigenschaft als Unternehmer **jegliche Möglichkeit** der Haftungsbeschränkung zu nehmen, ist das Hauptziel des Verbrauchers. Die Verlagerung des Insolvenzrisikos auf einen vermeintlich zahlungsfähigen Kfz-Betrieb ist erfahrungsgemäß nur ein Nebenaspekt.

2155 Um dieses Ziel – uneingeschränkte Sachmängelhaftung des Unternehmers – zu erreichen, stehen dem Käufer unterschiedliche Instrumente zur Verfügung. Ein erster allgemeiner Lösungsansatz ist die **ergänzende Vertragsauslegung**. Die Auslegung der Vertragserklärungen nach §§ 133, 157 BGB kann ergeben, dass der Käufer nicht – wie es den äußeren Anschein hat – mit einem unbekannten Dritten, sondern mit dem Händler einen – verdeck-

15 JZ 2003, 761, 767.
16 *Dauner-Lieb/Konzen/K. Schmidt*, Das neue Schuldrecht in der Praxis, S. 68; ebenso *M. Müller*, NJW 2003, 1975.
17 Müko-BGB/*S. Lorenz*, § 475 BGB Rn. 26.
18 Urt. v. 4. 6. 2003 – 7 C 19/03 – n. v.
19 Urt. v. 21. 2. 2005, SP 2005, 397.

ten – (Verbrauchsgüter-)Kaufvertrag abgeschlossen hat (näher Rdn. 2196, 2284 ff.). Denkbar ist auch ein Auslegungsergebnis, das den Händler als Partner eines (selbstständigen) Garantievertrages oder eines ähnlichen Rechtsverhältnisses neben dem Kaufvertrag sieht, z. B. im Rahmen des § 443 BGB (dazu Rdn. 2295 ff.).

Einen weiteren Lösungsansatz, durchaus praxisbewährt, liefert das **Prinzip der Offenkundigkeit** aus dem Recht der Stellvertretung (§ 164 Abs. 2 BGB). Es sorgt – auch zum Schutz des Verbrauchers – für **Transparenz**, allerdings nur hinsichtlich der Rollenverteilung (Passivlegitimation), nicht mit Blick auf den Vertragsinhalt. Doch über die Rollenverteilung wird die Mängelhaftung entscheidend präjudiziert. M. a. W.: Sich mit dem Umgehungsverbot auseinander zu setzen, kann im Einzelfall entbehrlich, zumindest prozessunwirtschaftlich sein. Näheres zur personalen Zuordnung im Dreiecksverhältnis unter Rdn. 2284 ff. **2156**

Ein Rückgriff allein auf **§ 242 BGB** („individueller Rechtsmissbrauch") dürfte sich angesichts der speziellen Regelung in § 475 Abs. 1 S. 2 BGB schon methodisch verbieten. Gleichfalls zum Scheitern verurteilt ist eine Lösung mit Hilfe des **§ 117 BGB** (Näheres Rdn. 2392). **2157**

c) Umgehungsschutz

aa) Kein generelles Verbot, aber auch keine uneingeschränkte Zulässigkeit

Der Umgehungsgefahr mit einem **generellen Verbot** des agenturweisen Fahrzeugverkaufs an Verbraucher zu begegnen, hat außer der Klarheit dieses Standpunktes und seiner Präventivwirkung nichts für sich. Weder das EU-Recht noch das nationale Recht zwingen zu dieser pauschalen Lösung. So sieht es auch **der BGH**.[20] **2158**

Wenn eine generelle Lösung zu befürworten ist, dann eher die liberale Ansicht, auch einen Verbraucher frei darüber entscheiden zu lassen, wen er als seinen Vertragspartner verpflichtet.[21] Dass bereits die **Wahl der Rechtsform**, hier: des Vertragstyps, durch Art. 7 Abs. 1 Verbrauchsgüterkaufrichtlinie eingeschränkt wird, erscheint mehr als fraglich.[22] Ein Umgehungsschutz dieser Reichweite wäre jedenfalls unangemessen. Ist der Voreigentümer/Auftraggeber gleichfalls ein Unternehmer und kommt es zwischen ihm und dem Verbraucher zu einem händlervermittelten Kaufvertrag, werden dem Verbraucher keine Rechte i. S. d. § 475 Abs. 1 S. 1 BGB vorenthalten. Nur die Person des Unternehmer-Verkäufers ist mit dem als Vermittler auftretenden Händler nicht identisch. Das zu verhindern, ist indes nicht Sinn und Zweck des Umgehungsverbots. Es tritt auch dann nicht auf den Plan, wenn der Voreigentümer als Privatperson davon absieht, von einer an sich zulässigen Haftungsfreizeichnung Gebrauch zu machen und das Fahrzeug stattdessen „mit Gewähr" verkauft. Diese Beispiele zeigen, dass Stein des Anstoßes nicht die Person des Verkäufers ist, sondern der **Inhalt des vermittelten Kaufvertrages**. Insoweit wird freilich zu wenig berücksichtigt, dass dieser in den meisten Fällen nur vordergründig für den Verbraucher ungünstig ist. Bei näherem Hinsehen zeigt sich nämlich, dass der formularmäßig vereinbarte Gewährleistungsausschluss wegen Verstoßes gegen § 309 Nr. 7a und b BGB unwirksam ist (so in den meisten Fällen bis 2008). **2159**

---

20 Urt. v. 26. 1. 2005, NJW 2005, 1039; ebenso die Berufungsentscheidung OLG Stuttgart 19. 5. 2004, NJW 2004, 2169.

21 *Erman/Grunewald*, § 475 BGB Rn. 7; im Ergebnis ebenso *Ziegler/Rieder*, ZIP 2001, 1789, 1797; *Maultzsch*, ZGS 2005, 175.

22 Verneinend *Repgen*, a. a. O., S. 82 ff., 87; für eine Beschränkung auf Ansprüche wegen Vertragswidrigkeit der Ware und damit für eine Begrenzung des Anwendungsbereichs von Art. 7 Abs. 1 RL auch *Stijns/van Gerven* in Grundmann/Bianca, EU-Kaufrechtsrichtlinie, Art. 7 Rn. 13.

2160 Der Disposition der Parteien entzogen sind die §§ 433 bis 435, 437, 439 bis 443 BGB, damit vor allem die Ausgestaltung der **Haftung für Sachmängel.** Gleich eine ganze Reihe der (einseitig) zwingenden Normen kann vom Ansatz her zumindest indirekt „umgangen" sein, wenn an die Stelle eines Händlereigengeschäfts (Verbrauchsgüterkauf) ein vermittelter Verkauf mit einem Nichtunternehmer als Verkäufer tritt und dessen Sachmängelhaftung ausgeschlossen oder auch nur beschränkt worden ist.

2161 Dass eine solche Vertragsgestaltung geeignet ist, dem Verbraucher den gesetzlichen Mindestschutz vorzuenthalten, wird man nicht ernsthaft bezweifeln können. Kann demnach keine der beiden generellen Lösungen überzeugen, so spricht alles für einen **mittleren Weg**. Unter Berücksichtigung der **konkreten Umstände des Einzelfalls** muss ermittelt werden, ob eine unzulässige Verkürzung garantierter Verbraucherrechte oder eine zulässige Vertragsgestaltung vorliegt. Dieser vermittelnde Standpunkt findet **in der Rechtsprechung**[23] und im Schrifttum[24] überwiegend Zustimmung, wenngleich mit unterschiedlichen Begründungen. Was in der Diskussion zu kurz kommt, ist die Frage, ob im konkreten Einzelfall überhaupt eine Notwendigkeit besteht, den Verbraucher gem. § 475 Abs. 1 BGB zu schützen. Wenn der vereinbarte Gewährleistungsausschluss ohnehin unwirksam ist (§§ 309 Nr. 7a, b, 444 BGB), bedarf es eines vertragsinhaltlichen Schutzes – nur darum geht es bei § 475 Abs. 1 BGB – eigentlich nicht.

bb) Umgehungstatbestand

2162 Eine Umgehung i. S. d. § 475 Abs. 1 S. 2 BGB kommt **laut BGH**[25] nur in Betracht, wenn das Agenturgeschäft mangels eines dem Fahrzeugeigentümer verbleibenden wirtschaftlichen Risikos allein den Zweck hat, die für den Verbrauchsgüterkauf geltenden Vorschriften auszuschließen oder einzuschränken. Eine Umgehungsabsicht ist nicht erforderlich.[26]

2163 Strittig ist dagegen, ob der Umgehungstatbestand von sämtlichen subjektiven Merkmalen losgelöst ist, also eine rein objektive Betrachtungsweise gilt. Selbst wenn man auf Seiten des Unternehmers den Willen verlangt, mit der Übernahme der Vermittlerrolle zwingendes Recht zu vermeiden, wird dies in der praktischen Rechtsanwendung kaum zu einem anderen Ergebnis führen. Denn aus den äußeren Gegebenheiten kann auf das Vorhandensein dieses Willens geschlossen werden.

2164 **Dreh- und Angelpunkt** ist die Frage, ob im konkreten Einzelfall die objektiven Umgehungsvoraussetzungen festgestellt werden können. Die **Darlegungs- und Beweislast** trägt grundsätzlich der Verbraucher.[27] Ob die Gerichte ihm mit Erleichterungen helfen, wobei auch an eine **sekundäre Darlegungslast des Händlers** zu denken ist,[28] bleibt abzuwarten. Die BGH-Entscheidung vom 26. 1. 2005[29] signalisiert eine restriktive Haltung. Das Risiko, nur vermutete Tatsachen im Prozess nicht beweisen zu können, könne einer Partei auch unter Verbraucherschutzgesichtspunkten nicht abgenommen werden.

2165 **Für den BGH**[30] und das **OLG Stuttgart**[31] liegt der **Schlüssel zur Lösung** der Umgehungsproblematik im **Verhältnis zwischen Voreigentümer und Händler**.[32] Entschei-

23 BGH 26. 1. 2005, NJW 2005, 1039; BGH 21. 12. 2005, NJW 2006, 1066; OLG Stuttgart 19. 5. 2004, NJW 2004, 2169.
24 *Reinicke/Tiedtke*, Rn. 758; *Katzenmeier*, NJW 2004, 2632; *M. Müller*, NJW 2003, 1975, 1978.
25 Urt. v. 26. 1. 2005, NJW 2005, 1039; v. 21. 12. 2005, NJW 2006, 1066.
26 BGH 21. 12. 2005, NJW 2006, 1066.
27 BGH 26. 1. 2005, NJW 2005, 1039.
28 Müko-BGB/*S. Lorenz*, § 475 BGB Rn. 37.
29 NJW 2005, 1039.
30 Urt. v. 26. 1. 2005, NJW 2005,1039; bestätigt durch Urt. v. 22. 12. 2005, NJW 2006, 1066.
31 Urt. v. 19. 5. 2004, NJW 2004, 2169.
32 Zustimmend *Katzenmeier*, NJW 2004, 2633.

dende Bedeutung komme der Frage zu, wie bei wirtschaftlicher Betrachtung die Chancen und Risiken des Gebrauchtwagenverkaufs zwischen diesen beiden Beteiligten verteilt sind (näher dazu Rdn. 2178 ff.). Die Interessen des Verbrauchers (Käufer) nimmt der BGH in diesem Zusammenhang nicht in den Blick. Dabei ist das Agenturgeschäft eine Dreier-Beziehung mit einer Verflechtung der Interessen aller drei Beteiligten.

cc) Die Interessen der Beteiligten

(1) Das Interesse des Voreigentümers

Der bisherige Eigentümer, in den meisten Fällen ein Verbraucher, hat zwar regelmäßig 2166
kein Interesse an einer bloßen Vermittlung seines Fahrzeugs. Sein Wunsch, es zu einem festen Preis zu veräußern bzw. in Zahlung zu geben, stößt in der Realität jedoch an Grenzen. Insoweit ist zunächst die umsatzsteuerliche Seite zu berücksichtigen. **Land- und Forstwirte** beispielsweise können ihre Fahrzeuge aus rein steuerlichen Gründen „in Agentur" geben, und zwar auch zu ihrem Vorteil.[33] Die Wahl eines Vermittlungs- oder Kommissionsgeschäfts kann außerdem – schon aus Sicht des Voreigentümers – wirtschaftliche Gründe außerhalb des Steuerrechts haben. So ist denkbar, dass mit Rücksicht auf Alter und Zustand des Fahrzeugs ein Verkauf oder eine feste Inzahlunggabe auf Ablehnung stoßen. Bei Fahrzeugen, die nicht mehr garantiefähig sind, tun Händler sich erfahrungsgemäß mit einem Ankauf schwer. Eine Hereingabe zur Vermittlung kann in solchen Fällen eine wirtschaftlich sinnvolle Alternative sein, etwa bei einem **Oldtimer**. Auch bei der Vermarktung von **Motorrädern** werden im Eigentümerinteresse Agenturlösungen praktiziert.[34] Generell gilt: Durch einen Vermittlungsauftrag an einen Kfz-Händler kann der Voreigentümer die Vermarktungschancen steigern, bei gleichzeitiger Verringerung seiner eigenen Bemühungen.

(2) Das Interesse des Vermittlers/Händlers

Verfehlt ist die weit verbreitete Vorstellung, Händler schlössen heute, nach Wegfall des 2167
steuerlichen Anlasses, nur aus gewährleistungsrechtlichen Gründen Agenturverträge ab.[35] Selbst die Annahme, ihr Primärziel sei es, die Mängelrechte des Käufers zu vermeiden,[36] ist nichts anderes als eine bloße Vermutung. Empirisch belegt ist sie nicht. So wie es vor Einführung der Differenzbesteuerung nicht ausschließlich steuerliche Erwägungen waren, die zum Agenturmodell führten, gibt es seither – auch nach In-Kraft-Treten der Schuldrechtsreform – nicht nur haftungsrechtliche Beweggründe.[37] Dies muss deshalb betont werden, weil die Missbrauchsprüfung in falsche Bahnen gelenkt wird, wenn nur die haftungsrechtliche Seite gesehen wird.

Zentral für die Interessenlage des Händlers ist, ob er den Altwagen **isoliert** in Agentur 2168
genommen hat oder ob die Hereinnahme an einen Verkauf bzw. an ein Leasinggeschäft mit dem Altwageneigentümer **gekoppelt** ist. Aus wirtschaftlich anerkennenswerten Gründen kann er daran interessiert sein, anstelle eines Veräußerungserlöses lediglich eine – mitunter kaum niedrigere – Vermittlungsprovision zu erzielen. Zumal bei älteren Fremdfabrikaten ohne Möglichkeit einer Reparaturkostenversicherung oder einer vergleichbaren Absicherung kann ein eigener Weiterverkauf mit voller Sachmängelhaftung „finanzieller Selbstmord"[38] sein, wirtschaftlich schlicht unvernünftig, wie der BGH es zutreffend gesehen hat.[39]

---

33 Vgl. *Ammenwerth/Janzen*, S. 77, 115 ff.; *Lennartz*, a. a. O., S. 308, 309.
34 *Otting*, GWP 7/2009, 16.
35 So aber *Reinicke/Tiedtke*, Kaufrecht, Rn. 759.
36 So *Hofmann*, JuS 2005, 8,10.
37 Vgl. *Lennartz*, a. a. O., S. 147 f., 303 ff.
38 *Baur*, DAR 1962, 321.
39 Urt. v. 8. 10. 1969, NJW 1970, 29; v. 11. 6. 1979, NJW 1979, 1886.

2169 Es sind aber nicht nur Mängelrisiken, die einen Händler dazu bewegen können, von einem An- und Verkauf im eigenen Namen und für eigene Rechnung abzusehen. In die Analyse seiner Interessen müssen beide Seiten des Agenturmodells, die Hereinnahme des Fahrzeugs wie sein Absatz, einbezogen werden. Um einen größeren Spielraum bei der Gestaltung und Durchsetzung des Hereinnahmepreises zu haben (Vermeidung fester Ankaufspreise) oder um steuerlichen Sondersituationen (z. B. Erwerb von Land- und Forstwirten) Rechnung zu tragen, kann die Wahl des Händlers auf eine Agenturlösung oder ein Kommissionsgeschäft fallen. Auch die mangelnde Bereitschaft oder Fähigkeit, einen größeren Gebrauchtwagenbestand vorzufinanzieren, kann ein plausibler Grund für den Abschluss von Agentur- und Kommissionsgeschäften sein.[40] Den wichtigsten Vorteil des Agenturmodells gegenüber der festen Inzahlungnahme sieht *Lennartz*[41] in der Entlastung des Händlers vom Absatzrisiko.

2170 Die Analyse der Interessenlage des Händlers wäre unvollständig, bliebe die Möglichkeit des Selbsteintritts außer Betracht. Ein zur Vermittlung hereingenommenes Fahrzeug muss ein Händler nicht notwendigerweise als Vermittler weiterverkaufen. Soweit von seinem Vermittlungsauftrag gedeckt, kann er auch den Selbsteintritt wählen, um sodann in eigenem Namen und für eigene Rechnung zu verkaufen (Näheres dazu Rdn. 2222).

2171 Ob er als Vermittler/Kommissionär oder als Käufer und Weiterverkäufer am Rechtsverkehr teilnimmt, liegt grundsätzlich im freien Ermessen des Händlers. Dieses Wahl- und Bestimmungsrecht, das Bestandteil der Vertragsfreiheit ist, wird durch die Verbrauchsgüterkaufrichtlinie nicht eingeschränkt.[42] Es wäre in der Tat marktwirtschaftlich wie verbraucherschutzrechtlich verfehlt, den Warenumsatz mit Verbraucherbeteiligung dergestalt kanalisieren zu wollen, dass Verbraucher-Käufern Unternehmer-Verkäufer oktroyiert werden.

(3) Das Interesse des Verbrauchers/Käufers

2172 Das Interesse des Verbrauchers sieht *Haas*[43] darauf gerichtet, im Fall der Mangelhaftigkeit Rechte gegenüber dem Händler, nicht gegenüber dem privaten Vorbesitzer, zu haben. Letzteren würde er nicht kennen und dessen Bonität nicht einschätzen können. Das ist eine in mehrfacher Hinsicht verkürzte Sichtweise. Persönliche Kenntnis und der Bonitätsgesichtspunkt werden in ihrer faktischen Bedeutung überschätzt. Wenn etwas für den Verbraucher wichtig ist, so ist es ein Ankauf ohne den zwischen Privatpersonen üblichen und zulässigen Ausschluss von Sachmängelrechten. An einem Kauf „mit Gewähr" und Beweislastumkehr hat er zweifellos ein elementares Interesse.

2173 Auf der anderen Seite kann der Verbraucher durchaus daran interessiert sein, sein Wunschauto nicht direkt vom Händler zu kaufen. Dafür können vor allem finanzielle Gründe sprechen. Das Angebot der Vertragshändler (Neuwagenhändler mit Gebrauchtwagenabteilung) enthält fast nur noch relativ junge Gebrauchte, meist der eigenen Marke. Die Altersgrenze ist je nach Fabrikat und Geschäftspolitik des Händlers unterschiedlich. Häufig liegt sie schon bei 4 bis 5 Jahren. Derartige Fahrzeuge sind entsprechend teuer und für viele, zumal junge Verbraucher oft unerschwinglich.

2174 Zu den **unsozialen Folgen der Schuldrechtsreform** gehört, dass Verbrauchern die Möglichkeit beschnitten worden ist, preiswerte, aber „werkstattgeprüfte" Altfahrzeuge vom seriösen Fachhandel im Wege des Verbrauchsgüterkaufs zu erwerben.[44] Wenn vor die-

40 Zu den möglichen Vorteilen einer Agentur ausführlich *Lennartz*, a. a. O., S. 303 ff.

41 A. a. O., S. 311.

42 So *Repgen*, a. a. O., S. 87; *Stijns/van Gerven* in Grundmann/Bianca, EU-Kaufrechtsrichtlinie, Art. 7 Rn. 13.

43 Das neue Schuldrecht, Kap. 5 Rn. 455.

44 Der allgemeinen Verkehrssicherheit hat man damit in unverantwortlicher Weise geschadet.

sem Hintergrund ein Kfz-Händler einen „Billigwagen“ auf dem Vermittlungswege abgibt, kann damit auch dem Interesse des Verbrauchers gedient sein.

Hinzu kommt: Gebrauchte Kraftfahrzeuge werden – anders als Neufahrzeuge – zu knapp 50 % außerhalb des professionellen Handels vermarktet, d. h. ungefähr die Hälfte der Verbraucher kontrahiert aus freien Stücken, vorwiegend aus Kostengründen, nicht mit Kfz-Händlern, sondern mit anderen Marktteilnehmern. Dass ein Händler einen Kaufvertrag lediglich vermittelt, führt also nicht zu einer marktwidrigen Rechtsbeziehung. Durch die strenge Sachwalterhaftung ist der Verbraucher rechtlich und wirtschaftlich sogar deutlich besser gestellt als beim privaten Direktgeschäft. Denn beim vermittelten Verkauf stehen ihm zwei Schuldner gegenüber, einmal der Vorbesitzer als Verkäufer, zum anderen der Händler als „Sachwalter“ (näher Rdn. 2305 ff.). Durch eine Angleichung der Sachwalterhaftung an die verschuldensunabhängige Verkäuferhaftung hat die frühere c. i. c.-Rechtsprechung ein Verbraucherschutzniveau erreicht, das trotz Verkaufs unter Gewährleistungsausschluss kaum hinter dem jetzt gesetzlich verankerten Verbraucherschutz mit Freizeichnungsverbot zurückblieb. 2175

dd) Umgehungsfälle

Wie die obige Analyse zeigt, müssen die Interessen der Beteiligten entgegen der Einschätzung von *Haas*[45] nicht alternativlos auf den Geschäftstyp „Verbrauchsgüterkauf“ gerichtet sein. Jeder der drei Beteiligten kann ein berechtigtes Interesse an einer agenturweisen Fahrzeugvermarktung haben. Mit dem **BGH**[46] und dem **OLG Stuttgart**[47] danach zu fragen, wer das wirtschaftliche Risiko des Verkaufs zu tragen hat, erscheint als **gangbarer Weg**, das spezifische **Form-Inhalt-Problem** zu lösen. Ohne Verkaufsrisiko keine Verkäufereigenschaft. Umgekehrt: Wer das Verkaufsrisiko trägt, haftet als Verkäufer. 2176

Wenn der Händler bei der gebotenen wirtschaftlichen Betrachtungsweise als Ankäufer oder Inzahlungnehmer zu behandeln ist, kann er sich redlicherweise nicht darauf berufen, er sei nur Vermittler und führe als solcher einen vorhandenen „Agenturauftrag“ weisungsgemäß aus. Seine **faktische Rolle** ist die eines Verkäufers. Vermieden werden soll ein Verbrauchsgüterkauf. Damit liegt ein Fall der **Tatbestandsvermeidung** vor, die eine Umgehung i. S. d. § 475 Abs. 1 S. 2 BGB darstellt.[48] 2177

Ob ein Händler/Vermittler das **wirtschaftliche Risiko des Verkaufs** übernommen hat, so die **zentrale Frage** aus Sicht des BGH,[49] erschließt sich vor allem aus seiner **Beziehung zum Voreigentümer**. Die Vermittlungsaufträge, wie sie bis 1990 üblich waren, waren formularmäßig so konzipiert, dass das Verkaufsrisiko (= Absatz- und Preiserzielungsrisiko) in vollem Umfang dem Auftraggeber zugewiesen war. Obgleich der Handel seinerzeit alles daran setzte, agenturschädliche Einflüsse zu vermeiden, sind Agenturgeschäfte in zahllosen Fällen steuerrechtlich als Eigengeschäfte behandelt worden. Anfällig für eine Ablehnung waren vor allem solche Agenturen, die in Verbindung mit dem Erwerb eines neuen Fahrzeugs oder eines neuen Gebrauchten („gebraucht auf gebraucht“) standen. Allerdings waren Finanzverwaltung und Finanzgerichte zunächst ausgesprochen großzügig in der Anerkennung solcher **Koppelungsgeschäfte**.[50] Seit 1987 hat sich die Rechtslage zulasten des Handels verändert, was jedoch für die Zeit nach In-Kraft-Treten des § 25a UStG (Differenzumsatzsteuer) am 1. 7. 1990 praktisch folgenlos geblieben ist. 2178

45 Das neue Schuldrecht, Kap. 5 Rn. 455.
46 Urt. v. 26. 1. 2005, NJW 2005, 1039.
47 Urt. v. 19. 5. 2004, NJW 2004, 2169.
48 Müko-BGB/*S. Lorenz*, § 475 Rn. 27, 28; *ders.* in: FS für H. P. Westermann, 2008, S. 415 ff.
49 Urt. v. 26. 1. 2005, NJW 2005, 1039.
50 Näheres bei *Eggert*, NZV 1989, 456; *Lennartz*, a. a. O., S. 154 ff.

2179 Maßgeblichen Anteil an der Verschärfung der steuerlichen Situation hatte die Rechtsprechung des BGH.[51] Dessen **händlerungünstige Risikoverteilung** hat sich der BFH[52] zu Eigen gemacht, was in vielen Fällen zur Kassation von Agenturen führte. In Reaktion darauf hat der Bundesminister für Finanzen durch Erlass vom 29. 4. 1988[53] konkrete Abgrenzungskriterien für die Prüfung formuliert, wann die Leistung des Händlers als Vermittlungsleistung und wann als Eigengeschäft zu qualifizieren ist. Hiernach sind Agenturen, die **im Zusammenhang mit Neuwagengeschäften** stehen, nicht von vornherein als Eigenverkäufe zu behandeln. Nur unter bestimmten Voraussetzungen soll dies möglich sein.[54] Agenturen, die nicht in einem Zusammenhang mit einem Neufahrzeugkauf stehen („reine Agenturen"), sind steuerlich wie mit Blick auf § 475 Abs. 1 BGB i. d. R. **unbedenklich**.

2180 Eine „reine Agentur" ist Gegenstand der **Entscheidung des BGH vom 26. 1. 2005**[55]. In folgender (fiktiver) Konstellation sieht er bei wirtschaftlicher Betrachtung einen Ankauf des Altfahrzeugs und damit im Verhältnis zum Abnehmer (Verbraucher) ein Eigengeschäft: Das Fahrzeug, das der Händler „im Kundenauftrag" weiterveräußert, hat er dergestalt **in Zahlung genommen**, dass er dem Eigentümer einen **bestimmten Mindestverkaufspreis garantiert** und ihm beim Kauf eines Neuwagens den entsprechenden Teil des Kaufpreises für das Neufahrzeug stundet. In einem solchen Fall sei er beim Weiterverkauf des Altfahrzeugs als dessen Verkäufer anzusehen, das gleichwohl gewählte Agenturgeschäft **eine unzulässige Umgehung**.

2181 **Zur Mindestpreisgarantie:** Ein Tätigwerden im fremden Namen und für fremde Rechnung ist beim Agenturgeschäft oberstes Gebot. Während das Auftreten im fremden Namen meist unproblematisch ist,[56] liegen die Gefahren für den Händler beim Kriterium „Handeln für fremde Rechnung". Es betrifft das **Innenverhältnis** zwischen Auftraggeber (bisheriger Eigentümer) und Händler. Zivilrechtlich ist das Handeln für fremde Rechnung dadurch gekennzeichnet, dass der Kaufpreis herausgegeben werden muss (§ 667 BGB). Umsatzsteuerlich handelt es sich um einen durchlaufenden Posten. Die Übernahme einer „Mindestpreisgarantie" macht deutlich, dass der Händler nicht für fremde, sondern **für eigene Rechnung** tätig wird. Das wirtschaftliche Risiko des Verkaufs liegt bei ihm.

2182 Ob der Händler einen bestimmten Mindestverkaufspreis versprochen, gar garantiert hat oder nicht, geht aus den **Geschäftsunterlagen** praktisch nie direkt hervor. Überlegungen der Finanzbehörden dahin, schon im Vertragswerk klarstellen zu lassen, dass das volle Verkaufsrisiko beim Auftraggeber des Händlers, nicht bei ihm selbst, liege, sind durch die Änderung des UStG zum 1. 7. 1990 eingestellt worden. Soweit ersichtlich, enthalten die Vertragsformulare, die nach dem 31. 12. 2001 für Agenturgeschäfte eingesetzt werden, keinerlei sachdienliche Hinweise darauf, wer das Absatzrisiko trägt, und zwar weder das Formular „Vermittlungsauftrag" noch das für den Weiterverkauf benutzte Formular. Letzteres kann ein Bestellschein „Vermittlungsgeschäft" sein, aber auch, wie im BGH-Fall[57], ein Vordruck „Kaufvertrag für den privaten Verkauf eines Kraftfahrzeugs".

2183 Für die **Erforschung des wirklich Gewollten** kommt es in erster Linie auf die Urkunde an, die der bisherige Eigentümer und der Händler über die Hereinnahme des Altfahrzeugs aufgenommen haben. Zu den einzelnen Gestaltungs- und Dokumentationsmöglichkeiten s. Rdn. 2196 ff. Von Interesse ist, ob die Hereinnahme des Gebrauchtwagens in einem „Ver-

---

51 Urt. v. 5. 4. 1978, NJW 1978, 1482; 28. 5. 1980, NJW 1980, 2190.
52 Urt. v. 25. 6. 1987, BStBl. II 1987, 657; 29. 9. 1987, BStBl. II 1988, 153.
53 IV A 2 – S 7110 – 11/88.
54 Näheres in der Anweisung des BMF in Abschn. 26 Abs. 2 UStR 2005; zum Ganzen *Ammenwerth/Janzen*, S. 115 ff.
55 NJW 2005, 1039.
56 Auch im Fall BGH NJW 2005, 1039 herrschte insoweit Klarheit.
57 Urt. v. 26. 1. 2005, NJW 2005, 1039.

mittlungsauftrag" oder in einem „Ankaufschein" dokumentiert ist. Sie kann auch in dem Neufahrzeug-Bestellschein geregelt sein. Wenn dort von **„Inzahlungnahme"** die Rede ist und ein bestimmter Anrechnungsbetrag genannt wird, dürfte das Absatzrisiko beim Händler liegen. Es handelt sich um eine „feste" Inzahlungnahme. Der Weiterverkauf ist – steuerlich wie zivilrechtlich – ein Eigengeschäft, selbst wenn der Händler nach außen lediglich als Vermittler tätig geworden sein sollte.

Kfz-Händler mit dem nötigen Problembewusstsein setzen schon aus steuerlichen Grün- **2184** den alles daran, eine als Agenturgeschäft geplante Fahrzeughereinnahme von jeglichen agenturschädlichen Faktoren frei zu halten. Das beginnt bei der Dokumentation der Hereinnahme des Fahrzeugs und endet nach dem Weiterverkauf mit der Abrechnung des Erlöses und der Provision. Ihr Wille, nicht nur im fremdem Namen zu verkaufen, sondern dies auch für fremde Rechnung zu tun, muss bei der Auslegung nach §§ 133, 157 BGB beachtet werden. Die Vermutung für die Richtigkeit und Vollständigkeit der Urkunde über den Vertrag zwischen Voreigentümer und ihm kommt dem Händler ebenso zugute wie eine Schriftformklausel.

Gleichwohl können die Fakten – von der Vertragsanbahnung bis zur -abwicklung – die **2185** Risikoprüfung zu seinen Ungunsten beeinflussen und im Einzelfall die Annahme eines Handelns für eigene Rechnung rechtfertigen.

Auf der Suche nach **Umständen**, die eine Mindestpreisgarantie oder eine anderweitige **2186** Übernahme des Verkaufsrisikos durch den Händler **indizieren**[58], stehen Verbraucher schon aus praktischen Gründen vor beträchtlichen Schwierigkeiten. Auf die maßgeblichen Geschäftsunterlagen, die das Innenverhältnis zum bisherigen Eigentümer betreffen, haben sie keinen Zugriff. Eine Möglichkeit, ihnen in ihrer **Beweisnot** zu helfen, bietet **§ 142 ZPO**, wenngleich diese Vorschrift nicht den Zweck hat, eine Klage schlüssig zu machen. Zur **Darlegungs- und Beweislast** s. a. Rdn. 2164.

Vergleichsweise leicht nachzuweisen ist ein Umgehungsgeschäft, wenn der Händler ein **2187** **Fahrzeug aus seinem Betriebsvermögen** zunächst an einen Angehörigen oder an einen Mitarbeiter „veräußert" und es sodann zeitnah in deren Namen „unter Ausschluss der Gewährleistung" an einen Verbraucher weiterverkauft.[59] Näheres zu dieser Fallgruppe und zu den „Strohmannfällen" unter Rdn. 1978 f. Unter dem Gesichtspunkt des Umgehungsverbots unbedenklich sind hingegen Agenturgeschäfte über Jahreswagen und Vermittlungen durch Tankstellenpächter und ähnliche Gelegenheitsvermittler.[60]

ee) Rechtsfolgen einer Umgehung

Ein Verstoß gegen das Umgehungsverbot hat gem. § 475 Abs. 1 S. 2 BGB zur Folge, **2188** dass die **„anderweitige Gestaltung"** im Verhältnis zwischen dem Unternehmer und dem Verbraucher **unbeachtlich** ist. Der Unternehmer kann sich darauf nicht berufen, für den Verbraucher ist sie nicht bindend. Dessen Schutz verlangt es, dass der Richter die fragliche Vertragsgestaltung **von Amts wegen** auf ihre Zulässigkeit prüft.

Wenn ein Agenturgeschäft bei der gebotenen wirtschaftlichen Betrachtungsweise ein **2189** verschleiertes Eigengeschäft ist, so bedeutet das auf dem Boden der BGH-Rechtsprechung: Der Händler muss sich gem. § 475 Abs. 1 S. 2 BGB so behandeln lassen, als hätte er selbst das Fahrzeug an den Verbraucher verkauft.[61] **Sachmängelrechte** (§ 437 BGB) kann dieser

58 Vgl. *Ammenwerth/Janzen*, S. 115 ff.; *Himmelreich/Andreae/Teigelack*, § 16 Rn. 46.
59 Vgl. AG Bonn 4. 6. 2003 – 7 C 19/03 – n. v. (ohne Rückgriff auf das Umgehungsverbot).
60 Vgl. auch AG Hamburg-Altona 4. 9. 2003, NJW-RR 2004, 413.
61 BGH 26. 1. 2005, NJW 2005, 1039; BGH 22. 11. 2006, NJW 2007, 759 Tz. 16; OLG Saarbrücken 4. 1. 2006, MDR 2006, 1108; OLG Celle 15. 11. 2006, OLGR 2007, 509 = ZGS 2007, 79.

allein gegen den Händler, nicht gegen den privaten „Papier-Verkäufer“ (= Auftraggeber/ Voreigentümer), geltend machen.[62]

2190 Wie diese **ausschließliche (Sachmängel-)Haftung** des Händlers **dogmatisch** zu begründen ist, hat der BGH[63] offen gelassen. Fest steht für ihn nur, dass dem Verbraucher-Käufer jedenfalls aus der Sachmängelhaftung keinerlei Rechte gegenüber dem privaten (Vor-)Eigentümer zustehen. Dafür ist dieser nicht passivlegitimiert,[64] auch nicht bei **Insolvenz des Unternehmers**. Letzteres ist zwar vom BGH noch nicht ausdrücklich so entschieden, alles andere wäre aber inkonsequent.

2191 Die Freistellung des privaten Voreigentümers von der Sachmängelhaftung besagt noch nicht, dass er auch **im Übrigen** seiner Verkäuferpflichten entledigt ist, z. B. seiner Pflichten nach § 433 Abs. 1 S. 1 BGB. Auch die Haftung wegen vorvertraglichen Verschuldens außerhalb des Sachbereichs der §§ 434 ff. BGB bedarf der personalen Zuordnung. Rechtsprechung zu diesen Fragestellungen[65] liegt nicht vor. In der Praxis ist alles auf die Sachmängelhaftung konzentriert. Zumindest in diesem Punkt sorgt die Rechtsprechung des BGH für Klarheit.

2192 Verstanden wird der BGH dahin, dass der Unternehmer (Händler) sich in jeder Beziehung, nicht nur in puncto Sachmängelhaftung, wie ein Verkäufer behandeln lassen müsse. Die Rede ist von der **Fiktion eines Vertrages** zwischen Unternehmer und Verbraucher, von einer direkten vertraglichen Beziehung zwischen Unternehmer und Verbraucher.[66]

2193 Das geht zu weit.[67] Als Sanktion für den Verstoß gegen das Umgehungsverbot reicht es aus, dem Händler **nur die Mängelhaftung** eines unternehmerischen Eigenhändlers aufzuerlegen, ihm insbesondere die Berufung auf einen „vereinbarten“ Gewährleistungsausschluss zu versagen. Ein Mehr an Händlerhaftung ist **überschießend**. Das Umgehungsverbot soll den Verbraucher nur vor bestimmten Vertragsinhalten schützen.[68] Besteht die Umgehung nur in einer unzulässigen Verlagerung des Mängelrisikos vom Händler auf den Verbraucher, ist mehr als eine Rückverlagerung nicht gerechtfertigt.

2194 Vorzuziehen ist demnach folgende **„kleine“ Lösung:** Ausschließliche Sachmängelhaftung des Händlers, im Übrigen Verkäuferhaftung des Auftraggebers/Voreigentümers, falls dieser nach den Grundsätzen unter Rdn. 2284 ff. tatsächlich Verkäufer ist.[69] Sofern das – wie in den „Strohmannfällen“ – nicht der Fall ist, bestehen keine Bedenken, den Händler **in jeder Beziehung** als Verkäufer zu behandeln und den „Papier-Verkäufer“ lediglich nach den §§ 823 ff. BGB haften zu lassen, ggf. auch nach den Grundsätzen der Eigenhaftung gem. § 311 Abs. 3 BGB (s. Rdn. 2305 ff.) und im Rahmen einer Dritthaftung aus einer Garantie (§ 443 BGB). In einem solchen Fall ist der Kaufvertrag (nur) mit dem Händler zustande gekommen, so das OLG Celle.[70]

---

62 BGH 22. 11. 2006, NJW 2007, 759 Tz. 16.

63 Urt. v. 22. 11. 2006, NJW 2007, 759 („Geschäftsführertrick“).

64 Anders mit guten Gründen *S. Lorenz* in: FS für H. P. Westermann, 2008, S. 415, 422 ff.; *Looschelders*, SchBT, Rn. 268.

65 Zum Ganzen Müko-BGB/*S. Lorenz*, § 475 BGB Rn. 36; *Looschelders*, SchBT, Rn. 268; *Faust* in Bamberger/Roth, § 474 Rdn. 7 m. w. N.; *Czaplinski*, ZGS 2007, 92.

66 Nachweise bei *S. Lorenz* a. a. O.

67 Etwas anderes sollte auch in der 9. Aufl. (Rn. 1140) nicht gesagt werden.

68 *S. Lorenz*, a. a. O.

69 So auch *Vogt*, Klauselwerke – Gebrauchtwagenkauf – Rn. 23.

70 Urt. v. 15. 11. 2006, OLGR 2007, 509 = ZGS 2007, 79; zust. *Czaplinski*, ZGS 2007, 92.

III. Die Rechtsbeziehung der am Agenturgeschäft Beteiligten zueinander

1. Die Voreigentümer-Unternehmer-Beziehung

Bei der zivilrechtlichen Beurteilung dieser Seite des Agenturgeschäfts ist zu unterscheiden, ob der Vermittlungsauftrag isoliert erteilt worden ist oder ob er im Zusammenhang mit dem Erwerb eines anderen Fahrzeugs steht (Kauf oder Leasing). Rechtsprechung und Schrifttum haben sich in den Jahren 1969 bis 1990 vorwiegend mit der **„eigenartigen Gemengelage“**[71] bei dem **Koppelungsgeschäft**, der so genannten unechten Inzahlungnahme, befasst. Nach Einführung der Differenzbesteuerung laufen die meisten Streitfälle aus diesem Bereich unter anderem Vorzeichen. Die echte (feste) Inzahlungnahme hatte das Agenturmodell nahezu vollständig abgelöst, als die Schuldrechtsreform neue Rahmenbedingungen schuf. **„Reine“** oder **„freie“ Vermittlungsgeschäfte**, vor 1990 von untergeordneter Bedeutung, haben durch die Neuregelung des Steuerrechts zum 1. 7. 1990 an Boden gewonnen[72], darüber hinaus durch die Schuldrechtsreform 2002. **2195**

a) Verdeckter Kaufvertrag, Kommission oder Vermittlungsvertrag

Da es auf den **wirklichen Willen** der Vertragsbeteiligten ankommt, entscheidet nicht die Überschrift auf dem Vertragsformular oder eine sonstige Eigenqualifizierung. Bisweilen werden Kraftfahrzeuge **„in Kommission“** genommen, ohne dass damit eine Verkaufskommission i. S. d. §§ 383 ff. HGB gewollt ist.[73] Umgekehrt kann bei einer „agenturweisen Hereinnahme“ unter Verwendung von Begriffen wie „Vermittler“ oder „Agent“ in Wirklichkeit ein Kaufvertrag oder eine Verkaufskommission gewollt sein.[74] Die Möglichkeit, dass die Vertragsparteien ihren wahren Willen ungenau oder gar unzutreffend artikuliert haben, ist insbesondere in Betracht zu ziehen, wenn das Geschäft ausnahmsweise nur mündlich abgeschlossen oder – wie im Fall BGH NJW 1980, 2191 – lediglich bruchstückhaft fixiert ist. Heute, zwei Jahrzehnte nach Einführung der Differenzbesteuerung, spricht **keine tatsächliche Vermutung** mehr dafür, dass die Beteiligten statt eines Eigengeschäftes einen Vermittlungsvertrag schließen wollten. **2196**

In Zweifelsfällen sind außer dem Vertragsformular folgende **Urkunden für die Auslegung** bedeutsam: Wertermittlungsbericht (sofern vom Kunden unterschrieben oder ihm vorgelegt), Bestellformular für den Neuen, dort insbesondere die Rubrik „Zahlungsweise“, die Auftragsbestätigung für den Neuwagen bzw. den neuen Gebrauchten, die Rechnung für den gekauften Wagen und ein etwaiger Werkstattauftrag des Vorbesitzers. **2197**

Gegen einen Vermittlungsauftrag kann, muss aber nicht, die Tatsache sprechen, dass der Unternehmer einen bestimmten Betrag, z. B. den vereinbarten Mindesterlös, schon vor dem Weiterverkauf an seine Kunden ausgezahlt hat.[75] Diese Handhabung kann den Vorbesitzer in seiner Vorstellung bestärken, seinen Wagen schon verkauft zu haben. Ob eine solche Zahlung in Erfüllung eines unbedingten oder bedingten Kaufvertrages erfolgt ist oder als Vorauszahlung auf die künftige Verbindlichkeit des Händlers aus §§ 675, 670 BGB oder als zinsloses Darlehen oder gar als „Sicherheitsleistung“ (Kaution) zu werten ist, hängt zunächst von der Bezeichnung der Zahlung durch die Parteien ab. Bei Auslegungszweifeln kann nicht mehr von einem Vermittlungsvertrag als steuerlich wünschenswerter Vertragsgestaltung ausgegangen werden. Durch die Einführung der Differenzbesteuerung stehen die **2198**

71 So *Behr*, AcP 185, 415.
72 Vgl. *Lennartz*, a. a. O., S. 136.
73 Zur Abgrenzung zwischen Kauf und Kommission s. BGH 27. 2. 1991, NJW-RR 1991, 994.
74 Vgl. auch OLG Oldenburg 16. 12. 1998, NJW-RR 2000, 507 (Nutzfahrzeughandel).
75 Vgl. BGH 18. 6. 1980, NJW 1980, 2184; 24. 11. 1980, NJW 1981, 388.

Beteiligten bei einem Festankauf oder fester Inzahlungnahme steuerlich nicht schlechter als bei einem Agenturauftrag, bei dem gleichfalls nur eine Marge, nämlich die Vermittlungsprovision, zu versteuern ist.

2199 Durch **Urteil vom 13. 1. 2011** hat **der BGH**[76] entschieden, dass der Auftrag eines Fahrzeugeigentümers an einen gewerblichen Autohändler, gegen eine Provision das Fahrzeug auf dem Firmengelände anzubieten und es im Namen und für Rechnung des Auftraggebers zu verkaufen, ein Vermittlungsvertrag darstelle, der regelmäßig als **entgeltliche Geschäftsbesorgung mit Dienstvertragscharakter** einzuordnen sei. Der streitgegenständliche Vertrag stand in keinem Zusammenhang mit dem Erwerb eines Ersatzfahrzeugs, war also ein **reiner, isoliert abgeschlossener Vermittlungsvertrag**. Bei diesem Typus hat das OLG Stuttgart (2. ZS) früher zur Annahme eines Maklervertrages geneigt, entweder in der Form eines Maklerwerkvertrages oder eines Maklerdienstvertrages.[77] Demgegenüber hat sich der 3. Senat des OLG Stuttgart[78] als Vorinstanz zu BGH NJW 2011, 1726 gegen eine Einordnung als Maklervertrag ausgesprochen. Vom Makler(dienst-)vertrag unterscheidet sich der Vermittlungsvertrag in der Tat vor allem durch die Art und Reichweite der Pflichten, die dem Autohändler vertraglich auferlegt sind (Bereitstellen und Vorführen des Fahrzeugs, sichere Aufbewahrung ggf. auch Versicherung). Sofern sich die geschuldete Tätigkeit des Vermittlers ausnahmsweise in der Benennung eines Kaufinteressenten erschöpft, der Eigentümer aber im Besitz seines Fahrzeugs bleibt und die Verkaufsverhandlungen selbst zu führen hat, kann der Vermittlungsvertrag als Unterfall eines **Maklervertrages** angesehen werden.[79]

2200 Als entgeltliche Geschäftsbesorgung mit Dienstvertragscharakter ist der Vermittlungsvertrag auch dann einzuordnen, wenn er **im Zusammenhang** mit dem **Erwerb eines anderen Fahrzeugs** steht, vorausgesetzt, die Pflichten des Händlers sind ähnlich ausgestaltet wie im Fall BGH NJW 2011, 1726.[80]

2201 Als entgeltlicher Geschäftsbesorgungsvertrag mit Dienstvertragscharakter unterliegt der Vermittlungsvertrag in erster Linie den in § 675 Abs. 1 BGB zitierten Bestimmungen des Auftragsrechts (§§ 663 ff. BGB). In zweiter Linie sind dienstvertragsrechtliche Vorschriften (§§ 611 ff. BGB) heranzuziehen.

b) Rechte und Pflichten aus dem Vermittlungsvertrag

aa) Die Pflichten des Vermittlers

(1) Vorvertragliche Aufklärungs- und Beratungspflichten

2202 Informationspflichten in Gestalt von Aufklärungs-, Belehrungs- und Beratungspflichten können schon vor Abschluss des Vertrages bestehen. Die Ablösung des Agenturgeschäfts nach Einführung der Differenzbesteuerung hat die Frage aufgeworfen, ob der Händler gegen eine vorvertragliche Pflicht verstößt, wenn er – ohne steuerliche Notwendigkeit – einen Agenturvertrag mit dem Altwageneigentümer abschließt. Zu erwägen ist, dem Händler eine **Aufklärungspflicht** aufzuerlegen.

2203 Zu der Zeit, als das Agenturgeschäft bundesweit millionenfach im Jahr praktiziert wurde, hat man den Händler nicht für verpflichtet gehalten, seine Kunden über die Vertragsgestaltung ausdrücklich aufzuklären und zu belehren. Die gängigen Vertragsformulare waren zu-

---

76 NJW 2011, 1726 = DAR 2011, 252 = ZGS 2011, 189.

77 Urt. v. 28. 3. 1988, NJW-RR 1988, 891 = DAR 1988, 346.

78 Urt. v. 24. 3. 2010, DAR 2010, 468.

79 Vgl. AG Tettnang 25. 3. 1988, NJW-RR 1988, 1141.

80 OLG Stuttgart 28. 3. 1988, NJW-RR 1988, 891 = DAR 1988, 346 unter I 1a; *Behr*, AcP 185, 415; *Schulin*, JA 1983, 161; *Lennartz*, a. a. O., S. 147.

meist klar und eindeutig. Die Kfz-Agentur war ein typisches Massengeschäft mit hohem Bekanntheitsgrad. Nicht nur bei Werksangehörigen oder sonstigen Personen aus der Kfz-Branche konnte und durfte der Händler voraussetzen, dass das Agenturgeschäft in seinen Grundzügen bekannt ist. Nur wenn er konkrete Anhaltspunkte dafür hatte, dass bei seinen Kunden eine Fehlvorstellung oder ein Missverständnis vorliegt, war eine spezielle Informationspflicht in Betracht zu ziehen.[81]

Auch nach Ablösung des Agenturgeschäfts durch die Reform des Steuerrechts im Jahre 2204
1990 trifft den Kfz-Händler **keine generelle Pflicht,** den Altwageneigentümer **über die Rechtsformwahl** ausdrücklich aufzuklären oder gar zu belehren. Er schuldet auch einem privaten Kunden **grundsätzlich keine Beratung** darüber, welche Risiken und Chancen mit der einen oder anderen Rechtsform verbunden sind. Soweit es um die Rechtsformwahl geht, nimmt ein Kfz-Händler auch kein besonderes Vertrauen in Anspruch. Wenn überhaupt, wird ihm Vertrauen wegen seiner beruflichen Rolle als Kfz-Fachmann und wegen seines technischen Apparates (Werkstatt) entgegengebracht. In vertragsrechtlichen Angelegenheiten kann und darf der Händler davon ausgehen, dass sein Kunde in der Lage ist, seine Interessen selbst wahrzunehmen. Stellt er allerdings fest, dass er von der angestrebten Rechtsbeziehung und deren Folgen eine falsche Vorstellung hat, so ist er nach Treu und Glauben zur Aufklärung verpflichtet.

Für eine generelle Aufklärungspflicht besteht umso weniger Grund, als der BGH solche 2205
Agenturen, die mit einem Neufahrzeugkauf verknüpft sind, im Ergebnis wie „feste" Inzahlungnahmen behandelt hat.[82] Der isolierten („freien") Agentur hat er Konkordanz von Form und Inhalt bescheinigt.[83] Insbesondere trägt der Altwageneigentümer bei diesem Geschäftstyp das Absatz- und Preisrisiko.[84]

Eine Aufklärungspflicht kann sich aus vorangegangenen **Werbeaussagen** ergeben, die 2206
private Kfz-Eigentümer in die Irre geführt haben, z. B. eine Anzeige wie „Kaufe alle ... Modelle ab Bj. 2000 bar" oder „Ankauf zu Höchstpreisen". Den Eindruck, ein Ankäufer, kein Vermittler, zu sein, schafft die Firma nicht dadurch aus der Welt, dass sie dem privaten Kunden einen „Auftrag zur Vermittlung" zur Unterschrift vorlegt. Erforderlich ist eine konkrete Aufklärung. Sie muss den Vermittlungscharakter des Geschäfts unmissverständlich deutlich machen.

Zentraler Punkt des Vermittlungsauftrags ist die **Vereinbarung über den Verkaufs-** 2207
preis. Hier ist eine Kollision handfester Interessen programmiert, zumal wenn der Vermittler sich den vollen Mehrerlös als Provision versprechen lässt. Pflichtwidrig handelt der Vermittler, wenn er das Preislimit unrealistisch hoch ansetzt, so dass das Fahrzeug deshalb unverkäuflich ist. Dass ein Vermittler es darauf anlegt, ein Agenturfahrzeug möglichst lange in seinem Betrieb stehen zu lassen, macht nur bei einer günstigen Standgeldvereinbarung etwa in Form einer **wöchentlichen „Platzmietpauschale"** einen Sinn, ggf. kombiniert mit einer **„Werbemittelpauschale"** wie im Fall BGH NJW 2011, 1726. Zur Inhaltskontrolle s. Rdn. 2247.

Ein Vermittler mit Werkstatt ist ferner verpflichtet, das Fahrzeug vor Abschluss des Ver- 2208
trages zu prüfen und den Auftraggeber, sofern technischer Laie, auf erkennbare Gewährleistungsrisiken hinzuweisen. Sofern dessen Angaben zu den Fragen nach dem Zustand des Fahrzeugs für den Vermittler als Fachmann erkennbar unrichtig sind, z. B. in Bezug auf Unfallschäden, hat er auf eine Korrektur hinzuwirken. Dies gehört zu seiner Fürsorgepflicht, weil die kaufrechtliche Sachmängelhaftung allein den Auftraggeber trifft. Der Ver-

81 Vgl. auch OLG Hamm 30. 4. 1975, NJW 1976, 53 m. Anm. *Medicus*.
82 Urt. v. 5. 4. 1978, NJW 1978, 1482; 28. 5. 1980, NJW 1980, 2190.
83 Urt. v. 24. 11. 1980, NJW 1981, 388.
84 BGH 24. 11. 1980, NJW 1981, 388.

mittler kann zwar unter bestimmten Voraussetzungen auch persönlich nach §§ 311 Abs. 3, 280 Abs. 1 BGB haften (Sachwalterhaftung, s. Rdn. 2305 ff.). Seine Eigenhaftung tritt aber nicht an die Stelle, sondern neben die Verkäuferhaftung. Deshalb hat der Auftraggeber ein berechtigtes Interesse daran, sein Gewährleistungsrisiko so gering wie möglich zu halten. Ausdruck dieses Interesses ist seine Weisung, das Fahrzeug nur unter Ausschluss jeglicher Sachmängelhaftung zu verkaufen.

(2) Pflicht zur Verkaufsvermittlung

2209 Den Verkauf als solchen schuldet ein Vermittler nicht. Er verspricht lediglich, mit dem Ziel tätig zu werden, einen Kaufvertrag abzuschließen. Die Pflicht, dieses Geschäft für den Fahrzeugeigentümer zu besorgen, wird dem Vermittler i. d. R. nicht ausdrücklich auferlegt. Gleichwohl kann es keinem Zweifel unterliegen, dass der gewerbsmäßig auf Provisionsbasis tätige Kfz-Vermittler – ähnlich einem alleinbeauftragten Makler – verpflichtet ist, sich um den Abschluss eines Kaufvertrages zu bemühen.[85] Der Auftraggeber kann erwarten, dass der Vermittler das Auto in seinem Geschäftsbetrieb in der verkehrsüblichen Weise anbietet, Interessenten wirbt, mit ihnen verhandelt, Probefahrten unternimmt und im Rahmen der technischen Möglichkeiten Pflege- und kleinere Instandsetzungsarbeiten durchführt. Bei einer **Gelegenheitsvermittlung** ist für diese Erwartung regelmäßig kein Raum, zumal wenn keine oder nur eine geringfügige Provision versprochen worden ist.

2210 Das Risiko des Fehlschlagens der Verkaufsbemühungen trägt bei der **„freien“ Agentur** der Auftraggeber. Der Nur-Vermittler übernimmt weder das **Absatz- noch das Preisrisiko**. Insbesondere hat er dem Auftraggeber grundsätzlich nicht dafür einzustehen, dass der vereinbarte Mindesterlös (untere Preisgrenze) auch wirklich erzielt wird. Erst recht übernimmt er keine „Mindestpreisgarantie“, wie sie der BGH im Falle der **agenturweisen Inzahlungnahme** angenommen hat.[86]

2211 Wenn der Vermittler sich nicht in der gebotenen Weise um den Verkauf bemüht oder seine Bemühungen grundlos einstellt, kann er seinem Vertragspartner zum Schadensersatz verpflichtet sein (§ 280 Abs. 1 BGB). Daneben kann der Auftraggeber ein Recht zur **Kündigung aus wichtigem Grund** haben. Sein Schaden besteht in der eingetretenen Wertminderung und in dem Verlust der Absatzchance. Eine feste Verkaufsmöglichkeit wird i. d. R. kaum zu beweisen sein. Schon der Nachweis einer schuldhaften Verletzung der (Hauptleistungs-)Pflicht, sich aktiv um den Verkauf des ihm überlassenen Fahrzeugs zu bemühen, dürfte dem Auftraggeber schwer fallen. Die Grundsätze über den Anscheinsbeweis helfen ihm nicht. Das OLG Hamm wendet § 287 Abs. 1 ZPO an.[87]

2212 **Untervermittler:** Ob der Vermittler berechtigt ist, sich im Rahmen der geschuldeten Verkaufsbemühungen eines weiteren Vermittlers zu bedienen, hängt von den Umständen des Einzelfalls ab. Mitunter kann die Weitergabe des Fahrzeugs an einen anderen Kfz-Unternehmer geboten sein, um das Fahrzeug in angemessener Frist zu dem vereinbarten Mindestverkaufspreis zu veräußern. Den **Jahreswagen-Vermittlungen** am oder in der Nähe des Sitzes der Hersteller bleibt oft nichts anderes übrig, als auf andere Regionen auszuweichen. Geht man von § 675 BGB aus, so müsste eine Delegation gestattet sein. Denn auf den dies verbietenden § 664 BGB wird hier gerade nicht verwiesen. Bei einem Geschäftsbesor-

85 BGH 13. 1. 2011, NJW 2011, 1726 = DAR 2011, 252 („vertragliche Hauptleistungspflicht“); BGH 31. 3. 1982, NJW 1982, 1699 (Verkauf eines Jahreswagens unter Hereinnahme eines zu vermittelnden Gebrauchtfahrzeugs); OLG Hamm 22. 8. 1973, NJW 1974, 1091; OLG Hamm 30. 4. 1975, NJW 1976, 54 m. Anm. *Medicus;* OLG Hamm 31. 10. 1977, DAR 1978, 104.

86 Urt. v. 5. 4. 1978, NJW 1978, 1482. Bei einer „Mindestpreisgarantie“ stellt sich die Frage der Vermittlungs- bzw. Verkaufspflicht nicht. Ungewöhnlich daher die auf §§ 242, 162 BGB zurückgreifende Begründung des OLG Düsseldorf 23. 1. 1992, OLGR 1992, 97.

87 Urt. v. 22. 8. 1973, NJW 1974, 1091.

gungsvertrag mit Dienstvertragscharakter ist indes der inhaltsgleiche § 613 S. 1 BGB zu beachten. Hiernach ist der Auftragnehmer im Zweifel zur **persönlichen Ausführung des Auftrags** verpflichtet. Da das personale Element bei der Kfz-Vermittlung nur von untergeordneter Bedeutung ist, wird man die Befugnis zur Einschaltung eines Untervermittlers in den meisten Fällen bejahen müssen.[88] Von einem Handelsbrauch kann man nach Ablösung des Agenturgeschäfts durch Einführung der Differenzbesteuerung nicht mehr sprechen. Auf ein etwaiges Vetorecht hat der Auftraggeber jedenfalls dann verzichtet, wenn er nach Auftragserteilung – noch vor Abschluss des Kaufvertrages – einen Betrag in Höhe des vereinbarten Mindestverkaufspreises als Sicherheit erhalten hat.

Der **Untervermittlungsauftrag** kann sowohl im Namen des Fahrzeugeigentümers als **2213**
auch im Namen des Obervermittlers abgeschlossen sein. Früher, vor dem 1. 7. 1990, kam es üblicherweise zu einer unmittelbaren Vertragsbeziehung zwischen Ober- und Untervermittler auf der Grundlage eines formularmäßigen Untervermittlungsvertrages. Bei **Jahreswagen-Vermittlungen** wurde und wird häufig die andere Alternative gewählt.

(3) Obhuts- und Fürsorgepflichten

Der geschäftsmäßig handelnde Kfz-Vermittler hat das hereingenommene Fahrzeug **2214**
pfleglich zu behandeln, sorgfältig zu verwahren und insbesondere gegen Diebstahl und unbefugte Benutzung zu sichern und ggf. zu versichern.[89] Auch die Kfz-Schlüssel und die Kfz-Papiere sind deshalb sorgfältig aufzubewahren. Besondere Vereinbarungen werden insoweit nur ausnahmsweise getroffen. Was Inhalt und Umfang der Obhutspflicht angeht, kann man sich an der Rechtsprechung zum Kfz-Reparaturvertrag orientieren.[90] Die Interessen- und Risikolage ist vergleichbar.

Der Kfz-Vermittler haftet grundsätzlich für die im Verkehr erforderliche Sorgfalt (§ 276 **2215**
BGB). Eine Haftungserleichterung analog §§ 690, 277 BGB ist im Allgemeinen nicht gerechtfertigt.[91] Die Übernahme des Fahrzeugs zur Vermittlung liegt selbst bei einer „freien" Agentur auch im Interesse des Vermittlers. Er wird i. d. R. nicht unentgeltlich, sondern auf Provisionsbasis tätig. Die Annahme eines reinen Gefälligkeitsverhältnisses wird selbst bei einem älteren Kraftfahrzeug auf seltene Ausnahmen beschränkt sein. Auf der anderen Seite haftet auch ein vertraglich gebundener Vermittler nicht für einen zufälligen Verlust oder eine zufällige Beschädigung des Fahrzeugs.

Im Fall der Beschädigung des Fahrzeugs, z. B. bei einer **Probefahrt**, taucht die Frage **2216**
nach dem **Abschluss einer Vollkaskoversicherung** auf. Wie im Fall BGH NJW 1979, 643 kann eine entsprechende Verpflichtung des Vermittlers formularmäßig ausgeschlossen sein. Anders als § 390 Abs. 2 HGB enthielten die früheren ZDK-AGB keine ausdrückliche Freistellung. Die Versicherungsfrage schien man bewusst ausgeklammert zu haben. Die Vertragslücke hat der BGH mit seiner Entscheidung vom 8. 1. 1986[92] geschlossen. Hiernach darf ein Neuwagenkunde, der seinen Altwagen in Agentur gibt, grundsätzlich davon ausgehen, der Händler werde von sich aus für eine Vollkaskoversicherung sorgen. Voraussetzung für diese Erwartung ist, dass der Händler zur Frage der Versicherung keine oder nur eine unzureichende Erklärung abgegeben hat. Ein formularmäßiger Hinweis dürfte nicht genügen. Zu empfehlen ist ein gesonderter Stempelaufdruck oder ein durch Fettdruck und/

88 Vgl. auch OLG Nürnberg 23. 9. 1977, MDR 1978, 490; *Walz/Wienstroh*, BB 1984, 1693, 1699; OLG Köln 5. 5. 1989, NJW-RR 1989, 1084.

89 Vgl. OLG Hamm 2. 7. 1998, NJW-RR 1999, 777 = OLGR 1998, 308; OLG Celle 21. 11. 1991, NZV 1992, 404; LG Konstanz 30. 6. 1994 – 6 S 37/94 – n. v.

90 Vgl. *Reinking/Schmidt/Woyte*, Die Autoreparatur, Rdn. 55 ff.

91 Anders bei unentgeltlicher Unterstellung eines Händlerfahrzeugs auf dem Gelände eines anderen Händlers, vgl. OLG Köln 15. 3. 1996, OLGR 1996, 223.

92 NJW 1986, 1099.

oder Einrahmung hervorgehobener Hinweis wie z. B. „Achtung, Fahrzeug wird nicht vollkaskoversichert!"

2217 Das vom BGH im Wege der (ergänzenden) Vertragsauslegung gefundene Ergebnis steht nicht im Einklang mit der Wertung des Gesetzgebers in § 390 Abs. 2 HGB. Hiernach ist der Kommissionär zum Abschluss einer Sachversicherung nur auf Anweisung des Kommittenten verpflichtet. Die Anweisung kann auch konkludent erteilt werden, was der BGH nicht geprüft hat. Der mit einer Versicherungspflicht verbundenen Risikoentlastung des Fahrzeugeigentümers bedarf es im Übrigen nicht, sofern der Vermittler – wie bei der Koppelung von Agentur und Neufahrzeugkauf – in der Rolle des Quasi-Käufers gesehen wird. Wer ihm das Absatzrisiko aufbürdet, muss ihn auch die Gefahr der zufälligen Beschädigung oder des zufälligen Verlustes tragen lassen.

2218 Auf dem Boden der BGH-Entscheidung vom 8. 1. 1986[93] wird bei der **„freien" Agentur** eine Versicherungspflicht des Vermittlers erst recht zu bejahen sein. Das Interesse des Fahrzeugeigentümers am Erhalt der Sachsubstanz (Integritätsinteresse) ist bei diesem Vertragstyp ungleich stärker ausgeprägt als im Falle einer Agentur in Verbindung mit einem Neuwagenkauf. Dies beruht auf der unterschiedlichen Risikolage in Bezug auf Absatz und Erlös. Die Erwägungen des BGH in dem Urteil vom 8. 1. 1986[94] lassen sich jedenfalls auf den (freien) Vermittler mit eingerichtetem Gewerbebetrieb (Werkstatt u. a.) übertragen. Für ihn ist der Abschluss einer Vollkaskoversicherung ohne weiteres möglich und zumutbar. Anders kann es bei reinen **Jahreswagen-Vermittlungen** oder bei einer aus bloßer Gefälligkeit übernommenen Vermittlung durch ein Autohaus oder einen Tankstellenpächter sein. Der Abschluss einer betriebsgebundenen Vollkaskoversicherung kann in solchen Fällen nicht ohne weiteres unterstellt werden. Der hohe Wert von Jahreswagen ist kein Argument, die Versicherungspflicht dem Vermittler zuzuschieben. Entsprechend dem Grundgedanken des § 390 Abs. 2 HGB ist es in erster Linie Sache des Eigentümers, für einen ausreichenden Versicherungsschutz zu sorgen. Das gilt erst recht für den Sonderfall, dass ein Autohändler lediglich den Wagen in seiner Halle ausstellt, um Interessenten mit dem Eigentümer in Verbindung zu bringen.[95] Problematisch ist die Haftungssituation in einem solchen Fall bei einem **Probefahrtunfall** mit einem nicht kaskoversicherten Fahrzeug. Da die Rechtsprechung auch hier eine Beschränkung der Haftung auf Vorsatz und grobe Fahrlässigkeit annimmt,[96] kann es im Verhältnis zwischen Eigentümer und Händler zu einer Schadensteilung (§ 254 BGB) kommen. Dem Händler kann der Vorwurf gemacht werden, den Eigentümer nicht auf die Haftungsprivilegierung hingewiesen zu haben, während den Eigentümer der Vorwurf trifft, den Händler nicht über das Fehlen von Vollkasko informiert zu haben.

2219 Unterlässt der Vermittler pflichtwidrig den Abschluss einer Vollkaskoversicherung, so muss er den Auftraggeber im Falle einer **Beschädigung des Fahrzeugs,** z. B. bei einer **Probefahrt,** so stellen, als habe er eine solche Fahrzeugversicherung abgeschlossen.[97] Der Eigentümer hat Anspruch auf Ersatz des Schadens, der im Rahmen der Vollkaskoversicherung erstattet wird. Daraus folgt, dass der Vermittler dem Auftraggeber auch diejenigen Einwendungen entgegenhalten darf, die einem Vollkaskoversicherer zustünden.

2220 Bei Einschaltung eines **Untervermittlers** muss der Obervermittler die Versicherungspflicht ggf. delegieren. Er handelt fahrlässig, wenn er darauf vertraut, der Untervermittler werde von sich aus eine Vollkaskoversicherung abschließen. Dem Obervermittler obliegt es in jedem Fall, für eine ausreichende Transportversicherung zu sorgen.

---

93 NJW 1986, 1099.

94 NJW 1986, 1099.

95 OLG Köln 20. 11. 1995, NJW 1996, 1288; s. a. OLG Koblenz 13. 1. 2003, DAR 2003, 320 = VersR 2004, 342.

96 OLG Koblenz 13. 1. 2003, DAR 2003, 320 = VersR 2004, 342.

97 BGH 8. 1. 1986, NJW 1986, 1099.

(4) Pflichten bei Abschluss des Kaufvertrages

Gegenstand des „Auftrags zur Vermittlung eines Kfz-Verkaufs" ist der Verkauf eines bestimmten Fahrzeugs im Namen und für Rechnung des Auftraggebers. Ein weisungswidriger Verkauf im eigenen Namen und für eigene Rechnung (Eigengeschäft) kann den Vermittler schadensersatzpflichtig machen (§§ 280 Abs. 1, 241 Abs. 2 BGB). Er hat den Fahrzeugeigentümer so zu stellen, wie er bei auftragsgemäßer Ausführung des Geschäfts gestanden hätte. Durch das unzulässige Eigengeschäft darf der Eigentümer nicht schlechter, aber auch nicht besser abschneiden. 2221

Selbsteintritt: Auch ohne ausdrückliche Erlaubnis ist der Vermittler berechtigt, den Verkaufsauftrag durch Selbsteintritt auszuführen. Denn dem Eigentümer ist es im Allgemeinen gleichgültig, ob sein Wagen an einen Dritten verkauft oder von dem Vermittler selbst kaufweise übernommen wird. Haftungsrechtlich ist ein Selbsteintritt für den Eigentümer/Auftraggeber sogar günstiger, weil er ihm in der Person des Vermittlers einen sachkundigen Käufer beschert. Diesem gegenüber sind Aufklärungs- und Hinweispflichten von geringerer Intensität als bei einem vermittelten Verkauf an eine Privatperson, die sich ihrerseits auf eine gesteigerte Aufklärungspflicht des sachkundig vertretenen Agenturverkäufers berufen kann. Bei einem Verkauf von Privat an einen Kfz-Händler wird zudem mit stillschweigenden Haftungsausschlüssen argumentiert. Auch der gesetzliche Haftungsausschluss wegen Kenntnis oder grober Fahrlässigkeit (§ 442 BGB) kommt im Falle des Selbsteintritts eher zum Zuge als bei einem Verkauf an einen unkundigen Privatmann. 2222

Die strengen **Vorschriften über den Verbrauchsgüterkauf** (§§ 474 ff. BGB) verleiten dazu, den Fahrzeugverkauf zu **„privatisieren"**, d. h. aus einem Unternehmer-Verbraucher-Geschäft ein reines Privatgeschäft mit einem dann grundsätzlich zulässigen Ausschluss der Sachmängelhaftung zu machen. Wenn ein Kfz-Vermittler einen agenturweise hereingenommenen Wagen nicht auf dem allgemeinen Markt zum (vermittelten) Kauf anbietet, sondern ihn an seine **Ehefrau** oder einen **Mitarbeiter** verkauft, damit er von diesen als Privatpersonen weiterverkauft wird, so umgeht er damit nicht seine Verkäuferhaftung, sondern lediglich die Vermittler-Eigenhaftung. Im Verhältnis zum Auftraggeber ist diese Verfahrensweise mangels konkreter Verkaufsanweisung nicht zu beanstanden. Zum Umgehungsverbot des § 475 Abs. 1 S. 2 BGB s. Rdn. 2147 ff.; zu den „Strohmannfällen" Rdn. 1978 ff. 2223

Der Auftraggeber hat einen Anspruch darauf, dass der Selbsteintritt zu den gleichen Preisbedingungen erfolgt, die bei einem vermittelten Verkauf an einen Dritten zu gelten hätten. Diesem berechtigten Anliegen tragen die §§ 400, 401 HGB Rechnung.[98] 2224

Ein eigenmächtiges **Unterschreiten des vereinbarten Preislimits** macht den Vermittler, der keine Preisgarantie gegeben hat, wegen Vertragsverletzung schadensersatzpflichtig.[99] Der Auftraggeber hat Anspruch auf eine Abrechnung zu den ursprünglich festgelegten Konditionen, es sei denn, der Vermittler kann beweisen, dass der Auftraggeber ihn über wesentliche Wertbemessungsfaktoren getäuscht hat. In einem solchen Fall muss sich der Auftraggeber so behandeln lassen, als habe er der Preisherabsetzung zugestimmt. 2225

Ohne abweichende Sondervereinbarung mit dem Auftraggeber hat der Vermittler die Pflicht, mit dem Abnehmer des Gebrauchtwagens **Barzahlung** zu vereinbaren. Im Falle der Scheckzahlung verstößt der Vermittler gegen seine Interessenwahrnehmungspflicht, wenn er das Fahrzeug ausliefert, ohne sich vorher davon überzeugt zu haben, dass der Scheck gedeckt ist. Zumindest den Fahrzeugbrief hat er bis zur Scheckgutschrift zurückzuhalten. Zur Haftung des Vermittlers gegenüber dem **Käufer** bei weisungswidriger Weitergabe des zur Begleichung des Kaufpreises bestimmten Schecks vgl. BGH MDR 1992, 228. 2226

---

98 S. a. OLG Stuttgart 28. 3. 1988, DAR 1988, 346; weitere Einzelheiten zum Selbsteintritt bei *Lennartz*, a. a. O., S. 204 ff.

99 Vgl. auch FG Rheinland-Pfalz 25. 4. 1979, UR 1980, 52.

Ohne ausdrückliche Zustimmung des Auftraggebers darf der Vermittler den Kaufpreis auch nicht teilweise stunden. Er darf auch nicht eigenmächtig an Zahlungs Statt einen Gebrauchtwagen des Käufers hereinnehmen, weder per Agentur („Agentur auf Agentur") noch im Wege der „Inzahlungnahme auf Agentur".[100]

2227 **Garantie- und Gewährleistungszusagen:** Die Anweisung, sich von jeglicher Sachmängelhaftung freistellen zu lassen, war bis zum 31. 12. 2001 Kernbestandteil fast aller Agenturaufträge. Der Vermittler übernahm die Pflicht, das Agenturfahrzeug „unter Ausschluss jeglicher Gewährleistung" zu verkaufen. Garantien und Gewährleistungszusagen im Namen des Auftraggebers durfte er nur kraft **besonderer Ermächtigung** erteilen. Erklärungen im eigenen Namen konnten steuerlich „agenturschädlich" sein.[101]

2228 Wenn der Auftraggeber ein **Unternehmer** i. S. v. § 14 BGB ist, gelten für den (vermittelten) Verkauf an einen **Verbraucher** die besonderen Schutzbestimmungen der §§ 474 ff. BGB. Ein Verkauf unter Ausschluss bzw. Beschränkung der Sachmängelhaftung ist nicht zulässig (§ 475 Abs. 1 S. 1 BGB). Anders liegen die Dinge bei einem Verkauf an einen Unternehmer.

2229 Unter der Herrschaft des bis 1990 allgemein üblichen **Agenturgeschäfts** war es zivilrechtlich von erheblicher praktischer Bedeutung, ob der Vermittler **auftragswidrig** handelt, wenn er geschäftstypische Erklärungen wie „TÜV neu …" oder „werkstattgeprüft" oder „fahrbereit" in den Kaufvertrag aufnimmt. Dadurch konnte er sich seinem Auftraggeber gegenüber schadensersatzpflichtig machen. Im Fall vollmachtlosen Handelns war er zudem der **Schadensersatzhaftung nach § 179 BGB** ausgesetzt. Anlässlich der „TÜV-neu"-Entscheidung des BGH vom 24. 2. 1988[102] wurde diese Thematik im Schrifttum kontrovers diskutiert.[103] Für den BGH war die Frage nach der **Vertretungsmacht** des Vermittlers/Abschlussvertreters nur ein Randthema. Denn die Vollmachtlosigkeit – in Form der **Vollmachtsüberschreitung** – stand aufgrund der Bindungswirkung des rechtskräftigen Urteils des OLG Schleswig vom 16. 7. 1985 fest. Es war im Vorprozess zwischen Käufer und privatem Verkäufer ergangen.[104] Nach Auffassung des OLG Schleswig hat der Händler die Erklärung „TÜV neu 85" ohne Vollmacht des Auftraggebers/Verkäufers abgegeben. Das LG Kiel hatte dies in erster Instanz anders gesehen.[105] Wie der BGH die Vollmachtsfrage selbst beurteilt, ist bislang nicht erkennbar geworden.

2230 Das OLG Hamburg hat einen Kfz-Händler für schadensersatzpflichtig gehalten, der das Fahrzeug seines Auftraggebers als „fahrbereit" verkauft hat.[106] Damit habe der Händler gegen die von ihm übernommene Verpflichtung verstoßen, den Pkw unter Ausschluss jeder Gewährleistung zu verkaufen. In der Erklärung „fahrbereit" sei eine Eigenschaftszusicherung i. S. v. § 459 Abs. 2 BGB a. F. zu sehen. Da der klagende Auftraggeber einen Schaden geltend gemacht hat, spricht einiges dafür, dass ihm die Erklärung seines Vertreters „fahrbereit" entweder nach § 164 BGB oder aufgrund eines Rechtsscheintatbestandes zugerechnet worden ist. Andernfalls hätte er keinen Schaden gehabt.

2231 Nach Ansicht des LG Verden macht sich ein Vermittler bereits dadurch schadensersatzpflichtig, dass er es unterlässt, einen Gewährleistungsausschluss mit dem Käufer zu verein-

100 Zur dinglichen Rechtslage bei Weiterveräußerung des in Zahlung genommenen Altwagens durch den Vermittler im eigenen Namen vgl. OLG Köln 16. 10. 1991, VRS 82, 100.

101 Dazu *Lennartz*, a. a. O., S. 208 ff.

102 BGHZ 103, 275 = NJW 1988, 1378 = JZ 1988, 920 m. Anm. *Huber*.

103 *Huber*, JZ 1988, 923; *Tiedtke*, JuS 1988, 848; *H. H. Jacobs*, NJW 1989, 696; *Eggert*, NJW 1990, 549; *G. Müller*, BB 1990, 2136.

104 Az. 3 U 144/84 – n. v.

105 Urt. v. 30. 4. 1984 – 2 O 265/83 – n. v.

106 Urt. v. 15. 4. 1991, MDR 1991, 1039.

baren.[107] Aus der Klausel im Vermittlungsvertrag, wonach der Vermittler für im Auftrag des Verkäufers durchgeführte Instandsetzungsarbeiten in begrenztem Umfang einen Gewährleistungsanspruch einräumen darf, hat die Kammer im Wege des Umkehrschlusses gefolgert, dass das Fahrzeug im Übrigen unter Gewährleistungsausschluss zu verkaufen war. Im Ergebnis ist diese Auslegung richtig. Die Vollmachtsfrage spielte in diesem Fall keine Rolle, weil der Vermittler weder eine Garantie noch eine ausdrückliche oder stillschweigende Eigenschaftszusicherung alten Rechts gegeben hatte.

Kann der Käufer auf eine **Beschaffenheitsvereinbarung** i. S. v. § 434 Abs. 1 S. 1 BGB **2232**
verweisen, stellt sich auch insoweit die Vollmachtsfrage. Ein vollmachtloses Handeln hat das Kammergericht einem Vermittler bescheinigt, der „seinem" Kunden versprochen hat, „Getriebegeräusche werden behoben".[108] In solchen Fällen ist zunächst zu klären, ob der Vermittler überhaupt eine Erklärung mit Drittbezug abgegeben hat. Das kann sich auch „aus den Umständen" ergeben (§ 164 Abs. 1 S. 2 BGB). Die steuerliche Notwendigkeit, Erklärungen mit Fremdwirkung abzugeben, ist zwar – von Sonderfällen abgesehen – unter der Geltung des § 25a UStG entfallen. Gleichwohl hat der Kfz-Händler nach wie vor ein berechtigtes Interesse daran, die Wirkungen seiner Erklärungen in der Person seines Auftraggebers eintreten zu lassen.

Nur wenn der Vermittler nicht in eigenem Namen, sondern im Namen des Auftraggebers **2233**
gehandelt hat, stellt sich die Frage der **Vertretungsmacht.** Sie kann auf einer ausdrücklich oder konkludent erteilten Vollmacht beruhen. Ausdrückliche Vollmachten zur Erteilung von „Eigenschaftszusicherungen" (§ 459 Abs. 2 BGB a. F.) waren schon in der bisherigen Agenturpraxis selten. Wird der Händler „beauftragt und ermächtigt", das Fahrzeug „mit Garantie" zu verkaufen, so steht die Vertretungsmacht insoweit außer Zweifel. Problematisch waren nach altem Recht die **stillschweigenden** bzw. **konkludenten Eigenschaftszusicherungen,** bei denen sich der Vermittler in aller Regel nicht auf eine ausdrückliche Vollmacht stützen konnte.

Soweit die im Auftragsformular unter „Fahrzeugbeschreibung und -zustand laut Anga- **2234**
ben des Auftraggebers" notierten Daten und Eigenschaften des Fahrzeugs, z. B. die Gesamtfahrleistung, zum Gegenstand des Kaufvertrages gemacht werden, bleibt der Vermittler im Rahmen seines Auftrags und damit auch seiner Vertretungsmacht.[109] Zur Weiterleitung dieser Informationen ist er nicht nur berechtigt, sondern sogar verpflichtet. In den Kaufvertrag („Bestellschein") hat er die gleichen Angaben aufzunehmen, die Gegenstand des Vermittlungsvertrages mit dem Auftraggeber sind. Dies gilt auch für Einschränkungen, etwa bei einer Information über die **Gesamtfahrleistung.**[110]

Soweit es um die nächste **Hauptuntersuchung** (TÜV) geht, gibt es mit Blick auf Auftrag **2235**
und Vollmacht keine Probleme, wenn der Vermittler lediglich das Datum aus dem Auftragsformular im Bestellschein wiederholt. Häufig wird hier aber anders verfahren. Agenturfahrzeuge haben bei der Hereinnahme meist verhältnismäßig „alte" Plaketten. Da die Käufer gesteigerten Wert auf eine „frische" Plakette legen, sorgen die Händler für eine erfolgreiche Hauptuntersuchung; meist in ihrem eigenen Betrieb („Werkstatt-TÜV"). Damit setzen sie sich nicht in Widerspruch zu ihrem Verkaufsauftrag. Sie sind auch berechtigt, in ihrer Werbung, in Verkaufsanzeigen, auf dem Verkaufsschild und vor allem im Bestellschein auf den Tatbestand einer bei Auslieferung des Fahrzeugs „frischen" Prüfplakette hinzuweisen. So ist eine Erklärung im Kaufantrag „TÜV neu 05" von der Vollmacht gedeckt.[111] Gleiches gilt für verkaufsfördernde Erklärungen wie „werkstattgeprüft".

107 Urt. v. 24. 5. 1989, DAR 1990, 24.
108 Urt. v. 29. 1. 1987 – 22 U 2877/86 – n. v.; ähnlich OLG Celle 5. 10. 1993, OLGR 1994, 33.
109 So auch *Soergel/Huber*, § 459 BGB Rn. 318; *G. Müller*, BB 1990, 2136.
110 Dazu OLG Frankfurt 28. 6. 1989, NZV 1990, 24.
111 A. A. OLG Schleswig 16. 7. 1985 – 3 U 144/84 – n. v.

2236 Der Auftraggeber, Verkäufer im Rechtssinn, kann bei dem Händler Regress nehmen, wenn und soweit diese Erklärungen unrichtig sind. Grundlage ist ein Anspruch aus §§ 280 Abs. 1, 241 Abs. 2 BGB. Der Händler braucht zwar nicht jede Angabe seines Auftraggebers über den Fahrzeugzustand und sonstige Eigenschaften generell auf Richtigkeit zu überprüfen. Bei greifbaren Anhaltspunkten für eine Fehlinformation muss er jedoch nachfragen und ggf. auf eine Korrektur hinwirken. Bei Zusagen, die wie **„TÜV neu ...“** oder **„werkstattgeprüft“** aus seiner eigenen Sphäre stammen, ist er für deren Richtigkeit auch im Verhältnis zu seinem Auftraggeber verantwortlich.

2237 Soweit die **Rechtsprechung** eine **Vollmachtsüberschreitung** bejaht, hat sie die Anweisung des Vorbesitzers, das Fahrzeug „unter Ausschluss jeder Gewährleistung“ zu verkaufen, mitunter überbewertet.[112] Die Haftungsfreistellung ist zwar wesentlicher Bestandteil der von einer Privatperson erteilten Vollmacht. Daraus kann aber nicht geschlossen werden, dass der Vermittler sich jeglicher Informationen über das Fahrzeug zu enthalten hat. Ein solches Verhalten läge nicht im wohlverstandenen Interesse des Auftraggebers. Mit Schweigen kann man kein Auto verkaufen. Überschritten ist die Vollmacht indessen, wenn das Fahrzeug unter Ausschluss der Sachmängelhaftung verkauft werden soll, der Vermittler aber eine **Einjahresgarantie** für Motor, Getriebe und Hinterachse gewährt.[113] Allerdings muss in einem solchen Fall an ein Eigenhandeln des Vermittlers gedacht werden (s. Rdn. 2295 ff.).

(5) Pflichten nach Abschluss des Kaufvertrages

2238 **Agenturabrechnung:** Formularvertraglich wird der Vermittler häufig verpflichtet, dem Auftraggeber unverzüglich den Verkauf anzuzeigen, ihm die Anschrift des Käufers mitzuteilen und über Kaufpreis, verauslagte Pflege- und Instandsetzungsaufwendungen und seine Provision Rechnung zu legen. Nach dem Gesetz besteht eine **Rechnungslegungspflicht** nur bei ausdrücklichem Verlangen des Auftraggebers (§§ 675, 666 BGB).[114] Die §§ 86 Abs. 2, 94 Abs. 1 HGB sind nicht anzuwenden. Für den Fall, dass der Vermittlungsauftrag keine Regelung über die Abrechnungspflicht des Vermittlers enthält, ist zu erwägen, ob sie nicht stillschweigend kraft Handelsbrauchs als vereinbart anzusehen ist. Der Vermittler hat den sich aus der Agenturabrechnung ergebenden Überschuss unverzüglich an den Auftraggeber auszuzahlen (§§ 675, 667 BGB). Zur Rechtslage bei der Aufrechnung durch die Finanzierungsbank mit der Folge, dass sich das Schuldenkonto des Vermittlers verringert, vgl. LG München I, NJW-RR 1991, 762.

2239 Zur Rechtslage bei **Insolvenz des Autohauses**, das ein Fahrzeug „in Kommission“ genommen hat, s. OLG Hamm 7. 10. 2003 – 27 U 81/03 –; zum Insolvenzrisiko bei einem agenturweise verkauften Re-Import s. OLG Celle 6. 11. 2002, OLGR 2003, 106.

2240 Mitunter herrscht zwischen dem Auftraggeber und dem Vermittler Streit über die Höhe des vereinbarten Mindestverkaufspreises („untere Preisgrenze“). Beruft sich der Auftraggeber auf eine vom Vertragstext abweichende **mündliche Preisvereinbarung**, so soll er damit nach Auffassung des OLG Düsseldorf auch bei einer nur formularmäßigen Schriftformklausel keinen Erfolg haben, es sei denn, er hat substantiiert und unter Beweisantritt behauptet, dass die Parteien das Formerfordernis übereinstimmend abbedungen haben.[115] Die Entscheidung kann nicht überzeugen. Selbst wenn die Schriftformklausel nicht gegen

---

112 So z. B. OLG Schleswig 16. 7. 1985 – 3 U 144/84 – n. v.; KG 29. 1. 1987 – 22 U 2877/86 – n. v. („Getriebegeräusche beseitigen“); OLG Hamburg 15. 4. 1991, MDR 1991, 1039 („fahrbereit“); zutreffend dagegen LG Köln 22. 8. 1990, MDR 1991, 55 („steuerbefreit“).

113 Vgl. OLG Celle 5. 10. 1993, OLGR 1994, 33.

114 Zur steuerlichen Seite der Agenturabrechnung s. *Lennartz*, a. a. O., S. 213 ff.

115 Urt. v. 10. 10. 1991, EWiR § 125 BGB 1/91, 1055 *(Teske)*.

§ 9 AGBG verstoßen haben sollte, was zweifelhaft erscheint, so hatte sie doch nach § 4 AGBG (jetzt § 305b BGB) hinter die mündliche Individualvereinbarung zurückzutreten.

Bei **Mängelrügen des Käufers** hat der Vermittler in erster Linie die Interessen seines **2241**
Auftraggebers wahrzunehmen. Regulieren von vermeintlichen Sachmängelansprüchen aus bloßer Kulanz – ohne Zustimmung des Auftraggebers – geht zulasten des Vermittlers. Gesichtspunkte wie Rufwahrung und Kundenbindung sind nachrangig gegenüber dem Interesse des Auftraggebers, den Ausschluss der Sachmängelhaftung durchzusetzen. Der Vermittler tut in jedem Fall gut daran, den Auftraggeber rechtzeitig in die Regulierungsverhandlungen einzuschalten und sich mit ihm abzustimmen. Zur Entgegennahme von Anfechtungs-, Rücktritts- oder Minderungserklärungen ist der Vermittler berechtigt.[116] Alles Weitere ist von seinem Verkaufsauftrag nicht gedeckt, insbesondere darf er Mängel nicht zulasten des Verkäufers anerkennen oder gar sein Einverständnis zur Rückabwicklung erklären.[117] Als „Sachwalter" des Verkäufers hat er vielmehr unter Zurückstellung eigener Interessen alles daran zu setzen, den Kaufvertrag in vollem Umfang aufrechtzuerhalten. Soweit er persönlich in Anspruch genommen wird, darf er sich freilich – unter Wahrung der Auftraggeberinteressen – auf eine Schadensregulierung einlassen.

Für den **Innenausgleich** kommt es in diesen Fällen entscheidend darauf an, ob der Ver- **2242**
mittlungsauftrag im Zusammenhang mit einem Kaufvertrag über ein anderes Fahrzeug steht oder nicht. Von der Vertragsgestaltung und insbesondere der Verrechnungsabrede hängt es ab, ob der Auftraggeber/Käufer oder der Vermittler/Händler den Nachteil aus dem gestörten Agenturverkauf zu tragen hat. Während der Nur-Vermittler weder das Absatz- noch das Sachmängelrisiko zu tragen hat, ist der Vermittler, der zugleich Verkäufer ist, mit beiden Risiken belastet, d. h. er kann den Nachteil aus dem gestörten Agenturverkauf grundsätzlich nicht zum Auftraggeber durchstellen. Dies wirkt sich bis in die Rückabwicklungsphase hinein aus, wenn der Auftraggeber den gekoppelten Kaufvertrag rückgängig machen will.

bb) Die Pflichten des Auftraggebers

(1) Die Pflicht zur Provisionszahlung

Für die Provision kennt die Formularpraxis vier Varianten: **2243**

a) Festbetragsprovision,

b) bestimmter Prozentsatz vom Verkaufspreis,

c) Teil des Mehrerlöses (Differenz zwischen Mindestverkaufspreis und tatsächlichem Verkaufspreis),

d) voller Mehrerlös als Provision.

Die ersten drei Möglichkeiten haben nur geringe praktische Bedeutung.[118] Sie stehen **2244**
vorwiegend aus steuerlichen Gründen[119] in den Vordrucken. Ganz überwiegend wurde und wird die **Mehrerlös-Provisionsregelung** in der Variante d) vereinbart. Da die Höhe der Provision weder in Abweichung von gesetzlichen Vorschriften noch in deren Ergänzung festgelegt wird, ist die Abrede einer **Inhaltskontrolle** nicht zugänglich.[120] Die Klau-

116 Für das Außenverhältnis gilt § 55 Abs. 4 HGB.

117 LG Mainz 30. 4. 1981 – 1 O 376/80 – n. v.; vgl. auch OLG Köln 15. 12. 1982, MDR 1983, 489; LG Freiburg 6. 5. 1980, MDR 1980, 847 (agenturweise Inzahlungnahme).

118 Beispiel für eine Prozentregelung: BGH 13. 1. 2011, NJW 2011, 1726 = DAR 2011, 252 (10 % vom Verkaufspreis).

119 Zum steuerlichen Aspekt ausführlich *Lennartz*, a. a. O., S. 197 ff.

120 Zur Abgrenzung von kontrollfreier Preisvereinbarung und kontrollfähiger Preisnebenabrede s. BGH 13. 1. 2011, NJW 2011, 1726 = DAR 2011, 252.

sel, die dem Vermittler einen etwaigen Mehrerlös in voller Höhe sichern soll, ist auch **nicht überraschend** i. S. d. § 305c Abs. 1 BGB.[121]

2245 Haben die Vertragsparteien es ausnahmsweise unterlassen (z. B. aus Vergesslichkeit), eine ausdrückliche Vereinbarung über die Höhe der Provision zu treffen, treten nicht etwa die Dissensfolgen der §§ 154, 155 BGB ein. Nach der Auslegungsregel des § 612 Abs. 2 BGB (vgl. auch § 653 Abs. 2 BGB) kommt es auf die übliche Vergütung an. Das ist nach wie vor die Provision „voller Mehrerlös“ (s. a. LG München I DAR 2008, 484).

2246 Mitunter wird dem Vermittler auch dann Anspruch auf die **volle Provision** zugestanden, wenn ein von ihm ordnungsgemäß abgeschlossener Kaufvertrag aus einem vom Auftraggeber zu vertretenden Grund nicht ausgeführt worden ist. Eine solche Regelung verstößt weder gegen § 307 BGB noch – als Schadenspauschalierungsklausel verstanden – gegen § 309 Nr. 5 BGB.[122]

(2) Sonstige Entgelte (Aufwandspauschalen u. Ä.)

2247 Vielfach enthalten die Formularverträge Klauseln, die den Auftraggeber – über eine Provision hinaus – zusätzlich finanziell belasten wie z. B. eine **„Werbemittel- und Platzmietpauschale“** oder eine reine **Standgeldabrede.** Nach Ansicht des BGH handelt es sich bei derartigen Entgeltabreden nicht um inhaltskontrollfreie Leistungsbeschreibungen und Preisvereinbarungen, sondern um **Preisnebenabreden**, die gem. § 307 Abs. 3 S. 1 BGB der Kontrolle nach §§ 307 bis 309 BGB unterliegen.[123] Aus mehreren Gründen sieht der BGH[124] in einer „Werbemittel- und Platzmietpauschale“, die unabhängig von konkreten Aufwendungen des Händlers im Fall erfolgreicher Vermittlung wie auch beim Scheitern der Vermittlungsbemühungen zu zahlen ist, eine **unangemessene Benachteiligung des Auftraggebers** (§ 307 Abs. 1 und 2 BGB). Nicht zu entscheiden brauchte er, ob zusätzlich ein Verstoß gegen das Transparenzgebot unter dem Aspekt der Verschleierung der Entgeltbelastung des Kunden vorliegt. Offen ist auch geblieben, ob eine derartige Pauschale als überraschende Klausel gem. § 305c Abs. 1 BGB einzustufen ist.[125]

(3) Sonstige Pflichten des Auftraggebers

2248 **Informationspflicht:** Der Auftraggeber/Voreigentümer ist verpflichtet, die ihm gestellten Fragen nach der Vorgeschichte und der Beschaffenheit seines Fahrzeugs wahrheitsgemäß und vollständig zu beantworten.[126] Weniger weit geht seine Informationspflicht, wenn er nicht gefragt wird. So oder so hängen Art und Umfang der geschuldeten Aufklärung maßgeblich davon ab, ob der Vermittlungsvertrag in Verbindung mit dem Kauf eines anderen Fahrzeugs steht oder nicht. Anders als bei der reinen Vermittlung trägt der Händler bei einem Koppelungsgeschäft das Absatzrisiko und – in Form der Mindestpreisgarantie – auch das Preisrisiko. In seiner Position als Quasi-Käufer kann er nach Treu und Glauben ein höheres Maß an Aufklärung erwarten als im Fall der reinen Agentur, bei der es vorwiegend um sein Provisionsinteresse geht.

2249 Gelingt dem Vermittler/Händler der Nachweis der **arglistigen Täuschung** (zur Offenbarungspflicht bei Unfallschäden Rdn. 4409 ff.), so stehen ihm drei Rechtsbehelfe zur Auswahl: ein Schadensersatzanspruch aus §§ 280 Abs. 1, 241 Abs. 2, 311 Abs. 2 BGB bzw. aus §§ 826, 823 Abs. 2 BGB i. V. m. § 263 StGB, die Anfechtung gem. § 123 BGB und schließ-

121 So auch *Lennartz*, a. a. O., S. 203/204.
122 So auch OLG Stuttgart 28. 3. 1988, NJW-RR 1988, 891 = DAR 1988, 346.
123 Urt. v. 13. 1. 2011, NJW 2011, 1726 = DAR 2011, 252.
124 Urt. v. 13. 1. 2011, NJW 2011, 1726 = DAR 2011, 252.
125 S. a. AG Lübeck 2. 6. 1981, DAR 1982, 72 (195,– DM pro Monat); LG München I 14. 3. 1997, DAR 1998, 394.
126 Zu den Gründen für die Informationspflicht s. *Lennartz*, a. a. O., S. 255.

lich die Kündigung aus wichtigem Grund. Sein Schadensersatzverlangen kann er mit der Arglistanfechtung ebenso wie mit der Kündigung aus wichtigem Grund kombinieren.

cc) Kündigung des Vermittlungsvertrages

Anders als die feste Inzahlungnahme ist der Agenturauftrag – zumindest nach außen hin – nicht auf einen sofortigen Leistungsaustausch angelegt. Er ist als **Dauerschuldverhältnis** ausgestaltet, gleichviel, ob die Hingabe des Altwagens im Zusammenhang mit dem Erwerb eines Neuwagens steht oder nicht. Nach den früher üblichen Vertragsformularen war der Agenturauftrag auf unbestimmte Zeit, mindestens jedoch für die Dauer von sechs Monaten erteilt. Vor Ablauf dieser Frist war eine Kündigung nur aus wichtigem Grund zulässig. Nach Ablauf von sechs Monaten konnten beide Vertragspartner mit einer Frist von einer Woche jederzeit kündigen. **2250**

(1) Kündigung durch Auftraggeber

Die formularmäßige Beschränkung des Rechts auf jederzeitige Kündigung (§§ 675, 621 Nr. 5 BGB) ist nicht zu beanstanden, sofern die Laufzeit sechs Monate nicht wesentlich übersteigt. Wirksamkeitsvoraussetzung ist allerdings, dass dem Auftraggeber ausdrücklich das Recht eingeräumt wird, den Vermittlungsvertrag vorzeitig durch Kündigung aus wichtigem Grund zu beenden. **2251**

Unter welchen Voraussetzungen der Auftraggeber einen **wichtigen Grund** zur Kündigung hat, kann nur unter Berücksichtigung aller Einzelfallumstände beantwortet werden. Von einem Verschulden seines Vertragspartners hängt diese Befugnis grundsätzlich nicht ab. Es genügt, dass ihm ein Festhalten am Vermittlungsvertrag nach Treu und Glauben nicht mehr zuzumuten ist. Bei der Abwägung des Beendigungsinteresses des Auftraggebers mit dem Fortsetzungsinteresse des Vermittlers kommt es wiederum entscheidend darauf an, ob der Vermittlungsvertrag im Zusammenhang mit einem Ersatzkauf (Neuwagen oder neuer Gebrauchter) steht oder nicht. **2252**

Bis zur endgültigen Ablieferung seines Fahrzeugs darf sich der **Auftraggeber**, der zugleich Käufer ist, einseitig von dem Vermittlungsvertrag lossagen, allerdings nur um den Preis der Zahlung des vollen Entgeltes für den gekauften Wagen. Unter dieser Voraussetzung besteht sogar ein **freies Kündigungsrecht**, und zwar über den Zeitpunkt der Ablieferung des eigenen Altwagens hinaus. Wenn AGB das jederzeitige Kündigungsrecht des Auftraggebers für eine bestimmte Zeit ausschließen, so haben sie dabei den Fall vor Augen, dass sich der Autohauskunde vom Gesamtgeschäft lösen will. Mit der Anhebung der Kündigungsschwelle soll in Wirklichkeit die Lossagung vom Neuwagenkaufvertrag erschwert werden. Eine Kündigung des Auftraggebers mit dem Ziel, auch den Neuwagenkaufvertrag zu Fall zu bringen, wird nur in ganz engen Grenzen anzuerkennen sein. Wider Erwarten eingetretener Eigenbedarf genügt nicht, etwa nach Verlust eines Zweitwagens, den der Auftraggeber bis zur Auslieferung des Neufahrzeugs benutzen wollte.[127] Auch der Umstand, dass der Auftraggeber selbst einen Käufer gefunden hat, der mehr als den Mindestverkaufspreis bietet, rechtfertigt keine Kündigung aus wichtigem Grund. Die Zumutbarkeitsgrenze kann indes überschritten sein, wenn man den Auftraggeber/Neuwagenkäufer bei unverschuldetem Verlust oder schwerer Beschädigung seines Altwagens am Neuwagengeschäft festhält.[128] **2253**

Im Falle der **„freien“ (isolierten) Vermittlung** ist die Bindung des Auftraggebers vergleichsweise eher stärker als schwächer. Der Nur-Vermittler hat zwar als Geschäftsbesorger vorrangig die Interessen seines Auftraggebers wahrzunehmen. Sein Provisionsinteresse **2254**

---

127 Anders für die „freie“ Agentur OLG Bamberg 27. 4. 1981 – 4 U 123/80 – n. v.
128 Dazu auch *Behr*, AcP 185, 401.

ist jedoch nicht so untergeordnet, dass der Auftraggeber sich ohne triftigen Grund darüber hinwegsetzen kann. Ein berechtigter Eigenbedarf kann zur Kündigung aus wichtigem Grund genügen.[129] Ob die Möglichkeit, einen höheren Erlös bei anderweitiger Veräußerung zu erzielen, einen Grund zur vorzeitigen Kündigung liefert, hängt von den Umständen des konkreten Falles ab (Dauer der bisherigen Bemühungen, Höhe des Erlösunterschiedes u. a.).

(2) Kündigung durch Vermittler

2255 **Agenturweise Inzahlungnahme:** Für diesen Geschäftstyp hat der **BGH** die formularvertragliche Kündigungsregelung **stark eingeschränkt:** Der Neuwagenhändler darf den Vermittlungsvertrag zu keinem Zeitpunkt frei kündigen. Stets muss ein **wichtiger Grund** vorliegen.[130] Gleiches gilt für die Konstellation „Gebraucht auf Gebraucht".[131] Allerdings liegen den einschlägigen BGH-Entscheidungen Sachverhalte aus der Zeit vor Einführung der Differenzbesteuerung zugrunde. Bei Agenturen aus heutiger Zeit ist eine Lockerung der Kündigungsmöglichkeiten zugunsten der Vermittler erwägenswert.[132]

2256 Unter welchen Voraussetzungen der **Vermittler/Neuwagenhändler** ein Recht zur **Kündigung aus wichtigem Grund** hat, ist in der **Rechtsprechung** für Agenturen aus der Zeit vor Einführung der Differenzbesteuerung weitgehend geklärt gewesen. Übereinstimmung bestand darin, dass die bloße Unverkäuflichkeit des Agenturfahrzeugs kein ausreichender Kündigungsgrund ist. Auch die Tatsache, dass der Händler die untere Preisgrenze nicht einhalten kann, genügte für sich allein genommen noch nicht. Grundsätzlich konnte der Händler auch nicht damit gehört werden, das Fahrzeug sei deshalb unverkäuflich oder nur zu einem niedrigeren Preis abzusetzen, weil es mit Mängeln behaftet sei. Das Risiko „einfacher" Mangelhaftigkeit lag bei der Agentur-Inzahlungnahme auf Seiten des Händlers.[133] Dabei machte es keinen Unterschied, ob der Sachmangel technischer Natur ist (z. B. Motorschaden, Durchrostung), ob es sich um einen verborgenen Unfallschaden oder um eine unzulässige Fahrzeugumrüstung handelte.[134]

2257 Gegen all diese Störfälle, so die Überlegung der Judikatur, kann sich der Händler durch eine fachkundige Untersuchung unter Einsatz seines technischen Apparates einschließlich Probefahrt und Kundenbefragung weitgehend absichern. Die Zuweisung des Risikos für „einfache" Mangelhaftigkeit beruhte damit letztlich auf den gleichen Erwägungen, mit denen der BGH einen stillschweigend vereinbarten Gewährleistungsausschluss für „Verschleißmängel" bei der „klassischen" Inzahlungnahme bejaht hat.[135] Wer dem vermittelnden Neuwagenhändler schon bei „einfacher" Mangelhaftigkeit ein Recht zur Kündigung und damit die Befugnis zur Rückgabe des Fahrzeugs gibt,[136] wird den berechtigten Interessen des Auftraggebers/Neuwagenkäufers nicht gerecht.[137]

2258 Als wichtiger Kündigungsgrund allgemein anerkannt ist **arglistiges Verschweigen** eines Mangels bzw. arglistiges Vortäuschen von wertbildenden Eigenschaften (z. B. Kilo-

---

129 Z. B. Verlust eines „Ersatzwagens" durch Unfall, dazu OLG Bamberg 27. 4. 1981 – 4 U 123/80 – n. v.

130 BGH 31. 3. 1982, NJW 1982, 1699 = DB 1982, 1510; BGH 5. 4. 1978, NJW 1978, 1482; s. a. OLG Köln 15. 12. 1982, MDR 1983, 489.

131 BGH 31. 3. 1982, NJW 1982, 1699 (Jahreswagen), dazu *Honsell*, Jura 1983, 523.

132 Vgl. *Lennartz*, a. a. O., S. 253 f.

133 Das ist die Quintessenz der BGH-Rspr., vgl. *Eggert*, NZV 1989, 546.

134 Zust. OLG Schleswig 29. 9. 1989 – 14 U 40/88 – n. v.

135 Urt. v. 21. 4. 1982, NJW 1982, 1700; krit. dazu *Schack*, NJW 1983, 2806; zust. *Honsell*, Jura 1983, 523.

136 So *Rupp/Fleischmann*, NJW 1984, 2802.

137 Im Ergebnis wie hier *Lennartz*, a. a. O., S. 259 ff.

meterlaufleistung, Unfallfreiheit).[138] Somit zeigt sich auch hier eine Angleichung an die Rechtslage bei fester Inzahlungnahme. Zur Offenbarungspflicht des Auftraggebers bei Unfallschäden s. Rdn. 4409 ff.

Ein Verschulden des Auftraggebers unterhalb der Arglistschwelle kann bei der Agentur-Inzahlungnahme ein Kündigungsrecht grundsätzlich nicht begründen, d. h. selbst eine grob fahrlässige Fehlinformation gibt dem Neuwagenhändler kein Recht zur Kündigung aus wichtigem Grund, es sei denn, dass die Information Garantiecharakter hat. **2259**

Neutralisiert wird ein Haftungsausschluss nicht nur im Fall arglistiger Täuschung. Auch beim **Fehlen einer garantierten Eigenschaft** kann der Verkäufer sich darauf nicht berufen (§ 444 BGB). Deshalb hat der BGH mit Recht erwogen, die Kündigungsbefugnis des Vermittlers auf diesen Fall auszudehnen.[139] Letztlich ist diese Frage offen geblieben. Das OLG Köln[140] und das OLG Schleswig[141] haben bei unrichtiger Zusicherung i. S. v. § 459 Abs. 2 BGB a. F. einen wichtigen Grund zur Kündigung bejaht. Auf ein Verschulden soll es nicht ankommen. **2260**

Auf der Grundlage dieser Rechtsprechung wird der Vermittler/Händler im Prozess bestrebt sein, Zustandsangaben des Auftraggebers zu Beschaffenheitsgarantien i. S. v. § 444 BGB aufwerten zu lassen. Im Zweifel will der private Auftraggeber – für den Vermittler erkennbar – keine Haftung für einen bestimmten Zustand seines Fahrzeugs übernehmen. Die Überlegungen, mit denen die Rechtspraxis bis zur Schuldrechtsreform stillschweigende Eigenschaftszusicherungen professioneller Verkäufer zugunsten privater Gebrauchtwagenkäufer außerordentlich großzügig bejaht, waren nur bedingt übertragbar. **2261**

Ein wichtiger Grund zur Kündigung liegt ferner vor, wenn der Händler das Mängelrisiko auf den Kunden zurückverlagert hat und dieser sich endgültig weigert, die Kosten der Mängelbeseitigung zu übernehmen bzw. einer Herabsetzung der unteren Preisgrenze zuzustimmen. Eine solche **Risikorückverlagerung** ist z. B. in der bei Auftragserteilung (vor Fahrzeugübergabe) getroffenen Individualabrede zu sehen, dass „in der Zwischenzeit aufkommende Schäden zulasten des derzeitigen Halters gehen".[142] Aufgekommen im Sinne dieser Klausel ist der Schaden erst, wenn er für einen Kfz-Fachmann bemerkbar ist. Er hätte ihm bei sorgfältiger Prüfung des Fahrzeugs auffallen müssen.[143] **2262**

„Freie" Vermittlung: Formularverträge, die dem Vermittler ein uneingeschränktes Kündigungsrecht bereits ab Vertragsabschluss einräumen, dürften heute nicht mehr auf dem Markt sein. Eine solche Klausel wäre nicht zu beanstanden, sofern auch dem Auftraggeber die Befugnis zur jederzeitigen Kündigung gegeben wird („Waffengleichheit"). Bis zum Ablauf der meist sechsmonatigen Mindestlaufzeit durfte nach einem vom ZDK empfohlenen Klauselwerk nur aus wichtigem Grund gekündigt werden, anschließend war der Vertrag für den Vermittler ordentlich (Wochenfrist) kündbar. Eine solche Regelung stößt bei der „freien" Agentur – anders als bei agenturweisen Inzahlungnahme – auf keine durchgreifenden Bedenken.[144] **2263**

Während bei dem Koppelungsgeschäft in der Auslegung durch den BGH kaufrechtliche Züge dominieren, erschöpft sich die „freie" Vermittlung in einer primär fremdnützigen Geschäftsbesorgung des Vermittlers. Anders als der vermittelnde Neuwagenhändler hat der **2264**

---

138 BGH 5. 4. 1978, NJW 1978, 1482; OLG Köln 6. 2. 1985 – 24 U 170/84 – n. v.; vgl. auch BGH 31. 3. 1982, NJW 1982, 1699; OLG Köln 15. 12. 1982, MDR 1983, 489.

139 Urt. v. 31. 3. 1982, NJW 1982, 1699.

140 Urt. v. 6. 2. 1985 – 24 U 170/84 – n. v.

141 Urt. v. 29. 9. 1989 – 14 U 40/88 – n. v.

142 OLG Stuttgart 2. 4. 1987 – 7 U 308/86 – n. v.

143 OLG Stuttgart 2. 4. 1987 – 7 U 308/86 – n. v.

144 So auch *Lennartz*, a. a. O., S. 252 f.

reine Vermittler i. d. R. keine Kenntnis von den Dispositionen seines Auftraggebers im Hinblick auf eine Ersatzwagenbeschaffung. Insoweit braucht er auf die Interessen seines Vertragspartners – Gefahr einer Finanzierungslücke, drohender Doppelbesitz von Neu- und Altwagen – grundsätzlich keine Rücksicht zu nehmen. Vielmehr ist es Sache des Auftraggebers, durch individuelle Zusatzvereinbarungen seine Interessen zur Geltung zu bringen. Unter diesen Umständen ist es nicht gerechtfertigt, einem reinen Vermittler auch nach Ablauf der Mindestvertragszeit nur ein außerordentliches Kündigungsrecht zuzubilligen.

2265 Wenn vor Ablauf der vereinbarten Mindestvertragsdauer eine Kündigung nur aus wichtigem Grund ausgesprochen werden kann, wie formularvertraglich meist vorgesehen, so stellt sich die Frage, ob bei der freien Vermittlung die gleichen Maßstäbe wie bei dem Koppelungsgeschäft zu gelten haben. Wegen der unterschiedlichen Interessenlage ist in der Tat eine Differenzierung geboten. Ohne Zweifel darf auch ein reiner Vermittler im Fall der **arglistigen Täuschung** außerordentlich kündigen. Das gleiche Recht steht ihm zu, wenn sich eine **Beschaffenheitsgarantie** als unrichtig herausstellt. Anders als bei der agenturweisen Inzahlungnahme muss man noch einen Schritt weiter gehen und dem Nur-Vermittler ein Recht zur Kündigung aus wichtigem Grund bereits bei „einfacher" **Mangelhaftigkeit** des Fahrzeugs einräumen.[145] Der Nur-Vermittler darf das Fahrzeug sofort zurückgeben, wenn er nachträglich Mängel feststellt, die einem Verkauf zum vereinbarten Preislimit dauerhaft entgegenstehen. Ein Verschulden des Auftraggebers muss nicht hinzukommen. Dem kann nicht entgegengehalten werden, der „freie" Vermittler sei keinen Sachmängelansprüchen ausgesetzt. Das trifft zwar zu. Indes besteht auch für diesen Typ von Vermittler die Gefahr, in die Eigenhaftung aus Verschulden bei den Vertragsverhandlungen genommen zu werden.

2266 **Wegfall des Kündigungsrechts:** Eigene Sorgfaltswidrigkeiten des (Nur-)Vermittlers können sein Kündigungsrecht zunichte machen, z. B. eine fahrlässige Überbewertung oder eine ungenügende Untersuchung. Zu erwägen wird jedoch sein, ob dem Vermittler ein minderschwerer Eingriff in das Auftragsverhältnis zuzumuten ist. Bei behebbaren Mängeln kann es durchaus genügen, ihm ein Recht zur Herabsetzung des Preislimits in Höhe der Reparaturkosten zu geben, d. h. den – nicht garantierten – Mindestpreis zu senken.

2267 Kann der (Nur-)Vermittler den **Altwagen** nicht mehr oder nur **in beschädigtem Zustand** zurückgeben, so kann auch dies zum Wegfall seines Kündigungsrechts führen. Auf die Kündigungsbefugnis des Auftraggebers ist ein solcher Sachverhalt ohne Einfluss. Das Recht des Vermittlers zur Kündigung ist in entsprechender Anwendung des § 351 BGB a. F. ausgeschlossen gewesen, wenn er sich mit der Kündigung in Widerspruch zu seinem eigenen früheren Verhalten begeben hat. Nach Wegfall des früher in § 351 BGB a. F. geregelten Ausschlussgrundes wird man direkt auf § 242 BGB zurückgreifen können. Als Alternative bietet sich eine schadensersatzrechtliche Lösung an.

2268 Dafür, dass der Wagen nicht oder nicht in unbeschädigtem Zustand zurückgegeben werden kann, muss der Vermittler verantwortlich sein. Dies ist z. B. bei unbefugter Einschaltung eines Untervermittlers der Fall, ferner bei eigenmächtigem Verkauf unter Preislimit oder bei einem Verstoß gegen die Weisung, nur unter Gewährleistungsausschluss zu verkaufen. Gleiches gilt bei schuldhafter Zerstörung oder Beschädigung des Fahrzeugs im Betrieb des Vermittlers oder auf einer Probefahrt. Zu den Obhuts- und Fürsorgepflichten des Vermittlers s. Rdn. 2214 ff. Ein zufälliger Verlust oder eine zufällige Beschädigung des Fahrzeugs ließ die Kündigungsbefugnis des Vermittlers unberührt (§ 350 BGB a. F. analog). Daran hat sich durch die Schuldrechtsreform im Ergebnis nichts geändert.

145 Anders *Lennartz*, a. a. O., S. 264.

(3) Rechtsfolgen bei berechtigter Kündigung (Rückabwicklungsprobleme)

Durch die Kündigung wird der Vermittlungsvertrag nur für die Zukunft beendet. Die **Verkaufsvollmacht** erlischt (§ 168 BGB). Die Abwicklung des Geschäfts richtet sich in erster Linie nach Auftragsrecht (§§ 663 ff. i. V. m. § 675 BGB). Daneben sind die §§ 985 ff. BGB anwendbar.[146] Für die Lösung von Konfliktfällen kommt es auch hier entscheidend darauf an, ob der Vermittlungsvertrag isoliert oder im Zusammenhang mit einem Kauf- oder Leasingvertrag über ein anderes Fahrzeug abgeschlossen war. **2269**

„Freie" (isolierte) Vermittlung/Ansprüche des Auftraggebers: Der Vermittler ist gem. §§ 675 Abs. 1, 667 BGB zur **Herausgabe des Fahrzeugs** verpflichtet. Dem Auftraggeber, der zugleich Eigentümer ist, steht daneben ein Herausgabeanspruch aus § 985 BGB zu.[147] Mit Beendigung des Vermittlungsvertrages ist das Besitzrecht des Vermittlers erloschen. Auch die ihm überlassenen Fahrzeugpapiere und sonstige Dokumente hat er vollständig herauszugeben. Kommt der Vermittler mit der Erfüllung seiner Herausgabepflicht **in Verzug**, so kann der Auftraggeber/Eigentümer auch Ersatz seines „abstrakten" **Nutzungsausfalls** verlangen.[148] Den Eintritt des Verzugs kann ein Zurückbehaltungsrecht verhindern, das dem Vermittler aufgrund von Gegenansprüchen zusteht. **2270**

Die in der Sphäre des Vermittlers gefahrenen Kilometer sind dem Auftraggeber nur insoweit zu vergüten, als die Fahrstrecke über das für Probefahrten übliche Maß hinausgeht. Bei der Bemessung dieses Schadens kann man trotz dogmatischer Bedenken diejenigen Grundsätze heranziehen, die zur Vergütung der Gebrauchsvorteile beim Rücktritt entwickelt worden sind. Zur Rechtslage bei Verlust oder Beschädigung des Agenturfahrzeugs s. Rdn. 2214 ff. **2271**

Gegenansprüche des (Nur-)Vermittlers: Bei Beendigung des Vermittlungsvertrages vor Abschluss des Kaufvertrages über den Altwagen steht ihm unter keinem rechtlichen Gesichtspunkt **die vereinbarte Provision** zu, gleichgültig, wer von den beiden Vertragspartnern gekündigt hat. Die volle Provision kann der Vermittler selbst dann nicht verlangen, wenn der Auftraggeber den **Kündigungsgrund zu vertreten** hat, etwa bei Verschweigen eines erheblichen Unfallvorschadens. In Anlehnung an § 396 Abs. 1 S. 2 Halbs. 2 HGB sahen die ehemaligen ZDK-AGB eine Provision nur für den Fall vor, dass ein bereits vermittelter Verkauf nicht ausgeführt worden ist.[149] Die volle Provision zuzubilligen liefe auf den Ersatz des positiven Interesses hinaus. Ein etwaiger Schadensersatzanspruch des Vermittlers aus Verschulden bei Vertragsschluss ist jedoch auf den Ersatz des Vertrauensschadens (negatives Interesse) beschränkt. **2272**

Nach manchen Klauselwerken hat der Vermittler **Anspruch auf Ersatz von Aufwendungen** „aus Anlass des Auftrags", sofern der Auftraggeber die Unvermittelbarkeit des Fahrzeugs zu vertreten hat. Mitunter werden auch **Aufwandspauschalen** vereinbart, die der Auftraggeber unabhängig von einem Vertretenmüssen (Verschulden) zu entrichten hat, gleichviel, ob die Vermittlung erfolgreich war oder nicht.[150] Zu diesen Aufwendungen zählen z. B. die Abmeldegebühr, Pflege- und Instandsetzungskosten, ferner Kosten für die Bewerbung des Fahrzeugs, eine TÜV-Prüfung und Abgasuntersuchung (AU). Nach den AGB können auch die Kosten aus Anlass einer berechtigten Untervermittlung, z. B. Transport- und Versicherungskosten, vom Auftraggeber zu bezahlen sein. **2273**

---

146 Zur Anspruchskonkurrenz BGH 14. 7. 1982, NJW 1982, 2304; dazu *Schirmer*, JuS 1983, 265.
147 BGH 14. 7. 1982, NJW 1982, 2304; s. a. BGH 13. 1. 2011, NJW 2011, ... (kein Kündigungsfall).
148 BGH 14. 7. 1982, NJW 1982, 2304; vgl. auch BGH 20. 10. 1987, NJW 1988, 484.
149 Vgl. auch OLG Stuttgart 28. 3. 1988, DAR 1988, 346.
150 Beispiel dafür BGH 13. 1. 2011, NJW 2011, 1726 = DAR 2011, 252 („Werbemittel- und Platzmietpauschale").

2274 Zur Kontrollfähigkeit derartiger Klauseln nach den §§ 307 – 309 BGB und den Maßstäben der Inhaltskontrolle siehe BGH NJW 2011, 1726. Bei Pauschalen, die nur im Fall eines Verschuldens des Auftraggebers zu entrichten sind, handelt es sich um **Schadenspauschalen i. S. d. § 309 Nr. 5 BGB**, möglicherweise auch um Vertragsstrafeversprechen (§ 309 Nr. 6 BGB). Nicht erstattungspflichtig sind die Gemeinkosten des Vermittlers. Dazu rechnen auch die Lagerkosten. **Standgeld** kann der Vermittler erst verlangen, wenn der Auftraggeber mit der Abholung seines Fahrzeugs in Verzug gerät. § 396 Abs. 2 HGB steht dem nicht entgegen. Ein Tagessatz von mehr als 10 € dürfte bei einem Pkw unangemessen sein.[151] Neuere Urteile, die mehr geben, sind nicht bekannt, auch nicht aus dem Werkstattrecht.

2275 **Agenturweise Inzahlungnahme (Koppelungsgeschäft):** Bei der agenturweisen Inzahlungnahme hat der Händler nach wirksamer Kündigung des Agenturauftrags durch ihn einen Anspruch auf **Zahlung des gestundeten Restkaufpreises** bzw. – bei Leasing – auf Leistung der (vollen) Sonderzahlung. Das Neuwagengeschäft bleibt von der Kündigung des Händlers unberührt. Ihm wird nicht etwa die Geschäftsgrundlage entzogen. Die **Rechtsprechung des BGH** zum Kündigungsrecht des Händlers (s. Rdn. 2255) verteilt die Risiken der Vertragsparteien abschließend, auch und gerade mit Blick auf das Neuwagengeschäft.

2276 Auch unter Billigkeitsgesichtspunkten ist es nicht geboten, den arglistigen „Inzahlunggeber" von seiner Pflicht zur Deckung des restlichen Kaufpreises freizustellen. Gleiches gilt für den schuldlosen Auftraggeber/Käufer, dessen Garantieerklärung sich als falsch herausgestellt hat. Der Grund für das Scheitern der Agentur liegt auch hier in seiner Sphäre.

2277 Mit der vorzeitigen Beendigung des Vermittlungsvertrages wird der **gestundete Kaufpreis fällig.** Bei der Darlehenskonstruktion (Gewährung eines zinslosen Darlehens) ist es im Ergebnis nicht anders. Der Neuwagenerwerber (Käufer oder Leasingnehmer) kann die Erfüllung ablehnen, bis der Händler das Agenturfahrzeug zur Rücknahme angeboten hat (§ 273 BGB). Die Ausübung des Zurückbehaltungsrechts hindert den Eintritt von **Zahlungsverzug.** Es werden weder Verzugs- noch Prozesszinsen geschuldet.

2278 Ist nicht das Agenturfahrzeug, sondern der **Neuwagen mangelhaft,** so gilt für das Koppelungsgeschäft Folgendes: Das Nachbesserungsverlangen des Neuwagenkäufers ist ohne Einfluss auf den Fortbestand des Agenturauftrags. Auch aus der Durchführung der Nachbesserungsarbeiten oder der Lieferung eines Ersatzfahrzeugs erwächst dem Händler kein Recht zur Kündigung des Vermittlungsvertrages oder zu einer Nachverhandlung über den Mindestverkaufspreis. Erst wenn der (Neuwagen-)Kaufvertrag rückgängig gemacht wird, sei es durch Rücktritt, sei es – vergleichsweise selten – im Wege des Schadensersatzes statt der ganzen Leistung, kann jede Partei den Vermittlungsvertrag kündigen. Das Recht zur außerordentlichen Kündigung entsteht bereits mit dem Verlangen des Auftraggebers nach Rückabwicklung, nicht erst mit der Zustimmung des Händlers.

2279 Verlangt der (Neuwagen-)Käufer Rückgängigmachung des Kaufvertrages **vor Weiterverkauf** des Altwagens, ist die Rückabwicklung des Gesamtgeschäfts verhältnismäßig unproblematisch. Der Vermittlungsauftrag endet durch Kündigung oder durch einverständliche Vertragsaufhebung, hilfsweise wegen Wegfalls der Geschäftsgrundlage.[152] Der **Händler** braucht sich nicht länger um den Verkauf des Altwagens zu bemühen. Bei Rücknahmeverzug kann er Standgeld verlangen. Ein Anspruch auf Aufwendungsersatz steht ihm nur bei einem unberechtigten Verlangen nach Rückabwicklung zu.

2280 Der **Käufer/Auftraggeber** ist nicht nur zur Rücknahme seines Altfahrzeugs verpflichtet; er hat auch ein Recht auf Rückgabe (§§ 675, 667, 985 BGB). Einen etwaigen Wertver-

151 Vgl. AG Lübeck 2. 6. 1981, DAR 1982, 72; LG München I 18. 10. 2007, DAR 2008, 484.
152 Vgl. auch BGH 28. 5. 1980, NJW 1980, 2190 unter 4a; *Reinicke/Tiedtke*, Kaufrecht, Rn. 1033.

lust infolge einer längeren Standzeit muss der Käufer im Fall des Rücktritts hinnehmen. Günstiger ist seine Rechtsposition bei einem Anspruch auf den „großen" Schadensersatz. Während der nur zum Rücktritt berechtigte Käufer seinen Altwagen in natura zurücknehmen muss und lediglich den bar gezahlten Kaufpreisteil zurückverlangen kann,[153] haftet der zum „großen" Schadensersatz verpflichtete Händler schärfer: Statt des Altwagens kann der Käufer außer dem bar gezahlten Kaufpreisteil auch den Anrechnungsbetrag (vereinbarter Mindestverkaufspreis) verlangen.[154] Näheres dazu Rdn. 1503 ff.

Nicht völlig geklärt ist die Rechtslage, wenn der Käufer Rückabwicklung des Neuwagenkaufvertrags **nach Weiterveräußerung** seines Altwagens verlangt. Für die Kombination **Neuwagenkauf/Kommissionsvertrag** hat der BGH entschieden, dass der (wandlungsberechtigte) Käufer bereits ab dem Zeitpunkt des Weiterverkaufs des Altwagens den Verkaufserlös bzw. den angesetzten Mindestverkaufspreis beanspruchen kann, dies jedenfalls bei einem Verkauf zum Mindestpreis oder zu einem höheren Betrag. Ein etwaiger Mehrerlös soll dem Händler verbleiben, es sei denn, die Parteien haben ausnahmsweise eine andere Provisionsvereinbarung als die (früher) übliche Mehrerlösabrede getroffen.[155] 2281

Wie sich eine Weiterveräußerung des Altwagens im Fall eines Kommissionsverkaufs unter Mindestverkaufspreis auswirkt, ist ebenso offen wie die Rechtslage bei der ehemaligen Standardkombination Neuwagenkauf/Agenturvertrag.[156] Ungeklärt ist auch die Frage, welchen Einfluss ein Rückerwerb des Altwagens durch den Händler auf das Abwicklungsverhältnis zwischen ihm und seinem Auftraggeber hat (zur Problematik bei „fester" Inzahlungnahme s. Rdn. 1482). 2282

(4) Rechtsfolgen bei unberechtigter Kündigung

Bei unberechtigter Kündigung durch den Vermittler kann der Auftraggeber seinen Kündigungsschaden liquidieren, d. h., er ist so zu stellen, wie er ohne die ungerechtfertigte Kündigung gestanden hätte. Den vereinbarten Mindestverkaufspreis kann er nur ersetzt verlangen, wenn ihm der Nachweis gelingt, dass der Vermittler das Fahrzeug ohne die Kündigung verkauft hätte. Das OLG Hamm hält in einem solchen Fall § 287 Abs. 1 ZPO für anwendbar.[157] Auf jeden Fall hat der Vermittler die eingetretene Wertminderung auszugleichen. 2283

2. Die Unternehmer-Erwerber-Beziehung

a) Die Eigenhaftung des Unternehmers aus Kaufvertrag

Das Agenturgeschäft ist darauf angelegt, dass der Kaufvertrag nicht mit dem Kfz-Unternehmer, sondern zwischen Voreigentümer und Erwerber, meist zwei Privatpersonen, zustande kommt. Grundvoraussetzung der steuerlichen Anerkennung eines Agenturgeschäftes war und ist es, dass der Händler **im fremden Namen** und **für fremde Rechnung** gehandelt hat. 2284

Die personale Zuordnung beurteilt sich nach **§ 164 BGB** in Verbindung mit den allgemeinen Auslegungsregeln (§§ 133, 157 BGB). Zu prüfen ist, an wen sich das **Vertragsangebot** des Kaufinteressenten richtet, ob an den handelnden Unternehmer oder an einen Dritten. Bei Verwendung eines Bestellscheins „verbindliche Bestellung Vermittlungsgeschäft" oder eines im Fettdruck mit „Auftrag" überschriebenen Formulars geht das Angebot erkennbar in Richtung eines Dritten, zumal dann, wenn dessen Personalien samt Anschrift 2285

153 BGH 30. 11. 1983, BGHZ 89, 126 = NJW 1984, 429; s. a. BGH 28. 5. 1980, NJW 1980, 2190.
154 BGH 28. 11. 1994, NJW 1995, 518.
155 BGH 28. 5. 1980, NJW 1980, 2190 unter 4b; krit. *Reinicke/Tiedtke*, Kaufrecht, Rn. 1035.
156 Zur Gesamtproblematik s. *Reinicke/Tiedtke*, Kaufrecht, Rn. 1034 ff.
157 Urt. v. 22. 8. 1973, NJW 1974, 1091.

in der Formularzeile „Verkäufer“ aufgeführt sind (wie im Fall BGH NJW 1980, 2184; ebenso BGH NJW 2005, 1039).

2286 Vor allem bei **Geschäftsanbahnungen über das Internet** und bei **Online-Verkäufen** herrscht nicht selten Unsicherheit bei der Rollenverteilung. Anders als die erste Instanz[158] hat das OLG München in dem eigentlich unmissverständlichen Hinweis einer **Auktionsagentur**, das Fahrzeug werde im Namen einer bestimmten Privatperson verkauft, eine unzulässige Überraschungsklausel gesehen.[159] Das ist nicht zeitgemäß. Weitere Internet-Rechtsprechung unter Rdn. 2418 ff.

2287 Der Wille des Händlers, im Namen des Vorbesitzers/Auftraggebers zu handeln und das Kaufangebot für ihn anzunehmen, muss für den Kaufinteressenten erkennbar hervorgetreten sein – **Prinzip der Offenkundigkeit** –, andernfalls wird der Händler selbst als Vertragspartei angesehen.[160] Dem Käufer muss klar sein, dass er das Fahrzeug nicht von dem Händler, sondern von einem Dritten über den Händler kauft.

2288 Die Eintragung im Kaufvertrag und/oder im Zeitungsinserat oder auf dem Verkaufsschild, den Wagen „im Kundenauftrag“ (i. A. oder KA) zu verkaufen, legt für sich allein genommen die Stellvertretung noch nicht offen. Dieser Hinweis zwingt nicht zu dem Schluss, der Unternehmer wolle **im Namen eines Dritten** verkaufen.[161] Er lässt auch die Annahme einer **Verkaufskommission** zu (im eigenen Namen für fremde Rechnung).[162]

2289 Hinreichend offene Stellvertretung ist hingegen zu bejahen, wenn der Händler den Kaufinteressenten einen Bestellschein „Vermittlungsgeschäft“ unterschreiben lässt, in welchem er selbst unübersehbar als Vermittler/Vertreter und ein Dritter als Verkäufer aufgeführt sind.[163] Die Bestellscheine (Kaufanträge) sind drucktechnisch zumeist so konzipiert, dass die erforderliche Offenkundigkeit der Stellvertretung ohne Rückgriff auf die Begleitumstände des Geschäfts festgestellt werden kann.

2290 Wenn der Händler bestimmte Fahrzeugteile, z. B. Motor oder Getriebe, selbst repariert oder ausgewechselt und dies dem Kaufinteressenten bei den Vertragsverhandlungen mitgeteilt hat, ist Vertreterhandeln gleichwohl möglich.[164] Die Tatsache, dass der Händler bereits vor Verkauf mit seinem Auftraggeber vorläufig abgerechnet hat (Auszahlung eines Betrages in Höhe des vereinbarten Mindesterlöses), ist aus der maßgeblichen Sicht des Erwerbers schon deshalb kein Anzeichen für ein Eigengeschäft, weil ihm dieser Vorgang unbekannt ist.[165]

2291 Die gebotene Offenkundigkeit der Stellvertretung kann selbst dann noch gewahrt sein, wenn der Name des privaten Verkäufers im Bestellschein „Vermittlungsgeschäft“ völlig fehlt, aus welchem Grund auch immer. Ist aufgrund der sonstigen Umstände hinreichend deutlich, dass der Händler im Namen eines Dritten handeln wollte, so sind Name und Anschrift dieser Person entbehrlich.[166] Die Fremdbezogenheit bleibt hingegen im Dunkeln, wenn der Händler – versehentlich oder bewusst – einen „Auftrag zur Vermittlung eines Kfz“ unterschreiben lässt.[167]

158 LG Deggendorf 12. 6. 2007 – 3 O 116/06 – n. v.
159 Urt. v. 27. 3. 2008 – 8 U 3789/07 – n. v.
160 So im Fall AG Bonn 4. 6. 2003 – 7 C 19/03 – n. v.
161 Zustimmend LG Duisburg 17. 10. 2001 – 2 O 238/00 – n. v.
162 So auch OLG Saarbrücken 10. 12. 2002, OLGR 2003, 91.
163 BGH 29. 1. 1975, BGHZ 63, 382 = NJW 1975, 642.
164 BGH 17. 3. 1976, DB 1976, 954.
165 Vgl. BGH 18. 6. 1980, NJW 1980, 2184; OLG Hamburg 9. 12. 1977, DAR 1978, 336.
166 OLG Hamm 25. 2. 1986, VRS 71, 321; OLG Hamm 30. 5. 1979, AH 1979, 2643; OLG Hamburg 9. 12. 1977, DAR 1978, 336; a. A. LG Freiburg 3. 8. 1982 – 9 S 76/82 – insoweit in MDR 1983, 667 nicht abgedruckt.
167 LG Mönchengladbach 13. 9. 1979 – 6 O 111/79 – n. v.

Bei angeblich versehentlicher Verwendung eines Formulars für ein Händlereigengeschäft[168] ist es Sache des Kfz-Betriebs, die tatsächlichen Umstände darzulegen und zu beweisen, die entgegen dem **äußeren Anschein** ein Vertreterhandeln begründen sollen. Diese Umstände müssen spätestens im Zeitpunkt der Unterzeichnung des Bestellscheins (Kaufvertrag) vorliegen. **Nachträgliche Zusätze** und **Änderungen** von Seiten des Händlers, in der Praxis oft zu beobachten („Vermittlungsfalle"), sind rechtlich ohne Bedeutung. **2292**

Wenn der Händler, wie im **Agenturfall BGH NJW 2005, 1039**, ein Vertragsformular „Kaufvertrag für den privaten Verkauf eines Kraftfahrzeugs" ausfüllt und mit dem Zusatz „i. A." unterzeichnet, ist die Rollenverteilung auch aus Sicht eines durchschnittlichen Verbrauchers eindeutig.[169] Bei Verwendung eines Formulars für das Händlereigengeschäft in den Geschäftsräumen eines Gebrauchtwagenhändlers (GmbH) kann man dagegen darüber streiten, ob es zur Offenlegung der Stellvertretung genügt, dass der Verkaufsleiter des Händlers mit dem Zusatz „i. A." unterschreibt und in der Zeile „Verkäufer" eine Privatperson eingetragen ist.[170] **2293**

Beweislast: Wird der Händler, der an den Vertragsverhandlungen und/oder am Vertragsabschluss beteiligt war, als Verkäufer in Anspruch genommen, so muss im Streitfall er **beweisen,** dass er entweder ausdrücklich im Namen des Vorbesitzers aufgetreten ist oder dass sein Vertreterwille erkennbar aus den konkreten Begleitumständen hervorgegangen ist.[171] Diese Beweislastverteilung ist ein **wichtiger Schutz zumal für Verbraucher**, denen ein anderer Verbraucher als Verkäufer untergeschoben werden soll. Zu den „Strohmannfällen" s. a. Rdn. 1978 f. **2294**

b) Die Eigenhaftung aus einem Zweitvertrag

Neben dem im fremden Namen abgeschlossenen Kaufvertrag kann ein **zweiter Vertrag** mit dem Händler abgeschlossen worden sein. In Betracht kommen vor allem **Garantie-, Reparatur-, Beratungs-** und **Auskunftsverträge**. Das OLG Frankfurt hat einem Händler eine vertragliche Eigenhaftung auferlegt, weil er erklärt hatte, auf den Motor des Fahrzeugs eine Garantie für 5.000 km zu geben.[172] Zum Zwecke der Verkaufsförderung habe sich der Händler selbst verpflichten wollen. Aus heutiger Sicht wäre das ein Anwendungsfall des **§ 443 BGB**, wonach auch ein Dritter aus einer Haltbarkeits- oder Beschaffenheitsgarantie haften kann. **2295**

Obgleich die Übernahme von Garantie oder Gewährleistung durch den Vermittler persönlich grundsätzlich agenturschädlich ist, d. h., der Händler wird steuerlich als Eigenhändler angesehen, kann im Einzelfall durchaus ein selbstständiger Garantievertrag mit dem Vermittler abgeschlossen worden sein. Dies ist immer eine Frage der Auslegung. Steuerliche Implikationen sind dabei zweitrangig. Maßgebend ist der objektive Erklärungswert aus der Sicht eines durchschnittlichen Kaufinteressenten. **2296**

Im Übrigen haben die Finanzgerichte und die Finanzverwaltungen den Grundsatz der Agenturschädlichkeit von händlereigenen Garantien und Gewährleistungszusagen wiederholt durchbrochen. Nach Auffassung des BFH liegt auch dann kein Eigengeschäft des Vermittlers vor, wenn dieser zusätzlich in eigenem Namen eine (begrenzte) Garantie auf den Motor übernimmt.[173] Im Einzelfall bedarf es stets sorgfältiger Prüfung, ob ein Dritter (Voreigentümer oder Garantieunternehmen) oder der Vermittler selbst Garantiegeber ist. **2297**

---

168 So im Fall OLG Frankfurt 2. 11. 1988, NJW 1989, 1095.

169 BGH 26. 1. 2005, NJW 2005, 1039.

170 Für Offenkundigkeit KG 5. 5. 2010, DAR 2010, 521.

171 BGH 1. 4. 1992, NJW-RR 1992, 1010; OLG Bremen 2. 7. 1968, DAR 1968, 269 = MDR 1968, 1007; s. a. LG Potsdam 15. 6. 2005, SVR 2006, 24.

172 Urt. v. 9. 3. 1977 – 19 U 126/76 – n. v.

173 Urt. v. 29. 9. 1987, BB 1988, 192 (Jahreswagen).

2298 Wenn der **Vorbesitzer** dem Kfz-Betrieb zusammen mit dem Vermittlungsauftrag einen **Werkstattauftrag** zur Ausführung bestimmter Reparaturarbeiten erteilt hat, kann der Käufer aus dem Reparaturvertrag grundsätzlich keine Rechte herleiten. Gleiches gilt für einen Reparaturauftrag ohne direkten Zusammenhang mit einer Agentur. Ersatzansprüche stehen dem Vorbesitzer zu. Der Reparaturvertrag, für den im Zweifel die allgemeinen Reparaturbedingungen des Händlers gelten, entfaltet **keine Schutzwirkung** zugunsten des potenziellen Käufers. Ihn darin einzubinden, läuft auf eine Fiktion des Parteiwillens hinaus. Eine solche Konstruktion ist auch nicht notwendig. Denn der Käufer kann sich die Ansprüche des Vorbesitzers (vor allem auf Schadensersatz aus § 634 Nr. 4 BGB) abtreten lassen oder unmittelbar gegen den Vorbesitzer aus der Sachmängelhaftung vorgehen. Bei Mangelfolgeschäden, z. B. aus einem Unfall, war Letzteres früher wenig hilfreich. Eine den Vorbesitzer bindende Zusicherung i. S. v. §§ 459 Abs. 2, 463 S. 1 BGB a. F. wurde meistens verneint, selbst wenn der Vermittler den Käufer auf die von ihm ausgeführten Reparaturarbeiten ausdrücklich hingewiesen hatte, also nicht nur Erklärungen abgegeben hatte wie „werkstattgeprüft" oder „TÜV neu …". Bei dieser Sachlage rückt ein Schadensersatzanspruch aus § 634 Nr. 4 BGB in den Vordergrund. Er kann nicht mit dem Argument verneint werden, der Vorbesitzer habe keinen eigenen Schaden. Der Schaden des Käufers wird insoweit zum eigenen Schaden des Vorbesitzers/Verkäufers, als dieser unter dem Gesichtspunkt der Sachmängelhaftung und aus den §§ 823 Abs. 1, 831 BGB ersatzpflichtig ist. Infolgedessen kommt hier auch **keine Drittschadensliquidation** in Betracht.

2299 Der Vorbesitzer/Verkäufer dürfte in jedem Fall verpflichtet sein, dem Käufer die Ansprüche aus dem Reparaturvertrag mit dem Vermittler **abzutreten.** Unabhängig von einer eigenen Schadensersatzhaftung ist dies eine kaufvertragliche Nebenpflicht. Eine stillschweigende oder konkludente Abtretung im Rahmen des Kaufvertrages anzunehmen, erscheint bedenklich.

2300 Bei Schlechterfüllung des Werkstattauftrags, z. B. bei einer **mangelhaften Reparatur** der Bremsanlage, ist stets zu prüfen, ob der Vermittler gegenüber dem Käufer eine **eigene Gewährleistung oder Garantie** übernommen hat. Eine solche begrenzte Risikoübernahme wäre nicht agenturschädlich. Wenn überhaupt, sind **stillschweigende Haftungszusagen** zugunsten des Käufers zu erwägen. Dass der Vermittler das Agenturfahrzeug im Auftrag des Vorbesitzers instand gesetzt hat, kann noch keine vertragliche Haftung gegenüber dem Käufer begründen, selbst wenn er von diesen Arbeiten Kenntnis hatte. Zu verlangen ist eine konkrete Erklärung des Vermittlers mit Bezug auf die Reparaturarbeiten. Insoweit können Kurzinformationen wie „werkstattgeprüft" oder „TÜV neu 12/08" genügen.

2301 Fraglich ist nur, ob der Vermittler solche Erklärungen im eigenen Namen oder namens des Vorbesitzers abgegeben hat. Mit der h. M.[174] ist in diesen Fällen ein Vertreterhandeln zu bejahen (vgl. auch Rdn. 2227 ff.). Es gibt keinen zwingenden Grund, bei geschäftstypischen Angaben wie „werkstattgeprüft" statt einer Fremd- eine Eigenwirkung anzunehmen. Wenn der Händler den Kaufvertrag ausdrücklich namens des Vorbesitzers abschließt, signalisiert er damit Fremdwirkung ohne Wenn und Aber. Ohne konkrete Anhaltspunkte im Erklärungsverhalten des Vermittlers kann der Kaufinteressent nicht davon ausgehen, der Vermittler wolle auch nur für einen Teil des Geschäfts eine eigene Verpflichtung übernehmen. Allein das Interesse des Erwerbers, anstelle des nur dem Namen nach bekannten Vorbesitzers den Kfz-Händler als Fachmann zum Vertragspartner zu haben, kann entgegen *Jacobs*[175] noch kein vertragliches Band entstehen lassen. Bloße Interessen – zumal einseitige – sind im Rahmen der Prüfung nach § 164 Abs. 1 BGB von untergeordneter Bedeutung. Es geht auch nicht darum, eine Haftungslücke zugunsten des Käufers zu schließen. Nach der

174 *Huber*, JZ 1988, 923, 925; *Eggert*, NJW 1990, 549; *G. Müller*, BB 1990, 2136; a. A. *H. H. Jacobs*, NJW 1989, 696.
175 NJW 1989, 696.

Rechtsprechung kann der Käufer den Vermittler aus Verschulden bei Vertragsschluss und aus § 179 BGB persönlich in Anspruch nehmen, in seiner Eigenschaft als Verbraucher kann er überdies § 475 Abs. 1 S. 2 BGB (Umgehungsverbot) quasi als Anspruchsgrundlage einsetzen.

Keine vertragliche Eigenhaftung des Vermittlers begründen auch Erklärungen wie z. B. 2302
„Verkäufer garantiert Unfallfreiheit“ oder „Fahrzeug hatte laut Angabe des Vorbesitzers nur kleineren Blechschaden“. Gleiches gilt für die üblichen Informationen über den Kilometerstand bzw. die Gesamtfahrleistung. In all diesen Fällen kommt aber eine persönliche Haftung des Vermittlers aus §§ 280 Abs. 1, 311 Abs. 3, 241 Abs. 2 BGB in Betracht, sofern die Sachmängelhaftung nicht mit Hilfe des § 475 Abs. 1 S. 2 BGB auf den Händler übergeleitet werden kann.

Auch bei Agenturverkäufen kann es vorkommen, dass dem Käufer bei oder nach Ab- 2303
schluss des Kaufvertrages bestimmte Reparaturen, Nach- oder Umrüstungen zugesagt werden. Solche Zusatzabreden machen der Rechtsprechung schon beim Eigengeschäft erhebliche Schwierigkeiten (vgl. Rdn. 2549 ff.). Ein Agenturgeschäft führt zu weiteren Komplikationen. Die Fragen lauten: Eigenhandeln oder Vertreterhandeln? Handeln mit oder ohne Vertretungsmacht (einschl. Anscheins- und Duldungsvollmacht, ferner § 56 HGB)? Teilnichtigkeit der „Sondervereinbarung“ oder Gesamtnichtigkeit des Kaufvertrages?

Ein Großteil dieser Fragen wird in der Entscheidung des Kammergerichts vom 29.1. 2304
1987[176] behandelt. Es ging darum, ob die Erklärung des Vermittlers im Bestellschein „Getriebegeräusche werden behoben“ dem verklagten Privatverkäufer zuzurechnen ist. LG und KG haben die Klage abgewiesen. Fraglich sei schon, ob die Vereinbarung namens des Beklagten getroffen worden sei. In jedem Fall fehle es aber an der erforderlichen Vertretungsmacht. In vergleichbaren Fällen wurde ähnlich entschieden.[177] Insgesamt neigt die Rechtsprechung dazu, den Vorbesitzer bei derartigen „Sondervereinbarungen“ zu schonen und den Vermittler in die Alleinhaftung zu nehmen. § 475 Abs. 1 BGB hat diese Tendenz noch verstärkt.

c) Die Vermittler-Eigenhaftung nach §§ 280 Abs. 1, 311 Abs. 3 BGB

Seit der Grundsatzentscheidung des BGH vom 29. 1. 1975[178] wird die persönliche Haf- 2305
tung des Vermittlers in erster Linie unter dem Gesichtspunkt des **Verschuldens bei Vertragsschluss** erörtert. Während der BGH den Haftungsgrund zunächst ausschließlich, zumindest aber vorrangig, in der **Inanspruchnahme besonderen Vertrauens** bzw. in der **„Sachwalterstellung“** des Vermittlers gesehen hat,[179] hat er in späteren Entscheidungen das **wirtschaftliche Eigeninteresse** als Zurechnungsgrund herangezogen.[180] Dass der Tatbestand „Inanspruchnahme besonderen Vertrauens“ jedenfalls **bis zur Schuldrechtsmodernisierung** gleichrangig im Sinne einer Alternativität neben dem wirtschaftlichen Eigeninteresse gestanden hat, zeigen die BGH-Entscheidungen vom 28. 1. 1981[181] und vom 29. 1. 1997[182].

In dem Dilemma, dem sich die Gerichte nach der globalen Einführung des Kfz-Agentur- 2306
geschäfts ausgesetzt sahen, erschien die c. i. c.-Lösung trotz ihrer dogmatischen Brüchig-

---

176 22 U 2877/86 – n. v.

177 OLG Schleswig 16. 7. 1985 – 3 U 144/84 – n. v. („TÜV neu ...“); OLG Düsseldorf 20. 2. 1992, zfs 1993, 14 = OLGR 1992, 154 (selbstständiger Werkvertrag mit Vermittler ohne Wandlungsbefugnis nach § 634 BGB a. F.).

178 BGHZ 63, 382 = NJW 1975, 642 = WM 1975, 309.

179 So BGHZ 63, 382 = NJW 1975, 642; DB 1976, 954; NJW 1977, 1914 = WM 1977, 1048.

180 Urt. v. 14. 3. 1979, NJW 1979, 1707; vorsichtiger 28. 1. 1981, NJW 1981, 922.

181 BGHZ 79, 281 = NJW 1981, 922.

182 NJW 1997, 1233.

keit als brauchbarer, vielleicht sogar notwendiger Kompromiss. Sie war freilich eine Notlösung. Durch die **Änderung des Umsatzsteuerrechts** zum 1. 7. 1990 und die damit verbundene Ablösung des Agenturverkaufs als Massengeschäft hat sie weiter an Legitimation verloren. Trotz veränderter Rahmenbedingungen haben die Gerichte bei Fällen aus der Zeit nach 1990 ohne Bedenken weiterhin auf die c. i. c.-Konstruktion zurückgegriffen.[183] Das Schrifttum, von Beginn an auf Seiten der Judikatur, ist dieser traditionellen Linie nahezu geschlossen gefolgt.

2307 Nach **In-Kraft-Treten der Schuldrechtsreform** hat man keinen Anlass zu einer Neuorientierung gesehen. Dies umso weniger, als der Reformgesetzgeber die von der Rechtsprechung entwickelte Eigenhaftung des Vertreters/Vermittlers in § 311 Abs. 3 BGB kodifiziert hat. In der Agentur-Entscheidung vom 26. 1. 2005[184] und im Urteil vom 16. 12. 2009 („fliegender Zwischenhändler")[185] geht **der BGH** wie selbstverständlich von der Anwendbarkeit des **§ 311 Abs. 3 BGB** aus.

aa) besonderes Vertrauen und Sachwalterstellung

2308 Es heißt zwar allgemein: **„Gebrauchtwagenkauf ist Vertrauenssache."** Der Kauf eines gebrauchten Autos ist aber nicht notwendigerweise eine Sache „besonderen Vertrauens".[186] Ob ein Fall der Inanspruchnahme besonderen Vertrauens i. S. v. § 311 Abs. 3 BGB zu bejahen ist, hängt von einer **Gesamtwürdigung der konkreten Umstände** ab, unter denen es zum Kaufvertrag gekommen ist.[187] Maßgeblich sind insbesondere: die **Bezeichnung des Unternehmens** (z. B. „Autohaus ...", „Gebrauchtwagencenter"), seine **Größe,** die **technische und personelle Ausstattung** des Betriebs, seine **Werbung/Präsentation** (z. B. „Meisterbetrieb" oder „alle Fahrzeuge werkstattgeprüft") **im Internet** oder anderweitig. **Wesentliche indizielle Bedeutung** misst **der BGH** nach wie vor dem Umstand bei, dass der Händler die gesamten Vertragsverhandlungen bis zum Abschluss des Kaufvertrages im Rahmen seiner Tätigkeit als Kfz-Händler **allein geführt** hat, während der Käufer zum eigentlichen Verkäufer keinen Kontakt gehabt hat.[188] Dass an Stelle des Händlers (Geschäftsinhabers) ein Angestellter tätig geworden ist, tut der Vertrauensbeziehung keinen entscheidenden Abbruch.[189] Die Inanspruchnahme besonderen Vertrauens setzt nach Ansicht des BGH nicht voraus, dass der Betrieb eine eigene Werkstatt unterhält.[190] Es muss auch kein Markenhändler sein. Erforderlich ist auch nicht, dass der Kaufinteressent bereits einmal einen Gebrauchtwagen bei demselben Händler erworben hat.[191] Ein mehr als einmaliger Kontakt, gar eine dauerhafte Geschäftsverbindung können andererseits vertrauensbildend wirken.

2309 Der auf Kfz-Händler wenig passende, vom BGH in diesem Kontext neuerdings auch nicht mehr benutzte Begriff **„Sachwalter"** ist schon deshalb fehl am Platz, weil der Kfz-Händler zugleich Vertreter des Altwageneigentümers ist und damit eindeutig auf der Anbie-

---

183 OLG Köln 13. 7. 2000 – 18 U 266/99 – n. v.; OLG Hamm 20. 1. 1997, OLGR 1997, 120; OLG Dresden 12. 11. 1997, DAR 1999, 68; OLG Rostock 3. 2. 1999, DAR 1999, 218.

184 NJW 2005, 1039.

185 NJW 2010, 858 = DAR 2010, 200.

186 So schon die Ausgangsentscheidung BGHZ 63, 382 = NJW 1975, 642.

187 Grundlegend BGH 29. 1. 1975, BGHZ 63, 382 = NJW 1975, 642; v. 28. 1. 1981, BGHZ 79, 281 = NJW 1981, 922.

188 Urt. v. 16. 12. 2009, NJW 2010, 858 = DAR 2010, 200 Tz. 24.

189 Die Angestellten selbst haften nicht aus c. i. c., auch nicht bei einer Verkaufsprovision, sondern nur nach den §§ 823 ff. BGB; vgl. OLG Köln 16. 5. 1986 – 19 U 8/86 – n. v.; s. a. BGH 4. 7. 1983, WM 1983, 950.

190 Urt. v. 16. 12. 2009, NJW 2010, 858 = DAR 2010, 200 Tz. 24; v. 28. 1. 1981, BGHZ 79, 281 = NJW 1981, 922 (aber Hinweis auf kooperierende Werkstatt).

191 BGH 16. 12. 2009, NJW 2010, 858 = DAR 2010, 200 Tz. 24.

terseite steht.[192] Auch sein wirtschaftliches Eigeninteresse (dazu Rdn. 2320) spricht gegen eine qualifizierte Vertrauensstellung, jedenfalls macht es nicht „besonders" vertrauenswürdig.

Aus der maßgeblichen Sicht des Kaufinteressenten bestehen zwischen den einzelnen Gruppen von Kfz-Vermittlern erhebliche Unterschiede. Die Erwartung, die ein **Vertragshändler** (Fabrikatshändler) beim früher allgemein üblichen agenturweisen Verkauf eines Autos seiner Hausmarke erweckt hat, unterschied sich deutlich von der Redlichkeitserwartung in einen **reinen Gebrauchtwagenhändler,** der sein Verkaufsbüro in einem auf einem Hinterhof abgestellten Wohnwagen oder Container unterhielt oder sich in einer ehemaligen Tankstelle ohne Werkstattbetrieb etabliert hatte. Beim Ankauf über derart unseriös wirkende Vermittler/Händler ist keine der beiden Fallgestaltungen zu bejahen, die der BGH[193] bei der Beschreibung der besonderen Vertrauensbeziehung unterscheidet. Alleinverhandeln und Abschließen des Kaufvertrages ohne sichtbare Mitwirkung des Auftraggebers kann ein besonderes, über die normale Verhandlungsloyalität hinausgehendes Vertrauen nicht rechtfertigen, wenn nach den äußeren Gegebenheiten (Betriebsgröße, Präsentation, Lage) vernünftigerweise Anlass zu Misstrauen besteht. **2310**

Ob im Bereich des sog. seriösen Gebrauchtwagenhandels mit der Ablösung des Agenturgeschäfts als Massenphänomen ein Verlust an Vertrauen der Kundschaft dann zu konstatieren ist, wenn ein gebrauchter Pkw ausnahmsweise nicht per Eigenschäft, sondern auf dem Agenturweg angeboten wird, ist zumindest eine Überlegung wert. Wenn nicht alles täuscht, signalisiert ein Pkw-Verkauf „im Kundenauftrag" **unter den heutigen Bedingungen** eine deutlich größere Distanz des Vermittlers zum Fahrzeug und dessen Qualität als in der Zeit zwischen 1968 und 1990. **2311**

Wer, wie z. B. ein **Tankstellenpächter**, nur als **Gelegenheitsvermittler** tätig wird, nimmt i. d. R. kein besonderes Vertrauen für sich selbst in Anspruch. Auch bei einem **Werkstattinhaber ohne An- und Verkauf**, der für seine Kunden nur die Verkaufsverhandlungen übernommen hat, kann davon keine Rede sein.[194] Anders mag es sein, wenn er – wie im Fall OLG Hamm DAR 1996, 499 – Reparaturarbeiten durchgeführt hatte. Bei den **Jahreswagenvermittlungen** tritt die Person des Vermittlers weitgehend in den Hintergrund. Eine besondere Vertrauenswerbung unterbleibt, weil das Kaufobjekt für sich selbst wirbt. **2312**

Ohne individuell gesetzte Vertrauensumstände[195] kann sich die normale Redlichkeitserwartung zum besonderen Vertrauen durch Maßnahmen verdichten wie das Führen des ZDK-Vertrauenssiegels oder Werbeaussagen wie „alle Fahrzeuge werkstattgeprüft", „durch Meisterhand geprüft" oder „auf alle Fahrzeuge ein Jahr Garantie".[196] **2313**

Besonderes Vertrauen kann durch individuelle Umstände wie eine **fachkundige Beratung** und Aufklärung über den Zustand des Gebrauchtwagens, durch Hinweise auf eine eigene Inspektion und/oder Probefahrt hervorgerufen werden. Zu würdigen sind auch Erklärungen wie „bis zur Lieferung wird das Fahrzeug noch technisch und optisch durchgearbeitet"[197] oder „TÜV-fertig" gemacht. **Vertrauensfördernd** sind ferner Garantien, Nachbesserungsversprechen, die Übergabe von Befundberichten anerkannter Prüforganisatio- **2314**

---

192 Zum Begriff „Sachwalter" s. BGH 11. 7. 1988, NJW 1989, 293; BGH 29. 1. 1997, NJW 1997, 1233; *Schautes/Mallmann*, JuS 1999, 537.

193 Urt. v. 29. 1. 1997, NJW 1997, 1233 unter II, 2b; dazu *Radke/Mand*, Jura 2000, 243.

194 A. A. LG Köln 15. 12. 1987 – 14 O 242/86 – n. v.

195 Wozu auch eine Internetanzeige ohne Hinweis auf eine Vertreterstellung gehören kann (so im Fall BGH NJW 2010, 858, s. Urteil der Vorinstanz).

196 Auch die Vorlage eines Spezialkatalogs kann vertrauensbildend wirken, vgl. OLG Frankfurt 2. 11. 1988, NJW 1989, 1095.

197 Vgl. BGH 28. 1. 1981, NJW 1981, 922.

nen oder – wie im Fall BGH DB 1976, 954 – der händlereigene Einbau von Ersatzteilen wie Motor und Getriebe oder eine Unfallreparatur (OLG Hamm DAR 1996, 499).

2315 Aus Erklärungen des Vermittlers wie „Voreigentümer hat das Fahrzeug generalüberholt" oder „Fahrzeug ist vom Voreigentümer restauriert"[198] oder „Voreigentümer hat Unfallfreiheit bescheinigt" lässt sich ein besonderes persönliches Vertrauen hingegen nicht herleiten.[199] Solche Erklärungen enthalten eine subjektive Einschränkung. Dies gilt auch für die geschäftstypischen Informationen über bestimmte Unfallschäden und über die Gesamtfahrleistung. Hier fehlt nur selten der Zusatz „laut Verkäufer". Der Vermittler gibt diese Informationen nur weiter. Sie stammen – für den Käufer erkennbar – vom Vorbesitzer. Auf ihn stützt sich ein etwaiges Vertrauen in die sachliche Richtigkeit dieser Angaben, mag er dem Käufer auch persönlich unbekannt bleiben. Kontraindiziell ist jedenfalls eine individualvertragliche Erklärung wie „Wir geben keinerlei Garantie" o. Ä.[200]

2316 Um die persönliche Haftung des Vermittlers/Vermittlers nach § 311 Abs. 3 BGB vertrauensrechtlich zu begründen, genügt es nicht, dass er in besonderem Maße Vertrauen für sich selbst in Anspruch genommen hat. Der Käufer muss auch besonderes Vertrauen **entgegengebracht** haben,[201] d. h., das für sich persönlich in Anspruch genommene Vertrauen muss sich in den Vertragsverhandlungen mit dem Vermittler auch tatsächlich niedergeschlagen haben. Es muss für den Kaufentschluss nicht nur kausal geworden sein, sondern das Verhalten des Käufers „maßgeblich beeinflusst" haben.[202] An diese Rechtsprechung knüpft **§ 311 Abs. 3 S. 2 BGB** an, wenn es heißt, durch die Inanspruchnahme des besonderen Vertrauens müssten die Vertragsverhandlungen oder der Vertragsschluss **erheblich beeinflusst** worden sein.

2317 Auch dieses Tatbestandsmerkmal muss der Käufer **darlegen und beweisen**, wenn er den Vermittler/Vertreter aus §§ 311 Abs. 3, 241 Abs. 2, 280 Abs. 1 BGB auf Schadensersatz in Anspruch nimmt. Insoweit kommt ihm indes eine **Darlegungs- und Beweiserleichterung** zugute. Denn nach der Lebenserfahrung ist davon auszugehen, dass einem Kfz-Vermittler, der „besonderes Vertrauen" für sich in Anspruch nimmt, dieses Vertrauen auch entgegengebracht wird. Ein tatsächlicher Vertrauensbeweis des Käufers wird häufig in einem **Unterlassen eigener Vorsichtsmaßnahmen** liegen. Wer ausnahmsweise einen eigenen Sachverständigen zur Besichtigung und Probefahrt mitbringt, wer den Kauf von einer Diagnose in einer Fremdwerkstatt oder von einer Begutachtung durch einen neutralen Sachverständigen (z. B. ADAC) abhängig macht, offenbart nicht notwendigerweise sein Misstrauen und wenn ja, dann vielleicht zu Beginn der Kaufverhandlungen, nicht unbedingt auch am Ende. Eigene Vorsichtsmaßnahmen des Käufers und ein Vertrauenserweis schließen sich nicht aus. Von der Realität ein Stück weit entfernt ist die Einschätzung *Wiedemanns*[203], einem Gebrauchtwagenhändler bringe niemand besonderes persönliches Vertrauen entgegen. Es geht nicht um ein Vertrauen in die Person des Vermittlers, sondern um das Vertrauen in seine berufliche Sachkunde.

2318 In seinem besonderen Vertrauen muss der Kaufinteressent auch **schutzwürdig** sein, d. h., es ist auch danach zu fragen, ob er seinem Verhandlungspartner **besonderes Vertrauen schenken durfte.** Mit diesem normativen Element wird die Vertrauenshaftung Dritter in solchen Fällen ausgeschlossen, in denen die „Vertrauensperson" erkennbar außerhalb

198 Dazu KG 4. 7. 1991 – 16 U 1422/91 – n. v.

199 So auch KG 4. 7. 1991 – 16 U 1422/91 – n. v.

200 Vgl. LG Köln 17. 12. 1990 – 32 O 275/90 – n. v.

201 Besonders deutlich BGH 28. 1. 1981, NJW 1981, 922; s. a. BGH 7. 12. 1992, NJW-RR 1993, 342; im Urteil vom 16. 12. 2009, NJW 2010, 858 nicht mehr geprüft, s. aber auch BGH 12. 1. 2011, NJW-RR 2011, 462 Tz. 13.

202 BGH 29. 1. 1997, NJW 1997, 1233.

203 NJW 1984, 2286.

ihres gesetzlichen oder vertraglichen Aufgabenbereichs tätig geworden ist.[204] Dieser Gesichtspunkt hat in den Gebrauchtwagenfällen bislang keine Rolle gespielt. Insbesondere hat man nicht darauf abgestellt, ob der Vermittler bei der Inanspruchnahme besonderen Vertrauens im Rahmen seiner Vertretungsmacht gehandelt hat.

In seinem besonderen Vertrauen soll auch derjenige **nicht schutzwürdig** sein, der „Erkenntnismöglichkeiten innerhalb der eigenen Sphäre außer Acht gelassen hat".[205] Wer über eigene Erkenntnismöglichkeiten verfügt, ist von den Angaben seines Vertragspartners weniger abhängig, braucht ihm also nicht „besonders" zu vertrauen. Auch von dieser Möglichkeit des Haftungsausschlusses, die auf dem Gedanken des venire contra factum proprium beruht, hat die Rechtsprechung für den Bereich des Altwagenhandels bislang keinen Gebrauch gemacht. Dabei kann diese Frage durchaus akut werden, z. B., wenn ein Kfz-Mechaniker oder Kfz-Sachverständiger einen Gebrauchtwagen agenturweise erwirbt. Der richtige Platz für diesen Gesichtspunkt dürfte bei der Kausalität des besonderen Vertrauens für die Verhandlungen und deren Ergebnis sein. **2319**

bb) Eigenhaftung wegen wirtschaftlichen Eigeninteresses

Aus der Neuregelung in § 311 Abs. 3 BGB könnte der Schluss gezogen werden, dass ein wirtschaftliches Eigeninteresse, mag es noch so stark sein, keine hinreichende Grundlage mehr liefert, um ein Schuldverhältnis zu einem Dritten entstehen zu lassen. In Wirklichkeit lässt § 311 Abs. 3 BGB diese Frage offen.[206] Neben der Fallgestaltung „Inanspruchnahme besonderen Vertrauens" bleibt Raum für andere Entstehungsgründe („insbesondere ..."). Der Reformgesetzgeber wollte die Eigenhaftung Dritter, soweit vom BGH anerkannt, nicht beschränken und Weiterentwicklungen durch die Rechtsprechung nicht blockieren. Das wirtschaftliche Eigeninteresse ist zwar keine zwingende Voraussetzung für eine Haftung aus § 280 Abs. 1 i. V. m. § 311 Abs. 3 BGB. Als alternative Haftungsbegründung ist es indes weiterhin tauglich. **2320**

Allerdings ist die Entwicklung der Rechtsprechung zum Kriterium „wirtschaftliches Eigeninteresse" **nicht ohne Verwerfungen** verlaufen. Der Einschätzung von *Canaris*[207], der BGH habe es nahezu vollständig aufgegeben, kann aus Sicht des Kfz-Handels nur bedingt zugestimmt werden. Das **Provisionsinteresse** von Vermittlern bzw. Vertretern ist nach Meinung des BGH als ein nur **mittelbares Interesse** für sich allein nicht geeignet, die persönliche Haftung aus culpa in contrahendo zu begründen.[208] Unter Berufung auf diese Rechtsprechung hat das Kammergericht das Provisionsinteresse des Kfz-Vermittlers nicht genügen lassen.[209] Welche Stärke das wirtschaftliche Eigeninteresse haben muss, lässt sich trotz einer umfangreichen Kasuistik bis heute nicht sicher einschätzen. Zu beachten ist, dass der Vermittler eines bankfinanzierten Kaufs eine doppelte Provision erzielen kann. **2321**

Die auf den Agenturverkauf als Geschäftstyp gemünzte Aussage des BGH, der Vermittler habe **wirtschaftlich die Verkäuferposition** inne,[210] legt die Annahme nahe, dass es ihm nicht auf Art und Inhalt der Provisionsabrede ankam, auch nicht darauf, ob der Vermitt- **2322**

---

204 BGH 22. 4. 1981, WM 1981, 876.
205 BGH 22. 4. 1981, WM 1981, 876.
206 *Canaris*, JZ 2001, 499, 520.
207 Schuldrechtsmodernisierung 2002, S. XIX.
208 Urt. v. 23. 10. 1985, NJW 1986, 586 (Handelsvertreter); BGH 11. 10. 1988, ZIP 1988, 1576; BGH 17. 10. 1989, WM 1989, 1923; BGH 17. 6. 1991, MDR 1992, 232; s. a. BGH 29. 1. 1997, NJW 1997, 1233.
209 Urt. v. 4. 7. 1991 – 16 U 1422/91 – n. v.; anders OLG Köln 18. 12. 1991, OLGR 1992, 49, für eine „VW-Vermittlung", die den Mehrerlös als Provision beansprucht hat; OLG Hamburg 1. 4. 1992, NJW-RR 1992, 1399; s. a. OLG Frankfurt 28. 1. 2005, DAR 2005, 284.
210 Urt. v. 28. 1. 1981, NJW 1981, 922.

lungsauftrag in Verbindung mit einem Kaufvertrag über einen Neuwagen oder einen „neuen“ Gebrauchten steht, also Bestandteil eines Koppelungsgeschäfts ist. Dem BGH schien bereits der Umstand zu genügen, dass der Kfz-Händler – seinerzeit zutreffend – aus steuerlichen Gründen seine Verkäuferrolle gegen den Vermittlerstatus getauscht hat.

2323 Eine Sondersituation bestand insoweit – vor Einführung der Differenzbesteuerung im Jahre 1990 – bei **Gelegenheitsvermittlern** wie z. B. Tankstellenpächtern, reinen Jahreswagenvermittlern und auch bei Vermittlern auf privaten Automärkten.[211] Die Rechtsformwahl war in diesen Fällen anders motiviert. Seit dem 1. 7. 1990 sind steuerliche Gründe auch für Autohäuser nur noch ausnahmsweise maßgebend.

2324 Andererseits hat der BGH das Eigeninteresse des Vermittlers nicht aus seiner Rolle, sondern aus **konkreten Einzeltatsachen** hergeleitet, z. B. der Vorab-Auszahlung eines Betrages in Höhe des unteren Preislimits,[212] der seinerzeit üblichen Mehrerlösvereinbarung („Mehrerlös ganz“) oder der Klausel im Kaufvertrag „Barzahlung an Vermittler“.[213] In der Entscheidung vom 17. 3. 1976 hat der BGH[214] ein Indiz für das „starke wirtschaftliche Interesse“ darin gesehen, dass der Vermittler den Altwagen in Anrechnung auf den Preis für einen Neuwagen hereingenommen hat.

2325 Bei dieser früher typischen Konstellation – **unechte Inzahlungnahme** – war das wirtschaftliche Interesse des Händlers am Absatz des Altwagens in der Tat besonders stark. Denn nach Ansicht des BGH übernahm der Händler eine **Garantie für den vereinbarten Mindestverkaufspreis**. Der Sache nach handelte es sich um einen Festpreis mit der Folge, dass der Händler das Absatzrisiko trug. Gleichwohl gab der BGH in Fällen aus der Zeit vor der Schuldrechtsreform beim Kauf über einen Neuwagenhändler dem Vertrauensgedanken mit der Figur des Sachwalters den Vorzug. Zur Interessenbewertung beim **bankfinanzierten Agenturverkauf** s. BGH NJW 2005, 1039 und OLG Dresden DAR 1999, 68.

2326 In der Rechtsprechung des BGH zumindest vorübergehend an Boden gewonnen hat die Formel von der **„Tätigkeit in gleichsam eigener Sache“** (procurator in rem suam). So heißt es in mehreren BGH-Entscheidungen zum alten Recht, der Vertreter/Vermittler hafte wegen eines eigenen Interesses nur dann persönlich, wenn er „dem Verhandlungsgegenstand besonders nahe steht, also wirtschaftlich betrachtet gleichsam in eigener Sache verhandelt“.[215] Er müsse zumindest in einer Weise aufgetreten sein, die seine Gleichstellung mit einem künftigen Vertragspartner rechtfertige. In BGH DB 1976, 954 wird der Akzent auf das „Nahestehen“ gesetzt und das wirtschaftliche Interesse als Indiz hierfür gesehen. Wieder anders lautet die Formel in BGH NJW 1981, 2810, wo von der Beeinflussung der Vertragsverhandlungen wegen eigenen wirtschaftlichen Interesses gesprochen wird. In mehreren Gebrauchtwagenfällen hat der BGH andererseits wieder die **eigenständige Bedeutung** des Kriteriums „Eigeninteresse“ betont.[216]

2327 Der BGH (VIII. Senat) hat es dann später – unter Modifizierung seiner früheren Auffassung – so formuliert: „Der Vertreter muss dem Verhandlungsgegenstand besonders nahe stehen, weil er wirtschaftlich selbst stark an dem Vertragsabschluss interessiert ist und aus dem Geschäft eigenen Nutzen erstrebt.“[217] Erforderlich sei eine so enge Beziehung zum Gegenstand der Vertragsverhandlung, dass der Vertreter als eine Art „procurator in

211 Dazu LG Oldenburg 3. 12. 1986, DAR 1987, 122; zur Jahreswagenvermittlung s. LG Bremen 13. 10. 1983, DAR 1984, 91.
212 Urt. v. 14. 3. 1979, NJW 1979, 1707; vgl. auch OLG Koblenz 1. 7. 1987, NJW-RR 1988, 1137.
213 Urt. v. 28. 1. 1981, NJW 1981, 922.
214 DB 1976, 954.
215 BGH 29. 1. 1997, NJW 1997, 1233.
216 Urt. v. 29. 6. 1977, NJW 1977, 1914; 14. 3. 1979, NJW 1979, 1707; 28. 1. 1981, NJW 1981, 922.
217 Urt. v. 23. 10. 1985, NJW 1986, 586; 29. 1. 1992, WM 1992, 699.

rem suam“ wirtschaftlich gleichsam in eigener Sache beteiligt ist.[218] Er müsse als wirtschaftlicher Herr des Geschäfts anzusehen sein.

Wirtschaftlich der Herr des Geschäfts ist in Fällen der **„unechten Inzahlungnahme“** 2328
regelmäßig der Kfz-Händler, nicht sein Auftraggeber, der Neufahrzeugkäufer. Darin liegt der entscheidende Grund für die Annahme eines Umgehungsgeschäfts nach § 475 Abs. 1 S. 2 BGB. Anders liegen die Dinge bei einer **reinen Agentur**. Bei diesem Geschäftstyp erschöpft sich das Eigeninteresse des Vermittlers erfahrungsgemäß darin, eine möglichst hohe Provision zu erzielen. Das Absatz- und Preisrisiko trägt er i. d. R. nicht. Folglich wird man sein wirtschaftliches Interesse als ein nur „mittelbares“ anzusehen haben, was nach der Rechtsprechung des BGH für eine Eigenhaftung allein nicht ausreichend ist.[219]

cc) Haftungsbegründende Pflichtwidrigkeiten des Vermittlers

Kfz-Vermittler wurden schon nach altem Recht nicht für jedes Fehlverhalten persönlich 2329
aus culpa in contrahendo haftbar gemacht. Zum einen mussten die Pflichten solche des Vermittlers persönlich sein.[220] Zum anderen musste es sich um **spezielle „Vertrauenspflichten“** handeln, d. h., eine persönliche Haftung des Vermittlers aus c. i. c. war unter dem Vertrauensaspekt nur zu rechtfertigen, wenn und insoweit er die qualifizierte Verlässlichkeitserwartung des Kunden enttäuscht und ihm hierdurch Schaden zugefügt hat. Das konnte auch durch ein Fehlverhalten **nach Abschluss des Kaufvertrages** geschehen.[221]

Die Rechtsprechung hat den vertrauensbezogenen Ansatz für den Grund der Eigenhaf- 2330
tung des Kfz-Vermittlers nicht konsequent durchgehalten. Denn mit der c. i. c.-Haftung erfasste sie – unabhängig von einem der beiden Haftungsgründe – den gleichen Kreis von Störfällen, für die der Vermittler, wäre er Verkäufer im Rechtssinn, nach den §§ 459 ff. BGB a. F. oder nach den Vorschriften über die Rechtsmängelhaftung hätte einstehen müssen. Soweit die Sachmängelhaftung eine Schadensersatzpflicht ohne Verschulden des Verkäufers vorsah (§ 463 S. 1 BGB a. F.), wurde der Unterschied zur c. i. c.-Haftung durch einen **hohen Sorgfaltsmaßstab** nivelliert.

Seit dem 1. 1. 2002 ist die Sachmängelhaftung in das allgemeine Leistungsstörungsrecht 2331
integriert. Verkäuferhaftung und Eigenhaftung des Vermittlers sind damit auch rechtlich zusammengewachsen. Der Pflichteninhalt ist indessen nach wie vor ungleich. Während es nunmehr eine primäre Leistungspflicht des Verkäufers ist, die Kaufsache mangelfrei zu liefern (§ 433 Abs. 1 S. 2 BGB), wenn nicht im ersten, so doch im zweiten Anlauf (§ 439 Abs. 1 BGB), beurteilt sich der Pflichtenkanon des Vermittlers nach **§ 241 Abs. 2 BGB** i. V. m. § 311 Abs. 3 S. 1 BGB.

Hauptanwendungsfälle der Eigenhaftung des Kfz-Vermittlers aus §§ 280 Abs. 1, 311 2332
Abs. 3 BGB sind:

- schuldhaft falsche Angaben über den Fahrzeugzustand,
- schuldhaft unterlassene Aufklärung über wesentliche Eigenschaften des Fahrzeugs,
- schuldhaft unterlassene Aufklärung über wesentliche Umstände ohne Sachbezug zur Beschaffenheit des Fahrzeugs wie z. B. seine Herkunft,
- Verstoß gegen Untersuchungspflichten.

218 Vgl. auch BGH 2. 3. 1988, NJW 1988, 2234; 29. 1. 1997, NJW 1997, 1233.
219 Ebenso *Lennartz*, a. a. O., S. 274.
220 BGH 29. 1. 1975, BGHZ 63, 382 = NJW 1975, 642; 22. 4. 1981, WM 1981, 876.
221 BGH 29. 1. 1997, NJW 1997, 1233; OLG Dresden 9. 12. 1998 – 8 U 2864/98.

2333 In all diesen Fällen genügt Fahrlässigkeit. Bei Arglist des Vermittlers hat der Käufer (erst recht) einen Anspruch aus c. i. c.[222] An die **Aufklärungspflicht** stellte die Rechtsprechung im alten Recht die gleichen **strengen Anforderungen** wie im Fall des Eigengeschäfts. Zu den Voraussetzungen der Arglisthaftung des Verkäufers und den einzelnen Fallgruppen. Die Anforderungen sind in der Tat nicht deshalb geringer, weil Verkäufer im Rechtssinn ein Privatmann ohne die einem Händler eigene Sachkunde und Erfahrung ist.

2334 Auch bei der **Fahrlässigkeitshaftung** ist nicht der Verkäufer, sondern der Vermittler selbst die maßgebliche Bezugsperson für die Bestimmung der Sorgfaltsanforderungen. Vom Ansatz her genügt bereits **leichte Fahrlässigkeit.** Um den Käufer beim Agenturkauf nicht schlechter zu stellen als beim Direktkauf vom Händler, hat der BGH **hohe Anforderungen** an die Sorgfalt des Kfz-Vermittlers gestellt.[223] Angesichts des strengen Maßstabs, den der BGH entgegen dem OLG Köln[224] und dem OLG Bremen[225] glaubte anlegen zu müssen, lief diese Rechtsprechung im praktischen Ergebnis auf **eine Art Garantiehaftung** des Kfz-Vermittlers hinaus. Verschiedene Instanzgerichte haben den BGH missverstanden und eine verschuldensunabhängige Haftung des Vermittlers angenommen.[226]

2335 Um bei **unrichtigen Zustandsangaben** ohne nachweisbare Arglist zum seinerzeit haftungsnotwendigen Verschulden zu gelangen, rekurrierte die Rechtsprechung auf **Prüf- und Untersuchungspflichten** des Vermittlers. Typisch war folgender Gedankengang: „Sichert der Vermittler eine Eigenschaft des Fahrzeugs zu, haftet der Verkäufer ohne Rücksicht auf Verschulden. Der Vermittler handelt in einem solchen Fall fahrlässig, wenn er das Fahrzeug auf das Vorhandensein der zugesicherten Eigenschaft nicht ausreichend untersucht."[227]

2336 Was man bis zur Schuldrechtsreform als haftungsbegründendes Fehlverhalten des Vermittlers anerkannt hat, erfüllt nach neuem Recht den Tatbestand der Pflichtverletzung i. S. v. § 280 Abs. 1 i. V. m. § 241 Abs. 2 BGB. Gesicherte Anwendungsfälle sind: fahrlässiges und erst recht vorsätzliches (arglistiges) Verschweigen von Umständen, die für den Kaufentschluss von erheblicher Bedeutung sind,[228] ferner schuldhaft falsche Fehlinformationen über die Beschaffenheit des Fahrzeugs, also sämtliche **Informationspflichtverletzungen**, die zu einem nicht erwartungsgerechten Vertrag führen. Das schließt die Eigentumsfrage ein, d. h. die Eigenhaftung des Vermittlers greift auch dann ein, wenn er dem Käufer ein **gestohlenes Fahrzeug** vermittelt hat, dessen Herkunft er bei gehöriger Sorgfalt hätte erkennen müssen. Zur Untersuchungspflicht insoweit s. BGH NJW 1980, 2184.

2337 **Darlegungs- und Beweislast:** Der Käufer braucht lediglich den objektiven Tatbestand einer Pflichtverletzung vorzutragen und notfalls zu beweisen. Dass der Vermittler die Pflichtverletzung nicht zu vertreten hat, steht zu seiner Beweislast. Wenn er namens des

---

222 BGH 16. 12. 2009, NJW 2010, 858 („fliegender Zwischenhändler"); BGH 29. 1. 1975, BGHZ 63, 382 = NJW 1975, 642 (Unfall verschwiegen); OLG Düsseldorf 30. 6. 1978, MDR 1979, 56 (Unfall); BGH 14. 3. 1979, NJW 1979, 1707 (Rostanfälligkeit verschwiegen); OLG Koblenz 1. 7. 1987, NJW-RR 1988, 1137 (Bagatellisierung eines Unfallschadens); OLG Hamburg 1. 4. 1992, BB 1992, 1888; OLG Düsseldorf 16. 4. 1992, DAR 1993, 347 (Unfallfreiheit „ins Blaue hinein"); OLG Köln 26. 3. 1993, DAR 1993, 350 = NJW-RR 1993, 1138; OLG Hamm 20. 1. 1997, OLGR 1997, 120 (Unfallfreiheit ins Blaue hinein).

223 Grundlegend Urt. v. 17. 3. 1976, DB 1976, 954; vgl. auch BGH 25. 5. 1983, NJW 1983, 2192.

224 Urt. v. 15. 10. 1975, BB 1976, 106 (insoweit nicht abgedruckt).

225 Urt. v. 9. 9. 1966, DAR 1968, 128.

226 Z. B. LG Bochum 20. 10. 1979, DAR 1981, 15.

227 OLG Düsseldorf 1. 8. 1986 – 14 U 71/86 – n. v. („fahrbereit"); ähnlich BGH 3. 11. 1982, NJW 1983, 217 (BMW 1602-Fall); BGH 17. 3. 1976, DB 1976, 954 (Angaben über Laufleistung eines selbst eingebauten Motors); OLG Hamm 25. 2. 1986, VRS 71, 321 („werkstattgeprüft"); OLG Düsseldorf 16. 4. 1992, OLGR 1992, 277 („unfallfrei").

228 Wie z. B. der Erwerb von einem „fliegenden Zwischenhändler" (BGH 16. 12. 2009, NJW 2010, 858).

Verkäufers eine Garantie i. S. v. § 276 Abs. 1 BGB übernommen hat, die Zusage aber unrichtig ist, ist für seine persönliche Haftung am Verschuldenserfordernis festzuhalten. Nach der Rechtsprechung vor der Schuldrechtsreform haben Kfz-Vermittler im Grundsatz nur bei einem Verschulden gehaftet. Daran ist für das neue Recht festzuhalten.

Dadurch, dass der Vermittler die Verschuldensvermutung (§ 280 Abs. 1 S. 2 BGB) widerlegen muss, ist seine **Eigenhaftung wesentlich verschärft** worden. Zu den Entlastungsmöglichkeiten s. Rdn. 3691 ff. **2338**

dd) Haftungsbegründende Kausalität

Zur Darlegung eines Schadensersatzanspruchs nach §§ 280 Abs. 1, 311 Abs. 2 und 3, 241 Abs. 2 BGB gehört die Behauptung, das Fehlverhalten des Händlers oder eines Mitarbeiters sei für den Kaufentschluss und damit für den Vertragsabschluss ursächlich geworden.[229] Es kommt darauf an, ob der Käufer den Vertrag bei zutreffender Unterrichtung nicht oder zumindest nicht mit dem vereinbarten Inhalt geschlossen hätte. Hierfür spricht eine schon die Darlegungslast erleichternde **tatsächliche Vermutung**. Sie zu widerlegen wird dem Vermittler auferlegt.[230] Den **Gegenbeweis** kann er mit der Behauptung antreten, auch bei korrekter Information hätte der Käufer das Fahrzeug zu den gleichen Bedingungen gekauft (Sowieso-Kauf). In der Praxis wird über diese innere Tatsache so gut wie nie Beweis erhoben. Meist fehlt es bereits an der erforderlichen Behauptung. Wird sie ausnahmsweise aufgestellt, bleibt dem Vermittler praktisch nur die Parteivernehmung als Beweismittel. **2339**

ee) Vermögensschaden

Weitere Voraussetzung für einen Anspruch wegen Verschuldens bei den Vertragsverhandlungen war nach altem Recht, dass die Pflichtverletzung zu einem **Vermögensschaden** geführt hat. Dass die Dispositionsfreiheit (Entschließungsfreiheit) beeinträchtigt war, genügte der Rechtsprechung nicht. Der Vertrag musste für den Käufer wirtschaftlich nachteilig sein. Das ist zweifelhaft, wenn das Fahrzeug den Kaufpreis wert ist, der Käufer möglicherweise sogar ein „Schnäppchen" gemacht hat. Ob er gleichwohl im Wege der Naturalrestitution (§ 249 Abs. 1 BGB) verlangen kann, dass der Vertrag aufgehoben wird, ist umstritten.[231] **2340**

ff) Ausschluss und Beschränkung der Eigenhaftung des Vermittlers

(1) Keine Verdrängung, aber Begrenzung durch die Sachmängelhaftung

Die Sperrwirkung der Sachmängelhaftung als Spezialregelung schlug im alten Recht auf die c. i. c.- Eigenhaftung des Vermittlers nicht durch. Begründet wurde dies mit der **rechtlichen Selbstständigkeit** der vertragsähnlichen Eigenhaftung.[232] Die gebotene **Gleichstellung** von Vermittler und Verkäuferhaftung nahm der BGH auf einer anderen Ebene vor, indem er den Vermittler im Ergebnis nicht strenger haften ließ als den Verkäufer. An dieser richtigen Sichtweise hat sich durch die **Schuldrechtsreform** nichts geändert.[233] Zur Konsequenz hat das, dass der Vermittler indirekt vom Recht des Verkäufers auf zweite Andienung profitiert. M. a. W.: Der **Vorrang der Nacherfüllung** kommt auch ihm zugute. Solange der Käufer den Verkäufer aus Gründen des Nacherfüllungsvorrangs (kein erfolgloser **2341**

229 BGH 26. 1. 2005, NJW 2005, 1039 unter II 2.

230 BGH 17. 3. 1976, DAR 1976, 186; BGH 16. 1. 1985, NJW 1985, 1769, 1771; OLG Naumburg 15. 1. 2009 – 1 U 50/08 – BeckRS 2010, 02257 (Vorinstanz zu BGH NJW 2010, 858).

231 Vgl. BGH 19. 5. 2006, NJW 2006, 3139; *Theisen*, NJW 2006, 3102.

232 BGH 29. 1. 1975, BGHZ 63, 382 = NJW 1975, 642; 28. 1. 1981, NJW 1981, 922.

233 BGH 12.1. 2011, NJW-RR 2011, 462 Tz. 14/18; *Reinicke/Tiedtke*, Kaufrecht, Rn. 760.

Ablauf einer angemessenen Nacherfüllungsfrist) auf Schadensersatz statt der Leistung nicht in Anspruch nehmen kann, steht ihm auch kein inhaltsgleicher Anspruch gegen den Vermittler zu.[234] Aufheben kann der Käufer die Sperrwirkung des Nacherfüllungsvorrangs, indem er einen Sachverhalt darlegt und beweist, der eine Fristsetzung entbehrlich macht (dazu Rdn. 927 ff.). Andernfalls muss er dem Verkäufer zunächst eine angemessene Frist zur Nacherfüllung setzen. Erst nach deren Ablauf ist der Weg frei für einen Schadensersatzanspruch nach §§ 280 Abs. 1, 311 Abs. 3 BGB. Bei einer **arglistigen Täuschung** über ein Beschaffenheitsmerkmal des Fahrzeugs entfällt nicht nur der Nacherfüllungsvorrang, aufgehoben wird auch die Sperrwirkung, die die Sachmängelhaftung gegenüber der Haftung aus Verschulden bei Vertragsschluss entfaltet.[235]

(2) Auswirkung gesetzlicher Haftungsausschlüsse und -begrenzungen

2342 Der gesetzliche Haftungsausschluss gem. **§ 442 Abs. 1 BGB** kann auch die Sachwalterhaftung zunichte machen.[236] Zu den Anwendungsfällen des § 442 BGB beim Gebrauchtfahrzeugkauf s. Rdn. 3918 ff.

2343 Im Anwendungsbereich des § 442 Abs. 1 BGB ist für den Einwand des Vermittlers aus § 254 Abs. 1 BGB kein Raum, d. h., dem Käufer steht ein uneingeschränkter Schadensersatzanspruch aus §§ 280 Abs. 1, 311 Abs. 3, 241 Abs. 2 BGB auch dann zu, wenn er den Sachmangel aus **leichter Fahrlässigkeit** nicht erkannt hat. In Garantie- und Arglistfällen schadet ihm sogar grobe Fahrlässigkeit nicht.

2344 Außerhalb des Anwendungsbereichs des § 442 BGB ist dem Vermittler der **Einwand mitwirkenden Verschuldens** bei der Schadensentstehung (§ 254 Abs. 1 BGB) nicht abgeschnitten. So kann er sich auf Fahr- und Bedienungsfehler des Käufers berufen.

2345 Ohne Einschränkung zulässig ist der Einwand des Mitverschuldens, soweit es um die **Schadenshöhe** geht.

(3) Auswirkung vertraglicher Haftungsbeschränkungen

2346 Wenn und soweit die **Sachmängelhaftung des Verkäufers** wirksam ausgeschlossen oder begrenzt worden ist (s. dazu Rdn. 3962 ff.), kommt dies auch dem Vermittler zugute. Der BGH begründet diese Wirkung mit der These, die Vermittlerhaftung gehe nicht weiter als die vertragliche Verkäuferhaftung.[237] Vergleichsmaßstab ist dabei die konkrete Haftung des Verkäufers/Auftraggebers, nicht die hypothetische Haftung des Händlers bei einem Eigengeschäft.

2347 Ob es sich bei dieser Gleichstellung um eine Strukturfrage, um Vertragsauslegung oder um eine reine Billigkeitserwägung handelt, hat der BGH bislang offen gelassen. Im Ergebnis ist ihm zuzustimmen.[238] Der Käufer verdient beim Agenturkauf keinen stärkeren Schutz als beim Direktkauf vom Händler. Umgekehrt – und das ist der entscheidende Gedanke – darf der Händler in seiner Eigenschaft als Vermittler nicht schlechter gestellt sein als beim Eigengeschäft.

2348 Diese **Ausstrahlungswirkung von Freizeichnungsklauseln** bedeutet im Einzelnen: Soweit der Verkäufer sich mit Erfolg auf eine Beschränkung oder einen Ausschluss seiner Sachmängelhaftung berufen kann, darf der Vermittler dies in gleicher Weise. Soweit die

---

234 BGH 12. 1. 2011, NJW-RR 2011, 462 Tz. 15.

235 BGH 12. 1. 2011, NJW-RR 2011, 462 Tz. 16.

236 BGH 28. 1. 1981, NJW 1981, 922; OLG Koblenz 1. 7. 1987, NJW-RR 1988, 1137; OLG Köln 11. 5. 1990, NJW-RR 1990, 1144 jeweils zu § 460 BGB a. F.

237 Urt. v. 29. 1. 1975, BGHZ 63, 382, 387 = NJW 1975, 642; 25. 5. 1983, NJW 1983, 2192; v. 12. 1. 2011, NJW-RR 2011, 462 Tz. 18.

238 So auch die h. L., z. B. *Reinicke/Tiedtke*, Kaufrecht, Rn. 760.

Verkäufer schützende Freizeichnungsklausel nicht greift, aus welchem Grund auch immer, vermag sie auch den Vermittler nicht zu schützen. Für den Fall des Verkaufs mit einem an sich zulässigen Gewährleistungsausschluss heißt dies praktisch: Nur in den Anwendungsfällen des **§ 444 BGB**, also bei arglistiger Täuschung und im Fall einer unrichtigen Beschaffenheitsgarantie, kann sich der Vermittler ebenso wenig wie der Verkäufer auf die Haftungsbeschränkung berufen.

Nicht profitieren kann der Vermittler/Vertreter von einer Klausel, wie sie z. B. im Abschn. VII Nr. 4 der ZDK-Verkaufsbedingungen (7/03) steht. Hiernach ist die persönliche Haftung der gesetzlichen Vertreter, Erfüllungsgehilfen und Betriebsangehörigen des Verkäufers für von ihnen durch leichte Fahrlässigkeit verursachte Schäden ausgeschlossen. Diese Klausel kann ihrem erkennbaren Sinn und Zweck nach nicht auf die Eigenhaftung des Vermittlers aus §§ 280 Abs. 1, 311 Abs. 3 BGB bezogen werden. **2349**

Demgegenüber können sich **Schriftform-, Bestätigungs-** und ähnliche **Klauseln** zugunsten des Vermittlers auf seine persönliche Haftung auswirken, immer vorausgesetzt, dass diese Klauseln in den Kaufvertrag einbezogen[239] und wirksam sind (dazu Rdn. 3266 ff.). **2350**

gg) Rechtsfolgen der Eigenhaftung des Vermittlers

Kaufrechtliche Sachmängelrechte (§ 437 BGB): Sie kann der Käufer grundsätzlich nur gegenüber seinem Vertragspartner, nicht auch gegenüber dem Vermittler des Kaufs, geltend machen. Ein Ansatz für die Verkäuferhaftung eines als „Vermittler" auftretenden Händlers ist neben § 164 Abs. 2 BGB der Tatbestand der „anderweitigen Gestaltung" i. S. d. § 475 Abs. 1 S. 2 BGB („Umgehungsfälle"). **2351**

Das bedeutet konkret: In seiner – rechtlich gesicherten – Eigenschaft als bloßer Vermittler/Vertreter ist ein Kfz-Händler persönlich grundsätzlich nicht zur (kaufrechtlichen) **Nacherfüllung** verpflichtet, selbst wenn ihm eine Nachbesserung mit Hilfe seiner Werkstatt möglich wäre. Umgekehrt hat der Vermittler ohne entsprechende Abrede kein Recht dazu, statt Schadensersatz in Geld zu leisten, den Mangel selbst zu reparieren oder dem Käufer einen Ersatzwagen anzubieten. Das **Recht zur zweiten Andienung** ist an die Verkäuferstellung gebunden. Im Wege der Vereinbarung unter Beteiligung des Käufers kann es jedoch auf den Vermittler übertragen werden; gegenüber einem Verbraucher aber nur nach Mängelanzeige. **2352**

Schadensersatz in Form des Vertrauensschadens: Nach einer Pflichtverletzung bei den Vertragsverhandlungen kann die geschädigte Vertragspartei **grundsätzlich** nur **Ersatz des Vertrauensschadens** verlangen.[240] Dem ist der BGH für die persönliche Haftung des Kfz-Vermittlers gefolgt.[241] Die Rechtsprechung zum alten Recht ließ den Fahrzeugkäufer – dogmatisch nicht unbedenklich – zwischen **zwei Möglichkeiten der Schadensersatzleistung** (Schadensberechnung) frei wählen. Selbst bei nur fahrlässiger Pflichtverletzung des Vermittlers hielt man den Käufer für berechtigt, statt des „einfachen" Schadensersatzes in Form des verbliebenen Restvertrauensschadens („kleine Lösung") Aufhebung und Rückabwicklung des gesamten Kaufvertrages zu verlangen. Praktisch lief Letzteres auf eine Wandelung bzw. den „großen" Schadensersatz mit einem Nicht-Verkäufer hinaus. **2353**

Diese „große Lösung" war und ist in zweifacher Hinsicht problematisch. Sie kollidiert einerseits mit § 123 BGB, wenn dem Vermittler nur Fahrlässigkeit zur Last fällt. Andererseits kann die Rückabwicklung eines Vertrages mit einem Nichtvertragspartner mit erheblichen Schwierigkeiten verbunden sein, praktischen wie rechtlichen, nicht zuletzt vollstre- **2354**

239 Dazu OLG Frankfurt 2. 11. 1988, NJW 1989, 1095.
240 BGH 19. 5. 2006, NJW 2006, 3139 m. w. N.
241 Grundlegend BGHZ 63, 382 = NJW 1975, 642.

ckungsrechtlichen. Bedenken dieser Art haben die Rechtsprechung – zumal in den Kfz-Fällen – unbeeindruckt gelassen.

2355 **Ausgangspunkt** ist jetzt § 280 Abs. 1 BGB. Danach kann der Gläubiger Ersatz desjenigen Schadens verlangen, der ihm durch die Pflichtverletzung entstanden ist. Der Käufer ist also so zu stellen, wie er bei Offenbarung der für seinen Vertragsentschluss maßgeblichen Umstände stünde.[242] Hätte er das Fahrzeug bei korrekter Aufklärung über den Unfallvorschaden nicht oder nicht für den vereinbarten Preis gekauft, hat er keinen Anspruch auf Anpassung des Vertrages. Er hat lediglich das Recht, an dem unerwünschten Vertrag festzuhalten.[243] Entscheidet er sich für diese (kleine) Lösung, kann er den ihm verbleibenden (Rest-)Vertrauensschaden liquidieren. Schaden wäre laut BGH (V. ZS) der Betrag, um den er das Fahrzeug zu teuer erworben hat.[244]

2356 Nicht den Vertrauensschaden soll nach BGH ein Käufer geltend machen, der nach Rücktritt vom Vertrag seine Rückabwicklungsansprüche gegenüber einem Händler (Vermittler) verfolgt.[245] Das positive Interesse (Erfüllungsinteresse) ist es jedenfalls nicht. Richtiger Ansicht nach hat der Kläger in dem BGH-Fall Ersatz seines negativen Interesses in einer Form verlangt, wie sie die Rechtsprechung jahrzehntelang akzeptiert hat („große“ Lösung). Dass Käufern dieser Weg jetzt versperrt ist, wird man der Entscheidung des BGH vom 26. 1. 2005[246] nicht entnehmen können. Ein so weitreichender Schritt hätte einer näheren Begründung bedurft.

(1) Die „große“ Lösung (Rückabwicklung)

2357 Sie zielt auf eine Rückabwicklung des Vertrages ab. Der Käufer ist so zu stellen, wie er ohne Abschluss des Vertrages stünde. Er kann Wiederherstellung des früheren Zustandes verlangen (§ 249 Abs. 1 BGB). Zunächst stellt sich die Frage, ob eine Vertragsaufhebung bzw. Rückabwicklung bei einer **nur unerheblichen Pflichtverletzung analog** §§ 323 Abs. 5 S. 2, 281 Abs. 1 S. 3 BGB ausgeschlossen ist. Wenn der Bagatelleinwand gegenüber dem Verkäufer durchgreift (dazu näher Rdn. 1022 ff.), scheidet die „große“ Lösung auch mit Blick auf den Vermittler aus. Denn seine Haftung geht nicht weiter als die des Verkäufers. Bei beiderseitiger Haftung aus c. i. c., etwa wegen arglistiger Täuschung, besteht ein „natürlicher“ Gleichlauf in den Rechtsfolgen.[247]

2358 Eine erhebliche Pflichtverletzung oder eine doppelte c. i. c.-Haftung vorausgesetzt, kann der Käufer die Rückabwicklung des Kaufvertrages verlangen. Er ist zwar nicht verpflichtet, von sich aus die **Rückgabe des Fahrzeugs** anzubieten. Aus Kostengründen empfiehlt sich aber eine Klage auf Rückzahlung des Kaufpreises Zug um Zug gegen Rückgabe des Fahrzeugs (zur Prozesstaktik s. a. Rdn. 2370 ff.). Der Vermittler hat nämlich ein Zurückbehaltungsrecht (§ 273 BGB), das er ohne Abtretung geltend machen kann.

2359 War der Käufer außerstande, das Fahrzeug **im ursprünglichen Zustand** zurückzugeben, so war der Anspruch auf Aufhebung und Rückabwicklung des Vertrages im alten Recht unter den gleichen Voraussetzungen **ausgeschlossen**, die zum Verlust des Wandlungsrechts oder des „großen“ Schadensersatzanspruchs aus § 463 BGB a. F. führten. Diese Ausschlusstatbestände sind jetzt auf einer anderen Ebene von Bedeutung (s. Rdn. 3793 ff.). Auch der Einwand der **Verwirkung** kommt in Betracht,[248] s. a. Rdn. 3796 ff.

---

242 BGH 19. 5. 2006, NJW 2006, 3139.
243 BGH 19. 5. 2006, NJW 2006, 3139.
244 BGH 19. 5. 2006, NJW 2006, 3119.
245 BGH 26. 1. 2005, NJW 2005, 1039 unter II 2.
246 NJW 2005, 1039.
247 OLG Naumburg 15. 1. 2009 – 1 U 50/08 – BeckRS 2010, 02257 (Vorinstanz zu BGH NJW 2010, 858).
248 Vgl. OLG Koblenz 1. 7. 1987, NJW-RR 1988, 1137.

Die **Gebrauchsvorteile,** die dem Käufer durch die Benutzung des Fahrzeugs zugeflossen sind, wirken sich bei der Schadensberechnung schadensmindernd aus. Der Vermittler muss sie aber im Wege der Aufrechnung geltend machen, obgleich eine **Vorteilsausgleichung** stattfindet.[249] Zur Begründung s. Rdn. 3788. Werden Verkäufer und Vermittler zusammen auf Schadensersatz oder auf Rückabwicklung nach Rücktritt (Verkäufer) und Schadensersatz (Vermittler) verklagt, sind jeweils beide Ansprüche zu kürzen. Zur Berechnung des Vorteils s. Rdn. 3789. **2360**

Außer der Rückzahlung des Kaufpreises konnte der Käufer im früheren Recht bei der „großen" Lösung **Ersatz von Aufwendungen** verlangen, die infolge der Vertragsaufhebung für ihn nutzlos waren. Erstattet wurden – ähnlich wie bei der Wandlung oder dem großen Schadensersatz aus § 463 BGB a. F. – insbesondere folgende Positionen: **2361**

- Abschlusskosten, z. B. Kosten der Reise zum Betrieb des Vermittlers,
- Kosten einer vom Händler vermittelten Garantie,
- Transportkosten,
- Neuzulassungskosten (Ummeldekosten),[250]
- Kosten einer Abnahme nach § 29 StVZO,[251]
- Finanzierungskosten,[252]
- Garagenkosten,
- Kosten der Schadensfeststellung (Gutachterkosten),[253]
- Abschleppkosten,[254]
- Standgelder,
- Kosten für notwendige Reparatur- und Wartungsarbeiten,[255]
- Mietwagenkosten für die Reparaturzeit,[256]
- Stilllegungskosten,[257]
- Umrüstungskosten (Anhängerkupplung usw.),
- außergerichtliche Anwaltskosten,[258]
- fixe Betriebskosten.

All diese Schadenspositionen sind auch im modernisierten Schuldrecht erstattungsfähig.[259] Die Frage kann nur sein, ob der Vermittler als Nichtvertragspartei aus § 284 BGB oder aus § 280 Abs. 1 BGB haftet. Konsequenterweise müsste die Rechtsprechung auf § 280 BGB zurückgreifen. Denn Aufwendungsersatz nach § 284 BGB gibt es anstelle **2362**

---

249 OLG Koblenz 1. 7. 1987, NJW-RR 1988, 1137; OLG Köln 24. 2. 1989 – 19 U 214/88 – n. v.

250 A. A. OLG Hamm 9. 2. 1983 – 19 U 182/82 – n. v. (allgemeine Betriebskosten, die der Kunde tragen muss, da er den Wagen genutzt hat); für Erstattungsfähigkeit der Kosten der Ummeldung des Ersatzfahrzeugs OLG Zweibrücken 4. 7. 1984, DAR 1985, 59; vgl. auch LG Bremen 13. 10. 1983, DAR 1984, 91.

251 OLG Zweibrücken 4. 7. 1984, DAR 1985, 59.

252 Vgl. BGH 29. 1. 1975, BGHZ 63, 382 = NJW 1975, 642; BGH 17. 5. 1995, WM 1995, 1145 unter II, 1; OLG Dresden 12. 11. 1997, DAR 1999, 68.

253 Vgl. BGH 29. 1. 1975, BGHZ 63, 382 = NJW 1975, 642; OLG Hamm 9. 9. 1996, DAR 1996, 499; OLG Hamm 20. 1. 1997, OLGR 1997, 120.

254 LG Berlin 5. 12. 1990 – 22 O 366/90 – n. v.

255 OLG Koblenz 1. 7. 1987, NJW-RR 1988, 1137.

256 OLG Düsseldorf 1. 8. 1986 – 14 U 71/86 – n. v.

257 BGH 29. 1. 1975, BGHZ 63, 382 = NJW 1975, 642.

258 AG Köln 21. 10. 1987 – 120 C 180/87 – n. v.

259 S. a. OLG Naumburg 15. 1. 2009 – 1 U 50/80 – BeckRS 2010, 02257 (Vorinstanz zur BGH NJW 2010, 858).

des Schadensersatzes statt der Leistung und der kann im Rahmen der Vermittlereigenhaftung grundsätzlich nicht liquidiert werden.

2363 Eine Verpflichtung des Vermittlers zum Ersatz **entgangenen Gewinns** hat die Rechtsprechung bislang nicht angenommen; auch nicht bei Arglist, was aber zu befürworten ist, weil der Gewinnverlust Teil des zu ersetzenden Vertrauensschadens sein kann.[260]

(2) Die „kleine" Lösung (keine Rückabwicklung)

2364 Die **zweite Möglichkeit** der Schadensberechnung war früher folgende: Der Käufer blieb beim Vertrag stehen, behielt sein Fahrzeug und liquidierte seinen „kleinen" Schaden. Er konnte den Betrag ersetzt verlangen, um den er im Vertrauen auf die Richtigkeit der Angaben des Vertreters/Vermittlers das Fahrzeug **zu teuer** erworben hat.[261] Der **Mindestschaden** des Käufers bestand in der Zahlung eines **überhöhten Kaufpreises.** Wie bei der Minderung wurde der Kaufpreis herabgesetzt. Auszugleichen war der Wertunterschied zwischen dem mangelfreien und dem mangelhaften Fahrzeug. Einig war man sich darin, dass der Käufer statt des Minderwerts einfach die Instandsetzungskosten ersetzt verlangen durfte.[262]

2365 Diese Berechnungsform ist durch die **Schuldrechtsreform** nicht in Frage gestellt worden.[263] Erstattungsfähig sind sämtliche Vermögenseinbußen, die auf die Pflichtverletzung ursächlich zurückgehen, abgesehen von dem reinen Mangelschaden (Minderwert), z. B. die Kosten für den Einbau eines Austauschmotors oder eines Austauschgetriebes.[264] Nach den Grundsätzen der Vorteilsausgleichung sind ggf. Abzüge wegen neu für alt zu machen. Zu ersetzen sind ferner die Kosten für die Inanspruchnahme eines Mietwagens für die Dauer der Reparatur.[265] Zu beachten sind etwaige Haftungsbegrenzungsklauseln. Der Schaden des Käufers kann auch in Aufwendungen (z. B. Steuerzahlungen) bestehen, von denen der Vermittler fälschlich behauptet hat, sie würden nicht anfallen oder seien schon bezahlt.[266] Wegen weiterer Einzelheiten der Schadensberechnung wird auf die vergleichbare Situation beim kleinen Schadensersatz (statt der Leistung) verwiesen (Rdn. 3720 ff.).

hh) Verjährung

2366 Schadensersatzansprüche wegen Verschuldens bei Vertragsschluss verjähren jetzt nicht mehr in 30, sondern grundsätzlich **in 3 Jahren** (§ 195 BGB). Bei gleichzeitiger Verlängerung der kaufrechtlichen Verjährung von 6 Monaten auf 2 Jahre (mit der Möglichkeit der Abkürzung auf 1 Jahr gem. § 475 Abs. 2 BGB) ist der Abstand damit erheblich geschrumpft. Das wirft die Frage auf, ob es weiterhin gerechtfertigt ist, den Schadensersatzanspruch aus persönlicher Eigenhaftung (§§ 311 Abs. 3, 280 Abs. 1 BGB) verjährungsrechtlich an die kaufrechtliche Verjährung anzugleichen.

2367 Nach altem Recht hat man zugunsten des Vermittlers die kurze Frist des § 477 BGB a. F. allerdings nur dann maßgeblich sein lassen, wenn die Pflichtwidrigkeit in einer unterlassenen oder falschen Aufklärung bestand und diese eine zusicherungsfähige Eigenschaft der

---

260 *Stoll*, JZ 1999, 96.
261 BGH 11. 10. 1991, DB 1992, 322 (V. ZS) – Eigenhaftung des Vertreters eines Grundstücksverkäufers; BGH 28. 3. 1990, DAR 1990, 263 (VIII. ZS) = JZ 1990, 1075 m. Anm. *Tiedtke* (c. i. c.-Haftung des Verkäufers einer Motoryacht).
262 Wie bei der Minderung und dem kleinen Schadensersatz aus § 463 BGB a. F., vgl. OLG Karlsruhe 30. 3. 1979, OLGZ 1979, 431; OLG Köln 20. 1. 1987 – 15 U 136/86 – n. v.
263 S. a. BGH 19. 5. 2006, NJW 2006, 3139; OLG Hamm 3. 3. 2005, ZGS 2005, 315.
264 OLG Düsseldorf 1. 8. 1986 – 14 U 71/86 – n. v.
265 OLG Düsseldorf 1. 8. 1986 – 14 U 71/86 – n. v.
266 Vgl. BGH 28. 3. 1990, DAR 1990, 263.

Kaufsache betraf.[267] Die analoge Anwendung des § 477 Abs. 1 BGB a. F. wurde nicht nur mit dem (fragwürdig gewordenen) rechtspolitischen Sinn dieser Vorschrift begründet. Auch aus Gründen der Akzessorietät sah man sich zu einer Anpassung an die gewährleistungsrechtliche Verjährung veranlasst. Bei arglistigem Verschweigen von Fehlern oder arglistigem Vorspiegeln von Eigenschaften galt auch für die Eigenhaftung des Vermittlers die Dreißigjahresfrist des früheren § 195 BGB,[268] und zwar unabhängig davon, dass konkurrierende Ansprüche aus § 823 Abs. 2 BGB i. V. m. § 263 StGB, § 826 BGB innerhalb von drei Jahren verjährten (§ 852 BGB a. F.). Selbst bei einem nur fahrlässigen Informationsverschulden durfte sich der Händler nicht auf die kurze Verjährung des § 477 Abs. 1 BGB a. F. berufen, wenn die unterlassene Aufklärung auf einem Organisationsmangel beruhte.[269]

Trotz der erheblichen Veränderungen im Verjährungsrecht infolge der **Schuldrechtsreform** ist an dem bisherigen Gleichlauf festzuhalten.[270] Durchschlagend ist der **Gesichtspunkt der Akzessorietät**. Das bedeutet für die Praxis: Der Anspruch aus §§ 280 Abs. 1, 311 Abs. 3 BGB verjährt nicht in drei, sondern **in zwei Jahren**, beginnend mit der Ablieferung des Fahrzeugs, sofern der Verkäufer für die strittige Pflichtverletzung gewährleistungsrechtlich haftet (§ 438 Abs. 1 Nr. 3 BGB analog). Wenn der Vermittler den Mangel arglistig verschwiegen hat, gilt auch für ihn gem. § 438 Abs. 3 S. 1 BGB die **Dreijahresfrist** mit Beginn nach § 199 BGB[271](s. a. Rdn. 4102 ff.). **2368**

Eine Verjährung des Sachmangelanspruchs gegen den Verkäufer ist ohne Einfluss auf die Verjährung des Anspruchs aus §§ 280 Abs. 1, 311 Abs. 3 BGB, selbst wenn man mit der h. M. Gesamtschuldnerschaft annimmt (§ 425 Abs. 2 BGB). Wegen weiterer Einzelheiten zur Verjährung, vor allem zur Hemmung, wird auf Rdn. 4072 ff. verwiesen. Wichtig: Um die Verjährung des Anspruchs gegen den Vermittler zu hemmen, muss ein selbstständiges Beweisverfahren gegen ihn geführt werden (§ 425 Abs. 2 BGB). **2369**

ii) Prozessuale Durchsetzung

Das Nebeneinander von Verkäuferhaftung und Vermittlereigenhaftung führt auch prozessual zu Komplikationen. Im **Ausgangspunkt** herrschte im alten Recht Einigkeit darin, dass Verkäufer und Vermittler als **Gesamtschuldner** haften.[272] Daran ist festzuhalten[273], obgleich Schuldgrund und Leistungsinteresse oftmals nicht deckungsgleich sind (anders bei c. i.c-Doppelhaftung). **2370**

Der Käufer hat die **freie Wahl,** wen er in Anspruch nimmt. Die Haftung des Vermittlers hängt insbesondere nicht davon ab, dass der Verkäufer insolvent oder unauffindbar ist. Zur Blütezeit des Agenturgeschäfts (1969 bis 1990) waren in der Gerichtspraxis **zwei Varianten** etwa gleich stark vertreten: die Alleinklage gegen den Händler/Vermittler und die Gesamtklage gegen den Verkäufer/Voreigentümer und den Vermittler. Klagen nur gegen den Verkäufer/Voreigentümer waren selten. Sie waren insbesondere dann riskant, wenn sie nur auf eine schuldlos unrichtige Eigenschaftszusicherung i. S. v. § 459 Abs. 2 BGB a. F. ge- **2371**

---

267 BGH 28. 3. 1990, DAR 1990, 263 = JZ 1990, 1075 m. Anm. *Tiedtke.*

268 BGH 29. 6. 1977, NJW 1977, 1914.

269 OLG Oldenburg 8. 11. 1990, NJW 1991, 1187 = MDR 1991, 249 (teilweise wenig verständliche Erwägungen).

270 So auch *Reinicke/Tiedtke*, Kaufrecht, Rn. 762.

271 OLG Naumburg 15. 1. 2009 – 1 U 50/80 – BeckRS 2010, 02257 (Vorinstanz zu BGH NJW 2010, 858).

272 BGH 29. 6. 1977, NJW 1977, 1914; OLG Karlsruhe 30. 3. 1979, OLGZ 1979, 413; OLG Koblenz 1. 7. 1987, NJW-RR 1988, 1137; OLG Hamm 9. 9. 1996, DAR 1996, 499 = OLGR 1999, 244.

273 Vgl. OLG Naumburg 15. 1. 2009 – 1 U 50/08 – BeckRS 2010, 02257 (vom BGH auch insoweit bestätigt, s. Urt. v. 16. 12. 2009, NJW 2010, 858).

stützt werden konnten. Der Käufer lief hier Gefahr, den Prozess schon deshalb zu verlieren, weil die behauptete Zusicherung von der Verkaufsvollmacht nicht gedeckt war. Bei nachweisbar arglistiger Täuschung, z. B. über Unfallvorschäden, war und ist es hingegen ratsam, nur den Voreigentümer als Vertragspartner in Anspruch zu nehmen. Dessen eigene Kenntnis ist neben der des Vermittlers maßgeblich (§ 166 Abs. 1, 2 BGB).

2372 Verkäufer und Vermittler als Gesamtschuldner zusammen zu verklagen ist in mehrfacher Hinsicht risikoreich. Zweifelhaft kann schon sein, ob beide Schuldner denselben **Gerichtsstand** haben. Ihr allgemeiner Gerichtsstand deckt sich nicht immer. Klammerwirkung kann § 29 Abs. 1 ZPO entfalten. Er ist auf eine Klage aus Verschulden bei den Vertragsverhandlungen jedenfalls dann anwendbar, wenn es zu einem Vertragsschluss gekommen ist.[274] Bei einer Klage gegen beide besteht ferner ein **größeres Kostenrisiko** als bei einer Alleinklage. Verkäufer und Vermittler können von verschiedenen Anwälten vertreten sein. Zu bedenken ist auch, dass Verkäufer und Vermittler als Zeugen ausfallen, wenn beide Parteistellung haben. Selbst nach Erlass eines Teilurteils (ohne Kostenentscheidung) ist der ausgeschiedene Beklagte hinsichtlich der Kosten weiterhin am Verfahren beteiligt, sein Zeugenstatus damit zumindest fraglich.

2373 Schließlich sind die Schwierigkeiten zu berücksichtigen, die aus einer **unterschiedlichen Schadensberechnung** und dem entsprechend ungleich laufender Tenorierung resultieren können, nicht müssen. Sie können sich bis in das **Vollstreckungsverfahren** fortsetzen, z. B. bei „doppelter" Zug-um-Zug-Verurteilung.

2374 Bei Abwägung aller Vor- und Nachteile wird sich der vom Käufer beauftragte Anwalt in einem Fall ohne c. i.c-Doppelhaftung (etwa bei arglistiger Täuschung) im Zweifel für eine Alleinklage gegen den meist auch wirtschaftlich potenteren Kfz-Vermittler entscheiden. In diesem Fall wie auch bei einer Klage nur gegen den Verkäufer muss von beiden Prozessparteien eine **Streitverkündung** in Betracht gezogen werden. Ein Lehrbeispiel ist insoweit der TÜV-Fall BGH NJW 1988, 1378.

d) Eigenhaftung aus § 179 BGB

2375 Die TÜV-Entscheidung des BGH vom 24. 2. 1988[275] hat mit § 179 BGB eine Haftungsnorm in den Blick gerückt, die beim Kfz-Agenturgeschäft zuvor wenig Beachtung gefunden hatte. Nur selten wurden Händler als **Vertreter ohne Vertretungsmacht** auf Schadensersatz oder gar auf Erfüllung verklagt.

2376 Der Vermittler/Vertreter hat seine **Vertretungsmacht nachzuweisen**, wenn der Käufer vollmachtloses Handeln behauptet. Der Vermittlungsauftrag enthält i. d. R. zugleich die **Verkaufsvollmacht**. Es handelt sich um eine **Innenvollmacht**. Im Bestellschein (Kaufantrag) wird sie dem Käufer gegenüber, wenn überhaupt, lediglich kundgetan, nicht originär erteilt.

2377 In der Praxis geht es nicht so sehr um vollmachtloses Handeln als vielmehr um den – gleichzustellenden – Tatbestand der **Vollmachtsüberschreitung.** Zu diesem Problemkreis, der seit dem 1. 1. 2002 wieder von größerer Bedeutung ist, s. Rdn. 2229.

2378 Kann eine wirkliche Vollmacht nicht festgestellt werden, bleibt zu prüfen, ob Vertretungsmacht nach **§§ 54, 56 HGB** oder nach den Grundsätzen über die **Anscheins- und Duldungsvollmacht** bestanden hat.

274 LG Berlin 5. 12. 1990 – 22 O 366/90 – n. v. (Erfüllungsort = Wohnsitz des Käufers); vgl. auch LG Kiel 18. 8. 1988, NJW 1989, 840 (fehlender Vertrag); gegen eine analoge Anwendung des § 29 ZPO *Busche*, DRiZ 1989, 370; vgl. auch *Küpper*, DRiZ 1990, 445.

275 BGHZ 103, 275 = NJW 1988, 1378 = JZ 1988, 920 m. Anm. *Huber.*

Eine von dem Vertretenen nicht genehmigte Vollmachtsüberschreitung hat zur Folge, dass entweder der gesamte Kaufvertrag oder nur die vollmachtlos getroffene Sondervereinbarung unwirksam ist. Dies ist ein Problem des § 139 BGB. Bei Beschaffenheitsgarantien, die von der Vollmacht nicht gedeckt sind, ist im Zweifel **Gesamtnichtigkeit** des Kaufvertrages anzunehmen.[276] **2379**

Der endgültig vollmachtlose Händler/Vermittler ist dem Käufer entweder zur Vertragserfüllung oder zum Schadensersatz verpflichtet (§ 179 Abs. 1 BGB). Diese Haftungsfolgen treten auch bei bloßer Überschreitung der Vollmacht ein,[277] gleichviel, ob das Geschäft ganz oder nur teilweise unwirksam ist. Wenn der Käufer nach § 179 Abs. 1 BGB Erfüllung verlangen kann, steht ihm auch der Anspruch auf Nacherfüllung zu. Statt Erfüllung/Nacherfüllung kann der Käufer sogleich, d. h. ohne vorherige Fristsetzung, Schadensersatz fordern. Der Anspruch ist auf das positive Interesse gerichtet (Schadensersatz statt der Leistung). **2380**

Von Vorteil ist es für den Vermittler/Vertreter, wenn er beweisen kann, von dem Vollmachtsmangel keine Kenntnis gehabt zu haben. Dann braucht er nur das Vertrauensinteresse zu ersetzen (§ 179 Abs. 2 BGB). Gerade bei stillschweigenden „Zusicherungen" (Beschaffenheitsgarantien) wie der TÜV-Klausel hat der Händler hier eine gute Verteidigungschance. Zum Ausschluss seiner Haftung wegen Fahrlässigkeit auf Käuferseite (§ 179 Abs. 3 BGB) s. BGH NJW 2000, 1407 und OLG Köln NJW-RR 1990, 760. **2381**

Der auf die Vollmachtlosigkeit zurückzuführende Schaden des Käufers kann darin liegen, dass er mit seinen Sachmängelansprüchen gegen den Verkäufer ausfällt, insbesondere mit einem Schadensersatzanspruch aus §§ 437 Nr. 3, 280, 281, 311 a Abs. 2 BGB. Zu prüfen ist daher, ob der Verkäufer bei vorhandener Vertretungsmacht einstandspflichtig gewesen wäre. Im TÜV-Fall hat der BGH dies bejaht (§ 463 S. 1 BGB a. F.).[278] **2382**

Verkauft ein Gebrauchtwagenhändler als Vertreter ohne Vertretungsmacht ein Fahrzeug mit einem offenbarungspflichtigen Mangel und verweigert der (bösgläubige) Vertretene die Genehmigung des Kaufvertrages, so haftet der Händler auch bei Gutgläubigkeit nach § 179 BGB auf Schadensersatz.[279] **2383**

e) Vermittlerhaftung aus Delikt und Angestelltenhaftung

Im Rahmen der §§ 823 ff. BGB bestehen keine Unterschiede zur Händlerhaftung beim Eigengeschäft. Von besonderer Bedeutung ist § 826 BGB.[280] Angestellte des Kfz-Vermittlers haften ausschließlich nach den §§ 823 ff. BGB. Selbst wenn sie aufgrund einer Provisionsvereinbarung mit dem Arbeitgeber ein wirtschaftliches Eigeninteresse am Vertragsabschluss haben, scheidet eine Eigenhaftung nach §§ 280 Abs. 1, 311 Abs. 3 BGB aus.[281] Zur „Vertrauenshaftung" eines angestellten Vertreters s. OLG Köln VersR 1998, 606 (Teppichhandel). **2384**

f) Ansprüche des Vermittlers gegen den Käufer

Typischerweise bestehen zwischen dem Vermittler und dem Käufer keine unmittelbaren Rechtsbeziehungen. Aus der Rolle des „wirtschaftlichen Verkäufers" („Quasi-Verkäufers"), die der BGH dem Vermittler zuschreibt, erwachsen ihm im Verhältnis zum Käufer **2385**

---

276 *Huber*, JZ 1988, 923, 925; *G. Müller*, BB 1990, 2136; vgl. auch *Tiedtke*, JuS 1988, 848.
277 BGHZ 103, 275 = NJW 1988, 1378.
278 BGHZ 103, 275 = NJW 1988, 1378; a. A. *Tiedtke*, JuS 1988, 848, 851.
279 So OLG Köln 31. 1. 1990, NJW-RR 1990, 760.
280 Vgl. OLG Düsseldorf 24. 6. 2002 – 1 U 208/01 – n. v. – Verkauf eines gestohlenen Pkw.
281 OLG Köln 16. 5. 1986 – 19 U 8/86 – n. v.; vgl. auch BGH v. 4. 7. 1983, WM 1983, 950; OLG Köln 14. 2. 1997, VersR 1998, 606 – Teppichhandel.

nur Pflichten, keine eigenen Rechte. Insbesondere steht ihm persönlich **kein Anspruch auf Zahlung des Kaufpreises** zu. Zu Unrecht hat der BGH aus der Klausel im Bestellschein „Barzahlung an Vermittler" eine Gläubigerposition des Vermittlers hergeleitet.[282] Auch bei einer Vorab-Auszahlung eines Betrages in Höhe des vereinbarten Mindestverkaufspreises an den Auftraggeber (als Sicherheitsleistung oder als zinsloses Darlehen) bleibt es dabei: Inhaber des Anspruchs auf Zahlung des Kaufpreises soll allein der Auftraggeber/Vorbesitzer sein.

2386 Der Kaufpreis kann allerdings voll oder nur zum Zwecke des Inkasso an den Vermittler **abgetreten** sein (Inkassozession). In der Praxis verzichtet man auf derartige Abtretungen, weil sie steuerlich als agenturschädlich gelten. Ein früher üblicher Vermittlungsauftrag enthielt folglich nur eine **Inkassovollmacht** (vgl. Abschn. IV, 3 ZDK-AGB a. F.). Dementsprechend hieß es in dem Bestellschein (Kaufantrag), den der Käufer unterzeichnet, „... vom Verkäufer ermächtigt, ... den Kaufpreis in Empfang zu nehmen". Diese Inkassovollmacht berechtigt den Vermittler nicht, die Kaufpreisforderung im Wege der **gewillkürten Prozessstandschaft** einzuklagen.[283] Eine Zahlungsklage aus eigenem (materiellem) Recht scheitert ohnehin am Mangel der Aktivlegitimation.

2387 Die früher strittige Frage, ob der Vermittler aus eigenem oder abgetretenem Recht **pauschalierten Schadensersatz** geltend machen darf, hat bereits dadurch an Bedeutung verloren, dass Schadenspauschalen beim Agenturverkauf praktisch nicht mehr vereinbart werden. Aus eigenem Recht steht dem Vermittler ein Schadensersatzanspruch wegen Nichterfüllung des Kaufvertrages nicht zu. Er kann auch nicht den Verzögerungsschaden nach §§ 280 Abs. 2, 286 BGB liquidieren. Gleiches gilt für Aufwendungen, z. B. Standgeld, unter dem Gesichtspunkt des Gläubigerverzugs (§ 304 BGB). Alle diese Ansprüche sind vertragsbezogen und daher im Verhältnis der Vertragspartner abzuwickeln.

2388 Es besteht kein Bedürfnis, dem Vermittler eine Art „Quasi-Aktivlegitimation" einzuräumen. Er kann sich etwaige Ansprüche gegen den Käufer ohne weiteres abtreten lassen. Bei der Abtretung von Schadensersatzansprüchen ist zu bedenken, dass der Auftraggeber möglicherweise gar keinen eigenen Schaden erlitten hat. Davor kann ihn z. B. die sog. Mindestpreisgarantie schützen.

2389 Zu erwägen ist, dem Vermittler einen eigenen Anspruch aus Verschulden bei den Vertragsverhandlungen zu geben, etwa für den Fall, dass der Kaufinteressent die Vertragsverhandlungen ohne triftigen Grund abbricht, nachdem er zunächst den Eindruck erweckt hat, das Fahrzeug kaufen zu wollen.[284] Im Hinblick auf die vertragsähnliche Eigenhaftung des Vermittlers wäre es an sich ein Gebot der Symmetrie, dem Vermittler auch einen eigenen Anspruch gegen den Kaufinteressenten zu geben.

3. Die Voreigentümer-Erwerber-Beziehung

2390 Herrscht Klarheit darüber, dass der Kaufvertrag zwischen dem (privaten) Voreigentümer und dem Käufer und nur zwischen diesen beiden Personen zustande gekommen ist, gibt es nur wenige Probleme, deren Grund gerade in dieser spezifischen Vertragssituation liegt. Zur Problematik **des Umgehungsverbots** nach § 475 Abs. 1 S. 2 BGB s. Rdn. 2147 ff.

2391 Ein traditioneller Streitpunkt ist die **Passivlegitimation:** Bestreitet der als Verkäufer in Anspruch genommene Voreigentümer bzw. Vorbesitzer ein Handeln in seinem Namen und/oder die Vertretungsmacht, ist der Käufer für beides beweispflichtig.[285] Die Fremdbezogen-

282 Urt. v. 28. 1. 1981, NJW 1981, 922.

283 LG Hamburg 3. 6. 1988 – 72 O 50/88 – n. v.; a. A. LG Essen 23. 11. 1977 – 1 S 615/77 – n. v.

284 Vgl. BGH 22. 2. 1989, NJW-RR 1989, 627.

285 Vgl. OLG Hamm 20. 9. 1993, NJW-RR 1994, 439.

heit (§ 164 Abs. 1 BGB) kann er meist schon durch Vorlage des Bestellscheins (Kaufantrags) beweisen. Schwieriger kann der Nachweis der Bevollmächtigung sein.

a) Kaufvertrag kein Scheingeschäft

In der Rechtsprechung zum Agenturgeschäft alter Prägung war allgemein anerkannt, **2392** dass ein Scheingeschäft nicht schon deshalb vorliegt, weil aus steuerlichen Gründen eine Vertragsgestaltung gewählt worden ist, die den Händler als Vertragspartei ausschaltete.[286] Seit Einführung der Differenzbesteuerung zum 1. 7. 1990 besteht – von einigen Sondersituationen abgesehen – keine steuerliche Notwendigkeit mehr zum Abschluss eines vermittelten Kaufvertrages. Übernimmt ein Unternehmer gleichwohl die Vermittlerrolle, so ist dies in den Grenzen der §§ 117, 134, 138, 475 BGB zu respektieren. Die erklärte Rechtsfolge – Kaufvertrag ohne Beteiligung des Händlers – ist zwar aus der Sicht des Erwerbers nicht immer erwünscht. Zumal als Verbraucher würde er dasselbe Auto lieber direkt vom Händler kaufen, nicht zuletzt wegen der klauselfesten Sachmängelhaftung (zur Interessenlage des Verbrauchers s. Rdn. 2172). Nur zum Schein wird der Kaufvertrag mit dem Voreigentümer gleichwohl nicht abgeschlossen. Zum Tatbestand „anderweitige Gestaltung" und zum Umgehungsverbot nach § 475 Abs. 1 S. 2 BGB s. Rdn. 2158 ff.

b) Vertretungsfragen

Der Kfz-Vermittler war beim „klassischen" Agenturgeschäft zugleich **Abschlussvertreter.** Er hatte **Verkaufsvollmacht.** Zur Erteilung der Vollmacht und zu deren Umfang bei **2393** Garantieerklärungen und ähnlichen Abreden s. Rdn. 2227 ff. Die Vertretungsmacht kann sich auch aus §§ 54, 56 HGB ergeben. Sie sind auf den Kfz-Vermittler und sein Verkaufspersonal entsprechend anzuwenden.[287] Die fehlende Vollmacht kann auch durch eine Anscheins- oder Duldungsvollmacht ersetzt werden. Insoweit ist die Rechtsprechung aber sehr zurückhaltend.[288] Im Innenverhältnis verbotene Stundungszusagen (Kreditverkauf) und Hereinnahmen von Altwagen („Agentur auf Agentur" bzw. „Inzahlungnahme auf Agentur") wird man dem Voreigentümer/Verkäufer nach §§ 54, 56 HGB zurechnen müssen, Gutgläubigkeit des Käufers vorausgesetzt. Zum Widerrufsrecht des Käufers analog § 178 BGB, wenn der Händler den Namen des von ihm vertretenen Voreigentümers trotz Aufforderung nicht benennt, s. OLG Düsseldorf 25. 6. 1993, OLGR 1994, 46 (Ls.).

Mit Blick auf die Erfüllung der Kaufpreisschuld ist der Vermittler **Dritter** i. S. d. § 362 **2394** Abs. 2 BGB. Wird an ihn zum Zwecke der Erfüllung gezahlt, ist § 185 BGB anwendbar. Die Einwilligung des Verkäufers kann auch konkludent erfolgt sein.[289]

c) Weitere Zurechnungsfragen

Ein Verschulden des Händlers hat der (private) Verkäufer grundsätzlich in gleicher **2395** Weise zu vertreten wie eigenes Verschulden. Der Händler ist ungeachtet seiner „uneingeschränkten Sachwalterstellung" (s. Rdn. 2308) **Erfüllungsgehilfe** des Verkäufers i. S. v. § 278 BGB. Für Pflichtwidrigkeiten des Händlers vor und bei Vertragsschluss haftet der

286 BGH 18. 6. 1980, NJW 1980, 2184; OLG Koblenz 1. 7. 1987, NJW-RR 1988, 1137.

287 Vgl. auch BGH 4. 5. 1988, NJW 1988, 2109 = JR 1990, 59 m. Anm. *Kohte.*

288 Vgl. KG 29. 1. 1987 – 22 U 2877/86 – n. v. (Zusage, Getriebegeräusche werden behoben); OLG Schleswig 16. 7. 1985 – 3 U 144/84 – n. v. („TÜV neu . . ."); OLG Köln 5. 5. 1989, NJW-RR 1989, 1084 (Umlackierung durch „Untervermittler").

289 Zur schlüssigen Ermächtigung s. OLG Celle 6. 11. 2002 – 7 U 229/01 – n. v. (EU-Importvermittler).

Verkäufer auch aus c. i. c.[290], nunmehr auf der Grundlage der §§ 280 Abs. 1, 311 Abs. 2, 241 Abs. 2 BGB. Zu beachten ist weiterhin die Sperrwirkung der Sachmängelhaftung (s. Rdn. 4599).

2396 Soweit es auf das **Kennen oder Kennenmüssen** bestimmter Umstände ankommt, z. B. Kenntnis von einem Mangel des Fahrzeugs, ist grundsätzlich der Kenntnisstand des Vermittlers maßgeblich, § 166 Abs. 1 BGB.[291] Da die subjektiven Momente des Geschäfts von der Person des Vermittlers aus zu bestimmen sind, wirkt auch arglistiges Verhalten des Vermittlers gem. § 166 Abs. 1 BGB gegen den Verkäufer und begründet dessen Arglisthaftung bzw. – nach Anfechtung – aus §§ 812 ff. BGB und c. i. c.[292] Angesichts der strengen Anforderungen der Rechtsprechung an die Aufklärungspflicht des professionellen Kfz-Händlers bedeutet dies eine erhebliche Schlechterstellung des (privaten) Voreigentümers im Vergleich mit dem privaten Direktgeschäft. Dieser Nachteil ist aber gerechtfertigt, weil die Einschaltung des Händlers als Vermittler vielfältige Vorteile mit sich bringt (Abnahme der Verkaufsbemühungen, technische und optische Herrichtung des Fahrzeugs, Vertrag mit AGB, Haftungsentlastung durch Mithaftung des Händlers, Rückgriffshaftung im Innenverhältnis).

2397 Ist der **Vermittler gutgläubig,** weiß aber der Voreigentümer/Verkäufer um den Mangel des Fahrzeugs, so kann er sich nicht auf die Unkenntnis des Vermittlers berufen (§ 166 Abs. 2 BGB). Er muss sich seine eigene Kenntnis entgegenhalten lassen. Zu den Fällen mit „gespaltener“ Arglist innerhalb eines Kfz-Betriebs s. Rdn. 4315 ff.

2398 Bei Anfechtung des Kaufvertrags wegen arglistiger Täuschung durch den Vermittler oder einen seiner Angestellten ist § 123 Abs. 2 S. 1 BGB nicht anzuwenden. Als Abschlussvertreter und Verhandlungsgehilfe des Verkäufers ist der Vermittler kein Dritter im Sinne dieser Vorschrift.

2399 Pflichtverletzungen von **Angestellten des Vermittlers** muss sich der Verkäufer gleichfalls nach § 278 BGB zurechnen lassen. Nach den üblichen Vermittlungsaufträgen ist der Händler zur Einschaltung eigener Angestellter berechtigt, angesichts der Organisation in den meisten Kfz-Betrieben eine Selbstverständlichkeit. Betriebsfremde Personen und Unternehmen (z. B. Spezialdienste für Bremsen und Reifen) darf der Vermittler nicht ohne weiteres hinzuziehen. Für ein Fehlverhalten von Personen, die aufgrund einer nicht gestatteten Unterbevollmächtigung tätig geworden sind, braucht der Verkäufer nicht einzustehen. Zur persönlichen Haftung von Verkaufsangestellten s. Rdn. 2384.

d) Allgemeine Geschäftsbedingungen für den vermittelten Kauf

aa) Heutige Situation

2400 Zwischen 1969 und 1990, der Blütezeit des Agenturgeschäfts, gab es für den vermittelten Kauf spezielle Klauselwerke. Eine grundlegend **neue Situation** ist durch die **Einführung der Differenzbesteuerung** zum 1. 7. 1990 eingetreten. Aus steuerlichen Gründen braucht der Kfz-Handel seitdem nur noch in Ausnahmefällen auf das Agenturgeschäft auszuweichen. Das Eigengeschäft beherrscht wieder die Szene, wie vor 1968. Im Zuge dieses Wandels sind die früher gängigen Formulare „Verbindliche Bestellung Vermittlungsgeschäft“ weitgehend entbehrlich geworden. Infolge der **Schuldrechtsreform** ist der Bedarf an speziellen Klauselwerken für den Vertragstyp „vermittelter Verkauf“ wieder gestiegen. Man-

290 Vgl. OLG Celle 5. 10. 1993, OLGR 1994, 33 (Vertrag war wegen Vollmachtsüberschreitung unwirksam).

291 OLG Celle, 5. 10. 1993, OLGR 1994, 33.

292 OLG Koblenz 1. 7. 1987, NJW-RR 1988, 1137; KG 26. 5. 1988, DAR 1988, 381; OLG Frankfurt 21. 7. 1980, VersR 1981, 388; OLG Celle 5. 10. 1993, OLGR 1994, 33.

gels Nachfrage bieten die meisten Fachverlage schon seit Jahren keine Formularverträge mehr an.

bb) AGB-Definition und Verwenderbegriff

Dass der (private) Verkäufer die Geschäftsbedingungen nicht aufgestellt hat, ist für die Qualifizierung als AGB ebenso unerheblich wie die Tatsache, dass er in aller Regel keine Mehrfachverwendung beabsichtigt. Zweifelhaft kann nur sein, ob der (private) Verkäufer oder der Vermittler/Vertreter oder gar beide Verwender i. S. v. § 305 Abs. 1 BGB sind. Bei der Einschaltung von Vertretern ist grundsätzlich der Vertretene Verwender, gleichgültig, wer die AGB entworfen hat.[293] Die Rolle des Verwenders fiele damit dem Verkäufer zu, weil nur er Vertragspartei ist. Zur AGB-Problematik bei Geschäften zwischen Privatpersonen s. a. Rdn. 4028 ff. **2401**

Ausnahmsweise wird aber auch der Vertreter als Verwender behandelt, wenn die AGB von ihm vorformuliert wurden oder er sich vorformulierter AGB bedient und er ein eigenes Interesse an der Einbeziehung dieser AGB in die von ihm geschlossenen Verträge besitzt.[294] Dieser Ausnahmefall liegt beim Agenturgeschäft vor. Dabei ist hinsichtlich des Merkmals „Eigeninteresse" ohne Bedeutung, in welchem Umfang der Händler als Vermittler tätig wird. Belanglos ist auch, ob das konkrete Geschäft im Zusammenhang mit einem Neuwagenkaufvertrag oder mit einem Leasinggeschäft steht oder ob die Hereinnahme des Agenturfahrzeugs isoliert erfolgte, wie dies z. B. bei der Vermittlung von Jahreswagen der Fall sein kann. Auch bei der „freien" Agentur genügt das wirtschaftliche Interesse des Vermittlers am Abschluss des Kaufvertrages, um ihn zum Verwender i. S. v. § 305 Abs. 1 BGB, § 1 UKlaG zu machen.[295] **2402**

293 BGH 2. 11. 1983, NJW 1984, 360.
294 *Palandt/Bassenge*, § 1 UKlaG, Rn. 9.
295 Vgl. aber auch OLG Celle 20. 10. 1993, OLGR 1994, 177.

G. Gebrauchtfahrzeugauktionen und Internethandel

I. Entwicklung

2403 Die ersten Versteigerungen von „normalen" Gebrauchtfahrzeugen (nicht Oldtimer o. Ä.) fanden in Deutschland 1983/84 statt. Die Idee stammt aus Großbritannien und den USA. Inzwischen haben sich mehrere Auktionshäuser am Markt etabliert (BCA, ECAN u. a.). Die vielfältigen Konzepte der – außerhalb des Internets – vor Ort durchgeführten Versteigerungen („physische" Auktionen) lassen sich unterscheiden nach „geschlossenen" und „offenen" Auktionen.

2404 Bei **Internetauktionen** sind gleichfalls „geschlossene" Formate (B2B-Auktion) von offenen Marktplätzen zu trennen. Sofern sie so ausgestaltet sind, dass der Vertrag unter Mitwirkung des Auktionators durch Zuschlag und nicht erst durch eine spätere Annahmeerklärung des Einlieferers geschlossen wird, handelt es sich um eine („echte") **Versteigerung i. S. d. § 156 BGB** (zu den Merkmalen einer öffentlichen Versteigerung i. S. d. § 383 Abs. 3 BGB s. Rdn. 1973). Davon abgegrenzt werden Veranstaltungen, bei denen lediglich die Plattform als virtueller Marktplatz für Versteigerungen zur Verfügung gestellt wird. Bei diesem Modell entscheidet nicht der Veranstalter durch Zuschlag über das Zustandekommen des Vertrages. Das letzte Wort hat einer der Beteiligten.

2405 Das Versteigerungsrecht ist zum 1. 10. 2003 durch eine **Neufassung der Versteigerungsverordnung** umgestaltet worden.[1] In rechtlicher Hinsicht werfen vor allem Internetauktionen vielfältige Fragen auf, was zu einer umfangreichen, sich ständig weiter entwickelnden Judikatur geführt hat. Neben gewerbe- und wettbewerbsrechtlichen Problemen stehen Fragen des Vertragsabschlusses, des Vertragsinhalts und des Verbraucherschutzes im Vordergrund.

II. Wettbewerbsrecht

2406 Von **enormer Brisanz** für den gesamten Autohandel, auch und gerade im Internet, ist die **UWG-Reform 2008** mit einer Vielzahl tiefgreifender Umgestaltungen und Änderungen.[2] Neu formuliert wurde außer der Generalklausel des § 3 UWG der Irreführungstatbestand des § 5 UWG. Besondere Bedeutung speziell für den Kfz-Handel hat der **neue § 5a UWG** „Irreführung durch Unterlassen",[3] wie bereits erste Entscheidungen zum UWG 2008 deutlich machen, etwa zur Frage, ob das Fehlen des Hinweises auf die Ex-Mietwageneigenschaft beim Angebot eines „Jahreswagens" eine unzulässige Irreführung ist (ausführlich dazu Rdn. 2765 ff.).

2407 Soweit es darum geht, ob im Verschweigen von Informationen eine Irreführung durch Unterlassen zu sehen ist, kann weitgehend auf die Grundsätze zurückgegriffen werden, die von der **Rechtsprechung zum früheren UWG** entwickelt worden sind.[4] Abzuwarten bleibt, ob die Gerichte, wie vom Handel befürchtet, die Anforderungen an Inhalt und Umfang der Aufklärungspflicht **verschärfen** werden.

2408 Schon die gegenwärtig allein **kraft Gesetzes** bestehenden Informationspflichten sind kaum noch überschaubar und überfordern so manchen Kfz-Händler. Das beginnt bei der sog. **Anbieterkennzeichnung**, jetzt in § 5a Abs. 3 Nr. 2 UWG ausdrücklich angesprochen

1 Zu den Einzelheiten s. *Fackler/Konermann*, Praxis des Versteigerungsrechts, 2. Aufl., 2004.
2 Überblick bei *Köhler/Bornkamm*, UWG Einl 2.22 ff.
3 Zum Aufbau und Funktion der Norm s. *Köhler/Bornkamm*, § 5a UWG Rn. 4 ff.
4 So *Köhler/Bornkamm*, § 5a UWG Rn. 8.

(Stichworte: Impressumspflicht/TMG, Fernabsatz, Umsatzsteuer-ID-Nr.). Wettbewerbsrechtliche Entscheidungen zu Verstößen auf diesen Feldern nehmen einen unerfreulich breiten Raum ein.[5]

Auch das **Widerrufs- und Rückgaberecht** mit seinen hohen Anforderungen an die Belehrung des Verbrauchers, speziell beim Fernabsatz, beschäftigt die Wettbewerbsgerichte ein um das andere mal.[6] Durch die **Gesetzesänderungen per 11. 6. 2010** und 4. 8. 2011 ist auf diesem Gebiet ein Stück mehr Rechtssicherheit eingekehrt, was zum Rückgang von Abmahnungen geführt hat. **2409**

Verstöße gegen die **Pkw-EnVKV** (dazu Rdn. 623), unzulässige **Preisangaben** (dazu Rdn. 158 ff.) sind eher „klassische" Themen des Wettbewerbsrechts im Autohaus, während vor allem **Produktbeschreibungen**[7] („wesentliche Merkmale" von Waren) nunmehr auch auf dem Prüfstand des neuen § 5a UWG stehen. Dass diese Vorschrift auch im Zusammenhang mit der **Vermarktung von EU-Neufahrzeugen** von weitreichender Bedeutung ist, bedarf keiner näheren Begründung. Zu den praxisrelevanten Einzelfällen aus wettbewerbsrechtlicher Sicht s. Rdn. 1348 ff. Angriffsflächen für Abmahnungen bieten ferner im Internet publizierte **Freizeichnungsklauseln.**[8] **2410**

Ob eine Gebrauchtwagenauktion eine **unzulässige Sonderveranstaltung** oder eine billigenswerte Fortentwicklung von Marktgepflogenheiten war, hat die Gerichte Jahrzehnte lang beschäftigt. Heute spielt dieses Thema keine Rolle mehr. Nach geltendem Recht sind Versteigerungen vor allem anhand von §§ 4 Nr. 1, 5 Abs. 1 S. 2 Nr. 2 UWG zu beurteilen. Das wettbewerbsrechtlich jahrelang umstrittene Format der **umgekehrten Versteigerung** („holländische" Versteigerung) steht nach zwei BGH-Urteilen[9] auf relativ sicherem Boden.[10] **2411**

III. Allgemeine zivilrechtliche Fragen

1. Vor-Ort-Auktionen

Die Organisation der vor Ort durchgeführten Auktionen liegt in den Händen spezialisierter Auktionshäuser. Deren rechtlicher Status (Vermittler, Makler, Kommissionär o. Ä.) geht aus dem jeweiligen **Auktionsstatut** hervor. Partei des Kaufvertrages sind sie i. d. R. nicht. Er kommt ausschließlich zwischen Einlieferer und Erwerber zustande.[11] Einlieferer sind vor allem Hersteller, Händler, Leasingfirmen, Banken und Versicherungen. Auch Autovermieter und Behörden zählen dazu. **Privatpersonen** sind als Teilnehmer meist **ausgeschlossen**. **2412**

Der Ausschluss von Endverbrauchern, regelungsdichte Auktionsbedingungen und interne Schlichtungsverfahren führen dazu, dass es zwischen den Beteiligten nur selten zu ge- **2413**

---

5 Vgl. *Ottofülling*, Der Kfz-Anwalt 1/2010, S. 16 ff.; zur Missbräuchlichkeit von Abmahnungen s. OLG Hamm 18. 3. 2010 – 4 U 223/09 – NW-Datenbank.

6 Vgl. BGH 29. 4. 2010, NJW 2010, 3566 – Holzhocker; s. a. BGH 9. 12. 2009, NJW 2010, 989 – Heimtextilien (Verfahren nach dem UKlaG).

7 Eine Irreführung sieht das LG Darmstadt in dem fehlenden Hinweis, dass ein unter „Fahrzeugausstattung" aufgeführtes Navigationsgerät kein werkseitiges, sondern ein mobiles ist (Urt. v. 9. 11. 2010, 18 O 228/10 – autoscout24); s. a. BGH 6. 10. 2011, I ZR 42/10 (km–Angabe).

8 Vgl. BGH 31. 3. 2010, NJW 2011, 76 – gebrauchtes Telefon (Wettbewerbsverstoß bejaht, weil kein eindeutiger Ausschluss des Verkaufs an Verbraucher).

9 Urt. v. 13. 3. 2003, NJW 2003, 2096; 13. 11. 2003, NJW 2004, 852 (Internet).

10 Aus der OLG-Rspr.: OLG Köln 1. 6. 2001 – 6 U 204/00; s. a. den ZDK-Leitfaden Wettbewerbsrecht, 3. Aufl., S. 180/181, und *Köhler/Bornkamm*, § 4 UWG 1.263 ff.

11 Dazu LG Düsseldorf 20. 7. 2009 – 5 O 259/05 (BCA); s. a. *Palandt/Weidenkaff*, vor § 433 BGB Rn. 12.

richtlichen Auseinandersetzungen kommt. Einschlägige Entscheidungen zu Fragen des allgemeinen Zivilrechts – etwa Zustandekommen des Vertrages, Sachmängelhaftung und Eigentumserwerb – haben deshalb Seltenheitswert.[12]

2414 Die Erwerber (Ersteigerer) kaufen die Fahrzeuge typischerweise **„unter Gewährleistungsausschluss"**. Ausdrücklich ausgenommen ist das arglistige Verschweigen von Mängeln, bei welchem „weitergehende Ansprüche unberührt bleiben" (so Abschn. D Ziff. II der BCA-Bedingungen, gültig ab 1. 1. 2004). Durch den Nachweis einer **arglistigen Täuschung** kann der Ersteigerer schon gem. § 444 BGB den Weg zu den Sachmängelrechten frei machen.[13] Eine bloße Beschaffenheitsvereinbarung i. S. v. § 434 Abs. 1 S. 1 BGB genügt zwar nicht für die Anwendbarkeit des § 444 BGB.[14] Wirkungsgleich ist jedoch die Lösung über den Vorrang der Individualabrede (§ 305b BGB). Zum Problem näher Rdn. 3995 ff. Die Angaben des Einlieferers über sein Fahrzeug sind im Zweifel keine Garantien (so ausdrücklich Abschn. D Ziff. III BCA-Bedingungen), wohl aber, sofern keine Wissensmitteilungen, (einfache) Beschaffenheitsangaben.[15]

2415 Beschränkungen und Ausschlüsse der Mängelhaftung in den Auktionsbedingungen sollen ihrem Sinn und Zweck nach unmittelbar zwischen dem Einlieferer und dem Ersteigerer wirken.[16] Sie unterliegen der Inhaltskontrolle nach §§ 307 ff. BGB. Auch im B2B-Bereich müssen die Textvorgaben beachtet sein, die in **§ 309 Nr. 7a und b BGB** formuliert sind.[17]

2416 Was die **Eigenhaftung des Auktionsunternehmens** angeht, so finden sich in den Auktionsbedingungen detaillierte Regelungen mit weitgehenden Haftungsbegrenzungen. Einschlägige (veröffentlichte) Rechtsprechung dazu liegt nicht vor.[18]

2. Internetauktionen (Online-Verkäufe)

Literatur: *Andreae*, Pkw-Kauf im Internet, SVR 2007, 93; *Bachmeier*, Autokauf und Internet, FS Eggert (2008), S. 67 ff.; *Backu*, Rechtliche Probleme beim Autokauf im Internet, DAR 2001, 106; *Berger*, Unwirksame Gewährleistungsausschlüsse von Verbrauchern bei eBay wegen Verstoßes gegen § 309 Nr. 7a, b, Nr. 8b BGB, ZGS 2007, 257; *Buller*, Autokauf im Internet – Arten der Handelswege und unseriöse Vorgehensweisen, NZV 2007, 13; *Döhmer*, Beweisfragen beim Verkauf von Kraftfahrzeugen im Internet, SVR 2007, 281; *ders.*, Fahrzeugverkauf im Fernabsatz, SVR 2006, 131; *Hoffmann*, Die Entwicklung des Internet-Rechts bis Mitte 2010, NJW 2010, 2706 (im Anschluss an NJW 2009, 2649; NJW 2008, 2624); *Spindler*, Autokauf im Internet – rechtliche Rahmenbedingungen, DAR 2007, 190; *Spindler/Nink*, Verträge via Internetauktionen, DRiZ 2007, 193; *Szczesny/Holthusen*, Aktuelles zur Unternehmereigenschaft im Rahmen von Internet-Auktionen, NJW 2007, 2586.

2417 Anders als die Gebrauchtwagenauktionen unter rein professioneller Beteiligung, sei es vor Ort, sei es online, haben **offene Internetauktionen** zu einer Vielzahl von Rechtsstreitigkeiten geführt, auch und vor allem in Verbindung mit Kraftfahrzeugen und Zubehör, schwerpunktmäßig im Zusammenhang mit **eBay-Fällen**. Von diesen Online-Auktionen

12 Aus neuerer Zeit OLG Düsseldorf 29. 11. 2004 – 1 U 192/04; LG Düsseldorf 20. 7. 2009 – 5 O 259/05 (jew. BCA).

13 Zur arglistigen Verharmlosung eines Unfallschadens s. LG Düsseldorf 20. 7. 2009 – 5 O 259/05.

14 OLG Düsseldorf 29. 11. 2004 – 1 U 192/04.

15 Bejaht für die Angabe des Erstzulassungsdatums von LG Wiesbaden 23. 7. 2010 – 3 O 72/10 (Internetplattform www.autobid.de); eine Garantie i. S. d. § 443 BGB sieht das LG Bonn in der AGB-Klausel des Auktionators, der Einlieferer „hat Fahrbereitschaft und Verkehrssicherheit zu garantieren" (Urt. v. 14. 12. 2009 – 10 O 421/08 – juris).

16 OLG Düsseldorf 29. 11. 2004 – 1 U 192/04 (BCA-Bedingungen).

17 BGH 19. 9. 2007, NJW 2007, 3774; s. a. BGH 24. 2. 2010, NJW-RR 2010, 1210 Tz. 18 (Pferdeauktion); übersehen von LG Wiesbaden 23. 7. 2010 – 3 O 72/10 (Internetauktion).

18 Zur Haftung eines Auktionators bei der Versteigerung eines Teppichs s. OLG München 27. 5. 1992, OLGR 1992, 97.

streng zu unterscheiden sind An- und Verkäufe von Kraftfahrzeugen, die über das Internet **lediglich angebahnt** werden, wo Verkäufer ihre Ware also nur anbieten, etwa bei den Autobörsen autoscout24.de oder mobile.de.

a) Vertragsabschluss bei einer Online-Auktion

Fragen des Vertragsabschlusses sind Gegenstand des Rechtsstreits gewesen, der durch die **Ricardo-Entscheidung des BGH v. 7. 11. 2001**[19] beendet worden ist. Das OLG Hamm[20] hatte – anders als die erste Instanz – einer Klage auf Erfüllung eines im Internet (ricardo) geschlossenen Kaufvertrages nach Maßgabe des höchsten Gebots über einen **neuen VW Passat** zum Kaufpreis von rund 26.000 DM (Listenpreis ca. 57.000 DM) stattgegeben. Der BGH hat die Revision des Beklagten (entgegen verbreiteter Darstellung kein Kfz-Händler) zurückgewiesen. 2418

Einen **Vertragsschluss nach § 156 BGB** hat der BGH verneint, weil auf das Gebot des Klägers kein Zuschlag erfolgt sei. Die Frage, ob die Online-Auktion den Tatbestand einer Versteigerung i. S. d. § 156 BGB erfüllt, konnte deshalb damals offen bleiben. Nach Meinung des BGH ist ein Kaufvertrag nach den allgemeinen Vorschriften der **§§ 145 ff. BGB** zustande gekommen. Näherer Prüfung bedurfte insoweit nur der Erklärungstatbestand, den der Beklagte als Einlieferer gesetzt hat. Der BGH hat eine wirksame Willenserklärung angenommen. Das damals noch geltende AGB-Gesetz stand dem nicht entgegen, weil der Beklagte durch sein Anklicken eine individuelle Willenserklärung abgegeben hatte.[21] 2419

Dass eine **eBay-Auktion keine Versteigerung i. S. d. § 156 BGB** ist, sondern zu einem Kaufvertrag durch Angebot und Annahme führt (§§ 145 ff. BGB), ist spätestens seit der **BGH-Entscheidung vom 3. 11. 2004**[22] Allgemeingut. Hintergrund war das Verbraucher-Widerrufsrecht. Zur Abschlusstechnik und zum Zeitpunkt des Zustandekommens des Kaufvertrages bei eBay-Auktionen s. § 10 eBay-AGB in der Auslegung durch den BGH[23] und OLG Köln DAR 2011, 260, OLG Koblenz DAR 2009, 525, weitere Rspr. unter Rdn. 2424. 2420

b) Anwendbares Recht

In **Fällen mit Auslandsberührung** stellt sich die Vorfrage, welches Recht auf den Vertrag anzuwenden ist. Haben beide Parteien ihren gewöhnlichen Aufenthalt in Deutschland, steht der Anwendung deutschen Rechts nicht entgegen, dass der Käufer seinen (festen) Wohnsitz im Ausland hat. Dadurch, dass der Verkäufer, der mit der Lieferung des Fahrzeugs die für den Kaufvertrag charakteristische Leistung zu erbringen hat, seinen gewöhnlichen Aufenthalt in Deutschland hat, weist der Kaufvertrag die engsten Verbindungen zum deutschen Recht auf (Art. 28 Abs. 1 S. 1, Abs. 2 S. 1 EGBGB).[24] Nach Wegfall bzw. Ersetzung der Art. 27 bis 37 EGBGB durch die **Rom I-VO** sind nunmehr deren Art. 4 Abs. 1 Buchst. a und g maßgebend, bei einem Verbrauchervertrag Art. 6. Von kardinaler Bedeutung ist in diesem Zusammenhang die Entscheidung des **EuGH vom 7. 12. 2010**[25] zum Verbraucherschutz im internationalen elektronischen Geschäftsverkehr (anwendbares Recht und internationale Zuständigkeit).[26] 2421

---

19 NJW 2002, 363 = JZ 2002, 504 m. Anm. *Hager;* dazu *Wenzel*, NJW 2002, 1550; *Mehrings*, BB 2002, 469; *Lettl*, JuS 2002, 219.
20 Urt. v. 14. 12. 2000, NJW 2001, 1142.
21 Zur Inhaltskontrolle einer Vertragsabschlussklausel s. KG 15. 8. 2001, BB 2002, 168.
22 NJW 2005, 53, bestätigt durch BGH 8. 6. 2011, NJW 2011, 2643 (Digitalkamera).
23 Urt. v. 8. 6. 2011, NJW 2011, 2643.
24 BGH 29. 11. 2006, NJW 2007, 1346 (Privatverkauf eines Motorrades über ebay).
25 NJW 2011, 505 = ZGS 2011, 121.
26 Näheres bei *Staudinger/Steinrötter*, EWS 2011, 70; *Leible/Müller*, NJW 2011, 495.

c) Das Verbraucherwiderrufsrecht

2422 Soweit nicht ein anderes bestimmt ist, besteht es nicht bei **Fernabsatzverträgen,** die in Form von Versteigerungen (§ 156 BGB) geschlossen werden (§ 312d Abs. 4 Nr. 5 BGB). Ob diese Ausnahmeregelung nur für echte Versteigerungen gilt oder auch für auktionsähnliche Veranstaltungen (z. B. Verkauf gegen Höchstgebot), ist durch die **Entscheidung des BGH v. 3. 11. 2004**[27] geklärt. Bei Kaufverträgen **zwischen einem gewerblichen Anbieter und einem Verbraucher**, die im Rahmen einer Internetauktion durch Angebot und Annahme gem. §§ 145 ff. BGB und nicht durch einen Zuschlag nach § 156 BGB zustande kommen, ist das **Widerrufsrecht** nach Ansicht des BGH **nicht** gem. § 312d Abs. 4 Nr. 5 BGB **ausgeschlossen.**[28] M. a. W.: Private eBay-Käufer haben im Fall des Kaufs von einem Unternehmer ein Widerrufsrecht nach Maßgabe der Vorschriften über den Fernabsatz (§ 312d BGB). Zur Widerrufsbelehrung, dem (per 11. 6. 2010 geänderten) Beginn der Frist und den Folgen eines Widerrufs s. Rdn. 301, 1813 ff. Dem Rückzahlungsanspruch kann der Verkäufer nicht den Einwand entgegensetzen, der Käufer habe ihn zu Unrecht negativ bewertet.[29]

2423 Im Zusammenhang mit dem Widerrufsrecht, aber auch mit Blick auf die Zulässigkeit von Gewährleistungsausschlüssen, ist die **Unternehmereigenschaft des Anbieters** ein ständiger Streitpunkt. Allgemein dazu unter Rdn. 1974 ff. Speziell für eBay-Verkäufer (mit Powerseller-Problematik): OLG Frankfurt NJW 2004, 2098; OLG Koblenz NJW 2006, 1483; OLG Hamburg OLGR 2007, 374; LG Mainz NJW 2006, 763; LG Chemnitz 1. 6. 2011 – 6 S 44/11.

d) Zustandekommen des Vertrages, Vertretung, Bindung und Lossagung

2424 Nachdem der BGH durch die eBay-Urteile vom 8. 6. 2011[30] (Recht des Anbieters einer Kamera zur vorzeitigen Beendigung wegen Diebstahls) und vom 11. 5. 2011[31] zum Handeln unter fremden Namen[32] weitere eBay-Streitfragen geklärt hat, sind nur noch wenige vertragsrechtliche Probleme offen. Ohne Anspruch auf Vollständigkeit sind aus der **Judikatur der Instanzgerichte**, beschränkt auf den Kauf von Fahrzeugen und Fahrzeugteilen, die nachfolgenden Entscheidungen erwähnenswert:

- Beweislast für die Abgabe eines Gebots (OLG Hamm NJW 2007, 611 -eBay/Pkw)
- Widerruflichkeit des Angebots/Anfechtbarkeit und Rechtsmissbrauch (OLG Koblenz DAR 2009, 525 – Porsche für 5.50 €/eBay; OLG Oldenburg NJW 2005, 2556; NJW-RR 2007, 268 – eBay/Pkw; LG Stuttgart NJW-RR 2008, 592 – ebay/Pkw),
- Bindung an die Abgabe des Höchstgebots (AG Menden NJW 2004, 1329 – eBay/Felgen),
- Ebay-„Sofortkauf" (LG Stuttgart NJW-RR 2008, 1592 – Pkw; AG Moers NJW 2004, 1330 – Felgen); LG Saarbrücken MMR 2004, 556 (Pkw); LG Frankfurt/Oder 3. 7. 2009, 12 O 24/09 (Pkw),
- Uneinigkeit über den Preis (offener Einigungsmangel) bei „Angebot an unterlegene Bieter" (LG Stuttgart NJW-RR 2008, 592),
- Auktionsabbruch/vorzeitige Beendigung (AG Gummersbach ZGS 2011, 430; LG Berlin NJW 2004, 2831; AG Menden 24. 8. 2011 – 4 C 390/10).

---

27 NJW 2005, 53.
28 Urt. v. 3. 11. 2004, NJW 2005, 53.
29 AG München 2. 4. 2008 – 262 C 34119/07 (eBay).
30 NJW 2011, 2643.
31 NJW 2011, 2421.
32 Dazu auch OLG Köln 13. 1. 2006, NJW 2006, 1676; OLG München 5. 2. 2004, NJW 2004, 1328.

e) Vertragsänderungen und Neuvertrag

Prototypisch ist die Fallgestaltung, die dem Urteil des OLG Celle vom 4. 8. 2004[33] zugrunde liegt: Bei Übergabe des Fahrzeugs wird der bereits online abgeschlossene Vertrag ergänzt, im konkreten Fall um einen Gewährleistungsausschluss (kein Verbrauchsgüterkauf).[34] Es kann auch zu einem **Neuabschluss** unter ausdrücklicher oder konkludenter Aufhebung des ebay-Vertrages kommen[35], eine Frage, die im Fall eines **Verbrauchsgüterkaufs** auch deshalb relevant ist, weil der ursprüngliche **Fernabsatzvertrag** in einen „normalen" Kaufvertrag ohne Widerrufsrecht umgewandelt worden sein kann. 2425

Nachträgliche Informationen des Verkäufers über den Zustand des Fahrzeugs, über die Notwendigkeit bestimmter Prüfungen oder Instandsetzungen können den ursprünglichen Inhalt des Vertrages modifizieren. Ihre Bedeutung kann sich aber auch darin erschöpfen, dass der Verkäufer eine Aufklärung nachholt, um sich dem Vorwurf der Täuschung zu entziehen.[36] Wer eine ihm günstige Vertragsänderung behauptet, ist dafür **darlegungs- und beweispflichtig**. Gleiches gilt für die Partei, die sich auf einen Aufhebungs- oder Erlassvertrag beruft.[37] 2426

f) Sachmängelhaftung

Die Sachmängelhaftung des Verkäufers bei einer Online-Auktion bestimmt sich primär nach dem Inhalt des Vertrages, wobei die Auktionsbedingungen hineinspielen können. Auch zu diesem Problemkreis mit dem Schwerpunkt Beschaffenheitsvereinbarung oder Beschaffenheitsgarantie liegt inzwischen eine umfangreiche Judikatur vor, an der Spitze die außerordentlich wichtige BGH-Entscheidung vom 29. 11. 2006[38] zum **eBay-Privatverkauf eines gebrauchten Motorrades**. 2427

Dass Angaben über das Fahrzeug, die im Internet unter der Rubrik „Beschreibung" o. Ä. gemacht werden, bei einem Kauf im Rahmen einer Auktion zum Vertragsinhalt gehören und damit **Beschaffenheitsvereinbarungen** begründen können, steht im Grundsatz außer Streit.[39] Zumindest als öffentliche Äußerungen des Verkäufers i. S. v. § 434 Abs. 1 S. 3 BGB bleiben sie für die Ermittlung der Beschaffenheit nach den objektiven Standards des § 434 Abs. 1 S. 2 Nr. 2 BGB von Bedeutung, wenn der online geschlossene Vertrag **nachträglich** ersetzt oder ergänzt wird. In diesen Fällen können die Verkäuferangaben im Internet aber auch als Beschaffenheitsvereinbarung „weiterleben", was **aus zwei Gründen** von praktischer Bedeutung ist: Eine Beschaffenheitsvereinbarung setzt sich gegen einen pauschalen Gewährleistungsausschluss durch (näher Rdn. 3998). Zum anderen bedeutet ein Bruch einer (ausdrücklichen) Beschaffenheitsvereinbarung i. d. R. eine erhebliche Pflichtverletzung (§ 323 Abs. 5 S. 2 BGB). 2428

Ob eine Verkäuferangabe im Internet bei einem **online geschlossenen** Kaufvertrag nur eine **„einfache" Beschaffenheitsangabe** oder eine **Beschaffenheitsgarantie** ist, womöglich keines von Beidem, sondern nur eine sog. **Wissensmitteilung**, hängt von den Umständen des Einzelfalles ab. Die Information „Kilometerstand (km): 30.000 km" bei einem Privatgeschäft hat **der BGH** zu Recht lediglich als (einfache) Beschaffenheitsangabe i. S. d. 2429

33 Az. 7 U 18/04, SVR 2005, 104 (*Otting*) = MDR 2005, 143 = ZGS 2004, 476 = OLGR 2004, 506.
34 S. a. Brand OLG 27. 6. 2006 – 5 U 161/05 – BeckRS 2006, 10155.
35 Vgl. OLG Köln 28. 2. 2011, DAR 2011, 260 (Wohnmobilverkauf von privat an privat).
36 Dazu OLG Celle 4. 8. 2004, SVR 2005, 104 (*Otting*) = MDR 2005, 143 = ZGS 2004, 476 = OLGR 2004, 506; Brand OLG 27. 6. 2006 – 5 U 161/05 – BeckRS 2006, 10155 (Arglist bejaht/Geländewagen mit Kat-Problem).
37 LG Frankfurt/Oder 3. 7. 2009 – 12 O 24/09.
38 NJW 2007, 1346.
39 BGH 29. 11. 2006, NJW 2007, 1346; OLG Köln 28. 2. 2011, DAR 2011, 260; Brand OLG 27. 6. 2006 – 5 U 161/05 – BeckRS 2006, 10155.

§ 434 Abs. 1 S. 1 BGB gewertet.[40] Zum Grundsätzlichen auch OLG Celle MDR 2009, 676 = OLGR 2009, 413 (Motorboot). Wegen weiterer Rechtsprechung wird auf die Ausführungen zu den Einzelinformationen mit dem Schwerpunkt Unfallschäden, Gesamtlaufleistung und Vorbenutzung im Kapitel „Sachmängelhaftung" verwiesen (ab Rdn. 2439).

2430 Zur Bedeutung von Fahrzeugbeschreibungen in Internetangeboten von **Autobörsen** wie autoscout24 und mobile.de und damit bei „normal" (offline) zustande gekommenen Verträgen s. Rdn. 3274 ff., 2528 ff.

2431 Unrichtige Internetinformationen können zum Schadensersatz wegen **Verschuldens bei den Vertragsverhandlungen** verpflichten. Wer seinen Wagen zu Unrecht als in „sehr gutem Zustand" anpreist, kann unter diesem Blickwinkel zum Ersatz vergeblicher Aufwendungen wie Reisekosten verpflichtet sein.[41] Zum Verhältnis von c. i. c. und Sachmängelhaftung s. Rdn. 4599.

g) Haftungsfreizeichnung

2432 Vom Verbrauchsgüterkauf abgesehen (Beweispflicht dafür beim Käufer, s. Rdn. 1976), haben Verkäufer grundsätzlich freie Hand, ihre Sachmängelhaftung einzuschränken oder auszuschließen. Zumal **bei privaten Direktgeschäften** kennt die Formulierungskunst kaum Grenzen.[42] In der Erklärung „Krad wird natürlich ohne Gewähr verkauft" hat **der BGH** eine individuelle Freizeichnung gesehen.[43] Sie ist allerdings von nur begrenzter Reichweite. Schon beim Fehlen einer vereinbarten Beschaffenheit, also nicht erst beim Bruch einer Garantie i. S. d. § 444 BGB oder Arglist, greift ein derart allgemein formulierte Freizeichnung selbst als Individualabrede nicht durch.[44] Zum Zuge kommt sie dagegen in Fällen der Mangelhaftigkeit nach § 434 Abs. 1 S. 2 Nr. 1 BGB und nach den objektiven Kriterien der Nr. 2.[45] Zu diesem **wichtigen**, aber oft vernachlässigten **Thema** näher Rdn. 3998, 4024.

2433 Die Klausel „wird gemäß ebay-Artikelbeschreibung ohne Garantie verkauft" bedeutet im Zweifel einen **vollständigen Gewährleistungsausschluss**, ebenso die Formulierung „Keine Garantie, keine Rücknahme nach dem neuen EU-Recht ...".[46] Gewährleistung und Garantie werden in weiten Teilen der Bevölkerung gleichgesetzt.

2434 Soweit Haftungsfreizeichnungen AGB-Charakter haben, was auch bei Verträgen zwischen Privatpersonen der Fall sein kann (zu diesem Fragenkreis Rdn. 4028 ff.), gilt es, **§ 309 Nr. 7a und b und Nr. 8b BGB** im Auge zu haben. Erst das BGH-Urteil vom 15. 11. 2006[47], ergangen in einem Fall einer Tierauktion (nicht online), hat bei den Marktteilnehmern für das nötige Problembewusstsein gesorgt. Die Klausel über die **Verkürzung der Verjährung** von zwei Jahren auf ein Jahr, an sich nach § 475 Abs. 2 BGB zulässig, hat der BGH wegen Verstoßes gegen die Klauselverbote des § 309 Nr. 7a und b BGB für unwirksam erklärt. Mit diesem Hebel können praktisch sämtliche bisher üblichen Freizeichnungsklauseln mit AGB-Charakter außer Kraft gesetzt werden; auch bei Online-Verträgen zwischen Unternehmern,[48] s. a. Rdn. 4004.

---

40 Urteil vom 29. 11. 2006, NJW 2007, 1346.
41 AG München 23. 5. 2007 – 163 C 8127/07 – n. v. (Reisekosten).
42 Beispiel: OLG Hamm 12. 5. 2009, NJW-RR 2009, 1718 = ZGS 2009, 473; OLG Köln 28. 2. 2011, DAR 2011, 260.
43 Urteil vom 29. 11. 2006, NJW 2007, 1346.
44 BGH 29. 11. 2006, NJW 2007, 1346; OLG Köln 28. 2. 2011, DAR 2011, 260.
45 BGH 29. 11. 2006, NJW 2007, 1346.
46 OLG Köln 28. 2. 2011, DAR 2011, 260 (Wohnmobil).
47 NJW 2007, 674.
48 BGH 19. 9. 2007, NJW 2007, 3774 (kein Online-Kauf).

Zur **wettbewerbsrechtlichen Zulässigkeit** eines Angebots, **unter Gewährleistungsausschluss** zu verkaufen, das sich sowohl an Unternehmer als auch an Verbraucher richtet, was § 475 Abs. 1 BGB auf den Plan ruft, s. BGH NJW 2011, 76 (kein Autokauf). 2435

3. Versteigerung gepfändeter und beschlagnahmter Kraftfahrzeuge

Auktionen zum Zwecke der Verwertung gepfändeter oder beschlagnahmter Kraftfahrzeuge haben die Gerichte wiederholt beschäftigt. Hinzuweisen ist auf das (rechtskräftige) Urteil des LG Dortmund vom 24. 10. 1996,[49] wonach das Land NRW (Oberfinanzdirektion) trotz Gewährleistungsausschlusses in den Versteigerungsbedingungen zur Minderung wegen Fehlens einer zugesicherten Eigenschaft (Km-Laufleistung) verpflichtet ist. Der Pkw war im Rahmen eines Ermittlungsverfahrens beschlagnahmt und im Wege der **Zwangsversteigerung** versteigert worden. 2436

Im Zuge der Schuldrechtsmodernisierung ist an die Stelle des § 461 BGB a. F. **§ 445 BGB** getreten, wonach dem Käufer Rechte wegen eines Mangels nur zustehen, wenn der Verkäufer den Mangel arglistig verschwiegen oder eine Beschaffenheitsgarantie übernommen hat.[50] 2437

Zu den vielschichtigen Fragen des (gutgläubigen) **Eigentumserwerbs** bei der Verwertung eines gepfändeten Kraftfahrzeugs nimmt der BGH in dem Urteil v. 2. 7. 1992[51] umfassend Stellung. Streitobjekt war ein Pkw, den eine Fahrschule unter Aushändigung des Fahrzeugbriefs sicherungsübereignet hatte. Wegen Steuerforderungen wurde das Fahrzeug vom Finanzamt gepfändet und durch einen öffentlich bestellten Auktionator versteigert. Dieser hatte vor Beginn der Versteigerung ausdrücklich darauf hingewiesen, dass der Fahrzeugbrief nicht vorliege. Der Kläger ersteigerte das Fahrzeug dennoch, konnte es aber wegen des fehlenden Briefes nicht auf sich umschreiben lassen. Die Klage gegen den Sicherungseigentümer auf Herausgabe des Briefes und auf Zahlung einer Nutzungsentschädigung blieb erfolglos. Zur Frage der **Rechtsmängelhaftung** beim Erwerb eines sichergestellten bzw. beschlagnahmten Fahrzeugs s. Rdn. 4655. 2438

49 DAR 1997, 449.

50 Dazu und auch zum Haftungsausschluss nach § 283 AO s. Brand OLG 15. 4. 2010 – 2 U 26/08, juris (Möbelstück).

51 BGHZ 119, 75 = NJW 1992, 2570.

H. Die Haftung des Verkäufers eines Gebrauchtfahrzeugs für einen Sachmangel

I. Die Voraussetzungen der Sachmängelhaftung

1. Die Ausgangssituation nach der Schuldrechtsreform

2439 Weniger die Kodifizierung des subjektiven Fehlerbegriffs in § 434 Abs. 1 S. 1 BGB als viel mehr das Verbot der Freizeichnung von der Sachmängelhaftung (§ 475 Abs. 1 BGB) hat zu einem Paradigmenwechsel im Recht des Gebrauchtfahrzeugkaufs geführt. Die (einfache) Beschaffenheitsvereinbarung hat sie sich inzwischen den Raum zurückerobert, den sie wegen der exzessiven Anerkennung von Eigenschaftszusicherungen (§§ 459 Abs. 2, 463 S. 1 BGB a. F.) hat preisgeben müssen.

2. Die Beschaffenheitsvereinbarung

a) Begriff der Beschaffenheit

2440 Wenn Gegenstand der Vereinbarung i. S. v. **§ 434 Abs. 1 S. 1 BGB** die – vom Gesetz nicht definierte – Beschaffenheit der Kaufsache ist, stellt sich zunächst die altbekannte Abgrenzungsfrage nach dem Verhältnis zwischen Beschaffenheit und Eigenschaft. Nach der früheren Rechtsprechung war der Begriff der „Eigenschaft" weiter aufzufassen als der Begriff der „Beschaffenheit". Beschaffenheitsmerkmale mussten der Sache „ohne weiteres" anhaften, ihr „unmittelbar innewohnen und von ihr ausgehen"[1] oder, wie auch formuliert wurde, sich aus der Sache „als solcher" ergeben. Der Unterschied zur (zusicherungsfähigen) „Eigenschaft" war freilich mehr und mehr eingeebnet worden und zuletzt „weitgehend nur noch terminologisch".[2]

2441 Die von Teilen der Literatur zu § 434 BGB vertretene Ansicht, nach der nur die körperlichen Eigenschaften der Sache und die dieser auf Dauer anhaftenden Umstände tatsächlicher, rechtlicher und wirtschaftlicher Art als Beschaffenheit anzusehen seien, hat **der BGH** mit Recht als zu eng verworfen. Jede nach früherem Recht zusicherungsfähige Eigenschaft einer Sache i. S. d. § 459 Abs. 2 BGB a. F. könne eine Beschaffenheit i. S. d. § 434 Abs. 1 S. 1 BGB sein.[3] Mit dieser „Jedenfalls-Aussage" lässt der BGH Raum für eine noch weiter gehende Deutung des Beschaffenheitsbegriffs. Ob z. B. der Erwerb eines Gebrauchtfahrzeugs von einem „fliegenden Zwischenhändler" ein Beschaffenheitsmerkmal darstellt, hat der VIII. ZS offengelassen.[4] Die **Instanzgerichte** haben sich – zumal mit Entscheidungen zum Gebrauchtfahrzeugkauf – (mitunter ziemlich mutlos) an die Abgrenzungsproblematik herangetastet.[5] Zu Grenzfällen s. a. Rdn. 4601 ff. Dass das Beschaffenheitsmerkmal ein **„wertbildender Faktor"** sein müsse, wie es gelegentlich heißt (z. B. im Zusammenhang mit dem Erstzulassungsdatum), trifft nicht zu.

1 BGH 18. 11. 1977, NJW 1978, 370.
2 BGH 16. 1. 1991, NJW 1991, 1223; s. a. BT-Drucks. 14/6040, S. 210.
3 BGH (V. ZS) 5. 11. 2010, NJW 2011, 1217 Tz. 13.
4 Urt. v. 16. 12. 2009, NJW 2010, 858 Tz. 21; s. a. BGH (VII. ZS) NJW 2008, 511.
5 OLG Hamm 3. 3. 2005, ZGS 2005, 315 (Merkmale eines „Unfallfahrzeugs"); OLG Hamm 13. 5. 2003, NJW-RR 2003, 1360 (Importeigenschaft); OLG Naumburg 7. 12. 2005, DAR 2006, 327 (Re-Import); OLG Düsseldorf 8. 8. 2003 – 1 W 45/03 – n. v. (Anzahl der Vorbesitzer); OLG Nürnberg 21. 3. 2005, NJW 2005, 2019 (Modelljahr); OLG Stuttgart 1. 2. 2006, ZGS 2008, 479; AG Lichtenberg 25. 2. 2005 – 5 C 301/04 – n. v. (jew. Fehlen der Herstellergarantie).

b) Verbindliche Vereinbarung

Die Formulierung „vereinbarte Beschaffenheit“ in § 434 Abs. 1 S. 1 BGB macht deutlich: Einseitig gebliebene Erwartungen und Vorstellungen des Käufers (wie auch des Verkäufers) sind auf der ersten Stufe der Prüfung eines Sachmangels ohne Belang. Dies selbst dann, wenn sie der Gegenseite bekannt sind.[6] Ob eine Vereinbarung i. S. d. § 434 Abs. 1 S. 1 BGB eine vertragliche Abrede erfordert oder ob übereinstimmende Vorstellungen der Parteien im Vorfeld des Vertrages ausreichen, hat der VIII. ZS des BGH in der Entscheidung v. 12. 3. 2008[7] offen gelassen. Jedenfalls kann die für eine Beschaffenheitsvereinbarung erforderliche **Willensübereinstimmung** auch **konkludent** in der Weise herbeigeführt worden sein, dass der Käufer dem Verkäufer bestimmte Anforderungen an den Kaufgegenstand zur Kenntnis bringt und dieser zustimmt.[8] Wenn das Gericht eine solche Zustimmung annehmen möchte, bedarf es hierzu konkreter Feststellungen. Bloßes Schweigen genügt im Allgemeinen nicht. **2442**

Die Übernahme einer besonderen Gewähr verbunden mit einem „Garantiewillen“ setzt eine Beschaffenheitsvereinbarung nicht voraus, auch keine Verständigung oder Absprache über die Rechtsfolgen. Notwendiges Minimum ist lediglich die Rechtsverbindlichkeit der Verkäuferangabe. Das bedeutet für den Fahrzeugverkauf zunächst: **2443**

Gegenstand der Verkäufererklärung muss **eine bestimmte Eigenschaft** des Fahrzeugs sein, ein Merkmal seiner Beschaffenheit. Insoweit ist einerseits abzugrenzen gegen Umstände, die nicht zu seiner Beschaffenheit gehören, und andererseits gegen reklamehaften Angaben allgemeiner Natur ohne festen Tatsachenbezug, wofür die Äußerung „tipp topp“ ein Beispiel ist. **2444**

Eine **Objektbeschreibung** in Wort und Bild[9], von der Rechtsprechung zum früheren Kaufrecht der Eigenschaftszusicherung gegenübergestellt, kann Inhalt einer (stillschweigenden bzw. konkludenten) Beschaffenheitsvereinbarung sein. Die Informationen des Verkäufers, mit denen er das angebotene Fahrzeug kennzeichnet und gegenständlich beschreibt (Baujahr, kW/PS, Kilometerlaufleistung, unfallfrei etc.), sind typische Beschaffenheitsangaben. Auch ein Schriftzug an der Heckklappe des Fahrzeugs wie z. B. „4–matic“ kann wegen seiner besonderen Signalwirkung Gegenstand einer stillschweigenden Beschaffenheitsvereinbarung sein, und zwar mit dem Inhalt, dass der Wagen mit einem Allradgetriebe ausgerüstet ist[10]. **2445**

Problematisch sind **pauschale Erklärungen mit Anpreisungscharakter** wie „Top-Zustand“ oder „alles in Ordnung“. Zu der Frage, ob derartige Äußerungen als Zusicherungen i. S. v. § 459 Abs. 2 BGB a. F. einzustufen sind, liegt eine umfangreiche Kasuistik vor (s. Rdn. 3253 ff.). Soweit man ausnahmsweise eine Zusicherung bejaht hat, wird man heute in einem vergleichbaren Fall wenigstens eine Beschaffenheitsvereinbarung annehmen können. Zu beachten ist dabei stets, dass nach der Schuldrechtsmodernisierung die Annahme einer Beschaffenheitsvereinbarung nicht mehr „im Zweifel“, sondern nur noch **in einem eindeutigen Fall** in Betracht kommt.[11] **2446**

---

6 BGH 20. 5. 2009, NJW 2009, 2807 Tz. 9.

7 NJW 2008, 1517.

8 BGH 20. 5. 2009, NJW 2009, 2807 Tz. 9.

9 Was auf einem Foto, z. B. im Internet, von dem Fahrzeug zu sehen ist, etwa ein bestimmtes Ausstattungsdetail wie eine Standheizung, kann Inhalt einer Beschaffenheitsvereinbarung sein (BGH 12. 1. 2011, NJW-RR 2011, 462 Tz. 12).

10 OLG Hamm 7. 7. 2009 – 28 U 86/09; zum Verkauf eines älteren Geländewagens (Jeep Wrangler) mit nicht funktionierendem Allradantrieb s. AG München 17. 11. 2009, DAR 2011, 212.

11 Urt. v. 12. 3. 2008, NJW 2008, 1517 Tz. 13; Beschl. v. 2. 11. 2010, DAR 2011, 520, Tz. 4.

2447 Ob der Verkäufer eine verbindliche Angabe über die Fahrzeugbeschaffenheit gemacht hat, muss – nicht anders als früher bei der Zusicherung – aus der **Sicht des Käufers** aufgrund aller Umstände des konkreten Falles ermittelt werden (§§ 133, 157 BGB). Unverbindlich – verbindlich – garantiert, so lauten die Auslegungsalternativen.

2448 Was im alten Kaufrecht für eine Zusicherung indiziell war (s. den Kriterienkatalog Rdn. 2594), kann auch und erst recht zur Begründung einer Beschaffenheitsvereinbarung herangezogen werden. Die kontraindiziellen Umstände (s. den Katalog Rdn. 2595) behalten gleichfalls ihre Bedeutung, wobei jedoch – ebenso wie bei den Pro-Argumenten – außer dem strukturellen Unterschied zwischen der Zusicherung alter Art und der Beschaffenheitsvereinbarung i. S. d. § 434 Abs. 1 S. 1 BGB der Wandel in der Schutz- und Interessenlage (Stichwort Verbrauchsgüterkauf) zu beachten ist.

2449 Gegenstand einer Beschaffenheitsvereinbarung können auch **negative Umstände** sein, wie z. B. bestimmte Defekte am Fahrzeug; auch Risiken und Eventualitäten. Eine **negative Beschaffenheitsvereinbarung** bedeutet z. B. die Abrede, dass das Fahrzeug möglicherweise nicht unfallfrei ist (näher dazu Rdn. 3076 ff.). Zur Zulässigkeit beim Verbrauchsgüterkauf s. Rdn. 2461 ff., 2500.

2450 Angesichts des Eindeutigkeitspostulats des BGH für die Annahme einer Beschaffenheitsvereinbarung stellt sich die **außerordentlich praxisrelevante Frage** nach der Bedeutung geschäftsüblicher **Einschränkungen**, **Vorbehalte** und **Quellenangaben** wie z. B. „soweit bekannt" oder „nach Angaben des Vorbesitzers" oder „laut Fahrzeugbrief". Die Alternative zur Beschaffenheitsvereinbarung lautet **Wissensmitteilung** (oder, aber schlechter: Wissenserklärung).

2451 Sinn und Zweck solcher Vorbehalte und Zusätze war **im früheren Gebrauchtwagenkaufrecht**, die Annahme einer Eigenschaftszusicherung zu verhindern, weniger wegen der Haftungsverschärfung nach § 463 S. 1 BGB a. F. als vielmehr im Hinblick auf die Gültigkeit der Freizeichnungsklausel.[12] Die Rechtsprechung hat diese Bemühungen nur zum Teil anerkannt. Unter der Geltung des **„neuen" Kaufrechts** stellt sich die Frage, ob einschränkende Zusätze der o. g. Art der Annahme einer Beschaffenheitsvereinbarung entgegenstehen. Denkbar ist auch, im Anschluss an einige Entscheidungen zu § 459 Abs. 2 BGB a. F. eine **inhaltlich eingeschränkte** Beschaffenheitsvereinbarung anzunehmen. **Der BGH** ist diesen Weg nicht gegangen, sondern hat sich, erfreulich deutlich, für die Alternative **„Wissensmitteilung"** entschieden,[13] und zwar abschließend, wie er in einem Beschluss vom 2. 11. 2010[14] betont.

2452 Lässt sich, wie im Fall einer Wissensmitteilung (z. B. unfallfrei lt. Vorbesitzer) weder eine positive noch eine negative Beschaffenheitsangabe feststellen, bleibt **als Auffangtatbestand** Mangelhaftigkeit nach den objektiven Kriterien des § 434 Abs. 1 S. 2 Nr. 2 BGB. Mit der Einstufung als „Wissensmitteilung" ist die Mängelprüfung also nicht beendet. Eine **falsche Wissensmitteilung** ist i. Ü. rechtlich keineswegs bedeutungslos. Der Verkäufer haftet jedenfalls **bei Vorsatz** (Arglist) nach den §§ 280 Abs. 1, 241 Abs. 2, 311 Abs. 2 BGB dafür, dass er die Angaben des Vorbesitzers oder die Eintragungen im Fahrzeugbrief unrichtig oder unvollständig wiedergegeben hat.[15] Zumindest im Fall arglistiger Täuschung ist die Sperrwirkung der Sonderregelung in den §§ 434 ff. BGB aufgehoben[16], so dass offen bleiben kann, ob die Pflichtverletzung des Verkäufers überhaupt von ihr erfasst wird. In den

12 *Eggert*, DAR 1998, 45.
13 Urt. v. 12. 3. 2008, NJW 2008, 1517.
14 Az. VIII ZR 287/09, DAR 2011, 520 (zu „soweit ihm bekannt" in einem Formularvertrag von autoscout24 im Zusammenhang mit der Anzahl der Vorbesitzer).
15 BGH 12. 3. 2008, NJW 2008, 1517.
16 BGH 27. 3. 2009, NJW 2009, 2120.

Vorsatzfällen kann der Verkäufer außerdem nach Deliktsrecht ersatzpflichtig sein (§§ 823 Abs. 2 BGB i. V. m. § 263 StGB, § 826 BGB).

Ob bei **bloßer Fahrlässigkeit** des Verkäufers Raum für die c. i. c.-Haftung ist, entscheidet sich nach den Grundsätzen des BGH-Urteils vom 27. 3. 2009.[17] Danach sind auf die Beschaffenheit der Sache bezogene Aufklärungspflichten grundsätzlich dem „vertraglichen Regime" der §§ 434 ff. BGB unterworfen. Den inneren Zusammenhang mit der Sache „Auto" wird man kaum verneinen können, wenn der Verkäufer eine objektiv falsche Wissensmitteilung über eine Fahrzeugeigenschaft macht. Dass die Fahrlässigkeit in einem Ablese- oder einem Übertragsfehler, z. B. einem Schreibversehen, begründet ist, ist nicht der springende Punkt. Nicht das Verschulden also solches, sondern sein Bezugspunkt ist in der Konkurrenzfrage entscheidend. Deshalb sprechen die besseren Gründe dafür, die c. i. c.-Haftung bei bloßer Fahrlässigkeit des Verkäufers **als gesperrt** anzusehen.[18] Zum Konkurrenzverhältnis näher Rdn. 4597 ff. 2453

Damit eine ausdrückliche oder stillschweigende/konkludente Beschaffenheitsangabe des Verkäufers Gegenstand einer Vereinbarung i. S. v. § 434 Abs. 1 S. 1 BGB wird, bedarf es grundsätzlich der **Annahme durch den Käufer**. Bei der Eigenschaftszusicherung alter Art haben die Gerichte auf die Prüfung dieser Voraussetzung i. d. R. verzichtet. Sobald der Erklärung Zusicherungscharakter beigemessen war, wurde die Prüfung abgebrochen. Die Zustimmung des Käufers hat man als selbstverständlich unterstellt, ohne zu berücksichtigen, dass sie dem Käufer auch Nachteile brachte (Verjährung, Verlust des Anfechtungsrechts nach § 119 Abs. 2 BGB). 2454

Durch seine Bestellung mit anschließender Übernahme des Fahrzeugs trägt der Käufer i. d. R. seinen Teil zum Abschluss einer Beschaffenheitsvereinbarung **konkludent** bei. Noch klarer tritt die Vereinbarung hervor, wenn die Vertragspartner, wie beim privaten Direktgeschäft (offline), die Vertragsurkunde mit den Angaben über das Fahrzeug gleichzeitig unterschreiben. 2455

Die Gültigkeit einer mündlichen Beschaffenheitsvereinbarung wird durch eine formularmäßige **Schriftformklausel** nicht ausgeschlossen. Es gilt der Vorrang der Individualabrede (§ 305b BGB). Dazu und zu weiteren Verteidigungsmöglichkeiten des Verkäufers (Vertreter-, Vollständigkeits- und Bestätigungsklausel u. a.) sowie zu Beweisfragen s. Rdn. 3266 ff. 2456

c) Haftungsentlastende Beschaffenheitsvereinbarung oder unzulässige Haftungsbeschränkung nach § 475 Abs. 1 BGB?

aa) Ausgangslage und Problemstellung

Zumal für den **Unternehmer-Verkäufer** stellt sich die Frage, ob und inwieweit er seine Haftung **gegenüber einem Verbraucher** im Wege der Beschaffenheitsvereinbarung schon im Vorfeld, also nicht erst auf der Rechtsfolgenseite, zu seinen Gunsten beeinflussen kann. Mit den tradierten Mitteln zur Vermeidung der Zusicherungshaftung alter Art ist es aus seiner Sicht nicht getan. 2457

Was einem pfiffigen schwäbischen Kfz-Händler mit der Klausel „Zusicherungen? Keine!" gelungen ist, nämlich die (verschärfte) Haftung für das Fehlen einer Altersangabe abzuwenden,[19] hilft dem Unternehmer-Verkäufer heute nicht weiter. Damit kann er allenfalls die Annahme einer Beschaffenheitsgarantie verhindern. 2458

17 NJW 2009, 2120.
18 So auch *Fischinger/Lettmaier*, ZGS 2009, 394, 396.
19 Vgl. BGH 16. 10. 1991, NJW 1992, 170.

2459 Worum es Unternehmer-Verkäufern bei Geschäften mit Verbrauchern jetzt auch gehen muss, ist eine interessengerechte, gleichwohl zulässige Ausgestaltung von Beschaffenheitsvereinbarungen i. S. v. § 434 Abs. 1 S. 1 BGB. Während gewerblichen Verkäufern fabrikneuer Kfz die Produktbeschreibung in aller Regel vom Hersteller abgenommen wird und notfalls Regress genommen werden kann, steht der Unternehmer-Verkäufer eines gebrauchten Kraftfahrzeugs in der Alleinverantwortung. Um das damit verbundene Gewährleistungsrisiko steuern zu können, galt die umfassende Freizeichnung von der Sachmängelhaftung mit Recht als ein „Gebot der wirtschaftlichen Vernunft" (BGH) – auch gegenüber Verbrauchern.

2460 Aufgrund des jetzigen Freizeichnungsverbots in § 475 Abs. 1 BGB ist die Suche nach anderweitiger Absicherung verständlich. Mit der gesetzlichen Erlaubnis, die Verjährung auf 12 Monate zu verkürzen (§ 475 Abs. 2 BGB) und die Schadensersatzhaftung auszuschließen (§ 475 Abs. 3 BGB), wird zwar auf die Interessen des Gebrauchtfahrzeughandels durchaus Rücksicht genommen.[20] Gleichwohl besteht weiterer Handlungsbedarf, zumal bei der Vermarktung älterer Fahrzeuge mit hohem Defektrisiko. Unternehmer-Verkäufer außerhalb der Kfz-Branche sind in noch stärkerem Maße als Kfz-Händler mit eigener Werkstatt darauf angewiesen, sämtliche Möglichkeiten der Risikoentlastung voll auszuschöpfen.

2461 Allerdings setzt **§ 475 Abs. 1 BGB** jeder Beschränkung von Verbraucherrechten **sehr enge Grenzen**. Der Unternehmer kann sich nicht auf solche Vereinbarungen berufen, die zum Nachteil des Verbrauchers von bestimmten Vorschriften des Kaufrechts abweichen. Das Gesetz ordnet also keine Nichtigkeit an. Im praktischen Ergebnis bedeutet das **Verbot des Sich-Berufens** aber nichts anderes.[21]

2462 Abweichende Vereinbarungen und „anderweitige Gestaltungen" (§ 475 Abs. 1 S. 2 BGB) sind allerdings **nicht generell unzulässig**. Es kommt zunächst **auf den Zeitpunkt** an. Unerlaubt können sie nur sein, wenn sie zustande gekommen sind, bevor der Unternehmer vom Verbraucher über den Mangel informiert worden ist. Im Anschluss an seine Unterrichtung hat er weitgehend freie Hand. So kann er auch mit einem Verbraucher z. B. eine Beteiligung an den Reparaturkosten vereinbaren. Zu beachten sind – abgesehen von den §§ 138, 242 BGB – lediglich die Schranken der AGB-Vorschriften einschließlich § 310 Abs. 3 BGB.

2463 Wenn § 475 Abs. 1 BGB von „Vereinbarungen" spricht, so könnte eine **einseitige Erklärung des Käufers**, z. B. ein Verzicht auf Gewährleistungsrechte, vom Abweichungsverbot ausgenommen sein. Das wäre ein Trugschluss. Die Rechtsprechung würde die erforderliche Zweiseitigkeit mit Hilfe einer stillschweigenden/konkludenten Zustimmung des Verkäufers herstellen oder auf den Auffangtatbestand „anderweitige Gestaltung" zurückgreifen (§ 475 Abs. 1 S. 2 BGB).

2464 Zu den Vorschriften, die nach § 475 Abs. 1 BGB (einseitig) zwingend sind, zählen nicht nur reine Verbraucherschutzbestimmungen. **Zwingenden Charakter** haben auch so allgemeine Normen wie § 433 Abs. 1 S. 2 BGB (Anspruch auf Lieferung einer mangelfreien Sache) und § 434 BGB mit seiner käuferfreundlichen Neuregelung des Sachmangelbegriffs. Das ist um so bemerkenswerter, als § 434 BGB – nur in Teilbereichen richtlinienbestimmt – dem Käufer kein Recht gewährt, sondern nur die Voraussetzungen beschreibt, wann der Verkäufer mit der Lieferung einer mangelhaften Sache seine Erfüllungspflicht verletzt hat. Allem Anschein nach hat der nationale Gesetzgeber im Interesse eines richtlinienkonformen Verbraucherschutzes jeglicher Benachteiligung eines Verbrauchers einen festen Rie-

---

20 § 475 Abs. 3 BGB privilegiert aber nicht nur Verkäufer gebrauchter Güter.

21 Vgl. BGH 31. 3. 2010, NJW 2011, 76 Tz. 25; BGH 19. 5. 2010, NJW-RR 2011, 335 (UWG).

gel vorschieben wollen. Nicht aus eigener Überzeugung, sondern nur der Richtlinie gehorchend ist er dem **EU-Leitbild des „vulnerable consumer“** gefolgt.[22]

Dass es bei diesem Höchstmaß an gemeinschaftsrechtlicher Vorsorge zu Spannungen mit dem Begriff der **Vertragsmäßigkeit** und damit auch der Beschaffenheitsvereinbarung (§ 434 Abs. 1 S. 1 BGB) kommen muss, wurde schon früh erkannt.[23] Als besonders problematisch hat man, völlig zu Recht, den Verkauf gebrauchter Sachen gesehen.[24] **2465**

Die Gewährleistung für Mängel eines gebrauchten Kraftfahrzeugs vollständig auszuschließen, hat der BGH – aus guten Gründen – jahrzehntelang als ein **„Gebot der wirtschaftlichen Vernunft“** bezeichnet. Die Bundesregierung hat das im Grundsatz nicht anders gesehen, ist mit ihrer unternehmerfreundlichen Position in Brüssel aber nicht durchgedrungen. Im Bereich des Verbrauchsgüterkaufs gebrauchter Sachen sind die Unternehmerinteressen lediglich bei der Verjährung und, etwas halbherzig, bei der Beweislastumkehr (§ 476 BGB) berücksichtigt worden. Diese rechtspolitischen Entscheidungen sind hinzunehmen. **2466**

Sie machen aber auch deutlich, dass Käufer gebrauchter Kraftfahrzeuge nur **bedingt schutzwürdig** sind. Anhand welcher Kriterien das **schwierige Spannungsverhältnis** zwischen Privatautonomie und Verbraucherschutz[25] sachgerecht zu lösen ist, ist positivrechtlich nicht geregelt, weder in der EU-Richtlinie über den Verbrauchsgüterkauf (Art. 7) noch in § 475 BGB. Dessen Absatz 1 ist auch dann **vorrangiger Prüfungsmaßstab**, wenn die Soll-Beschaffenheit nicht durch eine Individualabrede, sondern durch AGB oder durch eine Einzelvertragsklausel i. S. d. § 310 Abs. 3 Nr. 2 BGB festgelegt ist. Mit den Vorschriften über die Allgemeinen Geschäftsbedingungen (§§ 305 ff. BGB) lässt sich das Problem also nicht bewältigen. **2467**

Wenn Art. 7 Abs. 1 S. 1 Verbrauchsgüterkaufrichtlinie „die mit dieser Richtlinie gewährten Rechte“ für unabdingbar erklärt, so könnte das für die Auslegung des § 475 Abs. 1 BGB bedeuten, dass nicht die **Tatbestands**-, sondern nur die **Rechtsfolgenseite** betroffen ist. Dieser Gedanke greift indes zu kurz. Denn die Richtlinie gewährt dem Verbraucher einen besonderen Schutz beispielsweise auch durch für ihn vorteilhafte Festlegungen des zentralen Begriffs der **Vertragsmäßigkeit**. Wenn diese sich auch nach den Herstellerangaben in der Werbung richtet, wird man selbst eine individuelle Klausel, wonach der Verkäufer für Herstellerangaben generell nicht einstehen will, für richtlinienwidrig und damit für unwirksam halten müssen.[26] Der Satz, wonach nur die Haftungsregeln, nicht schon die Festlegung der Vertragsmäßigkeit, der Disposition der Parteien entzogen sind, ist demnach nur bedingt richtig. In Wirklichkeit wird zwischen der Bestimmung dessen, was vertragsgemäß sein soll, und dem Ausschluss bzw. der Beschränkung der Haftung für Vertragswidrigkeit, häufig eine **fließende Grenze** verlaufen.[27] **2468**

Wie schmal der Grat zwischen Haftungsfreizeichnung und Zustandsbeschreibung schon im alten Recht war, zeigt beispielhaft das Urteil des BGH v. 8. 2. 1995.[28] Die individuelle Abrede „die vorhandenen Kaufgegenstände gehen in dem vorh. Zustand auf den Käufer über“ alternativlos als Gewährleistungsausschluss zu begreifen (so die Vorinstanz), hat **2469**

---

22 Zur Verbraucherleitbild-Diskussion informativ *Pfeiffer*, NJW 2011, 1 ff.; zu den schädlichen Auswirkungen des EU-Verbraucherschutzrechts auf das nationale Privatrecht *Honsell*, ZIP 2008, 621, 623.

23 Vgl. *Ehmann/Rust*, JZ 1999, 860; *P. Huber* in FS Henrich, S. 309; *H. P. Westermann*, JZ 2001, 536; *Ayad*, DB 2001, 2701; *Repgen*, Kein Abschied von der Privatautonmie, 2001.

24 S. a. *Medicus*, ZIP 1996, 1925.

25 Näheres dazu bei *Repgen*, a. a. O., S. 69 ff.

26 *Repgen*, a. a. O., S. 67.

27 So *H. P. Westermann*, JZ 2001, 536.

28 NJW 1995, 1547.

der BGH im Fall des Verkaufs einer gebrauchten Ladeneinrichtung mit Maschinen als „schon im Ausgangspunkt" fehlerhaft angesehen. Die Vereinbarung könne auch als Beschreibung des Zustands der Kaufgegenstände im Zeitpunkt ihrer Übergabe verstanden werden

2470 Durch eine Vereinbarung mit dem Verbraucher **unter die gewöhnlichen Erwartungen und Gebrauchsmöglichkeiten** zu gehen – „Beschaffenheitsvereinbarung nach unten" oder **„negative Beschaffenheitsvereinbarung"** –, ist auch nach der EU-Richtlinie über den Verbrauchsgüterkauf nicht von vornherein untersagt. Die Bedingungen der Vertragsmäßigkeit in Art. 2 RL sind nicht zwingend.[29] Sie steht uneingeschränkt zur Disposition der Parteien.[30]

2471 Hinzu kommt: Wenn die Kaufsache hinter der „normalen" Beschaffenheit zurückbleibt, ist sie nach Art. 2 Abs. 3 RL nicht vertragswidrig, sofern der Verbraucher davon zur Zeit des Kaufs Kenntnis hatte oder vernünftigerweise darüber nicht in Unkenntnis sein konnte. Auch dadurch, dass die Richtlinie auf die Kenntnis des Verbrauchers abstellt, hält sie den Weg für Konsenslösungen frei. Nach der Kaufrechtsrichtlinie sind die Parteien also nicht an der Vereinbarung einer Beschaffenheit gehindert, die hinter den üblichen Standards zurückbleibt.[31] Für das nationale Kaufrecht heißt das: Da § 434 Abs. 1 BGB – richtlinienkonform – vorrangig auf die „vereinbarte Beschaffenheit" abhebt, muss eine Parteiabsprache **grundsätzlich** auch dann respektiert werden, wenn von den objektiven Kriterien des § 434 Abs. 1 S. 2 Nr. 2 BGB zum Nachteil des Verbrauchers abgewichen wird.

2472 Auch in Fällen des Verbrauchsgüterkaufs ist **beiderseitige** – ausgetauschte – **Kenntnis** von einer bestimmten Beschaffenheit keine Frage des Ausschlusses der Haftung, weder per Vereinbarung noch gem. § 442 Abs. 1 BGB. Die Sache ist bereits **nicht vertragswidrig**. *Beispiel:* Ein Fahrzeug mit einem reparierten Unfallschaden ist „frei von einem Sachmangel", wenn der Käufer im Wege der Aufklärung durch den Verkäufer richtig und vollständig unterrichtet worden ist. Die Unfallbeteiligung ist dann als vertragsgemäßer Zustand gemeinsam vorausgesetzt.[32] Weiteres *Beispiel:*[33] Die Beschreibung des Fahrzeugs enthält den Hinweis „undichter Kühler". Trotz dieses Defekts ist das Fahrzeug sachmängelfrei, selbst wenn ein dichter Kühler zur Normalbeschaffenheit gehört. Positive Kenntnis von einem **konkreten Defekt** (nicht: Mangel) auf beiden Seiten schließt eine bestehende Haftung nicht aus, sondern steht schon ihrer Begründung entgegen. Zur Zulässigkeit pauschaler „Mängelhinweise" s. Rdn. 2485.

2473 Auf dem Boden des **Informationsmodells**, auf dem auch die Verbrauchsgüterkaufrichtlinie beruht (z. B. Art. 2 Abs. 3), bleibt auch einem Unternehmer-Verkäufer ein **Gestaltungsspielraum**, die Soll-Beschaffenheit eines gebrauchten Kraftfahrzeugs im Wege der Vereinbarung in seinem Sinn festzulegen. Kraftfahrzeughändlern und erst recht Unternehmern außerhalb der Kfz-Branche kann es schlechterdings nicht untersagt sein, durch eine Vereinbarung über bestimmte Beschaffenheitsmerkmale dem konkreten Zustand eines bereits gebrauchten Fahrzeugs Rechnung zu tragen. Dem kann nicht entgegengehalten werden, bereits ein richtig verstandener Sachmangelbegriff in seiner objektiven Version entlaste den Verkäufer vom Verschleiß- und Alterungsrisiko. Das Argument ist zwar an sich richtig (s. Rdn. 2944 ff.). Es sticht in diesem Zusammenhang aber nicht, weil es nur einen Teil der Mängelrisiken abdeckt.

---

29 Überzeugend *Repgen*, a. a. O., S. 65 f.; *Grundmann*, AcP 202, 40, 46; *ders.* in *Grundmann/Bianca*, EU-Kaufrechtsrichtlinie Art. 2 Rn. 9; verbraucherfreundlicher *Micklitz*, EuZW 1999, 485, 490.

30 Müko-BGB/*S. Lorenz*, § 475 BGB Rn. 8.

31 H. M., vgl. *Looschelders* in *Dauner*-Lieb/Konzen/K. Schmidt, Das neue Schuldrecht in der Praxis, S. 402 m. w. N.

32 So BGH 22. 6. 1983, NJW 1983, 2242; OLG Hamm 3. 3. 2005, ZGS 2005, 315.

33 Von *Schulte-Nölke*, ZGS 2002, 74.

Wenn **das Ob** der Gestaltungsbefugnis demnach nicht ernsthaft im Streit steht, konzentriert sich alles auf die Frage, wie weit diese Befugnis reicht und in welcher Weise von ihr Gebrauch gemacht werden darf. Patentlösungen kann es insoweit nicht geben. Nur von Fall zu Fall kann entschieden werden, ob den Interessen des Verbrauchers oder des Unternehmers Vorrang zu geben ist. 2474

Orientierungshilfe geben die **Gebrauchtwagen-Entscheidungen des BGH v.** 22. 12. 2004[34] und vom 26. 1. 2005.[35] Sie machen deutlich, dass dem Verbraucherschutz durchaus Grenzen gezogen sind. Verbraucherschutz ist nicht schlechthin unabdingbar. Wie der BGH negative Beschaffenheitsvereinbarungen (z. B. „Pkw eventl. nicht unfallfrei") beurteilt, ist abzuwarten.[36] Vor dem Hintergrund seiner bisherigen Rechtsprechung spricht einiges für eine liberale Haltung. Entscheidungen der Instanzgerichte lassen erkennen, dass den Intentionen der Verbrauchsgüterkaufrichtlinie in angemessener Weise Rechnung getragen wird. Im Zweifel ist zugunsten der Verbraucher entschieden worden.[37] 2475

In der Rechtsprechung **noch nicht abschließend geklärt** ist die Frage, ob beim Verkauf gebrauchter Kfz im Rahmen eines Verbrauchsgüterkaufs **sämtliche Eigenschaften** zur Disposition stehen oder ob es einen **harten Kern von Basiseigenschaften** gibt, etwa die Fahrbereitschaft, die Verkehrs- und Betriebssicherheit.[38] Diese Frage ruft die unter dem Stichwort „Schwerstmängel" geführte Diskussion über klauselfeste Mindeststandards in Erinnerung (dazu Rdn. 3991). Der BGH hat die früher handelsübliche Freizeichnungsklausel aus guten Gründen umfassend verstanden. Ihr die Geltung für Mängel der Verkehrssicherheit und „Fahrtüchtigkeit" abzusprechen, hat er ausdrücklich abgelehnt.[39] 2476

Das vertragliche Informationsmodell, konsequent zu Ende gedacht, spricht gegen die Sicherstellung eines **technischen Mindeststandards** in Form eines Basisschutzes. Hinzu kommen kaum überwindbare Abgrenzungsschwierigkeiten. i. Ü. geht es nicht um das Recht, die Fahrt zu überleben, wie *Oechsler* meint.[40] Für den Schutz von Leib und Leben hat das Delikts- und Produkthaftungsrecht zu sorgen, flankierend die StVZO. 2477

Was die **inhaltlich-formale Seite** angeht, kann gesagt werden: Abweichungen vom Normalzustand (gewöhnliche Beschaffenheit) zulasten des Verbrauchers müssen **eindeutig** vereinbart und von ihm **ausdrücklich** gebilligt sein. Je konkreter und verständlicher die Abrede ist, desto eher hat sie vor Gericht Bestand. Nur formelhafte und abstrakt gehaltene Formulierungen verwerfen die Gerichte entweder schon im Wege der Auslegung (was vorzuziehen ist) oder nach § 475 Abs. 1 S. 2 BGB als mittelbare Haftungsbeschränkungen (Beispiele aus der Rechtsprechung im Rahmen der nachfolgenden Fallgruppen). 2478

bb) Fallgruppen

So wie der Kfz-Handel auf die strenge Rechtsprechung zu §§ 459 Abs. 2, 463 S. 1 BGB a. F. mit einer Vielzahl von Gegenmaßnahmen reagiert hat,[41] hat man auch die einschneidenden Haftungsverschärfungen durch die Schuldrechtsreform nicht tatenlos hingenommen. Schon bald nach In-Kraft-Treten der Schuldrechtsreform haben der Kfz-Handel und die unternehmerischen Gelegenheitsverkäufer ihren Fantasiereichtum mit einer **breiten Palette von „Schutzklauseln"** nachhaltig unter Beweis gestellt. 2479

34 NJW 2005, 1045 (vorgetäuschte Händlereigenschaft).
35 NJW 2005, 1039 (Agentur).
36 Offen gelassen im Urt. v. 12. 3. 2008, NJW 2008, 1517.
37 Z. B. OLG Oldenburg 22. 9. 2003, DAR 2004, 92 („Bastlerfahrzeug").
38 Dazu OLG Celle 16. 4. 2008, ZGS 2008, 312 (im Zusammenhang mit dem objektiven Mangelbegriff).
39 Urt. v. 22. 2. 1984, NJW 1984, 1452.
40 Schuldrecht Besonderer Teil, Vertragsrecht, § 2 Rn. 90.
41 Vgl. *Eggert*, DAR 1998, 45.

2480 Beschreibungen wie „Restarbeiten nötig“ oder „mit Schönheitsfehlern“ oder **„Bastlerfahrzeug“** oder „technisch und optisch am Ende seiner Lebensdauer“ gehören ebenso wie die Klausel „das Fahrzeug soll so sein wie es ist“ zu den eher grobschlächtigen Versuchen, das Haftungsrisiko zu begrenzen. In Begleitblättern, Zustandsberichten und ähnlichen Zertifikaten finden sich sehr viel differenziertere „Beschaffenheitsbeschreibungen“.[42]

2481 Angesichts der Vielfalt vertraglicher Gestaltungsmöglichkeiten – zum Sonderfall des Agenturverkaufs s. Rdn. 2147 ff. – empfiehlt sich eine **Darstellung nach Fallgruppen**.[43]

(1) Besicht- und Kenntnisklauseln

2482 Hält man mit einer stark vertretenen, aber nicht unproblematischen Auffassung die **Konkretisierung**, also den beschreibenden Charakter der Information, sowie die **Transparenz** für die **maßgeblichen Zulässigkeitskriterien**,[44] stoßen wegen ihrer Abstraktheit und Mehrdeutigkeit „Besicht- und Kenntnisklauseln“ auf Bedenken wie z. B.:

„verkauft wie besehen“

„wie besichtigt und probegefahren“

„wie gesehen, im Tageszustand“

„verkauft wie beschaffen“

„das Fahrzeug wird so geschuldet, wie es geht und steht“

„zum Zeitpunkt des Vertragsschlusses vorhandene Mängel sind bekannt“.

2483 Derartige Klauseln, im professionellen Handel vor dem 1. 1. 2002 unüblich, werden traditionell nicht als Beschaffenheits- bzw. Zustandsbeschreibungen verstanden. Gedeutet wurden sie vielmehr als Beschränkungen der Gewährleistung, wobei zwischen erkennbaren und verborgenen Mängeln, mitunter auch nach der Art des Mangels, unterschieden wurde.

2484 Nach h. M. schließen Klauseln wie „besichtigt und probegefahren“ oder einfach „wie besichtigt“ die Haftung nur für solche (technischen) Mängel aus, die der Käufer bei einer normalen Besichtigung und/oder Probefahrt ohne Hinzuziehung eines Sachverständigen hätte feststellen können (s. Rdn. 4017 ff.). Es werden also nicht sämtliche Mängel erfasst, insbesondere nicht solche, die auch bei einer Prüfung unentdeckt geblieben wären.[45] Mit Hilfe einer solchen Klausel das angebotene Fahrzeug als „mängelfrei“ zu definieren, war einem Verkäufer i. d. R. nicht möglich.

2485 Doch schon in ihrer herkömmlichen, engeren Auslegung fallen die o. g. Besicht- und Kenntnisklauseln – auch als **Individualabrede** – unter § 475 Abs. 1 BGB.[46] Das Umgehungsverbot („anderweitige Gestaltung“) muss nicht bemüht werden. Der Grund für die Unwirksamkeit derartiger Klauseln besteht darin, dass der Verkäufer ohne nachprüfbare Mitteilung von Einzelheiten das **Risiko von Ungewissheiten** über den gesamten Fahrzeugzustand, mit einigen Klauseln sogar für sämtliche verborgenen Mängel, abwälzen könnte.

---

42 Ein Beispiel ist in ZGS 2002, 243 abgedruckt.

43 So auch *M. Müller*, NJW 2003, 1975; s. a. *May*, DAR 2004, 557 ff.

44 So *P. Huber* in FS *Henrich*, S. 310; *ders.* in Huber/Faust, Kap. 15 Rn. 12; ähnlich *Schulte-Nölke*, ZGS 2002, 76; *ders.*, ZGS 2003, 184; *Grundmann*, AcP 202, 40, 52.

45 Anders *Huber/Faust*, Kap. 12 Rn. 12; *Reinicke/Tiedtke*, Kaufrecht, Rn. 748.

46 LG Regensburg 24. 9. 2008 – 1 O 1747/07, bestätigt vom OLG Nürnberg durch 522er Beschluss zu Az. 8 U 2119/08; Müko-BGB/*S. Lorenz*, § 475 BGB Rn. 9; *M. Müller*, NJW 2003, 1975, 1976; *Staudenmayer*, Europäisches Kaufgewährleistungsrecht, S. 45; *Repgen*, a. a. O., S. 64; *Stijns/van Gerven* in Grundmann/Bianca, EU-Kaufrechtsrichtlinie Art. 7 Rn. 43; trotz anderen Klauselverständnisses ebenso *Huber/Faust*, Kap. 15 Rn. 12; *Reinicke/Tiedtke*, Kaufrecht, Rn. 748; *Tiedtke/Burgmann*, NJW 2005, 1153.

Das ist ihm in dieser Pauschalität nicht gestattet.[47] Unbeachtlich ist daher der allgemeine Hinweis **„Fz. hat optische u. technische Mängel“**.[48]

Auch mit Blick auf § 475 Abs. 1 BGB unbedenklich ist dagegen, ein gebrauchtes Kfz mit einem **Befundbericht** zu verkaufen, in dem bestimmte negative Fahrzeugeigenschaften hinreichend detailliert und verständlich aufgelistet sind. Freilich muss der Verbraucher durch ein solches Dokument richtig und vollständig ins Bild gesetzt werden (s. a. Rdn. 2503). So wie der Verkäufer einen einzelnen Defekt, wie z. B. die Undichtigkeit des Kühlers, zum Gegenstand einer (negativen) Beschaffenheitsvereinbarung machen kann (näher Rdn. 2500), kann er dem Verbraucher auch eine Mehrheit von Mängeln, z. B. in Form einer **Mängelliste**, zur Kenntnis bringen. **2486**

Welche Defekte, Defizite und Risiken der Verbraucher „mitgekauft“ hat, ist in erster Linie eine Frage der Auslegung (§§ 133, 157 BGB). Dabei spielt auch der **Preis** eine Rolle,[49] mag er auch in Art. 2 Abs. 2 Buchst. d der Verbrauchsgüterkaufrichtlinie als Kriterium nicht genannt sein. Zu den heute üblichen Befund- und Zustandsberichten („kaufbegleitende Gutachten“ o. Ä.) s. Rdn. 2503 ff. **2487**

(2) Verkäufe als „Bastlerfahrzeug“, „Unfallwagen“ ö. Ä.

Zwischen dem Verkauf mit einem konkreten Zustandsbericht bzw. einer detaillierten Mängelliste und dem Verkauf unter so pauschalen Qualifikationen wie **„Unfallwagen“**, „**Bastlerfahrzeug**“ oder **„Fahrzeug zum Ausschlachten“** oder **„Teileträger“** oder gar „**Null-Fahrzeug**“ besteht ein Unterschied nur im Grad der Bestimmtheit. Derartige Bezeichnungen beziehen sich auf das gesamte Fahrzeug, nicht auf konkrete Einzelteile. **2488**

Auch bei diesen sogenannten **„Als-was-Verkäufen“** mit oder ohne Angabe des Verwendungszwecks wird die Sollbeschaffenheit in einer bestimmten, dem Verbraucher freilich nicht immer auf Anhieb erkennbaren Weise festgelegt. Um die vertraglich vorausgesetzte Verwendung i. S. d. § 434 Abs. 1 S. 2 Nr. 1 BGB geht es hier regelmäßig nicht.[50] **2489**

Wie fließend die Grenze zwischen (negativer) Beschaffenheitsvereinbarung und vertraglicher Haftungsbeschränkung ist, machen die hier erörterten Fälle besonders deutlich. Auch die Abgrenzung zum gesetzlichen Haftungsausschluss nach § 442 BGB ist nicht unproblematisch.[51] Für **den BGH** geht es bei den „Als-was-Verkäufen“ nicht um einen völligen oder teilweisen Ausschluss der Mängelhaftung im Vereinbarungswege, sondern um eine Frage der Sollbeschaffenheit. Entscheidend kommt es darauf an, so der VIII. Zivilsenat, „als was“ die Sache verkauft worden ist.[52] **2490**

Mit welcher Maßgabe die Sollbeschaffenheit durch eine Bezeichnung wie „Unfallwagen“ festgelegt wird, ist zunächst **eine Frage der Auslegung**. Schon wegen ihrer Kürze lassen die hier in Rede stehenden Beschreibungen, isoliert betrachtet, durchweg offen, unter welchen Voraussetzungen ein für die Mängelhaftung relevanter Tatbestand vorliegt. Das Fahrzeug wird lediglich typmäßig einer bestimmten Gattung zugeschrieben, wobei teils der Zustand, teils der Verwendungszweck angesprochen wird. Die gemeinsame Aussage geht in den genannten Beispielen dahin, dass das Fahrzeug nicht von normaler Beschaffenheit, sondern etwas Besonderes ist. **2491**

Der Ausdruck **„Unfallwagen“** sagt nichts darüber aus, ob der Unfallschaden behoben ist oder nicht. Im Dunkeln bleiben auch Art und Schwere der Beschädigungen (s. a. Rdn. 4369, **2492**

47 Müko-BGB/*S. Lorenz*, § 475 BGB Rn. 9; *May*, DAR 2004, 557, 560; *Schinkels*, ZGS 2005, 335.
48 AG München 23. 4. 2003, DAR 2004, 158.
49 Ebenso *May*, DAR 2004, 557, 559.
50 S. aber auch *Schinkels*, ZGS 2005, 333, 335.
51 Zu den verschiedenen Deutungen s. *Knöpfle*, Der Fehler beim Kauf, S. 201 ff.
52 Urt. v. 22. 6. 1983, NJW 1983, 2242 (Unfallwagen).

4379). Derartige Unsicherheiten sind indessen **im Wege der Auslegung** zu beheben. Sie sind kein hinreichender Grund für die Annahme eines unzulässigen (mittelbaren) Haftungsausschlusses.

2493 Bei Bezeichnungen wie „**Bastlerfahrzeug**" oder „**Fahrzeug zum Ausschlachten**" kann schon § 118 BGB[53] oder der gleichfalls vorgelagerte **falsa-demonstratio-Ansatz** die Lösung liefern. Ein von dem objektiven Erklärungsinhalt einer Formulierung übereinstimmend abweichendes Verständnis der Vertragsparteien geht nach §§ 133, 157 BGB dem objektiven Erklärungsinhalt vor (falsa demonstratio non nocet). Dabei reicht es aus, wenn die eine Vertragspartei ihrer Erklärung einen von dem objektiven Erklärungsinhalt abweichenden Inhalt beimisst und die andere dies erkennt und hinnimmt.[54] Eine derartige Übereinstimmung nachzuweisen, ist Sache dessen, der sie geltend macht.

2494 Wenn der Zustand des verkauften Fahrzeugs wesentlich besser ist, als die Bezeichnung „Bastlerfahrzeug" objektiv besagt, liegt die Annahme nahe, dass der Verkäufer durch einen Etikettenschwindel (falsa demonstratio) seinen Gestaltungsspielraum missbrauchen wollte.[55] Das kann auch durch einen „verdeckte" Aufnahme des Wortes „Bastlerfahrzeug" **in eine AGB-Konstruktion** geschehen.[56]

2495 Ein Indiz für ein rechtsmissbräuchliches Vorgehen des Verkäufers ist die Vereinbarung eines Kaufpreises, der in einem **auffälligen Missverhältnis** zum Preis für ein echtes „Bastlerfahrzeug" steht.[57] Auch eine frische TÜV-Plakette kann die Bezeichnung „Bastlerfahrzeug" oder „Schrott auf Rädern" falsifizieren, ebenso eine Aussage wie „fahrbereit" unvereinbar mit der Bezeichnung „Teileträger" ist.[58] Wenn dem Verbraucher der Fehlgriff in der Wortwahl ersichtlich ist, spielt er rechtlich keine Rolle. Vereinbart ist nicht die Beschaffenheit eines „Bastlerfahrzeugs", sondern die eines verkehrstauglichen Fahrzeugs.[59] Keine Beschaffenheitsvereinbarung, sondern den „Versuch eines Gewährleistungsschlusses" sieht das LG Hamburg beim Verkauf eines älteren Fahrzeugs (MB Roadster) über die Internetplattform ebay.[60]

2496 Wer als Verkäufer anstelle der Bezeichnung „Bastlerfahrzeug" die Klausel wählt „Fahrzeug wurde nach gründlicher Besichtigung zur Teileverwertung verkauft" muss befürchten, mit der Alt-Autoverordnung vom 4. 7. 1997 (BGBl. I S. 1666) in Konflikt zu geraten. Das Verkaufen als „Verwertungs"- oder als „Ausschlachtfahrzeug" oder als „Ersatzteilspender" könnte danach eine Ordnungswidrigkeit sein, was an § 134 BGB denken lässt.

2497 Nach Meinung mancher Ordnungsämter dürfen solche Fahrzeuge nur an den vom Gesetzgeber zugelassenen Altauto-Verwertungsstellen abgegeben werden. Der Gesetzgeber hat die Verwertung von Altautos in der Tat kanalisiert. Davon betroffen sind aber nur solche Fahrzeuge, derer sich die Halter/Eigentümer „entledigen", die also aus dem Verkehr gezo-

---

53 Dafür *Medicus*, SchBT, 14. Aufl., Rn. 92a.

54 BGH 19. 5. 2006, NJW 2006, 3139.

55 Vgl. OLG Oldenburg 22. 9. 2003, DAR 2004, 92; AG Marsberg 9. 10. 2002, DAR 2003, 322; s. a. LG Stendahl 24. 3. 2011 – 22 S 66/01 (richtig wohl 11) – BeckRS 2011, 09596; zum Begriff „Bastlerfahrzeug" beim Privatgeschäft OLG Köln 28. 2. 2011, DAR 2011, 260 (Wohnmobil). Aus der Lit.: *M. Müller*, NJW 2003, 1975; *Stölting*, ZGS 2004, 96; vgl. auch *Schulte-Nölke*, ZGS 2002, 76, 77; *ders.*, ZGS 2003, 184; *Schinkels*, ZGS 2003, 310; *Reinicke/Tiedtke*, Rn. 749 ff.; *May*, DAR 2004, 557, 559.

56 AG München 17. 11. 2009, DAR 2011, 212.

57 Zum Preisargument s. *Schulte-Nölke*, ZGS 2003, 184; *Grundmann* in *Grundmann/Bianca*, EU-Kaufrechtsrichtlinie, Art. 2 Rn. 27; *May*, DAR 2004, 557, 559.

58 OLG Hamm 12. 5. 2009, NJW-RR 2009, 1718 = ZGS 2009, 473.

59 Müko-BGB/*S. Lorenz*, § 475 BGB Rn. 8.

60 Urt. v. 26. 3. 2010 – 322 O 222/09; s. a. OLG Köln 28. 2. 2011, DAR 2011, 260 (ebay-Vertrag-Ergänzung, aber kein Verbrauchsgüterkauf).

gen werden. Altwagen, die zum Zwecke der Weiterbenutzung verkauft werden, fallen nicht unter die Entsorgungsvorschriften.

(3) Angaben mit Vorbehalten, Einschränkungen etc. („Wissensmitteilungen")

Während bei den „Als-was-Verkäufen" schlagwortartig meist nur eine bestimmte Kategorie von Fahrzeug angesprochen wird, sind die **Fahrzeugbeschreibungen** auf der Vorderseite der **handelsüblichen Bestellscheine** nach bestimmten Eigenschaften untergliedert. Informiert wird über diejenigen Kriterien, die nach der Verkehrsauffassung wesentlich sind: Gesamtfahrleistung, Unfallschäden, Vorbenutzung, Vorbesitzer und Alter bzw. Erstzulassung. **2498**

Sind derartige Informationen mit – typischerweise vorformulierten – Zusätzen wie **„laut Fahrzeugbrief"** (bzw. Zulassungsbescheinigung Teil II) oder **„nach Angaben des Vorbesitzers"** oder **„soweit bekannt"** verbunden, handelt es sich i. d. R. um **bloße Wissensmitteilungen** (Wissenserklärungen), nicht um Beschaffenheitsangaben.[61] Bei dieser zutreffenden Einschätzung stellt sich das Problem des § 475 Abs. 1 BGB nicht, auch nicht unter dem Blickwinkel „anderweitige Gestaltung". Hinzu kommt: Die hier in Rede stehenden Klauseln sind allgemein üblich und für den Durchschnittsverbraucher auch in Formularverträgen verständlich. Zur Problematik näher oben Rdn. 2450 ff. und im Zusammenhang mit der jeweiligen Sachinformation. **2499**

(4) Negative Beschaffenheitsvereinbarungen

Nicht erst bei der Beweislastumkehr nach § 476 BGB oder im Rahmen des § 442 BGB, sondern schon bei der Ermittlung der Sollbeschaffenheit können sich **negative Angaben** über den Fahrzeugzustand zulasten des Käufers auswirken. Ob und ggf. unter welchen Voraussetzungen negative Eigenschaften des Fahrzeugs, auch Risiken der Weiternutzung oder der Werteinschätzung, Gegenstand einer (negativen) Beschaffenheitsvereinbarung mit einem Verbraucher sein können, hat **der BGH** noch nicht entschieden.[62] Mit *S. Lorenz* ist im Grundsatz davon auszugehen, dass jede Vereinbarung, die unmittelbar oder mittelbar bewirkt, dass der Verbraucher das **Risiko eines verborgenen Mangels** trägt, unabhängig von ihrer Transparenz nach § 475 Abs. 1 BGB unwirksam ist.[63] Beschreibt der Verkäufer die Beeinträchtigung nur als möglich bzw. wahrscheinlich, bleibt deren Vorliegen für den Käufer also ungewiss, genügt das nicht für eine wirksame Beschaffenheitsvereinbarung „nach unten".[64] **2500**

Werden dem Käufer eines zehn Jahre alten Pkw mit einer Laufleistung von 160.000 km ein „leicht ölfeuchter Motor" und „atypische Aggegratsgeräusche" mitgeteilt und wird er, gleichfalls schriftlich, darauf hingewiesen, dass „ein kurzfristiger Defekt oder Ausfall der Bauteile wahrscheinlich ist", weiß auch ein Verbraucher, woran er ist. Ihm wird der „Sachstand klar vor Augen geführt".[65] Klarheit und Verständlichkeit (Transparenzgebot) sind für die Instanzgerichte wichtige Anerkennungsvoraussetzungen.[66] Mängelhinweise an ver- **2501**

61 BGH 12. 3. 2008, NJW 2008, 1517 (Unfallschäden und Gesamtfahrleistung); bekräftigt von BGH 2. 11. 2010 – VIII ZR 287/09 – („soweit bekannt" im Zusammenhang mit der Anzahl der Vorbesitzer in einem Formularvertrag, aber Privatverkauf); OLG Düsseldorf 16. 6. 2008, NJW-RR 2009, 398 („Erstzulassung lt. Fzg-Brief").

62 Offen gelassen im Urt. v. 12. 3. 2008, NJW 2008, 1517.

63 Müko-BGB/S. Lorenz, § 475 Rn. 9; s. a. *Adolphsen* in FS Schapp (2010), S. 1 ff.

64 *Schinkels*, ZGS 2005, 337.

65 LG Dresden 28. 8. 2006 – 13 S 0149/06 – n. v.

66 Siehe auch AG München 23. 4. 2003, DAR 2004, 158.

steckter Stelle sind ebenso unbeachtlich wie für einen durchschnittlichen Verbraucher unverständliche Informationen im Technikerjargon.

2502 Von dem verbrauchschutzrechtlichen Aspekt abgesehen: An die Annahme einer Beschaffenheitsvereinbarung „nach unten" sind wegen des damit einhergehenden Verzichts des Käufers auf die übliche Beschaffenheit **strenge Anforderungen** zu stellen.[67] Die **Darlegungs- und Beweislast** für die Unterschreitung des objektiven Standards des Üblichen und allgemein Erwartbaren trägt der Verkäufer.[68]

(5) Zustands- und Befundberichte

2503 **Im Fachhandel,** insbesondere von den Neufahrzeughändlern mit Gebrauchtwagenabteilung, werden gebrauchte Pkw/Kombi/SUV üblicherweise erst nach einer gründlichen Untersuchung zum Kauf angeboten, ganz überwiegend „mit Garantie". Vor allem mit Rücksicht auf die Beweislastumkehr werden häufig **Befund- bzw. Zustandsberichte** beigefügt, z. B. ein DEKRA-Siegel-Bericht. Sie liefern Detailinformationen über den Zustand des Fahrzeugs bei Vertragsabschluss und/oder bei Auslieferung, vor allem positive. Mitunter sind aber auch negative Eigenschaften aufgeführt, z. B. „Lack nicht okay" oder „ölfeuchter Motor". Dazu s. Rdn. 2500 ff. Häufig stammen diese Berichte und Protokolle nicht direkt vom Händler, sondern von Prüforganisationen wie DEKRA und TÜV. Hauptzweck ist die Fixierung des Ist-Zustandes zeitnah vor Auslieferung, um im Streitfall den Beweis der Mängelfreiheit bei Übergabe führen zu können (§ 476 BGB).

2504 Wenn der Käufer einen solchen Zustandsbericht zur Kenntnis genommen hat, bevor er sich zur Bestellung entschlossen hat, kann er – auch ohne Bezugnahme auf ihn im Bestellschein – Einfluss auf den Vertragsinhalt haben und auch mit Blick auf § 442 BGB relevant sein. Anders ist es bei einer Dokumentation des Fahrzeugzustands aus der Zeit nach der Bestellung, selbst wenn sie im Bestellschein (Kaufvertrag) verabredet war.[69] Zur ungewöhnlichen Konstruktion eines **Zwei-Verträge-Modells** (Kauf I ohne Zustandsbericht mit Ersetzungsvorbehalt für den Fall, dass ein Bericht erstellt wird, was dann auch geschieht, auf dieser Basis Kaufvertrag II unter Einbeziehung des Zustandsberichts) s. KG 24. 11. 2008, DAR 2009, 269 = VRR 2009, 144.

2505 Den Verbraucher in solchen Dokumenten oder andernorts darauf hinzuweisen, dass er auch bei positiven Zustandsangaben mit einer der Fahrleistung und dem Alter entsprechenden Abnutzung und Beeinträchtigung der Funktionen rechnen müsse, ist zwar ein rechtlich an sich überflüssiger, gleichwohl legitimer Beschaffenheitshinweis.

(6) Garantiezusagen, Garantieurkunden

2506 Von der eigenen Sachmängelhaftung zumindest faktisch entlasten kann ein Händler sich auch dadurch, dass er eine Garantie eines Dritten vermittelt. Das ist im heutigen Fachhandel weit verbreitet. Aus seiner Sicht geht es um Risikominimierung und Kundenbindung. Ob und inwieweit durch das Nebeneinander von Gewährleistung und (vermittelter) Garantie berechtigte Käuferinteressen verletzt werden können, wird Rdn. 3495 ff., 4230 ff. erörtert.

---

67 OLG Braunschweig 30. 3. 2011, ZGS 2011, 330 (Werkvertrag); s. a. *Adolphsen* in FS Schapp (2010), S. 1 ff.
68 OLG Braunschweig 30. 3. 2011, ZGS 2011, 330.
69 AG Essen 22. 9. 2004, SVR 2005, 33 (Navigationssystem).

3. Beschaffenheit ohne Vereinbarung: Vertragsmäßigkeit nach objektiven Kriterien

Erst wenn sich eine Beschaffenheitsvereinbarung nach Ausschöpfung des gesamten Auslegungsstoffes nicht feststellen lässt, wobei gerade beim Gebrauchtfahrzeugkauf auch **stillschweigende** bzw. **konkludente** Vereinbarungen in Betracht gezogen werden müssen, ist auf einer **zweiten Stufe** die Frage der Vertragsmäßigkeit nach objektiven Gesichtspunkten zu prüfen. 2507

Die erste Stufe zu überspringen und die Soll-Beschaffenheit sogleich und nur anhand der Vorgaben der Nrn. 1 und 2 des § 434 Abs. 1 BGB zu ermitteln, kann **in mehrfacher Hinsicht fehlerhaft** sein. Eine im Wege der Vereinbarung – in zulässiger Weise (§ 475 Abs. 1 BGB) – festgelegte Minderqualität sperrt den Rückgriff auf die Auffangregeln der Nrn. 1 und 2 des § 434 Abs. 1 BGB, insbesondere scheidet der objektive Mangelbegriff als Prüfmaßstab aus.[70] Im Übrigen: Der Bruch einer Beschaffenheitsvereinbarung ist mit Blick auf die Erheblichkeit der Pflichtverletzung (§ 323 Abs. 5 S. 2 BGB) etwas anderes als das Unterschreiten objektiver Standards. Auch für die Reichweite einer Freizeichnung[71] und im Zusammenhang mit dem Entlastungsbeweis beim Schadensersatzanspruch kann es darauf ankommen, ob der Verkäufer eine Beschaffenheitsangabe gemacht hat oder nicht. 2508

a) Vertraglich vorausgesetzte Verwendung

An der Schnittstelle zwischen vereinbarter Beschaffenheit und der Vertragsmäßigkeit nach objektiven Kriterien liegt die „nach dem Vertrag vorausgesetzte Verwendung" (§ 434 Abs. 1 S. 2 Nr. 1 BGB). Der intendierte **Verwendungszweck** kann bereits bei der vorrangigen Prüfung einer Beschaffenheitsvereinbarung zu beachten sein, etwa bei Kurzbezeichnungen wie „Rennfahrzeug" oder „Geländewagen" oder „Auto zum Ausschlachten". Ob der Verkäufer für eine bestimmte Verwendung des Fahrzeugs ausnahmsweise sogar eine Garantie übernommen hat, ist, anders als im früheren Gebrauchtwagenkaufrecht heute eher ein Randthema. 2509

Erst wenn sich hinsichtlich der Verwendung (Zweckeignung) keine Willensübereinstimmung, auch keine konkludent erzielte, feststellen lässt, tritt mit dem Gesichtspunkt „nach dem Vertrag vorausgesetzte Verwendung" das erste vereinbarungsfreie, andererseits nicht ausschließlich objektive Kriterium auf den Plan. „Vertraglich vorausgesetzt" ist eine Verwendung auch dann, wenn sich dies lediglich aus den Umständen oder einer einseitig gebliebenen Erklärung des Käufers ergibt, die dem Verkäufer bekannt ist, auf die er aber nicht zustimmend reagiert (andernfalls Beschaffenheitsvereinbarung). Es genügt eine nur **faktische Übereinkunft** über den Verwendungszweck. Nach Art. 2 Abs. 2 lit. b der Verbrauchsgüterkaufrichtlinie reicht es, wenn der Käufer dem Verkäufer den angestrebten Verwendungszweck zur Kenntnis gebracht hat und dieser nicht widerspricht. Eine konkludente Übereinstimmung lässt auch der deutsche Gesetzgeber genügen,[72] die Grenze zur Beschaffenheitsvereinbarung damit verwischend. 2510

Auf dem Gebiet des Gebrauchtfahrzeugkaufs ist **die Bedeutung** von § 434 Abs. 1 S. 2 Nr. 1 BGB **vergleichsweise gering**, trotz BGH NJW 2007, 1346 (Freizeichnung vs. Beschaffenheitsvereinbarung). Die **gewöhnliche Verwendung** als Verkehrs- und Transportmittel, d. h. die Eignung zum Einsatz im Straßenverkehr, scheidet in diesem Zusammenhang 2511

70 OLG Karlsruhe 29. 8. 2007, OLGR 2007, 1011.
71 Vgl. BGH 29. 11. 2006, NJW 2007, 1346.
72 BT-Drucks. 14/6040, S. 213.

aus.[73] Dieses Kriterium hat seinen Platz auf der nächsten Stufe der Prüfung (Rdn. 2517). Gleiches gilt für die **„Betriebsfähigkeit"** im Sinne der Zulassungsvorschriften.[74]

2512 Wenn „vertraglich vorausgesetzte Verwendung" nicht die gewöhnliche, sondern eine besondere, individuelle Verwendung meint, so ist selbst beim **Kauf von Nutzfahrzeugen** nur in Sonderfällen Raum für § 434 Abs. 1 S. 2 Nr. 1 BGB, etwa wenn die vom Käufer erkennbar angestrebte Nutzung von der für das Fahrzeug bauartbedingt vorgesehenen Einsatzmöglichkeit abweicht. Vertraglich vorausgesetzte Verwendung kann auch etwas sein, was über die Nutzung des Fahrzeugs als Transport- und Beförderungsmittel hinaus geht, etwa eine **Weiterveräußerung**[75] oder eine **Instandsetzung eines Unfallwagens** (Wiederaufbau). Nicht um die vertraglich vorausgesetzte, sondern um die gewöhnliche Verwendung geht es, wenn der Zentralschlüssel für das Fahrzeug fehlt, so dass beim Verlust eines Schlüssels ein Zweitschlüssel nur mit hohen Kosten angefertigt werden kann.[76]

2513 Sofern bereits ein begründeter **Verdacht mangelnder Eignung** zur gewöhnlichen Verwendung einen Mangel darstellt, falls der Verdacht nachträglich nicht ausgeräumt wird[77], muss dies auch für die „vertraglich vorausgesetzte Verwendung" gelten. Beruht die Verwendungsunsicherheit auf einer bestimmten behördlichen Rechtsauffassung über die Führerscheinfreiheit, soll ein Sachmangel nicht vorliegen.[78]

b) Gewöhnliche Verwendung, übliche und zu erwartende Beschaffenheit

2514 Zumal für den Gebrauchtfahrzeugkauf von großer praktischer Bedeutung sind die in **§ 434 Abs. 1 S. 2 Nr. 2 BGB** formulierten **Auffangregeln**. Haben die Vertragsparteien in dem strittigen Punkt keine Beschaffenheitsvereinbarung getroffen und liegt auch keine Abweichung von der vertraglich vorausgesetzten Verwendung vor, ist anhand **objektiver Kriterien** zu prüfen, ob das Fahrzeug mangelhaft ist. Der entscheidende **Zeitpunkt** für die Bestimmung des Anforderungsprofils nach diesen Gesichtspunkten ist auch hier der Vertragsabschluss, nicht die Übergabe.[79]

2515 Nach § 434 Abs. 1 S. 2 Nr. 2 BGB ist ein Fahrzeug frei von einem Sachmangel, wenn es sich für die gewöhnliche Verwendung eignet und (nicht oder) es eine Beschaffenheit aufweist, die bei Sachen gleicher Art üblich ist und (nicht oder) die der Käufer nach der Art der Sache erwarten kann. Mit dieser **Mehr-Komponenten-Regelung** soll Art. 2 Abs. 2 Buchst. c und d der Verbrauchsgüterkaufrichtlinie umgesetzt werden. Von einer Beschränkung auf den Verbrauchsgüterkauf hat der deutsche Gesetzgeber aus guten Gründen abgesehen. Auch zwischen neuen und gebrauchten Sachen macht das Gesetz keinen prinzipiellen Unterschied.

2516 In seinem Kerngehalt enthält § 434 Abs. 1 S. 2 Nr. 2 BGB gegenüber dem früheren Rechtszustand **nichts Neues**. Deshalb ist die **Rechtsprechung zu § 459 Abs. 1 BGB a. F.** weiterhin zu beachten. Konsequenterweise haben die Gerichte in den ersten Jahren nach In-Kraft-Treten der Schuldrechtsreform an die Präjudizien aus dem alten Recht angeknüpft, die „unnötig komplizierte"[80] Neuregelung nicht selten ignorierend oder verkürzt an-

73 OLG Düsseldorf 19. 6. 2006, NJW 2006, 2858; OLG Stuttgart 15. 8. 2006, NJW-RR 2006, 1720; *Grigoleit/Herresthal*, JZ 2003, 233, 235.

74 Anders OLG Bremen 10. 9. 2003, OLGR 2004, 117; KG 16. 7. 2004, SVR 2004, 427.

75 Offengelassen von BGH 20. 5. 2009, NJW 2009, 2807 Tz. 10. Völlige Unverkäuflichkeit wird nur selten vorliegen, in Frage kommen aber Verkaufshindernisse wie ein Exportverbot oder spezielle Ausstattungs- oder Alterswünsche eines als Abnehmer bereits feststehenden Käufers.

76 Anders AG München 31. 3. 2004, SP 2005, 70.

77 OLG Karlsruhe 29. 5. 2002, OLGR 2002, 248 – Biodiesel.

78 OLG Nürnberg 23. 1. 2001, NJW-RR 2002, 267.

79 BGH 27. 3. 2009, NJW 2009, 2120 Tz. 7 (Hauskauf).

80 NK-BGB/*Büdenbender*, § 433 BGB Rn. 28.

wendend. Durch eine Reihe von Entscheidungen zum Gebrauchtwagenkauf hat der BGH sie inzwischen so weit konkretisiert, dass die Praxis damit einigermaßen rechtssicher arbeiten kann.

aa) Gewöhnliche Verwendung

Dazu eignet sich ein gebrauchtes Kraftfahrzeug, wenn es **keine technischen Mängel** aufweist, die die Zulassung zum Straßenverkehr hindern oder die Gebrauchsfähigkeit aufheben oder beeinträchtigen.[81] Was diese pauschale Aussage des BGH für Fälle bloßer Schadenanfälligkeit (Störanfälligkeit), für das Standardthema „Verschleiß und Mangel" sowie für die Frage nach der Dauer der Verwendungseignung (Funktionsfähigkeit) bedeutet, ist noch nicht abschließend geklärt. Beeinträchtigt kann die Eignung zur gewöhnlichen Verwendung auch dadurch sein, dass der Verkäufer das Fahrzeug **umgebaut oder umgerüstet** hat. Das kann selbst bei zulassungsrechtlich korrekter Vorgehensweise mit nachteiligen Folgen für die gewöhnliche Verwendung verbunden sein, etwa bei einer „zu harten" Federung. Zum Thema „Fahrbereitschaft/Verkehrssicherheit/Betriebssicherheit" näher Rdn. 2709 ff. **2517**

Ob und inwieweit die gewöhnliche Verwendung durch **nichttechnische Mängel** (z. B. zu hohe Gesamtlaufleistung, zu hohes Alter) beeinträchtigt sein kann oder ob in solchen Fällen die Kriterien „übliche Beschaffenheit" und/oder „zu erwartende Beschaffenheit" (allein) maßgebend sind, wird im Kapitel „Einzelfälle" bei dem jeweiligen Störfall erörtert. **2518**

Schon an dieser Stelle ist festzuhalten: Mangelfrei ist ein Gebrauchtwagen nicht schon dann, wenn er sich nur für die gewöhnliche Verwendung eignet, also zulassungsfähig und fahrtüchtig ist.[82] Auch die weiteren Voraussetzungen in Nr. 2 müssen vorliegen, andernfalls das Fahrzeug mangelhaft ist, d. h. Kumulation statt Alternativität. **Beispiel:** Ein verschwiegener Unfallvorschaden macht den Wagen bei fachgerechter und vollständiger Instandsetzung nicht verwendungsuntauglich. Dennoch kann er objektiv mangelhaft sein. Begründet wird das mit einer Abweichung von der üblichen und der zu erwartenden Beschaffenheit. Sowohl die eine wie die andere Beschaffenheit darf nicht fehlen, andernfalls ist das Fahrzeug mangelhaft. Auch insoweit also Kumulation. **2519**

bb) Übliche Beschaffenheit

Welche Beschaffenheit bei einem bereits gebrauchten Kraftfahrzeug „üblich" ist, ist zunächst eine Frage des **Vergleichsmaßstabes** („Sachen gleicher Art"). Ausführlich dazu Rdn. 3004 ff. und ergänzend Rdn. 439 ff. (Neuwagenkauf). Außer Streit steht: **Normaler alters- und gebrauchsbedingter Verschleiß** entspricht üblicher Beschaffenheit und muss deshalb vom Käufer hingenommen werden.[83] Näheres Rdn. 2981 ff. Welche Beschaffenheit üblich ist, hängt laut BGH[84] von den **Umständen des Einzelfalls** ab, wie beispielsweise dem Alter und der Laufleistung, der Anzahl der Vorbesitzer und der Art der Vorbenutzung. **2520**

Alter und Laufleistung sind für den BGH die maßgeblichen Parameter, wenn es um die Frage geht, ob die **Erneuerung von Teilen** oder eine **Neulackierung** üblich ist oder nicht.[85] Je älter das Fahrzeug, desto größer ist die Wahrscheinlichkeit, dass bestimmte Teile erneuert worden sind. Das gilt speziell für Verschleißteile. Auch die Lackierung befindet sich bei älteren Gebrauchtfahrzeugen (Pkw/SUVs) nicht durchweg im Originalzustand. Mehr oder **2521**

81 BGH 10. 3. 2009, NJW 2009, 1588 Tz. 12; BGH 10. 10. 2007, NJW 2008, 53.
82 BGH 10. 10. 2007, NJW 2008, 53; OLG Naumburg 13. 12. 2006, OLGR 2007, 815 (nur Ls.).
83 BGH 10. 3. 2009, NJW 2009, 1588 Tz. 13; BGH 23. 11. 2005, NJW 2006, 434; BGH 10. 10. 2007, NJW 2008, 53.
84 Urt. v. 10. 3. 2009, NJW 2009, 1588 Tz. 13; BGH 10. 10. 2007, NJW 2008, 53 Tz. 19.
85 Dazu BGH 20. 5. 2009, NJW 2009, 2807 (Neulackierung zur Beseitigung eines Vandalismusschadens an vierjährigem Mercedes CLK 320 Cabrio).

weniger umfangreiche **Neulackierungen** sind nicht ungewöhnlich (außer Alterung und Rost: Beseitigung von Gebrauchsspuren, Steinschlag- und Kratzschäden, Vogelkot). Eine komplette Neulackierung ist dagegen selbst bei einem älteren Pkw ohne Beteiligung an einem gravierenden Unfall außergewöhnlich.

2522 Wie fließend die Grenze zwischen üblicher und zu erwartender Beschaffenheit ist, offenbart die Bemerkung des BGH, für das, was der Käufer erwarten (!) dürfe, könne ferner der Kaufpreis oder der dem Käufer erkennbare Pflegezustand des Fahrzeugs bedeutsam sein.[86] Die **Verkehrsauffassung** wird vom BGH im Zusammenhang mit der üblichen Beschaffenheit nicht ausdrücklich erwähnt, soll aber gleichfalls eine Rolle spielen.[87]

cc) Zu erwartende Beschaffenheit

2523 Abzustellen ist nicht auf diejenige Beschaffenheit, die der Käufer tatsächlich erwartet hat. Maßstab ist allein die **objektiv berechtigte Erwartung**, damit der Empfängerhorizont eines Durchschnittskäufers.[88] Mangels abweichender Anhaltspunkte orientiert sich die berechtigte Käufererwartung **im Regelfall** an der **üblichen Beschaffenheit** gleichartiger Sachen,[89] d. h. die zu erwartende Beschaffenheit deckt sich i. d. R. mit der üblichen Beschaffenheit. Eine bessere als die übliche Beschaffenheit kann ein Durchschnittskäufer im Allgemeinen nicht erwarten, so wie er umgekehrt keine schlechtere in Rechnung stellen muss, immer vorausgesetzt, dass keine besonderen Umstände vorliegen, die eine abweichende Erwartung rechtfertigen.

dd) Stellungnahme

2524 Die Kriterien „übliche Beschaffenheit" und „zu erwartende Beschaffenheit" sind vor allem in den Fällen maßgebend, in denen das Fahrzeug im Zeitpunkt der Übergabe an den Käufer für die gewöhnliche Verwendung tauglich gewesen ist. Während **technische Defekte** typischerweise die Funktionstauglichkeit beeinträchtigen, bei einem bereits gebrauchten Fahrzeug unter bestimmten Voraussetzungen gleichwohl vom Käufer hingenommen werden müssen (z. B. natürlicher Verschleiß und Alterung, dazu Rdn. 2981 ff.), stellen insbesondere **„unkörperliche" Defizite** wie eine zu hohe Laufleistung oder die Eigenschaft als Unfallwagen i. d. R. nicht die gewöhnliche Verwendung in Frage. Hier geben die übliche und die zu erwartende Beschaffenheit den Ausschlag; auch in Fällen der Erneuerung von Teilen und einer Neulackierung.

2525 Mangels verlässlicher empirischer Befunde zum Üblichen (Gewöhnlichen) neigen die Gerichte dazu, den Akzent auf die Beschaffenheit zu setzen, die der Käufer erwarten darf. Diese **Abkehr vom Faktischen mit Hinwendung zum Normativen** begünstigt tendenziell die Käuferseite. Soweit wie möglich, sollte die zu erwartende Beschaffenheit über das Kriterium „übliche Beschaffenheit" bestimmt werden. Das entspricht der Herangehensweise des BGH (oben Rdn. 2523). An natürliche Grenzen stößt sie, wenn es sich bei dem Kaufobjekt um **ein Unikat** oder einen „Exoten" handelt. Je einzigartiger das Fahrzeug, desto größer die Schwierigkeit eine „übliche" Beschaffenheit zu ermitteln. Lösen lässt sich das Problem durch eine großzügigere Annahme einer (konkludenten) Beschaffenheitsvereinbarung oder und besser durch einen Durchgriff auf das Merkmal der zu erwartenden Beschaffenheit.

---

86 Urt. v. 10. 10. 2007, NJW 2008, 53 Tz. 19.

87 *Eckert/Maifeld/Matthiessen*, Rn. 320.

88 BGH 4. 3. 2009, NJW 2009, 2056 Tz. 11 (Neuwagenkauf); BGH 20. 5. 2009, NJW 2009, 2807 Tz. 14 (Gebrauchtwagenkauf).

89 BGH 4. 3. 2009, NJW 2009, 2056 Tz. 11; BGH 20. 5. 2009, NJW 2009, 2807, Tz. 14.

Wenn der BGH bei einem Massenprodukt wie einem normalen Pkw eine **Orientierung an Durchschnittswerten** (Mittelwerten) ablehnt[90], ist ihm prinzipiell zu folgen. Der Erkenntnisgewinn aus Statistiken sollte allerdings nicht unterschätzt werden. Wenn z. B. 90 % aller vom Handel angebotenen Gebrauchtfahrzeuge innerhalb einer Zeitspanne von 12 Monaten verkauft werden[91], ist eine Standzeit beim Händler von 19 Monaten ungewöhnlich. Die Unüblichkeit dieses Umstandes, ein Merkmal der Beschaffenheit, ist ein Faktum, das sich nicht mit der Überlegung ausblenden lässt, 10 % der Fahrzeuge stünden länger als 12 Monate, einige vielleicht auch 19 Monate. Richtig ist andererseits, dass selbst die objektiv berechtigte Käufererwartung sich mit dem statistischen Befund nur selten decken wird. So lässt sich allein auf statistischer Grundlage in der Tat keine Aussage dazu treffen, welche Käufererwartung hinsichtlich der Standzeit eines gebrauchten Reisemobils objektiv berechtigt ist.[92] **2526**

Da aussagekräftiges statistisches Material in vielen Fällen nicht vorhanden oder nur mit Mühe zu erlangen ist, wird vielfach nur die objektive Käufererwartung als Maßstab in Betracht kommen. Bei Fragen technischer Natur, etwa in „Verschleißfällen", erscheint es indes geboten, sich sachverständiger Hilfe zu bedienen. Sofern dem Sachverständigen die richtigen Vorgaben gemacht werden, ist dieser Weg durchaus erfolgversprechend. Anders sieht es aus, wenn zu klären ist, wie häufig bestimmte nichttechnische Befunde (Unfallvorschaden, Km-Abweichungen, Altersdifferenzen u. a.) bei vergleichbaren Fahrzeugen vorkommen. Angesichts der insoweit bestehenden Aufklärungsprobleme ist es zu akzeptieren, dass die Gerichte die vom Käufer zu erwartende Beschaffenheit zum (alleinigen) Maßstab nehmen. Dass sie dann in einem weiteren Schritt die Offenbarungspflicht des Verkäufers instrumentalisieren, ist naheliegend. In der Tat hängt das, was der Käufer erwarten darf, in gewisser Weise auch vom Aufklärungsverhalten des Verkäufers ab. Werden offenbarungspflichtige Umstände nicht aufgedeckt, ist der Käufer grundsätzlich in der Erwartung schutzwürdig, dass kein Aufklärungsbedarf besteht. **2527**

4. Öffentliche Äußerungen des Verkäufers

Erklärungen des Verkäufers, mögen sie auch an die Öffentlichkeit gerichtet sein, können bei entsprechender Bezugnahme Gegenstand einer **Beschaffenheitsvereinbarung** nach § 434 Abs. 1 S. 1 BGB sein[93], eventuell sogar in Form einer **Beschaffenheitsgarantie**. Diese Frage ist **vorrangig** zu prüfen. Zur Einbeziehungsproblematik, auch und gerade bei **Internetangaben**, s. Rdn. 3274 ff. Ist die öffentliche Äußerung nicht Vertragsinhalt geworden, tritt ergänzend **§ 434 Abs. 1 S. 3 BGB** auf den Plan. Diese Vorschrift unterscheidet nicht zwischen **gewerblichen** und **privaten** Verkäufern, meint aber in erster Linie den Handel. **2528**

Im **professionellen Gebrauchtfahrzeughandel** haben die elektronischen Medien die Printmedien weitgehend verdrängt. Präsentiert werden die Fahrzeuge vor allem auf den zahlreichen **Internet-Marktplätzen** (z. B. ebay, autoscout24.de oder mobile.de) und auf händlereigenen Websites. Von betrieblichen **Einzelaktionen** sind Kooperationen mit anderen Kfz-Händlern und/oder mit dem Hersteller/Importeur zu unterscheiden. **Gemeinschaftsaktionen** können über die Medien laufen, z. B. in Form einer Gemeinschaftsanzeige in einer Tageszeitung. Denkbar sind aber auch gemeinsame Ausstellungen und ähnliche Kooperationen („Events"). Bei einer Gemeinschaftsaktion muss der Kfz-Betrieb, um des- **2529**

90 Urt. v. 10. 3. 2009, NJW 2009,1588 Tz. 14/15 (Standzeit beim Händler, aber nicht vor, sondern nach der Erstzulassung).
91 Die mittlere Standzeit betrug 2009 122 Tage (Autohaus-Spezial 10/2010, S. 18).
92 BGH 10. 3. 2009, NJW 2009, 1588 Tz. 15.
93 Davon geht der Gesetzgeber bei Werbeaussagen des Verkäufers im Regelfall aus (BT-Drucks. 14/6040, S. 214).

sen Haftung es später geht, konkret nach außen in Erscheinung getreten sein. Eine stille Beteiligung genügt nicht; erst recht nicht die bloße Zugehörigkeit zur gleichen Marke.

2530 Öffentliche Äußerungen i. S. v. § 434 Abs. 1 S. 3 BGB sind auch Aussagen wie „alle Fahrzeuge werkstattgeprüft", angebracht auf Schildern oder Transparenten auf dem eigenen Betriebsgelände. Da sie an eine unbestimmte Vielzahl von Personen gerichtet sind, zählen auch Beschreibungen auf Informationsträgern, die unmittelbar am ausgestellten Fahrzeug befestigt oder auf die Scheiben geklebt sind (Verkaufsschilder, Info-Cards), zu den „öffentlichen Äußerungen" des Verkäufers.

2531 Auch **private Kfz-Verkäufer** haben nicht erst durch das Internet vielfältige Möglichkeiten, sich mit ihren Angeboten an die Öffentlichkeit zu richten. Neben der Tageszeitung, dem klassischen Medium, gibt es spezielle lokale und regionale Anzeigenblätter, aber auch überregionale Printmedien mit Privatanzeigen wie z. B. auto, motor und sport. Verkaufsangebote mit Fahrzeugbeschreibung werden mitunter auch direkt am Fahrzeug angebracht, um Interessenten anzulocken.

2532 In der Frage, ob Erklärungen außerhalb der eigentlichen Vertragsurkunde Vertragsinhalt geworden sind, entscheiden die Gerichte traditionell im Zweifel zugunsten der Käufer, s. Rdn. 3274. Diese Linie setzt man ungeachtet der Neuregelung in § 434 Abs. 1 S. 3 BGB fort. Dabei sind **zwei Argumentationsmuster** zu beobachten: Entweder greift man auf die „öffentliche Äußerung" zurück, um eine später im Kaufvertragsformular niedergelegte Information über die bereits öffentlich angesprochene Fahrzeugeigenschaft auszulegen[94] bzw. eine Beschaffenheitsvereinbarung unabhängig vom Inhalt der Kaufvertragsurkunde anzunehmen.[95] Oder man bedient sich der öffentlichen Äußerung zur Bestimmung der üblichen bzw. der zu erwartenden Beschaffenheit i. S. d. § 434 Abs. 1 S. 2 Nr. 2 BGB, wie es systematisch der Funktion von S. 3 entspricht.[96]

2533 Mit dem Einwand, die frühere Erklärung bei den Vertragsverhandlungen **widerrufen** oder **berichtigt** zu haben, sind Verkäufer, insbesondere professionelle, nur selten gehört worden. Nach gängiger Rechtspraxis hatten sie die „Berichtigung" zu beweisen (s. Rdn. 3276).

2534 In der **vorrangigen Einbeziehungsfrage** kann an die altrechtliche Rechtsprechung angeknüpft werden. Ob die Vertragsinhalt gewordene Erklärung Garantiecharakter hat oder nur eine „einfache" Beschaffenheitszusage darstellt, unterliegt sodann einer Bewertung der beiderseitigen Interessen. Nach der Neuausrichtung des Kaufrechts zum 1. 1. 2002 ist in Fällen des Verbrauchsgüterkaufs eine Garantiezusage im Zweifel zu verneinen (s. Rdn. 2591).

2535 Sind „öffentliche Äußerungen" des Verkäufers nicht Vertragsinhalt geworden, können sie für sich genommen keine Berücksichtigung als Beschaffenheitsvereinbarung finden, sondern allenfalls zur Auslegung von Vertragserklärungen gleichen oder ähnlichen Inhalts herangezogen werden.[97] Ihre genuine Wirkung entfalten sie bei der Bestimmung der Fahrzeugbeschaffenheit nach den objektiven Kriterien des § 434 Abs. 1 S. 2 Nr. 2 BGB. Voraussetzung ist, dass sich die Erklärung auf eine **konkrete Eigenschaft** bezieht und dass der Käufer das Vorhandensein dieser Eigenschaft erwarten kann. Auszusondern sind damit **pauschale Anpreisungen** wie z. B. „alle Fahrzeuge tipptopp" oder „sämtliche Fahrzeuge im Bestzustand". In derartigen Äußerungen hat man bislang keine Zusicherungen i. S. v. § 459 Abs. 2 BGB a. F. gesehen (s. Rdn. 3254). Auch nach der Neufassung des Sachmangelbegriffs scheiden sie als Haftungstatbestand aus.[98]

---

94 So OLG Koblenz 25. 1. 2011 – 2 U 590/10.

95 LG Karlsruhe 15. 2. 2010, DAR 2010, 528 (Internetanzeige und Internetausdruck im Auto).

96 S. a. *Höffmann*, ZGS 2011, 299 unter II.

97 OLG Koblenz 25. 1. 2011 – 2 U 590/10 (Internetangabe).

98 Siehe auch LG Osnabrück 21. 6. 2004, NZV 2005, 100 (keine öffentliche Äußerung).

Sollte eine öffentliche Äußerung des Verkäufers oder eines seiner Gehilfen über eine konkrete Fahrzeugeigenschaft keinen Eingang in den Kaufvertrag gefunden haben, bleiben dem Verkäufer mehrere Möglichkeiten, eine auf S. 3 des § 434 Abs. 1 BGB gestützte Haftung abzuwenden. Der **Befreiungstatbestand** der fehlenden Kenntnis bzw. schuldlosen Unkenntnis wird freilich kaum praktisch werden. Er ist auf Äußerungen Dritter, insbesondere des Herstellers, zugeschnitten. Erklärungen seines Personals muss sich ein Unternehmer nach den allgemeinen Regeln zurechnen lassen (§§ 164 ff. BGB). 2536

Schon im früheren Recht von einiger praktischer Bedeutung war der Fall der **Berichtigung** (s. Rdn. 3276). Das Gesetz verlangt jetzt, wenngleich in anderem Zusammenhang, dass die unrichtige Äußerung im Zeitpunkt des Vertragsschlusses **„in gleichwertiger Weise"** berichtigt war. Die „Gegenerklärung" muss in ähnlich öffentlichkeitswirksamer Weise abgegeben werden. Eine individuelle (auch mündliche) Käuferaufklärung kann die gleiche Wirkung haben.[99] Die **Beweislast** liegt so oder so beim Verkäufer. 2537

Der Verkäufer kann ferner geltend machen, seine falsche Äußerung habe die **Kaufentscheidung nicht beeinflussen** können. Dieser Nachweis wird kaum zu führen sein. Erbracht ist er z. B., wenn feststeht, dass der Käufer die fragliche Äußerung vor Vertragsabschluss nicht gekannt hat. 2538

Welche vertragsrechtlichen Auswirkungen die Verordnung über Verbraucherinformationen zum **Kraftstoffverbrauch** und zu **Schadstoff-Emissionen** vom 28. 5. 2004 (Pkw-EnVKV) auf die Vermarktung von gebrauchten Pkw hat, bleibt abzuwarten. Noch ist der Anwendungsbereich dieser Verordnung, die sich auch an Händler richtet, auf neue Pkw beschränkt. Ob die Angaben, die ein Händler beim Neufahrzeugverkauf gemacht hat, bei einem späteren Weiterverkauf durch ihn fortwirken, ist eine offene Frage (zur Pkw-EnVKV s. Rdn. 600 ff.). 2539

5. Öffentliche Äußerungen des Herstellers oder seines Gehilfen

Die **Hauptbedeutung** des § 434 Abs. 1 S. 3 BGB liegt darin, dass eine Einstandspflicht des Verkäufers (auch des privaten!) **für Erklärungen Dritter** eingeführt wird. Der Hersteller und dessen „Gehilfen" sind keine Hilfspersonen des Verkäufers. Nach den §§ 166, 278 BGB kann eine Zurechnung also nicht erfolgen. Hersteller i. S. v. § 434 Abs. 1 S. 3 BGB ist nicht nur der Hersteller des Endprodukts, also z. B. das Automobilwerk. Erfasst werden auch der Quasi-Hersteller und der Importeur. 2540

Mit „Gehilfe" ist eine Hilfsperson des Herstellers gemeint, nicht des Verkäufers. Der Verkäufer ist selbst kein Gehilfe des Herstellers. Diese Eigenschaft hat auch nicht ein Händler oder eine Vertriebsorganisation der gleichen Herstellermarke. Ob der Hersteller mit dem Verkäufer vertraglich verbunden ist, z. B. durch einen Händlervertrag, ist für den Gesetzgeber kein Kriterium. Ein Ford-Händler, der einen gebrauchten Kia verkauft, hat also prinzipiell auch für öffentliche Äußerungen von Kia Motors einzustehen. Unerheblich ist auch die Sprache, in der die Herstellerverlautbarung publiziert worden ist. Deren Alter ist gleichfalls grundsätzlich ohne Belang. Unterschieden wird schließlich auch nicht zwischen veränderlichen und unveränderlichen Eigenschaften der Sache. All das wirkt aus der Perspektive des Verkaufs gebrauchter Kraftfahrzeuge wenig durchdacht und etwas realitätsfern. 2541

Dass ein Kfz-Händler sich öffentliche Informationen seines eigenen Herstellers zu Eigen macht, selbst damit wirbt oder sie in das konkrete Verkaufsgespräch einführt, z. B. über einen Prospekt, ist im Neufahrzeughandel ein alltäglicher Vorgang. Auch beim Verkauf 2542

99 OLG Celle 25. 10. 2005, DAR 2006, 269 (Unfallinformation); OLG Düsseldorf 26. 4. 2007, DAR 2007, 457 (Internetanzeige betr. Klimaanlage und kW); OLG Koblenz 25. 1. 2011 – 2 U 590/10 (Internetangabe zur Leistungsstärke nach Tuning).

junger Gebrauchtfahrzeuge des eigenen Fabrikats ist die Nähe zum Hersteller unverkennbar, zumal bei noch laufender „Werksgarantie“. Mit zunehmendem Alter des Fahrzeugs tritt der Hersteller/Importeur immer stärker in den Hintergrund, auch aus Sicht eines verständigen Kunden. Bei Fremdfabrikaten fehlt es von vornherein an der spezifischen Sachnähe. Vor diesem Hintergrund bedarf es stets einer **besonderen Begründung** dafür, dass bestimmte Herstellerinformationen **Vertragsinhalt** geworden sind. In den bisherigen Neuwagenverkaufsbedingungen war das für **Prospektangaben** ausdrücklich so geregelt. Die Musterverträge für den Gebrauchtfahrzeugverkauf enthalten nach wie vor keine vergleichbare Einbeziehungsklausel.

2543 An die Öffentlichkeit gerichtete Herstellerinformationen als **stillschweigend/konkludent** vereinbart anzusehen, hat die Rechtsprechung in Gebrauchtwagenfällen vor der Schuldrechtsreform abgelehnt. In einem **„Benzin-Fall“** hat das OLG Düsseldorf auch ohne diesen „Kunstgriff“ einen Fehler gem. § 459 Abs. 1 BGB a. F. bejaht.[100] Es hat sich an den Herstellerangaben zum Kraftstoffverbrauch orientiert, ohne festzustellen, ob und inwieweit diese Angaben Vertragsinhalt geworden sind. Unerörtert ist geblieben, ob der maßgebliche Herstellerprospekt bei den Kaufverhandlungen vorgelegen hat. Ob die Betriebsanleitung mit Angaben über den Kraftstoffverbrauch bei den Kaufverhandlungen eine Rolle gespielt hat, wird gleichfalls nicht mitgeteilt. Die Neuwertigkeit des Fahrzeugs (6 Mo. alter Opel Astra) hat dem Senat genügt, an die Rechtsprechung des BGH zum Kraftstoffmehrverbrauch bei Neufahrzeugen anzuknüpfen. Gleichfalls ein junger Gebrauchter (5 Mo. alter Opel Corsa) ist Gegenstand der zum neuen Recht ergangenen Entscheidung des OLG Naumburg vom 28. 2. 2007.[101] Hiernach könne ein verständiger Käufer eines Gebrauchtwagens grundsätzlich nicht erwarten, dass der Wagen den vom Hersteller in der Werbung genannten Kraftstoffverbrauch aufweise. Offen geblieben ist, ob das auch für Fahrzeuge mit geringem Alter und niedriger Laufleistung gilt. Im konkreten Fall scheiterte der Rücktritt jedenfalls an der Bagatellhürde.

2544 Nicht anders als bei einer öffentlichen Äußerung des Verkäufers ist Grundvoraussetzung, dass eine **bestimmte Eigenschaft** des Fahrzeugs oder seiner Teile Gegenstand der Erklärung des Dritten ist. Das macht eine sorgfältige Abgrenzung zwischen reklamehafter Anpreisung und konkreter Beschaffenheitsangabe notwendig. Da sich die Werbeaussagen der Hersteller/Importeure auf **fabrikneue Fahrzeuge** beziehen, stellt sich mit Blick auf den späteren Verkauf als Gebrauchtwagen vor allem die Frage der **Fortwirkung der Herstellerangaben**.

2545 Am bereits angesprochenen Beispiel einer Information über den **Kraftstoffverbrauch** wird deutlich, dass Herstellerangaben zeitlich nicht unbegrenzt gelten können. Allenfalls bei **jungen Gebrauchtwagen** wie Halbjahres- und Jahreswagen, auch bei Vorführfahrzeugen, wird man Prospektangaben über den Kraftstoffverbrauch für relevant halten können.[102] Da die Abgrenzung zwischen neu und gebraucht mitunter nur eine Frage weniger Kilometer ist, ist das Gegensatzpaar „neu/gebraucht“ ein zu grobes Raster, um zu sachgerechten Ergebnissen zu gelangen. Veränderliche Eigenschaften müssen gegen unveränderliche abgrenzt werden; schon beim Haftungstatbestand, nicht erst bei der Frage des Einflusses auf die Kaufentscheidung.

2546 Angaben über das **Emissionsverhalten**, jetzt gleichfalls mitteilungspflichtig (Pkw-EnVKV), beziehen sich nicht auf das gesamte Autoleben. Langzeitwirkung haben dagegen Informationen über den **Korrosionsschutz**.

---

100 Urt. v. 23. 10. 1997, DAR 1998, 70.

101 DAR 2007, 522, aber nur Ls.

102 Offen gelassen von OLG Naumburg 28. 2. 2007, DAR 2007, 522 (Ls.); käuferfreundlich *Tröger*, JuS 2005, 503, 508.

Auch für den Verkäufer gebrauchter Güter von Interesse sind die **drei Befreiungstatbestände** in § 434 Abs. 1 S. 3 BGB. Der Fall der **Berichtigung bei Vertragsschluss** spielt beim Gebrauchtwagenkauf keine nennenswerte Rolle. Dass die öffentliche Äußerung, z. B. die Herstellerwerbung, **keinen Einfluss auf die Kaufentscheidung** ausüben konnte, werden Verkäufer älterer Fahrzeuge mit guten Erfolgschancen einwenden. Bei der Befreiung nach dem subjektiven Kriterium der Unkenntnis ist es Aufgabe der Rechtsprechung, die Anforderungen an die Sorgfalt (Kennenmüssen) je nach Situation des Verkäufers festzulegen. Privatverkäufer und gewerbliche Gelegenheitsverkäufer sind selbst bei jüngeren Gebrauchtfahrzeugen nicht verpflichtet, sich über die Werbung des Herstellers zu informieren.[103] 2547

6. Kauf mit Montageverpflichtung/Montageanleitung

Die Neuregelung in § 434 Abs. 2 BGB hat für den Kauf gebrauchter Kraftfahrzeuge **nur geringe praktische Bedeutung**. Unter „Montage" ist ein Zusammenbau oder ein Aufbau/Aufstellen der Kaufsache durch den Verkäufer oder eines Gehilfen zu verstehen. Den Ort der Montage nennt das Gesetz nicht. Offen ist also, ob die Montage in oder außerhalb der Sphäre des Verkäufers stattfinden soll. Fehlerhafte Arbeiten des Verkäufers in seinem eigenen Bereich können die Sachmängelhaftung nach § 434 Abs. 1 BGB auslösen (s. Rdn. 2549 ff.), sofern nicht ausnahmsweise Werkvertragsrecht anwendbar ist.[104] Der Fall der **mangelhaften Montageanleitung** kann beim Kfz-Kauf gleichfalls nur bei Sonderfahrzeugen und bei Zubehörteilen akut werden. Eine praktische Bedeutung ist darüber hinaus nicht zu erkennen. 2548

7. Zusatzabreden mit Nähe zum Werkvertrag

Nicht selten versprechen gewerbliche, aber auch private Verkäufer, bis zur Auslieferung (Übergabe) bestimmte technische oder optische Mängel abzustellen, das Fahrzeug einer „eingehenden technischen Prüfung" zu unterziehen[105], eine Übergabeinspektion durchzuführen[106] oder Fahrzeugteile, z. B. Motor oder Getriebe, zu überprüfen und ggf. zu reparieren, einen Ölwechsel zu machen[107] oder Einzelteile wie den Zahnriemen auszutauschen[108] oder einzubauen, z. B. Zubehör. Eine Mängelbeseitigungspflicht kann auch in eine Kostenübernahmeerklärung eingebettet sein, z. B. „Der Verkäufer hat noch diejenigen Kosten zu tragen, die durch die Reparatur des Getriebes entstehen". Mitunter verpflichtet sich der Verkäufer auch dazu, behördlich vorgesehene Prüfungen bis zur Übergabe durchführen zu lassen und darüber eine Bescheinigung vorzulegen (z. B. § 29 StVZO, AU, Eintragung einer ABE-relevanten Veränderung im Fahrzeugbrief). 2549

Derartige **Zusatzabreden** befinden sich in den handelsüblichen Bestellformularen meist in der Zeile **„Sondervereinbarungen"** oder in der Rubrik „besondere Vereinbarungen".[109] Oft werden sie auch nur mündlich getroffen. 2550

Auslegung und rechtliche Qualifizierung solch alltäglicher Absprachen bereiten der Rechtsprechung seit jeher **einige Schwierigkeiten**. Symptomatisch ist die unterschiedliche Auslegung der Klausel „neu TÜV-abgenommen" durch zwei verschiedene Senate des OLG Hamm 2551

---

103 Vgl. Das neue Schuldrecht/*Haas*, Kap. 5 Rn. 114; s. a. *Tröger*, JuS 2005, 508.
104 Zur Abgrenzung nach altem Recht s. BGH 3. 3. 2004, NJW-RR 2004, 850.
105 Dazu LG Gera 28. 10. 2009 – 1 S 428/08 – BeckRS 2010, 00178.
106 OLG Celle 10. 12. 2009 – 11 U 32/09 – NJOZ 2010, 612.
107 AG Heidenheim 29. 1. 2010 – 1 C 1012/09 – n. v. (Haftung für Fehler einer beauftragten Drittwerkstatt wegen ungenügender Befestigung der Ölablassschraube).
108 OLG Celle 10. 12. 2009 – 11 U 32/09 – NJOZ 2010, 612.
109 Zu einer Angabe im Internet s. KG 10. 1. 2005, NJW-RR 2006, 1213 (Yacht).

in ein und derselben Sache.[110] Je stärker die handwerkliche Arbeitsleistung des Verkäufers nach Art und Umfang ins Gewicht fiel, desto eher waren die Gerichte in der Zeit vor der Schuldrechtsmodernisierung geneigt, von einem **gemischten Vertrag** (Kauf- und Werkvertrag) auszugehen. Vielfach wurde trotz werkvertraglicher Momente ein **einheitlicher Kaufvertrag** angenommen. Vertragswidrigkeiten versuchte man dann mit den §§ 459 ff. BGB a. F. zu erfassen, wobei die Zusicherungshaftung dominierte.[111] Dass eine im Zeitpunkt des Vertragsschlusses (noch) fehlende Eigenschaft des Kaufobjekts bei dessen Übergabe vorhanden ist, konnte nach h. M. Gegenstand einer Eigenschaftszusicherung sein.[112]

2552 Außer der kaufrechtlichen Einheitslösung und der Konstruktion eines gemischten Vertrages sind – speziell bei der Fallgruppe „Fahrzeugüberprüfung" – auch die **allgemeinen Regeln über Leistungsstörungen** in Betracht gezogen worden (insbes. pFV). Eine weitere Möglichkeit bestand schließlich darin, die nicht oder nicht vertragsgemäß erbrachte (Neben-)Leistung als **aufschiebende Bedingung** (§ 158 BGB) zu behandeln.

2553 Durch die Übernahme des Nacherfüllungsmodells in das Kaufrecht hat die **Schuldrechtsreform** das nachvollzogen, was die Rechtsprechung durch eine interessengerechte Vertragsauslegung zu erreichen versucht hat. Dieser Praxis ist nunmehr die Grundlage weitgehend entzogen. Das **„neue" Kaufrecht** stellt für die meisten Konflikte, die man bisher mit dem werkvertraglichen Gewährleistungsrecht glaubte bewältigen zu können, sachgerechte Lösungen zur Verfügung. Angesichts der Vielgestaltigkeit von Lebenssachverhalten erscheint es weiterhin zweckmäßig, bestimmte **Fallgruppen** zu bilden.

a) Beseitigung vor Vertragsschluss aufgetretener Defekte

2554 Verspricht der Verkäufer bei Vertragsabschluss, das Fahrzeug bis zur Übergabe in einen anderen Zustand zu versetzen, beispielsweise durch Beseitigung eines anlässlich der Probefahrt aufgedeckten technischen Defekts, so geht es nicht um Nachbesserung, sondern um „Vor-Besserung", d. h. um das Herstellen der vertraglich geschuldeten Beschaffenheit. Abreden dieser Art, von der Rechtsprechung im früheren Recht meist nach Werkvertragsrecht beurteilt[113], können heute direkt mit den Kaufrechtsvorschriften erfasst werden (§§ 433 Abs. 1 S. 2, 434 ff. BGB).[114]

2555 Nach § 433 Abs. 1 S. 2 BGB hat der Verkäufer das Fahrzeug mängelfrei zu liefern. Wenn die Übernahme der fraglichen Arbeit über diese Verpflichtung nicht hinausgeht, fällt eine Nicht- oder Schlechtleistung unter das Sachmängelrecht.[115] Eine „Flucht" in das Werkver-

---

110 NJW 1980, 2200 (Nr. 13 und Nr. 14).

111 Die §§ 459 Abs. 2, 463 S. 1 BGB a. F. wurden entweder direkt oder analog angewendet, vgl. z. B. BGH 24. 2. 1988, BGHZ 103, 275 = NJW 1988, 1378 („TÜV neu ..."); RG 29. 2. 1924, Gruch 67, 311 = Recht 1924, Nr. 526 (Lkw-Verkauf mit Zusage, das Fahrzeug in vollständig betriebsbereitem Zustand zu liefern); BGH 12. 2. 1975, NJW 1975, 733 (Pelzmantelfall); s. a. BGH 15. 12. 1992, NJW 1993, 655 (Zusage einer Durchsicht in einer Fachwerkstatt); OLG Hamm 5. 2. 1980, NJW 1980, 2200 (Nr. 13) – „TÜV neu ..."; OLG Hamm 19. 5. 1988, NZV 1988, 180 („TÜV neu ..."); OLG Schleswig 29. 6. 1971, VersR 1972, 474 (Auspufftopf erneuern); OLG Frankfurt 12. 7. 1985 – 25 U 2/84 – n. v. (Einbau einer Halbautomatik); OLG Köln 8. 6. 1988, VersR 1989, 201 (Ausrüstung eines Lkw mit einer sog. Meiller-Ladebordwand).

112 BGH 24. 2. 1988, BGHZ 103, 275 = NJW 1988, 1378 („TÜV neu").

113 BGH 6. 10. 1971, NJW 1972, 46; OLG Düsseldorf 5. 5. 1994, OLGR 1994, 277; OLG Düsseldorf 20. 2. 1992, OLGR 1992, 154 (Agentur); OLG Hamm 8. 3. 2001, NJW-RR 2001, 1309 (Immobilienkauf).

114 OLG Celle 10. 12. 2009 – 11 U 32/09 – NJOZ 2010, 612 (Erneuerung des Zahnriemens).

115 OLG Celle 10. 12. 2009 – 11 U 32/09 – NJOZ 2010, 612 (Zahnriemenerneuerung); OLG Celle 4. 8. 2004, NJW 2004, 3566 = MDR 2005, 207 (Beseitigung eines Lackschadens); LG Kassel 30. 6. 2005, SVR 2005, 421 (Erneuerung der Auspuffanlage); LG Bochum 4. 9. 2009 – I-4 O 73/08, n. v. (Oldtimer-Restauration).

tragsrecht ist nicht mehr erforderlich. Dass der Käufer – anders als der Besteller in § 637 BGB – auch nach „neuem" Recht keinen Anspruch auf Kostenersatz bei Selbstvornahme hat, ist kein hinreichender Grund, das Kaufrecht in diesem Punkt zu verlassen. Verjährungsrechtlich besteht weiterhin kein Unterschied in der Dauer der Frist, nur im Fristbeginn. Ablieferung und Abnahme fallen jedoch bei der hier in Rede stehenden Konstellation meist zusammen.

Erklärungen des Verkäufers zu Art, Umfang und Qualität der vorzunehmenden bzw. der **2556** ausgeführten Arbeiten können zwanglos als **Beschaffenheitsangaben** beurteilt werden, je nach Fall sogar als Beschaffenheitsgarantien. Eine etwaige Garantie erstreckt sich im Zweifel nur auf die konkrete Arbeit, nicht auf den Zustand sonstiger Fahrzeugteile.[116]

b) Umrüstungen, Nachrüstungen, Umbauten, Tuning

Trifft der Verkäufer derartige Maßnahmen vor dem Verkauf ohne Absprache mit dem **2557** Käufer, etwa zur besseren Verkäuflichkeit, fällt ein dabei vorkommender „Montagefehler" nicht unter § 434 Abs. 2 S. 1 BGB. Ob ein Sachmangel vorliegt, beurteilt sich nach Abs. 1 des § 434 BGB. Insgesamt nach Kaufrecht hat das OLG Düsseldorf[117] die Vereinbarung eines **Motortunings** beurteilt. Allerdings ging es um einen fabrikneuen Pkw. Zur Haftung aus einem selbstständigen Tuning-Vertrag s. OLG Düsseldorf NZV 1997, 519. Fehler beim – vereinbarten – Einbau von Zubehörteilen können unter Umständen die Sachmängelhaftung nach § 434 Abs. 2 S. 1 BGB begründen. Das gilt auch, wenn durch eine Veränderung des Fahrzeugs die Allgemeine Betriebserlaubnis (ABE) erloschen ist, mag die Umrüstung auch technisch einwandfrei sein.

Einen **gemischten Vertrag** hat **der BGH** für den Fall angenommen, dass in einen ge- **2558** brauchten Lkw eine Ladebordwand einzubauen war.[118] Schäden, die auf einer mangelhaften Arbeit beruhen, waren nach § 635 BGB a. F. oder – als „entferntere" Mangelfolgeschäden – nach pFV zu ersetzen. Im Widerspruch zur BGH-Judikatur stand das Urteil des OLG Köln v. 8. 6. 1988,[119] das die Zusage, einen Lkw mit einer sog. Meiller-Ladebordwand auszurüsten, als Eigenschaftszusicherung i. S. v. § 463 S. 1 BGB a. F. gewertet hat. Zur Abnahme eines zum Wohnmobil umgebauten Kastenwagens vgl. OLG München NJW 1989, 1286 (reiner Werkvertrag); s. a. BGH WM 1996, 1918 (Spezialaufbau für Pferdetransport auf Lkw-Fahrgestell) und BGH WM 1996, 917 (Werklieferungsvertrag über Kühl-Lkw).

Nach der aktuellen Rechtsprechung des BGH ist Kaufrecht auf sämtliche Verträge mit **2559** einer Verpflichtung zur Lieferung herzustellender oder zu erzeugender beweglicher Sachen anzuwenden[120], wobei es jedoch um die komplette Neuherstellung, nicht um den Umbau bzw. Ausbau bestehender Objekte geht. Zur Verpflichtung eines Händlers zur Lieferung eines zu einem Kühlfahrzeug ausgebauten (neuen) Kastenwagens s. KG DAR 2009, 519; zur Verkäuferhaftung beim **Einbau einer Gasanlage** in einen Gebrauchtwagen LG Osnabrück 27. 9. 2010, 2 O 2244/09 (Leistungsverlust kein Mangel); s. a. LG Leipzig DAR 2011, 532 (Gasumbau/Neuwagen).

c) Überprüfungen, Inspektionen u. Ä.

Zu dieser Gruppe gehören in erster Linie bestimmte Fallgestaltungen aus dem Komplex **2560** der **„TÜV"-Fälle,** vgl. Rdn. 3036 ff. Bezug zu nehmen ist ferner auf die Ausführungen zum Verkauf gebrauchter Fahrzeuge mit „generalüberholten" oder reparierten Aggregaten, vgl.

---

116 OLG Düsseldorf 9. 4. 2003 – 3 U 48/02 – n. v. (Motorgeräusch).
117 Urt. v. 30. 12. 1992, OLGR 1993, 129.
118 Urt. v. 30. 6. 1983, NJW 1983, 2440; s. a. BGH 6. 11. 1990, NJW-RR 1991, 872 und BGH 27. 6. 1990, NJW-RR 1990, 1462.
119 VersR 1989, 201.
120 Urt. v. 9. 2. 2010 – X ZR 82/07 (neuer Tiefladersattelauflieger).

Rdn. 2652 ff.; ferner auf Rdn. 3230 („werkstattgeprüft"). Auch wenn der Verkäufer oder ein Dritter diese Prüfungen noch nicht vorgenommen hat, sie also erst durchgeführt werden sollen, hat die Judikatur mit § 459 Abs. 2 BGB a. F. häufig reines Kaufrecht angewendet. Exemplarisch dafür ist die „TÜV-neu"-Entscheidung BGHZ 103, 275 = NJW 1988, 1378. Eine werkvertragliche Abrede hat der BGH mit der (fragwürdigen) Begründung verneint, die Parteien hätten mit keinem Wort „etwaige Fehler oder Mängel zur Zeit des Vertragsabschlusses erörtert". Ergab die Auslegung, dass der Verkäufer bei der Prüfung entdeckte Mängel auf seine Kosten beseitigen soll, war die Annahme einer werkvertraglichen Nebenpflicht, jedenfalls eines **Nachbesserungsrechts als Primäranspruch,** vorzuziehen.[121] Nach heutigem Kaufrecht ist eine solche Anlehnung an das Werkvertragsrecht obsolet.

2561 Ausschließlich nach Kaufrecht hat der BGH[122] den Fall beurteilt, dass ein Autohaus einem Pkw-Käufer bei Vertragsschluss zugesagt hat, das Fahrzeug vor Übergabe noch einer sorgfältigen **Durchsicht durch eine Fachwerkstatt** zu unterziehen.[123] Die beauftragte Werkstatt ist Erfüllungsgehilfin des Autohauses[124], sie kann aber gem. § 823 Abs. 1 BGB selbst schadensersatzpflichtig sein. Ein Händler, der ein Fabrikat einer fremden Marke („Fremdfabrikat") verkauft, verspricht mit der Zusage „Inspektion vor Auslieferung" keine Inspektion in einem autorisierten Betrieb der betreffenden Marke.[125] Die Sperrwirkung der §§ 434 ff. BGB nicht beachtend, hat das LG Gera[126] einem Händler eine „positive Vertragsverletzung" durch Verletzung von Hinweis- und Aufklärungspflichten angelastet, der es übernommen hatte, das Fahrzeug vor Auslieferung eingehend technisch zu prüfen. Hintergrund war ein **Zahnriemenriss**, für den der Kläger den Nachweis der Mangelhaftigkeit im Übergabezeitpunkt nicht führen konnte. Eventuell war es normaler Verschleiß oder Altersschwäche. Der Händler habe jedoch pflichtwidrig gehandelt, weil er den Käufer nicht darauf hingewiesen habe, dass man das Alter des Zahnriemens nicht habe bestimmen können.

d) Beschaffung/Vorlage von Prüfzertifikaten oder Genehmigungen und Verkauf mit bereits vorhandenen Zertifikaten

2562 Verpflichtet sich der Verkäufer dazu, bei Auslieferung des Fahrzeugs eine gültige Prüfbescheinigung oder ein vergleichbares Zertifikat vorzulegen, so kann deren Fehlen einen Sachmangel i. S. v. § 434 Abs. 1 BGB darstellen (s. Rdn. 3237 ff.). Denkbar ist aber auch, die Verpflichtung des Verkäufers als **vertragliche Nebenpflicht** anzusehen.[127] Wenn das Fahrzeug auch ohne die Bescheinigung im Straßenverkehr benutzt werden darf, was sich vor allem nach § 19 Abs. 2 StVZO richtet, ist im Zweifel Letzteres anzunehmen. Der Zustand, der amtlich bescheinigt werden soll, d. h. die Genehmigungsfähigkeit, kann auch Gegenstand einer Beschaffenheitsvereinbarung, auch in Form einer Garantie, sein.[128]

e) Nachvertragliche Mängelbeseitigungsabreden vor Fahrzeugübergabe

2563 Für Zusatzvereinbarungen, die nach Vertragsschluss, aber noch **vor der Übergabe** (Ablieferung) des Fahrzeugs getroffen werden (z. B. bei einem eBay-Kauf), gilt im Kern nichts

---

121 So auch OLG Düsseldorf 18. 12. 1992, OLGR 1993, 161 für den Fall, dass der Verkäufer verspricht, die ursprünglich zugesagte Hauptuntersuchung nach § 29 StVZO nachholen zu wollen; zur Problematik s. a. *Eggert*, NJW 1990, 549, 553.

122 Urt. v. 15. 12. 1992, NJW 1993, 655.

123 Zu dieser Konstellation (Verkäufer ohne eigene Werkstatt) auch OLG Celle 10. 12. 2009 – 11 U 32/09 – NJOZ 2010, 612.

124 AG Heidenheim 29. 1. 2010 – 1 C 1012/09 – n. v. (Fehler beim Ölwechsel).

125 OLG Düsseldorf 5. 11. 2004 – 1 U 154/04 – n. v. (Honda-Händler verkauft BMW).

126 Urt. v. 28. 10. 2009 – 1 S 428/08 – BeckRS 2010, 00178.

127 Vgl. BGH 22. 2. 1984, NJW 1984, 2287; BGH 1. 4. 1981, WM 1981, 629.

128 Dazu OLG Oldenburg 5. 4. 1994, OLGR 1994, 314 (Hauskauf).

anderes als für solche, die von Anfang an in den Kaufvertrag eingebettet sind, vgl. dazu Rdn. 2554 ff. Beim Kauf vom Kfz-Händler ist zu beachten, dass infolge der besonderen Abschlusstechnik (s. Rdn. 2404) Vertragsschluss und Übergabe häufig zusammenfallen. „Vereinbarungen“ vor Übergabe sind dann keine Änderung eines bereits bestehenden Vertrages, sondern Vorgänge i. S. v. § 150 Abs. 2 BGB.

Abreden zwischen Kauf und Übergabe sind im Zweifel nicht als selbstständige Neuverträge, sondern als Abänderung des Ursprungsvertrages zu werten.[129] 2564

Nach Ansicht des OLG Hamm übernimmt der **gewerbliche Verkäufer** eine nebenvertragliche Werkleistung in Form einer Nachbesserungsverpflichtung, wenn er dem Käufer verspricht, bei Übergabe entdeckte Mängel zu beseitigen.[130] Das Ausweichen auf das Werkvertragsrecht ist nach der Neuausrichtung des Kaufrechts nicht mehr nötig. Die nachträgliche Reparaturzusage ist, sofern verbindlich (keine Kulanz), in den Kaufvertrag zu integrieren. 2565

Vereinbarungen, die **nach Mitteilung des Mangels** getroffen werden, sind auch mit Blick auf **§ 475 BGB** (Verbrauchsgüterkauf) unbedenklich. Sie unterliegen nur der Kontrolle nach §§ 138, 242 BGB, ggf. nach §§ 307, 310 Abs. 3 BGB. 2566

f) Nachvertragliche Mängelbeseitigungsabreden nach Übergabe

Mit der Ablieferung/Übergabe hatte der Verkäufer **nach altem Recht** seine Pflicht erfüllt, selbst wenn das Fahrzeug mangelhaft war. Mangelfreiheit war nach h. M. nicht Gegenstand seiner Leistungspflicht. Vereinbarungen **nach Übergabe** begründeten entweder in Vollzug der Gewährleistung eine Nachbesserungspflicht oder gaben dem Käufer einen vom Kaufvertrag rechtlich unabhängigen werkvertraglichen Anspruch gem. § 631 Abs. 1 BGB a. F. Welche Alternative in Betracht kam, hing wesentlich vom Inhalt und dem Zeitpunkt der Vereinbarung ab. Die innerhalb der Verjährungsfrist (von sechs Monaten) gegebene Zusage, einen Motordefekt zu beseitigen, wurde in einen Zusammenhang mit der vertraglichen Gewährleistung gestellt, also nicht als eigenständiger Reparaturvertrag gesehen.[131] 2567

Da das **„neue“ Kaufrecht** dem Käufer einen Nacherfüllungsanspruch gibt, beim Gebrauchtfahrzeugkauf freilich i. d. R. nur in Form eines Nachbesserungsanspruchs, ist die gesetzliche Ausgangslage nunmehr eine gänzlich andere. Zu unterscheiden sind jetzt **vier Konstellationen:** die Reparatur kraft gesetzlicher Nachbesserungspflicht, die Reparatur nach Maßgabe einer selbstständigen Garantie, die ohne Anerkennung einer Rechtspflicht übernommene Reparatur (Kulanzleistung) und die nachvertragliche Parteivereinbarung mit Begründung neuer Pflichten und Rechte. 2568

Was die Parteien gewollt haben, hängt wesentlich davon ab, ob das Fahrzeug mit oder ohne Gewährleistungsausschluss verkauft worden ist; auch davon, ob der Verkäufer oder ein Dritter eine selbstständige Garantie übernommen hat. Der Parteiwille lässt sich u. a. daran erkennen, ob die Reparatur-AGB zugrunde gelegt worden sind und wie die Kostenfrage geregelt wurde; s. a. Rdn. 4230 ff. 2569

129 OLG Düsseldorf 10. 12. 1993, OLGR 1994, 185 (Tausch von Sommerreifen gegen Winterreifen).
130 Urt. v. 21. 3. 2000, OLGR 2001, 137.
131 OLG Bremen 7. 3. 1975, BB 1975, 396 m. Anm. *Karstendiek;* OLG Köln 9. 7. 1980, OLGZ 1980, 468 = VersR 1980, 1173; s. a. LG Gießen 8. 1. 1997, zfs 1997, 175 = NJW-RR 1998, 1750.

8. Die Falschlieferung als Sachmangel

2570 Einem Sachmangel steht es gleich, wenn der Verkäufer eine **andere Sache** liefert (§ 434 Abs. 3 BGB). Mit dieser **Neuregelung** entscheidet der Gesetzgeber einen alten Streit zugunsten der Lehre vom subjektiven Fehlerbegriff.

2571 Aus dem Bereich des Gebrauchtfahrzeugkaufs, regelmäßig Stück- und kein Gattungskauf, liefert **BGH NJW 1979, 811** ein anschauliches Fallbeispiel: Ein ägyptischer Kaufmann kaufte einen nach Baujahr, Fahrgestell- und Fabriknummer näher bezeichneten **gebrauchten Lkw.** Der Verkäufer sollte ihn nach Alexandria versenden. Verschifft wurde jedoch ein anderer als der gekaufte Lkw. Die Annahme eines so genannten **Identitäts-aliud** war hier unproblematisch. Denn es war klar, worauf die Parteien sich tatsächlich geeinigt hatten. Das verkaufte Fahrzeug war insbesondere durch die Fahrgestellnummer und die Fabriknummer genau gekennzeichnet. Zusammen mit dem Fabrikat und dem Baujahr ermöglichten diese Nummern eine eindeutige Identifizierung des Kaufobjekts. Der tatsächlich gelieferte Wagen war zwar auch ein gebrauchter Lkw, aber ohne Zweifel ein anderer als der gekaufte.

2572 Nicht so klar war die Identitätsfrage im **„Daimler-Benz 380 SEL"-Fall**, über den das OLG Koblenz zu entscheiden hatte.[132] In einer Zeitungsanzeige und später im Kaufvertrag war ein Pkw Daimler-Benz 380 SE fälschlich als „DB 380 SEL" bezeichnet worden. Beide Typen sahen sich zum Verwechseln ähnlich; die SEL-Ausführung ist lediglich 14 cm länger und hat einen 14 cm breiteren Radstand. Anders als in dem Lkw-Fall BGH NJW 1979, 811 hatte der Käufer das Fahrzeug vor Vertragsschluss besichtigt und „wie gesehen" gekauft. Der (nur aus einem Satz bestehende) Vertragstext enthielt außer der Angabe „DB 380 SEL" die Fahrgestellnummer und das amtliche Kennzeichen. Bald nach Übergabe stellte der Käufer fest, dass es sich bei dem Fahrzeug um die Version „DB 380 SE" handelte. Daraufhin verlangte er, den Kauf rückgängig zu machen. Das OLG Koblenz hat Ansprüche aus den §§ 440, 320 ff. BGB a. F. verneint. Der Käufer habe mit dem Typ 380 SE kein anderes als das gekaufte Fahrzeug erhalten, so dass der Verkäufer seine Pflichten aus § 433 Abs. 1 BGB a. F. vollständig erfüllt habe. Auch unter dem Gesichtspunkt des Gewährleistungsrechts sei die Klage unbegründet. Auf die allgemeinen Regeln über Irrtum und Dissens ist das OLG Koblenz nicht näher eingegangen. Insbesondere hat es sich nicht mit der (nahe liegenden) Frage eines beiderseitigen Eigenschaftsirrtums befasst.

2573 Zuzustimmen ist dem OLG Koblenz, soweit es eine Falschlieferung in Form eines Identitäts-aliud verneint hat. Auch auf dem Boden des – jetzt gesetzlich verankerten – subjektiven Fehlerbegriffs machte es freilich einige Schwierigkeiten, eine klare Grenzlinie zwischen Andersartigkeit und Fehlerhaftigkeit zu ziehen. Einen Daimler-Benz 380 SE im Vergleich mit einem 380 SEL als ein „anderes" Fahrzeug zu begreifen, ist angesichts der besonderen Vorlieben und Neigungen deutscher Autokäufer so falsch nicht. Auch nach dem allgemeinen Sprachgebrauch dürfte ein Pkw Daimler-Benz 380 SE kein mangelhafter 380 SEL sein. Wer einen Mercedes A 160 bestellt und ein Fahrzeug mit passendem Schriftzug am Heck erhält, es aber in Wirklichkeit ein Typ A 140 ist, kann vom Kauf zurücktreten.[133]

2574 **Nach neuem Recht** ist die Abgrenzungsfrage gegenstandslos. Auch beim Stückkauf stellt das Identitäts-aliud eine mangelhafte Lieferung dar. Sie ist, anders als bisher (BGH NJW 1979, 811 – gebrauchter Lkw), nach **Sachmängelrech**t zu beurteilen.[134] **Schadensersatz** kann der Käufer nach § 280 Abs. 1 S. 1 i. V. m. § 437 Nr. 3 BGB verlangen. Wenn er statt der Leistung Schadensersatz fordert, müssen die zusätzlichen Voraussetzungen des § 281 BGB beachtet werden.

---

132 Urt. v. 21. 11. 1991, NJW-RR 1992, 1145 = BB 1992, 806 = NZV 1993, 24; s. a. OLG Köln 23. 8. 1996, VRS 93, 36 – Harley Davidson.

133 OLG Celle 24. 5. 2006 – 6 W 49/06 – n. v.

134 Str., vgl. OLG Frankfurt 28. 3. 2007, NJW-RR 2007, 1424 (gebr. PC).

Der Vorteil eines günstigen Einkaufspreises bleibt dem Käufer nach altem wie nach neuem Recht erhalten. Ist das gelieferte Fahrzeug deutlich wertvoller als das vertraglich bestimmte, kann der Verkäufer nach § 812 Abs. 1 S. 1 1. Alt. BGB Herausgabe verlangen. Auch in diesem Punkt ergibt sich nach neuem Recht keine Änderung. Die Gleichstellung von Sachmangel und Aliud-Lieferung bedeutet nicht, dass die Lieferung einer anderen Sache Erfüllungswirkung hat. 2575

Fälschungen bzw. Kopien, z. B. im **Handel mit Oldtimern**, begründen die Sachmängelhaftung. Die Ist-Beschaffenheit weicht von der vertraglich festgelegten Soll-Beschaffenheit ab. Nicht zuletzt an Hand des Kaufpreises wird deutlich, welche Erwartung der Käufer hatte und – mangels gegenteiliger Anhaltspunkte – auch haben durfte. 2576

II. Ergänzung und Erweiterung der Sachmängelhaftung durch eine „Garantie“

1. Überblick

Ob der Verkäufer eine „Garantie“ für das Vorhandensein einer bestimmten Fahrzeugeigenschaft übernommen hat, ist nach der Schuldrechtsreform bei weitem nicht mehr von so überragender Bedeutung wie im alten Recht. Denn **beim Verbrauchsgüterkauf** sind Haftungsausschlüsse, die mit Hilfe der Figur der Zusicherung/Garantie neutralisiert werden könnten, grundsätzlich nicht mehr zulässig (§ 475 Abs. 1 BGB) und aus der Formularpraxis inzwischen auch weitgehend verschwunden. Angriffsflächen bieten in diesem Segment praktisch nur noch Verjährungs- und Schadensersatzklauseln. 2577

Außerhalb des Verbrauchsgüterkaufs hat die „Garantiefrage“ nichts von ihrer Bedeutung eingebüßt, so z. B. bei privaten Direktgeschäften (Marktanteil z.Zt. knapp unter 50 %) und im unternehmerischen Verkehr. 2578

In sämtlichen Fällen des Verkaufs gebrauchter Kraftfahrzeuge, gleichviel, wer Verkäufer und wer Käufer ist, kann es **in sechsfacher Hinsicht** darauf ankommen, ob der Verkäufer eine „Garantie“ übernommen hat: 2579

Schadensersatzhaftung des Verkäufers ohne Verschulden (§§ 437 Nr. 3, 280 Abs. 1, 281 Abs. 1, 311a Abs. 2, 276 Abs. 1 S. 1 BGB)

Neutralisierung von Haftungsausschlüssen und -beschränkungen, einschließlich Reduzierung der Verjährungsfrist (§§ 444, 445 BGB)

Erweiterung der Käuferrechte durch Übernahme einer Beschaffenheits- oder Haltbarkeitsgarantie (§ 443 Abs. 1 BGB)

Unschädlichkeit grober Fahrlässigkeit des Käufers (§ 442 Abs. 1 BGB)

Kriterium für die Erheblichkeit der Pflichtverletzung (§§ 281 Abs. 1 S. 3, 323 Abs. 5, S. 2 BGB)

Kriterium bei der Zumutbarkeitsprüfung im Rahmen des § 440 S. 1 BGB.

2. Das Verhältnis der einzelnen Garantieregelungen zueinander

Das in § 443 BGB Gesetz gewordene Nebeneinander von Beschaffenheits- und Haltbarkeitsgarantie mit eigener, vom Sachmängelrecht unabhängiger Anspruchsgrundlage hat vor dem Hintergrund der übrigen Garantieregelungen (§§ 442, 444, 445, 276 BGB) für **einige Verwirrung** gesorgt,[135] wie das Km-Urteil des OLG Rostock vom 11. 7. 2007[136] beispiel- 2580

135 Zum Ganzen ausführlich *Stöber*, Beschaffenheitsgarantien des Verkäufers, 2005.
136 NJW 2007, 3290 = DAR 2007, 588.

haft zeigt. Mittlerweile hat **der BGH** durch mehrere Entscheidungen Licht in das Dunkel gebracht. Hiernach gilt:

2581 Mit der Übernahme der Garantie für die Beschaffenheit einer Sache i. S. d. § 444 Alt. 2 BGB durch den Verkäufer ist – ebenso wie mit der Übernahme einer Garantie i. S. d. § 276 Abs. 1 S. 1 BGB – zumindest auch die Zusicherung einer Eigenschaft nach früherem Recht (§ 459 Abs. 2 BGB a. F.) gemeint.[137] Das bedeutet zwar keine völlige Gleichsetzung, wohl aber eine Anknüpfung an die Rechtsprechung des BGH zu den „Eigenschaftszusicherungen“. Vom Ansatz her übertragen werden kann sie auch im Anwendungsbereich der §§ 442, 445 BGB, soweit dort von Beschaffenheitsgarantie die Rede ist.

2582 Problematisch ist dagegen das Verhältnis zwischen der früheren Eigenschaftszusicherung und der **in § 443 BGB** verankerten Haftung für Beschaffenheitsgarantien. Was die dort gleichfalls geregelte **Haltbarkeitsgarantie** angeht, sieht man einen eigenständigen Anwendungsbereich, der sich einigermaßen sicher bestimmen lässt.[138] Ob Angaben des (Gebrauchtwagen-)Verkäufers, die die Rechtsprechung im früheren Recht als Zusicherungen behandelt hat, jetzt als Beschaffenheitsgarantien i. S. d. § 443 BGB oder des § 444 BGB anzusehen sind, hat der BGH in der Entscheidung v. 22. 11. 2006[139] dahinstehen lassen.

2583 Ein eindeutiges Ja oder Nein gibt es in dieser Frage nicht. Nicht alle, aber gewiss einige Zusicherungen alter Art können in Verträgen von heute die Bedeutung einer Garantie für die Beschaffenheit des Fahrzeugs haben, die nicht nur für das Vertretenmüssen des Verkäufers (§ 276 Abs. 1 BGB) relevant ist. Zweck und Inhalt einer solchen Beschaffenheitsgarantie kann auch sein, dem Käufer weitere, über § 437 BGB hinausgehende Rechte zu geben. Das ist eine **Frage der Auslegung** im Einzelfall.

2584 Soweit in § 443 BGB von einer Beschaffenheitsgarantie des Verkäufers die Rede ist, besteht auf der Tatbestandsseite prinzipiell kein Unterschied zu den Beschaffenheitsgarantien i. S. d. §§ 442, 444, 445 BGB. Dafür spricht bereits der einheitliche Wortlaut. Während jene sich aber nur auf die Beschaffenheit bei Gefahrübergang (Übergabe) beziehen, kann eine Beschaffenheitsgarantie nach § 443 BGB **auch zukunftsgerichtet** sein, was sie freilich in die Nähe einer Haltbarkeitsgarantie bringt.

2585 Der **eigentliche Regelungsgehalt** des § 443 BGB liegt – abgesehen von seiner Funktion der Richtlinienumsetzung – auf der **Rechtsfolgenseite**, indem dem Käufer „unbeschadet der gesetzlichen Ansprüche“ (= Sachmängelrechte) die Rechte aus der Garantie eingeräumt werden. Eine Beschaffenheitsgarantie des Verkäufers i. S. d. § 443 BGB gibt dem Käufer einen eigenständigen – von einem Verschulden unabhängigen – Erfüllungsanspruch auf Einhaltung des Garantieversprechens, z. B. auf kostenlose Reparatur. Mit der Mängelhaftung nach § 437 BGB hat dieser Anspruch dogmatisch nichts zu tun.

2586 **Fallbeispiel zur Verdeutlichung:** Wenn ein Gebrauchtwagenverkäufer eine **bestimmte Laufleistung** des Fahrzeugs vorbehaltlos zusagt (keine bloße Wissensmitteilung), macht er damit i. d. R. zumindest eine Beschaffenheitsangabe; möglicherweise übernimmt er zugleich eine Garantie i. S. v. § 276 Abs. 1 S. 1 BGB, was wiederum gleichzusetzen wäre mit einer Beschaffenheitsgarantie i. S. v. § 444 BGB. § 443 BGB ist dagegen in einem solchen Fall nicht einschlägig.[140] Es fehlt an der Vereinbarung einer die „normalen“ Mängelrechte des Käufers erweiternden Rechtsfolge für den Garantiefall. Eine Mängelbeseitigung, ohnehin ein Gewährleistungsanspruch (§ 437 Nr. 1 BGB), scheidet schon mangels Behebbarkeit des Mangels (zu hohe Laufleistung) aus. Eine Freistellung von sämtlichen Nachtei-

137 BGH 29. 11. 2006, NJW 2007, 1346.

138 Vgl. Müko-BGB/*Westermann*, § 443 BGB Rn. 1 ff.; Brand OLG 11. 6. 2008 – 4 U 185/07.

139 BGH NJW 2007, 759 Tz. 21; s. a. BGH 29. 11. 2006, NJW 2007, 1346 Tz. 24.

140 Anders, aber unrichtig, zumindest unnötig kompliziert OLG Rostock 11. 7. 2007, NJW 2007, 3290.

len ginge nicht über das hinaus, was die kaufrechtliche Schadensersatzhaftung (§ 437 Nr. 3 BGB) leistet. Wie eng die Dinge beieinander liegen können, zeigt die BGH-Entscheidung v. 22. 11. 2006, wo der VIII. ZS die Zusage „fahrbereit" – allerdings in einem „Strohmannfall" – unter beiden Blickwinkeln des § 443 BGB (Beschaffenheitsgarantie und Haltbarkeitsgarantie) prüft.[141]

Zu eindeutigen Anwendungsfällen von Garantien i. S. d. § 443 BGB s. Rdn. 4163 ff. **2587**

3. Auslegungshinweise und Abwägungskriterien

Zumindest im Anwendungsbereich der §§ 442, 444, 445, 276 BGB kann an die reichhal- **2588**
tige Rechtsprechung des BGH zu §§ 459 Abs. 2, 463 S. 1 BGB a. F. **im Grundsatz** angeknüpft werden. Die Übernahme einer Garantie im Sinne der vorgenannten Vorschriften setzt – wie früher die Zusicherung einer Eigenschaft – voraus, dass der Verkäufer in vertragsmäßig bindender Weise die Gewähr für das Vorhandensein der vereinbarten Beschaffenheit der Kaufsache übernimmt und damit seine Bereitschaft zu erkennen gibt, für alle Folgen des Fehlens dieser Beschaffenheit einzustehen.[142]

Dass diese dem früheren Recht entlehnte Formel in Grenzfällen nur bedingt brauchbar **2589**
war, ist jedem Praktiker klar. Einhundert Jahre BGB haben nicht gereicht, um eine leistungsstärkere Definition zu finden. Das „neue" Kaufrecht bringt insoweit keinen Fortschritt. Die alten Abgrenzungsprobleme tauchen – unter anderen Vorzeichen – erneut auf.

a) Kurskorrektur

Mit dem Verbot nahezu jeglicher Freizeichnung beim Verbrauchsgüterkauf (§ 475 **2590**
Abs. 1 BGB) entfällt der bisherige Hauptgrund, Beschaffenheitsangaben **gewerblicher** Verkäufer als „Zusicherungen" zu behandeln. Dass der handelsübliche Gewährleistungsausschluss, nicht etwa die Haftungsverschärfung nach § 463 BGB a. F., der wahre Schrittmacher der schier uferlosen „Zusicherungs"-Rechtsprechung war, steht außer Zweifel. Vorwiegend ging es um die Rechtsfolge, die jetzt in § 444 BGB kodifiziert ist: die Neutralisierung des Gewährleistungsausschlusses.

Die **„besonderen Marktverhältnisse"**, die nach Ansicht des BGH die Großzügigkeit **2591**
bei der Annahme einer Eigenschaftszusicherung gerechtfertigt haben („geringe Anforderungen"), gehören endgültig der Vergangenheit an. Verbraucher sind seit dem 1. 1. 2002 **gesetzlich** besser geschützt als je zuvor. Dementsprechend haben die Gerichte ihre Schutzaufgabe ein gutes Stück weit verloren. Das kann bei der Auslegung und Qualifikation von **Erklärungen professioneller Fahrzeugverkäufer** nicht ohne Konsequenzen bleiben. Eine Kurskorrektur ist geboten.[143] Dort, wo die Sachmängelhaftung weiterhin ausgeschlossen werden darf, z. B. beim **privaten Direktgeschäft**, tut die Rechtsprechung dagegen gut daran, ihre bisherige Zurückhaltung bei der Annahme von Zusicherungen, sprich jetzt Garantion, beizubehalten.[144] Ob an das Vorliegen einer Beschaffenheitsgarantie im gewerblichen Gebrauchtwagenhandel nunmehr strengere Anforderungen zu stellen sind, wofür hier plädiert wird, hat **der BGH** bisher nicht entschieden.[145]

---

141 NJW 2007, 759.

142 BGH 29. 11. 2006, NJW 2007, 1346.

143 So auch *Reinicke/Tiedtke*, Rn. 582; *Stöber*, DAR 2004, 570, 572 m. w. N.; *ders.*, Beschaffenheitsgarantien des Verkäufers, 2005; vgl. auch *Gsell* in FS Eggert, 2008, S. 1, 4.

144 Vgl. OLG Koblenz 1. 4. 2004, NJW 2004, 1670 = DAR 2004, 395 (Garantie der Gesamtfahrleistung aber bejaht); Brand OLG 1. 7. 2008, DAR 2008, 701 zu § 443 BGB.

145 Offengelassen im Urt. v. 29. 11. 2006, NJW 2007, 1346.

b) Kriterienkataloge

2592 Die folgende Aufstellung von Anhaltspunkten (Indizien) für und gegen die Annahme einer „Garantieübernahme“ (§ 276 Abs. 1 S. 1 BGB) bzw. einer „Beschaffenheitsgarantie“ (§§ 442 Abs. 1, 444, 445 BGB) entspricht den Kriterienkatalogen für das alte Kaufrecht. Als Orientierungs- und Entscheidungshilfe bleiben sie brauchbar. Nach wie vor gilt: Wo die Trennlinie zwischen einer (einfachen) Beschaffenheitsvereinbarung i. S. v. § 434 Abs. 1 S. 1 BGB und einer weitergehenden Zusage in Gestalt einer Beschaffenheitsgarantie bzw. Garantieübernahme nach § 276 BGB verläuft, ist immer **eine Frage des Einzelfalles**. Die Auslegung des vertraglich Gewollten (§§ 133, 157 BGB) entscheidet.

2593 Bei der **praktischen Rechtsanwendung** empfiehlt sich, nach dem **Geschäftstyp zu differenzieren**, also danach, ob es ein Verbrauchsgüterkauf oder ein privates Direktgeschäft oder ein Unternehmer-Unternehmer-Geschäft ist. Bei Verträgen, die nach dem 1. 1. 2002 zustande gekommen sind, muss in Fällen zweifelhaften Garantiecharakters von Verkäufererklärungen die Schutzbedürftigkeit des jeweiligen Käufers besonders sorgfältig geprüft werden. Die neuen Kräfteverhältnisse im modernisierten Kaufrecht erfordern neue Bewertungen.

2594 **Anhaltspunkte für die Annahme einer Beschaffenheitsgarantie**

- Verwendung von Begriffen wie „garantieren“ (z. B. in den ADAC-Musterverträgen) oder „versichern“[146] oder „verbürgen“.
- Abgabe der Erklärung auf ausdrückliches Verlangen des Käufers (Erheblichkeitsaspekt).[147]
- Dem Verkäufer bekannte oder erkennbare Bedeutung der Eigenschaft für den Kaufentschluss und/oder den Verwendungszweck.[148]
- Besondere Qualifikation (Sachkunde) des Verkäufers oder seines Vertreters (Fachhändler mit eigener Werkstatt, ZDK-Vertrauenssiegel, Gütesiegel [DEKRA, TÜV u. a.], Spezialisierung z. B. auf Sportwagen, Oldtimer etc.) – Vertrauensaspekt –.[149]
- Angewiesensein des Käufers auf Zuverlässigkeit der Verkäuferinformation, Unmöglichkeit oder Unüblichkeit eigener (Nach-)Prüfung (Vertrauensaspekt),[150] z. B. bei Onlinekäufen.
- Dem Verkäufer erkennbar großes Risiko für den Käufer, wenn er nur die „einfachen“ Sachmängelrechte, keinen Schadensersatzanspruch hat (wichtiger Aspekt bei Wiederverkäufern).
- Schriftlichkeit der Erklärung,[151] etwa in der Rubrik „Besondere Vereinbarungen“ (Intensitätsaspekt).[152]
- Detailinformation, Fehlen einschränkender Zusätze (Genauigkeitsaspekt).
- Verlangen eines überdurchschnittlich hohen Kaufpreises (Risikozuschlag).
- Verkehrssitte.[153]

146 Dazu OLG Düsseldorf 29. 5. 1972, BB 1972, 857; OLG Düsseldorf 19. 11. 1993, OLGR 1994, 186.

147 Zum Beispiel BGH 28. 11. 1994, NJW 1995, 518 (ABS/Neuwagen); BGH 5. 12. 1995, WM 1996, 967 zu § 635 BGB.

148 Zur Bedeutung und Rangfolge der Kaufkriterien s. DAT-Report 2011, S. 23.

149 Dieser Aspekt spielte die Hauptrolle in der früheren Rspr. zum Gebrauchtfahrzeugkauf (seit BGH 25. 6. 1975, NJW 1975, 1693 – Km-Fahrleistung).

150 OLG Schleswig 27. 6. 2002, OLGR 2002, 360.

151 Vgl. z. B. BGH 12. 6. 1959, NJW 1959, 1489 (Maschine).

152 Dass der Bestellschein das Vertragsangebot des Kaufinteressenten, nicht des Händlers, enthält, geht in der Auslegungspraxis unter; vgl. aber auch BGH 25. 6. 1975, NJW 1975, 1693.

153 BGH 7. 10. 1987, NJW 1988, 1018; BGH 10. 7. 1991, NJW-RR 1991, 1401.

- Handelsbrauch.[154]
- Kenntnis des Verkäufers vom Verwendungszweck.[155]

Anhaltspunkte gegen die Annahme einer Beschaffenheitsgarantie 2595

- Uneingeschränkte Sachmängelhaftung wie z. B. beim Verbrauchsgüterkauf.
- Information außerhalb des Vertragstextes, z. B. auf der Website, im Inserat, auf einem Verkaufsschild oder einer info-card.
- Platzierung der Information in der Formularrubrik „Bezeichnung des Kfz“;[156] Argument: Objektbeschreibung, keine Garantie.
- Formularmäßigkeit der Erklärung.[157]
- Individuelle Erklärung, keine „Zusicherung“ – bzw. (jetzt) „Garantie“ – zu erteilen.[158]
- Streichen/Freilassen der Rubrik „besondere Vereinbarungen/Zusicherungen/Garantien“.[159]
- Unwesentlichkeit der Eigenschaft für den Kaufentschluss bzw. den Verwendungszweck.
- Mündliche Erklärung bei sonst schriftlichem Vertrag.[160]
- Dem Käufer bekannte oder erkennbare Unkenntnis des Verkäufers von der fraglichen Eigenschaft.[161]
- Dem Käufer bekannte oder erkennbare Erkenntnisschwierigkeiten des Verkäufers in Bezug auf die fragliche Eigenschaft etwa durch eine lange Vorbesitzerkette oder bei einem Auslandsfahrzeug („Informationsabhängigkeit“).
- Einschränkende Hinweise (Quellenangaben) wie „laut Vorbesitzer“ oder „eingetragen ...“ oder „lt. Fahrzeugbrief“ oder „soweit bekannt“ (Distanzierungsaspekt).[162]
- Erklärung unter Vorbehalt bzw. Wissenskundgabe[163] oder mit einschränkendem Zusatz wie „ca.“.[164]
- Hinweis auf Überprüfung bzw. Untersuchung durch Dritte (TÜV, DEKRA, GTÜ, ADAC).

---

154 BGH 7. 10. 1987, NJW 1988, 1018; BGH 13. 12. 1995, NJW 1996, 836 unter III; BGH 5. 12. 1995, WM 1996, 967 unter II, 2b.

155 Kann, muss aber nicht für eine stillschw. Zusicherung sprechen, vgl. BGH 7. 10. 1987, NJW 1988, 1018 unter II, 3a, bb.

156 OLG Düsseldorf 13. 2. 1992, OLGR 1992, 219 – Km-Angabe.

157 OLG Frankfurt 8. 7. 1992, zfs 1993, 14 = OLGR 1992, 149 (Ankreuzen von „fahrbereit“).

158 BGH 16. 10. 1991, NJW 1992, 170 = JZ 1992, 365 m. Anm. *Flume;* vgl. auch *Tiedtke*, DB 1992, 1562.

159 OLG Celle 19. 2. 1998, OLGR 1998, 170.

160 Zu weit aber OLG Stuttgart 6. 2. 1990 – 10 U 34/89 – n. v., wenn es verlangt, dass der „Verpflichtungswille des Verkäufers bei Vertragsunterzeichnung fortbestehen und im Vertrag seinen Niederschlag gefunden haben muss“.

161 Verkäuferunkenntnis schließt die Annahme einer Zusicherung/Garantie nicht grds. aus, so zutreffend OLG Düsseldorf 18. 6. 1999, NZV 1999, 514.

162 Wichtig vor allem bei Angaben über Unfallfreiheit bzw. bestimmte Unfallschäden, Km-Laufleistung, Baujahr/Erstzulassung, technische Daten wie kW bzw. PS oder Einsatz als Miet- oder Fahrschulwagen. Nach BGH 12. 3. 2008, NJW 2008, 1517 handelt es sich zumindest in einigen Fällen (Unfall und Laufleistung) um bloße „Wissensmitteilungen“, nicht einmal um Beschaffenheitsangaben und damit erst nicht um Garantieerklärungen.

163 BGH 21. 11. 1952, LM Nr. 1 zu § 463 – Grundstückskauf; BGH 30. 1. 1991, NJW-RR 1991, 870 = WM 1991, 1041 – Vorführwagen; BGH 14. 6. 1961, MDR 1961, 761 – Unternehmenskauf; OLG Hamm 12. 12. 1994, MDR 1995, 1111 – Grundstückskauf.

164 Siehe aber auch OLG Düsseldorf 30. 10. 1992 – 22 U 79/91 – n. v. (Neufahrzeugkauf); BGH 22. 11. 1985, NJW 1986, 920, 922 (Grundstückskauf).

- Hinweis bzw. Vorlage von Werkstattrechnungen,[165] wobei Rechnungen über nicht selbst in Auftrag gegebene Arbeiten besondere Distanz signalisieren.
- Vorlage des Kaufvertrages mit dem Vorbesitzer als Nachweis für die Richtigkeit daraus übernommener Informationen, z. B. über die Gesamtfahrleistung (s. aber auch BGH NJW 1998, 2207).
- Individuelle,[166] aber auch formularmäßige Haftungsausschlüsse und -beschränkungen.[167]
- Negativklauseln (vgl. Rdn. 3266).
- Eigene Sachkunde auf Käuferseite.[168]
- Fehlende oder eingeschränkte Sachkunde auf Verkäuferseite, z. B. Händler ohne eigene Werkstatt.
- Mangel an Erfahrung des Händlers mit Kaufobjekt (Fremdfabrikat, „Exote").
- Auffallend niedriger Kaufpreis.[169]
- Informationsabhängigkeit des Verkäufers oder seines Vertreters vom Vorbesitzer.
- Mehrzahl von Vorbesitzern.
- Anonymität des unmittelbaren Vorbesitzers (= Lieferanten des Verkäufers), z. B. bei einer Leasinggesellschaft oder einem Autovermieter.
- Dem Käufer erkennbar großes Schadensrisiko (je höher das Risiko, desto geringer die Bereitschaft des Verkäufers zur Garantieübernahme).
- Verkäufer kann aus rechtlichen oder tatsächlichen Gründen keinen Regress beim Vorbesitzer nehmen.
- Garantie oder sonstige ausdrückliche Haftungszusagen für andere Fahrzeugteile (Umkehrschluss).

III. Einzelfälle von Sachmängeln

1. Gang der Darstellung

2596 Unter der Herrschaft des alten Kaufrechts hat sich eine zuletzt nicht mehr überschaubare Kasuistik zu §§ 459 Abs. 2, 463 S. 1 BGB a. F. (Eigenschaftszusicherung) gebildet, während nur verhältnismäßig wenige Entscheidungen die garantiefreie (einfache) Beschaffenheitsvereinbarung zum Thema hatten. Bis die gebotene Neuorientierung (dazu Rdn. 2590) abgeschlossen ist, bleibt die ehemalige Zusicherungsrechtsprechung **Ausgangspunkt und Orientierungshilfe**, wann immer es darum geht, ob zwischen den Vertragsparteien eine Beschaffenheitsvereinbarung i. S. d. § 434 Abs. 1 S. 1 BGB zustande gekommen ist.

2597 Aufs Ganze gesehen kann vereinfachend gesagt werden: Verkäufererklärungen, in denen die Gerichte im früheren Recht Eigenschaftszusicherungen gesehen haben, können jetzt zu-

165 Vgl. OLG Hamm 16. 1. 1986, NJW-RR 1986, 932; OLG Köln 14. 4. 1992, OLGR 1992, 289.

166 OLG München 7. 7. 1992, OLGR 1992, 113.

167 Dass die vertragliche Freizeichnung, vom BGH als „Gebot der wirtschaftlichen Vernunft" bezeichnet, an sich gegen die Annahme einer stillschweigenden bzw. konkludenten Gewährsübernahme i. S. v. §§ 459 Abs. 2, 463 S. 1 BGB a. F. spricht, ist von der Judikatur in Gebrauchtfahrzeugfällen regelmäßig nicht erwogen worden; anders OLG Köln 22. 3. 1999, OLGR 1999, 205; OLG Koblenz 9. 2. 1995, VRS 89, 336 für die Vertragsklausel „wie besichtigt und probegefahren"; KG 24. 7. 2000, OLGR 2001, 10; LG Duisburg 6. 12. 2000 – 2 O 283/00 – n. v. – Motorradkauf unter Privatleuten; s. a. BGH 14. 6. 2000, NJW 2000, 3130, 3232 – gebr. Wärmetauscher. Für eine Berücksichtigung mit Recht *S. Lorenz*, DAR 2010, 314, 316.

168 OLG Celle 5. 9. 2002, OLGR 2002, 277 (Händler-Händler-Geschäft).

169 BGH 16. 3. 1977, NJW 1977, 1055.

mindest als „einfache“ Beschaffenheitsangaben (§ 434 Abs. 1 S. 1 BGB) behandelt werden. In den (seltenen) Fällen, in denen die Rechtsprechung das Vorhandensein einer Zusicherung verneint hat, kann gleichwohl eine Beschaffenheitsvereinbarung i. S. d. § 434 Abs. 1 S. 1 BGB anzunehmen sein.

Sofern eine Beschaffenheitsvereinbarung nicht festgestellt werden kann, ist **in einem** 2598
zweiten Schritt der Frage nachzugehen, ob ein Fall der Mangelhaftigkeit nach § 434 Abs. 1 S. 2 Nr. 1 BGB vorliegt, bevor in einem **weiteren Schritt** die tatsächliche Beschaffenheit des Fahrzeugs an den objektiven Kriterien gem. § 434 Abs. 1 S. 2 Nr. 2 BGB zu messen ist.

Liegt dagegen eine Beschaffenheitsvereinbarung vor, kann es im Einzelfall – aus ganz 2599
unterschiedlichen Gründen (s. Rdn. 2579) – darauf ankommen, ob sie Garantiecharakter hat.

Die folgende Darstellung trennt nicht mehr (wie in der Vorauflage) nach den einzelnen 2600
Normen des Sachmängelrechts und seinen Mangelkategorien. Die Klammer bilden Lebenssachverhalt und Sachzusammenhang. Am Beispiel „Unfallwagen“ heißt das: Alles, was für die Sachmängelhaftung des Verkäufers unter diesem Blickwinkel relevant ist, wird geschlossen dargestellt. Ausgeklammert bleiben, was die vertragliche Haftung angeht, lediglich die Garantiehaftung nach § 443 BGB und die Arglistthematik.

2. Alphabetische Schnellübersicht

	Rdn.	
Abgasuntersuchung (AU)	2908	2601
Alter/Baujahr/Erstzulassung	2602 ff.	
Austauschmotor/Tauschmotor	2652 ff.	
Baujahr	2602 ff.	
Baureihe	2623	
Betriebserlaubnis	2686 ff.	
Bremsen	2876, 2956, 2957	
Chip Tuning	2693	
Dienstwagen/Direktionswagen	2732 ff.	
Einsatzfähigkeit	2722 ff.	
Ersthandfahrzeug	3222	
Erstzulassung	2602 ff.	
Expertise/Gutachten	3237 ff.	
Fabrikat	2917 ff.	
Fahrbereitschaft („fahrbereit“)	2709 ff.	
Fahrschulwagen	3181 ff.	
Fahrzeugtyp	2917 ff.	
Führerscheinfreiheit	2708	
Garagenwagen/garagengepflegt	2739	
Geländefahrzeug	2725	
Generalüberholt	2669 ff.	
Geschäftswagen	2732 ff.	
Getriebeschäden	2958 ff.	
Gütesiegel	3237 ff., 3244 ff.	
Gutachten	3237 ff.	
Hagelschaden	3094 ff.	
Halbjahreswagen	2762 ff.	
Höchstgeschwindigkeit	2753	

3. Einzelfälle

a) Alter/Baujahr/Erstzulassung

aa) Allgemeines

Das Alter gehört, keine Frage, zu den wichtigsten Faktoren bei der Bewertung eines ge- **2602** brauchten Kraftfahrzeugs, insbesondere von Personenkraftwagen. Für die Kaufentscheidung ist es allerdings nur ein Kriterium mittlerer Bedeutung. Ein niedriger Km-Stand ist wichtiger.[170] Was den Wertverlust angeht, gilt für den Einfluss von Alter und Laufleistung die Faustformel 50 : 50.

Schon ein Blick in die Preistabellen zeigt: In den ersten vier Jahren verliert ein Pkw ra- **2603** pide an **Wert,** bis zu 60 %, ab dem vierten Jahr schreitet der Wertverlust nur noch langsam voran. Umgekehrt verhält es sich mit dem **Defektrisiko.** Mit höherem Fahrzeugalter nehmen die „Mängel“ an Zahl und Schwere zu. Infolgedessen steigt auch der **Reparaturkostenaufwand.** Über diese Zusammenhänge gibt es umfangreiches statistisches Material, z. B. die DAT-Reports und die TÜV-Reports.

Auch ohne Bewegung, allein **durch Stehen bzw. Lagern**, kann sich der Zustand eines **2604** Kraftfahrzeugs verschlechtern. Dieser Aspekt steht im Zentrum der **„Zwölfmonats-Rechtsprechung“ des BGH** bei Neu- und Jahreswagen, seiner Vorführwagen-Entscheidung vom 15. 9. 2010[171] und des Standzeit-Urteils vom 10. 3. 2009.[172]

Das **entscheidende Kriterium** für die Bestimmung des Alters eines Kraftfahrzeugs ist **2605** das Jahr der Herstellung, das **Baujahr.** Unter Baujahr verstehen manche das Kalenderjahr, andere definieren „Baujahr“ als den Zeitraum vom 1.10. eines Jahres bis zum 30.9. des folgenden Jahres. Diese Zeitspanne bezeichnet man andererseits auch als **„Modelljahr“.** Nach überwiegendem Sprachgebrauch der Kfz-Branche sind Baujahr und Modelljahr nicht gleichbedeutend.

Seitdem das Baujahr aufgrund der Anordnung des Bundesministers für Verkehr vom **2606** 27. 5. 1963 (VkBl. 1963, 223) nicht mehr im Fahrzeugbrief (jetzt Zulassungsbescheinigung Teil II) eingetragen wird und es auch aus dem Fahrzeugschein (Zulassungsbescheinigung Teil I) nicht ersichtlich ist, lässt sich das Jahr der Herstellung eines Kraftfahrzeugs nicht mehr so leicht wie früher feststellen, zumal auch das Fabrikschild (§ 59 StVZO) bei **zulassungspflichtigen Fahrzeugen** keine ausdrückliche, jedem verständliche Angabe des Baujahrs enthält (§ 59 Abs. 1 Nr. 3 StVZO).

Der 17-stelligen **Fahrzeug-Identifizierungsnummer** (§ 59 Abs. 1 Nr. 4 StVZO) in den **2607** Fahrzeugpapieren (Zeile 4) und auf dem Fabrikschild (vorne rechts) ist nicht ohne weiteres zu entnehmen, in welchem Jahr das Fahrzeug produziert worden ist. Im Gegensatz zu anderen Ländern, z. B. den USA, ist in Deutschland nicht vorgeschrieben, dass das Herstellungsdatum, zumindest das Bau- oder Modelljahr, eindeutig und für den Durchschnittskäufer erkennbar aus der Fahrzeug-Identifizierungsnummer hervorgehen muss.

Für die Fahrzeug-Identifizierungsnummer (FIN), mitunter, aber überholt, auch **Fahrge- 2608** **stellnummer** genannt, gibt es zwei verschiedene Normen. Hersteller in den Ländern der

170 DAT-Report 2011, S. 23.
171 NJW 2010, 3710 = DAR 2010, 701.
172 NJW 2009, 1588 = DAR 2009, 332.

Europäischen Union verwenden die ISO-Norm 3779, während nordamerikanische Hersteller ein strengeres, aber mit der ISO-Norm konformes System nutzen. Das Zeichen (Zahl oder Buchstabe) an **10. Stelle** der siebzehnstelligen FIN enthält den sog. **Modelljahrescode**. Der Modelljahrescode stimmt nicht unbedingt mit dem Herstellungsjahr überein. Dieses wird durch die ISO-Norm 3779–1983 festgelegt. *Beispiele*: Die Zahl 7 an der 10. Stelle der FIN (englisch VIN) bedeutet Modelljahr 2007, die 9 steht für 2009. Für 2010 steht an 10. Stelle ein Buchstabe, nämlich A, für 2011 ein B usw.

2609 **Anfang und Ende** eines Modelljahrs sind nicht einheitlich. Keinesfalls entspricht es dem Kalenderjahr. Das Modelljahr beginne **bei VW** normalerweise mit den Werksferien des Vorjahres, heißt es in Internetinformationen. VW-internen Informationen ist dagegen zu entnehmen, dass das Modelljahr im Mai/Juni beginne und immer mit der Jahreszahl bezeichnet werde, in der es ende. Wie es heißt (u. a. Auskunft von Sachverständigen), ist es für einen Kfz-Händler **ein Leichtes**, das Modelljahr eines Kraftfahrzeugs anhand der Fahrzeug-Identifizierungsnummer zu ermitteln.[173] Allerdings hat er mit dem Modelljahr nur einen ungefähren Anhalt für die Bestimmung des exakten Produktionszeitpunktes.

2610 Hinweise auf das Baujahr/Modelljahr des Fahrzeugs liefern auch – abgesehen von der äußeren Beschaffenheit und den Daten des Fahrzeugs – die **DOT-Nummer** an den Reifen und andere Produktionsmarken; s. a. Rdn. 527.

2611 Bei **älteren Fahrzeugen,** die noch nicht den besonderen Status von Youngtimern oder gar Oldtimern haben, verliert das Alter, für sich allein genommen, zunehmend an Bedeutung. Ob ein Mittelklasse-Pkw acht oder neun Jahre alt ist, macht aus Sicht des Käufers im Allgemeinen keinen wesentlichen Unterschied. Wichtiger ist ihm die Gesamtlaufleistung. Bei **Sonderfahrzeugen** und **Liebhabermodellen**[174] richtet sich die Wertschätzung nach eigenen Marktgesetzen. Soweit ein Verkäufer derartiger Fahrzeuge Angaben zum **Alter bestimmter Fahrzeugteile,** z. B. des Motors oder des Getriebes, macht, hängt das Auslegungsergebnis ganz vom Einzelfall ab. Eine Verkehrsauffassung kann nur mit Hilfe eines Sachverständigen ermittelt werden (zum Parallelfall des Hauskaufs s. BGH NJW 1995, 45). Instruktiv auch BGH NZV 1995, 222 – **Oldtimerkauf.**

2612 Mit dem Baujahr nicht verwechselt werden darf das **Erstzulassungsjahr** bzw. der **Zeitpunkt der Erstzulassung**. Dieses Datum, z. B. Erstzulassung 26. 6. 2008, beschreibt den Tag, an dem das Fahrzeug erstmals allgemein und sachlich unbeschränkt zum öffentlichen Verkehr im Inland oder im Ausland mit der dafür erforderlichen Zulassung zugelassen oder in Betrieb genommen worden ist.[175]

2613 **Das Datum der Erstzulassung,** vermerkt in den Zulassungsbescheinigungen Teil I und II (§§ 11, 12 FZV), lässt einen Rückschluss auf das Alter des Fahrzeugs **nur bedingt** zu.[176] Fehlvorstellungen und Missverständnisse sind hier an der Tagesordnung und führen immer wieder zu rechtlichen Auseinandersetzungen (Näheres Rdn. 2625 ff.). Fakt ist: Zwischen Produktion und Erstzulassung können mehrere Monate, mitunter gar mehrere Jahre liegen. Dafür gibt es vielfältige Gründe, u. a. eine Überproduktion. Zu beachten ist auch, dass vor der Erstzulassung i. S. d. StVZO bzw. FZV das Fahrzeug schon **im Ausland** zugelassen gewesen sein kann, ein bei **Import- und Re-Importwagen** wichtiger Gesichtspunkt. Sogar

173 „Auf den ersten Blick“, so das LG Duisburg 4. 9. 2007 – 13 O 12/07 (Vorinstanz zu OLG Düsseldorf NJW-RR 2009, 398 – VW Golf).

174 Vgl. OLG Frankfurt 2. 11. 1988, NJW 1989, 1095 = DAR 1989, 66 – Oldtimer; LG Osnabrück 29. 4. 1980, VersR 1981, 45 – Schropflader; LG Düsseldorf 11. 6. 1976 – 22 S 117/76 – n. v. – Buggy; OLG Oldenburg 28. 6. 1982, MDR 1982, 1018 – Sportwagen; s. a. BGH 7. 12. 1994, NZV 1995, 222 (Oldtimer).

175 BFH 23. 5. 2006, DAR 2006, 529.

176 Anders BGH 15. 9. 2010, NJW 2010, 3710 = DAR 2010, 701: „keine Aussagekraft für das Alter“, aber bezogen auf ein als „Vorführwagen“ verkauftes Wohnmobil.

im Inland, z. B. bei Diplomatenwagen und Fahrzeugen von Angehörigen der Nato-Truppen, ist eine zulassungsfreie (Vor-)Benutzung möglich, auch bei Sonderfahrzeugen wie Flughafenvorfeld-Fahrzeuge.

Bedeutung hat das Datum der Erstzulassung beim Erwerb eines Jahreswagens (dazu Rdn. 2762 ff.), aber auch für den Kauf eines „normalen" Gebrauchtwagens, weil es den **Zeitpunkt des Nutzungsbeginns** (erste Inbetriebnahme) durch den Ersthalter/Erstbesitzer deutlich macht. Wichtig kann es ferner für den **Beginn der Herstellergarantie** („Werksgarantie") sein, ebenso für andere Neuwagengarantien. In den marktbeherrschenden **Preislisten** von SCHWACKE und DAT sowie in sonstigen Listen und Marktspiegeln hat das Erstzulassungsjahr das Baujahr verdrängt. **Stichtag der Wertermittlung** ist das Datum der Erstzulassung. Darüber hinaus kann es aus **steuer- und zollrechtlichen Gründen** relevant sein, auch bei einer staatlichen Fördermaßnahme wie der „Abwrackprämie" 2009. Ein Hilfskriterium ist es schließlich neben der Fahrzeug-Ident-Nr. bei Rückrufaktionen und Produktinformationen der Hersteller. **2614**

Das **Datum der Erteilung der Betriebserlaubnis** (ABE) sagt über den Zeitpunkt der Produktion des streitgegenständlichen Fahrzeugs nichts aus. **2615**

bb) Verkauf mit Angaben zum Alter/Baujahr/Erstzulassung

Vorab: Die ohnehin nicht gradlinige und durch Sonderfälle geprägte Rechtsprechung aus der Zeit vor 2002 kann nur mit Vorsicht herangezogen werden. Die tatsächlichen und insbesondere die rechtlichen Verhältnisse haben sich geändert. **2616**

(1) Baujahrinformationen

Dass das Baujahr und damit das Alter eines Kraftfahrzeugs **Merkmale seiner Beschaffenheit** i. S. d. § 434 Abs. 1 BGB sind, steht für die heutige Gerichtspraxis außer Streit[177] und ist auch im Schrifttum anerkannt.[178] **2617**

Ausdrückliche Angaben des Verkäufers über das **Baujahr** hat die Rechtsprechung früher **als Eigenschaftszusicherungen** und damit als Garantieerklärungen angesehen,[179] gleichviel, ob im Kaufvertrag und/oder auf dem Verkaufsschild, in einer Garantieurkunde oder in der Zeitungsanzeige vermerkt oder nur mündlich im Rahmen der Vertragsverhandlungen mitgeteilt. Andererseits: Allein durch den Verkauf eines Fahrzeugs mit – verschlüsselter – Angabe des Baujahres in der Fahrzeug-Identifizierungsnummer (FIN) wird das Baujahr **nicht stillschweigend garantiert**. Für die Richtigkeit will der Verkäufer nicht geradestehen, selbst wenn er das Baujahr bzw. das Modelljahr decodiert hat. Auch aus der Preisgestaltung für sich allein genommen lässt sich eine konkludente Übernahme einer Garantie für das Baujahr bzw. das Alter nicht herleiten.[180] Wird mit einer Baujahrsangabe auf die Fahrzeugpapiere Bezug genommen („eingetragenes Baujahr 1984"), hat man eine Garantie richtigerweise gleichfalls verneint, zumal bei Importfahrzeugen.[181] **2618**

Der früheren Rechtsprechung, soweit sie Eigenschaftszusicherungen bejaht hat, ist heute der Boden weitgehend entzogen. An die Annahme einer Beschaffenheitsgarantie sind nun- **2619**

177 OLG Düsseldorf 16. 6. 2008, NJW-RR 2009, 398; OLG Karlsruhe 26. 5. 2004, NJW 2004, 2456; OLG Nürnberg 21. 3. 2005, NJW 2005, 2019; OLG Hamburg 28. 12. 2005, DAR 2006, 390; OLG Celle 13. 7. 2006, SVR 2006, 463.

178 Statt vieler *Ludyga*, DAR 2007, 232.

179 OLG Karlsruhe 24. 3. 1966, MDR 1967, 44; OLG Köln 14. 12. 1971, JMBl. NW 1972, 189; OLG Hamburg 25. 1. 1973, MDR 1973, 496; OLG Köln 11. 6. 1975, VersR 1976, 500; OLG Oldenburg 28. 6. 1982, MDR 1982, 1018; OLG Köln 26. 9. 1991 – 1 U 59/90 – n. v.

180 AG Schleiden 7. 10. 1991 – 2 C 367/91 – n. v. – Motorrad.

181 OLG Düsseldorf 19. 5. 1994, OLGR 1994, 293, s. aber auch OLG Oldenburg 28. 7. 1994, NJW-RR 1995, 689 (Inzahlunggabe).

mehr strengere Anforderungen zu stellen. Im Zweifel ist, wenn überhaupt, von einer bloßen Beschaffenheitsvereinbarung i. S. d. § 434 Abs. 1 S. 1 BGB auszugehen. Die Annahme, der Verkäufer habe für die Richtigkeit einer Angabe über das Baujahr oder das Modelljahr eine Garantie übernehmen wollen, bedarf besonderer Begründung im Einzelfall. Die dafür sprechenden Umstände hat der Käufer darzulegen und bei Bestreiten zu beweisen. Im Regelfall kann er die Angabe des Verkäufers über das Baujahr oder Modelljahr nicht als Garantieübernahme verstehen.

2620 Wenn heute **ein Privatverkäufer** von Baujahr spricht, meint er meist das Modelljahr oder das Jahr der Erstzulassung. Angaben wie „5/02“ weisen zweifelsfrei auf das Erstzulassungsdatum hin, auch wenn der Zusatz „Bj.“ beigefügt ist.

2621 In den bis Ende 2001 gängigen **Vertragsformularen des Kfz-Handels** fand man die Rubrik „Baujahr“ nur noch selten. Bemerkenswerterweise hat man das Baujahr in die aus Anlass der Schuldrechtsreform geänderten Bestellscheine vielfach wieder aufgenommen. Es steht dann meist in einer Zeile mit der „Erstzulassung“, bleibt aber, aus gutem Grund, überwiegend ungenannt. Händler, die das Baujahr ohne Einschränkung nennen, machen zumindest eine Beschaffenheitsangabe. Im Einzelfall kann damit sogar eine Garantieübernahme verbunden sein.

2622 Die im Handel üblichen **Verkaufsschilder**, die an den Fahrzeugen angebracht sind, verzichten größtenteils nach wie vor auf eine Mitteilung über das Baujahr. In aller Regel ist bei **professionellen Anbietern** nur vom Tag der Erstzulassung oder dem Erstzulassungsjahr die Rede. „Tag der Zulassung“ meint dasselbe (dazu Rdn. 2625 ff.). Auch in Internetanzeigen des Kfz-Handels ist die Nennung des Baujahrs die Ausnahme.

2623 Durch einen Hinweis wie **„Modell 2002“** oder **„Baureihe 2002“** kann der Eindruck erweckt werden, der Wagen sei erst in dem angegebenen Jahr gebaut worden. Das kann, muss aber nicht zutreffen. Es kann durchaus richtig sein, von einem 02er Modell zu sprechen, wenn es im Jahre 2001 als 02er Modell produziert worden ist.[182] Für viele Hersteller beginnt das Modelljahr nicht am 1. Januar, sondern Monate früher, nach den Sommer-Werksferien (1.10.) oder gar bereits im Mai/Juni (VW). Selbst der Tag der Erstzulassung kann bei einem Modell 02 noch im Jahr 2001 liegen, z. B. im Oktober.

2624 Als irreführend ist die Angabe „82/83“ angesehen worden, wenn das Fahrzeug Anfang 1982 gebaut worden ist.[183] Andererseits ist dem Verkäufer kein Vorwurf gemacht worden, der ein im November 1970 zugelassenes Fahrzeug als „Modell 1971“ angeboten hat.[184]

(2) Informationen über die Erstzulassung

2625 Dass bei unrichtigen Angaben bzw. Vorstellungen hinsichtlich der Erstzulassung schon das Zustandekommen des Kaufvertrages in Frage stehen kann, zeigt das Urteil des OLG Celle vom 23. 4. 2009 (11 U 238/08) im Fall eines E-Mail-Kontakts der Parteien (Problem des § 151 BGB). Nach Herausnahme des Baujahrs aus den Fahrzeugpapieren und der Fahrgestell- bzw. Fahrzeug-Identifizierungsnummer zählt das Datum der Erstzulassung in der Tat zu den Eckdaten beim Kauf eines gebrauchten Kraftfahrzeugs. Im früheren Kaufrecht war es als zusicherungsfähige Eigenschaft i. S. d. § 459 Abs. 2 BGB a. F. allgemein anerkannt.[185] Entsprechende Angaben, z. B. 5/98, im Kaufvertrag, auf dem Verkaufsschild

182 Vgl. OLG Nürnberg 21. 3. 2005, NJW 2005, 2019.
183 OLG Köln 15. 11. 1979 – 14 U 76/78 – n. v.
184 LG Köln 31. 3. 1980 – 16 O 349/79 – n. v.; OLG Düsseldorf 18. 5. 1979 – 14 U 10/79 – n. v.
185 BGH 16. 10. 1991, NJW 1992, 170; BGH 26. 11. 1981, VRS 62, 168; OLG Hamm 14. 7. 1983, MDR 1984, 141; OLG Stuttgart 17. 3. 1989, NJW 1989, 2547; OLG Hamm 12. 10. 1990, NJW-RR 1991, 505 = NZV 1991, 232; OLG München 7. 7. 1992, OLGR 1992, 113; OLG Stuttgart 25. 4. 1990 – 4 U 26/90 – n. v.

am Fahrzeug, selbst in einem Zeitungsinserat, haben Oberlandesgerichte wiederholt **als Zusicherungen** qualifiziert.[186]

Von einer gefestigten Rechtsprechung konnte allerdings keine Rede sein. Vom **Bundesgerichtshof** liegt aus der Zeit vor der Schuldrechtsreform eine klare Stellungnahme nicht vor. Sein Urteil v. 16. 10. 1991[187] betrifft den **Sonderfall**, dass der Verkäufer, ein Kfz-Händler, mit der individuell eingefügten Angabe „keine" in der Spalte „Zusicherungen" eine Haftung nach §§ 459 Abs. 2, 463 S. 1 BGB a. F. vermeiden wollte. Der BGH hat die im Kaufvertrag hinter dem vorgedruckten Wort „Erstzulassung" stehende handschriftliche Eintragung „5.5.88" nicht als (konkludente) Zusicherung, sondern als **bloße Beschaffenheitsangabe** angesehen. Selbst diese zur damaligen Zeit bemerkenswert moderate Einstufung steht unter den gegenwärtigen Bedingungen (gesteigerter Käuferschutz, Erfordernis der Eindeutigkeit) auf dem Prüfstand. 2626

Das für Baujahrsangaben **in der Garantiefrage** Gesagte (Rdn. 2618 f.) gilt erst recht für Informationen über den Zeitpunkt der Erstzulassung. Dieses restriktive Verständnis ist unabhängig von einer ausdrücklichen Bezugnahme auf die Fahrzeugpapiere, in denen der Tag der Erstzulassung vermerkt ist. Ein solcher Hinweis auf diese amtliche Quelle hat nur klarstellende Funktion. Der Verkäufer, insbesondere als gewerblicher Händler oder als privater Nacheigentümer, macht sich die amtlichen Eintragungen regelmäßig nicht in dem Sinn zu Eigen, dass er deren Richtigkeit garantieren will.[188] Dafür gibt es zu viele Unsicherheitsfaktoren und Ursachen für Falscheintragungen (z. B. frühere Auslandzulassung, vorübergehende Stilllegung im Inland, Ausstellung eines Ersatzbriefes). Gegenüber dem Käufer hat er, vom Fall des Erstbesitzes mit Eigenzulassung abgesehen, keinen rechtlich relevanten Wissensvorsprung. 2627

Wie in den Baujahrsfällen hat sich die Abgrenzungsproblematik im „neuen" Kaufrecht verlagert auf die Alternative **Beschaffenheitsvereinbarung oder Wissensmitteilung**. Dass das Datum der Erstzulassung ebenso wie die Zulassung als solche **Gegenstand einer Beschaffenheitsvereinbarung** sein können, wird im Ausgangspunkt nicht ernsthaft in Zweifel gezogen,[189] obgleich es keineswegs selbstverständlich ist (zum weiten Beschaffenheitsbegriff s. Rdn. 2441). **Das Hauptproblem** ist **eine Auslegungsfrage**, wobei es in den meisten Streitfällen nicht um die Richtigkeit des mitgeteilten Zulassungsdatums geht[190], auch nicht darum, ob das Fahrzeug eine Zulassung überhaupt schon hat.[191] Streit entzündet sich vielmehr an der Frage, ob und ggf. inwieweit mit der Angabe des Erstzulassungsdatums eine **Information über das Fahrzeugalter** verbunden ist, wenn konkrete und für den Käufer verständliche Informationen darüber in Form von Baujahr- oder Modelljahrangaben entweder fehlen oder unrichtig sind. Dass ein Anbieter neben dem Datum der Erstzulassung das Produktionsdatum angibt, hat Seltenheitswert.[192] 2628

186 OLG Hamm (28. ZS) 14. 7. 1983, MDR 1984, 141 (Agenturfall); OLG Köln 26. 9. 1991 – 1 U 59/60 – n. v. (EZ-Datum in Inserat); OLG München 5. 3. 2002 – 5 U 4442/00 – n. v. (privater Verkäufer!).

187 NJW 1992, 170 = JZ 1992, 365 m. Anm. *Flume*.

188 So auch LG Wiesbaden 23. 7. 2010 – 3 O 72/10 (B2B).

189 BGH 16. 10. 1991, NJW 1992, 170; OLG Hamburg 28. 12. 2005, DAR 2006, 390; OLG Karlsruhe 26. 5. 2004, NJW 2004, 2456; OLG Nürnberg 21. 3. 2005, NJW 2005, 2019; OLG Celle 13. 7. 2006, SVR 2006, 463; LG Bautzen 20. 7. 2005, DAR 2006, 281; LG Wiesbaden 23. 7. 2010 – 3 O 72/10.

190 Anders im Fall LG Wiesbaden 23. 7. 2010 – 3 O 72/10 (versehentlich 8/08 statt 8/06 in einem B2B-Auktionsfall).

191 Dazu BGH 15. 9. 2010, NJW 2010, 3710 = DAR 2010, 701 (Vorführwagen/Wohnmobil).

192 Beispiel dafür die B2B-Auktionssache LG Wiesbaden 23. 7. 2010 – 3 O 72/10.

2629 Im Urteil v. 15. 9. 2010[193] hat **der BGH** der (unrichtigen) Angabe des Datums der Erstzulassung im Kaufvertrag **keine Aussagekraft für das Alter** eines als „Vorführwagen" verkauften **Wohnmobils** beigemessen. Diese Aussage kann **nicht verallgemeinert** werden. Sie ist den Besonderheiten des Fahrzeugstyps (Wohnmobil) und vor allem seinem Einsatz als „Vorführwagen" geschuldet. Ein Vorführwagen kann ohne Zulassung zum Straßenverkehr als Vorführwagen genutzt werden, kann damit auch schon vor einer etwaigen Zulassung als Vorführwagen tatsächlich eingesetzt worden sein.[194] Auf **„normale" Gebrauchtfahrzeuge** trifft das nicht zu. Die Zeit vor der amtlichen Erstzulassung ist i. d. R. keine Nutzungs-, sondern eine Standzeit. Eine Sondernutzung als Ausstellungsobjekt oder eine kurzeitige Nutzung bei Sonderfahrten, z. B. auf dem Betriebsgelände des Händlers oder mit einer Roten Nummer, sind ebenso Ausnahmen wie zulassungsfreie Nutzungen von Sonderfahrzeugen wie Flughafenvorfeld-Fahrzeuge.

2630 **Offen gelassen** hat der BGH, ob der obergerichtlichen Rechtsprechung (Nachweise unter Rdn. 2634 ff.) zu folgen ist, wonach auch der Käufer eines Gebrauchtfahrzeugs **generell** erwarten dürfe, dass das Produktionsdatum des Fahrzeugs einigermaßen zeitnah zum mitgeteilten Erstzulassungsdatum liege.[195] Wenn nicht alles täuscht, steht der VIII. Senat dieser käuferfreundlichen Rechtsprechung skeptisch gegenüber. In der Tat muss differenziert werden.

2631 **In tatsächlicher Hinsicht** ist zunächst festzuhalten: In den Vertragsformularen (Bestellscheinen) des **Kfz-Handels** wird üblicherweise unterschieden zwischen „Datum der Erstzulassung lt. Fz.-Brief" und „lt. Vorbesitzer". Überwiegend wird nur auf den Fahrzeugbrief (Zulassungsbescheinigung Teil II) Bezug genommen. Bekannt geworden sind aber auch Bestellscheine ohne derartige Quellenhinweise.

2632 Zusatzlose EZ-Informationen sind vor allem **auf dem Privatmarkt** zu beobachten, bei Internetangeboten, sonstigen Anzeigen[196] und insbesondere in handschriftlichen Verträgen. Doch selbst im ADAC-Mustervertrag für den privaten Direktverkauf (Stand 2002) fehlt in der Zeile „Erstzulassung am . . ." jeglicher Zusatz. Durch eine Formulierung wie „EZ 03.00 in Deutschland" wird dagegen klargestellt, dass sich das Datum auf die Erstzulassung in Deutschland bezieht, eine frühere Auslandszulassung damit nicht ausgeschlossen ist.[197]

2633 **Besondere Schwierigkeiten** bestehen erfahrungsgemäß schon im Tatsächlichen bei **reimportierten**, aber auch bei normal **importierten Fahrzeugen.**[198] Zur „Alterserwartung" in solchen Fällen s. Rdn. 2648; zur Offenbarungspflicht s. Rdn. 4440 ff.

2634 Nach Ansicht des OLG Karlsruhe[199] liegt in der Aufnahme des Datums der Erstzulassung in den Vertragstext die **konkludente Vereinbarung**, dass das Datum der Herstellung „jedenfalls nicht mehrere Jahre davon abweicht". In einer Reihe jüngerer Entscheidungen haben die Instanzgerichte ähnlich geurteilt.[200] Dass eine Angabe über das Erstzulassungsda-

193 NJW 2010, 3710 = DAR 2010, 701 Tz. 23.
194 Zutreffend BGH 15. 9. 2010, NJW 2010, 3710 = DAR 2010, 701 Tz. 24.
195 Urt. v. 15. 9. 2010, NJW 2010, 3710 = DAR 2010, 701 Tz. 21.
196 Vgl. LG Itzehoe 20. 4. 2011 – 3 O 394/10 – juris (Motorrad).
197 S. BGH 22. 12. 2004, NJW 2005, 1045.
198 Dazu OLG Düsseldorf 17. 10. 2007 – I-1 U 103/07 – n. v. (Re-Import Italien, Händlerverkauf); LG Amberg 16. 10. 2007, NZV 2008, 301; zur Klausel „eingetragenes Baujahr 1984" bei einem privaten Direktgeschäft über einen Importwagen s. OLG Düsseldorf 19. 5. 1994, OLGR 1994, 293 (L.); vgl. auch OLG Hamm 12. 10. 1990, NJW-RR 1991, 505; BGH 22. 12. 2004, NJW 2005, 1045.
199 Urt. v. 26. 5. 2004, NJW 2004, 2456 = DAR 2004, 649 = MDR 2004, 1412 (Privatverkauf eines MB 230 CE – 124 Baujahr 1988 mit Erstzulassung in Deutschland fünfeinhalb Jahre später, Verkaufsdatum vermutlich in 2002).
200 OLG Nürnberg 21. 3. 2005, NJW 2005, 2019; OLG Celle 13. 7. 2006, SVR 2006, 463; LG Bautzen 20. 7. 2005, DAR 2006, 281; s. a. OLG Celle 11. 6. 2008 – 7 U 226/07 (EU-Re-Import).

tum wie 3/2006 ohne weiteres gleichzusetzen sei mit Baujahr 2006 wird zwar – völlig zu Recht – nicht gesagt. M. a. W.: Das Auseinanderfallen von Erstzulassungsjahr und Baujahr wird nicht als vertragswidrig (vereinbarungswidrig) gewertet.[201] **Kritischer Punkt** ist allein der Zeitraum zwischen der mitgeteilten Erstzulassung und dem nicht offengelegten Produktionsdatum.

Mit welcher Zeitspanne der Käufer rechnen muss, wo also die Zeitgrenze zwischen ver- **2635** einbarungsgemäßem und vertragswidrigem Alter verläuft, haben die Gerichte offen gelassen. Die Rede ist von einer Produktion „einigermaßen zeitnah zur Erstzulassung"[202] oder von einem „relativ überschaubaren Zeitraum"[203], Maßstäbe, mit denen die Praxis in „engen" Fällen nicht viel anfangen kann. Eine Präzisierung war allerdings nicht nötig, denn die „Überalterung" war mit Zeitspannen von 23 Monaten[204], 30 Monaten[205] bis hin zu mehr als 5 Jahren[206] jeweils so deutlich, dass eine untere Grenze nicht festgelegt werden musste.[207] Dies zum Teil auch deshalb nicht, weil man eine **arglistige Täuschung** hat feststellen können.[208]

Diese Instanzrechtsprechung ist in mehrfacher Hinsicht **mit Vorsicht** heranzuziehen. **2636** Die Sachverhalte sind mitunter sehr speziell gelagert, zum Teil handelt es sich um Sonderfälle aus dem Bereich „EU-Importe". Zudem wird die Angabe über das Erstzulassungsdatum in den Urteilen nicht immer wortgetreu referiert, so dass nicht beurteilt werden kann, ob es sich um eine Beschaffenheitsangabe oder um eine bloße Wissensmitteilung handelt. Eine weitere Schwachstelle dieser Rechtsprechung liegt darin, dass sie den Inhalt der angenommenen Beschaffenheitsvereinbarung vage im Raum stehen lässt.[209] Vorzuziehen ist eine Lösung ohne Rückgriff auf eine derart konturenlose Vereinbarung.[210] Eine Beschaffenheitsvereinbarung setzt Eindeutigkeit voraus, eine konkludente in besonderem Maße. Wer als Verkäufer eines gebrauchten Kraftfahrzeugs, das nicht als Jahreswagen angeboten wird, zum Alter lediglich eine Information über den Zeitpunkt der Erstzulassung erteilt, will, für den Durchschnittskäufer erkennbar, keine Vereinbarung über ein bestimmtes Fahrzeugalter treffen, gleichviel, ob er seiner Information einen Quellenhinweis wie „lt. Fzg.brief" hinzufügt oder nicht.[211] Wenn das Datum der Erstzulassung sogar völlig ungenannt bleibt, ist für die Annahme einer konkludenten Altersvereinbarung noch weniger Raum. Das bedeutet für die Praxis: Nach dem Vorbild der BGH-Rechtsprechung in den Fällen mit bloßer Wissensmitteilung beurteilt sich die Frage der Alters-Mangelhaftigkeit eines gebrauchten Kraftfahrzeugs nach den objektiven Standards des § 434 Abs. 1 S. 2 Nr. 2 BGB (dazu Rdn. 2638 ff.).

201 LG Itzehoe 20. 4. 2011 – 3 O 394/10 – juris (Motorrad).
202 OLG Celle 26. 2. 1998, OLGR 1998, 160.
203 LG Bautzen 20. 7. 2005, DAR 2006, 281.
204 OLG Celle 13. 7. 2006, SVR 2006, 463 (Vorführwagen).
205 OLG Celle 26. 2. 1998, OLGR 1998, 160 (Vorführwagen).
206 OLG Karlsruhe 26. 5. 2004, NJW 2004, 2456.
207 Siehe auch OLG Düsseldorf 16. 4. 2003, DAR 2003, 318 (mehr als 3 Jahre) und AG Rottweil 28. 1. 1999, DAR 1999, 369 („unglaublich lange Standzeit von 3 Jahren und 3,5 Monaten").
208 So im Fall OLG Karlsruhe 26. 5. 2004, NJW 2004, 2456, wo die Annahme einer Beschaffenheitsvereinbarung angesichts der erwiesenen Arglist entbehrlich war. Arglist bejaht auch vom OLG Oldenburg (Urt. v. 28. 10. 2005, MDR 2006, 630 – Vorführwagen).
209 Für eine konkludente Beschaffenheitsvereinbarung dahin, dass zwischen Herstellung und Erstzulassung nicht mehr als zwölf Monate liegen, *Ludyga*, DAR 2007, 232, 233.
210 S. a. *Fischinger/Lettmaier*, ZGS 2009, 394, 395.
211 S. a. LG Itzehoe 20. 4. 2011 – 3 O 394/10 – juris (Motorrad).

(3) Informationen über die Standzeit/Lagerdauer

2637 Mit der Bezeichnung „Vorführwagen", einer Beschaffenheitsangabe, wird ein bestimmtes Alter des Fahrzeugs i. d. R. nicht vereinbart.[212] Auch zur Länge der Standzeit ist allein damit – anders als beim Kauf eines „Jahreswagens" vom Händler – nichts gesagt, weder im positiven noch im negativen Sinn. Hinsichtlich der Standzeit eines Gebrauchtwagens, gleich, ob vor oder nach der Erstzulassung, ist die Mängelprüfung im Regelfall nach den objektiven Kriterien des § 434 Abs. 1 S. 2 Nr. 2 BGB vorzunehmen (dazu sogleich).

cc) Verkauf ohne verbindliche Angaben zum Alter/Baujahr/Erstzulassung (Mangelhaftigkeit nach § 434 Abs. 1 S. 2 Nr. 2 BGB)

2638 Wenn Verkäuferinformationen über das Baujahr, die Erstzulassung (EZ) oder zu sonstigen konkreten Altersmerkmalen wie z. B. „Modell 2009" oder (bei einem Wohnmobil) „Ausstattungspaket 2005"[213] entweder völlig fehlen, nicht nachweisbar sind oder – typisch für EZ-Angaben – nicht die Qualität von Beschaffenheitsangaben haben (etwa wegen Bezugnahme auf fremde Quellen), kann Alters-Mangelhaftigkeit unter Umständen auf Angaben des Verkäufers gestützt werden, die **indirekt** etwas über das Fahrzeugalter aussagen. In Betracht kommen insoweit Bezeichnungen wie „Jahreswagen" oder „Vorführwagen" oder „junger Gebrauchter". Youngtimer und Oldtimer beschreiben dagegen Fahrzeuge reiferen Alters. All diese Bezeichnungen haben in der Altersfrage ihre eigene inhaltliche Bedeutung. Näher dazu Rdn. 2762 ff. (Jahreswagen) und Rdn. 2732 ff. (Vorführwagen). Niedrige Kilometerstände lassen zwar erfahrungsgemäß ein niedriges Alter vermuten, haben aber keine Aussagekraft dahingehend, dass das Fahrzeug ein bestimmtes Alter nicht überschritten hat. So kann ein als Zweitwagen genutztes Cabrio mit einem Km-Stand von 21.500 durchaus älter als zehn Jahre sein.

2639 Auch ohne ausdrückliche oder konkludente Vereinbarung über das Alter kann das Fahrzeug aus Altersgründen sachmangelhaft sein (zur Frage der arglistigen Täuschung s. Rdn. 4436). Prüfungsmaßstab ist § 434 Abs. 1 S. 2 Nr. 2 BGB, eventuell in Verbindung mit S. 3 (öffentliche Äußerungen).[214] Was das Merkmal **„gewöhnliche Verwendung"** angeht, wird die Altersrüge selbst bei längerer Standzeit wenig Aussicht auf Erfolg haben. Nur wenn altersbedingte technische Mängel oder sonstige Altersdefizite die normale Nutzung beeinträchtigen, begründet das Mangelhaftigkeit nach dem ersten Kriterium in der Nr. 2.[215] Eignungsdefizite können anhand des 8-Punkte-Katalogs AG Rottweil DAR 1999, 369 geprüft werden.

2640 **Problematisch** ist die Bestimmung des Soll-Alters anhand der Kriterien der **üblichen** und der **zu erwartenden Beschaffenheit**. Zwei Fallgruppen sind zu unterscheiden.

(1) Standzeit vor der Erstzulassung

2641 Auch in Fällen des Gebrauchtwagenkaufs wird mitunter darüber gestritten, ob das Fahrzeug deshalb mangelhaft ist, weil es vor der Erstzulassung längere Zeit gestanden hat und damit älter ist, als der Käufer es den Umständen nach erwartet hat oder erwartet haben will. An sich ist das ein „klassisches" Neuwagenproblem (s. Rdn. 516 ff.). Auf **Jahreswagen**, die von einem Kfz-Händler mit dieser Bezeichnung angeboten werden, hat der BGH seine Rechtsprechung zur Zwölfmonatsgrenze übertragen (s. Rdn. 2771), während er für den

212 BGH 15. 9. 2010, NJW 2010, 3710 = DAR 2010, 701.
213 Dazu BGH 15. 9. 2010, NJW 2010, 3710 = DAR 2010, 701.
214 Zu diesem Ansatz LG Itzehoe 20. 4. 2011 – 3 O 394/10 – juris (Anzeige für Motorrad mit EZ-Datum).
215 BGH 10. 3. 2009, NJW 2009, 1588 = DAR 2009, 332 (19monatige Standzeit eines Reisemobils).

Verkauf eines **„Vorführwagens"** (Wohnmobil!) davon Abstand genommen hat.[216] Wie unter Rdn. 2634 dargestellt, haben zahlreiche Instanzgerichte an die Angabe des Verkäufers über das Datum der Erstzulassung angeknüpft und darin **eine Beschaffenheitsvereinbarung** mit Bezug auch zum Fahrzeugalter (Gesamtalter) gesehen.

Demgegenüber haben das OLG Düsseldorf[217] und das OLG Schleswig[218] eine Lösung ohne Rückgriff auf eine irgendwie geartete Beschaffenheitsvereinbarung **nach Maßgabe des objektiven Mangelbegriffs** bevorzugt.[219] Das verdient prinzipiell Zustimmung. Eine Standzeit zwischen Herstellungszeitpunkt und Erstzulassung von rund **14 Monaten** ist auch bei einem relativ jungen Gebrauchtwagen (hier: knapp drei Jahre zugelassenes BMW Cabrio mit 19.500 km) **kein Sachmangel**, so das OLG Schleswig a. a. O. Mangelhaftigkeit im objektiven Sinn hat dagegen das OLG Düsseldorf bei einem nur 228 km gelaufenen VW Golf mit im Zeitpunkt der Bestellung nur zweimonatiger Zulassungsdauer angenommen.[220] Zwischen Produktion und Erstzulassung lagen 31 Monate. **2642**

Nach Ansicht des 1. ZS OLG Düsseldorf handelt es sich bei einer Eintragung in einem Bestellschein des Kfz-Handels wie „Erstzulassung lt. Fz. Brief: 27. 4. 2006" auch bei einem jüngeren Gebrauchtfahrzeug **nicht um eine Beschaffenheitsvereinbarung**, und zwar weder hinsichtlich des (nur selten unrichtigen) Datums der Erstzulassung noch mit Blick auf die – praktisch sehr viel wichtigere – Frage nach dem Alter des Fahrzeugs. Aus der BGH-Entscheidung vom 12. 3. 2008[221] hat der Senat die richtige Konsequenz gezogen, indem er die unter Vorbehalt („lt. Fzg. Brief") gestellte Auskunft über das Datum der Erstzulassung als **bloße Wissensmitteilung** behandelt.[222] Das hat zur Folge, dass sich die Frage der Mangelhaftigkeit nach den objektiven Kriterien des § 434 Abs. 1 S. 2 Nr. 2 BGB beurteilt (zur Offenbarungspflicht bzw. Arglist s. Rdn. 4436 ff.). **2643**

Mangels Beeinträchtigung der gewöhnlichen Verwendung stellt sich damit die Frage, ob dem Fahrzeug das übliche und vom durchschnittlichen Käufer zu erwartende (Gesamt-)Alter fehlt. Ein niedrigeres als das übliche Alter kann ein Durchschnittskäufer grundsätzlich nicht erwarten. Was aber ist bei einem gebrauchten Kraftfahrzeug das übliche Alter? Da statistische Befunde, sofern überhaupt vorhanden, bei der Bestimmung der üblichen Beschaffenheit allenfalls Randbedeutung haben, läuft es letztlich auf das Alter hinaus, das der Durchschnittskäufer **nach der Verkehrsauffassung** erwarten kann. Insoweit gilt zunächst, dass der Käufer eines „normalen" Gebraucht-Pkw in seiner Erwartung nicht in gleicher Weise schutzwürdig ist wie der Käufer eines neuen Pkws oder eines Jahreswagens. Dass die Zwölfmonats-Rechtsprechung des BGH folglich nicht eins zu eins auf ältere Gebrauchtwagen übertragbar ist, kann als gesichert gelten.[223] Zum einen fehlt es an einer der Auslegung zugänglichen Beschaffenheitsvereinbarung wie „fabrikneu" oder „Jahreswagen". Schon die Bezeichnung „Vorführwagen" hat für sich allein keinen spezifischen Altersbezug. Zum anderen ist die (berechtigte) Erwartung des durchschnittlichen Gebrauchtwagenkäufers eine andere, auch beim Kauf von einem Kfz-Händler. Dass das Produktionsdatum eines jeden gebrauchten Pkw einigermaßen zeitnah (etwa max. 12 Monate) zur Erstzulassung liege, entspricht bei der gebotenen normativen Betrachtung nicht der Erwartung des **2644**

216 Urt. v. 15. 9. 2010, NJW 2010, 3710 = DAR 2010, 701.

217 Urt. v. 16. 6. 2008, NJW-RR 2009, 398.

218 Urt. v. 25. 11. 2008, NJW-RR 2009, 712 = DAR 2009, 208.

219 Ebenso LG Itzehoe 20. 4. 2011 – 3 O 394/10 – juris (Motorrad).

220 Urt. v. 16. 6. 2008, NJW-RR 2009, 398 (VW Golf mit 228 km und bei Bestellung nur zwei Monate zurückliegender Erstzulassung).

221 NJW 2008, 1517.

222 Urt. v. 16. 6. 2008, NJW-RR 2009, 398.

223 S. a. OLG Düsseldorf 12. 3. 2010 – I-22 U 168/09 – NJOZ 2010, 2375 (Wohnmobil).

Durchschnittskäufers.[224] Einen Orientierungspunkt liefert dabei die Überlegung, dass er vom Verkäufer, auch von einem Kfz-Händler, in dieser Hinsicht keine Aufklärung erwartet.

2645 Das schließt nicht aus, auch den Käufer eines nicht als „Jahreswagen" angebotenen Gebrauchtfahrzeugs aufgrund **besonderer Umstände** im konkreten Fall in der Erwartung zu schützen (§ 434 Abs. 1 S. 2 Nr. 2 BGB), dass der von ihm gewählte Wagen ein bestimmtes (Gesamt-)Alter nicht überschreitet. Im Inland produzierte Pkw, die nicht in den Export gehen, werden üblicherweise innerhalb von 12 Monaten nach der Produktion zum öffentlichen Verkehr (erst-)zugelassen. Das ist nach Einschätzung des OLG Düsseldorf[225] der **normale Verlauf der Dinge**, wie er nicht zuletzt als Folge der Zwölfmonatsrechtsprechung des BGH (NJW 2004, 160; NJW 2006, 2694 – Jahreswagen) seit einigen Jahren zu beobachten ist.

2646 Wenn die Einhaltung der Zwölfmonatsfrist im Pkw-Bereich aber der Normalfall ist, kann diese Tatsache bei der Ermittlung der üblichen und dementsprechend auch bei der erwartbaren Beschaffenheit nicht völlig außer Betracht bleiben. **Besondere Umstände** wie eine niedrige Laufleistung und/oder eine im Zeitpunkt des Kaufs erst wenige Monate zurückliegende Erstzulassung oder eine Werbung eines Kfz-Händlers wie „neuer Gebrauchter" können vor diesem Hintergrund eine ähnliche Gesamtalterserwartung rechtfertigen, wie sie der BGH für den Kauf eines Gebrauchtfahrzeugs in Form des Jahreswagens anerkannt hat. Auch insoweit wird man zu unterscheiden haben zwischen dem Kauf von einem professionellen Händler und einem Kauf von privat. Der Sache nach macht es keinen wesentlichen Unterschied, ob ein Händler das Fahrzeug ausdrücklich als „Jahreswagen" angeboten oder ob er auf diese werbewirksame Bezeichnung verzichtet hat, das Fahrzeug aber aufgrund besonderer Umstände den gleichen Eindruck eines „jungen" Gebrauchtwagens erweckt. Dem schutzwürdigen Interesse des Käufers eines solchen „Jungwagens" würde man nicht gerecht, machte man das Ergebnis von der verbalen Herausstellung durch den Händler abhängig.

2647 Bei einer dem Käufer bekannten oder erkennbaren Zulassungsdauer (Nutzung im Straßenverkehr) von **deutlich mehr als einem Jahr** wie in den Fällen OLG Schleswig DAR 2009, 208 und KG 13. 1. 2011, 8 U 97/10[226], kann weder die Jahreswagen-Entscheidung des BGH[227] noch das Urteil des OLG Düsseldorf NJW-RR 2008, 398[228] mangels Vergleichbarkeit der Sachverhalte herangezogen werden. Mit einer Standzeit ungewisser Dauer – auch vor der Erstzulassung – hat ein verständiger Durchschnittskäufer zu rechnen.[229] Will der Käufer im konkreten Fall in diesem Punkt Klarheit haben, muss er den Verkäufer gezielt fragen.

2648 **In Sonderfällen** kann auch bei einer **Zulassungsdauer unter einem Jahr** kein Raum für die Erwartung eines geringeren als des tatsächlichen Alters sein. Hierzu zählen die Verkäufe von gebrauchten **Wohnmobilen** (Reisemobilen)[230]. Besonders gelagert sind ferner

224 So auch LG Itzehoe 20. 4. 2011 – 3 O 394/10 – juris (Motorrad).

225 Urt. v. 16. 6. 2008, NJW-RR 2009, 398.

226 BeckRS 2011, 11654 und juris (Zulassungsdauer 3 Jahre, 5 Monate, 35.240 km; Standzeit 14,5 Monate).

227 Urt. v. 7. 6. 2006, NJW 2006, 2694.

228 Das Urteil ist kein Beleg für die These, der Käufer eines gebrauchten Pkw könne *generell* von einer Standzeit von weniger als 12 Monaten ausgehen.

229 Siehe auch *Fischinger/Lettmaier*, ZGS 2009, 394, 395.

230 Dazu BGH 17. 9. 2010, NJW 2010, 3710 (Vorinstanz OLG Karlsruhe 19. 2. 2009 – 9 U 176/08 – juris); OLG Düsseldorf 12. 3. 2010 – I-22 U 168/09 – NJOZ 2010, 2375 (auch zur Frage der Offenbarungspflicht).

die Fälle mit **Re-Importwagen.**[231] Käufer solcher Fahrzeuge, auch von Inlandsfabrikaten, erst recht aber von Produkten aus Asien[232] oder den USA, müssen sich bewusst sein, dass sie älter sein können als die vorgelegten Dokumente und Eintragungen im Kaufvertrag vermuten lassen.[233] Eine frühere Zulassung im Ausland ist nahe liegend und damit auch ein höheres Gesamtalter. Ein Auseinanderfallen des Produktionsdatums und des Erstzulassungsdatum um $2^1/_2$ Jahre soll jedoch auch in einem solchen Fall erwartungswidrig sein.[234] Keinen Mangel sieht das OLG Düsseldorf bei einer Produktion in 2001 und einem Datum der „Erstzulassung lt. Fzg-Brief: 14. 4. 2003".[235] Der Käufer war auf die Re-Importeigenschaft ausdrücklich hingewiesen worden (s. a. Rdn. 4440 ff.).

Angesichts der Alters- und Zulassungsunsicherheiten bei Import und Re-Importfahrzeugen und den daraus resultierenden Schwierigkeiten z. B. in Garantiefragen sind Käufer in besonderer Weise auf eine sachgerechte **Aufklärung durch die Händler** angewiesen. Dementsprechend streng sind die Anforderungen an die Offenbarungspflicht.[236] 2649

(2) Standzeiten nach der Erstzulassung

In Fällen, in denen es nicht um die Standzeit vor der Erstzulassung, sondern um Phasen der Stilllegung in der Zeit danach geht, ist die BGH-Entscheidung vom 10. 3. 2009[237] Richtschnur der Prüfung. Der Käufer eines älteren Reisemobils (Chevrolet Van) hatte u. a. beanstandet, dass der Wagen in den letzten 19 Monaten vor der von ihm beantragten Wiederzulassung stillgelegt gewesen sei. In dieser Standzeit und Stilllegungsdauer hat das LG Konstanz als Berufungsgericht einen Sachmangel i. S. d. § 434 Abs. 1 S. 2 Nr. 2 BGB gesehen.[238] Dem ist der BGH nicht gefolgt. Bei einem älteren Gebrauchtwagen sei nicht auf die Standzeit als solche abzustellen. Maßgebend sei vielmehr, ob bei dem Fahrzeug Mängel vorliegen, die auf die Standzeit zurückzuführen sind und die gleichartige Fahrzeuge ohne entsprechende Standzeit nicht aufweisen.[239] 2650

Das bedeutet **im praktischen Ergebnis**, dass Käufer mit Rügen, die eine **Standzeit nach der Erstzulassung** betreffen, in den meisten Fällen erfolglos bleiben werden. Der Käufer einer „Standuhr" muss **standzeitbedingte Mängel** vortragen und beweisen. Die Dauer der Standzeit hat allenfalls indizielle Wirkung. Vorgetragen werden müssen Mängel/Defekte wie Rosterscheinungen, Lackschäden, Plattstellen/Reifen, die a) auf die Standzeit zurückgehen und b) bei gleichartigen Fahrzeugen ohne entsprechende Standzeit nicht vorhanden sind. Da es Händlern i. d. R. gelingt, derartige Standzeitmängel rechtzeitig vor dem Verkauf bzw. der Auslieferung zu beseitigen, werden Gebrauchtwagenkäufer in dem Standzeit-Urteil des BGH kaum eine Hilfe finden. 2651

231 OLG Düsseldorf 17. 12. 2007 – I-1 U 103/07 – n. v. (Nissan); OLG Celle 26. 2. 1998, OLGR 1998, 160 (Daihatsu); OLG Hamm 12. 10. 1990, NJW-RR 1991, 505; OLG Stuttgart 8. 10. 1999 – 2 U 71/99 – n. v.; OLG Karlsruhe 26. 5. 2004, NJW 2004, 2456.

232 Dazu OLG Celle 26. 2. 1998, OLGR 1998, 160 (Daihatsu); OLG Düsseldorf 17. 12. 2007 – I-1 U 103/07 – n. v. (Nissan).

233 OLG Düsseldorf 17. 12. 2007 – I-1 U 103/07 – n. v.; OLG Karlsruhe 26. 5. 2004, NJW 2004, 2456.

234 OLG Celle 26. 2. 1998, OLGR 1998, 160 (Daihatsu).

235 Urt. v. 17. 12. 2007 – I-1 U 103/07 – n. v.

236 OLG Celle 26. 2. 1998, OLGR 1998, 160; OLG Karlsruhe 26. 5. 2004, NJW 2004, 2456; s. aber auch LG Amberg 16. 10. 2007, NZV 2008, 301.

237 NJW 2009, 1588 = DAR 2009, 332.

238 Urt. v. 9. 1. 2008 – 11 S 114/07.

239 BGH 10. 3. 2009, NJW 2009, 1588 = DAR 2009, 332.

b) Austauschmotor/Tauschmotor/generalüberholter Motor/überholter Motor

2652 Angaben des Verkäufers wie „Austauschmotor", „generalüberholter Motor", „überholter Motor 0 km" oder „Austauschmotor, Laufleistung etwa 60.000 km" sind nach st. Rspr. zum alten Kaufrecht Eigenschaftszusicherungen gewesen, also keine „einfachen" Beschaffenheitsangaben nach § 459 Abs. 1 BGB a. F. Doch nicht immer liegen derartige Informationen vor bzw. können nicht bewiesen werden.

aa) Fallgruppe „Verkauf mit Motor-Angaben"

2653 Häufig finden sich in Kaufverträgen, zumal in Formularen für das private Direktgeschäft (z. B. ADAC-Mustervertrag), Rubriken oder Ankreuzalternativen zum Thema „Originalmotor oder anderer Motor". Derartige Informationen werden mitunter bereits im Vorfeld erteilt (Internet, Zeitungsanzeige). Hat der Verkäufer zur Art und/oder Beschaffenheit des Motors nähere Angaben gemacht, ist das Erklärte gem. §§ 133, 157 BGB auszulegen.

2654 Die **Gefahr von Fehldeutungen und Missverständnissen** ist erfahrungsgemäß ungewöhnlich groß. Oftmals bezeichnen Verkäufer, speziell private, Motoren als „Austauschmotor" oder „AT-Maschine" (ATM), obwohl der Originalmotor nur mehr oder weniger überholt worden ist. Andere lassen für einen „Austauschmotor" genügen, dass alle beweglichen Teile erneuert worden sind, das Gehäuse aber dem Altmotor entstammt. Ein solcher Motor soll einem Austauschmotor zumindest „praktisch gleichwertig" sein. Schließlich werden mit dem Prädikat „Austauschmotor" auch solche Motoren etikettiert, die von professionellen Motoreninstandsetzern nur „generalüberholt" worden sind.[240] Selbst Motoren, die Unfallwagen entnommen und ohne gründliche Überprüfung und Instandsetzung in andere Fahrzeuge eingebaut worden sind, laufen unter „Austauschmotor".

2655 Das **terminologische Durcheinander**[241] wird dadurch noch größer, dass die Bezeichnung „Austauschmotor" mit allerlei schmückendem Beiwerk versehen wird. So ist z. B. von „Original-Austauschmotor", von „Original-Tauschaggregat", von „werksgeprüftem" oder „werksüberholtem" Austauschmotor die Rede. Mitunter taucht auch der Begriff „serienmäßiger Austauschmotor" auf.[242] Wie um den Grad der Konfusion komplett zu machen, liefern die Hersteller Tauschaggregate mit Bezeichnungen wie „Tauschmotor", „Teilemotor", „Teilmotor", „Rumpfmotor", „Austauschteilmotor", „Neuteilmotor" und „Neumotor". Die Lieferprogramme der einzelnen Hersteller/Importeure weichen erheblich voneinander ab, was das Verständnis und die Auslegung im konkreten Einzelfall zusätzlich erschwert, wie die Entscheidung des OLG München v. 13. 8. 2003[243] zu einem BMW 320d, verkauft von einem Werksangehörigen, beispielhaft zeigt. Unstreitig war der Originalerstmotor durch einen anderen Motor ersetzt worden. War es aber ein Neuteilemotor oder (nur) ein Original-Austauschmotor? Und wie steht es um die technische Gleichwertigkeit, wie um die „gefühlte"? Das OLG München hat in dem aus Neuteilen bestehenden Ersatzmotor keinen Fall der Mangelhaftigkeit gesehen. Ein Qualitätsunterschied zum Ursprungsmotor wurde, sachverständig beraten, verneint, ebenso eine merkantile Wertminderung.

2656 Das **maßgebliche Kriterium** für die Auslegung ist die (allgemeine) **Verkehrsanschauung,** sofern es sich um einen Verbrauchsgüterkauf oder um ein privates Direktgeschäft handelt. Auf das Begriffsverständnis eine Kfz-Fachmanns kommt es in diesen Bereichen erst in zweiter Linie an. Deshalb ist bei Auskünften von Kfz-Sachverständigen Vorsicht geboten.

240 So im Fall BGH NJW 1992, 1678.
241 *Ludovisy*, DAR 1992, 199.
242 So im Fall BGHZ 61, 80 = NJW 1973, 1454.
243 DAR 2003, 525 = OLGR 2004, 168.

Grundvoraussetzung für eine sachgerechte Vertragsauslegung ist die Kenntnis der Gegebenheiten auf dem Markt von heute.

2657 In der Reihenfolge ihrer Wertigkeit und des Preises sind auf dem Pkw-Sektor[244] folgende Varianten zu unterscheiden:

- fabrikneuer Motor (kompletter Neuteilemotor vom Hersteller)
- Original-Austauschmotor vom Hersteller
  (zwei Varianten:
  a) nur Originalneuteile,
  b) teilweise Originalneuteile)
- Teilemotor vom Hersteller
- Rumpfmotor vom Hersteller
- generalüberholter Motor als Tauschmotor vom Motoreninstandsetzer mit/ohne RAL-Gütezeichen
- General- oder Grundüberholung des defekten (verschlissenen) Originalmotors durch
  a) das Werk,
  b) einen Motoreninstandsetzer,
  c) eine lokale Werkstatt
- Teilüberholung bzw. Teilreparatur des Originalmotors
- Gebrauchtmotor als unbearbeiteter Ersatzmotor, z. B. vom Autoverwerter.

2658 Die Tauschmotoren der Automobilhersteller sind von Originalneuteilemotoren qualitativ (technisch) kaum zu unterscheiden. In eher optischen Details gibt es einige Unterschiede in Form von Prägestempel und Zusätzen zur Ersatzteil-Nummer. Für derartige Aggregate gelten die gleichen Werksgarantien wie für fabrikneue Motoren, die aus Kostengründen im Ersatzteilgeschäft keine große Rolle spielen. Ein noch nicht gelaufener Austauschmotor darf von einem technischen Laien als **„neuer“ Motor** bezeichnet werden. Als Zusicherung/Garantie eines fabrikneuen Motors kann diese Angabe jedoch nicht verstanden werden.[245] Die Erklärung, in dem Fahrzeug befinde sich ein **„Originalmotor“,** bedeutet die Zusicherung, dass das Fahrzeug mit einem vom Werk für diesen Fahrzeugtyp vorgesehenen Originalmotor, mit dem es auch für den Straßenverkehr zugelassen wird, ausgerüstet ist.[246] Dass keine Tuningmaßnahmen (Chip Tuning, dazu s. Rdn. 2693) stattgefunden haben, ist damit nicht gesagt.[247]

2659 Die Bezeichnungen **„Austauschmotor“** oder **„Tauschmotor“** dürfen nicht benutzt werden, wenn sich noch der **Originalerstmotor** im Fahrzeug befindet, mag er auch noch so gründlich überholt oder instandgesetzt worden sein.[248] Der Mindesterklärungsgehalt ist die **Existenz eines Ersatzmotors,** also ein Motorentausch. Welche weiteren Merkmale einen „Austauschmotor“, welche einen „Tauschmotor“ ausmachen, ob beide Begriffe syno-

---

244 Auf dem Nutzfahrzeugmarkt kann das Begriffsverständnis abweichend sein.

245 Vgl. OLG Düsseldorf 9. 8. 1991, DAR 1992, 180; dazu *Ludovisy*, DAR 1992, 199; s. a. AG Leverkusen 9. 12. 2002, ZGS 2003, 39 (Arglist verneint).

246 OLG Düsseldof 3. 12. 2004, zfs 2005, 130 (Privatverkäufer); LG Köln 16. 8. 1979 – 6 S 56/79 – n. v.; s. a. OLG München 13. 8. 2003, DAR 2003, 525 = OLGR 2004, 168 (BMW 320d von einem Werksangehörigen).

247 OLG Düsseldorf 3. 12. 2004, zfs 2005, 130.

248 OLG Zweibrücken 28. 6. 1988, VRS 76 (1989), 409; AG Köln 4. 9. 1979, 113 C 1475/78, n. v.; s. a. OLG Koblenz 27. 5. 1993 – VRS 86 – 413 („anderer Motor“).

nym sind,[249] ist höchstrichterlich nicht geklärt.[250] Den Begriff „Tauschmotor" haben auch die Instanzgerichte bislang nicht verbindlich definiert.

2660 Als **„Austauschmotor"** darf nach Ansicht des OLG Karlsruhe ein Triebwerk nur dann bezeichnet werden, wenn „die Gesamterneuerung beim Herstellerwerk und nach den Methoden der Serienfertigung geschehen ist".[251] Die **Gesamterneuerung** setzt voraus, dass „der Motor im Ganzen, d. h. sowohl das Motorgehäuse als auch die beweglichen Teile" einschließlich der Nebenaggregate wie Lichtmaschine, Verteiler, Benzinpumpe, Ölfilter, erneuert oder zumindest überholt worden sind.[252] Die Alternative „erneuern" oder (zumindest) „überholen" scheint zu bedeuten, dass die Verwendung neuer Teile kein unerlässliches Kriterium für einen „Austauschmotor" ist. Wenn sämtliche Einzelteile weiterverwendet werden, also kein einziges Neuteil eingebaut worden ist, so sind die Kriterien für einen „Austauschmotor" nicht erfüllt. Es kann sich bestenfalls um eine „Generalüberholung" handeln (dazu s. Rdn. 2669 ff.).

2661 Von der Frage der Teileverwendung scharf zu trennen ist die **Herkunftsfrage**. Anders als das OLG Karlsruhe[253] und wohl auch das OLG Frankfurt/M.[254] lassen es die Oberlandesgerichte Oldenburg[255] und Bremen[256] genügen, wenn der „ATM" bzw. „AT-Motor" von einer vom Hersteller autorisierten Spezialwerkstatt stammt.[257] Diese weite Auffassung ist problematisch.[258] Sie verwischt den Unterschied zwischen Austauschmotor/Tauschmotor und generalüberholtem Motor.

2662 **Wesensmerkmal** eines „Austauschmotors" ist, dass bestimmte Teile, insbesondere die Kolben, Laufbuchsen, Dichtungen und sonstige Verschleißteile, durch Neuteile des Herstellers aus der Serie ersetzt worden sind. Das hat jedenfalls bei einem „Original-Austauschmotor" entweder im Herstellerwerk selbst oder im Auftrag des Herstellers in einem Fremdbetrieb zu erfolgen. Gleiches gilt bei Verwendung anderer Zusätze, die einen Bezug zum Hersteller signalisieren (etwa „serienmäßig" oder „werksseitig"). Wird ohne solche Zusätze nur von „Austauschmotor" oder „Tauschmotor" gesprochen, bleibt häufig unklar, ob er direkt oder indirekt (Auftragsfertigung) vom Hersteller stammt. Längst nicht jeder Motor ist im Austausch vom Hersteller lieferbar. Das gilt bereits für jüngere Fahrzeuge, erst recht aber für solche, die deutlich älter als zehn Jahre sind.

2663 Nach der **Verkehrsauffassung**, auf die es für die Auslegung maßgeblich ankommt, verbindet man mit dem Begriff „Austauschmotor" auch ohne den Zusatz „Original" die Herkunft vom Hersteller, d. h. der gesamte Motor, nicht nur einzelne Teile, ist vom Hersteller oder von einem autorisierten Fremdbetrieb als „Tauschaggregat" geliefert worden, nach-

---

249 Offen gelassen von OLG Köln 14. 4. 1992, OLGR 1992, 289.

250 BGH NJW 1985, 967 = DAR 1985, 150 definiert „Austauschmotor" als Maschine gleicher Bauart, gleichen Hubraums und gleicher Leistung. Dies entspricht der Definition im BMV-Beispielekatalog zu § 19 StVZO, abgedruckt bei *HentschelKönig/Dauer*, § 19 StVZO Rn. 12.

251 Urt. v. 14. 6. 1974, DAR 1975, 155 = OLGZ 1975, 189; ebenso OLG Koblenz 12. 12. 2000, OLGR 2001, 312; vgl. auch OLG Frankfurt 18. 12. 1991, DAR 1992, 221 = OLGR 1992, 213, das zusätzlich verlangt: Einstempelung einer Seriennummer und Vergabe einer Garantiekarte; ebenso LG Kleve 21. 1. 2000 – 5 S 194/97 – n. v.

252 OLG Nürnberg 14. 7. 1961, DAR 1962, 202; OLG Bremen 9. 9. 1966, DAR 1968, 128; OLG Schleswig 21. 10. 1992 – 9 U 43/91 – n. v.

253 Urt. v. 14. 6. 1974, OLGZ 1975, 189 = DAR 1975, 155.

254 Urt. v. 18. 12. 1991, OLGR 1992, 213 = DAR 1992, 221 (Werklieferungsvertrag über einen „Austauschmotor" mit Einbau eines „generalüberholten" Motors).

255 Urt. v. 24. 11. 1966, OLGZ 1967, 129.

256 Urt. v. 9. 9. 1966, DAR 1968, 128.

257 Ähnlich OLG Schleswig 21. 10. 1992 – 9 U 43/91 – n. v. (in Werkstatt teilreparierter Motor als „ATM" verkauft; unrichtige Zusicherung nur wegen fehlender Gesamterneuerung).

258 S. a. *Ebel*, NZV 1994, 15.

dem er nach den strengen Kriterien des Herstellers zusammengebaut und geprüft worden ist. Diese enge Sicht hat zur Folge, dass z. B. ein Motor, der von der Fa. VEGE, dem renommiertesten Motoreninstandsetzer, ohne Herstellerauftrag instandgesetzt worden ist, keinesfalls als „Original-AT“, nicht einmal zusatzlos als „Austauschmotor“ bezeichnet werden darf, allenfalls als „Tauschmotor“ oder – treffender – „instandgesetzt im Tausch“.[259] Erst recht ist der Ausdruck „Austauschmotor“ fehl am Platz, wenn der Motor aus einem Unfallwagen oder einem stillgelegten Fahrzeug stammt und ohne beim Hersteller oder bei einem Motoreninstandsetzer gewesen zu sein, in das verkaufte Fahrzeug eingebaut worden ist.[260]

Ein **Tauschmotor im weiteren Sinn** ist auch der **Teil- oder Teilemotor.** Auch er **2664**
stammt vom Hersteller. Im Gegensatz zum komplett überarbeiteten Tauschaggregat besteht der Teilemotor – wie schon sein Name andeutet – meistens nur aus dem Motorblock mit Kolben, Pleuel und Kurbelwelle. Zylinderkopf und Kurbellager fehlen ebenso wie sämtliche Nebenaggregate. Teilmotoren, die nicht von allen Herstellern angeboten werden, sind im Durchschnitt etwa 30 % billiger als komplette Tauschmotoren. Ein **komplettierter Teilmotor** steht rechtlich einem Austauschmotor gleich.[261] Dasselbe gilt für den komplettierten **Rumpfmotor,** der in seinem Ursprungszustand meist nur aus dem nackten Zylinderblock mit Kolben und Kurbelwelle besteht.

Wenn ein Fahrzeug mit dem ausdrücklichen Hinweis auf einen „Austauschmotor“ oder **2665**
„Tauschmotor“ verkauft wird, darf der Käufer i. d. R. davon ausgehen, dass dieser Ersatzmotor von gleicher Bauart, gleichem Hubraum und gleicher Leistung wie der serienmäßige Originalmotor ist.[262] Der Einbau eines leistungsstärkeren oder leistungsschwächeren „Austauschmotors“ lässt die **Allgemeine Betriebserlaubnis** erlöschen (§ 19 Abs. 2 S. 1 StVZO).[263] Mit der Angabe „Austauschmotor“ sichert der Verkäufer also nicht nur die Existenz eines Triebwerks der oben näher beschriebenen Art zu. Sie enthält auch die Zusicherung, dass der Einbau von der **Allgemeinen Betriebserlaubnis,** wenigsten von einer **Einzel-BE,** gedeckt ist.

Gelegentlich werden Hinweise auf Ersatzmotoren mit **Km-Angaben** verbunden. Die Er- **2666**
klärung eines **Gebrauchtwagenhändlers** im schriftlichen Kaufvertrag, das Fahrzeug habe „einen Austauschmotor mit einer Laufleistung von etwa 60.000 km“, darf der Käufer auch als Zusicherung dahin auffassen, dass der Motor nicht wesentlich stärker verschlissen ist, als es die angegebene Laufleistung erwarten lässt.[264] Der **Informationsgehalt** solcher **Händlererklärungen** ist (nach der Rechtsprechung zum alten Kaufrecht) mithin ein **vierfacher:** Vorhandensein eines AT-Motors mit den oben näher bezeichneten Merkmalen, Fortbestand der ABE, bestimmte Laufleistung[265] und entsprechender Erhaltungszustand des Motors.

Bei einem **privaten Direktverkäufer** war und ist diese sehr weite Auslegung kombinier- **2667**
ter Motor/Km-Informationen i. d. R. nicht angebracht (s. a. Rdn. 2818 ff.) Für den Zustand des Motors will er grundsätzlich keine besondere Gewähr übernehmen. Ihm fehlt es auch an der erforderlichen Sachkunde, um die Qualität des Ersatzmotors beurteilen zu können. Mit der Angabe einer bestimmten Laufleistung des Motors will er nur zum Ausdruck bringen, dass die bisherige Laufleistung nicht wesentlich höher liegt als die angegebene.[266]

259 Zum RAL-Gütezeichen s. *Ebel*, NZV 1994, 15; allg. *Müller*, DB 1987, 1521.
260 OLG Düsseldorf 26. 11. 2001 – 1 U 49/01 – n. v. – privates Direktgeschäft.
261 LG Köln 14. 12. 1978 – 15 O 35/78 – n. v.
262 So die Definition des BGH in NJW 1985, 967 = DAR 1985, 150 (BMW 520).
263 Siehe den Beispielkatalog zu § 19 StVZO bei *Hentschel/König/Dauer*, § 19 StVZO Rn. 12.
264 So BGH 18. 1. 1981, NJW 1981, 1268 = DAR 1981, 147.
265 Die Km-Angabe bezieht sich auf die Laufleistung des Motors, nicht des Fahrzeugs, in das er eingebaut worden ist. Will der Verkäufer etwas anderes sagen, muss er es klarstellen.
266 So auch BGH 15. 2. 1984, NJW 1984, 1454; OLG Zweibrücken 28. 6. 1988, VRS 76 (1989), 409; s. a. OLG Koblenz 12. 12. 2000, OLGR 2001, 312.

2668 Generell sind „Motor-Erklärungen“ von **Privatverkäufern** mit besonderer Umsicht unter Berücksichtigung der gesamten Begleitumstände zu interpretieren.[267] Für ihre Einstandspflicht kommt es insbesondere darauf an, ob sie den strittigen Motor selbst eingebaut haben bzw. haben einbauen lassen oder ob er beim Erwerb des Fahrzeugs bereits vorhanden war. Wenn sie ihrerseits „mit Austauschmotor“ gekauft haben, wird zumindest der Arglistnachweis kaum zu führen sein. Auf die Besonderheiten des Privatverkaufs abstellend: OLG Koblenz 12. 12. 2000, OLGR 2001, 312; OLG Düsseldorf 26. 11. 2001 – 1 U 49/01 – n. v.; OLG Düsseldorf 5. 5. 2003 – 1 U 180/02 – n. v., und AG Leverkusen 9. 12. 2002, ZGS 2003, 39.[268] Hat ein Privatverkäufer bei den Vertragsverhandlungen von einem **„anderen Motor“** gesprochen, so stellt die Bezeichnung im schriftlichen Vertrag „Austausch-Motor 69.000 km“ nur eine Wiederholung der vorangegangenen mündlichen Erklärung dar.[269]

2669 Erklärungen wie **„generalüberholt“** oder **„grundüberholt“** sind zunächst auf ihre Reichweite hin zu untersuchen. Solche Hinweise können sich auf das **Fahrzeug als Ganzes**[270] oder nur auf einzelne Teile, insbesondere auf den **Motor**[271] oder das **Getriebe,**[272] beziehen. Ergibt die Auslegung, dass nur der Motor gemeint ist, so sind **zwei Varianten** zu unterscheiden: der generalüberholte Originalmotor und der generalüberholte Ersatzmotor. Nach der Rechtsprechung schließt die Bezeichnung „generalüberholter Motor“ beide Möglichkeiten ein.

2670 **Inhaltliche Kriterien:** In der Wie-Wo-Was-Frage sind die Meinungen geteilt. Das OLG Nürnberg sieht eine **Generalüberholung** darin, dass in einer beliebigen Werkstatt „sämtliche beweglichen Motorteile ausgebaut und, soweit erforderlich, entweder hergerichtet oder erneuert werden, während die feststehenden Teile wie Motorgehäuse, Zylinderkopf usw. lediglich auf ihre Unversehrtheit hin untersucht werden“.[273] Nach Ansicht des OLG Köln umfasst eine Generalüberholung die Instandsetzung bzw. Erneuerung aller inneren Motorteile und der Ausbauaggregate wie Wasserpumpe, Vergaser und Lichtmaschine.[274] Eine „große Inspektion“ durch eine Fachwerkstatt bedeutet selbst dann keine Generalüberholung, wenn einzelne Motorteile, etwa die Kupplung, ausgewechselt worden sind.[275] Auf dieser – strengen – Linie liegt auch das **Urteil des BGH v. 18. 1. 1995**[276] zum Verkauf „generalüberholter“ Maschinen an eine Buchbinderei. Der BGH geht ausdrücklich auf die Bedeutung der Zusage „generalüberholt“ im Gebrauchtfahrzeughandel ein und betont die **gesteigerte Qualitätserwartung**, die Käufer mit dieser Angabe verbinden. Nicht erörtert wird, von wem und wo eine „Generalüberholung“ durchgeführt worden sein muss, um diese Erwartung zu rechtfertigen.

---

267 OLG Düsseldorf 5. 5. 2003 – 1 U 180/02 – n. v.; s. a. AG Köln 14. 2. 2011 – 142 C 44/09.

268 Ein Sonderfall liegt der Entscheidung OLG Köln OLGR 1994, 182 zugrunde.

269 OLG Düsseldorf 26. 5. 1988 – 18 U 18/88 – n. v. (Zusicherungshaftung zutreffend verneint); vgl. auch OLG Koblenz 27. 5. 1993, VRS 86, 413.

270 Vgl. OLG Hamm 16. 1. 1986, NJW-RR 1986, 932 = DAR 1986, 150; OLG Karlsruhe 30. 3. 1979, OLGZ 1979, 431; s. a. BGH 18. 1. 1995, NJW 1995, 955 = BB 1995, 539 – gebrauchte Maschine.

271 OLG Köln 22. 4. 1994, OLGR 1994, 182, s. a. BGH 7. 12. 1994, NZV 1995, 222 („überholter“ Motor in einem Oldtimer); OLG Karlsruhe 8. 5. 2008 – 9 U 237/06 („Motor neu“/Oldtimer).

272 Zum Verkauf „generalüberholter“ Getriebe s. BGH 25. 9. 1985, NJW 1986, 316.

273 Urt. v. 14. 7. 1961, DAR 1962, 202.

274 Urt. v. 14. 3. 1966, DAR 1966, 267 = OLGZ 1967, 19; ähnlich OLG München 26. 4. 1973 – 19 U 3887/72 – n. v. und OLG München 22. 7. 1977 – 2 U 2474/77 – n. v.; vgl. auch OLG Karlsruhe 30. 3. 1979, OLGZ 1979, 431; OLG Frankfurt 18. 12. 1991, DAR 1992, 221 = OLGR 1992, 213; OLG Celle 16. 7. 1992 – 7 U 141/91 – n. v.

275 OLG Karlsruhe 30. 3. 1979, OLGZ 1979, 431; vgl. auch OLG Köln 14. 5. 1980, VRS (1980), 326.

276 BGHZ 128, 307 = NJW 1995, 955.

Wo die „Generalüberholung" stattgefunden hat, ist i. d. R. nicht entscheidend. Es muss nicht in einem der ca. 40 Motoreninstandsetzungsbetriebe gewesen sein, die sich in einer **Gütegemeinschaft** (RAL) zusammengeschlossen haben. Die von diesen Betrieben gelieferten Motoren, technisch AT-Motoren nahezu gleichwertig, werden häufig als „Tauschmotoren" bezeichnet. Das erscheint zulässig,[277] solange eine Verwechselung mit dem engeren Begriff „Austauschmotor" ausgeschlossen ist. **2671**

Übergibt ein Gebrauchtwagenhändler die von einer Drittfirma erteilte **Rechnung über eine Motorreparatur,** so kann der Käufer trotz der Erklärung „generalüberholt" nicht ohne weiteres davon ausgehen, dass über den Rechnungsinhalt hinausgehende Arbeiten vorgenommen worden sind.[278] Der Ausdruck „generalüberholt" ist – wie jede Beschaffenheitsangabe – im Kontext der Kaufverhandlungen zu sehen. Nur wenn der Käufer die Rechnung eingesehen und inhaltlich geprüft hat (Beweislast beim Verkäufer), muss er sich eine Einschränkung der Zusage „generalüberholt" gefallen lassen.[279] **2672**

Der im Kfz-Bereich wenig geläufige Ausdruck **„grundüberholt"** bedeutet im Kern nichts anderes als „generalüberholt". Auch hier darf der Käufer deutlich mehr erwarten als eine bloße Prüfung und Wiederherstellung der Funktionstüchtigkeit des Fahrzeugs bzw. eines bestimmten Fahrzeugteils. Das Mehr besteht darin, dass Teile des Motors, sofern erforderlich, erneuert worden sind.[280] **2673**

Von einem **„teilüberholten Motor"** spricht man im Kfz-Handel, wenn einzelne Teile repariert oder erneuert worden sind.[281] Dieser Vorgang wird auch als (einfache) **Überholung** bezeichnet. Die Erklärung, der Motor sei überholt, kann i. d. R. nicht dahin verstanden werden, er sei generalüberholt.[282] Weder der Hinweis, der überholte Motor müsse neu eingefahren werden, noch eine vom Verkäufer übernommene Garantie erlauben es nach Ansicht des OLG Köln, die zugesicherte Überholung als Generalüberholung zu verstehen.[283] „Überholt" bedeutet also weniger als „generalüberholt", aber mehr als nur **„teilrepariert"**.[284] **2674**

Aus der Formulierung „überholter Motor 220 D mit 0 km" kann weder die Schlussfolgerung gezogen werden, dass es sich dabei um einen neuwertigen Austauschmotor handelt, noch dass der Motor generalüberholt wurde. Der Hinweis „mit 0 km" besagt lediglich, dass der Motor seit der Reparatur nicht mehr gefahren ist.[285] **2675**

Wer einen Gebrauchtwagen mit der Erklärung **„Motor null km"** anbietet, bringt damit nach Ansicht des OLG Köln zum Ausdruck, dass der Wagen einen neuen Motor oder einen Austauschmotor hat, zumindest aber einen Motor, der so weit überholt und erneuert ist, dass er qualitativ einem Austauschmotor gleichsteht.[286] Die Erneuerung nur der Kurbelwelle liegt deutlich unter der Toleranzgrenze, bei der die Erklärung, die Fahrleistung des Motors betrage „0 km", noch zu rechtfertigen ist, selbst wenn damit eine Motorreinigung und In- **2676**

---

277 Vgl. auch *Ebel*, NZV 1994, 15; enger AG Köln 4. 9. 1979 – 113 C 1475/78 – n. v.

278 OLG Hamm 16. 1. 1986, NJW-RR 1986, 932 = DAR 1986, 150; vgl. auch OLG Zweibrücken 28. 6. 1988, VRS 76 (1989), 409; OLG Köln 14. 4. 1992, OLGR 1992, 289.

279 OLG Celle 16. 7. 1992 – 7 U 141/91 – n. v.

280 Zum Inhalt eines Werkvertrages, einen Gasmotor grundzuüberholen, s. BGH 23. 7. 2009, DAR 2010, 84.

281 OLG Düsseldorf 24. 4. 1978, VersR 1978, 745; OLG Düsseldorf 5. 5. 1980 – 1 U 185/79 – n. v.

282 OLG Köln 14. 3. 1966, DAR 1966, 267; vgl. auch OLG Frankfurt 6. 3. 1980, VRS 59, 330 (zu weit); LG Köln 4. 6. 1984 – 21 O 424/83 – n. v.

283 Urt. v. 14. 3. 1966, DAR 1966, 267.

284 LG Köln 4. 6. 1984 – 21 O 424/83 – n. v.

285 OLG München 22. 7. 1977 – 2 U 2474/77 – n. v.

286 Urt. v. 3. 3. 1971, DAR 1971, 237; s. a. OLG Karlsruhe 14. 6. 1974, DAR 1975, 155 („AT-Maschine 0 km").

spektion verbunden war. Auf der gleichen Linie bewegt sich die Entscheidung des OLG Düsseldorf vom 24. 4. 1978: Die Zusicherung, der Motor sei „überholt und einem solchen mit einer Leistung von 0 km gleichzusetzen", bedeutet, dass alle Triebwerksteile erneuert bzw. bearbeitet worden sind und die Maschine einem Austauschmotor gleichzusetzen ist.[287]

2677 In ihrem Erklärungswert zweifelhaft sind Informationen wie **„Motor bei Km-Stand 69.943 komplett überholt"** oder „Fahrzeug hat einen überholten Motor mit ca. 60.000 km"[288] oder „Motor komplett überarbeitet im Juni 2000".[289] Das Auslegungsergebnis hängt in derartigen Fällen wesentlich davon ab, ob die angebliche Überholung in die Besitzzeit des Verkäufers fällt oder nicht. Beim Kauf vom Händler ist zu erwägen, ob diese Erklärung mit einer **subjektiven Einschränkung** versehen ist, etwa dahin, dass er nur eine von ihm nicht überprüfte Vorbesitzerinformation an den Käufer weiterleiten wollte.[290] Verfügt der Händler nicht über eine eigene Werkstatt, so kann der Käufer nicht ohne weiteres davon ausgehen, dass der Händler für die Richtigkeit der fraglichen Erklärung einstehen will. Auslegungserheblich ist ferner, welche Strecke das Fahrzeug seit der behaupteten Motorüberholung zurückgelegt hat.[291] Der bloße Zeitraum zwischen Abschluss des Kaufvertrages und Motorüberholung ist sekundär. Je länger die mit dem angeblich überholten Motor zurückgelegte Fahrstrecke und je größer der zeitliche Abstand ist, desto eher wird sich eine solche Information als eine Mitteilung ohne Garantieübernahmewille darstellen, womöglich nicht einmal als (einfache) Beschaffenheitszusage, sondern als reine Wissensmitteilung.[292] Allerdings soll auch die Wiedergabe **fremden Wissens** eine Zusicherung/Garantie sein können.[293] Dem ist grundsätzlich zuzustimmen, jedoch sind in einem solchen Fall hohe Anforderungen an die Feststellung des Garantiewillens zu stellen.

2678 Legt der Verkäufer zur Bekräftigung seiner Erklärung eine **Reparaturrechnung** vor, so kann der Käufer nicht davon ausgehen, dass über den Rechnungsinhalt hinausgehende Arbeiten vorgenommen worden sind.[294] Selbst wenn er annehmen darf, der Verkäufer wolle dafür einstehen, dass die Motorüberholung bei einem bestimmten Km-Stand stattgefunden hat (denkbar in erster Linie beim privaten Direktgeschäft,[295] speziell beim Verkauf aus erster Hand), so wird man die Zusicherung/Garantie auf diesen Inhalt beschränken müssen.

2679 Wenn der Verkäufer hinsichtlich des Motors keine andere Angabe macht, als eine bestimmte **Motornummer** in den Kaufantrag (Bestellschein) aufzunehmen, so kann darin nicht die stillschweigende Zusicherung gesehen werden, der Wagen habe noch den ersten Motor.[296] Diese Eintragung enthält auch nicht ohne weiteres die Zusicherung, der Tachometerstand entspräche der Gesamtfahrleistung des Fahrzeugs.[297] Für die Auslegung ist zu beachten, dass die Zulassungsbehörden schon seit 1972 nicht mehr die Motornummer in die Kfz-Papiere aufnehmen. Gleichwohl kennzeichnen einige Hersteller ihre Motoren weiterhin mit Nummern.

287 VersR 1978, 745.
288 Vgl. LG Hanau 27. 3. 2003, NJW-RR 2003, 1561.
289 Vgl. OLG Celle 11. 8. 2004, NJW-RR 2004, 1646 = ZGS 2004, 474.
290 Dazu OLG Düsseldorf 5. 5. 2003 – 1 U 180/02 – n. v.
291 Zum Kriterium des Fortwirkens von Vorgängen aus der Vergangenheit s. BGH 11. 6. 1986, WM 1986, 1222 = JZ 1986, 955 m. Anm. *Köhler* – Turnierpferd.
292 Vgl. LG Hanau 27. 3. 2003, NJW-RR 2003, 1561.
293 So das OLG Koblenz 27. 5. 1993, VRS 86, 413 – Privatverkauf.
294 OLG Hamm 16. 1. 1986, NJW-RR 1986, 932; s. a. OLG Schleswig 6. 6. 2003, MDR 2004, 140 (Motoryacht); OLG Celle 11. 8. 2004, NJW-RR 2004, 1646 = ZGS 2004, 474.
295 Dazu OLG Köln 22. 4. 1994, OLGR 1994, 182.
296 BGH 25. 6. 1975, NJW 1975, 1693.
297 BGH 25. 6. 1975, NJW 1975, 1693.

Beim Kauf eines **Sportwagens** kann allein der **Motornummer** Signalwirkung zukommen. Voraussetzung für die Annahme einer Beschaffenheitsgarantie/Garantieübernahme ist jedoch mehr als der bloße Verkauf des Fahrzeugs mit einem nummerierten Motor.[298] Zumindest muss die Motornummer im Kaufvertrag enthalten sein. Der Käufer muss ferner in der Annahme schutzwürdig sein, der Verkäufer mache sich kraft seiner Sachkunde dafür stark, dass kein anderer als der so nummerierte Motor in das Fahrzeug eingebaut ist.[299] Die Rechtsprechung des BGH zu den sog. Umrüstungsfällen (s. Rdn. 2921 ff.) hilft dem Käufer nur weiter, wenn die Motorumrüstung zum Wegfall der Allgemeinen Betriebserlaubnis i. S. d. §§ 18, 19 StVZO geführt hat. **2680**

Wenn der Zustand des Motors ohne Verwendung der oben erläuterten Begriffe **nur allgemein beschrieben** wird, z. B. mit „**technisch einwandfrei**" oder „alles okay", handelt es sich im Zweifel nicht um eine Beschaffenheitsgarantie/Garantieübernahme.[300] s. die umfangreiche Kasuistik, vorwiegend zum alten Recht, unter Rdn. 3253/3254. **2681**

bb) Fallgruppe „Verkauf ohne Motor-Angaben"

In Fällen ohne (nachweisbare) Verkäufererklärung zur Art und zum Zustand des Motors stellt sich die Frage, ob das Vorhandensein des **Originalerstmotors** im Sinne einer „einfachen" Beschaffenheitsvereinbarung (§ 434 Abs. 1 S. 1 BGB) konkludent zugesagt worden ist. Wenn nicht, bleibt Mangelhaftigkeit nach den objektiven Kriterien des § 434 Abs. 1 S. 2 Nr. 2 BGB zu prüfen. **2682**

Bei Personenkraftwagen mit einer tatsächlichen Laufleistung unter 150.000 km gehört es zur **Normalbeschaffenheit,** mit dem Originalerstmotor ausgerüstet zu sein. Auch Vierzylindermotoren erreichen heute im Durchschnitt 150.000–200.000 km. Sechszylindermotoren und generell Dieselmotoren in Fahrzeugen ab der Mittelklasse laufen durchschnittlich 250.000–300.000 km. Bei Fahrzeugen mit erheblich geringerer Laufleistung bedeutet ein Austauschmotor oder ein sonstiger Ersatzmotor zwar eine Abweichung von der stillschweigend vorausgesetzten Normalbeschaffenheit. Der Einbau eines Austauschmotors oder eines Teilemotors in ein gebrauchtes Kfz war aber nicht unbedingt ein Sachmangel i. S. v. § 459 Abs. 1 BGB a. F.[301] **2683**

Austauschteile sind nicht in jedem Fall schlechter als die ausgewechselten Originalteile. Meist trifft das Gegenteil zu. Fahrzeuge, die bei der Auswechselung des Motors bereits mehr als die Hälfte ihrer mutmaßlichen Lebenserwartung gelaufen sind (zur Gesamtlaufleistung anhand von Beispielen s. Rdn. 3574), steigen durch den Einbau eines AT-Motors regelmäßig in ihrem Wert. Dem entspricht die Beobachtung, dass Verkäufer solcher Fahrzeuge ausdrücklich auf das Vorhandensein eines Austauschmotors hinweisen. Nur wenn der Motorentausch zu einem technischen oder merkantilen **Minderwert** führt, kommt eine Offenbarungspflicht des Verkäufers in Betracht.[302] Ein nur etwa 10.000 km gelaufener Austauschmotor anstelle eines 50.000 km gelaufenen Originalmotors bedeutet eher eine Wertverbesserung als eine Wertminderung. Befindet sich hingegen in einem zwei Jahre alten, nur 25.000 km gelaufenen Fahrzeug ein „Ausschlachtmotor", so ist zumindest ein (offenbarungspflichtiger) **Sachmangel** zu bejahen. Gleiches gilt, wenn die Austauschaggre- **2684**

298 OLG Köln 24. 1. 1986 – 20 U 120/85 – n. v. – Porsche 930 Turbo.

299 Verneint für Händler ohne eigene Werkstatt von OLG Köln 24. 1. 1986 – 20 U 120/85 – n. v.

300 Zum neuen Recht LG Osnabrück 21. 6. 2004, NZV 2005, 100 (Motorrad).

301 BGH 1. 10. 1969, DB 1969, 2082 (Kauf eines Lastzuges vom Händler); BGH 3. 3. 1982, NJW 1982, 1386 (Lkw); s. a. OLG Bamberg 6. 3. 1974, DAR 1974, 188; OLG Köln 12. 11. 1980 – 16 U 1/79 – n. v. (Taxi); LG Bonn JMBl. NW 1972, 92; OLG München 13. 8. 2003, DAR 2003, 525 (Neuteilemotor in BMW-Halbjahreswagen).

302 OLG Schleswig 30. 11. 1984 – 11 U 327/83 – n. v.

gate selbst mangelhaft sind.[303] Fälle mit Verwendung **gebrauchter Ersatzteile** löst die Rechtsprechung über die Offenbarungspflicht.[304]

2685 Bei einem **Oldtimer** kommt es für den Wert entscheidend darauf an, dass der eingebaute Motor aus derselben Zeit wie das Fahrzeug i. Ü. stammt.[305] Trotz übereinstimmend verwendeter Bezeichnung „Austauschmotor" kann beim Kauf eines Ersatzmotors für einen Oldtimer ein nur generalüberholter Motor gemeint sein.[306]

c) Betriebserlaubnis/Zulassungs- und Benutzungshindernisse

2686 Ein zur Benutzung im öffentlichen Verkehr verkauftes Kraftfahrzeug, das im Zeitpunkt der Übergabe **keine gültige Betriebserlaubnis** hat, gilt als sachmangelhaft; ein Rechtsmangel liegt nicht vor.[307] Gradmesser ist i. d. R. der objektive Mangelbegriff (§ 434 Abs. 1 S. 2 Nr. 2 BGB). Mitunter wird auch die vertraglich vorausgesetzte Verwendung bemüht. Vereinbarungen über die Betriebserlaubnis bzw. die Zulassung sind jedenfalls selten. Zur Auslegung von „Zulassung als Pkw" beim Kauf eines Mercedes Sprinter s. AG Gotha SVR 2006, 464.

2687 Das Vorhandensein einer Betriebserlaubnis ist **die Grundvoraussetzung** für eine rechtlich zulässige Benutzung eines Kfz im Straßenverkehr (§ 3 Abs. 1 FZV). Die Erteilung der Betriebserlaubnis ist nicht Bestandteil der Zulassung, sondern Voraussetzung hierfür.[308] Eine einmal erteilte Betriebserlaubnis bleibt grundsätzlich bis zur endgültigen Außerbetriebsetzung wirksam (§ 19 Abs. 2 S. 1 StVZO). Vorzeitig kann sie bei den in § 19 Abs. 2 S. 2 StVZO aufgeführten **Änderungen am Fahrzeug** erlöschen, und zwar automatisch.

2688 Darüber, welche Veränderungen am Fahrzeug die Allgemeine Betriebserlaubnis (ABE) erlöschen lassen, gibt der BMV-Beispielkatalog Auskunft.[309] Freilich ist er weder erschöpfend noch verbindlich. Er dient lediglich der Auslegung des § 19 Abs. 2 StVZO. **Natürlicher (normaler) Verschleiß** lässt die Betriebserlaubnis unberührt.

2689 Das **Erlöschen der Betriebserlaubnis** gem. § 19 Abs. 2 StVZO hat zur Folge, dass das Fahrzeug auf öffentlichen Straßen grundsätzlich nicht mehr benutzt werden darf.[310]

2690 Für den Gebrauchtwagenkauf von besonderer Bedeutung sind **Veränderungen am Motor,** sei es durch Einbau eines Ersatzmotors, sei es durch Veränderungen des Originalmotors. Zum Chip tuning s. Rdn. 2693. Daneben spielen **Fahrwerksveränderungen**, insbesondere Tieferlegungen[311], und **Räder**- bzw. **Reifenumrüstungen**[312] eine Rolle. Zur Bedeutung der Richtlinie 92/23/EWG (seit 2000) für die Bereifung s. AG Duisburg-Ruhrort

303 BGH 1. 10. 1969, DB 1969, 2082; OLG Saarbrücken 27. 6. 1989 – 7 U 135/88 – n. v.; OLG Bremen 10. 9. 2003, OLGR 2004, 117 (keine Typgerechtigkeit).

304 OLG Düsseldorf 11. 11. 2002 – 1 U 60/02 – n. v.

305 BGH 7. 12. 1994, NZV 1995, 222.

306 LG Kleve 21. 1. 2000 – 5 S 194/97 – n. v.

307 OLG Karlsruhe 24. 3. 2006, NJW 2007, 443 (Chip tuning); LG Dortmund 13. 1. 2006 – 22 O 138/05 – n. v. (Quad); vgl. auch BGH 30. 1. 1991, NJW-RR 1991, 870 (umgerüsteter Vorführwagen); BGH 22. 2. 1984, NJW 1984, 2287 (Fehlen einer Typ-Prüfung bei einem Kran); OLG Karlsruhe 1. 7. 1953, RdK 1954, 58 (fehlende Zulassungsfähigkeit bei Kfz-Anhänger).

308 *Huppertz*, DAR 2008, 172.

309 Abgedruckt bei *Hentschel/König/Dauer*, Straßenverkehrsrecht, § 19 StVZO.

310 Zu den weiteren Rechtsfolgen s. *Huppertz*, DAR 2008, 172.

311 Dazu BGH 30. 1. 1991, NJW-RR 1991, 870; OLG Koblenz 15. 12. 2003, NJW-RR 2004, 344 = DAR 2004, 147; OLG Düsseldorf 27. 6. 2005 – 1 U 28/05 – n. v.; OLG Bamberg 2. 3. 2005, DAR 2005, 619.

312 Vgl. BGH 5. 7. 1978, NJW 1978, 2241; BGH 30. 1. 1991, NJW-RR 1991, 870; OLG Bamberg 2. 3. 2005, DAR 2005, 619.

DAR 2006, 694 mit Anm *Heyn*. Zur Auswechslung des gesamten **Rahmens** eines Motorrades s. OLG Karlsruhe VRS 84, 241; vgl. auch OLG Oldenburg BB 1995, 430.

Motorumrüstungen hat die Rechtsprechung im früheren Kaufrecht in erster Linie unter dem Gesichtspunkt der Eigenschaftszusicherung (§§ 459 Abs. 2, 463 S. 1 BGB a. F.) erörtert, s. Rdn. 2921 ff. Sofern eine solche „Garantieübernahme" nicht festgestellt werden konnte, ging es um Fehlerhaftigkeit nach § 459 Abs. 1 BGB a. F., meist i. V. m. §§ 463 S. 2, 476, 477 BGB a. F.[313] Die Sachmangelhaftung wurde selbst dann bejaht, wenn eine dem Käufer mitgeteilte Fahrzeugveränderung durch eine konkrete Betriebserlaubnis mit Einzelabnahme behördlicherseits gebilligt worden ist (vgl. §§ 21, 22 StVZO), sie aber in technischer Hinsicht einen Risikofaktor darstellte. So kann sich beispielsweise ein stärkerer Motor, dessen Einbau genehmigt worden ist, ungünstig auf die Funktionsfähigkeit und Lebensdauer des Motors selbst, aber auch anderer Teile wie Getriebe oder Hinterachse auswirken. Diese **gesteigerte Fehleranfälligkeit** (Schadenanfälligkeit) kann als Sachmangel zu werten sein.[314] Im Rahmen der **Arglisthaftung** sind in solchen Fällen erhöhte Anforderungen an die subjektive Seite zu stellen, s. a. Rdn. 4456. **2691**

Um die Sachmängelhaftung auszulösen, muss sich das Fehlen bzw. der Wegfall der Betriebserlaubnis nicht mehr in erheblicher Weise zum Nachteil des Käufers auswirken. **Erheblichkeit des Mangels** ist im neuen Kaufrecht nur noch für die Rechtsfolgeseite von Bedeutung (s. Rdn. 3511 ff.). Insoweit ist Vorsicht geboten. Die Allgemeine Betriebserlaubnis erlischt vielfach schon bei Veränderungen, die ohne nennenswerten Kostenaufwand rückgängig gemacht werden können (z. B. Entfernen eines unzulässigen Spoilers oder einer nicht genehmigten Schalldämpferanlage) oder deren behördliche Genehmigung weder viel Geld noch viel Zeit kostet. Wo die Grenze zwischen Bagatellstörung und erheblichem Sachmangel/Pflichtverletzung verläuft, hängt von den Umständen des Einzelfalles ab. Eine nur kurze Nichtbenutzbarkeit des Fahrzeugs begründet noch keine Sachmängelhaftung.[315] **2692**

Von der Auswechselung des kompletten Motors ist das sog. **Chip Tuning** zu unterscheiden.[316] Eingriffe in die Motorsteuerung („Motormanagement") erfolgen meist zur Leistungssteigerung. Sie können vielfältige Auswirkungen haben und sind damit auch gewährleistungsrechtlich relevant.[317] Nach Ansicht des OLG Düsseldorf löst ein Chip Tuning keine Sachmängelhaftung aus, wenn die Veränderung der Motorleistung im Fahrzeugbrief eingetragen ist und nicht zum Erlöschen der Betriebserlaubnis geführt hat.[318] Durch den vertraglichen Hinweis auf das Vorhandensein des „Originalmotors" sei das Unterbleiben eines Chip Tunings nicht stillschweigend vereinbart worden. Mag die Veränderung der Motorleistung auch nicht die Eignung des Fahrzeugs zur vertraglich vorausgesetzten oder gewöhnlichen Verwendung beeinträchtigen[319], so entspricht ein solcher Eingriff doch nicht der üblichen Beschaffenheit und auch nicht der Erwartung eines Durchschnittskäufers. So gesehen, kann ein Sachmangel nach den Kriterien des § 434 Abs. 1 S. 2 Nr. 2 BGB **2693**

---

313 Vgl. OLG Saarbrücken 27. 6. 1989 – 7 U 135/88 – n. v. (Verkauf eines Buggy durch Kfz-Meister); s. a. OLG Köln 2. 12. 1992, zfs 1993, 85, 86.

314 Offen gelassen von LG Köln 23. 5. 1991 – 2 O 479/90 – n. v.

315 Grundlegend BGH 10. 7. 1953, BGHZ 10, 242 = NJW 1953, 1505 = LM Nr. 1 zu § 459 Abs. 1 m. Anm. *Lindenmaier:* zu weit OLG Stuttgart 10. 4. 1970, DAR 1971, 13; vgl. auch BGH 26. 4. 1991, NJW 1991, 2138 (Hauskauf).

316 Dazu OLG Karlsruhe 24. 3. 2006, NJW 2007, 443 = DAR 2007, 153 (NZB zurückgewiesen); OLG Düsseldorf 3. 12. 2004, zfs 2005, 130.

317 Näheres bei *Grunert*, DAR 2000, 356; *Jung*, PVR 2001, 299.

318 Urt. v. 3. 12. 2004, zfs 2005, 130; s. a. OLG Karlsruhe 24. 3. 2006, NJW 2007, 443 = DAR 2007, 153.

319 Zu berücksichtigen sind indes ein Kraftstoffmehrverbrauch und ggf. höhere Versicherungskosten.

durchaus zu bejahen sein. Das hat das OLG Düsseldorf[320] letztlich offen gelassen. Eine **Aufklärungspflichtverletzung** hat es unter Hinweis auf die Eintragung der Motorveränderung im Fahrzeugbrief verneint. Im Fall des Erlöschens der Betriebserlaubnis ist ein Sachmangel zu bejahen.[321]

2694 Im **Grenzbereich zwischen Sachmängel- und Rechtsmängelhaftung** liegen die Fälle, die dadurch gekennzeichnet sind, dass die Zulassungsbehörde die vom Käufer beantragte Neuzulassung (Ummeldung) verweigert oder von der Erfüllung bestimmter Auflagen und Bedingungen abhängig gemacht hat, z. B. einer Begutachtung durch einen amtlich anerkannten Sachverständigen für den Kraftfahrzeugverkehr. Diese Fälle werden in der Rechtsprechung[322] unter dem Stichwort **„Zulassungsmangel"** oder **„rechtliche Zulassungsunfähigkeit"** erörtert.

2695 Soweit das Zulassungshindernis seinen tatsächlichen Grund in der Beschaffenheit des Fahrzeugs hat, was regelmäßig der Fall sein wird, greift nach h. M. die Sachmängel-, nicht die Rechtsmängelhaftung ein.[323] Wegen der jetzt nahezu identischen Rechtsfolgen ist die Abgrenzungsfrage weitgehend obsolet. Von Bedeutung bleibt sie im Hinblick auf Freizeichnungsklauseln.

2696 Eine besondere Gruppe bilden die Fälle mit **„Zuladungsproblemen"**, insbesondere bei **Wohnmobilen**[324] und **Kombifahrzeugen**.[325]

2697 Die Verpflichtung des Verkäufers zur Übergabe der für die Ummeldung erforderlichen Unterlagen können die Vertragsparteien auch als **eigenständige Nebenpflicht** oder – wie beim Fahrzeugbrief – als **Hauptpflicht** ausgestaltet haben.[326] Nicht gefolgt werden kann dem OLG Stuttgart, wenn es einen Sachmangel darin sieht, dass der **Fahrzeugbrief** für die Zulassung nicht zur Verfügung stand, weil ein Dritter die Herausgabe verweigerte.[327] Der Hinweis des OLG Stuttgart auf die Entscheidung des BGH v. 10. 7. 1953[328] geht fehl. In dem BGH-Fall hatte der Käufer einen Fahrzeugbrief erhalten, wenn auch mit der Besonderheit, dass die darin eingetragene Fahrgestellnummer nicht mit der ursprünglichen, sondern nur mit einer nachgeschlagenen Nummer übereinstimmte.

2698 Bei **Vorenthaltung des Fahrzeugbriefes** haftet der Verkäufer nach allgemeinem Leistungsstörungsrecht, nicht nach den §§ 434 ff. BGB (s. Rdn. 1937 ff.). Sachmängelrecht ist hingegen anwendbar, wenn dem Käufer daraus Nachteile erwachsen, dass Eintragungen im (ausgehändigten) Fahrzeugbrief nicht übereinstimmen mit der Beschaffenheit des Fahrzeugs selbst. Das Zueinanderpassen von Brief und Fahrzeug ist eine Sacheigenschaft (Beschaffenheitsmerkmal) des Fahrzeugs. Bei Nichtübereinstimmung der im Brief eingetragenen **Fahrgestellnummer** mit der tatsächlichen Fahrgestellnummer ist der Käufer zum Rücktritt vom Kaufvertrag berechtigt, sofern er nicht nur vorübergehend am Gebrauch

---

320 Urt. v. 3. 12. 2004, zfs 2005, 130.

321 OLG Karlsruhe 24. 3. 2006, NJW 2007, 443 = DAR 2007, 153.

322 Bereits RG 4. 2. 1936, JW 1936, 1888; OLG Karlsruhe 1. 7. 1953, RdK 1954, 58; OLG Stuttgart 1. 4. 1953, NJW 1953, 1264; OLG Oldenburg 7. 1. 1997, OLGR 1997, 151 – Klassiker-Nachbau.

323 LG Duisburg 24. 3. 2005 – 4 O 386/04 – n. v. (Ausnahmegenehmigung nach § 70 StVZO).

324 OLG Düsseldorf 15. 6. 2000, OLGR 2001, 180; OLG Nürnberg 14. 11. 2001, NJW-RR 2002, 628 = DAR 2002, 219.

325 BGH 23. 5. 2001 – VIII ZR 279/99 – n. v.

326 Zu diesem Ansatz s. BGH NJW 1981, 1564 und BGH NJW 1984, 2287 m. Anm. *Vollkommer/Teske*, JZ 1984, 844; vgl. auch OLG Bamberg 2. 3. 2005, DAR 2005, 619 = OLGR 2005, 265 (Umrüstungsnachweis).

327 Urt. v. 10. 4. 1970, DAR 1971, 13.

328 BGHZ 10, 242 = NJW 1953, 1505.

des Fahrzeugs gehindert ist.[329] Bei nachträglicher Beseitigung des Zulassungsmangels kann das Festhalten an der Rückabwicklung des Vertrages treuwidrig sein.[330]

Außer auf dem Fabrikschild (Typenschild) muss die Fahrzeug-Identifizierungsnummer auf dem Fahrgestell gut sichtbar eingeschlagen oder eingeprägt angegeben sein (§ 59 Abs. 2 StVZO). Beide Nummern müssen übereinstimmen. Wird ein Fahrzeug ohne oder mit einer nur schwer lesbaren oder mit einer neuen Fahrzeug-Identifizierungsnummer verkauft, so kann darin, aber auch wegen des Manipulationsverdachts, ein Mangel i. S. v. § 434 Abs. 1 S. 2 Nr. 2 BGB liegen.[331] **2699**

Wie bei einem (unfallbedingten) Einbau eines Ersatzrahmens zu verfahren ist, ist in § 59 Abs. 2 StVZO näher geregelt. Fahrzeuge, die ohne vorherigen Unfall **„umgenummert"** worden sind, dürften i. d. R. gestohlen sein. Der gestohlene Wagen erhält eine Fahrzeug-Identifizierungsnummer, die mit der Nummer in einem echten Fahrzeugbrief übereinstimmt. Den Brief haben die Täter zusammen mit einem Unfallfahrzeug mit Totalschaden korrekt erworben. Passend zum Brief wird dann ein Fahrzeug gestohlen und „umgenummert".[332] **2700**

Fahrzeuge mit so genannter TP-Nummer im Fahrzeugbrief (Eigenfabrikate ohne Allgemeine Betriebserlaubnis) können gleichfalls sachmangelhaft sein. Allein mit der Vorlage des Briefes erfüllt der Verkäufer seine Offenbarungspflicht nicht.[333] Zur Aufklärungspflicht eines Gebrauchtwagenhändlers beim Verkauf eines Pkw, dessen FIN nach einem Diebstahl verfälscht und später an anderer Stelle neu eingestanzt worden ist, s. OLG Düsseldorf NZV 2000, 83 = DAR 2002, 261. **2701**

Zur Haftung eines Kfz-Händlers beim Verkauf eines gestohlenen Pkw mit einem Fahrzeugbrief aus einem Totalschadensfall mit einem anderen Fahrzeug s. OLG Düsseldorf 24. 6. 2002 – 1 U 208/01 – n. v. (Vermittlerhaftung nach altem Recht) und OLG Karlsruhe NJW 2005, 989 (neues Recht). **2702**

Eintragungsfehler bei der Ausstellung der Fahrzeugpapiere: Dass die Eintragungen in den Papieren nicht zum Auto passen, kein ganz seltener Befund, kann vielfältige Gründe haben. Die Ursache kann bereits beim Hersteller liegen. So ist z. B. der Ford Maverick 3,0 beim Produktionsprozess in den USA mit falschen, zu einer 2,3-Liter-Version gehörenden Daten versehen worden. Darin liegt aus Sicht eines deutschen Käufers ein Sachmangel. Weiteres Beispiel: Im Zuge der Wiedervereinigung soll es in ostdeutschen Zulassungsstellen reihenweise zu Eintragungsfehlern gekommen sein. Generell problematisch sind Zulassungen gebrauchter **Import- und Reimportfahrzeuge.** Wird versehentlich ein unrichtiges Erstzulassungsdatum oder ein falsches Baujahr eingetragen, kann das einen Sachmangel begründen. Zur Altersproblematik bei Reimportfahrzeugen s. Rdn. 2648. Ob man in dem höheren Alter des Fahrzeugs oder in der Falscheintragung den Sachmangel sieht, macht im Ergebnis keinen Unterschied. **2703**

---

329 BGH 10. 7. 1953, BGHZ 10, 242 = NJW 1953, 1505; OLG Zweibrücken 4. 7. 1984, DAR 1985, 59; OLG Hamburg 12. 6. 1992, DAR 1992, 378; LG Freiburg 12. 5. 1953, DAR 1953, 212; a. A. OLG Hamm 24. 11. 1952, NJW 1953, 386; *Schlechtriem*, NJW 1970, 1993; vgl. auch OLG Stuttgart 1. 4. 1953, NJW 1953, 1264.

330 Vgl. BGH 22. 2. 1984, NJW 1984, 2287, 2288.

331 BGH 10. 7. 1953, BGHZ 10, 242 = NJW 1953, 1505; LG Göttingen 10. 12. 1953, DAR 1954, 134; OLG Hamburg 11. 7. 1958, BB 1958, 896; OLG Zweibrücken 4. 7. 1984, DAR 1985, 59; OLG Hamburg 12. 6. 1992, DAR 1992, 378; SchlHOLG 4. 7. 1996, OLGR 1996, 339 = zfs 1997, 17; s. a. BGH 7. 5. 1997, NJW 1997, 3164; LG Aachen 17. 4. 1997, NJW-RR 1997, 1552; OLG Düsseldorf 23. 7. 1999, NZV 2000, 83 = DAR 2000, 261.

332 Vgl. BGH 7. 5. 1997, NJW 1997, 3164; OLG Karlsruhe 14. 9. 2004, ZGS 2004, 477; SchlHOLG 4. 7. 1996, OLGR 1996, 339 = zfs 1997, 17; OLG Düsseldorf 24. 6. 2002 – 1 U 208/01 – n. v.

333 Vgl. auch OLG Oldenburg 4. 7. 1962, MDR 1962, 901.

2704 Wird bei der Ausstellung eines **Ersatzbriefes** aus der Reihe von mehreren Voreigentümern (Haltern) einer versehentlich nicht eingetragen, so kann auch dieser Umstand zur Sachmängelhaftung führen, ebenso eine Abweichung bei der Herstellerangabe zwischen Ersatzbrief und Kaufvertrag.[334] Zur Aufklärungspflicht bei Vorhandensein eines Ersatzbriefes s. OLG Düsseldorf DAR 2002, 261 = NZV 2000, 83.

2705 Bei Aushändigung eines Fahrzeugs mit einem **gefälschten Brief** ist – anders als bei Vorenthaltung des ganzen Briefes – grundsätzlich Sachmängelrecht anzuwenden, sofern man mit dem BGH das Vorhandensein eines mit dem verkauften Fahrzeug übereinstimmenden Briefes als Eigenschaft des Fahrzeugs ansieht.[335]

2706 Zur Rechtslage beim Verkauf eines Fahrzeugs mit **gefälschter** oder zu Unrecht erteilter **TÜV-Plakette** s. Rdn. 3036 ff.

2707 **Behördliche Benutzungshindernisse durch Beschlagnahme und Sicherstellung:** Wird das Fahrzeug wegen des Verdachts einer strafbaren Handlung gem. § 94 StPO beschlagnahmt oder gem. § 111b StPO sichergestellt, ist das ein Fall der **Rechtsmängelhaftung.**[336] Näheres dazu Rdn. 4655.

2708 **Benutzungshindernis wegen fehlender Fahrerlaubnis:** Die Frage der Fahrerlaubnis ist grundsätzlich Risiko des Käufers, weil er das Verwendungsrisiko trägt. Anders ist es, wenn der Verkäufer den führerscheinlosen Betrieb bzw. den Betrieb mit einem Führerschein ein bestimmten Klasse zugesagt hat.[337]

d) Fahrbereitschaft/Betriebsbereitschaft/Einsatzfähigkeit/ Verkehrssicherheit/Betriebssicherheit

aa) Fahrbereitschaft

(1) Gewerblicher Handel

2709 Seit 1979/80 befindet sich in den handelsüblichen Bestellscheinen, vor allem des Fachhandels, die vorformulierte Erklärung: **„Das Fahrzeug ist fahrbereit“.** Der Händler hat die Wahl, ob er „ja“ oder „nein“ ankreuzt. I. d. R. wird „ja“ angekreuzt oder unterstrichen, mitunter weder das eine noch das andere (wie z. B. im Fall OLG Düsseldorf OLGR 1996, 180).

2710 Aus den Kaufvertragsformularen für den gewerblichen Handel, die aus Anlass der Schuldrechtsreform neu konzipiert worden sind, ist die Klausel über die Fahrbereitschaft weitgehend verschwunden. Dass sie mitunter noch Verwendung findet, zeigen beispielhaft die **BGH-Entscheidung vom 22. 11. 2006**[338] und das Jaguar-Urteil des OLG Düsseldorf vom 25. 3. 2010[339].

2711 Durch die Zusicherung, ein zum sofortigen Gebrauch auf öffentlichen Straßen verkauftes Fahrzeug sei „fahrbereit“, übernimmt der **gewerbliche** Verkäufer die Gewähr dafür, dass das Fahrzeug nicht mit verkehrsgefährdenden Mängeln behaftet ist, aufgrund derer es **bei**

334 OLG Oldenburg 31. 1. 1995, NJW-RR 1995, 688.

335 Urt. v. 10. 7. 1953, BGHZ 10, 242 = NJW 1953, 1505.

336 So für die Beschlagnahme nach § 111b StPO BGH 18. 2. 2004, NJW 2004, 1802 (altes Recht); abw. für eine Sicherstellung nach § 94 StPO OLG Köln 25. 7. 2001, OLGR 2002, 169; LG Bonn 23. 11. 1976, NJW 1977, 1822; (vom BGH a. a. O. offen gelassen); vgl. auch BGH 7. 5. 1997, NJW 1997, 3164; OLG Hamm 20. 1. 2011 – I-28 U 139/10; OLG München 26. 5. 1982, NJW 1982, 2330; LG Karlsruhe 28. 11. 2006, DAR 2007, 589 m. Anm. *Hofstätter* (Rechtmängelhaftung wegen nur vorübergehendem Zulassungshindernis verneint).

337 LG München I 25. 4. 2000, NZV 2000, 417; s. a. OLG Nürnberg 23. 1. 2001, NJW-RR 2002, 267.

338 NJW 2007, 759.

339 Az. I-18 U 1/08 (Vorinstanz LG Düsseldorf 7. 12. 2007 – 6 O 75/06).

einer Hauptuntersuchung als **verkehrsunsicher** eingestuft werden müsste.[340] Der Käufer muss also nachweisen, dass sich das Fahrzeug bei Übergabe in einem verkehrsunsicheren Zustand befunden hat. Dies beurteilt sich nicht nach der mehr oder weniger freien Einschätzung eines Kfz-Sachverständigen. Prüfungsmaßstab ist **§ 29 StVZO** in Verbindung mit den einschlägigen Richtlinien.[341]

Um bei „fahrbereit" einen Haftungsfall bejahen zu können, muss ein Mangel festgestellt werden, der das Fahrzeug verkehrsunsicher macht. Die Benotung „erhebliche Mängel" genügt nicht.[342] Nach den jährlich erscheinenden TÜV-Reports sind es nur zwischen 0,1 und 0,5 % der Autos in den Altersklassen ab sechs Jahren, die bei einer Hauptuntersuchung nach § 29 StVZO mit „verkehrsunsicher" die schlechteste aller Prüfnoten erhalten. Könnte die Prüfplakette wegen einer weniger schlechten Note verweigert werden (z. B. wegen „erheblicher Mängel"), stünde dies der Zusage „fahrbereit" nicht ohne weiteres entgegen.[343] **2712**

Allerdings darf der Begriff „fahrbereit" nicht auf den Aspekt der Verkehrssicherheit verengt werden.[344] Um sich in einem Zustand zu befinden, der eine gefahrlose Benutzung im Straßenverkehr erlaubt, muss ein Fahrzeug im Hinblick auf seinen wesentlichen technischen Funktionen so beschaffen sein, dass ein Betrieb des Fahrzeugs überhaupt möglich ist. Daran kann es, so der BGH weiter,[345] fehlen, wenn ein Fahrzeug schon im Zeitpunkt der Übergabe wegen **gravierender technischer Mängel** nicht imstande ist, eine auch nur minimale Fahrstrecke zurückzulegen. Jedoch übernehme der Verkäufer mit der Angabe „fahrbereit" **nicht** ohne weiteres **die Gewähr im Sinne einer Haltbarkeitsgarantie nach § 443 BGB** dafür, dass das Fahrzeug auch noch nach Übergabe über einen längeren Zeitraum oder über eine längere Strecke fahrbereit bleibe. **2713**

Ob und ggf. bis zu welcher Grenze ein Fahrzeug, das schon nach kürzester Strecke liegen bleibt, als bereits im Zeitpunkt der Übergabe betriebsunfähig – und somit nicht fahrbereit – anzusehen ist, hat der BGH[346] offen gelassen. Im Entscheidungsfall war der neun Jahre alte Pkw nicht mit Motorschaden liegen geblieben; in einer Werkstatt war lediglich festgestellt worden, dass die Funktionsfähigkeit des Motors aufgrund vorhandener Mängel nicht mehr auf Dauer gewährleistet war. Eine **unmittelbar bevorstehende Betriebsunfähigkeit**, vom Ansatz her ausreichend für das Urteil „nicht fahrbereit", war aus tatsächlichen Gründen nicht festzustellen.[347] **2714**

Dass ein **Motordefekt** zu einem **plötzlichen Ausfall** der Maschine und damit des Fahrzeugs insgesamt **führen kann**, genügt damit entgegen OLG Hamm[348] nicht. Gewiss kann ein unerwarteter Motorausfall eine kritische Verkehrssituation heraufbeschwören, z. B. beim Überholen auf kurvenreicher Landstraße. Die Gefahr muss sich aber zeitnah bzw. nach kurzer Fahrstrecke seit der Übergabe realisiert haben, um bezogen auf den maßgeblichen Zeitpunkt der Übergabe von einer unmittelbaren Betriebsunfähigkeit sprechen zu können. **2715**

---

340 BGH 22. 11. 2006, NJW 2007, 759 im Anschluss an BGHZ 122, 256 = NJW 1993, 1854; OLG Düsseldorf 25. 3. 2010 – I-18 U 1/08.

341 OLG Düsseldorf 25. 3. 2010 – I-18 U 1/08.

342 OLG Düsseldorf 25. 3. 2010 – I-18 U 1/08.

343 OLG Düsseldorf 25. 3. 2010 – I-18 U 1/08 – defektes Hinterachsdifferential; LG Aachen 23. 11. 2001, NJW-RR 2002, 1207 – defekte Airbags.

344 So BGH 22. 11. 2006, NJW 2007, 759.

345 Urt. v. 22. 11. 2006, NJW 2007, 759.

346 Urt. v. 22. 11. 2006, NJW 2007, 759.

347 Siehe auch OLG Düsseldorf 25. 3. 2010 – I-18 U 1/08 – (keine Garantie/Gewähr für eine Fahrstrecke von mehr als die tatsächlich zurückgelegten 2 237 km).

348 Urt. v. 18. 8. 1994, MDR 1994, 1086 = zfs 1995, 16; s. a. OLGR 1996, 115; ebenso OLG Köln 16. 5. 1997, VersR 1998, 592 = VRS 94, 168 = OLGR 1998, 26 – undichtes Kühlwassersystem als Ursache eines Kurbelwellenschadens; s. a. LG Rostock 11. 8. 2000, VRS 103, 241.

2716 Zur Bedeutung von aggregatbezogenen Angaben wie **„Motor ist fahrbereit“** s. Rdn. 2681.

2717 Anders als Motor, Getriebe und Elektronik sind **Bremsen** und **Lenkung** Gegenstand der Hauptuntersuchung nach § 29 StVZO. Defekte an diesen Fahrzeugteilen müssen so gravierend sein, dass sie das Kaufobjekt im Zeitpunkt der Übergabe „verkehrsunsicher“ machen. Gleiches gilt für **Durchrostungen** im Karosseriebereich.[349] Nach Meinung des OLG Celle[350] fehlt die zugesicherte Eigenschaft „fahrbereit“ auch, wenn ein **unfallbedingter Rahmenschaden** entgegen den Vorgaben des Herstellers nicht durch den Einbau von Neuteilen, sondern durch Schweiß- und Richtarbeiten repariert worden ist . Wer über einen als **„Totalschaden“** bezeichneten Frontschaden informiert, zugleich aber „fahrbereit“ ankreuzt, handelt arglistig, wenn das Fahrzeug infolge mangelhafter Instandsetzung verkehrsunsicher ist.[351]

2718 Wenn **ein Kfz-Händler**, aus welchem Grund auch immer, „fahrbereit“ weder durch Ankreuzen noch durch Unterstreichen bejaht, sondern die Formularzeile **unausgefüllt** lässt, dürfte die Rechtsprechung ihn so behandeln, als habe er „Fahrbereitschaft“ (stillschweigend) zugesagt, wenn nicht garantiert. Das OLG Düsseldorf hat diesen Schritt nicht gewagt. Es hat an die Aushändigung eines zwei Monate alten TÜV-Berichtes angeknüpft und darin die stillschweigende Zusicherung des „bescheinigten Mindestsicherheitsstandards“ gesehen.[352]

(2) Privatverkäufe

2719 Außerhalb des professionellen Gebrauchtwagenhandels sind **Vertragsformulare** mit der vorgedruckten Erklärung „fahrbereit“ o. Ä. nur selten anzutreffen, entsprechend gering ist das Entscheidungsmaterial. Ob eine Eigenschaftszusicherung i. S. d. §§ 459 Abs. 2, 463 S. 1 BGB a. F. auch beim Verkauf durch eine Privatperson angenommen werden kann, hat der BGH nach „altem“ Recht nicht mehr entscheiden müssen. Keine Antwort gibt auch das OLG Stuttgart im Urteil v. 13. 5. 1997, OLGR 1998, 256 (Lkw-Verkauf). In der zum neuen Kaufrecht ergangenen Entscheidung v. 22. 11. 2006[353] ist der BGH auf diese Frage nicht eingegangen, obwohl mit einem GmbH-Geschäftsführer ein Verbraucher, wenngleich aus der Kfz-Branche, als – vorgeschobener – Verkäufer gehandelt hatte.

2720 In der **individuellen Erklärung** „fahrbereit“ eines nichtgewerblichen Verkäufers, etwa in einer eBay-Anzeige[354], mehr als eine „einfache“ Beschaffenheitszusage (§ 434 Abs. 1 S. 1 BGB) zu sehen, bedarf sorgfältiger Begründung, ausgerichtet an den Interessen beider Seiten. Die Erklärung muss stets im Kontext weiterer Verkäuferangaben gesehen werden, verstärkender wie „TÜV bis 8/2007“ und abschwächender wie „Teileträger“.[355] Bei Annahme einer Beschaffenheitsgarantie[356] dürfte der Bedeutungsgehalt nicht über das hinausgehen, was in BGH NJW 2007, 759 zu einer entsprechenden Formularerklärung im Kfz-Handel gesagt wird. Die Zusage der Fahrbereitschaft kann sich auch aus Erklärungen erge-

349 Dazu OLG Düsseldorf 10. 7. 1986 – 18 U 50/86 – n. v.

350 Urt. v. 4. 4. 1996, OLGR 1996, 195.

351 OLG Koblenz 18. 5. 2000, DAR 2002, 169 = r+s 2002, 367 = VRS 102, 164.

352 Urt. v. 10. 2. 1996, OLGR 1996, 180.

353 NJW 2007, 759.

354 Dazu OLG Hamm 12. 5. 2009, NJW-RR 2009, 1718 = ZGS 2009, 473; LG Kleve 25. 6. 2004 – 5 S 12/04; LG Bückeburg 10. 1. 2007 – 2 S 66/06 („Fahrzeug ist in gebrauchsfähigem Zustand .....“).

355 Vgl. OLG Hamm 12. 5. 2009, NJW-RR 2009, 1718 = ZGS 2009, 473.

356 So das Brand OLG 29. 1. 2009 – 5 U 54/08 – VRR 2009, 183 (*Zorn*), allerdings mit zwei Besonderheiten: a) Motor-Yacht, b) Vermerk „fahrbereit“ in einem Übernahmeprotokoll.

ben wie „guter Zustand, zuletzt waren wir mit dem Wohnmobil in Spanien und alles hat super geklappt“[357] oder „sofort urlaubsklar“[358].

(3) B2B-Verträge

2721 Aus der Klausel „Insbesondere hat der Einlieferer ... zu garantieren, dass das Fahrzeug fahrbereit und verkehrssicher ist ...“ in den AGB eines Auktionshauses hat das LG Bonn[359] eine Garantie i. S. d. § 443 BGB für die Fahrbereitschaft und Verkehrssicherheit abgeleitet und ein Liegenbleiben wegen Motordefekts schon nach rund 25 km als Garantiefall gewertet.

bb) Einsatz- und Zulassungsfähigkeit

2722 Das **Risiko**, den von ihm beabsichtigten **Verwendungszweck** zu verfehlen, trägt **grundsätzlich** der Käufer.[360] Die Parteien können dieses Risiko aber ausdrücklich oder stillschweigend bzw. konkludent zulasten des Verkäufers geregelt haben. Das ist eine Frage der Auslegung seiner Erklärungen und seines Gesamtverhaltens unter Berücksichtigung der Begleitumstände. Einseitig gebliebene Vorstellungen und Erwartungen des Käufers sind unbeachtlich. Vielmehr ist, so der BGH,[361] „eine Willenseinigung beider Vertragsteile dahin erforderlich, dass die Kaufsache zu einem bestimmten Zweck geeignet sei oder bestimmte Eigenschaften besitzen müsse, wobei allerdings der beiden Teilen bekannte Verwendungszweck bzw. die betreffende Eigenschaft auch stillschweigend im Sinne einer solchen Willenseinigung zur Vertragsgrundlage gemacht werden kann“.

2723 **Ausdrückliche Vereinbarungen** über den Verwendungszweck (Zweckeignung/Nutzungsmöglichkeit) sind beim Gebrauchtfahrzeugkauf – abgesehen von der Zusage „fahrbereit“ (dazu Rdn. 2709 ff.) – ungewöhnlich. Normalerweise werden sie gekauft, um sie im Straßenverkehr als Transportmittel einzusetzen. Dass ein zur Weiterbenutzung gekauftes Kfz auch bestimmungsgemäß benutzt werden kann, entspricht der Normalerwartung beider Vertragspartner.[362] Kann dieser Zweck aus Gründen, die mit der Beschaffenheit des Fahrzeugs zu tun haben, nicht realisiert werden, kann ein **Sachmangel nach § 434 Abs. 1 S. 1 BGB** vorliegen (Abweichung von der vereinbarten Beschaffenheit). Nichteignung zum vertraglich vorausgesetzten Zweck kann aber auch unter **§ 434 Abs. 1 S. 2 Nr. 1 BGB** fallen (s. dazu Rdn. 2509). Als Drittes kommt eine **stillschweigende Garantie** der vereinbarten Zweckeignung in Betracht. Letzteres ist jedoch, mag die Eigenschaft auch noch so elementar sein, i. d. R. nicht anzunehmen.

2724 Garantieübernahmen sind indessen bei geplanten **Sondernutzungen** und allgemein bei **Sonderfahrzeugen** in Betracht zu ziehen, etwa wenn dem Verkäufer eines **Lkw** die Absicht mitgeteilt wird, das Kaufobjekt für Ferntransporte zu benutzen.[363] Zur Erklärung des Verkäufers gebrauchter Werkzeugmaschinen „Alle Maschinen sind komplett ... und einsatzbereit“ vgl. BGH NJW 1968, 2375; s. a. BGH NJW 1981, 224. In Fällen dieser Art hat zumindest die **ältere Rechtsprechung** Eigenschaftszusicherungen nur bei Übernahme einer **besonderen Gewähr** bejaht. „Immer müsse der Sachverhalt dahin gedeutet werden kön-

357 OLG Köln 28. 2. 2011, DAR 2011, 260.

358 Keine Garantie, so AG München 30. 3. 2009 – 264 C 1007/08 – BeckRS 2009, 09544 = ZGS 2009, 527 (Wohnmobil).

359 Urt. v. 14. 12. 2009 – 10 O 421/08 – juris.

360 St. Rspr., z. B. BGH 27. 9. 1991, WM 1992, 153 (Grundstückskauf).

361 Urt. v. 28. 3. 1984, NJW 1984, 2289 (Tresorfall); s. a. BGH 23. 11. 1994, NJW-RR 1995, 364 (Mobilbagger).

362 BGH 22. 2. 1984, NJW 1984, 1452.

363 Vgl. BGH 16. 6. 1955, NJW 1955, 1313 = BB 1955, 652.; s. a. BGH 2. 7. 1996, WM 1996, 1918 – Spezialaufbau auf Lkw-Fahrgestell.

nen, dass der Verkäufer für das Vorhandensein der Eigenschaft auch die Gewähr übernehmen wolle."[364] Diese Voraussetzung hat der BGH beim Verkauf eines gebrauchten **Lkw-Anhängers** mit der Eintragung im Kaufantrag „Anhänger ca. 15 to Schoof-Anhänger ..." verneint.[365] Die **Tragfähigkeit** des Anhängers war hier also nicht zugesichert i. S. v. § 459 Abs. 2 BGB a. F.

2725 Demgegenüber hat das OLG Bremen[366] die Äußerung des Verkäufers, der verkaufte **Lkw** sei „ein 3/4 to-Goliath", unter den besonderen Umständen des Einzelfalls, insbesondere im Hinblick auf das dem Verkäufer bekannte spezielle Interesse des Käufers an der Tragfähigkeit des Lkw, als Zusicherung gewertet. Gleiches dürfte für die Erklärung „Fahrzeug ist fahrtüchtig" gelten.[367] Nur von einem Fehler i. S. d. § 459 Abs. 1 BGB a. F. scheint der BGH in dem in mehrerer Hinsicht besonders gelagerten **Omnibus-Fall** ausgegangen zu sein, der Gegenstand der Entscheidung v. 13. 11. 1956 ist.[368] Zur Bedeutung der Angabe **„Geländewagen"** beim Privatverkauf s. OLG Köln NJW-RR 1994, 440; OLG Düsseldorf OLGR 1995, 195, s. a. OLG Koblenz VRS 90, 322 = zfs 1995, 418 und AG München DAR 2011, 212 (älterer Geländewagen mit Allradantrieb als zugesicherte Eigenschaft); zum **Dragster-Kauf** s. OLG Düsseldorf OLGR 1993, 2; zum Umfang der Aufklärungspflicht beim Verkauf eines **Geländewagens** s. OLG Celle OLGR 1996, 194; zur „Zulassungsfähigkeit" eines **Klassiker-Nachbaus** s. OLG Oldenburg NJW-RR 1997, 1213 = OLGR 1997, 151; zur Vollzulassungsfähigkeit eines **Oldtimers** im Ausland (Österreich) s. OLG Karlsruhe 29. 5. 2002 – 9 U 133/01 (in OLGR 2002, 247 nicht abgedruckt); zur **Zuladekapazität** bei einem **Wohnmobil** s. OLG Düsseldorf OLGR 2001, 180 und OLG Nürnberg DAR 2002, 219.

2726 Zur **Führerscheinfreiheit** als zugesicherte Eigenschaft s. LG München I NZV 2000, 417 und OLG München DAR 2001, 274.

cc) Betriebs- und Verkehrssicherheit

2727 Ohne konkrete Erklärung wie etwa „fahrbereit" oder „werkstattgeprüft" oder „TÜV neu ..." will ein Gebrauchtwagenverkäufer für die Verkehrssicherheit und/oder Betriebssicherheit in aller Regel zumindest nicht als Garant einstehen. Eine stillschweigende oder konkludente Garantie dieser **Grundeigenschaften** erwartet ein verständiger Privatkäufer selbst von einem Markenhändler mit eigener Werkstatt nicht ohne weiteres.

2728 Dass beide Vertragspartner stillschweigend von der Verkehrssicherheit bzw. Betriebssicherheit ausgehen bzw. diese auch im Wortsinn verkehrswesentliche Eigenschaft als gegeben voraussetzen, genügt jedenfalls nicht für die Annahme einer Beschaffenheitsgarantie/Garantieübernahme. Entscheidungen wie die des LG Köln v. 1. 6. 1989,[369] wonach die „Verwendungsfähigkeit" (Benutzbarkeit) stillschweigend zugesichert ist, sind vereinzelt geblieben.[370] Nach dem Verbot der Haftungsfreizeichnung (§ 475 Abs. 1 BGB) besteht erst recht kein Grund mehr, Verbraucher mit der Annahme einer Zusicherung/Garantie zu schützen.[371]

2729 Allein aus der Tatsache, dass der Verkäufer einen Personenkraftwagen und keinen Schrott- oder Bastlerwagen zu einem bestimmten Preis anbietet, lässt sich nach der Ver-

---

364 BGH 11. 2. 1958, BB 1958, 284 = MDR 1958, 509.

365 BGH 11. 2. 1958, BB 1968, 284 = MDR 1958, 509; s. a. BGH 14. 5. 1996, WM 1996, 1917 – Werklieferungsvertrag über Spezial-Lkw.

366 Urt. v. 4. 7. 1950, JR 1951, 629.

367 Vgl. auch BGH 29. 1. 1968, NJW 1968, 1567 – Schiff.

368 LM § 459 Abs. 1 BGB Nr. 3.

369 DAR 1991, 188.

370 Dazu gehört z. B. LG Karlsruhe 9. 1. 1981, DAR 1981, 152.

371 Käuferfreundlicher der öster. OGH 16. 2. 2006, ZVR 2006, 414.

kehrsauffassung nicht seine Bereitschaft herleiten, für alle Folgen verschuldensunabhängig einzustehen, wenn die Verkehrs- oder Betriebssicherheit fehlt. Eine so weitgehende Haftungsübernahme setzt konkrete Äußerungen des Verkäufers voraus, die zumindest – wie z. B. der Hinweis auf eine TÜV-Abnahme oder die Vorlage einer Werkstattrechnung – einen direkten Bezug zum Thema Verkehrssicherheit/Betriebssicherheit enthalten.[372]

Schon im früheren Recht des Gebrauchtwagenkaufs ging es nicht an, die Normalerwartung der Vertragsparteien zu einer Zusicherung aufzuwerten.[373] Dies wäre auch mit der Entscheidung des BGH v. 22. 2. 1984 unvereinbar gewesen, wonach der Verkäufer nicht haften will, wenn Umstände vorliegen, welche die Verkehrssicherheit des Fahrzeugs beeinträchtigen.[374] Diese Aussage bezieht sich freilich auf den Kauf eines Gebrauchtwagens unter Gewährleistungsausschluss und ist unabhängig davon, ob der Verkäufer ein Privatmann oder ein gewerblicher Händler ist. Ist die Sachmängelhaftung nicht ausgeschlossen, besteht zumeist kein Bedürfnis, Verkehrssicherheit bzw. Betriebsbereitschaft als konkludent garantiert anzusehen. **2730**

Die schriftliche Erklärung in einem Kaufvertrag über einen **Oldtimer** „Kfz befindet sich in verkehrssicherem Zustand" lässt kaum einen Zweifel am Garantiecharakter,[375] zumindest ist damit eine Beschaffenheitsvereinbarung verbunden. **2731**

e) Dienstwagen/Direktionswagen/Geschäftswagen/Vorführwagen

All diesen Bezeichnungen ist gemeinsam, dass es sich um Fahrzeuge handelt, die **gewerblich** benutzt worden sind. **Firmenfahrzeug** ist der Sammelbegriff. Die Art der Benutzung tritt am deutlichsten beim **„Vorführwagen"** hervor. Dieser Begriff besagt, dass das Fahrzeug einem Neuwagenhändler oder einer Werksniederlassung im Wesentlichen zum Zwecke der Vorführung (Besichtigung und Probefahrt) gedient hat. Ein solches Fahrzeug darf noch nicht auf einen Endabnehmer zugelassen sein.[376] Unschädlich ist, wenn es in verschiedenen Zweigstellen einer Kfz-Handelsorganisation benutzt worden ist. Die Eigenschaft, ein „Vorführwagen" zu sein, dürfte aber verloren gehen, jedenfalls in Frage gestellt sein, wenn das Fahrzeug bei mehr als einem Neuwagenhändler zu Vorführungszwecken eingesetzt worden ist.[377] **2732**

Erfahrungsgemäß werden „Vorführwagen" oftmals nicht nur von Kaufinteressenten gefahren. Zu den Benutzern können Werkstattkunden ebenso wie Betriebsangehörige gehören. Bei einer solchen **Mischnutzung** muss der Einsatz des Fahrzeugs zur Kaufmotivation („Vorführung") deutlich überwiegen, andernfalls darf er nicht als „Vorführwagen" angeboten werden, wohl aber als „Geschäftsfahrzeug".[378] **2733**

Steuerlich und im Sinne der **Pkw-Energieverbrauchskennzeichnungsverordnung** (Pkw-EnVKV) sind „Vorführwagen" neue Fahrzeuge (Neuwagen)[379], zivilrechtlich han- **2734**

372 Zustimmend AG Köln 20. 1. 1988 – 120 C 69/87 – n. v.

373 Anders LG Augsburg 17. 5. 1977, NJW 1977, 1543 m. Anm. *Eggert;* wie hier OLG Hamm 1. 3. 1994, OLGR 1994, 97 = zfs 1994, 245 zumindest für den Privatverkauf.

374 NJW 1984, 1452.

375 OLG Hamm 9. 10. 2003, NJW-RR 2004, 213.

376 Zustimmend BGH 15. 9. 2010, NJW 2010, 3710 = DAR 2010, 701 (Wohnmobil); Vorinstanz OLG Karlsruhe 19. 2. 2009, MDR 2009, 501 = OLGR 2009, 308.

377 Anders wohl LG Karlsruhe 18. 4. 1984 – 5 O 66/83 – n. v.; s. a. OLG Düsseldorf 28. 6. 1996, NJW-RR 1997, 427.

378 Strenger die Definition zum Kodex für den Fahrzeughandel im Internet („ausschließlich zu Vorführzwecken").

379 Bzgl. der Pkw-EnVKV ist das str.; gegen Gleichstellung mit einem kennzeichnungspflichtigen Neufahrzeug OLG Koblenz 13. 10. 2010 – 9 U 518/10; a. A. KG 15. 9. 2009 – 5 U 116/08 – und KG 20. 11. 2009 – 5 U 115/07.

delt es sich eindeutig um gebrauchte Fahrzeuge[380]. **Ein bestimmtes Alter** wird allein mit der Bezeichnung „Vorführwagen", einer Beschaffenheitsangabe i. S. d. § 434 Abs. 1 S. 1 BGB, nicht vereinbart. Auch ein zwei Jahre alter Vorführwagen ist ein Vorführwagen. Über die Dauer der Nutzung als Vorführwagen enthält die Kennzeichnung „Vorführwagen" keine Aussage, insbesondere besagt sie nicht, dass der Wagen weniger als zwei Jahre im Einsatz gewesen ist.[381] Die Rechtsprechung des BGH zum Jahreswagen (Stichworte Standzeit und Zwölfmonatsgrenze) ist auf einen „Vorführwagen", der nicht zugleich als Jahres- oder Halbjahreswagen angeboten wird, nicht übertragbar.[382] Das schließt nicht aus, dass der Käufer eines Vorführwagens aufgrund **besonderer Umstände** im konkreten Fall erwarten darf, dass ein als Vorführwagen angebotenes Fahrzeug ein bestimmtes Alter nicht überschreitet.[383] Dass es sich um ein Wohnmobil (Reisemobil) handelt, ist kein solcher Umstand, eher indiziert er eine längere Standzeit vor der amtlichen Zulassung. Umstände mit Aussagekraft für ein niedriges Gesamtalter sind bei einem Pkw eine geringe Laufleistung, Modellaktualität und eine Erstzulassung, die nur wenige Monate vor dem Verkauf liegt.

2735 Mit der Beschaffenheitsangabe „Vorführwagen" wird nicht stillschweigend vereinbart, erst recht nicht garantiert, dass das Fahrzeug noch den **Original-Erstmotor** hat.[384] Inhalt der Vereinbarung ist vor allem die ausschließliche, zumindest primäre Verwendung als „Vorführwagen" bei ein und demselben Händler. Zutreffend OLG Düsseldorf,[385] wonach auch ein zeitweiliger Gebrauch durch Werkstattkunden nicht schadet. Zur Frage, ob mit einem Verkauf als „Vorführwagen" die stillschweigende bzw. konkludente Zusage der Unfallfreiheit und/oder der Originallackierung verbunden ist, s. Rdn. 3080.

2736 Zur Haftung für Sachmängel nach den – eigentlich unpassenden – Neuwagen-AGB s. BGH NJW-RR 1991, 870; OLG Düsseldorf NJW-RR 1998, 845 = OLGR 1998, 29; zur Standzeitfrage (Zeitspanne zwischen Produktionsdatum und Datum der Erstzulassung) s. außer BGH NJW 2010, 3710 = DAR 2010, 701 auch OLG Celle OLGR 1998, 160 und OLG Oldenburg MDR 2006, 630 (arglistige Täuschung bejaht). Zum Verkauf eines „fast neuen" Vorführwagens auf Basis der Gebrauchtwagen-AGB s. OLG Frankfurt NJW-RR 2001, 780; s. a. LG Bremen DAR 2008, 530.

2737 Mitunter werden Vorführwagen als **„Geschäftswagen"** oder – wie im Fall OLG Hamm 23 U 26/89[386] – als **„Dienstwagen"** angeboten, auch umgekehrt Dienstwagen als „Vorführwagen". Dies kann irreführend sein. „Dienstwagen" und „Geschäftswagen" dürften Synonyme sein. Nach Ansicht des OLG Hamm[387] erfüllt ein Kfz-Händler seine **Aufklärungspflicht,** wenn er einen Vorführwagen als „Dienstwagen" anbietet. Nach näheren Einzelheiten soll der Käufer fragen müssen. Zur Aufklärungspflicht bei Vorführwagen s. auch OLG Oldenburg v. 28. 10. 2005, MDR 2006, 630 (Standzeit); OLG Schleswig v. 30. 11. 1984 – 11 U 327/83 – n. v. (Vorhandensein eines Austauschmotors, eingebaut nach ca. 5.000 km; Aufklärungspflicht verneint); LG Bielefeld v. 20. 10. 1983 – 21 O 312/83 – n. v. (Unfallschaden); LG Karlsruhe 18. 4. 1984 – 5 O 66/83 – n. v. (Benutzung von mehreren Verkäufern; Aufklärungspflicht verneint). Zur Aufklärungspflicht eines Händlers beim Verkauf

380 BGH 15. 9. 2010, NJW 2010, 3710 = DAR 2010, 701 Tz. 15.

381 BGH 15. 9. 2010, NJW 2010, 3710 = DAR 2010, 701; s. a. AG Rotenburg (Wümme) 12. 7. 1984 – 5 C 437/84 – n. v. (6 Jahre alter Wagen); AG Schleiden 7. 10. 1991 – 2 C 367/91 – n. v. (Motorrad).

382 BGH 15. 9. 2010, NJW 2010, 3710 = DAR 2010, 701.

383 BGH 15. 9. 2010, NJW 2010, 3710 = DAR 2010, 701.

384 OLG Schleswig 30. 11. 1984 – 11 U 327/83 – n. v. („Pkw wurde als Vorführwagen benutzt und ist unfallfrei").

385 Urt. v. 28. 6. 1996, NJW-RR 1997, 427.

386 Urt. v. 5. 10. 1989, n. v.

387 Urt. v. 5. 10. 1989 – 23 U 26/89 – n. v.

eines „Dienstwagens“ mit schadensbedingter (Teil-)Neulackierung s. OLG Oldenburg v. 18. 10. 2000, OLGR 2001, 50.[388] Zur Parallelproblematik bei einem als „Vorführwagen“ verkauften Pkw mit geringer Laufleistung OLG Düsseldorf v. 18. 8. 2008 – I-1 U 168/07.

Das **„Direktionsfahrzeug“** ist ein spezieller Typ von Dienstwagen, meist ein gutgepflegtes Fahrzeug der Oberklasse, das nur ausgesuchte Fahrer hatte. Es muss nicht unbedingt auf einen Kfz-Hersteller oder Kfz-Händler erstzugelassen sein. 2738

f) Garagenwagen/garagengepflegt

Die Bezeichnung eines zum Verkauf stehenden Gebrauchtwagens als „Garagenwagen“ bedeutet, dass dieser in der gesamten Zeit nach der Erstzulassung ohne längere Unterbrechungen in einer Garage und nicht auf freier Straße abgestellt worden ist.[389] Wenn ein **Händler** von „Garagenwagen“ spricht, ist eine andere Auslegung geboten. Für den Käufer ist nämlich klar, dass eine solche Angabe nicht auf eigenem Wissen des Händlers beruht, sondern auf der Information des (letzten) Vorbesitzers. Je größer die Zahl der Vorbesitzer ist, desto fragwürdiger erscheint die Bezeichnung „Garagenwagen“. Im Zweifel bezieht sie sich nur auf die Besitzzeit des im Fahrzeugbrief zuletzt eingetragenen Halters. 2739

„Garagengpf.“, „Garg’wg“ oder nur „Gfzg“ – häufig in Kleinanzeigen vorzufinden – sollen dem Interessenten Qualität signalisieren: Garagengepflegt = Topzustand. In Wirklichkeit sind diese Bezeichnungen kein Gütesiegel, eher das Gegenteil. Zwar verwittert der Lack bei so genannten Laternenparkern grundsätzlich schneller. Der Schadstoffanteil in der Luft ist aber nicht überall gleich hoch. Hinzu kommt: Garagenparken kann die Korrosion beschleunigen. Eine schlecht belüftete Garage schadet dem Fahrzeug mehr als sie nützt, zumal eine Garage mit Heizung. Den besten Kompromiss zwischen draußen und drinnen bietet ein Carport. 2740

g) Garantieschutz/Versicherungsschutz

Ursprünglich auf das Fahrzeug in seiner Eigenschaft als Neuwagen gegebene Garantien/ Anschlussgarantien können auch aus der Perspektive des Gebrauchtfahrzeugkaufs relevant sein. So wie die Pflicht des Neuwagenhändlers zur Mängelbeseitigung von einem Eigentumswechsel unberührt bleibt (Ziff. VII, 3 NWVB, Stand 3/08), sind auch die „Vollgarantien“ der Hersteller und deren Lack- und Durchrostungsgarantien i. d. R. an das Fahrzeug und nicht an den Eigentümer gebunden. Auch Zweit- und Drittbesitzer können so in den Genuss dieser Garantien kommen, deren Fehlen oder Wegfall folglich als „Mangel“ rügen. 2741

Dass ein Garantieschutz vor Ablauf der Garantie entfallen ist, etwa weil bestimmte **Kontroll- und Nachbehandlungspflichten** nicht eingehalten wurden oder eine Reparatur in einer fabrikatsfremden Werkstatt erfolgt ist, ist nichts Ungewöhnliches. So mancher Käufer eines Gebrauchtfahrzeugs, zumal eines Wohnmobils („Dichtigkeitsgarantie“) hat eine unangenehme Überraschung erlebt, wenn der Hersteller/Importeur ihm unter Hinweis auf derartige Versäumnisse den Garantieschutz versagt hat. 2742

Bei Gebrauchtwagengarantien, die Vorbesitzern gewährt wurden, kann es zu einer vergleichbaren Situation kommen. Der Garantieschutz kann auch dadurch in Frage gestellt sein, dass dem Käufer die zur Realisierung des Anspruchs erforderlichen Dokumente fehlen, z. B. das Serviceheft (Kundendienstscheckheft), dazu Rdn. 4230 ff. 2743

Streitigkeiten können schließlich mit Blick auf Garantien entstehen, die Kfz-Werkstätten oder Tuningbetriebe (z. B. Brabus/Mercedes) oder Teilehersteller gegeben haben und mit denen beim Weiterverkauf geworben wird. Bei späterer Verweigerung von Garantieschutz 2744

388 S. a. OLG Düsseldorf 28. 6. 1996, NJW-RR 1997, 427 = NZV 1997, 44.
389 OLG Köln 27. 9. 1973, OLGZ 1974, 1.

sehen sich Käufer nicht selten getäuscht, fechten den Kauf an oder machen Mängelansprüche geltend.

2745 Derartige Störfälle auf dem Garantiesektor mit dem Sachmängelrecht erfassen zu wollen, ist nicht unproblematisch. Das (Fort-)Bestehen von Garantieschutz ist auch bei weitem Verständnis des Beschaffenheitsbegriffs **kein Merkmal der Beschaffenheit** des Fahrzeugs i. S. d. § 434 Abs. 1 BGB.[390] Es geht um eine rein rechtliche Beziehung außerhalb der Kaufsache. Bei fehlenden oder zeitlich reduzierten „Werksgarantien" – ein häufiges Problem bei Import- und bei Re-Importfahrzeugen – hat die Rechtsprechung vereinzelt § 459 Abs. 1 BGB a. F. herangezogen.[391] Sachgerechter war es, bei Pflichtwidrigkeiten des Verkäufers, z. B. einer unzureichenden Aufklärung, Ansprüche aus c. i. c. oder pFV zu geben.[392] Nach **„neuem" Recht** kann ein Schadensersatzanspruch aus §§ 280 Abs. 1, 241 Abs. 2 BGB, ggf. auch aus § 282 BGB i. V. m. § 280 Abs. 1 BGB bestehen.

2746 **Versicherungsschutzfragen** bleiben im Rahmen von Verhandlungen über den Kauf gebrauchter Kraftfahrzeuge meist unerörtert. Die **handelsüblichen Bestellscheine** („verbindliche Bestellung") enthalten hierzu keine Angaben. Anders ist es bei manchen Formularen für den **Gebrauchtwagen-Ankauf** durch Kfz-Händler. Dort wird detailliert nach dem Bestehen von Versicherungsschutz (Haftpflicht und Kasko) gefragt. Die Informationen, die ein **Privatverkäufer** (Inzahlunggeber) hier erteilt, sind jedenfalls keine Beschaffenheitsgarantien, richtigerweise nicht einmal Angaben zur Fahrzeugbeschaffenheit.

2747 Zwar konnten nach altem Kaufrecht neben den physischen Eigenschaften des Kaufgegenstands auch solche tatsächlichen, wirtschaftlichen, sozialen oder rechtlichen Beziehungen des Kaufgegenstandes zu seiner Umwelt Eigenschaften sein, die für dessen Brauchbarkeit und Wert bedeutsam sind. Diese Beziehungen mussten aber ihren Grund in der Beschaffenheit der Kaufsache selbst haben, von ihr ausgehen, ihr auch für eine gewisse Dauer anhaften und nicht lediglich durch Heranziehung von Umständen in Erscheinung treten, die außerhalb der Sache liegen.[393] Nach dieser Formel des BGH war die Tatsache des **Versichertseins** eines Kraftfahrzeugs **keine zusicherungsfähige Eigenschaft**. Das galt für den Haftpflichtschutz ebenso wie für Vollkasko oder Teilkasko.[394]

2748 Es handelt sich in der Tat um außerhalb des Kaufobjektes liegende Umstände, die mit seiner Beschaffenheit nichts zu tun haben. Anders als beispielsweise bei der Steuerfreiheit spielen Art und Beschaffenheit des Kraftfahrzeugs bei der Frage, ob Versicherungsschutz besteht, keine Rolle. Für die beabsichtigte Benutzung im Straßenverkehr ist die Frage des Haftpflichtschutzes zwar von „äußerster Wichtigkeit".[395] Diese besondere Erheblichkeit für den vertraglich vorausgesetzten Gebrauch genügt jedoch für sich allein genommen nicht, um eine Eigenschaft annehmen zu können, die Gegenstand einer Beschaffenheitsgarantie sein kann. Es fehlt die erforderliche Beziehung zur Sache selbst. Ob sie beim Merk-

390 OLG Düsseldorf 29. 10. 2007 – I-1 U 27/07 (Dichtigkeitsgarantie für Wohnmobil); AG Lichtenberg 22. 2. 2005 – 5 C 301/04 – n. v., im Anschluss an BGH 24. 4. 1996, NJW 1996, 2025; a. A. AG Freising 20. 2. 2008, NJW-RR 2008, 1202; OLG Stuttgart 1. 2. 2006, ZGS 2008, 479 (Werksgarantie Opel).

391 LG Bielefeld 18. 12. 1970, MDR 1971, 661; OLG Frankfurt 30. 9. 1983, MDR 1984, 141; offen gelassen vom BGH 9. 7. 1986, NJW-RR 1987, 239, 240 r.Sp.; vgl. auch OLG Hamm 20. 3. 1980, MDR 1980, 846 (zu § 123 BGB).

392 So BGH 24. 4. 1996, NJW 1996, 2025; s. a. OLG Köln 21. 10. 1996, VersR 1997, 1019.

393 BGH 28. 3. 1990, NJW 1990, 1659 = JZ 1990, 1075 m. Anm. *Tiedtke;* vgl. auch BGH 16. 1. 1991, NJW 1991, 1223 = ZIP 1991, 321 („weitgehend nur noch terminologische Unterscheidung" von Eigenschaft i. S. v. § 459 Abs. 2 BGB a. F. und Beschaffenheit als Anknüpfung für den Fehlerbegriff i. S. v. § 459 Abs. 1 BGB a. F.).

394 A. A. OLG Köln 8. 2. 1955, DAR 1955, 161.

395 So BGH 26. 10. 1988, NJW-RR 1989, 211 = WM 1989, 26.

mal der **Versicherbarkeit** zu bejahen ist, erscheint zweifelhaft.[396] Beim Fahrzeugkauf ist diese Frage bisher nicht praktisch geworden.

Zumindest keinen Garantiecharakter haben Erklärungen wie das Fahrzeug sei noch versichert, mit ihm könne unbedenklich gefahren werden oder einfach: „Mit dem Wagen kann gefahren werden."[397] **2749**

Drei Anspruchsgrundlagen sind im früheren Recht in Betracht gezogen worden, wenn es im Zusammenhang mit dem Versicherungsschutz zu Streitigkeiten zwischen den Kaufvertragsparteien kam: Haftung aus § 463 S. 1 BGB a. F. wegen Fehlens einer (stillschweigend) zugesicherten Eigenschaft, Haftung aus § 463 S. 2 BGB a. F. wegen Verschweigens eines Mangels bzw. Vorspiegelung einer Eigenschaft und drittens Haftung aus culpa in contrahendo bzw. positiver Vertragsverletzung. Einen Sachmangel i. S. d. §§ 463 S. 2, 459 Abs. 1 BGB a. F. stellte das Fehlen des Haftpflichtversicherungsschutzes nicht dar.[398] Die Eigenschaft des Versichertseins war auch **keine zusicherungsfähige Eigenschaft** i. S. d. §§ 463 S. 1, 459 Abs. 2 BGB a. F.[399] **2750**

Der **BGH** hat diesen Fall mit Recht **außerhalb der Sachmängelhaftung** angesiedelt.[400] Verkauft ein **Kfz-Händler** unter Eigentumsvorbehalt einen ihm noch nicht gehörenden Pkw mit gültigem amtlichem Kennzeichen, so hat er sich wegen positiver Vertragsverletzung schadensersatzpflichtig gemacht, wenn er ohne eigene Nachforschungen über bestehenden Versicherungsschutz dem Käufer erklärte, dieser könne das Fahrzeug beruhigt fahren.[401] Nach „neuem" Recht folgt die Schadensersatzhaftung des Verkäufers aus §§ 280 Abs. 1, 241 Abs. 2 BGB. **2751**

Werden in einem Verkaufsgespräch auch Versicherungsprobleme erörtert, ist die Erklärung eines Kfz-Händlers, der Kunde könne fahren, so zu verstehen, dass Versicherungsschutz tatsächlich bestehe. Wie eine vergleichbare Erklärung eines **Privatverkäufers** zu deuten ist und welche Aufklärungspflicht er hat, ist bislang nicht entschieden. Ungeklärt ist ferner, ob ein Kfz-Händler von sich aus, also ungefragt, auf das Fehlen von Versicherungsschutz oder auf das Vorhandensein diesbezüglicher Zweifel hinzuweisen hat. Bei Bejahung einer Verkäuferhaftung wird sich der Käufer häufig ein **Mitverschulden** (§ 254 BGB) anrechnen lassen müssen. Grundsätzlich ist es seine Sache, für einen wirksamen Haftpflichtschutz zu sorgen.[402] **2752**

h) Höchstgeschwindigkeit

Die Höchstgeschwindigkeit (Endgeschwindigkeit) eines Kraftfahrzeugs ist als eine **zusicherungsfähige Eigenschaft** angesehen worden.[403] Sie wird bei Erteilung der Betriebserlaubnis (ABE) festgestellt und in den Fahrzeugbrief eingetragen. Es handelt sich um die Geschwindigkeit, die das Fahrzeug zur Zeit der Erteilung der ABE gem. § 19 StVZO im schnellsten Gang erreichen kann. Nicht nur dieser Wert kann Gegenstand einer Beschaf- **2753**

---

396 Vgl. BGH 28. 3. 1984, NJW 1984, 2289 (Tresorfall).
397 Zur Bedeutung derartiger Erklärungen vgl. BGH 26. 10. 1988, NJW-RR 1989, 211 = WM 1989, 26 und BGH 31. 10. 1990, NZV 1991, 108 (2. Revisionsverfahren).
398 *Grunewald*, a. a. O., S. 74, 75.
399 A. A. OLG Köln 8. 2. 1955, DAR 1955, 161.
400 BGH 26. 10. 1988, NJW-RR 1989, 211 = WM 1989, 26 = EWiR § 276 BGB 1/89, 129 *(Bischof)*; vgl. auch BGH 31. 10. 1990, NZV 1991, 108 (2. Revisionsverfahren).
401 BGH 26. 10. 1988, NJW-RR 1989, 211.
402 BGH 7. 3. 1984, NJW 1984, 1968; BGH 26. 10. 1988, NJW-RR 1989, 211.
403 OLG Düsseldorf 30. 10. 1992, OLGR 1993, 129 (Ls.) – Tuning eines Neufahrzeugs; s. a. BGH 20. 11. 1996, NJW 1997, 727 = DB 1997, 370 – Motorboot; OLG Rostock 19. 2. 1997, DAR 1997, 277 – Neufahrzeug.

fenheitsgarantie sein, auch ein damit nicht übereinstimmender höherer oder niedriger Wert, beispielsweise nach einer Motorumrüstung.

2754 In den handelsüblichen **Gebrauchtwagen-Bestellscheinen** (Kaufanträgen) sind Geschwindigkeitsangaben nicht enthalten, auch nicht in der Rubrik „Fahrzeugbeschreibung".[404] Die **Angaben in den Fahrzeugpapieren** können ohne Weiteres nicht als stillschweigend garantiert gelten. Der Verkäufer, auch ein Kfz-Händler, macht sie sich ebenso wenig zu Eigen wie die **Werksangaben in der Betriebsanleitung**. Nur unter **besonderen Umständen** kann ein Käufer erwarten, dass der Verkäufer eine Garantie für die Richtigkeit einer Information über die Geschwindigkeit übernehmen will. Ein solcher Sonderfall liegt der Entscheidung des OLG Düsseldorf v. 30. 10. 1992[405] zugrunde (Verkauf eines Neufahrzeuges mit der Abrede, einen in der Leistung gesteigerten Motor einzubauen, der nach einer schriftlichen Mitteilung eine „Endgeschw. ca. 270 km" erreichen sollte). Das OLG hat trotz des Ca.-Zusatzes eine Zusicherung bejaht. Eine geringfügige Abweichung müsse der Käufer hinnehmen, nicht aber ein Unterschreiten von – je nach Messung und Bereifung – 6,66 bzw. 9,63 %. Von Bedeutung ist diese Entscheidung vor allem für Tuning-Betriebe, aber auch für Kfz-Händler, die Hochgeschwindigkeits-Sportwagen verkaufen.

i) Hubraum/kW/PS

2755 Hubraum und PS-Zahl (kW-Zahl) eines Kraftfahrzeugs sind Kriterien, die für den Käufer aus ganz unterschiedlichen Gründen von Interesse sein können. Abhängig ist der Stellenwert dieser Eigenschaften auch vom Typ des Kfz (Pkw/Kombi oder Nutzfahrzeug). Ein leistungsstärkerer Motor bedeutet regelmäßig höhere Kosten für die Haftpflichtversicherung, Kfz-Steuer und für Kraftstoff.

2756 Stein des Anstoßes kann auch – wie im Fall BGH NJW 1997, 2318 – eine **Untermotorisierung** sein. Zu wenig PS/kW und/oder Hubraum können den Wert und die Gebrauchstauglichkeit auch von Personenwagen negativ beeinflussen. Entscheidend sind die Einsatzbedingungen und die Bedürfnisse des Käufers (z. B. Verwendung als Zugmaschine für Anhänger oder Wohnwagen). Zu den schutzwürdigen Käuferinteressen zählt nach wie vor der Wunsch, über eine bestimmte Motorleistung zu verfügen, und sei es nur, um schneller von A nach B zu kommen. Nach der Verkehrsauffassung ist auch der Prestigenutzen ein Kriterium. Zur vertragswidrigen Motorleistung beim Neufahrzeugkauf s. OLG Celle DAR 2002, 211.

2757 Die in dem Bestellformular für ein Gebrauchtfahrzeug vom Händler in dem vorgedruckten Feld „PS laut Fahrzeugbrief" eingetragene PS-Zahl stellte nach Ansicht des **BGH** grundsätzlich keine Zusicherung einer bestimmten Motorleistung dar.[406] Dass PS, kW und Hubraum zusicherungsfähige Eigenschaften waren, stand außer Streit. Strittig konnte nur sein, ob diese Eigenschaften Gegenstand einer – stillschweigenden – Zusicherung i. S. v. § 459 Abs. 2 BGB a. F. sind. Das hat der BGH zulasten eines Käufers verneint, der einen gebrauchten Sportwagen „Cobra Replica" von einem Kfz-Händler gekauft hatte. Bei der Beschreibung der individuellen und technischen Merkmale des Fahrzeugs in dem Bestellformular war in dem vorgedruckten Feld „Kilowatt (PS) lt. Fz.-Brief" das Wort „Kilowatt" durchgestrichen und die Zahl „300" handschriftlich eingetragen worden. Mit der Behauptung, das Fahrzeug verfüge in Wirklichkeit nur über 197 PS, hat der Käufer Rückzahlung des Kaufpreises verlangt. Vor dem Bundesgerichtshof ging es vor allem um die Frage, welche Bedeutung die **Quellenangabe** „lt. Fz.brief" hat.

---

404 In früheren ZDK-AGB hieß es, dass Angaben über die Geschwindigkeit nur als annähernd zu betrachten seien und keine zugesicherte Eigenschaft darstellten.

405 OLGR 1993, 129 (Ls.).

406 Urt. v. 4. 6. 1997, NJW 1997, 2318 = DAR 1997, 353.

Der BGH hat dem Quellenhinweis „laut Fz.brief" bei technischen Daten wie Hubraum, kW bzw. PS für den Regelfall die vom Handel gewünschte Wirkung (keine Zusicherung) bescheinigt. Zu Recht nimmt er an, dass ein Kfz-Händler im Allgemeinen nicht dazu in der Lage ist, diese Daten zu überprüfen. Im Einzelfall könne gleichwohl aufgrund besonderer Umstände eine ausdrückliche oder schlüssig erklärte Zusicherung anzunehmen sein. Anhaltspunkte für eine derartige Auslegung könnten sich z. B. aus schriftlichen Angaben an anderer Stelle des Bestellformulars (Kaufvertrags) oder aus mündlichen Erklärungen des Händlers oder seines Angestellten ergeben, unter Umständen sogar aus dessen Schweigen auf eine erkennbar geäußerte Erwartung des Käufers. Solche besonderen Umstände darzulegen und zu beweisen, sei Sache des Käufers. Im Zweifel sei von einer bloßen **Beschaffenheitsangabe** i. S. d. § 459 Abs. 1 BGB a. F. auszugehen. Diese Ansicht hat der BGH für das **„neue" Kaufrecht ausdrücklich aufgegeben.**[407] Hiernach ist „PS/kW lt. Fahrzeugbrief" keine Beschaffenheitsvereinbarung, sondern nur eine **Wissensmitteilung.** 2758

Ob der Händler eine Beschaffenheitsangabe stillschweigend bzw. durch schlüssiges Verhalten macht, wenn er die Leistungsdaten des Motors ausschließlich auf dem **Verkaufsschild** an der Windschutzscheibe oder in einem Zeitungsinserat bzw. im Internet angibt, ist nach wie vor höchstrichterlich ungeklärt.[408] Im BGH-Fall NJW 1981, 1268 bestand die Besonderheit, dass der eingebaute ATM im Gegensatz zum serienmäßigen Triebwerk Super- statt Normalbenzin brauchte. Von diesem Umstand hing die Qualifizierung als Zusicherung aber nicht ab. Entscheidungserheblich dürfte indes die Tatsache gewesen sein, dass die Motordaten auch im Fahrzeugbrief unrichtig waren. Wahrscheinlich hatte der Händler sie einfach von dort auf das Verkaufsschild übertragen. Im Kaufvertrag (Bestellschein) waren die Motordaten nicht vermerkt. 2759

Angaben von **Privatverkäufern** über Hubraum, kW bzw. PS und sonstige Leistungsdaten des Motors sind im Allgemeinen keine Beschaffenheitsgarantien, sondern allenfalls Gegenstand einer Beschaffenheitsvereinbarung.[409] Anders ist es nach der Rechtsprechung bei einem durch einen Fachmann vermittelten Privatgeschäft. Dann gelten die oben für das Händler-Eigengeschäft dargestellten Grundsätze. 2760

Immer wieder kommt es vor, selbst im professionellen Gebrauchtwagenhandel, dass Fahrzeuge **ohne nähere Angaben** über Hubraum und PS (kW) verkauft werden. Nicht alle Bestellscheinvordrucke (Kaufanträge) sehen für diese Daten spezielle Rubriken vor. Mitunter wird es auch einfach vergessen, den Bestellschein vollständig auszufüllen. Zur Begründung der Zusicherungshaftung hat die Rechtsprechung in diesen Fällen an die **Marken- und Typenbezeichnung** angeknüpft, z. B. BMW 520, s. dazu Rdn. 2917 ff. Die Eintragungen in den Fahrzeugpapieren und/oder den Serviceheften/Betriebsanleitungen als Grundlage für eine Beschaffenheitsgarantie zu nehmen, ist i. d. R. nicht gerechtfertigt. 2761

j) Jahreswagen/Halbjahreswagen

aa) Die Marktsituation

Mehrere hunderttausend Mitarbeiter deutscher Automobilwerke kaufen[410] jährlich einen Neuwagen ihres Arbeitgebers mit „Werksrabatt" (Personalrabatt)[411], fahren ihn die vorgeschriebene Zeit von einem Jahr oder sechs Monaten, eventuell mit Km-Limit, und verkau- 2762

407 Urt. v. 12. 3. 2008, NJW 2008, 1517.

408 Aus der Instanz-Rspr.: OLG Stuttgart 12. 6. 1985, BB 1985, 1417; OLG Düsseldorf 30. 10. 1992, OLGR 1993, 129 (Ls.).

409 Letzteres bejahend (trotz Gewährleistungsausschlusses) OLG Koblenz 25. 1. 2011 – 2 U 590/10.

410 Zum Teil wird auch ein Mietmodell praktiziert.

411 Zur steuerlichen Behandlung als geldwerter Vorteil s. BFH 17. 6. 2009, NJW 2009, 3327 m. Anm. *Klein*.

fen ihn dann oder schon im Voraus als „Jahreswagen“ oder als „Halbjahreswagen“. Seit geraumer Zeit werden solche Fahrzeuge auch auf andere Weise als im Direktverkauf veräußert, z. B. über eine „Jahreswagen-Verkaufshilfe GmbH“. Mehrere Hersteller haben Vermittlungsstellen eingerichtet („Jahreswagen-Börse“). Hersteller mit Werksniederlassungen wie Daimler und BMW vermitteln den Absatz von Jahreswagen auch durch ihre eigenen Betriebe. Zunehmend wird dieser Fahrzeugtyp auch von Fabrikatshändlern und „freien“ Händlern angeboten, vorzugsweise im Internet.

2763 Daneben gibt es **Jahreswagen-Vermittlungen** durch herstellerunabhängige Spezialunternehmen. Sie hatten früher ihren Sitz schwerpunktmäßig in der Nähe der Herstellerwerke. Inzwischen treten sie auch überregional in Erscheinung, mitunter als bloße Untervermittler. Jahreswagen wie Halbjahreswagen kommen darüber hinaus in großer Stückzahl nach einer **Erstzulassung auf Autovermieter** in den Handel.[412] Die Vertriebswege sind unterschiedlich. Auch Fahrzeuge aus kurzlaufenden Leasingverträgen werden ausdrücklich oder konkludent als „Jahreswagen“ verkauft, ferner Pkw mit Erstzulassung auf Autohäuser (Vorführwagen, Geschäftswagen).

2764 Vor dem Hintergrund **veränderter Marktverhältnisse** hat sich das Verständnis des Begriffs „Jahreswagen“ gewandelt.[413] So heißt es in der Richtlinie zur Förderung des Absatzes von Personenkraftwagen v. 20. 2. 2009 („Abwrackprämie“) unter Ziff. 4.3, dass „Jahreswagen“ keineswegs nur Fahrzeuge von Werksangehörigen seien. Auch Kfz-Hersteller, Kfz-Händler, Autobanken, Autovermietungen und Automobilleasinggesellschaften kämen als Ersthalter in Betracht. Dieser **weite Jahreswagenbegriff** liegt auch der Definition zugrunde, die sich im Glossar zum **Kodex für den Fahrzeughandel im Internet** findet. Hiernach darf ein „Jahreswagen“ zum Zeitpunkt der Werbung nicht älter als 24 Monate sein und maximal 13 Monate ununterbrochen zugelassen, wobei sich die Zulassung auf einen einzigen Besitzer beschränkt. Dass es sich um einen bestimmten Typ von Besitzer, etwa einen Werksangehörigen handeln muss, wird nicht gesagt.

bb) Wettbewerbsrechtliche Fragen

2765 „Ex-Mietwagen darf als Jahreswagen angeboten werden“, hieß es im Sommer 2010 in den Medien. Hintergrund war eine Hinweisverfügung des 3. Senats des OLG Nürnberg v. 8. 6. 2010 nach § 522 Abs. 2 ZPO.[414] Gegenstand der Abmahnung war eine Anzeige eines Kfz-Händlers bei autoscout24, die sich auf einen VW Polo bezog, der in Spanien als Mietwagen gelaufen war, und die wörtlich so lautete: **„Jahreswagen (1 Vorbesitzer)“**. In der Fahrzeugbeschreibung war außerdem angegeben, dass der Wagen „Schäden aus gewerblicher Nutzung“ aufweise. Ein ausdrücklicher Hinweis auf die Vorbenutzung als Mietwagen wurde nicht gegeben, was der Anlass für die Abmahnung war.

2766 Während der Kläger, ein Konkurrent, zunächst argumentiert hatte, ein als Mietwagen genutzter Gebrauchtwagen dürfe nicht mehr als „Jahreswagen“ bezeichnet werden, hat er im weiteren Verfahren vor dem OLG Nürnberg seine Argumentation geändert. Die **Irreführung** sei darin zu sehen, dass die Vorbenutzung als Mietwagen „unterschlagen“ worden sei, die Irreführung also in einem **Unterlassen i. S. d. § 5a UWG** liege. Das OLG Nürnberg ist dem nicht gefolgt.[415] Nur auf ausdrückliche Nachfrage eines Verbrauchers, nicht schon in der Werbung, habe der Verkäufer die Eigenschaft der Vorbenutzung als Mietwagen zu offenbaren. Auf den Klammerzusatz „1 Vorbesitzer“ geht der Senat bemerkenswerterweise mit keinem Wort ein.

---

412 So im Fall BGH 7. 6. 2006, NJW 2006, 2694; Näheres bei *Otting*, ZGS 2004, 12.

413 Ausführlich dazu auch OLG Karlsruhe 28. 10. 2010 – 4 U 133/10 – Der Kfz-Anwalt 1/2011, 32.

414 Az. 3 U 882/10.

415 Im Anschluss an die Hinweisverfügung vom 8. 6. 2010 hat der Senat die Berufung des Klägers durch Beschluss vom 22. 7. 2010 zurückgewiesen (3 U 882/10).

Demgegenüber haben die OLGe Hamm[416] und Oldenburg[417] in gleich bzw. ähnlich gelagerten Fällen einen **Wettbewerbsverstoß bejaht**. Ausdrücklich offen lässt das OLG Hamm, ob eine Irreführung schon darin zu sehen sei, dass der Seat Ibiza als „Jahreswagen" angeboten worden sei. Die Wettbewerbswidrigkeit sieht der Senat darin, dass zusätzlich zur Verwendung des Begriffs „Jahreswagen" die Anzahl der Vorbesitzer genannt werde, ohne über die Art des Vorbesitzes aufzuklären. Mit der Formulierung „1 Vorbesitzer" verbinde der Adressat des Angebots eine bestimmte Art der Vorbenutzung, jedenfalls keine durch x-beliebige Fahrer, wie es bei einem Mietwagen üblich sei. Es komme nicht allein auf die formale Bezeichnung im Kfz-Brief an, so das OLG Hamm. Vielmehr sei auch von Bedeutung, wie viele tatsächliche Nutzer zu welchen Zwecken einen Pkw nutzen. Die Art des Vorbesitzes sei insbesondere bei Ex-Mietwagen eine wesentliche und damit hinweispflichtige Angabe. Fehle sie, bestehe Täuschungsgefahr. **2767**

Die Forderung des OLG Hamm, zusätzlich auf die Art der Vorbenutzung hinzuweisen, entspricht zwar dem **Kodex für den Internethandel**, wonach Fahrzeuge auch danach zu kennzeichnen sind, ob sie gewerblich genutzt wurden, etwa als Mietwagen. Gleichwohl ist es verfehlt, in die Angabe „1 Vorbesitzer" eine bestimmte Art der Vorbenutzung hineinzuinterpretieren. Die Information „1 Vorbesitzer" stellt ebenso wie „1. Hand" das Ergebnis einer Zählung dar, ist also nur formal zu sehen. Auf diesem Standpunkt steht auch das OLG Karlsruhe, das in einer überzeugend begründeten Entscheidung[418] der engherzigen und den gegenwärtigen Marktgepflogenheiten nicht entsprechenden Sichtweise der OLGe Hamm und Oldenburg entgegengetreten ist und im Ergebnis wo wie das OLG Nürnberg (a. a. O.) entschieden hat. Vom Wettbewerbssenat des BGH liegt noch keine Entscheidung vor. Hinzuweisen ist indes darauf, dass der VIII. Senat des BGH in der Entscheidung v. 7. 6. 2006[419] die Bezeichnung „Jahreswagen" mit einer (offengelegten) Vorbenutzung als Mietwagen für vereinbar hält. **2768**

cc) Sachmängelhaftung

Schon durch den Begriff „Jahreswagen" bzw. „Halbjahreswagen" wird die Soll-Beschaffenheit entscheidend geprägt. **Der BGH** sieht darin eine **Beschaffenheitsvereinbarung**.[420] Unter einem „Jahreswagen" hat man früher ein „Gebrauchtfahrzeug aus erster Hand, das **von einem Werksangehörigen** tatsächlich ein volles Jahr gefahren worden ist" verstanden.[421] War der erste Halter/Nutzer kein Werksangehöriger, sondern ein Autovermieter oder eine Leasinggesellschaft, wäre nach diesem engen Begriffsverständnis ein Sachmangel anzunehmen, es sei denn, dass der Käufer über die Art der Vorbenutzung informiert war.[422] Wie unter Rdn. 2764 ausgeführt, ist die Beschränkung des Begriffs „Jahreswagen" auf Werksangehörige als Erstbesitzer **nicht mehr zeitgemäß**.[423] „Jahreswagen" können auch andere Erstbesitzer haben, z. B. Autovermietungen. Ein als „Jahreswagen" verkaufter Pkw ist also nicht schon deshalb mangelhaft, weil die Erstzulassung nicht auf einen Werksangehörigen lautet. **2769**

---

416 Urt. v. 20. 7. 2010, DAR 2010, 580 (Bewerbung eines Seat Ibiza mit „Jahreswagen 1 Vorbesitzer/1. Hand").

417 Urt. v. 16. 9. 2010 – 1 U 75/10; ebenso OLG München 30. 6. 2011 – 29 U 1455/11.

418 Urt. v. 28. 10. 2010 – 4 U 133/10 – Der Kfz-Anwalt 1/2011, S. 32.

419 NJW 2006, 2694 = DAR 2006, 570.

420 Urt. v. 7. 6. 2006, NJW 2006, 2694 = DAR 2006, 570.

421 OLG Köln 7. 3. 1989, NJW-RR 1989, 699 = DAR 1989, 307; vgl. auch OLG Hamm 13. 3. 1990, NZV 1990, 394; OLG Frankfurt 5. 7. 1990, NJW-RR 1991, 40; OLG Koblenz 10. 9. 1990, DB 1990, 2319.

422 So im Fall BGH 7. 6. 2006, NJW 2006, 2694 = DAR 2006, 570.

423 Zutreffend OLG Karlsruhe 28. 10. 2010 – 4 U 133/10 – Der Kfz-Anwalt 1/2011, 32.

2770 Ob der Käufer eines Jahreswagens und erst recht eines Halbjahreswagens mangels gegenteiliger Vereinbarung berechtigterweise erwarten kann, ein Fahrzeug zu erwerben, das im Zeitpunkt seiner Erstzulassung noch **sämtliche** Eigenschaften eines „fabrikneuen" Wagens (dazu Rdn. 504 ff.) aufweist, hat der BGH[424] noch nicht entschieden. Die Frage ist zu verneinen. Abgesehen davon, dass ein Jahreswagenkäufer nicht in gleichem Maße schutzwürdig ist wie der Käufer eines „fabrikneuen" Fahrzeugs, muss er angesichts der Breite der Angebotspalette mit Besondertheiten rechnen, z. B. damit, dass der ihm angebotene Jahreswagen bei Erstzulassung nicht mehr modellaktuell war. Dabei wird nicht verkannt, dass Werksangehörige ebenso wie Autovermieter und Leasinggesellschaften im Allgemeinen die neuesten Modelle erwerben.

2771 Was das **Alter bzw. die Standzeit** angeht, hat der BGH sich für einen **Gleichlauf mit „fabrikneuen" Fahrzeugen** ausgesprochen. Ein **von einem Kfz-Händler** als „Jahreswagen" verkauftes Gebrauchtfahrzeug entspricht hiernach regelmäßig – auch ohne ausdrückliche Vereinbarung – nicht der vereinbarten Beschaffenheit, wenn zwischen der Herstellung und der Erstzulassung mehr als zwölf Monate liegen.[425] Maßgebend ist also – insoweit anders als einem „fabrikneuen" Kfz – nicht der Zeitraum zwischen Produktion und dem Abschluss des Kaufvertrages mit dem (ersten) Endabnehmer, sondern die Spanne zwischen Produktion und der Erstzulassung als dem Beginn der Nutzung durch den späteren Verkäufer. Zur **Zwölfmonatsgrenze** bei Neufahrzeugen s. Rdn. 516 ff. Bis zum Zeitpunkt seiner Erstzulassung dürfe ein vom Kfz-Handel angebotener „Jahreswagen" keine Standzeit von mehr als zwölf Monaten aufweisen.

2772 Ob diese **überraschend käuferfreundliche Sicht** des VIII. Senats auch beim Kauf direkt von einem Werksangehörigen, einer sonstigen Privatperson oder einem Unternehmer außerhalb der Kfz-Branche (z. B. Autovermieter) gilt, ist eine **offene Frage**. Zumindest **gewerblich tätige Verkäufer** dürfte der BGH insgesamt gleich behandeln wollen. Entscheidend ist für ihn die jedenfalls einem solchen Verkäufer **erkennbare Erwartung des Käufers**, einen „jungen" Gebrauchtwagen aus erster Hand zu erwerben, der sich hinsichtlich seines Alters von einem Neufahrzeug im Wesentlichen lediglich durch die einjährige Nutzung im Straßenverkehr unterscheidet.[426] Diese Erwartung hegt ein Jahreswagen-Käufer beim Direktkauf von einem Werksangehörigen in gleichem, wenn nicht gar in noch stärkerem Maße. Ein Werksangehöriger mag zwar nicht in jedem Fall wissen, wann genau sein Wagen vom Band gelaufen ist. Indessen verfügt gerade er über Erkenntnisquellen, um dies in Erfahrung zu bringen. Da er „näher am Fahrzeug" ist als ein Zwischenhändler, wäre es eine sachlich nicht gerechtfertigte Besserstellung des Werksangehörigen, ihn nicht haften zu lassen, wenn sein Fahrzeug zwischen Produktion und Zulassung auf ihn länger als 12 Monaten gestanden haben sollte. Durch einen allgemein gefassten Gewährleistungsausschluss kann er dieses Haftungsrisiko nicht abwälzen, denn in der Bezeichnung „Jahreswagen" liegt eine konkrete Beschaffenheitszusage, die sich gegen eine derartige Freizeichnung durchsetzt (s. Rdn. 4024).

2773 Bei Annahme eines Sachmangels wegen überlanger Standzeit stellt sich **in Rücktrittsfällen** die Anschlussfrage, wo die Grenze zwischen einem geringfügigen und einem erheblichen Mangel (Pflichtverletzung) liegt (§ 323 Abs. 5 S. 2 BGB). Das ist für Jahreswagen bzw. Halbjahreswagen ebenso offen wie im Parallelfall des fabrikneuen Fahrzeugs. Feste Bagatellgrenzen lassen sich hier wie dort nicht festlegen. Bei Überschreitung der Zwölfmonatsgrenze um wenige Monate, an sich ein Bagatellfall, kann dem rücktritts-

424 Siehe Urt. v. 7. 6. 2006, NJW 2006, 2694 = DAR 2006, 570.
425 BGH 7. 6. 2006, NJW 2006, 2694.
426 S. a. BGH 15. 9. 2010, NJW 2010, 3710 = DAR 2010, 701 in Abgrenzung zu einem „Vorführwagen".

willigen Käufer der Nachweis einer arglistigen Täuschung helfen (zum Problem s. Rdn. 1056).

Wiederverkäufer wie Autohäuser und Werksniederlassungen wollen für die Jahreswageneigenschaft, so wie der BGH sie definiert, im Zweifel nicht im Sinne **einer Beschaffenheitsgarantie** oder **Garantieübernahme i. S. d. § 276 BGB** haften; ebenso wenig ein Werksangehöriger. Beim Verkauf an Verbraucher besteht auch keine Schutzlücke, die mit Hilfe einer Garantie zu schließen wäre. Gegen die Annahme einer Beschaffenheitsgarantie spricht außerdem, dass der Käufer sich durch Einsichtnahme in den (freilich nicht immer vorhandenen) Fahrzeugbrief (Zulassungsbescheinigung Teil II) selbst von dem Datum der Erstzulassung überzeugen kann. Auch der Zeitpunkt der Abmeldung (vorübergehende Stilllegung) geht aus dem Fahrzeugbrief hervor. **2774**

Was die **technische Qualität** von Jahreswagen/Halbjahreswagen angeht, so werden die Käufererwartungen nur selten enttäuscht. Die Bezeichnung „Jahreswagen" enthält für sich allein genommen jedoch nicht die stillschweigende Zusage von Unfallfreiheit und der Abwesenheit sonstiger Mängel.[427] Die Haftung des Verkäufers richtet sich nach den allgemein für den Gebrauchtwagenverkauf geltenden Grundsätzen. Das gilt auch für die Frage der Freizeichnung. **2775**

Nach Ansicht des OLG München[428] ist der Käufer eines Halbjahreswagens von einem Werksangehörigen nicht berechtigt, die Abnahme zu verweigern, wenn bei Km-Stand 5.000 ein **Ersatzmotor eingebaut** wurde, der dem Originalerstmotor technisch völlig gleichwertig ist („Neuteilemotor"). Zum Problem s. a. Rdn. 2655. Zur Aufklärungspflicht eines Autohauses bei einem **Unfallschaden** s. OLG Düsseldorf DAR 2002, 163; s. a. OLG Köln MDR 1999, 1504 = OLGR 1999, 325 = NZV 2000, 416 – Jahreswagen mit Fertigungsmängeln (ungleiche Spaltmaße). **2776**

k) Kilometerleistung/Km-Stand/Tachoangaben

Übersicht

aa) Lebenssachverhalte und Fallgruppen

Zu unterscheiden sind: Einerseits die Situation, dass der Verkäufer keine – jedenfalls keine nachweisbare – Angabe über die Laufleistung gemacht hat. Der schweigende Verkäufer haftete nach altem Kaufrecht unter den Voraussetzungen der §§ 459 Abs. 1, 463 S. 2 BGB a. F. Nach der Novellierung des Kaufrechts stellt sich die Frage, ob ohne ausdrückliche Km-Angabe eine stillschweigende Beschaffenheitsvereinbarung nach § 434 Abs. 1 S. 1 BGB getroffen ist oder ob ein Sachmangel nach den objektiven Kriterien des § 434 Abs. 1 S. 2 Nr. 2 BGB angenommen werden kann. Zu dieser Fallgruppe – Verkauf ohne Km-Information – s. Rdn. 2839 ff. **2777**

---

427 OLG Düsseldorf 18. 1. 2002, DAR 2002, 163 = OLGR 2002, 386 (Kauf vom Autohaus).
428 Urt. v. 13. 8. 2003, DAR 2003, 525.

2778 Eindeutig im Vordergrund des praktischen Interesses steht die Fallgruppe mit **ausdrücklichen** bzw. **konkludenten Fehlinformationen** des Verkäufers. Aus dieser Gruppe interessierten vor der Schuldrechtsreform vor allem die ohne – nachweisbaren – Vorsatz gemachten Falschangaben, weil sie unter dem Blickwinkel des Fehlens einer zugesicherten Eigenschaft die übliche Haftungsfreizeichnung ausschalten und außerdem eine Schadensersatzhaftung begründen konnten (§ 463 S. 1 BGB a. F.). Da eine **arglistige Täuschung** – anders als bei „Unfallfahrzeugen" – schwer nachzuweisen ist, ist Rechtsprechung zur Arglisthaftung vergleichsweise spärlich (s. Rdn. 4447).

2779 **Im heutigen Kaufrecht** ist die **praktische Herangehensweise** folgende: In Fällen des Verbrauchsgüterkaufs stellt sich die Zusicherungsfrage nicht mehr unter dem Blickwinkel der Ausschaltung des früher geschäftstypischen Gewährleistungsausschlusses. Nur Erleichterungen bei der Verjährung und bei der Schadensersatzhaftung (§ 475 Abs. 2 und Abs. 3 BGB) rufen die Beschaffenheitsgarantie i. S. d. § 444 BGB auf den Plan. Anders liegen die Dinge bei privaten Direktgeschäften und bei B2B-Verträgen, wo § 444 BGB von zentraler Bedeutung ist. Im Rahmen der Schadens- und Aufwendungsersatzhaftung nach § 437 Nr. 3 BGB kann es dagegen bei allen Gebrauchtwagenkäufen gleichermaßen auf die Frage ankommen, ob der Verkäufer eine Garantie i. S. d. § 276 BGB übernommen hat.

2780 Weniger diese unterschiedlichen Prüfungsansätze als vielmehr inhaltlich-sachliche Unterschiede bei der Auslegung des Erklärungstatbestandes fordern eine **Unterscheidung** zwischen dem Händlerverkauf an Privat (Verbrauchsgüterkauf), dem privaten Direktgeschäft und Verkäufen im unternehmerischen Verkehr. Auch für den BGH ist grundsätzlich danach zu differenzieren, ob der Verkäufer ein Gebrauchtwagenhändler oder eine Privatperson ist.[429]

bb) Kauf mit „Km-Angaben"

(1) Händlerverkauf an Privat

2781 **Prüfungsgegenstand und –reihenfolge:** Zumindest irritierend ist die Aussage des BGH, ob eine im Kaufvertrag enthaltene Angabe wie „abgelesener Km-Stand ca. 86.000" eine Beschaffenheitsvereinbarung i. S. d. § 434 Abs. 1 S. 1 BGB darstelle, könne auf sich beruhen, wenn Mangelhaftigkeit nach den objektiven Kriterien des § 434 Abs. 1 S. 2 Nr. 2 BGB zu bejahen sei.[430] Nach seiner eigenen, im selben Urteil aufgestellten Reihenfolge der Prüfung rangiert die Beschaffenheitsvereinbarung an erster Stelle. Der direkte Durchgriff auf die objektiven Kriterien ist bedenklich. Denn je nach Inhalt der Beschaffenheitsvereinbarung kann die Prüfung nach den objektiven Gesichtspunkten gesperrt sein. Deshalb ist man gut beraten, es bei der vom Gesetz vorgegebenen Reihenfolge zu belassen. Dies auch deshalb, weil der Bruch einer Beschaffenheitsvereinbarung auch in anderer Hinsicht (Erheblichkeitsfrage nach § 323 Abs. 5 S. 2 BGB, Bestand einer Freizeichnungsklausel, Entlastungsbeweis beim Schadensersatz) eine andere Bedeutung haben kann als eine Vertragswidrigkeit i. S. d. § 434 Abs. 1 S. 2 Nr. 2 BGB.

2782 **Abgrenzung** zwischen Wissensmitteilung und Beschaffenheitsvereinbarung bzw. Beschaffenheitsgarantie**:** Trotz veränderter Rahmenbedingungen nach wie vor **grundlegend** ist das BGH-Urteil v. 25. 6. 1975.[431] Schon die bloße **Kilometerzahl auf einem Verkaufsschild,** das ein Kfz-Händler an einem Pkw angebracht hatte, stellt nach Ansicht des BGH die konkludente **Zusicherung der Gesamtfahrleistung** dar. Dem Interesse des Käufers werde es nicht gerecht, die Km-Angabe nur als Wiedergabe des Tachostandes im Verkaufs-

429 Urt. v. 29. 11. 2006, NJW 2007, 1346.
430 Urt. v. 16. 3. 2005, DAR 2006, 143 = SVR 2005, 379 (*Otting*).
431 NJW 1975, 1693 = MDR 1975, 922 = DAR 1975, 270 m. Anm. *Heinze*, JR 1975, 504; besprochen von *Reich/Tonner*, JuS 1976, 576.

zeitpunkt zu werten. Dem Käufer komme es vor allem auf die Gesamtfahrleistung an. Eine „ohne Einschränkung oder deutlich gegenteiligen Hinweis" gemachte Km-Angabe beziehe sich regelmäßig auf die Gesamtfahrleistung.[432] Anders als in dem Fall OLG München DAR 1974, 296 stand auf dem Verkaufsschild nur die nackte Kilometerzahl ohne einen Zusatz wie „abgelesen", „lt. Tacho" oder gar „Km-Leistung lt. Angaben des Vorbesitzers"; s. a. OLG Koblenz NJOZ 2002, 496 („Gesamtlaufleistung 80.000 km" auf Verkaufsschild).

Auch die ehemals zentrale Frage – **Objektbeschreibung** (§ 459 Abs. 1 BGB a. F.) oder **2783** **Zusicherung** i. S. v. § 459 Abs. 2 BGB a. F. – hat der BGH in der Entscheidung v. 25. 6. 1975[433] zugunsten des Käufers beantwortet; nicht zuletzt wegen der „werbewirksamen plakativen Signalwirkung" des Begriffs „Gesamtlaufleistung". Diese Einstufung war **richtungweisend** und hat in der instanzgerichtlichen Rechtsprechung über den 31. 12. 2001 hinaus auch in „Neufällen" fortgewirkt. Zumindest in den ersten Jahren war man in der Annahme von „Garantien" großzügig. Dabei wurde meist übersehen, dass der BGH schon im alten Recht, nämlich im Urteil v. 31. 1. 1996,[434] lediglich eine einfache Beschaffenheitsvereinbarung angenommen hat, wenn der Angabe über die Gesamtlaufleistung der Zusatz „lt. Vorbesitzer" beigefügt war.

Dafür, dass der BGH „Neufälle" mit Vorbehaltsklauseln wie „**lt. Vorbesitzer**" auf dieser **2784** Linie – Beschaffenheitsvereinbarung ohne Garantiecharakter – weiter entschieden sehen möchte, sprach zunächst seine zum „neuen" Kaufrecht ergangene Entscheidung v. 19. 9. 2007,[435] wenngleich es kein Händler-Privat-Geschäft war und es auch nicht um einen Pkw, sondern um ein **gebrauchtes Nutzfahrzeug** ging. In den Formularrubriken „Gesamtfahrleistung nach Angaben des Vorbesitzers" und „Stand des Kilometerzählers" stand jeweils handschriftlich „25.760". Ohne die Bezugnahme auf den Vorbesitzer näher zu qualifizieren, hat der BGH einen Sachmangel bejaht, wobei offen bleibt, ob subjektive oder objektive Kriterien dafür entscheidend waren.

Seine Ansicht, die Einschränkung „lt. Vorbesitzer" stehe der Annahme einer Beschaf- **2785** fenheitsvereinbarung nicht entgegen, hat **der BGH** nunmehr durch Urteil v. 12. 3. 2008 **ausdrücklich aufgegeben**.[436] Hiernach handelt es sich bei der Angabe einer Kilometerzahl in der Rubrik „Gesamtfahrleistung lt. Vorbesitzer" nur um **eine Wissensmitteilung**. Entgegenstehende instanzgerichtliche Entscheidungen – sie sind zahlreich – sind damit überholt. Ob der BGH seine ehemals käufergünstige Rechtsprechung zu Händlerangaben auch sonst lockert, z. B. dadurch, dass er an die **Annahme einer Beschaffenheitsgarantie** strengere Anforderungen als bisher an eine Zusicherung stellt, hat er noch nicht entschieden.[437]

Gestärkt hat der BGH die Position von Käufern, in deren Verträgen lediglich eine Wis- **2786** sensmitteilung steht, durch eine **Verschärfung der Aufklärungspflicht**, nicht in Bezug auf die Laufleistung als solche, sondern mit Blick auf die Validität der Mitteilung. Die Verlässlichkeit sieht er grundlegend entwertet, wenn der Verkäufer das Fahrzeug von einem **„fliegenden Zwischenhändler"** übernommen hat. In einem solchen Fall komme der Kilometerstandsanzeige und den Aussagen zur „Gesamtfahrleistung nach Angabe des Vorbesitzers" hinsichtlich der tatsächlichen Fahrleistung keine nennenswerte Bedeutung zu.[438] Zur Aufklärungspflicht des Verkäufers bei derartigen Fallgestaltungen s. Rdn. 2802, 4438.

---

432 So auch BGH 29. 11. 2006, NJW 2007, 1346 für eine Beschaffenheitsvereinbarung (Motorradkauf bei eBay).
433 NJW 1975, 1693.
434 NJW 1996, 1205.
435 NJW 2007, 3774.
436 NJW 2008, 1517 = DAR 2008, 338 m. Anm. *Andreae*.
437 Ausdrücklich offen gelassen, da Privatverkauf, im Urt. v. 29. 11. 2006, NJW 2007, 1346.
438 BGH 16. 12. 2009, NJW 2010, 858 = DAR 2010, 200 Tz. 16.

2787 Das Ziel, für die Gesamtfahrleistung zumindest nicht garantiemäßig haften zu müssen, verfolgt der Kfz-Handel auch mit Klauseln wie „Kilometerangaben sind keine Zusicherungen“ oder mit relativierenden Hinweisen wie **„soweit dem Verkäufer bekannt“**[439] oder eine Klausel wie: „Es handelt sich lediglich um abgelesene Kilometerlaufleistungen bzw. um eine vom Vorbesitzer in Erfahrung gebrachte und weitergegebene Auskunft“.[440]

2788 Manche Händler benutzten auch Stempel mit einem Text wie z. B.: „HINWEIS: Angaben bzgl. Kilometer-Stand . . . sind keine Zusicherungen, für deren Vorhandensein gehaftet wird, sondern beruhen auf Angaben des Vorbesitzers“. Schule hat ferner das Beispiel des schwäbischen Händlers gemacht, der seine AGB-feste Einstandspflicht i. S. d. §§ 459 Abs. 2, 463 S. 1 BGB a. F. durch die ebenso kurze wie bündige Formulierung „Zusicherungen? – keine“ nach Ansicht des BGH[441] wirksam ausgeschlossen hatte.

2789 Die Instanzgerichte haben derartige **„Abwehrklauseln“** in der Zeit vor der Schuldrechtsreform zumeist ignoriert und – mit unterschiedlicher Begründung – Zusicherungen dennoch bejaht, beim gewerblichen Fahrzeughandel ebenso wie beim professionellen Verkauf von Gebrauchtmotoren;[442] zurückhaltender war man beim Privatgeschäft (dazu Rdn. 2818 ff.).

2790 **Statt (Gesamt-)Laufleistung nur Tachostand?** Offen ist weiterhin, wann eine Km-Angabe eines Händlers nur als Information über den tatsächlichen Tachostand zu werten ist, als eine Art **„Ablesebestätigung“** für den Käufer. Welches Hinweises, welcher Einschränkung bedarf es, um eine Garantieübernahme oder gar schon eine Beschaffenheitsvereinbarung auszuschließen? Genügt zum Ausschluss einer Garantie/Zusicherung eine Erklärung wie „Tachostand: s. Tacho“, wie das OLG Hamm[443] im Gegensatz zum OLG Naumburg[444] meint?

2791 Demgegenüber hat das OLG Düsseldorf[445] in der handschriftlichen Notiz „Tachostand abgelesen 89.200 km“ die Zusicherung der Gesamtfahrleistung gesehen, dies sogar zu Lasten eines Privatverkäufers. Ähnlich käufergünstig hat das OLG Oldenburg entschieden, indem es eine mündliche und schriftliche Ablehnung einer verbindlichen Zusicherung („bei Kilometerstand lt. Tacho 46.700 verkauft“) in eine eingeschränkte Zusicherung der Gesamtfahrleistung umgedeutet hat.[446]

2792 Nach diesen Entscheidungen dürfte ein nur formularmäßiger Zusatz im Bestellschein wie „abgelesener Km-Stand lt. Tacho“ nicht genügen; auch nicht der vorgedruckte Vermerk „genaue Laufleistung unbekannt“.[447]

2793 Wer als Händler **in einer Internetanzeige** (autoscout24.de) die Laufleistung ohne einschränkenden Zusatz mit „190.000 km“ angibt, muss sich daran festhalten lassen, auch wenn diese Zahl im späteren Kaufvertrag nicht mehr auftaucht. Die ursprüngliche Angabe

439 Dazu BGH 13. 5. 1998, NJW 1998, 2207 = DAR 1998, 308 m. Anm. *Eggert;* Vorinstanz KG 24. 7. 1997, DAR 1998, 69 = NJW-RR 1998, 131.

440 OLG Hamm 10. 11. 1982, BB 1983, 21 – Motorkauf vom Autoverwerter.

441 Urt. v. 16. 10. 1991, NJW 1992, 170.

442 OLG Koblenz 22. 10.2001, NJOZ 2002, 496 = NJW-RR 2002, 202 (Ls.); OLG München 20. 6. 1986, NJW-RR 1986, 1181; OLG Frankfurt 28. 6. 1989, NZV 1990, 24; LG Heidelberg 25. 7. 1973, DAR 1974, 124; LG Köln 7. 7. 1976 – 13 S 102/76 – n. v.; OLG Hamm 10. 11. 1982, BB 1983, 21 (Motorkauf).

443 Urt. v. 5. 2. 1980, MDR 1980, 847 (27. ZS).

444 Urt. v. 10. 3. 1997, NZV 1998, 73 = OLGR 1997, 280.

445 Urt. v. 11. 11. 1978, VRS 55, 163.

446 Urt. v. 24. 4. 1978, MDR 1978, 844 = VersR 1978, 1027; s. a. OLG Oldenburg 27. 5. 1998, OLGR 1998, 255 („Tachostand: 70.000“ auf Beschriebzettel).

447 So in der Tat LG Köln 10. 5. 1991 – 20 O 601/89 – n. v.; vgl. auch OLG Köln 9. 10. 1991, VRS 82, 89; LG Berlin 18. 3. 2004 – 52 S 274/03 – n. v. (nrkr.).

ist konkludent Inhalt des Vertrages geworden.[448] Die Erklärung in einer **Zeitungsanzeige** (zur Einbeziehungsproblematik auch insoweit vgl. Rdn. 3274) „Gelegenheit: 200 D, nur 83.000 km, Bestzustand, 5.000 DM“ bedeutet hingegen keine Zusicherung der Fahrleistung, so das OLG Oldenburg.[449] **Ausgesprochen käuferfreundlich,** aus heutiger Sicht aber überholt, ist dagegen das Urteil des OLG München v. 20. 6. 1986: Der Verkäufer, wahrscheinlich ein **Kfz-Händler**, hatte die im Bestellschein vorgesehene Rubrik „Gesamtfahrleistung nach Angaben des Vorbesitzers“ völlig frei gelassen (sie auch nicht durchgestrichen) und in die daneben befindliche Rubrik „Stand des Kilometerzählers“ die Zahl 107.296 eingetragen. Während die erste Instanz in dieser Eintragung richtigerweise nur eine **Beschreibung des Fahrzeugs** gesehen hat, nimmt das OLG München[450] eine Zusicherung an, und dies sogar hinsichtlich der Gesamtfahrleistung. Auf etwa gleicher Linie liegt das OLG Stuttgart, wenn es die Angabe eines Verkäufers, der Tachometer weise einen Km-Stand von 96.000 auf, „als Zusicherung eines Kilometerstandes von 96.000 km“ versteht.[451]

In einem deutlichen Gegensatz zum OLG München (NJW-RR 1986, 1181) steht die Entscheidung des OLG Frankfurt/M. v. 8. 2. 1991,[452] wonach die Angabe eines Kfz-Händlers im Kaufvertrag „Km-Stand: etwa 28.000 km“ keine Zusicherung enthält. Auch das OLG Düsseldorf sieht in einer Erklärung wie „Km-Stand: 69.605“ keine Zusicherung der Gesamtfahrleistung,[453] hat aber andererseits in einem Urteil v. 18. 6. 1999[454] in enger Anlehnung an BGH NJW 1975, 1693 den – heute fragwürdigen – Grundsatz formuliert: „Bei einem Händlerverkauf sichert der Verkäufer durch eine Kilometerangabe im Zweifel zu, dass das Fahrzeug keine höhere als die angegebene Gesamtfahrleistung hat“ (in einem dem Vertragsschluss vorausgegangen Schreiben war notiert: „Ez.: 6. 2. 1997 1. Hd. 15.000 km“). **2794**

Abschwächende Bemerkungen wie „mit dem Tacho stimme etwas nicht“ reichen nicht aus, um eine im schriftlichen Kaufvertrag enthaltene Km-Angabe anders als eine Zusicherung der Gesamtfahrleistung zu deuten.[455] Kein Zweifel an dem Inhalt der Zusicherung bestand bei der Äußerung „die Kilometerleistung stimmt mit dem Tachostand überein“.[456] **2795**

Grenzziehungen/Bagatellproblematik: Höchstrichterlich ungeklärt ist schließlich, ab welcher Grenze die vereinbarte bzw. garantierte Eigenschaft der Gesamtfahrleistung fehlt. Dies ist keine Frage der Bagatellklausel in § 323 Abs. 5 S. 2 BGB, sondern ein Problem der **Vertragsauslegung**, wobei auch eine **Zirkaklausel** eine Rolle spielen kann. **Glatten Zahlen** wie 85.000 km ist eine gewisse Unsicherheit immanent. **2796**

Rechtsprechung: Das OLG Schleswig[457] hält eine Abweichung von 9 % (7.711 bei 85.531), das OLG Hamm[458] eine solche von 3,8 % (2.400 bei 63.100) für tolerabel; lt. LG Essen[459] ist eine Mehrleistung von rund 3.500 km bei vereinbarten 59.789 km unbeachtlich. In sämtlichen Fällen ging es um den Verkauf eines Pkw, also keines Nutzfahrzeugs, wo höhere Grenzwerte gelten. Dem OLG Oldenburg genügt eine Abweichung von 7,1 % **2797**

---

448 LG Ellwangen13. 8. 2008, SVR 2008, 345; s. a. BGH 6. 10. 2011, I ZR 42/10 (UWG).
449 Urt. v. 6. 7. 1984, MDR 1984, 1024; ähnlich KG 26. 8. 2004, MDR 2005, 142 = NZV 2005, 97.
450 Urt. v. 20. 6. 1986, NJW-RR 1986, 1181.
451 Urt. v. 13. 11. 1985, DAR 1986, 150.
452 NJW-RR 1991, 875; s. aber auch OLG Frankfurt 28. 6. 1989, NZV 1990, 24.
453 Urt. v. 13. 3. 1992, OLGR 1992, 219; 19. 11. 1993, OLGR 1994, 186.
454 NZV 1999, 514.
455 So OLG Köln 18. 5. 1982 – 9 U 158/81 – n. v.
456 OLG Köln 14. 11. 1984 – 16 U 62/84 – n. v.
457 Urt. v. 7. 2. 1985, Autohaus 1985, 269.
458 Urt. v. 1. 12. 1994, NZV 1995, 150 = OLGR 1995, 41.
459 Urt. v. 9. 3. 2006 – 16 O 211/04 – n. v.

(75.000 km statt 70.000 km) nicht.[460] Anders soll es bei einer Überschreitung um 60.000 km bei zugesicherten 107.296 km sein.[461]

2798 Wo und wie die Grenze zu ziehen ist, ist schwer zu sagen. Feste Maßstäbe fehlen. Wie sehr die Praxis überfordert ist, beweisen zahlreiche nicht veröffentlichte Urteile von Instanzgerichten. Das OLG Köln hat sich – nicht untypisch in einer solchen Situation – mit einer fragwürdigen Beweislastverteilung geholfen.[462] Es hält den Verkäufer dafür beweispflichtig, dass die mitgeteilte Gesamtfahrleistung innerhalb des Toleranzbereiches liegt. Im konkreten Fall war ein Defekt am Kilometerzähler die Ursache für die fehlerhafte Aufzeichnung. Ist **nach „neuem" Recht** lediglich eine einfache Beschaffenheitsvereinbarung zu bejahen, stellt sich die Erheblichkeitsfrage **auf der Rechtsfolgeseite**, z. B. im Fall des Rücktritts (§ 323 Abs. 5 S. 2 BGB). Eine Abweichung zwischen der vereinbarten Laufleistung von 30.000 km und der tatsächlichen Laufleistung von mehr als 48.000 km ist bei einem Motorrad kein unerheblicher Sachmangel.[463]

2799 **Stellungnahme und Lösungsvorschläge:** Nicht zuletzt die **Veränderungen durch die Schuldrechtsreform** geben Veranlassung, die Zusicherungsrechtsprechung des BGH zu überdenken (allgemein zur Notwendigkeit einer Kurskorrektur Rdn. 2590). Ein erster und begrüßenswerter Schritt des VIII. Senats in diese Richtung ist die Behandlung der Klausel „Gesamtfahrleistung lt. Vorbesitzer" als **bloße Wissensmitteilung**.[464] Damit ist **kein Freibrief** für die Händler verbunden. Denn bei vorsätzlich falschen Mitteilungen haften sie nicht nur deliktisch, sondern auch nach den Grundsätzen der c. i. c. (§§ 280 Abs. 1, 241 Abs. 2, 311 Abs. 2 BGB). Letzteres nicht für nur fahrlässige Ablese- oder Übertragungsfehler (insoweit Sperrwirkung der Sachmängelhaftung). Im Fall der Hereinnahme von einer Person unbekannter Identität und ohne Eintragung im Fahrzeugbrief (Stichwort „fliegender Zwischenhändler") trifft den Händler eine verschärfte Hinweispflicht.[465] Außerdem ist an eine Haftung für **mündliche Erklärungen** zu denken, die ohne Vorbehalt abgegeben worden sind, was freilich schwer zu beweisen ist.

2800 Was **die „Garantiefrage"** angeht (§§ 276, 444, 443 BGB), so sind die Verhältnisse beim Verkauf „Händler an Privat" neu zu definieren. Verbraucherschutz in Form von Garantieschutz ist nicht mehr nötig. Geblieben ist das Wissensgefälle. In aller Regel fehlt dem (privaten) Käufer hinsichtlich der Feststellung der Gesamtlaufleistung nicht nur die erforderliche Sachkunde, sondern zumeist auch die Möglichkeit, bei dem Voreigentümer/Vorbesitzer des Wagens die notwendigen Auskünfte einzuholen[466], und wenn doch, so mit fragwürdiger Gewähr für die Richtigkeit. Demgegenüber ist ein Gebrauchtwagenhändler angesichts seiner Erfahrung und der bei ihm vorauszusetzenden Sachkunde in der Tat wesentlich besser in der Lage, bei der Hereinnahme eines Gebrauchtwagens Nachforschungen über das bisherige Schicksal und insbesondere die Fahrleistung des Wagens anzustellen und sich ein eigenes Bild von der Gesamtfahrleistung und dem Erhaltungszustand des Fahrzeugs zu machen. Auch darin ist dem BGH zu folgen.

2801 Zu bedenken ist aber auch: Selbst Kfz-Händler mit eigener Werkstatt und dem heute üblichen Apparat an Diagnosegeräten sind i. d. R. nicht in der Lage, eine einigermaßen zuverlässige Aussage über die Gesamtlaufleistung gebrauchter Kraftfahrzeuge zu machen. Ab-

460 Urt. v. 27. 5. 1998, OLGR 1998, 255; ebenso OLG Düsseldorf 14. 12. 2000, OLGR 2001, 481 (7 %, d. h. 4.300 km bei 65.300 km).

461 OLG München 20. 6. 1986, NJW-RR 1986, 1181.

462 Urt. v. 14. 11. 1984 – 16 U 62/84 – n. v.

463 BGH 29. 11. 2006, NJW 2007, 1346; s. a. AG Rheda-Wiedenbrück 28. 11. 2002, DAR 2003, 121 – Privatverkauf – (mehr als 20 % ist „erheblich").

464 BGH 12. 3. 2008, NJW 2008, 1517.

465 BGH 16. 12. 2009, NJW 2010, 858 = DAR 2010, 200.

466 So der BGH, vgl. Urt. v. 29. 11. 2006, NJW 2007, 1346.

hängig sind sie von den Informationen ihrer Kunden, von denen sie die Fahrzeuge hereinnehmen. Eigenes Wissen über den Umfang der Laufleistung hat ein Kfz- Händler nur ausnahmsweise, z. B. wenn er das Fahrzeug regelmäßig gewartet hat und die Inspektionen im Wartungsheft und/oder der Kundenkartei dokumentiert sind. Der Wegfall der konventionellen Servicehefte und ihr Ersatz durch digitale Aufzeichnungen macht die Sache nicht leichter. Die hausfremden Erkenntnisquellen sind nur bedingt verlässlich. Der Wert der Auskunft, die er von seinem Verkäufer/Inzahlunggeber einholen kann und meist auch einholt, hängt entscheidend davon ab, ob dieser Erst- oder Nachbesitzer ist.

Je länger die **Kette von Vorbesitzern** ist, desto größer ist die Unsicherheit des weiter- 2802
verkaufenden Händlers.[467] Hinzu kommt: Vielfach kaufen Kfz-Handelsbetriebe Gebrauchtfahrzeuge an, ohne mit dem (letzten) Vorbesitzer persönlich in Verbindung zu treten, beispielsweise beim Ankauf von einem anderen Kfz-Händler oder von einem Importeur. Der Handel versucht immer neue Zukaufsquellen zu erschließen, wozu auch Gebrauchtwagenbörsen und -auktionen gehören. Bei einem Ankauf von einer Leasinggesellschaft oder einem Autovermieter besteht i. d. R. gleichfalls kein persönlicher Kontakt mit dem Voreigentümer. Es werden lediglich mehr oder weniger aussagekräftige Unterlagen ausgetauscht.[468] Wenn der Einkauf allerdings bei einem „fliegenden Zwischenhändler“ wie im Fall BGH NJW 2010, 858 stattfindet, geht der Abnehmer bewusst ein Risiko ein und ist deshalb nicht schutzwürdig, sondern beim Weiterverkauf über die Herkunft des Fahrzeugs aufklärungspflichtig.

Ein **weiterer Risikofaktor** ist die Möglichkeit einer regulären Auswechselung des Ta- 2803
chos, etwa infolge eines Defekts. Bei einem Austausch im Wege der Garantie fehlt eine Rechnung; bei einem Austausch mit Werkstattrechnung ist nicht sicher, dass sie dem Händler vorgelegt wird.

Schließlich kommt in der Diskussion folgender Aspekt zu kurz: Durch den Einsatz mo- 2804
derner Computertechnik kann der Kilometerstand vor allem bei Fahrzeugen mit **elektronischen Wegstreckenzählern** spurenlos verändert werden. Das Verfälschen der Messung steht zwar unter Strafe (§ 22b Abs. 1 Nr. 1 StVG).[469] Nicht erfasst ist jedoch die **digitale Programmierung** von Wegstreckenzählern zum Zwecke von deren Umstellung, Reparatur und Justierung.[470] Ob strafbar oder nicht: Nach Einschätzung des ADAC und der DEKRA (gestützt auf Hochrechnungen der Polizei) ist **bei jedem dritten Gebrauchtwagen** der Tacho manipuliert.[471] Derartige **Manipulationen** sind selbst von Sachverständigen oftmals nicht aufzudecken, wie der BGH in anderem Zusammenhang zutreffend bemerkt.[472] Nur bei wenigen Fabrikaten (z. B. BMW, VW und AUDI) kann der tatsächliche Kilometerstand abgelegt und ausgelesen werden. Wo das technisch nicht möglich ist, bleiben nur Plausibilitätsüberlegungen; der Nachweis einer Manipulation ist schwer zu führen.

Aus diesem Befund **ein Garantiebedürfnis** der Käuferschaft herzuleiten, mag verständ- 2805
lich sein. Befriedigen kann und will der Händler dieses Bedürfnis aber nur auf einigermaßen gesicherter Grundlage. Seine Risikobereitschaft geht i. d. R. – für den Durchschnittskäufer erkennbar – nicht so weit, einen unsicheren Tachostand und/oder eine fragwürdige Vorbesitzerangabe als zutreffende Gesamtfahrleistung zu garantieren.

Sich bei früheren Vorbesitzern nach der bisherigen Laufleistung zu erkundigen, mutet 2806
auch die Rechtsprechung dem Händler nicht zu. Nur in Ausnahmefällen kann eine solche

467 Dazu OLG Koblenz 22. 10. 2001, NJOZ 2002, 476, allerdings im Zusammenhang mit „Behauptung ins Blaue“.
468 Zu „optimistisch“ OLG Düsseldorf 18. 6. 1999, NZV 1999, 514.
469 Näheres bei *Humberg*, SVR 2011, 164; *Blum*, NZV 2007, 70.
470 BVerfG 9. 5. 2006, NJW 2006, 2318.
471 ADAC-Motorwelt 4/2011, S. 47 ff.; Auto Bild v. 15. 4. 2011, S. 81
472 NJW 1997, 1847 – „Werkskilometer“ bei Ferrari-Kauf.

Nachforschungspflicht bestehen. Die Kundschaft erwartet derartige Recherchen nicht. Sie unterbleiben auch i. d. R.

2807 Was die **eigenen Erkenntnis- und Prüfmöglichkeiten** des Händlers angeht, so sind diese sicherlich besser als die des privaten Durchschnittskäufers, zumeist ein technischer Laie. Auf diese Überlegenheit kommt es aber für die Garantiefrage – entgegen der Einschätzung des BGH in „Altfällen“[473] und einiger Instanzgerichte[474] – nicht entscheidend an. Es ist eine **Überlegenheit im Ungewissen**. Der Vorsprung an Sach- und Erfahrungswissen des Händlers reicht in den meisten Fällen nicht aus, um sich ein einigermaßen verlässliches Bild von der tatsächlichen Laufleistung von Fahrzeug und/oder Motor zu machen. Dabei wird berücksichtigt, dass der Händler die bisherige Laufleistung nicht kilometergenau kennen muss. Denn nach Ansicht des BGH ist lediglich zugesichert, dass die mitgeteilte Kilometerzahl nicht wesentlich überschritten ist. Notwendig für die Annahme einer uneingeschränkten (unbedingten) Garantie ist jedoch, dass der Verkäufer sich ein eigenes Bild von der ungefähren Richtigkeit des ihm bekannt gewordenen Km-Standes hat machen können. Insoweit ist ein gewöhnlicher Kfz-Händler in der Mehrzahl der Fälle erfahrungsgemäß überfordert.

2808 Ohne Motormessung (Kosten ca. 1.500 €) fällt sogar einem Kfz-Sachverständigen eine annähernd genaue Beurteilung schwer. Selbst ein Gutachten, das die Verschleißspuren des Motors auswertet, bringt häufig keine Klarheit über den tatsächlichen Kilometerstand. Der äußerlich sichtbare Allgemeinzustand des Autos liefert oft nur vage Anhaltspunkte. Abgesehen davon, dass auch Privatleute ihre Fahrzeuge „verkaufsfertig“ zu machen pflegen, bevor sie in Zahlung gegeben werden, sind die typischen Indizien (Motorauswechselung, Abnutzung von Lenkradkranz, Schaltknüppel, Pedale und Fahrersitz) bestenfalls geeignet, Zweifel an der Richtigkeit der Km-Information des Vorlieferanten zu begründen bzw. zu zerstreuen. Auch eine Probefahrt ist in diesem Punkt nur bedingt aufschlussreich, zumal bei Fremdfabrikaten.

2809 **Geringerer Stellenwert von Km-Informationen:** Überholt ist die Einschätzung zahlloser Gerichte, die Kenntnis von der bisherigen Fahrleistung sei für den Käufer von überragender Bedeutung, auf diese Angabe lege er deshalb besonderen Wert, weil er sich ein Bild über die wahrscheinliche Lebensdauer des Motors sowie über das Reparaturrisiko verschaffen wolle.[475] Dahinter stand vermutlich die Vorstellung, ein gebrauchter Pkw sei nach Überschreiten der 100.000 Km-Grenze ein „Pflegefall“. Gesamtlaufleistungen zwischen 200.000 und 300.000 km sind für heutige Pkw normal (s. Rdn. 3574), Differenzen unter 10.000 km auch deshalb vergleichsweise unbedeutend.

2810 Für den durchschnittlichen Gebrauchtfahrzeugkäufer von heute ist ein niedriger Kilometerstand nur noch von vergleichsweise untergeordneter Bedeutung. Zurzeit nimmt dieses Kriterium lediglich **Rang sieben** ein.[476] Die bemerkenswerte Entwicklung von einer Haupt- zu einer Nebeninformation ist nicht zuletzt eine Folge des Fortschritts im Automobilbau, speziell in der Triebwerkstechnik. Je näher man dem Ziel Dauerhaltbarkeit kommt, desto stärker sinkt der Stellenwert von Km-Angaben für die Kaufentscheidung. Inzwischen hat sich die Einsicht durchgesetzt, dass die bisherige Laufleistung von gebrauchten Pkw im Hinblick auf den Erhaltungszustand, insbesondere den Verschleißgrad des Motors, nur noch begrenzt aussagekräftig ist. Fahrzeuge mit hohen Laufleistungen sind oftmals in einem technisch besseren Zustand als „Kurzstrecken-Autos“ mit geringer Fahrleistung.

---

473 Urt. v. 25. 6. 1975, NJW 1975, 1693 = DAR 1975, 270; 4. 6. 1997, NJW 1997, 2318.

474 OLG Koblenz 22. 10. 2001, NJOZ 2002, 496 = NJW-RR 2002, 202 (Ls.).

475 BGH 18. 2. 1981, NJW 1981, 1268.

476 DAT-Report 2011, S. 23.

Sofern der Kaufinteressent im konkreten Einzelfall gesteigerten Wert auf eine niedrige Fahrleistung legt, liegt es an ihm, dieses Interesse deutlich zu machen. Die sein Sonderinteresse begründenden Tatsachen, die für den Verkäufer zumindest erkennbar sein müssen, hat er zu beweisen.[477] **2811**

Angesichts der vielfältigen Informationsrisiken und Erkenntnisschwierigkeiten, denen ein Händler ausgesetzt ist, ist es für ihn ein Gebot der wirtschaftlichen Vernunft, der Erklärung „Gesamtfahrleistung ... km“ generell, nicht nur in konkreten Zweifelsfällen, den – an sich selbstverständlichen – Hinweis hinzuzufügen „nach Angaben des Vorbesitzers“ oder kurz „lt. Vorbesitzer“ oder „lt. Vorbesitzer bzw. Lieferant“. Er spricht erkennbar dafür, dass der Händler nicht haften will, sondern nur **fremdes Wissen weiterleiten** möchte, wie es jetzt auch **der BGH** sieht.[478] **2812**

Dass bei bloßer Weitergabe einer fremden Information die Annahme einer Garantie von vornherein ausscheidet[479], wird man zwar nicht sagen können. Ein Verkäufer kann auch eine Eigenschaft, von der er keine eigene Kenntnis hat und auch nicht haben kann, dennoch zum Gegenstand einer Beschaffenheitsgarantie machen. Wer jedoch durch Bezugnahme auf den Vorbesitzer auf seine Informationsquelle hinweist, signalisiert damit Distanz, auch wenn er nicht hinzufügt, die Angabe ungeprüft übernommen zu haben. **2813**

Sonderfälle: Sieht ein Händler bei einem Verkauf an eine Privatperson entgegen allgemeiner Übung davon ab, seiner Angabe über die Gesamtlaufleistung den handelsüblichen Zusatz („lt. Vorbesitzer“ oder „nach Angaben des Vorbesitzers“) beizufügen, wird die Annahme zumindest einer Beschaffenheitsvereinbarung nahe liegen, bei einem jungen Gebrauchtfahrzeug mit nur einem Vorbesitzer eventuell sogar mit Garantiecharakter. Wenn der Händler keine konkreten Umstände ins Feld führen und beweisen kann, die gegen eine Garantieübernahme sprechen, muss er sich **als Garantiegeber** behandeln lassen.[480] **2814**

Ebenso wird die Wertung ausfallen, wenn der Händler in einem Schreiben, das dem Vertragsabschluss vorausgegangen ist, eine uneingeschränkte Mitteilung über den Km-Stand gemacht hat, der schriftliche Vertrag in diesem Punkt keine oder keine abweichende Information enthält.[481] Für ihn günstige Umstände außerhalb der Vertragsurkunde, beispielsweise für mündliche Zusatzerklärungen zum Thema „Fahrleistung“, ist der Verkäufer darlegungs- und beweispflichtig (zur Vermutungswirkung der Kaufvertragsurkunde s. Rdn. 3261 ff.). **2815**

Solange ein Kfz-Händler im schriftlichen Vertrag durch einen Herkunftshinweis wie „nach Angaben des Vorbesitzers“ das zum Ausdruck bringt, was ein vernünftiger Durchschnittskäufer ohnehin annimmt, spricht mehr gegen als für die Annahme einer Garantie, selbst wenn auf dem Verkaufsschild am Fahrzeug oder im Zeitungsinserat eine uneingeschränkte Km-Information gestanden hat. Will der Käufer den Händler zu mehr verpflichten als zur korrekten Weiterleitung einer nur auf ihre Plausibilität überprüften Fremdinformation, steht es ihm frei, eine eigene Auskunft des Händlers ohne Einschränkung zu verlangen.[482] **2816**

Im **Internet**, in **Zeitungsinseraten** und auf **Verkaufsschildern** fallen Km-Informationen von Kfz-Händlern üblicherweise kurz und knapp aus, schon aus Platz- und Kostengrün- **2817**

---

477 Zustimmend LG Heilbronn 3. 12. 1998, DAR 1999, 125.
478 Urt. v. 12. 3. 2008, NJW 2008, 1517.
479 So OLG Celle NJW-RR 2001, 135 unter fälschlicher Berufung auf BGH NJW 1996, 1337.
480 OLG Rostock 11. 7. 2007, NJW 2007, 3290 = DAR 2007, 588 (aber Beschaffenheitsgarantie nach § 443 BGB!).
481 So die Fallgestaltung OLG Düsseldorf 18. 6. 1999, NZV 1999, 514 – früherer Mietwagen.
482 So auch OLG Hamm 10. 7. 1992 – 19 U 101/92 – n. v.; ebenso BGH 4. 6. 1997, NJW 1997, 2318 für die Parallelproblematik „PS lt. Fz.brief“.

den. Meist fehlen Zusätze wie „lt. Vorbesitzer". Man beschränkt sich auf die Nennung einer nackten Zahl oder eine Angabe wie „Kilometerstand 64.500".[483] Aus derartigen „Kurzinformationen" zieht die Rechtsprechung[484] mitunter Schlüsse, die im Licht der heutigen BGH-Rechtsprechung zu weit gehen. Zusatzlose Km-Informationen im Vorfeld des Vertrages sind für die Auslegung zwar nicht irrelevant[485] (zur Einbeziehungsproblematik s. Rdn. 3274 ff.), dürfen aber nicht den Blick darauf verstellen, dass es in erster Linie auf das ankommt, was Gegenstand der anschließenden Vertragsverhandlungen ist und sodann Eingang in den Kaufvertrag findet. Bei Verträgen, die ausschließlich **online zustande gekommen** (z. B. eBay) und die von den Parteien in punkto Laufleistung nicht nachverhandelt worden sind, liegt für das Segment B2C noch **keine höchstrichterliche Entscheidung** vor. Eine indirekte Auslegungshilfe ist die ebay-Privatkauf-Entscheidung BGH NJW 2007, 1346 (Motorrad). Zu Km-Angaben in privaten ebay-Angeboten näher Rdn. 2822 ff.

(2) Kauf mit „Km-Angaben" von Privat (privates Direktgeschäft)

2818 Km-Angaben von privaten Verkäufern sind nach Ansicht des BGH **generell enger auszulegen** als solche von Kfz-Händlern.[486] Damit wird der Gesichtspunkt der Sachkunde über- und das Wissenspotenzial privater Verkäufer unterschätzt. Seine Ansicht, dass auch der private Verkäufer mit der Angabe der Laufleistung regelmäßig **eine Zusicherung** des Inhalts abgebe, die Laufleistung liege nicht wesentlich höher als die angegebene,[487] hat **der BGH** nunmehr **ausdrücklich aufgegeben**.[488] Wolle der Käufer beim privaten Gebrauchtwagenkauf **eine Garantie** für die Laufleistung des Fahrzeugs haben, müsse er sich diese regelmäßig ausdrücklich von dem Verkäufer geben lassen. Von einer stillschweigenden Garantieübernahme könne beim Privatverkauf nur **unter besonderen Umständen** auszugehen sein.[489] Diese Sichtweise in Gestalt eines **Regel-Ausnahme-Verhältnisses** verdient Beifall. Die Praxis hat damit eine klare Leitlinie.

2819 Für die Prüfung, ob im konkreten Einzelfall **„besondere Umstände"** vorliegen, die ausnahmsweise die Annahme einer Garantie rechtfertigen, gibt der BGH Entscheidungshilfe, indem er bestimmte Fallbeispiele nennt, etwa den **Privatverkauf aus eigenem Erstbesitz**. Ein Erstbesitzer, der sein Fahrzeug vom Tachostand Null an kennt, muss sich i. d. R. beim Wort nehmen lassen.[490] Ohne einschränkende Zusätze oder vergleichbare Hinweise darf ein Käufer die Km-Angabe eines privaten Erstbesitzers als Garantie der Gesamtfahrleistung verstehen.[491]

2820 Bei einem **Verkauf aus zweiter oder dritter Hand** ist die berechtigte Käufererwartung eine andere. Schon ein **privater Zweitbesitzer** kann aus eigener Anschauung nur einen Teil der Gesamtnutzungszeit überblicken. Auch hier gilt: Je länger die Kette von Vorbesitzern ist, desto mehr Störungsquellen gibt es außerhalb der Sphäre des Verkäufers.[492] Nur mit dem letzten Vorbesitzer, seinem Vertragspartner, stand er in Kontakt. Auf relevante Informationen über dessen Besitzzeit mag er noch Zugriff haben (Kaufvertrag, Garantieunterla-

---

483 Z. B. LG Ellwangen 13. 6. 2008, SVR 2008, 345 (autoscout24.de).
484 Z. B. OLG Koblenz 22. 10. 2001 – 12 U 1663/99 – NJW-RR 2002, 202 – Ls.
485 Vgl. LG Ellwangen 13. 6. 2008, SVR 2008, 345 (konkludent Inhalt des Vertrages …).
486 Urt. v. 15. 2. 1984, NJW 1984, 1454.
487 So Urt. v. 15. 2. 1984, NJW 1984, 1454.
488 Urt. v. 29. 11. 2006, NJW 2007, 1346 (eBay-Motorradkauf).
489 BGH 29. 11. 2006, NJW 2007, 1346.
490 OLG Köln 9. 12. 1998, DAR 1999, 262 = VRS 96, 337 = OLGR 1999, 49.
491 BGH 29. 11. 2006, NJW 2007, 1346.
492 Vgl. auch OLG Celle 9. 6. 1994, OLGR 1995, 35 (2 Voreintragungen); zw. daher KG 2. 6. 1995, NJW-RR 1996, 173 = MDR 1995, 903 = KGR 1995, 145, zumal unklar bleibt, wie sich der Bekl. über die Laufleistung „sachkundig" gemacht haben soll; krit. auch KG 26. 8. 2004, MDR 2005, 142 = NZV 2005, 97.

gen etc.). Die Risiken aus der Zeit davor lassen sich mit zumutbarem Aufwand nicht beherrschen. In der eigenen Besitzzeit allein durch die Benutzung des Fahrzeugs Aufschluss über die wahre bisherige Laufleistung zu gewinnen, ist zwar nicht ausgeschlossen,[493] im Allgemeinen jedoch keine ausreichende Basis, um aus eigenem Wissen eine verlässliche Information über die Gesamtfahrleistung und damit eine Beschaffenheitsgarantie zu erteilen.

Dass bei einem schon zwölf Jahre alten Auto mit sieben Vorbesitzern wenig Raum ist für die Annahme einer Garantie, kann dem BGH-Urteil v. 23. 4. 1986[494] entnommen werden. Der Verkäufer hatte in einem ADAC-Mustervertrag (dazu näher Rdn. 2825 ff.) unter „Km-Leistung" 82.000 vermerkt, den eingerahmten Passus „genaue Laufleistung unbekannt" aber weder gestrichen noch angekreuzt. **2821**

Angesichts der **Grundsatzentscheidung** des BGH v. 29. 11. 2006[495] in einem ebay-Fall ist zu erwarten, dass die Instanzgerichte stärker als bisher die – für den Käufer erkennbaren – Informationsdefizite auf Verkäuferseite berücksichtigen und darüber hinaus (anders als z. B. das OLG Braunschweig[496] oder das LG Memmingen[497]) die Bedeutung der Laufleistung für den Kaufentschluss kritischer werten.[498] Wer bei einem Privatverkauf aus Zweit- oder Dritthand die tatsächliche Gesamtfahrleistung verbindlich garantiert haben möchte, muss von dem Verkäufer eine ausdrückliche Garantieerklärung einfordern.[499] **2822**

Erklärt ein privater Drittbesitzer bei den Kaufverhandlungen **auf ausdrückliche Nachfrage**, die Gesamtfahrleistung stimme mit dem Tachostand überein, so kann die Km-Angabe im Vertrag als Beschaffenheitsgarantie bzw. als Übernahme einer Garantie i. S. v. § 276 Abs. 1 BGB gewertet werden.[500] Auch diese besondere Situation kann die Annahme eines Ausnahmefalles rechtfertigen.[501] **2823**

Nicht als „besonderen Umstand" i. S. d. Regel-Ausnahme-Verhältnisses hat der BGH die Tatsache des Kaufs im Wege einer **Internetauktion** (z. B. eBay) gewertet. Zwar sei ein **Internet-Käufer** in höherem Maße auf die Angebotsbeschreibung des Verkäufers angewiesen als derjenige Käufer, der die Kaufsache vor Vertragsabschluss besichtigen und untersuchen könne. Hinsichtlich der Gesamtlaufleistung gäbe es jedoch keinen entscheidenden Unterschied zu einem Vor-Ort-Verkauf. **2824**

Musterverträge: Private Direktgeschäfte, die nicht online zustande kommen, werden häufig auf der Grundlage vorformulierter Musterverträge abgeschlossen (zur Frage des „Stellens" s. Rdn. 4028). Am stärksten sind die Formulare verbreitet, die der ADAC für den An- und Verkauf gebrauchter Fahrzeuge zur Verfügung stellt. Andere Automobilverbände haben eigene Formulare entwickelt, zum Teil aber auch Klauseln oder Strukturelemente aus dem ADAC-Vertrag übernommen. Auch Autobörsen wie z. B. autoscout24 und **2825**

493 Dazu OLG Frankfurt OLGR 1999, 127 – US-Import mit 100.000-Meilen-Divergenz.
494 NJW 1986, 2319.
495 NJW 2007, 1346; dazu auch *S. Lorenz*, DAR 2010, 314, 316.
496 Urt. v. 5. 9. 1996, OLGR 1997, 27 („Km-Stand 151.130" im schriftl. Vertrag, keine Einschränkung).
497 Urt. v. 14. 11. 1990, NZV 1991, 356.
498 Zutreffend OLG Nürnberg 3. 3. 1997, NJW-RR 1997, 1212; OLG Köln 9. 12. 1998, VRS 96, 337 = OLGR 1999, 149; vgl. auch OLG Köln 9. 10. 1991, VRS 82 (1992), 89; BayVerfGH 18. 2. 1994, NJW-RR 1994, 1136; OLG Naumburg 10. 3. 1997, NZV 1998, 73 = OLGR 1997, 280 = zfs 1998, 17; LG Heilbronn 3. 12. 1998, DAR 1999, 125 = NJW-RR 1999, 775; KG 26. 8. 2004, MDR 2005, 142 = NZV 2005, 97.
499 BGH 29. 11. 2006, NJW 2007, 1346; s. a. KG 26. 8. 2004, MDR 2005, 142.
500 OLG Koblenz 1. 4. 2004, NJW 2004, 1670 = DAR 2004, 395; besprochen von *Muthers/Ulbrich*, ZGS 2004, 289.
501 BGH 29. 11. 2006, NJW 2007, 1346.

Versicherungen bieten Musterverträge an, die den ADAC-Formularen teilweise nachgebildet sind, ebenso private Automärkte.[502]

2826 Der **ADAC-Mustervertrag** für das private Direktgeschäft ist wiederholt modifiziert worden; interessanterweise auch in dem Punkt, der für die Beurteilung von Km-Angaben von wesentlicher Bedeutung ist. In den ab 1996 gedruckten Exemplaren steht die einschränkende Klausel **„soweit ihm bekannt“** in Verbindung mit dem Einleitungssatz „Der Verkäufer erklärt“. Früher lautete dieser Passus: „Der Verkäufer sichert zu“. Die inzwischen überholte Klausel („sichert zu …“) ist Gegenstand der **Entscheidung des BGH v. 13. 5. 1998**,[503] wenn auch – wichtig für das Verständnis – in einem Fall **mit Händlerbeteiligung** auf Verkäuferseite („Formulartext ADAC-geprüft“).

2827 Für diejenigen Geschäfte, für die der ADAC-Text konzipiert worden ist, nämlich für private Direktgeschäfte, passt die Argumentation des BGH (a. a. O.) mit der Unklarheitenregel des § 5 AGBG ebenso wenig wie die Lösung des Kammergerichts (Vorinstanz/DAR 1998, 69) mit Hilfe des damaligen § 3 AGBG.[504] Zu Recht hat das OLG Köln[505] die Anwendung der Unklarheitenregel (§ 5 AGBG, jetzt § 305c Abs. 2 BGB), bei einem Kauf aus zumindest zweiter Hand verneint.[506] Der Einschub „soweit ihm bekannt“ ist in diesem Bereich des Gebrauchtwagenmarktes für einen Privatkäufer auch nicht überraschend i. S. v. § 3 AGBG bzw. jetzt § 305c Abs. 1 BGB.[507]

2828 Im Fall OLG Köln NJW 1999, 2601 war das Vertragsformular von dem Betreiber eines **privaten Automarktes** für den Abschluss eines Pkw-Kaufs unter Privatpersonen zur Verfügung gestellt worden. Genauso wie im BGH-Fall NJW 1998, 2207 war es dem (inzwischen überholten) ADAC-Vertrag optisch und inhaltlich nachgebildet und enthielt den Großaufdruck „FORMULARTEXT: ADAC-GEPRÜFT“. Da die Begleitumstände des Verkaufs aus mindestens **dritter Hand** für eine Auslegung der vorformulierten Erklärung „Der Verkäufer sichert zu …“ im Sinne einer rechtsverbindlichen Zusicherung gem. § 459 Abs. 2 BGB a. F. keine konkreten Anhaltspunkte lieferten, hat das OLG Köln die Abweisung der Klage zu Recht bestätigt. Zuzustimmen ist seiner Differenzierung nach der Anzahl der Vorbesitzer.

2829 Richtigerweise werden **die Begleitumstände**, insbesondere **Erklärungen vor und während des Verkaufsgesprächs**, in die Prüfung einbezogen. Dazu auch OLG München DAR 2000, 164; OLG Düsseldorf MDR 2002, 635; AG Rheda-Wiedenbrück DAR 2003, 121; OLG Koblenz NJW 2004, 1670; AG Marsberg SVR 2005, 145. Zur Bedeutung eines **vertraglichen Gewährleistungsausschlusses** als Indiz gegen die Annahme einer Garantie s. Rdn. 2595; auch bei der Prüfung, ob die Parteien eine Beschaffenheitsvereinbarung getroffen ist eine Freizeichnungsklausel **contraindiziell**.[508]

2830 Die durch den **Einschub „soweit ihm bekannt“** eingeschränkte **„Erklärung“** eines Privatverkäufers über die Gesamtfahrleistung in dem ADAC-Vertrag Fassung 1996 ist nicht als Garantie zu bewerten,[509] auch nicht als auf den Kenntnisstand des Verkäufers einge-

---

502 Vgl. OLG Köln 9. 12. 1998, NJW 1999, 2601 = DAR 1999, 262 = OLGR 1999, 149.

503 NJW 1998, 2207 = DAR 1998, 308 m. Anm. *Eggert.*

504 Vgl. OLG Bamberg 15. 12. 2000, DAR 2001, 272.

505 Urt. v. 9. 12. 1998, NJW 1999, 2601 = DAR 1999, 262.

506 Ebenso OLG Düsseldorf 15. 3. 2002, MDR 2002, 635; OLG Bamberg 15. 12. 2000, DAR 2001, 272; abw. OLG München 12. 11. 1999, DAR 2000, 164.

507 OLG Düsseldorf 15. 3. 2002, MDR 2002, 635; indirekt auch OLG Bamberg 15. 12. 2000, DAR 2001, 272 für „sichert zu … soweit bekannt“.

508 *S. Lorenz*, DAR 2010, 314, 316.

509 So auch LG Heilbronn 3. 12. 1998, NJW-RR 1999, 775 = DAR 1999, 125 – dritter oder gar vierter Halter; vgl. auch LG Aachen 3. 3. 1995, DAR 1995, 290 = NZV 1996, 283 – mindestens zweite Hand, und LG Aachen 27. 3. 1998, DAR 1998, 238 – Privatverkauf auf Automarkt.

schränkte Garantie.[510] Da der 96er ADAC-Vertrag – auch 2010/11 noch vereinzelt in Gebrauch – zwischen „Zusicherungen“ und „Erklärungen“ gezielt unterscheidet, wird man einer in der **Rubrik „Erklärungen“** befindlichen Angabe über die Gesamtfahrleistung mit dem Zusatz „soweit ihm bekannt“ jedenfalls dann **keinen Garantiecharakter** beimessen können, wenn sie nicht von einem Erstbesitzer stammt. Anders können die Dinge liegen, wenn – wie im Fall OLG München DAR 2000, 164 – mündliche Informationen des (aus zweiter oder dritter Hand abgebenden) Verkäufers vorausgegangen sind, die auf eine Garantieübernahme schließen lassen. Das ist eine Frage des Einzelfalls.

Eine andere Frage ist, ob bei Verwendung des einschränkenden Zusatzes „soweit ihm bekannt“ in einem Mustervertrag selbst die Annahme einer „einfachen“ Beschaffenheitsvereinbarung verfehlt ist und stattdessen eine **bloße Wissensmitteilung** angenommen werden muss. Was den ADAC angeht, so hat er seinen Mustervertrag für den privaten Verkauf eines gebrauchten Kraftfahrzeugs aus Anlass der Schuldrechtsreform 2002 erneut geändert. In der **Neufassung 2002** taucht der Begriff „zusichern“ verständlicherweise nicht mehr auf. Jetzt heißt es im Fettdruck und abgesetzt „Der Verkäufer garantiert ...“. Im Gegensatz dazu wird die Anschlussrubrik durch die Formulierung eingeleitet „Der Verkäufer erklärt ...“. Die Gesamtfahrleistung wird bemerkenswerterweise **nicht „garantiert“**, sie ist vielmehr Gegenstand einer bloßen „Erklärung“, wie bisher verbunden mit dem einschränkenden **Zusatz „soweit ihm bekannt“**. Demgegenüber ist in dem Mustervertrag von **autoscout24** unter der Dachzeile „Garantien und Erklärungen des Verkäufers“ hinsichtlich der Gesamtfahrleistung ohne jegliche Einschränkung von „garantiert“ die Rede.[511] **2831**

Unter Zugrundelegung der heutigen Maßstäbe für die Annahme einer Beschaffenheitsvereinbarung („nur noch in einem eindeutigen Fall“)[512] sind formularvertragliche Angaben von Privatverkäufern über die (Gesamt-)Fahrleistung mit dem einschränkenden Zusatz „soweit bekannt“ **lediglich als Wissensmitteilungen**, nicht als Beschaffenheitszusagen, zu behandeln. Dem lässt sich nicht entgegenhalten, dass der Neuorientierung durch BGH NJW 2008, 1517 ein Fall des Verbrauchsgüterkaufs mit nunmehr geltendem Freizeichnungsverbot zugrunde liegt. Spätestens seit dem Beschluss vom 2. 11. 2010[513] in einem Fall des Privatverkaufs muss von einer **generellen Neuausrichtung** unter Einschluss des Privatgeschäfts ausgegangen werden. **2832**

Speziell für diesen Geschäftstyp bleibt indes **die Besonderheit:** Wer als **Erstbesitzer** ein **eigen genutztes Fahrzeug** auf der Grundlage eines Formularvertrages mit vorformuliertem „Soweit-bekannt“-Zusatz verkauft hat, kann sich darauf nicht berufen. Diese Einschränkung ist bei einem **Ersthand-Verkauf** gegenstandslos. Es bleibt bei einer Beschaffenheitszusage. Auf die Unklarheitenregel (§ 305c Abs. 2 BGB) braucht dazu nicht zurückgegriffen werden, auch nicht auf § 305c Abs. 1 BGB (Überraschungsklausel). **2833**

Eigennutzung ist auch dann zu bejahen, wenn der Wagen von Familienmitgliedern oder vergleichbaren Personen gefahren worden ist. Einiges spricht dafür, einen solchen Verkäufer als Garantiegeber zu behandeln (s. Rdn. 2819), auch wenn seine Information über die Gesamtfahrleistung nicht in der „Garantie“-Rubrik des ADAC-Vertrages oder eines ähnlichen Mustervertrages steht. **2834**

---

510 OLG Bamberg 15. 12. 2000, DAR 2001, 272, steht nicht entgegen, weil die maßgebliche Erklärung „sichert zu ...“ lautete.

511 Vgl. BGH 2. 11. 2010, DAR 2011, 520 (Streitpunkt war die Bedeutung von „soweit ihm bekannt“ im Zusammenhang mit der Angabe über die Anzahl der Vorbesitzer).

512 BGH 12. 3. 2008, NJW 2008, 1517 Tz. 13; Beschl. v. 2. 11. 2010 – VIII ZR 287/09 – Tz. 4.

513 Az. VIII ZR 287/09, DAR 2011, 520.

2835 Mit der Abrede **„Gesamtfahrleistung: laut Tacho“** in einem Privatvertrag ist eine Beschaffenheitsvereinbarung i. S. d. § 434 Abs. 1 S. 1 BGB getroffen.[514] Sie geht dahin, dass die Gesamtfahrleistung dem Kilometerstand des Tachos entspricht.

2836 Zur Erklärung eines Privatverkäufers „. . . **AT-Motor mit KM-Leistung von 30 TKM**“ s. OLG Koblenz OLGR 2001, 312. Näheres zu derart kombinierten Erklärungen s. Rdn. 2676 ff.

(3) Privatverkauf an Händler

2837 Für den Händlerankauf aus Privatbesitz bzw. für die Inzahlungnahme von Privat liegt nur wenig Entscheidungsmaterial vor. Da die Vertragsgestaltung erfahrungsgemäß in den Händen der Abnehmer liegt, ist zum Schutz der privaten Käufer Zurückhaltung bei der Annahme einer Garantie geboten. Dem Privatverkäufer muss „durch eine eindeutige Fassung der formularmäßigen Erklärung Inhalt und Tragweite des von ihm übernommenen Risikos klar und unübersehbar vor Augen geführt werden“.[515]

(4) Nutzfahrzeugverkauf

2838 Einschlägig ist hier BGH NZV 1990, 110 = DAR 1989, 458: **Verkauf eines Reisebusses** durch einen Busunternehmer. Die Auslegung seiner Km-Angabe im Bestellschein als Eigenschaftszusicherung hat der BGH nicht beanstandet.[516]

cc) Verkauf ohne Beschaffenheitsvereinbarung

2839 Im relativ seltenen Fall eines Verkaufs ohne jegliche Angabe über den Km-Stand und/oder die Laufleistung – auch im Vorfeld (Inserat, Internet u. a.) wird keine Information gegeben – kommt es auf die **übliche Beschaffenheit** und die **vom Käufer zu erwartende Beschaffenheit** an. Dies auch dann, wenn – und das ist inzwischen fast der Regelfall – lediglich eine Wissensmitteilung vorliegt (z. B. „Gesamtfahrleistung lt. Vorbesitzer“). Diesem objektiven Ansatz nach § 434 Abs. 1 S. 2 Nr. 2 BGB ist in Grenzfällen der Vorzug zu geben vor der Konstruktion einer konkludenten (positiven) Beschaffenheitsvereinbarung.

2840 Wenn ein Verkäufer ausnahmsweise überhaupt keine Angabe zum Km-Stand bzw. der Laufleistung macht, der Käufer auch nicht gezielt nachfragt, kommt eine **negative Beschaffenheitsvereinbarung** des Inhalts in Betracht, dass die angezeigte Laufleistung (Tachostand) möglicherweise nicht der Gesamtlaufleistung entspricht. Das muss aber eindeutig so gewollt sein, im Zweifel ist eine negative Beschaffenheitsvereinbarung zu verneinen.

2841 Zu den **Normaleigenschaften** eines gebrauchten Kraftfahrzeugs zählt, nicht wesentlich mehr gelaufen zu sein, als der **Kilometerzähler anzeigt**.[517] Das Auseinanderklaffen von Gesamtfahrleistung und Tachostand ist auch bei solchen Fahrzeugen eine Ausnahme, die nicht mit einem sechsstelligen Zählwerk ausgerüstet sind. Der durchschnittliche Km-Stand eines gebrauchten Pkw im Verkaufszeitpunkt liegt seit Jahren mit etwa 70.000 deutlich unter der heute kaum noch relevanten „Umspringgrenze“ von 99.999. Um Divergenzen von jeweils 100.000 km (ausgelöst durch das Umspringen des fünfstelligen Zählwerks) ging es in den Entscheidungen OLG Frankfurt BB 1980, 962; OLG Oldenburg MDR 1978,

514 OLG Hamm, Hinweisverfügung v. 6. 10. 2008 – I-2 U 122/08 (I. Instanz LG Bochum 21. 4. 2008 – 6 O 452/07).

515 OLG Düsseldorf 28. 7. 1993, OLGR 1993, 285 (Inzahlungnahme eines Porsche 911 aus vierter Hand).

516 Urt. v. 4. 10. 1989, NZV 1990, 110 = DAR 1989, 458.

517 Zustimmend OLG Nürnberg 25. 2. 2002 – 5 U 4250/01 – n. v.; OLG Bremen 8. 10. 2003, NJW 2003, 3713; s. a. BGH 16. 3. 2005, DAR 2006, 143 = SVR 2005, 379 (*Otting*).

844; OLG Köln MDR 1975, 53; OLG München DAR 1974, 296 und OLG Hamm NJW 1968, 903.

Stimmt der Stand des Kilometerzählers mit der wirklichen Fahrleistung nicht überein, so **2842** liegt ein Sachmangel gem. § 434 Abs. 1 S. 2 Nr. 2 BGB vor, wenn der Käufer unter den konkreten Umständen, insbesondere mit Rücksicht auf das Alter des Fahrzeugs, berechtigterweise von der Richtigkeit des angezeigten Kilometerstandes im Sinne der Gesamtfahrleistung ausgehen durfte.[518] Die durchschnittliche Laufleistung von Personenkraftwagen pro Jahr bietet beim Pkw-Kauf eine Orientierungshilfe (in den letzten Jahren nur noch ca. 13.000 km, Tendenz weiter fallend).

Wer ein Fahrzeug erwirbt, das vorwiegend geschäftlich genutzt worden ist, gar als Taxi, **2843** hat eine überdurchschnittliche Jahresfahrleistung in Rechnung zu stellen. 20.000 – 30.000 km pro Jahr sind insbesondere bei Diesel-Fahrzeugen nicht ungewöhnlich. Auch Behördenfahrzeuge haben eine überdurchschnittliche Fahrleistung. Zweitwagen und Sportfahrzeuge liegen hingegen deutlich unter dem statistischen Durchschnitt.

Ein besonderer der normalen Erwartung entgegenstehender Umstand kann ein gravie- **2844** render Unfallvorschaden mit Beschädigung des Vorderwagens darstellen (Möglichkeit der Tachoauswechselung). Wird ein Fahrzeug unter der erklärten oder stillschweigenden Voraussetzung verkauft, dass es mit dem Originaltacho ausgerüstet sei, so kann die **Ausrüstung mit einem Ersatztachometer** einen Sachmangel begründen.[519] Bei einer **Tachoauswechselung** ohne genauen Km-Nachweis durch eine autorisierte Werkstatt ist die wirkliche Fahrleistung nicht mehr kontrollierbar. Diese Unsicherheit kann einen Sachmangel in objektiver Hinsicht bedeuten.

Auch ein nicht ausräumbarer **Manipulationsverdacht** kann die Sachmängelhaftung **2845** auslösen. Mit diesem Ansatz kann auch solchen Käufern geholfen werden, denen der Nachweis der Unrichtigkeit einer Beschaffenheitsangabe bzw. -garantie nicht gelingt. Der Verdacht muss allerdings auf konkrete Tatsachen gestützt sein, nahe liegend und von erheblichem Gewicht sein (zur Parallelproblematik des Unfallverdachts s. Rdn. 3147). Die Umstände, die den Verdacht einer Manipulation begründen, müssen nachweislich aus der Zeit vor Übergabe des Fahrzeugs herrühren.[520] Der generelle Verdacht, dass an jedem dritten Gebrauchtwagen der Tacho manipuliert worden ist (s. Rdn. 2804), reicht selbstverständlich nicht aus. Der Käufer muss seinen Vorwurf durch konkrete Verdachtsgründe wie z. B. Ungereimtheiten bei der Km-Dokumentation im Serviceheft belegen. Km-Notierungen in TÜV-Berichten (§ 29 StVZO), Werkstattrechnungen und auf Ölwechselzetteln können ihm helfen, seinen Verdacht zu erhärten. Einige Hersteller erfassen systematisch sämtliche reparaturrelevanten Daten, so auch den jeweiligen Km-Stand, sobald ein Händler ihrer Marke einen Kundenauftrag eröffnet (z. B. VAG mit dem System ELSA). Ob das Auslesen des korrekten Km-Standes nach einer Manipulation möglich ist (wie z. B. bei BMW und AUDI), muss notfalls ein Sachverständiger klären. Er sollte nicht nur danach gefragt werden, ob eine Tachomanipulation vorliegt oder nicht. Von Interesse für die rechtliche Bewertung ist auch eine Abstufung nach Wahrscheinlichkeitsgraden.

---

518 OLG Köln 13. 3. 2007, SVR 2008, 19 = OLGR 2007, 587; OLG Nürnberg 25. 2. 2002 – 5 U 4250/01 – n. v.; OLG Düsseldorf 15. 10. 1992, OLGR 1993, 81; OLG Köln 26. 2. 1986, OLGZ 1987, 439 = NJW-RR 1986, 988 (Motorrad); OLG Zweibrücken 25. 10. 1984, DAR 1986, 89; OLG Karlsruhe 17. 11. 1970, JZ 1971, 294; OLG Celle 5. 1. 1959, DAR 1959, 209 = BB 1959, 249; OLG Köln 6. 6. 1974, DAR 1975, 53; OLG Frankfurt 16. 10. 1979, BB 1980, 962; LG Münster 6. 10. 1993, zfs 1993, 409; OLG Celle 9. 6. 1994, OLGR 1995, 35 (Ankauf).

519 Vgl. OLG Köln 13. 3. 2007, SVR 2008, 19 = OLGR 2007, 587 = DAR 2007, 588 (Ls.); OLG Köln 26. 2. 1986, NJW-RR 1986, 988 = OLGZ 1987, 439; LG Münster 6. 10. 1993, zfs 1993, 409.

520 Vgl. auch OLG Hamm 1. 12. 1994, OLGR 1995, 41 (zeitlich nicht fixierbare Lötung am Tacho).

2846 Wenn nach gründlicher Sachverhaltsaufklärung unter Ausschöpfung sämtlicher Erkenntnismittel die **ernsthafte Möglichkeit einer Tachomanipulation** nicht auszuschließen ist, stellt sich die weitere Frage, welchen Einfluss dieser Umstand auf die Preisbildung im geschäftlichen Verkehr hat. Eng damit verbunden ist die Frage nach der Offenbarungspflicht des Käufers beim Weiterverkauf. Zum merkantilen Minderwert als Sachmangel s. Rdn. 3146 ff.

2847 **Bagatellproblematik:** In Fällen mit nachweislich falschen Km-Ständen hat die Rechtsprechung nur eine **erheblich höhere Fahrleistung** als die nach dem Tachostand vertraglich vorausgesetzte als Fehler i. S. v. § 459 Abs. 1 BGB a. F. angesehen. Ohne Cirka-Klausel oder eine den Umständen nach stillschweigend vereinbarte Einschränkung ist die Frage nach der vom Käufer hinzunehmenden Abweichung ein Problem der **Erheblichkeit** der Divergenz von Ist- und Sollbeschaffenheit und damit nach **neuem Kaufrecht** nur noch für die **Rechtsfolgeseite** relevant (§§ 323 Abs. 5 S. 2, 281 Abs. 1 S. 3 BGB).

2848 Grundsätzlich wird man sagen können, dass der Käufer eines älteren Fahrzeugs mit hoher Laufleistung eine größere Abweichung zu akzeptieren hat als der Erwerber eines jüngeren Wagens. Eine Divergenz von 40 % – wie im Fall OLG Celle DAR 1959, 209 – braucht ein Käufer in keinem Fall hinzunehmen. Das OLG Zweibrücken hat bei einem älteren Mercedes 450 SLC mit mehr als 160.000 km eine nachgewiesene Abweichung von mindestens 8.000 km als erheblich angesehen.[521]

2849 Demgegenüber meint das OLG Schleswig, dass eine Abweichung von 7.711 km bei zugesicherten 85.531 km nicht genüge, um die Zusicherungshaftung zu begründen.[522] Im Rahmen des § 459 Abs. 2 BGB a. F. hat die Rechtsprechung das Divergenzproblem durch eine interessengerechte Vertragsauslegung gelöst (vgl. auch Rdn. 2796 ff.). Die Haftung für das Fehlen der zugesicherten Fahrleistung trat unabhängig von einer Beeinträchtigung des Wertes oder der Tauglichkeit des Autos ein, was für den heutigen Sachmangelbegriff gleichfalls gilt.

2850 Die für ihn **nachteilige Abweichung** zwischen der Soll-Fahrleistung und der Ist-Fahrleistung hat – nach Übergabe – der Käufer **darzulegen** und zu **beweisen.** Es genügt nicht, wenn er vorträgt, der Wagen bzw. der Motor müsse wesentlich mehr gelaufen sein, als der Tachometer ausweist.[523] Auf der anderen Seite ist es nicht erforderlich, die tatsächliche Fahrleistung zu behaupten. Hierzu wäre der Käufer kaum in der Lage, zumal bei einem Streit nur um die Laufleistung des Motors.[524] Der Käufer erfüllt seine **Darlegungspflicht,** wenn er Umstände vorträgt, aus denen geschlossen werden kann, dass der vertraglich vorausgesetzte Kilometerstand nicht der Wirklichkeit entspricht.[525]

2851 Wie im Fall einer vermuteten Tachomanipulation wird der Käufer seinen Vortrag meist nur auf **Hilfstatsachen** stützen können, z. B. auf ein Missverhältnis zwischen Alter und angeblicher Laufleistung. Hohe Fahrleistungen hinterlassen trotz aller Pflege Spuren, die auch durch eine noch so geschickte optische Aufbereitung nicht völlig beseitigt werden können. Aufschlussreich ist insbesondere der Zustand der Reifen und des Motors. Ob ein Fahrzeug 30.000 km oder 130.000 km gelaufen ist, kann ein Sachverständiger ohne weiteres feststellen. Schwieriger ist der Nachweis, dass ein Fahrzeug nicht 60.000, sondern 80.000 km oder statt 130.000 km 230.000 km gelaufen ist. Hier kann häufig nur eine **Motormessung** (Vermessung der Zylinderbohrungen) letzte Klarheit bringen. Diese Methode ist indes umständ-

---

521 Urt. v. 25. 10. 1984, DAR 1986, 89.

522 Urt. v. 7. 2. 1985, AH 1985, 269 (Az. der Vorinstanz – LG Itzehoe – 3 O 749/82); vgl. auch OLG Köln 26. 2. 1986, NJW-RR 1986, 988; OLG Celle 9. 6. 1994, OLGR 1995, 35.

523 LG Köln 23. 11. 1978 – 6 O 298/78 – n. v.

524 Ohne besonderen Hinweis des Verkäufers ist davon auszugehen, dass der Kilometerstand die Fahrleistung des Fahrzeugs als Ganzes anzeigt.

525 Zustimmend LG Münster 6. 10. 1993, zfs 1993, 409.

lich und kostspielig. Die Ausleuchtung der Zylinder mittels eines Aviascopes kann genügen. Mitunter reichen schon die Eintragungen im Service-Heft (Scheckheft) oder Werkstattrechnungen zum Nachweis aus. Als Beweismittel kommt schließlich auch der Untersuchungsbericht des TÜV in Betracht. Aus statistischen Gründen wird darin der Tachometerstand im Zeitpunkt der Vorführung vermerkt.

Die Umstände, aus denen der Richter auf Unerheblichkeit i. S. d. §§ 323 Abs. 5 S. 2, 281 **2852**
Abs. 1 S. 3 BGB schließen soll, stehen zur Darlegungs- und Beweislast des Verkäufers (s. Rdn. 1064).

dd) Sonderfall Meilentacho

Dadurch, dass Importfahrzeuge mit Meilentachos in den nationalen Handel gelangen, **2853**
kann es zu Auseinandersetzungen wegen der richtigen Maßeinheit für die bisherige Fahrleistung kommen. Denn bei einem „Meilentacho" wird nicht nur die Geschwindigkeit in Meilen angegeben. Auch die Wegstrecke wird in Meilen und nicht in km gezählt. Es gibt allerdings auch Fahrzeuge mit Tachometer, welche die Geschwindigkeit sowohl in „mph" als auch in „km/h" ausweisen und bei denen die Wegstrecke ohne Angabe der Maßeinheit angezeigt wird.[526]

Sofern der Verkäufer den Käufer vor Vertragsabschluss ausdrücklich und unmissver- **2854**
ständlich auf die Besonderheit „Meilentacho" hingewiesen hat, ist kein Raum für eine Haftung nach § 437 BGB oder nach den allgemeinen Vorschriften. Jedenfalls steht § 442 Abs. 1 S. 1BGB entgegen. Eine haftungsrelevante **Irreführung** in Form der arglistigen Täuschung kommt dagegen in Betracht, wenn der Verkäufer die Meilenzahl im Kaufvertrag als Km-Stand ausgewiesen hat.[527] Wörtlich genommen handelt es sich um eine Falschangabe, wenn im Kaufvertrag steht: „(Gesamt-)Fahrleistung 78.527 km", das Fahrzeug aber eine entsprechende Anzahl von Meilen zurückgelegt hat (eine brit. Meile = 1,609 km). So lagen die Dinge im Fall **BGH NJW 2007, 1346** (Motorrad), ohne dass die Möglichkeit einer bloßen Falschbezeichnung thematisiert wurde. Allerdings hatte der Verkäufer in der Internet-Produktbeschreibung „Kilometerstand (km)" die Zahl 30.000 mit dem Zusatz „km" notiert. In Wirklichkeit war das Krad etwas mehr als 30.000 Meilen gelaufen.

Verkäufer pflegen solche Falscheintragungen mit einem Schreibversehen zu erklären, **2855**
indem sie auf die Formularvordrucke mit der Maßeinheit „km" hinweisen oder ihre EDV-Textverarbeitung ins Spiel bringen, der das Längenmaß „Meile" unbekannt ist. Vorgebracht wird außerdem, für den Käufer sei nach den Gesamtumständen des Geschäfts auch ohne ausdrücklichen Hinweis auf die Ausstattung des Fahrzeugs mit einem Meilentacho klar, zumindest aber erkennbar gewesen, dass eine Angabe über die bisherige Fahrleistung nur als Meilen-Wert gemeint sein konnte. Ob diese Argumentation sticht, hängt von den Umständen des konkreten Einzelfalls ab, wobei es neben dem Erklärungstatbestand maßgeblich auf den Käuferhorizont ankommt.

Eine empfangsbedürftige Willens- bzw. Wissenserklärung wird selbst gegen ihren ein- **2856**
deutigen Wortlaut i. S. d. Gewollten bzw. Erklärten ausgelegt, wenn der Empfänger den Sinn der Erklärung richtig verstanden hat. In diesem Fall schadet eine **irrtümliche Falschbezeichnung** nicht. Dass der Käufer die Km-Angabe im Einklang mit dem Verkäufer als Meilen-Angabe verstanden hat, ihm die Falschbezeichnung also bewusst vor Augen gestanden hat, wird der Verkäufer kaum beweisen können. Aber auch wenn ein übereinstimmen-

526 Vgl. BGH 29. 11. 2006, NJW 2007, 1346 (Motorrad); s. a. LG Hannover 15. 8. 2007, SP 2008, 191 (AKB-Sache).

527 Zum Vorsatz in einer Kaskosache s. LG Hannover 15. 8. 2007, SP 2008, 191 (amerikanischer Pkw).

des Verständnis im Sinne einer Meilen-Information nicht feststellbar ist, kann die objektiv falsche Erklärung des Verkäufers i. S. d. von ihm Gemeinten auszulegen sein.

2857 Nach § 133 BGB kommt es nicht auf den buchstäblichen Sinn des Ausdrucks an. Wenn ein übereinstimmendes Verständnis nicht festzustellen ist, ist die Erklärung so auszulegen, wie der Käufer sie nach Treu und Glauben unter Berücksichtigung der Verkehrssitte verstehen durfte (§§ 133, 157 BGB). Dieser normativen Auslegung kann die „Km-Angabe" nicht mit dem Argument entzogen werden, sie sei objektiv eindeutig und damit nicht auslegungsfähig. Denn die Information des Verkäufers ist nur scheinbar eindeutig. Zweifel am wahren Sinn des falsch Erklärten sind durchaus möglich; sie drängen sich beim Verkauf eines gebrauchten Fahrzeugs, das ursprünglich in den USA oder in Großbritannien zugelassen war, förmlich auf, zumal, wenn das Fahrzeug in Deutschland noch keine Zulassung hatte.

2858 Bei positiver Kenntnis von der Ausstattung mit einem Meilentacho wird der Käufer schwerlich mit dem Argument gehört werden können, er sei entsprechend dem Wortlaut der vertraglichen Angabe von Kilometern statt Meilen ausgegangen. Günstiger ist seine Situation, wenn ihm das Vorhandensein eines atypischen Tachometers unbekannt war. Dann hängt das Auslegungsergebnis entscheidend von den konkreten Begleitumständen des Kaufs ab. Ein Händler, der das Fahrzeug im Inserat und/oder auf dem Verkaufsschild mit einer Km-Angabe angeboten und diese Erklärung ohne Korrektur in den schriftlichen Vertrag aufgenommen hat, wird sich kaum auf die Offenkundigkeit seiner Falschbezeichnung berufen können. Ihm bleibt die Anfechtung wegen Irrtums (§ 119 Abs. 1 BGB). Eine andere Frage ist, ob die Km-Erklärung als Garantieübernahme oder nur als „einfache" Beschaffenheitsangabe i. S. d. § 434 Abs. 1 S. 1 BGB zu werten ist. Im Zweifel ist Letzteres anzunehmen.

2859 Liegt der Fall hingegen so, dass die äußeren Umstände (Herkunft des Fahrzeugs, Ausstattung mit einem Meilentacho, keine Fahrleistungsangaben in km im Inserat oder an anderer Stelle außerhalb der Vertragsurkunde) eine Wiedergabe der Fahrleistung in Meilen nahe legen, so ist die erstmals im Vertragsformular auftauchende, womöglich nur vorgedruckte, Maßeinheit „km" eine für den Käufer **erkennbare Verwechselung.** Bei gehöriger Aufmerksamkeit hätte er sie bemerken können. Auf seinen Kaufentschluss ist die Falschbezeichnung zudem ohne Einfluss geblieben. Denn er hatte sich zum Ankauf des Fahrzeugs entschlossen, bevor dem Verkäufer das Versehen unterlaufen ist.

l) Kraftstoffverbrauch/Kraftstoffart/Ölverbrauch

2860 Nach dem Anschaffungspreis ist ein **niedriger Kraftstoffverbrauch** derzeit das wichtigste Kriterium beim Gebrauchtwagenkauf.[528] In den schriftlichen Kaufverträgen bleibt dieser Punkt in aller Regel gleichwohl unerwähnt. Was Verkäufer bei den Vertragsverhandlungen mitgeteilt haben, lässt sich später kaum noch verifizieren und ist i. Ü. erfahrungsgemäß zu vage, um eine verbindliche Zusage annehmen zu können. Auch über den **Verbrauch an Motoröl** findet man selten eine schriftliche Notiz. Bleibt es bei mündlichen Erklärungen des Verkäufers, so spricht dies dafür, dass sie nicht Vertragsinhalt werden sollten, jedenfalls nicht im Sinne einer Beschaffenheitsgarantie.

2861 Umgekehrt ist die schriftliche Fixierung von Angaben über den Benzin- und Ölverbrauch gerade wegen des Seltenheitscharakters ein gewichtiges Indiz für eine Garantieübernahme. Ähnlich zu würdigen sind Verbrauchsangaben auf dem Verkaufsschild oder in der Zeitungsannonce. Je konkreter die Information ist, desto eher wird man auf eine verbindliche Angabe im Sinne einer Beschaffenheitsangabe, wenn nicht gar einer Garantie schließen können.[529]

528 DAT-Report 2011, S. 23.
529 Vgl. auch RGZ 66, 279; OLG Hamburg 9. 6. 1950, VRS 2, 273.

Die Angabe, der Wagen liege „im Spritverbrauch“ günstig oder verbrauche nur wenig, stellt eine rechtlich unbeachtliche Anpreisung dar. Die **Herstellerangaben zum Kraftstoffverbrauch** in der Werbung und/oder in Prospekten macht sich selbst ein Fabrikatshändler beim Verkauf eines Eigenfabrikats i. d. R. nicht zu Eigen. Dem Käufer nachteilige Abweichungen von diesen Informationen können aber einen Sachmangel i. S. v. § 434 Abs. 1 S. 2 Nr. 2 oder nach Abs. 1 S. 3 BGB begründen,[530] **2862**

Seit dem 1. 11. 2004 ist die Pkw-Energieverbrauchskennzeichnungsverordnung (Pkw-EnVKV) in Kraft. Sie gilt derzeit zwar nur für den Verkauf **neuer Pkw**,[531] wozu auch Kurzzulassungen und nach bestr. Ansicht auch Vorführwagen zählen. Die Pflichthinweise des Handels zum Kraftstoffverbrauch können jedoch schon jetzt auf das normale Gebrauchtwagengeschäft ausstrahlen.[532] Zu beachten ist, dass die meisten Händler von der Möglichkeit Gebrauch machen, durch einen klarstellenden Hinweis die einzelvertragsrechtliche Bedeutungslosigkeit der Verbrauchsinformationen zu unterstreichen (s. a. Rdn. 603 ff.). **2863**

Ab welcher Marge ein Überschreiten des durchschnittlichen Verbrauchs bei Fahrzeugen des betreffenden Typs als vertragswidrig gewertet werden kann, lässt sich i. d. R. nicht mit den zum Neuwagenkauf entwickelten Kriterien beantworten (dazu Rdn. 596 ff.). Ein Gebrauchtwagenkäufer muss i. d. R. größere Toleranzen hinnehmen. Beim Kraftstoffverbrauch hat man Abweichungen von den Durchschnittswerten von weniger als 10 %, so die Marge beim Kauf **fabrikneuer Pkw,** in „Altfällen“ als unerheblich i. S. d. § 459 Abs. 1 S. 2 BGB a. F. angesehen.[533] An die Zehnprozent-Rechtsprechung anknüpfend verneint das OLG Naumburg[534] bei Unterschreiten dieses Grenzwertes einen Rücktrittsgrund (keine Erheblichkeit i. S. d. § 323 Abs. 5 S. 2 BGB), lässt aber offen, ob überhaupt ein Mangel vorliegt (jüngerer Opel Corsa). **2864**

Im Anwendungsbereich des § 459 Abs. 2 BGB a. F. war es eine Frage der Vertragsauslegung, wo die Bagatellgrenze zu ziehen ist. Nach „neuem“ Kaufrecht hat sich die Erheblichkeitsprüfung auf die Rechtsfolgeseite verlagert (s. Rdn. 1022 ff., 3511 ff.). **2865**

Angaben über den Kraftstoff- und Ölverbrauch sind nur als **annähernd** zu betrachten, so stand es ausdrücklich in früheren ZDK-Klauselwerken. In den aktuellen Bedingungen fehlt diese Klausel. Das OLG Koblenz hat die **mündliche Erklärung eines Privatverkäufers** „Ölverbrauch völlig normal“ als Zusicherung gewertet.[535] Der tatsächliche **Ölverbrauch** des Fahrzeugs (Golf GTI) lag deutlich über 1,5 l pro 1.000 km. Zur arglistigen Täuschung über hohen Ölverbrauch bei einem Pkw (kein Händlerverkauf) s. OLG Zweibrücken OLGR 1999, 434 (2,3 l auf 1000 km). **2866**

Durch die Diskussion über Energieverknappung und Umweltschutz ist nicht nur die Frage des Kraftstoffverbrauchs, sondern auch nach der **Kraftstoffart** zu einem zentralen Thema beim Kauf neuer und gebrauchter Kraftfahrzeuge geworden. Zumindest **schriftliche Erklärungen** des Gebrauchtwagenverkäufers über die Art des Treibstoffs (Normal- **2867**

530 Zum alten Recht: OLG Düsseldorf 23. 10. 1997, DAR 1998, 70 – nur 6.900 km gelaufener, noch keine 12 Monate zugelassener Pkw aus einer Neufahrzeug-Wandlung.

531 S. die Definition in § 2 Abs. 1 Pkw-EnVKV.

532 Näheres zur vertragsrechtlichen Seite bei *Hoffmann/Westermann*, EuZW 2004, 583; *M. Schmidt*, NJW 2005, 329.

533 Händlerfreundlicher *Hörl*, DAR 1986, 97, 102 (20 – 30 %); s. a. OLG Düsseldorf 23. 10. 1997, DAR 1998, 70.

534 Urt. v. 28. 2. 2007, DAR 2007, 522 (Ls.).

535 Urt. v. 12. 1. 1989, NJW-RR 1990, 60.

benzin/Superbenzin/Diesel/Bleifrei-Benzin/Biodiesel) können als Eigenschaftszusicherungen bzw. Garantieübernahmen zu werten sein.[536]

2868 Für Auskünfte zum Thema **„bleifrei"** gilt dies nur mit der Einschränkung, dass sie von einem Kfz-Fachmann stammen. Angaben des Privatverkäufers sind hier „ohne Gewähr". Der gewerbliche Händler kann sich gegen das Haftungsrisiko, welches er mit „bleifrei-Erklärungen" eingeht, durch Prüfung der Herstellerinformationen, der Tabellen von Kraftstoffherstellern, Automobilclubs und Fachzeitschriften absichern. I. Ü. steht es ihm frei, seine Auskunft unter einem ausdrücklichen Haftungsausschluss oder einem sonstigen Vorbehalt zu machen. Schweigt sich der Verkäufer zum Thema Kraftstoffart aus, so ist der Käufer in seiner Erwartung schutzwürdig, dass er denjenigen Treibstoff tanken darf, der für einen serienmäßigen Motor dieses Fahrzeugtyps vom Hersteller vorgeschrieben ist.

m) Mängelfreiheit/ohne Mängel/Mängelunkenntnis

2869 Pauschalerklärungen wie „mängelfrei" oder „ohne Mängel" sind im gewerblichen Gebrauchtwagenhandel selten. Nur bei neuwertigen Fahrzeugen, Vorführwagen und Jahreswagen wird ein Verkäufer Mängelfreiheit ohne allzu großes Risiko pauschal zusichern. Allein die Tatsache, dass ein solcher Fahrzeugtyp („junger" Gebrauchter) zum Verkauf angeboten wird, kann der Käufer selbst bei einem Erwerb vom Markenhändler nicht als konkludente oder stillschweigende Zusicherung/Garantie der Mängelfreiheit auffassen.[537] Erst recht gilt dies für ältere Fahrzeuge mit mehreren Vorbesitzern.[538]

2870 Wenn der Verkäufer eines 9 Jahre alten Pkw Rostschäden nicht erwähnt, so bedeutet dies nicht die Zusicherung, dass solche Schäden nicht vorhanden sind.[539] Hiergegen spricht schon ein vertraglicher Gewährleistungsausschluss. Aber auch ohne Freizeichnung von der Sachmängelhaftung wird **Rostfreiheit** selbst bei jüngeren Fahrzeugen nicht stillschweigend garantiert (näher zu den Korrosionsfällen Rdn. 2877 ff.). Zur Bedeutung der vorformulierten Erklärung, das Fahrzeug habe keinen Unfallschaden und **keine sonstigen Beschädigungen** (ADAC-Verkaufsformular) s. AG Reinbek, DAR 1999, 410 und AG Karlsruhe-Durlach, DAR 1999, 270.

2871 Die Erklärung „das Fahrzeug enthält keine verdeckten technischen Mängel" hat das OLG Köln als Eigenschaftszusicherung gewertet,[540] so wie es der BGH bei der Zusage getan hat, der Pkw werde in technisch einwandfreiem Zustand übergeben.[541]

2872 Die bloße **Vorlage einer Rechnung** über eine umfangreiche Motorreparatur bedeutet nicht die konkludente Zusicherung der Mängelfreiheit des Motors.[542] Zu weit ist die Ansicht des AG Köln, mit der Vorlage einer Rechnung über eine Unfallreparatur sei das Versprechen verbunden, die Instandsetzungsarbeiten seien „ordnungsgemäß" ausgeführt worden.[543]

---

536 OLG Hamburg 9. 12. 1977, DAR 1978, 336; LG Mainz 18. 4. 2002, DAR 2002, 319 – Neuwagen; vgl. auch BGH 18. 2. 1981, NJW 1981, 1268; OLG Karlsruhe 29. 5. 2002, OLGR 2002, 248 – Biodiesel/Neufahrzeug; s. a. OLG München 15. 9. 2004, NJW-RR 2005, 494 – Neuwagen.

537 OLG Düsseldorf 18. 1. 2002, DAR 2002, 163 (Jahreswagen).

538 Vgl. OLG Frankfurt 8. 7. 1992, OLGR 1992, 149 („ohne Mängel"); OLG Celle 5. 9. 2002, OLGR 2002, 277 (Händler-Händler-Geschäft).

539 BGH 21. 1. 1981, NJW 1981, 928 = WM 1981, 323; BGH 22. 2. 1984, NJW 1984, 1452 = WM 1984, 535.

540 Urt. v. 6. 5. 1982 – 1 U 88/81 – n. v.

541 Urt. v. 5. 7. 1978, NJW 1978, 2241 – Hinterreifenfall (Kauf eines Sportwagens vom Fabrikatshändler).

542 LG Köln 14. 11. 1979 – 13 S 170/79 – n. v.

543 Urt. v. 6. 10. 1988 – 134 C 156/88 – n. v.

Die Erklärung eines Verkäufers, ihm seien **verborgene Mängel nicht bekannt,** enthält keine Zusicherung/Garantie dahin, dass solche nicht vorliegen. Sie bedeutet nicht einmal, dass er das Auto auf verborgene (versteckte) Mängel untersucht hat. Eine Beschaffenheitsgarantie kann in diesen Fällen indessen nicht mit der Begründung verneint werden, es fehle an einer garantiefähigen Eigenschaft.[544] **2873**

Unabhängig von einem Gewährleistungsausschluss kann eine **„Unkenntnisklausel“,** die vor allem im Zusammenhang mit Unfallschäden eine Rolle spielt, im Allgemeinen nicht als Zusicherung/Garantie der Abwesenheit von Mängeln jeglicher Art angesehen werden.[545] Nach der Rechtsprechung, die der Annahme einer allgemeinen Untersuchungspflicht noch immer skeptisch gegenübersteht, kommt in einem solchen Fall eine Haftung wegen arglistiger Täuschung in Betracht (Fallgruppe: Behauptung ins Blaue). Erst recht kann eine Eigenschaftszusicherung/Garantie nicht daraus hergeleitet werden, dass die Rubrik „dem Verkäufer sind folgende Mängel bekannt ...“ leer geblieben ist.[546] **2874**

n) Neu, fast neu, neuwertig, erneuert o. Ä.

Bei einem Gebrauchtfahrzeug (zum Begriff s. Rdn. 1898 ff.) kann sich der Ausdruck „neu“ naturgemäß nur auf **bestimmte Fahrzeugteile** wie Motor, Getriebe oder Reifen beziehen. Ein komplettes Fahrzeug als „neuen“ Gebrauchten anzubieten, ist nicht mehr als ein Werbegag, freilich ein weit verbreiteter. Gemeint sind damit (fast) neuwertige Fahrzeuge wie Jahres- oder Halbjahreswagen. Wenn ein **Privatmann** seinen Wagen mit der Angabe **„neuer Motor“** anbietet, so kann er damit vieles meinen. Dass sich nicht mehr der Originalmotor, sondern ein Ersatzmotor in dem Fahrzeug befindet, ist der Mindesterklärungswert. Der überholte, selbst generalüberholte Erstmotor darf auch von einem Privatverkäufer nicht als **„neuer Motor“** angeboten werden. Die Alternative kann nur lauten, ob „neu“ im Zusammenhang mit einem Motor in einem Gebrauchtfahrzeug „fabrikneu“ bedeutet oder auch die gängigen Ersatzlösungen einschließt; ausführlich dazu Rdn. 2652 ff. Bis auf den Gebrauchtmotor vom Autoverwerter fallen sämtliche Alternativen, also auch der generalüberholte Ersatzmotor, unter die Bezeichnung „neuer Motor“. Sie besagt nicht, dass der Motor noch nicht mehr als zum Einfahren erforderlich gelaufen ist.[547] **2875**

In der Erklärung, eine Maschine sei „kaum gebraucht, fast neu und verhältnismäßig neuwertig“, konnte nach Ansicht des **BGH** unter der Geltung des alten Rechts eine Eigenschaftszusicherung liegen,[548] s. a. die Rechtsprechungsübersicht unter Rdn. 3253/3254. In der Bemerkung **„Auspuffanlage neu“** hat das LG Köln bei einem Saab 900 Turbo eine Zusicherung gesehen.[549] Zur Bedeutung derartiger **„Erneuerungserklärungen“**, wie z. B. auch **„Bremsen neu“,** s. Rdn. 2549 ff., 2992. **2876**

---

544 So aber zu § 459 Abs. 2 BGB a. F. OLG Köln 26. 8. 1994, OLGR 1994, 237; OLG Düsseldorf 21. 10. 1994 – 22 U 32/94 – NZV 1995, 192 (Ls.).

545 Vgl. BGH 3. 3. 1995, NJW 1995, 1549 m. w. N.; BGH 21. 11. 1952, LM Nr. 1 zu § 463; OLG Hamm 21. 1. 1985, NJW 1986, 136; KG 23. 2. 1989, NJW-RR 972; OLG Celle 13. 6. 1997, OLGR 1997, 173 – jeweils Immobilienkauf; zur Bedeutung einer formularmäßigen „Versicherung“ eines privaten Inzahlunggebers, der Wagen habe keine Wert mindernden Mängel, s. OLG Düsseldorf 9. 5. 1972, BB 1972, 857.

546 OLG Köln 8. 4. 1992, NJW 1993, 271 (Privatgeschäft mit ADAC-Mustervertrag); OLG Düsseldorf 18. 1. 2002, DAR 2002, 163 – Jahreswagen.

547 Ein Austauschmotor, der bei einem Km-Stand von 110.000 eingebaut worden ist, ist nicht mehr „neu“, vgl. OLG Hamburg 9. 2. 1977, VersR 1977, 634; zur Erklärung „Vorbesitzer hat anderen Motor eingebaut“ s. BGH 16. 1. 1985, WM 1985, 321, 323 – BMW 520.

548 Urt. v. 12. 5. 1959, NJW 1959, 1489; vgl. auch BGH 5. 12. 1984, NJW 1985, 796 (als „neu“ verkaufter Radlader).

549 Az. 10 O 365/83 – n. v.

o) Rostfreiheit/frei von Durchrostung/Korrosionsschäden

2877 Hauptursache für Sicherheitsmängel und Wertverlust war bis in die achtziger Jahre hinein die Korrosion. Dementsprechend umfangreich ist die Kasuistik. Inzwischen hat das Thema „Rost“ dank verbesserten Korrosionsschutzes an Bedeutung verloren. Doch selbst Premiummarken wie Mercedes-Benz haben das Korrosionsproblem nach wie vor nicht völlig im Griff, wie Rostschäden („Kantenkorrosion“) an Fahrzeugen der A-Klasse und der B-Klasse (Baujahre 2004 – 2006) zeigen. Nach einer aktuellen Umfrage der Sachverständigenorganisation KÜS gaben immerhin 16 % der befragten Autofahrer an, an ihren derzeit benutzten Fahrzeugen Rostprobleme zu haben. Für 84 % war Rostbefall kein Thema.[550]

2878 Bei der rechtlichen Bearbeitung ist, nicht anders als sonst, zu unterscheiden zwischen Fällen mit einer ausdrücklichen oder indirekten „Rost-Information“ des Verkäufers und solchen Fallgestaltungen, in denen die objektiven Kriterien des § 434 Abs. 1 S. 2 Nr. 2 BGB über die Soll-Beschaffenheit entscheiden. Zur Offenbarungspflicht/Arglist s. Rdn. 4428, 4454.

aa) Beschaffenheitsvereinbarung/Beschaffenheitsgarantie

2879 Nicht nur ausdrückliche Anti-Rost-Erklärungen oder die Zusage „frei von Durchrostung“ bieten dem Käufer Schutz, wenn er Rostschäden an seinem Fahrzeug feststellt. Auch Erklärungen wie „werkstattgeprüft“, „komplette Durchsicht“, „TÜV neu . . .“ oder einfach „fahrbereit“ sind bei der Prüfung der Sollbeschaffenheit nach Maßgabe einer Beschaffenheitsvereinbarung zu beachten, ebenso Angaben wie „scheckheftgepflegt“ oder „restauriert“[551] oder „Garagenwagen“. Ab einem bestimmten Grad können Rostschäden mit derartigen Erklärungen in der (ehemals) weiten Auslegung durch die Rechtsprechung nicht mehr vereinbar sein. Selbst gewöhnlicher (normaler) Rost kann so zu einem Haftungsfall werden. Rost-Bezug kann auch eine Erklärung haben wie „Fahrzeug völlig durchgeschweißt“.[552]

2880 Wenn der Verkäufer eines älteren Pkw Rostschäden nicht ausdrücklich erwähnt, kann sein Schweigen nicht als Zusicherung/Garantie der Rostfreiheit gewertet werden.[553]

2881 Mit den beim **Handel mit Oldtimern** und **Youngtimern** gebräuchlichen **Zustandsnoten** kann die Abwesenheit von Durchrostungen zum Ausdruck gebracht werden, wie auch umgekehrt das Vorhandensein von Rostschäden.[554]

2882 Wie die „Rost-frei-Erklärungen“ in einem ehemaligen ZDK-Zustandsbericht („tragende Bauteile an Karosserie und Rahmen frei von Durchrostung“, „Schalldämpferanlage frei von Durchrostung“) zu interpretieren sind, hat die Rechtsprechung nicht zu entscheiden brauchen. Mit dem im Oktober 1988 eingeführten Vermarktungskonzept des ZDK ist der „Zustandsbericht“ gegenstandslos geworden. Aus Anlass der **Schuldrechtsreform** sind vergleichbare **Zustands- oder Befundberichte** wieder eingeführt worden. Auch sie enthalten Rubriken für Aussagen („Klassifizierungen“) über den Zustand der Karosserie[555] und mitunter speziell zum Thema „Korrosion“. Im Zweifel sind derartige Angaben lediglich als Beschaffenheitsvereinbarung ohne Garantieübernahme einzustufen.

2883 Sofern ein Verkäufer ausnahmsweise eine **individuelle Zusage** macht, wie z. B. **„frei von Durchrostung“**, kann darin eine **Beschaffenheitsgarantie** liegen, keine bloße Objekt-

550 Quelle: NZV 10/2010, S. VIII.

551 OLG Köln OLGR 1997, 331 = VersR 1998, 511 – Oldtimer-Motorrad.

552 Vgl. OLG Schleswig 27. 9. 1988, DAR 1989, 147.

553 BGH 21. 1. 1981, NJW 1981, 928; vgl. auch BGH 22. 2. 1984, NJW 1984, 1452.

554 OLG Köln 26. 5. 1997, OLGR 1997, 331 – Harley Davidson Bj. 1924; KG 22. 9. 1992, OLGR 1993, 1; OLG Frankfurt/M. 2. 11. 1988, NJW 1989, 1095; OLG Köln 13. 1. 1993, OLGR 1993, 131 (Youngtimer).

555 Vgl. OLG Stuttgart 17. 11. 2004, DAR 2005, 91 = OLGR 2005, 30.

beschreibung oder unverbindliche Anpreisung. Zumal bei einem Händler mit eigener Werkstatt, gar einem Karosseriebetrieb, hat diese Beurteilung gute Gründe für sich.

Eine **„Durchrostung“** liegt nur vor, wenn der Korrosionsprozess in seine Endphase eingetreten ist.[556] Löcher einer bestimmten Größe müssen noch nicht vorhanden sein. Der Tatbestand der Durchrostung ist auch zu bejahen, wenn das Stahlblech aufgrund von Korrosion so geschwächt ist, dass die Tragfähigkeit nicht mehr gewährleistet ist.[557] Ohne einschränkende Zusätze wie „von innen nach außen“ oder „Rahmen frei von Durchrostung“ kann sich der Verkäufer nicht auf derartige Begrenzungen seiner Zusage berufen. 2884

Ob beim Verkauf eines gebrauchten Fahrzeugs, auf das ursprünglich eine **Neuwagen-Rostschutzgarantie** (Durchrostungsgarantie) gegeben worden war, der Fortbestand dieser Garantie, d. h. (uneingeschränkter) Garantieschutz incl. der Einhaltung etwaiger „Auflagen“, stillschweigend zugesichert wird, ist problematisch. Bedenken bestehen deshalb, weil es bei dem Garantieschutz nicht um eine Beschaffenheit des Fahrzeugs geht, die ihrerseits garantiert werden kann. Wie auch in anderen Fällen fehlender oder defizitärer Garantien ist eine Lösung außerhalb der Sachmängelhaftung vorzuziehen (näher Rdn. 2741 ff.). 2885

bb) Mangelhaftigkeit nach objektiven Kriterien

Zu diesem Thema liegt eine umfangreiche Kasuistik vor, schwerpunktmäßig aus den siebziger und achtziger Jahren, nur noch vereinzelt aus jüngerer Zeit. 2886

Mangel ja: 2887

- gravierende Korrosions- und Durchrostungsschäden an tragenden Teilen eines 15 Jahre alten Daimler-Benz 230 SL, der kurz vor dem Verkauf noch TÜV-abgenommen worden war, den ein Privatgutachter aber nicht als betriebs- und verkehrssicher bezeichnet hat, OLG Köln 7. 8. 1980, zfs 1980, 306.
- Durchrostung des Karosseriebodens, des linken hinteren Rahmenträgers sowie eines Radkastens, Löcher in den vorderen Radlaufblechen bei einem 9 Jahre alten Daimler-Benz 220 D/8 sind nach OLG Köln (Urt. v. 21. 12. 1978, DAR 1979, 286) offenbarungspflichtige Mängel.
- Durchrostungen an Rahmen und Aufbau bei einem Fahrzeug mit einem objektiven Wert von 600,– DM hat das OLG München (Urt. v. 10. 5. 1971, DAR 1972, 239) als so schweren Mangel gewertet, dass der Käufer wegen Wegfalls der Geschäftsgrundlage vom Vertrag zurücktreten durfte. Die Reparaturkosten hätten ca. 500,– DM betragen.
- Durchrostungen an den Einstiegsleisten bei einem 10 Jahre alten, 134.000 km gelaufenen VW 1200 begründen eine Gewährleistungspflicht, AG Bergisch Gladbach v. 18. 8. 1978 – 16 C 1233/77 – n. v.
- an einem für 2.750 DM gekauften Pkw brach einige Tage nach Übergabe der Unterboden durch, weil er völlig durchgerostet war. Das LG Augsburg hat in diesem Schaden einen so schwerwiegenden Fehler gesehen, dass es den vereinbarten Gewährleistungsausschluss für unwirksam hielt (Urt. v. 17. 5. 1977, NJW 1977, 1534 mit Anm. *Eggert*, NJW 1977, 2267).
- Durchrostung des gesamten Unterbodens eines 7 Jahre alten Matra-Rancho, Kaufpreis 2.220 DM, LG Köln 24. 6. 1987 – 26 S 389/86 – n. v.
- Durchrostungen im Bereich des Unterbodens und der Schweller bei einem 180.000 km gelaufenen VW Golf GTI (keine Verkehrssicherheit mehr), AG Köln 14. 2. 1989 – 117 C 342/87 – n. v. (Besonderheit: Fz. sollte bis zur Übergabe „fertiggemacht“ werden).

---

556 Vgl. OLG Stuttgart 14. 10. 2008, NJW 2009, 1089 zu „Durchrostung von innen nach außen“ i. S. d. mobilo-life-Garantie von Mercedes.

557 Vgl. VdTÜV-Merkblatt Nr. 728.

- Durchrostung an tragenden Teilen, AG Nienburg 30. 6. 1993, zfs 1993, 304.
- erhebliche Korrosionsschäden an der Auspuffanlage eines 12 Jahre alten DB 308 SE, Reparaturaufwand 1.900 DM (OLG Celle 20. 10. 1994, OLGR 1994, 329 mit der – zweifelhaften – Begründung, das Fahrzeug sei nicht mehr „zulassungsfähig" gewesen).
- die Verkehrssicherheit aufhebende Durchrostungen an einem über 20 Jahre alten VW Cabrio (OLG Hamm 6. 2. 1995, OLGR 1995, 100 = zfs 1995, 176).
- Korrosion am Rahmen, Längs- und Querstreben eines Oldtimer-Motorrades (Baujahr 1924), OLG Köln 26. 5. 1997, VersR 1998, 511 = OLGR 1997, 331.
- fortgeschrittene Aluminiumkorrosion des Alkovens eines Wohnmobils (LG Kassel 21. 7. 2000 – 9 O 1688/99 – n. v.)
- Rostneigung bzw. mangelhafter Rostschutz bei (neuem) Quad (LG Wuppertal 26. 10. 2005 – 19 O 453/03 – n. v.).

2888 **Mangel nein:**

- An- und Durchrostungen des Unterbodens bei einem 8 Jahre alten Mercedes 220 D/8, Gesamtfahrleistung ca. 177.000 km, hält der BGH für normale Alterserscheinungen. Um die allgemeine Gefahr derartiger Zustandsverschlechterungen wisse der Käufer ebenso wie der Verkäufer (Urt. v. 21. 1. 1981, NJW 1981, 928 = DAR 1981, 115). Anders als in dem Fall BGH NJW 1979, 1707 konnte eine dem Händler bekannte überdurchschnittliche Rostanfälligkeit nicht festgestellt werden.
- Durchrostungen am Bodenblech eines knapp zwei Jahre alten, ca. 20.000 km gelaufenen Renault 4 (Preis von 2.300 DM, Kosten der Instandsetzung ca. 600 DM). Das OLG Köln hat die Wandelungsklage mit der fehlerhaften, weil zu engen Begründung abgewiesen, ein solcher Schaden sei bei diesem Fahrzeug nicht ungewöhnlich (Urt. v. 21. 10. 1975 – 9 U 48/75 – n. v.).
- Kauf eines 2 Jahre alten Lancia Beta vom Händler (OLG Hamm Urt. v. 16. 1. 1981, MDR 1981, 580).
- Beide vorderen Innenkotflügel total weggerostet (Außenkotflügel einwandfrei), Rostansatz an Scheinwerferspiegel, Rostloch in hinterer Ladefläche, Wagenheberaufnahme infolge Durchrostung unbrauchbar, verschiedene kleinere Rostlöcher am Karosserieboden; OLG Hamm v. 3. 7. 1986 – 23 U 35/86 – n. v. (6 Jahre alter Matra-Rancho).
- Durchrostungen am Unterboden eines 9 Jahre alten, 120.000 km gelaufenen Porsche 912 stellen nach Auffassung des OLG Köln keinen Mangel i. S. d. § 459 Abs. 1 BGB dar (Urt. v. 29. 10. 1976 – 4 U 26/76 – n. v., a. A. LG Köln 4. 12. 1975, VersR 1977, 48).
- Korrosionsschäden am Kofferraumboden, am Radkasten, am Einstiegsholm, am Bodenblech und vorderen Kotflügel sind für das LG Köln bei einem über 8 Jahre alten Daimler-Benz 200 SEL, Km-Stand 117.000, typische Alterserscheinungen, für die der Verkäufer nicht einzustehen hat (Urt. v. 31. 3. 1980 – 16 O 349/79 – n. v.).
- Durchrostung im Bereich des Fahrersitzes und an den Einstiegsschwellern bei einem 7,5 Jahre alten VW-Cabrio, Km-Stand 120.000, OLG Düsseldorf 27. 4. 1983 – 24 U 63/83 – n. v.
- Durchrostung des Bodenblechs eines 13 Jahre alten VW-Cabrios, OLG Karlsruhe 16. 12. 1987, NJW-RR 1988, 1138 = DAR 1988, 162.
- „Gravierende Korrosions- und Durchrostungsschäden" an tragenden Teilen eines über 13 Jahre alten offenen Peugeot 304, Kaufpreis 4.400 DM, OLG Schleswig 27. 9. 1988, DAR 1989, 147.
- Starke Korrosionsschäden am Rahmen eines 17 Jahre alten VW-Cabrios, OLG Köln 8. 4. 1992, NJW 1993, 271 = DAR 1992, 379.

- Starke Unterrostungen an der gesamten Karosserie, durchgerostete Stellen an den Einstiegsschwellern, Durchrostungen an der Reserveradmulde, des Fußbodens an der Beifahrerseite und Rost an der gesamten Bodengruppe bei 16 Jahre altem Pkw Daimler-Benz, Kaufpreis 8.900,– DM; kein „gravierender Mangel" i. S. einer Gewährleistungsabrede, OLG Frankfurt 30. 6. 1989, DAR 1989, 463 m. Anm. *Knipfer.*
- Gebrauchsspuren und Abnutzungen bei einem ca. 7 Jahre alten, 127.000 km gelaufenen BMW 524 TD (OLG Köln 19. 2. 1998, OLGR 1998, 170).
- Unsachgemäß überlackierter Flugrost (OLG Koblenz 5. 9. 2002, DAR 2002, 560).
- An- und Durchrostungen bei einem 12 Jahre alten, 221.011 km gelaufenen Opel Omega Caravan (LG Saarbrücken 28. 8. 2008 – 11 S 112/07 – BeckRS 2008, 19485).

Stellungnahme: Darüber, dass leichter bis mittlerer Rostbefall beim Gebrauchtwagenkauf i. d. R. keinen Sachmangel darstellt, ist man sich im Ergebnis einig. Korrosion gilt als die **typische Abnutzungs- und Alterserscheinung.**[558] Rostschäden gehen daher grundsätzlich zulasten des Käufers, so das Fazit der Spruchpraxis unter Rdn. 2888. Sie steht im Einklang mit der **aktuellen Rechtsprechung des BGH**, wonach normaler (natürlicher) Verschleiß und normale – alters- und laufleistungsadäquate – Abnutzung mangels besonderer Vereinbarung keinen Sachmangel darstellen.[559] **2889**

Kann der Käufer keine „besondere Vereinbarung" ins Feld führen, gemeint ist eine Beschaffenheitsvereinbarung i. S. d. § 434 Abs. 1 S. 1 BGB (s. dazu Rdn. 2879 ff.), kommt es darauf an, ob das Fahrzeug sich für die nach dem Vertrag vorausgesetzte Verwendung eignet, sonst, ob es sich für die gewöhnliche Verwendung eignet und eine Beschaffenheit aufweist, die bei Fahrzeugen der gleichen Art üblich ist und die der Käufer berechtigterweise erwarten kann (§ 434 Abs. 1 S. 2 Nrn. 1 und 2 BGB). **2890**

Nichteignung zur vertraglich vorausgesetzten Verwendung ist man geneigt anzunehmen, wenn das Fahrzeug aufgrund von Durchrostungen „schwerstgeschädigt" ist. Das früher einmal gängige Schlagwort **„Schwerstmangel"** kennzeichnet diese Fallgruppe freilich nur oberflächlich. Es geht um gravierende Rostschäden in Form von Durchrostungen, speziell am Unterboden, den Türschwellern und den Radhäusern. Vereinzelt suchte man in diesen Fällen eine Lösung mit Hilfe der Lehre vom Wegfall (Fehlen) der Geschäftsgrundlage,[560] wenn eine arglistige Täuschung durch Verschweigen oder gar Kaschieren[561] nicht nachgewiesen werden konnte. Das ist weiterhin abzulehnen.[562] Auch die Irrtumsvorschriften sind unanwendbar.[563] **2891**

Die richtige Lösung muss mit Hilfe der Vorschriften über die Sachmängelhaftung entwickelt werden; entweder mit der Kategorie „vertraglich vorausgesetzte Verwendung" oder (und besser) unter Rückgriff auf die rein objektiven Kriterien des § 434 Abs. 1 S. 2 Nr. 2 BGB. **2892**

Zur Soll-Beschaffenheit eines jeden Gebrauchtwagens, der nicht ausdrücklich oder stillschweigend (z. B. durch den Preis) als **Schrott-, Ausschlacht- oder Bastlerwagen** angeboten wird, gehört es, dass er sich in einem Zustand befindet, der eine Teilnahme am öffentlichen Straßenverkehr möglich macht. Das entspricht der vertraglich vorausgesetzten, je- **2893**

558 Laut DIN 50.900 die „unbeabsichtigte Zerstörung eines Werkstücks durch chemische oder elektrochemische Vorgänge".

559 Urt. v. 23. 11. 2005, NJW 2006, 434; v. 10. 10. 2007, NJW 2008, 53.

560 OLG München 10. 5. 1971, DAR 1972, 329; OLG Karlsruhe 17. 11. 1970, JZ 1971, 294; zum Problem auch OLG Hamm 15. 1. 1979, JZ 1979, 266 m. Anm. *Liebs*, S. 441.

561 Dazu BGH 23. 4. 1986, NJW 1986, 2319 = WM 1986, 867; OLG Frankfurt 30. 6. 1989, DAR 1989, 463; vgl. auch *Eggert*, DAR 1989, 121.

562 St. Rspr. des BGH, z. B. Urt. v. 6. 6. 1986, BGHZ 98, 100 = WM 1986, 1189.

563 Dazu OLG Karlsruhe 16. 12. 1987, NJW-RR 1988, 1138.

denfalls der gewöhnlichen Verwendung. Das Fahrzeug muss fahrbereit i. S. v. BGH NJW 1993, 1854; BGH NJW 2007, 759 sein, selbst wenn es ohne ausdrückliche Zusage der Fahrbereitschaft verkauft wurde. Es darf nicht so verkehrsunsicher sein, dass seine sofortige Stilllegung anzuordnen ist.

2894 Diesen vertraglich geschuldeten **Mindeststandard** kann man mit **Zulassungsfähigkeit** beschreiben. Zu undifferenziert ist der Standpunkt des LG Augsburg, wenn der Sinn eines Gebrauchtwagenkaufs darin gesehen wird, „dem Käufer ein zwar genutztes, aber fahrtüchtiges und verkehrssicheres Fahrzeug zu verschaffen".[564] Die Verkehrssicherheit ist schon beeinträchtigt, wenn z. B. die Bremsbeläge abgefahren sind oder ein Stoßdämpfer defekt ist. In diesem Zustand wäre eine Teilnahme am Straßenverkehr unzulässig. Solche Mängel lassen sich ohne weiteres und oft auch ohne großen Kostenaufwand beheben. Auch dem OLG Köln kann nicht gefolgt werden, wenn es einen Fehler i. S. v. § 459 Abs. 1 BGB a. F. schon dann bejaht, wenn „die Beschaffenheit des Kraftfahrzeugs infolge der Rostschäden einer Zulassung zum Straßenverkehr entgegensteht, weil das Fahrzeug nicht mehr verkehrssicher ist".[565] Zu ergänzen ist: ... und eine Instandsetzung technisch unmöglich oder wirtschaftlich gesehen unzumutbar ist.[566]

2895 Ob ein Fall **„wirtschaftlicher Zulassungsunfähigkeit"** vorliegt, kann nur aufgrund der Umstände des Einzelfalles festgestellt werden. Maßgeblich ist vor allem der Wert des Fahrzeugs in mangelhaftem Zustand im Verkaufszeitpunkt, nicht etwa der Kaufpreis.[567] Ist z. B. ein für 5.000 € verkauftes Fahrzeug tatsächlich nur noch 1.000 € wert und belaufen sich die Instandsetzungskosten auf 2.500 €, wird man, sofern § 138 BGB nicht greift (dazu Rdn. 4462), einen Fall „wirtschaftlicher Zulassungsunfähigkeit" und damit Mangelhaftigkeit bejahen müssen.

2896 Bei **Oldtimern**, auch schon bei manchen **Youngtimern**, ist der „Liebhaberwert" ein wesentlicher Gesichtspunkt.[568] Dass Fahrzeuge dieser Altersgruppen stark rostbefallen sein können, liegt auch für einen technischen Laien auf der Hand. Der Umstand, dass ein solcher Wagen noch fahrbereit ist und zum Verkauf angeboten wird, kann allerdings dafür sprechen, dass Rostschäden zwischenzeitlich bearbeitet worden sind. Zur Bedeutung der üblichen „Zustandsnoten" s. Rdn. 3253.

2897 Keinen Schutz verdient der Käufer, dem die Notwendigkeit aufwendiger Rostreparaturen bekannt ist, wenn er sich nur über das Ausmaß der Durchrostung und die Höhe der Reparaturkosten irrt.[569] Schutzwürdig ist er indes bei arglistiger Täuschung. Ansonsten entfällt die Haftung des Verkäufers, wenn schon nicht wegen Fehlerlosigkeit, so aufgrund eines stillschweigenden Haftungsausschlusses oder gem. § 442 BGB.[570]

2898 Nicht die vertraglich vorausgesetzte Verwendung, sondern das Kriterium „übliche Beschaffenheit" in Verbindung mit der Käufererwartung ist angesprochen, wenn in einem Fall ohne einschlägige Vereinbarung Rostschäden bzw. Rostanfälligkeit zur Debatte stehen, die weniger krass als in den Fällen mit „Schwerstschäden" sind. Daran gemessen liegt ein Sachmangel vor, wenn die Rostschäden **für den konkreten Fahrzeugtyp ungewöhn-**

564 NJW 1977, 1534 m. Anm. *Eggert*, S. 2267.

565 Urt. v. 29. 10. 1976 – 4 U 26/76 – n. v.; ebenso OLG Karlsruhe 16. 12. 1987, NJW-RR 1988, 1138; in diese Richtung auch OLG Köln 8. 4. 1992, NJW 1993, 271; OLG Celle 20. 10. 1994, OLGR 1994, 329.

566 So auch LG Köln 31. 3. 1980 – 16 O 349/79 – n. v.; OLG Frankfurt 30. 6. 1989, DAR 1989, 463 m. Anm. *Knipfer;* OLG Stuttgart 13. 5. 1997, OLGR 1998, 256 (Lkw).

567 OLG München 10. 5. 1971, DAR 1972, 329.

568 Vgl. OLG Karlsruhe 16. 12. 1987, NJW-RR 1988, 1138; s. a. OLG Schleswig 27. 9. 1988, DAR 1989, 147.

569 Vgl. OLG Karlsruhe 16. 12. 1987, NJW-RR 1988, 1138.

570 Vgl. auch AG Nienburg 30. 6. 1993, zfs 1993, 304.

lich stark sind. Vergleichsobjekt ist zunächst – aber nicht ausschließlich – ein Fahrzeug dieses Typs mit gleichem Alter und gleicher Laufleistung, d. h. es geht hier um die Frage der Abweichung vom Serienstandard, noch nicht um die davon scharf zu trennende Frage, ob der „globale" (fabrikatsübergreifende) Standard eingehalten ist (dazu Rdn. 3004 ff.).

Schadenhäufigkeit und Schadensumfang stellt der TÜV anhand von Tabellen und Schautafeln beweiskräftig dar. Seine Untersuchungen kommen zu folgendem Resultat: Ab dem vierten Lebensjahr eines Autos muss bei den meisten Typen mit Rostbefall gerechnet werden. Mit zunehmendem Alter steigen Zahl und Häufigkeit von Korrosionsschäden steil an. Kfz-Sachverständige können Auskunft darüber geben, ob ein bestimmter Rostbefall für den konkreten Typ außergewöhnlich ist oder nicht. **2899**

Eine dem Käufer nachteilige **Abweichung vom Stand der Serie** bedeutet einen Sachmangel. Es kann sich um einen konkreten Produktionsfehler handeln („Ausreißer"). Für den Rostschaden kann aber auch eine fehlerhafte Instandsetzung (mit-)ursächlich sein. Eine unvollständige bzw. nicht fachgerechte Reparatur kann natürlich ihrerseits einen Sachmangel begründen. **2900**

Entgegen der Ansicht des OLG Köln[571] ist Mangelhaftigkeit auch dann zu bejahen, wenn der Rostschaden für den betreffenden Fahrzeugtyp nicht ungewöhnlich ist, er aber signifikant außerhalb der Bandbreite derjenigen Schäden liegt, die bei **vergleichbaren Fahrzeugen anderer Hersteller** zu beobachten sind. Bei besonderer Rostanfälligkeit z. B. durch Verwendung zu dünnen Stahlblechs, Fehler beim Stanzen der Blechteile oder durch unzulängliche Lackierung ist somit ein Sachmangel i. S. d. § 434 Abs. 1 S. 2 Nr. 2 BGB zu bejahen, obwohl die ganze Serie oder alle Fahrzeuge des betreffenden Baujahres davon befallen sind, die Beschaffenheit also typbezogen üblich im Sinne von „normal" ist. Der nicht gezielt aufgeklärte Durchschnittskäufer braucht mit dieser „Spezialität" nicht zu rechnen.[572] Zum Problem des Vergleichsmaßstabs und des Serienfehlers s. Rdn. 3003 ff. **2901**

p) Schadstoffarmut/Steuerklasse/Abgasuntersuchung (AU)

Die Tatsache der Befreiung von der Kfz-Steuer ist als eine zusicherungsfähige Eigenschaft i. S. v. §§ 459 Abs. 2, 463 S. 1 BGB a. F. anerkannt gewesen, ebenso der Umstand, nur einen ermäßigten Steuersatz zahlen zu müssen.[573] Darüber hinaus konnte die Schadstoffarmut als solche Gegenstand einer Zusicherung sein. Das galt auch für das Vorhandensein eines **Katalysators**. Schon die bloße **Nachrüstbarkeit auf Kat** stellte eine zusicherungsfähige Eigenschaft dar.[574] Voraussetzung für die Zusicherungsfähigkeit war, dass der steuerliche Vorteil, wie z. B. bei einem „historischen Fahrzeug" (Oldtimer), **fahrzeuggebunden** war, also nicht von der Person des Halters bzw. Eigentümers abhing. **2902**

Höchstrichterliche Rechtsprechung dazu, unter welchen Voraussetzungen ein Gebrauchtfahrzeugverkäufer (zum Neuwagenkauf s. Rdn. 624 ff.) Eigenschaften wie „schadstoffarm" oder „mit Kat" oder „nachrüstbar" i. S. v. § 459 Abs. 2 BGB a. F. zusichert oder – in der heutigen Terminologie – „garantiert", liegt, soweit ersichtlich, nicht vor. Aus der heute nur noch bedingt brauchbaren Rechtsprechung der Instanzgerichte in Altfällen sind einschlägig: OLG Köln MDR 2000, 580 = DAR 2000, 309; LG Köln MDR 1991, 55, AG Witten DAR 1988, 424, AG Tecklenburg NJW-RR 1996, 1142 und LG Kiel NJW-RR 1996, 1142. **2903**

571 Urt. v. 21. 10. 1975 – 9 U 48/75 – n. v. (Renault 4).

572 Zur Offenbarungspflicht bei besonderer Rostanfälligkeit s. BGH 14. 3. 1979, NJW 1979, 1707 (Agenturfall); LG Münster 16. 2. 1989, DAR 1990, 22; zum Ganzen *Eggert*, DAR 1989, 121.

573 OLG Koblenz 7. 11. 2001, MDR 2002, 452 – Neuwagen; OLG Bremen 14. 6. 2001, DAR 2001, 400 – Neuwagen; LG Kiel 26. 1. 1996, NJW-RR 1996, 1142; LG Köln 22. 8. 1990, MDR 1991, 55; AG Witten 20. 1. 1988, DAR 1988, 424; AG Essen 29. 1. 1987, NJW-RR 1987, 828 – Neuwagen.

574 OLG Hamm 10. 7. 1992 – 19 U 101/92 – n. v.

2904 Ein Neufall ist Gegenstand der Entscheidung des Brand OLG vom 27. 7. 2006[575], in der es um den Privatverkauf eines **Geländewagens** Typ Mitsubishi Pajero V 44 TD 2,8 geht, eingestellt (und vermutlich auch online gekauft) über die Internetplattform eBay mit anschließendem Abschluss eines Formularvertrags vor Ort. Nach dem Inhalt der Internetanzeige war das **Vorhandensein eines Abgaskatalysators** vereinbart, eine Beschaffenheitszusage, die die Verkäuferin nachträglich nicht korrigiert hatte. Zwar sei von einem Abgaskatalysator in der Internetanzeige wie auch später nicht ausdrücklich die Rede gewesen. Unter einem Katalysator werde herkömmlich aber ein Abgaskatalysator verstanden, nicht ein Katalysator im Turbolader und auch nicht ein Rußpartikelfilter. Da ein Abgaskatalysator erwiesenermaßen nicht vorhanden war, hat das OLG Mangelhaftigkeit wegen Bruchs einer Beschaffenheitsvereinbarung angenommen. Den allgemeinen (pauschalen) Gewährleistungsausschluss hat es wegen einer **arglistigen Täuschung** für unbeachtlich erklärt, dabei verkennend, dass sich selbst eine „einfache" Beschaffenheitsvereinbarung eines gutgläubigen Verkäufers gegen eine derartige Freizeichnung durchsetzt.

2905 Ein ausdrücklicher Hinweis **eines Kfz-Händlers** auf das Vorhandensein eines „Kat" kann die Zusicherung/Garantie bedeuten, dass mit dem Kat steuerliche Vorteile verbunden sind.[576] Die Marken- bzw. Typbezeichnungen wie BMW 316i scheiden i. d. R. als Anknüpfungspunkt aus, weil sie keinen direkten Bezug zur Schadstoffarmut haben.[577] Angesichts der geringen Anforderungen, die der BGH an stillschweigende (konkludente) Zusicherungen im Gebrauchtwagenhandel im früheren Gebrauchtwagen-Kaufrecht gestellt hat, war eine derartige Garantieübernahme zu bejahen, wenn ein **Kfz-Händler** – anders als im Fall LG Kiel NJW-RR 1996, 1142 – ein Fahrzeug mit Papieren verkaufte, die den Vermerk „schadstoffarm" o. Ä. enthielten.[578] Eine „einfache" Beschaffenheitsvereinbarung i. S. v. § 434 Abs. 1 S. 1 BGB ist damit auf jeden Fall getroffen. Zur Aufklärungspflicht/arglistige Täuschung s. außer der o. a. Entscheidung des Brand OLG in einem Fall des Privatverkaufs die unter Rdn. 4448 mitgeteilte Rechtsprechung.

2906 Eine besondere Fallgruppe bildet die sog. **Euro-Rechtsprechung**. Zumal bei Import- und Re-Importwagen kommt es vor, dass identische Fahrzeugtypen nur nach „Euro 2" eingestuft werden, während der gleiche Typ, in Deutschland gekauft, „Euro 3" erfüllt. Ein ständiger Grund für Streitigkeiten ist ferner, dass „schadstoffarm E 2" nicht gleichbedeutend ist mit „Euro 2" (näher Rdn. 624 ff.).

2907 Ohne Auswirkungen auf die Vermarktung von Gebrauchtwagen ist bisher die **Pkw-EnVKV** vom 28. 5. 2004 geblieben, die Hersteller und Händler beim Neuwagenverkauf Informationen auch zu CO_2-Emissionen zur Pflicht macht. Zur Fortwirkung öffentlicher Äußerungen in diesem Fall s. Rdn. 2545 f..

2908 Erklärungen wie **„mit ASU"** oder **„mit gültiger AU-Plakette"** sind, wie Informationen über die HU („TÜV"), Angaben über die Beschaffenheit des Fahrzeugs.[579] Bei einem älteren Fahrzeug, das die AU-Plakette nicht mehr ohne weiteres erhält, kann der Mangel erheblich sein und zum Rücktritt berechtigen.[580]

q) Scheckheftgepflegt/werkstattgepflegt

2909 Zu einem Neufahrzeug gehörte früher ein **Service- bzw. Inspektionsheft**. Nicht zuletzt um Fälschungen zu verhindern und auch Tachomanipulationen zu erschweren, aber auch

575 Az. 5 U 161/05, BeckRS 2006, 10155.
576 Vgl. OLG Köln 16. 2. 2000, MDR 2000, 580 = DAR 2000, 309.
577 Übersehen von AG Tecklenburg 23. 2. 1996, NJW-RR 1996, 1142; im Ergebnis richtig LG Kiel 26. 1. 1996, NJW-RR 1996, 1142.
578 Vgl. auch *Hörl*, DAR 1986, 97, 98.
579 AG Oldenburg 29. 5. 2006 – 9 C 9005/06 – n. v.
580 AG Oldenburg 29. 5. 2006 – 9 C 9005/06 – n. v.

zur Arbeitserleichterung der Vertragspartner, liefern immer mehr Fahrzeughersteller und Importeure ihre Autos ohne dieses traditionelle Dokument in gedruckter Form aus. An seine Stelle tritt ein **„elektronisches Serviceheft“**. Begonnen damit hat im Jahr 2005 Mazda beim Modell M 5. Die Umstellung vom Papier-Serviceheft auf die digitale Version hat weitreichende Folgen, nicht nur für das Werkstattgeschäft (Stichwort Datenzugang der Freien), sondern auch für den Weiterverkauf und nicht zuletzt für den Nachweis der Werkstatttreue im Haftpflichtschadensfall (Verweisung auf Freie Werkstätten).

Privatverkäufer stellen, wenn möglich, ausdrücklich heraus, dass ihr Fahrzeug **2910** „scheckheftgepflegt“ oder „werkstattgepflegt“ sei. **Gewerbliche Verkäufer** verwenden diese Attribute eher selten. Sie werben mitunter mit Ausdrücken wie „werkstattgeprüft“ oder „von Meisterhand geprüft“, auf ihren **Websites** und in **Internetanzeigen** gelegentlich aber auch mit „scheckheftgepflegt“ oder schlicht „Scheckheft“. Hin und wieder findet man „scheckheftgepflegt“ auch auf Verkaufsschildern direkt an den Fahrzeugen.[581]

Wer ein ausdrücklich als **„scheckheftgepflegt“** gekennzeichnetes Gebrauchtfahrzeug **2911** **vom Erstbesitzer** erwirbt, kann im Allgemeinen erwarten, dass die vom Hersteller vorgeschriebenen Inspektionen von einer hierzu **autorisierten Fachwerkstatt** durchgeführt und im „Scheckheft“ (Serviceheft) dokumentiert worden sind. Ohne die Bezeichnung „scheckheftgepflegt“ hat eine solche Erwartung keine Basis.[582] Eine „Scheckheftpflege“ gewährleistet, dass alle erforderlichen Arbeiten zum Erhalt von Wert und Funktion durchgeführt werden, z. B. auch ein herstellerseits vorgeschriebener Wechsel des Zahnriemens. „Scheckheftpflege“ bedeutet ferner, dass technische Verbesserungen nachträglich eingebaut und Kinderkrankheiten abgestellt worden sind, ein wichtiger Gesichtspunkt zumal bei solchen Fahrzeugen, die aus einer anfänglich fehlerträchtigen Baureihe stammen. Wichtig sind die vorgeschriebenen Inspektionen auch für den Bestand des Garantieschutzes.

Zur Einhaltung der Zusage „scheckheftgepflegt“ beim Verkauf aus erster Hand genügt **2912** es, wenn die Inspektionstermine im Wesentlichen eingehalten worden sind. Eine lückenlose Kette wird selbst von einem Erstbesitzer i. d. R. nicht versprochen. Problematisch ist die Bedeutung von „scheckheftgepflegt“, wenn der Verkäufer ein **Zweit- oder Drittbesitzer** oder ein **Händler** ist. Wer nicht aus erster Hand verkauft, wird allenfalls die Einhaltung der in seiner Besitzzeit fälligen Inspektionstermine zusagen wollen. Anhand des „Scheckheftes“ kann er sich indes darüber informieren, ob sein(e) Vorbesitzer in den vorgeschriebenen Intervallen mit dem Fahrzeug in der Werkstatt war(en) oder nicht. Auch sein eigener Ankaufvertrag kann insoweit Aufschluss geben. Wer als Zweitbesitzer den Begriff „scheckheftgepflegt“ ohne Einschränkung verwendet, wird sich wie ein Erstbesitzer beim Wort nehmen lassen müssen. Gleiches dürfte für einen Händler beim Verkauf eines Fahrzeugs aus erster Hand gelten.[583]

Eine über den Normalzustand hinausgehende **Qualität des Fahrzeugs** wird mit dem **2913** Hinweis „scheckheftgepflegt“ nicht stillschweigend zugesichert, jedenfalls nicht von einem Privatverkäufer ohne technischen Sachverstand. Stimmt die Angabe nicht, so kann der Käufer den Vertrag wegen **arglistiger Täuschung** anfechten.[584] Die Abwesenheit von technischen Mängeln wird mit „scheckheftgepflegt“ nicht versprochen, selbst wenn der letzte Inspektionstermin nur kurze Zeit bzw. wenige km zurückliegt. Der Verkäufer hat lediglich dafür einzustehen, dass die vorgesehenen Inspektionen von einer Fachwerkstatt durchgeführt worden sind.[585] Ist dies nicht der Fall, kann der Verkäufer unter dem Ge-

581 Vgl. OLG Düsseldorf 8. 8. 2003 – 1 W 45/03 – n. v.
582 KG 16. 7. 2004, SVR 2004, 427 = ZGS 2005, 76.
583 Dazu OLG Düsseldorf 8. 8. 2003 – 1 W 45/03 – n. v. (die Tragweite von „scheckheftgepflegt“ letztlich offen lassend); LG Wuppertal 23. 5. 2005, SVR 2005, 422.
584 LG Paderborn 20. 10. 1999 DAR 2000, 275.
585 So auch OLG Düsseldorf 5. 6. 1992, OLGR 1993, 42 (Ls.) = NZV 1993, 110 (Ls.).

sichtspunkt der Garantieübernahme selbst dann haften, wenn das Fahrzeug technisch mängelfrei ist. Entgegen Zeitungsmeldungen hat das LG Paderborn[586] nicht entschieden, ein **Privatverkäufer** sichere mit „scheckheftgepflegt" zu, dass alle Inspektionen von einer Fachwerkstatt durchgeführt worden seien.

2914 Schon in der bloßen **Übergabe des Inspektionsheftes** die konkludente Zusicherung/Garantie „scheckheftgepflegt" zu sehen[587], geht selbst bei einem Verkauf durch einen Kfz-Händler mit Werkstatt zu weit.[588] Andererseits: Die Angabe in einem dem Käufer ausgehändigten Serviceheft, **der Zahnriemen** sei einen Tag vor dem Kauf gewechselt worden, stellt eine Beschaffenheitsangabe dar.[589]

2915 Das **Unterlassen einer „Scheckheftpflege"** bedeutete für sich allein noch keinen Fehler i. S. v. § 459 Abs. 1 BGB a. F.,[590] wohl aber das Fehlen des Original-Scheckhefts.[591] Das Unterbleiben einer „Scheckheftpflege" kann im Zusammenhang mit der Frage des Fortbestandes des Garantieschutzes relevant sein, die Sachmängelhaftung dagegen bleibt grundsätzlich unberührt.

2916 Die Bezeichnung **„werkstattgepflegt"** besagt weniger als „scheckheftgepflegt". Mit ihr wird nicht versprochen, dass der Wagen regelmäßig zur Wartung und Inspektion in einer autorisierten Werkstatt war. Sie ist auch nicht dahin zu verstehen, dass die „Pflege" in einer fabrikatsgebundenen Fachwerkstatt stattgefunden hat. Letztlich bedeutet das Adjektiv „werkstattgepflegt" ohne konkretisierende Hinweise i. d. R. wohl nicht mehr, als dass das Fahrzeug hin und wieder in einer beliebigen Werkstatt war. So gesehen, spricht hier mehr für eine unverbindliche Anpreisung, zumal beim privaten Direktgeschäft.

r) Serienmäßigkeit/Typengerechtigkeit

aa) Sachverhalte und Ausgangslage

2917 Analog den Fahrzeugbriefen enthalten die **handelsüblichen Vertragsformulare** – auch nach der Schuldrechtsreform – Rubriken für Eintragungen zum „Hersteller", dem „Fahrzeugtyp" und der „Fahrzeugart". Selten ist hier von „Fabrikat" oder „Marke" die Rede. Auch der Ausdruck „Modell" taucht nur vereinzelt auf. Informationen dieser Art findet man auch auf den **Verkaufsschildern** an den Fahrzeugen, in **Zeitungsanzeigen** und auf **Webseiten**. Im Vorfeld von Kaufverträgen dienen sie den Interessenten als Suchkriterien zur Orientierung. In die Vertragsurkunde werden sie aufgenommen, um das Kaufobjekt näher zu beschreiben und zu identifizieren. Zu Fehlbezeichnungen s. Rdn. 2572.

2918 Zugleich geben solche Informationen Auskunft über bestimmte **Fahrzeugeigenschaften**. Das ist eine Frage der Auslegung im Einzelfall. **Herstellerangaben** wie „VW" oder „BMW" informieren über den Produzenten, nicht notwendigerweise auch über den Produktionsort (Herkunftsland). Jedenfalls beziehen sie sich auf den Zeitpunkt, zu dem das Fahrzeug fabrikneu vom Band gerollt ist. Sie bedeuten nicht, dass bei zwischenzeitlichen Reparaturen, Um- oder Nachrüstungen Originalersatzteile oder Originalzubehör Verwendung gefunden haben, also solche Teile, die von dem angegebenen Hersteller selbst produziert oder von ihm freigegeben worden sind. Ein solcher Bedeutungsinhalt ist selbst bei jüngeren Fahrzeugen, z. B. Jahreswagen, nicht anzunehmen.

---

586 Urt. v. 20. 10. 1999, DAR 2000, 275.

587 Vgl. OLG Düsseldorf, 5. 6. 1992, OLGR 1993, 42 = NZV 1993, 110.

588 AG Herford 12. 8. 2005, SVR 2006, 99.

589 LG Krefeld 24. 9. 2007, DAR 2008, 90.

590 So OLG Köln 21. 10. 1996, VersR 1997, 1019 = VRS 94, 321.

591 So LG Itzehoe 4. 6. 2002 – 7 O 166/01 – n. v. (zweifelhaft).

bb) Rechtsprechung

Bei **nachträglichen Veränderungen am Fahrzeug** knüpft die Rechtsprechung konsequenterweise nicht isoliert an die Herstellerangabe, sondern an die **„Marken- und Typbezeichnung“** (BGH) an. Die Herstellerangabe in einem Vertragsformular enthält für sich allein noch keine entsprechende Zusicherung.[592] Die bloße Mitteilung „Harley Davidson“ wertet das OLG Karlsruhe bei einem privaten Direktkauf zu Recht nicht als Zusicherung dahin, dass das verkaufte **Motorrad** (älteren Baujahrs) noch über den Originalrahmen dieses Herstellers verfüge.[593] Für das OLG Frankfurt[594] ist die Tatsache, dass es sich um ein bestimmtes Fabrikat eines bestimmten Herstellers handelt, „für sich“ nicht einmal eine zusicherungsfähige Eigenschaft. Für den „normalen“ Autokauf kann dieser für den Handelskauf formulierte Grundsatz nicht gelten. **2919**

Die Hauptbedeutung von „Marken- und Typbezeichnungen“ wie z. B. „Porsche 928 S“ oder „BMW 520i“ liegt in ihrer **Schlüsselfunktion** bei der gewährleistungsrechtlichen Beurteilung von **Fahrzeugveränderungen**. Die Gerichte haben sich wiederholt mit Fallgestaltungen befassen müssen, deren Besonderheit darin liegt, dass der Originalzustand des Fahrzeugs nachträglich verändert worden ist, sei es, dass der Originalmotor durch einen anderen Motor ersetzt worden ist, sei es, dass ein Getriebetausch stattgefunden hat, sei es, dass die Reifen umgerüstet worden sind. Bevorzugte Objekte für Veränderungen sind ferner das Fahrwerk und die Auspuffanlage. Das Verlangen nach mehr Leistung und einer vermeintlich schöneren Optik ist ungebremst. Motiv für eine Veränderung des serienmäßigen Fahrzeugzustandes ist häufig auch nur die simple Tatsache, dass ein bestimmtes Teil defekt ist und eine Reparatur sich nicht lohnt. Den Grund für eine Um- oder Nachrüstung können auch Vorschriften der StVZO liefern, z. B. bei Importautos. **2920**

Den **Schwerpunkt in der Rechtsprechung** bilden Fälle mit **Motorumrüstung**. Allein zu diesem Fragenkomplex liegen sieben BGH-Entscheidungen vor. Unter dem Aspekt der Beschaffenheitsgarantie kommt den „Zusicherungs-Urteilen“ vom 18. 2. 1981 (PS),[595] 3. 11. 1982 (BMW 1602)[596] und 16. 1. 1985 (BMW 520)[597] weiterhin Bedeutung zu, wenngleich nicht mehr leitende. Zu den „Umrüstungsfällen“ gehört auch das Hinterreifen-Urteil des BGH v. 5. 7. 1978[598], während die Hinterreifen II-Entscheidung vom 11. 2. 2004[599] keinen Fall der (Reifen-)Umrüstung, sondern der Neu-Ausrüstung betrifft. Den zusicherungsrechtlichen Schlusspunkt der BGH-Judikatur bildet der Porsche-928-S-Fall, in dem es um den Austausch einer Hinterachsschwinge ging.[600] **2921**

In den **Umrüstungsfällen** ist weder die Serienmäßigkeit noch die Typengerechtigkeit expressis verbis zugesichert worden. Atypisch ist es auch, dass ein Händler – wie im Hinterreifen-Fall[601] – auf dem Bestellschein handschriftlich vermerkt „... wird in einwandfreiem technischen Zustand übergeben“. Anknüpfungspunkte für die Zusicherungshaftung waren entweder Informationen über bestimmte Aggregate, z. B. „Austauschmotor“, über konkrete Leistungsdaten, z. B. des Motors oder – gewissermaßen als **Auffangtatbestand** – die **Marken- und Typenbezeichnung**[602] im Kaufvertrag. Zur Bedeutung der Erklärung **2922**

---

592 So OLG Oldenburg 31. 1. 1995, NJW-RR 1995, 688 = OLGR 1995, 82 – BMW.
593 Urt. v. 18. 8. 1992, NJW-RR 1993, 1138 = VRS 84, 241.
594 Urt. v. 13. 12. 1994, OLGR 1995, 13 – Filter.
595 NJW 1981, 1268 = DAR 1981, 147.
596 NJW 1983, 217 = DAR 1983, 55.
597 NJW 1985, 967 = DAR 1985, 150.
598 NJW 1978, 2241.
599 NJW 2004, 1032 = NZV 2004, 183 (Ferrari).
600 Urt. v. 17. 4. 1991, NJW 1991, 1880 = WM 1991, 1224.
601 BGH 5. 7. 1978, NJW 1978, 2241.
602 Zur Terminologie s. *Eggert*, DAR 1985, 143, 145; *ders.*, NZV 1992, 209.

eines Verkaufsangestellten, er gehe davon aus, dass die am Fahrzeug (hier: Vorführwagen) vorgenommenen Änderungen in den Papieren eingetragen seien, s. BGH NJW-RR 1991, 870 (Zusicherung zutreffend verneint).

2923 Eine stillschweigende bzw. konkludente Zusicherung des **Fortbestandes der Allgemeinen Betriebserlaubnis** (ABE) allein aus der Tatsache des Verkaufs eines Gebrauchtwagens zum Zwecke der Weiterbenutzung im Straßenverkehr herzuleiten, hat die Rechtsprechung bislang abgelehnt.[603] Das LG Köln neigt dazu, in der Veräußerung eines Serien-Pkw die konkludente Zusicherung zu sehen, dass dieser mit dem vom Hersteller vorgesehenen Triebwerk ausgerüstet ist. Es hat diese Frage aber letztlich nicht entschieden.[604]

2924 Üblicherweise greift die Rechtsprechung auf die praktisch nie fehlende **„Marken- und Typenbezeichnung“**[605] zurück.[606] In Ergänzung seines Urteils vom 3. 11. 1982 (BMW 1602)[607] stellt der BGH zu der BMW-520-Entscheidung vom 16. 1. 1985[608] folgenden Leitsatz auf:

„Mit der in einem Kaufvertrag über einen Gebrauchtwagen enthaltenen Marken- und Typenbezeichnung (hier: BMW 520) sichert der Verkäufer dem Käufer über den Fortbestand der Voraussetzungen der Allgemeinen Betriebserlaubnis hinaus nicht zu, dass das Fahrzeug mit einem dem Fahrzeugtyp entsprechenden Motor ausgerüstet ist.“

2925 Unter Berufung auf dieses BGH-Urteil haben Instanzgerichte Marken- und Typenbezeichnungen verschiedentlich dahin (miss-)verstanden, dass damit alle von der Allgemeinen Betriebserlaubnis geforderten Typenmerkmale als vorhanden zugesichert werden, so z. B. das LG Bonn im Porsche-928-S-Fall (Achsschwinge).[609] In jener Sache hat der BGH unmissverständlich klargestellt, dass einer Typenbezeichnung im Kaufvertrag „in keinem Fall eine abstrakte, alle Eventualitäten umfassende Zusicherung des Fortbestandes der konkreten Betriebserlaubnis“ zu entnehmen sei.[610]

2926 Die Formulierung „in keinem Fall“ bedeutet auch: Selbst ein Vertragshändler mit dem üblichen Werkstattbetrieb sichert durch eine Angabe wie „BMW 325i“ im Kaufvertrag und/ oder auf dem Verkaufsschild nicht zu, dass die dem Fahrzeug einmal erteilte Betriebserlaubnis (ABE) fortbesteht. Anders ausgedrückt: Nicht jede Veränderung des Fahrzeugs, die nach § 19 Abs. 2 StVZO die Betriebserlaubnis hat erlöschen lassen, ist geeignet, kraft vertraglicher Marken- und Typenbezeichnung eine Garantieübernahme zu begründen. Schon in seiner Leitentscheidung vom 3. 11. 1982[611] hat der BGH darauf hingewiesen, dass es nur um diejenigen Merkmale gehen kann, die von der Typenbezeichnung **„charakterisiert“** werden und von denen „der Fortbestand der Allgemeinen Betriebserlaubnis abhängig ist“. Mit Hilfe dieses häufig übersehenen Kriteriums konnte der BGH den Porsche-928-S-Fall problemlos lösen. Denn eine bestimmte Ausführung der Achsschwinge gehört zweifellos nicht zu den Merkmalen, die mit der Angabe „Porsche 928 S“ angesprochen („charakterisiert“) werden.

---

603 Z. B. LG Köln 23. 5. 1991 – 2 O 479/90 – n. v. – Verkauf eines Ford Transit mit stärkerem Motor; in diesem Sinn muss auch BGH 30. 1. 1991, NJW-RR 1991, 870 verstanden werden.

604 Urt. v. 23. 5. 1991 – 2 O 479/90 – n. v.

605 Diese Bezeichnungen findet man in den handelsüblichen Bestellscheinen (Kaufanträgen) ebenso wie auf den Verkaufsschildern am Fahrzeug.

606 Erstmals OLG Frankfurt 20. 10. 1977, VersR 1978, 828; später OLG Düsseldorf 8. 5. 1992, NJW-RR 1993, 58; OLG Köln 2. 12. 1992, VRS 84, 405 = NZV 1993, 230.

607 NJW 1983, 217 = DAR 1983, 55.

608 NJW 1985, 967 = DAR 1985, 150.

609 Urt. v. 4. 8. 1989 – 18 O 7/89 – n. v.

610 Urt. v. 17. 4. 1991, NJW 1991, 1880 = WM 1991, 1224; dazu *Eggert*, NZV 1992, 209.

611 NJW 1983, 217 = DAR 1983, 55.

Auf der Grundlage der BGH-Judikatur hat der Käufer eines gebrauchten **Pkw** (einschließlich Kombi, Van) demnach **für eine Garantieübernahme** Folgendes **darzulegen und zu beweisen:** **2927**

a) Schriftliche Typenbezeichnung eines Kfz-Händlers

b) Nichtbestehen der Betriebserlaubnis bei Vertragsabschluss und Auslieferung, weil

c) das Fahrzeug in einem Ausstattungsteil, das durch die Typenbezeichnung charakterisiert wird, verändert worden ist.

Im BMW-1602-Fall (BGH NJW 1983, 217) lagen alle drei Voraussetzungen vor. Im BMW-520-Fall (BGH NJW 1985, 967) war oben b) bestritten und aufklärungsbedürftig, wobei auch der Behauptung des beklagten Händlers nachzugehen war, für den leistungsschwächeren Motor sei eine Betriebserlaubnis für Fahrzeugteile nach § 22 StVZO erteilt worden. Im Porsche-928-S-Fall (BGH NJW 1991, 1880) fehlte offenkundig die Voraussetzung c). **2928**

cc) Geklärte und ungeklärte Fragen

Auch nach der Entscheidung des BGH v. 17. 4. 1991 (Porsche 928 S)[612] ist noch vieles offen.[613] Als **Folge der Schuldrechtsreform** ist indes festzustellen, dass das Bedürfnis, Garantieerklärungen aus Marken- und Typbezeichnungen herzuleiten, **stark zurückgegangen** ist. **2929**

(1) Verkauf durch Privat

Schon vor In-Kraft-Treten der Schuldrechtsreform galt die Rechtslage bei **Geschäften zwischen Privatleuten** als geklärt, wenngleich der BGH bislang davon abgesehen hat, für diesen Geschäftstyp eine definitive Aussage zu machen. Er hat lediglich erhebliche Bedenken geäußert, seine für den gewerblichen Bereich entwickelten Grundsätze auf das private Direktgeschäft zu übertragen. Alles spricht jedoch dafür, dass der BGH den privaten Verkäufer dem professionellen Autohändler nicht gleichstellen wird. M. a. W.: Marken- und Typenbezeichnungen von **Privatverkäufern** gegenüber nichtgewerblichen Käufern, erst recht gegenüber Kfz-Händlern, enthalten i. d. R. **keine Beschaffenheitsgarantien** (Eigenschaftszusicherungen alter Art).[614] **2930**

Erweckt der (Privat-)Verkäufer den Eindruck, er handele gewerblich mit gebrauchten Kfz, muss er sich nach Ansicht des LG Saarbrücken[615] die Anwendung der strengen Garantierechtsprechung gefallen lassen. **2931**

(2) Händler-Händler-Geschäft

Nach wie vor unklar ist die Situation bei Geschäften zwischen Kfz-Händlern. Einiges spricht dafür, Garantieübernahmen im Zweifel zu verneinen. Es fehlt an der besonderen Schutzwürdigkeit auf Käuferseite. **2932**

---

612 NJW 1991, 1880 = WM 1991, 1224.

613 Vgl. auch *Eggert*, NZV 1992, 209.

614 *Eggert*, NZV 1992, 209; so auch OLG Koblenz 21. 11. 1991, BB 1992, 806 = NJW-RR 1992, 1145; OLG Köln 24. 3. 1993, VRS 86, 13; s. a. OLG Karlsruhe 18. 8. 1992, NJW-RR 1993, 1138 (Motorrad); strenger OLG Köln 2. 12. 1992, NZV 1993, 230; s. a. OLG Celle 22. 2. 1995, OLGR 1995, 258.

615 Urt. v. 14. 1. 1999, NJW-RR 1999, 1065 – VW Käfer 1303.

(3) Verkauf von Nutzfahrzeugen, Wohnmobilen und Motorrädern

2933 Noch nicht entschieden ist, welche Bedeutung Marken- und Typenbezeichnungen beim Verkauf von Nutzfahrzeugen, Wohnmobilen[616] und Motorrädern[617] haben.

(4) Pkw-Kauf vom Händler durch Privat

2934 Für diese im ehemaligen Kaufrecht wichtigste Fallgruppe ist noch offen, ob eine Angabe wie „Porsche 928 S" im schriftlichen Kaufvertrag (Bestellschein) stehen muss oder ob eine Internetanzeige/Zeitungsinserat oder das Verkaufsschild am Fahrzeug als Grundlage einer Garantieerklärung genügt oder ob in einem solchen Fall nicht einmal eine „einfache" Beschaffenheitsvereinbarung i. S. d. § 434 Abs. 1 S. 1 BGB anzunehmen ist. Abzuwarten bleibt auch, wie der BGH die Typenbezeichnung eines **Händlers ohne eigene Werkstatt** bewerten wird. Vor allem aber ist ungewiss, welche Fahrzeugteile durch eine Bezeichnung wie „Porsche 928 S" **charakterisiert** werden. Mit dieser Formel lassen sich in der Praxis befriedigende Ergebnisse nur in solchen Fällen erzielen, in denen, wie im Porsche-928-S-Fall (Achsschwinge),[618] die richtige Lösung ohnehin auf der Hand liegt. In Grenzfällen ist sie keine Hilfe.

dd) Stellungnahme

2935 Der Rechtsprechung des BGH konnte schon unter der Geltung des alten Kaufrechts aus einer Reihe von Gründen nicht zugestimmt werden. Abgesehen von den schon seinerzeit bestehenden grundsätzlichen Bedenken gegen die Ausweitung der Zusicherungshaftung des Gebrauchtwagenverkäufers,[619] stieß auch die konkrete Vertragsauslegung auf erhebliche Einwände. In dem Bemühen um Differenzierung und Begrenzung hat der BGH **des Guten zu viel getan**. Bis heute unklar ist geblieben, welche Eigenschaft des Fahrzeugs mit einer Marken- und Typenbezeichnung wie „BMW 525i" tatsächlich „stillschweigend zugesichert" wird. Die Ausstattung des Fahrzeugs mit einem typengerechten (serienmäßigen) Motor ist es nicht;[620] auch nicht die Ausstattung mit sämtlichen durch die Typenbezeichnung „charakterisierten" Fahrzeugteilen, was immer das heißen mag. Inhalt der Zusicherung/Garantie soll auch nicht der uneingeschränkte Fortbestand der Allgemeinen Betriebserlaubnis oder überhaupt der Betriebserlaubnis sein. Er ist es „allenfalls insoweit, als er von den mit der Typenbezeichnung charakterisierten Merkmalen abhängt", und dies auch nur, so der BGH,[621] „gegebenenfalls". Solche gewundenen Formulierungen überfordern und irritieren die Praxis.[622]

2936 Die außerordentlich facettenreichen Umrüstungsfälle über § 459 Abs. 2 BGB a. F. zu lösen, lief auf die **Fiktion einer Zusicherung** hinaus. Ob der Händler wollte oder nicht: Er musste sich so behandeln lassen, als habe er den Fortbestand der ABE rechtsverbindlich zugesichert, wenn auch irgendwie eingeschränkt. Dabei sind Typ- und Modellangaben im Kopf von Bestellscheinen, auf Verkaufsschildern und Verkaufsanzeigen ihrem natürlichen Sinngehalt nach nur **Warenkennzeichnungen**.[623] In Verbindung mit den Fahrzeugpapieren dienen sie der **Objektbeschreibung.** Ohne gegenteilige Anhaltspunkte gehen Verkäu-

616 Dazu OLG Frankfurt 9. 3. 1994, zfs 1994, 329 (Zulassungsgerechtigkeit der Flüssiggasanlage war ausdrücklich zugesichert).
617 Dazu OLG Karlsruhe 18. 8. 1992, NJW-RR 1993, 1138 = VRS 84, 241.
618 BGH v. 17. 4. 1991, NJW 1991, 1880 = WM 1991, 1224.
619 Dazu auch *Eggert*, NJW 1990, 549.
620 Missverständlich OLG Düsseldorf 8. 5. 1992, NJW-RR 1993, 58; OLG Köln 2. 12. 1992, NZV 1993, 230 = VRS 84, 405.
621 Urt. v. 17. 4. 1991, NJW 1991, 1880 = WM 1991, 1224.
622 Wie OLG Düsseldorf 8. 5. 1992, NJW-RR 1993, 58 zeigt.
623 So auch OLG Köln 28. 3. 1990 – 2 U 201/89 – n. v.

fer und Käufer als selbstverständlich davon aus, dass z. B. ein BMW vom Typ 520i mit einem typgerechten („passenden") Motor ausgerüstet ist. Eine solche Selbstverständlichkeit wird gerade nicht i. S. einer Garantie zugesagt, jedenfalls nicht schon durch ein Kürzel wie „520i" hinter der Herstellerangabe „BMW".[624]

Spätestens mit Wegfall des umfassenden Gewährleistungsausschlusses infolge der Verbraucherschutzvorschrift in § 475 Abs. 1 BGB (Schuldrechtsreform 2002) ist die Legitimation entfallen, solche Kennzeichnungen zu stillschweigenden (konkludenten) Beschaffenheitsgarantien/Garantieübernahmen aufzuwerten. Zur Überwindung einer an sich zulässigen Haftungsfreizeichnung, dem erklärten Ziel der früheren Zusicherungsrechtsprechung, stehen andere Mittel zur Verfügung.[625] **2937**

Abgesehen vom Fall Arglist (§ 444 BGB) kann sich derjenige Verkäufer nicht auf eine Freizeichnungsklausel berufen, der den Ersatzmotor hat einbauen lassen oder nachträglich von der Umrüstung erfahren hat. Dem informierten Verkäufer, dem Arglist nicht nachzuweisen ist, steht der Händler gleich, der seine Untersuchungspflicht verletzt hat (dazu Rdn. 3843 ff.). In allen übrigen Fällen muss ein Gewährleistungsausschluss, sofern rechtlich wirksam, durchgesetzt werden können. Andernfalls würden Gebrauchtfahrzeugverkäufer unangemessen belastet. Die Fahrzeughersteller bieten für fast jeden Fahrzeugtyp mehrere Motorvarianten an. Selbst bei Eigenfabrikaten stehen die Händler vor einem kaum lösbaren Problem, zumal die Fahrzeugpapiere keine Motornummer mehr ausweisen. Bei Fremdfabrikaten mit mehreren Vorbesitzern kann eine Garantieübernahme erst recht nicht erwartet werden. **2938**

Für den **Kauf von Sportwagen** ein Sonderrecht zu schaffen, ist nicht angebracht. Der Begriff „Sportwagen" ist unscharf. Die StVZO kennt ihn nicht. Auch in der Sache selbst gibt es keinen plausiblen Grund, Käufer von „Sportwagen" zu privilegieren. Der Gesichtspunkt der **besonderen Gefährlichkeit,** auf den es dem LG Bonn[626] im Porsche-928-S-Fall ankam, und der an sich auch beachtenswert ist, ist nicht auf „Sportwagen" beschränkt. Höchstgeschwindigkeiten über 220 km/h, vor Jahren noch Rennwagen vorbehalten, sind für die meisten Fahrzeuge ab der oberen Mittelklasse inzwischen normal und werden selbst von manchen Geländewagen (SUVs) erreicht. **2939**

s) Sonderausstattung (Zubehör)

Das LG Bochum hat einen Händler zum Schadensersatz wegen Nichterfüllung (§ 463 S. 1 BGB a. F.) verurteilt, weil das Fahrzeug entgegen der Eintragung **„Servo"** unter der Rubrik Zubehör nicht mit einer Servo-Lenkung ausgestattet war.[627] Im Gegensatz zur Vorinstanz hat es dem Käufer nicht die gesamten Kosten für den nachträglichen Einbau der Servo-Lenkung, sondern nur den reinen Aufpreis für dieses Extra zugesprochen. Auch anhand der vom BGH für maßgeblich erachteten Kriterien (fehlende Sachkunde des Käufers, Vertrauen in die Sachkunde des Händlers, Schriftlichkeit der Erklärung) wird man in der Angabe „Servo" und in ähnlichen Hinweisen auf Zubehör und Zusatzausstattung, z. B. **ABS** (dazu BGH NJW 1995, 518 – Neuwagen) oder **Tempomat** (dazu AG Solingen DAR 1985, 257) lediglich eine Beschreibung des Fahrzeugs und damit nur eine Beschaffenheitsangabe ohne Garantiecharakter sehen können.[628] **2940**

---

624 Vgl. auch *Henseler*, BB 1969, 24; *Semler*, NJW 1976, 406.

625 Dazu *Eggert*, DAR 1985, 143, 147 f.

626 Urt. v. 4. 8. 1989 – 18 O 7/89 – n. v.

627 Urt. v. 2. 10. 1979, DAR 1981, 15; dazu *Eggert*, DAR 1981, 1.

628 Für Zusicherung – beim Kauf vom Vertragshändler – OLG Köln 16. 5. 1997, OLGR 1998, 26 = VRS 94, 168.

2941 Etwas anderes mag gelten, wenn das Vorhandensein eines bestimmten Zubehörteils Gegenstand der Vertragsverhandlung gewesen ist und der Verkäufer die Ausstattung des Fahrzeugs mit diesem Extra schriftlich bestätigt hat.[629] Ohne zu der Frage der Eigenschaftszusicherung abschließend Stellung zu nehmen, hat das OLG Braunschweig[630] einen Vermittler für schadensersatzpflichtig gehalten, der irrtümlich die Ausrüstung mit **ABS** zugesagt hat. Dem Vermittler wurde vorgeworfen, diese Erklärung ohne vorherige Überprüfung abgegeben zu haben.

2942 Kommt es aufgrund eines **Internetangebots**, z. B. in einer Gebrauchtwagenbörse, zu einer (ersten) telefonischen Kontaktaufnahme mit dem anbietenden Autohaus und erklärt der Verkäufer spontan, also ohne nähere Prüfung, das besagte Fahrzeug habe „von Haus aus" **ABS**, so liegt darin keine Zusicherung, auch wenn dieses Ausstattungsdetail später nicht mehr angesprochen wird.[631]

2943 Zur Bedeutung von Angaben über Ausstattungsdetails und „Extras" **in einer Internetanzeige** s. a. LG Köln DAR 2002, 272, LG Kleve NJW-RR 2005, 422 und AG Aachen SVR 2005, 33 – Klimaanlage. Falschangaben können nach Ansicht des LG Köln unter dem Gesichtspunkt der Behauptung ins Blaue hinein eine arglistige Täuschung bedeuten. Nach Auffassung des LG Trier[632] ist **„ABS"** auf dem **Verkaufsschild** direkt am Fahrzeug keine Eigenschaftszusicherung. Die Verurteilung des Händlers aus c. i. c. wegen fahrlässiger Falschangabe ist unrichtig, bei Arglist dagegen zutreffend. Zur (versehentlichen) Aufnahme eines **Navigationssystems** in ein „kaufbegleitendes Gutachten" (DEKRA-Siegel) s. AG Essen SVR 2005, 33; zur Soll-Beschaffenheit eines **CD-Radios** s. AG Aachen NZV 2005, 101 (Neuwagenkauf).

t) Technische Mängel

Übersicht:	Rdn.
Ausgangslage	2944 ff.
Einzelfälle aus der Rspr. (Kasuistik)	2950 ff.
Leitlinien der Rspr. in Verschleißfällen	2981 ff.
Offene Fragen	2983 ff.
Prüfschritte im konkreten Fall	2986 ff.
Darlegungs- und Beweislast	3033 ff.

aa) Ausgangslage

2944 Während technische Defekte an einem fabrikneuen Kraftfahrzeug, die innerhalb der zweijährigen Verjährungsfrist auftreten, meist alternativlos (kein „natürlicher" Verschleiß) unter den Mangelbegriff des § 434 Abs. 1 S. 2 Nr. 2 BGB subsumiert werden können, stellt sich beim Kauf eines bereits gebrauchten Fahrzeugs naturgemäß die Frage, wie bestimmte Sachverhalte aus dessen Vorgeschichte rechtlich zu bewerten sind. **Verschleiß, Abnutzung, Materialermüdung und Alterung** sind Vorgänge, denen ein Kraftfahrzeug vom ersten Tag an, jedenfalls aber seiner Inbetriebnahme, zwangsläufig ausgesetzt ist. Soweit es um **„Lackschäden"** geht, gibt es außer reiner Alterung eine Vielzahl von Ursachen, auch solche, die mit einem Verkehrsunfall nichts zu tun haben. Zur Frage der Vertragswidrigkeit bei Neu- und Nachlackierungen ohne vorherigen Unfall s. Rdn. 4421 ff.

629 S. auch BGH 28. 11. 1994, NJW 1995, 518 (ABS bei Neuwagen).
630 Urt. v. 29. 12. 1986 – 1 U 65/86 – n. v. – Agenturgeschäft.
631 So LG Bielefeld 29. 11. 2000, DAR 2001, 409.
632 Urt. v. 25. 4. 2000, DAR 2000, 364.

(1) Begriff und Erscheinungsformen von Verschleiß

Jedes gebrauchte Kraftfahrzeug besteht aus einer Vielzahl von Einzelteilen, die sich in einem mehr oder weniger fortgeschrittenen Verschleißzustand befinden. Verschleiß (Abnutzung) ist der „fortschreitende Materialverlust aus der Oberfläche eines festen Körpers, hervorgerufen durch mechanische Ursachen, d. h. Kontakt und Relativbewegung eines festen, flüssigen oder gasförmigen Gegenkörpers“ (DIN 50320). Somit sind als Verschleißteile solche Bauteile anzusehen, die derartigen Beanspruchungen unterliegen. **Typische Verschleißteile** sind Reifen, Bremsbeläge, Kupplung, Zahnriemen,[633] Dichtungen, auch die Lichtmaschine, die Batterie, der Katalysator[634] und die normale (Stahl-)Auspuffanlage.[635] 2945

Vom Einlauf- bzw. Einfahrverschleiß beim Neuwagen abgesehen, ist Verschleiß ein aus Nutzersicht unerwünschter, aber unvermeidbarer Vorgang.[636] Deshalb ist von **„natürlichem“** bzw. **„normalem“** Verschleiß die Rede. Abgegrenzt wird er gegen **„vorzeitigen“** bzw. **„übermäßigen“** Verschleiß, eine Erscheinungsform, die im Ob und Wann (Übergabe?) heikle Fragen aufwirft, wie nicht zuletzt der Getriebeschadenfall BGH NJW 2009, 580 zeigt.[637] 2946

Verschleiß ist das Eine. Das Andere ist **Alterung**. Auch bloßes Stehen bzw. Lagern ist dem Zustand eines Kraftfahrzeugs in mancherlei Hinsicht abträglich, weshalb der BGH – getrennt nach Neufahrzeugen/Jahreswagen einerseits und „normalen“ Gebrauchtwagen andererseits – Grundregeln zum Schutz der Käufer vor derartigen Auswirkungen aufgestellt hat. Dafür, dass Verschleiß und Alterung auch in Kombination schädlich auf ein Fahrzeugteil einwirken können, ist der Zahnriemen nur eines von vielen Beispielen. 2947

(2) kaufrechtliche Abgrenzung

Mit der Abgrenzung zwischen einem Sachmangel im Rechtssinn einerseits und „normalem“ Verschleiß/Alterung andererseits, für *Otting*[638] eine der **größten Herausforderungen** im Umgang mit den Fällen des Alltags, tun sich die Instanzgerichte bei allem Erkenntnisgewinn in Detailfragen nach wie vor schwer.[639] Wie die nachfolgende Kasuistik (ohne Korrosionsschäden, s. dazu Rdn. 2877 ff.) deutlich macht, hat vor allem die ältere Rechtsprechung vielfach zu schnell und ohne die notwendige Differenzierung auf das Vorhandensein eines Sachmangels geschlossen. In technischen Defekten hat man schon dann einen rechtlich relevanten Mangel gesehen, wenn sie die Zulassung hinderten und/oder die Gebrauchsfähigkeit beeinträchtigten.[640] In der **jüngeren Rechtsprechung** hat sich eine **differenzierte Sicht** durchgesetzt. Im Detail ist indes noch Manches ungeklärt (s. „offene Fragen“ Rdn. 2983), wobei die Beweislastumkehr nach § 476 BGB für neue Verwirrung gesorgt hat. 2948

Was **Konstruktions- und Fabrikationsfehler** angeht, sind sie nicht deshalb irrelevant, weil Gegenstand des Kaufs kein fabrikneues, sondern ein bereits gebrauchtes Fahrzeug ist. 2949

---

633 OLG Naumburg 24. 6. 2010, NJW-RR 2011, 64; AG Geilenkirchen 26. 4. 2006, DAR 2006, 461 m. w. N.

634 Unrichtig AG Zeven 19. 12. 2002, DAR 2003, 379.

635 S. a. *Schattenkirchner/Heimgärtner*, DAR 2010, 553.

636 Zu den einzelnen Formen von Produktverschleiß s. *Wortmann/Schimikowski*, ZIP 1985, 978 ff.; zu Ursachen, Mechanismen und Erscheinungsformen des Verschleißes bei Kfz-Motoren *s. Greuter/ Zima*, Motorschäden, 2. Aufl., S. 85 ff.

637 Aus der jüngeren Rspr. ferner OLG Hamm 10. 6. 2010, DAR 2010, 705 (Getriebe) und OLG Naumburg 24. 6. 2010, NJW-RR 2011, 64 (Zahnriemen mit Anlage zum vorzeitigen Verschleiß).

638 SVR 2004, 45.

639 S. a. *Schattenkirchner/Heimgärtner*, DAR 2008, 488; *dies.*, DAR 2010, 553.

640 OLG Bremen 10. 9. 2003, OLGR 2004, 117; anders und richtig OLG Bremen 11. 3. 2004, OLGR 2004, 319 (Motorboot).

Abgesehen davon, dass zwischen „fabrikneu" und „gebraucht" nur wenige Kilometer Fahrstrecke liegen können, kann und darf auch der Käufer eines bereits gebrauchten Kraftfahrzeugs i. d. R. erwarten, dass der ihm angebotene Wagen frei von Konstruktions- und Fabrikationsfehlern ist. Wie Erscheinungsformen, die mit den Begriffen **„konstruktive Schwäche"** und **„fahrzeugspezifische Besonderheit"** gekennzeichnet werden, aus der Perspektive des Gebrauchtwagenkaufs zu behandeln sind, ist im Kontext der Abgrenzung „normal/anomal" eine der **spannendsten Fragen** des „neuen" Gebrauchtwagenkaufrechts (näher Rdn. 3003 ff.).

bb) Einzelfälle aus der Rechtsprechung, alphabetisch gegliedert nach Fahrzeugteilen/Baugruppen (ohne Rostschäden, dazu Rdn. 2877 ff.)

2950 Achse/Lenkung

2951 Mangel nein

- Spiel der Spurstangen/Spurstangenkopfes, 9 Jahre alter Pkw, ca. 150.000 km (OLG Hamm 10. 6. 2010, DAR 2010, 705).
- erhöhtes Spiel der Spurstange, Riss an Staubmanschette, 6 Jahre alter Opel Omega, 108.000 km (OLG Düsseldorf 21. 12. 2000, OLGR 2001, 508). Weitere Defekte ohne Mangelqualität: Undichtigkeit von Öl- und Kraftstoffleitungen, Nachlassen der Bremswirkung.
- Spurstangenspiel bei Pkw, 120.000 km (LG Kassel 30. 6. 2005, SVR 2005, 421).
- falsch eingestellte Spur bei einem 8 Jahre alten Opel Omega, 130.000 km (LG Hof 13. 8. 2003 – 32 O 713/02 – n. v.).
- Defekte an Querlenklagern, Radaufhängung, Lenkanlage bei ca. 10 Jahre altem, 232.320 km gelaufenen BMW 750i (AG Neukölln 3. 8. 2004, SVR 2004, 431).
- „leichtes Geräusch" im Bereich der Hinterachse bei einem 8 Jahre alten Pkw, 92.000 km (LG Kleve 22. 7. 2005, SVR 2006, 64).
- stark ausgeschlagene Achsseiten und Unwucht der Vorderräder, 8 Jahre alter Mercedes-Benz 300 SEL, Km-Stand 117.000, Kaufpreis 7.900 DM; LG Köln 31. 3. 1980 – 16 O 349/79 – n. v.

2952 Mangel ja

- Schiefziehen (Aus-der-Spur-Laufen) eines AUDI A 4, ca. 1 Jahr alt, keine Verschleiß- oder Alterserscheinung, sondern Sachmangel auch, wenn „serientypisch" (LG Frankfurt/M. 19. 6. 2006 – 2–2 O 470/05, BeckRS 2007, 19351).
- ausgeschlagene Achsschenkel bei einem 14 Jahre alten VW 1200, Kaufpreis 1.000 DM; ein die Verkehrssicherheit beeinträchtigender Verschleißmangel, der zur Minderung berechtigt, AG Köln 9. 1. 1980 – 129 C 1638/78 – n. v.

2953 Auspuffanlage

2954 Mangel nein

- Ablösung des Anschlagrings am Auspuff, 9 Jahre alter Pkw, ca. 150.000 km (OLG Hamm 10. 6. 2010, DAR 2010, 705).
- defekter Auspuff bei älterem Opel Vectra (OLG Celle 4. 8. 2004, NJW 2004, 3566 = MDR 2005, 207). Weitere Defekte ohne Mangelqualität: undichte Stoßdämpfer, beschädigte Türdichtung.
- defekte Auspuffanlage, bei einem 7 Jahre alten, 110.000 km gelaufenen Citroën ID 20; Kaufpreis 2.300 DM; LG Saarbrücken 14. 2. 1980 – 2 S 410/78 – n. v. Weitere Defekte ohne Mangelqualität: loser Tank, ausgeschliffene Bremsscheiben.

- 9 Jahre alter Renault Fuego, AG Homburg 21. 3. 1991, zfs 1992, 50. Anm.: Weitere Defekte ohne Mangelqualität: Ölfilter, Stoßdämpfer, Scheibenwischer, Reifen.

Bremsen 2955

Mangel nein 2956

- Abnutzungserscheinungen an Bremsen, bei einem 13 Jahre alten, 119.000 km gelaufenen Pkw (Kaufpreis = 6 % vom Neupreis!), LG Düsseldorf 28. 10. 1983, DAR 1984, 118. Weitere Defekte ohne Mangelqualität an Lenkung, Stoßdämpfer und Rost an Auspuffanlage.
- Defekte an den Bremsen, Radzylindern und Stoßdämpfern bei einem fast 28 Jahre alten, 60.000 bis 70.000 km gelaufenen Nutzfahrzeug (Unimog), LG Duisburg 21. 6. 1991 – 4 S 15/91 – n. v.
- Schäden an Bremse, bei einem 15 Jahre alten, ca. 110.000 km gelaufenen Geländewagen, OLG Celle 7. 6. 1996, OLGR 1996, 194. Weitere Defekte ohne Mangelqualität an Lenkung und Karosserie.
- erneuerungsbedürftige Bremsklötze/-scheiben an einem Peugeot 106, 62.500 km (LG Aachen 23. 10. 2003, DAR 2004, 452); ähnlich AG Dresden 23. 5. 2005, SVR 2006, 140 – Pkw 9 J., 173.695 km.

Mangel ja 2957

- Schaden an der Bremsanlage, Opel Astra Caravan, 86.000 km (AG Kenzingen 27. 4. 2004, SVR 2004, 276).
- völlige Abnutzung der Bremsklötze bei einem Jaguar XJ6, 82.000 km, 15.000 DM; keine Verschleißerscheinung, sondern (versteckter) Mangel gem. § 459 Abs. 1 BGB a. F., anders bei defekter Handbremse und erneuerungsbedürftigem Radlager (Reparaturkosten insoweit: 412 DM), OLG Köln 6. 5. 1982 – 1 U 88/81 – n. v.
- Abnutzung der Bremsbeläge (außerdem: starker Ölverlust, Lenkungsspiel, Getriebeschaden) bei 5 Jahre altem VW-Käfer, Laufleistung 66.000 km, Kaufpreis 2.200 DM, OLG Köln 9. 1. 1973, NJW 1973, 903.

Getriebe 2958

Mangel nein 2959

- Lagerpfeifen des Getriebes, verursacht durch erhöhtes Spiel der zeitbedingt abgenutzten Zahnflanken der Zahnräder, Pkw, 9 Jahre, mind. 150.000 km (OLG Hamm 20. 6. 2010, DAR 2010, 705).
- Verschleiß des Achswellenlagers am Ausgleichsgetriebe, Jaguar XJ 40, 10 Jahre, ca. 187.000 km, Schadenseintritt nach 2.237 km (OLG Düsseldorf 25. 3. 2010 – I-18 U 1/08 – BeckRS 2010, 10778).
- Irreparabler Schaden am Automatikgetriebe eines VW Phaeton, viereinhalb Jahre, Ex-Mietwagen, 90 715 km, Schadenseintritt nach rd. 7.000 km; trotz Vorzeitigkeit kein Mangel (AG Nordhausen 11. 3. 2010 – 22 C 1027/08).
- Differential, Mercedes-Benz C 200 T, 5 Jahre, ca. 110.000 km (LG Oldenburg 15. 1. 2004, SVR 2004, 144). Weitere Defekte ohne Mangelqualität: Steinschlagschäden, Ölverlust.
- Getriebeschäden bei einem 12 Jahre alten AMC-Jeep, Laufleistung 83.000 Meilen (OLG Celle 28. 10. 1993, OLGR 1994, 65).
- Durchrutschen des automatischen Getriebes bei einer bestimmten Drehzahl (Reparaturkosten 994 DM) bei einem 5 Jahre alten, 125.000 km gelaufenen Audi 100, Kaufpreis 4.800 DM, LG Düsseldorf 11. 7. 1979 – 23 S 81/79 – n. v., mit grundsätzlichen Ausführungen zur Fehlerhaftigkeit eines Gebrauchtwagens.

2960 **Mangel ja**

- Auf vorzeitigem übermäßigen Getriebeverschleiß beruhender Getriebeschaden bei einem Mercedes-Pkw, 7 Jahre, ca. 60.000 km, nach weiteren 12.000 km (BGH 11. 11. 2008, NJW 2009, 580 = DAR 2009, 90 Tz. 14).
- „Konstruktive Schwäche" in Form eines konstruktionsbedingten Werkstofffehlers als Grund für den vergleichsweise vorzeitigen Ausfall des Automatikgetriebes eines Renault Laguna, rd. 7 Jahre alt, ca. 84.000 km gelaufen, nach 1.500 km (OLG Düsseldorf – 1. ZS – 19. 6. 2006, NJW 2006, 2858 = DAR 2006, 634 – Ls. = OLGR 2006, 833 = SVR 2006, 461).
- „Schaltauffälligkeiten" an einem Automatikgetriebe eines Ford Mondeo V 6 Ghia, 7 Jahre, 63.446 km, nach 10.500 km, verursacht durch vorzeitigen Verschleiß (Defekt des EPC-Ventils); OLG Düsseldorf 23. 6. 2008 – I-1 U 264/07 – BeckRS 2008, 15373.
- Vorzeitige Abnutzung der Zahnflanken infolge eines „Konstruktionsmangels", Ford Windstar (US-Produkt), 7 Jahre, rd. 110.000 km, Schadenseintritt nach 6.362 km (OLG Stuttgart 15. 8. 2006, NJW-RR 2006, 1720).
- Vorzeitige Materialermüdung als Grund für den Bruch von Federn in einem Automatikgetriebe eines Volvo C 70 (LG Köln 27. 6. 2006, DAR 2007, 34).
- Getriebeschaden, 8 Jahre alter Opel Omega, 130.000 km (LG Hof 13. 8. 2003 – 32 O 713/02 – n. v.). Anm.: Weitere Defekte an der Sitz- und der Standheizung sowie am Tempomat.
- Schaden bei 6 Jahre altem Porsche 928, 58.000 km, OLG Köln 15. 10. 1986 – 16 U 7/86 – n. v.
- 3. Gang nicht schaltbar (wegen Abnutzung der Einrückmechanik) bei einem VW 1302, Kaufpreis 3.600 DM (Reparaturkosten 716 DM), AG Köln 23. 6. 1978 – 116 C 3128/77 – n. v.

2961 **Karosserie**

2962 **Mangel nein**

- undichter Unterboden, 12 Jahre alter, 122.500 km gelaufener Ford Fiesta (LG Dessau 23. 12. 2003, DAR 2003, 119). Weitere Defekte ohne Mangelqualität: Stoßdämpfer, Lenkung.

2963 **Mangel ja**

- Risse im linken Rahmenlängsträger bei einem als Taxi genutzten Mercedes-Benz, LG Köln 24. 1. 1979 – 9 S 161/78 – n. v.

2964 **Katalysator**

2965 **Mangel ja**

- Defekt bei einem älteren Opel Astra Caravan (Kat sei kein Verschleißteil, so AG Zeven 19. 12. 2002, DAR 2003, 379).

2966 **Mangel nein**

- Bruch des Keramikkörpers, 10 j. Mercedes 124 T, ca. 150.000 km (AG Offenbach/M. 27. 9. 2004, NJW-RR 2005, 423; bestätigt durch LG Darmstadt 6 S 243/04).

2967 **Klimaanlage**

2968 **Mangel ja**

- Wohnmobil (Brand OLG 23. 9. 2005 – 4 U 45/05; Entscheidungsschwerpunkte: Erheblichkeit und Arglist)

2969 **Kraftstoffzuleitung**

2970 **Mangel ja**

– Leckage der Kraftstoffzuleitung im Motorraum (Brandschaden), 10 Jahre alter Ford Galaxy (OLG Celle 16. 4. 2008, NJW-RR 2008, 1635 = ZGS 2008, 312). Anm: fragwürdiges Urteil.

Lenkung s. Achse 2971

Motor 2972

Mangel nein 2973

– schlagartiger Defekt eines Dichtungsrings im Turbolader, Chrysler Voyager TD, rd. 9 Jahre, 191.347 km, vermutlich (!) normaler Verschleiß (BGH 23. 11. 2005, NJW 2006, 434 = DAR 2006, 78).
– Defekt am Turbolader eine Pkw, als Neuwagen gekauft, nach 116.144 km; von der NW-Garantie ausgenommener normaler Verschleiß (öster. OGH 12. 11. 2009, ZVR 2010, 372).
– Bei Km-Stand 110.213 gerissener Zahnriemen, Renault Clio, 3 Jahre alt, 107.731 km gelaufen (AG Offenbach/M. 15. 1. 2003, DAR 2003, 178); weitere Zahnriemenfälle mit Verneinung eines Sachmangels: LG Bonn 26. 2. 2009 – 8 S 191/08 (Land Rover Freelander, 173.000 km); LG Itzehoe 25. 7. 2003, DAR 2004, 96; AG Geilenkirchen 26. 4. 2006, DAR 2006, 461 (Riss oder Abriss mehrerer Zähne bei 110.800 km, Wechselempfehlung 120.000 km); s. a. KG 16. 7. 2004, ZGS 2005, 76 = SVR 2004, 427 und OLG Naumburg 24. 6. 2010, NJW-RR 2011, 64 – Anlage zum vorzeitigen Verschleiß als Mangel).
– Motorschaden in Form eines durchgebrannten Auslassventils, BMW-Motorrad, K 1100 LT, 9 Jahre, 78.500 km, übermäßiger Verschleiß nicht nachgewiesen; hoher Ölverbrauch gleichfalls kein Mangel, ebenso wenig die gerügte Kompression (LG Kassel 26. 2. 2009 – 5 O 535/07).
– Riss am Zylinderkopf, der während der Nutzung durch den Käufer zum Motorausfall führt, Motorboot mit Sechszylinder-Otto-Motor (OLG Bremen 11. 3. 2004, ZGS 2004, 394 = OLGR 2004, 319).
– undichte Zylinderkopfdichtung, technisch „aufgebrauchter" Kat, 5 $^{1}/_{2}$ Jahre alter BMW 316i, 71.743 km (AG Fürstenwalde 24. 5. 2005, SVR 2006, 219).
– Ölaustritt infolge eines Defekts eines Motorlagers und Beschädigung eines Gummilagers, 6 Jahre alter Mercedes C 220 CDI, 122.000 km (AG Aachen 21. 12. 2005 – 7 O 185/05 – n. v.).
– Motorgeräusche („Tackern") als Folge eines zu großen Ventilspiels, eventuell verursacht durch verdreckte bzw. verschlissene Hydrostößel, Opel Omega, 81.000 km (OLG Düsseldorf 8. 1. 2007, DAR 2007, 211).
– Zustand der Kupplung (eines Mähdreschers) „nahe der Verschleißgrenze" (OLG Frankfurt 13. 12. 2006, OLGR 2007, 345).
– Fehlfunktion von Luftmassenmesser und Kurbelwellengehäuseentlüftung bei VW Passat TDI zwischen 126 und 160 000 km als Folge unzureichender Wartung bei fahrzeugspezifischer Wartungsbedürftigkeit (Brand OLG 13. 6. 2007, DAR 2008, 473).
– abgenutzte Dichtungen und Dichtungsringe (Ursache für Ölverlust) – OLG Bamberg 20. 12. 2000, DAR 2001, 357.
– Leistungsabfall wegen defekten Turboladers bei 10 Jahre altem, 174.500 km gelaufenen VW Bus (OLG Düsseldorf 23. 3. 2001, OLGR 2001, 270).
– Verkrustungen am Auspuffkrümmer und Kupplungsschaden, Pkw ca. 6 Jahre, 127.640 km (OLG Köln 10. 1. 2000, DAR 2000, 308).
– Motorschaden infolge schadhaften, möglicherweise nicht rechtzeitig gewechselten Zahnriemens (OLG Köln 21. 10. 1996, VersR 1997, 1019; abw. OLG Köln 17. 11. 1989 – 20 U 65/89 – n. v.).

- Lagerverschleiß bei einem ca. 12 Jahre alten Geländewagen (Laufleistung ca. 130.000 km), OLG Koblenz 9. 2. 1995, VRS 89, 336 = BB 1995, 2133.
- Motorschaden bei 14 Jahre altem Opel Admiral 2.8 E, 150.000 km gelaufen, LG Köln 16. 1. 1991, DAR 1991, 224.
- Funktionsunfähigkeit des Motors eines über 13 Jahre alten Peugeot 304, OLG Schleswig 27. 9. 1988, DAR 1989, 147.
- eingelaufene Nockenwelle bei 10 Jahre altem Chevrolet Malibu, LG Kassel 31. 8. 1990 – 2 S 388/90 – (SP 1992, 62).
- Funktionsunfähigkeit des Motors aufgrund Zylinderverschleißes bei einem 8 Jahre alten, 230.000 km gelaufenen Mercedes-Benz (OLG Koblenz 8. 10. 1985, MDR 1986, 316).
- überdurchschnittlich hoher Ölverbrauch infolge verschleißbedingter Motorschäden bei 116.000 km gelaufenem Fiat Panda, AG Mainz 2. 6. 1992, zfs 1992, 267.
- Verschleiß an Zylindern und Kolben bei einem 8 Jahre alten, 135.000 km gelaufenen Daimler-Benz 200 D (OLG Hamburg 7. 12. 1981, MDR 1982, 406).

2974 **Mangel ja**

- Defekt der Zylinderkopfdichtung und gerissene Ventilstege bei einem Pkw, verkauft bei Km-Stand 159.100 (BGH 18. 7. 2007, NJW 2007, 2621 Tz. 14).
- Zahnriemenriss nicht infolge normalen Verschleißes, auch nicht durch mechanische oder chemische Einwirkungen von außen, sondern aufgrund potenzieller Ursachen, die als „übermäßiger“ (vorzeitiger) Verschleiß einzustufen sind und als Anlage bei Übergabe vorhanden waren; Pkw, mit erneuertem Zahnriemen verkauft, Riss nach 14 Mo. und 18.500 km (OLG Naumburg 24. 6. 2010, NJW-RR 2011, 64).
- Anriss/Bruch der Ventilfeder eines Zylinders bei einem ca. 11 Jahre alten, rd. 122.000 km gelaufenen Porsche 944 S (OLG Köln 11. 11. 2003, DAR 2004, 91 = NZV 2004, 46).
- Defekt an den Injektoren bei einem Mercedes A 170 CDI (LG Trier 8. 6. 2004 – 1 S 87/03 – n. v. – „kein typisches Verschleißteil“).
- Besondere Schadenanfälligkeit der Zylinderköpfe mit nachfolgenden Rissen (Jeep Cherokee, 2,5 Ti, 5 Jahre, Schaden bei 94.000 km), Thür. OLG 19. 1. 2006, SVR 2006, 262.
- Übermäßiger Verschleiß der Befestigungsschraube der Spannrolle des Zahnriemens mit der Folge ihres Abknickens und der weiteren Folge des Überspringens des Zahnriemens, was zu einer Kollision von Kolbenböden und Ventilfedern und damit zu einem „kapitalen“ Motorschaden führte (OLG Hamm 18. 6. 2007 – 2 U 220/06 – BeckRS 2007 14370).
- Überdurchschnittlicher Verschleiß einer Einspritzdüse als Ursache eines Motorschadens (LG Dortmund 21. 12. 2007 – 22 O 212/06 – n. v.).
- Undichtigkeiten und Verbrennungsstörungen am Zylinderkopf eines 7 Jahre alten VW Transporters, 110.000 km (OLG Köln 5. 3. 2001, DAR 2001, 461).
- Risse und Anrisse im Zylinderkopf, die auf eine Motorüberhitzung infolge eines undichten Kühlsystems zurückzuführen sind: kein normaler Verschleiß bei einem 8jähr. BMW, 138.000 km, OLG Schleswig 8. 9. 1982, MDR 1983, 54; s. a. OLG Hamm 5. 5. 1992 – 19 U 233/91 – n. v.
- „extremer“ Verschleiß des 4. Zylinders eines 75-PS-Motors eines Ford Sierra = „gravierender Mangel“ i. S. einer Rückgabevereinbarung (OLG Hamm 18. 9. 1992, OLGR 1992, 353).
- Um das 9- bis 10fache über dem vom Hersteller angegebenen Maximalwert liegender Ölverbrauch (Ursache: Fahrzeugalter und Verschleiß), LG Mosbach 2. 12. 1986, DAR 1987, 152.

- Ausrüstung eines Pkw mit einem Zahnriemen, für den das vom Werk vorgeschriebene Wechselintervall längst überschritten war (OLG Köln 17. 11. 1989 – 20 U 65/89 –; abw. OLG Köln 21. 10. 1996, VersR 1997, 1019).
- Lagerschaden bei einem 10 Jahre alten Daimler-Benz 250 S, 140.000 km, als Folge Fahrens mit zu niedrigem Öldruck. Laut OLG Köln ist nicht der Lagerschaden, sondern der unzureichende Öldruck ein Sachmangel (Urt. v. 27. 1. 1978 – 20 U 135/77 – n. v.).

Reifen **2975**

Mangel nein **2976**

- „Sägezahnbildung" (Sägezahnprofil) an den Hinterreifen eines frontgetriebenen Alfa 156; erhöhter Verschleiß an den Vorderreifen, begünstigt durch werkseitige Tieferlegung und durch Fahren mit Breitreifen (OLG Düsseldorf 27. 6. 2005 – 1 U 28/05 – SVR 2006, 261).

Mangel ja **2977**

- Überalterte Hinterreifen Porsche 911, LG Köln 26. 8. 1994 – 21 O 91/94 – n. v.

Scheinwerfer **2978**

Mangel ja **2979**

- Feuchtigkeit im Scheinwerfer eines 5 Jahre alten, ca. 110.000 km gelaufenen MB C 200 T (LG Oldenburg 15. 1. 2004, SVR 2004, 144).
- Milchiger Scheinwerfer an älterem Opel Vectra (OLG Celle 4. 8. 2004, NJW 2004, 3566 = MDR 2005, 207).

Zahnriemen s. Motor **2980**

cc) Leitlinien der Rechtsprechung zu technischen Mängeln unter besonderer Berücksichtigung von Verschleiß und Alterung

Gleich, welche Version des Fehlerbegriffs i. S. d. § 459 Abs. 1 BGB a. F. man favorisiert **2981** hat: Das Risiko für **normale Verschleiß-, Abnutzungs- und Alterungserscheinungen** haben die Gerichte in Altfällen zuletzt in breiter Mehrheit dem Käufer auferlegt, sofern eine besondere Vereinbarung dem nicht entgegenstand. Repräsentativ für die **Rechtsprechung vor der Schuldrechtsreform** ist folgende Argumentation:

„Beim Gebrauchtwagenkauf ist die Frage nach der Grenze der normalen Beschaffenheit und der normalen Zweckeignung nach den jeweiligen Besonderheiten des Einzelfalls zu beantworten. Dabei ist davon auszugehen, dass aufgrund des Gebrauchs und des Alterungsprozesses Abnutzungs- und Verschleißerscheinungen unvermeidlich sind. Gehen diese Erscheinungen nicht über das hinaus, was bei einem Fahrzeug des betreffenden Typs angesichts seines Alters und seiner Laufleistung normalerweise zu beobachten ist, so kann von einem Fehler i. S. v. § 459 BGB nicht gesprochen werden. Normale Verschleiß-, Abnutzungs- und Alterungserscheinungen sind somit von vornherein aus dem Fehlerbegriff auszuklammern. Dies gilt unabhängig davon, welchen Einfluss solche Umstände auf die Funktionsfähigkeit und Gebrauchstauglichkeit des Fahrzeugs haben. Defekte, welche die Funktionsfähigkeit beeinträchtigen, sind nicht notwendigerweise Fehler i. S. d. § 459 BGB" (OLG Karlsruhe 16. 12. 1987, NJW-RR 1988, 1138 = DAR 1988, 162).

Solche und ähnliche Begründungen finden sich in einer Vielzahl von Entscheidungen der **2982** Instanzgerichte zu § 459 Abs. 1 BGB a. F.[641] **Nach In-Kraft-Treten der Schuldrechtsre-**

641 Besonders deutlich: OLG Hamm 3. 7. 1986 – 23 U 35/86 – n. v.; OLG Frankfurt 30. 6. 1989, DAR 1989, 463 m. Anm. *Knipfer;* OLG Stuttgart 6. 2. 1990 – 10 U 34/89 – n. v.; OLG Koblenz 8. 10. 1985, MDR 1986, 316; OLG Hamburg 7. 12. 1981, MDR 1982, 406; OLG Schleswig

form hat man nahtlos an diese – mitnichten überholte – Judikatur angeknüpft, sie aber in Teilbereichen, etwa in der Frage des Vergleichsmaßstabes und in punkto Vorzeitigkeit/Übermäßigkeit, weiterentwickelt und verfeinert. **Der BGH** ist den Instanzgerichten im Grundsatz gefolgt.[642] Anhand welcher Kriterien die Fehlerabgrenzung vorzunehmen ist, hat er – ebenso wie andere „Verschleißfragen" – bislang nur punktuell entschieden.

dd) Offene Fragen

2983 Trotz der im Grundsatz nun auch vom BGH bestätigten Rechtsprechung der Instanzgerichte herrscht in der Praxis – abgesehen von der Sonderproblematik des § 476 BGB (dazu Rdn. 3386 ff.) – Unsicherheit vor allem bei folgenden Themen bzw. Fallgruppen:

- Schwachstellen wie „konstruktionsbedingte Besonderheiten" bzw. „konstruktive Schwächen", die der gesamten Baureihe/Serie anhaften, bei Konkurrenzprodukten aber kein Thema sind. Beispiel: „vorzeitiger" Getriebeschaden (OLG Düsseldorf NJW 2006, 2858; OLG Stuttgart NJW-RR 2006, 1720; OLG Düsseldorf 23. 6. 2008 – I-1 U 264/07).
- Verschleiß- und Alterungsschäden an Teilen, die nicht zu den „typischen" Verschleißteilen zählen, z. B. Elektronikkomponenten wie ein Nockenwellensensor (dazu LG Regenburg 24. 9. 2008 – 1 O 1747/07) oder die Kraftstoffleitung (dazu, i. E. fragwürdig, OLG Celle 16. 4. 2008, NJW-RR 2008, 1635).
- Verschleißerscheinungen, die auf einen haftungsrechtlich relevanten Mangel zurückgehen. Beispiel: übermäßiger Reifenverschleiß infolge falscher Achsgeometrie.
- Normaler (natürlicher) Verschleiß an Teilen, die von elementarer Bedeutung für die Fahrzeugsicherheit sind wie z. B. Bremsen oder Lenkung (dazu OLG Hamm 10. 6. 2010 – I-28 U 15/10; LG Kassel 30. 6. 2005, SVR 2005, 421) oder die Kraftstoffzuleitung (vgl. OLG Celle 16. 4. 2008, NJW-RR 2008, 1635).
- Alterung von Insassen-Sicherheitseinrichtungen wie z. B. Sicherheitsgurt und Airbag.
- „Verschleißfolgeschäden". Beispiel: Infolge eines verschleißbedingt ausgeschlagenen Wasserpumpenlagers rutscht der Zahnriemen ab, was einen Motorschaden zur Folge hat.
- Fehlfunktionen und Schäden an Verschleißteilen als Folge unzulänglicher Wartung und Pflege (Musterfall: unterlassener Wechsel des Zahnriemens).
- Erneuerungsnotwendigkeit von Verschleißteilen für den Verkäufer vor Übergabe (dazu OLG Hamm 10. 6. 2010, DAR 2010, 705).

2984 Fallgestaltungen der vorgenannten Art verlangten vor der Schuldrechtsmodernisierung i. d. R. keine nähere Prüfung, weder rechtlich noch technisch. Der alles überwölbende Gewährleistungsausschluss machte das meist überflüssig. Seit In-Kraft-Treten der Schuldrechtsreform – konkret: des § 475 BGB – müssen die Gerichte Stellung beziehen.

---

8. 9. 1982, MDR 1983, 54; OLG Schleswig 27. 9. 1988, DAR 1989, 147; LG Düsseldorf 28. 10. 1983, DAR 1984, 118; LG Arnsberg 25. 4. 1988, NZV 1988, 68; LG Mosbach 2. 12. 1986, DAR 1987, 152; LG Köln 16. 1. 1991, DAR 1991, 224; OLG Köln 8. 4. 1992, OLGR 1992, 210 = NJW 1993, 271; OLG Celle 28. 10. 1993, OLGR 1994, 65; OLG Celle 20. 10. 1994, OLGR 1994, 329; OLG Koblenz 9. 2. 1995, VRS 89, 336; OLG Celle 7. 6. 1996, OLGR 1996, 194; OLG Köln 21. 10. 1996, VersR 1997, 1019; OLG Celle 19. 2. 1998, OLGR 1998, 170; OLG Bamberg 20. 12. 2000, DAR 2001, 357; OLG Düsseldorf 21. 12. 2000, OLGR 2001, 508; OLG Düsseldorf 23. 3. 2001, OLGR 2001, 270; OLG Düsseldorf 6. 4. 2001, DAR 2001, 358.

642 Urt. v. 23. 11. 2005, NJW 2006, 434 = DAR 2006 78 = SVR 2006, 216 (*Otting*) -Turbolader; bestätigt durch Urt. v. 10. 10. 2007, NJW 2008, 53; s. a. BGH 11. 11. 2008, NJW 2009, 580 = DAR 2009, 90 (Getriebeschaden); BGH 10. 3. 2009, NJW 2009, 1588 Tz. 13 und BGH 6. 4. 2011 – VIII ZR 22/10 (11jähriger Audi A6 Avant, 161.700 km).

Der **Verkehrsgerichtstag** hat die enorme praktische Bedeutung der Problematik erkannt,[643] ist aber im Jahre 2004 (42. VGT) über eine bloße Empfehlung nicht hinaus gekommen. Begrüßenswert sei, wenn als Orientierungshilfe zur Abgrenzung zwischen üblicher Beschaffenheit und Mangel **statistische Daten** erhoben, gesammelt und veröffentlicht werden. Eine solche **„Verschleißstatistik"** steht bis heute aus. Mit ihr ist in absehbarer Zeit auch nicht zu rechnen.[644] Andere Statistiken oder sonstige empirischen Befunde mit Beweiskraft stehen der Öffentlichkeit nicht nur Verfügung. Selbst Kfz-Sachverständige haben nur begrenzten Zugang zu einschlägigem Datenmaterial (Hersteller, Garantieunternehmen, ADAC). Die jährlichen **TÜV-Reports** geben zwar Auskunft über „Schwachstellen", sind aber in den besonders strittigen Fällen mit Motor- und Getriebeschäden wie auch bei Elektronikproblemen nur bedingt hilfreich. Die für die Zustandsbewertung von Leasingfahrzeugen entwickelten Leitlinien (dazu Rdn. L 650 ff.) sind gleichfalls nur eingeschränkt brauchbar[645]. **2985**

ee) Die Ermittlung der Sollbeschaffenheit speziell in Verschleiß- und Alterungsfällen

(1) Erster Prüfschritt

Wie auch sonst in Gewährleistungssachen ist in erster Linie danach zu fragen, ob das, was der Käufer rügt, zu seinem Nachteil von einer **Beschaffenheitsvereinbarung** abweicht. Die Sollbeschaffenheit wird **primär** durch diejenigen Eigenschaften bestimmt, deren Vorhandensein der Verkäufer verbindlich zugesagt hat (§ 434 Abs. 1 S. 1 BGB). **2986**

Ausdrückliche Vereinbarungen mit direktem Bezug zum Thema „Verschleiß/Alterung" wurden unter der Geltung des früheren Kaufrechts praktisch nicht getroffen. Dafür gab es keinen Bedarf. Anders als in älteren Neuwagenverkaufsbedingungen fand sich in den AGB für den Gebrauchtfahrzeugkauf keine Regelung über „natürlichen" Verschleiß. Der umfassende Gewährleistungsausschluss machte das entbehrlich. **2987**

Dort, wo jetzt ein Freizeichnungsverbot herrscht, haben Unternehmer-Verkäufer berechtigten Anlass, das Thema „Verschleiß/Alterung" in ihrem Sinn zu regeln. Das geschieht i. d. R. nicht im Wege von Formularklauseln, sondern mit Hilfe von **Zustandsbescheinigungen/Befundberichten** oder durch **Negativ-Erklärungen** wie „technisch und optisch am Ende der Lebensdauer". Zur Zulässigkeit solcher **negativen Beschaffenheitsvereinbarungen** beim Verbrauchsgüterkauf s. Rdn. 2500 ff. Mit der Übergabe eines DEKRA-Siegel-Berichts ist bei einem 6 Jahre alten Pkw (122.000 km) nicht die Zusicherung verbunden, alterstypische Verschleißerscheinungen seien nicht vorhanden.[646] Zur Aussagekraft einer Zusage wie „TÜV neu" s. Rdn. 3036 ff. **2988**

Stillschweigende/konkludente Vereinbarungen: Nach ihnen ist zu fragen, wenn der Verkäufer, wie regelmäßig, keine ausdrückliche – positive oder negative – Angabe über den Verschleißzustand gemacht hat. Eine pauschale Äußerung wie „einwandfreier Zustand" hilft dem Käufer in diesem Zusammenhang nicht.[647] **2989**

Am weitesten geht die Auffassung, dass der Verkäufer allein durch den **Abschluss des Kaufvertrages,** ggf. in Verbindung mit der **Preisgestaltung,** stillschweigend die Abwesenheit von technischen Mängeln jeglicher Art einschließlich „Verschleißmängel" verspricht. Nicht viel enger ist die Ansicht, beim Verkauf eines gebrauchten Kraftfahrzeugs gelte die **2990**

643 Das Referat von *Otting* ist abgedruckt in SVR 2004, 44; s. a. *Otting*, SVR 2004, 224.

644 Als Ersatz bietet der ADAC eine sehr informative Urteils-Übersicht an, erstmals DAR 2008, 488 ff.; s. a. die Hinweise DAR 2009, 551, DAR 2010, 553.

645 Informativ *Hörl* in *Berz/Burmann*, Handbuch des Straßenverkehrsrechts, 10 C Rn. 247 ff.

646 So AG Aachen 21. 12. 2005 – 7 O 185/05 – n. v.

647 OLG Stuttgart 15. 8. 2006, NJW-RR 2006, 1720.

Verkehrssicherheit und/oder die **Gebrauchstauglichkeit** als schlüssig zugesagt, gar „zugesichert“ bzw. garantiert. Urteile dieses Inhalts sind indessen – zu Recht – vereinzelt geblieben.[648]

2991 Der bloße Abschluss eines Kaufvertrages über einen Gebrauchtwagen genügt i. d. R. nicht für die Annahme einer stillschweigenden Vereinbarung über die Verkehrssicherheit, Betriebssicherheit, Gebrauchstauglichkeit oder Rostfreiheit. Ohne weiteres wird auch nicht die Abwesenheit technischer Defekte stillschweigend vereinbart oder gar garantiert. Erst recht gilt dies für „Verschleißmängel“. Stets müssen zusätzlich zum Vertragsschluss und zur Preisabsprache **konkrete Anhaltspunkte** vorliegen, die dafür sprechen, dass der Verkäufer ausnahmsweise für die Abwesenheit von „Verschleißmängeln“ haften will. Wer beim Verkauf eines älteren Geländewagens erklärt, der **Allradantrieb** funktioniere, kann sich nicht auf normalen Verschleiß berufen.[649]

2992 Ähnlich können die Dinge bei konkreten Beschaffenheitsangaben wie „generalüberholt“, „Km-Stand 23.450“, „fahrbereit“ oder „scheckheftgepflegt“ liegen. Aber auch Zusätze wie „neu“ oder „neuwertig“ können Käufern helfen. Die Äußerung eines Kfz-Händlers **„Bremsen vor kurzem erneuert“** darf ein Käufer jedoch nur dahin verstehen, dass das Fahrzeug **neue Bremsbeläge** erhalten hat, nicht aber, dass die gesamte Bremsanlage oder auch nur die Bremsscheiben erneuert worden sind und der Händler die Gewähr für deren Funktionstüchtigkeit übernehmen will.[650] Bezeichnet ein Kfz-Händler in einer Werbeanzeige die Auspuffanlage und die Vorderachsbuchsen als „neu“ bzw. „erneuert“, und fügt er diesen Erklärungen im Kaufvertrag hinzu **„zeitlich nicht genau festzulegen“**, so bedeutet dieser einschränkende Zusatz nicht, dass die Erneuerung möglicherweise schon Jahre zurückliegt. Die Erneuerung muss, um als solche bezeichnet werden zu können, „unlängst“, allenfalls wenige Monate vor dem Verkauf stattgefunden haben.[651]Zur Erklärung **„Bremsen neu“** s. a. KG OLGZ 1972, 402 (Urt. v. 31. 1. 1972). **„Bremsklötze erneuert“** ist als Zusicherung verstanden worden,[652] was aus heutiger Sicht zu weit geht. Bei der Vereinbarung, die **Auspuffanlage „ab Katalysator“ zu erneuern**, schuldet der Verkäufer zwar nicht den Einbau eines Originalteils, wohl aber ein Bauteil mittlerer Art und Güte mit funktionstauglicher Befestigung.[653] Zu derartige Abreden auch Rdn. 2875 ff.

2993 Angesichts der **Unschärfe** von Begriffen wie „neu“, „neuwertig“, „erneuert“ etc. ist eine besonders sorgfältige Analyse des gesamten Auslegungsstoffes erforderlich. Maßgeblich ist der objektive Inhalt der Erklärung aus der Sicht des Käufers als Erklärungsempfänger. Nach dem **allgemeinen Sprachgebrauch** bedeutet „neu“ so viel wie „ungebraucht“ oder „unbenutzt“. Dass der Gegenstand auch aus neuen, gar fabrikneuen Einzelteilen bestehen muss, ist nicht zwingend.

2994 Pauschalaussagen wie **„alle Fahrzeuge werkstattgeprüft“** oder **„alle Fahrzeuge neu TÜV-abgenommen“** können mit Blick auf die Verschleißfrage gleichfalls relevant sein, ebenso die Werbung mit dem ZDK-Vertrauenssiegel bzw. dem ZDK-Meisterschild (s. Rdn. 3244 f.) oder das Herausstellen des Autohauses als „Meisterbetrieb“.

2995 Im Zusammenhang mit der Tragweite von Zusicherungen alter Art hat sich **der BGH** verschiedentlich mit der Frage befasst, welchen technischen Standard der Käufer erwarten kann. So bedeutet z. B. **„werkstattgeprüft“** nicht, dass der Verkäufer für „Verschleißmän-

---

648 LG Köln 1. 6. 1989, DAR 1991, 188; LG Köln 14. 2. 1979 – 9 S 355/78 – n. v.; vgl. auch OLG Karlsruhe 22. 10. 1968, DB 1968, 2074; LG Karlsruhe 9. 1. 1981, DAR 1981, 152; noch heute derart käuferfreundlich der öster. OGH (Urt. v. 16. 2. 2006, ZVR 2006, 414).

649 AG München 17. 11. 2009, DAR 2011, 212.

650 OLG Saarbrücken 4. 6. 1991 – 2 U 109/89 – n. v.

651 KG 13. 9. 2010 – 23 U 170/09.

652 OLG Düsseldorf 5. 2. 1979 – 1 U 141/78 – n. v.

653 LG Kassel 30. 6. 2005, SVR 2005, 421.

gel" einzustehen habe (vgl. Rdn. 3230). Deren Abwesenheit wird auch nicht durch eine **Angabe des Händlers über die Laufleistung** des Autos bzw. des Motors verbindlich zugesichert. Ein Kfz-Händler soll jedoch mit einer Erklärung wie **„Gesamtlaufleistung nach Angaben des Vorbesitzers 96.000 km"** zum Ausdruck bringen, dass der Motor nicht wesentlich stärker verschlissen sei, als es die mitgeteilte Laufleistung erwarten lasse.[654] Dieser weitgehend unbekannte, aus technischer Sicht allerdings fragwürdige Erklärungsgehalt wird von Käufern und ihren Anwälten nur selten genutzt. Ob die Auslegung rechtlich Bestand hat, nachdem der BGH Angaben über die Gesamtlaufleistung, die unter dem Vorbehalt „lt. Vorbesitzer" stehen, als bloße Wissensmitteilungen behandelt,[655] muss bezweifelt werden.

(2) Zweiter Prüfschritt

Hilft die Auslegung des vertraglich Vereinbarten, wie meist, nicht weiter, ist – unter zulässigem Überspringen der Regelung in § 434 Abs. 1 S. 2 Nr. 1 BGB (dazu Rdn. 2509) – in einem zweiten Schritt zu prüfen, ob das Fahrzeug in seinem tatsächlichen Zustand im Zeitpunkt der Übergabe für die gewöhnliche Verwendung geeignet und von einer Beschaffenheit war, die bei gleichartigen Fahrzeugen üblich ist und die der Käufer nach der Art des Fahrzeugs erwarten konnte (§ 434 Abs. 1 S. 2 Nr. 2 BGB). Hier liegt **das Kernproblem**. **2996**

Eignung für die gewöhnliche Verwendung: Mit diesem Kriterium (allgemein dazu Rdn. 2517 ff.) wird Art. 2 Abs. 2 Buchst. c Verbrauchsgüterkaufrichtlinie umgesetzt, dem zufolge Vertragsmäßigkeit der Kaufsache anzunehmen ist, wenn sie sich für Zwecke eignet, für die Güter der gleichen Art gewöhnlich gebraucht werden.[656] Für die gewöhnliche Verwendung eignet sich ein gebrauchter Pkw nach **Ansicht des BGH** dann, wenn er keine technischen Mängel aufweist, die die Zulassung zum Straßenverkehr hindern oder die Gebrauchsfähigkeit aufheben oder beeinträchtigen.[657] Mit dieser allgemein gehaltenen Formel könnte der BGH auch die gewöhnliche Verwendungstauglichkeit eines Neufahrzeugs umschreiben. **2997**

Reinicke/Tiedtke[658] lehnen eine Differenzierung von neu und gebraucht in diesem Zusammenhang ab und verweisen darauf, dass auch von gebraucht gekauften Sachen Verwendungstauglichkeit erwartet werden könne. Das ist gewiss richtig. Dennoch spricht einiges dafür, die Eignung zur gewöhnlichen Verwendung bei einem Gebrauchtfahrzeug **nach der Verkehrsanschauung** anders als bei einem fabrikneuen Fahrzeug zu beurteilen. Wenn man allerdings die gewöhnliche Verwendung eines Kraftfahrzeugs auf die **Fortbewegungs- und Transportfunktion** reduziert und lediglich auf den Zeitpunkt der Übergabe (unter Ausklammerung des Moments der Haltbarkeit für eine gewisse Dauer) abstellt, kann der undifferenzierten Betrachtung von Neu- und Altfahrzeugen beim Kriterium „gewöhnliche Verwendung" gefolgt werden. **2998**

Der Begriff „gewöhnliche Verwendung" soll deutlich machen, dass es auf die normale (übliche) Einsatzmöglichkeit ankommt. Schon aus technischer Sicht ist sie nicht durch jeden Fall von Verschleiß in Frage gestellt. Erst wenn der Verschleiß einen bestimmten Grad erreicht und sich als Störung der Funktionstauglichkeit und/oder Beeinträchtigung der Verkehrs- und Betriebssicherheit bereits konkret auswirkt oder auszuwirken unmittelbar droht, kann von einem Eignungsmangel gesprochen werden.[659] Bis zum Erreichen dieser Stufe ist **2999**

654 So im Anschluss an BGH NJW 1981, 1268 OLG Düsseldorf 8. 5. 2006, SP 2007, 32 = DAR 2006, 633; Brand OLG 13. 6. 2007, VRR 2008, 182 = DAR 2008, 473.
655 NJW 2008, 1517.
656 BT-Drucks. 14/6040, 213.
657 Urt. v. 10. 10. 2007, NJW 2008, 53; v. 10. 3. 2009, NJW 2009, 1588.
658 Kaufrecht, Rn. 327.
659 OLG Düsseldorf 27. 6. 2005, SVR 2006, 261.

das Fahrzeug verwendungstauglich und unter diesem (ersten) Blickwinkel sachmängelfrei.[660]

3000 Entscheidend ist zwar der Zustand im Zeitpunkt des Gefahrübergangs (Übergabe). Verfehlt ist indes die Vorstellung, bei einem gebraucht gekauften Kraftfahrzeug müsse die Funktionstauglichkeit/Fahrbereitschaft nur für den Zeitpunkt der Übergabe gewährleistet sein. Das Kriterium der „gewöhnlichen Verwendung" hat beim Kauf eines Kraftfahrzeugs, gleich, ob neu oder gebraucht, auch eine zeitliche Dimension, es ist **zukunftsgerichtet** (s. a. Rdn. 3282 f.). „Gewöhnliche Verwendung" bedeutet auch bei einem „normalen" Gebrauchtwagen mehr als nur die Tauglichkeit für die Fahrt vom Hof des Händlers. Schon dieses erste Soll-Kriterium des § 434 Abs. 1 S. 2 Nr. 2 BGB schließt ein, dass das Fahrzeug für eine **bestimmte Dauer** verwendbar bleibt, wobei es eine Frage des Einzelfalls ist, ob und in welchem Umfang der Käufer durch eigene Investitionen dazu beizutragen hat. Wer ausschließlich in einer Art Momentaufnahme auf den Übergabezeitpunkt abstellt, muss sich mit der Frage auseinandersetzen, ob zu diesem Zeitpunkt eine **Schadenanfälligkeit** (Störanfälligkeit, Anlage) vorhanden war und als Sachmangel in Betracht kommt. Zu diesem Ansatz s. Rdn. 3284, 3286 f. Abgesehen davon: Mit Vergabe des Attributs „verwendungsgeeignet" ist die Prüfung gem. § 434 Abs. 1 S. 2 Nr. 2 BGB noch nicht beendet. Um mangelfrei zu sein, muss der Zustand des Fahrzeugs auch den weiteren Prüfkriterien entsprechen.

3001 Wenn bei einem zur Weiterbenutzung im Verkehr verkauften Kfz der Motor **auf den ersten Kilometern** ohne Fahr- oder Bedienungsfehler allein infolge technischen Versagens ausfällt, wird man mit dem Urteil „verwendungsuntauglich" kaum zögern. War der Wagen dagegen eine Zeit lang oder eine längere Strecke problemlos nutzbar und tritt erst im weiteren Verlauf z. B. ein Motor- oder Getriebeschaden auf, so die typische Konstellation, gehen die Gerichte zu Recht der Frage nach, aus welchem Grund es zum „Schaden", dem Endresultat, gekommen ist, ob beispielsweise „normaler" Verschleiß bzw. gewöhnliche Materialermüdung zum Ausfall des Motors oder des Getriebes geführt hat.[661] Näheres zu dieser ebenso wichtigen wie schwierigen Fragestellung – **die Ursache als Mangel** – unter Rdn. 3288, 3368 ff.

3002 Beurteilt man einen Motorschaden bzw. dessen Ursache allein nach der Definition des BGH von der gewöhnlichen Verwendung,[662] besteht die Gefahr, einen technischen Defekt allzu schnell mit einem Mangel im Rechtssinn gleichzusetzen. Das Merkmal „gewöhnliche Verwendung" steht in einer Wechselbeziehung zum Kriterium der üblichen Beschaffenheit, wo die Rechtsprechung das Verschleiß- und Alterungsproblem seit jeher in erster Linie festzumachen pflegt. Geboten ist eine **ganzheitliche Betrachtungsweise**, die mit der üblichen und der zu erwartenden Beschaffenheit auch die weiteren Merkmale des § 434 Abs. 1 S. 2 Nr. 2 BGB in den Blick nimmt.[663] Das kann für den Käufer von Vorteil, aber auch von Nachteil sein.

3003 **Übliche Beschaffenheit:** Bei einem Gebrauchtwagen, so **der BGH**, ist der normale alters- und gebrauchsbedingte Verschleiß üblich und hinzunehmen, sofern „keine besonderen Umstände" gegeben sind.[664] Mit der Formel „keine besonderen Umstände" lässt der BGH den nötigen Spielraum, um Sonderfaktoren Rechnung tragen zu können. Diese können subjektiver Natur sein (siehe oben Prüfschritt 1 „Beschaffenheitsvereinbarung"), aber auch – über die normalen Messgrößen Fahrzeugalter und Laufleistung hinaus – besondere objektive Umstände wie eine atypische Vorbenutzung (z. B. Mietwageneinsatz) oder eine hohe

---

660 OLG Düsseldorf 27. 6. 2005, SVR 2006, 261.

661 Z. B. OLG Köln 11. 11. 2003, DAR 2004, 91 = NZV 2004, 46 (Porsche 944, Ventilfederbruch).

662 Urt. v. 10. 10. 2007, NJW 2008, 53.

663 OLG Düsseldorf 27. 6. 2005, SVR 2006, 261; OLG Stuttgart 4. 6. 2008, DAR 2008, 477 (Neuwagen).

664 Urt. v. 10. 3. 2009, NJW 2009, 1588 Tz. 13.

Anzahl von Vorbesitzern. Derartige Umstände aus der Fahrzeughistorie kann man bereits in die Prüfung der „üblichen Beschaffenheit" einbeziehen, auf diese Weise die Vergleichsmenge verkleinern.

Beispiel: Der VW Phaeton, dessen Automatikgetriebe nach einer Fahrstrecke von rund 7.000 km beim Käufer bei Km-Stand 98.000 irreparabel beschädigt ist, war längere Zeit als Mietwagen gelaufen. Nimmt man als Referenzfahrzeug nur VW Phaetons mit vergleichbarer Vornutzung als Mietwagen, stellt sich der – aufs Ganze gesehen – vorzeitige Verschleiß an den Kupplungslamellen (die Ursache des Getriebeausfalls) möglicherweise als Normalzustand dar. Das AG Nordhausen[665] hat den Fall so gelöst: grundsätzlich unübliche (ungewöhnliche) Beschaffenheit, vorzeitiger Verschleiß sei aber nicht automatisch ein Fall unüblicher Beschaffenheit, je nach Fahrweise und Vornutzung könnten die Dinge auch anders liegen. Bei der Frage, welche „übliche" (!) Beschaffenheit der Käufer habe erwarten können, müsse der ihm bekannte Umstand der Mietwageneigenschaft berücksichtigt werden. Im Ergebnis ist dem lesenswerten Urteil zuzustimmen. Bei Kenntnis oder zumindest Erkennbarkeit des Faktors „Vornutzung" hat der Käufer das Sonderrisiko quasi mitgekauft. Was aber, wenn dem Käufer dieses Risiko unbekannt und auch nicht erkennbar war? Bei der Bestimmung des Referenzfahrzeugs muss es in diesem Fall ausgeblendet bleiben.

Wenn sich die **übliche Beschaffenheit** danach bestimmt, was bei Sachen der gleichen **3004** Art üblich ist, muss das **Referenzfahrzeug** sicherlich gleichfalls gebraucht sein. Ein fabrikneues Fahrzeug scheidet als Maßstab aus.[666] Es ist also nicht von der üblichen Beschaffenheit eines Neufahrzeugs auszugehen, um dann in einem zweiten Schritt die notwendigen Abstriche zu machen.[667] Aus der Menge der gebrauchten Kraftfahrzeuge ist sodann **eine Teilmenge** zu bilden. Ihr ist das Referenzfahrzeug zu entnehmen, d. h. dasjenige Fahrzeug, das die Soll-Beschaffenheit im konkreten Streitfall vorgibt und damit als Vergleichmaßstab, quasi als Musterfahrzeug, dient. Es muss nicht nur ein gebrauchtes Fahrzeug sein. Darüber hinaus muss es zum einen **bauart- und typgleich** sein und zum anderen nach Alter und Laufleistung dem Kaufobjekt so weit wie möglich entsprechen.

Bei dieser ersten, nicht in jedem Fall abschließenden Vergleichsbetrachtung sind **Fahr- 3005** **zeuge anderer Hersteller** noch nicht einzubeziehen.[668] Wenn der Zustand des streitgegenständlichen Fahrzeugs, z. B. wegen eines Fabrikationsfehlers, schon hinter dem Standard der eigenen Serie (Baureihe) zurückbleibt, ist ein Mangel zu bejahen. Marke und Typ des Kaufobjekts setzen die Maßstäbe des Üblichen und bestimmen zugleich die Erwartung des durchschnittlichen Käufers eines solchen Fahrzeugs.

Beispiel: Wenn Automatikgetriebe der Baureihe Volvo C 70 üblicherweise 200.000 bis 300.000 km halten, ist in dem Bruch der Federn der Lamellenkupplung bei 45 000 km ein Sachmangel zu sehen, entweder in Form eines Fertigungsmangels oder einer vorzeitigen **Materialermüdung** (so LG Köln DAR 2007, 34).[669] Der Standard der eigenen Serie wird hier in der Tat signifikant unterschritten. Der Wagen verfehlt die serientypische Normalität in einem Ausmaß, dass von „üblicher" Beschaffenheit nicht die Rede sein kann, eher von einem „Ausreißer". Vorzeitig und damit unüblich ist auch ein verschleißbedingter Getriebeschaden bei Km-Stand 72.000 angesichts einer üblicherweise zu erwartenden Fahrleistung eines solchen Getriebes von 259.000 km.[670] Als solche war diese auffallend präzise Lebensdauer-Aussage des gerichtlich bestellten Sachverständigen un-

665 Urt. v.11. 3. 2010 – 22 C 1027/08.
666 BT-Drucks 14/6040, 214.
667 So aber *Knöpfle*, Fehler beim Kauf, S. 296.
668 Ein Beispiel für diese fabrikatsinterne Betrachtung ist BGH 11. 11. 2008, NJW 2009, 580.
669 S. a. BGH 11. 11. 2008, NJW 2009, 580 (Getriebeschaden Mercedes-Pkw).
670 BGH 11. 11. 2008, NJW 2009, 580 (Mercedes-Pkw mit Automatikgetriebe).

umstritten.[671] Ungeklärt war lediglich, ob die für den vorzeitig eingetretenen „Verschleißschaden" (BGH) maßgeblichen Anlagen bereits bei Übergabe des Fahrzeugs vorgelegen oder erst später entstanden sind.

3006 Die Frage des Gerichts an den Sachverständigen muss jedenfalls lauten: Wie lange hält das fragliche Teil üblicherweise (= normalerweise)? Wie lange es halten sollte, ist in diesem Zusammenhang nicht von Interesse. Die übliche Lebenserwartung (Lebensdauer/Fahrleistung) ist nicht für sämtliche Fahrzeugteile gleich. So halten Lichtmaschinen erfahrungsgemäß länger als die Bremsen (Beläge) oder die Kupplung. Speziell liegen die Dinge beim Zahnriemen, wo die Hersteller mit ihren Austauschempfehlungen in den Wartungsheften eine Richtschnur liefern. Zur Bedeutung des statistischen Durchschnittswertes s. Rdn. 2526 f., 3013.

3007 **Problematisch ist**, ob bei Einhaltung des fahrzeugspezifischen Serienstandards („Stand der Serie") in einem **weiteren Prüfschritt** – so wie beim Neuwagenkauf (dazu Rdn. 445 ff.) – die gesamte Palette vergleichbarer Fahrzeuge anderer Hersteller in den Blick zu nehmen ist. Hintergrund dieser für den Gebrauchtwagenkauf neuartigen Fragestellung sind nicht Fabrikationsfehler, sondern Defizite aus dem Formenkreis der Konstruktionsfehler, wobei die Abgrenzung zwischen einer sog. **konstruktiven Schwäche** und einem „echten" Konstruktionsfehler schon schwierig genug ist,[672] erst recht die Feststellung einer Vertragswidrigkeit nach objektiven Gesichtspunkten.

3008 Eine enge, **nur fabrikatsinterne Sichtweise** liegt der Entscheidung des Brand OLG vom 13. 6. 2007[673] zugrunde, wenn Fehlfunktionen eines TDI-Motors in einem VW Passat mit dem Argument als vertragsgemäß eingestuft werden, sie seien die Folge einer besonderen VW-spezifischen Wartungsbedürftigkeit. Die besseren Gründe sprechen für einen **fabrikatsübergreifenden Vergleich** („Globalvergleich"), wie er in der jüngeren Rechtsprechung – in ausdrücklicher Anlehnung an die gefestigte Spruchpraxis zum Neufahrzeugkauf – auch in Gebrauchtwagenfällen angestellt wird.[674] Konkret heißt das: Ein Renault Laguna mit einem Getriebeschaden bei ca. 86.000 km ist selbst dann sachmangelhaft, wenn ein solcher Schaden infolge eines Werkstofffehlers serientypisch ist, er aber bei vergleichbaren Pkw (VW Passat, Opel Vectra) deutlich später oder gar nicht auftritt.[675]

3009 Einige Schwierigkeiten bereitet der fabrikatsübergreifende Ansatz bei **„Billig-Autos"** (z. B. Renault-Dacia, Lada Niva, chinesische und indische Fabrikate), bei **„Nischenfahrzeugen" und „Exoten"**, z. B. US-Importen, wie der vom OLG Stuttgart entschiedene Ford Windstar-Fall anschaulich zeigt.[676] Im Jeep-Cherokee-Fall stand das Thür. OLG vor einem ähnlichen Problem.[677]

3010 Bei in geringer Stückzahl gebauten und damit wenig erprobten Fahrzeugen muss ein verständiger Käufer mit einer höheren Quote an Schwachstellen rechnen als bei einem ausgereiften Massenprodukt europäischer oder japanischer Hersteller. Im Übrigen: „Schwach-

---

671 Erfahrungsgemäß nennen Sachverständige keine exakte Km-Zahl, sondern nur Zirkawerte oder eine Bandbreite.

672 Grundlegend dazu OLG Düsseldorf 19. 6. 2006, NJW 2006, 2858; OLG Stuttgart 15. 8. 2006, NJW-RR 2006, 1720; nicht überzeugend Thür. OLG 19. 1. 2006, SVR 2006, 262; berechtigte Kritik bei *Merrath/Jansen*, S. 71 ff.

673 VRR 2008, 182.

674 OLG Düsseldorf 19. 6. 2006, NJW 2006, 2858 (Getriebe); OLG Stuttgart 15. 8. 2006, NJW-RR 2006, 1720 (Getriebe); OLG Saarbrücken 22. 6. 2005, DAR 2006, 509 (Innenverkleidung); LG Frankfurt/M. 19. 7. 2006 – 2-2 O 470/05 (Spurverhalten Audi A 4).

675 OLG Düsseldorf 19. 6. 2006, NJW 2006, 2858; s. a. OLG Stuttgart 15. 8. 2006, NJW-RR 2006, 1720.

676 Urt. v. 15. 8. 2006, NJW-RR 2006, 1720.

677 Urt. v. 19. 1. 2006, SVR 2006, 262.

stellen" eines Automobils sind, wie Testberichte fortwährend belegen, auch eine Frage subjektiver Einschätzungen und persönlicher Vorlieben. Objektiv stehen sie auch in Abhängigkeit von der Fahrweise und den Einsatzbedingungen einschließlich Witterungseinflüsse. *Beispiel*: Fahrzeuge, die für den nordamerikanischen Markt gebaut werden und unter den dortigen Bedingungen voll einsatztauglich sind, können auf europäischen Straßen, insbesondere in Deutschland (kein durchgängiges Tempolimit auf Autobahnen) ohne Umrüstung leicht zu „Problemfällen" werden. Die Schadenanfälligkeit steigt, Ausfälle treten früher auf als bei einem Einsatz auf dem Zielmarkt. Ein verständiger Käufer, auf den im Rahmen des § 434 Abs. 1 S. 2 Nr. 2 BGB abzustellen ist, zieht dieses auf der Besonderheit des Fahrzeugs beruhende Risiko in Betracht und nimmt es billigend in Kauf. Dieser Gesichtspunkt kommt in der Rechtsprechung bisweilen zu kurz.

Den **„Exoten-Einwand"** aus Gründen der Quantität („so selten ist der Wagen nun auch **3011**
nicht") zurückzuweisen,[678] ist nicht überzeugend. Zumindest fragwürdig ist die Feststellung eines Sachmangels, wenn bei einem Jeep Cherokee 2.5 erst nach 94.000 km ein Motorschaden wegen Zylinderkopfrisses auftritt.[679] In all diesen Sonderfällen zeigt sich, dass ein fabrikatsübergreifender Vergleich nicht durchgängig geeignet ist, um zu sachgerechten Ergebnissen zu gelangen.

Festzuhalten ist: Bei der üblichen Beschaffenheit i. S. d. § 434 Abs. 1 S. 2 Nr. 2 BGB ist **3012**
ein **faktisches Niveau** von Qualität und Leistung der Maßstab, die Ist-Beschaffenheit des Vergleichsfahrzeugs bzw. – beim fabrikatsübergreifenden Vergleich – der repräsentativen Gruppe von vergleichbaren Fahrzeugen. Liegt die Qualität des Kaufobjekts unter diesem Niveau, ist es grundsätzlich mangelhaft. Das kann im Zweifel nur mit Hilfe eines Sachverständigen geklärt werden, wobei auf die richtige Fragestellung **extrem wichtig** ist. Wie die Erfahrung lehrt, kommt es gerade in diesem Punkt oft zu Missverständnissen. Beispiel für einen Fragenkatalog unter Rdn. 3415.

Die in diesem Zusammenhang als Maßstab genannte **Verkehrsauffassung**[680] hat sich in **3013**
der Praxis als untaugliches Kriterium herausgestellt. Entscheidend ist die Einsicht, dass es für die Üblichkeit der Beschaffenheit darauf ankommt, ab wann und unter welchen Bedingungen der streitgegenständliche Defekt normalerweise (üblicherweise) auftritt. Wenngleich das Kriterium „übliche Beschaffenheit" dem Faktischen verpflichtet ist (was häufig vorkommt, ist üblich), bleibt es doch ein Wertungskriterium. Auf eine **statistische Betrachtung** darf es nicht reduziert werden. Eine alleinige **Orientierung an Durchschnittswerten** kommt nicht in Betracht, denn diese schließen nicht aus, dass es dennoch eine nicht unerhebliche Anzahl vergleichbarer Fahrzeuge mit ähnlicher Beschaffenheit wie das verkaufte Fahrzeug gibt.[681] Ein statistischer Mittelwert (Durchschnitt) setzt sich stets aus höheren und niedrigeren Werten zusammen. Weder die einen noch die anderen sind zwingend „unüblich". Erklärt ein Sachverständiger, dass ihm Fälle in nennenswerter Größenordnung bekannt sind, in denen Volvo C 70-Getriebe schon bei 45.000 km oder gar früher infolge eines Federbruchs ausfallen (s. das Beispiel unter Rdn. 3005), ist das zwar rein statistisch eindeutig ein vorzeitiger Schadensfall; er ist aber, da kein Einzelfall („Ausreißer"), nicht unüblich. Wenn nicht alles täuscht, ist der BGH in der Qualifizierung „mangelhaft wegen unüblicher Beschaffenheit" tendenziell zurückhaltend, nicht nur in Fällen des Autokaufs.[682] Das verdient Beifall.

Zu erwartende Beschaffenheit: Dieses gleichfalls „gefährlich wertungsoffene"[683] Kri- **3014**
terium ist für die Instanzgerichte wesentlich handhabbarer geworden, seitdem **der BGH**

---

678 OLG Stuttgart 15. 8. 2006, NJW-RR 2006, 1720 (Ford Windstar).

679 Thür. OLG 19. 1. 2006, SVR 2006, 262.

680 *Reinicke/Tiedtke*, Rn. 328.

681 So BGH 10. 3. 2009, NJW 2009, 1588 Tz. 14 (Standzeit).

682 Zum Pferdekauf s. BGH 29. 3. 2006, NJW 2006, 2250 (Sommerekzem).

683 *Schlechtriem*, Zivilrechtswissenschaft und Schuldrechtsreform, S. 215.

entschieden hat, dass sich die zu erwartende Beschaffenheit in Ermangelung abweichender Anhaltspunkte **im Regelfall** an der üblichen Beschaffenheit gleichartiger Sachen orientiere.[684] Damit hat die zu erwartende Beschaffenheit praktisch nur noch die Funktion einer Korrekturgröße, freilich in beide Richtungen. Eine bessere Qualität als die übliche kann auch ein Gebrauchtfahrzeugkäufer grundsätzlich nicht erwarten, so wie er andererseits nicht mit einer schlechteren rechnen muss.

3015 Erwarten kann und darf er zunächst, dass das ihm angebotene Fahrzeug frei von Konstruktionsfehlern und Fabrikationsmängeln ist.[685] Sie gehören nicht zur üblichen und damit nicht zur erwartbaren Beschaffenheit. Einkalkulieren muss er dagegen Defekte und Schadensanlagen, die durch den Gebrauch und die Alterung verursacht sind. Dass dabei das **Alter** und die **Laufleistung des Fahrzeugs** die objektiv berechtigten Erwartungen des Durchschnittskäufers wesentlich beeinflussen,[686] liegt auf der Hand.[687] Richtig ist aber auch, dass Alter und Laufleistung für sich allein keinen brauchbaren Hinweis auf den Fahrzeugzustand liefern.[688] Gleiches gilt für eine höhere Anzahl von Vorbesitzern. Auch ein neun Jahre alter, von mehreren Fahrern/Haltern gefahrener Pkw mit hoher Laufleistung kann bei guter Pflege und Wartung in einem technisch einwandfreien Zustand sein, während ein nur fünf Jahre alter Pkw aus erster Hand trotz niedriger Gesamtfahrleistung erhebliche Defekte und Schadensanfälligkeiten aufweisen kann. Vorsicht ist auch bei der Einschätzung der **Art der Vorbenutzung** geboten. Gewiss ist die Fahrweise ein Faktor, aber die Gleichung „atypische Nutzung = atypischer (vorzeitiger) Verschleiß“[689] enthält Unbekannte.

3016 Geprägt wird die Erwartung des Käufers von sichtbaren Umständen wie die **Ausstattung des Fahrzeugs**, sein Outlook und seine „Individualisierung“. Tieferlegung, Breitreifen, Motortuning, Sportfelgen etc. kennzeichnen nicht nur einen bestimmten Zustand des Fahrzeugs, derartige Veränderungen lassen auch eine bestimmte Fahrweise vermuten und signalisieren so ein höheres Risikopotenzial als bei einem „Normalfahrzeug“.[690] Von Bedeutung ist schließlich auch **die Preiskategorie**.[691] Marktwidriger Preisgestaltung nach unten wie nach oben ist gleichfalls Rechnung zu tragen. Was selbst der Käufer eines „jungen“ Gebrauchten berechtigterweise nicht erwarten kann, ist Neuwagenqualität. Genauso falsch ist die These, von einem gebrauchten Kfz könne in technischer Hinsicht überhaupt nichts mehr erwartet werden, mit jedem technischen Defekt müsse gerechnet werden. Die schutzwürdige Erwartung liegt **je nach Einzelfall** zwischen Neuwagenqualität und Schrottreife.[692]

3017 Liegen außer dem Kriterium „Art der Sache“ keine die Erwartung beeinflussenden Umstände vor (z. B. Verkäuferinformationen, Auftreten im Rechtsverkehr u. a.), geht die **Normalerwartung des Käufers** dahin, dass ein zur Benutzung im Straßenverkehr angebotenes Gebrauchtfahrzeug auch bestimmungsgemäß eine Zeit lang genutzt werden kann und nicht wegen schwerwiegender Mängel vorzeitig gebrauchsuntauglich ist.[693] Kernbestandteil der

---

684 Urt. v. 20. 5. 2009, NJW 2009, 2807 Tz. 14; v. 4. 3. 2009, NJW 2009, 2056 (Neuwagen); v. 7. 2. 2007, NJW 2007, 1351 (Pferd).

685 So auch LG Frankfurt/M 19. 7. 2006 – 2 – 2 O 470/05 – BeckRS 2007, 19351.

686 So die amtliche Begründung, BT-Drucks. 14/6040, 214.

687 Statt vieler Brand OLG 13. 6. 2007, VRR 2008, 182 = DAR 2008, 473.

688 BGH 21. 1. 1981, WM 1981, 323 (in NJW 1981, 928 nur teilw. veröff.).

689 Vgl. AG Nordhausen 11. 3. 2010 – 22 C 1027/08 (Getriebeschaden bei einem VW Phaeton bei 98.000 km kein Sachmangel, weil kein rechtlich relevanter vorzeitiger Verschleiß; Begründung: Ex-Mietwagen).

690 OLG Düsseldorf 27. 6. 2005, SVR 2006, 261.

691 BGH 7. 2. 2007, NJW 2007, 1351; AG Offenbach 27. 9. 2004, NJW-RR 2005, 423.

692 Zum Grundsätzlichen OLG Düsseldorf 27. 6. 2005, SVR 2006, 261; 8. 5. 2006, DAR 2006, 633 = SP 2007, 32; 19. 6. 2006, NJW 2006, 2858; 8. 1. 2007, DAR 2007, 211 = ZGS 2007, 320; OLG Celle 16. 4. 2008, NJW-RR 2008, 1635; OLG Hamm 10. 6. 2010, DAR 2010, 705.

693 BGH 22. 2. 1984, NJW 1984, 1452; OLG Hamm 10. 6. 2010, DAR 2010, 705.

Beschaffenheitserwartung eines „normalen“ Gebrauchtfahrzeugkäufers ist **die Fahrbereitschaft**. Anders formuliert: Mit sofortiger Funktionsuntauglichkeit oder gar Verkehrsunsicherheit braucht er im Allgemeinen nicht zu rechnen.[694]

Auf welche Restlebenserwartung bzw. Restlaufleistung ein durchschnittlicher Käufer sich vernünftigerweise einstellen kann und auch einzustellen hat, hängt ohne Zweifel entscheidend vom Alter und der bisherigen Laufleistung des Fahrzeugs ab, auch von der Art der Vorbenutzung und der Anzahl der Vorbesitzer. Mit einem störungsfreien Weitergebrauch kann er im Regelfall nicht rechnen, schon gar nicht für die Dauer der im Segment B2C i. d. R. auf ein Jahr reduzierten Verjährungsfrist. Reparaturen und der Austausch von Teilen müssen in Abhängigkeit vom Alter/Km-Stand/Vorbenutzung einkalkuliert werden. **3018**

Mit den Worten des Kammergerichts[695]: Der Kläger „durfte erwarten, dass die Funktionsfähigkeit des Fahrzeugs zum Zeitpunkt des Verkaufs nicht beeinträchtigt war. Allerdings musste er die typischen Verschleißerscheinungen eines Fahrzeugs dieses Alters und dieser Laufleistung[696] in Rechnung stellen. Zu rechnen war mit schon vorhandenen, jedoch noch nicht offenbar gewordenen Verschleißerscheinungen, die im weiteren Verlauf zur Funktionsunfähigkeit führen konnten, wenn das Verschleißteil nicht erneuert wird.“ Nach Ansicht des OLG Bremen[697] geht die maßgebliche Verkehrserwartung (Käufererwartung) bei langjährig gebrauchten Sachen nicht in Richtung Verschleißmängelfreiheit. Ein alterstypischer „Verschleißmangel“, der sich nach Übergabe verstärkt und eine Leistungsminderung hervorruft oder zu einem Versagen einer bestimmten Funktion führt, löst keine Sachmängelhaftung aus.[698] Auf den Punkt bringt es folgende Urteilspassage: „Das dem Kauf eines Gebrauchtwagens innewohnende Risiko des Ausfalls eines Verschleißteils sowie der Entstehung eines möglicherweise kostenträchtigen Folgeschadens hieraus trägt der jeweilige Fahrzeugeigentümer.“[699] **3019**

Wenn es darum geht, die Soll-Beschaffenheit von gebrauchten **Spezialfahrzeugen** in der Alters- und Verschleißfrage nach dem Kriterium der zu erwartenden Beschaffenheit zu beurteilen, hat man sich auch hier als Erstes an der üblichen Beschaffenheit zu orientieren. Beispiele aus der Rechtsprechung: **Oldtimer**,[700] **Wohnmobile**,[701] **Mähdrescher**.[702] **3020**

(3) Praktische Konsequenzen

Auch unter Berücksichtigung der Merkmale des § 434 Abs. 1 S. 2 Nr. 2 BGB gilt im Grundsatz weiterhin: **Normale Verschleiß-, Abnutzungs- und Alterungserscheinungen** sind i. d. R. keine Sachmängel im objektiven Sinn. Das ist die **Quintessenz** der zahllosen Gerichtsentscheidungen, die bei technischen Defekten und Unzulänglichkeiten einen Sachmangel verneinen (s. die Übersicht unter Rdn. 2950 ff. und die ADAC-Liste DAR 2008, 488 ff.). **3021**

Diese **vom BGH** wiederholt bestätigte Kernaussage[703] bedarf indes der **Konkretisierung** und der **Differenzierung**. In der **Gerichtspraxis** ist neuerdings die Tendenz zu beob- **3022**

694 So auch OLG Hamm 10. 6. 2010, DAR 2010, 705.

695 Urt. v. 16. 7. 2004, ZGS 2005, 76 = SVR 2004, 427 (Motorausfall nach ca. 25.000 km).

696 6 Jahre alter, 158.000 km gelaufener Pkw.

697 Urt. v. 11. 3. 2004, ZGS 2004, 394 = OLGR 2004, 319 (Motorboot).

698 Ähnlich OLG Koblenz 8. 10. 1985, MDR 1986, 316; s. a. OLG Hamburg 7. 12. 1981, MDR 1982, 406.

699 AG Düsseldorf 12. 1. 2006 – 39 C 12864/05 – n. v. (Zahnriemen).

700 OLG Frankfurt 2. 11. 1988, NJW 1989, 1095; LG Köln 15. 3. 2000, DAR 2000, 270.

701 LG Kassel 21. 7. 2000 – 9 O 1688/99 – n. v.

702 OLG Frankfurt 13. 12. 2006, OLGR 2007, 345.

703 Urt. v. 23. 11. 2005, NJW 2006, 434; v. 10. 10. 2007, NJW 2008, 53; v. 10. 3. 2009, NJW 2009, 1588; s. aber auch die Zylinderkopfentscheidung v. 18. 7. 2007, NJW 2007, 2621, in der das Verschleißthema, obwohl naheliegend, unerörtert bleibt.

achten, den Verschleiß-Einwand von Verkäufern vorschnell durchgreifen zu lassen. Typisch ist folgende Argumentation: Nach dem Gutachten des Sachverständigen X könne nicht ausgeschlossen werden, dass der Getriebeschaden auf Verschleiß beruhe. Folglich könne ein Sachmangel nicht festgestellt werden. Die Ursache, die zu dem Schaden – als Endresultat häufig gar nicht der rechtlich relevante Haftungstatbestand – geführt hat, wird in ihrer möglichen Eigenschaft als Sachmangel entweder nicht gesehen oder vernachlässigt. Doch gerade hier, also bei der Frage „die Ursache als Mangel" (näher Rdn. 3288, 3368 ff.), ist das Verschleißthema von **zentraler Bedeutung**.

3023 Eine gegenläufige, **käufergünstige Tendenz** geht dahin, Mangelhaftigkeit auch in Fällen gewöhnlichen (üblichen) Verschleißes und normaler Alterung anzunehmen, wenn die Auswirkungen „kapital" sind, dem Fahrzeug etwa „seine Gebrauchstauglichkeit vollständig entziehen".[704] Auf die Auswirkungen des Verschleißes blickt auch der 28. Senat des OLG Hamm[705], der sich folgendermaßen positioniert hat: Normaler Verschleiß sei grundsätzlich kein Sachmangel; anders aber, wenn der Verschleiß so hoch ist, dass er den normalen Nutzer unter gewöhnlichen Umständen zum Auswechseln des Verschleißteils veranlasst hätte und das Fahrzeug ohne Austausch und ohne Hinweis auf die Erneuerungsbedürftigkeit verkauft worden ist. Zu Lasten des Käufers eingeschränkt wird diese ihm günstige Aussage durch den Zusatz, dass die Funktionsfähigkeit des Fahrzeugs bzw. des fraglichen Teils beeinträchtigt sein müsse. Wo das nicht der Fall sei, bestehe für den gewöhnlichen (Vor-)Nutzer keine Erneuerungsnotwendigkeit. In der Tat: Was in technischer Hinsicht reparaturbedürftig ist, bedeutet nicht zwingend einen vertragswidrigen Zustand.[706]

3024 Den **verbraucherfreundlichsten Standpunkt** nimmt das LG Regensburg[707] ein: Der Verbraucher-Käufer müsse lediglich das Auftreten eines Defekts, also nicht eines Sachmangels, innerhalb der Sechsmonatsfrist des § 476 BGB beweisen. Sodann sei es Sache des Verkäufers nachzuweisen, dass es sich bei dem Defekt um eine übliche Verschleißerscheinung handele. Zu dieser (verfehlten) Argumentation näher Rdn. 3386 ff.

3025 Nach dem **Vier-Punkte-Katalog**, den das **OLG Düsseldorf** (1. ZS)[708] entwickelt hat, gilt Folgendes:

1. Schäden an Verschleißteilen können zwar unter die Sachmängelhaftung fallen. Für normalen (natürlichen) Verschleiß hat der Verkäufer mangels gegenteiliger Vereinbarung jedoch nicht einzustehen, gleichviel, welche Auswirkungen der Defekt hat.
2. Ausgenommen von der Mängelhaftung ist nicht nur normaler Verschleiß, der im Zeitpunkt der Fahrzeugübergabe bereits vorhanden war. Auch nach der Übergabe fortschreitender Normalverschleiß begründet i. d. R. keine vertragswidrige Beschaffenheit.
3. Der Verkäufer haftet auch nicht für einen Defekt, der nach Übergabe infolge normalen Verschleißes eintritt, sei es am Verschleißteil selbst (z. B. Zahnriemen), sei es an einem anderen Teil, das selbst kein Verschleißteil ist.
4. In Betracht kommt eine Haftung des Verkäufers jedoch dann, wenn normaler Verschleiß einen Defekt verursacht, den der Verkäufer/Vorbesitzer bei eigenüblicher Sorgfalt, insbesondere durch Wartung und Inspektion, hätte verhindern können.[709]

---

704 Z. B. OLG Celle 16. 4. 2008, NJW-RR 2008, 1635 (Brandschaden infolge Leckage der Kraftstoffzuleitung an einem 10 Jahre alten Ford Galaxy).

705 Urt. v. 10. 6. 2010, DAR 2010, 705.

706 So auch LG Kassel 26. 2. 2009 – 5 O 535/07 – n. v.

707 Urt. v. 24. 9. 2008 – 1 O 1747/07, bestätigt durch OLG Nürnberg zu Az. 8 U 2119/08 (Defekt an der Einspritzpumpe eines älteren BMW 320d).

708 Urt. v. 8. 1. 2007, DAR 2007, 211 = ZGS 2007, 320.

709 Dazu auch OLG Koblenz 19. 4. 2007, NJW 2007, 1828 (Nichtauswechseln des Riemenspanndämpferelements).

„Übermäßiger Verschleiß“: Als rechtlich wie technisch **sehr problematisch** hat sich in der Gerichtspraxis die Abgrenzung zwischen normalem (natürlichem) Verschleiß und solchen Erscheinungen herausgestellt, die man als „atypisch“, „ungewöhnlich“ oder als „vorzeitig“ bezeichnet. Die Rede ist auch von „übermäßigem“ Verschleiß.[710] Für diese atypischen Zustände, zu denen man auch die vorzeitige Materialermüdung rechnen kann, gibt es **vielfältige Ursachen**, fahrzeugbezogene Gründe (z. B. Fabrikations- oder Konstruktionsfehler, auch Veränderungen/Umrüstungen wie ein Motortuning), Umwelteinflüsse und der Faktor „Mensch“ (Wartungs- und Bedienungsfehler, aber auch ständige Fahrerwechsel wie bei einem Mietwagen). Die Ursachen können jeweils einzeln wirken, aber auch zusammentreffen. **3026**

Risikozuweisungen: Übermäßiger Verschleiß ist, sofern ein unüblicher und erwartungswidriger Zustand, vom Käufer **grundsätzlich nicht hinzunehmen**. Es liegt ein Mangel i. S. d. § 434 Abs. 1 S. 2 Nr. 2 BGB vor.[711] Ein Verschleißbild, das rein technisch-statistisch gesehen vom Sachverständigen als „atypisch“ bezeichnet wird, kann gleichwohl rechtlich der üblichen und damit zu erwartenden Beschaffenheit entsprechen und folglich vertragsgemäß sein. Die Unterschreitung des statistischen Mittelwertes (Durchschnittswerts) führt nicht zwangsläufig zur Annahme von Mangelhaftigkeit (oben Rdn. 3013). Je älter das Fahrzeug ist und je mehr Kilometer es zurückgelegt hat, desto stärker muss ein verständiger Käufer mit Fahr- und Bedienungsfehlern, mit unzulänglichen Reparaturen und Versäumnissen bei der Pflege und Wartung rechnen.[712] Das Risiko unsorgfältigen Nutzerverhaltens steigt erfahrungsgemäß auch mit der Anzahl der Vorbesitzer. Auch die Art der früheren Nutzung (privat oder gewerblich, kurze oder lange Strecken) beeinflusst den Zustand des Fahrzeugs und bei entsprechender Kenntnis die objektiv berechtigte Käufererwartung. Dafür genügt bereits Erkennbarkeit. **3027**

Bei einem älteren Pkw mit einer Vielzahl von Vorbesitzern kann ein Käufer nicht ohne weiteres von der Einhaltung der vorgeschriebenen bzw. empfohlenen **Wartungs- und Inspektionsintervalle** während der gesamten bisherigen Nutzungszeit ausgehen (anders bei Vorlage eines Servicehefts mit lückenlosem Wartungsnachweis). Zumal in Fällen mit Motorschäden infolge eines **Defekts des Zahnriemens**, einem Verschleißteil,[713] ist die Risikoverteilung besonders kompliziert, wie eine umfangreiche Judikatur zum Kauf-, aber auch zum Werkstattrecht zeigt.[714] Geraten wird Käufern, sich die Einhaltung der Herstellervorgaben bestätigen zu lassen. Bei einer Zusage wie „scheckheftgepflegt“ oder der Übergabe eines „Scheckhefts“ mit lückenlosen Nachweisen kann das „Inspektionsrisiko“ dagegen beim Verkäufer liegen (s. a. Rdn. 2909 ff.). Ohne eine solche oder ähnliche Erklärung wie z. B. auch „werkstattgeprüft“ muss ein verständiger Käufer bei einem älteren Fahrzeug mit hoher Gesamtlaufleistung **Unregelmäßigkeiten bei Wartungen und Inspektionen** in Rechnung stellen, in zeitlicher wie in fachlicher Hinsicht. Die Werkstattmüdigkeit von Eigentümern älterer Pkw ist empirisch belegt. Zu weit geht deshalb der (durch den Urteilstext) nicht gedeckte Leitsatz zu dem Urteil des OLG Koblenz NJW 2007, 1828, wonach es beim Kauf eines Gebrauchtfahrzeugs auch ohne ausdrückliche Vereinbarung zur „vertraglich vorausgesetzten Beschaffenheit“ gehöre, dass bei den vom Hersteller vorgeschriebenen Inspektionen sämtliche erforderlichen Arbeiten durchgeführt wurden. **3028**

---

710 Z. B. BGH 11. 11. 2008, NJW 2009, 580 Tz. 14 (Getriebe).

711 BGH 11. 11. 2008, NJW 2009, 580 (Getriebe).

712 S. a. BGH 21. 1. 1981, WM 1981, 323 (in NJW 1981, 928 nur teilw. abgedruckt) zur Frage der Untersuchungspflicht bei älteren Fahrzeugen.

713 OLG Naumburg 24. 6. 2010, NJW-RR 2011, 64; vgl. AG Geilenkirchen 26. 4. 2006, DAR 2006, 461; OLG Köln 21. 10. 1996, VersR 1997, 1019; OLG Köln 17. 11. 1989 – 20 U 65/89 – n. v.; s. a. KG 16. 7. 2004, SVR 2004, 427 = ZGS 2005, 76.

714 Z. B. LG Karlsruhe 26. 1. 2010, NJW-RR 2010, 1148; OLG Koblenz 19. 4. 2007, NJW 2007, 1828; OLG Naumburg 24. 6. 2010, NJW-RR 2011, 64.

3029 Übermäßiger Verschleiß, der nur etwas mit dem Fahrzeug, seiner Technik, zu tun hat, geht i. d. R. **zu Lasten des Verkäufers**. Zum richtigen Vergleichsmaßstab s. Rdn. 3003 ff. **Problematisch** ist erfahrungsgemäß die Aufklärung. Ohne die richtigen Vorgaben (sie unterbleiben allzu oft) verfehlt **der Sachverständige** seine Aufgabe.[715] Zum Nachweis im Zusammenhang mit § 476 BGB s. Rdn. 3386 ff.

3030 Vom Verkäufer zu verantworten ist ferner übermäßiger Verschleiß als Folge **atypischer Beanspruchung** wie z. B. durch Rallyeeinsatz oder Fahren mit unzulässigen Lasten. Nicht in die Risikosphäre des darüber nicht aufgeklärten Käufers fällt außerdem übermäßiger Verschleiß infolge von **ungewöhnlichen Fahr- und Bedienungsfehlern**. Ebenso liegen die Dinge, wenn eine **unfachmännische Reparatur**, z. B. Do-it-yourself, zu erhöhtem Verschleiß geführt hat. **Unzulässige Umrüstungen** (z. B. Tieferlegung) und – dem Käufer nicht bekannte – **Tuningmaßnahmen** können das Verschleiß- und Abnutzrisiko gleichfalls vom Käufer fernhalten.[716]

3031 **Normaler Verschleiß und seine Folgen:** Dass das Verschleißrisiko grundsätzlich zulasten des Käufers geht, bedeutet nicht ohne weiteres, dass er auch mit dem Risiko des „Weiterfressens“ bzw. Übergreifens auf andere Fahrzeugteile belastet ist. Ist infolge eines porösen Schlauches oder aus einem anderen, in der Beschaffenheit eines 10 Jahre alten Fahrzeugs liegenden Grund eine Leckage der Kraftstoffzuleitung im Motorraum entstanden, wodurch es zu einem Brand gekommen ist, mag man wegen der Schwere der Folge geneigt sein, einen Sachmangel zu bejahen.[717] Auf die Folgen zu schauen, ist indes der falsche Blickwinkel. Bei einem gewöhnlichen Verlauf der Dinge, aber auch nur dann, ist das **Risiko des „Verschleißfolgeschadens“** mit dem OLG Düsseldorf[718] gleichfalls dem Käufer aufzuerlegen, gleichviel, wie groß der Folgeschaden ist. Eine sinnvolle Abgrenzung nach Art und Umfang der Folgen ist gerade bei einem technisch so hochkomplexen Gegenstand wie einem Kraftfahrzeug nicht möglich. Das **Risiko von Folgewirkungen** ist Bestandteil des den Käufer treffenden allgemeinen Verschleißrisikos. Dies bestätigende Beispiele aus der Rechtsprechung sind außer den **„Zahnriemen-Fällen“** die technisch nicht minder komplexen Fälle mit Motorschäden infolge von Überhitzung, z. B. durch Kühlmittelverlust.[719]

3032 **Übermäßiger Verschleiß und Folgen:** Dass im Fall eines übermäßigen Verschleißes eines Kleinteils wie einer Schraube im Inneren eines Motors von einem Sachmangel auszugehen ist und alle in einem ursächlichen Zusammenhang damit stehenden Folgen als „Mangelfolgeschäden“ unter die Sachmängelhaftung fallen, zeigt das wichtige Zahnriemen-Urteil des OLG Hamm vom 18. 6. 2007.[720]

3033 **Darlegungs- und Beweislast:** Für diejenigen Tatsachen, die den technischen Defekt zum Mangel im Rechtssinn machen, ist grundsätzlich der Käufer darlegungs- und beweispflichtig.[721] Es genügt nicht, dass er „erheblichen“ oder „übermäßigen“ Verschleiß pauschal behauptet. Er muss, soweit möglich, Einzeltatsachen vortragen, die auf diesen Sach-

---

715 Anschauungsmaterial aus der Rechtsprechung: OLG Düsseldorf 23. 6. 2008 – I-1 U 264/07 (Getriebeschaden); OLG Hamm 18. 6. 2007 – 2 U 220/06 (Zahnriemen); LG Dortmund 21. 12. 2007 – 22 O 212/06 – n. v. (Einspritzdüse Motor); LG Kassel 30. 6. 2005, SVR 2005, 421 (Beweisfrage missverstanden).

716 Vgl. OLG Düsseldorf 12. 3. 1992, OLGR 1992, 220 (Beschädigungen der Zylinderlaufflächen); OLG Saarbrücken 10. 1. 1996, NJW-RR 1996, 1325; AG Zweibrücken 10. 11. 1999 – 1 C 446/99 – n. v. – Nockenwellenschaden an einem BMW 320i als „schwerste Verschleißerscheinung“.

717 So OLG Celle 16. 4. 2008, ZGS 2008, 312.

718 Urt. v. 8. 1. 2007, DAR 2007, 211 = ZGS 2007, 320.

719 Dazu OLG Schleswig 8. 9. 1982, MDR 1983, 54.

720 Az. 2 U 220/06, BeckRS 2007, 14370.

721 BGH 2. 6. 2004, NJW 2004, 2299 (Motorschaden/Zahnriemen).

verhalt schließen lassen,[722] z. B. ein geringes Alter bzw. ein vergleichsweise niedriger Km-Stand im Zeitpunkt des Schadeneintritts oder Sachverhalte wie ein Tuning oder eine Umrüstung (zu weiteren Einzelfällen s. Rdn. 3386 ff.). Allzu hohe Anforderungen dürfen hier nicht gestellt werden. Für die Schlüssigkeit reicht zunächst ein konkreter Vortrag zu den äußeren Erscheinungen des Defekts aus (Symptomtheorie), z. B. „Motor macht ungewöhnliche Geräusche beim Gasgeben“ oder „Motor springt nicht an“ oder „Getriebe ruckelt“. Die Ursachen braucht der Käufer grundsätzlich nicht anzugeben, so dass eine irrtümliche Falschbenennung ihm nicht schadet.

Die Angabe des Erscheinungsbildes eines Fehlers (sein Symptom) soll für die substantiierte Darlegung eines Sachmangels jedenfalls dann **nicht genügen**, wenn die Ursache des gerügten Erscheinungsbildes sowohl in der Beschaffenheit als auch in einer fehlerhaften Verwendung des Fahrzeugs begründet sein kann.[723] Hiernach erfüllt ein Kläger seine Substantiierungspflicht nicht, wenn er lediglich vorträgt, die Elektrik sei ausgefallen, weshalb das Fahrzeug nicht anspringe. Da ein Ausfall der Elektrik und das darauf beruhe Nichtanspringen auch an einer fehlerhaften Verwendung des Fahrzeugs liegen könne, etwa am Nichtabschalten von Stromverbrauchern (Licht oder Radio), müsse der Kläger auch für das **Fehlen solcher Eigenursachen** vortragen.[724] Diese Forderung nach einer **„Negativdarlegung“** geht recht weit, denn bei verständiger Auslegung des Klagevortrags ist der Ausschluss von Eigenursachen konkludent mitvorgetragen. Dennoch sollte die strenge Sichtweise des OLG Hamm von Käufer-Anwälten beachtet werden. Amts- und Landgerichte sind für Verschärfungen der Darlegungspflicht erfahrungsgemäß sehr empfänglich. Spätestens im Anschluss an den Einwand der Eigenverursachung durch Fahr- und Bedienungsfehler muss der Käufer sich damit konkret auseinandersetzen und den Zustand des Fahrzeugs als Alleinursache herausstellen. Zum Thema „Fahr- und Bedienungsfehler“ s. a. Rdn. 3376 ff. **3034**

Ein **Anscheinsbeweis**, der in der Frage normaler oder übermäßiger Verschleiß zugleich die Darlegungslast mildern könnte, kommt dem Käufer nicht zugute. Schließlich geht es nicht um einen typischen, sondern um einen atypischen Sachverhalt. Näheres zur Verteilung der Darlegungs- und Beweislast und insbesondere zur Anwendung des **§ 476 BGB** (Beweislastumkehr) in den sog. Verschleißfällen unter Rdn. 3386 ff. **3035**

u) TÜV-Abnahme/TÜV-Plakette/TÜV-Bericht (Hauptuntersuchung nach § 29 StVZO)

Übersicht:	Rdn.
Ausgangslage	3036
Fallgruppen	3037 ff.
– Verkauf durch Kfz-Händler	3037 ff.
– Privatgeschäfte	3058 ff.
Sonstige Kaufverträge	3064 f.
Vertrag zugunsten Dritter	3065

aa) Ausgangslage

Werden Gebrauchtwagen nach ihrem Wert und ihrer Gebrauchstauglichkeit beurteilt, gilt vielen Kaufinteressenten eine neue Prüfplakette geradezu als Gütesiegel. Bei Laien herrscht mitunter eine regelrechte **TÜV-Gläubigkeit** vor. Infolgedessen fehlt in kaum einer Gebrauchtwagenanzeige ein Hinweis darauf, wie lange das Fahrzeug noch „TÜV-frei“ ist. **3036**

722 OLG Düsseldorf 23. 3. 2001, OLGR 2001, 270.
723 OLG Hamm 6. 2. 2006, DAR 2006, 390 = MDR 2006, 858.
724 OLG Hamm 6. 2. 2006, DAR 2006, 390 = MDR 2006, 858.

In den gängigen Kaufvertragsvordrucken gibt es eine spezielle Rubrik „TÜV“ oder – präziser – „nächste Hauptuntersuchung nach § 29 StVZO“. Im Fachhandel werden praktisch nur noch solche Fahrzeuge (Pkw/Kombis/SUVs) verkauft, die spätestens bei Auslieferung eine „frische“ Prüfplakette haben.

bb) Fallgruppen

(1) Verkauf durch Kfz-Händler

3037 Hier sind **drei Sachverhalte** zu unterscheiden: 1. Der Händler verkauft das Fahrzeug mit **Altplakette,** d. h. derjenigen Plakette, die bei Hereinnahme vorhanden war. 2. **Vor der Bestellung** des Kunden wird das Fahrzeug vom Händler zur Hauptuntersuchung vorgestellt und abgenommen; dies kann a) auf eigene Rechnung des Händlers, b) im Auftrag und für Rechnung des Vorbesitzers (so beim Agenturgeschäft) geschehen. 3. Der Händler sagt dem Kaufinteressenten zu, das Fahrzeug **bis zur Auslieferung** nach § 29 StVZO abnehmen zu lassen und mit **„frischer“ Plakette** zu übergeben. Diese Variante überwiegt in der Praxis.

3038 In den Fällen 1 und 2 ist die Dokumentation im Bestellschein problemlos. Der Zeitpunkt der nächsten Hauptuntersuchung steht fest. Er kann durch einen Vermerk wie 5/08 in den Bestellschein aufgenommen werden. Im Fall Nr. 3 sind unterschiedliche Abreden zu beobachten: Manche Händler tragen in der Rubrik „Nächste HU“ lediglich den – mutmaßlichen – nächsten Fälligkeitstermin ein. Andere vermerken dort: „Zwei Jahre“. Nicht selten wird in diese Rubrik der tatsächliche (aktuelle) Fälligkeitstermin aufgenommen, und es folgt dann ein Zusatz wie „TÜV neu“ oder „neu TÜV“ oder „TÜV 2 Jahre“. Zusätze dieser Art stehen entweder in der Spalte „nächste HU“ oder unter „Sondervereinbarungen“. Einige Händler notieren dort auch „TÜV g. B.“, d. h. zulasten des Käufers geht die Prüfgebühr, Aufwendungen an Material und Lohn trägt der Händler. Das Versprechen, das Fahrzeug „über den TÜV zu bringen“, ist gleichbedeutend mit „TÜV neu“ (Fall 3).

3039 Für **Fälle der 3. Gruppe**, aber auch nur insoweit, hat **der BGH** durch Urteil v. 24. 2. 1988[725], Klarheit geschaffen. Leitsatz:

„Verspricht ein Kraftfahrzeughändler mit eigener Werkstatt bei dem von ihm vermittelten Verkauf eines gebrauchten Pkw mit der Abrede ‚TÜV neu‘, das Fahrzeug werde noch einer Hauptuntersuchung (§ 29 StVZO) unterzogen, so liegt darin zugleich die Zusicherung nach § 459 Abs. 2 BGB, der Pkw werde bei Übergabe dem für die Hauptuntersuchung erforderlichen Zustand entsprechen.“

3040 Was diese BGH-Entscheidung,[726] die im Schrifttum ein ungewöhnlich starkes Echo gefunden hat,[727] **im alten Kaufrecht** für die Praxis bedeutete, lässt sich in folgenden **neun Punkten** zusammenfassen:

3041 1. Mit einer Erklärung wie „TÜV neu 5/02“ sagt ein **Kfz-Händler mit eigener Werkstatt** zweierlei zu: Das Fahrzeug durch eine amtlich anerkannte Prüforganisation prüfen und abnehmen zu lassen; zum Zweiten wird versprochen, dass sich das Fahrzeug im Zeitpunkt der Übergabe in einem bis auf geringe Mängel vorschriftsmäßigen Zustand befindet, insbesondere **verkehrssicher** ist.[728] Insoweit stellt der BGH ausdrücklich auf den **tatsäch-**

---

725 BGHZ 103, 275 = NJW 1988, 1378 = DAR 1988, 209.

726 Bestätigt durch BGH 13. 2. 2002 – VIII ZR 93/01.

727 *Huber*, JZ 1988, 923; *Tiedtke*, JuS 1988, 848; *ders.*, JZ 1990, 75, 80; *Eggert*, NJW 1990, 549; *G. Müller*, BB 1990, 2136; *H. H. Jacobs*, NJW 1989, 696.

728 So jetzt auch – im Anschluss an BGHZ 103, 275 = NJW 1988, 1378 – OLG Köln 11. 12. 1996, OLGR 1997, 172 = VRS 94, 11; OLG Hamm 19. 5. 1988, NZV 1988, 180 (Nutzfahrzeug); OLG Hamm 14. 5. 1992, OLGR 1992, 290 (Motorrad); weitergehend LG Bielefeld 28. 9. 1988, NJW-RR 1989, 561 (Verkäufer war nur angestellter Kfz-Meister); vgl. auch LG Tübingen

lichen Zustand des Fahrzeugs ab, also auf die objektive Abnahmereife. Das **Risiko einer Fehldiagnose** der Prüforganisation wird dem Händler auferlegt. Unklar ist, ob dies auch für solche Sicherheitsmängel gilt, die einem Prüfingenieur bei Anwendung der verkehrsüblichen Sorgfalt nicht auffallen. Das OLG Karlsruhe[729] hat die Haftung des Händlers bei einem versteckten Konstruktionsfehler an einem US-Import („Exote") verneint, zumal ungeklärt war, ob das Fahrzeug im Zeitpunkt der TÜV-Abnahme infolge dieses Fehlers verkehrsunsicher war.

2. Die **weite Auslegung** der TÜV-Klausel war unabhängig davon, ob der Kfz-Händler **Eigenhändler** oder – wie beim früher gängigen Agenturgeschäft – **Vermittler/Abschlussvertreter** ist. 3042

3. Beim – heute seltenen – **Agenturgeschäft** wird eine Zusage wie „TÜV neu" regelmäßig im Namen des Verkäufers/Auftraggebers gemacht. Ob sie dem Verkäufer auch zuzurechnen ist, hängt vom Umfang der Vollmacht ab.[730] Dazu liegt eine Stellungnahme des BGH nicht vor. 3043

4. Ungeklärt ist die **Reichweite** der TÜV-Abrede beim Kauf vom bzw. über einen **Kfz-Händler ohne eigene Werkstatt.** In einem solchen Fall hat das OLG Köln eine Zusicherung der Verkehrssicherheit verneint.[731] Offen ist auch, welche Anforderungen an den Werkstattbetrieb in sachlicher und personeller Hinsicht zu stellen sind. Klar dürfte sein, dass z. B. ein Betreiber einer Tankstelle mit Servicestation nicht zu den Kfz-Händlern i. S. d. BGH-Entscheidung v. 24. 2. 1988 gehört.[732] Gleichwohl haben Instanzgerichte den Personenkreis auf einen Kfz-Meister ohne eigene Werkstatt[733] und einen Händler mit „kleiner Wartungshalle"[734] ausgedehnt. Entscheidend sei der Eindruck, den der Käufer bei verständiger Sicht der Dinge von dem Betrieb gewinnen durfte.[735] 3044

5. Wird das Fahrzeug vereinbarungswidrig ohne „frische" Prüfplakette oder mit Plakette, aber nicht in verkehrssicherem (abnahmefähigem) Zustand (vgl. § 29 Abs. 2a StVZO) ausgeliefert, so haftete der Händler im Fall des **Eigengeschäfts** nach den §§ 459 ff. BGB a. F. Insbesondere hatte der Käufer den Schadensersatzanspruch aus § 463 S. 1 BGB a. F. Das Risiko eines Irrtums des Prüfers trug damit der Händler.[736] Zu beachten ist, dass speziell beim sog. Werkstatt-TÜV die Prüfplakette nicht selten mit der Auflage erteilt wird, die festgestellten Mängel zu beseitigen, diese Auflage aber nicht immer erfüllt wird. 3045

6. Beim **Agenturgeschäft** kommt eine Haftung des Händlers/Vermittlers unter zwei Gesichtspunkten in Frage: zum einen aus der vertragsähnlichen Eigenhaftung (heute: §§ 311 3046

---

26. 6. 1987, DAR 1988, 167 (Verkauf eines Reisebusses durch Busunternehmer) und OLG Bamberg 15. 6. 1976, VersR 1977, 182 (Sonderfall).

729 Urt. v. 29. 8. 1991, VRS 82 (1992), 172 = DAR 1992, 305.

730 Für Vollmacht *Eggert*, NJW 1990, 549; vgl. auch *Tiedtke*, JuS 1988, 848; *Huber*, JZ 1988, 923; *G. Müller*, BB 1990, 2136.

731 Urt. v. 15. 6. 1998, NZV 1998, 466; ebenso LG Hamburg 10. 10. 1991 – 304 O 31/91 – n. v. (Verkauf eines 40 Jahre alten US-Militärjeeps).

732 So OLG München 19. 10. 1990 – 21 U 6283/90 – SP 1992, 60 (Vermittlung durch Tankstelleninhaber).

733 So LG Bielefeld 28. 9. 1988, NJW-RR 1989, 561.

734 LG Köln 13. 1. 1993, DAR 1994, 160.

735 OLG Köln 11. 12. 1996, OLGR 1997, 172 = VRS 94, 11.

736 Für Amtspflichtverletzungen eines TÜV-Sachverständigen haftet das betreffende Land, weil der Sachverständige bei der Hauptuntersuchung nach § 29 StVZO hoheitlich tätig wird, vgl. BGH 25. 3. 1993, NJW 1993, 1784 m. w. N.; OLG Koblenz 2. 9. 2002, r+s 2003, 386. Gegen die Prüforganisation hat auch der Käufer keinen direkten Anspruch, auch nicht unter dem Gesichtspunkt des Vertrages mit Schutzwirkung zugunsten Dritter. In den Schutzbereich des Vertrages zwischen dem Händler und der Prüforganisation ist er nicht einbezogen; s. a. OLG Düsseldorf 12. 10. 1995, OLGR 1996, 17.

Abs. 3, 241 Abs. 2, 280 Abs. 1 BGB), s. Rdn. 2305 ff., wobei die Frage der Pflichtwidrigkeit (Verschulden) noch offen ist; zum anderen aus § 179 BGB (s. Rdn. 2375 ff.).

3047 7. **Abgrenzung Kauf-/Werkvertrag:** Nach Ansicht des BGH kann eine TÜV-Abrede im Einzelfall nicht nach Kauf-, sondern nach Werkvertragsrecht zu beurteilen sein.[737] Voraussetzung sei, dass die Vertragsparteien von der Vorstellung ausgegangen sind, dass „ein bestimmter Zustand des Wagens noch durch eine Tätigkeit des Beklagten ... verändert werden müsse".[738] Eine werkvertragliche Zusicherung, die seinerzeit zu einer radikalen Änderung der Händlerhaftung geführt hätte, hat der BGH mit der Begründung abgelehnt, die Parteien hätten mit keinem Wort „etwaige Fehler oder Mängel zur Zeit des Vertragsabschlusses erörtert". Ohne eine solche „Erörterung" ist auch nach Ansicht des OLG Hamm[739] kein Raum für die Annahme einer werkvertraglichen Abrede. Ausschließlich nach Kaufrecht hat der BGH[740] den Fall beurteilt, dass ein Autohaus bei Vertragsabschluss zugesagt hat, das Fahrzeug vor Übergabe noch einer sorgfältigen Durchsicht in einer fremden Fachwerkstatt zu unterziehen.

3048 Schon die bloße Herbeiführung der TÜV-Abnahme als werkvertragliche Unternehmerleistung zu werten,[741] geht sicherlich sehr weit. Doch Klauseln wie „TÜV neu" bedeuten auch ohne ausdrückliche Zusätze wie

– „rechte Seite und linke Tür Lackschäden beseitigen, Rückscheibeneinfassung reparieren",[742]

oder

– „Reparaturkosten zulasten des Verkäufers"[743]

3049 mehr, als das Fahrzeug einer amtlich anerkannten Prüforganisation vorzuführen und es abnehmen zu lassen. An anderer Stelle seines Urteils vom 24. 2. 1988 weist der BGH selbst mit Recht darauf hin, dass der Händler verpflichtet sei, bei der Prüfung erkannte und beanstandete Mängel zu beseitigen. Auch er müsse mit solchen Mängeln rechnen. In der Tat gehen die Vertragspartner bei einem Kauf in einem Autohaus mit eigener Werkstatt mangels gegenteiliger Absprache i. d. R. davon aus, dass der Händler die für die TÜV-Abnahme erforderlichen Arbeiten auf seine Kosten erledigt. Er hat das Fahrzeug in einen abnahmereifen Zustand zu versetzen, so der 2. Senat des OLG Hamm in st. Rspr.[744]

3050 Der 23. Senat des OLG Hamm ist der kaufrechtlichen Linie des BGH in einem Fall gefolgt, in dem der **Verkäufer eines Nutzfahrzeugs** erklärt hatte: „TÜV 1/87: auf Wunsch durch DB neu". Darin sei keine werkvertragliche Zusicherung zu sehen, weil nicht der Verkäufer, sondern die mit der „Vorprüfung" des Fahrzeugs beauftragte DB-Werkstatt[745] etwaige Reparaturmaßnahmen durchführen sollte.[746]

3051 8. Vom BGH noch nicht geklärt ist die Rechtslage, wenn der Händler die Hauptuntersuchung (HU) schon **vor der Bestellung** des Fahrzeugs hat durchführen lassen, sie also nicht auf einer Vereinbarung mit dem Käufer beruht. In der Vergangenheit liegende Vorgänge wertete der BGH nur dann als Eigenschaft der Kaufsache, „wenn sie eine dauerhafte, die

---

737 S. a. Urt. v. 6. 10. 1971, NJW 1972, 46.
738 So BGH 24. 2. 1988, BGHZ 103, 275 = NJW 1988, 1378.
739 Urt. des 28. ZS v. 14. 5. 1992, OLGR 1992, 290.
740 Urt. v. 15. 12. 1992, NJW 1993, 655.
741 So der 2. Senat des OLG Hamm in st. Rspr., vgl. Urt. v. 6. 12. 1979 – 2 U 161/79 – n. v.; Urt. v. 29. 5. 1980, NJW 1980, 2200 (Nr. 14).
742 BGH 6. 10. 1971, NJW 1972, 46 = WM 1971, 1437.
743 OLG Hamm 16. 11. 1978 – 2 U 56/78 – n. v.
744 Urt. v. 6. 12. 1979 – 2 U 161/79 – n. v.; 29. 5. 1980, NJW 1980, 2200 (Nr. 14).
745 DB = Daimler-Benz.
746 Urt. v. 19. 5. 1988, NZV 1988, 180.

Vertragsmäßigkeit oder Werteinstufung der Sache auch für den Zeitpunkt des Vertragsschlusses und des Gefahrübergangs beeinflussende Wirkung haben".[747]

Wenn man nicht auf die zurückliegende HU als solche, sondern auf ihre Bedeutung in den Augen eines durchschnittlichen Käufers abstellt, spielt der Zeitraum zwischen der HU und dem Kauf eine wesentliche Rolle. Das Angebot eines Fahrzeugs mit noch gültiger Plakette besagt auch beim Kauf vom Händler für sich allein genommen nicht, dass das Fahrzeug sich noch in einem abnahmereifen Zustand befindet. Zumal bei älteren Fahrzeugen kann im Allgemeinen nicht einmal uneingeschränkte Verkehrssicherheit erwartet werden. **3052**

Anders können die Dinge liegen, wenn der Händler die HU vereinbarungsgemäß hat durchführen lassen oder sie erst so kurze Zeit zurückliegt, dass weiterhin von einem Zustand der Abnahmereife ausgegangen werden kann. Eine feste Zeitgrenze kann hier nicht gezogen werden. Bei einem Abstand von nur **vier Tagen** zwischen – vom Händler veranlasster – Hauptuntersuchung und Verkauf meint das OLG Köln:[748] **3053**

„Der Käufer eines Wagens geht bei Zusicherung einer gerade erfolgten TÜV-Abnahme davon aus, dass der Wagen dem TÜV vorgeführt und nach Beseitigung festgestellter Mängel als verkehrssicher zugelassen worden ist."

Der 10. Senat des OLG Köln hat in der Vorlage eines nur **zehn Tage** alten positiven **TÜV-Berichts** (Untersuchungsbefund) die Zusicherung gesehen, dass das Fahrzeug in einem „den Anforderungen des TÜV genügenden verkehrssicheren Zustand" sei.[749] **3054**

Liegt die TÜV-Abnahme hingegen bereits **vier Monate** zurück, so „kann und darf der Käufer ohne eine zusätzliche Erklärung des Verkäufers nicht davon ausgehen, dieser wolle trotz des Gewährleistungsausschlusses ... die verschuldensunabhängige Gewähr dafür übernehmen, dass das Fahrzeug auch im Zeitpunkt des Abschlusses des Kaufvertrages noch verkehrssicher sei".[750] **3055**

9. Klar ist aufgrund der BGH-Entscheidung vom 24. 2. 1988[751], dass mit einem Hinweis des Kfz-Händlers auf eine in der Vergangenheit liegende TÜV-Abnahme, **veranlasst vom Vorbesitzer,** keinerlei eigene Qualitätszusage verbunden ist. Beim Agenturverkauf gibt der Händler/Vermittler insoweit schon keine Eigenerklärung ab. Er leitet eine Information weiter, die er sich im Zweifel aus dem Fahrzeugschein beschafft hat. Auskunft gibt natürlich auch die Prüfplakette am Fahrzeug. Bei stillgelegten Fahrzeugen kann sie fehlen. **3056**

Ob nach **„neuem" Kaufrecht** mit seinem verstärkten Verbraucherschutz an den Grundsätzen von BGHZ 103, 275 festgehalten werden kann, erscheint zweifelhaft. Dort, wo ohne Gewährleistungsausschluss an einen Verbraucher verkauft werden muss, reicht zu seinem Schutz aus, in einer Abrede wie „TÜV neu 5/08" eine **„einfache" Beschaffenheitsvereinbarung** i. S. d. § 434 Abs. 1 S. 1 BGB zu sehen, gleichviel, ob der Unternehmer ein Kfz-Händler ist oder nicht, eine Werkstatt besitzt oder nicht.[752] Der Inhalt der Beschaffenheitsvereinbarung ist nach Maßgabe von BGHZ 103, 275 = NJW 1988, 1378 festzulegen. Sollen nach übereinstimmender Vorstellung der Vertragsparteien noch bestimmte Arbeiten vor **3057**

747 Urt. v. 11. 6. 1986, JZ 1986, 955 m. Anm. *Köhler* – Turnierpferd; zur Erklärung „Beanstandungen von Seiten des TÜV bestehen nicht", vgl. BGH 28. 6. 1978, WM 1978, 1175 – Tanklager.

748 Urt. v. 21. 3. 1972 – 15 U 134/71 – n. v.

749 Urt. v. 26. 9. 1974 – 10 U 63/74 – n. v.; anders OLG München 19. 10. 1990 – 21 U 6283/90 – SP 1992, 60 (durch Tankstelleninhaber vermittelter Verkauf; TÜV-Abnahme lag nicht länger als einen Monat zurück); s. a. OLG Düsseldorf 1. 2. 1996, OLGR 1996, 180 – Abstand von 2 Monaten.

750 OLG Köln 3. 5. 1977 – 9 U 80/76 – n. v. (Händlereigengeschäft).

751 BGHZ 103, 275 = NJW 1988, 1378.

752 Siehe auch OLG Braunschweig 2. 10. 2007 – 11 U 177/06 – n. v.

der Hauptuntersuchung erledigt werden, erübrigt es sich jetzt, auf das Werkvertragsrecht auszuweichen.

(2) Privates Direktgeschäft

3058 Für diesen Geschäftstyp liegt eine einschlägige BGH-Entscheidung nicht vor. Es ist indes zu erwarten, dass der BGH – ebenso wie in vergleichbaren Fällen[753] – zwischen gewerblichem Handel und Privatverkauf einen Unterschied machen wird. Denn die weite Auslegung der TÜV-Klausel im Sinne einer Garantieübernahme nach Maßgabe von BGHZ 103, 275 ist, wenn überhaupt, nur mit der beruflichen Sachkunde des Kfz-Händlers und dessen Ausstattung mit technischen Prüfeinrichtungen zu erklären.

3059 Folgerichtig haben die **Instanzgerichte**[754] „TÜV-Erklärungen" von **Privatverkäufern** ohne technisches Know-how **anders bewertet** als entsprechende Zusagen von Kfz-Händlern. Sofern eine kaufvertragliche Garantieübernahme eines nichtgewerblichen Verkäufers überhaupt in Betracht zu ziehen ist, hat sie nicht die Verkehrssicherheit/Betriebssicherheit des Fahrzeugs zum Inhalt. Insoweit ist nicht einmal eine „einfache" Beschaffenheitsvereinbarung nach § 434 Abs. 1 S. 1 BGB anzunehmen. Selbst der Verkauf eines Fahrzeugs mit frischer Plakette ist beim Erwerb von einer Privatperson i. d. R. nicht mit einer Qualitätszusage verbunden. Wer eine bei Übergabe frische Plakette verspricht, will erkennbar nur „für eine formelle TÜV-Abnahme ohne weitere Gewährübernahme zu sorgen".[755]

3060 Diese Aussage des OLG Hamm ist repräsentativ für die **Fallgruppe „Fahrzeug soll noch über den TÜV gebracht werden".** In einer entsprechenden Erklärung eines Privatverkäufers sieht der 28. ZS eine kaufvertragliche Zusicherung, die TÜV-Abnahme „formal" zu erledigen, d. h. das Fahrzeug mit frischer Plakette zu übergeben. Für die Annahme einer eigenständigen **kaufvertraglichen Nebenpflicht** (s. dazu BGH NJW 1984, 2287 – Typ-Prüfung für Turmdrehkran) sei schon mit Rücksicht auf die wesentliche Bedeutung der „TÜV-Freiheit" für die Verwendung des Fahrzeugs im öffentlichen Verkehr kein Raum.

3061 Diese Argumentation des 28. ZS OLG Hamm überzeugt nicht. Problematisch ist die Annahme einer Zusicherung (heute Beschaffenheitsgarantie bzw. Garantie i. S. d. § 276 BGB) aus zwei Gründen: Zum einen liegt die Eigenschaft, deren Vorhandensein garantiert sein soll, die TÜV-Abnahme als solche, in der Zukunft. Zum anderen erscheint die Rechtsfolge (Schadensersatz ohne Verschulden) unangemessen hart. Sachgerechte Ergebnisse lassen sich bei Annahme einer Beschaffenheitsvereinbarung oder, was vorzuziehen ist, einer kaufvertraglichen Nebenpflicht erzielen (s. a. OLG Düsseldorf OLGR 1993, 161).

3062 Mehr als nur die formale TÜV-Abnahme kann ein Privatverkäufer mit der Zusage versprechen, eine Kfz-Werkstatt werde die Fahrzeugüberprüfung und TÜV-Abnahme auf seine Kosten besorgen. Darin sieht das LG Köln zugleich die Zusicherung, dass der Käufer ein Fahrzeug erhalten solle, das mit einem bestimmten Reparaturaufwand zur TÜV-Reife gebracht werden kann.[756] Lehne der Verkäufer die Übernahme der Reparaturkosten ab, hafte er wegen falscher Zusicherung.

---

753 Vgl. Urt. v. 15. 2. 1984, NJW 1984, 1454 – Km-Stand; 17. 4. 1991, NJW 1991, 1880 – Porsche 928 S.

754 Besonders deutlich: OLG München 16. 5. 1997, NJW-RR 1998, 845 (Sportwagen); OLG Hamm (28. ZS) 14. 5. 1992, OLGR 1992, 290 (Motorradkauf); OLG Köln 8. 4. 1992, NJW 1993, 271 = DAR 1992, 379 = NZV 1992, 440 = OLGR 1992, 210 (17 Jahre altes Cabrio); LG Köln 18. 1. 1989, NJW-RR 1989, 699 („TÜV abgenommen bis 1990" – Pkw-Verkauf); LG Lüneburg 2. 5. 2002 – 1 S 10/02; vgl. auch OLG Düsseldorf 21. 10. 1994, OLGR 1995, 84 (L.) – Verkauf eines VW-Busses mit der Klausel „TÜV-Untersuchungsschein dabei".

755 So OLG Hamm (28. ZS) 14. 5. 1992, OLGR 1992, 290; a. A. AG Nienburg 30. 6. 1993, zfs 1993, 304 für die Erklärung „Pkw kommt auf jeden Fall durch den TÜV".

756 Urt. v. 1. 3. 1989, DAR 1990, 28.

Anders als beim Kauf vom Kfz-Händler haben die auf dem Privatmarkt angebotenen Fahrzeuge i. d. R. keine ganz frische Plakette. Der Hinweis eines Privatverkäufers auf eine noch von seinem Vorgänger veranlasste Hauptuntersuchung enthält keine, auch keine eingeschränkte Garantieübernahme. Anders kann es sein, wenn der Verkäufer die TÜV-Abnahme selbst herbeigeführt hat oder gar durch eine Werkstatt hat ausführen lassen und dies bei den Verkaufsverhandlungen oder in der Verkaufsanzeige besonders herausgestellt wird. Zu dieser Fallgestaltung liegt eine umfangreiche Rechtsprechung vor. Im Kern geht es zumeist um die Frage, ob der (Privat-)Verkäufer mit seiner „TÜV"-Erklärung auch für einen **bestimmten Zustand des Fahrzeugs** (Verkehrssicherheit, Betriebssicherheit) garantiemäßig einstehen will bzw. einzustehen hat. Ganz überwiegend wird eine derartige Haftungsübernahme verneint.[757] Dies selbst für den Fall, dass der Verkäufer das Fahrzeug vor dem Verkauf in einer Werkstatt hat prüfen und für die TÜV-Abnahme hat vorbereiten lassen (vgl. LG Köln NJW-RR 1989, 699; s. a. OLG Köln NJW 1993, 271 – vorherige „Überarbeitung" durch einen Bekannten des Verkäufers). **3063**

(3) Sonstige Kaufverträge

Höchstrichterlich noch nicht entschieden sind Fälle aus dem **gewerblichen Bereich außerhalb des Kfz-Handels**. In der nur **mündlich** abgegebenen Erklärung eines **Transportunternehmers**, die angebotenen **Lkw** seien „TÜV-abnahmefähig", hat das OLG Stuttgart[758] eine Zusicherung gesehen. Die Abnahme des Fahrzeugs „ohne wesentliche Mängel" müsse gewährleistet sein, was mehr bedeute als „fahrbereit". Hinzuweisen ist ferner auf eine Entscheidung des LG Tübingen,[759] auf ein unveröffentlichtes Urteil des OLG Düsseldorf v. 21. 2. 2002 – 6 U 117/01 (beiderseitiger Handelskauf über ein 25 Jahre altes Nutzfahrzeug mit „TÜV-Erklärung") und auf das gleichfalls unveröffentlichte Urteil des LG Berlin v. 23. 3. 1993 – 2 O 522/92 (Kauf eines gebrauchten Tankanhängers mit der Abrede „TÜV erneuert, GGVS 2.95"). In der bloßen Vorlage eines aktuellen Prüfberichts und des Prüfbuchs über die Bremssonderuntersuchung hat das OLG Düsseldorf[760] zu Recht keine Zusicherung gesehen. Zur „TÜV-Abnahme" in einer „Ankaufprämisse" bei einem Händler-Händler-Geschäft s. OLG Celle OLGR 2002, 278. **3064**

Für **Amtspflichtverletzungen** eines TÜV-Sachverständigen haftet das betreffende Land, weil der Sachverständige bei der Hauptuntersuchung nach § 29 StVZO hoheitlich tätig wird.[761] Gegen die Prüforganisation hat auch der Käufer keinen direkten Anspruch, auch nicht unter dem Gesichtspunkt des **Vertrages mit Schutzwirkung zugunsten Dritter**. In den Schutzbereich des Vertrages zwischen dem Verkäufer und der Prüforganisation ist er nicht einbezogen; s. a. OLG Düsseldorf 12. 10. 1995, OLGR 1996, 17; OLG Hamm 17. 6. 2009, DAR 2010, 138; auch öster. OGH 23. 1. 12007, ZVR 2007, 335. **3065**

v) Unfallfreiheit/Unfallschaden

Übersicht:

757 OLG München 16. 5. 1997, NJW-RR 1998, 845; OLG Köln 8. 4. 1992, NJW 1993, 271 = DAR 1992, 379; OLG Düsseldorf 21. 10. 1994, OLGR 1995, 84 (Ls.); LG Lüneburg 2. 5. 2002 – 1 S 10/02; LG Köln 18. 1. 1989, NJW-RR 1989, 699; LG Karlsruhe 9. 1. 1981, DAR 1981, 152 („TÜV erst in einem Jahr"); strenger LG Würzburg 9. 5. 1990, DAR 1991, 152; OLG Hamm (19. ZS) 5. 5. 1995, BB 1995, 1506 („neu TÜV-abgenommen und technisch einwandfrei").

758 Urt. v. 13. 5. 1997, OLGR 1998, 256.

759 Urt. v. 26. 6. 1987, DAR 1988, 167 – Kauf eines Reisebusses von einem Busunternehmer.

760 Urt. v. 21. 2. 2002 – 6 U 117/01 – n. v.

761 BGH 25. 3. 1993, NJW 1993, 1784; OLG Koblenz 2. 9. 2002, r+s 2003, 386.

aa) Fallgruppen

3066 Nach heutigem Kaufrecht sind Erklärungen des Verkäufers zum Thema „Unfallschäden“ vor allem **unter drei Aspekten** zu würdigen: zum einen mit Blick auf eine mögliche „Beschaffenheitsgarantie“ in Nachfolge der früheren Eigenschaftszusicherung, zum anderen unter dem Gesichtspunkt der arglistigen Täuschung. Als dritte Kategorie schiebt sich die „einfache“ Beschaffenheitsvereinbarung (§ 434 Abs. 1 S. 1 BGB) dazwischen, und zwar in Form der positiven wie der negativen.

3067 Wo es an einer auslegungsrelevanten Erklärung des Verkäufers fehlt oder sie nicht nachgewiesen werden kann, geht es um Mangelhaftigkeit nach den objektiven Kriterien des § 434 Abs. 1 S. 2 Nr. 2 BGB. Die anschließende Darstellung der Hauptfallgruppe „Verkauf mit Unfallinformationen“ klammert die „Arglistfälle“ einschließlich der Fallgruppe „Behauptung ins Blaue“ aus (s. dazu Rdn. 4341 ff.) und folgt i. Ü. der sachlich gebotenen **Zweiteilung** in Geschäfte mit und ohne Händlerbeteiligung auf Verkäuferseite. Zum Ankauf/Inzahlungnahme von Privat s. Rdn. 3128.

bb) Verkauf mit Unfallinformationen

(1) Fallgruppe: Kfz-Handel/Verbraucherverträge

3068 **Vertragsgestaltung und Auslegungstatbestand**. Kfz-Händler verwenden beim Verkauf an Privat üblicherweise **Bestellscheine** (Kaufantragsformulare), die mit wenigen Zeilen bzw. Rubriken für „Unfallinformationen“ auskommen. Typisch ist folgende Version:

- Zahl, Art und Umfang von Unfallschäden laut Vorbesitzer: –
- Dem Verkäufer sind auf andere Weise Unfallschäden bekannt ◯ ja ◯ nein
- wenn ja, folgende –

3069 Nur selten – wie in der Sache BGH NJW 2008, 53 – bleiben sämtliche Rubriken unausgefüllt. I. d. R. finden sich dort hand- oder maschinenschriftliche Eintragungen; schon aus Platzgründen typischerweise in Kurzfassung wie ein bloßes „Nein“ hinter dem vorformulierten Text „Unfallschäden lt. Vorbesitzer“.[762] Mitunter wird auch ein „unfallfrei“ notiert[763] oder im Feld „unfallfrei“ ist das Wort „ja“ eingedruckt.[764] Eine weitere Variante besteht darin, zu „Zahl, Art und Umfang ...“ keine Angaben zu machen und in der Anschlusszeile das „Nein“ anzukreuzen.[765]

---

762 So in den Fällen BGH 12. 3. 2008, NJW 2008, 1517; BGH 7. 6. 2006, NJW 2006, 2839; ebenso OLG Bamberg 9. 2. 2011 – 8 U 166/10.

763 So im Fall OLG Düsseldorf 25. 2. 2008 – I-U 169/07 – n. v.

764 Vgl. LG Karlsruhe 1. 2. 2005, NJW-RR 2005, 1368.

765 Vgl. OLG Bamberg 9. 2. 2011 – 8 U 166/10; Brand OLG 12. 7. 2006 – 4 U 134/05.

Fallgruppe „nähere Beschreibung von Unfallschäden“: An den unterschiedlichsten Stellen im Formularvertrag finden sich nähere Angaben zu Art und Umfang von Unfallschäden wie z. B. die Eintragung „reparierter Heck- und Seitenschaden, ca. 2.600 €“[766]. Nicht immer wird deutlich, ob es sich um eine weitergeleitete Information des Vorbesitzers oder um eine Mitteilung des Händlers aus eigenem Wissen handelt, z. B. bei einer Instandsetzung in seinem eigenen Betrieb.[767] Wenn derartige Hinweise in der Rubrik „Besondere Vereinbarungen“ stehen, kann dies für ihre Qualifizierung von Bedeutung sein. Ausführlich zu dieser **sehr praxisrelevanten** Fallgruppe Rdn. 3129 ff. **3070**

Fallgruppe „unausgefüllte/unvollständig ausgefüllte Bestellscheine“: In der Sache, die dem BGH-Urteil v. 10. 10. 2007[768] zugrunde liegt, hat der VIII. Senat angesichts der völlig unausgefüllten „Unfall“-Rubriken jegliche Beschaffenheitsvereinbarung verneint, sowohl eine positive (Fahrzeug ist unfallfrei) als auch eine negative (möglicherweise nicht unfallfrei). Keine Beschaffenheitsvereinbarung sieht er auch in dem Fall getroffen, dass der Händler die Rubrik **„Unfallschäden lt. Vorbesitzer“** mit **„Nein“** ausfüllt.[769] Letzteres ist umso bemerkenswerter, als man in der Vergangenheit in einem solchen „Nein“ mitunter sogar eine Zusicherung der Unfallfreiheit gesehen hat. Sie könne auch dadurch garantiert sein, dass der Verkäufer in die Vordruckzeile „Unfallschäden“ das Wort „keine“ schreibe oder nur „nein“ ankreuze bzw. unterstreiche.[770] Noch weiter ist das OLG Köln gegangen, indem es einen Händler in die Garantiehaftung genommen hat, der die Unfallzeile unausgefüllt gelassen hat.[771] Die vorgedruckte Erklärung lautete: „Der Verkäufer sichert zu, dass das Kfz in der Zeit, in der es sein Eigentum war, sowie nach seiner Kenntnis auch früher keinen Unfallschaden erlitt ... folgende Unfallschäden (Zahl, Art und Umfang) erlitt“. Der Händler hatte keines der beiden Kästchen angekreuzt, gleichwohl hat das OLG Köln eine stillschweigende Zusicherung bejaht.[772] **3071**

Zur Fallgruppe „unvollständiger Vertrag“ zählt ferner das noch zum alten Recht ergangene Urteil des OLG Rostock v. 17. 12. 2003.[773] Mündliche Erklärungen führten zur Annahme der Zusicherung von Unfallfreiheit. Erwähnenswert ist schließlich BGH WM 1981, 323 = NJW 1981, 928 (nur teilw. abgedr.) mit der Konstellation, dass die Vordruckzeile „das Fahrzeug hatte folgende Blech-/Unfallschäden“ keine Eintragung dazu enthielt, sondern nur handschriftliche Hinweise auf TÜV, die Laufleistung und den Motor. Mündlich will der Händler/Vermittler erklärt haben, von einem Unfall nichts zu wissen, was für den BGH ebenso wenig die Zusicherung „unfallfrei“ bedeutete wie die handschriftlichen Eintragungen. **3072**

Auslegungsstoff außerhalb der Vertragsurkunde: Auch Unfallinformationen im Vorfeld, etwa im Internet, und insbesondere – selten fehlende, aber kaum beweisbare – mündliche Erklärungen des Verkäufers bei den Vertragsverhandlungen, auch am Telefon,[774] sind bei der **Ermittlung des Erklärungstatbestandes** zu berücksichtigen. Allgemein dazu Rdn. 3258 ff. Unfallfreiheit kann **auch mündlich** zugesagt, sogar garantiert, **3073**

---

766 So im Fall OLG Frankfurt 3. 11. 2010 – 15 U 116/10.

767 Dazu OLG Frankfurt 3. 11. 2010 – 15 U 116/10 (die Frage nach einer Beschaffenheitsvereinbarung musste aus Verjährungsgründen nicht geprüft werden; die allein relevante Arglistfrage wurde verneint).

768 BGH NJW 2008, 53.

769 Urt. v. 12. 3. 2008, NJW 2008, 1517.

770 Vgl. OLG Frankfurt 24. 6. 1992, zfs 1992, 338.

771 Urt. v. 10. 3. 1989 – 6 U 167/88 – n. v.

772 Im Ergebnis ebenso SchlHOLG 16. 7. 1997, OLGR 1998, 24.

773 OLGR 2005, 46.

774 Dazu BGH 7. 6. 2006, NJW 2006, 2839.

worden sein. Darüber wird vor Gericht häufig gestritten.[775] Weder bei Vertragsabschluss noch bei der Fahrzeugübergabe, sondern erst in einem **späteren Schreiben**, rund ein Monat nach dem Kauf, hatte der Verkäufer den VW Bus T 4 als „unfallfrei" bezeichnet. Dennoch hat das Brand OLG[776] darin eine vertraglich relevante Zusage gesehen, sogar in Form einer **„selbstständigen" Garantie** i. S. d. § 443 Abs. 1 BGB. Heißt es im Bestellschein ursprünglich „unfallfrei", wird dies aber nach einer genauen Prüfung mit Entdeckung eines Vorschadens **einverständlich korrigiert**, so stehen dem Käufer Gewährleistungsrechte nicht zu.[777]

3074 Bei einem schriftlichen Vertrag ohne oder mit nur bruchstückhafter Unfallinformation streitet die **Vermutung der Vollständigkeit und Richtigkeit** der Vertragsurkunde für den Verkäufer, wenn der Käufer aus außerhalb der Urkunde liegenden Umständen, z. B. einer mündlichen Erklärung, eine Garantie ableitet.[778] Zur Vermutungswirkung s. Rdn. 3261 ff.. Eine Schriftformklausel bzw. Vollständigkeitsklausel kann die gleiche Wirkung haben (s. Rdn. 3270 ff.). Bringen Parteianhörung nach § 141 ZPO und Zeugenbeweis keine vollständige Klärung, hat der Richter an eine Vernehmung des Käufers nach § 448 ZPO zu denken.

3075 Gehen Verkäufererklärungen im Vorfeld über das hinaus, was später im Vertrag steht, keine seltene Situation, stellt sich die Frage des (Teil-)Widerrufs bzw. der Berichtigung. Insoweit entscheiden die Gerichte meist käuferfreundlich. So kann ein vorformulierter Vorbehalt wie „laut Vorbesitzer Keine" eine frühere uneingeschränkte „Unfallfrei"-Zusage nicht zulasten des Käufers verändern.[779]

3076 **Beschaffenheitsvereinbarung/Beschaffenheitsgarantie/Wissensmitteilung**. Bleibt es für die Auslegung bei dem schriftlich fixierten „Nein" hinter dem vorgedruckten „Unfallschäden lt. Vorbesitzer" – eine **Standardsituation** –, weisen die beiden **BGH-Entscheidungen v. 10. 10. 2007**[780] und **v. 12. 3. 2008**[781] die Richtung: keine Beschaffenheitsvereinbarung, sondern nur eine **Wissensmitteilung**.[782]

3077 Schon eine geringfügige Textänderung im Bestellschein kann allerdings zur Annahme einer Beschaffenheitsvereinbarung führen. Hätte der Händler statt des maschinenschriftlichen „Nein" hinter „Unfallschäden lt. Vorbesitzer" mit eigener Hand das Wort **„unfallfrei"** geschrieben,[783] wäre die Beurteilung durch den BGH möglicherweise eine andere gewesen. Jedenfalls unter den Rahmenbedingungen des alten Kaufrechts war für ihn klar: Ist in der Bestellscheinrubrik „Besondere Vereinbarungen" handschriftlich notiert: „Verkäufer versichert, dass das Fahrzeug unfallfrei ist", liegt darin die uneingeschränkte Garantie der Unfallfreiheit.[784] Nicht anders soll es sein, wenn der Verkäufer durch einen maschinenschriftlichen Vermerk „unfallfrei" die angekreuzte Formularalternative „das Kfz ist unfallfrei" bekräftigt.[785] Ein „Ja" hinter „unfallfrei" kann auch nach jüngerer Rechtsprechung die **Übernahme einer Garantie** bedeuten.[786]

775 Vgl. BGH 7. 6. 2006, NJW 2006, 2839 (Mithörproblematik); Beispiel für einen Indizienbeweis: SchlHOLG 16. 7. 1997, OLGR 1998, 24.
776 Urt. v. 26. 6. 2008 – 12 U 236/07 (Verkauf an Leasinggesellschaft).
777 OLG Dresden 18. 9. 2008 – 10 U 692/08 – VRR 2008, 464.
778 OLG Celle 19. 2. 1998, OLGR 1998, 170 (wohl ein Privatgeschäft); OLG Rostock 17. 12. 2003, OLGR 2005, 46.
779 BGH 7. 6. 2006, NJW 2006, 2839.
780 NJW 2008, 53.
781 NJW 2008, 1517.
782 Zutreffend OLG Bamberg 9. 2. 2011 – 8 U 166/10.
783 So im Fall OLG Düsseldorf 25. 2. 2008 – I-1 U 169/07 – n. v.
784 BGH 10. 10. 1977, NJW 1978, 261 = MDR 1978, 306.
785 OLG Köln 4. 2. 2003 – 24 U 108/02 – n. v.
786 LG Karlsruhe 1. 2. 2005, NJW-RR 2005, 1368; s. a. Brand OLG 26. 6. 2008 – 12 U 236/07 – „unfallfrei" in einem Schreiben nach Übergabe.

Konkludente Beschaffenheitsvereinbarung bzw. Garantieübernahme: Sofern im Kaufvertrag und bei den Vertragsverhandlungen keine abweichenden Informationen erteilt worden sind, gilt manchen ein Gebrauchtwagen auch ohne ausdrückliche Zusage der Unfallfreiheit kraft stillschweigender bzw. konkludenter Beschaffenheitsvereinbarung als **„unfallfrei"** verkauft.[787] **Der BGH** wählt diesen Ansatz – jedenfalls bei Händlern ohne eigene Werkstatt – nicht.[788] Dem ist für den Normalfall (kein Sonderfahrzeug wie Jahres- oder Vorführwagen) zuzustimmen, gleichviel, ob der Händler eine Werkstatt hat oder nicht. Vorzuziehen ist eine Lösung mit Hilfe der objektiven Kriterien des Sachmangelbegriffs (§ 434 Abs. 1 S. 2 Nr. 2 BGB). 3078

Die konkludente „Zusicherung" der Unfallfreiheit hat das LG München I[789] bei einem Kauf vom Fachhändler aus dem Unterbleiben eines Hinweises abgeleitet, dass der Wagen auf Unfallfreiheit nicht untersucht worden sei. Das geht zu weit, wenn damit eine Garantieübernahme gemeint sein sollte. Angesichts der neuesten BGH-Rechtsprechung ist festzuhalten: Unfallfreiheit wird beim Händler-Verkauf an Privatpersonen nicht schon dadurch stillschweigend bzw. konkludent zugesagt und erst recht nicht garantiert, dass der Händler einen Preis verlangt, der für einen unfallfreien Wagen angemessen ist.[790] An die Annahme einer konkludenten Garantieübernahme durch einen Kfz-Händler sind heute deutlich **strengere Anforderungen** als im früheren Gebrauchtwagenkaufrecht zu stellen (zu diesem Paradigmenwechsel oben Rdn. 2590). 3079

Jahreswagen, Vorführwagen. Mit einem Verkauf als **„Jahreswagen"** oder als **„Vorführwagen"** durch einen Kfz-Händler ist nicht die konkludente Garantieerklärung „unfallfrei" verbunden. Dies selbst dann nicht, wenn es sich um einen Vertragshändler mit angeschlossener Werkstatt handelt, der ein Fahrzeug seiner Marke (Eigenfabrikat) verkauft. Das technische Know how ist nicht entscheidend, eher schon die Möglichkeit, das Fahrzeug von allen Seiten, auch von unten, zu besichtigen und zu prüfen. Hinzu kommt: Je jünger das Fahrzeug, desto berechtigter die „Unfallfrei"-Erwartung des Käufers. Als Alternative zur Annahme einer Beschaffenheitsgarantie bietet sich an, in dem Verkauf als „Jahreswagen" oder als „Vorführwagen" die **konkludente Beschaffenheitszusage** (§ 434 Abs. 1 S. 1 BGB) zu sehen, dass das Fahrzeug „unfallfrei" sei. Zu denken ist auch an eine konkludente Beschaffenheitsvereinbarung dahin gehend, dass am gesamten Fahrzeug noch **die Originallackierung** vorhanden sei.[791] 3080

Instanzgerichtliche Judikatur aus jüngerer Zeit, dem Eindeutigkeitsgebot des BGH (VIII. ZS) verpflichtet, liegt dazu nicht vor. In manchen Fällen wird man die Frage offen lassen können, weil mit § 434 Abs. 1 S. 2 Nr. 2 BGB ein Auffangtatbestand bereit steht.[792] Mitunter kommt es indes entscheidend darauf an, ob der Verkäufer eine Beschaffenheitsvereinbarung gebrochen hat oder „nur" wegen Mangelhaftigkeit im objektiven Sinn haftet (Erheblichkeit nach §§ 323 Abs. 5 S. 2, 281 Abs. 1 S. 3 BGB oder im Zusammenhang mit einer Freizeichnung). Zur Auslegung der Begriffe „Jahreswagen" und „Vorführwagen" s. i. Ü. Rdn. 2762 ff., 2731. 3081

Unfallfreiheit kann stillschweigend/konkludent durch eine Äußerung zugesichert sein, die einen bestimmten Fahrzeugzustand zum Inhalt hat, wie etwa die Bemerkung **„Originallackierung"**. Von einer stillschweigenden Zusicherung, der Originallack sei noch vorhanden, kann ein Käufer selbst dann nicht ausgehen, wenn er zu erkennen gegeben hat, der op- 3082

787 LG Köln 30. 5. 1988 – 16 O 535/87 – n. v.; vgl. auch *Landscheidt/Segbers*, NZV 1991, 289, 292.
788 Urt. v. 10. 10. 2007, NJW 2008, 53; v. 12. 3. 2008, NJW 2008, 1517.
789 Urt. v. 25. 6. 2004, DAR 2005, 38 = SP 2005, 70 = SVR 2005, 342.
790 So schon BGH 16. 2. 1977, NJW 1977, 1055.
791 Verneinend OLG Düsseldorf 18. 8. 2008 – I-1 U 168/07.
792 Dazu OLG Düsseldorf 18. 8. 2008 – I-1 U 168/07.

tische Zustand sei für ihn wichtig.[793] Zur Annahme einer konkludent getroffenen Beschaffenheitsvereinbarung reicht es nicht aus, dass sich das Fahrzeug zum Zeitpunkt des Vertragsabschlusses in einem den Parteien bekannten unbeschädigten und unfallfreien Zustand befunden hat. Daraus lässt sich nicht der Schluss ziehen, die Originallackierung sei als Beschaffenheit vereinbart.[794] Zu Neu- und Nachlackierungsfällen unter dem **Aspekt „arglistige Täuschung“** s. Rdn. 4421 ff..

3083 Jedenfalls keine Garantie der Unfallfreiheit enthält die Klausel, „dem Verkäufer sind keine Unfallschäden vom Vorbesitzer mitgeteilt oder auf andere Weise bekannt geworden“.[795] Gleiches gilt für die Erklärung, von einem Unfall „nichts zu wissen“.[796] In Betracht kommt hier eine **negative Beschaffenheitsvereinbarung**[797] oder eine (Nicht-)**Wissensmitteilung.**

3084 Wenn ein Kfz-Händler sich darauf beschränkt, dem Käufer lediglich eine **Rechnung über eine Unfallreparatur** vorzulegen, ist eine konkludente Garantieübernahme i. S. v. „keine weiteren Schäden als in der Rechnung ausgewiesen“ im Zweifel zu verneinen. Ohne konkrete Anhaltspunkte für einen entsprechenden Verkäuferwillen ist es auch nicht gerechtfertigt, eine Garantie dafür anzunehmen, dass die in der Rechnung ausgewiesenen Arbeiten ordnungsgemäß und vollständig ausgeführt worden sind. Derartige Garantieversprechen kann ein Käufer insbesondere dann nicht erwarten, wenn die Rechnung nicht von der Verkäuferfirma stammt bzw. nicht auf den Verkäufer ausgestellt ist.[798] Zur Rechnungsvorlage s. a. Rdn. 3124, 3240.

3085 Die schriftliche Erklärung eines Kfz-Händlers „Wagen hatte Unfallschaden, der bei einer BMW-Fachwerkstatt inst. wurde“, ist **keine Zusicherung** der Vollständigkeit und Fachgerechtigkeit der Reparatur.[799] Mündliche Zusatzerklärungen, die der Käufer zu beweisen hat, können ein anderes Verständnis rechtfertigen. Zur pauschalen Bezeichnung „Unfallwagen“ s. Rdn. 4369, zur Auslegung von Erklärungen über Art und Umfang von Beschädigungen und deren Reparatur s. Rdn. 3129 ff.

3086 **Vorbehalte und Quellenhinweise:** Ein Kfz-Händler kann sich bei der Erklärung „unfallfrei“ oder bei einer Information wie „nur kleine Blechschäden“ (zu dieser Fallgruppe s. Rdn. 3129 ff.) beim Verkauf an einen Verbraucher – anders kann es bei einem Händler-Händler-Geschäft sein – **nicht von vornherein** darauf zurückziehen, er habe nur eine fremde Information weitergeleitet.[800] Ein vertraglicher Gewährleistungsausschluss (Freizeichnungsklausel) genügt dafür allein auf keinen Fall,[801] ebenso wenig formularmäßige Negativ- und Schriftformklauseln. Dementsprechend verwendet der Kfz-Handel seit Jahren konkrete „Unfall-Klauseln“ mit Vorbehalten und sog. Quellenhinweisen (Distanzierungsklauseln).

793 OLG Frankfurt 15. 2. 2001, DAR 2001, 306.

794 BGH 20. 5. 2009, NJW 2009, 2807 Tz. 9 (Lack war nach Vertragsschluss auf dem Betriebsgelände des Händlers zerkratzt worden).

795 AG Sömmerda 28. 7. 1999 – 2 C 58/99 – Handbuch Verkehrsrecht 2000, 388; s. a. AG Menden 3. 7. 2002, NZV 2003, 194.

796 BGH 21. 1. 1981, NJW 1981, 928 = WM 1981, 323 (vermittelter Kauf); AG Menden 3. 7. 2002, NZV 2003, 194 (Händler-Händler-Geschäft).

797 Dazu BGH 10. 10. 2007, NJW 2008, 53; v. 12. 3. 2008, NJW 2008, 1517.

798 Zur Bedeutung von Rechnungsvorlagen s. a. OLG Hamm NJW-RR 1986, 932; OLG Köln OLGR 1992, 289.

799 OLG Düsseldorf 11. 1. 2001, OLGR 2001, 225; anders LG Ingolstadt 8. 9. 2000, DAR 2001, 513; zum Problem unter dem Arglistaspekt OLG Frankfurt 3. 11. 2010 – 15 U 116/10.

800 Davon geht der BGH als selbstverständlich aus, vgl. Urt. v. 10. 10. 1977, NJW 1978, 261; 4. 11. 1981, NJW 1982, 435; vgl. auch 18. 3. 1981, NJW 1981, 1441 unter II, 2b, bb; KG 24. 11. 1992, KGR 1993, 1.

801 So BGH 10. 10. 1977, NJW 1978, 261.

Welche Bedeutung die Klausel **„unfallfrei lt. Vorbesitzer“** bei einem Händlereigengeschäft[802] hat, ist durch das **BGH-Urteil v. 12. 3. 2008** geklärt.[803] Es handelt sich lediglich um **eine Wissensmitteilung**, mit der der Händler die Angaben des Vorbesitzers wiedergibt.[804] Gleichfalls nur eine Wissensmitteilung sieht das OLG Celle[805] in der Eintragung **„laut letzter Halterangabe unfallfrei“**. **3087**

Ob der Händler den Vorbesitzer, dessen Angabe er weiterleitet, durch eigenen Kontakt kennt oder nicht, ist für den BGH im Regelfall kein Thema. Er scheint für die Annahme einer zutreffenden „Wissensmitteilung“ nicht zu verlangen, dass der verkaufende Händler den Wagen von dem Vorbesitzer persönlich hereingenommen hat. Wie im Fall BGH NJW 2008, 1517 geschehen, kann ein Zwischenhändler Verbindungsmann sein. Zum **Sonderfall „fliegender Zwischenhändler“** s. BGH NJW 2010, 858 und Brand OLG 12. 1. 2011, 7 U 158/09. Je länger die Kette ist, desto größer ist das Risiko der Informationsverfälschung, was manchen Händler schon dem Vorwurf ausgesetzt hat, durch eine Behauptung ins Blaue hinein oder durch Verschweigen einer dubiosen Herkunft den Käufer arglistig getäuscht zu haben (BGH NJW 2010, 858 – „fliegender Zwischenhändler“). Vorsichtige Händler verkaufen deshalb mit dem Zusatz **„Fahrzeugangaben lt. Vorbesitzer oder Lieferant“.** **3088**

Nach der (früheren) Rechtsprechung schließt eine Wissensmitteilung (Wissenserklärung) die Annahme einer Zusicherung/Garantie zwar nicht von vornherein aus. Nur reine Wissenserklärungen, wobei die Betonung auf „reine“ liegt, hat der **BGH** aus dem Anwendungsbereich der §§ 459 Abs. 2, 463 S. 1 BGB a. F. ausgeklammert. Bei einem maschinenschriftlichen „NEIN“ hinter „Unfallschäden lt. Vorbesitzer“ sogar jegliche Beschaffenheitsvereinbarung zu verneinen[806], ist unter den heutigen Gegebenheiten sachgerecht. Dem Käufer bleibt der Schutz nach dem objektiven Mangelbegriff. Falsche oder unvollständige Wissensmitteilungen können i. Ü. eine Haftung aus c. i. c. begründen, was bei Vorsatz unproblematisch ist (dazu Rdn. 2452 f.). **3089**

Der Bedeutungsgehalt von Erklärungen wie „lt. Vorbesitzer unfallfrei“ oder „nach den Angaben des Vorbesitzers unfallfrei“ ist nicht deckungsgleich mit der Auskunft, von einem Unfall überhaupt nichts zu wissen. In diese Richtung kann jedoch die Auslegung bei einer Zusatzerklärung wie „auch sonst nichts bekannt“ gehen. Wer erklärt, er wisse nichts von einem Unfall, sichert damit laut BGH[807] nicht die Unfallfreiheit des Fahrzeugs zu. **3090**

Dass die vorformulierte Erklärung eines Kfz-Händlers, ihm seien auch **auf andere Weise,** also unabhängig von der Auskunft des Vorbesitzers, Unfallschäden **nicht bekannt,** keinen Garantiecharakter hat, ist allgemein anerkannt. Es handelt sich auch hier um eine bloße Wissensmitteilung[808], nicht um eine negative Beschaffenheitsvereinbarung. Der Kaufinteressent kann und darf die Information nur dahin verstehen, dass im Geschäftsbereich des Händlers Kenntnisse über einen Unfallschaden nicht vorliegen. Trifft diese Erklärung nicht zu, etwa weil im eigenen Betrieb ein Unfallschaden repariert worden war, so kann an die Falschauskunft als Haftungsgrund angeknüpft werden,[809] eine (garantierte) Eigenschaft fehlt dem Fahrzeug jedenfalls nicht.[810] **3091**

Sache des Käufers ist es, konkrete Tatsachen dafür vorzutragen und notfalls zu beweisen, dass der Händler **ausnahmsweise** mit seiner **eigenen Fachkompetenz** hinter der Angabe **3092**

802 Ob der Käufer ein Verbraucher war, ist offen geblieben.
803 NJW 2008, 1517.
804 So auch OLG Bamberg 9. 2. 2011 – 8 U 166/10.
805 Beschl. v. 6. 6. 1996, OLGR 1996, 194.
806 So BGH 12. 3. 2008, NJW 2008, 1517.
807 WM 1981, 323 (in NJW 1981, 928 nicht abgedruckt) – händlervermittelter Privatverkauf.
808 So auch OLG Bamberg 9. 2. 2011 – 8 U 166/10.
809 Vgl. OLG Celle 23. 6. 1995 – 4 U 301/94 – n. v.
810 OLG Düsseldorf 18. 1. 2002, DAR 2002, 163 – Jahreswagen.

„unfallfrei lt. Vorbesitzer" steht und sich persönlich für die Unfallfreiheit stark sagen wollte. Dafür reicht es nicht aus, dass das Fahrzeug nur einen einzigen Voreigentümer hatte, die Bezugnahme des Händlers „lt. Vorbesitzer" also formal erschöpfend und lückenlos ist. Eigentum und Besitz an Kraftfahrzeugen fallen vielfach auseinander.

3093 Am Beispiel von Leasingfahrzeugen wird deutlich, dass selbst ein Erst-Eigentümer nicht immer voll darüber informiert sein muss, ob sein Fahrzeug in einen Unfall verwickelt war oder nicht. Dieses Informationsdefizit geht beim Ankauf durch den Händler auf diesen über und kann auch durch eine gründliche „Unfall-Kontrolle" nicht immer hinreichend kompensiert werden. Ist der einzige Voreigentümer hingegen eine Privatperson, die laut Auskunft des Händlers oder ausweislich des Kundendienstheftes ihr Fahrzeug ständig im Händlerbetrieb hat warten und pflegen lassen, wird eine Bezugnahme auf eine „Unfallfrei-Auskunft" dieses „guten Kunden" für eine eigene Gewährsübernahme sprechen, zumal bei einem Fahrzeug geringen Alters und niedriger Laufleistung.

3094 **Zum Begriff „Unfall":** Verschiedentlich wird darüber gestritten, ob Fahrzeugschäden wie z. B. ein **Hagelschaden**, ein **Hochwasser**- oder ein **Vandalismusschaden** mit der Erklärung „unfallfrei" zu vereinbaren sind, ob der Begriff „Unfall" weit oder eng auszulegen ist.[811] Es handelt sich um einen Rechtsbegriff, weshalb Einschätzungen von Sachverständigen mit Vorsicht zu beurteilen sind.[812] Nach **den AKB** ist ein „Unfall" ein durch ein unmittelbar von außen her plötzlich mit mechanischer Gewalt einwirkendes Ereignis. Nur Brems-, Betriebs- und reine Bruchschäden gelten nicht als „Unfallschäden".

3095 **Privatverkäufern** ist dieser **weite juristische Unfallbegriff** im Allgemeinen fremd.[813] Nach der **Verkehrsauffassung** ist „Unfall" gleichbedeutend mit einem „Verkehrsunfall". Anstöße gegen einen Poller auf einem Parkplatz oder eine Kollision mit dem häuslichen Garagentor als „Unfälle" zu bezeichnen, stößt in der Bevölkerung auf Unverständnis. Gleichwohl handelt es sich rechtlich um „Unfallschäden"[814], können derartige Beschädigungen, sofern nicht unerheblich, dem Fahrzeug die Eigenschaft „unfallfrei" nehmen.

3096 **Hagelschäden**[815] zählen wie Vandalismus-, Brandschäden und z. B. auch Nässeeinwirkungen durch Hochwasser[816] dagegen zu den „sonstigen Beschädigungen", die in manchen Formularverträgen, z. B. des ADAC, den „Unfallschäden" gegenübergestellt werden. Mit einem Hinweis auf einen „Hagelschaden" ist nach der Verkehrsauffassung zum Thema „Unfall" nichts gesagt.[817] Unter Hinweis auf die (nicht passende) Entscheidung BGH NJW 1997, 3027 setzt das OLG München die (nachvertragliche) **Beschädigung des Originallacks** durch Vandalismus (Kratzer) einem „Unfallgeschehen" gleich und kommt damit zu einem unbehebbaren, durch eine Neulackierung nicht zu beseitigenden Mangel.[818]

3097 **Zum Begriff der „Unfallfreiheit":** Nach wie vor kann auf die Definition des OLG Köln zurückgegriffen werden:[819]

---

811 Z. B. Brand OLG 26. 6. 2008 – 12 U 236/07 – (angeblich Umstürzen eines Gegenstandes in der heimischen Garage); zum Einbruchschaden OLG Köln 21. 3. 2011 – 5 U 175/10.

812 Informativ OLG Köln 25. 2. 2009, SP 2009, 264 (zwei SVe, zwei Meinungen); Brand OLG 26. 6. 2008 – 12 U 236/07.

813 So auch LG München I 2. 10. 2003, DAR 2004, 276; OLG Düsseldorf 3. 12. 2004, zfs 2005, 130.

814 OLG Köln 25. 2. 2009, SP 2009, 264; Brand OLG 26. 6. 2008 – 12 U 236/07.

815 Dazu OLG Düsseldorf 23. 1. 1992, OLGR 1992, 139; AG Duisburg 1. 10. 2003 – 45 C 2326/03 – n. v.; AG Starnberg 29. 8. 2007 – 2 C 1087/07 – n. v.

816 OLG Koblenz 5. 9. 2002, DAR 2002, 510 (längere Liegezeit im Rhein).

817 KG 10. 11. 2003 – 8 U 179/03 – n. v.

818 Urt. v. 13. 6. 2007 – 20 U 5646/06 – n. v.; aufgehoben durch BGH 20. 5. 2009, NJW 2009, 2807.

819 Urt. v. 11. 6. 1975, DAR 1975, 327 = DB 1975, 2129; s. a. OLG München 20. 6. 2002, DAR 2002, 454; OLG Köln 6. 3. 1968, JMBl. NW 1969, 155; OLG Köln 14. 12. 1971, JMBl. NW 1972, 189;

Der Begriff „Unfallfreiheit" oder „unfallfrei" wird im Kraftfahrzeughandel einheitlich verwendet. Er besagt, dass ein Fahrzeug keinen Schaden erlitten hat, der als erheblich anzusehen ist. Die Erheblichkeit eines Schadens bestimmt sich nach der Verkehrsauffassung, die nur geringfügige, ausgebesserte Blechschäden und „Schönheitsfehler" aus dem Begriff der Unfallfreiheit ausklammert.

Mit Recht hat das OLG Köln[820] den Begriff „unfallfrei" dahin **eingeschränk**t, dass das **3098**
Fahrzeug keinen Unfallschaden erlitten hat, der als **erheblich** anzusehen ist.[821] **Bagatell- oder Einfachschaden** können demnach mit der Zusage „unfallfrei" vereinbar sein.[822] Das ist eine **Frage der Auslegung** des Vereinbarten. Um die frühere Bagatellklausel in § 459 Abs. 1 BGB a. F. geht es ebenso wenig wie um die Frage der Rücktrittserheblichkeit (§ 323 Abs. 5 S. 2 BGB). Letztere kann sich zusätzlich stellen (doppelter Bagatellbegriff). Insoweit ist wichtig, dass der BGH seine „rücktrittsfreundliche" Sichtweise im Urteil v. 10. 10. 2007[823] in der Entscheidung v. 12. 3. 2008[824] korrigiert hat.

Bei der Auslegung von Angaben wie „unfallfrei" oder „keine Unfallschäden" oder „Ba- **3099**
gatellschäden"[825]ist man sich in der Rechtsprechung darin einig, die – erste und vorrangig zu prüfende – **Erheblichkeitsgrenze** bei Pkw/Kombis/SUVs zugunsten der Käufer **eng** zu ziehen.[826] Das ist vom Ansatz her zutreffend, zumal **der BGH** selbst in Fällen ohne Beschaffenheitsvereinbarung, also im Rahmen der Prüfung nach den objektiven Kriterien des § 434 Abs. 1 S. 2 Nr. 2 BGB, eine enge Grenzziehung befürwortet.[827] Sagt der Verkäufer Unfallfreiheit ausdrücklich zu, muss grundsätzlich ein **noch strengerer Maßstab** gelten als im Fall des Schweigens oder einer bloßen Wissensmitteilung, wo es (nur) auf objektive Standards ankommt.

Zur Abgrenzung zwischen einem „Bagatellschaden" und einem Sachmangel nach objek- **3100**
tiven Gesichtspunkten, also nicht im Rahmen der hier interessierenden Vertragsauslegung, greift **der BGH** auf seine **Rechtsprechung zur Offenbarungspflicht** von Schäden und Unfällen zurück (näher Rdn. 3154 ff.). Die Grenze für nicht mitteilungspflichtige „Bagatellschäden" sei bei Pkw **„sehr eng"** zu ziehen.[828] Als „Bagatellschäden" seien nur ganz geringfügige, äußere (Lack-)Schäden anzuerkennen, nicht dagegen andere (Blech-)Schäden, auch wenn sie keine weitergehenden Folgen hätten und der Reparaturaufwand nur gering sei. Ob das Fahrzeug nach dem Unfall fachgerecht repariert worden sei, sei ohne Bedeutung.[829]

OLG Frankfurt 24. 6. 1992, zfs 1992, 338; OLG Koblenz 25. 6. 1992, VRS 84, 243; OLG Hamm 14. 6. 1994, DAR 1994, 402 = OLGR 1994, 181 (mit Hinweis auf § 12 AKB).

820 Urt. v. 11. 6. 1975, DAR 1975, 327.

821 So auch OLG Düsseldorf 3. 12. 2004, zfs 2005, 130; OLG Rostock 17. 12. 2003, OLGR 2005, 46; OLG München 20. 6. 2002, DAR 2002, 454; LG München I 2. 10. 2003, DAR 2004, 276; OLG Hamm 29. 9. 1994, OLGR 1995, 55 („keine über die Bagatellgrenze hinausgehende Unfallschäden"); ebenso OLG Karlsruhe 27. 3. 2001, DAR 2002, 167 = OLGR 2001, 301; LG Karlsruhe 1. 2. 2005, NJW-RR 2005, 1368; s. a. OLG Hamm 29. 9. 1994, DAR 1994, 402 (Verkäufer hatte aber zusätzlich erklärt, Fahrzeug habe „keine Macke"); zweifelnd OLG Koblenz 25. 6. 1992, VRS 84, 243.

822 OLG Düsseldorf 25. 2. 2008 – I-1 U 169/07; Brand OLG 26. 6. 2008 – 12 U 236/07; OLG Bamberg 21. 6. 2006 – 3 U 253/05; Thür. OLG 20. 12. 2007 – 1 U 535/06; LG Karlsruhe 1. 2. 2005, NJW-RR 2005, 1368.

823 NJW 2008, 53.

824 NJW 2008, 1517.

825 Dazu OLG Düsseldorf 18. 12. 2006 – I-1 U 108/06.

826 OLG Düsseldorf 25. 2. 2008 – I-1 U 169/07; Thür. OLG 20. 12. 2007 – 7 U 535/06; OLG Karlsruhe 29. 8. 2007, OLGR 2007, 1011; OLG Köln 4. 2. 2003 – 24 U 108/02.

827 Urt. v. 10. 10. 2007, NJW 2008, 53; v. 12. 3. 2008, NJW 2008, 1517.

828 BGH 10. 10. 2007, NJW 2008, 53.

829 BGH 10. 10. 2007, NJW 2008, 53.

3101 Die weitere Aussage des BGH,[830] dass der Käufer auch beim Kauf eines gebrauchten Kraftfahrzeugs mangels gegenteiliger besonderer Umstände erwarten könne, dass das Fahrzeug keinen über einen „Bagatellschaden" hinausgehenden Unfall erlitten habe, ist **auch für die Auslegung** von Angaben wie „unfallfrei" oder „ohne Unfallschaden" von Bedeutung.[831] Denn der Horizont des Durchschnittskäufers ist gem. §§ 133, 157 BGB ein (subsidiärer) Auslegungsgesichtspunkt.

3102 Allerdings muss die Auslegung nach beiden Seiten hin interessengerecht sein und insbesondere **die Umstände des konkreten Falles** umfassend berücksichtigen. Dazu zählen nicht nur das Alter und die Laufleistung des Fahrzeugs, die Anzahl der Vorbesitzer und die Art der Vorbenutzung. Auslegungserheblich können auch der dem Käufer erkennbare Pflegezustand des Fahrzeugs und sein Preis sein,[832] ferner die Art des Schadens und die Höhe der Reparaturkosten.

3103 So praktikabel Grenzwerte – hier: Reparaturkosten – auch sein mögen: Für die Auslegung von Verkäufererklärungen wie „unfallfrei" sind sie nur bedingt von Nutzen. Die Höhe der Reparaturkosten ist auch deshalb ein fragwürdiges Kriterium, weil die Voraussetzungen für ihre Ermittlung in zahlreichen Punkten ungesichert sind (Stichworte: Stundenverrechnungssätze, UPE-Aufschläge, Verbringungskosten, freie Werkstätten versus Markenhandel; smart bzw. spot repair).

3104 **Zu pauschal** sind Aussagen wie **„alles, was ins Blech gehe"**, sei kein „Bagatellschaden"[833] oder „wenn Blechschaden, dann Unfallwagen". Derartige Formeln haben zwar den Charme des Griffigen. Auch ist ihnen eine gewisse Praktikabilität nicht abzusprechen. Dass Fahrzeugkarosserien nicht nur aus Blech, sondern auch aus Kunststoff und Glas bestehen, ist gleichfalls kein tauglicher Einwand. Was auf Kritik stoßen muss, ist die Pauschalität der obigen Aussagen. Im Einzelfall, etwa bei einem „jungen" Gebrauchten wie einem Jahreswagen, treffen sie gewiss ins Ziel. Als genereller Maßstab sind sie indes abzulehnen.[834] Zumal bei älteren Pkw muss auch auf die Tiefe der Verformung, die Größe der betroffenen Fläche und insbesondere darauf abgestellt werden, in welchem Bereich des Fahrzeugs (sichtbar/unsichtbar) sich die Schadstellen befinden. Dabei ist auch dem Umstand Rechnung zu tragen, dass die allgemeine Wertschätzung von Personenkraftwagen in einem Wandel begriffen ist (Stichwort Statusverlust).

3105 Sich anhand von aktuellen Präjudizien[835] im Zweifelsfall für die Käuferposition zu entscheiden, steht im Einklang mit der jüngsten Rechtsprechung des BGH zur Mangelhaftigkeit nach den objektiven Merkmalen des § 434 Abs. 1 S. 2 Nr. 2 BGB.[836] Bei einem Austausch beider Kotflügel durch Neuteile ist die Bagatellgrenze deutlich überschritten[837], ebenso bei einer Deformation der Schiebetür eines VW Busses (T 4) mit Reparaturkosten von brutto 2.737,54 €.[838] Für mit „unfallfrei" vereinbar hält das OLG Düsseldorf[839] dagegen zu Recht „Kleinstkollisionen" mit Beschädigungen an einem Kotflügel und am Stoßfänger.

830 Urt. v. 10. 10. 2007, NJW 2008, 53.
831 Brand OLG 26. 6. 2008 – 12 U 236/07.
832 OLG Düsseldorf 8. 5. 2006, SP 2007, 32.
833 So aber Thür. OLG 20. 12. 2007 – 1 U 535/06; offenlassend Brand OLG 26. 6. 2008 – 12 U 236/07.
834 OLG Düsseldorf 25. 2. 2008 – I-1 U 169/07.
835 OLG Düsseldorf 25. 2. 2008 – I-1 U 169/07; Brand OLG 26. 6. 2008 – 12 U 236/07; Thür. OLG 20. 12. 2007 – 1 U 535/06; OLG Karlsruhe 29. 8. 2007, OLGR 2007, 1011; LG Karlsruhe 1. 2. 2005, NJW-RR 2005, 1368 (BMW Z3).
836 Urt. v. 10. 10. 2007, NJW 2008, 53; v. 12. 3. 2008, NJW 2008, 1517.
837 OLG Rostock 17. 12. 2003, OLGR 2005, 46.
838 Brand OLG 26. 6. 2008 12 U 236/07.
839 Urt. v. 3. 12. 2004, zfs 2005, 130; ähnlich OLG Karlsruhe 29. 8. 2007, OLGR 2007, 1011.

Weitere Rechtsprechung zur ersten der beiden Bagatellschadensgrenzen unter Rdn. 3153 ff. (Fälle ohne Beschaffenheitsvereinbarung).

(2) Fallgruppe Privatverkauf (privates Direktgeschäft)

Vorformulierte Verträge. Soweit Vertragsformulare benutzt werden, z. B. der weitverbreitete ADAC-Vertrag, hatte die Rechtsprechung in den letzten Jahren vor der Schuldrechtsreform eine recht einheitliche Auslegungslinie gefunden. In den meisten Fällen ist eine Eigenschaftszusicherung i. S. d. § 459 Abs. 2 BGB a. F. verneint worden.[840] Ob stattdessen eine „einfache" Beschaffenheitsvereinbarung i. S. v. § 459 Abs. 1 BGB a. F. anzunehmen ist, blieb regelmäßig unerörtert; ebenso die Alternative „Wissensmitteilung" (Wissenserklärung). Mit Verneinung einer Zusicherung war der Fall zugunsten des Verkäufers, dem Arglist nicht nachzuweisen war, entschieden. **3106**

Abgesehen von der AGB-Frage des „Stellens" (dazu Rdn. 4028) sind in Fällen des privaten Direktgeschäfts auf Formularbasis **drei Besonderheiten** hervorzuheben: Zunächst die Unterscheidung nach der Art der Beschädigung, sodann die Aufteilung nach „Erklärung" und „Zusicherung" und schließlich die Differenzierung nach dem Wissensstand des Verkäufers. **3107**

Zu Punkt eins: Im **ADAC-Vertrag Fassung 1996** wurden „Unfallschäden" gegen **„sonstige Beschädigungen"** abgegrenzt.[841] Was unter Letzteren zu verstehen ist, sagen die Entscheidungen AG Reinbek, DAR 1999, 410 und AG Karlsruhe-Durlach, DAR 1999, 270. Die „sonstige Beschädigung" muss, einem „Unfall" gleich, auf einer äußeren Einwirkung beruhen, sie darf nicht „von innen" kommen.[842] **Hagel-, Vandalismus- und Hochwasserschäden** fallen bei einem engen Unfallbegriff, wie Privatpersonen ihn kennen, unter den **Auffangtatbestand** „sonstige Beschädigungen" (zum Begriff „Unfall" s. o. Rdn. 3094). **3108**

An der Zweiteilung in „Unfallschäden" und „sonstige Beschädigungen" hat der ADAC bei der **Neufassung 2002** bis heute festgehalten. **3109**

Für die Auslegung bedeutsamer ist, zweiter Punkt, die an die neue Terminologie angepasste **Differenzierung** zwischen „Garantien" und bloßen „Erklärungen". Der Zeitraum, in dem das Fahrzeug im Eigentum des Verkäufers gestanden hat – von „Besitzzeit" ist nicht die Rede – ist expressis verbis Gegenstand einer Garantie („Der Verkäufer garantiert ..."). Früher hieß es: „Der Verkäufer sichert zu". Konsequent in der Annahme einer Zusicherung deshalb OLG Hamm MDR 2001, 87 = OLGR 2000, 319. **3110**

Punkt drei: Hinsichtlich der **Zeit vor Erwerb eigenen Eigentums** gibt der Verkäufer bei Verwendung eines ADAC-Formulars oder eines in diesem Punkt textgleichen Vertragsmusters keine „Garantie", sondern lediglich eine „Erklärung" ab, eingeschränkt durch den Einschub **„soweit ihm bekannt"**. Mit einer derartigen Erklärung ist eine irgendwie geartete **Garantieübernahme/Beschaffenheitsgarantie** i. d. R. nicht verbunden.[843] Das ist heute **nicht mehr strittig**. **3111**

Die Frage kann in der Tat nur sein, ob mit Unterzeichnung des ADAC-Vertrages 2002 die unter 2.1 des Formulars aufgeführten „Soweit-bekannt"-Angaben Gegenstand einer – eventuell eingeschränkten – **Beschaffenheitsvereinbarung** i. S. v. § 434 Abs. 1 S. 1 **3112**

---

840 Vgl. OLG Hamburg 19. 6. 1997, DAR 1998, 72; LG Zweibrücken 17. 11. 1998, MDR 1999, 159 = DAR 1999, 367; LG Leipzig 23. 2. 1999, DAR 1999, 366; LG Gießen 8. 1. 1997, zfs 1997, 175; LG Bückeburg 3. 2. 1995, DAR 1995, 369; s. a. *Eggert*, DAR 1998, 45 ff.

841 Siehe BGH 6. 7. 2005, NJW 2005, 3205.

842 LG Paderborn 16. 9. 2009 – 4 O 226/09: Defekt des Antriebsstrangs oder der Nebenwelle eines Motorrads keine „sonstige Beschädigung".

843 OLG Hamm 23. 5. 2000, MDR 2001, 87 („reine Wissenserklärung"); s. a. OLG Bamberg 15. 12. 2000, DAR 2001, 272.

BGB oder lediglich **Wissensmitteilungen** sind. Geklärt hat **der BGH**[844] diese Frage für folgende Klausel in einem Vertragsformular für den Privatverkauf[845]:

„Der Verkäufer erklärt, dass nach seiner Kenntnis das Fahrzeug in dem Zeitraum, in dem es sein Eigentum war, sowie in davor liegenden Zeiten unfallfrei ... ist"

3113 Zumindest für **die Zeit vor ihrer eigenen Besitzzeit** (erworben hatte die Verkäuferin den Volvo V 40 von einem Händler, der ihn von einem Anwalt übernommen hatte) habe sie lediglich eine Wissensmitteilung gemacht, **keine Beschaffenheitsvereinbarung** mit dem privaten Käufer getroffen.[846] Mit der vom BGH gemachten Einschränkung ist dem zuzustimmen. Die „davor liegenden Zeiten", also die gesamte Phase bis zur Übernahme des Fahrzeugs durch den Verkäufer, sind Gegenstand einer **bloßen Wissensmitteilung**. Der Verkäufer, der für diesen Zeitraum „Unfallfreiheit" erklärt, gibt durch die ausdrückliche Zweiteilung der Besitzzeiten in Verbindung mit dem Zusatz „nach seiner Kenntnis" zu verstehen, von einem Unfallschaden „aus früherer Zeit" nichts zu wissen. Das gesteigerte Interesse des Käufers, dem Verkäufer durchaus bewusst, jedenfalls erkennbar, gerade in der Unfallfrage umfassend, unter Einschluss früherer Nutzungszeiträume, informiert zu werden, rechtfertigt keine andere Beurteilung; auch nicht in einem Fall relativ kurzer Besitzzeit des Verkäufers und länger dauerndem Vorbesitz. Sache des Käufers ist es, sich hinsichtlich der Vorbesitzerzeit entsprechend abzusichern. Zur Parallelsituation bei Angabe der Gesamtlaufleistung mit dem Zusatz „soweit bekannt" s. Rdn. 2830.

3114 Was die **eigene Besitzzeit des Verkäufers** angeht (in der Terminologie des ADAC-Vertrages die Zeit des Eigentums), werfen Verträge auf Basis des ADAC-Musters 2002 oder textgleicher Formulare schon deshalb kein Auslegungsproblem auf, weil der Einschub „soweit bekannt" bzw. „nach meiner Kenntnis" fehlt – und dies aus gutem Grund. Bemerkenswert ist nicht nur das Fehlen dieser Einschränkung. Durch die fettgedruckte Eingangsformel **„Der Verkäufer garantiert"** wird unterstrichen, dass sich der Verkäufer für die Richtigkeit der unter 1.3 des ADAC-Formulars erteilten Informationen ohne Wenn und Aber stark sagt. Es gibt keinen Grund, ihn nicht als Garantiegeber zu behandeln.

3115 Anders liegen die Dinge bei der oben Rdn. 3112 zitierten Klausel im Fall BGH NJW 2010, 1131 („Victoria-Vertrag"): Beide Zeiträume sind ohne Differenzierung Gegenstand ein und derselben „Nach seiner Kenntnis"-Erklärung. Der Argumentation des Klägers, die Einschränkung „nach seiner Kenntnis" könne sich vernünftigerweise nur auf die eigene Besitzzeit des Verkäufers beziehen, nicht auf die Zeit davor, so dass Unfallfreiheit vor der eigenen Besitzzeit als Beschaffenheit vereinbart sei, ist der BGH mit Recht nicht gefolgt. Vielmehr hat er umgekehrt gerade die „davor liegenden Zeiten" für vereinbarungsfrei erklärt.

3116 **Offen geblieben** ist im Fall BGH NJW 2010, 1131, ob wenigstens hinsichtlich der eigenen Besitzzeit der Verkäuferin eine Beschaffenheitsvereinbarung getroffen worden ist oder ob der Vorbehalt „nach seiner Kenntnis" auch insoweit die Annahme einer bloßen Wissensmitteilung rechtfertigt. Nicht einzugehen brauchte der BGH auch auf **AGB-spezifische Fragestellungen** (Überraschungsklausel, Transparenzgebot), denn seiner Meinung nach waren die §§ 305 ff. BGB nicht anwendbar (kein Stellen von Vertragsbedingungen).[847]

3117 Der Zusatz „nach seiner Kenntnis", inhaltlich gleichbedeutend mit „soweit ihm bekannt", hat **bei interessengerechter Auslegung** nach §§ 133, 157 BGB (ohne die §§ 305 ff. BGB) für sich allein nicht die Kraft, die „unfallfrei"-Angabe hinsichtlich der **eigenen Besitzzeit** einzuschränken und auch sie zu einer bloßen Wissensmitteilung zu degradieren. Die gleichfalls zu einem Fall des Privatverkaufs ergangene Entscheidung des BGH v.

844 Urt. v. 17. 2. 2010, NJW 2010, 1131 = DAR 2010, 326.
845 Vordruck eines namhaften Versicherers.
846 BGH 17. 2. 2010, NJW 2010, 1131 = DAR 2010, 326 Tz. 25.
847 Rechtsprechung zur AGB-Problematik bei *Eggert*, DAR 1998, 45, 50 ff.

2. 11. 2010[848] steht dem nicht entgegen. Denn der „Soweit bekannt"-Zusatz in einem **autoscout24-Vertragsmuster** bezog sich auf die **Anzahl der Vorbesitzer**, auf die Personen, auf die das Kraftfahrzeug zugelassen war. Dieses Thema ist, wie jeder Käufer weiß, nicht Gegenstand der eigenen Wahrnehmung des Verkäufers, sondern bestenfalls Wissen nach Urkundenlage (Fahrzeugbrief, Vertrag mit dem eigenem Verkäufer). Hier macht der „Soweit bekannt"-Zusatz Sinn. Ob das Fahrzeug in der eigenen Besitzzeit einen Unfallschaden gehabt hat oder nicht, ist dagegen dem Verkäufer eines privat genutzten Fahrzeugs, selbst bei einer Mehrzahl von Nutzern („Familienauto"), hinreichend bekannt. Davon darf ein Käufer im Regelfall ausgehen. In dieser Erwartung bleibt er schutzwürdig, auch wenn der Verkäufer seiner Angabe „unfallfrei" einen – in diesem Kontext eigentlich sinnlosen – Zusatz „nach seiner Kenntnis" oder „soweit bekannt" hinzufügt.[849]

Weder eine Beschaffenheitsgarantie noch eine Beschaffenheitsvereinbarung sieht das LG Münster[850] darin, dass der Verkäufer eines älteren Pkw (kein Erstbesitz) in einem **Vertragsformular von mobile.de** neben dem Satz „Das Fahrzeug ist unfallfrei" das Feld **„Ja" angekreuzt** hat. Es handele sich unter den gegebenen Umständen (kein Erstbesitz, Vereinbarung eines Gewährleistungsausschlusses) lediglich um **eine „Wissenserklärung"**, dass das Fahrzeug, solange es sich im Besitz des Verkäufers befunden habe, keinen Unfall erlitten habe. Derart heruntergestuft konnte das Ja zu „unfallfrei" den formularvertraglichen Gewährleistungsausschluss nicht aus den Angeln heben. Eine Beschaffenheitsvereinbarung wäre dazu in der Lage gewesen, eine -garantie ohnehin (§ 444 BGB). Die Auslegung des LG Münster stößt nur insoweit auf Bedenken, als für die eigene Besitzzeit des Verkäufers selbst eine Beschaffenheitsvereinbarung verneint wird. **3118**

Wohl kein ADAC-Vertrag, sondern ein sonstiger Formularvertrag liegt der Entscheidung des LG München I v. 2. 10. 2003[851] zugrunde. Unter welchen Voraussetzungen eine Privatperson, die keine Erstbesitzerin ist, eine **Beschaffenheitsgarantie** übernimmt, wird eingehend geprüft und für den konkreten Fall zutreffend verneint. **3119**

Bei **Verträgen ohne Mustertext,** insbesondere bei nur mündlich abgeschlossenen, kommt es in besonderem Maße auf die konkreten Umstände des Einzelfalles an. Die Erklärung eines **Privatverkäufers,** er habe das Fahrzeug als „unfallfrei" erworben, ist nicht als Zusicherung in dem Sinn zu verstehen, dass das Fahrzeug tatsächlich unfallfrei ist.[852] Auch wer erklärt, er wisse nichts von einem Unfall, sichert nicht „Unfallfreiheit" zu.[853] Nicht so eindeutig ist das Auslegungsergebnis bei der schriftlichen Erklärung „Fahrzeug ist bis zum heutigen Tag unfallfrei". Mit dem Einwand, diese Mitteilung habe sich nur auf seine Eigentums- bzw. Besitzzeit bezogen, wird ein Privatverkäufer nur bei einer längeren Vorbesitzerkette Erfolg haben.[854] Eine Richtzahl gibt es hier nicht. Aus der Haftung ist der Verkäufer auch, wenn ihm der Nachweis gelingt, die schriftliche Erklärung mündlich eingeschränkt zu haben. **3120**

Zu weit geht die Ansicht, den **schweigenden Erstbesitzer** (Privatverkäufer) beim Verkauf eines Unfallwagens in die Garantiehaftung zu nehmen.[855] Andererseits: Eine still- **3121**

---

848 Az. VIII ZR 287/09, DAR 2011, 520.

849 Zur Bedeutung derartiger Zusätze in Privatverträgen s. a. *Eggert*, DAR 1998, 45, 50 ff.

850 Urt. v. 6. 5. 2011 – 9 S 106/10 (Vorinstanz AG Borken 8. 11. 2010, 14 C 107/10).

851 DAR 2004, 276.

852 OLG Köln 8. 7. 1977 – 9 U 27/77 – n. v.

853 BGH 21. 1. 1981, WM 1981, 323 – von einem Händler vermittelter Privatverkauf (in NJW 1981, 928 nur teilweise abgedruckt); vgl. auch KG 26. 8. 2004, MDR 2005, 142; OLG Hamm 21. 1. 1985, NJW 1986, 136 (Hauskauf); OLG Düsseldorf 21. 10. 1994, NZV 1995, 192 (L.) = OLGR 1995, 84 (Ls.) s. aber auch LG Gießen 8. 1. 1997, zfs 1997, 175.

854 Vgl. LG Saarbrücken 3. 3. 1994, zfs 1994, 245 (8 Vorbesitzer); s. a. OLG Düsseldorf 5. 10. 1995, NZV 1996, 368.

855 So aber *Landscheidt/Segbers*, NZV 1991, 289, 292.

schweigende (konkludente) Beschaffenheitsangabe über die Unfallfreiheit kann dem Verkaufsverhalten eines **Erstbesitzers** unabhängig davon zu entnehmen sein, wie alt sein Fahrzeug ist. Das ist eine Frage des Einzelfalls.

3122 Beim Privatkauf vom – schweigenden – **Nachbesitzer** ist zu differenzieren: Eine gesicherte Kenntnis von einer etwaigen Unfallbeteiligung kann der Käufer nur für den Zeitraum voraussetzen, in dem der Verkäufer Eigentümer bzw. Besitzer des Wagens war. Hinsichtlich der Vorbesitzzeit muss er vernünftigerweise Informationsdefizite in Rechnung stellen. Je länger die Vorbesitzerkette ist, desto weniger kann der Verkäufer von der Historie des Fahrzeugs wissen.

3123 Die ohnehin auf schwachen Füßen stehende Annahme einer stillschweigenden/konkludenten Zusage „unfallfrei" sollte bei allen Fahrzeugen, die nicht Ersthandwagen sind, auf die **eigene Eigentums- und/oder Besitzzeit** des Verkäufers beschränkt werden. S. aber auch LG Bielefeld 3. 2. 2010 – 3 O 222/09 – juris zur uneingeschränkten „Unfallfrei"- Angabe eines Zweitbesitzers bei der Inzahlunggabe.

3124 Zu weit dürfte es gehen, einem Privatverkäufer, der eine **Rechnung über eine Werkstattreparatur** vorgelegt hat, das Risiko einer mangelhaften oder unvollständigen Reparatur aufzuerlegen.[856]

3125 Ein Privatverkäufer, der im Vertrag festhält „Der Wagen war stark unfallbeschädigt" und hinzufügt „Das Fahrzeug befindet sich in einem einwandfreien Zustand", sichert nach Ansicht des OLG Düsseldorf[857] zu, dass die Schäden „gänzlich und folgenlos beseitigt worden sind". Eine Beschaffenheitsgarantie sieht das OLG Hamm[858] in der Erklärung eines Privatverkäufers, dass bestimmte Ersatzteile „fachgerecht erneuert" seien. Als Beschaffenheitsgarantie nach § 443 BGB stuft das Brand OLG die Erklärung eines **eBay-Wohnmobilverkäufers** ein „in der Außenhaut weder Beulen, Dellen noch sonst was"[859].

(3) Fallgruppe vermittelter Privatverkauf

3126 Dass Händler als bloße Vermittler/Vertreter einen Kaufvertrag zwischen Privatpersonen zustande bringen, ist inzwischen eine Seltenheit. Näheres zu dieser Geschäftsform (Agenturgeschäft) unter Rdn. 2137 ff. Wie ihre Angaben/Nichtangaben zum Thema „Unfallfreiheit/Unfallvorschaden" rechtlich zu bewerten sind, ist Gegenstand einer umfangreichen Rechtsprechung aus den siebziger und achtziger Jahren, vorwiegend zur Händler-Eigenhaftung aus c. i. c. (Nachweise unter Rdn. 2305 ff.). Aus jüngerer Zeit erwähnenswert ist das Urteil des BGH v. 16. 12. 2009[860] zum vermittelten Verkauf eines älteren Audi A 6, der von einem „fliegenden Zwischenhändler" hereingenommen und weiterverkauft worden war. Hintergrund des Streits war allerdings eine auf zweifelhafter Grundlage erteilte Information über die Gesamtlaufleistung.

(4) Fallgruppe B2B-Verträge

3127 Was Vorschäden angeht, verwenden Kfz-Händler auch beim Verkauf an Unternehmer ebenso wie im Verkehr untereinander häufig gleich lautende Formulierungen wie im Bereich B2C (oben Rdn. 3068 ff.). Da sie ihre Mängelhaftung ausschließen können und dies auch regelmäßig tun, konzentriert sich in Streitigkeiten alles auf die in § 444 BGB geregelten Fälle der Beschaffenheitsgarantie und der arglistigen Täuschung; neuerdings auch auf die Frage nach einer Beschaffenheitsvereinbarung, weil auch sie einem nur pauschalen Ge-

856 So aber AG Köln 6. 10. 1988 – 134 C 156/88 – n. v.
857 Urt. v. 19. 6. 1986 – 18 U 17/86 – n. v.
858 Urt. v. 10. 2. 2005, NJW-RR 2005, 1220.
859 Urt. v. 1. 9. 2010 – 4 U 9/10.
860 NJW 2010, 858 = DAR 2010, 200.

währleistungsausschluss vorgeht. In der Garantiefrage sind die Gerichte mit Recht zurückhaltend.[861]

(5) Fallgruppe Inzahlungnahme

Informationen des (privaten) Inzahlunggebers zum Thema „Unfallschaden“ können sein: a) eine Beschaffenheitsgarantie (selten), b) eine schlichte Beschaffenheitszusage (§ 434 Abs. 1 S. 1 BGB) oder eine bloße Wissensmitteilung. Nur unter dem Blickwinkel des § 434 Abs. 1 S. 2 Nr. 2 BGB hat das LG Bielefeld[862] eine „Unfallfrei“-Angabe in einer bei Übergabe unterzeichneten „Erklärung über die Beschaffenheit“ gesehen. Sie sei umfassend dahingehend auszulegen, dass auch ein Zweitbesitzer Unfallfreiheit für die gesamte Zeit, nicht nur für seine eigene Besitzzeit, zusage. Zur Inzahlungnahme von „Unfallwagen“ ausführlich unter Rdn. 4409 ff. 3128

(6) Angaben zum Schadensbild und zur Reparatur

Nicht nur unter dem Aspekt der arglistigen Täuschung, sondern auch mit Blick auf eine Eigenschaftszusicherung/Beschaffenheitsgarantie würdigt die Rechtsprechung Verkäufererklärungen wie z. B. 3129

- „nur kleine Blechschäden“ (BGH NJW 1981, 1441; vgl. auch OLG Nürnberg NZV 1992, 441)
- „beseitigter Blechschaden“ (BGH NJW-RR 1987, 436)
- „Blechschaden – behoben“ (OLG Düsseldorf OLGR 1992, 170) oder „Seitenteilschaden hinten rechts (behoben)“ (OLG Hamm OLGR 1995, 77 – Händlerankauf)
- „Blechschaden“ (OLG Frankfurt NJW-RR 1987, 1268)
- „Blechschäden Fahrerseite“ (OLG Oldenburg NJW-RR 1987, 1269)
- „Fz. hatte Frontschaden“ (OLG Hamm DAR 1977, 322)
- „Heckschaden vollständig behoben“ (LG Mönchengladbach NJW-RR 1992, 1524)
- „Bagatellschaden, Kleinigkeit, die leicht zu beheben ist“ (OLG Düsseldorf OLGR 1992, 265 – unrep. verkauft)
- „Frontschaden sach- und fachgerecht behoben“ (OLG Düsseldorf OLGR 1994, 186)
- „Unfall vorne rechts“ (LG Itzehoe zfs 1993, 374)
- „nur kleiner Parkschaden“ (KG VRS 87, 241 = OLGR 1994, 85)
- „Frontschaden, Blech- und Glasschaden“ (OLG Bamberg NJW-RR 1994, 1333)
- „leichter Frontschaden“ (OLG Hamm OLGR 1996, 53)
- „Unfallfrontschaden“ (OLG Saarbrücken NJW-RR 1998, 1273)
- „links Unfallschaden, Kotflügel etc. wurden erneuert“ (OLG Köln NZV 1999, 381 = OLGR 1999, 205 – Privatgeschäft)
- „leichter Unfallschaden, nur Plastikteile getauscht“ (OLG München MDR 2001, 1407 = OLGR 2001, 293)
- „... Nachlackierungen wegen Streifschaden“ (Brand OLG 22. 3. 2011 – 11 U 25/10).

Bei dieser Fallgruppe, im früheren Recht weitaus praxisrelevanter als seit 2002, geht es nicht nur um die Frage, ob der Verkäufer den tatsächlichen Unfallschaden arglistig verharmlost hat, beispielsweise durch eine Behauptung ins Blaue (dazu Rdn. 4353 ff.). Erörtert 3130

861 Vgl. OLG München 29. 9. 2010 – 20 U 2761/10 (mündliche Erklärung „unfallfrei“ nur Beschaffenheitsvereinbarung, keine Garantie i. S. d. § 443 BGB); s. a. OLG Naumburg 12. 1. 2007 – 10 U 42/06.

862 Urt. v. 3. 2. 2010 – 3 O 222/09 – juris.

wurde und wird auch, ob mit derartigen Erklärungen bestimmte Eigenschaften als vorhanden zugesichert bzw. garantiert worden sind. Demgegenüber wenden Verkäufer ein, mit dem Hinweis auf einen bestimmten Schaden bzw. Schadensbild eine „negative Beschaffenheitsvereinbarung“ getroffen zu haben.[863]

3131 **Zwei Eigenschaften** kamen als „zugesichert“ und kommen heute als „garantiert“, jedenfalls als (positiv) „vereinbart“ (§ 434 Abs. 1 S. 1 BGB) in Frage: Zum einen die Qualität der offen gelegten (Unfall-)Reparatur (sach- und fachgerecht, vollständig, keine Billigreparatur, Durchführung in Kfz-Werkstatt, nicht in Eigenregie). Gegenstand der Auslegung sind insoweit nicht nur die schlagwortartigen Kurzinformationen wie sie oben beispielhaft aufgeführt sind. Auch sonstige Erklärungen des Verkäufers können auslegungsrelevant sein, ebenso die Vorlage von Reparaturrechnungen, von Schadensfotos und Gutachten.

3132 Gegenstand einer Garantie, zumindest einer (positiven) Beschaffenheitsvereinbarung i. S. d. § 434 Abs. 1 S. 1 BGB kann zum anderen die Eigenschaft sein, dass das Fahrzeug – abgesehen von den ausdrücklich genannten Schäden – unfallfrei ist, d. h., dass der mitgeteilte Schaden nach Art und Ausmaß nicht schwerwiegender ist und dass das Fahrzeug ansonsten ohne (Unfall-)Vorschaden ist. Die Schadensmitteilung kann örtlich konkretisiert sein („leichter Frontschaden“), sie kann auch – allein oder zusätzlich – durch die Angabe von Reparaturkosten näher bestimmt sein, z. B. „Vorschaden bekannt, 15.000 €“. Dazu näher Rdn. 4376 ff., 4398.

3133 **Der BGH** hat die Frage – „Unfallfreiheit i. Ü.“ als konkludent zugesichert – für das frühere Kaufrecht nicht entschieden.[864] Die altrechtliche Judikatur ist, kein Wunder bei der Vielgestaltigkeit der Lebenssachverhalte, **uneinheitlich.** Bejaht wurde die Zusicherungshaftung z. B. von den Oberlandesgerichten Oldenburg,[865] Düsseldorf,[866] Bamberg,[867] Saarbrücken[868] und München.[869] Das Urteil des OLG Frankfurt/M. v. 6. 11. 1986,[870] häufig als Beleg für diese käuferfreundliche Auffassung zitiert, gehört nicht in diese Reihe. In ihm wird die Eintragung „Blechschaden“ nur zur Abgrenzung von dem – tatsächlich vorhanden gewesenen – Rahmenschaden herangezogen; die Annahme einer Eigenschaftszusicherung wird primär auf die **mündliche** Erklärung „kein Rahmenschaden“ gestützt. In einer derartigen – ausdrücklichen – **Verneinung** („angegebener Karosserieschaden kein Rahmenschaden“) hat auch das OLG Düsseldorf[871] eine Zusicherung gesehen (ähnlich OLG Hamm OLGR 1995, 77 – Händlerankauf). Für das „neue“ Recht hat das OLG Düsseldorf[872] eine Garantie verneint und stattdessen eine „einfache“ Beschaffenheitsvereinbarung angenommen.

3134 **Stellungnahme:** Zunächst kommt es darauf an, die Bedeutung der Erklärung aus Sicht des Käufers unter Berücksichtigung aller sonstigen Angaben des Verkäufers und der Begleitumstände des Kaufs zu ermitteln. Auf dieser **ersten Auslegungsstufe** kann sich ergeben, dass die Mitteilung des Verkäufers sich in einer Auskunft über eine bestimmte, meist fremde Reparaturleistung erschöpft.[873] Es muss übrigens nicht immer eine Instandsetzung

863 Vgl. Brand OLG 22. 3. 2011 – 11 U 25/10.
864 Vgl. Urt. v. 18. 3. 1981, NJW 1981, 1441 (unter 2b) und BGH 3. 12. 1986, WM 1987, 137 unter III, 2.
865 NJW-RR 1987, 1269.
866 OLGR 1992, 170 („Blechschäden – behoben“).
867 NJW-RR 1994, 1333.
868 Urt. v. 10. 3. 1998, NJW-RR 1998, 1273 = MDR 1998, 1162 = OLGR 1998, 307.
869 Urt. v. 1. 6. 2001, MDR 2001, 1407 = OLGR 2001, 293.
870 DAR 1987, 121 = NJW-RR 1987, 1268.
871 Urt. v. 4. 11. 1992, OLGR 1993, 161 – gewerblicher Verkauf.
872 Urt. v. 9. 5. 2005, VRR 2005, 426 = SVR 2006, 177 (B2C).
873 Vgl. LG Saarbrücken 20. 12. 2000, zfs 2001, 115.

nach einem Unfall sein. Heißt es beispielsweise im Vertrag „Lack ausgebessert“, so kann dieser Hinweis auch auf eine Maßnahme Bezug nehmen, die mit einem früheren Unfall nichts zu tun hat. Ergebnis der Auslegung kann auch sein, dass die Mitteilung des Verkäufers im Vertragsformular inhaltlich unzutreffend ist. Beispiel: „leichter Anfahrschaden“ bedeutet einen leichten Schaden durch Anfahren (400 – 500 €), nicht einen Schaden durch leichtes Anfahren.[874]

Ob die im Wege der Auslegung ermittelte Beschaffenheit „ansonsten ist der Wagen unfallfrei“, d. h. „mehr ist nicht dran“, garantiert oder nur „schlicht“ i. S. v. § 434 Abs. 1 S. 1 BGB vereinbart ist, beurteilt sich maßgeblich danach, ob der Verkäufer **Erstbesitzer** ist, der mitgeteilte ebenso wie der „verschwiegene“ Unfall also in seine Besitzzeit fällt. Bei einem **Verkauf aus erster Hand,** ohne Einschaltung eines Zwischenhändlers, liegt die Annahme einer Garantie nahe; gerade hier muss auch an eine **arglistige Täuschung** gedacht werden (Fallgruppen „Behauptung ins Blaue“ und Bagatellisierung, s. Rdn. 4353 ff.). I. Ü. ist anhand der für und gegen die Annahme einer (Beschaffenheits-)Garantie sprechenden Kriterien (s. Indizienkataloge unter Rdn. 2594 f.) abzuwägen, ob die fragliche (Unfall-)Information des Erstbesitzers aus Sicht des Käufers Garantiecharakter hat. **3135**

Beim **Kauf vom Kfz-Händler** ist von Bedeutung, ob das Fahrzeug im Betrieb des Händlers repariert worden ist (so im Fall OLG Bamberg NJW-RR 1994, 1333 – Verkäufer war die Ehefrau des Werkstattinhabers) oder ob der Händler es repariert hereingenommen hat. Zum Verkauf eines **unreparierten** Pkw s. OLG Hamm NJW-RR 1995, 689 und die Rspr. unter Rdn. 4402. In denjenigen Fällen, in denen der Verkäufer so nahe am Schaden und an seiner Beseitigung ist, dass eine Garantieübernahme berechtigt erscheint, dürfte eine arglistige Täuschung in Betracht kommen, zumindest in der Fallkonstellation „Behauptung ins Blaue“. Wenn die Gerichte gleichwohl auf die Figur der „Zusicherung“ zurückgegriffen haben, so vermutlich auch deshalb, weil man auf diesem Weg Beweiserhebungen zur Arglistfrage umgehen konnte; s. a. KG 1. 9. 2011, 8 U 42/10. **3136**

Bei **Händler-Verbraucher-Geschäften** besteht **unter den heutigen Rahmenbedingungen** kein Grund mehr, in der Garantiefrage zugunsten des Verbrauchers großzügig zu sein. Die Annahme einer „Beschaffenheitsgarantie“ setzt jedenfalls eine **umfassende Interessenanalyse** voraus. Dazu gehört beim Verkauf an Verbraucher jetzt auch die klauselfeste Verpflichtung zur sachmängelfreien Lieferung. Dort, wo zulässigerweise unter Gewährleistungsausschluss verkauft worden ist (B2B und Privatverkauf), ist die Freizeichnungsklausel, auch eine nur formularmäßige, in die Abwägung einzubeziehen, wie das OLG Köln mit Recht fordert.[875] Es hat im Fall eines Privatverkaufs (zwei Vorbesitzer) eine stillschweigende Zusicherung „ansonsten unfallfrei“ zutreffend verneint.[876] Im Zweifel ist, zumal bei Privatgeschäften, eine **bloße Beschaffenheitsvereinbarung**, keine irgendwie geartete Garantie, anzunehmen.[877] **3137**

cc) Verkauf ohne verbindliche (Beschaffenheits-)Angaben zum Unfall-Thema

Dazu, ob **ein Kfz-Händler** ein Fahrzeug mit oder ohne Beschaffenheitszusage bzw. Beschaffenheitsgarantie verkauft hat, s. zunächst Rdn. 3076 ff. Die **jüngsten BGH-Entscheidungen** haben Verkäufe ohne – positive oder negative – Beschaffenheitsvereinbarung zum **3138**

874 OLG Köln 17. 1. 2006, DAR 2006, 327 (Privatverkauf).
875 Urt. v. 22. 3. 1999, NZV 1999, 381 = OLGR 1999, 205.
876 Zustimmend OLG Düsseldorf 1. 10. 2001 – 1 U 21/01 – n. v.; anders LG Bückeburg 3. 2. 1995, DAR 1995, 369.
877 OLG Düsseldorf 9. 5. 2005, VRR 2005, 426 = SVR 2006, 177 („Einparkbeule hinten rechts behoben“); OLG Köln 17. 1. 2006, DAR 2006, 327 („leichter Anfahrschaden“).

Gegenstand.[878] Ob das Fahrzeug sachmangelhaft ist oder nicht, richtet sich damit nach den objektiven Kriterien des **§ 434 Abs. 1 S. 2 Nr. 2 BGB**. Sie allein sind der Prüfmaßstab **im derzeitigen Standardfall:** Verkauf eines gebrauchten Pkw mit einer bloßen Wissensmitteilung in puncto Unfallfreiheit/Unfallvorschaden.

3139 Unter Berücksichtigung der aktuellen Spruchpraxis und älterer Rechtsprechung des VIII. Senats des BGH lassen sich folgende **sechs Grundsätze** aufstellen:

1. Im Umfang wahrheitsgemäßer Aufklärung ist ein Unfallvorschaden kein Sachmangel.[879]
2. Auch beim Kauf eines gebrauchten Kraftfahrzeugs kann der Käufer, wenn keine besonderen Umstände vorliegen, i. S. d. § 434 Abs. 1 S. 2 Nr. 2 BGB erwarten, dass das Fahrzeug keinen Unfall erlitten hat, bei dem es zu mehr als „Bagatellschäden" gekommen ist.[880]
3. Nur unbedeutende Beschädigungen, die bei vernünftiger Betrachtungsweise den Kaufentschluss schlechterdings nicht beeinflussen können, schließen die Mängelhaftung aus. Die Grenze für derartige Bagatell- oder Einfachschäden ist bei Pkw/Kombis/SUV sehr eng zu ziehen.[881] Ein anderer Maßstab gilt bei Nutzfahrzeugen.[882]
4. Zur üblichen Beschaffenheit eines Gebrauchtfahrzeugs gehört nicht ohne Weiteres, dass sich alle Teile noch im Originalzustand befinden. Eine Neulackierung stellt bei einem älteren Pkw die übliche Beschaffenheit nicht grundsätzlich in Frage.[883]
5. Ein Fahrzeug, das bei einem Unfall beschädigt wurde, kann selbst dann sachmangelhaft sein, wenn es fachgerecht und vollständig repariert worden ist, d. h., allein die Tatsache, dass das Fahrzeug einen (im Sinn von oben Ziff. 3) erheblichen Schaden erlitten hat, stellt einen Sachmangel i. S. d. § 434 Abs. 1 S. 2 Nr. 2 BGB dar.[884]
6. Bei einem Fahrzeug mit einem unsachgemäß reparierten Unfallschaden erheblichen Ausmaßes liegt ein zweifacher Sachmangel vor, die Eigenschaft als Unfallwagen und die nicht fachgerecht ausgeführte Instandsetzung. Zur insoweit möglichen Nachbesserung braucht der Käufer dem Verkäufer keine Frist zu setzen, weil der weitere Mangel, die Unfalleigenschaft als solche, im Wege der Nachbesserung nicht korrigierbar ist.[885]

(1) Aufklärung und Mangel

3140 Die **Unfalleigenschaft** kann als vertragsgemäßer Zustand gemeinsam vorausgesetzt worden sein.[886] Das war im alten Kaufrecht bereits eine Frage des § 459 Abs. 1 BGB

---

878 Urt. v. 10. 10. 2007, NJW 2008, 53; v. 12. 3. 2008, NJW 2008, 1517 (jew. Händlerverkauf); v. 17. 2. 2010, NJW 2010, 1131 (Privatverkauf).

879 BGH 22. 6. 1983, NJW 1983, 2242; OLG Hamm 3. 3. 2005, ZGS 2005, 315; s. a. OLG Hamm 19. 10. 1994, NJW-RR 1995, 689.

880 BGH 10. 10. 2007, NJW 2008, 53.

881 BGH 10. 10. 2007, NJW 2008, 53 m. w. N.

882 BGH 3. 3. 1982, NJW 1982, 1386; vgl. auch BGH 18. 9. 1979, NJW 1980, 281; OLG Düsseldorf 3. 2. 1994, OLGR 1994, 213 (Ford Transit).

883 BGH 20. 5. 2009, NJW 2009, 2807.

884 BGH 10. 10. 2007, NJW 2008, 53; v. 8. 1. 1959, BGHZ 29, 148 = NJW 1959, 620 (Lkw); BGH 3. 3. 1982, NJW 1982, 1386 (Lkw); BGH 10. 10. 1977, NJW 1978, 261; BGH 29. 6. 1977, NJW 1977, 1915; BGH 29. 1. 1975, NJW 1975, 642; OLG Düsseldorf 12. 3. 1999 – 22 U 180/98 – n. v.; OLG Köln 30. 6. 1964, DAR 1965, 22; OLG München 14. 7. 1981, DAR 1982, 100; OLG Bamberg 2. 3. 1994, NJW-RR 1994, 1333 (missverständlich); OLG Schleswig 26. 8. 1994, zfs 1994, 447; Brand OLG 17. 1. 1995, OLGR 1995, 89; OLG Frankfurt 7. 7. 2000, OLGR 2001, 29 = DAR 2001, 359, Ls.

885 BGH 10. 10. 2007, NJW 2008, 53 Tz. 23; v. 12. 3. 2008, NJW 2008, 1517 Tz. 21.

886 So im Fall BGH 22. 6. 1983, NJW 1983, 2242; vgl. auch OLG Nürnberg 28. 11. 1991, NZV 1992, 442; OLG Hamm 19. 10. 1994, NJW-RR 1995, 689; OLG Hamm 3. 3. 2005, ZGS 2005, 315; OLG Hamm 14. 6. 2005 – 28 U 190/04 – n. v.

a. F. (subjektiver Fehlerbegriff), nicht erst des § 460 BGB a. F. Der Mängelhaftung war jedoch nur der Unfallschaden entzogen, der von beiden Seiten übereinstimmend angenommen worden war. War das Ausmaß der Beschädigung in Wirklichkeit größer oder war eine offenbarte Beschädigung entgegen der Erklärung des Verkäufers nicht fachgerecht beseitigt worden, war das Fahrzeug nicht sachmängelfrei.

Es war vor allem eine Frage der Auslegung der vom Verkäufer erteilten Informationen **3141**
über den Unfallschaden, welche Fahrzeugschäden dem Käufer infolge Aufklärung bekannt waren und damit nicht unter die Sachmängelhaftung fielen.[887] Zur Bezeichnung **„Unfallwagen"** s. Rdn. 4379; zur Auslegung von Informationen über Unfallbeschädigungen und deren Reparatur s. Rdn. 3129 ff. Wurde ein Auto als **„Bastlerfahrzeug"** verkauft, brauchte der Käufer allein aufgrund dieser Beschreibung nicht von einem Unfallschaden auszugehen[888] (zum „Bastlerfahrzeug" s. a. Rdn. 2488).

Entsprechend dem Aufbau des § 434 Abs. 1 BGB ist vom Subjektiven (Vereinbarten) **3142**
zum Objektiven vorzugehen. Zu den im Vordergrund stehenden Fällen der Beschaffenheitsvereinbarung/Beschaffenheitsgarantie bei **ausdrücklichen Angaben** zum Thema „Unfall" s. Rdn. 3068 ff. Kenntnis des Käufers von der Unfallwageneigenschaft kann sich spätestens nach **§ 442 Abs. 1 S. 1 BGB** zu seinem Nachteil auswirken.

(2) Gewöhnliche Verwendung, übliche und zu erwartende Beschaffenheit

Wenn weder eine positive noch eine negative Beschaffenheitsvereinbarung festgestellt **3143**
werden kann, auch nicht in Form einer stillschweigenden/konkludenten Abrede, beurteilt sich die Sachmängelfrage nach den objektiven Kriterien des § 434 Abs. 1 S. 2 Nr. 2 BGB. Die Nr. 1 – vertraglich vorausgesetzte Verwendung – spielt in diesem Zusammenhang regelmäßig keine Rolle. Mitunter wird sie in Fällen eines dem Verkäufer bekannten oder erkennbaren Weiterverkaufs[889] sowie in den sog. Verdachtsfällen ins Spiel gebracht.[890] Unter welchen Voraussetzungen der bloße **Verdacht eines Unfallschadens** einen Sachmangel darstellt, ist nicht leicht zu beantworten. Näheres zu den Verdachtsfällen Rdn. 3147, 4349.

Die Eignung zur **gewöhnlichen Verwendung** i. S. d. Nr. 2 ist regelmäßig nicht in Frage **3144**
gestellt, wenn der **Unfallschaden fachgerecht und vollständig** behoben ist. Dann verbleibt nach dem heutigen Stand der Reparaturtechnik in den meisten Fällen kein technisches Defizit und damit auch **keine technische Wertminderung**, die nur nach ausgeführter Instandsetzung feststellbar ist. Davon streng zu trennen ist die Frage nach einem **merkantilen Minderwert**. Wer zur gewöhnlichen Verwendung die (Wieder-)Verkäuflichkeit bzw. Weiterverkäuflichkeit ohne Preisabschlag zählt, wird selbst eine Werteinbuße in Form eines (nur) merkantilen Minderwerts als (Verwendungs-)Mangel reklamieren. Mit dem BGH ist ein derart weites Verständnis des Begriffs „gewöhnliche Verwendung" abzulehnen.[891]

Trotz fachgerechter und vollständiger Unfallinstandsetzung und ohne Zurückblei- **3145**
ben eines **technischen Minderwerts** kann ein gebraucht gekauftes Kraftfahrzeug gleichwohl sachmangelhaft sein. Eingehalten ist nur das erste Kriterium des § 434 Abs. 1 S. 2 Nr. 2 BGB. Ob ein derartiges Fahrzeug auch der üblichen und der zu erwartenden Beschaffenheit entspricht, steht auf einem anderen Blatt und ist nach Maßgabe der Ausführungen Rdn. 3146 ff. zu prüfen. **Reparaturdefizite** können dagegen bereits unter dem Gesichtspunkt der Eignung für die gewöhnliche Verwendung zur Annahme eines Mangels führen.

887 Vgl. OLG Frankfurt 18. 9. 1991, zfs 1992, 230.
888 OLG Nürnberg 9. 6. 2000 – 6 U 4302/99 – n. v.; AG München 14. 12. 1993, DAR 1994, 329.
889 Vgl. BGH 20. 5. 2009, NJW 2009, 2807 Tz. 10.
890 LG Bonn 30. 10. 2003, NJW 2004, 74 (Hauskauf).
891 Urt. v. 10. 10. 2007, NJW 2008, 53 Tz. 18.

Einzelheiten zu dieser Fallgruppe unter Rdn. 3169 ff.; zum Sonderfall des Einsatzes von Gebrauchtteilen s. Rdn. 3174 ff.

(3) Einzelfragen zur Mangelhaftigkeit nach den objektiven Kriterien des § 434 Abs. 1 S. 2 Nr. 2 BGB

3146 **Unfalleigenschaft, fachgerechte Reparatur und merkantiler Minderwert:** Auch bei einem **fachgerecht und vollständig reparierten** Unfallfahrzeug ohne technische Wertminderung kann bekanntlich ein merkantiler Minderwert zurückbleiben. Nach ständiger Rechtsprechung des VI. Senats des BGH handelt es sich um eine Minderung des Verkaufswerts, die trotz völliger und ordnungsgemäßer Instandsetzung eines Unfallschadens allein deshalb verbleibt, weil bei einem großen Teil des Publikums, vor allem **wegen des Verdachts verborgen gebliebener Schäden**, eine den Preis beeinflussende Abneigung gegen den Erwerb unfallbeschädigter Kraftfahrzeuge besteht.[892]

3147 Im früheren Kaufrecht hat man mitunter die Minderung des Verkehrswertes (Verkaufswertes) in Form des merkantilen Minderwerts für sich genommen als Fehler i. S. d. § 459 Abs. 1 BGB a. F. qualifiziert.[893] Statt an die Werteinbuße bzw. aus Sicht des Weiterverkaufs an den Preisabschlag anzuknüpfen, kann man den Sachmangel auch in dem Risiko sehen, das mit der Anerkennung eines merkantilen Minderwerts als Schadensposten abgegolten werden soll. Das läuft auf die Frage „Verdacht als Mangel" hinaus. Ob **der bloße Verdacht**, dass bei der Unfallinstandsetzung Schäden übersehen worden sind, und/oder erkannte Schäden fehlerhaft repariert wurden, einen Sachmangel i. S. d. § 434 Abs. 1 S. 2 Nr. 2 BGB begründen kann, ist rechtlich wie faktisch sehr problematisch.[894] Wenn man Mangelhaftigkeit bejaht, handelt es sich wie bei der Unfalleigenschaft als solche um einen (anfänglichen) unbehebbaren Mangel. Die Möglichkeit, einen fortbestehenden Verdacht durch eine gezielte Untersuchung ausräumen, ist eher theoretischer Natur. Auch ein kompletter Austausch des instandgesetzten Teils durch ein Neuteil ist keine realistische Abhilfe (zu den „Verdachtsfällen" s. a. Rdn. 4349).

3148 **Die heutige Position des BGH:** Bei der Prüfung nach § 434 Abs. 1 S. 2 Nr. 2 BGB fragt der BGH nicht danach, ob und ggf. inwieweit aufgrund des Unfalls ein merkantiler Minderwert bezogen auf den Unfallzeitpunkt bzw. das Reparaturende anzunehmen ist (unfallhaftpflichtrechtliche Betrachtung). Ihn interessiert auch nicht, ob im Zeitpunkt des nun Wirklichkeit gewordenen Verkaufs des Unfallfahrzeugs ein messbarer Schaden in Form eines merkantilen Minderwerts (noch) vorhanden ist oder sich im Laufe der Zeit verflüchtigt hat. Thematisiert wird auch nicht, ob beim Weiterverkauf nach den Verhältnissen auf dem Gebrauchtfahrzeugmarkt ein Preisabschlag wahrscheinlich ist.[895] All das kann der BGH bei der Prüfung, ob Mangelhaftigkeit i. S. d. § 434 Abs. 1 S. 2 Nr. 2 BGB anzunehmen ist, dahinstehen lassen. Denn für ihn kann selbst ein Fahrzeug mit einem fachgerecht und vollständig reparierten Unfallschaden **ohne jegliche Wertminderung** – weder technisch noch merkantil – mangelhaft im Sinne dieser Vorschrift sein. M. a. W.: Die Unfalleigenschaft als solche macht unabhängig von einer Wertminderung den (unbehebbaren) Mangel aus.[896]

---

892 BGH 23. 11. 2004, NJW 2005, 277. Wortgleich der VIII. ZS, Urt. v. 20. 5. 2009, NJW 2009, 2807; umfassend zum merkantilen Minderwert *Ch. Huber* in FS Welser (2004), S. 303 ff.; *ders.*, ZVR-Sonderheft 1a 2006, 62 ff.; zum Unfallwagen als Marktphänomen *Schiemann* in FS Eggert (2008), S. 81 ff.

893 So BGH 22. 6. 1983, NJW 1983, 2242; OLG Bremen 2. 7. 1968, DAR 1968, 269.

894 Zum Problem *Schiemann* in FS Eggert (2008), S. 81 ff., 93; s. a. *Reinicke/Tiedtke*, Rn. 316; *S. Lorenz*, NJW 2004, 26.

895 Zum Preisabschlag beim Weiterverkauf als Mangel s. BGH 7. 2. 2007, NJW 2007, 1351 (Pferdekauf).

896 Anders, aber nicht BGH-konform OLG Düsseldorf 22. 12. 2010 – I-18 U 103/10.

Diese Sichtweise mag man als zu käuferfreundlich und angesichts des um sich greifenden emotionalen Bedeutungsverlustes des Fahrzeugsbesitzes als nicht mehr zeitgemäß kritisieren. Es wäre jedoch auch für den Kfz-Handel im praktischen Ergebnis so gut wie nichts gewonnen, **die Ob-Frage** – Abweichung von der üblichen/erwartbaren Beschaffenheit? Aufklärungspflicht? – von dem Vorhandensein einer merkantilen Wertminderung abhängig zu machen. Wer in der Hoffnung auf eine Reduzierung der Haftungsfälle und damit von Verkäufen mit Aufklärungspflicht für diese Verknüpfung plädiert, überschätzt die Leistungsfähigkeit dieses konfliktträchtigen Schadenpostens – in kaufrechtlicher wie in tatsächlicher Hinsicht.[897] **3149**

Es würden sich zahlreiche Anschlussfragen stellen wie etwa die nach dem Zeitpunkt des Bestehens und der Feststellung eines merkantilen Minderwerts. Die Gleichung „kein merkantiler Minderwert, kein Sachmangel" geht i. Ü. schon inhaltlich nicht auf, solange der BGH die Grenze für Bagatellschäden so eng zieht, wie er es traditionell zu tun pflegt. Diese rückwärtsgewandte Beurteilung ist aus einer Reihe von Gründen fragwürdig geworden (veränderte Einstellung zum Auto, Verbesserung der Reparaturtechnik u. a.). Den wünschenswerten Richtungswechsel kann nur der BGH durch eine neue, den heutigen Verhältnissen angepasste Grenzziehung beim sog. Bagatellschaden herbeiführen. **3150**

Nach der Rechtsprechung des VIII. Senats des BGH geht es beim merkantilen Minderwert (nur) um die **Auswirkung des Mangels**, der in der Eigenschaft als Unfallwagen liegt.[898] Handelt es nicht um einen „Unfallwagen", sondern um ein anderweitig beschädigtes Fahrzeug, dient ihm der merkantile Minderwert zur Beurteilung der Frage, ob der Mangel **behebbar** ist oder nicht.[899] **3151**

Je nach Höhe des merkantilen Minderwerts ist der Mangel **als erheblich** i. S. d. §§ 323 Abs. 5 S. 2, 281 Abs. 1 S. 3 BGB einzuschätzen.[900] Für diese nachgelagerte Erheblichkeitsprüfung kommt es auf die Verhältnisse **im Zeitpunkt der Rücktrittserklärung** bzw. des Verlangens nach Schadensersatz an. Dementsprechend ist zu fragen, ob ein merkantiler Minderwert zu diesem Zeitpunkt (noch) vorhanden ist, wenn ja in welcher Höhe. Ob er früher einmal als Schadensposten gerechtfertigt war, interessiert kaufrechtlich nur im Zusammenhang mit der vorrangigen Frage, ob die erste Erheblichkeitsschwelle überschritten ist (mangelimmanente Bagatellprüfung). Insoweit kann der Ausweis eines merkantilen Minderwerts im Schadensgutachten von **indizieller Bedeutung** sein, auch die Höhe der Zahlung durch den Schädiger bzw. seinen Versicherer. **3152**

Maßgebend für die erste Erheblichkeitsprüfung (Ob-Frage) sind die beiden **BGH-Entscheidungen v. 10. 10. 2007**[901] und **v. 12. 3. 2008.**[902] In beiden Fällen hatten die Parteien keinerlei Beschaffenheitsvereinbarung getroffen, so dass es auf Mangelhaftigkeit nach den objektiven Kriterien des § 434 Abs. 1 S. 2 Nr. 2 BGB ankam. Da die **gewöhnliche Verwendung** angesichts (unterstellter) fachgerechter Instandsetzung nicht beeinträchtigt war,[903] konzentriert sich die Prüfung des BGH auf die Kriterien **„übliche und zu erwar-** **3153**

897 Zum Grundsätzlichen *Schiemann* in FS Eggert (2008), S. 81 ff.; zum Miteinander bzw. Nebeneinander von Schadens- und Kaufrecht s. a. *Eggert*, VersR 2004, 280.

898 Urt. v. 12. 3. 2008, NJW 2008, 1517 Tz. 22; Tz 16/17 in BGH 20. 5. 2009, NJW 2009, 2807 ist damit vereinbar, weil der BGH mit der (freilich fragwürdigen) Verneinung eines merkantilen Minderwerts die Behebbarkeit des Mangels begründet. Wäre trotz fachgerechter Neulackierung ein merkantiler Minderwert zurückgeblieben, hätte der Vandalismusschaden (mit der Vorinstanz) als unbehebbarer Mangel qualifiziert werden müssen.

899 Urt. v. 20. 5. 2009, NJW 2009, 2807 (Lackbeschädigung/Vandalismusschaden).

900 S. BGH 12. 3. 2008, NJW 2008, 1517 Tz. 22.

901 NJW 2008, 53.

902 NJW 2008, 1517.

903 Diese Soll-Funktion ist bei fachgerechter Reparatur regelmäßig kein Thema.

tende Beschaffenheit“. In beiden Fällen hat er den Fahrzeugen (knapp fünfeinhalbjähriger Ford Cougar, dreijähriger Mercedes E Klasse) aufgrund des Vorschadens eine unübliche, nicht erwartungsgerechte Beschaffenheit bescheinigt.

3154 **Zur Abgrenzung** zwischen einem, weil üblich, hinzunehmenden „Bagatellschaden“ und einem Sachmangel i. S. d. § 434 Abs. 1 S. 2 Nr. 2 BGB greift **der BGH** auf seine **Rechtsprechung zur Offenbarungspflicht** bei Unfallschäden zurück. Die Grenze für nicht mitteilungspflichtige „Bagatellschäden“ sei hiernach bei Pkw **„sehr eng“** zu ziehen.[904] Als „Bagatellschäden“ seien **nur ganz geringfügige, äußere (Lack-)Schäden** anerkannt worden; nicht dagegen andere (Blech-)Schäden, auch wenn sie keine weitergehenden Folgen hätten und der Reparaturaufwand nur gering sei.[905]

3155 Nach diesen Grundsätzen hat der BGH im Ford-Cougar-Fall (NJW 2008, 53) einen Sachmangel und **keinen „Bagatellschaden“** angenommen. Laut Gutachten handelte es sich bei den Karosserieschäden an der linken Tür und am linken hinteren Seitenteil nicht nur um Lackschäden, sondern um **Blechschäden,** die ursprünglich tiefer als die bis zu 5 mm starke Schichtstärke des Spachtelauftrags gewesen seien. Auch im Hinblick auf die Reparaturkosten von 1.774,67 € war das für den BGH kein „Bagatellschaden“.

3156 Im Ergebnis ist dieser Einschätzung zu folgen. Was auf Bedenken stößt, ist der Rückgriff auf die Rechtsprechung zur Offenbarungspflicht des Gebrauchtwagenverkäufers. Voraussetzung dieser Pflicht ist im Gewährleistungsrecht, wenngleich heute nicht mehr haftungsbegründend, das Vorhandensein eines Sachmangels. Einen Sachmangel darf der Verkäufer nicht verschweigen. Anders liegen die Dinge im Rahmen des § 123 BGB. Er hat eine andere Schutzrichtung. Für die Offenbarungspflicht kommt es entscheidend auf den Gesichtspunkt von Treu und Glauben an. Der BGH-Entscheidung v. 10. 10. 2007[906] liegt die Vorstellung zugrunde, dass diejenige Beschädigung einen vertragswidrigen Zustand (unübliche Beschaffenheit) darstellt, die der Verkäufer trotz fachgerechter Beseitigung – ungefragt, d. h. von sich aus – offenbaren müsse.

3157 Die Frage, ob eine Beschaffenheit üblich oder unüblich ist, hat mit der Offenbarungspflicht des Verkäufers an sich nichts zu tun. Die Üblichkeit ist in erster Linie an den **faktischen Verhältnissen** zu messen, die für das betreffende Fahrzeug gelten. Statistische Betrachtungen sind mit Vorsicht anzustellen. Ungeeignet ist ein statistischer Durchschnittswert.[907] Im statistischen Durchschnitt hat ein Pkw/Kombi innerhalb von acht Jahren einen Unfall, der kein „Bagatellschaden“ ist. Diese Aussage ist nicht hilfreich. Geeignet sind dagegen Erfahrungswerte. **Junge Gebrauchtwagen** mit geringer Laufleistung, z. B. Jahreswagen und Vorführwagen, sind in ihrer großen Mehrheit üblicherweise unfallschadenfrei. Wie demgegenüber bei **Youngtimern** und insbesondere bei **Oldtimern** die „übliche“ Beschaffenheit mit Blick auf Vorschäden zu definieren ist, lässt sich mangels empirischer Befunde nur schwer sagen. „Nur eventuell unfallfrei“, d. h. „möglicherweise vorgeschädigt“ wären denkbare Beschreibungsmöglichkeiten. Sie können im Einzelfall Gegenstand einer „negativen Beschaffenheitsvereinbarung“ durch konkludentes Verhalten sein. Die Rechtsprechung wird bei solchen Fahrzeugen auf die zu erwartende Beschaffenheit rekurrieren und auf diesem Weg die Offenbarungspflicht des Verkäufers ins Spiel bringen.

3158 Angesichts der **empirischen Unsicherheiten** liegt es nahe, nicht so sehr auf das mehr dem Faktischen verpflichtete Merkmal „übliche Beschaffenheit“, sondern stärker auf die erwartbare Beschaffenheit und damit auf die Käufererwartung abzustellen. Von dort aus lässt sich leichter eine Brücke zur Offenbarungspflicht des Verkäufers schlagen. Erwarten

904 Urt. v. 10. 10. 2007, NJW 2008, 53.
905 Urt. v. 10. 10. 2007, NJW 2008, 53 m. Nachw.
906 NJW 2008, 53.
907 So der BGH im Standzeit-Fall NJW 2009, 1588.

kann und darf ein Gebrauchtwagenkäufer, dass ihm beseitigte (Unfall-)Beschädigungen mitgeteilt werden, wenn sie für seinen Kaufentschluss oder zumindest für seine Preisvereinbarung von Bedeutung sind. Durch eine Wissensmitteilung wie „lt. Vorbesitzer unfallfrei" oder „Unfallschaden lt. Vorbesitzer: Keine" wird diese Erwartung eher gestärkt als geschwächt.

Eine in der Rechtsprechung des BGH noch nicht erörterte Frage ist, ob der Händler die an die Käufererwartung nach § 434 Abs. 1 S. 2 Nr. 2 BGB anknüpfende Mängelhaftung dadurch vermeiden kann, dass er die Erwartung des Käufers, das Fahrzeug sei unfallfrei, durch entsprechende Erklärungen zerstört.[908] Verkäufererklärungen mit Bezug zum Thema „Unfall" sind vorrangig darauf zu prüfen, ob sie eine positive oder negative Beschaffenheitszusage bedeuten (dazu Rdn. 3076 ff.). Kann die „Unfallfrei"-Erklärung, wie meist, nur als Wissensmitteilung qualifiziert werden, bleibt die „normale" Käufererwartung unberührt. Das gilt auch für mündliche Erklärungen wie „von einem Unfall nichts zu wissen".[909] Zerstört werden kann die Käufererwartung nur durch Aufklärung. Im Umfang vollständiger und fachgerechter Aufklärung scheidet die Annahme von Mangelhaftigkeit aus (oben Rdn. 3140). Auch kann § 442 BGB zugunsten des Verkäufers eingreifen. Bleibt die Aufklärung hinter dem sachlich Gebotenen zurück, liegt eine Vertragswidrigkeit in Form einer Aufklärungspflichtverletzung vor. 3159

Ergibt die Prüfung, dass kein „Bagatellschaden" und damit ein Sachmangel vorliegt, so ist in Fällen des Rücktritts und des großen Schadensersatzes, aber auch nur insoweit, in einem **zweiten Schritt** eine **weitere Bagatellprüfung** vorzunehmen (§§ 323 Abs. 5 S. 2, 281 Abs. 1 S. 3 BGB). Nicht jeder Unfallvorschaden, der bei der ersten Bagatellprüfung nach Maßgabe der strengen BGH-Rechtsprechung als Sachmangel zu bewerten ist, kann ohne Weiteres mit einer „erheblichen Pflichtverletzung" i. S. d. §§ 323 Abs. 5 S. 2, 281 Abs. 1 S. 3 BGB gleichgesetzt werden, wie der BGH im Urteil v. 12. 3. 2008[910] unter Aufgabe seiner kurz zuvor geäußerten Ansicht[911] klar gestellt hat. Im Rahmen der zweiten Bagatellprüfung („doppelter Bagatellbegriff") sind die Karten in der Tat neu gemischt. 3160

Ein nur geringfügiger Mangel kann gleichwohl als „erheblich" gelten und damit den Rücktritt vom Kauf rechtfertigen, wenn der Verkäufer ihn **arglistig verschwiegen** hat.[912] Dafür ist der Käufer darlegungs- und beweispflichtig (näher Rdn. 4258 ff., 4270). I. Ü. kommt es für die „Rücktrittsreife" ganz auf die Umstände des Einzelfalls an. Auch hier kann es keine festen Grenzwerte nach der Höhe der Reparaturkosten oder des Minderwerts geben, allenfalls Faustformeln. 3161

Zumindest praktikabel war der Vorschlag, sich an einer bestimmten Größenordnung der **Instandsetzungskosten** zu orientieren. Der 24. Verkehrsgerichtstag (1986) hat **für Pkw** folgende Empfehlung ausgesprochen: „Erheblich ist ein Unfallschaden, wenn seine Behebung in fachlich einwandfreier Reparatur bei heute gegebenem Preisniveau im Regelfall mehr als 1.000 DM erfordert."[913] Dieser Grenzziehung[914] ist die Rechtsprechung bis in die Neunziger Jahre gefolgt,[915] später hat man den Schwellenwert verständlicherweise angehoben.[916] Nach den heutigen Preisverhältnissen müsste er bei rund **1.000 €** liegen. 3162

908 Vgl. *Ball*, DAR 2009, 497.
909 Dazu BGH 21. 1. 1981, WM 1981, 323 (Händler vermittelt Privatverkauf).
910 NJW 2008, 1517.
911 Urt. v. 10. 10. 2007, NJW 2008, 53.
912 BGH 24. 3. 2006, NJW 2006, 1960.
913 DAR 1986, 112.
914 Kritisch *Hörl*, zfs 1991, 145.
915 OLG Düsseldorf 23. 1. 1992, OLGR 1992, 139; AG Königswinter 28. 6. 1991 – 9 C 66/91 – n. v.
916 Aus der Rechtsprechung zum früheren Kaufrecht: OLG Koblenz 4. 12. 1997, VRS 96, 241 (Blechschaden mit Kosten von 1.660 DM kein Bagatellschaden); OLG Celle 23. 6. 1995 – 4 U 301/94 –

3163 Ob nur die eine oder beide Bagatellschadensgrenzen überschritten sind oder nicht, kann, da **eine Frage des Einzelfalls**, letztlich **nur an Beispielen** herausgearbeitet und verdeutlicht werden. Es ist eine **Gesamtschau** erforderlich. Die erste (mangelbegründende) Bagatellschadensgrenze ist überschritten, wenn eines der folgenden Merkmale vorliegt:

- Beschädigung/Verformung eines tragenden oder mittragenden Fahrzeugteils
- Schweißarbeiten
- Richtarbeiten
- Instandsetzung mit Notwendigkeit einer Vermessung der Achsgeometrie
- Kosten einer vollständigen und fachgerechten Reparatur nach Fachwerkstattkonditionen über 1.000 € (brutto)
- Ausweis eines merkantilen Minderwerts im Schadensgutachten
- Konkreter Verdacht auf weitere (verborgene) Beschädigungen

3164 **Kontraindiziell** sind:

- Nur Schraub- und Anbauteile, z. B. Tür, Kotflügel, Stoßfänger, Heckklappe oder Außenspiegel
- Nur Oberflächenlackierung ohne Ausbeul- und Spachtelarbeiten
- Spachtelarbeit kleineren Umfangs
- Möglichkeit der Beseitigung mit den Methoden „spot repair" oder „clear repair"
- Kosten einer fachgerechten Reparatur unter 1.000 € brutto (Fachwerkstattpreise)

3165 Bei der **anschließenden Prüfung**, ob der als Sachmangel feststehende Unfallschaden genügend Gewicht hat, um einen Rücktritt bzw. eine Rückabwicklung im Wege des großen Schadensersatzes zu rechtfertigen (§§ 323 Abs. 5 S. 2, 281 Abs. 1 S. 3 i. V. m. § 311a Abs. 2 BGB), sind die für und gegen eine **„Rückabwicklungserheblichkeit"** sprechenden Umstände sorgfältig abzuwägen (zu dieser Problematik s. Rdn. 1022 ff., 3511 ff.). Zusätzlich zu den objektiven Umständen können in Fällen ohne verbindliche Verkäuferangabe (Hauptbeispiel: Verkäufer macht nur eine Wissensmitteilung) subjektive Gesichtspunkte wie ein arglistiges Verschweigen eine Rolle spielen (s. Rdn. 1056). In Fällen mit unvorsätzlichen Falschangaben des Verkäufers fällt der Bruch einer Beschaffenheitsvereinbarung[917] und erst recht einer Beschaffenheitsgarantie[918] erschwerend ins Gewicht.

3166 **Aus der aktuellen Rechtsprechung:**

3167 **Rücktritt ja**

- Ford Cougar, fünfeinhalb Jahre, 54.795 km, Beschädigungen an Tür links und Seitenteil, streifender Anstoß, Kosten 1.774,64 €, Wertminderung keine (BGH NJW 2008, 53)
- BMW 525d, 3 Jahre, 115.000 km, Heckschaden, geschätzte Kosten 2.000 bis 3.000 € (Brand OLG 22. 3. 2011 – 11 U 25/10)
- VW-Bus T 4, Deformation der rechten Schiebetür, Reparaturkosten 2.737 € brutto, „unfallfrei" angeblich garantiert (Brand OLG 26. 6. 2008 – 12 U 236/07)
- Audi A 6, Kaufpreis 17.900 €, Reparaturkosten mind. 1.153 DM (!), Richtarbeiten re. Tür (LG München I DAR 2005, 38)

---

n. v. (Austausch eines Kotflügels und der Beifahrertür – Kosten 2.120 DM – kein Bagatellschaden); bei Nutzfahrzeugen lag die Bagatellgrenze deutlich höher als bei Pkw (BGH 3. 3. 1982, NJW 1982, 1386; OLG Düsseldorf 3. 2. 1994, OLGR 1994, 213).

917 BGH 17. 2. 2010, NJW-RR 2010, 1289 = DAR 2010, 263 Tz. 23.

918 Dazu Brand OLG 26. 6. 2008 – 12 U 236/07 (Garantie nach § 443 BGB!); LG Karlsruhe 1. 2. 2005, NJW-RR 2005, 1368.

- BMW Z 3, „unfallfrei" durch „Ja" garantiert, Reparaturkosten rd. 800 € (LG Karlsruhe NJW-RR 2005, 1368)
- BMW 740 d, 112.900 km, 4 Jahre, Blechschäden mit Nachlackierung vorne links am Kotflügel und rechts am Seitenteil (Thür. OLG 20. 12. 2007 – 1 U 535/06)
- Seat Alhambra, 37.120 km, Blechschaden Heck, wahres Ausmaß ungewiss (OLG Düsseldorf VRR 2005, 426 = SVR 2006, 177).

Rücktritt nein 3168

- Mercedes E 280 T, ca. 3 Jahre, rund 54.000 km, Kaufpreis 24.990 €, sofern merkantiler Minderwert nur 100 € bei Reparaturkosten von 1.020 € brutto (BGH 12. 3. 2008, NJW 2008, 1517)
- Pkw unbekannter Marke und Typ, Kotflügel vo. li. ausgebeult und lackiert, kein Spachteln, Kosten 514,23 € (OLG Bamberg 9. 2. 2011 – 8 U 166/10)
- Renault Scenic, ca. zwei Jahre, 41.000 km, Beschädigungen an den Türen, Blechverformung wahrscheinlich, Reparaturarbeiten nicht ganz fachgerecht, Kostenaufwand zwischen 500 und 800 € (OLG Düsseldorf 25. 2. 2008 – I-1 U 169/07 – n. v.)
- VW Sharan, knapp 6 Jahre, 115.000 km, von Privat, linker hinterer Kotflügel (Dellen, Kratzer), Kosten ca. 1.200 € (LG München DAR 2004, 276 – „unfallfrei" bejaht).

Fälle mit Reparaturdefiziten: Typisch für Streitigkeiten mit „Unfallautos" ist die Konstellation, dass ein nicht offen gelegter Unfallschaden nach der Behauptung des Käufers auch noch mangelhaft instandgesetzt worden ist.[919] In derartigen Fällen **zweifacher Mangelhaftigkeit** stellt sich die Frage, ob der Käufer den Verkäufer unter Fristsetzung zur Behebung des Reparaturmangels auffordern muss, bevor er einen sekundären Rechtsbehelf geltend macht. Das wird vom BGH mit Recht verneint.[920] Argument: Die Eigenschaft als Unfallwagen ist nicht nachbesserungsfähig. Die Dinge können aber auch so liegen, dass die Unfalleigenschaft als solche kein Sachmangel ist, sei es, dass der Käufer entsprechend aufgeklärt wurde, sei es, dass die Bagatellgrenze ausnahmsweise nicht überschritten ist. Dann rückt die Instandsetzung in das Zentrum der Betrachtung. 3169

Ob ein Unfallschaden **technisch einwandfrei** beseitigt worden ist, bestimmt sich nach den herrschenden Regeln der Unfallreparaturtechnik.[921] Diese Regeln, die mehr sind als nur faktische Verhaltensmuster, unterliegen einem Wandel. Eine **Reparatur durch Richten und Ausbeulen**, heißt es, muss qualitativ nicht schlechter sein als eine **Reparatur unter Einsatz von Neuteilen.**[922] Durch die Studie von *Sommer* „Crashverhalten unfallreparierter Fahrzeuge" ist diese Ansicht in Frage gestellt worden. Die Arbeit beschreibt die Auswirkung eines Folgeschadens an einem VW Golf, nachdem der Erst-Unfallschaden repariert worden ist. Ergebnis: 70 % höhere Reparaturkosten durch umfangreichere Verformungen als beim Erst-Unfall. Auch wurde die Insassensicherheit bei dem Folgeschaden angezweifelt (Reaktion des Airbags nicht hundertprozentig). Die Automobilindustrie in Zusammenarbeit mit dem Allianzzentrum (AZT) hat den Gegenbeweis geliefert. Danach hat eine fachgerecht unter Beachtung der Richtlinien der Automobilhersteller durchgeführte Reparatur keine Auswirkungen auf die Karosseriesteifigkeit und das Deformationsverhalten. Bei einem Folgeschaden tritt keine Erhöhung der Reparaturkosten auf. Ebenso wird die Sicherheit der Insassen in keiner Weise beeinträchtigt.[923] 3170

919 So in den beiden Sachen, in denen der BGH durch Urt. v. 10. 10. 2007 (NJW 2008, 53) und v. 12. 3. 2008 (NJW 2008, 1517) entschieden hat; s. a. KG 1. 9. 2011 – 8 U 42/10.

920 Urt. v. 10. 10. 2007, NJW 2008, 53; v. 12. 3. 2008, NJW 2008, 1517.

921 OLG Karlsruhe 19. 2. 1987, NJW-RR 1987, 889; OLG Karlsruhe 10. 5. 1996, SP 1996, 348.

922 So OLG Karlsruhe 10. 5. 1996, SP 1996, 348.

923 Vgl. Kfz-Betrieb 1999, Nr. 49/50.

3171 Hinsichtlich der Qualität einer „normalen“ Unfallreparatur ist es, anders als bei einem komplizierten Motorschaden, in den meisten Fällen belanglos, ob die **Werkstatt fabrikatsgebunden** oder **„frei“** ist.[924] Die technische Gleichwertigkeit ist Thema einer umfangreichen Rechtsprechung in Haftpflichtschadensfällen mit fiktiver Abrechnung.[925] Vom Versicherer wird der Nachweis der Gleichwertigkeit verlangt. Meist kann er erbracht werden. Dass ein Fahrzeug allein deshalb einen Sachmangel hat, weil es nach einem Unfall statt in einer Markenwerkstatt in einer Freien Werkstatt instandgesetzt wurde, ist selbst für jüngere Pkw so noch nicht entschieden worden. Es wäre in dieser Allgemeinheit auch nicht vertretbar. Das schließt nicht aus, dass ein Verkäufer im Einzelfall darüber aufzuklären hat, dass der Wagen in einem nicht qualifizierten Betrieb instandgesetzt worden ist.

3172 Bei der kaufrechtlichen Mangelprüfung nach § 434 Abs. 1 S. 2 Nr. 2 BGB ist in erster Linie auf das Reparaturergebnis abzustellen. Reparaturmängel sind grundsätzlich auch Sachmängel. Ebenso eine „Teilreparatur“ oder eine Behelfsreparatur („Notreparatur“), selbst wenn sie in einer Fachwerkstatt durchgeführt wurden. Kennzeichen derartiger Instandsetzungen ist ihre Unvollständigkeit. Sie macht den Mangel aus. Bei einer „Billigreparatur“, wie sie bei älteren Fahrzeugen aus wirtschaftlichen Gründen erfahrungsgemäß nicht selten vorkommt, können sämtliche Unfallfolgen behoben sein, die Kosteneinsparung vielfältige andere Gründe haben. Bei technisch einwandfreier Arbeit liegt auch kaufrechtlich kein Mangel vor.

3173 Sofern eine Unfallinstandsetzung nicht in einer Kfz-Fachwerkstatt oder in einem Karosseriebetrieb, sondern in **Eigenregie,** durch **Bekanntenhilfe** oder in **Schwarzarbeit** erfolgt ist, spricht eine tatsächliche Vermutung für **Pfusch- und Flickarbeit** und damit für mangelnde Eignung zur gewöhnlichen Verwendung. Diese ist nicht beschränkt auf die faktische Möglichkeit der Fortbewegung. Das Fahren muss auch rechtlich zulässig und gefahrlos für Fahrer und Dritte sein.

3174 **Einsatz von Gebrauchtteilen:** Ein besonders facettenreiches Problem stellt sich bei einer Unfallinstandsetzung unter Verwendung von Gebrauchtteilen. **Grundsätzlich** steht außer Frage, dass auch eine Unfallreparatur mit gebrauchten Ersatzteilen **technisch einwandfrei** möglich ist.[926] Kaufrechtlich geht es indes nicht nur um technische Machbarkeit, sondern auch um Wert- und Nutzungsinteressen, in Grenzen auch um das sog. Affektionsinteresse.

3175 Vorrang hat die Frage, ob eine **Unfallinstandsetzung mit Neuteilen ausdrücklich** oder **stillschweigend vereinbart** worden ist.[927] Für Letzteres ist um so weniger Raum, je älter das Fahrzeug und je höher seine Laufleistung ist. Beim Verkauf vorgeschädigter Halbjahres- und Jahreswagen ist die Annahme einer stillschweigenden Neuteile-Instandsetzung nahe liegend, ebenso bei (jungen) Miet- und Vorführwagen. Sofern es, wie meist, an konkreten Anhaltspunkten für eine entsprechende Vereinbarung fehlt, muss auf die objektiven Kriterien des § 434 Abs. 1 S. 2 Nr. 2 BGB zurückgegriffen werden.[928]

3176 Die **Eignung zur gewöhnlichen Verwendung** kann fehlen, wenn das Fahrzeug durch den Einbau nicht passender oder gar schadhafter Gebrauchtteile verkehrs- und betriebsunsicher ist oder zu werden droht. Das ist im Zweifel durch einen Sachverständigen zu klären. Ein Eignungsmangel kann auch vorliegen, wenn die Allgemeine Betriebserlaubnis erlo-

---

924 OLG Düsseldorf 25. 4. 2001, DAR 2001, 499 = NZV 2001, 475.

925 Grundlegend BGH 20. 9. 2009, NJW 2010, 606 („VW-Urteil“).

926 Näheres bei *Wietoska*, Die Verwendung von gebrauchten Ersatzteilen, 2003, S. 73 ff.; *Reinking*, DAR 1999, 56; *ders.*, zfs 1997, 81; *Pamer*, DAR 2000, 150.

927 Dazu OLG Hamm 10. 2. 2005, NJW-RR 2005, 1220.

928 Zum Kriterium „vertraglich vorausgesetzte Verwendung“ s. *Wietoska*, a. a. O., S. 323.

schen ist (§ 19 StVZO). Schon die ernsthafte Möglichkeit, dass Polizei oder Zulassungsbehörde einschreiten (Auflagen bis zur Stilllegung), kann genügen.

Ob **ein Pkw**, der mit geeigneten Gebrauchtteilen ohne Verstoß gegen Herstellerrichtlinien technisch einwandfrei instandgesetzt worden ist, von der üblichen Beschaffenheit abweicht, kann nicht ein für alle Mal gesagt werden. Noch schwieriger ist die Antwort auf die Frage nach der vom Käufer zu erwartenden Beschaffenheit, die sich allerdings im Zweifel an der üblichen Beschaffenheit orientiert. Solange sich die **„zeitwertgerechte" Unfallreparatur** mit Gebrauchtteilen auf dem Pkw-Sektor nicht allgemein durchgesetzt hat, herrscht weiterhin **die Verkehrsauffassung** vor, dass ein Unfallschaden zum einen in einer Fachwerkstatt und zum anderen unter Einsatz von Neuteilen behoben worden ist. **3177**

Damit korrespondiert die Rechtsprechung des VI. Zivilsenats des BGH, wonach bei einem Haftpflichtschaden grundsätzlich – auch bei fiktiver Abrechnung – Ersatz nach Maßgabe der Stundenverrechnungssätze einer markengebundenen Fachwerkstatt zu leisten ist.[929] Solche Betriebe beseitigen Unfallschäden zumindest in Haftpflichtsachen nach wie vor unter Einsatz von Neuteilen.[930] Indessen zeichnet sich ein **Wandel der Verkehrsauffassung** ab. Ein Grund liegt in der Zunahme von Unfallreparaturen in Eigenregie, ein anderer in den „Lockerungen" bei der Abwicklung von Kaskoschäden. **3178**

Ist bei einer Unfallinstandsetzung mit Gebrauchtteilen eine Abweichung von der üblichen und/oder vom Käufer zu erwartenden Beschaffenheit feststellbar,[931] kommt es nach den objektiven Mangelkriterien nicht mehr darauf an, ob und ggf. inwieweit diese Abweichung zu einer Wertminderung und/oder Beeinträchtigung des Gebrauchs führt.[932] Von Bedeutung bleibt diese Frage freilich für die Rechtsfolgeseite („Rücktrittsreife", s. Rdn. 3511 ff.). **3179**

Die Auslandsreparatur: Ein relativ neues Phänomen ist der sog. **Reparaturtourismus.** Nach derzeitiger nationaler Verkehrsanschauung ist ein Pkw sachmangelhaft, wenn er im osteuropäischen Ausland oder in der Türkei instandgesetzt worden ist.[933] Allein die Tatsache einer solchen Auslandsreparatur gilt – unabhängig von ihrer Qualität – als wertmindernder Faktor. Eine fachlich einwandfreie Auslandsreparatur sollte in Zeiten der Globalisierung einer entsprechenden Inlandsreparatur gleichgestellt werden. Schon der nicht ausgeräumte Verdacht einer Abweichung von den Herstellerrichtlinien führt – bei einer Auslandsreparatur nicht anders als bei einer Inlandsreparatur – zu einer Wertminderung und damit zur Annahme eines Sachmangels. **3180**

w) Gewerbliche Vorbenutzung (Mietwagen, Taxi, Fahrschulwagen u. a.)

aa) Marktverhältnisse

Nur noch ca. 40 % aller fabrikneuen Pkw/Kombis werden gegenwärtig auf Privatpersonen zugelassen, d. h., von den 2,9 Mio. Neuzulassungen im Jahr 2010 hatten rund 1,7 Mio. eine gewerbliche Zulassung. Diese Zahl gilt es im Auge zu haben, wenn es darum geht, ob eine gewerbliche (Vor-)Nutzung ein üblicher oder unüblicher Umstand ist. **3181**

Etwa 12 % der gesamten Pkw-Neuzulassungen macht allein der jährliche Anteil der Autovermieter aus.[934] Durch „buy-back-Vereinbarungen" mit den Herstellern/Importeuren **3182**

929 Urt. v. 29. 4. 2003, NJW 2003, 2086 – Porsche; v. 20. 10. 2009, NJW 2010, 606 – VW.

930 Für den Marktführer, die Allianz, ist die Reparatur mit Gebrauchtteilen „kein Thema", so *M. Wagner*, Autohaus, 14–15/2004, S. 60, 63.

931 In der Tendenz zurückhaltend *Wietoska*, a. a. O., S. 324 ff., 410.

932 Anders *Wietoska*, a. a. O., S. 327.

933 OLG Celle 27. 6. 1996, OLGR 1996, 208 = zfs 1996, 456 (Polen); LG Duisburg 4. 6. 2004 – 1 O 515/02 – n. v. (Polen, Instandsetzung war objektiv nicht fachgerecht); vgl. auch OLG Köln 2. 8. 1993, VersR 1994, 111 = OLGR 1993, 301 (Türkei); s. a. *Otting*, DAR 1997, 291.

934 *Otting*, ZGS 2004, 12.

und Händlern kommen die **Mietwagen** nach einer Nutzungsdauer von 3 bis 12 Monaten zurück und werden vom Handel vermarktet.[935] An diesen ersten Verkauf als Gebrauchtwagen, häufig unter der Bezeichnung „Jahreswagen“, schließen sich erfahrungsgemäß weitere Verkäufe an, damit auch von Privat an Privat. Auf diese Weise steigt der Anteil ehemaliger Mietwagen von Jahr zu Jahr. Je größer deren Zahl, desto weniger kann von „atypischer“ Vorbenutzung, der gängigen Chiffre, die Rede sein.[936]

3183 Der Handel bietet junge Ex-Mietwagen nicht immer unter Hinweis auf die Vorbenutzung an, sondern bezeichnet sie gelegentlich nur als „Jahreswagen“. Das hat zu Abmahnungen und höchst kontroversen **wettbewerbsrechtlichen Auseinandersetzungen** geführt (dazu Rdn. 2765 ff.). Kaufrechtlich stellt sich neben der Frage der Sachmangelhaftigkeit, aber auch in Verbindung damit, das Problem der Offenbarungspflicht (dazu Rdn. 3198 ff.).

3184 Eine **Zulassungszeit von nur 6 Monaten**[937] signalisiert dem Kundigen, dass es sich sehr wahrscheinlich um einen ehemaligen Mietwagen handelt. Ein weiterer Hinweis darauf ist – abgesehen von der Eintragung im Fahrzeugbrief – eine **verkürzte TÜV-Frist** (§ 29 StVZO). Dass der Händler den Wagen mit **ausweisbarer Umsatzsteuer** statt mit Differenzumsatzsteuer anbietet, ist ein Hinweis darauf, dass der Vorbesitzer (Vorverkäufer) ein Unternehmer, keine Privatperson, ist. Die Art der unternehmerischen Vornutzung bleibt freilich im Dunkeln.

bb) Markteinschätzungen

3185 Potenziellen Gebrauchtwagenkäufern wird in den einschlägigen Ratgebern nachdrücklich empfohlen, sich nach der **Art der Vorbenutzung** des angebotenen Fahrzeugs zu erkundigen, insbesondere die Haltereintragungen im Fahrzeugbrief auf etwaige Firmenzulassungen zu überprüfen. Pkw mit **gewerblicher Vorbenutzung** gelten in den Augen der Verbraucher als wenig bis nicht empfehlenswert. Besonders schlecht ist der Ruf von Taxi-Fahrzeugen und Fahrschulwagen, auch von Mietfahrzeugen. Dem Informationsbedürfnis der Abnehmer Rechnung tragend, sieht der **Kodex für den Fahrzeughandel im Internet** vor, dass Auskunft darüber zu erteilen ist, ob das Fahrzeug gewerblich genutzt wurde. Mietwagen, Fahrschulwagen und Taxi-Fahrzeuge werden besonders erwähnt.

3186 Da Gebrauchtwageninteressenten ersichtlich nicht bereit sind, für ein Taxi, einen Miet- oder einen Fahrschulwagen den gleichen Preis zu bezahlen wie für ein entsprechendes „Normalauto“, pflegen Händler **bei der Hereinnahme** von Altwagen danach zu fragen, ob eine derartige Vorbenutzung gegeben ist. Beim Agenturgeschäft muss der Auftraggeber hierzu eine schriftliche Erklärung im Auftragsformular abgeben. In vielen Ankaufformularen („Ankaufscheinen“), insbesondere bei Inzahlungnahmen, ist eine entsprechende Rubrik vorhanden. Dass es sich bei einer gewerblichen Nutzung um einen **wertbildenden Faktor** handelt, zeigen auch **die Verkaufsformulare**, gleichviel, ob im Segment B2C oder für das Privatgeschäft. Während die Formulare im gewerblichen Handel typischerweise die Ankreuzalternative enthalten „Das Kraftfahrzeug wurde lt. Vorbesitzer als Taxi/Miet-/Fahrschulwagen benutzt“, ist in dem ADAC-Mustervertrag generell von gewerblicher Nutzung die Rede. Der Einsatz als Taxi, Mietwagen und Fahrschulwagen wird nur beispielhaft erwähnt.

---

935 Zu den Absatzwegen im Einzelnen s. Der Autovermieter 2/2007, S. 20 ff.

936 Zutreffend *Otting*, ZGS 2004, 12.

937 So im Fall OLG Köln OLGR 1996, 262 = zfs 1997, 56 = NZV 1997, 312 (Verkäufer des MB 200 TE, 5 Mo., 3 Wo. als Mietwagen gelaufen, war weder der Vermieter noch ein Händler, sondern ein Arzt als Zweiteigentümer nach ca. zweijähriger Privatnutzung); ebenso OLG Köln 26. 7. 2000, OLGR 2001, 19.

Dass eine gewerbliche Nutzung ein preisbildender Faktor ist, beweisen auch die Preisnotierungen. Die Preise in den Listen von DAT und Schwacke beziehen sich auf **überwiegend privat genutzte** Fahrzeuge.[938] Nicht anders verhält es sich bei den Privatmarktpreisen, die in den einschlägigen Medien veröffentlicht werden. **3187**

Die negative Einschätzung in Verbraucherkreisen beruht – ähnlich wie bei reparierten Unfallfahrzeugen – vorwiegend auf einer **gefühlsmäßigen Abneigung**. Aus **technischer Sicht** sind die Vorbehalte weitgehend unbegründet. Es trifft nicht zu, dass Taxis, Mietwagen und Fahrschulwagen generell weniger sorgfältig gepflegt und gewartet werden als privat genutzte Durchschnittsautos. **3188**

cc) Prüfraster im konkreten Fall und Kasuistik

(1) Verkauf mit Angaben zur Vorbenutzung

Ist die Mietwagen-Eigenschaft beiden Seiten bekannt, kann sie einen Sachmangel entweder erst gar nicht begründen oder den Verkäufer nach § 442 Abs. 1 S. 1 BGB von der Haftung freistellen.[939] Bei fehlender Käuferkenntnis stellt sich die Frage, ob der Verkäufer bestimmte Informationen über die Art der Vorbenutzung gemacht hat, wenn ja, ob eine „einfache“ Beschaffenheitsvereinbarung (§ 434 Abs. 1 S. 1 BGB), gar eine Beschaffenheitsgarantie, oder lediglich eine Wissensmitteilung anzunehmen ist. **3189**

Im aktuellen **ADAC-Kaufvertrag** für Geschäfte zwischen Privatpersonen ist die gewerbliche Nutzung im Katalog „Erklärungen“ aufgeführt, verbunden mit dem einschränkenden Zusatz „soweit ihm bekannt“. Im **gewerblichen Handel** sprechen die meisten Vertragstexte, wie erwähnt, nur die drei „klassischen“ Fälle einer gewerblichen Nutzung an (Taxi/Miet- oder Fahrschulwagen), verbunden mit dem Hinweis „laut Vorbesitzer“. Das Wort „zugesichert“ bzw. „garantiert“ wird auch in diesem Bereich aus gutem Grund allgemein vermieden. **3190**

Wenn der Verkäufer seiner Information ein **„soweit bekannt“** oder **„laut Vorbesitzer“** oder **„nach meiner Kenntnis“** hinzufügt, ist lediglich **eine Wissensmitteilung** anzunehmen.[940] Zu den Konsequenzen s. Rdn. 2452 ff. Zu seinem Schutz kann der Käufer sich die Voreintragungen im Fahrzeugbrief ansehen (bei der heutigen ZB II wenig ergiebig) und sich im Zweifelsfall bei den früheren Haltern erkundigen. Von dem Verkäufer eine uneingeschränkte Erklärung zu verlangen, ist eine weitere Möglichkeit der Absicherung. **3191**

Mit Ankreuzen des „Nein“ erklärt **ein Händler** lediglich, dass der Wagen „lt. Vorbesitzer“ früher nicht als Taxi, Mietwagen oder Fahrschulwagen zum Einsatz gekommen ist, eine anderweitige gewerbliche oder geschäftliche Nutzung wird damit nicht ausgeschlossen.[941] Das „Nein“ hat nicht die Bedeutung einer Zusage „keine sonstige gewerbliche Nutzung“. Ist das Fahrzeug z. B. als „normaler“ Firmenwagen genutzt worden, kann dem Händler ein Bruch einer Beschaffenheitsvereinbarung nicht zur Last gelegt werden. Das schließt nicht aus, dass der Wagen wegen einer Abweichung von den objektiven Standards des § 434 Abs. 1 S. 2 Nr. 2 BGB mangelhaft und der Händler aufklärungspflichtig ist. **3192**

Bei einem früheren Einsatz **als Polizeiwagen** oder als **Rettungsfahrzeug** (straßenverkehrsrechtlich „Sonderfahrzeuge“ oder „Einsatzfahrzeuge“) stellt sich die Vorfrage, ob **3193**

---

938 In der „SCHWACKE-Liste Pkw“ nicht mehr ausdrücklich erwähnt; außergewöhnliche Einsatzbedingungen sind aber als Korrekturfaktor aufgeführt.

939 So im Jahreswagen-Fall BGH 7. 6. 2006, NJW 2006, 2694 Tz. 8.

940 BGH 2. 11. 2010 – VIII ZR 287/09 – DAR 2011, 520 („soweit bekannt“ bzgl. der Anzahl der Vorbesitzer in einem Formularvertrag für das Privatgeschäft) unter Hinweis auf die grundlegende Entscheidung des VIII. ZS vom 12. 3. 2008, NJW 2008, 1517.

941 In diese Richtung auch LG Kassel 27. 4. 2010 – 7 O 2091/08 – rkr. (Vorbenutzung eines VW Lupo durch einen Pflegedienst).

diese spezielle Art von Nutzung überhaupt eine „gewerbliche“ ist. Virulent wird dies etwa bei Verwendung des ADAC-Vertragsformulars oder eines vergleichbaren Vertragstextes, wenn dort generell von gewerblicher Nutzung die Rede ist. Die Zulassung auf eine Polizeibehörde als „gewerbliche Nutzung“ einzustufen[942], ist zumindest fragwürdig. Näher liegt die Deutung, „gewerbliche Nutzung“ eingeschränkt zu interpretieren. Nicht jede nichtprivate Nutzung ist eine gewerbliche. Bei einem beruflich genutzten Pkw eines Freiberuflers ist die Einstufung „gewerbliche Nutzung“ fehl am Platze. Orientierung liefern die Beispiele, die in dem Klammerzusatz genannt sind: Taxi, Mietwagen, Fahrschulwagen. Dieser besonderen Art gewerblicher Nutzung muss die Verwendung des Fahrzeugs zumindest nahe kommen. Grundelement ist die Nutzung durch eine Vielzahl von Fahrern ohne das eigentümerspezifische Erhaltungs- und Pflegeinteresse, was sich in einer Risikoerhöhung niederschlägt.

3194 Den **handschriftlichen Zusatz** eines Händlers „Fahrzeug ist kein Mietwagen“ als generelle, nicht auf den letzten Vorbesitzer beschränkte Zusage zu deuten,[943] ist vertretbar. Heißt es in dem Kaufvertrag, das Fahrzeug sei **von keinem Vorbesitzer gewerblich genutzt** worden, kann dies eine Beschaffenheitsangabe, wenn nicht gar eine Beschaffenheitsgarantie sein. Garantiecharakter hat man der Erklärung: „Kfz wurde nicht als Taxi/Miet- oder Fahrschulwagen benutzt“ beigemessen,[944] wobei das Ankreuzen des „Nein“-Kästchens genügte.[945] Diese Strenge ist heute überholt.

3195 Ist der Verkäufer **kein Erstbesitzer**, vielmehr das letzte Glied einer möglicherweise längeren Kette, kann seine Erklärung „keine gewerbliche Vorbenutzung“ auch ohne einen einschränkenden Zusatz wie „soweit bekannt“ oder „lt. Vorbesitzer“ – auf seine eigene Besitzzeit beschränkt sein. Das ist eine Frage der Auslegung im Einzelfall.[946] Für die davor liegende Zeit kann der Käufer vernünftigerweise eine Garantieübernahme nicht erwarten.

3196 Dazu, was unter **„Gebrauchtwagen aus 1. Hand“** zu verstehen ist, s. Rdn. 3218. Auf ein Fahrzeug, das vorher als **Mietwagen** gelaufen ist, soll diese Bezeichnung nicht zutreffen.[947] Zu „Jahreswagen – 1 Vorbesitzer/1.Hand“ bei einem als Mietwagen gelaufenen Pkw s. Rdn. 2765 ff. Eine Eigenschaftszusicherung i. S. v. § 459 Abs. 2 BGB a. F. hat der BGH in einem Fall angenommen, in dem ein Kfz-Händler die ausdrückliche Frage des Käufers, ob der Wagen früher **als Taxi** benutzt worden sei, verneint hatte.[948] Ob in dieser mündlichen Mitteilung eine Zusicherung zu sehen ist, erscheint fraglich, zumal der Käufer – wenn auch formularmäßig – erklärt hatte, die Art der Benutzung des Pkw durch den Vorbesitzer sei für ihn ohne Bedeutung.[949] Heute stellt der BGH jedenfalls an die Annahme einer Beschaffenheitsvereinbarung strengere Anforderungen als früher (Gebot der Eindeutigkeit). Damit verschärft er zugleich die Anforderungen an eine Garantieübernahme (zur Notwendigkeit eines Kurswechsels auch insoweit s. Rdn. 2590 f.).

3197 Wenn ein Fahrzeug unter der Bezeichnung **„von Privat“** angeboten wird, bedeutet dies nach Ansicht des Kammergerichts nicht, dass es ausschließlich als „Privatfahrzeug“ und nicht als Mietwagen oder sonst gewerblich benutzt worden ist.[950] In Anzeigen werden diese Formulierungen bei Angebot und Suche von Gebrauchtwagen benutzt, wenn kein Händler zwischengeschaltet ist oder werden soll. Das Wort „von“ bezieht sich auf den anbietenden

942 So AG Köln 8. 7. 1993 – 122 C 691/92 – n. v.; s. a. die Verwendungsklausel in § 2 AKB.
943 So AG Bergheim 14. 1. 2005 – 28 C 260/03 – n. v. (Minderung von 10 % des Kaufpreises).
944 So AG Köln 27. 8. 1985 – 117 C 563/84 – n. v. (Fahrschulwagen).
945 OLG Köln 11. 5. 1990, NJW-RR 1990, 1144 (Fahrschulwagen).
946 Vgl. AG Cuxhaven 2. 7. 1993 – 11 C 321/92 – n. v. (pro Käufer).
947 LG Berlin 7. 2. 1975, VersR 1976, 396; OLG Düsseldorf 18. 6. 1999, NZV 1999, 514.
948 Urt. v. 12. 5. 1976, WM 1976, 740 = BB 1977, 61 m. Anm. *Trinkner*.
949 Nach BGH 12. 5. 1976, WM 1976, 740 = BB 1977, 61 eine Überraschungsklausel.
950 Urt. v. 31. 1. 1972, OLGZ 1972, 402.

Verkäufer, rechtfertigt aber zugleich die Erwartung, dass das Fahrzeug zuletzt von dem privaten Anbieter persönlich oder von Personen aus seiner Sphäre (Eltern, Angehörige) zu privaten Zwecken genutzt worden ist.

(2) Verkauf ohne Angaben zur Vorbenutzung und Offenbarungspflicht

Lässt sich weder eine positive noch eine negative Beschaffenheitsvereinbarung feststel- **3198**
len, auch keine Garantie, sondern allenfalls eine Wissensmitteilung, so die typische Konstellation, beurteilt sich die Frage der Mängelfreiheit nach § 434 Abs. 1 S. 2 Nr. 2 BGB. Nicht jede gewerbliche Vorbenutzung eines gebrauchten Pkw stellt eine dem Käufer nachteilige Abweichung von der üblichen und der zu erwartenden Beschaffenheit dar. Vielmehr ist es eine **Frage des Einzelfalls**, ob der Zustand des Fahrzeugs objektiv vertragswidrig ist. Auch mit Blick auf die Offenbarungspflicht des Verkäufers verbietet sich jede pauschale Bewertung, so das Fazit der Rechtsprechung zum früheren Kaufrecht, in der man das Problem schwerpunktmäßig unter dem **Aspekt der Offenbarungspflicht** (arglistige Täuschung) erörtert hat.[951] Das ist auch das Leitthema der Judikatur in „Neufällen".

Bei der Analyse der Rechtsprechung empfiehlt sich, darauf zu achten, ob es um einen **3199**
Fall mit Arglistanfechtung (§ 123 BGB)[952] oder um das Verschweigen eines Sachmangels geht, selbstverständlich auch darauf, in welcher Weise und wie lange das Fahrzeug „gewerblich" vor dem Verkauf genutzt worden war, in welchem Alter es vom Verkäufer angeboten wurde, ob z. B. als „Jahreswagen" oder als älterer Gebrauchtwagen mit einer gewerblichen Nutzung nur in der Anfangszeit der Fahrzeughistorie. Von Bedeutung ist schließlich auch, wer Verkäufer und wer Käufer ist. Die Fallgestaltungen, die zu Gerichtsentscheidungen geführt haben, sind mitunter so speziell gelagert, dass die Gefahr voreiliger Schlussfolgerungen gerade in diesem Bereich besonders groß ist. Zudem haben sich die faktischen und rechtlichen Verhältnisse gewandelt.[953]

Eine Aufklärungspflicht bestehe nur dann, wenn ein übermäßiger Gebrauch wegen der **3200**
Höhe der Fahrleistung (z. B. Taxi) oder aber eine Vielzahl unterschiedlicher Nutzer (Mietwagen) vorliege, heißt es in einem Berufungsurteil des LG Wiesbaden vom 25. 1. 2005[954] generell zum Thema „Vorbenutzung". Aus der „berufsbedingten" Nutzung eines Kraftfahrzeugs ergebe sich grundsätzlich keine Beeinträchtigung der „dauerhaften Weiternutzung". Zu unterscheiden sind folgende **Fallgruppen:**

Ausschließliche Vorbenutzung als Mietwagen. Wie stark die Meinungen in der Recht- **3201**
sprechung und im Schrifttum auseinandergehen, zeigt schlaglichtartig die Diskussion über die wettbewerbsrechtliche Informationspflicht (§ 5a UWG) in den „Jahreswagen"-Fällen (Einzelheiten unter Rdn. 2765 ff.). **Höchstrichterliche Orientierung** fehlt hier ebenso wie im Kaufrecht. Keinen Fingerzeig liefert die Jahreswagen-Entscheidung des VIII. Senats des BGH v. 7. 6. 2006[955], denn dort (Tz. 8) ist mit Blick auf die Nutzung als Mietwagen von einem „etwaigen Minderungsrecht" die Rede. Dieses sei von vornherein nach § 442 Abs. 1 S. 1 BGB ausgeschlossen. Daraus kann nicht der Schluss gezogen werden, für den BGH sei die Eigenschaft als Mietwagen ein Sachmangel. Erlaubt ist dagegen die Schlussfolgerung, dass auch der BGH in der Mietwageneigenschaft, in der Vorbenutzung als Miet-

---

951 Z. B. OLG Köln 29. 5. 1996, OLGR 1996, 262 = zfs 1997, 56 = NZV 1997, 312 (Mietwagen mit anschließender Privatnutzung); OLG Düsseldorf 26. 7. 2000, OLGR 2001, 19 (Mietwagen) mit Hinweis auf BGH 12. 5. 1976, MDR 1976, 1012 (Taxi); KG 26. 8. 2004, NZV 2005, 97 = MDR 2005, 142 (Taxi).

952 So OLG Stuttgart 31. 7. 2008, NJW-RR 2009, 551 und LG Kaiserslautern 25. 3. 2009, NJW-RR 2010, 634

953 Für den Mietwagensektor *Otting*, ZGS 2004, 12.

954 Az. 2 S 83/04, MittBl. Arge VerkR 2/2005, S. 70.

955 NJW 2006, 2694.

wagen, **ein Beschaffenheitsmerkmal** sieht. Jedenfalls nach dem heute geltenden weiten Beschaffenheitsbegriff kann das ernsthaft nicht bestritten werden. Diese Einordnung hat u. a. zur Konsequenz, dass eine **nur fahrlässige Nichtangabe** einer Mietwagen-Vorbenutzung keine Haftung wegen vorvertraglichen Verschuldens begründen kann.

3202 Mit Blick auf die objektiven Standards des § 434 Abs. 1 S. 2 Nr. 2 BGB ist zu sagen: Eine Nichteignung für die **gewöhnliche Verwendung** wird sich kaum jemals begründen bzw. nachweisen lassen. Bei einem vorschriftsmäßig gewarteten Mietwagen mit einer Einsatzzeit bis zu zwölf Monaten ist der Verschleiß von Motor und sonstiger Mechanik im Allgemeinen nicht weiter fortgeschritten als bei einem vergleichbaren privat genutzten Kraftwagen. Für das Gegenteil gibt es heute zumindest im Alterssegment bis zwölf Monate auch keine tatsächliche Vermutung. Anders können die Dinge bei einem mehrjährigen Einsatz als Mietwagen mit überdurchschnittlicher Fahrleistung liegen.[956]

3203 Den Schlüssel zur Lösung liefern die Kriterien **„übliche Beschaffenheit"** und **„berechtigte Käufererwartung"**. Letztere orientiert sich i. d. R. an der üblichen Beschaffenheit (zu diesem Gleichlauf s. Rdn. 2523). Wenngleich bei der Ermittlung der üblichen Beschaffenheit nicht allein auf statistische Werte, auch nicht auf einen statistischen Durchschnittswert, abgestellt werden darf[957], so führt doch kein Weg an der Erkenntnis vorbei, dass es der **üblichen Beschaffenheit** vergleichbarer Fahrzeuge entspricht, wenn ein Pkw der **Altersgruppe drei bis zwölf Monate** ein Ex-Mietwagen ist.[958] M. a. W.: Ein Pkw aus diesem Alterssegment („Alterssegmentsgleichheit"[959]) ist typischerweise ein ehemaliger Mietwagen. Eine private Vorbenutzung ist trotz der beträchtlichen Zahl von Werksangehörigen-Fahrzeugen ungewöhnlich. Diese Einschätzung ist keine Frage der Statistik, sondern der Realität. Das Faktische bestimmt, was üblich ist und prägt somit nach der Gleichschrittsthese des BGH die objektiv berechtigte Käufererwartung.

3204 Wer die Käufererwartung von der üblichen Beschaffenheit abkoppelt und sie dahin versteht, dass sie selbst bei „jungen" Gebrauchten eine Privatnutzung zum Inhalt steht, muss sich mit der Frage auseinandersetzen, ob einer solchen Erwartung im konkreten Fall der Boden entzogen ist. Zerstörerisch wirken nicht nur das niedrige Alter. Auch die verkürzte HU-Frist und die ausgewiesene Umsatzsteuer signalisieren einem verständigen Durchschnittskäufer, auf den abzustellen ist, dass die Annahme einer privaten Vorbenutzung ohne tatsächliche Grundlage ist, zumindest zweifelhaft erscheinen muss. In diesem Zusammenhang können auch Eintragungen in den Kfz-Papieren eine Rolle spielen.

3205 Wer in einem Fall ausschließlicher Vorbenutzung als Mietwagen einem Händler eine arglistige Täuschung zur Last legen möchte, wofür OLG Stuttgart NJW-RR 2009, 551 eine Stütze liefert, wird sich mit folgenden Gegenargumenten konfrontiert sehen: Schon kein Sachmangel (s. o.), wenn doch, keine Offenbarungspflicht wegen Erkennbarkeit der Vorbenutzung anhand der Umstände x, y, z (s. o.), äußerst hilfsweise: kein Vorsatz wegen Rechtsirrtums mit Hinweis auf Rechtsprechung, wonach eine Offenbarungspflicht nicht besteht.[960]

3206 **Erstnutzung Mietwagen, Anschlussnutzung „normal":** Von den Fällen des Verkaufs „junger" Gebrauchter (Alter/Zulassungsdauer bis 12 Monate) mit ausschließlicher

956 Vgl. AG Nordhausen 11. 3. 2010 – 22 C 1027/08 („vorzeitiger" Getriebeverschleiß, aber kein Sachmangel wegen dem Käufer bekannter Mietwagennutzung/VW Phaeton V 6).

957 BGH 10. 3. 2009, NJW 2009, 1588 (Standzeit); OLG Stuttgart 31. 7. 2008, NJW-RR 2009, 551 (Mietwagen-Vorbenutzung).

958 *Otting*, ZGS 2004, 12.

959 *Otting*, ZGS 2004, 12.

960 LG Kaiserslautern 25. 3. 2009, NJW-RR 2010, 634; eine wettbewerbsrechtliche Informationspflicht verneint das OLG Nürnberg 8.6./22.7. 2010 – 3 U 882/10; ebenso OLG Karlsruhe 28. 10. 2010 – 4 U 133/10; dazu Rdn. 2765 ff.

(Erst-)Nutzung als „Selbstfahrer-Mietfahrzeug“ sind die Verkäufe von solchen Fahrzeugen zu unterscheiden, die **nur in der ersten Phase** als Mietwagen gelaufen sind, dann aber **anderweitig genutzt** wurden, bevor sie zum Kauf angeboten wurden.[961] Die gewöhnliche Verwendung wird in einem derartigen Fall durch die längere Zeit zurückliegende Mietwagennutzung nicht beeinträchtigt sein, jedenfalls wird sich das angesichts der Weiternutzung durch Nicht-Mieter kaum nachweisen lassen. Folglich kommt es darauf an, das richtige Referenzfahrzeug zu finden („Sachen der gleichen Art“), um dann ggf. in einem weiteren Schritt nach der objektiv berechtigten Käufererwartung zu fragen. Allgemein gilt hier: Je kürzer die Zeit der Mietwagennutzung und je länger die Dauer anschließender „normaler“ Nutzung, desto eher wird ein Sachmangel i. S. d. § 434 Abs. 1 S. 2 Nr. 2 BGB zu verneinen sein. Mit Hilfe dieser Richtschnur haben die Gerichte auch das Parallelproblem der Offenbarungspflicht zu lösen versucht.[962]

Vorbenutzung als Taxi oder Fahrschulwagen: Der **nur vorübergehende** Einsatz als Taxi, z. B. von drei Vorbesitzern war nur einer ein Taxiunternehmer, begründet nicht ohne Weiteres einen merkantilen Minderwert.[963] Bei einem langjährigen, ununterbrochenen Einsatz als **Fahrschulwagen**[964] ist eine erhebliche Wertminderung und damit ein (offenbarungspflichtiger) Sachmangel dagegen bejaht worden.[965] **3207**

Sonstige Vorbenutzung. Offenbarungspflichtig kann auch ein früherer Einsatz als **Testfahrzeug** sein, z. B. beim Hersteller. Sog. **„Typprüffahrzeuge“** und **„Vorserienfahrzeuge“** („Nullserien-Fahrzeuge“), die in dem gleichen Kontext zu nennen sind, können schon im Zusammenhang mit dem Verkauf als „Neuwagen“ ein Thema sein (Stichwort: fabrikneu), doch auch ein späterer Gebrauchtwagenkäufer kann sich getäuscht sehen. Judikatur zum Gebrauchtwagenkauf ist, angesichts des Seltenheitscharakters solcher Fahrzeuge[966] nicht verwunderlich, nur spärlich vorhanden.[967] Was beim Neufahrzeugkauf wegen des Wegfalls der Eigenschaft „fabrikneu“ problemlos als Sachmangel gewertet werden kann (ebenso als aufklärungspflichtig), verlangt beim Weiterverkauf als Gebrauchtwagen eine differenzierte Bewertung. Im Zweifel ist ein Sachmangel nach den objektiven Kriterien des § 434 Abs. 1 S. 2 Nr. 2 BGB zu bejahen, damit auch eine Offenbarungspflicht. Ob dem Verkäufer auch Vorsatz nachgewiesen werden kann, hängt von naturgemäß von seinem Kenntnisstand ab. In diesem Zusammenhang können auch die Eintragungen in den Kfz-Papieren von Bedeutung sein. **3208**

Zum Verkauf eines Händlerfahrzeugs, das sowohl als **Vorführwagen** als auch als Ersatzwagen für Werkstattkunden gedient hat, s. OLG Düsseldorf NJW-RR 1997, 427. Zu Vorführwagen, Dienstfahrzeugen und Geschäftswagen s. Rdn. 2732 ff. **3209**

---

961 So die Konstellation OLG Köln 29. 5. 1996, OLGR 1996, 262 = zfs 1997, 56 = NZV 1997, 312; auch OLG Düsseldorf 26. 7. 2000, OLGR 2001, 19.

962 Z. B. OLG Köln 29. 5. 1996, OLGR 1996, 262 = zfs 1997, 56 = NZV 1997, 312.

963 Mangel daher verneint von OLG Köln 12. 11. 1980 – 16 U 1/79 – n. v.; vgl. auch BGH 12. 5. 1976, BB 1977, 61 m. Anm. *Trinkner* = WM 1976, 740; LG Berlin 7. 2. 1975, VersR 1976, 396; OLG Düsseldorf 13. 7. 1995 – 13 U 60/94 – Offenbarungspflicht bejaht; ca. 30-monatiger Einsatz als Taxi.

964 OLG Nürnberg 28. 3. 1985, MDR 1985, 672 = DAR 1986, 26; OLG Köln 11. 5. 1990, NJW-RR 1990, 1144; OLG Oldenburg 13. 6. 1983, DAR 1984, 86, 87.

965 Vgl. OLG Köln 20. 11. 1998, NZV 1999, 338 = OLGR 1999, 121.

966 Sie können ganz unterschiedlichen Zwecken gedient haben, außer der Erprobung und Validierung der Großserienkonstruktion auch zu Präsentationen oder Vorab-Belieferungen ausgewählter Kunden.

967 OLG Köln 31. 10. 1985 – 12 U 55/85 – n. v. (Teststrecke insgesamt 10.000 km); OLG Köln 9. 1. 2002 – 17 U 75/01 – n. v. – Teststrecke 192.000 km in 30 Monaten; LG Bonn 17. 2. 1989 – 4 S 157/88 – n. v.

3210 Für privat genutzte **Leasingfahrzeuge** gelten andere Regeln als für gewerblich genutzte Mietwagen. Die meisten Leasingverträge machen dem Leasingnehmer die Einhaltung der vorgeschriebenen Wartungs- und Pflegedienste zur Pflicht. Zumindest Leasingfahrzeuge aus Privathand sind deshalb eher in einem besseren als einem schlechteren Zustand als Eigentümer-Privatwagen. Für **gewerblich genutzte Leasingwagen** gilt dieser Erfahrungssatz nicht. Ihr Erhaltungszustand ist freilich nicht schlechter als der von Firmenwagen, die im Eigentum des Unternehmens standen. Ein Sachmangel ist i. d. R. zu verneinen.[968]

3211 **Raucherfahrzeuge/Fahrzeuge von Tierhaltern:** Hier steht nicht die Funktionsfähigkeit bzw. Technik, sondern eher die Hygiene auf dem Spiel. Da auch Personenwagen in erster Linie Gebrauchsgegenstände und keine Kultobjekte sind, jedenfalls sein sollten, war nach § 459 Abs. 1 BGB a. F. die Gebrauchstauglichkeit das entscheidende Kriterium, an dem Geruchsbelästigungen und ähnliche Störungen gemessen wurden. Selbst wenn in krassen Fällen ein Sachmangel heutiger Definition vorliegen sollte, dürfte eine Haftung des Verkäufers zumeist an § 442 Abs. 1 S. 2 BGB scheitern.

x) Vorbesitzer/Vorhalter/Ersthandfahrzeug/Zweithandfahrzeug

aa) Ausgangslage und Terminologie

3212 Eigentum, Haltereigenschaft, Besitz und Benutzung können, müssen aber nicht zusammenfallen. Nicht selten sind vier verschiedene (juristische oder natürliche) Personen in der vorbezeichneten Weise mit dem streitgegenständlichen Kraftfahrzeug verbunden. Im (deutschen) **Fahrzeugbrief** (Zulassungsbescheinigung Teil II) stehen diejenigen Personen, auf deren Namen/Firma das Fahrzeug von einer deutschen Behörde zum Verkehr zugelassen worden ist. Nach dem Verständnis der StVZO bzw. jetzt FZV und der Zulassungsstellen sind damit die **Halter** gemeint. So ist z. B. auf Seite 6 der amtlichen Vordrucke für den Fahrzeugbrief alter Art von „weiteren Halter-Eintragungen“ die Rede. Im Nachfolgepapier, der „Zulassungsbescheinigung Teil II“ (§ 12 FZV), wird die „Anzahl der Vorhalter“ eingetragen. Bei einem noch nicht zugelassenen Kfz steht in der linken Spalte eine Null. Eine Registrierung im Ausland ist mit einem Strich gekennzeichnet.

3213 In den früher üblichen Kaufvertragsformularen wurde nach der „Zahl der Halter lt. Fz-Brief“ gefragt. Inzwischen wird die Zulassungsbescheinigung Teil II mitgenannt. Die Formulierung „Zahl der Vorbesitzer lt. Fz-Brief“ ist selten geworden. Beide Klauseln sind synonym. „Vorbesitzer“ ist hier identisch mit (Vor-)Halter. Ein alternativer Quellenhinweis ist die Verweisung auf den Vorbesitzer („Zahl der Halter lt. Vorbesitzer“).

3214 Der im Fahrzeugbrief dokumentierte Halterwechsel, auch als **„Besitzumschreibung“** bezeichnet, ist normalerweise mit einem **Besitzerwechsel** verbunden. Die **tatsächlichen Besitzverhältnisse** können sich anders als nach dem Fahrzeugbrief zu vermuten darstellen. So kann ein und dasselbe Fahrzeug nur einen eingetragenen Halter, aber mehrere (unmittelbare) Besitzer gehabt haben.

3215 **Längere Besitzerketten** sind naturgemäß bei älteren Gebrauchtwagen zu beobachten, bei jüngeren vornehmlich bei Unfallwagen. In Zahlung genommene Altwagen werden vom Neufahrzeughandel häufig direkt an gewerbliche Wiederverkäufer abgegeben. Sie können dann mehrere Stationen durchlaufen, ohne dass dies im Fahrzeugbrief oder anderweitig aufscheint. Die Zahl derartiger „Wanderwagen“ hat durch die Haftungsverschärfungen der Schuldrechtsreform zugenommen. Zur Aufklärungspflicht in solchen Fällen s. Rdn. 3227 ff., 4451.

---

968 Vgl. LG Kassel 27. 4. 2010 – 7 O 2091/08 – VW Lupo des Leasingnehmers, eines Pflegedienstes (= Vorbesitzer, nicht Verkäufer) war 2, 5 Jahre lang (27.007 km) von wechselnden Fahrern zu Einsatzfahrten benutzt worden.

bb) Käufervorstellungen und -erwartungen

Nach repräsentativen Untersuchungen sind ca. zwei Drittel der Gebrauchtwagenkäufer der Ansicht, dass sich eine höhere Zahl von Vorbesitzern (Voreintragungen) negativ auf den Wert von Personenwagen auswirkt, zumal bei schneller Folge der Besitzumschreibungen. Auf die Anzahl der tatsächlichen Benutzer (Fahrer) – nur der eingetragene Halter oder auch dessen Angehörige, Angestellte u. a.? – kommt es für die Wertschätzung weniger an. Dieser Punkt liegt auch meist im Dunkeln. Von Bedeutung ist die Anzahl von im Fahrzeugbrief (ZB II) nicht eingetragenen (Zwischen-)Besitzern/Zwischenhändlern nicht zuletzt mit Blick auf den Grad der Verlässlichkeit von Verkäuferangaben „laut Vorbesitzer", z. B. zur Unfallfreiheit/bestimmten Vorschäden oder zur Gesamtlaufleistung. Zur Aufklärungspflicht des Verkäufers s. Rdn. 3226 ff. 3216

cc) Sachmängelhaftung

(1) Beschaffenheitsmerkmal

Als zusicherungsfähige Eigenschaft eines Kraftfahrzeugs ist auch die Anzahl der Vorbesitzer, Vorhalter und Voreintragungen im Fahrzeugbrief angesehen worden.[969] Nach heutiger Terminologie handelt es sich um ein Beschaffenheitsmerkmal.[970] 3217

(2) Verkauf mit (Beschaffenheits-)Angaben

Nach der Rechtsprechung zum früheren Kaufrecht lag eine Zusicherung nicht nur in der vorbehaltlosen Angabe **„Ersthandfahrzeug"**[971] oder **„aus 1. Hand"**,[972] sondern auch in der Angabe **„Zahl der Vorbesitzer lt. Kfz-Brief"**[973] oder „Zahl der Halter lt. Fz-Brief".[974] Aus heutiger Sicht geht das zu weit. Für die Annahme einer Beschaffenheitsgarantie/Garantieübernahme besteht kein Bedürfnis mehr, sofern eine Freizeichnungsklausel fehlt (Verbrauchsgüterkauf) oder, wenn vorhanden, restriktiv interpretiert wird. Jedenfalls keine Eigenschaftszusicherung und dementsprechend auch keine Beschaffenheitsgarantie ist anzunehmen, wenn **ein Privatverkäufer** in einem **ADAC-Vertrag** (Fassung 2002) in der Zeile 2.5 die Anzahl der Vorbesitzer mitteilt.[975] Vielmehr bedeutet der **Zusatz „soweit bekannt"**, dass es sich nur um **eine Wissensmitteilung** handelt.[976] Gleiches gilt für Angaben gewerblicher Händler mit einschränkenden Zusätzen „lt. Fz-Brief/Zulassungsbesch. II" und „lt. Vorbesitzer".[977] 3218

Eine Haftung aus **Verschulden bei Vertragsschluss** kommt in Fällen unzutreffender Wissensmitteilung nur bei einer vorsätzlichen Falschangabe bezüglich des Beschaffen- 3219

---

969 OLG Hamm 14. 7. 1983, MDR 1984, 141; OLG Celle 21. 6. 1990, NJW-RR 1990, 1527; LG Hannover 2. 10. 1991, MDR 1992, 557; LG Lübeck 23. 7. 2003, SchlHA 2004, 155.

970 BGH 2. 11. 2010 – VIII ZR 287/09 – DAR 2011, 520; OLG Düsseldorf 8. 8. 2003 – 1 W 45/03 – n. v.; LG Köln 26. 7. 2005 – 28 O 70/05 – n. v.

971 LG Berlin 7. 2. 1975, VersR 1976, 396; OLG Koblenz 25. 2. 1981 – 7 U 246/80 – n. v.; LG Bonn 14. 2. 1984 – 13 O 96/83 – n. v.; vgl. auch OLG Köln 14. 2. 1974, NJW 1974, 2128.

972 OLG Düsseldorf 12. 3. 2003, OLGR 2003, 338 = VRS 105, 1; OLG Köln 9. 10. 1991, VRS 82, 89; LG Kleve – 5 S 233/87 – n. v.; LG Hannover 2. 10. 1991, MDR 1992, 557; s. a. OLG Düsseldorf 18. 6. 1999, NZV 1999, 514 – früheres Mietfahrzeug.

973 OLG Düsseldorf 30. 4. 1982 – 22 U 243/81 – n. v.; s. a. OLG Hamm 14. 7. 1983, MDR 1984, 141; LG Saarbrücken 8. 11. 1983, DAR 1984, 91.

974 OLG Celle 21. 6. 1990, NJW-RR 1990, 1527 (im konkreten Fall verneint); OLG Düsseldorf 3. 12. 1993, OLGR 1994, 186 (L.); LG Lübeck 23. 7. 2003, SchlHA 2004, 155.

975 Vgl. OLG Düsseldorf 28. 6. 2002, DAR 2002, 506.

976 BGH 2. 11. 2010 – VIII ZR 287/09 – DAR 2011, 520 – Privatverkauf auf Basis eines Formularvertrages von autoscout24.

977 BGH 2. 11. 2010 – VIII ZR 287/09 – DAR 2011, 520 – unter Hinweis auf das Urteil v. 12. 3. 2008, NJW 2008, 1517; LG Kiel 9. 12. 2008, NZV 2009, 2243 („Wissenserklärung").

heitsmerkmals „Anzahl der Vorbesitzer“ in Betracht (arg. Vorrang des Sachmängelgewährleistungsrechts).[978] Bezieht sich das Verschulden des Verkäufers auf die Wiedergabe des angeblichen Wissens, etwa in Form eines Ablesefehlers, reicht bloße Fahrlässigkeit für die c. i. c.-Haftung nicht aus (insoweit Sperre durch die §§ 434 ff. BGB).

3220 Erhebliche Irritationen hat die Kontroverse ausgelöst, die sich **wettbewerbsrechtlich** an der Bezeichnung **„Jahreswagen 1 Vorbesitzer/1. Hand“** entzündet hat (dazu auch Rdn. 2765 ff.). Während der Begriff „Vorbesitzer“ für das OLG Karlsruhe[979] nichts über die Zahl der Nutzer und die Art der Nutzung besagt, sieht das OLG Hamm[980] in der o. a. Werbung eine Irreführung, wenn das Fahrzeug im Erstbesitz als Mietwagen gelaufen ist. Der Adressat eines solchen Angebots werde die Formulierung „1 Vorbesitzer“ nicht darauf beziehen, dass nur ein einziger Halter das Fahrzeug zu Eigentum gehabt habe, es aber von beliebigen Nutzern gefahren sei.

3221 Kauf- bzw. auslegungsrechtlich (§§ 133, 157 BGB) wird man sagen müssen, dass eine Mitteilung wie „ein Vorbesitzer“ oder „ein Vorhalter“ isoliert betrachtet, nicht bedeutet, dass das Fahrzeug nur von einer einzigen Person genutzt worden ist. Besitz und Nutzung sind nicht deckungsgleich. Andererseits: Die Mitteilung „nur 1 Vorbesitzer“ begründet die Sachmängelhaftung selbst dann, wenn im Fahrzeugbrief **Eheleute** mit unterschiedlichem Wohnsitz eingetragen sind. Das OLG Köln meint zutreffend, dass es zwar nicht auf die Zahl der tatsächlichen Benutzer ankomme, sondern darauf, dass mehr als ein Halter im Brief stehe.[981] Diese **formale Sicht** ist konsequent. Noch nicht abschließend geklärt haben die Gerichte, wie **Tages- oder Kurzzulassungen** zu behandeln sind. Formal gesehen zählen solche „Papierzulassungen“ mit, was aber nicht zwingend zur Annahme eines Sachmangels führt, wenn sie beim Weiterverkauf ungenannt bleiben. Zunächst kommt es darauf an, wie viele Vorbesitzer der Wagen im Zeitpunkt des Vertragsabschlusses tatsächlich gehabt hat. Darüber gibt der Brief Auskunft. Eine nicht mitgezählte Kurzzulassung macht die Verkäuferinformation formal unrichtig. Davon zu unterscheiden ist die Konstellation, dass die Kurzzulassung zwischen Kauf und Übergabe eingetragen worden ist, womöglich mit Zustimmung des Käufers,[982] oder sie erst nach der Auslieferung im Brief notiert wird. Bei Nichtnutzung durch den „Kurzzugelassenen“ verneint die Rechtsprechung einen Sachmangel[983] (zum Problem auch Rdn. 632 ff.). Zur Bedeutung einer firmenrechtlichen Änderung s. OLG Düsseldorf OLGR 2003, 338 = VRS 105, 1; zum kurzzeitigen Zwischenbesitz s. KG KGR 2001, 10 (Zusicherung verneint/Privatverkauf).

3222 Unzutreffend ist die Angabe **„aus 1. Hand“**, wenn das Fahrzeug durch mehrere Hände gegangen ist, im Fahrzeugbrief aber nur der erste Verkäufer als Halter eingetragen ist.[984] Die kurzfristige Eintragung eines Autohauses („Kurzzulassung“) ohne Nutzung des Fahrzeugs ändert nichts daran, dass es sich um ein Fahrzeug aus erster Hand handelt.[985] Zum Verkauf eines Fahrzeugs als **„Ersthandwagen“** aus dem Bestand eines **Autovermieters** s. Rdn. 3196. Die Formulierung **„Fahrzeug aus 2. Hand“** bedeutet wie der Begriff **„Zweithandfahrzeug“** zumindest, dass ein so bezeichnetes Fahrzeug nicht aus erster Hand stammt. Über die Zahl der Nachbesitzer sollen diese Bezeichnungen nach allgemeinem

---

978 BGH 2. 11. 2010 – VIII ZR 287/09, Tz. 8 – DAR 2011, 520.

979 Urt. v. 28. 10. 2010 – 4 U 133/10 – Der Kfz-Anwalt 1/2011, 32.

980 Urt. v. 20. 7. 2010, DAR 2010, 580; ähnlich OLG Oldenburg 16. 9. 2010 – 1 U 75/10.

981 Urt. v. 6. 6. 1973, DAR 1974, 71; vgl. auch LG Gießen 2. 9. 1959, DAR 1960, 14; LG Kleve – 5 S 233/87 – n. v., für den Fall der Voreintragung von 2 Brüdern des Verkäufers; OLG Hamm 15. 6. 1993, OLGR 1993, 302 = MDR 1994, 139.

982 Vgl. LG Kiel 9. 12. 2008, NZV 2009, 243.

983 LG Kiel 9. 12. 2008, NZV 2009, 243.

984 OLG Düsseldorf 12. 3. 2003, OLGR 2003, 338 = VRS 105, 1.

985 LG Kiel 9. 12. 2008, NZV 2009, 243.

Sprachgebrauch und den Gepflogenheiten im Gebrauchtfahrzeughandel keine verlässliche Auskunft geben. Es werde damit nicht zugesichert/garantiert, dass das verkaufte Fahrzeug nicht mehr als zwei Halter habe.[986]

(3) Verkauf ohne (Beschaffenheits-)Angabe

Bei Annahme einer bloßen Wissensmitteilung hinsichtlich der Anzahl der Vorbesitzer bzw. Vorhalter wie in Fällen ohne (nachweisbare) Verkäufererklärung mit Bezug zu diesem Thema sind die objektiven Kriterien des **§ 434 Abs. 1 S. 2 Nr. 2 BGB** Maßstab der Prüfung. Bei Verkäufen ohne ergiebige Halter-Informationen hat die Rechtsprechung zu § 459 Abs. 1 BGB a. F. bei erheblichen Abweichungen vom Soll-Zustand einen Fehler bejaht.[987] Dies selbst dann, wenn einer der eingetragenen Vorhalter den Wagen nachweislich nicht benutzt hat. Auch ein Eigentümerwechsel, der sich im Fahrzeugbrief nicht niedergeschlagen hat, kann einen Sachmangel darstellen, sofern der unmittelbare Besitz auf eine andere Person übertragen worden war. Auf die Dauer des Zwischenbesitzes und den tatsächlichen Gebrauch kann es – für die Rechtsfolge – unter dem Gesichtspunkt der Erheblichkeit ankommen (§§ 323 Abs. 5 S. 2, 281 Abs. 1 S. 3 BGB). **3223**

Eine im Kaufvertrag nicht mitgeteilte weitere Haltereintragung ist nach Ansicht des OLG Celle[988] zum alten Recht ausnahmsweise (wert-)neutral, wenn das Fahrzeug als Taxi benutzt worden ist und die zusätzliche Haltereintragung nachprüfbar nicht mit einem Besitzwechsel verbunden war. **3224**

In Fällen ohne Beschaffenheitsgarantie wird die Haftung häufig an **§ 442 Abs. 1 S. 2 BGB** scheitern. Auch von einem Privatkäufer ist zu verlangen, dass er bei der für den Eigentumserwerb ohnehin erforderlichen Prüfung des Fahrzeugbriefes (ZB II) einen Blick auf die Anzahl der Voreintragungen wirft.[989] Zur Bedeutung eines Ersatzbriefs s. OLG Düsseldorf DAR 2002, 506 = OLGR 2003, 246. Zum Sonderfall des Verkaufs von Import/Re-Importfahrzeugen s. Rdn. 4440 ff. **3225**

dd) Aufklärungspflicht

Wird ein Gebrauchtfahrzeug von einem zum anderen Händler weitergegeben, ohne dass dies durch eine Haltereintragung im Fahrzeugbrief (unterbleibt regelmäßig) oder anderweitig für den Käufer sichtbar wird, kann der Verkäufer zur Aufklärung des Käufers über die Herkunft des Fahrzeugs verpflichtet sein. Ohne gegenteiligen Hinweis geht der Durchschnittskäufer nämlich davon aus, dass sein Vertragspartner das Fahrzeug von demjenigen übernommen hat, der im Fahrzeugbrief **als letzter Halter** eingetragen ist.[990] Das entspricht zwar vielfach nicht der Wirklichkeit, weil die Beschaffungswege vielfältig sind (außer Inzahlungnahme und Direktankauf vom Voreigentümer auch Zukauf von Händlern, Versteigerungen, Leasingrückläufer u. a.). An der Vorstellung eines mit dem Kfz-Handel nicht vertrauten Durchschnittskäufers ändert dies indes nichts, zumal der Händler mit seinen **formularvertraglichen Angaben „laut Vorbesitzer"** in Verbindung mit der Nichteintragung eines Dritten im Fahrzeugbrief den Eindruck erweckt, das Fahrzeug direkt vom zuletzt eingetragenen Vorbesitzer erhalten zu haben. **3226**

---

986 OLG Düsseldorf 23.7.1999, NZV 2000, 83 = DAR 2002, 261; berechtigte Zweifel von OLG Hamm 15.6.1993, OLGR 1993, 302 = MDR 1994, 139.

987 LG Gießen 2.9.1959, DAR 1960, 14; LG Köln 3.10.1980 – 11 S 134/80 – n.v.; LG Köln 25.10.1983 – 3 O 491/87 – n.v.; s.a. BGH 7.3.1978, NJW 1978, 1373.

988 Urt. v. 21.6.1990, NJW-RR 1990, 1527.

989 LG Köln 25.10.1988 – 3 O 491/87 – n.v.

990 So auch BGH 16.12.2009, NJW 2010, 858 Tz. 16; Brand OLG 12.1.2011 – 7 U 158/09.

3227 Nicht überinterpretiert werden darf die **Entscheidung des BGH v. 16. 12. 2009**[991] („fliegender Zwischenhändler“). Es handelt sich um eine sehr speziell gelagerte Fallgestaltung mit einem nur dem Vornamen nach („Ali“) bekannten Zwischenhändler. Dass der Weiterverkauf nicht im Namen und für Rechnung des Händlers, sondern im Auftrag einer Privatperson erfolgt ist, ist in diesem Zusammenhang zu vernachlässigen. Die Besonderheit des Falles liegt in der **unbekannten Identität** des Zwischenhändlers. Wäre der Vorlieferer kein „fliegender Zwischenhändler“, sondern wie im Fall BGH NJW 2008, 1517 die Niederlassung eines namhaften Herstellers gewesen, hätte der BGH aller Voraussicht nach kein Aufklärungsinteresse des Audi-Käufers angenommen. Der die Aufklärungspflicht auslösende Umstand ist die Tatsache gewesen, dass der Lieferant ein Zwischenhändler unbekannter Identität war. Für den BGH liegt in einem solchen Fall der Verdacht nahe, dass es während der Besitzzeit des unbekannten Voreigentümers zu Manipulationen am Kilometerzähler oder einer sonstigen unsachgemäßen Behandlung des Fahrzeugs gekommen ist. Die Verlässlichkeit der Angaben des Verkäufers, speziell zur „Gesamtfahrleistung nach Angabe des Vorbesitzers“, werde dadurch grundlegend entwertet. In Händlerkreisen wird das BGH-Urteil mitunter dahin verstanden, dass man **generell** über die Anzahl **aller** bekannten Vorbesitzer informieren müsse. Eine derart weitgehende Aufklärungspflicht kann der Entscheidung nicht entnommen werden. Hätte der VIII. Senat sie dem Kfz-Handel auferlegen wollen, hätte er dies sicherlich klar zum Ausdruck gebracht.

3228 In der Sache selbst besteht kein Grund, den Käufer ungefragt darüber aufzuklären, dass der Wagen nicht von demjenigen hereingenommen worden ist, der im Fahrzeugbrief als letzter Halter eingetragen ist. Wie, wann und von wem das Fahrzeug beschafft wurde, ist grundsätzlich nicht aufklärungspflichtig, wobei es nur um sie sog. spontane Aufklärung geht, also um die Pflicht, den Käufer von sich aus, d. h. ungefragt, zu informieren. In diesem Sinn aufzuklären hat der Händler, wenn er **besondere Anhaltspunkte** dafür hat, dass seine in Form von Wissensmitteilungen gekleideten Angaben über den Zustand des Fahrzeugs falsch oder unvollständig sein könnten. In dieser Situation trifft ihn bereits im Vorfeld eine Untersuchungs- und Prüfpflicht (näher dazu Rdn. 3843 ff.).

3229 Konkret bedeutet das: Übernimmt ein Händler einen Gebrauchtwagen von einem seriösen Lieferanten, darf er sich auf die Richtigkeit und Vollständigkeit der ihm übermittelten Angaben zu den Kerndaten des Fahrzeugs (Unfallfreiheit/Unfallschaden, Gesamtlaufleistung, Alter und Vorbenutzung) grundsätzlich verlassen und sie an seinen Abnehmer weiterleiten, ohne diesen von sich aus auf die Herkunft hinweisen zu müssen.[992] Er ist im Allgemeinen auch nicht verpflichtet, einen Zusatz wie „ungeprüft“ beizufügen oder seinen im Fahrzeugbrief nicht aufgeführten Lieferanten ungefragt mit Namen und Adresse zu nennen, damit der Käufer sich auch bei diesem nach dem Wahrheitsgehalt der Informationen erkundigen kann. Unredlich, gar arglistig, verhält sich ein Händler, wenn er dem Käufer vorspiegelt, die Angaben unmittelbar von dem zuletzt eingetragenen Halter/Vorbesitzer erhalten zu haben[993]; auch dann, wenn er ihn, ohne ihn zu kennen, als vertrauenswürdig darstellt. Wer eine Direktbelieferung und damit eine „sichere Quelle“ vortäuscht, kann auch bei bloßer Fahrlässigkeit aus Verschulden bei Vertragsschluss haften. Ein nur fahrlässiges Verschweigen eines im Fahrzeugbrief nicht eingetragenen Zwischenhändlers bekannter Identität reicht dafür allein nicht aus.[994]

991 NJW 2010, 858 = DAR 2010, 200.
992 Indirekt BGH 12. 3. 2008, NJW 2008, 1517.
993 Siehe auch BGH 7. 6. 2006, NJW 2006, 2839 Tz. 15.
994 Anders Brand OLG 12. 1. 2011 – 7 U 158/09.

y) Werkstattgeprüft/Verkauf mit Expertise/Vertrauenssiegel

aa) werkstattgeprüft

Etliche Kfz-Händler werben damit, die von ihnen angebotenen Fahrzeuge gründlich untersucht zu haben. Gängig ist das Schlagwort „werkstattgeprüft". Andere berufen sich auf Expertisen und Bescheinigungen von Fremdfirmen. In diesen Fällen ist zunächst zu unterscheiden, ob die Information nur dem **konkreten Kaufobjekt** oder **sämtlichen Fahrzeugen** gilt, die der Händler in seinem Betrieb anbietet. 3230

Werbeäußerungen, die das gesamte Fahrzeugangebot betreffen, sind unter dem Gesichtspunkt der Beschaffenheitsvereinbarung/-garantie in zweifacher Hinsicht problematisch: Schwierigkeiten bereitet die Einbeziehung in den einzelnen Kaufvertrag, zumal bei einer Schriftformklausel (vgl. dazu Rdn. 3274 ff.). Eine weitere Frage ist es, ob die Erklärung Garantiecharakter hat oder als bloße Beschaffenheitsangabe oder nur als unverbindliche Anpreisung zu qualifizieren ist. **§ 434 Abs. 1 S. 3 BGB** („öffentliche Äußerungen") ist erst nachrangig ein Thema. 3231

Unter der Bezeichnung **„werkstattgeprüft"** versteht der **BGH,** dass das Fahrzeug in einer hierfür ausgerüsteten Werkstatt einer **sorgfältigen äußeren Besichtigung** – ohne Zerlegung der einzelnen Aggregate – durch einen Fachmann unterzogen worden ist und dass die bei einer derartigen Untersuchung feststellbaren Mängel behoben worden sind.[995] Die Beseitigung altersbedingter „Verschleißmängel" und geringfügiger Schäden könne der Käufer nicht erwarten. Zu diesem Auslegungsergebnis kam der BGH in einem Fall, in dem „werkstattgeprüft" auf dem **Verkaufsschild am Fahrzeug** stand. 3232

Vom BGH noch nicht geklärt ist die Rechtslage bei **allgemeiner Verwendung** des Begriffs „werkstattgeprüft", sei es auf einem **Transparent** über dem Ausstellungsraum, sei es in einer **Zeitungsannonce** oder im **Internet.** Nach seinen Grundsätzen zum alten Gebrauchtwagen-Kaufrecht war zu erwarten, dass er auch hier – ähnlich wie schon das OLG Köln im Meisterhand-Fall[996] – eine vertraglich zugesicherte Eigenschaft bejahen wird.[997] Zur Abwendung der Zusicherungshaftung hätte er wohl einen ausdrücklichen Hinweis des Händlers darauf verlangt, dass das konkrete Fahrzeug ausnahmsweise nicht „werkstattgeprüft" ist. Ohne einen solchen Hinweis rechnet ein Kaufinteressent in der Tat damit, dass auch „sein" Fahrzeug einer solchen Prüfung unterzogen worden ist. Ob der BGH mit Rücksicht auf die reformbedingte Stärkung der Verbraucherrechte noch genügend Grund zur Annahme einer Garantieerklärung bei nur loser Verbindung zum Kaufobjekt sieht, bleibt abzuwarten. 3233

Die Erklärung „werkstattgeprüft" hat nach bisheriger BGH-Deutung einen **doppelten Inhalt:** Zum einen sichert der Händler zu, dass eine **Überprüfung in seiner Werkstatt** (nicht einer Fremdwerkstatt) bereits stattgefunden hat. Zur Konstellation mit noch offener, nur versprochener Prüfung s. Rdn. 2560. Auch die Werkstattüberprüfung als solche ist eine Eigenschaft des Autos, sofern „die Überprüfung ihren Niederschlag in einem bestimmten Zustand des Pkws findet oder finden sollte".[998] Mit diesem einschränkenden Kriterium wollte der BGH nur ganz bestimmte **Vorgänge aus der Vergangenheit** in den Kreis der 3234

---

995 Urt. v. 25. 5. 1983, BGHZ 87, 302 = NJW 1983, 2192 = WM 1983, 755.

996 Urt. v. 19. 10. 1971, NJW 1972, 162 („alle Fahrzeuge durch Meisterhand überprüft, TÜV abgenommen und mit Garantie"), dazu *Henseler*, NJW 1972, 829.

997 So schon OLG Hamm 25. 2. 1986, VRS 71, 321 und Vorinstanz LG Essen 31. 8. 1984, VRS 67, 401; vgl. auch OLG Hamm 19. 4. 1978, VRS 56, 6; OLG Frankfurt 10. 12. 1982, AH 1986, Heft 10.

998 BGH 25. 5. 1983, BGHZ 87, 302, 307; vgl. auch BGH 11. 6. 1986, JZ 1986, 955 m. Anm. *Köhler* (Turnierpferduntersuchung).

zusicherungsfähigen Eigenschaften aufnehmen. Im Schrifttum ist dies auf beachtliche Kritik gestoßen[999].

3235 Mit „werkstattgeprüft" wird darüber hinaus nach Meinung des BGH, der insoweit nach altem Recht zu folgen war, die **Abwesenheit bestimmter Mängel** zugesichert. Auch die Abgrenzung der **Mängelerscheinungen** durch den BGH ist sachgerecht. „Werkstattgeprüfte" Gebrauchtwagen brauchen nicht technisch einwandfrei zu sein. Volle Betriebssicherheit und Funktionsfähigkeit kann ein Käufer eines Gebrauchtwagens auch als Laie nicht erwarten, schon gar nicht über eine bestimmte Zeit bzw. Fahrstrecke.

3236 Die Zusicherungshaftung war nach der Rechtsprechung bereits dann ausgelöst, wenn der Wagen versehentlich nicht untersucht worden ist; dies selbst bei einem technisch mangelfreien Fahrzeug. Zur Vertragsklausel „2 Jahre TÜV, komplette Durchsicht" s. OLG Bamberg, DAR 1985, 27; zu den TÜV-Fällen s. Rdn. 3036 ff.

bb) Verkauf mit Expertise, Prüfbericht, Werkstattrechnung o. Ä.

3237 Eine zusicherungsfähige Eigenschaft konnte nach der Rechtsprechung zu Altfällen auch eine – frühere – **Untersuchung** des Fahrzeugs oder eines Fahrzeugteils (z. B. des Motors) durch eine **Drittfirma** oder einen **Kfz-Sachverständigen** sein. Voraussetzung war allerdings, dass die Untersuchung „eine dauerhafte, die Vertragsmäßigkeit oder Werteinstufung der Sache auch für den Zeitpunkt des Vertrages und des Gefahrübergangs beeinflussende Wirkung" hat.[1000] In Neufällen stellt sich die Frage, ob die Untersuchung als solche und/oder deren Ergebnis als vereinbarte Beschaffenheit zu gelten hat, der Verkäufer möglicherweise sogar eine Beschaffenheitsgarantie übernommen hat. Hat er sich vertraglich verpflichtet, eine Untersuchung erst durchführen zu lassen, eine Expertise erst einzuholen, richtet sich seine Haftung nach den unter Rdn. 2560 ff. dargestellten Regeln. Die weitere Fallvariante, dass der Verkäufer auf Wunsch des Kaufinteressenten ein Gutachten vor Vertragsabschluss in Auftrag gibt, ist Gegenstand der Entscheidung Brand OLG DAR 2008, 701 (Oldtimer).

3238 Der **Kfz-Händler,** der mit einer ihm **vorliegenden Expertise,** z. B. einem Verkaufsgutachten eines Fachmanns, wirbt, kann als Garant dafür einzustehen haben, dass eine Begutachtung zur angegeben Zeit mit dem bescheinigten Ergebnis stattgefunden hat. Ob er darüber hinaus auch für das Vorhandensein bestimmter, in der Expertise festgestellter Fahrzeugeigenschaften unabhängig von einem Verschulden auf Schadensersatz zu haften hat (Garantieübernahme i. S. v. § 276 BGB, eventuell auch nach § 443 BGB), bedarf besonderer Begründung und ist im Zweifel zu verneinen. Auch ohne ausdrücklich distanzierenden Hinweis des Händlers ist die Bezugnahme auf die Auskunft eines anderen Kfz-Unternehmens oder auf ein Gütesiegel, z. B. der DEKRA AG, so zu verstehen, dass der Händler die Untersuchungsergebnisse nicht selbst nachgeprüft hat und für deren Richtigkeit keine Gewähr übernehmen will.[1001] Gibt er das Untersuchungsergebnis falsch wieder, so haftet er schon bei Fahrlässigkeit, im Arglistfall aus Verschulden bei den Vertragsverhandlungen.[1002]

3239 Ein **privater Verkäufer,** der die Expertise nicht auf ihre Richtigkeit überprüfen kann, will deren Inhalt erkennbar nicht zum Gegenstand einer eigenen Garantieerklärung ma-

999 Insb. *Soergel/Huber*, § 459 BGB Rn. 32, 147, 315.

1000 BGH 11. 6. 1986, JZ 1986, 955 m. Anm. *Köhler;* zur Rechtsprechung des BGH bei Expertisen im Kunsthandel vgl. *Flume*, JZ 1991, 633; zur Ankaufsuntersuchung beim Tierkauf *H. P. Westermann*, ZGS 2005, 342.

1001 Im Ergebnis so auch OLG München 22. 7. 1977 – 2 U 2474/77 (Motorexpertise: „völlig überholter, neuwertiger Austauschmotor mit 0 km"); s. a. *Flume*, JZ 1991, 633, 635 (Expertisen im Kunsthandel); LG Lüneburg 1. 11. 1999, NJW-RR 2000, 869 – Pferdekauf.

1002 BGH 11. 6. 1986, JZ 1986, 955 m. Anm. *Köhler.*

chen, zumal dann nicht, wenn das Gutachten erst **auf Wunsch des Käufers** eingeholt worden ist.[1003] Zum Schutz vor „Gefälligkeitsgutachten" bzw. einem kollusiven Zusammenwirken von Verkäufer und Gutachter s. Brand OLG DAR 2008, 701.

Zusicherungs- bzw. garantiefähig ist auch die Tatsache einer **früheren Reparatur** des Fahrzeugs, s. dazu die Erläuterungen zu Angaben wie „generalüberholt" u. Ä. (Rdn. 2669 ff.). Allein durch die **Vorlage der Rechnung** einer Drittfirma bringt ein Gebrauchtfahrzeugverkäufer noch nicht zum Ausdruck, für die Qualität der Arbeiten persönlich einstehen zu wollen. Das dürfte für einen **Privatverkäufer,** regelmäßig technischer Laie, klar sein.[1004] Zum **Händlerverkauf** unter Rechnungsvorlage s. a. Rdn. 3124, 3084. **3240**

Eine zusicherungsfähige Eigenschaft hat man auch in der Tatsache gesehen, dass eine Drittfirma nach bereits durchgeführten Reparaturarbeiten etwaige weitere „Garantiemängel" beseitigen werde.[1005] Das war bedenklich, weil die fragliche Eigenschaft dem Fahrzeug nicht anhaftet, auch nicht mittelbar. Unter der Geltung des § 459 Abs. 1 BGB a. F. fiel dieser Umstand nicht unter den Beschaffenheitsbegriff.[1006] Auch im modernisierten Kaufrecht mit seinem weiten Beschaffenheitsbegriff erscheint eine Lösung mit Hilfe der – jetzt kodifizierten – Regeln über c. i. c. bzw. pFV vorzugswürdig. **3241**

Zur Vorlage des Berichts über die **Hauptuntersuchung** nach § 29 StVZO (TÜV) s. Rdn. 3054. Nach Ansicht des AG Köln[1007] kann auch die Vorlage einer Bescheinigung über die **Abgasuntersuchung** (AU, früher ASU) mit einer Zusicherung verbunden sein, zumal dann, wenn die Plakette ganz „frisch" ist. Zur Bezugnahme auf ein Prüfzeugnis s. a. OLG Hamm BB 1987, 363 (kein Kfz-Fall). **3242**

Unter dem Gesichtspunkt des **Vertrages mit Schutzwirkung zugunsten Dritter** kann dem Käufer bei fehlerhafter Begutachtung ein **Schadensersatzanspruch gegen den Sachverständigen** zustehen. In der Rechtsprechung ist die Tendenz zu beobachten, die Haftung von Experten auszudehnen.[1008] Zum Nebeneinander von Verkäufer- und Sachverständigenhaftung beim **Verkauf eines Oldtimers** s. Brand OLG DAR 2008, 701 und OLG Karlsruhe NJW-RR 1998, 601. In den Schutzbereich des Vertrages zwischen dem Kaufinteressenten und dem Sachverständigen ist **der Verkäufer** nicht einbezogen. Er kann also den Sachverständigen nicht mit der Begründung auf Schadensersatz in Anspruch nehmen, das Gutachten sei fehlerhaft, weshalb der Verkauf gescheitert sei.[1009] **3243**

cc) ZDK-Vertrauenssiegel/Zeichen „Meisterbetrieb der Kfz-Innung"

(1) Ausgangslage

Aus einer Reihe von Gründen hatte der Zentralverband Deutsches Kraftfahrzeuggewerbe (ZDK) vor über 25 Jahren ein „Gebrauchtwagen-Vertrauenssiegel" eingeführt und seinen Mitgliedern empfohlen. Dieses Siegel war wesentlicher Bestandteil der ZDK-Gebrauchtwageninitiative 1979. Mit der ZDK-Gebrauchtwagenkonzeption 1988 wurde auch das Vertrauenssiegel modernisiert. Es wurde nur noch auf individuellen Antrag verliehen. Wer das Siegel führen wollte, musste besondere Anforderungen erfüllen. Deshalb wurde ein so genannter Gestattungsvertrag zwischen dem Händler und der Organisation abgeschlossen, die das Siegel verlieh. Durch diesen Vertrag übernahm der Händler eine Viel- **3244**

1003 Brand OLG 1. 7. 2008, DAR 2008, 701 (Oldtimer).
1004 Anders AG Köln 6. 10. 1988 – 134 C 156/88 – n. v.
1005 So LG Düsseldorf 29. 10. 1997 – 11 O 111/97 – n. v.
1006 Vgl. BGH 24. 4. 1996, NJW 1996, 2025 (Herstellergarantie).
1007 Urt. v. 12. 7. 1990 – 115 C 84/90 – n. v.
1008 BGH 20. 4. 2004, NJW 2004, 3035 (Grundstückswertgutachten); s. a. *Eggert*, NZV 2009, 367 ff.; *Schwab*, JuS 2002, 875; *Kilian*, NZV 2004, 489, 493.
1009 Öster. OGH 23. 3. 2007, ZVR 2007, 336 m. Anm. *Ch. Huber.*

zahl von Pflichten, vor allem die Pflicht, seine Gebrauchtfahrzeuge grundsätzlich nur mit Garantie zu verkaufen. Ferner musste er sämtliche Verträge mit Endverbrauchern zu Bedingungen abschließen, die mindestens dem Standard der vom ZDK empfohlenen Verkaufsbedingungen einschließlich Garantiebedingungen entsprachen.

3245 Ob ein Kfz-Händler das ZDK-Vertrauenssiegel führte, konnte der Kunde zum einen am Vertrauenssiegel als solchem, einem größeren goldfarbenen Schild, erkennen, zum anderen aber auch an einem **Vermerk im Bestellschein** (Kaufantrag). Die marktüblichen Vertragsformulare („verbindliche Bestellung eines gebrauchten Kraftfahrzeugs") enthielten auf der Vorderseite einen Hinweis darauf, ob der Händler das ZDK-Vertrauenssiegel führt oder nicht.

3246 Im Jahr 2000 hat die Mitgliederversammlung des ZDK die Überführung des bisherigen Vertrauenssiegels in ein **neues Meisterzeichen** (Meisterschild) beschlossen. Alle Betriebe, die das neue Meisterschild führen, sind durch den Gestattungsvertrag zum neuen Meisterzeichen („Meisterbetrieb der Kfz-Innung") verpflichtet, sich an bestimmte Standards der Gebrauchtfahrzeugvermarktung zu halten. Mit der Verwendung des neuen Zeichens unterwirft der Händler sich einem Schiedsspruch der Schiedsstelle (dazu Rdn. 2092). Flankierend zu dem neuen Meisterzeichen ist das **Zusatzzeichen „Gebrauchtwagen mit Qualität und Sicherheit"** eingeführt worden.

(2) Vertragsrechtliche Bedeutung

3247 Die Aufwertung des Vertrauenssiegels durch die ZDK-Gebrauchtwagenkonzeption 1988 hat die Frage aufgeworfen, ob die Werbung mit diesem Siegel, einem Verbandszeichen i. S. v. § 17 WZG, als Eigenschaftszusicherung gem. § 459 Abs. 2 BGB a. F. anzusehen ist. Dem zuvor gültigen Siegel war diese Bedeutung nicht beigemessen worden. Nur ganz vereinzelt gab es in der Rechtsprechung der Instanzgerichte Ansätze dafür, den Siegel-Händler stärker in die Pflicht zu nehmen als den Händler, der auf dieses werbewirksame Instrument verzichtet.[1010]

3248 Das Führen des Vertrauenssiegels bzw. des neuen Meisterzeichens reicht für sich allein nicht aus, um daran eine irgendwie geartete Garantieübernahme zu knüpfen. Als **vertrauensbildende Maßnahme** gewinnt diese Einrichtung jedoch Bedeutung, wenn es um die Abgrenzungsfrage geht, ob bestimmte Informationen über die Beschaffenheit des Fahrzeugs bloße **Beschaffenheitsangaben oder -garantien** sind. Das neue Meisterschild und das Zusatzzeichen „Gebrauchtwagen mit Qualität und Sicherheit" haben insoweit Verstärkerfunktion.

3249 Unter dem Blickwinkel der **Untersuchungspflicht** (dazu Rdn. 3843 ff.) ist insbesondere das Zusatzzeichen von Interesse. Denn damit soll dem Kunden signalisiert werden, dass sich der Betrieb an den Gebrauchtwagen-Pflichtenkatalog und somit auch an die selbst auferlegte Untersuchungsobliegenheit hält. Zum Gesichtspunkt der Selbstbindung s. Rdn. 3877.

z) Zustand: gut, einwandfrei, gründlich überholt, restauriert etc.

3250 Der Verkäufer habe den Zustand des Wagens als „einwandfrei" oder „tadellos" bezeichnet und von „Bestzustand" und „alles in Ordnung" gesprochen, heißt es in vielen Klageschriften. Solche oder ähnliche Zustandsbeschreibungen finden selten Eingang in den schriftlichen Vertrag. In Verträgen mit **Händlern** tauchen sie nur ausnahmsweise auf,

1010 LG Freiburg 3. 8. 1982, MDR 1983, 667; AG Hamburg 22 b C 128/87 – n. v.; LG Köln 28. 7. 1987 – 30 O 441/86 – n. v.

z. B. bei **Oldtimern**[1011] und **Youngtimern.**[1012] Umso häufiger erscheinen sie in Internetanzeigen und im Verkaufsgespräch bei **privaten Direktgeschäften**.

Erklärungen dieses Inhalts wurden in Fällen aus der Zeit vor der Schuldrechtsreform geradezu als **Musterbeispiele für allgemeine Anpreisungen** angeführt und damit in den Bereich des Unverbindlichen gerückt. Die Urteile, in denen auch hier Eigenschaftszusicherungen i. S. v. § 459 Abs. 2 BGB a. F. angenommen worden sind, sind – aufs Ganze gesehen – vereinzelt geblieben. Die nachfolgende **Entscheidungssammlung** konnte schon nach früherem Kaufrecht nur der allgemeinen Orientierung dienen. Als Hilfe im Einzelfall sind die Urteile nur bedingt geeignet, erst recht nach der Reform des Kaufrechts. **3251**

Nach wie vor ist stets darauf zu achten, ob die strittige Erklärung von einer Privatperson (technischer Laie) oder von einem Kfz-Händler, ggf. mit eigener Werkstatt, stammt. Ein wichtiges Auslegungskriterium ist auch der Typ des Fahrzeugs (normaler Pkw, Sportwagen, Geländewagen, Nutzfahrzeug, Spezialtransporter, Oldtimer, Youngtimer etc.). Zu weiteren Anhaltspunkten für und wider eine Garantieübernahme s. Rdn. 2594 f. **3252**

Zusicherung/Garantie bejaht: **3253**

- „wird in einwandfreiem technischem Zustand übergeben" (**BGH** 5. 7. 1978, NJW 1978, 2241 – Kauf eines Renault-Sportwagens vom Vertragshändler; handschriftliche Notiz im Vertragsformular)
- „kaum gebraucht, fast neu" (**BGH** 12. 5. 1959, NJW 1959, 1489 – Maschine)
- „Fahrzeug u. Aufbau ist in einem technisch einwandfreien Zustand" (**BGH** 6. 12. 1995, NJW 1996, 584 – Tankwagen)
- „Fahrzeug hat keine versteckten technischen Mängel" (OLG Köln 6. 5. 1982 – 1 U 88/81 – n. v. – Jaguar, 82.000 km)
- „Wagen vollkommen i. O., selbst überholt, im nächsten halben Jahr keine Reparaturen" (LG Saarbrücken 14. 2. 1980 – 2 S 410/78 – n. v.)
- „Wagen in allen Teilen in Ordnung und fahrbereit, die Bremsen in Ordnung, die Kupplung neu und das Fahrzeug verkehrssicher" (OLG Hamm 15. 1. 1979, JZ 1979, 266 – insoweit nicht abgedruckt – mit Anm. *Liebs*, S. 441 – 8 Jahre alter englischer Sportwagen)
- „Motor technisch u. optisch einwandfrei" (Verkaufsanzeige für Geländewagen), OLG Koblenz 27. 5. 1993, VRS 86, 413
- „Fz. ist komplett restauriert" (OLG Köln 13. 1. 1993, DAR 1993, 263 = NZV 1994, 67 – **Youngtimer)**
- „restaurierter" **Oldtimer** (LG Bonn 22. 10. 1992, DAR 1994, 32; OLG Köln 26. 5. 1997, NJW-RR 1998, 128 = VersR 1998, 511 = OLGR 1997, 331 – Harley Davidson Bj. 1924)
- „Wagen in gutem Zustand" (LG Wuppertal 7. 2. 1952 – 9 S 622/51 – n. v.)
- „Wagen ist in einwandfreiem Zustand und Maschine kürzlich überholt worden" (OLG Düsseldorf 18. 5. 1951, VkBl. 1951, 452)
- „Auspuffanlage neu" (LG Köln – 10 O 365/83 – n. v. – Saab 900 Turbo)
- „technisch und optisch = Neuzustand ohne Einschränkung" (LG Köln 25. 10. 1988 – 3 O 491/87 – n. v. – knapp 18 Monate alter DB 280 TE, 44.000 km)
- „Fz. technisch i. O." (AG Köln 20. 1. 1988 – 120 C 59/87 – n. v., mündliche Erklärung eines Privatverkäufers, Kfz-Mechaniker von Beruf)

1011 Dazu OLG Frankfurt 2. 11. 1988, NJW 1989, 1095 = DAR 1989, 66; KG 22. 9. 1992, OLGR 1993, 1; LG Bonn 22. 10. 1992, DAR 1994, 32; OLG Köln 18. 12. 1996, NZV 1998, 73 = OLGR 1997, 108 = VRS 93, 21 – Privatverkauf; OLG Köln 26. 5. 1997, NJW-RR 1998, 128 = VersR 1998, 511 – Motrorrad.

1012 Dazu OLG Köln 13. 1. 1993, DAR 1993, 263.

- „Zustandsnoten" („Zustand 1–2") beim **Oldtimer-Kauf** (OLG Frankfurt 2. 11. 1988, NJW 1989, 1095 = DAR 1989, 66; ebenso KG 22. 9. 1992, OLGR 1993, 1); s. a. OLG Köln 18. 12. 1996, NZV 1998, 73 = VRS 93, 21 = OLGR 1997, 108 – Privatverkauf nach Zeitungsanzeige; OLG Karlsruhe 29. 5. 2002, OLGR 2002, 247 (Zusicherung verneint); ferner *Otting*, Fahrzeug + Karosserie 1998, 76
- „TOP-Zustand" und „für 2 Jahre TÜV-abgenommen" (LG Würzburg 9. 5. 1990, DAR 1991, 152 – jede der beiden Erklärungen = Zusicherung); abw. OLG Oldenburg 27. 5. 1998, OLGR 1998, 255
- „Fahrzeug technisch und optisch einwandfrei, 100 %ig einwandfrei" (schriftlich und mündlich von einem Porsche-Verkäufer erklärt), OLG Düsseldorf 8. 11. 1991 – 16 U 128/90 – n. v.
- „Fze. in gutem Zustand, eines davon kann besichtigt werden" (Verkauf von 9 gebrauchten Reisemobilen nach Besichtigung nur eines Exemplars), OLG Düsseldorf 20. 3. 1998, OLGR 1998, 279
- „Fz. ist techn. ok." (handschriftlicher Zusatz im Vertragsformular eines Händlers), OLG Hamm 23. 1. 1996, OLGR 1996, 115 – Jeep Cherokee
- „Fz. technisch und optisch in gutem Zustand" (schriftliche Erklärung im Kaufvertrag über ein Nutzfahrzeug), OLG Saarbrücken 18. 2. 1997, OLGR 1997, 62 (Sonderfall, Kauf ohne Besichtigung)
- „Fz. technisch einwandfrei" beziehungsweise „... wird technisch einwandfrei ausgeliefert" (Pkw-Verkauf durch Händler) OLG Saarbrücken 17. 3. 1998, MDR 1998, 1028 = OLGR 1998, 258
- „technisch einwandfreier Zustand" (allenfalls Zusicherung der Betriebsbereitschaft und Verkehrssicherheit, OLG Düsseldorf 23. 7. 1999, NZV 2000, 83 = DAR 2002, 261–über 4 Jahre alter VW Passat Kombi, ca. 145.000 km)
- „Fahrzeug technisch einwandfrei" (OLG Schleswig 27. 6. 2002, OLGR 2002, 360 – Pkw der Oberklasse, schriftliche Bestätigung eines Markenhändlers beim Distanzkauf).

3254 **Zusicherung/Garantie verneint:**

- „Wagen völlig in Ordnung" (**BGH** 21. 1. 1981, WM 1981, 323, in NJW 1981, 928 nicht abgedruckt – mündliche Erklärung 1 Tag nach Vertragsabschluss – 9 Jahre alter Mercedes 220 D/8)
- „Maschine einwandfrei in Ordnung" (**BGH** 17. 4. 1991, NJW 1991, 1880 – Kauf eines Porsche 928 S von Privat)
- „Fahrzeug optisch und technisch einwandfrei" (OLG Hamm 16. 1. 1981, AH 1982, 648 – 2 Jahre alter Pkw)
- „Sattelzug-Maschine technisch völlig einwandfrei" (OLG Koblenz 2. 2. 1979, 2 U 820/77, n. v.)
- „Wagen in Ordnung" (OLG Hamburg 7. 12. 1981, MDR 1982, 406, insoweit nicht abgedruckt, 8 Jahre alter Pkw)
- „Fz. technisch einwandfrei" (OLG Hamm 15. 6. 1993, OLGR 1993, 302 – Lkw)
- „Bestzustand, Schadenfreiheit und Verkehrs- und Betriebssicherheit" (OLG Schleswig 24. 7. 1979, VersR 1980, 98)
- „Wagen vollständig in Ordnung, Käufer brauche keine Sorge zu haben" (OLG Jena 9. 3. 1937, DAR 1937, 240)
- „Sehr guter Zustand, Wagen bestens in Ordnung" (OLG Köln 21. 10. 1975 – 9 U 48/75 – n. v.)
- „Wagen befindet sich in einem guten technischen Zustand" (LG München I 20. 12. 1976, DAR 1978, 18)

- „Nichts kaputt, alles hundertprozentig in Ordnung" (LG Köln 22. 2. 1978 – 9 S 355/77 – n. v.)
- „Wagen tip-top in Ordnung" (LG Dortmund 2. 11. 1977, DAR 1978, 165)
- „Wagen technisch in Ordnung, sonst wäre er nicht durch den TÜV gekommen" (AG Brühl 20. 7. 1978 – 2 C 324/77 – n. v.)
- „Fahrzeug optisch und technisch o. k. laut Werkstattbericht" (AG Brühl 17. 12. 1984 – 5 C 93/83 – n. v.)
- „Wagen ordnungsgemäß und in einwandfreiem Zustand" (AG Köln 4. 3. 1985 – 130 C 465/84 – n. v. – Porsche 928)
- „Fahrzeug in tadellosem Zustand und 100 % in Ordnung" (OLG Hamm 3. 7. 1986 – 23 U 35/86 – n. v. – 6 Jahre alter Matra Rancho)
- „Fahrzeug neuwertig und technisch einwandfrei und auch gerade überprüft" (OLG Köln 15. 10. 1986, 16 U 7/86, n. v. – Porsche 928)
- „Fahrzeug frei von technischen und optischen Mängeln" (OLG Köln 29. 6. 1988 – 13 U 42/88 – VersR 1988, 1158 L – 7 Jahre alter Pkw)
- „Wagen technisch einwandfrei und betriebsbereit" (LG Stuttgart 15. 12. 1988 – 20 O 508/88 – n. v. – Verkauf eines 16 Jahre alten Porsche 911 T durch Privatmann)
- „Fahrzeug technisch einwandfrei und vollkommen in Ordnung" (OLG Köln 25. 11. 1987 – 13 U 104/87 – n. v. – 10 Jahre alter Pkw, 110.000 km)
- „Motor wurde auf Funktionsfähigkeit untersucht. Der Motor ist betriebsbereit" (LG Köln 17. 5. 1988 – 5 O 22/88 – n. v. – Kauf eines gebrauchten Motorbootes von Privat)
- „technisch völlig in Ordnung und einwandfrei" (LG Duisburg 21. 6. 1991 – 4 S 15/91 – n. v. – 28 Jahre alter Unimog)
- „Motor einwandfrei" (OLG Karlsruhe 7. 11. 1991, VRS 82, 261 – Kauf eines gebrauchten BMW-Motors)
- „Motor tip-top in Ordung" (OLG Hamm 25. 6. 1996, NJW-RR 1997, 429 – „zweifelhaft")
- „Optische Mängel" (in einer Verkaufsanzeige) bedeutet nicht, dass technische Mängelfreiheit zugesichert ist (OLG Koblenz VRS 89, 336 = BB 1995, 2133 – älterer **Geländewagen**)
- „Wagen im Betrieb durchgesehen, alles in Ordnung, Topzustand" (LG Saarbrücken 16. 12. 1996, zfs 1997, 96 – Pkw-Kauf vom Händler)
- „Verkäufer versichert: ohne technische Mängel" (OLG Köln 21. 10. 1996, VersR 1997, 1019 = VRS 94, 321 – Pkw-Verkauf durch Privat; laut Senat allenfalls eine eingeschränkte Zusicherung)
- „Top Zustand" bzw. „Bestzustand" (OLG Hamm 8. 7. 1997, OLGR 1998, 40)
- „Fz. für 20.000 DM restauriert" (OLG Hamm 8. 7. 1997, OLGR 1998, 40)
- „Top-Zustand" (auf Verkaufsschild an einem Pkw, von einem Händler verkauft), OLG Oldenburg 27. 5. 1998, OLGR 1998, 255
- „Fahrzeug einwandfrei" (OLG Köln 15. 6. 1998, NZV 1998, 466 – Pkw-Verkauf durch Händler ohne eigene Werkstatt, mündliche Erklärung vor TÜV-Abnahme)
- „technisch einwandfreier Zustand" (keine Zusicherung der Mängelfreiheit, sondern allenfalls der Betriebsbereitschaft und Verkehrssicherheit, OLG Düsseldorf 23. 7. 1999, NZV 2000, 83 = DAR 2002, 261)
- „Motor geht nicht kaputt, immer gecheckt und einwandfrei" (OLG Frankfurt 30. 3. 2000, DAR 2001, 505 = OLGR 2001, 63 – Privatverkauf)
- „Top-Zustand, 100 % in Schuss" (LG Saarbrücken 20. 12. 2000, zfs 2001, 115)

- „sehr gepflegter Zustand“ (OLG Karlsruhe 29. 5. 2002, OLGR 2002, 247 – **Oldtimer**)
- „Sammlerbewertung: 5 Punkte = Höchstwert“ (OLG Karlsruhe 29. 5. 2002, OLGR 2002, 247 – **Oldtimer**)
- „technisch einwandfrei, Topzustand“ (LG Osnabrück 21. 6. 2004, NZV 2005, 100)
- „Das Wohnmobil ist in gutem Zustand ....“ (OLG Köln 28. 2. 2011, DAR 2011, 260 – nur Beschaffenheitsvereinbarung)
- „Sofort urlaubsklar“ (AG München 30. 3. 2009, ZGS 2009, 527 – Wohnmobil).

I. Der Beweis des Sachmangels

I. Die Annahme als Weichenstellung

Bis zur Annahme des Fahrzeugs als Erfüllung ist **der Verkäufer** bzw. Inzahlunggeber für die **Mangelfreiheit** darlegungs- und beweispflichtig. Mit der Entgegennahme des Fahrzeugs geht die Beweislast auf den Käufer über, wenn er im Rahmen des § 437 BGB Sachmängelrechte geltend macht.[1] Diese Umkehr der Beweislast folgt unmittelbar aus **§ 363 BGB**. Nicht der Gefahrübergang (§ 446 BGB) stellt beweisrechtlich die Weiche; es ist die Annahme als Erfüllung. Sie ist mit dem Gefahrübergang keineswegs gleichzusetzen,[2] doch fällt beim Fahrzeugkauf i. d. R. Beides zusammen. 3255

II. Annahme als Erfüllung

Die Annahme als Erfüllung (§ 363 BGB) fällt beim Fahrzeugkauf regelmäßig mit der **Ablieferung des Fahrzeugs** zusammen. Mindestvoraussetzung ist die körperliche Entgegennahme, i. d. R. also die Schlüsselübergabe zur endgültigen Inbesitznahme des Fahrzeugs. Ob auch sämtliche Unterlagen, die zum Fahrzeug gehören und ggf. für die Prüfung der Vertragsmäßigkeit von Bedeutung sind (Fahrzeugbrief, Service- und Wartungsheft, Garantiebelege), ausgehändigt sein müssen, ist zweifelhaft. Annahme als Erfüllung verlangt keine Billigung in allen Punkten. Ähnlich der Abnahme beim Werkvertrag reicht eine Anerkennung als im Wesentlichen vertragsgemäß. Eine vorherige Probefahrt ist nicht Voraussetzung; ebenso wenig eine Besichtigung. Erst recht bedarf es keiner bestimmten Nutzungszeit bzw. einer Mindestfahrstrecke. 3256

Wenn der Käufer einen Mangel schon vor der Übernahme des Fahrzeugs gerügt hat, muss er bei Übergabe keinen ausdrücklichen Vorbehalt erklären, um den Übergang der Beweislast auf ihn zu verhindern.[3] Die frühere Rüge wirkt fort, sofern der Käufer sie nicht ausdrücklich fallen gelassen hat. Nach der vorbehaltlosen Annahme als Erfüllung – die Beweislast für diesen tatsächlichen Vorgang trägt der Verkäufer – ist es grundsätzlich Sache des Käufers, eine für ihn nachteilige Abweichung der Ist-Beschaffenheit von der Soll-Beschaffenheit substantiiert darzulegen und notfalls zu beweisen.[4] 3257

III. Darlegung und Beweis der Soll-Beschaffenheit

Für sämtliche Tatsachen, die geeignet sind, die vom Käufer behauptete Soll-Beschaffenheit des übernommenen Fahrzeugs zu belegen, trägt grundsätzlich er die Darlegungs- und Beweislast.[5] Bei einer behaupteten **Beschaffenheitsvereinbarung** (§ 434 Abs. 1 S. 1 BGB) ist zunächst der **Erklärungstatbestand** zu ermitteln, d. h. die für die Auslegung relevanten Tatsachen.[6] Ein etwaiger übereinstimmender Wille der Vertragsparteien hat selbst bei entgegenstehendem Wortlaut Vorrang. 3258

1 BGH 2. 6. 2004, NJW 2004, 2299 = DAR 2004, 515; v. 23. 11. 2005, NJW 2006, 434; v. 11. 2. 2009, NJW 2009, 1341.
2 *Medicus/Lorenz*, SchBT, Rn. 110.
3 Zur Wirkung eines Vorbehalts s. BGH 23. 10. 2008, NJW 2009, 360 (Werkvertrag).
4 BGH 2. 6. 2004, NJW 2004, 2299 = DAR 2004, 515; v. 11. 2. 2009, NJW 2009, 1341.
5 OLG Hamm 14. 6. 2005 – 28 U 190/04.
6 Zum Erklärungstatbestand s. BGH 5. 2. 1999, NJW 1999, 1702.

3259 Da in der Mehrzahl der Fälle **eine Kaufvertragsurkunde** mit mehr oder weniger ausdrücklichen Angaben zur Beschaffenheit des Fahrzeugs vorliegt, ist der Urkundentext von **überragender Bedeutung** für die Ermittlung des Erklärungstatbestandes zu (zur Vermutung der Vollständigkeit und Richtigkeit s. Rdn. 3261 ff.). Außerhalb der Urkunde liegende Umstände wie schriftliche oder mündliche Erklärungen der Parteien aus der Phase der Vertragsanbahnung und der Vertragsverhandlungen sind demgegenüber zweitrangig. Auf derartige Umstände kommt es erst an, wenn dem Richter der Urkundeninhalt zur Feststellung der behaupteten Soll-Beschaffenheit nicht genügt. Die Darlegungs- und Beweislast für diese Zusatztatsachen trägt der Käufer, sofern sie den von ihm geltend gemachten Inhalt der Beschaffenheitsvereinbarung belegen sollen.

3260 Auf der Grundlage des unstreitigen oder im Wege der Beweisaufnahme zu ermittelnden Erklärungstatbestandes hat die Auslegung zu erfolgen (§§ 133, 157 BGB). Das ist keine Tatfrage, sondern ein Akt rechtlicher Würdigung. Beurteilt sich die Soll-Beschaffenheit nicht nach dem vertraglich Vereinbarten (§ 434 Abs. 1 S. 1 BGB), sondern nach dem, was die Parteien **vertraglich vorausgesetzt** haben (S. 2 Nr. 1), hat der Käufer die Beweislast dafür, dass die Vertragspartner die behauptete Verwendungseignung des Fahrzeugs noch im Zeitpunkt des Vertragsschlusses vorausgesetzt haben.[7] An der allgemeinen Beweislastverteilung ändert sich nichts, wenn der Käufer geltend macht, das Fahrzeug entspreche nicht den **objektiven Kriterien des § 434 Abs. 1 S. 2 Nr. 2 BGB**. Die Beweislast für diejenigen Tatsachen, die die Soll-Beschaffenheit in diesem objektiven Sinn ausmachen, trägt gleichfalls der Käufer.[8]

1. Die Vermutung der Vollständigkeit und Richtigkeit der Vertragsurkunde

3261 Die Vermutung für die Richtigkeit und Vollständigkeit der Vertragsurkunde spielt in Autokaufsachen eine wesentliche Rolle, zumal in „Unfall“-Streitigkeiten. Sie beruht auf dem **Erfahrungssatz**, dass das, was die Parteien in die Vertragsurkunde aufgenommen haben, ihre maßgeblichen Abreden vollständig und richtig wiedergibt. Dieser Erfahrungssatz ist nicht auf notariell beurkundete Verträge beschränkt, wenngleich er hier seine wahre Heimat hat.

3262 Bei einem Kaufvertrag über ein Kraftfahrzeug kann die schriftliche Fixierung des Vereinbarten bloßen Beweiszwecken dienen, sie kann aber auch Voraussetzung für den Vertragsabschluss (vgl. § 154 Abs. 2 BGB) oder beides zugleich sein. So oder so ist nach der Lebenserfahrung davon auszugehen, dass die Parteien sämtliche für sie wichtigen Eigenschaften des Fahrzeugs in die Urkunde aufgenommen haben, sei es, wie meist, unter Zuhilfenahme eines Formularvertrages, sei es durch eine rein individuelle Vertragsgestaltung.

3263 Die Vermutung der Richtigkeit und Vollständigkeit der Kaufvertragsurkunde hat in jenen Fällen eine ausreichende Grundlage, in denen Privatpersonen den Vertragsinhalt ausgehandelt und die Urkunde unabhängig von einem Vordruck selbst errichtet haben. Typischerweise werden jedoch, auch auf dem privaten Sektor, **Formularverträge** benutzt. Darin sind alle Fahrzeugeigenschaften aufgeführt, auf deren Kenntnis Käufer üblicherweise Wert legen. Die Aufnahme von Zusatzinformationen ist formularmäßig vorgesehen (Spalte „Besondere Vereinbarungen“), eine Vervollständigung also möglich. Angesichts dessen besteht auch bei Verwendung eines **handelsüblichen Bestellscheins** („verbindliche Bestellung für gebrauchte Kraftfahrzeuge ...“) im Regelfall eine hinreichende Wahrscheinlichkeit dafür, dass die Vereinbarung über die Beschaffenheit des Fahrzeugs richtig und vollständig wiedergegeben ist.[9]

7 BGH 9. 2. 2010 – X ZR 82/07 – Tz. 12.
8 OLG Hamm 14. 6. 2005 – 28 U 190/04.
9 Vgl. auch BGH 19. 3. 1980, NJW 1980, 1680 – Neuwagenkaufvertrag (Zahlungsabrede).

Die Vermutungsregel nützt dem Käufer nichts, wenn er sich auf mündliche Zusatzinformationen beruft, etwa auf die **Zusage „unfallfrei“.** Bestreitet der Verkäufer eine derartige Erklärung, liegt die volle Beweislast beim Käufer, gleichviel, ob die Vorschadensfrage im Vertragstext thematisiert ist oder nicht.[10] Im Rahmen der **Beweiswürdigung**, z. B. bei käufergünstigen Zeugenaussagen, wird der Richter allerdings aus dem Umstand, dass eine so wichtige Frage wie die Unfallfreiheit keinen Niederschlag im Vertragstext gefunden hat, für den beweispflichtigen Käufer nachteilige Schlüsse ziehen. **3264**

Profitieren kann ein Käufer dagegen von der Vermutungsregel, wenn im Vertrag notiert ist **„Pkw nicht unfallfrei“** oder „Einparkbeule hinten rechts behoben“ und **der Verkäufer** sich auf **mündliche Zusatzinformationen** über Art und Umfang des Unfallschadens beruft. Dagegen kann nicht eingewandt werden, die Vermutung für die Richtigkeit und Vollständigkeit der Kaufvertragsurkunde beziehe sich nur auf Vereinbarungen, nicht auf einseitige Hinweise und sonstige vereinbarungsfreie Informationen. Die behauptete mündliche Auskunft des Verkäufers über Einzelheiten eines Vorschadens stellt eine Ergänzung seines schriftlichen Hinweises wie z. B. „Pkw nicht unfallfrei“ dar und ist deshalb Bestandteil der Beschaffenheitsvereinbarung, wie sie der Verkäufer verstanden wissen möchte. Allerdings muss der Sachvortrag des Verkäufers hinreichend konkret sein, um das Gericht zu einer Beweiserhebung über die angeblich mündliche Aufklärung zu zwingen. Generell gilt: Wenn eine Partei ein ihr günstiges Auslegungsergebnis mit Umständen außerhalb der Vertragsurkunde begründet, hat sie dafür die Beweislast.[11] Zur Vermutungswirkung im Zusammenhang mit der Aufklärungspflicht des Verkäufers s. Rdn. 4265. **3265**

a) Vollständigkeits- und Negativklauseln

Eine Vollständigkeitsklausel („neben obigen Bedingungen sind keine weiteren Vereinbarungen getroffen worden“) bezieht sich nicht ausschließlich auf mündliche, sondern auch auf schriftliche Erklärungen außerhalb der Vertragsurkunde. Die gewünschte Wirkung wird solchen Klauseln gleichwohl regelmäßig versagt.[12] Gegen § 11 Nr. 15b AGBG, jetzt § 309 Nr. 12b BGB, verstößt die Klausel „es besteht Einigkeit darin, dass vom Verkäufer keine Zusagen über Eigenschaften, Zustand, Leistung und Unfallfreiheit gegeben wurden“.[13] Gleiches galt für die Klausel „keinerlei Zusicherung nach § 463“.[14] **3266**

Die **individuell** eingefügte **Angabe „keine“** hinter dem vorgedruckten Wort „Zusicherungen?“ stand nach Auffassung des BGH der Annahme entgegen, der Verkäufer habe eine bestimmte Eigenschaft des Fahrzeugs (im Streitfall den Zeitpunkt der Erstzulassung) konkludent zugesichert.[15] Diese Auslegung überraschte, weil der BGH ansonsten[16] verlangt hat, dass der Händler ausdrücklich und unmissverständlich gegen die Einstufung einer bestimmten Zusage als Zusicherung im Rechtssinn protestiert. Eine nur pauschale protestatio hat früher nicht genügt. **3267**

10 OLG Hamm 14. 6. 2005 – 28 U 190/04.

11 BGH 5. 2. 1999, NJW 1999, 1702; BGH 5. 7. 2002, NJW 2002, 3164.

12 Vgl. auch BGH 15. 2. 1984, WM 1984, 534 unter 2b = NJW 1984, 1454, insoweit dort nicht abgedruckt; s. a. BGH 19. 6. 1985, NJW 1985, 2329 („mündliche Nebenabreden sind nicht getroffen“) und BGH 14. 10. 1999, ZIP 1999, 1887 („mündliche Nebenabreden bestehen nicht“).

13 LG Berlin 6. 3. 1987, VuR 1988, 50; ebenso im Ergebnis KG 3. 2. 1988 – 23 U 2930/87 – n. v.

14 LG Berlin 5. 2. 1988 – 26 O 304/87 – n. v.

15 Urt. v. 16. 10. 1991, NJW 1992, 170 = JZ 1992, 365 m. Anm. *Flume;* dazu auch *Tiedtke*, DB 1992, 1562; s. a. OLG Hamm 12. 10. 1990, NJW-RR 1991, 505, 506 = NZV 1991, 232 (nicht entschieden).

16 Z. B. Urt. v. 5. 7. 1978, NJW 1978, 2241 („unmissverständlich und deutlich, und zwar bezogen gerade auf die abgegebene Zusicherung“); ebenso BGH 10. 10. 1977, NJW 1978, 261; im Ergebnis auch AG Köln 21. 12. 1995 – 128 C 193/95 – n. v.; bestätigt durch LG Köln 4. 12. 1996 – 26 S 63/96 – n. v.

3268 **„Beschaffenheitsvereinbarung? Keine!"** ist als Ausdruck der Vertragsautonomie auch beim Verbrauchsgüterkauf zu respektieren, sofern die Abrede (wie im Fall BGH NJW 1992, 170) individuellen Charakter hat, mag der Händler sie auch teilweise vorformuliert haben. Durch die Hilfsregeln des § 434 Abs. 1 S. 2 BGB ist der Käufer hinreichend geschützt (Näheres zu „haftungsentlastenden" Beschaffenheitsvereinbarungen s. Rdn. 2457 ff.). Zur Bedeutung des Durchstreichens bzw. Freilassens von Formularrubriken wie „Besondere Vereinbarungen/Zusicherungen" s. OLG Celle OLGR 1998, 170.

3269 Soweit eine Erklärung des Verkäufers Vertragsinhalt geworden ist, kann er deren rechtliche Qualifizierung auch außerhalb des Verbrauchsgüterkaufs nicht durch eine **formularmäßige Negativklausel** bestimmen. Die Annahme einer verbindlichen Beschaffenheitsvereinbarung kann also nicht dadurch verhindert werden, dass der Verkäufer bestimmten Angaben über den Zustand des Fahrzeugs formularmäßig die Qualität verbindlicher Beschaffenheitsinformationen abspricht.

b) Schriftformklauseln

3270 Eine **mündliche Erklärung,** der trotz Mündlichkeit Zusicherungscharakter beigemessen worden ist, setzte sich im alten Recht gegen eine nur **formularmäßige Schriftformklausel** durch.[17] Auch eine Klausel wie „schriftliche Bestätigung vorbehalten" nützte dem Verkäufer nichts. Generell gilt: Nachträgliche mündliche Individualvereinbarungen haben **Vorrang vor Schriftformklauseln.**[18] Manche Gerichte versuchen, Schriftformklauseln dadurch zu halten, dass sie besonders strenge Anforderungen an die Darlegungslast dessen stellen, der sich auf eine mündliche Erklärung beruft.[19] Voraussetzung für das Eingreifen der Vorrangregelung (§ 305b BGB) ist, dass die mündliche Erklärung (eine stillschweigende/konkludente genügt) unabhängig von dem Schriftlichkeitserfordernis wirksam ist. Das kann bei Erklärungen von Firmenangestellten, die nicht zur Geschäftsleitung gehören, zweifelhaft sein.

3271 In der Taxi-Entscheidung vom 12. 5. 1976 hat **der BGH**[20] bei einem Eigengeschäft folgende Klausel gebilligt: „Nebenabreden, nachträgliche Änderungen dieses Auftrags und etwaige Zusicherungen bedürfen zu ihrer Gültigkeit schriftlicher Bestätigung des Verkäufers." Im konkreten Fall hatte ein **Verkaufsangestellter** bei der Probefahrt die Frage verneint, ob der Pkw früher als Taxi benutzt worden sei. Für die unrichtige Antwort seines Angestellten brauchte der Händler nicht einzustehen, weil er seine Haftung durch die Schriftformklausel i. V. m. einer Vertreterklausel wirksam ausgeschlossen hatte.

3272 Unter der Geltung des AGB-Gesetzes hatte der BGH keine Gelegenheit, zu Schriftformklauseln im Gebrauchtwagenhandel Stellung zu nehmen. Aus der **OLG-Rechtsprechung** waren einschlägig: Urteil des KG v. 22. 3. 1989 – 3 U 5960/88 (n. v.); OLG Düsseldorf EWiR § 125 1/91, 1055 *(Teske)* – Kfz-Vermittlungsvertrag; OLG Düsseldorf OLGR 1993, 129 (Leitsatz 3) zu Nrn. I, 2 und IV, 6 der damaligen Neuwagen-Verkaufsbedingungen; s. a. OLG Hamburg OLGR 1996, 4.

3273 Die **ZDK-Gebrauchtwagenbedingungen** Stand 7/2003 und 3/2008 verzichten auf eine allgemeine Schriftformklausel. Alternative Bedingungswerke enthalten mitunter Schriftformklauseln (auf der Vorderseite des Bestellscheins und/oder in den eigentlichen AGB)[21]. Nach **ständiger BGH-Rechtsprechung** sind Schriftformklauseln auch gegenüber Nicht-

---

17 Argument: § 4 AGBG a. F. = § 305b BGB; s. BGH 23. 5. 2001 – VIII ZR 279/99 – zu § 459 Abs. 1 BGB a. F.; OLG Bamberg 2. 3. 1994, NJW-RR 1994, 1333.
18 BGH 21. 9. 2005, NJW 2006, 138 (Mietvertrag).
19 OLG Düsseldorf 12. 3. 1992, OLGR 1992, 260.
20 BB 1977, 61.
21 Beispiel: OLG Hamm 4. 9. 2008 – 28 U 98/07.

kaufleuten nicht schlechthin gem. § 307 BGB unzulässig. Ihre Wirksamkeit hängt vielmehr von der Ausgestaltung und dem Anwendungsbereich der konkreten Klausel ab. Für unwirksam hat der BGH beispielsweise folgende Klauseln gehalten: „Vereinbarungen, Zusicherungen oder Änderungen sind nur in schriftlicher Form gültig“,[22] „mündliche Abmachungen haben ohne schriftliche Bestätigung der Firma keine Gültigkeit“[23] oder „Änderungen oder Ergänzungen bedürfen der Schriftform“.[24] Wegen der Erfassung auch nachvertraglicher Vereinbarungen kann eine Schriftformklausel insgesamt unwirksam sein.[25]

c) Schriftliche Erklärungen außerhalb der Kaufvertragsurkunde

Schriftliche Erklärungen außerhalb der Kaufvertragsurkunde, z. B. **in Internetanzeigen** 3274
(z. B. autoscout24. de oder mobile.de),in **Zeitungsinseraten**, Werbeanzeigen, Katalogen, **Verkaufsschildern**, Info-cards, kaufbegleitenden Gutachten, Garantieurkunden oder Übernahmebestätigungen können eine Beschaffenheitsvereinbarung begründen. Derartige **„Vorfeld-Erklärungen“** in den Vertrag einzubeziehen, hat die Rechtsprechung zu § 459 Abs. 2 BGB a. F. als wenig problematisch angesehen.[26] Dass die Gerichte ihre Entscheidung davon abhängig gemacht haben, ob der Verkäufer **gewerblich oder privat** gehandelt hat, lässt sich in dieser Allgemeinheit nicht sagen. Tendenziell ist es aber zutreffend, dass Kfz-Händler in stärkerem Maße an ihren „Vorfeld-Äußerungen“ festgehalten worden sind als Privatpersonen.

In der Einbeziehungsfrage kann an diese Kasuistik angeknüpft werden.[27] Als Alternative 3275
kommt eine Berücksichtigung als **„öffentliche Äußerung“** (§ 434 Abs. 1 S. 3 BGB) bei Ermittlung der Soll-Beschaffenheit nach den objektiven Kriterien des § 434 Abs. 1 S. 2 Nr. 2 BGB in Betracht.

---

22 Urt. v. 31. 10. 1984, NJW 1985, 320 – Möbelhandel.

23 Urt. v. 26. 3. 1986, NJW 1986, 1809.

24 Urt. v. 15. 2. 1995, NJW 1995, 1488 m. w. N. – Möbelhandel.

25 OLG Hamm 4. 9. 2008 – 28 U 98/07 – (GW-Bestellschein).

26 Vgl. BGH 25. 6. 1975, NJW 1975, 1693 (Km-Angabe auf Verkaufsschild); BGH 18. 2. 1981, NJW 1981, 1268 (PS-Angabe auf Verkaufsschild); s. a. OLG Karlsruhe 29. 5. 2002, OLGR 2002, 247 (Verkaufsschild/Fahrzeugbeschreibungsblatt); OLG Düsseldorf 18. 6. 1999, NZV 1999, 514 (Händlerschreiben an Kaufinteressenten, Kaufvertrag später mit Leasinggesellschaft); Brand OLG 20. 11. 1996, NJW-RR 1997, 428 = OLGR 1997, 88 (Km-Angabe in Garantieurkunde); OLG Köln 18. 12. 1996, NZV 1998, 73 = OLGR 1997, 108 (Zustandsnote für Oldtimer in Zeitungsanzeige); OLG Köln 19. 10. 1971, NJW 1972, 162 („von Meisterhand geprüft . . .“ in Werbeanzeige); OLG Köln 8. 1. 1990, NJW-RR 1990, 758 (Km-Stand in Zeitungsanzeige); LG Memmingen 14. 11. 1990, NZV 1991, 356 (Km-Stand/Zeitungsanzeige); OLG Zweibrücken 28. 6. 1988, VRS 76, 409 (Km-Stand/Zeitungsanzeige); OLG Frankfurt 2. 11. 1988, NJW 1989, 1095 (Zustandsnoten im Oldtimerkatalog); OLG München 26. 4. 1974, DAR 1974, 296 (Km-Stand/Verkaufsschild); OLG Karlsruhe 30. 3. 1979, OLGZ 1979, 431 („Von privat, ... generalüberholt“/Werbeanzeige); OLG Hamm 25. 2. 1986, VRS 71, 321 („werkstattgeprüft“/Werbetransparent); OLG Hamm 2. 12. 1983, DAR 1983, 357 (Werbeanzeige); **abw.** OLG Schleswig 12. 1. 1978, MDR 1978, 935 (Grundstückskauf); OLG Schleswig 6. 6. 2003, MDR 2004, 140 (Motoryacht); **diff.** OLG Nürnberg 28. 11. 1991, NZV 1992, 441 (Zeitungsanzeige „kleiner Blechschaden“); s. a. OLG Koblenz 25. 6. 1992, VRS 84, 243 („unfallfrei“ in Anzeige); OLG Köln 24. 3. 1993, NJW-RR 1994, 440; OLG Köln 14. 4. 1992, OLGR 1992, 289; OLG Koblenz 27. 5. 1993, VRS 86, 413; KG 22. 9. 1992, KGR 1993, 1; KG 2. 6. 1995, OLGR 1995, 145 = MDR 1995, 903 – jeweils Zeitungsanzeige; KG 26. 8. 2004, NZV 2005, 97 = MDR 2005, 142 (Kleinanzeige); LG Köln 10. 1. 2002, DAR 2002, 272.

27 LG Karlsruhe 15. 2. 2010, DAR 2010, 528 (Internetanzeige und Internetausdruck im Auto – ABS); LG Ellwangen 13. 6. 2008, SVR 2008, 345; LG Kleve 27. 8. 2004, NJW-RR 2005, 422 (jeweils Internetanzeige); AG Aachen 7. 9. 2004, SVR 2005, 33 (Internetbörse); AG Hanau 24. 1. 2003 – 33 C 728/02–13 – n. v. (DEKRA-Siegel). Zum Ganzen *Höffmann*, ZGS 2011, 299 ff.

3276 Will der Verkäufer schriftliche Aussagen aus der Phase der Vertragsanbahnung, auch aus der Frühphase, z. B. im Internet (Gebrauchtwagenbörse oder eigene Website) oder in Zeitungsanzeigen, nicht gegen sich gelten lassen, muss er sie „klar und erkennbar“ **widerrufen**, so die Rechtsprechung bereits zum alten Kaufrecht.[28] Dafür genügte dem OLG München[29] bereits ein individueller Gewährleistungsausschluss. Richtigstellend bzw. einschränkend können sich auch bestimmte Erklärungen des Verkäufers bei den Vertragsverhandlungen auswirken,[30] etwa eine Präzisierung der Angabe „unfallfrei“ in einer Zeitungsanzeige.[31] Ein vorformulierter Vorbehalt wie unfallfrei „laut Vorbesitzer“ hat nicht die Wirkung eines Teil-Widerrufs.[32] Zur **Korrekturproblematik** auch OLG Koblenz 25. 1. 2011, 2 U 590/10; LG Ellwangen SVR 2008, 345.

d) Vertretungsfragen

3277 Nicht selten werden Fahrzeugkäufer mit dem Einwand konfrontiert, für die angebliche Beschaffenheitsvereinbarung habe die auf Seiten des Verkäufers handelnde Person keine Vollmacht gehabt. Die Vertretungsmacht von Handlungsbevollmächtigten und Abschlussvertretern erstreckt sich auf Verkäufe, die im Rahmen des Gewerbebetriebs üblicherweise vorkommen. Zu beachten ist auch **§ 56 HGB** über die sog. Ladenvollmacht.[33] Zum Status eines Filialleiters s. OLG Düsseldorf 28. 4. 2008 – I-1 U 239/07.

3278 Mündliche Erklärungen über den Zustand des Fahrzeugs und seine Vorgeschichte sind im Gebrauchtwagenhandel an der Tagesordnung. Die Ermächtigung nach § 56 HGB umfasst daher auch eine mündliche oder schriftliche Zusage wie „Fahrzeug ist unfallfrei“.[34] Will der Händler sich davor schützen, dass ihm bestimmte Erklärungen seines Personals zugerechnet werden, muss er die Einschränkung der Vollmacht durch einen ausdrücklichen und unübersehbaren Hinweis kundtun, z. B. durch ein Schild im Verkaufsraum oder durch eine drucktechnisch deutlich hervorgehobene und inhaltlich verständliche Erklärung auf der Vorderseite des Bestellscheins.[35] Eine formularmäßige Vertreterklausel genügt jedenfalls bei einem Verkauf an geschäftlich unerfahrene Personen nicht. Gem. § 54 Abs. 3 HGB sind Vollmachtsbeschränkungen ebenso wie das Fehlen einer wirksamen Vollmacht Dritten gegenüber nur wirksam, wenn diese den Mangel kannten oder kennen mussten. Analog gilt dies im Rahmen des § 56 HGB.[36] An die Feststellung einer Fahrlässigkeit des Käufers sind strenge Anforderungen zu stellen.

e) Telefonische Erklärungen

3279 Der Streit über telefonische Erklärungen, insbesondere von Verkäuferseite, gehört zum Gerichtsalltag. Mit welcher Vehemenz mitunter gestritten wird, zeigen beispielhaft die bei-

---

28 OLG Hamm 9. 11. 1995, OLGR 1996, 53; OLG Köln 10. 3. 1989 – 6 U 167/88 – n. v. (Km-Angabe nur im Inserat, nicht in der Vertragsurkunde); im Grundsatz ähnlich – gleichfalls mit Beweislast beim Verkäufer – OLG Köln 8. 1. 1990, NJW-RR 1990, 758; OLG Köln 14. 4. 1992, OLGR 1992, 289; OLG Köln 18. 12. 1996, NZV 1998, 73 = OLGR 1997, 108; OLG Koblenz 27. 5. 1993, VRS 86, 413; OLG Karlsruhe 30. 3. 1979, OLGZ 1979, 431 („ausdrücklich berichtigen“); anders und zutreffend OLG Nürnberg 28. 11. 1991, NZV 1992, 441 (volle Beweislast beim Käufer).

29 Urt. v. 7. 7. 1992, OLGR 1992, 113; anders OLG Köln 18. 12. 1996, NZV 1998, 73 = OLGR 1997, 108.

30 Dazu OLG Köln 14. 4. 1992, OLGR 1992, 289.

31 Vgl. KG 26. 8. 2004, NZV 2005, 97 = MDR 2005, 142.

32 BGH 7. 6. 2006, NJW 2006, 2839.

33 Dazu OLG Düsseldorf 28. 4. 2008 – I-1 U 239/07 – n. v.; OLG Düsseldorf 11. 11. 2002 – 1 U 29/02 – n. v.

34 OLG Düsseldorf 11. 11. 2002 – 1 U 29/02 – n. v.

35 OLG Köln 21. 3. 1984 – 24 U 238/83 – n. v.

36 OLG Düsseldorf 28. 4. 2008 – I-1 U 239/07.

den Autokauf-Entscheidungen BGH NJW 2006, 2839 und BGH NJW-RR 2010, 1289. In beiden Fällen ging es auch um die Frage der **Verwertbarkeit der Aussage eines Zeugen** über den Inhalt eines Telefonats, das er ohne Einwilligung des Gesprächspartners mitgehört hat.

IV. Darlegung und Beweis der Ist-Beschaffenheit

1. Die Zeitpunktfrage

a) Grundsätzliches

Der Verkäufer kann **grundsätzlich** nur für solche Mängel nach § 437 BGB haftbar gemacht werden, die **bei Gefahrübergang** vorhanden waren. Das folgt aus § 434 Abs. 1 BGB. Mangelhaftigkeit im Zeitpunkt des Vertragsabschlusses ist gewährleistungsrechtlich irrelevant wie auch das Entstehen eines Mangels zwischen Abschluss des Vertrages und Übergabe, sofern der Mangel bei Gefahrübergang, i. d. R. **die Übergabe**, restlos und dauerhaft beseitigt war. Bis zu diesem Zeitpunkt hat der Verkäufer die Möglichkeit, die Kaufsache in den geschuldeten Zustand zu versetzen. Wenn dies aus tatsächlichen oder rechtlichen Gründen unmöglich ist, liegt ein Fall des § 275 Abs. 1 BGB vor. Entgegen der Vorinstanz (OLG München) hat der BGH **keinen Fall der Unmöglichkeit** darin gesehen, dass der Originallack eines ca. vier Jahre alten Pkw nach Vertragsschluss auf dem Betriebsgelände des Verkäufers zerkratzt worden war. Durch eine Neulackierung sei der Mangel behebbar gewesen.[37] 3280

Für eine Zustandsverschlechterung des Fahrzeugs nach Übergabe ist der Verkäufer gewährleistungsrechtlich nur verantwortlich, wenn sie die Folge eines bei Übergabe vorhandenen Sachmangels ist. Mängelgewährleistung bedeutet keine Garantie, dass das verkaufte Fahrzeug auch nach Übergabe für eine bestimmte Zeit mangelfrei bleibt. Das ist der entscheidende Unterschied zur **Haltbarkeitsgarantie**. Der handschriftliche Zusatz in einem Vertrag zwischen einem Händler und einem Verbraucher „1 Jahr Gewährleistung" bedeutet keine Haltbarkeitsgarantie.[38] 3281

Wenngleich die Verpflichtung des Verkäufers auf eine einmalige Sachverschaffung gerichtet ist und damit kein Dauerschuldverhältnis oder eine ähnliche Beziehung auf Zeit darstellt, ein technisches Gerät wie ein Kraftfahrzeug, auch ein gebrauchtes, wird zum Zwecke der Nutzung erworben. Auch ohne Haltbarkeitsgarantie muss ein Fahrzeug eine Zeit lang nach Übergabe funktionieren. Sachmangelfreiheit bei Kraftfahrzeugen bedeutet i. d. R. nicht nur Funktionsfähigkeit im Moment der Übergabe, sondern auch **Qualität auf Zeit**. Doch was schon beim Neuwagenkauf gewährleistungsrechtlich erhebliche Schwierigkeiten macht, nämlich die **technische Zuverlässigkeit** des Produkts unbeschadet der Verjährungsfrist von zwei Jahren als einen Zustand von einer gewissen Dauer zu begreifen, will beim Kauf eines bereits gebrauchten Kraftfahrzeugs noch weniger gelingen, wie die Entscheidung des Brand OLG DAR 2009, 92 beispielhaft zeigt (Wegfall der Fahrbereitschaft durch alsbald nach der Übergabe auftretende Getriebeschäden). 3282

Ausdrückliche Angaben des Verkäufers über die Zuverlässigkeit als Qualität auf Zeit unterbleiben im Handel mit gebrauchten Kfz regelmäßig. Selbst eine Information wie „fahrbereit" ist ohne fassbare **zeitliche Dimension** (s. Rdn. 2709 ff.); bei Erklärungen wie „TÜV neu" oder „werkstattgeprüft" gibt es gleichfalls kein „Zeitfenster". Was die objektiven Kriterien **„gewöhnliche Verwendung"** und **„zu erwartende Beschaffenheit"** angeht, so umschreiben sie zwar die Soll-Beschaffenheit über den Tag der Übergabe hinaus „in Form 3283

37 BGH 20. 5. 2009, NJW 2009, 2807.
38 LG Duisburg 7. 2. 2007 – 11 S 148/06; a. A. *Medicus/Lorenz*, SchBT, Rn. 202.

eines Finalprogramms".[39] Gewöhnliche Verwendung bedeutet beim Kauf eines Kfz mehr als nur die übliche Art der Nutzung (Teilnahme am öffentlichen Straßenverkehr). Sie umfasst die für eine bestimmte Dauer und/oder Fahrstrecke erforderliche Haltbarkeit. So gesehen ist „gewöhnliche Verwendung" ein Stück weit **zukunftsgerichtet**. Die Frage ist indes, von welcher Dauer diese „Mindesthaltbarkeit" zu sein hat, wenn es in diesem Punkt an einer vertraglichen Vereinbarung fehlt. Feste Zeiträume oder Km-Grenzen kann es hier nicht geben.[40] Entscheidend ist die Haltbarkeits- und Verwendungserwartung eines Durchschnittskäufers, gemessen an der üblichen Beschaffenheit eines vergleichbaren Fahrzeugs (zum Vergleichsmaßstab s. Rdn. 3003 ff., 3008).

3284 Nicht nur das Ausbleiben von Funktionsstörungen über eine bestimmte Zeit/Fahrstrecke kann geschuldet sein, die **Störanfälligkeit** selbst, verstanden als konkrete Gefahr des Eintritts eines erheblichen Schadens (Schadenanfälligkeit), kann bereits einen Sachmangel i. S. d. § 434 Abs. 1 S. 2 Nr. 2 BGB ausmachen.[41]

3285 Bei technischen Geräten wie Kraftfahrzeugen ist zu unterscheiden zwischen Einzelteilen (bei einem Pkw ca. 6.000) und der Gesamtsache. Ein vertragswidriger Zustand eines Einzelteils, z. B. des Zahnriemens, kann das Fahrzeug störanfällig machen, d. h. es kann sachmangelhaft sein, bevor der Zahnriemen gerissen oder übergesprungen ist. Besteht bei Übergabe des Fahrzeugs ein Zustand, der sich anschließend mit Sicherheit oder zumindest mit hoher Wahrscheinlichkeit zu einer Funktionsstörung ausweitet („weiterfrisst"), so kann schon der Ausgangszustand als Sachmangel zu qualifizieren sein.

b) Anlageschaden und Keimtheorie

3286 Nach der Rechtsprechung hat der Käufer den Nachweis in der Zeitpunktfrage auch dann erbracht, wenn festgestellt werden kann, dass der Mangel, der nach Übergabe hervorgetreten ist, im Übergabezeitpunkt schon **„im Keim"** bzw. **„in der Anlage"** vorhanden war.[42] Ausgesprochen schwierig kann die Beweisführung bei behaupteten **Defekten an elektronischen Bauteilen** sein.[43]

3287 Ein bei Auslieferung in der Anlage vorhandener Defekt (Schadenanlage) kann bei einem bereits gebrauchten Fahrzeug nicht ohne Weiteres mit einem Mangel im Rechtssinn gleichgesetzt werden.[44] Der anerkannte Grundsatz, dass natürlicher Verschleiß und normale Alterungserscheinungen i. d. R. nicht unter den Sachmangelbegriff in seiner objektiven Version fallen (dazu Rdn. 3021 ff.), gilt auch für die Phase der Entstehung und der Entwicklung technischer Prozesse. Bei der richterlichen Würdigung von technischen Gutachten kommt dieser Gesichtspunkt nicht selten zu kurz. Insbesondere wird nicht immer zwischen den verschiedenen Arten von Verschleiß und Abnutzung unterscheiden. Auch die Kategorie „Verschleißfolgeschaden" ist wenig bekannt (zum Ganzen Rdn. 2944 ff.).

---

39 So *Gross/Wittmann*, BB 1988, 1126, 1130.

40 Siehe auch Brand OLG 8. 10. 2008, DAR 2009, 92 (Getriebe).

41 BGH 7. 3. 2003, JZ 2004, 40 zu § 459 BGB a. F. (Immobilienkauf); BGH 29. 3. 2006, NJW 2006, 2250 (Tierkauf).

42 OLG Schleswig 25. 7. 2008, SVR 2009, 140 („Bremsenquietschen"); OLG Köln 6. 10. 2003, NZV 2004, 45 = SVR 2004, 308; LG München 20. 12. 1976, DAR 1978, 18; OLG Frankfurt 4. 3. 2005, ZGS 2005, 236 = DAR 2005, 339; LG Traunstein 5. 2. 2009 – 2 O 2759/07 (Schlepphebel).

43 Vgl. OLG Stuttgart 1. 12. 2009, NJW-RR 2010, 412 = DAR 2010, 140 (Fehlfunktion der Fahrzeuginstrumentierung, hier: Warnleuchte).

44 Bedenklich daher Thür. OLG 19. 1. 2006, SVR 2006, 262 (besondere Schadenanfälligkeit von Zylinderköpfen).

c) Die Mangelursache als vertragswidrige Beschaffenheit

Auf welche Ursache der geltend gemachte Sachmangel zurückzuführen ist, hat der Käufer **grundsätzlich** weder darzulegen noch zu beweisen.[45] Zur Ausnahme beim Nachweis des Fehlschlagens der Nachbesserung (Erfolglosigkeitsbeweis) s. Rdn. 999 ff. Indes kann die Ursache eines Sachmangels **ihrerseits** eine (weitere) vertragswidrige Beschaffenheit und damit einen Sachmangel darstellen. Bei einer Mehrheit von Ursachen kann jede Einzelursache in der Kette als Mangel in Frage kommen und, sofern bei Übergabe vorhanden, die Haftung des Verkäufers begründen.[46] Thematisiert wird dies vor allem bei **Motor- und Getriebeschäden**. Den Hintergrund bilden Einwendungen der Verkäufer wie Fahr- und Bedienungsfehler und/oder normaler Verschleiß, auch die Behauptung, erfolgreich nachgebessert zu haben. Nicht nur die mitunter hochkomplexen technischen Zusammenhänge, auch die Beweislastumkehr nach § 476 BGB machen den Instanzgerichten nach wie vor beträchtliche Schwierigkeiten. Näheres zu diesem Problemkreis unter Rdn. 3368 ff. **3288**

d) Anscheinsbeweisgrundsätze

Die Grundsätze des Anscheinsbeweises können Gebrauchtfahrzeugkäufern in der Zeitpunktfrage, wenn überhaupt, nur in seltenen Fällen helfen,[47] etwa wenn das Fahrzeug auf den ersten Kilometern nach Übergabe mit einem Motorschaden liegen geblieben ist. In diesem Fall spricht eine hinreichende Wahrscheinlichkeit dafür, dass der Motor bereits zum Zeitpunkt der Übergabe schadhaft war. Davon wird sich der Richter auch ohne Rückgriff auf die Grundsätze über den Anscheinsbeweis überzeugen können. Allerdings kann selbst bei einem Ausfall während der Überführungsfahrt der Grund in einem „Verschleißmangel" liegen, der nicht zulasten des Verkäufers geht. Ein Fahr- oder Bedienungsfehler auf den ersten Kilometern ist gleichfalls nicht ungewöhnlich. Von daher sind die Regeln des Anscheinsbeweises, die einen typischen Geschehensablauf voraussetzen, unpassend. **3289**

Zur **Beweisvermutung nach § 476 BGB** (Beweislastumkehr) s. Rdn. 3296 ff. **3290**

e) Wegfall des Mangels im Nachhinein

Im Kaufrecht vor der Schuldrechtsreform ist vom BGH nicht entschieden worden, ob der Mangel, auf den das Wandelungsverlangen gestützt wurde, im Zeitpunkt des Vollzugs der Wandelung noch vorliegen musste. Eine **eigenmächtige Beseitigung** durch den Verkäufer ließ das Wandelungsrecht unberührt.[48] Nicht mehr durchsetzbar war es dagegen bei **einvernehmlicher Nachbesserung**, wobei eine stillschweigende Zustimmung des Käufers genügte.[49] Ob diese Rechtsprechung zur Wandelung ohne Weiteres auf den an ihre Stelle getretenen Rücktritt übertragbar ist, hat der BGH noch nicht näher geprüft.[50] Zur Fallgruppe „nachträgliche Mängelbeseitigung" durch den Verkäufer s. Rdn. 869 ff., zur Beseitigung durch einen Sachverständigen s. Rdn. 890. **3291**

2. Darlegungsfragen

Der Käufer muss den tatsächlichen Zustand (Ist-Beschaffenheit) so konkret wie möglich beschreiben, damit der Verkäufer sich sachgerecht verteidigen kann. Er genügt seiner Substantiierungspflicht zunächst damit, dass er die Ist-Beschaffenheit in ihrem **objektiven Erscheinungsbild** darlegt, z. B. „Bremsen ziehen schief" oder „Motor läuft nicht rund". Hier **3292**

45 BGH 9. 3. 2011, NJW 2011,1664 = DAR 2011, 319 Tz. 10.
46 BGH 9. 3. 2011, NJW 2011,1664 = DAR 2011, 319 Tz. 14.
47 Zu optimistisch *Schmidt-Räntsch*, ZIP 1998, 849, 852.
48 BGH 19. 6. 1996, NJW 1996, 2647 (Bagger).
49 BGH 19. 6. 1996, NJW 1996, 2647 (Bagger).
50 Vgl. Urt. v. 5. 11. 2008, NJW 2009, 508 Tz. 23.

kann auf die **Symptom-Rechtsprechung** des BGH[51] zurückgegriffen werden. Da der Käufer zur Mangelursache überhaupt nichts darzulegen braucht, ist eine falsche Angabe unschädlich. Auf die Ursache kann es freilich entscheidend ankommen, wenn sie und nicht ihr Erfolg, die Auswirkung, der Anknüpfungspunkt für die Mängelprüfung ist (näher Rdn. 3288, 3368 ff.).

3293 Je nach Inhalt der Klageerwiderung können sich die **Anforderungen an die Substantiierungspflicht** des Käufers **erhöhen**. Macht der Verkäufer geltend, die behauptete Ist-Beschaffenheit sei auf Einwirkungen in der Sphäre des Käufers zurückzuführen, z. B. durch einen Fahr- oder Bedienungsfehler oder durch Marderbiss, muss der Käufer zur Frage der Mangelhaftigkeit im Zeitpunkt der Übergabe nähere Ausführungen machen.

3294 Beim neuerdings verstärkt vorgebrachten Verkäufer-Einwand der Eigenverursachung hilft dem Käufer die **Darlegungserleichterung bei Negativtatsachen**. Den angeblichen Fahr- oder Bedienungsfehler darf er zwar nicht mit Nichtwissen bestreiten, indessen kann von ihm kaum mehr verlangt werden als die Gegenbehauptung, den fraglichen Fehler nicht begangen zu haben. Zur Bedeutung eines „Eigenverschuldens“ bei der Beweislastumkehr nach § 476 BGB s. Rdn. 3376 ff.

3295 In Fällen **technischer Fehlerhaftigkeit** empfiehlt es sich – schon zum Zweck der besseren Darlegung – ein **Privatgutachten** einzuholen oder ein **selbstständiges Beweisverfahren** durchzuführen (dazu Rdn. 3405 ff.).

3. Die Beweislastumkehr beim Verbrauchsgüterkauf

a) Regelungskonzept des § 476 BGB

3296 Zeigt sich innerhalb von sechs Monaten seit Gefahrübergang „ein Sachmangel“, so wird zugunsten des Verbrauchers vermutet, dass die Sache bereits bei Gefahrübergang mangelhaft war (§ 476 BGB). Diese Verbraucherschutzvorschrift wird nach Maßgabe der Eigenetikettierung durch den Gesetzgeber allgemein als **Beweislastumkehr** verstanden. Nicht die Rechtsfolge, sondern den Tatbestand betonend, ist auch von **Beweisvermutung** die Rede.

3297 Musterstück der Regelung in Art. 5 Abs. 3 VerbrGKRL und damit auch des § 476 BGB ist das **fabrikneue Verbrauchsgut** und hier vor allem technisches Gerät. Dass bei einer neuen Sache derjenige Mangel, der innerhalb von sechs Monaten ab Lieferung offenbar wird, seinen Ursprung im Einflussbereich des Herstellers/Verkäufers hat, ist nach der Lebenserfahrung weitaus wahrscheinlicher als eine Entstehung des Mangels in der Sphäre des Käufers. Zudem hat der Verkäufer einer fabrikneuen Sache, unterstützt durch den Hersteller/Importeur, im Regelfall leichteren Zugang zu den Produktinformationen. Mit seinem überlegenen Sach- und Erfahrungswissen und den deutlich besseren Diagnosemöglichkeiten sind erhebliche Beweisvorteile verbunden. Daran ändert nichts der Umstand, dass der Händler nicht mehr im Besitz der Sache ist. Damit er sich ein Bild von dem gerügten Defekt machen kann, muss ihm das Kaufobjekt zur Verfügung gestellt werden (s. Rdn. 893 ff.).

3298 Demgegenüber ist der Verbraucher als technischer Laie ohne Hilfe eines Sachverständigen oftmals kaum in der Lage, technische Unzulänglichkeiten – bezogen auf den Zeitpunkt der Auslieferung – nachzuweisen, zumal nach längerer Eigennutzung und dadurch bedingter Veränderung des maßgeblichen Ausgangszustandes.

3299 Damit hat § 476 BGB eine **doppelte Rechtfertigung:** Die Vermutung als solche gründet sich auf den empirischen Befund der überwiegenden Wahrscheinlichkeit der Mangelentstehung in der Sphäre des Verkäufers oder seiner Vorderleute (Hersteller, Vorbesitzer). Die an

51 Urt. v. 30. 10. 2007, NJW 2008, 576 m. w. N.; zur Unterscheidung zwischen Mangel und Symptom jetzt auch der VIII. ZS (NJW 2011, 1664 – Audi S 4 mit „Motorproblemen“).

die Vermutung geknüpfte Rechtsfolge der Umkehr der Beweislast hat ihren Grund in dem Informationsvorsprung auf Verkäuferseite, der mit einem Beweisvorteil für den Verkäufer und einem entsprechenden Beweisnachteil des Verbrauchers einhergeht.[52] Bei teleologischer Auslegung des § 476 BGB mit seinem „spezifisch Verbraucher schützenden Charakter“[53] steht der Ausgleich dieses Beweisnachteils im Vordergrund.

Ohne Belang für Verständnis und Auslegung des § 476 BGB ist, ob der Mangel für den Verkäufer und/oder den Käufer bei Vertragsschluss bzw. der Übergabe erkennbar war oder nicht. Die **Unerkennbarkeit** für den Verkäufer ist weder ein Fall der Unvereinbarkeit der Beweisvermutung noch ein ungeschriebener Grund für einen Ausschluss des § 476 BGB,[54] bei neuer Ware ebenso wenig wie bei gebrauchten Gegenständen. Zum Problem der **Erkennbarkeit durch den Käufer** s. Rdn. 3322 f., 3361 ff. **3300**

Unter keinem Blickwinkel des § 476 BGB ist der Einwand des Verkäufers erheblich, er habe den binnen der Sechsmonatsfrist hochgekommenen Mangel selbst bei sorgfältigster Untersuchung vor Übergabe nicht erkennen können. Andernfalls würde die Beweislastumkehr in vielen Fällen nicht greifen. Gerade bei – auch für den Verkäufer – **verborgenen Mängeln** soll § 476 BGB seine Schutzfunktion entfalten.[55] Unter welchen Voraussetzungen die Normallage mit voller Beweispflicht des Käufers wieder hergestellt ist, ist in § 476 Halbs. 2 BGB abschließend geregelt. Für ungeschriebene Zusatzgründe ist kein Raum. **3301**

So sehr die Beweislastumkehr bei der Lieferung von fabrikneuen Industrieprodukten Sinn macht, so **fragwürdig** ist sie beim Verkauf bereits **gebrauchter Sachen**. Dem Gemeinschaftsgesetzgeber, nicht dem nationalen, ist vorzuwerfen, die vielfältigen Besonderheiten in der Entstehung, Feststellung und Zuordnung von „Mängeln“ (besser wertfrei: Defekten bzw. Defiziten) gebrauchter Ware nicht genügend analysiert zu haben. Dabei sollte die Verbrauchsgüterkaufrichtlinie ursprünglich auf „neue langlebige Verbrauchsgüter“ beschränkt werden.[56] Diesen vernünftigen Gedanken hat man später aus nicht nachvollziehbaren, jedenfalls nicht überzeugenden Gründen fallen gelassen. Die heutige **Einheitslösung** hat freilich den Vorteil, dass Abgrenzungen zwischen „neu“ und „gebraucht“ entbehrlich sind, ein nicht zu unterschätzender Gewinn, mag er auch durch die Verlagerung der Problematik in die Ausnahmeregelung von Halbs. 2 des § 476 BGB geschmälert sein. **3302**

Während bei einer **Haltbarkeitsgarantie** vermutet wird, dass ein während der Geltungsdauer auftretender Sachmangel die Rechte aus der Garantie begründet (§ 443 Abs. 2 BGB), geht es bei der Beweislastumkehr i. S. d. § 476 BGB nicht um eine Rechtsvermutung, sondern um eine **Tatsachenvermutung**. Aus dem Umstand des Offenbarwerdens („Sichzeigen“) des Mangels innerhalb einer bestimmten Frist wird die Tatsache abgeleitet, dass der Mangel bereits bei Gefahrübergang vorhanden war. Das ist nichts anderes als eine **gesetzliche Rückwirkungsvermutung**. Mit den Worten des BGH: § 476 BGB begründet eine **lediglich in zeitlicher Hinsicht** wirkende Vermutung.[57] **3303**

Nicht abgenommen oder auch nur erleichtert wird dem Verbraucher-Käufer die **Beweislast für das Vorhandensein desjenigen Mangels**, auf den er seinen Rechtsbehelf nach § 437 BGB stützt.[58] Während bei einer Haltbarkeitsgarantie gem. § 443 Abs. 2 BGB das Vorliegen eines Garantiefalls vermutet wird, wird das Vorhandensein eines Sachmangels von § 476 BGB gerade nicht vermutet. Schon die Unterschiede im Wortlaut und in der Kon- **3304**

52 Vgl. BT-Drucks. 14/6040, 245; BGH 22. 11. 2004, NJW 2005, 283 (Teichbecken).
53 BT-Drucks. 14/6040, 245.
54 BGH 11. 7. 2007, NJW 2007, 2619
55 BGH 11. 7. 2007, NJW 2007, 2619.
56 Zur Vorgeschichte, insbesondere zum „Grünbuch“, s. *Brüggemeier*, JZ 2000, 532.
57 Grundlegend Urt. v.2. 6. 2004, NJW 2004, 2299 = DAR 2004, 515 (Zahnriemen).
58 BGH 2. 6. 2004, NJW 2004, 2299 = DAR 2004, 515 (Zahnriemen).

zeption der beiden Vermutungsregeln machen deutlich: Mit der Existenz des gerügten Mangels hat die Vermutung des § 476 BGB nichts zu tun.[59]

3305 Zu Recht **zieht der BGH** den Sachmangel als solchen gewissermaßen **vor die Klammer**. Diese „äußerst enge Sichtweise"[60] ist mit dem Wortlaut des § 476 BGB („Sachmangel") vereinbar[61], entspricht dem Willen des nationalen Gesetzgebers und ist europarechtskonform. Alternative Deutungen des § 476 BGB mit dem Ziel eines (noch) stärkeren Verbraucherschutzes haben sich in der Praxis nicht durchsetzen können.[62] Was sich innerhalb der Sechsmonatsfrist gezeigt hat, muss mehr sein als eine bloße „Funktionsstörung" oder ein „Defekt"[63]oder ein „Schaden". Es muss eine Abweichung von der Soll-Beschaffenheit oder die Folge einer solchen sein, eine zumal in „Verschleißfällen" zentrale Prämisse (näher Rdn. 3386 ff.).

b) persönlicher Anwendungsbereich des § 476 BGB

3306 Anders als z. B. in Österreich (§ 924 S. 2 ABGB) findet im nationalen Recht eine Beweislastumkehr nur in Fällen des Verbrauchsgüterkaufs statt. Käufer, die nicht **Verbraucher** i. S. v. § 13 BGB sind, profitieren davon nicht. Den mit der Beweislastumkehr verbundenen Nachteil soll nur ein **Unternehmer** i. S. d. § 14 BGB tragen, sofern sein Vertragspartner ein Verbraucher ist.

3307 An sich wäre es ein Gebot der ratio des Art. 5 Abs. 3 RL und damit auch des § 476 BGB, wenigstens solche Unternehmer-Verkäufer zu schonen, die keinen Handel mit gebrauchten Kraftfahrzeugen betreiben, gleichwohl aber unter den weiten Unternehmerbegriff fallen. Ohne technisches Know-how (Zugang zu den Herstellerdaten) und ohne technischen Apparat (z. B. Diagnosegerät, Hebebühne u. a.) stehen **unternehmerische Gelegenheitsverkäufer** wie Freiberufler und Handwerksbetriebe vor kaum lösbaren Problemen; bei der Erkennung von Mängeln und Mängelrisiken vor dem Verkauf wie bei der Widerlegung der Beweisvermutung nach dem Kauf. Von einer strukturellen Ungleichgewichtslage bei den Erkenntnis- und Beweismöglichkeiten kann auf diesem Teilmarkt keine Rede sein.

3308 Gleichwohl haben die Gerichte im Einklang mit der Literatur[64] von einer **Differenzierung beim Unternehmerstatus** (professioneller Verkäufer/Gelegenheitsverkäufer) abgesehen. Zu berücksichtigen ist in der Tat, dass derartigen Unternehmer-Verkäufern die Möglichkeit offen steht, ihre gebrauchten Fahrzeuge vor einem Verkauf an einen Verbraucher professionell prüfen zu lassen (Fremdwerkstatt, ADAC, TÜV u. a.). Gegen eine beweisrechtliche Privilegierung von unternehmerischen Gelegenheitsverkäufern spricht auch, dass sie auf eine Direktvermarktung an Verbraucher nicht angewiesen sind. Sie können ihre Geschäftswagen auch anderweitig absetzen, etwa durch Inzahlunggabe oder durch einen Direktverkauf an Unternehmer (B2B). Damit muss es beweisrechtlich bei einer Gleichbehandlung bleiben.

---

59 *Ball*, Homburger Tage 2004, S. 13; *ders.* in: Festschrift G. Müller (2009), S. 591.

60 *Medicus/Lorenz*, SchBT Rn. 243.

61 Die Gegenansicht zieht den Wortlaut „ein" Sachmangel = irgendein Sachmangel zur ihren Gunsten heran, etwa *Medicus/Lorenz*, SchR BT Rn. 244; zum Wort- und Satzverständnis auch Brand OLG 8. 10. 2008, DAR 2009, 92.

62 Umfassend *Gsell*, JZ 2008, 29 ff.; *dies.*, JuS 2005, 967 ff.; *Saueressig*, NJOZ 2008, 2072 ff. (Kurzfassung in NJW 2008, 1999).

63 So aber LG Regensburg 24. 9. 2008 – 1 O 1747/07.

64 Z. B. *Staudinger/Matusche-Beckmann*, § 476 BGB Rn. 4.

c) sachlicher Anwendungsbereich des § 476 BGB

Insbesondere in der Zeit kurz vor und nach In-Kraft-Treten der Schuldrechtsreform hat man verschiedentlich versucht, **gebrauchte Gegenstände**, insbesondere **Gebrauchtfahrzeuge**, generell aus dem Anwendungsbereich des § 476 BGB herauszunehmen. Die Protagonisten kamen vor allem aus dem Bereich des Kfz-Handels und seiner Interessenvertretungen. Abwegig war und ist dieser Standpunkt keineswegs, zumal er sich mit einer Passage in der Amtlichen Begründung recht gut begründen lässt.[65] Angesichts der aufkommenden Kontroverse sah sich **das Bundesjustizministerium** alsbald zu einer Klarstellung veranlasst: Hiernach gilt, vom **BGH** nie ernsthaft angezweifelt, die in § 476 BGB angeordnete Beweislastumkehr **prinzipiell** auch für den Kauf **gebrauchter Sachen** wie Gebrauchtfahrzeuge. Eine anderslautende Aussage ist mit der EU-Kaufrechtsrichtlinie nicht vereinbar. **3309**

§ 476 BGB von vornherein nach der **Art des Sachmangels** zu begrenzen, dieses Kriterium also nicht erst in einem weiteren Prüfschritt zur Begründung eines Unvereinbarkeitsfalls heranzuziehen, ist dagegen weiterhin eine Überlegung wert.[66] Der Wortlaut des § 476 BGB mit seinem Regel-Ausnahme-Verhältnis steht dem nicht entgegen. Im Gegenteil, die Formulierung „zeigt sich ... ein Sachmangel ...“ legt die Annahme nahe, dass dem nationalen Gesetzgeber Beschaffenheiten vor Augen standen, die der Kaufsache körperlich (unmittelbar) anhaften und sich bei Gebrauch „zeigen“. **3310**

Ob z. B. eine zu hohe Km-Laufleistung, eine vertragswidrige Erstzulassung oder eine atypische Vorbenutzung als Mietwagen sich „zeigen“ bzw. i. S. d. EU-Richtlinie „offenbar werden“ können, ist immerhin zweifelhaft. Da der Gesetzgeber die „Art des Mangels“ – in Kenntnis des weiten Sachmangelbegriffs – aber erst im Rahmen der Ausnahmeregelung („es sei denn ...“) anspricht, hat die Rechtsprechung den sachlichen Anwendungsbereich des § 476 BGB nicht auf „körperliche“ Sachmängel beschränkt. **3311**

d) Dem Verbraucher verbleibende Beweisführungspflichten

Ungeachtet der Beweislastumkehr des § 476 BGB bleibt ein Verbraucher in folgenden Punkten beweispflichtig: **3312**

- Abweichung der Ist-Beschaffenheit von der Soll-Beschaffenheit zu seinem Nachteil
- Auftreten (Sichzeigen) einer Erscheinung, die eine Abweichung von der Soll-Beschaffenheit oder Folge einer solchen ist, innerhalb von 6 Monaten ab Gefahrübergang.

Erst wenn der Verbraucher diesen **zweigliedrigen Vermutungstatbestand** („Vermutungsbasis“) bewiesen hat und nur noch offen ist, ob der nachgewiesene und innerhalb der Sechsmonatsfrist hervorgekommene Sachmangel schon zum Zeitpunkt der Übergabe vorhanden war, greift die Beweisvermutung ein, es sei denn, dass ein Fall der Unvereinbarkeit (§ 476 Halbs. 2 BGB) feststeht. **3313**

aa) Nachweis der Vertragswidrigkeit

Alles, was die streitgegenständliche Reklamation zu einem Sachmangel im Rechtssinn macht, steht zur Beweislast des Verbrauchers. Es gilt der Sachmangelbegriff des § 434 BGB.[67] Auszublenden ist lediglich der für die Haftung maßgebliche Zeitpunkt. I. S. d. § 476 BGB ist damit ein Sachmangel eine Abweichung von der Soll-Beschaffenheit, die, wenn sie bereits bei Übergabe vorhanden war, einen Sachmangel i. S. d. § 434 Abs. 1 BGB darstellt.[68] **Nur die** **3314**

65 BT-Drucks 14/6040, 245.

66 Vgl. *Faust* in Bamberger/Roth, § 476 BGB Rn. 4.

67 Zum Problem der verschiedenen Mangelbegriffe s. *Gsell*, JZ 2008, 29 ff.

68 BGH 18.7.2007, NJW 2007, 2621 (Zylinderkopf); insoweit zust. *Medicus/Lorenz*, SchR BT Rn. 242.

Zeitpunktfrage ist nach gefestigter BGH-Rechtsprechung[69] Gegenstand der Vermutung, alles Übrige fällt unter die Beweislast des Verbrauchers, insbesondere die Abweichung der Ist-Beschaffenheit von der Soll-Beschaffenheit („Ob-Überhaupt-Beweis“).

3315 Bei **technischen Schadensbildern** sind Ursache und Auswirkung häufig kaum oder nur mit Schwierigkeiten zu trennen. Musterbeispiele für diese Gemengelage sind **Motor- und Getriebeschäden**. Außerordentlich komplex sind Motorausfälle, die in einem Zusammenhang mit Kühlmittelverlust oder Zahnriemenschäden stehen (Näheres zu dieser Fallgruppe Rdn. 3364 ff.). Defekte im Bereich **Elektrik/Elektronik** sind typischerweise gleichfalls **multifaktoriell**, ebenso kann es bei **Reifenschäden** liegen.

3316 Die Schwierigkeiten bei der Feststellung und Zuordnung derartiger „Mängel“ haben den Gedanken aufkommen lassen, die Reichweite der Beweisvermutung verbrauchergünstig zu definieren. In Vorschlag gebrachte Kategorien wie **Grund-, Haupt- und Folgemangel** oder **„potenzieller Grundmangel“**[70] haben bei den Instanzgerichten kein nachhaltiges Echo gefunden.[71] Der BGH hat all diesen Versuchen eine Absage erteilt und an seinem Konzept auch für die Beurteilung komplexer technischer Schäden festgehalten. Dem ist zuzustimmen.

3317 Die vielfach geübte Kritik an der Rechtsprechung des Bundesgerichtshofs krankt in weiten Teilen vor allem daran, dass die technischen Abläufe und die jeweiligen Konstellationen der vom BGH entschiedenen Fälle unrichtig gesehen werden.[72] Das gilt insbesondere für den Zahnriemen-Fall (BGH NJW 2004, 2299) und den Zylinderkopf-Fall (BGH NJW 2007, 2761). Entgegen weit verbreiteter Deutung sind sie nicht gleich gelagert.[73] Näheres Rdn. 3381.

3318 Was ein Verbraucher trotz der Beweisvermutung des § 476 BGB zu beweisen hat und wovon er freigestellt ist, wird im Einzelnen **anhand von Fallgruppen** unter Rdn. 3353 ff. dargestellt.

bb) Sichzeigen innerhalb der Sechsmonatsfrist

3319 Zur Vermutungsbasis, die der Verbraucher-Käufer zu beweisen hat, gehört als zweites Element das „Sichzeigen“ *eines* Sachmangels innerhalb von sechs Monaten ab Gefahrübergang. Sachmängel, die erst nach Ablauf der **Sechsmonatsfrist** „offenbar“ werden (Art. 5 Abs. 3 RL), sind von der Beweislastregelung in § 476 BGB ausgenommen. Für sie gilt die beweisrechtliche Normallage.

3320 Die **Frist beginnt** mit dem Gefahrübergang. Das ist beim Kfz-Kauf regelmäßig die **Übergabe**. Es kann aber auch der Zeitpunkt des **Annahmeverzugs** sein. Die Frist von 6 Monaten entspricht 180 Tagen.[74]

3321 Die Sonn- und Feiertagsregelung in § 193 BGB ist nicht anzuwenden.[75]

---

69 Grundlegend das Zahnriemenurteil v. 2. 6. 2004, NJW 2004, 2299; zuletzt (implizit) Urt. v. 11. 11. 2008, NJW 2009, 580 Tz. 14 (Getriebeschaden).

70 Näheres bei *Gsell*, JZ 2008, 29 ff.

71 Ausnahme z. B. Brand OLG 8. 10. 2008, DAR 2009, 92 (Revision zugelassen, aber ersichtlich nicht durchgeführt).

72 Z. B. Brand OLG 8. 10. 2008, DAR 2009, 92; vorzüglich dagegen *Revilla*, zfs 2007, 616 ff.

73 S. *Ball*, FS G. Müller (2009), S. 591, 595; *Revilla*, zfs 2007, 616, 618. BGH NJW 2007, 2621(Zylinderkopf) ist entgegen Brand OLG DAR 2009, 92 auch keine „Abkehr von früherer Rechtsprechung“, nicht einmal eine nur mögliche, sondern die konsequente Fortschreibung in einem – freilich komplizierten – Fall.

74 OLG Bamberg 10. 4. 2006, DAR 2006, 456 = zfs 2006, 387 unter Hinweis auf § 191 BGB.

75 *Saueressig*, NJOZ 2008, 2072.

Sichzeigen i. S. d. § 476 BGB bedeutet ein In-Erscheinung-Treten, ein Offenbarwerden. Das ist mehr als bloße Erkennbarkeit. Es muss nicht unbedingt der Verbraucher (Käufer) sein, dem sich der Mangel zeigt. Es kann auch ein Dritter sein, z. B. die vom Käufer beauftragte Werkstatt (aufschlussreich sind datierte Fehlerprotokolle mit Ausleseergebnissen) oder ein Mieter/Entleiher. **3322**

Dem Käufer oder dem Dritten muss der Fahrzeugmangel nicht in seiner ganzen Tragweite bekannt geworden sein. Der Motor muss nicht erst vollständig ausgefallen sein. Es reicht aus, dass der Anfang der Entwicklung sich bemerkbar gemacht hat, z. B. Unregelmäßigkeiten wie schlechtes Anspringen, Laufunruhe, Ruckeln, schlechte Beschleunigung etc. Anknüpfen kann man an die **Symptomrechtsprechung**, ferner an die Auslegung des § 443 Abs. 2 BGB („Auftreten"). **3323**

Problematisch kann im Nachhinein die Zuordnung von Symptomen sein, zumal, wenn das Fahrzeug zu Nachbesserungsarbeiten in der Werkstatt war.[76] Es stellen sich hier ähnliche Fragen wie bei der Darlegung von Mangelhaftigkeit, der Zwei-Versuche-Regel bei der Nachbesserung, der Erfolglosigkeit der Nachbesserung und schließlich der Verjährung, Hier wie dort gilt das Prinzip der Einzelbetrachtung. Jeder einzelne Mangel hat sein eigenes Schicksal, auch beim Sichzeigen. In Zweifelsfällen muss ein Sachverständiger hinzugezogen werden, um bei einer Mehrheit von Symptomen und Ursachen die richtige Zuordnung vornehmen zu können. **3324**

Ein Mangel kann sich dem Käufer auch dann erst nach Gefahrübergang „zeigen", wenn er ihn im Falle einer eingehenden Untersuchung schon bei Übergabe hätte entdecken können.[77] Zur Frage der Unvereinbarkeit der Beweisvermutung in einem solchen Fall s. Rdn. 3361 ff. **3325**

Die Darlegungs- und Beweislast dafür, dass der Mangel sich innerhalb der Sechsmonatsfrist gezeigt hat, trägt der Verbraucher. Das ist, soweit ersichtlich, Allgemeingut.[78] **3326**

Welche **Fahrstrecke** der Verbraucher seit der Auslieferung des Fahrzeugs zurückgelegt hat, braucht er grundsätzlich nicht mitzuteilen. Das Gesetz kennt **lediglich eine Zeitgrenze**. Mindestens ebenso wichtig wie die Nutzungszeit ist bei Kraftfahrzeugen die Fahrstrecke. Abzuwarten bleibt, ob die Rechtsprechung Verbrauchern eine **sekundäre Darlegungslast** auferlegen wird. Ohne Kenntnis von der Laufleistung nach Übergabe kann die Rechtsverteidigung des Unternehmers sowohl bei der Erschütterung der Beweisvermutung (Vereinbarkeitsprüfung) als auch bei deren Widerlegung (Gegenteilsbeweis) erheblich erschwert sein. Da der Käufer mühelos über die gefahrenen Kilometer Auskunft geben kann, ist eine sekundäre Darlegungslast zu befürworten, ebenso wie materiellrechtlich ein nachvertraglicher Auskunftsanspruch. **3327**

e) Die Unvereinbarkeit der Vermutung

Die Beweiserleichterung zugunsten des Verbrauchers wird dadurch **eingeschränkt**, dass der Gesetzgeber **zwei Ausnahmen** zugelassen hat (§ 476 Halbs. 2 BGB). Die Beweisvermutung greift zum einen nicht ein, wenn sie mit der **Art der Sache** nicht vereinbar ist. Sie entfällt zum anderen, wenn nach der **Art des Mangels** keine ausreichende Basis für die Annahme besteht, der Mangel habe schon im Zeitpunkt der Übergabe vorgelegen. **3328**

Wie dieses **Regel-Ausnahme-Verhältnis** zu verstehen und praktisch umzusetzen ist, hat die Rechtsprechung in den ersten Jahren nach der Schuldrechtsreform gerade in Gebrauchtwagensachen vor erhebliche Probleme gestellt. Mittlerweile hat **der BGH** nahezu alle Zweifelsfragen geklärt und dem Ganzen ein solides und praxistaugliches Fundament gege- **3329**

76 Beispiel Brand OLG 3. 4. 2008 – 12 U 188/07 (Getriebe).
77 BGH 14. 9. 2005, NJW 2005, 3490 (Karosserieschäden).
78 Müko-BGB/*S. Lorenz*, § 476 BGB Rn. 8.

ben. **Urteile der Instanzgerichte** aus der Zeit vor 2005/2006 (s. die Auflistung in der 9. Aufl. Rn. 1314) sind **nur noch bedingt verwertbar**.

3330 Entscheidungen aus neuester Zeit, soweit sie den Gebrauchtwagenkauf betreffen, stoßen in großer Zahl weiterhin auf Bedenken. Denn oftmals sind sie mit der BGH-Rechtsprechung unvereinbar, so z. B. AG Charlottenburg DAR 2009, 276 (Motorschaden). Zudem krankt das Urteil – wie auch andere Entscheidungen[79] – daran, dass nicht genügend zwischen den Ausschlusstatbeständen in Halbs. 2 und der Widerlegung der Vermutung unterschieden wird. Beides muss **scharf getrennt** werden. Gemeinsam ist ihnen, dass der Verkäufer darlegungs- und beweisbelastet ist. Das versteht sich für die Widerlegung der Beweisvermutung von selbst, ist aber nach anfänglicher Kontroverse inzwischen auch für die beiden Ausschlusstatbestände in § 476 Halbs. 2 BGB nahezu unumstritten. Die **tatsächlichen Umstände**, die den Ausschlusstatbestand (Unvereinbarkeitsfall) begründen, hat der Verkäufer **darzulegen und zu beweisen**.[80] Arg.: negative Formulierung des Gesetzes („es sei denn") und Regel-Ausnahme-Verhältnis.

aa) Unvereinbarkeit mit der Art der Sache

3331 Bei dem Ausnahmetatbestand „Art der Sache" hat jedenfalls der deutsche Gesetzgeber in erster Linie an gebrauchte Sachen und damit vor allem an gebrauchte Kraftfahrzeuge gedacht.[81] Die Einschränkung „Art der Sache" betreffe vor allem gebrauchte Sachen. Hier, so die **Amtliche Begründung**[82] weiter, bestehe „schon wegen des sehr unterschiedlichen Grades der Abnutzung" kein allgemeiner Erfahrungssatz des Inhalts, dass ein Mangel, der sich binnen sechs Monaten zeigt, schon bei Übergabe vorhanden war.

3332 Die Amtliche Begründung legt den Schluss nahe, bei gebrauchten Sachen und somit auch bei Gebrauchtfahrzeugen komme eine Beweislastumkehr wegen Unvereinbarkeit mit der „Art der Sache" generell nicht in Frage.[83] Diese unternehmerfreundliche Deutung hat im Schrifttum manche Befürworter gefunden.[84] Einige machen für sämtliche Gebrauchtsachen, andere nur für gebrauchte Kraftfahrzeuge eine Ausnahme, wobei bisweilen wieder zwischen „normalen" Gebrauchtwagen und überdurchschnittlich alten Fahrzeugen wie **Young-** und **Oldtimern** unterschieden wird. Dabei wird nicht immer klar, ob die Beweislastumkehr in jedem Fall des Verkaufs einer gebrauchten Sache wegen Unvereinbarkeit entfällt oder ob es nur im Einzelfall so sein kann. Allein Letzteres ist zutreffend. In diesem Punkt hat bereits die Ausgangsentscheidung des BGH v. 2. 6. 2004[85] für die nötige Klarheit gesorgt.

3333 Mit der in der Amtlichen Begründung hervorgehobenen **„Abnutzung"** ist vermutlich die Abnutzung durch Gebrauch gemeint, nicht die rein statische Belastung im Stillstand, der bereits Neufahrzeuge ausgesetzt sind. So gesehen, ist Abnutzung schon bei jüngeren Gebrauchten ein Thema, etwa bei einem Halbjahreswagen mit 6.000 km Laufleistung. Wieso bei einem solchen Fahrzeug oder bei einem Jahreswagen, beides zweifelsfrei Gebrauchtfahrzeuge, die Beweisvermutung wegen der „Art der Sache" nicht gelten soll, ist nicht einzusehen.

3334 Dass gebrauchte Sachen **unterschiedlich abgenutzt** sind, ist eine **Binsenweisheit.** Während fabrikneue Sachen per definitionem ungebraucht sind, hat jede gebrauchte Sache eine

79 Z. B. AG Spandau 20. 10. 2006 – 8 C 89/06, bestätigt durch LG Berlin 52 S 403/06.
80 Statt vieler *Medicus/Lorenz*, SchBT Rn. 246.
81 Vom Gesamtumsatz mit gebrauchter Ware entfallen 95 % auf gebrauchte Kfz.
82 BT-Drucks. 14/6040, 245.
83 Sogar für Eindeutigkeit in diesem Sinne *Reinicke/Tiedtke*, Rn. 737.
84 Etwa *Reinicke/Tiedtke*, Rn. 737; *Oechsler*, Schuldrecht BT, Vertragsrecht, Rn. 138; *Scheibach* in Dauner-Lieb/Konzen/Schmidt, Das neue Schuldrecht in der Praxis, S. 750.
85 NJW 2004, 2299 = DAR 2004, 515.

ihr eigene Vorgeschichte. Da der Gesetzgeber bei gebrauchter Ware weder nach der Art des Gegenstandes noch nach Kriterien wie Alter und Laufleistung differenzieren konnte, ist seine Pauschalaussage in der Amtlichen Begründung durchaus verständlich. Dennoch geht sie zu weit, jedenfalls wird sie teilweise zu weit verstanden. Die meisten Vertragswidrigkeiten beim Gebrauchtfahrzeugkauf haben mit dem Kriterium „Abnutzung" des Fahrzeugs und seiner rund 6.000 Einzelteile (Pkw) nichts zu tun. Eine Rolle kann es nur bei technischen Defiziten und damit nur bei einer Teilmenge von Sachmängeln gebrauchter Kfz spielen.

Soweit Abnutzung in Form von Verschleiß und/oder Alterung bei technischen Mängeln 3335 von Bedeutung ist, dient dieser Gesichtspunkt in erster Linie als objektiver Maßstab bei der vorrangigen Ermittlung, ob überhaupt eine Vertragswidrigkeit vorhanden ist. Normaler Verschleiß/Abnutzung ist, kurz gesagt, kein Sachmangel (ausführlich Rdn. 2944 ff.). Diesen zentralen Aspekt der Mängelhaftung beim Kauf gebrauchter Güter haben die Verfasser der Gesetzesbegründung nicht genügend bedacht. Hätten sie nur die haftungsrechtlich relevanten Fälle von Abnutzung/Verschleiß in den Blick genommen (eine vergleichsweise geringe Menge), hätten sie kaum dafür plädiert, die Beweisvermutung bei gebrauchten Kraftfahrzeugen „wegen der Art der Sache" generell außer Kraft zu setzen.

Was die **Klärung technischer Störungen** mit Blick auf deren Entstehung und Herkunft 3336 angeht, ist der Gesichtspunkt der Abnutzung gewiss beachtlich. Abnutzung macht defektanfällig; erhöhte Abnutzung verstärkt diesen Effekt. Allein oder i. V. m. Alterung kann eine gebrauchsbedingte Abnutzung sehr wohl eine Erklärung für die Entstehung von Defekten bis hin zum Ausfall ganzer Aggregate liefern. Je intensiver die Abnutzung vor der Übergabe an den Käufer war, desto stärker ist das Gewicht dieser Erklärung und desto mehr verdichtet sich die Annahme, dass der „Mangel" nicht im Bereich des Käufers, sondern des Verkäufers oder seiner Vorderleute entstanden ist. So gesehen, nähert sich ein total abgenutztes Fahrzeug einem unbenutzten an.

Nach allem erweist sich der Gesichtspunkt der Abnutzung auch in der Sache als nicht 3337 tragfähig, um die Beweisvermutung des § 476 BGB bei gebrauchten Kraftfahrzeugen generell auszuschließen. Wo gewöhnlicher Verschleiß und Alterung sowie daraus resultierende Defekte bzw. Schäden vorliegen, ist § 476 BGB mangels Vertragswidrigkeit **von vornherein** kein Thema. Es fehlt ein Sachmangel und ohne einen solchen stellt sich die Zeitpunktfrage nicht. Wenn Obergerichte wie z. B. das Kammergericht[86] oder das OLG Koblenz[87] in „Verschleißfällen" gleichwohl auf § 476 BGB eingehen, handelt es sich häufig um Doppelbegründungen oder um Hilfserwägungen, nicht selten aber auch um die verfehlte Gleichsetzung von technischem Defekt und Sachmangel. Näher zu dieser sehr praxisrelevanten Fallgruppe Rdn. 3386 ff.

Festzuhalten ist: Der als Ausnahme konzipierte Tatbestand „Art der Sache" rechtfertigt 3338 keinen generellen Ausschluss der Vermutung beim Verkauf von nicht mehr neuen Kraftfahrzeugen. Das schließt nicht aus, bei bestimmten Typen von Gebrauchtfahrzeugen, etwa **Oldtimern**, einen Fall der Unvereinbarkeit wegen der Art der Sache anzunehmen, ggf. im Wege einer Gesamtschau beider Unvereinbarkeitstatbestände. Insoweit bleibt die Entwicklung der Rechtsprechung abzuwarten. Noch ist kein Urteil bekannt geworden, das gewerblichen Oldtimer-Verkäufern in diesem Punkt hilft. Die speziellen Gewährleistungsprobleme beim Verkauf von Sonderfahrzeugen wie Oldtimern können und müssen bei der Festlegung der Soll-Beschaffenheit gelöst werden. Dann besteht kein sachlich überzeugender Grund, unternehmerischen Verkäufern im Rahmen des § 476 Halbs. 2 BGB entgegenzukommen.

86 Urt. v. 16.7.2004, SVR 2004, 427 = ZGS 2005, 76.
87 Urt. v. 19.4.2007, NJW 2007, 1828.

bb) Unvereinbarkeit mit der Art des Mangels

3339 Von den beiden Ausschlusstatbeständen ist derjenige, der auf die Art des Mangels abstellt, der **praktisch weitaus bedeutsamere**. Wie er zu verstehen ist, hat **der BGH** zunächst durch Urteil v. 14. 9. 2005[88] deutlich gemacht:

a) *„Die Vermutung, dass ein Sachmangel bereits bei Gefahrübergang vorgelegen hat, ist nicht schon dann mit der Art des Mangels unvereinbar, wenn der Mangel typischerweise jederzeit auftreten kann und deshalb keinen hinreichend sicheren Rückschluss darauf zulässt, dass er schon bei Gefahrübergang vorhanden war.*

b) *Die Vermutung, dass ein Sachmangel bereits bei Gefahrübergang vorgelegen hat, kann auch für äußere Beschädigungen wie etwa einen Karosserieschaden eines verkauften Kraftfahrzeugs eingreifen".*

Hinzugefügt hat **der BGH:**

„*Sie* (die Beweisvermutung) *ist jedoch dann mit der Art des Mangels unvereinbar, wenn es sich um äußerliche Beschädigungen handelt, die auch dem fachlich nicht versierten Käufer auffallen müssen.*"

3340 Im entschiedenen Fall ging es um einen Ford Fiesta, den der beklagte Autohändler aus seinem eigenen Bestand (Vorführwagen) nach einer Laufleistung von 13.435 km verkauft hatte. Bei Übernahme wurde von beiden Seiten ein Übergabeprotokoll unterzeichnet, in dem der Fahrzeugzustand durch Ankreuzen bestimmter Klassifizierungen festgehalten wurde. Die Karosserie erhielt die Klassifizierung 1 („einwandfreier Zustand ...."). Handschriftlich war ein leichter Kratzer über der Beifahrertür mit dem Zusatz „Lack ausgebessert" vermerkt. Nach Übernahme monierte der Kläger u. a. eine „Unebenheit am Rand des vorderen rechten Kotflügels" und eine „Lackbeschädigung am Rand des hinteren linken Kotflügels". Der Händler lehnte eine Beseitigung dieser Beschädigungen mit der Begründung ab, bei Auslieferung seien sie nicht vorhanden gewesen. In den Vorinstanzen war die auf Rückabwicklung gerichtete Klage erfolgreich. Der BGH hat das Berufungsurteil[89] aufgehoben.

3341 Im Anschluss an das Ford-Fiesta-Urteil hat **der BGH** die seinerzeit offen gelassene „Erkennbarkeitsfrage" so entschieden:

Die Vermutung des § 476 BGB ist nicht dann mit der Art des Mangels unvereinbar, wenn der Mangel, falls er schon bei Gefahrübergang vorgelegen hat, für den Verkäufer ebenso wie für den Käufer nicht erkennbar war. Sie setzt nicht voraus, dass der Verkäufer in Bezug auf den betreffenden Mangel bessere Erkenntnismöglichkeiten hat als der Käufer (Urt. v. 11. 7. 2007, NJW 2007, 2619).

3342 Diese zutreffende Aussage bedeutet erstens: Auch (und gerade) bei **verdeckten Mängeln** kommt dem Verbraucher die Beweisvermutung zugute. Zweitens: Ein unternehmerischer Verkäufer, der kein Kfz-Fachbetrieb ist, kann sich nicht darauf berufen, ihm fehle der einem Profi-Verkäufer eigene Wissens- und Erkenntnisvorsprung.

3343 Zur **Unvereinbarkeit wegen Auffälligkeit des Mangels** bzw. seiner Symptome s. Rdn. 3361 ff.

f) Widerlegung der Beweisvermutung (Gegenteilsbeweis)

3344 Nur wenn die Voraussetzungen für das Eingreifen der Vermutung unstreitig oder vom Käufer nachgewiesen sind, und es dem Verkäufer nicht gelungen ist, einen Fall der Unvereinbarkeit darzustellen und notfalls zu beweisen, tritt als Rechtsfolge die Umkehr der Be-

88 NJW 2005, 3490.
89 OLG Stuttgart 17. 11. 2004, DAR 2005, 91.

weislast ein. Nunmehr hat der Verkäufer nachzuweisen, dass der geltend gemachte Mangel im Zeitpunkt des Gefahrübergangs nicht vorgelegen hat. Die Vermutung des § 476 BGB ist widerleglich.

Eine gesetzliche Vermutung wie die des § 476 BGB kann nur durch den **Beweis des Gegenteils** (§ 292 ZPO) zur vollen Überzeugung des Gerichts widerlegt werden,[90] eine Erschütterung der Vermutung genügt nicht. Von „Entkräftung" zu sprechen, ist zumindest missverständlich. Richtigerweise handelt es sich bei diesem Gegenteilsbeweis nicht um einen Gegenbeweis, sondern um einen Hauptbeweis.[91] Gescheitert ist er, wenn der Richter nicht ausschließen kann, dass das Fahrzeug bereits bei Gefahrübergang mangelhaft war. **3345**

Um den tatsächlichen Zustand im Zeitpunkt der Übergabe beweiskräftig dokumentieren zu können, hat der Kfz-Handel, unterstützt von Garantieunternehmen und Prüforganisationen, **Befund- und Zustandsberichte** eingeführt (dazu auch Rdn. 2503 ff.). Derartige „Übergabe-Zertifikate" sollen den Unternehmer-Verkäufern die Widerlegung der Beweisvermutung erleichtern, damit zugleich die Darlegung im Prozess. Ohne Unterschrift des Käufers sind sie zwar keine untauglichen Beweismittel. Eine Unterzeichnung durch den Käufer, möglichst im Anschluss an eine Probefahrt, bringt den Verkäufer jedoch in eine deutlich günstigere Beweisposition. Dennoch: **Als Privaturkunde** erbringt ein solches Protokoll gem. § 416 ZPO vollen Beweis nur dafür, dass die in ihm enthaltenen Erklärungen von den Ausstellern abgegeben worden sind.[92] Mehr als ein Indiz für die vom Verkäufer zu beweisende (Haupt-)Tatsache der Mängelfreiheit bei Übergabe ist das nicht. **3346**

Überlegenswert ist, dem Verbraucher die Beweislast dafür aufzuerlegen, dass die im Befundbericht notierte Mängelfreiheit im Übergabezeitpunkt entgegen dem Wortlaut der Urkunde nicht vorhanden war. Begründen ließe sich das mit der **Vermutung der Richtigkeit und Vollständigkeit des Befundberichts**. Gegen eine solche Argumentation sprechen jedoch durchgreifende Bedenken. Am Zustandekommen des Dokuments ist der Verbraucher unbeteiligt. Er kann die – meist technischen – Informationen auch nicht auf ihre Richtigkeit überprüfen. Jedenfalls nimmt er regelmäßig davon Abstand. All das unterscheidet die Situation elementar von der Aufnahme einer Kaufvertragsurkunde, der als Dokument über ein beiderseitiges Rechtsgeschäft eine Vermutungswirkung auch zulasten des Käufers beigemessen wird (s. Rdn. 3261 ff.). **3347**

Dass der Beweiswert von Zustandsberichten und ähnlichen Dokumenten von ihrer Aktualität und ihrer Ergiebigkeit und Detailgenauigkeit abhängt, liegt auf der Hand.[93] Von Bedeutung ist auch, ob der Verkäufer oder ein Dritter, z. B. eine Prüf-Organisation wie DEKRA oder TÜV, das Fahrzeug untersucht und den Zustand dokumentiert hat. Wird der Prüfingenieur als (sachverständiger) Zeuge angeboten, muss er gehört werden; ebenso der als Zeuge benannte Werkstattmeister. **3348**

Der Gegenteilsbeweis gelingt Verkäufern erfahrungsgemäß nur selten. Mitunter scheitern sie bereits in der **Darlegungsstation**.[94] Die Behauptung der Mangelfreiheit im Zeitpunkt der Übergabe muss genügen, wenn sie unter tauglichen Beweis gestellt wird (SV-Gutachten, Werkstattmeister als Zeuge, Vorlage eines Befundberichts o. Ä.). Zu verlangen ist nicht, dass der Verkäufer eine Übergabeinspektion ohne Mängelbefund oder eine Schadensverursachung durch den Käufer vorträgt.[95] Bei der Beweiswürdigung zu wenig beach- **3349**

90 Grundlegend BGH 23. 11. 2005, NJW 2006, 434; v. 29. 3. 2006, NJW 2006, 2250.

91 Vgl. *Baumgärtel*, Hb Beweislast, § 484 BGB a. F. Rn. 1.

92 BGH 14. 9. 2005, NJW 2005, 3490.

93 Vgl. AG Potsdam 12. 9. 2002, DAR 2003, 179 = ZGS 2003, 120 = EWiR § 476 BGB, 1/03, 465 (*Mankowski*); s. a. AG Zeven 19. 12. 2002, DAR 2003, 379 (Kat war im Befundbericht nicht erwähnt).

94 Brand OLG 8. 10. 2008, DAR 2009, 92.

95 In diese Richtung aber Brand OLG 8. 10. 2008, DAR 2009, 92 (Getriebeschaden).

tet wird mitunter die Indizwirkung einer längeren – problemlosen – Nutzung nach Übergabe. Wenn der Käufer rund 10.000 km bis zum Auftreten der Störung beanstandungsfrei gefahren ist, kann das – je nach Art des Defekts – auf Mangelfreiheit bei Übergabe hindeuten. Auch das ist eine Sachverständigenfrage, die ggf. von Amts wegen zu klären ist. Ein Beispiel für eine **erfolgreiche Beweisführung** ist OLG Koblenz NJW 2007, 1828 (Motorschaden/Wechselnotwendigkeit bei einem Einzelteil). Gegenbeispiel: OLG Koblenz 24. 2. 2011 – 2 U 261/10 (Zahnriemen).

g) Beweisvereitelung durch den Käufer

3350 Die Entscheidung des BGH v. 23. 11. 2005[96] hat den Blick auf eine bis dahin wenig erörterte Verteidigungsmöglichkeit des Händlers gelenkt: die Beweisvereitelung. Im konkreten Fall hatte der Käufer nicht dafür gesorgt, dass die von ihm mit dem Austausch des defekten Turboladers beauftragte Fremdwerkstatt das ausgebaute Teil aufbewahrt. Dabei hätte ihm bzw. seinem Anwalt klar sein müssen, dass der defekte Turbolader als Beweismittel noch benötigt werde, zumal sich im Zeitpunkt des Werkstattauftrags ein Rechtsstreit bereits abzeichnete.

3351 **Keine fahrlässige Beweisvereitelung** zum Nachteil eines Garantiegebers („Reparaturkostengarantie") sieht der BGH darin, dass der Käufer (= Garantienehmer) das Übertragungssystem der Kupplung in einer Werkstatt teilweise zerlegen lässt, so dass die Kupplung nur noch in diesem Zustand zur weiteren Begutachtung zur Verfügung stand.[97] Verneint hat der VIII. Senat eine fahrlässige Beweisvereitelung durch den Käufer ferner im Getriebeschaden-Fall BGH NJW 2009, 580 = DAR 2009, 90. Zur Beweisvereitelung **auf Händlerseite** s. AG Offenbach a. M. NJW-RR 2007, 1546 (Getriebeschaden) und Rdn. 3394.

3352 **Welche Rechtsfolge** eine lediglich fahrlässige Beweisvereitelung im Rahmen des § 476 BGB hat, ist in der bisherigen BGH-Rechtsprechung offen geblieben. In Frage kommt eine Rückkehr zur beweisrechtlichen „Normallage" mit voller Nachweispflicht des Käufers auch in der Ursachenfrage (Zurückspringen der vollen Beweislast) oder nur eine Beweiserleichterung für den Verkäufer mit der Maßgabe, dass der nach dem Ergebnis der Beweisaufnahme wahrscheinlichste Geschehensablauf als von ihm bewiesen anzusehen ist.[98]

h) Praktische Handhabung der Beweislastumkehr nach Fallgruppen

aa) Die „klassischen" Gebrauchtwagenmängel

3353 Bei den „klassischen" Mängeln gebrauchter Kraftfahrzeuge – zu hohe Gesamtfahrleistung, verborgener Unfallvorschaden – läuft § 476 BGB meist aus tatsächlichen Gründen leer. In aller Regel besteht schon außergerichtlich kein vernünftiger Zweifel daran, dass Vertragswidrigkeiten dieser Art bereits bei Übergabe vorhanden waren. Im Prozess können etwaige Zweifel durch eine Parteianhörung ausgeräumt werden. Zur Zulässigkeit einer Parteivernehmung des Käufers gem. § 448 ZPO s. BGH NJW 2005, 3205. Auch Abweichungen beim Alter (unrichtiges Baujahr/EZ-Datum/Modelljahr), eine vertragswidrige Vorbenutzung (z. B. Mietwagen/Taxi) und sonstige „unkörperliche" Defizite sind in der Zeitpunkt- und Herkunftsfrage selten aufklärungsbedürftig. Zu einem Non liquet, das den § 476 BGB auf den Plan rufen könnte, kommt es i. d. R. nicht.

---

96 NJW 2006, 434.

97 Urt. v. 17. 10. 2007, NJW 2008, 214 m. insoweit krit. Anm. *Bruns*.

98 BGH 23. 11. 2005, NJW 2006, 434; allgemein zu den Folgen einer Beweisvereitelung BGH 23. 10. 2008, NJW 2009, 360 (Werkvertrag).

bb) Äußere Beschädigungen

Sofern Beschädigungen wie z. B. **Karosserieverformungen** oder **Beschädigungen des Unterbodens („Eindrückungen")** oder **Katalysatorbeschädigungen** hinsichtlich ihres Entstehungszeitpunktes (vor oder nach Übergabe) strittig sind, liefern die Entscheidungen des BGH v. 14. 9. 2005[99] und v. 21. 12. 2005[100] die richtige Lösung. Die **praktischen Konsequenzen** sind folgende: Dass der Käufer die äußeren Beschädigungen bei eingehender Untersuchung schon bei der Übergabe hätte entdecken können, steht einem späteren „Sichzeigen" nicht entgegen.[101] Ob in der innerhalb von sechs Monaten entdeckten Beschädigung ein Sachmangel gesehen werden kann, der die Vermutung „schon bei Übergabe vorhanden" rechtfertigt, bedarf der Prüfung, wenn der Verkäufer den Einwand der Eigenverursachung erhebt. Mit der Behauptung, der Wagen sei im Zeitpunkt der Auslieferung unbeschädigt gewesen, ist dieser Einwand konkludent geltend gemacht. Nähere Substantiierung kann vom Verkäufer nicht verlangt werden, solange er den gerügten Schaden nicht gesehen hat. 3354

Kann im Rechtsstreit nicht geklärt werden, ob die Beschädigung vor oder nach Auslieferung verursacht worden ist, geht es also **nur um die „Wann-Frage"**, greift die Beweisvermutung ein.[102] Der Käufer muss nicht etwa nachweisen, dass die Beschädigung nicht von ihm oder von einem Dritten in seiner Sphäre verursacht worden ist. Das liefe auf den Nachweis des Mangels im Übergabezeitpunkt hinaus und davon soll ein Verbraucher gerade freigestellt sein. 3355

Zu Unrecht sieht man in dieser Lösung einen Widerspruch zu der Entscheidung des BGH im Zahnriemen-Fall[103], wo vom Käufer der Nachweis verlangt worden ist, keinen Fahrfehler begangen zu haben. Ein Schaltfehler (Schalten bei zu hoher Drehzahl) war eine von drei möglichen Ursachen für die Lockerung des – vor der Auslieferung an den Kläger gerade getauschten – Zahnriemens, während die Ursache für die Verformung der Karosserie des Ford Fiesta mit einer „seitlichen Krafteinwirkung" ebenso feststand wie die Ursache für den **Defekt des Katalysators** und für die **Beschädigung des Rahmenlängsträgers** im Fall BGH NJW 2006, 1195 (Aufsetzen des Fahrzeugs). Ungewiss war hier lediglich der Zeitpunkt der Beschädigung – vor oder nach Übergabe. 3356

Bei einer solchen Konstellation – nur Zeitpunktzweifel, der Sachmangel steht als solcher fest – kommt dem Verbraucher die Beweisvermutung zugute. Dem Verkäufer bleiben der Einwand der Unvereinbarkeit (§ 476 Halbs. 2 BGB) – dazu Rdn. 3339 ff., 3359 ff. – und die Möglichkeit, den Beweis der Mangelfreiheit bei Übergabe zu führen. 3357

Anders liegen dagegen die Dinge, wenn eine **Beschädigung des Katalysators** nicht nur auf einen Bodenaufsetzer (z. B. Aufsitzen auf Bordsteinkante oder Randstein), sondern ebenso gut auf einen technischen Defekt zurückzuführen sein kann, der keine Sachmangelqualität hat. Der Katalysator ist ein Verschleißteil.[104] Beschädigungen wie z. B. ein defekter Monolith sind in vielen Fällen auf eine Überhitzung zurückzuführen, deren Ursache ein Fehler in der Gemischbildung ist. Wahrscheinliche Ursache dafür sind ein defektes Zündkabel, eine defekte Zündspule (soweit vorhanden) oder defekte Zündkerzen – allesamt Verschleißteile. Kann nicht ausgeschlossen werden, dass die fehlerhafte Funktionsweise eines solchen Verschleißteils den Katalysatorschaden verursacht hat, ist – unabhängig von der potenziellen Ursache „Bodenaufsetzer" – kein Raum für die Beweisvermutung des § 476 BGB, nicht etwa wegen Unvereinbarkeit mit der Art des Mangels, sondern deshalb, weil der Käufer den 3358

99 NJW 2005, 3490.
100 NJW 2006, 1195.
101 BGH 14. 9. 2005, NJW 2005, 3490.
102 BGH 14. 9. 2005, NJW 2005, 3490; v. 21. 12. 2005, NJW 2006, 1195.
103 Urt. v. 2. 6. 2004, NJW 2004, 2299.
104 Zu Unrecht a. A. AG Zeven 19. 12. 2002, DAR 2003, 379; richtig AG Rostock 23. 3. 2005 – 47 C 419/04 – n. v.; AG Offenbach a. M. 27. 9. 2004, NJW-RR 2005, 423.

ihm obliegenden „Ob-Überhaupt-Beweis" nicht geführt hat.[105] Wäre Verschleiß als Ursache auszuschließen und ginge es nur darum, ob der Fahrfehler „Bodenaufsetzer" die Schadensursache ist, käme dem Käufer die Beweisvermutung wie im Fall BGH NJW 2006, 1195 zugute mit der Folge, dass der Verkäufer auf die Verteidigungsmöglichkeiten „Unvereinbarkeit" und „Gegenteilsbeweis" beschränkt bliebe.

3359 **Unvereinbarkeit wegen der Art des Mangels:** Die Beweisvermutung ist mit der Art des Mangels **nicht unvereinbar**, wenn es um einen Mangel geht, der – wie eine Beule am Kotflügel oder ein Unterbodenschaden – jederzeit und damit auch in der Sphäre des Käufers auftreten kann. Für Wahrscheinlichkeitsbetrachtungen und Typizitätserwägungen ist grundsätzlich kein Platz, so **der BGH.**[106] Das wird bis in die jüngste Zeit hinein von manchen Instanzgerichten verkannt.[107]

3360 Offengelassen hat der BGH im Ford-Fiesta-Fall, ob der Verkäufer Unvereinbarkeit der Vermutung damit begründen kann, der Mangel sei, sofern bei Übergabe vorhanden, jedenfalls nicht erkennbar gewesen. Denn in casu war die Verformung für das Autohaus durchaus erkennbar. Unerkennbarkeit für den Verkäufer ist kein Ausschlussgrund, wie der BGH später zu Recht entschieden hat.[108] Vor dem Hintergrund dieser Rechtsprechung dürfte es nicht richtig sein, einen Fall der Unvereinbarkeit wegen der Art des Mangels anzunehmen, wenn es um die Herkunft von Batterieschwefelsäure in der Scheibenwaschanlage geht.[109]

3361 Auf der anderen Seite **hilft der BGH Verkäufern** mit folgender Überlegung: Mit der Art des Mangels unvereinbar sei die Vermutung, wenn es sich um äußere Beschädigungen handele, „die auch dem fachlich nicht versierten Käufer auffallen müssen". Dahinter steht der Gedanke: Was auffällig ist, wird vom Käufer erfahrungsgemäß bei der Übergabe beanstandet und was unbeanstandet bleibt, war vermutlich auch nicht vorhanden. Im Ford-Fiesta-Fall[110] war ein **Auffallenmüssen** aus tatsächlichen Gründen ebenso zu verneinen wie im Kat-Fall.[111]

3362 Nicht entscheiden musste der BGH bislang darüber, wer die Darlegungs- und Beweislast für diese **„subjektive" Variante** der Ausnahmeregelung in § 476 Halbs. 2 BGB trägt. Richtigerweise ist es der Verkäufer. Er muss darlegen und notfalls beweisen, dass dem Käufer die strittige Beschädigung vor oder bei Übernahme hätte auffallen müssen. Voraussetzung dafür ist nicht unbedingt eine Besichtigung des Fahrzeugs. Hat sie stattgefunden, verschlechtert das die Position des Käufers.

3363 Auffallenmüssen ist weniger als Kenntnis und auch weniger als grob fahrlässige Unkenntnis (dann § 442 BGB). Es genügt Unübersehbarkeit, wobei es auf die Wahrnehmungsmöglichkeiten des Käufers in der konkreten Situation ankommt.

cc) Technische Defekte, insbesondere Motor- und Getriebeschäden

3364 Die Fallgruppe mit der **größten Praxisrelevanz** bilden technische Defekte, insbesondere Motor- und Getriebeschäden, auch Fehler der Elektronik/Elektrik. Gemeinsam ist ihnen, dass sie häufig einen Entwicklungsprozess durchlaufen, ähnlich wie die „Weiterfressermängel". Eine weitere Gemeinsamkeit besteht darin, dass für das Endresultat, z. B. die Zerstörung des Motors nach Zahnriemenriss oder Kolbenfresser, oftmals **mehrere Ursachen** in Frage kommen, auch solche aus der Sphäre des Käufers, z. B. Fahr- und Bedienungsfehler,

105 Vgl. AG Rostock 23. 3. 2005 – 47 C 419/04 – n. v.
106 Urt. v. 14. 9. 2005, NJW 2005, 3490; v. 21. 12. 2005, NJW 2006, 1195.
107 Z. B. AG Kelheim 8. 11. 2010 – 1 C 467/10 – Der Kfz-Anwalt 1/2011, 37 (Unterbodenschaden).
108 Urt. v. 11. 7. 2007, NJW 2007, 2619.
109 So aber AG Landsberg/Lech 28. 6. 2005, zfs 2006, 33.
110 Urt. v. 14. 9. 2005, NJW 2005, 3490.
111 Urt. v. 21. 12. 2005, NJW 2006, 1195.

Chip-Tuning[112] oder Marderbiss. Hinzu kommt, dass – anders als beim Kauf eines fabrikneuen Fahrzeugs – Verschleiß und Alterung aus der Sphäre des Vorbesitzers bzw. mehrerer Vorbesitzer hineinspielen können. Prototypisch für diese **Gemengelage** sind die technisch wie rechtlich besonders heiklen **Zahnriemenfälle** und **Getriebeschäden**.

Im Ausgangspunkt gilt für die hier erörterten Fallgestaltungen: Das Endresultat, z. B. **3365**
die Zerstörung des Motors nach Kolbenfresser, interessiert als Ist-Beschaffenheit gewährleistungsrechtlich nicht[113], nur für den Sachverständigen ist der Endzustand als Ermittlungsansatz aufschlussreich. Das hat seinen einfachen Grund darin, dass das endgeschädigte Aggregat im Zeitpunkt der Übergabe einwandfrei funktioniert hat. Die Soll-Beschaffenheit (funktionierender Motor) war im maßgeblichen Zeitpunkt vorhanden. Der Käufer hat das Fahrzeug im Anschluss an die Übergabe eine zeitlang, oft mehrere tausend Kilometer, problemlos genutzt, wie z. B. in der Sache OLG Koblenz NJW 2007, 1828, wo der Motor des Audi A 4 – nach ca. 20.000 km seit Übergabe – infolge Verschleißes des Riemenspanndämpferelements ausgefallen ist. Das OLG lässt dem Käufer die Beweisvermutung des § 476 BGB mit folgender Argumentation zugute kommen: Trete bei normaler Nutzung innerhalb der Sechsmonatsfrist des § 476 BGB ein „vollständiger Verschleiß" auf, sei es Sache des Verkäufers, die Vermutung zu widerlegen, dieser Verschleiß habe schon bei Übergabe vorgelegen.[114] Dem muss widersprochen werden. Aufbauen kann die Vermutung nur auf einem Sachmangel, auf einer feststehenden (unstreitigen oder erwiesenen) vertragswidrigen Beschaffenheit des Fahrzeugs; ein **technischer Defekt**, der weder ein Sachmangel noch die Folge eines solchen ist, **genügt nicht**.[115] Näheres zur Wirkung des § 476 BGB in den sehr komplexen „Verschleißfällen" unter Rdn. 3386 ff.

In Fällen **anfänglicher Gebrauchstauglichkeit** (einwandfreies Funktionieren bei und **3366**
nach Übergabe) mit **später auftretender Gebrauchsbeeinträchtigung** rücken **zwei Fragen** in das Blickfeld:

Erstens: War der spätere „Schaden", z. B. der komplette Ausfall des Motors als Endre- **3367**
sultat, bei Übergabe bereits „im Keim" angelegt? Wenn ja, kann **ohne Beweislastumkehr** zu Lasten des Verkäufers zu entscheiden sein, vorausgesetzt, dass die Entwicklung zum Endresultat hinreichend wahrscheinlich ist, es sich nicht um einen Fall von normalem Verschleiß bzw. Alterung handelt und auch eine Eigenverursachung nicht behauptet wird. Zur Fallgruppe **„Schadensanlage"** s. Rdn. 3286. Zweitens: Welche Ursache hat zu der nachträglichen Gebrauchsbeeinträchtigung geführt? Diese Frage steht in der Praxis **im Vordergrund des Interesses**, bedarf daher besonderer Erörterung.

(1) Die Ursache als Mangel

Die Ursache für die Gebrauchsbeeinträchtigung oder Funktionsstörung kann mehr sein **3368**
als bloße Ursache; sie selbst kann der Mangel sein, eine vertragswidrige Beschaffenheit. **Falltypisch** ist die Situation, dass der Motor bei Übergabe und auch eine Zeit danach funktioniert hat; erst nach einer Fahrstrecke von einigen tausend Km tritt ein Schaden

112 Dazu BGH 7. 12. 2010 – VIII ZR 96/10 – SP 2011, 234 (nur Ls.).

113 Zumindest missverständlich Brand OLG 8. 10. 2008, DAR 2009, 92, wenn es heißt, der „konkrete Sachmangel" bestehe in der fehlenden Fahrbereitschaft aufgrund Getriebeschadens. Im Folgenden wird jedoch die Ursache für den Getriebeschaden in den Blick genommen, was zutreffend ist.

114 OLG Koblenz 19. 4. 2007, NJW 2007, 1828 = NZV 2007, 410 = DAR 2007, 462 = MDR 2007, 950 = SVR 2008, 18 (missverständliche Leitsätze in sämtlichen Veröffentlichungen); noch weiter geht das LG Regensburg, indem es bei einem Gebrauchtwagen mit Motorschaden einen bloßen Defekt genügen lässt (Urt. v. 24. 9. 2008 – 1 O 1747/07, rkr.).

115 OLG Köln 1. 3. 2006, MDR 2006, 1391 = OLGR 2006, 381 (Motorschaden); OLG Schleswig 9. 10. 2007 – 3 U 30/07 – n. v. (Motorschaden/Turbolader); LG Osnabrück 26. 3. 2010 – 1 O 2588/09 (Motor); a. A. z. B. LG Regensburg 24. 9. 2008 – 1 O 1747/07 – n. v. (rkr.).

auf. Ursache: Zahnriemenriss. Weiteres Beispiel: 4 Wochen nach Übergabe bleibt das Gaspedal beim Treten funktionslos.[116] Oder: Bei Auslieferung hat der Turbolader einwandfrei funktioniert. Nach 11.000 km tritt ein Defekt auf. Ursache: fehlerhaft eingebaute Dichtung.

3369 Zu den häufigsten Ursachen von Motorstörungen im weitesten Sinn („Motorschäden") zählen neben Elektronikfehlern vor allem defekte Zahnriemen und Turboladerschäden. Wenn der Ausfall des bei Auslieferung funktionsfähigen Motors auf eine Ursache zurückzuführen ist, die ihrerseits eine vertragswidrige Beschaffenheit des Fahrzeugs darstellt und diese Beschaffenheit bereits bei Übergabe vorhanden war, ist die Sachmängelhaftung aus diesem Grund (und ggf. nur aus diesem) zu bejahen, wie **der BGH** in mehreren Entscheidungen herausgearbeitet hat. Grundlegend ist auch hier das **Zahnriemen-Urteil** v. 2. 6. 2004;[117] wichtig sind ferner BGH NJW 2006, 434 (Turbolader) und BGH NJW 2007, 2621 (Zylinderkopfdichtung).[118] Wie genau **Mangel, Ursache und Symptom** auseinander gehalten werden müssen, macht z. B. die Audi-Entscheidung BGH NJW 2011, 1164 = DAR 2011, 319 deutlich.

3370 Dass hinsichtlich der Ursache für die Funktionsstörung eine vertragswidrige Beschaffenheit, also ein Sachmangel, vorliegt, hat der Käufer – auch in seiner Eigenschaft als Verbraucher – darzulegen und zu beweisen.[119] Dem steht nicht der Grundsatz entgegen, dass der Käufer nicht darzulegen und zu beweisen braucht, auf welche Ursache ein Sachmangel zurückzuführen ist. Denn es geht nicht um die Ursache des Mangels, sondern um die Ursache als Sachmangel. Auch insoweit gilt: Nur dafür, dass eine (feststehende) Vertragswidrigkeit bei Übergabe vorhanden war, kommt dem Käufer die Vermutung des § 476 BGB zugute,[120] vorausgesetzt der Mangel (hier: die vertragswidrige Beschaffenheit als „Schadensursache") hat sich innerhalb der Sechsmonatsfrist gezeigt. Eine weitere Wirkung zugunsten des Käufers hat § 476 BGB auch bei diesen Fallgestaltungen nicht.

(2) Ursachenmehrheit

3371 Zumal bei Motor- und Getriebeschäden liegt der Fall häufig so, dass nach dem Gutachten eines Sachverständigen mehrere Ursachen für ein bestimmtes Resultat in Frage kommen. Jede einzelne kann die allein wirksam gewordene sein; möglich ist aber auch ein Zusammenwirken – nacheinander wie gleichzeitig.

Beispiel (nach BGH NJW 2004, 2299): Infolge einer Lockerung des Zahnriemens springt dieser über und es kommt zu einem Motorschaden. Als Sachmangel kommt (allein) die Lockerung des Zahnriemens in Betracht, die Beschädigung des Motors als Endergebnis scheidet aus. Sie ist weder der Mangel noch ein Folgemangel, sondern nur ein Folgeschaden, ggf. ein Mangelfolgeschaden. Ein zu lockerer Zahnriemen ist auch bei einem Gebrauchtwagen ein Sachmangel, es sei denn, es handelt sich a) um einen Fall von normalem Verschleiß oder b) um das Ergebnis eines Fahr- oder Bedienungsfehlers des Käufers.

Weiteres Beispiel: Es liegt ein Motorschaden in Form eines Abrisses der Ventile eines Zylinders vor. Der Ventilabriss und der dadurch bedingte Motorschaden entfallen als Anknüpfungspunkte für die Mangelprüfung. Zu fragen ist vielmehr, was zu dem Ventil-

116 So im Fall LG Dortmund 3. 1. 2007 – 22 O 85/06 – n. v.

117 NJW 2004, 2299.

118 Außerdem Urt. v. 29. 3. 2006, NJW 2006, 2250 (Pferdekauf) und der Beschl. v. 5. 2. 2008 – VIII ZR 94/07.

119 BGH 23. 11. 2005, NJW 2006, 434; BGH 29. 3. 2006, NJW 2006, 2250; Beschl. v. 5. 2. 2008 – VIII ZR 94/07; LG Osnabrück 26. 3. 2010 – 1 O 2588/09; a. A. Brand OLG 8. 10. 2008, DAR 2009, 92 (kein Nachweis des „Grundmangels").

120 BGH 14. 9. 2005, NJW 2005, 3490; v. 18. 7. 2007, NJW 2007, 2621.

abriss geführt hat. Es kann ein Fehler der Motorsteuerung sein, aber auch eine Verkokung oder eine Überfüllung mit Motoröl, eventuell durch den Käufer selbst.[121]

Weitere Beispiele aus der Rechtsprechung für eine Mehrheit potenzieller Ursachen („Ursachenbündel"): BGH NJW 2011,1664 (Verbrennungsaussetzer bei einem neuen Audi); BGH NJW 2006, 434 (Turbolader); BGH NJW 2007, 2621 (Zylinderkopfdichtung/Ventilstege); OLG Hamm 18. 6. 2007 – 2 U 220/06 (Zahnriemen)[122], OLG Köln OLGR 2006, 381 (Motorschaden); OLG Dresden 26. 10. 2006 – 9 U 732/06 (Kolbenfresser); OLG Schleswig 9. 10. 2007 – 3 U 30/07 (Bruch des Kompressorrades des Turboladers mit einer Vielzahl potenzieller Ursachen); LG Kaiserslautern 30. 6. 2005 – 3 O 722/03 – n. v. (Ventilabriss 3. Zylinder); OLG Koblenz 24. 2. 2011 – 2 U 261/10 (Zahnriemen). **3372**

Das Besondere an den Fallgestaltungen mit einer Mehrheit von Ursachen liegt darin, dass nicht alle Zustände/Beschaffenheiten, die als Ursache in Betracht kommen, automatisch als Sachmängel zu qualifizieren sind. Diese Einstufung verbietet sich z. B., wenn der in Rede stehende Zustand das Ergebnis von normalem Verschleiß eines Einzelteils ist (dazu Rdn. 3386 ff.). Auch eine Verschmutzung des Luftfilters oder eine Ölverschmutzung können Zustände sein, für die der Verkäufer eines gebrauchten Fahrzeugs nicht einstandspflichtig ist. Aus der Haftung ist der Verkäufer außerdem, wenn der Käufer für die „Schadensursache" selbst verantwortlich ist (Fahr- oder Bedienungsfehler) oder sie wie z. B. ein Marderbiss anderweitig in seiner Sphäre liegt. **3373**

Zur Erfüllung der **Darlegungspflicht** (Substantiierung) reicht es in Fällen mit Mehrfachkausalität aus, wenn der Käufer vorträgt, dass jede in Betracht kommende Einzelursache eine vertragswidrige Beschaffenheit darstellt, dass sämtliche Ursachen ausschließlich im Fahrzeug selbst begründet sind.[123] Mit Rücksicht auf OLG Hamm DAR 2006, 390 tun Käufer-Anwälte gut daran, eine Eigenverursachung von sich aus, also nicht erst auf den Einwand des Verkäufers, ausdrücklich auszuschließen. **3374**

Für die Beweisführung und Beweislast gilt: Wenn jeder der möglichen Schadensursachen eine vertragswidrige Beschaffenheit zugrunde liegt, geht die Unaufklärbarkeit der Frage, welche Ursache in welcher Weise wirksam geworden ist, nicht zu Lasten des Käufers.[124] Er hat den „Ob-Überhaupt-Beweis" geführt und damit die Basis für das Eingreifen der Beweisvermutung geschaffen. Beispiel: Als Ursachen konkurrieren nur ein übermäßiger Verschleiß und ein fehlerhafter Einbau einer Dichtung. Beide Ursachen sind Sachmängel. Anders ist es, wenn außer einem Einbaufehler (Sachmangel) ein Fall von normalem Verschleiß und/oder ein Fahr- oder Wartungsfehler des Käufers als Alleinursachen in Betracht kommen (Beispiele dazu unter Rdn. 3376 ff., 3386 ff.). **3375**

(3) Eigenverursachung, insbesondere Fahr- und Bedienungsfehler

In der Gerichtspraxis geht es auffallend oft um vom Verkäufer behauptete Fahr- und Bedienungsfehler, z. B. fehlerhafte Fahrweise wie falsches Schalten (BGH NJW 2004, 2299) oder – in einem Kat-Fall (BGH NJW 2006, 1195) – Fahren über eine Bordsteinkante o. Ä. mit Aufsetzen des Unterbodens.[125] Falschtanken ist nicht erst seit der **E-10-Diskussion** ein Thema.[126] Nicht selten werden derartige Fehler erst im Anschluss an die Begutachtung durch den Sachverständigen ins Spiel gebracht. Als Bedienungsfehler hat das LG Kaisers- **3376**

121 Dazu LG Kaiserslautern 30. 6. 2005 – 3 O 722/03 – n. v.

122 BeckRS 2007, 14370.

123 LG Köln 27. 6. 2006, DAR 2007, 34, 35 unter Hinweis auf BGH NJW 2006, 434 (Turbolader).

124 OLG Dresden 26. 10. 2006 – 9 U 732/06 – n. v.; LG Köln 27. 6. 2006, DAR 2007, 34; s. a. BGH 9. 3. 2011, NJW 2011, 1664 (Normalfall ohne § 476 BGB).

125 Dazu auch AG Rostock 23. 3. 2005 – 47 C 419/04 – n. v.

126 Zur Frage eines möglichen Motorschadens durch Tanken von E 10 s. *E. Fuchs*, Der Kfz-Sachverständige 3/2011, S. 12 ff.

lautern auch das Überfüllen mit Motoröl gewertet.[127] Anwaltlich gut beratene Verkäufer verteidigen sich **zweispurig:** normaler Verschleiß/Alterung und/oder Eigenverursachung durch einen Fahr- oder Bedienungsfehler, Falschtanken oder Chip-Tuning oder auch Marderbiss.

3377 Eine **Eigenverursachung** durch den Käufer kann auch **in Form von Unterlassungen** vorliegen, etwa Versäumnisse beim Nachfüllen von Motoröl, Nachlässigkeiten bei der Wartung und Inspektion, z. B. das Nichtwechseln des Zahnriemens. In solchen Fällen kann es darauf ankommen, ob das Verhalten des Käufers den Defekt herbeigeführt oder nur verschlimmert hat, eine Unterscheidung, die spätestens im Rahmen des § 323 Abs. 6 BGB von Bedeutung ist (dazu Rdn. 1065 ff.). Nicht nur fehlerhafte Verhaltensweisen des Käufers können vom Verkäufer ins Feld geführt werden, auch sonstige Einwirkungen in dessen Sphäre wie z. B. **Marderbiss** können eine Rolle spielen.

3378 Dass dem Einwand der Eigenverursachung durch Fahr- oder Bedienungsfehler auch bei technischen Defekten Grenzen gesetzt sind,[128] macht das **Zylinderkopf-Urteil BGH NJW 2007, 2621** deutlich. Wie im Zahnriemen-Fall BGH NJW 2004, 2299 stand der Vorwurf im Raum, der Käufer habe etwas falsch gemacht. Dort war es ein Schaltfehler als eine von mehreren Ursachen für die Lockerung des Zahnriemens, hier die Behauptung einer falschen Fahrweise in Form der Überlastung durch Ziehen schwer beladener Anhänger und/oder durch Nichtbeachten der Anzeige für die Kühlwassertemperatur.

3379 Für manche überraschend, hat der BGH im Zylinderkopf-Fall[129] die Beweisvermutung greifen lassen, während er sie im Zahnriemen-Fall (NJW 2004, 2299) für unanwendbar erklärt hat. Wer für eine Gleichbehandlung plädiert und dem BGH Inkonsequenz, gar Willkür,[130] vorwirft, übersieht Wesentliches. Der **Zahnriemen** des Opel Vectra war – von den meisten BGH-Kritikern verkannt – erst kurz vor der Auslieferung an den Käufer in der Werkstatt des Händlers erneuert worden. Die mit dem neuen Zahnriemen gefahrene Strecke betrug max. 50 km. Damit war praktisch auszuschließen, dass ein anderer als der Käufer (Fahrstrecke rund 11.000 km) den Zahnriemen durch einen Schaltfehler hat beschädigen (lockern) können.

3380 Im Prozess wurde deshalb auch nur über einen eventuellen Schaltfehler des Käufers, nicht eines Vorbesitzers, auch nicht der Werkstatt, gestritten. Als Alternativursachen für die Lockerung des Zahnriemens (Vorstufe des endgültigen Motorschadens) kamen zwei Umstände aus der Sphäre des Händlers in Frage: fehlerhaftes Material und/oder übermäßiger Verschleiß des (vor Übergabe gerade erneuerten) Zahnriemens. Wenn der Schaltfehler die Ursache war,[131] kam als Verantwortlicher nur der Käufer oder ein Dritter aus seiner Sphäre in Frage, nicht etwa der Händler oder ein Vorbesitzer. M. a. W.: Der potenzielle Fahrfehler konnte zeitlich nicht in die Phase vor Gefahrübergang verlegt werden.[132] Bei dieser Sachlage musste der Käufer zum Nachweis eines vertragswidrigen Zustandes als Vermutungsbasis (hier: Lockerung des Zahnriemens) den schädigenden Einfluss eines eigenen Schaltfehlers ausschließen.[133]

3381 In einem entscheidenden Punkt anders gelagert ist der **Zylinderkopf-Fall** des BGH.[134] Die angeblich unsachgemäße Behandlung konnte auch in die Zeit *vor* Auslieferung des

127 Urt. v. 30. 6. 2005 – 3 O 722/03 – n. v.

128 Zu faktischen s. OLG Frankfurt 4. 3. 2005, DAR 2005, 339 („Kolbenfresser“).

129 NJW 2007, 2621.

130 *Saueressig*, NJOZ 2008, 2072.

131 Was auch im weiteren Verfahren vor dem OLG München nach Anhörung des Sachverständigen nicht geklärt werden konnte (Urt. v. 13. 9. 2004 – 31 U 3025/03 – n. v.).

132 So *Revilla*, zfs 2007, 617.

133 Aufgabe der abweichenden Position in der 9. Aufl.

134 Urt. v. 18. 7. 2007, NJW 2007, 2621.

Fahrzeugs an den Käufer fallen; eine Verschiebung in die Zeit vor Übergabe war also möglich. Anders formuliert: Wenn Fahr- oder Bedienungsfehler, dann nicht nur – wie im Zahnriemen-Fall – Käufer-, sondern auch Vorbesitzerverantwortung, sprich Mangelhaftigkeit. Nicht geklärt war laut BGH allein die Frage, ob der Defekt der Zylinderkopfdichtung[135] und die daraus folgende oder dafür ursächliche Überhitzung des Motors bereits vor der Übergabe an den Käufer eingetreten waren oder durch einen Fahr- oder Bedienungsfehler des Käufers erst anschließend entstanden sind. Wie im Ford-Fiesta-Fall (BGH NJW 2005, 3490) und im Kat-Fall (BGH NJW 2006, 1195) musste dem Käufer die Beweisvermutung zugute kommen.

Zur Anschlussfrage einer etwaigen **Unvereinbarkeit der Beweisvermutung** s. Rdn. 3339 ff., 3396 ff. 3382

BGH-konform entschieden hat das OLG Frankfurt einen Fall mit **defekter Kupplung.**[136] Bei Auslieferung des erst 20 km (!) gelaufenen Pkw war die Kupplungsanlage voll funktionsfähig. Die später immer wieder auftretenden Gebrauchsstörungen als solche schieden damit als Sachmangel aus, es musste auf die Ursache abgestellt werden. Zwei Ursachen standen im Raum: **Materialmangel und Bedienungsfehler**. Da der eventuelle Bedienungsfehler – wie im BGH-Zahnriemenfall – nur in die Sphäre des Käufers fallen konnte (der Wagen war bei Auslieferung erst 20 km gelaufen), musste er den Bedienungsfehler als Ursache ausschließen. Das war nicht gelungen. Folglich war in Ermangelung einer feststehenden vertragswidrigen Beschaffenheit kein Raum für § 476 BGB. 3383

Anders liegen die Dinge, wenn nach einem Getriebeschaden nur ein Fahrfehler als Ursache in Frage kommt und die Parteien allein darüber streiten, ob er vor oder nach Übergabe begangen wurde. Hier hilft dem Käufer § 476 BGB. Es geht nur um die Wann-Frage. 3384

Negativbeweis: An den vom Käufer zu führenden Beweis, dass er für den Defekt nicht verantwortlich ist, sind nur **maßvolle Anforderungen** zu stellen. Beweismittel ist in erster Linie **der Sachverständigenbeweis**[137], ggf. auch die Parteivernehmung des Klägers gem. § 448 ZPO. 3385

(4) Verschleiß und Alterung

Gleichviel, ob Ursachenmehrheit oder Alleinursache, auszuräumen hat der Käufer den Einwand des Verkäufers, die fragliche Ursache für den Motor- oder Getriebeschaden sei das Ergebnis von **normalem Verschleiß** und/oder **gewöhnlicher Alterung**. Denn dabei handelt es sich i. d. R. nicht um eine vertragswidrige Beschaffenheit. Das gilt auch für Verschmutzungen und Verkokungen, soweit sie „normal" sind (Näheres Rdn. 2944 ff.). 3386

Fallbeispiele Motorschäden

Der Käufer reklamiert einen **Ausfall des Motors** in einem bei Auslieferung 72.000 km gelaufenen Audi bei Km-Stand 81.000. Der Verkäufer beruft sich auf normalen Verschleiß des unstreitig gerissenen Zahnriemens.

Sache des Käufers – auch als Verbraucher – ist es, den Verschleißeinwand, sofern substantiiert vorgetragen, zu entkräften.[138] Er hat einen vertragswidrigen Zustand (Beschaffenheit) zu beweisen. Dieser muss sich zudem innerhalb von sechs Monaten ab Übergabe ge- 3387

135 Für den BGH kein Fall von normalem Verschleiß, was aber angesichts der Gesamtlaufleistung des Fahrzeugs von ca. 160.000 km erörterungsbedürftig war.

136 Urt. v. 18. 7. 2007, ZGS 2007, 437; s. a. OLG Frankfurt 26. 2. 2008 – 14 U 156/06 (Getriebe).

137 Zur Anhörungspflicht des Berufungsgerichts bei sich widersprechenden Gutachten (§§ 397 Abs. 1, 402 ZPO) s. BGH 7. 12. 2010 – VIII ZR 96/10.

138 OLG Düsseldorf 8. 1. 2007, DAR 2007, 211; OLG Köln 1. 3. 2006, DAR 2006, 1391 = OLGR 2006, 381; implizit auch OLG Naumburg 24. 6. 2010, NJW-RR 2011, 64; anders OLG Koblenz 19. 4. 2007, NJW 2007, 1828; LG Regensburg 24. 9. 2008 – 1 O 1747/07 – n. v.

zeigt haben. Als vertragswidriger Zustand kommt ein übermäßiger bzw. vorzeitiger Verschleiß eines bestimmten Einzelteils in Frage, hier des Zahnriemens (Näheres dazu Rdn. 3026 ff.). Verantwortlich kann der Audi-Verkäufer für das Reißen des Zahnriemens auch deshalb sein, weil er den vorgeschriebenen Wechseltermin nicht eingehalten hat. Zur Nichtauswechselung des Riemenspanndämpferelements als vertragswidrige Beschaffenheit s. OLG Koblenz NJW 2007, 1828.[139]

3388 In dem obigen Audi-Beispiel gelingt dem Käufer der „Ob-Überhaupt-Beweis" durch den Nachweis, dass von einem Zahnriemen in einem Motor dieses Typs und einer Laufleistung von 72.000 km normalerweise eine längere Fahrstrecke als weitere 9.000 km zu erwarten ist.[140] Kann er natürlichen Verschleiß als Ursache für den Zahnriemenschaden ausschließen, hat er mit einem Sachmangel im Rechtssinn die Basis für die Beweisvermutung gelegt. Hat sich darüber hinaus der Defekt des Zahnriemens innerhalb der Sechsmonatsfrist gezeigt, streitet für den Käufer die Vermutung des § 476 BGB, selbst wenn der vertragswidrige Zustand für den Verkäufer unerkennbar war. M. a. W.: Ist nicht aufklärbar, ob ein (positiv feststehender) übermäßiger/vorzeitiger Verschleiß (= Sachmangel) schon bei Übergabe vorgelegen hat, und sei es nur in der Anlage[141], so wird dies bei einem fristgerechten Sich-Zeigen kraft § 476 BGB vermutet.[142] Zu den Möglichkeiten der Widerlegung der Vermutung s. OLG Naumburg NJW-RR 2011, 64; OLG Koblenz 24. 2. 2011 – 2 U 261/10 (Zahnriemen).

3389 *Abwandlung*: Verschleißeinwand und Vorwurf „falsche Fahrweise"

3390 Macht der Verkäufer nicht nur geltend, der Ausfall des Motors beruhe auf normalem Verschleiß, sondern verteidigt er sich außerdem (ggf. hilfsweise) mit der Behauptung einer „falschen Fahrweise" oder eines Wartungsfehlers[143], sind beide Einwände – sofern hinreichend substantiiert vorgetragen – auch gegenüber einem Verbraucher erheblich. Dieser hat eine vertragswidrige Beschaffenheit zu beweisen. Dazu gehört der Ausschluss von normalem Verschleiß oder, anders formuliert, der Nachweis übermäßigen/vorzeitigen Verschleißes. Insoweit hilft ihm die Beweisvermutung des § 476 BGB nicht.[144] Spielt normaler Verschleiß erwiesenermaßen keine Rolle (kein non liquet), bleibt der (Hilfs-)Einwand „Fahrfehler". Jetzt kommt es darauf an, ob nur der Käufer bzw. ein Dritter aus seiner Sphäre oder auch der Verkäufer bzw. ein Vorbesitzer für die Ursache „falsche Fahrweise" verantwortlich sein kann. Im ersten Fall (keine Verschiebbarkeit des Fahrfehlers in die Zeit vor Übergabe) hat der Käufer den „Negativbeweis" („ich nicht") zu führen (wie BGH NJW 2004, 2299), im zweiten Fall greift die Beweisvermutung zu seinen Gunsten ein (wie BGH NJW 2007, 2621), vorausgesetzt normaler Verschleiß ist als Ursache auszuschließen. Bei

139 Urt. v. 19. 4. 2007, weitere Veröffentlichungen u. a. in DAR 2007, 462 und MDR 2007, 950.

140 Beispiele für eine erfolgreiche Führung des „Übermäßigkeitsbeweises" sind OLG Naumburg 24. 6. 2010, NJW-RR 2011, 64 (Motor/Zahnriemen); OLG Düsseldorf 23. 6. 2008 – I-1 U 264/07 – BeckRS 2008, 15373 (Gebtriebe); OLG Köln 1. 3. 2006, MDR 2006, 1391 = OLGR 2006, 381; LG Dortmund 21. 12. 2007 – 22 O 212/06 – n. v. (Einspritzdüse); s. a. OLG Hamm 18. 6. 2007 – 2 U 220/08 – BeckRS 2007, 14370. Mustergutachten in SP 2005, 178 (Krad).

141 Dazu OLG Naumburg 24. 6. 2010, NJW-RR 2011, 64 (Zahnriemen).

142 BGH 11. 11. 2008, NJW 2009, 580 = DAR 2009, 90 Tz. 14; OLG Düsseldorf 23. 6. 2008 – I-1 U 264/07 – BeckRS 2008, 15373 (jew. Getriebeschaden); OLG Köln 1. 3. 2006, MDR 2006, 1391 = OLGR 2006, 381; OLG Hamm 18. 6. 2007 – 2 U 220/06 – BeckRS 2007, 14370; LG Dortmund 21. 12. 2007 – 22 O 212/06 – n. v.

143 So im Fall OLG Schleswig 9. 10. 2007 – 3 U 30/07 – n. v. (Bruch des Kompressorrades des Turboladers).

144 OLG Düsseldorf 8. 1. 2007, DAR 2007, 211; OLG Düsseldorf 23. 6. 2008 – I-1 U 264/07 – BeckRS 2008, 15373; s. a. OLG Schleswig 9. 10. 2007 – 3 U 30/07 – n. v. (Bruch des Kompressorrades des Turboladers mit einer Vielzahl potenzieller Ursachen); a. A. OLG Koblenz 19. 4. 2007, NJW 2007, 1828; LG Regensburg 24. 9. 2008 – 1 O 1747/07 – n. v. (rkr).

einem non liquet in der Verschleißfrage ist der Käufer mit seinem „Ob-Überhaupt-Beweis" gescheitert; § 476 BGB ist nicht anzuwenden.

Fallbeispiele Getriebeschäden **3391**

Nach einer Fahrstrecke von 11.000 km ab Übergabe tritt an einem Ford Mondeo (bei Übergabe 63.000 km gelaufen, ca. 7 Jahre alt) eine Schaltauffälligkeit des 4-Gang-Automatikgetriebes auf. Der Käufer reklamiert u. a. ein plötzliches Beschleunigen. Der Händler behauptet Mangelfreiheit bei Übergabe, verweist auf die „problemlos" zurückgelegte Fahrstrecke von 11.000 km und beruft sich auf normalen Verschleiß. Der gerichtlich bestellte Sachverständige sieht als wahrscheinliche Ursache der Schaltauffälligkeit einen Defekt des EPC-Ventils, das er für ein Verschleißteil hält. In erster Instanz wird die Klage abgewiesen. Begründung: Verschleiß nicht ausgeschlossen, damit keine Mangelhaftigkeit als Basis der Beweisvermutung gem. § 476 BGB.[145] In zweiter Instanz hat die Klage Erfolg, weil sich auf Nachfrage bei dem Sachverständigen herausstellt, dass es sich um **vorzeitigen/übermäßigen Verschleiß** und damit um einen Sachmangel handelt.[146]

3392 Weitere Rechtsprechung zu Getriebeschäden infolge „konstruktiver Schwächen" oder sonstiger fahrzeugspezifischer Besonderheiten: OLG Düsseldorf NJW 2006, 2858 (Renault Laguna); OLG Stuttgart NJW-RR 2006, 1720 (Ford Windstar); LG Köln DAR 2007, 34 (Volvo C 70); s. a. OLG Koblenz NZV 2008, 156; OLG Frankfurt 26. 2. 2008 – 14 U 156/06.

3393 Die Ursache für einen zweimaligen Getriebeschaden und deren Vorhandensein bereits bei Übergabe des Pkw Mitsubishi Galant war Hauptstreitpunkt in der Sache Brand OLG DAR 2009, 92.[147] Der Käufer hat behauptet, die Getriebeschäden seien auf einen schon bei Übergabe bestehenden „Grundmangel" zurückzuführen, während der Händler, dies substantiiert bestreitend, geltend machte, der Getriebeschaden beruhe auf einer unsachgemäßen Fahrweise des Käufers. Ohne den vom Händler angebotenen Sachverständigenbeweis zu erheben, hat das OLG die Berufung gegen das klagestattgebende Urteil der Vorinstanz zurückgewiesen. Das war verfahrensfehlerhaft. Zudem hat das OLG die Zylinderkopf-Entscheidung BGH NJW 2007, 2621 missverstanden.

3394 Ein non liquet in der Frage, ob es sich überhaupt um einen Sachmangel handelt, muss nicht immer mit den Verlust des Prozesses bedeuten. Helfen kann dem Käufer eine **Beweisvereitelung durch den Händler**. Wenn dieser das Getriebe entsorgt oder anderweitig aus den Händen gegeben hat statt es für eine sich abzeichnende Überprüfung bereit zu halten, kann ihm eine Beweisvereitelung zur Last fallen.[148] Zur Beweisvereitelung auf Käuferseite s. Rdn. 3350 ff.

Fallbeispiel Korrosion **3395**

Macht der Käufer einen **Korrosionsschaden** geltend, gehört zur schlüssigen Darlegung, dass es sich um einen unüblichen Zustand handelt, mit dem nach Alter und Laufleistung nicht zu rechnen war (s. Rdn. 2877 ff.). Die Atypizität (Unüblichkeit) hat er darzulegen und zu beweisen, nicht der Verkäufer die Typizität. Erst wenn die Vertragswidrigkeit als solche feststeht, stellt sich die Frage ihres Vorhandenseins bei Übergabe. Wegen der relativen Langsamkeit des Korrosionsprozesses wird in dieser Hinsicht kaum ein vernünftiger Zweifel bestehen, so dass es aus tatsächlichen Gründen zu einer Beweislastentscheidung kaum kommen wird.

---

145 LG Duisburg 5. 11. 2007 – 4 O 446/05 – n. v.
146 OLG Düsseldorf 23. 6. 2008 – I-1 U 264/07 – BeckRS 2008, 15373.
147 Urt. v. 8. 10. 2008 (Revision zugelassen).
148 AG Offenbach/M. 19. 3. 2007, NJW-RR 2007, 1546; s. a. OLG Schleswig 9. 10. 2007 – 3 U 30/07 – n. v. (Motorentsorgung).

(5) Unvereinbarkeit der Beweisvermutung bei technischen Mängeln

3396 So berechtigt die Beweisvermutung des § 476 BGB bei technischen Mängeln an **fabrikneuen Kraftfahrzeugen** ist, so fragwürdig ist sie bei Fahrzeugen, die durch Gebrauch und Alterung abgenutzt sind. Wegen der **Art der Sache** – Gebrauchtfahrzeug statt Neuwagen – ist die Beweisvermutung indes **nicht generell ausgeschlossen** (s. Rdn. 3331 ff.). Allem Anschein nach will der BGH auch nicht, jedenfalls nicht pauschal, nach Alter und Laufleistung und damit nach dem Grad der Abnutzung unterscheiden. Andernfalls hätte er im Fall des ca. neunjährigen, fast 200.000 km gelaufenen Chrysler Voyager dazu Gelegenheit gehabt.[149]

3397 Den **Ausschlusstatbestand „Art der Sache“** kann ein Unternehmer-Verkäufer somit nur, wenn überhaupt, in engen Grenzen geltend machen[150] – weniger eigenständig als vielmehr unterstützend bei der Argumentation mit dem alternativen Ausschlussgrund **„Art des Mangels“**. Hier liegt das **eigentliche Problem**, mit dem manche Instanzgerichte nach wie vor große Mühe haben.[151]

3398 Der Beweisvermutung **wegen der Art des Mangels** – Konstruktions- oder Fabrikationsfehler, vorzeitige Materialermüdung, übermäßiger Verschleiß, atypische Verschmutzung – den Boden zu entziehen, ist bei richtiger Umsetzung der BGH-Vorgaben **praktisch so gut wie ausgeschlossen**. Abgesehen davon, dass der Verkäufer die tatsächlichen Umstände, die diesen Ausschlusstatbestand begründen, darzulegen und zu beweisen hat,[152] ist die einschlägige Rechtsprechung des BGH und nunmehr auch zahlreicher Instanzgerichte[153] **in diesem Punkt** ausgesprochen verbraucherfreundlich. Dem Verkäufer bleibt im Rahmen der Ausnahmeregelung des § 476 Halbs. 2 BGB wohl nur die – wenig Erfolg versprechende – Möglichkeit, darzulegen und zu beweisen, dass dem Käufer das bevorstehende Aus des Motors oder des Getriebes schon bei Übergabe hätte auffallen müssen, z. B. wegen übermäßiger Rauchentwicklung oder einem permanenten Ruckeln.

3399 Anders als die erste Instanz hat das OLG Dresden[154] einem Pkw-Verkäufer mit dem Ausschlussgrund „Art des Mangels“ in einem Fall geholfen, in dem eine defekte Ölpumpe eine von zwei möglichen Ursachen für einen **„Kolbenfresser“**[155] war. Der Senat konnte sich nicht vorstellen, dass ein Defekt an der Ölpumpe[156] bei einer Fahrstrecke des Käufers von 4.600 km unentdeckt bleiben konnte. Folglich sei er bei Übergabe vermutlich noch nicht vorhanden gewesen. Nach der Rechtsprechung des BGH ist das Auffallenmüssen auf den Zeitpunkt der Übergabe zu beziehen, s. Rdn. 3361 ff.

i) Weitere Fragen zur Beweislastumkehr

aa) Auswirkung des § 476 BGB im Rückforderungsprozess

3400 Ein Getriebeschaden ist Gegenstand der Entscheidung des BGH v. 11. 11. 2008[157] in einem Rückforderungsprozess. In der irrigen Annahme, es handele sich ausschließlich um einen Garantiefall ohne gewährleistungsrechtliche Haftung des Verkäufers, hatte der

149 Urt. v. 23. 11. 2005, NJW 2006, 434.
150 Dafür LG Duisburg 7. 2. 2007 – 11 S 148/06 – n. v.
151 Z. B. LG Kiel 9. 2. 2007 – 4 O 198/05 – n. v. (Motorschaden/Bruch des Turboladerrades).
152 H. M., jetzt auch Müko-BGB/*S. Lorenz*, § 476 BGB Rn. 22.
153 Z. B. OLG Düsseldorf 23. 6. 2008 – I-1 U 264/07 – BeckRS 2008, 15373; OLG Hamm 18. 6. 2007 – 2 U 220/06 – BeckRS 2007, 14370; LG Köln 27. 6. 2006, DAR 2007, 34.
154 Urt. v. 26. 10. 2006 – 9 U 732/06 – n. v.
155 Dazu auch OLG Frankfurt 4. 3. 2005, NJW-RR 2005, 920 = DAR 2005, 339 (ohne Rückgriff auf § 476 BGB anhand einer „tatsächlichen Vermutung“ für Mangelhaftigkeit bei Übergabe zugunsten des Käufers entschieden).
156 Mangelhaftigkeit unterstellt (normaler Verschleiß also verneint).
157 NJW 2009, 580 = DAR 2009, 90 (Vorinstanz LG Bonn 5. 9. 2007 – 5 S 193/06 – n. v.); Bespr. *Fischinger*, NJW 2009, 563.

Käufer vorbehaltlos die Rechnung über den 30 %igen Kundenanteil auf Material gem. den Garantiebedingungen für den Austausch des Automatikgetriebes eines älteren Mercedes-Pkw gezahlt. Während das AG der Rückzahlungsklage gegen den Verkäufer stattgegeben hat, hat das LG sie abgewiesen. Es stehe nicht fest, dass der Kläger einen Anspruch auf kostenlose Nachbesserung gehabt habe. Die Ungewissheit gehe zu seinen Lasten, woran § 476 BGB wegen des in der Zahlung liegenden Anerkenntnisses nichts ändern könne. Dem ist der BGH mit Recht nicht gefolgt. Seiner Meinung nach profitiert ein Verbraucher auch in einer Konstellation wie der vorliegenden (Mangelhaftigkeit bei Übergabe als Vorfrage) von der Beweisvermutung des § 476 BGB.[158]

bb) Auswirkungen der Nacherfüllung auf die Sechsmonatsfrist

Im Gesetz nicht geregelt ist die Frage, ob die Sechsmonatsfrist des § 476 BGB mit dem Gefahrübergang i. S. v. § 446 BGB ein für allemal beginnt oder ob es zu **Fristverlängerungen** bzw. einem **Neubeginn**, gar mehrfach, kommen kann. So taucht das Problem der Zweitfrist vornehmlich bei der Lieferung eines anderen Fahrzeugs auf (Nacherfüllung gem. § 439 Abs. 1 BGB), freilich mehr in der wissenschaftlichen Diskussion als im realen Leben.[159] Aus Sicht des Gebrauchtfahrzeugkaufs ist es ohnehin kein Thema, weil auf diesem Sektor eine Nachlieferung (Ersatzlieferung) aus rechtlichen Gründen i. d. R. ausscheidet. Doch auch bei der Nacherfüllungsvariante der Nachbesserung kann es ein Gebot effektiven Verbraucherschutzes sein, mit der Rückgabe des Fahrzeugs durch den Verkäufer die Sechsmonatsfrist des § 476 BGB von Neuem laufen zu lassen, wenn nicht für das gesamte Fahrzeug, so doch wenigstens für das eingebaute Ersatzteil, etwa einen Austauschmotor. Wenn innerhalb von sechs Monaten nach Rückgabe derjenige Mangel, der beseitigt werden sollte, erneut auftritt, soll eine Vermutung dafür sprechen, dass die Nachbesserung erfolglos gewesen ist.[160] 3401

Im Gesetz findet sich für derartige Ausdehnungen des Beweisprivilegs keine hinreichende Stütze, weder für die Variante Ersatzlieferung (wo eine Regelung besonders nahe gelegen hätte, wäre sie gewollt gewesen)[161] noch für die Alternative Nachbesserung. Hier wie dort liegt **keine planwidrige Lücke** vor, die es zu schließen gilt.[162] Auch europarechtlich besteht dazu keine Notwendigkeit, wie u. a. der Erwägungsgrund 18 zur Verbrauchsgüterkauf-RL deutlich macht. Dem Wortlaut nach knüpft § 476 BGB die Sechsmonatsfrist an den „Gefahrübergang" an, nicht an die Übergabe, auch nicht – wie § 438 Abs. 2 BGB für bewegliche Sachen – an die Ablieferung. Mit einer Ersatzlieferung (Neulieferung) ist ebenso wenig ein Gefahrübergang i. S. d. §§ 476, 446 BGB verbunden wie mit der Rückgabe der Sache im Anschluss an eine Nachbesserung. 3402

Für jedes Einzelteil, das im Rahmen einer Nachbesserung eingebaut wird, also auch für „Kleinteile", eine Fristwiederholung (Neubeginn) anzunehmen, verbietet sich von vornherein. Eine Differenzierung nach Art und Funktion des Ersatzteils, zu denken ist an eine Beschränkung auf komplette Baugruppen und Bauteile, ist zwar theoretisch möglich, gleichwohl nicht sachgerecht. Eine Vermutung der Erfolglosigkeit der Nachbesserung mit § 476 BGB zu begründen, erscheint angesichts der besonderen Vermutungsregelung in § 440 S. 2 BGB gleichfalls verfehlt. § 476 BGB wirkt nach der Rechtsprechung des BGH nur in zeitlicher Hinsicht zugunsten des Käufers (s. Rdn. 3303). Ob die Nachbesserung erfolgreich gewesen ist oder nicht, betrifft dagegen den ursächlichen Zusammenhang zwischen der Werk- 3403

158 So auch OLG Schleswig 9. 10. 2007 – 3 U 30/07 (Turboladerschaden).
159 Bisher keine einzige Gerichtsentscheidung.
160 So z. B. Müko/*Lorenz*, § 476 BGB Rn. 12.
161 Anders Hk-BGB/*Saenger*, § 476 BGB Rn. 3 (vom Wortlaut „ohne weiteres erfasst").
162 An der Ansicht in der Vorauflage Rn. 1669, gestützt auf *Reinking*, ZGS 2004, 130 ff., wird nicht länger festgehalten.

stattarbeit und dem erneuten Auftreten des Mangels. Insoweit hat auch ein Verbraucher den Vollbeweis der Erfolglosigkeit der Nachbesserung (= Fortbestehen des Mangels) zu führen.[163]

3404 Geschützt ist der Verbraucher durch die verjährungsrechtlichen Auswirkungen von Nacherfüllungsmaßnahmen (dazu Rdn. 4149 ff.). Sie liefern kein Argument für einen Neubeginn der Beweislastumkehr-Frist, sondern dagegen. Ergänzt wird dieser Schutz durch die Rechtsprechung, die dem Verkäufer bei einer vorbehaltlosen Nachbesserung die Behauptung abschneidet, der Mangel sei bei Übergabe nicht vorhanden gewesen.[164] Zusätzlicher Schutz durch eine im Gesetz nicht vorgesehene Prolongation oder Erneuerung der Sechsmonatsfrist ist nicht erforderlich.

V. Das selbstständige Beweisverfahren

1. Zulässigkeitsvoraussetzungen

3405 Beim Kraftfahrzeugkauf geht es vornehmlich um die Klärung von Mängeln (Ist-Zuständen) mit Hilfe eines Sachverständigen, ferner um Mängelursachen (Entstehungszeitpunkt, Zuordnung) und um die Kosten der Mängelbeseitigung. Darauf zielende Anträge außerhalb eines anhängigen Rechtsstreits sind zunächst nach der Spezialnorm des § 485 Abs. 2 ZPO zu prüfen. Sie können aber auch nach Abs. 1 des § 485 ZPO zulässig sein. Voraussetzung dafür ist in einem Fall ohne Zustimmung des Gegners ein **Beweissicherungsbedürfnis**. Voraussetzung für ein Verfahren nach § 485 Abs. 2 ZPO ist lediglich, dass der Antragsteller an der zu treffenden Feststellung ein **rechtliches Interesse** hat. Dazu Rdn. 3409.

a) Zuständigkeitsprobleme

3406 Ist ein Rechtsstreit bereits anhängig, ist der Antrag bei dem Prozessgericht zu stellen (§ 486 Abs. 1 ZPO). In der Mehrzahl der Gewährleistungsstreitigkeiten aus Kfz-Kauf werden Beweisverfahren im Vorfeld eingeleitet. Nach § 486 Abs. 2 S. 1 ZPO ist dann dasjenige Gericht zuständig, das nach dem Vorbringen des Antragstellers für die Entscheidung in der Hauptsache berufen wäre. Insoweit hat der Käufer-Anwalt zunächst zu klären, ob eine wirksame **Gerichtsstandsklausel** vorliegt. Im Bereich B2C ist das nicht der Fall. Private Leasingnehmer, die aus abgetretenem Recht vorgehen, bewegen sich außerhalb dieses Bereichs.

3407 Der Antragsteller muss die Hauptsache als zuständigkeitsbegründende Tatsache in der Antragsschrift hinreichend konkretisieren und glaubhaft machen.[165] Er muss deutlich machen, welches Ziel er mit der späteren Klage zu verfolgen beabsichtigt. Stehen dem Antragsteller wie dem Käufer eines Kraftfahrzeugs für das Hauptsacheverfahren materiell verschiedene Gestaltungsrechte und Ansprüche zur Verfügung, die unterschiedliche Gerichtsstände begründen würden, kann er nicht offen lassen, welches Recht bzw. welchen Anspruch er in der Hauptsache verfolgen will.[166] Er muss sich für einen bestimmten Weg entscheiden. Denn die Gerichtsstände sind nicht für alle in § 437 BGB aufgeführten Gewährleistungsrechte die gleichen, weil es hinsichtlich des nach § 29 ZPO maßgeblichen Erfüllungsortes Unterschiede gibt.

163 Wenngleich BGH NJW 2009, 1341 ebenso wie BGH NJW 2011, 1664 keinen Fall des Verbrauchsgüterkaufs betrifft, hätte der Senat das Thema „Vermutungswirkung“ wohl angesprochen, sähe er insoweit eine Besserstellung von Verbrauchern.

164 OLG Karlsruhe 25. 11. 2008, NJW 2009, 1150 = DAR 2009, 400 (Ls.).

165 OLG Naumburg 12. 11. 2010 – 10 W 32/10 (Kauf von Shorts).

166 OLG Naumburg 12. 11. 2010 – 10 W 32/10.

Im Interesse des antragstellenden Käufers liegt es, den Antrag bei dem für seinen Wohnsitz zuständigen Gericht einzureichen und dort in der Sache bearbeiten zu lassen. Dann sollte er sich für den Rücktritt entscheiden, denn der Erfüllungsort liegt in diesem Fall nach h. M. dort, wo sich die angeblich mangelhafte Sache vertragsgemäß befindet, s. Rdn. 1217 ff. Den Rücktritt mit dem großen Schadensersatz zu kombinieren, ist unschädlich[167]. Letzteren isoliert geltend zu machen, ist zumindest problematisch (s. Rdn. 3805). Den kleinen Schadensersatz in Aussicht zu stellen, führt zur Zuständigkeit des Gerichts, das für den Verkäufer zuständig ist.[168] Wenn als künftiger Rechtsbehelf des Hauptsacheverfahrens ausschließlich eine Klage auf Nacherfüllung angegeben wird, läuft der Käufer als Antragsteller gleichfalls Gefahr, dass sein Heimatgericht sich für örtlich unzuständig erklärt (dazu Rdn. 848 ff.). **3408**

b) Das rechtliche Interesse

Das erforderliche **rechtliche Interesse** an einer Feststellung außerhalb eines Streitverfahrens ist nach § 485 Abs. 2 S. 2 ZPO anzunehmen, wenn die gewünschte Klärung der Vermeidung eines Rechtsstreits dienen kann. Damit wird das Interesse nur beispielhaft umschrieben. Es kann auch aus anderen Umständen hergeleitet werden.[169] Grundsätzlich ist der Begriff des rechtlichen Interesses **weit** zu verstehen.[170] Auch ein nur **mittelbares rechtliches Interesse** reicht aus.[171] Wenn für den Antragsteller Sachmängelansprüche ernsthaft in Betracht kommen, zu deren Klärung in tatsächlicher Hinsicht das selbstständige Beweisverfahren beitragen kann, ist das notwendige Interesse zu bejahen.[172] Das Gericht hat nur eine **eingeschränkte Prüfungskompetenz**, ob ein rechtliches Interesse an der begehrten Tatsachenfeststellung anzunehmen ist.[173] Nur in eindeutigen Fällen darf es verneint werden. Ist zu befürchten, dass der Zustand des Fahrzeugs sich bereits durch bloßes Stehen nachhaltig verändert, ist ein Beweissicherungsbedürfnis zu bejahen, z. B. in Fällen der Korrosion bei älteren Fahrzeugen. Auch ein vorübergehend stillgelegtes Fahrzeug kann hiernach Gegenstand der Beweissicherung nach § 485 Abs. 1 ZPO sein. Erst recht droht ein Beweismittelverlust, wenn der Käufer beabsichtigt, das Fahrzeug weiter zu benutzen oder es reparieren zu lassen oder zu veräußern. Es ist ihm nicht zuzumuten, zum Zwecke der Erhaltung seines Beweismittels im Status quo auf eine wirtschaftlich sinnvolle Benutzung seines Fahrzeugs zu verzichten. Bis eine Beweisaufnahme im Hauptsacheprozess stattfindet, können Monate, nicht selten Jahre vergehen. **3409**

Die schriftliche Begutachtung durch einen Sachverständigen kann beantragt werden, wenn ein rechtliches Interesse an der Feststellung eines der in § 485 Abs. 2 Nr. 1 bis 3 ZPO genannten Sachverhalte besteht. **3410**

Wenn **Verjährung droht** und durch die Einleitung eines selbstständigen Beweisverfahrens (mit zulässigem Beweisgegenstand) die Verjährung **gehemmt** wird (vgl. § 204 Abs. 1 Nr. 7 BGB), liegt das rechtliche Interesse auf der Hand. Näheres zur Hemmung der Verjährung unter Rdn. 4143 ff. **3411**

c) Der Inhalt des Beweisantrags

Der Antrag muss zunächst den **Gegner bezeichnen.** Gegner in diesem Sinne ist bei Gebrauchtwagenstreitigkeiten typischerweise der Verkäufer. Beim Kauf in einer **Werksnie-** **3412**

167 OLG Naumburg 12. 11. 2010 – 10 W 32/10.
168 OLG Naumburg 12. 11. 2010 – 10 W 32/10.
169 OLG Frankfurt 19. 6. 1991, MDR 1991, 989; *Cuypers*, NJW 1994, 1985, 1986.
170 BGH 16. 9. 2004, NJW 2004, 3488.
171 OLG Frankfurt 19. 6. 1991, MDR 1991, 989.
172 *Weyer*, BauR 1992, 313.
173 BGH 16. 9. 2004, NJW 2004, 3488.

derlassung (z. B. Mercedes, BMW) ist das Werk zugleich Verkäufer und damit Gegner i. S. v. § 487 ZPO. Beim **Agenturgeschäft** kann der Händler/Vermittler allein oder neben seinem Auftraggeber, dem Verkäufer im Rechtssinn, als Gegner benannt werden. Der Käufer ist gut beraten, das selbstständige Beweisverfahren gegen beide einzuleiten, schon um die Verjährung seiner Ansprüche gegen beide zu hemmen (§§ 204 Abs. 1 Nr. 7, 425 Abs. 2 BGB). Hinzu kommt: Die Verwertbarkeit des Beweisergebnisses aus dem selbstständigen Beweisverfahren im Hauptprozess setzt voraus, dass die Parteien des Hauptprozesses am Beweisverfahren beteiligt waren. Nur bei Identität der Beteiligten beider Verfahren und bei Beteiligung des Gegners am selbstständigen Beweisverfahren (vgl. § 491 ZPO) darf das Beweisergebnis aus dem selbstständigen Beweisverfahren im Hauptprozess verwertet werden (vgl. auch § 493 ZPO).

3413 **Beweisthema muss zulässig sein**. Ferner sind in dem Beweisantrag die Tatsachen, über die (selbstständig) Beweis erhoben werden soll, zu bezeichnen. Zulässige Beweisthemen des selbstständigen Beweisverfahrens mit einem Sachverständigen sind ausschließlich die in § 485 Abs. 2 Nr. 1 bis 3 ZPO genannten Beweisfragen. Rechtsfragen sind grundsätzlich ausgeschlossen. Die Begutachtung des Zustandes einer Sache, auch einer Kaufsache, wird ausdrücklich für zulässig erklärt (Nr. 1). Gewährleistungsrechtlich ist damit **die Ist-Beschaffenheit** gemeint. Das ist zunächst der gegenwärtige Zustand, Gegenstand der Aufklärung kann aber auch **ein früherer Zustand** sein, damit auch die Beschaffenheit bei Fahrzeugübergabe.

3414 Als weiteres Beweisthema nennt Nr. 2 **die Ursache eines Sachmangels**, indes nicht dessen Feststellung. Dazu kann im Rahmen der objektiven Kriterien des § 434 Abs. 1 S. 2 Nr. 2 BGB auch die **Ermittlung der üblichen Beschaffenheit** gehören. Hier kann ein fabrikatsinterner, aber auch ein herstellerübergreifender Vergleich erforderlich sein (näher Rdn. 443 ff.). Ob im Wege des selbstständigen Beweisverfahrens diese zur **Soll-Beschaffenheit** zählenden Fragen geklärt werden können, ist umstritten. Das OLG Oldenburg hat einen „weitgehenden und allgemein gefassten" **Produktvergleich** für **unzulässig** erklärt.[174] Hilfreich ist, wenn der Sachverständige schon im vorgezogenen Beweisverfahren auf die Thematik „übliche Beschaffenheit im Spiegel von Konkurrenzprodukten" eingeht (näher dazu Rdn. 445 ff.). Ein eigener Test anderer Fahrzeuge ist damit nicht verbunden. Es genügt eine sachverständige Recherche.

3415 Verlangt ein Käufer z. B. wegen eines **Motorschadens** die Einholung eines schriftlichen Gutachtens durch einen Kfz-Sachverständigen, den auszuwählen Sache des Gerichts ist, wird er zweckmäßigerweise folgende Fragen formulieren:

1. Welcher Art ist der Motorschaden? Wie sieht das Schadensbild im Einzelnen aus?
2. Worauf ist der Motorausfall/Motorschaden zurückzuführen? Gibt es nur eine Ursache oder mehrere, ggf. welche?
3. War die Ursache, die zum Ausfall des Motors/Motorschaden geführt hat, im Zeitpunkt der Übergabe des Fahrzeugs am .... schon vorhanden oder hat sie erst später zu wirken begonnen? Bestand bei Übergabe bereits die Anlage zu derjenigen Schadensursache, die sich später realisiert hat?
4. Ist die Ursache, soweit sie technischer Natur ist, bei einem Fahrzeug des konkreten Typs ...... angesichts eines Alters von ... Jahren und einer Laufleistung von ... km ungewöhnlich oder handelt es sich um normalen (natürlichen) Verschleiß? Hält das schadensursächliche Einzelteil bei vergleichbaren Fahrzeugen anderer Hersteller im Durchschnitt länger? Wenn ja, welche Erfahrungswerte gibt es insoweit?

174 Beschl. v. 9. 9. 2005, DAR 2005, 685 m. krit. Anm. *Warfsmann.*

5. Welche Maßnahmen sind erforderlich, um den vorhandenen Motorschaden zu beheben? Wie hoch sind die Reparaturkosten? Was kostet der Einbau eines Ersatzmotors a) als Austauschmotor b) als generalüberholter Motor?

Die zur Feststellung einer **Untersuchungspflicht des Verkäufers** nach überwiegender Rechtsauffassung (s. Rdn. 3848 ff.) erhebliche Frage, ob der Mangel bzw. eine bestimmte Mangelerscheinung (Symptom) für den Verkäufer erkennbar war, ist vom Themenkatalog des § 485 Abs. 2 ZPO dem Wortlaut nach nicht gedeckt. Die **Erkennbarkeit des Sachmangels** kann ferner im Zusammenhang mit **der Arglistfrage** und mit Blick auf § 442 BGB von Bedeutung sein, nach neuem Kaufrecht außerdem für den Entlastungsbeweis des Verkäufers im Rahmen der Schadensersatzhaftung nach §§ 311a Abs. 2, 280 Abs. 1 BGB. **3416**

Aus den Zustands- und Ursachenfeststellungen des Kfz-Sachverständigen wird sich zwar oft ergeben, ob der Verkäufer, speziell ein sachkundiger Händler, „handgreifliche Anhaltspunkte" i. S. d. Rechtsprechung zur (konkreten) Untersuchungspflicht hatte. Gleichwohl sollte man die Erkennbarkeit wie die Unerkennbarkeit des behaupteten Mangels in **großzügiger Auslegung** des § 485 Abs. 2 ZPO[175] von vornherein als Beweisthemen zulassen.[176] Es geht nicht um die **unzulässige Klärung einer Rechtsfrage**, sondern um die Feststellung eines Zustandes verbunden mit einer Aussage über dessen Wahrnehmbarkeit. In diese Aussage fließt der Sachverstand des Gutachters ein, so dass er insoweit nicht nur „Augenscheinsgehilfe" ist. **3417**

Soweit es für die rechtliche Bewertung auf die **Auswirkungen des technischen Mangels** ankommt, etwa im Hinblick auf die Erheblichkeit der Pflichtverletzung (§§ 281 Abs. 1 S. 3, 323 Abs. 5 S. 2 BGB), werden sich den Feststellungen des Sachverständigen über den Fahrzeugzustand sachdienliche Angaben entnehmen lassen. Sofern das ausnahmsweise nicht der Fall sein sollte, muss der Sachverständige ergänzend befragt werden. **3418**

Im Rahmen der ausdrücklich für zulässig erklärten **Wertfeststellung** (§ 485 Abs. 2 Nr. 1 ZPO) kann der Sachverständige dazu aufgefordert werden, nicht nur den gegenwärtigen Wert des Fahrzeugs, sondern auch die mängelbedingte Wertminderung festzustellen. Im Einzelfall kann sich deshalb die Zusatzfrage empfehlen: Mindern die festgestellten Mängel den Verkehrswert des Fahrzeugs unter Berücksichtigung von dessen Alter und Km-Leistung, wenn ja, in welchem Umfang? Zu beachten ist, dass die Geringfügigkeitsfrage nach heutigem Kaufrecht nur für die Rechtsfolgeseite von Bedeutung ist (s. Rdn. 1022 ff.). **3419**

Ein ordnungsgemäßer Beweisantrag i. S. v. § 487 ZPO muss ferner ein nach § 485 ZPO zulässiges **Beweismittel** bezeichnen. Außerhalb eines Rechtsstreits ist nur eine **schriftliche Begutachtung** durch einen Sachverständigen zugelassen. Das Gericht hat die **Auswahl des Sachverständigen** zu treffen, wie bei einer Beweisaufnahme im Hauptverfahren. Das bedeutet nicht, dass der Antragsteller überhaupt kein Vorschlagsrecht mehr hat. Ihm ist lediglich das Wahlrecht genommen worden. **3420**

2. Kosten des selbstständigen Beweisverfahrens

Zahlreiche Schwierigkeiten können sich ergeben, wenn der Antragsteller seine Kosten und etwaige Auslagen vom Antragsgegner erstattet haben möchte. Dieser kann seinerseits ein Interesse an einer Kostenerstattung haben. Die Verpflichtung zur Kostenerstattung kann sich aus dem **Prozessrecht** oder aus dem **materiellen Recht** ergeben. Voraussetzung eines prozessualen Erstattungsanspruchs ist eine **Kostenentscheidung,** entweder isoliert im selbstständigen Beweisverfahren oder im Hauptsacheprozess. **3421**

175 Siehe aber OLG Köln 15. 4. 1998, BauR 1999, 195.
176 So jetzt auch BGH 8. 10. 2009, NJW-Spezial 23/2009, 733 = DS 2010, 73 („hätten die Mängel dem beauftragten Handwerker auffallen müssen?")

3422 Im selbstständigen Beweisverfahren ist eine Kostenentscheidung außer in den Fällen der §§ 490, 492, 494a Abs. 2 ZPO grundsätzlich ausgeschlossen. Sie ist dem Hauptsacheverfahren vorbehalten. Die Kosten des selbstständigen Beweisverfahrens gehören zu den Kosten des anschließenden Hauptsacheverfahrens. Sie werden von der darin zu treffenden Kostenentscheidung umfasst,[177] gleichviel, ob das Gutachten verwertet wurde oder nicht. Wird nur über einen Teil der Mängel prozessiert, ist eine **Teilkostenentscheidung** nach § 494a Abs. 2 ZPO grundsätzlich unzulässig.[178] Eine Kostentrennung kann das Gericht bei der Kostenentscheidung im Hauptsacheverfahren analog § 96 ZPO vornehmen, z. B. wenn der Sachverständige von zehn Mängelrüge nur 2 für begründet erklärt.

3423 Mit **§ 494a ZPO** sind die vielfältigen Kostenprobleme nur unzureichend gelöst worden. Mehrere Fallgestaltungen aus der täglichen Praxis sind ungeregelt geblieben. Kommt es nicht zum Hauptsacheprozess oder ergeht dort keine Kostenentscheidung und liegt auch kein isolierter Kostenausspruch aus dem selbstständigen Beweisverfahren vor, sind beide Parteien auf **materiell-rechtliche Kostenerstattungsansprüche** verwiesen.

3424 Nach früherem Recht kamen für den Käufer die §§ 467 S. 2, 463 BGB a. F., für den Verkäufer positive Forderungsverletzung als Anspruchsgrundlagen in Betracht.[179] Jetzt ist § 280 Abs. 1 BGB die Zentralnorm; daneben § 439 Abs. 2 BGB.[180] Wer die Möglichkeit eines Kostentitels nach § 494a Abs. 2 ZPO hat, hat kein Rechtsschutzbedürfnis für eine Zahlungsklage, die auf eine Kostenerstattung beschränkt ist.

3425 Ist der **Fahrzeugmangel** im Verlauf des selbstständigen Beweisverfahrens **einvernehmlich beseitigt** worden, z. B. durch die Werkstatt des Verkäufers vor Tätigwerden des Sachverständigen[181] oder durch den Sachverständigen, fehlt für eine Klage auf Nachbesserung bereits das Rechtsschutzbedürfnis. Eine Klage auf Rückabwicklung ist materiellrechtlichen Einwendungen ausgesetzt (s. Rdn. 859). Ein entsprechender Fristsetzungsantrag nach § 494a Abs. 1 ZPO muss zurückgewiesen werden.[182] Gegenstand einer Klage, deren Erhebung auf Antrag gerichtlich angeordnet werden könnte, kann die Feststellung sein, dass bis zur Mängelbeseitigung eine Sachmängelhaftung bestanden hat, der Verkäufer nachbesserungspflichtig gewesen ist.[183] Auf diesem Weg kann der Antragsteller (Käufer) eine Kostengrundentscheidung erreichen, die die Kosten des selbstständigen Beweisverfahrens umfasst. Denkbar ist auch, diese Kosten zum Klagegegenstand machen zu lassen. Eine **einseitige Erledigungserklärung** ist im selbstständigen Beweisverfahren nicht zulässig.[184] Wird sie abgegeben, ist sie regelmäßig in eine **Antragsrücknahme** mit der Kostenfolge entsprechend § 263 Abs. 3 ZPO umzudeuten.[185]

3. Streitwert des selbstständigen Beweisverfahrens

3426 Der Streitwert des selbstständigen Beweisverfahrens ist mit dem **Hauptsachewert** oder mit dem Teil des Hauptsachewerts anzusetzen, auf den sich die Beweiserhebung bezieht. Mit dieser Entscheidung vom 16. 9. 2004 hat **der BGH**[186] eine langjährige Kontroverse in der Rechtsprechung beendet. Der vom Antragsteller bei Verfahrenseinleitung geschätzte Wert ist weder bindend noch maßgeblich. Vielmehr hat das Gericht nach Einholung des

177 BGH 24. 6. 2004, NJW 2004, 3121.
178 BGH 24. 6. 2004, NJW 2004, 3121; 21. 10. 2004, NJW 2005, 294.
179 AG Bonn 3. 6. 1994, DAR 1994, 510.
180 Dazu AG Marienberg 4. 8. 2006, NZV 2007, 87 und hier Rdn. 759.
181 So im Fall BGH 21. 9. 2010 – VIII ZB 73/09.
182 *Schneider*, ZAP F. 13, 276; *ders.*, ZAP F. 24, 223 ff.
183 BGH 21. 9. 2010 – VIII ZB 73/09.
184 BGH 21. 9. 2010 – VIII ZB 73/09.
185 BGH 21. 9. 2010 – VIII ZB 73/09.
186 NJW 2004, 3488.

Gutachtens den „richtigen“ Hauptsachewert festzusetzen, bezogen auf den Zeitpunkt der Verfahrenseinleitung und das Interesse des Antragstellers an der begehrten Tatsachenfeststellung.[187]

Wenn damit das Rechtsschutzziel und das Interesse des Antragstellers an einer Verwer- **3427**
tung des Beweisergebnisses in einem etwaigen Streitverfahren maßgebend sind, rücken in Kfz-Kaufsachen die in § 437 BGB genannten Rechtsbehelfe in den Blick. Zwischen ihnen kann ein Käufer grundsätzlich frei wählen. Nur im Verhältnis zwischen dem Primäranspruch auf Nacherfüllung und den sekundären Rechten (Rücktritt, Minderung und Schadens- und Aufwendungsersatz) ist er gebunden. Bei behebbaren Mängeln muss nach neuem Kaufrecht grundsätzlich erst die Nacherfüllungsstation durchlaufen werden, bevor die Sekundärrechtsbehelfe geltend gemacht werden können. Dabei besteht beim Gebrauchtfahrzeugkauf die Besonderheit, dass eine Nacherfüllung durch Ersatzlieferung i. d. R. ausscheidet, also nur eine Nachbesserung in Frage kommt, sofern der Mangel behebbar ist.

Bindung an die Rangfolge einerseits und Wahlfreiheit auf der Ebene der Sekundärrechts- **3428**
behelfe andererseits werfen mannigfaltige Bewertungsfragen auf. Für das Werkvertragsrecht sind sie nicht neu, so dass an die Rechtsprechung auf diesem Gebiet (soweit von BGH NJW 2004, 3488 grundsätzlich bestätigt) angeknüpft werden kann. Wenn dem Antragsteller bei Einleitung des Beweisverfahrens sämtliche Optionen der Rechtsverfolgung (§ 437 BGB) noch offen stehen, wird der Streitwert nach dem am weitesten gehenden Recht zu bemessen sein. Das ist eine Rückabwicklung nach Rücktrittsrecht bzw. nach den Regeln des großen Schadensersatzes. Der Streitwert bemisst sich dann **im Zweifel nach dem Kaufpreis**.[188]

Nur auf die – meist sehr viel geringeren – **Kosten der Nachbesserung** und eventuell auf **3429**
eine Wertminderung abzustellen, ist in einer ergebnisoffenen Mängelstreitigkeit in einem Gebrauchtwagenfall im Allgemeinen nicht gerechtfertigt. Die Nachbesserung kann, muss aber nicht das Ende eines etwaigen Streitverfahrens sein. Dem Käufer als Antragsteller ist es freilich unbenommen, sein Rechtsschutzziel schon in der Antragsschrift enger zu definieren, indem er es ausdrücklich auf Nachbesserung oder auf Minderung beschränkt. Er kann es auch von dem Ergebnis der Begutachtung abhängig machen, ob er nur Minderung oder den Rücktritt wählt. Insoweit kann die Frage nach der Erheblichkeit des Mangels eine entscheidende Rolle spielen. Auch der Gesichtspunkt der Zumutbarkeit weiterer Fahrzeugnutzung kann für den Käufer ein Kriterium für seine Entschließung sein. Ob bei einem derartigen Offenhalten der Anspruchswahl der vom Sachverständigen ermittelte Zustand den Ausschlag gibt[189], oder ob auf die streitwerthaltigere Alternative abzustellen ist, dürfte nach der Entscheidung des BGH vom 16. 9. 2004[190] im letzteren Sinn zu entscheiden sein. Wenn der Sachverständige nicht sämtliche behaupteten Mängel bestätigt hat, sollen für die Streitwertfestsetzung die fiktiven Kosten der Beseitigung der unbestätigten Mängel geschätzt werden. Damit weist der BGH das Feststellungs- und Bewertungsrisiko dem Antragsteller zu.

---

187 BGH 16. 9. 2004, NJW 2004, 3488; OLG Celle 23. 12. 2003 – 7 W 111/03 – n. v.
188 OLG Celle 23. 12. 2003 – 7 W 111/03 – n. v.
189 Dafür OLG Düsseldorf 2. 6. 2003 – 1 W 21/03 – n. v. (Neuwagenkauf nach altem Recht).
190 NJW 2004, 3488.

J. Die Rechtsbehelfe des Käufers eines gebrauchten Kraftfahrzeugs bei einem Sachmangel

I. Überblick

3430 Durch die Modernisierung des Kaufrechts ist das **gesamte Rechtsbehelfssystem** der Sachmängelhaftung einschließlich des für den Gebrauchtwagenkauf zentralen § 463 BGB a. F. **grundlegend umgestaltet** worden. In erster Linie hat der Käufer grundsätzlich (nur) Anspruch auf Nacherfüllung mit den Alternativen Nachlieferung und Nachbesserung. Erst wenn sein Interesse an einer mangelfreien Sache auf dieser ersten Stufe nicht befriedigt werden kann oder nicht befriedigt zu werden braucht, stehen ihm weitere Rechte zu (§ 437 Nr. 2 und 3 BGB).

3431 Diese **Zweistufigkeit** hat für den Kauf fabrikneuer Sachen naturgemäß weitaus größere Bedeutung als für den Kauf bereits gebrauchter Gegenstände. Hier bleibt es häufig bei der traditionellen Einstufigkeit. Denn das Interesse eines Gebrauchtfahrzeugkäufers an Mängelfreiheit kann in einer Vielzahl von Fällen durch Nacherfüllung nicht befriedigt werden. Dafür gibt es rechtliche, aber auch tatsächliche Gründe. In der Mehrzahl der Fälle, in denen Gebrauchtfahrzeugkäufer die Gerichte anrufen, können die Rechte der zweiten Ebene (Sekundärrechtsbehelfe) direkt geltend gemacht werden.

3432 Diese direkte Zugriffsmöglichkeit stellt für den Kfz-Handel, erst recht aber für unternehmerische Verkäufer außerhalb der Kfz-Branche eine erhebliche Belastung dar, weil eine Haftungsfreizeichnung beim Verkauf an Verbraucher weitgehend untersagt ist (§ 475 Abs. 1 BGB). Von einer „ausgewogenen Sonderbehandlung“[1] des Gebrauchtwagenverkaufs kann deshalb und aus anderen Gründen, wozu auch die vielfältigen Beweislastumkehrungen zählen, keine Rede sein.

3433 Die Gerichte haben die reformbedingte Schieflage rasch erkannt und gegengesteuert. Durch einen restriktiven Mangelbegriff, eine maßvolle Anwendung der Beweislastumkehr (§ 476 BGB), die Anerkennung von Beschaffenheitsvereinbarungen „nach unten“ bis hin zur bloßen Wissensmitteilung und durch strenge Anforderungen an die Nachfristsetzung bei gleichzeitig engherziger Auslegung der Entbehrlichkeitstatbestände sowie durch verkäuferfreundliche Grenzziehungen bei der Rücktrittserheblichkeit (§ 323 Abs. 5 S. 2 BGB) hat man dem Verbraucherschutz vernünftige Grenzen gezogen.

II. Nacherfüllung

3434 Nachbesserung und Nachlieferung wurden in das alte BGB vor allem deshalb nicht aufgenommen, weil sie praktisch nicht handhabbar seien, zur Rechtsunsicherheit führten und nicht im Interesse des Käufers lägen.[2] Für den Kauf gebrauchter Kraftfahrzeuge hat diese Einschätzung, so die Bilanz nach rund 10 Jahren Schuldrechtsreform, nichts von ihrer Berechtigung verloren. Nach „neuem“ Kaufrecht kann der Käufer nach seiner freien Wahl Lieferung einer mangelfreien Sache oder Beseitigung des Mangels verlangen (§§ 437 Nr. 1, 439 Abs. 1 BGB). Dem Käufer einer Speziessache (Stückschuld) wird damit ein völlig neues Vorgehen ermöglicht, flankiert vom ebenso neuartigen Recht des Verkäufers zur „zweiten Andienung“. Aus dieser grundlegenden Neuerung ergeben sich zahlreiche Streitfragen, die vorzugsweise anhand des Kaufs eines gebrauchten Kraftfahrzeugs, dem **Prototyp des Stückkaufs**, diskutiert werden.

---

1 So für die EG-Richtlinie1999/44 *Staudenmayer*, Europäisches Kaufgewährleistungsrecht, S. 45.
2 S. *Hofer*, AcP 201 (2001), 280 Fn. 26.

1. Ersatzlieferung (Nachlieferung)

Ein bereits gebrauchtes Kraftfahrzeug, vor allem ein Pkw, ist in aller Regel allein durch seine Benutzung zu einem **Unikat**, zu einer **unersetzbaren Sache**, geworden. Ein völlig identisches Ersatzstück ist auf dem gesamten Gebrauchtfahrzeugmarkt nicht vorhanden. Bei **Pkw, Kombis, Vans und SUVs** hat der Grad der Individualisierung und Spezifizierung einen historischen Höchststand erreicht. Bestenfalls stehen gleichartige (typ- und modellgleiche) und – wirtschaftlich gesehen – gleichwertige Fahrzeuge zur Verfügung. 3435

Vor diesem Hintergrund ist die Annahme in der **amtlichen Begründung** zutreffend, dass beim Kauf einer gebrauchten Sache eine Nacherfüllung durch Ersatzlieferung „zumeist von vornherein ausscheiden wird".[3] An anderer Stelle ist davon die Rede, dass bei einer **nicht vertretbaren Kaufsache** die Ersatzlieferung als Variante der Nacherfüllung entfällt. „Gebrauchte Güter können aufgrund ihrer Eigenart im Allgemeinen nicht ersetzt werden", heißt es im Erwägungsgrund Nr. 16 zur Verbrauchsgüterkaufrichtlinie. An diesen richtigen Befund schließt sich die Aussage an, dass bei gebrauchten Gütern „in der Regel" kein Anspruch auf Ersatzlieferung bestehe. 3436

Beide amtlichen Äußerungen besagen im Umkehrschluss, dass auch beim Kauf einer gebrauchten Sache, einem Stück- oder Spezieskauf, ausnahmsweise Raum für eine Ersatzlieferung bleibt, sie also nicht von vornherein wegen Unmöglichkeit ausgeschlossen ist. Das ist auch **die Position des BGH.**[4] Ob eine Ersatzlieferung in Betracht komme, sei nach dem durch Auslegung zu ermittelnden **Willen der Vertragsparteien** zu beurteilen. Möglich sei die Ersatzlieferung nach deren Vorstellung, wenn die Kaufsache im Fall ihrer Mangelhaftigkeit durch eine gleichartige und gleichwertige ersetzt werden könne. Beim Kauf eines Gebrauchtwagens liege es i. d. R. nahe, dies zu verneinen, wenn dem Kaufentschluss eine persönliche Besichtigung des Fahrzeugs vorangegangen sei[5]. 3437

a) Einzelfragen zur Ersatzlieferung

Die auf den tatsächlichen bzw. hypothetischen Parteiwillen abstellende Sichtweise des BGH[6] mag dogmatisch anfechtbar sein. Die Praxis hat sie hinzunehmen und umzusetzen. Für den Gebrauchtwagenkauf bedeutet das: Die Lieferung eines anderen gebrauchten Kfz entspricht **im Allgemeinen** nicht dem (hypothetischen) Parteiwillen bei Abschluss des Kaufvertrages. 3438

aa) Privatverkauf

Dass ein privater Verkäufer eines gebrauchten Pkw[7] oder Krades[8] sich für den Fall der Mangelhaftigkeit nicht zu einer Ersatzlieferung verpflichten will, liegt auf der Hand und ist für den Durchschnittskäufer selbst bei einem Massenprodukt wie z. B. einem VW Golf ohne weiteres erkennbar. Die Konstruktion einer konkludenten bzw. stillschweigenden Vereinbarung eines Ersatzlieferungsausschlusses ist überflüssig. Der Vertrag ist im Regelfall **ergänzend dahin auszulegen**, dass der Verkäufer sich nicht verpflichten will, ein anderes als das verkaufte Fahrzeug zu übereignen. Wird ein Gebrauchtwagen mit einem defekten Teil wie z. B. dem Kühler verkauft und ein weiterer Kühler mitgeliefert, kann 3439

3 BT-Drucks. 14/6040, 232.
4 Grundlegend Urt. v. 7. 6. 2006, NJW 2006, 2839 = JZ 2007, 98 m. Anm. *Faust*.
5 BGH 7. 6. 2006, NJW 2006, 2839.
6 In zahlreichen weiteren Entscheidungen bestätigt, z. B. Urt. 28. 11. 2007, NJW 2008, 911; v. 29. 11. 2006, NJW 2007, 1346.
7 Dazu OLG Hamm 7. 7. 2009 – 28 U 86/09.
8 Dazu BGH 29. 11. 2006, NJW 2007, 1346.

auch ein privater Verkäufer ausnahmsweise zur Lieferung eines Ersatzteils verpflichtet sein.[9]

bb) Gewerblicher Verkauf

3440 Wie in den üblichen Vertragsformularen für das private Direktgeschäft bleibt die Ersatzlieferung als Variante der Nacherfüllung auch in den Kaufverträgen („Bestellscheinen") im gewerblichen Handel unerwähnt. Selbst die AGB schweigen in diesem Punkt. Daraus könnte man schließen, dass der Kfz-Handel kein Regelungsbedürfnis sieht. Diese Schlussfolgerung erscheint indes zweifelhaft, ist die Ersatzlieferung doch auch in den AGB für den Neufahrzeugkauf ungeregelt geblieben. Als Grund ist die Verbraucherschutznorm § 475 Abs. 1 BGB zu vermuten.

3441 In Ermangelung von Auslegungsansätzen im Vertragswortlaut ist der Parteiwille nach den gemeinsamen Vorstellungen der Vertragspartner unter Berücksichtigung der beiderseitigen Interessenlage zu erforschen. Möglich soll die Ersatzlieferung nach den Parteivorstellungen dann sein, wenn das Fahrzeug im Fall seiner Mangelhaftigkeit durch ein „gleichartiges und gleichwertiges" ersetzt werden kann.[10]

3442 In den Möglichkeiten der Ersatzbeschaffung unterscheidet sich der gewerbliche Bereich signifikant vom Privatmarkt. Zumal Werksniederlassungen und große Handelsunternehmen haben häufig Fahrzeuge vor Ort vorrätig oder über Pools an der Hand, welche die – nicht unproblematischen – Kriterien „gleichartig" bzw. „gleichwertig" erfüllen. Ein Beleg dafür ist eine **Umtauschgarantie**, wie sie z. B. von AUDI im Rahmen der Aktion „Gebrauchtwagen plus" gewährt wird.

3443 Was die **Interessenlage des Händlers** betrifft, so kann ihm durchaus daran gelegen sein, ein solches Ersatzfahrzeug anzubieten. Für eine Ersatzlieferung und gegen eine Nachbesserung kann sich ein Händler auch aus Gründen entscheiden, die in der Person des Käufers liegen. Mutmaßliche Querulanten hält man sich mit einer Ersatzlieferung wirkungsvoller fern.

3444 Das **Interesse des Käufers** muss sich beim Erwerb vom Händler nicht ausschließlich auf das ausgesuchte und sodann gekaufte Fahrzeug beschränken. Einem Käufer, dem es nur auf die Transportfunktion des Fahrzeugs, nicht auf dessen „Individualität", ankommt, kann daran interessiert sein, den mangelhaften Wagen durch ein vergleichbares Objekt aus dem Sortiment des Händlers zu ersetzen, z. B. ein Handwerker beim Kauf eines Lieferwagens.

3445 Die im Schrifttum[11] erörterten Fälle möglicher Ersatzlieferung sind entweder durch die besondere Art des Fahrzeugs und/oder durch eine vom Durchschnittsfall abweichende Interessenlage gekennzeichnet. Genannt werden **Vorführwagen, Ausstellungsstücke** und **„Flottenrückläufer"**, ferner **Fahrzeuge mit Kurzzulassung** („Tageszulassung")[12], gelegentlich auch **Jahreswagen**.

3446 Am Beispiel **Vorführwagen** wird deutlich, dass die Ansicht, die sich in der Ersatzlieferungsfrage am (mutmaßlichen) Parteiwillen orientiert, die besseren Gründe auf ihrer Seite hat. Den persönlich ausgesuchten und getesteten Vorführwagen durch einen anderen (typ- und farbgleichen) Vorführwagen zu ersetzen, weicht so stark von dem mutmaßlichen Willen und den Interessen der Vertragsparteien ab, dass ein solcher Austausch einer nachträglichen Vereinbarung vorbehalten bleiben sollte. Dass sie nicht zustande gekommen ist, ist

9 BVerfG 29. 6. 2006, ZGS 2006, 470 = JuS 2007, 181 (*Faust*).

10 BGH 7. 6. 2006, NJW 2006, 2839.

11 Vgl. *Ball*, NZV 2004, 217, 220; *ders.*, Homburger Tage 2004, S. 125, 126; *Bitter/Meidt*, ZIP 2001, 2114; *Canaris*, Schuldrechtsmodernisierung 2002, XXIV; *ders.*, JZ 2003, 831; *Wietoska*, a. a. O., S. 332 ff. m. w. N.; *Musielak*, NJW 2008, 2801.

12 Dazu OLG Braunschweig 4. 2. 2003, NJW 2003, 1053 = DAR 2003, 169.

ein starkes Indiz dafür, dass die Parteien auch ursprünglich einen solchen Austausch nicht gewollt haben. Wer dem Verkäufer eines Vorführwagens ein Recht zur Ersatzlieferung einräumt, setzt sich ohne Grund über berechtigte Käuferinteressen hinweg. Ein Käufer, der sich für einen bestimmten Vorführwagen und gegen andere Angebote seines Händlers oder anderer Anbieter entschieden hat, kann, muss aber nicht an einem gleichartigen Ersatzfahrzeug interessiert sein. Auch ein „Vorführwagen" ist trotz seiner geringen Laufleistung (meist unter 10.000 km) und seines geringen Alters bereits eine „unersetzbare" Sache.

Während der hypothetische Wille eines **privaten Vorführwagen-Käufers** erfahrungsgemäß nicht dahin geht, bei Mangelhaftigkeit des Kaufobjekts einen anderen typgleichen Vorführwagen zu übernehmen, kann es einem **Unternehmer-Käufer** weniger auf das gekaufte Fahrzeug in seiner Eigenart als vielmehr auf dessen Funktion als Transportmittel ankommen. Wer durch den Ankauf einer Reihe von Gebrauchtfahrzeugen, z. B. **„Flottenrückläufern"**, seinen Fuhrpark ergänzen oder aufstocken möchte, wird nach seiner Interessenlage gegen die Lieferung eines mangelfreien Ersatzfahrzeugs annähernd gleicher Konfiguration kaum etwas einzuwenden haben. Dennoch besteht auch in einem solchen Sonderfall **keine praktische Notwendigkeit**, den Parteien eine Ersatzlösung zu oktroyieren, die ihrem wirklichen Willen – wie der Konflikt zeigt – nicht entspricht. Wenn der Verkäufer ein gleichartiges/gleichwertiges Fahrzeug vorrätig hat, kann man sich über eine Tauschaktion verständigen und wird dies auch regelmäßig tun. **3447**

Festzuhalten ist: Mit dem BGH ist auch für den Geschäftstyp „Privat kauft vom Händler" eine Ersatzlieferung als Form der Nacherfüllung i. d. R. zu verneinen. Hilfreich ist die Frage, ob die Parteien im Wissen um die Mangelhaftigkeit des Fahrzeugs einen Austausch gegen ein anderes Exemplar vereinbart hätten.[13] Für eine solche Annahme wird es regelmäßig an hinreichenden Anhaltspunkten fehlen. Dass der Händler ein Fahrzeug vorrätig hat, das nach Marke, Typ und Modell, nach Alter, Laufleistung, Farbe und Ausstattung dem Kaufobjekt weitgehend entspricht, reicht allein nicht aus, selbst wenn der Käufer bei der Entscheidung für „sein" Auto um die Möglichkeit eines solches Ersatzes weiß, etwa infolge einer Besichtigung des gesamten Fahrzeugbestandes auf dem Betriebsgelände. **3448**

Vorgänge wie eine **Besichtigung oder eine Probefahrt** vor Abschluss des Kaufvertrages dürfen als Tatbestände der „Individualisierung" nicht überbewertet werden. Gleichwohl sind es (schwache) Anhaltspunkte für die Annahme einer dem Parteiwillen entsprechenden Unersetzbarkeit.[14] Ihr Fehlen, z. B. bei **Online-Käufen** oder sonstigen Geschäften im Fernabsatz, besagt andererseits nicht, dass die Lieferung eines anderen gebrauchten Fahrzeugs dem Willen der Vertragspartner entspricht. **3449**

cc) Praktische Konsequenzen

Wenn der Verkäufer eines gebrauchten Kraftfahrzeugs, wie regelmäßig, zur Ersatzlieferung nicht verpflichtet ist, handelt es sich insoweit um einen Fall anfänglicher Unmöglichkeit gem. § 275 Abs. 1 BGB. Ein unbehebbarer Mangel ist allein damit noch nicht zu bejahen, denn eine Beseitigung im Wege der anderen Art der Nacherfüllung (Nachbesserung) kann möglich sein. Zur Kategorie „unbehebbarer Mangel" näher Rdn. 3457 ff. **3450**

Im Fall der Unmöglichkeit der Ersatzlieferung (§ 275 Abs. 1 BGB) kann der Verkäufer ein Verlangen des Käufers, ihm ein Ersatzfahrzeug zu liefern, folgenlos verweigern. Verzug tritt nicht ein. Eine Fristsetzung geht ins Leere. Der Verkäufer ist auch nicht verpflichtet, **3451**

13 Vgl. *Canaris*, JZ 2003, 831, 835; *Skamel*, DAR 2004, 565, 566; gegen eine ergänzende Vertragsauslegung *H. Roth*, NJW 2006, 2953.

14 Auch der Rückkauf des eigenen, früher selbst genutzten Pkw (OLG München 13. 6. 2007 – 20 U 5646/06 – n. v.); ebenso der Erwerb des „eigenen" Leasingautos; zu B2B s. OLG Naumburg 12. 1. 2007 –10 U 42/06.

dem Käufer eine Mängelbeseitigung als Nacherfüllungsalternative von sich aus anzubieten. Der Käufer, der sich mit der Ersatzlieferung „verwählt“ hat, verliert andererseits nicht sein Recht, vom Verkäufer mit der Mängelbeseitigung die einzig mögliche Art der Nacherfüllung zu verlangen, sofern der Mangel auf diesem Weg behebbar ist. Bei einem in beiderlei Hinsicht unbehebbaren Mangel scheidet jegliche Nacherfüllung **wegen doppelter Unmöglichkeit** nach § 275 Abs. 1 BGB aus.[15]

3452 **In der Gerichtspraxis** ist die Ersatzlieferung typischerweise nur dann ein – rasch abgehaktes[16] – Thema, wenn der Käufer bei einem der Nachbesserung nicht zugänglichen Mangel ohne jeglichen Nacherfüllungsversuch direkt vom Kauf zurücktritt oder einen anderen Sekundärrechtsbehelf geltend macht.

b) Sonderfall Aliudlieferung

3453 Liefert der Verkäufer ein anderes als das bestellte Fahrzeug (sog. Identitätsaliud), ist nach „neuem“ Recht die Sachmängelhaftung begründet, § 434 Abs. 3 BGB (s. Rdn. 2570). In einem solchen Ausnahmefall (Beispiel: BGH NJW 1979, 811) spricht – entgegen der Begründung des Regierungsentwurfs[17] – nichts gegen eine Verpflichtung zur Ersatzlieferung.[18]

c) Teil-Nachlieferung/mangelhafte Nebensache

3454 Ist lediglich ein technisch ohne weiteres trennbares Fahrzeugteil mangelhaft, z. B. die Navigationsanlage, das Radio oder die Telefonanlage, ist eine Teil-Nachlieferung in Betracht zu ziehen.[19] Die §§ 469, 470, 471 BGB a. F. sind gestrichen. Sie sollen in § 323 Abs. 5 S. 1 BGB aufgegangen sein. Im Zusammenhang mit dem Sachmangelbegriff, also im Rahmen des § 434 BGB, hat der Gesetzgeber das Problem der Teil-Schlechtleistung, abgesehen von der Manko-Lieferung, ebenso wenig geregelt wie die Situation bei mangelhafter Nebensache (Zubehör) und mangelfreier Hauptsache. Auch auf der Rechtsfolgenseite hat man kein Regelungsbedürfnis gesehen, jedenfalls nicht bei den speziellen Vorschriften über die kaufrechtlichen Sachmängelansprüche (§§ 437 ff. BGB). Unter dem Gesichtspunkt der Erheblichkeit wird man den Rücktritt und den „großen“ Schadensersatz ausschließen können. Nacherfüllung, Minderung und „kleiner“ Schadensersatz kommen indessen auch bei geringfügigen Mängeln in Betracht.

3455 In dieser Situation ist für die **Fallgruppe „mangelhafte Nebensache“** an die Rechtsprechung anzuknüpfen, die eine Rückabwicklung des gesamten Geschäfts (Gesamtwandlung) abgelehnt hat.[20] Was nach der Verkehrsanschauung Nebensache bzw. Zubehör ist, muss bei einer Äquivalenzstörung in Form eines Sachmangels nicht unbedingt das Schicksal der Hauptsache teilen. Getrennte Wege sind zwar dogmatisch gangbar. Eine punktuelle Ersatzlieferung, z. B. die Lieferung und der Einbau eines Ersatzradios, kann jedoch zwanglos als eine Mängelbeseitigung durch Austausch verstanden werden.

---

15 BGH 28. 11. 2007, NJW 2008, 911 (Unfallwagen).

16 S. z. B. BGH 28. 11. 2007, NJW 2008, 911 (Pkw); BGH 29. 11. 2006, NJW 2007, 1346 (Krad); OLG Hamm 2. 2. 2005, NJW-RR 2005, 1220 (Pkw).

17 BT-Drucks 14/6040, 216.

18 *P. Huber*, NJW 2002, 1004; *ders.* in Huber/Faust, Kap. 13 Rn. 20; *Reinicke/Tiedtke*, Rn. 429.

19 S. a. BVerfG 26. 9. 2006, ZGS 2006, 470 = JuS 2007, 181 (Kühler-Fall).

20 OLG Karlsruhe 5. 9. 2001, NZV 2002, 132 = OLGR 2002, 98 – Navigationsanlage; OLG Düsseldorf 27. 10. 1995, NZV 1996 – Alarmanlage; OLG Köln 22. 4. 1998, OLGR 1999, 276 – Autoradio/Telefon.

2. Nachbesserung (Mängelbeseitigung)

Nimmt man beim Kauf gebrauchter Kraftfahrzeuge die Gesamtmenge an Sachmängelstreitigkeiten in den Blick, ist die Möglichkeit, den Mangel zu beheben, nicht der Regelfall, eher die Ausnahme. In der Mehrzahl der Streitfälle geht es ausschließlich oder unter anderem um Mängel, die weder durch die eine noch durch die andere Art der Nacherfüllung beseitigt werden können (Doppelunmöglichkeit = unbehebbarer Mangel). Zumindest aus **forensischer Perspektive** ist der **von Anfang an unbehebbare Mangel** der typische Fall der Vertragswidrigkeit beim Gebrauchtfahrzeugkauf. Für die Verfolgung von Sachmängelrechten ist dies **von kardinaler Bedeutung**. Denn die durch den Nacherfüllungsvorrang ins zweite Glied verbannten Rechtsbehelfe („Sekundärrechte") können direkt, ohne vorherige Fristsetzung zur Nacherfüllung, geltend gemacht werden (§ 326 Abs. 5 BGB für Rücktritt und Minderung). 3456

a) Ausschluss der Nachbesserung bei „qualitativer Unmöglichkeit"

aa) Objektive Unbehebbarkeit

Als **Richtschnur** gilt: Sämtliche technischen Defekte sind behebbar und damit nachbesserungsfähig. Hat sich z. B. während der Fahrt ein Rad gelöst, wodurch es zu einem Unfall gekommen ist, handelt es sich um einen behebbaren Mangel; ein voreilig (ohne vorherige Fristsetzung) erklärter Rücktritt kann **ein Anwaltsfehler** sein.[21] **Standardbeispiel** für einen von Anfang an nicht behebbaren Mangel, für eine sog. **qualitative Unmöglichkeit,** ist der als „unfallfrei" verkaufte **Gebrauchtwagen mit einem Unfallvorschaden**. Unfallfreiheit kann nicht hergestellt, die den Mangel ausmachende Unfallbeteiligung (Unfalleigenschaft) nicht ungeschehen gemacht werden, weder durch Ersatzlieferung (so der Regelfall, dazu Rdn. 3435 ff.) noch durch Nachbesserung.[22] Sie haftet dem Fahrzeug ein für alle Mal an, und zwar unabhängig von dem Bestehen eines merkantilen Minderwerts[23]. 3457

Diesem Standardfall ursprünglicher (Doppel-)Unmöglichkeit in qualitativer Hinsicht steht bei **Streitigkeiten wegen Unfallschäden** der nicht seltene Fall gegenüber, dass der Käufer über die Unfallwageneigenschaft informiert worden ist, z. B. durch eine Angabe wie „reparierter Frontschaden", der Verkäufer aber unwahre bzw. unvollständige Angaben über Art und Umfang des Vorschadens und/oder dessen Beseitigung gemacht hat (zu dieser Fallgruppe s. Rdn. 3129). Sofern die **Unfallreparatur unvollständig oder unfachmännisch** ist, und die Vertragswidrigkeit **ausschließlich** in diesem Defizit liegt, besteht die Möglichkeit der Mängelbeseitigung. Die geschuldete Qualität – Fahrzeug mit fachgerechter und vollständiger Unfallreparatur – kann im Wege der Nachbesserung erreicht werden (zur Bedeutung von Reparaturdefiziten s. a. Rdn. 3169 ff.). 3458

Wenn zugleich oder allein das Ausmaß der Unfallbeteiligung verharmlost wurde, so die typische Fallgestaltung, ist der Mangel dagegen nicht (vollständig) behebbar. Hat der Verkäufer z. B. nur einen „Schaden vorne links" offenbart, ist in Wahrheit aber auch ein Heckschaden vorhanden, so ist – wie im Grundfall – eine Nacherfüllung durch Nachbesserung unmöglich. 3459

Wie **die Gerichtspraxis** lehrt, wird bei Unfallschäden nicht immer klar genug herausgearbeitet, welche Beschaffenheit vertraglich geschuldet ist. Verkäufern wird eine Nachbesserungsmöglichkeit zugestanden, wo es in Wirklichkeit nichts nachzubessern gibt. Zu beachten ist bei der Abgrenzung behebbar/unbehebbar stets, dass die Maßnahme, die als Nachbesserung ins Auge gefasst wird, geeignet sein muss, die bestehende Vertragswidrig- 3460

21 OLG Frankfurt 19. 8. 2009 – 17 U 282/08.
22 BGH 7. 6. 2006, BGHZ 168, 64 = NJW 2006, 2839; BGH 28. 11. 2007, NJW 2008, 911.
23 Unrichtig OLG Düsseldorf 22. 12. 2010 – I-18 U 103/10.

keit zum einen folgenlos und zum anderen dauerhaft zu beseitigen. Dieses Ziel kann wegen eines verbleibenden **merkantilen Minderwerts** verfehlt werden.[24]

3461 Ob der Käufer **bei partieller Behebbarkeit**, z. B. in Form einer bloßen Verbesserung des tatsächlichen Zustandes, einen Anspruch auf Nachbesserung hat, ist noch nicht abschließend geklärt.[25]

3462 **Weitere Beispiele qualitativer Unmöglichkeit** i. S. d. § 275 Abs. 1 BGB sind der Gebrauchtwagen mit vertragswidrig hoher **Gesamtfahrleistung**[26], zu hohem **Alter** oder überlanger **Standzeit**, soweit der Mangel ausnahmsweise in der Standzeit als solcher liegt (dazu Rdn. 2650). Auch der Pkw mit **vertragswidriger Vorbenutzung** als Mietwagen gehört zu dieser Fallgruppe. Der von *Lorenz/Riehm*[27] genannte Fall der „irreparablen" Durchrostung zählt nur vordergründig dazu.[28] **Technisch** ist bei einem Kraftfahrzeug **praktisch nichts unmöglich**. Wenn nicht instandgesetzt werden kann, bleibt als Alternative der Austausch des schadhaften Teils. Auch das ist Mängelbeseitigung i. S. v. § 439 Abs. 1 BGB. Freilich muss der Austausch geeignet sein, den Mangel restlos und dauerhaft zu beseitigen. Bei einem **Konstruktionsfehler** der Innenverkleidung eines VW Sharan ist das verneint worden.[29]

3463 Selbst bei einem **Fabrikationsfehler** können die Dinge so liegen, dass ein Teiletausch – mit oder ohne Instandsetzung im eigentlichen Sinn – das Ziel Mangelfreiheit verfehlt. Beispiel: unzulässige Windgeräusche durch eine nicht hundertprozentige Einpassung der Frontscheibe mit einer „kleinen Stufe" an der A-Säule. Wenn der Mangel durch einen Tausch der Frontscheibe oder eine andere technisch mögliche und dem Käufer zumutbare Lösung nicht behoben werden kann, handelt es sich um einen im Rechtssinn unbehebbaren Mangel.

3464 Das vertragswidrige **Fehlen von Ausstattungsdetails** wie z. B. ABS oder Airbag kann in aller Regel im Wege der Nachrüstung (rechtlich Nachbesserung) behoben werden.[30] Bei einer nachträglichen Ausstattung mit einem Allradgetriebe ist das zumindest zweifelhaft.[31] Die Rechtslage **bei Lackschäden** ist durch die BGH-Entscheidung v. 20. 5. 2009[32] weitgehend geklärt. Eine Originallackierung ist bei einem älteren Gebrauchtwagen keine übliche und zu erwartende Beschaffenheit, damit schon kein Mangel. Die Frage der Behebbarkeit stellt sich nicht. Wohl schuldet auch ein Gebrauchtfahrzeugverkäufer eine mangelfreie Lackierung. Legt der Käufer dagegen erkennbar Wert auf die **Original-Erstlackierung** (z. B. bei einem Oldtimer), ist sie vertraglich vereinbart, hat der Wagen aber eine komplette Neulackierung (Umlackierung) erhalten, handelt es sich selbst bei Verwendung des gleichen Farbtons um einen unbehebbaren Mangel.[33] Die Originallackierung ist durch die Umlackierung unwiederbringlich verloren gegangen. In der geschuldeten Qualität kann der Wagen nicht mehr geliefert werden.

3465 Werden **Lackmängel** ausschließlich wegen einer unzulänglichen Lackierung beanstandet, handelt es sich um einen behebbaren Mangel. Sieht der Käufer dagegen in einer Nach-

---

24 Vgl. BGH 20. 5. 2009, NJW 2009, 2807 (kein Unfallschaden, sondern Zerkratzen der Originallackierung).
25 Offengelassen vom BGH 22. 6. 2005, NJW 2005, 2852 (Tierkauf).
26 BGH 29. 11. 2006, NJW 2007, 1346 (Krad); v. 19. 9. 2007, NJW 2007, 3774 (Nutzfz.).
27 A. a. O., Rn. 514.
28 S. a. LG Saarbrücken 28. 8. 2008 – 11 S 112/07.
29 OLG Saarbrücken 22. 6. 2005, DAR 2006, 509.
30 Von Behebbarkeit geht (mittelbar) auch das OLG Braunschweig aus (Urt. v. 4. 2. 2003, NJW 2003, 1053).
31 Das OLG Hamm 7. 7. 2009 – 28 U 86/09 – bejaht § 275 Abs. 1 und Abs. 2 BGB.
32 NJW 2009, 2807 = DAR 2009, 517.
33 LG Duisburg 12. 10. 2004 – 4 O 531/02 – n. v.

oder Neulackierung ein Indiz für eine nicht offenbarte Unfalleigenschaft, genügt er seiner Darlegungspflicht für den Tatbestand der Nacherfüllungs-Unmöglichkeit (§ 275 Abs. 1 BGB), wenn er eine Beschädigung infolge eines Unfalls allein unter Hinweis auf die Nachlackierung behauptet. Ein Unfallschaden im weitesten Sinn ist nach der Lebenserfahrung der typische Grund für eine Nach- oder Neulackierung. Eine unbeachtliche Behauptung ins Blaue hinein liegt unter diesen Umständen nicht vor.[34] Ein Stück weit darf ein kenntnis- und wissensloser Käufer im Übrigen auch Vermutungen äußern.

Bei einem **Oldtimer**, dessen Zustand bemängelt wird (z. B. wegen unkorrekter Zustandsnote), kann durch Auf- oder Nachbearbeitung die geschuldete Qualität hergestellt werden, so dass der Käufer grundsätzlich eine Frist zur Nachbesserung setzen muss.[35] 3466

Eine **vorschriftswidrige Umrüstung**, z. B. eine unzulässige Bereifung oder Tieferlegung, wird i. d. R. nachbesserungsfähig sein,[36] ebenso ein **Chip Tuning**.[37] In diesen Fällen kommt es darauf an, welche Beschaffenheit geschuldet ist und worin die Abweichung von der Soll-Beschaffenheit besteht. Verspricht der Händler, den Wagen mit einem noch einzubauenden **Austauschmotor** auszuliefern (zu dieser Fallgruppe s. Rdn. 2557 ff.), stellt ein Einbau- oder Einstellfehler einen Sachmangel dar, der behebbar ist (Instandsetzung oder Motortausch).[38] Soll das Fahrzeug laut Vertrag mit einem Motor ausgestattet sein, den es entweder überhaupt nicht oder jedenfalls für den konkreten Fahrzeugtyp technisch passend und zulassungsfähig nicht gibt, hat man es hingegen mit einem unbehebbaren Mangel zu tun. 3467

Wenn der Sachmangel ausnahmsweise bereits im bloßen **Mangelverdacht** besteht, z. B. im Verdacht einer Tachomanipulation oder im Verdacht eines früheren Unfalls (z. B. infolge einer Nachlackierung), kommt es darauf an, ob der Verkäufer in der Lage ist, die Verdachtsmomente auszuräumen. So kann er Ungereimtheiten in der Dokumentation von Km-Ständen im Serviceheft erklären und berichtigten, etwa durch einen Hinweis auf einen Eintragungsfehler. Hat er es in der Hand, den Verdacht als solchen restlos zu beseitigen, wird man von einem behebbaren Mangel auszugehen haben. 3468

bb) Verweigerungsfälle

Wenn etwas technisch machbar ist, kann dennoch unter einem anderen Aspekt ein Fall „qualitativer Unmöglichkeit" vorliegen. Das beurteilt sich nach **§ 439 Abs. 3 BGB**, einem Sonderfall des § 275 Abs. 2 BGB. Näheres zum Recht eines Gebrauchtfahrzeugverkäufers, die Mängelbeseitigung **aus Kostengründen** zu verweigern, unter Rdn. 3475 ff. Zum Verweigerungsrecht des Verkäufers wegen Unzumutbarkeit nach **§ 275 Abs. 2 BGB** s. BGH NJW 2005, 2852 (Tierkauf).[39] 3469

cc) Mischfälle

Dass Gebrauchtwagenkäufer nur einen einzigen Mangel rügen, ist eher die Ausnahme. Typischerweise ist eine Mehrheit von Mängeln im Streit. Dann kann es zu einem **Zusammentreffen von behebbaren mit unbehebbaren Mängeln** kommen, wie etwa bei einer vertragwidrig zu hohen Km-Laufleistung und einem Motorschaden. Diese Mängel können von Anfang an kumulieren und zusammen Gegenstand der ersten Mängelanzeige sein. Nicht ungewöhnlich ist auch ein sukzessives Auftreten (Sichzeigen). 3470

34 OLG Düsseldorf 18. 8. 2008 – I-1 U 168/07.
35 OLG Brandenburg 1. 7. 2008, DAR 2008, 701 (Rahmenschaden).
36 BGH 30. 1. 1991, NJW-RR 1991, 870.
37 OLG Düsseldorf 3. 12. 2004, zfs 2005, 130.
38 Anders für einen Werkvertrag OLG Naumburg 19. 8. 2004, ZGS 2005, 77.
39 Nur am Rand angesprochen von OLG Hamm 7. 7. 2009 – 28 U 86/09 (Umrüstung auf Allrad).

3471 Der entscheidend neue Gesichtspunkt ist das Recht des Verkäufers zur zweiten Andienung, hier durch Nachbesserung des behebbaren (Einzel-)Mangels. Ob und inwieweit dieses Recht in einem „Mischfall" zurückzutreten hat, hängt vom Einzelfall ab. Die bei einem unbehebbaren Mangel sofort durchsetzbaren Käuferrechte der zweiten Ebene dürfen grundsätzlich nicht dadurch blockiert werden, dass dem Fahrzeug zusätzlich ein Mangel anhaftet, der sich im Wege der Nachbesserung beseitigen lässt.[40] Bei der Berechnung der Kaufpreisminderung wie auch bei der Ermittlung des Schadensersatzes statt der Leistung muss der behebbare Mangel jedoch außer Betracht bleiben, es sei denn, dass die Nachbesserung dem Käufer unzumutbar ist oder vom Verkäufer zu Unrecht verweigert wird (§ 440 BGB). Zu trennen ist auch bei der Erheblichkeitsprüfung bei Rücktritt und großem Schadensersatz (s. Rdn. 1049 ff.). Bei der Ermittlung der Belastbarkeitsgrenze nach § 439 Abs. 3 BGB ist lediglich auf die Kosten für die Beseitigung des behebbaren Mangels abzustellen. Beim Kriterium „Wert der Sache im mangelfreien Zustand" wird man den unbehebbaren Mangel wohl auszublenden haben (aber zweifelhaft).

b) Faktische Unmöglichkeit

3472 **Kein Fall der Unmöglichkeit** nach § 275 Abs. 1 BGB liegt vor, wenn lediglich der Verkäufer zur Mängelbeseitigung außerstande ist, ein Dritter sie aber bewerkstelligen könnte. Ein **Privatverkäufer** ist bei einem Motorschaden also grundsätzlich zur Nachbesserung verpflichtet, solange eine Werkstatt den Schaden beheben kann.[41] Gleiches gilt für einen **Kfz-Händler ohne eigene Reparaturwerkstatt**.[42]

3473 Die Fälle der **faktischen** oder **praktischen Unmöglichkeit** werden von § 275 Abs. 1 BGB nicht erfasst.[43] Sie fallen unter §§ 275 Abs. 2 und 3, 439 Abs. 3 BGB, d. h. der Verkäufer hat unter den dort genannten Voraussetzungen ein **Leistungsverweigerungsrecht**. § 275 Abs. 3 BGB läuft beim Verkauf gebrauchter Kfz aus tatsächlichen Gründen leer. Die Mängelbeseitigung wird nicht persönlich geschuldet. Sie ist grundsätzlich eine vertretbare Handlung. § 275 Abs. 2 BGB wird von der spezielleren Regelung des § 439 Abs. 3 BGB verdrängt. Bei der Ermittlung der Belastbarkeitsgrenze (dazu Rdn. 3475 ff.) ist es von Bedeutung, ob der Verkäufer über eine eigene Werkstatt verfügt oder nicht. Das Fehlen einer Werkstatt oder eine sonstige individuelle Unfähigkeit des Verkäufers, einen an sich behebbaren Mangel zu beseitigen, ist (nur) ein Faktor bei der Beurteilung, ob die Kosten der Mängelbeseitigung unverhältnismäßig sind. Allein reichen derartige Umstände in der Person des Verkäufers nicht aus, um ihn nach § 275 Abs. 1 BGB von der Verpflichtung zur Mängelbeseitigung freizustellen. Das gilt auch für Verbraucher-Verkäufer.[44] Auf einem anderen Blatt steht, ob die persönliche Unfähigkeit des Verkäufers für den Tatbestand „ohne erhebliche Unannehmlichkeiten" (Art. 3 Abs. 3 S. 3 RL) erheblich ist oder gar – allein oder i. V. m. anderen Umständen – das Merkmal der Unzumutbarkeit i. S. d. § 440 S. 1 BGB ausfüllen kann.

3474 Faktische (wie auch rechtliche) Unmöglichkeit der Nachbesserung kann schließlich auch dadurch eintreten, dass der Käufer den **Mangel selbst beseitigt** oder durch einen Dritten

---

40 So auch OLG Celle 13. 7. 2006, SVR 2006, 463; s. a. BGH 12. 3. 2008, NJW 2008, 1517 Tz. 21 zur Kombination Unfallwagen/unfachmännische Instandsetzung.

41 Statt vieler *Ball*, NZV 2004, 217; abw. *Westermann*, NJW 2002, 241; unentschieden der Gesetzgeber, vgl. BT-Drucks. 14/6040, 232 und *Schmidt-Räntsch*, Das neue Schuldrecht, § 439 Rn. 859.

42 Für den Verbrauchsgüterkauf *Bianca* in *Grundmann/Bianca*, EU-Kaufrechtsrichtlinie, Art. 3 Rn. 30; auch das LG Köln (Urt. v. 20. 10. 2004 – 18 O 21/04 – n. v.) schließt in einem solchen Fall das Recht zur zweiten Andienung nur bei einer entsprechenden Parteiabrede aus; ebenso OLG Celle 26. 7. 2006, MDR 2007, 336.

43 BGH 1. 6. 2005, DAR 2005, 515 = ZGS 2005, 355.

44 *Ball*, NZV 2004, 217; Das neue Schuldrecht/*Haas*, Kap. 5 Rn. 162.

beseitigen lässt. Zur sog. **Selbstvornahme** und ihren Folgen s. Rdn. 831 ff. In jeder Beziehung ungewöhnlich ist der Fall, mit dem sich **das BVerfG** gleich zweimal beschäftigen musste: Kauf eines gebrauchten Pkw mit defektem Kühler, aber mitgeliefertem Zweitkühler. Ob auch dieser defekt war, war ebenso strittig wie die Frage, ob der Verkäufer einen funktionstüchtigen Kühler überhaupt mitzuliefern hatte. Jedenfalls kaufte der Kläger einen neuen Kühler, verlangte dafür Ersatz und trat später vom Kauf zurück. Hauptstreitpunkt war der Nacherfüllungsvorrang bzw. die Frage der Unmöglichkeit der Nacherfüllung. Anders als das OLG Oldenburg sah das BVerfG die Nacherfüllung durch den **Deckungskauf des Kühlers** nicht als vereitelt (unmöglich geworden) an.[45]

c) Verweigerung der Mängelbeseitigung aus Kostengründen

Unbeschadet des § 275 Abs. 2 und Abs. 3 BGB kann der Verkäufer die vom Käufer gewählte und rechtlich mögliche Art der Nacherfüllung verweigern, wenn sie nur mit unverhältnismäßigen Kosten möglich ist (§ 439 Abs. 3 BGB). Zur Dogmatik, den Voraussetzungen und den Rechtsfolgen des **§ 439 Abs. 3 BGB** s. Rdn. 799 ff. Aus der Sicht des Gebrauchtfahrzeugkaufs ist dieser „problematischste Teil des neuen Mängelhaftungsrechts"[46] ohne große Praxisrelevanz. Bislang sind nur einige wenige Gerichtsentscheidungen bekannt geworden, in denen die „Opfergrenze" ein Thema war.[47] **3475**

Anders als beim Neuwagenkauf mit seinem typischen Nebeneinander von Ersatzlieferung und Nachbesserung und einer damit möglichen relativen Unverhältnismäßigkeit der Kosten kann es in einem Gebrauchtwagenfall – von Sondersituationen abgesehen[48] – nur um die **Unverhältnismäßigkeit der Nachbesserungskosten** gehen, d. h. nur um die absolute Unverhältnismäßigkeit. Ein Vergleich der Nachlieferungs- mit den Nachbesserungskosten („relative Unverhältnismäßigkeit") steht hier regelmäßig nicht zur Debatte. **3476**

Wann zugunsten eines Gebrauchtwagenverkäufers **absolute Unverhältnismäßigkeit** der Kosten für die von ihm geschuldete Nachbesserung anzunehmen ist, hat die Rechtsprechung noch nicht abschließend entschieden. Durch das EuGH-Urteil v. 16. 6. 2011[49] mit seiner verbraucherfreundlichen Ablehnung der Einrede der absoluten Unverhältnismäßigkeit bei gleichzeitiger Anerkennung einer Deckelung des Kostenerstattungsanspruchs hat die Diskussion eine neue Richtung erhalten (dazu und zur Grenzwertfrage bei absoluter Unverhältnismäßigkeit Rdn. 829 f.). **3477**

Offen ist i. Ü., ob und ggf. welche Rolle ein **Vertretenmüssen/Verschulden** des Verkäufers spielt, etwa in Form arglistiger Täuschung.[50] Ob sich die Opfergrenze zulasten desjenigen Verkäufers verschiebt, der eine **Garantie i. S. d. § 276 Abs. 1 BGB** übernommen hat, wird in diesem Zusammenhang gleichfalls kontrovers erörtert. Richtigerweise ist das Vertretenmüssen insgesamt kein Kriterium der ökonomisch ausgerichteten Zumutbarkeitsregelung in § 439 Abs. 3 BGB, wenn auch die in S. 2 genannten Kriterien nicht abschließend gemeint sind („insbesondere"). **3478**

Die Nachbesserungskosten sind nicht allein schon deshalb unverhältnismäßig i. S. d. § 439 Abs. 3 S. 1 BGB, weil der **Verkäufer mangels eigener Werkstatt** nicht die „Kostenhoheit" hat.[51] Zu ermitteln sind die Kosten einer Fremdreparatur. Maßgebend sind die Ma- **3479**

45 Seine zweite Entscheidung vom 26. 9. 2006 ist in ZGS 2006, 470 veröffentlicht.
46 *Ball*, Homburger Tage 2004, S. 119/120.
47 Z. B. AG München 31. 3. 2004, SP 2005, 70.
48 Dazu zählt auch der Kühler-Fall BVerfG 26. 9. 2006, ZGS 2006, 470.
49 NJW 2011, 2269.
50 Für Unerheblichkeit mit Recht *Ball*, NZV 2004, 217, 224; NK-BGB/*Büdenbender* § 439 BGB Rn. 35; *Kirsten*, ZGS 2005, 66, 70; anders z. B. *Reinicke/Tiedtke*, Rn. 448.
51 Vgl. *Kirsten*, ZGS 2005, 66, 68.

terialkosten und Stundenverrechnungssätze einer Fachwerkstatt (einschließlich Verbringungskosten). Für Verkäufer, die nicht vorsteuerabzugsberechtigt sind, gelten Bruttobeträge. Ob die mit einer Fremdreparatur verbundenen Mehrkosten nur dann zugunsten des Verkäufers zu berücksichtigen sind, wenn das Fehlen einer eigenen Werkstatt für den Käufer erkennbar war, wird die Rechtsprechung entscheiden müssen. Es sollte nur auf die tatsächlichen Verhältnisse ankommen, nicht auf das, was der Käufer erkennen konnte.[52]

d) Abwicklungsmodalitäten der Nachbesserung

aa) Geltendmachen des Anspruchs

3480 Nach Abschn. VI Ziff. 2a der ZDK-empfohlenen Gebrauchtwagen-Verkaufsbedingungen (Stand 7/2003) ist der Anspruch auf Mängelbeseitigung **beim Verkäufer** geltend zu machen. Das versteht sich beim Gebrauchtwagenkauf in Ermangelung einer Alternative von selbst, weshalb die Neufassung (Stand 3/2008) auf diese Klarstellung verzichtet. Wie alle anderen Ansprüche wegen Sachmängeln ist auch der Nachbesserungsanspruch beim Verkäufer geltend zu machen (Abschn. VI Ziff. 2 S. 1).

3481 Im Unterschied zum Neuwagenkauf wird dem Gebrauchtwagenkäufer kein Recht eingeräumt, eine **autorisierte Drittwerkstatt** der gleichen Marke aufzusuchen. Die Einschaltung eines Drittbetriebs ist nur für den Fall mangelbedingter Betriebsunfähigkeit in einer größeren Entfernung als 50 km vom Verkäufer vorgesehen (Abschn. VI Ziff 2b GWVB, Stand 7/2003). In diesem Fall kann der Käufer sich – mit Zustimmung des Verkäufers – an einen „dienstbereiten Kfz-Meisterbetrieb“ wenden. Geltend machen muss er seinen Anspruch auf Nachbesserung in jedem Fall beim Verkäufer. Schriftform ist dafür nicht vorgeschrieben. Das wäre mit § 475 Abs. 1 BGB nicht vereinbar.

3482 Die in den aktuellen AGB (Stand 3/2008) nicht mehr enthaltene **Fünfzig-Kilometer-Regelung** ist selbst für den Verbrauchsgüterkauf nicht zu beanstanden. Dem Käufer wird nicht vorgeschrieben, was er zu tun und zu lassen hat. Es wird lediglich eine – sachlich vernünftige – Handlungsempfehlung ausgesprochen.

3483 Geltendmachen heißt nichts anderes als **Mängelanzeige** zu erstatten verbunden mit dem Verlangen nach Beseitigung. Der Nachbesserungsanspruch muss angemeldet werden (s. a. Rdn. 680 ff.).

3484 Abweichend von den AGB können die Parteien vereinbaren, dass der Käufer sich mit seinen Reklamationen an einen Dritten wenden darf. Eine Muss-Vorgabe zulasten eines Verbrauchers wäre indes unbeachtlich (§ 475 Abs. 1 BGB).

3485 Auf sein Recht zur zweiten Andienung kann ein Verkäufer **verzichten**, nach Anzeige auch beim Verbrauchsgüterkauf. Das kann auch durch konkludentes Verhalten geschehen. Ein Verzicht ist nicht schon dann anzunehmen, wenn der Verkäufer **keine eigene Werkstatt** hat. Ein solcher Verkäufer handelt nicht treuwidrig, wenn er sich auf das Fehlen einer an ihn persönlich gerichteten Aufforderung zur Nachbesserung beruft.[53]

bb) Der Erfüllungsort für die Nachbesserung

3486 Dass der Nachbesserungsanspruch beim Verkäufer geltend zu machen ist (Abschn. VI Ziff. 2 S. 1 GWVB), besagt nicht zwingend, dass auch die Nachbesserungsarbeiten am Firmensitz des Verkäufers auszuführen sind. Weder in den verbandsempfohlenen GWVB noch in den meisten alternativen Klauselwerken ist der Erfüllungsort (Leistungsort) für die Nachbesserung ausdrücklich geregelt. Indem für den Fall mangelbedingter Betriebsun-

52 Zum Problem s. *Kirsten*, ZGS 2005, 66, 68.
53 AG Aachen 10. 12. 2003, DAR 2004, 156.

fähigkeit ein anderer Kfz-Betrieb genannt wird, an den der Käufer „sich wenden“ könne[54], wird indes deutlich, wovon die GWVB für den Normalfall ausgehen: von einer Nachbesserung am Firmensitz des Verkäufers an Stelle einer Reparatur vor Ort. Dafür, dass am bestimmungsgemäßen bzw. momentanen Belegenheitsort geprüft und ggf. repariert werden soll, fehlt in den AGB und den sonstigen Vertragserklärungen jeglicher Anhaltspunkt.

Durch die **Entscheidung des BGH v. 13.4.2011**[55] ist die Rechtslage nunmehr grundsätzlich geklärt, und zwar für das gesamte nationale Kaufrecht, nicht nur für den Verbrauchsgüterkauf. Damit auch für private Direktgeschäfte, wo die Nachbesserung freilich nur eine untergeordnete Rolle spielt. Fehlt eine vertragliche Abrede (dazu näher Rdn. 713 ff.), ist gem. **§ 269 Abs. 1 BGB** auf die jeweiligen Umstände, insbesondere auf die Natur des Schuldverhältnisses abzustellen. Lassen sich auch hieraus keine abschließenden Erkenntnisse gewinnen, ist letztlich der (Geschäfts-)Sitz des Verkäufers maßgebend.[56] Im Ergebnis ebenso haben es in Fällen des Gebrauchtwagenkaufs zahlreiche Instanzgerichte gesehen.[57] Zu den einzelnen Beurteilungskriterien (speziell der Zumutbarkeit) auf Basis der Grundsatzentscheidung des BGH vom 13.4.2011[58] s. Rdn. 719 ff. 3487

cc) Art der Nachbesserung

Wie die Nachbesserung zu geschehen hat, ist in den verbandsempfohlenen AGB (7/2003 und 3/2008) ungeregelt geblieben. Dass es auch beim Gebrauchtwagenverkauf grundsätzlich im Ermessen des Verkäufers liegt, auf welche Weise er die Nachbesserung bewerkstelligt[59], ist noch keine Antwort auf die Frage, ob er als Verkäufer eines gebrauchten Kfz auch **gebrauchte Teile** einsetzen darf. Zunächst ist zu prüfen, ob das gesetzliche Bestimmungsrecht – Instandsetzung oder Tausch – durch eine (nach Mängelanzeige auch beim Verbrauchsgüterkauf zulässige) Absprache modifiziert worden ist. Heißt es z. B. „Fzg. bekommt neuen Motor“, so kann damit ein fabrikneuer Motor gemeint sein, eventuell auch nur ein Austauschmotor oder ein Tauschaggregat noch minderer Qualität. Dafür, dass der Verkäufer mehr als das gesetzlich geschuldete Soll zu erbringen hat, ist der Käufer darlegungs- und beweispflichtig, wenn er dies geltend macht.[60] 3488

In Rechtsprechung und Literatur ist umstritten, ob der Verkäufer zwischen neuen und gebrauchten Teilen wählen darf. Nach Ansicht des OLG Düsseldorf[61] besteht keine allgemeine Pflicht, bei der Beseitigung von Mängeln an einem gebrauchten Kraftfahrzeug Original-Neuteile zu verwenden.[62] Für einen Anspruch auf ein Original-Neuteil hat sich das AG München[63] in einem Fall ausgesprochen, in dem wegen Fehlens des Zentralschlüssels (Master Key) eine „neue“ Schließanlage einzubauen war. Diese Entscheidung kann nicht verallgemeinert werden. Eine typische Situation liegt dagegen dem Urteil des AG Kenzingen v. 27.4.2004[64] zugrunde. Den kostenlosen Einbau von Neuteilen hat die Richterin bei einem ca. 86.000 km gelaufenen Opel Astra bei Defekten an Brems- und Heizungsanlage 3489

---

54 Zur Bedeutung und zur Auslegung einer solchen Klausel s. LG Hamburg 31.7.2009 – 317 S 30/09 (50 km-Klausel).
55 NJW 2011, 2278 = DAR 2011, 388.
56 BGH 13.4.2011, NJW 2011, 2278 = DAR 2011, 388.
57 Z. B. OLG München 20.6.2007, NJW 2007, 3214 = DAR 2007, 648 m. Anm. *Reinking* S. 707; OLG Köln 14.2./17.1.2006 – 20 U 185/05 – n. v.; AG Bersenbrück 5.3.2010 – 11 C 100/10 – n. v.; implizit auch LG Hamburg 31.7.2009 – 317 S 30/09 – n. v.
58 NJW 2011, 2278 = DAR 2011, 388.
59 OLG Düsseldorf 22.1.2007 – I-1 U 149/06.
60 OLG Düsseldorf 22.1.2007 – I-1 U 149/06.
61 Urt. v. 22.1.2007 – I-1 U 149/06.
62 Ebenso LG Münster 13.5.2009, DAR 2009, 531, 533 („nicht zu beanstanden“).
63 Urt. v. 31.3.2004, SP 2005, 70.
64 SVR 2004, 276.

abgelehnt und die Käuferin mit einem Eigenanteil belastet. Dem ist grundsätzlich zuzustimmen.[65]

3490 Dass selbst der Käufer eines jungen Gebrauchtwagens (Jahreswagen) keinen Anspruch auf ein Originalneuteil hat, geht auch aus der Entscheidung des OLG München vom 13. 8. 2003[66] hervor. Trotz des relativ niedrigen Km-Standes von 22.130 (bei Übergabe) genügt der Einbau eines werkseitig aufbereiteten Austauschmotors.[67]

3491 Die Gebrauchtteile müssen, um anerkannt zu werden, bestimmte **Qualitätsanforderungen** erfüllen. Mindestvoraussetzung ist, dass mit dem Einbau des gebrauchten Ersatzteils derjenige Zustand erreicht wird, in dem sich das Fahrzeug ohne den zu beseitigenden Mangel bei Auslieferung befunden hätte. Denn der Käufer darf durch die Nachbesserung nicht schlechter gestellt sein als in dem Fall, in dem das Auto bei Auslieferung mangelfrei gewesen wäre. Wenn er es mit einem erst wenig gelaufenen Austauschmotor oder mit einem „generalüberholten" Motor gekauft hat, liefert der jeweilige Soll-Zustand des Motors den Maßstab für die Beschaffenheit des im Wege der Nachbesserung einzubauenden Aggregats.

dd) Abzug „neu für alt" und Wertausgleich

3492 Ob und inwieweit sich der Käufer eines mangelhaften Gebrauchtwagens bei Verwendung eines neuen oder neuwertigen Ersatzteils einen Abzug „neu für alt" gefallen lassen muss, ist eine **noch offene Frage**. Grundsätzlich sieht § 439 BGB eine Kostenbeteiligung des Käufers nicht vor. Zu möglichen Ausnahmen s. Rdn. 768 ff.

3493 Auf dem Boden der Ausführungen Rdn. 779 ff. bieten sich in Fällen des Gebrauchtfahrzeugkaufs folgende Lösungen an: Ersetzt der Verkäufer ein schadhaftes Altteil aus freien Stücken durch ein Neuteil, begründet das allein noch keine Zuschusspflicht des Käufers.[68] Sie wird auch noch nicht dadurch ausgelöst, dass der Verkäufer zur Verwendung eines Gebrauchtteils an sich berechtigt gewesen wäre, wenn er auf diese Option verzichtet hat. Ihm ist es unbenommen, mit dem Käufer eine Vereinbarung über eine Kostenbeteiligung zu treffen. Das ist im Nachhinein selbst mit einem Verbraucher zulässig (§ 475 Abs. 1 BGB).

3494 Hat die Nachbesserung, so wie gesetzlich geschuldet, aus technischen Gründen zur Folge, dass Defekte mitbeseitigt werden, für die der Verkäufer nicht einstandspflichtig ist (z. B. normaler Verschleiß), kann der Käufer ausgleichspflichtig sein.[69] Beispiel: An einem gebrauchten Wohnanhänger befindet sich im Dach ein Loch, das dem Käufer bekannt ist, so dass insoweit kein Mangel vorliegt. Wegen eines nicht offenbarten Hagelschadens muss das Dach komplett ausgetauscht werden. Durch die Beseitigung des ihm bekannten Loches erlangt der Käufer einen Vorteil, der auszugleichen ist, wenn der Käufer den Defekt selbst hätte beseitigen müssen, um das Fahrzeug nutzen zu können. Insoweit gilt ein objektiver Maßstab. Nur eine aufgedrängte Bereicherung bleibt ohne Ausgleich.

e) Nachbesserungsanspruch und vertragliche Garantie

3495 Zumal beim Verkauf junger Gebrauchtwagen mit **noch laufender Herstellergarantie**, aber auch bei älteren Fahrzeugen **mit Gebrauchtwagengarantie** kommt es durch das Nebeneinander von Sachmängelhaftung und Garantieansprüchen immer wieder zu Problemen. Vordergründig scheint der Käufer doppelt gesichert zu sein. Doch nicht selten steht

---

65 So auch *Ball*, NZV 2004, 217, 218; *Otting/Schmidt*, Autokaufrecht von A – Z, S. 52; *Wietoska*, Die Verwendung von gebrauchten Ersatzteilen, S. 337, 338.

66 DAR 2003, 525 (Halbjahreswagen mit Motortausch vor Übergabe).

67 OLG Düsseldorf 22. 1. 2007 – I-1 U 149/06 (Opel).

68 OLG Hamm 23. 2. 2006 – 28 U 164/05, BeckRS 2006, 07007; LG Münster 13. 5. 2009, DAR 2009, 531 (Getriebe); *Ball*, NZV 2004, 217, 221.

69 LG Freiburg 25. 10. 2005, DAR 2006, 329 = zfs 2006, 91.

er am Ende mit leeren Händen da, etwa bei Ablehnung einer Garantieleistung durch einen mit dem Verkäufer nicht identischen Garantieträger mit anschließender „Selbstvornahme" des Käufers.[70] Durchschnittskäufer wissen nicht zwischen beiden Regelungen – vertragliche Garantie und gesetzliche Gewährleistung – zu unterscheiden, weshalb § 477 BGB eine Hinweispflicht vorsieht.

Händler setzen bei Mängeln an Fahrzeugen, für die eine **Gebrauchtwagengarantie** bzw. **Reparaturkostenversicherung** besteht, aus nahe liegenden Gründen auf die Karte „Garantie" und lassen die Kunden Reparaturaufträge unterschreiben, nicht immer unter Hinweis darauf, dass selbst bei Anerkennung eines Garantiefalls eine Eigenbeteiligung an den Materialkosten („Kundenanteil") stattfindet.[71] Käufer, die in Rechtsunkenntnis zahlen, meist ohne Vorbehalt, schützt der BGH in zweifacher Weise: kein deklaratorisches oder auch nur ein „tatsächliches" Anerkenntnis sowie Schutz des § 476 BGB auch bei einer Klage auf Rückzahlung (§ 812 Abs. 1 BGB).[72] S. a. Rdn. 4230 ff. **3496**

Weiteres Beispiel: Um einen **Getriebeschaden** beheben zu lassen, hatte der Käufer – nach Anzeige des Mangels gegenüber dem Verkäufer – eine andere Werkstatt aufgesucht, die im Rahmen der noch bestehenden **Herstellergarantie** ein Tauschgetriebe einbaute. Ob mit oder ohne Einwilligung des Verkäufers war später nicht zu klären. Als auch an dem Tauschgetriebe ein Defekt auftrat, die Garantie aber inzwischen abgelaufen war, wandte sich der Käufer an den Verkäufer mit der Aufforderung zur Mängelbeseitigung. Als dieser ablehnte, klagte er auf Übernahme der erforderlichen Kosten. Das AG Landau/Pfalz[73] wies die Klage mit der Begründung ab, der Verkäufer habe die „mangelhafte Nacherfüllung" nicht zu vertreten, da das Getriebe im Rahmen der Herstellergarantie ausgetauscht worden sei und er für den Zustand des nachträglich eingebauten Tauschgetriebes nicht verantwortlich gemacht werden könne. Im Ergebnis ist das Urteil richtig; s. a. Rdn. 1573 ff. **3497**

In Fällen „erfolgreicher" Selbstvornahme argumentiert die h. M. mit § 275 Abs. 1 BGB, was zur Folge hat, dass der Verkäufer von seiner Nachbesserungspflicht freigestellt ist.[74] Im Getriebe-Fall des AG Landau/Pfalz liegen die Dinge anders. Wäre das Getriebe nicht von einer anderen Werkstatt, sondern vom Verkäufer ausgetauscht worden, wäre die Nachbesserung (im ersten Versuch) misslungen. Dadurch, dass der Käufer den ursprünglichen Getriebeschaden in einer Fremdwerkstatt in Form eines Getriebetausches hat bearbeiten lassen, hat er eine Situation geschaffen, auf die man § 275 Abs. 1 BGB nicht ohne weiteres anwenden kann. Die Ausgangslage – Fahrzeug mit ursprünglichem Getriebeschaden – hat sich zwar verändert. Sofern das ausgebaute Getriebe aber noch vorhanden ist, kann es vom Verkäufer repariert oder – trotz bereits durchgeführten Tausches – gegen ein anderes, funktionierendes Getriebe ausgewechselt werden. Einiges spricht dennoch dafür, den beklagten Verkäufer von seiner Nachbesserungspflicht frei zu stellen. Der Kläger hat das Recht des Verkäufers zur zweiten Andienung vereitelt. Auf ein Verschulden kommt es insoweit nicht an. **3498**

Zum Recht zur zweiten Andienung gehört, das Fahrzeug möglichst in dem Zustand besichtigen und prüfen zu können, in dem es sich bei Auftreten des Mangels befunden hat. Der Verkäufer hat ein schützenswertes Interesse daran, dass die Ursprungssituation möglichst unverändert bleibt. Durch Eingriffe Dritter, mögen diese auch technisch kompetent sein, **3499**

---

70 Vgl. BGH 23. 2. 2005, NJW 2005, 1348.

71 Zu einer solchen Situation s. BGH 11. 11. 2008, NJW 2009, 580 = DAR 2009, 90; OLG Schleswig 9.10. 2007 – 3 U 30/07 (keine Beratungspflicht des Händlers); s. a. AG Reutlingen 21. 2. 2006, DAR 2006, 333.

72 Urt. v. 11. 11. 2008, NJW 2009, 580 = DAR 2009, 90.

73 Urt. v. 22. 2. 2005 – 4 C 1337/04 – n. v.

74 Statt vieler *Ball*, NZV 2004, 217, 227; krit. zu diesem Ansatz *Dauner-Lieb/Arnold*, ZGS 2005, 10; *Arnold*, ZIP 2004, 2412.

können sich die technischen Gegebenheiten zu seinen Ungunsten verändern, nicht nur im Kostenpunkt, sondern auch mit Blick auf berechtigte Beweisinteressen (zumal bei Anwendbarkeit des § 476 BGB).

3500 Zum Kostenersatz ist der Verkäufer in einem Fall, wie er dem AG Landau/Pfalz vorgelegen hat, aus den Gründen der **Entscheidung des BGH v. 23. 2. 2005**[75] nicht verpflichtet. Der eigenmächtigen (erfolgreichen) Selbstvornahme steht bei wertender Betrachtung die Konstellation gleich, dass der Käufer unter Verletzung berechtigter Interessen des Verkäufers den (erfolglosen) Versuch einer Mängelbeseitigung in einer Drittwerkstatt unternimmt.

3501 Wenn dagegen der Verkäufer den Käufer zur Behebung des Mangels **an die Drittfirma verwiesen** hat, muss er sich ein Scheitern der Mängelbeseitigung zurechnen lassen.[76] Für die Zurechnung genügt die bloße Einwilligung des Verkäufers in die Nachbesserung durch dasjenige Unternehmen, das später tätig geworden ist. Die Beweislast dafür liegt beim Käufer. Die Zugehörigkeit zur selben Marke reicht nicht aus. So kann eine Fehldiagnose einer BMW-Werksniederlassung nicht dem verkaufenden BMW-Vertragshändler angelastet werden, solange er von dem „Fremdgehen" des Käufers nichts weiß.[77]

3502 Zum eher atypischen Nebeneinander von **Sachmängel- und Garantiehaftung des Verkäufers**, nicht eines Dritten (also Schuldneridentität) s. AG Rendsburg NJW-RR 2005, 1429 = NZV 2006, 39 („der Käufer erhält vom Verkäufer eine Garantie"), s. a. Rdn. 1573 ff., 4230 ff.

f) Verjährung bei Einbauteilen

3503 Auch in die **aktualisierten ZDK-AGB** (Stand 3/2008) hat man ausdrücklich eine Verjährungsregelung aufgenommen, wonach der Käufer bei Mängeln an Teilen, die bei der Nachbesserung eingebaut worden sind, Sachmängelansprüche (nur) bis zum Ablauf der Verjährungsfrist hinsichtlich des gesamten Fahrzeugs geltend machen kann. Wird also z. B. ein Tag vor Ablauf der Zweijahresfrist bzw. der auf ein Jahr reduzierten Frist ein Ersatzmotor eingebaut, so könnte der Käufer der Verjährungseinrede ausgesetzt sein, wenn der Motor zwei Tage nach seinem Einbau ausfällt. In Wirklichkeit ist er jedoch geschützt, weil die Verjährung hinsichtlich des gesamten Fahrzeugs rechtzeitig gehemmt worden ist und ihm gem. § 203 BGB eine Beobachtungsfrist von drei Monaten verbleibt. Die Verjährungsklausel hält demnach einer Überprüfung anhand der §§ 475, 307 bis 309 BGB stand (zur Verjährung s. Rdn. 4072 ff.)

g) Störfälle im Rahmen der Nachbesserung

3504 Zu den einzelnen Störfällen bei der Nachbesserung und den sich daraus ergebenden Konsequenzen s. Rdn. 835 ff. Zum Zusammentreffen von kaufrechtlich geschuldeter Nachbesserung und einer Garantie s. Rdn. 1573 ff. Was das Fehlschlagen der Nachbesserung und die sonstigen Fälle der Entbehrlichkeit einer Nachfristsetzung angeht, wird auf die Ausführungen zum Neuwagenkauf verwiesen (Rdn. 927 ff.). Besonderheiten beim Gebrauchtwagenkauf werden unter Rdn. 3529 ff. erörtert.

h) Kosten der Nachbesserung

3505 Gem. § 439 Abs. 2 BGB hat der Verkäufer die zum Zwecke der Nacherfüllung erforderlichen Kosten zu tragen. Was das mit Blick auf die Variante „Nachbesserung" bedeutet, ist unter Rdn. 749 ff. dargestellt.

---

75 NJW 2005, 1348.

76 LG Köln 20. 10. 2004 – 18 O 21/04 – n. v.

77 AG Nürtingen 5. 3. 2004, zfs 2004, 513; bestätigt durch LG Stuttgart 30. 6. 2004 – 13 S 202/04 – n. v.

III. Rücktritt

1. Bedeutung des Rücktritts für den Käufer eines gebrauchten Kraftfahrzeugs

Außerhalb des Anwendungsbereichs des Verbrauchsgüterkaufrechts (§§ 474 ff. BGB) degradiert der geschäftstypische Haftungsausschluss den Rücktritt de facto zu einem Recht zweiter Klasse, so wie im alten Kaufrecht die Wandelung. An Bedeutung gewinnen die Rücktrittsvorschriften dadurch, dass sie im Rahmen einer Rückabwicklung nach den Regeln des „großen" Schadensersatzes (Schadensersatz statt der ganzen Leistung) zum Zuge kommen können (§§ 281 Abs. 5, 311a Abs. 2 S. 3 BGB). Auch die Beseitigung der bisherigen „Rücktrittsfalle" durch § 325 BGB – Rücktritt schließt Schadensersatz nicht mehr aus – hat Anwälten die Scheu vor Rücktrittserklärungen genommen (zum praktischen Vorgehen s. Rdn. 3829 ff.). **3506**

Wer sich für den Rücktritt als alleinigen Rechtsbehelf entscheidet, muss wissen: Das „neue" Kaufrecht gibt dem Käufer, der nur zum Rücktritt berechtigt ist, keinen Anspruch auf Ersatz der sog. Vertragskosten. Aufwendungen dieser Art sollen nur unter den besonderen Voraussetzungen der Schadensersatzhaftung im Rahmen des Aufwendungsersatzes nach § 284 BGB liquidiert werden können.[78] Dadurch werden Käufer im Vergleich zum alten Recht in den Fällen benachteiligt, in denen Verkäufern die Exkulpation nach den §§ 280 Abs. 1 S. 2, 311a Abs. 2 S. 2 BGB gelingt. **3507**

Vor diesem Hintergrund ist der Rücktritt als alleiniger Rechtsbehelf unattraktiv, selbst wenn er – wie in zahlreichen Fällen des Gebrauchtwagenkaufs – ohne Fristsetzung geltend gemacht werden kann (§ 326 Abs. 5 BGB). Der Käufer wird gezwungen, auf den Anspruch auf Schadens- bzw. Aufwendungsersatz auszuweichen oder ihn mit dem Rücktritt zu kombinieren (Näheres Rdn. 3829 ff.). **3508**

Aus Sicht der Praxis besonders zu kritisieren ist, dass häufig wegen verhältnismäßig geringer „Nebenkosten" wie z. B. Sachverständigenkosten oder objektiv unnötige, aber frustrierte Investitionen (Zubehörkäufe) Beweis zum Vertretenmüssen des Verkäufers erhoben werden muss. Um diese Mehrbelastung zu vermeiden, greifen die Instanzrichter auf nicht immer überzeugende Argumentationen zurück (z. B. erhöhte Anforderungen an die Substanziierungslast, Qualifizierung des angebotenen Beweismittels als untauglich, Verschärfungen des prozessualen Verspätungsrechts). **3509**

Zu den Voraussetzungen des Rücktrittsrechts aus § 437 Nr. 2 Alt. 1 BGB s. Rdn. 3522 ff. Seine Ausübung und die beiderseitigen Rechte und Pflichten aus dem Rückgewährschuldverhältnis bestimmen sich grundsätzlich nach den gleichen Regeln, wie sie für den **Neuwagenkauf** näher dargestellt worden sind, s. Rdn. 1017 ff. Um Wiederholungen zu vermeiden, werden im Folgenden nur die **Besonderheiten beim Gebrauchtfahrzeugkauf** erörtert. **3510**

2. Unerheblichkeit der Pflichtverletzung als Ausschlussgrund

Die „Pflichtverletzung" darf **nicht unerheblich** sein, andernfalls ist das Recht zum Rücktritt ausgeschlossen (§ 323 Abs. 5 S. 2 BGB, ggf. i. V. m. § 326 Abs. 5 BGB). Was diese **enorm praxisrelevante Regelung** im Licht der BGH-Rechtsprechung für den Kraftfahrzeugkauf bedeutet, ist unter Rdn. 1022 ff. dargestellt. Für den Gebrauchtfahrzeugkauf mit dem unbehebbaren Mangel als Prototyp ist ergänzend auf Folgendes hinzuweisen: **3511**

---

78 BT-Drucks. 14/6040, 225.

a) Der unbehebbare Mangel

3512 Bei dieser für den Gebrauchtwagenkauf besonders wichtigen Fallgruppe (Unfallschäden, Gesamtfahrleistung, Alter, Vorbenutzung u. a.) entfallen die Reparaturkosten als Maßstab. Deshalb ist die Erheblichkeitsprüfung an anderen Gesichtspunkten auszurichten.

aa) Erster Prüfschritt

3513 In einem ersten Schritt ist eine etwaige Verkäufererklärung wie z. B. „unfallfrei“ oder „Gesamtfahrleistung 85.211 km“ auszulegen. Bagatellen können schon auf diesem Weg herausgefiltert werden, selbst wenn die Zusage nicht als Circa-Angabe formuliert ist. Näheres bei den einschlägigen Verkäuferinformationen ab Rdn. 2602. Bei Bejahung einer vertragswidrigen Beschaffenheit in Form eines Verstoßes gegen eine Beschaffenheitsvereinbarung (§ 434 Abs. 1 S. 1 BGB) ist Erheblichkeit i. S. v. § 323 Abs. 5 S. 2 BGB i. d. R. indiziert[79], die Prüfung, ob der Rücktritt wirksam ist oder nicht, damit beendet. Erst recht gilt dies beim Bruch einer Beschaffenheitsgarantie und/oder einer vorsätzlichen Falschangabe (Arglist), s. Rdn. 1056.

3514 Ist die Verkäuferangabe lediglich als Wissensmitteilung einzustufen (z. B. „unfallfrei lt. Vorbes.“) oder hat sie nur Bedeutung für die Bestimmung der üblichen bzw. zu erwartenden Beschaffenheit nach § 434 Abs. 1 S. 3 BGB („öffentliche Äußerung“), ist die Prüfung der Rücktrittserheblichkeit fortzusetzen. Ebenso, wenn der Verkäufer überhaupt keine Beschaffenheitsangabe gemacht hat, die Frage der Mangelhaftigkeit also anhand der Kriterien des § 434 Abs. 1 S. 2 Nr. 1 und Nr. 2 BGB geprüft werden muss. **Standardfall** ist der Gebrauchtwagen mit Unfallschaden. Handelt es sich um einen „Bagatellschaden“, liegt schon kein Sachmangel i. S. d. § 434 Abs. 1 S. 2 Nr. 2 BGB vor. Bei einem solchen „Bagatellschaden“ kann der Käufer schon nicht mindern, geschweige denn vom Kauf zurücktreten. § 323 Abs. 5 S. 2 BGB ist nicht zu prüfen. Ist dagegen die erste Bagatellgrenze überschritten (zur Abgrenzungsproblematik Rdn. 3154 ff.), ist Mangelhaftigkeit als solche zu bejahen.

3515 Wenn der Käufer in einem solchen Fall zurücktreten möchte, läuft er Gefahr, dass der Verkäufer den Einwand der Unerheblichkeit nach § 323 Abs. 5 S. 2 BGB erhebt. Dem kann nicht entgegengesetzt werden, ein unbehebbarer Mangel wie die irreparable Unfallwageneigenschaft sei per se ein erheblicher Mangel („Pflichtverletzung“).[80] Vielmehr ist eine zweite Bagatellprüfung vorzunehmen.

bb) Zweiter Prüfschritt (doppelte Bagatellprüfung)

3516 Unter welchen Voraussetzungen bei einem nicht behebbaren Mangel i. S. d. § 434 Abs. 1 S. 2 Nr. 2 BGB Unerheblichkeit nach §§ 323 Abs. 5 S. 2, 281 Abs. 1 S. 3 BGB anzunehmen ist, hängt von dem Ergebnis einer umfassenden Interessenabwägung unter Berücksichtigung der konkreten Umständen des Einzelfalls ab. In Fällen ohne arglistige Täuschung und ohne den Bruch einer Beschaffenheitsgarantie bzw. -vereinbarung ist bei einem unbehebbaren Mangel vor allem der Frage nachzugehen, ob und wenn ja, in welchem Ausmaß **der Wert des Fahrzeugs** mangelbedingt gemindert ist. Eine Beeinträchtigung der Gebrauchstauglichkeit bzw. der Verwendungsmöglichkeit (Nr. 2 Alt. 1) ist in den typischen Fällen unbehebbarer Mangelhaftigkeit (fachgerecht reparierter Vorschaden, zu hohe Laufleistung) regelmäßig nicht feststellbar. Wenn ausnahmsweise doch, ist auch diese Auswirkung in die Erheblichkeitsprüfung einzubeziehen.

3517 Eine **Wertminderung** von weniger als 10 % des Kaufpreises indiziert eine nur unerhebliche Pflichtverletzung. Die **10-%-Grenze** ist auch in diesem Bereich eine praktikable Kompromisslösung (zur Parallelmarke beim behebbaren Mangel s. Rdn. 1042). Eine **Ori-**

79 BGH 17. 2. 2010, NJW-RR 2010, 1289 = DAR 2010, 263 Tz. 23.
80 BGH 12. 3. 2008, NJW 2008, 1517 Tz. 22.

entierungshilfe liefert auch die Überlegung, ob der Käufer im Fall des Weiterverkaufs des Fahrzeugs auf den (unbehebbaren) Mangel von sich aus hinweisen muss oder ob er ihn für sich behalten darf. So gesehen wird Unerheblichkeit auf der zweiten Stufe nur in seltenen Fällen zu bejahen sein, zumal die Beweislast beim Verkäufer liegt. Entsprechend rar sind Entscheidungen, die Käufern das Recht zum Rücktritt wegen Geringfügigkeit eines nicht behebbaren Mangels absprechen.

b) Kasuistik unbehebbarer Mangel/Gebrauchtwagen – Erheblichkeit bejaht

3518

Sachverhalt	Entscheidung
Unfallschaden, Pkw, 5 J., 54.795 km, Streifschaden li., Reparaturkosten 1.774 €	BGH NJW 2008, 53 Tz. 23, s. aber auch BGH NJW 2008, 1517 Tz. 22
Unfallschaden, BMW 525d, Heck- und Streifschaden	Brand OLG 22. 3. 2011, 11 U 25/10,
Unfallschaden, Pkw, weitergehende Beschädigung als mitgeteilte „Einparkbeule", unklares Schadensbild	OLG Düsseldorf 9. 5. 20505, I-1 U 206/04, VRR 05, 426; verkäufergünstig dagegen OLG Düsseldorf 25. 2. 2008, I-1 U 169/07
Unfallschaden, AUDI A 6, vo. re. Tür, Richtarbeiten, Kosten mind. 1.153 €	LG München I DAR 2005, 38 = SVR 2005, 342 = SP 2005, 70
Modelljahr, Volvo V 70 (statt 2002, Modelljahr 2001)	OLG Nürnberg NJW 2005, 2019
Laufleistung, VW Golf, statt zugesagter 145.000 km mehr als 175.000 km	AG Rheda-Wiedenbrück DAR 2003, 121
VW Sharan, konstruktionsbedingte Formunbeständigkeit der Innenverkleidung/ Türen	OLG Saarbrücken DAR 2006, 509

Weitere Nachweise der inzwischen nicht mehr überschaubaren Judikatur sind im Zusam- 3519
menhang mit der Darstellung der Einzelfälle unbehebbarer Mangelhaftigkeit aufgeführt, wobei insbesondere auf die Vorschadensfälle mit dem Sonderthema „merkantiler Minderwert" hinzuweisen ist. Soweit es beim Gebrauchtfahrzeugkauf um **behebbare Mängel** geht, wird auf die Kasuistik unter Rdn. 1062/1063 verwiesen.

3. Ausschluss des Rücktritts aus sonstigen Gründen

Unter welchen Voraussetzungen der Käufer seine Befugnis zur Wandelung einbüßte, 3520
war im alten Kaufrecht Gegenstand einer umfangreichen Judikatur, vornehmlich aus dem Bereich des Gebrauchtwagenkaufs. Ein Fall der Präklusion des Rücktrittsrechts ist jetzt in **§ 323 Abs. 6 BGB** geregelt. Näheres dazu Rdn. 1065 ff.

Soweit es um die allgemeinen Ausschlusstatbestände der **Verwirkung** und des **Ver-** 3521
zichts sowie um weitere Möglichkeiten des Rechtsverlusts geht, wird auf die Ausführungen zum „großen" Schadensersatz verwiesen (Rdn. 3796 ff.).

4. Erfolgloser Ablauf einer angemessenen Frist zur Nachbesserung

Voraussetzung für das Entstehen des Rücktrittsrechts ist **grundsätzlich** der erfolglose 3522
Ablauf einer vom Käufer gesetzten angemessenen Frist zur Nacherfüllung (§§ 323 Abs. 1,

440 BGB). Ob dieses Erfordernis auch beim **Verbrauchsgüterkauf** gilt, wird mit Rücksicht auf Art. 3 Abs. 5 EU-Kaufrechts bezweifelt.[81] Zum Problem s. Rdn. 892.

3523 Von der Obliegenheit, dem Verkäufer als Erstes Gelegenheit zur Nacherfüllung zu geben (Nacherfüllungsvorrang), wird der Käufer auch als Verbraucher nicht durch Unkenntnis oder Fehleinschätzung der Verkäuferverantwortung entlastet, etwa bei irriger Annahme, für einen Defekt am Fahrzeug hafte der Verkäufer nicht.[82] Davon befreit wird der Käufer auch nicht, wenn er der – objektiv berechtigten – Annahme ist, die Kosten der Reparatur seien unverhältnismäßig (§ 439 Abs. 3 BGB). Das geltend zu machen, bleibt dem Verkäufer vorbehalten.[83]

3524 Zur **Angemessenheit der Frist** und zur Entbehrlichkeit einer genauen Zeitbestimmung s. zunächst Rdn. 902 ff. Beim Kauf eines gebrauchten Kraftfahrzeugs ist den Besonderheiten dieses Geschäftstyps Rechnung zu tragen. Nicht jeder Verkäufer verfügt über eine eigene Werkstatt. Wer als Kfz-Händler mit Werkstatt ein Fremdfabrikat verkauft hat, kann bei diffizilen Motorschäden oder Elektronikproblemen nicht auf eine Stufe mit einem Markenhändler gestellt werden, der ein eigenes Fabrikat verkauft hat und mit der Unterstützung durch den Hersteller rechnen kann. Generell wird man für die Suche und Zuordnung technischer Defekte an gebrauchten Fahrzeugen einen längeren Zeitraum als beim Neuwagenverkauf zu veranschlagen haben. Die Informations- und Suchprobleme sind erfahrungsgemäß größer.

3525 Auch wenn die Fristfrage durch BGH NJW 2009, 3153 („umgehend“) ein Stück weit entschärft ist: Aus Sicht der Praxis ist nach wie vor von Interesse, wie lang die Frist zu sein hat, die man sicherheitshalber setzen sollte. Naturgemäß lässt sich das auch in Fällen des Gebrauchtfahrzeugkaufs nicht ein für allemal sagen. Regelfristen haben sich in der Rechtsprechung noch nicht herausgebildet. Gewiss hängt die Länge der Frist entscheidend von der Art des gerügten Mangels sowie davon ab, welche Arbeiten zur fachgerechten und vollständigen Beseitigung notwendig sind. Zu berücksichtigen ist ferner, ob der Verkäufer eine Werkstatt unterhält oder nicht. Einkalkuliert werden muss in jedem Fall das Recht des Verkäufers, das Fahrzeug zu besichtigen, um die Mängelrüge prüfen und beurteilen zu können.

3526 Sofern der Erfüllungsort (= Leistungsort) beim Verkäufer liegt (dazu Rdn. 3486), ist es nicht zu beanstanden, wenn er eine Aufforderung zur Nachbesserung mit der Bitte um Vorführung des Fahrzeugs an seinem Wohn- bzw. Geschäftssitz beantwortet. Die darauf entfallende Zeit muss ebenso wie eine Prüf- und Überlegungszeit bei der Bemessung der Nachbesserungsfrist eingerechnet werden. Mit der reinen Bearbeitungszeit ist es also nicht getan. Da die Nachbesserung nicht im ersten Anlauf gelingen muss, dem Verkäufer vielmehr im Allgemeinen zumindest ein Fehlversuch zugestanden wird, ist auch dieser Umstand bei der Fristbemessung zu berücksichtigen.

3527 Wie die Rechtsprechung in einer Reihe von Gebrauchtwagenfällen entschieden hat, ist eine zu kurze Frist nicht völlig wirkungslos. Es wird vielmehr eine angemessene Frist in Lauf gesetzt.[84]

3528 Bei einer **Mehrheit von Mängeln**, die sich nacheinander zeigen, ohne in einem technischen Zusammenhang zu stehen, muss ggf. eine zweite oder dritte Frist gesetzt werden. Zum Problem der Mehrfachstörung s. Rdn. 906 ff.

---

81 Vgl. *Reinicke/Tiedtke*, Rn. 462.

82 BGH 21. 12. 2005, NJW 2006, 1195 für Minderung und gr. Schadensersatz.

83 BGH 21. 12. 2005, NJW 2006, 1195.

84 Vgl. OLG Celle 4. 8. 2004, NJW 2004, 3566.

5. Ausnahmen vom Erfordernis der Fristsetzung

In zahlreichen Fällen ist eine Fristsetzung entbehrlich, d. h. der Käufer kann sofort von seinem Rücktrittsrecht Gebrauch machen. Wichtig ist auch in diesem Zusammenhang der Unterschied zwischen **behebbaren** und **nicht behebbaren Mängeln**. Zur Abgrenzung s. Rdn. 3457 ff. 3529

Bei **nicht behebbaren Mängeln** wäre es sinnlos, eine Frist zur Mängelbeseitigung zu setzen. Folgerichtig wird der Käufer insoweit von einer Fristsetzung freigestellt (§ 437 Nr. 2 i. V. m. §§ 326 Abs. 5, 275 Abs. 1 BGB). Da beim Kauf eines gebrauchten Kfz in aller Regel eine Ersatzlieferung ausscheidet, ist bei einem unbehebbaren Mangel jegliche Fristsetzung entbehrlich. Dazu, welche Mängel eines gebrauchten Kfz nicht behebbar sind, s. Rdn. 3457 ff. Zur Behandlung von „Mischfällen“ (Kombination von behebbaren und unbehebbaren Mängeln) s. Rdn. 3470. 3530

Bei einem **behebbaren Mangel** hat der Käufer – auch in seiner Eigenschaft als Verbraucher – grundsätzlich eine Frist zur Nacherfüllung zu setzen (§ 323 Abs. 1 BGB). Ein sofortiger Rücktritt ist **nur in Ausnahmefällen** statthaft (§§ 323 Abs. 2, 440 BGB). Zu den einzelnen Ausnahmetatbeständen siehe die Ausführungen zum Neufahrzeugkauf (Rdn. 927 ff.). Dort werden sämtliche Fallgestaltungen behandelt, in denen der rücktrittswillige Käufer von der Notwendigkeit der vorherigen Fristsetzung freigestellt ist, insbesondere die für die Praxis so bedeutsame Konstellation der **„ernsthaften und endgültigen Nacherfüllungsverweigerung“** (s. Rdn. 945 ff.). Während insoweit zwischen Neu- und Gebrauchtwagenkauf keine wesentlichen Unterschiede bestehen, muss auf den Entbehrlichkeitstatbestand „Fehlschlagen der Nachbesserung“ (infolge von Fehlversuchen) und auf den Fall der Unzumutbarkeit (§ 440 S. 1 Alt. 3 BGB) gesondert eingegangen werden. 3531

Festzuhalten ist vorab: Unter keinem rechtlichen Gesichtspunkt kann ein Fall der Entbehrlichkeit der Fristsetzung allein damit begründet werden, der Verkäufer habe **keine** oder keine ausgereichend ausgerüstete **Werkstatt**, um mit eigenen Kräften den Mangel zu beseitigen.[85] 3532

a) Fehlschlagen der Nachbesserung

Ohne zwischen neuen und gebrauchten Sachen zu unterscheiden, hat der Gesetzgeber den Grundsatz aufgestellt, dass eine Nachbesserung nach dem **erfolglosen zweiten Versuch** als fehlgeschlagen gilt. Ihre Heimat hat diese Regel bekanntlich im Recht des Neuwagenkaufs (s. Rdn. 960 ff.). Mittlerweile liegt auch zum Gebrauchtwagenkauf einschlägige Rechtsprechung vor. Das OLG Karlsruhe[86] hat einem gewerblichen Verkäufer **einen dritten Versuch** zur Beseitigung einer Karosserie-Undichtigkeit versagt (s. a. OLG Hamm 10. 3. 2011, 28 U 131/10). 3533

b) Unzumutbarkeit der Nachbesserung

Der Fall der Unzumutbarkeit wird in § 440 S. 1 BGB als dritter Tatbestand neben die Fälle der (berechtigten) Verweigerung und des Fehlschlagens gestellt. Die dem Käufer zustehende Art der Nacherfüllung muss für ihn unzumutbar sein, gleichviel, ob er sie wünscht oder nicht.[87] 3534

Mit dem Dreiklang in § 440 S. 1 BGB will der deutsche Gesetzgeber die Umsetzung von Art. 3 Abs. 5 3. Spiegelstrich der Verbrauchsgüterkaufrichtlinie sicherstellen. Hiernach ist der Käufer zur Vertragsauflösung oder Minderung des Kaufpreise berechtigt, wenn der 3535

---

85 OLG Celle 26. 7. 2006, MDR 2007, 336 = NJW-RR 2007, 352 (Händler ohne Werkstatt).
86 Urt. v. 30. 6. 2004, DAR 2005, 31.
87 Nicht ganz klar BGH 13. 4. 2011, NJW 2011, 2278 Tz. 46.

Verkäufer nicht „**ohne erhebliche Unannehmlichkeiten**“ für den Verbraucher Abhilfe geschaffen hat. Was unter „erhebliche Unannehmlichkeiten“ zu verstehen ist, ergibt sich aus der BGH-Entscheidung v. 13. 4. 2011.[88]

3536 Ob man unter dem Begriff „Fehlschlagen“ der Nacherfüllung auch den Fall der Unzumutbarkeit verstehen kann, war für die Verfasser der amtlichen Begründung nicht zweifelsfrei. Sicherheitshalber hat man ihn deshalb ausdrücklich in den § 440 BGB aufgenommen. Damit bleibt es der Rechtsprechung überlassen, für die notwendige Abgrenzung und Konkretisierung zu sorgen.

3537 Dass bei der Frage der Zumutbarkeit i. S. v. § 440 S. 1 Alt. 3 BGB der Gesichtspunkt der „erheblichen Unannehmlichkeiten“ einzubeziehen sei,[89] macht die Aufgabe für die Gerichte nicht leichter, eher im Gegenteil. Gleiches gilt für den Hinweis des Gesetzgebers, dass die Art des Verbrauchsgutes und der Anschaffungszweck zu berücksichtigen seien. Wie es in § 440 S. 1 Alt. 3 BGB ausdrücklich heißt, muss die **dem Käufer zustehende Art der Nacherfüllung** für ihn unzumutbar sein. Das ist beim Kauf eines gebrauchten Kraftfahrzeugs, wenn überhaupt, die Variante „Nachbesserung“. Unzumutbar ist sie, wenn sie mit „erheblichen Unannehmlichkeiten“ für den Verbraucher verbunden ist. Für Käufer, die keine Verbraucher sind, gilt die richtlinienkonforme Auslegung des § 440 S. 1 3. Alt. BGB gleichermaßen.

3538 In tatsächlicher Hinsicht sind **drei Konstellationen** zu unterscheiden: Von Anfang an, also vom Zeitpunkt des Auftretens des Mangels an, kann die Nachbesserung dem (Gebrauchtfahrzeug-)Käufer unzumutbar sein. Die Gründe für die Unzumutbarkeit können sich, zweitens, erst in der Phase nach der Mängelanzeige bzw. dem Beginn der Nachbesserung heraus- bzw. einstellen, z. B. im Verkäuferverhalten begründet sein. Die dritte Möglichkeit besteht in einer Häufung von Umständen aus beiden Abschnitten, wobei jeweils auch Vorgänge bei und nach Vertragsabschluss bzw. Übergabe des Fahrzeugs hineinspielen können.

3539 Schon zur Zeit des Offenbarwerdens des Mangels (Sichzeigen) können Gründe vorliegen, die es für den Käufer bei verständiger Beurteilung unzumutbar machen, sich auf eine Nachbesserung einzulassen. In der Rechtsprechung werden diese Konstellationen entweder anhand der Generalklauseln der §§ 323 Abs. 2 Nr. 3, 281 Abs. 2 Alt. 2 BGB i. V. m. § 440 S. 1 BGB („besondere Umstände“) oder gem. § 440 S. 1 Alt. 3 BGB (Unzumutbarkeit der Nacherfüllung) geprüft. So oder so wird, quasi als Musterfall, die **arglistige Täuschung** genannt, häufig i. V. m. dem Gebrauchtwagenkauf.

3540 Nach gefestigter **BGH-Rechtsprechung** ist der Käufer „im Regelfall“ berechtigt, sofort vom Kauf zurückzutreten bzw. den Kaufpreis zu mindern oder Schadensersatz statt der Leistung zu verlangen, wenn der Verkäufer ihm **einen Mangel** bei Abschluss des Kaufvertrages **arglistig verschwiegen** hat.[90] In einem solchen Fall sei die für die Beseitigung eines Mangels erforderliche Vertrauensgrundlage i. d. R. auch dann beschädigt, wenn die Mangelbeseitigung durch einen vom Verkäufer zu beauftragenden Dritten vorzunehmen sei[91], eine Konstellation, die beim Kauf vom Händler ohne Werkstatt und insbesondere beim Privatverkauf[92] relevant ist.

3541 In Gebrauchtwagenfällen kann es von vornherein nur um **behebbare Mängel** gehen, also nicht um die „klassischen“ Fälle arglistiger Täuschung (Unfallschäden, überhöhte Laufleistungen), wo sich die Nacherfüllungsfrage praktisch nicht stellt. Die Dinge können

88 NJW 2011, 2278.
89 BT-Drucks. 14/6040, 233.
90 Urt. v. 10. 3. 2010, NJW 2010, 2503 Tz. 19 (Rücktritt); v. 8. 12. 2006, NJW 2007, 835 (Rücktritt); v. 9. 1. 2008, NJW 2008, 1371 (Minderung).
91 Vgl. BGH 20. 5. 2009, NJW 2009, 2532 Tz. 17 (Pferdekauf).
92 Dazu Brand OLG 1. 7. 2008, DAR 2008, 701 (Oldtimer).

freilich so liegen, dass der Käufer einen behebbaren Mangel reklamiert, ihm aber ein unbehebbarer Mangel verschwiegen worden ist. In einem solchen **Mischfall** entfällt der Nacherfüllungsvorrang nicht wegen der arglistigen Täuschung, sondern aus Gründen der Unmöglichkeit der Nacherfüllung (§ 275 Abs. 1 BGB), s. a. Rdn. 3470 f.

Dass einem Gebrauchtwagenkäufer ausschließlich ein behebbarer Mangel, z. B. ein Motor- oder Getriebeschaden, arglistig verschwiegen wird, kommt selten vor. Jedenfalls ist der Arglistnachweis hier sehr viel schwerer zu führen als z. B. bei einem verschwiegenen Unfallvorschaden. Der notwendige Täuschungsvorsatz kann, wenn überhaupt, häufig erst nach eingehenden Ermittlungen festgestellt werden, s. a. Rdn. 4445 f. **3542**

Zu erwägen ist, ob ein Fall der Unzumutbarkeit durch „Wegfall bzw. Beschädigung der Vertrauensgrundlage“ schon bei einem objektiv begründeten **Täuschungsverdacht** bejaht werden kann. Unter dem Vertrauensaspekt spricht einiges dafür. Andererseits besteht die Gefahr, den Grundsatz der Vertragserhaltung zu schnell aufzugeben. In diesem Spannungsverhältnis muss entscheiden, ob der Käufer bei Vertragsabschluss (spätestens bei Auslieferung) tatsächlich getäuscht worden ist oder nicht. Ein Sich-Getäuscht-Sehen genügt nur, wenn es nachträglich beweiskräftig erhärtet werden kann, der Vorwurf der Täuschung sich als berechtigt herausstellt. Das Risiko der Unbeweisbarkeit trägt der Käufer, d. h. auch ein objektiv begründeter Täuschungsverdacht genügt nicht zur Freistellung vom Fristsetzungserfordernis, wenn der Nachweis der arglistigen Täuschung nicht geführt werden kann. **3543**

Für **den BGH** ist arglistiges Verkäuferverhalten ein Anwendungsfall des **§ 323 Abs. 2 Nr. 3 BGB** („besondere Umstände“), nicht der Unzumutbarkeit i. S. d. **§ 440 S. 1 Alt. 3 BGB**.[93] Näher begründet wird dies nicht, was auf Kritik gestoßen ist.[94] Dass aus Verkäufersicht § 440 S. 1 Alt. 3 BGB die schärfere Regelung ist, trifft zwar dogmatisch gesehen zu. Doch auch im Rahmen der Zumutbarkeitsprüfung nach dieser Vorschrift wird der Richter die Interessen des Verkäufers nicht gänzlich außer Betracht lassen. Aus Sicht der Praxis macht es jedenfalls keinen wesentlichen Unterschied, ob man die eine oder die andere Norm heranzieht. **3544**

So oder so kann eine arglistige Täuschung **nicht in jedem Fall** dazu führen, dem Verkäufer das Recht zur zweiten Andienung durch Beseitigung des Mangels zu nehmen. **Ausnahmesituationen** sind möglich, z. B. die Konstellation, dass die Täuschung nicht vom Verkäufer persönlich, sondern von einem Angestellten begangen wurde. Sollte er nicht mehr in dem Betrieb tätig sein, wird der Käufer noch weniger Grund haben, der Nachbesserungskompetenz der Firma zu misstrauen. Auch ein Aufdecken der Täuschung durch den Verkäufer („Selbstanzeige“) kann gegen die Annahme eines Vertrauensverlustes sprechen, ebenso sein Einverständnis mit einer Beauftragung einer vom Käufer zu bestimmenden Reparaturwerkstatt.[95] **3545**

Bloße Fahrlässigkeiten, die sich auf den Mangel beziehen, genügen nicht zur Begründung einer Unzumutbarkeit wegen fehlender Vertrauensgrundlage, gleichviel, ob man § 323 Abs. 2 Nr. 3 BGB oder § 440 S. 1 Alt. 3 BGB heranzieht. Auch beim schuldlosen oder nur leicht fahrlässigen **Bruch eines Garantieversprechens** (Zusicherung alter Art) wird man eine Nachbesserung nicht schon deshalb für unzumutbar erklären können.[96] Als verstärkendes Argument ist dieser Gesichtspunkt indes tauglich. **3546**

Unzumutbarkeit kann der Käufer, von Sonderfällen abgesehen (z. B. Kauf eines teuren Sportwagens von Privat), nicht schon damit begründen, der Verkäufer verfüge **als Privatperson** weder über die technischen Mittel noch über die erforderliche Sachkenntnis, um die **3547**

93 Urt. v. 9. 1. 2008, NJW 2008, 1371; BGH 20. 5. 2009, NJW 2009, 2532.
94 *Kulke*, ZGS 2008, 169; vorsichtiger *Gutzeit*, NJW 2008, 1359.
95 Weitere Beispiele bei *Gutzeit*, NJW 2008, 1359; *Kulke*, ZGS 2008, 169.
96 Müko-BGB/*Westermann*, § 440 BGB Rn. 8.

notwendige Nachbesserung in die eigenen Hände zu nehmen oder in fremde Hände zu geben. Wenn ein **Verkäufer ohne Werkstatt** eine in zeitlicher und fachlicher Hinsicht akzeptable Reparatur in einem Fachbetrieb seiner Wahl anbietet, wird ein Käufer, der keine weiteren Unzumutbarkeitsgründe ins Feld führen kann, sich darauf einlassen müssen.[97] Wer von einem Verkäufer ohne Werkstatt kauft, geht das Risiko einer Nachbesserung mit gewissen Unannehmlichkeiten ein.

3548 Zur Fallgruppe „Unzumutbarkeit weiterer Nachbesserung" zählen außerhalb des Anwendungsbereichs der Mehr-Versuche-Regel in § 440 S. 2 BGB Fallgestaltungen wie die „Montagsauto"-Fälle (dazu Rdn. 983 ff.) und vergleichbare Konstellationen des Vertrauensschwundes im Verlauf von Nachbesserungsaktionen.

6. Das Rückgewährschuldverhältnis

3549 Durch den **wirksamen** Rücktritt verwandelt sich der ursprüngliche Kauf in ein Rückgewährschuldverhältnis. Welche Rechte und Pflichten die Parteien beim Kfz-Kauf haben, ist anhand des Neufahrzeugkaufs unter Rdn. 1089 ff. dargestellt. Für den Gebrauchtwagenkauf gibt es **einige Besonderheiten:**

a) Ersatz von Verwendungen

3550 § 347 Abs. 2 S. 1 BGB gibt dem Käufer in Übereinstimmung mit dem früheren Recht einen Anspruch auf **Ersatz notwendiger Verwendungen**. Unverändert sind unter „Verwendungen" solche Vermögensaufwendungen zu verstehen, die dem Fahrzeug zugute kommen, indem sie seiner **Erhaltung, Wiederherstellung oder Verbesserung** dienen. Unerheblich ist, ob die Verwendung zu einer Steigerung des Fahrzeugwertes geführt hat (s. a. Rdn. 1133 ff.).

3551 Aufwendungen des Käufers zur Inbetriebnahme des Fahrzeugs wie die Kosten einer Überführung und der Zulassung (Ummeldung) sind ebenso wie später anfallende Versicherungsprämien und die Kfz-Steuer keine Verwendungen i. S. d. § 347 Abs. 2 S. 1 BGB.[98] Sie können aber unter § 284 BGB fallen. Nachweise der – nicht immer gradlinigen – Rechtsprechung unter Rdn. 3553/3556 f. Verfehlt kann es sein, sämtliche „Verwendungen", die der Käufer zum Ersatz angemeldet hat, darunter auch „notwendige", einheitlich und ausschließlich unter dem Blickwinkel des Aufwendungsersatzes nach §§ 437 Nr. 3, 284 BGB zu prüfen.[99] Abgesehen davon, dass die Anspruchsvoraussetzungen gegenüber § 347 Abs. 2 S. 1 BGB unterschiedlich sind (z. B. in punkto Vertretenmüssen), entfällt beim Verwendungsersatz nach Rücktrittsrecht die Möglichkeit, den Ersatzanspruch wegen Nutzung der Investitionen zu kürzen. Wer zum Rücktritt berechtigt ist und von diesem Recht Gebrauch macht, eventuell i. V. m. Ansprüchen aus §§ 437 Nr. 3, 280, 281, 284 BGB, hat im Fall notwendiger Verwendungen einen Anspruch auf ungekürzten Ausgleich.[100]

3552 Verwendungen, die **nicht notwendig** sind, bezeichnet das Gesetz als **„andere Aufwendungen"**. Für sie ist die Ersatzpflicht davon abhängig gemacht, dass der Gläubiger (Verkäufer) durch sie bereichert ist (§ 347 Abs. 2 S. 2 BGB), dazu Rdn. 3556 f.

---

97 Vgl. OLG Celle 26. 7. 2006, MDR 2007, 336 = NJW-RR 2007, 352; zur Anwendbarkeit des § 323 Abs. 2 Nr. 3 BGB OLG Oldenburg 27. 5. 2011 – 6 U 14/11 (Unfallschaden gravierender als von Privatverkäufer offengelegt).

98 So auch Brand OLG 22. 3. 2011 – 11 U 25/10; für die Kfz-Steuer früher anders Brand OLG 16. 10. 2007 –11 U 86/07.

99 So aber OLG Brandenburg 26. 6. 2008 – 12 U 236/07.

100 Unrichtig deshalb OLG Brandenburg 26. 6. 2008 – 12 U 236/07.

aa) Kasuistik „notwendige Verwendungen“ beim Gebrauchtwagenkauf

- Wartungs- und Inspektionskosten (BGH NJW-RR 1991, 1011 zu § 1d Abs. 4 AbzG; anders – nützliche Verwendung – LG Traunstein zfs 1999, 290) 3553
- Beseitigung eines Unfallvorschadens (OLG Düsseldorf 31. 3. 1995 – 22 U 176/94 – n. v.)
- Reparatur der Bremsanlage (OLG Karlsruhe OLGR 1998, 62 mit grundsätzlichen Ausführungen, auch zum Werkstattrisiko; OLG Köln 7. 7. 1987 – 9 U 8/87 – n. v.)
- Erneuerung der Radlager (LG Bonn 28. 4. 1989 – 13 O 482/89 – n. v.)
- neue Auspuffanlage (LG Bonn 16. 12. 1991 – 9 O 398/91 – n. v.)
- Reparatur der Radlager, Stoßdämpfer, Lenkung (OLG Köln 7. 7. 1987 – 9 U 8/87 – n. v.)
- Reparatur am Zündschloss (OLG Köln 31. 10. 1985 – 12 U 55/85 – n. v.)
- Reparatur am Ventilator und Austausch des Luftfilters (LG Köln 19. 1. 1989 – 22 O 582/87 – n. v.)
- Motorreparatur, aber nur soweit erforderlich (LG Bonn 4. 8. 1989 – 18 O 7/89 – n. v.) und erfolgreich (OLG Düsseldorf OLGR 1993, 81)
- Einbau einer neuen Wasserpumpe (LG Bonn 4. 8. 1989 – 18 O 7/89 – n. v.)
- Kosten für neue Reifen (OLG Zweibrücken DAR 1985, 59; OLG Oldenburg DAR 1993, 467; Brand OLG OLGR 1995, 89; LG Traunstein zfs 1999, 290)
- neue Batterie (OLG Oldenburg DAR 1993, 467)
- Reparatur des Kühlsystems, der Heizung und der Fensterheber (OLG Bamberg DAR 2001, 455)
- Austauschmotor und Austauschgetriebe (OLG Nürnberg 11. 4. 1978, DAR 1978, 324)
- Instandsetzungen an Oldtimer-Motorrad (OLG Köln OLGR 1997, 371)
- Hinterachsenreparatur (OLG Nürnberg 11. 4. 1978, DAR 1978, 324)
- Unterstellung des Fahrzeugs in fremder Werkstatt (Standgeld), s. OLG Düsseldorf 30. 9. 1994 – 14 U 251/93 – n. v. (50 DM pro Monat); SchlHOLG OLGR 1996, 339; OLG Düsseldorf 12. 3. 1999 – 22 U 180/98 – in NZV 1999, 423 nicht abgedruckt
- Kosten für den Versuch der Fehlerbeseitigung (OLG Düsseldorf DAR 2002, 506)
- Kosten einer A 1 Garantie bei einem Pkw Ford (OLG Düsseldorf VRR 2005, 426 = SVR 2006, 177), zweifelhaft
- Notwendiger Reifenwechsel (Reifen waren bei Übvergabe nicht mehr „gut“), vgl. OLG Hamm 18. 6. 2007 – 2 U 220/06 – BeckRS 2007, 14370
- Reparatur der Zylinderkopfdichtung (OLG Hamm NJW-RR 2005, 1220)
- Einbau eines neuen Klimakompressors (OLG Hamm NJW-RR 2005, 1220)
- Einbau einer neuen Hupe (OLG Hamm NJW-RR 2005, 1220)
- Austausch eines defekten Steuergeräts der Zentralverriegelung incl. Kosten der Fehlersuche (OLG Hamm 18. 6. 2007 – 2 U 220/06 – BeckRS 2007, 14370)
- Kosten einer für Betriebssicherheit erforderlichen Reparatur (Brand OLG 22. 3. 2011 – 11 U 25/10).

unbesetzt 3554

Für die **gewöhnlichen Erhaltungskosten** sieht das neue Rücktrittsrecht keine Sonderregelung vor. Sie sind dem Käufer gleichfalls zu ersetzen.[101] Eine „Verrechnung“ mit den Nutzungen wie in § 994 Abs. 1 S. 2 BGB findet nicht statt. Der Käufer hat vom ersten Tag der Nutzung an eine Vergütung zu entrichten, also steht ihm auch ein Anspruch auf Er- 3555

101 BGH 15. 11. 2006, NJW 2007, 674 (Tierkauf); OLG Hamm 2. 2. 2005, NJW-RR 2005, 1220.

satz der gewöhnlichen Erhaltungskosten zu (Inspektionskosten, notwendige Reparaturen etc.).

bb) Kasuistik „nicht notwendige Verwendungen“

3556 Zu den nicht notwendigen, sondern **nur nützlichen Verwendungen** zählen die Gerichte in Fällen des Gebrauchtwagenkaufs:

- Instandsetzungsarbeiten bei einem „heruntergekommenen“ Pkw (OLG Celle OLGR 1995, 86)
- Kosten für Wagenheber (LG Köln 19. 1. 1989 – 22 O 582/87 – n. v.)
- Kosten für Anhängerkupplung (OLG Köln DAR 1986, 320 – Neufahrzeug)
- Ganzlackierung, wobei nicht auf die Lackierkosten, sondern auf die Erhöhung des Verkehrswertes abzustellen ist (OLG Köln 7. 7. 1987 – 9 U 8/87 – n. v.)
- Autoradio (OLG Nürnberg DAR 1978, 324)
- DINOL-Behandlung (Korrosionsschutz), OLG Nürnberg DAR 1978, 324
- Kundendienst (LG Traunstein zfs 1999, 290)
- (voreilige) Beschaffung neuer Schlüssel (OLG Düsseldorf DAR 2002, 506).

3557 Derartige Verwendungen kann der Käufer – verschuldensunabhängig – nur ersetzt verlangen, wenn und insoweit **der Verkäufer bereichert** ist (§ 347 Abs. 2 S. 2 BGB). Keinen rücktrittsrechtlichen Ersatz gewährt das OLG Hamm für eine Hohlraumversiegelung.[102] Zum grundsätzlich verschuldensabhängigen Aufwendungsersatz nach §§ 437 Nr. 3, 284 BGB s. Rdn. 3807 ff.

b) Ersatz von „Vertragskosten“

3558 Der Verkäufer hatte dem Käufer in einem altrechtlichen Wandelungsfall, damit unabhängig von einem Verschulden/Vertretenmüssen, auch die Vertragskosten zu ersetzen (§ 467 S. 2 BGB a. F.). Inhalt und Umfang dieses Anspruchs waren umstritten, wofür es zahllose Beispiele gerade in Fällen des Autokaufs gibt.

3559 Der **Reformgesetzgeber** hat die Sonderregelung über den Vertragskostenersatz, für ihn ein Fremdkörper, abgeschafft. Ein Anspruch auf Ersatz von „Vertragskosten“ soll nur im Rahmen der durch § 284 BGB ergänzten allgemeinen Regeln über den Schadensersatz bestehen.[103] Einzelheiten dazu s. Rdn. 3807 ff.

c) Nutzungsersatz (Vergütung für Gebrauchsvorteile)

3560 Nach § 346 Abs. 1 BGB sind im Fall des Rücktritts die „gezogenen“ Nutzungen herauszugeben. Ergänzt wird diese Vorschrift durch § 347 Abs. 1 BGB, wonach im Fall nicht gezogener Nutzungen unter Umständen Wertersatz zu leisten ist, eine auch in Gebrauchtwagenfällen praktisch leerlaufende Norm.

3561 Die nach § 346 Abs. 1, Abs. 2 S. 1 Nr. 1 BGB zu ersetzenden Nutzungen sind **im Regelfall** nach der gleichen Methode zu berechnen, wie sie im alten Kaufrecht für die Wandelung von Kaufverträgen über fabrikneue Kraftfahrzeuge entwickelt und für den Gebrauchtwagenkauf modifiziert worden ist. Daran ist für den Rücktritt als Nachfolger der Wandelung **grundsätzlich** festzuhalten.[104]

---

102 Urt. v. 2. 2. 2005, NJW-RR 2005, 1220.
103 BT-Drucks. 14/6040, 225.
104 BGH 2. 6. 2004, NJW 2004, 2299 = DAR 2004, 515 unter II, 3.

aa) Berechnungsfragen

Zu schätzen ist der Wert der durch den Gebrauch gezogenen Nutzungen. Für den Richter gilt **§ 287 ZPO entsprechend**. Richtschnur ist die **Methode des linearen Wertschwundes**. Grundsätzliches dazu Rdn. 1162 ff. Der BGH hat sie durch Urteil vom 26. 6. 1991[105] generell gebilligt. Ihr Anwendungsbereich ist nicht auf beiderseits voll erfüllte Kaufverträge beschränkt. Auch wenn der Käufer während der Nutzungszeit nur Vorbehaltseigentümer war, ist die Nutzungsvergütung nicht nach den Maßstäben einer üblichen oder fiktiven Miete zu ermitteln. Auch in diesem Fall ist es sachgerecht, den zu vergütenden Gebrauchswert anhand der realen Wertminderung zu berechnen.[106] 3562

Verfehlt ist, wie bei der Rückabwicklung eines Neufahrzeugkaufs den Neuwagenpreis und die mutmaßliche Gesamtlaufleistung (von Tachostand null bis zur Verschrottung) zugrunde zu legen.[107] Auch das Rechnen mit nur einem dieser beiden Faktoren verfälscht das Bild.[108] In der Logik der linearen Wertschwundformel liegt, auf den **konkreten Altwagenpreis** und die **voraussichtliche Restfahrleistung** abzustellen. Diese **Modifizierung** hat der BGH für den Fall der Vorteilsausgleichung beim großen Schadensersatz nach altem Recht ausdrücklich gebilligt.[109] Für die Ermittlung der Nutzungsvergütung im Rücktrittsfall kann – wie früher für die Wandelung[110] – nichts anderes gelten.[111] 3563

(1) Berechnungsformel

Die Nutzungsvergütung ist demnach im Rücktrittsfall i. d. R. (Pkw, Kombis, Vans, SUVs) nach folgender Formel zu berechnen: 3564

$$\text{Gebrauchsvorteil} = \frac{\text{Bruttokaufpreis} \times \text{gefahrene Kilometer}}{\text{voraussichtliche Restlaufleistung}}$$

Beispiel:

Kaufpreis für Gebrauchtfahrzeug brutto	8.000 €
zu erwartende Restlaufleistung	100.000 km[112]
Nutzungsvergütung pro km:	8 Cent[113]

(2) Formelwert „Kaufpreis"

Ausgangspunkt für die Ermittlung und erster Anhalt für die Schätzung nach § 287 ZPO analog ist der von den Parteien **vereinbarte Bruttokaufpreis**. Dieser Betrag verkörpert, Marktgerechtigkeit unterstellt, den Substanzwert und den Nutzungswert gleichermaßen. Eine Aufspaltung ist nicht möglich. Die Eignung eines Kfz zum Gebrauch ist als Preisfaktor in seinem Verkehrswert untrennbar mitbewertet. Aus Sicht des Käufers, der ein gebrauchtes 3565

105 NJW 1991, 2484 = WM 1991, 1800.
106 Vgl. auch BGH 25. 10. 1995, NJW 1996, 250 (bereicherungsrechtliche Rückabwicklung eines nicht zustande gekommenen Kaufvertrages).
107 So aber OLG Nürnberg 21. 3. 2005, NJW 2005, 2019; OLG Stuttgart 25. 4. 1990 – 4 U 26/90 – n. v.; OLG Koblenz 1. 7. 1987, NJW-RR 1988, 1137.
108 Fehlerhaft z. B. OLG Brandenburg 26. 6. 2008 – 12 U 236/07 („zu erwartende Restlaufleistung von 200.000 km"; richtig wäre gewesen: 141.000 km, d. h. 200.000 km ./. 59.000 km bei Auslieferung).
109 Urt. v. 17. 5. 1995, NJW 1995, 2159 = WM 1995, 1145 unter III.
110 Vgl. OLG Frankfurt 24. 6. 1992, zfs 1992, 338; Brand OLG 17. 1. 1995, OLGR 1995, 89; OLG Köln 4. 2. 2003 – 24 U 108/02 – n. v.; grundsätzlich auch OLG Köln 30. 1. 2002, DAR 2002, 453 (mit Korrekturmöglichkeit im Einzelfall).
111 Vgl. BGH 2. 6. 2004, NJW 2004, 2299 = DAR 2004, 519 unter II,3.
112 Gesamtlaufleistung 200.000 km; Km-Stand bei Übergabe 100.000.
113 8.000 : 100.000 = 0,08.

ebenso wie ein fabrikneues Kfz in erster Linie als Fortbewegungsmittel erwirbt, bedeutet das: Der Kaufpreis ist die Gegenleistung für eine rechtlich uneingeschränkte (§ 903 BGB), zeitlich aber begrenzte Mobilität. Um den vergütungspflichtigen Gebrauchsnutzen zu erfassen, ist der Kaufpreis daher im Allgemeinen ein tauglicher Anknüpfungspunkt. Ob er mit dem Verkehrswert (= Marktwert) identisch ist oder ob der Käufer (zu) teuer oder gar (zu) billig eingekauft hat, kann i. d. R. offen bleiben. Zwar ist der Gebrauchsnutzen nach objektiven Maßstäben zu bemessen. Eine Orientierung am Inhalt des Vertrages ist damit aber nicht ausgeschlossen.[114] Im Übrigen dürfte eine tatsächliche Vermutung für die Marktgerechtigkeit des Kaufpreises sprechen.

3566 Bei einem **jungen Gebrauchtwagen** mit ungewöhnlich hohem Preisabschlag und geringer Laufleistung kann die Orientierung allein am konkreten Verkaufspreis den Verkäufer benachteiligen, eine Korrektur geboten sein.[115]

3567 Ein **offener Preisnachlass** ist zu berücksichtigen, d. h. maßgeblich ist der tatsächlich vereinbarte Kaufpreis einschließlich Umsatzsteuer.[116] Dabei bleibt es auch, wenn der Käufer seinen eigenen Altwagen **in Zahlung gegeben** hat. Ein verdeckter Preisnachlass ist nicht herauszurechnen. Zu erwägen ist allenfalls, den Umsatzsteueranteil auf den Anrechnungsbetrag außer Betracht zu lassen.

(3) Formelwert „voraussichtliche Restlaufleistung“

3568 Die voraussichtliche Restfahrleistung als zweite Berechnungsgröße in Gebrauchtwagenfällen ist im Wege der Schätzung gleichfalls nach § 287 ZPO zu bestimmen. Zu ermitteln ist diejenige Fahrleistung, die das gekaufte Fahrzeug aus der Perspektive des Vertragsschlusses nach den Vorstellungen der Vertragspartner,[117] praktisch also nach dem gewöhnlichen Lauf der Dinge, erreichen wird.

3569 **Eckpunkt der Prognose** ist die **Gesamtlaufleistung,** wie sie für ein Fahrzeug des fraglichen Typs anzusetzen ist. Einiges spricht nämlich dafür, dass das konkrete Auto diesen statistischen Mittelwert gleichfalls erreicht hätte. Korrekturfaktoren sind in Sonderfällen zu berücksichtigen.[118] So kann beispielsweise ein Motorentausch oder eine „Generalüberholung“ die Laufleistung wesentlich verlängern.

3570 Ohne nähere Darlegungen in die eine oder die andere Richtung bleibt der Richter im Rahmen seines Schätzungsermessens (§ 287 ZPO), wenn er sich an der **typspezifischen** Gesamtlaufleistung orientiert und von dieser Zahl die bis zur Übergabe an den Käufer zurückgelegten Kilometer abzieht. Das ergibt die voraussichtliche Restfahrleistung.[119]

3571 Bei **Pkw/Kombis/SUVs** wird in der Judikatur je nach Wagenklasse und Motorisierung mit Gesamtlaufleistungen zwischen 100.000 und 400.000 km gerechnet. Auf das Ganze gesehen, werden nach wie vor oftmals **zu niedrige Werte** angesetzt. Dadurch werden Autokäufer erheblich benachteiligt. Je niedriger die Gesamtlaufleistung bzw. die Restlaufleis-

---

114 So auch (bei der Ermittlung der Restfahrleistung) OLG Koblenz 25. 6. 1992, VRS 84, 243. Der subjektive Einschlag wird auch in der Grundsatzentscheidung BGH 26. 6. 1991, NJW 1991, 2484 deutlich.

115 OLG Köln 30. 1. 2002, DAR 2002, 453 – 40 % unter Neupreis nach 14 Monaten, Laufleistung bei Übergabe 10.100 km.

116 BGH 26. 6. 1991, NJW 1991, 2484.

117 So auch OLG Koblenz 25. 6. 1992, VRS 84, 243, das den (mutmaßlichen) Parteiwillen aus folgenden Faktoren abgeleitet hat: Neupreis, Alter und Laufleistung bei Vertragsabschluss und Altwagenpreis; s. a. OLG Hamm 13. 1. 2011 – I-2 U 143/10.

118 Vgl. OLG Hamm 13. 1. 2011 – I-2 U 143/10 (Anhebung von 200.000 auf 250.000 km bei einem älteren Audi A 3 1,9 TDI, verkauft bei Km-Stand 164.100, zu 90 % Autobahn).

119 Falsch OLG Brandenburg 26. 6. 2008 – 12 U 236/07 – n. v., das die bei Übergabe bereits zurückgelegte Fahrstrecke von 59.000 km unberücksichtigt lässt.

tung gewählt wird, desto höher ist das „Kilometergeld". In den letzten Jahren ist die begrüßenswerte Tendenz zu einer **realistischen Einschätzung** zu beobachten. Nur noch vereinzelt findet sich die überholte Vorstellung, die zu erwartende Gesamtlaufleistung sei einheitlich mit einem Durchschnittswert von 150.000 km zu veranschlagen, gleichgültig, um welchen Typ von Pkw es sich handelt.[120] Diese Sicht ist **realitätsfern**, wie nicht zuletzt die SCHWACKE-Liste „Gebrauchsvorteil" (1997!) gezeigt hat.[121]

Als **Faustregel** gilt nach wie vor: Je kleiner ein **Motor** ist, desto geringer ist seine Lebensdauer, sprich Gesamtlaufleistung. Richtiger Umkehrschluss: **Großvolumige Motoren** mit mittlerer Leistung (kW) leben am längsten. Ein signifikanter Unterschied zwischen **Ottomotoren** und **Dieselmotoren** besteht nicht mehr so wie früher. „Benziner" halten heute nahezu ebenso lange wie Dieselmotoren, sachgerechte Bedienung und Wartung vorausgesetzt. **3572**

Sicherlich ist es verfehlt, bei der Einschätzung der Gesamtfahrleistung nur auf den Motor abzustellen. Bezugspunkt ist das **Fahrzeug in seiner Gesamtheit.** Ein durchschnittlicher Pkw besteht allerdings aus etwa 6.000 Einzelteilen mit ganz unterschiedlicher Lebenserwartung. Während zahlreiche Teile „ewig" halten (z. B. Glas, Plastik), sind andere schon nach 50.000 bis 60.000 km verschlissen. Zu den klassischen Verschleißteilen am Auto gehören bekanntlich die Reifen, die Kupplung und die Auspuffanlage, ferner die Bremsbeläge und die Stoßdämpfer. Diese Teile haben eine deutlich geringere Lebenserwartung als beispielsweise der Motor oder das Schaltgetriebe. Erfahrungsgemäß sind aber auch diese Teile heute sehr viel langlebiger als in früheren Jahren. Dies gilt auch für die Karosserie. Dank verbesserten Korrosionsschutzes und der Verwendung von Aluminium hat sie inzwischen eine Lebensdauer von weit über 10 Jahren. Dem Ziel „Dauerhaltbarkeit" ist man insgesamt gesehen ein gutes Stück näher gekommen. Dieser Entwicklung muss bei der Abschätzung der Gesamtfahrleistung/Lebensdauer Rechnung getragen werden. **3573**

Die **jüngere Rechtsprechung** hat sich dieser Entwicklung nicht verschlossen, wie die folgenden **Beispiele** – in alphabetischer Reihenfolge **nach Fahrzeugmarken** – zeigen: **3574**

AUDI A 8 200.000 km (OLG Koblenz NJW-RR 1999, 701)

AUDI A 4 TDI 250.000 km (OLG Düsseldorf OLGR 2003, 338)

AUDI A 3 1,9 TDI 200.000 km (OLG Hamm 13. 1. 2011 – I-2 U 143/10, wegen Sonderfaktoren angehoben auf 250.000 km)

AUDI TT 3,2 quattro 250. 000 km (AG Kamen SVR 2005, 381)

BMW 323i 170.000 km (OLG Koblenz VersR 1993, 1492)

BMW 530 dA Touring 250.000 km (LG Dortmund NJW 2001, 3196)

BMW 330 d 250.000 km (OLG Köln NJW 2007, 1694)

BMW 525 d 250.000 km (LG Aschaffenburg NZV 2006, 657)

BMW 740 d 250.000 km (Thür. OLG 20. 12. 2007 – 1 U 535/06)

BMW Z 3 (2,2 l) 250.000 km (LG Karlsruhe NJW-RR 2005, 1368)

BMW Z 4 200.000 km (OLG Frankfurt 4. 9. 2008 – 15 U 40/06)

Fiat Stilo 150.000 km (OLG Koblenz NJW 2009, 3519)

Ford Sierra (75 PS) 200.000 km (OLG Hamm OLGR 1992, 353)

Ford Escort 150.000 km (LG Karlsruhe DAR 2010, 528)

120 So aber OLG Hamm NJW-RR 1994, 375; LG Saarbrücken zfs 1995, 33; OLG Braunschweig DAR 1998, 391; LG Bonn NZV 1998, 161.

121 Nach der Erstauflage 1997 nicht fortgeführt.

Jaguar XKR 250.000 km (LG Coburg DAR 2009, 529)

Kia Carens 2,0 l 200.000 km (LG Köln 15. 5. 2008 – 37 O 1054/07)

Mazda Tribute 250.000 km (OLG Karlsruhe NJW-RR 2008, 137)

Mercedes A-Kl. 200 CDI 250.000 km (OLG Düsseldorf 18. 8. 2008 – I-1 U 238/07)

Mercedes 200 D 250.000 km (OLG Düsseldorf DAR 2002, 506)

Mercedes 250 D (124 T) 350.000 km (OLG Koblenz NJW 2004, 1670)

Mercedes E 270 CDI 200.000 km (LG Zweibrücken 2. 8. 2004 – 1 O 274/03)

Mercedes 560 SEC 300.000 km (OLG Hamm NJW 1997, 2121)

Mercedes ML 280 CDI 250.000 (OLG Köln NJW-RR 2011, 61)

Opel Astra 200.000 km (OLG Köln 13. 7. 2000 – 18 U 266/99)

Peugeot 206/207 CC 180.000 km (OLG Stuttgart NJW-RR 2010, 312)

Rover Diesel 200.000 km (OLG Stuttgart DAR 1998, 393)

Toyota Corolla 180.000 km (OLG Oldenburg DAR 1993, 467)

Volvo V 70 250.000 km (OLG Celle NJW-RR 2010, 356; OLG Nürnberg NJW 2005, 2019)

Volvo C 70, 2,0 l 250.000 km (LG Köln DAR 2007, 34)

Volvo 945 TD 200.000 km (BGH NJW 1996, 1337)

VW Golf Turbo Diesel 250.000 km (LG Münster zfs 1993, 409)

VW Golf TDI 81 kW 250.000 km (LG Duisburg 2. 5. 2006 – 6 O 443/04)

VW Multivan 200.000 km (OLG Celle 10. 1. 2002 – 11 U 108/01)

VW Sharan 2,0 l 200.000 km (OLG Saarbrücken DAR 2006, 509; unter Hinweis auf die SCHWACKE-Liste „Gebrauchsvorteile" für 330.000 km OLG Düsseldorf 23. 10. 2006 – I-1 U 72/06)

VW Phaeton Diesel 250.000 km (LG Braunschweig 14. 3. 2008 – 4 O 2804/07).

3575 So wünschenswert Einzelfallgerechtigkeit ist, so stark ist andererseits das praktische Bedürfnis nach **Vereinfachung und Pauschalierung**.[122] Die vollständige Aufklärung aller maßgebenden Umstände ist i. d. R. mit Schwierigkeiten verbunden (zeit- und kostspieliges Gutachten), die mit der Bedeutung der Position „Nutzungsvergütung" häufig in keinem vernünftigen Verhältnis stehen. Der analog anwendbare § 287 ZPO räumt dem Richter ein **weites Schätzungsermessen** ein. Das gilt auch und gerade für den Faktor „Gesamtlaufleistung" als Ausgangswert für die Schätzung der voraussichtlichen Restlaufleistung.

(4) Formelwert „tatsächliche Fahrstrecke"

3576 Der dritte Bemessungsfaktor ist die Fahrstrecke, die das Fahrzeug seit der Übergabe (Auslieferung) an den Käufer bis zum Zeitpunkt der Bemessung der Gebrauchsvorteile zurückgelegt hat. Sie ergibt sich im Allgemeinen aus einem Vergleich des Km-Standes bei der Übergabe mit dem Km-Stand am Bewertungsstichtag (zu den Möglichkeiten insoweit s. Rdn. 1181 ff.). Grundsätzlich ist der Verkäufer auch in diesem Punkt **darlegungs- und beweispflichtig**.[123]

3577 Soweit der Verkäufer dieser prozessualen Obliegenheit mangels eigener Wahrnehmungsmöglichkeit nicht entsprechen kann, führt dies nicht zu einer Umkehr der Beweislast. Dazu besteht keine Notwendigkeit. Der Ausgangswert ist i. d. R. vertragsurkundlich belegt

122 Grundsätzlich dazu, aber mit falschem Ergebnis OLG Braunschweig 6. 8. 1998, DAR 1998, 391.
123 OLG Düsseldorf 11. 9. 1998, NJW-RR 1999, 278.

(zu den Manipulationsfällen s. Rdn. 3583). In analoger Anwendung des § 421 ZPO kann der Verkäufer für den Umfang der Benutzung durch den Käufer dadurch Beweis antreten, dass ihm aufgegeben wird, den aktuellen Stand des Kilometerzählers mitzuteilen. Zulässig ist auch ein Antrag auf Parteivernehmung, ebenso ein Antrag auf Einnahme des Augenscheins. Ein ungeeignetes Beweismittel ist der Sachverständigenbeweis.[124] Wenn der Verkäufer sich an der durchschnittlichen Fahrleistung orientiert (bei Pkw derzeit 14.800 km jährlich), kann seine Beweisbehauptung nicht damit zurückgewiesen werden, sie entbehre jeglicher Grundlage, gehe also ins Blaue. Anders kann es bei Angabe einer ungewöhnlich hohen Fahrstrecke sein.[125] Das beliebte Argument „Ausforschungsbeweis" ist selten stichhaltig. Weitere **Einzelheiten zum Prozessualen** s. Rdn. 1181 ff. Materiell-rechtlich besteht ein Auskunftsanspruch des Verkäufers aus § 242 BGB. Ein Recht, den Kilometerzähler abzulesen, gibt § 810 BGB analog.

(5) Sonderfahrzeuge

In Sonderfällen kann es unumgänglich sein, die übliche Berechnungsformel zu modifi- **3578**
zieren oder vollständig aufzugeben, eventuell sogar einen Kfz-Sachverständigen zur Ermittlung der maßgeblichen Parameter einzuschalten. Zu denken ist etwa an **Oldtimer**[126] und **Wohnmobile** (Reisemobile).[127]

Bei **Wohnmobilen,** nicht zu verwechseln mit Wohnanhängern (Caravans), darf im Re- **3579**
gelfall nicht nur auf die Fahrstrecke abgestellt werden, die der Käufer tatsächlich zurückgelegt hat. Zur bestimmungsgemäßen Nutzung gehört auch das Wohnen auf Rädern. Damit stellt sich die Frage nach der voraussichtlichen Lebensdauer (Nutzungsdauer).[128] Sie ist fahrzeugbezogen zu ermitteln, ggf. unter Hinzuziehung eines Sachverständigen.[129] Die gewöhnliche Gesamtnutzungsdauer eines Reisemobils in freier Schätzung mit 20 Jahren zu veranschlagen,[130] ist lebensfremd.[131] Als Alternative zu einer rein zeitbezogenen Bemessung des Nutzungsvorteils kommt eine Kombination von Fahr- und Wohnfaktor in Betracht (§ 287 ZPO). Von Sonderfällen abgesehen[132] ist eine Berechnung allein auf Km-Basis nicht sachgerecht.[133]

Als (mutmaßliche) Gesamtfahrstrecke von Wohnmobilen werden 150.000 – 250.000 km **3580**
veranschlagt.[134] Auch für **Motorräder** gelten eigene Regeln.[135] Für sie sind nach Erhebungen des ADAC deutlich niedrigere Gesamtlaufleistungen als für Pkw anzusetzen. Vier Kategorien können unterschieden werden: 1. Roller und Mokicks (30.000 km), 2. mittlere Leichtkrafträder (60.000 km), 3. Enduro bis Tourer, 400 ccm–1800 ccm (90.000 km) und 4. große Tourer (100.000–120.000 km).

---

124 Brand OLG 27. 7. 2006 – 5 U 161/05.
125 Brand OLG 27. 7. 2006 – 5 U 161/05.
126 OLG Köln 26. 5. 1997, NJW-RR 1998, 128 = OLGR 1997, 331 – Motorrad, Baujahr 1924.
127 Vgl. OLG Düsseldorf 28. 10. 1994, NZV 1995, 69 = OLGR 1995, 83; OLG Köln 8. 6. 1993 – 24 U 215/92 – n. v.; OLG Nürnberg 14. 11. 2001, NJW-RR 2002, 628 = DAR 2002, 219; LG Kassel 21. 7. 2000 – 9 O 1688/99 – n. v.; informativ zum Ganzen *Hörl* in: FS Eggert (2008), S. 57, 62 ff.
128 S. dazu OLG Düsseldorf 28. 4. 2008 – I-1 U 273/07; v. 28. 10. 1994, NZV 1995, 69 = OLGR 1995, 83; abw., aber wohl verfehlt (nur Laufleistung) z. B. OLG Nürnberg 14. 11. 2001, NJW-RR 2002, 628.
129 *Hörl* in: FS Eggert (2008), S. 57, 64.
130 So OLG Stuttgart 23. 3. 2000 – 11 U 92/99 – n. v.
131 *Hörl* in: FS Eggert (2008), S. 57, 65.
132 OLG Hamm 10. 3. 2011 –I-28 U 131/10 (Feuchtigkeitsschäden als Hindernis für Wohnnutzen).
133 Überzeugend *Hörl* in: FS Eggert (2008), S. 57, 62 ff.
134 LG Kassel 21. 7. 2000 – 9 O 1688/99 – n. v. (250. 000); OLG Celle 28. 6. 2006, ZGS 2006, 429 (200.000).
135 OLG Hamm 19. 10. 1994, NZV 1995, 69; s. a. LG Schwerin 28. 8. 2003, DAR 2004, 98 (Moped?).

3581 Die Bewertung des Gebrauchs von **Nutzfahrzeugen** unterliegt gleichfalls Sonderregeln, zumal bei dem Faktor „Gesamtlaufleistung/voraussichtliche Restfahrleistung" (vgl. OLG Saarbrücken NJW-RR 1990, 493 – Lkw; BGH NJW 1995, 2159 – Omnibus; OLG Köln VRS 99/100, 1 – Bus; Brand. OLG OLGR 1996, 49 – Lkw; OLG Hamm OLGR 1998, 217 – Kühlanhänger).

3582 Zum **Kauf eines Motors** s. OLG Frankfurt DAR 1992, 221.

(6) Sonderfall „Tachomanipulation"

3583 Die allgemein praktizierte Formel „Kaufpreis geteilt durch Restfahrleistung mal gefahrene Kilometer" kann nicht ohne weiteres eingesetzt werden, wenn der Km-Stand zur Zeit der Übergabe nachweislich manipuliert war oder auch nur ein konkreter Manipulationsverdacht besteht. Verhindert werden muss, dass der Käufer infolge der Tachomanipulation eine zu hohe Nutzungsvergütung zahlt. Der Bruttokaufpreis kann wie im Normalfall als Rechengröße genommen werden. Dass er angesichts der wirklichen (höheren) Gesamtfahrleistung überhöht ist, ist – wie in anderen Fällen der Sachmängelhaftung – ohne Belang.

3584 Auch die Feststellung der effektiven Fahrstrecke in der Sphäre des Käufers bereitet keine besonderen Schwierigkeiten. Selbst wenn der Tachostand bei Übergabe falsch war, bleibt er doch eine taugliche Basis für die Ermittlung der gefahrenen Kilometer, das Funktionieren des Zählwerks vorausgesetzt. Problematisch ist dagegen der Berechnungsfaktor „mutmaßliche Restfahrleistung". Die dafür maßgebliche Ausgangsgröße der mutmaßlichen Gesamtfahrleistung ist fahrzeugspezifisch unabhängig von der Tachomanipulation nach den üblichen Kriterien zu schätzen. Um auf die mutmaßliche Restfahrleistung des gekauften Gebrauchtfahrzeugs zu kommen, wird gewöhnlich der Tachostand bei Übergabe abgezogen. Das soll für den Fall der Tachomanipulation nicht gelten.[136]

3585 Richtig ist, dass der wahre (höhere) Km-Stand bei Übergabe in die Schätzung nicht einfließen darf.[137] Andernfalls fiele die Nutzungsvergütung zu hoch aus. Um die vom Käufer tatsächlich gezogenen Nutzungen richtig zu ermitteln, kann man unter Verzicht auf die gängige Formel eine freie Schätzung der mutmaßlichen Restfahrleistung unter Berücksichtigung der berechtigten Erwartung des Käufers versuchen.[138] Vertretbar ist auch eine Berechnung anhand der Formel mit anschließendem Manipulationsabschlag. Grundlage dieser Korrektur ist ein Schadensersatzanspruch des Käufers.

bb) Weitere Einzelfragen

3586 Zur **prozessualen Geltendmachung** der Nutzungsvergütung und zu weiteren praxisrelevanten Fragen wie **Mängelabschlag**[139], **Verzinsung** und **Mehrwertsteuer** s. Rdn. 1173 ff.

---

136 OLG Düsseldorf 11. 9. 1998, NJW-RR 1999, 278; OLG Düsseldorf 12. 3. 2003, OLGR 2003, 338; s. a. OLG Rostock 11. 7. 2007, NJW 2007, 3290.

137 So auch OLG Koblenz 1. 4. 2004, NJW 2004, 1670; s. a. LG Ellwangen 13. 6. 2008, SVR 2008, 345.

138 Vgl. OLG Koblenz 1. 4. 2004, NJW 2004, 1670; OLG Düsseldorf 11. 9. 1998, NJW-RR 1999, 278.

139 Speziell für den Gebrauchtwagenkauf s. OLG Köln 30. 1. 2002, DAR 2002, 453.

IV. Minderung

Nicht anders als im früheren Recht führt die Minderung in Gebrauchtwagenstreitigkeiten **ein Schattendasein**. Abgesehen davon, dass dieser Rechtsbehelf dem Interesse des mangelhaft belieferten Käufers nur selten in vollem Umfang Rechnung trägt, beruht dieser Befund auf Darlegungs- und Berechnungsschwierigkeiten. **3587**

Anders als für den Rücktritt genügt für die Minderung ein **geringfügiger Mangel**. Das macht sie für Käufer als **Auffangrecht** interessant. In Fällen strittiger Erheblichkeit (§ 323 Abs. 5 S. 2 BGB) setzen rückabwicklungswillige Käufer entweder schon in der Klageschrift oder im Verlauf des Rechtsstreits hilfsweise auf Minderung (zum Problem s. Rdn. 1225 ff.). **3588**

Abgesehen von der Frage der Erheblichkeit ist die Minderung – auch sie **ein Gestaltungsrecht** und kein Anspruch – an **die gleichen Voraussetzungen wie der Rücktritt** geknüpft. Wegen der Besonderheiten, die sich aus der grundsätzlich **vorrangigen Nacherfüllung** in Fällen des Gebrauchtfahrzeugkaufs ergeben, s. deshalb Rdn. 3522 ff. **3589**

1. Berechnungsfragen

Im Grundsatz geblieben ist die **Art der Berechnung** der Minderung (§ 441 Abs. 2 BGB). Von den **drei Faktoren,** die zur Ermittlung des Minderungsbetrages erforderlich sind, ist – anders als beim Neuwagenkauf – nur ein einziger vorgegeben: der tatsächliche Kaufpreis. Die beiden übrigen – Wert ohne Mangel und Wert mit Mangel – müssen erst festgestellt werden. Ohne Hinzuziehung eines Sachverständigen ist dies kaum möglich. **3590**

Die Praxis begegnete diesen Schwierigkeiten früher meist dadurch, dass der Minderungsbetrag mit dem (Brutto-)Betrag gleichgesetzt wurde, der zur Beseitigung des Mangels erforderlich ist.[140] Die **Reparaturkosten** wurden also einfach vom Kaufpreis abgezogen, d. h. der Käufer durfte einen Betrag in Höhe der Reparaturkosten einklagen, so wie beim kleinen Schadensersatz. Diese Berechnungsweise wurde nicht beanstandet, wenn der vereinbarte Kaufpreis dem objektiven Wert der Kaufsache in mangelfreiem Zustand entsprach. **3591**

Diesen praktikablen Weg hat das neue Kaufrecht nicht von vornherein versperren wollen. Eine Ermittlung der Minderung **im Wege der Schätzung** ist jetzt ausdrücklich zugelassen (§ 441 Abs. 3 S. 2 BGB). Für den **Klageantrag** wird indes an der Notwendigkeit einer **Bezifferung** festgehalten.[141] Gegenstand der richterlichen Schätzung sind die maßgeblichen Werte, nicht etwa die Reparaturkosten. Von vornherein scheiden die **Reparaturkosten als Berechnungsgröße** aus, wenn die Nachbesserung unmöglich oder unverhältnismäßig ist.[142] **3592**

a) Wert des Fahrzeugs im mangelfreien Zustand

Er entspricht nicht immer dem Kaufpreis (z. B. beim „Schnäppchenkauf") Welchen (Verkehrs-)Wert das betreffende Fahrzeug im Zeitpunkt des Verkaufs ohne den beanstandeten Mangel hatte, kann ein Sachverständiger meist nur nach Besichtigung feststellen. Eine Taxierung ohne Besichtigung ist i. d. R. wenig sinnvoll. Es kommt auf den konkreten Zustand des Fahrzeugs an. Zwei Fahrzeuge gleichen Alters und gleicher Laufleistung können erfahrungsgemäß im Wert bis zu 50 % differieren. **3593**

Abzustellen ist auf den **Verkehrswert**, d. h. auf den Wert, der zur Zeit des Verkaufs im normalen Geschäftsverkehr als Verkaufspreis zu erzielen war. Wegen der Vielschichtigkeit des Gebrauchtwagenmarktes – mehrere Verkäufergruppen konkurrieren miteinander – **3594**

---

140 Vgl. BGH 17. 12. 1996, NJW-RR 1997, 688 zu §§ 634, 472 BGB a. F.
141 LG Schwerin 3. 11. 2004, DAR 2005, 38; s. a. Rdn. 1233.
142 BGH 9. 1. 2003, NJW 2003, 1188 zu § 13 VOB.

kann man kaum von einem „normalen Geschäftsverkehr“ sprechen. Ein Gebrauchtwagen kann 500 € mehr oder weniger erzielen, je nachdem, wer ihn wo und an wen verkauft. Am teuersten ist er beim Neuwagenhändler mit Gebrauchtwagenabteilung, am billigsten beim privaten Direktgeschäft. Mit Rücksicht auf die unterschiedlichen Verkaufswege erscheint es richtig, im konkreten Fall von dem Weg auszugehen, auf dem der mangelhafte Wagen zum Käufer gelangt ist. Beim Kauf von einem Händler oder durch dessen Vermittlung kann also auf die Marktnotierungen der DAT (Marktspiegel) oder auf die Schwacke-Liste zurückgegriffen werden.

3595 Da der private Markt nicht Gegenstand professioneller Preisforschung ist, gehen die Listenpreise, auch des Schwacke-Berichts, hier an der Wirklichkeit vorbei. Erfahrungsgemäß wird mit prozentualen Ab- und Zuschlägen vom bzw. auf die Listenpreise gearbeitet. Eine Faustformel lautet: „Schwacke-Einkaufspreis plus 15 %“. Bei neueren Fahrzeugen mag dies zutreffen, bei älteren erscheint ein höherer Zuschlag erforderlich. Letztlich entscheidet aber stets die konkrete Beschaffenheit des Fahrzeugs.

b) Wert mit Mangel

3596 Er, der wirkliche Wert, wird herkömmlicherweise so ermittelt, dass die Kosten für die Beseitigung des Mangels von dem Wert ohne Mangel (Verkehrswert) abgezogen werden. Im Prinzip ist dieses Verfahren nicht zu beanstanden, es versagt aber in Fällen mit unbehebbaren Mängeln, weil es hier mangels Nachbesserung auch keinen Kostenaufwand geben kann.

3597 In Fällen möglicher Reparatur wird mitunter übersehen, dass die Beseitigung eines Mangels häufig eine Wertsteigerung mit sich bringt, vor allem bei älteren Fahrzeugen. Dieser „Mehrwert“ ist von den (fiktiven) Reparaturkosten abzuziehen, bevor diese zur Ermittlung des Fahrzeugwertes bei Mangelhaftigkeit herangezogen werden können. In den Fällen, in denen bei schadensersatzrechtlicher Betrachtungsweise ein Abzug „neu für alt“ gerechtfertigt wäre, sind bei der Berechnung des Minderungsbetrages also die bereinigten Reparaturkosten anzusetzen.[143] Die Mehrwertsteuer bleibt unberücksichtigt.

3598 Besteht der Sachmangel in dem Fehlen einer Beschaffenheit, die sich nicht herstellen lässt (z. B. Datum der Erstzulassung, niedrigere Kilometerfahrleistung, Unfallfreiheit), scheidet eine Berechnung nach den Mängelbeseitigungskosten naturgemäß aus. Zu ermitteln sind die Werte mit und ohne die spezielle Eigenschaft und mit dem Kaufpreis in Relation zu setzen.[144] Das OLG Düsseldorf[145] berechnet in einem Laufleistungsfall die gefahrenen Mehrkilometer anhand der Wertschwundformel und gibt dem Käufer in Höhe dieses Betrages einen Rückzahlungsanspruch, gestützt auf § 812 Abs. 1 S. 1 BGB, nicht auf §§ 462, 472 BGB a. F.

c) Sonderfall Mehrheit von Mängeln

3599 Dass die Parteien nur über einen einzigen wertmindernden Mangel streiten, kommt vor, ist jedoch nicht die Regel. Häufig liegen außer dem haftungsbegründenden Mangel weitere Umstände vor, die den Wert herabsetzen, aber kein Sachmängelrecht begründen, sei es, dass es sich nicht um einen Mangel im Rechtssinn handelt (Verschleiß, normale Alterung),

143 LG Köln 27. 5. 1970, MDR 1970, 1010 (Austauschmotor); vgl. auch BGH 17. 3. 1989, WM 1989, 857, 859 unter II, 5c.

144 Vgl. OLG Oldenburg 28. 6. 1982, MDR 1982, 1018 (höheres Alter eines Sportwagens); vgl. auch OLG Frankfurt 6. 11. 1986, NJW-RR 1987, 1268; LG Düsseldorf 22. 4. 2003, DAR 2003, 420 (Importwagen).

145 Urt. v. 18. 6. 1999, NZV 1999, 514.

sei es, dass die Haftung insoweit vertraglich oder gesetzlich ausgeschlossen ist, sei es, dass der Käufer für die Verschlechterung verantwortlich ist.

Schließlich kann eine Rolle spielen, dass punktuell bereits Verjährung eingetreten ist. Ob **3600** und wie solche haftungs-, aber nicht wertneutralen Umstände bei der Ermittlung der Verkehrswerte (mit und ohne Mangel) zu berücksichtigen sind, ist trotz der Entscheidung BGH NJW 1990, 2682 (Grundstückskauf) nicht restlos geklärt.

Für den Parallelfall des kleinen Schadensersatzes nach § 463 BGB a. F. hat der BGH ent- **3601** schieden: Der Verkäufer kann bei der Schadensberechnung nicht geltend machen, die Freizeichnungsklausel sei wegen anderer, von ihm nicht verschwiegener Mängel wirksam.[146] Im konkreten Fall hatte der Verkäufer arglistig verschwiegen, dass in das Fahrzeug, ein Mercedes 230 SL, ein Motor des Typs 250 eingebaut war. Das Besondere war, dass dieser nicht typgerechte Motor obendrein noch völlig verschlissen war, der Verkäufer diesen „Mangel" aber nicht arglistig verschwiegen hatte. Für den BGH gibt es bei der **Schadensberechnung** keine „gespaltene" Freizeichnung. War die Klausel gem. § 476 BGB a. F. nichtig, entfaltete sie bei der Berechnung des Schadens keine Wirkung mehr zugunsten des Verkäufers in Bezug auf andere Mängel. Schadensrechtlich ist dem – auch für das neue Recht – zuzustimmen. Die Gegenmeinung verletzt die Grundsätze der Differenzhypothese.

Für die Minderung war nach altem Recht im Ausgangspunkt anerkannt, dass bei der Er- **3602** mittlung der Werte mit und ohne Mangel nur der haftungsbegründende Mangel zu berücksichtigen ist.[147] Andere **wertmindernde Momente** hatten außer Ansatz zu bleiben. Daran ist unter der Geltung des neuen § 441 BGB festzuhalten.

Die Beschränkung auf den haftungsrelevanten Mangel bzw. die Mängel wird von Sach- **3603** verständigen häufig nicht genügend bedacht. Belanglos sind alle wertmindernden Umstände aus der Zeit nach Übergabe, sofern sie mit der Vertragswidrigkeit in keinem ursächlichen Zusammenhang stehen (Abnutzung, Beschädigung usw.), auch wenn der für die Wertermittlung maßgebliche Zeitpunkt nicht der der Übergabe, sondern – beim Gebrauchtwagenkauf meist zusammenfallend – der **Zeitpunkt des Vertragsschlusses** ist.[148] **Werterhöhende Aufwendungen** des Käufers (z. B. Einbau von Zubehör) haben bei der Wertermittlung gleichfalls außer Ansatz zu bleiben.

Wertmindernde Eigenschaften, die bereits bei Übergabe vorhanden waren, aber keine **3604** Haftung begründen, fallen nicht zulasten des Verkäufers ins Gewicht. Dies gilt nicht nur für normalen Verschleiß und Alterung, die i. d. R. schon nicht als Sachmängel i. S. d. § 434 Abs. 1 S. 2 Nr. 2 BGB zu werten sind. Auch echte Mängel im Rechtssinn müssen unberücksichtigt bleiben, wenn und insoweit der Verkäufer seine Haftung hierfür wirksam ausgeschlossen hat.[149] Andernfalls würde das Ziel der Minderung verfehlt, die vertraglich vorausgesetzte Äquivalenz von Leistung und Gegenleistung aufrechtzuerhalten. Die **Haftungsfreizeichnung** ist ein wesentliches Element der Preiskalkulation. Ohne sie müsste der Verkäufer einen erheblich höheren Preis verlangen (Risikozuschlag). Dieser Preisvorteil käme dem Käufer ohne rechtfertigenden Grund zugute, bliebe der Haftungsausschluss bei der Berechnung des Minderungsbetrages unberücksichtigt. Anders als bei der Berechnung des „kleinen" Schadensersatzes nach der Differenzhypothese wirkt sich die Freizeichnung auch dann zugunsten des Verkäufers aus, wenn sie im Hinblick auf den haftungsbegründenden Mangel wegen Arglist oder wegen entgegenstehender Beschaffenheitsgarantie

146 Urt. v. 26. 1. 1983, NJW 1983, 1424 = DAR 1983, 228.
147 BGH 1. 6. 1990, NJW 1990, 2682 = WM 1990, 1674 (Grundstückskauf).
148 Und zwar für beide Werte, s. § 441 Abs. 2 BGB.
149 So auch LG Düsseldorf 22. 4. 2003, DAR 2003, 420.

keine Wirkung entfaltet (§ 444 BGB). Dies ist eine Folge des Strukturunterschieds zwischen Kaufpreisherabsetzung und Schadensersatz statt der Leistung.

3605 Wenn die Vertragsparteien zur Ermittlung des Minderungsbetrages einen **Sachverständigen** mit der „Schadensfeststellung“ beauftragen, ist dessen Schätzung in den Grenzen der §§ 317 ff. BGB verbindlich. Die Kosten des Schiedsgutachtens sind mangels anderweitiger Vereinbarung zu teilen.[150]

2. Sonstige Fragen zur Minderung

3606 Zur Ausübung des Minderungsrechts, zur Frage der Bindung an die getroffene Wahl und zum Verhältnis von Minderung und Rücktritt s. Rdn. 1223 ff., 3829.

3607 **Rechtsverlust:** Das (Gestaltungs-)Recht der Minderung verliert der Käufer nicht dadurch, dass er das Fahrzeug weiterveräußert hat.[151] Fortdauer von Besitz und Eigentum sind keine Voraussetzungen des Minderungsrechts. Sein Bestand ist davon unabhängig. Zum Ausschluss der Minderung wegen Verwirkung bzw. Verzichts s. die Ausführungen zum Rücktritt (Rn 1076 ff.).

V. Schadensersatzansprüche des Käufers bei einem Sachmangel

1. Überblick

3608 Soweit nicht ein anderes bestimmt ist, kann der Käufer bei Mangelhaftigkeit der Sache Schadensersatz nach den **§§ 440, 280, 281, 283 und 311a BGB** verlangen. Der dies bestimmende **§ 437 Nr. 3 BGB** enthält keine eigene Anspruchsgrundlage; er ist lediglich eine Verweisungsnorm. An die Stelle einer einzigen Gesetzesbestimmung für den Spezieskauf (§ 463 BGB a. F.) ist eine **sehr differenzierte Regelung** mit neuem dogmatischen Fundament getreten.

3609 Die **neuartige Auffächerung** nach Anspruchsgrundlagen und Schadensarten i. V. m. der Spezialnorm für den Aufwendungsersatz (§ 284 BGB) bereitet allen Beteiligten, die Gerichte eingeschlossen, nach wie vor **beträchtliche Schwierigkeiten**. Zusätzliche dadurch, dass innerhalb einer Anspruchsgrundlage teilweise an **verschiedene Pflichtverletzungen** angeknüpft werden kann (oder muss?), was für den Bezugspunkt des Vertretenmüssens und damit auch für die Entlastung des Verkäufers von großer praktischer Bedeutung ist.

3610 Käufer von Kraftfahrzeugen, zumal von Gebrauchtwagen, sind **im alten Recht** typischerweise aus § 463 BGB a. F. vorgegangen; der Anspruch auf Schadensersatz wegen Nichterfüllung war der Standardrechtsbehelf. Das erklärte sich vor allem daraus, dass die anspruchsbegründenden Tatsachen (Arglist/Zusicherung) sich mit denjenigen deckten, die der (Gebrauchtwagen-)Käufer ins Feld führen musste, um den üblichen und seinerzeit zulässigen Gewährleistungsausschluss auszuhebeln. Da lag es nahe, statt Wandelung oder Minderung Schadensersatz wegen Nichterfüllung zu verlangen.

3611 **Im geltenden Recht** liegen die Dinge in mehrerer Hinsicht wesentlich anders. Arglist und das Fehlen einer zugesicherten Eigenschaft sind nicht mehr Voraussetzung für einen Schadensersatzanspruch. Es genügt bloße Mangelhaftigkeit des Fahrzeugs, gleichviel, ob neu oder gebraucht gekauft. Auf der anderen Seite ist der Anspruch auf Schadensersatz wegen Nichterfüllung (heute: „statt der Leistung“) ebenso wie Rücktritt und Minderung **grundsätzlich subsidiär**. Der Nacherfüllungsvorrang und die damit verbundene Chance des Verkäufers, auch Schadensersatzansprüche abzuwehren, sind indes gerade in Fällen

150 OLG Düsseldorf 20. 3. 1998, OLGR 1998, 279.

151 Für den kleinen Schadensersatz s. BGH 10. 6. 1998, NJW 1998, 2905.

des Gebrauchtwagenkaufs vielfach wegen Unmöglichkeit der Nacherfüllung (§ 275 BGB) hinfällig, d. h. Verkäufer von Gebrauchtfahrzeugen sind dann der Schadensersatzhaftung direkt ausgesetzt, und dies schon bei bloßer (vermuteter) Fahrlässigkeit und nur begrenzter Freizeichnungsmöglichkeit.

Von den **zahlreichen Anspruchsgrundlagen**, die im heutigen Recht bei Mangelhaftigkeit des Kaufobjekts eine Schadensersatzpflicht des Verkäufers begründen können, ist für **Gebrauchtwagenkäufer** § 311a Abs. 2 BGB **die Zentralnorm** (i. V. m. § 437 Nr. 3 BGB). Demgegenüber richtet sich die **Schadensersatzhaftung des Neuwagenverkäufers** in den meisten Fällen nach § 437 Nr. 3 i. V. m. §§ 280, 281 BGB. Denn in diesem Bereich sind Mängel ganz überwiegend technischer Natur und damit behebbar (wichtige Ausnahme: fehlende Fabrikneuheit). **3612**

Für das Verständnis des ganzen Systems der Schadensersatzhaftung des Verkäufers wegen Mangelhaftigkeit des Kaufobjekts **wichtig ist die Einsicht**, dass ein und derselbe Schaden – je nach Fallkonstellation und Zeitpunkt der Geltendmachung – Schadensersatz „statt der Leistung" oder Schadensersatz „neben der Leistung" (ggf. in Form des Verzögerungsschadens) sein kann.[152] Ob der Käufer am Vertrag festhält oder nicht, ist kein Unterscheidungskriterium.[153] **3613**

Schadensersatz statt der Leistung kann prinzipiell erst nach erfolglosem Ablauf einer Frist zur Nacherfüllung verlangt werden. Der Verkäufer muss zunächst Gelegenheit haben, den Mangel durch Nacherfüllung zu beseitigen und drohende Mangel- und Folgeschäden zu verhindern. Durch Nacherfüllung wegfallende Einbußen wie der mangelbedingte Minderwert oder Reparaturkosten sind deshalb dem Schadensersatz statt der Leistung zuzuordnen. Beim Nutzungsausfall ist zu differenzieren (s. Rdn. 3734 ff.). Von dem Schadensersatz statt der Leistung ist der **Schadensersatz neben der Leistung** abzugrenzen: Definiert werden kann er als der bereits endgültig eingetretene durch (gedachte) (Nach-)Erfüllung nicht mehr behebbare Schaden.[154] Er umfasst Verspätungsschäden (§§ 280 Abs. 1, Abs. 2, 286 BGB) und sonstige Schäden. Bei letzteren geht es, mit einiger Vereinfachung gesagt, um die altrechtlichen „Mangelfolgeschäden". Typische Beispiele für den Schadensersatz neben der Leistung (einfacher Schadensersatz) nach § 280 Abs. 1 BGB, liquidierbar ohne Zusatzvoraussetzungen, sind Anwalts- und Sachverständigenkosten. **3614**

2. Schadensersatz statt der Leistung nach §§ 437 Nr. 3, 311a Abs. 2 BGB

a) Tatbestandsvoraussetzungen

Bereits bei Vertragsschluss bestehende Leistungshindernisse i. S. v. § 275 Abs. 1 bis 3 BGB sind die Anknüpfungspunkte in § 311a Abs. 2 BGB. Thema ist die **anfängliche Unmöglichkeit** einschließlich der Fälle „normativer" Unmöglichkeit („Einredefälle"). Bei einem **anfänglichen unbehebbaren Mangel**, dem Hauptanwendungsfall der Haftung des Gebrauchtwagenverkäufers nach §§ 437 Nr. 3, 311a Abs. 2 BGB, ist weder ein Anspruch auf mangelfreie Leistung noch ein Nacherfüllungsanspruch entstanden.[155] **3615**

Als **Musterbeispiel** für einen solchen Sachmangel wird der Verkauf eines Gebrauchtfahrzeugs mit einem (reparierten) **Unfallvorschaden** genannt. Sollte das Fahrzeug nach einer Beschaffenheitsvereinbarung oder nach der Käufererwartung unfallfrei sein, liegt ein Sachmangel vor. Er war schon bei Vertragsschluss vorhanden und kann weder durch Nachlieferung (= Ersatzlieferung) noch durch Nachbesserung beseitigt werden. Die Eigen- **3616**

152 *Medicus/S. Lorenz*, SchBT Rn. 353a; *S. Lorenz*, JuS 2008, 203, 204.

153 Anders OLG Hamm 20. 1. 2011 – I-28 U 139/10.

154 *S. Lorenz*, JuS 2008, 203, 204; OLG Frankfurt 19. 7. 2006, ZGS 2006, 476.

155 Für Anwendbarkeit des allg. Leistungsstörungsrechts deshalb *Heyers/Heuser*, NJW 2010, 3057.

schaft, ein Unfallfahrzeug zu sein, ist irreparabel. Folglich ist der Verkäufer von seiner Pflicht, ein **unfallfreies** Fahrzeug zu liefern (§ 433 Abs. 1 S. 2 BGB), gem. **§ 275 Abs. 1 BGB** befreit. Die Pflicht, insoweit vertragsgemäß zu leisten, ist bereits nicht entstanden. Wegen Unmöglichkeit ausgeschlossen ist auch die Nacherfüllung, und zwar in beiden Varianten.[156]

3617 Voraussetzung des Anspruchs auf Schadensersatz statt der Leistung nach den §§ 437 Nr. 3, 311a Abs. 2 BGB ist, dass das Fahrzeug bereits **bei Vertragsschluss** mangelhaft war und auch **schon zu diesem Zeitpunkt** jegliche (Nach-)Erfüllung entweder unmöglich war (§ 275 Abs. 1 BGB) oder verweigert werden durfte (§§ 275 Abs. 3 und 3, 439 Abs. 3 BGB, sog. Einredefälle). Da die anfängliche Unbehebbarkeit zum haftungsbegründenden Tatbestand des § 311a Abs. 2 BGB gehört, kann es im Einzelfall darauf ankommen, den **Zeitpunkt des Vertragsabschlusses** genau zu bestimmen. Gerade beim Kauf gebrauchter Kraftfahrzeuge macht dies mitunter einige Schwierigkeiten, vor allem beim Erwerb vom professionellen Handel mit seiner speziellen Abschlusstechnik (s. Rdn. 2004 ff.).

b) Darlegungs- und Beweislast des Käufers

3618 Der Käufer erfüllt seine **Behauptungs- und Beweisführungspflicht**, wenn er darlegt und beweist, dass der ihm gelieferte Wagen bei Vertragsschluss einen auf Dauer unbehebbaren Sachmangel gehabt hat und dass ihm durch das endgültige Ausbleiben einer mangelfreien Lieferung ein Schaden entstanden ist.[157] Ein **Verschulden** bzw. **Vertretenmüssen** des Verkäufers braucht er nicht zu behaupten, geschweige denn zu beweisen. Es ist Sache des Verkäufers, sich zu entlasten (dazu Rdn. 3623 ff.).

3619 Gleichviel, worin man bei § 311a Abs. 2 BGB die haftungsbegründende Pflichtverletzung sieht: Auf eine **„Erheblichkeit“** kommt es auf der Tatbestandsebene nicht an. Die Frage der Erheblichkeit entscheidet allein darüber, ob der Käufer den Schadensersatz statt der Leistung in der kleinen oder der großen Version geltend machen kann (§ 311a Abs. 2, S. 3 i. V. m. § 281 Abs. 1 S. 3 BGB). Der Gesetzgeber will insoweit einen Gleichlauf mit dem Rücktritt. Näheres zur Erheblichkeitsfrage in Rücktrittsfällen unter Rdn. 3511 ff.

3620 Da in Fällen des Gebrauchtwagenkaufs die Nacherfüllungsstation wegen „qualitativer Unmöglichkeit“ komplett entfällt,[158] bedarf es **keiner Fristsetzung**, m. a. W.: Der Käufer kann den Schadensersatzanspruch aus §§ 437 Nr. 3, 311a Abs. 2 BGB **sofort geltend machen**. Wenn der anfänglich unbehebbare Mangel schon **vor Gefahrübergang** entdeckt wird, braucht der Käufer nicht einmal bis zur Übergabe zu warten.[159]

3621 **Sonderfall „Mehrheit von Mängeln“:** Problematisch ist, wie ein Käufer bei einer Mehrheit von Mängeln, die **teils unbehebbar**, **teils behebbar** sind, vorzugehen hat. *Beispiel:* Das Auto hat einen Unfallvorschaden und außerdem einen Defekt am Motor. Nach altem Recht konnte der Käufer beide Mängel als „Paket“ zum Gegenstand seiner Gewährleistungsklage machen. Frei war er auch darin, einen zunächst übersehenen oder erst während des Prozesses entdeckten Mangel nachzuschieben. Der Verkäufer konnte sich insoweit lediglich auf Verjährung berufen. Mit dem Einwand, den reparablen Motorschaden hätte er bei entsprechender Aufforderung kostenlos beseitigt, wurde er nicht gehört.

156 BGH 7. 6. 2006, NJW 2006, 2839.

157 Vgl. OLG Karlsruhe 14. 9. 2004, NJW 2005, 989 (gestohlener Pkw); s. a. BGH 22. 6. 2005, NJW 2005, 2852 (Hundekauf).

158 BGH 7. 6. 2006, NJW 2006, 2839.

159 So OLG München 13. 6. 2007 – 20 U 5646/06 – unter der laut BGH NJW 2009, 2807 fehlerhaften Prämisse der Unbehebbarkeit des Lackschadens; Das neue Schuldrecht/*Haas*, Kap. 5 Rn. 267; NK-BGB/*Büdenbender*, § 437 BGB Rn. 9.

Auch im modernisierten Kaufrecht gilt das Recht zur zweiten Andienung nicht ohne Einschränkung. Zurücktreten muss es bei anfänglicher „qualitativer Unmöglichkeit" auch nur in einem einzigen Beschaffenheitspunkt. Dann ist der Käufer nicht gehindert, ohne Fristsetzung auf Schadensersatz statt der Leistung zu klagen (§§ 437 Nr. 3, 311a Abs. 2 BGB). Denn der Käufer darf keinen Nachteil dadurch erleiden, dass außer einem unbehebbaren ein behebbarer Mangel vorhanden ist. Allerdings kann er zur Klagebegründung und auch zur Schadensberechnung nur den unbehebbaren Mangel heranziehen, es sei denn, dass hinsichtlich des nachbesserungsfähigen Mangels eine Fristsetzung entbehrlich ist, z. B. wegen Unzumutbarkeit. Zur „Mischfall"-Problematik s. a. Rdn. 943 und Rdn. 3470. 3622

c) Der Entlastungsbeweis nach § 311a Abs. 2 BGB

aa) Gesetzliche Vermutung und Beweislastumkehr

Der Schadensersatzanspruch gem. § 311a Abs. 2 BGB entfällt, wenn der Verkäufer das Leistungshindernis bei Vertragsschluss nicht kannte und er seine Unkenntnis auch nicht zu vertreten hat. Insoweit soll die Beweislast – wie bei § 280 Abs. 1 S. 2 BGB – umgekehrt werden.[160] Von einer **Beweislastumkehr** geht auch die h. M.[161] aus, sie häufig mit einer „Verschuldensvermutung" gleichsetzend. Dass es sich bei dem „Dies- gilt- nicht-Satz" ebenso wie bei dem ähnlich formulierten § 280 Abs. 1 S. 2 BGB um eine Beweislastnorm handelt, steht für die Praxis außer Streit.[162] 3623

Bei Annahme einer gesetzlichen Vermutung genügt es nicht, dass die Vermutung erschüttert wird. Erforderlich ist der **volle Beweis schuldloser Unkenntnis**.[163] Denn die Vermutung muss widerlegt werden (§ 292 ZPO). Es gilt das Beweismaß des § 286 ZPO. Für die Erleichterung nach § 287 ZPO ist grundsätzlich kein Platz. Beweiserleichterungen bei der Führung des Gegenteilsbeweises sind allerdings nicht von vornherein ausgeschlossen. 3624

Bei unstreitiger oder erwiesener Schuldlosigkeit kann der Verkäufer ausnahmsweise gleichwohl zum Schadensersatz verpflichtet sein, so bei **Übernahme einer Garantie**. Schon der bloße Bruch des Versprechens, der Wagen sei unfallfrei, führt bei Annahme einer Garantieerklärung zu einem Anspruch auf Schadensersatz statt der Leistung. Der **Entlastungsbeweis** ist dem Verkäufer **abgeschnitten**. Zur Behauptungs- und Beweislast im „Garantiefall" s. Rdn. 3648. 3625

Bezugspunkt der Kenntnis bzw. der fahrlässigen Unkenntnis: Es ist das bei Vertragsschluss, nicht etwa bei Übergabe, bestehende „Leistungshindernis". Dieses ist nicht identisch mit dem Sachmangel.[164] Das Leistungshindernis liegt in der „qualitativen Unmöglichkeit", also in der vertragsanfänglichen **Unbehebbarkeit des Mangels**. 3626

Die Kenntnis von der Existenz eines anfänglichen (unbehebbaren) Mangels besagt nicht notwendigerweise, dass dem Verkäufer auch dessen Unbehebbarkeit, also die von Anfang an bestehende Unmöglichkeit der Nacherfüllung, positiv bekannt war, oder auch nur, was ausreichend ist, bekannt gewesen sein musste. Denkbar ist, dass er zwar den Mangel kannte, er aber irrig von einer Reparaturmöglichkeit ausging und auch ausgehen durfte, z. B. aufgrund einer Auskunft einer Fachwerkstatt. Weiteres Beispiel: Der Verkäufer nimmt an, eine Beschädigung des Fahrzeugs sei fachlich tadellos und wertminderungsfrei zu beheben, in Wirklichkeit bleibt aber ein merkantiler Minderwert zurück, der Mangel ist also unbehebbar. Ist der Mangel tatsächlich reparabel und darf die Reparatur nicht verweigert wer- 3627

160 So ausdrücklich BT-Drucks. 6857 = *Canaris* S. 727.

161 *Canaris*, JZ 2001, 507; *Dötsch*, ZGS 2002, 162.

162 BGH 22. 6. 2005, NJW 2005, 2852 (Hundekauf); OLG Karlsruhe 14. 9. 2004, NJW 2005, 989.

163 Nach OLG Koblenz 4. 10. 2010 – 5 U 655/10 – sind an den Entlastungsbeweis „hohe Anforderungen" zu stellen (fälschlich zu § 280 Abs. 1 S. 2 BGB).

164 Für Gleichsetzung *Tropf*, FS Wenzel, 2005, S. 443, 451.

den, scheidet ein Anspruch aus § 311a Abs. 2 BGB aus. Raum bleibt für eine Haftung nach §§ 437 Nr. 3, 280 Abs. 1, 3, 281 Abs. 1 BGB, bei nachträglicher Unmöglichkeit i. V. m. § 283 BGB.

3628 Vom Vertretenmüssen nach § 311a Abs. 2 BGB **zu trennen** ist die Frage, ob der Verkäufer den Käufer vorsätzlich oder fahrlässig falsch informiert hat. Die Auffassung, dass der Verkäufer trotz Kenntnis von einem nicht behebbaren Mangel nicht hafte, wenn keine Aufklärungspflicht bestanden habe,[165] vermengt Beides. Ohne Mangel ist der Weg zu §§ 437 Nr. 3, 311a Abs. 2 BGB nicht eröffnet. Liegt aber ein Mangel vor, besteht grundsätzlich auch eine Aufklärungspflicht. Im Fall der **vorsätzlichen Täuschung** (Arglist) wird positive Kenntnis von dem Leistungshindernis i. d. R. zu bejahen sein. Ein nur **fahrlässiges Aufklärungsverschulden** hat dagegen keine entsprechende Indizwirkung.

Beispiel:
Der Verkäufer weiß nichts von einem früheren Unfall und konnte insoweit auch keine Kenntnis haben, seine Unkenntnis ist mithin unverschuldet. Ein Verstoß gegen eine Prüf- oder Erkundigungspflicht liegt nicht vor. Die Falschangabe gegenüber dem Käufer, der Wagen sei „unfallfrei", war bei genauer, jedoch überobligationsmäßiger Durchsicht der vom Vorbesitzer eingereichten Dokumente vermeidbar. Eine Pflichtverletzung kann bei dieser Sachlage nur deshalb angenommen werden, weil die Zusage „unfallfrei" ohne sichere Erkenntnisgrundlage, quasi ins Blaue hinein, erteilt wurde. In einem solchen Fall entfällt die Schadensersatzhaftung nach §§ 437 Nr. 3, 311a Abs. 2 BGB. Als Auffangnorm kommt § 280 Abs. 1 BGB i. V. m. § 276 BGB zum Zuge; außerdem die „normale" Haftung für Arglist.

3629 Wenn das Vertretenmüssen i. S. d. §§ 311a Abs. 2, 276 BGB untersucht wird,[166] interessiert es nicht, ob der Verkäufer die Unmöglichkeit der Leistung schuldhaft herbeigeführt hat, z. B. den Unfallvorschaden selbst verschuldet hat. Nur seine Kenntnis bzw. der Grund für seine Unkenntnis sind von Belang.

(1) Positive Kenntnis

3630 Bei positiver Kenntnis des Verkäufers von einem Unfallvorschaden kann ohne weiteres auf die Kenntnis auch von der Unmöglichkeit der Nacherfüllung (in beiden Formen) geschlossen werden. Ebenso liegen die Dinge beim Verkauf eines Fahrzeugs mit vertragswidrig überhöhter Laufleistung oder mit einem zu hohen Alter. Die Kenntnis von der Existenz des Mangels schließt in all diesen Fällen **arglistiger Täuschung** die Kenntnis davon ein, dass der vertragswidrige Zustand nicht zu beseitigen ist. Es genügt eine Parallelwertung in der Laiensphäre. Sollte das Leugnen des zweiten Kenntniselements bei vorhandener Kenntnis vom Mangel ausnahmsweise einmal erheblich sein, wird ein Fall fahrlässiger Unkenntnis anzunehmen sein (Vorsatz-Fahrlässigkeit-Kombination).[167]

3631 Der erforderliche Wissensstand muss nicht unbedingt in der Person des Verkäufers festgemacht werden. Es genügt, wenn ein bevollmächtigter Vertreter oder auch nur ein „Wissensvertreter" im Bilde war. Zur **Wissensvertretung** und **Wissenszurechnung** beim Gebrauchtfahrzeugkauf s. Rdn. 4286 ff., dort auch zu der für die Praxis **immer wichtiger werdenden Frage** der Zurechnung von „EDV-Wissen" des eigenen Betriebs, aber auch derjenigen Organisation, der die verkaufende Firma angehört (Stichwort „Reparaturhistorie").

3632 Anders als bei der Arglistprüfung nach altem Recht muss die positive Kenntnis des Verkäufers oder eines Wissensvertreters nicht beweiskräftig festgestellt werden. Vielmehr gilt jetzt der Grundsatz „in dubio pro emptore". Wenn der Richter nach Ausschöpfung aller an-

165 So *Palandt/Grüneberg*, § 311a BGB Rn. 9.
166 Dazu ausführlich *Tropf*, FS Wenzel, 2005, S. 443, 451; *S. Lorenz*, JuS 2007, 611.
167 S. a. *Schur*, ZGS 2002, 243, 247.

gebotenen Beweise nicht ausschließen kann, dass der Verkäufer/Vertreter das anfängliche Leistungshindernis – bei einem als „unfallfrei" verkauften Auto praktisch der Unfallvorschaden – gekannt hat, ist der Entlastungsbeweis misslungen. Nur bei unstreitiger oder nachgewiesener Unkenntnis stellt sich die Anschlussfrage nach Fahrlässigkeit i. S. d. Kennenmüssens.

(2) Kennenmüssen (fahrlässige Unkenntnis)

Maßgeblich ist der **Zeitpunkt des Vertragsschlusses.**[168] Die Frage, warum der Verkäufer zu diesem Zeitpunkt ohne Kenntnis war, lenkt den Blick auf das vorvertragliche Stadium. Zu beachten ist dabei, dass Mängelfreiheit als Sollbeschaffenheit immer eine Frage des Vertrages ist, es im Vorfeld also nur um **potenzielle Mängel** und damit auch nur um **potenzielle Leistungshindernisse** i. S. d. § 311a Abs. 2 BGB gehen kann. **3633**

Welche Pflichten ein Verkäufer vor und bei Vertragsabschluss hat, lässt das „neue" Schuldrecht – aus guten Gründen – ungeregelt. In der **amtlichen Begründung** zu § 311a Abs. 2 BGB ist allgemein davon die Rede, dass sich das Pflichtenprogramm des Schuldners vor Vertragsschluss anders gestalte als nach Vertragsschluss. Vorher gehe es im Wesentlichen um **Informationspflichten.**[169] **3634**

Wie der **Gesetzgeber** sich das **vorvertragliche Pflichtenprogramm** des Verkäufers vorstellt, kann einigen Anmerkungen entnommen werden, die im Hinblick auf die Pflicht des Verkäufers zur sachmängelfreien Lieferung gemacht werden.[170] Sie beziehen sich auf das Vertretenmüssen im Fall der Schlechtleistung. Von Belang sind die **Hinweise des Gesetzgebers** auch insoweit, als es um die vergleichsweise engere Fragestellung bei § 311a Abs. 2 BGB geht, ob der Verkäufer seine Unkenntnis von der anfänglichen Unbehebbarkeit des Mangels (= Leistungshindernis) gem. § 276 BGB zu vertreten hat oder nicht. **3635**

Wenn dem Verkäufer im Rahmen des § 311a Abs. 2 BGB der Vorwurf gemacht wird, sich seiner Fähigkeit zur mangelfreien Lieferung nicht vergewissert zu haben, dann geht es jedenfalls bei **Wiederverkäufern/Zwischenhändlern** vor allem um **Erkundigungs- und Untersuchungspflichten**. Denn der unbehebbare Sachmangel des verkauften Gebrauchtfahrzeugs ist regelmäßig außerhalb ihres Einflussbereichs entstanden. Seine Verursachung scheidet damit auch aus tatsächlichen Gründen als Anknüpfung für das Vertretenmüssen aus. **3636**

Wesentlich anders ist es bei Verkäufern, die ein gebrauchtes Kraftfahrzeug **nach eigener Nutzung** aus ihrem Vermögen verkaufen. Im Fall des **Erstbesitzes** ist der Mangel in ihrer Sphäre entstanden. Da es keine Fahrlässigkeit an sich gibt, sondern immer nur im Hinblick auf eine bestehende Pflicht zum Tun oder Unterlassen, kommt es kaufrechtlich nicht darauf an, wie beispielsweise der Unfallschaden entstanden ist. Kaufvertragsrechtlich interessiert nicht der Unfallhergang, auch nicht die Tachomanipulation als solche. Nur aus der Sicht des späteren Verkaufs kann sich die Frage stellen, ob die behauptete Unkenntnis von der vertragswidrigen Beschaffenheit auf Fahrlässigkeit beruht. **3637**

Ein Kfz-Eigentümer ist **grundsätzlich** nicht schon deshalb zu irgendwelchen Anstrengungen mit Blick auf den Zustand seines Fahrzeugs verpflichtet, weil er es irgendwann einmal verkaufen könnte. Die Frage der Vertragsmäßigkeit stellt sich erst aus Anlass kaufvertraglicher Verhandlungen. Wer den Unfallschaden, den typischen Fall des anfänglichen unbehebbaren Mangels, als Fahrer selbst herbeigeführt hat, kann sich praktisch nur damit verteidigen, ihn von Anfang an nicht bemerkt oder – bei anfänglicher Kenntnis – ihn bis zum Verkauf wieder vergessen zu haben. Der **Vergessenseinwand** ist ein typischer Entlastungs- **3638**

---

168 BGH 22. 6. 2005, NJW 2005, 2852 (Hundekauf); OLG Karlsruhe 14. 9. 2004, NJW 2005, 989.
169 BT-Drucks. 6857 = *Canaris*, S. 726; s. a. BGH 19. 10. 2007, NJW 2007, 3777, 3780.
170 BT-Drucks. 6857 = *Canaris*, S. 807.

versuch langjähriger Erstbesitzer. Bisher hat die Rechtsprechung damit nur im Rahmen der Arglistprüfung zu tun gehabt (s. Rdn. 4274).

3639 Welche Sorgfaltspflichten einen Gebrauchtfahrzeug-Verkäufer **im vorvertraglichen Stadium** treffen, ist **keine neue Fragestellung**. Denn für mangelbezogene Fahrlässigkeiten vor und bei Vertragsabschluss sind Verkäufer gebrauchter Kraftfahrzeuge auch schon vor der Schuldrechtsreform in die Haftung genommen worden, vertragsrechtlich freilich, wenn überhaupt, nur für Mangelfolgeschäden. Die bisherige Rechtsprechung zur positiven Forderungsverletzung verspricht wenig Gewinn. Ohnehin bezieht sie sich in erster Linie auf Gattungskäufe. Hilfreicher ist, an die Eigenhaftung von Kfz-Händlern in ihrer Rolle als Vermittler (Agenturverkauf) zu erinnern. Schwerpunktmäßig war die quasivertragliche Eigenhaftung des Kfz-Vermittlers, von den Arglistfällen abgesehen, eine Haftung für Fahrlässigkeit.

3640 Es liegt daher nahe, bei der Prüfung, ob die **Unkenntnis eines Kfz-Händlers** auf Fahrlässigkeit beruht, auf die Grundsätze der c. i. c.-Eigenhaftung zurückzugreifen (s. Rdn. 2305 ff.). Dabei besteht freilich die Gefahr, die Sorgfaltsanforderungen an den **gewerblichen Kfz-Verkäufer** zu überspannen. Erklärtes Ziel der sog. Sachwalter-Rechtsprechung war nämlich seinerzeit, den als Vermittler agierenden Kfz-Händler praktisch wie einen verschuldensunabhängig haftenden Verkäufer zu behandeln. Dieser Angleichungsversuch führte zu einer bedenklichen Herabsetzung des Sorgfaltsmaßstabs. An die Rechtsprechung zur Sorgfaltspflicht des Kfz-Vermittlers sollte deshalb nur mit Vorsicht angeknüpft werden. Soweit im Rahmen der Wissensvertretung ein fahrlässiges Organisationsverschulden erörtert worden ist, ist eine Übernahme der Rechtsprechung dagegen unbedenklich.

3641 Die Frage ist indessen, ob dem Verkäufer **nach „neuem" Kaufrecht** generell strengere Pflichten als bisher angenommen auferlegt werden müssen. *Canaris*[171] meint, bei anfänglichen Leistungshindernissen könne man grundsätzlich strengere Sorgfaltsanforderungen stellen als bei nachträglichen. Das mag prinzipiell richtig sein. Mit Blick auf die Schadensersatzhaftung des Verkäufers fehlt es jedoch an einem sachlich überzeugenden Grund, im Rahmen des Entlastungsbeweises nach § 311a Abs. 2 BGB grundsätzlich strengere Anforderungen an die Sorgfalt zu stellen als im Fall der Entlastung von der objektiven Pflichtwidrigkeit, ein Fahrzeug mit einem behebbaren Mangel geliefert zu haben.[172]

3642 So wie der Verkäufer sich das Wissen bestimmter Personen zurechnen lassen muss, findet auch im Rahmen des Kennenmüssens eine Zurechnung statt. Grundlage dafür sind die **§§ 166, 278 BGB**. Bei Wiederverkäufern/Zwischenhändlern taucht die Frage auf, ob ihre Lieferanten **Erfüllungsgehilfen** sind. Das ist zu verneinen.[173]

3643 Erfüllungsgehilfe des Verkäufers ist auch nicht, wer von ihm mit der Untersuchung bzw. Prüfung des Fahrzeugs beauftragt wird, sofern eine kaufvertragliche Untersuchungspflicht nicht besteht. Wenn z. B. eine **Kfz-Prüforganisation** wie der TÜV oder die DEKRA im Auftrag eines Autohauses ein Verkaufszertifikat („Zustandsbericht", „kaufbegleitendes Gutachten") erstellt, können Versäumnisse des Prüfers nicht ohne Weiteres gem. §§ 166, 278 BGB zugerechnet werden. Denn nach der Rechtsprechung besteht selbst für Kfz-Händler mit eigener Werkstatt keine allgemeine Untersuchungspflicht (näher dazu Rdn. 3843 ff.). Ist der Verkäufer dagegen ausnahmsweise, etwa bei Kenntnis von einer Vorschädigung, zur Untersuchung verpflichtet, so ist das von ihm mit der Begutachtung

171 DB 2001, 1819.

172 So auch *Huber/Faust*, 13. Kap. Rn. 117.

173 BGH 15. 7. 2008, NJW 2008, 2837 (Hersteller); *Soergel/Huber*, § 463 BGB Rn. 16.

des Fahrzeugs beauftragte Unternehmen sein Erfüllungsgehilfe, ein Prüfverschulden mithin zurechenbar.[174]

Eine Zurechnung kommt nicht in Betracht, wenn **ein Privatverkäufer** sein Fahrzeug in einer Werkstatt „verkaufsfertig" machen lässt. Übersieht der Mechaniker einen Unfallvorschaden, geht das nicht zulasten des Verkäufers. Zur Frage der „Garantieübernahme" beim Verkauf unter Vorlage einer Werkstattrechnung s. Rdn. 3240. **3644**

In allen Fällen, in denen der unbehebbare Sachmangel außerhalb der eigenen Sphäre des Verkäufers entstanden ist, konzentriert sich auch im Rahmen des Entlastungsbeweises nach § 311a Abs. 2 BGB alles auf die Frage, ob und inwieweit er zur Vermeidung des Vorwurfs fahrlässiger Unkenntnis verpflichtet war, sich die ihm fehlende Information über den wahren Zustand des Fahrzeugs zu beschaffen.[175] Zur **Erkundigungs- und Untersuchungspflicht** des Gebrauchtfahrzeugverkäufers s. Rdn. 3843 ff. **3645**

bb) Haftungsverschärfung durch Garantieübernahme

Ist es unstreitig oder bewiesen, dass dem Verkäufer hinsichtlich des Leistungshindernisses „Unbehebbarkeit des Mangels" keinerlei Verschulden zur Last fällt, kann er gleichwohl auf Schadensersatz nach §§ 437 Nr. 3, 311a Abs. 2 BGB haften. Von den beiden in **§ 276 Abs. 1 BGB** exemplarisch genannten Ausnahmefällen spielt die Übernahme des Beschaffungsrisikos beim Gebrauchtfahrzeugkauf – anders als beim Kauf eines nicht vorrätigen Neufahrzeugs – keine nennenswerte Rolle. Anders verhält sich mit der Übernahme einer Garantie. **3646**

Mit der Übernahme einer (unselbstständigen) Garantie wird die Möglichkeit des Verkäufers zur Exculpation nach § 311a Abs. 2 S. 2 BGB abbedungen. Das muss vertraglich vereinbart werden, wobei, wichtig zumal in Gebrauchtwagenstreitigkeiten, eine **konkludente Vereinbarung** genügt.[176] Dazu, was unter Garantie i. S. d. § 276 Abs. 1 BGB zu verstehen ist, s. Rdn. 2580 ff.; zu den Einzelfällen s. das alphabetische Verzeichnis Rdn. 2601 mit jeweils weiterführendem Hinweis. **3647**

Non liquet: Bleibt die **Übernahme einer Garantie** i. S. v. § 276 Abs. 1 BGB aus tatsächlichen Gründen, nicht aus Wertungsgründen, zweifelhaft, könnte die Entlastung des Verkäufers gescheitert sein. Diese Konsequenz wird in der Tat, wenngleich mit Blick auf den Entlastungsbeweis nach § 280 Abs. 1 S. 2 BGB, diskutiert.[177] Dass der Käufer allein durch den schlüssigen Vortrag einer Garantieübernahme den Verkäufer unter Widerlegungszwang setzen kann mit der Folge einer verschuldensunabhängigen Schadensersatzhaftung nach §§ 437 Nr. 3, 311a Abs. 2 BGB bei einem non liquet, kann nicht richtig sein. Der Tatbestand, der eine strengere Haftung als für Vorsatz und Fahrlässigkeit begründet, also die Abweichung vom Verschuldenserfordernis, steht zur Behauptungs- und Beweislast des Käufers.[178] Das ist die Konsequenz aus dem Ausnahmecharakter der Haftungsverschärfung.[179] **3648**

---

174 BGH 14. 4. 2010, NJW 2010, 2426 Tz. 29.

175 Zur Bedeutung erteilter Informationen des Vorbesitzers s. LG Saarbrücken 29. 7. 2004, zfs 2004, 562.

176 BGH 19. 10. 2007, NJW 2007, 3777 (kein Autokauf).

177 *Dedek* in Henssler/Graf von Westphalen, Praxis der Schuldrechtsreform, § 280 Rn. 14.

178 So auch Das neue Schuldrecht/*Haas*, Kap. 5 Rn. 232; *Canaris*, Schuldrechtsmodernisierung 2002, XIV; *Dötsch*, ZGS 2002, 162; s. a. BGH 22. 6. 2005, NJW 2005, 2852 unter II 2b.

179 Dazu auch BGH 19. 10. 2007, NJW 2007, 3777.

cc) Haftungsmilderung

3649 Gem. § 276 BGB sind nicht nur Haftungsverschärfungen, sondern auch Haftungsmilderungen ins Auge zu fassen. Dass die Haftung wegen Vorsatzes nicht im Voraus „erlassen" werden kann, ergibt sich unmittelbar aus dem Gesetz (§ 276 Abs. 3 BGB). Zu den Möglichkeiten eines Verkäufers, seine Schadensersatzhaftung unterhalb der Vorsatzschwelle auszuschließen oder zu beschränken s. Rdn. 3966 ff., 4005.

dd) Praktische Konsequenzen

3650 Typisch ist die Einlassung des Verkäufers, von dem behaupteten Sachmangel keine Kenntnis gehabt zu haben. Seine Beschaffenheitsangabe, z. B. „Fahrzeug ist unfallfrei", habe er nach bestem Wissen gemacht. Von einer Garantieübernahme könne ohnehin keine Rede sein. Die Richtigkeit seiner Informationen anzuzweifeln, habe keine Veranlassung bestanden. Es hätten auch keine konkreten Anhaltspunkte dafür vorgelegen, das Fahrzeug vor der Übergabe auf das Vorhandensein des jetzt gerügten Mangels hin zu untersuchen.

3651 In welcher Weise ein solches Entlastungsvorbringen **zu substantiieren** ist, hängt auch von dem Sachvortrag des Käufers ab. Je konkreter und detailreicher sein Vorbringen zur Kenntnis bzw. zum Kennenmüssen ist, desto höhere Anforderungen sind an die Substanzierungspflicht des Verkäufers zu stellen. Wenn man mit der überwiegenden Rechtsprechung lediglich eine konkrete Untersuchungspflicht des Kfz-Händlers annimmt (s. dazu Rdn. 3846 ff.), gehört zur Entlastung auch der Vortrag von Tatsachen dazu, dass ein konkreter Anlass zur Untersuchung nicht bestanden habe.[180]

3652 Der bloße Hinweis, nur ein Zwischenhändler zu sein und als solcher keine (allgemeine) Untersuchungspflicht zu haben, kann und wird nicht genügen.[181] Vorzutragen sind konkrete Tatsachen wie z. B. das Fehlen „handgreiflicher Anhaltspunkte" in Form von Farbnebeln im Lack. Verteidigen kann sich ein Verkäufer auch unter Hinweis auf ihm glaubhaft erscheinende Informationen des Vorbesitzers,[182] etwa durch Vorlage des Ankaufvertrages mit der Eintragung „unfallfrei". Von sich aus muss ein gewerblicher Wiederverkäufer nicht auf sämtliche Informationsquellen eingehen, die ihm möglicherweise Aufschluss hätten liefern können, im konkreten Fall aber entweder nicht geliefert haben und/oder ihm gar nicht zugänglich waren. *Beispiel*: Ein VW-Händler braucht zu seiner Entlastung nicht von sich aus vorzutragen, dass die vom Hersteller zur Verfügung gestellte **Datenbank „Reparaturhistorie**" keine Eintragung über eine Unfallreparatur des verkauften Fahrzeugs enthält. Wenn allerdings der Käufer hierzu konkret vorträgt, indem er z. B. auf eine frühere Unfallinstandsetzung in einem VW-Betrieb hinweist, muss der Händler sich hierzu konkret erklären. Es kann nämlich als Fahrlässigkeit zu werten sein, wenn er eine ihm zugängliche Datei ungenutzt lässt.[183]

3653 Verfehlt ist es, dem Käufer die Darlegungs- und Beweislast für die tatsächlichen Voraussetzungen einer Untersuchungs- und Erkundigungspflicht aufzuerlegen. Mit dem Ausnahmecharakter dieser Pflicht lässt sich das nicht überzeugend begründen. Zum einen besteht schon vom Ansatz her kein Regel-Ausnahme-Verhältnis. Abgesehen davon ist es zumindest auch eine **Rechtsfrage**, ob eine Untersuchungspflicht besteht oder nicht. Soweit es um den für die rechtliche Bewertung maßgeblichen Tatsachenstoff geht, ist der Händler

180 Vgl. Das neue Schuldrecht/*Haas*, Kap. 5 Rn. 232 zu § 280 Abs. 1 S. 2 BGB; anders gerade für § 311a Abs. 2 BGB *Ehmann/Sutschet*, JZ 2004, 62, 71.

181 OLG Karlsruhe 2. 9. 2004, ZGS 2004, 432 = OLGR 2004, 465 = MDR 2005, 135 (Baumarkt).

182 Vgl. LG Saarbrücken 29. 7. 2004, zfs 2004, 562.

183 Gegen eine Wissenszurechnung nach § 166 BGB und gegen die Annahme grober Fahrlässigkeit i. S. d. § 442 BGB LG Bielefeld 3. 2. 2010 – 3 O 222/09 – juris. Auch nach Ansicht des OLG Bamberg besteht für einen Kfz-Händler keine Pflicht, ohne besonderen Anlass Einsicht in eine zentrale Datenbank zu nehmen (Urt. v. 9. 2. 2011 – 8 U 166/10 – BeckRS 2011, 06194).

„näher dran" als der Käufer. Die Verschuldensvermutung zu widerlegen, ist allein seine Sache.

Da die Unkenntnis vom Leistungshindernis/Mangel eine **innere Tatsache** ist, noch dazu eine **negative**, stehen Verkäufern nur in begrenztem Maße Beweismittel zur Verfügung, um ihr Entlastungsvorbringen unter Beweis zu stellen. Privatverkäufer und Inhaber von „Einmannbetrieben" können zur direkten Beweisführung nur sich selbst benennen. Ein solcher Antrag ist zwar nicht unzulässig (vgl. § 447 ZPO). Mit dem erforderlichen Einverständnis des Käufers ist indes nicht zu rechnen. Es ist sein gutes Recht, sich der Vernehmung des Verkäufers zu widersetzen. Das Missbrauchsargument sticht nicht. **3654**

Hat der Verkäufer sich beim An- und Verkauf einer **Hilfsperson** bedient, wie im Kfz-Handel üblich, kann es auf deren Wissen ankommen. Der „Wissensvertreter" kann selbstverständlich als Entlastungszeuge benannt werden. Um die behauptete Unkenntnis von dem Mangel beweisen zu können, stehen neutrale Zeugen praktisch nicht zur Verfügung. Über den **Beweisantritt „Zeugnis: Vorbesitzer** ..." werden sich die Gerichte mit einer Wahrunterstellung hinwegsetzen: Zugunsten des Beklagten kann als wahr unterstellt werden, dass er vom Vorbesitzer über den Unfallvorschaden nicht informiert worden ist. Dennoch, so wird man fortfahren, bestehen Zweifel an seiner Unkenntnis, weil er von dem streitgegenständlichen Vorschaden anderweitig Kenntnis erlangt haben kann. **3655**

Nur unwesentlich besser ist die Entlastungssituation des Verkäufers bei der Entkräftung der **Vermutung zweiter Teil**, den anfänglichen unbehebbaren Mangel **infolge von Fahrlässigkeit nicht gekannt** zu haben. Der Verkäufer hat außer seiner Unkenntnis auch die Gründe dafür mitzuteilen, warum er unwissend geblieben ist. Insoweit muss er außer seiner Unkenntnis einen Tatsachenkomplex vortragen und unter Beweis stellen, um dem Gericht bei seiner Fahrlässigkeitsprüfung eine Gesamtwürdigung aller maßgeblichen Umstände zu ermöglichen.[184] **3656**

Die **praktischen Schwierigkeiten** beginnen für den Verkäufer bereits damit, dass sein vorvertragliches Pflichtenprogramm nicht ohne weiteres zu bestimmen ist. Der **Verkäufer-Anwalt**, der den sichersten Weg einzuschlagen hat, wird bestrebt sein, seinen Mandanten von jedem nur möglichen Vorwurf der Sorgfaltswidrigkeit zu befreien. Dass der Irrtum über die Mängelfreiheit entschuldbar ist, muss indessen nicht nur „schlüssig" vorgetragen, sondern auch bewiesen werden. Bei dieser Beweisführung ist der Kreis tauglicher Beweismittel gleichfalls begrenzt. Erfolg versprechend dürften sie jedenfalls nur selten sein, eine Einschätzung, auf die es bereits im Rahmen eines PKH-Verfahrens ankommen kann. Kfz-Händler setzen darauf, **mit Hilfe von Zustandsberichten** und ähnlichen Zertifikaten auch beweisrechtlich auf die sichere Seite zu gelangen. Bei anfänglichen unbehebbaren Mängeln, um die es im Rahmen der §§ 437 Nr. 3, 311a Abs. 2 BGB schwerpunktmäßig geht, werden derartige Urkunden jedoch nur wenig nützen. **3657**

In den Fällen, in denen eine Erkundigungs- bzw. Untersuchungspflicht zu bejahen ist (s. Rdn. 3843 ff.), muss der Verkäufer den Beweis erbringen, dass er dieser Pflicht genügt hat.[185] Verbleibende Zweifel gehen zu seinen Lasten. Kann aufgrund des vorhandenen Tatsachenstoffs nicht geklärt werden, ob eine Informationsbeschaffungspflicht oder eine anderweitig relevante Sorgfaltspflicht bestanden hat, wirkt sich die Unaufklärbarkeit gleichfalls zum Nachteil des Verkäufers aus. Er muss das Gericht von seiner Unkenntnis überzeugen; auch davon, dass er alles getan hat, sie zu vermeiden, sein Irrtum also entschuldbar ist. Besteht die praktische Möglichkeit einer Sorgfaltswidrigkeit in Form einer unterbliebenen oder nachlässig vorgenommenen Untersuchung ist der Entlastungsbeweis **3658**

184 S. OLG Karlsruhe 14.9.2004, NJW 2005, 989 = OLGR 2005, 33 (Nachforschungspflicht bei Diebstahl).

185 *U. Huber*, AcP 177, 303.

gescheitert.[186] Das läuft zwar im praktischen Ergebnis auf eine bloße Verdachtshaftung oder, positiv formuliert, **„Garantiehaftung"** hinaus. Diese Haftungsverlagerung durch das beweisrechtliche Mittel der „Verschuldensvermutung" ist aber die zwingende Konsequenz aus der Ankoppelung der kaufrechtlichen Schadensersatzhaftung an das allgemeine Leistungsstörungsrecht.

3659 Mit dem Argument, auch bei gehöriger Erkundigung/Untersuchung den Mangel nicht entdeckt zu haben, dürfte der Verkäufer kein Gehör finden. Wie im Rahmen des § 932 BGB wird die Rechtsprechung auf die Unterlassung als solche abstellen und **Kausalitätsfragen** nicht nachgehen. War der Mangel mit denjenigen Mitteln erkennbar, die einzusetzen Pflicht des Verkäufers war, kommt es nicht darauf an, dass und warum sie im konkreten Fall erfolglos geblieben sind. Das Fehlschlagen gehört zum Risiko des Verkäufers.

d) Weitere Rechtsbehelfe

3660 **Lex specialis** ist § 311a Abs. 2 BGB nur für den **Schadensersatz statt der Leistung** und – i. V. m. § 284 BGB – für den Aufwendungsersatz. In seinem Anwendungsbereich verdrängt er die §§ 280, 281, 283 BGB. Ob und inwieweit für den Ersatz von **Folge- und Begleitschäden** auf § 280 Abs. 1 BGB (Schadensersatz neben der Leistung) zurückgegriffen werden muss, ist **umstritten**. Nach verbreiteter Meinung deckt § 311a Abs. 2 BGB sämtliche mangelbedingten Schäden ab, auch Begleit- und Folgeschäden.[187] Das läuft im Ergebnis auf eine Übernahme der Rechtsprechungsergebnisse zu § 463 BGB a. F. hinaus.

3661 Außer den Ansprüchen auf Schadens- und Aufwendungsersatz kommen bei einem anfänglich unbehebbaren Mangel Minderung oder Rücktritt als Gestaltungsrechte in Frage, außerdem eine Anfechtung nach § 123 BGB. Zu den vielfältigen materiellrechtlichen und prozessualen Fragen, die sich aus dem Nebeneinander der verschiedenen Rechtsbehelfe ergeben, s. Rdn. 3829 ff.

3662 Umstritten, höchstrichterlich aber noch ungeklärt ist, ob der Käufer im Fall erfolgreicher Entlastung des Verkäufers wenigstens seinen Vertrauensschaden **in analoger Anwendung des § 122 BGB** liquidieren kann. Der Anspruch ist von einem Verschulden unabhängig. Der Gesetzgeber hält eine Analogie in Anlehnung an *Canaris* für einen „gangbaren Lösungsansatz", hat die Frage aber der Rechtsprechung überlassen.[188] Einschlägige Entscheidungen liegen noch nicht vor. Die besseren Argumente sprechen gegen eine Analogie.[189]

3. Schadensersatz statt der Leistung nach §§ 437 Nr. 3, 280 Abs. 1, 3, 283 BGB

3663 Der in § 437 Nr. 3 BGB aufgeführte Anspruch auf Schadensersatz statt der Leistung nach §§ 280 Abs. 1, 3, 283 BGB baut – anders als § 311a Abs. 2 BGB – auf dem Bestehen einer Leistungspflicht auf. Zugeschnitten ist § 283 BGB auf die **nachträgliche Unmöglichkeit**.

3664 Als Tatbestände nachträglicher Unmöglichkeit kommen die in §§ 275 Abs. 1 bis 3 und 439 Abs. 3 BGB genannten Konstellationen in Betracht. Entscheidend ist, dass das Hindernis für eine sachmängelfreie Lieferung **nach Vertragsschluss** entstanden ist. Abzustellen ist dabei nicht auf die Entstehung des Mangels, schon gar nicht auf sein Hervorkommen

---

186 So im Fall OLG Karlsruhe 14. 9. 2004, NJW 2005, 989 = OLGR 2005, 33 (gestohlener Pkw).

187 PWW/*Medicus*, § 311a BGB Rn. 20; Müko-BGB/*Ernst*, § 311a BGB Rn. 65, 89; *Reinicke/Tiedtke*, Kaufrecht, Rn. 517; wohl auch BGH 22. 6. 2005, NJW 2005, 2852 (Hundekauf); s. aber auch BGH 29. 11. 2006, NJW 2007, 1346 (Anwaltskosten); zum Problem auch *Gieseler*, JR 2004, 133; NK-BGB/*Dauner-Lieb*, § 311a BGB Rn. 25.

188 BT-Drucks. 14/6040, 166.

189 *Dauner-Lieb*, DB 2001, 2538; *Reinicke/Tiedtke*, Kaufrecht, Rn. 223; *Windel*, JR 2004, 265.

(Auftreten). Zu fragen ist vielmehr, wann die Beseitigung des Mangels unmöglich oder unzumutbar geworden ist.[190] Liegt der Zeitpunkt vor Abschluss des Kaufvertrages, kommt § 311a Abs. 2 BGB zum Zuge, liegt er danach, greift § 283 BGB ein.

Aus der Sicht der Praxis spielt der Anspruch auf Schadensersatz statt der Leistung nach **3665** den §§ 437 Nr. 3, 280 Abs. 1, 3, 283 BGB **nur eine untergeordnete Rolle**. Den im Schrifttum erörterten Fallgestaltungen liegen hingegen vorzugsweise Beispiele aus dem Gebrauchtwagenkauf zugrunde.[191] Anhand solcher Fälle lässt sich der Anwendungsbereich des § 283 BGB in der Tat gut verdeutlichen.

Beispiel 1: Zwischen Vertragsabschluss und Übergabe wird das gekaufte (mängelfreie) **3666** Fahrzeug vom Verkäufer fahrlässig total zerstört.

Der Anspruch auf Übergabe (Lieferung) und Übereignung ist nachträglich unmöglich **3667** geworden (§ 275 Abs. 1 BGB).[192] Nach früherem Leistungsstörungsrecht hatte der Käufer einen Schadensersatzanspruch aus § 325 BGB a. F. Die §§ 459 ff. BGB a. F. waren schon mangels Übergabe (Gefahrübergang) nicht anwendbar. Die Gewährleistungsansprüche „vorzuziehen", gab es keinen Grund. Auch nach „neuem" Recht liegt kein Fall der Sachmängelhaftung vor. Dem Käufer in Analogie zu § 437 BGB einen der dort aufgeführten Rechtsbehelfe zu geben, ist nicht gerechtfertigt. Das gilt auch für den Nachlieferungsanspruch,[193] sofern er beim Gebrauchtwagenkauf überhaupt zu bejahen ist. Nach „neuem" Recht kann der Käufer Schadenersatz nach §§ 280 Abs. 1, 3, 283 BGB verlangen, freilich nicht i. V. m. § 437, sondern mit § 275 Abs. 4 BGB. Von seiner Pflicht zur Zahlung des Kaufpreises ist der Käufer kraft Gesetzes frei (§ 326 Abs. 1 S. 1 BGB).

Beispiel 2: Während der Überführungsfahrt durch den Verkäufer wird der bei Vertrags- **3668** schluss mängelfreie Wagen nicht total zerstört, sondern bei einem Unfall nur beschädigt. Übergabe und Übereignung sind möglich; der Unfallschaden kann technisch behoben werden, es bleibt jedoch eine Wertminderung.

Von seiner Pflicht zur Lieferung und Übereignung ist der Verkäufer, anders als im Bei- **3669** spiel 1, nicht befreit. Die Pflicht zur mangelfreien Leistung (§ 433 Abs. 1 S. 2 BGB) war zum Zeitpunkt des Kaufs erfüllbar, sie ist aber nachträglich unerfüllbar worden. Ersatzlieferung entfällt aus den unter Rdn. 3436 ff. genannten Gründen. Mängelbeseitigung scheidet aus, weil trotz Instandsetzung ein irreparabler Mangel (Unfalleigenschaft) bleibt.[194] Gem. §§ 437 Nr. 3, 280 Abs. 1, 3, 283 BGB kann der Käufer – ohne Fristsetzung – Schadensersatz statt der Leistung verlangen. Das **Vertretenmüssen des Verkäufers** wird vermutet. Für die erforderliche Entlastung ist nicht der Unfall (Fahrweise des Verkäufers) der primäre Bezugspunkt. Zu fragen ist zunächst, ob er mit dem Fahrzeug überhaupt fahren, es also dem Risiko einer Beschädigung aussetzen durfte.[195] Bei verabredeter Überführungsfahrt trifft den Verkäufer unter diesem Aspekt kein Verschulden; anders ist es bei eigenmächtiger Überführung. Da der Verkäufer ab Vertragsschluss auch die Pflicht hat, alles zu unterlassen, was die geschuldete mangelfreie Übergabe gefährden könnte, kann ihm eine verkehrswidrige Fahrweise als Verschulden angelastet werden. Eine Haftungsbeschränkung auf grobe Fahrlässigkeit und Vorsatz kommt ihm nicht zugute.

190 *Reinicke/Tiedtke*, Kaufrecht, Rn. 528/529; *Reischl*, JuS 2003, 455.

191 Vgl. *Reischl*, JuS 2003, 457; *Balthasar/Bolten*, ZGS 2004, 411; *Fest*, ZGS 2005, 18.

192 Anders für den Fall der „ersetzbaren" Stückschuld *Balthasar/Bolten*, ZGS 2004, 411; zum Problem auch *Fest*, ZGS 2005, 18.

193 Zutreffend *Fest*, ZGS 2005, 18

194 In diesem Punkt anders gelagert ist der Fall BGH NJW 2009, 2807 (Lackbeschädigung zwischen Kauf und Übergabe als nach Ansicht des BGH behebbarer Mangel).

195 Vgl. *Reischl*, JuS 2003, 457.

3670 *Beispiel 3:* Das Fahrzeug war bei Vertragsabschluss reparabel defekt, die Beseitigung des Mangels war also ursprünglich möglich. Erst nach Lieferung wird die Nachbesserung unmöglich, z. B. durch einen Unfall des Käufers mit technischem Totalschaden oder durch einen Diebstahl des Fahrzeugs.

3671 Ein Anspruch des Käufers auf Nacherfüllung (nur) in Gestalt der Nachbesserung ist hier zunächst entstanden. Nach § 275 Abs. 1 BGB ist er jedoch nachträglich erloschen. Auch das ist ein Anwendungsfall für einen Schadensersatzanspruch nach § 283 BGB i. V. m. §§ 437 Nr. 3, 280 Abs. 1, 3 BGB.[196] Das **Vertretenmüssen des Verkäufers** wird vermutet. Es bezieht sich nicht auf den Mangel, sondern allein auf den Umstand, der die Unmöglichkeit der Nacherfüllung (§ 275 Abs. 1 BGB) herbeigeführt hat, im Beispielsfall also der Totalschaden. Ist er auf den Mangel zurückzuführen und war dieser dem Verkäufer bekannt, hat er die Unmöglichkeit der Nacherfüllung zu vertreten. Geht der Unfall allein auf einen Fahrfehler des Käufers zurück, scheidet eine Haftung aus. Im Fall der Mitverursachung gilt § 254 BGB.

4. Schadensersatz statt der Leistung nach §§ 437 Nr. 3, 280 Abs. 1, 3, 281 Abs. 1 BGB

a) Anwendungsbereich

3672 Da die §§ 311a Abs. 2, 283 BGB die Fälle anfänglicher und nachträglicher Leistungshindernisse in Gestalt „qualitativer (Teil-)Unmöglichkeit" regeln, bleiben für den Anspruch des Käufers auf Schadensersatz statt der Leistung nach den §§ 437 Nr. 3, 280 Abs. 1, 3, 281 Abs. 1 BGB diejenigen Fallgestaltungen übrig, bei denen **der Sachmangel behebbar** ist, die mögliche und auch geschuldete Nacherfüllung aber scheitert („qualitative Verspätung").

3673 Anders als beim Neuwagenkauf mit dem Schwerpunkt bei technischen Mängeln geht es beim Kauf gebrauchter Kraftfahrzeuge vor allem um vertragsanfänglich bestehende unbehebbare Sachmängel, was zur Schadensersatzhaftung nach §§ 437 Nr. 3, 311a Abs. 2 BGB führt (dazu s. Rdn. 3615 ff.). Für die **praktische Fallbearbeitung** bedeutet dies, dass zunächst der in Rede stehende Mangel seiner Art nach i. S. d. **Kategorien „behebbar/unbehebbar"** einzuordnen ist; s. dazu Rdn. 3457 ff.

b) Darlegungs- und Beweislast des Käufers

3674 Der Fahrzeugkäufer, der bei einem behebbaren Mangel, z. B. einem Motorschaden, Schadensersatz statt der Leistung gem. §§ 437 Nr. 3, 280 Abs. 1, 3, 281 Abs. 1 BGB verlangt, hat außer dem Vertragsabschluss **darzulegen und zu beweisen:** die Lieferung eines Fahrzeugs mit einem (behebbaren) Sachmangel, einen aus dem Unterbleiben der Nacherfüllung resultierenden Nichterfüllungsschaden und außerdem eine **erfolglose Fristsetzung** zur Nacherfüllung, hilfsweise einen Sachverhalt, der eine Fristsetzung ausnahmsweise entbehrlich macht (§§ 440, 281 Abs. 2 BGB). Wegen des **Gleichlaufs mit dem Rücktritt** kann auf die Ausführungen unter Rdn. 3522 ff. verwiesen werden.

3675 Ein irgendwie geartetes **Verschulden/Vertretenmüssen** braucht der Käufer nicht vorzutragen und schon gar nicht zu beweisen. Vielmehr kann er abwarten, was der Verkäufer zu seiner Entlastung vorbringt. Dessen Verteidigungsvorbringen kann er in tatsächlicher Hinsicht schlicht bestreiten. Er kann aber auch in die Offensive gehen, indem er eine Garantieübernahme geltend macht (zur Beweislastverteilung in diesem Fall s. Rdn. 3648) oder ein bestimmtes Fehlverhalten, z. B. ein arglistiges Verschweigen, behauptet.

196 OLG Saarbrücken 16. 3. 2011 – 1 U 547/09 (Diebstahl).

Sonderfall Zusammentreffen von behebbaren und unbehebbaren Mängeln: Was in diesen „Mischfällen“ gilt, insbesondere mit Blick auf den Nacherfüllungsvorrang, wird unter Rdn. 3470 f. 3676

Sonderfall Selbstbeseitigung des Mangels: Bei einer Selbstbeseitigung des Mangels ohne Einhaltung des Erfordernisses vorheriger Fristsetzung („eigenmächtige Ersatzvornahme“) kann der Käufer die angefallenen Kosten nicht, auch nicht teilweise, auf den Verkäufer abwälzen; weder im Wege des Schadensersatzes noch analog § 326 Abs. 2 S. 2, Abs. 4 BGB.[197] Ist eine Fristsetzung ausnahmsweise entbehrlich, ist der Weg zum Anspruch auf Schadensersatz statt der Leistung zwar frei, mit einer erfolgreichen Exculpation (dazu Rdn. 3678 ff.) kann der Verkäufer jedoch jegliche Belastung mit Mängelbeseitigungskosten abwenden.[198] Was bleibt, ist das Recht der Minderung. Zur Problematik der Selbstbeseitigung s. a. Rdn. 831 f. 3677

c) Der Entlastungsbeweis beim Anspruch auf Schadensersatz statt der Leistung nach §§ 437 Nr. 3, 280 Abs. 1, 3, 281 Abs. 1 BGB

aa) Verschuldensvermutung und Beweislastumkehr

Bei einem **behebbaren Sachmangel** kommen **zwei Pflichtverletzungen** i. S. d. § 280 Abs. 1 BGB in Betracht: die mangelhafte Leistung (Verletzung des § 433 Abs. 1 S. 2 BGB) und die unterlassene bzw. gescheiterte Nacherfüllung (Verletzung von § 439 Abs. 1 BGB); in Neufahrzeugfällen einschließlich Ersatzlieferung, beim Gebrauchtwagen i. d. R. nur Verletzung der Nachbesserungspflicht. Mit Blick auf das Vertretenmüssen und auch hinsichtlich der Kausalität können sich erhebliche Unterschiede in der Bewertung ergeben. 3678

Strittig ist, worauf sich das Vertretenmüssen des Verkäufers bezieht, auf die eine oder die andere Pflichtverletzung oder gar kumulativ auf beide.[199] Welche Zielrichtung die Entlastung des Verkäufers haben muss, um sich gegen einen Schadensersatzanspruch aus §§ 437 Nr. 3, 280 Abs. 1, 3, 281 Abs. 1 BGB zu verteidigen, ist von **großer praktischer Bedeutung**. Umso beklagenswerter ist die nach wie vor bestehende **Rechtsunsicherheit.** 3679

Nach Ansicht des OLG Celle[200] knüpft das Verschulden **in zeitlicher Hinsicht** „an das Vertretenmüssen bei Ablauf der zur Nacherfüllung gesetzten Frist an“ und kann sich **gegenständlich** – bei einem vom Verkäufer nicht zu vertretenden Mangel – auf die unterlassene Nachlieferung beziehen. Darauf, ob der Verkäufer den Sachmangel als solchen zu vertreten hat, soll es im Rahmen des Anspruchs aus §§ 437 Nr. 3, 280 Abs. 1, 3, 281 Abs. 1 BGB nicht ankommen. Diese Position des OLG Celle[201] geht in Richtung der Ansicht von *S. Lorenz*[202], wonach der Verkäufer auf Schadensersatz statt der Leistung grundsätzlich nur haftet, wenn er die Nichtvornahme der geschuldeten Nacherfüllung zu vertreten hat, d. h. die Haftung soll trotz eines zu vertretenden Mangels entfallen, wenn das Unterbleiben der Nacherfüllung unverschuldet ist. 3680

197 BGH 7. 12. 2005, NJW 2006, 988.

198 BGH 7. 12. 2005, NJW 2006, 988.

199 Vgl. *S. Lorenz*, JuS 2007, 611; *Looschelders*, FS Canaris, S. 737 ff.; *Ludes/Lube*, ZGS 2009, 259 ff.

200 Urt. v. 28. 6. 2006, NJW-RR 2007, 353 = ZGS 2006, 429 (Wohnmobil/Tageszulassung).

201 Zustimmend *Palandt/Grüneberg*, § 281 BGB Rn. 16; abl. PWW/*Schmidt-Kessel*, § 281 BGB Rn. 4.

202 JuS 2008, 203; *ders.*, FS U. Huber, S. 429 ff., 434.

3681 Die besseren Gründe sprechen für die Gegenauffassung, die von einer **Alternativität** ausgeht.[203] Der Schadensersatzanspruch nach §§ 437 Nr. 3, 280 Abs. 1, 3, 281 Abs. 1 BGB scheidet demnach nur aus, wenn der Verkäufer weder den Sachmangel als solchen noch die Umstände zu vertreten hat, auf denen es beruht, dass er den Mangel nicht beseitigt hat. Wenn es damit nicht nur auf das Vertretenmüssen des Mangels, sondern auch auf die Gründe für das Unterbleiben einer erfolgreichen Nacherfüllung ankommt, bedeutet das für den Verkäufer: Er muss sich im Prozess **zweigleisig entlasten**. Eine Entlastung allein in Bezug auf die ursprüngliche Mangelhaftigkeit ist zur Anspruchsabwehr nicht ausreichend.

3682 Soweit der – behebbare – Mangel, also die Schlechtleistung als solche, der Bezugspunkt des Vertretenmüssens ist, kommt es – anders als bei § 311a Abs. 2 BGB – nicht auf den Zeitpunkt des Vertragsabschlusses, sondern auf den Gefahrübergang an. Im Übrigen wird auf die Ausführungen unter Rdn. 3694 ff. verwiesen, insbesondere auf Rdn. 3701 ff., wo es um die **Erkundigungs- und Untersuchungspflicht** des Verkäufers geht. Zur Zurechnung von Fremdverschulden nach § 278 S. 1 BGB s. Rdn. 3707.

3683 Scheitern kann der Entlastungsbeweis auch aus dem Grund, dass dem Händler infolge einer **Rückrufaktion** das Problem bekannt war oder hätte bekannt sein müssen. Beim Kenntnis- und Wissensstand kann zwischen dem Verkauf eines Fabrikats der eigenen Marke mit Herstelleranbindung und dem Verkauf eines Fremdfabrikats ohne vergleichbaren Zugang zu Mängelberichten des Herstellers/Importeurs zu unterscheiden sein. Über Rückrufaktionen können sich selbst Freie Händler im Internet recht genau informieren. Zu weiteren Fragen des Entlastungsbeweises bei einem behebbaren Sachmangel s. Rdn. 3694 ff.

3684 Darüber hinaus (nach verbreiteter Gegenansicht ausschließlich) hat der Verkäufer vorzutragen und unter Beweis zu stellen, warum ihm die von ihm verlangte und auch geschuldete Nacherfüllung missglückt ist. Beim Gebrauchtwagenkauf geht es insoweit i. d. R. nur um die Variante „Mängelbeseitigung" (Nachbesserung).

3685 Für eine erfolgreiche Nacherfüllung, gleich in welcher Form, hat der Verkäufer **nicht i. S. einer Garantie nach § 276 Abs. 1 S. 1 BGB** einzustehen. Dies selbst dann nicht, wenn er für die (fehlende) Beschaffenheit des Fahrzeugs eine Garantie übernommen hat. Nicht ausgeschlossen ist freilich, dass sich das Garantieversprechen des Verkäufers auf eine erfolgreiche Nacherfüllung erstreckt. Das ist Auslegungssache und im Zweifel zu verneinen.

3686 **Finanzielles Unvermögen** des Verkäufers entlastet nicht. Da die Beseitigung eines Fahrzeugmangels keine unvertretbare Handlung ist, können persönliche Leistungshindernisse wie z. B. das subjektive Unvermögen zur Instandsetzung **mangels eigener Werkstatt** grundsätzlich nicht entlasten.[204] Denkbar ist der Fall eines entschuldbaren Rechtsirrtums.[205] Im Vordergrund der Verteidigung von Verkäufern, die auf Schadensersatz in Anspruch genommen werden, stehen Gründe wie eine **erschwerte Fehlersuche** (typisch bei Elektronikproblemen) und **Ersatzteilschwierigkeiten**. In solchen Fällen ist zunächst zu prüfen, ob die gesetzte Frist überhaupt angemessen ist (dazu Rdn. 3524 f.). Wenn ja, hängt es von den Umständen des konkreten Einzelfalls ab, ob das Unterbleiben der geschuldeten Nacherfüllung innerhalb der gesetzten Frist als unverschuldet anzusehen ist. Von Bedeutung ist bei technischen Mängeln insbesondere, ob der Verkäufer eine Privatperson oder ein Kfz-Händler

---

203 So wohl auch BGH 22. 6. 2005, NJW 2005, 2852; BGH 7. 12. 2005, NJW 2006, 988 (jeweils Tierkauf); OLG Hamm 18. 6. 2007 – 2 U 220/06 – BeckRS 2007, 14370; eindeutig in diesem Sinn *Reinicke/Tiedtke*, Rn. 538 ff. m. w. N.; *Looschelders*, FS Canaris, S. 746 ff., 756.

204 *Faust*, NJW 2009, 3698.

205 Vgl. *S. Lorenz*, NJW 2002, 2497, 2503.

ist, wobei im zweiten Fall wieder zu differenzieren sein kann zwischen einem Markenhändler und einem Freien Händler.

bb) Haftungsverschärfung bei Garantieübernahme

Was das Vertretenmüssen der ursprünglichen Schlechtleistung (Mangel) angeht, so ist der **Entlastungsbeweis** in diesem Punkt **abgeschnitten**, wenn der Verkäufer eine **Garantie für die Beschaffenheit** i. S. d. § 276 Abs. 1 BGB übernommen hat. Im zweiten Punkt (Nichtbeseitigung des Mangels) haftet der Verkäufer unabhängig von einem Verschulden, wenn er eine **Garantie** gegeben hat, wonach er zur Nachbesserung imstande ist. Wer z. B. eine Garantie für das Vorhandensein eines Austauschmotors übernimmt, garantiert allein damit noch nicht seine Fähigkeit, notfalls selbst oder durch einen Dritten einen solchen Motor einzubauen. Anders kann es bei einer „Motorgarantie" eines Händlers mit Werkstatt sein. **3687**

5. Der Anspruch des Käufers auf Schadensersatz neben der Leistung (§§ 437 Nr. 3, 280 Abs. 1 BGB)

a) Anwendungsbereich

Auf der Tatbestandsseite setzt der Anspruch auf Schadensersatz neben der Leistung – zur Abgrenzung gegen den Schadensersatz statt der Leistung s. Rdn. 3614, 3709 – eine Pflichtverletzung des Verkäufers voraus. Das kann die Lieferung einer mangelhaften Sache sein (§ 433 Abs. 1 S. 2 BGB). Im Fall eines behebbaren Mangels kommt als **weitere Pflichtverletzung** das Unterbleiben der nach § 439 Abs. 1 BGB geschuldeten Nacherfüllung in Betracht. Verletzt sein kann auch eine Nebenpflicht. Bei einem unbehebbaren Mangel und Ausschluss beider Nacherfüllungsvarianten, typisch für Gebrauchtwagenstreitigkeiten, soll nach wohl überwiegender, aber umstrittener Ansicht der gesamte mangelbedingte Schaden des Käufers einschließlich Begleit- und Folgeschäden von §§ 437 Nr. 3, 311a Abs. 2 BGB erfasst werden, der Schadensersatz neben der Leistung insoweit also leer laufen (s. Rdn. 3660). Von Bedeutung ist die Kontroverse deshalb, weil der Zeitpunkt der Kenntnis bzw. des Kennenmüssens unterschiedlich ist. **3688**

Wenn der Verkäufer nicht nur ein mangelhaftes Fahrzeug geliefert, sondern im Rahmen der Vertragsverhandlungen gegen eine (leistungsbezogene) **Aufklärungspflicht** verstoßen hat, eine für den Gebrauchtfahrzeugkauf nicht untypische Konstellation, stellt sich die Frage, wie diese **weitere Pflichtverletzung** zu beurteilen ist. Da sie sich auf den Mangel bezieht, könnte sie – exklusiv – einen gewährleistungsrechtlichen Schadensersatzanspruch mit den insoweit bestehenden Besonderheiten auslösen. Anspruchsgrundlage wäre § 280 Abs. 1 BGB i. V. m. § 437 Nr. 3 BGB. Als Alternative kommt die allgemeine Haftung aus § 280 Abs. 1 BGB in Betracht. Zu denken ist auch an einen Schadensersatzanspruch aus § 282 BGB i. V. m. § 241 Abs. 2 BGB.[206] **3689**

Letzteres überzeugt am wenigsten. Die Pflicht zur Aufklärung über den Mangel ist leistungsbezogen und fällt damit nicht unter § 241 Abs. 2 BGB. Da die in der Schlechtleistung liegende Pflichtverletzung mit der Aufklärungspflichtverletzung so etwas wie eine natürliche Handlungseinheit bildet, spricht vieles für eine einheitliche Behandlung nach Sachmängelrecht, zumal dem Käufer im Fall der arglistigen Täuschung – abweichend von § 438 Abs. 1 S. 3 BGB – die Regelverjährung zugute kommt (§ 438 Abs. 3 S. 1 BGB). **3690**

---

206 Zum Problem NK-BGB/*Dauner-Lieb*, § 276 BGB Rn. 43.

b) Der Entlastungsbeweis beim Anspruch auf Schadensersatz neben der Leistung (§§ 437 Nr. 3, 280 Abs. 1 BGB)

3691 Der Verkäufer, der mit der Übergabe einer Sache mit einem behebbaren Mangel eine (objektive) Pflichtverletzung begangen hat (§ 433 Abs. 1 S. 2 BGB), muss sich auch zur Vermeidung seiner Haftung auf Schadensersatz neben der Leistung exculpieren. Ein auf Schadensersatz in Anspruch genommener Fahrzeugverkäufer muss also behaupten und beweisen, dass er die Pflichtverletzung, hier: Lieferung des Fahrzeugs mit Sachmangel, nicht zu vertreten hat.

3692 Kraft Gesetzes wird vermutet, dass ein Verkäufer, der mangelhaft geliefert hat, den Grund für diese Vertragsstörung zu vertreten hat. Das findet seine Legitimation letztlich im sog. Sphärengedanken. Ebenso wie die ähnlich formulierte Regelung in § 311a Abs. 2 BGB ist § 280 Abs. 1 S. 2 BGB als **Beweislastregel** konzipiert.[207] Von Beweislastumkehr ist die Rede, auch von Verschuldensvermutung.[208] Ob sich dahinter unterschiedliche Sachaussagen verbergen, wird nicht immer deutlich. Die Einschätzung als „Beweislastumkehr" scheint der kleinste gemeinsame Nenner zu sein.

aa) Bezugspunkt des Vertretenmüssens

3693 Mit der Lieferung einer Sache mit einem behebbaren Mangel hat der Verkäufer objektiv eine Pflicht aus dem Schuldverhältnis i. S. v. § 280 Abs. 1 BGB verletzt. Bezugspunkt für das Vertretenmüssen ist dann die Schlechtleistung als solche.[209] Ob § 280 Abs. 1 BGB auf anfängliche unbehebbare Mängel neben § 311a Abs. 2 BGB überhaupt anwendbar ist, hat der BGH noch nicht eindeutig entschieden (s. a. Rdn. 3660). Das Vertretenmüssen kann sich auch auf eine Pflichtverletzung im Rahmen der Nacherfüllung beziehen, auch auf vertragliche Nebenpflichten im Erfüllungs- wie im Nacherfüllungsstadium, sofern die Nebenpflicht „leistungsbezogen" (mangelbezogen) ist.

bb) Haftungsmaßstab und Einzelfragen

3694 Das Vertretenmüssen richtet sich nach **§ 276 BGB**. Mithin hat der Verkäufer **grundsätzlich** Vorsatz und Fahrlässigkeit zu vertreten. Während das Gesetz in § 311a Abs. 2 BGB festlegt, auf welche Tatsache sich das Verschulden/Vertretenmüssen zu beziehen hat, sind die Möglichkeiten der Be- und Entlastung im Rahmen des § 280 Abs. 1 S. 2 BGB vergleichsweise offen.

3695 Eine Gemeinsamkeit mit § 311a Abs. 2 BGB besteht in der hier wie dort **zentralen Fahrlässigkeitsfrage** insoweit, als solche Vorgänge außer Betracht zu bleiben haben, die mit dem Verkauf in keinerlei Beziehung stehen. Ob ein Sachmangel und damit eine Pflichtverletzung vorliegt, hängt zum einen vom Inhalt des Kaufvertrages ab, zum anderen vom Zeitpunkt des Gefahrübergangs. Davon losgelöst gibt es keinen Sachmangel, also auch keinen Tatbestand einer „mangelbezogenen" Pflichtverletzung i. S. v. § 433 Abs. 1 S. 2 BGB. Dass der Verkäufer sein Fahrzeug während seiner Besitzzeit beschädigt hat, gereicht ihm **kaufvertragsrechtlich** nicht zum Verschulden. Bedeutung gewinnt dieser Umstand erst, wenn das beschädigte Fahrzeug zum Verkauf angeboten wird, ohne den Kaufinteressenten auf den Schaden als potenziellen Sachmangel hinzuweisen.

3696 Dass der Verkäufer einen bestimmten Umstand nicht kannte und auch nicht kennen musste, kann bereits **auf einer Vorstufe** Gegenstand der Prüfung sein, nämlich im Zusammenhang mit der Einstandspflicht des Verkäufers für **Äußerungen Dritter** (§ 434 Abs. 1 S. 3 BGB). Der hier eröffnete Entlastungsbeweis ist der Exculpation nach § 280 Abs. 1

---

207 Vgl. BGH 22. 10. 2008, DAR 2009, 144 (Stellplatzmiete).

208 Nachweise bei *Münch*, JURA 2002, 367.

209 *Reinicke/Tiedtke*, Rn. 516, 564.

S. 2 BGB **vorgelagert**. Scheitert der Verkäufer auf der Vorstufe, ist von einem Sachmangel und damit von einer Pflichtverletzung auszugehen. Nunmehr ist der Entlastungsbeweis zwar im Ausgangspunkt breiter angelegt. Die Gründe, die den Verkäufer auf der Vorstufe haben scheitern lassen, dürften jedoch auch einer Widerlegung der Verschuldensvermutung entgegenstehen.

Abgesehen vom Sonderfall der „Garantieübernahme" und der vorsätzlichen Schlechtlieferung stehen bei dem Entlastungsbeweis nach § 280 Abs. 1 S. 2 BGB **zwei Fragestellungen** im Blickpunkt: **3697**

Zum einen geht es um Fahrlässigkeit bei ausdrücklichen bzw. konkludent abgegebenen Verkäufererklärungen ohne Garantiecharakter, d. h. Beschaffenheitszusagen i. S. d. § 434 Abs. 1 S. 1 BGB. Etwaige Versäumnisse bei der Beschaffung und Weiterleitung von Informationen geraten ins Blickfeld. Diese **Informationshaftung** hatte man vor der Schuldrechtsreform mit der Zusicherungs- und Arglistrechtsprechung zu § 463 BGB a. F. einigermaßen im Griff. Fahrlässig fehlerhaften Angaben über die Beschaffenheit des Fahrzeugs konnten eine Haftung aus § 463 S. 2 BGB a. F. an sich nicht begründen. Vom Ansatz her genügte selbst grobe Fahrlässigkeit nicht. **3698**

Durch das „neue" Kaufrecht hat sich bereits der **Haftungsmaßstab grundlegend geändert**. Die Beweislastverteilung bewirkt ein Übriges. Die praktischen Auswirkungen sind durch Urteile wie der noch zum früheren Recht ergangenen Entscheidung des LG Köln v. 10. 1. 2002[210] in gewisser Weise präjudiziert. Hiernach ist ein Gebrauchtwagenhändler gehalten, „sich der Richtigkeit aller Angaben zu versichern, z. B. durch eigene Prüfung oder, wo ihm dies nicht möglich oder zumutbar ist, genaues Studium der ihm bekannten oder von ihm anzufordernden Unterlagen über den Pkw." Zu prüfen hat er auch die Angaben im Serviceheft („Scheckheft"), was **in Zahnriemenfällen** von Bedeutung sein kann.[211] **3699**

Zu erinnern ist in diesem Zusammenhang an die **Rechtsprechung zur Eigenhaftung von Kfz-Vermittlern** für unrichtige Informationen aus culpa in contrahendo (s. Rdn. 2305 ff.). Wie damals ist zu prüfen, ob und inwieweit Verkäufer ihre Informationen (Beschaffenheitsangaben) durch vorherige Erkundigungen und Untersuchungen auf ihren Wahrheitsgehalt zu überprüfen verpflichtet waren. Denn ohne ein solches Handeln kann eine konkrete Beschaffenheitsangabe – unterhalb der Schwelle der Behauptung ins Blaue hinein – fahrlässig sein. Die Rechtsprechung, die im alten Recht mit der Annahme von Behauptungen ins Blaue hinein und damit arglistigen Täuschungen um des Ergebnisses willen (§ 476 BGB a. F.) außerordentlich „großzügig" war, wird bei fragwürdiger Informationsbasis den Entlastungsbeweis für gescheitert halten. Wer als Richter in solchen Fällen sogar ein arglistiges Tun positiv festgestellt hat, wird wenig Hemmung haben, dem Verkäufer Fahrlässigkeit zur Last zu legen. Dabei muss diese nicht einmal nachgewiesen sein. Es genügt, dass der Verkäufer das Gericht von seiner Schuldlosigkeit nicht hat überzeugen können. **3700**

Zum anderen: Wenn der Verkäufer zur strittigen Fahrzeugeigenschaft **keinerlei Angaben** gemacht hat, es also um die Frage **schuldhaften Verschweigens** geht, ist das Thema „Untersuchungspflicht" **von kardinaler Bedeutung**. Kann der Verkäufer eine vorsätzliche Täuschung, also ein arglistiges Verschweigen, glaubhaft ausschließen, bleibt die Frage, ob die Unkenntnis auf Fahrlässigkeit beruht. Unter diesem zweiten Aspekt besteht eine Parallele zum Entlastungsbeweis nach § 311a Abs. 2 BGB (dazu Rdn. 3623 ff.). Abgesehen von **3701**

---

210 DAR 2002, 272.

211 Vgl. LG Karlsruhe 26. 1. 2010, NJW-RR 2010, 1148 (keine Pflicht zur Aktualisierung der im Serviceheft angegebenen Inspektionsvorgaben bei nachträglicher Änderung durch den Hersteller); LG Krefeld 24. 9. 2007, DAR 2008, 90; s. a. OLG Schleswig 17. 12. 2010, NJW-RR 2011, 692 zu den Pflichten einer Kfz-Werkstatt (kein Kauf).

dem unterschiedlichen Bezugspunkt des Vertretenmüssens ist es die Art des Sachmangels (unbehebbar/behebbar), die angesichts der verschiedenen Gruppen von Gebrauchtfahrzeugverkäufern eine differenzierte Beurteilung erforderlich macht.[212]

3702 **Fahrlässige Unkenntnis** setzt zunächst **objektive Erkennbarkeit** des Mangels voraus. Die Grenze für die Erkennbarkeit von Mängeln ist „fließend und im Nachhinein oft kaum zu beurteilen“, so **der BGH** in der Gebrauchtwagenentscheidung v. 16. 3. 1977, NJW 1977, 1055. Mit der Erkennbarkeit eng verbunden ist die Frage, ob der Verkäufer pflichtwidrig etwas versäumt hat, was ihn ins Bild gesetzt hätte. Insoweit rücken – nicht anders als bei § 311a Abs. 2 BGB – Erkundigungs-, Nachforschungs- und – eine Spezialität des Gebrauchtfahrzeugkaufs – Untersuchungspflichten ins Blickfeld. Dass die Rechtsprechung auf diesen Feldern relativ verkäuferfreundlich judiziert, hat zu der bedenklichen Aussage beigetragen, an den Entlastungsbeweis des Verkäufers seien **„keine zu strengen Anforderungen“** zu stellen.[213] Gegenteilig das OLG Koblenz („hohe Anforderungen“).[214] Der Verkäufer hat die Verschuldensvermutung zu widerlegen, nicht mehr, aber auch nicht weniger.

3703 Ein **privater Verkäufer**, der sein Fahrzeug längere Zeit selbst benutzt hat, kann Erkenntnisse gewonnen haben, die zumindest den Verdacht eines technischen Defekts begründen (z. B. erhöhter Ölverbrauch oder unregelmäßiger Motorlauf). Bislang konnten derartige Anzeichen die Kenntnis des Verkäufers als Voraussetzung für die Feststellung von Arglist begründen.[215] Im „neuen“ Recht auf bloße Erkennbarkeit des Mangels und von dort auf fahrlässige Unkenntnis zu schließen, ist naheliegend.

3704 Ein **professioneller Wiederverkäufer** kann allein infolge seiner besonderen Fachkenntnis in der Lage sein, die Nichteignung des verkauften Fahrzeugs zum vorausgesetzten Zweck zu beurteilen. Sein Schweigen wird in einem solchen Fall zumindest fahrlässig sein. Ein Verkäufer, der zugleich **Hersteller** ist, muss sich dem Vorwurf fehlerhafter Produktion stellen. Damit haben sich z. B. die **Werksniederlassungen** der großen Automobilhersteller auseinander zu setzen. Beim Kauf eines Gebrauchtwagens vom Hersteller (Eigenfabrikat) ist die Rechtslage eine andere als beim Kauf von einem reinen Zwischenhändler.[216] Zur Produktverantwortung s. Rdn. 1692, 1707. Dass Hersteller nicht Erfüllungsgehilfen der Autohäuser sind, gilt auch im modernisierten Schuldrecht, s. Rdn. 1247.

3705 Bei **Umbauten, Tuningmaßnahmen** und dergleichen stellt sich die Frage, ob der Verkäufer, der sie durchgeführt oder in Auftrag gegeben hat, für Mängel verantwortlich ist. Gleiches gilt für eigene Reparaturen wie für Instandsetzungen in Fremdwerkstätten.

3706 Der regelmäßige Bezug von Gebrauchtfahrzeugen aus dem Ausland kann einen **Wissensvorsprung des Importeurs** begründen. Daraus kann sich ein Kennenmüssen bestimmter Umstände (z. B. einer „Magerausstattung“) ableiten lassen. Wer von einem dubiosen Anbieter eingekauft hat, wird sich andere Fragen gefallen lassen müssen als ein Verkäufer, der aus einer seriösen Quelle geschöpft hat.

3707 Wer sich als Verkäufer **fremder Hilfe** bedient hat, um den Zustand des von ihm angebotenen Fahrzeugs zu ermitteln, wird sich bei einer Fehleinschätzung auf eigene Unkenntnis berufen. Kennenmüssen wirft die Frage der Zurechnung auf. Personen aus dem eigenen Betrieb können Wissensvertreter sein, was eine Zurechnung ermöglicht (s. Rdn. 4315 ff.).

---

212 Beispiel für eine „gelungene“ Exculpation schon aus dem unstreitigen Sachverhalt: LG Aachen 11. 4. 2003, DAR 2003, 274 (Händler ohne Spezialwerkstatt/Getriebeschaden).

213 OLG Hamm 20. 1. 2011 – I-28 U 139/10 – unter Hinweis auf *S. Lorenz*, LMK 2009, 286449.

214 Beschl. v. 4. 10. 2010 – 5 U 655/10.

215 Vgl. OLG Düsseldorf 29. 6. 2001, DAR 2001, 502; OLG Köln 10. 1. 2000, DAR 2000, 308 = VRS 99/00, 22 – jeweils überhöhter Ölverbrauch; OLG Frankfurt 30. 3. 2000, OLGR 2001, 63 – Unregelmäßigkeiten beim Motor.

216 Allgemein zum Unterschied s. BGH 25. 1. 1989, WM 1989, 575.

Fremde „Ermittlungsgehilfen" (z. B. Prüforganisationen wie der TÜV) sind weder Wissensvertreter noch Erfüllungsgehilfen. Ein **positiver TÜV-Bericht** (§ 29 StVZO) ist somit geeignet, den Händler zu entlasten.[217]

Trotz der Vielfalt von Ansatzpunkten für ein nach einem objektiven Maßstab zu beurteilendes Verkäuferverschulden: Zentrales Thema ist die **„Untersuchungspflicht"**. Vor der Novellierung des Kaufrechts hat diese Frage im Schatten der beiden Kardinalthemen „Eigenschaftszusicherung" und „Arglist" gestanden, mit Letzterem nicht selten vermischt. Neu ist sie keineswegs. Beschäftigt hat sie die Rechtsprechung allerdings nur in Fällen mit Beteiligung von Kfz-Händlern. **Privatverkäufer** wurden von einer wie auch immer gearteten Untersuchungspflicht generell freigestellt. Ähnlich verschont wurden gewerbliche Verkäufer außerhalb der eigentlichen Kfz-Branche, z. B. **Leasinggesellschaften**,[218] **Autovermieter** und **Taxiunternehmen**. Gelegenheitsverkäufer mit Unternehmerstatus wie **Freiberufler** und **Handwerksbetriebe** hat man Privatverkäufern im Ergebnis gleichgestellt. Zur Rechtsentwicklung und zum heutigen Stand s. Rdn. 3843 ff. **3708**

6. Inhalt und Umfang der einzelnen Schadensersatzansprüche des Käufers

Was dem Käufer im Rahmen des § 463 BGB a. F. zugestanden hat, soll ihm, so **die Grundaussage des Reformgesetzgebers**, nicht genommen werden. Doch welche Schadenspositionen zum Schadensersatz statt der Leistung und welche dem Schadensersatz neben der Leistung mit der Unterkategorie Verspätungsschaden (Verzögerungsschaden) zuzuordnen sind, ist auch rund zehn Jahre nach In-Kraft-Treten der Schuldrechtsreform noch nicht in allen Details geklärt.[219] Problematisch ist zudem die Abgrenzung zwischen dem Anspruch auf Schadensersatz und dem in § 284 BGB speziell geregelten Ersatz für vergebliche Aufwendungen (dazu Rdn. 3810 ff.). **3709**

Der Reformgesetzgeber[220] will die über das Erfüllungsinteresse des Käufers hinausgehenden Vermögensnachteile – zumindest außerhalb des § 311a Abs. 2 BGB – mit § 280 Abs. 1 BGB als „einfachen" Schadensersatz („neben der Leistung") erfassen und ohne Fristsetzungserfordernis sofort liquidierbar machen. Es gehe dabei um diejenigen Schäden, die nach bisherigem Recht aus positiver Forderungsverletzung ersatzfähig gewesen seien, die also **an anderen Rechtsgütern** als der Kaufsache selbst eingetreten seien.[221] **3710**

Gemeint sind damit sog. **Mangelfolgeschäden**. Um Schadensersatz „neben" der Leistung geht es indes auch, wenn das gekaufte Fahrzeug direkt betroffen ist, z. B. durch ein Fehlverhalten eines Werkstattmitarbeiters im Rahmen einer Umrüstung[222] oder im Zuge einer Nachbesserung.[223] Zur ersten Fallgruppe s. Rdn. 2557 ff., zur zweiten Rdn. 837 ff. **3711**

Nicht zur Kategorie der Mangelfolgeschäden, sondern zum „Mangelschaden" zählte man im früheren Kaufrecht die für Autokaufstreitigkeiten so praxisrelevanten Schadenposten wie **Abschleppkosten**, **Nutzungsausfall**, **Sachverständigen- und Ummeldekosten**. Soweit derartige Einbußen nicht als „Vertragskosten" (§ 467 BGB a. F.) anerkannt wurden, waren sie nach § 463 BGB a. F. ersatzfähig, jedenfalls nicht nach den Regeln der positiven Forderungsverletzung. Sie deshalb jetzt dem Schadensersatz „statt der Leistung" zuzuord- **3712**

217 KG 29. 10. 2010 – 1 U 41/08 – (in DAR 2010, 267 nur Ls.).
218 OLG Nürnberg 14. 4. 1999, NJW-RR 1999, 1208 = MDR 1999, 931.
219 Zur Abgrenzung durch den BGH s. Urt. v. 19. 6. 2009, NJW 2009, 2674 Tz. 9 und Urt. v. 14. 4. 2010, NJW 2010, 2426 Tz. 13; s. a. OLG Saarbrücken 25. 7. 2007, NJW 2007, 3503, und OLG Frankfurt 19. 7. 2006, ZGS 2006, 476.
220 BT-Drucks. 14/6040, 87 f., 94.
221 BT-Drucks. 14/6040, 225.
222 Dazu OLG Koblenz 18. 12. 2008, r+s 2010, 59 (Anspruchsübergang nach § 67 VVG a. F.).
223 Vgl. OLG Saarbrücken 25. 7. 2007, NJW 2007, 3503.

nen, ist indes nicht zwingend. Wie **differenziert** die Dinge heute liegen, wird anhand typischer Einzelpositionen unter Rdn. 3726 ff. näher dargestellt. Besonders problematisch ist der Nutzungsausfallschaden.

a) Inhalt des Anspruchs auf Schadensersatz statt der Leistung (§§ 437 Nr. 3, 280 Abs. 3, 281, 283, 311a Abs. 2 BGB)

aa) Die Wahl zwischen dem kleinen und dem großen Schadensersatz

3713 Der Käufer kann, wie früher im Rahmen des § 463 BGB a. F., den Anspruch auf Schadensersatz statt der Leistung **nach seiner freien Wahl in zweifacher Weise** geltend machen: Er kann das (bereits abgenommene) Fahrzeug behalten und Schadensersatz wegen nicht gehöriger Erfüllung verlangen (kleiner Schadensersatz statt der Leistung). Er kann das Fahrzeug aber auch zurückgeben bzw. zurückweisen und **Schadensersatz statt der ganzen Leistung** verlangen (großer Schadensersatz).

3714 **In der Praxis des Gebrauchtwagenkaufs** überwiegt die zweite Alternative: Typischerweise verlangen Gebrauchtfahrzeugkäufer die Rückzahlung des Kaufpreises sowie Erstattung nutzloser Aufwendungen abzüglich eines Nutzungsentgelts (Gebrauchsvorteile) Zug um Zug gegen Rückgabe des Fahrzeugs. In einem derartigen Verlangen kann ausschließlich ein rein rücktrittsrechtliches Vorgehen zu sehen sein, aber auch eine rücktrittsfreie Klage auf Schadensersatz statt der ganzen Leistung in Reinform; denkbar ist ferner eine Kombination von Rücktritt und Schadensersatz/Aufwendungsersatz. Näheres zu dieser Problematik unter Rdn. 3829 ff.

3715 **Wahlmöglichkeit und Bindung:** Nach früherem Kaufrecht stand dem Käufer die Möglichkeit, zwischen dem kleinen und dem großen Schadensersatz zu wählen, in zeitlicher Hinsicht nicht unbegrenzt offen. Wegen des Interesses des Verkäufers an einer definitiven Entscheidung darüber, ob der Käufer das Fahrzeug behalten oder zurückgeben will, ist eine analoge Anwendung des § 466 BGB a. F. befürwortet worden. Gedacht wurde auch an eine Analogie zu § 264 Abs. 2 BGB.[224] Letztere bleibt nach „neuem" Recht möglich. § 466 BGB ist hingegen ersatzlos gestrichen worden, weil er nicht mehr in das Reformkonzept passt. Eine Analogie zu § 350 BGB verbietet sich, weil diese Vorschrift nicht einmal auf das gesetzliche Rücktrittsrecht anwendbar ist.

3716 **Festzuhalten ist:** Wie im früheren Recht ist der Käufer grundsätzlich befugt, vom großen zum kleinen Schadensersatzanspruch zu wechseln und umgekehrt.[225] Nach § 325 BGB kann der Käufer Rücktritt und Schadensersatz kombinieren, was wegen der Gestaltungswirkung der Rücktrittserklärung zu Komplikationen mit Blick auf den kleinen Schadensersatzanspruch führt (dazu s. Rdn. 3831 ff.).

3717 **Großer Schadensersatz nur bei erheblicher Pflichtverletzung:** Im internen Vergleich an eine **strengere Voraussetzung** ist der große Schadensersatz nur in einem einzigen Punkt gebunden: Die Pflichtverletzung darf nicht unerheblich sein (§ 281 Abs. 1 S. 3 BGB). Wegen des auch insoweit bestehenden **Gleichlaufs mit dem Rücktritt**[226] wird auf Rdn. 1022 ff., 3511 ff. verwiesen.

3718 **Einfluss einer Weiterveräußerung:** Für den kleinen Schadensersatzanspruch kommt es nicht darauf an, ob der Käufer das Fahrzeug noch zurückgeben könnte.[227] Eine Weiterveräußerung macht die Schadensberechnung anhand der fiktiven Mängelbeseitigungskos-

224 Dafür *Derleder/Abramjuk*, AcP 190, 647.
225 *Derleder*, NJW 2003, 998, 1001.
226 Zutreffend OLG Bamberg 10. 4. 2006, DAR 2006, 456.
227 BGH 9. 10. 1991, NJW 1992, 566.

ten nicht unzulässig.[228] Die Rückgabemöglichkeit spielt nur beim großen Schadensersatz eine Rolle (s. Rdn. 3794). Nur in diesem Fall hat der Verkäufer ein Rückforderungsrecht (§ 281 Abs. 5 BGB).

Nach einer Veräußerung des Fahrzeugs kann der Käufer ohne Zustimmung des beklagten Verkäufers vom großen auf den kleinen Schadensersatz **wechseln**.[229] Einen nachgewiesenen Minderwert kann der Käufer selbst dann liquidieren, wenn er das Fahrzeug mit Gewinn weiterverkauft hat. Dabei ist es unerheblich, ob er mit seinem Abnehmer einen Gewährleistungsausschluss vereinbart hat oder nicht.[230] Der einmal entstandene Schaden bleibt durch den Weiterverkauf unberührt.[231] 3719

bb) Der kleine Schadensersatz statt der Leistung (Bemessungsfragen)

(1) Ausgangspunkt

Der Käufer ist so zu stellen, wie er stünde, wenn der Vertrag ordnungsgemäß erfüllt worden wäre, der Verkäufer also mangelfrei geliefert hätte .[232] Beim Ersatz dieses Erfüllungsinteresses besteht der **Mindestschaden** in der Differenz zwischen dem Wert im mangelfreien Zustand und dem Wert im mangelhaften Zustand. Nicht zuletzt aus Gründen der Prozessökonomie wird vielfach der Wert im mangelfreien Zustand mit dem Kaufpreis, der Wert im mangelhaften Zustand mit einem etwaigen Weiterverkaufserlös gleichgesetzt. Nach einem zulässigen Wechsel vom großen zum kleinen Schadensersatz wird dem Käufer gestattet, den **gezahlten Kaufpreis** in seine Schadensberechnung einzustellen.[233] 3720

Wenn der schadensrechtlich relevante Wertunterschied (Mangelunwert) auch nicht notwendigerweise den **Kosten der Mängelbeseitigung** entspricht, so sind diese bei einem behebbaren Mangel doch zumeist **ein tauglicher Bemessungsfaktor**.[234] Zu möglichen Einschränkungen s. Rdn. 3726 ff. Für den kleinen Schadensersatz nach § 463 S. 2 BGB a. F. war dieser Ansatz in Fällen arglistiger Täuschung allgemein anerkannt, gleichviel, ob der Mangel im Zeitpunkt der letzten mündlichen Verhandlung noch vorhanden oder schon beseitigt war.[235] Im Rahmen der Zusicherungshaftung (§ 463 S. 1 BGB a. F.) hat man auf diejenigen Kosten abgestellt, die zur Herstellung des versprochenen Zustandes, z. B. „generalüberholt", erforderlich waren.[236] 3721

(2) Berechnungsbeispiele kleiner Schadensersatz

Aus der **Rechtsprechung zu „Altfällen"** sind folgende Berechnungsbeispiele weiterhin beachtlich: 3722

- Der arglistig getäuschte Käufer eines Unfallwagens kann die Kosten für die Beseitigung des Unfallschadens ersetzt verlangen.[237] Unterläuft der Werkstatt bei der Reparatur ein Fehler, haftet der Verkäufer auch für diese Folgekosten.[238] Das Werkstattrisiko liegt wie im Fall der Unfallschadensregulierung grundsätzlich beim Schädiger. Von der Ersatz-

228 BGH 10. 6. 1998, NJW 1998, 2905 = ZIP 1998, 1313.
229 Vgl. BGH 14. 5. 2004, DB 2004, 2367; OLG Hamm 9. 10. 2003, NJW-RR 2004, 213 (altes Recht).
230 OLG München 20. 3. 1980, NJW 1980, 1581 m. w. N.
231 BGH 19. 9. 1980, NJW 1981, 45, 46.
232 BGH 14. 4. 2010, NJW 2010, 2426 Tz. 16; st. Rspr. zu § 463 BGB a. F., z. B. BGH 16. 11. 2007, NJW 2008, 436; BGH 12. 7. 1991, NJW 1991, 2900 (jew. Grundstückskauf).
233 OLG Hamm 9. 10. 2003, NJW-RR 2003, 213.
234 Nach BGH (VII. ZS) 10. 4. 2003, NJW-RR 2003, 878 ist der Mangel selbst bereits der Schaden.
235 BGH 16. 11. 2007, NJW 2008, 436 m. w. N.
236 BGH 6. 12. 1995, NJW 1996, 584; OLG Karlsruhe 30. 3. 1979, OLGZ 1979, 431.
237 OLG München 20. 3. 1980, NJW 1980, 1581.
238 OLG Köln – 2 U 113/79 – n. v.

pflicht ausgenommen sind dagegen solche Vermögenseinbußen, die mit dem offenbarungspflichtigen Mangel in keinem ursächlichen Zusammenhang stehen.

- Fehlt dem Wagen die zugesicherte Eigenschaft der Generalüberholung, so schuldet der Verkäufer die Kosten einer solchen Maßnahme.[239]
- Die Zusage, der Wagen habe einen „überholten" Motor, verpflichtet den Verkäufer zum Ersatz der Kosten für die Reparatur eines Motorschadens, der bei einem wirklich überholten Motor nicht aufgetreten wäre.[240]
- Wer entgegen seiner Zusage den Wagen ohne Servolenkung liefert, hat die Kosten für dieses Extra einschließlich der Einbaukosten zu ersetzen.[241]
- Der Käufer, dem der Verkäufer arglistig verschwiegen hat, dass das Fahrzeug mit einem nicht typengerechten Motor ausgestattet ist, kann als Schadensersatz einen Betrag in Höhe der Kosten für die Umrüstung auf einen gebrauchstauglichen typengerechten Motor verlangen.[242] Auf diesen Schadensersatzanspruch ist – vorbehaltlich eines Abzugs neu für alt – ohne Einfluss, dass die Parteien jede Gewährleistung ausgeschlossen haben und der nicht typengerechte Motor auch schadhaft und nicht mehr instandsetzungsfähig war.[243]
- Fehlt dem Fahrzeug die zugesicherte Eigenschaft „technisch und optisch Bestzustand",[244] kann der Käufer Ersatz derjenigen Kosten verlangen, die zur Herstellung dieser Eigenschaft erforderlich sind, z. B. die Kosten einer Teillackierung.[245]
- Auf die volle Differenz zwischen dem hypothetischen und dem tatsächlichen Wert haftet der Verkäufer auch dann, wenn der hypothetische Wert den Kaufpreis deutlich übersteigt.[246] Ungewöhnlich hohe Wertsprünge sind z. B. beim Kauf von „Liebhaberfahrzeugen" möglich.
- Hat der Verkäufer eine unrichtige Kilometerlaufleistung zugesichert, konnte der Käufer im Rahmen des kleinen Schadensersatzes die Wertdifferenz so berechnen: Wagen mit zugesicherten 41.000 km = 10.000 DM, Wagen mit tatsächlichen 141.000 km = 5.000 DM, Schaden: 5.000 DM.[247] Vertreten wurde auch folgende Abrechnung: Die tatsächlichen Mehrkilometer werden mit Hilfe der Formel über den linearen Wertschwund bewertet; der sich dabei ergebende Betrag wird mit dem Schaden des Käufers gleichgesetzt.[248]
- Ist ein Sportwagen (hier: Ferrari Mondial 3,2) zwei Jahre älter als vertraglich zugesichert, kann die zu ersetzende Wertdifferenz rund 10 % des Kaufpreises betragen.[249]
- Chip Tuning: Minderwert von 5.000 EUR bei einem Kaufpreis von 41.400 DM.[250]

---

239 OLG Karlsruhe 30. 3. 1979, OLGZ 1979, 431; OLG Celle 16. 7. 1992 – 7 U 141/91 – n. v. (Agentur).

240 OLG Frankfurt 6. 3. 1980, VRS 58, 330 (Auslandsreparatur).

241 A. A. LG Bochum 2. 10. 1979, NJW 1980, 789 = DAR 1981, 15; dazu *Eggert*, DAR 1981, 1.

242 BGH 26. 1. 1983, NJW 1983, 1424.

243 BGH 26. 1. 1983, NJW 1983, 1424; vgl. auch OLG Düsseldorf 8. 5. 1992, NJW-RR 1993, 58.

244 Zusicherung bejaht von LG Köln 25. 10. 1988 – 3 O 491/87 – n. v.

245 LG Köln 25. 10. 1988 – 3 O 491/87 – n. v.

246 BGH 19. 5. 1993, NJW 1993, 2103 – Gemäldekauf.

247 Vgl. OLG Bremen 8. 10. 2003, NJW 2003, 3713; KG 24. 7. 1997, NJW-RR 1998, 131 = DAR 1998, 69; nach LG Köln 16. 8. 1972 – 76 O 537/72 – n. v., kann der Käufer in einem solchen Fall auch die Kosten für den Einbau eines ATM ersetzt verlangen, wenn das Fahrzeug dadurch in den Zustand versetzt wird, den es bei Vorhandensein der zugesicherten Laufleistung gehabt hätte.

248 Vgl. OLG Düsseldorf 18. 6. 1999, NZV 1999, 514, für den Fall der Minderung.

249 OLG München 5. 3. 2002 – 5 U 4442/00 – n. v.

250 OLG Karlsruhe 24. 3. 2006, NJW 2007, 443.

Diese altrechtliche Kasuistik[251] ist in den Grundzügen **nicht überholt**. In die Berechnung und Bemessung des eigentlichen Mangelschadens wollte der **Gesetzgeber** mit der Schuldrechtsmodernisierung nicht eingreifen. Ob und ggf. welche Auswirkung die **Änderung des § 249 BGB** zum 1. 8. 2002 – **Umsatzsteuerersatz** nur bei tatsächlichem Anfall – auf den kauf- und werkvertraglichen Anspruch auf Schadensersatz statt der Leistung hat, ist seit langem **strittig.**[252] **3723**

Für das **Werkvertragsrecht** hat der BGH unter Änderung seiner bisherigen Rechtsprechung nunmehr entschieden: Ein vor der Mängelbeseitigung geltend gemachter Anspruch auf Schadensersatz statt der Leistung wegen der Mängel an einem Bauwerk umfasst nicht die auf die voraussichtlichen Mängelbeseitigungskosten entfallende Umsatzsteuer,[253] d. h. **bei fiktiver Abrechnung** nur Ersatz der Nettokosten. Der BGH sieht in der Berücksichtigung einer (noch) nicht angefallenen Umsatzsteuer eine „Überkompensation" des Schadens des Bestellers. **3724**

Ob diese Entscheidung, geprägt auch durch die besonderen Erfahrungen im Bauvertragsrecht (z. B. Schwarzarbeit), auf den kaufrechtlichen Schadensersatzanspruch übertragbar ist, muss bezweifelt werden. Dabei ist auch zu bedenken, dass dem Käufer, anders als dem Besteller, kein Vorschussanspruch eingeräumt ist. Im Übrigen führt kein Weg an der Einsicht vorbei, dass der Verkäufer nicht wegen einer Beschädigung des Fahrzeugs Ersatz zu leisten hat, also keine Naturalrestitution (§ 249 BGB), sondern Ersatz des Erfüllungsinteresses schuldet. Damit kommt allenfalls eine analoge Anwendung des § 249 Abs. 2 S. 2 BGB in Frage[254]. Da diese Norm eine Ausnahme vom Grundsatz der Totalreparation bildet, wobei der Gesetzgeber vor allem die Regulierung von Kfz-Schäden vor Augen hatte,[255] stehen einer Analogie gewichtige rechtssystematische Gründe entgegen. Käufer, die nicht vorsteuerabzugsberechtigt sind, haben richtigerweise Anspruch auf Ersatz der **Brutto-Reparaturkosten** auch dann, wenn sie den Anfall von Umsatzsteuer (noch) nicht belegen können.[256] Eine **Kostenpauschale** wie im Unfallhaftpflichtrecht (20 bis 30 EUR) wird nicht anerkannt.[257] **3725**

(3) Einzelfragen

Im Einzelfall kann **die vereinfachte Form** der Berechnung des mangelbedingten Minderwerts **anhand der Reparaturkosten** – nach oben wie nach unten – **korrekturbedürftig** sein. Wenn die Reparaturkosten erheblich über dem mangelbedingten Minderwert lagen, war der Käufer im früheren Recht auf den Minderwert beschränkt.[258] Argument: kein Anspruch auf Beseitigung des Mangels bzw. auf Herstellung der zugesicherten Eigenschaft. **3726**

Im heutigen Recht trägt dieser Gedanke nicht mehr. Denn der Verkäufer schuldet Mangelfreiheit und ist zur Nacherfüllung verpflichtet, nach Wahl des Käufers auch zur Beseitigung des Mangels. Wo Nachbesserung in dieser Form möglich ist, der Verkäufer sie aber zu Unrecht verweigert oder ein Fall des Fehlschlagens vorliegt, muss der Verkäufer **3727**

251 Zum früheren Recht s. a. die wichtige BGH-Entscheidung v. 16. 11. 2007, NJW 2008, 436.
252 Vgl. *Palandt/Grüneberg*, § 249 BGB Rn. 29; *Reinking*, ZGS 2003, 143.
253 Urt. v. 22. 7. 2010, NJW 2010, 3085.
254 Ohne Begründung befürwortend *Palandt/Grüneberg*, § 249 BGB Rn. 29.
255 Zur Regelungsabsicht und den Motiven umfassend *Ch. Huber*, Das neue Schadensersatzrecht (2003), § 1 Rn. 25 ff.
256 S. a. OLG Braunschweig 22. 12. 2004 – 2 U 125/04 – n. v.; OLG Frankfurt 14. 2. 2008, ZGS 2008, 315.
257 OLG Hamm 8. 9. 2005, NZV 2006, 421 (gr. Schadeners.); LG Aachen 26. 4. 2005, NJW 2005, 2236.
258 Vgl. BGH 16. 11. 2007, NJW 2008, 436.

die Kosten für die Beseitigung des Mangels grundsätzlich voll ersetzen. Die Kappung auf den mangelbedingten Minderwert ist nicht mehr gerechtfertigt. Eine andere Frage ist, ob und ggf. inwieweit die **Opfergrenzen des § 251 Abs. 2 S. 1 BGB und des 439 Abs. 3 BGB** zu beachten sind.[259]

3728 § 251 Abs. 2 S. 1 BGB passt zwar dem Wortlaut nach nicht, weil es nicht um „Herstellung“ geht. Indes ist zum werkvertraglichen Schadensersatzanspruch seit jeher anerkannt, dass der Besteller seinen Schaden anhand der für die Mängelbeseitigung erforderlichen Aufwendungen berechnen kann, wenn der Unternehmer gem. § 633 Abs. 2 S. 2 BGB a. F. (jetzt § 635 Abs. 3 BGB) die Beseitigung wegen unverhältnismäßiger Aufwendungen verweigern darf.[260] In solchen Fällen kommt jedoch eine **entsprechende Anwendung des § 251 Abs. 2 S. 1 BGB** in Betracht. Dabei sind **strenge Anforderungen** zu stellen und alle Umstände des Falles, auch ein Verschulden, zu berücksichtigen.[261] Die Opfergrenze nach § 439 Abs. 3 BGB liefert nicht den Maßstab. Der zum Schadensersatz verpflichtete Verkäufer kann stärker belastet werden als ein Verkäufer, der unabhängig von einem Verschulden zur Nacherfüllung verpflichtet ist. Eine feste Belastungsgrenze hat die Rechtsprechung – anders als in Kfz-Schadensfällen mit der 130 %-Grenze – für § 251 Abs. 2 S. 1 BGB nicht entwickelt, nicht einmal Faustformeln oder ähnliche Berechnungshilfen. Wenn der Verkäufer schon kein Verweigerungsrecht nach § 439 Abs. 3 BGB hat, kann er sich auf § 251 Abs. 2 S. 1 BGB erst recht nicht berufen. Für die 130 %-Grenze OLG Koblenz 24. 2. 2011 – 2 U 261/10 (zw.).

3729 Nicht selten weist das verkaufte Fahrzeug außer dem haftungsbegründenden Mangel technische Schäden auf, die rechtlich von vornherein unerheblich sind (normaler Verschleiß, Abnutzung) oder für die eine Haftung wirksam ausgeschlossen ist. Eine weitere Schwierigkeit kann durch Wertsteigerungen eintreten, die infolge der Mängelbeseitigung eintreten. Derartigen Besonderheiten ist bei der Schadensschätzung nach § 287 ZPO Rechnung zu tragen. Bleibt nach der Instandsetzung, die der Verkäufer zu finanzieren hat, ein **merkantiler Minderwert**, ist auch dieser auszugleichen.

3730 **Abzug „neu für alt“**. Ob eine solcher Abzug zu machen ist, hängt zunächst vom Inhalt einer etwaigen Beschaffenheitsvereinbarung bzw. Beschaffenheitsgarantie ab, ist also Auslegungsfrage. Heißt es im Vertrag „Austauschmotor, Null Kilometer“, hat der Käufer Anspruch auf Ersatz der gesamten Kosten, die bei dem Einbau eines „neuen“ Austauschmotors anfallen. Anders ist es, wenn die Information lautet: „Austauschmaschine, 26.000 km“. In diesem Fall (zur Auslegung s. Rdn. 2666 ff.) kann der Käufer zumindest die Montagekosten in vollem Umfang ersetzt verlangen, bei den Materialkosten muss er je nach Laufleistung des eingebauten Motors Abstriche hinnehmen.[262]

3731 Durch die Schadensersatzleistung darf der Käufer wirtschaftlich nicht besser gestellt werden, als er bei vertragsgemäßer Beschaffenheit des Fahrzeugs gestanden hätte (Bereicherungsverbot). Etwas anderes besagt auch nicht die Entscheidung des LG Köln v. 27. 5. 1970.[263] Sie ist dahin missverstanden worden, dass beim Einbau eines Austauschmotors in ein Gebrauchtfahrzeug kein Abzug nach den Grundsätzen der Vorteilsausgleichung in Betracht komme.[264] Das OLG Hamm verneint am Beispiel eines Turboladers eine dem

---

259 Unerörtert von OLG Köln 14. 10. 2005, NJW 2006, 781 (Umlackierungskosten), LG Aachen 26. 4. 2005, NJW 2005, 2236 (Vorinstanz) und LG Bochum 4. 9. 2009 – I – 4 O 73/08 – n. v. (Beseitigung von Korrosionsschäden an Oldtimer).
260 BGH 26. 10. 1972, NJW 1973, 138.
261 BGH 26. 10. 1972, NJW 1973, 138; BGH 29. 6. 2006, NJW 2006, 2912 (gr. Schaders.).
262 Vgl. OLG Schleswig 6. 2. 1973, VersR 1975, 189; s. a. BGH 26. 1. 1983, NJW 1983, 1424.
263 MDR 1970, 1010.
264 Vgl. OLG Bamberg 6. 3. 1974, DAR 1974, 188.

Käufer anrechenbare Werterhöhung bei solchen Ersatzteilen, die im Allgemeinen „die Lebensdauer" des Kfz erreichen.[265]

Zur Ermittlung des Abzugs „neu für alt" bei Einbau eines neuen bzw. neuwertigen Ersatzteils in ein älteres Fahrzeug s. BGH NJW 1996, 584. Zur Bedeutung eines trotz arglistiger Täuschung partiell wirksamen Gewährleistungsausschlusses für die Abzugsfrage s. BGH NJW 2004, 2526 (Grundstückskauf); dazu auch BGH NJW 1983, 1424 (Mercedes 230 SL mit falschem Motor). **3732**

Oldtimer: Soll ein Oldtimer nach dem Inhalt des Vertrages noch die Original-Erstlackierung haben, ist diese aber durch eine Neulackierung in einem abweichenden, wenn auch ähnlichen Farbton ersetzt worden, kommen für die Schadensbemessung die **Kosten einer Lackierung** in der Originalfarbe der Erstlackierung in Betracht, ggf. zuzüglich eines Minderwerts. Nur einen Bruchteil der Umlackierungskosten zu ersetzen, weil das Fahrzeug auch in anderen, dem Käufer bekannten Punkten nicht im Originalzustand war, ist nicht gerechtfertigt.[266] Unerlässlich ist es in einem Oldtimerfall, einen auf diese Fahrzeuge **spezialisierten Sachverständigen** mit der Schätzung der Werte im mangelfreien/mangelhaften Zustand und der Ermittlung der Mängelbeseitigungskosten zu beauftragen.[267] **3733**

(4) Nutzungsausfallersatz beim Festhalten am Vertrag

Den infolge der Lieferung einer mangelhaften Sache entstandenen Nutzungsausfallschaden kann der am Vertrag festhaltende Käufer nach §§ 437 Nr. 3, 280 Abs. 1 BGB als Schadensersatz neben der Leistung ersetzt verlangen.[268] Damit hat der BGH der Ansicht eine Absage erteilt, die Nutzungsausfallersatz erst ab Eintritt von Verzug für gerechtfertigt hält. Nutzungsausfallschäden, in Kfz-Sachen typischerweise **„Schäden in der Zeit"**, können je nach Sachlage unter den Schadensersatz neben der Leistung oder unter den Schadensersatz statt der Leistung fallen.[269] Außerdem können sie als Schadensersatz wegen Verzögerung der Leistung liquidiert werden (§§ 280 Abs. 1, 2, 286 BGB). Diese **dreifache Möglichkeit der Einordnung** stellt die Instanzgerichte vor erhebliche Schwierigkeiten,[270] zumal bei behebbaren Mängeln, weil hier die Nacherfüllungsproblematik hineinspielt. **3734**

Ausgangslage und Fallbearbeitung: Wenn der Käufer am Vertrag festhalten und das mangelhafte Fahrzeug behalten will, liegt ein etwaiger Verlust der Gebrauchsmöglichkeit als abgeschlossener Sachverhalt meist in der Vergangenheit, z. B. als Folge von Werkstattaufenthalten zum Zwecke der Mängelbeseitigung.[271] Die Besonderheit des Nutzungsausfallschadens als einer Einbuße „in der Zeit" mit der Anlage zur Ausweitung (Entwicklungsschaden) macht es jedenfalls nötig, nach dem Zeitpunkt und nach dem Grund des Schadenseintritts zu differenzieren, ferner danach, ob der Mangel behebbar ist oder nicht. **3735**

---

265 Urt. v. 23. 2. 2006, 28 U 164/05 – BeckRS 2006, 07007.

266 Anders LG Duisburg 12. 10. 2004 – 4 O 531/02 – n. v.

267 Vgl. LG Bochum 4. 9. 2009 – I-4 O 73/08 – n. v. und aus der Rechtsprechung zur Ermittlung der Reparaturkosten und eines merkantilen Minderwerts in Unfallsachen, OLG Düsseldorf 30. 11. 2010, VA 2011, 77.

268 BGH 19. 6. 2009, NJW 2009, 2674.

269 Instruktiv *Faust* in Bamberger/Roth, § 437 Rn. 59, 67; *S. Lorenz*, JuS 2008, 203.

270 Vgl. LG Hamburg 11. 5. 2009, NJW 2009, 3660; AG Aachen 15. 1. 2003, DAR 2003, 120 m. Anm. *P. Lehnen*, DAR 2003, 178; LG Aachen 11. 4. 2003, DAR 2003, 274; LG Krefeld 24. 9. 2007, DAR 2008, 90; OLG Hamm 23. 2. 2006 – 28 U 164/05 – BeckRS 2006, 07007; OLG Frankfurt 19. 7. 2006, ZGS 2006, 476; OLG Celle 16. 4. 2008, NJW-RR 2008, 1635; OLG Koblenz 8. 3. 2007, OLGR 2007, 271.

271 Zu dieser Konstellation LG Krefeld 24. 9. 2007, DAR 2008, 90; LG Aachen 11. 4. 2003, DAR 2003, 274 (Berufungsurt. zu AG Aachen 15. 1. 2003, DAR 2003, 120); LG Hamburg 11. 5. 2009, NJW 2009, 3660 (nur im Ergebnis zutreffend).

3736 Für den **Anwalt des Käufers** stellt sich vorrangig die Frage, welche Pflichtverletzung zum Schaden des Mandanten geführt hat, die Schlechtleistung als solche, eine Pflichtverletzung bei der Nacherfüllung wie z. B. eine mangelhafte Reparatur und/oder eine Verzögerung der Nacherfüllung. Hat der Verkäufer keine oder nur geringe Aussichten, sich bei der Pflichtverletzung „mangelhafte Lieferung" (Verstoß gegen § 433 Abs. 1 S. 2 BGB) zu exculpieren, ist diese – ungeachtet des bestehenden Meinungsstreits über den richtigen Bezugspunkt des Vertretenmüssens (dazu Rdn. 3679 ff.) – der geeignete Aufhänger für die Schadensersatzhaftung. Ist dagegen mit einer Entlastung zu rechnen, ist die Möglichkeit einer Pflichtverletzung bei der Nacherfüllung zu prüfen, auch (nicht nur) unter dem Gesichtspunkt des Verzugs.

3737 Der **Anwalt des Verkäufers** wird sein Hauptaugenmerk darauf richten, ob der Nacherfüllungsvorrang (Fristsetzungserfordernis) zum Tragen kommt und sich im Übrigen auf die Exculpation und die Mitverschuldensfrage (§ 254 Abs. 2 BGB) konzentrieren.

3738 **Unbehebbarer Mangel**. Bei einem (anfänglichen) unbehebbaren Mangel eines gebrauchten Kfz. (Ersatzlieferung i. d. R. ausgeschlossen) richtet sich der Ersatz von Nutzungsausfallschäden nach §§ 437 Nr. 3, 311a Abs. 2 BGB.[272] Das entspricht dem früheren Rechtszustand (§ 463 BGB a. F., keine pFV). Beispiel: Entgegen der Zusage „unfallfrei" hat das gebraucht gekaufte Fahrzeug einen gravierenden Unfallschaden, eine Weiterfahrt ist nicht möglich, jedenfalls nicht zumutbar. Der **mangelbedingte** Nutzungsausfall ist in einem solchen Fall als Teil des Schadensersatzes statt der Leistung grundsätzlich erstattungsfähig. **Anspruchsgrundlage** ist ausschließlich § 311a Abs. 2 BGB i. V. m. § 437 Nr. 3 BGB, nicht etwa § 280 Abs. 1 i. V. m. § 437 Nr. 3 BGB. Der Käufer braucht keine Frist zur Nacherfüllung zu setzen, denn eine Nacherfüllung ist in beiden Varianten unmöglich (keine Ersatzlieferung, keine Behebbarkeit durch Nachbesserung). Der Käufer muss den Verkäufer auch nicht mahnen, denn es gibt nichts, was er anmahnen könnte. Zu beachten hat er lediglich seine **Schadenminderungspflicht nach § 254 Abs. 2 BGB**. Insoweit kann auf die stark ausdifferenzierte Rechtsprechung im Haftpflichtschadensfall zurückgegriffen werden.

3739 Der Käufer muss **darlegen und beweisen**, dass der geltend gemachte Nutzungsverlust mit dem – vertragsanfänglich unbehebbaren – Mangel **in einem ursächlichen Zusammenhang** steht. Anders als bei technischen Mängeln, die zum Ausfall des Fahrzeugs führen, ist dieser Nachweis nicht leicht zu führen. Die „klassischen" Mängel der Kategorie „anfänglich unbehebbar" (zu hohe Laufleistung, zu hohes Alter, reparierter Unfallvorschaden) lassen die Fahrbereitschaft häufig unberührt. Zu einem mangelbedingten Ausfall der Nutzung kann es allerdings dadurch kommen, dass der Käufer sein Fahrzeug von einem Sachverständigen untersuchen lässt, z. B. auf Unfallvorschäden. Ob bloße Unzumutbarkeit, z. B. beim Verdacht eines gravierenden Unfallschadens, genügt, um von einer Weiternutzung Abstand zu nehmen, ist eine Frage des Einzelfalles.[273]

3740 **Behebbarer Mangel:** Kann der Mangel durch Nacherfüllung beseitigt werden, wobei in Fällen des Gebrauchtwagenkaufs i. d. R. nur die Nachbesserung, nicht die Ersatzlieferung, in Frage kommt, ist der **Vorrang der Nacherfüllung** zu beachten. Er eröffnet dem Verkäufer Verteidigungsmöglichkeiten, die er nicht hat, wenn Nacherfüllung in beiden Varianten ausscheidet.

3741 Bevor der Käufer **Schadensersatz statt der Leistung** verlangen kann, muss er dem Verkäufer grundsätzlich erst Gelegenheit zur Nacherfüllung gegeben haben. Solange die Nacherfüllung möglich ist und vom Verkäufer nicht verweigert wird, ist der Anspruch auf Scha-

---

272 BGH 28.11.2007, NJW 2008, 911,Tz. 12, m. Anm. *Gsell*; PWW/*Medicus* § 311a BGB Rn. 20; *Reinicke/Tiedtke*, Rn. 523.

273 Dazu *Geiger*, DAR 2008, 289, 292.

densersatz statt der Leistung (§ 437 Nr. 3 i. V. m. §§ 280, 281 BGB) „gesperrt". Von dieser Sperre nicht, jedenfalls nicht direkt, betroffen ist der Anspruch auf **Schadensersatz neben der Leistung**. Mit dem Anspruch auf Ersatz des Verzögerungsschadens kommt „auf einer zweiten Schiene" (*Faust*) eine weitere Schadensart ins Spiel.

Nach welchen Vorschriften und Regeln Nutzungsausfallschäden im Fall eines behebbaren Mangels zu ersetzen sind, ist **umstritten**, für **die Praxis** jedoch, nicht zuletzt durch die Grundsatzentscheidung BGH NJW 2009, 2674, weitgehend geklärt. **Unabhängig von einem Verzug** besteht ein Anspruch auf Ersatz eines Nutzungsausfallschadens (auch in Form eines Betriebsausfallschadens), wenn der Verkäufer ein mangelhaftes Fahrzeug liefert und dieses mangelbedingt nicht fahrbereit ist.[274] Argument: Der Schaden beruht nicht, jedenfalls nicht allein, auf der Verzögerung der (mangelfreien) Lieferung, sondern auf der Mangelhaftigkeit als solcher. Der Schaden, der erst durch die Verzögerung der Nacherfüllung eingetreten ist, soll dagegen nur unter den zusätzlichen Voraussetzungen des § 286 BGB[275] erstattungsfähig sein, also Verzug voraussetzen. **3742**

Übertragen auf den motorschadenbedingten Ausfall eines Kraftfahrzeugs bedeutet dies: Hat der Verkäufer den (behebbaren) Mangel zu vertreten, was widerleglich vermutet wird (§§ 280 Abs. 1, 276 BGB), kann er dem Käufer vom ersten Tag des mangelbedingten Ausfalls an – **verzugsunabhängig** – gem. §§ 437 Nr. 3, 280 Abs. 1, 281 BGB zum Schadensersatz statt oder neben der Leistung verpflichtet sein.[276] **3743**

Beispiel:
Der Käufer bleibt mit Motorschaden (= behebbarer Sachmangel) auf der Autobahn liegen und muss sich zur Fortsetzung seiner Reise einen Mietwagen nehmen.[277]

Diesen „frühen" Gebrauchsverlust hat der Verkäufer, sofern er den Mangel zu vertreten hat, auszugleichen, auch wenn er sich mit der Nacherfüllung nicht im Verzug befindet.[278] Die Frage kann nur sein, welchen Einfluss die grundsätzlich bestehende **Obliegenheit des Käufers** hat, dem Verkäufer **Gelegenheit zur Nacherfüllung** zu geben. Den Anspruch auf Schadensersatz statt der Leistung erwirbt er prinzipiell erst **nach erfolgloser Fristsetzung**, ohne sie nur in einem der zahlreichen „Entbehrlichkeitsfälle" (dazu Rdn. 927 ff.). Zunächst stehen der Erfüllungsanspruch und der Anspruch auf Schadensersatz statt der Leistung (wg. Nichterfüllung) nebeneinander. Erst mit dem Verlangen, an Stelle von Erfüllung Schadensersatz zu leisten, ist der Erfüllungsanspruch ausgeschlossen (§ 281 Abs. 4 BGB). Sämtliche Schäden, die **vor diesem Zeitpunkt** bereits (endgültig) eingetreten sind, fallen nicht unter den Schadensersatz statt der Leistung, sondern sind Gegenstand des Schadensersatzes neben der Leistung.[279] Für diesen Anspruch ist die Obliegenheit des Käufers, Gelegenheit zur Nacherfüllung zu geben, (nur) unter dem Blickwinkel des **§ 254 Abs. 2 BGB** relevant.[280] Dazu Rdn. 3751 ff. **3744**

---

274 BGH 19. 6. 2009, NJW 2009, 2674 (kein Autokauf); Thür. OLG 23. 6. 2010 – 2 U 9/10 – (Gebrauchtwagenkauf).

275 § 286 BGB ist entgegen OLG Hamm 23. 2. 2006 – 28 U 164/05 – BeckRS 2006, 07007, keine Anspruchsgrundlage.

276 BGH 19. 6. 2009, NJW 2009, 2674 (Immobiliensache mit behebbarem und auch auf Verlangen des Käufers behobenem Mangel, aber mit einem trotz Nachholung der Leistung nicht mehr zu beseitigendem Schaden, weshalb es sich um Schadensersatz neben der Leistung handelt); aus dem Kfz-Bereich: OLG Celle 16. 4. 2008, NJW-RR 2008, 1635; LG Krefeld 24. 9. 2007, DAR 2008, 90; obiter auch OLG Hamm 23. 2. 2006 – 28 U 164/05 – BeckRS 2006, 07007.

277 Ähnlich die Fallgestaltung in BGH NJW 2006, 1195, wo Mietwagenkosten jedoch nicht geltend gemacht wurden.

278 BGH 19. 6. 2009, NJW 2009, 2674; Thür. OLG 23. 6. 2010 – 2 U 9/10.

279 BGH 19. 6. 2009, NJW 2009, 2674 Tz. 9.

280 BGH 19. 6. 2009, NJW 2009, 2674 Tz. 19; OLG Frankfurt 19. 7. 2006, ZGS 2006, 476 unter Berufung auf *S. Lorenz*, NJW 2006, 1175, 1176.

3745 Im obigen Beispielsfall bedeutet das: Auch durch eine noch so rasche Reparatur des Motors im Wege der Nachbesserung kann ein bereits eingetretener Nutzungsausfall nicht mehr beseitigt werden; er ist – ebenso wie seine Deckung (Mietwagen) – jedenfalls für einen bestimmten Zeitabschnitt **endgültig**, weil durch Nacherfüllung nicht mehr abwendbar. Insoweit handelt es sich um Schadensersatz neben der Leistung. Wenn und soweit der Verkäufer den Ausfallzeitraum durch eine Reparatur begrenzen kann, muss ihm hierzu grundsätzlich Gelegenheit gegeben werden. Das Recht zur zweiten Andienung kann der Käufer indes zu Fall bringen, indem er den Entbehrlichkeitstatbestand des § 281 Abs. 2 Halbs. 2 BGB („besondere Umstände") oder den Fall der Unzumutbarkeit i. S. d. § 440 S. 1 BGB ins Treffen führt. Dabei ist zu berücksichtigen, dass es nur um den mangelbedingten Ausfallschaden geht, nicht etwa um die Beseitigung des Mangels mit Abwälzung der Kosten auf den Verkäufer (Selbstvornahmeproblematik).[281] Sofern eine Obliegenheitsverletzung des Käufers mit Blick auf den Ausfallschaden zu bejahen ist, kann der Ersatzanspruch gem. § 254 Abs. 2 BGB ganz oder teilweise entfallen (dazu Rdn. 3751 ff.).

3746 Außer der Pflichtverletzung nach § 433 Abs. 1 S. 2 BGB (mangelhafte Lieferung) kann auch eine **Verletzung der Nacherfüllungspflicht** (§ 439 Abs. 1 BGB) einen Nutzungsausfallschaden auslösen, der als Schadensersatz „neben" der Leistung erstattungsfähig ist. Insoweit kann es zu Überschneidungen mit dem Anspruch auf Ersatz eines Verzögerungsschadens kommen. Näheres zu den **„Werkstattfällen"** unter Rdn. 3748 ff.

3747 Unter den **Schadensersatz wegen Verzögerung der Leistung** (§§ 280 Abs. 1, 2, 286 BGB) fällt nach überwiegender und zutreffender Ansicht nur derjenige Nutzungsausfallschaden, der **erst und ausschließlich** auf die Verzögerung der mangelfreien Leistung zurückzuführen ist. Hat der Verkäufer den Mangel als solchen nicht zu vertreten, weshalb „auf der ersten Schiene" (§§ 280, 281 BGB) nichts zu holen ist, verzögert er aber schuldhaft die Beseitigung des Mangels, verstößt er damit gegen seine Pflicht zur rechtzeitigen Nacherfüllung. Der Nutzungsausfallschaden kann in einem solchen Fall (nur) als **Verzögerungsschaden** liquidiert werden (§§ 280 Abs. 1, 2, 286 BGB).[282]

3748 Von den reinen Verzögerungsfällen (Verzugsfällen) sind Sachverhalte zu unterscheiden, in denen mit einer **mangelhaften Reparatur** eine weitere Pflichtverletzung (§ 439 Abs. 1 BGB) auf den Plan tritt.[283] Verspätung und Schlechtreparatur bilden nicht selten eine natürliche Handlungseinheit.

3749 Im Verlangen des Käufers nach Mängelbeseitigung soll die verzugsbegründende **Mahnung** liegen, was bei einer Kombination mit einer Fristsetzung einleuchtet,[284] ohne Fristsetzung dagegen nicht selbstverständlich ist.[285] Die anwaltliche Aufforderung an den Händler, sich innerhalb einer bestimmten Frist zur „Haftungsverpflichtung" zu erklären, ist jedenfalls keine Mahnung.[286] Im Fall der ernsthaften und endgültigen Verweigerung ist eine Mahnung entbehrlich (§ 286 Abs. 2 Nr. 3 BGB). Wer für Entbehrlichkeit nach Nr. 4 plädiert, liegt im praktischen Ergebnis auf einer Linie mit der auf Verzug verzichtenden Entscheidung BGH NJW 2009, 2674.

3750 Mit der Verweisung an einen ggf. eintrittspflichtigen Garantieträger soll sich ein gewährleistungspflichtiger Händler **nicht exculpieren** können; auch nicht mit einem – sachlich ungerechtfertigten – Vorschlag, sich an den Kosten der Mängelbeseitigung zu beteili-

281 Dazu BGH 21. 12. 2005, NJW 2006, 1195.

282 Vgl. OLG Hamm 23. 2. 2006, 28 U 164/05 – BeckRS 2006, 07007 (obiter); OLG Koblenz 8. 3. 2007, OLGR 2007, 271 = DAR 2007, 462; *S. Lorenz*, JuS 2008, 203, 205 m. w. N.

283 Dazu OLG Frankfurt 19. 7. 2006, ZGS 2006, 476.

284 OLG Hamm 23. 2. 2006, 28 U 164/05 – BeckRS 2006, 07007.

285 Vgl. BT-Drucks. 14/6040, 225; OLG Hamm 23. 2. 2006 – 28 U 164/05 – BeckRS 2006, 07007; s. a. *Ebert*, NJW 2004, 1761; *Gruber*, ZGS 2003, 130,131.

286 LG Krefeld 24. 9. 2007, DAR 2008, 90.

gen.[287] Das mögen keine den Verzug ausschließenden Entlastungsgründe sein (§§ 280 Abs. 1 S. 2, 286 Abs. 4 BGB), Bedeutung können derartige Umstände, z. B. auch eine Mobilitätsgarantie, hinsichtlich der Pflicht des Käufers gewinnen, den Ausfallschaden klein zu halten.

Schadensminderung nach § 254 BGB: In Fällen mit behebbaren Mängeln ist häufig die Frage strittig, ob und inwieweit der Käufer gehalten war, einen Nutzungsausfallschaden durch die Wahrnehmung von Nacherfüllungsmöglichkeiten gar nicht erst entstehen zu lassen, ihn jedenfalls gering zu halten. Hier liegt für die Praxis das **eigentliche Problem**. 3751

Ersatzlieferung als eine der beiden Nacherfüllungsvarianten ist beim Kauf eines gebrauchten Kfz regelmäßig kein Thema und im Übrigen (Neuwagenkauf) meist schon aus Zeitgründen keine effektive Maßnahme der Schadensminderung. 3752

Nachbesserung: Während das Unfallschadensrecht relativ feste Regeln zur Schadenminderungspflicht in Reparaturfällen kennt, auch und gerade zur Festlegung der Ausfallzeit, sind die Obliegenheiten eines Käufers, der sich für die Variante Nachbesserung entschieden hat bzw. entscheiden muss, gerichtlich wenig geklärt.[288] Ein Ausfallschaden, der abgewendet worden wäre, wenn der Käufer seine Obliegenheit erfüllt hätte, dem Verkäufer die Nacherfüllung zu ermöglichen, soll aus Gründen des **§ 254 Abs. 2 BGB** zu Lasten des Käufers gehen.[289] Das kann dazu führen, dass der Käufer völlig leer ausgeht. Ein Verstoß gegen § 254 Abs. 2 BGB kann aber auch nur den Ausfallzeitraum begrenzen. Das ist Thema der Entscheidung des OLG Frankfurt v. 19. 7. 2006.[290] 3753

Problematisch kann die **Verteilung der Darlegungs- und Beweislast** sein. An sich liegt sie im Rahmen des § 254 Abs. 2 BGB beim Verkäufer in seiner Eigenschaft als Schuldner. Zu denken ist an eine sekundäre Darlegungslast des Käufers, will man ihm nicht – wie bei den sog. Entbehrlichkeitstatbeständen (§§ 440, 281, 323 BGB) – die primäre Darlegungslast auferlegen. 3754

Festzuhalten ist: Käufer, die nach der Entdeckung des Mangels ohne plausiblen Grund mit der Anzeige des Mangels beim Verkäufer warten und auch keine Nachbesserung fordern, laufen Gefahr, dass ihr Ersatzanspruch gem. § 254 Abs. 2 BGB gekürzt wird oder ganz entfällt. Im Zuwarten ein Indiz für das **Fehlen des notwendigen Nutzungswillens** zu sehen, ist eine dem Unfallhaftpflichtrecht entliehene Argumentation, die dort auf schwachen Füßen steht und auf die Käufer-Verkäufer-Beziehung nur bedingt übertragbar ist.[291] In jedem Fall sind Käufer gut beraten, zur Minderung eines Ausfallschadens den Mangel unverzüglich nach Kenntniserlangung beim Verkäufer anzuzeigen und Abhilfe zu fordern. 3755

Falls der Verkäufer für die Zeit der Reparatur ein adäquates **Ersatzfahrzeug anbietet**, kann der Käufer, wenn er darauf ohne triftigen Grund nicht eingeht, vom Verkäufer keinen Ersatz für den Nutzungsausfall verlangen.[292] Nach (zweifelhafter) Ansicht des AG Aachen soll sogar eine Fragepflicht des Käufers bestehen.[293] Die vorbehaltlose Benutzung eines **vom Händler zur Verfügung gestellten Ersatzautos** verhindert den Eintritt einer „fühlbaren" Gebrauchsbeeinträchtigung, selbst wenn der Wagen deutlich klassenniedriger ist.[294] Bei Ablehnung eines annehmbaren Leihwagenangebots des Händlers scheidet eine Ersatz- 3756

287 OLG Hamm 23. 2. 2006 – 28 U 164/05 – BeckRS 2006, 07007.
288 Andeutungsweise Thür. OLG 23. 6. 2010 – 2 U 9/10 – (VW Sharan mit Motorschaden, Verzögerung durch selbst. Beweisverfahren, Notreparatur).
289 OLG Frankfurt 19. 7. 2006, ZGS 2006, 476; *S. Lorenz*, NJW 2006, 1175, 1176; s. a. BGH 19. 6. 2009, NJW 2009, 2674 Tz. 19.
290 ZGS 2006, 476 (Leitsatz wohl zu weit gefasst).
291 Bedenklich deshalb OLG Hamm 23. 2. 2006 – 28 U 164/05 – BeckRS 2006, 07007.
292 LG Hamburg 11. 5. 2009, NJW 2009, 3660 (Begr. nicht überzeugend).
293 Urt. v.15. 1. 2003, DAR 2003, 120 m. Anm. *P. Lehnen* DAR 2003, 178.
294 OLG Köln 27. 3. 2008, OLGR 2008, 584 (A Klasse für Mercedes 350 SLK).

pflicht des Verkäufers aus, allerdings nicht wegen abgelehnter Naturalrestitution[295], sondern entweder mangels Fühlbarkeit der Gebrauchsentbehrung oder (und besser) aus Gründen des § 254 Abs. 2 BGB.

3757 **Weitere Einzelfragen zum Nutzungsausfall:** In der vorübergehenden Unbenutzbarkeit eines eigengenutzten, nicht ausschließlich zu Freizeitzwecken eingesetzten Kraftfahrzeugs liegt nach der vom Großen Senat des BGH bestätigten Auffassung ein ersatzfähiger Vermögensschaden.[296] Die Ersatzfähigkeit auf deliktische Haftungsnormen zu beschränken, hat der BGH wiederholt ausdrücklich abgelehnt.[297] Innerhalb der Vertragshaftung nach einzelnen Anspruchsgrundlagen zu differenzieren, leuchtet gleichfalls nicht ein. Zu verkennen ist freilich nicht, dass es einen Unterschied macht, ob ein Verkäufer bzw. ein Kfz-Vermittler das Fahrzeug bzw. die Fahrzeugpapiere pflichtwidrig zurückhält und dadurch den Gebrauch des Fahrzeugs vereitelt oder ob der Nutzungsausfall die Folge eines verschwiegenen Fahrzeugmangels ist. Im Hinblick auf die Einschätzung des Nutzungsausfalls als Vermögensschaden ist dieser Unterschied in der Einwirkung auf das Fahrzeug und auf das Nutzungsinteresse des Vertragsgläubigers jedoch unbeachtlich.

3758 Abgesehen von einer Pflichtverletzung i. S. d. § 280 Abs. 1 BGB, setzt der Anspruch auf Ersatz eines Nutzungsausfallschadens die **Unbenutzbarkeit des Fahrzeugs** voraus. Das muss nicht unbedingt ein Stehenbleiben aus technischen Gründen sein. Ein zulassungsrechtliches Hindernis kann genügen; ebenso eine Unbenutzbarkeit wegen Fehlens sämtlicher zum Fahrzeug gehörender Schlüssel (Gefahr des Diebstahls).[298] Zwischen der Pflichtverletzung (hier: Mangelhaftigkeit oder Verzug) und der Unbenutzbarkeit muss ein **ursächlicher Zusammenhang** bestehen. Voraussetzung ist ferner, dass der Käufer im Falle ordnungsgemäßer Vertragserfüllung **die Möglichkeit** gehabt hätte, das gekaufte Fahrzeug in der Zeit **zu nutzen**, für welche Ersatz in Form von Mietwagenkosten oder einer abstrakten Nutzungsentschädigung begehrt wird.[299] Nutzungshindernisse, die mit dem Mangel nichts zu tun haben, z. B. ein Unfall, können somit einer Ersatzpflicht des Verkäufers schon aus Kausalitätsgründen entgegenstehen (zur Rechtslage im Fall der Rückabwicklung/großer Schadensersatz s. Rdn. 3776 ff.).

3759 Der Anspruch auf abstrakte (pauschale) Nutzungsausfallentschädigung ist an weitere Bedingungen geknüpft. Sie werden schlagwortartig mit **„Nutzungswille"** und **„Nutzungsmöglichkeit"** umschrieben.[300] Auch die **„Fühlbarkeit"** der Entbehrung ist ein Kriterium zur Eindämmung des Ausfallschadens. Diskutiert wird es vor allem in Fällen mit „Freizeitfahrzeugen" wie Cabrios, Sportwagen, Luxuskrädern und Wohnmobilen.[301] Sonderregeln bestehen auch für gewerblich genutzte Kraftfahrzeuge.[302]

3760 Dass der Käufer **die Ausfallzeit** kurz zu halten hat, ist ein Gebot des **§ 254 Abs. 2 BGB.** Um dem zu genügen, kann er verpflichtet sein, innerhalb angemessener Zeit ein Ersatzfahrzeug zu beschaffen oder einen längeren Nutzungsausfall durch die Anschaffung eines Interimsfahrzeugs zu überbrücken.[303] Orientierung liefert die Rechtsprechung in Haftpflichtschadensfällen.

3761 Was die **Höhe der Nutzungsausfallentschädigung** angeht, kann gleichfalls auf die umfangreiche Rechtsprechung in Unfallsachen zurückgegriffen werden. Beim Ausfall privat-

295 So aber LG Hamburg 11. 5. 2009, NJW 2009, 3660.
296 Beschl. v. 9. 7. 1986, NJW 1987, 50; BGH 10. 6. 2008, NZV 2008, 453.
297 BGH 15. 6. 1983, BGHZ 88, 11 = NJW 1983, 2139.
298 OLG Nürnberg 21. 3. 2005, DAR 2005, 450.
299 BGH 28. 11. 2007, NJW 2008, 911 (Mietwagenkosten bei Rückabwicklung).
300 Dazu aus der kaufrechtlichen Judikatur BGH 14. 4. 2010, NJW 2010, 2426 Tz. 30.
301 Vgl. *Eggert*, VA 2011, 95 ff.
302 BGH 4. 12. 2007, NJW 2008, 913 m. Bespr. *Ch. Huber*, NJW 2008, 1785.
303 BGH 14. 4. 2010, NJW 2010, 2426 m. Bespr. *Bachmeier*, DAR 2010, 513.

genutzter Pkw/Kombis wird üblicherweise nach der Tabelle von *Sanden/Danner/Küppersbusch* abgerechnet. Das OLG Düsseldorf[304] hat diese Tabelle auch für den Schadensersatz nach § 463 BGB a. F. herangezogen, den dort entnommenen Wert aber – aus nicht ganz nachvollziehbaren Erwägungen – um 50 % gekürzt. Das Alter des Fahrzeugs war für den Senat kein Grund zur Kürzung. Nach richtiger, vom BGH[305] bestätigter Ansicht kann die einschlägige Tabelle auch bei **älteren Pkw** herangezogen werden, ggf. mit Herabstufung um eine oder zwei Gruppen. Bei sehr alten und außerdem – unabhängig vom gerügten Mangel – schlecht erhaltenen Fahrzeugen können die – niedrigeren – **Vorhaltekosten** maßgeblich sein.[306]

Haftungsbegrenzung: Zu beachten sind die Haftungsbegrenzungsklauseln in den handelsüblichen AGB, z. B. Abschn. VIII Nr. 1 der NWVB und Abschn. VII Nr. 1 GWVB (jeweils Stand 3/2008)[307]. **3762**

(5) Weitere Schadenspositionen

Bei einem Verlust aus einer beabsichtigten Weiterveräußerung – **entgangener Gewinn** – muss danach unterschieden werden, wann der potenzielle Abnehmer aufgrund des Sachmangels „abgesprungen" ist.[308] Bei Abstandnahme unmittelbar nach Auslieferung an den Käufer kann dieser den ihm entgangenen Gewinn nach § 280 Abs. 1 BGB liquidieren, ohne zuvor eine Frist gesetzt haben zu müssen; sie wäre sinnlos; zur Position „entgangener Gewinn" s. a. Rdn. 3773 ff. **3763**

Auch wenn der Käufer das Fahrzeug behalten will, kann er Kosten ersetzt verlangen, die ihm durch die Mangelhaftigkeit entstanden sind, etwa für das **Abschleppen des Fahrzeugs** in eine Werkstatt[309] oder durch eine **Untersuchung** (Mangelprüfung, z. B. durch einen Sachverständigen). Diese Positionen fallen indes i. d. R. nicht unter den Schadensersatz statt der Leistung, sondern sind als Schadensersatz neben der Leistung zu liquidieren.[310] Weitere Einzelpositionen, u. a. **Anwaltskosten**, werden im Zusammenhang mit dem Aufwendungsersatz nach § 284 BGB unter Rdn. 3807 ff. behandelt. **3764**

cc) Der große Schadensersatz statt der Leistung (Bemessungsfragen)

Will der Käufer das Fahrzeug nicht behalten bzw. es erst gar nicht abnehmen oder – anders betrachtet – will er den Kaufpreis oder eine Anzahlung zurückhaben und außerdem einen Ausgleich für weitergehende Einbußen, wird er sich im Rahmen der Mängelhaftung für den großen Schadensersatz (Schadensersatz statt der ganzen Leistung) entscheiden; entweder für diesen Anspruch allein oder in der Kombination Rücktritt/Schadensersatz, was nach § 325 BGB zulässig ist, ggf. auch für die Kombination Rücktritt und Aufwendungsersatz nach § 284 BGB. Was im Rechtsstreit sein wahres Ziel ist, ist beim Fehlen einer ausdrücklichen Erklärung anhand seines gesamten Prozessverhaltens zu ermitteln, ggf. gem. § 139 ZPO zu klären, s. Rdn. 3831 ff. **3765**

---

304 Urt. v. 19. 3. 1993, OLGR 1993, 193.

305 Urt. v. 23. 11. 2004, NJW 2005, 277.

306 BGH 20. 10. 1987, NJW 1988, 484 (Fiat-Bambino-Fall); auch sonst orientieren sich manche Gerichte an den Vorhaltekosten, etwa bei längerer Ausfallzeit (so Thür. OLG 23. 6. 20010 – 2 U 9/10), was jedoch nicht im Einklang mit der Rspr. des VI. Senats steht.

307 Schon nach dem Wortlaut der Klausel Abschn. VII 1 der GWVB 7/2003 kein Ausschluss für den Nutzungsausfallschaden (Thür. OLG 23. 6. 2010 – 2 U 9/10).

308 *Huber/Faust*, Kap. 13 Rn. 104; s. a. *Medicus/Lorenz*, SchBT Rn. 353a.

309 LG Köln 27. 6. 2006, DAR 2007, 34.

310 BGH 20. 7. 2005, NJW 2005, 2848; OLG Koblenz 1. 4. 2004, NJW 2004, 1670 (jew. Gutachterkosten).

(1) Kaufpreisrückzahlung

3766 Der bereits gezahlte Kaufpreis bzw. Kaufpreisanteil (Anzahlung) ist zurückzuzahlen. Er stellte nach altem Recht den Ausgangsbetrag für den Mindestschaden dar.[311] Nach neuem Recht kann der Käufer gefahrlos auch den Rücktritt erklären und die von ihm erbrachte Leistung nach §§ 437 Nr. 2, 323 BGB i. V. m. § 346 Abs. 1 BGB zurückfordern. Die Möglichkeit, außerdem Schadensersatz zu verlangen, hat er sich dadurch nicht verbaut (§ 325 BGB).

3767 Gegenstand der Rückzahlungspflicht ist beim Rücktritt der vom Käufer an den Verkäufer gezahlte Kaufpreis. Schadensersatzrechtlich geht der Anspruch im Regelfall auf Zahlung eines Geldbetrages in Höhe des gezahlten Kaufpreises (als Mindestschaden).[312] Unerheblich ist der Einwand des Verkäufers, der Wert des Fahrzeugs habe unter dem Kaufpreis gelegen.[313] Im umgekehrten Fall, dem sog. Schnäppchenkauf, kann der Käufer den höheren Betrag, also den marktgerechten Preis, als Schaden liquidieren.[314]

3768 Hält der Vermittler beim Agenturgeschäft einen Teilbetrag zurück, muss der Verkäufer gleichwohl den vollen Kaufpreis erstatten.[315] Hat der Käufer einen Teil des Kaufpreises durch **Hingabe seines Altwagens** „ersetzt" („Gebraucht auf Gebraucht"), so kann er im Rahmen des großen Schadensersatzes außer dem bar gezahlten Kaufpreisteil auch den für seinen Altwagen angerechneten Geldbetrag verlangen.[316] Näheres zur Inzahlungnahme unter Rdn. 1503 ff.

(2) Verzinsung

3769 Das „neue" Rücktrittsrecht kennt keine Festverzinsung ab Empfang des Geldes. Rücktrittsrechtlich sind Anlagezinsen als gezogene Nutzungen nach § 346 Abs. 1, 2 Nr. 1 BGB und nicht gezogene Nutzungen gem. § 347 S. 1 BGB zu ersetzen. Wenn der Käufer von einem Rücktritt ausdrücklich absieht und ausschließlich nach den Regeln des großen Schadensersatzes vorgeht, darf er im Ergebnis nicht schlechter gestellt sein als im Fall des Rücktritts. Die §§ 346 ff. BGB finden zu seinen Gunsten keine Anwendung über § 281 Abs. 5 BGB. Geregelt sind dort die Ansprüche des Schuldners (Verkäufers). Weitergehende Zinsansprüche des Käufers aus Verzug bleiben unberührt. Durch das Schadensersatzverlangen gerät der Verkäufer noch nicht in Verzug mit der Rückzahlung des Kaufpreises. Mahnung ist grundsätzlich erforderlich. Zur Verzinsung von Aufwendungen bzw. Verwendungen nach §§ 256, 246 BGB (4 % p. a.) s. Rdn. 1146 f.

(3) Rückübertragung von Besitz und Eigentum

3770 Besitz und Eigentum am Fahrzeug und am Fahrzeugbrief sind Rechtspositionen, die ein Käufer, der Schadensersatz statt der ganzen Leistung geltend macht, nicht behalten darf. Der Verkäufer ist zur Rückforderung nach den §§ 346–348 BGB berechtigt (§ 281 Abs. 5 BGB). Der Schadensersatzanspruch ist inhaltlich also nicht dahin beschränkt, dass er nur Zug um Zug gegen Rückübereignung von Fahrzeug und Brief geltend gemacht werden kann.[317] Wie bei rücktrittsrechtlicher Abwicklung, bei der ein Zug-um-Zug-Antrag nur

311 BGH 10. 2. 1982, NJW 1982, 1279 zu § 326 BGB a. F.

312 Vgl. OLG Karlsruhe 14. 9. 2004, NJW 2005, 989; krit. *Schur*, ZAP F. 3, S. 227.

313 OLG Karlsruhe 14. 9. 2004, NJW 2005, 989 (zu § 311a Abs. 2 BGB).

314 OLG Nürnberg 21. 3. 2005, NJW 2005, 2019.

315 OLG Hamburg 9. 12. 1977, DAR 1978, 336.

316 BGH 28. 11. 1994, NJW 1995, 518 = NZV 1995, 105.

317 OLG Karlsruhe 14. 9. 2004, NJW 2005, 989 = OLGR 2005, 33 (zu § 311a Abs. 2 BGB); *Derleder*, NJW 2004, 969, 972; anders zum alten Recht BGH 15. 11. 1996, NJW 1997, 581 – Immobilienkauf.

aus Kostengründen ratsam ist,[318] besteht beim großen Schadensersatz kein materiellrechtlicher Grund zur Einschränkung des Klageantrags. Zur Rechtslage im Fall der Weiterveräußerung und sonstiger Rückgabehindernisse s. Rdn. 3793 ff.

Mit der Rücknahme des Fahrzeugs kann der Verkäufer sowohl in Schuldner- als auch in **3771**
Gläubigerverzug geraten. Im Einzelnen war hier nach altem Recht manches strittig, so z. B. der Zeitpunkt des Schuldnerverzugs. Zu Fragen des Gläubigerverzugs (Annahmeverzugs) und zu dessen Feststellung im Prozess s. Rdn. 1204 ff., 1273 ff.

(4) Aufwendungsersatz

Ersatz von Aufwendungen kann der Käufer entweder als Schadensersatz statt der Leis- **3772**
tung oder nach der Spezialregelung in **§ 284 BGB** verlangen, auf die § 437 Nr. 3 BGB ausdrücklich verweist. Die Kosten für die Anmeldung eines Ersatzwagens (anstelle des mangelhaften Fahrzeugs) sind keine vergeblichen Aufwendungen i. S. d. § 284 BGB, auch keine „Sowiesokosten", sondern Bestandteil des Schadensersatzes statt der Leistung.[319] Darunter können auch die Kosten für eine **Begutachtung durch einen Sachverständigen** zur Klärung eines Mängelverdachts (Unfallschaden) fallen, ebenso vorgerichtliche **Anwaltskosten**.[320] Zum für die Praxis so wichtigen Aufwendungsersatz nach § 284 BGB s. Rdn. 3807 ff.

(5) Entgangener Gewinn und gescheiterter Weiterverkauf

Im Rahmen des § 463 BGB a. F. konnte der Käufer auch den entgangenen Gewinn aus **3773**
einem **geplanten Weiterverkauf** geltend machen.[321] Anspruchsgrundlage ist jetzt entweder § 311a Abs. 2 BGB oder § 280 Abs. 1 BGB, ggf. nur unter Verzugsvoraussetzungen (§ 286 BGB) oder unter Beachtung des Nacherfüllungsvorrangs (Fristsetzung nach § 281 Abs. 1 S. 1 BGB).[322] Zur Situation beim „kleinen" Schadensersatz s. Rdn. 3763.

Nach § 252 BGB gilt als entgangen der Gewinn, der nach dem gewöhnlichen Lauf der **3774**
Dinge oder nach den besonderen Umständen mit Wahrscheinlichkeit erwartet werden konnte. Der Käufer hat danach **zwei Möglichkeiten der Schadensberechnung:** Zum einen die abstrakte Methode, die von dem regelmäßigen Verlauf im Handelsverkehr ausgeht, dass der Kaufmann Gewinn erzielt; zum anderen die konkrete Methode, bei der der Geschädigte nachweist, durch die Pflichtverletzung ein gewinnbringendes Geschäft nicht abgeschlossen bzw. nicht ausgeführt zu haben.[323]

Hat der Käufer den **Weiterverkauf** wegen der Mangelhaftigkeit des Fahrzeugs **rück-** **3775**
gängig machen müssen, eventuell erst nach entsprechender Verurteilung, stellen sich schwierige Fragen der Schadenszurechnung und -bemessung, auch des Mitverschuldens.[324] Zu den Käufer-Ketten-Fällen s. a. Rdn. 4057 ff.

(6) Nutzungsausfallersatz im Rückabwicklungsfall

Auch wer sich für eine Rückabwicklung des Vertrages mit Rückgabe des mangelhaften **3776**
Fahrzeugs und damit für die „große Lösung" entscheidet, kann für den mangelbedingten

318 Zu Kostenproblemen s. *Hensen*, NJW 1999, 395.
319 BGH 14. 4. 2010, NJW 2010, 2426 Tz. 33.
320 AG Mannheim 13. 2. 2009 – 3 C 459/08 zu § 311a Abs. 2 BGB (auch zur Frage des Mitverschuldens durch Wahl eines zu teueren Sachverständigen).
321 OLG Hamm 10. 2. 1984, BB 1984, 436; vgl. auch BGH 2. 10. 1968, NJW 1968, 2375 und *Timme*, zfs 1999, 504.
322 Dazu *S. Lorenz*, JuS 2008, 203, 204.
323 Vgl. BGH 19. 10. 2005, NJW-RR 2006, 243.
324 Vgl. OLG Koblenz 4. 10. 2010 – 5 U 655/10.

Ausfall des Fahrzeugs Ersatz verlangen (zur Situation beim kleinen Schadensersatz s. Rdn. 3734 ff.). Anders gesagt: Ein auf den Mangel gestützter Rücktritt des Käufers schließt dessen Recht nicht aus, daneben unter den Voraussetzungen des Schadensersatzes statt der Leistung Ersatz des mangelbedingten Nutzungsausfallschadens zu verlangen.[325] Die abweichende Entscheidung KG DAR 2009, 520 = zfs 2009, 503 hat der BGH aufgehoben. Im zweiten Durchgang hat das KG durch Urteil v. 11. 10. 2010 (12 U 241/07) Nutzungsausfallersatz für 168 Tage zugesprochen.

3777 **Vom BGH entschieden** sind damit folgende Konstellationen in Rückabwicklungsfällen: (1) Anmietung eines Ersatzfahrzeugs zeitgleich mit der Rücktrittserklärung (vor dem Rücktritt wurde der – verdeckt mangelhafte – Wagen ungestört genutzt).[326] (2) Rückabwicklung eines Gebrauchtwagenkaufs mit monatelanger Stilllegung wegen Betriebs- und Verkehrsunsicherheit im Anschluss an das Rückabwicklungsverlangen mit Ersatzanschaffung erst nach 168 Tagen.[327] Ein Rückabwicklungsfall liegt auch der Entscheidung des **OLG Celle v. 16. 4. 2008**[328] zugrunde: Ein (gebraucht gekauftes) Fahrzeug war im Motorraum mangelbedingt ausgebrannt und damit weder nutzbar noch nachbesserungsfähig. Das OLG hat einen Anspruch auf (abstrakte) Nutzungsausfallentschädigung für die Dauer von vier Wochen ab dem Brand anerkannt.

3778 **Schadensrechtlicher Ausgangspunkt:** Der Käufer ist **nach der Differenztheorie** so zu stellen, wie er stünde, wenn ihm ein mangelfreier Wagen geliefert worden wäre. Ein zur Nutzung im Straßenverkehr angeschafftes Fahrzeug mit vertragsgemäßer Beschaffenheit bedeutet nach der Erfahrung des täglichen Lebens ungestörte Mobilität. Eine tatsächliche Vermutung (Lebenserfahrungssatz) spricht dafür, dass der Käufer den Wagen ohne den Mangel bestimmungsgemäß genutzt hätte. Unbenutzbarkeit aus Gründen, die mit dem Mangel nichts zu tun haben, kann nicht zu einer Belastung des Verkäufers führen.[329]

Beispiel: Der Käufer erleidet mit dem bis dahin normal genutzten Fahrzeug einen Unfallschaden. Erst jetzt stellt sich heraus, dass der Verkäufer einen Vorschaden verschwiegen hat, der mit dem Zweitschaden indes nichts zu tun hat.

3779 Für die Dauer der Reparatur des mangelunabhängigen Zweitschadens kann der Käufer vom Verkäufer keinen Ersatz verlangen. Denn auch ohne den verschwiegenen Vorschaden wäre der Wagen in dieser Zeit (zweit-)unfallbedingt unbenutzbar gewesen.

Abwandlung: Der Käufer sieht in dem obigen Beispielsfall von einer Reparatur ab, tritt vom Vertrag zurück und gibt das beschädigte Fahrzeug zurück, ohne für den Zweitschaden Wertersatz zu leisten und auch leisten zu müssen. Kann er in diesem Fall die Kosten eines Ersatzwagens, angemietet für die Zeit zwischen Rücktritt und Ersatzanschaffung, auf den Verkäufer abwälzen?

3780 **Der BGH** verneint einen Ersatzanspruch unter Hinweis auf die Differenztheorie.[330] Der Käufer müsse sich die ersparten Reparaturkosten (der Wagen war unrepariert zurückgegeben worden) auf den geltend gemachten Nutzungsausfallschaden anrechnen lassen. Das ist für den BGH keine Frage der Vorteilsausgleichung, sondern schon der Schadensermittlung. Bei diesem Ansatz kann sich je nach Fallkonstellation ein Überhang zugunsten des Käufers ergeben, etwa bei geringen Reparaturkosten und hoher Mietwagenrechnung. Abgestützt

325 BGH 14. 4. 2010, NJW 2010, 2426 (Bestätigung von BGH 28. 11. 2007, NJW 2008, 911.
326 Urt. v. 28. 11. 2007, NJW 2008, 911 m. Anm. *Gsell.*
327 BGH 14. 4. 2010, NJW 2010, 2426 (im BGH-Urteil wie in beiden KG-Urteilen ist durchweg von 168 Tagen die Rede, richtigerweise sind es nur 137 oder 138, sofern die angegebenen Daten korrekt sind).
328 7 U 224/07, NJW-RR 2008, 1635; ebenso OLG Koblenz 8. 3. 2007, OLGR 2007, 271.
329 BGH 28. 11. 2007, NJW 2008, 911 m. Anm. *Gsell.*
330 Urt. v. 28. 11. 2007, NJW 2008, 911 m. Anm. *Gsell.*

wird die Ersparnisanrechnung unter Hinweis darauf, dass die vermögensmäßigen Folgen des Rücktritts in die schadensersatzrechtliche Betrachtung einzubeziehen sind, d. h. der Vorteil aus dem Rückgewährschuldverhältnis – ungekürzter Anspruch auf Rückzahlung des Kaufpreises (keine Wertersatzpflicht) – wirkt sich schadenmindernd aus.

Sofern ein Dritter für den Zweitschaden verantwortlich ist, z. B. der Ehemann der Käuferin, hat der Verkäufer einen Anspruch auf Herausgabe der Ersatzleistung nach Bereicherungsrecht. Eine verbleibende Bereicherung ist herauszugeben (§ 346 Abs. 3 S. 2 BGB). Auch insoweit findet zu Lasten des Käufers eine Anrechnung auf seinen Nutzungsausfallschaden statt.[331] **3781**

Zur (schwierigen) **Einordnung des Ausfallschadens** in die verschiedenen Schadenskategorien und zu den in Betracht kommenden **Anspruchsgrundlagen** s. Rdn. 3742 f. In Rückabwicklungsfällen kommt als weiterer Haftungstatbestand eine Verletzung der Pflicht zur Rückzahlung des Kaufpreises in Betracht. Ersatz eines Nutzungsausfallschadens aus der Verzögerung der Rückgewähr kann gem. **§§ 346 Abs. 4, 280, 286 BGB** mit der Begründung verlangt werden, bei rechtzeitiger Zahlung hätte eine Ersatzanschaffung finanziert werden können.[332] **3782**

Mietwagenkosten sind – abgesehen von den Einschränkungen i. S. v. BGH NJW 2008, 911 – in den Grenzen der §§ 249, 254 Abs. 2 BGB erstattungsfähig.[333] Verzichtet der Käufer auf die Anmietung eines Ersatzfahrzeugs, konnte er im früheren Recht auch im Rahmen des großen Schadensersatzes eine **abstrakte** (pauschale) **Nutzungsausfallentschädigung** verlangen.[334] Daran hält die Rechtsprechung im Grundsatz fest.[335] Verfehlt ist das Argument, durch den Rücktritt vom Kauf zeige der Käufer, dass er keinen **Nutzungswillen** mehr habe. Allerdings ist der Anspruch auf abstrakte Nutzungsausfallentschädigung, nicht anders als im Unfallschadensrecht, davon abhängig, dass der Geschädigte einen Nutzungswillen und auch die (hypothetische) **Nutzungsmöglichkeit** hat. **3783**

Was die **Ausfallzeit** angeht, so bemisst sie sich von dem Zeitpunkt des Eintritts des Gebrauchsverlustes bis zu dem Zeitpunkt der tatsächlichen Wiedererlangung von Mobilität, hilfsweise dem Zeitpunkt, zu dem der Käufer unter zumutbaren Bedingungen (§ 254 Abs. 2 BGB) wieder hätte mobil sein können.[336] Für Einbußen in der Zeit vor dem Verlangen nach Rückabwicklung (Rücktritt/großer Schadensersatz), insbesondere vor und während der Nachbesserungsphase, kann auf die Ausführungen unter Rdn. 3734 ff. verwiesen werden. Was die **Höhe des Nutzungsausfallschadens** angeht, wird auf Rdn. 3761 Bezug genommen. Einen **Abzug wegen Eigenersparnis** will der BGH ggf. auch im Fall der abstrakten Nutzungsausfallentschädigung geprüft sehen.[337] Bei einer Entschädigung nach den Sätzen der Tabelle *Sander/Danner/Küppersbusch* entfällt ein solcher Abzug[338], bei Anmietung eines Ersatzfahrzeugs nur bei einer Fahrstrecke unter 1.000 km (str.). **3784**

Wer einen Ausfallschaden erst **ab Rücktritt** bzw. Rückgabe des mangelhaften Fahrzeugs geltend machen möchte, ist gut beraten, schon im Rücktrittsschreiben eine Frist zur Rückzahlung des Kaufpreises (ggf. abzüglich Nutzungsvergütung) zu setzen, verbunden mit dem Hinweis auf anderweitig nicht zu deckenden Mobilitätsbedarf (kein Zweitwa- **3785**

---

331 BGH 28. 11. 2007, NJW 2008, 911 m. Anm. *Gsell.*
332 LG München II 2. 4. 2007 – 11 O 5053/05 – n. v.; dazu *Geiger*, DAR 2008, 289.
333 OLG Frankfurt 6. 5. 1992, NZV 1993, 190 m. Anm. *Eggert.*
334 OLG Frankfurt 6. 5. 1992, NZV 1993, 190 m. Anm. *Eggert.*
335 BGH 14. 4. 2010, NJW 2010, 2426; OLG Celle 16. 4. 2008, NJW-RR 2008, 1635; LG München II 2. 4. 2007 – 11 O 5053/05 – n. v.; dazu und zum Gesamtkomplex „Nutzungsausfall" *Geiger*, DAR 2008, 289 ff.; *Bachmeier*, DAR 2010, 513 ff.
336 Dazu BGH 14. 4. 2010, NJW 2010, 2426 (Ersatzbeschaffung/Interimsfahrzeug).
337 Urt. v. 14. 4. 2010, NJW 2010, 2426 Tz. 35 („Segelanweisung").
338 So auch KG 10. 10. 2010 – 12 U 241/07 – (zweiter Durchgang nach BGH NJW 2010, 2426).

gen). Ratsam ist ferner, wie bei einem Haftpflichtschaden, auf etwaige **Schwierigkeiten bei der Finanzierung** eines Ersatzfahrzeugs hinzuweisen. Wer davon absieht, läuft Gefahr auf die „normale“ **Wiederbeschaffungszeit** von zwei Wochen verwiesen zu werden.[339]

(7) Gebrauchsvorteile des Käufers (Nutzungswertersatz)

3786 **Gezogene Nutzungen** (= tatsächliche Gebrauchsvorteile) waren im alten Recht unbestritten schadenmindernd zu berücksichtigen. Davon geht **der BGH** in der Entscheidung v. 17. 5. 1995[340] als selbstverständlich aus. Ausgangspunkt ist jetzt **§ 281 Abs. 5 BGB**. Verlangt der Käufer Schadensersatz statt der ganzen Leistung, ist der Verkäufer zur Rückforderung des von ihm Geleisteten nach den §§ 346 bis 348 BGB berechtigt. Der vom Gesetzgeber gewollte, in seiner Legitimation aber bezweifelte Gleichlauf mit dem Rücktritt[341] bringt den praktischen Vorteil mit sich, dass die Gerichte offen lassen können, was genau der Kläger verlangt; ob ausschließlich Rücktritt oder in Kombination mit dem großen Schadensersatz oder ausschließlich Letzteres. So oder so hat der Käufer die **gezogenen Nutzungen** nach § 346 Abs. 1, 2 Nr. 1 ggf. i. V. m. § 281 Abs. 5 (eventuell i. V. m. § 311a Abs. 2 S. 3) BGB herauszugeben. Damit hat sich die früher praktizierte Vorteilsausgleichung[342] erledigt. Den damit verloren gegangenen Wertungsspielraum sucht die Wissenschaft auf anderen Wegen zurück zugewinnen.[343]

3787 **Nicht gezogene Nutzungen** sind auch nach neuem Schuldrecht jedenfalls im praktischen Ergebnis nicht zu berücksichtigen. Selbst wenn man **§ 347 Abs. 1 BGB** auf den großen Schadensersatz gem. § 281 Abs. 5 BGB analog anwendet, wird eine Anrechnung – ebenso wie beim gesetzlichen Rücktritt – aus tatsächlichen Gründen scheitern.

3788 **Prozessuales:** Die tatsächlich erlangten Gebrauchsvorteile braucht der Käufer, wie bisher, nicht von sich aus zu berücksichtigen, was freilich aus Kostengründen prozessual empfehlenswert ist. Er kann es dem Verkäufer überlassen, den Nutzungsvorteil geltend zu machen (s. a. Rdn. 1181 ff.). Diese Rechtsverteidigung ist – wie früher im Fall der Wandlung[344] – als **Aufrechnung** im Rechtssinn, nicht als bloße Verrechnung zu behandeln. Im Prozess ist **§ 533 ZPO** (früher § 530 Abs. 2 ZPO) zu beachten. Die Sachdienlichkeit einer erst in zweiter Instanz erklärten Aufrechnung wird von den Gerichten meist bejaht.[345] Für die Bemessung des **Streitwerts** gilt § 19 Abs. 3 GKG (Streitwerterhöhung bei Hilfsaufrechnung).

3789 **Bemessung:** Zu bemessen sind die erlangten Gebrauchsvorteile nach den Regeln, wie sie **für den Rücktritt** entwickelt worden sind, d. h. nach derjenigen Methode, die die zeitanteilige lineare Wertminderung in einen bestimmten Geldbetrag pro gefahrenen Kilometer umsetzt. Näheres zu dieser Bewertungsmethode, die der **BGH** für den Rücktritt nach neuem Kaufrecht auch für den Gebrauchtwagenkauf anerkennt,[346] s. Rdn. 1162 ff., 3562.

339 So LG München II 2. 4. 2007 – 11 O 5053/05 – n. v.; s. a. OLG Celle 16. 4. 2008, NJW-RR 2008, 1635 (vier Wochen ab Unbenutzbarkeit durch Motorbrand); LG Kassel 3. 11. 2009 – 7 O 53/08 – n. v. (Regelzeitraum von ein bis zwei Wochen).
340 NJW 1995, 2159 = WM 1995, 1145.
341 Zum Stand der Diskussion *Höpfner*, NJW 2010, 127, 129; zur Position des BGH s. Urt. v. 14. 4. 2010, NJW 2010, 2426 Tz. 21.
342 BGH 31. 3. 2006, NJW 2006, 1582.
343 Dazu *Höpfner*, NJW 2010, 127, 129 m. Nachw.
344 Vgl. BGH 26. 6. 1991, NJW 1991, 2484.
345 Vgl. OLG Köln 30. 1. 2002, DAR 2002, 453.
346 Urt. v. 2. 6. 2004, NJW 2004, 2299.

dd) Ausschluss des Anspruchs auf großen Schadensersatz (ohne Freizeichnung)

(1) Ausschluss wegen Unerheblichkeit der Pflichtverletzung

Ebenso wie der Rücktritt ist der Anspruch auf Schadensersatz statt der ganzen Leistung **3790** bei einer nur unerheblichen Pflichtverletzung ausgeschlossen (§ 281 Abs. 1 S. 3 BGB, ggf. i. V. m. § 311a Abs. 2 S. 3 BGB). Auf die Ausführungen zum Rücktritt wird verwiesen (Rn 1022 ff., 3511 ff.).

(2) Ausschluss wegen Beseitigung des Mangels?

Diese vielschichtige Thematik wurde im früheren Recht vorwiegend im Zusammenhang **3791** mit Wandelungsfällen diskutiert. Beim großen Schadensersatz stellten sich die gleichen oder doch ähnliche Fragen. Klar war auch hier, dass für eine Rückabwicklung kein Raum mehr ist, wenn der Verkäufer den Mangel im Einverständnis mit dem Käufer fachgerecht behoben hatte.[347] Eine eigenmächtige Mängelbeseitigung ließ die Wandelungsbefugnis dagegen unberührt,[348] was schwierige Abgrenzungsfragen aufwarf. Ob der Sachmangel im Zeitpunkt des Vollzugs des Rückabwicklungsverlangens noch vorliegen muss, hat **der BGH** im alten Recht weder für die Wandelung noch für den großen Schadensersatz entschieden. Für die Wandelung bejahend OLG Düsseldorf (22. ZS).[349] Dem war für den großen Schadensersatz alten Rechts zu folgen.

Nach Aufgabe des „Vollzugsmodells" (§ 465 BGB a. F.) und der Einbettung des Män- **3792** gelrechts in das allgemeine Leistungsstörungsrecht sind die bisherigen Lösungsvorschläge zu überdenken. Wegen des prinzipiellen Gleichlaufs von großem Schadensersatz und Rücktritt kann auf die Ausführungen zu den Rücktrittsfällen verwiesen werden (Rdn. 877 ff.).

(3) Rechtslage bei Untergang, Verschlechterung, Veräußerung u. a.

Bestimmte Vorgänge in der Phase bis zum Vollzug des Gewährleistungsanspruchs führ- **3793** ten **nach altem Kaufrecht** zum Verlust des Anspruchs auf Rückabwicklung, gleich, ob im Wege der Wandelung oder des großen Schadensersatzes. Das richtete sich nach den §§ 351 bis 353 BGB a. F. Unter den Voraussetzungen, unter denen der Käufer seine Wandelungsbefugnis einbüßte, verlor er auch den Anspruch auf den großen Schadensersatz.[350] Ihm blieb dann der kleine Schadensersatz oder Minderung.

Die Neugestaltung des Rücktrittsrechts wirft die Frage auf, ob die heutige Konzeption **3794** (Rückabwicklung dem Wert nach) auf den großen Schadensersatz übertragen werden kann, sofern ausschließlich dieser Rechtsbehelf geltend gemacht wird. Frei gemacht wird der Weg dafür durch **§ 281 Abs. 5 BGB** (ggf. i. V. m. § 311a Abs. 2 S. 3 BGB). Zu den Einzelheiten im Rückgewährschuldverhältnis s. Rdn. 1096 ff. Das OLG Karlsruhe[351] hat die Einrede eines Händlers, (großen) Schadensersatz nur Zug um Zug gegen Rückgabe des Fahrzeugs zu schulden, in einem Fall zurückgewiesen, in dem der gestohlene Wagen an den

---

347 Vgl. BGH 19. 6. 1996, NJW 1996, 2647 = JR 1997, 101 m. Anm. *Peters* – Wandelung eines Baggerkaufs; OLG Düsseldorf 19. 12. 1997, NJW-RR 1998, 1587 = OLGR 1998, 131; 10. 11. 1995, NJW-RR 1998, 265; OLG Hamm 23. 4. 1997, OLGR 1999, 202, jeweils Wandlung Neufahrzeugkauf.

348 So BGH 19. 6. 1996, NJW 1996, 2647.

349 Urt. v. 19. 12. 1997, NJW-RR 1998, 1587 = OLGR 1998, 131 mit Hinweis auf weitere Senatsentscheidungen; a. A. LG Offenburg 8. 4. 1997, NJW-RR 1997, 1421 = VersR 1998, 247.

350 Ganz h. M., vgl. *Soergel/Huber*, § 463 BGB Rn. 47 m. Nachw.

351 Urt. v. 14. 9. 2004, NJW 2005, 989 = OLGR 2005, 33.

Eigentümer/Kaskoversicherer zurückgegeben worden war. Der Käufer sei auch nicht zum Wertersatz verpflichtet.

3795 Diskutiert wird, ob der Ausschluss des Rücktrittsrechts gem. **§ 323 Abs. 6 BGB** (dazu Rdn. 1065 ff.) auf den großen Schadensersatz übertragbar ist.[352] Eine Analogie ist nicht zu befürworten, weil mit § 254 Abs. 1 BGB eine Regelung vorhanden ist, die sachgerechte Resultate ermöglicht. Im Ergebnis dürften beide Lösungsansätze nicht voneinander abweichen. Denn bei der Anwendung des § 254 BGB ist auf die Vorgaben des § 323 Abs. 6 BGB zurückzugreifen.

(4) Ausschluss nach § 242 BGB (Verzicht, Verwirkung)

3796 Auch der Anspruch auf den großen Schadensersatz steht unter dem Vorbehalt des § 242 BGB. Unter diesem Blickwinkel kommt der **Einwand der Verwirkung** bzw. der Einwand rechtsmissbräuchlichen Verhaltens in Betracht, wenn der Käufer das angeblich mangelhafte Fahrzeug über einen längeren Zeitraum und/oder **außergewöhnlich intensiv genutzt** hat, bevor er sich zur Rückabwicklung entschließt.

3797 Die Gerichte neigten früher dazu, den Anspruch auf Wandelung bzw. großen Schadensersatz **nur in krassen Fällen** gem. § 242 BGB auszuschließen, wobei meist der Einwand der Verwirkung den dogmatischen Ansatz lieferte. Das OLG Koblenz hat in einem Neufall selbst eine Fahrleistung von 183.971 km zwischen Übergabe und letzter mündlicher Verhandlung als unschädlich angesehen.[353] Demgegenüber hat das LG Gießen einem Käufer Verwirkung entgegengehalten, der bis zur Wandelungserklärung etwa 12.000 km und anschließend weitere 6.500 km gefahren war.[354]

3798 Eine feste **„Verwirkungsgrenze“** kann es nicht geben, weder zeitlich noch kilometermäßig. Entscheidend sind stets die konkreten Umstände des Einzelfalls. Die für die **Einzelfallbewertung** maßgeblichen Kriterien ergeben sich aus den BGH-Urteilen v. 8. 2. 1984,[355] 16. 10. 1991[356] und v. 2. 2. 1994,[357] s. a. OLG Frankfurt NJW-RR 1994, 120 (Wandelung), OLG Düsseldorf OLGR 1995, 84 (Minderung); OLG Düsseldorf NJW-RR 1997, 1480 = NZV 1997, 273 (großer Schadensersatz); OLG Düsseldorf OLGR 2001, 481 (Wandelung/gr. Schadensersatz) und OLG Köln 1. 6. 2001 – 3 U 213/00 – n. v. (180.000 km in 2 Jahren, Reparaturen in Eigenleistung), OLG Frankfurt ZGS 2007, 437 (Rücktritt) und OLG Düsseldorf VRR 2006, 306 (Rücktritt).

3799 Ein **konkludenter Verzicht** auf den Rückabwicklungsanspruch kommt in Betracht, wenn der Käufer den Mangel vom Verkäufer hat beseitigen lassen.[358] Zu dieser Fallgestaltung und ähnlichen Konstellationen s. Rdn. 877 ff.

ee) Mitverschulden des Käufers

3800 Kenntnis und schuldhafte Unkenntnis des Käufers von einem Sachmangel wurden bei Schadensersatzansprüchen **aus § 463 BGB a. F.** nur nach § 460 BGB a. F. berücksichtigt. Für § 254 Abs. 1 BGB war daneben kein Raum (vgl. Rdn. 3944); auch nicht im Hinblick auf Mangelfolgeschäden, die unter § 463 BGB a. F. fielen. Ohne den Vorrang des § 460 BGB

---

352 Vgl. *Kohler*, AcP 203, 539, 572.

353 Urt. v. 19. 6. 2008, NJW 2009, 151 m. Anm. *Reinking*; s. a. OLG Koblenz 25. 1. 1981 – 7 U 246/80 – n. v. und v. 8. 10. 1985, MDR 1986, 316; v. 1. 7. 1987, NJW-RR 1988, 1137 und OLG Köln 7. 7. 1987 – 9 U 8/87 – n. v. (keine Verwirkung bei rund 30.000 km).

354 Urt. v. 27. 3. 1981 – 3 O 383/80 – n. v.

355 NJW 1984, 1525 = WM 1984, 479.

356 NJW 1992, 170 = WM 1992, 32 = JZ 1992, 365 m. Anm. *Flume*.

357 NJW 1994, 1004 = WM 1994, 703.

358 Für den Rücktritt OLG Düsseldorf 19. 7. 2004, ZGS 2004, 393.

a. F. zu beachten, hat das OLG Köln einem Käufer als Mitverschulden angerechnet, „leichtfertig von sich aus nichts unternommen zu haben, um sich über den technischen Zustand des von ihm erworbenen Fahrzeugs näher unterrichten zu lassen“.[359] Schon dem ihm übergebenen Serviceheft hätte er entnehmen können, dass seit achtzehn Monaten keine Inspektion durchgeführt worden war und das Fahrzeug seitdem rund 40.000 km zurückgelegt hatte. Zur Last wurde dem Käufer auch gelegt, dass er beim Kauf (!) nicht danach gefragt habe, ob „irgendwelche Besonderheiten“ zu beachten seien. Den Mitverschuldensvorwurf hat das OLG Köln schließlich noch damit begründet, dass der Käufer es nach dem Kauf unterlassen habe, eine Werkstatt aufzusuchen, um sich wegen eventueller Wartungsarbeiten (Zahnriemen) beraten zu lassen.

Auf den Sachmangel bezogene Versäumnisse des Käufers **vor und bei Übergabe** waren nach altem Recht im nichtkaufmännischen Verkehr richtigerweise nur nach den **Spezialvorschriften** der §§ 460, 464 BGB a. F. zu würdigen.[360] Zu § 377 HGB s. Rdn. 3945 ff. In der Sache hat sich daran im modernisierten Schuldrecht nichts geändert. Die Rechtsfolgen bei Mangelkenntnis und (grob) fahrlässiger Unkenntnis sind jetzt in **§ 442 BGB** abschließend geregelt. Außerhalb des Anwendungsbereichs des § 442 BGB ist **§ 254 BGB** anwendbar. Eine analoge Anwendung des § 323 Abs. 6 BGB ist entbehrlich. Anwendbar ist diese Ausschlussregelung (näher Rdn. 1065 ff.) bei einer Kombination von Rücktritt und Schadensersatz. **3801**

Wer, wie der Käufer im o. a. Fall des OLG Köln, als Nicht-Unternehmer ein Gebrauchtfahrzeug **von einem Vertragshändler** mit Werkstatt erworben hat, ist im Allgemeinen nicht dazu verpflichtet, das Fahrzeug sofort nach Übernahme darauf zu überprüfen, ob Service- und Wartungsarbeiten fällig sind, etwa ein Wechsel des Zahnriemens. Er darf sich darauf verlassen, dass der Wagen vom Händler untersucht worden ist und alle erkennbaren Mängel mit Ausnahme von technisch unbedeutenden Verschleißmängeln beseitigt worden sind. Einem Käufer obliegt es i. d. R. auch nicht, nach Fahrzeugübernahme sogleich den Ölstand zu prüfen und sich über die Ordnungsmäßigkeit des Kühlsystems zu vergewissern. Wer hier Obliegenheitsverletzungen annimmt, wird sie dem Käufer zumindest bei einem schuldhaften Verhalten des Verkäufers kaum anrechnen können (Abwägung nach § 254 Abs. 1 BGB). **3802**

Ein Mitverschulden ist zu bejahen, wenn der bei einem Weiterverkauf selbst arglistig handelnde Käufer sich auf Rückzahlung des Kaufpreises verklagen lässt (statt in die Rückabwicklung einzuwilligen) und anschließend die Kosten des Rechtsstreits vom Erstverkäufer ersetzt verlangt.[361] **3803**

ff) Gerichtsstand für die Schadensersatzklage

Während für den Fall der Wandelung weitgehend geklärt war, dass der Käufer im Regelfall vor seinem „Heimatgericht“ klagen kann,[362] gingen die Meinungen bei der Schadensersatzklage auseinander. Gegenstand des Streits war vor allem **der große Schadensersatz**, weil er mit der Verpflichtung des Käufers verbunden ist, das Fahrzeug zurückzugeben. Beim **kleinen Schadensersatz** behält der Käufer die Sache und liquidiert, grob gesagt, den Minderwert. Erfüllungsort und damit Gerichtsstand gem. § 29 Abs. 1 ZPO ist insoweit, wie bei der Minderung, der Sitz des Verkäufers.[363] **3804**

359 Urt. v. 17. 11. 1989 – 20 U 65/89 – n. v.
360 Vgl. BGH 28. 6. 1978, NJW 1978, 2240; BGH 29. 1. 1993, NJW 1993, 1643.
361 OLG Celle 29. 1. 1998, OLGR 1998, 188.
362 Nachweise bei *Stöber*, NJW 2006, 2661.
363 OLG Naumburg 12. 11. 2010 – 10 W 32/10; *Stöber*, NJW 2006, 2661 m. w. N.

3805 Anders liegen die Dinge beim **großen Schadensersatz**. Das OLG Hamm[364] hat die für die „vereinfachte“ Wandelungsklage (Rückzahlung des Kaufpreises Zug um Zug gegen Rückgabe der Sache) weitgehend anerkannte Regel (einheitlicher Erfüllungsort für alle Rückgewähransprüche) analog auf den großen Schadensersatz aus § 463 S. 1 BGB a. F. angewendet, d. h., der für den Gerichtsstand maßgebliche Erfüllungsort war der Ort, wo sich das Fahrzeug im Zeitpunkt des Rückabwicklungsverlangens bestimmungsgemäß („vertragsgemäß“) befand, damit i. d. R. der Wohnsitz des Käufers. Anderer Ansicht war das LG Tübingen,[365] das eine Parallele zur bereicherungsrechtlichen Rückabwicklung gezogen und den Käufer unter Hinweis auf RGZ 49, 421 an das Wohn- bzw. Firmensitzgericht des Verkäufers verwiesen hat.

3806 Die analoge Anwendung der – freilich nicht unbestrittenen – Regel für die Wandelungsklage auf den großen Schadensersatz war im alten Recht sachgerecht. Da sich an den Rechtsbehelfen nach „neuem“ Recht inhaltlich nichts geändert hat, ist eine Analogie weiterhin sachgerecht, jetzt zu der Regelung, die für die rücktrittsrechtliche Rückabwicklung gilt. Dabei sollte nicht danach differenziert werden, ob der Käufer die Rückabwicklung kumulativ auf Rücktritt und den großen Schadensersatz stützt (Kombinationsfall) oder ob er den großen Schadensersatz isoliert, also ausschließlich geltend macht. Maßgebend ist demnach der Ort, an dem sich das Fahrzeug zum Zeitpunkt des Verlangens nach Rückabwicklung „vertragsgemäß“ befindet (Belegenheitsort), d. h. zuständig ist – wie beim reinen Rücktritt (dazu Rdn. 1263 f.) – i. d. R. das für den Wohn- bzw. Geschäftsitz des Käufers zuständige Gericht.[366]

VI. Ersatz vergeblicher Aufwendungen nach § 284 BGB

1. Überblick

3807 Gem. § 437 Nr. 3 i. V. m. § 284 BGB kann der Käufer Ersatz vergeblicher Aufwendungen verlangen. Auf § 284 BGB wird auch in § 311a Abs. 2 BGB verwiesen, der Haftungsnorm, die beim Verkauf gebrauchter Kraftfahrzeuge im Vordergrund steht. Anders als der Anspruch auf Ersatz von Vertragskosten nach § 467 S. 2 BGB a. F. ist der Aufwendungsersatzanspruch gem. §§ 437 Nr. 3, 284 BGB von einem **Vertretenmüssen/Verschulden abhängig**.[367] Wie für den Anspruch auf Schadensersatz statt der Leistung ist Voraussetzung, dass der Verkäufer das Leistungshindernis bzw. die Pflichtverletzung (Sachmangel) zu vertreten hat, was freilich auch in diesem Zusammenhang **vermutet** wird (Näheres Rdn. 3623 ff., 3678 ff.).

3808 Nach der **Vorstellung des Gesetzgebers** fallen unter § 284 BGB die **Vertragskosten**, die im früheren Recht nach § 467 S. 2 BGB a. F. reguliert wurden.[368] Man will gerade die Fälle erfassen, in denen dem Gläubiger durch die Leistungsstörung kein Nichterfüllungsschaden, sondern nur vergebliche Aufwendungen entstanden sind.[369] Das läuft auf den Ersatz des Vertrauensschadens (negatives Interesse) hinaus.

---

364 Beschl. v. 23. 9. 1988, MDR 1989, 63; ebenso OLG Rostock 17. 12. 2003, OLGR 2005, 46.
365 Urt. v. 18. 12. 1985, MDR 1986, 756; so auch LG Köln 7. 6. 1984 – 25 O 589/83 – n. v.
366 Vgl. AG Rheda-Wiedenbrück 28. 11. 2002, DAR 2003, 121; s. a. OLG Saarbrücken 6. 1. 2005, NJW 2005, 906; anders (für Verkäuferwohnsitz) LG Aurich 10. 11. 2006, MDR 2007, 424.
367 Was unmittelbar aus dem Gesetz folgt, aber auch st. Rspr. ist, z. B. OLG Hamm18. 12. 2008, NJW-RR 2009, 1505; 5. 8. 2010 – I-28 U 22/10 – NJOZ 2011, 447.
368 BT-Drucks. 14/6040, 225.
369 BT-Drucks. 14/6040, 142 f.

2. Rücktritt und Aufwendungsersatz

Die Kumulation von Rücktritt und Aufwendungsersatz ist statthaft, d. h. auch im Fall des Rücktritts kann der Käufer Ersatz vergeblicher Aufwendungen nach § 284 BGB verlangen. Das folgt aus § 325 BGB.[370] Der Anspruch auf Aufwendungsersatz ist dann nicht auf die Verwendungen/Aufwendungen beschränkt, die nach § 347 Abs. 2 BGB zu ersetzen sind.[371] M. a. W.: Der Käufer kann nach § 284 BGB Positionen ersetzt verlangen, die ihm das Rücktrittsfolgenrecht nicht gibt. Der Verwendungsersatz nach Rücktrittsrecht ist verschuldensunabhängig und unterliegt keiner Kürzung wegen Nutzung der Investitionen, andererseits ist der Anwendungsbereich des § 347 BGB Abs. 2 BGB vergleichsweise eng. **3809**

3. Schadensersatz und Aufwendungsersatz

§ 284 BGB ordnet ein Entweder-Oder an. Klargestellt hat **der BGH**[372]: Aufwendungsersatz nach § 284 BGB ist **eine Alternative** allein zum Schadensersatz statt der Leistung, nicht zum Schadensersatz schlechthin, d. h. Schadensersatz „neben" der Leistung (z. B. Sachverständigen- und Anwaltskosten) kann **zusätzlich zum Aufwendungsersatz** geltend gemacht werden. **3810**

Das OLG Karlsruhe[373] hat eine Anwendung des § 284 BGB in einem Fall abgelehnt, in dem der Käufer Schadensersatz statt der Leistung gefordert hat. Die dem Käufer entstandenen Fahrtkosten seien als Schadensposten im Rahmen des § 311a Abs. 2 BGB zu erstatten. Wenn dahinter die Vorstellung steht, § 284 BGB sei voll gesperrt, sobald der Käufer den Anspruch auf Schadensersatz statt der Leistung geltend mache,[374] wäre dies falsch. Durch die Alternativität („anstelle") soll eine „doppelte Kompensation" (BGH), eine Doppelentschädigung, verhindert werden. Wer z. B. Ersatz seines entgangenen Gewinns verlangt, soll nicht auch noch Ersatz seiner Erwerbsaufwendungen fordern können.[375] Wo eine doppelte Kompensation nicht in Frage kommt, können vergebliche Aufwendungen und Schadensersatz statt der Leistung **nebeneinander** geltend gemacht werden.[376] **3811**

4. Bedeutung des § 284 BGB für den Fahrzeugkauf

a) Neuwagenkauf

In einer misslichen Situation sehen sich Neufahrzeugkäufer und auch Leasingnehmer,[377] sofern die Neufahrzeuge im „normalen" Vertrieb über einen Händler bezogen wurden. Ein mit dem Hersteller nicht identischer Neuwagenhändler, den grundsätzlich keine eigene Prüfpflicht trifft (s. Rdn. 1245) haftet nicht für ein Verschulden des Herstellers. Er ist nicht sein Erfüllungsgehilfe (dazu Rdn. 1247). Da der Aufwendungsersatzanspruch nach §§ 437 Nr. 3, 284 BGB **grundsätzlich verschuldensabhängig** ist, hat ein Neuwagenhändler recht gute Chancen, einer Haftung nach dieser Vorschrift zu entgehen. Eine offene Flanke bleibt freilich die (schuldhafte) Verletzung der Nacherfüllungspflicht (dazu Rdn. 1256 f.). Dennoch: In der Mehrzahl der Fälle des Kaufs vom Händler kommt § 284 BGB als zentrale An- **3812**

---

370 Grundlegend BGH 20. 7. 2005, NJW 2005, 2848 = DAR 2005, 556; s. a. BGH 24. 3. 2006, NJW 2006, 1960.

371 BGH 20. 7. 2005, NJW 2005, 2848 = DAR 2005, 556.

372 Urt. v. 20. 7. 2005, NJW 2005, 2848 = DAR 2005, 556.

373 Urt. v. 14. 9. 2004, NJW 2005, 989 = OLGR 2005, 33.

374 In diese Richtung auch OLG Frankfurt 14. 2. 2008, ZGS 2008, 315.

375 Zu den Wahlmöglichkeiten des Käufers s. *S. Lorenz*, NJW 2004, 26, 28; *Reinicke/Tiedtke*, Rn. 232 ff.

376 Beispiel: BGH 14. 4. 2010, NJW 2010, 2426; zur Vertiefung *Gsell*, NJW 2006, 125.

377 Zur Aktivlegitimation des Leasingnehmers für den Anspruch aus §§ 437 Nr. 3, 284 BGB s. OLG Köln 27. 3. 2008 – 15 U 175/07.

spruchsgrundlage für den Ersatz einer Vielzahl von Positionen, die nahezu mit jedem Neufahrzeugkauf verbunden sind (Zulassungs- und Überführungskosten, Kosten einer Anschlussgarantie, Anschaffung von Zubehör) aus tatsächlichen Gründen nicht zum Zuge. Deutlich günstiger ist die Lage für solche Käufer, die direkt vom Hersteller gekauft haben. Denn eine Exculpation ist dann eher unwahrscheinlich (näher Rdn. 1249).

b) Gebrauchtfahrzeugkauf

3813 Per saldo wird dem Käufer, der ein gebrauchtes Kfz **von einem Händler** gekauft hat, nach neuem Recht nicht wesentlich weniger ersetzt als nach den §§ 467 S. 2, 463 BGB a. F. Denn einem Gebrauchtwagenhändler wird der Exculpationsbeweis zur Abwendung der Schadenersatz- und Aufwendungsersatzpflicht nur unter erschwerten Bedingungen gelingen (§§ 280 Abs. 1 S. 2, 311a Abs. 2 BGB). Anders ist es bei Privatverkäufern und unternehmerischen Verkäufern außerhalb der Kfz-Branche. Hier kann der Käufer bei gelungener Exculpation auf frustrierten Aufwendungen erheblichen Umfangs sitzen bleiben. Der Verwendungs- und Aufwendungsersatz bestimmt sich dann allein nach dem deutlich weniger ergiebigen § 347 Abs. 2 BGB. „Vertragskosten", jetzt allein unter § 284 BGB fallend, bleiben ohne Ausgleich.

c) Reaktionen der Rechtsprechung

3814 Erwartungsgemäß haben die Gerichte die schuldrechtsreformbedingte Schlechterstellung von Käufern dadurch ein Stück weit ausgeglichen, dass sie entweder den Verwendungsbegriff ausdehnen oder den Entlastungsbeweis des Verkäufers erschweren, etwa durch Verschärfung der Darlegungs- und Beweisanforderungen. Mit der Annahme einer Garantie i. S. d. § 276 BGB kann der Entlastungsbeweis gänzlich abgeschnitten werden. Auch in dieser Hinsicht haben die Gerichte „Spielraum". All diese Bemühungen um eine Korrektur einer rechtspolitischen Fehlentscheidung des Gesetzgebers sind zwar verständlich, gleichwohl aus prinzipiellen Erwägungen bedenklich.

5. Anspruchsvoraussetzungen und Einzelpositionen

a) Gleichlauf mit den übrigen Sekundärrechtsbehelfen und Vertretenmüssen

3815 Der Käufer muss an sich berechtigt sein, Schadensersatz statt der Leistung zu verlangen. Diese Berechtigung kann auf den §§ 281, 283 BGB, aber auch auf § 311a Abs. 2 BGB beruhen. Zu den Grundvoraussetzungen, insbesondere zum Nacherfüllungsvorrang, s. Rdn. 892 ff. Auch der Anspruch auf Aufwendungsersatz ist, wie gesagt, an ein Verschulden/Vertretenmüssen gekoppelt[378], wobei dieses jedoch vermutet wird. Der Käufer, der aus §§ 437 Nr. 3, 284 BGB klagt, muss ein Vertretenmüssen also nicht darlegen. Zum Entlastungsbeweis durch den Verkäufer s. Rdn. 3623 ff., 3678 ff.

b) Vergebliche Aufwendungen

3816 Aufwendungen des Käufers auf eine gekaufte Sache, die sich später als mangelhaft erweist, sind i. d. R. vergeblich, wenn der Käufer die Kaufsache wegen ihrer Mangelhaftigkeit zurückgibt oder sie jedenfalls nicht bestimmungsgemäß nutzen kann und deshalb auch die Aufwendungen nutzlos sind.[379] Das hat **der BGH** grundlegend in einem Fall entschieden, in dem eine Baufirma einen (vermutlich neuen) Pkw nach Übernahme umfangreich um- und ausgerüstet hatte (Lackierung der Stoßfänger, Leichtmetallfelgen, Breitreifen, Tempomat,

378 Statt vieler OLG Hamm 18. 12. 2008, NJW-RR 2009, 1505.

379 BGH 20. 7. 2005, NJW 2005, 2848 = DAR 2005, 556.

Autotelefon, Navigationssystem u. a.). All das waren vergebliche Aufwendungen i. S. d. § 284 BGB. Denn die Käuferin hat sie im Vertrauen auf den Erhalt der Leistung – hier: die Mangelfreiheit des gelieferten Pkw – gemacht.

Die Aufwendungen müssen wegen des Mangels ihren Zweck verfehlen. In diesem Sinne **3817**
frustriert sind nicht nur solche Aufwendungen, die der Anschaffung und der Inbetriebnahme des Fahrzeugs dienen. Von § 284 BGB erfasst werden auch solche Investitionen, die in die Zeit der Nutzung fallen, wenn und soweit sie im Vertrauen auf eine fortbestehende – störungsfreie – Nutzbarkeit gemacht worden sind. Der notwendige Vertrauensbezug fehlt dagegen, wenn die Investitionen nach Entdeckung des Mangels vorgenommen wurden. Insoweit kann dem Käufer nur ein Anspruch auf Verwendungsersatz nach § 347 Abs. 2 BGB helfen, wobei auch die gewöhnlichen Erhaltungskosten ausgleichpflichtig sind (s. Rdn. 1134).

Nicht gehört wird der Verkäufer mit dem Argument, der Käufer könne die Zubehörteile **3818**
ausbauen und anderweitig verwenden.[380] Ausnahmen sind möglich, z. B. bei portablen Geräten (Navi, Radio). Hat der Käufer ein Ersatzfahrzeug angeschafft, kann ihn in analoger Anwendung des **§ 254 Abs. 2 BGB** die Pflicht treffen, das fragliche Teil weiter zu verwenden oder wenigstens die Gründe der Unverwendbarkeit plausibel darzulegen.

c) Einzelpositionen

Im Vordergrund stehen Aufwendungen des Käufers im Zusammenhang mit der **An- 3819**
schaffung von Zubehörteilen. Insoweit ist vor allem **BGH NJW 2005, 2848** einschlägig. In ungewöhnlich großem Umfang hatte die damalige Klägerin ihr (Neu-)Fahrzeug mit „Extras" ausgestattet, nämlich u. a. mit

- Leichtmetallfelgen
- Tempomat
- Autotelefon
- Navigationssystem

Derartige Zubehörteile sind typischerweise frustrierte Aufwendungen und gem. §§ 437 **3820**
Nr. 3, 284 BGB erstattungsfähig. Darüber hinaus haben die **Instanzgerichte** anerkannt:

- Winterreifen[381]
- Winterreifen mit Felge[382]
- Hundedecke für Pkw (Rückbank)[383]
- Wischerblätter[384]
- Alarmanlage[385]
- Handy-Halterung[386]
- Zentralverriegelung[387].

---

380 BGH 20. 7. 2005, NJW 2005, 2848 = DAR 2005, 556.

381 OLG Hamm 18. 6. 2007 – 2 U 220/06 – BeckRS 2007, 14370; Brand OLG 26. 6. 2008 – 12 U 236/07.

382 OLG Köln 27. 3. 2008 – 15 U 175/07; s. a. OLG Hamm 18. 12. 2008, NJW-RR 2009, 1505 (Vorinstanz LG Paderborn 23. 11. 2007 – 4 O 370/07 – n. v.) – Ersatz mangels Vertretensmüssens nur nach §§ 347 Abs. 2 S. 2, 812 BGB.

383 LG Paderborn 23. 11. 2007 – 4 O 370/07 – n. v. (vom OLG Hamm 18. 12. 2008, NJW-RR 2009, 1505 abgeändert).

384 LG München II 2. 4. 2007 – 11 O 5053/05 – n. v.

385 Brand OLG 26. 6. 2008 – 12 U 236/07.

386 OLG Köln 27. 3. 2008 – 15 U 175/07.

387 OLG Hamm 5. 8. 2010 – I-28 U 22/10 – NJOZ 2011, 447.

3821 Als vergebliche Aufwendungen können **ferner erstattungsfähig** sein:

- Kosten für die Fahrt zum Händler[388]
- Kosten einer Abholung im Werk (Selbstabholung)
- Verpflegungsmehraufwand[389]
- Kosten für eine Begutachtung durch einen Sachverständigen *vor* Vertragsschluss[390]
- Transportkosten[391]
- Überführungskosten[392]
- Zulassungskosten incl. Kosten für Nummernschilder für das gekaufte Fahrzeug, nicht für einen Ersatzwagen[393]
- Kosten für die Anmietung einer Garage[394]
- Kfz-Steuer[395]
- Versicherungsprämien[396]
- Finanzierungskosten[397]
- Kosten einer Garantie[398].

3822 **Nicht** von § 284 BGB **erfasst** werden:

- Kosten eines Gutachtens zur Beweissicherung
- Kosten eines Privatgutachters, eingeschaltet nach Entdeckung des Mangels[399]
- Anwaltskosten[400].
- Abschleppkosten[401].

388 OLG Karlsruhe 14. 9. 2004, NJW 2005, 989; zum Ersatz (nicht näher bestimmbarer) Fahrtkosten auch Brand OLG 22. 3. 2011 – 11 U 25/10.

389 Brand OLG 26. 6. 2008 – 12 U 236/07.

390 KG 10. 1. 2005, NJW-RR 2006, 1213.

391 BGH 20. 7. 2005, NJW 2005, 2848 = DAR 2005, 556.

392 BGH 20. 7. 2005, NJW 2005, 2848 = DAR 2005, 556.

393 BGH 20. 7. 2005, NJW 2005, 2848 = DAR 2005, 556; Zulassungskosten für einen mangelbedingt angeschafften Ersatzwagen fallen unter den Schadensersatz statt der Leistung (BGH 14. 4. 2010, NJW 2010, 2426).

394 Als Anspruchsgrundlage kommt auch § 304 BGB in Betracht.

395 BGH 14. 4. 2010, NJW 2010, 2426 Tz. 34: grds. ja, aber ggf. voller Ausschluss nach § 254 Abs. 2 BGB (Abmeldeobliegenheit); dazu auch OLG Oldenburg 24. 9. 2010, NJW-RR 2011, 480 (kein Aufwendungs-, sondern „normaler" Schadensersatz). Volle Erstattungsfähigkeit wird – unabhängig von einem Mitverschulden – meist schon deshalb zu verneinen sein, da zumindest ein Teil der Steuer „abgefahren" ist (keine Vergeblichkeit).

396 S. vorherige Fußnote.

397 OLG Hamm 8. 9. 2005, NZV 2006, 421 (aber wichtige Einschränkung); ebenso OLG Naumburg 12. 1. 2007, BeckRS 2007, 65018; s. a. BGH 20. 1. 2006, NJW 2006, 1198 (Tz. 25).

398 OLG Düsseldorf 29. 10. 2007 – I-1 U 59/07 – n. v. (Citroen Garantie Plus).

399 BGH 20. 7. 2005, NJW 2005, 2848; OLG Koblenz 1. 4. 2004, NJW 2004, 1670; einschlägig ist §§ 437 Nr. 3 i. V.m § 280 Abs. 1 BGB; bei einer Begutachtung vor Vertragsabschluss, z. B. bei einem eBay-Kauf, sollen die Kosten unter § 284 BGB fallen (KG 10. 1. 2005, NJW-RR 2006, 1213).

400 Zur Erstattungsfähigkeit nach §§ 437 Nr. 3, 280 Abs. 1 BGB, ggf. nach § 439 Abs. 2 BGB, s. OLG Düsseldorf 6. 5. 2005 – I-1 W 17/05 – VA 2005, 134; OLG Naumburg 13. 12. 2006, OLGR 2007, 815 (nur Ls.); AG Schweinfurt 13. 8. 2007, zfs 2008, 27.

401 LG Köln 27. 6. 2006, DAR 2007, 34.

d) Verzinsung von Aufwendungen

Eine Verzinsungspflicht besteht nicht aus §§ 256, 246 BGB. Denn Aufwendungen i. S. d. § 284 BGB stellen der Sache nach Schaden dar, während § 256 BGB fremdnützige Aufwendungen meint. Beim Anspruch auf Verzugszinsen ist zu berücksichtigen, dass der Verkäufer zum Ersatz für Investitionen in das Fahrzeug nur Zug um Zug gegen Rückgabe des Fahrzeugs verpflichtet ist.[402] Solange der Käufer das Fahrzeug nicht zurückgegeben hat, kann der Verkäufer nur dann in Schuldnerverzug geraten sein, wenn in seiner Person Annahmeverzug vorliegt. Verzugszinsen sind dann erst ab Eintritt des Annahmeverzugs zu zahlen. **3823**

e) Anspruchskürzung wegen Nutzung der Investitionen

Für viele überraschend ist der BGH[403] dem OLG Stuttgart als Vorinstanz[404] im Ergebnis darin gefolgt, den Anspruch auf Ersatz der **Anschaffungskosten für Zubehörteile** entsprechend der Nutzungsdauer zu kürzen; wegen einer einjährigen – gewerblichen – Nutzung um 20 %. Ohne sich auf eine der beiden in Betracht kommenden Kürzungsmethoden (dazu Rdn. 3827) festzulegen, hat er – weitergehend als das OLG Stuttgart – auch die **Aufwendungen für die Überführung und Zulassung** des Pkw nur zu 80 % anerkannt.[405] **3824**

Überraschend ist diese Kappung deshalb, weil beim schadensrechtlichen Ausgleich nach früherem Recht (§ 463 BGB a. F.) niemand auf den Gedanken gekommen war, die Kosten nutzloser Investitionen oder sonstiger Aufwendungen zu kürzen, sei es wegen teilweiser Zweckerreichung, sei es aus Gründen des Vorteilsausgleichs oder wegen des allgemeinen Bereicherungsverbots im Schadensrecht. **3825**

Der **dogmatische Ansatz** für eine Kürzung beim Aufwendungsersatz nach § 284 BGB ist **unklar**.[406] Tragfähig erscheint der Gesichtspunkt der Zweckerreichung (teilweise fehlende Vergeblichkeit). Die Instanzgerichte folgen dem BGH, tun sich aber schwer, und zwar bei Grund und Höhe des Abzugs, zumal in Fällen privatwirtschaftlicher Nutzung.[407] **3826**

Berechnung des Abzugs: Zwei Methoden werden diskutiert: Man kann die Gebrauchsvorteile aus der Nutzung der Investition in der Weise berücksichtigen, dass die Anschaffungskosten für die Aufwendungen auf den Kaufpreis für das Fahrzeug aufgeschlagen werden und die vom Käufer geschuldete Vergütung für die Nutzung des gesamten Fahrzeugs („Kilometergeld") aus dem so erhöhten Kaufpreis berechnet wird. **Als Alternative** kommt eine direkte Kürzung der erstattungsfähigen Aufwendung in Frage. Beispiel: Die Kosten für die Anschaffung eines Navigationsgerätes in Höhe von 2.500 € werden entsprechend der Dauer der Nutzung dieses Extras unter Berücksichtigung der üblichen Nutzungsdauer gekürzt. **3827**

Der BGH hat sich auf keine der beiden Methoden festgelegt, weil der Unterschied nur rund 50 € ausmachte. Im Einzelfall kann das durchaus erheblich mehr sein, so dass eine Festlegung auf eine bestimmte Methode unumgänglich ist.[408] **Vorzuziehen** ist, soweit möglich, die zweite Methode, d. h. der Abzugsbetrag ist, wie beim Fahrzeug, nach den Grundsätzen der linearen Wertabschreibung zu berechnen.[409] Ist die mutmaßliche Nutzungsdauer **3828**

402 BGH 20. 7. 2005, NJW 2005, 2848 = DAR 2005, 556.
403 Urt. v. 20. 7. 2005, NJW 2005, 2848 = DAR 2005, 556.
404 Urt. v. 25. 8. 2004, DAR 2005, 35.
405 Urt. v. 20. 7. 2005, NJW 2005, 2848 = DAR 2005, 556.
406 S. *Faust*, NJW 2009, 3696, 3699; *Gsell*, NJW 2006, 125; *Tröger*, ZIP 2005, 2238, 2245.
407 Vgl. Brand OLG 26. 6. 2008 – 12 U 236/07; OLG Köln 27. 3. 2008 – 15 U 175/07; LG Paderborn 23. 11. 2007 – 4 O 370/07 – n. v. (Vorinstanz zu OLG Hamm 18. 12. 2008, NJW-RR 2009, 1505).
408 Vgl. *Fischinger/Wabnitz*, ZGS 2007, 139; *Tröger*, ZIP 2005, 2238, 2245.
409 OLG Hamm 5. 8. 2010 – I-28 U 22/10 – NJOZ 2011, 447; *Faust*, NJW 2009, 3696, 3699.

(Lebenserwartung) des angeschafften Zubehörteils in etwa so lang wie die des Fahrzeugs insgesamt, kann auf die mutmaßliche Gesamtlaufleistung des Fahrzeugs abgestellt werden.[410] *Beispiel*: Anschaffungskosten Zentralverriegelung 360 €, Nutzung des Fahrzeugs mit Zentralverriegelung 47.703 km, Gesamtlaufleistung des Fahrzeugs 200.000 km, Kürzung um 23,85 % (= 47.703: 200.000) = 85,86 €; Erstattungsbetrag 274,14 €. § 287 ZPO räumt dem Richter ein weites Schätzungsermessen ein.[411]

VII. Die Ansprüche auf Schadensersatz statt der Leistung/Aufwendungsersatz in ihrem Verhältnis zum Rücktritt und zu anderen Rechtsbehelfen

3829 Das **dichte Gedränge** von Rechtsbehelfen führt immer wieder zu der Frage, welcher Weg für den Käufer der beste und sicherste ist, ob Bindung eintritt oder ein Wechsel möglich ist. Für das „neue" Recht, das vom Vollzugsmodell des § 465 BGB a. F. Abschied genommen hat, ergeben sich zu früher **wesentliche Änderungen** dadurch, dass Minderung und Rücktritt Gestaltungsrechte, Schadensersatz und Aufwendungsersatz dagegen Ansprüche sind. Die Rechte des Käufers aus § 437 BGB verhalten sich zueinander nach dem **Prinzip elektiver Konkurrenz.**[412] Wählt der Käufer in rechtswirksamer Weise eines der ihm zustehenden Rechte, ist er mit den anderen wegen **desselben Mangels grundsätzlich ausgeschlossen**. So schließt ein **wirksamer** Rücktritt die Minderung aus wie auch umgekehrt.[413] Dies allerdings nur bei Mangelidentität. Bei Auftreten eines weiteren Mangels ist ein Wechsel von Minderung auf Rücktritt zulässig.[414] Ob nach einer Minderung auf den großen oder kleinen Schadensersatz „umgeschwenkt" werden kann, ist strittig.[415] S. auch Rdn. 1225 ff., 3837.

3830 Die vergleichsweise frühe Bindung des Käufers mit einer Reihe weitreichender Konsequenzen bis hin zur Verjährung und zum Gerichtsstand verlangt **vom Käufer und seinem Anwalt** ein hohes Maß an taktischer Planung, sorgfältiger Abwägung der Vor- und Nachteile sowie eine vorausschauende Beurteilung prozessualer Möglichkeiten des Verkäufers (z. B. beim Entlastungsbeweis nach §§ 280 Abs. 1, 311a Abs. 2 BGB).

1. Rücktritt und Schadensersatz

3831 Nach § 325 BGB wird das Recht des Käufers, Schadensersatz zu verlangen, durch den Rücktritt nicht ausgeschlossen. Die ehemalige **„Rücktrittsfalle"** ist somit beseitigt. Ein einmal erklärter Rücktritt soll nicht den Anspruch auf Schadensersatz statt der Leistung sperren. Das gilt auch für den Anspruch auf Ersatz eines Nutzungsausfallschadens.[416] Unberührt bleibt auch der Anspruch auf Ersatz vergeblicher Aufwendungen nach §§ 437 Nr. 3, 284 BGB sowie der Anspruch auf Schadensersatz neben der Leistung. In § 325 BGB ist allgemein von Schadensersatz die Rede, nicht von einer bestimmten Kategorie.

3832 § 325 BGB beantwortet indes nicht, jedenfalls nicht unmittelbar, die Frage, ob der Käufer, der zunächst ausschließlich Schadensersatz statt der Leistung verlangt hat (was prak-

---

410 OLG Hamm 5. 8. 2010 – I-28 U 22/10 – NJOZ 2011, 447 (bejaht für Zentralverriegelung).
411 Vgl. Brand OLG 26. 6. 2008 – 12 U 236/07.
412 BGH 20. 1. 2006, NJW 2006, 1198; NK-BGB/*Büdenbender*, § 437 BGB Rn. 78.
413 KG 29. 10. 2009 – 1 U 41/08 (in DAR 2010, 267 nur Ls.) – für den Wechsel von Minderung zum Rücktritt bei Mangelidentität.
414 KG 29. 10. 2009 – 1 U 41/08.
415 Dafür OLG Stuttgart 1. 2. 2006, ZGS 2008, 479; Bspr. *Berscheid*, ZGS 2009, 17.
416 BGH 28. 11. 2007, NJW 2008, 911; v. 14. 4. 2010, NJW 2010, 2426 gegen KG DAR 2009, 520.

tisch relativ selten vorkommt[417]), später auf Rücktritt „umsatteln" kann, etwa dann, wenn dem Verkäufer der Entlastungsbeweis gelungen ist. Ein Grund für einen Wechsel kann auch darin bestehen, dass der Käufer günstiger gestellt ist, wenn er statt auf Schadensersatz (positives Interesse) auf Rücktritt und flankierend auf Aufwendungsersatz nach § 284 BGB setzt.

Vorrangig ist zu prüfen, ob sich die Bindungsfrage überhaupt stellt oder ob der Käufer von Anfang an sein Schadensersatzverlangen mit einem Rücktritt oder umgekehrt kombiniert hat. Das ist **Auslegungssache**. Bei der Auslegung sollte beachtet werden, dass der Käufer den für ihn günstigsten Rechtsbehelf geltend machen will. Das kann der Rücktritt – allein oder in Kombination – als Basis für eine verjährungsrechtlich privilegierte Rückabwicklung sein (Regelverjährung, s. Rdn. 4075). Ein Verlangen nach dem großen Schadensersatz kann, sofern es ausnahmsweise nicht mit einer Rücktrittserklärung verbunden gewesen sein sollte, in die Ausübung des Rücktrittsrechts **umgedeutet** werden.[418] Indirekt werden mit dem großen Schadensersatz Rücktrittswirkungen erzielt.[419] Beide Rechtsbehelfe sind auf die Liquidation des Kaufs gerichtet und unterscheiden sich dem Grunde nach nur mit Blick auf das Vertretenmüssen. **3833**

Da nicht jeder Richter an eine Umdeutung denkt, ist sie ggf. vom Käuferanwalt ausdrücklich anzuregen. Der Käufer kann sein Verlangen auch noch in zweiter Instanz klarstellen.[420] Dass ein Gericht das gesamte isoliert geltend gemachte Schadensersatzbegehren einschließlich des Anspruchs auf Rückzahlung des Kaufpreises zurückweist, wenn der Verkäufer sich exculpiert hat, ist ohne vorherigen richterlichen Hinweis eine **unzulässige Überraschungsentscheidung**. Auf entsprechenden Hinweis hin hat der Käufer die Möglichkeit, den bis dahin noch nicht oder nicht eindeutig erklärten Rücktritt nachzuholen bzw. sein Ziel klarzustellen.[421] **3834**

Schwieriger ist das Verhältnis von **kleinem Schadensersatz** und **Rücktritt**, und zwar in beiden Richtungen. Denn hier fehlt es am Gleichlauf im Abwicklungsziel. Die mit der Wahl des kleinen Schadensersatzes bezweckte und bewirkte Umgestaltung des Rechtsverhältnisses lässt zwar Raum für eine Minderung als Minus, ähnlich wie im Verhältnis zwischen großem Schadensersatz und Rücktritt. Eine Vertragsauflösung durch Rücktritt ist aber etwas diametral anderes als die Rechtsfolge beim kleinen Schadensersatz. **3835**

Dass nach einem zunächst erklärten Rücktritt auf den kleinen Schadensersatz gewechselt werden kann, scheint vom Wortlaut des § 325 BGB gedeckt zu sein. *Derleder* plädiert für eine weite Interpretation dieser Vorschrift, so dass nach einem Rücktritt auch noch auf den kleinen Schadensersatz übergegangen werden kann.[422] Umgekehrt soll ein Wechsel gleichfalls statthaft sein. Dem ist mit der Maßgabe zuzustimmen, dass der Käufer für eine Korrektur seiner Entscheidung triftige Gründe ins Feld führen kann und auf der anderen Seite schutzwürdige Dispositionen des Verkäufers nicht nennenswert beeinträchtigt werden. Bindung um ihrer selbst willen ist vom Gesetzgeber nicht gewollt. Dementsprechend ist es einem Käufer zu gestatten, die Kosten einer Mängelbeseitigung, die er nach erklärtem Rücktritt in Auftrag gegeben hat, im Wege des kleinen Schadensersatzes zu liquidieren.[423] Das Argument, dem Käufer bleibe es unbenommen, die Rechte aus §§ 346 ff. BGB weiter- **3836**

417 Beispiel OLG Frankfurt 1. 3. 2006, OLGR 2006, 756.
418 Vgl. auch BGH 28. 2. 1996, NJW 1996, 1962.
419 BGH 14. 4. 2010, NJW 2010, 2426 Tz. 21.
420 Brand OLG 26. 6. 2008 – 12 U 236/07.
421 Brand OLG 26. 6. 2008 – 12 U 236/07.
422 NJW 2003, 998; *ders.* in Dauner-Lieb/Konzen/K. Schmidt, Das neue Schuldrecht in der Praxis, S. 411, 419; s. a. *Gsell*, JZ 2004, 643.
423 A. A. LG Kassel 12. 7. 2011 – 1 S 154/11 – n. v.

zuverfolgen, sticht nicht. Als Verwendung/andere Aufwendung (§ 347 Abs. 2 BGB) ist diese Art von Reparatur nicht anzuerkennen.

2. Minderung und Schadensersatz

3837 Eine dem § 325 BGB vergleichbare Regelung sucht man für die Minderung vergebens. Nach der Entscheidung des OLG Stuttgart v. 1. 2. 2006 ist der Käufer, der zunächst Minderung geltend gemacht hat, nicht daran gehindert, auf den kleinen oder großen Schadensersatz zu wechseln.[424] Angesichts der Sonderregelung des § 325 BGB allein für den Rücktritt fehlt es an einer planwidrigen Lücke und damit an der Grundvoraussetzung für eine Analogie. Wo der Gesetzgeber Rücktritt und Minderung gleichbehandeln will, hat er es ausdrücklich geregelt (z. B. Fristsetzungserfordernis und Verjährung).

3. Vertraglicher Schadensersatz, Rücktritt und Anfechtung

3838 Eine Besonderheit von Gewährleistungsprozessen nach früherem Recht bestand darin, dass in den Schriftsätzen von Käuferanwälten das Thema „arglistige Täuschung" eine zentrale Rolle spielte. Das Freizeichnungsverbot im Bereich des Verbrauchsgüterkaufs (§ 475 Abs. 1 BGB) hat dieses klassische Gebrauchtwagenthema zwar spürbar zurückgedrängt. Dort, wo weiterhin „unter Ausschluss der Gewährleistung" verkauft werden darf, ist die Arglistfrage indes ein Streitpunkt ersten Ranges geblieben. In Anwaltsschriftsätzen wird sie häufig unter verschiedenen Blickwinkeln angesprochen (zu den einzelnen Bezugspunkten s. Rdn. 4242). Ein Aspekt ist die **Anfechtung wegen arglistiger Täuschung** (§ 123 BGB).

3839 **Im früheren Recht** war es herrschende Meinung, insbesondere des BGH, dass eine **wirksame Täuschungsanfechtung** sämtlichen Vertragsansprüchen den Boden entzieht.[425] Mit dem Erfolg der Anfechtung hatte der Anfechtende die Befugnis verloren, die Wirkung der Anfechtung zu beseitigen und sie als nicht geschehen zu behandeln.[426] Die Rücknahme der Anfechtungswirkung konnte nur einverständlich erfolgen, allerdings auch durch konkludentes Verhalten, z. B. Weiterbenutzung des Fahrzeugs mit Billigung des Verkäufers.

3840 **Die Schuldrechtsmodernisierung** gibt keine Veranlassung, die Position der herrschenden Meinung aufzugeben oder auch nur zu modifizieren. Der über einen Sachmangel getäuschte Käufer, der eine **wirksame Anfechtungserklärung** abgegeben hat, ist weiterhin mit seinen vertraglichen Ansprüchen **vollständig ausgeschlossen**, nicht nur mit den Rechtsbehelfen, die mit einem Behalten der Sache einhergehen (Minderung, kleiner Schadensersatz), sondern auch mit Rücktritt und großem Schadensersatz.[427] § 325 BGB ist nicht analog anwendbar.[428] Die Vorschrift ist eindeutig auf den Rücktritt beschränkt und einer Analogie damit nicht zugänglich.[429]

3841 Was der Käufer wirklich gewollt hat, ist im Prozess **durch Auslegung** zu ermitteln.[430] Dass er auf seine vertraglichen Ansprüche verzichte und nur seine Rechte nach wirksamer

424 ZGS 2008, 479 (Revision zugelassen, aber nicht durchgeführt); Bespr. v. *Berscheid*, ZGS 2009, 17.

425 BGH 12. 5. 1995, NJW 1995, 2361; BGH 29. 10. 1959, NJW 1960, 237; BGH 19. 11. 2003, NJW 2004, 1252; abw. OLG Bamberg 2. 3. 1994, NJW-RR 1994, 1333.

426 BGH 29. 10. 1959, NJW 1960, 237.

427 So auch BGH 20. 5. 2009, NJW 2009, 2532; OLG Saarbrücken 9. 6. 2009, NJW-RR 2010, 125; *Althammer/Löhnig*, AcP 205, 520, 529.

428 Anders *Derleder*, NJW 2004, 969; wie hier *Höpfner*, NJW 2004, 2865; s. a. OLG Saarbrücken 6. 1. 2005, NJW 2005, 906; dazu *Renna*, ZGS 2007, 448.

429 Ebenso *Althammer/Löhnig*, AcP 205, 520., 542.

430 Zur Auslegung eines vorprozessualen Schreibens OLG Saarbrücken 9. 6. 2009, NJW-RR 2010, 125 (Immobilienkauf).

Anfechtung verfolge, wird erfahrungsgemäß in dieser Deutlichkeit nicht gesagt. Sofern eine ausdrückliche Erklärung des Käufers fehlt, ist anhand seines gesamten Verhaltens zu ermitteln, welchen der verschiedenen vertraglichen und außervertraglichen Rechtsbehelfe er geltend macht. Im Zweifel ist anzunehmen, dass die (klagende) Partei sich auf alle nach ihrem Tatsachenvortrag in Betracht kommenden rechtlichen Gesichtspunkte stützen will, die geeignet sind, ihrem Anliegen zum Erfolg zu verhelfen.[431]

Nur eine (zulässige) Eventualanfechtung ist anzunehmen, wenn der Käufer in der Kla- **3842**
geschrift „vorsorglich" die Anfechtung des Kaufvertrages erklärt.[432] Da nur eine wirksame Anfechtung vertragliche Ansprüche sperren kann, muss das Gericht bei Verneinung eines Anfechtungsgrundes an **eine Umdeutung** der Anfechtungserklärung in einen Rücktritt denken.[433] Es darf die Klage nicht abweisen, ohne dieser Frage nachgegangen zu sein (§ 139 ZPO).[434] Zur Möglichkeit einer hilfsweise erhobenen Teilklage aus § 812 BGB s. OLG Saarbrücken NJW-RR 2010, 125. Zu den materiell- und verfahrensrechtlichen Besonderheiten bei der (seltenen) Situation „erst Rücktritt, dann Anfechtung" s. *Renna*, ZGS 2007, 448.

431 BGH 9. 5. 1990, NJW 1990, 2683; 9. 10. 1991, NJW 1992, 566; OLG Hamm 10. 3. 2011 – I-28 U 131/10.

432 OLG Hamm 10. 2. 2005, NJW-RR 2005, 1220.

433 Dazu BGH 4. 7. 2006, NJW 2006, 2839; s. a. OLG Hamm 10. 3. 2011 – I-28 U 131/10.

434 Bedenklich deshalb OLG Bamberg 21. 6. 2006 – 3 U 253/05 – n. v.

K. Die Untersuchungspflicht des Verkäufers eines gebrauchten Kraftfahrzeugs

I. Terminologie und Problemaufriss

3843 Eingebürgert hat sich der Begriff **„Untersuchungspflicht"**. Daneben ist von Prüfungs-, Kontroll-, Inspektions-, Durchsichts- und Nachforschungspflicht die Rede, auch von „Sichtkontrolle" oder „Durchsicht". Ob es sich hier um Synonyma oder um inhaltlich verschiedene Begriffe handelt, wird nicht immer deutlich. Für manche ist **Durchsicht** etwas anderes als **Untersuchung**. Der Sicht (Durchsicht) wird die Suche (Untersuchung) gegenübergestellt. In der Tat ist das Zweierlei.

3844 Der Versuch, dem Sachproblem von der begrifflichen Seite her beizukommen, verspricht keinen Erfolg. Nicht zuletzt aus Gründen der besseren Verständigung empfiehlt es sich, am traditionellen Begriff „Untersuchungspflicht" festzuhalten. Das entspricht auch dem Sprachgebrauch des Reformgesetzgebers. Mit Blick auf den gewerblichen Verkauf gebrauchter Kraftfahrzeuge zählt er eine „Untersuchung" zu den Sorgfaltspflichten des Verkäufers.[1] Wie diese Pflicht mit Blick auf § 241 BGB genau einzuordnen ist, wird nicht gesagt.

3845 Mit der **Untersuchungsobliegenheit** des Käufers gem. **§ 377 HGB** hat die „haftungsrechtliche" Untersuchungspflicht, um die es hier geht, nichts gemeinsam. Auch **§ 442 BGB** betrifft einen anderen Problemkreis . Ob und inwieweit Untersuchungsobliegenheiten des Käufers gegenüber seinem Lieferanten die Grundlage für eine Rechtspflicht zur Untersuchung im Verhältnis zu seinem Abnehmer bilden können, ist in der Rechtsprechung wenig geklärt.[2]

II. Die Rechtsprechung

1. Entwicklungslinien

3846 Dass die im Verkehr erforderliche Sorgfalt (§ 276 Abs. 2 BGB) grundsätzlich keine Untersuchung der Kaufsache vor dem Verkauf bzw. der Übergabe verlangt, ist in der Rechtsprechung seit jeher allgemein anerkannt.[3] In einer besonderen Situation sieht man Verkäufer gebrauchter Kraftfahrzeuge. Mit der flächendeckenden **Einführung des Agenturgeschäfts** kam der Gedanke auf, dem für Ansprüche aus den §§ 459 ff. BGB a. F. nicht passivlegitimierten Kfz-Händler eine Untersuchungspflicht aufzuerlegen. Diese ergebe sich, so das OLG Düsseldorf in einem Urteil v. 12. 3. 1973,[4] „aus den Grundsätzen von Treu und Glauben", denn ein redlich denkender Kaufmann bringe nicht unbesehen gebrauchte Fahrzeuge, bei denen stets der Verdacht des Vorhandenseins ernstlicher Mängel bestehe, wieder in den Verkehr, und auch die Allgemeinheit erwarte jedenfalls von einem Automobilhersteller und von einem Händler mit größerem Geschäftsbetrieb eine Prüfung der angebotenen gebrauchten Fahrzeuge.

3847 Mit der Revisionsrüge, der Verkäufer eines gebrauchten Autos sei im Allgemeinen nicht zur vorherigen „Inspektion" verpflichtet, erst recht nicht ein bloßer Vermittler, brauchte sich der BGH in seiner für das Agenturgeschäft wegweisenden Entscheidung

---

1 BT-Drucks. 14/6040, 210.
2 Dazu *Stoppel*, ZGS 2006, 49.
3 Aus jüngerer Zeit BGH 19. 6. 2009, NJW 2009, 2674 Tz. 19.
4 WM 1973, 473.

vom 29. 1. 1975[5] nicht abschließend auseinander zu setzen. Denn der Verkaufsangestellte des beklagten Autohändlers hatte den Käufer arglistig getäuscht. Darüber hinaus hat auch nach Auffassung des BGH eine – **konkrete** – Untersuchungspflicht bestanden, weil die Beschreibung des Unfallschadens durch den Auftraggeber („Delle im Kotflügel") besonderen Anlass für eine nähere Prüfung gegeben habe.

2. Die BGH-Entscheidung vom 16. 3. 1977, NJW 1977, 1055

Während das OLG München als Vorinstanz – ähnlich wie das OLG Düsseldorf[6] – entschieden hatte, **3848**

„Wer gewerbsmäßig Gebrauchtwagen ankauft und verkauft, ist verpflichtet nachzuprüfen, ob der von ihm als ‚unfallfrei' angekaufte Wagen dies tatsächlich ist" **3849**

hat der BGH eine Untersuchungspflicht vom **Vorliegen „besonderer Umstände"** abhängig gemacht. Ein solcher Grund könne ein Handelsbrauch sein, auch eine allgemeine Verkehrsauffassung. Nach den Feststellungen des Berufungsgerichts konnte der BGH weder das eine noch das andere bejahen.[7] Eine Untersuchungspflicht war für ihn sei auch „keine zwangsläufige Folge" der den Verkäufer treffenden Offenbarungspflicht für ihm bekannte Mängel. Die Grenze des Zumutbaren würde überschritten, wenn der Verkäufer, der von Unfällen oder Mängeln nichts wisse und sie auch nicht für möglich halte, gezwungen wäre, in jedem Fall den Gebrauchtwagen zu untersuchen. Ohne bestehende Untersuchungspflicht könne es auch keine Verpflichtung des Verkäufers geben, den Käufer auf das Unterbleiben einer Untersuchung ausdrücklich hinzuweisen. **3850**

Mit diesem Urteil v. 16. 3. 1977[8] hat der BGH auf seine ständige Spruchpraxis Bezug genommen, wonach ein **Zwischenhändler** i. d. R. zur vorherigen Untersuchung von ihm angekaufter und weiterverkaufter **neuer Ware** gegenüber seinem Abnehmer nicht verpflichtet ist.[9] Allerdings ging es in den Fällen außerhalb des Kfz-Bereichs meist um die Haftung aus positiver Forderungsverletzung für **Mangelfolgeschäden**. Ob die händlergünstige Rechtsprechung Bestand hat, wenn der Verkäufer wegen eines **Mangelschadens** auf Schadensersatz in Anspruch genommen wird, bleibt abzuwarten. Jedenfalls kann das BGH-Urteil v. 16. 3. 1977[10] entgegen verbreiteter Deutung nicht ohne weiteres für die These in Anspruch genommen werden, ein Gebrauchtfahrzeughändler sei von einer Untersuchungspflicht generell freigestellt. Wäre dem so, hätte der BGH diese Aussage sicherlich als Leitsatz formuliert. Wie die Entscheidungsgründe zeigen, waren es die „besonderen Umstände des Falles", die den BGH davon abgehalten haben, zur Frage einer – **allgemeinen** – Untersuchungspflicht grundsätzlich und abschließend Stellung zu nehmen. **3851**

3. Die weitere Spruchpraxis des BGH

In dem berühmten **Hinterreifen-Urteil v.** 5. 7. 1978[11] hat der BGH im Rahmen der **Verschuldensprüfung nach § 823 Abs. 1 BGB** festgestellt: Ein Kfz-Händler ist verpflichtet, **3852**

---

5 BGHZ 63, 382 = NJW 1975, 642.

6 Urt. v. 12. 3. 1973, WM 1973, 473; im Ergebnis ebenso Urt. v. 16. 4. 1992, OLGR 1992, 277 = VRS 84, 168; zustimmend OLG Köln 5. 7. 1996, NJW-RR 1997, 1214 = MDR 1997, 40 = VRS 93, 24 = OLGR 1996, 235 = VersR 1997, 753; s. aber auch OLG Düsseldorf 31. 3. 1995, OLGR 1995, 272 – Ls.; OLG Düsseldorf 31. 5. 1996, NJW-RR 1997, 431 = OLGR 1997, 18.

7 Nach den heutigen Verhältnissen ist die Annahme eines Handelsbrauchs durchaus gerechtfertigt.

8 NJW 1977, 1055.

9 Urt. v. 25. 9. 1968, NJW 1968, 2238 (Dieselöl); s. a. Urt. v. 18. 2. 1981, NJW 1981, 1269 (Klebeband).

10 NJW 1977, 1055.

11 NJW 1978, 2241.

einen Gebrauchtwagen wenigstens darauf zu prüfen, ob er den Zulassungsvorschriften entspricht und insbesondere in Einzelheiten nicht so verändert ist, dass die **Allgemeine Betriebserlaubnis** für diesen Fahrzeugtyp erloschen ist. Damit verlangt er eine **generelle,** wenn auch **gegenständlich beschränkte Prüfung** der im professionellen Gebrauchtwagenhandel angebotenen Fahrzeuge.

3853 An dieser Forderung gibt es spätestens seit dem Urteil v. 3. 11. 1982[12] keinen Zweifel mehr. Denn selbst einen **Kfz-Vermittler** hält der BGH für verpflichtet, **jeden Gebrauchtwagen** auf zulassungserhebliche Veränderungen „jedenfalls insoweit in Augenschein zu nehmen, als sie ihm als Fachmann ohne weiteres, d. h. ohne besonderen technischen Aufwand, wie den Einsatz von technischem Gerät oder eine Demontage in Betracht kommender Aggregate, erkennbar sind".

3854 Dass ein Kfz-Händler seine Gebrauchtfahrzeuge (Pkw/Kombis) nicht ohne jegliche Kontrolle verkaufen darf, folgt auch aus dem **zweiten Hinterreifen-Urteil des BGH v.** 11. 2. 2004.[13] Das dort aufgestellte Gebot einer „routinemäßigen Sichtkontrolle" auch der Bereifung bedeutet nichts anderes als die Forderung, kein Gebrauchtfahrzeug ohne vorherige Prüfung zu verkaufen. Nur mit Einschränkung trifft es demnach zu, wenn gesagt wird,[14] nach der Rechtsprechung des Bundesgerichtshofs bestehe **keine allgemeine Untersuchungspflicht** des gewerblichen Gebrauchtwagenhändlers. Richtig ist das nur, wenn damit gemeint ist, ein Kfz-Händler müsse seine Gebrauchtfahrzeuge nicht umfassend in allen Details überprüfen. Falsch ist die Aussage, sollte damit gemeint sein, bestimmte Gebrauchtwagen dürfe ein Händler ungeprüft verkaufen.

3855 Abgesehen von der generellen **„Veränderungs- und Sichtkontrolle"** (zum Umfang vgl. Rdn. 3895 ff.) und der auf einer anderen rechtlichen Ebene liegenden allgemeinen **„Herkunftsprüfung"** („Diebstahlsprüfung")[15] soll ein **Kfz-Händler** in Fällen ohne besonderes Beratungsverhältnis[16] zur vorherigen Untersuchung des Fahrzeugs nur verpflichtet sein, wenn:

1. er die Vorschädigung des zu veräußernden Fahrzeugs positiv kennt (BGH NJW 2010, 2426 Tz. 29)
2. „handgreifliche (greifbare) Anhaltspunkte" für ihn einen konkreten Verdacht auf Mängel begründen (BGHZ 63, 382 = NJW 1975, 642 – Unfallvorschaden; s. a. BGH NJW 2006, 2839 Tz. 15 – Unfallvorschaden; BGHZ 74, 383 = NJW 1979, 1886; BGH NJW 1979, 1707 = WM 1979, 672 – Rostanfälligkeit; BGH NJW 1981, 928 = WM 1981, 323 – Durchrostung bei älterem Fahrzeug [Untersuchungspflicht verneint]),
3. der Händler in seiner Eigenschaft als Vermittler (Sachwalter) eine bestimmte Eigenschaft des Fahrzeugs i. S. v. § 459 Abs. 2 BGB a. F. zugesichert hat (BGH DB 1976, 954; vgl. auch BGH NJW 1983, 217).

3856 Die Annahme einer Prüfpflicht (Untersuchungspflicht) diente im dritten Fall dazu, die für einen **Anspruch aus c. i. c.** gegen den Kfz-Vermittler erforderliche Pflichtverletzung zu begründen.[17]

---

12 NJW 1983, 217 – BMW 1602.

13 NJW 2004, 1032 = NZV 2004, 183.

14 Z. B. *Ball*, Homburger Tage 2004, 132; *Tropf*, FS Wenzel, 2005, S. 443, 448; *Stoppel*, ZGS 2006, 49.

15 Dazu BGH 18. 6. 1980, NJW 1980, 2184.

16 Auch eine Beratungspflicht kann eine Untersuchungspflicht begründen, vgl. BGH 16. 3. 1977, NJW 1977, 1055.

17 Aus der umfangreichen OLG-Rspr.: OLG Düsseldorf 1. 8. 1986 – 14 U 71/86 – n. v. („fahrbereit"); OLG Hamm 25. 2. 1986, VRS 71, 321 („werkstattgeprüft"); OLG Hamm 14. 7. 1983, MDR 1984, 141 (Erstzulassung/Anzahl der Vorbesitzer). Nicht zu dieser Fallgruppe gehört OLG Frankfurt 3. 7. 1991, NJW-RR 1992, 186, weil die Untersuchungspflicht nicht aus einer „Zusicherung", son-

Eine (weitergehende) Untersuchungspflicht wird nach Ansicht des BGH nicht durch folgende Umstände ausgelöst: **3857**

- besonders wertvolles Fahrzeug (vgl. BGH NJW 1977, 1055)
- Frage des Käufers nach Unfallschäden (BGH NJW 1981, 928, 929)
- höheres Alter des Fahrzeugs und/oder höhere Anzahl von Voreigentümern (BGH NJW 1981, 928, 929).

Noch nicht entschieden hat der BGH, ob wenigstens diejenigen Kfz-Händler, die das **3858** ZDK-Vertrauenssiegel oder das Zeichen „Meisterbetrieb der Kfz-Innung" führen und/oder mit Gebrauchtwagengarantien werben, zu einer intensiveren Fahrzeuguntersuchung verpflichtet sind als andere Händler. Instanzgerichte haben dies verschiedentlich bejaht.[18] Offen ist ferner, ob folgende Umstände eine Untersuchungspflicht begründen:

- Verkäufer ist zugleich Fahrzeughersteller (möglich bei Werksniederlassungen wie Mercedes-Benz, BMW oder – wie im Fall BGHZ 63, 382 – die ehemalige Audi/NSU Auto-Union AG)
- Werksniederlassung A übernimmt von Werksniederlassung B, die ihrerseits von einer Leasinggesellschaft, einer Tochtergesellschaft des Herstellers, angekauft hat (so die Konstellation in BGH NJW 2006, 2839)
- Übernahme des Fahrzeugs von einem Händler unbekannter oder zweifelhafter Identität („fliegender Zwischenhändler"); BGH NJW 2010, 858 bejaht Hinweispflicht, aber keine Untersuchungspflicht (Verkäufer war Privatperson, Händler nur Vermittler)
- längere Vorbesitzerkette ohne Niederschlag im Fahrzeugbrief („Wanderwagen"); kein Direktkontakt zwischen Verkäufer und dem letzten eingetragenen Halter
- Verkauf von Importfahrzeugen, insbesondere aus Ländern ohne Zwangsprüfung vergleichbar § 29 StVZO
- Verkauf von Oldtimern (dazu OLG München OLGR 1999, 19)
- Verkauf eines Fahrzeugs, das von einem Hersteller-Rückruf betroffen war
- Verkauf eines Fahrzeugs, für das es eine Fehlerwarnung des Herstellers gegeben hat (dazu BGH NJW-RR 2004, 1427).

Dass die **Hereinnahme von Privat** für sich allein nicht ausreicht, um eine Untersu- **3859** chungspflicht des Händlers zu rechtfertigen, scheint der BGH für selbstverständlich zu halten. Die Pflicht des Händlers zum gezielten Tätigwerden – Nachforschen, Prüfen – vom Vorhandensein konkreter Anhaltspunkte für Eignungs- oder Verwendungszweifel abhängig zu machen, wird auch in neueren Entscheidungen des VIII. Zivilsenats deutlich.[19]

In den letzten Jahren vor der Schuldrechtsreform ist in der **Rechtsprechung der In-** **3860** **stanzgerichte** eine bemerkenswerte **Abkehr von den BGH-Grundsätzen** sichtbar geworden. In einem unübersehbaren Gegensatz stehen z. B. die Entscheidungen des OLG Düsseldorf (13. ZS) vom 16. 4. 1992[20] und des OLG Köln v. 5. 7. 1996,[21] wenn gesagt wird, ein professioneller Gebrauchtwagenhändler sei verpflichtet, „jedes … hereingenommene

---

dern aus der Tatsache hergeleitet wurde, dass die Km-Angabe des Vorbesitzers wegen des Fahrzeugalters und der 5 Vorbesitzer zweifelhaft war.

18 LG Freiburg 3. 8. 1982, MDR 1983, 667; AG Hamburg – 22 b C 128/87 – n. v.; das LG Köln (Urt. v. 28. 7. 1987 – 30 O 441/86 – n. v., Urt. v. 26. 8. 1994 – 21 O 91/94 – n. v.) verlangt von einem Siegelhändler eine verstärkte Prüfpflicht bzgl. Vorbesitzerangaben und sicherheitsrelevanter Fahrzeugteile (Reifen).

19 Urt. v. 11. 2. 2004, NJW 2004, 1032; 16. 6. 2004, NJW 2004, 2301.

20 OLGR 1992, 277 = VRS 84, 168 = DAR 1993, 347.

21 NJW-RR 1997, 1214 = MDR 1997, 40 = VersR 1997, 753; s. aber auch OLG Köln 3. 5. 2001, DAR 2001, 404.

Fahrzeug vor dem Verkauf zu überprüfen“; ihn treffe **eine „generelle Pflicht zur Sichtprüfung“**.[22]

3861 Unklar bleibt häufig, ob sich die Untersuchungspflicht auf das ganze Fahrzeug oder nur auf Teilbereiche, z. B. die Karosserie (Unfallspuren?), erstreckt. Einen **Kfz-Händler ohne eigene Werkstatt** stellt auch der 13. Zivilsenat des OLG Düsseldorf von der generellen Verpflichtung frei, vor dem Verkauf eine Motorinspektion durchzuführen.[23] Der 22. ZS des OLG Düsseldorf[24] folgt hingegen – ebenso wie die OLG München[25] und Hamburg[26] – der Rechtsprechung des BGH. Keine Gefolgschaft leistet das OLG Celle.[27]

3862 Wie **stark** die instanzgerichtliche Rechtsprechung in den letzten Jahren vor der Schuldrechtsreform **in Fluss geraten** ist, zeigen auch die Entscheidungen OLG Hamm, DAR 2000, 119, OLG Saarbrücken OLGR 2000, 253 und insbesondere das wichtige Urteil des OLG Düsseldorf vom 21. 12. 1999 (OLGR 2000, 307 = DAR 2000, 356 – Ls.), s. a. LG Saarbrücken zfs 2001, 115. Nicht einschlägig ist die noch in einem Altfall ergangene Entscheidung des Brand OLG vom 8. 12. 2006[28], weil der BMW 325i vom Geschäftsführer des Autohauses tatsächlich untersucht worden war und es entscheidend darum ging, ob bei der Untersuchung die Spuren eines schweren Unfalls hätten auffallen müssen. Erwähnenswert ist in diesem Zusammenhang allenfalls die Bemerkung des OLG, dass die Beklagte als gewerbliche Verkäuferin keine generelle Untersuchungspflicht gehabt habe, dass aber infolge der Unfall-Mitteilung des Voreigentümers ein besonderer Anlass für eine Untersuchung bestanden habe.

3863 **Die Schuldrechtsreform** hat noch keinen grundlegenden Wandel der Rechtsprechung bewirkt.[29] Dabei ist die Pflicht zur Lieferung mangelfreier Ware jetzt eine Erfüllungspflicht (§ 433 Abs. 1 S. 2 BGB). Ignoriert hat man bisher auch die durchaus bemerkenswerten Hinweise des Reformgesetzgebers (s. Rdn. 3882 f.). Das gilt auch für das **OLG Karlsruhe**, das sich in einem 522er Beschluss vom 25. 10. 2010[30] ausführlich mit der Frage der Untersuchungspflicht beschäftigt. Jeder Kfz-Händler, der einen Gebrauchtwagen veräußere, sei verpflichtet, das Fahrzeug vor einer Veräußerung „zumindest in begrenztem Umfang auf mögliche Unfallschäden und einen möglichen Unfallverdacht zu untersuchen“. Das verlange in jedem Fall **eine Sichtkontrolle**.[31]

3864 In ihrer Strenge bemerkenswert ist die Entscheidung des LG München I v. 25. 6. 2004,[32] wonach ein professioneller Kfz-Händler (hier: Peugeot-Werksvertretung) ein gebrauchtes Kraftfahrzeug auch ohne besondere Anhaltspunkte auf Unfallschäden zu untersuchen habe, wobei sogar eine **Messung der Lackschichtdicke** stets eingeschlossen sei. Selbst ein Kfz-Betrieb ohne Werkstatt ist nach Ansicht des AG Hofgeismar[33] dazu verpflichtet, „jedes Fahrzeug vor Verkauf sorgfältig auf Mängel hin zu überprüfen oder überprüfen zu lassen“. Mehr der früher vorherrschenden Linie folgt dagegen das LG Aachen mit seiner Aussage, ohne „hinreichenden Verdacht“ sei auch ein gewerblicher Verkäufer nicht dazu verpflich-

22 So OLG Köln 13. 3. 2001, OLGR 2001, 233 = DAR 2001, 405.
23 Urt. 12. 3. 1992, OLGR 1992, 220.
24 Urt. v. 31. 3. 1995, OLGR 1995, 272 – Ls; Urt. v. 31. 5. 1996, NJW-RR 1997, 431 = OLGR 1997, 19.
25 OLGR 1999, 19 – Oldtimer.
26 DAR 1992, 378 und OLGR 1996, 4.
27 Urt. v. 6. 6. 1996, OLGR 1996, 194 – Unfallschaden.
28 7 U 74/06.
29 Vgl. BGH 7. 6. 2006, NJW 2006, 2839 Tz. 15; KG 1. 9. 2011 – 8 U 42/10.
30 4 U 71/09, DAR 2011, 257.
31 Dazu auch OLG Bamberg 9. 2. 2011 – 8 U 166/10 – BeckRS 2011, 06194.
32 DAR 2005, 38 = SP 2005, 70.
33 Urt. v. 27. 5. 2004 – 2 C 744/03 (20) – n. v. (rkr.); ähnlich LG Chemnitz 19. 4. 2005 – 6 S 5064/04 – n. v.

tet, die Bremsanlage zu demontieren, um sie sodann auf Mängel zu untersuchen.[34] Das entspricht der **heutigen Ansicht des BGH.**[35]

Leicht übersehen wird der **wichtige Hinweis** des VIII. Senats[36], dass derjenige Verkäufer, der von einer eigenen **Untersuchung des Fahrzeugs absieht** gleichwohl dessen Unfallfreiheit zusichert, die Begrenztheit seines Kenntnisstandes deutlich machen muss, wenn er dem Käufer den Eindruck vermittelt, dies geschehe auf der Grundlage verlässlicher Kenntnis. Ein Versäumnis kann den **Vorwurf arglistiger Täuschung** rechtfertigen. Bedeutung gewinnt diese Rechtsprechung in Fällen, in denen der Verkäufer in einer Internetanzeige oder am Telefon uneingeschränkt Unfallfreiheit erklärt hat, ohne diese Auskunft später bei Vertragsabschluss für den Käufer verständlich einzuschränken. Mit dem **formularmäßigen Quellenhinweis** „lt. Vorbesitzer" ist es nicht getan.[37] Zur Problematik von bloßen Wissensmitteilungen s. Rdn. 2450 ff. 3865

III. Stellungnahme

1. Thematische Eingrenzung und Kritik

Die **Sonderentwicklung**, die seit Anfang der Siebziger Jahre in der Frage der Untersuchungspflicht des professionellen Gebrauchtfahrzeugverkäufers zu beobachten ist, erweckt den Eindruck einer gewissen Planlosigkeit und Zufälligkeit ihrer Ergebnisse. So leuchtet beispielsweise nicht ein, dass ein Kfz-Händler jedes Fahrzeug auf das Vorhandensein eines Ersatzmotors überprüfen muss,[38] während seine Prüfpflicht im Hinblick auf sicherheitsrelevante Schäden an Bremsen, Lenkung, Reifen und Karosserie von besonderen Umständen („handgreifliche Anhaltspunkte") abhängig gemacht wird. Zu kritisieren ist vor allem der weitgehende Verzicht auf eine ökonomische Analyse. Empirische Daten sind genügend vorhanden, bleiben aber ungenutzt. 3866

Dass die Mängelfreiheit im neuen Kaufrecht Gegenstand einer Hauptleistungspflicht des Verkäufers ist, müsste die Diskussion eigentlich neu beleben.[39] Gute Gründe sprechen dafür, die Untersuchungspflicht nicht als Verhaltenspflicht i. S. d. § 241 Abs. 2 BGB, sondern als **leistungsbezogene Nebenpflicht** einzustufen.[40] Ihr Wesen besteht darin, die Erfüllung der künftigen Hauptleistungspflicht zur mängelfreien Lieferung vorzubereiten und zu sichern. Zu weit geht allerdings die These, eine Untersuchungspflicht(verletzung) werde gesetzlich vermutet.[41] Gegenstand der Vermutung ist allein ein Vertretenmüssen der Schlechtleistung bzw. (bei § 311a Abs. 2 BGB) des Leistungshindernisses. 3867

Durch die Ankoppelung der Sachmängelhaftung an das allgemeine Leistungsstörungsrecht ist ein Rechtszustand erreicht, der weitgehend der verschuldensabhängigen Händlereigenhaftung („Sachwalterhaftung") in den Agenturfällen entspricht (dazu Rdn. 2305 ff.). Zu deren Begründung hat man in sehr viel stärkerem Maße als beim Eigengeschäft mit Untersuchungspflichten argumentiert. Da die Rechtsprechung auch beim Agenturgeschäft nahezu jede Beschaffenheitsangabe zur Eigenschaftszusicherung aufgewertet hat, war der vermittelnde Händler angesichts der Vielzahl solcher Angaben in den handelsüblichen Ver- 3868

34 Urt. v. 23. 10. 2003, DAR 2004, 452; so auch KG 29. 10. 2009 – 1 U 41/08 – (in DAR 2010, 267 nur Ls.); s. a. KG 1. 9. 2011 – 8 U 42/10.
35 Urt. v. 7. 6. 2006, NJW 2006, 2839.
36 Urt. v. 7. 6. 2006, NJW 2006, 2839 Tz. 15.
37 BGH 7. 6. 2006, NJW 2006, 2839 Tz. 12.
38 BGH 5. 7. 1978, NJW 1978, 2241; 3. 11. 1982, NJW 1983, 217.
39 S. a. *Braun*, ZGS 2006, 328.
40 So auch *Graf von Westphalen* in *Henssler/Graf von Westphalen*, Praxis der Schuldrechtsreform, § 434 Rn. 77; s. a. *Müller/Hempel*, AcP 205, 246, 261 ff.; *Braun*, ZGS 2006, 328, 331.
41 So aber *Braun*, ZGS 2006, 328.

kaufsformularen im praktischen Ergebnis zu einer generellen Fahrzeuguntersuchung gezwungen. Daran ist zu erinnern, wenn es heute um die Untersuchungspflicht des Verkäufers geht.

3869 Dabei müssen **zwei Fragestellungen** unterschieden werden. Wie der Verkäufer sich zu verhalten hat, wenn „handgreifliche Anhaltspunkte" für ihn einen **konkreten Verdacht auf Fahrzeugdefekte** oder **eine Vorschädigung** begründen, ist die eine Frage. Hiervon zu unterscheiden ist die andere Frage, ob und ggf. in welcher Weise ein Händler **ohne konkreten Verdacht** mehr als den Fortbestand der Betriebserlaubnis und die Identität des Fahrzeugs nachprüfen muss. Die Angaben im Fahrzeugbrief (ZB II) mit den Daten auf dem Fabrikschild (Typschild) am Fahrzeug zu vergleichen und Auffälligkeiten nachzugehen, ist auch nach Auffassung des BGH ebenso eine generelle Händlerpflicht[42] wie die Überprüfung des gesamten Fahrzeugs auf Veränderungen, die zum Wegfall der Betriebserlaubnis führen können (Veränderungskontrolle durch Sichtprüfung).[43] **Privatverkäufer** werden selbst von diesen Pflichten freigestellt (s. a. Rdn. 3882).

3870 Das Verhalten eines Verkäufers in einer **konkreten Verdachtssituation** war kaufrechtlich keine Frage der Untersuchungspflicht. Unter dieser Überschrift wurde ohne Notwendigkeit ein Problem erörtert, das sich im alten Kaufrecht mit einem anderen Lösungsansatz sachgerechter bewältigen ließ. In Wahrheit geht es in den „Verdachtsfällen" um die Verletzung einer vorvertraglichen **Offenbarungspflicht.** Schwerpunkt des Vorwurfs ist es nicht, den bekannten Verdachtsmomenten nicht nachgegangen zu sein, sondern das Fahrzeug trotz des konkreten Mängelverdachts verkauft und dabei so getan zu haben, als sei alles in Ordnung.[44] Bei einem konkreten Mängelverdacht ist es weiterhin sachgerechter, unmittelbar an das **Informationsverhalten** des Verkäufers anzuknüpfen, statt den **Umweg** über die Untersuchungspflicht mit Befreiungsmöglichkeit durch Aufklärung zu gehen. Ein Verkäufer, der **greifbare Anhaltspunkte** für Mängel am Fahrzeug hat, z. B. äußerliche Anzeichen für einen reparierten Unfallschaden oder Hinweise auf einen Motordefekt, darf das Fahrzeug nicht ohne Offenbarung dieser Verdachtsmomente zum Kauf anbieten. Deren Verschweigen ist i. d. R. ebenso arglistig wie eine Verharmlosung der Verdachtsgründe. Wer als Verkäufer Zweifel an der Mängelfreiheit hat, ist richtiger Ansicht nach nicht untersuchungs-, sondern **offenbarungspflichtig**.[45]

3871 Arglist setzt allerdings voraus, dass der Händler tatsächlich Verdacht geschöpft hat, d. h. tatsächlich Zweifel an der Mängelfreiheit hatte. Es genügt für die Annahme von Arglist nicht, dass er Zweifel hätte haben müssen.[46] Fahrlässige, selbst grob fahrlässige Unkenntnis erfüllt grundsätzlich nicht den Tatbestand der Arglist.[47]

3872 Die schwierige Abgrenzung zwischen Vorsatz und (grober) Fahrlässigkeit ist bei der Prüfung der Schadensersatzpflicht des Verkäufers nach neuem Recht entbehrlich. Fahrlässige Unkenntnis vom Mangel reicht aus, wobei der Verkäufer die Vermutung des Vertretenmüssens widerlegen muss.

3873 Von einer **„Untersuchungspflicht"** sollte nur die Rede sein, wenn ein konkreter Mängelverdacht nicht bestanden hat, der Verkäufer also weder ein **präsentes Wissen** noch **präsente Zweifel** an der Mängelfreiheit hatte. Dem professionellen Gebrauchtfahrzeugverkäu-

---

42 Urt. v. 18. 6. 1980, NJW 1980, 2184.

43 Urt. v. 3. 11. 1982, NJW 1983, 217 – BMW 1602; v. 5. 7. 1978, NJW 1978, 2241 – Hinterreifen.

44 So auch *Breidenbach*, a. a. O., S. 86.

45 Vgl. auch BGH 28. 4. 1971, NJW 1971, 1795 m. Anm. *Giesen* (Tanklastzug); BGH 12. 7. 1991, NJW 1991, 2900 (Grundstück); s. a. OLG Frankfurt 19. 2. 1999, NJW-RR 1999, 1064; OLG Hamburg 1. 4. 1992, NJW-RR 1992, 1399; OLG München 14. 7. 1981, DAR 1982, 100.

46 BGH 28. 4. 1971, NJW 1971, 1795, 1800 m. Anm. *Giesen.*

47 BGH 6. 12. 1985, NJW-RR 1986, 700; OLG München 10. 6. 1987, NJW 1988, 3271; OLG Hamm 3. 8. 1990, OLGZ 1991, 99.

fer (Kfz-Händler und Werksniederlassungen) schon in dieser Situation eine – allgemeine – Untersuchungspflicht aufzuerlegen, ist aus mehreren Gründen gerechtfertigt.

2. Gründe für eine allgemeine Untersuchungspflicht des Kfz-Händlers

a) Die Fehleranfälligkeit gebrauchter Kraftfahrzeuge

Der durchschnittliche Pkw, so wie er vom Kfz-Händler als Gebrauchtfahrzeug hereinge- **3874**
nommen wird, ist entweder **technisch fehlerhaft** oder **zumindest fehleranfällig.** Die über den professionellen Handel verkauften Gebrauchtwagen (Pkw/Kombi/SUVs) waren im Jahr 2010 durchschnittlich 6,4 Jahre alt (reiner Gebrauchtwagenhandel). Mit 3,7 Jahren deutlich jünger waren die Fahrzeuge, die der Neuwagenhandel vermarktet hat. Sie waren im Durchschnitt knapp 52.000 km gelaufen, während der Km-Stand ca. 83.000 km bei den Fahrzeugen im (reinen) Gebrauchtwagenhandel betrug.[48]

Die durchschnittliche Mängelquote bei der **Hauptuntersuchung nach § 29 StVZO** **3875**
zeigt, gestaffelt nach Alterklassen, bei Pkw/Kombis/SUVs folgendes Bild in der Rubrik **„erhebliche Mängel“:**[49]

4–5 Jahre: 11,3 %
6–7 Jahre: 17,0 %
8–9 Jahre: 22,4 %
10–11 Jahre: 27,7 %.

Selbst bei größeren Reparaturen sucht nur noch jeder zweite (private) Fahrzeughalter **3876**
eine Fachwerkstatt auf. Je älter das Fahrzeug ist, desto seltener wird es in die Werkstatt gebracht. Von den Durchschnittsfahrern sechsjähriger Autos bringt nur noch jeder dritte seinen Wagen regelmäßig zur Inspektion.[50] Diese **Werkstattmüdigkeit**, die zahlreiche Gründe hat, ist dem Kfz-Handel bekannt. Hinzu kommt: **Unfallfahrzeuge** werden immer seltener vollwertig repariert.[51] Behelfs- und Billigreparaturen, oft im Do-it-yourself-Verfahren, sind gang und gäbe. Man rechnet mit ca. 5 Mio. „rollender Zeitbomben“. Auf die Beseitigung vermeintlich kleinerer Schäden wird nicht selten völlig verzichtet.

b) Selbstbindung durch Selbstdarstellung

Im Fachhandel ist eine optische und technische Untersuchung („Durchsicht“) der herein- **3877**
genommenen und später zum Verkauf angebotenen Gebrauchtfahrzeuge nicht erst seit der Schuldrechtsreform **allgemein üblich**.[52] Hohe Eintauschquoten, steigende Durchschnittspreise, erhöhter Wettbewerb und eine zunehmend kritischere Kundschaft prägen das Einkaufsverhalten der Händler. Ansteigender Kostendruck einerseits und andererseits die realistische Aussicht, auf dem Wachstumsmarkt „Gebrauchtwagenhandel“ Gewinn zu erzielen, haben schon lange vor In-Kraft-Treten der Schuldrechtsreform zur Aufgabe tradierter Vorstellungen und Praktiken und damit zu einem strafferen „Mängelmanagement“ geführt.

Der Schlüssel für ein erfolgreiches Geschäft mit gebrauchten Kraftfahrzeugen ist eine **3878**
marktgerechte Kalkulation der Ankauf-/Eintauschpreise. **Wesentliche Voraussetzung** dieser Kalkulation ist eine **sorgfältige Untersuchung der Fahrzeuge**. Ohne eine gründliche technische Kontrolle kann der Ankaufspreis nicht sachgerecht ermittelt werden. Das Agenturgeschäft mit seiner steuerlichen Notwendigkeit, sog. Minus-Geschäfte zu ver-

48 DAT-Report 2011, S. 62.
49 TÜV-Report 2005, S. 62; nach dem TÜV-Report 2010 ist die durchschnittliche Quote erheblicher Mängel erneut gestiegen. Der DEKRA Mängelreport 2011 bestätigt diesen Befund.
50 DAT-Report 2011, S. 36.
51 Vgl. DAT-Report 2011, S. 44.
52 Zutreffend AG Menden 3. 7. 2002, NZV 2003, 194.

meiden, hat die Kfz-Händler in Sachen Fahrzeuguntersuchung stark sensibilisiert. Der Zwang zur marktgerechten Gebrauchtwagenkalkulation beruhte auf dem Druck, eine Vermittlungsprovision ausweisen zu müssen. Diese steuerlichen Notwendigkeiten sind heute zwar weitgehend entfallen. Gleichwohl besteht kein Zweifel daran, dass sich an der Praxis der Hereinnahmekontrolle durch die Verlagerung auf das Eigengeschäft nichts geändert hat.

3879 Dass sich hier im Laufe der Jahre **ein Handelsbrauch** gebildet hat,[53] findet auch in der ZDK-Siegelordnung seinen Niederschlag, ferner in der Resolution Nr. 3, gefasst auf dem 40. Kongress des Internationalen Verbandes des Kfz-Gewerbes (IOMTR). Diese Resolution empfiehlt u. a., „alle Gebrauchtwagen, die dem Kunden geliefert werden, vor ihrer Auslieferung an den Kunden einer Inspektion anhand einer festgelegten Liste zu unterwerfen ...“.[54]

3880 Die mit der **Schuldrechtsreform** verbundenen Änderungen zulasten des Kfz-Handels, insbesondere das Freizeichnungsverbot bei Verbrauchergeschäften und die ungünstigen Beweislastregelungen (§ 476 BGB und Verschuldensvermutungen beim Schadensersatz) haben den Druck auf die Händler, ihre Gebrauchtfahrzeuge vor dem Weiterverkauf sorgfältig zu untersuchen, erheblich verstärkt. Die Kontrollmechanismen sind in der Tat stark verbessert worden.

3881 Markengebundene Kfz-Händler und Werksniederlassungen (Daimler, BMW u. a.) heutigen Zuschnitts verfügen in aller Regel über eine angeschlossene **Werkstatt**. Das ist für die Kaufinteressenten nicht immer auf Anhieb sichtbar, weil die Betriebe optisch und/oder räumlich getrennt sein können. Entscheidend ist nicht, was der Kunde sieht oder erkennen konnte. Mit Blick auf die Untersuchungspflicht kommt es darauf an, was er berechtigterweise erwarten kann. Das hängt von einer Vielzahl von Faktoren ab, insbesondere von der Präsentation des Betriebs in der Werbung und seiner Aufmachung vor Ort, also dort, wo die Fahrzeuge zum Kauf angeboten werden.

3882 Dagegen scheint es dem **Reformgesetzgeber** darauf anzukommen, ob der gewerbliche Verkäufer eine **eigene Werkstatt** tatsächlich unterhält oder nicht.[55] **Private Verkäufer** stellt er generell von einer Untersuchungspflicht frei, was allgemeiner Ansicht entspricht.[56] Diesen Grundsatz zu Lasten privater Verkäufer aufzuweichen, die über technischen Sachverstand verfügen oder sich sachkundig geben, besteht kein Grund.[57]

3883 Beim **gewerblichen Verkauf** gebrauchter Gegenstände, insbesondere beim Verkauf gebrauchter Kraftfahrzeuge, ist nach Meinung des Gesetzgebers zu differenzieren. Habe der Händler keine eigene Werkstatt, könne der Käufer regelmäßig nur eine Überprüfung auf leicht erkennbare Mängel erwarten. Betreibe er eine Werkstatt, werde zu seinen Sorgfaltspflichten eine „eingehendere Untersuchung“ gehören.[58]

3884 Diese Hinweise, die sich bereits im DiskE finden und auf den Abschlussbericht der Schuldrechtskommission zurückgehen, machen deutlich: Nur den Umfang, nicht das Ob der Untersuchungspflicht eines gewerblichen Kfz-Verkäufers macht der Gesetzgeber vom Vorhandensein einer Werkstatt abhängig. Diese Differenzierung leuchtet ohne weiteres ein.[59] Als Instrument der Mängelprüfung und -erkennbarkeit wird eine Kfz-Werkstatt

53 Zum Handelsbrauch als Grundlage einer Untersuchungspflicht vgl. BGH 16. 3. 1977, NJW 1977, 1055.

54 Vgl. Autohaus 1991, Heft 23/24, S. 211, 214; s. a. GW-Praxis 1996, Heft 2, S. 27 – „Die Spielregeln für den GW-Verkauf“ –.

55 Vgl. BT-Drucks. 14/6040, 210.

56 Vgl. Brand OLG 1. 7. 2008, DAR 2008, 701; dazu auch *Braun*, ZGS 2006, 328, 332.

57 Brand OLG 1. 7. 2008, DAR 2008, 701 (Oldtimerverkauf).

58 BT-Drucks. 14/6040, 210.

59 Kritisch *Windel*, JR 2004, 265, 268

freilich überschätzt. Von elementarer Bedeutung ist sie zweifelsohne für die Untersuchung auf **technische Mängel**. Schon bei Unfallvorschäden, jedenfalls aber bei Störfällen wie vertragswidrig hohe Gesamtfahrleistung, atypische Vorbenutzung (z. B. Mietwagen) oder zu hohes Alter verliert das Vorhandensein einer Werkstatt deutlich an Erkenntniswert. Bei solchen (anfänglich unbehebbaren) Mängeln kommt es auf zusätzliche Möglichkeiten und Fähigkeiten zur Sachverhaltsaufklärung an, vor allem auf Erfahrungswissen.

c) Risikobeherrschung und Kostenabwälzung

Der Kfz-Händler ist am besten geeignet, das für gebrauchte Kraftfahrzeuge typische Mängel- und Sicherheitsrisiko zu kontrollieren und zu beherrschen. Anders als beim Verkauf von Neuprodukten geht es nicht um die Verantwortlichkeit für Produktionsfehler. Sie zu vermeiden bzw. zu kontrollieren, ist in der Tat primäre Aufgabe des Herstellers, nicht des Händlers. Grundlegend anders ist die Lage bei gebrauchten Kraftfahrzeugen. Hier kann sich der Händler – auch aus der Sicht des Kunden – nicht hinter den Hersteller/Importeur zurückziehen. Die Verantwortung für die Mängelfreiheit trägt er persönlich. An- und Verkauf liegen ausschließlich in seinen Händen. **3885**

Die mit der Untersuchung verbundenen Kosten zahlen im Endeffekt die Voreigentümer und/oder die Abnehmer, der Händler kann sie also weitergeben. Auch unter diesem Aspekt erweist sich das Argument des BGH[60] von der Unzumutbarkeit der Übernahme einer generellen Untersuchungspflicht als nicht stichhaltig. **3886**

d) Verkehrserwartung (Berufsvertrauensschutz)

Für die Annahme einer allgemeinen Untersuchungspflicht spricht ferner folgender Gedanke: Der Praxis im Kfz-Handel, die zur Hereinnahme (Inzahlungnahme/Zukauf) angebotenen Gebrauchtwagen zu untersuchen, entspricht eine **schutzwürdige Erwartung** auf der Käuferseite. Ein Gebrauchtwagenkäufer, privat wie gewerblich, kann und darf heutzutage davon ausgehen, dass die im professionellen Handel angebotenen Fahrzeuge fachmännisch untersucht und, soweit erforderlich, instandgesetzt worden sind.[61] Von einem **privaten Verkäufer** erwartet man nicht, dass er seinen Wagen vor dem Verkauf auf Mängel untersucht hat oder hat untersuchen lassen. Neuwagenhändler mit Gebrauchtwagenabteilung und reine Gebrauchtwagenhändler mit Werkstattbetrieb erwecken demgegenüber allein schon durch ihr Auftreten im Rechtsverkehr, durch ihre **ökonomische Rolle,** die Vorstellung, dass die von ihnen angebotenen Fahrzeuge „werkstattgeprüft" sind. Dieses Rollenvertrauen, das die Rechtsprechung im Rahmen der Sachwalterhaftung als „besonderes Vertrauen" herausstellt, ist nicht von ausdrücklichen Erklärungen wie „alle Fahrzeuge werkstattgeprüft" oder „alle Fahrzeuge 2 Jahre TÜV-frei" abhängig, auch nicht von der Werbung mit Garantien oder dem ZDK-Vertrauenssiegel bzw. „Meisterzeichen". Solche Hinweise haben eine zusätzliche Werbefunktion. Sie können im Einzelfall eine verschuldensunabhängige Haftung unter dem Gesichtspunkt der Garantieübernahme begründen. **3887**

Zur Erwartung eines Kfz-Händlers beim **Ankauf von einer Leasinggesellschaft** s. OLG Nürnberg NJW-RR 1999, 1208 = MDR 1999, 931 (Untersuchungspflicht zutreffend verneint). **3888**

Das Vertrauen der Kaufinteressenten in eine fachgerechte Untersuchung und Beseitigung der dabei festgestellten Mängel gibt häufig den Ausschlag bei der Wahl zwischen Kauf vom Kfz-Händler und Kauf vom Privatmann. Aus der Käuferperspektive ist die Werkstattprüfung, auch wenn sie nicht ausdrücklich hervorgehoben wird („alle Fahrzeuge **3889**

60 Urt. v. 16. 3. 1977, NJW 1977, 1055.
61 So auch OLG Nürnberg 14. 4. 1999, NJW-RR 1999, 1208 = MDR 1999, 931.

werkstattgeprüft“), ein Teil der Gegenleistung für den deutlich höheren Preis der gewerblich angebotenen Gebrauchtwagen. Die Folge dieser besonderen Verlässlichkeitserwartung ist oftmals ein Käuferverhalten, das leicht als Desinteresse und Sorglosigkeit verstanden werden kann, das in Wirklichkeit aber Ausdruck eines gesteigerten Vertrauens ist.[62]

e) Gesamteinschätzung

3890 Schon nach altem Recht ließen sich damit vier Gesichtspunkte anführen, die in ihrer Kumulation eine allgemeine Untersuchungspflicht des gewerbsmäßigen Kfz-Händlers/ Werksniederlassung zu begründen geeignet waren. Ein im Einzelfall weniger stark ausgeprägtes Element, z. B. geringes Gefährdungspotenzial bei einem jüngeren Kraftwagen, konnte kompensiert werden, wenn die übrigen Elemente besonderes Gewicht hatten

3891 Die mit der **Schuldrechtsreform** verbundene Stärkung des Käuferschutzes hat der Forderung nach einer generellen Untersuchungspflicht des gewerblichen Gebrauchtfahrzeugverkäufers nicht den Boden entzogen; im Gegenteil. Angesichts der dezidierten Auffassung des Gesetzgebers[63] bedarf die herkömmliche Position dringend der Revision. Gewiss ist zu bedenken, dass Unternehmer-Verkäufer ihre Haftung für Sachmängel gegenüber Verbrauchern nicht mehr ausschließen oder beschränken dürfen (§ 475 Abs. 1 BGB). Diese grundlegend neue Situation könnte es rechtfertigen, auch den professionellen Gebrauchtfahrzeugverkäufer von einer allgemeinen Untersuchungspflicht jedenfalls dann zu entbinden, wenn ein Verbraucher sein Abnehmer ist. Dessen Schutz ist reformgesetzlich so verstärkt worden, dass die richterrechtlichen Schutzinstrumente des alten Rechts in der Tat zur Disposition stehen. Auf der anderen Seite darf nicht außer Betracht bleiben, dass Kfz-Händler ihre Schadensersatzhaftung selbst gegenüber Verbrauchern weitgehend ausschließen dürfen (§ 475 Abs. 3 BGB) und verjährungsrechtlich privilegiert sind (§ 475 Abs. 2 BGB).

3892 Durch die Neuausrichtung des Kaufrechts mit einer Schadensersatzhaftung bei (vermuteter) Fahrlässigkeit hat man, so die herrschende Sicht, eine generelle Untersuchungspflicht aller gewerblichen (Zwischen-)Händler nicht einführen wollen.[64] Richtig ist auch, dass der verbesserte Käuferschutz de facto zu verstärkten Kontrollmaßnahmen des Kfz-Handels geführt hat, gerade auch im gewerblichen Gebrauchtwagenhandel. Gleichwohl sollte man die Untersuchung eines gebrauchten Kraftfahrzeugs aus den oben genannten Gründen – in Übereinstimmung mit dem Reformgesetzgeber und weiten Teilen der neueren Judikatur der Instanzgerichte (s. Rdn. 3863 f.) – nicht von schwer definierbaren und schwierig zu beweisenden Sondersituationen abhängig machen, sondern sie zu einer allgemeinen Sorgfaltspflicht professioneller Gebrauchtfahrzeugverkäufer erheben, gleichviel, ob der Käufer ein Verbraucher ist oder nicht.[65]

IV. Inhalt und Umfang der Untersuchungspflicht

1. Richtschnur

3893 Inhalt und Umfang der Untersuchungspflicht haben sich einerseits an dem Ziel zu orientieren, Gefahren von dem potenziellen Käufer abzuwenden. Insoweit ist die Untersuchungspflicht eine Konkretisierung der auch dem Käufer geschuldeten Gefahrabwendungs-

62 Siehe aber auch BGH 16. 3. 1977, NJW 1977, 1055; OLG München, OLGR 1999, 19.

63 BT-Drucks. 14/6040, 210.

64 Vgl. MüKo-BGB/*Westermann*, § 437 BGB Rn. 28; *Reinicke/Tiedtke*, Kaufrecht, Rn. 567.

65 Gegen eine Abweichung von der bisherigen BGH-Rechtsprechung *Ball*, Homburger Tage 2004, 132; anders *Reinicke/Tiedtke*, Rn. 567; zurückhaltender MüKo-BGB/*Westermann*, § 437 BGB Rn. 28; s. a. *Braun*, ZGS 2006, 328.

pflicht. Integritätsorientiert ist sie auch (und nur) als Verkehrssicherungspflicht i. S. d. § 823 Abs. 1 BGB, insoweit auch mit Schutzwirkung zugunsten Dritter. Problematischer ist ihr Bezug zur Verpflichtung, mängelfrei zu liefern (§ 433 Abs. 1 S. 2 BGB). Das ist nunmehr eine Hauptleistungspflicht des Verkäufers, während die Untersuchungspflicht eine (leistungsbezogene) Nebenpflicht ist. Bedient sich ein untersuchungspflichtiger Verkäufer **eines Dritten**, z. B. einer Prüforganisation wie TÜV oder DEKRA, ist das beauftragte Unternehmen **Erfüllungsgehilfe**, ein Prüfverschulden dem Verkäufer zuzurechnen.[66] Zurechnungsvoraussetzung ist aber das Bestehen einer Untersuchungspflicht.

Ausgestaltet und begrenzt wird sie durch den Inhalt der Verpflichtung zur mängelfreien Lieferung. Da nach richtigem Verständnis des Sachmangelbegriffs natürlicher Verschleiß und normale Alterungserscheinungen i. d. R. keine Mängel im Rechtssinn darstellen (s. Rdn. 2944 ff.), braucht sich die Untersuchung hierauf nicht zu erstrecken. Der Umfang der Untersuchungspflicht bestimmt sich im Übrigen nach dem **technisch Möglichen** und **wirtschaftlich Zumutbaren,** wobei es wesentlich auf die **Gepflogenheiten im Kfz-Handel** ankommt. Entscheidend sind nicht die individuellen Kenntnisse und Fähigkeiten des jeweiligen Händlers im Einzelfall, auch nicht seine tatsächliche Ausstattung mit Hilfsmitteln wie Hebebühne, Bremsenprüfstand und Diagnosegeräten. Richtschnur sind die Kenntnisse, Fähigkeiten und der Ausrüstungsstandard, wie sie bei einem gewerblichen Händler mit Gebrauchtwagen üblich sind und vom Verkehr erwartet werden. **3894**

2. Einzelheiten zur Untersuchungspflicht

Der Händler hat jedes Fahrzeug einer **fachmännischen äußeren Besichtigung** („Sichtprüfung") zu unterziehen.[67] Zuständig hierfür ist ein Mitarbeiter mit technischer Ausbildung, nicht notwendigerweise ein Kfz-Mechaniker. Ein Verkaufsangestellter ohne technische Kompetenz reicht nicht aus.[68] Für die notwendige berufliche Qualifikation seiner Mitarbeiter hat der Betriebsinhaber einzustehen. Das Vorhandensein einer Werkstatt ist nicht Voraussetzung einer Sichtprüfung (zur Bedeutung des Werkstatt-Arguments s. Rdn. 3884). **3895**

Die äußere Besichtigung umfasst den gesamten **optischen Bereich,** d. h. die Karosserieaußenflächen, Reifen, Felgen und die Fahrzeugunterseite. Bei der äußeren Besichtigung hat der Händler sein Augenmerk vor allem auf **etwaige Unfallspuren** zu richten, auch wenn der Hereingeber die Unfallfrage verneint hat.[69] Nachlackierungen, Farbunterschiede, Nebelbildung, unterschiedliche Türspalten und Unebenheiten im Blech sind Unfallindikatoren, die auch schon nach bisheriger Rechtsprechung eine Untersuchungspflicht (Nachforschungspflicht) auslösen. Ohne konkreten Unfallverdacht besteht keine Pflicht zur (optischen) Vermessung der Achsen. Der Händler braucht auch nicht stets, also ohne konkreten Anlass, den Aufbau der Lackschicht durch eine Lackschichtdickemessung zu überprüfen. Das gilt auch für eine Werksniederlassung mit speziellem technischen Gerät.[70] **3896**

Generell zu prüfen ist der Erhaltungszustand eines älteren Fahrzeugs im Hinblick auf **Durchrostung** tragender Bauteile.[71] Zum Einsatz spezieller Rostsuchgeräte (z. B. Endo- **3897**

66 BGH 14. 4. 2010, NJW 2010, 2426 Tz. 29.
67 So auch OLG Celle 6. 6. 1996, OLGR 1996, 194; OLG Köln 13. 3. 2001, OLGR 2001, 233 = DAR 2001, 405; ähnlich OLG Karlsruhe 25. 10. 2010, DAR 2011, 257.
68 OLG Köln 13. 3. 2001, OLGR 2001, 233 = DAR 2001, 405.
69 Zustimmend OLG Düsseldorf 16. 4. 1992, OLGR 1992, 277; ebenso OLG Celle 6. 6. 1996, OLGR 1996, 194; OLG Köln 13. 3. 2001, OLGR 2001, 233 = DAR 2001, 405; LG München I 25. 6. 2004, DAR 2005, 38; AG Hofgeismar 27. 5. 2004 – 2 C 744/03 (20) – n. v. (rkr.); s. a. OLG Karlsruhe 25. 10. 2010, DAR 2011, 257; KG 1. 9. 2011 – 8 U 42/10.
70 Zu streng LG München I 25. 6. 2004, DAR 2005, 38.
71 So auch LG Berlin 5. 12. 1990 – 22 O 366/90 – n. v.

skope) ist der Händler nicht verpflichtet. Zur Prüfung der **Bremsanlage** s. OLG Hamm, DAR 2000, 119; LG Aachen DAR 2004, 452.

3898 **Reifen** und auch **Felgen** sind stets darauf zu prüfen, ob sie der amtlichen Zulassung entsprechen oder ob die **Betriebserlaubnis** durch nachträgliche Veränderungen erloschen ist. Auch sonst ist der Blick bei der gebotenen **„routinemäßigen Sichtkontrolle“** (BGH) auf genehmigungspflichtige Veränderungen zu richten. Dass ein Händler auf ausreichende **Profiltiefe** der Reifen zu achten hat, versteht sich von selbst.[72] Um sich von der ordnungsgemäßen Beschaffenheit der Felgen zu überzeugen, braucht er die Reifen nicht zu demontieren. Insoweit genügt eine Sichtkontrolle von außen.

3899 Das **Alter der Reifen** muss ein Kfz-Händler jedenfalls dann anhand der DOT-Nummer[73] überprüfen, wenn **aufgrund besonderer Umstände** hierfür Anlass besteht.[74] Ob ein Kfz-Händler, zumindest ein Vertragshändler, auch ohne besondere Anhaltspunkte das Alter der Reifen generell anhand der aufgeprägten **DOT-Nummer** kontrollieren muss, hat der BGH – im Rahmen seiner deliktsrechtlichen Prüfung[75] – ausdrücklich offen gelassen.[76] Für den Fall der Veräußerung eines Sportwagens mit Reifen, die der Händler kurz zuvor von seinem Reifenfachhändler bezogen und selbst montiert hat, erscheint ihm eine so weit gehende Prüfpflicht mit Recht als zweifelhaft. Damit kommt es entscheidend darauf an, ob der Händler **konkrete Anhaltspunkte** für eine Überalterung der Reifen gehabt hat. Solche Umstände hat der Käufer darzulegen und zu beweisen, wobei ihm Beweiserleichterungen zugute kommen können.

3900 Entgegen mancher Fehlinterpretation des Hinterreifen II – Urteils des BGH (Ferrari-Fall)[77] ist es nicht die DOT-Nummer mit dem daraus ablesbaren Fertigungsdatum, die den Anlass zur Prüfung geboten hat. Der Grund lag in der nicht mehr gängigen, eine **Überalterung** indizierenden Profilstruktur.

3901 Was einem Kfz-Händler bei der **gebotenen routinemäßigen Sichtkontrolle** der Bereifung auffallen muss, hängt wesentlich von seinen Fähigkeiten und Möglichkeiten ab, wobei Maßstab ein Händler vergleichbaren Zuschnitts, Ausrüstung und personeller Ausstattung ist. Von einem **Vertragshändler**, der ein Fahrzeug der eigenen Marke verkauft, kann in Sachen Reifen ein höherer Kenntnisstand erwartet werden als von einem Händler, der ein **Fremdfabrikat** veräußert. Auf Informationsdefizite freier Händler ist Rücksicht zu nehmen. Ein weiterer Gesichtspunkt ist, ob der Händler die Marke eines Volumenherstellers mit einer Vielzahl von Typen und Modellen vertritt, z. B. VW, oder ob es sich um einen Händler mit einem speziellen Fahrzeugangebot handelt, etwa leistungsstarken Sportwagen wie Ferrari[78] und Porsche[79] oder etwa Wohnmobilen. Von Bedeutung ist auch die Anzahl der Reifenausrüster für die jeweilige Marke.

3902 Auch wenn man mit dem BGH an die Sorgfaltspflicht eines Ferrari-Händlers einen strengen Maßstab anlegt, ist der Vorwurf der Fahrlässigkeit im konkreten Fall[80] nicht gerechtfertigt gewesen. Wie zu hören ist, wäre selbst Sachverständigen am Profil der Reifen nichts Besonderes aufgefallen. Es war ein Pirelli, stammte also vom Ferrari-Reifenausrüster. Dass

72 Zu den Überprüfungspflichten von Führer und Halter nach § 23 Abs. 1 StVO, § 31 Abs. 2 StVZO s. OLG Stuttgart NZV 1991, 68; s. a. BGH NZV 1995, 310.

73 Die DOT-Nummer befindet sich an der Außenwand des Reifens. Seit 2000 wird für das Fertigungsdatum eine vierstellige Bezeichnung gewählt. 1601 z. B. steht für die 16. Kalenderwoche 2001.

74 BGH 11. 2. 2004, NJW 2004, 1032 = NZV 2004, 183 (Hinterreifen II).

75 Dazu *Gsell*, NJW 2004, 1913.

76 Urt. v. 11. 2. 2004, NJW 2004, 1032 = NZV 2004, 183.

77 BGH 11. 2. 2004, NJW 2004, 1032 = NZV 2004, 183.

78 BGH 11. 2. 2004, NJW 2004, 1032 = NZV 2004, 183.

79 LG Köln 26. 8. 1994 – 21 O 91/94 – n. v. (911er).

80 NJW 2004, 1032 = NZV 2004, 183.

und zu welchem Zeitpunkt die Firma Pirelli das Profil an den Reifen vom Typ „P Zero" geändert hat, mag ein Reifenfachhändler wissen müssen. Selbst ein Spezialist wie ein Ferrari-Händler ist insoweit überfordert. Zudem durfte der Beklagte sich im BGH-Fall auf seinen Lieferanten, eine Reifenhändlerin, verlassen.

Ab welchem Alter ein Reifen eines Kraftfahrzeugs **„überaltert"** und damit ein Risiko für den Fahrer und Dritte ist, ist eine heikle Frage, auf die es eine allgemein gültige Antwort nicht gibt. Im BGH-Ferrari-Fall[81] war der später geplatzte Hinterreifen zur Zeit des Verkaufs bzw. der Auslieferung rund 5 Jahre und 8 Monate alt. Laut Gutachten war er damit nicht mehr für den normalen Fahrbetrieb des Ferrari geeignet. **3903**

Die Frage nach der Überalterung eines Reifens und damit seiner Mangelhaftigkeit ist von der gleichfalls schwierigen Frage zu trennen, wie lange ein Reifen als neu bzw. neuwertig verkauft werden kann. Nach einer Übereinkunft maßgeblicher Reifenhersteller kann ein ungebrauchter Pkw-Reifen bis zu 5 Jahren ab Produktionsdatum noch als neuwertig verkauft werden. Zu weiteren „Reifen-Fällen" s. Rdn. 4647 ff. **3904**

Die **innere Besichtigung** hat sich auf die Fahrgastzelle, den Motorraum (einschl. Radhauswände, Feder- oder Dämpferabstützungen) und den Kofferraum einschließlich Wände und Aufnahmen für Federbeine zu erstrecken. Auch hier muss der Händler in erster Linie nach **Unfallspuren** suchen und auf **Korrosion** achten. **3905**

Der **Motor** ist darauf zu prüfen, ob er **typengerecht** ist.[82] Eine bloße Sichtprüfung mit Kennerblick unter Auswertung der Fahrzeugpapiere und des allgemeinen Erfahrungswissens ist ausreichend.[83] Für die Frage der **Erkennbarkeit einer Motorumrüstung** kommt es auch darauf an, ob es sich für den Händler um ein Eigen- oder um ein Fremdfabrikat gehandelt hat. Technisch aufwendige und kostspielige Untersuchungen des Motors, z. B. Ausbau und Zerlegung, sind im Allgemeinen nicht zu verlangen.[84] Bei Sport- und Sonderfahrzeugen kann eine andere Betrachtungsweise geboten sein. Zu weit geht es auch, von einem Händler im Normalfall zu fordern, sich beim Hersteller oder Vorverkäufer nach der Typengerechtigkeit des Motors zu erkundigen. Ohne konkrete Anhaltspunkte für Zweifel an der Funktionsfähigkeit des Motors ist ein Händler nicht zu einer Herstelleranfrage verpflichtet.[85] **3906**

Zu einer sorgfältigen Gebrauchtwagen-Zustandsermittlung gehört auch eine **Funktionsprüfung** der wesentlichen Aggregate. Bei der Beurteilung des Motors ist das Laufgeräusch von entscheidender Bedeutung. Der Kompressionsdruck braucht im Allgemeinen nicht gemessen zu werden. Motor, Kraftübertragung und Bremsen werden üblicherweise durch eine **Probefahrt** getestet. Sie ist unverzichtbarer Bestandteil jeder sorgfältigen Fahrzeugkontrolle. Eine Überprüfung des **Kühlsystems** ist auch im Winter nicht erforderlich. Der **Zustand des Zahnriemens** braucht nicht überprüft zu werden, wenn nach dem Serviceplan des Herstellers ein Wechsel noch nicht vorgesehen ist .[86] **3907**

Einer Kontrolle sind auch die **Fahrzeugidentifizierungsnummer** und der sie tragende Bereich des Vorderwagens zu unterziehen (Vergleich dieser Nummer mit der Nummer in den Fahrzeugpapieren).[87] **3908**

81 NJW 2004, 1032 = NZV 2004, 183.
82 Eigentliches Prüfkriterium ist die Betriebserlaubnis.
83 So auch AG Lünen 7. 1. 2004 – 9 C 331/03 – n. v.
84 OLG Hamm 16. 1. 1986, NJW-RR 1986, 932 = DAR 1986, 150; OLG Düsseldorf 7. 4. 2003 – 1 U 209/02 – n. v. (freier Händler mit Werkstatt); AG Lünen 7. 1. 2004 – 9 C 331/03 – n. v.
85 Vgl. auch BGH 16. 6. 2004, NJW 2004, 2301.
86 OLG Hamm 18. 6. 2007 – 2 U 220/06 – BeckRS 2007, 14370.
87 OLG Hamburg 12. 6. 1992, DAR 1992, 378.

3909 Je nachdem, zu welchen Erkenntnissen der Händler bei der gebotenen Erst-Untersuchung gelangt, kann er zu **weiteren Nachforschungen** verpflichtet sein, z. B. zu gezielten Rückfragen bei seinem Lieferanten/Auftraggeber nach einem Unfallschaden oder einer Umrüstung, auch zur Einsichtnahme in ihm zugängliche **Dateien bzw. Online-Datenbänke.**[88] Noch existieren keine Informationssysteme, die einen Kfz-Händler über alle vorausgegangenen Arbeiten bzw. die komplette technische Historie eines jeden Pkw („Reparaturhistorie") unterrichten.[89] Zugriff hat er aber auf **Rückrufstatistiken.** Ohne konkreten Anlass hat ein Kfz-Händler nach gegenwärtiger Rechtslage keine Rechtspflicht, sich bestehender und ihm zugänglicher elektronischer Informationssysteme zu bedienen.[90]

V. Möglichkeiten der Befreiung von der Untersuchungspflicht

3910 Schon vor der Schuldrechtsmodernisierung wurde erörtert, ob und gegebenenfalls wie ein Händler sich von einer bestehenden Untersuchungspflicht befreien kann. **Formularmäßig** ist die Erfüllung dieser Pflicht nicht abdingbar gewesen.[91] Der vorformulierte Satz „das Fahrzeug ist ungeprüft und unrepariert" reichte in keinem Fall aus. An die Aufklärung des Käufers wurden strenge Anforderungen gestellt.[92] Der Hinweis musste eindeutig und für den Durchschnittskunden verständlich sein. Er musste so gestaltet und formuliert sein, dass er dem Käufer vor Unterzeichnung des Bestellscheins auch bei flüchtiger Betrachtung des Formulars unübersehbar ins Auge fiel. Ein Stempelaufdruck mit dem Inhalt „Achtung! Fahrzeug wird ungeprüft verkauft!" wurde für ausreichend gehalten. Trotz Fettdrucks unzureichend war die Klausel: „Da das Fahrzeug vom Autohändler nicht auf Unfallspuren und auf andere Mängel untersucht worden ist, können frühere Unfälle, Korrosionsschäden sowie andere sichtbare und unsichtbare Schäden an der Karosserie, am Fahrgestell, an der Bodengruppe oder am Motor auch nicht ausgeschlossen werden." Die individualvertragliche Erklärung „Wir geben keinerlei Garantie, weder auf versteckte Mängel noch auf Motor oder Getriebe, darauf wurde der Käufer ausdrücklich hingewiesen" ließ das LG Köln[93] genügen.

3911 Nicht die Befreiung von der Verpflichtung zur Untersuchung ist nach heutigem Recht die entscheidende Frage. Vielmehr geht es in Fällen ohne Ausschluss der Mängelhaftung, also vor allem beim Verbrauchsgüterkauf, darum, ob der Verkäufer einen Sachmangel/eine Pflichtverletzung zu vertreten hat, was bei **fahrlässiger Unkenntnis** der Fall ist. Nicht von einer (Untersuchungs-)Pflicht muss er sich befreien, sondern vom Vorwurf des (vermuteten) Verschuldens (§§ 280 Abs. 1, 3, 281 Abs. 1, 276 Abs. 1 oder §§ 311a Abs. 2 S. 2, 276 Abs. 1 BGB). Näheres Rdn. 3623 ff., 3678 ff.

3912 Auch bei dieser Fragestellung ist es von Belang, ob der Verkäufer zu verstehen gegeben hat, das Fahrzeug ohne eigene Untersuchung zu verkaufen. Ein derartiger Hinweis des Verkäufers kann bereits im Rahmen der (vorrangigen) Prüfung Bedeutung gewinnen, ob man eine (negative) Beschaffenheitsvereinbarung getroffen hat (etwa im Sinn von „Unfallschaden möglich"). Einfluss kann eine solche Erklärung auch auf den Erwartungshorizont des Durchschnittskäufers haben (§ 434 Abs. 1 S. 2 Nr. 2 BGB). Im Bereich des Verbrauchsgüterkaufs ist stets an § 475 Abs. 1 BGB zu denken, der auch mittelbare Haftungsbeschrän-

---

88 Dazu OLG Bamberg 9. 2. 2011 – 8 U 166/10 – BeckRS 2011, 06194; s. a. LG Bielefeld 3. 2. 2010 – 3 O 222/09 – juris zu § 442 BGB.

89 Auch aus Gründen des Datenschutzes haben sich entsprechende Geschäftsmodelle in Deutschland bislang nicht realisieren lassen. Car-Pass wird in 9/2011 eingeführt

90 Siehe auch OLG Bamberg 9. 2. 2011 – 8 U 166/10 – BeckRS 2011, 06194.

91 BGH 11. 6. 1979, BGHZ 74, 383 = NJW 1979, 1886.

92 Vgl. BGH 14. 3. 1979, NJW 1979, 1707 = WM 1979, 323 unter I, 2 c; BGH 18. 6. 1980, NJW 1980, 2184.

93 Urt. v. 17. 12. 1990 – 32 O 275/90 – n. v.

kungen untersagt. Wer nicht untersucht hat, gleichviel ob dazu verpflichtet oder nicht, aber den Eindruck erweckt, als habe er das Fahrzeug überprüft und seine Zustandsangaben entsprechend verifiziert, kann sich dem Vorwurf arglistiger Täuschung aussetzen (zu diesem Aspekt s. Rdn. 3865).

VI. Rechtsfolgen einer Untersuchungspflichtverletzung

Welche Rechtsfolgen an die Nicht- oder Schlechterfüllung der Untersuchungspflicht zu knüpfen sind, ist **im früheren Recht** nicht endgültig geklärt worden. Das OLG München[94] hat eine positive Forderungsverletzung gegenüber jedem potenziellen Käufer in Betracht gezogen, sich aber – ebenso wie **der BGH** in der Entscheidung v. 16. 3. 1977[95] – letztlich nicht festgelegt. Der BGH, der von einer durch AGB nicht abdingbaren Nebenpflicht gesprochen hat,[96] schien zumindest in den Agenturfällen einer Lösung nach den Grundsätzen der c. i. c. zu zu neigen.[97] **3913**

Im Fall einer sorgfaltswidrigen Ablieferungsinspektion **beim Neuwagenkauf** ist der BGH hingegen mit Recht von einer positiven Forderungsverletzung ausgegangen,[98] weil die Inspektionspflicht ihren Grund in dem bereits abgeschlossenen Kaufvertrag hatte. Die Pflichtwidrigkeit lag – anders als in den meisten Gebrauchtwagenfällen – in der Abwicklungsphase. Einen Anspruch aus pFV auch in einem Gebrauchtwagenfall hat das LG Saarbrücken bejaht.[99] Die **Hauptbedeutung** der Untersuchungspflicht des gewerblichen Händlers hat jedoch im früheren Kaufrecht darin bestanden, über ein Untersuchungsversäumnis zur Arglist und damit zu den §§ 463 S. 2, 476, 477 Abs. 1 S. 1 BGB a. F. zu gelangen. Zu dieser (schon nach altem Recht bedenklichen) Konstruktion s. Rdn. 4343 f. **3914**

Nach **heutigem Schuldrecht** gilt: Hat der Verkäufer ein sachmangelhaftes Fahrzeug geliefert, hat er bereits damit (objektiv) eine Pflicht verletzt (§§ 433 Abs. 1 S. 2, 280 Abs. 1 BGB). Auf einen Verstoß gegen eine Untersuchungspflicht oder eine sonstige mangelbezogene Pflicht kommt es in Fällen der Schlechtleistung zur Begründung der gewährleistungsrechtlichen Schadensersatzhaftung nicht an. Zum Problem des Nebeneinanders von Pflichtverletzungen s. Rdn. 3689. **3915**

Soweit es um die (Sachmängel-)Ansprüche des Käufers auf Schadensersatz geht, stellt sich die Frage der Untersuchungspflicht schwerpunktmäßig im Rahmen des jeweils zu führenden **Entlastungsbeweises**. Der haftungsbegründende Sorgfaltsverstoß beruht bei einem (vertragsanfänglichen) Mangel nicht darauf, dass der Verkäufer das Fahrzeug vor Auslieferung nicht überprüft hat. Nur **im Zusammenhang mit dem Vertretenmüssen** gewinnt die Untersuchungspflicht Bedeutung. **3916**

Wenn der Käufer hingegen mit dem Vorwurf der Untersuchungspflichtverletzung **eine Freizeichnungsklausel ausschalten** möchte oder wenn er in Fällen außerhalb der Sach- und Rechtsmängelhaftung einen **Schadensersatzanspruch** nach § 280 Abs. 1 BGB, ggf. i. V. m. § 282 BGB, oder nach §§ 823 ff. BGB mit einem Untersuchungsverschulden begründen will, liegt die **Darlegungs- und Beweislast** bei ihm, dem Käufer. In einem solchen Fall braucht er nur den Tatbestand einer objektiven Pflichtwidrigkeit zu beweisen, beim **3917**

94 Urt. v. 25. 7. 1975, DAR 1976, 132.
95 NJW 1977, 1055.
96 Urt. v. 11. 6. 1979, BGHZ 74, 383 = NJW 1979, 1886; v. 13. 2. 1980, NJW 1980, 1619.
97 Urt. v. 3. 11. 1982, NJW 1983, 217 (BMW 1602); 18. 6. 1980, NJW 1980, 2184 (gestohlener Pkw mit ausgewechselter Fahrgestellnummer); vgl. auch Urt. v. 21. 1. 1981, NJW 1981, 928 (zur Untersuchungspflicht bei älterem Fahrzeug mit mehreren Vorbesitzern).
98 Urt. v. 18. 6. 1969, NJW 1969, 1708.
99 Urt. v. 16. 12. 1996, zfs 1997, 96.

Anspruch auf Schadensersatz statt der Leistung nach §§ 280, 282 BGB zusätzlich die Tatsachen, die die Unzumutbarkeit begründen. Von seiner Schuldlosigkeit muss der Verkäufer das Gericht auch hier überzeugen.

L. Ausschluss der Sachmängelhaftung nach § 442 BGB

Unter der Herrschaft des „neuen“ Kaufrechts mit seinem Freizeichnungsverbot beim Verbrauchsgüterkauf (§ 475 Abs. 1 BGB) rückt der gesetzliche Haftungsausschluss nach § 442 BGB auch in Fällen des Händlerverkaufs an Privat in den Vordergrund. Wer sich von seiner Haftung nicht vertraglich freizeichnen darf, wird zwangsläufig sein Heil in **§ 442 BGB** suchen, dem Nachfolger des § 460 BGB a. F. **3918**

I. Kenntnis des Käufers vom Mangel

Positive Kenntnis des Käufers **beim Vertragsabschluss** schließt in jedem Fall die Sachmängelhaftung des Verkäufers aus, selbst wenn dieser eine arglistige Täuschung versucht haben sollte. **Vorrangig ist zu prüfen**, ob bei Kenntnis des Käufers überhaupt ein Sachmangel vorliegt. Nach dem subjektiven Fehlerbegriff (§ 434 Abs. 1 S. 1 BGB) kann dies zu verneinen sein.[1] Die Gerichte neigen mitunter dazu, diese Vorprüfung zu unterlassen, indem sie direkt auf den Haftungsausschluss (§ 442 BGB bzw. § 460 BGB a. F.) eingehen.[2] **3919**

Bei widersprüchlichen, einerseits zutreffenden und andererseits unzutreffenden Angaben des Verkäufers kommt es darauf an, wie der Käufer sie tatsächlich verstanden hat. Hat der Verkäufer die Motorleistung richtig in kW und unrichtig in PS angegeben, so hat der Käufer die wirkliche Stärke nicht gekannt. Orientierungswert ist in erster Linie immer noch die PS-Zahl.[3] Zum Einwand der Kenntnis beim Fehlen einer der i. S. v. § 459 Abs. 2 BGB a. F. zugesicherten Eigenschaft der Steuerbefreiung vgl. LG Köln MDR 1991, 55. **3920**

1. Zeitpunkt der Kenntnis

Dem Käufer schadet nur seine Kenntnis **bei Vertragsschluss**. Eine nachträgliche Erlangung der Kenntnis, auch zwischen Kauf und Übergabe, schließt die Mängelhaftung grundsätzlich nicht aus. § 464 BGB a. F. ist ersatzlos aufgehoben. Nimmt der Käufer das Fahrzeug in Kenntnis des Sachmangels vorbehaltlos ab, kann das unter dem Gesichtspunkt eines konkludenten Verzichts oder allgemein nach § 242 BGB zum Rechtsverlust führen.[4] **3921**

Beim **Kauf vom gewerblichen Händler** ist zu beachten, dass der Vertrag nur ausnahmsweise schon zu dem Zeitpunkt geschlossen ist, in dem der Bestellschein/Kaufantrag vom Käufer unterzeichnet wurde (näher Rdn. 2004 ff.). In der Zeit bis zum Zustandekommen des Vertrages durch schriftliche Bestätigung oder Auslieferung des Fahrzeugs, so der Regelfall, gewinnen Käufer jedoch erfahrungsgemäß keine wesentlich neuen Erkenntnisse über den Zustand der von ihnen bestellten Fahrzeuge. **3922**

2. Positive Kenntnis des Käufers

Kenntnis i. S. d. § 442 BGB bedeutet, dass der Käufer die Mangelhaftigkeit (Vertragswidrigkeit) tatsächlich erkannt hat. Einen **„körperlichen“ Sachmangel** kennt er nicht in jedem Fall schon damit, dass er die äußere Erscheinungsform, z. B. Beulen oder Roststellen, wahrgenommen hat. Erst wenn ihm die Nichteignung für die gewöhnliche Verwendung bekannt ist oder wenn er die Unüblichkeit der für ihn sichtbaren Beschaffenheit erkannt hat, muss er **3923**

1 Vgl. BGH 22. 6. 1983, NJW 1983, 2242 – Unfallvorschaden.
2 Z. B. LG Trier 17. 12. 1998, zfs 1999, 153.
3 OLG Stuttgart 12. 6. 1985, BB 1985, 1417 (zu § 459 Abs. 2 BGB a. F.).
4 OLG Celle 4. 8. 2004, ZGS 2004, 476 = OLGR 2004, 506; Das neue Schuldrecht/*Haas*, Kap. 5 Rn. 285/286.

sich Kenntnis entgegenhalten lassen.[5] Selbst ein dringender **Mangelverdacht** ist mit Kenntnis nicht gleichzusetzen. Hier kommt die zweite Alternative des § 442 BGB – grobe Fahrlässigkeit – in Betracht.

3924 Die Kenntnis des Käufers braucht sich nicht auf die **Fehlerursache** zu erstrecken. Es kann genügen, dass er das **äußere Erscheinungsbild** (Lack, Rost) oder die für ihn nachteiligen Folgen (unzulängliche Beschleunigung, Schiefziehen beim Bremsen), also die Symptome, kennt. Wer **durch das Internet** und die dortigen Foren Kenntnis von bestimmten „Schwachstellen" des später gekauften Fahrzeugs erlangt hat, kann seine Gewährleistungsrechte entweder schon aufgrund dieser Kenntnis oder jedenfalls wegen grober Fahrlässigkeit verlieren.

3925 **Mängelmehrheit:** Wenn der Käufer von mehreren Mängeln (z. B. mehreren Unfallschäden) nicht alle erkannt hat, bleibt die Haftung für die nichterkannten Fehler unberührt.[6] Bei **Rostschäden** kann es zweifelhaft sein, ob es sich um einen oder mehrere Mängel handelt.[7] Hat der Käufer Kenntnis von Durchrostungen am Fahrzeugunterboden, kann es zumindest grob fahrlässig sein, wenn er sich nicht durch eine gezielte Überprüfung und/oder Frage an den Verkäufer um den Zustand der Karosserie im Übrigen kümmert.[8] Ist dem Käufer bei Abschluss des Vertrages bekannt gewesen, dass der Wagen einen **Unfallschaden** hat, so kann er Kenntnis i. S. v. § 442 BGB nicht damit bestreiten, er habe nicht das genaue Ausmaß des Schadens erkannt.[9] Zum Begriff „Unfallwagen" s. Rdn. 4379.

3. Darlegungs- und Beweislast

3926 Für die Tatsachen, die die Kenntnis des Käufers in dem maßgeblichen Zeitpunkt des Vertragsschlusses begründen, ist nach h. M. der Verkäufer darlegungs- und beweispflichtig.[10] Im Einzelfall kann dem Käufer eine sekundäre Darlegungslast aufzuerlegen sein.

II. Grob fahrlässige Unkenntnis

1. Allgemeines

3927 Bei grob fahrlässiger Unkenntnis vom Mangel bei Vertragsabschluss ist der Käufer mit sämtlichen Mängelrechten, auch mit seinen Schadensersatzansprüchen, **grundsätzlich ausgeschlossen**. Trotz grober Fahrlässigkeit bleibt die Haftung des Verkäufers bestehen, wenn er den Mangel **arglistig verschwiegen** oder eine **Garantie für die Beschaffenheit** des Fahrzeugs übernommen hat. Bloße Fahrlässigkeit auf Verkäuferseite, selbst eine grobe, genügt nicht.

3928 Kein Käufer, schon gar nicht eine Privatperson, ist dazu verpflichtet, das Kaufobjekt vor Abschluss des Vertrages auf seinen Zustand hin zu untersuchen (arg. § 377 Abs. 1 HGB). Die Annahme einer allgemeinen Untersuchungsobliegenheit wird durch § 442 BGB gerade ausgeschlossen.[11] Zu mehr, als der Maßstab der groben Fahrlässigkeit verlangt, ist der Käufer nicht verpflichtet.

---

5 BGH 13. 5. 1981, NJW 1981, 2640; OLG Düsseldorf 25. 4. 1996, OLGR 1997, 250 – zu § 464 BGB; LG Kassel 21. 7. 2000 – 9 O 1688/99 – n. v. – Blasenbildung an Wohnwagenaußenwand.

6 BGH 13. 5. 1981, NJW 1981, 2640; OLG Düsseldorf 30. 12. 1992, OLGR 1993, 129 (L.) zu § 464 BGB.

7 Hierzu OLG Hamm 16. 1. 1981 – 19 U 136/80 – n. v. (Neuwagen).

8 So auch AG Nienburg 30. 6. 1993, zfs 1993, 304.

9 LG Köln 7. 5. 1980 – 19 S 340/79 – n. v.

10 OLG Hamm 7. 7. 2009 – I-28 U 86/09; *Palandt/Weidenkaff*, § 442 BGB Rn. 6.

11 Neues Schuldrecht/*Haas* Kap. 5 Rn. 279.

Die **Verbrauchsgüterkaufrichtlinie** knüpft den Rechtsverlust daran, dass der Käufer vernünftigerweise nicht in Unkenntnis über die Vertragswidrigkeit sein konnte (Art. 2 Abs. 3). Das bleibt hinter dem Vorwurf der groben Fahrlässigkeit ein Stück weit zurück. 3929

2. Der private Käufer

Eine generelle Pflicht des technisch nicht versierten privaten Käufers, einen Sachverständigen oder eine Werkstatt zur Prüfung des Fahrzeugs hinzuzuziehen, besteht nicht.[12] Um den Vorwurf der groben Fahrlässigkeit zu vermeiden, ist er auch nicht in jedem Fall zu einer eigenen Probefahrt und/oder Besichtigung (Sichtprüfung) des Fahrzeugs verpflichtet.[13] Stets kommt es auf eine umfassende Würdigung aller Umstände des konkreten Falles an. Dabei ist in der Annahme der objektiven und subjektiven Voraussetzungen der groben Fahrlässigkeit grundsätzlich Zurückhaltung geboten, was in der Instanzgerichtsbarkeit nicht immer geschieht.[14] 3930

a) Prüfansätze

Bevor bestimmte Unterlassungen des Käufers wie Abstandnahme von einer Probefahrt oder ein Verzicht auf eine Unterbodenbesichtigung mit Blick auf § 442 BGB bewertet werden, ist – nicht anders als in den Kenntnisfällen – nach ihrer Relevanz auf der Vertragsebene zu fragen. Sorglosigkeit und Desinteresse des Käufers können bereits bei der Ermittlung der **Soll-Beschaffenheit** von Bedeutung sein, ferner unter dem Blickwinkel eines **stillschweigenden Haftungsausschlusses**. Ob man bei Bejahung eines Sachmangels einen gesetzlichen oder – wie der BGH[15] – einen vertraglichen Haftungsausschluss annimmt, ist letztlich mehr eine rechtstechnische Frage. Die Beweislage des Verkäufers ist bei einem vertraglichen Haftungsausschluss allerdings günstiger. 3931

b) Einzelfälle

Eine **Untersuchungsobliegenheit** des privaten Gebrauchtwagenkäufers kann sich aus den konkreten Umständen des Einzelfalles ergeben. Wo **besondere Umstände** zur Vorsicht und Prüfung mahnen, muss er aktiv werden. Wenn ihm bekannte Tatsachen und Indizien den Schluss auf einen Mangel nahe legen, ihn gar aufdrängen, kann Passivität den Vorwurf der groben Fahrlässigkeit rechtfertigen. 3932

Besondere Vorsicht ist bei **stillgelegten Fahrzeugen** geboten. Auch bei einer nur vorübergehenden Stilllegung (z. B. Versicherungsabmeldung) darf das Fahrzeug nicht im Straßenverkehr bewegt werden. Lässt der Käufer sich vorbehaltlos auf einen Vertrag ein, so muss er zur Vermeidung des Vorwurfs der groben Fahrlässigkeit besondere Sorgfalt walten lassen (gründliche Besichtigung, Prüfung der Fahrzeugpapiere, Fragen an Verkäufer).[16] **„Augen auf beim Autokauf"** gilt hier in besonderer Weise. 3933

---

12 OLG Köln 9. 1. 1973, NJW 1973, 903; OLG Bamberg 7. 4. 2003 – 6 U 14/03 – n. v.; LG Coburg 31. 1. 2003 – 11 O 162/02 – n. v.; davon geht stillschweigend auch OLG Köln 16. 9. 1991, NJW-RR 1992, 49 aus (Wohnwagenkauf); vgl. auch *Köhler*, JZ 1989, 761, 767.

13 Zu allgemein *Hönn*, JuS 1989, 293; zu pauschal und durch die Entwicklung auf dem Gebrauchtwagenmarkt auch überholt *Soergel/Huber*, § 460 BGB Rn. 20, wenn der Kauf eines gebrauchten Pkw ohne Besichtigung schlechthin als grob fahrlässig gewertet wird.

14 Berechtigte Kritik von *Faust* in Bamberger/Roth, § 442 BGB Rn. 21.

15 Urt. v. 21. 4. 1982, NJW 1982, 1700; hierzu *Schack*, NJW 1983, 2806; *Haase*, JR 1982, 498.

16 LG Karlsruhe 9. 1. 1981, DAR 1981, 152.

3934 Einen Kfz-Sachverständigen vor bzw. bei Abschluss des Kaufvertrages hinzuziehen, ist ein privater Käufer im Allgemeinen nicht verpflichtet[17]; auch nicht zu einer Werkstattkontrolle oder einem ADAC-Check.

3935 **Jahreswagen, Vorführwagen und sonstige „Jungwagen"** vom seriösen Fachhandel kann man ungeprüft kaufen, ohne sich damit dem Vorwurf grober Fahrlässigkeit auszusetzen. Es gibt auch kein generelles Gebot, den Zustand des Fahrzeugs daraufhin zu überprüfen, ob er mit den Daten im Fahrzeugbrief übereinstimmt. Vor allem beim **Kauf vom Fabrikatshändler** kann sich der private Kunde im Allgemeinen darauf verlassen, dass der Wagen ordnungsgemäß ausgerüstet ist und ein reparierter Unfallschaden offengelegt wird.

3936 Dass Probefahrt und Besichtigung faktisch an Bedeutung eingebüßt haben, geht nicht nur auf die insgesamt bessere Qualität von Gebrauchtwagen zurück. Eine wichtige Rolle spielen auch die neuen Medien, hier insbesondere die Auktionsplattform eBay. Zu beobachten ist ein allgemeiner Wandel im Käuferverhalten, zumal bei jungen Käufern. Online-Käufe ohne jegliche Besichtigung bzw. Probefahrt („Blindkäufe") sind heute nichts Ungewöhnliches. Bei der Fahrlässigkeitsprüfung kann das nicht unberücksichtigt bleiben.

3937 Auf dem **privaten Markt** (privates Direktgeschäft) ist es dagegen trotz des Internets nach wie vor üblich, vor dem Kauf eine **Probefahrt** zu machen und das Fahrzeug außen und innen zu besichtigen. Auch bei Online-Käufen (z. B. über eBay) sind persönliche Kontakte mit Fahrzeugbesichtigung weit verbreitet, mitunter schon vor Vertragsabschluss.

3938 Die auf dem Privatmarkt angebotenen Fahrzeuge sind durchschnittlich rund 8 Jahre alt und ca. 100.000 km gelaufen.[18] Sie haben meist mehr als nur einen Vorbesitzer. Nach der – wenig realitätsnahen – Ansicht des BGH sind zwar Alter und eine hohe Anzahl von Vorbesitzern nicht von vornherein Anhaltspunkte für einen konkreten Mängelverdacht.[19] Deshalb brauche **ein Händler** in seiner Eigenschaft als Verkäufer auch einen 9 Jahre alten Pkw mit drei Voreigentümern nicht in jedem Fall zu untersuchen. Eine Prüfobliegenheit des privaten Käufers in Form einer Besichtigung und Probefahrt ist jedoch nach der Rechtsprechung zumindest beim **Kauf älterer Fahrzeuge von Privat** anzunehmen.[20] Diese Urteile passen zwar nicht auf Online-Käufe ohne vorherige Besichtigung bzw. Probefahrt, weisen aber die Richtung. Zum Oldtimer-Kauf OLG Karlsruhe 8. 5. 2008 – 9 U 237/06.

3939 Unterlässt es der Käufer, den Verkäufer **nach Unfallschäden** zu fragen, so ist dies nicht in jedem Fall grob fahrlässig.[21] Etwas anderes kann gelten, wenn der äußere Zustand des Fahrzeugs und/oder Bemerkungen des Verkäufers[22] auf einen Unfall hindeuten.

3940 Das Unterbleiben jeglicher **Prüfung der Fahrzeugpapiere**, insbesondere des Briefes (ZB II), ist ebenso wie das nur flüchtige Einsichtnehmen nicht nur vor dem Hintergrund des Gutglaubenserwerbs ein Thema. Erörtert wird es auch im Zusammenhang mit Sachmängeln in Form einer höheren Anzahl von Vorbesitzern (Vorhaltern) und einer gewerblichen Verwendung des Fahrzeugs. Wer sich vor Unterzeichnung des Vertrages den Fahrzeugbrief vorlegen lässt, soll wegen grober Fahrlässigkeit i. S. d. § 442 BGB mit seinen

---

17 Vgl. OLG Köln 9. 1. 1973, NJW 1973, 903; OLG Köln 16. 9. 1991, NJW-RR 1992, 49 (Wohnwagen); LG Karlsruhe 9. 1. 1981, DAR 1981, 152; s. a. LG Münster 29. 6. 1988, NZV 1988, 145 (Privatkäufer zog sachkundigen Zeugen zur Besichtigung hinzu).

18 DAT-Report 2011, S. 62.

19 Urt. v. 21. 1. 1981, NJW 1981, 928.

20 OLG Frankfurt 18. 9. 1991, zfs 1992, 230; LG Karlsruhe 9. 1. 1981, DAR 1981, 152; vgl. auch OLG Köln 16. 9. 1991, NJW-RR 1992, 49 (Kauf eines 10 Jahre alten Wohnwagens); s. a. OLG Hamm 6. 2. 1995, zfs 1995, 17 = DAR 1995, 446 – über 20 Jahre altes VW Cabrio.

21 OLG Brandenburg 17. 1. 1995, OLGR 1995, 89 (Händlerverkauf); vgl. auch BGH 16. 3. 1977, NJW 1977, 1055 (Käufer hatte den Händler weder nach einem früheren Unfall gefragt noch eine Probefahrt gemacht).

22 Vgl. auch OLG Braunschweig 23. 8. 1991, Nds. Rpfl. 1992, 26.

Mängelrechten ausgeschlossen sein, wenn er sich über eine **höhere Anzahl von Vorbesitzern** als im Vertrag festgelegt beschwert.[23]

3. Der Händler als Käufer bzw. Inzahlungnehmer

Im **Kfz-Handel** ist es heute allgemein üblich, einen Gebrauchtwagen vor der Hereinnahme einer Sicht- und Funktionsprüfung zu unterziehen (s. Rdn. 3877 ff.). Zu berücksichtigen ist auch, dass Händler durch das Internet und ihre Vernetzung mit den Herstellern und Importeuren Zugriff auf eine Vielzahl von Fahrzeugdaten haben. Das wirft bereits bei der Prüfung von Kenntnis i. S. d. § 442 Abs. 1 S. 1 BGB die Frage der **Wissenszurechnung** auf.[24] Ein Händler, der auf naheliegende, wenn nicht gar selbstverständliche Vorsichtsmaßnahmen verzichtet und damit seine Sachkunde und seinen technischen Apparat ungenutzt lässt, kann das Fahrzeug hereinnehmen „so wie es geht und steht".[25] Ist- und Soll-Beschaffenheit fallen zusammen, soweit Mängel in Rede stehen, die bei einer Sicht- und Funktionsprüfung aufgefallen wären.[26] Man kann das Händlerverhalten auch als **konkludenten Haftungsverzicht** werten.[27] 3941

In der Rechtsprechung der Instanzgerichte[28] wird dagegen vorwiegend der gesetzliche Haftungsausschluss der groben Fahrlässigkeit angenommen, wenn ein **Kfz-Händler** einen Gebrauchtwagen ohne Untersuchung ankauft oder in Zahlung nimmt. Das ist eine Frage des Einzelfalles. Je nach Alter des Fahrzeugs und seiner Historie kann im Einzelfall bei ungewöhnlich großer Leichtfertigkeit des Händlers durchaus ein Fall grober Fahrlässigkeit zu bejahen sein.[29] 3942

4. Darlegungs- und Beweislast

Für diejenigen Tatsachen, die den Rechtsbegriff der „groben Fahrlässigkeit" ausfüllen, ist der Verkäufer/Inzahlunggeber darlegungs- und beweisbelastet.[30] Die Grundsätze des Anscheinsbeweises sind nicht anwendbar. 3943

5. § 442 BGB als Spezialregelung

Als Sondertatbestand geht § 442 BGB ebenso wie früher § 460 BGB a. F. der allgemeinen Regelung in **§ 254 BGB** vor.[31] Dem Käufer steht ein ungekürzter Schadensersatzanspruch aus Garantieübernahme oder wegen arglistiger Täuschung auch dann zu, wenn er aus grober Fahrlässigkeit den Sachmangel nicht erkannt hat; erst recht ist leichte Fahrlässig- 3944

23 AG Borken 25. 2. 2009 – 15 C 35/09; Zweifel bei LG Münster 22. 9. 2009 – 3 S 48/09 unter Hinweis auf die Neuartigkeit der ZB II.
24 Verneint für die Reparaturhistorie, die VW/AUDI zur Verfügung stellt, von LG Bielefeld 3. 2. 2010 – 3 O 222/09 – juris.
25 Zustimmend LG Dortmund 30. 11. 2007 – 3 O 220/07 – n. v.
26 LG Dortmund 30. 11. 2007 – 3 O 220/07 – n. v.
27 So BGH 21. 4. 1982, NJW 1982, 1700.
28 OLG Frankfurt 18. 8. 2009, NJW-RR 2010, 568 (Sonderfall); OLG Schleswig 4. 11. 2005, MDR 2006, 629 = SVR 2006, 219; OLG Köln 8. 7. 1969, JMBl. NW 1970, 154; OLG Celle 13. 11. 1973, NdsRpfl. 1974, 83; s. a. OLG Kiel, SchlHAnz. 1941, 119; OLG Oldenburg 4. 7. 1962, MDR 1962, 901; OLG Düsseldorf 29. 5. 1972, BB 1972, 857; LG Hannover 23. 6. 2010, DAR 2010, 524, 527.
29 In der aktuellen Rspr. bejahend: OLG Frankfurt 18. 8. 2009, NJW-RR 2010, 568 (aber Sonderfall); LG Hannover 23. 6. 2010, DAR 2010, 524, 527 (Mercedes-Niederlassung); verneinend: LG Bielefeld 3. 2. 2010 – 3 O 222/09 – juris (trotz Zugriffs auf die „Reparaturhistorie" von VW/Audi); OLG Dresden 27. 1. 2011 – 10 U 1048/10 (freier Ankauf eines angeblich restaurierten Citroen 2 CV „Ente").
30 *Palandt/Weidenkaff*, § 442 BGB Rn. 6.
31 Neues Schuldrecht/*Haas* Kap. 5 Rn. 284.

keit unschädlich.[32] Aus einem derartigen „Verschulden“ des Käufers kann der Verkäufer keine eigenen Ersatzansprüche herleiten. Außerhalb des Anwendungsbereichs des § 442 BGB ist § 254 BGB anwendbar.[33]

32 BGH 28. 6. 1978, NJW 1978, 2240 = WM 1978, 1175; BGH 29. 1. 1993, NJW 1993, 1643 (Grundstückskauf).

33 Vgl. BGH 19. 6. 2009, NJW 2009, 2674 Tz. 19.

M. Untersuchungs- und Rügeobliegenheiten beim Handelskauf

I. Anwendungsbereich des § 377 HGB

Über § 442 BGB hinausgehend legt § 377 HGB dem Käufer eine Obliegenheit zur Untersuchung und Mängelrüge auf. Während § 442 BGB, anders als § 460 BGB a. F., Sach- und Rechtsmängel umfasst, ist § 377 HGB auf **Sachmängel** beschränkt.[1] **Grundvoraussetzung** für die Anwendung des § 377 HGB ist ein Kauf, der **für beide Seiten** ein Handelsgeschäft ist. **3945**

Ein **beiderseitiger Handelskauf** liegt nach dem Wortlaut des Gesetzes nur vor, wenn Käufer und Verkäufer Kaufleute sind. Auf den Status kommt es an, nicht wie beim Unternehmerbegriff des § 14 BGB auf eine bestimmte Rechtsgeschäftslage. Für manche genügt es, wenn der Kauf auf beiden Seiten zu einem Unternehmen gehört.[2] Mit dieser Ausweitung wäre § 377 HGB auf **Freiberufler** zumindest analog anwendbar. Das ist – abgesehen von prinzipiellen Bedenken – jedenfalls für den Kauf neuer und gebrauchter Kraftfahrzeuge abzulehnen. Dies schon deshalb, weil Freiberufler nicht über den technischen Apparat und das nötige Know-how verfügen, um die Obliegenheiten nach § 377 HGB sachgerecht erfüllen zu können. Soweit das bei einem Kfz-Sachverständigen anders ist, mag eine Analogie naheliegend sein. Zu befürworten ist sie nicht, weil es an einer planwidrigen Regelungslücke fehlt und der Verkäufer zudem durch § 442 BGB hinreichend geschützt ist. **3946**

Sofern der Käufer Kaufmann ist, kommt es andererseits nicht darauf an, dass die personellen und sächlichen Voraussetzungen für die Erfüllung der Obliegenheiten i. S. d. § 377 HGB in seiner Person tatsächlich erfüllt sind. Das wird vom Gesetz in typisierender Betrachtung vermutet. Infolgedessen fallen z. B. **Leasinggesellschaften** und **Autovermietungen** unter § 377 HGB, sofern sie, wie üblich, Fahrzeuge im kaufmännischen Verkehr käuflich erwerben. **3947**

II. Der maßgebliche Zeitpunkt

§ 377 Abs. 1 HGB ist ein beweiskräftiger Beleg dafür, dass ein Käufer, gleichviel, ob Kaufmann oder nicht, grundsätzlich nicht dazu verpflichtet ist, das Kaufobjekt zu untersuchen, bevor es ihm ausgeliefert worden ist. Vor und bei Vertragsabschluss trifft auch einen Kaufmann keine Untersuchungsobliegenheit. Erst **nach der Ablieferung**, dann freilich unverzüglich, wird sie aktiviert. Versäumnisse vor diesem Zeitpunkt können nur nach Maßgabe des § 442 Abs. 1 BGB (grobe Fahrlässigkeit) relevant sein (s. Rdn. 3927 ff.). **3948**

Was den Tatbestand der **Ablieferung** angeht, kann auf die Ausführungen zur Ablieferung i. S. d. § 438 Abs. 2 BGB verwiesen werden (Rdn. 4093 ff.). Die Begriffe sind deckungsgleich. **3949**

Mit einer Untersuchung unverzüglich nach der (ersten) Ablieferung ist es nicht immer getan. Wenn der Verkäufer eine **Nachlieferung** oder **Nachbesserung** vorgenommen hat, **3950**

---

1 Str. vgl. *Eckert/Maifeld/Matthiessen*, Rn. 892, zur Rügeobliegenheit bei einem Rechtsmangel nach UN-Kaufrecht s. BGH 11. 1. 2006, NJW 2006, 1343 (fortbestehendes Eigentum an gestohlenem Pkw).

2 Zum Diskussionsstand s. MüKo-HGB/*Grunewald*, § 377 HGB Rn. 8.

hat der Käufer das Kaufobjekt erneut zu untersuchen und etwaige – verbliebene oder neu entstandene – Mängel zu rügen.[3]

III. Einzelfragen zur Untersuchungs- und Rügeobliegenheit

3951 Nach § 377 Abs. 1 HGB hat der Käufer die Ware unverzüglich nach der Ablieferung zu untersuchen, „soweit dies nach einem ordnungsgemäßen Geschäftsgang tunlich ist“. **Zeitpunkt, Art und Intensität** der Untersuchung richten sich nach den **Umständen des Einzelfalles**, wobei etwaige Handelsbräuche zu berücksichtigen sind. Die Rechtsprechung hat diese Maßstäbe durch Bildung von Fallgruppen für bestimmte Warenarten konkretisiert. Für den Kfz-Handel fehlt es an einer gefestigten höchstrichterlichen Judikatur. Soweit die Instanzgerichte sich in Kfz-Sachen mit § 377 HGB befassen, handelt es sich vorwiegend um Fälle mit **fabrikneuen Leasingfahrzeugen** (dazu Rn. L 325 ff.).

1. Unterscheidung zwischen neuen und gebrauchten Kraftfahrzeugen

3952 Zugeschnitten ist § 377 HGB auf den Kauf **neuer Ware** und frischer Lebensmittel. Technische Geräte, die bereits einen Vorbesitzer hatten und **gebraucht verkauft** werden, sind jedoch nicht von vornherein aus dem Anwendungsbereich des § 377 HGB ausgenommen. Zu erwägen ist, diese Vorschrift für den Handel mit gebrauchten Kraftfahrzeugen als **generell abbedungen** anzusehen. Die Frage ist indes ohne praktische Relevanz. Denn im B2B-Bereich „Gebrauchtfahrzeuge“ wird üblicherweise jegliche Gewährleistung ausgeschlossen.

3953 Soweit die Freizeichnung Bestand hat, erübrigt sich das Thema „Untersuchungspflicht“. In den Fällen, in denen die Gewährleistungsrechte des Käufers durchsetzbar bleiben, ist zu unterscheiden: Bei arglistiger Täuschung hilft dem Verkäufer weder die Freizeichnung (§ 444 BGB) noch der Schutz des § 377 HGB (siehe Abs. 5); auch § 442 BGB greift nicht zu seinen Gunsten ein. Kann der Verkäufer sich dagegen nur deshalb nicht auf den vereinbarten Gewährleistungsausschluss berufen, weil er eine Beschaffenheitsgarantie i. S. d. § 444 BGB gegeben hat, bleibt ihm der Schutz des § 377 HGB grundsätzlich erhalten. Die Garantie kann freilich dahin zu verstehen sein, dass der Käufer von einer Untersuchung entbunden ist. Das ist Auslegungssache.

3954 Dort, wo ein konkludenter Verzicht auf § 377 HGB im Wege der Auslegung der Garantieerklärung nicht feststellbar ist, kann sie gleichwohl einen Entlastungseffekt zu Gunsten des Käufers haben. Soweit er kraft der Garantie in der Annahme schutzwürdig ist, das Fahrzeug sei mangelfrei, entfällt die Pflicht, sich von der Berechtigung dieser Zusage durch eine gezielte Überprüfung zu vergewissern. Auch eine technische Beratung des Käufers durch seinen Vertragspartner kann sich in dieser Hinsicht auswirken. Nach Entdeckung eines Mangels ist jedenfalls unverzüglich zu rügen (§ 377 Abs. 3 HGB), andernfalls der Käufer mit seinen Gewährleistungsrechten ausgeschlossen ist.

2. Neuwagenhandel

3955 Die **geringe Fehlerwahrscheinlichkeit** bei fabrikneuen Kraftfahrzeugen ist der einleuchtende Grund dafür, jeden Käufer, auch den Kaufmann, von einer allgemeinen, jedes einzelne Neufahrzeug betreffenden Pflicht zur Untersuchung freizustellen, d. h. Neufahr-

3 Vgl. OLG Saarbrücken 9. 9. 2010 – 8 U 367/09 – BeckRS 2010, 28141; *Eckert/Maifeld/Matthiessen*, Rn. 901 mit weiteren Respr.nachw.; zum Ganzen *Mankowski*, NJW 2006, 865 ff.; zur Obliegenheit des Käufers im Fall der Nachbesserung, speziell bei mehreren Werkstattaufenthalten und zum konkludenten Vericht des Händlers auf den Verstätungseinwand, s. OLG Hamm 6. 2. 2006, DAR 2006, 390; OLG Hamm 16. 11. 2009, VRR 2010, 147 (jew. Neuwagen/Leasing).

zeuge können ungeprüft gelagert werden. **Testfahrten** sind schon deshalb untunlich, weil fabrikneue Pkw/Kombis üblicherweise mit Kilometerstand Null verkauft werden. Zudem besteht die Gefahr, dass die hochsensible Eigenschaft „fabrikneu“ verloren geht (dazu Rdn. 561 ff.). Nur dort, wo **konkrete Anhaltspunkte** für eine Mangelhaftigkeit vorliegen, muss ein Kaufmann der Sache nachgehen. Ein solcher Anhaltspunkt kann eine Rückrufaktion des Herstellers sein, sofern sie dem Käufer bekannt ist.

Angesichts der besonderen Situation im Neufahrzeughandel ist § 377 HGB praktisch nur **3956** bei **verdeckten Mängeln** und im Bereich der Nacherfüllung ein Thema. Nachdem sich der Mangel gezeigt hat, muss er **unverzüglich gerügt** werden (§ 377 Abs. 3 HGB). Zum Sich-Zeigen s. Rdn. 3319.

Ausschlaggebend für die **Bemessung der Rügefrist** sind die Umstände des Einzelfalles. **3957** Insoweit kann von Bedeutung sein, ob der Käufer noch im unmittelbaren Besitz des Fahrzeugs ist oder ob es im Zeitpunkt der Entdeckung des Mangels bereits einen weiteren Besitzer gefunden hatte. Zur Situation beim Leasing s. Rn. L 325 ff. Generell ist die Rechtsprechung bei der Bemessung der Rügefrist tendenziell engherzig zu Lasten des Käufers.

3. Gebrauchtwagenhandel

Eine erste Besichtigung und/oder Test(fahrt) findet typischerweise **vor** Abschluss des **3958** Kaufvertrages statt. Das befreit den Käufer ein gutes Stück weit von seiner handelsrechtlichen Obliegenheit zur Untersuchung nach Übernahme des Fahrzeugs. Wo eine vorherige Prüfung nicht erfolgt ist, z. B. bei einem Online-Kauf, ist der Käufer gehalten, sich unverzüglich nach Übernahme des Fahrzeugs ein Bild von dessen Beschaffenheit zu machen. Eine Frist von maximal einer Woche ist dafür allemal ausreichend.

Im Kfz-Handel ist eine optische und technische Untersuchung („Durchsicht“) angekauf- **3959** ter Gebrauchtfahrzeuge (Pkw wie Lkw) allgemein üblich. Insoweit kann von einem **Handelsbrauch** gesprochen werden (s. a. Rdn. 3879), allerdings beschränkt auf Kfz-Händler mit eigener Werkstatt. Für Kfz-Händler ohne Werkstatt und generell für gewerbliche Käufer außerhalb der Kfz-Branche wie etwa Leasinggesellschaften und Autovermieter kann ein derartiger Handelsbrauch nicht festgestellt werden. Von solchen Gebrauchtfahrzeugkäufern ist eine geringere Intensität bei der Untersuchung zu fordern, wobei nach Alter, Laufleistung und Anzahl der Vorbesitzer zu differenzieren ist. Je größer die Wahrscheinlichkeit von Sachmängeln ist, desto mehr Grund besteht zur Kontrolle.

4. Darlegungs- und Beweislast

Anders als im Rahmen des § 442 BGB, wo der Verkäufer die Kenntnis bzw. die grob **3960** fahrlässige Unkenntnis des Käufers zu beweisen hat, ist die Verteilung der Darlegungs- und Beweislast bei § 377 HGB um Einiges komplizierter. Die tatsächlichen Voraussetzungen, die den Anwendungsbereich des § 377 HGB eröffnen, stehen zur Beweislast des Verkäufers, d. h. er hat zu beweisen, mit einem Kaufmann kontrahiert zu haben. Beweisbelastet ist er auch hinsichtlich der Ablieferung. Wenn die Ablieferung als Voraussetzung der Rügelast i. S. v. § 377 HGB feststeht, ist es Sache des Käufers darzulegen und zu beweisen, dass er den Mangel rechtzeitig gerügt hat.[4] Dagegen muss er nicht behaupten oder gar beweisen, dass und wie er das Kaufobjekt untersucht hat.[5] Die Genehmigungsfiktion und damit der Verlust der Gewährleistungsrechte ist ausschließlich an das Rügeversäumnis, nicht an die Verletzung der Untersuchungsobliegenheit geknüpft.

4 BGH 22. 12. 1999, NJW 2000, 1415; OLG Saarbrücken 9. 9. 2010 – 8 U 367/09 – BeckRS 2010, 28141 (Lkw-Zubehör/Leasing); OLG Hamm 6. 2. 2006, DAR 2006, 390 (Neuwagen/Leasing).

5 Str., wie hier MüKo-HGB/*Grunewald*, § 377 HGB Rn. 137.

3961 Die Umstände, die zum Wegfall der Rügelast führen, wie z. B. eine entsprechende Vereinbarung[6] oder eine arglistige Täuschung (§ 377 Abs. 5 HGB) stehen zur Darlegungs- und Beweislast des Käufers; ebenso die Behauptung eines nachträglichen Verzichts auf den Verspätungseinwand.[7]

6 Zur AGB-Problematik ausführlich MüKo-HGB/*Grunewald*, § 377 HGB Rn. 114 ff.
7 Zum konkludenten Verzicht durch erneute Nachbesserung s. OLG Hamm 16. 11. 2009, VRR 2010, 147; OLG Köln 2. 12. 2010 – 21 U 18/10.

N. Vertragliche Beschränkung der Sachmängelhaftung

I. Die Ausgangslage nach der Schuldrechtsreform

Auch wenn es im Schuldrechtsmodernisierungsgesetz 2002 an keiner Stelle ausdrücklich gesagt wird: Außer Zweifel steht, dass jegliche Beschränkung der Sachmängelhaftung **bei einem Verbrauchsgüterkauf** grundsätzlich **unzulässig** ist. Der Unternehmer darf sich auf eine Vereinbarung, die zum Nachteil des Verbrauchers von bestimmten Vorschriften des Kaufrechts abweicht, nicht berufen (§ 475 Abs. 1 BGB). Selbst eine individualvertragliche Vereinbarung über eine Haftungserleichterung nützt dem Unternehmer nichts, sofern sie vor Mitteilung des Mangels zustande gekommen ist.[1] **3962**

Außerhalb des Verbrauchsgüterkaufs ist ein Ausschluss der Sachmängelhaftung weiterhin **grundsätzlich zulässig**. Bei der Inhaltskontrolle formularmäßiger Haftungsfreizeichnungen sind allerdings einige Besonderheiten zu beachten. **3963**

II. Der Verbrauchsgüterkauf

1. Kfz-Betrieb an Verbraucher

Der Kfz-Handel hat die Schuldrechtsreform nicht zum Anlass genommen, für Verbrauchergeschäfte ein eigenes Vertragsformular mit ausschließlich auf diesen Geschäftstyp zugeschnittenen AGB zu entwickeln. Gewählt wurde eine **Einheitslösung** mit Differenzierungen nach Käufergruppen. **3964**

Dort, wo früher ein Ausschluss jeglicher Gewährleistung formuliert war, ist heute lediglich von einer **Herabsetzung der Verjährungsfrist** von zwei Jahren auf ein Jahr die Rede (Beispiel: Abschn. V der ZDK-AGB, Stand 3/08). Damit macht der Kfz-Handel von einer Option Gebrauch, die § 475 Abs. 2 BGB beim Verkauf an Verbraucher ausdrücklich einräumt (näher Rdn. 4082 ff.). Eine weitergehende Haftungserleichterung ist einem Unternehmer strikt untersagt. **3965**

Eine Ausnahme wird nur für die **Schadensersatzhaftung** nach § 437 Nr. 3 BGB gemacht (§ 475 Abs. 3 BGB). Auch von dieser Option hat der Kfz-Handel durchgängig Gebrauch gemacht. In den (mittlerweile ersetzten) verbandsempfohlenen Verkaufsbedingungen (Stand 7/03) werden die Schadensersatzansprüche aus der Sachmängelhaftung allerdings nicht gesondert geregelt. Mit Blick auf § 444 BGB heißt es lediglich im Abschn. VI Ziff. 1 S. 3, dass bei arglistigem Verschweigen von Mängeln oder der Übernahme einer Beschaffenheitsgarantie weitergehende Ansprüche „unberührt" bleiben. Die freizeichnungsfesten Konstellationen des **§ 309 Nr. 7a und b BGB** werden nicht im Abschn. VI („Sachmängel"), sondern nur im Abschn. VII („Haftung"), dort Ziff. 1, angesprochen. Die von der Rechtsprechung aufgedeckten Schwachstellen hat man durch eine **Neufassung des Klauselwerks** zu beheben versucht (GWVB, Stand 3/08). **3966**

Wer als Unternehmer weiterhin, wie vor dem 1. 1. 2002 üblich, mit einem **pauschalen Gewährleistungsausschluss** („unter Ausschluss jeder Gewährleistung") operiert, kann damit keinerlei Wirkung erzielen, trotz der Lockerung durch § 475 Abs. 3 BGB nicht einmal im Bereich der Schadensersatzhaftung.[2] **3967**

1 Vgl. LG Dessau 23. 12. 2002, DAR 2003, 119 („keine Garantie").
2 OLG Bremen 10. 9. 2003, OLGR 2004, 117; OLG Köln 1. 3. 2006, OLGR 2006, 381; s. a. OLG Karlsruhe 8. 5. 2008 – 9 U 237/06 („Übergabevereinbarung").

a) Sonstige Unternehmer an Verbraucher

3968 Außerhalb des Kfz-Handels werden jährlich einige hunderttausend Gebrauchtfahrzeuge nach den Regeln des Verbrauchsgüterkaufs veräußert. Außer **Leasinggesellschaften**, **Autovermietern** und ähnlichen Unternehmen aus der Kfz-Branche im weiteren Sinn treten auch solche Unternehmer als Gebrauchtfahrzeugverkäufer auf, deren gewerbliche oder selbstständige Tätigkeit einen anderen Schwerpunkt hat als die Vermarktung gebrauchter Kraftfahrzeuge. Derartige **„Gelegenheitsverkäufer"** werden gleichfalls als Unternehmer i. S. d. §§ 14, 474 BGB behandelt (s. Rdn. 2103 ff.).

3969 Um Unternehmern außerhalb der Kfz-Branche den Absatz ihrer Geschäftsfahrzeuge zu erleichtern, sind aus Anlass der Schuldrechtsreform neu konzipierte Musterverträge auf den Markt gekommen. Besonders zu erwähnen ist der **ADAC-Kaufvertrag** „für den Verkauf eines gebrauchten Kraftfahrzeuges durch einen Unternehmer". Die hier interessierende Klausel, durch Fettdruck hervorgehoben, lautet in der Ursprungsversion:

> „Die Sachmängelhaftung des Verkäufers wird auf ein Jahr beschränkt. Diese Beschränkung gilt nicht für Schadensersatzansprüche aus Sachmängelhaftung, die auf einer grob fahrlässigen oder vorsätzlichen Verletzung von Pflichten des Verkäufers beruhen sowie bei Körperschäden."

3970 Dieser Klausel liegt die richtige Überlegung zugrunde, dass auch eine Verkürzung der Verjährungsfrist auf ein Jahr eine „Beschränkung" von Schadensersatzansprüchen darstellt und dass deshalb die **Verbote in § 309 Nr. 7a und b BGB** zu beachten sind. Würden die Schadensersatzansprüche des Verbrauchers in den dort genannten Sonderfällen gleichfalls bereits in einem Jahr verjähren, wäre die formularvertragliche Fristenregelung insgesamt unwirksam.[3] Näheres Rdn. 4085 ff.

III. Unternehmer verkauft an Nichtverbraucher

3971 Zu dieser Kategorie von Gebrauchtwagen-Kaufverträgen gehören vor allem **Unternehmer-Unternehmer-Geschäfte** (B2B) wie etwa der Verkauf eines Gebrauchtfahrzeugs durch einen Händler an eine Leasinggesellschaft.[4] Zu nennen sind hier auch Verkäufe von Unternehmern an juristische Personen des öffentlichen Rechts oder öffentlich-rechtliche Sondervermögen. Die umgekehrte Konstellation – Behörde verkauft an Unternehmer – unterliegt den gleichen Rahmenbedingungen. Zu den Fällen des gewerblichen Verkaufs an **Pseudo-Händler** (Verschleierung der Verbrauchereigenschaft) s. Rdn. 1991 ff.

1. Individualvertragliche Haftungsbeschränkungen

3972 Wird die Sachmängelhaftung im Bereich B2B ausnahmsweise nicht formularmäßig, sondern **individuell** ausgeschlossen,[5] ergeben sich mancherlei **Auslegungsprobleme**, etwa bei einem Nebeneinander von einer Beschaffenheitsvereinbarung (§ 434 Abs. 1 S. 1 BGB) und der Freizeichnungsabrede. Fehlt dem Fahrzeug eine vereinbarte Beschaffenheit, also keine garantierte (dann direkt § 444 BGB), bleibt ein **pauschaler Gewährleistungsausschluss**, auch wenn er individualvertraglich vereinbart ist, ohne Wirkung. Erfasst werden nur Mängel i. S. d. § 434 Abs. 1 S. 2 Nr. 1 und Nr. 2 BGB, also vor allem Mängel im objektiven Sinn[6], einschließlich des Falls der unrichtigen (öffentlichen) Verkäuferangabe

---

3 BGH 15. 11. 2006, NJW 2007, 674 (Tierkauf).

4 Vgl. BGH 21. 12. 2005, NJW 2006, 1066.

5 Beispiel OLG Saarbrücken 23. 6. 2006, zfs 2006, 508/570; zur Abgrenzung von Individualvereinbarung und AGB s. *Berger*, NJW 2010, 465, 467; *Kessel/Jüttner*, BB 2008, 1350.

6 BGH 29. 11. 2006, NJW 2007, 1346 (aber privates eBay-Direktgeschäft); zur Problematik umfassend *Gsell* in FS Eggert (2008), S. 1 ff.

i. S. d. § 434 Abs. 1 S. 3 BGB.[7] Schon in früheren Entscheidungen hat der BGH in ähnlichen Fällen eine ähnlich **restriktive Auslegung** der Freizeichnungsklausel befürwortet.[8]

Bei einer pauschalen, d. h. allgemein gehaltenen individualvertraglichen Freizeichnung wie „unter Ausschluss jeglicher Gewährleistung" oder „verkauft ohne Gewähr" ist zunächst zu prüfen, ob die Angabe des Verkäufers über die Beschaffenheit des Fahrzeugs überhaupt rechtsverbindlich sein soll, wenn ja, ob sie als Garantieübernahme aufzufassen ist. Ein umfassender individueller Haftungsausschluss kann **ein Indiz** dafür sein, dass der Verkäufer keinerlei Garantie für die Beschaffenheit der Sache übernehmen möchte.[9] Andererseits ist es durchaus möglich, dass der Verkäufer für bestimmte Fahrzeugmängel nicht haften will, die Abwesenheit anderer hingegen garantieren möchte. Das ist vor allem eine **Frage der Auslegung** (§§ 133, 157, 242 BGB).[10] **3973**

Ob ein individualvertraglicher Ausschluss der Sachmängelhaftung auch solche Mängel erfasst, die zwischen Vertragsabschluss und Übergabe entstehen, ist gleichfalls Auslegungssache und im Zweifel zu verneinen.[11] **3974**

Vom BGH noch nicht entschieden ist die Fallgestaltung, dass der Verkäufer seine Haftung auch für eine Beschaffenheitsvereinbarung ausdrücklich, also nicht nur, wie im eBay-Fall BGH NJW 2007, 1346, pauschal für jegliche Art von Mangelhaftigkeit ausschließt. Zu unterscheiden sind **zwei Konstellationen**: Der Haftungsausschluss kann sich, erstens, direkt auf eine ganz bestimmte Beschaffenheitszusage beziehen, ihr räumlich unmittelbar folgen wie z. B. „Laufleistung 131.000 km – ohne Obligo". Er kann aber auch separat in einer eigenständigen Klausel stehen wie etwa „Soweit der Verkäufer Angaben über die Beschaffenheit des Fahrzeugs gemacht hat, wie insbesondere zur Laufleistung, übernimmt er keine Haftung". Der Ausschluss der Haftung kann, zweitens, auch pauschal so formuliert sein wie etwa „keine Haftung für Beschaffenheitsvereinbarungen". Derartige Kombinationen von Beschaffenheitsvereinbarung und Haftungsausschluss sind nicht von vornherein widersprüchlich.[12] **3975**

Unabhängig vom Auslegungsergebnis gilt: Ein individualvertraglicher Ausschluss jeglicher Sachmängelhaftung ist grundsätzlich zulässig. Grenzen zieht – abgesehen von §§ 138, 242 BGB – lediglich § 444 BGB.[13] **3976**

2. Formularmäßige Freizeichnungen

Für Verträge mit Nichtverbrauchern, namentlich Unternehmern und Behörden, sehen die vom ZDK empfohlenen **Gebrauchtwagenverkaufsbedingungen** eine Sonderregelung vor. **3977**

Zunächst ist zu klären, welches Klauselwerk dem konkreten Vertrag zugrunde liegt. Zu unterscheiden sind **drei Versionen:** Stand 1. 1. 2002, sodann 7/2003 und aktuell 3/2008. In den beiden älteren erfolgt der Verkauf „unter Ausschluss jeglicher Sachmängelhaftung" **3978**

---

7 Für eine Gleichbehandlung der öffentlichen Verkäuferangabe mit einer Beschaffenheitsvereinbarung mit beachtlichen, letztlich aber nicht überzeugenden Argumenten *Höffmann*, ZGS 2011, 299 ff.

8 Urt. v. 30. 1. 1985, NJW 1985, 1333 = JR 1985, 364 m. Anm. *Köhler*; s. a. BGH 10. 10. 1977, BB 1977, 1623; BGH 30. 11. 1990, NJW 1991, 912; BGH 12. 4. 1996, NJW 1996, 2027 – Immobilienkauf; BGH 14. 6. 2000, NJW 2000, 3130 – gebr. Wärmetauscher.

9 Vgl. OLG München 7. 7. 1992, OLGR 1992, 113 (EZ-Angabe in Zeitungsanzeige).

10 BGH 14. 6. 2000, NJW 2000, 3130; KG 24. 7. 2000, KGR 2001, 10; *Gsell* in FS Eggert (2008), S. 1 ff.

11 Vgl. BGH 24. 1. 2003, ZIP 2003, 532 (Grundstückskauf).

12 *Gsell* in FS Eggert (2008), S. 1, 7.

13 So auch OLG Saarbrücken 23. 6. 2006, zfs 2006, 508/570.

(Abschn. VI Nr. 1 S. 2), bemerkenswerterweise aber nicht für sämtliche Kraftfahrzeuge/Anhänger, sondern nur für **Nutzfahrzeuge**. Damit schöpften die Klauselverfasser den Freizeichnungsspielraum nicht voll aus. Für den Verkauf von Fahrzeugen, die nicht unter die Kategorie „Nutzfahrzeug" fallen, also vor allem für den **Pkw-Verkauf**, hat man aus geschäftspolitischen Gründen bewusst auf einen Haftungsausschluss verzichtet, also einen Gleichlauf gewollt. Es bleibt beim Verkauf von Fahrzeugen, die keine Nutzfahrzeuge sind, bei der gesetzlichen Sachmängelhaftung, wenn auch mit auf ein Jahr abgekürzter Verjährung, vorausgesetzt, dass der Vertrag auf der Basis der ZDK-AGB 1/2002 oder 7/2003 abgeschlossen worden ist.

3979 Die **aktuelle Fassung** (Stand 3/2008) verzichtet auf die Differenzierung zwischen Nutzfahrzeugen und anderen Fahrzeugen, enthält also für Verträge mit Nichtverbrauchern einen umfassenden Haftungsausschluss („unter Ausschluss jeglicher Sachmängelansprüche"), siehe Abschn. VI Nr. 1 S. 2.

3980 In (Alt-)Fällen mit Unterscheidung nach der Art des Fahrzeugs in den AGB kann der Verkäufer seine Rechtsposition durch eine Sonderabrede verbessert haben, z. B. durch eine Klausel auf der Bestellscheinvorderseite in der Rubrik für „Sondervereinbarungen". Individualabreden sind an den §§ 138, 242 BGB zu messen, vorformulierte Klauseln, soweit sie nicht an § 305c BGB scheitern,[14] nur an § 307 BGB. Zu beachten ist jedoch die Ausstrahlungswirkung der §§ 308, 309 BGB, vor allem von § 309 Nr. 7a und 7b BGB.[15]

a) Auslegungsfragen

3981 Auslegung geht vor Inhaltskontrolle. Deshalb sind zunächst Inhalt und Tragweite der im konkreten Fall maßgeblichen Freizeichnungsklausel in den **GW-Verkaufsbedingungen** zu klären. Zu beachten sind die unterschiedlichen Versionen. Verträgen aus der Zeit vor Mai 2008 liegen überwiegend die ZDK-AGB Stand 1/2002 oder 7/2003 zugrunde.

aa) Nutzfahrzeug

3982 Abweichend von der Grundaussage, dass für Sachmängel ein Jahr lang gehaftet wird, sehen die – inzwischen veralteten – Klauselwerke 1/2002 und 7/2003 für den Verkauf von Nutzfahrzeugen an bestimmte Käufer (Behörden, Unternehmer) den Ausschluss jeglicher Sachmängelhaftung vor. M. a. W.: Beim Verkauf eines Fahrzeugs, das kein Nutzfahrzeug ist, soll auch gegenüber Nichtverbrauchern gehaftet werden. Der Begriff „Nutzfahrzeug" ist nicht eindeutig. Zur Auslegung s. Rdn. 7 ff.

bb) Art des Sachmangels

3983 Auf welche Mängel sich der Haftungsausschluss erstreckt, wird nicht konkretisiert; auch nicht in der aktuellen Fassung Stand 3/2008. Dass es Sachmängel, nicht Rechtsmängel sind, folgt schon aus der Überschrift über dem Abschnitt VI („Sachmangel"). Damit ist aber nichts über die Art des Sachmangels gesagt. Ob alle denkbaren Fallgestaltungen des bisher schon weiten, jetzt noch weiter ausgedehnten Sachmangelbegriffs erfasst werden oder ob nur eine bestimmte Teilmenge gemeint ist, bleibt offen.

3984 Nach allgemeinem Verständnis bezog sich die Freizeichnungsklausel alter Art („unter Ausschluss jeder Gewährleistung") auf **sämtliche Fehler**, mochten sie **verborgen oder sichtbar** sein,[16] behebbar oder unbehebbar. Erfasst wurden nur solche Fehler, die bereits bei Vertragsabschluss vorlagen, also zu diesem Zeitpunkt zumindest „im Keim" angelegt waren. Auf Mängel, die zwischen Abschluss des Kaufvertrages und Fahrzeugauslieferung

14 Vgl. OLG Celle 24. 4. 2003 – 11 U 285/02 – n. v. (Untersuchungsobliegenheit für den Käufer).
15 Vgl. BGH 19. 9. 2007, NJW 2007, 3774 = DAR 2008, 19.
16 BGH 16. 3. 1977, NJW 1977, 1055.

entstanden sind, erstreckten sich die handelsüblichen Freizeichnungsklauseln nicht. Anders als z. B. beim Grundstückskauf[17] war die **Zeitpunktfrage** beim Gebrauchtfahrzeugkauf kein praxisrelevantes Problem. Denn Kauf und Übergabe lagen meist so nahe zusammen, dass eine Verschlechterung des Zustandes in der Zwischenzeit ausschied.

Wenn das Fahrzeug ausnahmsweise zwischen Unterzeichnung des Bestellscheins (Angebotsabgabe durch den Kunden) und Auslieferung an ihn einen verborgen gebliebenen Defekt erlitten hatte, konnte der Händler seine Haftung nicht unter Hinweis auf die formularmäßige Freizeichnungsklausel ablehnen. Formularmäßige Freizeichnungsklauseln seien im Zweifel eng auszulegen, so die Begründung. Wollte der Verkäufer sich auch von der Haftung für Mängel aus der Zeit zwischen Abgabe des Angebots und Auslieferung freizeichnen, musste er mit dem Käufer eine entsprechende Abrede treffen. Das geschah im Handel mitunter durch sog. „Abnahme-Erklärungen". **3985**

Der weite juristische Sachmangelbegriff warf und wirft die Frage auf, ob der Haftungsausschluss sich auch auf solche Erscheinungen erstreckt, die nach allgemeinem Begriffsverständnis **keine typischen Fahrzeugmängel** sind. Das OLG Hamm hat sich bereits Anfang der Fünfziger Jahre für eine **Begrenzung** ausgesprochen.[18] Ihrem Sinn und Zweck nach soll sich die Freizeichnungsklausel nur auf solche Mängel erstrecken, die den **technischen Gebrauch** des Fahrzeugs beeinträchtigen. Ausgeklammert wurden Beschaffenheitsabweichungen wie etwa die Nichtübereinstimmung von Fahrgestellnummer am Fahrzeug mit der Nummer im Fahrzeugbrief. Während mehrere Oberlandesgerichte in derartigen Störfällen keinen Sachmangel sahen,[19] hielt der **BGH** die §§ 459 ff. BGB a. F. auch hier für anwendbar. **3986**

Der vom OLG Hamm angeschnittenen Auslegungsfrage brauchte der BGH seinerzeit nicht nachzugehen, weil die Klausel „wie besichtigt und probegefahren" lautete und damit ohnehin eine beschränkte Reichweite hatte. Ob der vollständige Gewährleistungsausschluss Fälle **nichttechnischer Fehlerhaftigkeit** einschließt, ist auch in der Taxi-Entscheidung des BGH v. 12. 5. 1976[20] offen geblieben.[21] Das KG hatte als Vorinstanz die Meinung vertreten, dass die Klausel bei solchen Mängeln nicht gelte, die für den Verkäufer aus dem Fahrzeugbrief ersichtlich seien. Im Streitfall hatte ein Kfz-Händler einen Wagen verkauft, der 4 Jahre lang als Taxi benutzt worden war. Ohne Entscheidung ist die Auslegungsfrage auch in dem BGH-Urteil v. 7. 5. 1997[22] geblieben. **3987**

Als **vernünftiger Zweck** der Freizeichnungsabrede kann nur der Ausschluss der Haftung für solche Sachmängel angesehen werden, die den **bestimmungsgemäßen Gebrauch** des Kraftfahrzeugs unmittelbar beeinträchtigen und deren Grund in der Vorbenutzung, im Gebrauchtsein, liegt. Eine Auslegungshilfe gibt die Frage, ob die Vertragswidrigkeit **mit technischen Mitteln,** also in einer Werkstatt, zu beseitigen ist. **3988**

Nachbesserungsunfähigkeit ist freilich kein Ausschlusskriterium. Unfallvorschäden und Km-Abweichungen fallen zweifelsohne unter den formularmäßigen Haftungsausschluss. Schon nach dem **allgemeinen Sprachgebrauch** handelt es sich jedoch nicht um „Mängel", wenn die Fahrzeugpapiere fehlen oder wenn Daten des Fahrzeugs und des Briefs nicht übereinstimmen oder die Fahrzeugidentifizierungsnummer (FIN) ausgetauscht worden **3989**

---

17 Vgl. dazu BGH 10. 3. 1995, NJW 1995, 1737 – Brand zwischen Notar- und Übergabetermin; s. a. BGH 24. 1. 2003, ZIP 2003, 532.

18 Urt. v. 24. 11. 1952, NJW 1953, 386; s. a. OLG Hamburg 11. 7. 1958, BB 1958, 896.

19 Siehe auch OLG Oldenburg 31. 1. 1995, NJW-RR 1995, 688 = MDR 1995, 360 – unrichtige Herstellerangabe bei einem nach Totalschaden wieder aufgebauten BMW Z 1; OLG Schleswig 4. 7. 1996, OLGR 1996, 339 = zfs 1997, 17 – Austausch der FIN.

20 BB 1977, 61 m. Anm. *Trinkner.*

21 Ebenso im Urt. v. 7. 5. 1997, NJW 1997, 3164.

22 NJW 1997, 3164.

ist.[23] Auch kann der Händler seine Sachmängelhaftung für ein **höheres Fahrzeugalter**[24] nicht unter Berufung auf den allgemeinen Gewährleistungsausschluss ablehnen. Auch die Fälle **atypischer Vorbenutzung** (Taxi, Miet- oder Fahrschulwagen) sind auszuklammern.[25] Eine Freizeichnung setzt hier eine **konkrete Abrede** voraus, die auch formularmäßig erfolgen kann.

3990 Ob der allgemeine (pauschale) Ausschluss der Sachmängelhaftung darüber hinaus zu begrenzen ist, indem man „grundlegende, den Vertragszweck erheblich gefährdende Mängel" aus seinem Anwendungsbereich herausnimmt, war eine Frage, die durch den Gebrauchtwagen-Run Anfang der Neunziger in den neuen Bundesländern besondere Aktualität erlangt hatte, freilich schwerpunktmäßig beim Verkauf an Verbraucher. Inzwischen haben sich die Verhältnisse normalisiert.

3991 Nach altem Kaufrecht kamen grundsätzlich zwei Lösungswege in Betracht: Denkbar war einerseits, die Freizeichnungsklausel auch bei sog. **Schwerstmängeln** für anwendbar zu halten und zum Schutz des Käufers gesteigerte Aufklärungspflichten zu statuieren, flankiert von einer Großzügigkeit bei der Annahme von Zusicherungen. Dies war das Konzept des BGH.[26] Die Alternative hieß: unmittelbare Beschränkung der Freizeichnungsklausel, nicht mittelbar durch eine „überschießende" Gegensteuerung über § 476 BGB a. F. und mit Hilfe der Figur der stillschweigenden Eigenschaftszusicherung (§ 459 Abs. 2 BGB a. F.).

3992 Darüber, dass in diesem Punkt ein Regelungsbedürfnis bestand, war man sich in allen Lagern weitgehend einig. Auch die einschlägigen Gerichtsentscheidungen enthielten oft das stillschweigende Eingeständnis, dass der allgemeine Gewährleistungsausschluss im Einzelfall zu unbefriedigenden Ergebnissen führt. Diese richtige Erkenntnis war die Grundlage all derjenigen Entscheidungen, in denen der Gewährleistungsausschluss neutralisiert worden ist, obgleich eine arglistige Täuschung nicht nachgewiesen werden konnte.

3993 Mit dem gängigen Auslegungsinstrumentarium kam man in den „Schwerstmängel-Fällen" nicht recht weiter. Im Kern ging es um ein **Problem der Angemessenheit** und damit der (offenen) **Inhaltskontrolle.** Weder aus sich selbst heraus noch im Kontext mit dem typischen Inhalt von Gebrauchtwagenkaufverträgen konnte der allgemeine Gewährleistungsausschluss alter Art dahin ausgelegt werden, dass die Haftung für sog. Schwerstmängel bestehen bleibt.[27] Dass ein Händler die Abwesenheit dieser Mängel oder – positiv gewendet – die Gebrauchstauglichkeit des Fahrzeugs konkludent oder stillschweigend zusagt, gar garantiert, konnte **im Regelfall** des Verkaufs an Nichtverbraucher nicht angenommen werden. Schon die Tatsache, dass unter Haftungsausschluss verkauft wurde, sprach dagegen.

3994 Der BGH hat schon vor Jahren klargestellt: Ohne konkrete Anhaltspunkte für eine abweichende Auslegung erfasst die (seinerzeit) übliche Freizeichnungsklausel **auch schwerste technische Mängel**; insoweit ist sie umfassend.[28] Diese richtige Aussage hatte vor allem Verbraucherkäufe vor Augen. Sie gilt erst recht beim **Verkauf an Nichtverbraucher**. Konkrete Anhaltspunkte im Sinn der BGH-Rechtsprechung sind nicht: Anbieten des Fahrzeugs als Gebrauchtwagen statt als Schrott- oder Bastlerwagen, Verlangen eines Preises, der für ein im Wesentlichen mängelfreies Fahrzeug angemessen wäre, Hinweis auf gerade erfolgte TÜV-Abnahme, Vorlage einer Werkstattrechnung oder des „Scheckhefts". Alle diese Tatsachen sind ohne das Hinzutreten weiterer Umstände zu schwach, um den Gewährleistungsausschluss zurücktreten zu lassen.

---

23 Dazu OLG Schleswig 4. 7. 1996, OLGR 1996, 339 = zfs 1997, 17.

24 Oder eine frühere Erstzulassung.

25 Ebenso die Unrichtigkeit einer Herstellerangabe, vgl. OLG Oldenburg 31. 1. 1995, NJW-RR 1995, 688.

26 Vgl. *Hiddemann*, 25 Jahre Bundesgerichtshof, S. 132.

27 Zutreffend BGH 22. 2. 1984, NJW 1984, 1452.

28 BGH 22. 2. 1984, NJW 1984, 1452; anders der österr. OGH (Urt. v. 16. 2. 2006, ZVR 2006, 414).

cc) Formularmäßiger Haftungsausschluss und Beschaffenheitsvereinbarung/-garantie

Ausgangspunkt ist **§ 444 BGB**. Bei **Übernahme einer Beschaffenheitsgarantie** wird nicht etwa die Nichtigkeit der Freizeichnungsklausel angeordnet, sondern dem Verkäufer lediglich untersagt, sich auf die Klausel zu berufen. In der Sache selbst hat sich gegenüber dem früheren Rechtszustand – jedenfalls für den Bereich des Gebrauchtwagenkaufs – nichts geändert.[29] Zu Einzelfällen von Beschaffenheitsgarantien i. S. v. § 444 BGB s. Rdn. 2596 ff. **3995**

Bei der Übernahme einer Garantie für die Beschaffenheit bleiben weitergehende Ansprüche unberührt, heißt es im Abschn. VI Ziff. 1 Abs. 3 der ZDK-AGB Stand 7/2003; ähnlich jetzt die Version 3/2008. Die Klausel zielt auf Geschäfte mit Verbrauchern wie Nichtverbrauchern. Gegenüber Verbrauchern kann der Händler sich auf eine an sich zulässig vereinbarte Verkürzung der Verjährungsfrist nicht berufen, wenn er eine unrichtige Beschaffenheitsgarantie gegeben hat (s. a. Rdn. 4091 f.). Beim Verkauf an Unternehmer und Behörden bleiben zulässigerweise vereinbarte Haftungsausschlüsse ohne Wirkung. **3996**

Während die Klauselwerke Stand 1/2002 und 7/2003 in Anlehnung an § 444 BGB – neben dem arglistigen Verschweigen von Mängeln – lediglich die Übernahme einer Beschaffenheitsgarantie ansprachen, versucht die Klausel Abschn. VI Ziff. 1 a. E. der **aktuellen Version** (ZDK-AGB 3/2008) mit der Formulierung „oder etwas anderes vereinbart" auch die „einfache" Beschaffenheitsvereinbarung (§ 434 Abs. 1 S. 1 BGB) zu erfassen. Zudem fehlt jetzt die Fokussierung auf die „Beschaffenheitsgarantie". Es heißt nur noch „insbesondere im Falle der Übernahme einer Garantie". **3997**

In der Sache geht es um die Frage, ob sich ein formularmäßiger pauschaler Ausschluss der Sachmängelhaftung gegen eine Beschaffenheitsvereinbarung, insbesondere in Form einer Garantie, durchsetzt.[30] Was für eine Garantieübernahme aus § 444 BGB folgt, ergibt sich für die „einfache" Beschaffenheitsvereinbarung aus § 305b BGB (Vorrang der Individualabrede). Wenn der BGH selbst beim Zusammentreffen eines pauschal formulierten individualvertraglichen Haftungsausschlusses mit einer Beschaffenheitsvereinbarung letzterer Vorrang einräumt,[31] muss dies **erst recht** gelten, wenn die Freizeichnungsabrede AGB-Charakter hat. Dem kann nicht entgegengehalten werden, dass § 444 BGB eine Garantie für die Beschaffenheit verlangt, also mehr als eine bloße Beschaffenheitsvereinbarung. Der Vorrang der Beschaffenheitsvereinbarung vor einer formularmäßigen Freizeichnung lässt sich mit § 305b BGB begründen, obwohl eine Beschaffenheitsvereinbarung i. d. R. kein „ich hafte" bedeutet. Es genügt ein indirekter Widerspruch.[32] Der zwischen dem subjektiven und dem objektiven Mangelbegriff angesiedelte Fall der „vertraglich vorausgesetzten Verwendung" (§ 434 Abs. 1 S. 2 Nr. 1 BGB) ist einer Individualabrede gleichzustellen, hat also gleichfalls Vorrang vor einer formularmäßigen Freizeichnung.[33] Eine Gleichstellung mit einer öffentlichen Verkäuferangabe i. S. d. § 434 Abs. 1 S. 3 BGB ist abzulehnen.[34] Damit entfernt man sich zu weit von dem Grundgedanken des § 444 BGB. Schon die Erstreckung auf die „einfache" Beschaffenheitsvereinbarung durch den BGH ist „grenzwertig". **3998**

29 Zur Vertiefung s. *Muthers/Ulbrich*, ZGS 2004, 289.
30 Zum Problem s. *Gsell* in FS Eggert, 2008, S. 1, 10; *Emmert*, NJW 2006, 1765.
31 Urt. v. 29. 11. 2006, NJW 2007, 1346 (privater Motorradverkauf über eBay).
32 *Gsell* in FS Eggert (2008), S. 1, 11.
33 *Gsell* in FS Eggert (2008), S. 1, 11 f.
34 A. A. *Höffmann*, ZGS 2011, 299 ff.

dd) Sonstige Auslegungsfragen

3999 Bei der Klausel **„wie besichtigt und unter Ausschluss jeder Gewährleistung"** hat die Rechtsprechung früher vereinzelt angenommen, dass zwischen den beiden Klauselteilen ein **Widerspruch** bestehe, der nach der **Unklarheitenregel** (§ 5 AGBG) zulasten des Verwenders gehe.[35] Abgesehen davon, dass diese Frage inzwischen höchstrichterlich zugunsten des Kfz-Handels geklärt ist,[36] hat sich das Problem auch dadurch erledigt, dass der Vorspann „wie besichtigt" gestrichen worden ist. Es hieß zuletzt nur noch: „Für den Kaufgegenstand wird keine Gewähr geleistet" oder „unter Ausschluss jeder Gewährleistung".

4000 Wenn der formularmäßige Haftungsausschluss mit einer individuell vereinbarten Besichtklausel zusammentrifft, bleibt es bei dem umfassenden Ausschluss der Sachmängelhaftung.[37] Zum Zusammentreffen eines formularmäßigen Gewährleistungsausschlusses mit der individuellen Zusage, vorhandene Mängel vor Übergabe zu beseitigen, s. BGH 6. 10. 1971, NJW 1972, 46 und Rdn. 2554 ff.

4001 Dazu, ob der formularmäßige Haftungsausschluss **konkurrierende Ansprüche,** z. B. aus unerlaubter Handlung, und das Recht der Irrtumsanfechtung (§ 119 Abs. 2 BGB) erfasst, s. Rdn. 4625 ff., 4481.

b) Inhaltskontrolle

4002 Nach gefestigter Rechtsprechung war der **völlige Gewährleistungsausschluss** selbst bei Verwendung gegenüber Endverbrauchern und damit erst recht im unternehmerischen Verkehr bis zum In-Kraft-Treten der Schuldrechtsreform 2002 wirksam. **Grundlegend** ist das **BGH-Urteil v.** 11. 6. 1979.[38] In Anlehnung an frühere Entscheidungen[39] stellte der VIII. Senat fest: Die Klausel „gebraucht, wie besichtigt unter Ausschluss jeder Gewährleistung" verstößt nicht gegen § 9 AGBG. Unbeeindruckt von der vor allem verbraucherschutzrechtlich motivierten Kritik[40] hielt der BGH in der Folgezeit an seiner Auffassung fest. Der ständigen Spruchpraxis des VIII. Senats[41] hat sich der X. ZS des BGH für den Verkauf gebrauchter Radio- und Fernsehgeräte ausdrücklich angeschlossen.[42]

4003 Im **modernisierten Schuldrecht** gilt: Ein formularmäßiger Ausschluss der Sachmängelhaftung des Verkäufers eines gebrauchten Kraftfahrzeugs ist außerhalb des Verbrauchsgüterkaufs **prinzipiell zulässig.**[43] Daran ändert nichts die Tatsache, dass die Lieferung einer mangelfreien Sache jetzt zur Leistungspflicht eines jeden Verkäufers gehört (§ 433 Abs. 1 S. 2 BGB) und gewiss keine Neben-, sondern **eine Hauptpflicht** ist. Schon nach früherem Recht war die Verpflichtung des Verkäufers zur fehlerfreien Lieferung für den BGH eine **„kaufrechtliche Kardinalpflicht".**[44] Seine Rechtsprechung, die bei „Kardinalpflichten" eine Freizeichnung von der Haftung selbst bei einfacher Fahrlässigkeit nicht zulässt,[45] führt gleichwohl nicht zur Unwirksamkeit eines vollständigen Gewährleistungsausschlusses.

35 LG Essen 7. 1. 1954, RdK 1954, 90; LG Kiel, SchlHAnz 1959, 123; LG München I 20. 12. 1976, NJW 1977, 766 m. Anm. *Eggert*, S. 2267.

36 BGH 11. 6. 1979, BGHZ 74, 383 = NJW 1979, 1886; BGH 24. 4. 1996, NJW 1996, 2025; s. a. BGH 6. 10. 1971, NJW 1972, 46.

37 Vgl. auch LG Osnabrück 29. 4. 1980, VersR 1981, 45; s. a. LG Saarbrücken 20. 12. 2000, zfs 2001, 115.

38 BGHZ 74, 383 = NJW 1979, 1886 = DAR 1979, 278.

39 Vor allem 8. 10. 1969, NJW 1970, 29; s. a. BGH 6. 10. 1971, NJW 1972, 46.

40 *Löwe*, BB 1979, 1063; *Mehnle*, DAR 1979, 272.

41 Urt. v. 23. 11. 1994, NJW 1995, 516; 6. 12. 1995, NJW 1996, 584; 24. 4. 1996, NJW 1996, 2025.

42 Urt. v. 20. 10. 1992, NJW 1993, 657.

43 BGH 21. 12. 2005, NJW 2006, 1066 (Leasing-Pkw).

44 Urt. v. 27. 9. 2000, NJW 2001, 292 (Neuwagenverkaufsbedingungen).

45 BGH 20. 3. 2003, NJW-RR 2003, 1056.

Andernfalls käme es zu einem Wertungswiderspruch zu § 309 Nr. 8b BGB mit seiner Sonderregelung für den Kauf neu hergestellter Sachen. **Im Umkehrschluss** daraus ist zu folgern, dass der Verkäufer einer bereits gebrauchten Sache seine gesamte Sachmängelhaftung (§ 437 Nr. 1 bis 3 BGB) weiterhin auch formularvertraglich – innerhalb bestimmter Grenzen – ausschließen darf, es sei denn, dass ein Fall des Verbrauchsgüterkaufs vorliegt.[46] Ein weiteres argumentum e contrario ergibt sich aus § 475 BGB. Außerhalb des Verbrauchsgüterkaufs gilt Vertragsautonomie in den früheren Grenzen.

Bei der Inhaltskontrolle nach **§ 307 BGB** sind allerdings die **Ausstrahlungswirkungen** zu beachten, die von den §§ 308, 309 BGB ausgehen.[47] Besondere Beachtung verdienen insoweit die absoluten Klauselverbote in **§ 309 Nr. 7a und b BGB**.[48] Sie sind in den meisten Formularverträgen aus der Zeit 2002 bis 2008 unbeachtet geblieben, was die Unwirksamkeit von Haftungsbegrenzungen auch im unternehmerischen Verkehr zur Folge hat.[49] Mit der **Neufassung der ZDK-AGB** (Stand 3/08) hat man der **„Gleichschritts-Rechtsprechung"** des BGH[50] Rechnung tragen wollen; ob erfolgreich, haben die Gerichte noch nicht geklärt. **4004**

Die **Ansprüche auf Schadensersatz wegen eines Sachmangels** sind in der Neufassung 3/08 en bloc aus dem Abschn. VI („Sachmangel") ausgelagert und in den Abschnitt VII („Haftung") integriert. Unter Nr. 5 heißt es jetzt ausdrücklich, dass die „Haftungsbegrenzungen" dieses Abschnitts nicht gelten bei Verletzung von Leben, Körper oder Gesundheit. Das zielt auf **§ 309 Nr. 7a BGB.** Für das **Klauselverbot bei grobem Verschulden** (Nr. 7b) fehlt es dagegen an einer ausdrücklichen Ausnahme. Der Grund dürfte darin liegen, dass der Verkäufer auch nach den AGB selbst bei leichter Fahrlässigkeit haftet, wenngleich beschränkt nach Maßgabe der Klausel VII Nr. 1 ZDK-AGB (Stand 3/08). Die vom BGH noch nicht entschiedene Frage, inwieweit bei grober Fahrlässigkeit eine **Haftungsbeschränkung** im unternehmerischen Verkehr zulässig ist, stellt sich nach den handelsüblichen Klauselwerken nicht. **4005**

Bedeutung bei der Inhaltskontrolle nach § 307 BGB könnte auch **§ 309 Nr. 8a BGB** insoweit gewinnen, als es um das **Rücktrittsrecht des Käufers** geht. Die Pflichtverletzung, die in der Lieferung einer mangelhaften Sache liegt (§ 433 Abs. 1 S. 2 BGB), ist zwar in dieser Vorschrift ausdrücklich ausgeklammert („Mangel der Kaufsache"). Insoweit hat § 309 Nr. 8b bb BGB Vorrang, der jedoch nur für „neu hergestellte", nicht für bereits gebrauchte Sachen gilt. Damit stellt sich die Frage, ob und inwieweit § 309 Nr. 8a BGB Schutzwirkung zugunsten des (gewerblichen) Käufers eines Gebrauchtwagens entfalten kann. Verhindern will die Vorschrift, dass Vertragslösungsrechte des Kunden ausgeschlossen oder beschränkt werden. Gem. §§ 310 Abs. 1, 307 BGB gilt das Verbot auch im unternehmerischen Rechtsverkehr.[51] **4006**

Dass Verkäufer gebrauchter Fahrzeuge einen größeren Handlungsspielraum für einen Haftungsausschluss haben als Neufahrzeugverkäufer, betrifft nur die eigentliche Mangelhaftigkeit. Bei sonstigen Pflichtverletzungen unterscheidet das (AGB-)Gesetz nicht zwischen dem Verkauf von neuen und alten Sachen. Geschützt ist somit auch das Recht des Gebrauchtwagenkäufers, sich bei einer anderweitigen Pflichtverletzung des Verwenders vom Vertrag lösen zu können. Zu denken ist hier an die (seltene) Konstellation, dass das Rücktrittsrecht seine Grundlage nicht in der Mangelhaftigkeit des Fahrzeugs hat, sondern in einer **4007**

46 BGH 21. 12. 2005, NJW 2006, 1066; Das neue Schuldrecht/*Haas*, Kap. 5 Rn. 295.
47 BGH 19. 9. 2007, NJW 2007, 3774; *Berger*, NJW 2010, 465; *Arnold*, ZGS 2004, 16 ff.; *Graf von Westphalen*, ZAP-Sonderheft 2009, S. 86 ff.
48 Dazu BGH 19. 9. 2007, NJW 2007, 3774; *Graf von Westphalen*, ZAP-Sonderheft 2009, S. 86.
49 BGH 19. 9. 2007, NJW 2007, 3774.
50 Dazu *Graf von Westphalen*, NJW 2008, 2234, 2239.
51 BGH 29. 10. 2008, NJW 2009, 575 Tz. 26.

Verletzung der Nacherfüllungspflicht, z. B. bei einer ernsthaften und endgültigen Erfüllungsverweigerung. Die Frage ist jedoch, ob ein so begründetes Vertragslösungsrecht von der Klausel „. . . . unter Ausschluss jeglicher Sachmängelhaftung“ (Abschn. VI Ziff. 1 S. 2 ZDK-AGB) überhaupt erfasst wird. Das ist zu verneinen. Regelungsgegenstand sind Sachmängelansprüche unter Einschluss der Gestaltungsrechte Rücktritt und Minderung, soweit sie auf die Mangelhaftigkeit des Fahrzeugs als solche gegründet sind.

4008 Gegen § 307 BGB verstößt eine Klausel, wonach der Käufer zur Erhaltung seiner Gewährleistungsansprüche verpflichtet ist, das Fahrzeug gezielt zu untersuchen und Erkundigungen einzuholen.[52]

4009 Ob und inwieweit das Freizeichnungsverbot des § 475 Abs. 1 BGB **Fernwirkungen** auf die Gestaltung von Kaufverträgen über gebrauchte Kraftfahrzeuge zwischen einer **Leasinggesellschaft** und einem gewerblichen Kfz-Verkäufer hat, hat der Reformgesetzgeber nicht geklärt. Näheres zur Problematik im Leasingteil (Rn L 165 f.).

IV. Der vermittelte Privatverkauf

4010 Bei einem Kaufvertrag zwischen Privatpersonen, der durch einen gewerblichen Händler vermittelt wird (Agenturgeschäft, dazu Rdn. 2137 ff.), ist eine umfassende Freizeichnung von der Sachmängelhaftung durch AGB grundsätzlich nicht zu beanstanden. Für den privaten Verkäufer – er ist beim vermittelten Kauf i. d. R. Verwender i. S. v. § 305 Abs. 1 BGB (s. Rdn. 2401) – gelten grundsätzlich die gleichen Gesichtspunkte, welche die Rechtsprechung veranlasst haben, die Freizeichnung beim Verkauf durch einen Gebrauchtwagenhändler (Händlereigengeschäft) zu billigen.[53]

4011 Eine **Ausnahme** ist allerdings bei einem **Erstbesitzer** zu machen (vermittelter Verkauf aus erster Hand). Auf ihn treffen die Erwägungen nicht zu, die der BGH in der Leitentscheidung vom 11. 6. 1979[54] in den Vordergrund gestellt hat. Der private Erstbesitzer kennt „sein“ Fahrzeug vom ersten Tag an aus eigener Anschauung und Erfahrung. Die für einen Zweit- oder Drittbesitzer typischen Informations- und Erkenntnisschwierigkeiten bestehen bei ihm nicht, vor allem nicht im Hinblick auf Unfallbeschädigungen. Dass das Fahrzeug häufig auch von Familienangehörigen, Lebensgefährten u. Ä. benutzt wird, rechtfertigt keine andere Bewertung. Für normale Verschleiß- und Alterungserscheinungen braucht sich auch der private Verkäufer nicht frei zu zeichnen. Insoweit fehlt es bereits an einem Mangel im Rechtssinn (s. Rdn. 2944 ff.). Damit dürfte dem Einwand von *Hörl*[55] ausreichend Rechnung getragen sein. Schon ein Zweitbesitzer hat i. d. R. (Ausnahme: sehr kurzer Vorbesitz) ein legitimes Interesse an einer umfassenden Haftungsfreizeichnung.[56]

4012 Bei einem vermittelten Verkauf aus erster Hand ist zu erwägen, die Freizeichnungsklausel insoweit aufrechtzuerhalten, als es um **wahrnehmbare Mängel** geht. Diese beschränkte Freizeichnung erscheint nicht unangemessen. Nach der Rechtsprechung kommt eine solche geltungserhaltende Reduktion allerdings nicht in Betracht. Angesichts des § 442 Abs. 1 S. 2 BGB besteht hierfür auch kein praktisches Bedürfnis.

---

52 So OLG Celle 24. 4. 2003 – 11 U 285/02.

53 Für eine prinzipielle Gleichstellung BGH 22. 2. 1984, NJW 1984, 1452 (Verkäufer war ein Kfz-Meister, aber kein Händler).

54 BGHZ 74, 383 = NJW 1979, 1886.

55 DAR 1986, 99.

56 Zur Erstbesitzerproblematik s. a. BGH 22. 2. 1984, NJW 1984, 1452.

V. Das private Direktgeschäft

1. Haftungsfreizeichnungen durch Individualvereinbarung

Bei Kaufverträgen, die zwischen Privatpersonen direkt, also ohne professionelle Vermittlung, abgeschlossen werden, kommt es naturgemäß in sehr viel stärkerem Maße zu individualvertraglichen, nicht vorformulierten Haftungsfreizeichnungen als beim gewerblichen Verkauf. 4013

a) Erscheinungsformen

Klauseln wie „Verkauf ohne Gewähr" oder „ohne Garantie verkauft" sind ebenso wie sog. **Besichtklauseln** weit verbreitet. Auf die Abrede **„wie besichtigt"** wird unter Privatleuten, die ohne Musterformular kontrahieren, nur selten verzichtet. Häufig erschöpft sich die Freizeichnung in einem **„gekauft wie besichtigt"** oder **„wie besichtigt und probegefahren"** oder **„gekauft wie gesehen"**. Die Besichtformel taucht auch in anderen Varianten auf, z. B. „wie gesehen, im Tageszustand", „gekauft in dem besichtigten Zustand" oder „nach Besicht" bzw. „wie besehen"; mitunter auch im Kontext mit einer Klausel wie „unter Ausschluss jeder Gewährleistung" in einem **ADAC-Vertragsformular**[57] oder in der Kombination einer mündlichen Abrede „wie gesehen" mit einem umfassenden Haftungsausschluss im schriftlichen Vertrag.[58] Varianten- und phantasiereich sind Freizeichnungen **im Internet**. Ebay-Beispiel nach BGH NJW 2007, 1346: „Krad wird natürlich ohne Gewähr verkauft" . 4014

b) Auslegungsfragen

aa) Umfassender Gewährleistungsausschluss

Eine Individualabrede „wie besichtigt und probegefahren unter Ausschluss jeglicher Gewährleistung" ist nicht in sich widersprüchlich, wie für eine Formularklausel gleichen Inhalts behauptet wurde (Rdn. 3999). Sie erstreckt sich auf sämtliche – auch auf verborgene – Mängel technischer Art,[59] sofern deren Abwesenheit nicht Gegenstand einer Beschaffenheitsvereinbarung oder -garantie ist.[60] Gleiches gilt für die Abrede, für den Wagen werde **„keine Garantie"** übernommen[61] oder **„ohne Garantie, gekauft wie gesehen"**.[62] 4015

Als umfassenden Gewährleistungsausschluss hat das OLG Hamm[63] auch folgende Klausel in einem Individualvertrag gewertet: „Beide Partner verzichten auf alle Forderungen nach dem Kauf und der Bezahlung des Kfz." Dass der Kaufgegenstand „in dem vorhandenen Zustand" auf den Käufer übergehen soll, bedeutet nicht in jedem Fall die Vereinbarung eines Gewährleistungsausschlusses. Die Regelung kann auch als Zustandsbeschreibung im Zeitpunkt der Übergabe verstanden werden.[64] 4016

57 BGH 6. 7. 2005, NJW 2005, 3205.
58 OLG Saarbrücken 6. 9. 2005, MDR 2006, 749 = OLGR 2006, 51.
59 Unrichtig OLG Köln 22. 4. 1994, OLGR 1994, 182.
60 BGH 29. 11. 2006, NJW 2007, 1346; s. a. BGH 6. 7. 2005, NJW 2005, 3205 unter II, 2 b.
61 LG Arnsberg 25. 4. 1988, NZV 1988, 68; AG Rheda-Wiedenbrück 28. 11. 2002, DAR 2003, 121; AG Kamen 3. 11. 2004, ZGS 2005, 200; zum Verkauf „ohne jegliche Garantie" vgl. auch RG Recht 1914, Nr. 26; s. a. OLG Koblenz 25. 1. 2011 – 2 U 590/10.
62 OLG Bamberg 19. 1. 1998, MDR 1998, 966 = OLGR 1998, 182; s. a. KG 24. 7. 2000, KGR 2001, 10; LG Kleve 25. 6. 2004 – 5 S 12/04 – n. v.
63 Urt. v. 31. 1. 1991 – 28 U 134/90 – n. v.
64 Vgl. BGH 8. 2. 1995, NJW 1995, 1547 (Kauf einer Ladeneinrichtung mit gebr. Maschinen).

bb) Kein umfassender Gewährleistungsausschluss

4017 Mit einer individualvertraglichen Abrede wie das Fahrzeug werde gekauft „wie besichtigt“ oder „wie besichtigt und probegefahren“ oder „gekauft wie gesehen“ wird die Sachmängelhaftung im Allgemeinen (zu Sonderfällen s. Rdn. 4020 ff.) nicht vollständig ausgeschlossen. Abbedungen ist nur die Haftung für solche Mängel, die bei einer den Umständen nach zumutbaren Prüfung und Untersuchung unschwer erkennbar sind.[65] Ist strittig, ob der Käufer den Mangel in diesem Sinn erkannt oder hätte erkennen können, trägt der Verkäufer die **Beweislast**.[66] Für die Sichtbarkeit (Erkennbarkeit) ist also er beweisbelastet.

4018 **Erkennbare Mängel** fallen nicht notwendigerweise unter § 442 BGB, der wenigstens grobe Fahrlässigkeit verlangt. Es macht daher durchaus Sinn, die Besichtklausel als Haftungsausschluss nur für dem Käufer erkennbare Mängel zu interpretieren. Unerheblich ist, ob eine Besichtigung und/oder Probefahrt überhaupt stattgefunden hat[67] – wofür freilich die Klausel spricht – und welche Sorgfalt der Käufer bei einer Besichtigung/Probefahrt an den Tag gelegt hat. Die Erkennbarkeit eines Fehlers ist andererseits nicht nach rein objektiven Maßstäben zu beurteilen. Abzustellen ist auf die bei einer normalen Untersuchung vorhandenen Erkenntnismöglichkeiten eines Durchschnittskäufers.[68] Hat ein Privatmann einen Sachverständigen zur Besichtigung hinzugezogen, wozu er rechtlich nicht verpflichtet ist, kommt es auf dessen Wahrnehmungsfähigkeit an.[69]

4019 Nicht entscheidend ist, was der Verkäufer bei der Besichtigung erkennen konnte.[70] Wenn ein Händler einen „privaten“ Einkäufer vorgeschoben hat (Strohmann), sind die Erkenntnismöglichkeiten des Händlers maßgebend.[71]

cc) Sonderfälle

4020 Unter besonderen Umständen kann eine Klausel „wie besichtigt und probegefahren“ oder „Fahrzeug gekauft wie gesehen“ schon bei isolierter Betrachtung ausnahmsweise einen **vollständigen Ausschluss** der Sachmängelhaftung bedeuten. Je älter das Fahrzeug ist, desto näher liegt die Annahme, dass der (private) Verkäufer sich auch für verborgene Mängel hat freizeichnen wollen, zumal bei einem Verkauf aus dritter oder vierter Hand.[72] Auch **der Kaufpreis** lässt Rückschlüsse auf den Parteiwillen zu. Bei einem Betrag nahe der Schrottpreisgrenze entfällt eine Haftung für Mängel jeglicher Art. Nach Ansicht des OLG Köln enthält die Klausel „geprüft und gefahren“ einen totalen Gewährleistungsausschluss,

---

65 St. Rspr., vgl. BGH 6. 7. 2005, NJW 2005, 3205 unter II, 2b; BGH 10. 7. 1953, DAR 1954, 14; BGH 18. 12. 1956, BB 1957, 238 unter Hinweis auf RGZ 94, 287; OLG Hamm 7. 7. 2009 – 28 U 86/09; OLG Saarbrücken 6. 9. 2005, MDR 2006, 749 = OLGR 2006, 51; OLG Köln 9. 1. 1973, NJW 1973, 903; OLG Schleswig 24. 7. 1979, VersR 1980, 98; OLG Schleswig 8. 9. 1982, MDR 1983, 54; OLG Köln 16. 9. 1991, NJW-RR 1992, 49 (Wohnwagen); OLG Frankfurt 9. 10. 1979, MDR 1980, 140 (wohl kein Kfz-Kauf); OLG Braunschweig 23. 8. 1991, Nds.Rpfl. 1992, 26 („wie es hier steht“); OLG Koblenz 21. 11. 1991, NJW-RR 1992, 1145 („wie gesehen“); OLG Frankfurt 18. 9. 1991, zfs 1992, 230; OLG Köln 24. 3. 1993, VRS 86, 12; LG Saarbrücken 3. 3. 1994, zfs 1994, 245; AG Zweibrücken 10. 11. 1999 – 1 C 446/99 – n. v.; ebenso für das österreichische Recht OGH 16. 2. 2006, ZVR 2006, 414.

66 OLG Frankfurt 9. 10. 1979, MDR 1980, 140 (wohl kein Kfz-Kauf).

67 So auch OLG Köln 16. 9. 1991, NJW-RR 1992, 49.

68 OLG Köln 9. 1. 1973, NJW 1973, 903.

69 LG Münster 29. 6. 1988, NZV 1988, 145.

70 A. A. OLG Nürnberg 30. 10. 1964 – 1 U 34/64 – n. v.

71 AG Köln 24. 4. 1985 – 130 C 1430/83 – n. v.

72 Zustimmend OLG Hamm 5. 5. 1992 – 19 U 233/91 – n. v.; OLG Köln 21. 4. 1999, NZV 1999, 382 DAR 1999, 406 = OLGR 1999, 240 – Reisebus; vgl. auch AG Siegburg 5. 10. 1978 – 34 C 434/78 – n. v. (völlige Freizeichnung bei einem 13 Jahre alten, etwa 186.000 km gelaufenen Pkw Volvo); AG Northeim 5. 8. 2005 – 3 C 570/05 – n. v.

wenn der Wagen **mehrere Vorbesitzer** hatte und im Zuge der Kaufverhandlungen einer Fachwerkstatt zur Mängelbeseitigung vorgeführt wurde.[73]

Da auch bei einer Untersuchung in einer Fachwerkstatt Mängel unentdeckt bleiben können, erscheint es nicht unbedenklich, wenn das OLG Köln die Freizeichnung auf sämtliche Mängel erstreckt. Richtig ist aber, dass solche individuellen Klauseln im Zusammenhang mit dem übrigen Vertragsinhalt und dem Geschehen zu sehen, das dem Vertragsabschluss vorausgegangen ist. Es macht einen Unterschied, ob ein privater Kfz-Eigentümer seinen Wagen an einen Händler oder an einen Privatmann verkauft. Von Bedeutung ist ferner, ob der Verkäufer Erst- oder Nachbesitzer ist. Auch die Intensität der Untersuchung und der Grad der Wahrnehmungsfähigkeit spielen eine Rolle.[74] **4021**

Sofern der Verkäufer nur für verborgene Mängel haftet, gehört die Unsichtbarkeit des Mangels nicht zum Haftungsgrund. Die anerkannten Beweisgrundsätze werden durch die Freizeichnungsklausel nicht abgeändert. Einfluss auf die **Beweislastverteilung** hat jedoch die mitunter anzutreffende Klausel „für Mängel des Fahrzeugs wurde ein Nachlass in Höhe von X EUR gewährt“. Hier muss der Käufer beweisen, dass der von ihm behauptete Mangel von dem Preisnachlass nicht erfasst wird. Für das Zustandekommen der Freizeichnungsvereinbarung ist, keine Frage, der Verkäufer beweisbelastet.[75] **4022**

Handschriftliche Zusätze in Formularverträgen: Das OLG Karlsruhe[76] hat den handschriftlichen Zusatz (in einem ADAC-Vertrag) „gekauft wie gesehen und wie Probenfahrt“ zunächst isoliert betrachtet und darin, an sich zutreffend, keinen vollständigen Haftungsausschluss gesehen. Diesem Auslegungsergebnis stehe der formularvertragliche umfassende Ausschluss der Sachmängelhaftung nicht entgegen (Vorrang der Individualabrede u. a.). **Der BGH**[77] ist dem nicht gefolgt; er hat einen umfassenden Gewährleistungsausschluss angenommen. **4023**

Kombination individualvertraglicher Haftungsausschluss/Beschaffenheitsvereinbarung: Wie ein solches Zusammentreffen sachgerecht aufzulösen ist, ergibt sich aus der **Entscheidung des BGH v. 29. 11. 2006.**[78] Hiernach setzt sich schon eine bloße Beschaffenheitsvereinbarung, nicht erst eine Garantie i. S. d. § 444 BGB, gegen einen **pauschalen** Ausschluss der Sachmängelhaftung durch, d. h., eine individualvertragliche Klausel wie „Fahrzeug wird ohne Gewähr verkauft“ schließt die Haftung nur für solche Mängel aus, die sich nicht aus einer Beschaffenheitsvereinbarung ableiten lassen, sondern ihre Grundlage in § 434 Abs. 1 S. 2 Nrn. 1 und 2 BGB haben.[79] **4024**

Käufer müssen deshalb daran interessiert sein, wenigstens den Bruch einer Beschaffenheitsvereinbarung nachzuweisen, wenn sie keine Garantie i. S. d. § 444 BGB ins Feld führen können. Eine **stillschweigend** (oder konkludent) zustande gekommene Beschaffenheitsvereinbarung soll genügen[80], wobei freilich die Existenz der Freizeichnungsabrede ein gewichtiges Argument gegen die Annahme einer solchen Vereinbarung ist. Eine bloße **4025**

---

73 Urt. v. 8. 7. 1977 – 9 U 27/77 – n. v.; ähnlich OLG Hamm 5. 5. 1992 – 19 U 233/91 – n. v.

74 Zustimmend OLG Köln 21. 4. 1999, NZV 1999, 382 = DAR 1999, 406 = OLGR 1999, 240 – Reisebus.

75 AG Rheda-Wiedenbrück 28. 11. 2002, DAR 2002, 121.

76 Vorinstanz zu BGH NJW 2005, 3205.

77 Urt. v. 6. 7. 2005, NJW 2005, 3205.

78 NJW 2007, 1346 = DAR 2007, 265 m. Bespr. *Reinking*, DAR 2007, 255; zum Problem umfassend *Gsell* in FS Eggert, 2008, S. 1 ff.; ferner *Emmert*, NJW 2006, 1665; *Höffmann*, ZGS 2011, 299.

79 BGH 29. 11. 2006, NJW 2007, 1346; so auch OLG Hamm 12. 5. 2009, NJW-RR 2009, 1718 = ZGS 2009, 473 (eBay-Pkw-Kauf); OLG Hamm 7. 7. 2009 – 28 U 86/09 (Pkw); OLG Koblenz 25. 1. 2011 – 2 U 590/10.

80 OLG Hamm 7. 7. 2009 – 28 U 86/09 (Ausstattung mit Allradantrieb).

Wissensmitteilung wie „unfallfrei, soweit bekannt" reicht nicht aus.[81] Erst recht hat eine nicht Vertragsinhalt gewordene **öffentliche Verkäuferangabe** i. S. d. § 434 Abs. 1 S. 3 BGB nicht die Kraft, sich gegen einen individualvertraglichen Gewährleistungsausschluss wie „Fahrzeug wird ohne Gewähr verkauft" durchzusetzen.[82]

2. Formularmäßige Freizeichnungen

(1) Erscheinungsformen

4026 Aus Anlass der Schuldrechtsreform sind die meisten Musterverträge, die Anbieter wie Automobilclubs, Autobörsen, Versicherungen, Fachzeitschriften oder private Automärkte Privatpersonen zur Verfügung stellen, umgestaltet worden. Das gilt auch für den **ADAC-Kaufvertrag**. Bei privaten Direktgeschäften (insgesamt rund drei Millionen jährlich) wird vorzugsweise dieser Formularvertrag verwendet. Außerdem dient er anderen Anbietern als Vorbild bei der Formulierung ihrer Musterverträge. Die Vertragstexte werden entweder aus dem Internet heruntergeladen, meist vom Verkäufer,[83] oder von den genannten Anbietern direkt bezogen, selten käuflich, meist als Serviceleistung.[84]

4027 In dem für private Verkäufer zentralen Punkt, ihre Sachmängelhaftung auszuschließen, haben sich etliche Musterverträge als veritable **„AGB-Falle"** entpuppt. Trotz einschlägiger höchstrichterlicher Rechtsprechung tragen sie den absoluten Klauselverboten in § 309 Nr. 7a und b BGB keine Rechnung. Konsequenz: **Unwirksamkeit der Freizeichnungsklausel**, sofern der Verkäufer die Klausel i. S. d. § 305 Abs. 1 S. 1 BGB gestellt hat.[85]

(2) Erfordernis des „Stellens" und Verwenderbegriff

4028 Durch die Entscheidung des BGH v. 17. 2. 2010[86] ist die vor dem Hintergrund der o. a. „AGB-Falle" durchaus praxisrelevante Frage weitgehend geklärt, unter welchen Voraussetzungen ein Privatverkäufer bei Verwendung eines Mustervertrages Verwender i. S. d. § 305 Abs. 1 S. 1 BGB ist, er seinem (privaten) Vertragspartner Bedingungen „gestellt" hat. Dass auch eine Privatperson „Verwender" sein kann, wenn sie vorformulierte Bedingungen in den Vertrag einführt, steht außer Streit. Das muss nicht unbedingt der Verkäufer sein, auch der Käufer kann Verwender sein.[87] Unbestritten ist im Ausgangspunkt ferner, dass Verwender i. S. d. § 305 BGB auch eine Privatperson sein kann, die von einem Dritten vorformulierte Texte benutzt, auch wenn sie den Formularvertrag nicht mehrfach, sondern nur für ein einziges Geschäft einsetzt[88] – die typische Konstellation beim privaten Direktgeschäft.

4029 **Maßgebend** ist, ob sich eine der Parteien die (Dritt-)Bedingungen als von ihr gestellt zurechnen lassen muss, so die zentrale Aussage des BGH.[89] Eine Vermutung des „Stellens" oder gar eine (unwiderlegliche) Fiktion wie im Verhältnis Unternehmer/Verbraucher

81 BGH 17. 2. 2010, NJW 2010, 1131 = DAR 2010, 326 Tz. 25.

82 A. A. *Höffmann*, ZGS 2011, 299 ff.

83 Dazu OLG Hamm 13. 1. 2011 – I-2 U 143/10; OLG Oldenburg 27. 5. 2011 – 6 U 14/11; LG Saarbrücken 28. 8. 2008 – 11 S 112/07.

84 Zur Schadensersatzhaftung eines Anbieters für fehlerhafte Klauseln s. *S. Lorenz*, DAR 2010, 314, 317 f.

85 BGH 22. 11. 2006, NJW 2007, 759; bestätigt durch BGH 17. 2. 2010, NJW 2010, 1131 Tz. 9; ebenso BGH 24. 2. 2010, ZGS 2010, 227 Tz. 18 (Pferdeauktion); OLG Hamm 10. 2. 2005, NJW-RR 2005, 1220.

86 NJW 2010, 1131 = DAR 2010, 326.

87 OLG Koblenz 20. 9. 2007, NJW-RR 2008, 69.

88 BGH 17. 2. 2010, NJW 2010, 1131 = DAR 2010, 326 Tz. 10; OLG Hamm 13. 1. 2011 – I-2 U 143/10; OLG Oldenburg 27. 5. 2011 – 6 U 14/11.

89 Urt. v. 17. 2. 2010, NJW 2010, 1131 = DAR 2010, 326 Tz. 10.

(§ 310 Abs. 3 BGB) gibt es beim privaten Direktgeschäft nicht. Entscheidend sind die **Umstände des Einzelfalls.**[90]

Kein „Stellen" ist laut BGH anzunehmen, wenn die Einbeziehung vorformulierter Bedingungen in einen Vertrag auf einer freien Entscheidung desjenigen beruht, der vom anderen Vertragsteil mit dem Verwendungsvorschlag konfrontiert worden ist. Dazu ist nach **Ansicht des BGH** erforderlich, aber auch ausreichend, dass er in der Auswahl der in Betracht kommenden Vertragstexte frei ist und insbesondere Gelegenheit erhält, alternativ eigene Textvorschläge mit der effektiven Möglichkeit ihrer Durchsetzung in die Verhandlungen einzubringen.[91] Diese **Auswahlfreiheit** bejaht der BGH[92], wenn die Parteien vor Unterzeichnung des Vertrages telefonisch darüber gesprochen haben, wer ein Vertragsformular mitbringen soll und man sich schließlich auf das dem Verkäufer bereits vorliegende Vertragsformular geeinigt hat. **4030**

Dass sich der private Käufer ohne Widerspruch, also stillschweigend, bereit gefunden hat, den ihm vom privaten Verkäufer ohne sein Zutun vorgelegten Mustervertrag zu unterschreiben, genügt nicht, um eine Individualvereinbarung annehmen zu können[93], selbst wenn der Vertrag von einer beiden Seiten verpflichteten Instanz wie dem ADAC stammt. Die Frage der inhaltlichen Angemessenheit der Vertragsbedingungen, einzelnen wie in ihrer Gesamtheit, ist ohne jeglichen Einfluss auf die Vorfrage des „Stellens".[94] Auch der Umstand, dass der Verkäufer durch die fragliche Klausel begünstigt wird, ist für sich allein kein Grund, ihm die Klausel als von ihm gestellt zuzurechnen.[95] **4031**

Die BGH-Entscheidung vom 17. 2. 2010[96] kann dahin **zusammengefasst** werden: Ein privater Verkäufer, der sich eines Mustervertrages eines Drittanbieters (ADAC, Versicherung u. a.) bedient, ist im Fall des Vertragsabschlusses auf dieser Basis als Verwender anzusehen, es sei denn, dass der Käufer a) mit dem Vertragstext ausdrücklich einverstanden war, gleichviel, ob der Verkäufer „sein" Formular zuvor vorgeschlagen hat oder nicht[97], oder b) er einen eigenen Vertragstext aus freien Stücken zurückgezogen hat oder c) die strittige Vertragsklausel individuell „ausgehandelt" worden ist.[98] Offen gelassen hat der BGH, ob in einem Fall der einvernehmlichen Verwendung eines bestimmten Formulartextes keine der Parteien als Verwender i. S. d. § 305 Abs. 1 S. 1 BGB angesehen werden kann oder ob beide Parteien Verwender sind. Auch im zweiten Fall wären die §§ 305 ff. BGB nicht anwendbar, weil sie nicht die Rechtsbeziehungen zwischen zwei Verwendern regeln.[99] **4032**

Ob der Käufer mit der Einbeziehung, d. h. mit der Geltung des vorformulierten Vertragestextes, lediglich nolens volens einverstanden war, was für sich allein dem Verkäufer nichts nützt, um ein „Stellen" zu verneinen, oder ob das Einverständnis – weitergehend – die Bedeutung eines eigenen Wunsches, einer Einigung aus freien Stücken hat, wird sich ohne Sachaufklärung kaum verlässlich feststellen lassen. Bloße Vorlage des vom Ver- **4033**

---

90 BGH 17. 2. 2010, NJW 2010, 1131 = DAR 2010, 326 Tz. 11, zur Vertiefung *Miethaner*, NJW 2010, 3121 ff.

91 Urt. v. 17. 2. 2010, NJW 2010, 1131 = DAR 2010, 326 Tz. 18 = Ls.; so auch OLG Hamm 13. 1. 2011 – I-2 U 143/10.

92 Urt. v. 17. 2. 2010, NJW 2010, 1131 = DAR 2010, 326 Tz. 20; krit. *Niebling*, zfs 2010, 482.

93 OLG Hamm 13. 1. 2011 – I-2 U 143/10; OLG Oldenburg 27. 5. 2011 – 6 U 14/11.

94 BGH 17. 2. 2010, NJW 2010, 1131 = DAR 2010, 326 Tz. 15/16.

95 BGH 17. 2. 2010, NJW 2010, 1131 = DAR 2010, 326 Tz. 13.

96 NJW 2010, 1131 = DAR 2010, 326.

97 Gegen ein Stellen durch den Verkäufer spricht, dass das Herunterladen aus dem Internet auf Vorschlag des Käufers geschehen ist.

98 Zum Ganzen *S. Lorenz*, DAR 2010, 314 ff.; *Miethaner*, NJW 2010, 3121 ff.; *Niebling*, zfs 2010, 482.

99 BGH 17. 2. 2010, NJW 2010, 1131 = DAR 2010, 326 Tz. 21.

käufer aus eigenem Antrieb aus dem Internet heruntergeladenen oder anderweitig vom Verkäufer besorgten Vertragstextes nach Abschluss der Verhandlungen mit anschließend kommentarloser Unterzeichnung durch den Käufer, so **die typische Situation**, bedeutet Inanspruchnahme einseitiger Gestaltungsmacht und damit ein „Stellen".[100] Der Käufer ist ohne reale Textalternative geblieben, weshalb er nicht hat wählen können, sondern schlicht das akzeptiert hat, was ihm einseitig vorgelegt worden ist.

4034 Hat der Verkäufer die Verwendung „seines" Formularvertrages dagegen ausdrücklich vorgeschlagen und erklärtermaßen zur Disposition gestellt und hat der Käufer diesem Vorschlag daraufhin ausdrücklich zugestimmt, dürfte der sodann unterzeichnete (Muster-)Vertrag Individualcharakter haben und damit der Inhaltskontrolle entzogen sein.[101] Ein „Stellen" durch den Verkäufer ist in dieser Situation jedenfalls aus tatsächlichen Gründen zweifelhaft. Zur **Beweislastverteilung** s. Rdn. 4037. Mit Blick auf eine Einzelklausel ist ein Stellen zu verneinen oder fragwürdig, wenn der Verkäufer sie inhaltlich zur Disposition gestellt hat, indem er mit dem Käufer darüber verhandelt hat.[102]

4035 Zur **Verwendereigenschaft des Käufers**, der einen Formularvertrag mitgebracht hat, der von den Parteien handschriftlich ergänzt worden ist, s. OLG Koblenz NJW-RR 2008, 69.

4036 Eine **Anhörung beider Parteien** nach § 141 ZPO bringt erfahrungsgemäß erste Klarheit in den entscheidungserheblichen Fragen, **auf wessen Initiative** der verwendete Formularvertrag in die Vertragsverhandlungen eingeführt worden ist und wer seine Verwendung zum Vertragsschluss verlangt hat, ob es eine reale Textalternative gegeben hat oder nicht.[103] Notfalls muss in diesen Punkten förmlich Beweis erhoben werden.

4037 **Darlegungs- und Beweislast.** Für die Einbeziehung der strittigen (Freizeichnungs-)Klausel in den Vertrag ist der Verkäufer darlegungs- und beweispflichtig, wenn er sich auf diese Klausel beruft.[104] Dass er sie auch „gestellt" hat, er also Verwender ist, braucht er nicht zu beweisen. Vielmehr trägt diejenige Partei, die sich (im Individualprozess) auf den Schutz der §§ 305 ff. BGB beruft, die Darlegungs- und Beweislast für die Verwendereigenschaft der anderen Seite bzw. den Tatbestand des Stellens.[105] *Beispiel*: Der Käufer macht einen Verstoß gegen die Verbote des § 309 Nr. 7 lit. a und/oder lit. b BGB geltend. Da er unter den Schirm des AGB-Rechts will, muss er nachweisen, dass die fragliche Freizeichnungsklausel ihm „gestellt" worden ist. Zweifel in dieser Frage gehen zu seinen Lasten.

(3) Inhaltskontrolle

4038 Einer Inhaltskontrolle hält ein dem Käufer gestellter formularmäßiger Ausschluss jeglicher Sachmängelhaftung **grundsätzlich** stand. Eine **Einschränkung** ist lediglich für den **Verkauf aus erster Hand** zu machen. Nur ein Privatverkäufer, der nicht Erstbesitzer ist, kann sich formularmäßig von seiner Sachmängelhaftung vollständig freizeichnen.[106] Ergänzend s. Rdn. 4011.

4039 Nach dem **ADAC-Kaufvertrag** (Fassung 2002) wird das Kraftfahrzeug „unter Ausschluss der Sachmängelhaftung verkauft – soweit nicht nachfolgend eine Garantie über-

---

100 Vgl. OLG Hamm 13. 1. 2011 – I-2 U 143/10; OLG Oldenburg 27. 5. 2011 – 6 U 14/11.

101 Vgl. LG Saarbrücken 28. 8. 2008 – 11 S 112/07 – BeckRS 2008, 19485; *Artz*, ZGS 2010, 209, 212 für Wohnungsmietverträge; ähnlich die Deutung von *S. Lorenz*, DAR 2010, 314, 317; enger *Niebling*, zfs 2010, 482.

102 Zur Bedeutung der Verkäuferbehauptung einer mündlichen Verständigung auf einen Gewährleistungsausschluss s. OLG Hamm 13. 1. 2011 – I-2 U 143/10.

103 Vgl. LG Saarbrücken 28. 8. 2008 – 11 S 112/07; AG Köln 14. 2. 2011 – 142 C 44/09.

104 Allg. Meinung, z. B. Thür. OLG 23. 6. 2010 – 2 U 9/10 (Händlerverkauf).

105 BGH 17. 2. 2010, NJW 2010, 1131 = DAR 2010, 326 Tz. 11.

106 Offen gelassen von OLG Koblenz 20. 9. 2007, NJW-RR 2008, 69.

nommen wird". Wie es weiter heißt, gilt der Ausschluss nicht für Schadensersatzansprüche aus Sachmängelhaftung, die auf einer grob fahrlässigen oder vorsätzlichen Verletzung von Pflichten des Verkäufers beruhen sowie bei Körperschäden. Trotz lückenhafter Wiedergabe des Gesetzestextes ist den Anforderungen genügt, die das AGB-Recht in **§ 309 Nr. 7a und b BGB** stellt.

Alternative Musterverträge aus der Zeit 2002 bis 2007, aber auch noch darüber hinaus **4040** lassen die absoluten Klauselverbote in § 309 Nr. 7a und b BGB häufig völlig unberücksichtigt. Das hat die **Unwirksamkeit der Freizeichnungsklausel** zur Folge, sofern der Verkäufer sie i. S. d. § 305 Abs. 1 S. 1 BGB gestellt hat.[107] Eine geltungserhaltende Reduktion kommt nicht in Betracht.

Was die **ADAC-Vertragsregelung** i. Ü. betrifft, ist nicht zu beanstanden, dass nur die **4041** Übernahme einer Garantie, nicht auch der in § 444 BGB genannte Alternativfall des arglistigen Verschweigens erwähnt wird. Dass auch bei arglistigem Verschweigen „weitergehende Ansprüche unberührt bleiben", muss einem Käufer beim privaten Direktgeschäft nicht ausdrücklich vorbehalten werden. Unschädlich ist ferner, dass die ADAC-Klausel in dem „Soweit-Zusatz" nur von „Garantie", nicht von „Garantie für die Beschaffenheit" bzw. von „Beschaffenheitsgarantie" spricht. Wird der ADAC-Vertragsklausel mit dem umfassenden Gewährleistungsausschluss handschriftlich ein „gekauft wie gesehen" hinzugefügt, bedeutet das keine Einschränkung; es bleibt bei dem Ausschluss jeglicher Mängelhaftung.[108]

(4) Formularmäßige Freizeichnung versus Beschaffenheitsvereinbarung

Um eine an sich wirksame Freizeichnungsklausel außer Kraft zu setzen, bedarf es nicht **4042** zwingend einer Beschaffenheitsgarantie i. S. d. § 444 BGB oder der dort alternativ erwähnten Verkäuferarglist. Wird eine Garantie gegeben, kann sich der Verkäufer auf die Freizeichnungsklausel nicht berufen. Das folgt bereits aus § 444 BGB, im Übrigen auch aus § 305b BGB. Den dort geregelten Vorrang der Individualabrede genießt auch eine bloße Beschaffenheitsvereinbarung i. S. d. § 434 Abs. 1 S. 1 BGB. Eine bloße Wissensmitteilung wie z. B. „unfallfrei soweit bekannt" oder „Gesamtfahrleistung soweit bekannt" reicht nicht aus.[109] Zur Einstufung von Erklärungen privater Verkäufer als (unverbindliche) Wissensmitteilungen s. Rdn. 2499. Ohne klauselneutralisierende Wirkung bleibt auch eine öffentliche Verkäuferangabe i. S. d. § 434 Abs. 1 S. 3 BGB.[110]

VI. Haftungsfreizeichnungen bei Inzahlunggabe an Unternehmer

Wird ein Gebrauchtwagen „in dem besichtigten Zustand" **in Zahlung genommen,** ver- **4043** zichtet der Händler auf sämtliche Gewährleistungsansprüche, die ihm nicht arglistig verschwiegen worden sind.[111] Zur praxisrelevanten Frage des **stillschweigenden/konkludenten** Haftungsausschlusses s. Rdn. 4051 ff.

107 BGH 22. 11. 2006, NJW 2007, 759; bestätigt durch BGH 17. 2. 2010, NJW 2010, 1131 Tz. 9; OLG Hamm 10. 2. 2005, NJW-RR 2005, 1220; OLG Oldenburg 27. 5. 2011 – 6 U 14/11.

108 BGH 6. 7. 2005, NJW 2005, 3205.

109 BGH 17. 2. 2010, NJW 2010, 1131 für einen nicht gestellten, also individualvertraglichen Haftungsausschluss; s. a. *S. Lorenz*, DAR 2010, 314, 316.

110 Abw. *Höffmann*, ZGS 2011, 299.

111 OLG Köln 16. 5. 1972, DAR 1973, 326.

VII. Formularmäßige Freizeichnung in Sonderfällen

4044 Das durch **§ 309 Nr. 8b BGB** geschützte Interesse des Käufers an der Lieferung einer „neu hergestellten" Sache kann ausnahmsweise auch beim Kauf eines gebrauchten Kraftfahrzeugs Geltung beanspruchen. Bei erst **wenig gebrauchten** und/oder nur **kurze Zeit zugelassenen** Fahrzeugen wird man in jedem Einzelfall sorgfältig zu prüfen haben, ob auf einen solchen Kauf die Wertung des § 309 Nr. 8b BGB zu übertragen ist. Eine besondere Rolle spielen hier „fast neue" **Vorführwagen**[112] und insbesondere sog. **Tageszulassungen**. Zu den Erscheinungsformen und zum vertriebspolitischen Hintergrund s. Rdn. 632 ff. Wenn eine „Tageszulassung" sogar als noch „fabrikneu" gilt[113], ist erst recht das Merkmal „neu hergestellt" i. S. v. § 309 Nr. 8b BGB erfüllt. Die beiden Kriterien sind indes nicht deckungsgleich; sie meinen unterschiedliche Sachverhalte.

4045 Auch ein im Sinne der Rechtsprechung nicht mehr fabrikneues Kfz kann dennoch „neu hergestellt" sein. Das hängt von den Umständen des Einzelfalls ab, wobei nicht nur die objektiven Umstände (Dauer der Zulassung, Km-Laufleistung, Standzeit, Gebrauchs- und Standspuren), sondern auch die Vereinbarungen und Vorstellungen der Vertragsparteien, hilfsweise die allgemeine Verkehrsanschauung, von Bedeutung sind.[114] „Fabrikneu" ist die vergleichsweise „anfälligere" Eigenschaft; sie ist eher in Frage gestellt als das Merkmal „neu hergestellt", dessen Spektrum bis „neuwertig" reicht.

4046 Ein Vorgang wie eine amtliche Zulassung ist im Rahmen des § 309 Nr. 8b BGB ein neutraler Umstand. Entwertung durch Abnutzung und durch Zeitablauf (Gebrauchs- und Standspuren) lässt „neu hergestellt" in „gebraucht" umschlagen. Die typischen Kurzzulassungen („Tageszulassungen") sind i. d. R. unbenutzte Neuwagen und daher AGB-rechtlich „neu hergestellt". Ein formularmäßiger Gewährleistungsausschluss ist folglich unwirksam.[115] Die Entscheidung des LG Gießen vom 17. 7. 1991[116] steht zu dieser Ansicht nur vordergründig in einem Gegensatz. Sie betrifft einen Sonderfall.

4047 Zweifelhaft ist die Entscheidung des OLG München vom 19. 2. 1998,[117] wonach es zur punktuellen Ausschaltung des Freizeichnungsverbots in § 11 Nr. 10 AGBG genügen soll, dass ein **grau importiertes Fahrzeug** im Vertragsformular als „gebraucht" bezeichnet wird. Der Senat hat aber sehr wohl zwischen importbedingten Schäden, z. B. Lackschäden, und Mängeln an technischen Teilen wie Motor und Getriebe differenziert. Der Kfz-Händlern mitunter erteilte Rat, das Freizeichnungsproblem bei Kurzzulassungen mit einem **individualvertraglichen** Gewährleistungsausschluss zu umgehen, ist beim Verkauf an Verbraucher wegen § 475 Abs. 1 BGB nicht mehr zu halten.

4048 Beachtung verdienen kann § 309 Nr. 8b BGB auch beim Verkauf eines Fahrzeugs mit einem noch **nicht gelaufenen Motor** (Neuteilemotor, Austauschmotor, generalüberholter Motor), einem **neuen Getriebe** oder **neuen Reifen**. Zum Verkauf eines Fahrzeugs (Trike), welches bis auf den (gebrauchten) Motor aus Neuteilen hergestellt ist, s. OLG Düsseldorf OLGR 1999, 333. Auch wenn der gesamte Wagen als „generalüberholt" oder „werkstattgeprüft" angeboten wird, hat der Verkäufer kein berechtigtes Interesse an einem vollständigen Gewährleistungsausschluss. Im Schrifttum wurde in solchen Fällen ein Ausschluss

---

112 OLG Frankfurt 17. 11. 2000, NJW-RR 2001, 780; LG Bremen 19. 6. 2008, DAR 2008, 530.

113 BGH 12. 1. 2005, NJW 2005, 1422.

114 OLG Frankfurt 17. 11. 2000, NJW-RR 2001, 780 – fast neuer Vorführwagen.

115 Vgl. LG Augsburg 10. 2. 1998, DAR 1998, 476 – Pkw/Kombi, 11 km, kein Einsatz im öffentlichen Verkehr.

116 NJW-RR 1992, 186.

117 NJW-RR 1998, 1595.

der Haftung im Umfang der Überarbeitung und Überprüfung für unwirksam gehalten.[118] Anderer Ansicht war der **BGH**.[119]

Vielfach wird sich dieses Problem bereits **im Wege der Vertragsauslegung** lösen lassen. Eigenschaften wie „generalüberholt" und „werkstattgeprüft" galten als zugesichert i. S. v. § 459 Abs. 2 BGB a. F. und können nunmehr Gegenstand einer Beschaffenheitsgarantie sein. Dann kommt § 444 BGB zum Zuge. Dies bedeutet z. B., dass sich der Verkäufer eines Gebrauchtwagens mit einem „Austauschmotor, null Kilometer" bei einem Motorschaden nicht auf den allgemeinen Haftungsausschluss berufen darf. **4049**

Eine Beschränkung der Haftungsfreizeichnung ist auch in den Fällen anzunehmen, in denen der Verkäufer das Fahrzeug vor dem Verkauf – ohne jegliche Absprache mit dem späteren Käufer – in seiner eigenen Werkstatt hat prüfen und/oder reparieren lassen und dabei Fehler unterlaufen sind. Derartige **Reparaturmängel** werden zwar von dem Haftungsausschluss, soweit überhaupt zulässig, erfasst. Eine Berufung darauf erscheint jedoch als treuwidrig. **4050**

VIII. Konkludente Beschränkungen der Sachmängelhaftung

Der Umstand, dass ein Kfz von Privat an Privat als gebraucht verkauft wird, rechtfertigt für sich allein noch nicht die Annahme eines stillschweigenden Haftungsausschlusses. Auch bei älteren Fahrzeugen mit mehreren Vorbesitzern bedarf es im Allgemeinen einer ausdrücklichen Vereinbarung.[120] Konkludent (stillschweigend) vereinbarte Freizeichnungen hat die Rechtsprechung **nur in Sonderfällen** angenommen, vorwiegend zulasten von **gewerblichen Händlern**.[121] **4051**

Sowohl bei **fester Inzahlunggabe** als auch bei agenturweiser Hereingabe ist der **private Altwageneigentümer** im Ergebnis so behandelt worden, als habe er unter Gewährleistungsausschluss verkauft. Bei einem Geschäft „Gebraucht auf Gebraucht" lag diese Beurteilung auch deshalb nahe, weil der Händler seinerseits unter Gewährleistungsausschluss verkaufte. Dann muss er sich Gleiches in seiner Eigenschaft als Ankäufer gefallen lassen. Der BGH hat zwar die Meinung des OLG Frankfurt,[122] der Gewährleistungsausschluss zugunsten des Händlers gelte quasi automatisch auch zugunsten des privaten Kunden, im Fall einer Doppel-Agentur abgelehnt.[123] Im Ergebnis hat der BGH dem Händler aber das gesamte Mängelrisiko – in den Grenzen des § 476 BGB a. F. – aufgebürdet. **4052**

In einer anderen Entscheidung hat der BGH mit der Figur des stillschweigenden Gewährleistungsausschlusses argumentiert, allerdings nur hinsichtlich so genannter **Verschleißmängel**.[124] Richtigerweise bedarf es bei normalen Verschleiß- und Alterungserscheinungen im Allgemeinen keines Haftungsausschlusses, was der BGH jetzt nicht anders sieht (vgl. Rdn. 2944 ff.). Die Sachmängelhaftung entsteht hier erst gar nicht oder scheitert, soweit es um Rücktritt und den großen Schadensersatz geht, an den Bagatellklauseln der §§ 281 Abs. 1 S. 3, 323 Abs. 5 S. 2 BGB. **4053**

118 *Wolf/Horn/Lindacher*, § 11 Nr. 10, Rn. 28; *Ulmer/Brandner/Hensen*, Anh. § 310 BGB Rn. 447.
119 Urt. v. 20. 10. 1992, NJW 1993, 657 unter III, 2.
120 OLG Celle 9. 6. 1994 – 7 U 102/93 (in OLGR 1995, 35 nicht abgedr.).
121 BGH 21. 4. 1982, NJW 1982, 1700; dazu *Schack*, NJW 1983, 2806; *Hörl*, DAR 1986, 99; *Haase*, JR 1982, 498; s. a. OLG Düsseldorf 28. 7. 1993, OLGR 1993, 285; AG Menden 3. 7. 2002, NZV 2003, 194 (Händler-Händler-Geschäft).
122 Urt. v. 28. 5. 1974, NJW 1974, 1823.
123 Urt. v. 31. 3. 1982, NJW 1982, 1699; s. a. OLG Koblenz 29. 11. 2001, VRS 102/2002, 174.
124 Urt. v. 21. 4. 1982, NJW 1982, 1700.

4054 Aufzugreifen und weiterzuentwickeln ist indes der Gedanke des BGH, Haftungsfreistellungen zu Gunsten von privaten Kunden gewerblicher Kfz-Händler anzunehmen. Wenn ein Händler davon absieht, sich seine Sachmängelrechte ausdrücklich vorzubehalten, muss er sich nach Treu und Glauben so behandeln lassen, als habe er darauf verzichtet. Ohne konkrete Anhaltspunkte für einen abweichenden Parteiwillen ist ein Privatkunde selbst bei verborgenen Mängeln nicht zur Rücknahme oder zu einer Minderung in Form einer Nachzahlung auf den Preis für den Ersatzwagen verpflichtet. Arglist oder eine falsche Beschaffenheitsgarantie können dagegen seine Haftung begründen, auch schon der Bruch einer „einfachen“ Beschaffenheitsvereinbarung i. S. d. § 434 Abs. 1 S. 1 BGB.

4055 Es ist Sache des Händlers, sich für den Fall der Mangelhaftigkeit im Sinne der objektiven Kriterien (§ 434 Abs. 1 S. 2 Nr. 2 BGB) gezielt abzusichern.[125] Verzichtet er auf eine ausdrückliche Regelung, z. B. um den beabsichtigten Neuwagenverkauf nicht zu gefährden, erweckt er bei seinem Kunden den Eindruck, den Altwagen so wie er ist – ohne Wenn und Aber – abzunehmen. Dies umso mehr, als der Händler – anders als der Durchschnittskunde – sachkundig ist und über einen technischen Apparat zur Untersuchung verfügt. Auf eine stillschweigende (besser: konkludente) Freizeichnung kann sich jedoch auch ein privater Anbieter nicht berufen, wenn er als **Erstbesitzer** einen unfallvorgeschädigten Wagen **in Zahlung** gibt und dabei objektiv unrichtige Angaben zur Reparatur macht. Er haftet auch ohne (nachgewiesene) Arglist.[126] Gleiches gilt bei einer Falschinformation eines Erstbesitzers über die Gesamtfahrleistung, will man ihr nicht Garantiecharakter beimessen.[127]

4056 Ein konkludenter Haftungsausschluss ist auch bei einem **Händler-Händler-Geschäft** zu erwägen.[128] Ein Handelsbrauch besteht insoweit aber nicht. Wie eine Freizeichnungsklausel bei einem Handelsgeschäft Vertragsinhalt wird, wenn ein **Bestätigungsschreiben** des Verkäufers einen Gewährleistungsausschluss enthält, s. BGH NJW 1966, 1070. Zur Frage des stillschweigenden Haftungsausschlusses beim **Pkw-Tausch** (Händler/Privatmann) s. OLG Hamm NJW-RR 1994, 882; zum **Motor-Tuning** s. OLG Braunschweig zfs 1995, 96.

IX. Ausschluss der Sachmängelhaftung und Käuferkette

4057 Die sich in Weiterverkaufsfällen bildende Käuferkette bzw. Kaufvertragskette wirft eine Reihe schwieriger Fragen auf, wie der seinerzeit viel diskutierte Fall **OLG Hamm NJW 1974, 2091** beispielhaft zeigt. Aufgrund des Gewährleistungsausschlusses hatte die Klägerin gegen ihren gutgläubigen Vertragspartner kein Recht auf Wandlung oder Minderung. Von dem verklagten Vorbesitzer (Erstverkäufer) konnte sie **aus eigenem Recht** gleichfalls keinen Ersatz verlangen. Die Voraussetzungen für eine Haftung aus §§ 823 Abs. 2 (§ 263 StGB), 826 BGB lagen nicht vor. Die strafrechtliche Betrugsvorschrift dient nicht dem Schutz des nicht getäuschten Dritten.[129] § 826 BGB entfiel im konkreten Fall aus tatsächlichen Gründen. Dem Beklagten war nicht nachzuweisen, dass er eine Schädigung der Klägerin, einer x-beliebigen **Privatkäuferin,** billigend in Kauf genommen hat.[130] Das OLG Hamm[131] hat aber zu Recht darauf hingewiesen, dass bei einem **Verkauf an einen Zwi-**

125 Gleiches gilt für den (seltenen) Fall der Mangelhaftigkeit i. S. d. § 434 Abs. 1 S. 2 Nr. 1 BGB.

126 Vgl. auch OLG Schleswig 28. 6. 1994, zfs 1994, 447.

127 Vgl. auch OLG Düsseldorf 28. 7. 1993, OLGR 1993, 285 („gebraucht auf gebraucht“).

128 Bejaht (selbst für Unfallvorschäden) von AG Menden 3. 7. 2002, NZV 2003, 194.

129 Vgl. auch OLG München 20. 3. 1980, NJW 1980, 1581; OLG Düsseldorf 12. 1. 2004 – 1 W 72/03 – n. v.

130 OLG Hamm a. a. O.; vgl. auch OLG München 20. 3. 1980, NJW 1980, 1581; OLG Düsseldorf 12. 1. 2004 – 1 W 72/03 – n. v.; OLG Nürnberg 18. 4. 2005, DAR 2005, 630 (Motorrad).

131 NJW 1974, 2091.

schenhändler etwas anderes gelten könnte. Diese Konstellation ist Gegenstand mehrerer OLG-Urteile jüngeren Datums.[132] Problematisch mit Blick auf § 826 BGB ist zum einen die Kausalität zwischen Schädigungshandlung und Schaden und zum anderen der Vorsatz. Ausführlich dazu OLG Braunschweig NJW 2007, 609; OLG Frankfurt DAR 2011, 525.

Grundsätzlich ist ein Gebrauchtfahrzeugverkäufer, der seine Sachmängelhaftung wirk- **4058** sam ausgeschlossen oder eingeschränkt hat, nicht dazu verpflichtet, eigene Ansprüche gegen seinen Lieferanten oder sonstige Dritte, z. B. eine Werkstatt, **abzutreten**. Ebenso wenig besteht eine Verpflichtung zur Weiterabtretung eines abgetretenen Anspruchs.[133] Verfehlt ist die Annahme, der Haftungsausschluss sei nur wirksam, wenn er gleichzeitig die Verpflichtung des Verkäufers umfasse, seine Ansprüche gegen den Vordermann abzutreten.[134]

Vom Ansatz her kann dem (Zweit-)Käufer nur damit geholfen werden, dass man ihm **4059** einen **Anspruch auf Abtretung** gegen den (Zweit-)Verkäufer zuerkennt. Das bedarf besonderer Begründung. Zu denken ist an eine **ergänzende Vertragsauslegung**, an eine **kaufvertragliche Nebenpflicht** oder an eine entsprechende Anwendung des **§ 285 BGB**. Ferner sind die **Grundsätze der Drittschadensliquidation** in Betracht zu ziehen. Allein mit § 242 BGB lässt sich eine Abtretungspflicht als kaufvertragliche Nebenpflicht nicht begründen.[135]

Dem **reformierten Schuldrecht** sind neue Lösungsansätze nicht zu entnehmen. Die **Re- 4060** **gressvorschriften der §§ 478, 479 BGB** sind schon deshalb nicht einschlägig, weil sie beim Verkauf gebrauchter Sachen nicht zum Zuge kommen. **§ 285 BGB** (stellvertretendes commodum, früher § 281 BGB) trägt zur Lösung des hier in Rede stehenden „Kettenfalls" nichts Neues bei.[136]

1. Ergänzende Vertragsauslegung

Mangels feststellbarer Regelungslücke („planwidrige Unvollständigkeit")[137] wird regel- **4061** mäßig kein Raum für die Annahme einer Abtretungsvereinbarung sein. In den üblichen Freizeichnungsklauseln bleibt die Abtretungsfrage völlig unerwähnt. Auch der sonstige Vertragstext enthält insoweit keinerlei Andeutung, weder in Richtung auf eine etwaige Abtretungsvereinbarung noch umgekehrt im Hinblick auf den Ausschluss einer Übertragungspflicht.[138] Eine Ausnahme bilden die **ADAC-Musterverträge,** Fassung 2002. Sie sehen ausdrücklich vor, dass etwaige Ansprüche gegenüber Dritten aus Sachmängelhaftung an den Käufer abgetreten werden.

Soweit eine Zessionsvereinbarung fehlt, bedeutet das keine Regelungslücke im Sinne **4062** der Rechtsprechung.[139] Das Mängelrisiko wird vielmehr beiderseits bewusst und gewollt (planvoll) verteilt.[140] Zwischen einem allgemeinen und einem besonderen („zusätzlichen")

---

132 OLG Frankfurt 19. 5. 2011, DAR 2011, 525; OLG Saarbrücken 29. 2. 2000, MDR 2000, 1010 = OLGR 2000, 253; OLG Hamm 17. 12. 1996, NJW 1997, 2121 = DAR 1997, 111; OLG München 20. 8. 1999, DAR 1999, 506; s. a. LG Traunstein 4. 2. 1999, zfs 1999, 290 – keine Käuferkette.

133 OLG Düsseldorf 15. 3. 2002, OLGR 2002, 229; OLG Hamm 23. 5. 2000, MDR 2001, 87 = OLGR 2000, 319.

134 BGH 20. 12. 1996, NJW 1997, 652 – Immobilienkauf.

135 OLG Frankfurt 19. 5. 2011, DAR 2011, 525; OLG Düsseldorf 15. 3. 2002, OLGR 2002, 229; OLG Hamm 23. 5. 2000, MDR 2001, 87 = OLGR 2000, 319; anders *Derleder/Abramjuk*, AcP 190, 642; zum Ganzen *Cordes/Mischke*, ZGS 2008, 91.

136 Vgl. *von Olshausen*, ZGS 2002, 194, 198; s. aber auch *Jud*, FS U. Huber, 2006, S. 365.

137 Dazu BGH 17. 4. 2002, NJW 2002, 2310; v. 1. 6. 2005, DAR 2005, 515.

138 Anders insoweit OLG Celle 21. 5. 1965, DAR 1965, 211.

139 So auch OLG Düsseldorf 15. 3. 2002, OLGR 2002, 229; s. a. OLG Saarbrücken 21. 6. 2011 – 4 U 161/10 – 46 (Grundstückskauf/Anspruch gegen Handwerker).

140 Vgl. auch BGH 22. 2. 1984, NJW 1984, 1452.

Mängelrisiko zu unterscheiden,[141] ist wenig überzeugend und stellt die Praxis vor ein kaum lösbares Abgrenzungsproblem.[142] Ebenso wie Feuchtigkeitsschäden beim Kauf einer gebrauchten Immobilie unter das allgemein erwartete (typische) Mängelrisiko fallen,[143] sind es beim Gebrauchtwagenkauf jedenfalls verborgene Unfallschäden und technische Defekte jeglicher Art. Mängel, die jenseits des Erwartungshorizonts beider Parteien liegen, sind beim Gebrauchtfahrzeugkauf kaum denkbar. Außergewöhnliche Störungen aus dem Grenzbereich zwischen Sach- und Rechtsmangel sind bereits im Wege restriktiver Auslegung der Freizeichnungsklausel zugunsten des Käufers zu behandeln (vgl. Rdn. 3983 ff.).

4063 Sollte sich ausnahmsweise einmal eine Regelungslücke ermitteln lassen,[144] wofür der Käufer die Darlegungs- und Beweislast trägt, muss sie nicht notwendigerweise durch Annahme einer Abtretungsvereinbarung geschlossen werden. Der Verkäufer kann gute Gründe dafür haben, seinen Lieferanten aus dem Spiel zu lassen. Im Fall der arglistigen Täuschung ist eine solche Schonung allerdings unangebracht. Ein betrogener Verkäufer wird indes erfahrungsgemäß durch eine **freiwillige Abtretung** Hilfestellung geben.[145] Sollte er sie – wie im BGH-Fall NJW 1997, 652 – verweigern, so ist eine ergänzende Vertragsauslegung nicht das geeignete Korrekturinstrument.

2. § 285 BGB

4064 Die zu § 281 BGB a. F., dem Vorläufer des § 285 BGB, angebotenen Lösungsversuche waren abzulehnen.[146] § 281 BGB war nicht, auch nicht analog, heranzuziehen. Hinter dieser Vorschrift stand der Rechtsgedanke, dass der Schuldner nicht das behalten soll, was er als Ersatz für seine unmöglich gewordene Leistung erhalten hat. In den Käuferketten-Fällen ist dem Zwischenmann in diesem Sinn nichts unmöglich geworden. Aber selbst wenn man seine Schlechtlieferung als Fall einer (qualitativen) Teilunmöglichkeit ansieht, was schon nach altem Recht so falsch nicht war, erwuchs ihm daraus kein Ersatzanspruch, den er als Surrogat hätte herausgeben können. Unabhängig von dem Weiterverkauf ist er Inhaber von Sachmängelrechten geworden. Dass sein Vermögensschaden sich durch den Weiterverkauf verringern konnte, stand auf einem anderen Blatt. Er konnte sich auch vergrößern. Bei dieser Sachlage ist kein Raum für eine analoge Anwendung des den § 281 BGB ersetzenden § 285 BGB.[147]

3. Drittschadensliquidation

4065 Wenn überhaupt, kann dem Zweitkäufer nur mit den Regeln der Drittschadensliquidation geholfen werden. Dabei sind zwei Fragestellungen zu unterscheiden. Kann die Drittschadensliquidation zur Begründung einer Abtretungspflicht herangezogen werden? Kann sie, zweitens, als Grund für die Zuweisung eines eigenen – abtretbaren – Anspruchs auf Ersatz eines fremden Schadens dienen? Letzteres entspricht an sich der Funktion der Drittschadensliquidation.

141 So der BGH in dem Käuferkettenfall aus dem Immobilienbereich NJW 1997, 652.
142 Vgl. auch *Klimke/Lehmann-Richter*, NJW 2004, 3672.
143 BGH 13. 2. 2004, NJW 2004, 1873; s. a. OLG Saarbrücken 21. 6. 2011 – 4 U 161/10 – 46.
144 Dazu instruktiv BGH 13. 2. 2004, NJW 2004, 1873.
145 So im Fall OLG Hamm NJW 1974, 2091.
146 Vgl. BGH 13. 2. 2004, NJW 2004, 1873; OLG Düsseldorf 15. 3. 2002, OLGR 2002, 229; OLG Hamm 23. 5. 2000, MDR 2001, 87 = OLGR 2000, 319; s. a. OLG Düsseldorf 18. 1. 2002, DAR 2002, 163; OLG Saarbrücken 21. 6. 2011 – 4 U 161/10 – 46 (Immobilienkauf).
147 Anders *Jud*, FS U. Huber, 2006, S. 365.

Eine Schadensverlagerung im Sinne der Grundsätze zur Drittschadensliquidation findet beim Weiterverkauf durch den geschädigten Erstkäufer nicht statt.[148] Sein Vermögensschaden ist durch die Entrichtung des Kaufpreises für das mangelhafte Fahrzeug entstanden. Dass er erst durch die Entdeckung des Mangels im Anschluss an den Weiterverkauf zu Tage tritt, ändert daran nichts. Als Mindestschaden besteht die Vermögenseinbuße des Wiederverkäufers in der Differenz zwischen dem Wert des mangelhaften Fahrzeugs und dem Wert im mangelfreien Zustand. Der Anspruch auf den kleinen Schadensersatz wird durch den Weiterverkauf keineswegs ausgeschlossen.[149] Lediglich die Schadenshöhe kann von dem Weiterverkauf unter Gewährleistungsausschluss beeinflusst werden. Das ist zwar auch eine Schadensentlastung, aber wohl eher **eine Frage der Vorteilsausgleichung**. Sie tritt aber nicht ein, weil der Vorteil des Wiederverkäufers nicht auf demselben Schadensereignis beruht, das den Nachteil verursacht hat. Vielmehr ist der „Vorteil" die Folge des Weiterverkaufs unter Gewährleistungsausschluss.[150] **4066**

Dadurch, dass der Zweitkäufer sich aus freien Stücken auf einen Kauf unter völligem Haftungsausschluss eingelassen hat, ist er bewusst das Risiko eingegangen, für sein Geld kein Äquivalent zu erhalten. Deshalb ist es nicht unbillig, wenn ihm ein Anspruch auf Abtretung von Sachmangelansprüchen versagt wird. Dass bei dieser Lösung der arglistige Erstverkäufer unbehelligt bleiben kann, nicht unbedingt bleiben muss, liegt beim Warenverkauf in der Natur der Sache. Pönale Erwägungen sind fehl am Platz. **4067**

X. Ausschluss der Sachmängelhaftung und Verkäuferarglist

Auf eine Haftungsfreizeichnung – formularmäßig wie individuell – kann sich ein Verkäufer nicht berufen, wenn er den strittigen Mangel arglistig verschwiegen hat (§ 444 BGB). Arglistigem Verschweigen steht, wie in § 476 BGB a. F., das arglistige Vorspiegeln einer Eigenschaft gleich. Zu den objektiven und subjektiven Voraussetzungen arglistigen Handelns s. Rdn. 4249 ff. **4068**

Hat das Fahrzeug **mehrere Mängel,** so ist die Freizeichnungsabrede nur hinsichtlich derjenigen Mängel unwirksam i. S. d. „Berufungsverbots" des § 444 BGB, die arglistig verschwiegen worden sind. Dies kann Konsequenzen für die Berechnung der Minderung und des Nichterfüllungsschadens (Schadensersatz statt der Leistung) haben.[151] **4069**

Bei einer **Mehrheit von Verkäufern** (Eheleute, Erbengemeinschaft) tritt die Rechtsfolge des § 444 BGB bereits dann ein, wenn zumindest einer arglistig gehandelt hat.[152] **4070**

---

148 OLG Braunschweig 13. 4. 2006, NJW 2007, 609; OLG Düsseldorf 15. 3. 2002, OLGR 2002, 229; OLG Düsseldorf 12. 1. 2004 – 1 W 72/03 – n. v.; OLG Hamm 23. 5. 2000, MDR 2001, 87 = OLGR 2000, 319; OLG Hamm 27. 3. 1974, NJW 1974, 2091; zust. *Büdenbender*, JuS 1976, 153; a. A. *Pfister*, JuS 1976, 373; *Wackerbarth*, ZIP 1997, 2037 zu BGH NJW 1997, 652 – Käuferkette beim Immobilienkauf; s. a. *Schaper/Kandelhard*, NJW 1997, 837 und *Schwarze*, JuS 1998, 13 zum „Kettenfall" BGH NJW 1995, 1737 – Grundstückskauf; weitere Lit. nachw. bei *von Olshausen*, ZGS 2002, 194 und *Cordes/Mischke*, ZGS 2008, 91.

149 BGH 10. 6. 1998, NJW 1998, 2905 = ZIP 1998, 1313.

150 Vorteilsausgleichung wird abgelehnt von BGH 24. 3. 1997, NJW 1977, 1819; OLG Düsseldorf 12. 1. 2004 – 1 W 72/03 – n. v.; ebenso *Büdenbender*, JuS 1976, 153 und *Wolter*, NJW 1975, 622, der eine Abtretungspflicht vertragsrechtlich begründet.

151 Vgl. auch BGH 26. 1. 1983, NJW 1983, 1424 = DAR 1983, 228; BGH 7. 5. 2004, NJW 2004, 2526.

152 BGH 10. 7. 1987, NJW-RR 1987, 1415 (Hauskauf).

XI. Ausschluss der Sachmängelhaftung und Abnahmeverpflichtung

4071 Beim Kauf gebrauchter Pkw/Kombis/SUVs vom gewerblichen Handel ist zunächst zu berücksichtigen, dass vielfach erst die Auslieferung den Kaufvertrag überhaupt zustande kommen lässt. Das ist eine Folge der besonderen Abschlusstechnik (vgl. Rdn. 2004 ff.). Fallen Vertragsabschluss und Auslieferung zusammen, kann eine Freizeichnungsklausel **keine Vorwirkung** entfalten. Dies schon deshalb nicht, weil sie noch nicht Inhalt des Vertrages geworden ist. Zur Rechtsposition des Käufers in der Phase seiner vorvertraglichen Bindung s. Rdn. 2023. Durch schriftliche Bestätigung kann der Händler den Vertrag und damit auch den Haftungsausschluss in Kraft setzen. Der **BGH** hat dem Käufer ein **Zurückweisungsrecht** zugebilligt, wenn er den Mangel vor Übergabe in Erfahrung gebracht hat.[153] Zur Frage der Erheblichkeit s. BGH NJW-RR 2010, 1289 (falsche Farbe eines Neuwagens) und hier Rdn. 340. Unzulässig ist die Zurückweisung, wenn der gerügte Mangel einen Gewährleistungsanspruch nicht begründen kann, etwa infolge eines Gewährleistungsausschlusses. Bei einer wirksamen Haftungsfreizeichnung ist der Käufer auch nach heutigem Recht nicht zur Zurückweisung befugt.

153 Urt. v. 20. 12. 1996, NJW 1997, 652.

O. Verjährung der Sachmängelansprüche

I. Überblick

Das gesamte Verjährungsrecht ist durch das **Schuldrechtsmodernisierungsgesetz** grundlegend umgestaltet worden. Das trifft auch auf die Ansprüche aus der Sachmängelhaftung zu. Für den Kraftfahrzeugverkauf gilt **grundsätzlich** eine **Frist von zwei Jahren** ab Ablieferung (§ 438 Abs. 1 Nr. 3, Abs. 2 BGB). Diese Frist ist maßgeblich für: 4072

- Anspruch auf Mängelbeseitigung (Nachbesserung)
- Anspruch auf Ersatzlieferung (Neulieferung)
- Anspruch auf Aufwendungsersatz gem. § 439 Abs. 2 BGB
- Anspruch auf Ersatz des kleinen wie des großen Schadensersatzes statt der Leistung[1]
- Anspruch auf Ersatz von Folge- und Begleitschäden, sofern sie aus der Verletzung der Pflicht zur mangelfreien Lieferung oder der Verletzung der Nacherfüllungspflicht herrühren[2]
- Anspruch auf Ersatz vergeblicher Aufwendungen (§ 284 BGB)
- Recht auf Minderung (vgl. § 438 Abs. 5 i. V. m. 218 BGB)
- Recht auf Rücktritt (vgl. § 438 Abs. 4 i. V. m. § 218 BGB)
- Aufwendungsersatzanspruch beim Unternehmerregress (§ 479 Abs. 1 BGB).

Sonderregelung für Rücktritt und Minderung: Obwohl Rücktritt und Minderung keine Ansprüche, sondern – an sich unverjährbare – Gestaltungsrechte sind, hat die Anspruchsverjährung nach § 438 BGB Auswirkungen auf das Recht zum Rücktritt und zur Minderung. Nach § 438 Abs. 4 S. 1 BGB i. V. m. § 218 Abs. 1 S. 1 BGB ist der **Rücktritt unwirksam**, wenn der Anspruch auf Nacherfüllung verjährt ist und der Verkäufer sich darauf beruft. Dementsprechend kommt es für die **Rechtzeitigkeit des Rücktritts** darauf an, dass er erklärt wird, bevor der Anspruch auf die Leistung oder der etwaige Nacherfüllungsanspruch[3] verjährt ist.[4] Maßgebend ist also der Zeitpunkt der Ausübung des Gestaltungsrechts „Rücktritt", nicht der Zeitpunkt der gerichtlichen Geltendmachung der Ansprüche aus dem durch den Rücktritt entstehenden Rückgewährschuldverhältnis (§§ 346 ff. BGB). 4073

Das für die zeitliche Grenze des Rücktritts Gesagte gilt entsprechend für **die Minderung** (§ 438 Abs. 5 BGB). 4074

Anstelle der Zweijahresfrist ab Ablieferung gilt die **dreijährige Regelverjährung** nach §§ 195, 199 BGB für folgende Ansprüche: 4075

- des Käufers aus dem rücktrittsrechtlichen Rückgewährschuldverhältnis, z. B. der Anspruch auf Rückzahlung des Kaufpreises oder auf Verwendungsersatz[5]

---

1 Auch soweit er auf § 311a Abs. 2 i. V. m. § 437 Nr. 3 BGB gestützt wird, vgl. BGH 27. 3. 2009, NJW 2009, 2120 Tz. 23; *Palandt/Grüneberg*, § 311a BGB, Rn. 11.

2 OLG Koblenz 9. 2. 2006, ZGS 2006, 117 (Anwaltskosten); Das neue Schuldrecht/*Wendtland*, Kap. 2 Rn. 58; *Haas*, a. a. O., Kap. 5 Rn. 306; *Reinicke/Tiedtke*, Kaufrecht, Rn. 658, 659 mit Darstellung des Meinungsstreits.

3 Wo ein Anspruch auf Nacherfüllung in beiden Varianten ausgeschlossen ist, wie z. B. bei einem unbehebbaren Mangel eines Gebrauchtwagens, ist auf den hypothetischen Nacherfüllungsanspruch abzustellen (§ 218 Abs. 1 S. 2 BGB).

4 BGH 7. 6. 2006, NJW 2006, 2839; BGH 15. 11. 2006, NJW 2007, 674.

5 BGH 15. 11. 2006, NJW 2007, 674; zu beachten ist, dass der Verwendungsersatzanspruch nicht schon mit der Rücktrittserklärung, sondern erst mit der Rückgabe des Fahrzeugs entsteht (BGH 15. 11. 2006, NJW 2007, 674; LG Bonn 2. 9. 2010 – 8 S 126/10).

- des Verkäufers aus dem rücktrittsrechtlichen Rückgewährschuldverhältnis, z. B. auf Nutzungsvergütung oder Wertersatz[6]
- des Käufers auf Erstattung des Mehrbetrags nach wirksam erklärter Minderung[7]
- des Käufers aus der Verletzung von Nebenpflichten, die mit einem Mangel nichts zu tun haben[8]
- des Käufers aus einer selbstständigen Garantie (näher Rdn. 4192 ff.)
- des Käufers aus einem Beratungsverhältnis (s. aber auch Rdn. 4606, 4613)
- des Käufers aus einer nur fahrlässigen vorvertraglichen Pflichtverletzung, die nichts mit einem Mangel zu tun hat (zur Abgrenzung s. Rdn. 4599 ff.)
- des Käufers bei einer vorsätzlichen Verletzung einer vorvertraglichen Informationspflicht, auch wenn sie sich auf einen Sachmangel bezieht. Beispiel: Verschweigen eines Sachmangels vor Vertragsschluss.[9]

II. Die Verjährungsregelung beim Neuwagenkauf

4076 Abschn. VII Ziff. 1 Abs. 1 NWVB (Stand 4/2003 und 3/2008) sieht vor, dass Ansprüche des Käufers wegen Sachmängeln in **zwei Jahren** ab Ablieferung verjähren. Zur Ablieferung s. Rn. 4093 ff. Die Zweijahresfrist entspricht der gesetzlichen Verjährung nach § 438 Abs. 1 Nr. 3 BGB. Insoweit hat die Klausel nur deklaratorische Bedeutung. Dass die Ansprüche aus einem wirksam erklärten Rücktritt bzw. einer Minderung nicht in zwei, sondern in drei Jahren und dies nicht ab Ablieferung, sondern frühestens ab Anspruchsentstehung verjähren, geht aus der Verjährungsregelung im Abschn. VII. Ziff. 1 zwar nicht hervor. Das ist indes unbedenklich, obgleich der juristische Laie die Formulierung „Ansprüche … wegen Sachmängeln" dahin verstehen dürfte, dass Ansprüche aus Rücktritt und Minderung gleichfalls in zwei Jahren verjähren. Von der Zweijahresfrist zugunsten des Käufers abweichende Verjährungsfristen, wie z. B. auch die dreijährige Verjährung für den Anspruch aus § 441 Abs. 4 BGB (Erstattung des Mehrbetrags bei Minderung), werden durch Abschn. VII. Ziff. 1 Abs. 1 NWVB nicht auf zwei Jahre verkürzt. Eine solche Abänderung ist nicht gewollt und wäre im Übrigen mit Blick auf die für den Verbrauchsgüterkauf zwingende Regelung in § 475 BGB unwirksam.

4077 **Abkürzung auf ein Jahr:** Nur für den **Verkauf von Nutzfahrzeugen** an **Unternehmer** und **Behörden** sehen die NWVB Stand 4/2003 eine Fristverkürzung auf ein Jahr vor. Die Beschränkung auf Nutzfahrzeuge hat man in den per 3/2008 aktualisierten und ab Mai 2008 eingesetzten NWVB aufgegeben. Nunmehr tritt außerhalb des Verbrauchsgüterkaufs **generell,** also auch beim **Verkauf eines neuen Pkw**, an die Stelle der Zweijahresfrist die Frist von einem Jahr. Von dieser Kürzung unberührt bleiben die der Regelverjährung unterliegenden Ansprüche aus Rücktritt und Minderung. Für diese Ansprüche gilt auch im unternehmerischen Verkehr die Regelverjährung.

4078 Da die Mindestfrist von einem Jahr eingehalten ist, ist die Verkürzungsklausel insoweit unbedenklich, siehe **§ 309 Nr. 8b ff.) BGB**, der zwar gem. § 310 Abs. 1 S. 1 BGB auf Verträge zwischen Unternehmern nicht direkt anzuwenden ist. Die Klausel unterliegt jedoch der Inhaltskontrolle nach § 307 Abs. 1 und Abs. 2 BGB; auch insoweit, als dies zur Unwirksamkeit von Vertragsbestimmungen führt, die in § 309 BGB aufgeführt sind; dabei ist auf

6 BGH 15. 11. 2006, NJW 2007, 674.

7 Vom BGH noch nicht ausdrücklich entschieden, aber durch das Urt. v. 15. 11. 2006, NJW 2007, 674 (Rücktritt) i. S. d. h. M. (z. B. *Reinking*, ZGS 2002, 141) präjudiziert; mit starken Argumenten a.A. *Peters*, NJW 2008, 119.

8 Zur Abgrenzung s. *Faust* in Bamberger/Roth, § 437 BGB Rn. 196.

9 *Faust* in Bamberger/Roth, § 438 BGB Rn. 8.

die im Handelsverkehr geltenden Gewohnheiten und Bräuche angemessen Rücksicht zu nehmen (§ 310 Abs. 1 S. 2 BGB). Zu beachten sind damit auch die Klauselverbote des **§ 309 Nr. 7a und b BGB.**[10] Sie kommen auch bei der Inhaltskontrolle von Klauseln zum Zuge, durch die zugunsten des Verkäufers die Verjährungsfrist verkürzt wird, weil auch das eine Haftungsbeschränkung ist.[11]

Bei der **Neufassung der NWVB** (3/2008) hat man versucht, dem „Gleichschritt"-Urteil des BGH v. 19. 9. 2007[12] Rechnung zu tragen, allerdings mit einer Verweisungslösung, die schon mit Blick auf das Transparenzgebot erheblichen Bedenken ausgesetzt ist. Nach Abschn. VII Ziff. 4 gilt der gesamte Abschnitt VII („Sachmangel") nicht für Ansprüche auf Schadensersatz. Für diese Ansprüche soll Abschnitt VIII („Haftung") gelten. Eine eigenständige Verjährungsregelung enthält dieser Abschnitt nicht, jedoch mit der Klausel Ziff. 5 eine Bestimmung, die auf das Klauselverbot in **§ 309 Nr. 7a BGB** zugeschnitten ist und mittels Verweisung auch für Schadensersatzansprüche aus der Sachmängelhaftung gelten soll. Das **Verbot Nr. 7b** (grobes Verschulden) habe man nicht gesondert ansprechen müssen, werden die Klauselverfasser einwenden, weil die Haftung für grobes Verschulden bei Verkäufen an Unternehmer bzw. Behörden nicht vollständig ausgeschlossen sei (s. Abschn. VIII Ziff. 1 Abs. 2) und man die Verjährung lediglich auf ein Jahr verkürzt habe. Ob diese Argumentation trägt, bleibt abzuwarten. 4079

Selbst eine an sich wirksame Herabsetzung der Verjährung auf ein Jahr ist unbeachtlich, wenn der Verkäufer einen **Mangel arglistig verschwiegen** oder eine **unrichtige Beschaffenheitsgarantie** erteilt hat (§ 444 BGB). Auf dem B2B-Sektor „Neufahrzeuge" sind diese Tatbestände nur selten nachweisbar. 4080

Zur Mängelbeseitigung **eingebaute Teile** werden in die bestehende Verjährung einbezogen (Abschn. VII. Ziff. 2c NWVB, 3/08). Das ist unbedenklich, weil die eingebauten Teile nicht Gegenstand eines Kaufs, sondern lediglich Mittel der Nachbesserung sind. Der Käufer profitiert von den mit dem Einbau verbundenen Vorteilen (Hemmung, ggf. Neubeginn). Für den Lauf der einheitlichen Verjährungsfrist ist es unerheblich, wann und wie häufig Teile im Zuge der Nacherfüllung ausgewechselt werden.[13] 4081

III. Die Verjährungsregelung beim Gebrauchtwagenkauf

1. Verkürzung der Zweijahresfrist auf ein Jahr

a) Grundsätzliche Zulässigkeit

Von **kardinaler Bedeutung** für den Verkauf gebrauchter Kraftfahrzeuge – zum Begriff „gebraucht" in Abgrenzung gegen „neu" s. Rdn. 1898 ff. – ist die **Sonderregelung in § 475 Abs. 2 BGB**. Einem Unternehmer wird selbst gegenüber einem Verbraucher ausdrücklich gestattet, die Verjährungsfrist im Voraus bis auf ein Jahr abzukürzen. Das muss nicht durch eine Individualabrede geschehen. Eine **Formularklausel** ist grundsätzlich zulässig, gegen § 309 Nr. 8b Unterbuchst. ff BGB wird nicht verstoßen. Zur Inhaltskontrolle nach § 309 Nr. 7a und b BGB s. Rdn. 4087. Der Annahme einer stillschweigenden bzw. konkludenten Vereinbarung der Einjahresfrist stehen prinzipielle Gründe des Verbraucherschutzes entgegen, mag diese Frist auch im Laufe der Jahre (ab 2002) allgemein üblich geworden sein. 4082

10 BGH 19. 9. 2007, NJW 2007, 3774.
11 BGH 15. 11. 2006, NJW 2007, 674.
12 NJW 2007, 3774
13 *Creutzig*, Recht des Autokaufs, Rn. 7.2.10.

b) Klauselbeispiele

4083 Von der Option, die Verjährungsfrist zu verkürzen, wird in **Verbrauchsgüterkaufverträgen** allgemein Gebrauch gemacht. In den handelsüblichen Vertragsformularen für den Gebrauchtfahrzeugverkauf an Verbraucher ist die Verjährungsfrist formularmäßig **auf ein Jahr herabgesetzt** (z. B. Abschn. VI Ziff. 1 ZDK-AGB, Stand 3/2008).

4084 Gegenstand der Reduzierung sind nur „Ansprüche" des Käufers wegen Sachmängeln. Von Rücktritt und Minderung ist nicht die Rede, was verständlich ist, weil sie als Gestaltungsrechte nicht der Verjährung unterliegen. Es fehlt aber auch eine ausdrückliche Regelung der Verjährung derjenigen Ansprüche, die sich *aus* einem wirksam erklärten Rücktritt bzw. Minderung ergeben. Nachdem der BGH[14] insoweit für Klarheit gesorgt hat, indem er nicht die kaufrechtliche Sonderverjährung, sondern die Regelverjährung für maßgebend hält, hätte man dies bei der Neufassung der AGB 2008 berücksichtigen können. Nicht nur der juristisch ungeschulte Käufer wird unter „Ansprüche ... wegen Sachmängeln" auch solche **aus** Rücktritt und **aus** Minderung verstehen.

c) Inhaltskontrolle

4085 Das **Transparenzgebot** des § 307 Abs. 1 S. 2 BGB erfordert keine Differenzierung nach Ansprüchen und Gestaltungsrechten, wie sie in § 438 BGB enthalten ist. Entbehrlich ist auch eine Trennung zwischen dem Recht auf Rücktritt bzw. Minderung und den Ansprüchen aus der Ausübung dieser Rechte. Eine Regelung nach dem gesetzlichen Vorbild und der Rechtsprechung des BGH würde Verbraucher nur verwirren. Zwischen den Ansprüchen nach wirksamer Ausübung der Gestaltungsrechte Rücktritt/Minderung und den Sachmängelansprüchen neben Rücktritt und Minderung hat selbst der Gesetzgeber nicht klar differenziert. Demnach sollte nicht beanstandet werden, dass die Klauselverfasser diese Einheitslösung übernommen haben.

4086 Zu kritisieren ist auch nicht, dass in manchen Klauselwerken der Beginn der verkürzten Verjährungsfrist nicht ausdrücklich genannt wird (anders Abschn. VI Nr. 1 ZDK-AGB: „ab Ablieferung"). Die Klausel im ADAC-Mustervertrag für den Verbrauchsgüterkauf „die Sachmängelhaftung des Verkäufers wird auf ein Jahr beschränkt" ist demnach unbedenklich. Dass der Ausdruck „Verjährung" fehlt, ist gleichfalls unschädlich.

4087 Wegen Verstoßes gegen die Klauselverbote des **§ 309 Nr. 7a und b BGB** hat der BGH Verkürzungsklauseln für insgesamt **unwirksam erklärt**, wenn die in diesen Klauselverboten bezeichneten Schadensersatzansprüche nicht von der Abkürzung der Verjährungsfrist ausgenommen sind.[15] Denn eine Begrenzung der Haftung i. S. d. § 309 Nr. 7a und b BGB ist auch die zeitliche Begrenzung der Durchsetzbarkeit entsprechender Schadensersatzansprüche durch Abkürzung der gesetzlichen Verjährungsfristen.[16]

4088 Um zu einem inhaltlich zulässigen Klauselinhalt zu gelangen, muss die Klausel um eine Ausnahmeregelung für die Verjährung der in § 309 Nr. 7a und b BGB aufgeführten Schadensersatzansprüche ergänzt werden.[17] Diesem Gebot trägt der **ADAC-Mustervertrag für den Verbrauchsgüterkauf** von Beginn an (ab 2002) Rechnung, indem im unmittelbaren Anschluss an die Einjahresklausel die AGB-festen Tatbestände des § 309 Nr. 7a und b BGB genannt werden. Die auf dem **gewerblichen Sektor** bis etwa Mai 2008, vereinzelt auch noch in der Folgezeit benutzten Vertragsformulare (einschließlich der ver-

---

14 Urt. v. 15. 11. 2006, NJW 2007, 674 (Rücktritt).

15 Urt. v. 15. 11. 2006, NJW 2007, 674, bestätigt durch BGH 24. 2. 2010, NJW-RR 2010, 1210.

16 BGH 15. 11. 2006, NJW 2007, 674; v. 24. 2. 2010, NJW-RR 2010, 1210 Tz. 25; Thür. OLG 23. 6. 2010 – 2 U 9/10.

17 BGH 15. 11. 2006, NJW 2007, 674.

bandsempfohlenen) enthalten demgegenüber Verjährungsklauseln, die meist **unwirksam** sind.[18]

Aus Anlass der BGH-Entscheidung v. 15. 11. 2006[19] hat die Kfz-Branche zunächst eine **Übergangslösung** dergestalt praktiziert, dass Käufern eine Zusatzvereinbarung zu den AGB ausgehändigt wurde. Nunmehr liegt auch für den Verkauf von Gebrauchtfahrzeugen ein **neues Klauselwerk** vor (Stand 3/2008). Ziel der Verfasser war, den bisherigen Fehler zu vermeiden. Die „Nachbesserung" sieht so aus, dass man die Ansprüche auf Schadensersatz – nur darum geht es in § 309 Nr. 7a und b BGB – aus dem Abschn. VI („Sachmangel") herausgenommen und in den Abschnitt VII („Haftung") integriert hat. Dort findet sich jetzt unter Ziff. 5 die Klausel, wonach die Haftungsbegrenzungen dieses Abschnitts (VII) nicht bei Verletzung von Leben, Körper oder Gesundheit gelten. Das zielt auf das Klauselverbot in § 309 Nr. 7a BGB. Fraglich ist indessen, ob damit dem Transparenzgebot Genüge getan ist. Rechtsprechung dazu liegt noch nicht vor.[20] **4089**

Der 2002 eingeführte ADAC-Mustervertrag (Verkauf Unternehmer an Privat) hat das Problem nicht nur eleganter, sondern auch verständlicher gelöst. Beide Verbote werden im unmittelbaren Anschluss an die Herabsetzung der Verjährungsfrist angesprochen und hinreichend deutlich umschrieben. Schon das Klauselverbot des § 309 Nr. 7a BGB ist im Hinblick auf die Abkürzung der Verjährung in den aktuellen ZDK-AGB nur schwer auffindbar und zuzuordnen. Noch stärkere Bedenken bestehen hinsichtlich des Verbots gem. § 309 Nr. 7b BGB („grobes Verschulden"). Dem Durchschnittskäufer dürfte sich kaum erschließen, dass seine Ansprüche auf Schadensersatz bei einem Sachmangel nicht in einem Jahr, sondern in zwei Jahren verjähren, wenn einer der in § 309 Nr. 7b BGB genannten Fälle gegeben ist. **4090**

d) Unwirksamkeit der Verjährungsverkürzung in den Fällen des § 444 BGB

Kann der Käufer eine arglistige Täuschung nachweisen, hilft dem Verkäufer die Herabsetzung der Verjährung auf ein Jahr nichts. Abgesehen davon, dass die Klausel, inhaltlich eine Gewährleistungsbeschränkung, insoweit gem. § 444 BGB unbeachtlich ist, kommt dem Käufer die Sonderverjährung bei Arglist zugute (dazu Rdn. 4102 ff.). Anwendung findet § 444 BGB ferner, wenn der Verkäufer sich auf die Einrede der Verjährung im Fall des Fehlens einer Beschaffenheit beruft, deren Vorhandensein er garantiert hat. Es bleibt dann bei der gesetzlichen Verjährung von zwei Jahren. Zum Garantiebegriff des § 444 BGB s. Rdn. 2580 ff. Zu den Einzelfällen s. die Schnellübersicht Rdn. 2601 mit weiterführenden Verweisungen. **4091**

Der Beschaffenheitsgarantie i. S. d. § 444 BGB gleichgestellt hat der BGH[21] die „einfache" Beschaffenheitsvereinbarung (§ 434 Abs. 1 S. 1 BGB), sofern der Verkäufer seine Gewährleistung pauschal ausgeschlossen hat wie z. B. durch die Klausel „unter Ausschluss jeglicher Gewährleistung". Selbst eine individualvertragliche Freizeichnungsabrede dieses allgemeinen Inhalts hat nach Ansicht des BGH nicht die Kraft, die Haftung für den Bruch einer Beschaffenheitsvereinbarung auszuschließen. Die gewünschte Freizeichnungswirkung entfaltet sie nur in Fällen der Mangelhaftigkeit nach § 434 Abs. 1 S. 2 Nr. 1 und Nr. 2 BGB. Welche Konsequenzen sich aus dieser Rechtsprechung für die formularmäßige Verkürzung der Verjährungsfrist von zwei Jahren auf ein Jahr ergeben, scheint für die Praxis kein Problem zu sein. Die besseren Gründe sprechen in der Tat gegen eine analoge Anwendung des § 444 BGB bei einer gebrochenen Beschaffenheitsvereinbarung. § 475 Abs. 2 BGB differenziert nicht nach Mangelhaftigkeit im subjektiven und im objektiven Sinn. Jeg- **4092**

18 Vgl. Thür. OLG 23. 6. 2010 – 2 U 9/10 (GWVB 7/03).
19 NJW 2007, 674.
20 Das Urteil des Thür. OLG v. 23. 6. 2010 – 2 U 9/10 – betrifft die GWVB 7/2003.
21 BGHZ 170, 86 = NJW 2007, 1346.

liche Art von (Sach-)Mangelhaftigkeit i. S. d. § 434 BGB ist gemeint. Abgesehen davon: Der Verkäufer verhält sich nicht widersprüchlich, wenn er sich auf die abgekürzte Verjährung beruft. Es ist auch nicht so, dass die Beschaffenheitsvereinbarung für den Käufer wertlos wäre. Ein Jahr lang haftet der Verkäufer dafür, dass er sie nicht eingehalten hat.

2. Fristbeginn mit Ablieferung

4093 Die Verjährungsfrist beginnt grundsätzlich – auch bei **Online-Käufen**[22] – mit der Ablieferung des Fahrzeugs durch den Verkäufer, gleichviel, ob der Mangel erkennbar oder verborgen ist. Unter Ablieferung i. S. d. § 438 Abs. 2 BGB ist nur die **erstmalige Übergabe** des Fahrzeugs an den Käufer oder an einen Vertreter zu verstehen. Keine Ablieferung ist die Rückgabe des Fahrzeugs im Anschluss an eine Reparatur aus Anlass einer Mängelrüge.[23] Dabei macht es keinen Unterschied, ob der Verkäufer nur die Bremsen nachgestellt oder einen Austauschmotor eingebaut hat. Art und Umfang der Nachbesserung sind in diesem Zusammenhang ebenso irrelevant wie der Gesichtspunkt „Fehlerkontrolle durch den Käufer". Für Käuferschutzüberlegungen ist der Ablieferungsbegriff der falsche Ansatz. Zum Fall der Nacherfüllungsvariante „Ersatzlieferung" s. Rdn. 4158.

4094 Ablieferung i. S. d. § 438 Abs. 2 BGB setzt beim Kfz-Kauf voraus, dass der Verkäufer das Fahrzeug dem Käufer in Erfüllung des Kaufvertrages so überlassen hat, dass er es auf Mängel untersuchen kann.[24] Der Verkäufer muss es **vollständig** aus seinem Verfügungsbereich in denjenigen des Käufers „entlassen" haben,[25] nicht etwa nur zu einer Probefahrt und/oder Besichtigung, sondern in Erfüllung der vertraglichen Übergabeverpflichtung. Auf die Eigentumsverhältnisse kommt es ebenso wenig an wie auf die Frage, ob es sich um eine Hol- oder Bringschuld handelt. Ausschlaggebend sind die faktischen Verhältnisse. Zur „Ablieferung" bei Aushändigung des Fahrzeugs **ohne mitverkaufte Zubehörteile** (z. B. Dachgepäckträger) s. OLG Düsseldorf NJW-RR 1999, 283.

4095 Die AGB des Kfz-Handels haben den Begriff „Ablieferung" ohne nähere Konkretisierung übernommen. Gleichgesetzt werden kann die Ablieferung mit der Abnahme des Fahrzeugs, wie sie in den AGB geregelt ist. Ein **wesentliches Indiz** ist die Aushändigung sämtlicher Fahrzeugschlüssel.

4096 Die **Übergabe der Fahrzeugpapiere**, insbesondere des Fahrzeugbriefes (Zulassungsbescheinigung Teil II), gehört grundsätzlich nicht zur verjährungsrechtlich maßgeblichen „Ablieferung". Durch die Aushändigung des Fahrzeugbriefes wird sie weder ersetzt noch hinausgeschoben. Sofern ein Fahrzeugdokument für die Aufdeckung eines Sachmangels von wesentlicher Bedeutung ist (z. B. der Fahrzeugbrief bezüglich der Anzahl der Vorbesitzer/Vorhalter oder das „Scheckheft" bei „scheckheftgepflegt"), ist zu erwägen, die Verjährungsfrist hinsichtlich dieses speziellen Mangels erst mit Übergabe von Fahrzeug und Dokument beginnen lassen. Zu diesem Ergebnis kann auch die Auslegung einer entsprechenden Beschaffenheitsvereinbarung oder -garantie führen.[26]

4097 Beim Fehlen des Bord- oder Handbuches (Betriebsanleitung) besteht kein Grund, den Zeitpunkt der Ablieferung hinauszuschieben. Auch ohne diese Dokumente kann der Durchschnittskäufer ein Kfz zumindest auf seine Basisfunktionen hin überprüfen. Sämtliche technischen Details der mit Elektronik teilweise überfrachteten Pkw müssen sich ihm nicht er-

---

22 Unwirksam ist eine Klausel im Fernabsatz (Verbrauchervertrag), wonach die Gewährleistungsfrist ein Jahr ab Verkaufsdatum beträgt. Für Wettbewerbswidrigkeit KG 9. 11. 2007, MDR 2008, 517.

23 OLG Celle 20. 6. 2006, NJW 2006, 2643; *Auktor/Mönch*, NJW 2004, 1686.

24 St. Rspr., Nachweise bei *Faust* in Bamberger/Roth, § 438 BGB Rn. 30.

25 BGH 11. 10. 1995, NJW 1995, 3381 (gebr. Lastzug).

26 Vgl. LG Lübeck 23. 7. 2003, Schl.Anz. 2004, 155.

schließen. Andernfalls würden manche Fahrzeuge überhaupt nicht „abgeliefert“. Grundsätzlich reicht die faktische Möglichkeit der Prüfung.

Vereinbarungen über eine **Fahrzeuggarantie**, sei es mit dem Verkäufer, sei es mit einem **4098**
fremden Garantieträger, sind für den Beginn der gewährleistungsrechtlichen Verjährung grundsätzlich unbeachtlich. Es gilt das **Trennungsprinzip**.[27] Zum Beginn der Verjährung von Ansprüchen aus (selbstständigen) Garantien s. Rdn. 4192 ff.

Die Ablieferung muss **nicht an den Käufer persönlich** erfolgen. Er kann sich dabei ver- **4099**
treten lassen (Empfangsvertretung). So liegen die Dinge regelmäßig bei **Leasingfahrzeugen** (Übernahme durch den Leasingnehmer). Übernimmt der Leasingnehmer das „eigene“ Auto später als Käufer, ist das Datum des Kaufvertrages der Tag der „Ablieferung“.

Als Empfangsvertreter kann auch eine Bank tätig sein, wenn sie in einem Fall, in dem es **4100**
auf die Übergabe des Briefes für den Beginn der Verjährung ankommt (s. Rdn. 4096), den Kfz-Brief (ZB II) entgegennimmt.

Abnahmeverzug des Käufers reicht für eine Ablieferung nicht aus. Eine unterbliebene **4101**
Ablieferung kann prinzipiell nicht dadurch ersetzt werden, dass der Käufer mit der Abnahme des Fahrzeugs in **Schuldner-** bzw. **Gläubigerverzug** geraten ist.[28] Die Berufung des im Verzug befindlichen Käufers auf die fehlende Ablieferung kann im Einzelfall treuwidrig sein.[29]

IV. Sonderregelung bei arglistiger Täuschung

1. Überblick

Wie schon nach altem Recht (§ 477 Abs. 1 S. 1 BGB) ist der arglistig getäuschte Käufer **4102**
weiterhin auch verjährungsrechtlich **privilegiert**. Dies aus einem doppelten Grund: Durch die Täuschung wird der Käufer daran gehindert, den Mangel rechtzeitig zu entdecken und zu rügen. Im Übrigen ist der arglistige Verkäufer nicht schutzwürdig in der Annahme, der Käufer werde ihn nach Ablauf von zwei Jahren nicht mehr in Anspruch nehmen.

Die verlängerte Verjährungsfrist beträgt allerdings nicht mehr 30, sondern nur noch **3** **4103**
Jahre (§ 438 Abs. 3 i. V. m. § 195 BGB). Sie beginnt nicht mit der Ablieferung. Der Fristbeginn richtet sich vielmehr nach den objektiv- subjektiven Kriterien des § 199 Abs. 1 BGB, s. Rdn. 4107 ff.

Den **Tatbestand des arglistigen Verschweigens** als Voraussetzung für das Eingreifen **4104**
der Regelverjährung muss der Käufer **darlegen** und notfalls **beweisen**. Zum objektiven und subjektiven Tatbestand der arglistigen Täuschung und zu den einzelnen Fallgruppen s. Rdn. 4249 ff., dort auch zur Darlegungs- und Beweislastverteilung.

§ 438 Abs. 3 BGB erwähnt nur den Fall des arglistigen Verschweigens eines Mangels. **4105**
Analog gilt er für das **arglistige Vorspiegeln einer Eigenschaft** des Kaufobjekts.[30]

Ob es für die Arglist auf den **Zeitpunkt** des Vertragsschlusses oder auf den Zeitpunkt der **4106**
Übergabe/Ablieferung ankommt, ist strittig. Nach dem Zweck der Arglist-Ausnahme ist auf den späteren Zeitpunkt abzustellen.[31] Zweifelhaft ist ferner, ob der Käufer – wie im Rahmen des § 123 BGB – die **Kausalität zwischen Täuschung und Kaufentschluss** beweisen muss. Das ist nach dem Zweck der verjährungsrechtlichen Sonderregelung zu verneinen.

---

27 OLG Düsseldorf 8. 3. 2006 – I-1 U 218/05 – n. v.

28 BGH 11. 10. 1995, NJW 1995, 3381; s. a. *Saenger*, NJW 1997, 1945; *Tiedtke*, JZ 1996, 549.

29 BGH 11. 10. 1995, NJW 1995, 3381, letztlich offen gelassen; s. a. *Tiedtke*, JZ 1996, 549.

30 Das neue Schuldrecht/*Haas*, Kap. 5 Rn. 345; *Zimmer/Eckhold*, JURA 2002, 153; a.A. *Faust* in Bamberger/Roth, § 438 BGB Rn. 38

31 *Faust* in Bamberger/Roth, § 438 BGB Rn. 43.

Sie hat nicht die Freiheit der Willensentscheidung im Rechtsverkehr vor Augen. Vielmehr soll der Gefahr begegnet werden, dass die Verjährung in Lauf gesetzt wird, obwohl der Käufer gerade wegen des arglistigen Handels des Verkäufers den Mangel nicht innerhalb der „normalen" Gewährleistungsfrist entdecken konnte. Die Täuschung als solche muss daher genügen. Der Verkäufer kann nicht einwenden, sein Verhalten sei für den Kaufentschluss nicht ursächlich geworden.[32]

2. Verjährungsbeginn im Arglistfall

4107 Die Dreijahresfrist beginnt mit dem Schluss des Jahres, in dem der (Sachmangel-)**Anspruch entstanden** ist und der Käufer von den anspruchsbegründenden Umständen und der Person des Verkäufers **Kenntnis** erlangt oder ohne **grobe Fahrlässigkeit** hätte erlangen müssen (§ 199 Abs. 1 BGB).

a) Anspruchsentstehung

4108 Die einzelnen Sachmängelansprüche haben **unterschiedliche Entstehungszeitpunkte**. Der **Anspruch auf Nacherfüllung** entsteht bereits mit Gefahrübergang, praktisch also mit der Übergabe der mangelhaften Sache, ausnahmsweise mit Annahmeverzug. Zwischen dem Anspruch auf Ersatzlieferung – beim Gebrauchtfahrzeugkauf (von der Aliud-Lieferung abgesehen) im Regelfall kein Thema – und dem Nachbesserungsanspruch besteht insoweit kein Unterschied. Verjährungsrechtlich an den Nacherfüllungsanspruch angekoppelt sind die Gestaltungsrechte **Rücktritt** und **Minderung** (§ 438 Abs. 4, 5 i. V. m. § 218 BGB), s. Rdn. 4073 f.

4109 Die in § 437 Nr. 3 BGB aufgeführten **Ansprüche auf Schadens- und Aufwendungsersatz** sind demgegenüber verjährungsrechtlich selbstständig. Insoweit kann sich aber unter dem Gesichtspunkt der Subsidiarität („Sekundäransprüche") eine Verschiebung des Entstehungszeitpunkts ergeben. Manche Ansprüche auf Schadenersatz können erst geltend gemacht werden, wenn der Käufer erfolglos eine Nachfrist gesetzt hat oder ein Ereignis eingetreten ist, das eine Fristsetzung entbehrlich macht. Derartiges Geschehen im Vorfeld könnte den Zeitpunkt der Entstehung des Schadensersatzanspruchs zugunsten des Käufers hinausschieben.[33] Unproblematisch ist insoweit der „Direktanspruch" aus §§ 437 Nr. 3, 311a Abs. 2 BGB. Er entsteht mit Gefahrübergang, regelmäßig also mit der Übergabe des mangelhaften Fahrzeugs. Der eigentliche Mangelschaden ist damit eingetreten. Geht es um den Ersatz von „Mangelfolgeschäden" (zur Abgrenzung und Zuordnung s. Rdn. 3709 ff., 4616 ff.), kann der Zeitpunkt der Entstehung später liegen. Das hängt von dem jeweiligen Schaden ab.

b) Kenntnis des Käufers

4110 Die **Person des Verkäufers** ist dem Käufer regelmäßig spätestens mit Vertragsabschluss bekannt. Kenntnisprobleme können bei Online-Geschäften entstehen; auch in Fällen, in denen aufgrund besonderer Vertragsgestaltung Zweifel an der Verkäufereigenschaft aufkommen können (z. B. Agenturfälle, Leasingrückläufer etc.). Der im Fahrzeugbrief zuletzt eingetragene Halter muss nicht unbedingt der Verkäufer sein. Ist positive Kenntnis nicht nachweisbar, dürfte dem Verkäufer der Auffangtatbestand der groben Fahrlässigkeit helfen. Eine zutreffende rechtliche Würdigung des Sachverhalts wird hier wie dort grundsätzlich nicht vorausgesetzt.[34]

32 Siehe auch BGH 15. 7. 2011, V ZR 171/10.
33 Zu den verschiedenen Lösungsansätzen vgl. Das neue Schuldrecht/*Haas*, Kap. 5 Rn. 350 ff.
34 BGH 19. 3. 2008, ZGS 2008, 233.

Ob und inwieweit der Käufer oder sein Wissensvertreter (dazu Rdn. 4285) **Kenntnis von den anspruchsbegründenden Umständen** hat, hängt von der Art des Anspruchs ab, dem der Verkäufer die Verjährungseinrede entgegensetzt. Grundvoraussetzung aller Sachmängelansprüche ist das Vorhandensein eines Mangels. Dazu, wann ein Käufer positive Kenntnis von einem Sachmangel hat, siehe die Ausführungen zu § 442 BGB (Rdn. 3919 ff.). Eine arglistige Täuschung ist, anders als nach altem Recht in § 463 S. 2 BGB a. F., nicht konstitutiv für einen Sachmangelanspruch. Folglich muss sich die Kenntnis des Käufers darauf nicht beziehen. Als (verjährbare) Ansprüche ausgestaltet sind der Nacherfüllungsanspruch, der Anspruch auf Schadensersatz und der Aufwendungsersatzanspruch. In sämtlichen Fällen ist eine arglistige Täuschung nicht anspruchsbegründend. Anders liegt es bei § 823 Abs. 2 BGB i. V. m. § 263 StGB. Der bloße Verdacht, Opfer einer Täuschung geworden sein, reicht nicht aus, um die erforderliche Kenntnis annehmen zu können.[35] **4111**

Mit Blick auf die Schadensersatzansprüche und den Aufwendungsersatzanspruch ist nicht einmal Fahrlässigkeit des Verkäufers Voraussetzung der Haftung. Begründet werden diese Ansprüche durch die bloße **Schlechtlieferung als Pflichtverletzung** i. S. v. § 280 Abs. 1 BGB. Trotz seiner Sonderstellung wird man das für den Anspruch auf Schadensersatz statt der Leistung nach § 311a Abs. 2 BGB nicht anders sehen können, sofern er über § 437 Nr. 3 BGB zum Zuge kommt. Die Verletzung der Pflicht zur mangelfreien Lieferung ist gemeinsame Grundlage der dort genannten Ansprüche. Ein Verkäuferverschulden ist nicht anspruchsbegründend, vielmehr ist das Nichtvertretenmüssen anspruchsausschließend.[36] **4112**

Zu den anspruchsbegründenden Umständen gehören bei den in § 437 Nr. 3 BGB aufgeführten Schadensersatzansprüchen auch das Vorliegen eines **Schadens** und die **Kausalität** zwischen Pflichtverletzung (Schlechtlieferung) und Schaden. Soweit es um den eigentlichen Mangelschaden (Nichterfüllungsschaden) geht, tritt er mit Abschluss des Vertrages, spätestens mit der Übergabe des Fahrzeugs ein. Mit einiger Vereinfachung kann gesagt werden: Wer den Mangel kennt, kennt auch den Mangelschaden. Bei Mangelfolgeschäden tritt die Vermögenseinbuße erfahrungsgemäß erst später ein. **4113**

c) Grob fahrlässige Unkenntnis

Vor Gericht wird in erster Linie über den Tatbestand der groben Fahrlässigkeit gestritten. Was den Sachmangel als Bezugspunkt grob fahrlässiger Unkenntnis angeht, wird auf die Ausführungen zu § 442 BGB verwiesen (Rdn. 3927 ff.). **4114**

d) Darlegungs- und Beweislast

Die Tatsachen, die die Kenntnis bzw. die grob fahrlässige Unkenntnis des Käufers begründen, stehen zur **Behauptungs- und Beweislast** des sich auf Verjährung berufenden Verkäufers.[37] Auch insoweit ist auf die Ausführungen zu § 442 BGB zu verweisen, s. Rdn. 3926, 3943. **4115**

3. Höchstfrist

Um zu verhindern, dass der Verjährungseintritt bei Unkenntnis des Gläubigers auf unabsehbare Zeit hinausgeschoben wird, hat der Gesetzgeber Höchstfristen eingeführt. Zu unterscheiden sind Ansprüche auf Schadensersatz von sonstigen Ansprüchen. Aus der Sicht des Fahrzeugkaufs interessiert praktisch nur die **zehnjährige Maximalfrist** (§ 199 Abs. 3, 4 BGB). **4116**

---

35 BGH 6. 11. 2007, VersR 2008, 129.
36 Zum Problem s. *Mansel/Budzikiewicz*, Das neue Verjährungsrecht, § 3 Rn. 108
37 *Mansel/Budzikiewicz*, a. a. O., § 3 Rn. 140.

V. Hemmung der Verjährung

1. Prinzip und Wirkungsweise

a) Grundsatz der Einzelbetrachtung

4117 Gehemmt wird die Verjährung grundsätzlich nur im Hinblick auf denjenigen Anspruch bzw. Mangel, der Gegenstand der Verhandlungen (§ 203 BGB) oder einer Rechtsverfolgungsmaßnahme i. S. d. § 204 BGB ist. Das folgt aus der **rechtlichen Selbstständigkeit** des Mangels und der sich aus ihm ergebenden Ansprüche einschließlich ihrer Verjährung.[38] Treten voneinander unabhängige Mängel eines Fahrzeugs, wie häufig, nacheinander auf und wird über sie getrennt verhandelt oder Beweissicherung betrieben, setzt die hemmende Wirkung demnach zu verschiedenen Zeitpunkten ein. Das ist besonders bei der Hemmung durch Verhandlungen eine praktisch bedeutsame Frage (näher Rdn. 4127 ff.).

b) Ablaufhemmung

4118 Wichtigster Anwendungsfall ist § 203 S. 2 BGB, wonach die Verjährung **frühestens drei Monate** nach dem Ende der Hemmung durch Verhandlungen eintritt, d. h. ab dem Ende der Hemmung steht dem Käufer als Beobachtungs- und Überlegungszeit eine Frist von mindestens drei Monaten bis zum Eintritt der Verjährung zur Verfügung.

4119 Dieser Zeitraum ist auch beim Kauf eines technisch so komplizierten Gegenstandes wie einem Kraftfahrzeug ausreichend. Nicht zu verkennen ist allerdings, dass manche Mängel, insbesondere aus dem Bereich der Elektronik, sich mal heute, mal morgen zeigen. Das Problem des Dauermangels ohne andauernde, durchgängige Funktionsstörung (typisch insoweit Störungen bei Automatikgetrieben) lässt sich sachgerecht dadurch lösen, dass man erhöhte Anforderungen an das Merkmal „Ende der Verhandlungen" stellt. Dem Käufer muss klar sein, dass der Händler zu einem weiteren Nachbesserungsversuch nicht mehr bereit ist (s. a. Rdn. 4135 ff.).

c) Erstreckung nach § 213 BGB

4120 Hemmung und Ablaufhemmung (auch der Neubeginn der Verjährung) gelten auch für Ansprüche, die aus demselben Grund wahlweise neben dem Anspruch oder an seiner Stelle gegeben sind. Diese Regelung, deren kaufrechtliches Vorbild § 477 Abs. 3 BGB a. F. ist, wirft in Fällen des heutigen Kaufrechts zahlreiche, zum Teil noch ungelöste Fragen auf.

Beispiel: Der Käufer erklärt wegen eines vom Verkäufer nicht beseitigten Mangels kurz vor Ablauf der Verjährungsfrist des § 438 Abs. 1 Nr. 3 BGB den Rücktritt vom Kaufvertrag und erhebt gegen den Verkäufer, der mit dem Rücktritt nicht einverstanden ist, Klage auf Rückzahlung des Kaufpreises. Im Prozess stellt sich heraus, dass der Mangel nur unerheblich ist, so dass der Käufer wegen § 323 Abs. 5 S. 2 BGB mit dem Rücktritt ausgeschlossen ist. Der Käufer ändert daraufhin die Klage und verlangt nunmehr Minderung. Der Verkäufer beruft sich auf Verjährung.

4121 Die Ausübung des Minderungsrechts im Prozess ist bei isolierter Betrachtung unwirksam, weil nicht rechtzeitig erklärt. Maßgebend für die Rechtzeitigkeit der Minderung ist die Verjährung des Nacherfüllungsanspruchs (§§ 438 Abs. 5, 218 BGB). Im Zeitpunkt der Erklärung der Minderung ist er, da auf ihn bezogene Hemmungs- oder Neubeginntatbestände fehlen, verjährt, es sei denn, dass sich die Hemmung infolge der Klage auf Rückzahlung des Kaufpreises (§ 204 Abs. 1 Nr. 1 BGB) auf den Nacherfüllungsanspruch erstreckt. Das ist zu bejahen. Der ursprünglich eingeklagte Anspruch ist zwar kein in § 437 BGB aufgeführter Sachmängelanspruch mit Verjährung nach § 438 BGB, sondern ein

38 BGH 3. 12. 1992, NJW 1993, 851; Brand OLG 10. 10. 2007 – 3 U 33/07 – juris.

der Regelverjährung unterliegender Anspruch eigener Art.[39] Er gehört jedoch bei dem gebotenen weiten Verständnis und nach dem Schutzzweck des § 213 BGB zum Verbund der Sachmängelansprüche. Die Voraussetzung „aus demselben Grund" ist bei Mangelidentität erfüllt. Auf alle „durch § 437 BGB geschützten Rechte" soll sich die Hemmungswirkung erstrecken.[40]

Die Wirkungserstreckung nach § 213 BGB hat zur Konsequenz, dass der Käufer in Fällen zweifelhafter Rücktrittserheblichkeit des Mangels davon absehen kann, von Anfang an hilfsweise auf Minderung zu setzen. Sinn des § 213 BGB ist auch, dem Gläubiger solche Hilfsanträge zu ersparen. **4122**

Abwandlung: Nach Abweisung der Rückabwicklungsklage klagt der Käufer wegen des gleichen, wider Erwarten als unerheblich eingestuften Mangels in einem neuen Prozess auf Beseitigung. Der Verkäufer erhebt die Verjährungseinrede. Auch bei dieser Konstellation hilft dem Käufer § 213 BGB. Der Nachbesserungsanspruch ist „aus demselben Grund" (gleicher Mangel) gegeben und hat von Anfang an „wahlweise" neben dem Anspruch aus Rücktritt gestanden. Anders lägen die Dinge, wenn der Käufer im Zweitprozess wegen eines anderen Mangels gegen den Verkäufer vorginge. **4123**

Weiteres Beispiel: In der irrigen Annahme, von einer Fristsetzung zur Nacherfüllung befreit zu sein, klagt der Käufer auf Rückzahlung des Kaufpreises. Das Gericht weist die Klage ab, weil es eine Fristsetzung für erforderlich hält. Daraufhin verlangt der Käufer Nachbesserung und klagt nach Fristablauf auf Schadensersatz in Höhe der Mängelbeseitigungskosten. Isoliert betrachtet ist der Anspruch aus §§ 437 Nr. 3, 280, 281 BGB verjährt. Darüber, ob die Rückzahlungsklage Hemmungswirkung auch im Hinblick auf den Schadensersatzanspruch hat, kann man geteilter Meinung sein. Wie im obigen Beispielsfall irrtümlicher Fehleinschätzung der Rücktrittserheblichkeit wird man dem Käufer die Wohltat des § 213 BGB kaum vorenthalten können. Er bleibt mit seiner Schadensersatzklage im Verbund der Mängelhaftung.

Kein Thema für § 213 BGB ist das **Nebeneinander von Sachmängelhaftung und** (selbstständiger) **Garantie**, selbst wenn der Verkäufer zugleich Garantiegeber ist und der Mangel sowohl unter die Mängelgewährleistung als auch unter die Garantie fällt. Es fehlt an der Voraussetzung „aus demselben Grund".[41] Eine Erstreckung der Hemmung kann sich allerdings unmittelbar aus § 203 BGB ergeben, je nachdem, wer mit wem worüber verhandelt hat. Ein Händler, der sich auf die Prüfung eines Mangels einlässt, der unter seine gesetzliche Mängelhaftung wie zugleich unter seine vertragliche Garantiehaftung fällt, löst eine Hemmung in beide Richtungen aus. Im Fall der Vermittlung einer Fremdgarantie kann er als Verhandlungsgehilfe des Dritten angesehen werden mit der Folge, dass auch der Garantieanspruch gegen den Dritten gehemmt ist. **4124**

d) Darlegungs- und Beweislast

Für die Tatbestände, die verjährungshemmende Wirkung haben (zu den Einzelfällen sogleich), trägt sie **der Käufer**. Bei einer **Mehrheit von Mängeln** verlangt die Rechtsprechung für § 203 BGB (Verhandlungen) mitunter einen auf jeden der in Rede stehenden Mängel zugeschnittenen Sachvortrag darüber, zu welchem Zeitpunkt jeweils in Verhandlungen über den betreffenden Einzelmangel eingetreten wurde.[42] Helfen kann dem Käufer, die angeblichen Einzelmängel zu einem einheitlichen Mangel (Systemmangel) zusammen- **4125**

39 BGH 15. 11. 2006, NJW 2007, 674.
40 OLG München 21. 7. 2006, ZGS 2007, 80; s. a. BGH 8. 12. 2009, NJW 2010, 1284 Tz. 49.
41 Dazu *Erman/Schmidt-Räntsch*, § 213 BGB Rn. 2, 3.
42 OLG Bamberg 10. 4. 2006, DAR 2006, 456.

zuziehen. Oft sind es auch nur unterschiedliche Mangelerscheinungen (Symptome) bei Identität des zugrunde liegenden Mangels.[43]

4126 Für die Beendigung der Hemmung ist **der Verkäufer** darlegungs- und beweispflichtig.[44]

2. Verjährungshemmung infolge von Verhandlungen

4127 **Nach § 203 S. 1 BGB** wird die Verjährung durch **schwebende Verhandlungen** über den Anspruch oder die den Anspruch begründenden Umstände gehemmt.

a) Beginn der Hemmung

4128 Der Begriff „Verhandlungen“ ist nach allgemeiner Meinung **weit auszulegen.**[45] Er umfasst regelmäßig auch die früher in **§ 639 Abs. 2 BGB a.F.** geregelten Sachverhalte. Mithin kann auf die Rechtsprechung zu dieser Vorschrift, die in Kaufrechtsfällen analog anwendbar war,[46] zurückgegriffen werden.[47] Soweit § 639 Abs. 2 BGB a. F. verneint worden ist, heißt das nicht in jedem Fall, dass eine Hemmung nach § 203 BGB ausscheidet.

4129 § 639 Abs. 2 BGB a. F. erforderte eine Übereinkunft der Parteien über die Prüfung und/ oder Beseitigung des Mangels durch den Unternehmer/Verkäufer.[48] Notwendig, aber auch ausreichend für die Hemmung der Verjährung des Nacherfüllungsanspruchs ist eine **„Überprüfungsvereinbarung“**. Damit wird die Selbstverständlichkeit ausgedrückt, dass **einseitige Akte**, gleich auf welcher Seite, kein Verhandeln sind. M. a. W.: Allein durch eine (einseitige) Mängelanzeige tritt keine Hemmung ein, selbst wenn sie schriftlich erfolgt ist. Andererseits ist auch klar: Eine sofortige und strikte Ablehnung jeglicher Verantwortung für den gerügten Mangel lässt Verhandlungen gar nicht erst aufkommen.

4130 Wo und wie der erforderliche **Meinungsaustausch** stattfindet, ist grundsätzlich belanglos. Ein **Telefonat** kann genügen.[49] **Inhaltlich** reicht ein Hinweis des Käufers auf die bloße Mangelerscheinung (Symptom). Andererseits tritt Hemmung nur im Umfang des Verhandlungsgegenstandes ein. Wird nur über einen einzigen Mangel bzw. Mangelsymptom verhandelt, erstreckt sich die Hemmung nicht auf andere Mängel (Einzelbetrachtung).[50] Die Mangelursache muss der Käufer nicht mitteilen, eine etwaige Fehleinschätzung oder Fehlbezeichnung ist unschädlich.[51] Wird eine bestimmte **Mangelerscheinung** gemeinsam besprochen, so erstreckt sich die Hemmung auf alle **Ursachen der Mangelerscheinung**.[52]

Beispiel: Der Käufer beanstandet ein „Schiefziehen“ des Wagens. Zunächst wird an einen Defekt der Lenkung gedacht, in Wirklichkeit ist aber, wie sich einige Zeit später herausstellt, ein schlecht reparierter Vorschaden die Ursache. Auch der Anspruch wegen dieses Mangels ist durch das „Verhandeln“ über die Mangelerscheinung gehemmt. Wichtig ist diese Art von Erstreckung der Hemmungswirkung vor allem bei **Elektronikproblemen**. Deren wahre Ursache kann oft nur in Etappen ermittelt werden.

---

43 Zum Thema „Mangel/Ursache/Symptom“ informativ, aber auch schwierig in der praktischen Umsetzung BGH 9. 3. 2011, NJW 2011, 1664 m. Anm. *Kleinhenz* (Motorprobleme).
44 BGH 30. 10. 2007, NJW 2008, 576.
45 BGH 30. 10. 2007, NJW 2008, 576.
46 St. Rspr., vgl. BGH 8. 7. 1997, WM 1997, 1200.
47 BGH 26. 10. 2006, NJW 2007, 587; BGH 30. 10. 2007, NJW 2008, 576; *Ball*, NZV 2004, 217, 226.
48 BGH 20. 11. 1996, NJW 1997, 727.
49 BGH 30. 10. 2007, NJW 2008, 576 (Werkmangel).
50 Brand OLG 10. 10. 2007 –3 U 33/07 – juris.
51 BGH 30. 10. 2007, NJW 2008, 576.
52 BGH 18. 1. 1990, NJW 1990, 1472 (Bausache); OLG Köln 31. 3. 1995, VersR 1996, 1373 (Computerkauf).

Aus welchem Grund sich der Verkäufer auf die Mängelrüge einlässt, indem er sie aufnimmt und/oder eine Überprüfung zusagt, ist ohne Bedeutung. Nach dem Sinn und Zweck des § 639 Abs. 2 BGB a. F. kommt es nur auf das tatsächliche Bemühen um Mängelbeseitigung an, nicht dagegen auf die diesem Bemühen zugrunde liegenden Beweggründe.[53] Das gilt auch für § 203 BGB. Auch wenn der Händler nachdrücklich betont, **„nur aus Kulanz“** tätig zu werden, bleibt es bei der Hemmungswirkung.[54] **4131**

Angesichts der Weite des Verhandlungsbegriffs in § 203 BGB besteht jedenfalls **für den Kfz- Kauf** keine hinreichende Veranlassung, für bestimmte Einzelvorgänge und -abschnitte im Rahmen der Nacherfüllung durch Nachbesserung eine nur analoge Anwendung des § 203 BGB in Betracht zu ziehen.[55] Treten an einem Kraftfahrzeug Mängel auf, kommt es **im Regelfall** zu Gesprächen zwischen den Parteien. Dabei geht es um die Beschreibung des Mangels durch den Käufer, die Erörterung der in Frage kommenden Ursachen, die Aufnahme der Reklamation durch den Händlerbetrieb[56] und die Abstimmung der Modalitäten der Nacherfüllung. **4132**

Legt man den Begriff der Verhandlungen mit der Rechtsprechung richtigerweise **weit** aus, lassen sich solche Vorgänge zwanglos direkt unter § 203 BGB subsumieren. Das bloße Einlassen auf eine Prüfung der Mängelrüge ist schon ein Verhandeln. Dafür kann die Entgegennahme der Reklamation am Telefon mit der Zusage eines Rückrufs genügen. Voraussetzung für ein Verhandeln i. S. d. § 203 BGB ist bei einer mündlichen Anzeige nicht, dass der Händler sie schriftlich bestätigt oder sie in einem „Reparaturauftrag“ aufnimmt. Erst recht reicht jedes Bemühen um Erledigung der Mängelrüge. **4133**

Beispiele aus der Rechtsprechung: **4134**

- Lehnt der Verkäufer von vornherein eine Nacherfüllung ab, wird die Verjährung allein aufgrund der Geltendmachung der Nacherfüllung nicht gehemmt.[57] Die **Verweigerung von Verhandlungen** über den Mangel und dessen Beseitigung muss durch ein klares und eindeutiges Verhalten zum Ausdruck gelangen.[58]
- Mehrere Nachbesserungstermine, die sich über Wochen erstrecken und denen jeweils schwebende Verhandlungen über den Anspruch zugrunde liegen, bewirken keine Verjährungshemmung während des gesamten Zeitraums, wenn der in Anspruch genommene Händler jeweils am selben Tag, an dem sich das Fahrzeug in seiner Werkstatt befunden hat, zu dem Ergebnis gelangt ist, es sei nichts zu veranlassen.[59] Die Einzeltermine sind nur dann zu einem einheitlichen, sich über den gesamten Zeitraum hinziehenden Nachbesserungsversuch zusammenzufassen, wenn beide Parteien die Einzelakte **als Einheit** betrachtet haben.[60]
- Die bloße Erstellung und Einreichung eines **Kulanzantrags** an den Fahrzeughersteller ist nicht geeignet, eine Verjährungshemmung herbeizuführen.[61] Die Verweisung auf den Kulanzweg bedeute konkludent die Erklärung des Verkäufers, zur Nachbesserung nicht verpflichtet zu sein (überholt, da im Rahmen des § 203 BGB zu eng).
- Eine Hemmung der Verjährung tritt nicht ein, wenn der Händler der Ansicht ist, ein Mangel liege nicht vor, und er dem auf Nacherfüllung beharrenden Käufer anheim stellt,

---

53 BGH 30. 10. 2007, NJW 2008, 576.
54 Überholt OLG Frankfurt 4. 6. 1986, DAR 1986, 323.
55 Dazu *Reinking*, ZGS 2002, 143; *Arnold* in FS Eggert, 2008, S. 41 ff.
56 Z. B. in einer „Reparatur-Auftragsbestätigung“, womit nur die Rüge dokumentiert wird, ein irgendwie geartetes Anerkenntnis nicht erklärt wird.
57 BGH 26. 10. 2006, NJW 2007, 587.
58 BGH 26. 10. 2006, NJW 2007, 587.
59 OLG Köln 31. 3. 1995, VersR 1996, 1419.
60 BGH 19. 2. 1992, NJW 1992, 1236.
61 OLG Frankfurt 4. 6. 1986, DAR 1986, 323 zu § 639 Abs. 2 BGB a. F.

einen **neutralen Sachverständigen** mit der Untersuchung des Fahrzeugs zu beauftragen.[62] Anders, wenn der Verkäufer selbst einen Sachverständigen damit beauftragt, die Reklamation des Käufers zu überprüfen.[63]

- Eine vom Generalimporteur fabrikneuer Kraftfahrzeuge nach dem Ausscheiden des Verkäufers aus dem Händlernetz abgegebene Erklärung, **die Garantie** für den Motor werde um ein Jahr verlängert, erstreckt sich aus der insoweit maßgeblichen Sicht des Käufers auch auf die vom Verkäufer zugesagte Sachmängelhaftung, wenn nur noch der Generalimporteur dem Käufer als Ansprechpartner zur Verfügung steht und dieser die Sachmängelhaftung von der Fristverlängerung nicht ausdrücklich ausschließt.[64]
- Die Verjährung ist gehemmt, wenn die Parteien ein **Stillhalteabkommen** verabreden, dass mit einer Klage wegen der Sachmängelansprüche gewartet werden soll, bis diese als Widerklage im Rahmen des durch Mahnbescheid bereits eingeleiteten Verfahrens auf Kaufpreiszahlung geltend gemacht werden können.[65]

b) Ende der Hemmung bei Verhandlungen

4135 Die Verjährung ist gehemmt, bis der eine oder der andere Teil die **Fortsetzung der Verhandlungen verweigert** (§ 203 S. 1 BGB). Verlangt wird ein **klares und eindeutiges Verhalten.**[66] Das Ende der Hemmung eindeutig bestimmen zu können, ist für den Gläubiger von weitaus größerer Bedeutung als für den Schuldner. Deshalb sind an die Verhaltensweisen, mit denen der Verkäufer die Verhandlungen beenden will, hohe Anforderungen hinsichtlich Klarheit und Eindeutigkeit zu stellen. Es muss ein unmissverständliches Nein sein, zum Anspruch überhaupt wie zu weiteren Gesprächen bzw. Terminen.

aa) Beendigungsakte auf Verkäuferseite

4136 Der tatsächlichen Beendigung von Mängelbeseitigungsarbeiten ist nicht ohne Weiteres die Erklärung zu entnehmen, der Mangel sei beseitigt oder die Fortsetzung der Nachbesserung werde verweigert.[67] Brauchbare Hinweise für die Bestimmung des Endes von Verhandlungen liefert **die Rechtsprechung** zu Abschn. VII Ziff. 10 der bis zum 31. 12. 2001 gültigen NWVB, die sich mit der Frage befasst hat, unter welchen Voraussetzungen ein Verhalten des Verkäufers die Erklärung bedeutet, der Fehler sei beseitigt oder es liege kein Fehler vor:

- Die Erklärung des Werkstattleiters, er hoffe, den Fehler nunmehr abgestellt zu haben, ließ das OLG Köln[68] als Erklärung im Sinne einer Fehlerbeseitigung gelten, weil sich der Äußerung nicht entnehmen lässt, dass er nicht von der Beseitigung des Fehlers ausgegangen ist. Da eine solche Äußerung beim Käufer eher den Eindruck erweckt, dass die Werkstatt ihrer Sache nicht ganz sicher ist, ob sie den Fehler tatsächlich beseitigt hat, kann der Käufer sie nicht als einseitige Beendigung der Verhandlungen auffassen.
- Nach Ansicht des LG Köln[69] reicht es für eine Beendigung der Verjährungshemmung aus, wenn die auf Nachbesserung in Anspruch genommene Werkstatt im Anschluss an den vergeblichen Versuch, eine Kostenübernahme durch den Hersteller / Importeur herbeizuführen, dem Käufer eine Reparaturrechnung übersendet. Ein solches Verhalten

---

62 OLG Köln 24. 11. 1994, OLGR 1995, 113.
63 BGH 7. 6. 2006, NJW 2006, 2839; OLG Koblenz 9. 2. 2006, ZGS 2006, 117.
64 OLG Celle 2. 12. 1993, OLGR 1994, 49.
65 OLG Köln 31. 3. 1995, VersR 1996, 1373 zur Zurückstellung der Wandlungsklage.
66 BGH (VI. ZS) 17. 2. 2004, MDR 2004, 809; OLG Oldenburg 23. 8. 2007, MDR 2008, 311.
67 BGH 30. 10. 2007, NJW 2008, 576.
68 Urt. v. 15. 9. 1998 – 22 U 265 / 97 – n. v.
69 Urt. v. 7. 6. 1989 – 13 S 71/87 – n. v.

könne bei verständiger Würdigung so zu deuten sein, dass der Händler damit habe zum Ausdruck bringen wollen, ein Fehler sei nicht vorhanden gewesen.

- Auf der gleichen Linie liegt eine Entscheidung des OLG Stuttgart,[70] das den Rechnungsvermerk „Kostenübernahme aus Kulanz abgelehnt, da Kundenverschulden" als abschließende Erklärung zum Anspruch ansah.
- Nicht als das „letzte Wort" bewertete das OLG Saarbrücken die Erklärung, die Fehlersuche sei erfolglos geblieben, es sei aber vorsorglich eine neue Dichtung eingebaut worden.[71]
- Kommen Käufer und Werkstatt überein, in punkto Nachbesserung nichts mehr zu unternehmen, endet nach Meinung des OLG Köln[72] die Hemmung der Verjährung. Der einverständliche Entschluss steht einer einseitigen Erklärung der Werkstatt, es sei nichts mehr nachzubessern, gleich.

bb) Verhaltensweisen auf Käuferseite

Äußert der Käufer im Anschluss an eine durchgeführte Nachbesserung, die von ihm gerügten Fehler seien ordnungsgemäß beseitigt worden, beendet er bis dahin schwebende Verhandlungen.[73] Wenn der Käufer dem in Anspruch genommenen Betrieb keine Gelegenheit zur Nachbesserung einräumt, ist dies ein Zeichen dafür, dass er auf eine Fortsetzung schwebender Verhandlungen keinen Wert legt. Erst recht endet die Hemmung mit einer Rücktritts- oder Anfechtungserklärung des Käufers.[74] **4137**

Schlafen die Verhandlungen ein, endet die Hemmung in dem Zeitpunkt, in dem der nächste Schritt nach Treu und Glauben zu erwarten gewesen wäre.[75] **4138**

3. Sonderfall Neuwagen: Verjährungshemmung bei Nachbesserungen durch autorisierte Dritthändler

Da Abschn. VII Ziff. 2a NWVB (Stand 3/08) dem Käufer das Recht zubilligt, Ansprüche auf Mängelbeseitigung bei anderen vom Hersteller / Importeur für die Betreuung des Kaufgegenstandes anerkannten Betrieben geltend zu machen, stellt sich die höchstrichterlich bislang nicht ausdrücklich geklärte Frage, ob die Verjährung der Sachmängelansprüche für die Dauer von Nachbesserungsarbeiten in solchen Betrieben nach § 203 BGB gehemmt ist. Das OLG Bremen[76] hätte in einem Fall, in dem es buchstäblich um Tage ging, dazu Stellung nehmen können und auch müssen. Es hat den Rücktritt einer Leasingnehmerin für verspätet gehalten, die einen Tag vor Ablauf der Zweijahresfrist in einem autorisierten Drittbetrieb die „Wandlung des Fahrzeugs" verlangt hat. Dieser Betrieb gehörte zudem zur selben Firmengruppe wie das verkaufende Unternehmen. Als dieses vier Tage nach Ablauf der Frist aufgefordert wurde, die Modalitäten der Rückabwicklung mitzuteilen, wies es den Rücktritt als verspätet zurück. Die Klägerin, die mit dem Fahrzeug in verschiedenen (autorisierten) Werkstätten Nachbesserungsarbeiten hatte durchführen lassen, verlor den Prozess wegen Verjährung.[77] Ihr „Wandlungsverlangen" gegenüber dem Drittbetrieb sei unbeacht- **4139**

---

70 Urt. v. 5. 11. 1997 – 4 U 131/97.
71 Urt. v. 26. 3. 1996, NJW-RR 1996, 1423.
72 OLG Köln 31. 3. 1995, VersR 1996, 1419.
73 OLG München, 22. 9. 1983, MDR 1984, 141 zur vertraglich vereinbarten Beobachtungsfrist von drei Monaten in den bis zum 31. 12. 2002 gültigen NWVB.
74 BGH 7. 6. 2006, NJW 2006, 2839.
75 BGH 7. 1. 1986, NJW 1986, 1337, 1338; OLG Koblenz 9. 2. 2006, ZGS 2006, 117 (Monatsfrist für Käufer).
76 Urt. v. 7. 4. 2011 – 1 U 62/10.
77 OLG Bremen 7. 4. 2011 – 1 U 62/10 – NJW-RR 2011, 1202.

lich (keine Empfangszuständigkeit, keine Wissenszurechnung). Daran könne auch die Zugehörigkeit zur selben Firmengruppe nichts ändern. Auf die Frage der Hemmung durch Nachbesserungsarbeiten geht das OLG nicht ein.

4140 Der Entscheidung ist nicht zu folgen. Lehnt man eine Empfangzuständigkeit wegen fehlender Vertretungsmacht ab und sieht man in dem Drittbetrieb auch keinen Empfangsboten (das zumindest dürfte er sein), muss der Käufer jedenfalls gem. § 203 BGB ebenso gestellt sein, als hätte er mit seinem Vertragspartner verhandelt. Gewiss liegt die Verhandlungszuständigkeit grundsätzlich bei den Vertragspartnern. Der autorisierte Drittbetrieb führt indes die vom Käufer verlangte Nachbesserung als Erfüllungsgehilfe des Verkäufers durch.[78] In dieser Eigenschaft ist er dessen „Verhandlungsgehilfe".

4141 Dem Verkäufer entstehen durch diese Zurechnung keine ungerechtfertigten Nachteile, zumal im Endeffekt ohnehin der Hersteller belastet ist (Händlervertrag, Regress). Vor Überraschungen wird der Händler durch Abschn. VII Ziff. 2a S. 1 Hs. 2 NWVB geschützt. Danach ist der Käufer verpflichtet, „seinen" Händler von der Einschaltung des anderen Betriebs unverzüglich zu informieren; nach der Neufassung der Klausel bereits im Anschluss an den ersten Fehlversuch des Drittbetriebs.

4142 Es fragt sich, ob dem Käufer die Berufung auf die Verjährungshemmung nach Treu und Glauben zu versagen ist, wenn er seine Informationspflicht verletzt hat. Das ist zu verneinen. Dem Verkäufer kann aus der Verletzung dieser Pflicht zwar ein Schadensersatzanspruch erwachsen. Sonstigen Sanktionen ist der Käufer aber nicht ausgesetzt. Indem er der Verjährungseinrede Hemmung durch Verhandeln entgegensetzt, verhält er sich nicht widersprüchlich. Zur Nachbesserung in einer Drittwerkstatt s. a. Rdn. 649 ff.

4. Hemmung durch Rechtsverfolgung

a) Selbstständiges Beweisverfahren

4143 Abgesehen von der Klageerhebung (§ 204 Abs. 1 Nr. 1 BGB) ist die Einleitung eines selbstständigen Beweisverfahrens der praktisch wichtigste Akt der Rechtsverfolgung mit Hemmungswirkung (§ 204 Abs. 1 Nr. 7 BGB). Grundsätzlich muss der Antrag **förmlich zugestellt** werden, um Hemmung eintreten zu lassen. Es besteht jedoch die Möglichkeit der Heilung des Zustellungsmangels durch bloße formlose Übersendung.[79] Zu beachten ist, dass die Verjährung nur hinsichtlich desjenigen Sachmangels gehemmt wird, der Gegenstand des Antrags auf Durchführung des Verfahrens ist (Prinzip der Einzelbetrachtung/ Einzelmangel). Der Gegenstand des Beweisverfahrens (Näheres Rdn. 3412 ff.) muss daher ggf. anhand des Gesamtinhalts der Akte – Antragsschrift, Anlagen, Beweisbeschluss und Gutachten – ermittelt werden. Zur erforderlichen Konkretisierung bei einem Motorschaden s. OLG Koblenz DAR 2002, 509 = zfs 2002, 180.

4144 Für ungenannte, in das Verfahren nicht eingeführte Mängel läuft die Verjährungsfrist ungehemmt weiter.[80] Indes gilt zugunsten des Käufers auch hier die **Symptomrechtsprechung**. Er kann sich darauf beschränken, die Symptome eines Mangels in der Antragsschrift aufzuführen. Die Ursachen der bezeichneten Erscheinungen sind in vollem Umfang erfasst,[81] eine besonders bei **„Elektronikproblemen"** wichtige Erleichterung für den Käufer. Werden rechtlich selbstständige Mängel zeitversetzt in das Verfahren eingeführt, tritt Hemmung mit entsprechendem Abstand ein.

---

78 BGH 15. 11. 2006, NJW 2007, 504.

79 BGH 27. 1. 2011 – VII ZR 186/09 – BeckRS 2011, 03976.

80 BGH 2. 2. 1994, NJW 1994, 1004 – Neufahrzeugkauf; OLG Düsseldorf 19. 5. 1994, OLGR 1995, 17; OLG Köln 31. 3. 1995, NJW-RR 1995, 1457 – EDV-Anlage.

81 Vgl. BGH 30. 10. 2007, NJW 2008, 576.

Nach § 204 Abs. 2 BGB **endet die Hemmung** sechs Monate nach Beendigung des selbstständigen Beweisverfahrens. Dieses endet mit dem Zugang des Sachverständigengutachtens an die Parteien, sofern weder das Gericht in Ausübung des ihm nach § 411 Abs. 4 S. 2 ZPO eingeräumten Ermessens eine Frist zur Stellungnahme gesetzt hat noch die Parteien innerhalb eines angemessenen Zeitraums nach Erhalt des Gutachtens Einwendungen dagegen oder das Gutachten betreffende Anträge oder Ergänzungsfragen mitgeteilt haben.[82] **4145**

b) Begutachtungsverfahren

Mit dem Beginn eines vereinbarten Begutachtungsverfahrens wird die Verjährung gleichfalls gehemmt (§ 204 Abs. 1 Nr. 8 BGB). Die Hemmung dauert an, bis das Gutachten beiden Parteien vorliegt oder die Parteien die Schiedsgutachten-Vereinbarung einverständlich aufheben.[83] Ruft der Käufer eine **Schiedsstelle des Kfz-Handels** an, tritt gleichfalls Hemmung der Verjährung ein, sofern der Antrag zulässig ist (vgl. Abschn. VIII Ziff. 3 ZDK-GWVB). **4146**

c) Streitverkündung

Gem. § 204 Abs. 1 Nr. 6 BGB wird die Verjährung auch durch die Zustellung einer Streitverkündung gehemmt; selbst wenn sie im Rahmen eines selbstständigen Beweisverfahrens erfolgt.[84] Hemmungswirkung hat – anders als bei einer Klage – nur eine zulässige Streitverkündung, d. h. die Voraussetzungen gem. § 72 Abs. 1 ZPO müssen erfüllt sein. Insbesondere muss ein Streitverkündungsgrund vorliegen.[85] Die Zulässigkeitsfrage ist nicht im Ausgangsverfahren, sondern erst im Folgeprozess zu prüfen.[86] **4147**

5. Höhere Gewalt

Zur Frage der Hemmung im Fall der **Beschlagnahme des Fahrzeugs** wegen Diebstahlverdachts als Fall **höherer Gewalt** i. S. v. § 203 Abs. 2 BGB a. F. = § 206 BGB n. F. s. BGH NJW 1997, 3164. **4148**

VI. Neubeginn der Verjährung und Nacherfüllung

1. Nachbesserungsarbeiten

Nachbesserungsmaßnahmen des Verkäufers können nicht nur, wie regelmäßig, eine Hemmung (dazu Rdn. 4127 ff.), sondern weitergehend einen Neubeginn der Verjährung zur Folge haben. Letzteres stellt in den Augen des BGH eine Ausnahme dar. Während er für die Lieferung einer Ersatzsache im Regelfall, keineswegs generell und automatisch, einen Neubeginn der Verjährung bejaht, äußert er sich zur Nacherfüllungsvariante der Nachbesserung deutlich zurückhaltender: „Eine Nachbesserung wird demgegenüber, sofern sie überhaupt einen Neubeginn der Verjährung zu bewirken vermag, regelmäßig nur insoweit Einfluss auf die Verjährung nach § 438 BGB haben, als es sich um denselben Mangel oder um die Folgen einer mangelhaften Nachbesserung handelt."[87] **4149**

---

82 BGH 28. 10. 2010, NJW 2011, 594; v. 20. 2. 2002, NJW 2002, 1640; zur Konstellation „mehrere Mängel, mehrere Gutachten" s. OLG München 13. 2. 2007, VRR 2007, 310 (Bausache).

83 OLG Hamm 14. 11. 1975, NJW 1976, 717.

84 BGHZ 134, 190.

85 BGH 6. 12. 2007, NJW 2008, 519; v. 11. 2. 2009, NJW 2009, 1488; s. a. BGH 7. 3. 2007, NJW 2007, 2034 (Streitverkündung in Altfall).

86 BGH 11. 2. 2009, NJW 2009, 1488.

87 Urt. v. 5. 10. 2005, NJW 2006, 47 Tz. 18.

4150 Daraus folgt, dass die **Rückgabe des Fahrzeugs** im Anschluss an einen (erfolglosen) Nachbesserungsversuch des Verkäufers nach Ansicht des BGH nicht automatisch einen neuen Fristanlauf auslöst. Dem ist zuzustimmen. Denn mit der Rückgabe ist weder eine „Ablieferung" i. S. d. § 438 Abs. 2 BGB verbunden noch kann dieser Fall einer Ablieferung im Wege der Analogie gleichgestellt werden. Dass der BGH die Rücknahme nach einem Nachbesserungsversuch als erneute Annahme i. S. d. § 363 BGB sieht[88], steht dem nicht entgegen.

4151 Eine Absage erteilt der BGH indirekt auch der Ansicht, die für den Neubeginn der Verjährung an die Pflichtverletzung anknüpft, die in einer mangelhaften Nacherfüllung liegt.[89] Nur hinsichtlich des seltenen Falles, dass der Verkäufer im Rahmen seines Nachbesserungsversuchs einen neuen „Mangel" verursacht, lässt sich ein Neubeginn der Verjährung mit dem Schutzzweck des § 438 BGB rechtfertigen.[90] Gute Gründe sprechen indes in diesem Sonderfall (Beispiel: OLG Saarbrücken, NJW 2007, 3503, dazu Rdn. 837 ff.) auch für die Annahme eines eigenständigen (neuen) Anspruchs mit einem Verjährungserstbeginn, entweder nach § 438 BGB oder nach §§ 195, 199 BGB.

4152 Für den Grundfall der (erfolglosen) Nachbesserung sollte es, dem BGH folgend, dabei bleiben, dass ein Verjährungsneubeginn nur unter einer einzigen Voraussetzung anzunehmen ist: Ein **Anerkenntnis in sonstiger Weise** (§ 212 Abs. 1 Nr. 1 BGB). Jeder Versuch einer anderweitigen Legitimierung ist durchgreifenden Bedenken ausgesetzt. Die vorgeschlagenen Differenzierungen lassen sich aufgrund schwieriger Abgrenzungen auch praktisch nur schwer umsetzen. Über den nötigen Spielraum verfügen die Gerichte mit Hilfe der Instrumente der Hemmung und Ablaufhemmung. Nur in Ausnahmefällen besteht das Bedürfnis, den Käuferschutz mit der Annahme eines Anerkenntnisses zu stärken.

4153 Dass ein solches Anerkenntnis auch durch **schlüssiges Verhalten** zustande kommen kann, steht außer Streit.[91] Auch in der Frage der **Reichweite** ist man sich weitgehend einig. Nur die Verjährung desjenigen Anspruchs beginnt neu, der Gegenstand des Anerkenntnisses ist. Auch hier gilt das Prinzip der Einzelbetrachtung (Einzelmangel).[92] Zur Erstreckung nach § 213 BGB s. Rdn. 4120 ff.

4154 Wann (nur) der Hemmungstatbestand „Verhandlungen" (§ 203 BGB) und wann ein verjährungsrechtlich relevantes Anerkenntnis oder beides nebeneinander vorliegt, ist trotz einer umfangreichen Rechtsprechung (vor allem zum Baurecht) nicht immer leicht zu entscheiden. Die Annahme eines konkludenten Anerkenntnisses setzt nach der Rechtsprechung voraus, dass der Verkäufer aus der Sicht des Käufers nicht nur aus Kulanz oder zur gütlichen Beilegung eines Streits, sondern in dem Bewusstsein handelt, zur Mängelbeseitigung verpflichtet zu sein.[93] Erheblich sind vor allem der **Umfang, die Dauer und die Kosten der Mängelbeseitigungsarbeiten**.[94]

4155 Diese recht blassen Kriterien machen jedenfalls eines deutlich: Nicht jede Nachbesserungsaktivität des Verkäufers hat die Wirkung eines Anerkenntnisses i. S. d. § 212 Abs. 1 Nr. 1 BGB. Ein (fehlgeschlagener) Nachbesserungsversuch bedeutet mithin **nicht automa-**

88 Urt. v. 9. 3. 2011, NJW 2011, 1664 unter Hinweis auf das Maserati-Urteil BGH NJW 2009, 1341.
89 So aber *Skamel*, Nacherfüllung beim Sachkauf, S. 205 ff.
90 *Arnold* in FS Eggert, 2008, S. 41, 53 f.
91 BGH 5. 10. 2005, NJW 2006, 47 Tz. 16/17.
92 *S. Lorenz*, NJW 2007, 1, 5; *Arnold* in FS Eggert, 2008, 41, 44; s. aber auch BGH 5. 10. 2005, NJW 2006, 47 Tz. 18 („denselben Mangel oder um die Folgen einer mangelhaften Nachbesserung").
93 BGH 5. 10. 2005, NJW 2006, 47; OLG Bamberg 10. 4. 2006, DAR 2006, 456; LG Koblenz 10. 10. 2006, NJW-RR 2007, 272 = DAR 2007, 523 m. Anm. *Andreae* DAR 2008, 31; OLG Köln 2. 3. 2007, OLGR 2007, 497 (Möbelkauf).
94 BGH 5. 10. 2005, NJW 2006, 47; 8. 7. 1987, NJW 1988, 254; BGH 2. 6. 1999, NJW 1999, 2961 = EWiR § 208 BGB 1/99, 1105 *(Eggert);* OLG Düsseldorf 23. 6. 1995, NJW-RR 1995, 1232.

tisch ein Anerkenntnis in sonstiger Weise.[95] Den Austausch des Steuergeräts mit Kosten von ca. 500 € netto für ein Anerkenntnis genügen zu lassen,[96] liegt an der Grenze des Vertretbaren, macht aber das Dilemma deutlich, in dem sich die Instanzgerichte angesichts des Fehlens klarer Abgrenzungskriterien befinden. Im Zweifel contra Anerkenntnis und pro Hemmung durch Verhandlung sollte die Devise lauten. Nur sie wird dem Regel-Ausnahme-Verhältnis von Hemmung und Neubeginn gerecht.[97]

Eine **andere Frage** ist, ob in vorbehaltlosen Nachbesserungsarbeiten ein Anerkenntnis dahingehend zu sehen ist, dass Mangelhaftigkeit bei Auslieferung gewissermaßen **unstreitig gestellt** wird.[98] **4156**

Händler versuchen, ein verjährungsrechtlich relevantes Anerkenntnis dadurch zu vermeiden, dass sie ausdrücklich **von Kulanz reden** („Kulanzreparatur") oder von Arbeiten „auf Garantie" als Gegensatz zur Sachmängelhaftung. Solche Versuche verfehlen in der Rechtsprechung nicht ihren Zweck.[99] Nimmt man den BGH beim Wort, ist das nicht zu kritisieren.[100] **4157**

2. Ersatzlieferung

Bei der Lieferung einer Ersatzsache nach § 439 BGB „mag ein Neubeginn der Verjährung die Regel sein", so **der BGH**.[101] Auch wenn der Satz in einer Entscheidung über die Inhaltskontrolle von Einkaufsbedingungen steht, besagt er, im Kontext gelesen, wohl auch, dass mit einer Ersatzlieferung keine (neue) Ablieferung i. S. d. § 438 Abs. 2 BGB verbunden ist, die Verjährung also **nicht automatisch** neu beginnt.[102] Die gegenteilige Ansicht[103] entspricht nicht dem Wortlaut des § 438 Abs. 2 BGB und (vermutlich) auch nicht den Vorstellungen des nationalen und des europäischen Gesetzesgebers. Für einen derart weitgehenden Käuferschutz besteht bei richtiger Anwendung der §§ 203, 212 Abs. 1 Nr. 1 BGB kein anzuerkennendes Bedürfnis.[104] Im Übrigen weichen die Lösungen im praktischen Ergebnis jedenfalls in Fällen des Autokaufs nicht voneinander ab, wenn man statt eines automatischen Neubeginns einen Neubeginn kraft Anerkenntnisses annimmt. **4158**

Schon in der Vereinbarung einer Ersatzlieferung bzw. in der Ersatzlieferung selbst ein konkludentes Anerkenntnis i. S. d. § 212 Abs. 1 BGB zu sehen,[105] ist beim Kfz-Kauf für den Regelfall eine **interessengerechte Lösung**. Angesichts der Bedeutung und des wirtschaftlichen Gewichts dieser Aktion muss der Verkäufer sich nach Treu und Glauben so behandeln lassen, als habe er den Nacherfüllungsanspruch anerkannt, selbst wenn er durch eine Erklärung wie „nur aus Kulanz" das Gegenteil erreichen möchte. Das wäre ein widersprüchliches Verhalten und damit nach § 242 BGB unbeachtlich. **4159**

---

95 BGH 5. 10. 2005, NJW 2006, 47 Tz. 18; OLG Celle 20. 6. 2006, NJW 2006, 2643 (gebr. Wohnmobil); MüKo-BGB/*H. P. Westermann*,, § 438 BGB Rn. 41; *Eckert/Maifeld/Matthiessen*, Rn. 806.
96 LG Koblenz 10. 10. 2006, NJW-RR 2007, 272 = DAR 2007, 523.
97 S. a. *Reinking*, ZGS 2002, 140, 144.
98 Bejahend OLG Karlsruhe 25. 11. 2008, NJW 2009, 1150 (BMW-Neuwagen).
99 Vgl. OLG Celle 20. 6. 2006, NJW 2006, 2643.
100 So auch MüKo-BGB/*H. P. Westermann*, § 438 BGB Rn. 41; käuferfreundlich *Andreae*, DAR 2008, 31; mit Recht restriktiv *Faber/Werner*, NJW 2008, 1910, 1911
101 Urt. v. 5. 10. 2005, NJW 2006, 47 Tz. 18.
102 Anders die Deutung von *Klas/Kleesiek*, NJW 2010, 3339, 3340 = NJOZ 2010, 2148; *Menges*, ZGS 2008, 457.
103 Zum Diskussionsstand *Arnold* in FS Eggert, 2008, 41, 47 ff.; *Klas/Kleesiek*, NJW 2010, 3339 = NJOZ 2010, 2148; *Menges*, JuS 2008, 395; *ders.*, ZGS 2008, 457.
104 Wie hier *Eckert/Maifeld/Matthiessen*, Rn. 804.
105 *Ball*, NZV 2004, 217, 227; *ders.* Homburger Tage 2004, S. 134; deutlich restriktiver *Gramer/Thalhofer*, ZGS 2006, 250.

4160 Wenn der Händler den Kunden einen **„neuen“ Bestellschein** unterschreiben lässt, in dem das mangelhafte Auto so wie bei einer Inzahlungnahme behandelt wird, verschafft er dem Käufer, eventuell unbeabsichtigt, den Vorteil eines Neubeginns der Verjährung ab Auslieferung des Zweitautos.

VII. Rechtsmissbräuchliche Berufung auf die Einrede der Verjährung

4161 Sich auf Verjährung zu berufen, ist grundsätzlich legitim. Nur in sehr engen Grenzen kann der Gläubiger mit dem Einwand des Rechtsmissbrauchs Erfolg haben. Ein Verstoß gegen Treu und Glauben kann vorliegen, wenn der Verkäufer den Käufer vorsätzlich veranlasst hat, von rechtzeitiger Klageerhebung oder sonstigen Maßnahmen der Verjährungshemmung abzusehen. Dieser Anreiz besteht für den Verkäufer in Fällen, in denen es zeitlich „eng“ ist, z. B. bei Auftreten des Mangels kurz vor Ablauf der Verjährungsfrist, ggf. mit Ablauf der Nacherfüllungsfrist in verjährter Zeit. Das ist im Kaufrecht kein neues Problem, sondern in Neuwagenstreitigkeiten mit vertraglich vereinbarter Nachbesserung ein „alter Hut“. Neue Lösungen zugunsten des Käufers sind nicht erforderlich.[106] Jedenfalls Kfz-Käufer sind deutlich weniger schutzwürdig als vielfach angenommen.[107]

4162 Beispiele aus der Rechtsprechung:

- Mit der Verjährungseinrede kann der Verkäufer kein Gehör finden, wenn der Käufer im Vertrauen auf eine ordnungsgemäße Fehlerbeseitigung im Rahmen der angebotenen Nachbesserung einstweilen von der gerichtlichen Geltendmachung seiner Ansprüche Abstand genommen hat.[108]
- Falls sich ein durch Nachbesserung scheinbar behobener Sachmangel einige Zeit später wieder zeigt, kann die Verjährungseinrede gegen Treu und Glauben im redlichen Geschäftsverkehr verstoßen. Mit dieser Begründung wies das LG Köln[109] die Verjährungseinrede eines Händlers zurück, der kurze Zeit vor Eintritt der Verjährung an einem Fahrzeug eine Volllackierung vorgenommen hatte, die sich nach einem halben Jahr als mangelhaft entpuppte.
- Hat der Verkäufer lediglich aus Kulanz nach Verjährungseintritt einen Mängelbeseitigungsversuch unternommen, verstößt er nicht gegen Treu und Glauben, wenn er sich in einem anschließenden Prozess auf Verjährung beruft.[110]

---

106 S. a. *Eckert/Maifeld/Matthiessen*, Rn. 636; MüKo-BGB/*H. P.Westermann*, § 438 BGB Rn. 41.
107 Z. B. von *Faust* in Bamberger/Roth, § 438 BGB Rn. 59.
108 LG Bonn 22. 9. 1977 – 8 O 159/77 – n. v. (zweifelhaft).
109 Urt. v. 18. 10. 1979 – 6 O 279/78 – n. v.
110 LG Mönchengladbach 2. 8. 1994, DAR 1995, 26.

P. Beschaffenheits- und Haltbarkeitsgarantien i. S. v. § 443 Abs. 1 BGB beim Gebrauchtwagenkauf

I. Marktüberblick

Professioneller Handel: Garantien jeglicher Art haben auf dem gewerblichen Sektor seit den Siebziger Jahren einen festen Platz. Sie dienen – gleich in welcher Erscheinungsform – vor allem der Abgrenzung gegenüber dem Privatmarkt, sind also in erster Linie Marketing- und Werbeinstrumente. Ein wichtiger Aspekt ist auch die Kundenbindung durch regelmäßige Wartungen und Inspektionen. **4163**

Durch die **Schuldrechtsreform** mit dem Freizeichnungsverbot bei gleichzeitiger Beweislastumkehr hat die „Gebrauchtwagengarantie" einen spürbaren Schub erhalten; neue Einsatzfelder konnten erschlossen, innovative Modelle entwickelt werden. **4164**

Privatmarkt: Bei privaten Direktgeschäften ist der schillernde Begriff „Garantie" stärker verbreitet als der Laien relativ unbekannte Ausdruck „Gewährleistung". Ist außerhalb vorformulierter Verträge von „Garantie" die Rede, bedeutet das im Zweifel nichts anderes als „mit bzw. ohne Gewähr" oder „mit bzw. ohne Gewährleistung". Ohne Hinzutreten konkreter Umstände, die auf den Willen zur Übernahme einer „echten" Garantie hindeuten, z. B. Laufzeit der „Garantie" länger als 24 Monate, ist die Annahme einer Modifizierung der Sachmängelhaftung nicht gerechtfertigt.[1] Von einem Privatverkäufer kann nicht ohne weiteres erwartet werden, dass er eine Beschaffenheitsgarantie i. S. d. § 443 Abs. 1 BGB übernehmen will. Unter welchen Voraussetzungen dies ausnahmsweise der Fall ist, wird im Zusammenhang mit den einzelnen Beschaffenheitsangaben erörtert, insbesondere zur Unfallfreiheit (s. Rdn. 3106 ff.) und zur Gesamtfahrleistung (s. Rdn. 2818 ff.). **4165**

Weiterlaufende Garantien: Eine noch laufende „Werksgarantie" (Herstellergarantie) und die Händlergewährleistung **für das Neufahrzeug** gehen – auch ohne Vereinbarung zwischen den Kaufvertragsparteien – auf den Gebrauchtwagenkäufer über, wenn sie, wie üblich, fahrzeug- bzw. eigentümergebunden sind. Gleiches gilt für sog. **Anschlussgarantien**. Neben den „Grundgarantien" der Hersteller sind die gleichfalls von den Herstellern getragenen Spezialgarantien gegen Durchrostung[2] und für die Funktionsfähigkeit der Abgaseinrichtung zu beachten. Auch sie sind i. d. R. fahrzeuggebunden mit der Folge, dass jeder spätere Erwerber des Fahrzeugs in die Rechtsposition des Erstberechtigten einrückt. Möglich ist auch die Variante „Neuabschluss". **4166**

II. Erscheinungsformen im professionellen Handel

Abgesehen von den Neufahrzeug- und Anschlussgarantien mit Restlaufzeiten zugunsten von Wiederkäufern sind im professionellen Gebrauchtwagenhandel von heute „Garantien" im weitesten Sinn des Wortes in folgenden Erscheinungsformen zu beobachten: **4167**

- Individuelle Händlergarantien
- Garantien mit Produktabnahmeverpflichtung bei Garantieträgerschaft durch einen freien Anbieter (heute selten)

1 Für Zurückhaltung mit Recht Brand OLG 1. 7. 2008, DAR 2008, 701 unter Hinweis auf die Grundsatzentscheidung BGH 29. 11. 2006, NJW 2007, 1346.

2 Z. B. „mobilo life" von Mercedes (dazu BGH 12. 12. 2007, NJW 2008, 843, OLG Stuttgart 14. 10. 2008, NJW 2009, 1089).

- Garantien als Reparaturkostenversicherung („Garantieversicherung“) mit Trägerschaft durch freie Anbieter
- Garantien als Reparaturkostenversicherung mit Trägerschaft durch Hersteller oder Importeure, ggf. auch deren Banken, in Kooperation mit Versicherungsgesellschaften
- herstellereigene Gebrauchtwagengarantie
- Standardisierte Händler-Eigengarantien ohne Absicherung durch eine Versicherungsgesellschaft / Garantie-Versicherer
- Mobilitätsgarantien, z. B. die „Mobilitätscard“
- Gütesiegel, z. B. von DEKRA
- Umtauschgarantien.

1. Die individuelle Händlergarantie

4168 In seiner Eigenschaft als Eigenhändler steht es ihm grundsätzlich frei, ob und in welcher Weise er seine Gebrauchtfahrzeuge „mit Garantie“ anbietet. Verpflichtungen gegenüber dem Hersteller / Importeur können zu Bindungen führen, ebenso Selbstverpflichtungen gegenüber Verbänden / Innungen. Das betrifft aber mehr die sog. Systemgarantien (standardisierte Garantien).

4169 Die ad hoc gegebene individuelle Händlergarantie, die nicht mit einer standardisierten Händlereigengarantie mit Abwicklung über einen Dritten (z. B. einen Garantieprovider) verwechselt werden darf, ist dadurch gekennzeichnet, dass sie sich in einer Erklärung erschöpft wie beispielweise

„6 Monate Garantie oder 1.000 km“

oder

„auf Motor 10.000 km Garantie bzw. 6 Monate“

oder

„14 Tage Übergangsgarantie auf Motor und Getriebe“

oder

„anfallende Reparaturen werden von unserer Werkstatt kostenlos erledigt. Die Gewährleistung beläuft sich auf 3 Monate“.[3]

4170 Eine Individualgarantie kann sich auch daraus ergeben, dass aufgrund eines Händlerversehens nur die Garantieübernahme als solche, nicht aber die vorformulierten Bedingungen einer Systemgarantie, Vertragsinhalt wird. Ein Beispiel für einen solchen „Ausreißer“ ist der Fall BGH NJW 1995, 516. Heißt es im Bestellschein unter „Sondervereinbarungen“: „Gewährleistung ist gegeben“, bedeutet das keine Garantie der Mängelfreiheit i. S. d. § 443 BGB.[4]

a) rechtliche Einordnung

4171 Individuelle Händlergarantien sind regelmäßig **keine selbstständigen Garantieversprechen.**[5] Es handelt sich vielmehr um **Nebenabreden zum Kaufvertrag**, die die Sachmängelhaftung inhaltlich und gegebenenfalls auch zeitlich **modifizieren** („unselbstständige Garantie“). Ein etwaiger Gewährleistungsausschluss wird punktuell suspendiert; ein

---

3 OLG Karlsruhe 14. 11. 1997, OLGR 1998, 62; ähnlich OLG Saarbrücken 17. 2. 2004, OLGR 2004, 327.

4 BGH 23. 11. 2005, NJW 2006, 434.

5 So auch (zum alten Recht) *Winterfeld*, DAR 1985, 65; s. a. *Müller*, ZIP 1981, 707; *Mischke*, BB 1995, 1093, 1095.

formularmäßiger über § 305b BGB (Vorrang der Individualabrede), eine individualvertragliche Freizeichnung im Wege der Auslegung nach §§ 133, 157 BGB und jetzt nach § 444 BGB. Zur (selbstständigen) Garantie im Rahmen eines Tuning-Vertrages s. OLG Düsseldorf NZV 1997, 519.

Mit Urteil v. 23. 11. 1994[6] hat **der BGH** erstmals zu einer „Hausgarantie" im Gebrauchtwagenhandel Stellung genommen.[7] Er hat die Auslegung des Berufungsgerichts gebilligt, wonach das Autohaus während der – dreimonatigen – Garantiezeit für die Funktionstauglichkeit bestimmter Aggregate (hier: Motor und Getriebe) einstehen und etwaige trotz ordnungsgemäßen Gebrauchs auftretende **Mängel kostenlos beseitigen** wolle. 4172

b) Darlegungs- und Beweislast

aa) Rechtsprechung zum früheren Recht

Bei Annahme einer „Haltbarkeitsgarantie" musste der Käufer, der Mängelbeseitigung verlangt, nach der Rechtsprechung aus der Zeit vor der Schuldrechtsreform Folgendes darlegen und beweisen: 4173

1. den Garantiefall als solchen, d. h. einen Schaden an einem Fahrzeugteil, das von der Garantie erfasst wird. Der Schaden (Defekt) kann sich zu diesem Teil „durchgefressen" haben; er muss dort nicht entstanden sein. Es genügt, wenn er die Folge eines Mangels an einem anderen Teil ist, das nicht unter die Garantie fällt. 4174

2. den Zeitpunkt des Garantiefalls, d. h. der Käufer hat (nur) zu beweisen, dass der Defekt an dem „garantiegedeckten" Teil innerhalb der Garantiezeit bzw. vor Erreichen des vereinbarten Km-Limits aufgetreten ist. Dass er schon bei Auslieferung des Fahrzeugs vorhanden gewesen ist, braucht er nicht zu beweisen.[8] 4175

Auch bei einer Haltbarkeitsgarantie ist der Händler nicht zur Nachbesserung verpflichtet, wenn der Käufer den Garantiefall schuldhaft herbeigeführt hat. Das ist im Ausgangspunkt unbestritten. Außer Streit steht gleichfalls, dass Mängel, die auf Eingriffe von außen – wie Naturkatastrophen, Beschädigungen durch Dritte oder Tiere (z. B. Marder) – im Verantwortungs- und Einflussbereich des Käufers beruhen, nicht zulasten des Händlers/Garantiegebers gehen können. Das bedarf keiner vertraglichen Klarstellung, weil es sich von selbst versteht. 4176

Strittig war indes die Verteilung der Darlegungs- und Beweislast im Zusammenhang mit potenziellen Schadensursachen in der Sphäre des Käufers/Garantienehmers, z. B. unsachgemäße Behandlung durch **Fahr- oder Bedienungsfehler**. Während System-Garantien i. d. R. spezielle Klauseln über „Leistungsausschlüsse" und meist auch über die Verteilung der Beweislast bei Kausalitätszweifeln enthalten, musste man bei einer Individualgarantie auf allgemeine Beweislastgrundsätze zurückgreifen. Auch insoweit hat die Entscheidung des BGH v. 23. 11. 1994[9] ein Stück weit Klarheit geschaffen. Für den Fall, dass die Garantiezeit die Dauer der gesetzlichen Verjährungsfrist (§ 477 BGB a. F.) nicht überschritt, traf den Verkäufer die Beweislast dafür, dass der Käufer den Garantiefall verschuldet hat, d. h. der Verkäufer musste einen Wartungs- oder Bedienungsfehler, z. B. Falschtan- 4177

6 NJW 1995, 516 = NZV 1995, 104.

7 Aus der OLG-Rspr.: OLG Köln 14. 3. 1966, MDR 1967, 673; OLG Köln 20. 9. 1982, MDR 1983, 402; OLG Bamberg 6. 3. 1974, DAR 1974, 188; OLG Koblenz 28. 1. 1986, NJW 1986, 2511 (Motorreparatur); OLG Hamm 1. 3. 1993, OLGR 1993, 129 (Einbau eines ATM).

8 Vgl. BGH 23. 11. 1994, NJW 1995, 516; OLG Karlsruhe 14. 11. 1997, OLGR 1998, 62; OLG Saarbrücken 17. 2. 2004, OLGR 2004, 327.

9 NJW 1995, 516.

ken,[10] beweisen, ferner die Kausalität des unsachgemäßen Gebrauchs für den Eintritt des Schadens.[11]

4178 In der „Hausgarantie"-Entscheidung ausdrücklich offen gelassen hat der BGH die Frage, wie die Beweislast bei einer über die gesetzliche Verjährungsfrist von seinerzeit 6 Monaten hinausgehenden Garantiedauer zu verteilen ist. Die Gründe, die zur käuferfreundlichen Beweislastverteilung i. S. v. BGH NJW 1995, 516 geführt haben, sind auch in diesem Fall maßgebend, wie der BGH in der Neufahrzeug-Entscheidung vom 19. 6. 1996[12] festgestellt hat. M. a. W.: Unabhängig von der Länge der Garantiefrist hatte der Verkäufer nach früherem Recht die Darlegungs- und Beweislast dafür, dass ein Mangel auf äußere Einwirkungen im Verantwortungsbereich des Käufers zurückzuführen ist. Diese „äußeren Einwirkungen" hat der BGH als Alternativursache zu technischen Mängeln / Störungen in einem Regel-Ausnahme-Verhältnis gesehen. Zu den Ausnahmetatbeständen („äußere Einwirkungen") zählte der BGH nicht nur Wartungs- und Bedienungsfehler des Käufers oder von Fahrern, denen das Fahrzeug überlassen worden war. Auch „Einwirkungen" durch unbefugte Dritte oder durch Tiere (z. B. Nagetiere) rechnet er dazu.

bb) Die Beweislastregelung in § 443 Abs. 2 BGB

4179 Dem vorstehend skizzierten Rechtszustand entspricht die heutige Beweislastregelung in § 443 Abs. 2 BGB: Soweit eine Haltbarkeitsgarantie übernommen worden ist, wird vermutet, dass ein während der Garantiezeit auftretender Sachmangel die Rechte aus der Garantie begründet. Auch der Reformgesetzgeber differenziert nicht nach der Laufzeit der Haltbarkeitsgarantie. Die Beweisvermutung des § 443 Abs. 2 BGB gilt unabhängig von der Geltungsdauer der Garantie. Für die Behauptung, der Käufer oder ein Dritter bzw. ein Tier (z. B. Marder) habe den Schaden verursacht, ist der Händler als Garantiegeber beweisbelastet. Eine Umkehr der Beweislast kommt im Fall einer **Beweisvereitelung** in Betracht.[13]

c) Leistungsausschlüsse

4180 Abgesehen von der stillschweigenden Freistellung des Händlers bei Fahr- und Bedienungsfehlern konnten Händler in weiteren Fällen aus einer Garantie nicht in Anspruch genommen werden, etwa bei Mängeln, die den Wert oder die Tauglichkeit des Fahrzeugs **nur unerheblich** minderten. Dafür wurde die Bagatellklausel in § 459 Abs. 1 S. 2 BGB a. F. herangezogen, nicht etwa § 633 Abs. 1 BGB a. F., der eine solche Regelung nicht enthielt. Der Wegfall der kaufrechtlichen Bagatellklausel auf der Tatbestandsseite und ihre Verankerung bei den Regelungen über die Rechtsfolgen zwingen nicht zu einer Aufgabe der früheren Position. Dass der Reformgesetzgeber auch bei einem unerheblichen Sachmangel einen Anspruch auf Nachbesserung gibt, ist kein überzeugendes Gegenargument. Ausschlaggebend ist die **Auslegung der Garantieerklärung** (§§ 133, 157 BGB). Ist ein „Garantiemangel" bewiesen, ist jedenfalls der **Händler** dafür **beweispflichtig,** dass dieser Mangel ohne nennenswerte Bedeutung für den Wert und die Gebrauchstauglichkeit des Fahrzeugs ist.

4181 Kein Garantiefall ist ferner **normaler Verschleiß**. Diese Einschränkung versteht sich gleichfalls von selbst. Auch ein Verbraucher als technischer Laie muss ohne besondere Aufklärung wissen, dass ein Kfz-Händler dafür nicht einstehen will. Ob normaler (natürlicher) Verschleiß vorliegt oder nicht, kann im Zweifel nur ein Sachverständiger klären (ausführlich zum Verschleißthema Rdn. 2944 ff.).

---

10 Dazu BGH 23. 11. 1994, NJW 1995, 516
11 BGH 23. 11. 1994, NJW 1995, 516 m. w. N.; OLG Saarbrücken 17. 2. 2004, OLGR 2004, 327.
12 NJW 1996, 2504.
13 Dazu BGH 23. 11. 2005, NJW 2006, 434; v. 17. 10. 2007, NJW 2008, 214.

Verschleißfolgeschäden können hingegen unter eine (Haltbarkeits-)Garantie fallen. **Beispiel:** Eine verschleiß- und altersmäßig bedingte Undichtigkeit des Kühlsystems (z. B. undichter Schlauch) führt zu einem Schaden an der Zylinderkopfdichtung, was sodann einen Motorschaden (z. B. Zylinderkopfriss) auslöst. Das Endresultat ist trotz des verschleißbedingten Ursprungs ein Garantiefall, sofern Abweichendes nicht ausdrücklich geregelt ist. **4182**

d) Abwicklungsfragen

Mangels ausdrücklicher vertraglicher Abwicklungsregelungen richteten sich **Inhalt und Realisierung des Anspruchs** aus einer individuellen Händlergarantie im alten Recht nach den werkvertraglichen Gewährleistungsvorschriften (§§ 633 ff. BGB a. F.) i. V. m. § 476a BGB a. F. Nach **§ 443 Abs. 1 BGB** stehen dem Käufer jetzt im Garantiefall „unbeschadet der gesetzlichen Ansprüche" die Rechte aus der Garantie zu, und zwar nach Maßgabe der Garantieerklärung. **4183**

Bei den hier erörterten „Kurz-Garantien" muss auf eine **ergänzende Vertragsauslegung** zurückgegriffen werden. Sie braucht sich nicht mehr an den früher am ehesten passenden Vorschriften des Werkvertragsrechts zu orientieren. Nach der Angleichung des Kaufrechts an das Werkvertragsrecht können die meisten Lösungen nunmehr **direkt aus den Kaufrechtsbestimmungen** entwickelt werden. Das bedeutet im Einzelnen: **4184**

1. Die Mindestverpflichtung des Händlers besteht in der kostenlosen Beseitigung des „Garantieschadens". Bei einer Teile-Garantie (z. B. auf Motor oder Getriebe) beschränkt sich der Nachbesserungsanspruch auf Schäden an diesen Teilen, selbst wenn sie sich auf von der Garantie nicht gedeckte Teile „durchgefressen" haben sollten. Als Garantiegeber hat der Händler auch sämtliche zum Zwecke der Nachbesserung erforderlichen Aufwendungen zu tragen. Insbesondere muss er die Abschleppkosten übernehmen,[14] auch die Kosten für die Mängelsuche.[15] Tritt der Käufer in Vorlage, hat er einen Erstattungsanspruch, der sich unmittelbar aus der Garantieabrede, hilfsweise aus § 439 Abs. 2 BGB herleiten lässt (zum Umfang s. Rdn. 749 ff.). Kosten, die zur Mängelbeseitigung nicht erforderlich sind, fallen nicht unter die Erstattungspflicht nach § 439 Abs. 2 BGB (z. B. Telefon- und Portokosten), wohl aber Aufwendungen des Käufers, die zum Auffinden der Schadensursache notwendig waren (z. B. Kosten eines Privatgutachtens).[16] **4185**

2. Für die Dauer der Garantiearbeiten steht dem Käufer ein Anspruch auf Nutzungsausfall grundsätzlich nicht zu. Kommt es zum Streit über die Einstufung eines Schadens als Garantiefall und hält der Händler das Fahrzeug unter – rechtsirriger – Berufung auf sein Unternehmerpfandrecht zurück, schuldet er eine Nutzungsentschädigung.[17] **4186**

3. Der Händler ist ohne konkrete Absprache nicht berechtigt, von dem Käufer eine Kostenbeteiligung zu verlangen, selbst wenn durch die Garantieleistung eine Wertsteigerung eintritt. **4187**

4. Ein Nachbesserungsanspruch besteht nicht, wenn die Beseitigung des Mangels objektiv unmöglich ist, was höchst selten vorkommt. Bei einem **unverhältnismäßig hohen Mängelbeseitigungsaufwand** durfte der Händler schon im alten Recht die **Nachbesserung verweigern**, allerdings nur um den Preis der Minderung oder der Wandelung (§ 633 Abs. 2 S. 3 BGB analog). Die Maßstäbe für die Verhältnismäßigkeitsprüfung ergaben sich aus BGH NJW 1995, 1836 und BGH WM 1997, 1585. Jetzt kann auf § 439 Abs. 3 BGB zurückgegriffen werden (dazu Rdn. 799 ff.). **4188**

14 *Winterfeld*, DAR 1985, 65.
15 OLG Saarbrücken 17. 2. 2004, OLGR 2004, 327 (Ausbau und Zerlegung des Motors).
16 BGH 23. 1. 1991, BGHZ 113, 251 = NJW 1991, 1604; s. a. BGH NJW-RR 1999, 813.
17 OLG Saarbrücken 17. 2. 2004, OLG 2004, 327 (auch zu § 254 BGB).

4189 5. Der Käufer kann bei Fehlschlagen der Nachbesserung – hierzu rechnen auch die Fälle des Verzugs und der ernsthaften und endgültigen Erfüllungsverweigerung –[18] Rücktritt (statt bisher Wandelung) oder Minderung geltend machen.[19] Bei Verzug kann der Käufer den Garantiemangel auch selbst beseitigen und Ersatz der erforderlichen Aufwendungen verlangen. Das ist unbestritten. Umstritten ist im „neuen" Kaufrecht, ob dem Käufer im Rahmen der „normalen" Sachmängelhaftung im Fall der **Selbstvornahme ohne Verzug** des Verkäufers ein Erstattungsanspruch zusteht. Bei einer Haltbarkeitsgarantie des Verkäufers sprechen, anders als bei „normaler" Mängelhaftung, die besseren Gründe für eine Anlehnung an das Werkvertragsrecht wie bisher (§§ 634 Nr. 2, 637 BGB).

4190 6. Sofern die Nachbesserung fehlgeschlagen ist oder dem Käufer unzumutbar ist, kann er – ohne Fristsetzung – nach Maßgabe des § 440 BGB auf seine gesetzlichen Sachmängelrechte der zweiten Ebene zurückgreifen.

4191 7. Für Schäden, die der Händler bei Durchführung der Garantiearbeiten an anderen Fahrzeugteilen verursacht, haftete er nach früherem Recht unter dem Gesichtspunkt der positiven Forderungsverletzung.[20] Jetzt folgt die Haftung aus den §§ 280 Abs. 1, 241 Abs. 2 BGB. Ersatzpflichtig ist der Verkäufer erst recht für Schäden an anderen Rechtsgütern des Käufers, z. B. für Schäden aus einem Unfall aufgrund eines Montagefehlers. Bei der Verletzung einer individualvertraglich übernommenen Nachbesserungspflicht kann sich der Händler nicht auf den formularmäßigen Haftungsausschluss (z. B. Ziff. VII ZDK-AGB, Stand 3/08) berufen. Insoweit bedarf es einer speziellen Regelung. Sie ist nicht in den Reparaturbedingungen des Händlers enthalten. Diese gelten nur bei ausdrücklicher Vereinbarung.[21]

e) Verjährung

4192 Wie nach früherer Rechtslage muss stets zwischen **Garantiefrist** und **Verjährungsfrist** unterschieden werden. Des Weiteren ist zu trennen zwischen der Verjährung des vertraglichen Garantieanspruchs und der Verjährung der gesetzlichen Sachmängelansprüche. Was die Geltungsdauer angeht, so ist sie selbst bei individuellen Händlergarantien als zentraler Regelungspunkt meist klar umrissen: Entweder ist sie zeitlich fixiert (Garantiefrist) und/oder in Kilometern festgelegt.

4193 Innerhalb welchen Zeitraums der Käufer seinen Garantieanspruch geltend zu machen hat und ab wann der Verkäufer/Garantiegeber sich auf Verjährung berufen darf, geht aus einer individuellen Händlergarantie der hier in Rede stehenden Art regelmäßig nicht hervor. Was die Parteien gewollt haben, ist deshalb durch Auslegung zu ermitteln (§§ 133, 157 BGB). Folgende Möglichkeiten kommen in Betracht:

- die kaufrechtliche Verjährung (§ 438 BGB) soll unberührt gelten,
- Verlängerung der gesetzlichen Verjährung (§ 438 BGB) um die Dauer der Garantiefrist
- Beginn der gesetzlichen Verjährung (§ 438 BGB) nicht mit der Ablieferung des Fahrzeugs, sondern erst mit dem Auftreten (Entdecken) des Mangels
- Beginn der gesetzlichen Verjährung (§ 438 BGB) erst mit Ablauf der Garantiefrist
- Regelverjährung (§ 195 BGB) mit Beginn nicht vor Eintritt des Garantiefalls in Abhängigkeit von Kenntnis bzw. grob fahrlässiger Unkenntnis des Käufers (§ 199 BGB).

---

18 Vgl. BGH 23. 11. 1994, NJW 1995, 516.

19 BGH 23. 11. 1994, NJW 1995, 516; OLG Karlsruhe 14. 11. 1997, OLGR 1998, 62; s. a. OLG Hamm 23. 1. 1996, OLGR 1996, 115 (Ls. 1).

20 BGH 29. 10. 1975, NJW 1976, 235.

21 LG Hamburg 6. 3. 1979 – 18 S 139/78 – n. v.

Ohne einen Auslegungsansatz in der Garantieerklärung läuft die Schließung der Regelungslücke auf die Alternative hinaus, entweder die Regelverjährung von drei Jahren (§ 195 BGB) oder die kaufrechtliche Sonderverjährung von zwei Jahren (§ 438 Abs. 1 Nr. 3 BGB) heranzuziehen.[22] Klar scheint zu sein, dass für einen Anspruch aus einer Garantie nach § 443 BGB i. S. e. „selbstständigen Garantie" eine Analogie zu § 438 BGB fehl am Platz ist.[23] Versteht man § 443 BGB dagegen als Kodifizierung der „unselbstständigen Garantie" (zum Normverständnis s. Rdn. 2580 ff.), liegt eine analoge Anwendung dieser Vorschrift nahe. Der aus der Garantie abgeleitete Anspruch auf Mängelbeseitigung ist mit dem gesetzlichen Nachbesserungsanspruch aus § 439 BGB durchaus vergleichbar. Die Parallelität spricht in der Tat für eine zweijährige Verjährung ab Ablieferung oder ab Auftreten des Garantiefalls (innerhalb der Garantiefrist bzw. des Km-Limits).[24] Indes gibt es bei einer Haltbarkeitsgarantie auch gute Gründe, die §§ 195, 199 BGB (Regelverjährung) anzuwenden.[25] **4194**

Die Vereinbarung einer Garantiezeit von sechs Monaten oder kürzer (wie BGH NJW 1995, 516) hat sich nach der Rechtsprechung zum früheren Kaufrecht weder auf die Dauer noch auf den Beginn der ehemaligen Sechsmonatsverjährung ausgewirkt.[26] Bei diesen kurz laufenden Garantien wurde also nach dem Grundsatz entschieden, dass die Vereinbarung einer Geltungsdauer die Verjährung unberührt lässt.[27] Eine Garantie mit einer Garantiefrist, die über die sechs Monate des § 477 BGB a. F. hinaus ging, ist früher regelmäßig dahin ausgelegt worden, dass alle während der Garantiezeit auftretenden Mängel Gewährleistungsansprüche auslösen können und die Verjährung für derartige Ansprüche nicht schon mit der Übergabe, sondern mit der Entdeckung des Mangel beginnt.[28] **4195**

Ob diese altrechtlichen Auslegungsergebnisse auf „Neufälle", zumal auf dem Kfz-Sektor, übertragen werden können, ist noch nicht abschließend entschieden.[29] Von praktischer Relevanz sind im Bereich des Gebrauchtwagenhandels ohnehin nur Garantien mit Fristen nicht über zwei Jahren. Hier sollte es dabei bleiben, dass die Verjährung mit der Ablieferung des Fahrzeugs beginnt.[30] **4196**

Kombinationsfälle: Die Erklärung **„6 Monate Garantie oder 1.000 km"** besagt, dass dem Käufer ein Garantieanspruch für längstens 6 Monate ab Übergabe zusteht, auch wenn das Fahrzeug in diesem Zeitraum nur wenige Kilometer gefahren ist.[31] Andernfalls würde die Garantiezeit, so der BGH, auf eine übermäßig lange Zeit ausgedehnt werden können. Dagegen lässt sich einwenden, dass der Händler aus freien Stücken ein Km-Limit als Begrenzungsalternative gewählt hat, und dass es seine Sache ist, dieses Limit realistisch festzusetzen. **4197**

Reine Kilometerbegrenzung: Bei einer nur durch Angabe einer bestimmten Kilometerzahl limitierten Garantie erscheint es sinnvoll, die Verjährungsfrist erst mit Auftreten des Mangels innerhalb des Limits laufen zu lassen. **4198**

---

22 Ausführlich dazu *Grützner/Schmidl*, NJW 2007, 3610.
23 *Mansel/Budzikiewicz*, Das neue Verjährungsrecht, § 5 Rn. 178.
24 Zum Meinungsstand s. *Mansel/Budzikiewicz*, a. a. O.
25 NK-BGB/*Büdenbender*, § 443 BGB Rn. 42.
26 BGH 20. 12. 1978, NJW 1979, 645; so wohl auch BGH 3. 3. 1982, WM 1982, 511 unter III, 4; OLG Koblenz 21. 8. 1986, NJW 1986, 2511; OLG Hamm 1. 3. 1993, OLGR 1993, 129 (obiter dictum).
27 So ausdrücklich BGH 20. 12. 1978, NJW 1979, 645.
28 BGH 20. 12. 1978, NJW 1979, 645; v. 12. 3. 1986, NJW 1986, 1927; OLG Hamm 1. 3. 1993, OLGR 1993, 129.
29 Für Beibehaltung *Stöber*, Beschaffenheitsgarantien des Verkäufers, S. 323.
30 So auch *Stöber*, a. a. O., S. 323.
31 BGH 3. 3. 1982, WM 1982, 511, 512 (Lkw); s. a. OLG Koblenz 28. 1. 1986, NJW 1986, 2511.

2. System-Garantien

4199 Charakteristisch für die so genannten System-Garantien ist ein fest umrissenes, für eine Vielzahl von Gebrauchtfahrzeugverkäufen konzipiertes Leistungsprogramm. Im Bereich des gewerblichen Handels mit gebrauchten Pkw herrscht eine **enorme Typenvielfalt**.[32] Aus Sicht des privaten Kunden muss das vielfältige Angebot des Handels **Verwirrung stiften**, zumal ständig neue Modelle und Varianten eingeführt werden.

a) Ausgestaltungen

4200 Zu unterscheiden sind im Wesentlichen folgende Konstellationen:

- Der Kfz-Händler verschafft dem Käufer Versicherungsschutz.
- Der Kfz-Händler gibt dem Käufer eine Garantie, die er mit eigenen Beiträgen bei einer Versicherungsgesellschaft/Garantieunternehmen rückversichert.
- Der Kfz-Händler gibt eine Garantie ohne Rückversicherung in Verbindung mit dem ZDK- Vertrauenssiegel/Meisterzeichen.
- Der Kfz-Händler vermittelt den Abschluss eines Garantievertrages bzw. einer Reparaturkostenversicherung. Die Policen werden von den Herstellern, deren Banken oder von Firmen wie Car Garantie/Freiburg gegeben.
- Der Kfz-Händler übernimmt das volle Risiko, bedient sich zur Garantieabwicklung ggf. eines sog. Serviceproviders oder einer Software.

b) Umsatzsteuerpflicht

4201 Konzeption und Inhalt der einzelnen Modelle hängen stark von den **umsatzsteuerlichen Rahmenbedingungen** ab. Insoweit hat der BFH durch Urteil v. 10. 2. 2010[33] seine bisherige Rechtsprechung[34] geändert. Die Garantiezusage eines Autoverkäufers, durch die der Käufer gegen Entgelt nach seiner Wahl einen Reparaturanspruch gegenüber dem Verkäufer oder einen Reparaturkostenersatzanspruch gegenüber einem Versicherer erhält, ist **nunmehr steuerpflichtig**.[35] Gleiches gilt für eine reine Eigengarantie des Händlers, während es bei der reinen Reparaturkostenversicherung (ohne Anspruch gegen den Händler) bei der Umsatzsteuerfreiheit bleibt.[36]

c) Zivilrechtliche Probleme

aa) Konfliktfelder

4202 Fragen des **Zustandekommens** des Garantievertrages und des **Garantieumfangs/Leistungsbegrenzung** stehen neben dem Problem der **Passivlegitimation** in der Rechtspraxis im Vordergrund.[37] Problematisch ist auch das **Verhältnis zwischen Sachmängel- und Garantiehaftung**, zumal bei zulässiger Freizeichnung von der Sachmängelhaftung. Da im Bereich des Verbrauchsgüterkaufs die Haftung für Sachmängel nicht mehr ausgeschlossen werden darf (§ 475 Abs. 1 BGB), der Käufer bei einem behebbaren Mangel aber zunächst Nachbesserung verlangen muss, kommt es zu einem Nebeneinander von Sachmängelhaf-

---

32 Übersicht im TÜV-Report 2008, 42; Autohaus 16/2011, 32.

33 NJW-RR 2010, 986.

34 Urt. v. 16. 1. 2003, NJW-RR 2003, 684.

35 Näheres ergibt sich aus einem Anwendungserlass des Bundesfinanzministeriums, s. dazu ASR 4/2011, S. 8 und AUTOHAUS 4/2011, S. 30.

36 *Ammenwerth/Janzen*, S. 244/245.

37 S. a. *Hengsbach*, SVR 2005, 324 ff.

tung und (System-)Garantie. Auch das wirft neue Fragen auf, nicht zuletzt mit Blick auf Eigenbeteiligungen des Käufers/Garantienehmers[38] und hinsichtlich der Verjährung.

bb) Kauf mit oder ohne „Garantie"?

Ob der Käufer ein Fahrzeug mit oder ohne „Garantie" gekauft hat, lässt sich meist schon anhand der Eintragungen im Kaufvertragsformular (Verbindliche Bestellung) beantworten. Vor 2002 waren getrennte Formularsätze gebräuchlich, je nach dem, ob ein Fahrzeug mit oder ohne Garantie verkauft wurde. In den heutigen Bestellscheinen ist häufig im unteren Teil vorgedruckt: **4203**

> „Der Verkäufer leistet dem Käufer eine über die ... versicherte Garantie für gebrauchte Automobile gemäß den aus der Garantievereinbarung Nr. ... ersichtlichen Garantiebestimmungen."

Zu beobachten ist auch die Praxis, die Garantieübernahme in der Rubrik „Sondervereinbarungen" o. Ä. durch eine individuelle Eintragung festzuhalten. **4204**

cc) Zustandekommen des Garantievertrages

Insoweit gibt es unterschiedliche Konstruktionen. Ist der Händler nicht selbst Garantiegeber, handelt er als Vertreter/Agent der garantiegebenden Drittfirma.[39] Dem zugrunde liegt im Innenverhältnis ein Vertrag über die Vergabe von Garantien, ggf. mit Vereinbarung einer Vergütung pro eingereichte Garantie.[40] Ist im Verhältnis Garantiegeber/Händler keine Vollmacht erteilt, können die Grundsätze über die Rechtsscheinvollmachten anwendbar sein.[41] Zum Zustandekommen einer „Garantieversicherung" s. a. AG Erkelenz NJW-RR 1996, 740. Vertragsabschlussklauseln in den Garantiebedingungen können gem. § 308 Nr. 1 und 3 BGB unwirksam sein.[42] **4205**

dd) Einbeziehung der Garantiebedingungen

Da die Bedingungen üblicherweise nicht durch Aushang im Autohaus „bekannt" gemacht werden, bedarf es bei Vertragsabschluss eines ausdrücklichen Hinweises i. S. v. § 305 Abs. 2 S. 1 BGB.[43] Dieser muss unmissverständlich und für den Kunden klar erkennbar sein.[44] Häufig sind die Garantiebedingungen Bestandteil des Formularsatzes „verbindliche Bestellung ...". Sie sollen dem Kunden zusammen mit den Verkaufsbedingungen ausgehändigt werden. Sie können aber auch in einem vom Bestellschein getrennten „Garantie-Pass" oder in einer vergleichbaren Urkunde enthalten sein. **4206**

Der handschriftliche Vermerk in einem Bestellschein „dreimonatige Hausgarantie lt. CC-Gebrauchtwagengarantiegesetz" ist für den BGH kein ausreichender Hinweis i. S. d. § 2 Abs. 1 S. 1 AGBG gewesen.[45] Der Händler, der ersichtlich die AGB der CG-Car-Garan- **4207**

---

38 Dazu *Fischinger*, NJW 2009, 563, 564, allerdings den Regelungsgehalt der Gebrauchtwagen-Garantie missverstehend. Sachmängelrechte wurden von der Garantie weder unmittelbar noch mittelbar erfasst, so dass eine unzulässige Abweichung von den Vorschriften der §§ 433 ff. BGB nicht vorlag.

39 AG Forchheim 15. 2. 1999, NJW-RR 2000, 725 mit Hinweis auf § 84 I HGB; OLG Köln 19. 10. 1999, OLGR 2000, 167 – Händler als „Vermittlungsagent".

40 Zur Klausel, wonach der Garantiegeber berechtigt ist, bei Unterschreiten einer bestimmten Sollzahl von eingereichten Garantien, den Händler zu belasten („Nachbelastungsprämie") s. OLG Celle 27. 3. 2008 – 8 U 205/07 – n. v. (Unwirksamkeit angenommen).

41 AG Forchheim 15. 2. 1999, NJW-RR 2000, 725.

42 AG Forchheim 15. 2. 1999, NJW-RR 2000, 725.

43 Vgl. OLG Oldenburg 7. 3. 1995, NJW 1995, 2994 = BB 1995, 897 („Car Garantie").

44 BGH 23. 11. 1994, NJW 1995, 516.

45 Urt. v. 23. 11. 1994, NJW 1995, 516.

tieversicherungs-AG gemeint hat, hätte sie dem Käufer zur Verfügung stellen müssen. Da er dies versäumt hatte, jedenfalls nicht nachweisen konnte, musste er sich an der – unklaren und irreführenden – Vertragserklärung „dreimonatige Hausgarantie ...“ festhalten lassen.

4208 Die bloße Erklärung im Bestellschein „mit Gebrauchtwagen-Garantie“ oder „mit Veedol-Garantie“ löst gleichfalls keine Garantiehaftung nach Maßgabe sonst verwendeter Garantiebestimmungen aus, wenn die Einbeziehungsvoraussetzungen des § 305 Abs. 2 BGB nicht beachtet worden sind.

4209 Beruft sich der Käufer im Prozess auf eine **mündliche Garantiezusage** des Autohauses, so reicht das für eine schlüssige Darlegung eines Garantieanspruchs gegen das Autohaus nicht aus, wenn er das Fahrzeug mit Garantiebedingungen erworben hat, die (nur) einen Direktanspruch gegen einen Dritten begründen.[46]

ee) Inhalt und Umfang der Garantie

4210 Aufschluss über den Garantieinhalt und die Abwicklungsmodalitäten geben i. d. R. die jeweiligen Garantiebedingungen. Diese sind als abschließende und erschöpfende Regelung konzipiert. Bei unklarer Vertragsgestaltung wie z. B. im Fall BGH NJW 1995, 516 („dreimonatige Hausgarantie ...“) können Korrekturen zugunsten des (privaten) Käufers in Betracht kommen, auch hinsichtlich des Leistungsumfangs. Im Bereich des **Verbrauchsgüterkaufs** sind jetzt die Vorgaben des **§ 477 BGB** zu beachten. Zur Frage einer Schadensersatzhaftung des Händlers bei einem Verstoß s. LG Köln, Urt. v. 5. 12. 2006 – 11 S 526/05 – n. v.

4211 Sollen nach der Behauptung des Käufers **mündliche Erklärungen** des Kfz-Händlers über den Garantieschutz gemäß den Garantiebedingungen hinausgegangen sein, streitet die Vermutung der Vollständigkeit und Richtigkeit der Garantieurkunde zugunsten des Händlers/Garantieträgers. Seine mündlichen Angaben gelten im Zweifel nur im Rahmen des schriftlich Fixierten.[47]

(1) Zuständigkeit und Passivlegitimation

4212 Obgleich Autohäuser als Garantiegeber auftreten und im Kaufvertrag und/oder in den Garantiebedingungen – nicht immer eindeutig – auch als solche bezeichnet werden,[48] wird für die Abwicklung des Garantiefalls nicht selten eine ausschließliche Zuständigkeit eines Drittunternehmens (Versicherer/Garantieanbieter) begründet. Ergänzt wird eine solche Zuweisung mitunter durch eine Vollmachtsklausel, wonach das Garantieunternehmen vom Verkäufer/Garantiegeber bevollmächtigt ist, „die gesamte Abwicklung mit dem Käufer/Garantienehmer vorzunehmen.“

4213 Regelungen dieser Art werfen die Frage auf, wer der wahre Garantiegeber ist und gegen wen der Anspruch aus der Garantie gerichtlich geltend zu machen ist. Die Frage der Garantieträgerschaft und damit der Passivlegitimation ist in den Garantiebedingungen zum Ärger mancher Fahrzeugkäufer und ihrer Anwälte häufig nicht klar geregelt. Schuldner der Garantieleistung und damit passivlegitimiert ist **der Händler**, sofern er – dem Käufer erkennbar – als Garantiegeber aufgetreten ist. Dem Vernehmen nach soll das heute die Regel sein. Dennoch sollte die Garantiegebereigenschaft/Passivlegitimation anhand der gesamten, dem Käufer ausgehändigten Unterlagen in jedem Einzelfall sorgfältig geprüft werden.[49]

---

46 OLG Oldenburg 7. 3. 1995, NJW 1995, 2994 = BB 1995, 897.

47 AG München 30. 3. 1990 – 3 C 32/90 – n. v.; s. a. OLG Oldenburg 7. 3. 1995, NJW 1995, 2994.

48 Z. B. AG Rendsburg 27. 6. 2005, NJW-RR 2005, 1429; LG Kiel 15. 7. 2008, zfs 2008, 567 = NZV 2008, 628 (MultiPart AG).

49 Zu den maßgeblichen Auslegungsgrundsätzen s. BGH 29. 1. 2003, MDR 2003, 625 = DAR 2003, 264; LG Kiel 15. 7. 2008, zfs 2008, 567 = NZV 2008, 628; s. a. LG Hamburg 31. 7. 2009 – 317 S 30/09 (MultiPart AG); LG Bonn 23. 2. 2011, DAR 2011, 529.

4214 Wenn die Annahme von Anzeigen und die Leistungsabwicklung nach den Garantiebedingungen vollständig in die Hände des Garantieunternehmens gelegt sind, kann dem auch eine Bevollmächtigung bzw. Erfüllungsgehilfenschaft zugrunde liegen. Autohaus und Garantieunternehmen gemeinsam zu verklagen ist riskant, auch im Kostenpunkt (getrennte anwaltliche Vertretung).[50] Bei einer Soloklage muss an eine Streitverkündung gedacht werden.

(2) Leistungsumfang und Leistungsbegrenzung

4215 Eine Voll-Garantie – wie beim Neufahrzeugkauf – wird nur vereinzelt angeboten, nach der Modernisierung des Schuldrechts in stärkerem Maße als zuvor. Zumeist fallen nur bestimmte Teile aus bestimmten Baugruppen wie Motor, Getriebe, Lenkung und Bremsen unter die Garantie, wobei besonders anfällige Einzelteile nicht selten ausgenommen werden. Sofern in der Baugruppe „Motor" der Turbolader nicht erwähnt ist, soll ein Defekt an diesem Teil gleichwohl von der Garantie erfasst werden.[51]

4216 **Beträchtlichen Streitstoff** liefern Klauseln, mit denen Garantiegeber/Reparaturkostenversicherer ihre **Haftung** nach Grund und Höhe **zu begrenzen** suchen.[52] Für zulässig hält das OLG Celle[53] den formularmäßigen Ausschluss von Garantieansprüchen für Mängel, für die ein Dritter als Hersteller oder Verkäufer haftet (Reparaturkostenversicherung). Im Übrigen stehen zur Haftungsbeschränkung des Garantieträgers **rechtstechnisch zwei Möglichkeiten** zur Verfügung: Zum einen die „klassische" Variante „Einschränkung des Leistungsversprechens", etwa durch eine Nebenabrede dergestalt, dass dem Käufer/Garantienehmer **bestimmte Obliegenheiten** auferlegt werden, an deren Verletzung die **Befreiung von der Leistungspflicht** geknüpft ist.[54]

4217 Weit verbreitet sind zum anderen Klauseln, die die Erfüllung von Obliegenheiten schon **zur Anspruchsvoraussetzung** machen, wie z. B. die Klausel, die Leistungen aus der Garantie von vornherein nur unter der Voraussetzung regelmäßig durchgeführter Wartungsarbeiten/Inspektionen verspricht.[55] Ziel derartiger Abreden („Voraussetzung für jegliche Garantieansprüche ....") ist die Kontrollfreiheit nach § 307 Abs. 3 S. 1 BGB. Zu beachten wäre nur das Transparenzgebot (§ 307 Abs. 3 S. 2 BGB). Wichtig ist die Art der Rechtskonstruktion auch für die **Verteilung der Darlegungs- und Beweislast**. Nach Ansicht des OLG Stuttgart[56] liegt sie für die Einhaltung der zulässigerweise auferlegten Wartungen beim Garantienehmer (arg. „inhaltliche Voraussetzung").

---

50 Für gesamtschuldnerische Erstattung von Reparaturkosten OLG Düsseldorf 24. 3. 2003 – 1 U 149/02 – n. v.

51 AG Rastatt 4. 12. 1987, DAR 1988, 170.

52 Pars pro toto LG Düsseldorf 15. 10. 2004, DAR 2005, 688 m. Anm. *Kauffmann*; LG Düsseldorf 23. 12. 2005, DAR 2006, 215; LG Bonn 23. 2. 2011, DAR 2011, 529.

53 Urt. v. 4. 1. 2007, NJW-RR 2007, 469 = OLGR 2007, 241.

54 S. LG Düsseldorf 15. 10. 2004, DAR 2005, 688; AG Reutlingen 21. 2. 2006, DAR 2006, 333.

55 Vgl. BGH 12. 12. 2007, NJW 2008, 843; OLG Stuttgart 14. 10. 2008, NJW 2009, 1089 (jeweils mobilo life von Mercedes für Rostschäden); BGH 6. 7. 2011, MDR 2011, 1034 (Saab-Anschlussgarantie); OLG Nürnberg 27. 2. 1997, NJW 1997, 2186 (Dreijahresgarantie für Neuwagen).

56 Urt. v. 14. 10. 2008, NJW 2009, 1089 (mobilo life – Rostschutz).

4218 Während eine Nebenabrede mit Befreiungstatbestand (Einschränkung des Leistungsversprechens) der Inhaltskontrolle nach ständiger Rechtsprechung zugänglich ist,[57] liegt auch für die Alternative „Anspruchsvoraussetzung" („negative Leistungsbeschreibung") jetzt eine BGH-Entscheidung vor.[58] Die Instanzgerichte sind geteilter Meinung.[59]

4219 Bejaht hat **der BGH** eine unangemessene Benachteilung des Käufers/Garantienehmers durch **Inspektions- und Reparaturbindungsklauseln** in den beiden Entscheidungen vom 17. 10. 2007[60] und vom 14. 10. 2009.[61] Letztere ist wichtiger, weil es im ersten Fall um eine heute ungewöhnliche Klauselgestaltung ging. Bereits durch Urteil v. 24. 4. 1991 hat der BGH eine Reihe von Leistungsausschlüssen in einem Klauselwerk missbilligt, das einer produktbezogenen Garantie auf Additivbasis, einem heute kaum noch gebräuchlichen Modell, zugrunde gelegen hat.[62] Unzulässig sind hiernach Klauseln, durch die sich ein Garantiegeber, der weder Hersteller noch Händler ist, von der Leistungspflicht im Fall von Obliegenheitsverletzungen des Käufers ohne Rücksicht auf die Schadensursächlichkeit befreien möchte. Das hat der BGH im Fall einer „Reparaturkostengarantie" durch Urteil v. 17. 10. 2007[63] für eine Klausel bekräftigt, die **unabhängig von der Ursächlichkeit für den eingetretenen Schaden** den Ausschluss der Leistungspflicht allein an die Nichteinhaltung von Inspektionen knüpft, die der Hersteller vorschreibt bzw. empfiehlt.

4220 Den Beweis fehlender Ursächlichkeit dem Käufer aufzuerlegen, ist BGH-konform.[64] Von dieser Möglichkeit wird bei der Obliegenheitslösung heute allgemein Gebrauch gemacht, so dass entsprechende Leistungsausschlüsse der Inhaltskontrolle in diesem Punkt standhalten.[65] Einige Unternehmen haben der Forderung des BGH durch Aufnahme eines Zusatzes wie z. B. „... keine Garantie für Schäden, die in ursächlichem Zusammenhang damit stehen, dass ..." Rechnung getragen.

4221 **Inspektionsnachweisklausel**. Dem Garantienehmer den Nachweis aufzuerlegen, die vorgeschriebenen Inspektionen etc. eingehalten zu haben, ist AGB-rechtlich im Grundsatz nicht zu beanstanden. Unabhängig von einer solchen Klausel in den Garantiebedingungen versteht es sich für das OLG Stuttgart[66] von selbst, dass der Garantienehmer für die Einhaltung der Wartungstermine die Darlegungslast trägt[67], selbst bei einer Langzeitgarantie wie mobilo life. Bei Annahme der Konstruktion „Anspruchsvoraussetzung" ist dies nur folge-

---

57 BGH 17. 10. 2007, NJW 2008, 214; v. 14. 10. 2009, NJW 2009, 3714 Tz. 12.

58 Urt. v. 6. 7. 2011, ZGS 2011, 458 (Saab). Offengelassen im Urt. v. 17.10. 2007, NJW 2008, 214 (GW-Händlereigengarantie); ebenso 12. 12. 2007, NJW 2008, 843 (mobilo life von Mercedes; dazu auch OLG Stuttgart 14. 10. 2008, NJW 2009, 1089).

59 Für Kontrollfreiheit OLG Nürnberg 27. 2. 1997, NJW 1997, 2186 (NW-Garantie); LG Freiburg 27. 5. 2005, zfs 2006, 627 (GW-Garantie); zweifelnd OLG Karlsruhe als Berufungsgericht (Urt. v. 11. 4. 2006, zfs 2006, 629); für eine „negative Leistungsbeschreibung" und damit gegen eine Inhaltskontrolle auch das AG Freiburg in st. Rspr. z. B. Urt. v. 26. 2. 2010 – 1 C 2266/09: v. 9. 12. 2009 – 10 C 3260/09; weitere Nachw. bei *Otting*, GWP 9/2010, S. 18, 19 re. Sp.; s. a. OLG Stuttgart 14. 10. 2008, NJW 2009, 1089 („formale/inhaltliche Voraussetzung" bei mobilo life – Rostschutz); LG Kiel 15. 7. 2008, zfs 2008, 567 = NZV 2008, 628.

60 NJW 2008, 214.

61 NJW 2009, 3714.

62 WM 1991, 1384 = MDR 1991, 721 = BB 1991, 2252.

63 NJW 2008, 214 (Händlereigengarantie, abgewickelt über einen Garantieprovider, also keine Reparaturkostenversicherung); s. a. BGH 6. 7. 2011, MDR 2011, 1034 = ZGS 2011, 458; AG Reutlingen 21. 2. 2006, DAR 2006, 333; LG Kiel 15. 7. 2008, zfs 2008, 567 = NZV 2008, 628.

64 BGH 24. 4. 1991, MDR 1991, 721.

65 Anders in den Fällen BGH 17. 10. 2007, NJW 2008, 214 und LG Düsseldorf 15. 10. 2004, DAR 2005, 688.

66 Urt. v. 14. 10. 2008, NJW 2009, 1089 (mobilo life/Rostschutz).

67 S. aber auch OLG Hamm 12. 1. 1993, OLGR 1994, 38 (Ls.) – Az. 28 U 133/92 (Kauf bei einer Vertreterfirma der Mercedes-Benz AG).

richtig. Zu billigen ist eine Inspektionsnachweisklausel aber auch bei der Variante „Obliegenheitslösung". Vom Ansatz her trägt zwar der Garantiegeber die Darlegungs- und Beweislast für den Tatbestand der von ihm geltend gemachten Obliegenheitsverletzung. Da sich die fraglichen Vorgänge aber in der Sphäre des Garantienehmers und seiner Rechtsvorgänger abgespielt haben, ist er „näher dran" als ein Garantieträger, der nicht über die Möglichkeit der Erfassung von Wartungs- und Inspektionsarbeiten verfügt. Wo das ausnahmsweise der Fall ist, z. B. bei garantiegebenden Fahrzeugherstellern, mag es anders liegen, zumal bei einer fahrzeuggebundenen Langzeitgarantie mit der hier besonders nahe liegenden Möglichkeit von Halterwechseln. Wenn dem Garantieträger die Darlegungs- und Beweislast für die Nichteinhaltung oder verspätete Wahrnehmung von Wartungsterminen auferlegt wird, wird man ihm die Erleichterung in Form einer **sekundäre Darlegungslast** des Garantienehmers nicht versagen können (Argumente: Sphärengedanke und Beweis einer negativen Tatsache).

Eine in der Kausalitätsfrage bedenkenfreie Inspektionsklausel hat der BGH durch **Urteil v. 14. 10. 2009** verworfen.[68] Eine unangemessene Benachteiligung des Käufers/Garantienehmers sieht er in der Klausel, derzufolge vorgeschriebene oder empfohlene Wartungs- und Pflegearbeiten **ausschließlich beim Verkäufer/Garantiegeber** durchzuführen sind und im Fall der Unzumutbarkeit wegen zu großer Entfernung vorher eine „Freigabe" des Verkäufers einzuholen ist. **4222**

Keine unangemessene Benachteilung (§ 307 Abs. 1 BGB) erkennt der BGH demgegenüber darin, dass **ein Fahrzeughersteller** die Leistungen aus seiner (Durchrostungs-)Garantie für ein Neufahrzeug von der regelmäßigen Wartung des Fahrzeugs in seinen Vertragswerkstätten abhängig macht.[69] Der Vorwurf, mit **zweierlei Maß** zu messen, ist nicht von der Hand zu weisen.[70] Wieso der Gesichtspunkt der Kundenbindung bei einer Händlereigengarantie (mit Providerabwicklung) – so im Fall BGH NJW 2008, 214 – oder bei einer Konstellation wie BGH NJW 2009, 3714 nicht zählen soll, leuchtet nicht ein. Vermutlich hat sich der BGH im mobilo-life-Fall von der Vorstellung leiten lassen, die Herstellergarantie sei für den Garantienehmer unentgeltlich, während die Gebrauchtwagen-Garantien von Nichtherstellern gebührenpflichtig sind. Die Entgeltfrage hält er in der Tat für entscheidungserheblich, wie das **Saab-Urteil v. 6. 7. 2011** zeigt.[71] **4223**

Die spannende Frage eines **Verstoßes gegen die GVO** hat der BGH in der „mobilo-life-Entscheidung" (NJW 2008, 843) zwar angesprochen, mangels tatsächlicher Feststellungen aber dahin stehen lassen.[72] **4224**

Zur Bedeutung einer **„Verschleißklausel"** und zum Einwand des Garantiegebers, der Motorschaden beruhe auf „langfristigem" Verschleiß s. OLG Köln OLGR 2000, 167. **4225**

Wenn ein **„Überhitzungsschaden"** im Katalog der nicht „garantierten Gefahren" im Zusammenhang mit Schäden aus der Verwendung ungeeigneter Schmier- und Kraftstoffe und wegen Ölmangels aufgeführt ist, muss der Garantiegeber den Nachweis führen, dass der „Überhitzungsschaden" auf einen Mangel an Kühlmittel zurückzuführen ist. Bleibt die Ursache des Kühlmittelverlustes ungeklärt – hier können zahlreiche Faktoren eine Rolle **4226**

---

68 NJW 2009, 3714 = DAR 2010, 21.

69 Urt. v. 12. 12. 2007, NJW 2008, 843 (mobilo life von Mercedes); ebenso OLG Stuttgart 14. 10. 2008, NJW 2009, 1089.

70 Krit. *Steimle/Dornieden*, NJW 2009, 1039; s. a. *Abeling*, ZGS 2010, 66.

71 ZGS 2011, 458 = MDR 2011, 1034 = DAR 2011, 577.

72 Kein Thema für OLG Stuttgart 14. 10. 2008, NJW 2009, 1089; zum Problem *Niebling*, DAR 2008, 143; *Steimle/Dornieden*, NJW 2009, 1039.

spielen –, geht das zulasten des Garantiegebers.[73] Die Beweislast für die Nichtbeachtung der Betriebsanleitung (z. B. auch Ölwechsel) soll der Garantiegeber/Verkäufer tragen.[74]

4227 Bei **grob fahrlässiger Nichtbeachtung der Temperaturanzeige** oder eines vergleichbaren Warninstruments ist der Garantiegeber in seiner Eigenschaft als Versicherer von seiner Leistungspflicht gem. § 61 VVG a. F. befreit gewesen. Jetzt ist ggf. nur quotal zu kürzen (§ 81 Abs. 2 VVG). Das Verschulden Dritter muss sich der Garantienehmer nur bei einer **Repräsentantenstellung** zurechnen lassen. Der Ehepartner, der das Fahrzeug nur gelegentlich nutzt, ist im Allgemeinen kein Repräsentant. Zur Sorgfaltspflicht eines Kraftfahrers, auch seiner Beobachtungsobliegenheit s. OLG Düsseldorf 24. 3. 2003 – 1 U 149/02 – n. v.; OLG Saarbrücken OLGR 2004 327; OLG Braunschweig MDR 2001, 1111.

4228 **Höhenbegrenzung:** Klauseln, die eine Eigenbeteiligung des Garantienehmers vorsehen, z. B. 60 % der Materialkosten, sind üblich. Sie verstoßen nicht gegen § 475 Abs. 1 BGB, können allenfalls unter dem Gesichtspunkt der Transparenz bedenklich sein.[75]

ff) Verzug des Garantiegebers

4229 Was **die Fälligkeit** der versprochenen Garantieleistung angeht, so beanstandet der BGH eine Regelung, nach der die Fälligkeit von der Vorlage einer Rechnung über die bereits durchgeführte Reparatur abhängt.[76] Gerät der Garantiegeber mit seiner Leistung in Verzug, ist er dem Käufer nach §§ 280, 286 BGB zum Schadensersatz verpflichtet (Nutzungsausfall, eventl. frustrierte Aufwendungen für Versicherung und Steuer u. a.).[77] Eine ernsthafte und endgültige Erfüllungsverweigerung kann genügen. Beruft sich der Garantiegeber zur Rechtfertigung seiner Nichtzahlung auf ein von ihm eingeholtes Gutachten, ist ihm ein Fehler des Sachverständigen gem. § 278 BGB zuzurechnen.[78]

gg) Garantie, Sachmängelhaftung und Reparaturauftrag

4230 Durch die zwingende Übernahme der Sachmängelhaftung in Fällen des Verbrauchsgüterkaufs (§ 475 Abs. 1 BGB) kann es heute zu einem **Nebeneinander von gesetzlicher Mängelhaftung und vertraglicher Garantiehaftung** kommen. Rechtlich lassen sich die verschiedenen Anspruchsebenen zwar relativ leicht trennen, was auch strikt geboten ist, und zwar auch mit Blick auf die dritte Ebene: ein ggf. vergütungspflichtiger **Reparaturauftrag**. Was der Praxis indes immer wieder Schwierigkeiten macht, sind Abgrenzungs-, Konkurrenz- und Abwicklungsfragen (s. a. Rdn. 1573 ff.). Zu „Überlagerungen“ kann es auch im Zusammenhang mit der Verjährung kommen, speziell bei der Frage der Hemmung wegen Verhandlungen (§ 203 BGB, s. dazu Rdn. 4127 ff.).

4231 Nach der Art der Abwicklungsstörung lassen sich folgende **Fallgruppen** unterscheiden:

(1) Ablehnung der Garantieübernahme

4232 Lehnt das mit dem Händler nicht identische Garantieunternehmen die Übernahme der versprochenen Garantieleistung ab, kann der Händler gegenüber dem Käufer schadensersatzpflichtig sein, so z. B. wenn der Garantievertrag daran scheitert, dass es nach den Bedin-

73 Vgl. OLG Düsseldorf 24. 3. 2003 – 1 U 149/02 – n. v.; s. a. OLG Saarbrücken 17. 2. 2004, OLGR 2004, 327.
74 OLG Nürnberg 7. 5. 2003, OLGR 2003, 317.
75 Vgl. LG Düsseldorf 23. 12. 2005, DAR 2006, 215.
76 Urt. v. 14. 10. 2009, NJW 2009, 3714 (Rechnungsvorlage nicht beim Verkäufer/Garantiegeber, sondern beim dahinterstehenden Garantieunternehmen).
77 Vgl. OLG Karlsruhe 22. 9. 2004, NJW 2005, 515.
78 OLG Karlsruhe 22. 9. 2004, NJW 2005, 515.

gungen des Garantieträgers für das konkrete Auto einen Garantieschutz nicht gibt.[79] Für schuldhafte Fehlinformationen über das Ob und Wie des Garantieschutzes haftet der Händler nach den Grundsätzen des Verschuldens bei Vertragsschluss. Dass der Garantievertrag tatsächlich zustande kommt, ist nicht etwa Gegenstand einer eigenständigen Zusicherung/Garantie, auch nicht einer Beschaffenheitsvereinbarung.[80] Zur Konstellation „Werkstattarbeit vor Freigabe mit nachfolgender Versagung des Garantieschutzes" s. Rdn. 4235.

(2) Unterbliebene oder verspätete Aushändigung der Garantiebedingungen durch den Händler

Bei darauf zurückzuführender Unkenntnis des Käufers von einer „Garantieauflage" kann der Händler persönlich zum Schadensersatz verpflichtet sein (vgl. OLG Hamm OLGR 2004, 182 – Organisationsverschulden des Händlers bejaht). Hat der Händler den Verlust des Garantieanspruchs deshalb zu vertreten, weil er ein zwar zulässiges, aber das Wartungsintervall verkürzendes Motoröl eingefüllt hat, ohne den Käufer auf die Folgen hinzuweisen, so kann er gleichfalls wegen Verletzung einer kaufvertraglichen Nebenpflicht schadensersatzpflichtig sein.[81] **4233**

(3) Unterbliebene bzw. verspätete Meldung des Schadenfalls

Nimmt der Garantieträger einen solchen Fall zum Anlass, sich auf seine Leistungsfreiheit zu berufen, kann der Kfz-Betrieb wegen Verletzung einer reparaturvertraglichen Nebenpflicht mit den Reparaturkosten belastet bleiben, wenn er die Schadensanzeige übernommen hat.[82] Eine Klausel, welche die Regulierung von einer schriftlichen Freigabeerklärung abhängig macht, gilt als unwirksame Überraschungsklausel.[83] Zu den Folgen einer verspäteten Meldung im Verhältnis zwischen Käufer und Garantiegeber s. a. OLG Köln OLGR 2000, 167. Zum Verstoß gegen die Klausel, eine Abstimmung herbeizuführen, s. LG Hamburg 31. 7. 2009 – 317 S 30/09 (MultiPart). **4234**

(4) Werkstattarbeiten vor Reparaturfreigabe

Nicht selten fängt die Werkstatt mit den ihrer Meinung nach erforderlichen Arbeiten an, ohne dass der zuständige Garantiegeber/Versicherer sein Einverständnis erklärt hat. Ein zügiger Start kann auch im Interesse des Käufers liegen, und seien es nur Vorarbeiten zum Zwecke der Diagnose. Ohne den Unterschied zwischen Sachmängelhaftung und Garantie zu kennen, jedenfalls zu reflektieren, lassen sich Käufer auf einen solchen „Frühstart" ein und unterschreiben alles, was die Werkstatt zur Unterschrift vorlegt, auch ein Formular „Reparaturauftrag".[84] **4235**

Wird im Anschluss an die bereits ganz oder teilweise durchgeführte Reparatur Garantiedeckung abgelehnt, wofür es vielfältige Gründe geben kann,[85] läuft der Käufer Gefahr, mit den angefallenen Reparaturkosten belastet zu werden. Wenn er sie zur Auslösung seines Fahrzeugs bereits an die Werkstatt gezahlt hat, ist seine Rechtsposition zumindest faktisch besonders schlecht, selbst bei einer (seltenen) Zahlung unter Vorbehalt. **4236**

---

79 Vgl. OLG Köln 19. 10. 1999, OLGR 2000, 167.

80 Anders für die frühere Zusicherung OLG Köln 15. 11. 1979 – 14 U 76/78 – n. v.; LG Köln 30. 10. 1990 – 11 S 525/89 – n. v.; AG Köln 6. 7. 1990 – 111 C 590/89 – n. v.

81 AG Eggenfelden 2. 8. 2004, DAR 2005, 95.

82 AG Nürnberg 24. 6. 2002 – 20 C 9061/01 – n. v.

83 LG Düsseldorf 23. 12. 2005, DAR 2006, 215; LG Düsseldorf 15. 10. 2004, DAR 2005, 688.

84 So im Fall BGH 11. 11. 2008, NJW 2009, 580 = DAR 2009, 90.

85 Auch der Einwand, den Schaden nicht mehr im Originalzustand besichtigen und überprüfen zu können.

4237 Eine Fallgruppe für sich sind **Garantieablehnungen während laufender Instandsetzung**. Der Händler möchte seine Arbeit in erster Linie vollenden, beansprucht von seinem Kunden zumindest eine Vergütung für die bereits ausgeführten Arbeiten. Demgegenüber wird sich der Käufer bei dem Garantieunternehmen und/oder dem Händler schadlos halten wollen. Den Händler wird er für den Nichteintritt des Garantieunternehmens mit Aussicht auf Erfolg verantwortlich machen können, wenn ihm die Garantie von dem Händler vermittelt worden war. Dann muss ich der Händler einen garantiebedingungswidrigen „Frühstart" als Pflichtverletzung entgegenhalten lassen. Ein Händler, der von der Garantie keine Kenntnis hat und auch nicht haben kann, haftet in einem solchen Fall nicht.[86] Zur Zahlungspflicht gegenüber der Werkstatt bei einem Motorschaden nach Leistungsablehnung durch den Garantieträger wegen Obliegenheitsverletzung s. OLG Hamm OLGR 2004, 182.

4238 Wer einen Reparaturauftrag unterzeichnet hat, dazu noch eine Schadensanzeige an den Garantiegeber und obendrein einen Darlehensantrag zur Finanzierung nicht gedeckter Reparaturkosten (z. B. Eigenanteil bei den Materialkosten), kann später nicht geltend machen, einen (teil-)vergütungspflichtigen Werkstattauftrag nicht erteilt zu haben.[87] Der Werklohnklage kann er jedoch den dolo-petit-Einwand entgegensetzen. Handelt es sich tatsächlich um einen Gewährleistungsfall mit Verpflichtung des Händlers zur kostenlosen Reparatur, ist dessen Klage abzuweisen.[88] Bei der Prüfung der Mangelhaftigkeit als Vorfrage hat das Gericht die Beweislastumkehr nach § 476 BGB zu beachten.[89] Dies auch dann, wenn der Käufer den ohne Vorbehalt gezahlten „Kundenanteil" der Garantieleistung (Eigenanteil bei den Materialkosten) vom Händler aus § 812 Abs. 1 BGB zurückfordert.[90] Die Rückzahlungspflicht des Verkäufers/Werkstatt und die gesamtschuldnerischen Haftung mit dem Garantiegeber ist Gegenstand des Urteils des OLG Düsseldorf vom 24. 3. 2003 – 1 U 149/02 – n. v.

hh) Prozessuales

4239 Da von „Reparaturkostenversicherung", von „Gewährleistungsversicherung" oder von „Garantie-Versicherung" die Rede ist, wird mitunter bereits über die **örtliche Zuständigkeit** bei einer Klage gegen das Garantieunternehmen gestritten. Dem Käufer/Garantienehmer kann § 215 VVG n. F. helfen. Der Händler, der die „Garantie" vermittelt hat, ist Versicherungsvermittler. § 348 Abs. 1 Nr. 2h ZPO mit seiner **Kammerzuständigkeit** bei geschäftsplanmäßiger Spezialzuständigkeit für Versicherungssachen wirft ein weiteres Problem auf. Zu Fragen der **Passivlegitimation** s. Rdn. 4212 f. Zum Interesse des Garantienehmers auf Feststellung der Ersatzpflicht für verzugsbedingte Schäden (z. B. durch Standzeit) s. OLG Celle 31. 1. 2002 – 11 U 144/01 – n. v. Für Garantienehmer kostenrechtlich interessant ist der Hinweis des BGH auf **§ 92 Abs. 2 Nr. 2 ZPO**. Hiernach kann das Gericht den Kläger trotz Teilunterliegens von den Verfahrenskosten freistellen, wenn die Höhe der Forderung von der Ermittlung durch einen Sachverständigen abhängig ist.[91] Bei Reparaturarbeiten im Garantiefall ist das die Regel.

ii) Wettbewerbsrecht

4240 Zur **wettbewerbsrechtlichen Zulässigkeit** der Werbung mit „Gebrauchtwagen-Garantien" liegt aktuelle höchstrichterliche Judikatur, soweit ersichtlich, nicht vor. Zu den allgemeinen Anforderungen an die Werbung mit Garantien beim Verbrauchsgüterkauf im Hin-

86 Vgl. AG Kassel 10. 11. 2010 – 412 C 789/10 – n. v. (Werkstatt war nicht Verkäufer).
87 OLG Schleswig 9. 10. 2007 – 3 U 30/07 – n. v.
88 OLG Schleswig 9. 10. 2007 – 3 U 30/07 – n. v.
89 BGH 11. 11. 2008, NJW 2009, 580 = DAR 2009, 90; OLG Schleswig 9. 10. 2007 – 3 U 30/07 – n. v.
90 BGH 11. 11. 2008, NJW 2009, 580 = DAR 2009, 9o; Bespr. *Fischinger*, NJW 2009, 563.
91 Urt. v. 17. 10. 2007, NJW 2008, 214.

blick auf § 477 BGB s. BGH 14. 4. 2011, I ZR 133/09, NJW 2011, 2653. Speziell mit Gebrauchtwagengarantien hat sich das Kammergericht in einer Reihe älterer Entscheidungen befasst.[92] Für irreführend i. S. v. § 3 UWG a. F. hält das OLG Saarbrücken[93] eine Garantiezusage eines markenungebundenen Anbieters, wenn nach den Garantiebedingungen für Schäden durch „natürlichen Verschleiß" nicht gehaftet wird. Eine solche Einschränkung mache die „Garantie" praktisch wertlos. Diese Aussage erscheint fragwürdig, da eine eingeschränkte „Garantie" immer noch besser ist als gar keine.

Die lange Zeit heftig umstrittene Frage, ob und unter welchen Voraussetzungen eine sog. **4241**
Umtauschgarantie wettbewerbsrechtlich zulässig ist, ist durch eine Reihe von BGH-Entscheidungen jetzt geklärt.[94]

92 Urteile v. 29. 11. 1993 – 25 U 5275/93 –; 20. 12. 1993 – 25 U 5415/93 –; 16. 6. 1994 – 25 U 2992/93 –; s. a. OLG Frankfurt 21. 12. 1995, OLGR 1996, 76.

93 Urt. v. 10. 1. 1996, NJW-RR 1996, 1325.

94 Urt. v. 5. 4. 2001, BGHR 2001, 655 m. Anm. *Borck*; ferner Urt. v. 2. 7. 1998, NJW 1999, 217 = DB 1999, 91 – „5 Tage Umtausch-Garantie" einer BMW-Niederlassung ist zulässig (ebenso eine „7 Tage Umtauschgarantie" vgl. Urt. v. 2. 7. 1998 – I ZR 51/96); Urt. v. 4. 12. 1997, ZIP 1998, 1124 – Umtauschrecht innerhalb von 30 Tagen bis 2000 km.

Q. Arglistige Täuschung beim Verkauf gebrauchter Kraftfahrzeuge

I. Überblick

4242 Auch nach „neuem“ Schuldrecht ist der arglistig handelnde Verkäufer nicht schutzbedürftig.[1] Arglistiges Verkäuferverhalten kann beim Autokauf in mehrfacher Hinsicht von Bedeutung sein:

- Anfechtung wegen arglistiger Täuschung (§ 123 BGB)
- Unbeachtlichkeit vertraglicher Haftungsausschlüsse und -beschränkungen (§ 444 BGB)
- Haftungsbegrenzung bei öffentlicher Versteigerung (§ 445 BGB)
- Verlängerung der Verjährungsfrist von 2 auf 3 Jahre mit Beginn nach objektiv-subjektiven Kriterien (§ 438 Abs. 3 i. V. m. § 199 Abs. 1 BGB)
- Unschädlichkeit grober Fahrlässigkeit des Käufers (§ 442 Abs. 1 BGB).

4243 Über diese fünf im BGB unmittelbar geregelten Fälle hinaus kann sich arglistiges Verhalten auch anderweitig zulasten des Verkäufers auswirken:[2] Bei vorsätzlicher/arglistiger Schlechtleistung ist der Verkäufer mit der ihm aufgebürdeten **Widerlegung der Verschuldensvermutung** (§§ 280 Abs. 1 S. 2, 311a Abs. 2 BGB) gescheitert. Abgesehen davon kann er mit seinem **Recht zur zweiten Andienung** ausgeschlossen sein (näher zur Entbehrlichkeit der Fristsetzung wegen Arglist unter Rdn. 3540 ff.).

4244 Arglistiges Verkäuferverhalten kann außerdem insoweit relevant sein, als bestimmte Rechtsbehelfe des Käufers eine **erhebliche Pflichtverletzung** voraussetzen (§§ 281 Abs. 1 S. 3, 323 Abs. 5, S. 2 BGB). Bei einem objektiv nur geringfügigen Mangel kann dem Käufer der Nachweis einer arglistigen Täuschung helfen, dem Verkäufer den Bagatelleinwand zu nehmen. Näheres zur Erheblichkeitsprüfung Rdn. 1022 ff., 3511 ff. Eine weitere Auswirkung der Arglist kann sich im Rahmen der Prüfung nach § 439 Abs. 3 BGB (Verhältnismäßigkeitsprüfung) ergeben (s. Rdn. 830).

4245 Von Bedeutung ist Arglist darüber hinaus im Rahmen des **§ 377 HGB** (Unschädlichkeit einer unterbliebenen Mängelrüge). Schließlich eröffnet arglistiges Verhalten **Schadensersatzansprüche aus c. i.c.** und, sofern es den Tatbestand des Betrugs (§ 263 BGB) erfüllt, aus **§ 823 Abs. 2 BGB** i. V. m. dieser Strafvorschrift gegen den Verkäufer und ggf. auch gegen seinen Vertreter persönlich, was nicht zuletzt bei einer Händlerinsolvenz von Vorteil ist. Als deliktsrechtliche Anspruchsgrundlage kommt auch **§ 826 BGB** in Betracht (zu §§ 823 ff. BGB s. Rdn. 4631 ff.).

II. Kurskorrektur

4246 Von den Arglistnormen des alten BGB stand beim Gebrauchtwagenkauf § 476 BGB a. F. im Vordergrund. Hauptgrund war die umfassende Haftungsfreizeichnung, nicht die kurze Verjährung des § 477 BGB a. F. Der früher übliche Gewährleistungsausschluss hat die Figur der „Behauptung ins Blaue“ ebenso befeuert wie die Hilfskonstruktion „Arglist bei Untersuchungspflichtverletzung“ und die Wissenszurechung bei Händlerverkäufen. Von noch größerer Tragweite war die freizeichnungsmotivierte Herabsetzung des Schuld- und Beweismaßes. Das Ergebnis war oftmals eine Haftung für Fahrlässigkeit nach Arglistgrundsätzen. Die „stille“ Heranziehung von Elementen der Fahrlässigkeit zur Arglistbegründung

1 BGH 27. 3. 2009, NJW 2009, 2120.

2 Umfassend *Rösler*, AcP 207, 564 ff.; *Gröschler*, NJW 2005, 1601 ff.

war ein typisches Merkmal der früheren Rechtsprechung. Beigetragen zur schleichenden Einebnung der Unterschiede zwischen Vorsatz und Fahrlässigkeit hat auch das Bestreben mancher Richter, ohne Beweisaufnahme „durchzuentscheiden".

Schon vor In-Kraft-Treten des Schuldrechtsmodernisierungsgesetzes musste diese **„Flucht in die Arglist"** auf Kritik stoßen. Sie fand aber wegen der Besonderheiten des Gebrauchtwagenhandels und der dort handelnden Personen kaum Gehör. An der fälligen Kurskorrektur führt nach der Neuausrichtung des Kaufrechts kein Weg vorbei. Vor allem das **Freizeichnungsverbot** beim Verbrauchsgüterkauf (§ 475 Abs. 1 BGB) macht ein Umdenken und eine Neuorientierung erforderlich. Nicht anders als bei der ehemaligen Eigenschaftszusicherung, der jetzigen Beschaffenheitsgarantie, ist der betont käuferfreundlichen Rechtsprechung der Boden entzogen. Hinzu kommt: Durch die Neuregelung der kaufrechtlichen Verjährung hat der Gesetzgeber ein weiteres Motiv beseitigt, den Tatbestand der Verkäuferarglist „großzügig" zu bejahen. **4247**

Das neue Kaufrecht mit seinem gesetzlich verankerten Verbraucherschutz sollte die Gerichte veranlassen, zu einer stringenten Anwendung der Arglistvorschriften zurückzukehren, materiell-rechtlich wie verfahrensrechtlich. Für fragwürdige Kompensationserwägungen und Hilfskonstruktionen, wie sie die Arglist-Rechtsprechung jahrzehntelang geprägt haben, besteht seit 2002 keine Legitimation mehr[3]. **4248**

III. Arglistiges Verschweigen eines Sachmangels

1. Der objektive Tatbestand

a) Das Verschweigen eines Sachmangels

Die §§ 438 Abs. 3, 442 Abs. 1 S. 2, 444, 445 BGB knüpfen an das Verschweigen eines Mangels an. Das kann ein Sachmangel, aber auch ein Rechtsmangel sein. Zum Sachmangel in seinen verschiedenen Erscheinungsformen s. Rdn. 2596 ff., zum Rechtsmangel s. Rdn. 4650 ff. Ist Bezugspunkt der Täuschung ein Umstand, der weder einen Sach- noch einen Rechtsmangel ausmacht, sind anstelle der kaufrechtlichen Arglistnormen die Regeln über die Haftung für Verschulden bei Vertragsschluss, über unerlaubte Handlung und die Arglistanfechtung nach § 123 BGB anwendbar. **4249**

Der objektive Tatbestand der kaufrechtlichen Arglistvorschriften ist bereits durch das Verschweigen eines Mangels erfüllt. Dass der Verkäufer eine **Offenbarungspflicht** (Aufklärungspflicht) verletzt hat, braucht nicht gesondert festgestellt zu werden.[4] Sie ergibt sich bereits aus dem Gesetz. Das Verschweigen eines Sachmangels trotz Kenntnis führt direkt zu den Rechtsfolgen i. S. v. §§ 438 Abs. 3, 442 Abs. 1, 444, 445 BGB. Dazu, ob und inwieweit ein **bloßer Mängelverdacht** ein offenbarungspflichtiger Sachmangel ist, s. BGH NJW-RR 2003, 772 (Hausschwamm) und Rdn. 3147, 3869 f. **4250**

aa) Bagatellproblematik

Umstritten war nach altem Recht, ob ein **geringfügiger Sachmangel** zur Anwendung der Arglistvorschriften genügte. Nach seinerzeit h. M. musste die **Bagatellgrenze** des § 459 Abs. 1 S. 2 BGB a. F. überschritten sein.[5] Bagatellfehler brauchten ungefragt nicht **4251**

---

3 S. a. *Geipel*, zfs 2010, 124, 125.
4 So auch Brand OLG 23. 9. 2005 – 4 U 45/05 („unmittelbar").
5 OLG Düsseldorf 6. 4. 2001, DAR 2001, 358; OLG Stuttgart 10. 1. 1997, NJW-RR 1997, 754; OLG Köln 26. 2. 1986 – 24 U 192/85 – n. v.; OLG Schleswig 7. 2. 1985, AH 1985, 269; a. A. OLG Köln (2. ZS) 26. 2. 1986, NJW-RR 1986, 988 = OLGZ 1987, 439; OLG Naumburg 21. 1. 1997, OLGR 1999, 155; s. a. OLG Frankfurt 16. 10. 1979, BB 1980, 962; offen gelassen von BGH 10. 7. 1963, LM Nr. 8 zu § 463 und KG 23. 2. 1989, NJW-RR 1989, 972; OLG Karlsruhe 25. 4. 1991, MDR 1992, 129.

mitgeteilt zu werden. Im heutigen Gewährleistungsrecht wird auf der Tatbestandsseite auf eine Bagatellklausel verzichtet. Auch für einen geringfügigen Mangel muss der Verkäufer grundsätzlich haften. Erst bei den Rechtsfolgen wird danach differenziert, ob die Pflichtverletzung des Verkäufers erheblich oder unerheblich ist.

4252 Vor diesem Hintergrund macht es wenig Sinn, in die Vorschriften über das arglistige Verschweigen eines Mangels ein „erheblich" hineinzulesen, zumal mit „Mangel" auch ein Rechtsmangel gemeint ist. Richtigerweise ist das „Erheblichkeitsproblem" auf der subjektiven Seite der kaufrechtlichen Arglisttatbestände zu lösen. Anders liegen die Dinge bei der Arglistanfechtung nach § 123 BGB.

bb) Offensichtliche und erkennbare Mängel

4253 Schon den objektiven Tatbestand hat **der BGH** (V. ZS) dadurch **eingeschränkt**, dass er den (Immobilien-)Verkäufer von der Aufklärung über solche Mängel freigestellt hat, die einer Besichtigung zugänglich bzw. ohne weiteres erkennbar waren.[6] **Offensichtlichkeit des Mangels** schließt Arglist i. d. R. zumindest in subjektiver Hinsicht aus.[7] Eine Pflicht zur Offenbarung scheidet nach der Rechtsprechung des BGH auch dann aus, wenn es ich um einen der Besichtigung zugänglichen und damit **ohne weiteres erkennbaren Mangel** handelt.[8]

4254 Die Möglichkeit des Käufers, sich Kenntnis anderweit – etwa aus dem Internet oder aus vorgelegten Unterlagen (z. B. Fahrzeugbrief, Sachverständigengutachten, Fotos) – zu verschaffen, lässt die Pflicht zur Offenbarung nicht von vornherein entfallen. Der Verkäufer muss die berechtigte Erwartung haben können, dass der Käufer die Unterlagen als Grundlage seiner Kaufentscheidung bereits durchgesehen hat oder durchsehen wird.[9]

4255 **Die Instanzgerichte** haben sich dieser schon den objektiven Tatbestand betreffenden BGH-Rechtsprechung nur zum Teil angeschlossen.[10] Vorwiegend geht man auf diesen Aspekt, wenn überhaupt, im Rahmen der Prüfung des subjektiven Tatbestandes ein.

4256 Offenkundigkeit und Erkennbarkeit des Mangels (Ins-Auge-Springen) sind in der Tat Gesichtspunkte, auf die es für den objektiven wie für subjektiven Tatbestand der arglistigen Täuschung ankommt. Das erschwert die richtige Verteilung der Darlegungs- und Beweislast.[11] Unrichtige bzw. unvollständige Angaben darf ein Verkäufer auch bei Erkennbarkeit des Mangels nicht machen.

cc) Verschweigen und Täuschung als Elemente des objektiven Tatbestandes

4257 Zum objektiven Tatbestand der §§ 438 Abs. 3, 442 Abs. 1 S. 2, 444 BGB gehört ferner das **Verschweigen eines Mangels**, d. h. das Unterbleiben einer Offenbarung als negative Tatsache. Schon zum objektiven Tatbestand gehört auch, dass der Käufer getäuscht worden ist. Auf die nicht immer leichte Abgrenzung zwischen Verschweigen und **konkludentem Vorspiegeln** der Abwesenheit eines Mangels kann i. d. R. verzichtet werden. Denn dem Fall des arglistigen Verschweigens eines Mangels ist nach wie vor das (aktive) Vorspiegeln der Mangelfreiheit oder einer nicht vorhandenen Eigenschaft gleichzustellen, was freilich

---

6 Urt. v. 12. 11. 2010, NJW 2011, 1280 Tz. 10 m. w. N.
7 BGH 25. 3. 1992, NJW-RR 1992, 1076 (Schraubenkauf).
8 Urt. v. 9. 4. 1994, NJW-RR 1994, 907; 22. 11. 1996, NJW-RR 1997, 270 (Hauskauf).
9 BGH 12. 10. 2010, NJW 2011, 1280 Tz. 11.
10 OLG Köln 24. 10. 2001, OLGR 2002, 138; OLG Hamm 29. 6. 2000, OLGR 2001, 360; LG München I 15. 12. 2004 – 26 O 17856/04 – n. v. (Privatverkauf; älterer Audi hatte Lackschäden, die der Käufer erst zu Hause bemerkt haben will); OLG Saarbrücken 9. 10. 2007, OLGR 2008, 251; OLG Bremen 19. 10. 2006, MDR 2007, 578 (jew. Hauskauf).
11 Sehr informativ BGH 12. 11. 2010, NJW 2011, 1280 (Hauskauf).

für jede Arglistnorm entsprechend ihrem Regelungszweck separat zu prüfen ist (zu § 438 Abs. 3 BGB s. Rdn. 4102 ff.).

b) Darlegungs- und Beweislast beim objektiven Tatbestand

Der Käufer hat zunächst das Vorhandensein eines Sachmangels darzulegen und zu be- 4258
weisen. **Maßgeblicher Zeitpunkt** ist bei den §§ 442 Abs. 1 S. 2, 444 BGB der Abschluss des Kaufvertrages, nicht die Ablieferung des Fahrzeugs. Anders ist es bei § 438 Abs. 3 BGB (Rdn. 4106). Die Rückwirkungsvermutung des § 476 BGB (Beweislastumkehr) bezieht sich auf den Gefahrübergang, also nicht auf den Vertragsabschluss. Dennoch kommt dem Verbraucher-Käufer die Beweiserleichterung des § 476 BGB indirekt zugute. Beim Kauf vom Kfz-Händler können Übergabe (Auslieferung) und Vertragsabschluss zeitlich zusammenfallen, s. Rdn. 2004 ff.

Für den objektiven **Tatbestand des Verschweigens**, also für das Unterlassen der gebo- 4259
tenen Aufklärung über den vorhandenen Sachmangel, ist gleichfalls **der Käufer** darlegungs- und beweispflichtig.[12] Seiner Darlegungspflicht genügt er durch die bloße Behauptung, der Sachmangel, der verschwiegen worden sein soll, sei ihm vor Vertragsschluss nicht mitgeteilt worden. Dass dazu eine Pflicht bestanden habe, braucht er nicht gesondert vorzutragen. Der Bezugspunkt des Schweigens, die Abweichung der Ist-Beschaffenheit von der Soll-Beschaffenheit (= Sachmangel), muss allerdings so konkret wie möglich und zumutbar bezeichnet werden (s. a. Rdn. 3258 ff., 3280 ff.).

Der Behauptung des Käufers, der Mangel sei ihm verschwiegen worden, darf **der Ver-** 4260
käufer kein schlichtes Leugnen entgegensetzen. Erforderlich ist ein **substantiiertes Bestreiten**. Geltend machen kann er, angenommen zu haben, der Käufer habe den Mangel bereits gekannt, sei etwa **anderweitig schon informiert** worden (z. B. Nachfrage beim Vorbesitzer, Einsicht in Unterlagen wie Fahrzeugpapiere oder ein Gutachten). Er kann sich auch, wie meist, auf eine **eigene Aufklärung** berufen, sei es durch ihn persönlich, sei es durch sein Personal. Beide Einlassungen, die auch unter dem Blickwinkel des § 442 Abs. 1 BGB erheblich sein können, können selbstverständlich auch kumulativ oder hilfsweise vorgebracht werden. **Das Hauptproblem** ist die richtige Verteilung der Darlegungs- und Beweislast mit dem Zusatzproblem der sekundären Darlegungslast.[13]

Ausgangspunkt ist der Grundsatz, dass für das Vorliegen sämtlicher Umstände, die den 4261
Arglisttatbestand in objektiver wie subjektiver Hinsicht ausfüllen, der Käufer die Darlegungs- und Beweislast trägt.[14] Bei einer Täuschung durch Verschweigen gehört dazu auch, keine Frage, die fehlende Offenbarung.[15] Allerdings handelt es sich dabei um eine **negative Tatsache**, weshalb die Rechtsprechung dem Käufer Erleichterungen nach den Grundsätzen der **sekundären Darlegungslast** zubilligt.[16]

Das bedeutet konkret: Beweisen muss **der Verkäufer** seine Gegenbehauptung, den 4262
Käufer bei den Vertragsverhandlungen aufgeklärt zu haben, nicht. Unrichtig ist also die Ansicht, der Verkäufer trage im Rahmen des § 444 BGB die Beweislast dafür, dass er den ihm bekannten Mangel tatsächlich offenbart habe.[17] Vielmehr hat **der Käufer** den Beweis zu

12 BGH 12. 11. 2010, NJW 2011, 1280; v. 15. 7. 2011 – V ZR 171/10.
13 Zur Gesamtproblematik des Nachweises arglistigen Verschweigens informativ *Geipel*, zfs 2010, 124 ff. („dreischichtige Prüfung“).
14 BGH 12. 11. 2010, NJW 2011, 1280 Tz. 12 zu § 444 BGB.
15 BGH 12. 11. 2010, NJW 2011, 1280 Tz. 12.
16 BGH 12. 11. 2010, NJW 2011, 1280; v. 15. 7. 2011 – V ZR 171/10.
17 So aber z. B. Brand OLG 23. 9. 2005 – 4 U 45/05 – unter Hinweis auf *Palandt/Putzo*, § 444 BGB Rn. 4 und BGH-Rspr., die diese Ansicht aber nicht trägt.

erbringen, dass der Verkäufer ihn nicht oder nicht vollständig aufgeklärt hat.[18] Das gilt auch für den Fall, dass ein durch Täuschung hervorgerufener Irrtum später durch Aufklärung wieder beseitigt worden ist. Auch für das Unterbleiben einer solchen „tätigen Reue“ ist der Käufer beweispflichtig.[19] An der für den Käufer im Ausgangspunkt ungünstigen Beweislastverteilung ändert sich nichts dadurch, dass der Verkäufer im Kaufvertrag erklärt, ihm sei „von Mängeln nichts bekannt“.[20]

4263 Der Käufer muss allerdings nicht alle theoretisch denkbaren Möglichkeiten einer Aufklärung ausräumen. Vielmehr genügt er seiner Beweisführungspflicht, wenn er die vom Verkäufer in Erfüllung seiner **sekundären Darlegungslast** vorzutragende konkrete – räumlich, zeitlich und inhaltlich zu spezifizierende – Aufklärung widerlegt.[21]

4264 Eine sekundäre Darlegungslast trifft den Verkäufer auch, wenn er geltend macht, er sei davon ausgegangen, dass der Käufer über den Mangel bereits aufgeklärt worden sei, also nicht durch ihn, den Verkäufer, sondern auf andere Weise.[22] Auch insoweit muss der Verkäufer seinen Sachvortrag in räumlicher, zeitlicher und inhaltlicher Weise konkretisieren, d. h. er muss vortragen, aufgrund welcher konkreter Umstände der Käufer seines Erachtens Kenntnis von dem Mangel gehabt hat. Nur wenn er diese Anforderungen erfüllt hat[23], ist wiederum der Käufer am Zug.

4265 Was das Unterbleiben der behaupteten Aufklärung durch den Verkäufer angeht, so kann dem Käufer bei einem schriftlichen Vertrag unter Umständen die **Vermutung der Vollständigkeit und Richtigkeit der Vertragsurkunde** helfen,[24] während ihm eine **Schriftformklausel** schaden kann. Bei **schriftlicher** (Teil-)**Information**, z. B. über einen Unfallvorschaden, schieben die Gerichte häufig dem Verkäufer für seine Behauptung, den Käufer anderweitig, z. B. **mündlich**, vollständig und richtig aufgeklärt zu haben, die Beweisführungspflicht und damit die Beweislast zu.[25] Das ist dann nicht zu beanstanden, wenn die schriftliche Information über den Unfallschaden Bestandteil einer (Beschaffenheits-)Vereinbarung ist. Denn nur auf Vereinbarungen bezieht sich die Vermutungswirkung, nicht auf Hinweise ohne rechtsgeschäftliche Relevanz und auf tatsächliche Vorgänge wie eine Fahrzeugbesichtigung[26] (zur Vermutungswirkung s. a. Rdn. 3261 ff.). Dazu, ob und inwieweit Informationen des Verkäufers zum Unfallthema Gegenstand einer Beschaffenheits-

18 BGH 12. 11. 2010, NJW 2011, 1280 zu § 444 BGB; BGH 31. 10. 2002, NJW 2003, 754 für § 463 S. 2 BGB a. F.; BGH 30. 4. 2003, NJW 2003, 2380; BGH 12. 2. 2004, NJW 2004, 1167; BGH 27. 4. 1966, VRS 31, 321, 324; BGH 2. 2. 1996, NJW 1996, 1339 unter II, 3 für § 463 S. 2 BGB a. F.; BGH 13.10. 2000, NJW 2001, 78; vgl. auch OLG Karlsruhe 7. 11. 1991, VRS 82, 241; OLG Köln 31. 7. 1991, NJW-RR 1992, 908; OLG Hamm 13. 9. 2004, MDR 2005, 621.

19 BGH 19. 4. 2002, NJW 2002, 2247, 2250; BGH 12. 2. 2004, NJW 2004, 1167.

20 BGH 31. 10. 2002, NJW 2003, 754; 30. 4. 2003, NJW 2003, 2380 (Grundstückskauf).

21 BGH 12. 11. 2010, NJW 2011, 1280 Tz. 12 zu § 444 BGB; BGH 20. 10. 2000, NJW 2001, 64 zu § 123 BGB.

22 BGH 12. 11. 2010, NJW 2011, 1280 mit Hinweis auch auf die Rechtslage im Rahmen des § 442 Abs. 1 BGB (volle Darlegungs- und Beweislast des Verkäufers).

23 Dazu BGH 12. 11. 2010, NJW 2011, 1280 (Hauskauf).

24 OLG Bamberg 11. 12. 2000, DAR 2001, 445 (Unfallschaden); OLG Frankfurt 7. 7. 2000, OLGR 2001, 29 = DAR 2001, 359 (Unfallschaden); OLG Düsseldorf 15. 10. 1992, OLGR 1993, 81 (Gesamtfahrleistung); OLG Koblenz 29. 11. 2001, r+s 2002, 368 (Unfallschaden); OLG Düsseldorf 9. 7. 1992, OLGR 1993, 2 (Sonderfahrzeug); OLG Dresden 12. 11. 1997, DAR 1999, 68 (Unfallschaden); OLG Saarbrücken 13. 4. 1999, OLG 1999, 509 (Unfallschaden); anders wohl OLG Rostock 3. 2. 1999, DAR 1999, 218; allgemein zur Vermutungswirkung von Schriftstücken BGH 5. 2. 1999, NJW 1999, 1702; BGH 5. 7. 2002, NJW 2002, 3164.

25 OLG Schleswig 2. 11. 2001, MDR 2002, 758 = OLGR 2002, 112; OLG Bamberg 2. 3. 1994, NJW-RR 1994, 1333; anders Brand OLG 10. 10. 2007 – 3 U 33/07.

26 OLG Düsseldorf 7. 4. 2003 – 1 U 153/02 – n. v.; zustimmend OLG Saarbücken 23. 3. 2006, zfs 2006, 508/570; zurückhaltend auch OLG Hamm 11. 12. 2003 – 28 U 79/03 – n. v.

vereinbarung bzw. -garantie sind, s. Rn. 3068 ff. Schriftliche Verkäufererklärungen im Vorfeld des Vertragsschlusses, z. B. in einem Zeitungsinserat, können keine irgendwie geartete Vermutungswirkung erzeugen.

Soweit Offenkundigkeit oder eine „Ohne-Weiteres-Erkennbarkeit" schon den objekti- 4266
ven Tatbestand ausschließen (s. o. Rdn. 4253), handelt es sich um Umstände, die der mit dem Arglistvorwurf konfrontierte Verkäufer beweisen muss.[27]

2. Der subjektive Tatbestand

a) Die Schwierigkeiten in der Praxis

Der subjektive (innere) Tatbestand der §§ 438 Abs. 3, 442 Abs. 1 S. 2, 444 BGB erfor- 4267
dert wie bei § 123 BGB **Arglist.** Dogmatisch-begrifflich gibt es hier kaum Streitfragen, sieht man einmal von dem klassischen Problem der Abgrenzung zwischen bedingtem Vorsatz und (grober) Fahrlässigkeit ab. Die **Hauptschwierigkeiten** liegen eindeutig in der verfahrensrechtlich korrekten Umsetzung der BGH-Vorgaben. Hier gibt es eine **Fülle von Fehlerquellen,** wie zahlreiche Entscheidungen des VIII. Senats (z. B. NJW 2007, 3057; NZV 1995, 222; NJW 2004, 1032) und des V. Senats des BGH (z. B. NJW 1995, 45; NJW-RR 1994, 907; NJW 2001, 2326; NJW 2003, 2380; JZ 2004, 40; NJW 2004, 1167; NJW 2011, 1280) belegen.

Auffallend oft werden die tatrichterlichen Ausführungen zum subjektiven Tatbestand 4268
der arglistigen Täuschung vom BGH als fehlerhaft beanstandet. Formulierungen wie der Verkäufer habe sich „der Kenntnis bewusst verschlossen" oder „sich blindlings auf etwas verlassen" signalisieren tatrichterliche Feststellungsmängel.[28] Ein häufiger Kritikpunkt ist ferner die **Verteilung der Darlegungs- und Beweislast**; auch das Übergehen von Beweisanträgen.

b) Der Arglistbegriff

Der Begriff der Arglist, der in allen o. a. Vorschriften derselbe ist, setzt nicht voraus, dass 4269
der Verkäufer mit Schädigungsabsicht oder bewusst zu seinem eigenen Vorteil gehandelt hat.[29] Auch wer kein Betrüger im strafrechtlichen Sinn ist, kann den zivilrechtlichen Arglisttatbestand erfüllen.[30] Andererseits ist auch anerkannt, dass selbst eine grobe Verletzung von Sorgfaltspflichten, also grobe Fahrlässigkeit, nicht genügt.

c) Einzelfragen und Verteilung der Darlegungs- und Beweislast

Für Arglist ist **mindestens bedingter Vorsatz** erforderlich.[31] Auf der Grundlage der 4270
ständigen **BGH-Judikatur**[32] bedeutet dies für den **Grundfall des arglistigen Verschweigens** – beim arglistigen Vorspiegeln von Eigenschaften sind Modifikationen zu beachten – ein **Vierfaches**:

Erstens: Der Verkäufer muss die den Mangel ausmachenden Tatsachen **bei Abschluss** 4271
des Vertrages[33] gekannt oder wenigstens für möglich gehalten haben (Wissenselement

27 OLG Saarbrücken 9. 10. 2007, OLGR 2008, 251 (Hauskauf); s. a. BGH 12. 11. 2010, NJW 2011, 1280 (gleichfalls Hauskauf).

28 Dazu und zur Begründungspflicht des Gerichts auch *Geipel*, zfs 2010, 124 ff.

29 BGH 10. 10. 2009, NJW 2010, 596 Tz. 41; BGH 3. 3. 1995, NJW 1995, 1549 m. w. N.

30 Krit. zu dieser Reduktion der Arglist auf bedingten Vorsatz *Dauner-Lieb*, FS Kraft 1998, S. 43 ff.

31 St. Rspr., BGH 13. 6. 2007, NJW 2007, 3057; BGH 3. 3. 1995, NJW 1995, 1549; BGH 9. 11. 1994, NJW-RR 1995, 254; BGH 7. 3. 2004, JZ 2004, 40.

32 NJW 2011, 1280; NJW 2007, 835; NJW 2004, 1032; NJW 2001, 2326; NJW 1996, 1205; NJW 1996, 1465; NJW-RR 1997, 270, jeweils m. w. N.

33 Zum maßgeblichen Zeitpunkt beim Stückkauf s. BGH 5. 4. 1989, NJW 1989, 2051.

Teil 1).[34] Grundsätzlich ist es auf der Darlegungsebene ausreichend, wenn der Käufer die (innere) Tatsache der Kenntnis des Verkäufers bzw. seines Vertreters (zur Wissenszurechnung Rdn. 4286 ff.) behauptet. Wann und wie der Verkäufer die Kenntnis erlangt hat, braucht der Käufer nicht vorzutragen.[35] Seine **Darlegungspflicht** erfüllt er auch durch den **Vortrag von Tatsachen**, aus denen der Verkäufer oder sein Vertreter (auch ein Wissensvertreter, s. dazu Rdn. 4282, 4315 ff.), auf das Vorliegen des Sachmangels hat schließen müssen.[36] Dass der Schluss tatsächlich gezogen worden ist, sollte zweckmäßigerweise ausdrücklich behauptet werden. Unzureichend ist der Vortrag, der Verkäufer habe auf das Vorhandensein des Mangels oder einer ihn begründenden Tatsache lediglich schließen können. Nur auf den Mangel als solchen muss sich die Kenntnis beziehen, nicht auf die daraus resultierenden weiteren (Schadens-)Folgen.[37]

4272 **Der Richter** muss davon überzeugt sein, dass der Verkäufer den Mangel gekannt oder ihn wenigstens für möglich gehalten hat. „Die Kenntnis der Tatsachen ist stets nötig" und kann durch „wertende Überlegungen" nicht ersetzt werden, so der BGH[38]. Es genügt, dass der Verkäufer die den Fehler begründenden Umstände gekannt oder wenigstens für möglich gehalten hat.[39] Mit der Feststellung, der Verkäufer habe sich „**der Kenntnis bewusst verschlossen**" darf sich der Tatrichter nicht begnügen. Unzureichend ist auch die Feststellung, der Verkäufer habe sich **„blindlings darauf verlassen"**, dass bei dem Fahrzeug, z. B. bei den Reifen, alles in Ordnung sei.[40]

4273 Dass der Verkäufer den Mangel bzw. die ihn begründenden Fakten früher einmal gekannt hat, reicht nicht aus, wenn er sie **zwischenzeitlich vergessen** hat. Diese Möglichkeit kommt insbesondere beim **privaten Direktgeschäft** in Betracht.[41] Die durchschnittliche Haltedauer beträgt etwa vier Jahre. Während einer derart langen Zeit kann der eine oder andere Fahrzeugmangel durchaus in Vergessenheit geraten oder in den Augen des Fahrzeugeigentümers so stark an Bedeutung verloren haben, dass er nicht mehr mitteilenswert erscheint.

4274 Eine **Vermutung für die Fortdauer** eines einmal erlangten Wissensstandes besteht nicht.[42] **Vergesslichkeit** wird dem Verkäufer zugebilligt. Allerdings ist seine Einlassung besonders sorgfältig auf Glaubhaftigkeit zu überprüfen.[43] Die pauschale Behauptung, „den Mangel vergessen" zu haben, genügt nicht. Sache des Käufers ist es, den plausibel vorgebrachten Einwand des Vergessens zu entkräften.[44] Bei einem betrieblichen „Vergessen" dürfen aber keine unerfüllbaren Beweisanforderungen gestellt werden.[45] Der **Vergessenseinwand** ist unerheblich, wenn der Verkäufer **ins Blaue hinein** eine objektiv unrichtige Er-

---

34 Zu den Voraussetzungen, unter denen das Gericht bei der Behauptung innerer Tatsachen Beweis erheben muss, s. BGH 30. 4. 2008 – VIII ZR 233/07; BGH 5. 11. 2003, NJW-RR 2004, 247; BGH 22. 6. 1995, NJW 1995, 2713.

35 BGH 13. 3. 1996, NJW 1996, 1826.

36 BGH 14. 6. 1996, NJW-RR 1996, 1332; BGH 13. 3. 1996, NJW 1996, 1826; BGH 22. 11. 1996, NJW-RR 1997, 270.

37 BGH 27. 3. 2003, NJW 2003, 1943 zu § 463 S. 2 BGB a. F.

38 Urt. v. 7. 3. 2003, JZ 2004, 40 m. Anm. *Martinek.*

39 BGH 8. 12. 2006, NJW 2007, 835.

40 BGH 11. 2. 2004, NJW 2004, 1032 (Hinterreifen II).

41 Vgl. LG Bückeburg 3. 2. 1995, DAR 1995, 369.

42 BGH 12. 2. 2004, NJW 2004, 1167; OLG Hamm 4. 8. 2003, MDR 2004, 28 = OLGR 2003, 327 (jeweils Grundstückskauf).

43 OLG Hamm 4. 8. 2003, MDR 2004, 28 = OLGR 2003, 327 (Grundstückskauf).

44 BGH 31. 1. 1996, NJW 1996, 1205; BGH 10. 7. 1987, NJW-RR 1987, 1415 (Hauskauf); BGH 22. 11. 1991, NJW-RR 1992, 333 (Hauskauf); OLG Düsseldorf 6. 4. 2001, DAR 2001, 358 m. Anm. *Teigelack.*

45 BGH 31. 1. 1996, NJW 1996, 1205 – Kauf vom Vertragshändler.

klärung abgegeben hat, die bei dem Käufer die Fehlvorstellung hervorgerufen hat, der Verkäufer sei informiert. Die Versicherung eines erwiesenermaßen erinnerungslosen Verkäufers, ihm seien erhebliche Mängel nicht bekannt, ist keine (arglistige) „Behauptung ins Blaue“[46] (zu dieser Fallgruppe s. Rdn. 4353 ff.).

Hat der Verkäufer **lediglich einen Mängelverdacht**, genügt dies zur Feststellung des bedingten Vorsatzes, wenn er ihn für sich behalten hat.[47] Dass **rechtlich** ein Sachmangel vorliegt, braucht der Verkäufer nicht zu wissen. Es genügt eine Parallelwertung in der Laiensphäre.[48] **Arglistige Täuschung durch Verschweigen** setzt aber das Bewusstsein voraus, ungefragt zur Aufklärung verpflichtet zu sein, eine Voraussetzung, die **bei Privatverkäufern** oftmals fehlt, insbesondere bei Sachmängeln nichttechnischer Natur und solchen, die objektiv nur geringfügig sind. **4275**

Die innere Tatsache der Kenntnis vom Mangel bzw. von den ihn ausmachenden Umständen kann der Käufer selten „direkt“ beweisen. Gewiss kann er den Verkäufer als Partei vernehmen lassen oder die Person als Zeugen benennen, die den Verkäufer vertreten hat. Wenn diese Beweiserhebung, wie meist, erfolglos bleibt, ist der Käufer auf Indizien angewiesen. Beantragt er die Vernehmung eines Zeugen zum Beweis dafür, dass der Verkäufer oder sein Vertreter Kenntnis vom Mangel hatte, sollte er erläutern, auf welchem Wege der Zeuge Kenntnis von dieser inneren Tatsache erlangt hat.[49] **4276**

Zweitens: Der Verkäufer muss gewusst oder damit gerechnet haben, dass dem Käufer der Sachmangel unbekannt ist oder nicht bekannt sein könnte (Wissenselement Teil 2).[50] Der Käufer erfüllt seine **Darlegungspflicht** schon durch die bloße Behauptung dieser inneren Tatsache. Dann ist es Sache des Verkäufers, substantiiert dafür vorzutragen, dass und weshalb er diese Vorstellung nicht hatte. Seine Gegenbehauptung, von der Kenntnis des Käufers, zumindest von der leichten Erkennbarkeit des Fehlers (Ohne-Weiteres-Erkennbarkeit) ausgegangen zu sein – für die Rechtsprechung mitunter schon ein Frage des objektiven Tatbestandes (s. Rdn. 4253) –, kann er durch Hinweise auf eine Besichtigung/Probefahrt oder auf andere Erkenntnisquellen untermauern.[51] Erfolg wird seine Einlassung, die er im Rahmen seiner **sekundären Darlegungslast** auch bringen muss, aber nur haben, wenn er als sicher davon ausgehen durfte, dass der Käufer über den Mangel vollständig informiert ist.[52] In den Augen des Verkäufers muss der Käufer nicht nur die Mängelerscheinungen (z. B. Verformungen des Blechs) gekannt haben, er muss auch um die sachliche Bedeutung und Tragweite des Mangels gewusst haben. **4277**

Drittens: Der BGH[53] verlangt **zusätzlich,** dass der Verkäufer weiß oder damit rechnet, der Käufer werde den Vertrag bei Kenntnis des wahren Sachverhalts nicht oder jedenfalls nicht zu den konkreten Bedingungen abschließen (Wissenselement Teil 3). Hier geht es nicht um die Ursächlichkeit der Täuschung für die Willensbildung des Käufers (dazu **4278**

46 BGH 19. 5. 2001, NJW 2001, 2326 – Grundstückskauf.

47 BGH 12. 7. 1991, NJW 1991, 2900; s. a. OLG Frankfurt 19. 2. 1999, NJW-RR 1999, 1064 – DAR 1999, 217 – Ls.

48 Zum Problem s. *Knöpfle*, JuS 1992, 373.

49 Dazu BGH 30. 4. 2008, VIII ZR 233/07, n. v.; BGH 4. 5. 1983, NJW 1983, 2034; OLG Koblenz 30. 11. 2006, r +s 2007, 121.

50 BGH 12. 11. 2010, NJW 2011, 1280 Tz. 14; BGH 8. 12. 2006, NJW 2007, 835.

51 Zur Behandlung entsprechender Beweisanträge s. BGH 9. 4. 1994, NJW-RR 1994, 907.

52 Vgl. BGH 26. 1. 1996, NJW-RR 1996, 690; BGH 22. 11. 1996, NJW-RR 1997, 270; s. a. BGH 7. 7. 1989, NJW 1990, 42 und BGH 8. 11. 1991, NJW-RR 1992, 334 unter 3b; zur Beweislastverteilung, wenn der Verkäufer behauptet, aufgeklärt zu haben, BGH 12. 11. 2011, NJW 2011, 1280; BGH 27. 4. 1966, VRS 31, 321, 324; OLG Köln 31. 7. 1991, NJW-RR 1992, 908.

53 Urt. v. 12. 11. 2010, NJW 2011, 1280 Tz. 14; v. 8. 12. 2006, NJW 2007, 835; v. 7. 3. 2003, JZ 2004, 40; 7. 7. 1989, NJW 1990, 42; 12. 7. 1991, NJW 1991, 2900; s. a. BGH 28. 4. 1971, NJW 1971, 1795, 1800 unter 3d.

Rdn. 4280), sondern um die Vorstellung des Verkäufers davon. Der Käufer braucht diese Vorstellung nur zu behaupten. Wird sie vom Verkäufer geleugnet, genügt einfaches Bestreiten nicht. Er muss nachvollziehbare Gründe für die Richtigkeit seiner Darstellung vortragen. Die **Beweislast** bleibt freilich beim Käufer. Insoweit, wie allgemein bei den subjektiven Voraussetzungen der Arglist, gibt es zwar **keinen Anscheinsbeweis.**[54] Auch Erfahrungssätze in Bezug auf innere Tatsachen sind mit Zurückhaltung anzunehmen. Für den Käufer streitet indes eine **tatsächliche Vermutung.**[55] Nach der Lebenserfahrung geht ein Verkäufer davon aus, dass ein über den Mangel informierter Käufer zumindest den verlangten Kaufpreis nicht mehr ohne weiteres akzeptiert.

4279 **Viertens**: Während es im Strafverfahren unzulässig ist, vom Wissensmoment auf das Willensmoment des bedingten Vorsatzes zu schließen,[56] lässt die zivilistische Praxis diesen Schluss großzügig zu.[57] **Wissen indiziert Wollen.** Dieser Schluss ist im Fall des sicheren Wissens als Element des direkten Vorsatzes wohl gerechtfertigt. Problematisch ist die Feststellung der Wollenskomponente hingegen beim bedingten Vorsatz. Das für die Annahme dieser Vorsatzform – sie steht in Gebrauchtwagenstreitigkeiten im Vordergrund – erforderliche **„billigende Inkaufnehmen“**[58] kann nicht ohne weiteres aus einem bloßen „Für-möglich-Halten“ abgeleitet werden. Es läuft indes auf ein venire contra factum proprium, auf einen Selbstwiderspruch, hinaus, wenn jemand, der mit dem Vorhandensein bestimmter Umstände gerechnet hat, geltend macht, sie nicht billigend in Kauf genommen zu haben. Dieser Ansatz erscheint jedoch fragwürdig, wenn die Arglistmerkmale auf verschiedene Personen verteilt sind; zur „aufgespalteten“ Arglist s. Rdn. 4315 ff.

3. Täuschung und Kausalität

4280 Anders als bei § 123 BGB brauchte der Käufer bei den kaufrechtlichen Arglistvorschriften des früheren Rechts, insbesondere im Rahmen des § 463 S. 2 BGB a. F., nicht zu beweisen, dass die arglistige Täuschung für seinen **Kaufentschluss ursächlich** geworden ist.[59] Daran ist für die Arglisttatbestände in §§ 444, 438 Abs. 3 BGB festzuhalten. Abzustellen ist auf die jeweilige Funktion der Arglistnorm (zu § 444 BGB s. BGH 15. 7. 2011, V ZR 171/10).

4281 Vom Nachweis eines ursächlichen Zusammenhangs zwischen arglistiger Täuschung und Kaufentscheidung ist der Käufer freigestellt, wenn er bei der Verfolgung seiner Mängelansprüche die Nacherfüllungsebene unter Hinweis auf eine arglistige Täuschung als Fall der Unzumutbarkeit i. S. v. § 440 BGB überspringen möchte (dazu Rdn. 3534 ff.). Der Verkäufer ist jedoch zumindest bei dieser Konstellation mit dem Gegenbeweis zuzulassen. Die im Fall unstreitiger oder nachgewiesener arglistiger Täuschung bestehende **Vermutung der Kausalität** kann er durch den Nachweis **widerlegen,** dass sein Verschweigen für den Kaufentschluss, insbesondere auch für die Preisvereinbarung, bedeutungslos gewesen ist.[60] Die Bedeutungslosigkeit kann sich bereits aus den unstreitigen Fakten ergeben. Es ist ein objektiver Maßstab anzulegen. Dass der Käufer die Dinge ausnahmsweise anders gesehen hat, muss er beweisen.

---

54 BGH 13. 10. 2000, NJW 2001, 78; Brand OLG 23. 9. 2005 – 4 U 45/05; anders OLG Köln 26. 1. 1996, VersR 1996, 631 zu § 123 BGB.

55 So auch Brand OLG 23. 9. 2005 – 4 U 45/05.

56 BGH 20. 11. 1986, JR 1988, 115.

57 BGH 8. 12. 1989, BGHZ 109, 327, 333 = NJW 1990, 975; Brand OLG 23. 9. 2005 – 4 U 45/05; OLG München 23. 11. 1993, OLGR 1994, 206.

58 Dazu ausführlich *Knöpfle*, JuS 1992, 373.

59 Zu § 463 BGB a. F. s. BGH 7. 7. 1989, NJW 1990, 42; BGH 19. 3. 1992, BGHZ 117, 363, 369; BGH 12. 2. 2004, NJW 2004, 1167.

60 BGH 7. 7. 1989, NJW 1990, 42; vgl. auch BGH 1. 10. 1969, DB 1969, 2082 = BB 1969, 1412 (Lkw).

4. Sonderprobleme bei einer Mehrheit von Personen auf Verkäuferseite

Stehen auf der Verkäuferseite mehrere Personen, z. B. Eheleute oder eine Erbengemeinschaft (zu Personengesellschaften s. Rdn. 4291 ff.), so reicht es zur **Ausschaltung einer Freizeichnungsklausel** aus, wenn nur eine Person arglistig i. S. d. § 444 BGB gehandelt hat.[61] Den selbst nicht arglistig handelnden Verkäufer hat der BGH von einer **Schadensersatzhaftung** gem. § 463 S. 2 BGB a. F. grundsätzlich freigestellt.[62] Er haftete aber auf Schadensersatz, wenn sein Verhalten als Übernahme auch der Arglisthaftung seines Mitverkäufers gewertet werden konnte.[63] Eine so weitgehende Haftungsübernahme verstand sich nicht von selbst. Sie bedurfte besonderer Feststellung anhand konkreter Einzelumstände. Eine Mithaftung des unwissenden Verkäufers nach § 463 S. 2 BGB a. F. konnte sich auch auf Grund von Zurechnungserwägungen ergeben. **Beispiel:** Der arglistige Ehemann führte die Verhandlungen zugleich im Namen seiner gutgläubigen Ehefrau.[64] Derartige Differenzierungen sind **nach „neuem" Recht** nicht mehr erforderlich. Sämtliche Verkäufer haften auf Schadensersatz nach den §§ 437 Nr. 3, 280, 281, 311a Abs. 2 BGB, wenn die Pflicht zur mängelfreien Lieferung verletzt worden ist. 4282

Ist bei Eheleuten oder Lebensgefährten nur einer der Verkäufer, führt der andere aber die Verhandlungen, ist auf dessen Wissen abzustellen (§ 166 Abs. 1 BGB). Die Rolle eines „Wissensvertreters" genügt.[65] 4283

Kein Wissensvertreter soll **ein Sachverständiger** sein, der im Auftrag des Verkäufers, aber auf Wunsch und auf Kosten des Käufers ein Bewertungsgutachten (Oldtimer) erstattet hat.[66] 4284

5. Personenmehrheit auf der Käuferseite

Es genügt die arglistige Täuschung eines von mehreren Käufern dafür, dass der Verkäufer sich auf eine Freizeichnungsklausel nicht berufen kann (§ 444 BGB). Dass auch dem nicht getäuschten (Mit-)Käufer ein Schadensersatzanspruch nach den §§ 437 Nr. 3, 280, 281, 311a Abs. 2 BGB zusteht, versteht sich von selbst. Lässt der Käufer sich bei den Kaufverhandlungen vertreten, ist der **Wissens- und Kenntnisstand des Vertreters** maßgebend.[67] 4285

6. Wissenszurechnung bei juristischen Personen

Juristische Personen können nicht handeln, folglich auch nicht arglistig täuschen. Handeln bzw. Unterlassen (Verschweigen) und Wissen müssen zugerechnet werden. Darüber, nach welchen Kriterien Wissen zugerechnet wird, sind sich **die BGH-Senate** nicht in allen Punkten einig.[68] In den Ergebnissen herrscht indes weitgehend Übereinstimmung. Der V. Senat hat entschieden: Einer juristischen Person ist das Wissen auch der Organwalter und Mitarbeiter zuzurechnen, die am Abschluss des Vertrages selbst nicht mitgewirkt 4286

61 Zu § 476 BGB a. F. BGH 16. 1. 1976, WM 1976, 323 = MDR 1976, 478; BGH 10. 7. 1987, NJW-RR 1987, 1415; BGH 14. 6. 1996, NJW-RR 1996, 1332.
62 BGH 16. 1. 1976, WM 1976, 323 = MDR 1976, 478; BGH 21. 2. 1992, BGHZ 117, 260 = NJW 1992, 1500; BGH 14. 6. 1996, NJW-RR 1996, 1332.
63 BGH 16. 1. 1976, WM 1976, 323 = MDR 1976, 478; BGH 21. 2. 1992, BGHZ 117, 260 = NJW 1992, 1500.
64 Vgl. BGH 14. 6. 1996, NJW-RR 1996, 1332.
65 OLG Düsseldorf 23. 10. 2006 – I-1 U 67/06 – n. v.
66 Brand OLG 1. 7. 2008, DAR 2008, 701.
67 OLG Koblenz 1. 4. 2004, NJW 2004, 1670.
68 *Nobbe*, WM 2002, 1671; s. auch BGH 10. 12. 2010 – V ZR 203/09 (Behörde).

bzw. davon nichts gewusst haben, sofern dieses Wissen bei ordnungsgemäßer Organisation aktenmäßig festzuhalten, weiter zu geben und vor Vertragsabschluss abzufragen ist.[69]

4287 Für den Handel mit gebrauchten Kraftfahrzeugen folgt aus der BGH-Rechtsprechung: Bei Betrieben, die als **GmbH** firmieren, ist zunächst auf das Wissen des vertretungsberechtigten Geschäftsführers abzustellen. Im Fall seiner Gutgläubigkeit ist weiter zu fragen, ob eine bevollmächtigte Hilfsperson oder ein sog. Wissensvertreter (dazu Rdn. 4315 ff.) Kenntnis hatte.

4288 Bei **Werksniederlassungen** (Werksvertretungen) von Automobilherstellern wie z. B. Daimler oder BMW sind die Mitglieder des Vorstands der AG die maßgeblichen Organvertreter. Da diese von den Gegebenheiten vor Ort naturgemäß keine Kenntnis haben, insbesondere über den Zustand der einzelnen Fahrzeuge nicht informiert sind und auch nicht informiert sein können, muss die **Zurechnungskette** bis zum Leiter der Niederlassung verlängert werden.[70] Sein vertretungsrechtlicher Status ist der eines Prokuristen oder Handlungsbevollmächtigten. Dessen Wissen wird der AG als Betreiberin der Werksniederlassung gem. § 166 Abs. 1 BGB zugerechnet; ebenso das Wissen des Angestellten, der mit dem Käufer verhandelt hat („Verkaufsberater“).

4289 Was die Zurechnung von „Einkaufswissen“ angeht, so bestehen keine Probleme, wenn die verkaufende Niederlassung identisch ist mit derjenigen, die den Wagen angekauft bzw. in Zahlung genommen hat. Zu dieser Konstellation s. OLG Karlsruhe DAR 2011, 257 und hier Rdn. 4320 ff. Zur Zurechnung von Werkstattwissen s. Rdn. 4328 ff. **Niederlassungsübergreifend**, gleichwohl konzernintern, kann das Wissen der Werkstatt in der Niederlassung A unter besonderen Umständen als Wissen der verkaufenden Niederlassung B und damit der Verkäuferin (AG) behandelt werden.[71]

4290 Ohne Rückgriff auf den Niederlassungsleiter oder einen Wissensvertreter kann aus Rückrufaktionen und Fehlerwarnungen an Händler und Werkstätten erlangtes Wissen der AG direkt zugerechnet werden.

7. Wissenszurechnung bei Personengesellschaften

a) Rechtsprechung zur GmbH & Co. KG

4291 Die **typische Rechtsform** von Autohäusern ist die **GmbH & Co. KG**. Sie ist keine juristische Person. Für sie handelt in Form der **Komplementär-GmbH** lediglich eine solche (§§ 161 Abs. 1, 125 HGB). Wie Wissen im Bereich einer GmbH & Co. KG zugerechnet wird, hat der **BGH** in mehreren Entscheidungen zu klären versucht. Zwei davon betreffen Gebrauchtfahrzeugkäufe.[72] Im dritten Fall ging es um die Frage der Wissenszurechnung im Rahmen eines Schadensersatzanspruchs nach § 463 S. 2 BGB a. F., wobei die in Anspruch genommene GmbH & Co. KG ein kontaminiertes Grundstück verkauft hatte.[73]

4292 Für eine **GmbH & Co. KG** gilt **im Ausgangspunkt:** Abzustellen ist auf die Kenntnis des vertretungsberechtigten Gesellschafters, also auf die Komplementär-GmbH. Ihr wird das relevante Wissen durch ihren **Geschäftsführer** vermittelt. Hat dieser Kenntnis von dem Sachmangel, muss die Komplementär-GmbH sich das zurechnen lassen, selbst wenn der

69 Urt. v. 13. 10. 2000, NJW 2001, 359.

70 OLG Karlsruhe 25. 10. 2010 – 4 U 71/09 (Hinweisbeschl. nach § 522 ZPO).

71 Dazu OLG Schleswig 18. 8. 2005, NJW-RR 2005, 1579; berechtigte Kritik von *Faust*, JZ 2007, 102.

72 Urt. v. 17. 5. 1995, NJW 1995, 2159 – Omnibuskauf von einem Reiseunternehmen; 31. 1. 1996, NJW 1996, 1205 – Kauf eines Pkw von einem Vertragshändler.

73 BGH 2. 2. 1996, NJW 1996, 1339; s. a. BGH 15. 4. 1997, NJW 1997, 1917 – Bankenhaftung; BGH 12. 11. 1998, NJW 1999, 284 – Wissenszurechnung in einer GbR; BGH 1. 10. 1999, NJW 1999, 3777 – Grundstückskauf von einer Gemeinde.

informierte Geschäftsführer am Abschluss des Kaufvertrags unbeteiligt war. Nicht sein Handeln, sondern sein Wissen ist für die Zurechnung entscheidend. Als Zurechnungsgrundlage genügt seine Vertretungsbefugnis zur Zeit des Vertragsabschlusses.

Problematisch sind die Fälle des **vorherigen Ausscheidens** aus dem Amt des Geschäftsführers, z. B. durch einen Wechsel zu einem anderen Unternehmen, durch Eintritt in den Ruhestand oder – wie im **Omnibus-Fall** BGH NJW 1995, 2159 – durch Tod. Wegen der Vertretung der GmbH & Co. KG durch eine juristische Person (Komplementär-GmbH) hat der VIII. ZS des BGH[74] erwogen, die gleichen Zurechnungsgrundsätze anzuwenden, wie sie für juristische Personen gelten. Bei diesen hatte der VIII. Zivilsenat die **Fortdauer der Wissenszurechnung** über das Ausscheiden eines Organvertreters hinaus davon abhängig gemacht, ob es sich um **typischerweise aktenmäßig festgehaltenes Wissen** handelt.[75] **4293**

Im Omnibus-Fall hat der BGH diese Frage offen gelassen, weil nach seinem Dafürhalten das Wissen des verstorbenen früheren Geschäftsführers des Reiseunternehmens – ihm waren das wahre **Baujahr** und der Zeitpunkt der **Erstzulassung** des Omnibusses bekannt – kein **„typischerweise aktenmäßig festgehaltenes Wissen"** war. Für ein **Busunternehmen** könne nicht als typisch gelten, die über einen gebrauchten Omnibus erhaltenen Informationen wie Baujahr, Erstzulassung, Auslandseinsatz, langjährige Standzeit u. a. schriftlich festzuhalten und aufzubewahren. Seinerzeit nicht zu entscheiden brauchte der BGH die interessante Frage, ob eine solche **Pflicht zur Aufbewahrung** von Informationen auch bei einem **Kfz-Handelsbetrieb** zu verneinen ist. Offen konnte auch bleiben, wie das beklagte Busunternehmen zu behandeln gewesen wäre, wenn es bei seinem eigenen Ankauf einen **schriftlichen Kaufvertrag** mit Angaben über die strittigen Fahrzeugeigenschaften geschlossen hätte. Denn dazu fehlte entsprechender Sachvortrag des nach Ansicht des BGH insoweit darlegungspflichtigen Käufers.[76] **4294**

In Fortführung der Omnibus-Entscheidung vom 17. 5. 1995[77] hat der BGH durch **Urteil v. 31. 1. 1996**[78] über einen Sachverhalt aus dem **Kernbereich des Gebrauchtwagenhandels** entschieden: **4295**

Eine VW/Audi-Vertragshändlerin in der Rechtsform der **GmbH & Co. KG** hatte dem Kläger, einem Privatmann, einen gebrauchten Opel Omega verkauft. Die Verhandlungen führte ein Angestellter aus der Gebrauchtwagenabteilung. In dem handelsüblichen Bestellschein (Kaufantrag) notierte er in den Rubriken „Gesamtfahrleistung laut Vorbesitzer" und „Stand des Km-Zählers" jeweils: „37.000 km". Mit der Behauptung, dieser Verkaufsangestellte habe ihn arglistig über die in Wirklichkeit deutlich **höhere Gesamtlaufleistung getäuscht**, setzte der Kläger sein Wandelungsverlangen zunächst durch. **4296**

Die Revision des Autohauses hatte Erfolg.[79] Anknüpfend an seine Omnibus-Entscheidung vom 17. 5. 1995[80] stellt **der BGH** darauf ab, ob es sich bei der Tatsache der Gesamtlaufleistung um **„typischerweise aktenmäßig festgehaltenes Wissen"** gehandelt hat. Angesichts der „besonderen Bedeutung, die der Käufer eines Gebrauchtwagens gerade dessen Kilometer-Leistung beimesse", liege eine **Dokumentationspflicht** auf der Hand. Diese **4297**

74 Urt. v. 17. 5. 1995, NJW 1995, 2159.

75 Urt. v. 8. 12. 1989, NJW 1990, 975 – Kauf eines Schlachthofs von einer Gemeinde.

76 Diese Aussage des BGH überzeugt nicht, denn dem Kl. stand der Lebenserfahrungssatz zur Seite, dass ein Busunternehmen mit Reisebüro einen gebrauchten Omnibus auf der Basis eines schriftlichen Kaufvertrags erwirbt, der auch über Baujahr und Erstzulassung die üblichen Informationen enthält; insoweit berechtigt die Kritik von *Schultz*, NJW 1996, 1392.

77 NJW 1995, 2159.

78 NJW 1996, 1205.

79 Nach erneuter Verhandlung und Beweisaufnahme (Vernehmung des angeblich vergesslichen Einkäufers) hat das OLG Düsseldorf die Klage abgewiesen (Urt. v. 23. 8. 1996 – 14 U 251/93 – n. v.).

80 NJW 1995, 2159.

Pflicht habe die Beklagte jedoch dadurch hinreichend erfüllt, dass sie in Gestalt der „Gebrauchtwagen-Vereinbarung" organisatorische Vorkehrungen getroffen habe, um für einen etwaigen Käufer relevante Informationen schon beim Einkauf eines Gebrauchtwagens schriftlich festzuhalten und an die Verkaufsabteilung weiterzuleiten.

4298 Dass der Angestellte aus der „Einkaufsabteilung" – in den Augen des BGH ein **Wissensvertreter** – dieses Dokument nicht sogleich bei der Hereinnahme des Fahrzeugs ausgefüllt und später eine unzutreffende Laufleistung eingetragen habe, begründe lediglich den Vorwurf der Fahrlässigkeit, nicht der arglistigen Täuschung. Die Situation sei nicht anders als in dem Fall, dass der Kläger von einer natürlichen Person gekauft habe, der die wirkliche Laufleistung zwischenzeitlich entfallen ist. Auch wenn statt des Angestellten aus der Gebrauchtwagenabteilung der „vergessliche" Einkäufer das Fahrzeug verkauft hätte,[81] wäre eine arglistige Täuschung zu verneinen. Der Umstand, dass der „Einkäufer" die tatsächliche Laufleistung zeitnah der Dispositionsabteilung mitgeteilt hatte, war nach Meinung des BGH ebenso bedeutungslos wie die Tatsache der EDV-Erfassung dieser Information durch die Dispositionsabteilung.[82] Der maßgebliche Informationsaustausch zwischen Einkaufs- und Verkaufsabteilung habe durch die „Gebrauchtwagen-Vereinbarung" sichergestellt werden sollen.[83]

b) Stellungnahme

4299 Die Kritik am Urteil des BGH v. 31. 1. 1996[84] ist unberechtigt, zumal die meisten Kritiker, namentlich *Schultz*,[85] schon den Sachverhalt nicht richtig erfasst haben. Die Befürchtung, Autohäuser könnten sich unter Berufung auf einen „vergesslichen" Einkäufer oder auf vergleichbare „Pannen" ihrer Verantwortung entziehen, ist unbegründet. Zum einen hat der BGH keinen Zweifel daran gelassen, dass das Wissen eines Angestellten aus der Neuwagenabteilung mit Zuständigkeit für die Hereinnahme in Zahlung gegebener Altfahrzeuge dem Autohaus, gleich welcher Firmierung, im Fall des Wiederverkaufs zugerechnet werden kann. Die Einstufung des „Einkäufers" als **Wissensvertreter** verhindert, dass Kfz-Betriebe „Einkaufswissen" gezielt unterschlagen, Arglosigkeit also „organisieren", indem sie den Weiterverkauf durch einen „Ahnungslosen" aus der Verkaufsabteilung besorgen lassen.

4300 Ob das von einem „Einkäufer" oder einem sonstigen Wissensvertreter (dazu Rdn. 4316 ff.) erlangte Wissen auf Dauer unverlierbar ist, mithin als ständig präsent zu gelten hat, oder ob es unter bestimmten Voraussetzungen folgenlos „in Vergessenheit" geraten kann, ist noch nicht abschließend geklärt.[86] Der BGH hat jedoch, und dies ist die zweite wichtige Aussage seines Urteils vom 31. 1. 1996,[87] für bestimmte Informationen über angekaufte bzw. in Zahlung genommene Altfahrzeuge eine **Dokumentationspflicht** aufgestellt.

---

81 *Pfeiffer* geht in seinem EWiR § 166 BGB 1/96, 635 fälschlicherweise davon aus, dass der Einkäufer die Rubrik „Gesamtfahrleistung lt. Vorbesitzer" ausgefüllt habe. In Wirklichkeit war das der „ahnungslose" Verkaufsangestellte aus der GW-Abteilung. Auch *Scheuch* irrt, wenn sie den ursprünglich „wissenden" Mitarbeiter des Autohauses in dessen Dispositionsabteilung ansiedelt (Anm. in LM § 166 Nr. 35); im Tatsächlichen gleichfalls unrichtig *Reischl*, JuS 1997, 783, 786 unter d; auch rechtlich wird der BGH missverstanden.

82 Verfehlt die Kritik von *Schultz*, NJW 1996, 2093, weil er die Organisation des bekl. Autohauses und insbesondere die Funktion von „Gebrauchtwagen-Vereinbarung" und EDV-Erfassung missverstanden hat.

83 In diesem Dokument war eine Rubrik für die Gesamtlaufleistung freilich nicht enthalten; vorgesehen war nur die Zeile „km-Stand . . .".

84 NJW 1996, 1205.

85 NJW 1996, 2093.

86 Zum Stand der Diskussion s. *Fassbender/Neuhaus*, WM 2002, 1253; *Thiessen* in Dauner-Lieb/Konzen/Schmidt, Das neue Schuldrecht in der Praxis, S. 253; s. a. *Faust*, JZ 2007, 102.

87 NJW 1996, 1205.

Welche Fahrzeugdaten unter die Pflicht zur Dokumentation bzw. Speicherung fallen, lässt sich für den Gebrauchtwagenhandel relativ einfach feststellen. Die Formel vom „typischerweise aktenmäßig festgehaltenen Wissen“, inzwischen als zu eng aufgegeben,[88] bleibt eine Hilfe. Die Kerndaten sind: Km-Laufleistung, Unfallfreiheit/bestimmter Unfallschaden,[89] Vorbenutzung, Erstzulassung/Baujahr, Austauschmotor, kurz: alles, was für den beabsichtigten Weiterverkauf und zur Befriedigung des Informationsbedürfnisses von Kaufinteressenten erkennbar relevant ist. **4301**

Auch die Anforderungen an die Dokumentation der Fahrzeugdaten, deren Verwahrung (Speicherung) und Abrufbarkeit können im Prinzip als geklärt gelten. Technischen Neuerungen ist Rechnung zu tragen. Abzustellen ist auf die **verkehrsübliche Verfahrensweise** bei der Hereinnahme gebrauchter Kraftfahrzeuge zum Zwecke des Weiterverkaufs. Die Verwendung eines Dokuments mit der irritierenden Bezeichnung „Gebrauchtwagen-Vereinbarung“ ist im heutigen Kfz-Handel nicht üblich. Meist heißen diese Formulare **„Gebrauchtwagenbewertung“** o. Ä. **4302**

Eine **zusätzliche Erfassung in der EDV** oder anderweitig ist aus Rechtsgründen nicht erforderlich. Findet sie (als Zusatzmaßnahme) statt, ist es für die Frage der Wissenszurechnung belanglos, ob und wie gespeichert worden ist. Dem Autohaus kann ein Organisationsmangel nicht mit der Begründung zur Last gelegt werden, einen „Nebenspeicher“ nicht ausgeschöpft zu haben. Entscheidend ist, ob überhaupt ein geeigneter Datenaustausch **eingerichtet** ist; s. a. Rdn. 4339. **4303**

Zu einem sachgerechten **„Wissensmanagement“** gehört auch, dass Veränderungen in der Beschaffenheit des Fahrzeugs zwischen Ankauf/Inzahlungnahme und endgültiger Ablieferung erkannt, erfasst und an die Verkaufsabteilung weitergeleitet werden. Angesichts mitunter langer Zeitspannen zwischen der Bestellung eines Neufahrzeugs mit Inzahlungnahme eines Altwagens und dessen Ablieferung ist eine Inspektion in dieser Phase eine wichtige Vorsorgemaßnahme. **4304**

Hat der Kfz-Betrieb nicht dafür Sorge getragen, dass erworbenes „Einkaufswissen“ in geeigneter Weise erfasst und verfügbar gehalten wird, muss er sich **aus Gründen des Verkehrsschutzes** so behandeln lassen, als habe der am Verkauf beteiligte – unwissende – Mitarbeiter von der fraglichen Information im Zeitpunkt des Verkaufs **aktuelle Kenntnis** gehabt. Mit anderen Worten: Unwissenheit kann wegen der Zurechnung von Wissen nicht geltend gemacht werden. **4305**

Vom Fall des „Einkaufswissens“ und des an anderer Stelle (Rdn. 4328 ff.) zu erörternden „Werkstattwissens“ ist die Konstellation zu unterscheiden, dass das Autohaus infolge einer **Rückrufaktion,** einer **Herstellerwarnung** oder einer ähnlichen Verlautbarung über bestimmte Fahrzeugmängel oder Gefahren informiert worden ist. Nach Ansicht des BGH[90] muss ein Händler **seine Vertragswerkstatt** so organisieren, dass Fehlerwarnungen des Herstellers nicht in Vergessenheit geraten. **4306**

Ob diese strenge Sicht auch mit Blick auf **die Verkaufsabteilung** gilt, ist noch nicht entschieden. Die Informationen, die der Geschäftsleitung eines Autohauses zugehen, müssen grundsätzlich an alle Stellen weitergeleitet werden, die es angeht. Das ist nicht nur die Werkstatt, sondern auch die Gebrauchtwagenabteilung. Die Frage kann nur sein, wie lange dieses Wissen als präsent gelten kann. Dem BGH[91] war eine Zeitspanne von sieben Mona- **4307**

88 Vgl. BGH 2. 2. 1996, NJW 1996, 1339; BGH 15. 4. 1997, NJW 1997, 1917; BGH 12. 11. 1998, NJW 1999, 284 – GbR; s. aber auch BGH 13. 10. 2000, NJW 2001, 359.

89 Dazu OLG Schleswig 18. 8. 2005, NJW-RR 2005, 1579.

90 Urt. v. 18. 5. 2004, NJW-RR 2004, 1427.

91 Urt. v. 18. 5. 2004, NJW-RR 2004, 1427.

ten zwischen dem Eingang der Herstellerwarnung im Autohaus und dem Reparaturauftrag des Kunden zu kurz, um den Händler zu entlasten.

4308 **Festzuhalten ist:** Organisatorische Unzulänglichkeiten beim „Wissensmanagement" können dazu führen, dass der Richter positives Wissen, nicht nur Wissenmüssen, „unterstellen" darf. Mit der Zurechnung von positivem Wissen ist aber noch nicht, wie *Flume*[92] mit Recht betont, die Entscheidung über den Arglistvorwurf gefallen. Das Nichterwähnen eines Mangels, der dem Autohaus kraft Wissenszurechnung als aktuell bekannt „unterstellt" wird, kann, muss nicht als Arglist zu bewerten sein. Denn der subjektive Arglisttatbestand setzt mehr voraus als bloßes Wissen um den Mangel. Die zusätzlichen Arglistmerkmale durch die Annahme eines **Organisationsverschuldens** zu ersetzen und damit (fahrlässiges) Organisationsverschulden mit Arglist gleichzustellen, ist einer der Haupteinwände gegen die BGH-Rechtsprechung.[93]

4309 Durch die Herabsetzung der Arglistverjährung von 30 Jahren ab Ablieferung (§ 477 BGB a. F.) auf 3 Jahre ab Kenntnis bzw. grob fahrlässiger Unkenntnis (§§ 438 Abs. 3, 195, 199 BGB) beseitigt das **neue Schuldrecht** ein wesentliches Motiv für diese **fragwürdige Gleichstellung**. Zum Unterlaufen von Verjährungsfristen darf das Institut der Wissenszurechnung nicht mehr instrumentalisiert werden.[94] Mit dem Wegfall der Freizeichnungsklausel im Bereich des Verbrauchsgüterkaufs ist ein weiteres Gleichstellungsmotiv entfallen.[95]

4310 Die Zurechnung hängt nicht davon ab, dass der Firmeninhaber bzw. ein gesetzlicher oder rechtsgeschäftlich bestellter Vertreter das Ursprungswissen erlangt hat. Ein sog. Wissensvertreter reicht als Brückenkopf aus. Das kann auf dem Boden der neueren Rechtsprechung des BGH[96] als gesichert gelten.

4311 Kommt es bei der **Erfassung der Fahrzeugdaten** in dem für den Informationsaustausch maßgeblichen Dokument bzw. Datenträger nicht zu betrieblich-organisatorischen, sondern zu **individuellen Versäumnissen,** so wie in den Fällen BGH NJW 1996, 1205 und OLG Oldenburg NJW 1991, 1187, ist bereits der Zurechnungstatbestand nicht erfüllt. Gleiches gilt für individuelle Pannen bei der Weiterleitung der Daten. Beispiele dafür sind Schreibversehen, Missverständnisse und Verzögerungen in der Datenbearbeitung und -verwaltung. Abgrenzungs- und Nachweisschwierigkeiten können nicht dazu führen, zu Lasten der Unternehmen mit einem Beweis des ersten Anscheins für ein Organisationsverschulden zu operieren.[97]

4312 Anders ist es selbstverständlich bei einer vorsätzlich falschen Datenaufnahme und ähnlichen Vorsatztaten. Lediglich Fahrlässigkeit kommt in Betracht, wenn im konkreten Einzelfall vom üblichen Weg der Datenerfassung und -weiterleitung abgewichen worden ist (Beispiel: nur mündliche Information, etwa aus Zeitgründen) oder wenn zusätzlich zu den organisatorischen Vorkehrungen ein direkter (mündlicher) Informationsaustausch zwischen Einkaufs- und Verkaufsabteilung stattgefunden hat, wobei es auf diesem Zusatzweg zu einem Verständigungsfehler oder zu einer ähnlichen „Panne" gekommen ist.[98]

---

92 AcP 197 (1997), 441; s. a. *Faust*, JZ 2007, 102.

93 *Flume*, AcP 197 (1997), 441; vgl. auch *Koller*, JZ 1998, 75; *Dauner-Lieb*, Zivilrechtswissenschaft und Schuldrechtsreform, S. 325/326; *Faust*, JZ 2007, 102.

94 *Dauner-Lieb*, a. a. O.

95 Für eine Neubestimmung und zur Rückkehr zu den gesetzlichen Zurechnungsnormen mit Recht *Thiessen* in Dauner-Lieb/Konzen/K. Schmidt, Das neue Schuldrecht in der Praxis, S. 253, 272.

96 Urt. v. 2. 2. 1996, NJW 1996, 1339; 15. 4. 1997, NJW 1997, 1917; 13. 10. 2000, NJW 2001, 359.

97 So aber im Ergebnis OLG Schleswig 18. 8. 2005, NJW-RR 2005, 1579; Kritik auch von *Faust*, JZ 2007, 102.

98 So der Fall OLG Köln 14. 4. 1997 – 12 U 183/96 – n. v. – Verwechselung von (reparierten) Vorschäden nach korrekter Erfassung im Ankaufsformular.

Für ein vorsätzliches Tun oder Unterlassen des Autohausmitarbeiters ist der Käufer **beweispflichtig,** was angesichts der vom BGH zugebilligten **Absenkung des Beweismaßes** nicht unangemessen erscheint.[99] 4313

c) OHG und KG

Nach der GmbH & Co. KG sind die reine KG und die OHG die bevorzugten Rechtsformen von Kfz-Betrieben, die nicht als Einzelunternehmen geführt werden. Trotz einer sehr weitgehenden Verselbstständigung, welche die OHG und die KG in die Nähe der juristischen Personen rückt, stellt der BGH sie in der Frage der Wissenszurechnung nicht auf eine Stufe mit diesen. Bei organschaftlicher Vertretung einer Personengesellschaft reicht die Kenntnis eines Gesellschafters über diejenigen Umstände aus, die die Arglist begründen.[100] Der wissende Gesellschafter muss am Geschäftsabschluss folglich nicht selbst beteiligt gewesen sein. Die Zurechnung von Wissen eines ausgeschiedenen oder verstorbenen Organvertreters kommt hingegen – anders als bei einer GmbH oder einer GmbH & Co. KG – nicht in Betracht, gleichviel, ob es sich um „typischerweise aktenmäßig festgehaltenes Wissen“ handelt oder nicht.[101] 4314

8. Zurechnung von Wissen unterhalb der Ebene der Geschäftsleitung

Gebrauchtfahrzeuge werden im heutigen Kfz-Handel nur ausnahmsweise vom Inhaber des Autohauses (Einzelfirma) oder von einem Organvertreter (Gesellschafter bzw. Geschäftsführer) verkauft. Die Verkaufsverhandlungen werden üblicherweise von untergeordneten Personen geführt. Die Geschäftsleitung kann sich aber vorbehalten haben, das Geschäft zu bestätigen und damit rechtlich zum Abschluss zu bringen (zur handelsüblichen Abschlusstechnik s. Rdn. 2004 ff.). 4315

a) Die Verkaufsabteilung

Autohäuser der Fabrikatshändler und die Werksniederlassungen der Hersteller verfügen i. d. R. über organisatorisch selbstständige Gebrauchtwagenabteilungen mit mehreren Angestellten („Verkaufsberater“) und einem Abteilungsleiter an der Spitze. Der einzelne **Verkaufsangestellte** hat entweder Handlungsvollmacht (§ 54 HGB) oder er gilt als bevollmächtigt i. S. d. § 56 HGB.[102] Wird die Bestellung des Kunden nicht sofort angenommen, sondern zunächst geprüft (Annahmevorbehalt), so kann die Vertretungsmacht des Verkaufsangestellten auf die Entgegennahme der Bestellung (Kaufantrag) beschränkt sein. 4316

Wer mit Verhandlungsvollmacht die Verkaufsverhandlungen geführt, den Kaufinteressenten beraten und den Vertragsabschluss vorbereitet hat, ist auch ohne Abschlussvollmacht ein Vertreter i. S. d. § 166 Abs. 1 BGB, zumindest ein sog. **Wissensvertreter**. Diesen Status misst der BGH solchen Personen zu, die nicht Stellvertreter i. S. d. §§ 164 ff. BGB sind, aber nach der Arbeitsorganisation des Geschäftsherrn dazu berufen sind, im Rechtsverkehr als dessen Repräsentant bestimmte Aufgaben in eigener Verantwortung zu erledigen und die dabei anfallenden Informationen zur Kenntnis zu nehmen und gg. weiterzuleiten.[103] Eine Wissenszurechnung findet in analoger Anwendung des § 166 Abs. 1 BGB statt. 4317

99 Urt. v. 31. 1. 1996, NJW 1996, 1205 – „keine unerfüllbaren Beweisanforderungen“.
100 BGH 16. 2. 1961, NJW 1961, 1022; offen gelassen von BGH 17. 5. 1995, NJW 1995, 2159.
101 BGH 17. 5. 1995, NJW 1995, 2159.
102 OLG Düsseldorf 11. 11. 2002 – 1 U 29/02 – n. v.; Brand OLG 30. 9. 2008 – 6 U 136/07 – n. v.
103 Urt. v. 1. 6. 2005, DAR 2005, 515; v. 31. 1. 1996, NJW 1996, 1205; v. 21. 6. 2000, r+s 2000, 489; s. a. BGH 30. 11. 2004, NJW 2005, 893 (Kfz-Reparatur).

Das Wissen des Wissensvertreters wird als Wissen des Geschäftsführers bzw. des Alleininhabers behandelt.[104]

4318 Ist der Verkaufsangestellte bei Vertragsabschluss unstreitig **gutgläubig** gewesen oder kann der Käufer ihm persönlich ein vorsätzliches Tun nicht nachweisen (wie im Fall BGH NJW 1996, 1205), so hängt die Berechtigung des Arglistvorwurfs **in subjektiver Hinsicht** davon ab, ob der Inhaber des Kfz-Betriebs (Einzelunternehmer), der vertretungsberechtigte Geschäftsführer bzw. Gesellschafter oder – unterhalb der „Chefebene" – ein sonstiger Stellvertreter oder Wissensvertreter Kenntnis von dem Sachmangel gehabt hat. Während „Chefwissen" gem. **§ 166 Abs. 2 BGB** zugerechnet wird, sofern der gutgläubige Verkaufsangestellte Stellvertreter im engeren Sinn war,[105] erfolgt die Zurechnung von Wissen bei einem Wissensvertreter analog § 166 Abs. 1 BGB.

4319 Was den **objektiven Arglisttatbestand** angeht, bereitet die Zurechnung keine Schwierigkeiten. Der Verkaufsangestellte ist **Erfüllungsgehilfe** i. S. d. § 278 BGB. Sein (unbewusstes) Verschweigen eines Fehlers oder seine (gutgläubige) Mitteilung einer nicht vorhandenen Fahrzeugeigenschaft muss sich der Kfz-Betrieb als eigene (objektive) Pflichtwidrigkeit zurechnen lassen.

b) Die Einkaufsabteilung

4320 Um seine Aufklärungspflicht gegenüber den Kaufinteressenten sachgerecht erfüllen zu können, ist der Unternehmer auf diejenigen Informationen angewiesen, die in der Einkaufsabteilung erlangt und gesammelt werden. Wer in diesem Bereich tätig ist, ist ein Wissensvertreter.[106] Für **positives Wissen** ist das unmittelbar einleuchtend. **Problematisch** sind die Fälle, in denen der Angestellte in der Einkaufsabteilung erreichbares **Wissen** aus bloßer Nachlässigkeit oder gar schuldlos **nicht erlangt** hat.[107] Liegt der Fehler nicht in seiner Person, sondern ist er organisatorischer Natur, kann ein Fall vorsätzlichen Organisationsverschuldens vorliegen.

4321 Grundsätzlich macht es keinen Unterschied, ob der Angestellte seinen Stammplatz in der Gebrauchtwagenabteilung oder in der Neuwagenabteilung oder in einer eigenständigen Einkaufabteilung hat. Er muss nicht Erfüllungsgehilfe im Hinblick auf den Verkauf und die dabei zu erfüllenden Pflichten sein. Auch ohne Erfüllungsgehilfe zu sein, kann eine Hilfsperson den Status eines Wissensvertreters haben.

4322 Jeder Angestellte, der von der Firmenleitung damit betraut worden ist, im Zusammenhang mit der Hereinnahme von Altfahrzeugen, sei es per Inzahlungnahme, sei es per freiem Zukauf, nach außen eigenständig Aufgaben zu erledigen, Informationen zur Kenntnis zu nehmen und sie weiterzuleiten, ist ein **Wissensvertreter**.[108] Ein wichtiges Anzeichen dafür ist der Kontakt mit dem Voreigentümer als der maßgeblichen Informationsquelle. Dieser Kontakt muss nicht persönlicher Natur sein. Es genügt eine schriftliche Informationserteilung oder eine Übermittlung der Fahrzeugdaten auf elektronischem Weg, wie es z. B. bei Leasingrückläufern und Zukäufen von Händlern üblich ist.

4323 Wissensvertretung hängt nicht davon ab, dass der Einkäufer das betreffende Fahrzeug besichtigt und/oder probegefahren hat. Er muss auch nicht das letzte Wort hinsichtlich der Hereinnahme haben. Das kann der Geschäftsleitung vorbehalten sein. Die Aufgabe,

---

104 BGH 31. 1. 1996, NJW 1996, 1205; s. a. BGH 30. 11. 2004, NJW 2005, 893.

105 Zur Wissenszurechnung bei fehlender Abschlussvollmacht s. OLG Düsseldorf 12. 3. 1999, NZV 1999, 423.

106 BGH 31. 1. 1996, NJW 1996, 1205; OLG Karlsruhe 25. 10. 2010 – 4 U 71/09 (Herstellerniederlassung); OLG Hamm 3. 3. 2005, ZGS 2005, 315; OLG Köln 14. 4. 1997 – 12 U 183/96 – n. v.

107 Dazu OLG Karlsruhe 25. 10. 2010, DAR 2011, 257 (Herstellerniederlassung).

108 BGH 31. 1. 1996, NJW 1996, 1205; s. a. BGH 30. 11. 2004, NJW 2005, 893 (Kfz-Reparatur).

das Ankaufsformular („Ankaufsschein“) auszufüllen und vom Kunden unterzeichnen zu lassen, ist ein wichtiges Indiz für die Annahme einer Wissensvertretung. Keine Frage der Wissensvertretung ist es, ob das Fahrzeug zum Zwecke des Weiterverkaufs oder zur betriebsinternen Nutzung hereingenommen worden ist. Entscheidend ist insoweit die Wahrscheinlichkeit eines späteren Verkaufs aus Sicht der Hereinnahme. Fahrzeuge, die nicht für den Weiterverkauf (einschließlich Leasing) bestimmt sind, fallen nicht unter die Dokumentationspflicht. Ein Anlass zur Weiterleitung von Daten an die Verkaufsabteilung besteht nicht. Wer in der Einkaufsabteilung einer Werksniederlassung sich über die Anordnung hinwegsetzt, hereinzunehmende Fahrzeuge einer Sichtkontrolle zu unterziehen, oder sich entgegen einer Anordnung nicht für Lackunterschiede interessiert, verhält sich in einer Weise, die im Rahmen der Arglistprüfung zu Lasten der Niederlassung relevant ist.[109]

c) Kontrolle, Bewertung und Aufbereitung

Gebrauchtfahrzeuge, die zur Inzahlungnahme oder zum freien Ankauf angeboten werden, werden regelmäßig nicht „blind“ in den Bestand genommen. Im Fabrikatshandel, aber auch in größeren Betrieben, die ausschließlich mit Gebrauchtfahrzeugen handeln („Nur-Gebrauchtwagenhändler“), ist eine **optische und technische Kontrolle** heute allgemein üblich (vgl. Rdn. 3877 ff.). Die technische Bewertung erfolgt meist in der **betriebseigenen Werkstatt.** Großbetriebe verfügen über einen eigenen „Bewerter“ oder gar über eine komplette Bewertungsabteilung. **4324**

Organisiert ist die Bewertung im Fall der Inzahlungnahme meist so, dass der Kundenberater aus der Neuwagenabteilung das Bewertungsformular anhand der Angaben des Kunden und des Fahrzeugbriefes ausfüllt und sich vom Kunden unterschreiben lässt. Mitunter erfolgt bereits jetzt eine EDV-gestützte Vorbewertung durch den zuständigen Angestellten des Autohauses. Anschließend gelangt das Fahrzeug in die Werkstatt zur **technischen Bewertung.** Die relevanten Daten werden in dem Bewertungsformular erfasst und fließen in die Kalkulation ein. Informationen, die die Einkaufsabteilung auf diesem Weg erwirbt, gehören zum Wissen des zuständigen Mitarbeiters und sind der Unternehmensleitung zuzurechnen.[110] Eines Rückgriffs auf den Mechaniker in der Werkstatt, der die Bewertung durchgeführt hat, bedarf es nicht. **4325**

Ob der Mechaniker oder der „Bewerter“ ein Wissensvertreter ist,[111] ist zu prüfen, wenn er „Bewertungswissen“ nicht wie vorgesehen weitergeleitet, sondern für sich behalten oder fehlgeleitet hat. Das OLG Celle scheint eine Wissenszurechnung zu bejahen. Die Tätigkeit des Mitarbeiters aus der Werkstatt müsse „unmittelbar mit der Herstellung des vertragsgemäßen Zustandes des Fahrzeugs in Zusammenhang“ stehen.[112] Dies könne bei einem **Kfz-Mechaniker** angenommen werden, der mit der Aufgabe betraut ist, das Fahrzeug für den Verkauf auf technische Fehler, Unfallspuren oder andere Mängel durchzusehen. Dem ist zuzustimmen. Der Mitarbeiter in der Werkstatt hat zwar meist keinen Kontakt zum Fahrzeugeigentümer (anders z. B. bei gemeinsamer Probefahrt). Seine Aufgabe ist im Kern betriebsinterner Natur. Dennoch ist es gerechtfertigt, auf ihn als Wissensvertreter die Vorschrift des § 166 Abs. 1 BGB entsprechend anzuwenden. Ihrer Funktion nach ist die Tätigkeit des technischen Bewerters nicht nur einkaufsbezogen, sondern auch verkaufsorientiert.[113] **4326**

In zutreffender Abgrenzung hat das OLG Celle[114] eine Wissenszurechnung bei einem Angestellten verneint, dessen Aufgabe sich auf die **optische Aufbereitung** des später ver- **4327**

109 OLG Karlsruhe 25. 10. 2010, DAR 2011, 257.
110 S. a. OLG Karlsruhe 25. 10. 2010, DAR 2011, 257 (Zurechnung von schuldhafter Unwissenheit).
111 Erfüllungsgehilfe i. S. v. § 278 BGB kann er gleichfalls sein.
112 Urt. v. 23. 10. 1997, OLGR 1998, 161.
113 S. a. die Tätigkeitsbeschreibung in BGH 30. 11. 2004, DAR 2005, 82 (Kfz-Reparatur).
114 Urt. v. 23. 10. 1997, OLGR 1998, 161.

kauften Fahrzeugs beschränkt hat. **Fahrzeugaufbereiter** (Waschen, Reinigen, Polieren) sind keine Wissensvertreter, schon gar nicht, wenn sie der Verkaufsfirma nicht angehören (externe Aufbereitung). Wissen um Unfallschäden, das sie im Rahmen ihrer Tätigkeit erlangt haben, ist nicht zurechenbar.

d) Werkstattwissen aus früheren Reparaturen o. Ä.

4328 Mehrfach hat die Rechtsprechung sich mit Fallgestaltungen beschäftigt, in denen es um die Behandlung von Wissen ging, das in der Werkstatt von Verkaufsfirmen erlangt worden war, dort aber geblieben ist. Typischer Fall: Das später verkaufte Fahrzeug war einige Zeit vor der Hereinnahme/Ankauf zum Zwecke einer **Unfallreparatur** in der eigenen Werkstatt des Kfz-Händlers. Während das LG München I[115] das „Werkstattwissen" dem beklagten Unternehmen nach § 166 Abs. 2 BGB zugerechnet hat,[116] hat das OLG Celle[117] Abs. 1 dieser Vorschrift zur Wissenszurechnung herangezogen. Der für die Beklagte handelnde **Werkstattleiter** habe seine „dem Geschäftsherrn gem. § 166 Abs. 1 BGB zuzurechnende Kenntnis vom Unfallschaden im Rahmen der Erfüllung der ihm im Betrieb der Beklagten obliegenden Aufgaben erlangt". Abgesichert hat das OLG Celle seine (rechtskräftige) Entscheidung mit der Erwägung, dass ein **innerbetrieblicher Informationsaustausch** zwischen Reparatur- und Verkaufsabteilung möglich und auch zumutbar gewesen sei (eingerichtet war er nicht). Hinzu komme, dass dem klagenden Käufer im Kaufvertrag mitgeteilt worden sei, man habe von Vorschäden keine Kenntnis („auf andere Weise keine Unfallschäden bekannt").

4329 Auf den „eigenen Wissensstand" des beklagten Kfz-Betriebs, einer GmbH, hat das OLG Düsseldorf in einem Fall abgestellt, in dem der – zum Vertragsabschluss nicht bevollmächtigte – Verkaufsangestellte unwissend war, Art und Ausmaß des Unfallschadens aber durch betriebseigene Reparaturarbeiten früher einmal bekannt geworden waren.[118] Der Sache nach ist dies eine Wissenszurechnung gem. § 166 Abs. 2 BGB, wobei allerdings im Dunkeln bleibt, wer in der beklagten GmbH der maßgebliche Wissensträger war. Als solche weiß eine GmbH nichts; sie ist nicht „wissensfähig".

4330 Unabhängig von einem Einkauf zum Zwecke eines späteren Verkaufs erlangtes „Werkstattwissen" ist nicht in jedem Fall präsentes Wissen in einem späteren Verkaufsfall. Eine Wissenszurechnung setzt zunächst voraus, dass eine für die Zurechnung geeignete Person von dem fraglichen Umstand Kenntnis erlangt hat. Bei einer Instandsetzung, die ordnungsgemäß durch die Bücher gegangen ist (also keine Schwarzarbeit oder Feierabendarbeit eines Mechanikers war), muss das Unternehmen, gleich welcher Rechtsform, sich zumindest eine Zeitlang so behandeln lassen, als sei ihm der Vorgang bekannt. Es handelt sich um Geschäftswissen.

4331 Das eigentliche Problem in diesen Fällen ist die **zeitliche Grenze** der Wissenszurechnung, nicht die Frage, ob der Werkstattleiter oder der Mechaniker, der die Reparatur erledigt hat, ein Wissensvertreter ist.[119] Erfüllungsgehilfen im Rahmen des Verkaufs (§ 278 BGB) sind diese Personen i. d. R. nicht.[120] Nicht nur zeitlich, auch inhaltlich besteht ein Abgrenzungsproblem. Denn nicht jede Reparatur ist im Hinblick auf einen späteren Verkauf von Bedeutung.

115 Urt. v. 27. 1. 1988, ZIP 1988, 924; dazu *Reinking/Kippels*, ZIP 1988, 892.
116 Ebenso LG Verden 26. 4. 1994 – 4 O 177/94 – n. v.
117 Urt. v. 23. 6. 1995 – 4 U 301/94 – n. v.
118 Urt. v. 12. 3. 1999, NZV 1999, 423.
119 Offen gelassen von OLG Koblenz 4. 2. 1997, VRS 96, 241.
120 Vgl. BGH 8. 5. 1968, LM Nr. 13 zu § 463 = MDR 1968, 660, s. a. *Waltermann*, NJW 1993, 889.

Beide Abgrenzungsfragen sind auf der Grundlage der neueren BGH-Rechtsprechung zur Wissenszurechnung unter dem Gesichtspunkt des Verkehrsschutzes zu beurteilen. Maßgeblich ist, dass die Wissenszurechnung dem **Schutz des Rechtsverkehrs** dienen soll.[121] Informationen, deren Relevanz für spätere Geschäftsvorgänge für den wissenden Mitarbeiter erkennbar ist, müssen dokumentiert und über einen gewissen Zeitraum verfügbar gehalten werden. Außerdem muss sichergestellt werden, dass die Informationsmöglichkeit auch genutzt wird.[122] **4332**

Unter diesem Blickwinkel sind einer Zurechnung von Kenntnissen aus früheren Werkstattaufenthalten **zeitlich und inhaltlich Grenzen** zu setzen. Dass diese Informationen für den Fall eines späteren Verkaufs rechtserheblich werden können, ist nach dem gewöhnlichen Lauf der Dinge eher unwahrscheinlich. Dabei ist auf den Zeitpunkt der Kenntniserlangung (Kundengespräch/Diagnose/Reparatur) abzustellen, nicht auf einen erst später erreichten Wissensstand.[123] Es gibt keinen Erfahrungssatz, dass **Fahrzeuge von Privatkunden** genau dem Unternehmen in Zahlung gegeben werden,[124] das in der Vergangenheit mit Reparatur- und Wartungsarbeiten betraut war.[125] Etwa die Hälfte aller privat genutzten Pkw/Kombis werden auf dem Privatmarkt veräußert. Soweit diese Fahrzeuge an den gewerblichen Handel abgegeben werden, ist es mehr oder weniger Zufall, wenn Werkstatt und Abnehmer identisch sind. **4333**

Bei dieser Sachlage sehen Autohäuser mit Recht keinen vernünftigen Grund, Informationen aus Reparaturaufträgen der Privatkundschaft vorsorglich der Verkaufsabteilung weiterzuleiten. Gewiss hat diese Zugriff auf das vorhandene Datenmaterial aus der Werkstatt. So kann ein Gebrauchtfahrzeugverkäufer ohne weiteres Einblick in die Durchschrift der Reparaturrechnung nehmen oder – bei EDV-Erfassung – auf den Datenspeicher zurückgreifen. Das allein reicht für eine Wissenszurechnung nicht aus. Ausschlaggebend ist, ob die Werkstatt mit Blick auf die Erfüllung einer späteren Offenbarungspflicht des Betriebes zu einer Erfassung und Aufbewahrung (Speicherung) der Informationen verpflichtet war. Das ist bei Fahrzeugen, die im Eigentum von Privatkunden stehen, im Regelfall zu verneinen. **4334**

Die für das eigene Rechnungswesen erfassten Reparaturdaten ohne konkreten Anlass an die Verkaufsabteilung weiterzuleiten, ist gleichfalls keine Rechtspflicht; ebenso wenig besteht eine allgemeine Pflicht der mit dem Einkauf und dem Verkauf befassten Stellen, sich in der Werkstatt nach dort vorhandenem Datenmaterial zu erkundigen.[126] Das umso weniger, als die Voreigentümer bei der Inzahlungnahme ebenso wie beim freien Zukauf gehalten sind, frühere Unfallschäden (darum geht es meist), die Auswechselung des Motors etc. von sich aus offen zu legen. Hinzu kommt, dass derartige Umstände i. d. R. gezielt abgefragt werden. „Werkstattwissen" aus dem Privatkundengeschäft kann demnach nicht als ständig präsent angesehen werden, selbst wenn eine umfangreiche Unfallinstandsetzung stattgefunden hat. Es ist **zeitlich nur begrenzt aktuell**. **4335**

Anders können die Dinge bei **Geschäftsfahrzeugen** liegen, sofern eine dauerhafte Bindung zum Autohaus besteht. Ist der Rücklauf zum Reparaturbetrieb zum Zwecke des Weiterverkaufs sogar vertraglich geregelt, wie z. B. bei **Leasingfahrzeugen**, besteht erst recht **4336**

121 BGH 15. 4. 1997, NJW 1997, 1917.
122 So BGH 15. 4. 1997, NJW 1997, 1917 unter Hinweis auf das grundlegende Urteil des BGH v. 2. 2. 1996, NJW 1996, 1339.
123 BGH 2. 2. 1996, NJW 1996, 1339.
124 Wobei nicht nur die Anschaffung eines Neufahrzeugs, sondern auch eines „neuen" Gebrauchten („gebraucht auf gebraucht") in den Blick zu nehmen ist.
125 Die Möglichkeit eines freien Ankaufs durch die Reparaturfirma liegt noch ein Stück ferner.
126 So auch LG Kassel 22. 10. 2004 – 5 O 1679/04 – n. v.

konkreter Anlass zur Dokumentation von Werkstattwissen mit dem Ziel der Nutzung im Verkaufsfall.[127]

4337 Stets ist es eine Frage des konkreten Einzelfalls, ob dem beklagten Kfz-Betrieb die behauptete Unwissenheit abgenommen werden kann. Maßgeblich ist nicht nur, wie lange die fragliche Reparatur zurückliegt und wie groß die Wahrscheinlichkeit für eine Eigenvermarktung gewesen ist. Es kommt auch auf Art und Umfang der Reparaturarbeiten an, ferner auf die Größe des Betriebs, auch darauf, ob die Werkstatt in das Autohaus räumlich integriert oder ausgelagert ist. All diese Fragen müssen im Wege der **Parteianhörung** (§ 141 ZPO), notfalls durch eine **gründliche Beweisaufnahme** geklärt werden. Mit (häufig fragwürdigen) Risiko- und Billigkeitserwägungen allein wird man dem Problem der „gespaltenen" Verkäuferarglist nicht gerecht.

4338 Wenn eine tragfähige Basis für eine Wissenszurechung gewonnen ist, bedarf es **weiterer Feststellungen,** um den Arglisttatbestand bejahen zu können. Da die Kenntnis unmittelbar bei der Firmenleitung anzusiedeln ist, ohne Vermittlung durch einen untergeordneten Wissensvertreter, begegnet der Schluss vom Wissen auf das für den Arglistvorwurf konstitutive Wollen (s. Rdn. 4279) hier keinen durchgreifenden Bedenken.

9. Zurechnung von Wissen betriebsfremder Personen und Organisationen

4339 Ist der Verkäufer zur Erfüllung seiner Offenbarungspflicht auf das Wissen angewiesen, das ein von ihm beauftragtes Unternehmen (z. B. ein Subunternehmer) erlangt, aber pflichtwidrig für sich behalten hat, so findet eine Wissenszurechnung statt.[128] Dagegen ist sie zu verneinen, soweit es um das **Wissen des Herstellers** in Form einer **EDV-Datenbank** geht, die autorisierten Händlern derselben Marke zur Verfügung steht.[129] Kein Wissensvertreter ist auch der Händler, der derselben Organisation bzw. Kette angehört und durch eine Instandsetzung in seinem Betrieb Kenntnis von einem Unfallschaden erlangt hat.[130]

IV. Die Arglisthaftung des Gebrauchtfahrzeugverkäufers in der Rechtsprechung des BGH

4340 In der ebenso umfang- wie nuancenreichen BGH-Judikatur nehmen die Entscheidungen zur **Aufklärungspflicht** (Offenbarungspflicht) des **gewerblichen Gebrauchtwagenverkäufers** besonders breiten Raum ein. Hauptanwendungsfall ist in der älteren Rechtsprechung die Arglistanfechtung nach § 123 BGB. Mit dem Aufkommen des Verbraucherschutzes in den siebziger Jahren hat sich der Schwerpunkt auf § 476 BGB a. F. verlagert. Die wichtigsten Ergebnisse dieser Rechtsentwicklung, im „neuen" Kaufrecht weiterhin gültig, faktisch aber weniger bedeutsam, lassen sich in **zwölf Grundsätzen** zusammenfassen:

1. Beim Kauf besteht keine allgemeine (uneingeschränkte) Aufklärungspflicht (Offenbarungspflicht) des Verkäufers.[131]
2. Auch im Gebrauchtwagenhandel ist der Verkäufer, sofern er nicht ausnahmsweise die Beratung des Käufers übernommen hat, nicht verpflichtet, den Käufer von sich aus

127 Dazu OLG Schleswig 18. 8. 2005, NJW-RR 2005, 1579.
128 LG Kleve 21. 1. 2000 – 5 S 194/97 – n. v. – Verkauf eines Motors.
129 LG Bielefeld 3. 2. 2010 – 3 O 222/09 – juris (VW/AUDI-Konzern).
130 LG Bielefeld 3. 2. 2010 – 3 O 222/09 – juris.
131 Grundlegend BGH 8. 10. 1954, DAR 1954, 296 = BB 1954, 978; BGH 16. 1. 1991, NJW 1991, 1223; BGH 22. 12. 1999, NJW 2000, 1254; für den Handelskauf s. BGH 28. 4. 1971, NJW 1971, 1795 (Tanklastzug).

 4340

über alle Umstände aufzuklären, die für dessen Kaufentschluss von Bedeutung sein könnten.[132]

3. Ebenso wie jeder andere Verkäufer ist auch ein Gebrauchtwagenverkäufer verpflichtet, alle Tatsachen zu offenbaren, die erkanntermaßen oder auch nur erkennbar für die Vertragsentschließung des Käufers oder für die Vertragsdurchführung von Bedeutung sind und deren Mitteilung von ihm nach den konkreten Gegebenheiten des Einzelfalls nach der Verkehrsauffassung erwartet werden kann.[133]
4. Die Frage, ob und in welchem Umfang beim Verkauf gebrauchter Kraftwagen der Verkäufer zu einer Mitteilung früherer Unfallschäden verpflichtet ist, kann nicht generell, sondern nur unter Berücksichtigung der konkreten Sachlage beantwortet werden.[134]
5. Ein Gebrauchtwagenverkäufer ist in jedem Fall, also auch ungefragt, von sich aus zur Aufklärung des Käufers verpflichtet, wenn er einen Mangel oder einen früheren Unfall kennt oder nach den Umständen für möglich hält.[135]
6. Wird der Verkäufer nach Unfällen oder sonstigen Mängeln ausdrücklich gefragt, so muss die Antwort richtig und vollständig sein.[136] Er hat alles mitzuteilen, was er insoweit weiß, insbesondere sind Beschädigungen auch dann zu offenbaren, wenn es sich nach seiner Auffassung lediglich um reine „Blechschäden“ ohne weitere nachteilige Folgen handelt. Anders kann es bei „ausgesprochenen sog. Bagatellschäden“ wie etwa ganz geringfügigen Lackschäden sein.[137]
7. Von sich aus braucht der Verkäufer auf einen Unfallschaden nicht hinzuweisen, wenn bei vernünftiger Betrachtungsweise der Kaufentschluss nicht davon beeinflusst werden kann. Die Grenze für derartige nicht mitteilungspflichtige „Bagatellschäden“ ist bei Personenkraftwagen sehr eng zu ziehen.[138] Auch sachgerecht reparierte „reine“ Blechschäden sind in jedem Fall, auch ungefragt, zu offenbaren.[139] Anders kann es beim Verkauf eines Nutzfahrzeugs (Lkw) sein.[140]
8. Ihrem Umfang nach ist die Aufklärungspflicht auch von der Möglichkeit und Fähigkeit des Käufers zur eigenen Prüfung abhängig; je unkundiger der Käufer, desto weitreichender die Aufklärungspflicht.[141]

---

132 BGH 3. 3. 1982, NJW 1982, 1386; BGH 26. 10. 1988, NJW-RR 1989, 211.

133 BGH 16. 12. 2009, NJW 2010, 858 Tz. 15; BGH 26. 10. 1988, NJW-RR 1989, 211; s. a. BGH 7. 12. 1994, NZV 1995, 222 (Oldtimerkauf).

134 BGH 8. 10. 1954, DAR 1954, 296 = BB 1954, 978; BGH 28. 2. 1973, WM 1973, 490; so schon RG 23. 6. 1936, RGZ 151, 361, 366 (Lastzug).

135 BGH 11. 6. 1979, BGHZ 74, 383, 391 = NJW 1979, 1886 (missverständlich bzgl. „Bagatellschäden“); BGH 3. 3. 1982, NJW 1982, 1386; BGH 3. 12. 1986, NJW-RR 1987, 436. Die Urt. BGH WM 1973, 490 und BGH VRS 31, 321 stehen nicht entgegen, da sie Sonderfälle betreffen.

136 BGH 11. 6. 1979, BGHZ 74, 383 = NJW 1979, 1886; s. a. BGH 27. 3. 2009, NJW 2009, 2120 (Hauskauf).

137 BGH 20. 3. 1967, NJW 1967, 1222; BGH 29. 6. 1977, NJW 1977, 1914; vgl. auch BGH 14. 7. 1971, BGHZ 57, 137 (Aufklärungspflicht bei einem merkantilen Minderwert von nur 100 DM); BGH (VI. ZS) 25. 10. 1983, VersR 1984, 46.

138 BGH 10. 10. 2007, NJW 2008, 53.

139 BGH 3. 3. 1982, NJW 1982, 1386; BGH 25. 10. 1983, VersR 1984, 46; missverständlich BGHZ 74, 383, 391 = NJW 1979, 1886, wonach auch ein „Bagatellschaden“ in jedem Fall, also auch ungefragt, zu offenbaren ist; BGH 22. 2. 1984, WM 1984, 535 unter IV; BGH 29. 6. 1977, NJW 1977, 1914; BGH 3. 12. 1986, NJW-RR 1987, 436.

140 BGH 3. 3. 1982, NJW 1982, 1386.

141 BGH 21. 10. 1964, LM Nr. 11 zu § 463 = NJW 1965, 35 (Inzahlungnahme); BGH 29. 1. 1975, BGHZ 63, 382 = NJW 1975, 642 (Pkw-Agenturverkauf); BGH 3. 3. 1982, NJW 1982, 1386 (Lkw); BGH 28. 4. 1971, NJW 1971, 1795 (Tanklastzug).

9. Auch das Verhalten des Käufers, insbesondere das von ihm bekundete Interesse an einzelnen Fakten, bestimmt den Umfang der Aufklärungspflicht.[142]
10. Bei erst wenig benutzten, neuwertigen und entsprechend teuren Pkw geht die Aufklärungspflicht weiter als bei älteren Fahrzeugen mit hoher Laufleistung.[143]
11. Der Verkauf unter (formularmäßigem) Gewährleistungsausschluss befreit den Verkäufer nicht von seiner Aufklärungspflicht. Sie wird dadurch auch nicht eingeschränkt.[144]
12. Arglistig handelt der Verkäufer schon dann, wenn er ohne tatsächliche Grundlage „ins Blaue hinein" unrichtige Angaben über den Zustand des Fahrzeugs macht.[145]

V. Grundfälle der arglistigen Täuschung

1. Verschweigen von Unfallschäden und Vorspiegeln von Unfallfreiheit

4341 Der aus Sicht der Rechtspraxis wichtigste Fall der arglistigen Täuschung beim Gebrauchtwagenkauf ist das Verheimlichen von **Unfallschäden,** sei es, dass der Verkäufer überhaupt keine Angaben macht, sei es, dass er nicht die volle Wahrheit sagt.

a) Der unbekannte Unfall und die Untersuchungspflicht des Händlers

4342 **Fallbeispiel**:

Der Kl. kaufte vom Bekl., einem Händler, einen Pkw. Nach Übernahme stellte sich heraus, dass der Wagen in mindestens zwei Unfälle verwickelt gewesen war. Der Kl. focht den Vertrag wegen arglistiger Täuschung an und verlangte Rückzahlung seiner Anzahlung. Dem Bekl. war nicht nachzuweisen, dass er Kenntnis von den Unfallschäden hatte oder mit ihrem Vorhandensein rechnete (Fall nach BGH NJW 1977, 1055/OLG München DAR 1976, 132).

4343 In Fällen, in denen dem **schweigenden Händler** nicht nachzuweisen war, dass er zumindest mit der Möglichkeit eines (reparierten) Unfallschadens gerechnet hat, ist vor allem in der Rechtsprechung zum früheren Gebrauchtwagenkaufrecht verschiedentlich Arglist dennoch bejaht worden. Eine **Schlüsselrolle** spielt in solchen Fällen die **Untersuchungspflicht** des gewerblichen Händlers. Diese Pflicht wird der Aufklärungspflicht gewissermaßen **vorgeschaltet,** um Arglist damit zu begründen, der Händler habe das Fahrzeug verkauft, ohne auf das Unterlassen einer an sich gebotenen Untersuchung[146] hingewiesen zu haben.[147]

---

142 BGH 16. 3. 1977, NJW 1977, 1055 (mit nicht eindeutigen Ausführungen über eine „Erweiterung" der Aufklärungspflicht des Gebrauchtwagenverkäufers im Vergleich mit einem „Normalverkäufer").

143 BGH 8. 10. 1954, DAR 1954, 296.

144 BGH 30. 10. 1956, BGHZ 22, 123 = NJW 1957, 20; BGH 18. 12. 1956, VRS 12, 161 = BB 1957, 238 („wie besichtigt und probegefahren").

145 BGH 7. 6. 2006, NJW 2006, 2839; BGH 29. 1. 1975, BGHZ 63, 382 = NJW 1975, 642; BGH 16. 3. 1977, NJW 1977, 1055; BGH 18. 3. 1981, NJW 1981, 1441; BGH 31. 3. 1982, NJW 1982, 1699 (Inzahlungnahme); BGH 3. 12. 1986, NJW-RR 1987, 436; BGH 18. 1. 1995, NJW 1995, 955.

146 Mitunter ist auch nur von einer vom Käufer erwarteten Untersuchung die Rede.

147 So BGH 29. 1. 1975, BGHZ 63, 382 = NJW 1975, 642; BGH 14. 3. 1979, NJW 1979, 1707; vgl. auch OLG München 25. 7. 1975, DAR 1976, 132; OLG Hamm 3. 8. 1990, OLGZ 1991, 99 (offen gelassen); LG Bielefeld 15. 10. 1980, MDR 1981, 316; OLG Hamburg 1. 4. 1992, BB 1992, 1888 = NJW-RR 1992, 1399 (Agentur); OLG Hamburg 12. 6. 1992, DAR 1992, 378; OLG Köln 5. 7. 1996, VersR 1997, 753 = OLGR 1996, 235; OLG Düsseldorf 31. 5. 1996, NJW-RR 1997, 431 = OLGR 1997, 18; SchlHOLG 16. 7. 1997, OLGR 1998, 24; OLG Saarbrücken 29. 2. 2000, OLGR 2000, 253 = MDR 2000, 1010.

Nach Ansicht des OLG Köln[148] ist nicht nur das völlige Unterbleiben offenbarungspflichtig. Der Händler müsse auch mitteilen, wenn er das Fahrzeug nur „oberflächlich“ geprüft habe.

Diese Erweiterung der Arglisthaftung war schon unter der Herrschaft des alten Kaufrechts abzulehnen, soweit es um die kaufrechtlichen Arglistnormen ging. Durch die Schuldrechtsreform mit ihrem verstärkten Käuferschutz, insbesondere zugunsten von Verbrauchern, hat sie jedenfalls keine Berechtigung mehr. Wer freilich durch eine in keiner Weise eingeschränkte Erklärung wie „unfallfrei“ den irrigen Eindruck hervorruft, er habe das Fahrzeug selbst untersucht, muss sich den Vorwurf der Arglist gefallen lassen. Die Begrenztheit seines Wissens- und Kenntnisstands muss ein Händler, der von einer gebotenen Untersuchung abgesehen hat, offen legen. Auf ungesicherter Grundlage „unfallfrei“ anzugeben, kann als Behauptung ins Blaue hinein den Vorwurf arglistiger Täuschung auch im Sinne der Kaufrechtsvorschriften rechtfertigen (zu dieser Fallgruppe s. Rdn. 4353 ff. 4344

Weiterhin zum Zuge kommen kann die Argumentation „Arglist wegen Verschweigens der Nichtuntersuchung“ in Fällen mit **Arglistanfechtung nach § 123 BGB**.[149] Denn Bezugspunkt des Verschweigens ist hier nicht unbedingt ein Sachmangel, sondern ein offenbarungspflichtiger Umstand, der in einem Sachmangel liegen kann, aber nicht liegen muss. Ein Gericht, das eine arglistige Täuschung i. S. d. § 123 BGB zu prüfen hat, muss sich mit der Frage auseinandersetzen, ob der Händler zur Untersuchung **aus Rechtsgründen verpflichtet** war. Dazu ausführlich unter Rdn. 3843 ff. Genügen kann nicht, dass der Käufer eine Untersuchung lediglich erwartet hat. Das Unterbleiben einer nicht geschuldeten, sondern nur erwarteten oder gar nur erwünschten Untersuchung löst schon keine Offenbarungspflicht aus. Jedenfalls wird dem Händler Vorsatz kaum nachzuweisen sein. 4345

b) Der nur vermutete Unfall und der Arglistnachweis bei Verschweigen von Verdachtsmomenten

Fallbeispiel: 4346

Der Kl. erwarb vom Händler X einen Wagen mit verborgenem Unfallschaden. Dem Händler war nicht nachzuweisen, dass er Kenntnis von dem wirklichen Umfang des Unfallschadens hatte. Erwiesen war jedoch, dass er Spuren einer Nachlackierung und eine Schweißnaht am rechten vorderen Radhaus gesehen hatte, also nicht nur sehen konnte. Diese Beobachtungen behielt er für sich.

Arglistiges Verschweigen i. S. v. §§ 438 Abs. 3, 442 Abs. 1 S. 2, 444 BGB setzt zunächst die **Feststellung eines Sachmangels** voraus. Dazu, unter welchen Voraussetzungen ein früherer Unfall einen Mangel gem. § 434 Abs. 1 BGB darstellt, s. Rdn. 3066 ff. Der Mangel muss nach „neuem“ Recht **nicht erheblich** sein. Dass der Verkäufer Bagatellmängel zumindest ungefragt weiterhin nicht zu offenbaren braucht, kann **im Rahmen des § 123 BGB** mit der eigenständigen, von der Existenz eines Sachmangels losgelösten Offenbarungspflicht begründet werden. Zumindest dürfte es an den subjektiven Merkmalen der Arglist fehlen. Im Bereich der kaufrechtlichen Arglistnormen kommt allein eine Lösung im Subjektiven in Betracht. 4347

Fragt der Käufer, wie meist, nach einem früheren Unfall, muss der Verkäufer **alles offenbaren,** was er zu diesem Thema weiß oder auch nur ernsthaft vermutet, s. Rdn. 4340 (Grundsatz 6). Sofern die „Unfallfrage“, wie üblich, beantwortet wird, ist an die **Antwort** anzuknüpfen. Ein Fall des Verschweigens liegt hier nur vor, wenn die Frage schlechthin verneint wird. Eine wahrheitswidrige, unvollständige oder verharmlosende Auskunft 4348

148 Urt. v. 13. 3. 2001, OLGR 2001, 233 = DAR 2001, 405; ebenso – noch in einem „Altfall“ – Brand OLG 12. 7. 2006 – 4 U 134/05 („vorsätzliche Pflichtverletzung“).

149 OLG Karlsruhe 25. 10. 2010, DAR 2011, 257.

kann unter dem Gesichtspunkt des **Vorspiegelns einer Eigenschaft** arglistig sein; zu dieser wichtigen Fallgruppe s. Rdn. 4365 ff.

4349 In den **Verdachtsfällen** ist zu unterscheiden: Handelt es sich tatsächlich um einen „Unfallwagen", ist der **objektive Arglisttatbestand** der §§ 438 Abs. 3, 442 Abs. 1 S. 2, 444 BGB erfüllt, selbst wenn das Fahrzeug sach- und fachgerecht repariert worden ist (s. Rdn. 3146 ff.; dort auch zum Problem des merkantilen Minderwerts als möglicher Sachmangel). Ein vorhandener Unfallvorschaden/Unfallbeteiligung ist offenbarungspflichtig. Unkenntnis, auch fahrlässige, schützt den Verkäufer vor dem Arglistvorwurf. Bei einem ihm bekannten Vorschaden darf er nicht von einem bloßen Verdacht sprechen. Das wäre eine unzulässige Bagatellisierung (zu dieser Fallgruppe s. Rdn. 4365 ff.). Nimmt der Verkäufer **irrtümlich** eine Unfall-Vorbeschädigung an oder hat er insoweit einen – objektiv unbegründeten – Verdacht, so ist zwar ein Sachmangel nach objektiven Kriterien zu verneinen. Dennoch kann eine Offenbarungspflicht bestehen. Auch über die bloße Möglichkeit eines Unfallvorschadens muss der Käufer aufgeklärt werden.[150]

4350 Der objektive Tatbestand des **§ 123 BGB** setzt, wie gesagt, einen Sachmangel zwar nicht voraus. Richtig ist auch, dass der bloße Versuch einer Täuschung kein Anfechtungsrecht verleiht. In den Fällen eines objektiv bestehenden Mängelverdachts geht es jedoch nicht um einen Täuschungsversuch, sondern um das Verschweigen eines Verdachts, den der Verkäufer tatsächlich geschöpft hat. Schöpfenmüssen genügt nicht.

4351 Ob der Verkäufer im obigen Fallbeispiel auch den **subjektiven Tatbestand** der Arglist erfüllt hat, ist nicht zuletzt eine Frage der **Abgrenzung** zwischen **bedingtem Vorsatz** und (bewusster) **Fahrlässigkeit.** Wer mit den Augen eines Fachmanns **Unfallspuren** sieht, rechnet i. d. R. mit dem Vorhandensein eines (reparierten) Unfallschadens. Ob bestimmte Umstände Indizcharakter haben, also „Unfallspuren" sind, ist nicht selten nur schwer zu beurteilen – ex ante für den Verkäufer bzw. seinen Angestellten wie ex post für das Gericht und den von ihm beauftragten Sachverständigen[151]. Zur Bedeutung von **Neu- und Nachlackierungen** s. OLG Karlsruhe 25. 10. 2010 – 4 U 71/09; OLG Düsseldorf 17. 7. 2002 – 17 U 9/02; OLG Frankfurt DAR 2001, 306; LG Oldenburg MDR 2006, 444. Weitere Rechtsprechung unter Rdn. 4421 ff.

4352 Kann dem Händler, anders als im Ausgangsfall, **nicht nachgewiesen werden**, dass er von Unfallspuren oder sonstigen verdächtigen Umständen positive Kenntnis hatte, reicht es für den Vorwurf der Arglist grundsätzlich nicht aus, sich diese Kenntnis fahrlässig nicht verschafft zu haben. Bedingter Vorsatz kann hingegen feststellbar sein, wenn der Verkäufer einen sich ihm aufdrängenden Mängelverdacht für sicht behalten hat.[152] Ohne Kenntnis von Unfallindikatoren besteht nach der Rechtsprechung des BGH keine Untersuchungspflicht, so dass sich in einem solchen Fall selbst Arglist i. S. d. der offenen Norm des § 123 BGB nicht mit dem Argument begründen lässt, der Verkäufer habe das Unterlassen der Untersuchung verschwiegen (zu dieser Konstruktion s. Rdn. 4343 f.).

---

150 Zur Frage Mangelverdacht als Mangel s. *Wank*, JuS 1990, 95, 98; *Reinicke/Tiedtke*, Kaufrecht, Rn. 316; s. a. BGH 1. 10. 1999, NJW 1999, 3777; BGH 20. 10. 2000, NJW 2001, 64 – jeweils Altlastenverdacht; zum neuen Recht s. LG Bonn 30. 10. 2003, NJW 2004, 74 (Einfamilienhaus); dazu *S. Lorenz*, NJW 2004, 26.

151 Ein hochinteressantes Lehrstück ist der Fall OLG Köln 25. 2. 2009, SP 2009, 264 (zwei Sachverständige zwei Einschätzungen).

152 OLG Frankfurt 19. 2. 1999, NJW-RR 1999, 1064 = DAR 1999, 217 – Ls.; OLG Zweibrücken 17. 3. 1999, OLGR 1999, 434.

c) Unfallfreiheit „ins Blaue hinein“ versichert

Fallbeispiel: 4353

Der Kl. erwarb von dem bekl. Autohaus einen gebrauchten BMW. In dem Vertragsformular war eingetragen: „auf Unfallschaden (fachmännisch beseitigt) vorne links Kotflügel und Fahrertüre wurde hingewiesen.“ Der Vorschaden war etwa fünf Jahre zuvor in der Werkstatt der Bekl. repariert worden. Dabei war der Fahrzeugrahmen mit Hilfe eines „Dozers“ gerichtet worden. Mit der Begründung, der Rahmenschaden sei ihm verheimlicht worden, verlangte der Kl., der das Fahrzeug als „unfallfrei“ weiterverkauft hatte, jedoch wieder zurücknehmen musste, Schadensersatz von dem bekl. Autohaus (Fall nach OLG Düsseldorf NJW-RR 1998, 1751).

Hat der Verkäufer ausdrücklich oder konkludent „Unfallfreiheit“ zugesagt oder eine Unfallinformation der unter Rdn. 4376/3129 geschilderten Art erteilt, kann darin eine Beschaffenheitsvereinbarung i. S. d. § 434 Abs. 1 BGB zu sehen sein, wenn nicht gar eine Beschaffenheitsgarantie (Näheres Rdn. 3130 ff.). Bei einer Anfechtung wegen arglistiger Täuschung oder im Rahmen des § 438 Abs. 3 BGB (Verjährung) kommt es darauf an, ob der Verkäufer mit der Erklärung „unfallfrei“ eine Eigenschaft des Fahrzeugs arglistig vorgespiegelt hat. Um ein Unterlassen (Verschweigen) geht es in diesen Fällen regelmäßig nicht. 4354

Beim Verschweigen einzelner Tatsachen im Rahmen ausdrücklicher oder konkludenter Erklärungen, die als erschöpfende Mitteilung erscheinen, wird durch so genanntes **positives Tun** getäuscht. In solchen Fällen ist es eine Frage der Auslegung, ob das Erklärte nach seinem Sinn vollständig und so abschließend gemeint ist, dass es die verschwiegene Tatsache zwingend ausschließt. Unklare und unvollständige Äußerungen sind beim Handel mit gebrauchten Kfz überaus häufig, insbesondere zum Unfallthema. Insoweit typisch sind Informationen mit verkürzender Darstellung des wahren Unfallschadens.[153] Zur speziellen Fallgruppe derartiger „Bagatellisierungserklärungen“ s. Rdn. 4365 ff., 4376 ff. 4355

Der BGH hat in ständiger Rechtsprechung Arglist auch dann angenommen, wenn der Fahrzeugverkäufer – ungefragt oder auf Fragen des Käufers – ohne tatsächliche Anhaltspunkte, eben **„ins Blaue hinein“**, unrichtige Angaben über den Zustand des Fahrzeugs gemacht hat.[154] Er hat freilich mit einigem Nachdruck auch darauf hingewiesen, dass der Verkäufer wenigstens mit der Möglichkeit der Unwahrheit seiner Behauptung gerechnet haben muss.[155] Das „Rechnen mit“ oder „Für-möglich-Halten“ ist **unverzichtbare Mindestvoraussetzung** für die Annahme von Arglist. Daran vermag die plakative Formel von der Erklärung „ins Blaue hinein“ nichts zu ändern. Sie besagt nicht mehr und nicht weniger, als dass der Verkäufer für seine Erklärung **keine zuverlässige Erkenntnis- und Beurteilungsgrundlage** hatte. 4356

Diese Grundlage fehlt beispielsweise, wenn ein **Kfz-Händler** ein Fahrzeug mit **mehreren Vorbesitzern** als uneingeschränkt „unfallfrei“ verkauft, er aber nur über entsprechende Informationen des letzten Vorbesitzers, seines Kunden, verfügt.[156] **Hereinnahme-Protokolle** der eigenen Werkstatt oder ein **DEKRA-Gutachten**, jeweils erstellt bei Hereinnahme des Fahrzeugs, sind dann keine Erkenntnisgrundlage, wenn sie, wie häufig, keine Angaben zu Unfallschäden bzw. zur Unfallfreiheit enthalten.[157] 4357

---

153 Z. B. OLG Saarbrücken 10. 12. 2002, OLGR 2003, 90.

154 Z. B. Urt. v. 7. 6. 2006, NJW 2006, 2839 („Unfallfrei“-Auskunft am Telefon ohne Einschränkung und ohne Hinweis auf eine unterbliebene Untersuchung).

155 Urt. v. 16. 3. 1977, NJW 1977, 1055; 18. 3. 1981, NJW 1981, 1441.

156 OLG Düsseldorf 16. 4. 1992, OLGR 1992, 277 = DAR 1993, 347; OLG Hamm 20. 1. 1997, OLGR 1997, 120 (Vermittlung); s. a. OLG Saarbrücken 29. 2. 2000, OLGR 2000, 253; OLG Saarbrücken 10. 12. 2002, OLG 2003, 90; OLG Koblenz 5. 9. 2002, DAR 2002, 560.

157 BGH 7. 6. 2006, NJW 2006, 2839.

4358 Informationsbasis kann dagegen der Vertrag mit demjenigen Kunden sein, der den Wagen in Zahlung gegeben hat. Bei korrekter **Weiterleitung von Vorbesitzer-Informationen** ist der Vorwurf der arglistigen Täuschung kaum begründbar.[158] Berechtigt kann er dagegen sein, wenn der Händler die Angaben unrichtig oder unvollständig wiedergibt; ebenso, wenn der Verkäufer entgegen der Annahme des Käufers nicht die erforderliche Sachkunde hat oder wenn sein Informant, etwa der Vorbesitzer oder ein Reparaturbetrieb, unzuverlässig oder seinerseits ohne eigene Sachkunde ist.[159] Außer Zweifel steht arglistiges Verhalten, wenn der Pkw als „laut Vorbesitzer unfallfrei" verkauft wurde, der Vorbesitzer aber seinerseits konkrete Unfallinformationen erteilt hatte.[160]

4359 Eine weitere Fallgestaltung: Das Fahrzeug wurde vor längerer Zeit **in der eigenen Werkstatt** nach einem Unfall **repariert**, Unterlagen darüber liegen im Zeitpunkt des Verkaufs nicht mehr vor, gleichwohl wird eine konkrete Schadens- und Reparaturbeschreibung gegeben (s. den obigen Beispielsfall nach OLG Düsseldorf NJW-RR 1998, 1751). Zur Zurechnung von Werkstattwissen s. Rdn. 4328 ff.

4360 Unter welchen Umständen ein **Leasinggeber** bei einem Verkauf des Leasingobjekts eine hinreichende Grundlage für eine „unfallfrei"-Angabe hat, erörtert OLG Nürnberg NJW-RR 1999, 1208 = MDR 1999, 931.

4361 Hat der Verkäufer im Zeitpunkt des Vertragsabschlusses an das Vorhandensein eines Unfallschadens keine Erinnerung mehr (zum Vergessenseinwand s. Rdn. 4274), begründet seine Versicherung, von einem Unfallschaden keine Kenntnis zu haben, auch unter dem Gesichtspunkt der Behauptung ins Blaue nicht den Vorwurf arglistigen Verhaltens.[161]

4362 Im Rechtsstreit muss der **Käufer** Tatsachen dafür **vortragen und beweisen**, dass der Verkäufer die Unrichtigkeit seiner Erklärung[162] wenigstens für möglich gehalten und die Verwirklichung dieser Möglichkeit billigend in Kauf genommen hat. Arglistiges Vorspiegeln der Eigenschaft „unfallfrei" oder „bis auf Blechschaden unfallfrei" wird nicht schon dadurch substantiiert dargetan, dass der Käufer behauptet, der Verkäufer habe ohne jegliche tatsächliche Grundlage, eben „ins Blaue hinein", eine unrichtige Angabe gemacht. Zur Schlüssigkeit seines Klagevorbringens gehört es zwar nicht, im Einzelnen darzulegen, warum diese Grundlage fehlte. Es ist vielmehr **Sache des Verkäufers,** diejenigen Tatsachen vorzutragen, die nach seinem Dafürhalten die Erklärungsgrundlage bildeten.[163] Ob er diese Umstände auch zu beweisen hat oder ob umgekehrt der Käufer das Fehlen dieser Umstände beweisen muss, ist eine offene Frage. Aufgabe des Käufers ist es jedenfalls, neben der objektiv unrichtigen Erklärung ein entsprechendes Wissen und Wollen des Verkäufers zu behaupten. Die Schwierigkeiten in der Praxis liegen bei der Feststellung des Wissenselements in der besonderen Form des bedingten Vorsatzes.

4363 Wissentlich i. S. d. „Für-möglich-Haltens" handelt grundsätzlich nicht, wer gutgläubig unrichtige Angaben macht, mag auch der gute Glaube auf Fahrlässigkeit, selbst auf Leichtfertigkeit (grober Fahrlässigkeit), beruhen.[164] Dies wird häufig nicht genügend beachtet.[165]

---

158 OLG Hamburg 2. 8. 1995, OLGR 1996, 4.

159 Vgl. BGH 16. 3. 1977, NJW 1977, 1055; BGH 8. 5. 1980, NJW 1980, 2460; OLG München 10. 6. 1987, NJW 1988, 3271 (Baustofflieferung).

160 So im Fall KG 10. 11. 2003, KGR 2004, 158; s. a. KG 18. 12. 2006, OLGR 2007, 346.

161 Vgl. BGH 11. 5. 2001, NJW 2001, 2326 (Grundstückskauf).

162 Die auch bei einer Schriftformklausel mündlich erfolgen kann (dazu OLG Hamburg 2. 8. 1995, OLGR 1996, 4).

163 OLG Hamm 29. 4. 2010 – I-22 U 127/09 – BeckRS 2010, 12147 (Hauskauf).

164 BGH 6. 12. 1985, NJW-RR 1986, 700; OLG München 10. 6. 1987, NJW 1988, 3271; OLG Hamm 3. 8. 1990, OLGZ 1991, 99; vgl. aber auch BGH 8. 5. 1980, NJW 1980, 2460.

165 Beachtenswerte Ausnahme LG Oldenburg 11. 7. 1978, NJW 1979, 432.

Problematisch ist daher die Aussage des OLG Düsseldorf,[166] „ins Blaue hinein" sei eine Unfallmitteilung gemacht, wenn der Händler eine gebotene Untersuchung des Fahrzeugs unterlassen habe.

Im Ergebnis ist mit der Figur[167] „unrichtige Angaben ins Blaue" – allen Mahnungen des BGH zum Trotz – eine Haftung für Fahrlässigkeit nach Arglistregeln eingeführt worden. Den Anwendungsbereich der §§ 476, 477 BGB a. F. auf diese Weise zugunsten des Käufers auszudehnen, mochte noch angehen. Bedenklich war aber die damit einhergehende Erweiterung der Schadensersatzhaftung nach § 463 S. 2 BGB a. F. Durch die Streichung dieser Vorschrift bei gleichzeitiger Einführung einer Schadensersatzhaftung schon für Fahrlässigkeit hat sich jedenfalls dieses Problem erledigt. **4364**

d) Teilinformationen und Bagatellisierung

Fallbeispiel: **4365**

K. kaufte von V., einem Händler, einen gebrauchten Pkw für 7.000,– DM. Die ausdrückliche Frage des K., ob der Wagen in einen Unfall verwickelt gewesen sei, wurde von V. verneint. Er teilte K. lediglich mit, dass der vordere linke Kotflügel und die vordere Stoßstange beschädigt seien. Der Vorbesitzer hatte V. Unfallfreiheit bestätigt, aber auch mitgeteilt, dass der Pkw bestimmte Schäden habe. Diese Schäden hatte V. dem K. nicht in vollem Umfang offenbart (Fall nach BGH NJW 1977, 1914).

aa) Die Position des BGH

Anders als das OLG Köln hat **der BGH**[168] im obigen Fall Arglist bejaht. Die **Kernaussagen** lauten wörtlich: **4366**

„In jedem Fall traf den Bekl. eine Offenbarungspflicht. Denn die Kl. hat ausdrücklich danach gefragt, ob der Gebrauchtwagen in einen Unfall verwickelt war. In einem solchen Fall ist der Verkäufer oder dessen Vertreter verpflichtet, Beschädigungen des Gebrauchtwagens auch dann mitzuteilen, wenn es sich nach seiner Auffassung lediglich um etwaige ‚Blechschäden' ohne weitere nachteilige Folgen handelte. Denn es kann keinesfalls dem Ermessen des ausdrücklich um Aufklärung gebetenen Verkäufers oder seines Vertreters überlassen bleiben, den erlittenen Schaden für erheblich, für den Käufer nicht wesentlich und deshalb nicht der Mitteilung für wert zu erachten (BGH, NJW 1967, 1222 = LM § 123 BGB Nr. 35 = VersR 1967, 858). Der Verkäufer muss vielmehr, um den Vorwurf der Arglist zu vermeiden, durch die Mitteilung dessen, was ihm bekannt gegeben wurde, dem Käufer den Entschluss überlassen, ob er den Wagen überhaupt bzw. zu diesem Preis erwerben will."

Die Bedeutung dieser BGH-Aussagen **für die Gerichtspraxis** ist ungebrochen hoch. Weder die Änderung der rechtlichen Rahmenbedingungen durch die Schuldrechtsreform noch der – empirisch belegte – Wandel in der Wertschätzung des Automobils[169] erfordern eine Korrektur. **4367**

Ob das Fahrzeug in einen Unfall verwickelt war, gehört zu den **Standardfragen** eines Käufers. Bestreitet der Verkäufer, gefragt worden zu sein, muss der Käufer seine Behaup- **4368**

166 Urt. v. 31. 3. 1995, OLGR 1995, 272 (Ls.).

167 Sie ist nicht auf den Autokauf beschränkt, vgl. BGH 19. 12. 1980, NJW 1981, 864; BGH 26. 9. 1997, NJW 1998, 302 (Eigentumswohnung); BGH 6. 12. 1985, NJW-RR 1986, 700 (Haus); OLG Celle 19. 12. 1986, NJW-RR 1987, 744 (Haus); OLG München 10. 6. 1987, NJW 1988, 3271 (Baustoffe); OLG Köln 28. 10. 1996, VersR 1997, 881 (Telefonanlage); OLG Hamm 8. 6. 2000, OLGR 2001, 101 (Hauskauf).

168 Urt. v. 29. 6. 1977, NJW 1977, 1914 (Agenturverkauf).

169 Dazu bereits KG 24. 11. 1992, KGR 1993, 1.

tung beweisen, es sei denn, dass der Verkäufer ein Vertragsformular verwendet hat, in dem Angaben über Unfallschäden vorgesehen sind. Werden Unfallschäden vom Verkäufer dort oder an anderer Stelle selbst thematisiert, muss er sich so behandeln lassen, als sei er vom Käufer ausdrücklich danach gefragt worden.[170] Zu weit geht allerdings die Meinung, dies gelte schon dann, wenn die „Unfall"-Rubriken im Bestellformular völlig leer geblieben sind.

bb) Das Gebot umfassender Aufklärung und die Differenzierung nach gefragt/ungefragt

4369 Aus der Pflicht zur **umfassenden Aufklärung des fragenden Käufers**[171] folgt, dass der bloße Hinweis, es handele sich um einen **„Unfallwagen"**, nicht genügt, wenn das Fahrzeug z. B. einen schweren Frontalzusammenstoß hatte und der Schaden nur behelfsmäßig repariert worden ist. Auch der bloße Hinweis **„nicht unfallfrei"** ist mit dem Gebot umfassender Aufklärung unvereinbar.[172] Der ausdrücklich um Aufklärung gebetene Verkäufer hat ebenso wie derjenige Verkäufer, der das Unfallthema von sich aus zur Sprache bringt (und sei es auch nur formularmäßig), zumindest **Art und Umfang der Vorschädigung** mitzuteilen. Nach zutreffender Ansicht des OLG Hamm[173] genügt in einem solchen Fall zunächst eine **schlagwortartige Umschreibung** der **Beschädigungen** beziehungsweise der **Instandsetzungsarbeiten.** Eine Schilderung des **Unfallgeschehens** ist auch von einem am Unfall selbst beteiligten Verkäufer nicht zu verlangen. Wird sie von sich aus gegeben, kann sie Einzelangaben zur Beschädigung entbehrlich machen. Allerdings darf das Unfallgeschehen nicht verharmlost werden, sofern dadurch eine falsche Vorstellung vom Schadensumfang hervorgerufen wird.[174] Bei einer Mehrzahl von Unfallereignissen ist eine Differenzierung erforderlich, die den Kaufinteressenten über die Mehrfachbeschädigung umfassend ins Bild setzt. Das „Zusammenziehen" zu einem einzigen Schadensfall ist irreführend.[175]

4370 Einzelheiten der **Schadensregulierung** braucht der Verkäufer ohne gezielte Nachfrage i. d. R. nicht zu offenbaren, auch nicht **Art, Ort und Kosten der Reparatur.** Weiß der Verkäufer aber, dass die **Instandsetzungsarbeiten** nicht zur restlosen Beseitigung des Unfallschadens geführt haben, z. B. bei einer (provisorischen) **Billigreparatur** oder einer **Reparatur in einem Land Osteuropas**, muss er dies angeben.[176] Schon die **bloße Vermutung,** dass noch Unfallfolgen vorhanden sind, soll offenbarungspflichtig sein,[177] und zwar nach Ansicht des OLG Schleswig selbst dann, wenn objektiv kein Mangel vorliegt.[178] Den glei-

170 OLG Düsseldorf 17. 3. 2003 – 1 U 64/02 – n. v.; LG Köln 5. 2. 1990 – 21 O 58/89 – n. v. (Agenturverkauf); LG Itzehoe 14. 9. 1993, zfs 1993, 374; s. a. Brand OLG 12. 7. 2006 – 4 U 135/05.

171 Zur grundsätzlichen Bedeutung des erklärten Informationsinteresses s. *Mankowski*, JZ 2004, 121.

172 OLG Düsseldorf 17. 3. 2003 – 1 U 64/02 – n. v.

173 Urt. v. 21. 6. 1994, DAR 1994, 401.

174 OLG Oldenburg 4. 3. 1997, OLGR 1997, 140 = zfs 1997, 299 („Transportschaden"); SchlHOLG 1. 7. 1998, OLGR 1998, 427; LG Itzehoe 14. 9. 1993, zfs 1993, 374 (Wildschaden); KG 9. 3. 1993, OLGR 1994, 85 („Parkschaden").

175 OLG Düsseldorf 12. 3. 1999 – 22 U 180/98 – NZV 1999, 423 (Ls.).

176 OLG Celle 27. 6. 1996, OLGR 1996, 208 = zfs 1996, 456 (Reparatur in Polen); OLG Köln 2. 8. 1993, OLGR 1993, 301 = VersR 1994, 111 (Reparatur in Türkei); OLG Düsseldorf 12. 11. 1992, OLGR 1993, 129 (Reparatur in Eigenregie/Privatverkauf); OLG Hamm 9. 9. 1996, DAR 1996, 499 = OLGR 1996, 244 – privates Tauschgeschäft (Pkw war in einer Werkstatt nur behelfsmäßig „gerichtet" worden); vgl. auch RG 23. 6. 1936, RGZ 151, 361, 366 (Lkw); *Otting*, DAR 1997, 291.

177 OLG Köln 19. 6. 1964, NJW 1965, 110; s. a. OLG München 4. 10. 1994, OLGR 1995, 64; OLG Frankfurt 19. 2. 1999, DAR 1999, 217.

178 Urt. v. 6. 2. 1973, VersR 1975, 189.

chen Standpunkt vertritt das OLG Hamburg, wenn es einem Verkäufer (Kfz-Schlosser) Arglist zur Last legt, der eine Beschädigung an den Holmen verschwiegen hat, welche die Verkehrssicherheit des Fahrzeugs nicht beeinträchtigte.[179]

4371 Zur **umfassenden Aufklärung des fragenden Käufers** gehört auch, dass derjenige Verkäufer, dem das Ausmaß der Schäden nicht bekannt ist, den Käufer entsprechend informiert, z. B. durch den Hinweis, das Fahrzeug nicht selbst untersucht zu haben.[180] Auf die Frage nach etwaigen Unfallschäden ist auch ein lang zurückliegender Unfall zu offenbaren, unabhängig davon, bei welchem Vorbesitzer er sich ereignet hat.[181] Auch ein **gewerblicher Käufer** ist auf seine Frage nach Vorschäden **grundsätzlich umfassend** aufzuklären.[182] Im Vergleich mit einem Privatkäufer ist die Aufklärungsintensität indes geringer, weil der ankaufende Händler über eigene Sachkunde und Erfahrungswissen verfügt.

4372 **Weniger weitgehend** ist die Aufklärungspflicht, wenn der Käufer es ausnahmsweise unterlässt, nach einem Unfallschaden zu fragen. Die allererste (veröffentlichte) Entscheidung **des BGH** zur Aufklärungspflicht des Gebrauchtwagenverkäufers[183] war insoweit jahrelang richtungweisend. Damals hat der BGH, eher beiläufig, ausgesprochen, dass ein allgemein gehaltener Hinweis auf den Unfall genügen kann, etwa dann, wenn der Wagen zu einem stark reduzierten Preis angeboten wird. Im Allgemeinen stellt die Rechtsprechung jedoch strengere Anforderungen. Eine weiter gehende Aufklärung fordert **der BGH** beispielsweise, wenn es sich um einen erst wenig benutzten, entsprechend **hochpreisigen Personenwagen** handelt.[184] In einem solchen Fall muss der Verkäufer dem Käufer von sich aus vollen Aufschluss über Art und Schwere des Unfalls geben.[185] Zur Aufklärungspflicht beim Verkauf eines **Jahreswagens** s. OLG Köln MDR 1999, 1504 (Karosseriearbeiten infolge eines Fertigungsmangels).

4373 Den derzeitigen Stand der Rechtsprechung zu dieser Fallgruppe – Aufklärungspflicht des „ungefragten" Händlers – fasst das OLG Düsseldorf[186] in dem **Grundsatz** zusammen:

> „Wenn der Verkäufer eines gebrauchten Kraftfahrzeugs einen Vorschaden offenbart, ist er verpflichtet, den Käufer auch ungefragt vollständig und richtig über alle Umstände der Unfallbeschädigung zu informieren, die für dessen Kaufentschluss bedeutsam sein konnten."

4374 Durch Mitteilung von Einzelheiten, die geeignet sind, den Unfall zu **bagatellisieren**, wird die Aufklärungspflicht **in keinem Fall** erfüllt, so schon **BGH** DAR 1954, 296 = MDR 1955, 26 (Unfallhergang verharmlost); s. a. BGH NJW-RR 1987, 436 (Schadensbild verharmlost).

4375 Aus der kaum noch überschaubaren **Judikatur der Instanzgerichte:** OLG Köln NJW-RR 1986, 1380; OLG Koblenz DAR 1989, 467; LG Saarbrücken NJW-RR 1991, 629; OLG Düsseldorf NJW-RR 1991, 1402; OLG Düsseldorf OLGR 1993, 161; OLG Hamm BB 1994, 1040; SchlHOLG OLGR 1998, 427 = SchlHAnz 1999, 78; OLG Saarbrücken OLGR 1999, 509 = MDR 2000, 157; OLG München MDR 2001, 1407 = DAR 2001, 407; KG KGR 2003, 383 = MDR 2004, 275; OLG Köln DAR 2006, 327; OLG Saarbrücken zfs 206, 508/570; LG Frankenthal 4. 6. 2010 – 4 O 460/09.

---

179 Urt. v. 19. 8. 1966, DB 1966, 1561 (sehr weit).
180 LG Saarbrücken 24. 10. 1990, NJW-RR 1991, 629.
181 Offen gelassen in BGH WM 1973, 490, weil der Käufer nicht ausdrücklich nach einem Unfallvorschaden gefragt hatte (vor längerer Zeit umgebauter Sattelschlepper).
182 Brand OLG 12. 7. 2006 – 4 U 134/05,
183 Urt. v. 8. 10. 1954, DAR 1954, 296 = MDR 1955, 26 (wenig gelaufenes DKW-Cabrio, Kaufpreis nur 15 % unter Neupreis).
184 Urt. v. 8. 10. 1954, DAR 1954, 296 = MDR 1955, 26.
185 BGH 8. 10. 1954, DAR 1954, 296 = MDR 1955, 26.
186 Urt. v. 12. 3. 1999 – 22 U 180/98 – NZV 1999, 423 (Ls.).

cc) Die Doppelrelevanz von Hinweisen auf die Schadensbeseitigung

4376 Gleichviel, ob der Käufer nach einem früheren Unfall gefragt hat oder nicht: Im rechtlichen Ausgangspunkt können Erklärungen wie z. B.

- „beseitigter Blechschaden" (BGH NJW-RR 1987, 436)
- „Fahrzeug hatte Frontschaden" (OLG Hamm DAR 1977, 322)
- „nur kleiner Parkschaden" (KG VRS 87, 241 = OLGR 1994, 85)
- „behobene Karosserieschäden" (OLG Düsseldorf OLGR 1993, 161; s. a. OLGR 1998, 115)
- „Seitenteilschaden hinten rechts (behoben)" (OLG Hamm OLGR 1995, 77 [Ls.])
- „Unfallwagen/Rahmenschaden unrepariert" (OLG Hamm NJW-RR 1995, 689)
- „Frontschaden vorne rechts" (OLG Hamm DAR 1983, 355)
- „Fahrzeug hatte Unfallschaden, re., beschädigt waren Türen re., Dach" (OLG Köln NJW-RR 1986, 1380)
- „Blechschäden Fahrerseite" (OLG Oldenburg NJW-RR 1987, 1269)
- „Fahrzeug hatte Frontschaden vorne links" (OLG Koblenz OLGR 1997, 194)
- „Kotflügel vorne rechts erneuert" (SchlHOLG OLGR 1998, 427)
- „hinten ausgebessert" (OLG Saarbrücken OLGR 1999, 509 = MDR 2000, 157)
- „Unfall vorne" (AG Aachen DAR 1999, 368)
- „behobener Front- und Seitenschaden" (OLG Köln DAR 2001, 404)
- „Seitenschaden rechts" (OLG Koblenz zfs 2002, 435 = DAR 2002, 452)
- „Kotflügel vorne rechts ersetzt" (OLG Koblenz zfs 2003, 239; s. a. OLG Koblenz r+s 2002, 368)
- „Unfall hinten" (OLG Saarbrücken OLGR 2003, 90)
- „instand gesetzter Frontschaden" (OLG Bamberg OLGR 2003, 212),
- „rep. Unfallschaden vorne ohne Airbagauslösung" (OLG Celle 24. 4. 2003 – 11 U 285/02 – n. v.)
- „leichter Anfahrschaden" (OLG Köln DAR 2006, 327)
- „reparierter Heck- und Seitenschaden ca. 2.600 €" (OLG Frankfurt 3. 11. 2010 – 15 U 116/10 – n. v.)

4377 zum einen als **Beschaffenheitsgarantien** (Eigenschaftszusicherungen alten Rechts) oder wenigstens als **„einfache" Beschaffenheitsangaben** (§ 434 Abs. 1 S. 1 BGB) anzusehen sein, s. Rdn. 3131 ff. Zum anderen können sie unter dem Gesichtspunkt der **arglistigen Täuschung** zu würdigen sein. Zu unterscheiden ist zwischen dem Vorspiegeln einer Eigenschaft (keine weiteren Schäden) und einem Aufklärungsversäumnis. Zunächst stellt sich die Frage, ob die besagte Erklärung „ins Blaue hinein" abgegeben worden ist (vgl. dazu Rdn. 4353 ff.). Um einen Fall des arglistigen Verschweigens handelt es sich bei diesen Konstellationen nicht.[187]

4378 Hat der Verkäufer das Unfallfahrzeug **selbst repariert** oder **reparieren lassen**, werden an seine Aufklärungspflicht zu Recht strenge Anforderungen gestellt,[188] auch bei einer längere Zeit zurückliegenden Instandsetzung.[189] Eine besondere Fallgruppe bilden hier die Verkäufe „schwerstbeschädigter" Pkw („Totalschadensfälle"). Näheres dazu Rdn. 4390 ff.

4379 Eine **unzulässige Bagatellisierung** des wirklichen Unfallgeschehens hat das OLG Köln in dem pauschalen Hinweis des Verkäufers gesehen, das Fahrzeug sei ein **„Unfallwa-**

---

187 Unrichtig OLG Saarbrücken 13. 4. 1999, OLGR 1999, 509; KG 1. 9. 2011 – 8 U 42/10.

188 OLG Köln 11. 6. 1986, NJW-RR 1986, 1380 – Werkstattverkauf; OLG Düsseldorf 15. 12. 1993, OLGR 1994, 77; OLG Koblenz 6. 6. 1997, OLGR 1997, 194 – Privatverkauf; OLG Celle 24. 4. 2003 – 11 U 285/02 – n. v.

189 OLG Düsseldorf 19. 12. 1997, OLGR 1998, 115 = NJW-RR 1998, 1751.

gen".[190] Der Ausdruck „Unfallwagen" sei vieldeutig. Er lege nicht den Schluss nahe, durch ihn solle das Vorliegen eines schweren Frontalzusammenstoßes angedeutet werden. Werde ein erst wenig benutztes Fahrzeug zu einem seinem Erhaltungszustand entsprechenden Preis veräußert, so weise die ohne nähere Einzelheiten erfolgende Kennzeichnung des Fahrzeugs als „Unfallwagen" lediglich in die Richtung, dass dieses Fahrzeug schon einmal einen die Bagatellschadensgrenze überschreitenden Schaden erlitten habe.[191]

Dass der Käufer auf den Hinweis „Unfallwagen" hin nach näheren Einzelheiten hätte fragen können, spielt nach Ansicht des OLG Köln[192] keine Rolle. Der Senat meint hierzu: „Wer zur Offenbarung der ihm bekannten vollen Wahrheit nach Treu und Glauben verpflichtet ist, kann diese seine Pflicht nicht durch einen treuwidrig unvollständig und dem Zusammenhang nach bagatellisierend wirkenden Teilhinweis auf den anderen Teil überwälzen."[193] **4380**

Zunächst ist es **eine Frage der Auslegung**, was der Verkäufer mit einer Bezeichnung wie „Unfallfahrzeug" oder „unrepariertes Unfall-Kfz" aus der maßgeblichen Sicht des Käufers erklärt hat. Schließlich handelt es sich um eine **Beschaffenheitsangabe**, und zwar um eine **negative**. Welche Schäden erfasst sind und damit die Soll-Beschaffenheit mitbestimmen und welche das nicht tun, ist eine Frage der Auslegung unter Berücksichtigung aller dem Käufer bekannten und für ihn erkennbaren Umstände. Zu dieser Seite der Problematik s. Rdn. 2488 ff., 3140 ff. **4381**

Im Hinblick auf den Vorwurf der arglistigen Täuschung ist zu sagen: Wer ein Fahrzeug als „Unfallwagen" kauft, ohne nach Einzelheiten des Schadens oder des Unfallhergangs zu fragen, kann damit konkludent zu verstehen geben, dass es ihm auf Art und Umfang des Schadens bzw. der Instandsetzung nicht kauf- und preisentscheidend ankommt oder er bereits anderweitig informiert ist. Einem solchen Käufer schuldet auch ein gewerblicher Händler nicht ohne Weiteres eine Einzelbeschreibung des Schadensbildes.[194] Macht er nähere Angaben (s. die Beispielsfälle unter Rdn. 4376), müssen sie in jedem Fall vollständig und richtig sein. **4382**

Das **Gebot der Vollständigkeit und Richtigkeit** wird erfahrungsgemäß häufig missachtet, wie die **umfangreiche Kasuistik** belegt.[195] Urteile, die eine unzulässige **Bagatellisierung verneinen**, sind die Ausnahme.[196] **4383**

---

190 Urt. v. 24. 2. 1972 – 10 U 95/71 – n. v.; s. a. OLG Bremen 21. 12. 1979, DAR 1980, 373.

191 Bei einem als „Unfallfahrzeug" bezeichneten Fahrzeug braucht der Käufer nicht mit einem Motorschaden zu rechnen; das Verschweigen ist arglistig, OLG Düsseldorf 28. 7. 1993, OLGR 1994, 129 – Motorrad.

192 Urt. v. 24. 2. 2972 – 10 U 95/71 – n. v.

193 Urt. v. 24. 2. 1972 – 10 U 95/91 – n. v.

194 So auch *Landscheidt/Segbers*, NZV 1991, 289, 294; ähnlich (Desinteresse als Entlastungsfaktor) OLG Köln 18. 12. 1991, OLGR 1992, 49; OLG Hamm 19. 10. 1994, NJW-RR 1995, 689 – Verkauf eines unreparierten Pkw.

195 Vgl. BGH 3. 12. 1986, NJW-RR 1987, 436; OLG Köln 17. 1. 2006, DAR 2006, 327; OLG Köln 11. 6. 1986, NJW-RR 1986, 1380; OLG Koblenz 16. 3. 1989, DAR 1989, 467; OLG Düsseldorf 4. 11. 1992, OLGR 1993, 161; OLG München 4. 10. 1994, OLGR 1995, 64; LG Saarbrücken 24. 10. 1990, NJW-RR 1991, 629; LG Saarbrücken 27. 10. 1994, zfs 1995, 33; OLG Hamm 9. 9. 1996, DAR 1996, 499; OLG Oldenburg 4. 3. 1997, OLGR 1997, 140 = zfs 1997, 299; OLG Koblenz 6. 6. 1997, OLGR 1997, 194; OLG Düsseldorf 12. 3. 1999 – 22 U 180/98 – NZV 1999, 423 (Ls.); OLG Saarbrücken 13. 4. 1999, OLGR 1999, 509 = MDR 2000, 157; OLG München 1. 6. 2001, MDR 2001, 1407 = DAR 2001, 407; OLG Nürnberg 29. 2. 2000 – 3 U 4377/98 – n. v.; OLG Schleswig 2. 11. 2001, MDR 2002, 758 = OLGR 2002, 112 (andererseits OLG Schleswig 28. 9. 2001, OLGR 2002, 113); OLG Koblenz 20. 6. 2002, zfs 2002, 435; OLG Koblenz 28. 11. 2002, DAR 2003, 70; KG 1. 9. 2011 – 8 U 42/10.

196 Z. B. OLG Frankfurt 3. 11. 2010 – 15 U 116/10 („reparierter Heck- und Seitenschaden ca. 2.600 €"); OLG Bamberg 21. 6. 2006 – 3 U 253/05; OLG Bamberg 7. 6. 2002, OLGR 2003, 212; OLG Schleswig 28. 9. 2001, OLGR 2002, 113.

4384 **Gegenstand der Verharmlosung** kann das **Unfallgeschehen** als solches sein (z. B. „leichter Parkschaden“ oder „keine Airbagauslösung“ oder „Transportschaden“). Mehrere Unfallereignisse können auch zu einem einzigen (einheitlichen) Schadensfall zusammengezogen werden, was gleichfalls unzulässig ist.[197]

4385 Typischerweise geht es vor Gericht um **Art und Ausmaß der Beschädigungen**. Zur Bezeichnung „Unfallwagen“ s. Rdn. 4379. Wird ein schwerer Unfallschaden lediglich als „behobener Unfallschaden“ beschrieben, so kann darin eine unzulässige Bagatellisierung liegen.[198] „Reiner Blechschaden“ besagt „kein Rahmenschaden“. Auch mit der Beschreibung als **„Transportschaden“** kann nicht nur das Unfallgeschehen, sondern auch das Ausmaß der Beschädigung verharmlost sein.[199] **„Reparierter Seitenschaden“** schließt einen eventuellen Schaden an der Fahrertür ein (negative Beschaffenheitsvereinbarung).[200]

4386 Schließlich kann der Verstoß gegen die Wahrheitspflicht in einem Unterdrücken wichtiger Informationen über die **Schadensbehebung** liegen.[201] Verfehlt und durch die zitierte Rechtsprechung nicht belegt ist die Ansicht des OLG Saarbrücken,[202] der Verkäufer müsse das volle Ausmaß des Unfallschadens und „die zur Instandsetzung erforderlichen Arbeiten“ mitteilen. Das geht zu weit. Das Erforderlichkeitskriterium hat eine technische und eine wirtschaftliche Komponente. Die umfangreiche Rechtsprechung zum Haftpflichtschadensrecht belegt die Schwierigkeiten, Unfallschäden sachgerecht einzuschätzen.

4387 Der Verkauf eines Pkw mit repariertem Frontschaden als **„Bastlerfahrzeug“** soll den Verkäufer nicht von seiner Aufklärungspflicht befreien.[203] Zum Verkauf als „Bastlerfahrzeug“ s. a. Rdn. 2488 ff.

4388 Eine **Formularklausel,** wonach der Käufer vollständig aufgeklärt worden ist, nützt dem Verkäufer praktisch nichts.[204] Zur Problematik haftungsentlastender (negativer) Beschaffenheitsvereinbarungen beim Verbrauchsgüterkauf s. a. Rdn. 2457 ff.

4389 Die **Beweislast** für die Verletzung der Wahrheitspflicht liegt beim Käufer. Eine **Verschiebung zum Verkäufer** nimmt die Rechtsprechung in denjenigen Fällen an, in denen die Verkäufer schriftliche (Teil-)Informationen der unter Rdn. 4376 mitgeteilten Art gegeben haben. Für eine darüber hinausgehende Aufklärung durch mündliche Zusatzinformationen soll der Verkäufer beweispflichtig sein.[205]

e) Der nach „wirtschaftlichem Totalschaden“ ganz oder teilweise wieder aufgebaute Unfallwagen

4390 **Fallbeispiel**:

Der Bekl., ein Kfz-Händler, verkaufte dem Kl. unter umfassendem Gewährleistungsausschluss einen gebrauchten Pkw. Das Fahrzeug hatte bei einem Unfall einen „wirtschaftlichen Totalschaden“ erlitten. Der Bekl. hat das Fahrzeug erworben und in seiner Werkstatt repariert. Der Kl. war über den Unfallschaden unterrichtet (Fall nach OLG Celle, NJW-RR 1988, 1136).

---

197 OLG Düsseldorf 12. 3. 1999 – 22 U 180/98 – NZV 1999, 423 (Ls.); s. a. OLG Koblenz 29. 11. 2001, r+s 2002, 367.
198 OLG Düsseldorf 26. 9. 2003 – 22 U 72/03 – n. v.
199 OLG Düsseldorf 14. 8. 2006 – I-1 U 233/05 – n. v.
200 LG Kassel 10. 3. 2010 – 6 O 2388/09 – n. v. (rkr.)
201 OLG Karlsruhe 20. 3. 1992, NJW-RR 1992, 1144 – sehr weitgehend.
202 Urt. v. 13. 4. 1999, OLGR 1999, 509.
203 OLG Nürnberg 9. 6. 2000 – 6 U 4302/99 – n. v.
204 Dazu OLG Hamm 9. 2. 1983 – 19 U 182/82 – n. v.
205 OLG Bamberg 2. 3. 1994, NJW-RR 1994, 1333; OLG Düsseldorf 15. 10. 1987 – 18 U 92/87 – n. v.; OLG Hamm 6. 5. 1996 – 32 U 143/95 – n. v.; anders Brand OLG 10. 10. 2077 – 3 U 33/07.

Jährlich werden etwa 500.000 Unfallschäden (Pkw/Kombi) auf Totalschadensbasis abgerechnet, überwiegend nach den Regeln des **wirtschaftlichen,** nicht des **technischen** Totalschadens. Selbst nach einem technischen Totalschaden wird ein Fahrzeug hierzulande[206] nicht von Amts wegen aus dem Verkehr gezogen. Der Eigentümer ist gesetzlich nicht verpflichtet, das Auto zu verschrotten und den Fahrzeugbrief bei der Zulassungsstelle entwerten zu lassen. Infolgedessen können Fahrzeuge mit Totalschäden, insbesondere wirtschaftlicher Natur, ohne weiteres wieder in den Verkehr gelangen, sobald sie einigermaßen instandgesetzt sind. Eine vorherige Kontrolle durch einen Sachverständigen ist dafür keine Voraussetzung.[207] **4391**

Zahlreiche, nicht immer seriöse Betriebe haben sich den gegenwärtigen Zustand mit den **„rollenden Zeitbomben"** zunutze gemacht, indem sie sich auf die Instandsetzung und/oder Vermarktung stark beschädigter Kraftfahrzeuge spezialisiert haben. **Sonderprobleme** kauf- und sachenrechtlicher, aber auch wettbewerbsrechtlicher Art tauchen auf, wenn eine Reparatur („Aufbau") nur unter Austausch des zentralen Fahrzeugkörpers oder (bei nicht selbsttragender Bauweise) des zentralen Teils der Rahmen-Boden-Anlage erfolgen konnte.[208] **4392**

Die kaufrechtliche Judikatur ist **ausgesprochen facettenreich**, was eine Systematisierung **nach Fallgruppen** erforderlich macht. **4393**

(1) Der im eigenen Betrieb oder auf eigene Rechnung wiederaufgebaute Unfallwagen

Im Umfang wahrheitsgemäßer und vollständiger Aufklärung ist auch ein schwerer Unfallvorschaden kein Sachmangel.[209] Dazu auch Rdn. 3140 ff. Wird ein Fahrzeug unter ausdrücklichem Hinweis auf einen früheren Totalschaden verkauft, wird damit die Haftung des Verkäufers für **sonstige Mängel** oder unrichtige Zusagen (z. B. „fahrbereit") nicht eingeschränkt oder gar ausgeschlossen.[210] **4394**

Das Mindeste, worüber der Verkäufer eines ehemals „total" beschädigten, aber zumindest optisch wieder komplett instandgesetzten Kraftfahrzeugs **von sich aus** aufklären muss, ist die **Tatsache der Unfallbeteiligung.** Der Käufer muss wissen, dass es sich um einen „Unfallwagen" handelt, auch wenn er sich wider alle Vernunft nicht danach erkundigt. **4395**

Der lapidare Hinweis „Unfallwagen" genügt nicht, wenn der Händler das Fahrzeug **selbst repariert** hat oder ganz oder teilweise durch eine Drittfirma hat instandsetzen lassen. Hierzu das OLG Köln:[211] **4396**

> „Da die Beklagte den Unfallwagen selbst repariert hat, war nur ihr das volle Ausmaß des Unfallschadens bekannt. Nur eine Einzelbeschreibung hätte dem Käufer die tatsächliche Entscheidungsgrundlage für den Entschluss vermittelt, das Fahrzeug überhaupt oder zu dem geforderten Preis zu kaufen. Für die Beklagte bestand auch nicht die geringste

206 Anders z. B. in Frankreich und in den Niederlanden.

207 Die Aufnahme einer Überwachungspflicht in die StVZO wird seit langem vergeblich gefordert.

208 Dazu OLG Oldenburg 31. 1. 1995, NJW-RR 1995, 688; BGH 26. 4. 1990, DAR 1990, 332 (Zeichenrecht).

209 OLH Hamm 14. 6. 2005 – 28 U 190/04 – n. v.; OLG Hamm 3. 3. 2005, ZGS 2005, 315; dazu *Schinkels*, ZGS 2005, 333.

210 OLG Düsseldorf 28. 7. 1993, OLGR 1994, 129; OLG Oldenburg 31. 1. 1995, NJW-RR 1995, 688; OLG Koblenz 18. 5. 2000, DAR 2002, 169 = r+s 2002, 367

211 Urt. v. 11. 6. 1986, NJW-RR 1986, 1380; ebenso OLG Koblenz 6. 6. 1997, OLGR 1997, 194; s. a. OLG Düsseldorf 19. 12. 1997, OLGR 1998, 115; OLG Karlsruhe 7. 11. 1991, VRS 82, 241; OLG Düsseldorf 29. 12. 2003, MDR 2004, 875 (provisorische Reparatur); OLG Düsseldorf 21. 1. 2004 – 1 W 72/03 – n. v.

Schwierigkeit, den Käufer vollständig aufzuklären. Das hätte sich mit wenigen Sätzen bewirken lassen."

4397 Die vom OLG Köln verlangte **Einzelbeschreibung** des Unfallschadens setzt keine Auflistung aller Schäden nach Art eines Gutachtens voraus. Es genügt, wenn der Käufer über die **wesentlichen Beschädigungen** wahrheitsgemäß und vollständig unterrichtet wird.[212] M. a. W.: Der Unfallschaden darf nicht verharmlost werden (vgl. dazu auch Rdn. 4365 ff.).

4398 Zur Vorlage eines vorhandenen Unfallgutachtens (Schadengutachten) eines Kfz-Sachverständigen ist der Händler nicht verpflichtet; auch interne Unterlagen über den Schadensfall (Fotos, eigene Unfallbewertung, Arbeitskarten usw.) braucht er nicht offen zu legen.[213] Für sich behalten darf er auch, mit welchem **Kostenaufwand** der Schaden behoben worden ist.[214] Ungeklärt ist, ob der Händler dann, wenn er **den Schaden beziffert** (z. B. „Vorschaden bekannt, 15.000 €"), die **Eigenkosten** angeben darf oder ob er die höheren Kosten laut Gutachten bzw. Rechnung mitteilen muss. In der Mitteilung der (niedrigeren) Eigenkosten kann eine unzulässige Beschönigung des Unfallschadens zu sehen sein, zumal dann, wenn sie nur „über den Daumen gepeilt" sind.[215] Das OLG Hamm hat beim Verkauf eines **unreparierten** Unfallfahrzeugs auf die veranschlagten Reparaturkosten abgestellt.[216] Kann der Händler eine Eigenrechnung vorlegen, die dem mitgeteilten Betrag entspricht, ist Arglist zu verneinen.[217]

4399 Zumindest bei einer **Unfallinstandsetzung im eigenen Betrieb** oder auf eigene Rechnung in einem Drittbetrieb wird man von dem Verkäufer verlangen müssen, dass er auch über die **Instandsetzungsarbeiten** Auskunft gibt. Das verlangt auch das OLG Hamm[218] jedenfalls in den Fällen, in denen der Käufer nach dem Vorhandensein eines Vorschadens fragt oder die Unfallfrage, wie regelmäßig, im schriftlichen Kaufvertrag thematisiert wird. Es genügt eine **schlagwortartige Beschreibung** der wesentlichen Reparaturarbeiten. Mit der Vorlage einer nachvollziehbaren Werkstattrechnung ist der Verkäufer auf der sicheren Seite. Zur Vorlage erst im Prozess s. OLG Frankfurt 3. 11. 2010 – 15 U 116/10 (Arglist verneint). Zur Offenlegung von Zweifeln an der Fachgerechtigkeit der Unfallinstandsetzung und zur Offenbarung von **Billigreparaturen** und **Instandsetzungen im Ausland** s. Rdn. 4370, 3169 ff. Die dort für den Normalfall eines Vorschadens mitgeteilten Regeln gelten erst recht beim Vorliegen gravierender Unfallschäden im Bereich eines wirtschaftlichen Totalschadens.[219]

(2) Wiederaufbau in Fremdbetrieb

4400 Bei einer Reparatur außerhalb des eigenen Betriebs und auf fremde Rechnung muss ein Händler nach Meinung des LG Saarbrücken gleichfalls „umfassend über die Herkunft des Fahrzeuges aufklären", z. B. darüber, dass er es von einem Betrieb erworben hat, der ge-

---

212 So auch OLG Düsseldorf 21. 1. 2004 – 1 W 72/03 – n. v.

213 Ebenso *Landscheidt/Segbers*, NZV 1991, 289, 294; gegen eine Vorlagepflicht (Schadensgutachten) auch OLG Hamm 19. 10. 1994, NJW-RR 1995, 689 für den Kauf eines – unreparierten – Unfallwagens vom Händler; so auch OLG Hamm 14. 6. 2005 – 28 U 190/04 – n. v.

214 Siehe aber auch OLG Hamm 19. 10. 1994, NJW-RR 1995, 689 – Mitteilung der – geschätzten – Reparaturkosten beim Verkauf eines unreparierten Pkw.

215 LG Düsseldorf 20. 7. 2009 –5 O 259/05 (B2B-Versteigerung).

216 Urt. v. 19. 10. 1994, NJW-RR 1995, 689.

217 OLG Frankfurt 3. 11. 2010 – 15 U 116/10.

218 Urt. v. 21. 6. 1994, DAR 1994, 401; s. a. AG Aachen 21. 4. 1999, DAR 1999, 368 = Jahrbuch Verkehrsrecht 2000, 393 – Privatverkauf nach Reparatur in Eigenregie.

219 Vgl. auch OLG Koblenz 18. 5. 2000, DAR 2002, 169 = r+s 2002, 367 (Verkauf als „fahrbereit" nach unsachgemäßer Reparatur).

schäftsmäßig Unfallfahrzeuge ankauft und instandsetzt.[220] Unter Berufung auf OLG Bremen DAR 1980, 373 verlangt auch das OLG Koblenz[221] derartige Herkunftsinformationen. Für eine **Nachforschungspflicht** des Verkäufers hat sich das OLG Karlsruhe ausgesprochen.[222]

Beweislast: Nach (zweifelhafter) Ansicht des OLG Dresden[223] ist der Verkäufer für eine mündliche Aufklärung beweispflichtig, wenn im schriftlichen Kaufvertrag jeglicher Hinweis auf einen Wiederaufbau nach Totalschaden fehlt. Vorzuziehen ist die Auffassung des OLG Hamm,[224] wonach der Käufer die Behauptung des Verkäufers, er habe den Käufer mündlich aufgeklärt, widerlegen muss (s. a. Rdn. 4259 ff.). 4401

(3) Der nicht oder nur teilweise bzw. provisorisch instandgesetzte Unfallwagen

Zu dieser Fallgruppe gehört die wichtige Entscheidung des OLG Hamm v. 3. 3. 2005.[225] Dem Händler („An- und Verkauf von Unfallwagen") konnte nachgewiesen werden, dass er die Frage des Käufers nach einem wirtschaftlichen Totalschaden wahrheitswidrig verneint hat. Darüber hinaus waren das tatsächliche Ausmaß der Beschädigungen und der Umfang der „Vorrichtarbeiten" verharmlost worden. Das OLG Hamm hat den Fall insgesamt außerhalb der Sachmängelhaftung angesiedelt und eine **Haftung aus c. i. c.** bejaht hat. Da es eine vorsätzliche Täuschung war, ist dem zu folgen (zum Konkurrenzproblem s. Rdn. 4605). 4402

(4) Wirtschaftlicher Totalschaden und Aufklärungspflicht

Als geklärt kann die früher strittige Frage gelten, ob der Käufer – über die korrekte Beschreibung des Schadens hinaus – auf die **Einstufung als „wirtschaftlicher Totalschaden"** ausdrücklich und ungefragt hingewiesen werden muss. Händlergünstig hat das OLG Celle[226] in einem Fall der **Eigenreparatur** durch den Verkäufer entschieden: 4403

> „Der Verkäufer eines unfallbeschädigten, aber reparierten Kraftfahrzeugs ist nicht verpflichtet, über eine hinreichend genaue Beschreibung des Unfallschadens und der wesentlich in Mitleidenschaft gezogenen Fahrzeugteile hinaus den Kaufinteressenten auch darauf hinzuweisen, dass es sich um einen wirtschaftlichen Totalschaden gehandelt habe."

In die gleiche Richtung geht das OLG Düsseldorf in einem Urteil v. 24. 5. 1991[227]: „Über den Umstand des wirtschaftlichen Totalschadens als solchen brauchte der Beklagte als Verkäufer – jedenfalls ohne besondere Frage zu diesem Punkt – die Klägerin als potenzielle Käuferin nicht aufzuklären." Strenger war früher das OLG Hamm.[228] Seiner Meinung 4404

---

220 Urt. v. 24. 10. 1990, NJW-RR 1991, 619; eine schriftliche Klausel wie „Der Kunde hat von dem erheblichen Unfallschaden in unbekannter Höhe Kenntnis genommen" genügt nicht in jedem Fall, vgl. OLG Hamm 9. 2. 1983 – 19 U 182/82 – n. v.

221 Urt. v. 6. 6. 1997, OLGR 1997, 194; s. a. OLG Koblenz 20. 6. 2002, zfs 2002, 435 = VRS 103/02, 163; OLG Koblenz 18. 5. 2000, DAR 2002, 169 = r+s 2002, 367 (als „fahrbereit" verkaufter Unfallwagen mit mangelhaft repariertem „Totalschaden").

222 Urt. v. 20. 3. 1992, NJW-RR 1992, 1144 – kein Totalschadensfall.

223 Urt. v. 12. 11. 1997, DAR 1999, 68 – Vermittlungsgeschäft.

224 Urt. v. 14. 6. 2005 – 28 U 190/04 – n. v.

225 ZGS 2005, 315 mit Bespr. *Schinkels*, ZGS 2005, 333; s. a. OLG Düsseldorf 29. 12. 2003, MDR 2004, 875.

226 Urt. v. 11. 2. 1988, NJW-RR 1988, 1136; zust. *Röttgering*, zfs 1991, 181 und *Landscheidt/Segbers*, NZV 1991, 289, 294.

227 NJW-RR 1991, 1402; ebenso OLG Düsseldorf 12. 1. 2004 – 1 W 72/03 – n. v.

228 Urt. v. 14. 6. 1983, DAR 1983, 355 (28. ZS).

nach war die Tatsache der Bewertung als wirtschaftlicher Totalschaden stets offenbarungspflichtig. Durch das unveröffentlicht gebliebene Urteil v. 5. 3. 1985 hat der 28. ZS des OLG Hamm[229] seine frühere Rechtsprechung ausdrücklich aufgegeben. Der geänderten Ansicht angeschlossen hat sich der 19. ZS des OLG Hamm.[230] Anders beurteilt der 28. ZS die Rechtslage, wenn der Käufer ausdrücklich nach dem Vorhandensein eines (wirtschaftlichen) Totalschadens fragt.[231]

4405 Einschlägig sind auch die Entscheidungen OLG Bremen DAR 1980, 373 und KG DAR 1988, 381. Hiernach erfüllt der Verkäufer seine Aufklärungspflicht nicht durch Hinweise wie „unfallbeschädigt" oder „nicht unfallfrei". Einen ausdrücklichen Hinweis auf die Bewertung als „wirtschaftlicher Totalschaden" scheinen diese beiden Gerichte nicht zu verlangen. Zweifel an der strengen, inzwischen aufgegebenen Ansicht des OLG Hamm (28. ZS) hat auch das OLG Köln angemeldet, weil der Begriff „wirtschaftlicher Totalschaden" im Wesentlichen versicherungs- und schadensrechtliche Bedeutung habe.[232]

4406 Der neueren Rechtsprechung ist zuzustimmen. Es kommt nicht auf den Begriff „wirtschaftlicher Totalschaden" an, eine schadens- und versicherungsrechtliche Kategorie mit zweifelhaftem Informationswert. Das Kfz-Schadensrecht (Haftpflicht, nicht Kasko) kennt mindestens **vier verschiedene Definitionen**. Häufig ist strittig, ob die Grenze zum wirtschaftlichen Totalschaden überschritten ist. Was für den gegnerischen Versicherer ein Fall des wirtschaftlichen Totalschadens ist (mit günstigerer Regulierung als beim Reparaturfall), kann aus Sicht des Geschädigten und des von ihm beauftragten Sachverständigen noch ein Reparaturfall im 130-Prozent-Bereich und so gesehen kein Totalschadensfall sein.[233]

4407 Die vielfältigen Bewertungs- und Abgrenzungsprobleme spiegeln sich in der kaufrechtlichen Judikatur wider. Nicht selten wird die Schwere des Unfallschadens mit den Worten beschrieben, er habe **„an der Grenze zum wirtschaftlichen Totalschaden"** gelegen. Auch zu dieser Fallgruppe liegt eine umfangreiche Kasuistik vor.[234] Zumeist handelt es sich um Fälle mit **verharmlosenden Erklärungen** (zu dieser Fallgruppe s. Rdn. 4365 ff.).

4408 Beim **Verkauf an einen Händler** (Inzahlunggabe durch Privatmann) hat auch **der BGH** keine Verpflichtung angenommen, auf die schadensrechtliche Abwicklungsform ungefragt hinzuweisen.[235] Für den **Kauf vom Händler** liegt keine eindeutige Stellungnahme des BGH vor. Seinem Urteil v. 22. 6. 1983[236] kann wohl nicht entnommen werden, dass er einen ausdrücklichen Hinweis auf das Vorliegen eines wirtschaftlichen Totalschadens in jedem Fall für entbehrlich hält. Im Streitfall hatte ein **Autoschlosser** einen Unfallwagen mit Totalschaden aufgekauft und durch seine Arbeitgeberfirma fachgerecht instandsetzen lassen. Auf den Unfallschaden ist der Käufer hingewiesen worden; wie, konnte nicht geklärt werden. Die Minderungsklage gegen den Autoschlosser, der als Verkäufer aufgetreten war, hat der BGH mit folgender Begründung für **unschlüssig** gehalten:

---

229 Az. 28 U 213/83.

230 Urt. v. 21. 6. 1994, DAR 1994, 401; ebenso OLG Karlsruhe 7. 11. 1991, VRS 82, 241 – Eigenreparatur; OLG Schleswig 28. 9. 2001, OLGR 2002, 113; OLG Bamberg 7. 6. 2002, OLGR 2003, 212.

231 Urt. v. 3. 3. 2005, ZGS 2005, 315.

232 Urt. v. 23. 5. 1984 – 24 U 30/84 – n. v.

233 Bei dieser Sichtweise lag im Fall OLG Hamm 3. 3. 2005, ZGS 2005, 315 kein „wirtschaftlicher Totalschaden" vor, so dass die Verneinung schadensrechtlich korrekt, jedenfalls nicht vorsätzlich falsch gewesen sein dürfte.

234 Z. B. OLG Koblenz 20. 6. 2002, DAR 2002, 452; OLG Koblenz 28. 11. 2002, zfs 2003, 239.

235 Urt. v. 21. 10. 1964, NJW 1965, 35.

236 NJW 1983, 2242.

„Dass der Wagen einen Unfall hatte, wusste der Kläger, als er den Pkw kaufte. Die Unfallbeteiligung haben die Vertragsparteien mithin als einen vertragsgemäßen Zustand vorausgesetzt … Auf die Art des Unfalls käme es nur dann an, wenn der dem Kläger nach seiner Darstellung mitgeteilte Unfallschaden zu einem geringeren merkantilen Minderwert geführt hätte als der tatsächlich vorliegende sog. Totalschaden. Davon kann aber … nicht die Rede sein."

f) Der in Zahlung genommene Unfallwagen

Fallbeispiel: 4409

Der Bekl. kaufte bei der Kl. einen Neuwagen. Seinen Altwagen gab er „im besichtigten Zustand" zum Preis von 3.100 € in Zahlung. Nach einem früheren Unfall wurde er nicht gefragt. Nach dem Weiterverkauf stellte sich heraus, dass es sich um ein Unfallfahrzeug handelte. Dem Bekl. war der Unfall auch bekannt. Die Kl. verlangte Zahlung von 3.100 € als restlichen Neuwagenpreis Zug um Zug gegen Rückgabe des Unfallwagens.

aa) Ausgangslage und Grundlagen

Kfz-Händler, die sich von einem Kunden getäuscht sehen, können ohne Nachweis einer arglistigen Täuschung zu ihrem Recht kommen. Anspruchsbegründend ist sie jedenfalls nicht zwingend, „einfache" Mangelhaftigkeit kann genügen (dazu und zu den Rechtsfolgen bei arglistiger Täuschung des Inzahlungnehmers/Händlers s. Rdn. 3128/4052). Prozessual wird die Arglistbehauptung in erster Linie zur Abwehr des Vorwurfs aufgestellt, selbst grob fahrlässig gehandelt zu haben (§ 442 Abs. 1 S. 2 BGB), mitunter auch, um einen (stillschweigenden) Gewährleistungsausschluss zu neutralisieren (§ 444 BGB). 4410

Ob der Altwagen im Rahmen eines Koppelgeschäfts fest bzw. agenturweise in Zahlung genommen oder vom Händler frei angekauft wird, ist für die **Aufklärungspflicht des Altwagenanbieters** grundsätzlich ohne Bedeutung. Um sich nicht dem Vorwurf der Arglist auszusetzen, muss ein **Privatmann** auch einen professionellen Händler **unaufgefordert** auf Unfallschäden hinweisen, selbst wenn sie nach seiner Meinung fachgerecht behoben worden sind.[237] Allerdings braucht er **ungefragt** keine Einzelheiten des Unfallgeschehens und der Schadensregulierung zu offenbaren. Gibt er nähere Erklärungen ab, müssen sie wahrheitsgemäß und vollständig sein. 4411

Die sehr strenge Rechtsprechung zur Arglisthaftung des Kfz-Händlers beim Verkauf an Privatleute kann in spiegelbildlichen Fällen der Inzahlunggabe wie auch beim „freien" Händlerankauf von Privat **nur mit Zurückhaltung** herangezogen werden.[238] Unter dem Begriff „Unfallschaden" verstehen Privatleute erfahrungsgemäß nicht das Gleiche wie professionelle Fahrzeughändler. Ein Rempler auf einem Parkplatz ist für die meisten Privatverkäufer bzw. Inzahlunggeber kein „Unfall". Auch von der Bagatellgrenze haben sie ihre eigenen Vorstellungen. Spätestens bei der Vorsatzprüfung muss diesen Besonderheiten Rechnung getragen werden. 4412

Andererseits ist bei Unfallvorschäden technischer Sachverstand keine wesentliche Erkenntnisvoraussetzung. Es geht vielmehr um die Kenntnis von Vorgängen, über die ein Erstbesitzer wie kein Zweiter informiert ist, die aber auch ein Anschlussbesitzer, was seine Besitzzeit angeht, aus eigener Anschauung beurteilen kann. Das verleiht Inzahlunggebern einen wesentlichen Informationsvorsprung, auch gegenüber einem Kfz-Händler. 4413

---

237 BGH 21. 10. 1964, NJW 1965, 35; 5. 4. 1978, NJW 1978, 1482; v. 31. 3. 1982, NJW 1982, 1699; OLG Köln 15. 12. 1982, MDR 1983, 489; OLG Köln 18. 3. 1994, NJW-RR 1995, 51 = OLGR 1994, 238; OLG Saarbrücken 13. 6. 2000, OLGR 2000, 525.

238 Zustimmend OLG Schleswig 29. 9. 1989 – 14 U 40/88 – n. v.; s. a. OLG Schleswig 4. 11. 2005, MDR 2006, 629 = SVR 2006, 219.

4414 Schon die Aufklärungspflicht als solche, nicht erst der Vorsatz kann entfallen, wenn der Unfallvorschaden **offenkundig oder ohne Weiteres erkennbar** ist. Diese Einschränkung der Arglisthaftung (Näheres Rdn. 4253 ff.) wird in den Inzahlungnahmefällen zu wenig beachtet. Gefunden wird die erwünschte Lösung im Bereich des Subjektiven und damit auf der letzten der drei Prüfungsstufen.[239] Dabei legen gerade Inzahlungnahme-Fälle eine Prüfung nahe, ob der Autohauskunde berechtigten Grund für die Annahme gehabt hat, der Händler werde den Unfallschaden auch ohne gezielten Hinweis erkennen (Besichtigung, Auswertung vorgelegter Unterlagen) und sich im Übrigen danach erkundigen. Letzteres ist in der Tat die Regel, so dass in den meisten Streitfällen an **die Auskunft** des Inzahlunggebers angeknüpft werden kann. Sie ist in zweifacher Hinsicht relevant: Zum einen mit Blick auf eine Beschaffenheitszusage[240], eventuell in Form einer Beschaffenheitsgarantie (dazu Rdn. 3128), zum anderen kann die Information des Inzahlunggebers eine arglistige Täuschung in der Variante „Vorspiegeln einer (falschen) Tatsache“, ggf. in Gestalt einer Behauptung ins Blaue hinein darstellen.

bb) Einzelfragen

4415 Ohne tatsächliche Grundlage, also **ins Blaue hinein**, gemachte Angaben über den Zustand des Fahrzeugs können den Vorwurf der Arglist rechtfertigen.[241] Die Anwendung der Grundsätze über arglistiges Handeln durch solche Erklärungen ist nicht auf den Kauf gebrauchter Kfz vom gewerblichen Händler beschränkt. Mit dem Vorwurf, sein Kunde habe einen **mitgeteilten Unfallschaden** in arglistiger Weise **bagatellisiert,** hat ein Kfz-Händler indessen erfahrungsgemäß nur selten Erfolg.[242] Besser als ein privater Käufer kann er – häufig unpräzise und verkürzte – Unfallinformationen seines Kunden durch eine sachverständige Kontrolle und/oder gezielte Rückfrage auf ihren Wahrheitsgehalt überprüfen. Andererseits: Einem Kunden, der sein Fahrzeug aus seiner ersten Hand abgibt, wird es kaum gelingen, objektiv unzutreffende, verharmlosende Angaben über einen selbst erlittenen Unfallschaden zu entschuldigen, erst recht nicht ein völliges Verschweigen.[243]

4416 Nicht nur das Ob der Aufklärungspflicht des privaten wie des gewerblichen Inzahlunggebers, sondern auch deren Umfang ist von den äußerlich sichtbaren Erkenntnismöglichkeiten und -fähigkeiten des Kfz-Händlers abhängig (Werkstatt, Bühne etc.). Ein Händler muss nicht von vornherein mit einem unredlichen Verhalten seiner Kunden rechnen.[244] Das Unterlassen einer gezielten „Unfall-Frage“ bedeutet keinen Verzicht auf Aufklärung und darf von einem privaten Kunden auch nicht so verstanden werden.

4417 Ob zugunsten des Händlers/Inzahlungnehmers die **Vermutung der Vollständigkeit und Richtigkeit der Vertragsurkunde** spricht, wenn er selbst die Angaben des Inzahlunggebers schriftlich festgehalten hat,[245] erscheint zumindest zweifelhaft (zur Vermutungswirkung beim Händlerverkauf s. Rdn. 4265).

239 Z. B. LG Hannover 23. 6. 2010, DAR 2010, 524, 528.

240 Dazu LG Saarbrücken 29. 7. 2004, zfs 2004, 562 (Vorinstanz AG Homburg/Saar 9. 12. 2003, zfs 2004, 411) – Ankauf von Privat.

241 Vgl. BGH 31. 3. 1982, NJW 1982, 1699.

242 Vgl. BGH 31. 3. 1982, NJW 1982, 1699; vgl. auch BGH 21. 10. 1964, NJW 1965, 35; OLG Schleswig 26. 8. 1994, zfs 1994, 447; OLG Schleswig 4. 11. 2005, MDR 2006, 629 = SVR 2006, 219; LG Hannover 23. 6. 2010, DAR 2010, 524; andererseits OLG Koblenz 29. 11. 2001, VRS 102, 174.

243 Vgl. AG Kassel 25. 1. 2005 – 425 C 418/04 – n. v.

244 Vgl. OLG Schleswig 26. 8. 1994, zfs 1994, 447; OLG Saarbrücken 13. 6. 2000, OLGR 2000, 525; s. aber auch OLG Oldenburg 4. 7. 1962, MDR 1962, 901.

245 Bejahend OLG Koblenz 29. 11. 2001, VRS 102, 174 = r+s 2002, 368.

g) Die Aufklärungspflicht des Verkäufers über Vorschäden beim privaten Direktgeschäft

Wenn der Verkäufer, wie meist, konkrete Angaben zum Thema „Unfallschaden“ gemacht hat, ist für die rechtliche Beurteilung daran anzuknüpfen. Sofern die Gewährleistung auf rechtswirksame Weise ausgeschlossen worden ist, z. B. auf Basis eines ADAC-Formularvertrages, interessieren unter dem Blickwinkel des § 444 BGB zwei Fragen: Hat der Verkäufer eine unrichtige Beschaffenheitsgarantie erteilt, wenn nicht, fällt ihm eine arglistige Täuschung zur Last? Zur ersten Frage s. Rdn. 3106 ff. Dort auch zur Problematik Beschaffenheitsvereinbarung oder Wissensmitteilung, eine Frage, die sich im nicht seltenen Fall einer unwirksamen Freizeichnung stellt (§ 309 Nr. 7a/b – Problematik, dazu Rdn. 4040). **4418**

Im Rahmen der Arglistprüfung hat Vorrang, ob der Verkäufer durch positives Tun arglistig getäuscht hat. Sämtliche Erklärungen, ob mündlich oder schriftlich, ob im Kaufvertrag oder außerhalb, z. B. im Internet, sind auf ihren Wahrheitsgehalt zu überprüfen. Der unter Rdn. 3106 ff. mitgeteilten Rechtsprechung ist zu entnehmen, welchen Inhalt und welche Tragweite geschäftstypische Erklärungen von Privatverkäufern haben, zum Teil auch, ob mit ihnen eine Täuschung verbunden ist oder nicht. **4419**

Können dem Verkäufer Falschangaben nicht nachgewiesen werden, bleibt die Frage nach einer Täuschung durch Verschweigen. Insoweit gelten die vom BGH aufgestellten Grundsätze (Rdn. 4340) nicht uneingeschränkt. Die Strenge dieser Regeln erklärt sich ein gutes Stück weit aus der Eigenschaft des Verkäufers als professioneller Händler, zum anderen aus der Tatsache, dass bis 2002 ein vollständiger Gewährleistungsausschluss zulässig war, es sei denn, dass Arglist (oder eine Eigenschaftszusicherung) nachgewiesen werden konnte. Bei einem Direktgeschäft zwischen Privatpersonen ist den Besonderheiten dieses Geschäftstyps Rechnung zu tragen. Indes besteht kein Grund, einen Privatverkäufer bei der Vorsatzprüfung zu schonen, nur weil er ein technischer Laie ist. Entscheidend ist sein tatsächlicher Wissensstand. Auch ungefragt hat er – bis auf „Bagatellschäden“ – alle ihm bekannten Unfallschäden, auch reparierte, offenzulegen. Wer wahrheitsgemäß angibt, in seiner Besitzzeit keinen Unfallschaden gehabt zu haben, braucht nicht mitzuteilen, dass der Vorverkäufer keine Garantie für die Unfallfreiheit hatte übernehmen wollen.[246] **4420**

2. Verschweigen sonstiger Mängel und Vorspiegeln sonstiger Eigenschaften

a) Karosseriebeschädigungen ohne „Unfall“ (Nach- und Neulackierungsfälle)

In engem Kontext mit den Fallgestaltungen rund um das Thema „Unfallwagen“ stehen die Fälle mit „sonstigen Beschädigungen“ der Karosserie. Ein Unterfall ist der Gebrauchtwagen mit einer **Nach- oder Neulackierung** (zur Situation bei einem Neufahrzeug s. Rdn. 556) **4421**

Konfliktstoff. Käufer, die eine Nach- bzw. Neulackierung oder Lackflecken oder ähnliche Unregelmäßigkeiten im Lack entdecken, vermuten – nach der Lebenserfahrung nicht ohne Grund – einen verschwiegenen Unfallvorschaden. Der Grund für eine Nachlackierung kann aber auch ein **Hagelschaden** oder **Vandalismus** wie z. B. Lackkratzer[247] sein, auch die Beseitigung von Aufklebern (z. B. Reklame) oder einfach nur Vogelkot, der Feind eines jeden Autolacks. Anlass für eine Nachlackierung kann ferner ein im Laufe der Zeit stumpf **4422**

246 LG Düsseldorf 6. 2. 2009 – 22 S 321/08 als Vorinstanz zu BGH 17. 2. 2010, NJW 2010, 1131 (von Revision nicht angegriffen, aber auch ohne Rechtsfehler, so der BGH a. a. O. Tz 25).

247 Zur Frage, ob eine derartige Beschädigung des Originallacks zwischen Kauf und Übergabe durch eine Neulackierung behoben werden kann oder ob es sich um einen unbehebbaren Mangel handelt, s. BGH 20. 5. 2009, NJW 2009, 2807.

und unansehnlich gewordener Originallack geben, auch Steinschlag (Vorderwagen/Motorhaube) oder Flugrost.[248] Zur sog. **Verkaufslackierung** in Abgrenzung zur unzulässigen Kaschierung s. Rdn. 4434 f.

4423 **Prüfstoff**. Da es bei den kaufrechtlichen Arglistnormen um das Verschweigen eines Sachmangels geht, ist vorrangig zu prüfen, ob ein solcher überhaupt vorliegt. Erst auf einer zweiten Stufe stellt sich die Frage, ob der Verkäufer arglistig gehandelt hat.[249] Wer vorspiegelt, **der Originallack** sei noch vorhanden, kann sich einer Täuschung schuldig machen.[250] Zur Frage, ob bei einem älteren Pkw noch die Originallackierung i. S. d. § 434 Abs. 1 S. 2 Nr. 2 BGB erwartet werden kann, s. BGH NJW 2009, 2807.

4424 **Einzelfragen:** Soweit es um **„äußere Einwirkungen" auf die Karosserie** geht, die im weitesten Sinn unter den Unfallbegriff fallen (zur Abgrenzung s. Rdn. 3094 ff.), ist bei der vorrangigen Mangelprüfung daran anzuknüpfen, also an die Beschädigung. Zur Mangelhaftigkeit bei Unfallschäden und insbesondere zur Bagatellproblematik s. Rdn. 3066 ff.

4425 Nicht nur die Unfalleigenschaft kann einen Sachmangel begründen, auch eine **nicht fachgerechte Lackierung** im Zuge einer Unfallinstandsetzung. Eine handwerklich fehlerhafte Nachlackierung der Karosserie eines durchschnittlichen Gebrauchtwagens (Pkw/Kombi/SUV) ist im Allgemeinen ein Sachmangel i. S. d. § 434 Abs. 1 S. 2 Nr. 2 BGB, gleichviel, aus welchem Anlass sie aufgebracht wurde. Die gewöhnliche Verwendung wird zwar i. d. R. nicht beeinträchtigt sein, wohl aber der Wert des Fahrzeugs.[251] Eine Beseitigung der Schadstellen ist mit Kosten verbunden. Bei einem Neuunfall kann eine Farbangleichung (Anpassung) erforderlich werden.

4426 Ob und inwieweit eine Nach- oder Neulackierung („Zweitlackierung") technisch mangelhaft ist, muss **ein Sachverständiger** klären. Eine Besichtigung durch den Richter kann ratsam sein. Entbehrlich ist eine Sachaufklärung, wenn der Käufer die mangelhafte Nachlackierung gekannt oder aus grober Fahrlässigkeit nicht bemerkt hat, wobei sich im zweiten Fall wiederum die Arglistfrage stellt. Zu § 442 BGB s. Rdn. 3918 ff.

4427 Eine **technisch einwandfreie Nach- oder Neulackierung** kann – am Maßstab des Üblichen und Erwartbaren gemessen (§ 434 Abs. 1 S. 2 Nr. 2 BGB) – vom Käufer hinzunehmen sein und deshalb schon keine Mangelhaftigkeit begründen.[252] Selbst bei einem „jungen" Gebrauchtfahrzeug, etwa einem Vorführwagen, ist eine Nachlackierung nicht per se ein Mangel im objektiven Sinn.[253] Anders kann es sein, wenn das Fahrzeug ausdrücklich als „Vorführwagen" angeboten worden ist. Dabei handelt es sich um eine Beschaffenheitsvereinbarung, die es auszulegen gilt (s. Rdn. 3080).

4428 Das Nichtinformieren in einem Fall ohne Mangelhaftigkeit ist kein arglistiges Verschweigen im Sinne der kaufrechtlichen Arglistnormen.[254] Die fachgerechte Beseitigung eines nicht offenbarungspflichtigen „Bagatellschadens" (zur Abgrenzung s. Rdn. 3100 ff.) gibt dem Käufer kein Reklamationsrecht. Gleiches gilt bei einwandfreier Beseitigung einer „sonstigen Beschädigung", welche die Bagatellgrenze nicht übersteigt. **Sachgemäß über-**

---

248 Dazu OLG Koblenz 5. 9. 2002, DAR 2002, 560.

249 Dazu OLG Koblenz 5. 9. 2002, DAR 2002, 560 (angeblich „Flugrost"-Beseitigung).

250 Zur Frage der konkludenten Zusicherung der Originallackierung OLG Frankfurt 15. 2. 2001, DAR 2001, 306 = OLGR 2001, 109.

251 Zu diesem Aspekt s. OLG Düsseldorf 8. 11. 2002, NZV 2003, 94 = zfs 2003, 75 (aber noch zu § 459 BGB a. F.).

252 BGH 20. 5. 2009, NJW 2009, 2807 Tz. 13; OLG Frankfurt 30. 6. 2009 – 14 U 204/07 (7 Jahre alter Pkw); LG Itzehoe 25. 8. 2003 – 2 O 41/03; LG Oldenburg 5. 4. 2005, MDR 2006, 444.

253 OLG Düsseldorf 18. 8. 2008 – I-1 U 168/07.

254 OLG Frankfurt 15. 2. 2001, DAR 2001, 306 = OLGR 2001, 109; s. a. OLG Frankfurt 30. 6. 2009 – 14 U 204/07.

lackierter Flugrost ist kein offenbarungspflichtiger Mangel.[255] Andererseits: Nachlackierungen der Karosserie können im Einzelfall auch dann offenbarungspflichtig sein, wenn sie mit einem „Unfallschaden" im engeren Sinn nichts zu tun haben,[256] ebenso atypische Lackflecken.[257] Die Rechtsprechung der Instanzgerichte ist, kein Wunder, stark einzelfallbezogen, so dass vor einer Verallgemeinerung gewarnt werden muss.

In vielen Fällen steht zwar die Nachlackierung als solche fest, der Käufer beanstandet **4429** auch nicht die Lackierung als solche. Kern seiner Rüge ist der Verdacht auf einen Unfallvorschaden, was sich auch beim Weiterverkauf nachteilig auswirke.[258] Zur insoweit bestehenden Darlegungspflicht s. Rdn. 3464 f. (auch zur Frage der Behebbarkeit eines etwaigen Mangels). Zu den Unfallverdachtsfällen s. a. Rdn. 4349.

Ob eine Verformung des Bleches der Grund für die strittige Nachlackierung war, lässt **4430** sich in den meisten Fällen mit Hilfe eines Sachverständigen klären[259]. Anders sieht es mit dem **Zeitpunkt** aus. Er ist technisch nicht aufklärbar. Zur Beweisvermutung nach § 476 BGB bei äußeren Beschädigungen s. Rdn. 3354 ff.

Bleiben Anlass und/oder Zeitpunkt der (fachgerechten) Nachlackierung offen, kann die **4431** Klage schon aus diesem Grund wegen Beweisfälligkeit (kein Mangelbeweis) abzuweisen sein.[260] Zur sekundären Darlegungslast des Verkäufers s. OLG Köln SP 2009, 264. Hängt der Erfolg der Klage vom Nachweis der subjektiven Arglistvoraussetzungen ab, stehen Käufer selbst beim **Kauf vom Händler** mitunter vor unüberwindbaren Hindernissen.[261] Noch schwieriger ist, **Privatverkäufern** Arglist nachzuweisen.[262]

Bei Offenkundigkeit oder leichter Erkennbarkeit der Nachlackierung oder der schadhaf- **4432** ten Lackstelle wird es häufig zumindest am Täuschungsvorsatz fehlen (s. Rdn. 4253). Insoweit ist auch zu berücksichtigen, dass jedenfalls Privatverkäufer nur „echte" Unfallschäden für offenbarungspflichtig halten. Parkdellen und Leichtschäden aus dem häuslichen Bereich (Hof und Garage) werden oft nicht als „Unfallschäden" angesehen. Deren Beseitigung im Wege einer Nachlackierung gilt in weiten Kreisen der Bevölkerung als nicht erwähnenswert.

Der Verkäufer muss die Nachlackierung als solche zumindest gekannt haben. Wenn ja, **4433** ist damit der Arglistnachweis nicht in jedem Fall geführt.[263] Man wird dem Verkäufer bei Kenntnis der Nachlackierung aber vorhalten können, sich für den Grund nicht interessiert zu haben. Eine Nachlackierung größeren Ausmaßes bietet jedenfalls einem Händler konkreten **Anlass zur Nachforschung**.[264]

---

255 OLG Koblenz 5. 9. 2002, DAR 2002, 560.

256 OLG Bamberg 3. 5. 2005 – 5 U 99/04 – n. v.; OLG Oldenburg 18. 10. 2000, OLGR 2001, 50; s. a. OLG Düsseldorf 17. 7. 2002 – 17 U 9/02 – n. v. – (Händlerarglist verneint; sechs Jahre alter Mazda MX 5 mit „Zweitlackierung"); LG München I 15. 12. 2004 – 26 O 17856/04 – n. v.

257 OLG München 21. 3. 2006, DAR 2006, 634 („Nassverkauf").

258 Z. B. LG Oldenburg 5. 4. 2005, MDR 2006, 444.

259 Siehe aber auch die hochinformative Entscheidung des OLG Köln v. 25. 2. 2009 – 17 U 76/08 – SP 2009, 264 in einem Streit zwischen einem Kfz-Händler und einem von ihm beauftragten Sachverständigen, der einen Pkw als „Unfallfahrzeug" eingestuft hatte.

260 Vgl. OLG Düsseldorf 18. 8. 2008 – I –1 U 168/07 (Vorführwagen vom Händler).

261 Vgl. OLG Koblenz 5. 9. 2002, DAR 2002, 560; OLG Düsseldorf 17. 7. 2002 – 17 U 9/02 – n. v.; LG Itzehoe 25. 8. 2003 – 2 O 41/03.

262 Vgl. LG Aschaffenburg 3. 9. 2009, zfs 2010, 203 (bestätigt durch OLG Bamberg 9. 12. 2009, zfs 2010, 205).

263 Vgl. OLG Düsseldorf 25. 2. 2008 – I-1 U 183/07 – n. v.; OLG Düsseldorf 17. 7. 2002 – 17 U 9/02 – n. v. (Kauf vom Händler).

264 Ausgesprochen händlerfreundlich OLG Düsseldorf 17. 7. 2002 – 17 U 9/02 – n. v. (sechsjähriger Mazda MX 5 mit „Zweitlackierung").

b) Aufbereitung oder unzulässige Kaschierung?

4434 Fälle dieser Art können über die Alternative „Vorspiegeln einer Eigenschaft" gelöst werden. **Optisches Herrichten** („Aufbereiten") und **Schönheitsmaßnahmen** sind erlaubt.[265] Das Tarnen von Schäden, insbesondere von Durchrostungen und Unfallbeschädigungen, ist verboten.[266] Wo genau die Grenze zwischen zulässiger Präsentation und arglistiger Täuschung zu ziehen ist, kann im Einzelfall schwierig zu beantworten sein.[267] Gegen die handelsübliche **optische Gebrauchtwagenaufbereitung** (Rost entfernen, Motorwäsche, Felgen spritzen, Motoraufbereitung, Innenraumreinigung, Kofferraumreinigung und Außen-Make-up) ist vom rechtlichen Standpunkt aus nichts einzuwenden.

4435 **Nach- und Neulackierungen:** Dass ein älterer Gebrauchtwagen aus Anlass des Verkaufs vom Händler neu lackiert wird, ist nicht ungewöhnlich und rechtfertigt für sich allein nicht die Annahme einer Vertragswidrigkeit, schon gar nicht in Form der arglistigen Täusch.[268] Freilich steht in solchen Fällen meist der Verdacht eines verschwiegenen (kaschierten) Unfallschadens im Raum;[269] ausführlich zu dieser Fallgruppe Rdn. 4421 ff. **„Verkaufslackierungen"** und das „Frisieren" von Altwagen, z. B. durch Manipulation am Tachometer, durch Einfüllen von besonders dickem Öl oder durch **Kaschieren von Durchrostungen** an tragenden Teilen mit Hilfe von Unterbodenschutz oder einem Rostprimer[270] sind Maßnahmen, durch die sich Verkäufer leicht dem Verdacht der arglistigen Täuschung oder gar des Betruges (§ 263 StGB) aussetzen.[271] Anlass, Art und Umfang der „Verschönerungsmaßnahme" spätestens im Prozess offen zu legen, verhindert Verurteilungen auf Verdacht.

c) Alter/Baujahr/Vorbesitzer/Vorbenutzung

4436 Unter welchen Voraussetzungen ein höheres Alter, eine längere Standzeit oder eine höhere Anzahl von Vorbesitzern (Vorhaltern) ein Sachmangel ist, ist unter Rdn. 2602 ff. und Rdn. 3212 ff. dargestellt. An dieser Stelle geht es nur um die Arglistfrage, die allerdings auch ohne Sachmangel als Bezugpunkt der Offenbarungspflicht ein Thema sein kann (§ 123 BGB). Überhaupt keine Angabe zum Alter zu machen, ist nicht in jedem Fall arglistig.[272] Werden Informationen erteilt, wozu auch die Nennung des Erstzulassungsdatums gehört, müssen sie richtig und vollständig sein.[273]

---

265 Vgl. OLG Frankfurt 30. 6. 2009 – 14 U 204/07 (Nachlackierung aus „kosmetischen" Gründen bei einem 7,5 Jahre alten Pkw); OLG Frankfurt 15. 2. 2001, DAR 2001, 306 = OLGR 2001, 109 (Neulackierung, ca. 4 Jahre alter BMW der Oberklasse).

266 Vgl. OLG Frankfurt 30. 6. 1989, DAR 1989, 463, 464 (Rost); vgl. auch BGH 23. 4. 1986, NJW 1986, 2319 = WM 1986, 867 unter II, 3a, bb (Rost); OLG Düsseldorf 12. 3. 1992, OLGR 1992, 169 (Rost); vgl. auch *Eggert*, DAR 1989, 121.

267 Vgl. OLG Hamm 3. 7. 1986 – 23 U 35/86 – n. v. (Korrosionsschäden an einem 6 Jahre alten Matra Rancho).

268 OLG Frankfurt 30. 6. 2009 – 14 U 204/07 (7,5 Jahre alter BMW Z 3).

269 Vgl. OLG Düsseldorf 8. 11. 2002, NZV 2003, 94 = DAR 2003, 67 (zw.); OLG Koblenz 5. 9. 2002, DAR 2002, 560; OLG Düsseldorf 30. 9. 2002 – 1 U 31/02 – n. v.; s. a. OLG Karlsruhe 30. 6. 2004, zfs 2004, 459 m. Anm. *Diehl* = DAR 2005, 31.

270 Vgl. OLG Düsseldorf 12. 3. 1992, OLGR 1992, 169.

271 S. a. OLG Frankfurt 15. 2. 2001, DAR 2001, 306 = OLGR 2001, 109 (Neulackierung).

272 LG Berlin 16. 10. 2003, SVR 2004, 309 – Internetangebot.

273 Zur Offenbarungspflicht und zur Arglistfeststellung s. OLG Düsseldorf 12. 3. 2010 – I-22 U 168/09 – NJOZ 2010, 2375 (Wohnmobil/Standzeit); OLG Karlsruhe 26. 5. 2004, NJW 2004, 2456; OLG Oldenburg 28. 10. 2005, MDR 2006, 630 (Vorführwagen); OLG Karlsruhe 12. 9. 2007, NJW 2008, 925 (Motorrad/Import); OLG Düsseldorf 16. 4. 2003, DAR 2003, 318 (Standzeit); AG Rottweil 28. 1. 1999, DAR 1999, 369 (Standzeit).

Was das **Alter eines Reifens** angeht, so hat der BGH die Annahme der Vorinstanz, der Händler habe deshalb arglistig gehandelt, weil er sich „blindlings“ auf die Ordnungsmäßigkeit verlassen habe, nicht gebilligt.[274] **4437**

Die **Anzahl der Vorbesitzer** „lt. Fahrzeugbrief“ falsch anzugeben, ist arglistig, wenn der Verkäufer sich vorher nicht durch Einsichtnahme in den Fahrzeugbrief (ZB II) vergewissert hat.[275] Eine kurzfristige Zulassung (10 Tage) auf einen Mitarbeiter der Verkaufsfirma soll kein offenbarungspflichtiger Umstand sein.[276] Aufzuklären ist über den Umstand, dass der Wagen von einem **„fliegenden Zwischenhändler“** angekauft worden ist.[277] S. a. Rdn. 3088, 3227. **4438**

Dazu, unter welchen Voraussetzungen das Verschweigen einer **„atypischen“ Vorbenutzung**, z. B. als **Mietwagen**, eine arglistige Täuschung sein kann, s. Rdn. 3198 ff. **4439**

d) Import/Re-Import-Fahrzeuge

Klärungsbedürftig ist in diesen Fällen mit vergleichsweise hohem Schwierigkeitsgrad zunächst, worin die Vertragswidrigkeit, d. h. der verschwiegene Sachmangel, besteht; ob schon in der Produktion im Ausland, in einer frühren Auslandszulassung, der Vorbenutzung im Ausland, einem früheren Zeitpunkt der Erstzulassung,[278] einer „Magerausstattung“ (z. B. kein Airbag, keine Leuchtweitenregulierung, kein ESP), einer unzureichenden Schadstoffarmut oder in einer Reduzierung der Garantiezeit[279] oder schließlich allein in der Tatsache des Imports bzw. Re-Imports, um die wichtigsten Problemfelder zu nennen. **4440**

Nicht jeder Störfall dieser Art wird nach der Rechtsprechung von der Sachmängelhaftung erfasst. In Betracht gezogen wird auch eine Haftung nach c. i. c.-Grundsätzen (s. Rdn. 4597 ff.). In Fällen mit nachgewiesener Arglist tritt diese Abgrenzungsfrage in den Hintergrund. **4441**

Soweit es um die Offenbarungspflicht beim Verkauf **neuer Import- und Re-Importfahrzeuge** geht, wird auf die Ausführungen unter Rdn. 1348 ff. verwiesen. Aus der Perspektive des Gebrauchtfahrzeugkaufs erwähnenswert sind vor allem die Entscheidungen des Saarländischen OLG vom 30. 3. 1999,[280] des OLG Hamm vom 13. 5. 2003[281] und des OLG Naumburg vom 7. 12. 2005.[282] **4442**

Nach Ansicht des Saarländischen OLG steht dem Käufer eines Pkw ein **Anfechtungsrecht aus § 123 BGB** zu, wenn der Verkäufer ihn bei Vertragsabschluss nicht darauf hingewiesen hat, dass der Wagen aus dem Ausland importiert ist. Verkaufsfirma war eine Opel-Vertragshändlerin, also kein Importeur, schon gar nicht ein „Grauimporteur“. Bemerkenswert war auch, dass das Fahrzeug, ein aus Frankreich importierter Opel, nicht „magerausgestattet“ war. Das OLG Saarbrücken hat allein aufgrund des Re-Imports einen **Minderwert**[283] angenommen und dabei auf generelle Nachteile von gebrauchten Importwagen hingewiesen (kein Ausweis des bzw. der Erstbesitzer im Fahrzeugbrief, Zweifel an der Veräußerungsbefugnis, Schwierigkeiten beim Weiterverkauf). Hinzuweisen wäre ferner auf den Umstand, dass ein im Ausland erstzugelassenes Fahrzeug bei einer nationalen Rückrufaktion des Herstellers unerfasst bleiben kann. Anders als die Oberlandesgerichte Saarbrücken **4443**

274 Urt. v. 11. 2. 2004, NJW 2004, 1032 (Hinterreifen II).
275 So LG Köln 26. 7. 2005 – 28 O 70/05 – n. v.
276 Brand OLG 14. 2. 2007 – 4 U 68/06 – n. v.
277 BGH 16. 12. 2009, NJW 2010, 858 = DAR 2010, 200.
278 Dazu OLG Hamm 12. 10. 1990, NJW-RR 1991, 505; LG Amberg 16. 10. 2007, NZV 2008, 301.
279 Dazu AG Amberg 16. 10. 2007, NZV 2008, 301.
280 NJW-RR 1999, 1063 = OLGR 1999, 278.
281 NJW-RR 2003, 1360 (Haftung aus c. i. c. bejaht, neues Recht).
282 DAR 2006, 327.
283 Dazu instruktiv OLG Naumburg 7. 12. 2005, DAR 2006, 327.

und Naumburg (ebenso LG Düsseldorf[284]) hat das LG Verden[285] in der Tatsache des Imports/Re-Imports keinen (offenbarungspflichtigen) Sachmangel gesehen.

4444 In Fällen mit nachgewiesener „**Magerausstattung**"[286] begründen manche Gerichte eine Offenbarungspflicht allein mit diesem Defizit,[287] sind mit der Annahme von Arglist aber **bei privaten Verkäufern** zurückhaltend.[288] Betont wird durchweg, dass ein deutscher Gebrauchtfahrzeugkäufer ohne konkrete anderslautende Hinweise davon ausgehe, ihm werde ein für den deutschen Markt gebautes mit der in Deutschland üblichen Serienausstattung ausgerüstetes Fahrzeug zum Kauf angeboten. Ohne abweichende Anhaltspunkte darf er z. B. auch darauf vertrauen, dass der Wagen in Deutschland erstzugelassen worden ist (s. dazu Rdn. 2648). Dass die Eintragung im Fahrzeugbrief nicht das tatsächliche Erstzulassungsdatum wiedergibt, gilt als offenbarungspflichtig.[289] Durch Vorlage des Fahrzeugbriefs mit einem Vermerk über eine Auslandszulassung erfülle **der Händler** seine Offenbarungspflicht noch nicht. Erforderlich sei ein eindeutiger und unmissverständlicher Hinweis, selbst bei einem Verkäufer, der als „Importeur" firmiert und/oder mit dieser Bezeichnung Werbung macht.

e) Motorschäden

4445 Bei Motorschäden ist der Arglistnachweis oft nicht oder nur schwer zu führen.[290] Dass die Rechtsprechung **professionelle Verkäufer** regelmäßig strenger behandelt als **Privatverkäufer**,[291] ist zwar verständlich. Man sollte jedoch stets beachten, dass Kfz-Händler den Zustand der Motoren ihrer Gebrauchtwagen aus eigener, sachkundiger Kenntnis nur bedingt beurteilen können. Anders liegen die Dinge bei einem Autohaus mit Tuningabteilung und einem im eigenen Betrieb durchgeführten **Chip Tuning**. Zu unterschieden ist hier zwischen der technischen Seite (geringere Lebenserwartung des „frisierten" Motors) und der zulassungsrechtlichen Seite.[292] S. a. Rdn. 2693.

4446 Wer als nichtautorisierter Kfz-Betrieb **Gebrauchtteile** bei der Instandsetzung/Überholung eines Pkw-Motors in der eigenen Werkstatt verwendet hat, ohne den (privaten) Pkw-Käufer darauf hinzuweisen, muss sich den Vorwurf der arglistigen Täuschung gefallen lassen, wenn es infolge eines fehleranfälligen Gebrauchtteils zu einem Motorausfall kommt.[293]

---

284 Urt. v. 22. 4. 2003, DAR 2003, 420.

285 Urt. v. 27. 6. 2000 – 4 O 161/00 – n. v.

286 Für sich genommen ein Sachmangel, so OLG Naumburg 7. 12. 2005, DAR 2006, 327 (zw.).

287 AG St. Ingbert 7. 1. 1999, zfs 1999, 104 – VW Polo aus Frankreich; AG Limburg 8. 10. 1998 – 4 C 653/97 – n. v. – Fiat Punto aus Spanien, ohne ABS, Leuchtweitenregulierung und Wegfahrsperre.

288 LG Düsseldorf 22. 4. 2003, DAR 2003, 420.

289 OLG Hamm 12. 10. 1990, NJW-RR 1991, 505 – VW-Transporter aus den Niederlanden, Händler verfügte über Spezialkenntnisse; s. a. OLG Celle 26. 2. 1998, OLG 1998, 160 – Abweichung zwischen Produktions- und Erstzulassungszeitpunkt bei Importfahrzeug.

290 Aus der Rspr.: BGH NJW 1983, 1424 (Mercedes 230 SL); BGH NZV 1995, 222 (Maserati Oldtimer); OLG Zweibrücken OLGR 1999, 434; OLG Köln DAR 2000, 308; OLG Düsseldorf DAR 2001, 502; OLG Frankfurt OLGR 2001, 63; OLG Düsseldorf 11. 11. 2002 – 1 U 60/02 (Motorinstandsetzung mit Gebrauchtteilen); OLG München 13. 2. 2008 – 3 U 3796/07.

291 Vgl. LG Aschaffenburg 3. 9. 2009, zfs 2010, 203, bestätigt durch OLG Bamberg (Beschl. v. 9. 12.2009 – 1 U 136/09 – auszugsweise in zfs 2010, 205). Laut AG Hamm (Urt. v. 13. 4. 2005 – 24 C 562/04 – n. v.) muss ein Privatverkäufer ungefragt nicht einmal auf von ihm wahrgenommene Geräusche des Motors bei Verdacht eines Motorschadens hinweisen. Gegen Arglist spricht auch, dass der Käufer diese Geräusche bei einer Probefahrt gleichfalls hören kann.

292 Dazu OLG Karlsruhe 24. 3. 2006, NJW 2007, 443.

293 OLG Düsseldorf 11. 11. 2002 – 1 U 60/02 – n. v.; s. a. OLG Bremen 10. 8. 2000, OLGR 2000, 371.

f) Gesamtlaufleistung/Tachostand

Tachometermanipulationen in Form von Fälschungen des Km-Standes (dazu Rdn. 2804) oder durch einen vollständigen Austausch des Wegstreckenzählers[294] und sonstige Täuschungen über die Gesamtlaufleistung von Gebrauchtfahrzeugen sind Gegenstand einer umfangreichen Rechtsprechung.[295] Zur Grundfrage der Mangelhaftigkeit s. Rdn. 2777 ff. Nicht die unrichtige Angabe über die Gesamtlaufleistung, sondern die Unzuverlässigkeit der mitgeteilten Quelle („... nach Angaben des Vorbesitzers") ist Bezugspunkt der Aufklärungspflichtverletzung im BGH-Urteil NJW 2010, 858 („fliegender Zwischenhändler"). Demgegenüber hat das OLG Bremen[296] in der um rund 160.000 km überhöhten Gesamtlaufleistung den Mangel i. S. d. §§ 459 Abs. 1, 463 S. 2 BGB a. F. gesehen und lediglich zur Begründung einer Offenbarungspflicht und des bedingten Täuschungsvorsatzes auf die Herkunft des Fahrzeugs von einem Händler unbekannter Identität („fliegender Zwischenhändler") abgestellt. Zum Informationsproblem bei verdecktem Kettenbesitz s. a. Rdn. 3226 ff. 4447

g) Katalysator/Schadstoffarmut/Steuervergünstigungen

Wird der Verkäufer danach gefragt oder macht er von sich aus zu diesen Themen nähere Angaben (zu dieser Fallgruppe s. Rdn. 2902 ff.), müssen sie richtig und vollständig sein. Angesichts der Unsicherheiten in rechtlicher und tatsächlicher Hinsicht ist bei der Annahme von Arglist Zurückhaltung geboten[297], zumal beim Kauf von Privatpersonen. Verfügt ein Privatverkäufer über zwei unterschiedliche Auskünfte von Werkstätten, darf er die für den Käufer ungünstigere nicht unterdrücken.[298] Wie auch sonst kann ein Aufklärungsverschulden – außerhalb der kaufrechtlichen Arglistregeln – unter dem Gesichtspunkt des Verschuldens bei den Vertragsverhandlungen (§§ 311 Abs. 2, 280 Abs. 1 BGB) und des § 123 BGB relevant sein. 4448

h) Weitere Fälle der Aufklärungspflichtverletzung

Soweit Bezugspunkt der Täuschung ein Merkmal der Beschaffenheit des Fahrzeugs ist, sind zum einen die kaufrechtlichen Arglistvorschriften anwendbar, zum anderen § 123 BGB und außerdem – insoweit in Durchbrechung des Vorrangs der Sachmängelhaftung – die Grundsätze der c. i. c.-Haftung (näher Rdn. 4605). Außerhalb des Sachbereichs der Mängelhaftung kommen letztere auch bei bloßer Fahrlässigkeit zum Zuge. 4449

Unrichtige Angaben über den **Listenwert**[299] oder über den **ursprünglichen Neupreis** (Anschaffungspreis)[300] können nur ein **Anfechtungsrecht nach § 123 BGB** begründen und den Verkäufer aus c. i. c. (§§ 311 Abs. 2, 280 Abs. 1 BGB) und gem. §§ 823 Abs. 2, 826 BGB zum Schadensersatz verpflichten, wobei mitunter die Schadensberechnung Schwierigkeiten bereitet.[301] Die kaufrechtlichen Arglistvorschriften sind nicht anwendbar, weil der Wert eines Kfz kein Merkmal seiner Beschaffenheit ist. 4450

---

294 Dazu OLG Köln 13. 3. 2007, OLGR 2007, 587 = SVR 2008, 19.

295 OLG Koblenz 22. 10. 2001, NJOZ 2002, 496 = NJW-RR 2002, 202 (Ls.); OLG Nürnberg 25. 2. 2002 – 5 U 4250/01 – n. v. (Händlerverkauf); OLG Düsseldorf, OLGR 1993, 81; OLG Düsseldorf NJW-RR 1999, 278; LG Münster, zfs 1993, 409.

296 Urt. v. 8. 10. 2003, NJW 2003, 3713 = OLGR 2004, 25.

297 Vgl. OLG Hamm OLGZ 1991, 99; LG Kiel NJW-RR 1996, 1142.

298 Brand OLG 27. 7. 2006 – 5 U 161/05 – BeckRS 2006, 10155.

299 LG Osnabrück 18. 12. 1986, DAR 1987, 121.

300 BGH 10. 7. 1968, VIII ZR 167/66, n. v. (Krankauf); BGH 15. 1. 1969, WM 1969, 496; vgl. auch BGH 22. 1. 1964, NJW 1964, 811 und BGH 13. 7. 1983, NJW 1983, 2493; BGH 9. 7. 1986, NJW-RR 1987, 239 unter III, 2; AG Darmstadt 5. 12. 1991, DAR 1994, 71.

301 Vgl. BGH 15. 1. 1969, WM 1969, 496.

4451 Ob der Ankauf des Fahrzeugs von einem Zwischenhändler mit unbekannter oder nur schwer feststellbarer Identität ein Beschaffenheitsmerkmal ist, hat der BGH im Urteil v. 15. 12. 2009[302] offen gelassen. Dem als Vermittler tätigen Kfz-Händler hat er ein vorsätzliches Verschweigen dieses mitteilungspflichtigen Umstandes zur Last gelegt, weshalb eine etwa bestehende Sperre der c. i. c.-Haftung aufgehoben war. Für eine (bedingt) vorsätzliche Nichtaufklärung in einem ähnlichen Fall OLG Bremen NJW 2003, 3713. Zur Problematik „fliegender Zwischenhändler" s. a. Rdn. 3226 ff., 4447.

4452 Während eine Reparatur Gegenstand einer Beschaffenheitsvereinbarung sein kann und **Reparaturdefizite** zu den offenbarungspflichtigen Sachmängeln gehören,[303] dürften Falschangaben des Verkäufers über die Höhe von **Reparatur- oder Restaurationskosten** außerhalb der Sachmängelhaftung anzusiedeln sein.[304] Ein Aufklärungsverschulden i. S. v. § 123 BGB kann auch demjenigen Verkäufer zur Last fallen, der eine Reparatur durch eine Fachwerkstatt vorspiegelt, während er das Fahrzeug in Wirklichkeit **selbst repariert** hat (s. a. OLG Düsseldorf OLGR 1993, 129; OLG Köln OLGR 1993, 301).

4453 Nur unter § 123 BGB fällt das Verschweigen der Tatsache, dass der **Haftpflichtversicherungsschutz** entfallen ist[305] oder dass bestimmte **Garantien** (z. B. Rostschutzgarantien) nicht mehr bestehen (dazu Rdn. 2741 ff.). Eine **„überlange" Standzeit** eines Gebrauchtwagens nach seiner Erstzulassung stellt dagegen einen Sachmangel nur nach Maßgabe der Kriterien der BGH-Entscheidung NJW 2009, 1588 dar (näher Rdn. 2650).[306] Zum Verkauf eines „Geländefahrzeugs" ohne Hinweis auf das **Fehlen von Allradantrieb** s. OLG Düsseldorf OLGR 1995, 195. Zum Verschweigen eines vorausgegangenen **Diebstahls** und von Manipulationsanzeichen OLG Düsseldorf NZV 2000, 83; s. a. Rdn. 2702.

4454 Die Offenbarungspflicht bei **Nässeeinwirkungen** durch Hochwasser ist Gegenstand von OLG Koblenz DAR 2002, 510 = zfs 2002, 530 = NJW-RR 2002, 1579 (Pkw hatte längere Zeit im Rhein gelegen); zum Verschweigen der **Undichtigkeit der Karosserie** s. LG Coburg – 13 O 534/98 = OLG Bamberg – 6 U 11/00 – n. v. Die Hinweispflicht eines Privatverkäufers bei ihm bekannten **Roststellen** erörtert AG Paderborn 23. 1. 2008 – 51 C 27/06 – MDR 2008, 912 (Ls.). Zum Einbruchschaden OLG Köln 21. 3. 2011 – 5 U 175/10.

i) Die subjektive Tatseite (Vorsatzfeststellung)

4455 Hinsichtlich der subjektiven Seite der kaufrechtlichen Arglisttatbestände gelten die allgemeinen Ausführungen unter Rdn. 4267 ff. und ergänzend die Hinweise zum Verkauf von Unfallfahrzeugen, insbesondere Rdn. 4346 ff. Auch außerhalb der Fallgestaltungen mit Unfall-Hintergrund ist die Figur der **„Behauptung ins Blaue"** bei der Vorsatzprüfung von großer praktischer Bedeutung.[307] Zu dieser Fallgruppe gehören auch die Sachverhalte, in denen Verkäufern entgegen der von ihnen erweckten Käufererwartung jegliche Kompetenz zur sachgemäßen Beurteilung des Erklärungsgegenstandes fehlt, dies aber verschwiegen wird.[308]

---

302 NJW 2010, 858 = DAR 2010, 200.

303 OLG Bremen 10. 8. 2000, OLGR 2000, 371 – Motor; OLG Düsseldorf 11. 11. 2002 – 1 U 60/02 – n. v. – Motorinstandsetzung mit ungeprüften Gebrauchtteilen; zum Verschweigen einer Reparaturanfälligkeit s. OLG Köln VRS 99/100, 1 – Reisebus.

304 Offen gelassen von OLG Hamm OLGR 1998, 40.

305 Vgl. dazu BGH 26. 10. 1988, NJW-RR 1989, 211 = WM 1989, 26 und hier Rdn. 1272.

306 S. a. AG Rottweil 28. 1. 1999, DAR 1999, 369 (3 Jahre, 3 Monate bei einem Pkw); OLG Düsseldorf 16. 4. 2003, DAR 2003, 318.

307 Dazu z. B. OLG Karlsruhe 25. 4. 1991, MDR 1992, 129 (Verharmlosung einer Ölspur im Motorraum).

308 BGH 9. 11. 1994, NJW-RR 1995, 254 m. w. N. (Teppichkauf); BGH 8. 5. 1980, NJW 1980, 2460 (Immobilienkauf).

In denjenigen Fällen, in denen **zulassungsrechtlich** „etwas nicht stimmt" (vgl. Rdn. 2722 ff.), ist wegen der gesteigerten Irrtumsanfälligkeit des (privaten) Verkäufers besondere Sorgfalt bei der Arglistprüfung geboten.[309] Wer die Vorstellung hat, eine **Fahrzeugumrüstung,** z. B. eine **Tieferlegung,**[310] sei nicht genehmigungspflichtig, handelt nicht ohne weiteres arglistig. Das gilt auch für den Verkäufer, der über die Notwendigkeit einer Genehmigung in der Weise im Ungewissen ist, dass er sie für unwahrscheinlich hält.[311] Zur Beweislastverteilung s. Rdn. 4258 ff., 4270 ff. **4456**

Bei der rechtlichen Bewertung von Tatsachen, aber auch nur insoweit, kann ein **bewusstes Sichverschließen** positiver Kenntnis gleichgesetzt werden.[312] Durch die Vorlage von Belegen, z. B. Werkstattrechnungen, TÜV-Bescheinigungen, erfolgreiche Hauptuntersuchung nach § 29 StVZO, kann sich der Verkäufer entlasten.[313] Bei einem zunächst fehlenden Hinweis auf eine genehmigungspflichtige Veränderung kann der Verkäufer durch eine Aufklärung noch vor Übergabe dem Arglistvorwurf den Boden entziehen.[314] **4457**

Schwierig ist der Vorsatznachweis, wenn der Verkäufer eine Erklärung abgegeben hat, die zwar objektiv eindeutig ist,[315] der Verkäufer aber einen Sinngehalt für sich in Anspruch nimmt, der im Bereich des Möglichen liegt.[316] Bei **objektiver Mehrdeutigkeit** oder gar einer Deutung i. S. d. Verkäufers dürfte eine vorsätzliche Täuschung im Zweifel zu verneinen sein, sofern dem Verkäufer nicht eine bewusste Irreführung nachzuweisen ist. Um dem Verkäufer die „Flucht in die Mehrdeutigkeit" zu erschweren, verlangt **der BGH** eine **sorgfältige Auslegung** der strittigen Erklärung unter Ausschöpfung des gesamten Prozessstoffes und unter Berücksichtigung aller maßgeblichen Auslegungsgesichtspunkte (Sicht des Käufers, Parteiinteresse u. a.).[317] **4458**

Mitunter übertrieben rücksichtsvoll behandelt die Rechtsprechung **private Inzahlunggeber**, wenn gewerbliche Händler mit eigener Werkstatt den Vorwurf arglistiger Täuschung **bei technischen Mängeln** erheben (zu Unfallschäden s. Rdn. 4409 ff.). **4459**

---

309 Zur Situation bei einem Autohaus mit Tuningabteilung s. OLG Karlsruhe 24. 3. 2006, NJW 2007, 443; s. auch AG Köln 14. 2. 2011 – 142 C 44/09 (Privatverkauf).

310 Dazu OLG Koblenz 15. 12. 2003, NJW-RR 2004, 344 = DAR 2004, 147 (Arglist bejaht); OLG Düsseldorf 26. 5. 1988 – 18 U 18/88 – n. v.

311 Auch dazu OLG Karlsruhe 24. 3. 2006, NJW 2007, 443.

312 BGH 7. 3. 2003, JZ 2004, 40 m. Anm. *Martinek.*

313 OLG Düsseldorf 30. 7. 1992, OLGR 1993, 33.

314 OLG Celle 4. 8. 2004, ZGS 2004, 476 = OLGR 2004, 506.

315 Entscheidend ist der Blickwinkel des Käufers, s. BGH 14. 10. 1994, NJW 1995, 45 (Grundstückskauf).

316 Vgl. BGH 12. 3. 1997, DB 1997, 1023 (Computerkauf).

317 Urt. v. 14. 10. 1994, NJW 1995, 45 (Grundstückskauf).

R. Das Verhältnis der Sachmängelrechte zu anderen Rechtsbehelfen des Käufers

4460 In welchem Verhältnis die **allgemeinen Rechtsbehelfe** zu den **Sondervorschriften** über die Sachmängelhaftung (§§ 459 ff. BGB a. F.) standen, gehörte zu den schwierigsten Fragen des früheren Kaufrechts. Gerade Gebrauchtwagenfälle haben Rechtsprechung und Schrifttum immer wieder Anlass gegeben, sich mit dieser außerordentlich facettenreichen Thematik auseinander zu setzen. Durch das Schuldrechtsmodernisierungsgesetz haben sich zahlreiche Streitfragen erledigt. Dafür sind neue hinzu gekommen. Durch das Reformgesetz nicht in Frage gestellt, freilich auch nicht bekräftigt, ist die bislang allgemein anerkannte Grundaussage vom **prinzipiellen Vorrang** der Sachmängelvorschriften vor dem allgemeinen Leistungsstörungsrecht.[1]

I. Nichtigkeit nach §§ 134, 138 BGB

4461 Beide Vorschriften stehen zu den Sachmängelrechten **außer Konkurrenz.** Diese Rechte setzen einen **wirksamen** Kaufvertrag voraus. Der Tatbestand der Nichtigkeit wegen **Gesetzesverstoßes** (§ 134 BGB) spielt beim Gebrauchtfahrzeugkauf praktisch keine Rolle. Selbst für den Erwerb von Importautos, bei dem vielfältige Einfuhrbestimmungen zu beachten sind, liegt einschlägige Rechtsprechung nicht vor. Wer wissentlich einen gestohlenen Wagen ankauft, verstößt als Hehler gegen § 259 StGB. Der Kauf ist gem. § 134 BGB nichtig.[2]

4462 Die Tatbestände des § 138 BGB – Wucher und allgemeine Sittenwidrigkeit – kommen in Betracht, wenn ein **auffälliges Missverhältnis** zwischen Marktwert (Verkehrswert) und Kaufpreis besteht.[3] Feste Regeln und Grenzwerte, wie sie beispielsweise für Ratenkreditverträge und für den Immobilienkauf[4] entwickelt worden sind, haben sich für den Gebrauchtwagenkauf nicht herausgebildet. Höchstrichterlich nicht entschieden ist ferner, ob bei der Ermittlung des objektiven Wertes ein Sachmangel, z. B. ein verborgener Unfallschaden, berücksichtigt werden muss oder nicht.[5]

4463 Anstößige Preisgestaltungen führen in der Rechtsprechung entweder zur Arglisthaftung oder zur Haftung aus culpa in contrahendo. So hat das OLG Köln einem Händler eine arglistige Täuschung (durch aktives Tun) zur Last gelegt, der das Zehnfache des wirklichen Fahrzeugwertes als Kaufpreis verlangt hat.[6]

4464 Zu den Anforderungen an den Sachvortrag des Käufers hinsichtlich der objektiven und subjektiven Voraussetzungen einer unzulässigen Kaufpreisüberteuerung s. BGH NJW-RR 2009, 1236. Der Wuchertatbestand (§ 138 Abs. 2 BGB) wird regelmäßig deshalb zu vernei-

1 Grundlegend für das Verhältnis zwischen c. i. c. und den §§ 434 ff. BGB ist BGH 27. 3. 2009, BGHZ 180, 205 = NJW 2009, 2120.
2 OLG Koblenz 4. 5. 2000, zfs 2002, 180.
3 BGH 18. 12. 1956, BB 1957, 238 (Kauf eines Lkw im Wert von 1.300 DM zum Preis von 6.780 DM); BGH 1. 10. 1969, DB 1969, 2082; OLG Köln 21. 3. 1972 – 15 U 134/71 – n. v. (Verkauf eines Pkw an einen Minderjährigen zum Preis von 2400,– DM bei einem Einkaufspreis von 650 DM); OLG Hamm 15. 1. 1979, JZ 1979, 266 (insoweit nicht abgedruckt); OLG Hamm 5. 10. 1989 – 23 U 26/89 – n. v. (Differenz zwischen Verkehrswert und Verkaufspreis von 35 % kein auffälliges Missverhältnis; Hinweis auf 100 %-Grenze); OLG Nürnberg 27. 6. 1966, VRS 31, 324.
4 Vgl. BGH 2. 4. 2009, NJW-RR 2009, 1236; BGH 18. 12. 2007, NJW-RR 2008, 1436.
5 Dazu öster. OGH 17. 4. 2007, ZVR 2007, 412 m. Anm. *Ch. Huber*.
6 Urt. v. 10. 7. 1974, DAR 1974, 270; s. a. LG Bielefeld 15. 10. 1980, MDR 1981, 316; OLG Düsseldorf 10. 2. 1995, OLGR 1995, 117 – gebr. Druckmaschine.

nen sein, weil zumindest die **subjektive Seite** nicht beweiskräftig festzustellen ist.[7] Eine Ausbeutungsabsicht ist indes nicht notwendig.[8] Bei der Bestimmung eines **auffälligen Missverhältnisses** zwischen Leistung und Gegenleistung, Kernelement in beiden Tatbeständen des § 138 BGB, hat der VIII. ZS des BGH für den Verkauf hochpreisiger beweglicher Sachen die Leitlinien des V. ZS zum Immobilienkauf übernommen.[9]

Ist der Kaufvertrag durch **arglistige Täuschung** zustande gekommen, so ist er nicht not- **4465** wendigerweise sittenwidrig i. S. v. § 138 Abs. 1 BGB. Eine arglistige Täuschung verstößt zwar gegen die guten Sitten und begründet zumeist auch die Haftung wegen sittenwidriger Schädigung aus § 826 BGB (zur Haftung in einer „Käuferkette" s. Rdn. 4057 ff.). Wegen Sittenwidrigkeit nichtig ist der Vertrag jedoch nur, wenn zur unzulässigen Willensbeeinflussung durch Täuschung weitere Umstände hinzutreten.

§ 138 Abs. 1 BGB ist auch bei einem **Hehlergeschäft** zu bejahen, sofern die Beteiligten **4466** die Sittenwidrigkeit kennen oder sich der Kenntnis der die Sittenwidrigkeit begründenden Tatsachen grob fahrlässig verschließen.[10] Die Tatsachen, die die Sittenwidrigkeit ausmachen, sind diejenigen Umstände, die den Vorwurf der Hehlerei begründen, also insbesondere der Diebstahl oder die Unterschlagung des zum Kauf angebotenen Fahrzeugs. Dazu, wann sich ein Käufer grob fahrlässig der Kenntnis vom Diebstahl eines Pkw verschließt, s. BGH NJW 1992, 310. Wie in früheren Fällen hat der BGH auch hier die fehlende Voreintragung eines „nebenberuflichen" Gebrauchtwagenhändlers als Verdachtsmoment bewertet, die Nachforschungspflicht letztlich aber von dem Vorliegen einer (weiteren) „Unregelmäßigkeit" abhängig gemacht (Verkauf auf der Straße). Zur Kritik an dieser Rechtsprechung s. Rdn. 4693.

Ist der Kaufpreis zur Erfüllung eines sittenwidrigen Hehlergeschäfts geleistet worden, **4467** steht dem Bereicherungsanspruch des Käufers auf Rückzahlung das **Rückforderungsverbot** des § 817 S. 2 BGB entgegen.[11] Es bringt aber nicht den Schadensersatzanspruch des Käufers aus § 826 BGB zu Fall. Bei direktem Schädigungsvorsatz des Verkäufers fällt eine „nur" grob fahrlässige Unkenntnis vom Diebstahl auch nicht anspruchsmindernd gem. § 254 Abs. 1 BGB ins Gewicht.[12]

Sittenwidrigkeit i. S. d. § 138 Abs. 1 BGB kann auch darin zu sehen sein, dass Verkäufer **4468** und Käufer gemeinsam den schriftlichen Kaufvertrag so gestalten („frisieren"), dass dem Käufer ein günstiger Weiterverkauf ermöglicht wird, z. B. durch Aufnahme einer zu niedrigen Km-Laufleistung in die Vertragsurkunde.[13]

II. Irrtumsanfechtung

1. Konkurrenzfragen

Die Anfechtung nach § 119 BGB ist nur zulässig, soweit keine vorrangigen Spezialvor- **4469** schriften eingreifen. Während zwischen § 119 Abs. 1 BGB und den in § 437 BGB aufgeführten Rechtsbehelfen eine Konkurrenz nicht möglich ist, konkurriert § 119 Abs. 2 BGB – **Eigenschaftsirrtum** – typischerweise mit den Sachmängelrechten des Käufers.

---

7 Vgl. KG 26. 8. 2004, MDR 2005, 97.

8 BGH 12. 7. 1996, NJW 1996, 2652.

9 Urt. v. 26. 11. 1997, WM 1998, 932; zur Indizwirkung eines groben Missverhältnisses für die Annahme einer verwerflichen Gesinnung s. BGH 19. 1. 2001, NJW 2001, 1127; BGH 2. 4. 2009, NJW-RR 2009, 1236.

10 BGH 9. 10. 1991, NJW 1992, 310; s. a. OLG Koblenz 4. 5. 2000, zfs 2002, 180 (§ 134 BGB).

11 BGH 9. 10. 1991, NJW 1992, 310; OLG Koblenz 4. 5. 2000, zfs 2002, 180.

12 BGH 9. 10. 1991, NJW 1992, 310.

13 Vgl. LG Paderborn – 5 S 194/92 – n. v.

a) Irrtumsanfechtung durch den Verkäufer

4470 Das Anfechtungsrecht des Verkäufers aus § 119 Abs. 2 BGB wird zwar durch die Sachmängelrechte des Käufers nicht gesperrt. Indessen war nach altem Recht klar, dass der Verkäufer nicht in jedem Irrtumsfall nach § 119 Abs. 2 BGB anfechten darf, nämlich dann nicht, wenn er durch seine Anfechtung Gewährleistungsansprüche des Käufers vereiteln würde.[14] Daran ist festzuhalten.[15]

b) Irrtumsanfechtung durch den Käufer

4471 Soweit sich der Irrtum des Käufers auf einen Sachmangel bezieht, ist eine Anfechtung wegen Eigenschaftsirrtums jedenfalls **nach Übergabe** des Kaufobjekts ausgeschlossen.[16] Das ist im Grundsatz unbestritten und gilt auch im neuen Recht.[17] Weiterhin kontrovers diskutiert wird die Rechtslage **vor Gefahrübergang**. Umstritten ist ferner, ob das Spezialitätsprinzip auch dann gilt, wenn die Sachmängelansprüche verjährt oder kraft Gesetzes (z. B. § 442 BGB) oder aufgrund vertraglicher Abrede, typisch für den Gebrauchtfahrzeugkauf ohne Verbraucherbeteiligung, ausgeschlossen sind. Zu dieser Problematik s. Rdn. 4481.

4472 Sachmängelansprüche kann der Käufer **grundsätzlich** erst **nach Gefahrübergang** geltend machen. Deshalb scheint vor diesem Zeitpunkt ein Konkurrenzverhältnis nicht zu bestehen. Allerdings gestattete die Rechtsprechung dem Käufer in Ausnahmefällen, schon **vor Gefahrübergang** nach §§ 459 ff. BGB a. F. vorzugehen; etwa wenn der Verkäufer den Sachmangel nicht beheben konnte oder dessen Beseitigung endgültig verweigerte.[18] Dadurch sollte der Käufer begünstigt werden. Deshalb konnte er zwischen Kaufabschluss und Übergabe auch dann wegen Eigenschaftsirrtums anfechten, wenn er ausnahmsweise schon Gewährleistungsansprüche geltend machen durfte,[19] mit anderen Worten: § 119 Abs. 2 BGB war nach der Rechtsprechung nicht schon mit Kaufabschluss ausgeschlossen.[20] Angesichts der Veränderung der Rechtsbehelfe des Käufers liegt es für den **Reformgesetzgeber** nahe, die Anfechtung wegen Eigenschaftsirrtums als von vornherein ausgeschlossen anzusehen.[21] Der BGH sieht es nicht anders.[22]

4473 Von den Sachmängelvorschriften **unberührt** bleibt die Anfechtung wegen eines Irrtums über den **Wert des Fahrzeugs.** Eine für den Käufer nachteilige Abweichung zwischen Ist-Wert und Soll-Wert kann für sich allein auch nach dem weiten subjektiven Fehlerbegriff nicht die Sachmängelhaftung begründen. Der Wert als solcher wird nicht einmal als Eigenschaft i. S. v. § 119 Abs. 2 BGB angesehen.[23] Er wird als Ergebnis von Eigenschaften, den so genannten **wertbildenden Faktoren,** verstanden. Ein Irrtum berechtigt daher nicht zur Anfechtung nach § 119 Abs. 2 BGB,[24] wohl aber nach § 119 Abs. 1 BGB und nach § 123 BGB.

4474 Bei Fehlvorstellungen des Käufers über den **ursprünglichen Neupreis** des Gebrauchtwagens oder über die Bedeutung bzw. den Wahrheitsgehalt einer **Listenpreis-Information** des Verkäufers (z. B. Schwacke-Liste oder DAT-Marktspiegel) sind die §§ 459 ff. BGB

---

14 BGH 8. 6. 1988, NJW 1988, 2597.
15 Ebenso OLG Oldenburg 28. 7. 2005, NJW 2005, 2556.
16 St. Rspr., z. B. BGH 9. 10. 1980, BGHZ 78, 216, 218 = NJW 1981, 224 – Mähdrescherfall.
17 BT-Drucks. 14/6040, 210; zu den Auswirkungen der Schuldrechtsreform s. MüKo-BGB/*Westermann*, § 437 BGB Rn. 53; *Birk*, JZ 2002, 446.
18 BGH 14. 12. 1960, BGHZ 34, 32 = NJW 1961, 772; BGH 10. 3. 1995, NJW 1995, 1737.
19 BGH 14. 12. 1960, BGHZ 34, 32 = NJW 1961, 772; BGH 10. 3. 1995, NJW 1995, 1737.
20 So aber *Flume*, Eigenschaftsirrtum und Kauf, S. 134; *ders.*, DB 1979, 1637.
21 BT-Drucks. 14/6040, 210.
22 Urt. v. 6. 8. 2008, NJW 2009, 1266 Tz. 39.
23 BGH 18. 12. 1954, BGHZ 16, 54 = NJW 1955, 340; OLG Hamm 5. 10. 1989 – 23 U 26/89 – n. v.
24 BGH 18. 12. 1954, BGHZ 16, 54 = NJW 1955, 340.

a. F. gleichfalls unanwendbar gewesen.[25] Damit wäre der Weg zu § 119 Abs. 2 BGB an sich frei. Anders als der gegenwärtige Wert eines (gebrauchten) Kraftfahrzeugs ist dessen Neupreis eine Eigenschaft im Rechtssinn. Ob sie **„verkehrswesentlich"** ist, hängt von den Anforderungen ab, die man an dieses Kriterium stellt. Zwei Ansichten stehen sich gegenüber:[26] Nach der objektiven Theorie kommt es auf die Verkehrsanschauung an, losgelöst vom konkreten Fall. Die Lehre vom geschäftlichen Eigenschaftsirrtum stellt demgegenüber darauf ab, ob die Eigenschaft zum Inhalt oder zur Grundlage des Vertrages gemacht worden ist, was auch stillschweigend geschehen kann. Die Rechtsprechung neigt mehr der objektiven Betrachtungsweise zu und schafft so Raum für eine Anfechtung nach § 119 Abs. 2 BGB.[27]

Zur Anfechtung wegen arglistiger Täuschung über den Neupreis bzw. den aktuellen Listenpreis s. Rdn. 4450. **4475**

Eigenschaften, deren Fehlen zur Sachmängelhaftung und damit zum Ausschluss der Irrtumsanfechtung nach § 119 Abs. 2 BGB führt, sind die so genannten **wertbildenden Faktoren.** Dazu gehören beispielsweise das **Alter,** das **Baujahr,** der **Zeitpunkt der Erstzulassung,** aber auch die bisherige **Km-Laufleistung** ebenso wie die **Unfallfreiheit.** Zwei Entscheidungen des VII. Senats des BGH, für Kaufrechtsstreitigkeiten sonst nicht zuständig, haben hier für beträchtliche Verwirrung gesorgt: zum einen der „Baujahr-Fall" BGHZ 72, 252[28], zum anderen der „Mähdrescher-Fall" BGHZ 78, 216.[29] Einschlägig ist ferner das Urteil des VIII. Zivilsenats vom 19. 12. 1966,[30] das die Irrtumsanfechtung freilich nicht aus Konkurrenzgründen, sondern wegen der Freizeichnungsklausel ablehnt. Geirrt hatte der Käufer sich über den Kilometerstand und die Unfallfreiheit. **4476**

Die vom VII. Senat provozierte „Masche mit der Irrtumsanfechtung"[31] ist vor allem bei Käufern zu beobachten, die sich über das **Alter** bzw. das **Baujahr** oder über den Zeitpunkt der **Erstzulassung** getäuscht sehen, Arglist (§ 123 BGB) aber nicht nachweisen können. Sie „flüchten" in die Irrtumsanfechtung nach § 119 Abs. 2 BGB. Mitunter helfen die Gerichte von sich aus nach, indem sie sogar eindeutige Täuschungsanfechtungen in Anfechtungserklärungen nach § 119 Abs. 2 BGB **umdeuten.**[32] Außer der Rechtsprechung des VII. Senats des BGH hat sicherlich auch die früher geschäftstypische Freizeichnung von der Sachmängelhaftung den Blick auf § 119 Abs. 2 BGB gelenkt. Statt auf diese Vorschrift auszuweichen, wäre es oft besser gewesen, die Freizeichnungsklausel restriktiv auszulegen, um so freie Bahn für die §§ 459 ff. BGB a. F. zu schaffen. **4477**

Bei einem – einseitigen – **Irrtum des Käufers über das Baujahr** eines gebrauchten Pkw hat der BGH die Sperrwirkung der §§ 459 ff. BGB a. F. mit der lapidaren Aussage aufgehoben, durch das höhere Alter (immerhin 4 Jahre) werde die Gebrauchstauglichkeit des Fahrzeugs nicht eingeschränkt; solange dies nicht der Fall sei, dürfe der Käufer gem. § 119 Abs. 2 BGB anfechten.[33] Zu folgen ist der Rechtsprechung des VIII. ZS. Er hat sich den kri- **4478**

---

25 BGH WM 1969, 496.

26 Vgl. *Palandt/Ellenberger*, § 119 BGB Rn. 24 ff.

27 Vgl. BGH 26. 10. 1978, BGHZ 72, 252 = NJW 1979, 160; BGH 9. 10. 1980, BGHZ 78, 216 = NJW 1981, 224.

28 Dazu *Flume*, DB 1979, 1637; *Tiedtke*, DB 1979, 1261; *Honsell*, JZ 1980, 802; *Berg*, JuS 1981, 179; *ders.*, NJW 1981, 2337; *J. Kohler*, Die gestörte Rückabwicklung gescheiterter Austauschverträge, 1989, S. 537 ff.

29 Dazu *Honsell*, JuS 1982, 810; *Schubert*, JR 1981, 154; *Berg*, NJW 1981, 2337.

30 BB 1967, 96.

31 Autohaus 1989, Heft 23/24, S. 107.

32 BGH 26. 10. 1978, BGHZ 72, 252; BGH 9. 10. 1980, BGHZ 78, 216; OLG Stuttgart 17. 3. 1989, NJW 1989, 2547; OLG Stuttgart 8. 10. 1999 – 2 U 71/99 – n. v.; Kritik bei *Flume*, DB 1979, 1637; *Schubert*, JR 1981, 154.

33 Urt. v. 26. 10. 1978, BGHZ 72, 252 = NJW 1979, 160.

tisierten „Baujahr"-Entscheidungen des VII. ZS[34] nicht angeschlossen.[35] Näheres zur Mangelhaftigkeit unter Rdn. 2602 ff.

4479 Ebenso wie eine Abweichung des tatsächlichen Alters vom vertraglich vorausgesetzten regelmäßig zur Sachmängelhaftung und damit zum Ausschluss der Irrtumsanfechtung führt, gilt dies für zeitliche Diskrepanzen bei der **Erstzulassung** bzw. der **Wiederzulassung** zum Straßenverkehr (dazu Rdn. 2625 ff.). Ein Irrtum über den Zeitpunkt der nächsten **Hauptuntersuchung** (§ 29 StVZO) soll hingegen nach Ansicht des AG Bergisch Gladbach[36] zur Anfechtung gem. § 119 Abs. 2 BGB berechtigen. Dafür spricht, dass die Tatsache der Überprüfung und erst recht der Umstand der Fälligkeit der nächsten HU nicht ohne weiteres als Merkmale der Fahrzeugbeschaffenheit zu verstehen sind. Zu den „zusicherungsfähigen" Eigenschaften i. S. d. § 459 Abs. 2 BGB a. F. konnte man sie zählen, weil der zeitliche Abstand bis zur nächsten HU etwas über den Zustand des Fahrzeugs bei Vertragsabschluss aussagt. Je nachdem wie die Rechtsprechung Beschaffenheit i. S. d. § 434 BGB definiert (dazu Rdn. 2441), bleibt Raum für die Irrtumsanfechtung.

4480 Eindeutig Priorität hat das Sachmängelrecht bei einem Irrtum des Käufers eines Motorrades, der sich auf Art und Zustand des Rahmens (Original oder Nachbau) bezieht.[37]

4481 Die durch die Sondervorschriften des Sachmängelrechts ausgeschlossene Irrtumsanfechtung nach § 119 Abs. 2 BGB **lebt nicht** dadurch **wieder auf,** dass die „Gewährleistung" im konkreten Fall wirksam ausgeschlossen worden ist. Wenn die **Freizeichnungsklausel** den streitgegenständlichen Sachmangel gar nicht erfasst, was z. B. bei einem höheren Alter der Fall ist (vgl. Rdn. 3986 ff.), bleibt es ohnehin beim Vorrang der Sachmängelvorschriften. Im Umfang der Freizeichnung entfiel das Anfechtungsrecht früher aus einem doppelten Grund: einmal wegen des Prinzips der Spezialität und zum anderen deshalb, weil mit der Freizeichnung von Mängelansprüchen zugleich die Vertragsanfechtung nach § 119 Abs. 2 BGB ausgeschlossen sein dürfte. Letzteres bleibt ein tragendes Argument.[38] Entscheidend ist die Klauselauslegung.[39]

4482 Nach dem vertraglich Vereinbarten beurteilt sich auch, ob der Käufer vor Gefahrübergang wegen eines Mangels anfechten darf, der zu diesem Zeitpunkt bereits festgestellt ist, aber nicht behoben werden kann. Im gewerblichen Gebrauchtwagenhandel ist zu beachten, dass Vertragsabschluss und Übergabe häufig zusammenfallen.

4483 Das Anfechtungsrecht aus § 119 Abs. 2 BGB lebt auch nicht dadurch wieder auf, dass die Sachmängelhaftung nach **§ 442 BGB** (grobe Fahrlässigkeit) ausgeschlossen ist. Anderenfalls würde man diese Sondervorschrift umgehen. Gleiches galt für die **Verjährung** (§ 477 BGB a. F. versus § 121 BGB).

2. Anfechtungserklärung und Anfechtungsfrist

4484 Nach § 143 Abs. 1 BGB hat der **Käufer** die Anfechtung gegenüber dem Verkäufer zu erklären. Der **Anfechtungsgrund** braucht nicht angegeben zu werden.[40] Nach der Rechtsprechung ist es möglich, in der Anfechtung wegen arglistiger Täuschung zugleich eine sol-

34 Auch BGHZ 78, 216 = NJW 1981, 224 (Mähdrescher).
35 Vgl. Urt. v. 17. 5. 1995, NJW 1995, 2159 = WM 1995, 1145.
36 Urt. v. 16. 9. 1978 – 16 C 908/76 – n. v.
37 OLG Karlsruhe 18. 8. 1992, VRS 84, 241 = NJW-RR 1993, 1138.
38 MüKo-BGB/*Westermann*, § 437 BGB Rn. 54.
39 Dazu BGH 19. 12. 1966, BB 1967, 96; BGH 14. 12. 2000, ZIP 2001, 160; OLG Stuttgart 17. 3. 1989, NJW 1989, 2547; OLG Karlsruhe 18. 8. 1992, VRS 84, 241; s. a. BGH 15. 1. 1975, NJW 1975, 970; *Tiedtke*, NJW 1992, 3213.
40 *Palandt/Ellenberger*, § 143 BGB Rn. 3, bestr.; offen gelassen von BGH NJW 1966, 39.

che wegen Irrtums über eine verkehrswesentliche Eigenschaft i. S. d. § 119 Abs. 2 BGB zu sehen.[41] Das ist im Wege der Auslegung zu ermitteln. Bei der **Umdeutung** sind die Gerichte großzügig. Selbst Anwaltsschreiben, in denen ausdrücklich und ausschließlich von „arglistiger Täuschung" die Rede ist, werden in eine Irrtumsanfechtung i. S. v. § 119 Abs. 2 BGB umgedeutet.[42]

Bei der Beurteilung einer nicht eindeutigen Käufererklärung sollten auch die **Rechtsfolgen** bedacht werden, die bei Annahme einer Anfechtung ausgelöst werden. Bei einem Vergleich mit den Folgen alternativer Rechtsbehelfe kann sich zeigen, dass eine Anfechtungserklärung dem mutmaßlichen Interesse des Käufers nicht entspricht (zur Situation bei der Anfechtung wegen arglistiger Täuschung s. Rdn. 3838 ff.). **4485**

Die Anfechtung muss **unverzüglich** erklärt werden, nachdem der Anfechtungsberechtigte seinen Irrtum entdeckt hat (§ 121 Abs. 1 BGB). Nach Meinung des OLG Hamm liegt die **Obergrenze** i. d. R. bei **zwei Wochen,**[43] gerechnet ab Aufdeckung des Irrtums. Hinreichend sichere Kenntnis vom Anfechtungsgrund kann bei einem Autokäufer von der Einholung eines Gutachtens abhängen[44] oder – bei nichttechnischen Mängeln wie Alter/Baujahr – von der Überprüfung beweiskräftiger Dokumente.[45] **4486**

3. Rückabwicklung

Nach **begründeter Irrtumsanfechtung** kann der Käufer grundsätzlich den vollen Kaufpreis herausverlangen (§ 812 Abs. 1 BGB). **Zug um Zug** hat er das Fahrzeug zurückzugeben. Wenn es nicht mehr in dem früheren Zustand ist, wird der Verkäufer einen Teil des Kaufpreises zurückhalten oder Gegenansprüche geltend machen. Ob und inwieweit er dazu berechtigt ist, hat der BGH vor allem in der „Baujahr"-Entscheidung v. 26. 10. 1978[46] und im „Mähdrescher"-Urteil v. 9. 10. 1980[47] entschieden. **4487**

III. Arglistanfechtung

Anders als die Anfechtung wegen Eigenschaftsirrtums wird die Anfechtung wegen arglistiger Täuschung (§ 123 BGB) von der Sachmängelhaftung **nicht verdrängt**. Das war und ist allgemeine Meinung.[48] **4488**

Die Wohltat, die man dem Käufer mit dem Wahlrecht verschaffen wollte, konnte sich im alten Recht mitunter als Nachteil herausstellen. Da trotz rechtswirksamer Anfechtung zumindest der Anspruch aus culpa in contrahendo erhalten blieb und die ohnehin bestehen bleibende Deliktshaftung allenfalls hinsichtlich des Erfüllungsinteresses eine Unterdeckung ergab (str., s. Rdn. 4642 ff.), waren die Nachteile einer Täuschungsanfechtung in den praktischen Ergebnissen allerdings weniger gravierend, als es bei einem Vergleich der Vertragshaftung mit der außervertraglichen Haftung den Anschein hatte. Gerade dem arglistig getäuschten Fahrzeugkäufer half die Rechtsprechung, soweit es irgendwie vertretbar war. An dieser Grundhaltung hat sich durch das neue Recht nichts geändert, auch wenn **4489**

---

41 BGH 14. 12. 1960, BGHZ 34, 32 = NJW 1961, 772; BGH 26. 10. 1978, BGHZ 72, 252 = NJW 1979, 160.
42 Krit. dazu *Flume*, DB 1979, 1637; *Schubert*, JR 1981, 154.
43 Urt. v. 22. 6. 1993, OLGR 1993, 301 = DAR 1994, 120.
44 Vgl. BGH 9. 10. 1980, NJW 1981, 224, 226.
45 S. a. OLG Stuttgart 17. 3. 1989, NJW 1989, 2547.
46 BGHZ 72, 252.
47 BGHZ 78, 216.
48 BGH 20. 5. 2009, NJW 2009, 2532; v. 6. 8. 2008, NJW 2009, 1266; LG Gießen 11. 11. 2004, NZV 2005, 310.

die „Anfechtungsfalle“ – anders als die „Rücktrittsfalle“ durch § 325 BGB – nicht beseitigt worden ist (dazu Rdn. 3840). Insgesamt halten sich die „Anfechtungsverluste“ auch unter der Geltung des neuen Schuldrechts in Grenzen.[49]

1. Anfechtungserklärung

4490 Als **rechtsgestaltende Erklärung** muss die Anfechtung **unzweideutig** zum Ausdruck bringen, dass der Anfechtende seine Vertragserklärung gerade wegen der Täuschung nicht gelten lassen will und von Anfang an als hinfällig betrachtet.[50] Dieser Anforderung genügen selbst Anwaltsschreiben nicht immer, etwa wenn mit der Anfechtungserklärung die Forderung nach Schadensersatz verbunden wird.[51] Das Verlangen von Schadensersatz in Form des positiven Interesses spricht gegen die Annahme einer Anfechtungserklärung. Damit kompatibel ist dagegen der Ersatz des Vertrauensschadens.

4491 Bei der Auslegung von Käufererklärungen und konkludenten Verhaltensweisen sollten auch die Rechtsfolgen einer wirksamen Täuschungsanfechtung in den Blick genommen und mit den Folgen alternativer Rechtsbehelfe, hier vor allem Rücktritt, verglichen werden. Zur Frage der Reichweite einer Anfechtungserklärung – nur das obligatorische Geschäft oder auch die dingliche Seite – s. Rdn. 4513 f. Im Zweifelsfall ist eine Anfechtungserklärung trotz des starken Schutzes des arglistig Getäuschten (u. a. keine eigene Ersatzpflicht nach § 122 BGB, verschärfte Bereicherungshaftung des Verkäufers) **zu verneinen** und von einem Rücktritt im technischen Sinn auszugehen.

4492 Der Käufer muss den Anfechtungsgrund, also die arglistige Täuschung, nicht ausdrücklich in seiner Anfechtungserklärung mitteilen. Es genügt, wenn der Verkäufer erkennen kann, dass ihm ein Täuschungsvorwurf gemacht wird. Innerhalb der Anfechtungsfrist kann ursprünglich Versäumtes nachgeholt werden. Zum Nachschieben von Anfechtungsgründen s. BGH NJW-RR 2004, 628, 630.

4493 Bei einer **Mehrheit von Verkäufern** (z. B. Eheleute, Erbengemeinschaft) ist der Käufer zur Anfechtung gegenüber allen berechtigt, wenn nur ein einziger arglistig gehandelt hat.[52] In einem solchen Fall ist es ausreichend, wenn der Käufer **einem** Verkäufer gegenüber anficht, mag er arglistig gehandelt haben oder nicht.

4494 Die Anfechtung kann auch durch **schlüssiges Verhalten** erklärt werden, so z. B. durch Rückgabe der Fahrzeugschlüssel, verbunden mit der Bemerkung, den Wagen nicht länger behalten zu wollen.[53] Auch der Klageschrift oder sonstigem Prozessverhalten des Käufers kann eine Anfechtungserklärung entnommen werden.[54] Erklärt ein Käufer, der Rückzahlung des Kaufpreises begehrt, die Anfechtung wegen arglistiger Täuschung und erklärt er im Prozess hilfsweise den Rücktritt vom Vertrag, so handelt es sich um einen Antrag mit zwei alternativen Begründungen, nicht um einen Haupt- und einen Hilfsantrag. Das Gericht ist an die Reihenfolge nicht gebunden; es kann sogar eine Alternativentscheidung fällen.[55]

---

49 Guter Überblick bei *Derleder*, NJW 2004, 969.

50 BGH 22. 2. 1991, NJW 1991, 1673; zur Auslegung eines Anfechtungsschreibens s. a. BGH 14. 12. 1960, NJW 1961, 772.

51 Vgl. z. B. BGH 22. 2. 1991, NJW 1991, 1673; dazu auch OLG Saarbrücken 9. 6. 2009, NJW-RR 2010, 125 (Immobilienkauf).

52 OLG Koblenz 11. 12. 2001, OLGR 2003, 66.

53 Zur Auslegung solcher Erklärungen s. *Koch*, JuS 1983, 494; *Probst*, JZ 1989, 878.

54 BGH 22. 2. 1991, NJW 1991, 1673.

55 BGH 9. 10. 1980, BGHZ 78, 216 = NJW 1981, 224; OLG Frankfurt 18. 9. 1991, zfs 1992, 230; zum Nebeneinander von Anfechtungsrecht und Gewährleistung s. a. BGH NJW 1990, 1106 m. w. N.

Zulässig soll auch sein, die Anfechtung nach § 123 BGB **nur für den Fall** zu erklären, dass das Gericht den primär geltend gemachten Sachmängelanspruch verneint.[56] Das Verbot, die Anfechtung von einer Bedingung abhängig zu machen, steht dem nicht entgegen. **4495**

Werden Anfechtung und Rücktritt bzw. großer Schadensersatz (§§ 311a Abs. 2, 280 Abs. 3, 281 Abs. 1, 283 BGB) ohne Rangverhältnis **nebeneinander gestellt,** muss das Gericht nach § 139 ZPO das Primärziel des Käufers feststellen (s. a. Rdn. 3841 f.). Methodisch ist bei der Untersuchung vertraglicher Ansprüche (außer c. i. c.) geboten, zunächst Abschluss und Fortbestand des Kaufvertrages zu prüfen. Da eine **wirksame** Anfechtung zur Nichtigkeit der Vertragserklärung und damit zum Wegfall des Kaufvertrages führt, ist nach der weiterhin gültigen Rechtsprechung kein Raum mehr für vertragliche Ansprüche[57] (s. Rdn. 3840). **4496**

Ist die Anfechtung tatbestandsmäßig unwirksam oder lässt sich das Klageziel auch ohne wirksame Anfechtung erreichen (z. B. wegen einer verschuldensunabhängigen Haftung), ist der Weg zu den vertraglichen Rechtsbehelfen frei. Eine erfolglose oder „überflüssige" Anfechtung kann **in einen Rücktritt umgedeutet** werden, wenn ein Rücktrittsgrund vorgetragen ist.[58] Umdeutungen sind also in beiden Richtungen möglich.[59] **4497**

2. Anfechtungsfrist

Die Frist zur Anfechtung wegen arglistiger Täuschung beträgt ein Jahr, § 124 Abs. 1 BGB. Sie beginnt mit dem Zeitpunkt der Entdeckung der Täuschung (§ 124 Abs. 2 BGB), d. h. positive Kenntnis des Irrtums und dessen arglistiger Herbeiführung. Die Kenntnis allein vom Sachmangel genügt nicht.[60] Die **Darlegungs- und Beweislast** dafür, dass der Käufer länger als ein Jahr vor seiner Anfechtungserklärung Kenntnis von der Täuschung hatte, soll der Verkäufer tragen.[61] Auch nach Ablauf der Anfechtungsfrist ist nach Meinung des BGH[62] eine Vertragsaufhebung nach c. i. c.-Grundsätzen möglich.[63] **4498**

Grundsätzlich darf der Anfechtungsberechtigte die Jahresfrist voll ausschöpfen.[64] Ein Hinausschieben der Anfechtung kann unter dem Gesichtspunkt des **Verzichts** oder der **Verwirkung** erheblich sein. Zu denken ist auch an den Tatbestand der **Bestätigung** (§ 144 BGB). Zu diesem Fragenkreis s. BGH NJW 1971, 1795, 1800 m. Anm. *Giesen.* **4499**

3. Ausschluss des Anfechtungsrechts

Das Anfechtungsrecht, das im Voraus nicht vertraglich ausgeschlossen werden kann,[65] geht nicht dadurch verloren, dass der Käufer das Fahrzeug **weiterveräußert** hat. **Besitz** der anfechtbar erworbenen Sache ist keine Anfechtungsvoraussetzung.[66] Zu den Rechtsfolgen bei Herausgabeunmöglichkeit s. Rdn. 4586 ff. **4500**

56 BGH 22. 2. 1991, NJW 1991, 1673.
57 BGH 29. 10. 1959, NJW 1960, 237; BGH 12. 5. 1995, NJW 1995, 2361; OLG Karlsruhe 18. 12. 1985, NJW-RR 1986, 542; BGH 17. 5. 1995, NJW 1995, 2159 steht nicht entgegen.
58 BGH 10. 3. 2010, NJW 2010, 2503; v. 7. 6. 2006, NJW 2006, 2839; s. a. BGH 28. 4. 1971, NJW 1971, 1795 m. Anm. *Giesen;* BGH 29. 10. 1959, NJW 1960, 237; BGH 4. 10. 1989, WM 1989, 1984; BGH 2. 2. 1990, NJW 1990, 1106; OLG Bremen 2. 7. 1968, DAR 1968, 269; OLG Bamberg 2. 3. 1994, NJW-RR 1994, 1333, 1334.
59 OLG Hamm 10. 3. 2011 – I-28 U 131/10; *Giesen*, NJW 1971, 1797.
60 BGH 20. 5. 2009, NJW 2009, 2532 Tz. 19/20.
61 So KG 18. 12. 2006, OLGR 2007, 346 (zw.).
62 Urt. v. 26. 9. 1997, NJW 1998, 302 m. w. N.
63 Anders und richtig OLG Hamm NJW-RR 1995, 205.
64 BGH 28. 4. 1971, NJW 1971, 1795.
65 BGH 17. 1. 2007, NJW 2007, 1058.
66 BGH 29. 10. 1959, NJW 1960, 237; OLG Köln 18. 3. 1994, NJW-RR 1995, 51.

4501 Die **Bestätigung** nach § 144 BGB ist der Sache nach ein Verzicht auf die Anfechtung. An die Annahme einer Bestätigung durch **schlüssiges Verhalten** stellt die Rechtsprechung **strenge Anforderungen.**[67] Verlangte der Käufer in Kenntnis der Anfechtbarkeit ausschließlich Gewährleistung oder ließ er sich auf eine Mängelbeseitigung ein, so lag darin i. d. R. keine Bestätigung i. S. v. § 144 BGB.[68] Das gilt erst recht auf dem Boden des neuen Kaufrechts.

4502 Eine Bestätigung kann auch nicht ohne weiteres in der **Benutzung** des Fahrzeugs oder im **Weiterverkauf** nach Kenntnis von der Täuschung gesehen werden.[69] Zur Parallelproblematik beim Rücktritt und beim großen Schadensersatz s. Rdn. 3796 ff.

4503 Abgesehen vom Fall der **Verwirkung**[70] kann die Ausübung des Anfechtungsrechts auch deshalb **treuwidrig** sein, weil der **Anfechtungsgrund nachträglich weggefallen** ist[71] oder die Rechtslage des Getäuschten nicht mehr beeinträchtigt ist.[72] Mit § 242 BGB unvereinbar ist eine Anfechtung, wenn der getäuschte Käufer das Fahrzeug in Kenntnis der Täuschung vorbehaltlos übernommen hat.[73] Erklärt der Käufer die Arglistanfechtung erst **im Anschluss an einen Unfall,** so ist dies selbst dann keine unzulässige Rechtsausübung, wenn das Fahrzeug durch Alleinverschulden des Käufers zerstört worden ist. Nach BGHZ 57, 137 kommt der Grundsatz von Treu und Glauben lediglich bei den Rechtsfolgen der Anfechtung zum Tragen.

4504 **Nach rechtswirksamer Anfechtung** scheidet eine Bestätigung nach § 144 BGB aus; es kommt aber eine Bestätigung i. S. e. Neuvornahme gem. § 141 BGB in Betracht.[74] Einseitig kann der Käufer die Rechtswirkung der Anfechtung (§ 142 BGB) nicht rückgängig machen. Voraussetzung ist eine Einigung mit dem Verkäufer. Sie kann auch stillschweigend bzw. durch schlüssiges Verhalten zustande kommen, auch noch während eines laufenden Rechtsstreits. Voraussetzung ist, dass sich die Parteien darin einig sind, den Vertrag trotz der Anfechtungserklärung des Käufers als fortbestehend anzusehen.

4. Darlegungs- und Beweisfragen zum Anfechtungsgrund

4505 Grundsätzlich trägt der Anfechtende die Darlegungs- und Beweislast für sämtliche tatsächlichen Voraussetzungen des Arglisttatbestandes. Zu den objektiven und subjektiven Voraussetzungen der arglistigen Täuschung s. Rdn. 4258 ff.; insbesondere Rdn. 4450, wo diejenigen Fallgestaltungen behandelt werden, bei denen § 123 BGB als allgemeine Arglistnorm allein anwendbar ist.

4506 Wie bei den kaufrechtlichen Arglistnormen ist zwischen einer Täuschung durch **arglistiges Verschweigen** und dem Fall der **Täuschung durch positives Tun** streng zu trennen. Wird die Anfechtung mit einem **Verschweigen** begründet, ist die Darlegungslast des Käufers naturgemäß verkürzt. Er braucht lediglich vorzutragen, dass der Verkäufer von dem fraglichen Umstand **Kenntnis** hatte (vor Abgabe der Vertragserklärung des Käufers) und trotz dieser Kenntnis geschwiegen hat. Wann und durch wen der Verkäufer oder sein Abschlussgehilfe Kenntnis erlangt hat, braucht der Käufer nicht vorzutragen.[75] Er schuldet

67 BGH 11. 8. 2010, NJW 2010, 3362 Tz. 37; v. 28. 4. 1971, NJW 1971, 1795; BGH 1. 4. 1992, WM 1992, 996.
68 BGH 2. 2. 1990, NJW 1990, 1106; BGH 12. 11. 1957, NJW 1958, 177.
69 BGH 28. 4. 1971, NJW 1971, 1795 (Benutzung); BGH 29. 10. 1959, NJW 1960, 237; OLG Köln 18. 3. 1994, NJW-RR 1995, 51 (Weiterverkauf nach Anfechtung).
70 Dazu BGH 28. 4. 1971, NJW 1971, 1795.
71 BGH 1. 3. 1992, NJW 1992, 2346.
72 BGH 30. 6. 2000, NJW 2000, 2894.
73 OLG Celle 4. 8. 2004, MDR 2005, 143.
74 OLG Köln 18. 3. 1994, NJW-RR 1995, 51.
75 BGH 13. 3. 1996, NJW 1996, 1826.

auch keine Rechenschaft darüber, woher er, der Käufer, sein Wissen von der Kenntnis des Verkäufers hat. Selbst eine nur **vermutete Verkäuferkenntnis** kann er als Tatsachenbehauptung in den Prozess einführen. Unbeachtlich ist erst eine aus der Luft gegriffene, gleichsam ins Blaue hinein aufgestellte Behauptung.[76]

Bei hinreichendem Sachvortrag des Käufers ist es die Aufgabe des Verkäufers, substanti- **4507**
iert darzulegen, dass er von der fraglichen Tatsache entweder keine Kenntnis gehabt oder sie offen gelegt hat oder dass sie dem Käufer anderweitig bekannt war. Damit der Käufer sich mit diesem Vorbringen inhaltlich auseinander und dagegen zur Wehr setzen kann, genügt es nicht, wenn der Verkäufer sich auf die Behauptung beschränkt, aufgeklärt zu haben. Die angebliche Aufklärung ist unter Angabe konkreter Einzeltatsachen zu beschreiben. Dabei ist zu berücksichtigen, dass der Käufer oder sein Vertreter an den Verkaufsverhandlungen teilgenommen hat, die behauptete Aufklärung sich also im Wahrnehmungsbereich der Gegenseite abgespielt hat. Das wirkt sich zugunsten des Verkäufers auf seine Substanziierungspflicht aus.

Erfüllt der Sachvortrag des Verkäufers die an ihn zu stellenden Anforderungen, gegebe- **4508**
nenfalls ist das Gericht zu einem entsprechenden Hinweis (§ 139 ZPO) verpflichtet, fällt dem Käufer die Aufgabe zu, die Behauptung des Verkäufers zu widerlegen.[77] Ist dagegen erwiesen, dass der Verkäufer bei Vertragsanbahnung oder gar bereits in einem Zeitungsinserat durch eine Falschangabe, also **durch positives Tun**, einen Irrtum hervorgerufen hat, so muss er beweisen, dass er die Fehlvorstellung des Käufers vor Abschluss des Kaufvertrages durch Aufklärung beseitigt hat,[78] s. a. Rdn. 4262 und die Ausführungen zur Beweislastverteilung bei den einzelnen Fallgruppen „Verschweigen von Unfallschäden“ und „Vorspiegeln von Unfallfreiheit“ bzw. „Behauptung ins Blaue“.

Anders als früher § 463 S. 2 BGB a. F. setzt § 123 BGB den **Nachweis der Kausalität** **4509**
zwischen der arglistigen Täuschung und dem Kaufentschluss, d. h. Abgabe der entsprechenden Willenserklärung, voraus.[79] Kausalität liegt bereits vor, wenn der Kaufentschluss neben anderen Beweggründen durch den täuschungsbedingten Irrtum des Käufers mitbestimmt worden ist;[80] eine Beschleunigung des Geschäftsabschlusses genügt. Unerheblich ist, ob und gegebenenfalls wann der Käufer die Erklärung des Verkäufers auf ihre Richtigkeit hin überprüft hat. Es kommt auch nicht darauf an, ob der Irrtum vermeidbar war oder nicht. Eine arglistige Täuschung setzt nicht Schuldlosigkeit des Anfechtenden voraus.[81]

Den ursächlichen Zusammenhang zwischen Irreführung und Willenserklärung hat im **4510**
Rahmen des § 123 BGB der Käufer darzulegen und zu beweisen.[82] Eine Beweislastumkehr findet nach der Rechtsprechung nicht statt. Allerdings stellt sie an die Darlegung und den Nachweis der Kausalität **keine hohen Anforderungen**. BGH NJW 1958, 177 will dem Getäuschten sogar mit **Anscheinsbeweisregeln** helfen[83] (anders und zutreffend BGH NJW 1968, 2139 und BGH NJW 1996, 1051, s. a. BGH NJW 1995, 2361).

Häufig wird mit der Annahme einer **tatsächlichen Vermutung** argumentiert.[84] Sie ver- **4511**
hilft zu der Feststellung, dass der Käufer das Fahrzeug ohne die Täuschung nicht, jedenfalls

76 BGH 13. 3. 1996, NJW 1996, 1826.
77 Zutreffend OLG Köln 26. 1. 1996, VersR 1996, 631.
78 So, aber zweifelhaft OLG Köln 26. 1. 1996, VersR 1996, 631.
79 BGH 7. 7. 1989, NJW 1990, 42; BGH 23. 4. 1997, NJW 1997, 1845; KG 10. 11. 2003, KGR 2004, 158.
80 BGH 22. 2. 1991, NJW 1991, 1673, 1674; 12. 5. 1995, NJW 1995, 2361.
81 BGH 23. 4. 1997, NJW 1997, 1845.
82 BGH 12. 5. 1995, NJW 1995, 2361 – Immobilienkauf.
83 Ebenso OLG Karlsruhe 25. 10. 2010, DAR 2011, 257; KG 10. 11. 2003, KGR 2004, 158.
84 OLG Karlsruhe 20. 3. 1992, NJW-RR 1992, 1144; OLG Nürnberg 12. 1. 1978, DAR 1978, 198; OLG Köln 23. 5. 1994 – 24 U 30/84 – n. v.; vgl. auch BGH 6. 10. 1989, NJW-RR 1990, 78, 79; BGH 12. 5. 1995, NJW 1995, 2361; BGH 23. 4. 1997, NJW 1997, 1845.

nicht zu dem konkreten Preis, gekauft hätte. Argumentationstypisch ist in diesem Zusammenhang die Erwägung, dass die vorgetäuschte Eigenschaft üblicherweise von wesentlicher Bedeutung für den Kaufentschluss sei. Wenn der Käufer sich im konkreten Fall ausdrücklich nach dem Vorhandensein dieser Eigenschaft, z. B. Unfallfreiheit, erkundigt hat, bestehen an der erforderlichen Kausalität in der Tat keine begründeten Zweifel.[85] Der Beweis der Ursächlichkeit der Täuschung ist dann „zumindest dem Anschein nach" erbracht.[86]

4512 Von der Ursächlichkeit der Täuschung für den Kaufentschluss zu unterscheiden ist das **Bewusstsein** des Verkäufers um die Kausalität. Für § 123 BGB ist das Bewusstsein Voraussetzung, dass der Käufer ohne die Täuschung nicht oder zu einem anderen Preis gekauft hätte. Auch hier genügt bedingter Vorsatz.[87] So wie bei der (objektiven) Kausalität mit einer „tatsächlichen Vermutung" argumentiert wird, hilft man dem Käufer auf der subjektiven Ebene mit einer ähnlichen Beweiserleichterung.

5. Rechtsfolgen der Arglistanfechtung

4513 Die **wirksam** angefochtene Kauferklärung – im Kfz-Handel die Bestellung (= Vertragsangebot) – ist als **von Anfang an nichtig** anzusehen (§ 142 Abs. 1 BGB). Die durch Anfechtung eingetretene Nichtigkeit ist nicht anders zu behandeln als eine von Anfang an bestehende. Problematisch kann die **Reichweite der Anfechtungserklärung** und damit der Umfang der Nichtigkeit sein. Trotz des Abstraktionsprinzips spricht man sich in Fällen des Autokaufs verschiedentlich gegen eine **Trennung von Kausal- und Erfüllungsgeschäft** aus. Die Erklärung des getäuschten Käufers, die zur Einigung i. S. v. § 929 BGB geführt habe, sei im Zweifel von der arglistigen Täuschung mit beeinflusst.[88] **Gesamtnichtigkeit** von Kauf und Übereignung wird bisweilen auch mit § 139 BGB begründet.[89]

4514 Für eine **Beschränkung der Anfechtung** auf das **obligatorische Geschäft** wird demgegenüber ins Feld geführt, der getäuschte Käufer habe keinen Grund, sich mit Blick auf das ihm übereignete Fahrzeug wie ein Nichteigentümer (Nichtberechtigter) behandeln zu lassen.[90] Bei interessengerechter Auslegung von Anfechtungserklärungen wird der Erwerb des Eigentums am Fahrzeug oder eines Anwartschaftsrechts in der Tat nicht erfasst.[91] Anders können die Dinge bei einem reinen Tausch oder bei einer Inzahlunggabe eines Altfahrzeugs liegen.[92]

4515 Nach wirksamer Anfechtung kann das Geschäft nach **Bereicherungsrecht** rückabgewickelt werden. **Schadensersatz** konnte der Käufer in „Altfällen" nur wegen Verschuldens bei Vertragsschluss oder aus unerlaubter Handlung verlangen (§ 823 Abs. 2 BGB i. V. m.

---

85 Vgl. auch BGH 20. 3. 1967, NJW 1967, 1222 mit Unterscheidung zwischen § 123 BGB und § 119 Abs. 2 BGB.

86 Vgl. BGH 12. 5. 1995, NJW 1995, 2361.

87 BGH 28. 4. 1971, NJW 1971, 1795, 1800.

88 Vgl. OLG Oldenburg 27. 10. 1992, DAR 1993, 467; OLG Köln 18. 3. 1994, NJW-RR 1995, 51; *Weitnauer*, NJW 1970, 637.

89 Vgl. BGH NJW-RR 1991, 917, aber Grundstückskauf; s. a. BGH 12. 5. 1995, NJW 1995, 2361, gleichfalls Grundstückskauf.

90 KG 18. 12. 2006, OLGR 2007, 346; zur Vertiefung *Grigoleit*, AcP 199, 404 ff.

91 *Grigoleit*, AcP 199, 404, 416. Von einer Trennung geht der BGH im Fall eines zweifachen Verkaufs eines Pferdes mit zweifacher Arglistanfechtung wie selbstverständlich aus (NJW 2008, 1878). Hätte auch nur eine der beiden Anfechtungserklärungen die Übereignung miterfasst, wäre zumindest die Urteilsbegründung eine andere gewesen. Im Zentrum stehen die beiden Ansprüche auf Rückübereignung. Soweit die Anfechtung auch das dingliche Geschäft vernichtet, entfällt eine Rückübereignung von vornherein.

92 Dazu OLG Stuttgart 31. 7. 2008 – 19 U 54/08.

§ 263 StGB, §§ 826, 831 BGB), nicht § 463 S. 2 BGB a. F.[93] Auch nach „neuem“ Recht scheiden vertragliche Schadensersatzansprüche bei wirksamer Täuschungsanfechtung nach h. M. aus (s. Rdn. 3840).

Eine weitere Dimension eröffnen die **§§ 987 ff. BGB,** sofern die Anfechtung den Eigentumserwerb des Käufers miterfasst hat. Bleibt die Wirkung der Anfechtung auf das Kausalgeschäft beschränkt, können die Vorschriften über das Eigentümer-Besitzer-Verhältnis über die §§ 819 Abs. 1, 818 Abs. 4, 292 BGB anwendbar sein. Der arglistige Verkäufer unterliegt von Anfang an der **verschärften Bereicherungshaftung** (§§ 818 Abs. 4, 819 Abs. 1, 142 Abs. 2 BGB), weil er die Anfechtbarkeit vom Zeitpunkt der Täuschung an kennt. Der Käufer seinerseits haftet von dem Zeitpunkt an verschärft, in dem er von der Anfechtbarkeit Kenntnis erlangt, d. h. ab Entdeckung der Täuschung. Von da an darf er nicht mehr auf den Fortbestand des Geschäfts vertrauen, auch wenn er sich über die rechtlichen Folgen der Täuschung und über sein eigenes Vorgehen zunächst nicht schlüssig ist. **4516**

a) Anspruchskonkurrenz und praktisches Vorgehen bei der Fallbearbeitung

1. Die Rückabwicklung eines wirksam angefochtenen und deshalb nichtigen Kaufvertrages kann sowohl nach Schadensersatz- wie nach Bereicherungsrecht erfolgen (st. Rspr., z. B. BGH NJW 1962, 1909; BGHZ 57, 137; BGH NJW 1995, 45; OLG Naumburg ZGS 2006, 238; KG 1. 9. 2011 – 8 U 42/10). **4517**
2. Grundlagen der Schadensersatzhaftung sind (nach Beseitigung des Vertrages im Wege der Anfechtung) die §§ 280 Abs. 1, 311 Abs. 2, 241 Abs. 2 BGB und (unabhängig von einem Anfechtungserfolg) die § 823 Abs. 2 i. V. m. §§ 263 StGB, 826, 831 BGB.
3. Während eine arglistige Täuschung i. S. v. § 123 BGB zugleich ein Verschulden bei Vertragsabschluss und regelmäßig auch eine sittenwidrige Schädigung gem. § 826 BGB bedeutet,[94] setzt die Annahme eines Betruges (§ 263 StGB) als Schutzgesetzverletzung (§ 823 Abs. 2 BGB) weitere Feststellungen voraus. Der Betrugstatbestand muss voll durchgeprüft werden, was in den einschlägigen Gerichtsentscheidungen mitunter unterblieben ist. Für die Täuschungshandlung, die Irrtumserregung, Vermögensverfügung und Vermögensschaden (mit Kausalkette) muss Betrugsvorsatz festgestellt werden. Schwierigkeiten bereitet insbesondere das Tatbestandsmerkmal ‚Vermögensschaden‘. Dazu liegt eine umfangreiche Kasuistik vor.[95]
4. Bei einem Verkauf durch einen arglistigen Angestellten des Kfz-Händlers kann Letzterer deliktisch aus § 831 BGB und nach Bereicherungsrecht haften. Der Angestellte ist kein Bereicherungsschuldner. Er haftet nur aus § 826 BGB, § 823 Abs. 2 BGB i. V. m. § 263 StGB.
5. Die Ansprüche des Käufers gegen seinen Vertragspartner aus Bereicherungsrecht und aus c. i. c. bzw. unerlaubter Handlung stehen grundsätzlich gleichrangig nebeneinander.
6. Dem Umfang nach bleibt die Bereicherungshaftung per saldo hinter der Deliktshaftung zurück; bestimmte Vermögenseinbußen werden dem Käufer nur nach §§ 249 ff. BGB ersetzt. Urteile mit erfolgreichen Klagen werden überwiegend mit der (weitergehenden) deliktischen Haftung (bzw. c. i. c.) begründet. Eine Mithaftung nach § 254 BGB muss der arglistig getäuschte Käufer nicht befürchten.

93 BGH 19. 11. 2003, NJW 2004, 1252; BGH 29. 10. 1959, NJW 1960, 237 = LM § 123 BGB Nr. 18; OLG Karlsruhe 18. 12. 1985, NJW-RR 1986, 452.

94 St. Rspr., vgl. BGH 24. 10. 1996, NJW 1997, 254.

95 OLG Düsseldorf (2. Strafsenat), NJW 1991, 1841; OLG Düsseldorf (5. Strafsenat) JZ 1996, 913 m. Anm. *Ch. Schneider;* OLG Karlsruhe (3. Strafsenat) NJW 1980, 1762; s. a. OLG Köln (6. Zivilsenat), NJW-RR 1995, 51.

7. Der Bereicherungsausgleich kann über das Schadensersatzrecht zugunsten des Käufers korrigiert werden, z. B. beim Nutzungsersatz.
8. Gerichtsstand: Für Bereicherungsansprüche ist grundsätzlich der Wohnort des Verkäufers als Schuldner maßgebend. Wenn der Verkäufer zugleich aus Delikt haftet, kann der Käufer auch vor seinem „Heimatgericht" klagen.

b) Bereicherungsansprüche des Käufers

aa) Rückzahlung des Kaufpreises und Herausgabe seines Ersatzes (Altwagen)

4518 Der arglistig getäuschte Käufer hat nach §§ 812 Abs. 1 S. 1, 1. Alt. (condictio indebiti[96]), 818 Abs. 2 BGB Anspruch auf Rückzahlung des Kaufpreises. Bei Hingabe eines Schecks oder eines Wechsels sind diese Papiere zurückzugeben.

4519 Ein **in Zahlung genommener Altwagen** ist gleichfalls herauszugeben, sofern der Verkäufer dazu noch in der Lage ist. In diesem Fall (Herausgabemöglichkeit) schuldet der Verkäufer **bereicherungsrechtlich** (Korrektur qua Schadensersatz vorbehalten) weder Wertersatz noch Zahlung des (höheren) Anrechnungsbetrages. Aufgrund seiner Bösgläubigkeit unterliegt er jedoch ab Hereinnahme des Fahrzeugs der **verschärften Bereicherungshaftung** (§§ 819 Abs. 1, 818 Abs. 4, 292, 987 ff. BGB). Die §§ 987 ff. BGB können auch direkt anzuwenden sein, wenn die Täuschungsanfechtung die dingliche Seite der Inzahlungnahme erfasst. Kraft der Haftungsverschärfung hat der Verkäufer für eine schuldhafte Verschlechterung des Fahrzeugs Ersatz zu leisten. Ein allein durch die Standzeit bedingter **Wertverlust** fällt nicht darunter. Anders ist es, sofern die Entwertung, wie in BGHZ 72, 252, auf einer sorgfaltswidrigen Aufbewahrung beruht.

4520 Zusätzlich wird die Haftung des Verkäufers verschärft, sofern er sich mit der Herausgabe des in Zahlung genommenen Fahrzeugs **im Verzug** befindet (§§ 990 Abs. 2, 287 BGB). Da einem getäuschten Käufer trotz wirksamer Vertragsanfechtung zugleich Schadensersatzansprüche aus c. i. c. (§§ 280 Abs. 1, 311 Abs. 2, 241 Abs. 2 BGB) und meist auch aus unerlaubter Handlung zustehen, sind auch diese Anspruchsgrundlagen in Betracht zu ziehen. Wenn überhaupt, können sie einen Ausgleich für rein standzeitbedingten Wertverlust geben.

4521 Ob der Verkäufer **deliktsrechtlich** statt Rückgabe des (noch vorhandenen) Altwagens einen Geldbetrag in Höhe des Anrechnungspreises schuldet, ist zweifelhaft. Der BGH hat dies bisher nur für den großen Schadensersatz aus § 463 BGB a. F. bejaht.[97] Die Frage ist, ob dasselbe gelten kann, wenn der Käufer nicht Ersatz seines positiven Interesses verlangt, sondern über die §§ 280 Abs. 1, 311 Abs. 2, 241 Abs. 2 BGB (früher c. i. c.) seinen Vertrauensschaden liquidiert. Dort wie auch im Rahmen der Deliktshaftung ist grundsätzlich ‚nur' das negative Interesse zu ersetzen. Bei diesem Ansatz schuldet der arglistige Verkäufer, der noch im Besitz des Altfahrzeugs ist, auch schadensrechtlich keinen Ersatz in Höhe des Anrechnungspreises. Das kann aber auch anders gesehen werden.

4522 Hat der arglistige Verkäufer den **in Zahlung genommenen Altwagen** zwischenzeitlich **weiterveräußert** (so die Konstellation in BGH NJW 1962, 1909; BGHZ 53, 144; s. a. BGH NJW 1980, 178), gilt rein bereicherungsrechtlich Folgendes:

---

96 Ob es sich um eine condictio indebiti oder um eine condictio ob causam finitam handelt, ist im Ergebnis belanglos; offengelassen von BGH 13. 2. 2008, NJW 2008, 1878; auch von OLG Naumburg 7. 12. 2005, ZGS 2006, 239.

97 Urt. v. 28. 11. 1994, NJW 1995, 518 (Bestätigung von OLG Celle 6. 1. 1994, OLGR 1994, 129).

4523 Nach § 818 Abs. 2 BGB schuldet der Verkäufer **Wertersatz;**[98] maßgeblich ist der objektive Verkehrswert (Marktwert), nicht der – regelmäßig höhere – Anrechnungspreis. Etwas anderes ergibt sich auch nicht aus BGHZ 53, 144. Denn der Anrechnungsbetrag entsprach dem Wert des Fahrzeugs.

4524 Hat der Händler den Altwagen als Nichteigentümer (Nichtberechtigter) weiterveräußert, was von der Reichweite der Anfechtung abhängt (dazu Rdn. 4513 f.), kann der Käufer nach § 816 Abs. 1 BGB **Herausgabe des Erlöses** aus dem Weiterverkauf verlangen, evtl. gekürzt um Verkaufsaufwendungen. Zur Anwendung des § 281 BGB a. F. (§ 285 BGB n. F.) im Rahmen der Bereicherungshaftung s. BGH NJW 1980, 178 (kein Arglistfall, aber gleichfalls verschärfte Haftung nach §§ 818 Abs. 4, 819 BGB), dort auch zur Anwendung des § 687 Abs. 2 BGB.

bb) Zinsen und Kapitalnutzung

4525 Angesichts der **Bösgläubigkeit** des (arglistigen) Verkäufers bzw. seines Vertreters (§ 166 BGB) ist der Geldbetrag bereits ab Empfang, nicht erst ab Verzug, **zu verzinsen,** §§ 819 Abs. 1, 818 Abs. 4, 291 BGB. Auch für diese Zinsen gilt die **Fünf-Prozentpunkte-Regelung** des § 288 Abs. 1 S. 2 BGB.[99] Ob die Zinsforderung, normalerweise Nebenforderung, als Festbetrag in die Saldierung einzubeziehen ist,[100] erscheint schon grundsätzlich zweifelhaft, ist jedenfalls von einem arglistig getäuschten Käufer wohl kaum zu verlangen. Ein Zurückbehaltungsrecht des Verkäufers steht der Verpflichtung zur Zahlung von Zinsen entgegen.[101]

4526 Wird ein Teil des Kaufpreises durch Hingabe eines Altfahrzeugs ‚ersetzt' (zu den einzelnen Konstruktionen s. Rdn. 1434 ff.), kann der arglistig getäuschte Käufer selbst im Fall der Weiterveräußerung des Altwagens nicht den vollen Kaufpreis, sondern zunächst nur den Baranteil zur Grundlage seines Zinsanspruchs machen. Erst wenn wegen Unmöglichkeit der Herausgabe infolge Weiterveräußerung eine weitere Geldschuld hinzu kommt, kann auch insoweit eine Zinsschuld ab dem Tag der Veräußerung entstehen,[102] d. h. der Zinsanlauf ist an sich zeitversetzt. Da erfahrungsgemäß von einer raschen Weiterveräußerung ausgegangen werden kann, ist Käuferanwälten ein **einheitliches Datum** für die Verzinsung (Geldempfang) zu empfehlen.

4527 Ob und inwieweit der Käufer das Fahrzeug genutzt hat und dafür eine Vergütung schuldet, ist auf seinen Zinsanspruch ohne Einfluss, d. h., der Betrag, der zu verzinsen ist, kann den Betrag der (wegen Abzugs der Nutzungsvergütung reduzierten) Hauptforderung übersteigen.

4528 Aus dem rechtsgrundlos erlangten Kapital **tatsächlich gezogene Nutzungen** sind schon gem. § 818 Abs. 1, 2 BGB herauszugeben.[103] Bei Kaufleuten besteht in einem gewissen Umfang ein Vermutung dafür, dass sie einen erlangten Kapitalbetrag zinsbringend angelegt haben.[104] Als Alternative steht die Tilgung eines Kredits im Raum. Wenn der Verkäufer tatsächlich mit Fremdmitteln arbeitet, ist der dafür zu zahlende Zins nicht gleichbedeutend mit einer entsprechenden Nutzung in Form ersparter Zinsen.[105] Grundlage für die Bemessung

98 BGH 2. 7. 1962, NJW 1962, 1909; OLG Hamm 8. 7. 1970, NJW 1970, 2296; OLG Hamm 9. 9. 1996, DAR 1996, 499 – Tausch.
99 KG 18. 12. 2006, OLGR 2007, 346.
100 So KG 18. 12. 2006, OLGR 2007, 346.
101 BGH 11. 6. 2010, NJW 2010, 2873 Tz. 30.
102 OLG Düsseldorf 13. 1. 2003–1 U 76/02 – n. v.
103 BGH 5. 7. 2006, NJW 2006, 2847, 2853.
104 BGH 5. 7. 2006, NJW 2006, 2847, 2853.
105 BGH 5. 7. 2006, NJW 2006, 2847, 2853.

des Nutzungsersatzes ist – wie bei der Verzinsung – lediglich das empfangene Kapital. Ein Zufluss aus der Weiterveräußerung kann zu einer Aufstockung führen.

4529 Für unterlassene **Kapitalnutzung** haftet der arglistige Verkäufer nach § 987 Abs. 2 BGB in direkter Anwendung oder i. V. m. §§ 292, 819 Abs. 1, 818 Abs. 4 BGB.

4530 **Eigenen Finanzierungsaufwand** kann der Käufer als Schaden geltend machen, eventuell auch als Entreicherungsposten in das Abrechnungsverhältnis einstellen (s. Rdn. 4543). Befindet sich der – bösgläubige/arglistige – Verkäufer mit der Rückzahlung des Kaufpreises in Verzug, kann der Käufer seine Kreditkosten auch als Verzögerungsschaden ersetzt verlangen (§§ 819 Abs. 1, 818 Abs. 4, 280 Abs. 2 BGB).

cc) Aufwendungen und Verwendungen

4531 Prozesstypisch ist das Verlangen des Käufers, ihm die **Aufwendungen** und **Verwendungen** auf sein **Fahrzeug** zu ersetzen. Meist geht es neben den Zulassungskosten um die Anschaffung von Zubehör sowie um Reparaturen. Dazu, wie diese Positionen beim Rücktritt und beim großen Schadensersatz zu behandeln sind, s. Rdn. 3550 ff., 3772. Bei einer Rückabwicklung nach erfolgreicher Arglistanfechtung ist die ohnehin wenig klare Rechtslage noch komplexer. Das liegt zum einen an den Besonderheiten des Bereicherungsrechts, zumal in Täuschungsfällen, zum anderen an dem Nebeneinander von Bereicherungsausgleich und außervertraglicher Schadensersatzhaftung. Hinzu kommt: Sofern die Arglistanfechtung auch das dingliche Geschäft, d. h. den Erwerb des Fahrzeugeigentums, erfasst (dazu Rdn. 4513 f.), kommen nach h. M. für den Verwendungsersatz die Sonderregeln der §§ 994 ff. BGB in Betracht.[106] Über § 292 BGB können diese Vorschriften gleichfalls anwendbar sein, also auch, wenn die Wirkung der Anfechtung auf das obligatorische Geschäft beschränkt ist. Schließlich: Im Fall des Annahmeverzugs des Verkäufers kann der Käufer bestimmte Aufwendungen auch nach § 304 BGB ersetzt verlangen, z. B. Unterstellkosten.

4532 **Rein bereicherungsrechtlich** gilt: Verwendungen können die Bereicherung des Käufers mindern und daher von ihm nach Saldierungsgrundsätzen gem. § 818 Abs. 3 BGB gegen gerechnet werden.[107] Voraussetzung ist jedoch, dass die Verwendungen nicht in die Zeit fallen, in der auch der getäuschte Käufer verschärft haftet (Rechtshängigkeit oder Kenntnis von der Täuschung). Bereicherungsrechtlich geben diejenigen Verwendungen, die nur nach § 818 Abs. 3 BGB, nicht nach § 994 BGB, zu berücksichtigen sind, keinen selbstständigen Anspruch. Sie sind aber geeignet, den Anspruch des Verkäufers auf Nutzungsvergütung zu mindern.[108]

4533 **In der Praxis** läuft der Verwendungsersatz regelmäßig über die **§§ 994 ff. BGB** oder über **Schadensersatzrecht**. Aus der einschlägigen Judikatur sind insbesondere zu erwähnen: BGH NJW 1960, 237; OLG Oldenburg DAR 1993, 467; OLG Nürnberg DAR 1978, 324; OLG Nürnberg 9. 6. 2000 – 6 U 4302/99 – n. v. Einen anderen (bereicherungsrechtlichen) Weg geht das Kammergericht.[109]

4534 **Zentral** für den Ausgleich nach den §§ 994 ff. BGB ist der **Begriff der Verwendung**. Der BGH[110] definiert Verwendungen als Vermögensaufwendungen, die der Erhaltung, Wiederherstellung oder Verbesserung der Sache dienen. Dazu rechnet auch die eigene Arbeitsleistung des Besitzers, soweit sie einen Geldwert (Marktwert) hat (Parallele zum Schadensersatzrecht). Mithin kann ein Fahrzeugkäufer **geldwerte Eigenleistungen**, aber auch die Arbeitsleistung von Angehörigen oder Bekannten, als ‚Verwendungen' auf den Verkäu-

106 Anders *Michalski*, FS für Gitter, 1995, 577, 599.
107 BGH 29. 10. 1959, NJW 1960, 237; KG 18. 12. 2006, OLGR 2007, 346.
108 BGH 12. 12. 1997, NJW 1998, 989.
109 Urt. v. 18. 12. 2006, OLGR 2007, 346; s. a. KG 1. 9. 2011 – 8 U 42/10.
110 Urt. v. 24. 11. 1995, NJW 1996, 921.

fer abwälzen, vorausgesetzt, sie haben geldwerten Charakter. Das ist im Zweifel zu verneinen.

Nach den §§ 994, 996 BGB ist – wie im Rahmen des § 347 Abs. 2 BGB – zwischen **notwendigen** und nur **nützlichen Verwendungen** zu unterscheiden. Ein Unterfall der notwendigen Verwendungen sind die **gewöhnlichen Erhaltungsmaßnahmen** bzw. die damit verbundenen Erhaltungskosten (§ 994 Abs. 1 S. 2 BGB). Während sie nach Rücktrittsrecht als notwendige Verwendungen zu ersetzen sind (Argument: der Käufer schuldet eine Vergütung für die Nutzung), macht § 994 Abs. 1 S. 2 BGB ausdrücklich eine Einschränkung: Für die Zeit, für welche die Nutzungen verbleiben, sind gewöhnliche Erhaltungskosten nicht zu ersetzen. **4535**

Dem arglistig getäuschten Käufer ist Ersatz sämtlicher notwendiger Verwendungen einschließlich der gewöhnlichen Erhaltungskosten zuzubilligen. Erstens fallen sie nicht in eine Zeit, für welche ihm die Nutzungen verbleiben. Er schuldet dem Verkäufer eine Vergütung, die den Nutzungsvorteil voll ausgleicht.[111] Zum anderen ist der Käufer rechtsgrundloser Besitzer und insoweit einem ‚unentgeltlichen' Erwerber gleichgestellt. Diesem sind notwendige Verwendungen aber uneingeschränkt zu ersetzen.[112] Wer das anders sieht,[113] kommt nicht umhin, im Wege des Schadensersatzes eine Korrektur zugunsten des Käufers vorzunehmen. **4536**

Was beim Gebrauchtfahrzeugkauf zu den notwendigen Verwendungen gehört, ergibt sich aus der Auflistung unter Rdn. 3553. Zu einem Großteil handelt es sich dabei zugleich um gewöhnliche Erhaltungskosten i. S. v. § 994 Abs. 1 S. 2 BGB. Ob eine bestimmte Verwendung auf ein Kraftfahrzeug **notwendig oder nur nützlich** oder gar nutzlos ist, kann im Einzelfall durchaus zweifelhaft sein, wie auch die Kasuistik zum vertraglichen Rückabwicklungsrecht zeigt (Rdn. 3553 ff.). **4537**

Die Bewertung hängt vom Zeitpunkt und auch davon ab, von wessen Standpunkt aus die Art der Verwendung beurteilt wird. Hat der Käufer ‚sein' Fahrzeug nach Übernahme in einem Tuningbetrieb ‚frisieren' lassen, wird das aus seiner Sicht keine notwendige, wohl aber eine nützliche Verwendung sein. Der Verkäufer, der das Auto zurücknehmen soll, wird diese Umrüstung für überflüssig halten und Wiederherstellung des früheren Zustandes verlangen, jedenfalls eine Erstattung der Umrüstungskosten ablehnen. **4538**

Grundsätzlich gilt: Die Notwendigkeit einer Maßnahme ist nach einem objektiven Maßstab ex ante zu beurteilen.[114] Bezogen auf den Fahrzeugkauf heißt das, dass die Maßnahme bei Arbeitsbeginn zur Erhaltung des Fahrzeugs objektiv geboten gewesen sein muss. Dass sie dauerhaft zur Werterhaltung oder gar Wertsteigerung beigetragen hat, ist nicht erforderlich. **4539**

Als **zeitliche Grenze** ist § 994 Abs. 2 BGB zu beachten: Nach Rechtshängigkeit bzw. nach Entdeckung der Täuschung gemachte notwendige Verwendungen sind nur nach den **Vorschriften der GoA** zu ersetzen. Dass der Käufer die Verwendungen gemacht hat, als er – mangels Anfechtung – noch Eigentümer und berechtigter Besitzer war, ist unschädlich. Entscheidend ist für den Anspruch aus § 994 BGB, dass das Besitzrecht später weggefallen ist und jedenfalls bei Geltendmachung des Ersatzanspruchs nicht mehr besteht.[115] **4540**

111 Offen gelassen von OLG Oldenburg 27. 10. 1992, DAR 1993, 467.

112 OLG Oldenburg 27. 10. 1992, DAR 1993, 467; *Palandt/Bassenge*, § 994 BGB Rn. 6.

113 Wie z. B. *Tempel/Syderhelm*, Materielles Recht im Zivilprozess, 4. Aufl., S. 57; gegen eine bereicherungsrechtliche Berücksichtigung gewöhnlicher Erhaltungskosten KG 18. 12. 2006, OLGR 2007, 346.

114 BGH 24. 11. 1995, NJW 1996, 921.

115 BGH 24. 11. 1995, NJW 1996, 921.

4541 Für nur nützliche (wertsteigernde) Verwendungen in der Zeit **nach Kenntnis** von der Anfechtbarkeit kann der Käufer nach den §§ 994 ff. BGB keinen Ersatz verlangen, vgl. § 996 BGB. Erst recht gilt dies für nutzlose Verwendungen. **Vor Kenntnis** von der Täuschung gemachte nützliche Verwendungen sind gem. § 996 BGB zu ersetzen. Die Wertsteigerung, also die Nützlichkeit, muss aber noch vorhanden sein, wenn der Verkäufer das Fahrzeug wiedererlangt. Es kommt mithin nicht auf die Wertsteigerung im Zeitpunkt der Verwendung an. Durch Verschleiß, Abnutzung und Alterung kann eine ursprünglich wertsteigernde Investition in ein Kraftfahrzeug wieder an Wert verlieren, sodass der Gesamtwert des Fahrzeugs nicht mehr messbar erhöht ist.

4542 Bereicherungsrechtlich und auch bei einer Abwicklung nach Schadensersatzrecht können selbst **nutzlose Verwendungen** zulasten des arglistigen Verkäufers gehen. Das folgt für das Bereicherungsrecht aus § 818 Abs. 3 BGB. Ein selbstständiger Erstattungsanspruch unter dem Gesichtspunkt der Verwendungskondiktion dürfte zu verneinen sein. Er kann sich aber aus c. i. c. bzw. deliktischer Haftung ergeben. Zu diesem Ansatz s. BGH NJW 1960, 237 (Ersatz von Reparaturkosten, die freilich – verschleißbedingt – notwendig waren); OLG Nürnberg DAR 1978, 198 a. E. = DAR 1978, 325.

4543 Ob und inwieweit der Käufer **als entreichernde Posten** vergebliche Aufwendungen, die weder notwendige noch nützliche Verwendungen sind (z. B. Finanzierungskosten und Vertragsabschlusskosten), in Ansatz bringen darf, ist umstritten.[116] Abzugsfähig sind jedenfalls die Kosten der Fahrzeugabmeldung und die Kosten für die Einholung eines Privatgutachtens.[117]

dd) Prozessuales

4544 Zur **Gerichtszuständigkeit** s. OLG Saarbrücken NJW 2005, 906.

4545 **Passivlegitimiert** für den Rückzahlungs- bzw. Rückgabeanspruch des Käufers ist allein der Verkäufer. Dies auch dann, wenn ein Kfz-Händler als **Vertreter/Vermittler** eingeschaltet war. Ohne Belang ist, ob der Vertreter den gesamten Kaufpreis an seinen Auftraggeber weitergeleitet hat oder nicht. Gegenstand des Bereicherungsausgleichs ist das, was der Käufer hingegeben hat.

c) Gegenansprüche des Verkäufers

aa) Rückgabe des Fahrzeugs

4546 Auch ein arglistiger Verkäufer hat Anspruch auf Rückgabe und ggf. Rückübereignung des Fahrzeugs.[118] Er kann diesen Anspruch im Wege der Zug-um-Zug-Einrede geltend machen. Zu Fall bringen kann der Käufer diese Einrede, wenn ihm seinerseits ein Anspruch auf Rückübereignung aus abgetretenem Recht zu steht (Käuferkette).[119]

4547 Rückübereignung entfällt, wenn der Käufer seinen Eigentumserwerb durch seine Anfechtung zunichte gemacht hat (dazu Rdn. 4513 f.). Dann kann der Verkäufer lediglich Rückübertragung des Besitzes verlangen. Der (meist bestehende) Rückübereignungsanspruch ist nicht gem. **§ 814 BGB** ausgeschlossen, weil der Verkäufer die Anfechtbarkeit kannte.[120] Zurückzugeben sind außer dem Fahrzeug auch die Fahrzeugpapiere und sonstige „mitverkaufte" Gegenstände (z. B. ein Hardtop).

---

116 Zum Grundstückskauf s. BGH 6. 12. 1991, NJW 1992, 1037.

117 OLG Oldenburg 27. 10. 1992, DAR 1993, 467 (für Gutachterkosten); anders OLG Stuttgart 17. 3. 1989, NJW 1989, 2547 (Gutachterauftrag, aber erst nach Anfechtung); s. a. KG 18. 12. 2006, OLGR 2007, 346.

118 BGH 13. 2. 2008, NJW 2008, 1878 (Pferdekauf).

119 Zu dieser Konstellation BGH 13. 2. 2008, NJW 2008, 1878 (Pferdekauf).

120 BGH 13. 2. 2008, NJW 2008, 1878 (Pferdekauf).

4548 Der **Bereicherungsausgleich** zielt auf gegenständliche Rückgewähr dessen, was noch da ist. Auch im Falle einer **zwischenzeitlichen Entwertung** des Fahrzeugs, selbst bis zur Schrottreife, bleibt der Käufer nach Bereicherungsrecht verpflichtet, es an den Verkäufer herauszugeben.[121] Solange der Wagen als solcher noch vorhanden ist und wenigstens noch Schrottwert hat, liegt ein Fall der Herausgabeunmöglichkeit i. S. v. § 818 Abs. 2 BGB nicht vor.[122] Erst bei **objektiver Unmöglichkeit** oder **subjektivem Unvermögen** zur Herausgabe in Natur tritt an die Stelle der Primäransprüche aus §§ 812 Abs. 1 S. 1, 818 Abs. 1 BGB die Pflicht zum Wertersatz nach § 818 Abs. 2 BGB.

4549 Die **Beweislast** für die Unmöglichkeit der Herausgabe des Fahrzeugs obliegt dem Käufer. Dass die Weiterveräußerung an einen Dritten ein Scheingeschäft war, hat hingegen der Verkäufer zu beweisen.[123]

4550 Typisch für Rückabwicklungslagen beim Kraftfahrzeugkauf ist der Umstand, dass der Käufer nur in seltenen Fällen dazu imstande ist, das Fahrzeug genau in dem Zustand zurückzugeben, in dem er es empfangen hat.

4551 **Veränderungen** und **Verschlechterungen**, und sei es nur durch normale **Benutzung**, sind die Regel. Besonders problematisch sind die Fälle, in denen der Wagen überhaupt nicht oder nicht mehr in unbeschädigtem Zustand zurückgegeben werden kann. Insoweit sind **4 Fallgruppen** zu unterscheiden: (1) Zerstörung oder Beschädigung des Fahrzeugs infolge eines vom Verkäufer zu vertretenden Mangels, (2) zufälliger Verlust oder zufällige ‚Verschlechterung' des Fahrzeugs, (3) Unmöglichkeit der Rückgabe in unbeschädigtem Zustand infolge eines Verhaltens des Käufers oder seiner Leute, das nicht als ‚Verschulden' zu werten ist und (4) vom Käufer verschuldete Unmöglichkeit, das Auto in dem Zustand, in dem er es erhalten hat, zurückzugeben. Schwierige Wertungsfragen werfen insbesondere Fälle der Gruppen 3 und 4 auf.

4552 **Prozessual** ist zu beachten: Klagen des Verkäufers als Anfechtungsempfänger auf Herausgabe des Fahrzeugs sind selten, auch Widerklagen mit diesem Ziel sind in der Praxis die Ausnahme. **Typischerweise** klagt der getäuschte Käufer auf Rückzahlung des Kaufpreises und Erstattung seiner Aufwendungen. Zur prozessualen Situation bei einer Klage des Letztkäufers aus eigenem Recht und aus dem abgetretenen Recht eines gleichfalls getäuschten Vor-Verkäufers (nicht Käufers!) **nach Doppelanfechtung** s. BGH NJW 2008, 1878 (Pferdekauf).

4553 Fraglich ist, ob der getäuschte Käufer im Vorfeld des Prozesses eine **Pflicht zur Rückgabe** hat, er wenigstens dem Verkäufer **die Rücknahme anbieten** muss, wie das OLG Köln meint.[124] Prozessual lautet die Fragestellung: Muss der Käufer auf eine **Verurteilung** zur Rückzahlung des Kaufpreises **Zug um Zug** gegen Rückgabe des Fahrzeugs klagen oder ist eine solche Vorgehensweise – aus Kostengründen – lediglich empfehlenswert?

4554 **Bereicherungsrechtlich** gilt **nach der Saldotheorie:** Soweit sich gleichartige Bereicherungsansprüche gegenüberstehen, werden sie ohne Aufrechnungserklärung saldiert.[125] Durch einen Vergleich von Vor- und Nachteilen wird ermittelt, für welchen Beteiligten sich ein Überschuss (Saldo) ergibt. Dieser Beteiligte ist dann, so der BGH in st. Rspr.,[126]

---

121 BGH 2. 7. 1962, NJW 1962, 1909.

122 Vgl. aber auch OLG Oldenburg 4. 6. 1975, NJW 1975, 1788 zur Unmöglichkeit i. S. v. §§ 324, 325 BGB a. F.

123 BGH 8. 6. 1988, NJW 1988, 2597; *Staudinger/Lorenz*, § 818 BGB Rn. 32.

124 Urt. v. 18. 3. 1994, NJW-RR 1995, 51; richtigerweise ist das Anbieten nur Voraussetzung für den Annahmeverzug, wobei wegen der Abholpflicht des Verkäufers ein wörtliches Angebot genügt, vgl. OLG Düsseldorf 23. 10. 1997, DAR 1998, 70.

125 BGH 14. 7. 2000, NJW 2000, 3064; KG 18. 12. 2006, OLGR 2007, 346.

126 Z. B. NJW 1995, 454 (Urt. v. 11. 11. 1994).

‚Gläubiger eines einheitlichen, von vornherein durch Abzug der ihm zugeflossenen Vorteile beschränkten Bereicherungsanspruchs'. Bei dessen Darlegung muss er sogleich das mit berücksichtigen, was der Beklagte hingegeben hat, um den Vertrag zu erfüllen.

4555 Der Grundsatz der Saldierung gilt sinngemäß, wenn die beiderseitigen Leistungen **ungleichartig** sind, wie z. B. beim Fahrzeugkauf.[127] Dann hat der Bereicherungsgläubiger die ungleichartige Gegenleistung schon im Klageantrag derart zu berücksichtigen, dass er ihre Rückgewähr **Zug um Zug** anbietet.[128] Ohne dieses Angebot ist **die Bereicherungsklage** unschlüssig; ein Versäumnisurteil kann nicht ergehen. Aus Sicht des Bereicherungsschuldners bedeutet dies: Bei gleichartigen Leistungen braucht er nicht aufzurechnen, bei ungleichartigen wird er nicht damit belastet, seinen Gegenanspruch einredeweise geltend zu machen (§§ 320, 273 BGB).

4556 Ob die Grundsätze der Saldotheorie auch zugunsten desjenigen Bereicherungsschuldners anzuwenden sind, der seinen Vertragspartner **arglistig getäuscht** hat, ist indessen in Rechtsprechung und Schrifttum **umstritten.** Das RG hat den betrogenen Käufer davon freigestellt, die empfangene Gegenleistung von sich aus zu berücksichtigen. Die Geltendmachung der Gegenansprüche müsse vielmehr dem beklagten Verkäufer überlassen bleiben.[129]

4557 Der **VIII. ZS des BGH** hat in dem Urteil v. 16. 10. 1963[130] offen gelassen, ob diese **Einschränkung der Saldotheorie** gerechtfertigt und damit zulasten des arglistigen Verkäufers in seiner Eigenschaft als Beklagter/Widerbeklagter die **Zweikondiktionentheorie** anzuwenden ist. Letzteres bedeutet jedoch nicht, so der BGH,[131] dass der Verkäufer wegen seiner Gegenansprüche auf einen neuen Rechtsstreit zu verweisen sei. Er darf sich damit gegen die Bereicherungsklage des Käufers zur Wehr setzen, gleichviel, ob es um die Rückgabe des Fahrzeugs oder um Herausgabe gezogener Nutzungen geht.[132] Ob diese Rechtsverteidigung ihre Grundlage in § 320 BGB oder in § 273 BGB hat, ist umstritten.[133] Jedenfalls ist der Verkäufer nach der Saldotheorie auch hinsichtlich der Verfolgung seiner eigenen Ansprüche besser gestellt als nach der Zweikondiktionentheorie.

4558 Im **‚Mercedes'-Fall** BGHZ 53, 144 hatte der getäuschte Käufer auf Rückzahlung des Kaufpreises geklagt, ohne die Rückgabe des – beschädigten – Mercedes anzubieten. Das LG hatte diesem Antrag entsprochen. Das OLG hat das Urteil abgeändert und auf eine Zug-um-Zug-Verurteilung erkannt. Der BGH (VII. ZS) hat diese Entscheidung bestätigt, indem er sich in der zentralen Frage des Falles (wer trägt das Entwertungsrisiko?) auf den Boden der Zweikondiktionentheorie gestellt hat. Daran hat er auch für den Fall festgehalten, dass das gelieferte Fahrzeug durch Alleinverschulden des getäuschten Käufers einen Totalschaden erlitten hat (‚BMW'-Fall, BGHZ 57, 137, wo der Käufer – ebenso wie in den Fällen BGHZ 72, 252 und BGHZ 78, 216 – von sich aus auf eine Zug-um-Zug-Verurteilung des Verkäufers geklagt hat).

4559 Aus der **Einschränkung der Saldotheorie** zum Schutz des arglistig Getäuschten haben die Instanzgerichte für die **prozessuale Abwicklung** nach Bereicherungsrecht, aber auch nur insoweit, folgende Konsequenz gezogen: Als Bereicherungsgläubiger braucht der ge-

---

127 Vgl. KG 18. 12. 2006, OLGR 2007, 346.

128 BGH 10. 2. 1999, MDR 1999, 695; BGH 11. 11. 1994, NJW 1995, 454; BGH 29. 10. 1959, NJW 1960, 237; BGH 24. 6. 1963, NJW 1963, 1870.

129 Nachweise der RG-Rspr. in BGH NJW 1964, 39 und in BGH LM § 123 BGB Nr. 18, dort auch Hinweis auf die unveröffentlichte Entscheidung des II. ZS des BGH v. 4. 10. 1956 – II ZR 89/55.

130 NJW 1964, 39.

131 NJW 1964, 39.

132 BGH 13. 2. 2008, NJW 2008, 1878 (Pferdekauf); BGH 29. 10. 1959, NJW 1960, 237; s. a. KG 18. 12. 2006, OLGR 2007, 346.

133 BGH 7. 6. 2006, NJW 2006, 2839 nennt beide Vorschriften.

täuschte Käufer Gegenansprüche des Verkäufers nicht bereits im Klageantrag zu berücksichtigen. Der beklagte Verkäufer hat etwaige Gegenansprüche selbstständig geltend zu machen, was er im gleichen Rechtsstreit im Wege der Zug-um-Zug-Einrede darf.[134] Eine Zug-um-Zug-Verurteilung setzt keinen formellen Antrag des beklagten Verkäufers voraus; vielmehr reicht es aus, wenn der Beklagte einen uneingeschränkten Klageabweisungsantrag stellt, sofern der Wille, die eigene Leistung im Hinblick auf das Ausbleiben der Gegenleistung zurückzubehalten, eindeutig erkennbar ist.[135] Im Zweifelsfall muss das Gericht fragen (§ 139 ZPO).

Ist eine **Bereicherungsklage** hiernach auch ohne Zug-um-Zug-Angebot **schlüssig**, bleiben gleichwohl Fragen: Ist diese Einschränkung der Saldotheorie zulasten des arglistigen Verkäufers sachlich zu rechtfertigen und kann sie vor dem Hintergrund einer parallel laufenden Abwicklung nach Schadensersatzrecht mit Vorteilsausgleichung Bestand haben? **4560**

Schadensersatzrechtlich gilt: Dem Käufer ist durch die Täuschung mit anschließendem Kauf nicht nur ein Schaden entstanden, sondern auch ein Vorteil. Er hat Besitz und Eigentum am Fahrzeug erlangt. Die Benutzung war gleichfalls von Vorteil. Durch die (wirksame) Anfechtung fällt zwar das Eigentum wieder zurück an den Verkäufer, sofern die Anfechtungserklärung das Erfüllungsgeschäft umfasst (dazu Rdn. 4513 f.). Der Besitz als solcher bleibt jedoch unverändert, nur die Legitimation entfällt. Die dem Käufer erwachsenen **Vorteile** hat er, soweit es der Billigkeit entspricht, **auszugleichen.** Wie im Fall der Saldotheorie bedeutet dies eine inhaltliche Beschränkung des Schadensersatzanspruchs, die ihm von vornherein anhaftet.[136] Aus Sicht des Schädigers: Er brauchte kein Zurückbehaltungsrecht geltend zu machen. Dieser Grundsatz der Vorteilsausgleichung war auch zugunsten des arglistigen Verkäufers anzuwenden.[137] **4561**

Bei strikter Anwendung der Zweikondiktionentheorie kam es mithin zu einer **Diskrepanz,** je nachdem, ob die Rückabwicklung bereicherungs- oder schadensersatzrechtlich durchgeführt wurde. **Gleichklang** herrschte hingegen mit der Rückabwicklung in den Wandelungsfällen. Denn auch dort musste der Verkäufer seine Gegenansprüche einredeweise geltend machen (§§ 467 S. 1, 348 BGB a. F.). So ist es auch nach neuem Recht im Fall des Rücktritts (§ 348 BGB) und beim großen Schadensersatz (§§ 281 Abs. 5, 348 BGB). Zumal § 281 Abs. 5 BGB spricht gegen eine automatische schadensrechtliche Saldierung von Leistung und Gegenleistung bei den deliktischen Ansprüchen.[138] **4562**

Aus **Kostengründen** ist dem Käufer allerdings zu raten, die Rückgabe des Fahrzeugs nebst Papieren von sich aus anzubieten, also einen **Zug-um-Zug-Antrag** zu stellen (nicht erst im Hilfsantrag). Dringt der Verkäufer nämlich bei einem uneingeschränkten Klageantrag mit seiner Einrede aus § 273 BGB durch, sind die Kosten des Rechtsstreits verhältnismäßig zu teilen (§ 92 Abs. 1 ZPO). In der Praxis werden sie nicht selten einfach halbiert.[139] Für eine Kostenbelastung des Käufers mit nur einem Viertel hat sich das OLG Nürnberg ausgesprochen.[140] Zur Vermeidung derjenigen Nachteile, die bei einer späteren Zwangsvollstreckung aus einem Zug-um-Zug-Urteil auftreten können, wird auf Rdn. 1273 ff. ver- **4563**

134 BGH 13. 2. 2008, NJW 2008, 1878; OLG Karlsruhe 20. 3. 1992, NJW-RR 1992, 1144; OLG Koblenz 12. 11. 1976, MDR 1977, 667; OLG Köln 26. 1. 1996, VersR 1996, 631; OLG Düsseldorf 30. 11. 1999 – 26 U 41/99 – n. v.

135 BGH 7. 6. 2006, NJW 2006, 2839.

136 BGH 22. 10. 1976, LM § 123 BGB Nr. 47 = JZ 1977, 95.

137 So wohl BGH 22. 10. 1976, LM § 123 BGB Nr. 47.

138 *Derleder*, NJW 2004, 969, 976.

139 Vgl. *Hensen*, NJW 1999, 395

140 Urt. v. 9. 6. 2000 – 6 U 4302/99 – n. v.; für völlige Freistellung nach § 92 Abs. 2 Nr. 1 ZPO OLG Naumburg 6. 11. 2008 – 1 U 30/08 – (Rückabwicklung nach §§ 346 ff. BGB).

wiesen. Materiell-rechtlich bringt ein **Annahmeverzug** des Verkäufers die gerade für einen Fahrzeugkäufer wichtigen Vergünstigungen aus §§ 300 Abs. 1, 302, 304 BGB mit sich.

bb) Nutzungsvergütung

(1) Grundsätzliches

4564 Gem. § 993 Abs. 1 BGB schuldet der gutgläubige Besitzer grundsätzlich keinen Ausgleich für von ihm gezogene Nutzungen. Hiervon macht **§ 988 BGB** für den Fall eine Ausnahme, dass der Besitz unentgeltlich erlangt worden ist. Diesem Fall hat die Rechtsprechung den Fall des **rechtsgrundlosen Besitzerwerbs** gleichgestellt.

4565 Die **Rechtsprechung** schwankt zwischen der direkten Anwendung des § 818 Abs. 1 mit **Wertersatzpflicht** nach Abs. 2 und der über § 988 BGB vermittelten Heranziehung dieser Anspruchsgrundlage.[141] So oder so ist auch der gutgläubige Fahrzeugbesitzer zur Herausgabe **gezogener Nutzungen seit dem Besitzerwerb** verpflichtet, d. h. auch ein arglistig getäuschter Käufer hat bereicherungsrechtlich grundsätzlich für jeden gefahrenen Kilometer Ersatz zu leisten. Zum **Entreicherungseinwand** (§ 818 Abs. 3 BGB) s. Rdn. 4575.

4566 Schuldhaft **versäumte Nutzungen** fallen nicht unter §§ 988, 818 Abs. 1 BGB. Sie sind unter den Voraussetzungen der §§ 987 Abs. 2, 990 Abs. 1 S. 2 bzw. nach §§ 819 Abs. 1, 818 Abs. 4, 292 Abs. 2, 987 Abs. 2 BGB auszugleichen, ein in der Praxis der Fahrzeugkauf-Rückabwicklung – auch wegen § 302 BGB – seltener Fall. Die Vindikationslage wird nicht dadurch ausgeschlossen, dass dem Käufer ein Zurückbehaltungsrecht wegen eines eigenen Anspruchs auf Schadensersatz oder Verwendungsersatz zusteht. Das Zurückbehaltungsrecht führt lediglich zu einer Zug-um-Zug-Verurteilung.[142]

(2) Abwicklungstechnisches und Prozessuales

4567 In Anwendung der Zweikondiktionentheorie[143] wird **der Käufer** davon **freigestellt,** die Nutzungsvergütung von sich aus vom herausverlangten Kaufpreis abzuziehen.[144] Der (arglistige) Verkäufer kann sie aber im gleichen Rechtsstreit geltend machen,[145] auch hilfsweise. Seine **Aufrechnung** scheitert nicht in jedem Fall an § 393 BGB. Das Verbot des § 393 BGB setzt eine unerlaubte Handlung voraus, die bei einer arglistigen Täuschung i. S. v. § 123 BGB nicht zwangsläufig gegeben sein soll.[146] Macht der Verkäufer seine Gegenforderung erst **in zweiter Instanz** aufrechnungsweise geltend, ist § 533 ZPO zu beachten. Bei einer notwendigen Beweisaufnahme über die gefahrenen Kilometer kann man Sachdienlichkeit verneinen.[147]

4568 Bei einer Rückabwicklung nach **Schadensersatzrecht** (c. i. c.) braucht der Verkäufer an sich nicht aufzurechnen. Der Nutzungsvorteil ist im Wege der **Vorteilsausgleichung** anzurechnen, wobei § 393 BGB nicht gilt.[148] Keine Vorteilsausgleichung findet beim großen Schadensersatz statt, was § 281 Abs. 5 BGB klarstellt.

---

141 Für direkte Anwendung BGH 7. 6. 2006, NJW 2006, 2839; BGH 2. 7. 1962, NJW 1962, 1909; für § 988 BGB BGH 21. 4. 1977, WM 1977, 893; BGH 11. 11. 1994, NJW 1995, 454.

142 OLG Hamm 11. 5. 1995, OLGR 1995, 253.

143 Zur Rechtslage bei der Saldotheorie s. BGH 10. 2. 1999, MDR 1999, 695; KG 18. 12. 2006, OLGR 2007, 346.

144 OLG Koblenz 12. 11. 1976, MDR 1977, 667; OLG Karlsruhe 20. 3. 1992, NJW-RR 1992, 1144; OLG Düsseldorf 30. 11. 1999 – 26 U 41/99 – n. v.

145 BGH 16. 10. 1963, NJW 1964, 39; BGH 29. 10. 1959, LM § 123 BGB Nr. 18.

146 OLG Karlsruhe 20. 3. 1992, NJW-RR 1992, 1144.

147 OLG Düsseldorf 30. 11. 1999 – 26 U 41/99 – n. v.

148 BGH 16. 10. 1963, NJW 1964, 39.

(3) Berechnungsfragen

Ähnlich wie bei einer Rückabwicklung nach Rücktritt oder beim großen Schadensersatz aus §§ 437 Nr. 3, 280 Abs. 1, 3, 281 Abs. 1, 311a Abs. 2 BGB sind für die Berechnung der nach §§ 988, 818 Abs. 1, 2 BGB geschuldeten Nutzungsvergütung mehrere Methoden und Maßstäbe denkbar. Wichtig ist auch hier, zunächst die **bereicherungsrechtliche Seite** des Nutzungsausgleichs ins Auge zu fassen. Je nach Sachvortrag und Fallgestaltung kann sich aus **deliktsrechtlicher Sicht** eine **Korrektur** zugunsten des Käufers ergeben (dazu Rdn. 4573). **4569**

Bereicherungsrechtlicher Ausgangspunkt ist § 818 Abs. 2 BGB (direkt oder über § 988 BGB). Denn der Käufer kann die Gebrauchsvorteile nicht in Natur herausgeben; er hat vielmehr ihren Wert zu ersetzen. Während es noch in der Entscheidung OLG Hamm NJW 1970, 2296 heißt, der angemessene Mietzins sei i. d. R. wohl der richtige Berechnungsmaßstab (so auch OLG Nürnberg DAR 1978, 198; BGH WM 1978, 1208, aber aufgegeben durch BGH NJW 1996, 250), wird der Nutzungsausgleich **heute** nach der gleichen Methode berechnet, die sich für die **Rücktrittsfälle** und die Rückabwicklung per **großen Schadensersatz** allgemein durchgesetzt hat. Das bedeutet: Der konkrete Altwagenpreis ist mit der voraussichtlichen Restfahrleistung ins Verhältnis zu setzen und mit der tatsächlichen Fahrleistung des Käufers zu multiplizieren. Wegen der Einzelheiten dieser **‚linearen Wertschwundberechnung'** s. Rdn. 3562 ff. mit Berechnungsbeispiel unter Rdn. 3564. **4570**

Für die Bemessung der bereicherungsrechtlich geschuldeten Nutzungsvergütung hat **der BGH** diese Berechnungsart durch Urteil v. 25. 10. 1995[149] gebilligt und sich ausdrücklich gegen eine Bemessung nach dem üblichen oder fiktiven Mietzins ausgesprochen. Das steht im Einklang mit dem Urteil v. 17. 5. 1995,[150] das eine Abwicklung nach Schadensersatzrecht betrifft. Bemerkenswerterweise hat der BGH nicht zwischen **privater** und **gewerblicher** Nutzung differenziert. Die **Fahrzeugart** (Nutzfahrzeug oder Pkw) ist für ihn nur insoweit von Bedeutung, als für Lkw und Omnibusse deutlich höhere Gesamtfahrleistungen als bei Pkw zu veranschlagen sind. **4571**

Die **Instanzgerichte** bemessen die Gebrauchsvorteile (= Nutzungen) seit Jahren nach der für die ehemalige Wandlung entwickelten Wertschwundformel,[151] nicht etwa nach der Tabelle Sanden/Danner/Küppersbusch.[152] Allerdings wird nicht immer die **Modifizierung** beachtet, die bei der Wertschwundformel, ursprünglich für die Rückabwicklung von Neufahrzeugkäufen konzipiert, in Gebrauchtwagenfällen gemacht werden muss. Statt des Neupreises ist der **konkrete Altwagenpreis** (brutto) und anstelle der mutmaßlichen Gesamtfahrleistung (von Tachostand Null bis zur Verschrottung) ist die **Restfahrleistung** zugrunde zu legen, die beim Kauf des Gebrauchtwagens nach dem gewöhnlichen Lauf der Dinge zu erwarten ist, s. dazu Rdn. 3568 ff. **4572**

Sofern die Nutzungsvergütung gem. § 818 Abs. 1, 2 BGB den Betrag übersteigt, den der Käufer sich im Rahmen der Vorteilsausgleichung anrechnen lassen muss, hätte der Käufer einen Schaden; ihn müsste der Verkäufer gleichfalls ersetzen. M. a. W.: Der Verkäufer kann im Ergebnis keinen Anspruch auf Nutzungsvergütung durchsetzen, der höher ist als der auszugleichende Vorteil, immer vorausgesetzt, er haftet auch aus Verschulden bei Vertrags- **4573**

149 NJW 1996, 250; krit. dazu *Gursky*, JR 1998, 7.

150 NJW 1995, 2159 = WM 1995, 1145 unter III.

151 OLG Köln 10. 2. 1988, NJW-RR 1988, 1136; OLG Karlsruhe 20. 3. 1992, NJW-RR 1992, 1144; OLG Oldenburg 27. 10. 1992, DAR 1993, 467; KG 10. 11. 2003, KGR 2004, 158; LG Bochum 29. 9. 1995 – 5 S 282/95 – n. v.

152 So aber LG Oldenburg 9. 2. 1977, MDR 1977, 928 (Wandlung); OLG Nürnberg 11. 4. 1978, DAR 1978, 324 (für die Zeit ab Kenntnis vom Anfechtungsgrund).

schluss bzw. Delikt. Diese Begrenzung des Bereicherungsausgleichs i. S. v. BGH NJW 1962, 1909 ist grundsätzlich berechtigt.[153]

4574 Die ‚reichlich komplizierte Konstruktion' *(Tempel)* ist jedoch entbehrlich, wenn der Nutzungsersatz nach § 818 Abs. 2 BGB nach den gleichen Parametern berechnet wird wie der Nutzungsvorteil, der schadensrechtlich auszugleichen ist. Dann gibt es keinen Kappungsbedarf. Unnötig ist auch eine zeitliche Differenzierung (Benutzung vor und nach Aufdeckung der Täuschung, vor und nach Eintritt von Annahmeverzug).[154]

4575 Die Verpflichtung, den Wert der Gebrauchsvorteile zu ersetzen, steht grundsätzlich unter dem **Vorbehalt des § 818 Abs. 3 BGB.**[155] Sie ist auf die Vorteile begrenzt, die im Vermögen des Käufers noch vorhanden sind. Dem gutgläubigen Käufer steht der Nachweis offen, dass der Vorteil, den er durch die Nutzung des Fahrzeugs erzielt hat, geringer ist als der Betrag, den er nach der Wertschwundformel zu entrichten hat. So kann er z. B. vorbringen, ohne den gescheiterten Fahrzeugkauf überhaupt kein Fahrzeug oder jedenfalls ein deutlich ‚kleineres' erworben zu haben. Nur das günstige Angebot des Verkäufers habe ihn bewogen, genau dieses Fahrzeug zu diesem Zeitpunkt zu kaufen. Derartige Einlassungen sind in der Praxis ausgesprochen selten. Denn sie stehen im Widerstreit mit dem Lebenserfahrungssatz, dass der Käufer seinen Mobilitätsbedarf durch den Erwerb eines gleichartigen Fahrzeugs anderweitig gedeckt hätte.

(4) Darlegungs- und Beweislast

4576 Für die Nutzungen, die der Käufer tatsächlich gezogen hat, ist grundsätzlich der Verkäufer darlegungs- und beweispflichtig.[156] Ein Bestreiten der Km-Angabe des Käufers mit Nichtwissen ist unbeachtlich. Näheres Rdn. 3577.

d) Abwicklungsrechtliche Sonderprobleme

aa) Fallgruppe: Das Fahrzeug ist noch vorhanden, aber zerstört oder beschädigt

4577 **Sonderregeln** im Vergleich mit der Rechtslage bei der Wandelung und dem großem Schadensersatz hat **der BGH** für die Fälle entwickelt, dass der getäuschte Käufer das Fahrzeug überhaupt nicht oder nur noch in zerstörtem bzw. beschädigtem Zustand zurückgeben kann. Sein Unvermögen war nach altem Recht zunächst unter dem Aspekt der **Wirksamkeit der Anfechtung** zu würdigen. Es ging hier um die analoge Anwendung des § 351 BGB a. F. Der BGH hat die Wirksamkeit der Anfechtung selbst in einem Fall (stillschweigend) bejaht, in dem das Fahrzeug vor der Anfechtung aufgrund alleinigen Verschuldens des Käufers einen Totalschaden erlitten hat.[157] Wandelung und großer Schadensersatz waren in diesem Fall nach früherer Rechtslage ausgeschlossen. Die Regelung, dass der Rücktritt in den Fällen des § 351 S. 1 BGB a. F. ausgeschlossen ist, hat das **Schuldrechtsmodernisierungsgesetz** aufgehoben. Der bisherigen Ansicht des BGH steht also nichts mehr entgegen. Das Anfechtungsrecht geht selbst bei einem verschuldeten Totalschaden nicht verloren.

4578 Wie sich ein **Unfall des Käufers** auf den Inhalt seines Bereicherungsanspruchs auswirkt, ergibt sich aus den beiden vieldiskutierten Gebrauchtwagenentscheidungen BGHZ 53, 144 (Mercedes-Fall) und BGHZ 57, 137 (BMW-Fall). Bestätigung findet die Lösung des BGH im Mercedes-Fall durch **§ 346 Abs. 3 Nr. 3 BGB**, wonach die Pflicht zum Wertersatz ent-

153 Vgl. auch OLG Hamm 8. 7. 1970, NJW 1970, 2296; OLG Nürnberg 12. 1. 1978, DAR 1978, 198; OLG Nürnberg 11. 4. 1978, DAR 1978, 324.
154 Dazu OLG Nürnberg (3. ZS) 11. 4. 1978, DAR 1978, 324.
155 Dazu *Gursky*, JR 1998, 9.
156 KG 18. 12. 2006, OLGR 2007, 346.
157 Urt. v. 14. 10. 1971, BGHZ 57, 137.

fällt, wenn der Käufer, die **eigenübliche Sorgfalt** beachtet hat.[158] Was darunter im Zusammenhang mit dem Halten und Gebrauchen eines Kraftfahrzeugs zu verstehen ist, ist umstritten, s. Rdn. 1106 ff. Hat der Käufer während der Unfallfahrt seine eigenübliche Sorgfalt nicht beachtet, bleibt er zum Wertersatz nach § 818 Abs. 2 BGB verpflichtet. Bei Vorsatz und grober Fahrlässigkeit steht diese Rechtsfolge außer Zweifel (§ 277 BGB). Problematisch sind die Fälle leichter und mittlerer Fahrlässigkeit.

Beruht die Beschädigung oder Zerstörung des Fahrzeugs – anders als in den Fällen BGHZ 53, 144 und BGHZ 57, 137 – **auf einem Sachmangel,** den der Verkäufer bei Gültigkeit des Vertrages zu vertreten hätte, findet die Saldotheorie gleichfalls keine Anwendung. Das hat der BGH im **Mähdrescherfall** (BGHZ 78, 216) für den Bereicherungsausgleich nach Irrtumsanfechtung (§ 119 Abs. 2 BGB) entschieden. Erst recht muss der arglistige Verkäufer das Risiko einer mängelbedingten Entwertung des Kaufobjekts tragen. Voraussetzung ist aber auch hier, dass die Zustandsverschlechterung auf einem Sachmangel beruht, für den nach dem Vertrag der Verkäufer einzustehen hätte. **4579**

Den ursächlichen Zusammenhang zwischen Mangel und Beschädigung muss der Käufer nachweisen. Mangelkausalität verbessert seine Rechtsposition (Abwälzung des Benutzungsrisikos auf den Verkäufer). Auch für die – hypothetische – Einstandspflicht nach dem Vertrag ist der Käufer beweispflichtig. Die Entwertung des Fahrzeugs als solche hat hingegen der Verkäufer zu beweisen. **4580**

Ist die **Haftung** für den Umstand, der die Entwertung herbeigeführt hat, **wirksam ausgeschlossen,** bedarf es weiterer Überlegungen. BGHZ 78, 216, wo die Einstandspflicht des Mähdrescher-Verkäufers keinem Zweifel unterlag, muss wohl dahin verstanden werden, dass die Zuweisung des Entreicherungsrisikos eine – hypothetische – Sachmängelhaftung des Verkäufers voraussetzt, Haftungsbeschränkungen ihm bereicherungsrechtlich also zugute kommen, gleichviel, ob sie gesetzlicher (z. B. § 442 BGB) oder vertraglicher Natur sind. **4581**

Hat der Verkäufer für einen Defekt an der Bremsanlage seine Haftung wirksam ausgeschlossen und ist ein Bremsversagen die alleinige Unfallursache, kann auch ein arglistig getäuschter Käufer nicht den vollen Kaufpreis (gegen Herausgabe des Wracks) verlangen. Den Abzug braucht er zwar nicht von sich aus vorzunehmen (Anwendungsfall der Zweikondiktionentheorie bei Täuschung), dem Verkäufer ist jedoch zu gestatten, den Rückzahlungsbetrag entsprechend zu kürzen. **4582**

Ein Sonderfall ist das Zusammenwirken haftungsrelevanter und haftungsneutraler Mängel beim Untergang oder der Verschlechterung des Fahrzeugs. Vermutlich wird die Rechtsprechung bei einer solchen Fallgestaltung keine Ursachenabwägung nach den §§ 254, 242 BGB vornehmen, sondern das Entreicherungsrisiko voll dem arglistigen Verkäufer auferlegen. Beruht die Enthaftung auf einem vereinbarten Gewährleistungsausschluss, bietet sich eine ähnliche Argumentation an wie in BGH NJW 1983, 1424, wo der BGH bei der Schadensberechnung eine ‚gespaltene' Freizeichnung abgelehnt hat. **4583**

Von der Rechtsprechung gleichfalls noch nicht entschieden ist der Fall, dass die Entwertung des Fahrzeugs auf Umständen beruht, die sowohl vom Käufer als auch vom Verkäufer zu vertreten sind. Hier wäre eine Abwägung der Schadensursachen am Platz, so wie der BGH sie im ‚BMW-Fall' (BGHZ 57, 137) für sachgerecht hält. **4584**

Zur Rechtslage bei **Verzug des Verkäufers** mit der Rücknahme des Fahrzeugs s. OLG Stuttgart OLGR 1998, 256. **4585**

158 Für eine analoge Anwendung des § 346 Abs. 3 S. 3 BGB *Freund/Stölting*, ZGS 2002, 182.

bb) Fallgruppe: Unmöglichkeit der Fahrzeugherausgabe infolge Weiterveräußerung

4586 Die Rückabwicklung nach Ausübung des **Rücktrittsrechts** bzw. bei Verlangen von **Schadensersatz statt der ganzen Leistung** hängt in der praktischen Realisierung davon ab, dass der Käufer in der Lage ist, den gekauften Wagen an den Verkäufer zurückzugeben. Die Möglichkeit der Rückgabe ist aber hier wie dort keine Voraussetzung der Rechtsausübung. Objektive Unmöglichkeit kann ebenso wenig wie subjektives Unvermögen zu einem Ausschluss des Rücktrittsrechts bzw. des Anspruchs auf Schadensersatz führen. Das war nach altem Recht anders (§§ 351 ff. BGB a. F.). Der Fall der Veräußerung wird im **heutigen Rücktrittsrecht** als Ausschlussgrund nicht mehr erwähnt, wohl aber als Grund für eine Wertersatzpflicht (§ 346 Abs. 2 Nr. 2 BGB). Diese entfällt nicht im Fall der Veräußerung. In § 346 Abs. 3 Nr. 2 und 3 BGB ist nur von Verschlechterung und Untergang die Rede. Eine Veräußerung fällt nicht darunter, andernfalls hätte der Gesetzgeber diesen Tatbestand – wie in § 346 Abs. 2 Nr. 2 BGB – ausdrücklich aufgeführt.

4587 In Anfechtungsfällen ist zunächst zu prüfen, ob die **Anfechtungsbefugnis** durch die Weiterveräußerung entfallen ist. Zu diesem Problemkreis, gekennzeichnet durch die Stichworte ‚Bestätigung', ‚Verzicht' und ‚Verwirkung', s. Rdn. 4500 ff.

4588 Der Bereicherungsausgleich nach wirksamer Anfechtung und parallel dazu die schadensersatzrechtliche Rückabwicklung (c. i. c. bzw. § 823 BGB) in Fällen mit Weiterveräußerung sind Gegenstand einer **umfangreichen Judikatur**. Deren Verständnis setzt eine sorgfältige Fallanalyse voraus. Einschlägig sind insbesondere: BGH NJW 1960, 237 (Veräußerung nach Anfechtung); OLG Karlsruhe VRS 82, 241 (Veräußerung nach Anfechtung); OLG Karlsruhe NJW-RR 1992, 1144 (Veräußerung vor Anfechtung); OLG Köln NJW-RR 1995, 51 (erster Weiterverkauf – vor Kenntnis vom Anfechtungsgrund – mit anschließender Fahrzeugrücknahme, endgültiger Weiterverkauf nach Anfechtung).

4589 **Ausgangspunkt** der bereicherungsrechtlichen Abwicklung ist, dass der arglistig getäuschte Käufer Rückzahlung des Kaufpreises verlangen kann, ohne von sich aus die Rückgabe des Fahrzeugs anbieten zu müssen. Der Verkäufer darf die Rückzahlung von der Herausgabe des Fahrzeugs abhängig machen (§§ 273, 320 BGB); im Prozess im Wege der Zug-um-Zug-Einrede.[159]

4590 Beruft sich der Käufer erfolgreich auf Unmöglichkeit der Herausgabe, wobei subjektives Unvermögen genügt (Beweislast bei ihm[160]), hat er gem. § 818 Abs. 2 BGB den Wert des Fahrzeugs zu ersetzen. Um einen Rückerwerb muss er sich nicht bemühen.[161]

4591 Der gem. § 818 Abs. 2 BGB zu leistende Wertersatz richtet sich nach dem **objektiven Verkehrswert** des Fahrzeugs,[162] gleichviel, ob der getäuschte Käufer es zum, unter oder über Marktpreis verkauft hat. Für die Wertbestimmung maßgeblich ist **der Zeitpunkt**, an dem die Unmöglichkeit eingetreten ist.[163] Das ist der Tag, an dem der Käufer sein Eigentum durch Veräußerung verloren hat. Beim Verkauf unter Eigentumsvorbehalt entscheidet der Zeitpunkt des Erwerbs des Anwartschaftsrechts.

4592 Liegt er vom Käufer erzielte **Erlös über dem objektiven Verkehrswert**, was selten vorkommen wird, stellt sich die Frage, ob der Verkäufer diesen Mehrwert abschöpfen kann. Da der Käufer nach Zahlung des Kaufpreises als Berechtigter verfügt hat, ist § 816 Abs. 1 BGB nicht anwendbar, es sei denn die Verfügung wird nachträglich, nämlich durch seine eigene

---

159 BGH 13. 2. 2008, NJW 2008, 1878.
160 *Palandt/Sprau*, § 818 BGB Rn. 55.
161 BGH 5. 7. 2006, NJW 2006, 2847 (Praxiskauf).
162 St. Rspr., z. B. BGH 5. 7. 2006, 2847, 2852.
163 BGH 5. 7. 2006, NJW 2006, 2847.

Anfechtung, zu der eines Nichtberechtigten.[164] Richtigerweise erstreckt sich die Anfechtung nicht auf den Eigentumserwerb (s. Rdn. 4514), so dass es bei der Unanwendbarkeit des § 816 Abs. 1 BGB bleibt.[165] Abschöpfen kann der Verkäufer einen etwaigen Veräußerungsgewinn jedoch auf der Grundlage der verschärften Haftung des Bereicherungsschuldners. Sofern der Käufer im Zeitpunkt der Weiterveräußerung den Anfechtungsgrund bereits kannte, mithin ‚bösgläubig' war, schuldet er den gesamten Veräußerungserlös auch dem arglistigen Verkäufer (§ 285 BGB analog i. V. m. §§ 819 Abs. 1, 814 Abs. 4 BGB).[166] Eine Korrektur mit Hilfe der Arglisteinrede bzw. qua Schadensersatzhaftung (c. i. c., §§ 823, 826 BGB) ist erwägenswert.

Ein Verkauf zu einem Betrag, der **unterhalb des objektiven Verkehrswertes** liegt, **4593**
kann für den (getäuschten) Käufer, Gutgläubigkeit vorausgesetzt, als Entreicherung nach § 818 Abs. 3 BGB berücksichtigt werden. Darlegungspflichtig ist der Käufer. Ein Unter-Marktpreis-Verkauf nach Entdeckung der Täuschung kann den Käufer im Rahmen der verschärften Bereicherungshaftung zum Schadensersatz verpflichten.

Zur Rechtslage bei Veräußerung eines **in Zahlung gegebenen Fahrzeugs** s. Rdn. 4519 ff. **4594**

cc) Fallgruppe: Beschädigung, Verlust oder Weiterveräußerung des Fahrzeugs vor vollständiger Kaufpreiszahlung

Den Fällen der beiden unter Rdn. 4577 ff. behandelten Gruppen ist gemeinsam, dass der **4595**
Kaufvertrag im Zeitpunkt des Verlustes bzw. der Beschädigung des Fahrzeugs **beiderseits erfüllt** war. Der Käufer hatte sein eigenes Fahrzeug (Volleigentum) beschädigt oder weiterveräußert, während der Verkäufer restlos befriedigt war. Von der Rechtsprechung noch nicht entschieden sind Entreicherungsvorgänge **während der Erfüllungsphase**. **Beispiel:** Der Käufer erleidet mit dem betrügerisch verkauften Pkw einen Unfall, bevor er den Kaufpreis vollständig bezahlt hat. Zu dieser Gruppe der **Vorleistungsfälle** gehört BGH WM 1977, 893 (Verkauf eines Motorschiffes unter Täuschung über das Alter) nur bedingt, denn der Verkäufer, nicht der Käufer, hatte das noch nicht voll bezahlte Schiff weiterverkauft.

Auch für den Fall, dass der getäuschte Käufer den Kaufpreis noch nicht oder nicht voll **4596**
bezahlt hatte, ist bereicherungsrechtlich nach der Zweikondiktionentheorie abzuwickeln. Bei einem unverschuldeten Unfall kann der Käufer seine Anzahlung zurückfordern, ohne sich wegen der Beschädigung des Fahrzeugs einen Abzug gefallen lassen zu müssen (Weiterentwicklung von BGHZ 53, 144).[167] Analog § 346 Abs. 3 Nr. 3 BGB entfällt die Pflicht zum Wertersatz. War der Unfall hingegen verschuldet, ist nicht an die – fragwürdige – Lösung von BGHZ 57, 137 anzuknüpfen. Richtigerweise ist dem Käufer bei Verletzung der eigenüblichen Sorgfalt (§ 346 Abs. 3 Nr. 3 BGB) eine Wertersatzpflicht aufzuerlegen, d. h., der objektive Wert des Fahrzeugs (zur Zeit des Kaufs) ist von dem Rückzahlungsanspruch des Käufers abzuziehen (Weiterentwicklung von LG Lüneburg, NJW 1989, 1097 unter Berücksichtigung des neuen Rücktrittsfolgenrechts).

164 Vgl. *Palandt/Ellenberger*, § 142 BGB Rn. 4.
165 Aufgabe der abw. Meinung in der 9. Aufl. (Rn. 1742).
166 OLG Köln 18. 3. 1994, NJW-RR 1995, 51 = OLGR 1994, 238 unter Hinweis auf BGHZ 75, 203 = NJW 1980, 178.
167 Vgl. auch *Flessner*, NJW 1972, 1777, 1783.

IV. Verschulden bei Vertragsschluss

1. Überblick

4597 Aus einer Reihe von Gründen kann der Käufer daran interessiert sein, seinen Schaden nach den Grundsätzen der culpa in contrahendo und nicht nach Sachmängelrecht zu liquidieren: **längere Verjährungsfrist, kein Nacherfüllungsvorrang, kein Gewährleistungsausschluss**, soweit zulässig vereinbart, **keine direkte Anwendbarkeit des § 442 BGB**[168]. Der Vorteil der Sachmängelhaftung besteht dagegen in ihrer Unabhängigkeit von einem **Verschulden**, während der Schadensersatzanspruch aus c. i.c ein Verschulden voraussetzt, das aber vermutet wird (§ 280 Abs. 1 S. 2 BGB). **Zu beweisen** hat der Käufer lediglich die Pflichtverletzung als solche. Soll sie in einer unterbliebenen Aufklärung liegen, hat er i. S. e. Negativbeweises zu beweisen, nicht aufgeklärt worden zu sein.[169]

4598 Per saldo haben Verkäufer **das größere Interesse** daran, den Störfall der Sachmängelhaftung zuzuordnen. Gebrauchtwagenhändler profitieren dann in Fällen des Verbrauchsgüterkaufs von der kurzen, auf ein Jahr reduzierten Verjährung (sofern keine Klauselunwirksamkeit z. B. nach § 309 Nr. 7a und b BGB). Im Umfang zulässiger Freizeichnung ist ihre Haftung ausgeschlossen, sofern der Störfall der Sachmängelhaftung unterfällt.

4599 Im „neuen" Kaufrecht ist der Kreis der Eigenschaften (Beschaffenheitsmerkmale), die für die Sachmängelhaftung relevant sind, größer als unter der Geltung des alten Rechts. Zum weiten Beschaffenheitsbegriff s. Rdn. 2441. Für die Abgrenzung der beiden Haftungssysteme **ausschlaggebend** ist nach wie vor, ob die vorvertragliche Pflichtverletzung des Verkäufers ein Merkmal der Kaufsache betrifft, dessen Fehlen geeignet ist, die Sachmängelhaftung auszulösen. Wenn ja, scheiden Ansprüche wegen Verschuldens bei Vertragsschluss (§§ 280 Abs. 1, 311 Abs. 2, 241 Abs. 2 BGB) nach Gefahrübergang grundsätzlich aus.[170] Zu Ausnahmen s. Rdn. 4605.

2. Einzelfälle

a) Neuwagenkauf

4600 Den Fall außerhalb der Sachmängelhaftung angesiedelt und nach c. i. c.-Grundsätzen gelöst haben die Gerichte im früheren Kaufrecht, wenn

- einem Neufahrzeug die vom Verkäufer zu beschaffende **Herstellergarantie** fehlt oder sie bei Übergabe des Fahrzeugs bereits teilweise abgelaufen ist,[171]
- das Fahrzeug unter **Ausnutzung fremden Vertragsbruchs** gekauft wurde[172], da die daraus resultierenden Nachteile nicht ihren Grund in der Beschaffenheit des Fahrzeugs, sondern in dem Erwerbsvorgang haben,
- der Verkäufer dem Käufer den **Kraftfahrzeugbrief** nicht übergeben kann, z. B. weil dieser von der Bank zurückgehalten wird,
- der Käufer einen nicht zutreffenden **Neuanschaffungspreis** bezüglich des Fahrzeugs angibt, das er dem Händler in Zahlung gibt,[173]

---

168 S. aber BGH 27. 3. 2009, NJW 2009, 2120 Tz. 25.

169 BGH 9. 2. 2010 – X ZR 82/07 – Tz. 13.

170 BGH 27. 3. 2009, NJW 2009, 2120; v. 16. 12. 2009, NJW 2010, 858 = DAR 2010, 200; v. 2. 11. 2010, DAR 2011, 520 Tz. 8.

171 A. A. OLG Düsseldorf 8. 5. 1992, NJW-RR 1993, 57 bei teilweise abgelaufener Herstellergarantie; OLG Köln 4. 3. 1982 – 1 U 78/81 – n. v. bei Fehlen der Deutschlandgarantie eines Importfahrzeugs.

172 OLG Stuttgart 5. 2. 1988, NJW-RR 1988, 623, 624.

173 LG Köln 9. 12. 1999 – 2 O 247/99 – n. v.

- ein vom Verkäufer angegebenes **Gutachten** zum Fahrzeug nicht existiert.[174]

b) Gebrauchtwagenkauf

Ein Beschaffenheitsmerkmal i. S. d. § 434 Abs. 1 BGB ist nach überwiegender Ansicht **4601**
zu verneinen, der Weg zur c. i. c.-Haftung auch bei bloßer Fahrlässigkeit demnach frei, in folgenden Fällen:

- Fehlen oder Wegfall von Garantieschutz
- Verkürzter Garantieschutz
- Tatsache des Re-Imports (ohne Magerausstattung etc.), s. a. Rdn. 4603, 4442.
- Fahrerlaubnisfreiheit/Führerscheinlosigkeit
- Preis und Wert des Fahrzeugs (OLG Hamm 3. 3. 2005, ZGS 2005, 325)
- Wiederverkaufswert
- Restwert bei Unfallfahrzeug (OLG Hamm 3. 3. 2005, ZGS 2005, 325)
- Einstufung als wirtschaftlicher Totalschaden (OLG Hamm 3. 3. 2005, ZGS 2005, 325)
- Vermarktungschance
- Abstellmöglichkeit an einem bestimmten Ort (soweit es nicht um den Verwendungszweck geht).

Wird der Käufer in den vorbezeichneten Punkten nicht oder nicht ordnungsgemäß unter- **4602**
richtet, greifen die Sachmängelvorschriften nicht ein und können somit einer Schadensersatzhaftung des Verkäufers nach c. i. c.-Grundsätzen nicht entgegenstehen. Im Fall nachgewiesener Arglist kann die Abgrenzungsfrage offen bleiben. Sie stellt sich erst gar nicht, wenn die vorvertragliche Pflichtverletzung darin besteht, dass der Verkäufer den Käufer mit einer ebenso ungewöhnlichen wie **undurchsichtigen Vertragskonstruktion** konfrontiert wie im Fall KG DAR 2009, 269 = VRR 2009, 144.

Umstritten ist die Rechtslage bei – fahrlässigen – Pflichtverletzungen des Verkäufers in **4603**
folgenden Punkten:

- Alter/Baujahr/Erstzulassung (nach h. M. Beschaffenheitsmerkmale)
- Versicherungsschutz
- Garantieschutz (Fehlen oder Verkürzung, z. B. der Werksgarantie[175])
- Exportfähigkeit
- Steuerpflicht/Steuerbefreiung
- Bezahltsein von Steuern bzw. Versicherung
- Fahrweise des Vorbesitzers
- gewerbliche Vorbenutzung (nach h. M. Beschaffenheitsmerkmal)
- Eigenschaft ‚werkstattgeprüft' o. Ä.
- Import- Re-Importeigenschaft[176]
- kurzfristiger Zwischenbesitz eines Händlers ohne Dokumentation in den Fahrzeugpapieren („fliegender Zwischenhändler")[177]
- Herkunft des Fahrzeugs aus einer Rückabwicklung (Wandlung/Rücktritt)[178]

---

174 *Faust* in Bamberger/Roth, § 434 BGB Rn. 23.

175 Für Sachmangel OLG Stuttgart 1. 2. 2006, ZGS 2008, 479.

176 Vgl. OLG Hamm 13. 5. 2003, NJW-RR 2003, 1360; OLG Naumburg 7. 12. 2005, DAR 2006, 327 (jeweils Sachmangelhaftung verneint).

177 Wegen nachgewiesener Arglist offen gelassen von BGH 16. 12. 2009, NJW 2010, 858.

178 Dazu OLG Düsseldorf 21. 7. 2003 – 1 U 105/02; OLG Frankfurt 19. 5. 2011, DAR 2011, 525.

- Beteiligung des Fahrzeugs an einer Rückrufaktion[179]
- Abwicklung eines Unfallschadens als wirtschaftlicher Totalschaden.[180]

4604 Diese und weitere Grenzfälle werden unter dem jeweiligen Stichwort (s. Liste Rdn. 2601) im Zusammenhang mit der Sachmängelhaftung erörtert.

3. Sonderfall arglistige Täuschung

4605 Aufgehoben ist der Vorrang der Sachmängelhaftung, wenn der Verkäufer den Käufer über die Beschaffenheit der Sache arglistig getäuscht hat.[181] Dabei macht es keinen Unterschied, ob die Täuschung durch aktives Tun oder durch Verschweigen des Mangels begangen worden ist. Auch wenn der Kaufvertrag nicht wegen arglistiger Täuschung angefochten worden ist, kann der arglistig getäuschte Käufer seine Rechte wahlweise auf die Gewährleistungsvorschriften (mit Sonderschutz für getäuschte Käufer) oder auf die §§ 280 Abs. 1, 241 Abs. 2, 311 Abs. 2 BGB stützen. Ist der Vertrag durch eine erfolgreiche Anfechtung wegen Verschweigens eines Sachmangels oder Vorspiegelns einer bestimmten Beschaffenheit nichtig, ist der Weg zur c. i. c.-Haftung ohnehin frei. Die Haftung des Verkäufers aus § 823 Abs. 2 BGB i. V. m. § 263 StGB und aus § 826 BGB bleibt so oder so bestehen.

4. Sonderfall Beratung

4606 Hat der Verkäufer eine (unselbstständige) **Nebenpflicht zur Beratung** des Käufers übernommen, kann er bei einem Beratungsfehler unter dem Gesichtspunkt vorvertraglichen Verschuldens zum Schadensersatz verpflichtet sein.[182] Die Übernahme einer Beratungspflicht kann eine **Untersuchungspflicht** begründen, deren Verletzung wiederum zur Schadensersatzhaftung führen kann (s. Rdn. 3913 ff.).

4607 Derartige Beratungsverhältnisse und erst recht selbstständige Beratungsverträge können im Handel mit Kfz **nur unter besonderen Umständen** bejaht werden.[183] Offen ist, ob die kürzere kaufrechtliche Verjährung in solchen Fällen zum Zuge kommt, in denen das Aufklärungs- bzw. Beratungsverschulden zwar nicht mangelbezogen ist, von der fraglichen Eigenschaft aber die Verwendungsfähigkeit der Kaufsache abhängt.[184]

5. Rechtsfolge

4608 Wegen einer Pflichtverletzung bei Vertragsschluss (§§ 280 Abs. 1, 241 Abs. 2, 311 Abs. 2 BGB) kann die geschädigte Partei verlangen, dass der Kaufvertrag rückgängig gemacht wird (§ 249 Abs. 1 BGB).[185] Zu den Modalitäten der Rückabwicklung s. Rdn. 2357 ff. Will sie am Vertrag festhalten, kann sie den ihr verbliebenen **Vertrauensschaden** („Restvertrauensschaden") liquidieren.[186] Bei einem Kaufvertrag geschieht das in der Weise, dass der Käufer so behandelt wird, als wäre es ihm bei Kenntnis der wahren Sachlage gelungen, den Vertrag zu einem niedrigeren Preis abzuschließen. Der Schaden ist danach der Betrag,

---

179 Mangel verneint von LG Stuttgart 26. 11. 2004 – 27 O 487/03 – n. v.

180 Für c. i. c. OLG Hamm 3. 3. 2005, ZGS 2005, 315.

181 Grundlegend BGH 27. 3. 2009, NJW 2009, 2120; ebenso BGH 16. 12. 2009, NJW 2010, 858; zur Sperrwirkung auch OLG Saarbrücken 9. 6. 2009, NJW-RR 2010, 125 (Immobilienkauf).

182 BGH 16. 6. 2004, NJW 2004, 2301 (aber Altfall); OLG Saarbrücken 17. 4. 2008, MDR 2008, 1087.

183 Vgl. auch BGH 16. 3. 1977, NJW 1977, 1055, 1056; s. auch Rdn. 1253.

184 Vgl. BGH 6. 6. 1984, NJW 1984, 2938; zum Problem auch BGH 27. 3. 2009, NJW 2009, 2120 Tz. 18.

185 BGH 13. 6. 2007, NJW 2007, 3057; v. 17. 1. 2008, NJW-RR 2008, 564.

186 BGH 19. 5. 2006, NJW 2006, 3139.

um den er das Fahrzeug zu teuer erworben hat.[187] Dass der Verkäufer sich auf einen Vertrag zu einem niedrigeren Preis eingelassen hätte, muss der Käufer nicht beweisen.[188]

Unter besonderen Umständen kann der Ersatzanspruch, der grundsätzlich auf den Vertrauensschaden (negatives Interesse) beschränkt ist, das **Erfüllungsinteresse** umfassen. Voraussetzung ist der vom Geschädigten zu führende Nachweis, dass er im Fall der Aufklärung einen günstigeren Vertrag mit dem Verkäufer geschlossen hätte.[189] Das wird einem Autokäufer kaum gelingen. **4609**

Was die **einzelnen Schadenspositionen** angeht, wird auf die Ausführungen zur c. i. c.-Haftung des Vermittlers (Sachwalterhaftung) Bezug genommen (Rdn. 2361 ff.). **4610**

In seiner wichtigen Importwagen-Entscheidung v. 13. 5. 2003 hat das OLG Hamm[190] nicht erörtert, ob dem Kläger ein Recht zum **Rücktritt nach § 324 BGB** zusteht. Die daran geübte Kritik[191] ist unberechtigt. Zu einer Erörterung des § 324 BGB bestand keine Veranlassung.[192] **4611**

6. Darlegungs- und Beweislast

Zur Darlegungs- und Beweislast hinsichtlich der vorvertraglichen Pflichtverletzung und auch zur Kausalität s. o. Rdn. 2337 ff. **4612**

7. Verjährung

Die Verjährung richtet sich jedenfalls in Täuschungsfällen nach den §§ 195, 199 BGB (Regelverjährung). In Fällen nur fahrlässiger Pflichtverletzung in Bezug auf Umstände, die von der Sachmängelhaftung nicht erfasst werden, ist eine Analogie zu § 438 Abs. 1 Nr. 3 BGB nicht zu befürworten. Es sollte bei der Regelverjährung bleiben. Der Ablauf der Jahresfrist des § 124 Abs. 1 BGB steht der Verfolgung der Ansprüche wegen Verschuldens bei den Vertragsverhandlungen nicht entgegen.[193] **4613**

8. Freizeichnung

Bei **vorsätzlicher** (arglistiger) culpa in contrahendo ist jegliche Haftungsfreizeichnung unbeachtlich, was keiner näheren Begründung bedarf. Ausgeschlossen ist die Haftung nur bei Kenntnis des Käufers. Grob fahrlässige Unkenntnis schadet im Arglistfall nicht (§ 442 Abs. 1 BGB analog).[194] **4614**

In den Fällen nur **fahrlässigen Fehlverhaltens** kommt es darauf an, worauf sich die Pflichtverletzung bezieht. Bezieht sie sich auf eine Beschaffenheit des Fahrzeugs und lässt man die grundsätzlich gesperrte c. i. c.-Haftung gleichwohl ausnahmsweise zu (z. B. vor Gefahrübergang), so kann ein gesetzlicher Haftungsausschluss nach § 442 BGB zum Tragen kommen[195]; ebenso eine vertragliche Freizeichnung von der Sachmängelhaftung. Zur Bedeutung eines vereinbarten Gewährleistungsausschlusses bei dieser Konstellation s. **4615**

187 BGH 19. 5. 2006, NJW 2006, 3139.
188 BGH 19. 5. 2006, NJW 2006, 3139.
189 BGH 19. 5. 2006, NJW 2006, 3139.
190 NJW-RR 2003, 1360 = OLGR 2004, 18 = ZGS 2003, 394.
191 *Muthers*, MDR 2004, 492.
192 Zum Anwendungsbereich des § 324 BGB bei Verletzung vorvertraglicher Pflichten *Palandt/Grüneberg*, § 324 BGB Rn. 1, 2.
193 BGH 17. 1. 2008, NJW-RR 2008, 564; a. A. OLG Hamm 28. 9. 1993, NJW-RR 1995, 205.
194 BGH 27. 3. 2009, NJW 2009, 2120 Tz. 25.
195 Jedenfalls bei arglistiger Täuschung über ein Beschaffenheitsmerkmal bejaht der BGH eine planwidrige Regelungslücke (Urt. v. 27. 3. 2009, NJW 2009, 2120 Tz. 25).

BGH NJW 1995, 1737; OLG Düsseldorf MDR 2002, 1115. Bei einer fahrlässigen Pflichtverletzung, die keinen Sach- oder Rechtsmangel zum Gegenstand hat, kann den Verkäufer eine Freizeichnung von der allgemeinen Haftung auf Schadensersatz schützen (s. dazu Rdn. 4625 ff.).

V. Haftung wegen Nebenpflichtverletzungen, Mangelfolge- und Begleitschäden

1. Allgemeines und Abgrenzungsfragen

4616 Ähnlich wie bei der Haftung für Pflichtverletzungen vor und bei Vertragsabschluss stellt sich die Frage der Abgrenzung zwischen dem allgemeinen Leistungsstörungsrecht und der Sachmängelhaftung im Hinblick auf Nebenpflichtverletzungen in der Phase nach Abschluss des Kaufvertrages. **Prüfungsanlass für die Gerichte** sind Streitigkeiten mit verjährten Mängelansprüchen, auch Freizeichnungsfälle und solche Verfahren, in denen der Käufer den Sachmangelnachweis nicht führen kann, so wie in der Sache LG Gera, entschieden durch Urteil v. 28. 10. 2009 (1 S 428/08). Mit der Begründung, der Händler habe eine „Hinweis- und Aufklärungs- bzw. Beratungspflicht" verletzt, hat die Berufungskammer einen **Anspruch aus „positiver Vertragsverletzung"** bejaht. Konkret ging der Vorwurf dahin, dem Käufer nicht mitgeteilt zu haben, dass man das Alter des Zahnriemens nicht bestimmen könne. Hintergrund war die Zusage des Händlers, vor Übergabe noch einen „Gebraucht-Wagen-Check" zu machen. Angeknüpft hat das LG nicht an die womöglich unzulängliche Übergabeinspektion (nur Sichtkontrolle des Zahnriemens), sondern an ein Informationsverschulden als Nebenpflichtverletzung.

4617 Üblicherweise unterscheidet man zwischen **Nebenleistungspflichten** und reinen **Nebenpflichten in Form von Schutzpflichten.**[196] **Nebenleistungspflichten** dienen der Vorbereitung, Durchführung und Sicherung der Hauptleistung, hier: Lieferung einer mangelfreien Sache (§ 433 Abs. 1 S. 2 BGB). Dazu zählen Untersuchungs-, Aufklärungs- und Hinweispflichten des Verkäufers, auch seine Pflicht zur Beratung des Käufers. Grundlage dieser Art von Nebenpflichten ist der Vertrag, ggf. nach ergänzender Auslegung, aber auch Treu und Glauben, ferner die Verkehrssitte und die Verkehrsauffassung.

4618 Auf die geschuldete Leistung „mangelfreie Lieferung" bezogen ist z. B. die Pflicht des Verkäufers, den Käufer (spätestens) bei der Auslieferung des Fahrzeugs auf einen vorhandenen Defekt hinzuweisen.[197] Verletzt der Verkäufer nach Vertragsabschluss eine solche leistungsbezogene Nebenpflicht, kommt eine gewährleistungsrechtliche Schadensersatzhaftung (§§ 437 Nr. 3, 280 Abs. 1 BGB) mit entsprechend kurzer Verjährung in Betracht.[198] Beispiel: Zwischen Abschluss des Kaufvertrages und der Auslieferung fällt dem Verkäufer ein Mangel am Fahrzeug auf, den er aber unbeseitigt lässt und dem Käufer auch nicht mitteilt. Oder: Ein Werkstattmitarbeiter, der vor Übergabe noch vier neue Reifen montieren soll, übersieht fahrlässig eine Delle an der Felge, was bald darauf zu einem Reifenschaden mit Unfall führt.[199]

4619 Demgegenüber fehlt der bloßen (reinen) Nebenpflicht der Bezug, der „innere Zusammenhang" zur Hauptleistung. Einschlägig ist § 241 Abs. 2 BGB. Bezweckt ist der Schutz des **Integritätsinteresses** des Käufers. Beispiel: Ein Mitarbeiter des Autohauses verletzt

196 Vgl. *Grüneberg/Sutschet* in Bamberger/Roth, § 241 BGB Rn. 13 ff.

197 Vgl. *Faust* in Bamberger/Roth, § 437 BGB Rn. 125.

198 Zu dieser Fallgruppe s. *Reinicke/Tiedtke*, Rn. 830; *Faust* in Bamberger/Roth, § 437 BGB Rn. 124 f.

199 Ähnlich der Ablieferungsinspektions-Fall BGH 18. 6. 1969, NJW 1969, 1708 (Neuwagenverkauf).

den Käufer anlässlich der Auslieferung beim Ausparken. Oder (und schwieriger): Bei einer Motorinstandsetzung im Zuge einer Nachbesserung fährt der Mechaniker aus Unachtsamkeit gegen eine Werkbank (OLG Saarbrücken NJW 2007, 3503, dazu auch Rdn. 837 ff.).

Typisch für Kfz-Fälle (Kauf- wie Werkstattrecht) sind Unternehmerpflichten mit **doppelter Relevanz**: Einerseits stehen sie in einem inneren Zusammenhang mit dem Leistungs-Soll des Händlers, andererseits dienen sie zugleich dem Schutz des Integritätsinteresses des Käufers bzw. Bestellers. In diesem Sinn doppelrelevant ist die Pflicht des Händlers, einen Neuwagenkäufer in die Fahrzeugtechnik nachvollziehbar und verständlich einzuweisen und dabei keine falschen oder auch nur missverständliche Informationen zu erteilen. Die Aushändigung der passenden Betriebsanleitung gehört gleichfalls dazu, ebenso korrekte Informationen hinsichtlich des Versicherungsschutzes (dazu auch Rdn. 2741 ff.), der Einsatzfähigkeit bei einer geplanten Auslandsreise, der künftigen Wartung (Zahnriemenwechsel!) oder der Einhaltung von Garantieauflagen. Der rote Faden all dieser Pflichten ist die gefahren- und schadenfreie Nutzung des gekauften Fahrzeugs. **4620**

Im konkreten Einzelfall ist sorgfältig zu prüfen, ob der Störfall (allein) vom Sachmängelrecht erfasst wird, was ein Ausweichen, gar eine „Flucht" in die „positive Vertragsverletzung" verbietet. Möglich bleibt eine deliktische Haftung (dazu Rdn. 4631 ff.). Angesichts des weiten Beschaffenheitsbegriffs und der Verlängerung der Sachmängelverjährung ist heute nur wenig Raum für eine Haftung aus „positiver Vertragsverletzung" mit immer noch längerer Regelverjährung. Wenn beispielsweise der Mitarbeiter des Händlers den Wagen vor der Auslieferung an den Kunden mit einem falschen Kraftstoff betankt, ist das ein Fall des § 434 Abs. 1 S. 2 Nr. 2 BGB. Ein Auto mit Diesel statt Benzin im Tank ist mangelhaft wie auch umgekehrt. Beim fehlerhaften Einbau von Zubehörteilen kann, sofern Montagefehler i. S. d. § 434 Abs. 2 S. 1 BGB, gleichfalls Gewährleistungsrecht direkt zum Zuge kommen. Wer – wie im Fall LG Gera[200] – eine technische Prüfung des Fahrzeugs vor der Auslieferung verspricht, erweitert dadurch sein Leistungs-Soll. Dies auch in Bezug auf Einzelteile, deren Wechsel im Zeitpunkt der Übergabeinspektion fällig war. Ein Riss des Zahnriemens kann auf diese Weise in den Verantwortungsbereich eines Verkäufers fallen, der ohne die Zusage „Übergabeinspektion" dafür verschuldensunabhängig nicht gehaftet hätte. Zur Anwendung des Gewährleistungsrechts in Fällen dieser Art s. Rdn. 2549 ff. **4621**

Höchstrichterlich nach wie vor **ungeklärt ist die Frage**, ob bei Pflichtverletzungen, die nicht unter § 433 Abs. 1 S. 2 BGB fallen, die aber in einem weiteren Sinn mit dem Kaufobjekt, insbesondere seiner Verwendbarkeit, zu tun haben, die **Regelverjährung** oder die **Sonderverjährung nach § 438 BGB** eingreift.[201] Die Argumente des BGH im Klebstoff-Urteil v. 13. 7. 1983[202] für die damalige Sechsmonatsverjährung deuten die Richtung an, die der BGH einschlagen dürfte. **4622**

Eine weitere Fallgruppe mit Berührung zur Sachmängelhaftung ist dadurch gekennzeichnet, dass die verkaufte Sache erst durch eine Nebenpflichtverletzung mangelhaft wird oder ein vorhandener Mangel sich vergrößert, der Käufer dadurch früher und folgenschwerer geschädigt wird. Hier soll es darauf ankommen, ob der Mangel vor oder nach Gefahrübergang verursacht wurde.[203] Einwirkungen des Verkäufers vor Gefahrübergang sollen zur Sachmängelhaftung führen. Sein Verhalten sei nur für die Verschuldensfrage und für seine Entlastung von Bedeutung (§§ 280 Abs. 1 S. 2, 311a Abs. 2 BGB). Zu Beschädigungen, die im Zuge der Nachbesserung eintreten, z. B. in der Werkstatt des Verkäufers, s. Rdn. 837 ff. **4623**

200 Urt. v. 28. 10. 2009 – 1 S 428/08 – BeckRS 2010, 00178
201 Dazu MüKo-BGB/*H. P. Westermann*, § 437 BGB Rn. 60; § 438 BGB Rn. 9 ff.
202 NJW 1983, 2697.
203 Zur nachvertraglichen Aufklärungspflicht eines NW-Händlers OLG Frankfurt 25. 10. 2007 – 4 U 86/07.

4624 Bezieht sich die (Neben)Pflicht des Verkäufers in keiner Weise auf die von ihm geschuldete Leistung (§§ 433 Abs. 1 S. 2, 439 Abs. 1 BGB), besteht **kein Konkurrenzverhältnis** zur Sachmängelhaftung. Die Haftung aus §§ 280 Abs. 1, 241 Abs. 2 BGB kann ohne Sperre eingreifen. **Beispiel:** Der Verkäufer beschädigt bei der Auslieferung des Fahrzeugs das Garagentor des Käufers (früher ein Fall der pFV).

2. Haftungsfreizeichnung

4625 Der **im Gebrauchtwagenhandel** früher übliche – umfassende – Gewährleistungsausschluss erfasste nicht den Anspruch auf Schadensersatz aus positiver Vertragsverletzung. Dementsprechend enthielten die meisten Klauselwerke spezielle Freizeichnungsregeln, vorzugsweise unter der Überschrift ‚Haftung‘.[204] An der Zweiteilung in Haftung für Sachmängel und allgemeine Haftung halten die im Jahr 2008 aktualisierten AGB für den Neu- und Gebrauchtwagenhandel im Ausgangspunkt fest.

4626 Soweit es um die Beschränkung der Sachmängelhaftung einschließlich Verjährung geht, wird auf Rdn. 3965 ff., 4002 ff. verwiesen. Die Freizeichnung von der Haftung außerhalb des Gewährleistungsrechts ist in den Neuwagenverkaufsbedingungen (Fassung 3/08) im Abschn. VIII („Haftung“) und in den verbandsempfohlenen Gebrauchtwagen-AGB (3/08) im Abschn. VII („Haftung“) geregelt. Hier wie dort hat man die **Haftung für grobes Verschulden** des Verkäufers uneingeschränkt bestehen und damit das Problem mit § 309 Nr. 7b BGB erst gar nicht aufkommen lassen.

4627 Auffallend ist die Differenzierung in den beiden Klauselwerken, soweit es um die **persönliche Haftung der gesetzlichen Vertreter**, Erfüllungsgehilfen und Betriebsangehörigen des Verkäufers geht. „Einfache“ Betriebsangehörige des Neuwagenhändlers (keine gesetzlichen Vertreter und auch keine leitenden Angestellten) haften für grobe Fahrlässigkeit nur beschränkt (VIII Ziff. 4). Eine entsprechende Klausel fehlt in den ZDK-AGB für den Gebrauchtwagenhandel (s. VII Ziff. 4). Sachgründe für diese Differenzierung sind nicht ersichtlich. Vermutlich beruht sie darauf, dass die Gebrauchtwagenbedingungen allein vom ZDK zur Anwendung empfohlen werden, während hinter den Neuwagen-AGB zwei weitere Verbände stehen (VDA und VDIK). Inhaltlich ist die Klausel VIII Ziff. 4 Neuwagen-AGB allenfalls insoweit zu beanstanden, als sich die Beschränkung der Haftung in Fällen grober Fahrlässigkeit auf die Eigenhaftung von Autohausmitarbeitern der unteren Ebene erstreckt. Das ist aber ein derart theoretischer Fall, dass er die Wirksamkeit der Klausel nicht in Frage stellen kann. **§ 309 Nr. 7a BGB** ist in beiden Klauselwerken auch im Hinblick auf die „Vertreterhaftung“ Rechnung getragen.

4628 Ob die Beschränkung der **Haftung des Verkäufers für leichte Fahrlässigkeit,** der zentrale Regelungsgegenstand im jeweiligen Abschnitt „Haftung“, der Inhaltskontrolle standhält, wird die Rechtsprechung zu klären haben.

VI. Fehlen und Wegfall der Geschäftsgrundlage

4629 Die Anwendung der Grundsätze über den Wegfall der Geschäftsgrundlage war nach altem Recht mit Rücksicht auf die Sondervorschriften der §§ 459 ff. BGB a. F. ausgeschlossen, soweit es sich um Fehler i. S. v. § 459 Abs. 1 BGB a. F. oder um Eigenschaften i. S. v. § 459 Abs. 2 BGB a. F. handelte.[205] Gerade in Gebrauchtwagenprozessen haben Instanzge-

204 Zur Inhaltskontrolle s. BGH 11. 2. 2004, NJW 2004, 1032 (Hinterreifen II).
205 BGH 6. 6. 1986, BGHZ 98, 100 = NJW 1986, 2824; OLG Karlsruhe 18. 8. 1992, NJW-RR 1993, 1138.

richte diesen Grundsatz verschiedentlich zugunsten des Käufers durchbrochen.[206] Meist ging es um den Verkauf von Autos mit sog. **Schwerstmängeln.**

Schon unter der Herrschaft des alten BGB war es nicht sachgerecht, dem Käufer eines mangelhaften Autos mit dem Institut des Fehlens/Wegfalls der Geschäftsgrundlage zu helfen.[207] Auf die Schwere des Mangels konnte es nicht ankommen. Der vertragliche Ausschluss der Gewährleistung änderte an dieser Beurteilung nichts. Für das neue Recht ist an der Subsidiarität der jetzt kodifizierten Sonderregelung (§ 313 BGB) festzuhalten.[208] **4630**

VII. Die deliktische Haftung des Verkäufers eines gebrauchten Fahrzeugs

1. Anwendungsbereiche der Deliktshaftung

Soweit die Beteiligten durch einen Vertrag verbunden sind, sind unerlaubte Handlungen des Verkäufers oder seines Personals vorrangig nach den vertragsrechtlichen Haftungsregeln einschließlich c. i. c. (§§ 280 Abs. 1, 241 Abs. 2, 311 Abs. 2 BGB) zu beurteilen. Für die Inanspruchnahme von Personen, die am Abschluss und/oder der Abwicklung des Kaufvertrages beteiligt waren, aber keiner vertraglichen Haftung unterliegen, liefern die §§ 823 ff. BGB regelmäßig die einzigen Anspruchsgrundlagen. Gleiches gilt für Personen, die in früheren Zeiten mit dem Fahrzeug zu tun hatten, also insbesondere **Vor-Verkäufer** und ehemalige Besitzer. Bei dieser Fallgruppe („Kettenfälle") kommt außer dem Betrugstatbestand (§ 263 StGB) i. V. m. § 823 Abs. 2 BGB ein Anspruch aus **§ 826 BGB** in Betracht, s. Rdn. 4057 ff. Zur Haftung aus § 826 BGB s. a. LG Traunstein zfs 1999, 290 (unwahre Auskunft bei Vertragsverhandlungen ohne Abschluss mit anschließendem Kauf des Fahrzeugs von einem Dritten) und OLG Frankfurt DAR 2011, 525. **4631**

Gut gemeint, aber ziemlich praxisfern ist der Vorschlag von **Braun,**[209] Käufern, die durch eine voreilige Reparatur (Selbstvornahme) alle vertraglichen Ansprüche verloren haben (dazu Rdn. 831 ff.), mit einem Anspruch aus § 823 Abs. 2 BGB i. V. m. § 263 StGB zu helfen.[210] **4632**

Bedeutung kann die Deliktshaftung auch in der Phase **nach Vertragsschluss**, sogar nach Fahrzeugauslieferung gewinnen, z. B. bei Falschauskünften in der Zeit nach Übergabe des Fahrzeugs oder bei Vorlage von falschen Dokumenten, z. B. zur Entkräftung des Vorwurfs einer Täuschung. Zu dieser Fallgruppe gehört, wenn auch nicht aus dem Kfz-Handel, der Fall BGH NJW 1998, 983, wobei freilich zu berücksichtigen ist, dass nicht der Verkäufer, sondern dessen **Geschäftsführer** (im Gerichtsstand der unerlaubten Handlung) verklagt worden ist.[211] **4633**

Ein echtes Konkurrenzproblem stellte sich unter der Geltung des alten Rechts mit seiner kurzen Verjährung (§ 477 BGB a. F.) dann, wenn die vertraglichen Ansprüche, z. B. der Schadensersatzanspruch aus § 463 S. 1 BGB a. F., **bereits verjährt** waren. Beispiele dafür **4634**

206 OLG Karlsruhe 17. 11. 1970, JZ 1971, 294; LG Köln 5. 3. 1979 – 73 O 581/77 – n. v.; vgl. auch OLG Hamm 15. 1. 1979, JZ 1979, 266 m. Anm. *Liebs.*

207 Kein Wegfall der Geschäftsgrundlage zugunsten des Käufers bei unerwartet hohen Kosten für die Beseitigung eines dem Käufer bekannten und im Kaufpreis berücksichtigten Mangels, vgl. OLG Stuttgart 2. 3. 1990, NZV 1990, 429 (L.).

208 *Reinicke/Tiedtke*, Kaufrecht, Rn. 819.

209 ZGS 2006, 328.

210 Zu den hohen Anforderungen an die Feststellung des Betrugsvorsatzes nur BVerfG 29. 2. 2008, NJW 2008, 1726.

211 Zur Geschäftsführerhaftung auch BGH 18. 1. 2011, ZGS 2011, 187.

sind die beiden **Hinterreifen-Fälle** BGH NJW 1978, 2241 und BGH NJW 2004, 1032 aus der Kategorie der ‚**Weiterfresserschäden**'.

4635 Unter welchen Voraussetzungen der Käufer in einem derartigen Fall einen Anspruch aus § 823 Abs. 1 BGB wegen **fahrlässiger Eigentumsverletzung** hat, war vor In-Kraft-Treten der Schuldrechtsreform heftig umstritten. Der Gebrauchtwagenkauf hat mit dem Hinterreifen-Urteil des BGH v. 5. 7. 1978[212] einen Fall beigesteuert, in dem die **vorschriftswidrige Bereifung** eines Sportwagens zu einem Verkehrsunfall geführt hat. Ähnlich gelagert ist der – noch nach altem Recht beurteilte – Hinterreifen-II-Fall mit einem Reifenplatzer wegen Überalterung.[213] Im Zusammenhang mit den ‚Weiterfresser-Fällen' zu erwähnen ist ferner der Pleuel-Halbschalen-Fall OLG Düsseldorf WM 1985, 1079. Weitere Entscheidungen zu dieser Fallgruppe unter Rdn. 1729 ff. Ob an der bisherigen Rechtsprechung des BGH zu den ‚Weiterfresserfällen' nach der Schuldrechtsreform festgehalten werden kann, **ist strittig**. Zu den Argumenten pro und contra s. Rdn. 1743 f.

4636 Nicht mit Hilfe der „Weiterfresserschaden"- Konstruktion, sondern unter Rückgriff auf die Verletzung einer Warn- und Instruktionspflicht als deliktische Verkehrssicherungspflicht löst das OLG Düsseldorf[214] folgenden Fall: Verkauf eines gebrauchten Alfa 156 mit „öffnungsanfälligem" Motorhaubenschloss (Gefahr vorzeitiger Korrosion bei unzulänglicher Wartung). Nach Ablauf der kurzen Verjährungsfrist öffnet sich die Motorhaube wegen des korrodierten Schlosses, wodurch das Fahrzeug beschädigt wird. Die Pflichtverletzung sieht das OLG in dem unterbliebenen Warnhinweis (der Händler war infolge einer Rückrufaktion problembewusst).

4637 Ein von der Schuldrechtsmodernisierung unberührt gebliebenes Konkurrenzproblem ergibt sich, wenn der Käufer durch eine **rechtswirksame Anfechtung** des Vertrages sich selbst den Boden für die Verfolgung vertraglicher Ansprüche entzogen hat (dazu Rdn. 3840). Diese praxisrelevante Fallgestaltung hat die Rechtsprechung vor einige Schwierigkeiten gestellt, wie die Entscheidungen des BGH v. 29. 10. 1959,[215] v. 2. 7. 1962[216] und v. 14. 10. 1971[217] beispielhaft zeigen.[218] Dem **arglistig getäuschten Käufer** stehen Schadensersatzansprüche aus §§ 826, 823 Abs. 2 BGB (i. V. m. § 263 StGB) zu,[219] ggf. auch aus § 831 BGB. Diese deliktische Haftung tritt **unabhängig** von einer **Anfechtung gem. § 123 BGB** und deren Erfolg ein, s. a. Rdn. 4517. Praktische Relevanz gewinnt sie erst in den Fällen, in denen der Käufer den Vertrag rechtswirksam angefochten hat.

2. Schaden als Haftungsvoraussetzung

4638 In den Praxisfällen des Fahrzeugskaufs mit deliktischem Hintergrund geht es fast immer um den Ersatz von Vermögensschäden. Zu unterscheiden ist zwischen der Anspruchsgrundlage des § 826 BGB (sittenwidrige Schädigung) und der Haftung aus § 823 Abs. 2 BGB i. V. m. § 263 StGB. Im letzteren Fall ist das Tatbestandsmerkmal ‚Vermögenscha-

---

212 NJW 1978, 2241; dazu *Kraft*, JuS 1980, 408; *Löwe*, BB 1978, 1495; *Schubert*, JR 1979, 201; *Schmidt-Salzer*, BB 1979, 1.

213 BGH 11. 2. 2004, NJW 2004, 1032 = NZV 2004, 183.

214 Urt. v. 29. 7. 2009 – I-22 U 157/08.

215 NJW 1960, 237.

216 NJW 1962, 1909.

217 BGHZ 57, 137 = NJW 1972, 36.

218 Ferner OLG Karlsruhe 18. 12. 1985, NJW-RR 1986, 542; OLG Bamberg NJW-RR 1994, 1333.

219 Zu § 263 StGB, speziell zur Frage des Vermögensschadens, s. BGH 9. 6. 2004, NJW 2004, 2603; OLG Karlsruhe 4. 1. 1980, NJW 1980, 1762; OLG Düsseldorf 1. 2. 1991, NJW 1991, 1841; OLG Hamm, 2. 6. 1992, NStZ 1992, 593; OLG Düsseldorf 10. 1. 1995, JZ 1996, 913 m. Anm. *Ch. Schneider* = JMBl. NW 1995, 128 m. w. N.

den' doppelt zu prüfen, zunächst im Rahmen des § 263 StGB und sodann als zivilrechtliche Haftungsvoraussetzung.

Ob ein Vermögensschaden i. S. d. **§§ 249 ff. BGB** vorliegt, beurteilt sich grundsätzlich **4639** nach der sog. **Differenzhypothese,**[220] d. h. durch Vergleich zweier Vermögenslagen. Gegenüberzustellen sind: die (Gesamt-)Vermögenslage des Käufers, wie sie sich infolge der haftungsbegründenden unerlaubten Handlung darstellt, und die (hypothetische) Vermögenslage ohne das Fehlverhalten des Verkäufers bzw. eines auf seiner Seite stehenden Dritten. Dieser Vergleich kann ergeben, dass selbst ein arglistig getäuschter Käufer **keinen Vermögensschaden** erlitten hat. Das soll nach der zivilgerichtlichen Judikatur dann der Fall sein, wenn das Fahrzeug den vereinbarten Preis tatsächlich wert ist, der verschwiegene Mangel (z. B. Unfallvorschaden, höherer Km-Stand) sich also wirtschaftlich nicht zum Nachteil des Käufers ausgewirkt hat.[221]

Schadensersatzrechtlich kommt es darauf an, ob der Vertrag für den Käufer **wirtschaftlich nachteilig** ist. **4640** Das ist grundsätzlich dann der Fall, wenn die Kaufsache den Kaufpreis nicht wert ist oder wenn trotz Werthaltigkeit von Leistung und Gegenleistung die mit dem Vertrag verbundenen Verpflichtungen und sonstigen Nachteile durch die Vorteile nicht ausgeglichen werden.[222] Nachteile in diesem Sinn sind nicht bloße Unannehmlichkeiten und objektiv nicht fassbare Beschwernisse. Rechtlich anzuerkennen ist hingegen der Wunsch des betrogenen Käufers, das mangelhafte Fahrzeug los zu werden, mag der gezahlte Kaufpreis, objektiv betrachtet, nicht unangemessen, ja sogar günstig sein.

Die Schadensbetrachtung würde sachwidrig verkürzt, stellte man nur auf den gezahlten **4641** Preis in seinem Verhältnis zum objektiven Wert ab. Letzterer lässt sich in einem bestimmten Betrag ohnehin nicht fixieren. Der objektive Wert eines Gebrauchtfahrzeugs, insbesondere eines Pkw, liegt i. d. R. innerhalb einer bestimmten Bandbreite. Entscheidend sind auch die persönlichen Zwecke, die der Käufer mit der Anschaffung befriedigen wollte („subjektiver Schadenseinschlag"). Zumal beim Kauf eines Pkw gehört dazu eine risikofreie und ungestörte Nutzung. Mit Rücksicht darauf kann auch bei Gleichwertigkeit von Leistung und Gegenleistung zumindest bei Pkw und Zweirädern, die privat genutzt werden, ein Vermögensschaden i. S. d. §§ 249 ff. BGB zu bejahen sein.

3. Der Umfang des Schadensersatzes

Der deliktsrechtliche Schadensersatzanspruch des Käufers bemisst sich grundsätzlich **4642** nach den §§ 249 ff. BGB oder, wie der BGH (VIII. ZS) formuliert[223], nach den Regeln über den Ersatz des **negativen Interesses.** Den Ersatz seines **positiven Interesses,** so der VI. Senat des BGH[224] zum früheren Recht, könne der Käufer auf deliktischer Grundlage nur dann verlangen, wenn die für den Schadenseintritt ursächliche unerlaubte Handlung zugleich die Voraussetzungen für einen vertraglichen Gewährleistungsanspruch nach den §§ 463, 480 Abs. 2 BGB a. F. erfüllt. Diesen Standpunkt hat der VI. Senat inzwischen aufgegeben.[225] Jedenfalls ist der gegen einen Dritten, z. B. den Geschäftsführer des Verkäufers, gerichtete Anspruch des arglistig getäuschten Käufers gem. § 823 Abs. 2 BGB i. V. m. § 263 StGB ausschließlich auf den Ersatz des negativen Interesses gerichtet, d. h., der Käufer ist so zu stellen wie er stünde, wenn die Täuschung nicht erfolgt wäre.[226]

220 Statt vieler BGH 18. 1. 2011, ZGS 2011, 187 Tz. 8.
221 OLG Köln 18. 3. 1994, NJW-RR 1995, 51 = OLGR 1994, 238.
222 BGH 26. 9. 1997, NJW 1998, 302.
223 Z. B. Urt. v. 10. 3. 2010, NJW-RR 2010, 1579 Tz. 15.
224 Urt. v. 25. 11. 1997, NJW 1998, 983 = MDR 1998, 266 m. Anm. *Imping.*
225 Urt. v. 18. 1. 2011, ZGS 2011, 187 Tz. 13.
226 BGH 18. 1. 2011, ZGS 2011, 187.

4643 Was der Käufer getan hätte, wenn die schädigende Handlung, z. B. die Täuschung, unterblieben wäre, hängt von den Umständen des Einzelfalls ab. Auf diese **hypothetische Frage** gibt es gerade in Fällen des Fahrzeugkaufs eine Reihe von Antworten. Die Dinge können so liegen, dass der Käufer durch das schuldhafte Verhalten des Verkäufers daran gehindert wurde, das an zweiter Stelle seiner ‚Wunschliste' stehende Fahrzeug zu kaufen, sei es von einem Dritten, sei es von seinem arglistigen Vertragspartner, sofern dieser als Händler mehrere ‚interessante' Fahrzeuge im Angebot hatte. Die Vereitelung eines solchen Vertragsschlusses kann, muss aber nicht zu einer Vermögenseinbuße führen. Für den Ersatz eines entgangenen Gewinns genügt die Feststellung, dass der Käufer nach seinen besonderen Vorkehrungen oder nach dem allgemeinen Lauf der Dinge durch das täuschungsbedingt nicht zustande gekommene Alternativgeschäft einen Gewinn tatsächlich erzielt hätte (§ 252 BGB, § 287 ZPO). Mit dem Ersatz des Erfüllungsinteresses hat das nichts zu tun.[227] Vielmehr geht es um Schadensberechnung im Rahmen der §§ 249 ff. BGB.

4644 Das negative Interesse muss nicht notwendigerweise hinter dem positiven Interesse zurückbleiben, nur darüber hinaus kann es nicht gehen.[228] Denkbar ist ferner, dass der Käufer ohne die unerlaubte Handlung, z. B. bei Offenlegung des Unfallvorschadens, auf den Ankauf eines Fahrzeugs völlig verzichtet hätte, weil er nur am Erwerb dieses konkreten Fahrzeugs Interesse hatte. Diese Fallgestaltung wird man bei Sonderfahrzeugen, z. B. ausgefallenen Oldtimern, in Betracht zu ziehen haben. Geltend machen kann der Käufer auch, dass er das Kaufobjekt auch bei Offenbarung der verschwiegenen Tatsache gekauft hätte, allerdings zu einem erheblich geringeren Preis. Um die Differenz zwischen dem vereinbarten und dem hypothetischen Kaufpreis als Schaden liquidieren zu können, muss zumindest wahrscheinlich sein, dass der Verkäufer sich mit dem geringeren Betrag zufrieden gegeben hätte.[229]

4645 Verkäufer bringen in diesem Zusammenhang mitunter vor, der Käufer hätte auch bei vollständiger Aufklärung den gleichen Preis wie vereinbart gezahlt. Damit wird versucht, die Kausalität der behaupteten Täuschung zu leugnen. Das betrifft den haftungsbegründenden **Ursachenzusammenhang,** berührt aber auch die haftungsausfüllende Kausalität. Die Rechtsprechung macht mit einem derartigen Einwand meist ‚kurzen Prozess'. Dabei ist er aus Sicht der Kaufverhandlungen keineswegs abwegig, sofern der Mangel, wie z. B. ein fachgerecht reparierter Unfallvorschaden, technisch nicht ins Gewicht fällt. Üblicherweise wird in Fällen arglistiger Täuschung angenommen, dass der Käufer ohne die Täuschung ein gleichartiges oder zumindest vergleichbares Fahrzeug von einem anderen Verkäufer erworben hätte.[230] Dieser **hypothetische Vertragsschluss** des Käufers[231] ist bei der Berechnung seines negativen Interesses zu berücksichtigen.[232]

4646 Der Käufer hat bei Inanspruchnahme des Verkäufers (nicht eines Dritten) die Wahl zwischen einer ‚kleinen' und einer ‚großen' Lösung: Zum einen kann er das Fahrzeug behalten und Ersatz seines Differenzschadens verlangen. Dieser besteht indes nicht in den Kosten für die Beseitigung des Mangels, auch nicht in der Wertminderung, weil das auf den Ersatz des Erfüllungsinteresses hinausliefe. Zum anderen kann der Käufer Rückabwicklung des geschlossenen Kaufvertrages verlangen, d. h. Rückzahlung des Kaufpreises Zug um Zug gegen Rückgabe des Fahrzeugs. Die Abwicklung beim ‚großen' deliktischen Schadensersatz kann dadurch **gestört** sein, dass der Käufer nicht mehr in der Lage ist, das Fahrzeug unbe-

227 Bedenklich von daher OLG Karlsruhe 18. 12. 1985, NJW-RR 1986, 542.
228 BGH 18. 1. 2011, ZGS 2011, 187 Tz. 10.
229 So schon RG 10. 11. 1921, RGZ 103, 154.
230 Mit dieser Unterstellung argumentiert man auch im Zusammenhang mit der Berechnung der Gebrauchsvorteile anhand des Wertverzehrs (Ersparnisgedanke).
231 Zur Grundlage dieser Annahme in tatsächlicher Hinsicht s. BGH 29. 10. 1959, NJW 1960, 237.
232 BGH 29. 10. 1959, NJW 1960, 237; 2. 7. 1962, NJW 1962, 1909.

schädigt zurückzugeben. Zu diesen und ähnlichen Störungen der Rückabwicklung s. Rdn. 4577 ff., zu den Besonderheiten der **Vorteilsausgleichung** s. Rdn. 4561.

4. Sonderfälle: Reifenschäden

Eine besondere Gruppe im Rahmen der Deliktshaftung bilden Fälle mit Reifenschäden. **4647**
Abgesehen von den bereits im Zusammenhang mit den sog. Weiterfressschäden erwähnten **Hinterreifen-Fällen** (Rdn. 4634 f.) sind aus der umfangreichen Kasuistik zu nennen:

Verkauf eines Sportwagens (Porsche 911) mit **überalterten Reifen:** LG Köln Urt. v. **4648**
26. 8. 1994 – 21 O 91/94 – n. v. (rk); s. a. OLG Hamm 23. 11. 1998, NJW 1999, 3273 (überalterte Reifen bei einem Wohnmobil); OLG München 5. 3. 1998, MDR 1998, 772 = OLGR 1998, 127 (unterbliebener Reifenwechsel trotz Verkäuferhinweises). **Kauf älterer bzw. überalterter Reifen vom Reifenhändler:** OLG Düsseldorf 21. 2. 1997, NJWE-VHR 1997, 190 = NZV 1997, 271 (Ls.); s. a. OLG Nürnberg 5. 2. 2002, DAR 2002, 270 = MDR 2002, 636; AG Witten NJW-RR 2002, 1348; AG Krefeld 1. 12. 2003 – 82 C 460/02 – n. v. (Winterreifen waren knapp über 3 Jahre alt); zur deliktischen Haftung eines **Reifenrunderneuerers** s. AG Bad Urach 8. 3. 1990, zfs 1990, 182; vgl. auch LG Frankfurt 14. 12. 1990, NZV 1992, 194 (Reifenhändler). **Prüfpflicht des Kfz-Halters:** OLG Stuttgart 19. 3. 1990, NZV 1991, 68; OLG Köln NJW-RR 2002, 930; **Prüfpflicht beim Erwerb eines älteren Kfz von privat:** BGH 9. 5. 1995, NZV 1995, 310, s. dazu auch BGH 14. 10. 1997, NJW 1998, 311, mit abschließender Entscheidung OLG Frankfurt VersR 2000, 1166; ferner OLG Hamm 24. 6. 1996, OLGR 1996, 184; OLG Celle 26. 10. 1995, NZV 1997, 270.

Die Schwierigkeiten in den ‚Reifenfällen' liegen hauptsächlich **im Tatsächlichen**, in der **4649**
beweiskräftigen Feststellung der **Schadensursache** und in der Klärung der Frage, ob der Reifen bei Auslieferung des Fahrzeugs unbeschädigt war oder nicht, s. a. Rdn. 1768, 3898 ff.

S. Die Rechtsmängelhaftung des Fahrzeugverkäufers

4650 Nach § 433 Abs. 1 S. 2 BGB hat der Verkäufer die Sache auch frei von Rechtsmängeln zu verschaffen. Rechtsmängelfreiheit besteht, wenn **Dritte** in Bezug auf die Sache keine oder nur die im Kaufvertrag übernommenen Rechte gegen den Käufer geltend machen können (§ 435 S. 1 BGB). In den **Rechtsfolgen** werden Sach- und Rechtsmängel grundsätzlich gleichgestellt (§§ 437, 438 BGB). Die bisherigen Abgrenzungsprobleme sind damit weitgehend gegenstandslos geworden. Einige Unterschiede bestehen weiterhin, so z. B. in der Zeitpunktfrage (beim Rechtsmangel die Eigentumsübertragung, beim Sachmangel der Gefahrübergang) und mit Blick auf § 476 BGB (keine Beweislastumkehr bei einem Rechtsmangel).

4651 Im Recht des Autokaufs spielt die Rechtsmängelhaftung seit jeher nur eine geringe Rolle. Entsprechend spärlich ist das Entscheidungsmaterial. Klammert man die Fälle mit fehlgeschlagener Eigentumsübertragung und damit auch den sehr praxisrelevanten Fall des **Verkaufs eines gestohlenen Kfz** aus (zu dieser Fallgruppe, die im nationalen Kaufrecht[1] richtigerweise nicht unter die Rechtsmängelhaftung fällt, s. Rdn. 4764 ff.), erschöpfte sich die Judikatur zur Rechtsmängelhaftung des Autoverkäufers im früheren Recht auf einige wenige außergewöhnliche Sachverhalte. Dazu zählte der Verkauf eines italienischen Sportwagens mit einer in Italien wirksam bestellten **‚Autohypothek'**.[2]

4652 Als Gegenstand eines rechtsgeschäftlich bestellten **Pfandrechts** (§ 1204 BGB) hat das Kraftfahrzeug längst abgedankt. **Sicherungseigentum** hat das Pfandrecht verdrängt. Zur Rechtslage beim Kauf sicherungsübereigneter Kraftfahrzeuge vgl. BGH NJW 1985, 376 – Lkw. Zur Umwandlung eines in den USA begründeten besitzlosen Pfandrechts in Sicherungseigentum nach deutschem Recht s. OLG Karlsruhe OLGR 2000, 434.

4653 Störfälle aus dem Grenzbereich zwischen Rechtsmängel- und Sachmängelhaftung hat die Rechtsprechung mit nicht immer einleuchtenden Differenzierungen im Zweifel den §§ 459 ff. BGB a. F. zugeordnet.[3] Ursächlich für diese Ausdehnung der Sachmängelhaftung war vor allem der weite subjektiv-konkrete Fehlerbegriff des früheren Sachmängelrechts. Laut BGH erfasste er auch solche Eigentümlichkeiten, ‚die in ... rechtlichen Beziehungen der Sache zur Umwelt begründet sind, wenn diese nach der Verkehrsanschauung für die Brauchbarkeit oder den Wert der Sache von Bedeutung sind'.[4]

4654 Mit solchen Formeln, bisweilen ergänzt durch so blasse Kriterien wie Unmittelbarkeit und Sachbezogenheit, hat der BGH auch auf dem Kfz-Sektor Störungen, die mit einer Beeinträchtigung der Sachsubstanz nichts zu tun hatten, als Sachmängel qualifiziert, z. B. das Fehlen der Betriebserlaubnis. Dazu und zu weiteren Fällen öffentlich-rechtlicher **Zulassungs- und Benutzungshindernisse** s. Rdn. 2686 ff.

4655 Eine besondere Fallgruppe bilden Sachverhalte mit behördlichen bzw. polizeilichen **Sicherstellungen und Beschlagnahmen**. Zu den Gemeinsamkeiten und Unterschieden sowie zu den kaufrechtlichen Auswirkungen ausführlich BGH NJW 2004, 1802 und OLG Hamm, Urt. v. 20. 1. 2011, I-28 U 139/10. Die aufgrund eines **Diebstahl- oder Hehlereiverdachts** erfolgte Beschlagnahme gem. § 111b StPO („Sicherstellung durch Beschlagnahme") ist wegen der Eingriffstiefe eines solchen Aktes mit drohendem Rechtsverlust

---

1 Anders nach CISG (Art. 41), s. BGH 11. 1. 2006, NJW 2006, 1343.

2 BGH 11. 3. 1991, NJW 1991, 1415.

3 Zur Abgrenzung vgl. BGH 5. 12. 1990, NJW 1991, 915, 916 unter 2a; BGH 24. 10. 1997, WM 1998, 79; *Grunewald*, a. a. O., S. 18 ff.

4 Urt. v. 24. 10. 1997, WM 1998, 79.

ein Rechtsmangel.[5] Voraussetzung ist, dass der Sachverhalt, auf Grund dessen die Beschlagnahme erfolgte, bereits bei Gefahrübergang bestanden hat.[6]

Von der Sicherstellung/Beschlagnahme nach §§ 111b und 111c StPO sind die Fälle des **4656** § 94 StPO zu unterscheiden. Mitunter kommt es auch zu Kombinationsfällen mit doppelter Begründung oder unklarer Rechtsgrundlage.[7] Die Sicherstellung der Sache, notfalls (bei nicht freiwilliger Herausgabe) deren Beschlagnahme, erfolgt im Rahmen des § 94 StPO **nur zu Beweiszwecken**. Ob eine allein auf § 94 StPO beruhende Sicherstellung/Beschlagnahme einen Rechtsmangel darstellt, ist **umstritten**. Überwiegend wird die Frage verneint.[8] Weitere Rspr. zur Gesamtthematik: BGH NJW 1997, 3164 = NZV 1997, 432; OLG Köln OLGR 2002, 169 und OLG München NJW 1982, 2330.[9]

Wurde von dem Verkäufer oder einem früheren Besitzer ein **gestohlenes Teil**, z. B. der **4657** Motor, in das Fahrzeug eingebaut, so ist § 947 BGB zu beachten. Serienmäßige Motoren, auch Austauschmotoren, sind keine wesentlichen Bestandteile.[10] Vorrang vor § 947 BGB hat der Tatbestand der Verarbeitung i. S. d. § 950 BGB. Ein Fall der Verarbeitung mit Herstellung einer neuen Sache liegt vor, wenn ein (gestohlener) Motorblock zu einem Komplettmotor ergänzt wird.[11]

5 BGH 18. 2. 2004, NJW 2004, 1802; OLG Hamm 20. 1. 2011 – I-28 U 139/10.
6 BGH 18. 2. 2004, NJW 2004, 1802.
7 Dazu BGH 18. 2. 2004, NJW 2004, 1802; OLG Köln 25. 7. 2001, OLGR 2002, 169; OLG Köln 16. 3. 2010 – 22 U 176/09 (Beschlagnahme in der tschechischen Republik).
8 Zum Meinungsstand s. OLG Hamm 20. 1. 2011 – I-28 U 139/10. Der Senat lässt die Frage offen, weil er den Verkäufer als entlastet ansieht (§ 280 Abs. 1 S. 2 BGB).
9 Zusätzliche Nachweise im Urt. des OLG Hamm v. 20. 1. 2011 –I-28 U 139/10.
10 *Palandt/Ellenberger*, § 93 BGB Rn. 7 m. w. N.
11 BGH 22. 5. 1995, NJW 1995, 2633 = NZV 1995, 394.

T. Der Erwerb gebrauchter Kraftfahrzeuge vom Nichtberechtigten

I. Voraussetzungen für den Erwerb kraft guten Glaubens

1. Ausgangslage

4658 Das Gesetz ist im Ausgangspunkt **erwerberfreundlich.** Der Schutz des Rechtsverkehrs (‚Verkehrsschutz') ist ihm grundsätzlich wichtiger als der Eigentümerschutz. Das ist der **Grundgedanke** der – von der Schuldrechtsreform unberührt gebliebenen – §§ 932 ff. BGB, 366 HGB. Im Normalfall der Kfz-Veräußerung durch Einigung und Übergabe (§ 929 S. 1 BGB) wird der Erwerber auch dann Eigentümer, wenn das Fahrzeug dem Veräußerer nicht gehört, es sei denn, dass er im Zeitpunkt der Übergabe nicht in gutem Glauben gewesen ist (§ 932 Abs. 1 S. 1 BGB). Nur Kenntnis und grob fahrlässige Unkenntnis schließen die Redlichkeit des Erwerbers aus (§ 932 Abs. 2 BGB). Gewöhnliche (‚leichte') Fahrlässigkeit ist unschädlich.

4659 Während **§ 932 BGB** den guten Glauben **an das Eigentum** des Veräußerers schützt, betrifft **§ 366 HGB**, weiterreichend, den guten Glauben **an die Verfügungsbefugnis** eines Kaufmanns bei einer Veräußerung im Rahmen seines Gewerbebetriebes.

4660 Beide Gutglaubensvorschriften helfen dem Erwerber nicht, wenn das Fahrzeug dem Eigentümer ‚gestohlen, verlorengegangen oder sonst abhanden gekommen ist' (§ 935 Abs. 1 BGB). In diesen **Ausnahmefällen** ist der Eigentümer schutzwürdiger als der (gutgläubige) Erwerber. Dieser wird wiederum privilegiert, wenn er eine gestohlene Sache im Wege öffentlicher Versteigerung[1] erworben hat (§ 935 Abs. 2 BGB).

2. Grundsätze der Rechtsprechung für den Gebrauchtfahrzeugkauf

4661 In Gebrauchtwagenfällen – für **fabrikneue Fahrzeuge**[2] und **Vorführwagen**[3] gelten besondere Regeln (s. a. Rdn. 396 ff. und Rn. L 334) – hat sich die Rechtspraxis an folgenden Grundsätzen zu orientieren:

1. Auch beim Erwerb eines gebrauchten Kraftfahrzeugs besteht keine allgemeine Nachforschungspflicht bei Dritten als Voraussetzung für einen gutgläubigen Eigentumserwerb (BGH NJW 1975, 735).
2. Bei der Bewertung der Umstände, die für den Erwerber eines Gebrauchtfahrzeugs eine Nachforschungspflicht hinsichtlich der Verfügungsberechtigung des Veräußerers begründen, ist ein strenger Maßstab anzulegen (BGH NJW-RR 1987, 1456; BGH NJW 1992, 310).

---

1 Dazu BGH 5. 10. 1989, NJW 1990, 899.

2 Vgl. BGH 9. 2. 2005, NJW 2005, 1365 (Lkw); BGH 30. 10. 1995, NJW 1996, 314; BGH 21. 5. 1953, NJW 1953, 1099; BGH 21. 9. 1959, BGHZ 30, 374 = NJW 1960, 34; BGH 3. 3. 1960, NJW 1960, 1006 = MDR 1960, 494 = WM 1960, 397; HansOLG Hamburg HansRGZ 1938 B, Sp. 394; OLG Kassel 18. 3. 1937, JW 1937, 1417; LG Tübingen 29. 5. 1954, MDR 1954, 612; OLG München 5. 1. 1955, MDR 1955, 477; OLG Düsseldorf 16. 5. 1990, NJW-RR 1992, 381; OLG Frankfurt 25. 4. 1997, OLGR 1997, 121; LG München I 27. 1. 2004, EWiR § 931 BGB 1/04 (*Moseschus*); vgl. auch BGH 14. 7. 1965, VRS 29, 321.

3 OLG Bremen 16. 11. 1962, DAR 1963, 301; OLG Hamm 13. 1. 1964, NJW 1964, 2257; OLG Karlsruhe 7. 4. 1989, NZV 1989, 434 m. Anm. *Roth* = NJW-RR 1989, 1461; OLG Frankfurt 8. 12. 1998, NJW-RR 1999, 927; LG Darmstadt 10. 4. 1997, DAR 1999, 265.

3. Wer ein gebrauchtes Kraftfahrzeug kauft, muss sich vorher darüber unterrichten, dass in Deutschland zu einem zulassungspflichtigen Kraftfahrzeug ein Fahrzeugbrief (jetzt Zulassungsbescheinigung Teil II) gehört; er muss wissen, dass Kraftfahrzeuge häufig als Sicherheit für Anschaffungskredite dienen, wobei der Fahrzeugbrief beim Kreditgeber hinterlegt ist (BGH NJW 1996, 2226).
4. Nach der Verkehrsauffassung weist nicht der Besitz des Kraftfahrzeugs und des Kfz-Zulassungsscheins allein, sondern erst zusammen mit dem Fahrzeugbrief den Fahrzeugbesitzer als Eigentümer oder Verfügungsberechtigten aus (BGH NJW 1975, 735; BGH DAR 1967, 85; BGH NJW 1996, 2226).
5. Wer ein Gebrauchtfahrzeug erwirbt, ohne sich den Fahrzeugbrief vom Veräußerer vorlegen zu lassen und darin Einsicht zu nehmen, handelt i. d. R. grob fahrlässig i. S. d. §§ 932 Abs. 2 BGB, 366 HGB (BGH NJW 2006, 3488; BGH NJW 2005, 1365; BGH NJW 1996, 314; BGH NJW 1975, 735; BGH MDR 1959, 207). Nur unter besonderen Umständen kann es mit der Sorgfaltspflicht des Erwerbers vereinbar sein, von dem Verlangen auf Vorlage des Fahrzeugbriefs abzusehen (BGH WM 1956, 158).
6. Unter grober Fahrlässigkeit ist ein Handeln zu verstehen, bei dem die erforderliche Sorgfalt nach den gesamten Umständen in ungewöhnlich hohem Maße verletzt worden und bei dem dasjenige unbeachtet geblieben ist, was im gegebenen Fall jedem hätte einleuchten müssen (st. Rspr. BGH NJW 2005, 1365; BGHZ 10, 14, 16 = NJW 1953, 1139; BGH LM Nr. 17 zu § 932; BGH NJW 1994, 2022).
7. Wird beim Kauf eines gebrauchten Kraftfahrzeugs vom Nichtberechtigten der Fahrzeugbrief mit vorgelegt, so rechtfertigt dies allein noch nicht die Feststellung, der Erwerber sei gutgläubig. Übergabe und Prüfung des Briefes sind nur Mindesterfordernisse für einen Gutglaubenserwerb (BGH NJW 2006, 3488; BGH LM Nr. 23 zu § 932 = WM 1966, 678; BGH NJW 1975, 735).
8. Unter besonderen Umständen kann der gute Glaube an das Eigentum oder an die Verfügungsbefugnis selbst dann ausgeschlossen sein, wenn der Erwerber den ihm vom Veräußerer vorgelegten Fahrzeugbrief geprüft hat (BGH DAR 1966, 299; BGH NJW 1975, 735; BGH NJW-RR 1987, 1456).
9. Der Fahrzeugbrief (ZB II) verbrieft nicht das Eigentum an dem Fahrzeug. Er gibt lediglich Auskunft über den Halter (BGH NJW 1978, 1854). Durch § 25 Abs. 4 S. 2 StVZO a. F. (jetzt § 12 Abs. 6 FZV) sollen der Eigentümer und der sonst dinglich Berechtigte geschützt werden (BGHZ 10, 122 = NJW 1953, 1347 re.Sp.; BGH NJW 2006, 3488). Dagegen dient der Fahrzeugbrief nicht dem Schutz des Rechtsverkehrs in dem Sinn, dass aus seinem Besitz auf die Verfügungsberechtigung des Briefinhabers über den Wagen geschlossen werden könnte (BGHZ 10, 122 = NJW 1953, 1347 re.Sp.).
10. Der Fahrzeugbrief ist kein Traditionspapier, d. h. die Übergabe des Briefes ersetzt nicht die Übergabe des Fahrzeugs (BGH NJW 1978, 1854; NJW 2006, 3488).
11. Das Eigentum an dem Fahrzeugbrief (ZB II) steht in analoger Anwendung des § 952 BGB dem Eigentümer des Kraftfahrzeugs zu (BGH NJW 2007, 2844 Tz. 7; NJW 1978, 1854; NJW 1953, 1347).

3. Die Rechtsscheinbasis

a) Zur Legitimationswirkung des Fahrzeugbesitzes

Neben dem guten Glauben ist ein auf dem **Besitz** beruhender **Rechtsschein** Voraussetzung für den gutgläubigen Erwerb des Eigentums an einer beweglichen Sache.[4] Das Gesetz geht davon aus, dass Besitz und Eigentum typischerweise zusammenfallen. Nach § 1006 4662

4 Ganz h. M., vgl. *Neuner*, JuS 2007, 401, 403.

BGB wird zugunsten des Besitzers einer beweglichen Sache vermutet, dass er Eigentümer ist.

4663 Dass die Aussagekraft des (unmittelbaren) Besitzes im Laufe der Zeit – aufs Ganze gesehen – immer schwächer geworden ist, steht außer Frage. Fraglich kann nur sein, wie auf diese Entwicklung zu reagieren ist: durch eine generelle Neuorientierung oder durch eine punktuelle Anpassung, wobei der objektive Rechtsscheintatbestand und die subjektive Seite als Ansatzpunkte in Betracht kommen. Wer generell für die Abdankung des Besitzes als Rechtsscheinträger plädiert, darf sich nicht mit vagen Beschreibungen der sozialen Wirklichkeit begnügen. Eine umfassende Bestandsaufnahme und eine ökonomische Analyse wären erforderlich.

4664 Statt mit empirisch gesicherten Fakten zu argumentieren, beschränken sich die Gegner der h. M. häufig auf realitätsferne Mutmaßungen und fragwürdige Verallgemeinerungen. Symptomatisch ist die **Fehleinschätzung** der heutigen Gegebenheiten beim Erwerb, Benutzen und Veräußern von Kraftfahrzeugen. Verkannt wird insbesondere die Bedeutung des Eigentumsvorbehalts beim Kauf neuer und gebrauchter Kraftfahrzeuge. Auch neue Formen der Kfz-Nutzung verlangen nach einer Revision tradierter Vorstellungen und darauf fußender Rechtspositionen. Im Vordergrund steht das Kfz-Leasing (zu Eigentums- und Besitzfragen ausführlich Rn. L 47 ff., 334 ff.). Von Bedeutung sind aber auch Sonderformen der Fahrzeugmiete und neuartige Nutzungskonzepte wie das Car-Sharing.

aa) Daten und Fakten

4665 **Gesamtbestand an Kraftfahrzeugen:** 2010 waren rund 62 Mio. motorisierte Fahrzeuge und Kfz-Anhänger zum Straßenverkehr zugelassen. Die Zahl der Personenkraftwagen (incl. Kombis und SUVs) betrug etwa 43 Mio., die der Nutzfahrzeuge (Lkw, Omnibusse, Zugmaschinen) ca. 8 Mio. Der Rest entfiel auf Reisemobile, Zweiräder, Kfz-Anhänger und Sonstige.

4666 **An- und Verkaufswege:** Ankauf, Besitz und Verkauf von Kraftfahrzeugen folgen unterschiedlichen Wegen und Regeln, je nachdem, ob es sich um Pkw oder Lkw, um fabrikneue oder gebrauchte Fahrzeuge handelt. Zentraler Punkt auf sämtlichen Märkten ist die **Finanzierung** und die damit verbundene Absicherung des Kreditgebers.

4667 **Handel mit fabrikneuen Personenkraftwagen:** Auf sämtlichen Handelsstufen wird unter Eigentumsvorbehalt verkauft. Zu den Erscheinungsformen beim Verkauf an Endabnehmer s. Rdn. 213 ff., 2086 ff. Der durchschnittliche Neuwagen (Pkw/Kombi/SUV) kostete auf dieser letzten Handelsstufe im Jahr 2010 rund 26.000 €.[5] Grundsätzlich führen **drei Wege** zum neuen Auto: **Barkauf, Finanzierung** und **Leasing.** Der Anteil von Finanzierungen und von Leasinggeschäften ist in den letzten Jahren stetig gestiegen und wird aller Voraussicht nach weiter steigen. Gegenwärtig werden ca. 75 % aller Neufahrzeuge (Pkw/Kombi) über Leasing- und Finanzierungsangebote verkauft. Der Gesamtbestand an **geleasten Pkw** betrug 2010 ca. 3,5 Mio., d. h., 3,5 Mio. von insgesamt 43 Mio. Fahrzeugen standen im Eigentum von Leasinggesellschaften, während gewerbliche oder private Leasingnehmer den unmittelbaren Besitz ausübten. Sie sind Fahrzeughalter. Der Fahrzeugbrief wird üblicherweise vom Leasinggeber verwahrt. Trotz seines Eigentums ist er im Brief nicht eingetragen. Dieser ist vielmehr auf den Leasingnehmer als Halter ausgestellt.

4668 Die Alternative zum Leasing ist die **Bankfinanzierung**. Sie erfolgt entweder über das Kreditinstitut des Autoherstellers, spezielle ‚Autobanken' oder über eine ‚normale' Bank/Sparkasse. Der Neuwagenhändler selbst finanziert nicht mehr. Der einfache Abzahlungskauf gehört der Vergangenheit an. Bei (Verbund)Finanzierungen lassen sich die Banken das Kfz zur Sicherung ihrer Darlehensforderung zu Eigentum übertragen (§ 930 BGB).

5 DAT-Report 2011, S. 62.

Der Anteil der auf diese Weise mit Sicherungsübereignung finanzierten Käufe neuer Pkw/Kombis/SUVs liegt weiterhin über dem Leasinganteil.

Handel mit gebrauchten Pkw und Kombis: Der Anschaffungspreis lag 2010 bei durchschnittlich 12.820 € (Kauf vom Vertragshändler).[6] Der vergleichsweise geringe Kapitalbedarf beim Kauf von Privat (2010 im Durchschnitt 5.840 €) macht eine Fremdfinanzierung auf diesem Sektor (Marktanteil 2010 nur noch 45 %) meist entbehrlich. Ein Privatverkäufer gibt sein Auto i. d. R. nur Zug um Zug gegen Zahlung des vollen Kaufpreises aus der Hand. Bis zur vollständigen Bezahlung bleibt er Eigentümer. **4669**

Ersparnisse, Privatdarlehen und der Erlös aus dem Verkauf des Vorwagens reichen bei der Anschaffung eines gebrauchten Ersatzfahrzeugs häufig nicht mehr aus. Der Kreditanteil liegt bei rund 24 %.[7] Finanzierungen, die mit einer Sicherungsübereignung des Kaufobjekts verbunden sind, nehmen damit zu. Beim Kauf vom Händler werden vor allem teure Gebrauchtwagen (ab ca. 15.000 €) heute nicht mehr bar bezahlt, sondern – genau wie Neuwagen – über einen Kredit finanziert. Die Finanzierungsalternative ‚Leasing' gewinnt auch bei Gebrauchtfahrzeugen (Pkw/Kombis/SUVs) ständig an Bedeutung. **4670**

Handel mit neuen und gebrauchten Nutzfahrzeugen: Auf diesem Sektor ist der Barkauf naturgemäß die Ausnahme. In welchem Umfang Nutzfahrzeuge geleast oder bankfinanziert werden, ist nicht bekannt. **4671**

bb) Schlussfolgerungen

Trotz veränderter Verhältnisse beim Erwerb und der Nutzung ist der unmittelbare Besitz an einem Kraftfahrzeug, gleich welcher Kategorie, nach wie vor geeignet, den Anschein des Eigentums bzw. der Verfügungsbefugnis zu erzeugen.[8] Träger des Rechtsscheins ist allerdings nicht der Besitz als solcher, sondern die **Besitzverschaffungsmacht**.[9] Der Besitz und seine Übertragung begründen für den Erwerber den Rechtsschein, dass der Veräußerer der wirkliche Eigentümer ist. Bei richtiger Einschätzung der tatsächlichen Gegebenheiten bedarf es keiner zusätzlichen Umstände, um den Rechtsschein von Eigentum/Verfügungsbefugnis zu begründen. Insbesondere kann darauf verzichtet werden, den Fahrzeugbrief mit einer Legitimationsfunktion auszustatten. **4672**

b) Die Bedeutung des Fahrzeugbriefes für den Gutglaubenserwerb

Mehr als Sicherungseigentum, Eigentumsvorbehalt und die vielfältigen Erscheinungsformen der Gebrauchsüberlassung hat der Fahrzeugbrief die Legitimationskraft des Kfz-Besitzes reduziert. Ihm ist eine Bedeutung zugewachsen, die ursprünglich allenfalls als Nebeneffekt gewollt war. Die Aufgaben des 1934 eingeführten Fahrzeugbriefes sollten im Wesentlichen öffentlicher Natur sein.[10] In private Rechtsbeziehungen wollte der Gesetzgeber nicht eingreifen, jedenfalls nicht unmittelbar. Er hat die Übereignung eines Kraftfahrzeugs nicht von der Vorlage bzw. Übergabe des Briefes abhängig gemacht. Er hat diese Urkunde auch nicht als sog. Traditionspapier ausgestaltet. Auch in die Gruppe der gesetzlichen Rechtsscheinträger wurde der Fahrzeugbrief nicht aufgenommen. Von Anfang an war jedoch klar, dass er auch in seiner Eigenschaft als bloße Beweisurkunde Dreh- und Angelpunkt des redlichen Erwerbs sein werde.[11] Gegenwärtig ist der Fahrzeugbrief von **‚grundlegender Bedeutung'** (BGH NJW 1993, 1649) für den Gutglaubensschutz. Wie **4673**

6 DAT-Report 2011, S. 62.

7 DAT-Report 2011, S. 32.

8 Anders die Einschätzung von *Gerken*, DB 1999, 278; s. a. *Neuner*, JuS 2007, 401, 404.

9 NK-BGB/*Meller-Hannich/Schilken*, § 932 BGB Rn. 1; LG München I 24. 5. 2005, zfs 2006, 92.

10 *Bormann*, RdK 1949/1950, 180; *Schlechtriem*, NJW 1970, 1993, 2088; *Fritsche/Würdinger*, DAR 2007, 501.

11 Vgl. OLG Hamburg 20. 7. 1938, RdK 1939, 23; OLG Dresden 30. 6. 1938, RdK 1939, 18.

der BGH diese Urkunde einschätzt, ergibt sich aus den unter Rdn. 4661 aufgeführten Grundsätzen 9–11.

4674 Noch ist höchstrichterlich nicht geklärt, ob das im Jahre 2005 an die Stelle des Fahrzeugbriefs getretene Dokument **‚Zulassungsbescheinigung Teil II‘** sachenrechtlich die gleiche Rolle spielt wie der abgelöste „Fahrzeugbrief“. Wenn statt bisher sechs nur noch zwei Fahrzeughalter eingetragen werden können, muss das Dokument öfter erneuert werden. Das schwächt indirekt seine Funktion als Legitimationsurkunde. Denn mehr als bisher wird der Verkäufer nicht mit der Person identisch sein, die als letzter Halter eingetragen ist.

4675 Die Gerichte haben die **Schlüsselrolle** des Fahrzeugbriefes gewissermaßen **negativ definiert,** indem sie ihm nur eine **Sperrfunktion,** keine Legitimationsfunktion, zuerkannt haben. Bis heute werden Rechtswirkungen nur an das Fehlen des Briefes, an dessen Nichtvorlage bzw. Nichtprüfung, geknüpft. Das Fehlen eines (ordnungsgemäßen) Briefes, so die **Kernaussage der Judikatur**, spreche für das Fehlen des Eigentums bzw. der Verfügungsberechtigung, weshalb es den guten Glauben des Erwerbers regelmäßig ausschließe.[12]

4676 Die Rechtsprechung hat gut daran getan, die durch den Fahrzeugbrief aufgeworfenen Probleme im Rahmen des **subjektiven Tatbestandes** der §§ 932 BGB, 366 HGB zu lösen. In den ersten Jahren nach Einführung dieses Dokuments blieb gar keine andere Wahl, als sämtliche vier ‚Brief‘-Sachverhalte, nämlich Besitz, Vorlage, Übergabe und Prüfung, unter dem Aspekt der Gutgläubigkeit zu sehen. Nachdem der Fahrzeugbrief allgemeine Anerkennung gefunden hatte und seine zentrale Rolle bei der Kfz-Veräußerung in der Verkehrsanschauung fest verankert war, hätte man daraus Konsequenzen schon für den (objektiven) Rechtsscheintatbestand ziehen können, vielleicht sogar ziehen müssen.

4677 Eine solche **Verschiebung vom Subjektiven zum Objektiven** ist im Schrifttum wiederholt angeregt worden.[13] **Der BGH** hat diese Vorschläge nicht aufgegriffen. Dabei geht auch er von einem mindestens **zweigliedrigen Rechtsscheintatbestand** aus, wenn er konstatiert, „dass der Besitz des Kfz samt Kfz-Schein und Kfz-Brief den Rechtsschein der Verfügungsmacht über einen gebrauchten Kraftwagen“ gebe,[14] der Besitz allein dafür nicht genüge.[15] In BGHZ 68, 323, 326 heißt es sogar, dass der Besitz des Briefes dafür spreche, dass der Briefinhaber Eigentümer des Kraftwagens sei. Demgegenüber hat der III. Zivilsenat des BGH in einer Amtshaftungssache die Ansicht vertreten, aus dem Besitz des Briefes könne nicht auf die Verfügungsberechtigung des Briefinhabers geschlossen werden.[16] Zur Legitimationswirkung des Briefbesitzes hat sich der BGH ferner in mehreren Entscheidungen zur Rechtsnatur des Briefes und zur analogen Anwendbarkeit des § 952 BGB geäußert.[17] Aber auch in diesem Zusammenhang hat er nicht gesagt, der Besitz des Briefes allein legitimiere den Inhaber als Eigentümer bzw. Verfügungsberechtigten. Dabei wird man das bei einem Finanzierungsinstitut durchaus so sehen können.

4678 Solange für den Erwerb von Eigentum an einem Kfz dessen Übergabe bzw. ein Übergabesurrogat unverzichtbare Voraussetzung ist, erscheint es müßig, darüber zu streiten, ob der Besitz des Briefes allein zur Legitimation des Veräußerers genügt. Unerheblich ist letztlich auch, ob seine Rechtsscheinwirkung stärker oder schwächer als die des Fahrzeugbesitzes ist. Praktische Bedeutung, wenn auch nur bescheidene, hat allein die Frage, ob man den Besitz des Fahrzeugbriefes als konstituierendes Element des Rechtsscheintatbestandes behan-

---

12 BGH 5. 2. 1975, NJW 1975, 735 = JR 1975, 413 m. Anm. *Fischer;* ungenau BGH 30. 10. 1995, NJW 1996, 314 unter II, 1a.

13 So z. B. *Giehl*, AcP 161, 357, 374 ff.; *Rebe*, AcP 173, 186, 195; *Fischer*, JR 1975, 416; vgl. auch *Zweigert*, RabelsZ 23, 1, 8 mit Hinweisen auf das englische und amerikanische Recht.

14 Urt. v. 5. 2. 1975, NJW 1975, 735; 30. 10. 1995, NJW 1996, 314.

15 Urt. v. 13. 9. 2006, NJW 2006, 3488.

16 Urt. v. 25. 6. 1953, BGHZ 10, 122.

17 Urt. v. 21. 1. 1970, NJW 1970, 653; 8. 5. 1978, NJW 1978, 1854.

delt, ihm also eine ergänzende Legitimationsfunktion zuerkennen soll. Abgesehen von dem Unterschied in der Darlegungs- und Beweislast kommt es auf die Frage des guten Glaubens im Einzelfall gar nicht an, wenn schon der objektive Rechtsscheintatbestand nicht erfüllt ist. Im Ergebnis dürfte die Auffassung vom Briefbesitz als integralem Bestandteil des Rechtsscheintatbestandes den Eigentümer besser stellen, als es nach der h. M. der Fall ist. Der Erwerber müsste nämlich diejenigen Tatsachen beweisen, die die Basis der neu definierten ‚Vertrauenslage' bilden. Dazu gehörte dann auch die Vorlage des Fahrzeugbriefes oder eines vergleichbaren Dokumentes (Ersatzbrief, Auslandsdokument), womöglich mit einer den Veräußerer legitimierenden Eintragung als (letzten) Halter.

Die **besseren Gründe** sprechen für die **traditionelle Sicht der Rechtsprechung**. Die 4679
Legitimationswirkung des Fahrzeugbesitzes ist – auf's Ganze gesehen – nicht so schwach, dass zur Schaffung des erforderlichen Rechtsscheintatbestandes der Besitz bzw. die Vorlage des Briefes hinzutreten müsste. Auf Rechtsscheindefizite kann im Einzelfall mit dem Erfordernis des guten Glaubens sachgerecht reagiert werden. Ein Vorzug der h. M. ist es auch, sämtliche Fälle der Veräußerung von Kraftfahrzeugen, von Neu- und Altwagen, von Fahrzeugen mit Inlands- und Auslandszulassung, nach dem gleichen Grundmuster lösen zu können. Dass sie den Erwerber, dem Bösgläubigkeit nachgewiesen werden muss, tendenziell begünstigt, steht mit der Grundentscheidung des Gesetzes durchaus im Einklang.

4. Die subjektiven Voraussetzungen (guter Glaube)

a) Der Regelfall grober Fahrlässigkeit: Nichtvorlage des Originalfahrzeugbriefes

Bei der Frage, ob dem Erwerber grobe Fahrlässigkeit entgegengehalten werden kann, 4680
spielen theoretische, prozessuale und pragmatische Erwägungen eine Rolle.[18] Bei dieser Verflechtung ist Rechtsunsicherheit programmiert.

Anhaltspunkte für eine Konkretisierung des Maßstabs der groben Fahrlässigkeit las- 4681
sen sich aus dem Sinn und Zweck der §§ 932 Abs. 2 BGB, 366 HGB gewinnen. Wer den Mangel des Eigentums bzw. der Verfügungsberechtigung kennt oder infolge grober Fahrlässigkeit nicht kennt, verdient **keinen Vertrauensschutz.** Die Sorgfaltspflicht, die der Begriff der groben Fahrlässigkeit impliziert, bezieht sich auf das Interesse des wahren Eigentümers, sein Eigentum zu behalten, nicht, jedenfalls nicht in erster Linie, auf das Interesse des Erwerbers, seinerseits Eigentümer zu werden. Nur bei Erfüllung dieser Sorgfaltspflicht mutet das Gesetz dem Eigentümer zu, zugunsten der Zirkulationsfähigkeit von Gütern den Verlust seines Eigentums hinzunehmen. Es ist also nicht der Gedanke des Selbstschutzes, sondern des Fremdschutzes, der bei der Bestimmung ‚grober Fahrlässigkeit' im Vordergrund steht.

Zur Vermeidung des Vorwurfs grober Fahrlässigkeit hat der Erwerber einen bestimmten 4682
Informationsaufwand zu erbringen. Beim Erwerb eines **zulassungspflichtigen Kfz**[19] besteht der **Mindestinformationsaufwand** darin, sich den **Originalfahrzeugbrief** vorlegen zu lassen und ihn einzusehen. Wer diese jedermann bekannte und leicht nutzbare Informationsquelle ungenutzt lässt, muss dafür überzeugende Gründe nennen können, andernfalls ist er nicht schutzwürdig. Das steht heute grundsätzlich außer Streit.

18 *Staudinger/Wiegand*, § 932 BGB Rn. 42.

19 Für zulassungsfreie Fahrzeuge i. S. v. § 18 Abs. 2 StVZO a. F. wurde eine Betriebserlaubnis erteilt. Zu deren Bedeutung für den Gutglaubenserwerb s. BGH 1. 2. 1993, NJW 1993, 1649; s. a. OLG Koblenz 19. 12. 1996, VRS 94, 15 – Traktorkauf; KG 2. 2. 1996, MDR 1996, 795 – Schaufelbagger.

4683 Seit BGH NJW 1975, 735 ist auch geklärt, dass es nicht genügt, wenn der Veräußerer den Fahrzeugbrief im (unmittelbaren) Besitz hat und ihn vorlegen könnte. Er muss **tatsächlich vorgelegt** werden, damit der Erwerber die Berechtigung des Veräußerers prüfen kann.

4684 Kann der Veräußerer den Brief nicht vorlegen, so muss dies **grundsätzlich Argwohn** erwecken und zu Nachfragen bzw. Nachforschungen Anlass geben. Dies gilt sicherlich für den Kauf von einer dem Erwerber bislang **unbekannten Privatperson.** Doch auch beim Kauf eins gebrauchten Kraftfahrzeugs vom „seriösen“ **Fachhändler** ist die Nichtvorlage des Fahrzeugbriefes ein Umstand, der i. d. R. Zweifel an der Verfügungsberechtigung des Händlers aufkommen lassen muss.[20] Gerade diese Gruppe von Kfz-Händlern nimmt für sich in Anspruch, Gebrauchtwagengeschäfte korrekt abzuwickeln. Dazu gehört auch die Vorlage und Überlassung (Aushändigung bzw. Zusendung) des Fahrzeugbriefes. Unter Kfz-Händlern gelten in dieser Hinsicht keine geringeren Anforderungen.[21]

4685 Mit der Zunahme bargeldloser Zahlungen und Finanzierungen haben sich die **Gepflogenheiten** im Gebrauchtwagenhandel gewandelt. Immer öfter erhalten Käufer den Fahrzeugbrief, wenn überhaupt (Bank), erst längere Zeit nach Übernahme des Fahrzeugs, z. B. nach Eingang des Geldes beim Händler. Dem muss bei der Gutglaubensprüfung Rechnung getragen werden.[22] Nicht entlastet wird der Käufer dadurch, dass er das Fahrzeug ohne vorherige Besichtigung und Einsichtnahme in den Brief **online gekauft** hat. Dann muss die erforderliche Prüfung vor der Übernahme des Fahrzeugs stattfinden.

4686 Es ist **Sache des Erwerbers,** Umstände dafür vorzutragen und **zu beweisen,** dass er den Veräußerer trotz Nichtvorlage des Fahrzeugbriefes für den Eigentümer bzw. Verfügungsberechtigten halten durfte. Es findet zwar keine Umkehr der Beweislast statt (Näheres zur Beweislastverteilung Rdn. 4761 f.). Der Erwerber hat jedoch die gegen seinen guten Glauben sprechende Vermutung zu entkräften. Er muss sein dem äußeren Anschein nach ungewöhnlich sorgloses Verhalten plausibel erklären können, so wie beispielsweise der Erwerber im Fall OLG Schleswig NJW 1966, 1970 (Inzahlungnahme eines unfallbeschädigten Firmenfahrzeugs). Auch aus einer **ständigen Geschäftsbeziehung** zwischen Autohäusern kann sich ein **Vertrauensverhältnis** entwickelt haben, das bestimmten Abwicklungspraktiken den Anschein des Verdächtigen nimmt. Ein Beispiel dafür ist der Verkauf von Leasingrückläufern in größeren Stückzahlen, wobei die Fahrzeugbriefe mitunter nachgereicht werden.[23]

4687 Folgende Umstände hat die Rechtsprechung für ungeeignet gehalten, den Erwerber zu entlasten:

- ausdrückliche mündliche oder schriftliche Erklärung des Veräußerers, Eigentümer oder Verfügungsberechtigter zu sein (OLG Kiel HRR 1938 Nr. 588; OLG Nürnberg BB 1958, 1221; OLG Hamburg BB 1962, 658; OLG Oldenburg DAR 2005, 90 – Schenkung unter Verwandten),
- Hinweis des Händlers, der Brief befinde sich noch bei der Bank, der Erwerber möge ihn in den nächsten Tagen dort abholen oder der Brief werde in Kürze zugeschickt (BGH NJW 2006, 3488; BGH NJW 1965, 687; OLG Karlsruhe NZV 1989, 434 – Vorführwagen),
- Annahme des Erwerbers, der Fahrzeugbrief befinde sich noch bei der Leasinggesellschaft (BGH NJW 1996, 2226),

---

20 BGH 13. 9. 2006, NJW 2006, 3488; BGH 13. 5. 1996, NJW 1996, 226; großzügiger OLG Hamburg EWiR § 366 HGB 1/95, 1105 *(Eggert)*; s. a. LG Darmstadt 30. 8. 2001, NJW-RR 2002, 417 – Leasingwagen vom Autohaus.

21 BGH 13. 5. 1996, NJW 1996, 2226.

22 Vgl. LG Darmstadt 30. 8. 2001, NJW-RR 2002, 417.

23 Vgl. BGH 13. 5. 1996, NJW 1996, 2226.

- Besitz des Kfz-Scheins, der auf den Namen des Veräußerers lautet (LG München II NJW 1957, 1237),
- angebliche Übung bei einem Geschäft zwischen Händlern, von der Vorlage des Fahrzeugbriefes abzusehen (BGH LM Nr. 12 § 932 = VRS 16, 93; BGH NJW 1996, 2226 – Leasingrückläufer),
- Verkauf des Fahrzeugs zum Ausschlachten (LG Dortmund JW 1937, 57),
- Verkauf als Schrott (OLG München DAR 1965, 99),
- Erklärung des Händlers, er könne den Brief nicht vorlegen, weil der Eigentümer ‚ein Säufer sei, der seine Angelegenheiten nicht geregelt bekomme' (OLG Hamm OLGR 1993, 237),
- Vorlage eines Blanko-Fahrzeugbriefs (OLG Nürnberg OLGR 2001, 131),
- Besitz aller Fahrzeugschlüssel und der vor Ort (hier: Belgien) üblichen Fahrzeugpapiere verbunden mit der Erklärung des (belgischen) Verkäufers, der Kredit sei vollständig bezahlt (OLG Koblenz DAR 2011, 86).

b) Bösgläubigkeit trotz Vorlage und Prüfung des Fahrzeugbriefes

Umstritten sind vor allem die Sachverhalte, bei denen der Käufer es mit einem Nicht- **4688**
berechtigten zu tun hatte, der ihm das Fahrzeug mit passendem Originalbrief oder mit einem gefälschten Brief übergeben hat. Briefvorlage und Einsichtnahme sind, so **der BGH**, nur die **Mindestanforderungen** an den Gutglaubenserwerb.[24] Auch wer sie erfüllt, kann gleichwohl bösgläubig sein. Das ist der Fall, wenn nach den gesamten Umständen **erhebliche Zweifel** daran bestehen, dass der Veräußerer auch wirklich Eigentümer bzw. – beim Kauf vom Kfz-Händler – Verfügungsberechtigter ist. Über ihm bekannte und offen liegende (‚mühelos erkennbare') Verdachtsgründe darf sich der Erwerber nicht hinwegsetzen.[25]

Bei der Bewertung der Umstände, die eine **Erkundigungsobliegenheit** in Form einer **4689**
Nachforschungspflicht begründen, legt **der BGH** einen betont **strengen Maßstab** an.[26] Zur Begründung verweist er auf die ‚häufigen Unregelmäßigkeiten' im Handel mit gebrauchten Kraftfahrzeugen.[27] Hier handelt es sich um **ein Klischee,** das sich allen tatsächlichen Veränderungen zum Trotz in der Rechtsprechung für immer festgesetzt zu haben scheint, wie das Urteil des OLG München v. 23. 7. 1993[28] beispielhaft zeigt. Andererseits geht die Rechtsprechung nicht so weit, eine allgemeine Nachforschungspflicht anzunehmen.[29] Ob und inwieweit eine konkrete (anlassbezogene) Nachforschungspflicht bestanden hat, ist eine Frage des Einzelfalles. Maßgebend ist, ob der Erwerb objektiv verdächtig erscheint. Je stärker die Verdachtsmomente, desto größer die Sorgfaltspflicht des Erwerbers.

Was beim Verkauf eines gebrauchten Kraftfahrzeugs mit Blick auf das Eigentum und/ **4690**
oder die Verfügungsbefugnis des Veräußerers verdächtig ist, hängt wesentlich vom Inhalt der vorgelegten Fahrzeugpapiere, insbesondere des Briefes (ZB II), der konkreten Veräußerungssituation und ihren Begleitumständen ab. Eine Rolle spielen auch Marktgepflogenheiten und -usancen.

Angesichts der unterschiedlichen Gegebenheiten auf dem heutigen Gebrauchtfahrzeug- **4691**
markt mit seinen zahlreichen Teilmärkten ist eine **differenzierte Betrachtungsweise nach Fallgruppen** unerlässlich. Es macht einen Unterschied, ob es um ein Direktgeschäft zwi-

24 Urt. v. 5. 2. 1975, NJW 1975, 735; 13. 5. 1996, NJW 1996, 2226.
25 OLG Schleswig 1. 9. 2006, NJW 2007, 3007 m. w. N.
26 Urt. v. 5. 2. 1975, NJW 1975, 735; 1. 7. 1987, NJW-RR 1987, 1456.
27 Urt. v. 23. 11. 1966, VRS 32, 96 = WM 1966, 1325; v. 1. 7. 1987, NJW-RR 1987, 1456.
28 OLGR 1994, 9 = zfs 1994, 90.
29 So auch öster. OGH 1. 10. 2008, ZVR 2009, 165.

schen Privatpersonen, um einen Kauf vom Kfz-Händler oder um ein Geschäft zwischen Kfz-Händlern geht. Eine besondere Situation besteht in Fällen **mit Auslandsberührung**. Auch **Sicherungsgeschäfte**, vor allem **Sicherungsübereignungen**, verlangen eine spezielle Bewertung.[30] Welchen Einfluss **das Internet** auf den Erwerb kraft guten Glaubens hat, ist noch nicht abschließend geklärt. Jedenfalls bei Geschäften, die über Internetbörsen wie autoscout24 oder mobile.de oder durch Websites der Händler nur angebahnt werden,[31] vor Ort aber erst zustande kommen und abgewickelt werden, besteht kein Anlass, von den traditionellen Gutglaubensregeln abzuweichen.

aa) Privatperson kauft vom Kfz-Händler

4692 Diese Fallgestaltung ist in der Kasuistik zu §§ 932 BGB, 366 HGB nur spärlich vertreten. Der BGH hat sich, soweit ersichtlich, nur im Urteil v. 5. 2. 1975[32] mit der Frage der Gutgläubigkeit eines nichtgewerblichen Käufers eines im Inland zugelassenen Pkw befasst. Der Verkäufer, nach eigener Einlassung ein Kfz-Händler, hatte das Fahrzeug zusammen mit anderen Kraftwagen auf der Straße vor seiner Wohnung zum Verkauf angeboten. Im Fahrzeugbrief war ein Dritter, der Kläger, eingetragen. Das Fahrzeug war innerhalb von nur sechs Tagen dreimal (!) verkauft worden, an den letztverkaufenden Händler deutlich (ca. 30 %) unter Preis. Deshalb war ein Gutglaubenserwerb seinerseits ausgeschlossen (zur Preisgestaltung als Verdachtsmoment vgl. Rdn. 4704 ff.). Auch seinem privaten Abnehmer wurde in allen Instanzen Bösgläubigkeit bescheinigt, wenn auch mit unterschiedlicher Begründung. Das KG als Berufungsinstanz hat angenommen, es bestehe unter allen Umständen eine Erkundigungspflicht, wenn der Veräußerer mit dem letzten im Fahrzeugbrief eingetragenen Halter nicht identisch sei. **Der BGH** hat diese Pauschalaussage mit Recht in Zweifel gezogen. Auf eine eigene Stellungnahme konnte er verzichten, weil es mit dem **Verkauf auf offener Straße** einen wahren Verdachtsgrund gab. Dieser Umstand, so der BGH, musste in Verbindung mit der Tatsache, dass in dem Fahrzeugbrief nicht der Verkäufer, sondern ein Dritter als Halter des Fahrzeugs eingetragen war, dem Beklagten Anlass zu einer Nachforschung nach der Verfügungsbefugnis des Verkäufers geben.[33]

4693 Dass ein Kraftfahrzeughändler **nicht als Halter im Fahrzeugbrief eingetragen** ist, ist sowohl für sich allein genommen als auch in Verbindung mit anderen Umständen **kein Grund für Misstrauen.**[34] Nur in seltenen Fällen, etwa bei „Tageszulassungen", beim Verkauf von Vorführwagen oder sonstigen Geschäftswagen aus seinem Betrieb, ist der Händler im Brief eingetragen. In aller Regel steht dort **ein Dritter als letzter Halter.** Bei Agentur- und Kommissionsgeschäften versteht sich das von selbst. Doch auch beim Eigengeschäft verzichtet der Handel im Allgemeinen auf eine **wertmindernde Zwischeneintragung** im Fahrzeugbrief. Da es seit langem auch keinen ‚Händlervermerk' mehr gibt, braucht der Käufer beim Verkauf eines ‚normalen' Gebrauchtfahrzeugs keinen Verdacht zu schöpfen, wenn der Händler weder als Halter noch anderweitig im Fahrzeugbrief eingetragen ist. Infolgedessen ist er nicht verpflichtet, sich von einem im Brief nicht eingetragenen Händler Urkunden über die Hereinnahme des Fahrzeugs oder andere Herkunftsbelege vorlegen zu

30 Vgl. SchlHOLG 28. 2. 1997, OLGR 1997, 153; OLG Nürnberg 6. 12. 2000, OLGR 2001, 131; OLG Köln 23. 12. 2003, DAR 2004, 353.

31 So im Fall OLG Karlsruhe 14. 9. 2004, NJW 2005, 989 (keine Gutglaubenssache, da gestohlener Pkw).

32 NJW 1975, 735.

33 Vgl. auch BGH 9. 10. 1991, NJW 1992, 310 (Erwerb eines gestohlenen Pkw).

34 OLG Hamburg 20. 2. 1986, NJW-RR 1987, 1266, 1267 (‚völlig unbeachtlich'); OLG Köln 21. 2. 1996, VersR 1996, 1246 = OLGR 1996, 102 = VRS 92, 176; anders OLG Hamm 6. 6. 1974, NJW 1975, 171 und KG 21. 6. 1960, NJW 1960, 2243 und als Vorinstanz von BGH NJW 1975, 735; differenzierend BGH 5. 2. 1975, NJW 1975, 735 und BGH 1. 7. 1987, NJW-RR 1987, 1456; vgl. auch BGH 9. 10. 1991, NJW 1992, 310.

lassen. Erst recht kann und darf er in einer solchen Situation davon absehen, sich bei dem im Fahrzeugbrief als letzten Halter eingetragenen Dritten nach der Verfügungsbefugnis des Händlers zu erkundigen.

Die Tatsache, dass der verkaufende Kfz-Händler nicht der letzte im Fahrzeugbrief eingetragene Halter ist, kann i. d. R. auch nicht in Verbindung mit anderen Umständen, etwa der Preisgestaltung oder dem Verkaufsort, indizielle Bedeutung gewinnen. Die gegenteilige Auffassung des BGH[35] beruht auf der falschen Vorstellung, dass das Fehlen der Händlereintragung doch irgendwie verdächtig ist.[36] Dem BGH kann auch nicht gefolgt werden, wenn er im Fall der Eintragung eines Dritten bei der Bewertung derjenigen Umstände, die eine Nachforschungspflicht begründen könnten, einen ‚strengen Maßstab' glaubt anlegen zu müssen. Eine schärfere Bewertung ist weder mit der unverdächtigen Tatsache der fehlenden Voreintragung noch mit den im Gebrauchtwagenhandel angeblich ‚nicht selten vorkommenden Unregelmäßigkeiten'[37] zu rechtfertigen. **4694**

Richtig ist auf der anderen Seite, dass der im Fahrzeugbrief als letzter Halter eingetragene Dritte als Bezugsperson für eine Vertrauensbildung regelmäßig ausscheidet.[38] Er ist dem Erwerber im Allgemeinen unbekannt. Bei Firmeneintragungen kann das anders sein. Ob der Erwerber mit dem Namen des zuletzt eingetragenen Halters etwas „anfangen" kann oder nicht, ist indes unter dem Blickwinkel der §§ 932 BGB, 366 HGB bedeutungslos.[39] **4695**

Von der Rechtsprechung noch nicht geklärt ist die Frage, welche Anforderungen an die Pflicht eines **privaten Erwerbers** zur **Einsichtnahme** zu stellen sind. Die Pflicht, sich die Originalurkunde vorlegen zu lassen, mit der weiteren Pflicht zu verknüpfen, den Fahrzeugbrief auch einzusehen und zumindest die wesentlichen Eintragungen zu überprüfen, ist grundsätzlich sachgerecht; auch beim Kauf eines gebrauchten Kfz durch eine Privatperson von einem Kfz-Händler. Ein **Ausländer** ohne ausreichende Deutschkenntnisse muss notfalls einen Übersetzer hinzuziehen.[40] **4696**

Art und Intensität der ‚Briefkontrolle' hängen entscheidend davon ab, auf welchem der verschiedenen Teilmärkte das Gebrauchtfahrzeug gekauft wird. Beim Pkw-Kauf von einem Neuwagenhändler mit Gebrauchtwagenabteilung (‚Vertragshändler') sind geringere Anforderungen zu stellen als beim Erwerb von einem reinen Gebrauchtwagenhändler, der sein Geschäft auf einem Hinterhof oder – wie im Fall BGH NJW 1975, 735 – auf offener Straße betreibt. **4697**

In welchem Stadium des Geschäfts **private Käufer** sich den Fahrzeugbrief beim Kauf vom Händler üblicherweise ansehen, ist empirisch nicht erforscht. Erst recht fehlt es an tatsächlichen Erkenntnissen darüber, mit welcher Intensität vorgelegte Fahrzeugbriefe einer ‚Prüfung' unterzogen werden. Wenn nicht alles täuscht, wird in zunehmendem Maße darauf verzichtet, den Brief überhaupt einzusehen. Wer als Privatperson im **seriösen Fachhandel** kauft (Markenbetriebe, Freie Händler mit festem Firmensitz, größerem Verkaufsraum und Werkstatt), darf im Allgemeinen darauf vertrauen, dass der bei den Vertragsverhandlungen **4698**

---

35 Urt. v. 5. 2. 1975, NJW 1975, 735; 1. 7. 1987, NJW-RR 1987, 1456; vgl. auch OLG Stuttgart 21. 11. 1989, NJW-RR 1990, 635 mit von der Redaktion unrichtig formuliertem Leitsatz (verdächtig war nicht die fehlende Voreintragung, sondern die Tatsache des Tausches anstelle eines Verkaufs).

36 Vgl. auch BGH 11. 3. 1991, NJW 1991, 1415 = WM 1991, 811 unter 2b, bb, wo pauschal von einer ‚Verdachtssituation' die Rede ist, wenn der Veräußerer nicht identisch ist mit dem in den Papieren verzeichneten Halter/Eigentümer, ähnlich BGH 9. 10. 1991, NJW 1992, 310.

37 BGH 1. 7. 1987, NJW-RR 1987, 1456, 1457; BGH 9. 10. 1991, NJW 1992, 310.

38 OLG Karlsruhe 14. 9. 2004, NJW 2005, 989.

39 Anders ist es bei der Entlastung des Verkäufers im Rahmen des § 311a Abs. 2 BGB; dazu OLG Karlsruhe 14. 9. 2004, NJW 2005, 989.

40 Vgl. OLG Karlsruhe 6. 7. 2000, OLGR 2000, 434.

vorgelegte oder auch nur sichtbar (z. B. auf dem Schreibtisch des Verkaufsangestellten) vorliegende Brief a) zum Fahrzeug gehört und b) keine Fälschung ist.

4699 Ohne konkrete Verdachtsmomente wie etwa ein auffallend niedriger Preis oder eine erkennbar schlechte Vermögenslage ist der Käufer zur Vermeidung des Vorwurfs grober Fahrlässigkeit nicht verpflichtet, die Zugehörigkeit des vorgelegten Briefes zum angebotenen bzw. bereits verkauften Fahrzeug zu überprüfen, etwa durch einen Vergleich der Fahrzeug-Identifizierungsnummern (FIN) im Brief und im Auto.[41] Ein Vergleich der amtlichen Kennzeichen ist beim Kauf vom Kfz-Händler häufig gar nicht möglich. Gebrauchtwagen werden nicht selten ohne amtliches Kennzeichen angeboten. In diesem Zustand befinden sie sich auch noch im Zeitpunkt der Auslieferung, sofern der Händler das Fahrzeug nicht im Auftrag des Käufers umgemeldet hat.

4700 **Indizien für eine Fälschung** des Fahrzeugbriefes oder eines sonstigen zur Legitimation vorgelegten Dokuments müssen ‚ohne weiteres und ex ante' erkennbar sein.[42] Wer ohne grob fahrlässig zu handeln von einer Einsichtnahme in den Brief absieht, für den sind etwaige Fälschungshinweise nicht in diesem Sinn erkennbar.

4701 Wer nach **Ablauf des Leasingvertrages** ‚sein' Fahrzeug von demjenigen Autohaus kauft, das mit der Leasinggesellschaft kooperiert hat, kann selbst bei Nichtvorlage des Fahrzeugbriefs (zu dieser Fallgruppe Rdn. 4719) guten Glaubens gewesen sein.[43]

bb) Geschäft zwischen Kfz-Händlern

4702 Zu dieser Fallgruppe liegen mehrere **BGH-Entscheidungen** vor, wobei das Händler-Händler-Geschäft in einigen Fällen nur ein Glied einer Verkaufskette war. Dass auch unter Kfz-Händlern die **Vorlage des Fahrzeugbriefes** unverzichtbar ist, hat der BGH bereits im Urteil v. 2. 12. 1958[44] festgestellt und in der Entscheidung v. 13. 5. 1996[45] bekräftigt. Zugleich hat er betont, dass die Briefvorlage nur eine Mindestanforderung für den Gutglaubenserwerb darstellt. Ein besonderer Umstand, der den Verdacht des Erwerbers erregen muss und ihn trotz Briefvorlage zu weiteren Nachforschungen verpflichtet, kann eine **erkennbare Fälschung des Briefes** sein, wie z. B. im Fall BGH LM Nr. 21 zu § 932 = MDR 1966, 754. Dem Leiter der Einkaufsabteilung eines großen Gebrauchtwagenhändlers war ein Brief vorgelegt worden, der ursprünglich zu einem anderen Fahrzeug derselben Marke gehört hatte. Fahrgestellnummer und andere Fahrzeugdaten waren – für einen Fachmann zum Teil auffällig – gefälscht worden. Dass auch das Straßenverkehrsamt die Fälschung nicht bemerkt hatte, konnte den Händler nicht entlasten, zumal zumindest **ein** anderer Händler Verdacht geschöpft und deshalb vom Kauf abgesehen hatte.

4703 Nach Ansicht des OLG Karlsruhe ist es im kommerziellen Handel zumutbar, die im Fahrzeugbrief eingetragene Fahrzeug-Identifizierungsnummer (FIN) mit der im Fahrzeug eingeschlagenen Nummer zu vergleichen.[46] Im Rahmen der §§ 932 BGB, 366 HGB geht es nicht um Zumutbarkeit, sondern um die Bewertung von Unterlassungen bei vorhandenen Verdachtsmomenten.[47]

---

41 Zust. OLG Naumburg 21. 4. 1998, MDR 1998, 1347 = OLGR 1998, 336.

42 KG 24. 5. 2002, MDR 2003, 1350 = KGR 2003, 302; s. a. KG 22. 3. 2007 – 20 U 169/05 – n. v. (Ex-Mietwagen); LG Mönchengladbach 29. 8. 2005, NJW 2005, 3578; LG München I 24. 5. 2005, zfs 2006, 92; OLG Schleswig 1. 9. 2006, NJW 2007, 3007.

43 LG Darmstadt 30. 8. 2001, NJW-RR 2002, 417.

44 VRS 16, 93 = MDR 1959, 207 = WM 1959, 138 = DAR 1959, 73.

45 NJW 1996, 2226.

46 Urt. v. 14. 9. 2004, NJW 2005, 989.

47 S. a. öster. OGH 1. 10. 2008, ZVR 2009, 165 (fehlender Vermerk im „Typenschein").

Als verdächtiger, eine Nachforschungspflicht auslösender Umstand kommt ein **niedriger Kaufpreis** in Betracht.[48] Ein besonders niedriger Angebotspreis oder ein ungewöhnlich hoher Preisnachlass kann in der Tat Zweifel an der Ordnungsmäßigkeit des Geschäfts und früherer Erwerbsvorgänge aufkommen lassen. Das Problem besteht zunächst darin, nachträglich, also im Prozess, ein Missverhältnis zwischen dem tatsächlichen und dem gewöhnlichen (durchschnittlichen) Verkaufspreis festzustellen. Das Missverhältnis muss zudem für den Erwerber **auffällig** gewesen sein. Dabei macht es einen Unterschied, ob es sich um einen Kfz-Händler (so im Fall BGH NJW 1996, 314 – Neuwagen) oder um einen unerfahrenen Privatkäufer handelt. **4704**

Der durchschnittliche Verkaufspreis (besser: Verkaufswert) eines gebrauchten Pkw/Kombis kann anhand des DAT-Marktspiegels oder der Schwacke-Liste ermittelt werden. Die im DAT-Marktspiegel angegebenen Werte – Händlerverkaufswert und Händlereinkaufswert – beziehen sich allerdings auf Geschäfte mit Verbraucherbeteiligung, nicht auf Geschäfte zwischen Kfz-Händlern. Zum anderen gelten sie nur für unfallfreie Fahrzeuge mit durchschnittlicher Gesamtfahrleistung, einem durchschnittlichen Erhaltungszustand, mindestens zwölf Monate nach § 29 StVZO („TÜV“) abgenommen und mindestens 50 %iger Bereifung. Sonderausstattungen bleiben bei den Listenpreisen ebenso unberücksichtigt wie Mehr- oder Minderkilometer. Wegen dieser **Unsicherheitsfaktoren** empfiehlt es sich, ein **Schätzgutachten** eines vereidigten und öffentlich bestellten Sachverständigen einzuholen. **4705**

Bei einem Geschäft zwischen Kfz-Händlern ist nicht nur nach dem ‚marktgerechten‘ Verkaufspreis, sondern auch nach dem Einkaufspreis zu fragen, jeweils bezogen auf den Zeitpunkt des Kaufs, nicht der Schätzung. Der angeblich verdächtig niedrige Verkaufspreis stellt sich aus der Sicht des Erwerbers als eigener Einkaufspreis dar. Bei dem Vergleich der vom Sachverständigen mitgeteilten Werte mit dem tatsächlichen Kaufpreis (bereinigt um Zahlungen für Sonderleistungen wie Garantie, Abnahme nach § 29 StVZO etc.) ist auch Folgendes zu berücksichtigen: Die Werte sind **Schätzwerte,** aufbauend auf Durchschnittswerten der branchenüblichen Listen mit Zu- bzw. Abschlägen je nach Zustand des Fahrzeugs und regionalen und saisonalen Besonderheiten. Der in der Natur der Sache liegende **Spielraum** (Streubereich) zwingt dazu, den Schätzwert zugunsten des Erwerbers herabzusetzen. Die übliche Bandbreite geht bis 20 %. Weitere Abschläge können sich aus Besonderheiten ergeben, die mit dem Zustand des Fahrzeugs, seiner Marktgängigkeit und der allgemeinen Marktlage nichts zu tun haben, gleichwohl auch aus Sicht des Erwerbers keinen Anlass zu Nachfragen bieten, z. B. Sonderaktionen (sog. Lockvogel-Angebote), Geschäftsauflösung, Lagerräumung, Sortimentsbereinigung etc. **4706**

Die in der einschlägigen Rechtsprechung angestellten Preis- und Wertermittlungen sind nicht selten fragwürdig, die aus angeblichen Niedrigpreisen gezogenen Vergleiche und Schlussfolgerungen fehlerhaft. Schon die Grundannahme, dass es nur einen bestimmten Preis gebe, der ‚marktgerecht‘ sei, erscheint äußerst problematisch. Jedenfalls muss die Grenze, eine feste gibt es ohnehin nicht, weiter und damit erwerberfreundlicher gezogen werden, als es in der Rechtsprechung mitunter der Fall ist. Ein Preis, der nur 15 % unter dem als marktgerecht angenommenen liegt, ist für einen Kfz-Händler noch kein hinreichender Grund, die Verfügungsbefugnis eines gewerblichen Anbieters anzuzweifeln.[49] **4707**

---

48 BGH 30. 10. 1995, NJW 1996, 314; BGH 5. 2. 1975, NJW 1975, 735; BGH 1. 7. 1987, NJW-RR 1987, 1456; BGH 13. 4. 1994, NJW 1994, 2022; Thür. OLG 13. 5. 2009 – 4 U 265/08; KG 22. 3. 2007 – 20 U 169/05; OLG Hamburg 20. 2. 1986, NJW-RR 1987, 1266; OLG München 23. 7. 1993, OLGR 1994, 9 = zfs 1994, 90; s. a. OLG Düsseldorf 18. 11. 1998, NJW-RR 1999, 615 – Gabelstapler; LG München I 24. 5. 2005, zfs 2006, 92 (Preisnachlass 42 %).

49 Anders BGH 1. 7. 1987, NJW-RR 1987, 1456; s. a. BGH 30. 10. 1995, NJW 1996, 314.

4708 Zur Bedeutung des **Fehlens einer Voreintragung im Fahrzeugbrief** s. Rdn. 4693, 4717. Im Fall OLG Stuttgart NJW-RR 1990, 635 war es – entgegen dem irreführenden Leitsatz – nicht dieser Umstand, der eine Nachforschungspflicht begründete. Verdacht musste der Erwerber, ein Gebrauchtwagenhändler, vielmehr deshalb schöpfen, weil ihm das Fahrzeug zum Tausch angeboten worden war. Seinerzeit dominierte noch das Agenturgeschäft, bei dem der Händler üblicherweise mit der Vermittlung eines Verkaufs, nicht eines Tausches, beauftragt war. Ein Selbsteintritt war freilich möglich. Aus heutiger Sicht ist ein Tausch ein unverdächtiger Umstand. Überholt ist auch die Entscheidung OLG Hamm NJW 1975, 171, weil sie daraus, dass der mit der Vermittlung beauftragte Händler im Brief nicht eingetragen war, unrichtige Schlüsse gezogen hat.

4709 Zu den Sorgfaltsanforderungen beim Kauf eines **Fahrzeugs mit Kurzzulassung** (‚Tageszulassung') s. OLG Düsseldorf NJW-RR 1997, 246.

4710 Nicht um grobe Fahrlässigkeit i. S. d. § 932 Abs. 2 BGB, sondern um ‚einfache' Fahrlässigkeit im Zusammenhang mit dem Entlastungsbeweis des Verkäufers nach § 311a Abs. 2 S. 2 BGB i. V. m. § 276 Abs. 1 BGB geht es in der vieldiskutierten Entscheidung des OLG Karlsruhe vom 14. 9. 2004.[50] Sie betrifft das Einkaufsverhalten eines Händlers, dem ein **gestohlener** Gebrauchtwagen von einem anderen Händler **per Internet** angeboten worden war.

4711 Zur **Bedeutung eines Handelsbrauchs** (z. B. verlängerter Eigentumsvorbehalt) für die Frage der Gutgläubigkeit s. BGH WM 2003, 2420 (kein Kfz-Fall). Zur Rolle des sog. **Typenschein** bei einem B2B-Geschäft in Österreich s. OGH 1. 10. 2008, ZVR 2009, 165 (gebrauchter Porsche).

cc) Kfz-Händler erwirbt von Privatperson

4712 Diese Konstellation ist Gegenstand zahlreicher **höchstrichterlicher und obergerichtlicher Urteile:** BGH NJW-RR 1987, 1456 (Kfz-Händler kauft von privatem Betrüger, der im Fahrzeugbrief nicht eingetragen war); BGH NJW 1996, 314 (Werksniederlassung erwirbt gebr. Pkw zusammen mit 2 Neufahrzeugen); OLG München DAR 1975, 71 (Ankauf eines unterschlagenen Kfz); OLG Schleswig DAR 1985, 26 (Kauf eines unter Eigentumsvorbehalt stehenden Sportwagens von einer Privatperson unter Vorlage eines Briefes, in dem eine juristische Person als Halterin eingetragen war); OLG Frankfurt NJW-RR 1986, 1380 (fehlende Voreintragung des Privatverkäufers, der seinerseits unter Eigentumsvorbehalt gekauft hatte); OLG Hamm NJW-RR 1989, 890 (keine Identität zwischen Veräußerer und dem im Fahrzeugbrief eingetragenen Eigentümer/Halter); ebenso OLG Celle OLGR 1995, 185 = VRS 90, 18. Zum Händlerankauf von Privat auch öster. OGH ZVR 2008, 349.

4713 Privatpersonen, die den Fahrzeugbrief vorlegen können, sind regelmäßig entweder selbst eingetragen oder in der Lage, auf die Eintragung eines ihnen nahe stehenden Dritten zu verweisen. Nicht selten laufen Fahrzeuge auf den Namen des Ehepartners, des Lebensgefährten oder eines Elternteils. Die Eintragung eines Dritten ist nach der Lebenserfahrung jedoch eine solche Ausnahme, dass ein sorgfältiger Erwerber, vor allem ein Kfz-Händler, allen Anlass hat, sich über die Eigentumsverhältnisse zu vergewissern. Die schriftliche Erklärung des Veräußerers, der Wagen stehe in seinem unbelasteten Eigentum, kann einen gewerblichen Ankäufer nicht von dieser Pflicht befreien.

4714 Schlechte Aussichten auf einen Gutglaubenserwerb hat auch derjenige Kfz-Händler, der einen unterschlagenen Mietwagen unter Vorlage **gefälschter Papiere** ankauft. Zu den Fälschungsfällen s. Rdn. 4702. Zum Auffälligkeitsmerkmal „niedriger Preis" s. zunächst Rdn. 4704 ff. Beim Ankauf von Privat ist die Rechtsprechung Kfz-Händlern gegenüber

50 NJW 2005, 989; dazu *Sutschet*, NJW 2005, 1404; *Schur*, ZAP F. 3, S. 227 ff.

auch in diesem Punkt betont streng. Schon in einem Angebot 25 % unter dem üblichen Händlereinkaufspreis wird ein Alarmsignal gesehen.[51]

dd) Kfz-Händler erwirbt von Unternehmen außerhalb der Kfz-Branche

Zu dieser Fallgruppe ist nur wenig Entscheidungsmaterial vorhanden. In BGH NJW 4715
1975, 735 hatte ein Kfz-Händler wiederholt Gebrauchtwagen unter Preis von einer betrügerischen Umschuldungsfirma gekauft, die in den Fahrzeugbriefen nicht eingetragen war. Nach den Gesamtumständen war ein Eigentumserwerb sowohl nach § 932 BGB als auch nach **§ 366 HGB** ausgeschlossen.[52] Nahezu sämtliche Fragen des Gutglaubenserwerbs einschließlich der Problematik des § 935 BGB und des Vertretungsrechts (Anscheinsvollmacht) erörtert das OLG Hamm in der Entscheidung v. 20. 7. 2010, I-28 U 2/10[53] (Verkauf von geleasten Sattelzügen einer Spedition an einen Lkw-Händler unter dubiosen Umständen).

Welche Anforderungen an den guten Glauben eines Kfz-Händlers zu stellen sind, der 4716
einen unterschlagenen Pkw von einer angeblichen **Leasingfirma** erwirbt, ist Gegenstand eines Urteils des LG Köln v. 15. 6. 1994.[54] Das LG hat die Schadensersatzklage des betrogenen Händlers mit der Begründung abgewiesen, der Käufer, ein Gebrauchtwagenhändler, habe zwar misstrauisch sein müssen, seiner Nachforschungspflicht sei er jedoch in ausreichendem Maße nachgekommen. Allgemein gilt: Bei Veräußerungsgeschäften außerhalb des gewöhnlichen (regulären) Geschäftsbetriebes sind erhöhte Anforderungen an den guten Glauben des Erwerbers zu stellen.[55]

ee) Das private Direktgeschäft

Demjenigen, der **von einer Privatperson** einen Gebrauchtwagen erwirbt, die nicht als 4717
Halter im Fahrzeugbrief ausgewiesen ist, muss sich der – eine Nachforschungspflicht auslösende – Verdacht aufdrängen, dass der Veräußerer auf unredliche Weise in den Besitz des Fahrzeugs gelangt sein könnte. Diese Aussage des BGH[56] gilt auch für das private Direktgeschäft.[57] Selbst im Fall der Schenkung innerhalb einer Familie kann eine Eigentumsübertragung am **Fehlen des Fahrzeugbriefes** scheitern.[58] An die Nachforschungspflicht eines privaten Erwerbers sind jedoch grundsätzlich geringere Anforderungen zu stellen als bei einem Kfz-Händler. Generell wird man sagen können, dass die zugunsten eines jeden Erwerbers sprechende Redlichkeitsvermutung nicht einmal erschüttert ist, wenn ein Privatkäufer die Mindestanforderungen an den guten Glauben (Vorlage und Einsichtnahme in den Original-Fahrzeugbrief) erfüllt hat. Bei Vorlage eines gefälschten Briefes kommt es darauf an, ob der Käufer die Fälschung erkennen konnte. Wenn nicht, bedeutet dies nicht notwendigerweise Gutgläubigkeit. Wenn der Verkauf nach den Gesamtumständen verdächtig ist (wie im Fall OLG Koblenz NJW-RR 2011, 555 – falscher Polizist), kann der Eigentumserwerb gleichwohl scheitern.

---

51 LG Limburg 10. 12. 2004 – 1 O 51/04 – n. v.; s. a. LG München I 24. 5. 2005, zfs 2006, 92; öster. OGH 22. 11. 2007, ZVR 2008, 349.

52 Zur Funktion des § 366 HGB s. BGH 2. 7. 1992, NJW 1992, 2570 unter IV; zum Anwendungsbereich s. BGH 9. 11. 1998, NJW 1999, 425; OLG Düsseldorf 18. 11. 1998, NJW-RR 1999, 615.

53 DAR 2010, 707 (nur Ls.) = NJOZ 2010, 2604.

54 Az. 16 O 308/92 – n. v.; s. a. OLG Koblenz 28. 10. 2010, DAR 2011, 86 (Ankauf von belgischer Leasingnehmerin).

55 BGH 9. 11. 1998, NJW 1999, 425.

56 Urt. v. 1. 7. 1987, NJW-RR 1987, 1456; so auch OLG Düsseldorf 14. 11. 1991 – 13 U 72/91 – n. v.; OLG Celle 10. 11. 1994, OLGR 1995, 86 = NJW-RR 1995, 1527.

57 OLG Karlsruhe 2. 7. 1998, OLGR 1999, 125.

58 OLG Oldenburg 19. 10. 2004, DAR 2005, 90 m. Anm. *Lütke*.

4718 Von der Frage nach dem guten Glauben an das Eigentum der als Verkäufer/Veräußerer auftretenden Privatperson zu unterscheiden ist die **Frage seiner Bevollmächtigung**. Der gute Glaube an die Vollmacht ist zwar nicht geschützt. Die Dinge können aber so liegen, dass sich aus den Gesamtumständen eine Bevollmächtigung ergibt, die sowohl die obligatorische wie die dingliche Seite des Geschäfts umfasst.[59]

ff) Erwerb von und über Leasinggesellschaften

4719 Zur Frage des gutgläubigen Erwerbs des **Leasingnehmers** bei Andienung des Kfz zum Kauf durch den **Leasinggeber** im Falle nicht offen gelegter Sicherungsübereignung an das Refinanzierungsinstitut s. OLG Hamburg 19. 2. 1999, OLGR 1999, 241. Zum Erwerb des ‚eigenen' Leasingwagens unter Verzicht auf die Vorlage des Briefs LG Darmstadt NJW-RR 2002, 417 = DAR 2002, 516; AG Neuss NZV 2010, 621; zum Erwerb eines **Neufahrzeugs** durch eine Leasinggesellschaft von einem Vertragshändler s. BGH NJW 2005, 1365; LG München I EWiR § 931 BGB 1/04. Da die Fahrzeughersteller das Entwenden hochpreisiger Pkw/SUVs deutlich erschwert haben, sind die Täter dazu übergegangen, Fahrzeuge zu mieten oder zu leasen, um sie dann nicht mehr zurückzugeben. Zur Veräußerung eines **unterschlagenen Leasingfahrzeugs** mit gefälschten Papieren OLG Schleswig NJW 2007, 3007; mit echtem Blankobrief Thür. OLG 13. 5. 2009, 4 U 265/08. Zum Gutglaubenserwerb bei Leasingfahrzeugen s. a. Rn. L 334 f.

gg) Fälle mit Auslandsberührung und internationales Sachenrecht

4720 Die Zunahme von Inlandsgeschäften mit Auslandsberührung schlägt sich auch in der Rechtsprechung nieder. Wie facettenreich diese Fälle sind, zeigen beispielhaft das Urteil des OLG Köln v. 21. 7. 1999[60] zu den Anforderungen an den Gutglaubenserwerb eines in den Niederlanden zwischenveräußerten Pkw sowie das Urteil des OLG Koblenz v. 28. 10. 2010[61] zum Ankauf zweier Leasingfahrzeuge einer deutschen Leasinggesellschaft mit belgischer Zulassung in Belgien durch einen (vermutlich) deutschen Käufer. Wegen eines möglicherweise **mehrfachen Statutenwechsels** besonders problematisch sind die Fälle, in denen die Fahrzeuge aus dem Inland ins Ausland gegangen und später wieder zurück ins Inland gelangt sind.

4721 **Der BGH** hat sich wiederholt mit dem Erwerb von **‚Auslandsfahrzeugen'** befassen müssen; erstmals im Urteil v. 27. 9. 1961[62] (Verkauf eines von einem Engländer in Deutschland unterschlagenen Mietwagens Mercedes 220 S an einen deutschen Kfz-Händler unter Vorlage eines gefälschten britischen ‚registration book'). Im Fall BGH BB 1967, 10 ging es um die Veräußerung eines in der Schweiz zugelassenen Mietwagens Mercedes 220 S an einen deutschen Gebrauchtwagenhändler, dem der Verkäufer, ein Schweizer Staatsbürger, einen schweizerischen Fahrzeugausweis und eine Zollbescheinigung vorgelegt hatte. Obgleich der Käufer bei mehreren Stellen Erkundigungen eingeholt hatte, haben alle drei Instanzen grobe Fahrlässigkeit angenommen.

4722 Eine weitere BGH-Entscheidung behandelt den Erwerb eines in Italien zugelassenen Ferrari 208 Turbo, der zugunsten einer italienischen Bank mit einer **Autohypothek** belastet war.[63] Der deutsche Käufer, eine Privatperson, hatte ein Fachunternehmen eingeschaltet, um die Erwerbsmodalitäten, speziell beim Zollamt, erledigen zu lassen. Während das LG der auf Herausgabe und Verwertung gerichteten Klage der italienischen Bank im Wesentlichen stattgegeben hat, hat das OLG Hamm sie mit der Begründung abgewiesen, die Be-

59 Vgl. OLG München 26. 1. 2011 – 3 U 1823/10 – BeckRS 2011, 02126.
60 OLGR 2000, 3.
61 DAR 2011, 86.
62 LM Nr. 17 zu § 932 = BB 1961, 1300.
63 Urt. v. 11. 3. 1991, NJW 1991, 1415 = DAR 1991, 294.

klagte habe gutgläubig lastenfreies Eigentum erworben (§ 936 BGB). Der BGH ist dem nicht gefolgt. Er wirft dem OLG in erster Linie vor, zu geringe Anforderungen an den **gutgläubigen lastenfreien Erwerb** eines ausländischen Fahrzeugs gestellt zu haben. Seine Auffassung erscheint nur auf den ersten Blick übermäßig streng und lebensfremd. Eine genaue Analyse des Sachverhalts offenbart eine solche Vielzahl verdächtiger Umstände, dass die Beurteilung ‚grob fahrlässig' bei der gebotenen Gesamtschau durchaus gerechtfertigt ist. Zur Prüfpflicht bei fremdsprachigen Kfz-Papieren s. a. OLG Karlsruhe OLGR 2000, 434.

Erhöhte Wachsamkeit beim Erwerb eines aus dem Ausland eingeführten (re-importierten) Pkw fordert der BGH auch in einem Urteil v. 13. 4. 1994.[64] Danach ist die Verkaufsberechtigung des Veräußerers besonders sorgfältig zu prüfen, wenn sich aus dem von diesem vorgelegten **Blanko-Fahrzeugbrief** lediglich die Tatsache der Einfuhr, nicht aber die Identität des früheren Halters ergibt. Zur Vorlage eines Blanko-Briefes mit Importhinweis s. Thür. OLG 13. 5. 2009, 4 U 265/08 (grobe Fahrlässigkeit bejaht); s. a. OLG Nürnberg, Urt. v. 6. 12. 2000, OLGR 2001, 131. Lediglich einfache, keine grobe Fahrlässigkeit bescheinigt das LG Bochum dem Erwerber eines aus Italien eingeführten **Lkw,** der mit einem deutschen Fahrzeugbrief ohne Haltereintragung verkauft worden war.[65] **4723**

Grenzüberschreitender Versendungskauf. Ob es für den Eigentumserwerb auf deutsches Recht oder das Recht des Landes ankommt, in dem der Erwerber seinen Wohn- bzw. Geschäftssitz hat, ist Gegenstand der BGH-Entscheidung NJW 2009, 2824: Ein deutscher Opel-Händler hatte ein Astra Coupe' unter Eigentumsvorbehalt an einen deutschen Zwischenhändler verkauft, der seinerseits per Frachtführer an einen französischen Händler lieferte, der einen inländischen Endabnehmer fand. Um fehlende Tuning-Komponenten einbauen zu lassen, gelangte der Opel wieder zur deutschen Opel-Händlerin. Diese veräußerte den Wagen, gestützt auf ihren Eigentumsvorbehalt, weil ihr Abnehmer den Kaufpreis nicht gezahlt hatte. Das Berufungsgericht hat nach Maßgabe des deutschen Rechts (§ 366 Abs. 2 HGB) einen Gutglaubenserwerb bereits durch den französischen Händler bejaht, so dass offen bleiben konnte, ob dessen Abnehmer kraft guten Glaubens Eigentümer geworden war. Dem ist der BGH nicht gefolgt. Werde der nach deutschem Recht im Inland eingeleitete Erwerbstatbestand bis zum Grenzübertritt nicht mehr vollendet, beurteile sich die Frage, ob und zu welchem Zeitpunkt das Eigentum am Kaufgegenstand übergeht, gem. **Art. 43 Abs. 1 EGBGB** nach dem dann für das Recht des Lageortes zuständigen ausländischen Sachrecht. Das gelte auch für die Voraussetzungen, unter denen Eigentumserwerb vom Nichtberechtigten kraft guten Glaubens möglich sei.[66] **4724**

Auf welche Rechtsordnung es für die Frage des gutgläubigen Erwerbs ankommt, ist auch Gegenstand der Entscheidung des OLG Koblenz v. 28. 10. 2010 (DAR 2011, 86): Ankauf zweier in Belgien auf eine dort ansässige Firma zugelassenen und von ihr unterschlagenen Leasing-Pkw einer deutschen Leasinggesellschaft. Trotz Ungenauigkeiten in der Begründung (keine hinreichende Trennung zwischen abgeschlossenem und nicht abgeschlossenem Erwerbstatbestand) dürfte das Urteil im Ergebnis zutreffend sein (grobe Fahrlässigkeit bejaht). **4725**

Gestohlene Fahrzeuge. Anders als nach deutschem Recht (§ 935 BGB) kann in einigen Ländern, z. B. **Belgien** und **Italien**, auch an **gestohlenen** Sachen gutgläubig Eigentum erworben werden, auch an Kraftfahrzeugen.[67] Ein Verstoß gegen Art. 6 EGBGB (ordre public) liegt i. d. R. nicht vor. Die Weiterveräußerung durch den (gutgläubigen) Ersterwerber des gestohlenen Fahrzeugs ist dann kein Fall des Erwerbs vom Nichtberechtigten, sondern **4726**

64 NJW 1994, 2022 = NZV 1994, 312.
65 NJW-RR 1992, 1274.
66 Urt. v. 10. 6. 2009, NJW 2009, 2824.
67 Vgl. *Rauscher*, IPR, 3. Aufl., Rn. 1462 ff.

vom berechtigten Eigentümer. Auf die Frage der Gutgläubigkeit kommt es für diesen (Zweit)Erwerb dann nicht an.[68] Anders als nach belgischem Recht[69] kann nach **französischem Sachenrecht** an gestohlenen Kfz kein Eigentum (gutgläubig) erworben werden.[70]

4727 Zur Frage des Gutglaubenserwerbs eines **in Deutschland gestohlenen Pkw** bei einem Verkauf durch einen deutschen Händler an einen **italienischen Händler** mit anschließender Weiterveräußerung in Italien s. OLG München OLGR 2008, 519; für **Polen** Brand OLG VersR 2001, 361;[71] zur kollisionsrechtlichen Problematik s. a. BGH NJW-RR 2000, 1583 (Schiffskauf), OLG Karlsruhe OLGR 2000, 434 (USA-Importwagen) und LG Karlsruhe DAR 2007, 589.

c) Einschaltung von Hilfspersonen auf Erwerberseite

4728 Bedient sich der Autokäufer eines **Stellvertreters,** so wird er ihn zumeist in den gesamten Erwerbsvorgang einschalten, ihn also sowohl mit der Einigung als auch mit der Übernahme betrauen. Was den guten Glauben angeht, so ist diese Konstellation unproblematisch, solange Einigung und Übergabe zusammenfallen. Da die Einigung aus Willenserklärungen besteht, finden die §§ 164 ff. BGB unmittelbar Anwendung. Für die Frage der Gutgläubigkeit einschließlich der Erfüllung etwaiger Nachforschungspflichten kommt es also grundsätzlich auf die Person des Stellvertreters an (§ 166 Abs. 1 BGB).[72] Dass es bei der Übergabe als Realakt keine Stellvertretung gibt,[73] insoweit ist die Hilfsperson entweder Besitzdiener oder Besitzmittler, ändert nichts an der Maßgeblichkeit ihrer Kenntnis bzw. ihres Kennenmüssens.

4729 Schwierigkeiten können die Fälle machen, bei denen die Hilfsperson in den einzelnen Phasen des Erwerbsvorgangs einen unterschiedlichen Wissensstand hat. Problematisch sind auch die Sachverhalte mit **arbeitsteiliger Einschaltung von Hilfspersonen**, sei es, dass sie nur an der Einigung oder nur an der Übergabe beteiligt sind, sei es, dass sie nur mit bestimmten Nachforschungen hinsichtlich des Eigentums des Veräußerers betraut sind.[74] Zur **Wissenszurechnung** im Kfz-Bereich s. Rdn. 4286 ff.

d) Einschaltung von Hilfspersonen auf Veräußererseite

4730 Der Erwerber muss in den Fällen der §§ 932 ff. BGB an das Eigentum des durch den Besitz (präziser: Besitzverschaffungsmacht) legitimierten Veräußerers geglaubt haben.[75] Veräußerer beim **Agenturgeschäft,** seit dem 1. 7. 1990 nur noch vereinzelt praktiziert, ist der private Auftraggeber, nicht etwa der Händler; er ist nur Vermittler und Abschlussvertreter. Er verfügt im Namen seines Auftraggebers.

4731 Gehört das agenturweise verkaufte Fahrzeug nicht dem Veräußerer/Auftraggeber, erwirbt der Agenturkäufer das Eigentum kraft guten Glaubens gem. § 932 Abs. 1 BGB grundsätzlich nur, wenn er in seinem Vertragspartner den Eigentümer gesehen hat. Geschützt wird nur der gute Glaube an das Eigentum des Veräußerers, nicht der gute Glaube an das

---

68 Vgl. LG Duisburg 27. 2. 2002 – 3 O 162/01 – n. v. – Belgien.

69 Zur Rechtslage und Gerichtspraxis in Belgien s. a. OLG Koblenz 28. 10. 2010, DAR 2011, 86.

70 Vgl. OLG Koblenz 3. 7. 2003, DAR 2003, 459 = NJW-RR 2003, 1563 (Fahrzeug war in Frankreich gestohlen und nach Deutschland verschoben worden); s. a. LG Karlsruhe 28. 11. 2006, DAR 2007, 589.

71 Dazu *Looschelders/Bottek*, VersR 2001, 401.

72 Einhellige Meinung, vgl. BGH 5. 10. 1981, NJW 1982, 38; irreführend BGH 11. 3. 1991, NJW 1991, 1415 durch Hinweis auf § 166 Abs. 2 BGB; vgl. auch BGH 9. 10. 1991, NJW 1992, 310.

73 Grundlegend RG 10. 6. 1932, RGZ 137, 23, 26 – Lkw-Kauf.

74 Vgl. dazu OLG Nürnberg 6. 12. 2000, OLGR 2001, 131 – Bank.

75 OLG Hamm 20. 7. 2010 – I-28 U 2/10 – DAR 2010, 707 (nur Ls.); *Staudinger/Wiegand*, § 932 BGB Rn. 100.

Eigentum des Händlers/Vermittlers. Agenturkäufer haben früher häufig die steuerrechtlich damals notwendige Fremdbezogenzeit des Agenturgeschäfts verkannt. Vertragspartner war in ihren Augen der Händler. Diese vertragsrechtlich unbeachtliche Fehlvorstellung – maßgeblich ist der erklärte Wille – ist für den Gutglaubenserwerb unschädlich, solange der Agenturkäufer keine Anhaltspunkte dafür hat, dass das Fahrzeug einem Dritten gehört, z. B. einer Bank (Sicherungseigentum bei Vorfinanzierung des Kaufpreises).

Steht das Agenturfahrzeug im Eigentum des Veräußerers/Auftraggebers, so kommt es auf den guten Glauben i. S. v. § 932 BGB von vornherein nicht an. Insbesondere kann der Veräußerer den Eigentumserwerb nicht mit der Begründung streitig machen, der Käufer habe sich den Fahrzeugbrief nicht aushändigen lassen. Er ist vielmehr zur Herausgabe des Fahrzeugbriefes an den Käufer verpflichtet, denn dieser hat mit dem Eigentum am Fahrzeug auch Eigentum am Brief erlangt (§ 952 BGB analog). **4732**

Hat der Vermittler im Namen des Voreigentümers/Auftraggebers, aber ohne Vertretungsmacht gehandelt, ist auch die dingliche Einigung schwebend unwirksam. Der Eigentumserwerb hängt von der Genehmigung des Voreigentümers ab. Der **gute Glaube an die Vertretungsmacht** eines Vermittlers ist grundsätzlich nicht geschützt. Dies selbst dann, wenn er ein Kaufmann i. S. v. § 366 HGB ist (str.). **4733**

Verletzt der Vermittler oder Untervermittler seine Pflichten aus dem Innenverhältnis mit dem Auftraggeber, ohne damit die Verkaufsvollmacht zu überschreiten, so ist die Vertretung wirksam. Das Risiko eines Missbrauchs der Vertretungsmacht trägt grundsätzlich der Auftraggeber. Wann eine Vollmachtsüberschreitung und wann nur ein Missbrauch der Vollmacht vorliegt, ist in den Kfz-Vermittlungsfällen nicht immer leicht zu entscheiden. Die Verkaufsvollmacht, regelmäßig als Innenvollmacht erteilt, enthält ihrem Wortlaut nach keine Einschränkung. Ein Verkauf zu einem niedrigeren Preis als dem vereinbarten Mindestverkaufspreis berührt den Bestand der Vollmacht ebenso wenig wie eine auftragswidrige Zahlungsvereinbarung, etwa dergestalt, dass dem Agenturkäufer gestattet wird, einen Teil des Kaufpreises durch Hingabe seines Altwagens abzudecken.[76] In diesen und ähnlichen Fällen kann der Auftraggeber das Missbrauchsrisiko nur dann auf den Agenturkäufer abwälzen, wenn dieser die Pflichtwidrigkeit des Vermittlers erkannt hat oder bei gehöriger Sorgfalt hätte erkennen müssen.[77] Nach Auffassung des AG Grevenbroich braucht sich einem Agenturkäufer nicht der Verdacht der Unredlichkeit des Vermittlers aufzudrängen, wenn dieser das Fahrzeug ohne den dazugehörigen Brief ausliefert.[78] Im Streitfall war dem Käufer erklärt worden, der Brief werde am nächsten Tag nachgeschickt. Haben Vermittler und Agenturkäufer bewusst zum Nachteil des Voreigentümers zusammengewirkt, ist das gesamte Vertretergeschäft wegen Sittenwidrigkeit nichtig. **4734**

Beim **Kommissionsgeschäft,** im heutigen Kfz-Handel selten geworden, ist – anders als beim Agenturgeschäft – nicht der Auftraggeber der Veräußerer. Der Verkaufskommissionär verfügt im eigenen Namen über eine fremde Sache. Der Erwerber wird auch dann geschützt, wenn er in ihm ohne grobe Fahrlässigkeit nicht den Eigentümer, sondern nur den **Verfügungsberechtigten** gesehen hat (§ 366 Abs. 1 HGB). Er kann sich je nach Lage des Falles auf seinen guten Glauben an das Eigentum oder an die Verfügungsbefugnis berufen. Wer bei einem Kfz-Händler ein Fahrzeug kauft, darf bei Fehlen sich aufdrängender Verdachtsmomente von dessen **Verfügungsbefugnis** ausgehen.[79] Der gute Glaube an die **4735**

---

76 Zur dinglichen Rechtslage bei Weiterverkauf des in Zahlung genommenen Altwagens durch den Vermittler im eigenen Namen vgl. OLG Köln 16. 10. 1991, VRS 82, 100.

77 BGH 28. 2. 1966, NJW 1966, 1911.

78 Urt. v. 7. 9. 1984 – 11 C 401/84 – n. v.

79 BGH 5. 2. 1975, NJW 1975, 735; 9. 11. 1998, NJW 1999, 425.

Verfügungsbefugnis eines Kaufmanns kann gerechtfertigt sein, selbst wenn der gute Glaube an sein Eigentum durch grobe Fahrlässigkeit ausgeschlossen ist.[80]

5. Verkauf unter fremdem Namen

4736 Beim Handeln unter fremdem Namen sind **zwei Fallgestaltungen** zu unterscheiden: Handeln unter falscher Namensangabe mit dem Ziel, beim Geschäftspartner eine unrichtige Vorstellung über die Identität zu wecken, zum anderen der Gebrauch eines Falschnamens, wobei dem Geschäftspartner der Name gleichgültig ist. Nur auf die erste Fallgestaltung werden die Regeln über die Stellvertretung direkt oder analog angewendet. Das OLG Düsseldorf (22. ZS)[81] hat dies in einem Fall getan, in dem eine unbekannt gebliebene Person einen Pkw unter dem Namen des wahren Eigentümers, von dem sie Fahrzeug und Papiere betrügerisch erlangt hatte, an den Beklagten verkauft hat. Während das LG einen Gutglaubenserwerb nach § 932 BGB geprüft (und verneint) hat, ist das OLG einen anderen Weg gegangen: Die Vertragserklärungen des unbekannten Betrügers hat es als solche des Eigentümers (Klägers) gewertet, so dass Kauf und dingliche Einigung mangels Genehmigung unwirksam waren.[82]

4737 Anders hat der 11. ZS des OLG Düsseldorf[83] einen im Wesentlichen gleich gelagerten Fall entschieden. Wird unter Vorlage der Wagenpapiere ein Pkw unter dem Namen des Eigentümers bar verkauft, soll Vertragspartner nicht der Eigentümer, sondern die unter fremdem Namen auftretende Person sein. Diese Auffassung verdient den Vorzug. Wie das Handeln unter falschem Namen zu werten ist, ist in erster Linie **Auslegungsfrage.**[84] Wer Geschäftspartei ist, richtet sich danach, wie der Erklärungsempfänger die Erklärung des Namenstäuschers verstehen musste. Der Verkauf gebrauchter Pkw ist ein Massengeschäft des täglichen Lebens. Der Name des Verkäufers interessiert den Käufer im Allgemeinen nur insoweit, als es um die Identität mit dem im Fahrzeugbrief eingetragenen Halter geht. Ansonsten ist ihm der Name seines Vertragspartners gleichgültig, wie die vor dem 1. 7. 1990 jährlich millionenfach abgeschlossenen Agenturgeschäfte anschaulich gezeigt haben. Bei diesem Ansatz (Eigengeschäft) kommt es auf den guten Glauben des Erwerbers an. Im Ergebnis können beide Lösungswege übereinstimmen.[85]

6. Die Sonderfälle des § 935 BGB

4738 Der gute Glaube an das Eigentum des Veräußerers wird nach § 935 Abs. 1 BGB nicht geschützt, wenn das Fahrzeug dem Eigentümer **gestohlen**, **verloren gegangen oder sonst abhanden gekommen** war. Diese Fälle spielen beim Gebrauchtwagenkauf eine große Rolle, mag die Zahl der Diebstähle infolge verbesserter Schutzmechanismen auch stark rückläufig sein.[86] Zunehmend versuchen Täter, durch vorgetäuschte Probefahrten, Anmietungen oder Leasingverträge in den Besitz von Fahrzeugen zu kommen, um sie anschließend zu veräußern. Strafrechtlich geht es hier um Betrug und Unterschlagung, nicht um Diebstahl, allenfalls um „Trickdiebstahl".

80 BGH 5. 2. 1975, NJW 1975, 735.

81 Urt. v. 1. 3. 1985, NJW 1985, 2484 = DAR 1985, 255; krit. dazu *Giegerich*, NJW 1986, 1975; vgl. auch *Mittenzwei*, NJW 1986, 2472.

82 So auch in seiner Hauptbegründung OLG Koblenz 4. 11. 2010, NJW-RR 2011, 555 (Verkauf eines gemieteten Wohnmobils unter dem Namen des Halters/Vermieters).

83 Urt. v. 2. 11. 1988, NJW 1989, 906.

84 BGH 11. 5. 2011, NJW 2011, 2421; OLG Düsseldorf 24. 4. 1996, OLGR 1997, 4.

85 Vgl. OLG Koblenz 4. 11. 2010, NJW-RR 2011, 555 (Wohnmobil).

86 Nur noch 18 000 Fahrzeuge in 2010, bei ca. 100 000 in den frühen Neunzigern.

Gleichwohl können solche Fahrzeuge im Einzelfall „abhanden gekommen" sein. Dafür erforderlich ist – wie beim Diebstahl – ein unfreiwilliger Besitzverlust.[87] **Eine Unterschlagung** ist demnach **grundsätzlich** kein Fall des Abhandenkommens. Folglich ist bei einem Kfz, das anlässlich einer Probefahrt unterschlagen und nicht gestohlen worden ist, ein Gutglaubenserwerb möglich.[88] **Leasing-Fahrzeuge**, die zu Lasten einer Leasinggesellschaft unterschlagen worden sind, fallen gleichfalls nicht unter § 935 BGB,[89] ebenso ein **unterschlagener Mietwagen.**[90] Kein Fall des Abhandenkommens ist auch: Der Eigentümer „verliert" den Besitz an seinem Fahrzeug infolge eines Betruges, z. B. nach Entgegennahme eines **ungedeckten Schecks.**[91] **4739**

Ein Grenzfall des Abhandenkommens liegt der Entscheidung OLG München NJW-RR 1993, 1466 zugrunde. Die Unfreiwilligkeit der Besitzaufgabe wurde zu Recht bejaht; ebenso im Fall KG KGR 2002, 234 (untreuer Mitarbeiter). **4740**

Dem **nur mitbesitzenden Eigentümer** ist das Fahrzeug auch dann abhanden gekommen, wenn der andere Mitbesitzer es ohne seinen Willen an einen Dritten veräußert. Besitzen **Eheleute** ein Fahrzeug gemeinsam (Familienwagen), so erlangt der Käufer kein Eigentum, wenn der Verkäufer-Ehegatte den Mitbesitz des anderen gebrochen hat, es sei denn, dass der Wagen in seinem Alleineigentum stand.[92] **4741**

Dem Eigentümer kann der Besitz an einem Fahrzeug auch dadurch gegen seinen Willen entzogen werden, dass es auf Veranlassung eines Dritten unberechtigterweise **polizeilich sichergestellt** wird.[93] **4742**

Ein gestohlenes Auto bleibt abhanden gekommen, bis der Eigentümer es zurückerlangt oder bis ein Dritter es außerhalb der §§ 929 ff. BGB zu Eigentum erwirbt.[94] Der Umstand, dass der Eigentümer durch seinen Kaskoversicherer eine Diebstahlsentschädigung erhalten hat, beseitigt nicht nachträglich den Tatbestand des Abhandenkommens.[95] **4743**

Zum Verkauf eines Motorrades, das aus **gestohlenen Einzelteilen** zusammengebaut wurde (§ 950 Abs. 1 BGB), s. OLG Köln NJW 1997, 2187; zum Eigentumserwerb beim Zusammenbau eines sog. Replica-Fahrzeugs s. OLG Düsseldorf OLGR 1999, 219; s. a. BGH VersR 1996, 713; zur dinglichen Rechtslage bei Ergänzung eines gestohlenen Motorblocks zu einem Komplettmotor und dessen Einbau in einen Sportwagen (§ 950 BGB) s. BGH NJW 1995, 2633; zum Zusammenbau von Mittelwagen und Heck eines gestohlenen Pkw mit dem Vorderwagen eines Unfallfahrzeugs s. OLG Celle 15. 1. 2003 – 7 U 97/02 – n. v. **4744**

Zur Rechtslage beim Erwerb von gestohlenen Fahrzeugen, die **im Ausland weiterveräußert** worden sind, s. Rdn. 4720 ff. **4745**

---

87 OLG Hamm 20. 7. 2010 – I-28 U 2/10 – DAR 2010, 707 (nur Ls.); Näheres bei *Neuner*, JuS 2007, 401.

88 Indirekt KG 24. 5. 2002, MDR 2003, 1350 = KGR 2003, 302; anders OLG Köln 18. 4. 2005, MDR 2006, 90; s. a. LG Coburg 29. 5. 2007 – 11 O 70/07 – n. v. (keine Entwendung/Diebstahl i. S. v. § 12 AKB).

89 LG Mönchengladbach 29. 8. 2005, NJW 2005, 3578; s. a. OLG Koblenz 28. 10. 2010, DAR 2011, 86 (Veruntreuung durch belgische Leasingnehmerin); Thür. OLG 13. 5. 2009 – 4 U 265/08 (Unterschlagung eines in Italien verleasten Pkw); Abhandenkommen in einem speziell gelagerten Fall bejaht von OLG Hamm 20. 7. 2010 – I-28 U 2/10 – DAR 2010, 707 (nur Ls.).

90 KG 22. 3. 2007 – 20 U 169/05 – n. v.; LG München I 24. 5. 2005, zfs 2006, 92; OLG Koblenz 4. 11. 2010, NJW-RR 2011, 555 (Wohnmobil).

91 OLG Hamm 2. 3. 1989, NJW-RR 1989, 890.

92 Vgl. dazu OLG Oldenburg 20. 11. 1990, NJW-RR 1991, 963.

93 OLG Saarbrücken 9. 4. 2003, MDR 2003, 1198.

94 OLG Karlsruhe 14. 9. 2004, NJW 2005, 989.

95 OLG Karlsruhe 14. 9. 2004, NJW 2005, 989.

7. Guter Glaube an die fehlende Anfechtbarkeit des Vorerwerbs

4746 Nicht auf den guten Glauben an das Eigentum oder die Verfügungsbefugnis kommt es an, wenn das Fahrzeug **nur anfechtbar erworben** und vor der Anfechtung weiterveräußert worden ist. Gegenstand des guten Glaubens ist hier die fehlende Anfechtbarkeit des Vorerwerbs (§ 142 Abs. 2 BGB).[96] Gutgläubigkeit in diesem Sinn ist schon dann zu verneinen, wenn der Dritte bei seinem Erwerb die Umstände kannte oder grob fahrlässig nicht kannte, aus denen sich die Anfechtbarkeit des früheren Erwerbsvorganges ergab.[97] Ob der Erwerber unter diesem Blickwinkel grob fahrlässig gehandelt hat, ist nach den gleichen strengen Maßstäben zu beurteilen, die die Rechtsprechung für § 932 BGB entwickelt hat.[98] Es kommt also darauf an, ob der Erwerber Grund für die Annahme haben musste, dass mit dem Vorerwerb etwas nicht in Ordnung ist. Zu den einschlägigen Verdachtsgründen und zur Nachforschungs- und Erkundigungspflicht des Käufers s. Rdn. 4688 ff.

II. Rechtsfolgen und Haftungsfragen beim Erwerb vom Nichtberechtigten

1. Ansprüche des gutgläubigen Erwerbers

4747 Der Verkäufer hat seine Verpflichtung, dem Käufer Eigentum zu verschaffen (§ 433 Abs. 1 S. 1 BGB), auch dann erfüllt, wenn ihm das Fahrzeug nicht gehört, der Käufer (lastenfreies) Eigentum aber tatsächlich gutgläubig erlangt hat.[99] Der „moralische“ Mangel, der diesem Eigentumserwerb nach der heute nicht mehr vertretenen Makeltheorie anhaftet, lässt die Wirksamkeit der Vertragserfüllung (§ 433 Abs. 1 BGB) unberührt.[100] Nach heute h. M. liegt kein Betrug i. S. d. § 263 StGB vor. Der Zwang, sich im Fall von Nachfragen rechtfertigen zu müssen, begründet ebenso wenig einen Vermögensschaden i. S. d. § 263 StGB wie die Gefahr, in unliebsame Auseinandersetzungen verstrickt zu werden.

4748 Dessen ungeachtet kann der gutgläubige Erwerber trotz voller und vollwertiger Erfüllung der Lieferverpflichtung einen Anspruch auf Schadensersatz gegen seinen Lieferanten haben. Er kann zwar nicht im Nachhinein auf den Rechtsscheinerwerb verzichten und verlangen, so gestellt zu werden, als wäre er bösgläubig gewesen. Sein guter Glaube darf ihm aber auch nicht zum Nachteil gereichen. Als Anspruchsgrundlage kommt **culpa in contrahendo** in Betracht (§§ 280 Abs. 1, 311 Abs. 2 BGB). Der veräußernde Nichteigentümer hat ein Fahrzeug verkauft, von dem er wusste oder wissen musste, dass es **nicht voll verkehrsfähig** ist. Der Schaden des gutgläubigen Erwerbers kann darin liegen, dass er seinem Abnehmer aus nachvollziehbaren geschäftlichen Erwägungen, z. B. Aufrechterhaltung der Geschäftsbeziehung, den Kaufpreis zurückgezahlt hat.

4749 Gibt der gutgläubige Erwerber das Fahrzeug an den früheren Eigentümer heraus – eine Rechtspflicht besteht insoweit nicht –, kann er die damit verbundenen Nachteile nicht auf den Verkäufer abwälzen.[101]

96 BGH 1. 7. 1987, NJW-RR 1987, 1456; dazu *Gursky*, JZ 1991, 496, 501.
97 BGH 1. 7. 1987, NJW-RR 1987, 1456.
98 BGH 1. 7. 1987, NJW-RR 1987, 1456
99 OLG Köln 25. 7. 2001, OLGR 2002, 169.
100 NK-BGB/*Meller-Hanich/Schilken*, § 932 BGB Rn. 37.
101 BGH 28. 3. 1952, BGHZ 5, 337 = NJW 1952, 778; zur Lösung nach „neuem“ Recht s. *Ehmann/Sutschet*, Mod. SchuldR, S. 244.

Im Fall des gutgläubigen Erwerbs von Fahrzeugeigentum hat der Erwerber auch das **Eigentum am Fahrzeugbrief** erlangt (§ 952 BGB analog). Der Besitzer des Briefs ist folglich zur Herausgabe verpflichtet (§ 985 BGB).[102] 4750

2. Ansprüche des früheren Eigentümers gegen den gutgläubigen Erwerber

Der gutgläubige Erwerber ist dem früheren Eigentümer selbst dann nicht zum Schadensersatz verpflichtet, wenn ihm **leichte Fahrlässigkeit** zur Last fällt. Insbesondere scheidet ein Anspruch aus § 823 Abs. 1 BGB aus.[103] Der nur leicht fahrlässige Erwerber ist vor Sanktionen **umfassend geschützt**. 4751

3. Weitere Ansprüche des früheren Eigentümers

a) Anspruchsgrundlagen

Ansprüche kommen sowohl gegen den unbefugten Erstveräußerer als auch gegen dessen Abnehmer und etwaige Folgeerwerber in Betracht. Wer als berechtigter unmittelbarer Fremdbesitzer unbefugt veräußert hat, haftet nicht nach den §§ 987 ff. BGB auf Schadensersatz. Anspruchsgrundlage ist § 823 Abs. 1 BGB,[104] gegebenenfalls auch § 823 Abs. 2 BGB i. V. m. § 246 oder § 266 StGB. 4752

Der **bösgläubige Erwerber**, sofern noch Besitzer, ist dem Eigentümer gem. § 985 BGB zur **Herausgabe des Fahrzeugs** und der **Fahrzeugpapiere** einschließlich des Fahrzeugbriefes verpflichtet. Zum Inhalt und zur Erfüllung der Herausgabeschuld s. OLG Koblenz DAR 1999, 505. Empfehlenswert ist es, das herauszugebende Fahrzeug nicht nur nach Marke, Typ und amtlichem Kennzeichen zu bezeichnen, sondern auch die Fahrzeugidentifizierungsnummer (FIN) in den **Klageantrag** aufzunehmen. Damit wird Streit über die Tragweite der Urteilsformel vermieden. Zu den Gegenrechten des Besitzers (u. a. Wegnahme) s. OLG Zweibrücken OLGR 2006, 613. Zum **Streitwert** der Klage auf Herausgabe des Fahrzeugbriefs s. OLG Düsseldorf OLGR 1999, 456. 4753

Ist der Herausgabeschuldner zur Rückgabe des Fahrzeugs nicht mehr in der Lage, z. B. wegen Weiterveräußerung oder Diebstahls, oder kann er es – z. B. wegen eines Unfalls – nicht mehr in seinem ursprünglichen Zustand herausgeben, schuldet er **Schadensersatz** nach den §§ 990 Abs. 1, 989 BGB.[105] Bei einer **Weiterveräußerung** ist der Marktwert (Verkehrswert) zu ersetzen. Den – eventuell höheren – Verkaufserlös schuldet der Veräußerer (der Erstveräußerer wie ein späterer Veräußerer) nach den §§ 687 Abs. 2, 681, 667 oder gem. § 816 Abs. 1 BGB.[106] 4754

Der Anspruch aus **§ 816 Abs. 1 BGB** setzt voraus, dass die Weiterveräußerung gegenüber dem (klagenden) Eigentümer wirksam war (§§ 932 BGB, 366 HGB) oder von diesem genehmigt worden ist. Zu den Anforderungen an eine konkludente Genehmigung i. S. d. § 185 Abs. 2 BGB s. BGH NJW-RR 2000, 1583 (Schiffskauf). In der Klage auf Zahlung eines Betrages in Höhe des Kaufpreises sieht die Rechtsprechung eine konkludent erklärte Genehmigung.[107] 4755

102 LG Darmstadt 30. 8. 2001, NJW-RR 2002, 417.
103 BGH 1. 7. 1987, NJW-RR 1987, 1456; BGH 23. 5. 1956, LM Nr. 9 zu § 932.
104 OLG Köln 4. 2. 2000, DAR 2000, 359.
105 BGH 2. 12. 1958, LM Nr. 12 zu § 932 = MDR 1959, 207; OLG München 16. 8. 1974, DAR 1975, 71.
106 OLG Nürnberg 6. 12. 2000, OLGR 2001, 131, unter Hinweis auf BGH 24. 9. 1996, NJW 1997, 190.
107 BGH LM Nr. 6 zu § 816; OLG Hamm 2. 3. 1989, NJW-RR 1989, 890.

4756 Die **bereicherungsrechtliche Herausgabepflicht** des unredlichen Erwerbers beschränkt sich auf den beim Weiterverkauf erzielten **Nettoerlös.** In Höhe des Mehrwertsteueranteils ist er nicht bereichert. Auf den Bereicherungsanspruch muss sich der Eigentümer nur das anrechnen lassen, was er von einem Dritten als Schadensersatz erhalten hat.[108]

4757 Im Rahmen des Schadensersatzanspruchs aus §§ 990 Abs. 1, 989 BGB war **die Mehrwertsteuer** in Fällen vor dem 1. 8. 2002 grundsätzlich zu ersetzen, selbst wenn der Geschädigte auf eine Ersatzbeschaffung verzichtet.[109] Anders war und ist es bei Vorsteuerabzugsberechtigung des Geschädigten (Vorteilsausgleichung). Welchen Einfluss die Umsatzsteuerregelung in § 249 Abs. 2 S. 2 BGB auf einen Schadensersatzanspruch aus §§ 990 Abs. 1, 989 BGB hat, ist höchstrichterlich noch nicht geklärt. Im Fall der Beschädigung oder Zerstörung des Fahrzeugs ist Umsatzsteuer nur zu ersetzen, wenn und soweit sie angefallen ist, also nicht fiktiv.

4758 Ersatz seines **Vorenthaltungsschadens** kann der (ehemalige) Eigentümer nur nach §§ 990 Abs. 2, 280 Abs. 2, 286, 992 BGB verlangen. Auch sein Anspruch auf **Nutzungen** und die **Gegenansprüche** des unredlichen Erwerbers auf **Ersatz von Verwendungen** (Reparaturen, Einbau von Ersatzteilen usw.) bestimmen sich ausschließlich nach den §§ 987 ff. BGB. Deren Sperrwirkung entfällt, soweit die Veräußerung des Fahrzeugs oder der Verbrauch der Sachsubstanz in Frage stehen (vgl. § 993 Abs. 1 BGB). Früchte, die auf Kosten der Sachsubstanz gezogen worden sind, soll selbst der redliche Besitzer herausgeben. Anspruchsgrundlage für diese ‚Übermaßfrüchte' ist § 812 Abs. 1 S. 1 BGB. Ein Verbrauch der Sachsubstanz in diesem Sinne liegt bei einem Kraftfahrzeug nicht vor, wenn es in normalem Umfang benutzt wird.[110] Zum Verwendungsersatz bei einem gestohlenen Kfz s. OLG Celle OLGR 1995, 86 = NJW-RR 1995, 1527.

4759 Nur der Schadensersatzanspruch des bisherigen Eigentümers aus §§ 989, 990 Abs. 1 BGB nicht etwa ein Bereicherungsanspruch **kann gekürzt werden**, wenn ihn am Verlust seines Eigentums ein **Mitverschulden** trifft, vgl. OLG Celle OLGR 1995, 185 = VRS 90, 18 (Aushändigung des Fahrzeugbriefs vor Scheckeinlösung).[111] Die §§ 989, 990 BGB scheiden als Anspruchsgrundlage aus, wenn der frühere Eigentümer einen **‚Gehilfen' des Veräußerers** auf Schadensersatz in Anspruch nehmen will, z. B. den **Geschäftsführer einer GmbH**. Denn es fehlt an der erforderlichen Vindikationslage. Es bleibt die Haftung aus § 823 Abs. 1 BGB wegen Eigentumsverletzung.[112]

4760 Zur **Amtshaftung der Straßenverkehrsbehörde bzw. des TÜV** im Zusammenhang mit der Umschreibung des Fahrzeugbriefs s. OLG Hamm NZV 1996, 450; OLG Düsseldorf DAR 2002, 281; BGH NZV 2001, 76 (weisungswidriges Aushändigen des Briefes an einen Nichtberechtigten); BGH DAR 2003, 314.

b) Beweislastfragen

4761 Derjenige, der gem. § 985 BGB Herausgabe oder nach den §§ 990, 989 BGB Schadensersatz verlangt, ist für sein Eigentum beweispflichtig.[113] Der Herausgabekläger muss ferner beweisen, dass der Beklagte zumindest bei Rechtshängigkeit Besitzer des Fahrzeugs war. Bei einer Schadensersatzklage genügt der Nachweis früheren Besitzes. Zu Gunsten des Besitzers wird vermutet, dass er der Eigentümer des Fahrzeugs ist. Diese **Vermutung** (§ 1006

108 Vgl. OLG Stuttgart 21. 11. 1989, NJW-RR 1990, 635.

109 OLG Hamburg 20. 2. 1986, NJW-RR 1987, 1266; vgl. auch OLG Hamm 28. 6. 1979, OLGZ 1980, 20.

110 Vgl. OLG Hamm 17. 6. 1992, OLGR 1992, 348.

111 S. a. öster. OGH 22. 11. 2007, ZVR 2008, 349 m. Anm. *Ch. Huber.*

112 Vgl. BGH 31. 3. 1971, NJW 1971, 1358; BGH 12. 3. 1996, VersR 1996, 713; OLG Koblenz 19. 12. 1996, VRS 94, 15.

113 BGH 19. 12. 1994, NJW 1995, 1292 = BB 1995, 276.

Abs. 1 S. 1 BGB) hat derjenige, der aus seinem Eigentum Rechte ableitet, zu widerlegen. Zur Darlegungslast sowie zum Beweismaß s. BGH NJW 2002, 2101. Ist dem Kläger als dem früheren Besitzer das Fahrzeug abhanden gekommen (§ 1006 Abs. 1 S. 2 BGB), so streitet umgekehrt für diesen die Vermutung des § 1006 Abs. 2 BGB.[114] Sie gilt bis zum Nachweis des Eigentumsverlustes, d. h. der Beklagte muss beweisen, dass der Kläger sein Eigentum trotz des Abhandenkommens verloren hat, z. B. durch Umbau (§§ 947, 948 BGB).[115] Die Beweislast in Bezug auf den Fahrzeugbrief richtet sich nicht nach § 1006 BGB, sondern folgt derjenigen für das Eigentum am Fahrzeug.[116]

Beruft sich der Beklagte darauf, selbst Eigentümer des Fahrzeugs zu sein oder es als Eigentümer weiterveräußert zu haben, so braucht er nur die gewöhnlichen Erwerbsvoraussetzungen (Einigung und Übergabe bzw. Übergabeersatz) zu beweisen. Dass der Veräußerer Nichtberechtigter und der Erwerber bösgläubig war, hat der sein Eigentum geltend machende Kläger zu beweisen.[117] Zum **Bösgläubigkeitsbeweis** gehört der Nachweis derjenigen Tatsachen, aus denen sich die Kenntnis oder grob fahrlässige Unkenntnis des Erwerbers ergibt. Das bedeutet für den praktisch wichtigsten Fall der Verletzung einer Nachforschungspflicht, dass der Beweispflichtige die pflichtbegründenden Umstände und den qualifizierten Sorgfaltsverstoß zu beweisen hat. An die Beweisführungspflicht sind keine „zu strengen Anforderungen“ zu stellen.[118] **4762**

c) Der Einwand fehlender Kausalität

Mitunter verteidigen sich Autokäufer mit dem Einwand, dass die wahren Eigentumsverhältnisse auch bei gehöriger Aufmerksamkeit und Anstrengung nicht aufgedeckt worden wären. Diese auf das Fehlen eines ursächlichen Zusammenhangs abzielende Einlassung ist nach Meinung des **BGH** unerheblich.[119] Er stellt allein darauf ab, ob die gebotenen Nachforschungen überhaupt angestellt worden sind. Allein die Tatsache der Nichterkundigung soll den Erwerber bösgläubig machen. Damit wird die Verselbstständigung der Nachforschungspflicht deutlich. Selbst wenn mit großer Wahrscheinlichkeit feststeht, dass der Erwerber bei pflichtgemäßer Erkundigung keine Aufklärung erlangt hätte, rechtfertigt das Unterlassen der Nachforschung die Annahme von Bösgläubigkeit.[120] **4763**

4. Ansprüche des Käufers in den Fällen des § 935 BGB

a) Schadensersatz

In den Fällen des § 935 BGB erlangt der Erwerber selbst bei Gutgläubigkeit kein Eigentum. Der Schutz des Eigentümers hat Vorrang. Ob die **Nichtverschaffung des Eigentums** zur Rechtsmängelhaftung führt oder ein Fall der Nichterfüllung nach § 433 Abs. 1 S. 1 BGB ist, war jahrelang strittig. Das OLG Karlsruhe ist einen dritten Weg gegangen, indem es zwar einen Rechtsmangel bejaht, die Haftungsfolgen aber dem allgemeinen Leistungsstörungsrecht entnommen hat.[121] Aufgrund der **BGH-Entscheidung v. 19. 10. 2007**[122] steht fest: Die fehlende Verschaffung des Eigentums stellt **grundsätzlich** keinen Rechtsmangel **4764**

---

114 Dazu BGH 29. 5. 2000, NJW-RR 2000, 1583.
115 BGH 19. 12. 1994, NJW 1995, 1292 = BB 1995, 276.
116 OLG Köln 23. 12. 2003, DAR 2004, 353 = VRS 106, 254.
117 BGH 1. 2. 1993, WM 1993, 1203 = BB 1993, 751; BGH 5. 10. 1981, NJW 1982, 38.
118 BGH 1. 2. 1993, WM 1993, 1203 = BB 1993, 751.
119 Urt. v. 13. 4. 1994, NJW 1994, 2022; 11. 3. 1991, NJW 1991, 1415; vgl. auch BGH 13. 5. 1958, WM 1958, 754; zum Problem *Bartels*, AcP 205, 687 ff.
120 So auch OLG Schleswig 1. 9. 2006, NJW 2007, 3007; anders LG Mönchengladbach 29. 8. 2005, NJW 2005, 3579.
121 Urt. v. 14. 9. 2004, NJW 2005, 989; krit. dazu *Schur*, ZAP F.3, S. 227 ff.
122 NJW 2007, 3777 (Kauf einer Eigentumswohnung mit Eintragshindernis).

dar.[123] Allenfalls kommt eine entsprechende Anwendung der Vorschriften über die Rechtsmängelhaftung in Betracht, was der BGH jedoch offen gelassen hat.

4765 **Praktische Bedeutung** hat die Unterscheidung zwischen Rechtsmangel und Nichterfüllung (allgemeines Leistungsstörungsrecht) mit Blick auf eine vertragliche Freizeichnung, auch wegen § 442 BGB und für die Verjährung.[124] Abgesehen davon ist bei Annahme eines Rechtsmangels an eine Nacherfüllung durch Ersatzlieferung zu denken.

4766 Ergeben sich jedenfalls die Haftungsfolgen aus dem allgemeinen Leistungsstörungsrecht, so bedeutet dies: Ohne dass es der grundsätzlich erforderlichen Fristsetzung zur Erfüllung (hier: Übereignung) bedarf, steht dem Käufer das Recht zu, vom Vertrag zurückzutreten (§§ 326 Abs. 5, 323 BGB) oder **Schadensersatz statt der Leistung** nach **§ 311a Abs. 2 BGB** zu verlangen. Voraussetzung für diese fristsetzungsfreie Direktlösung ist allerdings, dass dem Verkäufer die Übereignung **dauernd unmöglich** ist.

4767 Das versteht sich nicht von selbst. Immerhin kann für den Verkäufer die Möglichkeit bestehen, den gestohlenen Wagen vom Eigentümer bzw. dessen Versicherung zu Eigentum zu erwerben, um ihn dann dem Käufer zu übereignen. In der Rechtsprechung ist nun anerkannt, dass **ein zeitweiliges Erfüllungshindernis** einem dauernden gleichgestellt werden kann.[125] Als Ausnahmetatbestand sind an die Feststellung eines solchen Sachverhalts strenge Anforderungen zu stellen.[126] Es spielen jedoch auch Zumutbarkeitsüberlegungen hinein. So wird es einem Autokäufer kaum zumutbar sein, sich auf eine zweite Andienung durch einen Verkäufer einzulassen, der ihm ein gestohlenes Auto verkauft hat.[127]

4768 Bei Annahme dauernder Unmöglichkeit stellt sich die Frage, ob der Verkäufer sich entlasten kann (§ 311a Abs. 2 BGB). In diesem Zusammenhang wird erörtert, ob er kraft **Übernahme einer Garantie** unabhängig von einem Verschulden auf Schadensersatz haftet. Für nach dem 1. 1. 2002 (Inkrafttreten der Schuldrechtsreform) abgeschlossene Kaufverträge kann nicht mehr angenommen werden, dass dem Leistungsversprechen des Verkäufers auch eine Garantie für sein Leistungsvermögen immanent ist.[128] Ob der Verkäufer vertraglich eine Garantie übernommen hat, wobei eine konkludente Übernahme genügt, ist Auslegungssache und im Zweifel zu verneinen.[129] Zu beachten ist, dass in manchen Formularverträgen die „Versicherung“ des Verkäufers enthalten ist, dass das Fahrzeug in seinem uneingeschränkten Eigentum stehe. Wenn darin keine Garantie zu sehen ist, dann hat eine solche Erklärung zumindest im Rahmen des Entlastungsbeweises eine für den Verkäufer nachteilige Bedeutung.

4769 Ist dem Verkäufer der **Entlastungsbeweis**, wie regelmäßig, eröffnet, stellt sich die Frage, worauf sich die Verschuldensvermutung bezieht und wie der Verkäufer sich erfolgreich entlasten kann. Im Rahmen des § 311a Abs. 2 BGB ist Bezugspunkt des Verschuldens das ‚Leistungshindernis‘, hier das fehlende Eigentum oder die fehlende Verfügungsbefugnis. Ob der Verkäufer alles ihm Mögliche und Zumutbare unternommen hat, um seine Verpflichtung zur Eigentumsübertragung zu erfüllen, hängt von den Umständen des Einzelfal-

123 S. aber auch BGH 11. 1. 2006, NJW 2006, 1343 (CISG).

124 Vorgeschlagen wird eine zumindest analoge Anwendung des § 438 Abs. 1 Nr. 1 BGB (30 Jahre), vgl. *Faust* in Bamberger/Roth, § 435 BGB Rn. 15, § 438 BGB Rn. 14.

125 BGH 19. 10. 2007, NJW 2007, 3777; OLG Karlsruhe 14. 9. 2004, NJW 2005, 989.

126 Für den Tatbestand „dauernde Unmöglichkeit“ ist der Käufer darlegungs- und beweispflichtig, damit auch für die tatsächlichen Umstände, die eine vorübergehende zur dauernden Unmöglichkeit machen; s. aber auch OLG Karlsruhe 14. 9. 2004, NJW 2005, 989.

127 Dauernde Unmöglichkeit bejahend OLG Karlsruhe 14. 9. 2004, NJW 2005, 989; krit. *Schur*, ZAP F.3, S. 227, 229.

128 So BGH 19. 10. 2007, NJW 2007, 3777.

129 Vgl. OLG Karlsruhe 14. 9. 2004, NJW 2005, 989; indirekt auch Thür. OLG 13. 5. 2009 – 4 U 265/08.

les ab. Das OLG Karlsruhe hat im Fall eines Händler-Händler-Geschäfts fahrlässiges Verkäuferverhalten positiv festgestellt.[130] Der Verkäufer habe der gebotenen und zumutbaren Nachforschungspflicht nicht genügt. Wer beim eigenen Ankauf im Sinne der Rechtsprechung grob fahrlässig gehandelt hat (§§ 932 BGB, 366 HGB), kann sich nicht mit Erfolg entlasten. Im Übrigen schadet ihm bereits einfache Fahrlässigkeit, die zudem noch vermutet wird. Bei einem non liquet ist der Entlastungsbeweis gescheitert. Unter diesem Blickwinkel ist der Entscheidung des OLG Karlsruhe NJW 2005, 989 im Ergebnis zuzustimmen.

Kritik ist insoweit anzubringen, als das OLG Karlsruhe nicht untersucht hat, ob dem Käufer **ein Mitverschulden** zur Last fällt. Bei Annahme eines Rechtsmangels ist § 442 BGB (grobe Fahrlässigkeit) zu prüfen, was ggf. zum Haftungsausschluss führt. Wenn nicht, wäre § 254 Abs. 1 BGB (leichte Fahrlässigkeit) gesperrt. Im Rahmen der Nichterfüllungshaftung (§ 311a Abs. 2 BGB) ist § 254 Abs. 1 BGB dagegen anwendbar. Da es jetzt um Erwerberobliegenheiten geht, kann mit der Maßgabe an die Rechtsprechung zu §§ 932 Abs. 2 BGB, 366 HGB angeknüpft werden, dass bereits einfache Fahrlässigkeit schadet. Bei einem etwaigen Mitverschulden des Käufers kann ein schuldhaftes Verhalten des Verkäufers nur dann in die Haftungsabwägung einbezogen werden, wenn es positiv feststeht. Bei einem non liquet ist zwar der Entlastungsbeweis gescheitert, in die Haftungsabwägung kann aber in einem Fall ohne Bruch einer Garantie nur die „reine“ Nichtverschaffung des Eigentums einbezogen werden. **4770**

Was den **Umfang der Schadenersatzhaftung** des Verkäufers aus § 311a Abs. 2 BGB angeht, wird auf Rdn. 3709 ff. verwiesen. **4771**

Anders als im nationalen Kaufrecht stellt das noch bestehende Eigentum eines Dritten im **UN-Kaufrecht** einen Rechtsmangel dar.[131] Zur Rügefrist gem. **Art. 43 Abs. 1 CSIG** und zur Frage der Entschuldigung bei verspäteter Rüge s. BGH NJW 2006, 1343. Zur (verneinten) Entlastung des Händlers nach Art. 79 CISG s. OLG München OLGR 2008, 519. **4772**

b) Rücktritt

Anstelle Schadensersatz statt der Leistung zu verlangen, kann der Käufer auch vom Vertrag zurücktreten, und zwar bei dauernder Unmöglichkeit ohne Fristsetzung. Dieses Recht ergibt sich aus § 326 Abs. 5 i. V. m. § 323 Abs. 1 BGB; bei Annahme eines Rechtsmangels nach Übergabe i. V. m. § 437 Nr. 2 BGB. Die früher gem. § 327 BGB a. F. zu beachtenden Ausschlusstatbestände der §§ 351 ff. BGB a. F. spielen keine Rolle mehr. Zu prüfen bleibt die Ausschlussregelung des § 323 Abs. 6 BGB (dazu Rdn. 1065 ff.). Zur Verpflichtung, Wertersatz zu leisten, s. OLG Karlsruhe NJW 2005, 989 (verneint bei polizeilicher Sicherstellung). Zum Rücktrittsfolgenrecht i. Ü. s. Rdn. 1090 ff. Der Antrag auf Rückzahlung des Kaufpreises bzw. der Anzahlung braucht nicht, jedenfalls nicht von vornherein, mit dem Angebot der Fahrzeugrückgabe Zug um Zug verbunden zu werden.[132] **4773**

c) Haftungsausschlüsse

Den gesetzlichen Haftungsausschluss nach **§ 442 Abs. 1 BGB** kann der Verkäufer dem Käufer nicht entgegenhalten, wenn das Fehlen des Eigentums, wie richtig, nicht als (Rechts-)Mangel verstanden wird. Weiß der Käufer, dass der Verkäufer ein ihm nicht gehörendes Auto verkauft, so kann er aus dem Fehlschlagen der Übereignung grundsätzlich keine Rechte gegen den Verkäufer herleiten. Bei **beiderseitiger Kenntnis** ist der Vertrag sogar **nichtig** (§ 138 Abs. 1 BGB). Kenntnis schadet dem Käufer nicht, wenn der Verkäufer **4774**

---

130 Urt. v. 14. 9. 2004, NJW 2005, 989; ebenso Thür. OLG 13. 5. 2009 – 4 U 265/08.
131 BGH 11. 1. 2006, NJW 2006, 1343 (in Frankreich gestohlener Pkw).
132 BGH 7. 5. 1997, NJW 1997, 3164 = NZV 1997, 432.

seine gesetzliche Verpflichtung zur Eigentumsverschaffung durch eine ausdrückliche oder stillschweigende Garantieerklärung verstärkt hat. Das ist Auslegungssache.

4775 Der Kaufvertrag ist auch dann gem. **§ 138 Abs. 1 BGB nichtig**, wenn die Beteiligten in Bezug auf die Tatsachen, die die Sittenwidrigkeit begründen, **grob fahrlässig** gehandelt haben. Ein solcher Fall ist Gegenstand der Entscheidung des BGH v. 9. 10. 1991.[133] Der Vertreter der Käuferin hatte grob fahrlässig gehandelt, weil er nahe liegende Nachforschungen hinsichtlich der Berechtigung des Verkäufers unterlassen hatte. Die Klage des Käufers auf Rückzahlung des Kaufpreises konnte somit nicht auf §§ 440, 325 BGB a. F. gestützt werden. Auch § 812 Abs. 1 BGB schied wegen des Rückforderungsverbots des § 817 S. 2 BGB als Anspruchsgrundlage aus. Der Verkäufer war aber nach § 826 BGB zum Schadensersatz verpflichtet. Die auf Leichtfertigkeit beruhende Unkenntnis der Käuferin von der Herkunft des Fahrzeugs ließ weder die Sittenwidrigkeit des Vorgehens des Verkäufers noch die Ursächlichkeit für den eingetretenen Schaden entfallen. Grobe Fahrlässigkeit auf Käuferseite wirkte sich auch nicht über § 254 BGB anspruchsmindernd aus. Auch das den Bereicherungsanspruch ausschließende Rückforderungsverbot des § 817 S. 2 BGB konnte den Schadensersatzanspruch aus § 826 BGB nicht zu Fall bringen.

4776 Ein **vertraglicher Ausschluss der Haftung** für die Nichterfüllung der Eigentumsverschaffungspflicht bzw. für eine **rechtsmangelhafte** Lieferung war und ist im Gebrauchtwagenhandel ungewöhnlich. Eine Klausel wie ‚ohne jede Gewähr' erfasst zwar ihrem Wortlaut nach auch Rechtsmängel. Doch abgesehen davon, dass es hier richtigerweise nicht um einen Rechtsmangel geht, sind die geschäftsüblichen Freizeichnungsklauseln ausdrücklich auf Sachmängel beschränkt, wenn nicht, jedenfalls so zu deuten.[134]

5. Ansprüche des Eigentümers gegen den Käufer eines gestohlenen Fahrzeugs

4777 Im Anwendungsbereich des § 935 BGB (dazu Rdn. 4738, zur Auslandsproblematik s. Rdn. 4726 f.) hat der Eigentümer gegen den Käufer/Erwerber einen Anspruch auf Herausgabe des Fahrzeugs gem. § 985 BGB und im Fall der Bösgläubigkeit Anspruch auf Schadensersatz nach §§ 990 Abs. 1, 989 BGB. Der bösgläubige Besitzer ist ferner zum Ersatz der Nutzungen verpflichtet (§§ 990 Abs. 1, 987 BGB). Darüber hinaus können Ansprüche aus dem Gesichtspunkt des Verzugs bestehen (§ 990 Abs. 2 BGB). Bösgläubigkeit bedeutet Kenntnis oder grob fahrlässige Unkenntnis vom Fehlen des eigenen Besitzrechts. Für die grobe Fahrlässigkeit gelten die zu § 932 Abs. 2 BGB entwickelten Grundsätze.[135] Eine Sicherstellung/Beschlagnahme des Fahrzeugs durch die Polizei führt nicht zum Verlust des (unrechtmäßigen) Besitzes; die Vindikationslage bleibt bestehen.[136] Verweigert der Erwerber die Herausgabe des Fahrzeugs nach Aufhebung der Beschlagnahme, so haftet er für den daraus entstehenden Schaden, z. B. weiteren Wertverlust, nach den Vorschriften über den Schuldnerverzug.[137] Verwendungen auf das Fahrzeug können ein Zurückbehaltungsrecht nach § 273 Abs. 1 BGB begründen.

---

133 NJW 1992, 310.

134 Vgl. BGH 7. 5. 1997, NJW 1997, 3164 = NZV 1997, 432.

135 OLG Köln 25. 11. 2003, NZV 2004, 588 = VRS 106, 256.

136 OLG Köln 25. 11. 2003, NZV 2004, 588 = VRS 106, 256; s. a. OLG Koblenz 28. 10. 2010, DAR 2011, 86 (unterschlagene Leasingfahrzeuge).

137 OLG Köln 25. 11. 2003, NZV 2004, 588 = VRS 106, 256.

Teil 3
Autoleasing

A. Marktsituation

Auch das Autoleasing blieb von der **Wirtschaftskrise** nicht verschont, hat diese aber weitgehend unbeschadet überstanden. Dem war eine gut vier Jahrzehnte andauernde Wachstumsphase vorausgegangen. In dieser Zeit konnte das Fahrzeugleasing einen Marktanteil von bis zu 37,3 % an den gesamten Neuzulassungen in Deutschland erzielen. Im „Abwrackjahr" 2009 sank die Quote auf 26,9 %. Dies lag zum einen daran, dass die Leasingbranche von der Abwrackprämie nicht profitierte, zum anderen daran, dass das verarbeitende Gewerbe als wichtigster Leasingkunde seine Leasingengagements um 27 % reduzierte.[1] Außerdem hatten Leasingfirmen vorübergehend Probleme bei der Refinanzierung ihrer Fahrzeuge. Dennoch blieb das Leasing mit einem Anteil von 64 % an den gewerblichen Fahrzeugkäufen auch 2009 die bedeutendste Beschaffungsform. Für 2010 wurde ein Wachstum von 4 % prognostiziert und für 2011 bestehen gute Aussichten für eine weitere Erholung. Anlass zur Hoffnung geben vor allem der Konjunkturaufschwung und das Auslaufen der im Rezessionsjahr 2009 verlängerten Leasingverträge.[2] L1

Von den insgesamt 4.240.885 **Neuzulassungen** in Deutschland wurden 2009 insgesamt 1.141.100 Straßenfahrzeuge verleast. Davon entfielen 999.480 auf Pkw und Kombifahrzeuge sowie 141.620 auf Lkw, leichte Nutzfahrzeuge und Anhänger.[3]

Im **Wettbewerb** mit freien Leasinggesellschaften haben Hersteller und ihre Banken deutlich die Oberhand. Herstellergebundene Leasingfirmen konnten 2009 rund 870.400 neue Leasingverträge verbuchen, während es bei den freien Leasinggesellschaften rund 270.680 waren.[4]

Fehlgeschlagen ist allerdings der seinerzeit unternommene Versuch der markengebundenen Leasinganbieter, dem Autohandel zu untersagen, eigene Leasinggeschäfte zu tätigen oder Leasingverträge an Fremdfirmen zu vermitteln und diese mit Fahrzeugen zu beliefern. Zum Scheitern verurteilt war auch ihr Versuch, Vertragshändler zu verpflichten, Kraftfahrzeuge an freie Leasinggeber nur dann zu veräußern, wenn sie für Leasingnehmer mit Wohn- oder Betriebssitz im Vertragsgebiet des jeweiligen Händlers bestimmt waren. Der EuGH[5] entschied, dass derartige Verbote und Vereinbarungen gegen EU-Recht verstoßen, da sie den Zugang von Konkurrenten zu Leasinggeschäften beschränken, die Handlungsfreiheit der Händler einschränken und den deutschen Markt abschotten. Automobilherstellern ist es allerdings nicht verwehrt, die an sie gebundenen Leasingfirmen durch Gewährung von Sonderzuschüssen und sog. Abverkaufshilfen zu unterstützen. Der Ausschluss freier Leasinggesellschaften von solchen Aktionspreisen stellt weder eine Diskriminierung noch eine unbillige Behinderung dar.[6]

1 *Städtler*, Sonderdruck aus ifo Schnelldienst 24/2010, 8.
2 *Fittler* FLF 2010, 193.
3 *Städtler*, Sonderdruck aus ifo Schnelldienst 24/2010, 6.
4 *Städtler*, Sonderdruck aus ifo Schnelldienst 24/2010, 6.
5 Urt. v. 24. 10. 1995, ZIP 1995, 1766, 1769.
6 BGH 12. 11. 1991, KZR 2/90; OLG Frankfurt/M. 22. 3. 1990, NJW-RR 1992, 1133.

Auf dem **Gebrauchtwagensektor** war der Anteil der Leasingfahrzeuge im Jahr 2009 mit rund 35.000 relativ unbedeutend. Diese Stückzahl entspricht in etwa 1 % der in diesem Zeitraum über den Autohandel verkauften Gebrauchtfahrzeuge.

Unstet verlief das Kfz- Leasinggeschäft mit privaten Kunden, dessen Anteil an den Leasinginvestitionen bis 2009 zwischen 10,5 und 13,8 % schwankte, im ersten Halbjahr 2010 im Gefolge der Abwrackprämie jedoch um 44 % einbrach.[7] Die Leasingbranche befürchtet, dass dieses Marktsegment in 2010 um etwa die Hälfte schrumpft.

Da nicht zu erwarten ist, dass der Anstieg der Neuzulassungen das Niveau aus den Jahren 1991 bis 2006 erreicht, müssen sich Leasinganbieter verstärkt darum bemühen ihre Angebote attraktiv zu gestalten. Neuester Trend sind **Dienstleistungspakete** für Einzelfahrzeuge, welche z. B. Versicherung, Garantieverlängerung, Wartungsarbeiten, Inspektionen usw. beinhalten.[8]

Bei den **Nutzfahrzeugen** haben Leasinganbieter die Nase vorn. Auf das Leasing entfallen 45 % der Kaufabschlüsse über neue Nutzfahrzeuge, während 42 % im Wege der Anschaffungsfinanzierung und nur 13 % durch Barkauf erworben werden.[9]

Außer der Wirtschaftskrise gab es **rechtliche Irritationen**, die das Leasing in den vergangenen Jahren vorübergehend ausgebremst haben. Dazu gehörte etwa das Jahressteuergesetz 2008, das zu einer Doppelbesteuerung des Leasinggeschäfts geführt hätte, wäre diese Konsequenz nicht durch das Jahressteuergesetz 2009[10] rückwirkend wieder aufgehoben worden. Leasingfirmen fallen seither als **Finanzdienstleister** unter § 19 GewStDV und unterstehen der **Bankenaufsicht**. Die Umstellung erforderte einen erheblichen Mehraufwand an Bürokratie.[11]

Große Schwierigkeiten bereitete der Leasingbranche die Umsetzung der **Verbraucherkreditrichtlinie**[12] zum 11. 6. 2010. Leasinggeber mussten ihre für den Geschäftsverkehr mit Verbrauchern bestimmten Vertragsformulare den geänderten gesetzlichen Bestimmungen anpassen. Die Umsetzung wurde dadurch erschwert, dass der Gesetzgeber die **Mustervorlage für den Widerruf von Verbraucherdarlehensverträgen** erst am 30. 7. 2010[13] nachreichte, so dass zwischenzeitlich große Unsicherheit herrschte. Diese ist nach wie vor zu spüren, wenn es darum geht, die Gesetzesvorgaben den jeweiligen Besonderheiten des Leasingvertrages anzupassen. Die an den Gesetzgeber gerichtete Forderung des Bundesverbandes Deutscher Leasing-Unternehmen nach einem Belehrungsmuster für Leasingverträge wurde nicht erfüllt.

Als besonders problematisch erweist sich der **Kfz-Leasingvertrag mit Kilometerabrechnung.** Einige Leasingfirmen verwenden diese Vertragsvariante nur noch im Unternehmerverkehr, weil sie befürchten, dass die Vorschriften zum Verbraucherdarlehensvertrag auf Kfz-Leasingverträge mit Kilometerabrechnung entsprechend angewendet werden.[14]

7 AKA 2010 „Kennzahlen 2010" (Arbeitskreis der Banken und Leasinggesellschaften der Automobilwirtschaft online 2010).

8 *Städtler*, Sonderdruck aus ifo Schnelldienst 24/2010, 12.

9 VDA Mitteilung v. 29. 9. 2010.

10 BGBl. I 2009, 2355.

11 S. dazu *Glos/Sester*, WM 2009, 1209 ff.; *Peters*, NJW 2009, 2927,2928.

12 Richtlinie 2007/64/EG des Europäischen Parlaments und des Rates v. 23.April 2008 über Verbraucherkredite und zur Aufhebung der Richtlinie 87/102/EWG des Rates (Verbraucherkreditrichtlinie – ABl.EU Nr. L 133 S. 66).

13 Gesetz zur Einführung einer Musterwiderrufsinformation für Verbraucherdarlehensverträge zur Änderung der Vorschriften über das Widerrufsrecht bei Verbraucherdarlehensverträgen und zur Änderung des Darlehensvermittlungsrechts, BGBl. I 2010, 977 ff.

14 Zum Meinungsstreit siehe die Meinungsübersicht bei *Palandt/Weidenkaff*, § 506 Rn. 5, die Ausführungen unter Rn. L106 ff., sowie die Empfehlung des 49. Deutschen Verkehrsgerichtstages (AK

Andere setzen im Geschäftsverkehr mit Verbrauchern ausschließlich auf Kilometerabrechnungsverträge. Sie hoffen, dass die verbraucherdarlehensrechtlichen Schutzvorschriften nicht zur Anwendung kommen. Außerdem scheuen sie den Informationsaufwand, der bei den anderen Vertragsmodellen erforderlich ist.

Im Jahr 2011 droht Leasinganbietern weiteres bürokratisches Ungemach. Dann nämlich werden sie ihre Rechnungslegung auf das Reglement des IASB (International Accounting Standard Board) umstellen müssen.

Alternativen zum Leasing sind der **Barkauf**, die **Anschaffungsfinanzierung**, die **Drei-Wege-Finanzierung**, der **Mietkauf** und die **Langzeitmiete**.

Der **Barkauf** bleibt in Unterzahl. Nach wie vor werden etwa 2/3 der Neufahrzeuge finanziert oder geleast.

Insbesondere im **Privatbereich** hat die Finanzierung im Vergleich zum Leasing zugelegt. Im Jahr 2009 verzeichneten die Autobanken, die mit rund 2/3 die Marktführerschaft bei den automobilen Finanzdienstleistungen beanspruchen und jedes zweite Neufahrzeug auf die Straße bringen, bei der Finanzierung privater Pkw-Kaufverträge einen Zuwachs von 60 %, während im gleichen Zeitraum das klassische Pkw-Privatleasinggeschäft um 27 % einbrach.[15]

Wer allerdings am Vertragsende kein Eigentum am Fahrzeug erwerben und als Unternehmer Steuervorteile nutzen möchte, für den ist Leasing im Vergleich zur Finanzierung nach wie vor die bessere Lösung.[16]

Für Unentschiedene bietet sich die **Drei-Wege-Finanzierung**[17] an, bei der der Kunde das Fahrzeug nach Ablauf der Vertragszeit erwerben oder an den Händler zu dem bei Vertragsbeginn festgelegten Preis (zurück-)verkaufen kann. Der Kaufpreis wird vom Händler zur Ablösung des Kredits verwendet. Mehrkilometer sind vom Kunden zu vergüten. Außerdem hat dieser eine Ausgleichszahlung zu leisten, wenn sich das Fahrzeug in einem nicht vertragsgemäßen Zustand befindet. Entschließt sich der Kunde zum Kauf, kann er den Restkaufpreis sofort Zug um Zug gegen Übertragung des Eigentums begleichen oder einen mehrjährigen Anschlusskredit aufnehmen, nach dessen Tilgung das Sacheigentum auf ihn übergeht.

Der **Mietkauf**[18] ist für Kunden riskant, insbesondere dann, wenn sie eine Anzahlung leisten sollen. Deshalb wird davon dringend abgeraten.[19]

Bei der **Langzeitmiete** handelt es sich um eine derzeit nicht ins Gewicht fallende Alternative zum Leasing, die eine Fülle ungeklärter Rechtsfragen aufwirft.[20]

II), es bei dem vorherigen von § 500 BGB a. F. garantierten Verbraucherschutz zu belassen bzw. diesen wieder herzustellen.

15 *Bentz/Reinhart*, FLF 2010, 184.

16 Kostenvergleich in Finanztest 2006, Heft 4, S. 13, 16.

17 Dazu *Reinking/Kessler/Sprenger*, Autoleasing und Autofinanzierung, § 18 Rd. 38 ff.

18 *Ehlert* in Bamberger/Roth, § 535 Rn. 38.

19 Warnung des ADAC in ADAC-Motorwelt 5/2008 (Finger weg vom Mietkauf).

20 Vorgestellt in Motorwelt 10/2003, S. 42, 43.

B. Grundstruktur des Kraftfahrzeugleasingvertrages

I. Rechtsnatur und typologische Einordnung

L2 In der Bundesrepublik Deutschland wird das Kraftfahrzeugleasing ausschließlich als **Finanzierungsleasing** praktiziert, und zwar in Form von **Teilamortisationsverträgen**. Der Begriff Finanzierungsleasing ist gesetzlich nicht geregelt. Der Gesetzgeber hat es der Rechtsprechung und Rechtslehre überlassen, dieses Rechtsinstitut begrifflich und rechtlich auszugestalten.

Nach ständiger Rechtsprechung des BGH unterstehen Finanzierungsleasingverträge in erster Linie dem Leitbild des **Mietrechts**. Das bedeutet für den Leasinggeber eines Kfz-Leasingvertrages, dass er dem Leasingnehmer ein gebrauchstaugliches Kraftfahrzeug in einem für den Vertragszweck geeigneten Zustand während der Dauer des Leasingvertrages zur Verfügung zu stellen hat.[1] Als Gegenleistung für die **Gebrauchsüberlassung** schuldet der Leasingnehmer dem Leasinggeber ein vertraglich festgelegtes **Entgelt**.

L3 Mit den in der Grundmietzeit vom Leasingnehmer zu zahlenden Leasingraten (und einer eventuell vereinbarten Leasingsonderzahlung) werden nicht die gesamten Anschaffungskosten des Leasingfahrzeugs, sondern nur dessen im Voraus kalkulierter **Wertverzehr** zuzüglich des auf die Vertragszeit entfallenden Teils der Nebenkosten und des Gewinns des Leasinggebers abgedeckt.

Für den Leasinggeber besteht daher die Notwendigkeit, sich hinsichtlich der Kostenanteile, die in der Grundmietzeit nicht amortisiert werden, in geeigneter Weise vertraglich abzusichern, sei es durch eine Restwertgarantie des Leasingnehmers, eine von diesem zu leistende Ausgleichszahlung oder durch Vorbehalt eines eigenen Andienungsrechts.[2]

Zur Risikobegrenzung auf Seiten des Leasingnehmers gehört eine sorgfältige Restwertschätzung.[3] Für ihn empfiehlt sich der Abschluss einer GAP –Versicherung (Rdn. L189) und ggf. einer weitergehenden Restschuldversicherung für den Fall notfallbedingter Zahlungsstörungen.[4]

L4 Dem **Finanzierungscharakter** des Leasingvertrages trägt der Anspruch des Leasinggebers auf **Vollamortisation** Rechnung.[5] Für den Leasingnehmer bedeutet das, dass er – transparente Vertragsgestaltung vorausgesetzt – die Anschaffungskosten des Leasinggebers zuzüglich Nebenkosten und Unternehmergewinn begleichen muss.[6] Die volle Kostendeckung wird bei den erlasskonformen Vertragsmodellen durch die Leasingraten, eine eventuell bei Vertragsbeginn zu leistende Sonderzahlung und durch Absicherung des kalkulierten Restwertes erreicht.

L5 Die durch **das Spannungsverhältnis** zwischen Gebrauchsüberlassung und Finanzierung geprägte Interessenlage der Parteien eines Finanzierungsleasingvertrages hat der BGH[7] folgendermaßen beschrieben:

„Beim reinen Mietvertrag schuldet der Vermieter Gebrauchsüberlassung und Erhaltung. Beim Leasingvertrag tritt zur Gebrauchsüberlassung die Finanzierungsfunktion

---

1 BGH 13. 3. 1991, BGHZ 114, 57, 68; zuletzt 29. 10. 2008, WM 2009, 35; *Graf von Westphalen*, Der Leasingvertrag, Kap. B Rn. 2.

2 *Spittler*, S. 45.

3 *Beyer*, FLF 1997, 102.

4 *Reker*, FLF 1998, 185.

5 *Wolf/Eckert/Ball*, Rn. 1750; *Erman/Jendrek*, Anh. § 535 Rn. 10.

6 BGH 24. 4. 1996, DAR 1996, 318, 320.

7 Urt. v. 4. 7. 1990, ZIP 1990, 1133.

hinzu. Beides ist, wie in der Rechtsprechung des erkennenden Senates von Anfang an betont worden ist, auf die individuellen Investitionsbedürfnisse des Leasingnehmers zugeschnitten. In der Finanzierungsfunktion wurzelt das Amortisationsprinzip, das den entscheidenden Unterschied zum reinen Mietvertrag ausmacht. Das Amortisationsprinzip akzeptiert der Leasingnehmer, wenn er sich zur Verwirklichung eines Investitionsvorhabens durch Leasing des Investitionsgutes entschließt.“

Kfz-Leasingverträge mit offenem Restwert und mit Kilometerabrechnung sind während der vereinbarten Vertragszeit grundsätzlich **unkündbar**. Nur beim Vertragsmodell des sog. **kündbaren Kfz-Leasingvertrages mit Abschlusszahlung** wird dem Leasingnehmer ein Recht zur vorzeitigen Vertragsbeendigung nach Ablauf einer unkündbaren Grundvertragszeit eingeräumt. Macht er von diesem außerordentlichen Kündigungsrecht Gebrauch, hat er eine vertraglich festgelegte Einmalzahlung an den Leasinggeber zu leisten, mit der die noch nicht amortisierten Kosten des Leasinggebers ausgeglichen werden. **L6**

Es entspricht dem Finanzierungscharakter des Kfz-Leasingvertrages, dass der Leasingnehmer das **Investitionsrisiko** trägt.[8] Zerschlagen sich seine wirtschaftlichen Pläne, besitzt er weder ein Recht zur fristlosen Kündigung aus wichtigem Grund noch kann er vom Leasinggeber verlangen, dass der Leasingvertrag wegen Störung der Geschäftsgrundlage aufgehoben oder angepasst wird.[9] **L7**

Sowohl für die **steuerliche Qualifizierung** des Kraftfahrzeugleasings als Finanzierungsleasing als auch für die Abgrenzung zum Mietkauf kommt es entscheidend darauf an, dass das Leasingfahrzeug dem Vermögen des Leasinggebers zugerechnet wird. Es muss in seinem **wirtschaftlichen Eigentum** stehen und von ihm bilanziert werden (§ 39 Abs. 2 S. 1 AO). Davon ist grundsätzlich auszugehen, wenn der Kfz-Leasingvertrag den Anforderungen des Leasingerlasses v. 22. 12. 1975 genügt.[10] Dieser nach wie vor einschlägige Erlass, der für die zivilrechtliche Aufarbeitung des Leasinggeschäfts wegweisend war, regelt die steuerrechtliche Zurechnung des Leasinggegenstandes für Teilamortisationsleasingverträge. Er ist auf das **Kfz-Leasing** zugeschnitten, das – von seltenen Ausnahmen abgesehen – als Teilamortisationsleasing praktiziert wird.[11] Für diese Vertragsart ist charakteristisch, dass eine unkündbare Vertragszeit vereinbart wird, die **mehr als 40 %,** jedoch **nicht mehr als 90 %** der **betriebsgewöhnlichen Nutzungsdauer** des Leasinggegenstandes beträgt und dass die Anschaffungs- oder Herstellungskosten des Leasinggebers in der Grundmietzeit nur zum Teil durch die Zahlung der Leasingraten gedeckt werden. **L8**

Kfz- Leasingverträge, die den Anforderungen des Leasingerlasses v. 22. 12. 1975 entsprechen, werden als **erlasskonform** bezeichnet. Nicht erlasskonform ist der Kfz-Leasingvertrag mit Kilometerabrechnung, dessen steuerrechtliche Qualifizierung als Finanzierungsleasing davon abhängt, dass die Voraussetzungen einer Zurechnung des wirtschaftlichen Eigentums der Leasingsache beim Leasinggeber vorliegen (§ 39 Abs. 2 S. 1 AO). Branchenübliche Verträge erfüllen diese Anforderungen. **L9**

Das Vorhandensein eines **überwiegenden Finanzierungsinteresses** auf Seiten des Leasinggebers ist kein notwendiges Kriterium für das Finanzierungsleasing. Es kann durchaus ein anderes Interesse dominant sein, z. B. das der **Absatzförderung**. Die Unterscheidung in **echte** und **unechte** Finanzierungsleasingverträge, also in solche mit einem primären oder **L10**

---

8 BGH 4. 7. 1990, ZIP 1990, 1133.

9 OLG Dresden, 26. 7. 1995, OLGR 1996, 90.

10 Abgedruckt im Anhang Anlage 4 und nachzulesen in BB 1976, 72.

11 Der Gegenpart ist Vollamortisationsleasing, geregelt im Leasingerlass des Bundesministers der Finanzen vom 19. 4. 1971, BB 1971, 508, bei dem mit den in der Grundmietzeit zu entrichtenden Raten mindestens die Anschaffungs- oder Herstellungskosten sowie alle Nebenkosten einschließlich der Finanzierungskosten des Leasinggebers gedeckt werden.

sekundären Finanzierungsinteresse, hält der BGH[12] nicht für erforderlich, weil es für die zivilrechtliche Beurteilung aus der insoweit maßgeblichen Sicht des Leasingnehmers keinen Unterschied macht, ob er sich die erhofften Vorteile des Leasings von einem markengebundenen oder einem freien Leasinggeber verschafft. Außerdem würde die generalisierend abstrakte Abgrenzung der Vertragstypen auf praktisch kaum überwindbare Schwierigkeiten stoßen, da es an brauchbaren Unterscheidungskriterien fehlt.[13]

L11 Zusammenfassend bleibt festzuhalten, dass das Kfz-Leasing in Deutschland – nahezu ausnahmslos- als Teilamortisations-Finanzierungsleasing praktiziert wird. Hierfür sind folgende Kriterien zu erfüllen:

- Vereinbarung einer unkündbaren Vertragsdauer von mehr als 40 %, jedoch nicht mehr als 90 % der betriebsgewöhnlichen Nutzungsdauer des Fahrzeugs.
- Keine vollständige Amortisation der Anschaffungs- oder Herstellungs- und Nebenkosten des Leasinggebers in der Grundmietzeit.
- Übernahme des Investitionsrisikos durch den Leasingnehmer.[14]
- Volle Amortisation der Anschaffungs- oder Herstellungskosten einschließlich der Neben- und Finanzierungskosten des Leasinggebers durch den Leasingnehmer.[15]
- Zurechnung des wirtschaftlichen Eigentums der Leasingsache beim Leasinggeber.

II. Erlasskonforme Vertragsmodelle

L12 Folgende Vertragsmodelle werden im Teilamortisationserlass des Bundesministers der Finanzen v. 22. 12. 1975 geregelt:

- Leasingvertrag mit Andienungsrecht des Leasinggebers – ohne Optionsrecht des Leasingnehmers,
- Leasingvertrag mit Restwertabsicherung durch den Leasingnehmer und Aufteilung des Mehrerlöses,
- Kündbarer Leasingvertrag mit Abschlusszahlung – unter Anrechnung des Verwertungserlöses.

1. Leasingvertrag mit Andienungsrecht des Leasinggebers

L13 Bei dieser Vertragsvariante behält sich der Leasinggeber das Recht vor, dem Leasingnehmer das Fahrzeug am Vertragsende zum Buchwert oder zum kalkulierten Restwert zum Kauf anzudienen, sofern es nicht zum Abschluss eines Verlängerungsvertrages kommt. Der Leasingnehmer ist aufgrund des Andienungsrechts zur Erfüllung des Kaufvertrages verpflichtet, wenn der Leasinggeber von seinem Andienungsrecht Gebrauch macht, besitzt aber selbst nicht das Recht, das Leasingfahrzeug am Vertragsende zu erwerben.[16]

Das Andienungsrecht verschafft dem Leasinggeber die Möglichkeit, den kalkulierten Restwert über den Kaufpreis des Leasingfahrzeugs zu realisieren, auch wenn dessen tatsächlicher Wert am Vertragsende unter dem kalkulierten Restwert liegt. Besteht Aussicht, auf dem Markt einen höheren als den kalkulierten Preis für das Leasingfahrzeug zu erzielen, kann er das Fahrzeug selbst verwerten, trägt dann aber auch das volle Verwertungsrisiko.

---

12 BGH 22. 1. 1986, NJW 1986, 1335 ff.

13 Urt. v. 3. 7. 1985, ZIP 1985, 935; *Erman/Jendrek*, Anh. § 535 Rn. 5.; differenzierend *Berger*, Typus und Rechtsnatur des Herstellerleasing, Hamburger Beiträge zum Handels-, Schifffahrts- und Wirtschaftsrecht, S. 25 ff.

14 *Bordewin/Tonner*, Rn. 17.

15 BGH 24. 4. 1996, DAR 1996, 318, 320.

16 OLG Düsseldorf 8. 7. 2008, OLGR 2009, 72.

Somit hat der Leasinggeber – abgesehen von der Zahlungsunfähigkeit des Leasingnehmers – einerseits kein Restwertrisiko und besitzt andererseits die Chance, eine über der Vollamortisation liegende Wertsteigerung des Fahrzeugs zu realisieren.[17] Das macht den Gehalt seines wirtschaftlichen Eigentums aus.

Die Rechtsnatur des Andienungsrechts ist unklar. Der BGH[18] hat offen gelassen, ob es sich um ein **Kaufangebot** des Leasingnehmers handelt, das der Leasinggeber am Vertragsende annehmen kann oder ob mit der Vereinbarung des Andienungsrechts bereits ein aufschiebend bedingter Kaufvertrag zustande kommt, bei dem die **aufschiebende Bedingung** in der Ausübung des Andienungsrechts durch den Leasinggeber besteht. In beiden Fällen kommt der Kaufvertrag über das Kraftfahrzeug bereits mit der Andienung zustande.

2. Vertrag mit Restwertabsicherung und Aufteilung des Mehrerlöses

Bei dieser Vertragsvariante hat der Leasingnehmer das Fahrzeug am Vertragsende an den Leasinggeber zurückzugeben, sofern es nicht zu einer Vertragsverlängerung kommt. Es fällt in den Aufgabenbereich des Leasinggebers, das Fahrzeug anschließend zu verwerten und den Vertrag abzurechnen. Liegt der erzielte Erlös unter dem kalkulierten Restwert, hat der Leasingnehmer den Fehlbetrag auszugleichen. Von einem **Mehrerlös** erhält er **75 %,** während die restlichen **25 % des Mehrerlöses** dem Leasinggeber zustehen. Die ungleiche Verteilungsquote bewirkt, dass das Leasingfahrzeug dem Leasinggeber wirtschaftlich zugerechnet wird. Abweichungen von diesen Quoten können steuerschädlich sein und – soweit in AGB enthalten – an § 307 BGB scheitern. **L14**

Eine zu niedrige Schätzung des Restwertes kann für den Leasingnehmer nachteilig sein, da ihm der – von vornherein zu erwartende – Mehrerlös nicht in voller Höhe zugute kommt. Deshalb ist auf eine realistische Restwertschätzung zu achten.

3. Kündbarer Vertrag mit Schlusszahlung

Dem Leasingnehmer wird bei diesem Vertragsmodell das Recht eingeräumt, den Leasingvertrag nach Ablauf der Grundmietzeit von 40 % der betriebsgewöhnlichen Nutzungsdauer unter Einhaltung einer im Vertrag festgelegten Frist **zu kündigen**. Die vom Leasingnehmer garantierte Vollamortisation wird durch Entrichtung einer zum Kündigungstermin fälligen **Abschlusszahlung** erreicht, deren Höhe so bemessen ist, dass sie unter Berücksichtigung der bis dahin gezahlten Raten zuzüglich 90 % des Verwertungserlöses den Gesamtaufwand des Leasinggebers abdeckt. Je später der Kündigungszeitpunkt liegt, umso geringer ist die Schlusszahlung.[19] Erlasskonforme kündbare Verträge sind beim Autoleasing selten anzutreffen, weil sie im Vergleich zu den übrigen Vertragsvarianten sowohl für den Leasinggeber als auch für den Leasingnehmer mit Risiken und Nachteilen behaftet sind.[20] **L15**

III. Leasingvertrag mit Kilometerabrechnung

Eine beim Kfz-Leasing sehr häufig anzutreffende – allerdings nicht erlasskonforme – Variante ist der Vertrag mit Kilometerabrechnung, bei dem die Leasinggesellschaft das Verwertungsrisiko trägt. **L16**

Im Leasingvertrag wird die **Kilometerleistung** für die Dauer der Überlassung des Fahrzeugs **festgelegt**. Das Nutzungsentgelt deckt den geschätzten Wertverzehr der Leasingsa-

---

17 *Graf von Westphalen*, Der Leasingvertrag, Kap. B Rn. 41.
18 BGH 16. 10. 1996, NJW 1997, 452, 453.
19 *Spittler*, S. 47.
20 Dazu ausf. *Reinking* in Reinking/Kessler/Sprenger, § 2 Rn. 62 ff.

che während der Vertragszeit sowie die Aufwendungen und den Gewinn des Leasinggebers. Es beinhaltet außerdem Risikozuschläge, da sich der Wertverlust des Fahrzeugs während der Vertragszeit im Voraus kalkulatorisch nicht exakt vorausberechnen lässt.

Am Vertragsende hat der Leasingnehmer das Fahrzeug an den Leasinggeber zurückzugeben, es sei denn, die Parteien vereinbaren eine Laufzeitverlängerung oder schließen einen Anschlussleasingvertrag ab. Eine Option zum Ankauf des Leasingfahrzeugs besitzt der Leasingnehmer nicht. Auf der Grundlage der vereinbarten Laufleistung wird der Vertrag vom Leasinggeber anschließend abgerechnet. Überschreitet oder unterschreitet die während der Vertragszeit zurückgelegte Laufleistung des Fahrzeugs das vereinbarte Kilometerlimit einschließlich der üblichen Freikilometer (die Toleranzen betragen plus minus 2.000–2.500 km), sind **Mehr-** und **Minderkilometer** auszugleichen. Die vertraglich festgelegten Kilometersätze, die der Leasingnehmer für Mehrkilometer entrichten muss, liegen im Regelfall über denen, die er im Falle der Nichterreichung des Limits vom Leasinggeber zu beanspruchen hat.

Obwohl das Verwertungsrisiko und das der zutreffenden internen Restwertkalkulation beim Leasinggeber liegen,[21] sind Kilometerleasingverträge durchaus streitanfällig. Der Grund besteht darin, dass der Leasinggeber lediglich das **Marktwertrisiko** trägt, das **Erhaltungsrisiko** jedoch vom Leasingnehmer übernommen wird. Letzterer schuldet die Rückgabe eines mängelfreien, betriebs- und verkehrssicheren Fahrzeugs in einem dem Alter und der Fahrleistung entsprechenden Erhaltungszustand. Weist das Fahrzeug diese in AGB festgelegte Sollbeschaffenheit am Vertragsende nicht auf, hat der Leasingnehmer eine dadurch bedingte Wertminderung auszugleichen (ausführlich dazu Rdn. L659 ff.). Da die Vorstellungen des Leasinggebers und des für die Fahrzeugrücknahme und Weiterverwertung zuständigen Händlers zur Sollbeschaffenheit des Fahrzeugs mit denen des Leasingnehmers selten übereinstimmen, was angesichts der unterschiedlichen Interessenlagen und der wenig hilfreichen und nach Ansicht des OLG München[22] intransparenten Beschreibungen des Fahrzeugsollzustands in Leasing-AGB nicht verwundert, sind die Streitereien am Vertragsende regelrecht vorprogrammiert.

L17 Bisher stand außer Frage, dass Kfz-Leasingverträge mit Kilometerabrechnung zu den Finanzierungsleasingverträgen gehören.[23] Die von den Vorbildern des Mobilien- Leasingerlasses abweichende Vertragsgestaltung[24] und die Übernahme des Verwertungsrisikos durch den Leasinggeber standen dieser Zuordnung nicht im Wege.[25] Für den BGH[26] war ausschlaggebend, dass der Kilometervertrag **konzeptionell** auf **Vollamortisation** angelegt ist und sich insoweit nicht von den erlasskonformen Vertragsvarianten unterscheidet. Allein die Möglichkeit, dass beim Kilometervertrag am Vertragsende eine Amortisationslücke verbleibt, hielt ihn von dieser rechtlichen Qualifizierung nicht ab, mit der er Verbraucherleasingnehmern von Kilometerleasingverträgen den Zugang zu den darlehensrechtlichen Verbraucherschutzvorschriften eröffnete.[27] Dass Amortisationslücken kein theoretisches Thema sind, hat sich in der Wirtschaftskrise gezeigt. Leidtragende waren allerdings

21 BGH 24. 4. 1996, DAR 1996, 318.

22 Urt. v.3. 2. 1999, DAR 1999, 268; 27. 1. 2000, DAR 2000, 363, 364; s. a. *Müller-Sarnowski*, DAR 2004, 368, 369 und 608, 612.

23 BGH 24. 4. 1996, DAR 1996, 318; 11. 3. 1998, NJW 1998, 1637,1639; *Staudinger/Stoffels*, Leasing, Rn. 37.

24 *Reinicke/Tiedtke*, Kaufrecht, Rn. 1668.

25 *Martinek/Oechsler*, ZIP 1993, 81,82; *Slama*, WM 1991,569,570; *Reinking/Nießen*, ZIP 1991, 634, 637.

26 BGH 24. 4. 1996, DAR 1996, 318; 11. 3. 1998, NJW 1998, 1637,1639.

27 *Schulz*, Finanzierungsleasing unter Verbraucherbeteiligung, S. 25.

nicht die Leasinggesellschaften sondern ihre zum Rückkauf der Fahrzeuge verpflichteten Lieferanten.

Höchst strittig ist, ob seit Umsetzung der Verbraucherkreditrichtlinie die **darlehensrechtlichen Schutzvorschriften** der §§ 491a ff. BGB auf Kilometerleasingverträge weiterhin anzuwenden sind (Rdn. L106 ff.). Im Geschäftsverkehr mit Verbrauchern haben die Unsicherheiten dazu geführt, dass etliche Anbieter das Vertragsmodell aus ihrem Programm genommen haben, während andere nur noch Kilometerleasingverträge anbieten, weil sie davon überzeugt sind, dass diese Vertragsart von § 506 Abs. 2 S. 1 Nr. 3 BGB nicht erfasst wird und weil sie den Informationsaufwand und die Risiken einer Fehlinformation bei allen anderen Vertragsvarianten scheuen.

IV. Transparente Vertragsgestaltung

Da dem durchschnittlichen Leasingnehmer eines erlasskonformen Leasingvertrages das komplizierte Wechselspiel zwischen Leasingraten, kalkuliertem Restwert und Verpflichtung zum Ausgleich eines Mindererlöses nicht geläufig ist, wird dem Leasinggeber eine **transparente Vertragsgestaltung** abverlangt, welche die Zweistufigkeit der Vollamortisation durch Zahlung des Leasingentgelts und Absicherung des Restwertes verdeutlichen muss. Die Transparenz speziell im Hinblick auf die Restwertgarantie ist vor allem deshalb zu verlangen, weil die Verpflichtung des Leasingnehmers zum Restwertausgleich nicht schon immanent aus dem allgemeinen leasingtypischen Prinzip der Vollamortisation folgt.[28] Das Transparenzgebot gilt für alle erlasskonformen Vertragsvarianten, die als „Verträge mit offenem Restwert“ bezeichnet werden.[29] **L18**

Die Restwertabsicherung beinhaltet einen **Entgeltanspruch**, der eine Hauptleistungspflicht darstellt.[30] Aus dem Transparenzgebot folgt, dass sich Hauptleistungspflichten aus dem Vertrag selbst und nicht allein aus AGB ergeben müssen.[31] Es bedarf eines deutlich gestalteten **Hinweises auf die Restwertgarantie** im eigentlichen **Vertragstext**, der dem Leasingnehmer vor Augen führt, dass eine Nachbelastung erfolgt, falls der Veräußerungserlös unter dem kalkulierten Restwert liegt. Eine **drucktechnische Hervorhebung** dieser Textpassage ist unbedingt zu empfehlen.

Formulierungsbeispiel:

Der Leasingnehmer garantiert die Erreichung des kalkulierten Restwertes von € ....., zzgl. Mehrwertsteuer. Sollte der Verwertungserlös den garantierten Restwert nicht erreichen, hat der Leasingnehmer den Fehlbetrag auszugleichen; s. dazu Ziff. ... der AGB.[32]

Allein das Einsetzen des kalkulierten Restwertes in die Rubrik Fahrzeugabrechnung (als Alternative zur Abrechnung auf Kilometerbasis) in Verbindung mit der fett gedruckten Formulierung „kalkulierter Netto-Rücknahmewert“ und einer hierzu in Klammern gefassten Erläuterung „Vereinbarter Mindestwert bei Fahrzeugrücknahme“ lässt die Übernahme eines Restwertrisikos nicht mit hinreichender Klarheit erkennen. Der Eintrag kann auch als bloße Rechnungsgröße verstanden werden, die der Leasinggeber ebenso wie den Ge- **L19**

28 BGH 9. 5. 2001 EWiR, § 535 BGB 23/2001, 1089 (*Reinking*); *Wolf/Eckert/Ball*, Rn. 1936.
29 *Soergel/Heintzmann*, vor § 353 Rn. 56.
30 BGH 10. 7. 1996, NJW 1996, 2860, 2861; OLG Hamm 6. 10. 1995, NJW-RR 1996, 502, 503.
31 OLG Oldenburg 18. 12. 1987, NJW-RR 1987, 1003, 1005; OLG Karlsruhe 23. 4. 1986, NJW-RR 1986, 1112, 1113; LG Mönchengladbach, Urt. v.12. 1. 2010 – 3 O 265/09 n. v.
32 BGH 4. 6. 1997, DAR 1997, 406; OLG Hamm 6. 10. 1995, OLGR 1996, 1; OLG Celle 22. 5. 1996, OLGR 1996, 219.

samtfahrzeugpreis bekannt machen will.[33] Dasselbe gilt für eine Vertragsurkunde, welche die Überschrift „Autoleasing-Antrag mit Restwertabrechnung" trägt und auf der ersten Seite lediglich die Angabe des kalkulierten Restwertes enthält. Ihr kann der Leasingnehmer nicht entnehmen, dass er nach Beendigung der Vertragszeit eine Ausgleichszahlung leisten muss, falls der angegebene Restwert nicht erzielt wird.[34] Nach Auffassung des OLG Oldenburg[35] lässt der bloße Hinweis im Vertragstext, dass durch die vom Leasingnehmer während der Vertragsdauer zu zahlenden Leasingraten keine Vollamortisation herbeigeführt wird, nicht erkennen, dass außer den ausdrücklich genannten Zahlungsverpflichtungen weitere Zahlungsbelastungen auf den Leasingnehmer zukommen können. Im Kontext mit einem solchen Hinweis ist die Angabe einer jährlichen Fahrleistung aus Sicht des Leasingnehmers dahingehend zu verstehen, dass es sich bei dem angenommenen Restwert nach der Erfahrung des Leasinggebers um denjenigen handelt, der sich am Vertragsende tatsächlich realisieren lässt.

Anlass zu Missverständnissen gibt eine Klausel, die besagt, dass der Leasingnehmer die Differenz zwischen dem kalkulierten Rücknahmewert und einem niedrigeren vereinbarten Rücknahmewert auszugleichen hat, wenn die **Begrifflichkeiten** im Vertrag **nicht erläutert** werden. Beim Leasingnehmer könnte sie den Eindruck erwecken, er habe es in der Hand, eine erhebliche Differenz zwischen beiden Werten durch eine entsprechende Vereinbarung mit der Leasinggesellschaft aufzufangen.[36]

Die mit der **Restwertgarantie** korrespondierende **Abrechnungsklausel** muss in Verbindung mit dem übrigen Vertragsinhalt alle Angaben enthalten, derer es zur Berechnung des nach der Klausel geschuldeten Betrages bedarf. Die Offenlegung der Kalkulation ist aber nicht erforderlich.[37] Eine Klausel, die besagt, dass der Leasingnehmer eine Minusdifferenz zwischen dem kalkulierten Restwert und dem tatsächlich am Vertragsende erzielten Nettoerlös auszugleichen hat, genügt als solche noch nicht dem Transparenzgebot.[38] Es reicht ebenfalls nicht, dass sich die Vollamortisationsgarantie des Leasingnehmers aus einem nicht näher erläuterten Computerprogramm ergibt.[39] Nur unter der Voraussetzung, dass der Leasinggeber den Leasingnehmer ausdrücklich auf die Restwertgarantie hingewiesen hat oder dass diese klar und eindeutig aus dem Vertrag hervorgeht, ist die Ausgleichsklausel weder überraschend i. S. d. § 305c BGB noch verstößt sie gegen § 307 Abs. 1 S. 2 BGB.[40]

L20 Geteilt sind die Ansichten zu der Frage, ob eine Abrechnungsklausel in Verbindung mit einem eingangs der Vertragsurkunde enthaltenen Hinweis, dass die unter Berücksichtigung des Restwertes ermittelten, vom Leasingnehmer in der Grundmietzeit zu entrichtenden Leasingraten den Aufwand des Leasinggebers für die Anschaffung und Überlassung des Leasingfahrzeugs nicht abdecken, den Anforderungen an das Transparenzgebot genügt. Während das OLG Oldenburg[41] sich auf den Standpunkt gestellt hat, eine solche Regelung trage eher zur Verwirrung als zur Klarstellung bei, da sie dem Kunden die irrige Vorstellung suggeriere, die Leasingraten seien so kalkuliert, dass der Restwert am Vertragsende in jedem Fall erzielt werde, hat das OLG Karlsruhe[42] die Klausel als leasingtypisch eingestuft und ihre Wirksamkeit nicht in Frage gestellt.

33 LG Oldenburg 31. 7. 1998, NJW-RR 1999,1209; a. A. SchlHOLG 30. 6. 2000, OLGR 2001,101.
34 LG Neuruppin 18. 2. 2000, DAR 2000, 314.
35 Urt. v. 2. 4. 1998 – 14 U 48/97, n. v.
36 LG Mönchengladbach, Urt. v.12. 1. 2010 – 3 O 265/09 n. v.
37 BGH 4. 6. 1997, DAR 1997, 406.
38 OLG Karlsruhe 23. 4. 1986, NJW-RR 1986, 1112 ff.
39 OLG Köln 6. 2. 1995, NJW 1995, 2044.
40 OLG Hamm 6. 10. 1995, zfs 1996, 95.
41 Urt. v. 18. 2. 1987, NJW 1987, 1003 ff.
42 Urt. v. 27. 3. 1987, NJW-RR 1987, 1006 ff.

Das AG Hamburg[43] hat in einem beachtlichen Urteil die in Teilamortisationsverträgen mit Restwertabrechnung üblicherweise verwendete **Klausel**, die dem Leasingnehmer von einem Mehrerlös 75 % zubilligt, ihn aber zum Ausgleich des vollen Mindererlöses verpflichtet, trotz ihres systemimmanenten Regelungscharakters als ungewöhnlich i. S. v. § 305c BGB eingestuft. Das Überraschungsmoment sah es darin, dass die Klausel an einen im Vertrag ausgewiesenen, vom Leasinggeber einseitig **ohne Offenlegung** der **konkreten Kalkulationsgrundlagen** ermittelten Gebrauchtwagenerlös anknüpft, ohne auf den Fall beschränkt zu sein, dass dieser Verkaufserlös von dem Leasinggeber auch realistisch eingeschätzt worden ist. Die Befürchtung des AG Hamburg, dass der Leasingnehmer für willkürlich kalkulierte „Gebrauchtwagenerlöse“ einstehen müsste, die von vornherein keine Realisierungschance haben, ist nicht ganz von der Hand zu weisen. Beim erlasskonformen Vertrag mit Restwertabrechnung schadet ein zu gering eingeschätzter Restwert dem Leasingnehmer, da er einerseits hohe Raten zahlen muss, andererseits aber von dem Mehrerlös nur einen Anteil von 75 % erhält. Der Restwert ist somit durchaus ein Kalkulationsfaktor, der sich auf die Gesamtbelastung des Leasingnehmers ungünstig auswirken kann. Dennoch erscheint es nicht gerechtfertigt, der Klausel aus diesem Grunde die Wirksamkeit zu versagen, da es sich bei dem vereinbarten Restwert gerade wegen der mit der künftigen Wertentwicklung verbundenen Risiken nicht um eine prognostische Angabe handelt, sondern um eine kalkulatorische Größe, die aus der Aufteilung des Amortisationsaufwands auf die Leasingraten, die Sonderzahlung und den kalkulierten Restwert resultiert.[44] Gegen Missbrauch wird der Leasingnehmer durch § 242 BGB geschützt. Einen willkürlich eingesetzten Fantasiepreis braucht er nach Treu und Glauben nicht gegen sich gelten zu lassen.[45] **L21**

Besonders **strengen Maßstäben** unterliegt das Transparenzerfordernis beim Leasingvertrag mit **Andienungsrecht**. Die vom Leasingnehmer garantieartig geschuldete Vollamortisation, für die das Andienungsrecht als Vehikel dient,[46] muss derart klar, eindeutig und unmissverständlich im Leasingvertrag niedergelegt sein, dass sie einer individualvertraglichen Vereinbarung gleichkommt und dem Teilamortisationsvertrag das Gepräge gibt.[47] Der Grund für diese hohen Anforderungen besteht darin, dass Amortisations- und Gebrauchsdauer nicht deckungsgleich sind, wie dies bei den übrigen Teilamortisationsmodellen der Fall ist. Der Leasingnehmer ist gezwungen, einen Kaufvertrag über ein Fahrzeug abzuschließen, dessen Verkehrswert u. U. nicht dem vertraglich vereinbarten Restwert/Kaufpreis entspricht. Im ungünstigsten Fall wird ihm durch das Andienungsrecht ein Wirtschaftsgut aufgezwungen, mit dem er nichts mehr anfangen kann. **L22**

Durch Verwendung von Formularsätzen für **mehrere Leasingvarianten** kommt es immer wieder zu Irritationen, die in dem Vorwurf münden, der konkreten Vertragsgestaltung fehle die notwendige Transparenz. Vorsicht ist vor allem bei der Angabe der **Gesamtfahrleistung** in einem **Leasingvertrag mit Restwertabrechnung** geboten. Die Eintragung der Gesamtfahrleistung macht nur Sinn im Zusammenhang mit dem Abschluss eines Kilometerabrechnungsvertrages. Sie lässt sich nicht mit der Angabe des Restwertes vereinbaren, auf den es bei einem Leasingvertrag mit Kilometerabrechnung nicht ankommt, da der Leasinggeber das Restwertrisiko trägt. Eine Kombination der beiden Angaben kann beim unbefangenen Leser den Eindruck erwecken, dass ein Restwertausgleich erst bei Überschreitung der angegebenen Gesamtfahrleistung erfolgt, bei Einhaltung des Kilometerlimits jedoch entfällt, weil in diesem Fall der kalkulierte Restwert noch erreicht wird.[48] Um solche Miss- **L23**

---

43 Urt. v. 30. 7. 1990, NJW-RR 1991, 507.
44 OLG Celle 22. 5. 1996, OLGR 1996, 219.
45 LG Bochum 30. 9. 1986, NJW-RR 1987, 123.
46 *Graf von Westphalen*, Der Leasingvertrag, Kap. B Rn. 46.
47 LG Mönchengladbach 28. 1. 1994, NJW-RR 1994, 1479.
48 BGH 9. 5. 2001, NJW 2001, 2165, 2166; dazu EWiR, § 535 BGB 23/2001,1089 (*Reinking*).

verständnisse gar nicht erst aufkommen zu lassen, bedarf es des deutlich gestalteten Hinweises darauf, dass die Restwertabrechnung auch im Fall einer Unterschreitung der im Vertrag angegebenen Gesamtfahrleistung stattfindet und dass die Angabe des Restwertes für den Vertrag mit Kilometerabrechnung keine Bedeutung hat.[49]

Die **Kombination** eines drucktechnisch auf der Vorderseite des Leasingvertrags hervorgehobenen **Andienungsrechts** mit einem klein gedruckten **Selbstverwertungsrecht** des Leasinggebers und der Verpflichtung des Leasingnehmers zum **Ausgleich eines Mindererlöses** ist ebenfalls missverständlich und wegen ihres überraschenden Inhalts (§ 305c BGB) nicht Vertragsbestandteil.[50] Durch den Vorbehalt der Selbstverwertung werden die Vorteile des Andienungsrechts zunichte gemacht, die darin bestehen, dass der Leasingnehmer, der das ihm angediente Fahrzeug anschließend weiter verkauft, einen eventuellen Mehrerlös für sich behalten kann, während ihm nach dem Restwertmodell nur 75 % davon zustehen. Ein weiterer Vorzug besteht darin, dass der Leasingnehmer, dem der Leasinggeber ein Andienungsrecht eingeräumt hat, nicht zu einem kurzfristigen Verkauf zu möglicherweise schlechten Bedingungen gezwungen ist, wie dies bei einer Verwertung durch den Leasinggeber der Fall ist.

Bei Aufnahme eines Andienungsrechts in einen Kilometerleasingvertrag ist darauf zu achten, dass Andienung und Kilometerausgleich nur **alternativ** und nicht kumulativ vereinbart werden können, da sie sich gegenseitig ausschließen.[51] Übt der Leasinggeber das Andienungsrecht aus, kann er vom Leasingnehmer nicht zusätzlich eine Ausgleichszahlung wegen gefahrener Mehrkilometer verlangen. Auf der anderen Seite besitzt der Leasingnehmer im Falle der Andienung keinen Anspruch auf Vergütung der Minderkilometer, da die Minderlaufleistung durch den Erwerb des infolge geringerer Nutzung höherwertigeren Fahrzeugs hinreichend ausgeglichen wird.

L24 Außerhalb des Anwendungsbereichs von § 491a BGB (Rdn. L119 ff.) bestehen keine weitergehenden Aufklärungspflichten des Leasinggebers über Inhalt, Risiken und wirtschaftliche Folgen des Kraftfahrzeugleasingvertrages, es sei denn, der Leasinggeber erkennt, dass der Leasingnehmer von falschen Vorstellungen ausgeht.[52] Im Zusammenhang mit der Abtretungskonstruktion (Rdn. L67 ff.) wird allerdings erwogen,[53] dem Leasinggeber eine Hinweispflicht auf die eigene **subsidiäre Eigenhaftung** aufzuerlegen, weil die Rechtslage vom durchschnittlichen Leasingnehmer nicht zu durchschauen ist. Eines solchen Hinweises bedarf es nach hier vertretener Auffassung nicht, da die dem Leasingnehmer zum Vorteil gereichende subsidiäre Eigenhaftung des Leasinggebers automatisch auflebt, wenn der Lieferant als solventer Anspruchsgegner ausfällt.[54]

V. Steuerliche Aspekte

L25 Das Finanzierungsleasinggeschäft wird vom **Steuerrecht geprägt.** Es sind in erster Linie die vom Leasingnehmer angestrebten **Steuervorteile**, die das Leasing interessant machen. Voraussetzung hierfür ist, dass das **wirtschaftliche Eigentum** am Leasingfahrzeug dem Leasinggeber zugerechnet wird, wovon bei erlasskonformer Vertragsgestaltung (Rdn. L12 ff.) grundsätzlich auszugehen ist. Beim Leasingvertrag mit Kilometerabrechnung wird

49 LG Mönchengladbach, Urt. v.12. 1. 2010 – 3 O 265/09 n. v., nach dessen Ansicht allein schon die in einer Selbstauskunft des Leasingnehmers angegebene Fahrleistung eine Unwirksamkeit der Restwertklausel zur Folge hat.
50 OLG Nürnberg 8. 6. 1999, NJW-RR 2000, 278; *Beckmann*, Finanzierungsleasing, § 3 Rn. 221.
51 OLG Düsseldorf 14. 4. 1994, NJW-RR 1994, 1337.
52 BGH 11. 3. 1987, WM 1987, 627, 629.
53 *Graf von Westphalen*, NJW 2004, 1998; *ders.* BB 2004, 2028.
54 *Beckmann*, § 2 Rn. 374 unter Hinweis auf BGH 8. 10. 2003, NJW 2004, 1041.

das Eigentum im Regelfall ebenfalls dem Leasinggeber zugeordnet, da auch dieses Vertragsmodell faktisch-kalkulatorisch auf Vollamortisation angelegt ist, obwohl es an einer rechtlichen Vollamortisationsgarantie des Leasingnehmers fehlt.[55] In seiner typischen Ausprägung und seinem wirtschaftlichen Gehalt ist Kfz-Leasing eine sonstige Leistung.[56] Wird der Leasingvertrag lediglich zur Zwischenfinanzierung eingesetzt, kann eine bloße Kreditgewährung vorliegen.

1. Bilanzierung

Leasingfahrzeuge, die dem Leasinggeber wirtschaftlich zuzurechnen sind, werden in dessen Bilanz in Höhe der Anschaffungs- oder Herstellungskosten aktiviert und sind für Leasingnehmer bilanzneutral.[57] Die Absetzung für Abnutzung (AfA) erfolgt beim Leasinggeber nach der betriebsgewöhnlichen Nutzungsdauer des Leasinggutes.[58] Für die Gestaltung von Leasingverträgen gelten die in den Abschreibungstabellen des Bundesministers der Finanzen ausgewiesenen **AfA-Zeiten** als verbindlich. **L26**

2. Leasingentgelt

Vereinnahmte Leasingentgelte und laufende **Leasingaufwendungen** erscheinen in der Gewinn- und Verlustrechnung des Leasinggebers. Leasingverpflichtungen werden im Anhang zu Jahresabschlüssen gezeigt. **L27**

Die Behandlung von **Leasing- Sonderzahlungen** hängt davon ab, ob sie eine **Mietvorauszahlung** (Rdn. L372 ff.) darstellen oder einen bereits **entstandenen Aufwand** des Leasinggebers ausgleichen. Dienen sie der Abdeckung entstandener Kosten, sind sie als sofortiger Ertrag zu erfassen.[59] Handelt es sich um Mietvorauszahlungen, sind sie beim Leasinggeber als passiver Rechnungsabgrenzungsposten anzusetzen.

Für **Leasingnehmer**, die den Leasingvertrag als Unternehmer, Gewerbetreibende oder Freiberufler abgeschlossen haben, sind die **Leasingraten** abzugsfähige (sog. GuV-wirksame) **Betriebsausgaben.**[60]

Leasingsonderzahlungen, die der Leasingnehmer bei Vertragsbeginn als zusätzliches Entgelt für die Gebrauchsüberlassung des Leasingobjekts zu leisten hat, gehören ebenfalls zu den Betriebsausgaben. Sie sind – spiegelbildlich betrachtet- sofort abzugsfähiger Aufwand, wenn sie eine vom Leasinggeber bereits erbrachte Leistung abgelten. Haben sie den – für Kfz-Leasingverträge typischen – Charakter einer **Mietvorauszahlung**, ist ein aktiver Rechnungsabgrenzungsposten zu bilden,[61] der bei gleich bleibenden Raten über die Laufzeit des Leasingvertrages linear aufgelöst wird.

---

55 *Martinek* in Martinek/Stoffels/Wimmer-Leonhardt, § 3 Rn. 27; im Falle einer für das Kraftfahrzeugleasing atypischen Zuordnung des wirtschaftlichen Eigentums beim Leasingnehmer wird der Leasingvertrag steuerlich wie ein Ratenkauf behandelt, *Heyd* in Graf von Westphalen, Der Leasingvertrag, Kap. A Rn. 33; *Wagner* in Martinek/Stoffels/Wimmer-Leonhardt, § 69 Rn. 77 ff.

56 *Reiß* in Tipke/Lang, Steuerrecht, 20. Aufl. 2011, § 14 Rn. 19.

57 Zu den Ausnahmen *Wagner* in Martinek/Stoffels/Wimmer-Leonhardt, § 69 Rn. 104, 105.

58 Zur Abschreibung nach HGB und nach IFRS im Detail: *Findeisen* in Martinek/Stoffels/Wimmer-Leonhardt, § 72 Rn. 2 ff., 33 ff.; zur Leasingbilanzierung nach US-GAAP *Heyd* in Graf von Westphalen, Der Leasingvertrag, Kap. A Rn. 191 ff.

59 *Wagner* in Martinek/Stoffels/Wimmer-Leonhardt, § 69, Rn. 48.

60 *Heyd* in Graf von Westphalen, Der Leasingvertrag, Kap. A Rn. 37; *Wagner* in Martinek/Stoffels/Wimmer-Leonhardt, § 69 Rn. 101, *Hey* in Tipke/Lang, Steuerrecht, 20. Auf. 2011, § 17 Rn. 102.

61 *Bordewin/Tonner*, Rn. 132 ff.

Falls das Fahrzeug beim Leasingnehmer bereits vor Vertragsbeginn genutzt und der Leasingvertrag **rückwirkend** abgeschlossen wurde, können die für die zurückliegende Zeit gezahlten Leasingentgelte sofort als Betriebsausgabe abgesetzt werden.

3. Umsatzsteuer

L28 Die **Nutzungsüberlassung** eines Kraftfahrzeugs im Rahmen eines Finanzierungsleasingvertrages, bei dem das wirtschaftliche Eigentum an der Leasingsache dem Leasinggeber zuzurechnen ist, stellt eine **sonstige Leistung** des Leasinggebers i. S. d. § 1 Abs. 1 Nr. 1 UStG dar und unterliegt der Umsatzbesteuerung.[62]

Zum Vorsteuerabzug berechtigte Unternehmer können die Umsatzsteuer der Leasingraten in anfallender Höhe als Vorsteuer gem. § 15 UStG in Abzug bringen.

L29 Die in einer **Leasingsonderzahlung** enthaltene Umsatzsteuer unterliegt der Anzahlungsbesteuerung des § 13 Abs. 1 Nr. 1a S. 4 UStG und ist sofort abzugsfähig.[63] Beim gemeinschaftlichen Pkw-Leasing steht der Vorsteuerabzug den Leasingnehmern anteilig entsprechend ihren tatsächlichen Nutzungsanteilen zu.[64]

L30 Für geleaste Kraftfahrzeuge, die Angestellten und Mitarbeitern zur Nutzung überlassen werden, kann der **volle Vorsteuerabzug** geltend gemacht werden. Diese Regelung findet auch dann Anwendung, wenn ein GmbH-Geschäftsführer im Rahmen seines Anstellungsvertrages ein für unternehmerische Zwecke geleastes Fahrzeug für private Fahrten verwendet. Die Privatnutzung ist Vergütung für geleistete Dienste, bei der die nicht durch Barlohn abgegoltene Arbeitsleistung die Bemessungsgrundlage für die Umsatzsteuer bildet.

L31 **All-Inclusive-Leasingraten** von Brutto-Leasingverträgen sind **insgesamt** umsatzsteuerpflichtig, da eine einheitliche Leistung vorliegt. Im Leasingentgelt enthaltene Leistungen, die nicht umsatzsteuerpflichtig sind (z. B. Versicherungsbeiträge und Kraftfahrzeugsteuer), werden infolgedessen mit Umsatzsteuer belegt. Eine Trennung in umsatzsteuerpflichtiges und umsatzsteuerfreies Entgelt ist nur durch Aufspaltung der Leasingleistung möglich.[65] Falls der Leasingnehmer aufgrund des Leasingvertrages berechtigt ist, das Fahrzeug im Namen und für Rechnung des Leasinggebers zu betanken, liegt keine **Kraftstofflieferung** im Verhältnis zwischen Leasinggeber und Leasingnehmer vor, vielmehr übernimmt der Leasinggeber gegenüber dem Leasingnehmer die Funktion eines Kreditgebers für den Bezug des Kraftstoffs.[66] Unter bestimmten Umständen dürfen die Beteiligten jedoch weiterhin von einem Reihengeschäft ausgehen, bei dem der Leasinggeber die Vorsteuer aus der Rechnung der Tankstelle geltend macht und dem Leasingnehmer dann seinerseits Umsatzsteuer in Rechnung stellt. Hierzu müssen die vom Bundesfinanzministerium festgesetzten Voraussetzungen eingehalten werden.[67]

L32 Da es sich bei den Leasingraten um Teilleistungen handelt, ist der für den jeweiligen Teilleistungszeitraum maßgebliche Umsatzsteuersatz anzuwenden, d. h. bei monatlichen Raten entsteht auch die Umsatzsteuerpflicht monatlich. Daraus folgt, dass von **Erhöhungen der Umsatzsteuer** während der Laufzeit des Leasingvertrages zurückliegende Leistungszeiträume nicht betroffen werden.[68] Für künftige Leistungszeiträume ist der erhöhte

---

62 Ausführlich *Bordewin/Tonner*, Rn. 164 ff.; *Spittler*, S. 171 Rn. 28.

63 FG Hamburg 10. 10. 2002, DStRE 2003, 486, 487.

64 Nachweise bei *Bordewin/Tonner*, Rn. 169.

65 Steuer-Erfahrungsaustausch 10/2001, S. 3.

66 EuGH 6. 2. 2003, DStRE 2003, 484, sodann BFH 10. 4. 2003, DStRE 2003, 1073.

67 Schreiben BMF v. 15. 6. 2004, BStBl. I 2004, 605; dazu *Vosseler*, FLF 2004, 270; *Braun*, FLF 2004, 275 ff.

68 *Spittler*, S. 173; ausführlich zu den verschiedenen Konstellationen *Walling*, DB 1998,1662; ferner *Wagner in* Martinek/Stoffels/Wimmer-Leonhardt, § 70 Rn. 28.

Steuersatz zugrunde zu legen. Gleiches gilt für Sonderzahlungen, die als Mietvorauszahlung den Leasingraten hinzugerechnet werden.

Wird der Leasingvertrag rückabgewickelt, weil der Leasingnehmer wegen eines Mangels vom Kaufvertrag zurückgetreten ist, schuldet der Leasinggeber die Erstattung der vom Leasingnehmer auf die Raten und die Sonderzahlung gezahlten Umsatzsteuer, und zwar auch dann, wenn Leasinggeber und Leasingnehmer diese an das Finanzamt abgeführt oder im Wege des Vorsteuerabzugs geltend gemacht haben.[69] Die Steuererklärungen sind beim nächsten Jahresabschluss entsprechend zu korrigieren. **L33**

Die **Nutzungsvergütung**, die der Leasingnehmer wegen einer mängelbedingten Rückabwicklung des Leasingvertrages schuldet, ist Entgelt für die Gebrauchsüberlassung und unterliegt der Umsatzsteuer.[70] **L34**

Bei **vorzeitiger Beendigung** des Leasingvertrages vom Leasingnehmer zu leistende **Ausgleichszahlungen** unterliegen nicht der Umsatzbesteuerung, unabhängig davon, aus welchem Rechtsgrund sie geschuldet werden.[71] Dem hat sich das BMF angeschlossen.[72] Die umsatzsteuerrechtliche Gleichstellung der Ausgleichszahlung mit einer Schadensersatzleistung ist zu begrüßen, da sie eine mögliche Besserstellung desjenigen verhindert, der die vorzeitige Vertragsbeendigung verschuldet hat. Nach Auffassung des BFH stellt die Ausgleichszahlung allerdings dann eine steuerbare sonstige Leistung i. S. v. § 1 Abs. 1 Nr. 1 UStG dar, wenn die Vertragsaufhebung einvernehmlich erfolgt, ohne[73] dass hierfür eine vertragliche Grundlage (z. B. Totalschaden, Zahlungsverzug, Insolvenz des Leasingnehmers) vorliegt. **L35**

Heftig gestritten wird über die Frage, ob ein vom Leasingnehmer nach **regulärer Beendigung** eines Leasingvertrages zu leistender **Minderwertausgleich** (Rdn. L659) umsatzsteuerpflichtig ist. Wie kaum anders zu erwarten, hat sich das Bundesministerium der Finanzen[74] auf den Standpunkt gestellt, Zahlungen zum Ausgleich des Minderwertes seien **Entgelt** für die Gebrauchsüberlassung und infolgedessen mit Umsatzsteuer zu belegen. Seines Erachtens stellt der Minderwertausgleich im Rahmen der für einen auf volle Amortisation abzielenden Leasingvertrag typischen Mischkalkulation eine leasingtypische vertragliche Gegenleistung für die Überlassung des Leasinggegenstandes durch den Leasinggeber dar. Dementsprechend habe der Leasingnehmer – anders als der Mieter – auch für diejenigen Veränderungen und Verschlechterungen einzutreten, die auf Zufall oder höherer Gewalt beruhen. Der für den Leasingnehmer verbrauchbare Vorteil liege in der übervertraglichen substanzbeeinträchtigenden Nutzung. Der erforderliche Leistungswille des Leasinggebers ergebe sich aus der vertraglichen Wertminderungsklausel. Diese auf das BGH-Urteil v. 1. 3. 2000[75] gestützte Auffassung stößt zunehmend auf Ablehnung.[76] Ihr wird entgegen gehalten, der Minderwertausgleich stehe nicht in Wechselbeziehung zu einem Leistungs- **L36**

69 *Beckmann*, § 7 Rn. 55.

70 BGH 12. 1. 1994, ZIP 1994, 461, 472; OLG Brandenburg Urt. v. 28. 11. 2007 – 4 U 68/07 – (das aber entgegen der BGH-Rechtsprechung bei der Berechnung der Nutzungsentschädigung wegen bestehender Vorsteuerabzugsberechtigung des Leasinggebers den Netto- Anschaffungspreis zugrunde legt); LG Braunschweig Urt. v. 14. 3. 2008 – 4 O 2804/07 (337) – n. v.; *Langer* in Auto/Steuern/Recht 4/2008 S. 9.

71 BGH14. 3. 2007, NJW-RR 2007, 1066 ff.

72 BStBl 2008,632, zust. *Reiß* in Tipke/Lang, Steuerrecht, § 14 Rn. 42.

73 Urt. v. 7. 7. 2005, DStR 2005, 1730.

74 BMF-Schreiben v. 20. 2. 2006, BStBl. 2006, 241 und 22.5. 2008, BStBl. 2008, 632; zust. *Reiß* in Tipke/Lang, Steuerrecht, § 14 Rn. 42.

75 NJW-RR 2000, 1303.

76 OLG Stuttgart, 8. 12. 2009 – 6 U 99/09; 5. 10. 2010 – 6 U 115/10 – bestätigt von BGH 18. 5. 2011 – VIII ZR 260/10; OLG Koblenz 10. 12. 2009, NJW-RR 2010, 778; LG München I 7. 8. 2008 DAR 2008, 591; *Klenk*, DB 2006, 1180; *Moseschus*, EWiR 2007, 649; *Müller-Sarnowski*, DAR 2007,

austausch. Dass es sich dabei um einen vertraglichen Erfüllungsanspruch handelt, sei für die steuerliche Behandlung nicht maßgeblich. In steuerlicher Hinsicht sei vielmehr entscheidend, dass der Leasinggeber nach Ablauf der Leasingzeit seine Hauptleistungspflicht erfüllt habe. Der Leasingnehmer erbringe die von ihm geschuldete Ausgleichszahlung somit nicht, um eine Leistung zu erhalten, sondern weil er hierzu vertraglich verpflichtet sei. Wie bei der leasingtypischen Ausgleichszahlung bei vorzeitiger Vertragsbeendigung[77] sei dieses Ergebnis auch deshalb anzustreben, um eine Besserstellung desjenigen Leasingnehmers zu vermeiden, der die Verschlechterung der Leasingsache verschuldet und die Wertminderung – allein aus diesem Grunde – „umsatzsteuerfrei“ als Schadensersatzleistung zu erbringen hat.[78]

L37 Zu den leasingtypischen Forderungen des Leasinggebers bei **regulärer Vertragsbeendigung** gehören außer dem Minderwertausgleich bei Kfz-Leasingverträgen mit Kilometerabrechnung Ansprüche auf **Ausgleich der nicht amortisierten Kosten** beim kündbaren Leasingvertrag mit Abschlusszahlung und beim Leasingvertrag mit Restwertabsicherung. Sie zählen zu den Erfüllungsansprüchen und werden allgemein als umsatzsteuerpflichtig eingestuft.[79] Bei der Anrechnung des Verwertungserlöses ist deshalb vom Bruttobetrag auszugehen.[80]

Hiergegen lassen sich die gleichen Argumente ins Feld führen, die der Erhebung der Umsatzsteuer auf den Minderwertausgleich entgegen gehalten werden. Es fehlt der – nach der Gegenmeinung notwendige – Fortbestand eines Leistungsaustauschverhältnisses. Bei dieser Betrachtungsweise ist der Blick allerdings einseitig auf die Pflicht des Leasinggebers zur **Gebrauchsüberlassung** gerichtet, die mit dem Ende des Vertrages erlischt. Die beiderseitigen Leistungspflichten aus der **Leasingfinanzierung** überdauern jedoch das reguläre Vertragsende, so dass insoweit durchaus eine Konnexität zwischen der vom Leasingnehmer zu leistenden Ausgleichszahlung und der Finanzierung des Leasingvertrages durch den Leasinggeber besteht.

L38 Der vom Leasingnehmer eines Leasingvertrages mit **Andienungsrecht geschuldete Kaufpreis** unterliegt der Umsatzbesteuerung, da der angediente Kaufvertrag ein selbstständiges Umsatzgeschäft i. S. v. § 1 Abs. 1 Nr. 1 UStG darstellt. Im Leasingvertrag ist der Kaufpreis ein Entgelt, das zur Herbeiführung der Vollamortisation bestimmt ist und auch unter diesem Blickwinkel mit Umsatzsteuer zu belegen ist.[81]

L39 Im Schrifttum wird die Ansicht vertreten, vom Leasinggeber aufgewendete **Reparaturkosten** seien als zusätzliches Leasingentgelt zu versteuern und dementsprechend dem Leasingnehmer, der Vollkaskoversicherung und dem Schädiger bzw. dessen Haftpflichtversicherer mit Umsatzsteuer in Rechnung zu stellen, wenn der Leasinggeber sie zur Behebung eines Schadens aufgewendet hat, den der Leasingnehmer hätte reparieren müssen.[82]

L40 Die Entschädigung i. S. v. § 546a Abs. 1 BGB, die der Leasingnehmer dem Leasinggeber schuldet, wenn er das Fahrzeug nach ordentlicher oder außerordentlicher Vertragsbeendigung nicht an den Leasinggeber zurückgibt, ist steuerlich Leasingentgelt und umfasst die Umsatzsteuer, sofern der Leasinggeber für die Umsatzsteuer optiert hat.[83]

519, 520; *de Weerth*, DStR 2008, 392, 393; *Jaster/Loeffelholz*, UStB 2006, 135 ff.; *Langer* in Auto/Steuern/Recht 6/2008, S. 6.

77 BGH 14. 3. 2007, WM 2007, 990.

78 OLG Stuttgart, 8. 12. 2009 – 6 U 99/09; 5. 10. 2010 – 6 U 115/10.

79 *Berninghaus* in Martinek/Stoffels/Wimmer-Leonhardt, § 37 Rn. 44 m. w. N.

80 *Erman/Jendrek*, Anh. § 536 BGB Rn. 38.

81 A. A. *Graf von Westphalen*, Der Leasingvertrag, Kap. J Rn. 122.

82 *Sölch/Ringleb*, UStG, § 1 Rn. 61; *Bunjes/Geist*, UStG, § 1 Rn. 28.

83 BGH 11. 5. 1988, WM 1988, 1277; 22. 3. 1989, NJW 1989, 1730, 1732; 6. 12. 1995, WM 1996, 463; OLG Hamm 28. 6. 1979, OLGZ 1980, 21 ff.

4. Gewerbesteuer

L41 Die für Leasingfirmen im Zuge der Unternehmenssteuerreform 2008 vorgesehene Belastung der Refinanzierungsaufwendungen mit Gewerbesteuer (Vorauflage Rn. L41) wurde im Jahr darauf mit dem **Jahressteuergesetz 2009** rückwirkend wieder außer Kraft gesetzt, da sie bei einer Gesamtbetrachtung von Leasingnehmer und Leasinggeber zu einer Verdopplung des mit Leasinginvestitionen verbundenen Finanzierungsaufwands geführt hätte. Leasingunternehmen erhielten als Institute für **Finanzdienstleistungen** (§ 1 Abs. 1a KWG) das Bankenprivileg des § 19 GewStDV, womit sie von der steuerlichen Hinzurechnung der für die Finanzierungsverbindlichkeit zu tragenden Zinslast zwar befreit im Gegenzug aber einer eingeschränkten staatlichen Bankenaufsicht (KWG-light) unterstellt waren.[84] Damit ist die Refinanzierungsseite wieder gewerbesteuerfrei.

Der Gesetzgeber hat die Bankenregelung allerdings nicht einfach auf das Leasing übertragen, sondern die Gewerbesteuererleichterung für Leasingunternehmen von der zusätzlichen Voraussetzung abhängig gemacht, dass sie „**nachweislich ausschließlich**" begünstigtes Finanzierungsleasing tätigen. Im Gegensatz dazu wird Banken lediglich ein Überwiegen der begünstigten Aktivitäten abverlangt. Die **Ausschließlichkeitsklausel** kann für Leasingunternehmen mit breitem Leistungsangebot leicht zum „Fallbeil" werden. Ob und unter welchen Voraussetzungen Hilfs-und Nebengeschäfte dem Ausschließlichkeitsgebot entgegen stehen, wird zu klären sein.

L42 Auf Seiten des **Leasingnehmers** sind Zinsen und den Zinsen vergleichbare Beträge mit 25 % dem Gewerbeertrag hinzuzurechnen. Bei Leasingverträgen wird nur der sog. Finanzierungsanteil hinzugerechnet, der bei mobilen Wirtschaftsgütern pauschal 20 % beträgt. Die Hinzurechnung der anteiligen Leasingzahlungen findet unabhängig davon statt, ob sie beim Empfänger der Gewerbebesteuerung unterliegen.

Die Gewerbesteuer ist nicht mehr als Betriebsausgabe absetzbar, kann aber unter bestimmten Voraussetzungen auf die Einkommenssteuer bei einem Einzel- oder Mitunternehmer angerechnet werden.

L43 Die **25 %ige Hinzurechnung** der in den Leasingraten enthaltenen Zinsen und Finanzierungsanteile zum Gewerbeertrag des Leasingnehmers kann dadurch vermieden werden, dass das Leasingunternehmen seine Forderungen gegen den Leasingnehmer an die refinanzierende Bank im Rahmen einer **Forfaitierung** verkauft.[85] Bei der echten Forfaitierung, die auch in AGB rechtswirksam vereinbart werden kann,[86] übernimmt die Bank das Risiko der Einbringlichkeit der Forderungen (**Bonitätsrisiko**), während die Leasinggesellschaft für den rechtlichen Bestand der Forderung zum Zeitpunkt des Verkaufs und während der Dauer des Leasingvertrages haftet (**Veritätsrisiko**). Solche Forfaitierungsverträge sind keine **Dauerschuld-Kreditverträge** i. S. d. Gewerbesteuergesetzes. Die wirtschaftliche Zurechnung des Leasinggutes wird durch den „regresslosen" Forderungsverkauf nicht beeinflusst. Es findet lediglich ein Gläubigerwechsel statt. Das mit der Forderungsübertragung angestrebte Ziel, die Gewerbesteuerlast zu mindern, wird allerdings verfehlt, wenn das Bonitätsrisiko beim Leasinggeber verbleibt (sog. unechte Forfaitierung).[87]

---

84 Dazu *Glück*, BB 2009, 1; *Glos/Sester*, WM 2009,1209 ff.; *Lüdicke/Kind*, DStR 2009, 709; *Schwennicke/Auerbach*, KWG 2009, § 1 Rn. 134; *Weber*, NJW 2009, 2927, 2928; *Nemet/Ulrich*, FLF 2009, 6 ff.; *Pytlik/Mücke,Pföstl*, FLF 2009, 245; *Beckert/Schilling*, BB 2009, 360; *Heinz/Schäfer-Elmayer*, BB 2009, 365.

85 S. dazu *Peters*, WM 2009, 2294.

86 OLG Celle 18. 6. 1997, DB 1997, 2216.

87 BFH 5. 2. 1987, BB 1987, 953 ff.; zum Verbleib des Forderungseigentums beim Forderungsverkäufer im Rahmen eines „Asset-Backed-Securities-Modells" BFH 26. 8. 2010 – I R 17/09.

5. Betriebliche und private Nutzung/Mitbenutzung von Leasingfahrzeugen

L44 Für **Arbeitnehmer** kann die Nutzung eines vom Arbeitgeber geleasten Fahrzeugs von Vorteil sein. Der geldwerte Nutzen (Naturalbezug) ist Teil des **Vergütungsanspruchs**[88] und entsprechend zu versteuern. Es besteht ein Wahlrecht zwischen Pauschalbesteuerung und Einzelnachweis.

Bei der **Pauschalbesteuerung** muss monatlich **1 %** des inländischen Bruttolistenpreises des Fahrzeugs im Zeitpunkt seiner Erstzulassung laut unverbindlicher Preisempfehlung des Herstellers / Importeurs versteuert werden. Zum Bruttolistenpreis gehören sämtliche Ausstattungs- und Zubehörteile des Fahrzeugs. Für Fahrten zwischen Wohnung und Arbeitsstätte sind zusätzlich 0,03 % des Bruttolistenpreises pro Monat für jeden Entfernungskilometer und für Familienheimfahrten im Rahmen einer steuerlich anzuerkennenden doppelten Haushaltsführung 0,002 % je Entfernungskilometer als Sachbezug zu berücksichtigen. Hiervon ist die Kilometerpauschale gem. § 9 Abs. 1 Nr. 4 EStG abzuziehen.

Der **Einzelnachweis** erfolgt durch **Fahrtenbuch**, wobei die Eintragungen strengen formellen Vorschriften unterliegen. Im Vergleich zur pauschalen Versteuerung erweist sich der Einzelnachweis als die günstigere Variante, wenn die betriebliche Gesamtjahresfahrleistung hoch und der private Nutzungsanteil im Vergleich dazu gering ist, weil unter diesen Umständen der private Nutzungsanteil nur mit einem niedrigen Prozentsatz zu Buche schlägt.

L45 Für **Unternehmer**, die ein betriebliches Leasingfahrzeug für private Zwecke mitbenutzen, gelten die gleichen Grundsätze. Es werden sämtliche das Leasingfahrzeug betreffenden Aufwendungen als Betriebsausgaben abgezogen und im Gegenzug die durch die Privatnutzung erzielten Vorteile dem Gewinn zugeschlagen. Die **Ein-Prozent-Regelung** ist nur anwendbar, wenn der Pkw zu **mehr als 50 % betrieblich genutzt** wird. Dies hat zur Folge, dass nur die Fahrzeugkosten, die auf die betriebliche Nutzung entfallen, als Betriebsausgabe abgezogen werden können.[89]

L46 Als **Arbeitnehmer** kann der Leasingnehmer für Fahrten zwischen Wohnung und Arbeitsstätte mit einem von ihm geleasten Pkw, dessen laufende Kosten, Wertverzehr und Sachrisiko er trägt, die **Entfernungspauschale** geltend machen.[90] Nach § 9 Abs. 2 S. 1 EStG werden damit sämtliche Aufwendungen abgegolten, die durch die Wege zwischen Wohnung und Arbeitsstätte veranlasst sind. Von der Abgeltungswirkung wird auch eine **Leasingsonderzahlung** erfasst, selbst wenn der Arbeitnehmer im Jahr der Zahlung noch keine Fahrten i. S. v. § 9 Abs. 1 S. 3 Nr. 4 EStG durchgeführt hat.[91]

Nutzt er das von ihm selbst geleaste Fahrzeug auch **für berufliche Zwecke**, ist er berechtigt, die Kosten in Höhe des beruflichen Anteils als **Werbungskosten** abzusetzen. Voraussetzung hierfür ist aber, dass der Arbeitnehmer die Kosten in tatsächlicher Höhe geltend macht und nicht nach **pauschalen Kilometersätzen**, da auch ihnen **Abgeltungswirkung** zukommt.[92] Zu den abziehbaren Werbungskosten gehört auch eine bei Vertragsbeginn zu erbringende Leasingsonderzahlung. In Höhe des beruflichen Nutzungsanteils ist sie Entgelt für die Gebrauchsüberlassung und nicht Teil der Anschaffungskosten.[93]

---

88 BAG Urt. v. 23.6.2004 – 7 AZR 514/03 – zur Privatnutzung eines Firmenwagens durch freigestellte Betriebsratsmitglieder.
89 FG Niedersachsen Urt. v. 16.6.2004 – 2 K 83/00 –.
90 BFH 11.9.1987, DAR 1988, 67.
91 BFH 15.4.2010, DB 2010, 1434.
92 BFH 15.4.2010, DB 2010, 1434.
93 BFH 5.5.1994, DAR 1994, 413.

VI. Wirtschaftliches Eigentum

Die mit dem Leasing angestrebten Steuervorteile für den Leasingnehmer sind nur erzielbar, wenn das **Leasingfahrzeug dem Vermögen des Leasinggebers zugerechnet** wird. Das Leasingfahrzeug muss wirtschaftliches Eigentum des Leasinggebers sein (§ 39 Abs. 2 Nr. 1 AO). **L47**

Bei **nicht erlasskonformen** Vertragsmodellen ist die Frage, wem das wirtschaftliche Eigentum zusteht, anhand der konkreten Umstände des Einzelfalles unter Berücksichtigung der Vorgaben des § 39 Abs. 2 Nr. 1 AO zu beantworten.[94] Dabei kommt es entscheidend darauf an, was die Parteien bei **wirtschaftlicher Betrachtungsweise** tatsächlich gewollt haben.[95] Die Bezeichnung des Vertrages ist für sich allein genommen nicht ausschlaggebend.

Das Gesetz stellt in § 39 Abs. 2 Nr. 1 AO nur den negativen Inhalt des wirtschaftlichen Eigentums heraus, indem es den Ausschluss des rechtlichen Eigentümers von der Einwirkung auf das Wirtschaftsgut für die gewöhnliche Nutzungsdauer generalklauselartig beschreibt. Eine positive Begriffsbestimmung erfordert, dass dem wirtschaftlichen Eigentümer die Substanz der Sache und deren Ertrag vollständig und auf Dauer verbleiben müssen, einschließlich der Chance, an einer Wertsteigerung zu partizipieren und dem Risiko, eine Wertminderung zu erleiden.[96]

Von einer Zurechnung des wirtschaftlichen Eigentums beim Leasinggeber ist i. d. R. auszugehen, wenn der Kfz-Leasingvertrag den Anforderungen des sog. **Mobilienerlasses v. 22. 12. 1975** entspricht. Diese Zuordnung findet selbstverständlich nicht statt, wenn der Leasingvertrag nur auf dem Papier erlasskonform ist, ihm jedoch aus Sicht eines Außenstehenden eine völlig andere Absprache zugrunde liegt.[97] Das wirtschaftliche **Eigentum** des Leasinggebers, das die Chance der Wertsteigerung mit umfassen muss, wird **ausgehöhlt**, wenn die im Mobilienerlass festgelegten Grenzwerte zum Nachteil des Leasinggebers geändert werden, wie z. B. eine Anrechnung des Mehrerlöses in Höhe von 100 % statt 75 % zugunsten des Leasingnehmers beim Leasingvertrag mit Restwertabrechnung. Verschiebungen der Grenzwerte zum Nachteil des Leasingnehmers gefährden die Zuordnung nicht, da sie die wirtschaftliche Eigentümerposition des Leasinggebers nicht schwächen sondern stärken. **L48**

Stellt sich im Nachhinein heraus, dass das wirtschaftliche Eigentum nicht dem Leasinggeber sondern dem Leasingnehmer zuzurechnen ist, ergeben sich daraus fatale steuerliche Konsequenzen: Der Leasingvertrag ist nachträglich komplett steuerlich umzupolen.[98] **L49**

VII. Typologische Einordnung des Kfz-Finanzierungsleasingvertrages

1. Charakteristische Vertragsgestaltung

Der **Leasinggeber** übernimmt in der Dreier-Beziehung zwischen ihm, dem Leasingnehmer und dem Lieferanten die **Finanzierungsfunktion,** indem er den Kaufpreis für das Leasingfahrzeug an den Lieferanten zahlt und sich diesen Betrag nebst Kosten und Gewinn vom Leasingnehmer durch Leasingraten erstatten lässt. Seine Aufgabe erschöpft sich je- **L50**

---

94 Zum Kilometerabrechnungsvertrag *Graf von Westphalen*, Leasingvertrag, Rn. 1232.

95 *Graf von Westphalen*, Der Leasingvertrag, Kap. B Rn. 83.

96 *Wagner* in Martinek/Stoffels/Wimmer-Leonhardt, § 68 Rn. 13,14; *Spittler*, S. 135 ff. und S. 153 ff.

97 FG Niedersachsen 19. 6. 2002, DStRE 2003, 458 (wertloser Herausgabeanspruch).

98 Zu den steuerlichen Folgen *Schönmann* in Auto/Steuern/Recht 2006, 11, *Heyd* in Graf von Westphalen, Der Leasingvertrag, Kap. A Rn. 50 ff., 55 ff.

doch nicht in der bloßen Finanzierung, auch wenn der Finanzierungsaspekt beim freien Leasing eindeutig dominiert, während beim markengebundenen Leasing durchaus andere Interessen des Leasinggebers im Vordergrund stehen können. Zur Finanzierungsaufgabe gesellt sich als mietrechtliche Komponente die **Gebrauchsüberlassungspflicht** des Leasinggebers. Er hat dem Leasingnehmer für die Dauer der vereinbarten, unkündbaren Vertragszeit den Gebrauch des Leasingobjekts in einem für den Vertragszweck geeigneten Zustand zu ermöglichen[99] und darf ihn im Gebrauch nicht stören.[100] Das ist mehr als bloße Gebrauchsfinanzierung.[101] Der wirtschaftliche Unterschied zur reinen Vermietung besteht darin, dass der Leasinggeber durch die Vorfinanzierung in Form des Sacherwerbs kein eigenes unternehmerisches Interesse im Sinne einer ihn unmittelbar betreffenden **Investitionsentscheidung** verfolgt. Der Anstoß zum Kauf kommt beim Kfz-Leasing im Regelfall vom Leasingnehmer, der sich das Fahrzeug beim Händler aussucht und anschließend den Antrag auf Abschluss des Leasingvertrages an den Leasinggeber richtet.

In dem **Spannungsfeld**[102] zwischen dem Finanzierungsinteresse des Leasinggebers und dem Nutzungsinteresse des Leasingnehmers, das mit der Gebrauchsüberlassungspflicht des Leasinggebers korrespondiert, liegt die Problematik des Finanzierungsleasingvertrags und seiner rechtlichen Qualifizierung. Das Mit- und Nebeneinander der widerstreitenden Interessenlagen führt immer wieder zu Konflikten, die es zu lösen gilt.

L51 Weiterhin entspricht es der typischen Gestaltung von Leasingverträgen, dass der Leasingnehmer zur **Instandhaltung** des Fahrzeugs verpflichtet ist. Er trägt sämtliche mit dem Kraftfahrzeug und seinem Betrieb in Zusammenhang stehenden Lasten und Risiken, inklusive der Gefahr des **zufälligen Untergangs** und der **zufälligen Verschlechterung** des Fahrzeugs ab Übernahme (Rdn. L56). Auch die **Geltendmachung** der **Sachmängelrechte und -ansprüche** gegenüber dem Lieferanten liegt in Händen der Leasingnehmer, da Leasingfirmen üblicherweise von eigener Gewährleistung freizeichnen (Rdn. L67). Nur markengebundene Leasinggeber übernehmen zuweilen eine eigene Haftung für Sach- und Rechtsmängel in dem Umfang der ihnen selbst aus dem Erwerb des Fahrzeugs zustehenden Ansprüche gegen den Lieferanten.

L52 Ein **Erwerbsrecht** des Leasingnehmers an der Leasingsache wird aus steuerlichen Gründen regelmäßig ausgeschlossen. Daher sind AGB, die einen solchen Ausschluss vorsehen, weder überraschend noch benachteiligen sie den Leasingnehmer unangemessen.[103]

Von der Verwendung einer Klausel, die den Leasingnehmer verpflichtet, die Leasingsache namens und im Auftrag des Leasinggebers am Vertragsende bestmöglich zu verkaufen und ihm die **Möglichkeit des Selbstankaufs** verschafft, ist abzuraten, da sie die wirtschaftliche Eigentümerstellung des Leasinggebers gefährdet. Eine vom Wortlaut der Klausel abweichende Auslegung i. S. d. intendierten steuerlichen Privilegierung wurde vom OLG Saarbrücken[104] abgelehnt.

Der Leasingnehmer muss das Fahrzeug, dessen Halter er während der Vertragszeit ist,[105] am Vertragsende an den Leasinggeber herausgeben. Die Herausgabepflicht entfällt, wenn die Parteien einen Anschluss-Leasingvertrag schließen oder der Leasingnehmer das Fahrzeug vom Leasinggeber aufgrund eines Andienungsrechts oder einer Kaufoption erwirbt.

---

99 BGH 13. 3. 1991, BGHZ 114, 57, 68 m. w. N.; zuletzt 29. 10. 2008, WM 2009,35 m. w. N.
100 BGH 27. 2. 1985, WM 1985, 573 ff.; 25. 10. 1985, BGHZ 109,139,143; 13. 3. 1991, BGHZ 114, 57, 67.
101 A. A. *Canaris*, Bankvertragsrecht, Rn. 1719; *ders.*, NJW 1982, 305 f.; *Lieb*, JZ 1982, 561 ff.; *ders.*, DB 1988, 946 ff.; *Papapostolou*, S. 36 ff.
102 Dazu BGH 27. 2. 1985, WM 1985, 573 ff.
103 *Nitsch*, NZV 2003, 216 m. w. N.
104 Urt. v. 12. 6. 2008, OLGR 2008, 749.
105 BGH 9. 11. 1982, NJW 1983, 1492.

Der Leasingnehmer besitzt gegen den Lieferanten auch dann keinen Anspruch auf Übereignung des geleasten Fahrzeugs, wenn er dem Eintritt des Leasinggebers in den Kaufvertrag zu Beginn des Leasingvertrages zugestimmt hat.[106]

2. Rechtliche Qualifizierung

Da der deutsche Gesetzgeber den Finanzierungsleasingvertrag gesetzlich nicht geregelt **L53** hat, wird in der Literatur nach wie vor um dessen **zivilrechtliche** Einordnung gestritten. Es handelt sich um ein für die Praxis durchaus relevantes Problem,[107] weil mit der Bestimmung der Rechtsnatur des Leasingvertrages die Weichen für die Inhaltskontrolle von AGB,[108] für die ergänzende Vertragsauslegung zur Schließung von Lücken innerhalb der Vertragsabsprachen und für die Beurteilung der Sittenwidrigkeit gestellt werden.

Im Laufe der Jahre wurde im Schrifttum eine Vielzahl von Vorschlägen unterbreitet, die sich nicht durchsetzen konnten. Dazu gehörten in erster Linie kaufrechtliche Konstruktionen, wie Mietkauf,[109] Rechtskauf[110] und Kauf einer Nutzungsmöglichkeit. Gescheitert sind auch die Versuche, den Finanzierungsleasingvertrag als Darlehensvertrag[111] oder als Geschäftsbesorgungsvertrag[112] mit darlehensrechtlichen Elementen[113] zu qualifizieren.

Rechtsprechung[114] und h. M. im Schrifttum[115] qualifizieren den Finanzierungsleasing- **L54** vertrag als – wenn auch nicht in allen Punkten typischen – **Mietvertrag**, weil das vom Leasingnehmer zu zahlende Entgelt die Gegenleistung für die Überlassung des Gebrauchs des Leasinggegenstandes darstellt. Soweit Regelungen des Leasingvertrages vom Grundtypus der Miete abweichen, werden sie der besonderen Bedeutung des Leasinggeschäfts, insbesondere seiner Finanzierungsfunktion, zugeschrieben, die im Laufe der Zeit mehr und mehr in den Vordergrund gerückt ist.[116] Der Gesetzgeber hat dem Finanzierungsaspekt dadurch Geltung verschafft, dass er den Finanzierungsleasingvertrag zwischen einem Unternehmer und einem Verbraucher als sonstige Finanzierungshilfe definiert und im Recht der Finanzdienstleistungen platziert hat (§ 506 BGB). Im Interesse eines effektiven Verbraucherschutzes wurde bereits vom 25. Deutschen Verkehrsgerichtstag im Jahre 1987 die Empfehlung ausgesprochen, bei der rechtlichen Beurteilung von Leasingverträgen die Leitbildfunktion des Mietrechts nicht aus dem Auge zu verlieren. Die mietvertragliche Zuord-

106 LG Trier 13. 5. 2008 – 11 O 347/06 n. v.
107 *Sannwald*, S. 72; *Seifert*, DB-Beilage 1/83, 10.
108 *Wolf/Eckert/Ball*, Rn. 1751.
109 S. hierzu *Stoppok* in Hagenmüller/Stoppok, S. 15.
110 A. A. *Plathe*, BB 1970, 601, 605; *Fikentscher*, Schuldrecht, (1992) Rn. 831; *Ebenroth*, JuS 1978, 588, 593.
111 *Borggräfe*, S. 72.
112 *Koch/Haag*, BB 1968, 93, 95 ff.; *Canaris*, NJW 1982, 305 ff.; *ders.* AcP 190 (1990), 410 ff., 452.; *ders.* ZIP 1993, 401 ff.; *Konzen*, WuB II 2. Leasing 8.85.
113 *Koch/Haag*, BB 1968, 93, 95 ff.; *Canaris*, NJW 1982, 305 ff.; *ders.* AcP 190 (1990), 410 ff., 452.; *ders.* ZIP 1993, 401 ff.; *Konzen*, WuB II 2. Leasing 8.85.
114 BGH 16. 9. 1981, BB 1981, 2093 ff.; 2. 12.1981, DB 1982, 482; 28. 10. 1981, MDR 1982, 485 ff.; 2. 11. 1988, NJW 1989, 4604; OLG Düsseldorf 2. 12. 2003, OLGR 2004, 267.
115 *Staudinger/Stoffels*, BGB, Leasing Rn. 17; *Erman/Jendrek*, BGB, Anh. § 535 Rn. 15; *Graf von Westphalen*, BB 1988, 1829; *ders.* Leasingvertrag, Rn. 111 f.; *Ehlert* in Bamberger/Roth, § 535 Rn. 48; *Reinicke/Tiedtke*, BB 1982, 1142, 1146; *Flume*, DB 1972, 3 ff.; *Döllerer*, BB 1971, 535, 539; *Emmerich* JuS 1990, 1, 4; *Hiddemann*, WM 1978, 834 ff.; *Blomeyer*, NJW 1978, 973; *Meilicke*, BB 1964, 691; *Seifert*, DB-Beilage 1/83, S. 2 ff.; *Wolf*, JuS 2002, 335, 336; *Brunotte*, DriZ 1990, 396, 398; *Knebel*, WM 1993,1026; *Sannwald*, S. 89; *Berger*, S. 48 ff.; *Schulz*, Finanzierungsleasing unter Verbraucherbeteiligung, S. 34.
116 BGH 12. 6. 1985, ZIP 1985, 868 ff.; dazu *Eckstein*, BB 1986, 2144, 2145.

nung vermittelt ein hohes Maß an Rechtssicherheit und gewährleistet eine angemessene Berücksichtigung des Parteiwillens im Einzelfall.[117]

L55 Soweit sich das Schrifttum der mietrechtlichen Handhabung des BGH verweigert, werden derzeit als Lösungsmodelle nur noch der **Vertrag sui generis**[118] und der **gemischt-typische Vertrag**[119] ernsthaft diskutiert.

Der gemischt-typische Vertrag, dessen AGB an § 307 Abs. 2 Nr. 1 BGB zu messen sind, verdient den Vorzug, da § 307 Abs. 2 Nr. 2 BGB, dem der Vertrag sui generis untersteht, weniger deutliche Konturen aufweist. Eine Anknüpfung an die wesentlichen Grundgedanken der gesetzlichen Regelung i. S. v. § 307 Abs. 2 Nr. 1 BGB ermöglicht es, den miet-kauf- und darlehensrechtlichen Elementen des Finanzierungsleasingvertrages gerecht zu werden. Im Vergleich dazu ist der in § 307 Abs. 2 Nr. 2 BGB vorgesehene Ansatz einer den Vertragszweck gefährdenden Einschränkung von Rechten und Pflichten kaum hilfreich. Der Leasingvertrag würde bei Annahme der Rechtskonstruktion des Vertrages sui generis seine Rechtfertigung weitgehend in sich selbst finden und Regelungen sanktionieren, die mit den Grundgedanken der gesetzlichen Regelungen, die in den Leasingvertrag einfließen, nicht in Einklang zu bringen sind. Letztendlich bliebe es der offenen Rechtsfortbildung vorbehalten, völlig losgelöst von gesetzlichen Vorbildern dem Leasing den Weg zu weisen.

---

117 *Wolf*, JuS 2002, 335, 336.
118 Statt vieler MüKo/*Koch*, Leasing Rn. 31 m. w. N.
119 Statt vieler *Graf von Westphalen*, Der Leasingvertrag, Kap. B Rn. 33.

C. Verlagerung der Sach- und Preisgefahr auf den Leasingnehmer

I. Unbedenklichkeit der Gefahrverlagerung in Leasing-AGB

In AGB von Leasingverträgen wird die Sach- und Preisgefahr regelmäßig auf den Leasingnehmer verlagert. Dieser haftet für **Verlust, Untergang** und **Beschädigung** der Leasingsache (Sachgefahr), auch wenn der Eintritt dieser Ereignisse auf Zufall oder höherer Gewalt beruht, jedoch nicht bei Verschulden des Leasinggebers (Abschn. XI. Nr. 1 VDA-Muster-Leasing-AGB). Von der Verpflichtung zur Zahlung des Leasingentgelts wird der Leasingnehmer dadurch nicht befreit (Preisgefahr). **L56**

Gefahrtragungsregelungen unterliegen der Einschränkung, dass die Risiken nur so lange beim Leasingnehmer liegen, wie sich das Fahrzeug in seiner **Obhut** befindet. Deshalb entfällt seine Haftung aus Gefahrübernahme, wenn er das Fahrzeug berechtigterweise zum Zwecke der Nachbesserung an den Händler zurückgibt.[1] Wegen fehlender Einwirkungsmöglichkeit auf das Fahrzeug trägt der Leasingnehmer nicht das mit dem Transport verbundene Risiko des Verlusts, der Zerstörung und Beschädigung.[2] Er wird somit von seiner Gegenleistungspflicht befreit, wenn das Fahrzeug bei Anlieferung untergeht.[3]

Die **Risikoverlagerung** auf den Leasingnehmer wird nicht dadurch aufgehoben, dass der Lieferant das Leasingfahrzeug eigenmächtig an sich nimmt und die Herausgabe verweigert. Der Lieferant handelt insoweit nicht als Erfüllungsgehilfe des Leasinggebers, weshalb eine Risikozurechnung beim Leasinggeber nicht stattfindet.[4]

Rechtsprechung[5] und Schrifttum[6] billigen grundsätzlich eine in AGB vereinbarte Gefahrverlagerung auf den Leasingnehmer und sehen darin trotz der erheblichen Abweichung von der mietrechtlichen Normallage keinen Verstoß gegen § 307 Abs. 2 BGB, weil das in der Klausel zum Ausdruck gebrachte Sicherungsbedürfnis des Leasinggebers derart überwiegt, dass gegenläufige Interessen des Leasingnehmers dahinter zurückzutreten haben.[7] Im Vordergrund steht dabei die Erwägung, dass der Leasinggeber das Fahrzeug vorrangig im Interesse des Leasingnehmers erwirbt und es ihm zum Gebrauch zur Verfügung stellt. Für eine gesetzeskonforme Einstufung der Klausel sprechen weiterhin die größere Sachnähe des Leasingnehmers und die Tatsache, dass sich die Leasingsache während der Vertragsdauer in der Sphäre des Leasingnehmers befindet, auf die der Leasinggeber keinen Einfluss hat. **L57**

Durch Abschluss der **Haftpflicht**- und **Vollkaskoversicherung** und die von Leasingfirmen zusätzlich angebotenen **GAP- und Restschuldversicherungen** werden die den Leasingnehmern aufgebürdeten Risiken weitgehend abgefedert.

---

1 BGH 27. 2. 1985, WM 1985, 573, 575.
2 *Sannwald*, S. 121.
3 *Ulmer/Schmidt*, DB 1983, 2558 ff.
4 BGH 30. 9. 1987, ZIP 1987, 1390 ff.; *Wolf*, Die Rechtsprechung des BGH zum Leasing in Kfz-Leasing, hrsg. von der Arbeitsgemeinschaft der Verkehrsrechtsanwälte, S. 82, 83.
5 BGH 8. 10. 1975, WM 1975, 1203; 9. 3. 1977, WM 1977, 473; 22. 1. 1986, ZIP 1986, 439, 442.
6 Statt vieler *Wolf/Eckert/Ball*, Rn. 1855; *Graf von Westphalen*, Der Leasingvertrag, Kap. I Rn. 6 und *Woitkewitsch* a. a. O. Kap. L Rn. 187; *Schmidt* in Ulmer/Brandner/Hensen, AGB-Recht, Teil 2 (19) Rn. 16, jeweils m. w. N.
7 BGH 13. 7. 1976, DB 1976, 1858.

II. Außerordentliches Kündigungsrecht des Leasingnehmers in ABG von Kfz-Leasingverträgen

L58 Speziell und exklusiv für Kfz-Leasingverträge gilt die Einschränkung, dass eine in AGB vorgesehene Abwälzung der Sach- und Preisgefahr auf den Leasingnehmer vor § 307 Abs. 1 S. 1 BGB nur bestehen kann, wenn ihm für den Fall des völligen Verlustes oder einer nicht unerheblichen Beschädigung des Leasingfahrzeugs ein **kurzfristiges Kündigungs-** oder **gleichwertiges Vertragslösungsrecht** zugebilligt wird.[8] Angemessen ist eine Klausel, die dem Leasingnehmer die Kündigung oder ein ihr gleichkommendes Vertragslösungsrecht zum Ende des Vertragsmonats gestattet.[9] Die ausschließlich für das Kfz-Leasing geforderte Einräumung eines außerordentlichen Kündigungsrechts im Zusammenhang mit der Gefahrverlagerung wird damit begründet, dass bei anderen Leasingobjekten eine vergleichbare Gefährdung des Vertragszweckes durch Totalschaden, Verlust und erhebliche Beschädigung nicht besteht.[10] Dem Leasinggeber ist es gestattet, das Recht des Leasingnehmers zur außerordentlichen Vertragsbeendigung mit dessen Verpflichtung zur Zahlung eines Ausgleichsbetrages in Höhe der noch nicht amortisierten Anschaffungskosten inklusive des darin enthaltenen Unternehmergewinns zu verbinden.[11] Die Zahlungsklausel muss hinreichend durchschaubar sein und alle dem Leasinggeber infolge vorzeitiger Beendigung des Vertrages zufließenden Vorteile berücksichtigen (Rdn. L814).

L59 In der Praxis werden heutzutage Leasing-AGB verwendet, die **beiden Vertragsparteien** ein außerordentliches Kündigungsrecht entweder zum Zeitpunkt der Fälligkeit der nächsten Leasingrate oder zum Ende des Vertragsmonats einräumen, in dem sich der Schaden ereignet hat.[12] Ein außerordentliches Kündigungsrecht des Leasinggebers wegen **erheblicher Beschädigung** des Leasingfahrzeugs begegnet allerdings erheblichen Wirksamkeitsbedenken, weil es dem Leasinggeber dazu verhilft, den Leasingnehmer aus dem Vertrag zu drängen, obwohl eine Reparatur für ihn die wirtschaftlich günstigere Alternative darstellt.

Nichts einzuwenden ist gegen eine Klausel, die besagt, dass der Leasingvertrag **automatisch** bei Totalschaden oder Entwendung des Fahrzeugs endet, es sei denn, dass es im Falle der Entwendung vor Eintritt der Leistungspflicht des Kaskoversicherers wieder aufgefunden wird.

Das gleiche gilt für eine Klausel, die das außerordentliche Kündigungsrecht des Leasingnehmers wegen erheblicher Beschädigung des Fahrzeugs auf 3 Wochen mit der Maßgabe **befristet**, dass der Leasingnehmer zur Reparatur des Fahrzeugs und zur Fortzahlung der Leasingraten verpflichtet bleibt, wenn er innerhalb der Frist von seinem Kündigungsrecht keinen Gebrauch macht.

---

8 St. Rspr. des BGH seit dem 22. 1. 1986, NJW 1986, 1335, zuletzt 8. 10. 2003, NZV 2004, 77; *Beckmann*, § 11 Rn. 14.

9 BGH 22. 1. 1986, NJW1986,133529. 10. 2008, WM 2009,35; *Wolf/Eckert/Ball*, Rn. 1840.

10 Das OLG Celle 9. 8. 1995, zfs 1996, 56 entschied folgerichtig, dass die Gefahrverlagerungsklausel eines Leasingvertrages über ein Autotelefon kein kurzfristiges Kündigungsrecht des Leasingnehmers enthalten muss.

11 Für kündbare Leasingverträge mit Abschlusszahlung gilt allerdings die Einschränkung, dass der Leasinggeber den Gewinn nur bis zum nächstmöglichen vertraglich vorgesehenen Kündigungstermin zu beanspruchen hat – BGH 19. 3. 1986, ZIP 1986, 576; 10. 10. 1990, NJW 1991, 221.

12 Das OLG Celle 9. 8. 1995, zfs 1996, 56, 57 hält es für zweifelhaft, ob ein dem Leasingnehmer eingeräumtes Recht, die Auflösung des Leasingvertrags zu Beginn des auf das Ereignis folgenden Monats zu verlangen, einem kurzfristigen Kündigungsrecht, wie es der BGH fordert, gleichzustellen ist.

Eine zur Kündigung berechtigende **nicht unerhebliche Beschädigung** ist nicht erst dann L60
zu bejahen, wenn der Reparaturkostenaufwand 80 % des Zeitwertes beträgt.[13] Der BGH hat zu Bedenken gegeben, dass selbst Reparaturkosten von 2/3 des Zeitwertes zu hoch sein könnten.[14]

In Abschn. X. Ziff. 6 Abs. 2 S. 1 VDA-Muster-Leasing-AGB[15] (näher dazu Rdn. L247) ist ein Grenzwert von mehr als **60 % des Wiederbeschaffungswertes** vorgesehen, der sich in der Praxis durchgesetzt hat. Ob diese Klausel die Interessen des Leasingnehmers eines Kfz angemessen wahrt, wurde höchstrichterlich noch nicht entschieden. Möglicherweise ist das Verhältnis zwischen Instandsetzungsaufwand und Zeitwert des Fahrzeugs überhaupt kein geeigneter Ansatz für die Beantwortung der Frage, ob dem Leasingnehmer die nach einer Reparatur verbleibenden Risiken zugemutet werden können.[16] Fraglich ist dieser Maßstab insbesondere dann, wenn ein unechter Totalschaden vorliegt, der schadensrechtlich eine Abrechnung auf Neuwertbasis rechtfertigt (Rdn. L568).

Stößt bereits eine Klausel, in der sich (auch) der **Leasinggeber** das Recht der außerordentlichen Vertragskündigung für den Fall vorbehält, dass das Fahrzeug erheblich beschädigt wird, auf rechtliche Bedenken (Rdn. L59), so gilt dies erst Recht, wenn – wie dies zunehmend geschieht- im Leasingvertrag gleichzeitig der kündigungsrelevante Grenzwert für eine erhebliche Beschädigung mit lediglich **50 % des Zeitwertes** angesetzt wird. Durch vorzeitige Beendigung eines solchen Leasingvertrages werden die Kosten bewusst in die Höhe getrieben. Der Leasingnehmer verliert Vertrag und Auto, schuldet dem Leasinggeber die Ausgleichszahlung und ist gezwungen, ein Ersatzfahrzeug zu kaufen oder zu leasen. Aus diesen Gründen ist einer solchen Klauselkombination die Wirksamkeit wegen Verstoßes gegen § 307 Abs. 1 S. 1 BGB unbedingt zu versagen.

Der BGH[17] hat die anfangs strengen Anforderungen an die Gestaltung der Gefahrverla- L61
gerungsklausel im Laufe der Jahre entschärft. Er entschied, dass eine Klausel, die dem Leasingnehmer das außerordentliche Kündigungsrecht nur für den Fall des Untergangs und des Verlusts des Leasingfahrzeugs nicht aber auch für den Fall der erheblichen Beschädigung (wirksam) einräumt, in einen zulässigen und einen unzulässigen Regelungsteil aufgeteilt werden kann. Voraussetzung hierfür ist, dass der unbedenkliche Teil der Klausel nach seinem Wortlaut aus sich heraus verständlich und nach seinem Regelungsgehalt sinnvoll bleibt. Durch **Aufspaltung der Klausel** gelangte er zu dem angestrebten Ergebnis, dass der Leasingnehmer die Sach- und Gegenleistungsgefahr in den Fällen des Untergangs, der Zerstörung und des Abhandenkommens zu tragen hatte, während sie im Fall der reparablen Beschädigung beim Leasinggeber verblieb. Da das Fahrzeug gestohlen worden war, billigte er dem Leasinggeber Anspruch auf Ausgleich der noch nicht amortisierten Vertragskosten gegen den Leasingnehmer zu.

Entgegen der früher vorherrschenden Meinung der Obergerichte,[18] der sich das Schrifttum[19] angeschlossen hatte, entschied der BGH,[20] dass **AGB zur Gefahrverlagerung** keine ausdrückliche Regelung enthalten müssen, nach der Leistungen, die der Leasinggeber von der für das Leasingfahrzeug abzuschließenden Versicherung oder von einem Dritten wegen

13 BGH 25. 3. 1998, DAR 1998, 234, 235.
14 Urt. v. 15. 10. 1996, WM 1997, 38.
15 Abgedruckt im Anhang, Anlage 3.
16 *Wolf/Eckert/Ball*, Rn. 1861.
17 Urt. v. 25. 3. 1998, DAR 1998, 234 anders noch BGH 9. 10. 1996, NZV 1997, 72.
18 OLG Düsseldorf 22. 6. 1983, ZIP 1983, 1092; OLG Hamburg 30. 10. 1998, MDR 1999, 420; OLG Köln 14. 7. 1995, OLGR 1996,1.
19 Z. B. *Graf von Westphalen*, Der Leasingvertrag 5. Aufl. Rn. 930; *Wolf* in Wolf/Horn/Lindacher, AGBG, § 9 Rn. L40; MüKo -BGB/*Habersack*, Leasing Rn. 65, 120.
20 Urt. v. 8. 10. 2003, NJW 2004, 1041; dergl. Auffassung KG 15. 4. 1993, BB 1994, 818, 819.

Verletzung seines Eigentums an der Leasingsache zu beanspruchen hat, dem Leasingnehmer zugute kommen. Seines Erachtens benachteiligt das Fehlen einer ausdrücklichen Vereinbarung in der Klausel den Leasingnehmer nicht unangemessen, weil der Leasinggeber ohnehin aufgrund der **leasingvertraglichen Zweckbindung** und des **Rechtsgedankens von § 255 BGB** verpflichtet ist, dem Leasingnehmer die Leistung zukommen zu lassen (Rdn. L187).[21]

Zulässig ist eine Klausel, die den Leasingnehmer verpflichtet, in Fällen des Untergangs, Verlusts oder Diebstahls sowie des Eintritts ausbesserungsfähiger oder nicht ausbesserungsfähiger Beschädigungen das Leasingfahrzeug zu reparieren oder zu ersetzen oder es Zug um Zug gegen Zahlung der noch geschuldeten restlichen Raten und des kalkulierten Restbuchwertes in jeweils abgezinster Höhe zu Eigentum zu erwerben. Dadurch wird der Leasingnehmer aus Sicht des BGH[22] nicht schlechter gestellt, als er stünde, wenn ihm der Leasinggeber ein außerordentliches Kündigungsrecht für den Fall des Ereigniseintritts eingeräumt hätte.

III. Rechtsfolgen einer unwirksamen Gefahrverlagerung

L62 Da die Anforderungen an eine rechtswirksame Gestaltung der Gefahrverlagerungsklausel seit vielen Jahren bekannt sind, gibt es kaum noch Leasinggesellschaften, die mit unwirksamen AGB[23] arbeiten und dadurch ihren Anspruch auf die Gegenleistung und die damit angestrebte Vollamortisation aufs Spiel setzen.

Falls eine Risikozuweisungsklausel den höchstrichterlich gestellten Anforderungen nicht entspricht und eine Aufspaltung in einen wirksamen und einen unwirksamen Regelungsteil nicht in Betracht kommt, ist sie wegen Verstoßes gegen § 307 Abs. 1 S. 1 BGB insgesamt hinfällig und es kommen die **mietrechtlichen** Bestimmungen zur Anwendung.

Wird das Fahrzeug bei einem Unfall beschädigt, ist der Leasingnehmer von seiner Verpflichtung zur Zahlung der Leasingraten in der Zeit befreit, in der er es wegen der Schäden nicht nutzen kann (§ 536 Abs. 1 S. 1 BGB). Liegen die Voraussetzungen eines dauernden Gebrauchsentzugs vor, hat er das Recht, den Leasingvertrag **fristlos** zu **kündigen** (§ 543 Abs. 2 Nr. 1 BGB).[24]

L63 Einer vorhergehenden **Fristsetzung** zur Abhilfe oder **Abmahnung** bedarf es nicht, wenn das Fahrzeug total beschädigt oder gestohlen wurde, da der Leasinggeber keine Abhilfe schaffen kann (§ 543 Abs. 3 Nr. 1 BGB). Eine **Ersatzlieferung** muss er nicht akzeptieren, da sich die Rechtsbeziehungen auf das ursprünglich gelieferte Fahrzeug konzentrieren. Eine Abmahnung ist bei einer erheblichen Beschädigung des Leasingfahrzeugs ebenfalls entbehrlich, da dem Leasingnehmer die Fortsetzung des Vertrages mit einem umfangreich reparierten Fahrzeug nicht zuzumuten ist. Dies ist die Konsequenz, die sich aus der Forderung des BGH zur Aufnahme eines vorzeitigen Vertragslösungsrechts in die Gefahrverlagerungsklausel (auch) für den Fall einer erheblichen Beschädigung des Leasingfahrzeugs ergibt. Mit dem Eintritt des Schadensereignisses verliert der Leasinggeber seinen Anspruch auf die Gegenleistung gem. § 326 Abs. 1 BGB, da er seine Pflicht zur Gebrauchsüberlassung ab diesem Zeitpunkt nicht mehr erfüllen kann (§ 275 Abs. 1 BGB).[25]

---

21 Krit. *Graf von Westphalen*, NJW 2004, 1993, 1999; *Beckmann*, § 2 Rn. 481; *Weber*, NJW 2005,2195; *Reinking* in Reinking/Kessler/Sprenger, § 3 Rn. 9.

22 Urt. v. 15. 7. 1998, DAR 1998, 444; krit. *Reinking*, LM 1998, Nr. 160 zu § 535 BGB.

23 So etwa im Fall des BGH 11. 12. 1991, NJW 1992, 683, in dem die Ansprüche des Leasinggebers daran scheiterten, dass er dem Leasingnehmer ein Verschulden am Diebstahl nicht nachweisen konnte; ferner BGH 6. 3. 1996, zfs 1996, 336; 9. 10. 1996, NZV 1997, 72; OLG München 13. 1. 1995, OLGR 1995, 134, 135; OLG Düsseldorf 16. 1. 1997, DB 1997, 1071.

24 *Braxmeier*, WM Sonderbeilage 1/1988, 15.

25 OLG Köln 2. 12. 1993, NJW 1993,1273; AG Siegburg, Urt. v. 18. 4. 1994 – 3 C 256/93, n. v.

D. Haftung für Sach- und Rechtsmängel

I. Eigenhaftung des Leasinggebers

Kfz-Leasinggeber schließen mietrechtliche Gewährleistungsansprüche ihrer Leasingnehmer in AGB grundsätzlich aus. An deren Stelle übernehmen markengebundene Leasingfirmen zuweilen eine kaufrechtliche Haftung für Sach- und Rechtsmängel in dem gleichen Umfang wie ihr Lieferant. Gegen diese Praxis ist nichts einzuwenden. Handelt es sich bei dem Leasingnehmer um einen Verbraucher, ist ihm nach hier vertretener Ansicht die Rechtsposition des Käufers eines **Verbrauchsgüterkaufs** einzuräumen (Rdn. L167 ff.). **L64**

Wegen der Geltendmachung und Abwicklung der **Nacherfüllungsansprüche** muss sich der Leasingnehmer allerdings an den Verkäufer oder an eine autorisierte Vertragswerkstatt wenden.[1] Ansonsten sind die Rechtsbeziehungen zwischen Leasinggeber und Leasingnehmer bilateraler Natur, was zu begrüßen ist, da sie transparent und einfach zu durchschauen sind.

Es wird die Ansicht vertreten, dass sich der Leasinggeber in Anbetracht der käuferähnlichen Stellung des Leasingnehmers und des neuen Sachmängelrechts im Anschluss an eine fehlgeschlagene Nachbesserung ein Recht zur **Nachlieferung** einräumen lassen darf, um eine Rückabwicklung des Vertrages für die restliche Vertragszeit abzuwenden.[2] Eine solche Klausel steht jedoch nicht in Einklang mit § 309 Nr. 8b lit. bb) BGB. Außerdem unterläuft sie das dem Käufer zustehende Wahlrecht des § 439 Abs. 1 BGB. Aus diesen Gründen ist ihre Verwendung – jedenfalls – im Geschäftsverkehr mit Verbrauchern nicht zuzulassen, da die Regelungen der §§ 475 ff. BGB auf den Verbraucher-Leasingvertrag durchschlagen. **L65**

Eine Klausel, die das Recht auf Rücktritt vom Leasingvertrag und/oder Minderung des Leasingentgelts davon abhängig macht, dass der Leasingnehmer nach mindestens einer fehlgeschlagenen Nachbesserung den Leasinggeber zuvor schriftlich zur eigenen Mängelbeseitigung aufzufordern hat, ist nach Ansicht des OLG Schleswig[3] weder überraschend noch benachteiligt sie den Leasingnehmer unangemessen. Der Rekurs auf diese 1997 verkündete Entscheidung ist nach neuem Schuldrecht zumindest für den Verbrauchsgüterkauf bedenklich, weil die Klausel den Anwendungsbereich der wertungsoffenen Regelung des § 440 BGB in unzulässiger Weise einschränkt.[4] **L66**

II. Ausschluss der mietrechtlichen Eigenhaftung gegen Einräumung der Mängelrechte aus dem Kaufvertrag

Überwiegend schließen Kfz-Leasinggesellschaften in ihren AGB die Vermieterhaftung aus, indem sie ihre Sachmängelrechte und –ansprüche aus dem Kaufvertrag und etwaige Garantieansprüche gegen Dritte (Hersteller oder Garantieversicherer) auf den Leasingnehmer übertragen (**Abtretungskonstruktion**) und ihn verpflichten, diese Ansprüche im eigenen Namen geltend zu machen (Abschn. XIII. Nr. 1 Abs. 1 und 2 VDA-Muster-Leasing-AGB). Von dem Gebrauch der **Ermächtigungskonstruktion**, kraft derer der Leasingnehmer gem. § 185 Abs. 1 BGB befugt ist, die dem Leasinggeber zustehenden Ansprüche und **L67**

1 SchlHOLG 29. 5. 1998, OLGR 1998, 410.
2 *Beckmann* in Martinek/Stoffels/Wimmer-Leonhardt, § 25 Rn. 8; a. A. BGH 2. 12. 1981 NJW 1982, 873.
3 Urt. v. 29. 5. 1998, OLGR 1998, 410.
4 Zust. *Beckmann* in Martinek/Stoffels/Wimmer-Leonhardt § 25 Rn. 6.

Rechte wegen Sachmängeln im eigenen oder fremden Namen geltend zu machen, haben Kfz-Leasinggesellschaften Abstand genommen,[5] weil sie die damit verbundenen Risiken scheuen (Rdn. L74). Bislang nicht durchgesetzt hat sich die Rechtsansicht, die den Liefervertrag als **echten Vertrag zugunsten Dritter**[6] versteht und dem begünstigten Leasingnehmer direkt alle Ansprüche und Rechte aus dem Liefervertrag zuweist. Ihr Manko besteht darin, dass sie keine ausgereifte Vertragsgestaltung vorweisen kann.

Aufgrund der dogmatischen Umgestaltung des Kaufrechts im Zuge der Schuldrechtsreform ist die **Abtretbarkeit** von Sachmängelansprüchen in Frage gestellt worden.[7] Die Diskussion betrifft die Abtretbarkeit des **Rücktritts-** und des **Minderungsrechts**. Keine Bedenken bestehen gegen die Abtretung der Ansprüche auf **Nacherfüllung, Schadensersatz** oder **Aufwendungsersatz**, da sie nicht den Charakter von Gestaltungsrechten haben.[8] Problemlos ist auch die Abtretung von **Garantieansprüchen**.

L68 Ob die **dogmatischen Bedenken** gegen die isolierte Abtretbarkeit von Gestaltungsrechten berechtigt sind, kann dahinstehen, weil die Streitfrage für die Praxis bedeutungslos ist. Dies liegt zum einen daran, dass es mittlerweile einhelliger Meinung entspricht, dass unselbstständige vertragsbezogene Gestaltungsrechte jedenfalls zusammen mit den Ansprüchen übertragen werden können,[9] zum anderen aber auch daran, dass eine unwirksame Abtretung aus Sicht des BGH[10] nach § 140 BGB in eine **Ausübungsermächtigung** umgedeutet werden kann. Die angestrebten Konsequenzen sind in beiden Fällen weitgehend die gleichen (Rdn. L69, L70).

L69 Im Rahmen der Abtretungskonstruktion gibt der Leasinggeber das Recht auf, über den **Fortbestand des Vertrages** zu entscheiden, wenn die Nacherfüllung fehlgeschlagen ist. Er behält jedoch seine **Stellung als Käufer**, auf Grund derer er vom Lieferanten die Rückzahlung des Kaufpreises zu beanspruchen hat, wenn der Leasingnehmer aus abgetretenem Recht vom Kaufvertrag zurücktritt. Auf der anderen Seite ist der Leasinggeber als Käufer verpflichtet, das Fahrzeug im Zuge der Rückabwicklung des Kaufvertrages an den Verkäufer herauszugeben.[11]

Eine vom Leasingnehmer aus abgetretenem Recht wirksam geltend gemachte **Minderung** hat der Leasinggeber ebenfalls vom Verkäufer zu beanspruchen. Im Verhältnis zum Leasingnehmer ist er allerdings verpflichtet, die Leasingraten und evtl. den Restwert dem geminderten Kaufpreis anzupassen.

Die gleichen Konsequenzen werden über die Ermächtigungskonstruktion erzielt, aufgrund derer der Leasingnehmer berechtigt ist, die Gestaltungsrechte des Rücktritts und der Minderung und die sich daraus ergebenden Forderungen des Leasinggebers **im eigenen Namen** geltend zu machen und in **gewillkürter Prozessstandschaft** einzuklagen.[12] Da der

5 In den VDA-Muster-Leasing-AGB zum privaten Neuwagenleasing ist die Ermächtigungskonstruktion nicht vorgesehen.

6 *Oechsler*, Gerechtigkeit im modernen Austauschvertrag, S. 396 ff.

7 Zweifelnd früher *Graf von Westphalen*, ZIP 2001, 2258, 2260; *ders.*, ZGS 2002, 64 ff.; *ders.* einlenkend in Der Leasingvertrag, Kap. H Rn. 16; befürwortend *Beckmann*, FLF 2002, 46, 48, ders. Finanzierungsleasing, § 2 Rn. 103; *Zahn*, DB 2002, 985; *Breitfeld*, FLF 2003, 215, 216; *Reinking* ZGS 2002, 230.

8 *Zahn*, DB 2002, 985.

9 BGH 11. 7. 1985, BGHZ 95, 250, 254; 1. 6. 1973, NJW 1973,1794; *Wolf/Eckert/Ball*, Rn. 1872; *Schürnbrand*, AcP 204 (2004), 177, 204 ff.; MüKo/*Koch*, BGB, Leasing Rn. 92.

10 BGH 23. 2. 1977, DB 1977, 813, 814; 9. 7. 2002, NJW-RR 2003, 51; *Zahn*, DB 2002, 985, 986; a.A. *Schulz*, Finanzierungsleasing unter Verbraucherbeteiligung, S. 99 m. w. N.

11 BGH 23. 2. 1977, NJW 1977, 848, 850.

12 *Sannwald*, S. 169; *Reinicke/Tiedtke*, BB 1982, 1142.

Leasinggeber die Rechtsfolgen aus der Geltendmachung der Sachmängelansprüche aus dem Kaufvertrag gegen sich gelten lassen muss,[13] kann er sie nicht ausschließen.

Im Hinblick auf **Schadensersatzansprüche** erweist sich die Ermächtigungskonstruktion allerdings als ungeeignet, da sie den Leasingnehmer nicht in die Lage versetzt, den Schaden geltend zu machen, der bei ihm selbst infolge eines Mangels entstanden ist.[14] Ein Anspruch auf Ersatz des **Eigenschadens** lässt sich nur dadurch herbeiführen, dass der Leasinggeber entweder in den **Kaufvertrag eintritt**, den der Leasingnehmer mit dem Händler abgeschlossen hat oder dass er diesen Vertrag vom Leasingnehmer **übernimmt**. Dann ergibt sich die Situation, dass der Leasingnehmer seine originären Käuferrechte, die er an den Leasinggeber abgetreten hat, nach Entstehung des Schadens als fremde Rechte kraft Ermächtigung des Leasinggebers im eigenen Namen geltend macht. Ob hierfür ein Eintritt des Leasinggebers in eine **Fahrzeugbestellung** des Leasingnehmers ausreicht, ist zweifelhaft, da bei dieser Konstellation bereits vor Vertragsschluss ein **Parteiwechsel** stattfindet. L70

Im Gegensatz zur Ermächtigungskonstruktion eröffnet die Abtretungskonstruktion dem Leasingnehmer nach überwiegend vertretener Ansicht die Möglichkeit, den **Eigenschaden** zu liquidieren.[15] In Anbetracht der leasingtypischen Verflechtung des Liefervertrages mit dem Leasingvertrag und der damit verbundenen, allseits bekannten Abtretung der Sachmängelansprüche besteht Konsens, dass der Lieferant nicht mehr mit einer Inanspruchnahme durch den Leasinggeber rechnen muss, weil der Leasingnehmer an seine Stelle tritt. Dementsprechend sind die Rechtsfolgen an der **Person des Zessionars**[16] auszurichten, zumal dieser den engeren Bezug zum Leasingfahrzeug aufweist.[17] L71

Die Unterschiede zwischen Abtretungs- und Ermächtigungskonstruktion werden auch bei der Nacherfüllung und beim Rücktritt sichtbar. Im Rahmen von § 439 Abs. 3 BGB verdient wiederum die Abtretung den Vorzug vor der Ermächtigung, da sie es ohne weiteres möglich macht, die Ansprüche auf Nacherfüllung entsprechend dem Willen der Parteien der **Person des Leasingnehmers** zuzuordnen und aus seiner Situation heraus zu beurteilen, ob die Nacherfüllung unverhältnismäßig oder unzumutbar ist.[18] Ebenso verhält es sich im Zusammenhang mit § 323 Abs. 5 BGB, der die Schnittstelle zum Rücktritt markiert. Wenn es um die Frage geht, ob eine erhebliche oder unerhebliche Pflichtverletzung vorliegt, ist es sach- und interessegerecht, auf den Leasingnehmer abzustellen. Er steht dem Fahrzeug näher als der Leasinggeber und wird von dem Mangel bzw. der Teilleistung unmittelbar betroffen, weil sein alleiniges Nutzungsrecht dadurch beeinträchtigt wird. L72

Nach alledem ist von dem Gebrauch der Ermächtigungskonstruktion abzuraten. Es besteht zudem die Gefahr, dass diesem Konstrukt die generelle Unwirksamkeit attestiert wird,[19] weil sie die ausgeschlossene mietrechtliche Gewährleistung des Leasinggebers nicht angemessen kompensiert, was ein Wiederaufleben der mietrechtlichen Eigenhaftung des Leasinggebers zur Folge hätte.[20] Zwar ist der AGB-mäßige Ausschluss von Schadensersatzansprüchen grundsätzlich zulässig; er scheitert aber möglicherweise daran, dass diese L73

---

13 BGH 20.6.1984, NJW 1985, 129, 130.

14 *Graf von Westphalen*, Der Leasingvertrag, Kap. H Rn. 19; *Zahn*, DB 2002, 985, 986; *Arnold* in Dauner-Lieb/Konzen/Schmidt, 589, 611.

15 *Beckmann* in Martinek/Stoffels/Wimmer-Leonhardt, § 26 Rn. 51, 53 m. w. N.

16 BGH 19.4,1994, ZIP 1994,1690,1694; *Hoffmann*, WM 1994,1464, MüKo/*Roth*, BGB, § 398 Rn. 93; *Schwenzer*, AcP 182(1982) 214, 235.

17 *Schulz*, Finanzierungsleasing unter Verbraucherbeteiligung, S 96.

18 *Zahn*, DB 2002, 985, 986; *Reinking*, ZGS 2002, 231, dazu auch *Beckmann*, § 1 Rn. 142 ff., der auf die käuferähnliche Stellung des Leasingnehmers abstellt.

19 In diesem Sinne z. B. *Schulz*, Finanzierungsleasing unter Verbraucherbeteiligung, S. 102.

20 A. A. *Wolf/Eckert/Ball*, Rn. 1872.

den Kardinalpflichten des Leasinggebers zugerechnet werden. Außerdem engen die Regelungen von § 309 Nr. 7a und b BGB den Spielraum zur Modifikation der Schadensersatzansprüche erheblich ein.[21]

L74 Die Kombination aus **Haftungsausschluss** und **Abtretung** wird als eine sachgerechte, der Interessenlage der Parteien entsprechende Regelung angesehen, die dem Finanzierungsleasing sein typisches, insoweit vom Leitbild des Mietvertrages abweichendes Gepräge gibt.[22] Klauseln dieses Inhalts verstoßen nicht gegen § 307 Abs. 1 S. 1 BGB,[23] da die schutzwürdigen Belange der Leasingnehmer durch die kaufrechtlichen Sachmängelrechte und die sie flankierenden Ansprüche aus Garantie hinreichend gewahrt werden. Die kaufrechtliche Sachmängel- und Garantiehaftung wird vor allem wegen der **Sachnähe** des Leasingnehmers zum Leasingobjekt als ausreichend angesehen. Im Regelfall ist es der Leasingnehmer, der sich das Fahrzeug nach seinen Vorstellungen aussucht und dessen Tauglichkeit für die eigenen Zwecke bestimmt und überprüft. Deshalb kann er weitaus besser als der meist erst zu einem späteren Zeitpunkt eingeschaltete Leasinggeber beurteilen, ob das Fahrzeug frei von Sachmängeln ist. Seine Stellung als „Quasi-Käufer" rechtfertigt es, ihn mit den Rechten eines Käufers auszustatten.[24]

L75 Die Abtretung umfasst alle dem Käufer zustehenden **Ansprüche** (Nacherfüllung, Schadensersatz statt und neben der Leistung, Ersatz vergeblicher Aufwendungen) und **Rechte** (Minderung, Rücktritt) wegen Sachmängeln, einschließlich der dazu gehörenden selbstständigen und unselbstständigen **Gestaltungsrechte. Neben**- und **Hilfsrechte** (Aufrechnung, Mahnung, Fristsetzung) gehen gem. § 401 BGB mit der Abtretung auf den Leasingnehmer über.[25]

L76 **Unselbstständige Einwendungen aus dem Kaufvertrag**, wozu das Leistungsverweigerungsrecht des § 320 BGB gehört, sind nicht Gegenstand der Abtretung. Sie sind untrennbar mit dem Kaufvertrag verknüpft und auf eine andere Person nur im Wege der Vertragsübernahme übertragbar.[26] Diese Konstruktion wird beim Kfz-Leasingvertrag jedoch nicht eingesetzt. Daher verbleibt die Einrede des nicht erfüllten Vertrages beim Leasinggeber, der sie dem Lieferanten entgegenhalten und dadurch verhindern kann, dass dieser den vollen Kaufpreis bekommt, obschon eine Schlechtleistung vorliegt.[27] Aus der Tatsache, dass die Kaufpreisforderung des Lieferanten wegen eines Sachmangels einredebehaftet ist, erwächst dem Leasingnehmer kein Leistungsverweigerungsrecht im Hinblick auf seine Zahlungspflichten aus dem Leasingvertrag.[28]

Der Anspruch auf **Übertragung des Eigentums** an einem im Austausch gelieferten **Ersatzfahrzeug** ist von der Abtretung – ausdrücklich oder konkludent – ausgenommen.[29]

---

21 *Schulz*, Finanzierungsleasing unter Verbraucherbeteiligung, S 101.

22 BGH 16. 9. 1981, NJW 1982. 105 ff.; 24. 4. 1985, NJW 1985, 1547; nach Ansicht des OLG Koblenz 7. 12. 2000, OLGR 2001,124,125 kann der typischen Interessenlage auch dadurch entsprochen werden, dass mit der Freizeichnungsklausel lediglich ein schuldrechtlicher Anspruch des Leasingnehmers auf Abtretung begründet wird.

23 BGH 16. 9. 1981, NJW 1982, 105 ff.; 20. 6. 1984, ZIP 1984, 1101; 24. 4. 1985, NJW 1985, 1547 ff.; *Arnold* in Dauner-Lieb/Konzen/Schmidt, 589, 601; *Gebler/Müller*, ZBB 2002, 107, 111; *Zahn*, DB 2002, 985.

24 *Wolf/Eckert/Ball*, Rn. 1751.

25 *Beckmann* in Martinek/Stoffels/Wimmer-Leonhardt, § 25 Rn. 20–23.

26 *Schmalenbach/Sester*, WM 2002/2184.

27 BGH 1. 10. 1994, WM 1995, 111.

28 *Beckmann*, § 5 Rn. 16; *Staudinger/Stoffels*, BGB, Leasing, Rn. 230; *Wolf/Eckert/Ball*, Rn. 1895 ff.; a. A. nur *Graf von Westphalen*, Der Leasingvertrag, Kap. H Rn. 109, 110.

29 *Reiner/Kaune*, WM 2002, 2317; *Löbbe*, BB-Beilage 6/2003, 9.

Garantieansprüche werden von der Abtretung der Sachmängelansprüche nicht automatisch mit umfasst, so dass ihre ausdrückliche Aufnahme in die Klausel erforderlich ist.[30]

Die **Rechtsmängelhaftung**[31] ist für Leasingverträge nicht bedeutsam. Obwohl es durchaus möglich wäre, sich im Rahmen der Abtretungskonstruktion hiervon frei zu zeichnen, machen Leasinggesellschaften davon keinen Gebrauch. Von der üblichen Abtretung der Sachmängelansprüche werden Rechtsmängelansprüche ohne ausdrückliche Erwähnung nicht automatisch miterfasst. Wird der Leasinggeber vom Leasingnehmer wegen eines Rechtsmangels in Anspruch genommen, kann er sich beim Lieferanten schadlos halten.[32] **L77**

Bei einem Leasingvertrag mit einem **Verbraucher** liegt in der Abtretungskonstruktion **kein Umgehungsgeschäft** i. S. d. § 475 Abs. 1 S. 2 BGB. Dies gilt selbst dann, wenn die Abtretung ins Leere geht (Rdn. L87 ff.), weil in dem Kaufvertrag zwischen Leasinggeber und Lieferant Gewährleistungsansprüche zulässigerweise ausgeschlossen wurden.[33] Zur Begründung wird darauf verwiesen, dass derjenige, der zur Benutzung einer Sache einen Leasingvertrag abschließt und die Sache nicht selbst erwirbt, eine besondere rechtliche Vertragskonstruktion wählt und deshalb hinnehmen muss, dass ihm grundsätzlich nicht der Verkäufer der Sache haftet, mit dem er vertraglich nicht verbunden ist, sondern der Leasinggeber als sein Vertragspartner. Dass der Leasinggeber im Rahmen der leasingtypischen Abtretung seine kaufrechtlichen Gewährleistungsansprüche gegen den Lieferanten auf den Leasingnehmer überträgt, geschieht nicht, um ihm eine Käuferposition zu verschaffen, sondern dient allein dem Zweck, den **Ausschluss der mietrechtlichen Gewährleistung auszugleichen**. Eine andere Sichtweise mag angebracht sein, wenn der Kunde die Sache erwerben möchte, vom Verkäufer davon aber abgebracht und zum Abschluss eines Leasingvertrages veranlasst wird, weil der Verkäufer seine Pflichten aus dem Verbrauchsgüterkauf umgehen will.[34] **L78**

III. Grenzen der Freizeichnung

1. Uneingeschränkte Übertragung der Mängelrechte und unbedingte Zurechnung der Folgen

Die Interessen des Leasingnehmers werden nur durch eine **unbedingte, vorbehaltlose und uneingeschränkte Übertragung** der kaufrechtlichen **Mängelrechte und -ansprüche** angemessen gewahrt.[35] Entscheidet sich der Leasinggeber anstelle der Abtretung für die (nicht unbedenkliche) Erteilung einer Ausübungsermächtigung, muss er dem Leasingnehmer die Geltendmachung seiner Rechte wegen der Fahrzeugmängel **unwiderruflich** überlassen.[36] **L79**

Der Leasinggeber, der den Leasingnehmer in seinen AGB wirksam auf die abgetretenen Sachmängel- und Garantieansprüche aus dem Kauf verwiesen hat, muss nach gefestigter höchstrichterlicher Rechtsprechung die sich daraus ergebenden rechtlichen Folgen **verbindlich** hinnehmen und kann nicht im Leasingverhältnis das Fehlen von Mängeln erneut geltend machen. Will er verhindern, dass ein rechtskräftiger Titel auf den Leasingvertrag

30 *Graf von Westphalen*, Der Leasingvertrag, Kap. H Rn. 33.

31 S. dazu *Ehlert* in Bamberger/Roth, § 535 Rn. 68; nach zutreffender Ansicht stellt die Nichtverschaffung des Eigentums keinen Rechtsmangel dar, OLG Karlsruhe 14. 9. 2004, NJW 2005, 989; offen gelassen von BGH 19. 10. 2007, NJW 2007, 3777.

32 *Beckmann*, § 2 Rn. 155.

33 BGH 21. 12. 2005, NJW 2006, 1066 ff.

34 OLG Frankfurt/M., Beschl. v. 12. 6. 2007 – 15 U 42/07, n. v.

35 BGH 17. 12. 1986, NJW 1987, 1072; 27. 4. 1988, NJW 1988, 2465.

36 BGH 17. 12. 1986, NJW 1987, 1072.

durchschlägt, hat er die Möglichkeit, in einem vom Leasingnehmer angestrengten Sachmängelprozess als **Nebenintervenient** nach § 66 ZPO auf Seiten des Lieferanten beizutreten.[37]

L80 Formularregelungen im Leasingvertrag, durch die die kaufrechtliche Mängelhaftung und deren Auswirkungen auf den Leasingvertrag **eingeschränkt** oder **außer Kraft gesetzt** werden, widersprechen der erforderlichen Äquivalenz im Leasingvertrag und verstoßen auch im kaufmännischen Geschäftsverkehr gegen § 307 Abs. 1 S. 1 BGB.[38] Nicht wirksam ist eine Regelung in AGB, die eine Abtretung der Sachmängel-, Garantie- und Schadensersatzansprüche einschließlich der Befugnis zum Rücktritt vorsieht, in der sich der Leasinggeber jedoch unabhängig davon die **eigene Rechtsverfolgung vorbehält**.[39] Gleiches gilt für eine Vertragsklausel, durch die der Leasinggeber dem Leasingnehmer **subsidiäre Sachmängelrechte** einräumt, diese jedoch einer mit der Fahrzeugübergabe beginnenden Verjährungsfrist unterwirft. Die Regelung entwertet die Rechtsposition des Leasingnehmers, dessen Ansprüche bereits vor dem Eintritt des Rückgriffsfalles verjährt sein können.[40]

Nach einem Urteil des OLG Celle aus der Zeit vor der Schuldrechtsreform ist eine Klausel in einem Unternehmer-Leasingvertrag nicht zu beanstanden, in der dem Leasingnehmer nur der Anspruch auf Beseitigung des Fehlers abgetreten wird und ihm als Ersatz für das Rücktrittsrecht die Möglichkeit eingeräumt wird, gegenüber dem Leasinggeber die Rückgängigmachung des Leasingvertrages zu verlangen, wenn die Nachbesserung fehlgeschlagen ist.[41] Das OLG Rostock[42] entschied, der Leasingnehmer werde nicht unangemessen benachteiligt, wenn sich der Leasinggeber den Widerruf der Übertragung der Gewährleistungsrechte für den Fall vorbehalte, dass der Leasingnehmer sein Besitzrecht verliert oder seinen vertraglichen Verpflichtungen nicht nachkommt, indem er z. B. Sachmängelansprüche aus dem Liefervertrag nicht geltend macht.

Keine Bedenken bestehen gegen eine Klausel, die die Abtretung **auflösend bedingt** an den Fortbestand des Leasingvertrages knüpft.[43]

Nach Sachlage gebotene **Weisungsvorbehalte** des Leasinggebers sind zulässig. Dazu gehört die Anweisung an den Leasingnehmer, im Rahmen der Rückabwicklung des Kaufvertrages eine Verzinsung des Kaufpreises geltend zu machen und die Rückzahlung des Kaufpreises nebst Zinsen an den Leasinggeber zu beantragen.

Nicht zulässig sind Leasing-AGB, die dem Leasingnehmer eine unbedingte Klagepflicht auferlegen oder ihm aufgeben, bestimmte Rechte und Ansprüche vorrangig geltend zu machen.[44]

L81 Mit dem **Wegfall des Leasingvertrages** entfallen die mietrechtlichen Gewährleistungsansprüche des Leasingnehmers und die damit einhergehende Notwendigkeit, diese durch kaufrechtliche Sachmängelansprüche zu ersetzen. Endet der Leasingvertrag, hat der Leasinggeber ein berechtigtes Interesse daran, dass die Sachmängelrechte an ihn zurückfallen.[45]

L82 Das **Risiko** der ordnungsgemäßen und fristgerechten **Geltendmachung** der Sachmängelrechte und -ansprüche trägt der **Leasingnehmer**.[46] Wegen der weitreichenden, von Fall zu Fall unterschiedlichen Auswirkungen, die sich aus der Geltendmachung von Sach-

37 *Beckmann*, § 9 Rn. 64.
38 BGH 13. 3. 1991, ZIP 1991, 519, 523.
39 BGH 9. 7. 2002, NJW-RR 2003, 51, 52.
40 OLG Frankfurt/M. 31. 3. 1992, NJW-RR 1991, 1527.
41 Urt. v. 8. 11. 1995, VersR 1996, 1115.
42 Urt. v. 18. 3. 2002, NJW-RR 2002, 1712, 1713.
43 *Beckmann* in Martinek/Stoffels/Wimmer/Leonhardt, § 25 Rn. 41.
44 *Beckmann* in Martinek/Stoffels/Wimmer/Leonhardt, § 25 Rn. 38, 39.
45 BGH 13. 3. 1991, ZIP 1991, 519, 522; Pfälzisches OLG 3. 2. 2000 – 4 U 202/98, n. v.
46 *Graf von Westphalen*, Der Leasingvertrag, Kap. H Rn. 216.

mängelansprüchen auf den Leasingvertrag ergeben, ist nach Ansicht des KG[47] ein rechtliches Interesse des Leasingnehmers anzuerkennen, das **selbstständige Beweisverfahren** zur Feststellung von Mängeln des geleasten Fahrzeugs auch gegenüber dem Leasinggeber zu beantragen, der seine Vermieterhaftung unter Abtretung der Sachmängelansprüche gegen den Händler wirksam ausgeschlossen hat. Versäumt der Leasingnehmer die fristgerechte Geltendmachung der Mängel innerhalb der Verjährungsfrist, bleibt er trotz Mangelhaftigkeit des Leasingfahrzeugs der Leasinggesellschaft gegenüber zur Zahlung der Leasingraten verpflichtet.[48] Außerdem hat er für den auf nicht beseitigten Sachmängeln beruhenden Minderwert des Fahrzeugs am Vertragsende einzustehen.

Das mit dem Insolvenzrisko nicht zu verwechselnde Risiko der **Durchsetzbarkeit** berechtigter Mängelansprüche trägt grundsätzlich der Leasinggeber. Das gilt auch dann, wenn der Leasingnehmer den Lieferanten selbst ausgesucht hat.[49] **L83**

Das Aufleben der **subsidiären Haftung** des Leasinggebers setzt voraus, dass es dem Leasingnehmer nicht möglich oder nicht zumuten ist, gegen den Lieferanten vorzugehen. Hauptgründe sind **Insolvenz, Zahlungsunfähigkeit, Vermögensverfall** und **Unauffindbarkeit des Lieferanten**. Eine Unzumutbarkeit ist anzunehmen, wenn der Lieferant nicht in der Lage ist, notwendige Anwaltsvorschüsse für einen Prozess aufzubringen.

2. Vollständige Übertragung der Mängelrechte

Die Freizeichnung des Leasinggebers von der Vermieterhaftung ist mit Blick auf § 307 BGB nur wirksam, wenn die abgetretenen Ansprüche aus dem Kaufvertrag die **Interessen** des Leasingnehmers in **„angemessener Weise“** wahren.[50] **L84**

Zu **Art** und **Umfang** der **kaufrechtlichen Ersatzansprüche** hält sich der BGH bedeckt. Er hat lediglich festgestellt, dass eine **völlig leerlaufende Abtretung** in einem Leasingvertrag mit einem **Verbraucher**[51] kein Surrogat für die ausgeschlossene Vermieterhaftung darstellt (Rdn. L165). Nicht beantwortet hat er die Frage, ob der Leasinggeber einem Leasingnehmer mit Verbraucherstatus die Rechte bzw. Rechtsposition eines **Verbrauchsgüterkäufers** verschaffen muss (Rdn. L167).

Im Geschäftsverkehr mit **Nichtverbrauchern** liegt es nahe, den einzufordernden Standard der kaufrechtlichen Gewährleistung an den **Marktgepflogenheiten** auszurichten und diejenigen Rechte und Ansprüche zugrunde zu legen, die der Käufer eines neuen oder gebrauchten Kraftfahrzeugs in Deutschland üblicherweise bekommt. Den Maßstab liefern die vom Neu- und Gebrauchtwagenhandel üblicherweise verwendeten NWVB und GWVB. Da sie die Kundenerwartung prägen, darf der Leasingnehmer davon ausgehen, dass ihm der Leasinggeber im Wege der Abtretung die dort verbrieften Sachmängelrechte und -ansprüche verschafft. Dies gilt auch im Hinblick auf die in den NWVB und GWVB enthaltenen Verjährungsfristen.[52] **L85**

Rechtsprechung und Schrifttum sind sich darin einig, dass die Freizeichnung des Leasinggebers von seiner mietrechtlichen Haftung nur hinnehmbar ist, wenn er **sämtliche** ihm aus dem Kaufvertrag zustehenden Ansprüche und Rechte **vollständig** an den Leasingnehmer abtritt.[53] Der Leasinggeber darf dem Leasingnehmer nicht das Recht auf **Ersatzlie-** **L86**

47 Urt. v. 10. 4. 2000 OLGR 2000, 219.
48 BGH 23. 2. 1977, DB 1977, 813.
49 *Beckmann*, MDR 2005, 1207, 1208 m. w. N.; a. A. *Löbbe*, BB-Beil. 6/2003, 13.
50 BGH 19. 2. 1986, DB 1986, 1168.
51 Urt. v. 21. 12. 2005, NJW 2006, 1066 ff.
52 Zu den Verjährungsfristen in Lieferanten-AGB *Graf von Westphalen*, Der Leasingvertrag, Kap. H Rn. 213, 214.
53 *Beckmann* in Martinek/Stoffels/Wimmer/Leonhardt, § 25 Rn. 34.

ferung abschneiden, wenn ihm dieses Recht aufgrund des Kaufvertrages tatsächlich zusteht. Die Frage, ob der Ausschluss des Ersatzlieferungsanspruchs zulässig ist, stellt sich nur dann, wenn der Leasinggeber dieses Recht selbst nicht besitzt (Rdn. L92 ff.).

a) Leerlaufende Abtretung in einem Unternehmer-Leasingvertrag über ein Gebrauchtfahrzeug

L87 Für das im Unternehmerverkehr durchaus nicht ungewöhnliche **Gebrauchtfahrzeugleasing** besitzt die Frage, ob eine **vollständig** oder **teilweise ins Leere laufende** Gewährleistungsklausel des Kaufvertrages die Abtretungskonstruktion zu Fall bringt, höchste Priorität. Von ihrer Beantwortung kann das Schicksal des Leasingvertrages abhängen.

Würde die Klausel der Inhaltskontrolle nicht standhalten, hätte dies h. M. zufolge für den Leasinggeber die Konsequenz, dass er dem Leasingnehmer nach Maßgabe der mietrechtlichen Bestimmungen für die Gebrauchstauglichkeit des Fahrzeugs einzustehen hätte (Rdn. L96), ohne dass er seinerseits die Möglichkeit besäße, den Fahrzeuglieferanten in Regress zu nehmen. Auf der anderen Seite erhielte der Leasingnehmer aufgrund der Unwirksamkeit der leerlaufenden Abtretungsklausel eine Rechtsposition, die er als Käufer des Fahrzeugs wegen des im Gebrauchtwagenhandel üblichen Ausschlusses der Sachmängelhaftung niemals erlangen würde. Da eine solche Konstellation nicht der Interessenlage der Parteien entspricht, erscheint es gerechtfertigt, die Freizeichnung des Leasinggebers von mietrechtlicher Gewährleistung ausnahmsweise zu akzeptieren, obwohl sie nicht durch kaufrechtliche Sachmängel- und Garantieansprüche kompensiert wird.[54]

Da die Abtretungsklausel in solchen Fällen jedoch zu Missverständnissen führen kann, erscheint es vertretbar, dem Leasinggeber eine **Informationspflicht** über das Nichtvorhandensein kaufrechtlicher Gewährleistungsrechte aufzuerlegen, wenn er das Fahrzeug selbst eingekauft hat. Weiterhin ist zu verlangen, dass er bestehende Ansprüche aus **Beschaffenheits- und Haltbarkeitsgarantien** und aus **Garantieversicherungen** an den Leasingnehmer abtritt.

b) Ausschluss des Ersatzlieferungsanspruchs in einem Leasingvertrag mit einem Nichtverbraucher

L88 Die Befürchtung, dass Leasingnehmern von **Neufahrzeugen** der Anspruch auf Ersatzlieferung vorenthalten wird, ist weitgehend unbegründet. Dies liegt daran, dass Neufahrzeuge regelmäßig unter Vereinbarung der NWVB verkauft werden, die einen Ausschluss des Anspruchs auf Nachlieferung (derzeit) nicht vorsehen. Dies gilt sowohl für Verkaufsgeschäfte mit Verbrauchern als auch für den Unternehmerverkehr. Der Unterschied zwischen beiden besteht allein darin, dass die 2jährige Verjährungsfrist wegen Sachmängeln im unternehmerischen Geschäftsverkehr auf 1 Jahr verkürzt wird. Kauft der Leasinggeber das Fahrzeug unter Vereinbarung der NWVB ein, muss er das ihm zustehende Wahlrecht zwischen Ersatzlieferung und Nachbesserung auf den Leasingnehmer übertragen, andernfalls die Abtretung keine Wirksamkeit entfaltet, weil sie nicht alle Rechte des Zedenten umfasst (Rdn. L84).

Für das Leasing von **Gebrauchtfahrzeugen** ist das Ausschlussproblem nicht relevant, zum einen, weil die Ersatzlieferung als Alternative zur Fehlerbeseitigung beim Gebrauchtfahrzeugkauf i. d. R. nicht besteht,[55] zum anderen, weil nach hier vertretener Ansicht ein beim Gebrauchtwagenkauf zulässiger und üblicher Totalausschluss der Mängelhaftung

---

54 *Wimmer-Leonhardt* in Martinek/Stoffels/Wimme-/Leonhardt, § 56 Rn. 7; *Engel*, Rn. 56; *Reinking* in Reinking/Kessler/Sprenger, § 3 Rn. 88 m. w. N.; a. A. *Beckmann* in Martinek/Stoffels/Wimmer/Leonhardt, § 25 Rn. 30.

55 BGH 7. 6. 2006, NJW 2006, 2839.

in einem Leasingvertrag mit einem **Nichtverbraucher** zu akzeptieren ist und die Abtretungskonstruktion nicht zu Fall bringt (Rdn. L87).

Anlässlich der Schuldrechtsreform wurde im Schrifttum[56] der Vorschlag unterbreitet, Ersatzlieferungsansprüche des Leasingnehmers grundsätzlich auszuschließen. Der Anspruch wurde als **Fremdkörper** im Leasingvertrag angesehen, nach dessen mietrechtlicher Grundkonzeption ein Austausch der mangelhaften Sache gegen eine mangelfreie nicht vorgesehen ist. Man befürchtete, dass der Ersatzlieferungsanspruch – wegen der vom Leasinggeber nach §§ 439 Abs. 4, 346 Abs. 1 BGB an den Lieferanten zu entrichtenden Nutzungsentschädigung – die mit dem Leasingvertrag angestrebte Vollamortisation des Leasinggebers gefährden könnte. **L89**

Gleichwohl wurde die Idee, den Ersatzlieferungsanspruch im Unternehmerverkehr auszuschließen, von Leasinggesellschaften nicht aufgegriffen. Dies lag zum einen daran, dass sie gezwungen waren, die ihnen aufgrund der NWVB wahlweise zustehenden Ansprüche auf Nachbesserung und Nachlieferung auf den Leasingnehmer zu übertragen, zum anderen aber auch daran, dass sie befürchteten, der Ausschluss des Nachlieferungsanspruchs könnte gegen die Leitbildfunktion des Sachmängelrechts verstoßen und zur Unwirksamkeit der leasingtypischen Abtretungskonstruktion führen.[57] Im Laufe der Zeit stellte sich zudem heraus, dass der Anspruch auf Ersatzlieferung im Vergleich zur Nachbesserung selten geltend gemacht wurde und im Regelfall an der Einrede der relativen Unverhältnismäßigkeit (§ 439 Abs. 3 BGB) scheiterte.

Im Schrifttum sind die Meinungen zur Zulässigkeit des Ausschlusses der Ersatzlieferung in AGB eines Unternehmer-Leasingvertrages geteilt. Für die einen ist die leasingtypische Abtretungskonstruktion mit § 307 Abs. 2 Nr. 1 BGB nur in Einklang zu bringen, wenn der Leasinggeber dem Leasingnehmer die kaufrechtlichen Ansprüche **vollständig** und **vorbehaltlos** überträgt,[58] während nach anderer Ansicht die Abbedingung der Ersatzlieferung nicht zu beanstanden ist, da sie auch im Kaufrecht als zulässig erachtet wird.[59] **L90**

Nach hier vertretener Ansicht sind die gegen den Ausschluss der Nachlieferung vorgebrachten Bedenken unbegründet, da das dem Käufer in § 439 Abs. 1 BGB zugebilligte Wahlrecht zwischen Nachbesserung und Nachlieferung **keine Leitbildwirkung** entfaltet und eine Beschränkung des Käufers auf das Nachbesserungsrecht außerhalb des Verbrauchsgüterkaufs nicht gegen § 307 Abs. 2 Nr. 1 BGB verstößt. Dies entspricht der Entstehungsgeschichte des § 439 BGB und dem Willen des Gesetzgebers, der unter anderem in § 309 Nr. 8b BGB zu erkennen gegeben hat, dass er zwar einzelne Aspekte der Nacherfüllung „AGB- fest" regeln, eine Zuordnung des Wahlrechts aber ausklammern wollte.[60]

Die Interessenlage der Parteien eines Leasingvertrages zwischen **Nichtverbrauchern** erfordert keine hiervon abweichende Beurteilung, da der Leasingnehmer allenfalls die Abtretung derjenigen Rechte erwarten kann, die er als Käufer zu beanspruchen hätte. Gestattet das Kaufrecht im Geschäftsverkehr zwischen Unternehmern den **Ausschluss des Wahlrechts** im Hinblick auf die Art der Nacherfüllung, ist diese Rechtslage auch für den Unternehmer-Leasingvertrag zu respektieren. Das Ergebnis entspricht dem mietrechtlichen Leitbild des Leasingvertrages, dem ein Anspruch des Mieters auf Ersatzlieferung fremd ist.[61] **L91**

---

56 *Jaggy*, BB-Beilage 2/2002, 15.
57 *Graf von Westphalen*, Der Leasingvertrag, Kap. H Rn. 181 ff.
58 *Graf von Westphalen*, Der Leasingvertrag, Kap. H Rn. 182.
59 *Palandt/Weidenkaff*, § 439 Rn. 3; *Zahn* DB 2002, 985.
60 *Schmalenbach/Sester*, WM 2002, 2184, 2189; *Reinecke/Tiedtke*, Kaufrecht, Rn. 1736.
61 *Arnold* in Dauner-Lieb/Konzen/Schmidt, S. 589, 605; *Zahn*, DB 2002, 985, 992.

3. Ausschluss der mietrechtlichen Primäransprüche gegen Übertragung der Erfüllungsansprüche aus dem Liefervertrag

L92 Die Frage, ob dem Leasinggeber gestattet werden kann, sich von seiner Pflicht zur Lieferung eines gebrauchstauglichen Fahrzeugs freizuzeichnen, wenn er gleichzeitig seinen **Lieferanspruch** gegen den Verkäufer einschließlich seiner Ansprüche und Rechte wegen **Verzugs** und **Nichterfüllung** vorbehaltlos auf den Leasingnehmer überträgt, wurde vom BGH bisher nicht definitiv beantwortet. Schon vor Jahren hat er[62] allerdings zu erkennen gegeben, dass durch eine solche Klausel die vertragswesentlichen Aufgaben des Leasinggebers nicht vollständig ausgehöhlt werden, da es der Leasingnehmer in der Hand habe, die Erfüllung des Kaufvertrages aus abgetretenem Recht zu erzwingen, die Verzugsfolgen einzufordern, vom Kaufvertrag zurückzutreten und den ihm entstandenen Schaden gegenüber dem Lieferanten geltend zu machen. Gelinge es ihm nicht, berechtigte Erfüllungsansprüche vollständig und rechtzeitig gegenüber dem Verkäufer durchzusetzen (z. B. wegen dessen Insolvenz), seien die Auswirkungen auf den Leasingvertrag die gleichen wie bei einem Sach- oder Rechtsmangel (Rdn. L465 ff.).

L93 Da die **Tendenz** im Schrifttum[63] und in der Rechtsprechung der Instanzgerichte[64] ebenfalls dahin geht, den formularmäßigen Ausschluss der Lieferpflicht des Leasinggebers in Kombination mit der Abtretung der Ansprüche aus dem Liefervertrag zu akzeptieren, verwundert es, dass Klauseln dieses Inhalts bisher keinen Niederschlag in Kfz-Leasingverträgen gefunden haben. Vermutlich liegt dies daran, dass Lieferunmöglichkeit und Lieferverzug beim Kfz-Leasing selten vorkommen[65] und daher **kein Regelungsbedarf** besteht.

L94 Nach hier vertretener Ansicht werden die Interessen des Leasingnehmers durch die Aufnahme des liefervertraglichen Erfüllungsanspruchs in die Abtretungsklausel **nicht angemessen** gewahrt, da ihm dadurch Aufgaben zugewiesen würden, die nach der mietrechtlichen Grundkonzeption des Leasingvertrages zu den **Kardinalpflichten** des Vermieters zählen.[66] Mit dem Leitbild des Mietrechts ist nicht in Einklang zu bringen, dass sich der Leasingnehmer wegen der Gebrauchsverschaffung mit dem Lieferanten auseinandersetzen und das damit verbundene Kostenrisiko tragen soll.[67] Darin liegt eine erhebliche Äquivalenzstörung, die der Intention von § 309 Abs. 1 Nr. 8a BGB zuwiderläuft und den Leasingnehmer unangemessen benachteiligt (§ 307 Abs. 2 Nr. 2BGB).[68]

L95 Ist eine Abtretung der Erfüllungsansprüche aus dem Liefervertrag und der daraus resultierenden Ansprüche wegen Nichtbelieferung nicht wirksam erfolgt, fehlt dem Leasingnehmer die **Aktivlegitimation**[69] für deren Geltendmachung gegenüber dem Lieferanten. Will

---

62 BGH 7. 10. 1992, NJW 1993, 122; in diesem Sinne auch BGH 9. 7. 2002 NJW-RR 2003, 51.

63 *Graf von Westphalen*, Der Leasingvertrag, Kap. G Rn. 27; Kap. H Rn. 227 ff.; *Wolf/Eckert/Ball*, Rn. 1838; *Apel* in Büschgen, Praxishandbuch Leasing, § 9 Rn. 104 ff.; *Beckmann*, § 2 Rn. 196; *ders.* DStR 2000, 1188; *ders.* MDR 2005, 1207, 1210; einschränkend *Schulz*, Finanzierungsleasing unter Verbraucherbeteiligung, S. 42, ff., 115 ff.

64 OLG Köln 3. 11. 1995 NJW-RR 1996, 559; 16.7. 2002, MDR 2003, 212; Urt. v. 8. 12. 1995 – 19 U 113/95, zit. von *Beckmann*, § 2 Rn. 183; OLG München 10. 1. 1992, BB 1992, 2388.

65 *Engels*, § 5 Rn. 6.

66 *Martinek*, Moderne Vertragstypen, Bd. I Leasing und Factoring, S. 131 ff.; ausführlich *Reinking* in Reinking/Kessler/Sprenger, § 3 Rn. 62; a. A. *Beckmann*, § 2 Rn. 175 ff.; *ders.* MDR 2005, 1207.

67 Es wird die Ansicht vertreten, dass der Leasinggeber im Rahmen der ihn treffenden subsidiären Haftung dem Leasingnehmer die Prozesskosten nicht erstatten muss, so OLG Köln 27. 5. 2004, NJW-RR 2005, 210; *Weber*, NJW 2005, 2198, a. A. *Beckmann*, § 7 Rn. 63; tendenziell *Reinking* in Reinking/Kessler/Sprenger, § 8 Rn. 80.

68 Ebenso *Schmidt* in Ulmer/Brandner/Hensen, AGB-Recht, Teil 2 (19) Rn. 15.

69 OLG Köln 12. 7. 1990, NJW-RR 1991, 1463; 3. 11. 1995, NJW-RR 1996, 559; 16. 7. 2002, OLGR 2002, 418, 421.

er sich bei einem vorübergehenden oder endgültigen Ausbleiben der Lieferung vom Leasingvertrag lösen, muss er sich an den Leasinggeber halten und diesem gegenüber entweder die Kündigung gem. § 543 BGB oder den Rücktritt gem. § 326 Abs. 5 BGB erklären.[70]

4. Rechtsfolgen einer unwirksamen Abtretung

In der Rechtsprechung und im Schrifttum überwiegt die Ansicht, dass unzulässige Einschränkungen der Abtretung die **Unwirksamkeit** der gesamten Abtretungskonstruktion einschließlich der Freizeichnung des Leasinggebers von seiner mietrechtlichen Haftung zur Folge hat.[71] Die entstandene Lücke wird gem. § 306 Abs. 2 BGB durch das Aufleben der – im Vergleich zur kaufrechtlichen Mängelhaftung wesentlich schärferen – **mietrechtlichen Eigenhaftung des Leasinggebers** für Sach- und Rechtsmängel nach den §§ 535 ff. BGB aufgefüllt. Das bedeutet, dass der Leasinggeber dem Leasingnehmer nunmehr auch für während der Vertragsdauer auftretende Mängel haftet, soweit diese den Gebrauch der Leasingsache beeinträchtigen. Der Leasingnehmer ist seinerseits verpflichtet, die Mängel dem Leasingnehmer anzuzeigen, andernfalls er die Rechte auf Mietminderung, Schadensersatz und außerordentliche Kündigung verliert.[72] L96

Im Schrifttum[73] gibt es Autoren, die diese Lösung kritisieren. Sie geben zu Bedenken, dass Abtretung, Freizeichnung und (unzulässige) Einschränkungen in vielen Verträgen inhaltlich und sprachlich getrennt sind, so dass in diesen Fällen nicht von einer kompletten Unwirksamkeit der aus Abtretung und Freizeichnung bestehenden Gesamtkonstruktion auszugehen ist. Ihr Haupteinwand geht aber dahin, dass die mietrechtliche Lösung den Interessen der Parteien des Leasingvertrages nicht gerecht wird. Ihres Erachtens ist der Leasingnehmer im Wege ergänzender Vertragsauslegung so zu stellen, wie er stünde, wenn die Abtretung der Gewährleistungsrechte aus dem Liefervertrag wirksam erfolgt wäre. Die Berechtigung der **kaufrechtlichen Mängelansprüche** wäre demnach zwischen den Parteien des Leasingvertrages zu klären. Ein Fehlschlagen der Nacherfüllung würde dem Leasingvertrag die Geschäftsgrundlage „ex tunc“ entziehen, so dass dieser rückabgewickelt werden müsste. Auf diese Weise würde das gleiche Ergebnis wie im Falle einer wirksamen Abtretung erzielt. L97

Der **kaufrechtliche Lösungsvorschlag** wird den Interessen der Beteiligten durchaus gerecht. Er steht nicht in Widerspruch zur mietrechtlichen Grundstruktur des Finanzierungsleasingvertrages, da die mietrechtliche Gewährleistung leasingtypisch von vornherein durch die kaufrechtliche Mängelhaftung ersetzt wird. Der Vorteil gegenüber dem Mietmodell besteht darin, dass der Leasinggeber nicht in eine Haftungssituation gerät, die durch die von allen Beteiligten gewollte Mängelhaftung des Lieferanten nicht mehr gedeckt wird. Auf Seiten des Leasingnehmers wird eine haftungsrechtliche Besserstellung vermieden, die vertraglich nicht beabsichtigt ist, nicht einmal vom Leasingnehmer selbst. Auch die Sanktionswirkung infolge Verwendung unwirksamer AGB wird nicht verfehlt, insofern der Leasinggeber für die Mängelbeseitigung unmittelbar zuständig wird. Der Lieferant ist sein Erfüllungsgehilfe, dessen Fehlverhalten er sich nach § 278 BGB unmittelbar zurechnen lassen muss. Die Direktverantwortung des Leasinggebers hat weiterhin zur Folge, dass der Leasingnehmer dem Leasinggeber die **Einrede des § 320 BGB** entgegen halten kann, wenn die Leasingsache einen Fehler aufweist, der unter die kaufrechtliche Sachmängelhaftung fällt. L98

70 *Schulz*, Finanzierungsleasing mit Verbraucherbeteiligung, S. 129.

71 BGH 24. 6. 1992, WM 1992, 1609; 17. 12. 1987, NJW 1987, 1072; 21. 12. 2006, NJW 2006, 1066, 1068.

72 *Wolf/Eckert/Ball*, Rn. 1922.

73 *Beckmann* in Martinek/Stoffels/Wimmer-Leonhardt, § 25, Rn. 45 m. w. N.; MüKo/*Koch*, Leasing Rn. 36, 114.

L99 Den Maßstab für die auflebenden kaufrechtlichen Sachmängelansprüche bilden diejenigen Rechte und Ansprüche, die der Leasingnehmer aufgrund der unwirksamen Abtretungskonstruktion hätte bekommen sollen oder die er als Verbraucher gem. § 475 ff. BGB hätte bekommen müssen (Rdn. L167 ff.).[74]

Da der Leasingnehmer nicht schlechter als bei einer wirksamen Abtretung gestellt werden darf, muss der Leasinggeber auch für nicht wirksam abgetretene **Garantieansprüche** gegen den Verkäufer oder gegen Dritte einstehen. Für das Kfz-Leasing sind vor allem Herstellergarantien bedeutsam, bei denen es sich regelmäßig um **Haltbarkeitsgarantien** i. S. v. § 443 Abs. 2 BGB handelt (Rdn. 1553 ff.). Sie gewähren dem Leasingnehmer einen Schutz, der der mietrechtlichen Gewährleistung weitgehend gleichkommt. Von dem aus der Haltbarkeitsgarantie resultierenden Anspruch des Garantienehmers auf Nachbesserung werden nämlich auch solche Mängel erfasst, die bei Übergabe des Fahrzeugs noch nicht vorhanden sind sondern erst später entstehen.

L100 Aus der Tatsache, dass der Leasinggeber haftungsrechtlich an die Stelle des Lieferanten tritt, ergibt sich zwangsläufig, dass der Leasinggeber dem Leasingnehmer die **Einwendungen des Lieferanten** entgegen halten kann, wozu insbesondere die Verletzung der handelsrechtlichen Rügeobliegenheit gehört, die den Verlust der Rechte und Ansprüche wegen des davon betroffenen Mangels zur Folge hat.[75]

L101 Hat der Leasingnehmer im Vertrauen auf die Wirksamkeit der Abtretung erfolgreich einen Mängelprozess gegen den Lieferanten geführt, muss ihm der Leasinggeber die Kosten nach den Regeln der **Geschäftsführung ohne Auftrag** ersetzen.[76]

Im **Außenverhältnis** gegenüber dem Lieferanten hat die Unwirksamkeit der Abtretung keine Auswirkung. Der Lieferant kann gegenüber dem Leasingnehmer nicht geltend machen, ihm fehle die **Aktivlegitimation** für die Geltendmachung der Sachmängelansprüche.[77]

---

74 *Beckmann* in Martinek/Stoffels/Wimmer-Leonhardt, § 25 Rn. 45.

75 MüKo-BGB/*Koch*, Leasing Rn. 114, *Beckmann*, § 4 Rn. 72; *Wolf/Eckert/Ball*, Rn. 1848.

76 BGH 25. 10. 1989, NJW 1990, 314; 10. 11. 1993, NJW 1994 576, 578; 9. 7. 2002, NJW- RR 2003, 51, 52.

77 *Beckmann* in Martinek/Stoffels/Wimmer-Leonhardt, § 25 Rn. 43 m. w. N.

E. Kfz-Leasing und Verbraucherschutz

I. Verbraucherschutz beim Kfz-Leasing nach Umsetzung der Verbraucherkreditrichtlinie

1. Anwendung des Verbraucherdarlehensrechts auf Kfz-Leasingverträge

Seit dem 11. 6. 2010, dem Tage, an dem die **Verbraucherkreditrichtlinie**[1] umgesetzt wurde,[2] sind die besonderen Vorschriften für Verbraucherdarlehensverträge (§§ 491 ff. BGB) auf entgeltliche Finanzierungshilfen entsprechend anzuwenden, bei denen der Verbraucher am Vertragsende generell oder auf Verlangen des Unternehmers zum **Erwerb** des Gegenstandes verpflichtet ist oder bei denen er für einen **bestimmten Wert** des Gegenstandes einzustehen hat (§ 506 Abs. 2 S. 1 Nr. 1–3 BGB). L102

Nr. 1 ist für Kfz-Leasingverträge ohne Bedeutung, da sie eine generelle Erwerbsverpflichtung des Leasingnehmers üblicherweise nicht vorsehen. Erfasst werden z. B. **Mietkaufverträge** mit fester Vertragszeit und Eigentumsübergang am Vertragsende.

Unter Nr. 2 fällt der Leasingvertrag mit **Andienungsrecht.** Zum Erwerb der Leasingsache durch den Leasingnehmer kommt es mit der Ausübung des Andienungsrechts durch den Leasinggeber.

Nr. 3 ist auf Leasingverträge zugeschnitten, bei denen der Leasingnehmer eine Restwertabsicherung übernommen hat. Dazu gehören der **Leasingvertrag mit Restwertabrechnung** und der **kündbare Leasingvertrag mit Schlusszahlung**.

Das für das Kfz-Leasing unbedeutende **Operating-Leasing**, das sich als bloße Sonderform der Miete darstellt, wird von § 506 BGB tatbestandlich nicht erfasst.[3] Das gleiche gilt für **Vollamortisationsverträge**,[4] da bei dieser für das Kfz-Leasing ebenfalls unüblichen Vertragsart i. d. R. weder eine Erwerbspflicht noch eine Restwertabsicherung mit dem Leasingnehmer vereinbart wird. Derartige Absprachen sind entbehrlich, da mit den während der Vertragszeit anfallenden Leasingzahlungen sämtliche Aufwendungen des Leasinggebers abgegolten werden. Auch sog. **Null-Leasingverträge** fallen nicht unter § 506 BGB, weil dem Leasingnehmer keine Zinsen abverlangt werden und es somit an der notwendigen **Entgeltlichkeit** des Vertrags fehlt.[5] L103

Auf Kfz-Leasingverträge i. S. v. § 506 Abs. 2 S. 1 Nr. 1–3 BGB sind die verbraucherdarlehensrechtlichen Vorschriften zu den vorvertraglichen **Informationspflichten**, zur **Formwahrung** und den **Rechtsfolgen von Formmängeln**, zum **notwendigen Vertragsinhalt**, zum **Widerrufsrecht**, zu den **Verzugszinsen** und zur **Gesamtfälligstellung** entsprechend anzuwenden. Von diesen Bestimmungen, die nach Maßgabe von § 512 BGB auch für **Existenzgründer**[6] gelten, darf nicht zum Nachteil des Verbrauchers abgewichen werden. Sie sind auch dann anzuwenden, wenn sie durch anderweitige Gestaltungen umgangen werden (§ 511 BGB). Für entgeltliche Finanzierungshilfen schreibt § 509 BGB zwingend vor, dass L104

---

1 Richtlinie 2008/48/EG v. 23. 4. 2008, ABlEU Nr. L 133 S. 66.
2 BGBl. I 2009, 2355.
3 *Omlor*, NJW 2010, 2694.
4 *Francke/Strauss*, FLF 2010, 256, 260.
5 *Omlor*, NJW 2010, 2694, 2097.
6 Zur zeitlichen Grenze zwischen Existenzgründungsphase und einer bereits ausgeübeten Tätigkeit *Wolf/Eckert/Ball*, Rn. 1762.

der Unternehmer die **Kreditwürdigkeit** des Verbrauchers zu bewerten hat.[7] Ob es sich dabei um eine **Schutzvorschrift** zugunsten des Verbrauchers handelt, ist umstritten.[8]

L105 Auf Kfz-Finanzierungsleasingverträge **nicht anwendbar** sind die darlehensspezifischen Vorschriften der §§ 504 und 505 BGB zur eingeräumten oder geduldeten **Überziehung.** Ebenfalls keine Anwendung finden § 503 BGB, der die Besonderheiten von Immobiliendarlehen regelt, und § 492 Abs. 4 BGB, der für eine vom Darlehensnehmer erteilte **Vollmacht** Schriftform vorschreibt. Die Vollmacht zum Abschluss eines Kfz-Leasingvertrages kann daher formlos erteilt werden.

Für Kfz-Leasingverträge mit Restwertabsicherung i. S. v. § 506 Abs. 2 S. 1 Nr. 3 BGB enthält Art. 247 § 12 Abs. 2 S. 1 und 2 EGBGB Sonderregelungen. Angaben zur vorzeitigen Rückzahlbarkeit des (Leasing-)Darlehens und einer damit einhergehenden Vorfälligkeitsentschädigung sind gem. § 506 Abs. 2 S. 2 BGB ebenso entbehrlich wie die Aufschlüsselung, in welcher Höhe Teilzahlungen auf das (Leasing-)Darlehen, die nach dem Sollzinssatz berechneten Zinsen und die sonstigen Kosten angerechnet werden. Dasselbe dürfte für Leasingverträge mit Kilometerabrechnung gelten, falls man diese in den Regelungsbereich von § 506 Abs. 2 S. 1 Nr. 3 BGB einbezieht (Rdn. L106 ff.), da auch bei dieser Vertragsart eine vorzeitige Kündigung regelmäßig ausgeschlossen ist.[9]

2. Sonderfall des Kfz-Leasingvertrages mit Kilometerabrechnung

L106 Die beim Kfz-Leasing am häufigsten anzutreffende Variante des **Kilometerabrechnungsvertrages** lässt sich den in § 506 Abs. 2 S. 1 Nr. 1–3 BGB beschriebenen Vertragsvarianten über die entgeltliche Nutzung eines Gegenstandes nicht unmittelbar zuordnen. Da Verbraucherleasingnehmer solcher Verträge nach gefestigter höchstrichterlicher Rechtsprechung bis dato weitgehend den gleichen Schutz wie Verbraucherdarlehensnehmer genossen haben, stellt sich zwangsläufig die Frage, wie dieser Kfz-spezifische Sonderfall des Kilometerabrechnungsvertrages nach Umsetzung der Verbraucherkreditrichtlinie rechtlich zu behandeln ist. In Betracht gezogen wird eine **entsprechende Anwendung** von § 506 Abs. 2 S. 1 Nr. 3 BGB, da die dort erfassten Leasingverträge mit Restwertabsicherung durch den Leasingnehmer den Ausschlag dafür gaben, dass der BGH Kilometerabrechnungsverträge schon zu Zeiten des Verbraucherkreditgesetzes zivilrechtlich den Finanzierungsleasingverträgen zugeordnet und sie dadurch dem Verbraucherschutz unterstellt hat.[10]

L107 Für den BGH war seinerzeit ausschlaggebend, dass der Leasinggeber nicht das volle Restwertrisiko sondern nur das der **Marktgängigkeit** des Fahrzeugs und der **richtigen internen Kalkulation** trägt, während die Gefahr der Verschlechterung und des Untergangs der Leasingsache regelmäßig beim Leasingnehmer verbleibt, der dem Leasinggeber leasingtypisch dafür einzustehen hat, dass sich das Fahrzeug am Vertragsende in einem vertragsgemäßen, mangel- und beschädigungsfreien Zustand befindet.[11] Da der Beitrag des Leasingnehmers zur Restwertabsicherung darin besteht, dass er für die zustandsbedingte **Werthaltigkeit** des Fahrzeugs die Verantwortung übernimmt,[12] ist der Kilometerabrech-

7 Für Verbraucherdarlehensverträge ergibt sich die Pflicht des Darlehensgebers zur Prüfung der Kreditwürdigkeit aus § 18 Abs. 2 KWG.

8 *Palandt/Weidenkaff*, § 509 Rn. 1 m. w. N.

9 *Reinking*, DAR 2010, 252, 254.

10 BGH 24. 4. 1996, NJW 1996, 2033, 2035 und 11. 3. 1998, NJW 1998, 1637, 1639; ausführlich *Zahn* in Graf von Westphalen, Der Leasingvertrag, Kap. M Rn. 33 ff., 50.

11 BGH 24. 4. 1996, NJW 1996, 2033, 2035.

12 Zutreffend weist *Zahn* in Graf von Westphalen, Der Leasingvertrag, Kap. M Rn. 39 Fn. 6 darauf hin, dass der Leasingnehmer u. U. einen Wertminderungsausgleich bis zur Höhe des hypothetischen Marktwertes schuldet, was aber weder bedeutet, dass er die Vollamortisation als solche schuldet, noch dass er das Restamortisationsrisiko trägt.

nungsvertrag – aus Sicht des BGH – konzeptionell mit denjenigen Restwertverträgen vergleichbar, bei denen der Leasingnehmer gegenüber dem Leasinggeber eine Restwertgarantie übernimmt. Denn auch der Kilometerabrechnungsvertrag ist darauf angelegt, dass bereits durch die Zahlung der Leasingraten die Vollamortisation ohne erneutes Verleasen der Leasingsache an weitere Leasingnehmer erzielt wird und eine **Amortisationslücke** für den Leasinggeber i. d. R. nicht zu erwarten ist.[13] Auf den Anteil des Leasingnehmers an der vollen Amortisation und das Verhältnis der Vertragslaufzeit zur betriebsgewöhnlichen Nutzungsdauer oder zur technischen Lebensdauer des Leasingfahrzeugs kommt es nicht an.[14]

Da sich an dieser Ausgangslage nichts geändert hat, ist die Idee, an der Altrechtsprechung weiterhin festzuhalten, durchaus naheliegend.[15] Die **Verbraucherkreditrichtlinie** steht einer analogen Anwendung von § 506 Abs. 2 S. 1 Nr. 3 BGB nicht entgegen, da diese Vorschrift – gesetzgeberisch gewollt – über den Geltungsbereich der EU-Richtlinie hinausgeht. Insoweit liegt eine trotz Vollharmonisierung zulässige **überschießende Richtlinienumsetzung** vor, für die Art. II lit. d VerbrKrRL dem nationalen Gesetzgeber freien Gestaltungsraum für den Fall belässt, dass der Leasingvertrag eine Erwerbspflicht des Leasingnehmers nicht vorsieht.[16] **L108**

Für eine Beibehaltung der Rechtsprechung aus der Zeit vor Umsetzung der Verbraucherkreditrichtlinie, die das Kilometerleasing dem Finanzierungsleasing stets zuordnete, spricht die **Gesetzeshistorie**. Da weder das VerbrKrG noch § 500 BGB a. F. eine Legaldefinition enthielten, blieb es der Rechtsprechung überlassen, die rechtlichen Konturen des Finanzierungsleasings festzulegen. Darauf aufbauend hat der Gesetzgeber in § 506 Abs. 2 S. 1 Nr. 1–3 BGB nunmehr die auf das Finanzierungsleasing zugeschnittenen Voraussetzungen benannt, bei deren Vorliegen Verträge über die entgeltliche Nutzung unwiderleglich als sonstige Finanzierungshilfen gelten.[17] Das schließt nicht aus, dass auch andere Vertragsgestaltungen, wie etwa die spartenspezifische Sonderform des Kfz-Kilometerleasings, als sonstige Finanzierungshilfe zu qualifizieren sind.

Gegen eine Erstreckung des Anwendungsbereichs von § 506 Abs. 2 S. 2 Nr. 3 BGB auf Leasingverträge mit Kilometerabrechnung wird in erster Linie vorgebracht, sie lasse sich mit **Willen des deutschen Gesetzgebers** nicht vereinbaren. Nach der **Gesetzesbegründung** sei zu verlangen, dass der Leasingnehmer am Vertragsende für einen bestimmten, im Vertrag als **feste Zahl** ausgewiesenen Wert der Leasingsache einzustehen habe und genau daran fehle es beim Kilometerabrechnungsvertrag. Außerdem seien die vom Gesetzgeber eingeforderten **Angabepflichten** bei diesem Vertragstyp unerfüllbar. **L109**

Diese Argumente scheinen auf den ersten Blick durchaus gewichtig, sind aber **keineswegs zwingend**. Die Feststellung, dass ein bestimmter Wert ein solcher ist, der im Vertrag als „feste Zahl" vereinbart ist, besagt nicht zwangsläufig, dass der Gesetzgeber damit eine entsprechende Anwendung von § 506 Abs. 2 S. 2 Nr. 3 BGB auf Leasingverträge ohne feste Zahl grundsätzlich ausschließen wollte. Denn es ist ebenso gut vorstellbar, dass er damit lediglich die übliche Ausgestaltung von Leasingverträgen mit Restwertabsicherung beschreiben wollte, um sie anschließend mit den von der Richtlinie vorgegebenen Verträgen mit Erwerbsverpflichtung zu vergleichen und mit ihnen auf eine Stufe zu stellen. Eine solche Interpretation ist in Anbetracht des **Kontextes der Gesetzesbegründung** durchaus na-

---

13 BGH 11. 3. 1998, NJW 1998, 1637 m. w. N.; a. A. *Nitsch*, NZV, 2011, 14,15; Francke/Strauss, FLF 2010, 246 ff.; *Omlor*, NJW 2010, 2964 ff.

14 *Wolf/Eckert/Ball*, Rn. 1758.

15 *Palandt/Weidenkaff*, § 506 Rn. 5; *Reinking*, DAR 2010, 252, 253.

16 *Omlor*, NJW 2010, 2964; *Gsell/Schellhase*, JZ 2009, 20, 22; Bülow/Artz, Verbraucherkreditrecht, 7. Aufl. 2011, § 506 Rn. 76; *Reinking*, DAR 2010, 252,253.

17 *Prütting/Wegen/Weinreich/Kessal-Wulf*, § 506 Rn. 5.

heliegend, zumal der Gesetzgeber nicht den Willen hatte, in die bestehende **höchstrichterliche Rechtsprechung** einzugreifen und den Kilometerabrechnungsvertrag vom darlehensrechtlichen Verbraucherschutz auszugrenzen. Dass auch der Verbraucher eines Leasingvertrages mit Kilometerabrechnung dieses **Schutzes** bedarf, hat der AK II des 49. Deutschen Verkehrsgerichtstages erkannt und mit Blick auf den Meinungsstreit empfohlen, an der bisherigen BGH-Rechtsprechung festzuhalten bzw. das vormalige Schutzniveau wieder herzustellen.[18]

L110 Das Argument, es sei nicht möglich, die gesetzlichen **Angabepflichten** beim Kilometerabrechnungsvertrag zu erfüllen, verfängt ebenfalls nicht. Die gleichen – durchaus beachtlichen – Einwendungen wurden bereits im Gesetzgebungsverfahren gegenüber der Regelung von § 506 Abs. 2 S. 1 Nr. 3 BGB geltend gemacht. In seiner Stellungnahme v. 24. 3. 2009 zum Gesetzesvorhaben forderte der Bundesverband Deutscher Leasingunternehmen (hilfsweise), Leasingverträge mit Restwertabsicherung von der Pflicht zur Angabe des effektiven Jahreszinses und des Sollzinssatzes zu befreien, weil die Zahlungsverläufe bzw. die geschuldeten Beträge zu Beginn des Vertrages nicht feststehen und es einen Sollzins von vornherein nicht gibt. Der Gesetzgeber ist diesem Petitum nicht nachgekommen, weshalb Leasinganbieter seit der Änderung der §§ 491 ff. BGB verunsichert sind, da sie nicht wissen, wie sie mit dem Restwert bei der Berechnung des effektiven Jahreszinses umgehen müssen. Sie vermissen hierzu eine klare Handlungsanweisung des Gesetzgebers.[19] Diese Schwierigkeiten bei der Anpassung der auf Darlehensverträge zugeschnittenen Angabepflichten an Kfz-Leasingverträge betreffen die in § 506 Abs. 2 S. 1 Nr. 3 BGB aufgeführten Restwertverträge und Kilometerabrechnungsverträge jedoch gleichermaßen. Da sie kein Sonderproblem des Kilometerabrechnungsvertrages darstellen, stehen sie einer analogen Anwendung von § 506 Abs. 2 S. 1 Nr. 3 BGB nicht im Wege.

L111 Den Besonderheiten der „echten" Verträge mit Restwertabsicherung hat der Gesetzgeber durch die Regelungen in § 506 Abs. 4 S. 3 BGB und daran anknüpfend in Art. 247 § 12 S. 3 EGBGB in einem wesentlichen Punkte entsprochen. Weil beim Finanzierungsleasingvertrag üblicherweise ein **Nettodarlehensbetrag** nicht existiert, tritt an seine Stelle entweder der Barzahlungs- oder der Anschaffungspreis. Beim Kfz-Leasingvertrag ist i. d. R. der **Brutto- Anschaffungspreis** zugrunde zu legen, zu dem der Leasinggeber das Fahrzeug erworben hat.[20] Mit diesen Vorgaben lässt sich der **effektive Jahreszins** über § 6 PAngV durchaus ermitteln.[21] Da dessen Höhe bei den klassischen Restwertverträgen i. S. v. § 506 Abs. 2 S. 1 Nr. 3 BGB am Vertragsanfang nicht feststeht, kann nur der **kalkulierte Restwert** in die Berechnung einfließen. Nachträgliche Veränderungen des Wertes sind typisch für diese Art von Finanzierungsleasingverträgen. Das gleiche gilt für Vergütungsregelungen zum Kilometer- und Wertminderungsausgleich in Kfz-Leasingverträgen mit Kilometerabrechnung. Auch sie können bei der am Vertragsanfang notwendigen Ermittlung des effektiven Jahreszinses nicht berücksichtigt werden.

In der Wirtschaftskrise hat sich gezeigt, dass nicht nur Leasingnehmer „echter Restwertverträge" erheblichen finanziellen Nachbelastungen ausgesetzt waren. Auch Leasingnehmer von Kilometerabrechnungsverträgen blieben davon nicht verschont. Als die Preise auf dem Gebrauchtwagenmarkt einbrachen, wurden Leasingrückläufer penibel auf **Mängel und Schäden** untersucht und auf diese Weise von Leasingfirmen und Lieferanten erhebliche Nachforderungen generiert.

---

18 49. VGT, S. XII, Empfehlung II.

19 *Francke/Strauss*, FLF 2010, 256, 262; *Strauß*, 49. VGT, S. 55.

20 Der Barzahlungspreis ist für das Herstellerleasing vorgesehen, das einen Beschaffungsvorgang nicht erfordert, aus steuerlichen Gründen jedoch in Deutschland nicht praktiziert wird.

21 *Omlor*, NJW 2010, 2694, 2698.

Zu berücksichtigen ist weiterhin, dass das **Marktwertrisiko**, das der Leasinggeber beim Kilometerleasing trägt, weitgehend beherrschbar ist. Leasingfirmen können sich durch Rückkaufverpflichtungen ihrer Lieferanten absichern (was in der Praxis regelmäßig geschieht), bei der Bemessung des Leasingentgelts einen Marktwertverlust einkalkulieren und notfalls mit dem Leasingnehmer eine Vertragsverlängerung vereinbaren. In Anbetracht dessen ist es durchaus gerechtfertigt, den darlehensrechtlichen Schutz von § 506 Abs. 2 S. 1 Nr. 3 BGB auf diejenigen Personen zu erstrecken, die einen Kfz-Leasingvertrag mit Kilometerabrechnung als Verbraucher abschließen.[22]

3. Geschützter Personenkreis

a) Existenzgründer

Außer **privaten Leasingnehmern** partizipieren an dem darlehensrechtlichen Verbrau- **L112**
cherschutz auch diejenigen Personen, die sich eine sonstige Finanzierungshilfe in Form eines Kfz- Leasingvertrages für die Aufnahme einer **gewerblichen** oder **selbstständigen beruflichen Tätigkeit** haben gewähren lassen (**Existenzgründer**), es sei denn, dass der Nettodarlehensbetrag oder Barzahlungspreis den Betrag von **75.000 €** übersteigt (§ 512 BGB). Diese auch in Art. 2 Abs. 2 lit. c VerbrKrRL vorgesehene betragsmäßige Obergrenze von 75.000 € gilt nicht für Verbraucherleasingnehmer außerhalb der Existenzgründungsphase, da der Gesetzgeber die Richtlinie insoweit nicht umgesetzt hat.[23]

Da das Finanzierungsleasing den Begriff „Nettodarlehensbetrag" nicht kennt, tritt gem. § 506 Abs. 4 S. 2 BGB der **Brutto-Anschaffungspreis** an seine Stelle, den der Leasinggeber für die Anschaffung der Leasingsache aufgewendet hat.

b) Mithaftende Personen

Der Gesetzgeber hat in der Gesetzesbegründung zur Neufassung des Darlehensrechts **L113**
keine Stellungnahme zu der Frage abgegeben, welche mithaftenden Personen an dem Verbraucherschutz teilhaben sollen, den das Darlehensrecht zur Verfügung stellt. Da sich die tatsächlichen und rechtlichen Rahmenbedingungen durch die Umsetzung der Verbraucherkreditrichtlinie nicht verändert haben, steht einer nahtlosen **Anknüpfung an die frühere Rechtsprechung** nichts entgegen.

Folglich sind die nach § 506 Abs. 1 BGB auf Kfz-Leasingverträge i. S. v. § 506 Abs. 2 S. 1 Nr. 1–3 BGB entsprechend anwendbaren Vorschriften zum Verbraucherdarlehen auch auf diejenigen Personen zu erstrecken, die als **Verbraucher** eine **Mithaftung** für die Erfüllung der Pflichten aus dem Leasingvertrag übernehmen, sei es durch **Schuldbeitritt, Schuldübernahme, Restwertgarantie** oder als **zweiter Leasingnehmer.** Diese Personen sind oft schutzwürdiger als der Leasingnehmer selbst, da sie im Gegensatz zu ihm keine Rechte gegen den Leasinggeber erlangen.[24]

Als Normadressat des durch § 506 BGB eröffneten darlehensrechtlichen Verbraucher- **L114**
schutzes für Kfz-Leasingverträge kommt nicht nur der einzelne Verbraucher, sondern auch eine **Mehrzahl** von natürlichen Personen in Betracht, die sich zu einer GbR zusammengeschlossen haben und in Verfolgung ihres nicht kommerziellen Gesellschaftszwecks

22 Wie hier *Bülow/Artz*,Verbraucherkreditrecht, § 506 BGB Rn. 77; *Müller-Sarnowski/Bethäuser* in Ludovisy/Eggert/Burhoff, Praxis des Straßenverkehrsrechts, 5. Aufl. 2011, Teil 5 D Rn. 399; *Palandt/Weidenkaff*, § 506 Rn. 3; a. A. *Andreae* in Himmelreich/Andreae/Teigelack, Autokaufrecht, 4. Aufl. 2011, § 22 Rn. 10; *Skusa*, NJW 2011, 2993, 2997.

23 *Omlor*, NJW 2010, 2694, 2987.

24 BGH 5. 6. 1996, NJW 1996, 2156, 2157; 12. 11. 1996, NJW 1997, 654.

(z. B. Fahrgemeinschaft) einen Leasingvertrag über ein Kraftfahrzeug abschließen.[25] Dem steht nicht entgegen, dass der GbR eine nur beschränkte Rechtsfähigkeit zuerkannt wird.[26]

Keine natürliche Person ist ein **Idealverein**, so dass § 506 BGB auf ihn keine Anwendung findet.[27]

L115 Falls ein Unternehmer und ein Verbraucher **gemeinsam** einen Leasingvertrag schließen, zwingt § 13 BGB zur Anwendung der Verbraucherrechte auf die Person, die als Verbraucher handelt.[28] Voraussetzung hierfür ist allerdings, dass der Kfz-Leasingvertrag in Bezug auf die Person des Verbrauchers unter § 506 Abs. 2 S. 1 Nr. 1–3 BGB fällt, da andernfalls der Verbraucher beim Abschluss eines gemeinsamen Leasingvertrages besser stünde als wenn er alleiniger Vertragspartner des Leasinggebers wäre. Im Falle eines gemeinsamen Vertragsabschlusses kommt es zwangsläufig zu **Ausstrahlungen des Verbraucherschutzes** auf die Vertragsbeziehungen zwischen Leasinggeber und Unternehmer-Leasingnehmer. Eine gegenüber dem Unternehmer-Leasingnehmer erklärte fristlose Kündigung des Leasingvertrages ist nämlich nur wirksam, wenn sie gegenüber dem Verbraucher-Leasingnehmer den Anforderungen von § 498 BGB entspricht.[29] Dies liegt daran, dass eine gegenüber einer Mehrheit von Personen auszusprechende Kündigung nur einheitlich erklärt werden kann.[30]

L116 Im Schrifttum überwiegt die Ansicht, dass die zuvor in § 500 BGB a. F. und jetzt in § 506 Abs. 1 BGB enthaltenen Verweisungen auf **Bürgschaften** nicht entsprechend anzuwenden sind.[31] Eine höchstrichterliche Bestätigung liegt allerdings nur zur Verbraucherbürgschaft vor, die der Forderungsabsicherung aus einem **Leasingvertrag** mit einem **Unternehmer** dient.[32] Zu der Frage, ob auch solche Bürgschaften vom Verbraucherschutz ausgeschlossen sind, die ein Verbraucher zur Absicherung von Forderungen aus einem Leasingvertrag zwischen einem Unternehmer und einem Verbraucher übernommen hat, musste der BGH bisher nicht Stellung nehmen. Der EuGH[33] entschied, dass Bürgschaftsverträge nicht in den Geltungsbereich der Verbraucherkredit-Richtlinie 87/102/EWG v. 22. 12. 1986 fallen, wenn weder der Bürge noch der Kreditnehmer bzw. Leasingnehmer im Rahmen einer selbstständigen Erwerbstätigkeit gehandelt haben.

L117 Die Mehrheit der deutschen Instanzgerichte lehnt es ab, Bürgschaften von Verbrauchern, mit denen Forderungen aus Verbraucherleasingverträgen abgesichert werden, wie Verbraucherdarlehen zu behandeln.[34] Der Bürge sei – so argumentieren sie – in **geringerem Maße schutzwürdig** als derjenige, der einer fremden Schuld beitritt, da er durch die Schriftform gewarnt werde und im Falle der Aufgabe von Sicherheiten Befreiung von der Bürgschaft verlangen könne.[35] Diese Begründung vermag kaum zu überzeugen, da der Schuldbeitritt eines Verbrauchers zu einem Kfz-Leasingvertrag ebenfalls der Schriftform (bzw. der elek-

25 BGH 23. 10. 2001, ZIP 2001, 2224.
26 BGH 29. 1. 2001, ZIP 2001, 330; *Palandt/Sprau*, § 705 Rn. 24.
27 EuGH 22. 11. 2001, EuZW 2002, 32.
28 *Schmidt-Räntsch* in Bamberger/Roth, BGB § 13 Rn. 8.
29 Zuletzt BGH 8. 10. 2003, NZV 2004, 77; sowie 28. 6. 2000, NJW 2000, 3133 ff., 3135 m. w. N.
30 BGH 26. 11. 1957, NJW 1958, 421; 28. 6. 2000, NJW 2000, 3133, 3135.
31 *Reiff* in Dauner-Lieb/Heidel/Lepa/Ring, § 491 Rn. 5; *Zahn* DB 1992, 1029; *Wolf/Eckert/Ball*, Rn. 1969; *Koch*, FLF 1998, 203; *Auer*, ZBB 1999, 161; nunmehr auch *Graf von Westphalen*, Der Leasingvertrag, Kap. C Rn. 72; a. A. *Bülow*, ZIP 1999, 1613 m. w. N.
32 BGH 21. 4. 1998, DB 1998,1179.
33 Urt. v. 23. 3. 2000, WM 2000, 713.
34 OLG Stuttgart 22. 7. 1997, OLGR 1997, 36; 18. 2. 1998, OLGR 1998, 147; OLG Rostock 8. 1. 1998 OLGR 1998, 180; OLG Düsseldorf 18. 8. 1997, ZIP 1997, 2005; OLG Frankfurt/M. 15. 12. 1997, OLGR 1998, 147 und 21. 1. 1998 OLGR 1998, 218; dergl. Ansicht *Zahn*, DB 1998, 353; *Koch*, FLF 1998, 204; *Spittler*, S. 120; a. A. LG Köln 2. 10. 1997, ZIP 1997, 2007.
35 *Schmid-Burgk*, DB 1997, 513; *Graf von Westphalen*, Der Leasingvertrag, Kap. C Rn. 72.

tronischen Form) bedarf[36] und in Anbetracht der wirtschaftlichen Zielsetzung und dem daraus abzuleitenden Schutzbedürfnis der mithaftenden Personen kein wesentlicher Unterschied zwischen einer Bürgschaft und einem Schuldbeitritt besteht.[37] Es ist daher naheliegend, die analoge Anwendung des § 506 Abs. 1 BGB nicht auf den Schuldbeitritt zu beschränken, sondern auf die Bürgschaft zu erstrecken.[38]

Eine selbstschuldnerische Mitverpflichtung spricht idR für die Annahme eines Schuld- **L118** beitritts und gegen eine Bürgschaft.[39]

c) Informationspflichten des Leasinggebers

§ 506 Abs. 1 S. 1 BGB verweist u. a. auf die entsprechende Anwendung von § 491a **L119** BGB, der seinerseits in Abs. 1 auf Art. 247 EGBGB Bezug nimmt, dessen § 12 Abs. 1 S. 1 EGBGB die Anordnung enthält, dass die vorhergehenden Regelungen der §§ 1–12 für Verträge über entgeltliche Finanzierungshilfen anzuwenden sind, zu denen die in § 506 Abs. 2 S. 1 Nr. 1–3 BGB beschriebenen Verträge über die entgeltliche Nutzung eines Gegenstandes gehören. Damit nicht genug: Die entsprechende Anwendung von Art. 247 §§ 13 ff. EGBGB soll trotz des entgegenstehenden Wortlauts von § 12 nicht ausgeschlossen sein. Dies geht aus der Gesetzesbegründung zu Art. 247 § 13 EGBGB hervor. Da ein offensichtliches Versehen des Gesetzgebers vorliegt, wird angenommen, dass Art. 247 EGBGB insgesamt auf Finanzierungsleasingverträge anzuwenden ist.[40]

Soviel zur **kompliziert verzahnten** und **lückenhaften Verweisungstechnik** des reformierten Verbraucherkreditrechts, die besagt, dass den Leasinggeber sowohl **vorvertragliche** als auch **bei Vertragsabschluss** zu erfüllende Pflichten treffen, die detailliert in Art. 247 EGBGB § 3 und ergänzend u. a. in §§ 2, 4, 5, 8, 13, 14, 15 EGBGB geregelt sind. Die **vorvertragliche Phase** beginnt mit Vertragsanbahnung.[41] Die Informationen aus Art. 247 §§ 9–11, 16, 17 EGBGB haben für Kfz-Leasingverträge keine Bedeutung.

Nach Art. 247 § 2 Abs. 1 EGBGB hat die Unterrichtung des Verbraucherleasingnehmers **L120** **zwingend** unter Verwendung der **Europäischen Standardinformationen** in **Textform** zu erfolgen. Dafür hat der Gesetzgeber ein den Richtlinienvorgaben angepasstes Muster als Anlage 3 zu Art. 247 § 2 EGBGB vorgelegt, das **SECCI** genannt wird und die Abkürzung von **Standard European Consumer Credit Information** darstellt.[42] Da dieses Muster auf Darlehensverträge zugeschnitten ist und zu Missverständnissen Anlass geben könnte, sind Zusatzerläuterungen zum Finanzierungsleasingvertrag notwendig, deren Zulässigkeit sich aus § 506 Abs. 1 BGB und dem Erwägungsgrund 23 zur VerbrKrRL ergibt.[43] Die erforderlichen Anpassungen bereiten Probleme, da einerseits **Klarstellungen** erfolgen müssen, andererseits aber die **Musterwirkung** der Vorlage nicht verloren gehen darf. Anbieter von Leasingverträgen versuchen diesen Zielkonflikt möglichst schonend dadurch aufzulösen, dass sie die notwendigen Klarstellungen in der rechten Spalte des SECCI vornehmen, wodurch sich aber nicht alle Unklarheiten beseitigen lassen.[44]

Eckpunkte der Informationspflichten des Leasinggebers, von denen nicht zum Nachteil **L121** des Verbrauchers abgewichen werden darf (§ 511 BGB), sind der **Nettodarlehensbetrag** (§ 491 Abs. 2 Nr. 1 BGB), der vom Verbraucher zu zahlende **Gesamtbetrag**, der **Sollzins-**

36 BGH 12. 11. 1996, WM 1997, 158.
37 *Bülow*, ZIP 1999, 1613 m. w. N.
38 *Omlor*, NJW 2010, 2694, 2698 m. w. N.
39 Thüringer OLG 3. 5. 1999, OLGR 2000,32.
40 *Omlor*, NJW 2010, 2694, 2698.
41 *Palandt/Weidenkaff*, Vorbem. zu Art. 247 EGBGB Rn. 1.
42 Nachzulesen bei *Palandt/Weidenkaff*, Anl. 3 zu EGBGB 247, S. 2746.
43 *Omlor*, NJW 2010, 2694, 2698.
44 *Strauß*, 49. VGT 2011 S. 59.

satz und der **effektive Jahreszins**. Es sind vor allem die Gesamtkosten und Zinssätze, deren Angabe Leasinganbietern Kopfzerbrechen bereiten.

Beim **Nettodarlehensbetrag** hilft § 506 Abs. 4 S. 2 BGB i. V. m. Art. 247 § 12 Abs. 2 S. 3 EGBGB weiter. Er wird durch den Anschaffungspreis ersetzt, da regelmäßig der Leasinggeber das Fahrzeug erwirbt.[45]

L122 Problematisch wird es bei der Angabe des **Gesamtbetrages**. Darunter ist die Summe aller vom Leasingnehmer während der Vertragszeit zu zahlenden Einzelbeträge zu verstehen. Dazu gehören die Sonderzahlung, die Leasingraten, die Schlusszahlung und sonstige Kosten.[46] Anders als bei einem Gelddarlehen handelt es sich bei diesen Zahlungen nicht um fixe, bei Vertragsbeginn feststehende Größen. Dies gilt vor allem für die **Schlusszahlung** bei Leasingverträgen mit Restwertabsicherung. Sie ist eine von Natur aus eine variable Größe, abhängig vom Zustand des Leasingfahrzeugs und dem Verwertungsergebnis. Der Leasingnehmer braucht keine Schlusszahlung zu leisten, wenn der Restwerterlös den bei Vertragsbeginn kalkulierten Restwert erreicht oder übersteigt. Erfüllen sich seine Restwerterwartungen jedoch nicht oder verbleibt am Ende ein zustandsbedingter Minderwert des Fahrzeugs, muss er den – im Voraus nicht abschätzbaren – Fehlbetrag ausgleichen.

Selbst eine bei Vertragsbeginn fällige **Sonderzahlung** und die **Leasingraten** können sich verändern, wenn etwa während der Vertragsdauer die Umsatzsteuer angehoben wird oder die Kosten für Nebenleistungen steigen. Für den **Leasingvertrag mit Andienungsrecht** führt z. B. eine in die Vertragszeit fallende Erhöhung der Umsatzsteuer zu einer entsprechenden Anhebung des Andienungspreises, so dass die Angabe des Leasinggebers zur Gesamtbelastung fortan nicht mehr den Tatsachen entspricht. Um dies zu verhindern, müsste der Leasinggeber eines Verbraucherleasingvertrages – streng genommen – den Bruttobetrag als Andienungspreis ausweisen, um seiner Angabepflicht zu genügen. Das aber würde bedeuten, dass er das Risiko der Umsatzsteuererhöhung zu tragen hätte. Da dieses Risiko typischerweise beim Leasingnehmer liegt, muss es dem Leasinggeber nach § 506 Abs. 1 S. 1 BGB gestattet sein, seiner Angabepflicht dadurch zu genügen, dass die Angabe der Gesamtbelastung und die davon abhängigen Zinsangaben auf dem bei Vertragsabschluss gültigen Mehrwertsteuersatz beruhen.

L123 Es sind die soeben geschilderten leasingtypischen Besonderheiten, die vor allem die Pflichtangabe des **effektiven Jahreszinses** bei den Restwertverträgen i. S. v. § 506 Abs. 2 S. 1 Nr. 3 BGB zu einer äußerst schwierigen Aufgabe machen, für deren Bewältigung sich die Leasingbranche eine Hilfestellung des Gesetzgebers erhofft hätte.[47] Art. 3 lit i VerbrKrRL i. V. m. der Formel in Anhang I hilft in diesem Punkte nicht weiter. Die zwingend vorgeschriebene Verwendung der Berechnungsformel zu § 6 PAngV führt zu Verzerrungen, weil die **Eigentumsverhältnisse** am Leasingfahrzeug nach Ablauf der Vertragszeit genau so wenig berücksichtigt werden wie der Minderwertausgleich und eine Mehrerlösbeteiligung des Leasingnehmers. Auch die Tatsache, dass der Leasinggeber das **Insolvenzrisiko** des Lieferanten trägt, findet keine Berücksichtigung.

L124 Leasinganbieter können den effektiven Jahreszins bei Verträgen i. S. v. § 506 Abs. 2 S. 1 Nr. 3 BGB nur insoweit verbindlich angeben, als die in die Berechnung einfließenden Gesamtkosten bei Vertragsabschluss **feststehen**. Das sind in erster Linie die **Sonderzahlung**, die **Summe der Raten** und der **kalkulierte Restwert**, jeweils berechnet auf der Grundlage des bei Vertragsabschluss gültigen Mehrwertsteuersatzes, wobei es keinen Unterschied macht, ob Letzterer offengelegt wird oder ob er – nimmt man den Kilometerabrechnungsvertrag bei § 506 Abs. 2 S. 1 Nr. 3 BGB hinzu, nur eine interne Kalkulationsgröße darstellt.

---

45 *Prütting/Wegen/Weinreich/Kessal-Wulf*, § 506 Rn. 7.
46 *Palandt/Weidenkaff*, Art 247 § 3 Rn. 4 EGBGB; *Omlor*, NJW 2010, 2694, 2698.
47 *Francke/Strauß*, FLF 2010, 256, 263; *Strauß*, 49. VGT 2011, S. 60.

Zu den feststehenden Kostenfaktoren, die in die Berechnung des effektiven Jahreszinses einzubeziehen sind, gehören weiterhin etwaige **Vermittlungskosten** sowie die Kosten einer obligatorischen **Restschuld**- oder **GAP-Versicherung.**[48] Nicht berücksichtigungsfähig sind Nachzahlungen, die der Leasingnehmer wegen Nichterzielung des kalkulierten Restwertes, Überschreitung des Kilometerlimits oder eines nicht vertragsgemäßen Zustands des Leasingfahrzeugs zu leisten hat. Wie am Beispiel des Leasingvertrages mit Andienungsrecht bereits aufgezeigt wurde, können mögliche Änderungen des Umsatzsteuersatzes während der Vertragslaufzeit ebenfalls nicht in die Berechnung des effektiven Jahreszinses aufgenommen werden. Dem Erfordernis der **entsprechenden Anwendung** der verbraucherdarlehensrechtlichen Vorschriften auf Leasingverträge kann daher nur in der Weise genügt werden, dass sich der Leasinggeber eine Änderung der in die Zinsangabe einfließenden Kosten vorbehält. Nach § 6 Abs. 4 PAngV wird in diesem Falle davon ausgegangen, dass der Sollzinssatz und die sonstigen Kosten gemessen an der ursprünglichen Höhe fest bleiben und bis zum Ende des Leasingvertrages gelten.

Die Angabe des der Kreditgewährung zugrunde liegenden Sollzinssatzes (§ 489 Abs. 5 **L125** BGB) bereitet ebenfalls erhebliche Probleme, da die für das Darlehen typische **Aufteilung in Zins- und Tilgungsanteile** dem Kfz-Leasing fremd ist. Mit Blick auf § 675g Abs. 3 BGB, Art. 247 § 3 Abs. 4 S. 2 BGB stellt sich die Frage, auf welche **Referenzgröße** sich diese Angabe bei einem Kfz-Leasingvertrag bezieht. In Betracht kommen entweder hausinterne Kalkulationsgrößen der Leasinggesellschaft oder ein kostenbereinigter effektiver Jahreszins.[49]

Alle vorvertraglichen Informationen nach Maßgabe der dem Leasingvertrag angepass- **L126** ten Anlage 3 zu Art. 247 § 2 EGBGB (SECCI) müssen dem Leasingnehmer so **rechtzeitig vor Abschluss** des Leasingvertrages erteilt werden, dass dieser die Möglichkeit hat, mehrere Angebote in Abwesenheit des Leasinggebers zu vergleichen.[50]

Im Vorfeld hat der Verbraucherleasingnehmer gem. § 491a Abs. 2 S. 1 BGB Anspruch **L127** auf einen **Entwurf des Leasingvertrages**, es sei denn, der Leasinggeber ist – etwa wegen ausstehender Bonitätsprüfung – noch nicht zum Vertragsabschluss bereit oder hat diesen bereits abgelehnt. Die nach § 491a Abs. 1 BGB erforderliche Information wird durch die Übersendung des Vertragsentwurfs nicht ersetzt.[51] Ein Entgelt kann der Leasinggeber für den Entwurf nicht fordern, für den Textform (§ 126b BGB) ausreicht, da das Gesetz keine Form bestimmt.

Nach § 491a Abs. 3 BGB besitzt der Verbraucher Anspruch darauf, dass der Leasingge- **L128** ber ihm **Art, Umfang und Konsequenzen** des beabsichtigten Vertragsschlusses erläutert, damit er beurteilen kann, ob der Vertrag dem von ihm verfolgten Zweck und seinen Vermögensverhältnissen gerecht wird. Intensität und Umfang der Erläuterungspflicht hängen von der **Komplexität des Leasingvertrages** und der **Verständnismöglichkeit** des Kunden ab. Obwohl Kfz-Leasingverträge seit fast einem halben Jahrhundert in Deutschland praktiziert werden, sind deren Grundstrukturen und Risiken nach wie vor weitgehend unbekannt. Viele Kunden wissen zwar, dass Leasingverträge spezielle Risiken bergen, worin sie jedoch konkret bestehen, ist ihnen nicht bekannt. Deshalb ist zu verlangen, dass der Leasinggeber den Leasingnehmer über die **Besonderheiten des jeweiligen Vertragsmodells** informiert, wenn er erkennt, dass dieser damit nicht vertraut ist. Dem Kunden muss ggf. deutlich vor Augen geführt werden, dass er dem Leasinggeber eines Leasingvertrages mit Restwertabsicherung **Vollamortisation** schuldet und eine **Garantie für den Restwert** übernimmt. Bei einem Leasingvertrag mit **Andienungsrecht** ist der Kunde, der das Vertragsmodell nicht

48 *Ady/Paetz*, WM 2009, 1061,1068.
49 *Strauß*, 49. VGT 2011 S. 60.
50 BT-Drucks. 16/11643, 121.
51 *Palandt/Weidenkaff*, § 491a Rn. 2.

kennt, darüber zu informieren, dass er das Fahrzeug unabhängig von dessen Zustand und Marktwert am Vertragsende kaufen und den bei Vertragsbeginn festgelegten Kaufpreis zahlen muss, wenn der Leasinggeber von seinem Recht der Andienung gebraucht macht. In diesem Zusammenhang kann ferner der Hinweis darauf erforderlich sein, dass das Andienungsrecht des Leasinggebers kein Erwerbsrecht des Leasingnehmers beinhaltet. **Steuerliche Informationen** in Bezug auf die Person des Leasingnehmers werden vom Leasinggeber nicht geschuldet.

An die Erfüllung der Erläuterungspflicht sind umso höhere Anforderungen zu stellen, je größer die Verständnisschwierigkeiten des durchschnittlichen oder, soweit erkennbar, des konkreten Leasingnehmers sind.[52] Damit geht die Hilfestellung, die § 491a Abs. 3 BGB dem Verbraucher gewährt, über die bisherige Rechtsprechung hinaus, die auf das Prinzip der Eigenverantwortung des Verbrauchers setzte.[53] Eine Verpflichtung des Leasinggebers, im Interesse des Leasingnehmers eine optimale Vertragsgestaltung auszuwählen, besteht allerdings ebenso wenig wie eine Kontrolle der Mittelverwendung, da insoweit die privatautonome Entscheidung des Verbraucherleasingnehmers respektiert wird.[54] Will dieser ein von ihm ausgewähltes Fahrzeug leasen, muss ihm der Leasinggeber davon nicht abraten, ggf. aber darauf hinweisen, dass die Restwerterwartungen für diesen speziellen Fahrzeugtyp insgesamt oder z. B. wegen der getroffenen Farbwahl ungünstig sind.

d) Darlehensrechtliches Widerrufsrecht des Verbraucherleasingnehmers

L129 Der Hinweis auf das Bestehen/Nichtbestehen eines Widerrufsrechts des Leasingnehmers gehört zu den Informationspflichten des § 491 Abs. 1 BGB, Art. 247, § 12 Abs. 1 S. 1, § 6 S. 1 Nr. 1, § 3 S. 1 Nr. 13, § 2 EGBGB i. V. m. Anlage 3 Nr. 4, die der Leasinggeber bereits im Vorfeld des Vertrages zwingend zu erfüllen hat. Zum Widerruf ist der Leasingnehmer berechtigt, wenn er einen Kfz-Leasingvertrag i. S. v. § 506 Abs. 2 S. 1 Nr. 1–3 BGB schließt. Das Widerrufsrecht erstreckt sich auch auf Kilometerabrechnungsverträge, sofern man die entsprechende Anwendung der Nr. 3 auf diese Vertragsart bejaht.

L130 Nach § 495 Abs. 2 BGB treten an die Stelle der Widerrufsbelehrung die Pflichtangaben nach Art. 247 § 6 Abs. 2 EGBGB. Das bedeutet, dass die Informationen zum Bestehen des Widerrufsrechts und die Modalitäten des Widerrufs in der Vertragsurkunde enthalten sein müssen. Bei Verwendung des in Anlage 6 zu Art. 247 EGBGB für Verbraucherdarlehensverträge vorgegebenen Musters besteht die Gesetzesfiktion, dass der Verbraucher ordnungsgemäß belehrt wurde. Diese Mustervorlage ist auch für Verbraucherleasingverträge i. S. v. § 506 Abs. 2 S. 1 Nr. 1–3 BGB entsprechend zu verwenden. Das bedeutet, dass sie den Besonderheiten des Leasingvertrages und denen des jeweiligen Vertragsmodells angepasst werden muss.[55] Die Gestaltungshinweise des Gesetzgebers bieten dafür eine gewisse Hilfestellung. Der Bundesverband der Leasingfirmen hat seinen Mitgliedern eine Mustervorlage zur Verfügung gestellt. Sie enthält Formulierungsalternativen, die dem jeweiligen Sachverhalt angepasst werden müssen. Welchen gestalterischen Spielraum das Gesetz den Leasinganbietern belässt, wird die Praxis erweisen müssen.

L131 Sofern Kauf- und Leasingvertrag ein **Verbundgeschäft** i. S. v. § 358 Abs. 3 BGB bilden (Rdn. L151 ff.), müssen die nach § 358 Abs. 5 BGB erforderlichen Belehrungserfordernisse gem. Ziff. 4a der Gestaltungshinweise der Anl. 6 zu § 247 EGBGB beachtet werden. Auch über den in § 359a Abs. 1 und 2 BGB geregelten **Widerrufsdurchgriff** (Rdn. L160 ff.) ist der Verbraucherleasingnehmer zu informieren. Die Vorlage hierzu liefern Ziff. 4b und 4c

52 BT-Drucks. 16/11643, 121
53 *Hofmann*, BKR 2010, 232, 243.
54 *Schnauder*, JZ 2007, 1009, 1010; *Hofmann*, BKR 2010, 232, 236.
55 Näher dazu *Francke/Strauß*, FLF 2010, 256, 264.

der Gestaltungshinweise zur Muster-Widerrufsinformation für Verbraucherdarlehensverträge.

Die **Widerrufsfrist** beginnt gem. § 495 Abs. 2a BGB **nicht vor Vertragsabschluss** und bevor der Verbraucherleasingnehmer sämtliche Pflichtangaben nach § 492 Abs. 2 BGB erhält. Der Vertragsabschluss ist nicht identisch mit dem Beginn der Leasingzeit. Nach Abschn. III der VDA-Muster-Leasingbedingungen beginnt die Leasingzeit entweder an dem zwischen dem Lieferanten und dem Leasingnehmer vereinbarten Tag der Übergabe oder 14 Tage nach Anzeige der Bereitstellung. Mit Blick auf § 357 Abs. 3 BGB empfiehlt es sich für den Leasinggeber, eine Regelung in den Vertrag aufzunehmen, die besagt, dass die Lieferung erst nach Ablauf der Widerrufsfrist erfolgt (§ 308 Nr. 1 Halbs.2 BGB). Um entgegenstehende Liefervereinbarungen auszuschließen, ist eine Abstimmung zwischen Leasinggeber und Händler erforderlich. **L132**

Da der Vertrag mit dem **Zugang** der **Annahmeerklärung** des Leasinggebers zustande kommt, muss dieser sicherstellen, dass der Zeitpunkt erfasst und im Streitfall bewiesen werden kann.

Versäumte oder **unvollständige Informationen** können gem. § 492 Abs. 6 BGB unter der Voraussetzung **nachgeholt** werden, dass der Leasingvertrag wirksam abgeschlossen wurde. Andernfalls kann er nur durch **Neuabschluss** oder nach Maßgabe von § 494 BGB **geheilt** werden. Die Möglichkeit zur Nachholung von Informationen stellt den Ausnahmefall dar, da die Nichtwahrung der Form oder das Fehlen einer einzigen Pflichtangabe die Unwirksamkeit des Vertrages zur Folge hat.[56] Diese Rechtsfolge der Unwirksamkeit tritt nur dann nicht ein, wenn der Leasinggeber den Verbraucher nicht über die Angaben gem. Art. 247 §§ 7 und 8 EGBGB informiert. In diesem Fall beträgt die Widerrufsfrist allerdings einen Monat ab Erhalt der Angaben. **L133**

Nach § 494 Abs. 1 BGB **unwirksame Verbraucherdarlehensverträge** werden nach Abs. 2 **gültig**, wenn der Darlehensnehmer das Darlehen empfängt oder in Anspruch nimmt. Gem. § 506 Abs. 1 BGB gilt dies (jetzt) auch für Finanzierungsleasingverträge i. S. v. Abs. 2 S. 1 Nr. 1–3. Da die Hauptleistungspflicht des Leasinggebers nicht in der Gewährung eines Gelddarlehens besteht, liegt es nahe, stattdessen im Rahmen von § 494 Abs. 2 BGB auf den Empfang der Leasingsache durch den Leasingnehmer abzustellen. Dem könnte entgegenstehen, dass der Leasingvertrag ein Dauerschuldverhältnis darstellt, bei dem der Leasinggeber dem Leasingnehmer nicht nur die Übergabe einer gebrauchstauglichen Leasingsache schuldet, sondern darüber hinaus deren störungsfreien Gebrauch während der Vertragszeit. In Anbetracht des Regelungszwecks von § 494 Abs. 2 BGB macht es jedoch keinen Sinn, die Heilung des wegen Formmängeln unwirksamen Leasingvertrages auf das Vertragsende zu verlagern. Das in § 506 Abs. 1 BGB enthaltene Gebot der entsprechenden Normanwendung kann nur dahingehend verstanden werden, dass allein schon die Übergabe der Leasingsache einen gleichwertigen Ersatz für die Darlehenshingabe darstellt und die in § 494 Abs. 2 S. 2 bis Abs. 7 BGB geregelten Folgen frühzeitig zum Tragen kommen. **L134**

Eine **Wertersatzverpflichtung** des Leasingnehmers wegen Ingebrauchnahme des Leasingfahrzeugs kann durch eine Heilung des Leasingvertrages nicht ausgelöst werden, da die Belehrung nach § 357 S. 1 BGB spätestens bei Vertragsschluss zu erfolgen hat. Außerdem genießt der Leasingnehmer das Haftungsprivileg des § 346 Abs. 3 S. 1 Nr. 3 BGB, so lange er die Pflichtangaben nach § 492 Abs. 2 BGB nicht oder nicht vollständig erhalten hat (§ 357 Abs. 3 S. 4 BGB). Durch anderweitige Kenntnis des Leasingnehmers vom Widerrufsrecht i. S. v. § 357 Abs. 3 S. 4 BGB wird das Haftungsprivileg aufgrund der vorgehenden Regelung des § 495 Abs. 2 S. 2 Nr. 2b BGB nicht ausgeschaltet. **L135**

---

56 Im Einzelnen dazu *Palandt/Weidenkaff*, § 492 Rn. 8 und § 494 Rn. 2.

e) Haustürgeschäfte

L136 Das in § 312 BGB verankerte **Widerrufsrecht für Haustürgeschäfte** ist nur für diejenigen Kfz-Leasingverträge mit Verbrauchern bedeutsam, die nicht schon nach §§ 506, 495, 355 BGB widerrufen werden können, mithin für Vollamortisationsverträge und Kilometerabrechnungsverträge, falls man letztere – entgegen der hier vertretenen Auffassung – nicht den Restwertverträgen des § 506 Abs. 2 S. 1 Nr. 3 BGB zurechnet. Dies liegt daran, dass das verbraucherdarlehensrechtliche Widerrufsrecht gegenüber dem Widerrufsrecht nach § 312a BGB Vorrang hat. **Existenzgründer** werden von § 312 BGB nicht erfasst. Ein wesentlicher Unterschied zum darlehensrechtlichen Widerruf besteht darin, dass die Widerrufsfrist beim Haustürgeschäft bereits mit der Erteilung der ordnungsgemäßen Widerrufsbelehrung in Lauf gesetzt wird, wenn der Unternehmer das Vertragsangebot des Leasingnehmers erst zu einem späteren Zeitpunkt annimmt,[57] während § 495 Abs. 2 Nr. 2 BGB bestimmt, dass das darlehensrechtliche Widerrufsrecht nicht vor Vertragsschluss beginnt.

L137 Das Widerrufsrecht des § 312 BGB ist auch auf diejenigen Personen anwendbar, die als Verbraucher in einer Haustürsituation eine **Bürgschaft** für einen Kfz-Leasingvertrag übernommen haben, sofern man mit der h. M. davon ausgeht, dass Bürgschaften nicht unter den Anwendungsbereich des Verbraucherkreditrechts fallen (Rdn. L116). Es kommt nicht darauf an, ob der besicherte Leasingvertrag ebenfalls mit einem Verbraucher oder mit einem Unternehmer geschlossen wurde und ob auch insoweit eine Haustürsituation bestand (doppelte Haustürsituation),[58] da die Gefahr, an der Haustür überrumpelt zu werden, unabhängig davon besteht.[59]

Das Risiko, in die Widerrufsfalle zu tappen, darf von Leasinggesellschaften nicht unterschätzt werden. Sie ist besonders groß, wenn Geschäftsführer und Gesellschafter eine Bürgschaft übernehmen.[60] Auch diese Personen fallen als Verbraucher unter den Schutz von § 312 BGB, wenn sie am Arbeitsplatz oder zu Hause eine Bürgschaft für einen Leasingvertrag ihrer Gesellschaft übernehmen oder deren Schuld aus dem Leasingvertrag beitreten.[61]

L138 Sind die Voraussetzungen eines Haustürgeschäfts erfüllt, muss der Leasinggeber den Verbraucher über das Widerrufsrecht nach Maßgabe der §§ 312 Abs. 2, 360 BGB belehren und dabei auch auf die Rechtsfolgen des § 357 Abs. 1 und 3 BGB hinweisen.

f) Kfz-Leasing und Fernabsatz

L139 Obwohl das Kfz-Leasing im Internet intensiv beworben wird, sind Vertragsabschlüsse über Internetplattformen und Internetshops nach Streichung von § 492 Abs. 1 S. 2 BGB a. F. neuerdings zwar **möglich**[62] aber nach wie vor **unüblich**.

Kfz-Leasingverträge mit Verbrauchern werden hauptsächlich über den Kfz-Handel vermittelt. Vertragsabschlüsse in den Geschäftsräumen der Leasinggesellschaften sind unüblich. Im Stadium der Vertragsanbahnung fungieren die Händler als Verhandlungsgehilfen der Leasinggesellschaften. Wird der Vertrag im Autohaus ausgehandelt und der Leasingantrag vom Verbraucher dort unterschrieben, liegt kein Fernabsatzgeschäft vor. Anders verhält es sich, wenn die Vorverhandlungen telefonisch geführt und die Vertragsformulare per

57 BGH 23. 9. 2010, NJW 2010, 610; dazu *Artz*, ZGS 2010, 498.

58 BGH 10. 1. 2006, NJW 2006, 845; 27. 2. 2007, NJW 2007, 2106 entgegen BGH 14. 5. 1998, NJW 1998,2356, der eine zweifache Haustürsituation verlangte und auf Kritik stieß; *Lorenz* NJW 1998, 2937, 2939; *Pfeiffer*, ZIP 1998, 1129, 1135 ff.; *Palandt/Grüneberg*, § 312 Rn. 8.

59 *Graf von Westphalen*, Der Leasingvertrag, Kap. C Rn. 73,74.

60 *Francke/Strauß*, FLF 2010, 256, 267.

61 OLG Köln, 12. 11. 1993, NJW-RR 1994, 1538; *Graf von Westphalen*, Der Leasingvertrag, Kap. C Rn. 74.

62 *Palandt/Weidenkaff* § 492 Rn. 2.

Fax oder Email versandt werden, ohne dass es zu einem Vier-Augen-Gespräch zwischen dem Verbraucher und dem Händler kommt.[63]

Überwiegend wird angenommen, dass die Vorschriften zum Fernabsatz auch auf Finanzierungsleasingverträge anzuwenden sind.[64] Von § 312b BGB werden alle Arten von Finanzierungsleasingverträgen und nicht nur die in § 506 Abs. 1 S. 2 Nr. 1–3 BGB beschriebenen Vertragsvarianten erfasst.[65] **L140**

Liegen die Voraussetzungen eines Fernabsatzgeschäftes vor, muss die Leasinggesellschaft die Informationspflichten beachten, deren inhaltliche Ausgestaltung Art. 246 EGBGB regelt. **L141**

Das fernabsatzrechtliche Widerrufsrecht des § 312d BGB wird nach Abs. 5 durch das verbraucherdarlehensrechtliche Widerrufsrecht der §§ 506, 494, 355 BGB **ausgeschaltet**. Es bleibt aber für diejenigen Finanzierungsleasingverträge bedeutsam, die von § 506 Abs. 2 S. 1 Nr. 1–3 BGB nicht erfasst werden. Das sind wiederum der Vollamortisationsvertrag und der Kfz-Leasingvertrag mit Kilometerabrechnung, sofern man letzteren nicht den Restwertverträgen zurechnet. Das fernabsatzrechtliche Widerrufsrecht weist im Vergleich zu anderen Widerrufsrechten die Besonderheit auf, dass die Widerrufsfrist gem. § 312d Abs. 2 BGB nicht vor dem Warenerhalt zu laufen beginnt, mithin beim Kfz-Leasingvertrag nicht vor Übernahme des Leasingfahrzeugs durch den Leasingnehmer.[66] **L142**

Bei einem Abschluss des Leasingvertrages im **elektronischen Geschäftsverkehr** ist zu beachten, dass die Widerrufsfrist des Verbraucherleasingnehmers nicht vor Erfüllung der in § 312e Abs. 1 S. 1 BGB geregelten Pflichten beginnt. Dabei handelt es sich um zusätzliche Pflichten, die weitergehende Informationspflichten aus dem Verbraucherleasingvertrag unberührt lassen (§ 312e Abs. 3 BGB). **L143**

g) Vermittlung von Kfz- Leasingverträgen

Der sachliche Anwendungsbereich der §§ 655a – 655c BGB erstreckt sich auf **Finanzierungsleasingverträge**,[67] soweit diese eine entgeltliche Finanzierungshilfe i. S. v. § 506 BGB darstellen. Unter den Schutz dieser Vorschriften fallen Verbraucher und gem. § 655e Abs. 2 BGB auch Existenzgründer. **L144**

Nach § 655a Abs. 2 S. 1 BGB hat der Vermittler dem Verbraucher die **Informationen** aus Art. 247, § 13 EGBGB zu erteilen, die im Wesentlichen die Vermittlungstätigkeit und die damit zusammenhängenden Entgelte und Nebenentgelte betreffen. Die Vermittlungskosten sind in die Berechnung des effektiven Jahreszinses nach Art. 247 § 3 Nr. 3 EGBGB i. V. m. § 6 Abs. 3 PAngV einzubeziehen. Damit der Leasinggeber den effektiven Jahreszins berechnen kann, ist der Vermittler gem. Art. 247, § 13 Abs. 3 EGBGB verpflichtet, vor der Annahme des Auftrags die Höhe der von ihm verlangten Vergütung mitzuteilen. **L145**

Gegenüber dem Verbraucher muss der Vermittler die Informationspflichten gem. § 491a BGB erfüllen (§ 655a Abs. 2 S. 2 BGB). Davon ist er allerdings freigestellt, wenn er lediglich in **untergeordneter Funktion** als Vermittler tätig wird. Was darunter genau zu verstehen ist und wo die Grenzen zu ziehen sind, bedarf der Klärung. Für den Autohandel ist die Vermittlung von Kfz-Leasingverträgen nur ein Vertriebsweg von mehreren. Im Vordergrund des Händlerinteresses stehen der Absatz des Fahrzeugs und eventuell auch dessen **L146**

---

63 *Francke/Strauß*, FLF 2010, 256, 267.

64 *Knöfel*, ZGS 2004, 182; *Palandt/Güneberg*, § 312b BGB Rn. 10b; MüKo/*Wendenhorst*, § 312b Rn. 74; *Weber*, NJW 2005, 2195; *Bülow/Artz*, Verbraucherkreditrecht, § 506 BGB Rn. 37; a. A. *Woitkewitsch* in *Graf von Westphalen*, Der Leasingvertrag Kap. L Rn. 457 ff.

65 *Francke/Strauß*, FLF 2010, 256, 267.

66 Übersicht bei *Artz*, ZGS 2010, 498.

67 *Bülow/Artz*, Verbraucherkreditrecht, § 655a Rn. 11.

Rückkauf am Ende der Leasingzeit, nicht aber das Vermittlungsgeschäft. Somit stellt die Vermittlung eines Kfz-Leasingvertrages durch ein Autohaus i. d. R. eine Nebenleistung i. S. v. § 655a S. 3 Halbs. 2 BGB dar.[68] Dem steht nicht entgegen, dass der Autohändler für die Vermittlung des Leasingvertrages von der Leasinggesellschaft ein Entgelt und ggf. vom Hersteller eine Prämie erhält. Eine andere Beurteilung ist freilich bei einer – in der Praxis unüblichen – Vermittlung des Kfz-Leasingvertrages durch einen Zivilmakler angezeigt, für dessen Tätigkeit allein die Vermittlungsvergütung und eventuelle Nebenentgelte den Ausschlag geben. Die Einzelheiten zu Nebenentgelten regelt § 655d BGB.

h) AGB in Verbraucher-Leasingverträgen

L147 Bei der Gestaltung der AGB für Verbraucherleasingverträge sind die Regelungen über deren Einbeziehung (§ 305 Abs. 2 BGB) und die verbraucherschutzrechtlichen Modifikationen für Verbraucherdarlehens- und Fernabsatzgeschäfte zu beachten.[69] Es müssen drei Voraussetzungen erfüllt sein: Ein **deutlicher Hinweis** auf die AGB, die **Möglichkeit zumutbarer Kenntnisnahme** und das **Einverständnis** des Kunden.[70] Bei Kfz-Leasingverträgen i. S. v. § 506 Abs. 2 S. 1 Nr. 1–3 BGB müssen die Vertragsbedingungen bereits vor Abgabe der auf Vertragsabschluss gerichteten Verbrauchererklärung in Textform übermittelt werden. Kommt der Vertrag auf telekommunikativem Weg zustande, hat die Übermittlung unverzüglich nach Abschluss des Fernabsatzvertrages zu erfolgen. Die Leasing-AGB müssen in vollem Wortlaut übermittelt und in den Vertrag aufgenommen werden oder mit ihm körperlich verbunden sein.[71] Gleiches gilt für die AGB des Kaufvertrages, soweit sie für die Abtretungskonstruktion bedeutsam sind. Es ist besonders darauf zu achten, dass dem Leasingnehmer das **Vollamortisationsrisiko** deutlich vor Augen geführt wird.

L148 Teilt man die Ansicht, dass der Leasinggeber dem Verbraucherleasingnehmer die Rechte eines **Verbrauchsgüterkäufers** zu verschaffen hat (Rdn. L167), müssen die AGB den Anforderungen von § 475 BGB entsprechen. Die in Abschn. VII Nr. 1 S. 2 NWVB für den Unternehmerverkehr vorgesehene **Verkürzung der Verjährungsfrist** für Sachmängelansprüche auf 1 Jahr wird den von § 475 BGB gestellten Anforderungen nicht gerecht.

L149 Da der Leasinggeber dem Leasingnehmer die Sachmängelansprüche überträgt, die ihm aus dem Liefervertrag mit dem Lieferanten zustehen, stellt sich die Frage, auf wessen **Person** abzustellen ist, wenn es etwa darum geht, ob ein Sachmangel vorliegt, ob dieser erheblich ist oder eine Unzumutbarkeit der Nacherfüllung vorliegt. Eine vergleichbare Problemlage besteht in Bezug auf etwaige Schadensersatzansprüche. Dort ermöglicht die Abtretungskonstruktion dem Leasingnehmer die Liquidation des Eigenschadens (Rdn. L71, L495). Bei der Auslegung von Gesetzesnormen mit subjektivem Bezug kann es nicht anders sein. Auch hier ist der Blick auf den Leasingnehmer zu richten, der dem Leasingfahrzeug näher steht als der Leasinggeber und dessen Nutzungsrecht beeinträchtigt wird, wenn Mängel auftreten. Für eine auf die Verhältnisse des Leasingnehmers abstellende Bewertung spricht vor allem, dass die von ihm beabsichtigte Verwendung der Leasingsache zum Inhalt des Kaufvertrages gehört, den der Leasinggeber nach seinen Vorgaben mit dem Lieferanten abgeschlossen hat.

L150 Falls der Leasinggeber dem Kfz-Leasingnehmer mit Verbraucherstatus – entgegen üblicher Praxis – bei Vertragsabschluss das Recht einräumt, das Fahrzeug am Vertragsende zum kalkulierten Restwert zu erwerben, liegt ein **verdecktes Teilzahlungsgeschäft** vor,

---

68 *Reinking*, DAR 2010, 252, 256.

69 *Staudinger/Stoffels*, Leasing Rn. 112 ff.; *Godefroid*, BB 2002, Beil. 27, S. 2.

70 Ausführlich dazu *H. Schmidt*, NJW 2011, 1633 ff.

71 *Reiff* in Dauner-Lieb/Heidel/Lepa/Ring, § 492 Rn. 2 m. w. N.

auf das die Vorschriften der §§ 507, 508 BGB über Teilzahlungsgeschäfte – richtlinienkonform[72] – anzuwenden sind.[73]

i) Anwendung der §§ 358, 359, 359a BGB auf Kfz-Leasingverträge

aa) Anwendungsvoraussetzungen für §§ 358, 359 BGB

Unter der Geltung von § 500 BGB a. F. wurde bisweilen die Ansicht vertreten, die Bestimmungen der §§ 358, 359 BGB seien auf Finanzierungsleasingverträge grundsätzlich unanwendbar, da der Leasingnehmer nur einem Vertragspartner gegenübersteht. Die Verweisung in § 500 BGB a. F. sei daher misslungen und könne nur auf einem Redaktionsversehen des Gesetzgebers beruhen.[74] Diese Begründung kann in Anbetracht des Wortlauts von § 506 Abs. 1 BGB nicht aufrechterhalten werden. Danach sind die Vorschriften der §§ 358, 359 BGB ebenso wie die neu hinzugekommene Vorschrift des § 359a BGB auf Finanzierungsleasingverträge i. S. v. § 506 Abs. 2 S. 1 Nr. 1–3 BGB entsprechend anzuwenden. Es handelt sich um eine **Rechtsgrundverweisung**. Deshalb ist im Einzelfall zu prüfen, ob die Anwendungsvoraussetzungen der §§ 358 bis 359a BGB erfüllt sind. L 151

Zu der Frage, ob überhaupt und – bejahendenfalls – unter welchen Voraussetzungen bei einem Kfz-Leasingvertrag ein Verbund i. S. v. § 358 Abs. 3 BGB zwischen Kauf- und Leasingvertrag anzunehmen ist, gibt es ein breit gefächertes Meinungsspektrum.[75]

Im Schrifttum behauptet sich die Auffassung, die Vorschriften der §§ 358, 359 BGB seien auf den finanzierten Abzahlungskauf zugeschnitten und auf den Finanzierungsleasingvertrag nicht übertragbar, da der Leasingnehmer nur einem Vertragspartner gegenübersteht. Allein die gewährleistungsrechtliche Verknüpfung des Leasingvertrages mit dem Liefervertrag reiche für eine unmittelbare Anwendung der §§ 358, 359 BGB nicht aus und für eine analoge Anwendung fehle der sachliche Grund.[76] L152

Überwiegend wird die Ansicht vertreten, dass ein Verbundgeschäft allenfalls dann vorstellbar ist, wenn der Leasinggeber in den **Kaufvertrag eintritt**, den der Leasingnehmer zuvor mit dem Lieferanten abgeschlossen hat oder wenn er diesen **Vertrag übernimmt**.[77] Ein **Eigenankauf** des Leasinggebers wird als nicht ausreichend angesehen, weil ein zweiter – für den Verbund erforderlicher – Vertrag nicht existiert. Bisweilen wird gefordert, die Regelungen über verbundene Geschäfte auch in den Fällen anzuwenden, in denen die Leasinggesellschaft in die **Fahrzeugbestellung** eintritt, um den Verbraucher in der Übergangszeit durch den Widerrufs- und Einwendungsdurchgriff zu schützen.[78] L153

---

72 MüKo-BGB/*Koch*, Leasing Rn. 59.

73 Zum Neuwagenkauf mit Leasing Zwischenfinanzierung OLG Koblenz 19. 6. 2008, NJW 2009, 151 m. Anm. von *Reinking*, a. a. O. S. 155.

74 *Habersack*, BKR 2001, 72; *Reiner/Kaune*, WM 2002, 2314, 2323.

75 Übersicht bei *Schulz*, Finanzierungsleasing unter Verbraucherbeteiligung, S. 179 ff.

76 *Wolf/Eckert/Ball*, Rn. 1799, *Beckmann* in Martinek/Stoffels/Wimmer-Leonhardt, § 27 Rn. 152, 154; *ders.* Finanzierungsleasing, § 5 Rn. 10 ff.

77 OLG Frankfurt/M. Urt. v. 28. 1. 2009 – 17 U 241/08 – mit einem allerdings missverständlichen Leitsatz; *Reinicke/Tiedtke*, Kaufrecht, Rn. 1708, 1837 ff.; *Tiedtke/Möllemann*, DB 2004, 583, 585; *Godefroid*, BB-Beilage Nr. 5/2002, 2, 8.; *Bülow/Artz*, Verbraucherkreditrecht, § 506 Rn. 91 ff.; *Godefroid*, Verbraucherkreditverträge, 3. Aufl. (2008), Teil 5 Rn. 28; *Bülow/Artz*, Verbraucherkreditrecht, § 506 BGB Rn. 37 *Reinking* in Reinking/Kessler/Sprenger, § 4 Rn. 29; *Soergel/Heintzmann*, vor § 353 Rn. 42.

78 *Tiedke/Möllmann*, DB 2004, 583, 585; *Schulz*, Finanzierungsleasing unter Verbraucherbeteiligung, S. 91, 179 ff.; abl. OLG Brandenburg, Urt. v. 23. 4. 2008 – 3 U 115/07 – n. v.; OLG Frankfurt Urt.v. 28. 1. 2009 – 17 U 241/08 – n. v.

L154 Von – zumindest anfangs – zwei bestehenden Verträgen geht der BGH[79] aus, der die Anwendung von § 358 Abs. 3 BGB allerdings nicht ausdrücklich auf die Fälle des **Vertragseintritts** oder der **Vertragsübernahme** beschränkt. Seines Erachtens liegen, übertragen auf den Bereich des Finanzierungsleasing verbundene Verträge i. S. v. § 358 Abs. 3 S. 1 BGB dann vor, „*wenn ein Vertrag über die Lieferung einer Ware oder Erbringung einer Dienstleistung mit dem Leasingvertrag derart verknüpft ist, dass das Leasing ganz oder teilweise der Finanzierung des anderen Vertrages dient und beide Verträge eine wirtschaftliche Einheit bilden*“. Mit dieser Definition lässt sich wenig anfangen, da sie sich im Wesentlichen auf die geringfügig modifizierte Wiedergabe des Gesetzestextes beschränkt. Immerhin schließt der BGH Verbundgeschäfte beim Finanzierungsleasing nicht gänzlich aus.

L155 Am weitesten geht die Ansicht, die allein aufgrund der komplizierten **Verzahnung** des Leasingvertrages mit dem Liefervertrag und den verwirrenden **Dreiecksbeziehungen** die Anwendung der Vorschriften über Verbundgeschäfte favorisiert.[80] Ihr liegt die Vorstellung zugrunde, dass die komplexen Wechselbeziehungen zwischen beiden Verträgen, die in der Vertragsabschlussphase beginnen, sich bei der Gewährleistung fortsetzen und vielfach bis zum Vertragsende andauern, vom Verbraucher nicht zu durchschauen sind.[81]

bb) Auswirkungen der §§ 358, 359 BGB auf Kfz-Leasingverträge

L156 Der Meinungsstreit über die Anwendungsvoraussetzungen der Vorschriften zu den verbundenen Verträgen hat durch Einfügung des § 359a BGB im Zuge der Umsetzung der VerbrKrRL (Rdn. L160) weiterhin **an Bedeutung verloren**, da die §§ 358, 359 BGB dem Leasingnehmer kaum noch Vorteile verschaffen. Schon zuvor war gegen die entsprechende Anwendung dieser Vorschriften auf Leasingverträge eingewandt worden, der Verbraucherleasingnehmer werde durch die höchstrichterliche Rechtsprechung ausreichend geschützt,[82] weshalb die Heranziehung der §§ 358, 359 BGB unnötig sei. Diese Argumentation betraf vor allem den Einwendungsdurchgriff, der durch das vom BGH entwickelte **Geschäftsgrundlagenmodell** übertroffen wird, das dem Leasingnehmer den Rückforderungsdurchgriff eröffnet, während § 359 BGB ihm nur ein Leistungsverweigerungsrecht gewährt. Außerdem erfordert der von der Rechtsprechung entwickelte Lösungsweg über den rückwirkenden Wegfall der Geschäftsgrundlage weder einen Verbund zwischen Kauf- und Leasingvertrag noch die Verbrauchereigenschaft des Leasingnehmers. Auch der Widerrufsdurchgriff des § 358 BGB war bisher für das Kfz-Leasing weitgehend bedeutungslos, da Liefer- und Leasingvertrag idR konkludent unter der **aufschiebenden** oder **auflösenden Bedingung** abgeschlossen werden, dass mit dem Widerruf eines Vertrages der andere nicht zustande kommt oder hinfällig wird.

cc) Kein Leistungsverweigerungsrecht in der Phase der Nacherfüllung

L157 Außerhalb des Geltungsbereichs von § 359 BGB herrscht die Ansicht vor, dass dem Leasingnehmer das Recht auf Einbehalt der Leasingraten grundsätzlich nicht zuzubilligen ist, wenn er trotz des Fehlschlagens der Nachbesserung oder Nachlieferung an der **Nacherfüllung festhält**. Dies gilt auch dann, wenn Lieferant und Leasingnehmer sich über Art und

---

79 BGH Urt. v. 8. 7. 2009, NJW 2009, 3295.

80 OLG Rostock 13. 1. 1996, OLGR 1996, 89; OLG Düsseldorf 6. 11. 1992, ZIP 1993, 1069; *Groß*, VGT 1993, 199, 201; *Arnold* in Dauner-Lieb/Konzen/Schmidt, S. 589, 610. *Woitkewitsch* in Graf von Westphalen, Der Leasingvertrag, Kap. L Rn. 376 ff.; Staudinger/*Stoffels*, Leasing Rn. 265 ff. m. w. N.; *Reinking/Eggert*, in der Vorauflage zu Rn. L 134.

81 *Woitkewitsch* in Graf von Westphalen, Der Leasingvertrag, Kap. L Rn. 384.

82 *Wolf/Eckert/Ball*, Rn. 1799.

Umfang der Arbeiten, die Art der Nacherfüllung oder deren Verhältnismäßigkeit nicht einig sind und es hierüber zum Rechtsstreit kommt.[83]

Auf **verbundene Leasingverträge** sind diese Aussagen nicht ohne weiteres übertragbar, da § 359 S. 3 BGB den Einwendungsdurchgriff vom **Fehlschlagen der Nacherfüllung** und nicht – jedenfalls nicht ausdrücklich – davon abhängig macht, dass der Verbraucher auf die in § 437 Nr. 2 und 3 BGB aufgeführten Sekundärrechte und -ansprüche zugreift. Dies wird als durchaus sinnvoll angesehen, da eine Schutzlücke entstehen würde, wenn der Verbraucher gezwungen wäre, auf die Nacherfüllung zu verzichten, um von seinem Recht auf Einbehalt der Raten Gebrauch machen zu können.[84] Die leasingtypische Abtretungskonstruktion findet bei dieser Betrachtungsweise allerdings keine hinreichende Berücksichtigung. Der Schutzzweck des § 359 BGB besteht darin, den Verbraucher vor den Aufspaltungsgefahren zu bewahren und ihn so zu stellen, als hätte er nur mit einem Vertragspartner kontrahiert. Er ist nicht darauf gerichtet, den Verbraucher eines Verbundgeschäfts zu privilegieren. Damit die angestrebte Gleichstellung auch tatsächlich herbeigeführt wird, ist (auch) vom Verbraucher eines verbundenen Leasingvertrages zu verlangen, dass er nach dem Fehlschlagen der Nacherfüllung ein sekundäres Gewährleistungsrecht seiner Wahl gegenüber dem Lieferanten **geltend macht**, wenn er sich hinsichtlich seiner Zahlungspflichten aus dem Leasingvertrag auf die Einrede des § 320 BGB berufen will.[85] **L158**

dd) Zeitliche Auswirkungen

Folgt man der Auffassung, dass allein das objektive Fehlschlagen der Nacherfüllung für den Einwendungsdurchgriff nicht ausreicht, dann entfällt zugleich der allenfalls **marginale Zeitvorteil**,[86] den § 359 S. 3 BGB bei wortgetreuer Auslegung dem Leasingnehmer eines Verbundgeschäfts im Vergleich zum Geschäftsgrundlagenmodell und der damit einhergehenden Judikatur zu § 320 BGB bei nicht verbundenen Leasinggeschäften verschafft.[87] Im einen wie im anderen Fall kommt es dann entscheidend auf den Zeitpunkt der Geltendmachung des Gewährleistungsrechts und darauf an, wie der Lieferant reagiert. Ist er einverstanden, darf der Leasingnehmer die Raten sofort einbehalten, ist er es nicht, stehen dem Leasingnehmer die Rechte aus § 320 BGB erst ab **Einreichung der Gewährleistungsklage** gegen den Lieferanten zur Verfügung (ausführlich Rdn. L455). **L159**

ee) Widerrufsdurchgriff bei nicht verbundenen Verträgen und Verträgen über Zusatzleistungen

Der im Zuge der Umsetzung der VerbrKrRLRL neu eingefügte § 359a BGB, der gem. § 506 Abs. 1 BGB auf die unter Abs. 2 Nr. 1 bis 3 fallenden Leasingverträge entsprechend anwendbar ist, verhilft dem Leasingnehmer zum Widerrufsdurchgriff in den Fällen, in denen die Voraussetzungen für ein verbundenes Geschäft nicht vorliegen. **L160**

Die tatbestandlichen Voraussetzungen für die Anwendung von § 359a Abs. 1 BGB liegen bei Abschluss eines Kfz-Leasingvertrages regelmäßig vor, da die in der Vertragsurkunde enthaltenen Angaben die erforderliche **Identifizierbarkeit des Fahrzeugs** ermöglichen. Widerruft der Leasingnehmer den Liefervertrag, wird der Kfz- Leasingvertrag gem. § 359a Abs. 1 BGB hinfällig. In umgekehrter Fallgestaltung findet eine Widerrufser- **L161**

---

83 *Wolf/Eckert/Ball*, Rn. 1861 ff.; *Beckmann*, Finanzierungsleasing Rn. 19.

84 *Woitkewitsch* in Graf von Westphalen, Der Leasingvertrag, Kap. L Rn. 223 m. w.

85 An der in der Vorauflage unter Rn. 368, 369 vertretenen Auffassung wird in Anbetracht des BGH Urteils v.16. 6. 2010, NJW 2010, 2798 nicht mehr festgehalten.

86 *Woitkewitsch* in Graf von Westphalen, Der Leasingvertrag, Kap. L Rn. 400.

87 *Beckmann*, Finanzierungsleasing, § 5 Rn. 12, *ders.* WM 2006, 952, 958, der eine analoge Anwendung der §§ 358, 359 BGB auf Leasingverträge bis auf den Fall des nachträglichen Schuldbeitritts – BGH 25. 11. 1992, NJW-RR 1993,307- grundsätzlich ablehnt; *Wolf/Eckert/Ball*, Rn. 2060.

streckung allerdings nicht statt, da § 358 Abs. 2 BGB von der Verweisung in § 359a Abs. 1 BGB nicht mitumfasst wird. Der Widerruf des Leasingvertrages bringt den Liefervertrag nur dann zu Fall, wenn zwischen Kauf- und Leasingvertrag ein Verbund i. S. v. § 358 Abs. 3 BGB besteht.[88]

L162 Zu den für das Kfz-Leasing typischen Verträgen über Zusatzleistungen i. S. v. § 359a Abs. 2 BGB, die mit dem Leasingvertrag eine direkte kausale Verknüpfung aufweisen, gehören insbesondere **Haftpflicht-, Kasko-, Restschuld-** und **GAP-Versicherungen** (Rdn. L189) und **Wartungsverträge.** An all diese Verträge über Zusatzleistungen ist der Leasingnehmer nicht mehr gebunden, wenn er den Leasingvertrag wirksam widerrufen hat. Auch **eigenfinanzierte Verträge über Zusatzleistungen** werden von § 359a Abs. 2 BGB erfasst. Ein Widerruf des Vertrages über die Zusatzleistung lässt den Darlehensvertrag allerdings unberührt, da § 358 Abs. 1 BGB von § 359a Abs. 2 BGB nicht für anwendbar erklärt wird.[89]

L163 Der Heranziehung von § 359a Abs. 2 BGB bedarf es nicht, wenn die Zusatzleistungen bereits im Leasingvertrag enthalten sind, wie dies bei Brutto-Leasingverträgen (Rdn. L182) regelmäßig der Fall ist.

L164 Es ist im Auge zu halten, dass § 359a Abs. 1 und 2 BGB lediglich den Anwendungsbereich des Widerrufsdurchgriffs in dem zuvor näher beschriebenen Umfang erweitern. Für den **Einwendungsdurchgriff** behält § 359 BGB seine eigenständige Bedeutung.

j) Schutz des Verbraucherleasingnehmers durch die Rechtsprechung

aa) Leerlaufende Abtretung

L165 In Anknüpfung an seine Rechtsprechung zur endgültigen, vorbehaltlosen und unbedingten Abtretung der kaufrechtlichen Gewährleistungsansprüche hat der BGH[90] zutreffend entschieden, dass der Ausschluss der mietrechtlichen Gewährleistung des Leasinggebers **jedenfalls** einem **Leasingnehmer mit Verbrauchereigenschaft** gegenüber **unwirksam** ist, wenn die Abtretung der kaufrechtlichen Gewährleistungsansprüche vollständig leerläuft, weil diese Ansprüche im Kaufvertrag zwischen Leasinggeber und Leasingnehmer ausgeschlossen sind (zur leerlaufenden Abtretung in einem Vertrag mit einem Nichtverbraucher Rdn. L87).

L166 Im Verhältnis zum Lieferanten stellt der Abschluss eines Finanzierungsleasingvertrages mit Abtretung der kaufrechtlichen Gewährleistungsansprüche **kein Umgehungsgeschäft** i. S. v. § 475 BGB dar. Deshalb kann der Lieferant dem Leasingnehmer einen mit dem Leasinggeber wirksam vereinbarten Gewährleistungsausschluss entgegenhalten.

bb) Einräumung der Rechte/Rechtsposition eines Verbrauchsgüterkäufers

L167 Unklar ist, welchen **Mindeststandard** die Sachmängelrechte und -ansprüche aus dem Liefervertrag aufweisen müssen, wenn der Leasingnehmer dem nach § 13 BGB geschützten Personenkreis angehört.

Im Vordergrund steht die vom BGH bislang nicht beantwortete Frage,[91] ob der Leasingnehmer, der den Leasingvertrag als Verbraucher schließt, Anspruch darauf besitzt, dass ihm der Leasinggeber die **Rechte** bzw. **Rechtsposition** (Rdn. L171) verschafft, die er als Käufer eines **Verbrauchsgüterkaufs** besitzen würde. Ihre Beantwortung ist für die **Praxis** durchaus relevant, da derzeit rund 10 % der PKW-Leasingverträge mit Verbrauchern abgeschlos-

---

88 *Bülow/Artz,* Verbraucherkreditrecht, § 495 BGB Rn. 232d, 267b.

89 *Bülow/Artz,* Verbraucherkreditrecht, § 495 Rn. 241a.

90 Urt. v. 21. 12. 2005, NJW 2006, 1066 ff.

91 Offen gelassen BGH 21. 12. 2005, NJW 2006, 1066, 1068.

sen werden und die Sachmängelrechte, die der Leasinggeber als Unternehmer aufgrund der NWVB und GWVB erlangt, hinter den Rechten eines Verbrauchsgüterkäufers zurückbleiben. So beträgt etwa beim Neuwagenkauf die **Verjährungsfrist** der Ansprüche wegen Sachmängeln im unternehmerischen Geschäftsverkehr gem. Abschn. VII. Nr. 1 S. 2 NWB lediglich ein Jahr, während § 475 Abs. 2 BGB eine Verjährungsfrist von 2 Jahren für den Verbrauchsgüterkauf verbindlich vorschreibt. Weitaus gravierender sind die Unterschiede beim Gebrauchtwagenkauf. Nach den GWVB erwirbt der Leasinggeber das Fahrzeug in den von §§ 444, 309 Nr. 7a und b BGB gezogenen Grenzen unter **Ausschluss** der Rechte wegen eines Sachmangels während dem Käufer mit Verbraucherstatus diese Rechte kraft Gesetzes unabdingbar zustehen, deren Verjährungsfrist allerdings zulässigerweise auf ein Jahr verkürzt wird.

Eine Verpflichtung des Leasinggebers, den Leasingnehmer mit Verbraucherstatus mit den Rechten eines Verbrauchsgüterkäufers auszustatten, halten Teile des Schrifttums aus den verschiedensten Gründen für überzogen.[92] Sie richten die Wirksamkeit der Drittverweisung an dem Schutzniveau eines Mieters aus und kommen zu dem Schluss, dass die Freizeichnung von der mietrechtlichen Gewährleistung durch die Abtretung der dem Leasinggeber als Unternehmer aus dem Liefergeschäft zustehenden Rechte und Ansprüche wegen Sachmängeln angemessen ersetzt wird.[93] Der Leasingnehmer werde durch die Abtretung nicht zum Käufer im formellen Sinn, sondern allenfalls zu einem „Quasi-Käufer“ und habe auch aus diesem Grund keinen Anspruch auf die Rechte eines Verbrauchsgüterkäufers.[94] Schließlich sei zu berücksichtigen, dass die Rechtsprechung vor der Schuldrechtsreform die seinerzeit zedierten Gewährleistungsansprüche für ausreichend angesehen habe.[95] **L168**

Nach der im Vordringen befindlichen Gegenansicht besitzt der private Leasingnehmer Anspruch darauf, dass ihm die Rechte eines Verbrauchsgüterkäufers verschafft werden. Ihre Befürworter berufen sich auf die **rechtliche und wirtschaftliche Verflechtung** der beiden Vertragsverhältnisse und halten es für ungerechtfertigt, dem Verbraucherleasingnehmer den Schutz der §§ 474 ff. BGB nur deshalb vorzuenthalten, weil Kauf und Leasingvertrag formell unabhängig voneinander vollzogen werden. **L169**

Dieser Auffassung ist im Ergebnis zuzustimmen, weil die ausgeschlossene mietrechtliche Gewährleistung nur auf diese Weise angemessen ersetzt wird.[96] Es gibt keinen sachlichen Grund, der es rechtfertigt, das Schutzniveau eines Verbraucherleasingnehmers geringer einzustufen als das eines Verbrauchsgüterkäufers. Im Vergleich zu einem Käufer hat der Leasingnehmer sogar ein gesteigertes Interesse daran, eine mangelfreie Sache zu bekommen, da der **Leasingvertrag** die gewährleistungsrechtlichen Verjährungsfristen i. d. R. überdauert. Weiterhin ist bei der Abwägung zu berücksichtigen, dass allein schon die Ersetzung der mietrechtlichen Gewährleistung durch kaufrechtliche Sachmängelansprüche die **Rechtsposition des Leasingnehmers** erheblich **schwächt**, so dass – gemessen am Maßstab des für den Leasingvertrag maßgeblichen Mietrechts – weitere Abstriche zu Lasten des Verbraucherleasingnehmers nicht hinnehmbar sind.

Aus diesen Erwägungen folgt, dass der besondere Schutz, den die §§ 475 ff. BGB dem Verbrauchsgüterkäufer gewähren, dem Leasingnehmer eines Verbraucherleasingvertrages **L170**

92 *Tiedke/Möllmann*, DB 2004, 583, 586; Meinungsübersicht bei *Schulz*, Finanzierungsleasing unter Verbraucherbeteiligung, S. 133 ff.
93 *Soergel/Heintzmann*, vor § 353 Rn. 42.
94 *Engel*, NWB 2005, 963, 967; *Zahn*, DB 2002, 985; *Tiedtke/Möllmann* DB 2004, 620.
95 *Löbbe*, BB-Beilage 6/2003, 7, 10.
96 BGH 21. 12. 2005, NJW 2006, 1066, 1068.

ebenfalls zuzubilligen ist.[97] Für den Leasinggeber ist es allerdings nicht immer einfach, dem Leasingnehmer die Rechte eines Verbrauchsgüterkäufers zu verschaffen. Kauft er das Fahrzeug als **Unternehmer** ein, kann er ihm nur die Rechte übertragen, die er als Unternehmer durch den Abschluss des Kaufvertrages vom Lieferanten erlangt hat (Rdn. L167).

L171 Allein mit der **Abtretung** der Rechte aus einem Verbrauchsgüterkauf lässt sich die angestrebte Gleichstellung des Verbraucherleasingnehmers mit einem Verbrauchsgüterkäufer nicht erreichen. Das liegt daran, dass der Verbrauchsgüterkäufer im Vergleich mit einem „normalen" Käufer nicht nur die besseren Gewährleistungsrechte besitzt, sondern darüber hinaus auch besondere Privilegien genießt, die mit seiner Position als Vertragspartei eines Verbrauchsgüterkaufs untrennbar verbunden sind. Dazu gehört insbesondere die Beweislastumkehr des § 476 BGB, die als solche nicht übertragbar ist. Um dem Verbraucherleasingnehmer alle Rechte und Privilegien eines Verbrauchsgüterkäufers zu verschaffen, bedarf es daher vertraglicher Zusatzabsprachen sowohl zwischen Leasinggeber und Lieferant als auch zwischen Leasinggeber und Leasingnehmer.

L172 Unproblematisch ist die Rechtslage bei einem – für das Verbraucherleasing allerdings untypischen – **„Sale and lease back-Vertrag"**, bei dem der Leasinggeber dem Leasingnehmer die Sache abkauft und sie ihm anschließend per Leasingvertrag zum Gebrauch überlässt. Hier bleibt der Leasingnehmer Vertragspartner des ursprünglichen Kaufvertrages mit dem Lieferanten und besitzt weiterhin die Rechte eines Verbrauchsgüterkäufers, wenn er den Kaufvertrag als Verbraucher abgeschlossen hat.

L173 Eine dem „Sale and lease back-Leasing" vergleichbare, aber keineswegs abgesicherte Rechtslage besteht,[98] wenn der Leasinggeber einen vom Leasingnehmer bereits abgeschlossenen **Kaufvertrag** im Einverständnis mit dem Lieferanten **übernimmt** oder in einen solchen Vertrag **eintritt**. Auch in diesem Fall ist mangels gegenteiliger Absprachen der Beteiligten davon auszugehen, dass die vom Verbraucherleasingnehmer durch den Abschluss des Kaufvertrages begründeten Verbraucherrechte und -privilegien, die er vom Leasinggeber über die Abtretungskonstruktion zurückerlangt, durch die vorherige Übertragung des Vertrages auf den Leasinggeber oder dessen Eintritt in den Vertrag nicht untergegangen sind.[99]

L174 Wie sich die Rechtslage bei einem **„Bestelleintritt"** (Rdn. L301) verhält, ist nicht abschließend geklärt. Allgemein wird zwar angenommen, der Leasinggeber erhalte dadurch, dass er in die Kaufbestellung eines Verbrauchers eintritt, dessen Verbraucherrechte.[100] Da der Kaufvertrag aber letztlich zwischen zwei Unternehmern (Leasinggeber und Lieferant) zustande kommt, ist der Fortbestand der verbrauchsgüterrechtlichen Ausgangslage nicht über jeden Zweifel erhaben. In diesem Zusammenhang wäre zu prüfen, ob der durch den Einstieg des Leasinggebers gefährdete und möglicherweise erloschene **„Verbrauchsgüterkäufer-Status"** des Leasingnehmers über die von vornherein beabsichtigte und allen Beteiligten bekannte Abtretungskonstruktion gerettet oder wiederbelebt werden kann.

97 *Müller-Sarnowski*, DAR 2007, 72; *Graf von Westphalen*, VertrR und AGB-Klauselwerke, Leasing, Rn. 967; *ders.* in Der Leasingvertrag, Kap. H Rn. 4, *ders.* DAR 2006, 620 ff.; *Zahn in Graf von Westphalen*, Der Leasingvertrag, Kap. M Rn. 26; *Woitkewitsch* in Graf von Westphalen, Der Leasingvertrag, Kap. L Rn. 39 und Rn. 75 ff. mit eingehender Begründung; *Breitfeld*, FLF 2003, 215, 220; *Schulz*, Finanzierungsleasing unter Verbraucherbeteiligung, S. 135 ff.; *Reinking* in Reinking/Kessler/Sprenger, § 4 Rn. 13 ff.; *ders.* in Dauner-Lieb/Heidel/Lepa/Ring, Anh. zu §§ 535–580a, Leasing Rn. 64 ff., 66; *Omlor*, ZGS 2008, 220 ff.

98 *Zahn* in Graf von Westphalen, Der Leasingvertrag, Kap. M Rn. 26.

99 *Godefroid*, BB 2002, Beil. 27, S. 2, 8.

100 *Graf von Westphalen*, Der Leasingvertrag, Kap. C 124 m. w. N.; *ders.* DAR 2006, 620; *Müller-Sarnowski/Bethäuser* in Ludovisy/Eggert/Burhoff, Praxis des Straßenverkehrsrechts, Teil 5 D Rn. 434.

Die gleichen Schwierigkeiten und Unsicherheiten bestehen, wenn der Leasinggeber auf der Grundlage der Bestellung des Leasingnehmers ein **eigenes Kaufangebot** an den Lieferanten abgibt, das dieser annimmt, indem er gleichzeitig den Leasingnehmer von seiner Bestellung freistellt. Im einen wie im anderen Fall wird es wohl darauf ankommen, im Wege der Vertragsauslegung festzustellen, ob der **Wille der Beteiligten** darauf gerichtet war, dem Leasingnehmer die **Rechtsposition** eines Verbrauchsgüterkäufers zu verschaffen. Eine solche Auslegung liegt nahe, wenn das Fahrzeug für einen Leasingnehmer mit Verbraucherstatus bestimmt ist.[101]

Die Parteien des Verbraucherleasingvertrages sind auf der sicheren Seite, wenn sie mit dem Lieferanten **vereinbaren**, dass er für Sachmängel des Fahrzeugs nach den Vorschriften über den Verbrauchsgüterkauf haftet und dem Leasingnehmer den Status eines Verbrauchsgüterkäufers einräumt.[102] **L175**

Ob eine dahingehende Verpflichtung besteht, ist ebenso unklar wie die Antwort auf die Frage, wer für die **vertragliche Ausgestaltung** i. S. d. §§ 474 ff. BGB die Verantwortung trägt. Während einige Autoren die Ansicht vertreten, der Lieferant habe hierfür generell oder zumindest im Verfahren des sog. Eintrittsmodells zu sorgen,[103] nehmen andere den Leasinggeber in die Pflicht,[104] weil er durch die Verweisung auf die kaufvertraglichen Ansprüche die Eigenhaftung vermeidet.

Wer die Ansicht vertritt, der Verbraucherleasingnehmer habe grundsätzlich keinen Anspruch auf Einräumung der Rechte bzw. Rechtsposition, die er als Käufer eines Verbrauchsgüterkaufs besitzen würde, wird bei der inhaltlichen Ausgestaltung der Abtretungsklausel darauf zu achten haben, dass dem Leasingnehmer die Rechtslage transparent vor Augen geführt wird. Er muss den Verbraucherleasingnehmer ggf. darauf hinweisen, dass er durch die Abtretung nicht die Rechte aus §§ 474 ff. BGB erlangt.[105] **L176**

Ebenso wie im Unternehmerverkehr stellt sich auch bei einem Leasingvertrag zwischen einem Unternehmer und einem Verbraucher die Frage, ob ein **Ausschluss des Ersatzlieferungsanspruchs** im Rahmen der leasingtypischen Abtretungskonstruktion der AGB-Kontrolle nach § 307 Abs. 2 Nr. 1 BGB standhält oder ob die Klausel daran scheitert. **L177**

Billigt man dem Leasingnehmer mit Verbraucherstatus uneingeschränkt Anspruch auf Einräumung der Rechte und Privilegien zu, die er als Käufer bei Abschluss eines Verbrauchsgüterkaufs besitzen würde, kann die Antwort nur lauten, dass der Leasinggeber ihm sowohl den Anspruch auf Nachbesserung als auch den Anspruch auf Ersatzlieferung verschaffen muss. Es sind keine Gründe ersichtlich, die eine Abweichung von den zwingenden Vorgaben des § 475 BGB rechtfertigen, die den in § 309 Nr. 8b bb BGB festgelegten Mindestschutz zugunsten des Verbrauchers noch einmal verstärken.[106]

---

101 *Müller-Sarnowski/Bethäuser* in Ludovisy/Eggert/Burhoff, Praxis des Straßenverkehrsrechts, Teil 5 D Rn. 433; *Godefroid*, BB 2002, Beil. 27 S. 2, 8.

102 *Graf von Westphalen*, DAR 2006, 620, 622.

103 *Beckmann*, Finanzierungsleasing, § 1 Rn. 174; *Höpfner*, ZBB 2006, 200, 204; *Wolf/Eckert/Ball*, Rn. 818; differenzierend nach dem Kenntnisstand *Schulz*, Finanzierungsleasing unter Verbraucherbeteiligung, S. 142, 143.

104 *Woitkewitsch* in Graf von Westphalen, Der Leasingvertrag, Kap. L Rn. 77, 78; *Graf von Westphalen*, DAR 2006, 620, 623; *Eckert*, EWiR 2005, 717, 718 und auch BGH 21. 12. 2005 NJW, 2006, 1066,1067 für den Fall einer leerlaufenden Abtretung.

105 *Graf von Westphalen*, ZGS 2002, 64, 66.

106 *Woitkewitsch* in Graf von Westphalen, Der Leasingvertrag, Kap. L Rn. 175; *Graf von Westphalen*, Der Leasingvertrag, Kap. H Rn. 181 ff.; *Beckmann*, § 2 Rn. 122; *ders.* in Martinek/Stoffels/Wimmer-Leonhardt, Rn. 78 ff.; ebenso *Staudinger/Stoffels*, Leasing Rn. 225; *Habersack*, BB-Beil. 6/2003 S. 5; *Tiedtke/Möllmann*, DB 2004, 586; *Gebler//Müller*, ZBB 2006, 1066, die dem Lieferanten die Berufung auf die Beschränkung der Haftung nach Treu und Glauben versagen, wenn

L178 Unklar bleibt, wie sich die Interessen des Verbraucherleasingnehmers mit denen des Leasinggebers in Einklang bringen lassen.[107] Als Inhaber der Rechte eines Verbraucherkäufers ist der Verbraucherleasingnehmer gem. § 474 Abs. 2 S. 1 BGB im Fall der **Ersatzlieferung** nicht verpflichtet, **Wertersatz für die Nutzung** des mangelhaften Fahrzeugs bis zu dessen Austausch durch ein neues Fahrzeug zu leisten. Im Gegensatz zum Verbraucher wird der Leasinggeber, der das Leasingfahrzeug als Unternehmer eingekauft hat, nicht von der Pflicht zum Ersatz der gezogenen Nutzungen befreit. Den Leasingnehmer kann er nicht in Regress nehmen, da dieser die Nutzung des mangelhaften Fahrzeugs bereits durch die Leasingraten abgegolten hat und doppelt belastet würde, wenn er dem Leasinggeber die Nutzungsvergütung erstatten müsste, die dieser an den Lieferanten gezahlt hat. Leasinganbieter und juristisches Schrifttum haben diverse Lösungsmodelle entwickelt, um den Konflikt zu lösen oder zumindest zu entschärfen. Eine rechtlich unbedenkliche Patentlösung wurde bislang nicht gefunden (ausführlich dazu Rdn. L422 ff.).

L179 Trotz dieser für den Leasinggeber unerfreulichen Ausgangslage erweist sich die ihm auferlegte Verpflichtung, dem Verbraucherleasingnehmer im Rahmen der Abtretungskonstruktion die kaufrechtlichen Ansprüche auf Nachbesserung und Nachlieferung kumulativ zu verschaffen, keineswegs als das prophezeite „trojanische Pferd“[108] des Leasingvertrages. Zu den von Leasinganbietern anlässlich der Schuldrechtsreform **befürchteten Vollamortisationseinbußen** ist es nicht gekommen, weil die Ersatzlieferung beim Gebrauchtwagenleasing im Regelfall ausscheidet und beim Neuwagenleasing selten verlangt wird und meistens an der Einrede des § 439 Abs. 3 BGB scheitert.[109] Außerdem hat es der Leasinggeber in der Hand, verbleibende Restrisiken einer möglichen Ersatzlieferung beim Verbraucherleasingvertrag durch eine entsprechende Kalkulation der Leasingraten zu minimieren oder eine von ihm aufzubringende Nutzungsentschädigung dadurch aufzufangen, dass er sich den Anspruch auf einen Mehrerlös, beruhend auf der Höherwertigkeit des Ersatzfahrzeugs am Vertragsende, vertraglich absichert, was auch in Form von AGB möglich ist (Rdn. L344).[110]

L180 Von Leasinganbietern entwickelte Lösungsansätze halten einer **AGB-Kontrolle** nicht unbedingt stand. Einer Klausel, die die Parteien verpflichtet, den Vertrag im Falle der Ersatzlieferung in der Weise anzupassen, dass die Interessen beider Seiten gewahrt werden, ist die Wirksamkeit mangels hinreichender Transparenz zu versagen. Wegen Verstoßes gegen §§ 307, 308 Nr. 1 BGB ebenfalls unwirksam ist eine Regelung in einem Verbraucherleasingvertrag, die besagt, dass der Leasingvertrag mit allen Rechten und Pflichten erst mit der Übergabe des Ersatzfahrzeugs in Vollzug gesetzt wird, der Leasinggeber dem Leasingnehmer die bis dahin gezahlten Leasingraten inkl. Sonderzahlung jeweils zuzüglich Zinsen in gesetzlicher Höhe erstattet und der Leasingnehmer den Leasinggeber von der an den Verkäufer zu entrichtenden Nutzungsentschädigung freistellt. Sie unterläuft das Wertersatzverbot, zwingt dem Leasingnehmer eine nicht kalkulierbare Vertragsdauer auf und gewährt dem Leasinggeber eine unangemessen lange Frist für die Erbringung einer mängelfreien Leistung.[111]

---

er weiß oder erkennen kann, dass der Leasingnehmer den Vertrag als Verbraucher abgeschlossen hat.

107 Ausführlich *Graf von Westphalen*, Der Leasingvertrag, Kap. H Rn. 191 ff.

108 *Zahn*, DB 2002, 985.

109 Dazu *Bitter/Meidt*, ZIP 2001, 2114, 2122.

110 Dieses Modell favorisiert *Graf von Westphalen*, Der Leasingvertrag, Kap. H Rn. 206 ff.; s. dazu auch *Reinking*, ZGS 2002, 231, 233; *ders.* DAR 2002, 496 ff.

111 Ebenso *Beckmann* in Martinek/Stoffels/Wimmer-Leonhardt, § 26 Rn. 88; dazu auch *Graf von Westphalen*, Der Leasingvertrag, Kap. H Rn. 202; *Reinking*, ZGS 2002, 229, 232.

F. Leasingtypische Regelungen

I. Instandhaltungs- und Instandsetzungspflicht

1. Netto-Leasingverträge

Beim **Netto-Leasingvertrag** hat der Leasinggeber dem Leasingnehmer den Gebrauch der Leasingsache für die Vertragszeit zu ermöglichen. Es handelt sich um ein **Dauerschuldverhältnis**, bei dem die **Gebrauchsüberlassungspflicht** nicht schon mit der Besitzverschaffung erfüllt ist. Der Leasinggeber hat die fortdauernde Verpflichtung, dem Leasingnehmer das Leasinggut während der Vertragszeit zu belassen und darf ihn nicht ohne rechtfertigenden Grund an der Nutzung hindern. **L181**

Bei dem auf die bloße Gebrauchsüberlassung reduzierten Finanzierungsleasing (Nettoleasing) übernimmt der Leasingnehmer während der Vertragszeit alle das Fahrzeug betreffenden Pflichten und Lasten. Leasing-AGB sehen regelmäßig vor, dass der Leasingnehmer die mit dem Betrieb des Fahrzeugs verbundenen Kosten zu tragen hat und die Verpflichtung übernimmt, das Fahrzeug auf seine Kosten warten, instandhalten und instandsetzen zu lassen. Durch sie wird der Leasingnehmer nicht unangemessen i. S. v. § 307 Abs. 2 Nr. 1 BGB, benachteiligt, da es sich um Aufwendungen handelt, die zur Aufrechterhaltung der ordnungsgemäßen Nutzung der Leasingsache erforderlich sind.[1] Zu den typischen Betriebskosten eines Kfz gehören **Treibstoffkosten, Steuern, Versicherungsbeiträge, Rundfunkgebühren** sowie die **Kosten für die Abgas- und Hauptuntersuchung** gem. § 29 StVZO. Verschleißreparaturen, wie z. B. die Erneuerung der Bremsbeläge und der Austausch der Reifen, sind Bestandteil der Instandhaltungspflicht. Die Instandsetzungspflicht betrifft die Reparatur von Beschädigungen und die Behebung von Mängeln des Fahrzeugs.

2. Brutto-Leasingverträge

Für diese besonders von Unternehmern und Gewerbetreibenden geschätzte Vertragsvariante ist typisch, dass die Leasinggesellschaft zusätzlich zur Gebrauchsüberlassung Leistungen erbringt, die den Einsatz und Unterhalt des Fahrzeugs betreffen und den jeweiligen individuellen Bedürfnissen des Leasingnehmers angepasst werden können. Die Angebotspalette der Leasinggesellschaften beinhaltet alle mit der Anschaffung, dem Betrieb und der Verwertung eines Fahrzeugs zusammenhängenden Leistungen, wie z. B. Fahrzeugbeschaffung und Versicherung, Abwicklung von Sachmängelansprüchen und Garantieleistungen, Reifenersatz, Rundfunkgebühren, Steuern, Versicherungen, Verschleißreparaturen, Unfallabwicklung, Erstellung von Kostenübersichten, Einweisung der Fahrzeugführer, Fahrerkontrolle, Abrechnung von Privatfahrten, Statistik. Beim Flottenleasing geht der Trend dahin, der Leasinggesellschaft die gesamte Verwaltung des Fuhrparks zu überlassen. **L182**

II. Versicherung

1. Haftpflicht und Kaskoversicherung

Nach Abschn. X. Nr. 1 VDA-Muster-Leasing-AGB hat der Leasingnehmer eine gesetzliche Haftpflichtversicherung mit Mindestdeckungssumme und eine Vollkaskoversicherung zu den AGB für die Kraftverkehrsversicherung abzuschließen. Falls der Leasingnehmer diese Verpflichtung nicht erfüllt, ist der Leasinggeber berechtigt, aber nicht verpflich- **L183**

---

1 *Martinek*, Moderne Vertragstypen, Bd. 1 S. 141; *Beckmann*, § 2 Rn. 477; *Graf von Westphalen*, Der Leasingvertrag, Kap. I Rn. 51.

tet, eine entsprechende Versicherung als Vertreter für den Leasingnehmer abzuschließen. Von dieser Vorgabe weicht die Praxis oftmals ab. Viele Leasinggesellschaften versichern ihre Fahrzeuge selbst. Außerdem gehört die Versicherung des Fahrzeugs durch den Leasinggeber bei Brutto-Leasingverträgen zum üblichen Leistungsumfang.

L184 Ist dem Leasingnehmer die Verpflichtung zum Abschluss der Fahrzeugversicherung auferlegt, hat er den Kaskoversicherer zu beauftragen, einen **Sicherungsschein** zu Gunsten des Leasinggebers zu erteilen oder den Leasinggeber zu ermächtigen, für sich einen Sicherungsschein beim Versicherer zu beantragen. Durch den Sicherungsschein wird eine **Versicherung für fremde Rechnung** gem. §§ 74 ff. VVG begründet. Mit der Ausgabe des Sicherungsscheins erlangt der Leasinggeber nicht nur sämtliche Rechte aus dem Versicherungsvertrag,[2] sondern zusätzlich die Möglichkeit, mit dem Versicherer abweichende oder ergänzende Regelungen zu vereinbaren, die ihn vor einer Versagung des Versicherungsschutzes schützen, z. B. wegen Nichtzahlung der Erstprämie durch den Leasingnehmer. Nach einer Entscheidung des OLG Düsseldorf ist eine Klausel, die den Leasingnehmer zum Abschluss einer Vollkaskoversicherung verpflichtet, bei der die Berufung auf § 61 VVG ausgeschlossen ist, wegen ihres überraschenden Inhalts und wegen unangemessener Benachteiligung des Leasingnehmers unwirksam.[3]

L185 Aufgrund der durch die Sicherungsbestätigung hergestellten Rechtsbeziehung ist der **Versicherer** verpflichtet, dem Leasinggeber vollständig und richtig Auskunft über das Versicherungsverhältnis zu erteilen, insbesondere darüber, ob ihm die Versicherung ausreichende Sicherheit bietet. Umstände, die für die Werthaltigkeit des Versicherungsanspruchs von wesentlicher Bedeutung sind, muss er dem Leasinggeber mitteilen. Der Versicherer erfüllt seine **Informationspflicht** nicht schon durch den Hinweis auf die Möglichkeit der Verrechnung rückständiger Versicherungsbeiträge mit der Entschädigungsleistung, wenn für den Leasinggeber weder aus dem Sicherungsschein noch aus den sonstigen Umständen erkennbar ist, dass noch weitere Fahrzeuge versichert sind und sich die Verrechnungsmöglichkeit auch auf darauf entfallende Prämienanteile erstreckt.[4]

L186 Die mit dem Abschluss eines Kraftfahrzeugleasingvertrags übernommene Pflicht des Leasingnehmers zum Abschluss einer Kaskoversicherung lebt wieder auf, wenn das gestohlene und abgemeldete Leasingfahrzeug in einem beschädigten aber reparaturfähigen Zustand aufgefunden wird.[5]

L187 Der Leasinggeber hat dem Leasingnehmer die **Versicherungsleistung** für die Instandsetzung des Fahrzeugs zur Verfügung zu stellen und im Falle einer vorzeitigen Vertragsbeendigung zu dessen Gunsten in die Abrechnung aufzunehmen. Die Aufnahme einer entsprechenden Regelung in die Abtretungsklausel hält der BGH[6] nicht für erforderlich, da er auf dem Standpunkt steht, dass sich diese Pflichten des Leasinggebers aus dem Rechtsgedanken des § 255 BGB ergeben. Kritiker[7] fordern mehr **Transparenz** und weisen zutreffend darauf hin, dass der rechtlich nicht vorgebildete Durchschnittskunde ohne Klarstellung in der Abtretungsklausel mit dem Rechtsgedanken des § 255 BGB nichts anfangen kann und möglicherweise davon abgehalten wird, seine Rechte bei der Abrechnung geltend zu machen.

L188 Da die Abtretung der aus der Kaskoversicherung resultierenden Ersatzleistung gem. § 364 Abs. 2 BGB **erfüllungshalber** vorgenommen wird, muss der Leasinggeber primär versuchen, Befriedigung aus der ihm abgetretenen Versicherungsleistung zu erlangen,

---

2 BGH 6. 7. 1988, VersR 1988, 949; OLG Hamm 28. 9. 2001, NJW-RR 2002, 534.
3 Urt. v. 23. 11. 2004, NJW-aktuell, Heft 28/2005 S. XII.
4 BGH 6. 12. 2000, BGH-Report 2001, 131, 132; *Römer*, VersR 1998, 1313 ff.
5 OLG München 13. 1. 1995, NJW-RR 1996, 48.
6 Urt. v.8. 10. 2003, NJW 2004, 1041; a. A. OLG Köln 14. 7. 1995, OLGR 1996, 1.
7 *Graf von Westphalen*, Der Leasingvertrag, Kap. I Rn. 16; *ders.* BB 2004, 2028; *Beckmann*, § 2 Rn. 481.

ehe er den Leasingnehmer aus der Übernahme der Sach- und Preisgefahr haftbar machen kann.[8]

2. GAP-Versicherung und Restschuldversicherung

Die GAP-Versicherung gehört heutzutage zur Angebotspalette eines jeden Anbieters von Kfz-Leasingverträgen. Sie schließt die Finanzierungslücke, die dadurch entstehen kann, dass Entschädigungsleistungen des Schädigers und der Kaskoversicherung im Falle einer vorzeitigen Vertragsbeendigung wegen eines Unfalls oder Diebstahls nicht ausreichen, um die ausstehenden Leasingraten abzudecken. Sie kann zusätzlich zum Angebot zur Vollkasko-Versicherung oder auch separat abgeschlossen werden und eignet sich besonders für hochwertige Fahrzeuge. Zum Angebotsprogramm von Leasingfirmen gehören zuweilen auch Restschuldversicherungen, die den Leasingnehmer gegen Krankheit und Arbeitslosigkeit absichern. **L189**

Die GAP- und/oder Restschuldversicherung und der Kfz-Leasingvertrag können **verbundene Geschäfte** sein, wenn die Voraussetzungen des § 358 Abs. 3 BGB vorliegen.[9] Unabhängig davon, ob ein Verbundgeschäft vorliegt, kommt bei Verbraucherleasingverträgen der Widerrufsdurchgriff des § 359a BGB zur Anwendung, wenn das Kraftfahrzeug und der Leasingvertrag in der Versicherungsurkunde konkret angegeben oder beide Verträge in einem unmittelbaren Zusammenhang abgeschlossen werden. Hierauf ist bei der Information des Verbrauchers über sein Widerrufsrecht unbedingt zu achten, da eine unrichtige Belehrung die Frist nicht in Lauf setzt. **L190**

III. Obhuts- und Verhaltenspflichten

Im Interesse der **Sacherhaltung** werden dem Leasingnehmer zahlreiche Verhaltens- und Obhutspflichten in Bezug auf das Leasingobjekt auferlegt. Er darf das Fahrzeug (selbstverständlich) nicht verkaufen, verpfänden, verschenken oder einem Dritten zur Sicherheit übereignen. Weiterhin ist es ihm nicht gestattet, das Fahrzeug zu verändern, jedenfalls nicht ohne Zustimmung des Leasinggebers. Beschriftungen des Fahrzeugs hat er am Vertragsende zu entfernen. Eine Verwendung als ziehendes Fahrzeug oder als Fahrschulwagen bedarf der Genehmigung des Leasinggebers. Untersagt wird i. d. R. die Gebrauchsüberlassung an Dritte, außer an Familien- und Betriebsangehörige, sowie die Untervermietung. Ein formularmäßiges **Verbot der Untervermietung** verstößt wegen der für Finanzierungsleasingverträge typischen, auf volle Amortisation der Gesamtkosten gerichteten Interessenlage nicht gegen § 307 Abs. 1 S. 1 BGB.[10] Überlässt der Leasingnehmer das Fahrzeug verbotswidrig an Dritte, muss er sich deren Fehlverhalten über § 278 BGB zurechnen lassen.[11] **L191**

IV. Halter des Leasingfahrzeugs

In den Kfz-Papieren wird grundsätzlich der **Leasingnehmer als Halter** eingetragen, da er das Fahrzeug für eigene Rechnung in Gebrauch hat und die Verfügungsgewalt besitzt.[12] Der Leasinggeber ist bei üblicher Vertragsgestaltung nicht Mithalter, weil er während der Vertragszeit keinen Einfluss auf den Einsatz des Fahrzeugs nehmen kann. Der Fahrzeug- **L192**

8 BGH 11. 12. 1991, ZIP 1992, 179, 181.
9 BGH 15. 12. 2009, ZIP 2110, 220, 18. 1. 2011, ZIP 2011, 656.
10 BGH 4. 7. 1990, ZIP 1990, 1133, 1135.
11 OLG Hamm 23. 6. 1987 NJW-RR 1987, 1142.
12 BGH 22. 3. 1983, NJW 1983, 1492 ff.; 26. 11. 1985 NJW 1986, 1044; OLG Hamm 14. 11. 1994, NJW 1995, 2223.

brief bzw. die Zulassungsbescheinigung II verbleiben im Besitz des Leasinggebers. AGB, die ihm dieses Recht gewähren, sind nicht zu beanstanden, da sie seinem berechtigten Sicherungsinteresse dienen. Als Fahrzeughalter hat der Leasingnehmer alle sich aus dem Betrieb und der Haltung des Kfz ergebenden gesetzlichen Verpflichtungen zu erfüllen (wozu vor allem die rechtzeitige Vorführung des Fahrzeugs zur Haupt- und Abgasuntersuchung gehört) und den Leasinggeber freizustellen, soweit dieser in Anspruch genommen wird.[13]

13 *Engel*, § 9 Rn. 49.

G. Sittenwidrigkeit

I. Sittenwidrigkeit des Leasingvertrages

Ob der Lösungsansatz für die Beurteilung der Sittenwidrigkeit eines Kfz-Finanzierungsleasingvertrages im **Darlehensrecht** oder im **Mietrecht** zu suchen ist, war jahrelang ein Streitthema. L193

Befürworter einer analogen Anwendung der von der Rechtsprechung entwickelten Prüfungskriterien zur Sittenwidrigkeit von Ratenkrediten argumentierten, der Leasinggeber finanziere wie eine Kreditbank und habe an dem Leasingobjekt kein eigentliches Interesse.[1] Zudem seien Ratenkredit und Konsumentenleasing aus Sicht des Kunden austauschbare Finanzierungsformen,[2] denn in beiden Fällen zahle der Leasing-/Darlehensnehmer die gesamten Herstellungs- und Anschaffungskosten einschließlich aller Neben- und Finanzierungskosten und einen angemessenen Gewinn. L194

Verfechter des mietrechtlichen Lösungsmodells beriefen sich in erster Linie darauf, Leasingverträge seien, auch soweit es sich um Finanzierungsleasingverträge handelt, ihrer Grundstruktur nach Miete und nicht Darlehen,[3] und außerdem erbringe der Leasinggeber im Rahmen des Finanzierungsleasingvertrages weitaus mehr Leistungen als ein Darlehensgeber und nehme im Vergleich zu diesem größere Risiken auf sich.[4] Das mietrechtliche Modell stieß ebenfalls auf Ablehnung. Wegen des Fehlens von Vergleichsmieten wurde es als nicht praktikabel kritisiert. L195

Ein speziell auf Finanzierungsleasingverträge zugeschnittener Lösungsansatz sah vor, bei der Beurteilung der Sittenwidrigkeit ausschließlich auf den Gewinn des Leasinggebers abzustellen und eine Sittenwidrigkeit im Falle einer Überschreitung des üblichen Gewinns um mehr als das Doppelte zu bejahen.[5] L196

Der BGH[6] hat sich auf den Standpunkt gestellt, dass sowohl das mietrechtliche als auch das kreditrechtliche Modell geeignete Lösungsansätze bieten. Die mietrechtlichen Beurteilungsmaßstäbe verdienen den Vorzug, sofern Vergleichsmieten vorhanden oder durch Gutachter feststellbar sind.[7] Unter diesen Voraussetzungen kann von einem auffälligen Missverhältnis zwischen dem üblichen und dem vereinbarten Entgelt ausgegangen werden, wenn das vereinbarte Entgelt das übliche Entgelt um das **Doppelte** übersteigt. Eine Quote von 61,53 % reicht für die Überschreitung der Wuchergrenze nicht aus.[8] L197

Da sich beim Kraftfahrzeugleasing bis zum heutigen Tage keine Vergleichsmieten herausgebildet haben und diese weder durch Recherche noch durch Gutachten ermittelt werden können, führt der mietrechtliche Lösungsansatz nicht zum Ziel. Deshalb ist nach Ansicht des BGH[9] im zweiten Schritt auf das **kreditrechtliche Prüfungsschema** zurückzu- L198

1 OLG Karlsruhe 24. 10. 1985, NJW-RR 1986, 217.
2 *Schmidt/Schumm*, DB 1989, 2109.
3 OLG Hamm 23. 6. 1987 – 7 U 15/87, n. v.; 28. 6. 1994, NJW-RR 1994, 1467; OLG Celle 11. 4. 1990, NdsRpfl. 1990, 249.
4 OLG München 28. 1. 1981, NJW 1981, 1104; OLG Saarbrücken 10. 11. 1987, NJW-RR 1988, 243; verneinend hinsichtlich höherer Aufwendungen *Graf von Westphalen*, Der Leasingvertrag Kap. F Rn. 42 ff.
5 *Reinking/Nießen*, NZV 1993, 49 f.; abl. *Krebs*, NJW 1996, 1177; *Staudinger/Stoffels*, Leasing Rn. 132.
6 Urt. v. 11. 1. 1995, NJW 1995, 1019; *Bülow*, JZ 1995, 624; *Ehlert* in *Bamberger/Roth*, § 535 Rn. 81.
7 *Erman/Jendrek*, Anh. § 535 Rn. 17.
8 OLG Hamm 28. 6. 1994, NJW-RR 1994, 1467.
9 Urt. v. 11. 1. 1995, NJW 1995, 1019 ff.; so jetzt auch § 506 Abs. 4 S. 2 BGB.

greifen. Seines Erachtens sind die leasingtypischen Merkmale beim Finanzierungsleasing mit dem drittfinanzierten Kauf vergleichbar, weil es wirtschaftlich weitgehend die gleichen Funktionen wie dieser erfüllt, so dass es auf die rechtliche Einkleidung des Finanzierungsleasingvertrags nicht entscheidend ankommen kann. Aus kreditrechtlicher Perspektive, von der auch das Schrifttum ausgeht,[10] liegt ein auffälliges Missverhältnis zwischen Leistung und Gegenleistung regelmäßig vor, wenn der effektive Vertragszins den marktüblichen effektiven Vergleichszins **relativ um 100 %** oder **absolut um 12 %** übersteigt.

L199 Für Leasingverträge mit einer Laufzeit bis 48 Monate hat der BGH eine Berechnung des effektiven Jahreszinses anhand der Uniformmethode für zulässig erachtet.

Die Formel lautet:

$$\text{effektiver Jahreszins} = \frac{\text{Vertragskosten} \times 2400}{\text{Nettokredit} \times (\text{Laufzeit} + 1)}$$

L200 Für Leasingverträge mit Laufzeiten von mehr als 48 Monate empfahl der BGH, den effektiven Jahreszins anhand des Tabellenwerks von *Sievi/Gillardon/Sievi*[11] zu ermitteln und dabei anstelle des Nettokredits den Kaufpreis anzusetzen, den der Leasinggeber an den Händler gezahlt hat und der dem Anschaffungswert entspricht.[12] Weiterhin schlug er vor, für nachgewiesene Mehrkosten ggf. Zuschläge vorzunehmen und den sonst marktüblichen durchschnittlichen Bearbeitungssatz von 2,5 % auf 3 % maximal 3,5 % anzuheben und die von *Schmidt/Schumm*[13] entwickelte mathematische Formel anzuwenden, die der Besonderheit Rechnung trägt, dass der kalkulierte Restwert erst am Vertragsende realisiert wird und der Leasingnehmer am Vertragsanfang evtl. eine Sonderzahlung zu leisten hat.

Die Formel lautet:

$$\text{Effektiver Jahreszins} = \frac{\text{Vertragskosten} \times 0,5 \times (\text{Ratenzahl} + 1) \times \text{a}}{0,5 \times (\text{Ratenzahl} + 1) \times \text{a} + \text{Ratenzahl} \times \text{b}}$$

a = Zur Verfügung gestelltes Kapital abz. Restwert und abz. Sonderzahlung

b = Restwert zuzüglich Sonderzahlung (die Sonderzahlung ist nur zu berücksichtigen, wenn dem Leasinggeber Kapitalkosten entstanden sind, andernfalls ist nur der Restwert anzusetzen).

Die Effektivzinsberechnung eines Finanzierungsleasingvertrages mit Sonderzahlung und kalkuliertem Restwert hat der BGH anhand der abgewandelten Uniformmethode mathematisch gut nachvollziehbar in seinem Urteil vom 30. 1. 1995[14] dargestellt, das sich als Mustervorlage für die Überprüfung derjenigen Kfz-Leasingverträge eignet, bei denen der **Leasingnehmer das Restwertrisiko** trägt.

L201 Es stellt sich die Frage, ob die vom BGH zu § 138 BGB entwickelten Berechnungsmethoden heutzutage auch dann noch herangezogen werden dürfen, wenn es darum geht, einen Verbraucherleasingvertrag i. S. v. § 506 Abs. 2 S. 1 Nr. 1–3 BGB daraufhin zu überprüfen, ob er sittenwidrig ist. Dem könnte Art. 247 § 3 Abs. 2 Nr. 3 EGBGB entgegenstehen, der zwingend vorschreibt, dass die Berechnung des effektiven Jahreszinses nach § 9 PAngV zu erfolgen hat. Da diese Vorschriften jedoch ausschließlich die Informationspflichten des Unternehmers regeln, ist die Zugrundelegung des nach § 9 PAngV ermittelten und im Verbraucherleasingvertrag anzugebenden Wertes für die Sittenwidrigkeitsprüfung keineswegs obligatorisch. Daher sind die vom BGH entwickelten Berechnungsmodelle zu

---

10 *Wolf/Eckert/Ball*, Rn. 1807; *Erman/Jendrek*, Anh. § 535 Rn. 17; *Graf von Westphalen*, Der Leasingvertrag, Kap. F 41; *Beckmann*, § 2 Rn. 421 ff.

11 *Sievi/Gilladon/Sievi*, Effektivsätze für Ratenkredite, 2. Aufl. 1981.

12 OLG Dresden 8. 12. 1999, NJW-RR 2000, 1305.

13 DB 1989, 2109, 2112.

14 DAR 1995, 200.

§ 138 BGB nach wie vor auf alle Arten von Kfz-Leasingverträgen einschließlich der Privatverträge anwendbar.

Aus einer Vertragsgestaltung, die es dem Leasinggeber ermöglicht, einen zusätzlichen Gewinn durch einen über dem kalkulierten Restwert liegenden Verwertungserlös zu erzielen, lässt sich ein objektives Missverhältnis zwischen Leistung und Gegenleistung i. S. v. § 138 BGB nicht ableiten. Solche Vertragsregelungen sind durchaus üblich und völlig unbedenklich,[15] da sie keine unerträgliche Störung der Vertragsparität zu Lasten des Leasingnehmers beinhalten. Nach einer Entscheidung des OLG Dresden[16] soll der Restwert bei der Beurteilung des auffälligen Missverhältnisses zwischen Leistung und Gegenleistung ausnahmsweise zu berücksichtigen sein, wenn sich seine spätere Realisierung schon bei Vertragsschluss sicher vorhersehen lässt und den Gewinn des Leasinggebers, dessen Aufwendungen an sich bereits durch die Zahlungen des Leasingnehmers voll amortisiert werden, zusätzlich steigert. Da das Urteil einen Vollamortisationsvertrag betraf, ist es auf das Kfz-Leasing nicht übertragbar. **L202**

Weicht der dem Leasingvertrag zu Grunde gelegte Anschaffungsaufwand eklatant vom Verkehrswert der Leasingsache ab, so ist bei der Berechnung der niedrigere Verkehrswert als Nettokreditbetrag zu Grunde zu legen, wenn der Leasingnehmer an der Festlegung des Kaufpreises nicht maßgeblich beteiligt war und der Leasinggeber den Beweis schuldig bleibt, dass er das gewünschte Leasingobjekt nicht günstiger erwerben konnte.[17] **L203**

Für die Feststellung der Sittenwidrigkeit eines Finanzierungsleasingvertrags über eine bewegliche Sache ist außer einem objektiv auffälligen Missverhältnis zwischen Leistung und Gegenleistung eine **verwerfliche Gesinnung** des Leasinggebers erforderlich. Handelt es sich bei dem Leasingnehmer um einen Verbraucher, wird zu seinen Gunsten die verwerfliche Gesinnung des anderen Vertragsteils **vermutet**, wenn objektiv die Tatbestandsvoraussetzungen von § 138 Abs. 1 BGB erfüllt sind. Diese Vermutung gilt nicht, wenn der Leasingnehmer Unternehmer oder Kaufmann ist.[18] Für diese Personen bleibt es bei der allgemeinen Beweislastregel, dass derjenige, der sich auf Sittenwidrigkeit beruft, auch die subjektiven Voraussetzungen darzulegen und zu beweisen hat.[19] **L204**

Die Sittenwidrigkeit führt zur **Nichtigkeit** des gesamten Leasingvertrages. Die Parteien haben die empfangenen Leistungen zurückzugewähren.[20] Der Leasingnehmer muss das Fahrzeug zurückgeben und die Nutzungen vergüten, der Leasinggeber die Leasingraten an den Leasingnehmer in voller Höhe zurückzahlen. Refinanzierungskosten und Verwaltungsaufwand darf der Leasinggeber nicht einbehalten. Da er nur Anspruch auf Erstattung des durch die tatsächliche Nutzung herbeigeführten Wertverzehrs besitzt,[21] ist die Nutzungsvergütung auf der Grundlage der linearen Wertschwundmethode zu berechnen (Rdn.1162 ff.). **L205**

---

15 BGH 30. 1. 1995, DAR 1995, 200; *Wolf/Eckert/Ball*, Rn. 1816.

16 Urt. v. 8. 12. 1999, NJW-RR 2000, 1305, 1306; Korrekturen, wie sie das OLG Dresden vorgenommen hat, hält *Graf von Westphalen*, Der Leasingvertrag Kap. F Rn. 61 allerdings auch bei Teilamortisationsverträgen wegen der Restwertproblematik und der Mehrwertsteuer für angebracht, da sie sich insoweit vom Ratenkredit unterscheiden.

17 BGH 30. 1. 1995 CR 1995, 527, 528; OLG Köln 31. 5. 1996, NJW-RR 1997, 1549; OLG Dresden 8. 12. 1999, NJW-RR 2000, 1305, 1306; *Büschgen/Beckmann*, Praxishandbuch Leasing, S. 149.

18 BGH 19. 2. 1991, NJW 1991, 1810, 1811; 11. 1. 1995, NJW 1995, 1019, 1022; *Palandt/Ellenberger*, § 138 Rn. 30.

19 OLG Nürnberg 4. 7. 1995, WM 1996, 497; OLG Düsseldorf 22. 2. 1996, OLGR 1996, 261.

20 Zur Rückabwicklung des Liefervertrages wegen eines sittenwidrig überhöhten Kaufpreises *Beckmann*, § 2 Rn. 437; *Graf von Westphalen*, Der Leasingvertrag, Kap. F Rn. 72.

21 OLG Köln 31. 5. 1996, NJW-RR 1997, 1549; *Graf von Westphalen*, Der Leasingvertrag, Kap. F Rn. 71.

L206 Unabhängig von der Frage, ob der Leasingvertrag als solcher sittenwidrig ist, kann die **Mitverpflichtung** eines **Dritten** – z. B. durch Schuldbeitritt – sittenwidrig sein, wenn er sich dazu verleiten lässt, gegen sein eigenes Interesse Verpflichtungen zu übernehmen, die ihn finanziell eindeutig überfordern[22] und durch die ein unerträgliches Ungleichgewicht zwischen den Vertragspartnern hervorgerufen wird, das die Verpflichtung des Dritten rechtlich nicht mehr hinnehmbar erscheinen lässt.[23]

Die **Rechtskraft** eines Vollstreckungsbescheids wird allein aufgrund einer Sittenwidrigkeit des Rechtsgeschäfts nicht durchbrochen. Hierzu ist das Hinzutreten besonderer Umstände erforderlich, die eine Ausnutzung des Titels in hohem Maße unbillig und geradezu unerträglich erscheinen lassen.[24] Die Sittenwidrigkeit muss eindeutig und schwerwiegend sein.[25]

II. Sittenwidrigkeit des Kaufvertrages

L207 Eine **Sittenwidrigkeit des Kaufvertrages** ist wegen der Preistransparenz im Neu- und Gebrauchtwagenhandel unwahrscheinlich. Es wird die Ansicht vertreten, dass die Sittenwidrigkeit des Liefergeschäfts den Bestand des Leasingvertrages unberührt lässt,[26] es sei denn, Leasinggeber und Lieferant haben kollusiv zum Nachteil des Leasingnehmers zusammengewirkt oder der Leasingvertrag ist seinerseits wegen des überhöhten Anschaffungspreises sittenwidrig.[27] Ist der Kaufvertrag wegen der Sittenwidrigkeit hinfällig, entfällt nach einer Entscheidung des OLG Nürnberg[28] die Geschäftsgrundlage des Leasingvertrages, so dass dieser auf Verlangen des Leasingnehmers rückgängig zu machen ist.Gegen diese Lösung spricht der Umstand, dass die Wirksamkeit des Kaufvertrages nicht ohne weiteres als Geschäftsgrundlage des Leasingvertrages anzusehen ist, sondern allenfalls dann, wenn ein gemeinsamer Irrtum der Vertragsparteien über die Angemessenheit des Kaufpreises vorgelegen hat.[29]

---

22 BGH 26. 4. 1994, NJW 1994, 1726, 1727.
23 BGH 18. 9. 1997 NJW 1997, 3372, 3373.
24 BGH 24. 7. 1987, MDR 1988,126; 22. 12. 1987, MDR 1988, 398, OLG Köln 25. 2. 1997, WM 1997,1095; OLG Nürnberg 8. 3. 1999, ZIP 1999, 918; Brandenburgisches OLG 27. 7. 2000, OLGR 2001, 1 ff.
25 BGH 24. 7. 1988, MDR 1988, 126.
26 *Erman/Jendrek*, Anh. § 535 Rn. 17.
27 MüKo-BGB/*Koch*, Leasing Rn. 44.
28 Urt. v. 4. 7. 1995, WM 1996, 497.
29 *Wolf/Eckert/Ball*, Rn. 1820.

H. Bewerben und Anbieten von Kfz-Leasingverträgen

In der **Werbung** und in **Angeboten** von Kfz-Leasingverträgen sind die Vorschriften des **UWG** und der **PAngV** zu beachten. Zu den wichtigsten Informationen, die dem Verbraucher nicht vorenthalten werden dürfen, gehören insbesondere die **Preisanganben** nach der PAngV, weiterhin gem. § 5a Abs. 3 UWG alle wesentlichen Merkmale des Kfz-Leasingvertrages, die Identität und Anschrift des Leasinggebers, die Zahlungs-, Liefer- und Leistungsbedingungen, das Bestehen eines Widerrufsrechts sowie gem. § 5a Abs. 4 UWG all diejenigen Informationen, die dem Verbraucher auf Grund gemeinschaftsrechtlicher Verordnungen oder nach Rechtsvorschriften zur Umsetzung gemeinschaftsrechtlicher Richtlinien für kommerzielle Kommunikation einschließlich Werbung und Marketing nicht vorenthalten werden dürfen. **L208**

Auf gemeinschaftsrechtlichen Vorgaben beruhen weitgehend die Regelungen der §§ 6, 6a PAngV für das Anbieten und Bewerben von Kreditverträgen gegenüber Letztverbrauchern, die mit der Umsetzung der Verbraucherkreditrichtlinie zum 11. 6. 2010 in Kraft getreten sind. Sie sollen – über die „Richtlinie über unlautere Geschäftspraktiken“[1] hinausgehend – gewährleisten, dass die Verbraucher Standartinformationen erhalten, die sie in die Lage versetzen, verschiedene Kreditangebote miteinander zu vergleichen. **L209**

Verstöße gegen § 6, 6a PAngV sind Wettbewerbsverstöße i. S. v. § 6 Nr. 11 UWG.[2]

Kfz-Leasingverträge fallen unter den Begriff „**Leistungen**“ i. S. v. § 1 PAngV.[3] Deshalb muss derjenige, der sie unter Angabe von Preisen bewirbt oder anbietet, die Vorschriften der PAngV beachten. **L210**

§ 6 PAngV konkretisiert die **Preisangabepflicht** des § 1 PangV und bestimmt, dass beim Angebot von Krediten und bei der Werbung für Kredite unter Angabe von Preisen die Gesamtkosten als **jährlicher Vomhundertsatz** des Kredits anzugeben und als **effektiver Jahreszins** zu bezeichnen sind. Die Einzelheiten zur Berechnung sind in § 6 Abs. 2–5 PAngV geregelt.

Speziell auf die **Werbung** für Kredite ist § 6a PAngV zugeschnitten. Diese Vorschrift findet auch auf Finanzierungsleasingverträge i. S. v. § 506 Abs. 1 und 2 BGB Anwendung, die als entgeltliche Finanzierungshilfen den Krediten gleichgestellt werden.[4] Die Informationspflichten des § 6a PAngV sind auch bei der Werbung für Kfz-Leasingverträge mit Kilometerabrechnung zu beachten, sofern man diese den Restwertverträgen i. S. v. § 506 Abs. 2 S. 1 Nr. 3 BGB zurechnet.

Die **bürgerlichrechtlichen Informationspflichten** und die **Informationspflichten aus der PAngV** stehen selbstständig nebeneinander und sind durch entsprechende Verweise miteinander verschränkt (Art. 247 § 3 Abs. 2 EGBGB).[5] Während die Informations- und Erläuterungspflichten des § 491a BGB i. V.m Art. 247 EGBGB ab dem Zeitpunkt der Vertragsanbahnung eingreifen, sind die nach §§ 6, 6a PAngV notwendigen Angaben für Kredite bereits in der vorgelagerten Angebots- und Werbephase zu berücksichtigen. **L211**

Die kreditrechtlichen Bestimmungen der PangV werfen eine Vielzahl von Fragen auf. Dies liegt u. a. daran, dass die darlehensrechtlichen Vorschriften des Zivilrechts auf Lea- **L212**

---

1 RL des Europäischen Parlaments und des Rates vom 11. 5. 2005, ABLEU Nr. L149, 22.
2 *Amschewitz*, DB 2011,1565.
3 *Köhler*, Gesetz gegen den unlauteren Wettbewerb mit PAngV,UKLaG, DL-InfoV, 29. Aufl. 2011, § 1 PAngV Rn. 4.
4 *Köhler*, Gesetz gegen den unlauteren Wettbewerb, § 6 PAngV Rn. 3
5 *Köhler*, Gesetz gegen den unlauteren Wettbewerb, § 6 PAngV Rn. 9.

singverträge **entsprechend** anzuwenden sind. Daran wird man auch beim Anbieten und Bewerben von Kfz-Leasingverträgen nicht vorbeikommen. Im einen wie im anderen Fall ist es erforderlich, den Besonderheiten des Leasingvertrages durch eine modifizierte Anwendung der §§ 6, 6a PAngV Rechnung zu tragen. Für Rechtsunsicherheit bei Leasinganbietern sorgt vor allem § 6a PAngV, der in einigen nicht unerheblichen Punkten von der Verbraucherkreditrichtlinie abweicht.[6]

L213 Nach § 6a Abs. 1 PAngV muss derjenige, der gegenüber **Letztverbrauchern** für den Abschluss eines Kreditvertrages mit Zinssätzen oder sonstigen Zahlen, die die Kosten betreffen, wirbt, in klarer, verständlicher und auffallender Weise den **Sollzinssatz**, den **Nettodarlehensbetrag** sowie den **effektiven Jahreszins** angeben, wobei Letzterer nach Maßgabe der mathematischen Formel zu berechnen ist, die in der Anlage zu § 6a PAngV wiedergegeben ist. Die Vorschrift stellt Leasinganbieter vor große Probleme, denn sie müssen die ihnen abverlangten Angaben den Besonderheiten des jeweiligen Leasingvertrages anpassen, ohne dabei auf eine Handlungsanweisung des Gesetzgebers zurückgreifen zu können (s. dazu Rdn. 121 ff.).

Um **„auffallend“** zu sein, müssen die Angaben zum Sollzinssatz, Nettodarlehensbetrag und effektiven Jahreszins gegenüber den anderen Informationen **optisch, akustisch oder sonst wahrnehmungsmäßig hervorgehoben** sein.[7] In der schriftlichen Werbung ist dem Erfordernis der auffallenden Gestaltung der Angaben dadurch Genüge getan, wenn sie zu den vom **Schriftbild größten Angaben** der Werbung gehören.[8]

L214 § 6a Abs. 2 PangV ist für Kfz-Leasingverträge i. S. v. § 506 Abs. 2 S. 1 Nr. 1–3 BGB ebenfalls einschlägig, da die dort geregelten Angaben regelmäßig zur **Voraussetzung** für den Abschluss des beworbenen Leasingvertrages gemacht werden. Anzugeben sind die **Vertragslaufzeit,** der **Barzahlungspreis,** die **Sonderzahlung** und der **Gesamtbetrag**, der sich aus der Summe des Gesamtkreditbetrages und der Gesamtkosten des Leasinggebers zusammensetzt. Die Pflicht zur Angabe weiterer Zahlungsmodalitäten, z. B. zur Anzahl und Höhe der Leasingraten, ergibt sich bereits aus § 5a Abs. 3 UWG. Beim **Leasingvertrag mit Kilometerabrechnung** benötigt der Kunde außerdem die Angaben zur Gesamtfahrleistung,[9] damit er sich eine Preisvorstellung bilden kann.

L215 Gem. § 6a Abs. 3 PAngV sind die in Abs. 1 und 2 genannten Angaben mit einem **Beispiel** zu versehen, bei dessen Gestaltung die Frage auftaucht, ob auch insoweit eine „auffallende“ Präsentation notwendig ist, die Art. 4 Abs. 2 VerbrKrRL zwar vorsieht, von § 6 Abs. 3 PAngV jedoch nicht angeordnet wird. Weiterhin ist unklar, ob es des Beipiels auch dann bedarf, wenn im Leasingangebot bereits alle Informationen enthalten sind und das Beispiel keinen zusätzlichen Informationswert besitzt.[10]

L216 Bei der Auswahl des Beispiels ist von einem effektiven Jahreszins auszugehen, von dem der Leasinggeber erwarten darf, dass er mindestens **zwei Drittel** der Verträge erfasst, die aufgrund der Werbung abgeschlossen werden. Diese Regelung, die nicht durch die VerbrKL vorgegeben wurde, wirft zahlreiche Fragen auf, die u. a. die Feststellung des Kausalzusammenhangs zwischen Werbemaßnahme und Vertragsabschluss und die Haftung im Falle einer fehlerhaften Prognoseentscheidung betreffen.

L217 Obligatorische **Versicherungsverträge** (z. B. Haftpflicht-, Kasko-, GAP- und Restschuldversicherung) und Verträge über andere **Zusatzleistungen** (z. B. Wartungsverträge), deren Kosten nicht im Voraus bestimmt werden können, sind gem. § 6a Abs. 4 PAngV vom

6 Ausführlich dazu *Amschewitz*, DB 2011,1565.
7 BT-Drucks.16/11643,S 143.
8 *Amschewitz*, DB 2011,1565,1566.
9 *Zirpel/Preil*, Werben ohne Abmahnung, S. 83.
10 *Amschewitz*, DB 2011,1565,1567.

werbenden Leasinggeber klar, verständlich und an gestalterisch hervorgehobener Stelle zusammen mit dem effektiven Jahreszins anzugeben. In der an Endverbraucher gerichteten Werbung für einen Kfz-Leasingvertrag müssen auch die Kosten einer nicht nur fakultativ angebotenen **Überführung** aufgeführt werden.[11]

Rechtsprechung und **Schrifttum** zu Wettbewerbsverstößen im Zusammenhang mit dem Bewerben und Anbieten von Leasingverträgen aus der Zeit vor Umsetzung der EU-Richtlinien über unlautere Geschäftspraktiken und über Verbraucherkredite sind weitgehend überholt. Beachtung verdienen aber nach wie vor folgende Aussagen und Entscheidungen: **L218**

- Preisnachlässe des Lieferanten auf Leasingfahrzeuge sind beliebig zulässig, soweit die Lauterkeitsregeln des UWG beachtet werden.[12]
- Leasingangebote dürfen Wartungsarbeiten und Verschleißreparaturen[13] und/oder die Kosten für die Haupt- und Abgasuntersuchung beinhalten.[14]
- Die in § 507 BGB i. V. m. Art. 247 §§ 6,12 und 13 EGBGB verankerten Angabeerfordernisse für Teilzahlungsgeschäfte sind zu beachten, wenn die Vertragsparteien das Leasinggeschäft ausschließlich dazu benutzen, einen von vornherein angestrebten Erwerb des Leasingfahrzeugs durch den Leasingnehmer über eine günstige Leasing-Zwischenfinanzierung zu ermöglichen und der Leasinggeber dem Leasingnehmer zu diesem Zwecke eine Kaufoption einräumt.[15]
- Dem Lieferanten ist es gestattet, für von ihm vermittelte Leasingangebote mit dem Versprechen zu werben, er werde während der dreijährigen Laufzeit des Leasingvertrages sämtliche Reparaturkosten übernehmen.[16]
- Auf seine Vermittlereigenschaft muss der Lieferant hinweisen.[17] Erweckt er den unzutreffenden Eindruck, er selbst werde die Funktion des Leasinggebers übernehmen, liegt darin eine wettbewerbsrechtlich relevante Irreführung.[18]
- Es ist irreführend, wenn ein Kfz-Händler für ein Leasinggeschäft ohne Kaufoption mit der Angabe eines Restkaufwertes wirbt.[19]
- Eine Werbung für Autoleasing, die dem aufgeschlüsselten Leasingendpreis den damit identischen „unverbindlich empfohlenen Preis des Herstellers bzw. Importeurs" (UVP[20]) gegenüberstellt, erweckt beim Kunden nicht den Eindruck, der Händler mache sich den Importeurpreis als Barpreis zu Eigen.[21]
- Bezieht sich der werbende Händler in einem Leasingangebot auf die unverbindliche Preisempfehlung des Importeurs, ist diese Angabe zugleich als Angabe des eigenen Händlerpreises zu verstehen. Es liegt demzufolge eine Irreführung des Verkehrs vor, wenn zu dem als unverbindliche Preisempfehlung genannten Betrag noch die **Überführungskosten** hinzutreten.[22]

11 OLG Frankfurt/M. 6. 11. 1997, OLGR 1998, 80.
12 *Dittmer*, BB 2001, 1961 ff. 1962.
13 OLG Frankfurt/M., Beschl. 19. 5. 1994 – 6 W 41/91, n. v.
14 OLG Frankfurt/M. 29. 2. 1996 – 6 U 15/95, n. v.
15 So schon zum AbzG OLG Frankfurt/M. 25. 6. 1987, NJW-RR 1987, 1523; 31. 3. 1988, NJW-RR 1988, 1001.
16 A. A. zur Zeit der Geltung der ZugabeVO, OLG Karlsruhe 8. 4. 1998, OLGR 1999, 66.
17 OLG Karlsruhe 17. 12. 1986, WRP 1987, 684 ff.
18 OLG Karlsruhe 8. 4. 1998, OLGR 1999, 66.
19 OLG Frankfurt/M. 31. 3. 1988, NJW-RR 1988, 1001.
20 Die Abkürzung ist nach einer Entscheidung des BGH 7. 12. 2006 – I ZR 271/03 – nicht zu beanstanden.
21 OLG Karlsruhe 17. 12. 1986, WRP 1987, 684 ff.
22 BGH 2. 3. 1989, NJW-RR 1989, 939, 940.

- Eine Irreführung ist auch dann gegeben, wenn die Werbung für ein Leasingangebot einen Vergleich zwischen der unverbindlichen Preisempfehlung des Herstellers und den damit betragsmäßig übereinstimmenden Gesamtleasingkosten enthält, der tatsächliche Kaufpreis aber unter der unverbindlichen Preisempfehlung liegt.

I. Auswirkungen der Insolvenz auf den Leasingvertrag

I. Insolvenz des Leasingnehmers

Da die InsO keine besonderen Vorschriften für Finanzierungsleasingverträge enthält, wendet die h. M. wegen deren mietrechtlicher Grundstruktur die Vorschriften der §§ 103 ff. InsO entsprechend an.[1] Der Eintritt der **Insolvenz beim Leasingnehmer** sperrt das Kündigungsrecht des Leasinggebers wegen Zahlungsverzugs (§ 112 Nr. 1 InsO) oder wesentlicher Vermögensverschlechterung (§ 112 Nr. 2 InsO). Hiervon abweichende Regelungen im Leasingvertrag, wie etwa ein Sonderkündigungsrecht für den Fall der Insolvenz, sind unzulässig.[2] Unberührt bleiben die Kündigungsrechte des Leasinggebers wegen **sonstiger Vertragsverletzungen**.[3] Das Kündigungsverbot wirkt ab dem Zeitpunkt, in dem der Antrag auf Eröffnung des Insolvenzverfahrens gestellt wird. Es greift auch dann ein, wenn die Kündigung des Leasingvertrags erst nach Stellung des Antrags auf Eröffnung des Insolvenzverfahrens erklärt worden ist, es aber nicht zu dessen Eröffnung kommt.[4] **L219**

Die Kündigung ist weiterhin ausgeschlossen, wenn sich der Leasingnehmer bei Antragstellung bereits mit der Zahlung der Leasingraten in Verzug befunden hat. Eine zuvor erfolgte Kündigung bleibt wirksam und hat zur Folge, dass der Leasinggeber das Leasingfahrzeug aussondern kann (§ 47 InsO). Die Kündigungssperre greift nicht, wenn zwischen dem Insolvenzantrag und der Entscheidung über die Eröffnung des Verfahrens ein neuer Verzug eintritt. Falls die fälligen Raten vom vorläufigen Insolvenzverwalter nicht gezahlt werden, kann der Leasinggeber den Leasingvertrag nach allgemeinen Regeln kündigen.[5] Dem Leasinggeber ist im Eröffnungsverfahren maximal ein weiterer Ausfall des Nutzungsentgeltes für **zwei Monate** zuzumuten.[6] **L220**

Strittig ist, ob der Kündigungsausschluss nach § 112 Nr. 2 InsO im Gegensatz zu § 112 Nr. 1 InsO auch insoweit gilt, als die **Vermögensverschlechterung nach Antragstellung** eingetreten ist.[7] **L221**

Ab dem Zeitpunkt der Eröffnung des Insolvenzverfahrens über das Vermögen des Leasingnehmers hat der Insolvenzverwalter ein **Wahlrecht**. Gem. § 103 Abs. 1 InsO kann er entweder die Erfüllung des Leasingvertrages ablehnen oder Vertragsfortsetzung verlangen. Um möglichst bald Gewissheit zu erhalten, wie sich der Insolvenzverwalter entscheidet, kann ihn der Leasinggeber zur Ausübung des Wahlrechts auffordern (§ 103 Abs. 2 S. 2 InsO). Der Insolvenzverwalter hat sich unverzüglich nach Erhalt der Aufforderung zu erklären, ob er Erfüllung verlangen will, andernfalls er den Anspruch auf Erfüllung verliert (§ 103 Abs. 2 S. 3 InsO). Bei der Fristbemessung wird eine entsprechende Anwendung von § 107 Abs. 2 InsO erwogen.[8] Entscheidet der Verwalter sich für die **Vertragsfortsetzung**, sind die vor dem Insolvenzantrag fälligen Leasingraten Insolvenzforderungen (§ 38 InsO), die nach Insolvenzeröffnung fälligen Leasingraten nach weit überwiegender Ansicht **Masseschulden**, so dass dem Leasinggeber die Leasingraten ab Insolvenzeröffnung in vol- **L222**

---

1 OLG Düsseldorf 27. 4. 2010, ZIP 2010, 2212, 2213 m. w. N.
2 MüKo-BGB/*Koch*, Leasing Rn. 138; *Eckert*, ZIP 1996, 897, 902; *Beckmann*, § 9 Rn. 19.
3 *Seifert* in Leasing-Handbuch Eckstein/Feinen, Rn. 5.1.
4 OLG Düsseldorf 8. 9. 2008, OLGR 2009, 265; *Wolf/Eckert/Ball*, Rn. 1483 m. w. N.
5 BGH 21. 12. 2006, NJW 2007, 1591,1592.
6 BGH 18. 4. 2002, NJW 2002, 3326 ff., dazu *Gölzenleuchter*, FLF 2003, 225; *R. Koch* in Graf von Westphalen, Der Leasingvertrag, Kap. P Rn. 12; a. A. *Kübler/Prütting/Tintelnot*, § 112 InsO Rn. 12.
7 Bejahend MüKo -BGB/*Koch*, Leasing Rn. 138 m. w. N.; *Engel*, FLF 2005, 276.
8 *Kübler/Prütting/Tintelnot*, § 103 Rn. 72; abl. OLG Köln 2. 12. 2002, ZIP 2003, 543.

ler Höhe zustehen.[9] Strittig ist die Zuordnung der zwischenzeitlich fälligen Leasingraten. Nach Ansicht des BGH[10] sind sie Insolvenzforderungen, da § 55 Abs. 1 InsO vom Vorhandensein eines Insolvenzverwalters ausgeht, nach a. A.[11] sind sie Masseschulden, wenn der **vorläufige Insolvenzverwalter** die Sache nutzt.

L223 Überwiegend auf Ablehnung stößt die Ansicht, der Leasinggeber könne nach Eröffnung des Insolvenzverfahrens nicht die laufenden Leasingraten in voller Höhe verlangen, da er seine Leistungspflicht im Wesentlichen bereits durch die Beschaffung und Finanzierung der Leasingsache erfüllt habe.[12] Ihr wird zu Recht entgegen gehalten, dass der Schwerpunkt der Leistung des Leasinggebers nicht in dem vorgelagerten Beschaffungsvorgang sondern in der **fortdauernden Überlassung** der Leasingsache besteht.[13]

L224 Lehnt der Insolvenzverwalter die Fortsetzung des Vertrages ab, haftet er dem Leasinggeber auf **Schadensersatz wegen Nichterfüllung**. Bei diesem Anspruch in Höhe der noch nicht amortisierten Kosten handelt es sich gem. § 103 InsO um eine einfache Insolvenzforderung. Der Leasinggeber kann das Leasingfahrzeug nach § 47 InsO aussondern. Ein Aussonderungsrecht besteht auch im Hinblick auf eine Entschädigungsleistung des Kaskoversicherers.[14] Die Kosten der Aussonderung gehören zu den einfachen Insolvenzforderungen, während die Ansprüche des Leasingnehmers wegen verspäteter Rückgabe des Leasingfahrzeugs unter Masseschulden fallen.[15]

III. Insolvenz des Leasinggebers

1. Ausgangslage

L225 Auch im Fall der **Insolvenz des Leasinggebers** hat der Verwalter nach § 103 InsO **grundsätzlich** die Wahl zwischen Vertragsfortsetzung und Erfüllungsverweigerung.[16] Damit soll die Möglichkeit einer für die Masse günstigen Verwertung der Sache erreicht werden. Dem Wahlrecht des Insolvenzverwalters untersteht auch ein Andienungsrecht des Leasinggebers.[17] Eine vom Leasingnehmer rechtzeitig ausgeübte Option auf Vertragsverlängerung hat der Insolvenzverwalter in der Insolvenz des Leasinggebers gegen sich gelten zu lassen und somit die Pflicht, dem Leasingnehmer das Leasingobjekt weiterhin bis zum Vertragsende zum Gebrauch zu überlassen.[18]

2. Insolvenzfeste Verträge i. S. v. § 108 Abs. 1 S. 2 InsO

L226 Dem Anwendungsbereich des § 103 InsO sind Leasingverträge über bewegliche Gegenstände dann nicht unterstellt, wenn sie einem Dritten, der ihre Anschaffung oder Herstellung finanziert hat, zur Sicherheit übertragen wurden. Diese in § 108 Abs. 1 S. 2 InsO ent-

9 BGH 1. 3. 2007, NJW 2007, 1594; OLG Düsseldorf 27. 4. 2010, ZIP 2010, 2212, 2213 m. w. N.; *Beckmann*, § 9 Rn. 33.

10 Urt. v. 18. 4. 2002 NJW 2002, 3326.

11 *Zahn*, DB 1998, 1706; *Schmidt-Burgk*, ZIP 1998, 1923; *Beckmann*, § 9 Rn. 35.

12 *Eckert*, ZIP 1997, 2077, 2079, *Wolf/Eckert/Ball*, Rn. 2054 ff., 2063.

13 OLG Düsseldorf 27. 4. 2010, ZIP 2010, 2212, 2213 m. w. N.; *Uhlenbruck/Hirte/Vallender/Sinz*, InsO, 13. Aufl. 2010, § 108 Rn. 99 ff.; *Martinek/Stoffels/Wimmer-Leonhardt/Klinck*, Leasinghandbuch, § 49 Rn. 25; *Koch* in Graf von Westphalen, Der Leasingvertrag, Kap P Rn. 58 ff.; MüKo-BGB/*Koch*, Leasing Rn. 139; *Zahn*, DB 1998, 1701, 1704; *Schmidt Burgk*, ZIP 1998, 1022; *Schwemer*, ZMR 2000, 348, 349.

14 OLG Frankfurt/M. 7. 8. 2001, NZV 2002, 44.

15 *Beckmann*, § 9 Rn. 32 m. w. N.

16 MüKo-BGB/*Koch*, Leasing Rn. 142.

17 OLG Düsseldorf 9. 6. 2009 – I-24 U 174/08 n. v.

18 OLG Düsseldorf 9. 6. 2009 – I-24 U 174/08 n. v.

haltene Ausnahmeregelung, die eine insolvenzfeste Abtretung erfordert, schafft die Voraussetzung dafür, dass die Refinanzierung von Leasingverträgen weiterhin darstellbar bleibt. Sie trägt dem Umstand Rechnung, dass der Leasinggeber oftmals die Leasingforderungen und das Leasingfahrzeug an die refinanzierende Bank überträgt bzw. übereignet.[19] Insolvenzfest sind auf Erfüllung des Vollamortisationsanspruchs gerichtete Zahlungsansprüche des Leasinggebers.[20] Nicht insolvenzfest ist die Finanzierung des Leasingvertrages aus Eigenmitteln der Leasinggesellschaft.[21] Es wird jedoch die Auffassung vertreten, dass die kurzfristige Verwendung von Eigenmitteln, die zur Überbrückung bis zur Fremdfinanzierung eingesetzt werden[22], und die Umschuldung von einer Bank auf eine andere Bank[23] noch dem Anwendungsbereich des § 108 Abs. 1 S. 2 InsO unterliegen. Das Gleiche gilt für eine nachträgliche Refinanzierung.[24]

Sind die Voraussetzungen von § 108 Abs. 1 S. 2 InsO erfüllt, besteht der Leasingvertrag nach Eintritt der Insolvenz fort. Die Ansprüche auf Zahlung der Leasingraten stehen der refinanzierenden Bank zu, die daran ein Aussonderungsrecht besitzt. Sie darf die Leasingraten selbst einziehen, ohne die Masse am Erlös zu beteiligen.[25] **L227**

3. Nicht insolvenzfeste Verträge

Außerhalb des Anwendungsbereichs von § 108 Abs. 1 S. 2 InsO werden abgetretene Ansprüche aus dem Leasingvertrag nicht erfasst, die nach der Erfüllungswahl des Insolvenzverwalters fällig werden. Seine Entscheidung, den Vertrag zu erfüllen, bewirkt, dass die durch Insolvenzeröffnung erloschenen Erfüllungsansprüche zu Gunsten der Masse inhaltsgleich neu entstehen.[26] Die weitere Überlassung des Fahrzeugs an den Leasingnehmer stellt eine Verwertung des Leasingguts dar. **L228**

Hat der Leasinggeber das Eigentum am Leasingfahrzeug auf einen Dritten übertragen, sind die Leasingraten vom Insolvenzverwalter einzuziehen und an den Sicherungseigentümer abzuführen. In diesem Falle hat die refinanzierende Bank auch außerhalb von § 108 Abs. 1 S. 2 InsO kraft Sicherungsübereignung des Leasingfahrzeugs die Zahlung der Leasingraten zu beanspruchen. Der Zugriff auf die Leasingraten ist ihr allerdings verwehrt, wenn der Insolvenzverwalter die Erfüllung nur deshalb wählt, um das Fahrzeug zur Betriebsfortführung zwecks Nutzung für die Masse i. S. d. § 172 InsO zu verwenden oder wenn er das Fahrzeug durch Veräußerung verwerten will.[27] Im Falle einer Nutzung zur Betriebsfortführung hat der Sicherungseigentümer nur Anspruch auf **Ausgleich des Wertverlusts** und eventuell auf Zahlung der vereinbarten Zinsen.[28] **L229**

Lehnt der Insolvenzverwalter die Vertragserfüllung ab, was für die Masse i. d. R. nicht vorteilhaft ist,[29] verbleibt es bei dem mit Verfahrenseröffnung eingetretenen Zustand der Nichterfüllung. Die Pflicht des Leasinggebers zur Gebrauchsüberlassung erlischt und **L230**

19 MüKo-BGB/*Koch*, Leasing, Rn. 143.
20 Naher dazu *Klinck* in *Martinek/Stoffels/Wimmer-Leonhardt*, § 50 Rn. 19.
21 *Seifert*, FLF 1998, 164, 169.
22 *Peters*, ZIP 2000, 1759,1763; *Obermüller*, Insolvenzrecht in der Praxis, Rn. 7.51; *Seifert*, FLF 1998, 164,168; *Breitfeld*, FLF 2004,168,174.
23 *Peters*, ZIP 2000, 1759, 1763; *Obermüller*, Insolvenzrecht in der Praxis, Rn. 7.51; *Seifert*, FLF 1998, 164, 168; *Breitfeld*, FLF 2004, 168, 174.
24 *Klinck* in *Martinek/Stoffels/Wimmer-Leonhardt*, § 50 Rn. 13; *Engel*, FLF 2005, 272 m. w. N.
25 *Peters*, ZIP 2000, 1759, 1766.
26 *Breitfeld*, FLF 2004, 173; Beckmann, § 9 Rn. 49.
27 *Klinck* in Martinek/Stoffels/Wimmer-Leonhardt, § 50 Rn. 21.
28 Naher dazu *Kübler/Prütting/Kemper*, § 172 Rn. 10.
29 *R. Koch* in Graf von Westphalen, Der Leasingvertrag, Kap. P Rn. 101.

sein Anspruch auf die Leasingraten entfällt.[30] Der Leasingnehmer verliert sein Besitz- und Nutzungsrecht.[31]

L231 Ein zur Sicherheit an einen Dritten übereignetes Fahrzeug, das diesen lediglich zur abgesonderten Befriedigung berechtigt, darf der Insolvenzverwalter verwerten, wenn er es in Besitz hat (§ 166 Abs. 1 InsO). Nach Auffassung des BGH[32] reicht hierfür mittelbarer Besitz aus. Dem Insolvenzverwalter steht somit an einem sicherungsübereigneten Leasingfahrzeug ein Verwertungsrecht auch dann zu, wenn es sich in Händen des Leasingnehmers befindet.

III. Insolvenz des Lieferanten

L232 Vor Auslieferung des Fahrzeugs hat der Insolvenzverwalter des Lieferanten die Wahl zwischen Erfüllung und Nichterfüllung, danach steht ihm gegen den Leasinggeber ein Anspruch auf Zahlung des Kaufpreises zu.[33]

L233 Kann der Verkäufer wegen der Insolvenz das Fahrzeug nicht liefern, geht das Beschaffungsrisiko zu Lasten des Leasingnehmers. Gegenüber dem Leasinggeber hat der Leasingnehmer jedoch Anspruch darauf, dass dieser ihn entsprechend der Geschäftsgrundlagenlösung des BGH zur Sachmängelhaftung vom Leasingvertrag freistellt (Rdn. L465).[34]

L234 Für **Sachmängelrechte** und **Schadensersatzansprüche**, die dem Leasingnehmer aufgrund der Abtretungskonstruktion zustehen, setzt die subsidiäre Haftung des Leasinggebers ein, sobald der Insolvenzfall eintritt. Dem Leasingnehmer ist unter diesen Umständen nicht zuzumuten, seine Rechte und Ansprüche gegenüber dem Lieferanten weiterzuverfolgen.

L235 Zum Zeitpunkt des Eintritts der Insolvenz **anerkannte** oder **titulierte** Sachmängelansprüche aus dem Kaufvertrag binden den Leasinggeber. Dieser hat auf Verlangen des Leasingnehmers den Leasingvertrag anzupassen oder rückgängig zu machen, je nachdem, ob der Leasingnehmer gegenüber dem Lieferanten Minderung/(kleinen) Schadensersatz oder aber Rücktritt/(großen) Schadensersatz durchgesetzt hat. **Nicht anerkannte** und **nicht titulierte** Sachmängelansprüche muss der Leasingnehmer nicht durch Klage gegen den Insolvenzverwalter weiterverfolgen, wenn dieser die Feststellung zur Tabelle verweigert.[35] In diesem Falle ist die Berechtigung des Anspruchs mit dem Leasinggeber abzuklären.

L236 Nimmt der Insolvenzverwalter den Anspruch in die Tabelle auf, ist der Leasinggeber daran gebunden[36] und muss den Leasingvertrag auf Verlangen des Leasingnehmers anpassen oder rückabwickeln.

L237 Ein vom Leasingnehmer gegen den Lieferanten angestrengter Sachmängelprozess wird durch das Insolvenzverfahren gem. § 240 ZPO unterbrochen. Dem Leasingnehmer ist die Fortsetzung des Prozesses nicht zumutbar, so dass die subsidiäre Haftung des Leasinggebers eingreift.[37] Ob der vom Leasingnehmer gegenüber dem Lieferanten geltend gemachte

---

30 *Engel*, FLF 2005, 274.
31 *Kübler/Prütting/Tintelrott*, § 103 InsO Rn. 93; a. A. *R. Koch* in Graf von Westphalen, Der Leasingvertrag, Kap P Rn. 102.
32 Urt. v. 16. 2. 2006, NJW 2006, 1873 entgegen bis dahin h.M. im Schrifttum; *R. Koch* in *Graf von Westphalen*, Der Leasingvertrag, Rn. 126; Übersicht bei *Klinck* in Martinek/Stoffels/Wimmer-Leonhardt, § 50 Rn. 21 Fn. 59.
33 *Beckmann*, § 9 Rn. 55.
34 *Engel*, FLF 2005, 276.
35 *Beckmann*, § 9 Rn. 59; a. A. *Klinck* in Martinek/Stoffels/Wimmer-Leonhardt, § 51 Rn. 2.
36 BGH 10. 11. 1993, NJW 1994, 576.
37 *Beckmann*, § 9 Rn. 62.

Anspruch berechtigt ist, muss unmittelbar zwischen den Parteien des Leasingvertrages notfalls auf gerichtlichem Wege geklärt werden.

Für den Leasinggeber besteht die Möglichkeit, den unterbrochenen Sachmängelprozess als **Streithelfer** aufzunehmen, wobei er das Bestreiten des Anspruchs durch Vorlage des Tabellenauszugs nachweisen kann. **L238**

J. Vertragsdurchführung

I. Abschluss des Leasingvertrages

1. Geschäftsverkehr mit Nichtverbrauchern

L239 Kfz-Leasingverträge zwischen einem Unternehmer und einem Nichtverbraucher sind grundsätzlich **formfrei**, werden aber regelmäßig in schriftlicher Form unter Einbeziehung von Leasing-AGB geschlossen.

Von Leasinggesellschaften verwendete AGB für Kfz-Leasingverträge sind meist einheitlich strukturiert, inhaltlich aber durchaus unterschiedlich gestaltet.

Im Unternehmerverkehr verwendete Leasingverträge enthalten oftmals „hausgemachte" AGB, die durch Rahmenverträge und vorrangige Individualabsprachen ergänzt und abgeändert werden.

2. Geschäftsverkehr mit Verbrauchern

L240 Verbraucherleasingverträge i. S. v. § 506 Abs. 2 S. 1 Nr. 1–3 BGB sind formbedürftig und können **schriftlich** (§ 126 BGB) – und seit dem 11.6. 2010[1] – auch in **elektronischer Form** (§ 126a BGB) abgeschlossen werden. Vom Formzwang ausgenommen ist lediglich die Erteilung der auf Abschluss eines Verbraucherleasingvertrages gerichteten **Vollmacht** (§§ 506 Abs. 1, 492 Abs. 4 BGB).[2]

L241 Die Formerfordernisse nach §§ 126, 126a BGB gelten gem. § 512 BGB auch für den Abschluss des Leasingvertrages mit einem **Existenzgründer**,[3] sofern der Leasingvertrag unter § 506 Abs. 2 S. 1 Nr. 1–3 BGB fällt und der Barzahlungspreis des Leasinggegenstandes den Betrag von 75.000 € nicht übersteigt, sowie gegenüber Verbrauchern, die der **Schuld des Leasingnehmers oder dem Leasingvertrag beitreten oder diese übernehmen.**[4] Eine Vertragsübernahmevereinbarung genügt der Form nur, wenn sie den Inhalt des zu übernehmenden Vertrages **vollständig** wiedergibt.[5]

L242 Der schriftlichen oder elektronischen Form bedürfen ferner

- der **Vorvertrag**, der die Übernahme eines gewerblichen Pkw-Leasingvertrages durch einen Verbraucher zum Gegenstand hat,[6]
- eine **Kaufoption**, die der zum Rückkauf des Leasingfahrzeugs verpflichtete Händler dem Leasingnehmer einräumt, sofern der Leasingvertrag und der anschließende Erwerbsvorgang ein wirtschaftlich einheitliches Finanzierungsgeschäft darstellen.

L243 Dem Formzwang unterliegen alle beiderseitigen **Vertragsabsprachen** mit Ausnahme von Nebenabreden, die den Verbraucherleasingnehmer ausschließlich begünstigen.[7]

---

1 Im Zuge der Umsetzung der Verbraucherkreditrichtlinie wurde § 492 Abs. 1 S. 2 BGB a. F. gestrichen, der den Abschluss des Verbraucherdarlehensvertrags in elektronischer Form ausschloss; *Bülow/Artz*, Verbraucherkreditrecht, § 506 BGB Rn. 99.

2 *Palandt/Weidenkaff*, § 506 Rn. 4.

3 Zur Abgrenzung zwischen Gründungsphase und nicht mehr privilegierter Unternehmertätigkeit OLG Düsseldorf 22. 11. 2005, OLGR 2006, 347, 348.

4 OLG Dresden 8. 12. 1999, NJW-RR 2000, 1305, 1307; *Woitkewitsch* in Graf von Westphalen, Der Leasingvertrag, Kap. L Rn. 308.

5 BGH 26. 5. 1999, MDR 1999, 982.

6 OLG Frankfurt 11. 6. 2008 – 17 O 70/08 n. v.

7 *Seibert*, Handbuch zum Verbraucherkreditgesetz, § 4 Rn. 1; *Münstermann / Hannes*, VerbrKrG § 4 Rn. 198.

Eine konkludente Vereinbarung des **Vertragszwecks** wird jedoch als zulässig angesehen.[8]

Wegen der Formbedürftigkeit des Vertragsschlusses ist eine **konkludente Annahme** einer inhaltlich vom Angebot abweichenden Annahmeerklärung des Leasinggebers nicht möglich.[9]

Im Leasingvertrag ist das **Kfz detailliert zu bezeichnen** (Fabrikat, Modell, Ausstattung, Zubehör, amtliches Kennzeichen, letzte HU/AU; Fahrzeugidentifikationsnummer, Baujahr, Erstzulassungsdatum, Kilometerstand). Weiterhin sind die **Leasingraten**, die **Sonderzahlung**, der **kalkulierte Restwert,** die **Vertragsdauer** sowie **sämtliche Nebenabreden**, die nach dem Willen der Parteien Vertragsinhalt werden sollen, schriftlich anzugeben.[10] **L244**

Abweichend von § 126 Abs. 2 S. 1 BGB dürfen nach § 492 Abs. 1 S. 2 BGB **Angebot** und **Annahme getrennt** schriftlich erklärt werden. Trotz Fehlens einer entsprechenden Ausnahmeregelung in § 492 Abs. 1 S. 2 BGB ist davon auszugehen, dass § 126a Abs. 2 BGB keine Anwendung findet, da er der Regelung des § 126 Abs. 2 S. 1 BGB nachgebildet ist. Für den Abschluss eines Kfz-Leasingvertrages in elektronischer Form muss es daher genügen, dass jede Partei nur ihre eigene Willenserklärung mit der qualifizierten elektronischen Signatur versieht. **L245**

Die erforderliche Unterschrift/Signatur[11] muss den **gesamten Vertragstext** räumlich abschließen.[12] Wird die Annahmeerklärung des Leasinggebers mit Hilfe einer automatischen Einrichtung erstellt, bedarf sie nach § 492 Abs. 1 S. 3 BGB nicht der eigenhändigen Unterschrift. Falls AGB auf der Rückseite der Vertragsurkunde abgedruckt sind, ist auf deren Geltung vor der Unterschriftsrubrik deutlich hinzuweisen.[13] **L246**

Für das Leasing von Neufahrzeugen zur privaten Nutzung hat der VDA ein **standardisiertes Bedingungswerk** vorgelegt (VDA-Muster-Leasing-AGB), auf das im Rahmen dieses Leasing-Beitrags bei Bedarf zurückgegriffen wird. Es wurde am 27. 10. 2003 beim Bundeskartellamt angemeldet und am 12. 11. 2003 unter Nr. 170/2003 bekannt gemacht.[14] Die Empfehlung des VDA belässt dem Verwender Spielraum für eine Anpassung an seine individuellen Bedürfnisse, z. B. im Hinblick auf die Vertragsabrechnung nach fristloser Kündigung. **L247**

Die Vertragsangaben müssen, unabhängig davon, ob sie handschriftlich angefertigt, gedruckt, kopiert oder ob sie in sonstiger Weise vervielfältigt wurden, **vollständig** in **einer Urkunde** bzw. auf **einem elektronischen Dokument**[15] enthalten sein. Besteht der schriftliche Vertrag aus mehreren Blättern, bedarf es keiner körperlichen Verbindung der einzelnen Blätter, wenn sich deren Einheit aus fortlaufender Paginierung, fortlaufender Nummerierung der einzelnen Bestimmungen, einheitlicher graphischer Gestaltung, inhaltlichem Zusammenhang des Textes oder vergleichbaren Merkmalen zweifelsfrei ergibt.[16] Soweit der Inhalt des Kaufvertrages zum Gegenstand des Leasingvertrages gemacht wird, genügt aus Sicht des BGH[17] eine eindeutige Bezugnahme, welche deutlich macht, dass die Zusammengehörigkeit zweifelsfrei feststeht. **L248**

---

8 OLG Düsseldorf 22. 11. 2005, OLGR 2006, 347, 348.

9 OLG Düsseldorf 18. 4. 2000, OLGR 2001, 195, 196 m. w. N.

10 *Zahn*, DB 1991, 81 ff. Fn. 82.

11 OLG Rostock 5. 7. 2005, OLGR 2005, 889.

12 *Wolf/Eckert/Ball*, Rn. 1795.

13 *Schölermann/Schmid-Burgk*, DB 1991, 1968, 1969; *Palandt/Grüneberg*, § 305 Rn. 27 m. w. N.

14 Bekanntmachung des Bundeskartellamts Nr. 170/2003, abgedr. im Anhang als Anlage 3 und nachzulesen in DAR 2004, 612 ff. mit krit. Anm. von *Müller-Sarnowski*, DAR 2004, 608 ff.

15 *Palandt/Ellenberger*, § 112a Rn. 7.

16 BGH 24. 9. 1997, BB 1998, 288; 18. 12. 2002, NJW 2003, 1248.

17 BGH 18. 12. 2002, NJW 2003, 1248; 15. 11. 2006, 2007, 288; 4. 4. 2007, 2007, 1742.

L249 Die für den Leasingnehmer relevanten **AGB des Kaufvertrages**, namentlich die für die **Abtretungskonstruktion** bedeutsamen Regelungen zur Sachmängelhaftung und zur allgemeinen Haftung müssen dem Leasingvertrag beigefügt werden, da der Leasingnehmer andernfalls nicht die Möglichkeit hat, diese bei Vertragsschluss zur Kenntnis zu nehmen und fortan jederzeit nachzulesen. Ob sie auch von der Unterschrift des Leasingnehmers gedeckt sein müssen, wurde höchstrichterlich noch nicht entschieden.[18] Der bloße **Hinweis auf die Abrufbarkeit** der Lieferanten-AGB unter einer Internetadresse **genügt nicht**.[19] Eine Bezugnahme auf den Kaufvertrag und dessen AGB reicht allerdings aus, wenn der Leasingnehmer das Fahrzeug selbst beim Händler bestellt und eine Abschrift der Bestellung mit den Lieferanten-AGB vom Händler erhalten hat. Unter diesen Umständen ist es nicht erforderlich, dass der schriftliche Kaufvertrag mitsamt den AGB dem Leasingvertrag – nochmals – beigefügt wird.[20] Bei Anlagen, die lediglich unwesentliche Nebenpunkte betreffen, ist es unschädlich, wenn sie mit dem Leasingvertrag keine Einheit bilden.[21]

L250 Der Leasinggeber ist verpflichtet, dem Leasingnehmer nach Vertragsschluss eine **Abschrift des Vertrages** zur Verfügung zu stellen. Sie muss die von beiden Seiten abgegebenen **Erklärungen** und **Hinweise** und alle **Angaben nach § 492 Abs. 2 BGB** i. V. m. Art. 247 EGBGB enthalten, bedarf aber keiner Unterschrift und kann auch ein elektronisches Dokument sein. Die Nichterfüllung dieser Pflicht hat keine Vertragsunwirksamkeit zur Folge.[22]

L251 Wird die schriftliche oder elektronische Form insgesamt nicht gewahrt oder fehlt eine der in Art. 247 §§ 6 und 9–13 EGBGB vorgesehenen Angaben, ist der Leasingvertrag **unwirksam**. Zur Herstellung einer rechtswirksamen Vertragsbeziehung ist es erforderlich, dass die Parteien einen neuen Vertrag schließen, der den Formerfordernissen des § 492 BGB entspricht. Geschieht dies nicht, wird der Leasingvertrag mit Übergabe des Fahrzeugs an den Leasingnehmer gültig (Rdn. L134)). Die Auswirkungen, die sich aus der Heilung des Leasingvertrages ergeben, sind in § 494 Abs. 2 S. 2 bis Abs. 7 BGB geregelt. Der Leasingnehmer hat dem Leasingnehmer eine **Vertragsabschrift** zur Verfügung zu stellen, aus der die **Änderungen** hervorgehen.

L252 Wird der unwirksame Leasingvertrag weder durch Neuabschluss noch durch Verschaffung der Gebrauchsmöglichkeit geheilt, sind rechtsgrundlos empfangene Leistungen nach § 812 Abs. 1 S. 1 BGB zurück zu gewähren.

L253 Ob dem Vertrag die Wirksamkeit **insgesamt** oder nur **zum Teil** zu versagen ist, wenn die nach § 492 Abs. 1 BGB vorgeschriebene Form des Vertrages nur teilweise eingehalten wurde, ist im Einzelfall nach § 139 BGB zu beurteilen, auf den sich aber nur der Leasingnehmer berufen kann.[23] Nicht schriftlich getroffene Nebenabreden mit dem Händler, die nach dem Willen der Parteien Vertragsinhalt werden sollen, können zur Nichtigkeit des Vertrages nach § 139 BGB führen, wenn sie wesentlich sind und wenn der Händler die Vertragsverhandlungen als Vertreter des Leasinggebers geführt hat,[24] wovon aber im Regelfall nicht auszugehen ist.[25]

---

18 *Wolf/Eckert/Ball*, Rn. 1795.
19 *Woitkewitsch* in Graf von Westphalen, Der Leasingvertrag, Kap. L Rn. 319.
20 *Woitkewitsch* in Graf von Westphalen, Der Leasingvertrag, Kap. L Rn. 319.
21 BGH 30. 6. 1999, NJW 1999, 2591, 2592.
22 *Palandt/Weidenkaff*, § 492 Rn. 4.
23 *Palandt/Weidenkaff*, § 492 Rn. 2 m. w. N.
24 *Zahn*, DB 1991, 81, 82.
25 Vgl BGH 26. 3. 1986, NJW 1986, 1809; 4. 11. 1987, ZIP 1988, 165, 168; 15. 3. 1989, ZIP 1989, 650 ff.; *Staudinger/Stoffels*, Leasing Rn. 39 ff.

II. Widerrufsrecht des Verbraucherleasingnehmers

1. Grundsätzliche Erwägungen

Widerruflich sind nur solche Kfz-Leasingverträge zwischen einem Unternehmer und Verbraucher, die von § 506 Abs. 2 S. 1 Nr. 1–3 BGB erfasst werden. Das gesetzliche Widerrufsrecht kann nicht durch ein vertragliches **Rückgaberecht** ersetzt werden, da § 508 BGB keine Anwendung findet.[26] **L254**

Der Leasinggeber darf sich vorbehalten, das Fahrzeug erst nach Ablauf der Widerrufsfrist an den Leasingnehmer zu übergeben. Dies gilt wegen § 312d Abs. 2 BGB allerdings nicht, wenn der Leasingvertrag ein Fernabsatzgeschäft darstellt.[27] **L255**

Zum Widerruf sind außer dem Verbraucherleasingnehmer diejenigen Personen berechtigt, die als Verbraucher einen Leasingvertrag übernehmen, in einen Leasingvertrag als zweiter Leasingnehmer eintreten, die Mithaftung für die Verbindlichkeiten aus einem Leasingvertrag übernehmen oder gemeinsam mit einer anderen Person einen Leasingvertrag abschließen (Rdn. L113). Haben sich mehrere Verbraucher gesamtschuldnerisch als Leasingnehmer verpflichtet, kann jeder sein Widerrufsrecht getrennt geltend machen.[28] **L256**

Wenn Kauf- und Leasingvertrag ein **Verbundgeschäft** darstellen (Rdn. L151), wird gem. § 358 Abs. 1 BGB mit dem Widerruf des Liefervertrages die auf Abschluss des Leasingvertrages gerichtete Willenserklärung des Verbrauchers hinfällig, wie umgekehrt gem. § 358 Abs. 2 BGB mit dem Widerruf des Leasingvertrages die auf Abschluss des Kaufvertrages gerichtete Willenserklärung entfällt.[29] In der Belehrung über den Widerruf muss auf diese Rechtsfolgen hingewiesen werden (§ 358 Abs. 5, Art. 347 § 12 Abs. 1 S. 2 Nr. 2a EGBGB), andernfalls die Widerrufsfrist nicht zu laufen beginnt.[30] **L257**

Das Widerrufsrecht bezüglich des **Liefervertrages** macht nur Sinn, so lange der Leasinggeber noch nicht Partei des Kaufvertrages ist.[31] Sobald der Eintritt des Leasinggebers in den Kaufvertrag erfolgt ist, entfällt das aus der Trennung der Verträge resultierende Schutzbedürfnis des Leasingnehmers, da ihm ab diesem Zeitpunkt nur noch der Leasinggeber als Vertragspartner gegenübersteht. Das Recht des Verbrauchers zum Widerruf seiner auf Abschluss des Leasingvertrages gerichteten Willenserklärung wird durch die Übernahme des Kaufvertrages durch den Leasinggeber bzw. durch dessen Eintritt in den Kaufvertrag oder die Kaufbestellung nicht tangiert. **L258**

Unter den Voraussetzungen von § 359a Abs. 1 und Abs. 2 BGB bringt auch der Widerruf nicht **verbundener Verträge** den Kfz-Leasingvertrag und umgekehrt der Widerruf des Leasingvertrages nicht verbundene Verträge über Zusatzleistungen zu Fall (näher dazu Rdn. L160 ff.). **L259**

Außerhalb des Anwendungsbereichs der §§ 358, 359a BGB besteht die Möglichkeit, Liefer- und Leasingvertrag durch eine aufschiebende oder auflösende **Bedingung** derart miteinander zu verknüpfen, dass der eine Vertrag mit dem anderen steht oder fällt. Eine **L260**

26 *Matusche-Beckmann* in Martinek/Stoffels/Wimmer-Leonhardt, § 52 Rn. 68.

27 *Palandt/Grüneberg*, § 308 Rn. 9.

28 *Bülow/Artz*, Verbraucherkreditrecht, § 495 Rn. 81, 162.

29 *Staudinger/Stoffels*, Leasing Rn. 161; *Matusche-Beckmann* in Martinek/Stoffels/Wimmer-Leonhardt, § 52 Rn. 104; *Reinking*, DAR 2002, 145, 147; *ders.* ZGS 2002, 229, 235 jeweils eingeschränkt auf das Eintrittsmodell, weitergehend *Woitkewitsch* in Graf von Westphalen, Der Leasingvertrag, Kap. L Rn. 383.

30 OLG Rostock 13. 1. 1996, OLGR 1996, 89; *Wolf/Eckert/Ball*, Rn. 2056; *Müller-Sarnowski/Bethäuser* in Ludovisy/Eggert/Burhoff, Praxis des Straßenverkehrsrechts, Teil 5 D Rn. 404.

31 *Reinicke/Möllmann*, DB 2004, 583, 586.

konkludent vereinbarte wechselseitige Bedingtheit ist naheliegend, wenn der Kaufantrag eine Finanzierung durch Leasing vorsieht.[32]

L261 Zulässig ist die Aufnahme eines Widerrufsrechts in Leasingverträge, die von § 506 BGB nicht erfasst oder mit Kunden ohne Verbraucherstatus abgeschlossen werden. Nimmt der Leasinggeber in einen solchen Vertrag einen Passus über die Ausübung des Widerrufs auf, obwohl er weiß, dass der Leasingnehmer darauf keinen gesetzlichen Anspruch hat, gelten die Regelungen des vertraglichen Widerrufs, soweit diese von den gesetzlichen Vorschriften abweichen.[33]

2. Rückabwicklung nach Widerruf

L262 Die Rückabwicklung eines in Vollzug gesetzten Leasingvertrages nach wirksamer Ausübung des Widerrufsrechts richtet sich nach §§ 346 ff. BGB. Der Rückgewähranspruch des Leasingnehmers erfasst die von ihm geleisteten Raten und die Sonderzahlung. Der Leasinggeber hat vom Leasingnehmer die **Herausgabe des Fahrzeugs** und eine **Nutzungsvergütung** zu beanspruchen. Sie bemisst sich anhand des anteiligen linearen Wertverlusts, den das Fahrzeug durch seine Benutzung in der Leasingzeit erfahren hat, wobei die zu erwartende Gesamtfahrleistung des Fahrzeugs und die vom Leasingnehmer bis zum Widerruf zurückgelegte Fahrtstrecke in Relation zu setzen sind (Rdn. 1162 ff.). Die beiderseitigen Rückgewährpflichten sind gem. §§ 357 Abs. 1 S. 1, 348 BGB **Zug um Zug** zu erfüllen. Leasinggeber und Leasingnehmer geraten unter den Voraussetzungen des § 286 Abs. 3 BGB in **Verzug**, wenn sie ihren Rückgewährpflichten nicht innerhalb von 30 Tagen nachkommen, wobei die Frist für den Leasingnehmer mit der Erklärung des Widerrufs und die Frist für den Leasinggeber mit dem Zugang des Widerrufs zu laufen beginnt.

L263 Unter der Voraussetzung, dass der Leasinggeber den Leasingnehmer ordnungsgemäß i. S. d. § 357 Abs. 3 S. 1 BGB belehrt hat, kann der Leasinggeber vom Leasingnehmer **Wertersatz** für die durch bestimmungsgemäße Ingebrauchnahme entstandene Verschlechterung des Fahrzeugs verlangen.

L264 Der Wertersatzanspruch beinhaltet nicht zwangsläufig die nach der linearen Wertschwundmethode zu berechnende Nutzungsvergütung. Der Ansicht,[34] Wertersatz- und Nutzungsersatzverpflichtung seien identisch, kann nicht gefolgt werden. Zumindest für das Kfz-Leasing trifft diese Aussage i. d. R. nicht zu. Der durch die **bestimmungsgemäße Ingebrauchnahme** eines neuen Kraftfahrzeugs entstehende Wertverlust beträgt erfahrungsgemäß 15–20 % des Fahrzeugwertes. Er beruht darauf, dass aus dem neuen Kraftfahrzeug infolge des Gebrauchs zu Verkehrszwecken ein Gebrauchtwagen wird. Allein die Zulassung des Fahrzeugs zum Straßenverkehr und die damit verbundene Haltereintragung des Leasingnehmers führen zu einer erheblichen Werteinbuße. Der durch bestimmungsgemäße Ingebrauchnahme des Fahrzeugs verursachte **degressive Wertschwund** tritt unabhängig von dem Umfang der Nutzung ein und ist mit dieser weder deckungsgleich noch steht er ihr spiegelbildlich gegenüber. Dass es zu Überlagerungen kommen kann, steht dem nicht entgegen. Daraus folgt, dass der Leasingnehmer dem Leasinggeber die Nutzungsvergütung ausschließlich nach §§ 357 Abs. 1, 346 Abs. 1 BGB schuldet und diese auch im Falle einer **unterbliebenen Belehrung** über die Wertersatzverpflichtung nach § 357 Abs. 3 S. 1 BGB entrichten muss.

---

32 BGH 9. 5. 1990, NJW-RR 1990, 1009 ff.; OLG Düsseldorf 11. 5. 2005, DAR 2005, 625; *Müller-Sarnowski/Bethäuser* in Ludovisy/Eggert/Burhoff, Praxis des Straßenverkehrsrechts, Teil 5 D Rn. 404.

33 OLG Braunschweig Urt. v. 9. 9. 2002 – 7 U 19/02 – n. v.

34 *Woitkewitsch* in Graf von Westphalen, Der Leasingvertrag, Kap. L Rn. 362.

Gem. § 357 Abs. 3 S. 3 BGB genießt der Leasingnehmer nicht das Haftungsprivileg des § 346 Abs. 3 S. 1 Nr. 3 BGB, wenn er über das Widerrufsrecht ordnungsgemäß belehrt worden ist oder hiervon anderweitig Kenntnis erlangt hat (Rdn. 1125). **L265**

III. Angebot und Annahme

AGB von Kfz-Leasingverträgen sehen üblicherweise vor, dass der Leasingnehmer an seinen Antrag auf Abschluss des Leasingvertrages gebunden ist. Die Bindungsfristen entsprechen denen der Lieferverträge und betragen 3 oder 4 Wochen für Pkw und 6 Wochen für Nutzfahrzeuge. Für vorrätige, sofort lieferbare Fahrzeuge sind diese Fristen allerdings zu lang. Da die dem Lieferanten in den NWVB zugebilligte Annahmefrist beim Verkauf eines vorrätigen Fahrzeugs lediglich 10 Tage beträgt (Rdn. 6, 19), muss der Leasinggeber innerhalb dieser Frist entscheiden, ob er das Angebot des Leasingnehmers auf Abschluss des Leasingvertrages annimmt und in den Kaufvertrag eintritt, andernfalls das Kaufangebot des Leasingnehmers verfällt. In Anbetracht dessen ist bei einem Leasingvertrag über ein vorrätiges Kfz eine Bindungsfrist von mehr als 10 Tagen sachlich nicht zu rechtfertigen. Eine darüber hinausgehende zeitliche Festlegung des Leasingnehmers verstößt gegen § 308 Nr. 1 Halbs. 1 BGB. Durch Verwendung einer Bindungsklausel, die dieser Besonderheit nicht gerecht wird, läuft der Leasinggeber Gefahr, das Angebot des Kunden durch eine nicht fristgerechte Annahme (§ 147 Abs. 2 BGB) zu verlieren. **L266**

Die Frist für die Annahme des Leasingantrags beginnt nicht schon mit der Übergabe des vom Leasingnehmer unterzeichneten Leasingantrags an den Lieferanten, sondern erst mit dessen Eingang beim Leasinggeber.[35] **L267**

Der Leasingvertrag kommt zustande, wenn der Leasinggeber die Annahme des Leasingantrags **innerhalb der Bindungsfrist schriftlich bestätigt**. Dabei kommt es auf den **Zeitpunkt des Zugangs** der formgerechten Erklärung an. Ein **Verzicht auf den Zugang** der Annahmeerklärung in AGB ist möglich.[36] Nach einer Entscheidung des OLG Düsseldorf[37] muss sich der Leasinggeber jedoch verpflichten, den Verbraucher unverzüglich über die fristgerechte Annahme zu informieren. Hat der Leasingnehmer auf den Zugang der Annahmeerklärung verzichtet, ist der Zeitpunkt maßgeblich, in dem der Leasinggeber den Antrag annimmt.[38] Im Geschäftsverkehr zwischen Kaufleuten hat die schriftliche Annahmeerklärung des Leasinggebers nicht den Charakter eines kaufmännischen Bestätigungsschreibens.[39] **L268**

Mit Ablauf der Angebotsfrist erlischt ein bis dahin nicht angenommenes Angebot des Leasingnehmers.[40] Die verfristete Bestätigung des Leasinggebers stellt ein neues Angebot dar, von dessen konkludenter Annahme im Geschäftsverkehr mit einem Unternehmer auszugehen ist, wenn der Leasingnehmer die Leistungen des Leasinggebers in Anspruch nimmt.[41] Nach Ansicht des OLG Celle[42] ist eine konkludente Annahme nicht – ohne weiteres – anzunehmen, wenn dem Leasingnehmer das Fahrzeug, das er über einen Zeitraum von ca. 3 Wochen benutzt hat, bereits vor dem Zugang einer inhaltlich von seinem Angebot **L269**

35 OLG Rostock 13. 9. 1999, OLGR 2000, 2, offen gelassen vom BGH im Urt. v. 28. 6. 2000, NJW 2000, 3133.
36 *Palandt/Weidenkaff*, § 492 Rn. 2.
37 Urt. v. 30. 4. 2002, NJW-RR 2003, 126 m. w. N.; *Beckmann*, § 13 Rn. 8b.
38 OLG Rostock 13. 9. 1999, OLGR 2000, 2.
39 OLG Köln 12. 6. 1995, VersR 1996, 718.
40 Zum Erlöschen des verspätet eingereichten Antrags auf Übernahme einer Bürgschaft KG 6. 10. 1999, NJW-RR 2000, 1307.
41 BGH 8. 3. 1995, DAR 1995, 284.
42 Urt. v. 30. 3. 1996, OLGR 1996, 110.

abweichenden Annahmeerklärung des Leasinggebers ausgehändigt wurde. Im Falle einer unwesentlichen Abweichung der Annahmeerklärung von dem Vertragsangebot besteht für den Leasingnehmer nur ausnahmsweise, wenn es die Umstände nach Treu und Glauben gebieten, die Verpflichtung, das neue Angebot ausdrücklich zurückzuweisen.[43]

L270 Bei Kfz-Verbraucherleasingverträgen i. S. v. § 506 Abs. 2 S. 1 Nr. 1–3 BGB versagt die Rechtskonstruktion der konkludenten Angebotsannahme, da sie der Formwahrung nicht genügt. Nimmt der Leasingnehmer die Leistung des Leasinggebers in Anspruch, gelten die Rechtsfolgen des § 494 BGB.

IV. Funktion und Rechtsstellung des Lieferanten bei den Vertragsverhandlungen

1. Lieferant als Erfüllungsgehilfe des Leasinggebers

L271 Nicht nur beim markengebundenen Leasing, sondern auch in Fällen, in denen freie Leasinggesellschaften mit Autohandelsfirmen in Geschäftsverbindung stehen, sind es meistens die Kraftfahrzeughändler, die die Verhandlungen über den Abschluss des Leasingvertrages mit dem Kunden führen. Unter ihrer Mitwirkung werden Leasingkalkulationen vorgenommen, die Antragsunterlagen für den Leasingvertrag abschlussreif vorbereitet und der Leasinggesellschaft anschließend zur Prüfung und Annahme vorgelegt.

L272 Wird ein Lieferant im Stadium der Vertragsanbahnung in dieser Weise tätig, handelt er als **Erfüllungsgehilfe** des Leasinggebers, wenn seine auf Abschluss des Leasingvertrages gerichtete Tätigkeit mit Wissen und Wollen des Leasinggebers geschieht und dem Leasinggeber ein eigenes Tätigwerden erspart.[44] Dabei kommt es nicht entscheidend darauf an, ob zwischen der Leasinggesellschaft und dem Lieferanten eine ständige Geschäftsbeziehung besteht oder ob zwischen ihnen nur eine mehr oder weniger lockere Vertriebskooperation vereinbart wurde.[45]

L273 Der Lieferant ist, negativ abgegrenzt, dann nicht Erfüllungsgehilfe des Leasinggebers, wenn

- sich der Leasingnehmer die Leasingfinanzierung auf eigene Faust besorgt,[46]
- der Leasinggeber nach Abschluss des Kfz-Kaufvertrages erstmals eingeschaltet wird und es erst danach durch seinen Eintritt in den ausgehandelten Kaufvertrag zu dem für das Finanzierungsleasing typischen Dreiecksverhältnis kommt.[47]

L274 Die Ansicht, der Lieferant sei im Stadium der Vorbereitung und Anbahnung des Leasingvertrages Erfüllungsgehilfe des Leasinggebers, findet nicht nur Beifall.[48] Ihr wird entgegen gehalten, sie lasse sich nicht mit der Lebenswirklichkeit in Übereinstimmung bringen, die

43 LG Gießen 17. 4. 1996, NJW-RR 1997, 1210.

44 BGH 3. 7. 1985, BGHZ 95, 170, 177; 4. 11. 1987, NJW-RR 1988, 1622; 15. 6. 1988, NJW 1988, 2463; 28. 9. 1988, NJW 1989, 287; OLG Frankfurt/M. 9. 3. 1990, NJW-RR 1990, 1207; OLG Koblenz 11. 11. 1988, NJW-RR 1989, 436; *Graf von Westphalen*, Der Leasingvertrag, Kap. C Rn. 101; *Ehlert* in Bamberger/Roth, § 535 Rn. 67; *Erman/Jendrek*, Anh. § 535 Rn. 20.

45 *Beckmann*, § 1 Rn. 139; *Reinking* in Reinking/Kessler/Sprenger, § 5 Rn. 40.

46 *Bernstein*, DB Spezial 1988, 20 ff.

47 OLG Düsseldorf, 16. 3. 1989, ZIP 1989 A 59 Nr. 225; *Bernstein*, DB Spezial, 1988, 20 ff.; *Staudinger/Stoffels*, Leasing Rn. 167; so jetzt auch BGH 15. 6. 2011, NJW 2011, 2877; krit. MüKo-BGB/*Koch*, Leasing, Rn. 48, der nicht auf den zeitlichen Ablauf sondern darauf abstellen will, in welchem Umfang der Leasinggeber über die Person des Lieferanten in Erscheinung tritt.

48 *Seifert*, FLF 1989, 105; diff. *Helming*, FLF 2005, 229, 230, der für maßgeblich erachtet, ob bei den vorvertraglichen Aufklärungsleistungen aus Sicht des (späteren) Leasingnehmers der Kaufvertrag oder der Leasingvertrag im Vordergrund stand.

darin bestehe, dass die Leasinggesellschaft i. d. R. in einen zwischen dem Leasingnehmer und dem Lieferanten fertig ausgehandelten Vertrag eintritt. Weiterhin habe der Leasinggeber nicht die Möglichkeit, den Lieferanten zu kontrollieren und sei bezüglich des beabsichtigten Vertragsinhalts auf die Information durch den Leasingnehmer und den Lieferanten angewiesen. Deshalb müsse der Leasingnehmer selbst darauf achten, dass alles, was er mit dem Lieferanten ausgehandelt hat, auch tatsächlich zum Inhalt des Leasingvertrages gemacht wird. Trotz dieser beachtlichen Argumente haben sich die kritischen Stimmen in der Rechtsprechung kein Gehör verschaffen können.

Der Lieferant, der die Verhandlungen mit Wissen und Wollen des Leasinggebers führt und ihm eigene Tätigkeit erspart, wird normalerweise nicht als dessen **Vertreter** tätig, auch nicht nach den Grundsätzen der Duldungs- oder Anscheinsvollmacht.[49] Die Tatsache, dass der Lieferant die Leasingunterlagen unterschriftsreif vorbereitet, reicht hierfür nicht aus, da sich der Leasinggeber die Antragsannahme regelmäßig vorbehält.[50] **L275**

Unter den eingangs genannten Voraussetzungen ist der Lieferant allerdings **Wissensvertreter** des Leasinggebers. Dies hat zur Folge, dass sich der Leasinggeber die Kenntnis des Lieferanten zurechnen lassen muss und diese Rechtsfolge nicht in AGB ausschließen kann.[51] Der Leasingnehmer darf darauf vertrauen, dass das mit dem Lieferanten erzielte Verhandlungsergebnis sowohl dem Kaufvertrag als auch dem Leasingvertrag zugrunde gelegt wird (**Kongruenzgebot**). Für den Leasinggeber ergibt sich daraus die Konsequenz, dass er die zwischen dem Leasingnehmer und dem Lieferanten im Zusammenhang mit dem Erwerb des Leasingfahrzeugs ausgehandelten technischen und wirtschaftlichen Modalitäten für und gegen sich gelten lassen muss.[52] **L276**

Das zwischen Lieferant und Leasingnehmer erzielte Verhandlungsergebnis wird Inhalt des Leasingvertrages und **bindet** den Leasinggeber unmittelbar. Nicht zutreffende Zusagen des Lieferanten verpflichten den Leasinggeber aber nicht zur Erbringung der Leistung sondern führen zu einer **Schadensersatzverpflichtung** nach § 280 Abs. 1 BGB, da sich der Leasinggeber das Verschulden des Lieferanten unter den eingangs genannten Voraussetzungen nach § 278 BGB **haftungsrechtlich zurechnen** lassen muss.[53] **L277**

Für den Leasinggeber besteht die Möglichkeit, nicht autorisierte Zusagen des Lieferanten zu **genehmigen** und die Leistung zu erbringen. In diesem Sinne entschied das OLG Düsseldorf, das eine vom Lieferanten in der Fahrzeugbestellung vollmachtlos zugesagte Kaufoption des Leasingnehmers (mit Verbraucherstatus) als für den Leasinggeber bindend ansah, weil er in den Vertrag eingetreten war. Der Eintritt sei – so die Begründung des Gerichts – nicht auf den Erwerb des Fahrzeugs beschränkt, sondern beinhalte zugleich die Genehmigung für das in seinem Namen für das Vertragsende vereinbarte **Erwerbsrecht** des Leasingnehmers.[54] **L278**

Eine den Leasinggeber unmittelbar bindende oder haftungsrechtliche Folgen auslösende Zurechnung des Verhandlungsergebnisses findet nicht statt, wenn **L279**

– Leasingnehmer und Lieferant **deliktisch** oder **kollusiv** zum Nachteil des Leasinggebers zusammengewirkt haben,[55]

---

49 *Erman/Jendrek*, Anh. § 535 Rn. 19.
50 BGH 26. 3. 1986, NJW 1986, 1809; 4. 11. 1987, ZIP 1988, 165 ff.
51 OLG Köln 12. 6. 1995, VersR 1996, 718; OLG Köln 16. 7. 2002, DAR 2002, 513.
52 OLG Köln, 16. 7. 2002 OLGR 2002, 419; zur Zurechnung der Vereinbarung einer Einmalzahlung an einen Dritten mit Erfüllungswirkung s. BGH 26. 2. 2003, DAR 2003, 414 (Flens-Modell), EWiR § 133 BGB 19/03, S. 955 (*Reinking*).
53 *Beckmann*, § 3 Rn. 113.
54 OLG Düsseldorf 16. 3. 2006, OLGR 2006, 589.
55 OLG Frankfurt/Main 6. 5. 1986, NJW 1987, 2447 ff.

- es sich um eine Vereinbarung handelt, die nach dem Willen der Parteien **unabhängig** vom Leasingvertrag zwischen Lieferant und Leasingnehmer gelten soll,[56]
- der Lieferant bei Abschluss der Vereinbarung mit dem Leasingnehmer – für diesen erkennbar – **nicht** mehr **im Rahmen** der ihm vom Leasinggeber übertragenen Aufgaben tätig geworden ist,[57]
- der Leasinggeber mit dem Leasingnehmer eine atypische, mit den AGB des Leasingvertrages in Widerspruch stehende oder **fernliegende Sondervereinbarung** trifft.[58]

L280 Beispiele aus der Rechtsprechung (Zurechnung verneint):

- Eine Wissenszurechnung analog § 166 BGB zum Schutz des getäuschten Leasingnehmers ist ausnahmsweise nicht erforderlich, wenn ein unseriöser Vertreter des Lieferanten zur Förderung des eigenen Absatzes beim Leasingnehmer unrichtige Vorstellungen über den Inhalt des Leasingvertrages hervorruft, von denen die Leasinggesellschaft keine Kenntnis erlangt. Liegen diese Voraussetzungen vor, wird der Leasingnehmer ausreichend durch die Möglichkeit der Vertragsanfechtung gem. § 123 BGB und die Haftungszurechnung über § 278 BGB geschützt, aufgrund derer die Leasinggesellschaft dem Leasingnehmer den Vertrauensschaden zu ersetzen hat.
- Schließt der Leasingnehmer auf Veranlassung des Leasinggebers mit einer Werbefirma einen Vertrag über die Refinanzierung des Leasingvertrages durch Zuführung von Kunden, muss sich der Leasinggeber nicht zurechnen lassen, dass der Dritte die Finanzierungszusage nicht einhält. Die Vermittlung des Refinanzierungsvertrages durch den Lieferanten, von der die Leasinggesellschaft keine Kenntnis hatte, steht nicht in einem inneren, sachlichen Zusammenhang mit den Aufgaben, die ihm die Leasinggesellschaft übertragen hat.[59]
- Eine zwischen Leasingnehmer und Lieferant getroffene Vereinbarung über den Austausch der Leasingsache gegen eine modernere während der Vertragslaufzeit, die zum Gegenstand des Leasingvertrages gemacht worden ist, begründet nach einer Entscheidung des OLG Frankfurt/M.[60] auf Seiten des Leasingnehmers weder einen Erfüllungsanspruch gegen die Leasinggesellschaft noch ein Recht zur fristlosen Kündigung, wenn der Lieferant den Austausch verweigert oder der Anspruch gegen ihn nicht durchsetzbar ist.
- Völlig atypisch und der Leasinggesellschaft nicht zuzurechnen ist die Vereinbarung zwischen einem Angestellten des Autohauses und dem Leasingnehmer, nach der der Leasingnehmer innerhalb der vereinbarten Laufzeit des Leasingvertrages von 37 Monaten im Austausch insgesamt 5 neue Fahrzeuge in abgestufter Zeitfolge erhalten soll.[61]

L281 Gegenbeispiele (Zurechnung bejaht):

- Verspricht der Lieferant dem Leasingnehmer die Bereitstellung einer mit dem Leasingvertrag untrennbar verbundenen Zusatzleistung, schlagen Leistungsstörungen aus dieser

---

56 Zur Abgrenzung s. BGH 22. 10. 2003, NJW-RR 2004, 628 zum Irrtum des Leasingnehmers hinsichtlich der Tragweite einer mit dem Lieferanten geschlossenen Referenzvereinbarung mit einem Rückgaberecht; OLG Düsseldorf 1. 6. 2010, NJW-RR 2011, 275 – Bereitstellung eines Wartezimmer-Programms und Subventionierung des Leasingvertrages durch die Lieferantin eines Fernsehgerätes.

57 OLG Düsseldorf 19. 12. 1991, OLGR 1992, 154 betreffend eine Sondervereinbarung zwischen Händler und Leasingnehmer über die Vergabe von Unfallbegutachtungen; ferner OLG Düsseldorf 16. 3. 1989, DB 1989, 974; 9. 11. 1989, MDR 1990, 628; 14. 12. 1999, OLGR 2001, 2 ff.; OLG München 12. 4. 2002, DB 2002, 2373, 2374.

58 BGH 1. 6. 2005, NJW-RR 2005, 1421 zur Einräumung einer Kaufoption am Leasingrückläufer; s. a. *Graf von Westphalen*, Der Leasingvertrag, Kap. C 102.

59 BGH 30. 3. 2011, DAR 2011, 321.

60 Urt. v. 22. 10. 1985, NJW 1986, 2509.

61 LG Köln 23. 2. 2005 – 90 O 170/04, n. v.

Zusage auf den Leasingvertrag durch, wenn der Leasinggeber sie kennt und den Leasingnehmer nicht individuell sondern nur in einer vorformulierten Klausel unterrichtet hat, dass Leistungsstörungen im Rechtsverhältnis zum Lieferanten die Pflichten aus dem Leasingvertrag unberührt lassen.[62]

- Nach einer Entscheidung des OLG Köln[63] muss sich der Leasinggeber das Handeln des Lieferanten dann zurechnen lassen, wenn dieser, wie schon in früheren Fällen praktiziert, mit dem Leasingnehmer die Stornierung eines laufenden Leasingvertrages vereinbart, ohne dass diesmal der angestrebte erweiterte Leasingvertrag über eine andere Leasingsache zu Stande kommt.

Als Erfüllungsgehilfe des Leasinggebers ist der Kraftfahrzeughändler auch für die Entgegennahme eines Widerspruchs gegen ein kaufmännisches Bestätigungsschreiben zuständig.[64] **L282**

Das Rechtsverhältnis, kraft dessen der Händler als Erfüllungsgehilfe des Leasinggebers im Rahmen der Vertragsverhandlungen anzusehen ist, endet mit dem **Abschluss des Leasingvertrages.**[65] Wirkt der Händler an späteren Vertragsübernahmeverhandlungen zwischen dem Leasingnehmer und einem Dritten mit, handelt er nicht mehr in dieser Funktion, es sei denn, dass er hierzu einen Auftrag des Leasinggebers erhalten hat[66] oder dass nach den Umständen von einem Fortbestand der Erfüllungsgehilfenschaft auszugehen ist.[67] **L283**

2. Haftung des Leasinggebers für ein Fehlverhalten des Lieferanten

Aufgrund seiner Doppelfunktion als Verkäufer des Fahrzeugs und Verhandlungsgehilfe des Leasinggebers obliegen dem Lieferanten Belehrungs- und Beratungspflichten in Bezug auf das **Fahrzeug** und die **Leasingfinanzierung**.[68] **L284**

Aussagen des Lieferanten über Eigenschaften des Fahrzeugs und dessen Eignung fallen unter die **Beschaffenheitsvereinbarung** und sind Gegenstand des Kaufvertrages, den der Leasinggeber mit dem Lieferanten abschließt. Entsprechen die Angaben zum Fahrzeug nicht den Tatsachen, kann der Leasingnehmer aufgrund der Abtretungskonstruktion gegenüber dem Lieferanten **Sachmängelansprüche** geltend machen. Soweit für eine daneben bestehende Haftung wegen Verletzung eigenschaftsbezogener Aufklärungspflichten[69] Raum bleibt, ist der Leasinggeber nach überwiegend vertretener Ansicht dafür nicht haftbar zu machen, weil er nicht über die erforderliche Sachkunde verfügt und kein eigenes Vertrauen in Anspruch nimmt.[70] Folglich muss sich der Leasinggeber eine fehlende oder falsche Beratung durch den Lieferanten oder durch dessen Personal[71] haftungsrechtlich nur insoweit zurechnen lassen, als die Pflichtverletzung den **Inhalt** und die **Modalitäten** des **Leasing-** **L285**

62 BGH 8.7.2009, NJW 2009, 3295, 3296; OLG Düsseldorf 14.12.1999, OLGR 2001, 2 ff.; 1.6.2010, NJW-RR 2011, 275.
63 Urt. v. 31.5.1991, EWiR § 164 BGB 2/91, S. 869 (*Reinking*).
64 OLG Köln 12.6.1995, VersR 1996, 718.
65 BGH 31.5.1989, ZIP 1989, 1337 ff.; *Erman/Jendrek*, Anh. § 535 Rn. 20.
66 BGH 31.5.1989, ZIP 1989, 1337 ff.
67 Hierzu OLG Köln 31.5.1991; EWiR § 164 BGB 2/91, 869 (*Reinking*), das die Zurechnung fälschlich nach den für die Annahme einer Anscheins- bzw. Duldungsvollmacht geltenden Grundsätzen vorgenommen hat.
68 OLG Hamburg 20.10.1987, NJW-RR 1988, 438; OLG Koblenz 11.11.1988, NJW-RR 1989, 436.
69 MüKo-BGB/*Koch*, Leasing, Rn. 49.
70 *Beckmann*, § 3 Rn. 125; *Staudinger/Stoffels*, Leasing, Rn. 166; a. A. OLG Koblenz 11.11.1988, NJW-RR 1989, 436.
71 OLG Hamm 15.10.1990, CR 1991, 350 ff.

vertrages betrifft und nicht unter die Abtretungskonstruktion fällt, durch die der Leasingnehmer hinreichend abgesichert wird.[72]

L286 Der Umfang der Beratung zur Finanzierung richtet sich – außerhalb des Anwendungsbereichs von § 491a BGB – nach den Erfahrungen und Vorstellungen des Leasingnehmers hinsichtlich der Pflichten, die durch den Abschluss des Leasingvertrages auf ihn zukommen. Der Leasinggeber ist aber nicht verpflichtet, den Leasingnehmer allgemein über Bedeutung, Inhalt und Folgen des Leasingvertrages aufzuklären. Macht sich der Leasingnehmer erkennbar falsche Vorstellungen hinsichtlich des Vertragsinhalts, muss ihn der Lieferant ungefragt aufklären.[73]

L287 Aus dem Prinzip der **deckungsgleichen Verhandlungsergebnisse**[74] erwächst für den Lieferanten die Pflicht, den Leasingnehmer darauf hinzuweisen, dass der Leasingvertrag unabhängig von solchen Vereinbarungen gilt, die zusätzlich zwischen ihm und dem Leasingnehmer getroffen worden sind.[75] Unterlässt er den Hinweis, liegt das Verschulden, für das der Leasinggeber nach § 278 BGB einzustehen hat, in der willkürlichen Trennung wirtschaftlich und rechtlich zusammengehörender Vorgänge, ohne dass dies für den Leasingnehmer durchschaubar ist.[76] Beispiel: Der als Verhandlungsgehilfe auftretende Kraftfahrzeughändler versichert dem Leasingnehmer in Abweichung von dem schriftlichen Inhalt des Leasingvertrages, er könne nach Ablauf der Vertragszeit die Leasingsache käuflich erwerben.[77]

L288 Im Falle des Haftungseintritts wegen Verletzung von Hinweis-, Aufklärungs- und Beratungspflichten muss der Leasinggeber dem Leasingnehmer den entstandenen **Vertrauensschaden**, bestehend in den Zahlungsverpflichtungen aus dem Leasingvertrag, ersetzen. Führt die Verletzung dazu, dass der Leasinggeber seiner Hauptpflicht zur Verschaffung eines gebrauchstauglichen und funktionstüchtigen Leasinggutes nicht nachkommen kann, hat der Leasingnehmer Anspruch auf Rückabwicklung des Leasingvertrages.[78]

---

72 A.A. *Wolf/Eckert/Ball*, Rn. 1787 unter Hinweis auf BGH 13. 7. 1983, NJW 1983, 2697.

73 BGH 11. 3. 1987, NJW 1987, 2082, 2084.

74 *Wolf/Eckert/Ball*, Rn. 1769.

75 BGH 3. 7. 1985, NJW 1985, 2258 ff. – fehlender Vermerk eines qualifizierten Rücktrittsrechts im Leasingvertrag für den Fall, dass die vorhandene Software nicht ordnungsgemäß in der EDV-Anlage arbeiten sollte; BGH 28. 9. 1988, NJW 1989, 287 – unterlassener Hinweis auf Full-Service-Absprache; BGH 22. 10. 2003, NJW-RR 2004, 628 – nicht erfolgte Aufklärung darüber, dass ein in der Referenzvereinbarung mit dem Lieferanten vorgesehenes Rückgaberecht kein Recht zur außerordentlichen Kündigung des Leasingvertrages beinhaltet; OLG Frankfurt/M. 9. 3. 1990, NJW-RR 1990, 1207 – kein Hinweis auf ein vorzeitiges Kündigungsrecht für den Fall des Misslingens eines vereinbarten Individualprogramms; OLG Düsseldorf 14. 12. 1999, OLGR 2001, 2 – fehlender Vermerk im Leasingvertrag über Verpflichtung des Lieferanten eines Anzeigegeräts zur Lieferung von Werbedisketten; zu den Auswirkungen von Sondervereinbarungen zwischen Leasingnehmer und Lieferant auf den Leasingvertrag s. a. OLG München 12. 4. 2002, DB 2002, 2373; *Koch*, DB 2000, 2205.

76 OLG Düsseldorf 14. 12. 1999, OLGR 2001, 2.

77 BGH 4. 11. 1987, NJW-RR 1988, 1622; 15. 6. 1988, NJW 1988, 2463 – Einräumung eines Erwerbsrechts vom Händler; 1. 6. 2005 NJW-RR 2005, 1421 m. Bespr. von *Moseschus*, FLF 2006, 40 und *Reinking* EWiR § 157 BGB 22/05, S. 15; OLG Dresden 8. 3. 2000, DAR 2001, 77.

78 BGH 3. 7. 1985, NJW 1985, 2258, 2261; OLG Koblenz 11. 11. 1988, NJW-RR 1989, 436 – Nichterstellung eines Pflichtenheftes; *Staudinger/Stoffels*, Leasing Rn. 171.

Eine AGB-mäßige Freizeichnung des Leasinggebers von der Haftung für etwaige Pflichtverletzungen des Lieferanten wird für unzulässig erachtet.[79] Das Seriositätsrisiko des Lieferanten trägt der Leasinggeber.[80] **L289**

3. Anfechtung

Der Lieferant, der mit Wissen und Wollen des Leasinggebers die Vertragsverhandlungen führt und ihm eigene Arbeit erspart, handelt als dessen **Vertrauensperson** und als dessen **Repräsentant** und ist **nicht Dritter** i. S. v. § 123 Abs. 2 BGB.[81] Dadurch werden die Anfechtungsmöglichkeiten des Leasingnehmers verstärkt.[82] Die Anfechtung setzt allerdings voraus, dass sich der Leasinggeber das Verhalten des Lieferanten zurechnen lassen muss (Rdn. L271 ff.). Bei den subjektiven Merkmalen des § 123 BGB ist auf die Person des Leasingnehmers abzustellen.[83] **L290**

Muss sich der Leasinggeber eine Täuschungshandlung oder Drohung des Lieferanten zurechnen lassen, ist die Anfechtung nach § 123 BGB gegenüber dem Leasinggeber zu erklären. Das Gleiche gilt für eine Anfechtung nach § 119 BGB. Die Anfechtung bewirkt die Nichtigkeit des Leasingvertrages. Bei der bereicherungsrechtlichen Rückabwicklung eines nach § 123 BGB angefochtenen Leasingvertrages unterliegt der Leasinggeber der verschärften Haftung des § 819 BGB. Im Innenverhältnis kann der Leasinggeber beim Lieferanten wegen des Haftungs- und Eigenschadens Regress nehmen. **L291**

Eine den **Kaufvertrag** betreffende Täuschungshandlung oder Drohung des Lieferanten berechtigt den Leasinggeber zur **Anfechtung des Kaufvertrages**. **L292**

4. Haftung im Rechtsverhältnis zwischen Leasinggeber und Lieferant

Im **Innenverhältnis** haftet der Lieferant dem Leasinggeber auf Schadensersatz, wenn er seine Pflichten aus dem Auftragsverhältnis verletzt hat. Eine schuldhafte Pflichtverletzung liegt allerdings nicht vor, wenn er, ohne gegen ein ausdrückliches Verbot des Leasinggebers zu verstoßen, bei unklaren AGB des Leasingvertrages dem Leasingnehmer eine **Erwerbszusage** erteilt und der Vertrag daran scheitert.[84] Falls der Leasinggeber die Kaufverhandlungen führt, besteht für den Händler keine Verpflichtung, den Leasinggeber ungefragt auf eine erhebliche Abweichung des Kaufpreises vom Listenpreis hinzuweisen.[85] Die Voraussetzungen einer arglistigen Täuschung sind erfüllt, wenn sich der Leasinggeber nach dem Listenpreis erkundigt und ihm der Lieferant eine unrichtige Auskunft erteilt. **L293**

5. Eigenhaftung des Lieferanten gegenüber dem Leasingnehmer

Falls der Käufer dem Kraftfahrzeughändler die Auswahl der Leasinggesellschaft überlassen hat, ist dieser verpflichtet, die Interessen des Käufers zumindest insoweit zu wahren, dass Zahlungen des Käufers an die Leasinggesellschaft nicht erkennbar gefährdet sind. Verletzt er diese Pflicht, indem er eine unseriöse Leasinggesellschaft einschaltet, haftet er dem Käufer unter dem Gesichtspunkt eines **Auswahlverschuldens** auf Erstattung einer **L294**

79 *Graf von Westphalen*, Der Leasingvertrag, Kap. C Rn. 117; *Schmidt* in Ulmer/Brandner/Hensen, AGB-Recht, Teil 2 (19) Rn. 14.
80 *Graf von Westphalen*, ZIP 1985,1036.
81 BGH 27. 4. 2004, NJW-RR 2004,1683; 28. 9. 1988, NJW 1989, 287; *Wolf/Eckert/Ball, Rn.* 1791.
82 *Staudinger/Stoffels*, Leasing, Rn. 174.
83 *Beckmann*, § 2 Rn. 415; wegen weiterer Einzelheiten zur Anrechnung *Reinking* in Reinking/Kessler/Sprenger, § 5 Rn. 57 ff.
84 OLG Hamm 6. 7. 1989, ZIP 1989, A 119, Nr. 433.
85 OLG Düsseldorf 28. 7. 1988, ZIP 1988, 1405.

an die Leasingfirma geleisteten und bei dieser nicht mehr realisierbaren Leasingsonderzahlung.[86]

L295 Weiterhin macht sich der Händler bei **Überschreitung** des ihm vom Leasinggeber eingeräumten **Handlungsspielraums** schadensersatzpflichtig.[87] Die Voraussetzungen einer unmittelbaren Haftung sind erfüllt,[88] wenn er mit dem Leasingnehmer eines mehrjährigen Leasingvertrages ein einmaliges Kündigungsrecht vereinbart, ohne den Leasinggeber hiervon in Kenntnis zu setzen oder wenn im Vertrag ausdrücklich bestimmt ist, dass der Leasinggeber aus der Sondervereinbarung nicht verpflichtet sein soll.[89]

L296 Der Händler kann, sofern diese Haftungsvoraussetzungen vorliegen, dem Leasingnehmer auch dann zum Schadensersatz verpflichtet sein, wenn er das Leasingfahrzeug nicht selbst an die Leasinggesellschaft verkauft sondern den Kaufvertrag über das Fahrzeug lediglich **vermittelt** hat. Eine auf §§ 311 Abs. 3, 280 BGB gestützte Haftung setzt voraus, dass der Händler als Vermittler bei der Vertragsanbahnung in **besonderem Maße Vertrauen** für sich in Anspruch genommen und dadurch die Vertragsverhandlungen oder den Vertragsabschluss beeinflusst hat, wovon i. d. R. ausgegangen werden kann.[90]

6. Haftung des Leasinggebers gegenüber der refinanzierenden Bank

L297 Der Leasinggeber haftet der refinanzierenden Bank für den Bestand der abgetretenen Forderung aus dem Leasingvertrag **(Veritätshaftung)**. Kann der Leasinggeber ihr die Forderung nicht verschaffen, stehen der Bank die Rechte aus § 437 Nr. 2, 3 BGB zur Wahl. Allein das Versprechen des Leasinggebers, die Forderung zu übertragen, reicht zur Begründung einer verschuldensunabhängigen Haftung nach § 311a Abs. 2 BGB nicht aus.[91] Vielmehr verbleibt es bei dem in § 276 BGB vorgesehenen Auslegungsraster, an dem die Parteivereinbarungen im Einzelfall zu messen sind.

L298 Die Bank, die den Leasingvertrag refinanziert hat, ist zum **Rücktritt** vom Forderungskauf berechtigt, wenn der Leasingnehmer den Leasingvertrag widerrufen hat oder wegen eines Mangels des Fahrzeugs vom Kauf- und Leasingvertrag zurückgetreten ist.[92] In diesen Fällen des **nachträglichen Wegfalls** der Forderungen aus dem Leasingvertrag haftet der Leasinggeber der Bank auf Schadensersatz, wenn es ihm nicht gelingt, den Entlastungsbeweis nach § 280 Abs. 1 S. 2 BGB zu führen oder wenn sich aus den Gesamtumständen ergibt, dass er eine verschuldensunabhängige Einstandspflicht für den Forderungsbestand übernommen hat.

L299 Der Wirksamkeit des Leasingvertrages steht nicht entgegen, dass der Kaufvertrag, in den der gutgläubige Leasinggeber eintreten soll, zwischen dem Lieferanten und dem Leasingnehmer **nicht** oder nur **zum Schein abgeschlossen** wird. Es ist auch nicht anzunehmen, dass dem Leasingvertrag die Geschäftsgrundlage fehlt. Schuldet der Leasinggeber der refinanzierenden Bank aus einem Schein- Kaufvertrag die Verschaffung des Sicherungseigentums, ist das fehlende Sicherungseigentum an dem Leasingobjekt als **Rechtsmangel** der verkauften Leasingforderung zu behandeln.[93]

---

86 LG Konstanz Urt. v. 8. 1. 1994 -5 O 28/93, bestätigt vom OLG Karlsruhe 27. 7. 1995 – 9 U 59/94, n. v.

87 OLG Düsseldorf 19. 12. 1991, OLGR 1992, 154 – betreffend eine Sondervereinbarung zwischen Händler und Leasingnehmer über die Vergabe von Unfallbegutachtungen.

88 OLG Düsseldorf 16. 3. 1989, DB 1989, 974.

89 OLG Düsseldorf, 9. 11. 1989, MDR 1990, 628.

90 OLG Hamm 11. 10. 2006 – 12 U 115/05 – vorgestellt von *Beckmann*, FLF 2007, 131.

91 BGH 19. 10. 2007, NJW 2007, 3777, 3780.

92 BGH 25. 10. 1989, NJW 1990, 175.

93 BGH 10. 11. 2004, NJW 2005, 359.

V. Abschluss des Kaufvertrages und Verknüpfung mit dem Leasingvertrag

Der Kauf des Leasingfahrzeugs erfolgt durch den Leasinggeber. Im Fuhrpark- und Flottengeschäft ist es üblich, dass der Leasingnehmer die Zahl der Fahrzeuge nach Fabrikat, Modell, Typ, Ausstattung usw. bestimmt und die Leasinggesellschaft die Verhandlungen mit dem Lieferanten führt. In anderen Fällen, insbesondere im Geschäftsverkehr mit Verbrauchern und Kleinunternehmern, die nur ein Fahrzeug oder eine geringe Anzahl von Fahrzeugen benötigen, ist es gängige Praxis, dass sich der (künftige) **Leasingnehmer das Fahrzeug beim Lieferanten aussucht** und mit ihm die **Modalitäten des Kaufvertrages** (Preis, Inzahlungnahme des Altwagens, Rabatte usw.) aushandelt, ohne dass der Leasinggeber dabei mitwirkt. **L300**

Der anschließende **Erwerbsvorgang** kann auf unterschiedliche Art und Weise vollzogen werden. **L301**

- Es besteht die Möglichkeit, dass der Leasinggeber den Kaufvertrag über das Kraftfahrzeug auf der Grundlage der vom Leasingnehmer ausgehandelten Bedingungen – wenn auch nicht unbedingt zum gleichen Preis – im eigenen Namen mit dem Lieferanten abschließt (**Eigenankauf**). Bei diesem Kauf nach Kundenwunsch, der auch als Bestell[94]-Vorverhandlung- oder Einheitsmodell[95] bezeichnet wird, liegt weder ein zweiter Kaufvertrag noch eine verbindliche Fahrzeugbestellung des Leasingnehmers vor.
- Ebenso gut kann es sein, dass der Leasinggeber in einen Kaufvertrag eintritt, den der Leasingnehmer mit dem Lieferanten bereits abgeschlossen hat. Der **Vertragseintritt** kann entweder durch dreiseitige Vereinbarung zwischen dem ausscheidenden, dem verbleibenden und dem eintretenden Teil oder aber durch einen zweiseitigen Vertrag zwischen dem ausscheidenden und dem eintretenden mit Zustimmung des verbleibenden Teils vereinbart werden.[96]
- Möglich ist auch eine **Vertragsübernahme,** die sich vom Ergebnis her nicht von einem Vertragseintritt unterscheidet.[97] Formal betrachtet übernimmt der Leasinggeber im allseitigen Einverständnis den Kaufvertrag, den der Leasingnehmer mit dem Lieferanten geschlossen hat.
- Zwischen Eigenankauf und Vertragseintritt/Vertragsübernahme liegt der **Bestelleintritt.**[98] Bei dieser für den Abschluss von Kfz-Leasingverträgen typischen Variante tritt der Leasinggeber im allseitigen Einverständnis in die vom Leasingnehmer gegenüber dem Lieferanten abgegebene **verbindliche Fahrzeugbestellung** ein mit der Folge, dass der Leasingnehmer von seinem Kaufangebot freigestellt wird und der Kaufvertrag – wie beim Eigenankauf – unmittelbar zwischen dem Leasinggeber und dem Lieferanten zustande kommt (sog. unvollständiger Vertragseintritt). Statt des Eintritts in die Bestellung ist auch die ihr gleichkommende Übernahme der Bestellung darstellbar. Es ist zu beobachten, dass Rechtsprechung und Schrifttum nicht immer scharf zwischen Vertrags- und Bestelleintritt unterscheiden und beide pauschal dem „Eintrittsmodell" zuordnen.[99, 100] Eine differenzierte Betrachtung ist jedoch erforderlich, wenn es im Zusammenhang mit §§ 506 Abs. 1, 358 Abs. 3 BGB darauf ankommt, ob Kauf- und Leasingvertrag als verbundene

94 *Francke/Strauß*, FLF 2010, 256, 265; m. w. N.
95 *Wimmer-Leonhardt* in Martinek/Stoffels/Wimmer-Leonhardt, § 10 Rn. 3.
96 BGH NJW 1999, 2664; OLG Braunschweig 9. 9. 2002 – 7 U 10/02, n. v.
97 *Graf von Westphalen*, Der Leasingvertrag, Kap.C Rn. 124.
98 OLG Brandenburg Urt. v. 23. 4. 2008, 3 U 115/07 n. v.;
99 Z. B. LG Trier 13. 5. 2008 – 11 O 347/06 n. v. – die Bank hatte den Eintritt in den Kaufvertrag bestätigt, obwohl nur eine verbindliche Bestellung des Leasingnehmers vorlag.
100 OLG Brandenburg Urt. v. 23. 4. 2008, 3 U 115/07; *Francke/Strauß*, FLF 2010, 256, 265.

Verträge anzusehen sind und ob der Eintritt in die Bestellung eines Verbrauchers dazu führt, dass der Kaufvertrag den §§ 474 ff. BGB untersteht (Rdn. L174).

L302 Die Vereinbarung zwischen dem Lieferanten und dem Leasinggeber über die Abwicklung eines bereits mit dem Leasingnehmer abgeschlossenen Kaufvertrages stellt im Regelfall eine **befreiende Schuldübernahme** dar (§ 414 BGB).[101] Der Leasinggeber, der die Kaufpreisschuld an den Händler zahlt, ist nicht Erfüllungsgehilfe des Leasingnehmers sondern Dritter i. S. v. § 267 Abs. 1 S. 1 BGB. Von dieser Auslegungsregel ist auch dann auszugehen, wenn sich der Leasinggeber an Stelle einer befreienden Schuldübernahme durch **Erfüllungsübernahme** (§ 329 BGB) zur Tilgung der Kaufpreisschuld des Leasingnehmers verpflichtet hat.[102]

L303 Im unternehmerischen Geschäftsverkehr kommt es vor, dass Leasingnehmer zuerst den Leasingvertrag mit dem Leasinggeber abschließen und erst danach die Fahrzeuge aussuchen. Leasing-Vertragsformulare, die einen **nachgeschalteten Erwerb der Leasingsache** ermöglichen, sehen i. d. R. vor, dass der Leasingvertrag unter der **auflösenden Bedingung** des rechtswirksamen Zustandekommens des Kaufvertrages steht. Weiterhin wird der Leasingnehmer regelmäßig verpflichtet, mit dem Lieferanten zu vereinbaren, dass die Zahlung des Kaufpreises erst nach Lieferung des Fahrzeugs und Eingang der Übernahmebestätigung beim Leasinggeber erfolgt und das Eigentum an dem Fahrzeug direkt auf den Leasinggeber übertragen wird.

L304 Über die **rechtliche Verknüpfung** zwischen Kauf- und Leasingvertrag geben die Vertragsunterlagen nicht immer eine klare Auskunft. Unprofessionelle und unbeholfene Eintragungen (z.B, „auf Finanzierungsbasis per Leasingvertrag“ oder „Leasing über … Monate“) verraten die Unsicherheit ihrer Verfasser. Welche Vertragsgestaltung die Parteien gewählt haben, ist oftmals nur anhand der konkreten Umstände des Einzelfalls im Wege einer Gesamtbetrachtung festzustellen.

L305 Geht aus der vom Kunden unterzeichneten Vertragsurkunde eindeutig hervor, dass es sich um eine leasingfinanzierte Bestellung handelt, weil sie die Überschrift „verbindliche Bestellung und Leasing“ trägt, ist nach Ansicht des OLG Frankfurt/M.[103] von vornherein klar, dass nur der Leasinggeber Vertragspartner des Leasingnehmers sein soll, so dass es eines Vertragseintritts oder einer Vertragsübernahme nicht bedarf. Auf diesen Standpunkt hat sich auch das OLG Brandenburg[104] gestellt, das aufgrund der inhaltlichen Verknüpfung der beiden Anträge und insbesondere wegen der Eintragung der Leasingzahlungen in die Zahlungsrubrik der Fahrzeugbestellung zu dem Schluss gelangte, dass mit der verbindlichen Bestellung des Fahrzeugs lediglich die Modalitäten des Leasingvertrages konkretisiert werden sollten. Liegt nur ein Vertrag vor, ist bei einem Verbraucherleasingvertrag i. S. v. § 506 Abs. 2 S. 1 Nr. 1–3 BGB eine qualifizierte Widerrufsbelehrung i. S. v. § 358 Abs. 5 BGB entbehrlich.

Mit dem Vermerk **„Zahlung auf Leasingbasis“** musste sich das AG München[105] befassen. Der Kfz-Händler war der Ansicht, es sei Aufgabe des Kunden, seiner „Zahlungspflicht durch Leasing“ nachzukommen und das Scheitern des Leasingvertrages sei sein Risiko. Das AG München gelangte im Wege der Auslegung zu dem einzig richtigen Ergebnis, dass die

101 BGH 9. 5. 1990, NJW-RR 1990, 1009; OLG Rostock, 13. 1. 1996, OLGR 1996, 89 ff.; OLG Hamm 10. 3. 1998, OLGR 1998,165; einschränkend BGH 25. 11. 1992, WM 1993, 213 i. S. e. zumindest anzunehmenden Schuldbeitritts, falls in den AGB der Leasinggesellschaft bestimmt ist, dass ausschließlich der Leasingnehmer Partei des bereits abgeschlossenen Kaufvertrages bleiben soll.

102 OLG Dresden 26. 4. 1995, NJW-RR 1996, 625.

103 Urt. v. 28. 1. 2009 – 17 U 241/08 – n. v.

104 Urt. v. 28. 4. 2008 – 3 U 115/07 – n. v.

105 Urt. v. 8. 11. 1983 – 10 C 16337/83, n. v.

Verkäuferfirma einen Leasingvertrag vermitteln wollte und der Kunde lediglich als Leasingnehmer auftreten sollte, denn andernfalls hätte die Zahlungsvereinbarung auf Leasingbasis keinen Sinn gehabt, „da beim Leasingvertrag Käufer und damit Kaufpreisschuldner nicht der Leasingnehmer, sondern eben der Leasinggeber" ist. So sah es auch das OLG Düsseldorf[106] in einem Fall, in dem die Bezugnahme auf den Leasingvertrag in der Bestellung unter der Rubrik „Zahlungsbedingungen und sonstige Vereinbarungen" durch den maschinenschriftlichen Eintrag „Leasing über 36 Monate über die P. Bank, mtl. Rate 519,37 DM incl. MwSt, Restwert 15.000 DM" hergestellt worden war.

Den handschriftlichen Eintrag „Leasing 10.000,00 DM Anz. 36 Raten" in der Zahlungsrubrik der Fahrzeugbestellung bewertete der BGH[107] im Hinblick auf § 267 BGB als Verzicht des Verkäufers auf die Befugnis, der Leistung des Barkaufpreises durch einen Leasinggeber widersprechen zu können. Er stellte, ohne letztlich darüber entscheiden zu müssen, nebenbei fest, dass es naheliegend sei, der Leasingklausel zusätzlich einen Regelungsgehalt des Inhalts beizumessen, dass der Kaufvertrag in seinem Bestand durch das Nichtzustandekommen des Leasingvertrages **auflösend bedingt** sein sollte.[108] Zu dem gleichen Ergebnis war zuvor schon das OLG Köln[109] gelangt, das über den Eintrag „Abwicklung Leasing 42 Monate, 35.000 km p. a., Leasingrate netto 663,60 DM" zu befinden und dabei offen gelassen hatte, ob es sich bei der Verknüpfung zwischen Kauf- und Leasingvertrag um eine auflösende[110] oder aufschiebende Bedingung handelte, da es auf diese Unterscheidung im Ergebnis nicht ankam.

Beide Verträge können nach dem Willen der Parteien auch in der Weise miteinander verquickt sein, dass der **Kaufvertrag durch den Leasingvertrag ersetzt** werden soll. In diesem Sinne ist nach einer Entscheidung des OLG Düsseldorf[111] ein handschriftlicher Eintrag „Leasing über Bank" in Verbindung mit einer Klausel im Kaufantrag zu verstehen, nach der der Kaufvertrag unter der auflösenden Bedingung steht, dass ein Leasingvertrag über das entsprechende Fahrzeug abgeschlossen wird. Da der Käufer das **Risiko des Bedingungseintritts** trägt, hat er dafür zu sorgen, dass es zum Abschluss des Leasingvertrages kommt. Wird der Leasingvertrag nicht geschlossen, kann sich der Käufer vom Kaufvertrag nur unter der Voraussetzung lösen, dass der Verkäufer den Bedingungseintritt wider Treu und Glauben verhindert hat.

Der Eintrag „Finanzierung durch Leasing" im Kaufvertrag mag unter Umständen dahingehend auszulegen sein, dass sich der Käufer – ähnlich wie bei der Beschaffung eines Personalkredits – um einen Leasinggeber als Geldgeber bemühen soll. Die Erwähnung des Leasingvertrages in der Fahrzeugbestellung besagt dann lediglich, dass sich der Händler mit der Vertragsübernahme durch den vom Käufer alleinverantwortlich auszuwählenden Leasinggeber **vorsorglich einverstanden** erklärt.[112] Ob der Händler auch ohne einen solchen Vermerk verpflichtet ist, einen vom Käufer nachträglich gestellten Leasinggeber zu akzeptieren und einer Vertragsübernahme zuzustimmen, hängt von den Umständen des Einzelfalles ab.

Im Verhältnis der Parteien des Kaufgeschäfts zueinander ist die in einem formularmäßigen Kaufauftrag des Leasinggebers enthaltene Regelung, der zufolge der Leasinggeber von allen Verpflichtungen frei bleibt, solange die Übernahmebestätigung für die vom Lieferan- **L306**

---

106 Urt. v. 3. 12. 1993, NZV 1994, 431.
107 Urt. v. 9. 5. 1990, NJW-RR 1990, 1009 ff.
108 BGH 9. 5. 1990, NJW-RR 1990, 1009, 1111.
109 Urt. v. 22. 10. 1987, DAR 1988, 273.
110 Für auflösende Bedingung i. S. e. Wegfalls des Kaufvertrages bei Nichtannahme des Leasingantrags: LG Zweibrücken Urt. 14. 2. 1995, NJW-RR 1995, 816.
111 Urt. v. 1. 12. 1995, OLGR 1996, 78.
112 BGH 9. 5. 1990, NJW-RR 1990, 1009 ff.

ten zu erbringende Leistung nicht vorliegt, nicht als Bedingung für die Wirksamkeit des Kaufvertrages zu verstehen, sondern als **Vorleistungspflicht des Lieferanten** und als **Fälligkeitsregelung** für den Kaufpreis.[113]

L307 Vor der Gefahr, auf dem Kauf- oder Leasingvertrag oder auf einem Vertrag über Zusatzleistungen sitzen zu bleiben, wird der **Verbraucher** bei Abschluss eines unter § 506 Abs. 2 S. 1 Nr. 1–3 BGB fallenden Kfz-Leasingvertrages durch den Widerrufsdurchgriff der §§ 358 und 359a BGB in besonderer Weise geschützt (Rdn. L151 ff., L160 ff.).

L308 Zwecks Minimierung der Vertragsrisiken wird Leasingfirmen geraten, eine Regelung in den Vertrag mit dem Lieferanten aufzunehmen, nach der die Verpflichtung zum Eintritt in den Kaufvertrag des Leasingnehmers bzw. die Verpflichtung zur Übernahme dieses Kaufvertrages aufgehoben wird, falls der Leasingnehmer seine auf Abschluss des Leasingvertrages gerichtete Willenserklärung widerruft.[114] Auf der anderen Seite ist dem Leasingnehmer zu empfehlen, im Kaufvertrag ausdrücklich klarzustellen, dass dieser nur für den Fall des wirksamen Zustandekommens des Leasingvertrages Bestand hat, da er andernfalls Gefahr läuft, an dem ungewollten Kaufvertrag festgehalten zu werden.

VI. Rücktritt, Ablösung und Aufhebung des Leasingvertrages

L309 Der BGH[115] hat das einer Leasinggesellschaft in ihren AGB vorbehaltene **Rücktrittsrecht** vom Leasingvertrag für den Fall der nicht ordnungsgemäßen Erstellung und Abnahme der Leasingsache bis zum vertraglichen Fertigstellungszeitpunkt nach § 307 BGB für **unwirksam** erachtet. Gleichermaßen unwirksam ist eine Klausel, die den Leasingnehmer zum Kauf aller bis dahin vom Lieferanten erbrachten Lieferungen und Leistungen sowie zur Erstattung der von der Leasinggesellschaft geleisteten Vorauszahlungen verpflichtet.

Einen gegenteiligen Standpunkt hat das LG Offenburg[116] eingenommen, das eine vom Leasingnehmer akzeptierte Rücktrittsklausel im Übernahmevertrag zwischen dem Lieferanten und der Leasinggesellschaft, welche vorsah, dass das ursprüngliche Kaufvertragsverhältnis im Rücktrittsfall wieder aufleben sollte, die Wirksamkeit attestierte. Das Argument, die Leasinggesellschaft müsse sich nicht in eine gewährleistungsrechtliche Auseinandersetzung zwischen dem Verkäufer und dem Leasingnehmer hineinziehen lassen, überzeugt nicht, da sie selbst die **Gebrauchsüberlassung schuldet**[117] und sich bei der Erfüllung dieser Verpflichtung des Lieferanten als ihres Erfüllungsgehilfen bedient.

L310 Wird ein **Leasingvertrag** vom Händler unter der Prämisse **abgelöst**, dass ein neuer Leasingvertrag abgeschlossen wird, bilden beide Verträge eine Einheit. Wegen dieses Zusammenhangs ist der Leasingnehmer im Falle eines Rücktritts von dem neuen Leasingvertrag verpflichtet, den Leasingvertrag über das Erstfahrzeug wieder aufzunehmen Dies gilt auch dann, wenn der Leasingnehmer den Rücktritt von dem neuen Leasingvertrag wegen Mangelhaftigkeit des Fahrzeugs erklärt hat. Im Rahmen des Rückgewährschuldverhältnisses ist die Ablösung des Erstleasingvertrages zurückzugewähren.[118] Es empfiehlt sich, diese Rechtsfolgen in die Ablösevereinbarung aufzunehmen und auch auf den Fall des Widerrufs zu erstrecken.

---

113 BGH 17. 2. 1993, DAR 1993, 177.

114 *Lieb*, WM 1991, 1533, 1536.

115 Urt. v. 29. 10. 2008, WM 2009,35; zust. *Graf von Westphalen*, BB 2009, 239 ff.

116 Urt. v. 9. 7. 2008 – 5 O 135/07, n.v,

117 *Wolf/Eckert/Ball*, Rn. 1840.

118 LG Köln 1. 4. 2008 – 8 O 154/07 n. v.

Für den Leasinggeber, der seine Forderungen aus einem Leasingvertrag an eine Bank abgetreten hat, ist Vorsicht geboten, wenn er den Leasingvertrag mit Zustimmung des Leasingnehmers **auf einen Dritten überträgt**. Erfolgt die Übertragung ohne Wissen der Bank, kann der Leasinggeber verpflichtet sein, den Leasingnehmer und auch dessen Bürgen von den Forderungen der Bank freizustellen, wenn der Dritte den Leasingvertrag nicht erfüllt.[119] **L311**

Aber auch der Leasingnehmer muss auf der Hut sein. Ist ihm bekannt, dass der Leasinggeber die Forderungen aus dem Leasingvertrag an die Bank abgetreten hat, muss diese eine zwischen Leasingnehmer und Leasinggeber vereinbarte vorzeitige **Vertragsaufhebung** nicht gegen sich gelten lassen.[120] Da es sich bei den Leasingraten um betagte Forderungen handelt, die bereits mit dem Abschluss des Leasingvertrages entstehen und lediglich zu einem späteren Zeitpunkt fällig werden, fehlt dem Leasinggeber nach der Abtretung die Verfügungsbefugnis. Auf § 407 BGB kann sich der Leasingnehmer nicht berufen, da diese Norm nur den unwissenden Schuldner schützt. **L312**

VII. Lieferung und Übernahme des Fahrzeugs

1. Gebrauchsverschaffung und Abnahme

Der Leasinggeber ist verpflichtet, dem Leasingnehmer das Leasingfahrzeug für die vereinbarte Vertragszeit zu überlassen. Wie weit die Pflicht reicht, ist im Einzelnen unklar. Gestritten wird z. B. über die Frage, ob die Beschaffung und Überlassung der Leasingsache eine **Haupt**[121]- oder **Nebenleistungspflicht**[122] des Leasinggebers darstellt und ob sie in der Phase der Gebrauchsverschaffung – zumindest vorübergehend – dem Pflichtenkreis des Lieferanten zuzurechnen ist. **L313**

Aus der **mietrechtlich geprägten Sichtweise** des BGH handelt es sich um eine **Hauptpflicht des Leasinggebers**, die außer der Gewährung eines störungsfreien Gebrauchs während der vereinbarten Vertragsdauer auch die **Besitz**- und **Gebrauchsverschaffung** einer für den Vertragszweck geeigneten Leasingsache beinhaltet.[123] Die Diskussion darüber, ob die (Vor-) **Finanzierung** der Leasingsache ebenfalls dazu gehört, ist für die Praxis ohne Bedeutung. **L314**

Eine **absolute Mängelfreiheit** des Leasingfahrzeugs wird vom Leasinggeber nicht geschuldet. Deshalb steht eine Rüge wegen geringfügiger Mängel einer Annahme als Erfüllung nicht entgegen. Der Gebrauchsüberlassungspflicht ist Genüge getan, wenn das Verhalten des Leasingnehmers erkennen lässt, dass er das Fahrzeug als im Wesentlichen ordnungsgemäß gelten lassen will (§ 363 BGB).[124] **L315**

Eine formularmäßige Freizeichnung des Leasinggebers von seiner Haftung für Leistungsstörungen im Zusammenhang mit der Gebrauchsverschaffung entfaltet wegen Verstoßes gegen § 307 Abs. 1 S. 1 BGB auch im unternehmerischen Geschäftsverkehr keine Wirksamkeit.[125] Zumindest die subsidiäre Haftung des Leasinggebers muss dem Leasing- **L316**

---

119 OLG Düsseldorf 5. 3. 2009, OLGR 2009, 605.

120 BGH 4. 11. 2009, NJW RR 2010, 483; wie zuvor OLG Rostock 10. 12. 2007, NZM 2008, 449.

121 *Wolf/Eckert/Ball*, Rn. 1840; *Beckmann*, § 2 Rn. 31; MüKo/*Koch*, Leasing, Rn. 74; *Graf von Westphalen*, Der Leasingvertrag, Kap. G Rn. 9.

122 *Papapostolow*, Risikoverteilung beim Finanzierungsleasing, S. 80; *Schulz*, Finanzierungsleasing unter Verbraucherbeteiligung, S. 51.

123 BGH in st. Rspr. Seit 13. 3. 1991, BGHZ 114, 57, 67.

124 *Schulz*, Finanzierungsleasing unter Verbraucherbeteiligung, S. 45 m. w. N.

125 LG Mannheim 8. 10. 1984, BB 1985, 144; *Schmidt* in Ulmer/Brandner/Hensen, AGB-Recht, Teil 2 (19) Rn. 5, 15; MüKo/*Koch*, Leasing, Rn. 78 m. w. N.; *Graf von Westphalen*, Der Leasingvertrag, Kap. G Rn. 30; a. A. *Beckmann*, Finanzierungsleasing, § 2 Rn. 178.

nehmer verbleiben, da sich der Leasinggeber den mit der Gebrauchsüberlassungspflicht verbundenen Risiken, zu denen insbesondere das Risiko der Insolvenz des Lieferanten gehört, keinesfalls entziehen kann.[126] Einem uneingeschränkten Haftungsausschluss für Lieferstörungen stehen außerdem die Klauselverbote des § 309 Nr. 7b und 8 BGB entgegen, die auch im Geschäftsverkehr mit Unternehmern zu beachten sind.[127]

L317 Die Pflicht zur Verschaffung der Gebrauchsmöglichkeit ist beim Kfz-Leasing mit der Auslieferung des Fahrzeugs an den Leasingnehmer erfüllt. Ab diesem Zeitpunkt beginnt i. d. R. die Laufzeit des Leasingvertrages. Unter bestimmten Voraussetzungen wird der Leasingvertrag bereits mit der **Zulassung** des Fahrzeugs oder 14 Tage nach **Anzeige der Bereitstellung** des Fahrzeugs in Vollzug gesetzt (Abschn. III. S. 2 VDA-Muster-Leasing-AGB).

L318 Die Auslieferung des Fahrzeugs erfolgt beim Kraftfahrzeugleasing üblicherweise durch den Kfz-Händler, der insoweit als **Erfüllungsgehilfe** des Leasinggebers handelt[128] und dessen Pflichtverletzungen dem Leasinggeber zuzurechnen sind. Seine Funktion als Erfüllungsgehilfe ist auf die **Gebrauchsverschaffung** beschränkt; sie erstreckt sich nicht auf die davon zu unterscheidende, ausschließlich den Leasingnehmer betreffende Verpflichtung zur Abgabe der Übernahmebestätigung (Rdn. L336 ff., L345).[129]

L319 **Leistungsort** für die Übergabe des Fahrzeugs ist i. d. R. der **Betriebssitz des Verkäufers**, da es sich um eine Holschuld handelt, die der Leasingnehmer für den Leasinggeber erfüllt.[130]

L320 Durch die Abnahme des Fahrzeugs verlagert sich die **Beweislast** für Sachmängel auf den Leasingnehmer, wenn er das ihm vom Händler angebotene Fahrzeug als Erfüllung angenommen hat.[131]

L321 Mit **Übergabe** des Fahrzeugs an den Leasingnehmer endet die Erfüllungsgehilfentätigkeit des Lieferanten und mit ihr die Verschuldenszurechnung nach § 278 BGB. Nimmt der Lieferant das Fahrzeug zur Vornahme von **Nachbesserungsarbeiten** später wieder vorübergehend an sich,[132] wird er dadurch nicht zum Erfüllungsgehilfen des Leasinggebers,[133] da es aufgrund der Abtretung der Sachmängelansprüche nicht in den Aufgabenbereich des Leasinggebers fällt, das Fahrzeug reparieren zu lassen. Selbst durch eine **Ersatzlieferung** wird keine – der Erstauslieferung vergleichbare – Rechtsbeziehung begründet, bei der der Lieferant die Gebrauchsverschaffung erneut als Erfüllungsgehilfe des Leasinggebers vornimmt. Dies liegt wiederum daran, dass der Austausch der Fahrzeuge im Rahmen des fortbestehenden Leasingvertrages vollzogen wird, nach dessen leasingtypischer Konzeption die Geltendmachung von Sachmängelansprüchen allein in den Aufgabenbereich des Leasingnehmers fällt.

L322 Mit der **Übernahme** des Fahrzeugs erfüllt der Leasingnehmer zwei ihm auferlegte Pflichten; zum einen die **kaufrechtliche Abnahmepflicht** des § 433 Abs. 2 BGB, bestehend in der Entgegennahme der Sache, durch die der Verkäufer vom Besitz der Sache befreit wird, zum anderen die im Leasingvertrag vorgesehene und vom Leasingnehmer zu bestätigende **Abnahme**.[134] Während die kaufrechtliche Abnahme im Regelfall den Leasing-

---

126 BGH 20. 6. 1984, NJW 1985, 129; zuletzt 29. 10. 2008, WM 2009,35.
127 MüKo-BGB/*Koch*, Leasing, Rn. 78.
128 OLG Bremen 17. 1. 1989, ZIP 1989, 579.
129 BGH 20. 10. 2004, DAR 2005, 24 ff.
130 *Beckmann*, § 3 Rn. 86.
131 *Palandt/Grüneberg*, § 363 Rn. 3 m. w. N.
132 BGH 30. 3. 1987, NJW 1988, 198 ff.
133 BGH 30. 3. 1987, NJW 1988, 198 ff.
134 LG Köln 8. 1. 1991 – 2 O 402/89, n. v.

geber – in seiner Eigenschaft als Käufer – betrifft und der Leasingnehmer insoweit für ihn als Erfüllungsgehilfe tätig wird, handelt es sich bei der leasingvertraglichen Abnahme um eine **eigene Vertragspflicht** des Leasingnehmers. In den sog. **Eintrittsfällen** hat der **Lieferant** aus fortwirkender vertraglicher Nebenpflicht einen gegen den Leasingnehmer gerichteten Anspruch darauf, dass er gegenüber dem Leasinggeber die tatsächlich erfolgte ordnungsgemäße Übernahme der Leasingsache bestätigt, wenn der Leasinggeber, auf den der Kaufvertrag übergeleitet wurde, die Auszahlung des Kaufpreises von dieser Erklärung abhängig macht.[135] Leasing-AGB sehen manchmal vor, dass mit der Abnahme des Fahrzeugs der Leasingvertrag in Lauf gesetzt wird. Nach Abschn. III. VDA-Muster-Leasing-AGB beginnt die Leasingzeit an dem – zwischen Verkäufer und Leasingnehmer – vereinbarten Tag der Übergabe des Fahrzeugs oder 14 Tage nach Anzeige der Bereitstellung, wenn ein Zeitpunkt für die Übergabe nicht vereinbart wurde.

Nach dem Wegfall von § 464 BGB a. F. muss sich der Leasingnehmer die Geltendmachung der Gewährleistungsrechte gegenüber dem Lieferanten nicht mehr vorbehalten, wenn das Fahrzeug einen Sach- oder Rechtsmangel[136] aufweist, den er bei Abschluss des Kaufvertrages nicht kannte. Im Gegensatz zum Kaufrecht ist der **Vorbehalt** im Mietrecht, dem die subsidiäre Haftung des Leasinggebers untersteht, weiterhin erforderlich (§ 536b S. 3 BGB). Unterlässt der Mieter den Vorbehalt, verliert er die mietrechtlichen Gewährleistungsrechte wegen dieses Mangels. Damit stellt sich zwangsläufig die Frage nach der Auflösung dieser Inkongruenz. In Anbetracht des leasingtypischen Ausschlusses der mietrechtlichen Gewährleistung und deren Ersetzung durch kaufrechtliche Sachmängelrechte ergibt ein Vorbehalt der Rechte aus dem Leasingvertrag für den Leasingnehmer keinen Sinn, denn er würde Ansprüche betreffen, die ihm nicht zustehen. Das Vorbehaltserfordernis des § 536b S. 3 BGB kann für ihn aber zum Stolperstein werden, wenn die Abtretungskonstruktion unwirksam ist, weil die kaufrechtlichen Rechte und Ansprüche die ausgeschlossene mietrechtliche Gewährleistung nicht angemessen ersetzen,[137] oder weil sie gegen das in § 307 Abs. 1 S. 2 BGB verankerte Transparenzgebot verstößt.[138] In diesen Fällen greift – als Folge der Sanktion von § 306 Abs. 2 BGB – die **subsidiäre Eigenhaftung** des Leasinggebers ein (Rdn. L96 ff.). Es leuchtet ohne weiteres ein, dass es mit den Grundsätzen von Treu und Glauben nicht zu vereinbaren wäre, würde man den Leasinggeber nunmehr von der Eigenhaftung freistellen, nur weil der Leasingnehmer im Vertrauen auf die Wirksamkeit der Abtretungskonstruktion den mietrechtlichen Vorbehalt des § 536b S. 3 BGB nicht erklärt hat. **L323**

In den Fällen, in denen Leasinggeber (unter Ausschluss weitergehender mietrechtlicher Ansprüche) gegenüber Leasingnehmern eine **kaufrechtliche Eigenhaftung** für Sachmängel in dem Umfang übernehmen, wie sie der Kfz-Handel gewährt, erscheint es ebenfalls nicht gerechtfertigt, vom Leasingnehmer zu fordern, dass er sich seine Rechte vorbehält, wenn das Fahrzeug zum Zeitpunkt der Ablieferung einen Mangel aufweist. Wer als Leasinggeber einerseits nur die Haftung eines Verkäufers übernehmen möchte, muss sich andererseits wie ein Verkäufer behandeln lassen. Durch Verquickung der kaufrechtlichen Sachmängelhaftung mit dem mietrechtlichen Vorbehaltserfordernis würde die vertragliche Äquivalenz der beiderseitigen Pflichten und Rechte empfindlich gestört, so dass einer Klausel, die solches vorschreibt, die Wirksamkeit wegen Verstoßes gegen § 307 Abs. 1 S. 1 BGB versagt werden müsste. **L324**

---

135 Urt. v. 12. 3. 2004, 1 H O 2356/03, n. v.

136 Zum Rechtsmangel der Leasingsache BGH 10. 11. 2004, NJW 2005, 359; OLG Düsseldorf, 2. 12. 2003, OLGR 2004, 267.

137 *Reinking*, DAR 2002, 147.

138 *Graf von Westphalen*, ZGS 2002, 64 ff., 67.

2. Untersuchungs-/Rügeobliegenheit und Abnahmeverweigerung

L325 Handelt es sich bei dem Kauf des Leasingfahrzeugs um ein **beiderseitiges Handelsgeschäft**, gehört es zu den Obliegenheiten des Leasinggebers, das Fahrzeug sowohl nach der Erstauslieferung als auch nach Abschluss von Nachbesserungsarbeiten[139] unverzüglich zu untersuchen und festgestellte Mängel zu rügen (§ 377 Abs. 1 HGB). Gleiches gilt für den Fall der Ersatzlieferung in Bezug auf das im Austausch gelieferte Fahrzeug. Steht die Ablieferung fest, trägt der Leasinggeber als Käufer die Beweislast dafür, dass er die Mängel rechtzeitig gerügt hat.[140] Auch hinsichtlich des Zugangs der Mängelanzeige ist er beweispflichtig.[141] Eine Verletzung der Untersuchungs- und Rügeobliegenheit führt zum Verlust der davon betroffenen Mängelrechte. Ansprüche aus einer Beschaffenheits- oder Haltbarkeitsgarantie werden nicht ausgeschlossen, da sie von § 377 HGB nicht erfasst werden.[142]

Dem Leasingnehmer darf aus dem Verlust der Mängelrechte wegen Versäumung der Untersuchungs- und Rügeobliegenheit kein Nachteil erwachsen. Das bedeutet, dass ihn der Leasinggeber so zu stellen hat, wie er bei Beachtung der Untersuchungs-und Rügeobliegenheit stehen würde.[143]

L326 Ob die Verschärfungen des § 377 Abs. 1 HBG auch dann eingreifen, wenn der Leasinggeber in eine Bestellung einsteigt, die ein Verbraucher mit dem Lieferanten abgeschlossen hat, erscheint wegen der erforderlichen „Beidseitigkeit" zweifelhaft.[144] Bei der Vertragsübernahme ist die Sachlage insoweit eindeutig, als der Verbraucher dem Leasinggeber einen Vertrag überträgt, der nicht die für § 377 HGB erforderliche Qualifikation aufweist und die dieser auch nicht dadurch erlangt, dass auf Käuferseite ein Kaufmann an die Stelle eines Verbrauchers tritt.

L327 Liegen die Voraussetzungen eines beiderseitigen Handelsgeschäfts jedoch vor, muss der Leasinggeber dafür Sorge tragen, dass die von § 377 Abs. 1 HGB vorgeschriebenen Untersuchungs- und Rügeobliegenheiten erfüllt werden. Im Geschäftsverkehr mit Unternehmern wird er weitgehend durch die Rechtsprechung abgesichert, die dem Unternehmer-Leasingnehmer abverlangt, dass er die Vollständigkeit und – soweit möglich – die Mängelfreiheit des Leasingobjekts überprüft und das Ergebnis der Überprüfung dem Leasinggeber bestätigt, wenn die Gebrauchsüberlassung durch den Lieferanten unmittelbar an ihn erfolgt.[145] Da diese Verhaltenspflichten das Spektrum des § 377 Abs. 1 HGB jeoch nicht vollständig abdecken, bedarf es einer zusätzlichen Regelung im Leasingvertrag, die dem Leasingnehmer die Aufgabe zuweist, die Untersuchungs- und Rügeobliegheit des § 377 HGB zu erfüllen.[146] AGB dieses Inhalts werden im unternehmerischen Geschäftsverkehr als gänzlich unbedenklich angesehen.[147]

L328 Im **Geschäftsverkehr mit Verbrauchern** befindet sich der Leasinggeber allerdings in einer misslichen Lage, da eine in Leasingbedingungen enthaltene Übertragung der Untersuchungs- und Rügeobliegenheit der Inhaltskontrolle nach § 305 ff. BGB nicht standhält, soweit sie sich nicht entsprechend § 309 Nr. 8b ee BGB auf offensichtliche und damit

139 BGH 22. 12. 1999, BGHZ 143, 307 ff..; OLG Saarbrücken 9. 9. 2010 – 8 U 367/09–92, n. v.; *Mankowski*, NJW 2006, 865,867; *Hopt* in Baumbach/Hopt, HGB, § 377 Rn. 6; MüKo-HGB/*Grunewald*, § 377 Rn. 6.

140 BGH 22. 12. 1999, BGHZ 143, 307 ff.

141 BGH 13. 5. 1987 BGHZ 101, 49 ff.

142 *Graf von Westphalen*, Der Leasingvertrag, Kap. E Rn. 7.

143 *Wolf/Eckert/Ball*, Rn. 1910.

144 Bejahend BGH 24. 1. 1990, NJW 1990, 1290; a. A. *Staudinger/Stoffels*, Leasing Rn. 176 ff.; *Hager*, AcP 190 (1990) 324, 348 ff. weitere Nachweise bei MüKo-BGB/*Koch* Rn. 72 Fn. 290.

145 BGH 20. 10. 2004, DAR 2005, 24.

146 *Graf von Westphalen*, Der Leasingvertrag, Kap. E Rn. 6.

147 *Graf von Westphalen*, Der Leasingvertrag, Kap. E Rn. 6.

auch von § 536b BGB erfasste Mängel beschränkt.[148] Auf der Vertragsebene zwischen Leasinggeber und Verbraucher würden allenfalls Individualabsprachen weiterhelfen, die im Massengeschäft aber untauglich sind. Infolgedessen werden Lösungsmodelle favorisiert, welche die Vertragsbeziehungen zwischen Leasinggeber und Lieferant betreffen. Leasinggebern wird geraten, mit ihren Lieferanten einen kompletten **Ausschluss von § 377 HBG** zu vereinbaren.[149] Damit wären nicht nur die Untersuchungs- und Rügeobliegenheiten im Zusammenhang mit der Erstauslieferung des Leasingfahrzeugs eliminiert. Der Ausschluss würde sich auch auf Untersuchungs- und Rügeobliegenheiten erstrecken, die den Leasinggeber als Käufer des Leasingfahrzeugs im Anschluss an eine Nachbesserung oder Ersatzlieferung treffen (Rdn. L408 ff., L428).

Ob § 377 HGB in einem vom Leasinggeber vorformulierten Rahmenvertrag wirksam abbedungen werden kann, wurde höchstrichterlich noch nicht entschieden,[150] wird aber im Schrifttum überwiegend bejaht.[151] **L329**

Von Seiten des Leasinggebers besteht keine vom Vertrag unabhängige **Produktbeobachtungspflicht** gegenüber dem Leasingnehmer. Er muss diesen aber verständigen, wenn er von Produktmängeln Kenntnis erlangt.[152] **L330**

Die **subjektiven Beschaffenheitskriterien** des Leasingfahrzeugs i. S. v. § 434 Abs. 1 S. 1 BGB sind auf der Grundlage der zwischen Leasingnehmer und Lieferant getroffenen Absprachen zu beurteilen, wenn der Kaufentschluss von dem – der Leasingsache näher stehenden – Leasingnehmer gefasst worden ist, auf dessen Angaben sich der Leasinggeber verlassen hat.[153] Für die Bestimmung der üblichen Beschaffenheit i. S. v. § 434 S. 2 Nr. 2 BGB ist der Maßstab eines Durchschnittskäufers zugrunde zu legen. **L331**

Ist das vom Lieferanten zur Auslieferung bereitgestellte Fahrzeug mangelhaft, kann der Leasingnehmer die Abnahme des Fahrzeugs und die Unterzeichnung der Abnahmeerklärung verweigern.[154] Die Einrede des § 320 BGB ergibt sich aus dem Leasingvertrag, aufgrund dessen er Anspruch darauf besitzt, dass ihm der Leasinggeber eine mangelfreie Sache verschafft. Die Einrede des nicht erfüllten Vertrages steht aber auch dem Leasinggeber als Käufer des Fahrzeugs gegenüber dem Lieferanten zur Seite. Da der Leasingnehmer mit der Abnahme nicht nur die eigene Pflicht aus dem Leasingvertrag erfüllt, sondern gleichzeitig die des Leasinggebers aus dem Kaufvertrag, kann er sich auch auf dessen Einrederecht gegenüber dem Lieferanten berufen. **L332**

Verweigert der Leasingnehmer die Abnahme, ohne dass ihm ein Leistungsverweigerungsrecht zur Seite steht, haftet er dem Leasinggeber unter den Voraussetzungen der §§ 280, 281 BGB auf **Schadensersatz**.[155] Der Leasinggeber kann den Schaden konkret berechnen oder pauschal geltend machen. Eine Pauschalierung setzt eine wirksame Regelung im Leasingvertrag voraus. Sie muss dem nach dem gewöhnlichen Lauf der Dinge zu erwartenden Schaden entsprechen (§ 309 Nr. 5a BGB). In Kfz-Leasingverträgen beträgt der üb- **L333**

---

148 MüKo/*Koch*, Leasing, Rn. 73 m. w. N.

149 MüKo-BGB/*Koch*, Leasing Rn. 73; nach Ansicht von *Staudinger/Stoffels*, Leasing Rn. 181 m. w. N. soll § 377 HGB im Wege der teleologischen Reduktion keine Anwendung finden, wenn der Leasingnehmer Nichtkaufmann ist und der Lieferant sich in Kenntnis dessen auf das Leasinggeschäft einlässt.

150 Offen gelassen von BGH 24. 1. 1990, BGHZ 110,130,142.

151 MüKo-BGB/*Koch*, Leasing, Rn. 73, *Graf von Westphalen*, Vertragsrecht (Leasing) Rn. 72; *Schmidt* in Ulmer/Brandner/Hensen, AGB-Recht, Teil 2 (19) Rn. 9.

152 *Soergel/Heintzmann*, vor § 353 Rn. 53.

153 *Möller in* Bamberger/Roth, § 500 Rn. 34; *Beckmann*, § 3 Rn. 96.

154 LG Köln, 8. 1. 1991 – 3 O 402/89 – n. v.

155 OLG Hamm 11. 1. 1999, zfs 1999, 240 zum Anspruch des Leasinggebers auf Ersatz der Prozesskosten, entstanden durch einen Rechtsstreit gegen den Lieferanten in mehreren Instanzen.

liche Pauschalsatz 15 % des Fahrzeugpreises (Abschn. VII. Nr. 2 VDA-Muster-Leasing-AGB). Dieser Prozentsatz entspricht der Pauschale, die der Leasinggeber dem Lieferanten im Falle der Nichterfüllung eines Kaufvertrages über ein Neufahrzeug schuldet (Rdn. 369 ff.).

3. Gutgläubiger Erwerb

L334 Eine Leasinggesellschaft handelt noch nicht unbedingt grob fahrlässig i. S. v. § 932 Abs. 2 BGB, wenn ihr beim Kauf eines Neufahrzeugs von einem autorisierten und als zuverlässig bekannten Kraftfahrzeughändler nicht sogleich die Kfz-Papiere übergeben werden, weil diese erst noch ausgefertigt werden müssen.[156] Die Berufung des Leasinggebers auf einen gutgläubigen Erwerb scheitert jedoch, wenn es sich um ein hochwertiges fabrikneues Fahrzeug handelt und der Leasinggeber aufgrund zahlreicher einschlägiger Geschäfte weiß oder wissen müsste, dass sich der Hersteller das Eigentum am Fahrzeug bis zur vollständigen Bezahlung vorbehält und deshalb die Verfügungsbefugnis des Händlers entsprechend einschränkt, indem er den Kraftfahrzeugbrief zur Verhinderung eines gutgläubigen Erwerbs zurückhält und diesen zum Zwecke des Dokumenteninkassos einem Treuhänder überlässt.[157]

Beim Kauf eines gebrauchten Fahrzeugs wird der gute Glaube an das Eigentum bzw. die Verfügungsbefugnis des Händlers im Regelfall nur geschützt, wenn sich der Leasinggeber zumindest den Kfz-Brief vorlegen lässt. Leasinggesellschaften ist daher zu raten, die Zahlung des Kaufpreises grundsätzlich erst nach Eingang der Fahrzeugdokumente (Kfz-Brief oder Zulassungsbescheinigung II) anzuweisen.

L335 Ein gutgläubiger Eigentumserwerb findet nicht statt, wenn Leasingnehmer und Lieferant dem Leasinggeber einen Kaufvertrag über ein Fahrzeug vortäuschen, das im Eigentum eines anderen steht oder überhaupt nicht existiert. Bei einem Eigentumserwerb nach § 929 S. 2 BGB kann allerdings für einen gutgläubigen Erwerb des Leasinggebers bis zur Widerlegung die **Eigentumsvermutung des § 1006 Abs. 2 und 3 BGB** zugunsten des Lieferanten als des früheren Besitzers sprechen.[158]

4. Übernahmebestätigung

L336 Bei der Übernahmebestätigung des Leasingnehmers über den Erhalt des Fahrzeugs handelt es sich um eine **Quittung** i. S. d. § 368 BGB, mit der der Leasingnehmer dem Leasinggeber die Auslieferung des Fahrzeugs bestätigt. Unterschreibt der Leasingnehmer eine Empfangsquittung vor Erhalt des Leasingfahrzeugs, schließt dieser Umstand deren Beweiswert als Quittung nicht aus.[159] Als Schuldner der Gebrauchsüberlassung besitzt der Leasinggeber Anspruch auf Erteilung der Empfangsquittung mit einem von ihm **vorgegebenen Wortlaut** nur unter der Voraussetzung, dass er daran ein besonderes rechtliches Interesse hat. Daran fehlt es, wenn der Leasingnehmer die Quittung mit einem Inhalt erteilt, der dem vom Leasinggeber verlangten Testat inhaltlich entspricht.[160]

L337 Die Übernahmebestätigung ist **schriftlich** zu erteilen und bewirkt, dass der Leasingnehmer die Unrichtigkeit seiner Erklärung gem. § 363 BGB beweisen muss, wenn er gegenüber dem Zahlungsanspruch des Leasinggebers einwendet, die Auslieferung des Fahrzeuges sei in Wahrheit nicht erfolgt. Sie besagt aber nicht, dass der Leasingnehmer die Leasingsache

156 BGH 30. 10. 1995, NJW 1996, 314.
157 BGH 9. 2. 2005, NJW 2005, 1365, 1366.
158 *Beckmann*, § 10 Rn. 26 m. w. N.
159 OLG München 10. 1. 1992, NJW-RR 1993, 123.
160 BGH 17. 2. 1993, DAR 1993, 177; 10. 10. 1994, WM 1995, 111.

als vertragsgemäß und fehlerfrei anerkennt, noch beinhaltet sie einen Verzicht auf Einwendungen wegen mangelhafter oder unvollständiger Lieferung.[161]

Beim Kfz-Leasing werden vorformulierte Übernahmebestätigungen verwendet, mit deren Unterzeichnung der Leasingnehmer außer der Abnahme zugleich bestätigt, dass das Fahrzeug einwandfrei beschaffen und mangelfrei ist.[162] Es überwiegt die Auffassung, dass derart weitgefasste Empfangsklauseln, sowohl gegenüber einem Verbraucherleasingnehmer nach § 312b BGB[163] als auch gegenüber einem Leasingnehmer mit Unternehmerstatus nach § 307 Abs. 2 Nr. 1 BGB als unwirksam einzustufen sind.[164] Die Klausel wird lediglich als eine Bestätigung der Vollständigkeit der Lieferung angesehen. Um nicht Gefahr zu laufen, dass die Empfangsbestätigung insgesamt ungültig ist, empfiehlt *Beckmann*, die Übernahmebestätigung in zwei selbstständige Klauseln aufzuteilen.[165] L338

Ob eine isolierte Verpflichtung des Leasingnehmers, das Fahrzeug bei der Abnahme im Hinblick auf Funktionsfähigkeit und Mängelfreiheit zu überprüfen und das Ergebnis in die Abnahmebestätigung aufzunehmen, der Inhaltskontrolle nach § 307 Abs. 2 Nr. 1 BGB standhält, ist umstritten. *Graf von Westphalen*[166] hält eine derartige Klausel für unwirksam, da sie dem Leasingnehmer eine Erklärung zu einem Zeitpunkt abverlangt, in dem er noch nicht die Möglichkeit besitzt, die nach § 377 HGB erforderliche Untersuchung vorzunehmen. Dieser Argumentation lässt sich entgegen halten, dass die Überprüfung der Leasingsache zum Zeitpunkt der Abnahme mit der späteren im kaufmännischen Geschäftsverkehr erforderlichen Untersuchung nach § 377 HBG nicht identisch ist. In Anbetracht der Tatsache, dass die Verschaffung einer gebrauchstauglichen Sache die Voraussetzung für den Vollzug des Leasingvertrages darstellt, erscheint es durchaus gerechtfertigt, den Leasingnehmer zu verpflichten, das Leasingobjekt bei der Abnahme zumindest daraufhin zu überprüfen, ob es vertragsgemäß, gebrauchstauglich und frei von erkennbaren Mängeln ist. Mit dieser Aufgabe wird der Leasingnehmer keineswegs überfordert. Da er die Leasingsache seinen Bedürfnissen entsprechend ausgesucht hat, befindet er sich in einer käuferähnlichen Stellung, die ihn in die Lage versetzt, die vertragsgemäße Beschaffenheit und Gebrauchstauglichkeit der Leasingsache im Hinblick auf den mit dem Leasingvertrag angestrebten Zweck zuverlässig zu beurteilen. Hinzu kommt, dass er in der entscheidenden Phase der Vertragserfüllung für den Leasinggeber tätig wird, der seinerseits auf die Geschehnisse keinen Einfluss nehmen kann. All diese leasingtypischen Besonderheiten sprechen dafür, dem Kfz-Leasingnehmer **eine eingeschränkte Untersuchungs- und Unterrichtungspflicht** in AGB zuzuweisen und letztere auch auf bekannte Mängel zu erstrecken (§ 536b S. 3 BGB), damit der Leasinggeber seiner Rügeobliegenheit gem. § 377 HGB nachkommen kann. L339

Da der Leasingnehmer bei der Übernahme des Fahrzeugs als Erfüllungsgehilfe des Leasinggebers und nicht als dessen Vertreter tätig wird, stellt die von ihm unterzeichnete Übernahmebestätigung in Bezug auf den Kaufvertrag zwischen Leasinggeber und Händler **keine Anerkennung** oder Genehmigung der Leistung als fehlerfrei dar.[167] Für den Leasinggeber ist der Erhalt der Übernahmebestätigung Voraussetzung für die Kaufpreiszahlung an den Lieferanten. Er kann die Zahlung verweigern, wenn der Lieferant ein mangelhaftes Fahr- L340

161 BGH 1. 7. 1987, NJW 1988, 204; 17. 2. 1993, 1993, 1381,1383; BGH 20. 10. 2004, DAR 2005, 24; MüKo-BGB/*Koch*, Leasing, Rn. 67 m. w. N.

162 So auch im Falle des BGH 20. 10. 2004, DAR 2005, 24; dazu EWiR 2/05 § 535, S. 109 (*Moseschus*).

163 *Beckmann*, § 3 Rn. 52 m. w. N.

164 *Graf von Westphalen*, Der Leasingvertrag, Kap. E Rn. 16.

165 *Beckmann*, § 3 Rn. 57.

166 *Graf von Westphalen*, Der Leasingvertrag, Kap. E Rn. 18.

167 BGH 27. 6. 1990, NJW-RR 1990, 1462.

zeug übergeben hat. Die Abtretung der Sachmängelansprüche an den Leasingnehmer steht dem nicht entgegen, da sie die Einrede des § 320 BGB nicht beinhaltet.[168]

L341 Zu der Frage, ob die Abnahmebestätigung des Leasingnehmers auch als **Quittung über die Auslieferung** der Leasingsache anzusehen ist, auf die sich der Lieferant gegenüber dem Leasinggeber in einem auf Kaufpreiszahlung gerichteten Prozessverfahren berufen kann, liegt noch keine höchstrichterliche Entscheidung vor. Dafür spricht die Tatsache, dass der Leasinggeber mit dem Lieferanten regelmäßig dessen Vorleistungspflicht vereinbart und die Fälligkeit der Kaufpreiszahlung von dem Eingang der Übernahmebestätigung abhängig macht. Nach Ansicht von *Beckmann*[169] muss sich der Leasinggeber die Übernahmebestätigung des Leasingnehmers zumindest nach Treu und Glauben entgegen halten lassen, wenn er den Erhalt des Fahrzeugs bestreitet. In Anbetracht der unklaren Rechtslage empfiehlt *Beckmann*[170]dem Lieferanten, sich vom Leasingnehmer den Empfang der Ware ausdrücklich bestätigen zu lassen.

L342 Eine Klausel, die für den Fall der Erteilung einer unrichtigen Übernahmebestätigung eine unbedingte Ratenzahlungspflicht begründet, benachteiligt den Leasingnehmer unangemessen und entfaltet wegen Verstoßes gegen § 307 Abs. 1 S. 1 BGB keine Wirksamkeit.[171]

L343 Quittiert der Leasingnehmer eine Übernahmebestätigung, obwohl der Händler die Lieferung nicht oder nicht vollständig erbracht hat, wird zwar seine Verpflichtung zur Zahlung des Leasingentgeltes hierdurch nicht begründet, wohl aber macht er sich gegenüber dem Leasinggeber schadensersatzpflichtig.[172] Er haftet dem Leasinggeber für den Schaden, den dieser dadurch erleidet, dass er sich seines Zurückbehaltungsrechts begeben hat und den Kaufpreis nach Rückgängigmachung des Kaufvertrages vom Lieferanten nicht zurückerhält, weil dieser inzwischen zahlungsunfähig geworden ist. Der Leasinggeber ist nicht verpflichtet, dem Leasingnehmer die Kosten des Rücktrittsprozesses zu ersetzen.[173]

L344 Dem Leasingnehmer ist es verwehrt, die Leasingraten einzubehalten, wenn der Lieferant seine Hauptleistungspflicht **nur teilweise erfüllt** hat, das Leasingobjekt aber gleichwohl benutzbar ist (Fehlen des Benutzerhandbuches zur Computer-Hardware).[174] Seine Verpflichtung zur Zahlung der Leasingraten in (zunächst) voller Höhe bleibt auch dann bestehen, wenn er sich mit dem Leasinggeber auf den Beginn der Vertragslaufzeit in Kenntnis dessen geeinigt hat, dass die Lieferung noch nicht vollständig erfolgt ist und eine Nachlieferung erfolgen soll. Dem Leasingnehmer wird jedoch die Einrede des § 320 BGB wegen teilweiser Nichterfüllung[175] von dem Zeitpunkt an zugebilligt, in dem die Nachlieferung ausbleibt.[176]

L345 Die Bestätigung der Übernahme der Leasingsache ist eine Pflicht, die allein der Leasingnehmer zu erfüllen hat. Infolgedessen wird der bei der Übernahmebestätigung mitwirkende **Lieferant** weder als **Erfüllungsgehilfe** des Leasinggebers tätig, noch ist er dessen **Wissensvertreter**. Demzufolge kann sich der Leasingnehmer gegenüber dem Leasinggeber nicht darauf berufen, der Lieferant habe bei Ausstellung der unrichtigen Abnahmebestäti-

168 BGH 1. 10. 1994, WM 1995, 111.
169 Finanzierungsleasing, § 3 Rn. 62.
170 Finanzierungsleasing, § 3 Rn. 66.
171 BGH 1. 7. 1987, NJW 1988, 204 ff.; *Schmidt* in Ulmer/Brandner/Hensen, AGB-Recht, Teil 2 (19) Rn. 9.
172 BGH 1. 7. 1987, NJW 1988, 204 ff.; a. A. OLG Düsseldorf 2. 12. 2003, OLGR 2004, 267; 3. 2. 2004 OLGR 2004, 329.
173 BGH 20. 10. 2004, DAR 2005, 24; OLG Düsseldorf 12. 6. 1996 BB 1997, 544.
174 BGH 5. 7. 1989, ZIP 1989, 1333.
175 *Reinicke/Tiedtke*, Kaufrecht, Rn. 1802.
176 BGH 29. 5. 1991, NJW 1991, 2135.

gung mitgewirkt und/oder gewusst oder wissen müssen, dass die Bestätigung nicht den Tatsachen entsprach.[177]

Im **kaufmännischen Geschäftsverkehr** besteht keine Verpflichtung des Leasinggebers, den Leasingnehmer über die **Bedeutung der Übernahmebestätigung** und die Haftungsfolgen aus der Abgabe einer unrichtigen Bestätigung **aufzuklären**, wenn der Leasingnehmer nicht im Zweifel darüber sein kann, dass das Leasingobjekt nicht oder nicht vollständig an ihn übergeben wurde.[178] Nach zutreffender Ansicht von *Beckmann*[179] hat dies auch für das **Verbraucherleasing** zu gelten, da die Bedeutung einer Quittung allgemein bekannt ist. Eine eindeutige und klare Gestaltung der Übernahmebestätigung ist zu empfehlen. Aus dem Formular muss ersichtlich sein, dass der Leasinggeber der Adressat der Erklärung ist und der Leasingvertrag mit der Empfangsbestätigung in Vollzug gesetzt wird.[180] **L346**

Im Falle eines **betrügerischen Zusammenwirkens** zwischen Leasingnehmer und Händler haften beide dem Leasinggeber als Gesamtschuldner auf **Schadensersatz**. Für eine gesamtschuldnerische Haftung bedarf es nach einer Entscheidung des OLG Düsseldorf[181] nicht eines Zusammenwirkens zum Nachteil des Leasinggebers, vielmehr soll es genügen, dass der Leasingnehmer gleichzeitig mit der Unterzeichnung des Leasingvertrages wahrheitswidrig erklärt, den Leasinggegenstand erhalten zu haben. Insbesondere in Fällen, in denen der Leasingnehmer den Lieferanten selbst ausgewählt oder schon vorher mit ihm geschäftlich in Kontakt gestanden hat, ist für ihn ersichtlich, dass der Lieferant den Aufgaben- und Pflichtenkreis des Leasinggebers verlässt, wenn er sich von ihm wahrheitswidrig bestätigen lässt, er habe die Leasingsache vollständig und in einem einwandfreien Zustand erhalten.[182] Selbst wenn die Mitwirkung des Lieferanten bei Anfertigung der Übernahmebestätigung dem Leasinggeber über § 278 BGB zuzurechnen wäre, würde nach Meinung des OLG Düsseldorf[183] die gebotene Verschuldensabwägung zur vollen Haftung des Leasingnehmers führen. **L347**

Ein zusammen mit dem Lieferanten gesamtschuldnerisch haftender Leasingnehmer kann verlangen, dass die Zahlung Zug um Zug gegen Abtretung der dem Leasinggeber gegen den Lieferanten zustehenden Erstattungsansprüche in Höhe des zu Unrecht gezahlten Kaufpreises zu erfolgen hat, wodurch sichergestellt wird, dass der Leasinggeber den ihm entstandenen Schaden nicht doppelt bekommt. **L348**

Gegenüber dem vorleistungspflichtigen **Lieferanten** des Fahrzeugs ist der Leasinggeber gem. § 323 Abs. 1, Abs. 2 Nr. 3 BGB zum **sofortigen Rücktritt** vom Kaufvertrag berechtigt, wenn dieser ihn über eine in Wirklichkeit noch nicht erfolgte Übergabe der Leasingsache an den Leasingnehmer getäuscht und zur Auszahlung des Kaufpreises veranlasst hat. Ein derartiges Verhalten zerstört die Vertrauensgrundlage, so dass dem vertragstreuen Teil die Fortsetzung der Vertragsbeziehung nicht mehr zugemutet werden kann.[184]

177 BGH 20. 10. 2004, DAR 2005, 24; dazu EWiR 2/05 § 535, S. 109 (*Moseschus*) sowie *Beckmann*, FLF 2010,268, 29 ff.; ebenso – jedoch mit anderer Begründung – OLG Düsseldorf 2. 12. 2003, OLGR 2004,267,270, 3. 2. 2004, 2004,329, 12. 6. 1996, NJW-RR 1997, 1142; *Wolf/Eckert/Ball*, Rn. 1832,1833; a. A. OLG Bremen 17. 1. 1989, ZIP 1989, 579; *Eckert*, ZIP 1987, 1510 ff.

178 BGH 24. 3. 2010, MDR 2010, 857.

179 FLF 2010, 268, 272.

180 BGH 24. 3. 2010, MDR 2010, 857.

181 Urt. v. 22. 2. 1990, NJW-RR 1990, 666.

182 OLG Düsseldorf 2. 12. 2003, OLGR 2004, 267; 3. 2. 2004 OLGR 2004, 329.

183 OLG Düsseldorf 2. 12. 2003, OLGR 2004, 267, 270; 3. 2. 2004 OLGR 2004, 329, 330.

184 BGH 10. 3. 2010, NJW 2010, 2503, dazu *Beckmann*, FLF 2010, 268 ff.

VIII. Leistungsstörungen im Lieferverhältnis

L349 Wie in Fällen der **Nichterfüllung** des Kaufvertrages und des **Lieferverzuges** zu verfahren ist, hängt davon ab, in wessen Händen sich die kaufrechtlichen Primärleistungsansprüche befinden. Die Frage nach der Rechtsinhaberschaft ist allerdings nur für das Procedere und nicht für das Ergebnis bedeutsam, da der Leasinggeber so oder so die Konsequenzen zu tragen hat, die sich aus der Nichtverschaffung der Gebrauchsmöglichkeit ergeben.

L350 Beim Kfz-Leasing verbleibt der Erfüllungsanspruch aus dem Kaufvertrag üblicherweise in Händen des **Leasinggebers**. Eine Übertragung auf den Leasingnehmer im Rahmen einer sog. **„radikalen Abtretungskonstruktion"**[185] entspricht nicht branchenüblichen Gepflogenheiten (Rdn. L79 ff.). Ausgehend von dieser Normalkonstellation kann sich der Leasingnehmer im Fall der Nichtbelieferung und des Lieferverzugs der Rechtsbehelfe des **allgemeinen Schuldrechts** und des **Mietrechts** bedienen. Dies setzt allerdings voraus, dass man die Pflicht zur Beschaffung und Überlassung der Leasingsache der mietvertraglichen Gebrauchsverschaffungspflicht des Leasinggebers zuordnet, bei der es sich um eine (kardinale) **Hauptpflicht** handelt.[186] Dann entfällt die vertragliche Verpflichtung des Leasingnehmers zur Zahlung der Leasingraten nach § 326 Abs. 1 BGB, wenn feststeht, dass dem Leasinggeber die Erfüllung der Pflicht zur Gebrauchsüberlassung **unmöglich** ist (z. B. wegen Produktionseinstellung). Der Leasingnehmer kann ohne vorhergehende Fristsetzung nach § 326 Abs. 5 BGB vom Leasingvertrag zurücktreten.[187] Von ihm bereits geleistete Zahlungen sind nach §§ 326 Abs. 4, 346 ff. BGB vom Leasinggeber zu erstatten.

Weiterhin besteht für den Leasingnehmer die Möglichkeit, den Leasingvertrag nach § 543 Abs. 2 S. 1 Nr. 1 BGB wegen **anfänglicher** oder **nachträglicher Unmöglichkeit** fristlos zu kündigen.[188] Eine Fristsetzung zur Abhilfe ist entbehrlich, da sie keinen Erfolg versprechen würde.[189]

L351 Im Falle einer **teilweisen Nichterfüllung** (z. B. Lieferung des Fahrzeugs ohne Anbringung der mitbestellten Anhängerkupplung) und einer **Teilleistung** (z. B. Lieferung von 20 statt der bestellten 30 Firmenfahrzeuge) entfällt insoweit der Anspruch des Leasinggebers auf die Gegenleistung gem. §§ 326 Abs. 1 S. 1 Halbs. 2, 441 Abs. 3 BGB, sofern die Leistung nach § 275 Abs. 1–3 BGB unmöglich ist. Liegt keine Unmöglichkeit vor, steht dem Leasingnehmer gegenüber dem Leasinggeber die **Einrede des § 320 BGB** zur Seite, soweit nicht das Leistungsverweigerungsrecht wegen Geringfügigkeit ausgeschlossen ist.[190] Das Leistungsverweigerungsrecht darf den Wert der noch zu erbringenden Teilleistung i. d. R. nicht übersteigen, wenn sie von geringfügiger Bedeutung ist.[191] Weiterhin hat der Leasingnehmer das Recht, vom Leasingvertrag nach § 323 BGB **zurückzutreten** oder von seinem **außerordentlichen Kündigungsrecht** des § 543 Abs. 2 S. 1 Nr. 1 BGB Gebrauch zu machen. Die Geltendmachung der Rechte aus §§ 320 ff. BGB kann nicht in eine Kündigung nach § 543 BGB umgedeutet werden.[192] Der Rücktritt ist an die Voraussetzung geknüpft, dass der Leasingnehmer an der Teilleistung kein Interesse hat.[193] Der Kün-

---

185 *Beckmann* in Martinek/Stoffels/Wimmer-Leonhardt, § 23 Rn. 2.

186 BGH 9. 10. 1985, NJW 1986, 179,180; *Schmidt* in Ulmer/Brandner/Hensen, AGB-Recht, Teil 2 (19) Rn. 5, 15; *Graf von Westphalen*, Der Leasingvertrag, Kap. G Rn. 9, 21, 22; MüKo/*Koch*, Leasing, Rn. 74.

187 *Wolf/Eckert/Ball*, Rn. 1835.

188 BGH 7. 10. 1992, NJW 1993, 122, 123.

189 *Roland M. Beckmann* in Martinek/Stoffels/Wimmer-Leonhardt, § 22 Rn. 39; a. A. *Graf von Westphalen*, Der Leasingvertrag, Kap. G, Rn. 10.

190 *Roland M. Beckmann* in Martinek/Stoffels/Wimmer-Leonhardt, § 22 Rn. 32, 48.

191 BGH 5. 7. 1989, NJW 1989, 3222, 3224.

192 OLG München 13. 1. 1995, NJW-RR 1996, 48.

193 *Roland M. Beckmann* in Martinek/Stoffels/Wimmer-Leonhardt, § 22 Rn. 50.

digungsgrund des § 543 Abs. 2 S. 1 Nr. 1 BGB besteht in der teilweisen Nichtgewährung des Gebrauchs. In beiden Fällen ist eine vorhergehende erfolglose (Abhilfe-)Fristsetzung erforderlich, solange nicht feststeht, dass die Leistung unmöglich ist.

Eine **rechtskräftig abgewiesene Klage** auf Rückgängigmachung des Kaufvertrages wegen eines **Fehlers** der Kaufsache steht einer außerordentlichen Kündigung des Leasingvertrages wegen Vorenthaltung des vertragsgemäßen Gebrauchs der Leasingsache wegen **unvollständiger Lieferung** nicht entgegen.[194] Durch die Rechtskraft des Urteils wird der Leasingnehmer nur mit seinen gegen den Leasinggeber gerichteten Mängelansprüchen ausgeschlossen, jedoch verbleibt ihm in Bezug auf den Leasingvertrag das mietvertragliche Kündigungsrecht des § 543 Abs. 2 S. 1 Nr. 1 BGB, soweit die Nichtgewährung des vertragsgemäßen Gebrauchs nicht auf einer Mangelhaftigkeit der Leasingsache, sondern auf deren unvollständiger Verschaffung beruht. **L352**

Unter den Voraussetzungen von §§ 280, 286 BGB kann der Leasingnehmer neben dem fortbestehenden Erfüllungsanspruch **Schadensersatz wegen Verzögerung der Leistung** vom Leasinggeber verlangen, wenn dieser die verzugsbegründenden Umstände selbst zu vertreten oder für das Risiko der Leistungsunfähigkeit und Leistungsunwilligkeit des Lieferanten nach § 276 BGB einzustehen hat. Typische Verzugsschäden sind entgangener Gewinn, Nutzungsausfall, Vorhalte- und Mietwagenkosten. Falls ein **Fixgeschäft** vorliegt, wird das Leasingentgelt gem. § 326 Abs. 1 S. 1 Halbs. 2 BGB entsprechend der verkürzten Laufzeit gemindert.[195] **L353**

In Abschn. VI. VDA-Muster-Leasing-AGB sind die Rechtsfolgen des **Lieferverzugs** den **NWVB nachgebildet**. Hier wie da wird zwischen **verbindlichen** und **unverbindlichen** Lieferfristen / Lieferterminen differenziert und dem Verwender der AGB eine sanktionslose Lieferfristüberschreitung von 6 Wochen bei unverbindlicher Lieferfristvereinbarung zugestanden. Auch die Haftungsbegrenzungen sind die gleichen wie in Abschn. IV. NWVB. Die Haftung des Leasinggebers für leichte Fahrlässigkeit wird auf 5 % des Kaufpreises für den Verzugsschaden und auf 25 % des Kaufpreises für den Nichterfüllungsschaden begrenzt (Rdn. 93 ff.). Die vom Schrifttum vorgebrachten Bedenken[196] gegen die Regelungen der NWVB zum Lieferverzug wurden in der VDA-Empfehlung nicht umgesetzt, weshalb sie sich der Kritik stellen muss. Außerdem fehlen die Einschränkungen von § 309 Nr. 7a BGB für Verletzungen des Lebens, Körpers und der Gesundheit, die bei Verzug und Nichtlieferung zwar fernliegend aber nicht gänzlich auszuschließen sind. Da sich die Ausnahmeregelungen von § 309 Nr. 7 BGB auf Pflichtverletzungen schlechthin beziehen, ist davon auszugehen, dass sie auch bei den Haftungsfolgen wegen Lieferverzugs zu beachten sind.[197] **L354**

Der Leasinggeber besitzt gegen den Leasingnehmer keinen Anspruch auf Erstattung einer Bereitstellungsprovision oder einer Nichtabnahmeentschädigung, die er der refinanzierenden Bank schuldet.[198] AGB eines Leasingvertrages, die den Leasingnehmer für den Fall des Ausbleibens der Lieferung zum **Ersatz von Aufwendungen** des Leasinggebers verpflichten, führen zu einer schwerwiegenden Äquivalenzstörung der beiderseitigen Leistungen und sind wegen Verstoßes gegen § 307 Abs. 2 Nr. 1 BGB unwirksam.[199] **L355**

Falls der Leasinggeber die Unmöglichkeit der Gebrauchsüberlassung zu vertreten hat, haftet er dem Leasingnehmer bei anfänglicher Unmöglichkeit gem. §§ 311a Abs. 2, 241 Abs. 2, **L356**

---

194 BGH 7. 10. 1993, ZIP 1993, 130 ff.

195 MüKo-BGB/*Koch*, Leasing, Rn. 75.

196 *Graf von Westphalen*, ZGS 2002, 214, *Pfeiffer*, ZGS 2002,175; *Müller-Sarnowski*, DAR 2004, 608, 609; *Roland M. Beckmann* in Martinek/Stoffels/Wimmer-Leonhardt, § 22 Rn. 41.

197 *Roland M. Beckmann* in Martinek/Stoffels/Wimmer-Leonhardt, § 22 Rn. 53.

198 BGH 9. 10. 1985, NJW 1986, 179.

199 BGH 9. 10. 1985, NJW 1986, 179; 29. 10. 2008, WM 2009,35; *Wolf/Eckert/Ball*, Rn.1842.

280 BGB und bei nachträglicher Unmöglichkeit gem. §§ 280 Abs. 1, 3, 283 BGB auf **Schadensersatz**, soweit er sich nicht wirksam von der Haftung freigezeichnet hat. Diese Ansprüche spiegeln sich auf der kaufrechtlichen Ebene zwischen dem Leasinggeber und seinem Lieferanten ebenso wider wie in der Kette der Vorlieferanten bis hin zum Hersteller/Importeur.

L357 Liegen die Umstände, die zur Nichterfüllung des Leasingvertrages führen, nicht im Verantwortungsbereich des Leasinggebers, besitzt der Leasingnehmer keinen Anspruch auf Schadensersatz gegen den Leasinggeber.[200] Höchstrichterlich ungeklärt ist allerdings die Frage, ob und unter welchen Voraussetzungen der Leasinggeber für das **Verschulden des Lieferanten** nach § 278 BGB einzustehen hat und ob er die Haftung insoweit ausschließen oder begrenzen kann. Die Meinungen im Schrifttum sind geteilt.[201] Falls der Leasingnehmer den Lieferanten ausgewählt und mit ihm die Vorverhandlungen geführt hat, erscheint es wenig sachgerecht, dem Leasinggeber gleichwohl das Risiko der Leistungsunfähigkeit und -unwilligkeit des Lieferanten haftungsrechtlich zuzuweisen. Man wird ihm zumindest einen gesetzeskonformen Haftungsausschluss gestatten müssen. Eine andere Sicht mag freilich angezeigt sein, wenn der Leasinggeber den Lieferanten eingeschaltet und mit ihm die Modalitäten des Kaufvertrages ausgehandelt hat.

L358 Falls der Leasinggeber seine Ansprüche aus § 433 BGB wirksam auf den Leasingnehmer übertragen hat, fällt es in dessen Aufgabenbereich, die Lieferung des Fahrzeugs gegen den Lieferanten durchzusetzen. Gelingt ihm das nicht, ist nach dem **Geschäftsgrundlagenmodell** zu verfahren, das der BGH[202] im Zusammenhang zur gewährleistungsrechtlichen Abtretungskonstruktion entwickelt hat (Rdn. L465 ff.). Danach wird dem Leasingvertrag rückwirkend die Geschäftsgrundlage entzogen, wenn feststeht, dass der Verkäufer seine Lieferpflicht aus Gründen, die in seiner Sphäre liegen, nicht erfüllen kann. Ob der Leasingvertrag automatisch hinfällig wird oder ob es hierzu des Rücktritts vom Leasingvertrag nach § 313 Abs. 3 BGB bedarf, ist ungeklärt (Rdn. L469 ff.), weshalb es sich für den Leasingnehmer empfiehlt, vorsorglich den Rücktritt zu erklären.

Auf die zum Sachmangel entwickelte Geschäftsgrundlagenlösung, der zufolge dem Leasingvertrag die Geschäftsgrundlage fehlt, wenn die Lieferung unterbleibt, müssen auch diejenigen ausweichen, die die Lieferverpflichtung nicht dem Kreis der Hauptpflichten des Leasinggebers zuordnen.[203]

IX. Leasingentgelt

1. Rechtsnatur, Kostenfaktoren und Zahlungsmodalitäten

L359 Die Hauptleistungspflicht des Leasingnehmers besteht in der Zahlung des Leasingentgelts. Sie ist die Gegenleistung sowohl für die Finanzierungsleistung als auch für die Gebrauchsüberlassung.[204] Das Leasingentgelt besteht in erster Linie aus den **Leasingraten**, die der Leasingnehmer in der unkündbaren Vertragszeit an den Leasinggeber zu entrichten hat. Dabei handelt es sich – jedenfalls bis zum Eintritt der Vollamortisation – um **betagte Forderungen**,[205] die nachträglichen Verfügungen des Leasinggebers entzogen[206] und da-

---

200 *Ehlert* in Bamberger/Roth, § 535 Rn. 68.

201 Befürwortend z. B. LG Mannheim 8. 10.1984, BB 1985, 144; *Schmidt* in Ulmer/Brandner/Hensen, AGB-Recht, Teil 2 (19) Rn. 15; ablehnend z. B. *Canaris*, AcP 190, 432; *Flume*, DB 1991, 270.

202 S. z. B. BGH 30. 7. 1997, ZIP 1997, 1703; *Erman/Jendrek*, Anh. § 535 Rn. 25.

203 So früher BGH 9. 10. 1985, NJW 1986,179; 30. 7. 1997, NJW-RR 1998,123; s. dazu die Übersicht bei *Beckmann*, Finanzierungsleasing, § 2 Rn. 180 ff.

204 *Hager*, AcP 190, 324, 336; *Schulz*, Finanzierungsleasing unter Verbraucherbeteiligung, S. 55.

205 BGH 28. 3. 1990, NJW 1990, 1785, 1788; 3. 6. 1992, NJW 1992, 2150, 2151.

206 *Stoffels* in Martinek/Stoffels/Wimmer-Leonhardt, § 16 Rn. 2.

mit refinanzierbar sind. Anzahl und Höhe der Raten unterliegen der freien Disposition der Parteien des Leasingvertrages. Aus steuerlichen Gründen sollten jedoch die Vorgaben des Mobilien-Leasingerlasses v. 22. 12. 1975[207] beachtet werden. Der Höhe nach sind die Raten beim Kfz-Leasing gleichbleibend und weder degressiv noch progressiv gestaffelt.[208]

Sonderzahlungen (Rdn. L371) gehören ebenfalls zum Leasingentgelt, sofern sie nicht zur Tilgung des Kaufpreises verwendet werden und das Finanzierungsvolumen von vornherein entsprechend vermindern. Hinzu kommen **Ausgleichszahlungen**, die der Leasingnehmer am Vertragsende als Abschlusszahlung beim kündbaren Vertrag, als Restwertausgleich beim Vertrag mit Übernahme des Restwertrisikos und als Kaufpreis beim Vertrag mit Andienungsrecht zu erbringen hat.

Die Herbeiführung der Vollamortisation durch die vom Leasingnehmer zu leistenden Zahlungen ist **immanenter** Bestandteil des Finanzierungsleasingvertrages, so dass eine Ausgestaltung als zusätzliche Hauptleistungspflicht entbehrlich ist.[209] Das entbindet den Leasinggeber freilich nicht von der Verpflichtung, die zur Herbeiführung der Vollamortisation vom Leasingnehmer zu leistenden Zahlungen im Vertrag transparent darzulegen (Rdn. L18). **L360**

Nebenleistungen z. B. für die Überführung, An- und Abmeldung des Fahrzeugs, Aufwendungen für Versicherung und Steuern sind gesondert zu bezahlen, soweit sie nicht Bestandteil des Leasingvertrages sind (so auch Abschn. IV. Nr. 4 VDA-Muster-Leasing-AGB).

Zu den **Kalkulationsfaktoren**, auf deren Basis das Leasingentgelt berechnet wird, gehören der Anschaffungspreis und der kalkulierte Restwert, die Kosten der Refinanzierung, die Verwaltungskosten für Anbahnung, Überwachung und Beendigung des Vertrages, die Steuern, der Risikozuschlag und der Gewinn.[210] **L361**

Der in der unkündbaren Vertragszeit eintretende kalkulierte Wertverlust des Fahrzeugs entspricht der Differenz zwischen dem Neuanschaffungspreis und dem geschätzten Restwert. Die **Refinanzierungskosten** beinhalten Zins- und Tilgungsanteile. Da der kalkulierte Restwert nicht getilgt wird, sind die hierauf berechneten Refinanzierungszinsen bis zum Vertragsende in voller Höhe zu entrichten. Die Höhe des Refinanzierungszinses ist für die Abzinsung der Leasingraten im Falle einer vorzeitigen Vertragsbeendigung von Bedeutung. Der **Vertragszins** des Leasingvertrages beinhaltet außer dem Refinanzierungszins die Nichtfinanzierungskosten, bestehend aus den Verwaltungskosten und dem Gewinn des Leasinggebers. Die Differenz zwischen dem Refinanzierungszins und dem regelmäßig darüber liegenden Vertragszins gibt Auskunft über die Höhe der **Nichtfinanzierungskosten**.

Die Leasingrate, in Prozent zum Neuanschaffungspreis ausgedrückt, wird als Leasingfaktor bezeichnet. **L362**

Die mathematische Formel lautet:

$$\text{Leasingfaktor} = \frac{\text{Rate} \times 100}{\text{Neuanschaffungspreis}}$$

Der Leasingfaktor macht Leasingangebote mit **gleicher Laufzeit** vergleichbar.

207 Anhang, Anlage 4; BB 1976, 72.

208 Dazu *Bordewin/Tonner*, Rn. 118 ff.

209 *Schulz*, Finanzierungsleasing unter Verbraucherbeteiligung, S. 54 m. w. N.

210 *Giger*, Der Leasingvertrag, 85; zur Berechnung *Michalski/Schmitt*, Rn. 303 ff.

2. Zahlungsort, Fälligkeit und Verzug

L363 Die **Zahlungspflicht** des Leasingnehmers wird grundsätzlich erst mit der **Gebrauchsüberlassung** fällig.[211] Vorher besteht aufgrund der synallagmatischen Verknüpfung von Überlassungs- und Zahlungspflicht weder ein Anspruch des Leasinggebers auf die Gegenleistung noch ein Anspruch auf Aufwendungsersatz.[212]

Dies gilt freilich nicht, wenn sich Leasinggeber und Leasingnehmer in Kenntnis der **Unvollständigkeit der Lieferung** auf den Beginn der Laufzeit geeinigt haben[213] oder der Leasingnehmer **wahrheitswidrig** den Empfang des Leasingfahrzeugs **bestätigt** hat.[214] Im Fall der Abgabe einer unrichtigen Empfangsbestätigung steht dem Leasingnehmer gegenüber dem Leasinggeber allerdings die Einrede des § 320 BGB zur Verfügung, wenn er beweist, dass die Übernahme tatsächlich nicht stattgefunden hat. Das Recht auf Zurückhaltung der Raten ist ihm jedoch zu versagen, wenn die Berufung auf § 320 BGB gegen Treu und Glauben verstößt.[215]

L364 Sofern die Parteien nichts anderes vereinbart haben, ist **Erfüllungsort** für die Zahlung des Leasingentgelts der Wohn- bzw. Betriebssitz des Leasingnehmers bei Abschluss des Leasingvertrages.[216]

L365 Kfz-Leasingverträge sehen üblicherweise vor, dass die Leasingraten jeweils **im Voraus** zum Monatsersten oder spätestens bis zum dritten Werktag zu entrichten sind. Die erste Rate und die vereinbarte Sonderzahlung sind entweder bei Vertragsbeginn oder bei Übernahme des Fahrzeugs oder spätestens 2 Wochen nach Anzeige der Bereitstellung des Fahrzeugs zu leisten.

L366 Da für die Zahlung der Leasingraten eine Zeit nach dem Kalender bestimmt ist, bedarf es zur Herbeiführung des Verzugs nicht der Mahnung (§ 286 Abs. 1 Nr. 1 BGB). Der **Verzug** tritt durch nicht rechtzeitige Zahlung der Leasingrate ein, es sei denn, der Leasingnehmer weist nach, dass er die Verspätung nicht zu vertreten hat (§ 286 Abs. 4 BGB). Falls der Leasinggeber vom Leasingnehmer bevollmächtigt wurde, die monatlich zu zahlenden Raten von seinem Konto einzuziehen und die Abbuchung infolge eines Versehens des Leasinggebers unterblieben ist, kommt der Leasingnehmer nur in Verzug, wenn er nicht innerhalb einer vom Leasinggeber gesetzten Frist die Zahlung erbringt.[217]

L367 Mit der **Zahlung der ersten Rate** und der **Sonderzahlung** gerät der Leasingnehmer ohne Mahnung in Verzug, wenn die Voraussetzungen von § 286 Abs. 2 Nr. 2 BGB erfüllt sind. Eine kalendermäßige Berechenbarkeit i. S. d. Vorschrift ist anzunehmen, wenn beispielsweise die erste Rate und die Sonderzahlung spätestens 2 Wochen nach Zugang der Anzeige, dass das Fahrzeug zur Auslieferung bereit steht, zu zahlen sind.[218] Eine Anknüpfung an ein kalendermäßig weder bestimmtes noch berechenbares Ereignis, wie z. B. die Übergabe oder die Zulassung des Kraftfahrzeugs, reicht zur Herbeiführung des Verzugs nicht aus.

---

211 *Wolf/Eckert/Ball*, Rn. 1828.
212 MüKo-BGB/*Koch*, Leasing Rn. 74.
213 BGH 29. 5. 1991, NJW 1991, 2135; *Beckmann*, Finanzierungsleasing, § 2 Rn. 28.
214 BGH 5. 7. 1989, WM 1989, 1574.
215 BGH 5. 7. 1989, WM 1989, 1574.
216 BGH 30. 3. 1988, NJW 1988, 914; *Zöller/Vollkommer*, ZPO, § 29 Rn. 25 (Stichwort Mietvertrag/Leasingvertrag).
217 OLG Düsseldorf 13. 10. 1988, – 10 U 37/88, zit. in ZIP 1988/A 162/572.
218 *Beckmann*, FLF 2002, 46 ff., 52; *Hertel*, DNotZ, 2001, 914.

Für Leasingverträge, an denen ein Verbraucher nicht beteiligt ist, beträgt der in § 288 Abs. 2 BGB geregelte gesetzliche Verzugszinssatz **acht Prozentpunkte** über dem **Basiszinssatz.**[219] Höhere Zinsen kann der Leasinggeber aus vertraglicher Vereinbarung (§ 288 Abs. 3 BGB) und als Schadensersatz (§ 288 Abs. 4 BGB) verlangen.[220] Gegenüber einem **Verbraucher** beläuft sich der jährliche Verzugszinssatz für das rückständige Leasingentgelt auf **5 Prozentpunkte** über dem Basiszins, wenn nicht im Einzelfall der Verbraucher einen niedrigeren oder der Leasinggeber einen höheren Schaden nachweist (§ 497 Abs. 1 S. 2 BGB). **L368**

Bei einer **Pauschalierung** des Verzögerungsschadens, derer es angesichts der hohen gesetzlichen Zinssätze kaum bedarf, ist darauf zu achten, dass die Klausel den Anforderungen von § 309 Nr. 5a und b BGB entspricht, die im Rahmen von § 307 BGB auch gegenüber Unternehmern zu beachten sind. Eine **unwirksame Pauschalierung** sperrt allerdings nicht die konkrete Abrechnung des Verzugsschadens. Gleiches gilt für den Nichterfüllungsschaden. Mahnkosten können nicht zusätzlich zur Pauschale geltend gemacht werden.[221] **L369**

Teilleistungen des Verbrauchers, der sich mit den Raten in Verzug befindet, sind zunächst auf die Kosten der Rechtsverfolgung, sodann auf die Hauptleistung und zuletzt auf die Zinsen zu verrechnen (§ 497 Abs. 3 S. 1 BGB). Die Verzugszinsen dürfen daher nicht in ein Kontokorrentverhältnis mit dem geschuldeten Leasingentgelt gestellt werden.[222] Durch § 497 Abs. 2 S. 2 BGB wird der Verzugsschaden in Bezug auf die Verzugszinsen in Abweichung von § 289 S. 2 BGB durch den gesetzlichen Zinssatz von 4 % (§ 246 BGB) begrenzt. **L370**

3. Leasingsonderzahlung

Die Größenordnung von Leasingsonderzahlungen, die vor allem Verbraucher und Kleinunternehmer zu zahlen haben, liegt i. d. R. zwischen 20 % und 30 % des Fahrzeugpreises. Durch die am Vertragsanfang zu leistende Sonderzahlung werden sowohl das Kreditrisiko des Leasinggebers als auch die Kreditverbindlichkeit des Leasingnehmers reduziert.[223] Die Sonderzahlung wirkt sich günstig auf die Höhe des insgesamt vom Leasingnehmer zu zahlenden Leasingentgelts aus. Je höher die Leasingsonderzahlung ist, desto niedriger sind die Leasingraten. **L371**

Die **steuerrechtliche Qualifizierung** einer Sonderzahlung hängt entscheidend davon ab, ob sie als zusätzliches Entgelt für die Gebrauchsüberlassung während der Grundmietzeit zu zahlen ist und auf die Leasingraten angerechnet wird oder ob eine Anrechnung auf die Leasingraten nicht stattfindet.[224] Wirtschaftlich betrachtet handelt es sich bei der Sonderzahlung – unabhängig von der Bezeichnung durch die Vertragsparteien – um eine **Mietvorauszahlung**[225], so dass in der Bilanz des Leasingnehmers ein **aktiver** und in der Bilanz des Leasinggebers ein **passiver Rechnungsabgrenzungsposten** gebildet werden muss.[226] Der Teil des Rechnungsabgrenzungspostens, der bei gleichmäßiger linearer Verteilung über die Grundmietzeit auf den Zeitraum eines Jahres entfällt, ist in jedem Jahr der Grundmietzeit in der Bilanz des Leasinggebers Gewinn erhöhend aufzulösen.[227] **L372**

219 Der aktuelle Basiszinssatz ist abrufbar unter „http:/www.bundesbank.de" oder den Monatsberichten der Deutschen Bundesbank zu entnehmen.
220 *Beckmann*, FLF 2002 46 ff., 52.
221 BGH 28. 4. 1988, NJW 1988, 1971, 1972.
222 Zur Titulierung von Verzugszinsen *Münzberg*, WM 1991, 170; *Braun*, WM 1991, 1325.
223 *Godefroid*, BB-Beilage 1993, Nr. 8 S. 15, 18.
224 *Bordewin/Tonner*, Rn. 121, 132.
225 BFH 5. 5. 1994, BB 1994, 2191.
226 *Stoffels* in Martinek/Stoffels/Wimmer-Leonhardt, § 16 Rn. 14.
227 *Bordewin/Tonner*, Rn. 121.

L373 Kfz-Leasingverträge geben über die **rechtliche Behandlung** von Sonderzahlungen selten eine klare Auskunft.[228] Es ist aber festzustellen, dass Sonderzahlungen von Kfz-Leasinggesellschaften im Regelfall als Vorauszahlungen für die Gebrauchsüberlassung angesehen werden, die sie gleichmäßig auf die Leasingraten der Grundmietzeit verteilen. Die Verrechnungsanteile fließen in die Kalkulation der Leasingraten ein und werden im Vertrag nicht gesondert ausgewiesen.

L374 Im Leasingvertrag sollte offen gelegt werden, ob die Sonderzahlung den Kaufpreis des Leasingfahrzeugs und damit den Finanzierungsaufwand des Leasinggebers von vornherein reduziert,[229] oder ob sie eine Vorauszahlung für die Gebrauchsüberlassung des Leasingfahrzeugs darstellt. Ohne eine solche Erläuterung sind die zivilrechtlichen Konsequenzen im Hinblick auf das Schicksal der Sonderzahlung bei einer Vertragsstörung (z. B. durch Totalschaden, Diebstahl und Zahlungsverzug) nicht überschaubar.[230] Fehlt der Hinweis darauf, dass die Sonderzahlung eine Vorauszahlung für die Gebrauchsüberlassung darstellt, darf der Leasingnehmer erwarten, dass der Leasinggeber den Betrag für die Anschaffung des Fahrzeugs verwendet und sich sein Finanzierungsaufwand entsprechend verringert. Infolgedessen muss er eine Behandlung der Sonderzahlung als Mietvorauszahlung nicht gegen sich gelten lassen. Er schuldet dem Leasinggeber Amortisation lediglich in Höhe des um die Sonderzahlung verminderten Anschaffungsaufwandes. Das OLG Düsseldorf[231] hat diese Konsequenz allerdings nicht gezogen. Es entschied, dass eine Leasingsonderzahlung zu Gunsten des Leasingnehmers als Vorauszahlung auf die künftigen Leasingraten zu qualifizieren ist, wenn die AGB des Leasingvertrages keine Regelung zur Verrechnung der Leasingsonderzahlung enthalten und sich aus der Anschaffungsrechnung ergibt, dass der Lieferant die von der Leasinggesellschaft an ihn weitergeleitete Sonderzahlung auf den Kaufpreis des Leasingfahrzeugs angerechnet hat. Da der Leasingvertrag wegen eines vom Leasingnehmer nicht verschuldeten Unfalls vorzeitig beendet worden war und der Leasinggeber die Sach- und Preisgefahr nicht wirksam auf den Leasingnehmer verlagert hatte, wurde er vom OLG Düsseldorf verurteilt, den noch nicht durch Verrechnung mit den künftigen Leasingraten verbrauchten Teil der Sonderzahlung an den Leasingnehmer zu erstatten. In die gleiche Richtung weist eine Entscheidung des OLG Rostock,[232] nach der ein Leasingnehmer den noch nicht verrechneten Teil der Sonderzahlung vom Leasinggeber zurückverlangen kann, wenn er das Fahrzeug im Anschluss an eine unwirksame außerordentliche Vertragskündigung des Leasinggebers zurückgegeben hat. Nicht auf dieser Linie liegt die viel beachtete Entscheidung des BGH v. 31. 10. 2007,[233] der im Falle der vorzeitigen Beendigung eines Leasingvertrages mit Andienungsrecht, beruhend auf einer vom Leasingnehmer nicht zu vertretenden, erheblichen Beschädigung des Leasingfahrzeuges, dem Leasinggeber die Leasingsonderzahlung in voller Höhe beließ, obwohl die Vollamortisationsgrenze dadurch überschritten wurde. (Rdn. L592 ff.).

L375 Eine vergleichbare Problemlage besteht, wenn der Leasingnehmer sein **Altfahrzeug** beim Händler, der den Leasingvertrag vermittelt, in Zahlung gibt. Es bedarf auch bei dieser Konstellation der Klarstellung, wie der Erlös aus der Inzahlungnahme verwendet wird, da der Leasingnehmer sonst nicht weiß, ob der Händler den Betrag vorab mit dem Kaufpreis verrechnet und dadurch die Anschaffungskosten des Leasinggebers verringert oder ob er ihn als Zahlung des Leasinggebers auf den nicht reduzierten Kaufpreis verbucht.

---

228 So z. B. auch im Fall BFH 5. 5. 1994, BB 1994, 21, 91; *Müller-Sarnowski*, DAR 1998, 229.
229 *Michalski/Schmitt*, S. 126, Rn. 227.
230 *Müller-Sarnowski*, DAR 1998, 228, 229.
231 Urt. v. 16. 1. 1997, OLGR 1997,169.
232 Urt. v. 13. 9. 1999, OLGR 2000, 2.
233 NJW 2008, 989.

Ergibt sich eindeutig aus dem Vertrag, dass der Anrechnungspreis für das Altfahrzeug als **Leasingsonderzahlung** zu verwenden ist, liegt es nahe, von einer sog. (doppelten) Ersetzung auszugehen. Diese Rechtskonstruktion wird vom BGH beim Kauf „neu gegen alt“ favorisiert.[234] Aus seiner – keineswegs unumstrittenen Sicht (s. Rdn. 1446 ff.) – wird in der kaufrechtlichen Vertragsbeziehung zwischen dem Leasinggeber und dem Lieferanten ein Teil des Kaufpreises für das Leasingfahrzeug durch den Inzahlungnahmepreis für das Gebrauchtfahrzeug des Leasingnehmers ersetzt. In Verhältnis zwischen Leasingnehmer und Leasinggeber ersetzt dieser Preisvorteil die Leasingsonderzahlung ganz oder zum Teil.[235] Im Fall des Scheiterns der vereinbarten Inzahlungnahme muss der Leasinggeber den vollen Kaufpreis an den Händler entrichten. Seinerseits besitzt er gegen den Leasingnehmer Anspruch auf Zahlung eines zusätzlichen Leasingentgelts in Höhe des (nicht erzielten) Anrechnungspreises.[236] **L376**

Scheitert bei einem Verbundgeschäft der Leasingvertrag daran, dass Kauf- und/oder Leasingvertrag von vornherein unwirksam sind oder später durch Anfechtung, Rücktritt oder aus anderen Gründen hinfällig werden, ist die Rückzahlung der Sonderzahlung vom **Leasinggeber** zu erstatten, auch wenn der Leasingnehmer die Zahlung an den Lieferanten geleistet hat.[237] **L377**

Für den **Widerruf** ergibt sich diese Rechtsfolge aus § 358 Abs. 4 S. 3 BGB, wenn entweder ein Verbundgeschäft i. S. v. § 358 Abs. 3 BGB vorliegt oder die Voraussetzungen von § 359a BGB erfüllt sind.

Ist nach dem Inhalt des Vertrages davon auszugehen, dass es sich bei der Sonderzahlung um eine (Miet-)Vorauszahlung handelt, schuldet der Leasingnehmer dem Leasinggeber im Falle einer gesetzlichen Anhebung der Umsatzsteuer für die noch nicht verrechneten Anteile der Sonderzahlung den erhöhten Mehrwertsteuersatz. Eine entsprechende Anpassungsregelung im Leasingvertrag ist wegen § 29 UStG zwar entbehrlich (Rdn. L32), zur Klarstellung aber durchaus empfehlenswert.[238] **L378**

Anstelle einer Leasingsonderzahlung können die Vertragsparteien die Hinterlegung einer **Kaution** vereinbaren. Von dieser Möglichkeit machen Leasinggesellschaften allerdings selten Gebrauch. Der BGH[239] hat eine entsprechende Anwendung des § 551 BGB auf Kfz-Leasingverträge abgelehnt, weil es sich um eine auf die besondere Interessenlage im Wohnraummietrecht zugeschnittene Regelung handelt, so dass selbst für gewerbliche Mietverhältnisse keine Analogiebildung erwogen wurde. Infolgedessen ist eine vom Leasingnehmer gezahlte Kaution nur dann zu **verzinsen**, wenn dies im Leasingvertrag eigens **vereinbart** wurde. **L379**

4. Änderungen des Leasingentgelts

a) Anpassungsklauseln in Kfz-Leasingverträgen

Die VDA-Muster-Leasing-AGB enthalten in Abschn. IV. Nr. 5 eine Rubrik für die Anpassung des Leasingentgelts ohne konkrete Regelungsvorschläge. Dem Leasinganbieter **L380**

234 Urt. v. 18. 1. 1967, BGHZ 46, 338.

235 BGH 30. 10. 2002, WM 2003, 792 zu dem für das Kfz-Leasing untypischen Fall, dass es sich beim Lieferanten und dem Leasinggeber um dieselbe Person handelt.

236 *Müller-Sarnowski/Bethäuser* in Ludovisy/Eggert/Burhoff, Praxis des Straßenverkehrsrechts, Teil 5 D Rn. 415.

237 AG Düsseldorf 30. 4. 1998, NJW-RR 1998, 1673.

238 *Graf von Westphalen*, Der Leasingvertrag, Kap. F Rn. 25; Müller/Sarnowski, DAR 2004,606; Dar 2006, 709; *Müller-Sarnowski/Bethäuser* in Ludovisy/Eggert/Burhoff, Praxis des Straßenverkehrsrechts, Teil 5 D Rn. 414.

239 Urt v.18. 11. 2009, NJW 2010, 241.

wird überlassen, Änderungsklauseln seinen individuellen Bedürfnissen entsprechend zu gestalten oder aber individuelle Preisabsprachen mit dem Kunden zu treffen, die nach § 305 BGB vorrangig und der AGB-Kontrolle entzogen sind.

L381 Da Leasingverträge als Dauerschuldverhältnisse in erster Linie mietrechtlichen Bestimmungen unterstehen, wird die Auffassung vertreten, dass **Preisanpassungsklauseln** nur an der Grundnorm des § 307 Abs. 1 BGB gemessen werden können. Für den unternehmerischen Geschäftsverkehr ist dies zweifellos richtig, da im Falle eines Abstellens auf den darlehensrechtlichen Charakter des Leasingvertrages § 489 BGB zur Anwendung gelangen würde, was zur Folge hätte, dass der Leasingnehmer den Leasingvertrag mit veränderlichem Zinssatz jederzeit unter Wahrung der Dreimonatsfrist kündigen könnte.

L382 Ob die gleichen Grundsätze für Verbraucherleasingverträge i. S. v. § 506 Abs. 2 S. 1 Nr. 1–3 BGB gelten, ist nach Umsetzung der Verbraucherkreditrichtline fraglich. Bedenken könnten aufkommen, weil auf diese Verträge nunmehr § 493 BGB zur Anwendung gelangt, der besondere Informationspflichten für Darlehensverträge mit gebundenen und solche mit veränderlichen Sollzinsen vorschreibt und seinerseits auf § 489 BGB basiert. Allein daraus lässt sich allerdings nicht die Schlussfolgerung ableiten, damit sei die Anwendung von § 489 BGB zwingend. Auch hier gilt es, den mietrechtlichen Grundcharakter des Finanzierungsleasingvertrages nicht aus dem Auge zu verlieren, der durch die darlehensrechtlichen Vorschriften für Verbraucherverträge ergänzt aber nicht verdrängt wird und dem der Gesetzgeber in § 506 Abs. 1 BGB durch das Gebot der „entsprechenden“ Anwendung der §§ 491a ff. BGB Rechnung getragen hat. Leasingverträge sind von Natur aus nicht vor Ablauf der Grundmietzeit kündbar. Da aber gleichwohl im einen oder anderen Fall das Bedürfnis besteht, die Leasingraten den Marktverhältnissen anzugleichen, passt das unabdingbare Kündigungsrecht des § 489 Abs. 2 BGB bei verbrauchergeschützten Finanzierungsleasingverträgen nicht ins Bild.

Es bleibt somit festzuhalten, dass Preisanpassungsregelungen in Kfz-Leasingverträgen nach wie vor grundsätzlich und unabhängig davon zulässig sind, ob der Leasingnehmer den Vertrag als Unternehmer oder als Verbraucher abschließt.

L383 Nach § 307 Abs. 1 BGB ist das **Transparenzgebot** zu beachten. Für Verbraucher- und Unternehmerverträge gelten weitgehend die gleichen strengen Maßstäbe.[240] Preisanpassungsklauseln müssen so ausformuliert sein, dass dem Leasingnehmer die möglichen Kostenveränderungen und deren Ausmaß konkret und eindeutig vor Augen geführt werden. Eine Bevorzugung des Leasinggebers durch Einräumung eines einseitigen Erhöhungsrechts[241] oder zu Verschaffung eines zusätzlichen Gewinns[242] ist unzulässig. Zur Herbeiführung eines ausgewogenen Interessenausgleichs muss dem Leasingnehmer ein Recht auf Ermäßigung des Leasingentgelts für den Fall zugestanden werden, dass sich Kostenfaktoren zu seinen Gunsten verändern.

b) Änderung der Anschaffungskosten

L384 **Änderungsvorbehalte** hinsichtlich der Kraftfahrzeug-Anschaffungskosten in Leasing-AGB, die den Zeitraum zwischen Abschluss des Leasingvertrages und Auslieferung des Fahrzeugs absichern sollen, werden allgemein als **zulässig** angesehen.[243]

Allerdings ist dem Leasinggeber der Anspruch auf entsprechende Anhebung des Leasingentgelts nur unter der Voraussetzung zuzubilligen, dass in seinem Verhältnis zum Lie-

240 *Graf von Westphalen*, Der Leasingvertrag, Kap. F Rn. 17; s. a. BGH 19. 9. 2007, NJW 2007, 3774.
241 BGH 11. 6. 1980, NJW 1980, 2519.
242 BGH 12. 7. 2009, NJW 1990, 115.
243 *Spittler*, S. 104.

feranten eine wirksame Preisanpassungsklausel vereinbart wurde.[244] Um vor § 307 BGB bestehen zu können, muss eine Preisänderungsklausel im Liefervertrag sowohl die Umstände, die den Leasinggeber zur Änderung des Entgelts berechtigen (Kostenelemente), als auch das Ausmaß der Änderung deutlich machen. Weiterhin ist erforderlich, dass dem Kunden das Recht eingeräumt wird, vom Vertrag Abstand zu nehmen, falls der Preis erheblich stärker als die Lebenshaltungskosten steigt (Rdn. 190 ff., 192).[245]

Im Leasingvertrag müssen die Kostenelemente der Anpassungsklausel des Liefervertrages nicht nochmals aufgeführt werden. Eine Klausel, nach der die Leasingraten dem geänderten Kaufpreis entsprechend anzupassen sind, wird als zulässig erachtet.[246] Falls der Leasinggeber gegenüber dem Lieferanten das Recht hat, vom Kaufvertrag zurückzutreten, wenn die Erhöhung des Kaufpreises einen bestimmten Grenzwert übersteigt, wird er nicht umhin kommen, dem Leasingnehmer das gleiche Recht in Bezug auf den Leasingvertrag einzuräumen. **L385**

Tritt der Leasinggeber in den Kaufvertrag eines Verbrauchers ein oder übernimmt er diesen, gilt das **viermonatige Preisänderungsverbot** des § 309 Nr. 1 BGB, das bestehen bleibt und auf eine im Leasingvertrag enthaltene Anpassungsregelung durchschlägt. Unmittelbar findet § 309 BGB auf Leasingverträge keine Anwendung, da sie Dauerschuldverhältnis sind. **L386**

Ob das Preisänderungsverbot des § 309 Nr. 1 BGB bei einem **Eintritt des Leasinggebers in eine Fahrzeugbestellung** fortbesteht, ist zweifelhaft, weil vor Vertragsschluss ein Parteiwechsel stattfindet und aus dem Verbraucherkauf ein Unternehmergeschäft wird, auf das die starre Regelung nicht übernommen werden kann.[247] Da der von seinen kaufvertraglichen Pflichten befreite Verbraucher in der leasingvertraglichen Bindung verhaftet bleibt, ist es gerechtfertigt, zu seinem Schutze an dem verbraucherrechtlichen Charakter des Kaufgeschäfts festzuhalten, obwohl der Kaufvertrag infolge des Bestelleintritts letztendlich zwischen zwei Unternehmern zum Abschluss gelangt (Rdn. L174). **L387**

Das auf eine Anpassungsregelung im Leasingvertrag gestützte einseitige Leistungsbestimmungsrecht des Leasinggebers unterliegt der **Billigkeitskontrolle** des § 315 Abs. 3 BGB.[248] Unbilligkeit ist zu bejahen, wenn das Erhöhungsverlangen auf einer unwirksamen Änderungsklausel des Kaufvertrages oder auf einer Kaufpreiserhöhung basiert, die der Leasinggeber nicht hätte akzeptieren müssen. Es ist auch nicht hinnehmbar, dass der Leasinggeber die Preisanpassungsklausel dazu benutzt, um sich von einem – vom Leasingnehmer ausgehandelten – günstigen Preis zu lösen oder einen Irrtum über den bei Vertragsschluss gültigen Preis auf den Leasingnehmer abzuwälzen. **L388**

Die Zulässigkeit des Änderungsvorbehalts wegen einer Erhöhung des Kaufpreises nach Abschluss des Leasingvertrages hat das OLG Düsseldorf[249] bei **Verträgen mit Verbrauchern** unter Hinweis auf § 492 Abs. 1 S. 5 Nr. 5 BGB a. F. in Zweifel gezogen, hierbei jedoch verkannt, dass diese Vorschrift für Verbraucher-Leasingverträge nicht einschlägig war und der Gesetzgeber bereits in der Begründung zur Vorgängernorm des § 4 Abs. 1 S. 2 Nr. 1e VerbrKrG auf die Anwendung der allgemeinen Grundsätze über die Zulässigkeit von Preisanpassungsklauseln verwiesen hat.[250] Des Rückgriffs auf diese allgemeinen Grundsätze bedarf es auch nach Umsetzung der Verbraucherkreditrichtlinie. Die aktuelle Vorschrift des § 492 BGB ist zwar auf Verbraucherleasingverträge i. S. v. § 506 Abs. 2 **L389**

---

244 *Graf von Westphalen*, Der Leasingvertrag, Kap. F Rn. 16.
245 BGH 1. 2. 1984 BGHZ 90, 69; OLG Düsseldorf 18. 4. 2000, OLGR 2001, 195, 197.
246 *Graf von Westphalen*, Der Leasingvertrag, Kap. F Rn. 15.
247 *Wolf*, ZIP 1987, 344; *Palandt/Grüneberg*, § 309 Rn. 7.
248 *Graf von Westphalen*, Der Leasingvertrag, Kap. F Rn. 15.
249 Urt. v. 18. 4. 2000, OLGR 2001, 195, 197.
250 BT-Drucks. 11/5462 S. 20.

S. 1 Nr. 1–3 BGB anwendbar, beinhaltet aber weder direkt noch i. V.m Art. 247 EGBGB eine der Fassung von § 492 Abs. 1 S. 5 Nr. 5 BGB a. F. entsprechende Regelung.

c) Änderung der Geldmarktverhältnisse und Refinanzierungskonditionen

L390 Regelungen, die eine Anpassung des Leasingentgelts bzw. der laufenden Raten an die Änderung der Geldmarktverhältnisse oder Refinanzierungsbedingungen vorsehen, sind in Kfz-Leasingverträgen nicht anzutreffen und daher **untypisch**. Ob sie überhaupt zulässig sind – und wenn ja – unter welchen Voraussetzungen, ist umstritten.

Im Schrifttum[251] wird die Ansicht vertreten, es sei die Aufgabe des Leasinggebers, von vornherein mit seinem Kreditgeber die Refinanzierungsbedingungen auszuhandeln und **langfristig** festzulegen. Gegenteilig entschied das OLG Frankfurt/M.[252] das dem Leasinggeber das Recht zubilligte, das Veränderungsrisiko der Refinanzierungsbedingungen durch eine Anpassungsklausel aufzufangen.

Um vor § 307 BGB bestehen zu können, muss die Anpassungsklausel – wie im Fall der Änderung der Anschaffungskosten – dem Leasingnehmer ein **Ermäßigungsrecht** für den Fall einräumen, dass sich die Refinanzierungskosten zu seinen Gunsten verändern.[253] Im Interesse einer transparenten Vertragsgestaltung sind der Referenzzins[254] und die Kostensteigerungsfaktoren konkret anzugeben.

Eindeutig sind Klauseln, die eine automatische Steigerung der Kostenbelastung (von z. B. 6 % jährlich) im Leasingvertrag verankern, da sie von vornherein erkennen lassen, welche Belastung auf den Leasingnehmer zukommt.[255] In Kfz-Leasingverträgen sind derartige **Automatikklauseln** jedoch nicht anzutreffen.

L391 Da eine Änderung der Leasingraten den Sollzins verändert, stellt sich die Frage, ob die wirksame Anpassung der Leasingraten voraussetzt, dass der Leasinggeber zuvor die in § 493 Abs. 3 BGB, Art. 247 § 15 EGBGB vorgesehenen Informationspflichten erfüllt. Dagegen spricht, dass die genannten Vorschriften auf § 489 BGB aufbauen, der – wie oben dargelegt – auf verbrauchergeschützte Finanzierungsleasingverträge i. S. v. § 506 Abs. 2 S. 1 Nr. 1–3 BGB nicht entsprechend anzuwenden ist.

d) Änderung der Steuern, Abgaben und Kosten für Nebenleistungen

L392 Nicht zu beanstanden sind Kosten-Anpassungsklauseln für objektbezogene Nebenleistungen (z. B. Wartung, Hauptuntersuchung, Abgasuntersuchung, Kfz-Steuern, Versicherungsprämien und sonstige Abgaben). Auch sie müssen **transparent formuliert** sein und Veränderungen nicht nur zu Lasten sondern auch zu Gunsten des Leasingnehmers vorsehen.[256] Veränderungen der den Geschäftsbetrieb des Leasinggebers betreffenden Steuern und Abgaben können nicht über eine Anpassungsklausel auf den Leasingnehmer verlagert werden.[257]

L393 Eine in AGB vorgesehene Anpassung der Leasingraten für den Fall, dass sich während der Vertragszeit die **Umsatzsteuer** ändert, ist nicht erforderlich, weil der Leasingnehmer die Umsatzsteuer schuldet (§ 29 UStG).[258]

---

251 *Sannwald*, S. 145; *Kügel* in Büschgen, Praxishandbuch Leasing, S. 131; *Graf von Westphalen*, Der Leasingvertrag, Kap. F Rn. 20; *Canaris*, Bankvertragsrecht, Rn. 1770; a. A. *Beckmann*, Finanzierungsleasing, § 13 Rn. 18.

252 Urt. v. 14. 5. 1985, BB 1986, 696.

253 *Stoffels* in Martinek/Stoffels/Wimmer-Leonhardt, § 18 Rn. 7.

254 *Graf von Westphalen*, Der Leasingvertrag, Kap. F Rn. 24.

255 OLG Hamm 20. 12. 1996, DB 1997, 569.

256 *Graf von Westphalen*, Der Leasingvertrag, Kap. F Rn. 27; *Spittler*, S. 105.

257 *Graf von Westphalen*, Der Leasingvertrag, Kap. F Rn. 28.

258 *Graf von Westphalen*, Der Leasingvertrag, Kap. F Rn. 25.

X. Absicherung der Ansprüche aus dem Leasingvertrag

Leasinggesellschaften sichern ihre Ansprüche aus Leasingverträgen ab, indem sie z. B. Familienangehörige, Ehepartner, Verlobte, Partner aus nichtehelichen Lebensgemeinschaften, Geschäftsführer, Gesellschafter von Kapitalgesellschaften und Lieferanten in **Mithaftung** nehmen. **L394**

Diesen Personen gegenüber sind die Grundsätze über die **Sittenwidrigkeit** der von Kreditinstituten mit privaten Sicherungsgebern geschlossenen Mithaftungsvereinbarungen zu beachten.[259]

Lieferanten wird häufig die Verpflichtung auferlegt, die von ihnen gelieferten Leasingfahrzeuge am Vertragsende und im Falle einer vorzeitigen Vertragsbeendigung zum kalkulierten Restwert oder zum Verkehrswert **zurückzukaufen** (Rdn. L727 ff.).

Zur Begründung einer Mithaftung eines **Abschlussvertreters** in einem Formularvertrag sind die §§ 305c, 309 Nr. 11a BGB zu beachten.[260] Unter Abschlussvertreter ist eine Person zu verstehen, die als Vertreter für einen anderen tätig wird, ohne den Vertrag zugleich im eigenen Namen als weiterer Vertragspartner abzuschließen.[261] Die Einstandspflicht des Abschlussvertreters darf nicht überraschend sein und muss in einer ausdrücklichen und gesonderten Erklärung erfolgen. Eine völlige Trennung zwischen dem Leasing-Vertragsformular und der Haftungsverpflichtung ist nicht erforderlich. Letztere muss aber vom sonstigen Inhalt des Leasingvertrages deutlich abgesetzt sein, damit der Doppelcharakter der Urkunde unmissverständlich erkennbar wird.[262] **L395**

Bisher galt, dass die darlehensrechtlichen Verbraucherschutzvorschriften auf diejenigen Personen entsprechend anzuwenden sind, die als Verbraucher **L396**

1. der **Schuld** des Leasingnehmers **beitreten**,[263]
2. die Schuld des Leasingnehmers im Wege einer vom Leasinggeber genehmigten **befreienden Schuldübernahme** übernehmen,
3. als weitere Leasingnehmer im Wege einer dreiseitigen Vereinbarung in einen Leasingvertrag **eintreten**,
4. einen Leasingvertrag **übernehmen**.[264]

Daran ist auch nach Umsetzung der Verbraucherkreditrichtlinie festzuhalten, die ebenso wie die deutsche Gesetzesbegründung hierzu keine Aussage trifft.[265] In puncto Verbraucherschutz sind diese Personen dem Verbraucherleasingnehmer gleichgestellt.[266] Es ist nicht erforderlich, dass der Leasingnehmer ebenfalls den Leasingvertrag als Verbraucher

---

259 *Beckmann*, § 3 Rn. 252.

260 BGH 27. 4. 1988, NJW 1988, 2465.

261 BGH 22. 3. 1988, WM 1988, 874; MüKo/*Kieninger*, § 309 Nr. 11 BGB Rn. 3; *Beckmann*, § 3 Rn. 238; so jetzt auch *Graf von Westphalen*, Der Leasingvertrag, Kap. C Rn. 48.

262 BGH 19. 7. 2001, NJW 2001, 3186; 4. 9. 2002, 2002, 3464; *Beckmann*, § 3 Rn. 237.

263 *Graf von Westphalen*, Der Leasingvertrag, Kap. C Rn. 51, 52; zur Abgrenzung Mithaftungsübernahme zu Mitvertragsübernahme BGH 25. 1. 2005, NJW 2005, 973.

264 BGH 5. 6. 1996, WM 1996, 1258; 10. 7. 1996, WM 1996, 1781; 12. 11. 1996, WM 1997, 158; 25. 2. 1997, EBE 1997,122; 30. 7. 1997, EBE 1997, 316; 28. 6. 2000, NJW 2000, 3113; 8. 11. 2005, NJW 2006, 431; OLG München 30. 5. 1996, OLGR 1996, 173; OLG Oldenburg 9. 5. 1996, OLGR 1996, 145; OLG Hamm 14. 2. 1997, OLGR 1997, 101, OLG Düsseldorf 20. 2. 1997, OLGR 1997, 89; 10. 6. 1997, OLGR 1997, 233; OLG Celle 29. 1. 1997, OLGR 1997, 61; OLG Naumburg 4. 12. 1998, OLGR 1999, 270; *Bülow/Artz*, ZIP 1998, 629; *Bülow*, ZIP 1997, 400; *Schmid-Burgk*, DB 1997, 513; a. A. OLG München 20. 7. 1999, OLGR 1999, 361; *Madaus*, BKR 2008, 54.

265 *Omlor*, NJW 2010, 2694, 2697.

266 Ausführlich *Graf von Westphalen*, Der Leasingvertrag, Kap. C Rn. 59.

abgeschlossen hat.[267] Geschützt werden auch **Gesellschafter** und **Geschäftsführer**, selbst wenn sie Alleingeschäftsführer sind oder als Gesellschafter die Mehrheit halten.[268]

Allerdings muss der diesem Personenkreis zugebilligte Verbraucherschutz auf diejenigen Leasingverträge beschränkt bleiben, die unter § 506 Abs. 2 S. 1 Nr. 1–3 BGB fallen, da sie andernfalls in einem stärkeren Maße geschützt würden als der Leasingnehmer selbst. § 506 Abs. 1 und 2 BGB sind deshalb analog anzuwenden.

L397 Zu beachten sind die **Formerfordernisse** des § 492 BGB. Die Vertragserklärung muss den Inhalt des Leasingvertrages einschließlich der dazu gehörenden Lieferanten-AGB vollständig wiedergeben.[269]

Ein wegen Formmangels oder fehlender Angaben unwirksame Beitritts- oder Übernahmeerklärung führt zur Nichtigkeit des Leasingvertrages, wenn nach dem Willen der Parteien ein **Einheitlichkeitswille** dahingehend festzustellen ist, dass beide Vereinbarungen in ihrer Gesamtheit miteinander stehen oder fallen sollen.[270]

L398 Aufgrund Schuldbeitritts oder Vertragsübernahme (mit)haftende Verbraucher besitzen ein eigenständiges **Widerrufsrecht.** Die Widerrufsfrist wird mit dem **Zeitpunkt der Haftungserklärung** in Lauf gesetzt, worauf in der Belehrung hinzuweisen ist. Nimmt der Leasinggeber das Fahrzeug in der Zeit zurück, in der das Widerrufsrecht des Beitretenden noch nicht erloschen ist, kann der Schuldbeitritt nicht mehr wirksam werden.[271]

L399 Die außerordentliche **Kündigung** eines unter § 506 Abs. 2 S. 1 Nr. 1–3 BGB fallenden Finanzierungsleasingvertrages wegen Zahlungsverzugs ist nur unter den Voraussetzungen von § 498 BGB wirksam (Rdn. L761 ff.).[272] Dies gilt auch dann, wenn von mehreren nur ein Leasingnehmer den Vertrag als Verbraucher abgeschlossen hat und das Fahrzeug ganz oder überwiegend für die ausgeübte selbstständige Tätigkeit eines anderen Leasingnehmers bestimmt ist.[273] Da gegenüber einer – aus Unternehmern und Verbrauchern bestehenden – Mehrheit von Leasingnehmern nur **einheitlich** gekündigt werden kann, hat eine gegenüber einem Verbraucher unwirksame Kündigung zur Folge, dass die Kündigung insgesamt keine Wirksamkeit entfaltet.[274]

XI. Auswirkungen der Sachmängelhaftung auf den Leasingvertrag

1. Kein Leistungsverweigerungsrecht des Leasingnehmers im Stadium der Nacherfüllung

L400 Auch nach der Schuldrechtsreform bleibt daran festzuhalten,[275] dass allein das Auftreten eines Mangels und die außergerichtliche Geltendmachung der Nacherfüllung gegenüber dem Lieferanten noch keine Auswirkungen auf den Leasingvertrag haben. Der Leasingnehmer darf wegen eines Mangels die Zahlung der Leasingraten auch dann nicht verweigern,

---

267 *Graf von Westphalen*, Der Leasingvertrag, Kap. C Rn. 59.

268 BGH 25. 2. 1997, EBE 1997, 122; 8. 11. 2005, NJW 2006, 431; *Graf von Westphalen*, Der Leasingvertrag, Kap. C Rn. 55; krit. *Dauner-Lieb/Dötsch*, DB 2003, 1666; *Canaris*, AcP 200 (2000), 273, 355, 359.

269 *Graf von Westphalen*, Der Leasingvertrag Kap. C Rn. 63.

270 BGH 10. 1. 1990, NJW 1990, 443.

271 OLG Koblenz 9. 10. 1997, OLGR 1998, 257.

272 OLG Hamm 14. 2. 1997, OLGR 1997, 102.

273 OLG Celle 29. 1. 1997; OLGR 1997,61, 62; OLG Karlsruhe 25. 2. 1997, NJW-RR 1998, 1438; s. a. OLG Naumburg 4. 12. 1998, OLGR 1999, 270; *Graf von Westphalen*, MDR 1997, 310.

274 BGH 28. 6. 2000, NJW 2000, 3133; zur Umdeutung eines nichtigen Schuldbeitritts in eine Bürgschaft BGH 16. 10. 2007, NJW 2007,1070.

275 Bestätigt durch BGH 16. 6. 2010, NJW 2010, 2798.

wenn sich das Leasingfahrzeug nach der Abnahme vorübergehend in einem nicht gebrauchsfähigen Zustand befindet oder wenn der Lieferant die Nacherfüllung verzögert oder verweigert (zu den Ausnahmen Rdn. 405).[276]

Nach der **Gegenmeinung**[277] entspricht diese Sichtweise nicht der geänderten Gesetzesdogmatik. Diese sei dadurch gekennzeichnet, dass sowohl nach der mietrechtlichen Grundkonzeption des Leasingvertrages als auch nach den heutigen Regelungen zum kaufrechtlichen Sachmängelrecht die Bereitstellung und Lieferung einer mangelfreien Sache zu den Erfüllungspflichten gehört, die beim Kaufvertrag – im Gegensatz zum früheren Gewährleistungsrecht – den Zeitpunkt des Gefahrübergangs überdauern. Von daher sei nicht einzusehen, dass die Freizeichnung des Leasinggebers von der mietrechtlichen Gewährleistung zur Konsequenz haben soll, dass die dem Leasingnehmer als Käufer zustehenden Rechte nach § 320 BGB nicht zum Zuge kommen. **L401**

Diese Argumentation vermag nicht zu überzeugen, da sie im Gesetz keine Grundlage findet. Die mit dem Kaufvertrag verbundenen Rechte aus § 320 BGB stehen ausschließlich dem **Leasinggeber** als Käufer und Kaufpreisschuldner zur Seite. Sie werden von der Abtretung der Gewährleistungsrechte nicht erfasst, da ein Parteiwechsel damit nicht verbunden ist. Die gegenteilige Auffassung lässt sich auch nicht aus der BGH-Rechtsprechung[278] herleiten, die dem Leasingnehmer ein Zurückbehaltungsrecht bei einer unvollständigen Lieferung zubilligt. **L402**

Aus den mietrechtlichen Vorschriften kann der Leasingnehmer ebenfalls kein Recht auf Einbehalt der Leasingraten ableiten, da die §§ 536 ff. BGB durch die Abtretungskonstruktion außer Kraft gesetzt werden.[279] Daran hat sich durch die Schuldrechtsreform nichts geändert.[280] Ihre Bestätigung findet diese Auffassung in § 359 S. 3 BGB, der den Einwendungsdurchgriff bis zum Fehlschlagen der Nacherfüllung sperrt, wenn Kauf- und Leasingvertrag eine wirtschaftliche Einheit i. S. v. § 358 Abs. 3 BGB bilden. Die Sperrwirkung greift wegen der geringeren Schutzbedürftigkeit „erst recht“ bei nicht verbundenen Leasingverträgen und solchen zwischen Unternehmern.[281] **L403**

Sofern dem Leasingnehmer durch den Mangel des Fahrzeugs die Nutzungsmöglichkeit tatsächlich entzogen wird, haftet ihm der **Lieferant** auf Ersatz des Ausfallschadens, sofern er den Mangel zu vertreten hat oder sich mit der Nacherfüllung in Verzug befindet (Rdn. L495 ff.).[282] Der Schaden des Leasingnehmers besteht u. a. darin, dass er trotz Unbenutzbarkeit des Leasingfahrzeugs die Leasingraten entrichten muss. **L404**

Gegenüber dem Leasinggeber ist der Leasingnehmer nach § 536 Abs. 1 und § 320 BGB ausnahmsweise berechtigt, die Leasingraten bereits in der Phase der Nacherfüllung zurückzuhalten, wenn **L405**

- die Abtretung unwirksam ist, so dass es bei der mietrechtlichen Haftung des Leasinggebers verbleibt (Rdn. L96 ff.),
- der Leasinggeber sich – in einer für das Kfz-Leasing völlig untypischen Art und Weise nicht freigezeichnet und es bei der mietrechtlichen Haftung belassen hat,

276 *Wolf/Eckert/Ball*, Rn. 1861 ff.

277 *Graf von Westphalen*, Der Leasingvertrag, Kap. H Rn. 109, 110; *ders.* ZIP 2001, 2258; *ders.* DB 2001, 1291; *ders.* ZGS 2002, 64,67.

278 Urt. v. 7. 7. 1989, ZIP 1989, 1333, 1336; Urt. v. 7. 10. 1992, NJW 1993, ZIP 1993,130 ff.

279 BGH Urt. v. 16. 6. 2010 – VIII ZR 31/09 -; *Assies*, BKR 2002, 317, 318.

280 *Arnold* in Dauner-Lieb/Konzen/Schmidt, S. 589, 604; *Assies*, BKR 2002, 317, 318; *Beckmann*, FLF 2002, 46, 49; *Gebler/Müller*, ZBB 2002, 107, 114; *Zahn*, DB 2002, 985; *Reinking*, ZGS 2002, 229, 232; *Schmalenbach/Sester*, WM 2002, 2184, 2187.

281 *Zahn*, DB 2002, 986.

282 *Schmalenbach/Sester*, WM 2002, 2184, 2191.

– dem Leasingnehmer die Durchsetzung der abgetretenen Rechte gegen den Lieferanten nicht möglich oder zumutbar ist,[283]
– der Leasinggeber seine Ansprüche gegen den Leasingnehmer an den Lieferanten abgetreten hat, da hierdurch die Ansprüche aus den beiden Vertragsverhältnissen zusammengeführt werden.[284]

Entsprechend § 326 Abs. 2 BGB besteht in diesen Ausnahmefällen kein Leistungsverweigerungsrecht des Leasingnehmers, wenn er selbst für den Mangel und den damit verbundenen Verlust der Gebrauchsmöglichkeit verantwortlich ist.[285]

2. Nacherfüllung

a) Rechte und Pflichten des Leasingnehmers

L406 Als Zessionar der kaufrechtlichen Rechte und Ansprüche wegen Sachmängeln kann der Leasingnehmer vom Lieferanten primär Nacherfüllung nach § 439 BGB verlangen, wenn das Leasingfahrzeug einen Sachmangel aufweist. Hierbei sind die im Leasingvertrag und im Liefervertrag enthaltenen Regelungen zur Nacherfüllung zu beachten.

L407 Der Leasingnehmer eines Neufahrzeugs hat die Wahl zwischen der **Beseitigung des Mangels** und der **Lieferung eines anderen (mangelfreien) Fahrzeugs** (Rdn. 660 ff.). Bei einem Leasingvertrag über ein vom Leasingnehmer **ausgesuchtes Gebrauchtfahrzeug** besteht i. d. R. nur ein Anspruch auf Nachbesserung, da eine Ersatzlieferung nicht möglich ist.[286]

L408 Sofern es sich bei dem Liefervertrag um ein **beiderseitiges Handelsgeschäft** handelt, ist zur Erhaltung der Sachmängelansprüche erforderlich, dass das Fahrzeug sofort im Anschluss an durchgeführte Nachbesserungsarbeiten einer **Untersuchung** unterzogen wird und verbliebene und neue Mängel unverzüglich **gerügt** werden.[287] Die gleichen Pflichten bestehen im Falle einer Ersatzlieferung (Rdn. L325 ff.). Die Frist wird mit der Aushändigung des nachgebesserten bzw. der Auslieferung des ausgetauschten Fahrzeugs in Lauf gesetzt. Nach einer Entscheidung des OLG Hamm[288] tritt die Genehmigungsfiktion nach § 377 HGB auch bei einem Leasingvertrag mit einem **Verbraucher** ein, wenn dieser einen nach durchgeführter Nachbesserung am Fahrzeug auftretenden Mangel nicht unverzüglich rügt.

L409 Nach Abschn. XIII. Nr. 1 Abs. 2 der insoweit repräsentativen VDA-Muster-Leasing-AGB für privates Neuwagenleasing hat der Leasingnehmer das Recht und die Pflicht, die Ansprüche und Rechte wegen Sachmängeln im eigenen Namen und entsprechend den hierfür maßgeblichen Vorschriften bei einem vom **Hersteller anerkannten Betrieb** geltend zu machen. Er darf auf seine Ansprüche nicht ohne vorherige Zustimmung des Leasinggebers **verzichten** und muss den Leasinggeber umfassend und unverzüglich über die Geltendmachung von Rechten und Ansprüchen wegen Sachmängeln **informieren**. Der Leasinggeber übernimmt es, den Leasingnehmer bei Erfolglosigkeit der ersten Mängelbeseitigung bei der Durchsetzung des Mängelbeseitigungsanspruchs zu **unterstützen**.

---

283 *Beckmann* in Martinek/Stoffels/Wimmer-Leonhardt, § 27 Rn. 133.

284 BGH 5. 12. 1984, NJW 1985, 796.

285 *Beckmann* in Martinek/Stoffels/Wimmer-Leonhardt, § 27 Rn. 130, 131 m. w. N.

286 BGH 7. 6. 2006, NJW 2006, 2839; OLG Braunschweig 4. 2. 2003, DAR 2004, 169 (Ersatzlieferung bejaht bei Tageszulassung); LG Ellwangen 13. 12. 2002, NJW 2003, 517 (Ersatzlieferung bejaht beim Kauf eines konkreten beim Händler vorrätigen Neuwagens).

287 BGHZ 143, 307; OLG Saarland, 9. 9. 2010 – 8 U 367/09 – 92; *Mankowski*, NJW 2006, 865, 867; *Baumbach/Hopt*, HGB, 34. Aufl., § 377 Rn. 6; MüKo-HGB/*Grunewald*, § 777 Rn. 26, 88.

288 Urt. v. 6. 2. 2006, DAR 2006, 390.

All diese Regelungen sind sachdienlich, was aber nicht bedeutet, dass sie AGB- fest sind. Die in Abschn. XIII. Nr. 2 Abs. 2 der VDA-Muster-Leasing-AGB enthaltene Klausel, in der dem Leasingnehmer die Unterstützung des Leasinggebers nach der ersten erfolglosen Mängelbeseitigung zugesagt wird, erweckt beim durchschnittlichen Leasingnehmer den Eindruck, als sei er grundsätzlich verpflichtet, eine weitere Nachbesserungsmaßnahme zu dulden. Da ein solcher Regelungsgehalt mit § 440 BGB nicht in Einklang zu bringen ist, scheitert die Klausel an § 307 Abs. 2 Nr. 1 BGB. **L410**

Unklar bleibt, worauf sich die Formulierung in Abschn. XIII. Nr. 2 Abs. 1 der VDA-Muster-Leasing-AGB bezieht, welche besagt, dass die Geltendmachung der Sachmängelansprüche nach den „hierfür maßgeblichen Vorschriften" zu erfolgen hat. Damit können sowohl die gesetzlichen Bestimmungen als auch die einschlägigen AGB des Liefervertrages oder die Regelungen eines Garantievertrages gemeint sein. Mangels Konkretisierung fehlt der Regelung die **notwendige Transparenz**. Es ist außerdem erforderlich, dass die vom Leasingnehmer zu beachtenden Vorschriften dem Leasingvertrag und den dazu gehörenden Anlagen aufgeführt werden. **L411**

Unter der Voraussetzung, dass die AGB des Liefervertrages über ein Neufahrzeug (NWVB) wirksam in den Leasingvertrag einbezogen wurden, muss der Leasingnehmer die ihm – durch die Abtretung – auferlegten **Käufer- Informationspflichten** gegenüber dem Verkäufer beachten, wenn er eine **Drittwerkstatt** auf Nachbesserung in Anspruch nimmt. Der Verkäufer hat Anspruch darauf, dass ihn der Leasingnehmer unverzüglich informiert, wenn die erste von einer anderen Werkstatt erbrachte Nachbesserung erfolglos geblieben ist (Rdn. 650). Die Informationspflicht des Leasingnehmers gegenüber dem Verkäufer tritt neben seine gem. Abschn. XIII. Nr. 1 Abs. 5 der VDA-Muster-Leasing-AGB bestehende Pflicht zur umfassenden und unverzüglichen Information des Leasinggebers über die Geltendmachung von Sachmängelansprüchen, die bereits bei der erstmaligen Geltendmachung der Nachbesserung und ebenso bei einer Inanspruchnahme des Verkäufers zu erfüllen ist. **L412**

Verletzt der Leasingnehmer seine **Unterrichtungspflicht**, hat er dem Leasinggeber einen daraus erwachsenden Schaden zu ersetzen.[289]

b) Ersatzlieferung

Im Schrifttum überwiegt die Ansicht, dass der Anspruch auf Lieferung eines anderen (mangelfreien) Fahrzeugs – ebenso wie die Nachbesserung – im Rahmen des fortbestehenden Kauf- und Leasingvertrages vollzogen wird.[290] Für den Kaufvertrag folgt dies aus § 439 Abs. 4 BGB, wonach der Verkäufer die Rückgewähr der mangelhaften Sache nach Maßgabe der rücktrittsrechtlichen Vorschriften der §§ 346–348 BGB verlangen kann. Es findet weder eine Rückzahlung des Kaufpreises statt, noch wird eine Pflicht des Käufers zur erneuten Kaufpreiszahlung Zug um Zug gegen Lieferung des anderen Fahrzeugs begründet. **L413**

Hinsichtlich des Leasingvertrages erweist sich die im Schrifttum[291] anfangs favorisierte Anknüpfung an das für die Wandlung des Kaufvertrages entwickelte Lösungsmodell vom Fortfall der Geschäftsgrundlage als verfehlt, weil die Ersatzlieferung zum Vertragsinhalt gehört und nicht die Vertragsgrundlage darstellt. Sie dient der Erfüllung des Kaufvertrages und zugleich der Erfüllung der Gebrauchsüberlassungspflicht des Leasinggebers. Infolgedessen führt die Ersatzlieferung nicht zu einem Neubeginn oder einer Verlängerung des Leasingvertrages. In Abschn. XIII. Nr. 3 Abs. 3 der VDA-Muster-Leasing-AGB wird diese **L414**

---

289 BGH 13. 3. 1991, ZIP 1991, 521.

290 *Beckmann*, FLF 2002, 46, 50; *Zahn*, DB 2002, 985, 987; *Godefroid*, DB- Beil.zu Heft 27, 2002, S. 2, 6; sowie jetzt auch *Graf von Westphalen*, Der Leasingvertrag Kap. H Rn. 204.

291 *Graf von Westphalen*, ZIP, 2001, 2258, 2260.

Rechtslage ausdrücklich klargestellt. Danach lässt die Ersatzlieferung den Bestand des Leasingvertrages einschließlich der Zahlungsverpflichtungen des Leasingnehmers unberührt.

L415 Nach Abschn. XIII. Nr. 3 Abs. 1 VDA-Muster-Leasing-AGB hat der Leasingnehmer, wenn er sich für die Ersatzlieferung entscheidet, Anspruch auf ein fabrikneues baugleiches Fahrzeug mit identischer Ausstattung. Die Klausel erfüllt den Anspruch des Leasingnehmers auf ein **gleichwertiges** und **gleichartiges** Ersatzleasinggut.[292] In Abschn. XIII. Nr. 3. Abs. 2 der VDA-Muster-Leasing-AGB wird noch einmal auf die **Unterrichtungspflicht** des Leasingnehmers hingewiesen, um dem Leasinggeber die Mitwirkung bei der Eigentumsübertragung und die Erfüllung der Untersuchungs-und Rügeobliegenheiten nach § 377 HBG zu ermöglichen.

L416 Der Umtausch der Fahrzeuge hat **bilanz- und steuerrechtliche** Konsequenzen für den Leasinggeber. Er muss das alte Fahrzeug aus der Bilanz herausnehmen, das neue Fahrzeug in die Bilanz aufnehmen und eine neue AfA bilden.[293] Ob dies eventuell zu steuerlichen Schwierigkeiten führt, wenn die Restlaufzeit des ursprünglichen Leasingvertrages unterhalb der – im Mobilienerlass v. 22. 12. 1975[294] vorgesehenen – Schwelle von 40 % der betriebsgewöhnlichen Nutzungsdauer des ersatzweise gelieferten Leasingguts liegt, bedarf der Klärung.[295]

L417 Gegenüber der **Versicherung** ist der Fahrzeugwechsel vom Versicherungspflichtigen anzuzeigen und ggf. ein neuer Versicherungsvertrag abzuschließen. Sollten sich dadurch die Konditionen zum Nachteil des Versicherungspflichtigen verändern, hat der Lieferant die Mehrkosten nach § 280 BGB zu tragen, wenn er den Nachweis schuldig bleibt, dass er die zur Ersatzlieferung führende Pflichtverletzung nicht zu vertreten hat.

L418 Ob die Mehrkosten (verschuldensunabhängig) von § 439 Abs. 2 BGB erfasst werden, ist unklar. Aufgrund der Entscheidung des EuGH v. 16. 6. 2011,[296] der zufolge dem Verbraucher nach Art. 3 Abs. 2 und 3 VerbrGKRL durch die Ersatzlieferung keine zusätzlichen Kosten entstehen dürfen, könnte man auf den Gedanken kommen, dem Leasingnehmer mit Verbraucherstatus aufgrund der gebotenen richtlinienkonformen Auslegung von § 439 Abs. 2 BGB einen Anspruch gegen den Verkäufer auf Erstattung des Teils der Versicherungsprämien zuzubilligen, den er infolge der Ersatzlieferung zusätzlich aufbringen muss. Diese Idee ist jedoch zu verwerfen, da es sich bei den erhöhten Versicherungsprämien um Kosten handelt, die infolge der Ersatzlieferung anfallen und im Gegensatz zu den „Aus- und Einbaukosten“ über die der EuGH zu befinden hatte, keinen unmittelbaren Bezug zur Kaufsache und deren Verwendung aufweisen.

Das bedeutet, dass gestiegene Versicherungskosten unter Umständen beim Leasingnehmer hängen bleiben, wenn er die Versicherung des Fahrzeugs übernommen hat. Da das bei einem Verbraucher-Leasingvertrag nach § 475 Abs. 1 S. 1 BGB unabdingbare Wahlrecht zwischen Nachbesserung und Ersatzlieferung dadurch faktisch beeinträchtigt wird, ist vom Leasinggeber zu verlangen, dass er den Leasingnehmer gegen derartige Zusatzkosten absichert. Als Begünstigter einer vom Leasingnehmer abzuschließenden Versicherung für fremde Rechnung besitzt er die Möglichkeit, mit dem Versicherer eine entsprechende Abrede zu treffen.

---

292 *Beckmann*, § 2 Rn. 341.

293 *Graf von Westphalen*, Der Leasingvertrag, Kap. H Rn. 186.

294 BB 1976, 72

295 Nach Ansicht von *Tiedke/Möllmann*, DB 2004, 587 und *Beckmann* in Martinek/Stoffels/Wimmer-Leonhardt, § 26 Rn. 87 wird die Stellung des Leasinggebers als wirtschaftlicher Eigentümer durch die Wertberichtigung nicht tangiert; a. A. *Graf von Westphalen*, Der Leasingvertrag, Kap. H Rn. 211.

296 NJW 2011, 2269, dazu *Lorenz*, NJW 2011, 2241 ff.

Im Vergleich zur Nachbesserung ist die Ersatzlieferung für den Leasingnehmer die günstigere Alternative, da er ein neues Fahrzeug bekommt, für das am Vertragsende in aller Regel ein **höherer Verwertungserlös** erzielt wird, an dem er – je nach Art des Vertragsmodells – mehr oder weniger partizipiert.[297] Auch bei einer vorzeitigen Vertragsbeendigung wirkt sich ein höherer Verkehrswert des Fahrzeugs zu seinen Gunsten aus. Durch die Ersatzlieferung erfährt der Leasingnehmer auch insoweit eine Besserstellung, als die Fristen für die Verjährung der Sachmängelrechte und für die Beweislastumkehr neu in Lauf gesetzt werden. **L419**

Es wird empfohlen, in AGB des Leasingvertrages eine erneute **Übernahmebestätigung**[298] vorzusehen und im kaufmännischen Verkehr dem Leasingnehmer wiederum die **Untersuchungs- und Rügeobliegenheit** gem. § 377 HGB aufzuerlegen.[299] **L420**

Sofern der Leasingvertrag keine konkreten Regelungen enthält, ist die Abtretungsklausel teleologisch dahingehend auszulegen, dass der Leasingnehmer berechtigt sein soll, die Lieferung an sich selbst, Übereignung aber nur an den Leasinggeber zu verlangen.[300] Die Übereignung vollzieht sich nach den Grundsätzen des Geheißerwerbs, wobei der Leasingnehmer stellvertretend für den Leasinggeber handelt.[301]

Vom Lieferanten im Zuge der Nachlieferung zu erstattende notwendige **Verwendungen** oder **andere Aufwendungen** (§ 347 Abs. 2 BGB), die der Leasinggeber als Käufer zu beanspruchen hat, stehen – im Innenverhältnis – dem Leasingnehmer zu, soweit sie bei ihm angefallen sind und er die Kosten hierfür getragen hat. Die Frage, ob dem Leasingnehmer ein Direktanspruch gegen den Lieferanten zuzubilligen ist, wurde – soweit ersichtlich – noch nicht entschieden, dürfte aber – wie im Falle des Rücktritts – (Rdn. L449, L450) zu bejahen sein. **L421**

c) Wertersatz für die Nutzung des mangelhaften Fahrzeugs

Die Auswirkungen von § 474 Abs. 2 S. 1 BGB auf Kfz-Leasingverträge mit **Verbrauchern** sind noch nicht abschließend geklärt. Dem Verbraucherleasingnehmer verschafft die auf das EuGH-Urteil v. 17. 4. 2008[302] zurückgehende Gesetzesergänzung keinen Vorteil, da ihm aufgrund des Leasingvertrages die Verpflichtung zur Zahlung der Leasingraten auferlegt ist, die durch die Ersatzlieferung nicht rückwirkend hinfällig wird. **L422**

Dem Leasinggeber kommt § 474 Abs. 2 S. 1 BGB ebenfalls nicht zugute. Als Käufer mit dem Status eines Unternehmers muss er für das ausgetauschte mangelhafte Leasingfahrzeug dem Lieferanten die Nutzungen vergüten,[303] obwohl sie nicht von ihm sondern von dem Leasingnehmer gezogen wurden. Gegen den Leasingnehmer besitzt er keinen Erstattungs- oder Freistellungsanspruch nach § 812 BGB, da dieser das Fahrzeug nicht rechtsgrundlos genutzt hat und ihm eine doppelte Vergütung für die gleiche Leistung nicht abverlangt werden kann.[304] **L423**

In Fällen, in denen der Leasinggeber den Kfz-Kaufvertrag eines Verbrauchers übernimmt oder in einen solchen Kaufvertrag eintritt, stellt sich die Problematik nicht, da der **L424**

297 *Graf von Westphalen*, Der Leasingvertrag, Kap. H Rn. 186.

298 *Beckmann* in Martinek/Stoffels/Wimmer-Leonhardt, § 26 Rn. 86.

299 *Assies*, BKR 2002, 317, 319.

300 *Reiner/Kaune*, WM 2002, 2314, 2318.

301 Ausführlich *Schmalenbach/Sester*, WM 2002, 2184, 2188; Klauselempfehlung von *Beckmann*, FLF 2002, 46, 50.

302 NJW 2008, 1433

303 BGH 26. 11. 2008, ZIP 2009, 176; *Graf von Westphalen*, ZGS 2007, 219; *Schulz*, Finanzierungsleasing unter Verbraucherbeteiligung, S. 151.

304 *Löbbe*, BB-Beilage 6, 2003,/,10; *Reinking*, DAR 2002, 496, 500; *Schulz*, Finanzierungsleasing unter Verbraucherbeteiligung, S. 152.

Kaufvertrag weiterhin dem Anwendungsbereich der §§ 474 ff. BGB unterstellt bleibt (s. dazu sowie zum Bestelleintritt Rdn. L173, L174).

L425 Eine im Leasingvertrag enthaltene **Klausel**, die den Leasingnehmer verpflichtet, dem Leasinggeber eine von ihm an den Lieferanten gezahlte Nutzungsvergütung zu erstatten, scheitert an § 307 Abs. 2 Nr. 1 BGB.[305] Die Klausel wird nicht dadurch wirksam, dass der Leasinggeber den Leasingnehmer an einem höheren Restwert des Ersatzfahrzeugs beteiligt,[306] da beim Kfz-Leasing in hohem Maße ungewiss ist, ob und in welcher Höhe am Vertragsende ein Mehrwert erzielt werden kann. Dies liegt vor allem daran, dass ein im Austausch geliefertes Leasingfahrzeug durch die Ingebrauchnahme sofort erheblich an Wert verliert (üblicherweise sind es 15–20 %) und bei längerer Nutzungsdauer eine Angleichung an den Wertverlust des ursprünglichen Fahrzeugs stattfindet. Es kann durchaus sein, dass die im Endeffekt niedrigere Laufleistung und das geringere Alter des Ersatzfahrzeugs bei der Verwertung nicht oder kaum werterhöhend zu Buche schlagen. Da sich nicht absehen lässt, ob und in welcher Größenordnung die Nutzungsentschädigung durch einen möglicherweise erzielbaren höheren Fahrzeugerlös kompensiert wird, eignet sich eine solche Regelung nicht zur Rettung der Klausel. Zudem würde eine Klausel, die dem Leasingnehmer den gesamten Mehrerlös zuweist, die Zuordnung des wirtschaftlichen Eigentums beim Leasinggeber und die damit einhergehende steuerliche Konzeption des Leasingvertrages gefährden.

L426 Zu verwerfen ist auch der Vorschlag, den nachlieferungsbedingten **Mehrerlös** am Vertragsende in dem Verhältnis **aufzuteilen**, in dem sich der Amortisationsfehlbetrag und der vom Leasingnehmer zu erstattende Betrag der Nutzungsvergütung gegenüberstehen. Durch eine solche Quotelung würde eine Mehrerlösbeteiligung, die der Leasingnehmer bei erlasskonformer Vertragsgestaltung des Leasingvertrages mit Restwertabsicherung ohnehin zu beanspruchen hätte, weitgehend entwertet.

L427 Die Idee, den Leasingvertrag erst im **Zeitpunkt der Übergabe** des ersatzgelieferten Fahrzeugs in Lauf zu setzen und dem Leasingnehmer bis dahin lediglich eine Gebrauchsvergütung abzuverlangen, die betragsmäßig derjenigen entspricht, die der Leasinggeber dem Lieferanten zu vergüten hat,[307] führt ebenfalls nicht zum Ziel, weil einer solchen Vertragsgestaltung durchgreifende AGB-rechtliche Bedenken insbesondere wegen der **zeitlichen Unbestimmtheit** der Vertragslaufzeit entgegenstehen. Das gleiche gilt für die Empfehlung,[308] dem Leasingnehmer die Option einzuräumen, den Leasingvertrag am Vertragsende kostenlos um den Zeitraum fortzusetzen, der dem vom Laufzeitbeginn bis zur Ersatzlieferung entspricht. Eine solche Klausel wäre allenfalls hinnehmbar, wenn dem Leasingnehmer die Wahl belassen würde, den Vorschlag anzunehmen oder auszuschlagen.[309]

L428 Eine neben die Pflicht zur Zahlung der Leasingraten tretende vertragliche Pflicht zur Erstattung der Nutzungsvergütung lässt sich schließlich nicht mit der Begründung rechtferti-

---

305 *Beckmann* in Martinek/Stoffels/Wimmer-Leonhardt, § 26 Rn. 92; *Graf von Westphalen*, Der Leasingvertrag Rn. 194; *Schulz*, Finanzierungsleasing unter Verbraucherbeteiligung, S. 153; *Reinking* in Reinking/Kessler/Sprenger, § 8 Rn. 29; *Zahn*, DB 2002, 496 ff.; a. A. *Assies*, BKR, 2002, 317,319; *Reinicke/Möllmann*, DB 2004, 583,587.

306 *Zahn*, DB 2002, 985, 986; *Wolf/Eckert/Ball*, Rn. 1883; *Schulz*, Finanzierungsleasing unter Verbraucherbeteiligung, S. 152; a. A. *Jaeggy*, BB–Beilage 5, 2002, 14, 18 ff.; ebenso *Godefroid*, BB-Beilag 5, 2002, 6 ff.; *Tiedtke/Möllmann*, DB 2004, 583, 587; *Graf von Westphalen*, ZGS 2007, 219, 226 eingeschränkt auf Teilamortisationsverträge mit Mehrerlösbeteiligung.

307 *Reinking*, ZGS 2002, 229, 233; *Schulz*, Finanzierungsleasing unter Verbraucherbeteiligung, S. 155; *Kroiß/Reinking/Koyka*, Klauselbuch Schuldrecht, § 14 Rn. 96.

308 *Beckmann*, FLF 2002, 46, 51; befürwortend *Godefroid*, BB-Beilage 5, 2002, 2, 6; sowie Vorschlag des Bundesverbandes Deutscher Leasing-Unternehmen abgedr. bei *Graf von Westphalen*, ZGS 2007, 219, 225 Fn. 35.

309 *Wolf/Eckert/Ball*, Rn. 1820; *Schulz*, Finanzierungsleasing unter Verbraucherbeteiligung, S. 157.

gen, der Leasingnehmer sei durch die Abtretungskonstruktion einem **Käufer gleichgestellt** und müsse sich deshalb damit abfinden, wie ein Käufer für den Gebrauch der mangelhaften Sache eine Vergütung zu zahlen.[310] Für den Verbraucherleasingnehmer geht diese Argumentation schon deshalb ins Leere, weil ihm als Käufer eines Verbrauchsgüterkaufs eine solche Verpflichtung grundsätzlich nicht auferlegt werden darf.[311] Außerdem verkennt sie, dass die in der Abtretungskonstruktion enthaltene Freizeichnung von der Vermieterhaftung voraussetzt, dass der Leasinggeber die Folgen, die sich aus der Geltendmachung der kaufrechtlichen Sachmängelrechte ergeben, unbedingt und einschränkungslos akzeptiert. Der dem Verkäufer geschuldete Wertersatz für die Nutzung gehört zu eben diesen vom Leasinggeber hinzunehmenden Konsequenzen. Dass der Vergleich des Leasingnehmers mit einem Käufer fehl am Platz ist, zeigt sich schließlich auch daran, dass eine vom Käufer zu entrichtende Vergütung für den Gebrauch der mangelhaften Kaufsache durch den höheren Zeitwert der Ersatzsache sofort und in voller Höhe kompensiert wird, während der Leasingnehmer (entsprechende Vertragsgestaltung vorausgesetzt) erst am Vertragsende von deren – zu diesem Zeitpunkt noch vorhandenen – höheren Wert profitiert. Ein weiterer Vorteil für den Käufer besteht schließlich darin, dass er als Gegenwert für die Nutzungsentschädigung eine insgesamt längere Gesamtnutzungsdauer als ein Leasingnehmer erhält.

Nach alledem führt kein Weg daran vorbei, die mit der Ersatzlieferung verbundenen Nachteile innerhalb des Leasingvertrages der **Sphäre des Leasinggebers** zuzuweisen.[312] Hiervon abweichende Regelungen in AGB sind zu missbilligen. Es ist bereits zweifelhaft, ob sie wegen ihres überraschenden Inhalts überhaupt Vertragsbestandteil werden (§ 305c BGB), da der Leasingnehmer normalerweise nicht damit rechnet, dass er mit zusätzlichen Kosten belastet wird, von denen im individuell gestalteten Teil des Leasingvertrages keine Rede ist. Jedenfalls aber liegt eine unangemessene Benachteiligung des Leasingnehmers vor, so dass Klauseln, die das Risiko der Nutzungsvergütung im Falle der Ersatzlieferung auf den Leasingnehmer verlagern, die Wirksamkeit nach § 307 BGB zu versagen ist. Dies gilt für den Geschäftsverkehr mit Verbrauchern und Unternehmern gleichermaßen, da auch letzteren nicht zugemutet werden kann, für die gleiche Leistung doppelt in Anspruch genommen zu werden. **L429**

Trägt der Leasinggeber das Risiko der Nutzungsvergütung, dann steht außer Frage, dass ihm in seiner Eigenschaft als rechtlicher und wirtschaftlicher Eigentümer des Leasinggutes die am Vertragsende verbleibende **Höherwertigkeit** des Fahrzeugs zusteht, soweit diese auf die Ersatzlieferung zurückzuführen ist. Soweit der Mehrerlös nicht auf die Ersatzlieferung sondern darauf beruht, dass der Marktwert des Leasingfahrzeugs gestiegen ist, greifen die im Leasingvertrag enthaltenen Regelungen zur Mehrerlösbeteiligung. **L430**

Die **Beteiligung des Leasingnehmers** an einem auf der Ersatzlieferung beruhenden Mehrerlös erscheint durchaus angebracht, wenn er das mangelhafte Fahrzeug bis zur Ersatzlieferung nicht oder nur eingeschränkt nutzen konnte und in dieser Zeit die vollen Leasingraten an den Leasinggeber gezahlt hat. Da der Leasingnehmer nach nahezu einhelliger Auffassung wegen eines Sachmangels kein Leistungsverweigerungsrecht hinsichtlich der Leasingraten besitzt, er also bis zum Fehlschlagen der Nacherfüllung das Gebrauchsrisiko trägt, kann ihm eine Mehrerlösbeteiligung nur insoweit zugestanden werden, als der Mehrerlös zusammen mit den vom Leasingnehmer geleisteten Zahlungen das Vollamortisationsinteresse des Leasinggebers übersteigt. Hierzu bedarf es allerdings entsprechender Regelungen im Leasingvertrag. **L431**

---

310 *Jaggy*, BB 2002 Beil.5, 14 ff., 19.
311 EuGH 17. 4. 2008, NJW 2008, 1433.
312 A. A. *Wolf/Eckert/Ball*, Rn. 1883, die für eine Risikoteilung eintreten.

L432 Der im Schrifttum unterbreitete Vorschlag, den **Lieferanten** einzubinden und ihm zumindest einen Teil der Mehrkosten zuzuweisen, da er diese letzten Endes mit einer nicht ordnungsgemäßen Leistung provoziert hat,[313] lässt sich ebenfalls nur durch eine entsprechende **Ausgestaltung des Beschaffungsvertrages** realisieren. Ohne Vertragsregelung würde die Kürzung des Anspruchs auf Nutzungsvergütung im Wege einer teleologischen Reduktion von § 346 Abs. 1 BGB auf eine verdeckte Schadensersatzverpflichtung des Lieferanten hinauslaufen, für die die gesetzlichen Voraussetzungen fehlen, wenn dieser den Mangel nicht zu vertreten hat.

Da – wie an anderer Stelle gezeigt wurde – die Ersatzlieferung für den Neuwagenkauf keine bedeutende Rolle spielt und beim Gebrauchtwagenkauf ohnehin nur in Ausnahmefällen in Betracht kommt, kann die Kfz-Leasingbranche mit der komplizierten rechtlichen Problematik relativ entspannt umgehen.

3. Rücktritt vom Kaufvertrag

a) Außergerichtliche und prozessuale Vorgehensweise

L433 Wenn feststeht, dass die vom Leasingnehmer gewählte Art der Nacherfüllung fehlgeschlagen ist, steht es ihm frei, entweder auf die subsidiären in § 437 Nr. 2 und Nr. 3 BGB aufgeführten Rechte zuzugreifen oder den Anspruch auf Nacherfüllung weiter zu verfolgen, wobei auch ein Wechsel auf den alternativ bestehenden Anspruch nicht ausgeschlossen ist (Rdn. 862).

L434 Der Leasinggeber kann den Rücktritt nach dem Scheitern der Nacherfüllung nicht dadurch abwenden, dass er dem Leasingnehmer im Austausch ein mangelfreies Ersatzfahrzeug anbietet.[314] Eine **Klausel** im Leasingvertrag, die das Rücktrittsrecht des Leasingnehmers durch einen Anspruch auf Lieferung eines anderen mangelfreien Fahrzeugs des gleichen Typs ersetzt, wahrt die Interessen des Leasingnehmers nicht angemessen, da § 439 Abs. 1 BGB dem Leasingnehmer diesen Anspruch bereits auf der vorrangigen Anspruchsebene der Nacherfüllung gegen den Verkäufer zubilligt.

L435 Wegen des Erfordernisses der unbedingten und vorbehaltlosen Abtretung der Sachmängelrechte ist der Leasingnehmer berechtigt, die in § 437 Nr. 2 und Nr. 3 BGB aufgeführten Sekundärrechte (Rücktritt, Minderung, Schadensersatz, Ersatz vergeblicher Aufwendungen) **ohne Mitwirkung** des Leasinggebers gegenüber dem Lieferanten geltend zu machen. Der Leasinggeber darf die Art und Weise der Anspruchsverfolgung nicht von der Einhaltung bestimmter Abwicklungsmodalitäten abhängig machen, wenn hierdurch die Sachmängelansprüche des Leasingnehmers eingeschränkt werden.

L436 Unzulässig ist die Auferlegung einer **Klagepflicht**, da dem Leasingnehmer aufgrund der leasingtypischen Abtretungskonstruktion nicht die Möglichkeit genommen werden darf, sich mit dem Lieferanten einvernehmlich auf eine Rückabwicklung zu verständigen. Es ist dem Leasinggeber allerdings gestattet, sachdienliche Anweisungen zu erteilen (z. B. Rückzahlung des Kaufpreises an den Leasinggeber zu beantragen) und den Leasingnehmer ggf. unter gleichzeitiger Freistellung vom Kostenrisiko zu beauftragen, **Aufwendungs-** und **Schadensersatzansprüche** geltend zu machen, die ihm als Leasinggeber gegen den Lieferanten zustehen.[315]

L437 Einigen sich Leasingnehmer und Lieferant außergerichtlich auf eine Rückabwicklung des Kaufvertrages, ist der Leasinggeber daran **gebunden**, sofern Leasingnehmer und Lie-

313 *Schulz*, Finanzierungsleasing unter Verbraucherbeteiligung, S. 157 ff.
314 BGH 2. 12. 1981, BB 1982, 208.
315 *Beckmann* in Martinek/Stoffels/Wimmer-Leonhardt, § 25 Rn. 36 ff.

ferant nicht kollusiv zu seinem Nachteil gehandelt haben.[316] Er kann die Einigung nicht von seiner Zustimmung abhängig machen und den Leasingnehmer nicht zu einer gerichtlichen Durchsetzung der Ansprüche zwingen.

Nach einer Entscheidung des OLG Koblenz ist von einem **Einverständnis** des Verkäufers mit der vom Leasingnehmer verlangten Rückabwicklung des Kaufvertrages auszugehen, wenn er das als mangelhaft beanstandete Fahrzeug beim Leasingnehmer abholt und dabei auch die Kfz-Papiere, sämtliche Fahrzeugschlüssel und das komplette Zubehör an sich nimmt, ohne das reparierte Fahrzeug dem Leasingnehmer wieder anzubieten.[317]

Kommt es zu keiner außergerichtlichen Einigung, hat der Leasingnehmer das Recht und die Pflicht, den Rücktritt im Klagewege geltend zu machen. Aufgrund der Abtretungskonstruktion ist er prozessführungsbefugt.[318] Den Nachweis seiner **Aktivlegitimation** kann er durch **Vorlage des Leasingvertrages** erbringen. **L438**

Hinsichtlich der dem Leasinggeber zustehenden Ansprüche handelt der Leasingnehmer als gewillkürter **Prozessstandschafter**.[319] Die Unwirksamkeit der Abtretungskonstruktion beseitigt nicht die Aktivlegitimation des Leasingnehmers; materiellrechtlich handelt er dann in GoA für den Leasinggeber.[320] **L439**

Über die **Einleitung des Prozessverfahrens** muss der Leasingnehmer den Leasinggeber umfassend **unterrichten**. Die Verpflichtung hierzu ergibt sich aus der Abtretungskonstruktion und den damit zusammenhängenden Konsequenzen für den Leasinggeber (Leistungsverweigerungsrecht des Leasingnehmers in Bezug auf die Leasingraten und Rückgängigmachung des Leasingvertrages).[321] Die Regelung in Abschn. XIII. Abs. 5 VDA-Muster-Leasing-AGB hat lediglich eine klarstellende Funktion. Verletzt der Leasingnehmer seine Unterrichtungspflicht, kann dem Leasinggeber daraus ein auf Freistellung von den Folgen des Rücktritts gerichteter Schadensersatzanspruch erwachsen, zu dessen Substantiierung er vortragen muss, was er bei rechtzeitiger Mitteilung zur Vermeidung seines durch den Rücktritt entstandenen Schadens unternommen hätte.[322] **L440**

Der Leasinggeber hat die **Mitwirkungspflicht**, dem Leasingnehmer die zur Prozessführung erforderlichen **Informationen** zu erteilen und ihm die **Beweismittel** zur Verfügung zu stellen. Für den Klageantrag muss der Leasingnehmer wissen, welchen Kaufpreis der Leasinggeber an den Lieferanten gezahlt hat, an welchem Tag die Zahlung geleistet wurde und welchen Zinssatz er geltend machen soll. **L441**

Wegen der Bindungswirkung des Lieferprozesses ist eine **Streitverkündung** an den Leasinggeber nicht erforderlich, weder von Seiten des Leasingnehmers noch von Seiten des Lieferanten.[323] Für den Leasinggeber kann es ratsam sein, dem Prozess auf Seiten des Leasingnehmers oder auf Seiten des Lieferanten als **Streithelfer** beizutreten; er darf sich aber nicht in Widerspruch zu Erklärungen der von ihm unterstützten Partei setzen.[324] **L442**

Aus der Abtretungskonstruktion – wie auch aus der Ermächtigungskonstruktion – ergibt sich für den im Wege der **Leistungsklage** gegen den Lieferanten vorgehenden Leasingnehmer die Notwendigkeit, den Klageantrag dahingehend zu formulieren, dass die Rückzah- **L443**

316 BGH 27. 2. 1985, WM 1985, 573.
317 Urt. v. 13. 7. 2006 – 5 U 1847/06 – zit. in ZAP Nr. 6 vom 14. 3. 2007 S. 273.
318 Zöller/*Vollkommer*, ZPO vor § 50 Rn. 18, 42 ff.
319 BGH 23. 2. 1977, NJW 1977, 848; *Beckmann* in Martinek/Stoffels/Wimmer-Leonhardt, § 28 Rn. 5 und 6.
320 *Ehlert* in Bamberger/Roth, § 535 Rn. 76.
321 BGH 16. 9. 1981, NJW 1982, 105.
322 BGH 13. 3. 1991, ZIP 1991, 521.
323 BGH 7. 10. 1992, NJW 1993, 122.
324 *Beckmann* in Martinek/Stoffels/Wimmer-Leonhardt, § 28 Rn. 35 m. w. N.

lung des Kaufpreises zuzüglich Zinsen an den **Leasinggeber**[325] zu erfolgen hat, Zug um Zug (§ 348 BGB) gegen Herausgabe des Leasingfahrzeugs (Rdn. 1266). Eine Klage auf Zustimmung zum Rücktritt ergibt keinen Sinn und für eine Klage auf Feststellung der Wirksamkeit des Rücktritts fehlt das Feststellungsinteresse,[326] es sei denn, der Leasingnehmer verfügt nicht über die für eine Leistungsklage erforderlichen Informationen zur Höhe des zwischen Leasinggeber und Lieferant vereinbarten Kaufpreises und dem Zeitpunkt der Zahlung. Kennt er die Sonderkonditionen, die der Leasinggeber mit dem Lieferanten vereinbart hat, muss er sie in seinem Klageantrag berücksichtigen. Er verletzt die aus der Abtretung resultierende Pflicht zur ordnungsgemäßen Geltendmachung der Sachmängelansprüche und haftet dem Leasinggeber auf **Schadensersatz**, wenn er – wie dies öfters geschieht – anstelle des Kaufpreises nur die von ihm gezahlten Leasingraten Zug um Zug gegen Herausgabe des Fahrzeugs verlangt.

L444 Falls der Leasingnehmer alle Ansprüche des Leasinggebers erfüllt und das Fahrzeug aufgrund eines vom Leasinggeber geltend gemachten Andienungsrechts oder einer Kaufoption erworben hat, kann er ausnahmsweise Zahlung des Kaufpreises an sich selbst verlangen.[327] Obwohl der Leasingnehmer nicht selbst Partei des Kaufvertrages ist, billigt ihm *Beckmann*[328]das Recht zu, beim nachträglichen Eintrittsmodell die Rückzahlung von **Voraus-, Abschlags- oder Anzahlungen** an sich selbst zu beantragen, die er an den Lieferanten gezahlt hat. Dem ist zuzustimmen, soweit[329] es sich um Zahlungen handelt, die auf den Kaufpreis gezahlt wurden und nicht Gegenstand der Leasingfinanzierung sind.

L445 Hat der Leasingnehmer seinen **Altwagen** beim Lieferanten **in Zahlung** gegeben, muss er dessen Rückgabe an den Leasinggeber verlangen, wenn das Fahrzeug noch zurückgegeben werden kann und der für das Altfahrzeug angerechnete Betrag als Mietsonderzahlung in den Leasingvertrag eingeflossen ist.[330] Diente die Inzahlungnahme der Kaufpreisreduzierung, kann der Leasingnehmer Rückgabe des Gebrauchtfahrzeugs an sich selbst verlangen. Im Falle einer Unmöglichkeit der Fahrzeugrückgabe ist Antrag auf Wertersatz zu stellen und je nach Verwendungszweck Zahlung an den Leasinggeber oder an den Leasingnehmer zu verlangen. Strittig ist, ob als Wertersatz der **Verkehrswert** des Altfahrzeugs oder dessen **Anrechnungspreis** in Ansatz zu bringen sind (Rdn. 1483 ff.).

L446 Der Leasinggeber besitzt gegen den Lieferanten Anspruch auf Herausgabe der **Zinsen,** die dieser durch die Kaufpreiszahlung **erzielt** oder **erspart** hat oder nach den Regeln einer ordnungsgemäßen Wirtschaft hätte erzielen können. Für die Zinsberechnung ist der **Nettokaufpreis** maßgeblich, da der regelmäßig zum Vorsteuerabzug berechtigte Lieferant die Mehrwertsteuer an das Finanzamt abführen muss, so dass ihm daraus keine Zinsvorteile erwachsen.[331]

Der Leasingnehmer muss den Zinsanspruch des Leasinggebers in dem auf Rückabwicklung des Kaufvertrages gerichteten Prozessverfahren geltend machen. Obwohl sich diese Verpflichtung bereits aus § 241 Abs. 2 BGB ergibt,[332] ist eine entsprechende Regelung in den Leasing-AGB durchaus sinnvoll. Versäumt der Leasingnehmer die Geltendmachung des Zinsanspruchs, kann darin eine – Schadensersatzansprüche des Leasinggebers begrün-

---

325 OLG Düsseldorf 23. 11. 1989, NJW-RR 1990, 1143 – zur Klage auf Zustimmung zur Wandlung –; a. A. *Beckmann*, § 6 Rn. 66, 50.

326 *Beckmann*, § 6 Rn. 63.

327 *Beckmann*, § 6 Rn. 72 entgegen OLG Köln 3. 11. 1995, NJW-RR 1996, 559.

328 § 6 Rn. 73.

329 *Beckmann*, § 6 Rn. 82.

330 BGH 30. 10. 2002, WM 2003, 792.

331 OLG Hamm 5. 8. 2010 – I 28 U 22/10.

332 *Kather*, CR 1988, 470; *Beckmann* in Martinek/Stoffels/Wimmer-Leonhardt, § 28 Rn. 46; a. A. OLG Köln 3. 11. 1995, NJW-RR 1996, 559, 561.

dende – Pflichtverletzung liegen, durch die der Leasingnehmer seine eigenen, gegen den Leasinggeber gerichteten Ansprüche auf Herausgabe der Zinsen aufs Spiel setzt. Da das Rücktrittsrecht keinen Anspruch auf Regelverzinsung des Kaufpreises vorsieht, fällt es in den Aufgabenbereich des Leasingnehmers, Höhe und Erzielbarkeit der Zinsen konkret darzulegen und unter Beweis zu stellen. Hierbei ist er auf die Mitwirkung und Unterstützung des Leasinggebers angewiesen.

Wurde die zum Rücktritt führende Pflichtverletzung vom Lieferanten verschuldet, hat er dem Leasinggeber im Wege des Schadensersatzes die vergeblich aufgewendeten **Refinanzierungskosten** und den **entgangenen Gewinn** zu ersetzen. **L447**

Eine rechtskräftige Verurteilung des Lieferanten, die nicht unbedingt auf Grund streitiger Verhandlung ergangen sein muss, sondern auch auf dessen Säumnis beruhen kann, muss der Leasinggeber gegen sich geltend lassen. Zur Annahme eines **kollusiven Zusammenwirkens** reicht allein der Umstand, dass der Leasinggeber ein Versäumnisurteil gegen sich hat ergehen lassen, nicht aus.[333] Er kann sich nicht darauf berufen, ihm sei keine Gelegenheit zur Mitwirkung und Wahrung seiner Rechte eingeräumt worden.[334] Mit allen Einwendungen, die sich gegen die Feststellung von Mängeln und das Recht zur Geltendmachung solcher Mängel richten, ist der Leasinggeber ausgeschlossen. Er wird nicht damit gehört, Mängelansprüche seien durch rügelose Abnahme verfallen oder die Verjährung sei schon vor Beginn des Prozessverfahrens wegen der Sachmängel eingetreten.[335] **L448**

Einen **Verzicht** des Leasingnehmers auf Rückzahlungsansprüche aus dem Kaufvertrag muss sich der Leasinggeber nicht entgegenhalten lassen, es sei denn, er hat seine vorherige Zustimmung erteilt.[336] Dies ist in Abschn. XIII. Nr. 1 Abs. 3 VDA-Muster-Leasing-AGB ausdrücklich vorgesehen. Nach Ansicht von *Beckmann*[337] liegt darin eine mit der Abtretungskonstruktion nicht zu vereinbarende Beschränkung der dem Leasingnehmer zustehenden Verfügungs- und Vergleichsbefugnis. **L449**

Notwendige **Verwendungen** und andere **Aufwendungen** sind von der Abtretungserklärung mitumfasst und vom Lieferanten nach § 347 Abs. 2 BGB zu ersetzen, letztere jedoch nur insoweit, als der Verkäufer durch sie bereichert ist. Für Aufwendungen und Verwendungen, die er selbst getätigt hat, kann der Leasingnehmer **Zahlung an sich selbst** verlangen, obwohl er nicht Partei des Kaufvertrages ist.[338] Dies gilt auch für Ansprüche gegen den Lieferanten aus § 439 Abs. 2 BGB und aus Zusatzverträgen zum Kaufvertrag, die aufgrund eines vorhandenen Einheitswillens zusammen mit dem Leasingvertrag rückabgewickelt werden.[339] **L450**

Ersatzansprüche des Leasingnehmers für Aufwendungen im Zusammenhang mit der Nacherfüllung und solche für **notwendige Verwendungen** und **nützliche Aufwendungen** fallen unter die nachrangige Haftung des Leasinggebers. Dieser kann sich gegenüber dem Leasingnehmer nicht darauf berufen, er habe die Ansprüche beim Lieferanten nicht realisieren können. **L451**

Hinsichtlich der **Rechtsverfolgungskosten** ist zu beachten, dass es sich bei der Rückabwicklung eines Kfz-Leasingvertrages generell nicht um eine Einfachangelegenheit handelt, **L452**

333 BGH 13. 3. 1991, ZIP 1991, 519.
334 BGH 27. 2. 1985, WM 1985, 573.
335 BGH 13. 3. 1991, ZIP 1991, 519.
336 BGH 24. 6. 1992, WM 1992, 1609, *Wolf/Eckert/Ball*, Rn. 1904.
337 In *Martinek/Stoffels/Wimmer-Leonhardt*, § 27 Rn. 24 ff., 27; § 28 Rn. 37 ff.
338 *Beckmann* in Martinek/Stoffels/Wimmer-Leonhardt, § 28 Rn. 73; § 26 Rn. 101 ff.
339 BGH 14. 7. 1993, NJW 1993, 2436.

weil ein Dreiecksverhältnis vorliegt. Aus diesem Grunde ist eine 2,0-Anwaltsgebühr angemessen.[340]

L453 Erweist sich der Rücktritt als unbegründet, hat der Leasingnehmer die zurückgehaltenen Leasingraten zuzüglich der Zinsen an den Leasinggeber auszukehren. Außerdem haftet er dem Leasinggeber auf **Schadensersatz** gem. §§ 241 Abs. 2, 276, 280 BGB, es sei denn, er beweist, dass er die Pflichtverletzung nicht zu vertreten hat.[341]

L454 Ein vom Leasinggeber gegen den Leasingnehmer eingeleitetes Klageverfahren auf Zahlung der einbehaltenen Leasingraten ist wegen der **Vorgreiflichkeit** des die Sachmängel betreffenden Rücktrittsprozesses zwischen Leasingnehmer und Verkäufer nach § 148 ZPO **auszusetzen**.[342] Das Gleiche hat – umgekehrt – für eine auf § 313 Abs. 3 BGB gestützte Klage des Leasingnehmers zu gelten, mit der er die Rückabwicklung des Leasingvertrages verlangt.

b) Einbehalt der Leasingraten

aa) Voraussetzungen

L455 Der BGH[343] hält unter Geltung des modernisierten Schuldrechts daran fest, dass der Leasingnehmer, der wegen eines Sachmangels den Rücktritt vom Kaufvertrag erklärt hat, die Zahlung der Leasingraten erst dann vorläufig einstellen darf, wenn er aus dem erklärten Rücktritt **klageweise** gegen den Lieferanten vorgeht, falls dieser den Rücktritt nicht akzeptiert.[344] Die Ersetzung der Wandlung durch den Rücktritt und die damit verbundenen dogmatischen Änderungen haben seines Erachtens keine Auswirkungen auf die Interessenlage im Verhältnis zwischen Leasingnehmer und Leasinggeber. Danach fällt es – wie schon zuvor – grundsätzlich in den Aufgabenbereich des Leasingnehmers, eine gerichtliche Klärung herbeizuführen, wenn der **Lieferant** mit dem Rücktritt **nicht einverstanden** ist.

L456 **Akzeptiert** der Lieferant den Rücktritt, darf der Leasingnehmer die **Raten sofort einbehalten**, da das Klageerfordernis entfällt. Auch insoweit hat sich durch die Schuldrechtsreform nichts geändert. Früher war das Einverständniss des Verkäufers erforderlich, um den Vollzug der Wandlung herbeizuführen, heute dient es dazu, die Wirksamkeit des Rücktritts streitlos zu stellen.

L457 Die Ausführungen des BGH zum Recht des Leasingnehmers auf Einbehalt der Leasingraten nach erklärtem Rücktritt wegen eines Sachmangels gelten auch für alle anderen in § 437 Nr. 2 und 3 BGB aufgeführten **Sekundärrechte** unabhängig davon, ob sie den Kaufvertrag rechtsgestaltend verändern oder ob sie lediglich Anspruchscharakter besitzen.[345] Zu letzteren zählen Schadensansprüche statt und neben der Leistung und Ansprüche auf Ersatz vergeblicher Aufwendungen.

L458 Entscheidet sich der Leasingnehmer für eine Rückabwicklung des Kaufvertrages im Wege des Schadensersatzes statt der **ganzen** Leistung (sog. **großer Schadensersatz**)[346]

340 LG Ulm 24. 1. 2007 – 1 S 91/06, n. v.

341 *Graf von Westphalen*, ZIP 2001, 2258, 2261.

342 BGH 19. 2. 1986, NJW 1986, 1744 ff.

343 Urt.v.16. 6. 2010, NJW 2010, 2798.

344 Ebenso *Wolf/Eckert/Ball*, Rn. 1895; *Beckmann*, Finanzierungsleasing, § 5 Rn. 26, 217; *ders.* FLF 2006, 34 ff. m. w. N.; *ders.* in Martinek/Stoffels/Wimmer-Leonhardt, § 27 Rn. 142; *Erman/Jendrek*, Anh. § 535 Rn. 32; MüKo/*Koch*, Leasing Rn. 104; Staudinger/*Stoffels*, Leasing, Rn. 244; *Schmidt* in Ulmer/Brandner/Hensen, AGB-Recht Teil 2 (19) Rn. 12; a. A. *Graf von Westphalen*, Der Leasingvertrag, Kap. H Rn. 123 ff.; *Reinking/Eggert* in der Voraufl. Der Autokauf, Rn. L 365; *Reinking/Kessler/Sprenger*, § 8 Rn. 47; *Löbbe*, BB-Beilage 6/2003, 11.

345 *Beckmann*, Finanzierungsleasing, § 5 Rn. 3.

346 Zum großen und kleinen Schadensersatz Palandt/*Grüneberg*, § 281 Rn. 45.

gem. § 281 Abs. 5 BGB, darf er – wie bei einem Rücktritt – die Raten bis zur rechtskräftigen Klärung des Anspruchs einbehalten,[347] wohingegen er im Falle der Geltendmachung des sog. **kleinen Schadensersatzes statt der Leistung** und der **Minderung** die Ratenzahlung nur so lange einbehalten oder kürzen darf, bis der Betrag erreicht ist, der – bezogen auf die Klageforderung – der Minderung des Leasingentgelts entspricht (Rdn. L487). Im Gegensatz dazu mindern Schadensersatzansprüche **neben** der Leistung (Rdn. L504) nicht den Finanzierungsaufwand des Leasinggebers. Sie fallen zusätzlich an und können daher nur mit den Leasingraten verrechnet werden, sofern kein Aufrechnungsverbot vereinbart wurde. Für § 320 BGB folgt daraus, dass der Leasingnehmer die Raten so lange einbehalten oder kürzen darf, bis die **Klagesumme** erreicht ist.

bb) Einbehalt der Leasingraten nach fehlgeschlagener Nacherfüllung

Es wurde bereits dargelegt, dass allein die Geltendmachung des Nacherfüllungsanspruchs[348] nicht zur Zahlungsverweigerung berechtigt (Rdn. L455). Etwas anderes mag freilich gelten, wenn der Mangel als solcher von Anfang an unstreitig ist, die Parteien jedoch über die **Art der Nacherfüllung** streiten und der Leasingnehmer gezwungen ist, den von ihm gewählten Anspruch im Klagewege geltend zu machen.[349] **L459**

Bislang nicht geklärt wurde die Frage, ob und unter welchen Voraussetzungen dem Leasingnehmer gegenüber dem Leasinggeber die Einrede des § 320 BGB zuzubilligen ist, wenn er nach dem Fehlschlagen der von ihm gewählten Art der Nacherfüllung weder vom Kaufvertrag zurücktritt noch Minderung oder Schadensersatz geltend macht, sondern weiterhin auf **Nacherfüllung** beharrt. **L460**

Im Schrifttum wird hierzu die Ansicht vertreten, dass dem Leasingnehmer die **Einrede des nicht erfüllten Vertrages** grundsätzlich **zu versagen** ist, solange das Stadium der Nacherfüllung andauert.[350] Dies würde jedoch dazu führen, dass der Leasingnehmer in seiner Rechtswahl erheblich eingeschränkt wäre. Außerdem ist nicht einsichtig, dass der Leasingnehmer im Fall des Festhaltens an der Nacherfüllung schlechter gestellt sein soll als bei der Geltendmachung der Sekundärrechte. Deshalb erscheint es – analog zur BGH-Entscheidung vom 16. 6. 2010[351] durchaus angemessen, dem Leasingnehmer den vorläufigen Einbehalt der Leasingraten zu gestatten, wenn er gezwungen ist, den fehlgeschlagenen Nacherfüllungsanspruch oder den Alternativanspruch klageweise geltend zu machen, weil der Lieferant den Anspruch bestreitet. Eine weitergehende Beschränkung auf diejenigen Fälle, in denen das Leasingfahrzeug mängelbedingt unbenutzbar ist, erscheint nicht notwendig, da diese Voraussetzung auch beim Rücktritt nicht verlangt wird. Es darf allerdings keine Unmöglichkeit der Nacherfüllung vorliegen.

cc) Ausgestaltung des Leistungsverweigerungsrechts in AGB

AGB in Leasingverträgen, die der Rechtsprechung des BGH zum Leistungsverweigerungsrecht des Leasingnehmers angepasst sind, verstoßen auch in einem Verbrauchergeschäft nicht gegen § 309 Nr. 2a BGB.[352] **L461**

347 *Beckmann*, Finanzierungsleasing, § 2 Rn. 291; *Graf v. Westphalen*, ZIP 2001, 2258, 2262; *Gebler/Müller*, ZBB 2002, 107, 112.

348 So nur *Graf von Westphalen*, ZIP 2001, 2258,2260; *ders.*, DB 2001, 1991,1292.

349 *Löbbe*, BB-Beilage 6/2003, 12; *Mankowski/Knöpfel*, Bankrechtshandbuch, § 14, Rn. 63; *Woitkewitsch* in *Graf von Westphalen*, Der Leasingvertrag, Kap. L 223; a. A. *Wolf/Eckert/Ball*, Rn. 1861 ff.; *Staudinger/Stoffels*, Leasing, Rn. 268; zweifelnd *Beckmann*, Finanzierungsleasing, § 5 Rn. 20b.

350 *Wolf/Eckert/Ball*, Rn. 1861,1863; *Beckmann*, Finanzierungsleasing, § 5 Rn. 20b.

351 NJW 2010, 2798.

352 *Beckmann*, Finanzierungsleasing, § 5 Rn. 40.

L462 Nicht gesetzeskonform ist die Regelung in Abschn. XIII. Nr. 6 VDA-Muster-Leasing-AGB, die an die höchstrichterliche Rechtsprechung aus der Zeit vor der Schuldrechtsreform anknüpft und dem Leasingnehmer das Recht gewährt, die Leasingraten zurückzuhalten, nachdem der Verkäufer einen geltend gemachten Anspruch auf Nacherfüllung, Rückabwicklung des Kaufvertrages oder Minderung des Kaufpreises abgelehnt hat, vorausgesetzt, dass der Leasingnehmer spätestens innerhalb von 6 Wochen Klage gegen den Verkäufer erhebt. Selbst wenn man mit der h. M. davon ausgeht, dass der Leasingnehmer unter diesen Voraussetzungen die Raten erst ab dem Zeitpunkt der Klageeinreichung zurückhalten darf, ist die Regelung zu beanstanden, weil die **Ablehnung** des Verkäufers nur **eine Variante** des Scheiterns der Nacherfüllung darstellt (Rdn. 862 ff.). Beim Leasingnehmer erweckt sie den unzutreffenden Eindruck, als habe er nur unter dieser einen Voraussetzung das Recht zum Einbehalt der Raten.

dd) Verbundene Leasingverträge

L463 Geht man entgegen der hier vertretenen Ansicht (Rdn. L158) davon aus, dass der Verbraucher eines mit dem Beschaffungsvertrag **verbundenen Leasingvertrages** die Raten entsprechend § 359 S. 3 BGB bereits ab dem Zeitpunkt des **objektiven Fehlschlagens** der Nacherfüllung einbehalten darf,[353] stellt sich die Frage, ob ihm dieses Recht gleichwohl erst ab Klageeinreichung zugestanden werden kann, wenn der Lieferant den vom Leasingnehmer geltend gemachten Anspruch bestreitet.

L464 Würde man für § 359 S. 3 BGB die bloße Behauptung des Leasingnehmers ausreichen lassen, müsste der Leasinggeber, der das Fehlschlagen der Nacherfüllung in Zweifel zieht, seinerseits die Initiative ergreifen und eine Klärung im Klagewege herbeiführen.[354] Da er aufgrund der Abtretung der Sachmängelansprüche an den Leasingnehmer nicht die Möglichkeit besitzt, gegen den Lieferanten vorzugehen, wäre er gezwungen, einen Zahlungsprozess gegen den Leasingnehmer anzustrengen und in diesem Verfahren inzidenter die Vorfrage des Fehlschlagens der Nacherfüllung klären zu lassen.

Ein solches Procedere widerspricht der typischen Interessenlage des Finanzierungsleasingvertrages, die aus Sicht des BGH[355] dadurch gekennzeichnet ist, dass der Leasinggeber sich von der mietrechtlichen Sachmängelhaftung gegen Abtretung der Gewährleistungsrechte aus dem Kaufvertrag freizeichnet. Deshalb ist es gerechtfertigt, vom Verbraucher eines mit dem Beschaffungsvertrag verbundenen Leasingvertrages i. S. v. § 358 Abs. 3 BGB zu verlangen, dass er das vom Lieferanten bestrittene **Fehlschlagen** der Nacherfüllung im Klagewege feststellen lässt.[356]

c) Rückabwicklung des Leasingvertrages

L465 Unter der Ägide des Gewährleistungsrechts hatte sich die Ansicht durchgesetzt, dass dem Leasingvertrag durch die Wandlung des Kaufvertrags[357] und eine vom Leasingnehmer erklärte wirksame Anfechtung des Kaufvertrags[358] die **Geschäftsgrundlage** rückwirkend

353 *Woitkewitsch* in Graf von Westphalen, Der Leasingvertrag, Kap. L Rn. 400 ff.

354 In diesem Sinne Graf von Westphalen/*Woitkewitsch*, Der Leasingvertrag, Kap. 11 Rn. 400.

355 Urt.v.16. 6. 2010, NJW 2010, 2798.

356 An der in der Vorauflage vertretenen Ansicht, dem Leasingnehmer sei die Berufung auf den Einwendungsdurchgriff zu verwehren, wenn er sich nicht alsbald nach dem Fehlschlagen der Nacherfüllung für eines der ihm zustehenden Rechte entscheidet, wird in Anbetracht der Entscheidung des BGH v. 16. 6. 2010, NJW 2010, 2798 nicht mehr festgehalten.

357 BGH 23. 2. 1977, BGHZ 68, 126; 16. 9. 1981, BB 1981, 2093; 25. 10. 1989, NJW 1990, 314; OLG Hamm 2. 12. 1982, BB 1983, 337; *Tiedke*, JZ 1991, 19 ff.; a. A. *Lieb*, DB 1988, 2495, 2496; *Schröder*, JZ 1989, 717.

358 *Sannwald*, S. 182.

entzogen wird, so dass automatisch alle mit dem Leasingvertrag in Zusammenhang stehenden wechselseitigen Verpflichtungen ebenfalls rückwirkend entfallen und die bereits ausgetauschten Leistungen nach Bereicherungsrecht zurückzugewähren sind. Auf dieses Lösungsmodell hat der BGH[359] auch in einem Fall zurückgegriffen, in dem der Lieferant einen mit den Parteien des Leasingvertrages vereinbarten **Umtauschvertrag** nicht erfüllt hatte, da die abgetretenen Gewährleistungsansprüche dem Leasingnehmer nicht weiterhalfen.

Die Schuldrechtsreform hat Verunsicherungen hervorgerufen und die Diskussion über den rückwirkenden Wegfall des Leasingvertrags wegen Fehlens der Geschäftsgrundlage neu belebt. Kritiker[360] der BGH-Rechtsprechung, die eine Rückabwicklung des Leasingvertrages wegen der Finanzierungsfunktion des Leasinggebers schon immer für verfehlt hielten, sahen sich durch das modernisierte Schuldrecht in ihrer Auffassung bestärkt, wobei sie sich auf §§ 313, Abs. 3 S. 2, 314 BGB stützten. Sie übersahen allerdings, dass der Gesetzgeber nicht die Absicht hatte, das zum gesicherten Rechtsbestand zählende **Geschäftsgrundlagenmodell** des BGH durch diese Vorschriften zu verändern.[361] Vor allem aber würde das von ihnen favorisierte Gegenmodell der **Kündigung**, das lediglich ex nunc-Wirkung entfaltet und es bei dem bis dahin erfolgten Leistungsaustausch belässt, den Besonderheiten des Leasingvertrages nicht gerecht.[362] **L466**

Die leasingtypische Abtretungskonstruktion erfordert nach ständiger höchstrichterlicher Rechtsprechung,[363] dass der Leasingvertrag rückwirkend aufgehoben wird, wenn der Käufer wirksam vom Kaufvertrag zurückgetreten ist. Die Überlassung eines mangelfreien Fahrzeugs gehört zu den Hauptpflichten des Leasinggebers. Wenn er diese Pflicht nicht erfüllt, besitzt er keinen Anspruch auf die Gegenleistung. Durch die in § 313 Abs. 3 S. 2 BGB für **Dauerschuldverhältnisse** vorgesehene Möglichkeit der Kündigung würde die Äquivalenzstörung nicht beseitigt, da der Leasinggeber die bis zur Kündigung gezahlten Leasingraten behalten dürfte, obwohl er seiner Gebrauchsverschaffungspflicht nicht nachgekommen ist. Da der Leasingnehmer nicht für etwas bezahlen muss, was er nicht bekommen hat, kann ihm nur durch eine rückwirkende Aufhebung des Leasingvertrages geholfen werden. Ein lediglich für die Zukunft wirkendes Recht auf Kündigung schafft keinen angemessenen Interessenausgleich. Daran hat sich durch die Schuldrechtsreform nichts geändert.[364] Es besteht keine Veranlassung, die bereits vor Jahren erhobene, vom BGH zurückgewiesene Forderung nach stärkerer Berücksichtigung des Finanzierungsaspekts[365] erneut aufzugreifen, um auf diese Weise die Grundlage für einen Amortisationsanspruch des Leasinggebers zu schaffen, der dessen zeitanteiligen Gewinn einschließt und zu einem vermeintlich **L467**

---

359 Urt. v. 30. 7. 1997, DB 1997, 1970.

360 *Staudinger/Stoffels*, Leasing Rn. 251 ff.; *Löbbe*, BB-Beilage Nr. 6/2003 S. 13 ff.; *Arnold* in Dauner-Lieb/Konzen/Schmidt, S. 589, 606 ff.; *ders.*, DStR 2002, 1053 ff.; *Lieb*, WM-Beilage Nr. 6/1992, S. 1, 4; *Canaris*, Bankvertragsrecht, Rn. 1744; *Papapostolou*, S. 92 ff.

361 *Graf von Westphalen*, Der Leasingvertrag, Kap. H Rn. 148, 154.

362 Nach einer im Schrifttum vertretenen Mindermeinung sind zur Herbeiführung der ex-tunc-Wirkung die Folgen der Rückabwicklung des Kaufvertrages für den Leasingvertrag nach den Regeln der Unmöglichkeit zu bestimmen. Da hiernach die Rückabwicklung des Liefervertrags nach § 326 Abs. 4 BGB auf den Leasingvertrag durchschlagen würde, wäre ein Rücktritt vom Leasingvertrag gem. § 313 BGB entbehrlich. Diese Ansicht, die nach der Schuldrechtsreform maßgeblich von MüKo-BGB/*Habersack*, Leasing Rn. 100 m. w. N. vertreten wurde, hat sich in der Praxis nicht durchsetzen können. Sie würde voraussetzen, dass der Leasinggeber den fortwährenden Gebrauch einer funktionstauglichen Leasingsache nach deren Übergabe an den Leasingnehmer zu gewähren hätte, was jedoch nicht der Fall ist- *Arnold* in Dauner-Lieb/Konzen/Schmidt, 589, 607, 608 m. w. N.

363 BGH 23. 2. 1977, BGHZ 68, 126; 16. 9. 1981, BB 1981, 2093; 25. 10. 1989, NJW 1990, 314.

364 *Wolf/Eckert/Ball*, Rn. 1900.

365 *Lieb*, WM 1992, Beil. Nr. 6 S. 4.

gerechteren Ergebnis führt.[366] Aus diesen Gründen wird die **Beibehaltung** des BGH-Lösungsmodells im Schrifttum mehrheitlich **befürwortet**.[367]

L468 Einer Vertragsklausel, die dem Leasingnehmer für den Fall des Rücktritts vom Kaufvertrag nur die Möglichkeit der Kündigung des Leasingvertrages zubilligt, ist die Wirksamkeit zu versagen.[368]

d) Geltendmachung der Rückabwicklung des Leasingvertrages durch den Leasingnehmer

L469 Im Schrifttum besteht Einigkeit dahingehend, dass – abgesehen von der dem Leasingnehmer schon ab Klageerhebung zustehenden Einrede des § 320 BGB (Rdn. L455) – die Auswirkungen des Rücktritts auf den Leasingvertrag erst dann durchschlagen, wenn die **Berechtigung des Rücktritts feststeht**.[369] Diese Voraussetzung ist erfüllt, wenn der Leasinggeber die Rückabwicklung des Kaufvertrages **akzeptiert** oder hierzu **rechtskräftig verurteilt** wird. Einer Verurteilung steht die Aufnahme der Ansprüche des Leasingnehmers aus dem Rückabwicklungsverhältnis in die **Insolvenztabelle** gleich.

L470 Der Leasingnehmer, dem die Fortsetzung des Vertrages infolge rückwirkenden Wegfalls des Kaufvertrages nicht zugemutet werden kann, muss das Recht auf Rückgängigmachung des Leasingvertrages gegenüber dem Leasinggeber geltend machen.[370] Die Frage der Berechtigung des Leasingnehmers zum Rücktritt vom Kaufvertrag ist für das Schicksal des Leasingvertrages von vorgreiflicher Bedeutung. Das bedeutet aber nicht, dass der Leasingnehmer die Geltendmachung seiner Rechte und Ansprüche, die sich aus dem Rücktritt vom Kaufvertrag ergeben, gegenüber dem Leasinggeber im Bestreitensfall bis zum rechtskräftigen Abschluss des Prozesses gegen den Lieferanten zurückstellen muss. Dagegen spricht, dass der Kaufvertrag bereits durch die Rücktrittserklärung des Leasingnehmers in ein Rückabwicklungsverhältnis umgestaltet wird, wobei die Wirksamkeit des Rücktritts ein ungeschriebenes Tatbestandsmerkmal darstellt. Die Voraussetzungen für die Rückgängigmachung des Leasingvertrages werden somit in dem Augenblick geschaffen, in dem der Leasingnehmer berechtigterweise den Rücktritt vom Kaufvertrag gegenüber dem Verkäufer erklärt. Allein die Tatsache, dass der Verkäufer den Rücktritt zurückweist und sich auf ein Prozessverfahren einlässt, ändert nichts an diesem Befund.[371] Somit kann der Leasingnehmer die Rückabwicklung des Leasingvertrages zeitgleich mit dem Rücktritt vom Kaufvertrag geltend machen. Er muss aber damit rechnen, dass ein Prozess gegen den Leasinggeber so lange ausgesetzt wird, bis über die vorgreifliche Frage seiner Rücktrittsberechtigung in dem Verfahren gegen den Lieferanten rechtskräftig entschieden ist. Außerdem läuft er Gefahr, dass sein Rückabwicklungsbegehren hinsichtlich des Leasingvertrages ins Leere geht, wenn er mit dem Rücktritt vom Kaufvertrag keinen Erfolg hat. Da der Leasingnehmer das Risiko einer Fehlbeurteilung trägt, sind die Zumutungen für den Leasinggeber erträglich.

---

366 A. A. *Arnold* in Dauner-Lieb/Konzen/Schmidt, 589, 607; *Staudinger/Stoffels*, Leasing Rn. 251 ff.

367 *Beckmann* in Martinek/Stoffels/Wimmer-Leonhardt, § 29 Rn. 24 ff.; *Erman/Jendrek*, Anh. zu § 535 BGB Rn. 31; Palandt/*Weidenkaff*, Einf vor § 535, Rn. 58; *Soergel/Heintzmann*, vor § 353 Rn. 73; *Graf von Westphalen*, Der Leasingvertrag, Kap. H Rn. 148, 154; *Reinking* in Reinking/Kessler/Sprenger, § 8 Rn. 55; *Reinking* in Dauner-Lieb/Heidel/Lepa/Ring, Anhang zu § 535 Leasing Rn. 92.

368 BGH 16. 9. 1981, NJW 1982, 105 ff.

369 *Beckmann*, § 2 Rn. 17 ff.; *Graf von Westphalen*, Der Leasingvertrag, Kap. H Rn. 147.

370 *Graf von Westphalen*, Der Leasingvertrag, Kap. H Rn. 149; zur prozessualen Behandlung des Wegfalls der Geschäftsgrundlage *Schmidt-Kessel/Baldus*, NJW 2002, 2076.

371 *Graf von Westphalen*, ZIP 2002, 2258, 2261; a. A. *Beckmann*, FLF 2002, 46, 48; *ders.* Finanzierungsleasing Rn. 238; *Godefroid*, BB, Beilage Heft 27, 2002, S. 2, 7; *Reiner/Kaune*, WM 2002, 2314, 2319; *Wolf/Eckert/Ball*, Rn. 1899.

Ungeklärt ist, ob dem Leasingnehmer in Bezug auf den Leasingvertrag ein sofortiges Rücktrittsrecht zusteht[372] oder ob er zunächst nur einen schuldrechtlichen Anspruch auf rückwirkende Auflösung des Leasingvertrages besitzt, bei dessen unberechtigter Zurückweisung er vom Leasingvertrag zurücktreten kann. Gegen ein sofortiges Rücktrittsrecht könnte sprechen, dass § 313 Abs. 3 S. 2 BGB der benachteiligten Vertragspartei eines nicht anpassungsfähigen Dauerschuldverhältnisses statt des Rücktrittsrechts lediglich ein Recht auf Kündigung gewährt. Mit dieser Sonderregelung für Dauerschuldverhältnisse, zu denen Leasingverträge zweifellos gehören, wollte der Gesetzgeber bis dahin allgemein anerkannte Grundsätze verankern. Er hatte dabei aber nicht die Absicht „substantielle Änderungen“ im BGB vorzunehmen.[373] Die in § 313 Abs. 3 S. 2 BGB für Dauerschuldverhältnisse vorgesehene Kündigung schließt demnach die Möglichkeit des Rücktritts nach S. 1 nicht aus. Das bedeutet für das Kfz-Leasing, dass – anknüpfend an die bewährte BGH-Rechtsprechung zum rückwirkenden Wegfall des Leasingvertrages – der Rücktritt vom Leasingvertrag zuzulassen ist, wenn der Leasingnehmer wirksam vom Kaufvertrag zurückgetreten ist, da eine Kündigung „ex – nunc“ den besonderen Umständen nicht gerecht wird. Für die Praxis ist die Problematik nicht sonderlich bedeutsam, da es ohne Geltendmachung des Rechts oder Anspruchs nicht zu einer Rückabwicklung des Leasingvertrages kommen kann. Verlangt der Leasingnehmer die Rückabwicklung des Leasingvertrages, so ist sein Begehren im Zweifel als Rücktrittserklärung auszulegen.[374] **L471**

Der BGH sieht die Problematik weniger feinsinnig. Offenbar steht er auf dem Standpunkt, dass sich an der von ihm entwickelten Geschäftsgrundlagenlösung durch die Schuldrechtsreform nichts geändert hat. Zu dieser Vermutung gibt die Begründung des Urteils v. 16. 6. 2010[375] Veranlassung, in der der erkennende VIII. Zivilsenat – ohne auf § 313 BGB einzugehen-, wortwörtlich ausführt, dass „die Rücktrittserklärung des Leasingnehmers die Umgestaltung des Kaufvertrages über das Leasingobjekt und damit zugleich den Wegfall der Geschäftsgrundlage des Leasingvertrages bewirkt“ habe.

Dem Leasingvertrag wird die Grundlage nicht nur im Fall des Rücktritts vom Kaufvertrag entzogen, sondern auch dann, wenn der Leasingnehmer vom Verkäufer **Schadensersatz statt der ganzen Leistung** gem. § 281 Abs. 5 BGB verlangt. Im Unterschied zum Rücktritt bewirkt allerdings die Geltendmachung des sog. großen Schadensersatzes nicht die Umgestaltung des Kaufvertrages in ein Rückgewährschuldverhältnis. Um den Gleichlauf mit dem Rücktritt herbeizuführen, wird die Geltendmachung von Schadensersatzansprüchen statt der Leistung als eine geschäftsähnliche Handlung mit Gestaltungswirkung angesehen, die den Leistungsanspruch nach § 281 Abs. 4 BGB zum Erlöschen bringt.[376] **L472**

372 *Müller-Sarnowski*, DAR 2002, 485, 489; *Schmalenbach/Sester*, WM 2002, 2184, 2186; *Beckmann*, § 7 Rn. 27; MüKo-BGB/*Koch*, Leasing Rn. 102; *Reinking*, ZGS 2002, 229, 233; *Reinking* in Reinking/Kessler/Sprenger, § 8 Rn. 55; offen gelassen von *Palandt/Weidenkaff*, Einf. v. § 535 Rn. 58.

373 *Graf von Westphalen*, DB 2001, 1291; *ders.*, Der Leasingvertrag, Kap. H Rn. 154; *Reinicke/Möllmann*, DB 2004, 583, 588; *Gebler/Müller*, ZBB 2002, 107; *Breitfeld*, FLF 2003, 215, 220.

374 *Beckmann*, § 7 Rn. 27.

375 NJW 2010, 2798.

376 *Erman/Westermann*, § 281 BGB Rn. 22; MüKo-BGB/*Ernst*, § 281 Rn. 105; *Dauner-Lieb* in Dauner-Lieb/Heidel/Lepa/Ring, § 281 BGB Rn. 46.

e) Rückabwicklung des Leasingvertrages nach Rücktritts- oder Bereicherungsrecht?

L473 Durch den Rücktritt nach § 313 Abs. 3 S. 1 BGB verwandelt sich der Leasingvertrag in ein Rückabwicklungsverhältnis, das nach den **Rücktrittsvorschriften** abzuwickeln ist.[377] Für eine auf §§ 812 ff. BGB gestützte Rückabwicklung bleibt in Anbetracht der eindeutigen Gesetzeslage kein Spielraum. Die Vorschrift des § 313 BGB regelt die Anpassung und Beendigung von Verträgen wegen Fehlens und Wegfalls der Geschäftsgrundlage abschließend, so dass entsprechend den Vorgaben dieser Norm zu verfahren ist. Dass der Gesetzgeber nicht die Absicht hatte, durch die Kodifizierung von § 313 BGB in die gefestigte BGH-Leasing-Rechtsprechung zur bereicherungsrechtlichen Rückabwicklung einzugreifen, steht dem nicht entgegen. Die rücktrittsrechtliche Lösung bietet den Vorteil, dass sie eine kongruente Abwicklung der beiden Vertragsverhältnisse ermöglicht.[378] Nach der Gegenmeinung soll es bei der bereicherungsrechtlichen Rückabwicklung verbleiben, die der BGH[379] vor der Schuldrechtsreform entwickelt hat.[380] Auch wenn die beiden Rückabwicklungsmodelle nicht immer zu den gleichen Ergebnissen führen (Rdn. L478), sind die Meinungsdifferenzen für die Praxis nicht allzu bedeutsam.[381]

f) Rückzahlung des Leasingentgelts

L474 Von der Verpflichtung zur Zahlung der Leasingraten wird der Leasingnehmer rückwirkend und für die Zukunft befreit. Ihm ist nicht zuzumuten, zeitweilig ein mangelhaftes Auto zu fahren, dafür aber dennoch die für die Nutzungszeit vorgesehenen und für eine mangelfreie Sache berechneten Raten entrichten zu müssen.[382] Infolgedessen hat der Leasinggeber dem Leasingnehmer die Leasingraten und die Sonderzahlung nach § 346 Abs. 1 BGB **einschließlich** der **Umsatzsteuer**[383] zurückzugewähren.

L475 Im Hinblick auf eine **Sonderzahlung** besteht keine Rückzahlungspflicht des Leasinggebers, wenn der Leasingnehmer den Betrag bereits im Zuge der Rückabwicklung des Kaufvertrages vom Lieferanten zurückerhalten hat.[384] Falls der Leasingnehmer die Sonderzahlung auf den Kaufpreis gezahlt hat und im Rahmen des Finanzierungsleasingvertrages nur der Restkaufpreis finanziert worden ist, besteht ebenfalls keine Verpflichtung des Leasinggebers zur Rückzahlung der Sonderzahlung. Bei dieser Sachlage haftet allein der Lieferant dem Leasingnehmer auf Erfüllung der Rückzahlungsverbindlichkeit und es ist nicht ohne weiteres davon auszugehen, dass der Leasinggeber das **Insolvenzrisiko** des Lieferanten auch hinsichtlich der vom Leasingnehmer geleisteten Teilkaufpreiszahlung übernommen hat.[385]

L476 Falls ein in Zahlung gegebener **Gebrauchtwagen** vom Händler oder Leasinggeber noch nicht weiterveräußert wurde, muss dieser **herausgegeben** werden. Anderenfalls ist **Wertersatz** zu leisten (Rdn. L445).

---

377 MüKo/*Koch*, Leasing Rn. 103; *Müller-Sarnowski*, DAR 2002, 489; *Gebler/Müller*, ZBB 2002, 114; *Schmalenbach/Sester*, WM 2002, 2186; *Tiedtke/Möllmann*, DB 2004, 588; *Arnold*, DStR 2002, 1053; *Löbbe*, BB-Beilage 6/2003, S. 13; *Reinking*, ZGS 2002, 233 ff.;

378 S. die Gegenüberstellung von *Reinking* in Reinking/Kessler/Sprenger, § 8 Rn. 60 ff.

379 BGH 25. 10. 1989, NJW 1990, 314 ff.

380 *Beckmann* in Martinek/Stoffels/Wimmer-Leonhardt, § 29 Rn. 27; *Graf von Westphalen*, Der Leasingvertrag, Kap. H Rn. 157; *Ehlert* in Bamberger/Roth, § 535 Rn. 72.

381 *Beckmann* in Martinek/Stoffels/Wimmer-Leonhardt, § 29 Rn. 27, 31.

382 BGH 5. 12. 1984, WM 1985, 226.

383 BGH 10. 11. 1993, NJW 1994, 576, 578.

384 *Beckmann* in *Martinek/Stoffels/Wimmer-Leonhardt*, § 29 Rn. 47.

385 *Beckmann* in *Martinek/Stoffels/Wimmer-Leonhardt*, § 29 Rn. 47.

Der Leasingnehmer schuldet dem Leasinggeber weder **Aufwendungsersatz** noch Ersatz **L477** des **Gewinnausfalls**, da andernfalls das den Leasingvertrag beherrschende Äquivalenzprinzip gestört wäre.[386] Für den Leasingnehmer besteht insbesondere keine Verpflichtung, die Kosten der fehlgeschlagenen Refinanzierung zu ersetzen oder einen Ausgleich für den Kapitaleinsatz zu leisten, den der Leasinggeber an seiner Stelle getätigt hat.[387] Bei dem ersparten Kapitaleinsatz handelt es sich nicht um eine Position, um die der Leasingnehmer bereichert ist.

Abrechnungsklauseln in AGB, mit denen sich Leasingfirmen Ersatzansprüche gleich welcher Art gegen Leasingnehmer für den Fall des Rücktritts vom Kaufvertrag wegen eines Sachmangels einräumen lassen, sind grundsätzlich ungültig.[388] Das gilt auch für die Regelung in Abschn. XIII. der VDA-Muster-Leasing-AGB, die dem Leasinggeber einen Ausgleichsanspruch für den vom Leasingnehmer **ersparten Kapitaleinsatz** zubilligt.[389]

Das rücktrittsrechtliche Lösungsmodell hat zur Folge, dass der Leasinggeber dem Lea- **L478** singnehmer die aus der Sonderzahlung und den Leasingraten **erzielten** oder dadurch **ersparten Zinsen** herauszugeben hat (§ 346 Abs. 1 BGB) und einen Wegfall der Bereicherung gem. § 818 Abs. 3 BGB nicht geltend machen kann. Weiterhin schuldet er dem Leasingnehmer diejenigen Zinsen, die er bei Wahrung eigenüblicher Sorgfalt gem. § 347 Abs. 1 BGB hätte erzielen können.[390] Da der Leasinggeber keinen Anspruch auf Ersatz seiner Aufwendungen besitzt, kann er die von ihm aufgewendeten Kosten für die Finanzierung des Leasingfahrzeugs nicht mit dem Zinsanspruch des Leasingnehmers verrechnen. Allerdings hat er die Zinsen zu beanspruchen, die der Verkäufer ihm als Käufer des Fahrzeugs gem. §§ 346 Abs. 1, 347 Abs. 1 BGB schuldet, wodurch ein kongruenter Ausgleich geschaffen wird.

g) Herausgabe des Leasingfahrzeugs

Der Leasingnehmer hat Zug um Zug gegen Erstattung des Leasingentgeltes und der Zin- **L479** sen das Fahrzeug an den Leasinggeber herauszugeben und die Nutzungen zu vergüten. Die tatsächliche Rückgewähr des Fahrzeugs erfolgt i. d. R. unmittelbar an den Lieferanten Zug um Zug gegen Rückzahlung des Kaufpreises an den Leasinggeber.

Um sicher zu stellen, dass die jeweiligen Gegenleistungen erbracht werden, ist eine Ab- **L480** sprache der Beteiligten erforderlich, nach der der Leasingnehmer das Fahrzeug direkt beim Lieferanten abliefert und im Gegenzug das um die Nutzungsvergütung gekürzte Leasingentgelt plus Zinsen vom Leasinggeber zurückbekommt, dem der Lieferant den Kaufpreis abzüglich der zu vergütenden Nutzungen nebst Zinsen zu erstatten hat.[391] Kommt eine Einigung nicht zustande, muss der Rückaustausch der Leistungen im jeweiligen Vertragsverhältnis vollzogen werden (Rückabwicklung übers Dreieck).

Ist das Fahrzeug **untergegangen** oder weist es Schäden oder Mängel auf, muss der Lea- **L481** singnehmer dem Leasinggeber in dem Umfang **Wertersatz** leisten, in dem Letzterer dem Verkäufer Wertersatz nach § 346 Abs. 2 Abs. 2 Nr. 3 BGB schuldet (Rdn. 1101).

---

386 BGH 16. 9. 1981, BB 1981, 2093; 25. 10. 1989, NJW 1990, 314.

387 BGH 16. 9. 1981, NJW 1982, 105, 107; 9. 10. 1985, NJW 1986, 179; 25. 10. 1989, NJW 1990, 314; OLG Koblenz 6. 7. 1984, WM 1984, 1259 f; a. A. OLG Braunschweig 7. 10. 1993 – 2 U 128/93, n. v.

388 BGH 16. 9. 1981, NJW 1982, 105 ff.; 25. 10. 1989, NJW 1990, 314. *Ulmer/Schmidt*, DB 1983, 2558, 2562.

389 *Müller-Sarnowski*, DAR 2004, 608, 611.

390 *Faust in* Huber/Faust Schuldrechtsmodernisierung, Kap. 10 Rn. 63 ff.

391 *Reinicke/Tiedtke*, BB 1982, 1143.

L482 Für die Freistellung von der Verpflichtung zum Wertersatz stellt § 346 Abs. 3 S. 1 Nr. 3 BGB darauf ab, dass die Verschlechterung oder der Untergang beim „Berechtigten" eingetreten ist, obwohl dieser die eigenübliche Sorgfalt beachtet hat (§ 277 BGB). Die Überlagerung und Verzahnung von zwei rückabzuwickelnden Vertragsverhältnissen kann zu Komplikationen führen, wenn nur auf einer Vertragsebene die Voraussetzungen einer Haftungsfreistellung vorliegen. Es ist denkbar, dass der Leasinggeber aufgrund des in § 346 Abs. 3 S. 1 Nr. 3 BGB verankerten **Haftungsprivilegs** in Ermangelung eines Auswahlverschuldens von seiner Wertersatzpflicht gegenüber dem Lieferanten freigestellt wird, obwohl der Leasingnehmer den Untergang und die Verschlechterung des Leasingfahrzeugs grob fahrlässig verschuldet hat und sich gegenüber dem Leasinggeber nicht auf das Haftungsprivileg berufen kann, das ihm durch die rücktrittsrechtliche Lösung des § 313 Abs. 3 BGB eröffnet wird.

Diese Fallkonstellation wirft die Frage auf, ob sich der Leasinggeber das haftungsrelevante Verschulden des Leasingnehmers zurechnen lassen muss oder ob sich seine Verpflichtung gegenüber dem Lieferanten darauf beschränkt, eine verbleibende Bereicherung, bestehend in dem eigenen Wertersatzanspruch gegen den Leasingnehmer, auf den Verkäufer nach §§ 346 Abs. 3 S. 2, 812 BGB zu übertragen. Letztendlich geht es darum, wem von beiden das **Risiko der Insolvenz** des Leasingnehmers zuzuweisen ist. Da der Begriff des Berechtigten i. S. v. § 346 Abs. 3 S. 1 Nr. 3 BGB weit auszulegen ist und außer der Person des Rücktrittsberechtigten dessen Angehörige, Angestellte und Mieter erfasst, erscheint es – vorbehaltlich einer hiervon abweichenden vertraglichen Regelung im Einzelfall – naheliegend, dem Leasinggeber das Verschulden des Leasingnehmers im Verhältnis zum Lieferanten zuzurechnen, weil er ihm als Vertragspartner näher steht als der Lieferant.

h) Nutzungsvergütung

L483 Der gegen den Leasingnehmer gerichtete Anspruch des Leasinggebers auf Ersatz einer von ihm an den Verkäufer gezahlten Nutzungsvergütung folgt aus § 346 Abs. 1 BGB.

Falls der Lieferant dem Leasinggeber den vollen Kaufpreis erstattet hat, kann er die Nutzungsvergütung unmittelbar vom Leasingnehmer verlangen.[392]

L484 In dem kaufrechtlichen Rückabwicklungsverhältnis zwischen Leasinggeber und Lieferant bemisst sich die Höhe der Nutzungsvergütung nach dem Umfang der tatsächlichen Nutzung im Verhältnis zur voraussichtlichen Gesamtnutzung des Fahrzeugs (Rdn. 1162). Zu vergüten ist derjenige Teil des Brutto-Fahrzeugwerts, der dem Anteil der Nutzung an der voraussichtlichen Gesamtnutzung entspricht (lineare Teilwertabschreibung).[393] Dieses allgemein anerkannte **kaufrechtliche Berechnungsmodell** ist zur Vermeidung von Disharmonien auch auf der Rücktrittsebene des Leasingvertrages anzuwenden. Dadurch wird erreicht, dass die Nutzungsvergütung, die der Leasingnehmer dem Leasinggeber schuldet, exakt dem Betrag entspricht, den der Leasinggeber dem Verkäufer zu vergüten hat.

Eine an **fiktive Mietkosten** anknüpfende Berechnungsmethode ist wegen der Besonderheiten des Finanzierungsleasingvertrages nicht gerechtfertigt.[394] Die **Leasingraten**, die der Leasingnehmer dem Leasinggeber schuldet, sind als Maßstab für die Bemessung der Nutzungsvergütung kein geeigneter Maßstab, da ihre Höhe von der jeweiligen Vertragsgestaltung abhängt.[395]

---

392 *Graf von Westphalen*, Der Leasingvertrag, Kap. H Rn. 160.

393 BGH 22. 6. 1983, NJW 1983, 2194; 26. 6. 1991, WM 1991, 1800; LG Braunschweig 14. 3. 2008 – 4 O 2804/07 (337), n. v.

394 *Beckmann* in Martinek/Stoffels/Wimmer-Leonhardt, § 29 Rn. 37.

395 Gegenteilig *Graf von Westphalen*, Der Leasingvertrag, Kap. H Rn. 160.

Da die zu vergütenden Nutzungen ein Entgelt für die Gebrauchsüberlassung sind, unterliegen sie der **Umsatzsteuer** (Rdn. L34).[396] **L485**

Für den Umfang der Nutzungen und die Höhe der Vergütung ist in dem Rechtsverhältnis zwischen den Parteien des Kaufvertrages der Verkäufer beweispflichtig, während die **Beweislast** in der Rechtsbeziehung zwischen den Parteien des Leasingvertrages beim Leasinggeber liegt. Da der Leasinggeber normalerweise zu dem Umfang der Benutzung des Leasingfahrzeugs aus eigener Kenntnis nichts vortragen kann, ist es Aufgabe des Leasingnehmers, einer pauschalen Nutzungsbehauptung des Leasinggebers substantiiert entgegenzutreten.[397] **L486**

Hat der Leasingnehmer das Fahrzeug bis zur Rückgabe derart intensiv genutzt, dass der von ihm zu leistende Wertersatz für die gezogenen Nutzungen die bis dahin gezahlten Leasingraten übersteigt, muss er den nach Verrechnung verbleibenden Fehlbetrag ausgleichen. Die Nutzungsentschädigung wird nicht durch die Summe der bis zum Rücktritt fälligen Leasingraten begrenzt.[398]

XII. Minderung

Wie anderorts (Rdn. L455, L457) bereits dargelegt wurde, darf der Leasingnehmer die Leasingraten erst ab dem Zeitpunkt der Klageerhebung zurückhalten, wenn der Lieferant die Minderung bestreitet.[399] Akzeptiert er sie, steht dem Leasingnehmer bereits ab diesem Zeitpunkt die Einrede des nicht erfüllten Vertrages (§ 320 BGB) zur Verfügung. **L487**

Eine **vollständige Zurückhaltung** aller ausstehenden Leasingraten ist gerechtfertigt, wenn abzusehen ist, dass die Neuberechnung des Leasingentgelts ergibt, dass die vom Leasingnehmer bereits geleisteten Zahlungen das tatsächlich geschuldete Leasingentgelt übersteigen. Ist dies nicht der Fall, darf der Leasingnehmer die laufenden Leasingraten entweder nur anteilig **kürzen** oder so **lange einbehalten**, bis die der Kaufpreisreduzierung entsprechende Minderung des Leasingentgelts (Rdn. L490) abgegolten ist.

Der vom Leasingnehmer erfolgreich geminderte Kaufpreis ist vom Lieferanten zu erstatten (§ 441 Abs. 4 S. 1 BGB). Leasing-AGB sehen regelmäßig vor, dass die Zahlung an den Leasinggeber zu erfolgen hat. Diese Anweisung an den Leasingnehmer ist auch in Abschn. XIII. Nr. 1 Abs. 2 VDA-Muster-Leasing-AGB enthalten. Da der Leasinggeber den Kaufpreis an den Lieferanten gezahlt hat, ist der Leasingnehmer auch ohne ausdrückliche vertragliche Regelung verpflichtet, die Zahlung der Minderung des Kaufpreises an den Leasinggeber zu verlangen.[400] Im Außenverhältnis zum Lieferanten ist der Leasingnehmer aufgrund der Unaufspaltbarkeit der Abtretung Vollrechtsinhaber, so dass seine Verfügungsbefugnis zur Geltendmachung des Rückzahlungsanspruchs durch die Weisung des Leasinggebers nicht eingeschränkt wird.[401] **L488**

Infolge des vorzeitigen Kapitalrückflusses in Höhe der Minderung **verringert sich der Finanzierungsaufwand** des Leasinggebers. Diesem Umstand ist durch **Anpassung des Leasingvertrages** an die geänderten Verhältnisse gem. § 313 Abs. 1 BGB Rechnung zu tragen.[402] Es handelt sich um einen **schuldrechtlichen Anspruch**, den der Leasingnehmer **L489**

---

396 BGH 12. 1. 1994, ZIP 1994, 461, 472.

397 BGH 25. 10. 1989, NJW 1990, 314, 316.

398 LG Braunschweig 14. 3. 2008 – 4 O 2804/07 (337), n. v.

399 BGH NJW 2010, 2798; *Beckmann* in Martinek/Stoffels/Wimmer-Leonhardt, § 27 Rn. 148,149; *ders.*, FLF 2002, 48 und WM 2006, 952 m. w. N.; *Wolf/Eckert/Ball*, Rn. 1859.

400 *Beckmann* in Martinek/Stoffels/Wimmer-Leonhardt, § 25 Rn. 37, § 28 Rn. 41.

401 *Beckmann* in Martinek/Stoffels/Wimmer-Leonhardt, § 27 Rn. 29.

402 *Möller* in Bamberger/Roth § 500 Rn. 43.

notfalls gerichtlich durchsetzen muss, wenn die Verhandlungen über die Anpassung nicht zum Erfolg führen.[403] Dazu steht ihm die **Leistungsklage** zur Verfügung, mit der er die angepasste Leistung direkt einklagen kann, wenn der Leasinggeber nicht einwilligt. Diese Vorgehensweise ist prozessökonomisch, weil sie eine zweite Klage entbehrlich macht. Das Risiko einer Fehleinschätzung ist gering, da sich die Auswirkung der Minderung des Kaufpreises auf das Leasingentgelt auf rechnerisch einfache und nachprüfbare Weise ermitteln lässt.[404] Deshalb ist zur Leistungsklage zu raten, wenn sich die Parteien im Verhandlungswege nicht einigen können.[405]Sollte dem Leasingnehmer eine Bezifferung der Minderung des Leasingentgelts nicht möglich sein, besteht die Möglichkeit im Wege der **Stufenklage**[406] vorzugehen oder einen dem Bestimmtheitserfordernis des § 253 Abs. 2 Nr. 2 ZPO entsprechenden unbezifferten Klageantrag einzureichen.[407]

L490 Die Anpassung erfolgt in der Weise, dass das Leasingentgelt entsprechend dem Verhältnis des Wertunterschieds zwischen mangelhaftem und mangelfreiem Fahrzeugzustand herabgesetzt wird. Normalerweise fällt die **Minderung des Leasingentgelts höher aus als die Kaufpreisminderung**, weil das Leasingentgelt außer dem Anschaffungspreis weitere Kostenfaktoren des Leasinggebers beinhaltet.[408]

Muss beispielsweise der Leasingnehmer für ein mangelfreies Fahrzeug mit Wert von 12.500 € ein Leasingentgelt von 15.000 € zahlen, beträgt das Leasingentgelt für das mangelhafte Fahrzeug mit Wert von 11.000 € dementsprechend 13.200 €, woraus sich ergibt, dass der Minderung des Kaufpreises von 1.500 € eine Minderung des Leasingentgelts von 1.800 € entspricht.

L491 Da der Leasingnehmer das Leasingentgelt in Raten zahlt, kann er nicht verlangen, dass der Leasinggeber die Minderung des Leasingentgelts an ihn sogleich in voller Höhe auskehrt. Zur Erzielung eines sachgerechten Ergebnisses ist eine den vereinbarten Zahlungsmodalitäten des Leasingvertrages entsprechende **Verteilung der Minderung** auf die gesamte Laufzeit des Leasingvertrages erforderlich, wobei auch eine vom Leasingnehmer geleistete Vorauszahlung berücksichtigt werden muss.

Das bedeutet, dass der Leasingnehmer eine sofortige **Auszahlung** der Minderung nur insoweit zu beanspruchen hat, als die bis dahin tatsächlich geleisteten Zahlungen über dem geschuldeten Leasingentgelt liegen.[409] Die zum Zeitpunkt der Vertragsanpassung noch nicht fälligen Leasingraten sind ebenfalls im Wege der Anpassung an das geminderte Leasingentgelt herabzusetzen. Außerdem ist bei Verträgen mit offenem Restwert die Vertragsabrechnung am Ende der Laufzeit auf der Grundlage des geminderten Fahrzeugwertes vorzunehmen.[410] Der **Restwertkorrektur** bedarf es nicht, wenn die Vertragsanpassung vorsieht, dass dem Leasingnehmer die Minderung des Leasingentgelts über entsprechend herabgesetzte Leasingraten in voller Höhe zufließen soll.

Diese Art der Anpassung des Leasingentgelts an den geminderten Kaufpreis hält *Woitkewitsch*[411] für problematisch, weil der Wert der Sache den Bezugspunkt für die kaufrechtliche Minderung darstellt. Sachwert beim Kauf und Gebrauchswert beim Leasing sind sei-

---

403 Zu der Frage, ob das Scheitern der Verhandlungen eine Prozessvoraussetzung darstellt *Palandt/Grüneberg*, § 313 Rn. 41 m. w. N.

404 Beispielsberechnung bei *Reinking* in Reinking/Kessler/Sprenger, § 8 Rn. 84; a. A. *Beckmann* in Martinek/Stoffels/Wimmer-Leonhardt, § 30 Rn. 24, der eine Feststellungsklage empfiehlt.

405 *Palandt/Grüneberg* § 313 Rn. 41 m. w. N.

406 *Dauner-Lieb/Dötsch*, NJW 2003, 921; *Schlüter*, ZGS 2003, 346, 353.

407 *Rösler*, ZGS 2008, 374 m. w. N.

408 BGH 17. 12. 1986, ZIP 1987, 240, 243.

409 *Beckmann* in Martinek/Stoffels/Wimmer-Leonhardt, § 29 Rn. 58.

410 Berechnungsbeispiel bei *Reinking* in Reinking/Kessler/Sprenger, § 8 Rn. 84.

411 In *Graf von Westphalen*, Der Leasingvertrag, Kap. L Rn. 201.

nes Erachtens nicht vergleichbar, da die Leasingdauer regelmäßig kürzer als die Lebensdauer der Sache ist. Die Kritik wäre berechtigt, wenn – wovon *Woitkewitsch* fälschlich ausgeht – die Minderung genauso behandelt würde wie eine vorzeitige Kreditrückzahlung. Diese Annahme trifft aber nicht zu, da die Leasingraten und der Restwert „rückwirkend" der Kaufpreisminderung angepasst werden. Bis auf den Anschaffungsaufwand werden dabei alle der ursprünglichen Berechnung zugrunde liegenden Werte beibehalten.

Eine Vertragsklausel, nach der das geminderte Leasingentgelt ausschließlich auf die noch ausstehenden Leasingraten und den Restwert zu verteilen ist (so Abschn. XIII. Nr. 5 VDA-Muster-Leasing-AGB), benachteiligt den Leasingnehmer unangemessen, da sie ihm den Anspruch auf sofortige Erstattung eines etwaigen Überschusses versagt. Die Unausgewogenheit einer solchen Anpassung wird durch die stärkere Kürzung der noch ausstehenden Raten und des kalkulierten Restwertes zwar gemildert aber nicht ausgeglichen. **L492**

Falls sich der Leasinggeber von seiner Sachmängelhaftung nicht wirksam freigezeichnet hat, ist der Leasingnehmer berechtigt, die Minderung der Leasingraten ohne vorherige Inanspruchnahme des Verkäufers unmittelbar gegenüber dem Leasinggeber geltend zu machen.[412] Ein solches Vorgehen stellt allerdings eine unzulässige Rechtsausübung dar, wenn dem Leasinggeber wegen verspäteter Mängelanzeige ein Schadensersatzanspruch gegen den Leasingnehmer zusteht.[413] **L493**

Die rechtlichen Konsequenzen einer unbegründeten Minderung sind die gleichen wie beim Rücktritt. Der Leasingnehmer muss die einbehaltenen Leasingraten nebst Zinsen an den Leasinggeber zahlen und haftet ihm bei Verschulden auf Schadensersatz. **L494**

XIII. Schadensersatzansprüche

Auf Sachmängeln beruhende Schadensersatzansprüche **statt** und **neben** der Leistung werden von der leasingtypischen Abtretung ebenfalls erfasst. Ein **Ausschluss** dieser Ansprüche in der Abtretungsklausel hat deren Unwirksamkeit zur Folge. Von der Verwendung der Ermächtigungsklausel ist abzuraten, weil sie nicht den Eigenschaden des Leasingnehmers kompensiert und diesen mit seinem Nichterfüllungsschaden allein lässt (Rdn. L70). **L495**

Zulässige Haftungsausschlüsse und Haftungsbegrenzungen im **Liefervertrag** wirken aber auch gegenüber dem Leasingnehmer.[414]

Zum Einbehalt der Leasingraten ist der Leasingnehmer im Bestreitensfall – wie beim Rücktritt und der Minderung – erst ab dem Zeitpunkt der gerichtlichen Geltendmachung des Schadensersatzanspruchs berechtigt (Rdn. L455, L457). **L496**

Im Einzelnen sind die abgetretenen Schadensersatzansprüche nach Umfang und Inhalt umstritten. Den Interessen des Leasingnehmers nicht gerecht wird die Meinung, es sei lediglich der **Schaden des Leasinggebers** erstattungsfähig.[415] Nach anderer Auffassung[416] entsteht dem Leasinggeber aufgrund der Abtretung kein Eigenschaden, so dass sich die Schadensersatzansprüche ausschließlich nach der **Person des Leasingnehmers** bestim- **L497**

412 *Graf von Westphalen*, ZGS 2002, 64, 67.
413 BGH 17. 12. 1986, WM 1987, 349.
414 BGH 21. 12. 2005, NJW 2006, 1066 ff.
415 *Arnold*, DStR 2002, 1051.
416 *Graf von Westphalen*, Der Leasingvertrag, Kap. H Rn. 53 ff.; *Löbbe*, BB-Beilage 6/2003, S. 14.

men. Die hierfür gelieferte Begründung,[417] der mangelbedingte Minderwert auf Seiten des Leasinggebers entspreche dem Nutzungsschaden des Leasingnehmers, vermag nicht zu überzeugen. Der Nutzungsentzug beruht zwar auf dem Mangel und fällt unter das Erfüllungsinteresse[418] des Leasingnehmers, dessen Schaden bemisst sich aber nach ganz anderen Kriterien als nach dem Minderwert des Fahrzeugs oder den Leasingraten.[419] Für den Entzug der Sachnutzung hat der Leasingnehmer Ersatz der Mietwagenkosten, Nutzungsausfall oder entgangenen Gewinn zu beanspruchen.

L498 Den Vorzug verdient die Ansicht, die wegen des Vertragszwecks des Finanzierungsleasingvertrages, zusammengesetzt aus Liefer- und Leasingvertrag zwischen **Eigenschäden des Leasingnehmers** und **Fremdschäden des Leasinggebers** differenziert.[420] Die Unterscheidung erweist sich als sachgerecht, weil (und obwohl) die Ansprüche wegen der persönlichen Verhältnisse des Geschädigten nicht immer deckungsgleich sind. Macht z. B. ein nicht zum Vorsteuerabzug berechtigter Leasingnehmer im Wege des sog. kleinen Schadensersatzes die Reparaturkosten geltend, die er zur Beseitigung der Mängel aufwenden muss, hat er die Mehrwertsteuer vom Lieferanten zu beanspruchen, die dem vorsteuerabzugsberechtigten Leasinggeber nicht zugebilligt wird. Ähnlich verhält es sich mit der Nutzungsausfallentschädigung, die der Verbraucherleasingnehmer als Schadensersatz für die Zeit zu beanspruchen hat, in der er das Fahrzeug wegen des Sachmangels nicht nutzen kann, während dem Leasinggeber – wäre er nutzungsberechtigt – nur ein Anspruch auf Ersatz der Vorhaltekosten zustehen würde. Im letzteren Fall könnte der Eigenschaden des Leasinggebers allerdings auch weitaus höher ausfallen, wenn er einen Gewinnausfallschaden erleidet.

Durch die Aufspaltung kommt es gleichwohl nicht zu einer Doppelhaftung des Lieferanten, sondern nur zu einer **Schadensverlagerung**, so dass die gegen die Aufspaltung in Fremd- und Eigenschäden vorgebrachten Bedenken unbegründet sind.[421] Allein die Tatsache, dass Eigenschäden personenbedingt unterschiedlich hoch ausfallen können, steht dem nicht entgegen, da diese Risiken für den Lieferanten eines Leasingfahrzeugs absehbar sind.

L499 Ein gegen den **Lieferanten** gerichteter Anspruch des Leasingnehmers auf Ersatz der Leasingraten und auf Freistellung von seinen Zahlungspflichten aus dem Leasingvertrag besteht nicht.[422] Die Leasingraten bekommt er später vom **Leasinggeber** ganz oder teilweise zurück, je nachdem ob er den kleinen oder großen Schadensersatz erfolgreich geltend macht.

L500 Bei den im Wege der Abtretung auf den Leasingnehmer übergeleiteten gewährleistungsrechtlichen Schadensersatzansprüchen ist zwischen Schadensersatzansprüchen **statt** und **neben** der Leistung zu differenzieren. Letztere beeinträchtigen nicht den Bestand des Leasingvertrages. Darunter fallen z. B. Mangelfolgeschäden an anderen Rechtsgütern, wie etwa Körper- und Gesundheitsschäden, Ausfallschäden, entgangener Gewinn, Reise- und Unterbringungskosten und Anwaltsgebühren.

L501 Schadensersatzansprüche „statt der Leistung“ beruhen auf dem Sachmangel und betreffen das **Äquivalenzinteresse**. Der Leasingnehmer hat die Wahl zwischen dem sog. kleinen und dem großen Schadensersatz. Macht er den **großen Schadensersatz** (statt der ganzen Leistung) gegenüber dem Lieferanten erfolgreich geltend, ist der Leasingvertrag auf Verlangen des Leasingnehmers wie nach einem Rücktritt nach §§ 313 Abs. 3, 346 ff. BGB rückabzuwickeln.[423] In die Abrechnung des Leasingvertrages sind zugunsten des Leasing-

---

417 *Graf von Westphalen*, Der Leasingvertrag, Kap. H Rn. 55.
418 BGH 28. 11. 2007, NJW 2008, 911.
419 BGH 5. 11. 1991, NJW 1992, 553 m. w. N.
420 *Beckmann* In Martinek/Stoffels/Wimmer-Leonhardt, § 26 Rn. 46.
421 *Schulz*, Finanzierungsleasing unter Verbraucherbeteiligung, S, 167.
422 OLG Saarland, Urt. v. 9. 9. 2010 – 8 U 367/09–92 – n. v.
423 *Schmalenbach/Sester, WM 2002, 2184, 2187; Graf von Westphalen*, ZIP 2001, 2258, 2263.

nehmers außer den Leasingraten und der Sonderzahlung diejenigen Schadenspositionen aufzunehmen, die sich der Leasinggeber aufgrund der Abtretung oder nach § 278 BGB zurechnen lassen muss.

L502 Die Auswirkungen des **kleinen Schadensersatzes** auf den Leasingvertrag sind weitgehend die gleichen wie bei einer Minderung. Auf Verlangen des Leasingnehmers ist das Leasingentgelt dem mangelbedingt niedrigeren Fahrzeugwert anzupassen (§ 313 Abs. 1 BGB).[424] Denkbar ist auch eine Anpassung in der Weise, dass das Leasingentgelt nach Abzug der Mängelbeseitigungskosten neu berechnet wird.

L503 Hat der Leasingnehmer gegenüber dem Lieferanten den **kleinen Schadensersatz** geltend gemacht, kann er sich gegenüber dem Leasinggeber später nicht auf den Wegfall der Geschäftsgrundlage des Leasingvertrages berufen und geltend machen, der Mangel sei erheblich i. S. v. § 323 Abs. 5 BGB. Dadurch würde er sich auf unlautere Art und Weise in Widerspruch zu der von ihm zuvor getroffenen Rechtswahl setzen.

L504 Im Hinblick auf **Schadensersatzansprüche neben der Leistung** herrscht keine Klarheit, ob der Leasinggeber zur subsidiären Haftung herangezogen werden kann, wenn der Lieferant nach Erfüllung der Hauptleistungspflicht im Zusammenhang mit der Nacherfüllung einen Schaden verursacht. Einerseits gilt, dass der Leasinggeber dem Leasingnehmer alle ihm zustehenden kaufrechtlichen Ansprüche wegen Sachmängeln – inklusive etwaiger Schadensersatzansprüche – vollständig auf den Leasingnehmer übertragen und sich die daraus ergebenden Folgen bedingungslos zurechnen lassen muss, auf der anderen Seite überwiegt die Auffassung, dass der Lieferant im Rahmen der Nacherfüllung nicht mehr als Erfüllungsgehilfe des Leasinggebers handelt[425] und eine Zurechnung nach § 278 BGB nicht vorgenommen werden kann. In Anbetracht dieser Ausgangslage ist zu prüfen, ob die Abtretung der kaufrechtlichen Gewährleistungsrechte als solche – ohne Zuhilfenahme von § 278 BGB – die Zurechnung der subsidiären Haftung rechtfertigt. Sowohl der Zweck als auch die Historie der Abtretungskonstruktion sprechen dafür. Es geht darum, die ausgeschlossene mietrechtliche Gewährleistung durch die kaufrechtliche angemessen zu ersetzen, ohne dass der Leasinggeber letztlich aus seiner mietrechtlichen Verantwortung entlassen wird. Für die Konsequenzen, die sich aus der kaufrechtlichen Sachmängelhaftung ergeben, hat er einzustehen. Durch dieses Konstrukt soll die **vertragliche Äquivalenz** aufrechterhalten werden. Mit dem Rechtsgedanken des § 278 BGB hat dies nichts zu tun. Deshalb ist gerechtfertigt, Schadensersatzansprüche neben der Leistung der subsidiären Haftung des Leasinggebers zuzuweisen, soweit sie auf einer Pflichtverletzung beruhen, die in unmittelbarem Zusammenhang mit der Erfüllung von Sachmängelansprüchen steht. Für diese Schäden müsste der Leasinggeber auch dann einstehen, wenn er es bei der mietrechtlichen Gewährleistung belassen und die Nacherfüllungsmaßnahme, die zum Schadensfall führte, selbst in Auftrag gegeben hätte.

L505 Eigene – von der Abtretung nicht erfasste- gewährleistungsunabhängige Schadensersatzansprüche des Leasingnehmers gegen den Lieferanten z. B. aus unerlaubter Handlung, Produkthaftung, schuldhafter Verletzung von Aufklärungs- und Nebenpflichten, sind diesem gegenüber geltend zu machen. Sie unterliegen der nachrangigen Haftung des Leasinggebers nur insoweit, als der Lieferant für ihn als Erfüllungsgehilfe gem. § 278 BGB tätig geworden ist.

---

424 *Schulz*, Finanzierungsleasing unter Verbraucherbeteiligung, S. 168.
425 *Beckmann*, Finanzierungsleasing, § 3 Rn. 140,141 m. w. N.

XIV. Übernahme des Insolvenzrisikos durch den Leasinggeber

L506 Das Risiko, dass der Leasingnehmer mit der Durchsetzung der Sachmängelansprüche scheitert, weil der Lieferant **insolvent** oder **unerreichbar** ist oder dem Leasingnehmer eine Inanspruchnahme des Lieferanten **unzumutbar** ist (z. B. wegen Zahlungsunfähigkeit, Vermögensverfalls, Löschung im Handelsregister) trägt grundsätzlich der Leasinggeber.[426] Diese Risikozuweisung findet auch gegenüber Leasingnehmern mit Unternehmerstatus statt.[427] AGB, die das Risiko der Insolvenz des Lieferanten auf den Leasingnehmer verlagern, scheitern an § 307 Abs. 1 S. 1 BGB.[428]

Dem Leasinggeber ist es verwehrt, seine Aufwendungen für die Anschaffung des Fahrzeugs gegenüber dem Anspruch des Leasingnehmers auf Erstattung des Leasingentgelts bereicherungsmindernd geltend zu machen, wenn er seinen Anspruch auf Kaufpreisrückzahlung gegenüber dem Händler nicht realisieren kann, da andernfalls die Risikoverteilung ohne praktische Auswirkung bliebe.[429]

L507 Umstritten ist, ob die **Kosten** eines vom Leasingnehmer erfolgreich gegen den Lieferanten geführten **Mängelprozesses** unter das Insolvenzrisiko fallen. Dies wird noch vereinzelt mit der Begründung verneint, die Geltendmachung von Sachmängelansprüchen falle in den Aufgabenbereich des Leasingnehmers.[430] Mittlerweile überwiegt im Schrifttum[431] eindeutig die Auffassung, dass durch die leasingtypische Abtretungskonstruktion ein **Auftragsverhältnis** zustande kommt, aufgrund dessen der Leasingnehmer bei der Durchsetzung der Sachmängelansprüche aus dem Leasingvertrag im Auftrag des Leasinggebers handelt und als dessen Prozessstandschafter tätig wird. Danach trägt der Leasingnehmer das **Prozessrisiko** nicht aber das **Prozesskostenrisiko**. Diese Ansicht verdient den Vorzug, weil sie der leasingtypischen Risikoverteilung gerecht wird.

L508 Die Prozesskosten sind vom Leasinggeber nach den Grundsätzen einer **Geschäftsführung ohne Auftrag** zu ersetzen, wenn sich der Leasinggeber nicht wirksam von seiner Sachmängelhaftung freigezeichnet hat, so dass es seine Aufgabe gewesen wäre, sich wegen der Mängel mit dem Lieferanten auseinander zu setzen.[432]

XV. Unfall

1. Zurechnung des Mitverschuldens des Fahrers und Berücksichtigung der Betriebsgefahr

a) Geltendmachung der Ansprüche des Leasinggebers aus § 823 BGB

L509 Im Rahmen der Geltendmachung eines **Schadensersatzanspruchs nach § 823 BGB** wegen Beschädigung des Leasingfahrzeugs muss sich der **Leasinggeber** weder das **Mitverschulden** des Leasingnehmers oder des Fahrers des Leasingfahrzeugs noch die **Be-**

426 BGH 20. 6. 1984, BB 1984, 2019; 29. 10. 2008, WM 2009,35.

427 BGH 13. 3. 1991, ZIP 1991, 519.

428 BGH 13. 3. 1991, ZIP 1991, 519, 523.

429 BGH 20. 6. 1984, BB 1984, 2019; 25. 10. 1989, NJW 1990, 314; 13. 3. 1991, ZIP 1991, 519; a. A. *Schröder*, JZ 1989, 717 ff.; krit. wegen der durch § 438 BGB verlängerten Verjährungsfristen *Hager* in Dauner-Lieb/Heidel/Lepa/Ring, § 346 BGB Rn. 16.

430 OLG Koblenz 18. 7. 1984, BB 1985, 357; OLG Köln 27. 5. 2004, NJW-RR 2005, 210; *Weber*, NJW 2005, 2198.

431 MüKo-BGB/*Koch*, Leasing, Rn. 104; *Graf von Westphalen*, Der Leasingvertrag, Kap. H Rn. 161; *Beckmann*, § 7 Rn. 65; *ders.* in Martinek/Stoffels/Wimmer-Leonhardt, § 29 Rn. 52, 53 m. w. N.

432 BGH 25. 10. 1989, NJW 1990, 314, 317; 10. 11. 1993, MDR 1994, 273.

triebsgefahr zurechnen lassen.[433] Ein Haftungsausgleich zwischen dem Mitverursacher des Unfalls und dem Fahrzeugeigentümer findet nach § 17 Abs. 1 und 2 StVG nicht statt. Diese Vorschriften wurden im Gegensatz zu § 17 Abs. 3 StVG anlässlich der Gesetzesänderung v. 19. 7. 2002[434] nicht auf den Eigentümer erstreckt, der nicht zugleich Halter des Fahrzeugs ist. Eine entsprechende Anwendung von § 17 Abs. 1 und 2 StVG auf den „nichthaltenden" Eigentümer[435] lehnt der BGH ab. Der historische Gesetzgeber habe die Gleichstellung von Eigentümer und Halter nicht gewollt, lautet seine Begründung. In Anbetracht der bestehenden Gesetzeslage, die durch Trennung der Haftungssysteme des BGB und StVG gekennzeichnet ist, sieht er auch keine Möglichkeit, dem Leasinggeber das Verschulden des Fahrers in unmittelbarer oder analoger Anwendung von § 9 StVG zuzuweisen. Für eine Zurechnung nach § 254 BGB fehlt es an der erforderlichen Sonderverbindung zwischen Leasinggeber und Leasingnehmer.

Die Nichtzurechnung des Leasingnehmer- bzw. Fahrerverschuldens auf Seiten des Leasinggebers im Rahmen der Geltendmachung deliktischer Schadensansprüche erfordert eine **zweistufige Vorgehensweise**, die prozessökonomisch wenig Sinn macht. Allein dies wäre noch kein Grund, der es erlauben würde, die dogmatischen Vorgaben zu ignorieren.[436] Das eigentliche Problem besteht darin, dass das Ausgleichsverfahren nach § 426 BGB mit dem **Insolvenzrisiko** des Leasingnehmers behaftet ist, der wegen § 11 Nr. 2 AKB keinen Versicherungsschutz genießt.[437] Leidtragender ist der **Mitschädiger**. Er trägt das Ausfallrisiko, das sich nicht nur auf den Schaden am eigenen Fahrzeug erstreckt, sondern auch den vom Leasingnehmer im Ausgleichsverfahren zu tragenden Anteil erfasst.[438] **L510**

Als weiteres Risiko tritt hinzu, dass es im Regulierungsverfahren und im anschließenden Ausgleichsverfahren zu **unterschiedlichen Haftungsquoten** kommen kann. Damit dieser Fall nicht eintritt, ist dem Mitschädiger zu raten, dem Leasingnehmer und/oder dem Fahrer des Leasingfahrzeugs und der hinter ihnen stehenden Kfz-Haftpflichtversicherung im Vorprozess den **Streit zu verkünden**. Falls es allerdings nicht zu einer gerichtlichen Auseinandersetzung kommt, kann der Leasingnehmer nur darauf vertrauen, dass die Versicherung bei der Regulierung der übrigen, nicht unmittelbar den Fahrzeugschaden betreffenden Ansprüche, von einer realistischen Haftungsquote ausgeht. **L511**

b) Geltendmachung der StVG-Ansprüche des Leasinggebers

Sofern der Leasinggeber seine gegen den Unfallgegner gerichteten Ansprüche wegen des Fahrzeugschadens allein auf § 7 StVG stützen kann, muss er sich ein Mitverschulden des Leasingnehmers oder des Fahrzeugführers nach § 9 StVG zurechnen lassen.[439] Die Tatsache, dass in früheren BGH- Entscheidungen[440] eine Anspruchsminderung nach § 9 StVG (versehentlich) nicht in Erwägung gezogen worden war,[441] hatte zu Irritationen geführt. **L512**

---

433 BGH 22. 3. 1983, BGHZ 87, 132, 136; 26. 11. 1985, NJW 1986, 1044; 10. 7. 2007, NJW 2007, 3120; OLG Düsseldorf. Urt. v. 19. 1. 2009 – I 1 U 209/07 n. v.

434 BGBl. I, 2674.

435 Befürwortend *Klimke*, VersR 1988, 329, *Schmitz*, NJW 1994, 301, 302; *ders.* NJW 2002, 3070; *Geigel/Kunschert*, Haftpflichtprozess, 24. Aufl. Kap. 25 Rn. 38, *Geigel/Bacher* Kap. 28 Rn. 260; *Greger*, Haftungsrecht des Straßenverkehrs, 4. Aufl., § 22, Rn. 30, 89; abl. *Geyer*, NZV 2005, 565, 666; *Jagow/Burmann/Hess*, Straßenverkehrsrecht, 19. Aufl., § 17 StVG Rn. 9; LG Halle 16. 2. 2002, NZV 2003, 43.

436 Urt. v. 10. 7. 2007, NJW 2007, 3120.

437 *Schmitz*, NJW 1994, 301.

438 *Becker*, ZGS 2008, 412 ff., 422 m. w. N.

439 LG Berlin, Urt. v. 30. 4. 2008 – 58 S 296/07 n. v.; *Heß*, NZV 2007, 611 m. w. N.

440 Urt. v. 22. 3. 1983, NJW 1983, 1492; 26. 11. 1985, NJW 1986, 1044.

441 Dazu OLG Hamm, 14. 11. 1994, NJW 1995, 2233.

Ergänzt wird die BGH-Rechtsprechung durch ein Urteil v. 7. 12. 2010,[442] das – wie alle vorhergehenden Entscheidungen – aus der Feder des VI. Zivilsenats stammt. Unter Aufgabe der bisherigen Rechtsprechung entschied er, dass der Leasinggeber als Eigentümer des Kfz **keinen Anspruch aus § 7 Abs. 1 StVG** gegen den Leasingnehmer als Halter des Kfz besitzt, weil der Schutzzweck dieser Norm darauf gerichtet ist, Dritte vor der vom Fahrzeug ausgehenden Betriebsgefahr zu schützen, nicht aber das Fahrzeug selbst. Damit befindet sich der BGH nunmehr in Einklang mit der h. M. des Schrifttums.[443]

c) Bewertung der BGH-Judikatur

L513 So dogmatisch konsequent und zutreffend die Rechtsprechung des BGH auch sein mag, so unbefriedigend sind die praktischen Konsequenzen, die sich aus ihr ergeben. Es macht schlichtweg keinen Sinn, dass bei der deliktischen Haftung das Mitverschulden des Leasingnehmers und die Betriebsgefahr unberücksichtigt bleiben, während sie bei der StVG-Haftung in die Haftungsquote einfließen.

L514 Das weitaus größere Problem besteht allerdings darin, dass der zur Herstellung der materiellen Gerechtigkeit erforderliche Haftungsausgleich nach § 426 BGB gestört ist, da der Unfallgegner das **Insolvenzrisiko** des Leasingnehmers trägt. Die Gefahr, völlig leer auszugehen, besteht auch dann, wenn er dem Leasinggeber allein wegen der von seinem Fahrzeug ausgehenden Betriebsgefahr haftet und der Unfall vom Leasingnehmer bzw. vom Fahrer des Leasingfahrzeugs nicht mitverschuldet wurde.[444] Da der Leasingnehmer dem Leasinggeber unter diesen Umständen nicht nach § 7 Abs. 1 BGB haftet,[445] fehlt die für das Ausgleichsverfahren nach § 426 BGB erforderliche gesamtschuldnerische Haftung. Die nicht vorhandenen Ansprüche aus § 7 StVG werden durch vertragliche Ansprüche des Leasinggebers gegen den Leasingnehmer aus dem Leasingvertrag nur unzureichend ersetzt, da sie mit denen aus § 7 StVG nicht deckungsgleich sind. Die **Inkongruenz** wird z. B. bei der merkantilen Wertminderung augenfällig. Während der am Unfall beteiligte Dritte dem Leasinggeber den Betrag schuldet, den das Fahrzeug im Zeitpunkt des Schadensereignisses infolge seiner Unfallbeteiligung an Wert verliert, hat der Leasingnehmer nur den unfallbedingten Minderwert auszugleichen, den das Fahrzeug am Vertragsende aufweist.

L515 Aufgrund des BGH-Urteils v. 7. 12. 2010 könnte man meinen, die Heranziehung von § 426 BGB sei für diese Fallgestaltung entbehrlich, weil – so die Begründung des BGH – sich der Leasinggeber im Haftungssystem des StVG ein Verschulden des Fahrers des Leasingfahrzeugs bereits bei der Geltendmachung eines Schadensersatzanspruchs gegen den Unfallgegner nach §§ 9,17 StVG, § 254 BGB anspruchsmindernd anrechnen lassen müsse. Damit wäre die zweistufige Vorgehensweise in der Tat obsolet. Im casu concreto fehlte es jedoch an einem Verschulden des Leasingnehmers, denn dieser hatte allein für die vom Leasingfahrzeug ausgehende Betriebsgefahr einzustehen. Bisher galt als gesichert, dass die Betriebsgefahr nur im Falle eines nachgewiesenen Verschuldens desjenigen, der die tatsächliche Gewalt über das Fahrzeug ausübt, dem Verletzten nach § 9 StVG im Rahmen der Haftungsabwägung „mitberücksichtigt“ werden kann.[446] Die reine Betriebsgefahr (ohne Fahrerverschulden) reichte dem BGH bis dato für eine Haftungszurechnung ebenso wenig

---

442 NJW 2011,996, mit Anm. von *Reinking* a. a. O. 998.

443 Z. B. *Geyer*, NZV 2005, 565, 568; *Greger*, Haftungsrecht des Straßenverkehrs, 4. Aufl., § 3 Rn. 252; *Heß*, NZV 2007,610, 611; *Hohloch*, NZV 1992, 1,5; *König* in Hentschel/König/Dauer, Straßenverkehrsrecht, 40. Aufl., § 7 StVG Rn. 16a; *van Bühren/Lemcke*, Anwalts-Handbuch Verkehrsrecht, 2003, Teil 2 Rn. 237,250, *Nugel*, NZV 2009, 313; *Schmitz*, NJW 1994, 301; a. A. *Wussow/Baur*, Unfallhaftpflichtrecht, 15. Aufl. Kap. 17 Rn. 31, 95.

444 *Lemcke* in van Bühren, Anwaltshandbuch Verkehrsrecht, Teil 2 Rn. 219 ff., 249.

445 BGH 7. 12. 2010, NJW 2011,996, m. Anm. von *Reinking* a. a. O. 998.

446 BGH 30. 3. 1965, NJW 1965,1273.

aus wie ein lediglich „vermutetes Verschulden“.[447] Darin unterscheidet sich § 9 StVG von der Fahrerhaftung des § 18 StVG. Das vermutete Fahrerverschulden muss sich der Leasinggeber als Eigentümer des Fahrzeugs jedoch nicht nach § 17 Abs. 1 und 2 StVG zurechnen lassen. Eine analoge Anwendung dieser Vorschriften scheidet aus, weil der Gesetzgeber die Gleichstellung des Eigentümers des Fahrzeugs mit dessen Halter auf § 17 Abs. 3 StVG beschränkt hat.[448] Aus der Begründung des Urteils v. 7. 12. 2010 ergeben sich keinerlei Anhaltspunkte, die den Schluss zulassen der erkennende Senat habe – in Abkehr von seiner bisherigen Rechtsprechung – dem Leasinggeber das Verschulden des Fahrers außerhalb des Anwendungsbereichs von § 9 StVG zuweisen wollen. Die Vorschrift des § 18 StVG wird im Urteil nicht erwähnt und der Hinweis auf § 17 Abs. 1 und 2 StVG macht keinen Sinn.

In Anbetracht dieser rechtlichen Schieflage ist der Gesamtschuldnerausgleich nach § 426 BGB keineswegs entbehrlich. Da dem Leasinggeber wegen des Fahrzeugschadens gegen den Leasingnehmer keine Ansprüche nach § 7 Abs. 1 StVG zustehen, kann der Unfallgegner nur aus den auf ihn übergeleiteten inkongruenten Ansprüchen aus dem Leasingvertrag gegen den Leasingnehmer nach § 426 Abs. 2 BGB vorgehen, wenn er den Fahrzeugschaden „überbezahlt“ hat. Da diese Ansprüche denen aus § 7 StVG nicht ebenbürtig sind und zuweilen die gesamtschuldnerische Klammer zwischen beiden in Frage gestellt wird, ist der Gesetzgeber aufgerufen, diesem Missstand abzuhelfen.[449] **L516**

d) Geltendmachung der Ansprüche des Leasingnehmers

Im Regulierungsverfahren ist ein Mitverschulden des Leasingnehmers grundsätzlich zu berücksichtigen, wenn dieser den Fahrzeugschaden aus **eigenem Recht** geltend macht (Rdn. L531). Die Anrechnung erfolgt im Rahmen der deliktischen Haftung nach § 254 BGB und im Rahmen der Gefährdungshaftung nach § 9 StVG. Als alleiniger Halter haftet der Leasingnehmer dem Unfallgegner und Dritten nach §§ 7, 17 Abs. 1 StVG für die vom Leasingfahrzeug ausgehende Betriebsgefahr. Diese muss er sich nach § 17 Abs. 2 StVG anspruchsmindernd zurechnen lassen, wenn er eigene Ansprüche stellt. Der Fahrer des Leasingfahrzeugs haftet nach § 18 Abs. 1 StVG, es sei denn, ihm gelingt der Entlastungsbeweis nach Abs. 2. **L517**

e) Weitere Besonderheiten

Durch die am 1. 8. 2002 in Kraft getretene Neuregelung von § 17 Abs. 3 S. 3 StVG ist der Eigentümer dem Halter gleichgestellt worden. Für den Idealfahrer bedeutet dies, dass er **Regressansprüchen** des Eigentümers des anderen Unfallfahrzeugs, der selbst nicht Halter ist, **nicht mehr ausgesetzt** ist.[450] Die praktische Auswirkung auf den Kraftfahrzeugleasingvertrag besteht darin, dass der Leasinggeber als nichthaltender Eigentümer nicht besser gestellt wird als der haltende Leasingnehmer.[451] **L518**

Gegenüber dem Leasinggeber kann die Haftung des beim Leasingnehmer **angestellten** Fahrers des Leasingfahrzeugs nicht nach Maßgabe der von der Rechtsprechung entwickelten Grundsätze zur **gefahrgeneigten Arbeit** beschränkt werden.[452] Dem Leasinggeber, bei dem der Arbeitgeber ein Fahrzeug geleast hat, ist die Inanspruchnahme des mithaftenden **L519**

447 In der Literatur wird die Zurechnung der Betriebsgefahr über § 9 StVG zuweilen eingefordert, z. B. v. *Tomson*, NZV 2009, 577 ff.; *Becker*, ZGS 2008, 415, 417 jew. m. w. N.

448 BGH 10. 7. 2007, NJW 2007, 3120.

449 Empfehlung der AK II und IV des 49. Deutschen Verkehrsgerichtstages 2011; *Armbrüster*, JZ 2008,154,156; *Reinking*, DAR 2011,125,127, *ders.* NJW 2011, 998.

450 *Steiger*, DAR 2002, 377, 382.

451 *Schmitz*, NJW 2002, 3070, 3071; *Weber*, NJW 2003, 2348, 2353.

452 BGH 19. 9. 1989, DAR 1989, 416.

Arbeitnehmers jedoch verwehrt, wenn er es übernommen hat, an Stelle des Arbeitgebers zum Schutze des Arbeitnehmers für eine Vollkaskoversicherung des Fahrzeugs Sorge zu tragen und er dieser Verpflichtung nicht nachgekommen ist.[453]

2. Verhaltenspflichten

L520 Falls – wie üblich- der Leasingnehmer die Sachgefahr übernommen hat, darf er nach überwiegend vertretener Ansicht[454] davon ausgehen, dass der Leasinggeber hinsichtlich der Schäden des Leasingfahrzeugs an polizeilichen Feststellungen zum Unfallhergang nicht interessiert ist und keinen Wert darauf legt, dass er an der Unfallstelle verweilt. Mangels **Wartepflicht** erfüllt der Leasingnehmer durch sein Entfernen von der Unfallstelle somit nicht den Tatbestand des § 142 StGB und es liegt keine Verletzung der Aufklärungspflicht zum Nachteil der Kaskoversicherung vor (§ 7 Abs. 5 Nr. 4 AKB, § 6 Abs. 3 VVG), die zum Wegfall des Versicherungsschutzes führen würde. Die gleichen Grundsätze gelten für den Repräsentanten des Leasingnehmers.[455]

L521 Gegen die Gültigkeit einer Klausel in AGB, die dem Leasingnehmer die Verpflichtung zur Hinzuziehung der Polizei auferlegt, bestehen keine durchgreifenden Bedenken, insbesondere dann nicht, wenn eine sog. GAP-Versicherung zur Absicherung des Vollamortisationsinteresses abgeschlossen wurde. Dagegen spricht nicht, dass heutzutage die Polizei bei Unfällen mit bloßem Sachschaden nach ihren Richtlinien nicht mehr zur Unfallaufnahme verpflichtet ist.[456]

L522 Die **Verhaltenspflichten** des Leasingnehmers nach einem Unfall sind im Leasingvertrag festgelegt und von Fall zu Fall verschieden. Nach den insoweit repräsentativen VDA-Muster-Leasing-AGB zum privaten Neuwagenleasing ist der Leasingnehmer verpflichtet,

- dem Leasinggeber den Unfall unverzüglich zu **melden** (Abschn. X. Nr. 2),
- Reparatur oder Verwertung des Fahrzeugs mit dem Leasinggeber **abzustimmen**,
- Abschriften der **Schadensmeldung**, des **Gutachtens** und der Reparaturrechnung an den Leasinggeber zu **senden** (Abschn. X. Nr. 3),
- die **Schadensregulierung** mit dem Schädiger und/oder dem Kaskoversicherer in eigenem Namen **vorzunehmen** (Abschn. X. Nr. 4).

L523 Dass der Leasinggeber ein Interesse daran hat, über den Unfall und den Schaden informiert zu werden, liegt auf der Hand. Als Eigentümer des Leasingfahrzeugs besitzt er den Anspruch auf die **Wertminderung**. Außerdem muss er den Unfall bei einem späteren Verkauf des Fahrzeugs **offenbaren**.[457] Nicht zuletzt hängt das **Schicksal des Leasingvertrages** von der Art und Höhe des Schadens ab. Nach Abschn. X. Nr. 2 VDA-Muster-Leasing-AGB hat die Meldung des Leasingnehmers bei voraussichtlichen Reparaturkosten von über

---

453 *Halm/Steinmeister*, DAR 2005, 481, 485 m. w. N.

454 OLG Hamm 5. 12. 1989, NZV 1990, 197; 6. 12. 1991, NJW-RR 1992, 925; 14. 5. 1997, NZV 1998, 33; OLG Hamburg 9. 3. 1990, NZV 1991, 33; OLG Frankfurt/M. 30. 3. 1990, NZV 1991, 34; *Hallmayer*, NZV 1999, 105 ff. m. w.N; *Engel*, § 7 Rn. 7; *Beckmann*, § 11 Rn. 73; *Reinking* in Reinking/Kessler/Sprenger, § 14 Rn. 4; a. A. OLG Oldenburg 9. 5. 1990, NZV 1991, 35; OLG Karlsruhe 5. 12. 1991,VersR 1992, 691; LG Köln 5. 12. 1991, r + s 1994, 248.

455 OLG Hamm 14. 5. 1997, OLGR 1997, 304.

456 BGH 10. 6. 2009, NJW 2009, 3229; 2. 12. 2009 NJW 2010, 480.

457 Erfährt der Leasinggeber nichts von einem Unfallschaden, trifft ihn, ohne dass besondere Umstände hinzutreten, keine Untersuchungspflicht; er handelt auch nicht arglistig, wenn er das Fahrzeug als unfallfrei verkauft, OLG Nürnberg 14. 4. 1999, NJW-RR 1999, 1208 ff.; *Engel*, § 7 Rn. 10.

1.500 € fernmündlich vor Erteilung des Reparaturauftrags zu erfolgen, soweit ihm dies möglich und zumutbar ist.[458]

Bei **Totalschaden** und **Verlust** des Fahrzeugs kann jeder Vertragspartner den Leasing- L524
vertrag zum Ende eines Vertragsmonats oder zum Zeitpunkt der Fälligkeit der nächsten Leasingrate **kündigen**. Liegen die schadensbedingten Reparaturkosten **über 60 % des Wiederbeschaffungswertes**, besitzt nach Abschn. X. Nr. 6 Abs. 2 S. 1 VDA-Muster-Leasing-AGB **allein der Leasingnehmer** das Recht zur Vertragskündigung. Es ist auf 3 Wochen ab Kenntniserlangung befristet. Macht er von dem Kündigungsrecht keinen Gebrauch, muss er das Fahrzeug nach Abschn. X. Nr. 6 Abs. 2 S. 2 VDA-Muster-Leasing-AGB unverzüglich reparieren lassen. Die Regelung ist bedenklich, weil sie dem Leasingnehmer nicht deutlich macht, dass die Reparaturpflicht endet, wenn die Reparaturkosten die Grenze zum Totalschaden überschreiten, worunter nicht nur der technische sondern auch der wirtschaftliche Totalschaden zu verstehen ist. Die Grenzen sind wegen der Nichtanwendbarkeit der sog. 70 %-Grenze[459] und der ungeklärten Rechtsprechung zur 130 %-Opfergrenze (Rdn. L563 ff.) unklar.

Klauseln, nach denen sich (auch) der Leasinggeber ein Recht zur fristlosen Kündigung L525
für den Fall ausbedungen hat, dass das Leasingfahrzeug **erheblich beschädigt** wurde, sind mit Blick auf § 307 BGB nicht unbedenklich, da sie dem Leasinggeber die Möglichkeit verschaffen, den Leasingnehmer aus dem Vertrag zu drängen und ihm die Möglichkeit nehmen, unter Inanspruchnahme der BGH-Rechtsprechung zur 130 %-Opfergrenze eine Reparatur des Fahrzeugs vornehmen zu lassen, die ihn finanziell weniger belasten würde.[460]

Liegt ein Reparaturfall vor, hat der Leasingnehmer die Instandsetzung bei einem vom L526
Hersteller anerkannten Betrieb unverzüglich in **eigenem Namen** und auf **eigene Rechnung** in Auftrag zu geben. Im Fall der schuldhaften Inanspruchnahme einer vom Hersteller nicht autorisierten Werkstatt haftet er dem Leasinggeber auf Schadensersatz. Der Schaden des Leasinggebers kann darin bestehen, dass die Reparatur nicht fachgerecht und entsprechend den Vorgaben des Herstellers durchgeführt wurde oder dass Sachmängel- und Garantieansprüche gefährdet werden.

Da der Leasingnehmer die Sach- und Preisgefahr trägt, ist er nicht berechtigt, die Zah- L527
lung der Leasingraten in der Zeit einzustellen, in der er das Leasingfahrzeug wegen der Unfallschäden nicht benutzen kann. Ein **Zurückbehaltungsrecht** steht ihm nur dann zu, wenn der Leasinggeber die Sach- und Preisgefahr nicht bzw. nicht wirksam auf ihn verlagert hat.[461]

Der Leasinggeber muss den Leasingnehmer bei der Durchsetzung der Ansprüche **unter-** L528
stützen und ihm die hierfür erforderlichen Unterlagen zur Verfügung stellen.[462]

Falls der Leasinggeber den Leasingnehmer die Verpflichtung auferlegt hat, **Schadens-** L529
ersatzansprüche gegenüber dem Schädiger und dem Kaskoversicherer geltend zu machen, ist der Leasingnehmer im Teilschadensfall verpflichtet, die von ihm empfangene Ersatzleistung für die Reparatur des Fahrzeugs zu verwenden und eine Wertminderung an den Leasinggeber weiterzuleiten.

---

458 Nach Ansicht von *Müller-Sarnowski*, DAR 2004, 608, 610 ist die Regelung unangemessen, da sie „keine besondere Funktion" habe. Hierbei wird aber übersehen, dass der Leasinggeber als wirtschaftlicher Eigentümer durchaus ein Interesse daran hat, von einer Beschädigung des Fahrzeugs zu erfahren, da bei einem Schadensbetrag in dieser Größenordnung i. d. R. Anspruch auf Zahlung einer Wertminderung besteht.

459 BGH 7. 6. 2005, NJW 2005, 2541.

460 *Dötsch*, WM 2009, 1349 ff.

461 BGH 9. 10. 1996, NZV 1997, 72.

462 OLG Koblenz 31. 10. 1995, NJW-RR 1996, 174.

L530 Der Leasingnehmer muss die Versicherung darüber informieren, dass es sich um ein Leasingfahrzeug handelt.[463] Gibt er wahrheitswidrig an, er sei Eigentümer des Fahrzeugs und nicht zum Vorsteuerabzug berechtigt, liegt eine **Obliegenheitsverletzung** vor, die den Versicherer berechtigt, die Leistung zu kürzen oder zu verweigern.[464]

3. Anspruchsübersicht

L531 Beschädigt ein **Dritter** das Leasingfahrzeug, sind Leasinggeber und Leasingnehmer hinsichtlich des Fahrzeugschadens nebeneinander anspruchsberechtigt. Der Anspruch des Leasinggebers folgt aus **Eigentumsverletzung** gem. § 823 Abs. 1, 2 BGB, § 7 StVG, der des Leasingnehmers aus **Besitzverletzung**,[465] da unmittelbarer Besitz gem. §§ 823 Abs. 2, 854 BGB zu den geschützten Rechtsgütern im Recht der unerlaubten Handlung gehört und außerdem unter den Schutz der Haftung des § 7 Abs. 1 StVG fällt. Der Eingriff in das Besitzrecht lässt sich sowohl dem – aus der Übernahme der Sachgefahr resultierenden – **Haftungsschaden** als auch dem **Nutzungsschaden** wegen Entzugs der Sachnutzung zuordnen.[466]

L532 Fahrzeugspezifische (zukünftige) Ersatzansprüche des Leasingnehmers gegen Dritte werden üblicherweise im Wege der **Vorausabtretung** auf den Leasinggeber übertragen. AGB, die eine solche Abtretung vorsehen, verstoßen nach Ansicht des OLG Köln[467] nicht gegen § 307 BGB, wenn der Leasinggeber verpflichtet ist, diese Ansprüche Zug um Zug gegen Befriedigung seines Anspruchs auf Instandsetzung des Fahrzeugs im Reparaturschadensfall oder auf Ausgleichszahlung im Totalschadensfall zurück zu übertragen. Dieser Regelung bedarf es allerdings nur insoweit, als nicht bereits ein **gesetzlicher Forderungsübergang** nach § 426 Abs. 2 BGB stattfindet.

L533 Ansprüche gegen die **Kaskoversicherung** besitzt allein der Leasinggeber. Der Leasingnehmer ist zwar Versicherungsnehmer aber nicht Rechtsinhaber der Forderungen, da die von ihm abgeschlossene Kaskoversicherung im Hinblick auf das Eigentümerinteresse an der Leasingsache als **Fremdversicherung** zu Gunsten des Leasinggebers zu bewerten ist. Er kann über die Rechte, die dem Leasinggeber als Inhaber des Sicherungsscheins gem. § 75 Abs. 1 VVG zustehen, zwar formell verfügen, besitzt aber nicht die materielle Rechtszuständigkeit.[468]

L534 Im **Innenverhältnis** ist der Leasingnehmer dem Leasinggeber für Fahrzeugschäden aufgrund der leasingtypischen **Übernahme der Sachgefahr** verantwortlich. Trifft ihn ein Verschulden, haftet der Leasingnehmer dem Leasinggeber außerdem wegen **Vertragsverletzung** und nach **Deliktsrecht**. Die **Halterhaftung** des Leasingnehmers (§ 7 StVG) kommt dem Leasinggeber allerdings nicht zugute, da sie nur Schäden deckt, die an „anderen Sachen“ oder bei anderen Personen entstehen.[469]

L535 Bei einer Mitverantwortlichkeit haften Leasingnehmer und Dritte dem Leasinggeber **gesamtschuldnerisch**. Der Innenausgleich zwischen Schädiger und Leasingnehmer richtet sich nach § 426 BGB.

L536 **Kaskoversicherer** und **Leasingnehmer** haften dem Leasinggeber ebenfalls als **Gesamtschuldner**. Im Fall der Mithaftung des Leasingnehmers ist die **Quotenbevorrechtigung** des

463 BGH 6. 7. 1988, NZV 1988, 217.
464 OLG Koblenz 10. 11. 1995 -1 O 396 / 95, n. v.
465 *Hohloch*, NZV 1992, 1 ff., 6, 7 m. w. N.
466 *Reinking* in Reinking/Kessler/Sprenger, § 14 Rn. 42, 43.
467 Urt. v. 14. 7. 1995, OLGR 1996, 1.
468 *Nitsch*, NZV 2002, 44; OLG Hamm 5. 12. 1997,VersR 1999, 45; OLG Frankfurt/M. 7. 8. 2001, NZV 2002, 44.
469 BGH 7. 12. 2010, NJW 2011, 996.

Leasingnehmers gegenüber dem Versicherer (§ 67 Abs. 1 S. 2 VVG) zu beachten.[470] Bei nur geringem Mitverschulden des Leasingnehmers an einem Unfall bedarf es einer sorgfältigen Abwägung zwischen dem Vorteil, den der Leasingnehmer durch eine Inanspruchnahme des Kaskoversicherers erlangt und dem damit verbundenen Nachteil in Form der Höherstufung der Versicherungsprämien. Der Leasinggeber hat darauf Rücksicht zu nehmen und ist verpflichtet, bei der für den Leasingnehmer günstigsten Lösung mitzuwirken.

Ersatzansprüche des – durch Versicherung für fremde Rechnung versicherten – Leasinggebers gegen den berechtigten Fahrer des Leasingfahrzeugs unterliegen dem Forderungsübergang des § 67 VVG, da durch den bei grober Fahrlässigkeit des Fahrers zugelassenen Rückgriff für den Versicherer dasselbe Ergebnis herbeigeführt wird, das bestehen würde, wenn der Leasinggeber als Eigentümer des Leasingfahrzeugs den Schaden selbst grob fahrlässig herbeigeführt hätte.[471] **L537**

Nach einer Entscheidung des OLG Köln[472] ist § 67 VVG entsprechend anzuwenden, wenn der Leasingnehmer gegen seine Verpflichtung verstoßen hat, für das geleaste Fahrzeug eine Vollkaskoversicherung zu unterhalten. Das bedeutet, dass Schadensersatzansprüche, die dem Leasinggeber gegen den Leasingnehmer zustehen, auf den Kaskoversicherer übergehen, wenn dieser aufgrund des Sicherungsscheins Leistungen an den Leasinggeber erbracht hat und der Leasingnehmer dadurch von seiner Zahlungsverpflichtung frei geworden ist. Zum Regress kommt es allerdings nicht, wenn sich der Leasinggeber das Verschulden des Leasingnehmers zurechnen lassen muss und die Pflichtwidrigkeit des Leasingnehmers die Leistungsfreiheit des Kaskoversicherers bewirkt. Dagegen kann sich der Leasinggeber durch entsprechende Vereinbarungen mit dem Kaskoversicherer schützen, die ihn auch für den Fall eines **grob fahrlässigen Verhaltens** des Leasingnehmers absichern. **L538**

Ist der **Versicherungsnehmer weder Leasingnehmer noch Eigentümer** des Fahrzeugs und hat er im Rahmen der von ihm abgeschlossenen Kaskoversicherung das Eigentümerinteresse des Leasinggebers und das Sacherhaltungsinteresse des Leasingnehmers (z. B. aus steuerlichen Gründen) versichert, stehen ihm keine eigenen Ansprüche aus dem Versicherungsvertrag zu, wenn er das Fahrzeug ohne Wissen der Versicherung nutzt.[473] Infolgedessen muss sich der Versicherungsnehmer ein zur Leistungsfreiheit führendes Fehlverhalten des Leasingnehmers zurechnen lassen, ohne dass es darauf ankommt, ob dieser sein Repräsentant war. **L539**

4. Geltendmachung der Ansprüche

Im Regelfall wird der **Leasingnehmer** vom Leasinggeber – widerruflich – **ermächtigt** und **verpflichtet**, alle Ansprüche aus dem Schadensfall im eigenen Namen und auf eigene Rechnung gegenüber dem Schädiger und/oder gegenüber dem Kaskoversicherer geltend zu machen (Abschn. X. Nr. 1 VDA-Muster-Leasing-AGB). Aufgrund der Ermächtigung ist der Leasingnehmer berechtigt, die Ansprüche des Leasinggebers in **gewillkürter Prozessstandschaft** bei Gericht einzuklagen.[474] Erklärt der Leasinggeber wegen eines Unfalls oder Diebstahls die fristlose Kündigung des Leasingvertrages, wird dadurch eine dem Leasingnehmer unter Widerrufsvorbehalt erteilte Ermächtigung/Verpflichtung zur Geltendmachung der Versicherungsleistung aus der Kaskoversicherung hinfällig.[475] **L540**

---

470 Berechnungsbeispiel von *Reinking* in *Reinking/Kessler/Sprenger*, § 14 Rn. 37; generell zur kombinierten Abrechnung von Kasko- und Haftpflichtschäden bei Quotenunfällen, VA 2007, 45 ff.

471 OLG Köln 3. 6. 1996, VersR 1997, 57.

472 Urt. v. 19. 9. 1995, OLGR 1996, 224.

473 OLG Düsseldorf, 25. 10. 2007 I – 4 U 30/07, n. v.

474 OLG Hamm 5. 12. 1997, OLGR 1999, 45 m. w. N.

475 OLG Köln 7. 7. 1992, BB 1992, 2105.

L541 Nimmt der **Leasinggeber** die **Schadensabwicklung** selbst in die Hand, ist er verpflichtet, bei Eintritt des Versicherungsfalles alles Zumutbare zu unternehmen, damit die Versicherungssumme ihrer Zweckbestimmung entsprechend beiden Parteien zugute kommt.[476] Akzeptiert der Leasinggeber eine zu geringe Entschädigung des Schädigers/Versicherers, kann er vom Leasingnehmer am Vertragsende keinen vollen Restwertausgleich verlangen.[477]

L542 Gegen eine Schadensregulierung durch den Leasinggeber bestehen grundsätzlich keine Bedenken, wenn sich dessen Aktivitäten auf die Geltendmachung der **fahrzeugspezifischen Ersatzansprüche** beschränken. Nicht zulässig ist die Übernahme der **kompletten Schadensregulierung** durch den Leasinggeber, da sie keine Rechtsdienstleistung im Zusammenhang mit einer anderen zum Berufs- und Tätigkeitsfeld des Leasinggebers gehörenden Nebentätigkeit i. S. v. § 5 Abs. 1 RDG darstellt. Die Geltendmachung von Nutzungsausfall, Mietwagenkosten, entgangenem Gewinn, Reise- und Unterbringungskosten etc. ist „ureigenste Angelegenheit" des Leasingnehmers, da diese Positionen allein ihn und nicht den Leasinggeber betreffen.[478]

L543 Hat sich der Leasinggeber die Schadensregulierung vorbehalten, wird der Schädiger durch die Zahlung der Entschädigung an den Leasingnehmer als Besitzer des Fahrzeugs von seiner Zahlungspflicht nur befreit, wenn er nicht weiß und ihm nicht infolge grober Fahrlässigkeit unbekannt geblieben ist, dass es sich um ein Leasingfahrzeug handelt, das im Eigentum des Leasinggebers steht. Das Bestehen einer Vollkaskoversicherung für ein kleines Fahrzeug ist kein zwingender Hinweis darauf, dass sich das Fahrzeug im Eigentum eines Dritten befindet oder dass es mit Sicherungsrechten dritter Personen belastet ist.[479]

5. Teilschadensfall

a) Reparatur und Reparaturkostenersatz

L544 Im Teilschadensfall hat der Leasingnehmer das Fahrzeug instandsetzen zu lassen und mit der Durchführung der Reparatur einen vom **Hersteller anerkannten Betrieb** zu beauftragen (Rdn. L409).

Der Reparaturbetrieb erwirbt an dem Leasingfahrzeug i. d. R. kein **Werkunternehmerpfandrecht,** kann aber bis zur Bezahlung der Werklohnforderung dem werkvertraglich begründeten Herausgabeanspruch des Leasingnehmers sein **Zurückbehaltungsrecht** entgegenhalten.[480]

L545 Der für den Unfall verantwortliche **Schädiger** haftet auf Ersatz der **Reparaturkosten**. Leasinggeber und Leasingnehmer haben, wenn sie zum Vorsteuerabzug berechtigt sind, die **Netto-Reparaturkosten** zu beanspruchen. Der nicht zum Vorsteuerabzug berechtigte Leasingnehmer, der die Reparaturkosten aus eigenem Recht geltend macht, kann nach h. M.[481] von dem Schädiger und dessen Versicherer die **Brutto-Reparaturkosten** ersetzt

476 OLG Koblenz 31. 10. 1995, NJW-RR 1996, 175.

477 OLG Dresden 16. 6. 1999, OLGR 1999, 364.

478 LG Nürnberg-Fürth 17. 2. 1993 – 3 O 651 / 93, n. v., das allerdings – rechtsirrtümlich – davon ausgeht, der Leasinggeber sei nicht zur Geltendmachung des Fahrzeugschadens berechtigt, da der Schädiger ihm – wegen seines gegen den Leasingnehmer gerichteten Anspruchs auf Vollamortisation – den Einwand fehlenden Schadens entgegenhalten könne.

479 KG 4. 3. 1976, VersR 1976, 1160.

480 OLG Hamm 12. 2. 2004, OLGR 2004, 182.

481 OLG Frankfurt/M. 17. 6. 1997, NZV 1998, 31; LG Stade 10. 12. 1986, DAR 1987, 123; AG Schorndorf 20. 1. 1987, DAR 1987, 123; AG Freiburg 31. 10. 1986, NJW-RR 1987, 345; AG Stuttgart 15. 6. 1987, DAR 1988, 98; AG Fürstenfeldbruck 4. 3. 1986, DAR 1987, 59; *Bethäuser*, DAR 1987, 107; *Paul*, FLF 1984, 175; *Hohloch*, NZV 1992, 1 f., 7; a. A. AG Bad Homburg 20. 11. 1984, zfs 1985, 43, 44; *Dörner*, VersR 1978, 884, 892.

verlangen, wenn er auf Grund des Leasingvertrages verpflichtet ist, die Reparatur des Leasingfahrzeugs vornehmen zu lassen (so üblich und vorgesehen in Abschn. X. Nr. 2 Abs. 2 VDA-Muster-Leasing-AGB) und er dieser Verpflichtung tatsächlich nachgekommen ist (§ 249 Abs. 2 S. 2 BGB).

Auch der **Kaskoversicherer** hat nach verbreiteter, aber keineswegs unbestrittener An- **L546**
sicht[482] dem nicht zum Vorsteuerabzug berechtigten Leasingnehmer die in der Reparaturrechnung ausgewiesene Umsatzsteuer zu ersetzen. Dafür spricht, dass die Kaskoversicherung als reine Sachversicherung außer dem Sachinteresse des Leasinggebers auch das **Sacherhaltungsinteresse** des Leasingnehmers abdeckt, wenn ihm, wie das beim Kfz-Leasing üblich ist, die Gefahr für Untergang, Verlust und Beschädigung aufgebürdet wird.[483] Darunter ist das Interesse des Leasingnehmers zu verstehen, im Falle des Ereigniseintritts vom Leasinggeber wegen des Fahrzeugschadens nicht in Anspruch genommen zu werden. Die Freistellung würde nicht erreicht, wenn der mit der Instandhaltungspflicht belastete Leasingnehmer, der die Umsatzsteuer nicht mit dem Finanzamt verrechnen kann, diese im Reparaturfall selbst aufbringen müsste.[484]

Der Leasinggeber ist nicht verpflichtet, den nicht zum Vorsteuerabzug berechtigten Lea- **L547**
singnehmer vor Abschluss des Leasingvertrages darauf hinzuweisen, dass die Kaskoversicherung in Anbetracht der strittigen Rechtslage die Umsatzsteuer eventuell nicht ersetzt.[485] Auch der Kaskoversicherer muss den Leasingnehmer hierüber nicht aufklären.[486]

Schädiger und Kaskoversicherer sind nicht zur Zahlung der Brutto-Reparaturkosten ver- **L548**
pflichtet, wenn ein nicht zum Vorsteuerabzug berechtigter Leasingnehmer nach Vornahme der Reparatur ausdrücklich erklärt, er mache nicht seinen eigenen Anspruch geltend, sondern den des vorsteuerabzugsberechtigten Leasinggebers.[487]

Die **fiktive Abrechnung** auf Basis eines Gutachtens oder Kostenvoranschlags, die zur **L549**
Folge hat, dass der Geschädigte gem. § 249 Abs. 2 S. 2 BGB grundsätzlich nur den Nettobetrag bekommt, spielt wegen der Verpflichtung des Leasingnehmers zur Instandhaltung des Fahrzeugs für das Kfz-Leasing keine Rolle. Das Gleiche gilt für die nicht oder nur zum Teil umsatzsteuerpflichtige Reparatur (z. B. Eigenreparatur mit und ohne Verwendung gekaufter Ersatzteile oder Schwarzarbeit). Auf die mit solchen Instandsetzungen zusammenhängenden Besonderheiten umsatzsteuerlicher Art muss daher nicht eingegangen werden.[488]

Der Leasinggeber hat eine an ihn gezahlte **Reparaturentschädigung** für die Wiederher- **L550**
stellung des Fahrzeugs **bereitzustellen** und ist nicht berechtigt, den Geldbetrag zurückzuhalten und mit rückständigen Leasingraten zu verrechnen.[489] Es ist dem Leasinggeber verwehrt, aus einem Zahlungstitel gegen den Leasingnehmer den Anspruch auf Auszahlung der Kaskoentschädigung zu pfänden. Die Pfändung geht ins Leere, da die Rechte aus dem Versicherungsvertrag gem. § 75 VVG dem Leasinggeber und nicht dem Leasingnehmer zustehen.[490]

---

482 LG Bad Kreuznach 26. 11. 1996, DAR 1997, 113; a. A. z. B. OLG Hamm 2. 11. 1994, r + s 1995, 88; LG Hamburg 7. 7. 1994, VersR 1995, 411; weitere Nachweise zu beiden Meinungen bei *Reinking*, DAR 1998, 334.

483 *Engel*, § 7 Rn. 24 m. w. N.; zum Sacherhaltungsinteresse *Beckmann*, § 11 Rn. 26 m. w. N.

484 *Reinking* DAR 1998, 333, 334; *Engel*, § 7 Rn. 24.

485 LG Braunschweig 31. 5. 1996, NJW-RR 1998, 342.

486 LG Hamburg 7. 7. 1994, VersR 1995, 411.

487 LG München 13. 10. 1983, zfs 1984, 100.

488 Dazu *Palandt/Grüneberg*, § 249 Rn. 14 ff. m. w. N.

489 BGH 12. 2. 1985, DAR 1985, 223.

490 LG Köln 8. 5. 1996 – 26 S 200/95, n. v.

b) Wertminderung

L551 Die Wertminderung steht grundsätzlich dem **Leasinggeber als Eigentümer** des Leasingfahrzeugs zu. Er ist allerdings verpflichtet, zu Gunsten des Leasingnehmers eine empfangene Wertminderung am **Vertragsende** zu **berücksichtigen**, wenn er das Restwertrisiko auf den Leasingnehmer verlagert hat,[491] da die garantieartige Absicherung des Restwertes auch den merkantilen Minderwert erfasst.[492]

L552 Beim erlasskonformen **Leasingvertrag mit Restwertabrechnung** und beim **kündbaren Leasingvertrag mit Schlusszahlung** ist die Wertminderung am Vertragsende dem Veräußerungserlös jeweils in voller Höhe hinzuzurechnen. Verbleibt ein Mehrerlös, wird dieser beim Vertrag mit Restwertabrechnung im Verhältnis von 75 % zu 25 % zu Gunsten des Leasingnehmers aufgeteilt. Beim kündbaren Leasingvertrag wird der Leasingnehmer grundsätzlich mit 90 % an der Wertminderung beteiligt, da der um den Betrag der Wertminderung aufgestockte Fahrzeugwert mit dieser Quote in das Abrechnungsverhältnis einfließt.

L553 Beim **Vertrag mit Andienungsrecht** besitzt der Leasingnehmer Anspruch gegen den Leasinggeber auf Auszahlung der Wertminderung, wenn der Leasinggeber ihm das Fahrzeug andient. Die Verpflichtung des Leasinggebers zur Auskehrung der Wertminderung an den Leasingnehmer bzw. zur Anrechnung auf den Kaufpreis ist in Abschn. X. Nr. 4 VDA-Muster-Leasing-AGB nicht vorgesehen, weshalb die Klausel an § 307 BGB scheitert. Macht der Leasinggeber von dem Andienungsrecht keinen Gebrauch, ist ihm die Wertminderung zu belassen, da er das Risiko der Verwertung auf sich nimmt.

L554 Beim **Leasingvertrag mit Kilometerabrechnung** trägt der Leasinggeber das Verwertungsrisiko. Da die Unfalleigenschaft des Fahrzeugs den Veräußerungserlös schmälert, gebührt dem Leasinggeber die Wertminderung. Zu der Frage, ob dem Leasingnehmer bei dieser Vertragsart ein Anspruch auf anteilige Wertminderung in Höhe der Differenz zwischen der Wertminderung zum Schadenszeitpunkt und zum Zeitpunkt der Vertragsbeendigung zuzubilligen ist, wenn der Vertrag keine eindeutige Regelung enthält, gehen die Meinungen auseinander.[493]

L555 Da die Wertminderung stets von den konkreten Umständen des Einzelfalls abhängt, verstößt eine **Pauschalierung** gegen § 309 Abs. 1 Nr. 5 BGB.[494]

c) Sonstige Ansprüche

L556 Die Ersatzpflicht des Schädigers umfasst die **Abschlepp- und Gutachterkosten** sowie alle weiteren **Auslagen.**

L557 Der Schädiger hat für die Kosten aufzukommen, die dem **Leasingnehmer** durch die **Anmietung eines Ersatzfahrzeugs** während der unfallbedingten Ausfallzeit entstehen, wobei ersparte Eigenkosten zu berücksichtigen sind. Verzichtet der Leasingnehmer auf ein Mietfahrzeug, sind vom Schädiger die aktuellen Tagessätze für **Nutzungsausfall** zu vergüten und/oder ein **entgangener Gewinn** gem. § 252 BGB zu ersetzen.[495]

Der Leasingnehmer besitzt **keinen Anspruch auf Ersatz der Leasingraten**, die er aufgrund wirksamer Übernahme der Sach- und Preisgefahr an den Leasinggeber in der Ausfallzeit entrichten muss.[496]

---

491 *Dittrich*, Kfz-Leasing, herausgegeben von der Arbeitsgemeinschaft der Verkehrsrechtsanwälte im Deutschen Anwaltsverein, S. 11.

492 *Michalski/Schmitt*, Rn. 179.

493 Befürwortend *Reinking* in Reinking/Kessler/Sprenger, § 14 Rn. 20; abl. *Hohloch*, NZV 1992, 1, 6.

494 *Michalski/Schmitt*, Rn. 180.

495 BGH 18. 5. 1997 BGHZ 56, 214, 219; Tabellenbezug *skm@schwacke.de*.

496 BGH 23. 10. 1990, NJW-RR 1991, 280, 281; 5. 11. 1991, NJW 1992, 553.

Dem **Leasinggeber** steht kein Anspruch auf Nutzungsentschädigung zur Seite, da er während der Dauer des Leasingvertrages kein Nutzungsrecht besitzt. Eine Klausel, die ihm Nutzungsausfall für den Fall zubilligt, dass dem Leasingnehmer keine Nutzungsmöglichkeit verblieben ist, benachteiligt den Leasingnehmer unangemessen und ist unwirksam.[497] **L558**

Die **Rechtsverfolgungskosten** gehören zum ersatzpflichtigen Schaden, wobei es keinen Unterschied macht, ob der Leasingnehmer eigene Ansprüche aus Besitzverletzung oder solche des Leasinggebers aus Verletzung des Eigentums im Wege gewillkürter Prozessstandschaft geltend macht.[498] Vom Schädiger sind auch die **Anwaltskosten** zu ersetzen, die durch eine außergerichtliche Kaskoregulierung entstanden sind, zu deren Vornahme der Leasinggeber den Leasingnehmer ermächtigt und verpflichtet hat.[499] **L559**

Für Leasinggesellschaften, die ihre fahrzeugspezifischen Schadensersatzansprüche selbst geltend machen, kommen die allgemeinen Grundsätze der Schadensregulierung zur Anwendung, d. h. auch sie können sofort einen Rechtsanwalt zur zweckmäßigen und sachdienlichen Bearbeitung heranziehen.[500] Die Notwendigkeit der Einschaltung eines Rechtsanwalts entfällt allerdings bei Rechtsmissbrauch und Schikane.[501] **L560**

6. Totalschaden und erhebliche Beschädigung

a) Beendigung des Leasingvertrages

Im Fall des **Totalschadens**, des **Verlusts** und der **erheblichen Beschädigung** endet der Leasingvertrag durch Kündigung oder aufgrund einer vertraglichen Regelung (Rdn. L58). Da die Vertragsbeendigung regelmäßig mit einer vertraglich vereinbarten Verpflichtung des Leasingnehmers zum Ausgleich der zum Beendigungszeitpunkt noch nicht amortisierten Kosten des Leasinggebers verbunden ist, tritt diese Rechtsfolge auch dann ein, wenn der Leasingnehmer das Unfallereignis nicht verschuldet hat. **L561**

Im **Überschneidungsbereich** zwischen **Teil- und Totalschaden** sind die Interessen der Parteien des Leasingvertrages nicht unbedingt gleich gelagert. Für den Leasinggeber erweist sich eine vorzeitige Vertragsbeendigung unter Umständen als vorteilhaft. Da ihm der Leasingnehmer ohnehin Ersatz der noch nicht amortisierten Kosten des Leasingvertrages schuldet, hat er an einer Reparatur des Fahrzeugs kein sonderliches Interesse. Für ihn können eine Beendigung des laufenden Vertrages und der Abschluss eines neuen Leasingvertrages weitaus attraktiver als eine Instandsetzung sein. Im Gegensatz dazu ist dem Leasingnehmer möglicherweise daran gelegen, dass das Leasingfahrzeug repariert und der Leasingvertrag bis zum regulären Vertragsende fortgesetzt wird.[502] Für ihn kann ein vorzeitiges Vertragsende zu einer höheren Kostenbelastung führen, wenn die Entschädigungsleistung des Ersatzpflichtigen nicht zur Abdeckung des Betrages ausreicht, den er zur Herbeiführung der dem Leasinggeber geschuldeten Vollamortisation aufzubringen hat und dieses Risiko nicht durch eine GAP-Versicherung aufgefangen wird. Auf die ihm durch vorzeitige Vertragsbeendigung entstehenden Nachteile hat der Leasinggeber Rücksicht zu nehmen. Eine Kündigung des Leasinggebers wegen erheblicher Beschädigung des Leasingfahr- **L562**

---

497 OLG Düsseldorf 7. 11. 1991, BB 1991, 2471.

498 LG Kaiserslautern 22. 2. 1991, DAR 1993, 196; AG München 21. 12. 1983, zfs 1984, 101.

499 LG Bielefeld 8. 8. 1989, NJW-RR 1989, 1431; LG Kaiserslautern 22. 2. 1991, DAR 1993, 196.

500 AG Dortmund 24. 9. 2008, NJW 2008, 3719 m. Anm. v. *Schwöbbemeyer*; AG Kassel, 30.6.20, NZV 2009, 507; *Wagner*, NJW 2006, 3244 ff.; a. A. AG Düsseldorf, NZV 2010, 260 sowie zur grundsätzlichen Ersatzfähigkeit der Anwaltsgebühren nach einem Verkehrsunfall *Schneider/Born* in Berz/Burmann/Heß, Handbuch des Straßenverkehrsrechts, Kap. C Rn. 82 ff. m. w. N.

501 BGH 8. 11. 1994, NJW 1995, 446 ff.

502 OLG München 1. 12. 1999, DAR 2000, 121.

zeugs, die berechtigten Interessen des Leasingnehmers widerspricht, verstößt gegen Treu und Glauben und kann vor § 242 BGB nicht bestehen.[503]

b) 130 %-Opfergrenze für Leasingfahrzeuge

L563 Bei Leasingfahrzeugen bereitet die Abgrenzung zwischen Teil- und Totalschaden Probleme. Beim privaten Kfz-Leasing kann es vorkommen, dass Brutto-Reparaturkosten dem Netto-Wiederbeschaffungswert gegenüberstehen. Sachgerechte Ergebnisse lassen sich in diesen Fällen allein dadurch erzielen, dass grundsätzlich nur Nettopreise mit Nettopreisen und Bruttopreise mit Bruttopreisen verglichen werden.

L564 Die Schwierigkeiten bei der Abgrenzung zwischen Teil- und Totalschäden beruhen vor allem darauf, dass die Frage, ob die Rechtsprechung zur **Opfergrenze von 130 %**[504] auf Leasingfahrzeuge Anwendung findet, bis heute höchstrichterlich nicht geklärt wurde.[505] Der BGH[506] hat zwar entschieden, dass auch im Falle der Beschädigung eines gewerblich genutzten Fahrzeugs (Taxis) die Wiederbeschaffungskosten nicht zwangsläufig die Grenze des Herstellungsaufwandes i. S. v. § 249 BGB bilden. Eine darüber hinausgehende Entschädigung setzt seines Erachtens jedoch voraus, dass der Geschädigte **Einfluss auf den Fahrer und dessen Fahrweise** nehmen kann. Ob die üblichen Regelungen in Leasing-AGB zur Nutzung, Instandhaltung, Wartung, Pflege und Behandlung von Leasingfahrzeugen in Verbindung mit den Kontroll- und Eingriffsrechten des Leasinggebers hierfür ausreichen, ist sehr fragwürdig.

L565 Es liegt in der Natur des Leasinggeschäfts, dass Leasinggesellschaften kein ausgeprägtes **Integritätsinteresse** i. S. d. BGH-Judikatur besitzen. Da sie auf ihre Fahrzeuge nicht fixiert sind, ist für sie der Abschluss eine Neuvertrages im Vergleich zu einer aufwendigen Reparatur die wirtschaftlich interessantere Variante. Auch Leasingnehmer sind nicht unbedingt daran interessiert, dass ihre Leasingfahrzeuge mit einem überobligationsmäßigen Aufwand instandgesetzt werden. Etwas anderes mag freilich gelten, wenn es sich bei dem Fahrzeug um ein Liebhaberstück handelt, für das der Leasinggeber dem Leasingnehmer eine Kaufoption eingeräumt hat. Von diesen Sonderfällen abgesehen lassen sich Leasingnehmer bei ihren Entscheidungen normalerweise von **wirtschaftlichen** und nicht von **fahrzeugspezifischen** Überlegungen leiten. Infolgedessen werden sie eine 130 %-Reparatur auf Kosten des Schädigers einer vorzeitigen Vertragsbeendigung des Leasingvertrages vorziehen, wenn diese für sie mit einer geringeren finanziellen Belastung verbunden ist. Diese leasingspezifische Interessenlage verdient nach hier vertretener Auffassung die gleiche Beachtung wie das inzwischen etwas verstaubt wirkende Integritätsinteresse, auf dem die 130 %-Rechtsprechung aufbaut.[507] Die Problemlage hat sich durch den Abschluss von GAP-Versicherungen weitgehend entschärft. Es ist aber im Auge zu halten, dass die GAP-Versicherung nur das vom Leasingnehmer vertraglich garantierte Vollamortisationsinteresse des Leasinggebers absichert. Darüber hinausgehende Zahlungen des Leasingnehmers stehen unter Umständen dem Leasinggeber zu, wenn der Vertrag keine Mehrerlösbeteiligung vorsieht (Rdn. L592).

L566 In Anbetracht der zutreffenden Erwägung, dass der Leasingnehmer die Ausgleichszahlung allein durch Instandsetzung des Fahrzeugs abwenden kann und er ein Interesse an der Weiterbenutzung des Fahrzeugs besitzt, hat ihm das OLG München[508] einen Anspruch auf

503 Zur Unwirksamkeit der Klausel *Dötsch*, WM 2009, 1349 ff.
504 BGH 15. 10. 1991, NJW 1992,302; 17. 3. 1992, DAR 1992, 259 – Eigenreparatur –.
505 Dazu *Reinking*, DAR 1997, 425.
506 Urt. v. 8. 12. 1998, VersR 1999, 245, 246; ebenso OLG Düsseldorf 10. 3. 1997, SP 1997, 194; LG Mühlhausen 9. 9. 1998; DAR 1999, 29.
507 Ausführlich *Reinking* in: Festschrift für Gerda Müller,S. 453 ff., 469.
508 Urt. v. 1. 12. 1999, DAR 2000, 121.

Ersatz des Integritätsinteresses aus eigenem Recht zugebilligt. Aus dem Leasingvertrag ergebe sich die **Nebenpflicht**, dass der Leasinggeber auf die **wirtschaftlichen Interessen** des Leasingnehmers eingehen müsse, heißt es im Urteil.[509] Auf einen gegenteiligen Standpunkt hat sich das OLG Köln[510] in einem Fall gestellt, in dem der Leasingnehmer allerdings den Leasingvertrag bereits beendet und erst danach den Reparaturauftrag erteilt hatte. Aus Sicht des OLG Köln bestand zum Zeitpunkt der Reparaturbeauftragung keine schützenswerte Rechtsposition des Leasingnehmers. I. Ü. war das Gericht der Ansicht, die 130 %-Rechtsprechung sei dem Leasingnehmer auch deshalb zu versagen, weil der Vertrag bei einer erheblichen Beschädigung regelmäßig beendet und abgerechnet werde. Diese Argumentation verkennt, dass durch Anwendung der 130 %-Rechtsprechung auf Leasingverträge eine gegen das Gebot der Schadensgeringhaltung verstoßende Vertragsbeendigungs- und Abrechnungspraxis durchbrochen und der Leasingnehmer vor höheren Kosten bewahrt werden kann. Dabei steht außer Frage, dass sich das Problem der 130 %-Grenze nicht mehr stellt, wenn der Leasingvertrag wirksam beendet wurde.[511]

Weitgehend bedeutungslos für Leasingverträge ist die Rechtsprechung zur Abrechnung einer Teilinstandsetzung, deren Kosten zwischen dem Wiederbeschaffungsaufwand und dem Wiederbeschaffungswert liegen,[512] da dem Leasingnehmer regelmäßig eine **vollständige Reparatur** durch eine vom Hersteller autorisierte Fachwerkstatt abverlangt wird. **L567**

c) Unechter Totalschaden

Die Rechtsprechung zur **Schadensberechnung** auf **Neuwertbasis** ist auch auf neuwertige Leasingfahrzeuge anzuwenden.[513] Es gilt die Faustregel, dass von der Neuwertigkeit eines Fahrzeugs auszugehen ist, wenn seine Fahrleistung 1.000 km nicht überschreitet und die Erstzulassung nicht länger als einen Monat zurückliegt. Die Besonderheit, dass wegen der leasingtypischen Abtretungskonstruktion der Schaden in Form der Gefährdung von Sachmängelansprüchen, der ein gewichtiges Argument für die Neuwertabrechnung darstellt, nicht dem Leasinggeber erwächst, sondern beim Leasingnehmer eintritt, kann dem Schädiger nicht zum Vorteil gereichen, wenn der Leasinggeber seinen eigenen Schaden geltend macht.[514] **L568**

d) Vertragsabrechnung

Die Vertragsabrechnung beinhaltet die zum Beendigungszeitpunkt vom Leasinggeber noch nicht amortisierten Kosten abzüglich Restwerterlös und Versicherungsleistung. Da der Leasinggeber nicht besser gestellt werden darf als er bei einem kündigungsfreien Vertragsverlauf stehen würde,[515] sind die ihm aus der vorzeitigen Vertragsbeendigung erwachsenden **Zinsvorteile** (Rdn. L784 ff.) und die ersparten **Verwaltungskosten** bei der Vertragsabrechnung zu Gunsten des Leasingnehmers zu berücksichtigen (Rdn. L792 ff.). **L569**

---

509 Einschränkend *Richter* in Himmelreich/Halm, Handbuch des Fachanwalts Verkehrsrecht, 2. Aufl., der dem Leasingnehmer die 130 %-Rechtsprechung nur für den Fall eines späteren Eigentumserwerbs zubilligen will, wofür (fälschlich) die Haltereintragung des Leasingnehmers als Indiz herangezogen wird.

510 Urt. v. 15.8.200, SP 2001, 15 ff.

511 OLG Stuttgart 1. 10. 1998, Beck RS 2007, 10019.

512 BGH 23. 5. 2006, NJW 2006, 2179; 5. 12. 2006, NJW 2007, 588.

513 OLG Köln 11. 12. 1984, zfs 1985, 357; OLG Nürnberg 7. 6. 1994, r + s 1994, 337; OLG Hamm 11. 4. 1994, r + s 1994, 338; *Müller-Sarnowski* in Ludovisy/Eggert/Burhoff, Praxis des Straßenverkehrsrechts,Teil 5 D Kraftfahrzeugleasing Rn. 489.

514 OLG Nürnberg 7. 6. 1994, r + s 1994, 337.

515 BGH 19. 3. 1986, WM 1986, 673, 674.

L570 Falls der Leasingnehmer die vorzeitige Vertragsbeendigung nicht zu vertreten hat, sind die ausstehenden Leasingraten auch um die darin enthaltenen **Gewinnanteile** zu vermindern. Die Kürzungen sind gerechtfertigt, weil dem Leasingnehmer sowohl der weitere Sachgebrauch als auch die mittelbare Kapitalnutzung entzogen wird, während auf der anderen Seite der Leasinggeber das zurückfließende Kapital anderweitig nutzen und damit Gewinn erzielen kann.[516] Irgendwelche Gründe, die dafür sprechen könnten, dem Leasinggeber auch für die verkürzte Laufzeit den auf die volle Vertragsdauer kalkulierten Gewinn ungeschmälert zuzubilligen, sind angesichts der Bedeutung des Zeitfaktors für die Leistung des Leasinggebers nicht ersichtlich.[517]

Das Urteil des BGH[518] v. 31. 10. 2007 (Rdn. L592 ff.) steht dem nicht entgegen, da der erkennende Senat nur über die Zuteilung eines oberhalb der Vollamortisationsgrenze liegenden Mehrerlöses entschieden hat und sich nicht mit der Frage befassen musste, ob die in den restlichen Leasingraten enthaltenen Gewinnanteile dem Leasinggeber zuzusprechen gewesen wären, wenn er an Stelle der Vertragsabrechnung den Restamortisationsschaden geltend gemacht hätte, der durch das Erfüllungsinteresse des Leasinggebers begrenzt wird.

L571 Die vom Leasingnehmer zu leistende **Ausgleichszahlung**, mit der die vom Leasinggeber noch nicht amortisierten Kosten abgegolten werden, ist grundsätzlich **umsatzsteuerfrei**, unabhängig davon, ob der Unfall vom Leasingnehmer verschuldet oder mitverschuldet wurde oder ob dieser allein oder überwiegend auf Fremdverschulden oder höherer Gewalt beruhte (Rdn. L35).

L572 Zivilrechtlich ist die Unterscheidung, ob es sich bei der Ausgleichszahlung um **Schadensersatz** oder um ein vertraglich vereinbartes **Entgelt** für den Fall der vorzeitigen Vertragsbeendigung handelt, für die Höhe der Zinsen bedeutsam. Ist die Ausgleichszahlung ein Entgelt, beträgt der Verzugszins gem. § 288 Abs. 2 BGB **8 Prozentpunkte** über dem Basiszins. Schuldet der Leasingnehmer den Ausgleich als Schadensersatz, kann der Leasinggeber gem. § 288 Abs. 1 BGB nur den Normalsatz von **5 Prozentpunkten** über dem Basiszins verlangen.[519]

e) Fälligkeit der Ausgleichszahlung des Leasingnehmers

L573 Es ist zwischen dem **Vollamortisationsanspruch des Leasinggebers** und dessen Anspruch auf **Ersatz des Fahrzeugschadens** zu unterscheiden. Welchen der beiden Ansprüche der Leasinggeber gegenüber dem Leasingnehmer geltend macht, ist notfalls im Wege der **Auslegung** zu ermitteln. Der Sachwertanspruch betrifft das Eigentumsinteresse des Leasinggebers, der Vollamortisationsanspruch die Rückführung des Anschaffungsaufwands.

L574 Falls der Leasingnehmer die Rechte aus der Vollkaskoversicherung und die Schadensersatzansprüche gegen Dritte wegen Beschädigung des Leasingfahrzeugs an den Leasinggeber erfüllungshalber abgetreten hat, muss sich der Leasinggeber wegen der **Sachwertansprüche zunächst an die Versicherung oder den Schädiger** halten. Ein sofortiges Vorgehen gegen den Leasingnehmer scheitert daran, dass die Forderung **nicht fällig** ist. Sie wird erst fällig, wenn der Leasinggeber seine Sachwertansprüche erfolglos gegenüber der Kaskoversicherung geltend gemacht hat.[520] Die gleiche Rechtslage besteht, wenn der Leasingnehmer – an Stelle der Abtretung – eine Fahrzeugvollversicherung als **Fremdversicherung** zu Gunsten des Leasinggebers abgeschlossen und dieser von der Kaskoversicherung

516 OLG Celle 7. 4. 1999, OLGR 1999,225.
517 BGH 19. 3. 1986, NJW 1986, 1746, 1748.
518 NJW 2008, 989.
519 Zur Problematik des Anspruchs und der Verzinsung *Beckmann*, FLF 2002, 46, 52.
520 BGH 11. 12. 1991, NJW 1992, 683.

einen Sicherungsschein erhalten hat.[521] Einer Entscheidung des OLG Düsseldorf[522] zufolge verpflichtet der Sicherungsschein die Leasinggesellschaft ausnahmsweise nicht, die Rechte aus dem Versicherungsvertrag – notfalls gerichtlich – geltend zu machen, wenn der Leasingnehmer erkennbar kein Interesse an der Weiterverfolgung des Anspruchs hat.

Von einer **Stundung** der Forderung des Leasinggebers aus der Vertragsabrechnung ist nicht auszugehen, wenn nach dem Vertrag allein der Leasingnehmer verpflichtet ist, die dem Leasinggeber zustehenden Ansprüche beim Versicherer oder Schädiger geltend zu machen.[523] Den Leasinggeber trifft dann allerdings die vertragliche Nebenpflicht, dem Leasingnehmer die zur Durchsetzung der Ansprüche erforderlichen Unterlagen (insbesondere die Anschaffungsrechnung) zur Verfügung zu stellen. Verletzt er seine **Mitwirkungspflicht**, muss er dem Leasingnehmer den daraus entstehenden Schaden ersetzen. **L575**

Enthält der Leasingvertrag **keine eindeutige Regelung**, dass der Leasingnehmer auch **nach Beendigung des Leasingvertrages** noch mit der Beitreibung der Versicherungsforderung belastet sein soll (so vorgesehen in Abschn. X. Ziff. 4 S. 1 der VDA-Muster-Leasing-AGB), fällt es in den Aufgabenbereich des Leasinggebers, die Ansprüche aus einer Kaskoversicherung zu realisieren. Solange die Erfolglosigkeit der Geltendmachung der Ansprüche nicht feststeht, kann sich der Leasinggeber gegenüber dem Leasingnehmer weder auf einen verspäteten Zahlungseingang noch auf eine zu geringe Höhe der Versicherungssumme berufen.[524] **L576**

Mit dem Ausgleich der Ansprüche des Leasinggebers gehen dessen Schadensersatzansprüche gegen den Schädiger nach § 426 Abs. 2 BGB auf den Leasingnehmer über.[525] Hat der Leasinggeber vergeblich versucht, aus den abgetretenen Ansprüchen Befriedigung zu erlangen, muss er im Fall einer Inanspruchnahme des Leasingnehmers diesen, soweit nicht bereits ein gesetzlicher Forderungsübergang erfolgt ist, durch **Abtretung** der Ansprüche oder im Wege **gewillkürter Prozessstandschaft** in die Lage versetzen, gegen die Kaskoversicherung oder gegen den Schädiger und dessen Haftpflichtversicherung vorzugehen.[526] Dem Zahlungsanspruch des Leasinggebers kann der Leasingnehmer die Rückabtretung von noch nicht realisierten Versicherungsansprüchen einredeweise entgegenhalten.[527] **L577**

Die Abtretung der Ansprüche aus der Kaskoversicherung erfolgt nicht – jedenfalls nicht ohne entsprechende Vereinbarung – zur Absicherung des Vollamortisationsanspruchs des Leasinggebers.[528] Da aber der **Sachwertanspruch** in dem i. d. R. weitergehenden Vollamortisationsanspruch enthalten ist, wird der auf Vollamortisation gerichtete Anspruch des Leasinggebers ebenfalls erst nach erfolgloser Inanspruchnahme der Kaskoversicherung fällig.[529] Falls die Parteien des Leasingvertrages übereinkommen, die Kaskoversicherung nicht in Anspruch zu nehmen, wird der Ausgleichsanspruch bereits im Zeitpunkt der Einigung fällig. **L578**

---

521 OLG Koblenz Urt. v. 31. 10. 1995, NJW-RR 1996, 174, 175.
522 Urt. v. 29. 4. 1996, OLGR 1996, 266.
523 OLG Koblenz Urt. v. 31. 10. 1995, NJW-RR 1996, 174, 175.
524 OLG Köln 7. 7. 1992, OLGR 1992, 309.
525 BGH 23. 10. 1990, DAR 1991, 54.
526 OLG Hamburg 29. 9. 1995, OLGR 1995, 17; das OLG Köln 14. 7. 1995, OLGR 1996, 1 hat die Wirksamkeit der Abtretung von der Rückabtretung abhängig gemacht.
527 BGH 8. 3. 1995, DAR 1995, 284, 286.
528 BGH 11. 12. 1991, NJW 1992, 683.
529 OLG Koblenz 9. 12. 1991, FLF 1992, 144, 145; *Michalski/Schmitt*, Rn. 183.

f) Ansprüche gegen den ersatzpflichtigen Schädiger und dessen Versicherer

L579 Im Hinblick auf den Fahrzeugschaden ist die Haftung des Schädigers auf den **Wiederbeschaffungswert** des Fahrzeugs begrenzt.[530] Wurde das Fahrzeug noch nicht ausgeliefert, ist dem Lieferanten ein über den Wiederbeschaffungswert hinausgehender Kaufpreis gem. § 252 BGB zu ersetzen.[531]

L580 Ein gegen den Schädiger gerichteter Anspruch auf Erstattung der zum Zeitpunkt des Unfalls nicht amortisierten Kosten des Leasinggebers besteht nicht, auch nicht insoweit, als sie den Gewinn des Leasinggebers enthalten, den der Schädiger dem Leasinggeber eigentlich nach § 252 BGB ersetzen müsste, wenn dieser das Risiko der Preisgefahr nicht auf den Leasingnehmer verlagert hätte.[532] Für die Schadensbemessung ist aus Sicht des BGH[533] allein der Wiederbeschaffungswert des Fahrzeugs der maßgebliche Anknüpfungspunkt und nicht der Tauschwert der vereitelten Nutzung.[534] Zudem fehlt die Kausalität zwischen dem schädigenden Ereignis und der auf dem Leasingvertrag beruhenden Vollamortisationsgarantie des Leasingnehmers.[535]

L581 Vorbehaltlich einer hiervon abweichenden Vereinbarung hat der Leasingnehmer das beschädigte Leasingfahrzeug an den Leasinggeber zurückzugeben. Die **Transportkosten**, die im Zusammenhang mit der Rückführung des Fahrzeugs zum Leasinggeber **zwecks Verwertung** anfallen, sind nicht durch den Unfall bedingt und daher vom Schädiger nicht zu ersetzen.

L582 Da der Leasingnehmer i. d. R. nicht zur **Naturalrestitution** i. S. d. Beschaffung eines gleichwertigen Ersatzfahrzeugs und dessen Einbringung in den Leasingvertrag verpflichtet ist,[536] muss er – anders als bei einer von ihm beauftragten Reparatur – nicht die Umsatzsteuer für eine Ersatzbeschaffung aufwenden. Er haftet der üblicherweise zum Vorsteuerabzug berechtigten Leasinggesellschaft grundsätzlich auf Geldersatz in Höhe des **Netto-Wiederbeschaffungswertes** und kann – wenn er selbst keine Ersatzbeschaffung vornimmt – vom Schädiger nur diesen Betrag ersetzt verlangen.

L583 Schafft der nicht zum Vorsteuerabzug berechtigte Leasingnehmer ein **Ersatzfahrzeug** an, hat er nach inzwischen gefestigter Ansicht des Schrifttums[537] und der Rechtsprechung[538] Anspruch darauf, dass ihm der Schädiger die Mehrwertsteuer, bezogen auf den Wiederbeschaffungswert des Fahrzeugs, erstattet. Bei der Bemessung des Schadens kommt es – anders als bei einem Kaskoschaden – nicht auf das Sachinteresse des Leasinggebers und das damit einhergehende Sacherhaltungsinteresse des Leasingnehmers an. Abzustellen ist vielmehr auf den Schaden infolge des **Entzugs der Sachnutzung**, der, bezogen auf die Person des nicht zum Vorsteuerabzug berechtigten Leasingnehmers, nur dadurch ausgeglichen werden kann, dass ihm ein Anspruch auf Ersatz des **Brutto – Wiederbeschaffungswertes** zugebilligt wird,

530 BGH 23. 10. 1990, NJW-RR 1991, 280; 5. 11. 1991, NJW 1992, 553.

531 BGH 16. 3. 1982, NJW 1982, 1748.

532 A. A. zum Gewinnausfallschaden *Reinking*, ZIP 1984, 1319 f.; *ders.* in: FS für Gerda Müller, S. 453 ff., 462.

533 Urt. v. 5. 11. 1991, NJW 1992, 553.

534 A. A. KG 9. 1. 1975, MDR 1975, 579; OLG Frankfurt/M. 10. 11. 1983, zfs 1984, 5; OLG Köln 18. 9. 1985, NJW 1986, 1816; *Köndgen*, AcP 1977, 1, 17.

535 *Michalski/Schmitt*, Rn. 195.

536 BGH 14. 7. 1993, ZIP 1993, 1315.

537 *Beckmann*, § 11 Rn. 56; *Bethäuser*, DAR 2002, 481, 483; *Weber*, NJW 2003, 2348, 2353; a. A. *Nugel*, zfs 2008, 4, 8; vormals *Reinking*, DAR 1998, 333.

538 OLG Dresden, 26. 1. 2004, MittBl der Arge VerkR 2/2004, S. 61; 9. 12. 2002, NJW-RR 2003, 774, 775; 14. 9. 2000, DAR 2001, 79; LG München I 8. 11. 2001, NZV 2002, 191; LG Arnsberg 12. 7. 1994, NZV 1994, 444; LG Itzehoe 30. 10. 2001, DAR 2002, 517.

wenn er die Mehrwertsteuer tatsächlich aufgewendet hat. Auf die Vorsteuerabzugsberechtigung des Leasinggebers kommt es unter diesen Umständen nicht an. Zu Kollisionen zwischen dem Anspruch des Leasingnehmers wegen Entzugs der Sachnutzung und dem des Leasinggebers wegen Sachbeschädigung kann es nicht kommen, da Letzterer wegen seiner Berechtigung zum Vorsteuerabzug unabhängig von der Frage der Wiederbeschaffung stets nur den Netto-Wiederbeschaffungswert vom Schädiger zu beanspruchen hat.[539]

Das AG Berlin-Mitte[540] hat dem nicht zum Vorsteuerabzug berechtigten Leasingnehmer einen Anspruch auf Erstattung der auf die **Leasingsonderzahlung entfallenden Umsatzsteuer** zugebilligt, wenn er im Falle der Totalschadensabrechnung ein Ersatzfahrzeug least. Diese Sichtweise des AG ist gerechtfertigt, wenn die Leasingsonderzahlung für die Vorabtilgung eines Teils des Kaufpreises bestimmt ist, nicht aber, wenn sie eine Mietvorauszahlung darstellt, die nach und nach mit den – zur Herbeiführung der Vollamortisation – bestimmten Leasingraten verrechnet wird. **L584**

Der **Restwert**, den der Leasingnehmer im Fall der auf einen Unfall zurückzuführenden vorzeitigen Vertragsbeendigung ablösen muss, wird durch Ersatz des Wiederbeschaffungswertes abgegolten und stellt keinen gesonderten Schadensposten dar.[541] Auch durch die vorzeitige **Fälligstellung** der **Leasingraten** entsteht dem Leasingnehmer wegen der Verpflichtung des Leasinggebers zur Abzinsung und zur Erstattung der ersparten Verwaltungskosten kein Haftungsschaden.[542] Der Leasingnehmer besitzt weder Anspruch auf Ersatz der Kosten, die durch den Abschluss eines Folge-Leasingvertrages entstehen, noch hat der Schädiger ihm die Kosten zu ersetzen, die der Leasingnehmer hätte aufwenden müssen, um ein gleichwertiges Fahrzeug für den Rest der ursprünglich vorgesehenen Vertragszeit zu leasen.[543] **L585**

Ein vom Schädiger zu ersetzender Schaden kommt jedoch insoweit in Betracht, als dem Leasingnehmer durch die Pflicht zur sofortigen Zahlung der abgezinsten Leasingraten und des abgezinsten Restwertes gegenüber der ursprünglichen Zahlungsverpflichtung **Mehrkosten** entstehen, z. B. durch die Notwendigkeit einer **Kreditaufnahme**.[544] Auch soweit die mit dem Leasingvertrag verbundenen **steuerlichen Vorteile** des Leasingnehmers geschmälert werden, billigt ihm der BGH[545] einen entsprechenden Schadensersatzanspruch gegen den Schädiger zu. **L586**

I. Ü. besitzt der Leasingnehmer, wie auch beim Teilschaden, Anspruch auf Ersatz des Ausfallschadens und der Nebenkosten.

Die **Ansprüche** wegen der Fahrzeugschäden, die dem Leasinggeber und dem Leasingnehmer gegen den Schädiger nach § 823 BGB zustehen, verjähren in der regelmäßigen **Verjährungsfrist von drei Jahren**. Unterlassene Nachforschungen des Leasinggebers reichen zwar für die Annahme einer positiven Kenntnis nicht aus,[546] können aber dazu führen, dass sich der Leasinggeber dem Vorwurf ausgesetzt sieht, er habe grob fahrlässig versäumt, sich von den anspruchsbegründenden Umständen und der Person des Schädigers Kenntnis zu verschaffen (§ 199 Abs. 1 Nr. 2 BGB). Eine den Verjährungsbeginn auslösende grobe Fahrlässigkeit ist anzunehmen, wenn sich der Leasinggeber der Möglichkeit einer ohne weiteres zu beschaffenden oder sich aufdrängenden Kenntnis verschlossen hat.[547] **L587**

---

539 OLG Hamm, 9. 12. 2002, NJW-RR 2003, 774, 775.
540 Urt. v. 20. 11. 2003, NZV 2004, 301.
541 BGH 5. 11. 1991, NJW 1992, 553.
542 BGH 5. 11. 1991, NJW 1992, 553.
543 Offen gelassen BGH 23. 10. 1990, NJW-RR 1991, 280, 281; a. A. *Dörner*, VersR 1978, 884, 893.
544 BGH 5. 11. 1991, NJW 1992, 553.
545 Urt. v. 5. 11. 1991, NJW 1992, 553.
546 *Von Gerlach*, DAR 1997, 229 zu § 852 BGB a. F.
547 *Mansel* in Dauner-Lieb/Heidel/Lepa/Ring, § 199 BGB Rn. 58.

L588 Der gegen den Leasingnehmer gerichtete Vollamortisationsanspruch des Leasinggebers gehört zum Erfüllungsanspruch[548] und unterliegt ebenfalls der dreijährigen Regelverjährung. Die Frist, die auch dann maßgeblich ist, wenn der Leasingnehmer das vorzeitige Vertragsende zu vertreten hat, beginnt mit dem Schluss des Jahres, in dem die Kündigung zugegangen ist. Auf den Zeitpunkt der Rückgabe der Leasingsache und deren Verwertung kommt es nicht an.[549]

g) Ansprüche gegen den Kaskoversicherer

L589 Die Kaskoversicherung dient, wie bereits ausgeführt wurde (Rdn. L578), nicht der Absicherung des Vollamortisationsinteresses. Versichert sind das **Sachinteresse** des Leasinggebers und das damit einhergehende **Sacherhaltungsinteresse** des Leasingnehmers, das durch das Interesse des Leasinggebers an dem Erhalt der Sache begrenzt wird.[550]

L590 Im Kasko-Totalschadensfall sind für die Bemessung der Entschädigungsleistung die **Verhältnisse des Leasinggebers** als maßgeblich anzusehen.[551] Die vom Kaskoversicherer zu erbringende Versicherungsleistung kann folglich nicht den Betrag übersteigen, den der Leasinggeber für den Erwerb eines neuen Fahrzeugs aufwenden muss.

Daraus folgt:

- Der Kaskoversicherer ist zur Zahlung der **Nettoentschädigung** verpflichtet, da der Leasinggeber die Umsatzsteuer im Wege des Vorsteuerabzugs geltend machen kann.[552]
- Vom Leasinggeber erzielbare **Einkaufsrabatte** sind sowohl bei der Beurteilung der Frage, ob ein Kasko-Totalschaden vorliegt, als auch bei einer eventuellen Neupreisentschädigung zu berücksichtigen.
- Eine **Neupreisentschädigung** findet nur dann statt, wenn der Leasinggeber die Reinvestition in Fortsetzung des bisherigen Leasingvertrages getätigt hat.[553]

h) Mehrerlösaufteilung

L591 Die Entschädigungsleistung, die der Unfallgegner und dessen Haftpflichtversicherung oder die Kaskoversicherung zu erbringen haben, reichen oftmals nicht zur Deckung der noch nicht amortisierten Kosten des Leasingvertrages aus. Es kann aber durchaus vorkommen, dass diese Leistungen zusammen mit dem Restwerterlös und den vom Leasingnehmer bereits geleisteten Zahlungen den Vollamortisationsanspruch des Leasinggebers übersteigen. In diesen Fällen taucht die Frage auf, welcher Vertragspartei der überschießende Betrag zusteht.

---

548 BGH 10. 7. 1996, NJW 1996, 2860.

549 OLG Hamm 7. 1. 1997, NJW-RR 1997, 1144.

550 OLG Düsseldorf 27. 10. 1998, DAR 1998, 68.

551 BGH 6. 7. 1988, NZV 1988, 216; 5. 7. 1989, NJW 1989, 3021; 14. 7. 1993, DAR 1993, 385; OLG Hamm 2. 11. 1994, NJW-RR 1995, 1057; OLG Köln 17. 9. 1996, OLGR 1996, 19; OLG Dresden 18. 9. 1996, r + s 1997, 378; OLG Düsseldorf 27. 10. 1998, DAR 1999, 68.

552 Nach Ansicht des OLG Frankfurt/M. – Urt. v. 19. 1. 2000, OLGR 2000, 209 – ist bei der Frage der Vorsteuerabzugsberechtigung auch dann auf die Person des Leasinggebers abzustellen, wenn der Leasingnehmer bei Abschluss des Leasingvertrages eine Vorab-Sonderzahlung von 64,9 % des Anschaffungspreises an den Verkäufer geleistet hat, sofern er selbst vom Leasinggeber die Vertragsaufhebung verlangt und die im Leasingvertrag vorgesehene Möglichkeit, das Leasingfahrzeug durch ein gleichwertiges zu ersetzen, nicht genutzt hat.

553 OLG Köln Urt. v. 9. 7. 2002, SP 2002, 393; a. A. OLG Frankfurt/M. 18. 1. 1996, OLGR 1996, 87, das den Abschluss eines neuen Leasingvertrages über ein vergleichbares Neufahrzeug durch den Leasingnehmer einer Neuanschaffung gleichgestellt hat; gleicher Ansicht OLG Hamburg 24. 4. 1998, OLGR 1998, 222.

Für den Leasingvertrag mit **Andienungsrecht** hat der BGH[554] die Frage dahingehend beantwortet, dass der Leasinggeber den über der Vollamortisationsgrenze liegenden Betrag für sich beanspruchen darf, wenn der Leasingvertrag keine hiervon abweichende Verteilungsregelung enthält. Dieser Anspruch ist ihm allerdings zu versagen, wenn er an Stelle der Vertragsabrechnung vom Leasingnehmer Schadensersatz verlangt, der durch das auf Erzielung der Vollamortisation gerichtete Erfüllungsinteresse bei ordnungsgemäßer Vertragsdurchführung begrenzt wird. **L592**

In Anbetracht der Tatsache, dass sich das **rechtliche** und **wirtschaftliche Eigentum** am Leasingfahrzeug in Händen des Leasinggebers befindet, ist die Entscheidung zur Mehrerlöszuweisung im Prinzip richtig und konsequent. Die Eigentümerposition soll ihm schließlich den steuerlich gewollten Effekt verschaffen, an einer **Wertsteigerung** des Fahrzeugs zu partizipieren.

Bei genauerem Hinsehen erweist sich das Mehrerlösurteil des BGH jedoch als angreifbar, weil es dem Leasinggeber die **Sonderzahlung** in vollem Umfang belässt hat, obwohl – in casu concreto – der auf 36 Monate angelegte Leasingvertrag bereits nach 11 Monaten unfallbedingt und ohne Verschulden des Leasingnehmers sein Ende gefunden hatte. Da der über der Vollamortisationsgrenze liegende Mehrerlös 16.133,36 € netto nicht auf einem nachweisbaren Wertzuwachs des Fahrzeugs sondern im Wesentlichen auf der vom Leasingnehmer bei Vertragsbeginn geleisteten Sonderzahlung von 17.241 € netto beruhte, wäre es angebracht gewesen, diese lediglich zeitanteilig in Höhe von 11/36 zugunsten des Leasinggebers zu berücksichtigen und den Rest dem Leasingnehmer zuzusprechen. Die einseitige Zuweisung der Sonderzahlung an den Leasinggeber führt dazu, dass die auf den Leasingnehmer zukommende Gesamtbelastung bei vorzeitiger Vertragsbeendigung maßgeblich von der jeweiligen Höhe der Vorauszahlungen abhängt. Dadurch wird sie beliebig und unkalkulierbar und kann – wie das BGH-Urteil deutlich macht – unangemessen hoch sein.[555] Im Endeffekt musste der Leasingnehmer wegen der von ihm nicht verschuldeten vorzeitigen Vertragsbeendigung für die monatliche Nutzung des Leasingfahrzeugs 2.487 € aufwenden, die bei regulärem Vertragsverlauf lediglich 1.398 € betragen hätte. **L593**

Leasinganbieter haben das BGH-Urteil zum Anlass genommen, ihre Leasingnehmer bei Verträgen mit Restwertabsicherung i. S. v. § 506 Abs. 2 S. 1 Nr. 3 BGB ebenfalls nicht (mehr) an einem Mehrerlös zu beteiligen. Diese Abweichung vom BMF-Mustervertrag, der eine Aufteilung von 25 % zu 75 % zugunsten des Leasingnehmers vorsieht, ist steuerunschädlich, weil dadurch die erwünschte wirtschaftliche Eigentümerposition des Leasinggebers nicht geschwächt sondern verstärkt wird. Der formularmäßige Ausschluss des Leasingnehmers von einem Mehrerlös muss jedoch an § 307 Abs. 1 BGB scheitern, weil der Leasingnehmer durch eine solche Regelung unangemessen benachteiligt wird. Im schlimmsten Fall verliert er die gesamte bei Vertragsbeginn geleistete Sonderzahlung, wohingegen der Leasinggeber einen entsprechend höheren zusätzlichen Gewinn erzielt. Vor diesem Hintergrund sind Mehrerlösregelungen, die den Leasingnehmer jenseits des Eintritts der Vollamortisation von einer Beteiligung an einem verbleibenden Überschuss komplett ausschließen, nicht akzeptabel. Der Ausschluss des Leasingnehmers ist nur insoweit gerechtfertigt, als der Mehrerlös nachweislich auf einer Wertsteigerung des Fahrzeuges beruht, die der Leasinggeber als wirtschaftlicher Eigentümer für sich beanspruchen darf. **L594**

Die Frage, ob eine andere Zurechnung des Mehrerlöses vorzunehmen ist, wenn der Kaskoversicherer den Schaden auf **Neupreisbasis** abrechnet und die Versicherungsleistung in- **L595**

554 Urt. v. 31. 10. 2007, NJW 2008, 989 ff.; bestätigt durch Urt. v. 21. 9. 2011 – VIII ZR 184/10.

555 Ausführlich *Reinking*, DAR 2011, 125, 128, Empfehlung IV. des Arbeitskreises II des 49. VGT 2011, S. XII der Veröffentlichung.

folge dessen über den Wiederbeschaffungswert hinausgeht, musste der BGH nicht beantworten. Die der Wertung des § 285 Abs. 1 BGB entlehnte Vorstellung, dass die Versicherungsleistung das Surrogat für das Leasingfahrzeug darstellt und an dessen Stelle vom Leasingnehmer an den Leasinggeber herauszugeben ist, passt nicht auf diese Fallgestaltung. Soweit die Versicherungsleistung den Wiederbeschaffungswert übersteigt, ist sie kein Surrogat für das zerstörte oder entwendete Fahrzeug, sondern allein die Folge davon, dass der Versicherungsvertrag eine solche Leistung vorsieht. Da der Leasingnehmer die Versicherungsprämien entrichtet hat, ist es gerechtfertigt, ihm die Neupreisentschädigung zuzubilligen, soweit sie über dem Wiederbeschaffungswert liegt.[556]

L596 Zu der vom BGH offen gehaltenen – für das Kfz-Leasing untypischen – Fallgestaltung, dass der Leasinggeber dem Leasingnehmer eine **Kaufoption** eingeräumt hat, entschied das OLG Düsseldorf[557], dass der Leasingnehmer die Leistung des Versicherers insoweit zu beanspruchen hat, als sie den Finanzierungsaufwand des Leasinggebers übersteigt. Durch die Einräumung des Erwerbsrechts bringe die Leasinggesellschaft zum Ausdruck, dass ihr Interesse allein auf die volle Amortisation des Finanzierungsaufwands gerichtet ist. Für den Fall, dass ein solcher Vertragswille nicht feststellbar sein sollte, zog das OLG Düsseldorf vorsorglich in Erwägung, eine vom Leasingnehmer bei Vertragsbeginn geleistete Sonderzahlung anteilig, dem Verhältnis von Gesamtvertragszeit und Restlaufzeit entsprechend zugunsten des Leasingnehmers bei der Vertragsabrechnung zu berücksichtigen.[558] Konsequent zu Ende gedacht müsste dann allerdings auch bei Leasingverträgen ohne Sonderzahlung der Leasingnehmer an einem Überschuss beteiligt werden, da keine Gründe für eine Sonderbehandlung des Leasingmodells mit Sonderzahlung ersichtlich sind.

L597 Vertragsregelungen über die Zurechnung und Verteilung von Versicherungsleistungen sind sinnvoll, da sie klare Verhältnisse schaffen und streitige Auseinandersetzungen vermeiden. Als nicht unangemessen hat der BGH[559] die Klausel angesehen, die dem Leasinggeber im Falle der Kündigung des Leasingvertrages alternativ Anspruch auf den Zeitwert des Fahrzeugs oder den Restvertragswert[560] zubilligt, und zwar unabhängig davon, welcher der beiden Ansprüche der höhere ist. In dieser Entscheidung ließ er offen, wie ohne die Vertragsklausel zu entscheiden gewesen wäre. Fehlt es an einer Regelung, wird man auf die Zuordnungs- und Verteilungsregelungen zurückgreifen müssen, die für das reguläre Vertragsende vorgesehen sind, weil andernfalls die Balance des Leasingvertrages ins Wanken geriete.[561]

XVI. Entwendung des Fahrzeugs

L598 Der Diebstahl eines **geleasten** Kraftfahrzeugs begründet keine höhere Wahrscheinlichkeit für einen vorgetäuschten Versicherungsfall. Für den Versicherer, der eine betrügerische Vorteilserlangung behauptet, gelten strenge Beweisanforderungen, da das Geld nicht an den Leasingnehmer sondern an den Leasinggeber zur Auszahlung gelangt.[562] Im Prozess mit dem Leasingnehmer trägt der Leasinggeber die **Darlegungs- und Beweislast** für das äußere Bild des behaupteten Diebstahls.[563] Dem Leasinggeber ist es verwehrt, ohne konkre-

---

556 Ebenso *Müller-Sarnowski*, DAR 2008, 147, 148.
557 Urt. v. 14. 1. 2003, OLGR 2003, 173.
558 OLG Düsseldorf 14. 1. 2003, NJW-RR 2003, 755; 16. 3. 2006, OLGR 2006, 589, 586.
559 Urt. v. 27. 9. 2006, NJW 2007, 290.
560 Gemeint ist der zum Kündigungszeitpunkt noch nicht amortisierte Gesamtaufwand des Leasinggebers.
561 EWIR § 307 BGB 2/07, 227 (*Reinking*).
562 BGH 23. 10. 1996, VersR 1997, 55.
563 OLG Dresden 16. 6. 1999, OLGR 1999, 364.

ten Tatsachenvortrag geltend zu machen, der Leasingnehmer habe die Unmöglichkeit der Rückgabe des Fahrzeugs zu vertreten, wenn der Kaskoversicherer den Schaden durch Zahlung unmittelbar an den Leasinggeber bereits reguliert hat.[564]

Wird das Leasingfahrzeug entwendet, sind sowohl der Leasingnehmer als auch der Leasinggeber berechtigt, den Leasingvertrag fristlos zu kündigen, Letzterer jedoch nur unter der Voraussetzung, dass er sich ein außerordentliches Kündigungsrecht im Leasingvertrag ausbedungen hat.[565] Es empfiehlt sich, das Kündigungsrecht entsprechend Abschn. X. Nr. 6 Abs. 3 VDA-Muster-Leasing-AGB dahingehend zu modifizieren, dass im Falle der **Wiederauffindung** des Fahrzeugs innerhalb von vier Wochen der Vertrag auf Verlangen eines der Vertragspartner zu den bisherigen Bedingungen fortgesetzt wird und die zwischenzeitlich fällig gewordenen Leasingzahlungen innerhalb einer bestimmten Frist zu entrichten sind. Bei Auffindung des Fahrzeugs innerhalb der vierwöchigen Frist kann der Leasinggeber das Fortsetzungsverlangen des Leasingnehmers nicht durch Nachschieben des Kündigungsgrundes „Entwendung des Fahrzeugs“ unterlaufen.[566] Hat der Leasinggeber die Sach- und Preisgefahr nicht wirksam auf den Leasingnehmer verlagert, muss er den Beweis führen, dass der Leasingnehmer den Verlust des Fahrzeugs zu vertreten hat. Gelingt ihm dieser Beweis nicht, geht seine auf die Verletzung vertraglicher Pflichten gestützte fristlose Kündigung ins Leere.[567] L599

Die Rechtsfolgen der Kündigung wegen Entwendung sind die gleichen wie bei einer Kündigung wegen Totalschadens oder erheblicher Beschädigung des Leasingfahrzeugs. Der Leasingnehmer hat an den Leasinggeber eine **Ausgleichszahlung** in Höhe der noch nicht amortisierten Kosten des Leasingvertrages zu leisten, welche mit der Wirksamkeit der Kündigung fällig wird.[568] L600

Besteht eine **GAP-Versicherung**, kommt diese für den Fehlbetrag auf, der nach Abzug der Versicherungsleistung und der vom Leasingnehmer bis zum Zeitpunkt der Kündigung geleisteten Zahlungen verbleibt. Es ist zu beobachten, dass im Abrechnungsverfahren **Sonderzahlungen**, die am Vertragsanfang gezahlt wurden, ungekürzt in den Kostenvergleich aufgenommen werden. Dies führt dazu, dass die GAP-Versicherungsleistung umso geringer ausfällt, je höher die Sonderzahlung zu Buche steht. Den Schaden hat der Leasingnehmer, der die auf ihn zukommende Kostenbelastung im Voraus selten abschätzen kann und im schlimmsten Fall mit einem Totalverlust seiner Vorauszahlung rechnen muss. Es ist daher zu fordern, dass Leasingverträge klare Regelungen zur Verwendung von Sonderzahlungen für den Fall einer vorzeitigen Vertragsbeendigung enthalten, da die Zusammenhänge für Leasingnehmer nicht durchschaubar sind. L601

Hat der Leasinggeber im Wege des Vergleichs eine zu geringe Entschädigung des Kaskoversicherers akzeptiert, kann er vom Leasingnehmer keinen vollen Ausgleich für seine noch nicht amortisierten Kosten verlangen. Er muss sich bei der Regulierung des Kaskoschadens – ebenso wie bei der Verwertung des Fahrzeugs – um die Erzielung des **bestmöglichen** Ergebnisses bemühen.[569] L602

Bei **Vortäuschung eines Diebstahls** des Leasingfahrzeugs durch den Leasingnehmer ist der Leasinggeber berechtigt, eine darauf gestützte außerordentliche Vertragskündigung wegen arglistiger Täuschung anzufechten, was zur Folge hat, dass der Leasingvertrag fort- L603

564 OLG Celle 7. 4. 1999, OLGR 1999, 225.
565 Zur Kündigung bei einem vom Leasingnehmer verschuldeten Diebstahl sowie zur Verpflichtung zum Abschluss einer Kaskoversicherung nach Auffindung des Fahrzeugs OLG München 13. 1. 1995, OLGR 1995, 134.
566 OLG Hamm 12. 12. 1997, OLGR 1998, 62.
567 BGH 11. 12. 1991, NJW 1992, 683.
568 OLG Düsseldorf 29. 4. 1996, OLGR 1996, 265.
569 OLG Dresden 16. 6. 1999, OLGR 1999, 364.

besteht und der Leasinggeber an die vorzeitige Abrechnung des Leasingvertrages nicht mehr gebunden ist. Eine vom Versicherer auf Grund des vorgetäuschten Diebstahls erbrachte Zahlung muss er nicht zu Gunsten des Leasingnehmers berücksichtigen.[570]

L604 Falls das Leasingfahrzeug gestohlen, nach wenigen Tagen wieder aufgefunden und anschließend fachgerecht repariert worden ist, liegt noch kein **wichtiger Grund** für eine sofortige Kündigung vor, wobei die Tatsache, dass das Fahrzeug von einem Rechtsanwalt geleast und von den Dieben möglicherweise auf der Fahrtstrecke von etwa 35 km zur Begehung weiterer Straftaten benutzt wurde, nicht erschwerend ins Gewicht fällt.[571]

L605 Bei **rechtsgrundloser Zahlung** an den Leasinggeber richtet sich der Rückforderungsanspruch des Kaskoversicherers gegen den Leasingnehmer, wenn dieser durch die Versicherungsleistung von seiner Zahlungspflicht gegenüber dem Leasinggeber frei geworden ist.[572] Allerdings kommen dem Kaskoversicherer, der die Versicherungsleistung zurückfordert, nicht die Beweiserleichterungen zugute, die dem eine Diebstahlsentschädigung beanspruchenden Versicherungsnehmer zugebilligt werden. Er muss den **Vollbeweis** für seine Behauptung erbringen, der seiner Zahlung zu Grunde liegende Versicherungsfall „Entwendung“ habe nicht stattgefunden.[573]

L606 Der Leasingnehmer riskiert den Versicherungsschutz, wenn er zur Laufleistung eines entwendeten Leasingfahrzeugs unrichtige Angaben macht.[574] Eine Falschangabe zur Laufleistung betrifft die Bewertung des entwendeten Fahrzeugs und ist generell geeignet, die Interessen des Versicherers ernsthaft zu gefährden.

L607 Der Kausalitätsgegenbeweis ist dem Leasingnehmer selbst bei einem vorsätzlichen Fehlverhalten eröffnet, nicht jedoch bei Arglist (§ 28 Abs. 3 S. 1, 2 VVG).[575]

XVII. Reguläre Vertragsbeendigung

1. Beendigung durch Zeitablauf oder Kündigung

L608 Kfz-Leasingverträge werden gewöhnlich für eine bestimmte Zeit abgeschlossen und enden gem. § 542 Abs. 2 BGB mit deren Ablauf. Die Vertragszeit liegt zwischen 40 % und 90 % der betriebsgewöhnlichen Nutzungsdauer. Sollte der Vertrag unbefristet sein, bedarf es gem. § 542 Abs. 1 BGB einer **Kündigung** oder einvernehmlichen **Aufhebungsvereinbarung**.

L609 Beim Vertragsmodell mit Abschlusszahlung ist eine Kündigung erforderlich, wenn der Leasingnehmer den Vertrag vorzeitig nach Ablauf der Grundmietzeit beenden möchte. Ist die **Vertragslaufzeit unbestimmt**, besteht das Kündigungserfordernis auch dann, wenn der Leasingnehmer eine Ausgleichszahlung nur bis zum Eintritt der Vollamortisation zu leisten hat[576] oder wenn die nach dem Vertrag für die Kalkulation der Raten zu Grunde gelegte Nutzungsdauer des Leasinggegenstandes abgelaufen ist.[577] AGB, die den Leasingnehmer zur Weiterzahlung der Leasingraten nach Erreichen der Vollamortisation verpflichten, sind weder überraschend noch benachteiligen sie den Leasingnehmer unangemessen, da er es in der

570 OLG Köln 24. 6. 1994, OLGR 1994, 209.
571 BGH 25. 10. 1986, ZIP 1986, 1566.
572 BGH 2. 11. 1988, ZIP 1989, 313; 10. 3. 1993, DAR 1993, 223; a. A. OLG Köln 24. 6. 1994, VersR 1995, 54.
573 BGH 14. 7. 1993, DAR 1993, 223.
574 Zur Leistungsfreiheit des Versicherers wegen bewusst falscher Angaben s. OLG Köln 28. 4. 2008 – 9 U 157/07- n. v.
575 *Nugel*, NJW-Spezial, 2010, 649; *Heß/Nugel*, NJW-Spezial 2010, 713 m. w. N.
576 BGH 20. 9. 1989, ZIP 1989, 1461; OLG Hamm 11. 1. 1999, OLGR 1999, 165.
577 BGH 8. 11. 1989, ZIP 1990, 173.

Hand hat, sich vor der Heranziehung zur Zahlung weiterer Leasingraten durch rechtzeitige Kündigung zum Ende der im Vertrag unterstellten Nutzungsdauer zu schützen und ihm – auch als Nichtkaufmann – die Überwachung des Vertragsablaufs zuzumuten ist.[578] Eine im Leasingvertrag **individualvertraglich vereinbarte Vertragslaufzeit** hat gem. § 305b BGB Vorrang vor einer in Leasingbedingungen für den Fall des Unterbleibens einer Kündigung enthaltenen automatischen Verlängerungsklausel.[579]

Erklärt ein vom Leasingnehmer mit der Beendigung des Leasingvertrages beauftragter Anwalt an Stelle der Kündigung den Rücktritt vom Leasingvertrag, gefährdet er durch die **Wahl des falschen Begriffs** den Erfolg des Gestaltungsversuchs, wenn der buchstäbliche Ausdruck der Erklärung mehrere Deutungen zulässt.[580] **L610**

2. Herausgabe des Fahrzeugs

Da sein **Besitz- und Gebrauchsrecht** endet, hat der Leasingnehmer das Fahrzeug am Vertragsende mitsamt der **Schüssel** und **Fahrzeugunterlagen** an den Leasinggeber zurückzugeben. **L611**

Nach der Konzeption des § 546 Abs. 1 BGB ist die Mietsache vom Mieter am Vertragsende in dem Zustand zurückzugeben, in dem sie sich befindet. Darunter ist ein Zustand zu verstehen, der entweder der vertraglichen Vereinbarung oder dem vertragsgemäßen Gebrauch entspricht.[581] Der vertragsgemäße Gebrauch umfasst damit unvermeidbar einhergehende Abnutzungen und Schäden,[582] die durch die Mietzahlungen abgegolten sind. **L612**

Auf Leasingverträge ist § 546 Abs. 1 BGB nur bedingt übertragbar, da der **Leasingnehmer** die ihm überlassene Sache in einem zum Gebrauch geeigneten, mangelfreien Zustand zu erhalten hat. Infolgedessen muss das Leasingfahrzeug am Vertragsende so beschaffen sein, als wäre der Leasingnehmer dieser Verpflichtung ordnungsgemäß nachgekommen.[583] Die Reparaturpflicht des Leasingnehmers erstreckt sich i. d. R. jedoch nur auf solche Mängel und Schäden, die die Verkehrs- und Betriebssicherheit beeinträchtigen oder auf einem Unfallschaden beruhen. Hat beispielsweise der Zahnriemen die natürliche Verschleißgrenze überschritten, liegt ein Verschleißmangel vor, den der Leasingnehmer beheben lassen muss. Für Mängel, die nicht der Instandsetzungspflicht unterliegen, muss der Leasingnehmer entweder am Vertragsende eine Ausgleichszahlung leisten oder sie schmälern den Verwertungserlös. Beim Kfz-Leasing werden die Details zum Soll-Zustand des Fahrzeugs und zu den Rechtsfolgen üblicherweise in **Rückgabeklauseln** festgelegt (Rdn. L648).

Einbauten und **Zubehör** sind vor der Rückgabe des Fahrzeugs vom Leasingnehmer zu entfernen,[584] wobei der ursprüngliche Zustand des Fahrzeugs wieder hergestellt werden muss. Dabei kommt es nicht darauf an, ob die Einbauten mit oder ohne Zustimmung des Leasinggebers durchgeführt worden sind.[585] Einen Anspruch auf Wertersatz besitzt der Leasingnehmer nicht.[586] Auf der anderen Seite hat der Leasinggeber keinen Anspruch darauf, dass Einbauten und Zubehör im Fahrzeug verbleiben. Nicht zu beanstanden ist eine vertragliche Regelung, nach der mit Zustimmung des Leasinggebers vorgenommene Änderungen und Einbauten einen Anspruch des Leasingnehmers auf Zahlung einer Ablösung be- **L613**

578 BGH 20. 9. 1989, ZIP 1989, 1461.
579 Saarländisches OLG Urt. v.12. 6. 2008 – 8 U 380/07–105 – n. v.
580 BGH 4. 6. 1996, NJW 1996, 2648.
581 *Klein-Blenkers*, AK Schuldrecht, § 546 Rn. 15.
582 BGH 10. 7. 2002, NJW 2002, 3234, 3235.
583 Näher dazu *Reinking*, DAR 2010, 622, 624.
584 BGH 8. 7. 1981, NJW 1981, 2564.
585 *Berninghaus* in Martinek/Stoffels/Wimmer-Leonhardt, § 37 Rn. 4.
586 *Beckmann*, § 8 Rn. 191.

gründen, sofern das Fahrzeug durch die Veränderung eine bei Rückgabe vorhandene Wertsteigerung aufweist (Abschn. VIII Nr. 3 VDA-Muster-Leasing-AGB).

L614 Umstritten ist der **Erfüllungsort der Rückgabe** nach ordnungsgemäßer Vertragsbeendigung. Es überwiegt die Ansicht, dass es sich bei der Rückgabepflicht um eine **Bringschuld** des Leasingnehmers handelt.[587] Nach der Gegenansicht ist die Rückgabe an dem Ort zu erfüllen, an dem der Leasingnehmer die Zahlung der Leasingraten zu erbringen hat, mithin an seinem Wohnsitz.[588]

Um Unwägbarkeiten aus dem Wege zu gehen, empfiehlt es sich für Leasinggeber, den Ort der Rückgabe klar und eindeutig und an richtiger Stelle in den AGB zu regeln. Da die Aushändigung des Fahrzeugs i. d. R. am Betriebssitz des Lieferanten vorgenommen wird und dieser es meistens auch zurückzunehmen hat, ist es sinnvoll, den **Ort der Auslieferung** als Erfüllungsort für die Fahrzeugrückgabe festzulegen.[589] Eine solche Klausel ist nicht zu beanstanden.[590]

In diesem Sinne soll wohl auch die nicht ganz eindeutige Regelung in Abschn. XVI. Nr. 1 VDA-Muster-Leasing-AGB zu verstehen sein, der zufolge der Leasingnehmer das Fahrzeug auf seine Kosten und Gefahr dem ausliefernden Händler zurückzugeben hat. Im Rahmen der Rücknahme des Fahrzeugs wird der für zuständig erklärte Lieferant als **Erfüllungsgehilfe** für den Leasinggeber tätig.[591]

3. Sicherstellung des Fahrzeugs durch den Leasinggeber

L615 Falls der Leasingnehmer seiner Rückgabepflicht nicht nachkommt, darf der Leasinggeber das Fahrzeug nicht eigenmächtig in Besitz nehmen.

L616 Das OLG Koblenz[592] hat sich auf den Standpunkt gestellt, dass AGB, die den Leasinggeber berechtigen, das Fahrzeug bei Vorliegen eines wichtigen Grundes schon vor Zugang der Kündigungserklärung vom Leasingnehmer herauszuverlangen, und die weiterhin vorsehen, dass der Leasingnehmer auf sein Besitzrecht verzichtet und die Wegnahme des Fahrzeugs gestattet, nicht gegen allgemeine Rechtsgrundsätze verstoßen und wirksam sind. Dahinter steckt die Überlegung, dass es bei einem Kraftfahrzeug sehr schnell zu einer Verschlechterung kommen kann, die ein rasches Einschreiten des Leasinggebers erfordert. Im Gegensatz dazu hat das OLG Hamm[593] die Ansicht vertreten, dass derartige Formularregelungen an § 307 Abs. 1 BGB scheitern, weil sie den Leasingnehmer unangemessen benachteiligen. Wegen der unklaren Rechtslage ist von der Verwendung einer solchen Klausel sowohl beim Verbraucherleasing als auch im unternehmerischen Geschäftsverkehr abzuraten.

L617 Nimmt der Leasinggeber, gestützt auf eine **unwirksame Rücknahmeklausel**, das Leasingfahrzeug gegen den Willen des Leasingnehmers in Besitz, liegt darin eine **verbotene Eigenmacht**, die den Leasingnehmer zur fristlosen Kündigung des Leasingvertrages berechtigt.[594]

---

587 BGH 31. 3. 1982, NJW 1982, 1747, 1987; 1. 4. 1987, 1987, 2367; 11. 5. 1988, 1988, 2665; *Wolf/Eckert/Ball*, Rn. 1070; *Graf von Westphalen*, Der Leasingvertrag, Kap. J Rn. 5; *Staudinger/Stoffels*, Leasing Rn. 828; MüKo-BGB/*Koch*, Leasing Rn. 500 m. w. N.; *Berninghaus* in Martinek/Stoffels/Wimmer-Leonhardt, § 35 Rn. 7, 8, 14.

588 LG Lüneburg 27. 5. 2002; NJW-RR 2002, 1584; *Beckmann*, § 8 Rn. 178, 179 m. w. N.; *Wolf/Eckert/Ball*, Rn. 1070; einschränkend OLG Rostock 18. 12. 2000, OLGR 2001, 255.

589 OLG Rostock 18. 12. 2000, OLGR 2001, 255.

590 *Berninghaus* in Martinek/Stoffels/Wimmer-Leonhardt, § 35 Rn. 9; *Beckmann*, § 8 Rn. 177.

591 LG Dortmund 4. 6. 1997, NJW-RR 1998, 707.

592 Beschluss – 8 W 398/88, n. v.

593 Urt. v. 20. 12. 1991, NJW-RR 1992, 502.

594 OLG Hamm 20. 12. 1991, NJW-RR 1992, 502.

4. Einstweilige Verfügung auf Herausgabe des Leasingfahrzeugs

L618 Geteilt sind die Meinungen zu der Frage, ob die schlichte Weiterbenutzung des Leasingfahrzeugs nach Ablauf des Vertrages einen **Verfügungsgrund** i. S. v. § 935 ZPO darstellt, der die Sicherstellung des Fahrzeugs im Wege der einstweiligen Verfügung rechtfertigt. Hierzu wird die Auffassung vertreten, eine Gefährdung des Herausgabeanspruchs setze voraus, dass der Leasingnehmer die Sache übermäßig benutzt und sie dadurch in ihrer Substanz verändert,[595] da der Leasinggeber die mit der **schlichten Weiterbenutzung** des Fahrzeugs verbundenen Risiken vertraglich in Kauf nehme[596] und sich durch die Nichtrückgabe nur die dem Leasingvertrag von vornherein innewohnende typische Gefahr einer Leistungsstörung verwirklichte.[597] Nach gegenteiliger Ansicht liegt bereits in der bloßen Weiterbenutzung der Sache und dem damit verbundenen Wertverlust eine **Gefährdung der Anspruchsverwirklichung**, die den Erlass einer einstweiligen Verfügung rechtfertigt.[598]

Für Kraftfahrzeuge gilt in besonderem Maße, dass sie durch Benutzung zunehmend an Wert verlieren, da mit jedem gefahrenen Kilometer Wertsubstanz verbraucht wird. Dieser Wertverlust ist ungleich höher als die Werteinbuße, die ein Fahrzeug durch Aufbewahrung in der Pfandkammer erleidet.[599] Deshalb verdient die Meinung den Vorzug, die den schlichten Weitergebrauch als Grund für den Erlass einer einstweiligen Verfügung auf Herausgabe des Fahrzeugs an den Leasingnehmer als ausreichend erachtet.[600]

Nach einer Entscheidung des LG Bielefeld[601] besteht nach Beendigung des Vertragsverhältnisses insbesondere bei Nutzfahrzeugen eine erhöhte Gefahr, dass sie in stärkerem Maße genutzt und weniger pfleglich behandelt werden und dem Zugriff Dritter ausgesetzt sind, wenn der Leasingnehmer in Liquidationsschwierigkeiten geraten ist.

L619 Umstritten ist, ob dem Leasinggeber die Möglichkeit zu eröffnen ist, eine Sicherheit anzubieten, um auf diese Weise zu erreichen, dass das Fahrzeug an ihn zur werthaltigen Verwertung herausgegeben wird.[602] Da die einstweilige Verfügung nicht darauf abzielt, dem Leasinggeber die sofortige Verfügbarkeit über das Fahrzeug zu verschaffen sondern dessen vorläufige Sicherstellung bewirken soll, ist die Anwendung von § 921 Abs. 2 ZPO nur zuzulassen, wenn der Leasinggeber unabweisbare Gründe darlegt und glaubhaft macht, dass die sofortige Verwertungsmöglichkeit erforderlich ist. Beim Kfz-Leasing wird man diese Voraussetzungen bejahen können, da ein Kraftfahrzeug bis zum rechtskräftigen Abschluss eines möglicherweise langwierigen Hauptsacheprozesses zunehmend an Wert verliert. Außerdem verursacht die Aufbewahrung des Fahrzeugs erhebliche Kosten, die der Leasingnehmer zwar zu tragen hat aber möglicherweise nicht aufbringen kann.

---

595 OLG Frankfurt/M. 8. 12. 1959 NJW 1960, 827; OLG Köln 25. 1. 1988, ZIP 1988, 445 ff. sowie 10. 11. 1997, NJW-RR 1997, 1588; LG Rottweil 2. 5. 1990 – 1 O 449/90, n. v.; *Stein/Jonas*, ZPO, § 935 Rn. 12; *Schuschke*, Vollstreckung und vorläufiger Rechtsschutz II, § 935 Rn. 13 Fn. 57.

596 OLG Köln 25. 1. 1988, ZIP 1988, 445 ff.

597 LG Rottweil 2. 5. 1990 – 1 O 449/90, n. v.

598 OLG Düsseldorf 7. 12. 1983, MDR 1984, 411; LG Ravensburg 16. 4. 1986, NJW 1987, 139; LG Braunschweig/Kreisg. Arnstadt 21. 1. 1993, MDR 1993, 757; *Zöller/Vollkommer*, ZPO, § 935 Rn. 13; *Reinking* in Reinking/Kessler/Sprenger, § 9 Rn. 36 ff.

599 A. A. offenbar OLG Köln 25. 1. 1988, ZIP 1988, 445.

600 Ausführlich *Schick*, FLF 2005, 268 m. w. N.; *Reinking* in *Reinking/Kessler/Sprenger*, § 9 Rn. 36 ff.

601 Urt. v. 23. 11. 2000 – 03 O 81/00, zit. von *Schick*, FLF 2005, 268, 269.

602 Dafür *Beckmann*, § 5 Rn. 74; dagegen *Graf von Westphalen*, Der Leasingvertrag, Kap. K Rn. 36.

5. Unmöglichkeit der Herausgabe

L620 Ist der Leasingnehmer außer Stande, das Fahrzeug zurückzugeben, hat er dem Leasinggeber aufgrund der Übernahme der Sach- und Preisgefahr den **Verkehrswert** im Rahmen der Vertragsabrechnung zu ersetzen, soweit dieser hierfür nicht bereits eine Versicherungsleistung erhalten hat. Im Falle des Verschuldens ergibt sich der Anspruch außerdem aus §§ 280 ff., 275 BGB. In beiden Fällen ist bei bestehender Vorsteuerabzugsberechtigung des Leasinggebers der **Nettobetrag** einzusetzen.

Falls der Leasingnehmer die Sach- und Preisgefahr nicht oder nicht wirksam übernommen hat, entfällt seine Verpflichtung zum **Wertersatz**, sofern er nachweist, dass er das zur Unmöglichkeit führende Ereignis nicht zu vertreten hat.

Der Leasinggeber muss zunächst versuchen, aus den ihm **erfüllungshalber abgetretenen Ansprüchen** gegen die Kaskoversicherung Befriedigung zu erlangen. Solange er diesen Versuch nicht unternommen hat, fehlt es – außer im Hinblick auf eine möglicherweise vereinbarte Selbstbeteiligung – an der Fälligkeit der Wertersatzforderung gegen den Leasingnehmer.[603] Welche Anstrengungen der Leasinggeber auf sich nehmen muss, um die Ansprüche gegenüber der Kaskoversicherung durchzusetzen, hängt von den Gegebenheiten des Einzelfalls ab. Eine von vornherein aussichtslose Klage muss er nicht erheben.[604]

6. Wegfall der Rückgabepflicht

L621 Von der Rückgabepflicht wird der Leasingnehmer befreit, wenn er mit dem Leasinggeber einen Ankauf des Fahrzeugs, eine Vertragsverlängerung oder einen Anschlussleasingvertrag vereinbart. Zum Abschluss des Kaufvertrages kann es aber auch dadurch kommen, dass entweder der Leasinggeber von einem **Andienungsrecht** oder der Leasingnehmer von einer **Kaufoption** Gebrauch macht. Bei einem Vertrag mit Restwert „Null" entfällt die Herausgabepflicht, wenn trotz Bestehens einer Rückgabeklausel in AGB nach den Umständen davon auszugehen ist, dass die Leasingsache dem Leasingnehmer verbleiben soll.[605]

L622 Sieht der Leasingvertrag ein Andienungsrecht des Leasinggebers vor, ist zu beachten, dass der Kaufvertrag über das Fahrzeug mit dem **Zugang der Andienungserklärung** des Leasinggebers zu Stande kommt. Diese sollte dem Leasingnehmer möglichst vor Ablauf des Leasingvertrages zugestellt werden, falls der Leasingvertrag keine hiervon abweichende Regelung enthält. Ins Leere geht eine Andienung gegenüber demjenigen, der den Vertrag ohne Mitwirkung des Leasingnehmers übernommen hat, weil die Übernahmevereinbarung rechtsunwirksam ist.[606] Macht der Leasinggeber nicht rechtzeitig von seinem Andienungsrecht Gebrauch, verbleibt das Verwertungsrisiko bei ihm.[607]

L623 Zur Herbeiführung des Zahlungsverzugs aus dem durch Ausübung des Andienungsrechts zu Stande gekommenen Kaufvertrag muss der Leasinggeber dem Leasingnehmer – außer der Anmahnung der Zahlung – den **Besitz** an dem Leasingfahrzeug einräumen.[608] Falls der Leasinggeber das Fahrzeug an sich genommen oder der Leasingnehmer ihm den Besitz in Befolgung einer vereinbarten Rückgabepflicht übertragen hat,[609] genügt ein **wörtliches Angebot** nur, wenn der Leasingnehmer entweder erklärt hat, dass er die Leistung nicht annehmen werde oder wenn er sich verpflichtet hat, das Fahrzeug beim Leasinggeber abzuholen (§ 295 S. 1 BGB). Andernfalls muss der Leasinggeber dem Leasingnehmer das

603 BGH 11. 12. 1991, ZIP 1992, 179.
604 BGH 11. 12. 1991, ZIP 1992, 179.
605 OLG Hamm 9. 11. 1993, NJW-RR 1994, 631.
606 LG Dortmund 24. 8. 2010 – 11 O 75/10 n. v.
607 LG Dortmund 24. 8. 2010 – 11 O 75/10 n. v.
608 BGH 29. 11. 1995, NJW 1996, 923.
609 OLG Düsseldorf 8. 11. 2005, OLGR 2006, 218.

Fahrzeug **tatsächlich** anbieten, so dass dieser nur noch zuzugreifen braucht.[610] Bietet der Leasinggeber dem Leasingnehmer das Fahrzeug nicht in einer den Annahmeverzug begründenden Weise an, fehlen die Voraussetzungen für einen Rücktritt und für Schadensersatzansprüche statt der Leistung. Auf die Erfüllungsansprüche kann er nicht mehr zurückgreifen, wenn er das Fahrzeug anderweitig verwertet hat.[611]

Nicht unter die Restwertgarantie des Leasingnehmers fällt das **Bonitäts-** und **Insolvenzrisiko** desjenigen, dem der Leasinggeber das Fahrzeug angedient hat. Vorbehaltlich einer anders lautenden vertraglichen Regelung haftet der Leasingnehmer nicht auf Ersatz des Schadens, den der Leasinggeber dadurch erleidet, dass eine andere Person, der er das Fahrzeug angedient hat, die Erfüllung des Kaufvertrages schuldig bleibt.[612] L624

Ungeklärt ist, ob eine Verlagerung des **Bonitäts- und Verwertungsrisikos** auf den Leasingnehmer in Leasing-AGB wirksam vereinbart werden kann.[613] In Anbetracht der Tatsache, dass die Vornahme der Verwertung des Leasingfahrzeugs in den Aufgabenbereich des Leasinggebers fällt, der dadurch die Chance der Erzielung eines zusätzlichen Gewinns erlangt, ist eine Klausel, die dem Leasingnehmer das Erfüllungsrisiko zuweist, derart ungewöhnlich, dass ihre wirksame Einbeziehung in den Vertrag zweifelhaft erscheint. Auf jeden Fall aber wird der Leasingnehmer durch eine solche Regelung in einer Art und Weise benachteiligt, die gemessen an § 307 Abs. 1 BGB, nicht hinnehmbar ist. Da er auf der einen Seite keine rechtliche Handhabe besitzt, auf die Art und Weise der Verwertung Einfluss zu nehmen, kann ihm auf der anderen unmöglich zugemutet werden, die Verwertungsrisiken zu übernehmen. L625

Die Vereinbarung eines **Andienungsrechts** i. V. m. einer Ausgleichsklausel für **Mehr- und Minderkilometer** in einem Kraftfahrzeugleasingvertrag ist **alternativ** und nicht kumulativ zu verstehen, da sich die Regelungen gegenseitig ausschließen. Nur wenn das Leasingfahrzeug am Vertragsende vom Leasingnehmer an die Leasinggesellschaft zurückgegeben wird, weil diese von ihrem Andienungsrecht keinen Gebrauch gemacht hat, findet ein Wertausgleich anhand der gefahrenen Kilometer statt. Hat jedoch der Leasingnehmer das Fahrzeug im Wege der Andienung vom Leasinggeber erworben, ist das Wahlrecht verbraucht und es besteht nicht mehr die Möglichkeit einer Abrechnung der Mehr- und Minderkilometer.[614] Das Gleiche gilt, wenn die Leasinggesellschaft das Fahrzeug verwertet und dabei versäumt, von dem zuvor durch Andienung zustande gekommenen Kaufvertrag mit dem Leasingnehmer wirksam zurückzutreten.[615] L626

7. Verstoß des Leasingnehmers gegen die Rückgabepflicht

Der Leasingnehmer, der das Fahrzeug am Vertragsende nicht oder verspätet zurückgibt, macht sich gegenüber dem Leasinggeber wegen Vorenthaltung **schadensersatzpflichtig** (§ 546a BGB) und evtl. **strafbar** (§ 248b StGB).[616] Das bloße Unterlassen der zivilrechtlich geschuldeten Rückgabe ist regelmäßig nicht als Manifestation des **Zueignungswillens** i. S. v. § 246 StGB anzusehen. Wenn allerdings das Fahrzeug vom Leasingnehmer unbefugt L627

610 BGH 29. 11. 1995, NJW 1996, 923.
611 BGH 29. 11. 1995, NJW 1996, 923; OLG Düsseldorf 8. 11. 2005, OLGR 2006, 218.
612 BGH 16. 10. 1996, NJW 1997, 452, 453.
613 Offen gelassen BGH 16. 10. 1996, NJW 1997, 452, 453.
614 OLG Düsseldorf 14. 4. 1994, NJW-RR 1994, 1337.
615 BGH 16. 10. 1996, NJW 1997, 452, 453; 9. 5. 2001, 2001, 2165, 2166; OLG Düsseldorf 8. 11. 2005, OLGR 2006, 218.
616 OLG Schleswig 20. 1. 1989, DAR 1989, 350; a. A. AG München 31. 10. 1985, NStZ 1986, 458; *Schmidthäuser*, NStZ 1986, 460.

weiterbenutzt wird und dadurch erheblich an Wert verliert, kann darin eine Zueignungsabsicht zum Ausdruck kommen.[617]

L628 Allein in der Nichtrückgabe liegt noch kein **Vorenthalten** i. S. v. § 546a Abs. 1 BGB. Erforderlich ist, dass der Leasingnehmer das Fahrzeug gegen den Willen des Leasinggebers zurückhält. Aus diesem Grunde scheitern AGB an § 307 Abs. 2 Nr. 1 BGB, die die Verpflichtung des Leasingnehmers zur Zahlung der Nutzungsentschädigung allein von der Voraussetzung abhängig machen, dass der Leasingnehmer den Leasinggegenstand nicht oder nicht rechtzeitig zurückgibt.[618] Daran gemessen kann der Regelung in Abschn. XVI. Nr. 4 VDA-Muster-Leasing-AGB, die für den Fall einer nicht „termingerechten Rückgabe" als Grundbetrag 1/30 der für die Vertragszeit vereinbarten monatlichen Leasingrate festlegt, zu der die durch Rückgabeverzögerung verursachten Kosten hinzukommen, die Wirksamkeit nicht attestiert werden. Die Unwirksamkeit der Klausel bleibt jedoch folgenlos, da sich der Anspruch auf Nutzungsentschädigung unmittelbar aus dem Gesetz ergibt.[619]

Der Begriff des Vorenthaltens setzt voraus, dass der Leasingnehmer das Fahrzeug nicht zurückgibt, obwohl er dazu imstande wäre. Liegt eine vom Leasingnehmer zu beweisende **Unmöglichkeit der Rückgabe** vor, besteht kein Anspruch des Leasinggebers auf Nutzungsentschädigung.[620]

L629 Eine **Aufforderung zur Rückgabe** ist zu empfehlen. Sie macht dem Leasingnehmer klar, dass der Leasinggeber auf eine pünktliche Rückgabe Wert legt.[621] Verlangt der Leasinggeber keine Rückgabe der Leasingsache, weil er irrtümlich der Auffassung ist, der Leasingvertrag sei durch die Kündigung des Leasingnehmers nicht beendet worden oder der Leasingvertrag habe sich automatisch verlängert, sind die Voraussetzungen eines Vorenthaltens i. S. v. § 546a Abs. 1 BGB nicht erfüllt.[622] Ebenso verhält es sich, wenn der Leasinggeber unter Verletzung der ihm auferlegten Mitwirkungspflicht versäumt, dem Leasingnehmer den Ort mitzuteilen, an dem er das Fahrzeug zurückzugeben hat.[623] Da der Leasingnehmer – selbst wenn ihm eine Bringschuld auferlegt sein sollte – mit der Rückgabe des Fahrzeugs nicht in Verzug gerät, haftet er dem Leasinggeber nach einer Entscheidung des OLG Hamm[624] lediglich nach Bereicherungsrecht auf Ersatz der schuldhaft nicht gezogenen Nutzungen in Höhe des objektiven Mietwertes, wenn er das Fahrzeug nach Ablauf des Leasingvertrags einem Dritten unentgeltlich zum Gebrauch überlässt.

L630 Nach gefestigter höchstrichterlicher Spruchpraxis[625] hat der Leasinggeber für die Dauer der Vorenthaltung die vereinbarte **Leasingrate** als **Mindestentschädigung** zu beanspruchen, wobei es nicht darauf ankommt, ob dem Leasinggeber aus der Vorenthaltung des Autos ein Schaden erwachsen ist oder der Leasingnehmer einen entsprechenden Nutzen hat ziehen können. Teilweise wird die Ansicht vertreten, der Leasingnehmer schulde die Nut-

---

617 OLG Zweibrücken 21. 8. 2009 – 1 Ss 57/09 – n. v.

618 BGH 7. 1. 2004, NJW-RR 2004, 558 m. w. N. und zust. Anm. von *Bellinghausen*, nach dessen zutr. Ansicht Klauseln zur Nutzungsentschädigung wegen verspäteter Rückgabe verzichtbar sind; s. ferner *Zahn*, DB 2004, 1142; *Harder*, FLF 2004, 176; *Beckmann*, § 8 Rn. 200; *Graf von Westphalen*, Der Leasingvertrag, Kap. J Rn. 25; zweif. *Berninghaus* in Martinek/Stoffels/Wimmer-Leonhardt, § 35 Rn. 35.

619 BGH 13. 4. 2005, NJW-RR 2005, 1081.

620 *Staudinger/Rolfs*, § 546a Rn. 15 m. w. N.

621 BGH 31. 3. 1982, NJW 1982, 1747, 1748.

622 BGH 7. 1. 2004, BGHR 2004, 494, 496; OLG Saarbrücken 12. 6. 2008, OLGR 2008, 749.

623 OLG Düsseldorf 14. 11. 2000, OLGR 2001, 220.

624 Urt. v. 12. 7. 1988, ZIP 1989, 45.

625 BGH 22. 3. 1989, ZIP 1989, 647; 5. 4. 1978, NJW 1978, 1432; 31. 3. 1982, NJW 1982, 1747 ff.; zust. z. B. *Graf von Westphalen*, Der Leasingvertrag, Kap J Rn. 20 m. w. N.; *Berninghaus* in Martinek Stoffels/Wimmer-Leonhardt, § 35 Rn. 31; *Wolf/Eckert/Ball*, Rn. 1999.

zungsentschädigung bis zum Schluss der laufenden Berechnungsperiode,[626] wenn der Leasingnehmer die Sache zur Unzeit zurückgibt, während nach der Gegenmeinung, die beim Leasing den Vorzug verdient, der **Tag der Rückgabe** der Abrechnung zugrunde zu legen ist.[627] Die Entschädigung i. S. v. § 546a Abs. 1 BGB ist steuerlich Leasingentgelt und umfasst die Umsatzsteuer, sofern der Leasinggeber für die Umsatzsteuer optiert hat.[628]

Der BGH versteht § 546a Abs. 1 BGB als Druckmittel zur Erzwingung der Herausgabe der Sache. Aus seiner Sicht wird der Leasingnehmer durch die Anwendung dieser Bestimmung auf Leasingverträge nicht über Gebühr belastet, da es an ihm liegt, die Rechtsfolgen des § 546a Abs. 1 BGB durch Herausgabe der Leasingsache jederzeit zu vermeiden oder zu beenden. Von dieser Überlegung ausgehend entschied das OLG Hamm,[629] der Leasingnehmer werde von der Zahlung der Nutzungsentschädigung in Höhe der bisherigen Leasingraten nicht dadurch befreit, dass zwischen dem Wert der Leasingsache und der Höhe der Leasingrate ein auffälliges Missverhältnis besteht.

Die höchstrichterliche Rechtsprechung findet nicht nur Beifall. Dem BGH wird entgegengehalten,[630] er berücksichtige in nicht ausreichendem Maße das Amortisationsprinzip, durch das sich der Leasingvertrag vom reinen Mietvertrag unterscheidet. Die Kritik ist berechtigt. Die Vorschrift des § 546a Abs. 1 BGB gewährt einen Schadensersatzanspruch, dessen Umfang in Höhe des Mietzinses festgelegt ist, weil der **Mietzins** i. d. R. dem **Nutzungswert der Mietsache** entspricht. Aus diesem Grund überzeugt bei der Miete das Argument, der Mieter, der die Sache dem Vermieter nach Beendigung des Vertrages vorenthalte, dürfe nicht besser gestellt werden als bei einer Fortdauer des Mietvertrages. Bei einem Leasingvertrag besteht jedoch eine andere Situation. Der objektive Wert der Nutzung, der bei der Miete i. d. R. dem Mietzins entspricht, kann der auf ganz anderer Grundlage kalkulierten Leasingrate nicht ohne weiteres gleichgestellt werden.[631] Letztere ist berechnet auf der Grundlage der Wertdifferenz zwischen Neuanschaffungspreis und kalkuliertem Restwert. Nach dem regulären Ende des Vertrages ist der durch die Weiterbenutzung eintretende Wertschwund geringer als während der vorausgegangenen Vertragszeit. Dies liegt daran, dass ein Leasingfahrzeug nicht gleichmäßig (linear) an Wert verliert, sondern anfangs stark, später weniger stark(degressiver Wertverlust). **L631**

Infolgedessen sind die – auf der Grundlage eines geringeren Wertverzehrs errechneten – Leasingraten eines Folge- oder Anschlussleasingvertrages zwangsläufig niedriger als die des vorhergehenden Vertrages. Das Argument des BGH, der sich vertragstreu verhaltende Leasingnehmer werde schlechter gestellt als derjenige, der das Auto am Vertragsende nicht zurückgebe, wenn man letzteren nicht zur Fortzahlung der Leasingraten gem. § 546a Abs. 1 BGB zwinge, ist beim Leasingvertrag mit Übernahme des Restwertrisikos durch den Leasingnehmer nicht stichhaltig, weil der Leasingnehmer den durch Weiterbenutzung entstehenden Wertverlust ausgleichen muss. Der Leasinggeber würde doppelt entschädigt, wenn er zusätzlich zum Wertausgleich die ungekürzten Leasingraten bekäme. Dies hat auch das OLG Frankfurt[632] so gesehen, aber gleichwohl entschieden, der Vorteil zwinge den Leasinggeber nicht, die Leasingrate nach unten anzupassen. Nach Meinung des LG **L632**

---

626 OLG Düsseldorf 5. 9. 2002, ZMR 2003, 105.
627 OLG Rostock 18. 3. 2002, NJW-RR 2002, 1712.
628 BGH 11. 5. 1988, WM 1988, 1277; 22. 3. 1989, NJW 1989, 1730, 1732; 6. 12. 1995, WM 1996, 463; OLG Hamm 28. 6. 1979, OLGZ 1980, 21 ff.
629 Urt. v. 11. 1. 1999, zfs 1999, 240 gegen OLG Köln Beschl. v. 16. 9. 1992, WM 1993, 1053.
630 *Canaris*, AcP 190 (1990), 410, 441; *Staudinger/Stoffels*, Leasing, Rn. 286; *Reinking* in Reinking/Kessler/Sprenger, § 10 Rn. 17.
631 So früher OLG Hamm 12. 7. 1988, ZIP 1989, 45; LG Hamburg 12. 2. 1986, NJW-RR 1986, 473 ff.; *Tiedtke*, ZIP 1989, 1437 ff.
632 Urt. v. 23. 6. 1987, VersR 1987, 1197.

Köln[633] muss es bei den ursprünglich vereinbarten Leasingraten verbleiben, weil es andernfalls der Leasingnehmer in der Hand hätte, durch Kündigung eine neue Vereinbarung über die Höhe der Raten zu erzwingen. Auch dieses Argument überzeugt nicht, weil es nicht um eine Abänderung der ursprünglich vereinbarten Höhe der Leasingrate geht, sondern um die Neufestsetzung der Nutzungsentschädigung für die Weiterbenutzung der Leasingsache nach Vertragsablauf bzw. nach Eintritt der Vollamortisation.

L633 Da nicht einzusehen ist, dass der Leasinggeber für die Zeit der Vorenthaltung mehr erhält als er bekommen würde, wenn er einen auf der Grundlage des Restwertes kalkulierten neuen Leasingvertrag abschließen würde, haben sich Instanzgerichte der BGH-Rechtsprechung widersetzt.[634]

L634 In der Entscheidung v. 13. 4. 2005[635] konzediert der BGH, dass das Verlangen nach Fortzahlung der Nutzungsentschädigung in Höhe der vereinbarten Leasingrate eine **unzulässige Rechtsausübung** nach § 242 BGB darstellen kann, wenn der Wert der Leasingsache während der Vertragszeit so weit abgesunken ist, dass eine Nutzungsentschädigung in Höhe der vereinbarten monatlichen Leasingrate zu dem verbliebenen Verkehrs- und Gebrauchswert der Leasingsache völlig außer Verhältnis steht. In diesem Sinne entschied das OLG Köln[636] schon vor Jahren in einem Fall, in dem die monatliche Leasingrate mehr als das Zweieinhalbfache des vom Leasinggeber angegebenen Restwertes betrug. Auch wenn das BGH-Urteil v. 13. 4. 2005 an der grundsätzlichen höchstrichterlichen Rechtsprechung nichts ändert,[637] so entzieht es der Kritik doch ein wenig den Boden.

L635 Für das Verhältnis zwischen der Leasinggesellschaft und einem **unrechtmäßigen Besitzer** stellen die §§ 985 ff. BGB eine die sonstigen Vorschriften verdrängende Sonderregelung dar. Daraus ergibt sich, dass der Besitzer des Leasingfahrzeugs, der positiv weiß, dass er kein Recht zum Besitz hat, der Leasinggesellschaft eine **Nutzungsausfallentschädigung** für die Zeit der Vorenthaltung schuldet, deren Höhe nach Ansicht des Saarländischen OLG[638] an den Sätzen der Nutzungsausfalltabelle auszurichten ist. Die Tabellensätze sind indes nicht der richtige Ansatz für die gesamte Dauer der Vorenthaltung, da die Leasinggesellschaft das Fahrzeug im Fall rechtzeitiger Rückgabe nicht selbst benutzt, sondern es entweder verwertet oder erneut verleast hätte.

8. Rückgabepraxis

a) Feststellung des Fahrzeugzustands

L636 AGB von Kraftfahrzeugleasingverträgen enthalten üblicherweise die Regelung, dass bei Ablieferung des Fahrzeugs über dessen Zustand ein **gemeinsames Protokoll** anzufertigen ist, das von beiden Vertragsparteien oder ihren Bevollmächtigten unterzeichnet wird (so auch Abschn. XVI. Nr. 2 S. 2 der VDA-Muster-Leasing-AGB). Das Rückgabeprotokoll dient dem Leasingnehmer als Beleg für die Ablieferung des Fahrzeugs. Dem Leasinggeber erleichtert es die **Beweisführung** im Hinblick auf Veränderungen, Schäden und Mängel des Fahrzeuges zum Zeitpunkt der Rückgabe.[639] Deshalb kann es nachträglich nicht mehr erstellt werden.[640] Es fällt in den Aufgabenbereich des Leasinggebers, die erforderliche **Be-**

633 Urt. v. 23. 9. 1992, NJW-RR 1993, 822.
634 Z. B. LG Hannover 26. 1. 1994, NJW-RR 1994, 739.
635 NJW-RR 2005, 1081.
636 Beschl. 16. 9. 1992, WM 1993, 1053.
637 *Graf von Westphalen*, Der Leasingvertrag, Kap. J Rn. 20.
638 Urt. v. 5. 11. 1997, OLGR 1998, 214 – die Nutzungsentschädigung belief sich bei einem Tagessatz von 71 DM und einer Vorenthaltungsdauer von ca. 14 Monaten auf insgesamt ca. 30.000 DM.
639 *Engel*, § 9 Rn. 46.
640 OLG Nürnberg 15. 12. 1988, – 2 U 3032, 88, n. v.

weissicherung zu treffen.[641] Er muss im Streitfall beweisen, dass die im Protokoll aufgeführten Mängel und Schäden in der Zeit entstanden sind, in der sich das Fahrzeug im Besitz des Leasingnehmers befunden hat.[642]

Eine Verpflichtung des Leasingnehmers zum **Unterschreiben** des Protokolls besteht nicht. Seine Unterschrift stellt weder ein Anerkenntnis der im Rücknahmeprotokoll aufgeführten Mängel dar, noch werden dadurch Einwendungen des Leasingnehmers gegen den darin beschriebenen Fahrzeugzustand abgeschnitten.[643] Für den Leasinggeber bedeutet die vorbehaltlose Unterzeichnung des Rückgabeprotokolls, dass er auf weitergehende Ansprüche **verzichtet**.[644] Diese Rechtsfolge tritt auch ein, wenn ein vom Leasinggeber eingeschalteter Händler das Protokoll vorbehaltlos unterschrieben hat. Der Händler, dem das Leasingfahrzeug nach Vertragsablauf zu übergeben ist, handelt als **Erfüllungsgehilfe** des Leasinggebers.[645] **L637**

b) Einigung über Fahrzeugwert und Minderung

Da es bei der Fahrzeugrücknahme nicht nur darum geht, den Ist- Zustand des Fahrzeugs festzuhalten und die Mängel und Schäden aufzulisten, sondern mit dem Leasingnehmer nach Möglichkeit eine **Einigung** über den **Wert des Fahrzeugs** oder die **Wertminderung** herbeizuführen (Rdn. L651), enthalten die Formularvordrucke außer den Rubriken für die festgestellten Mängel auch solche, in denen die geschätzten Reparaturkosten und die Minderung einzutragen sind. **L638**

Manchmal wird Leasingnehmern abverlangt, mit der Unterzeichnung des Rückgabeprotokolls die darin aufgeführten Schäden, Reparaturkosten und Minderungsbeträge **anzuerkennen** oder sich im Falle der Ablehnung auf **Vereinbarungen einzulassen**, die im Leasingvertrag nicht vorgesehen sind, wie z. B. auf die Einholung eines Sachverständigengutachtens durch den Leasinggeber, das für beide Seiten rechtsverbindlich sein soll. Zu Recht hat das AG Köln[646] eine im Rückgabeprotokoll enthaltene Klausel als unwirksam angesehen, der zufolge der Leasingnehmer anerkennt, dass „die genannten Reparaturkosten aufgrund einer übermäßigen Fahrzeugnutzung angefallen und von ihm zu tragen sind.“ Die Regelung verstößt gegen §§ 305, 307 BGB, weil derjenige, der Schadensersatz oder Wertminderung verlangt, die Höhe darlegen und beweisen muss. Außerdem bejahte das Amtsgericht einen Verstoß gegen § 305c BGB, weil sich das Anerkenntnis auf die Reparaturkosten bezog, die Leasinggesellschaft aufgrund ihrer AGB aber nur eine Wertminderung zu beanspruchen hatte. **L639**

In der Finanz- und Wirtschaftskrise hat sich herausgestellt, dass die Fahrzeugrücknahme durch die Lieferanten ein problematisches Unterfangen darstellt. Der Lieferant befindet sich regelmäßig in einer **Zwickmühle**, wenn er auf der einen Seite als Erfüllungsgehilfe des Leasinggebers den Zustand des Fahrzeugs beurteilen und mit dem Leasingnehmer eine Einigung über den Wert des Fahrzeugs oder die Wertminderung herbeiführen soll und auf der anderen das **Weitervermarktungsrisiko** trägt, weil er sich gegenüber dem Leasinggeber zum Rückkauf verpflichtet hat. Dass der Lieferant in dieser Situation der Versuchung ausgesetzt ist, ein für ihn günstiges Ergebnis herbeizuführen, liegt auf der Hand. Die Forderung, die Rücknahme von Leasingfahrzeugen in die Hände **neutraler Personen** zu legen, ist deshalb durchaus berechtigt.[647] **L640**

---

641 LG Frankfurt 25. 7. 1988, NJW-RR 1988, 1132 ff.
642 LG München 28. 2. 1997, DAR 1998, 203.
643 LG Frankfurt 25. 7. 1988, NJW-RR 1988, 1134.
644 OLG Celle 16. 7. 1997, OLGR 1997, 224.
645 LG Dortmund 4. 6. 1997, NJW-RR 1998, 707.
646 Urt.v. 30. 6. 2010 – 127 C 371/09 – n. v.
647 Empfehlung des AK II des 49. Deutschen Verkehrsgerichtstages; *Reinking*, DAR 2010, 622, 627.

9. Begutachtung

L641 Für Streitfälle, in denen sich die Parteien über den Wert des Fahrzeugs oder den durch Mängel, Schäden und Überbeanspruchung verursachten Minderwert nicht einigen können, sehen Kfz-Leasing-AGB – in Anlehnung an Abschn. XVI. Ziff. 3 S. 3 VDA-Muster-Leasing-AGB – vor, dass auf Veranlassung des Leasinggebers mit Zustimmung des Leasingnehmers ein öffentlich bestellter und vereidigter Sachverständiger oder ein unabhängiges Sachverständigenunternehmen beauftragt wird, die erforderlichen Feststellungen zu treffen, ohne dass dadurch der Rechtsweg ausgeschlossen wird. Die Klausel lässt nach Meinung des LG Kassel[648] nicht erkennen, was mit ihr gewollt ist. Es kann sich um eine Schlichtungsklausel, eine materiell-rechtliche Fälligkeitsvoraussetzung oder um eine vertragliche Pflicht handeln, das Gutachten nur mit Zustimmung des Leasingnehmers einzuholen. Da keine Variante eindeutig den Vorzug verdient, ist die Klausel zu Lasten der Leasinggesellschaft als **Zulässigkeitsvoraussetzung** für die Klage auszulegen, was zur Folge hat, dass die Klage abzuweisen ist, wenn der Leasinggeber das Gutachten ohne Zustimmung des Leasingnehmers eingeholt hat.

L642 Die Regelung in Abschn. XVI. Ziff. 3 S. 3 VDA-Muster-Leasing-AGB beinhaltet keinen **Schiedsgutachtenvertrag**, da die Feststellungen des Sachverständigen nicht für beide Seiten verbindlich festgelegt werden. Weil die Klausel aber den Eindruck erweckt, als sei der Befund des Gutachters verbindlich und nur durch den Nachweis der offenbaren Unrichtigkeit i. S. v. § 319 BGB zu entkräften, werden Bedenken gegen ihre Wirksamkeit angemeldet.[649]

L643 Eine **Klausel** im Leasingvertrag, die besagt, dass die vom Gutachter getroffenen Feststellungen für beide Seiten verbindlich sein sollen, (§ 319 BGB), ist nicht grundsätzlich unzulässig. Sie verstößt insbesondere nicht gegen § 309 Nr. 12 BGB. An eine wirksame Klauselgestaltung werden allerdings **hohe Anforderungen** gestellt. Dies gilt in besonderem Maße für AGB, die für den Geschäftsverkehr mit Verbrauchern bestimmt sind. Eine in AGB enthaltene Schiedsgutachtenabrede ist zu beanstanden, wenn sie keinen ausdrücklichen Hinweis auf die Bedeutung der Schätzung des Sachverständigen als Schiedsgutachter enthält,[650] oder wenn sich der Leasinggeber die Wahl des Gutachters vorbehält, ohne dass der Leasingnehmer die Möglichkeit der Ablehnung hat, so dass Neutralität, vollständige Unabhängigkeit und Sachkunde des Gutachters in Frage stehen.[651] Das Recht des Leasingnehmers, das Gutachten anzufechten, darf nicht eingeschränkt werden und die Nachteile, die dem Leasingnehmer durch ein möglicherweise unrichtiges Gutachten entstehen können, dürfen nicht unverhältnismäßig sein.

L644 Für Leasingverträge mit **Restwertabsicherung durch den Leasingnehmer** gilt, dass das Recht des Leasingnehmers zur Benennung eines Käufers und zum Selbstankauf weder im privaten noch im unternehmerischen Geschäftsverkehr durch eine Schiedsgutachtenklausel unterlaufen werden darf.[652] Die Klausel ist jedoch mit § 307 Abs. 1 BGB vereinbar, wenn sie dem Leasingnehmer gleichzeitig ein **Käufervorschlagsrecht** einräumt, das ihn in die Lage versetzt, die für ihn nachteilige Folge der Verbindlichkeit des Gutachtens zu vermeiden.[653]

Das Recht zur Benennung eines Kaufinteressenten bei Verträgen mit Gebrauchtwagenabrechnung findet seinen Niederschlag in Abschn. XVI. Nr. 3 Abs. 2 S. 3 VDA-Muster-

648 Urt. v. 11. 9. 1998, DAR 1998, 477.
649 *Müller-Sarnowski*, DAR 1999, 269.
650 LG Frankfurt/M. 25. 7. 1988, NJW-RR 1988, 1132.
651 *Graf von Westphalen*, DAR 1984, 337 ff.
652 *Graf von Westphalen*, Der Leasingvertrag, Kap. J Rn. 106, 108.
653 OLG Frankfurt 24. 1. 1989, DB 1989, 522; dergl. Ansicht LG Köln 20. 3. 1991 – 4 O 596/90 – n. v.

Leasing-AGB. Macht der Leasingnehmer von diesem Recht Gebrauch, darf der Leasinggeber dann allerdings nicht auf der Grundlage eines Gutachtens abrechnen.

Nicht geklärt ist die Frage, ob eine im **Kfz- Leasingvertrag** mit **Kilometerabrechnung** enthaltene Schiedsgutachterklausel zur Ermittlung des Fahrzeugzustands und der Wertminderung der AGB-Kontrolle standhält. *Graf v. Westphalen*[654] steht auf dem Standpunkt, dass eine solche Formularregelung mit § 307 Abs. 1 BGB zu vereinbaren ist, weil die Parteien ein berechtigtes Interesse an der Feststellung haben, ob die Sache vertragsgemäß i. S. v. § 538 BGB gebraucht wurde. Im Gegensatz dazu hat das LG Frankfurt/M.[655] die Schiedsgutachterklausel als „nicht wirksam" eingestuft, weil sie die Beweislast zum Nachteil des Leasingnehmers auf den Einwand der offenbaren Unrichtigkeit reduziert und ihm den Rechtsweg faktisch abschneidet. **L645**

Die Voraussetzungen einer offenbaren **Unbilligkeit/Unrichtigkeit**, die das Schiedsgutachten unverbindlich machen und unter Umständen die Haftung des Gutachters aus dem Schiedsgutachtervertrag begründen,[656] sind erfüllt, wenn sich einem sachkundigen und unbefangenen Beobachter – sei es auch erst nach eingehender Prüfung – offensichtliche Fehler aufdrängen, die das Gesamtergebnis verfälschen oder wenn Ausführungen des Sachverständigen so lückenhaft sind, dass selbst der Fachmann das Ergebnis aus dem Zusammenhang des Gutachtens nicht überprüfen kann.[657] Strukturelle Defizite, wie sie bei der Begutachtung von Leasingfahrzeugen tagtäglich vorkommen, hat das AG Frankfurt/M.[658] in einem bemerkenswerten Urteil sorgfältig herausgearbeitet. Das Gericht verneinte die Verbindlichkeit der „Gebrauchtfahrzeug-Bewertung" eines Gutachters wegen offensichtlicher Unrichtigkeit, weil sie sich u. a. nicht mit dem Regelungsgehalt der Leasing-AGB deckte, die Dokumentation der Schäden fehlte, Reparaturkosten über den Daumen gepeilt und Wertverbesserungen „neu für alt" nicht berücksichtigt worden waren und weil sie unsinnige Bewertungen enthielt, wie etwa den Ansatz eines Minderwertes von 500 DM für eine defekte, nicht reparable Kassettenklappe des Autoradios, dessen Gesamtwert lediglich 180 DM betrug. **L646**

Beruft sich der Leasingnehmer auf § 319 Abs. 1 BGB, muss er substantiiert und schlüssig die Tatsachen vortragen, aus denen sich die Erkenntnis offenbarer Unrichtigkeit aufdrängt.[659]

Hinsichtlich des vom Schiedsgutachter einzuhaltenden **Verfahrens** ist zu fordern, dass dieser der anderen Seite rechtliches Gehör und damit Gelegenheit zu gewähren hat, Anträge, Bedenken und Zweifel ausreichend und gleichgewichtig vorzubringen.[660] Vom Leasing-Arbeitskreis des 35. Verkehrsgerichtstages wurde Leasingfirmen empfohlen, dem Leasingnehmer vertraglich zuzugestehen, sich bei der Begutachtung rechtliches Gehör zu verschaffen.[661] **L647**

---

654 *Graf von Westphalen*, Der Leasingvertrag, Kap. J Rn. 107.

655 Urt. v. 8. 3. 1994 – 2/12 O 381/92, n. v.; a. A. LG Frankfurt/M. 22. 9. 1995 – 3/11 S 5 / 95, n. v.

656 *Palandt/Sprau*, § 675 Rn. 25.

657 BGH 16. 11. 1987, NJW-RR 1988, 506.

658 Urt. v. 11. 11. 1997, DAR 1998, 356.

659 *Palandt/Grüneberg*, § 319 Rn. 7 m. w. N.

660 LG Frankfurt/M. 25. 7. 1988, NJW-RR 1988, 1132 m. w. N.; *Palandt/Grüneberg*, § 307 Rn. 130; a. A. LG Frankfurt/M. 23. 6. 1987, DB 1987, 2195, 2196; *Gehrlein* in Bamberger/Roth, § 317 Rn. 10, nach dessen Ansicht der anderen Seite ein Äußerungsrecht zu eröffnen ist, wenn der Sachverständige mit einer Partei in Kontakt tritt.

661 VGT 1997, 10.

10. Zustandsklauseln

L648 Der vom Leasinggeber eingeforderte Sollzustand des Leasingfahrzeugs am Vertragsende wird in den AGB unterschiedlich beschrieben. Die Regelungen sind häufig pauschaler Art und daher wenig hilfreich. In einigen Verträgen heißt es schlicht, der Leasingnehmer habe das Leasingobjekt in einem **einwandfreien, funktionsfähigen Zustand** zurückzugeben. Andere unterscheiden zwischen **laufleistungskongruenten** Schäden und solchen, die es nicht sind. Erstere werden dem Leasinggeber zugerechnet, da sie mit den Leasingraten bereits abgegolten sind, letztere gehen zu Lasten des Leasingnehmers.

L649 Überwiegend verwenden Anbieter von Kfz-Leasingverträgen die vom **VDA empfohlene Zustandsklausel** (XVI. Nr. 2 S. 1 i. V. m. VIII. Nr. 3 VDA-Muster-Leasing-AGB), welche besagt, dass sich das Fahrzeug zum Zeitpunkt der Rückgabe in einem unveränderten, dem Alter und der vertragsgemäßen Fahrleistung entsprechenden, verkehrs- und betriebssicheren Erhaltungszustand befinden muss und keine Schäden und Mängel aufweisen darf und der zufolge normale Gebrauchsspuren nicht als Schäden gelten.

Die **Wirksamkeit** dieser – vom BGH[662] bislang nicht beanstandeten – Klausel wurde vom LG München I[663] wiederholt mangels hinreichender Transparenz verneint. Nicht objektivierbar und als Unterscheidungsmaßstab unbrauchbar sei insbesondere das Kriterium „eines dem Alter und der vertragsgemäßen Fahrleistung entsprechenden Erhaltungszustandes", heißt es im Urteil. Außerdem könnten dem Tatbestandsmerkmal der Schadens- und Mängelfreiheit sämtliche Zustandsbeeinträchtigungen unterlegt werden, also auch solche Veränderungen und Verschlechterungen, die der Leasingnehmer gem. der analog geltenden Regelung des § 538 BGB nicht zu vertreten hat.

Es ist äußerst mühsam, aufwendig und schwierig, die vom LG München geforderte Transparenz durch eine **kontrollresistente Klausel** in die Praxis umzusetzen, da die Grenzen zwischen Verschleiß und Mängeln/Schäden fließend und von Fall zu Fall unterschiedlich sind. Der Zusatz in Abschn. XVI. Nr. 2 S. 2 VDA-Muster-Leasing-AGB, dass normale Verschleißspuren nicht als Schäden gelten, schafft insoweit keine weitere Klarheit.[664]

L650 Mit einer Verwerfung der Zustandsklausel ist den Parteien allerdings nicht gedient, da die subsidiär eingreifenden gesetzlichen Regelungen der §§ 538, 546 Abs. 1 BGB ebenfalls nicht weiterhelfen. Die Lösung kann nur darin bestehen, dass die **Abgrenzungskriterien konkretisiert, verfeinert und in Arbeitshilfen** (Checklisten oder Richtwert-/Minderwert-Tabellen) **festgelegt** und zum **Inhalt des Leasingvertrags** gemacht werden. Nur auf diese Weise ist die bereits auf dem 37. Verkehrsgerichtstag[665] erhobene – und auf dem 49. Verkehrsgerichtstag erneut aufgegriffene[666] – Forderung nach einer Klauselgestaltung einzulösen, die den **Sollzustand** des Leasingfahrzeugs **konkret beschreibt** und dem Leasingnehmer klar und deutlich vor Augen führt, in welchem Zustand er das Fahrzeug am Vertragsende abzuliefern hat.[667]

---

662 Urt. v. 1. 3. 2000, DAR 2000, 302 ff. m. Anm. *Reinking* in LM Nr. 164 Bl. 1 zu § 553 BGB; zust. *Graf von Westphalen*, Der Leasingvertrag, Kap. J Rn. 10; *Beckmann*, § 8 Rn. 188.

663 Urt. v. 3. 2. 1999, DAR 1999, 268; 27. 1. 2000, DAR 2000, 363, 364; ebenfalls krit. *Müller- Sarnowski*, DAR 2004, 368,369 und 608, 612, die das Fehlen klarer Bemessungsgrundlagen moniert.

664 *Graf von Westphalen*, Der Leasingvertrag, Kap. J Rn. 11.

665 VGT 1997, 10; hierzu *Müller-Sarnowski*, DAR 1999, 269 sowie ausf. zur Zustandsbewertung *Reinking* NZV 1997, 5 ff.

666 Empfehlung, I 1 des AK II, Veröffentlichung des 49. VGT 2011, S. XI.

667 Ausführlich *Reinking*, DAR 2010, 622, 624 ff.

11. Fahrzeugbewertung und Zustandsbeurteilung

In Bezug auf **Restwertleasingverträge** weist Abschn. XVI. Nr. 3 S. 1 VDA-Muster-Leasing-AGB den Vertragsparteien die Aufgabe zu, den **Fahrzeugwert** (Händlereinkaufs- bzw. Händlerverkaufspreis) zu ermitteln. Handelt es sich um einen **Leasingvertrag mit Kilometerabrechnung**, besteht ihre Aufgabe darin, den **Istzustand** des Fahrzeugs festzustellen, diesen mit dem vertraglich vereinbarten **Sollzustand** zu vergleichen und den **Minderwert** zu bestimmen, der sich aus den Abweichungen ergibt. Unter der Voraussetzung, dass sich die Vertragsparteien nicht einigen können, sind die Feststellungen von einem Gutachter zu treffen, dessen Einschaltung auf Veranlassung des Leasinggebers mit Zustimmung des Leasingnehmers erfolgt. **L651**

Mit der Aufgabenstellung i. S. v. Abschn. XVI. Nr. 3 S. 1 VDA-Muster-Leasing-AGB werden die **primär angesprochenen** Vertragsparteien zweifellos überfordert. Die Lieferanten, die die Fahrzeuge i. d. R. für die Leasinggesellschaften zurücknehmen, verfügen nicht immer über die **notwendige Sachkunde**. Außerdem befinden sie sich im **Interessenkonflikt**, wenn sie die Fahrzeuge von der Leasinggesellschaft zurückkaufen müssen. Leasingnehmer können, sofern sie nicht vom Fach sind, weder den Zustand des Fahrzeugs beurteilen noch eine ihnen präsentierte Reparaturkostenkalkulation und Wertminderungsberechnung daraufhin überprüfen, ob sie richtig und vollständig ist und ob die zugrundegelegten Preise ortsüblich sind. Weil es schwierig, wenn nicht gar unmöglich, ist, auf dieser Basis eine der Sachlage angemessene Einigung herbeizuführen, werden Kfz-Sachverständige häufig bereits bei der Fahrzeugrückgabe hinzugezogen. Sie spielen in der Abwicklungsphase von Kfz-Leasingverträgen somit eine wichtige Rolle. **L652**

Für die Erstellung eines qualifizierten Gutachtens im Anschluss an einen fehlgeschlagenen Einigungsversuch der Vertragsparteien (Abschn. XVI. Nr. 3 S. 1 VDA-Muster-Leasing-AGB), benötigt der Sachverständige außer den Fahrzeugen die **Vertragsunterlagen** (Leasingvertrag, Kaufvertrag, Zusatzverträge) und das Rückgabeprotokoll. Da Gutachtern diese Unterlagen im „Massengeschäft" häufig vorenthalten werden, verwundert es nicht, dass ihre Bewertungen oftmals unbrauchbar und „nicht gerichtsfest" sind. Der Sachverständige muss zumindest wissen, ob das Fahrzeug aus einem Restwert- oder Kilometerleasingvertrag stammt, in welchem Zustand und mit welcher Ausstattung es an den Leasingnehmer ausgeliefert wurde, welche Verwendung und Laufleistung die Parteien vereinbart haben, wie der Zustand des Fahrzeugs am Vertragsende beschaffen sein sollte und in welchem Zustand der Leasinggeber/Händler es tatsächlich zurückbekommen hat. **L653**

Die Bewertung von Leasingfahrzeugen aus Kilometerabrechnungsverträgen ist auf der Grundlage der **tatsächlichen Laufleistung** des Fahrzeugs und nicht auf der vereinbarten Laufleistung vorzunehmen, da die Mehr- und Minderkilometer gesondert abgerechnet werden.[668] Durch den Ausgleich der Mehr- und Minderkilometer wird auch die damit einhergehende höhere oder geringere Abnutzung des Fahrzeugs abgegolten. **L654**

Zu den **normalen Gebrauchsspuren**, die durch die Leasingraten abgegolten werden, gehören nicht nur solche, die durch das Fahren entstehen. Auch äußere Einwirkungen auf das Fahrzeug im Zusammenhang mit seiner Benutzung im fließenden und ruhenden Verkehr sind üblich, wie z. B. kleine Steinschlagspuren auf der Windschutzscheibe, Schrammen und Kratzer in der Nähe des Tankdeckels und an den Tür- und Kofferraumgriffen. **L655**

---

668 LG Mönchengladbach Urt. v. 12. 1. 2010 – 3 O 265/09 n. v.; OLG Dresden 9. 2. 2007, OLGR 2007, 344, nach dessen zutreffender Ansicht bei der Fahrzeugbewertung eines Kilometerabrechnungsvertrages auch im Falle der vorzeitigen Vertragsbeendigung die vereinbarte Laufleistung zugrunde zu legen ist, wenn die tatsächliche Laufleistung des Fahrzeugs die vereinbarte Laufleistung überschreitet, da Mehrkilometer gesondert abzurechnen sind.

L656 Die Ermittlung des vertragsgemäßen Zustands in Abgrenzung zu dem auf einem Übermaß- oder Fehlgebrauch beruhenden **erhöhten Verschleißzustand** ist nahezu unmöglich, zumal die auf eine vertragswidrige Benutzung zurückzuführenden Spuren nicht zwangsläufig die Qualität von Mängeln und Schäden haben müssen, was gelegentlich verkannt wird.[669] Die Abgrenzungsprobleme beruhen in erster Linie darauf, dass Kfz-Leasingverträge keine konkreten Vorgaben zur Fahrzeug-Sollbeschaffenheit enthalten.[670] Hinzu kommt, dass das Spektrum des vertragsgemäßen Gebrauchs eines Kraftfahrzeugs im Straßenverkehr breit angelegt ist. Die Gebrauchsspuren können von Fall zu Fall stark voneinander abweichen, je nachdem, ob das Leasingfahrzeug im Stadtverkehr, im Langstreckendienst, im Gebirge oder im Flachland gefahren wurde, ohne dass der Bereich der vertraglich vereinbarten Nutzung dabei jemals überschritten wurde. Der Allgemeinzustand hängt außerdem entscheidend davon ab, wie der Leasingnehmer mit dem Fahrzeug umgegangen ist, wie sehr er es gepflegt hat und ob es in einer Garage oder im Freien abgestellt wurde.

L657 Jenseits der auf übermäßiger Nutzung beruhenden Gebrauchsspuren schließt sich die Kategorie der **Mängel** und **Schäden** an, für die der Leasingnehmer ohne Rücksicht auf Verschulden und unabhängig davon haftet. In diesem Zusammenhang wird zuweilen verkannt, dass „frei von Schäden" nicht bedeutet, dass der Leasingnehmer nur für solche Schäden und Mängel einzustehen hat, die durch einen **vertragswidrigen** Gebrauch entstanden sind.[671] Bereits an anderer Stelle wurde darauf hingewiesen, dass sich die aus der Übernahme der Sachgefahr resultierende Pflicht des Leasingnehmers zur Instandhaltung und Instandsetzung auch auf normale **Verschleißmängel** und **Verschleißschäden** erstreckt (Rdn. L181). Als nicht zutreffend erweist sich die in einem Urteil des LG Hamburg[672] getroffene – in anderen Gerichtsentscheidungen[673] gerne zitierte – Feststellung, sämtliche auf normalem Verschleiß beruhenden Reparaturerfordernisse müssten unberücksichtigt bleiben, weil sie der Bewertung eines normal abgenutzten Fahrzeugs bereits zugrunde liegen. Aufgrund der ihm vertraglich zugewiesenen Risiken und Pflichten muss der Leasingnehmer völlig unabhängig von der Art des Gebrauchs für alle am Vertragsende vorhandenen Mängel und Schäden des Fahrzeugs aufkommen, selbst wenn sie auf Zufall und höherer Gewalt beruhen.[674] Für die Haftung aus Gefahrübernahme kommt es nicht darauf an, ob ein Defekt, der als Mangel zu qualifizieren ist, das Endstadium eines fortschreitenden Normalverschleißes darstellt (Durchrostung des Auspuffs), auf einen normalen Gebrauch zurückzuführen ist (schwerer Steinschlag) oder durch einen Fehlgebrauch verursacht wurde (Überbeanspruchung des Motors).

Beispiele aus der Rechtsprechung:

- Verschrammte Stoßstangen, eingedellte Karosserieteile und verformte Abschlussbleche sind keine typischen altersgerechten Beschädigungen. Dasselbe gilt für das zersprungene Rücklichtglas und die zerrissenen und durch Brandlöcher beschädigten Sitzbezüge und das Fehlen eines Teils der Luftführung.[675]
- Leichte Schrammen, Kratzer und Beulen gehören im Rahmen eines Leasingvertrages zur vertragsgemäßen Abnutzung und stellen keinen Schaden des Leasinggebers dar.[676]

---

669 LG Frankfurt/M. 25. 7. 1988 NJW-RR 1988, 1132 ff.; LG München 9. 10. 1996, DAR 1998, 19.
670 *Reinking*, DAR 2010, 622, 624.
671 LG München 9. 10. 1996, DAR 1998, 16; LG Gießen 25. 1. 1995, NJW-RR 1995, 687; AG Korbach 27. 7. 1999, DAR 2001, 172.
672 Urt. v. 29. 3. 1989, NJW-RR 1989, 883, 884.
673 Z. B. OLG Frankfurt 16. 9. 1997, NJW-RR 1998, 349.
674 BGH 1. 3. 2000, DAR 2000, 302, 304.
675 LG Kassel 8. 1. 1999 – 10 S 530/98, n. v.
676 LG Gießen 25. 1. 1995, NJW-RR 1995, 687.

- Kratzer am Dach und an den Hauben, leichte Einbeulungen an drei Türen und dem Seitenteil hinten sind typische Gebrauchsspuren für ein in dichtem Verkehr und bei knappem Verkehrsraum genutztes Fahrzeug.[677]
- Undichtigkeit des Ventildeckels und kleine Lackschäden an der Heckschürze sind normale Gebrauchsspuren, während punktgroße, auf Steinschlag beruhende Ausplatzungen an der Windschutzscheibe, eine mechanische Einwirkung auf den Katalysator, ein Riss des Blinkleuchtenglases, eine sichtbare Deformation des Felgenhorns einer Felge, fünfmarkgroße Lackabplatzungen an der Frontverkleidung und großflächige Beulen mit scharfkantigen Eindrücken als Mängel anzusehen sind.[678]
- Dellen an den Seitenwänden, starke Schrammspuren am Stoßfänger und an der Tür, Steinschlag auf der Windschutzscheibe, kleine Dellen an der Tür sind Schäden, die allein durch das Fahren nicht entstanden sein können.[679]
- Oberflächliche Lack- und Blechschäden, die bereits aufgrund geringer Berührung eintreten können, sind keine übervertragliche Nutzung eines Pkw.[680]
- Eingedrückte Stoßstange hinten, diverse Schadstellen an der Lackierung der Stoßfänger, verkratzte Mittelkonsole, verkratzte Felgen, Ölverlust des Motors sind der Kategorie „Mängel und Schäden" zuzuordnen.[681] Der Gutachter hatte zwischen den gesamten und den davon überdurchschnittlichen Reparaturkosten/Minderwerten differenziert.

Für die übermäßige Benutzung und darauf zurückzuführende Schäden und die Abgrenzung zu den auf normaler Abnutzung und auf normalem Verschleiß beruhenden Reparaturerfordernissen trägt der **Leasinggeber** die **Beweislast**.[682] Er muss detailliert darlegen, welche Abnutzungen noch im Rahmen des normalen Verschleißes liegen und welche als Mängel im Rechtssinne zu qualifizieren sind, weil sie auf übermäßiger Abnutzung beruhen.[683] Ein Gutachten, das die Schadenskosten ohne jegliche Begründung auflistet, genügt den Anforderungen nicht. Da es die Aufgabe des Leasinggebers ist, den Anspruch schlüssig und substantiiert darzulegen, reicht es nicht aus, wenn er sich zur Begründung des Anspruchs auf das Zeugnis des Sachverständigen beruft, den er mit der Erstellung des Gutachtens beauftragt hat.[684] **L658**

12. Minderwertausgleich

Die Feststellung des vom Leasingnehmer auszugleichenden Minderwerts ist die **Achillesferse** des Kilometerabrechnungsvertrages. Bereits im Vorfeld der Abgrenzung zwischen normalen **Gebrauchsspuren und Mängeln/Schäden** fehlt es an konkreten vertraglichen Vorgaben und allgemein anerkannten Kriterien. Auch über die **Art und Weise der Berechnung** der Wertminderung geben Kfz-Leasingverträge üblicherweise keine Auskunft. Bei dieser Ausgangslage verwundert es nicht, dass die von Lieferanten und Gutachtern ermittelten Wertminderungen **beliebig** und **angreifbar** sind. Gutachter stehen häufig in Abhängigkeit zu ihren Auftraggebern und Lieferanten und befinden sich im Interessenkonflikt, wenn sie ausgerechnet diejenigen Fahrzeuge bewerten sollen, zu deren Rückkauf sie sich **L659**

677 LG München 9. 10. 1996, DAR 1998, 19.
678 LG Frankfurt/M. 8. 3. 1994 – 2/12 O 381/92, n. v.
679 AG Bergheim 21. 3. 1996 – 21 C 229/95, n. v.
680 AG Osnabrück 5. 2. 1999, DAR 1999, 556.
681 LG Mönchengladbach 12. 1. 2010 – 3 O 265/09, n. v.
682 LG Hamburg 29. 3. 1989, NJW-RR 1989, 883, 884.
683 LG Frankfurt/M. 16. 9. 1997, NJW-RR 1998, 349.
684 AG Korbach 27. 7. 1999, DAR 2001, 172.

gegenüber der Leasinggesellschaft verpflichtet haben. Auf allen diesen Feldern sind **strukturelle Änderungen** dringend erforderlich.[685]

L660 Befindet sich das Leasingfahrzeug nicht in einem dem Alter und der Fahrleistung entsprechenden mangel- und beschädigungsfreien Zustand und ist sein Wert hierdurch gemindert, hat der Leasingnehmer eines Leasingvertrages mit Kilometerabrechnung dem Leasinggeber den **Minderwert** auszugleichen.

L661 Kosten für die **Aufbereitung** des Fahrzeugs zum Zwecke des Verkaufs (Fahrzeug-„Make-up",[686] Vermessungskosten, Unterbodenschutz, Hohlraumversiegelung,[687] Reinigungspauschale usw.), sind dabei nicht zu berücksichtigen, da der Leasingnehmer nicht verpflichtet ist, das Fahrzeug in einem **verkaufsfertigen** Zustand zurückzugeben.

L662 Nicht beseitigte **wertbeeinträchtigende Veränderungen** des Fahrzeugs, wie etwa Bohrlöcher für die Anbringung von Zubehör und Beschriftungen, fließen in die Berechnung der Wertminderung ein. Sofern eine Beseitigung möglich und wirtschaftlich sinnvoll ist, sind die hierfür erforderlichen Kosten anzusetzen.

L663 Eine Veränderung des Fahrzeugs durch den fachgerechten Einbau einer Dachantenne, der es erforderlich machte, ein Loch in das Dach zu bohren, hat das LG Gießen[688] nicht als wertmindernd eingestuft.

L664 Ob und welcher Partei **wertsteigernde Veränderungen** oder Einbauten zuzurechnen sind, hängt von der konkreten Ausgestaltung des Leasingvertrages ab. Die VDA-Muster-Leasing-AGB sehen in Abschn. XVI. Nr. 3 S. 1 dazu vor, dass eine Wertsteigerung nur dann einen Anspruch auf Zahlung einer Ablösung gegen den Leasinggeber begründet, wenn dieser den Änderungen oder Einbauten schriftlich zugestimmt hat. Fehlt eine entsprechende Vertragsregelung, darf eine auf Veränderung beruhende Werterhöhung des Fahrzeugs nicht mit der Wertminderung verrechnet werden. Dem Leasingnehmer steht insoweit nur ein Recht der **Wegnahme** zur Seite.

L665 Im Rahmen des Minderwertausgleichs ist der Ansatz **der vollen Reparaturkosten** nicht gerechtfertigt, wenn es sich lediglich um optische Schäden und um solche handelt, die die Verkehrs- und Betriebssicherheit des Fahrzeugs nicht beeinträchtigen und die im Handelsverkehr mit gebrauchten Kraftfahrzeugen regelmäßig hingenommen werden.[689] Dies ergibt sich indirekt aus den VDA-Muster-Leasing-AGB, die dem Leasingnehmer in Abschn. IX. Nr. 3 die Verpflichtung auferlegen, das Fahrzeug stets in einem **betriebs- und verkehrssicheren Zustand** zu erhalten. Darüber hinaus erstreckt sich die Instandsetzungspflicht des Leasingnehmers nach Abschn. X. Nr. 2 S. 2 auf die **Beseitigung von Unfallschäden**, es sei denn, dass ein Totalschaden anzunehmen ist oder die Reparaturkosten 60 % des Fahrzeug- Wiederbeschaffungswertes übersteigen. Beide Regelungen werden durch Abschn. XII. Abs. 1 dahingehend ergänzt, dass fällige **Wartungsarbeiten** pünktlich und **erforderliche Reparaturen** unverzüglich auszuführen sind. Aus dem Kontext all dieser Bestimmungen ergibt sich, dass der Umfang der Reparaturpflichten des Leasingnehmers durch Abschn. XII. Abs. 1 nicht erweitert wird. Bei der gebotenen restriktiven Lesart von AGB sind unter den dort genannten „erforderlichen Reparaturen" nur solche zu verstehen, die der Aufrechterhaltung der **Betriebs- und Verkehrssicherheit** und der **Beseitigung von Unfallschäden** dienen.[690] **Bagatellschäden**, wozu kleine Lackschäden gehören, muss der

---

685 Eingehend dazu *Reinking*, DAR 2010, 622, 627.
686 AG München 28. 2. 1997, DAR 1998, 203.
687 LG Kassel 8. 1. 1999 – 10 S 530/98, n. v.
688 Urt. v. 25. 1. 1995, NJW-RR 1995, 688.
689 OLG Düsseldorf 30. 3. 2004, OLGR 2004, 311; LG Frankfurt/M. 16. 9. 1997, NJW-RR 1998, 349.
690 Weitergehend OLG Düsseldorf 6. 11. 2003, DB 2004, 700, das die Reparaturpflicht auch auf solche Mängel erstreckt, welche die Verkehrs- und Betriebssicherheit nicht beeinträchtigen.

Leasingnehmer nicht beseitigen. Soweit Bagatellschäden nicht zu den normalen Gebrauchsspuren gehören, sind sie allerdings bei der Bemessung der Wertminderung zu berücksichtigen. Zu bejahen ist die Reparaturpflicht bei **Blechschäden**, die nach der Rechtsprechung des BGH als Unfallschäden gelten, auch wenn sie keine weitergehenden Folgen haben und der Reparaturaufwand nur gering ist (Rdn. 3100).[691]

Eine **Klausel**, die den Leasingnehmer uneingeschränkt mit **Reparaturkosten** belastet, verstößt gegen § 307 BGB, weil ein „Verkauf zum Zeitwert erfolgen könnte und die Reparaturkosten zusätzlich vom Leasingnehmer zu zahlen wären".[692] **L666**

Zur Frage der **Umsatzbesteuerung** des Minderwertausgleichs gehen die Meinungen auseinander (ausführlich Rdn. L34) Sollte dieser Anspruch des Leasinggebers umsatzsteuerfrei sein, wäre der Regelung von Abschn. XVI. Nr. 3 S. 1 VDA-Muster-Leasing-AGB die Wirksamkeit zu versagen. Keinesfalls mit Umsatzsteuer zu belegen ist eine merkantile Wertminderung, die der Leasinggeber von einem Dritten oder dessen Versicherer wegen einer Beschädigung des Leasingfahrzeugs als Schadensersatz erhalten hat. **L667**

Wie sich **Wertminderung** und **Schadensersatzansprüche** wegen pflichtwidriger Nichtvornahme notwendiger Reparaturen zueinander verhalten, ist den Leasing-AGB meistens nicht zu entnehmen. Auch die VDA-Muster-Leasing-AGB enthalten dazu keine Aussage. In Leasingverträgen mit Kilometerabrechnung sind diesbezügliche Regelungen allerdings entbehrlich, da Schadensersatzansprüche wegen schuldhaft versäumter Reparaturen **ungekürzt** in die Berechnung der Wertminderung einfließen und so oder so vom Leasingnehmer zu tragen sind. Der volle Kostenansatz ist gerechtfertigt, weil notwendige Reparaturen, die der Leasingnehmer pflichtwidrig nicht vorgenommen hat, vor der Verwertung durch Weiterverkauf nachgeholt werden müssen. **L668**

Das OLG Düsseldorf[693] hat dem Leasinggeber einen **Vorab- Schadensersatzanspruch** gegen den Leasingnehmer zugebilligt, weil dieser das Fahrzeug in einem schadhaften, nicht reparierten Zustand zurückgegeben hatte. Dahinter stand die Erwägung, dass der Leasinggeber einen entsprechend höheren Preis hätte erzielen können, wäre das Fahrzeug vom Leasingnehmer am Vertragsende in einem vertragsgemäßen Zustand abgeliefert worden. Das Urteil betraf allerdings einen Leasingvertrag mit offenem Restwert, der keine Mehrerlösbeteiligung des Leasingnehmers vorsah. Für Kilometerleasingverträge ist es unergiebig, da die Reparaturkosten in die Berechnung der Wertminderung einfließen. **L669**

Während die Kosten für notwendige Reparaturen in voller Höhe der Wertminderung hinzugerechnet werden, dürfen die Kosten für **nicht reparaturbedürftige** Mängel und Schäden nur anteilig berücksichtigt werden. Der Anrechnungsmaßstab ist im Wege des Vergleichs mit anderen Fahrzeugen zu ermitteln.[694] Die **Relation** zwischen **Instandsetzungsaufwand** und **Minderwert** hängt maßgeblich vom Typ und Alter des jeweiligen Fahrzeugs ab. Je älter ein Fahrzeug ist, umso weniger mindern optische Mängel seinen Wert. Mängel und Schäden, die ins Auge fallen oder den Fahrkomfort beeinträchtigen, fallen stärker ins Gewicht als verdeckte Kratzer und Beulen am Unterboden oder im Motor- oder Kofferraum. Falls ein defektes Radio bereits mehrere Jahre alt ist, dürfen nicht die Kosten für ein neues Radio angesetzt werden.[695] Das Gleiche gilt für Fehlteile und Originalteile, die durch Billigteile ersetzt wurden (z. B. Felgen und Reifen). Für diese Teile ist der Zeitwert und nicht der Neuwert anzusetzen, da der Leasinggeber darauf keinen Anspruch hat. Ent- **L670**

691 BGH 10. 10. 2007, NJW 2008, 53.
692 LG Köln 15. 4. 1994 – 17 O 1/94, n. v.
693 Urt. v. 6. 11. 2003, DB 2004, 700.
694 LG Frankfurt/M. 16. 9. 1997, NJW-RR 1998, 349.
695 AG Frankfurt/M. 11. 11. 1997, DAR 1998, 356.

gegenstehende Leasing-AGB, die häufig anzutreffen sind, verstoßen wegen unangemessener Benachteiligung des Leasingnehmers gegen § 307 BGB.

L671 Nach Abschn. XVI. Nr. 3 VDA-Muster-Leasing-AGB ist es nicht gerechtfertigt, bei der Ermittlung des Minderwertes von den – zur Herstellung der Betriebs- und Verkehrssicherheit und zur Beseitigung von Unfallschäden – erforderlichen Reparaturkosten Abzüge „**neu für alt**" vorzunehmen.[696] Würde man den Abzug gestatten, müsste der Vorteil auch denjenigen Leasingnehmern zugestanden werden, die sich vertragstreu verhalten und in Befolgung der ihnen auferlegten Instandsetzungspflicht das Fahrzeug vor Ablieferung reparieren lassen. Ein Bonussystem, das die Gewährung einer **Wertverbesserungsprämie** vorsieht, könnte für den Leasingnehmer einen Anreiz schaffen, das Fahrzeug am Vertragsende in einem gut erhaltenen und gepflegten Zustand zurückzugeben.

L672 Aufwendungen, die der Leasinggeber für vom Leasingnehmer **versäumte Inspektions- und Wartungsdienste** aufbringen muss, fallen nicht unter die Minderungsklausel, da diese dem Leasinggeber nur einen Ausgleich für eine **Zustandsverschlechterung** des Fahrzeugs verschafft.[697] Hat der Leasingnehmer die letzte vor Rückgabe des Fahrzeugs fällige Inspektion nicht durchführen lassen, haftet der dem Leasinggeber auf Schadensersatz nach §§ 241, 280 BGB wegen Verletzung vertraglicher Pflichten und muss ihm die Kosten für die Nachholung der versäumten Inspektion ersetzen.[698] Wurden mehrere Inspektionstermine nicht wahrgenommen, sind die **Kosten zu addieren**, andernfalls der pflichtwidrig handelnde Leasingnehmer besser gestellt wäre als derjenige, der das Fahrzeug ordnungsgemäß hat warten lassen. Bei der Schadensbemessung ist weiterhin zu berücksichtigen, dass ein **nicht scheckheftgepflegtes Fahrzeug** einen geringeren Marktwert besitzt, als ein Fahrzeug, bei dem alle Wartungs- und Inspektionsdienste pünktlich durchgeführt wurden. Schließlich kann die Versäumung fälliger Inspektions- und Wartungsdienste eine **Zustandsverschlechterung** des Fahrzeugs zur Folge haben, die einen Wertminderungsausgleich rechtfertigt. Wie sich all diese Schadenspostionen zueinander verhalten, ist vom Gutachter im Einzelfall zu klären.

Eine Pflichtverletzung liegt auch dann vor, wenn der Leasingnehmer Reparaturen und Wartungsdienste nicht durch einen vom **Hersteller anerkannten Betrieb** (Abschn. X. Nr. 2 S. 2, Abschn. XII. S. 1, VDA-Muster-Leasing-AGB) hat durchführen lassen. Der bei der Bemessung des Minderwertes zu berücksichtigende Schaden kann darin bestehen, dass dem Fahrzeug die Eigenschaft „**scheckheftgepflegt**" fehlt und/oder der Hersteller nach Ablauf der Garantie- und Gewährleistungsfristen keine **Kulanz** gewährt, wenn ein Defekt auftritt.

13. Verwertung

L673 Bei allen **Verträgen mit offenem Restwert** und Restwertabsicherung durch den Leasingnehmer fällt die Verwertung des Fahrzeugs in den **Aufgabenbereich des Leasinggebers.** Die notwendigen **Kosten der Verwertung** gehen allerdings zu Lasten des Leasingnehmers und sind vom Erlös abzuziehen.[699]

L674 Da sich die Höhe des erzielten Restwertes auf das Abrechnungsverhältnis auswirkt und der Leasingnehmer das Restwertrisiko trägt, ist der Leasinggeber zur **bestmöglichen Fahrzeugverwertung** verpflichtet.[700] Diese Pflicht erfüllt der Leasinggeber nicht schon ausnahmslos durch eine Veräußerung an einen Händler. Er muss auch anderen Möglichkeiten

696 So AG Frankfurt/M. 11. 11. 1997, DAR 1998, 356; LG Kassel 8. 1. 1999 – 10 S 530/98 – n. v.
697 AG Bergheim 21. 3. 1996 – 21 C 229/95, n. v.
698 AG Bergheim 21. 3. 1996 – 21 C 229/95, n. v.
699 BGH 4. 6. 1997, NJW 1997, 3166; *Beckmann*, § 8 Rn. 252 m. w. N.
700 BGH 3. 7. 1985, NJW 1985, 2258; 10. 10. 1990, NJW 1991, 221.

zur Erzielung eines höheren Erlöses nachgehen. Eigene Verkaufsbemühungen werden nicht dadurch hinfällig, dass er über keine eigene Verkaufsorganisation verfügt.[701] Ob der Leasinggeber im Einzelfall die Pflicht zur bestmöglichen Verwertung gewahrt oder verletzt hat, ist vom Standpunkt eines mit zumutbarer Sorgfalt handelnden Leasinggebers und unter Berücksichtigung der ihm zum Zeitpunkt der Verwertung offenen Erkenntnismöglichkeiten zu beurteilen.[702] Aus Sicht des BGH[703] liegt ein Verstoß gegen Sorgfaltspflichten nicht vor, wenn der erzielte Erlös aus einem Fahrzeugverkauf an den Händler **weniger als 10 % unter dem Händlerverkaufswert liegt**. Eine Verletzung der Pflicht zur bestmöglichen Verwertung durch den Leasinggeber berechtigt den Leasingnehmer entweder zur Geltendmachung eines Schadensersatzanspruchs nach § 280 Abs. 1 BGB oder zur Berufung auf § 254 BGB wegen Verstoßes gegen die Schadensminderungspflicht.[704]

Höchstrichterlich noch nicht entschieden wurde die Frage, ob dem Leasinggeber abverlangt werden kann, dass er das Fahrzeug an einen **Verbraucher** veräußert. Die Bedenken gegen eine solche Verpflichtung beruhen darauf, dass der Kaufvertrag unausweichlich den Vorschriften der §§ 474 ff. BGB unterfiele[705] und der Leasinggeber der Sachmängelhaftung ausgesetzt wäre. Dadurch entstünde eine Finanzierungslücke, die den Anspruch des Leasinggebers auf Vollamortisation gefährden würde. In Anbetracht dieser durch die Schuldrechtsreform geschaffenen neuen Rechtslage tendiert das Schrifttum weitgehend zu der Auffassung, dass dem Leasinggeber eine Verletzung der Verpflichtung zur bestmöglichen Verwertung nicht anzulasten ist, wenn er das Kaufangebot eines Verbrauchers unter Hinweis auf die bestehende Haftungssituation zurückweist.[706] Die aus der Zeit vor der Schuldrechtsreform stammende Forderung des BGH, das Benennungsrecht auch auf private Kaufinteressenten zu erstrecken, wird nicht mehr als verbindlich angesehen. **L675**

Die geschilderte Auffassung findet keineswegs ungeteilte Zustimmung. Die pauschale Verneinung eines Pflichtverstoßes ist in der Tat nicht plausibel, wenn der Verbraucher ein deutlich höheres Angebot abgegeben hat.[707] Nach der Entscheidung des BGH v. 10. 10. 1990[708] wäre die Nichtannahme eines solchen Angebots allerdings dann keine Pflichtverletzung, wenn sich der vom Leasinggeber durch die anderweitige Verwertung erzielte Erlös innerhalb einer Toleranzgrenze von bis zu 10 % unter dem Händlerverkaufswert bewegt.[709] Ist abzusehen, dass dieser Grenzwert nicht einzuhalten ist, darf der Leasinggeber ein bedeutend höheres Privatangebot trotz der damit verbundenen Gewährleistungsrisiken nicht einfach übergehen. Für ihn gibt es durchaus geeignete Möglichkeiten, diese Risiken zu minimieren. An Ideen hierzu mangelt es nicht. So wird z. B. empfohlen, den Leasingnehmer mit einer vertraglich zu vereinbarenden **Gewährleistungsbürgschaft** zu belasten[710] oder aber die **Schlussabrechnung** bis zum Ablauf der üblicherweise einjährigen Gewähr- **L676**

---

701 OLG Celle 18. 12. 1996, OLGR 1997, 99; a. A. OLG Düsseldorf 16. 1. 1997, OLGR 1997, 143 zu dem Fall, dass die Leasinggeberin – eine Sparkasse – sich nicht gewerblich mit dem An- und Verkauf von Fahrzeugen befasste.

702 Urt. v. 10. 10. 1990, NJW 1991, 221.

703 BGH 10. 10. 1990, NJW 1991, 221; OLG Köln 14. 11. 1994, NJW-RR 1995, 817; OLG Brandenburg, 31. 8. 2000, DAR 2001, 161, 162.

704 *Staudinger/Stoffels*, Leasing Rn. 88; *Beckmann*, Finanzierungsleasing, § 8 Rn. 240; *Nitsch*, NZV 1999, 405, 406; *Dornis*, ZGS 2010, 109, 110.

705 *Beckmann*, Finanzierungsleasing,§ 3 Rn. 226 m. w. N.

706 *Beckmann*, Finanzierungsleasing, § 8 Rn. 247; *ders.* DStR 2007, 157, 161; *Hornberger*, FLF 2006, 214; *Müller-Sarnowski*, DAR 2002, 485, 491.

707 *Schulz*, Finanzierungsleasing unter Verbraucherbeteiligung, S. 193.

708 NJW 1991, 221.

709 BGH 10. 10. 1990, NJW 1991, 221; OLG Köln 14. 11. 1994, NJW-RR 1995, 817; OLG Brandenburg, 31. 8. 2000, DAR 2001, 161, 162.

710 *Assies*, BKR 2002, 317, 319.

leistungsfrist **hinauszuschieben**.[711] Der Sachlage nicht gerecht wird der Vorschlag, das Risiko der Sachmängelhaftung komplett auf den Leasinggeber zu verlagern.[712] Die wohl „sauberste" Lösung dürfte darin bestehen, dem Leasingnehmer vertraglich eine **ergänzende Amortisationspflicht** für den Fall einer gewährleistungsrechtlichen Inanspruchnahme des Leasinggebers aufzuerlegen.[713] Dieser Vorschlag erfordert allerdings, dass dem Leasingnehmer die Konsequenzen deutlich und transparent vor Augen geführt werden und ihm die Möglichkeit eingeräumt wird, sich in die gewährleistungsrechtliche Auseinandersetzung einzuschalten, falls es dazu kommen sollte.

L677 Von der Verpflichtung, für die zu verwertende Leasingsache einen Endverbraucher zu suchen, ist der Leasinggeber freigestellt, wenn sich die **Vermarktung als extrem schwierig** erweist. Allein die Möglichkeit, dass der damit verbundene Mehraufwand zu einem höheren Erlös führt, rechtfertigt keine **überobligatorischen Anstrengungen**, zumal der Mehrerlös überwiegend dem Leasingnehmer zufließen würde, während der Leasinggeber für seine vermehrte Mühewaltung keine adäquate Entschädigung bekäme.[714]

L678 Für die Behauptung, der Leasinggeber habe die Pflicht zur bestmöglichen Verwertung verletzt, trägt der Leasingnehmer die **Beweislast**.[715]

L679 Der Leasinggeber kann sich in Leasing-AGB von seiner Haftung für eine leicht fahrlässige Verletzung der Pflicht zur bestmöglichen Verwertung nicht wirksam freizeichnen, da es sich um eine **wesentliche Vertragspflicht** handelt.[716]

L680 Zu Verstößen von Leasinggesellschaften gegen die Pflicht zur bestmöglichen Verwertung gibt es eine Vielzahl von Gerichtsentscheidungen. Sie sind Beleg dafür, dass die durch die Restwertkalkulation ausgelösten Erwartungen der Leasingnehmer oft nicht erfüllt werden. Die Bandbreite der Urteile beginnt beim **Händlerverkaufswert**[717] und endet unterhalb des **Händlereinkaufswertes**, der sich angesichts des Überangebots auf dem Gebrauchtwagenmarkt nicht immer realisieren lässt.[718]

L681 Der BGH[719] hat die Anforderungen im Jahre 1997 zurückgeschraubt, indem er entschied, dass der Leasinggeber nicht gegen die Pflicht zur bestmöglichen Verwertung verstößt, wenn er das Fahrzeug zum Händlereinkaufspreis abgibt, nachdem er es zuvor dem **Leasingnehmer** zu **denselben Bedingungen** zum Erwerb **angeboten** hat. Dem Eigenerwerb steht das Angebot der **Benennung eines (Dritt-)Käufers** gleich (zur Benennung eines Kaufinteressenten mit Verbraucherstatus s. Rdn. L675). Seither ist es üblich, dass dem Leasingnehmer eines Kfz- Restwertvertrages diese Rechte bereits bei Vertragsschluss im Leasingvertrag eingeräumt werden (siehe Abschn. XVI. Nr. 3 Abs. 3 S. 4 VDA-Muster-Leasing-

---

711 *Godefroid*, BB-Beilage 5, 2002, 2, 9.

712 *Woitkewitsch* in Graf von Westphalen, Der Leasingvertrag, Kap. L Rn. 447.

713 *Schulz*, Finanzierungsleasing unter Verbraucherbeteiligung, S. 195 ff.

714 OLG Düsseldorf Beschl. v. 10. 2. 2009 – I-24 U 106/08, n. v.

715 OLG Schleswig 1. 9. 2006, OLGR 2007, 171, 172; OLG Hamm 28. 06. 1994 – 7 U 53/93, teilw. veröffentlicht in NJW-RR 1994, 1467.

716 *Graf von Westphalen*, Der Leasingvertrag, Kap. J Rn. 116.

717 OLG Koblenz 10. 3. 1994, NJW 1995,1227; OLG Brandenburg 10. 12. 1997, NJW-RR 1998, 1671; LG Meiningen 25. 2. 1997, DAR 1997, 203.

718 OLG Frankfurt/M. 11. 3. 1998, OLGR 1998, 207; 5. 2. 1997 – 23 U 63/96, n.v; OLG Karlsruhe 4. 9. 1997 – 79 U 83/96, n. v.; OLG Düsseldorf 16. 1. 1997, NJW-RR 1998, 701; 24. 4. 1997 – 10 U 147/96, n. v. OLG Köln 21. 4. 1994 – 18 U 107/93, n. v.; OLG Frankfurt/M. 9. 2. 1996, OLGR 1996, 86; OLG Hamm 14. 8. 1997 – 73 U 51/97, n. v.; OLG München 27. 3. 1996, – 7 U 5613/96, n. v.

719 Urt. v. 4. 6. 1997, NJW 1997, 3166 ff.; ebenso OLG Frankfurt/M. Urt. v.11. 3. 1998 OLGR 1998, 207; 15. 10. 1997 – 23 U 259/96, n. v.; OLG Hamm 15. 10. 1997 – 23 U 259/96, n. v.; OLG Braunschweig 14. 7. 1999 – 3 U 287/98, n. v.; *Erman/Jendrek*, Anh. § 535 Rn. 50; *Soergel/Heintzmann*, vor § 535 Rn. 55; *Nitsch*, FLF 2001, 75 ff., *ders.*, NZV 2001, 160 ff.

AGB). Der vertraglichen **Verankerung** des Benennungsrechts bedarf es jedoch nicht,[720] da es genügt, dass der Leasinggeber von der Angebotsmöglichkeit am Vertragsende Gebrauch macht. Eine **ungültige Verwertungsklausel** schadet dem Leasinggeber daher nicht, wenn er seiner Pflicht zur bestmöglichen Verwertung tatsächlich nachgekommen ist.[721]

Unwirksam sind insbesondere Klauseln mit zu **kurzer Frist** (Rdn. L694) und solche mit **unzumutbaren Einschränkungen**. Einer Formularregelung, die den Leasingnehmer an den Händlereinkaufspreis bindet, scheitert ebenfalls an § 307 BGB, da sie den Leasinggeber von eigenen Verwertungsanstrengungen freistellt.[722] **L682**

Nach Abschn. XVI. Nr. 3 Abs. 3 VDA-Muster-Leasing-AGB setzt das Käufervorschlagsrecht bei Verträgen mit Gebrauchtwagenabrechnung die **Einholung** eines Gutachtens und dessen **Übersendung** an den Leasingnehmer voraus. Beides sind Wirksamkeitsvoraussetzungen.[723] Weiterhin hat an den Leasingnehmer die unmissverständliche **Aufforderung** zu ergehen, innerhalb der Zweiwochenfrist einen Käufer zu benennen. Der Zusatz, dass die benannte Person den Angebotspreis bar zu bezahlen und das Fahrzeug innerhalb der Zweiwochenfrist abzunehmen hat, stellt eine unzulässige Einschränkung dar, die nach Ansicht des OLG Düsseldorf die Unwirksamkeit der Klausel zur Folge hat.[724] **L683**

Einer Entscheidung des OLG Stuttgart[725] zufolge genügt der Leasinggeber seiner Pflicht zur bestmöglichen Verwertung, wenn er dem Leasingnehmer lediglich das **Ergebnis des Schätzgutachtens mitteilt**, ohne ihm das Gutachten zu übersenden. Die Begründungstiefe von Wertgutachten – heißt es im Urteil – sei aus Kostengründen gering und der Leasingnehmer habe regelmäßig keine bessere Entscheidungsgrundlage als mit dem reinen Ergebnis. Die bloße Mitteilung des Schätzpreises, den die Leasinggeberin fälschlich (aber für den Leasingnehmer erkennbar) als Abrechnungswert deklariert hatte, sah auch das OLG Schleswig[726] als ausreichend an, weil die Bewertung von einem unabhängigen Sachverständigenunternehmen vorgenommen worden sei, so dass der Leasingnehmer von der Richtigkeit der Schätzung habe ausgehen können. **L684**

Weder die eine noch die andere Argumentation überzeugt. Wenn schon ein Gutachten vorliegt, ist der Leasinggeber mit dessen Übersendung an den Leasingnehmer nicht überfordert. Ohne Kenntnis des Gutachtens kann der Leasingnehmer nicht überprüfen, ob bei der Schätzung alle Faktoren richtig und vollständig berücksichtigt wurden. Es ist daher zu verlangen, dass der Leasinggeber dem Leasingnehmer das **Gutachten zur Verfügung stellt**,[727] wobei es nicht entscheidend darauf ankommt, dass der Leasingvertrag eine entsprechende Verpflichtung des Leasinggebers i. S. v. Abschn. XVI. Nr. 3 Abs. 3 VDA-Muster-Leasing-AGB enthält.

Gibt das in Auftrag gegebene Gutachten den Wert des Fahrzeugs nicht zutreffend wieder, kann der Leasinggesellschaft eine vorwerfbare Pflichtverletzung angelastet werden, wenn **L685**

720 A. A. AG Mannheim 16. 5. 2003, NJW 2003, 1701, nach dessen Ansicht der Mangel durch ein mündliches Angebot geheilt werden kann.

721 OLG Schleswig, 1. 9. 2006, OLGR 2007, 171.

722 AG Hamburg 23. 9. 1998, DAR 1999, 510; AG München 9. 12. 1998, ZfS 1999, 381; *Graf von Westphalen*, Der Leasingvertrag, Kap. J Rn. 107, Rn. 108. offen gelassen von BGH 4. 6. 1997, NJW 1997, 3166 ff.

723 *Hornberger*, FLF 2006, 212,213; *Schulz*, Finanzierungsleasing unter Verbraucherbeteiligung, S. 191.

724 Urt. v. 30. 3. 2004, OLGR 2004, 311.

725 Urt. v. 29. 5. 2007, OLGR 2007, 969.

726 Urt. v. 1. 9. 2006, OLGR 2007, 171.

727 *Beckmann*, Finanzierungsleasing, § 8 Rn. 243; *Graf von Westphalen*, Der Leasingvertrag, Kap. J Rn. 93.

sie von relevanten Abweichungen Kenntnis hatte[728] oder wenn sie sich das Verschulden des Gutachters über § 278 BGB zurechnen lassen muss.[729]

L686 In der **Art und Weise** der Verwertung wird der Leasinggeber durch das Käufervorschlagsrecht des Leasingnehmers nicht eingeschränkt.[730] Benennt der Leasingnehmer einen Kaufinteressenten, steht es dem Leasinggeber frei, entweder auf das Angebot einzugehen oder das Fahrzeug anderweitig zu verwerten (Abschn. XVI. Nr. 3 Abs. 2 S. 5 VDA-Muster-Leasing-AGB). Seiner Vertragsabrechnung muss er aber den Preis zugrunde legen, den der Leasingnehmer oder der von ihm benannte Interessent geboten hat.

L687 Das der Eigenverwertung vorgelagerte Käuferbenennungsrecht führt im Endeffekt dazu, dass die Verwertungsprobleme auf die Schultern der Leasingnehmer verlagert werden. Diese finden in der Kürze der ihnen zur Verfügung stehenden Zeit oftmals keine Käufer und haben selbst nicht das Geld für einen **Eigenankauf**. Viele von ihnen, insbesondere Privatkunden, verfügen nicht über die zur Erzielung eines günstigen Verkaufserlöses notwendigen **Geschäftsverbindungen** und **Erfahrungen** und das hierzu erforderliche **Verhandlungsgeschick**. Ihre Verkaufschancen sind folglich weitaus ungünstiger als die der Leasinggesellschaften. Vor diesem Hintergrund muss bezweifelt werden, ob die Aussage des LG Frankfurt/M.[731], „die Veräußerung von Gebrauchtwagen gehöre zu den alltäglichen Geschäften eines Durchschnittsbürgers", die Lebenswirklichkeit zutreffend wiederspiegelt. Die dem Leasingnehmer durch das Käuferbenennungsrecht eröffnete Möglichkeit des Selbstankaufs widerspricht i. Ü. dem **steuerrechtlichen Grundprinzip** des Leasinggeschäfts, das dadurch nachträglich in eine Anschaffungsfinanzierung umfunktioniert wird.[732]

L688 In Anbetracht dieser Entwicklung stößt die weitreichende Befreiung des Leasinggebers von eigenen Verwertungsanstrengungen zunehmend auf Kritik.[733] Das OLG Brandenburg[734] hat sich bereits im Jahre 1998 von der BGH-Rechtsprechung teilweise distanziert und für **markengebundene Leasinggesellschaften** strengere Maßstäbe angelegt. Es entschied, eine mit dem Hersteller verbundene Leasinggesellschaft müsse sich grundsätzlich 100 % des Händlerverkaufspreises anrechnen lassen, da sie infolge der Eingliederung in den Automobilkonzern die Möglichkeit habe,[735] Leasingrückläufer auf dem Händlerverkaufsmarkt abzusetzen. Für den Senat war entscheidend, dass die der Leasinggesellschaft zur Verfügung stehenden Verwertungskonditionen innerhalb des Händlernetzes für den Leasingnehmer unerreichbar sind. Obwohl sich dieser gedankliche Ansatz als durchaus zutreffend erweist, kann dem OLG Brandenburg im Ergebnis nicht gefolgt werden, da die über den Handel realisierten Verwertungserlöse dem Leasinggeber nicht in voller Höhe zufließen. Da nicht erwartet werden kann, dass der vom Leasinggeber eingeschaltete Händler kostenlos tätig wird, sind die **Kosten des Händlers** und dessen Gewinnspanne angemessen zu berücksichtigen.[736]

L689 Von einer **einheitlichen Linie** ist die Rechtsprechung weit entfernt. Während das OLG Stuttgart[737] dem Leasinggeber die **volle Differenz** zwischen Einkaufs- und Verkaufspreis zugebilligt hat, wurde ihm vom OLG Düsseldorf[738] nur eine **Gewinnmarge von 10 %**

---

728 LG Kassel 1. 3. 2005 – 3 O 216/04, n. v.
729 OLG Stuttgart 29. 5. 2007, OLGR 2007, 969.
730 *Wimmer-Leonhardt* in Martinek/Stoffels/Wimmer-Leonhardt, § 57 Rn. 9.
731 24. 1. 1989 NJW-RR 1989, 435, 436.
732 *Nitsch*, FLF 2001, 75.
733 *Dornis*, ZGS 2010, 109 ff.; *Reinking*, DAR 2010, 622, 623.
734 Urt. v. 10. 12. 1997, NJW-RR 1998, 1671.
735 So bereits OLG Koblenz 10. 3. 1994, NJW 1995, 1227,1228.
736 *Dornis*, ZGS 2010, 109, 114 ff.
737 Urt. v. 29. 5. 2007, OLGR 2007, 969.
738 Urt.v. 9. 2. 1999, OLGR 1999, 333.

des Verkaufspreises zugestanden. *Dornis*[739] hält eine vollständige Befreiung des Leasinggebers vom Verwertungsrisiko für unangemessen und befürwortet eine Anrechnung des um die **konkreten Händlerkosten** reduzierten Verkaufspreises, wobei der Leasingnehmer den Beweis durch ein Sachverständigengutachten erbringen kann, wenn der Leasinggeber seine Kalkulation nicht offenlegt. Für markenunabhängiges Kfz-Leasing empfiehlt *Dornis*, im Einzelfall zu prüfen, ob eine höhere Anrechnung aufgrund der im Vergleich zum Leasingnehmer stärkeren Marktposition des Leasinggebers gerechtfertigt ist. Ausgehend von einer durchschnittlichen Gewinnmarge von 10 % wird zuweilen auch eine **leichte Anhebung der Händlereinkaufspreise** um **4–5 %** in Erwägung gezogen.[740]

Mit der durch das BGH-Urteil v. 4. 6. 1997[741] eingeleiteten Rechtsprechung zum Käufervorschlagsrecht lässt sich der vom OLG Karlsruhe[742] vertretene Standpunkt, der Käufer habe kein Recht zur Benennung eines Kaufinteressenten, wenn ihm der **Händlereinkaufspreis** auf jeden Fall gutgeschrieben werde, nicht in Übereinstimmung bringen. Das Gleiche gilt für eine Entscheidung des OLG Frankfurt/M.,[743] das eine Berücksichtigung des Händlereinkaufwertes in der Endabrechnung als ausreichend ansah, weil andernfalls die Kosten des Verkaufs einschließlich der Gewinne in die Kalkulation der Leasingraten einfließen würden und dann auf diesem Umweg auf den Leasingnehmer abgewälzt würden. Einer Abrechnung auf der Grundlage des geschätzten Händlereinkaufspreises hat der BGH eine klare Absage erteilt, weil sie den Leasinggeber im Grunde von jeglichen Verwertungsanstrengungen freistellt und dem Leasingnehmer die Chance der Erzielung eines höheren Verwertungserlöses entzieht. **L690**

Aus den gleichen Gründen können Formularregelungen, die den **Schätzpreis** des Gutachters als Abrechnungsbetrag verbindlich festlegen, ohne dass dem Leasingnehmer – sei er Verbraucher oder Unternehmer – die Möglichkeit der Käuferbenennung eröffnet wird, nicht vor § 307 BGB bestehen.[744] **L691**

Nach einer Entscheidung des AG München hat der Leasingnehmer Anspruch darauf, dass der Abrechnung der **höhere Schätzbetrag** zu Grunde gelegt wird, den ein **von ihm** beauftragter Gutachter ermittelt hat.[745] **L692**

Ein Anbieten zur Eigenverwertung des Fahrzeugs ist entbehrlich, wenn sich der Leasingnehmer als **unzuverlässiger** und **illiquider** Vertragspartner erwiesen hat[746] oder wenn er zum Ankauf offenkundig wirtschaftlich nicht in der Lage ist.[747] Auf einen Verkauf des Fahrzeugs an einen vom Leasingnehmer namhaft gemachten Interessenten braucht sich der Leasinggeber nicht einzulassen, wenn nach verlässlicher Auskunft erhebliche **Zweifel an dessen Zahlungsfähigkeit** bestehen.[748] **L693**

Die Länge der dem Leasingnehmer einzuräumenden **Frist** für die Käuferbenennung oder den Selbsterwerb hängt von den Umständen des Einzelfalls ab, wie z. B. der Marktgängigkeit des Fahrzeugs und der Jahreszeit. Es muss insbesondere berücksichtigt werden, dass der Leasingnehmer nicht so marktkundig ist wie der Leasinggeber und dass er die Gelegen- **L694**

739 ZGS 2010, 109, 115.
740 OLG Frankfurt 14. 7. 1995, NJW 1995, 3259; *Reinking*, NZV 1997, 1, 4.
741 NJW 1997, 3166.
742 Urt. v. 9. 5. 1995 – 8 U 218 / 94, n. v.
743 Urt. v. 5. 2. 1997 – 73 U 63/96, n. v.
744 OLG Hamm 30. 10. 1992 – 30 U 26/92, n. v.; OLG Frankfurt/M. 19. 11. 1992 – 15 U 64/91, n. v.; 14. 7. 1995, DAR 1995, 444; a. A. OLG Koblenz 10. 3. 1994, VersR 1995, 587.
745 AG München 9. 12. 1998, zfs 1999, 380.
746 OLG Hamm 30. 1. 1998, OLGR 1998, 89.
747 OLG Brandenburg 23. 2. 2000, NJW-RR 2001, 277.
748 OLG Düsseldorf 10. 10. 1996, BB 1997, 13.

heit haben muss, sich umzusehen und mehrfach zu inserieren.[749] Aus diesem Grunde billigt ihm die Rechtsprechung einen Zeitraum von mindestens **zwei Wochen** nach Zugang der Aufforderung zu.[750] Nach überwiegend vertretener Ansicht[751] darf diese Zeitspanne **weder unterschritten noch** auf sonstige Weise **eingeschränkt** werden. Zwei Wochen sind zu kurz, wenn der Leasinggeber die Frist 13 Tage vor Weihnachten setzt[752] oder dem Leasingnehmer aufgibt, einen Barzahler zu benennen, der das Fahrzeug innerhalb der Frist von zwei Wochen auch tatsächlich abnimmt.[753] AGB mit derartigen Einschränkungen scheitern an § 307 Abs. 2 Nr. 1 BGB. Das gleiche Schicksal ereilt AGB, die den Beginn der zweiwöchigen Frist auf das Datum des Aufforderungsschreibens festlegen, da sich nicht ausschließen lässt, dass die Frist durch die Postlaufzeit unzulässig verkürzt wird.[754]

Auch eine nicht auf AGB gestützte Aufforderung zur Benennung eines Kaufinteressenten im nachgelagerten Schriftverkehr, mit der dem Leasingnehmer eine Frist von 14 Tagen „ab Datum des Schreibens" gesetzt wird, ist zu kurz, weil sich die Frist um die **Postlaufzeit** des Schreibens verringert und dem Leasingnehmer praktisch keine Möglichkeit verbleibt, sich mit Erfolg um einen Käufer zu bemühen.[755] Verbleibt dem Leasingnehmer wegen **Ortsabwesenheit** zum Zeitpunkt der Zustellung eines ordnungsgemäßen Aufforderungsschreibens nicht genügend Zeit für die Benennung eines anderen Käufers, kann er sich darauf gegenüber der Leasinggesellschaft nicht berufen, wenn er versäumt hat, sie auf die Hemmnisse hinzuweisen, um sie zu weiterem Zuwarten zu veranlassen.[756]

L695 Allein das Setzen einer zu kurzen Frist macht die Fristsetzung nicht unwirksam, sondern führt dazu, dass eine **angemessene Frist** in Gang gesetzt wird.[757] Dem Leasinggeber ist der Ausgleichsanspruch in Höhe der Differenz zwischen dem kalkulierten und erzielten Restwert gleichwohl zu versagen, wenn der Leasingnehmer nachweist, dass er infolge der zu kurzen Frist daran gehindert wurde, durch Benennung eines Interessenten den Schaden abzuwenden.[758] In diesem Fall hat eine auf zu kurzer Fristsetzung beruhende Vertragsverletzung nach Ansicht des OLG Düsseldorf[759] zur Folge, dass im Rahmen der Vertragsabrechnung ein Verwertungserlös einzusetzen ist, der **10 % unter dem Händlerverkaufspreis** liegt.

L696 Falls der Leasinggeber ein dem Leasingnehmer eingeräumtes **Käufervorschlagsrecht übergangen** oder eine **unangemessen kurze Frist** zur Käuferbenennung oder zum Selbsterwerb gesetzt hat, besitzt er keinen Anspruch gegen den Leasingnehmer auf Zahlung der Differenz zwischen dem fest kalkulierten Restwert und dem tatsächlichen Verwertungserlös, den er durch Verkauf an einen Händler zum Händlereinkaufspreis erzielt.[760]

Ein zum Anspruchsverlust führendes Verwertungsverschulden des Leasinggebers liegt auch dann vor, wenn er das Fahrzeug zu einem **unter** dem vom Sachverständigen **geschätzten Einkaufswert liegenden Preis verkauft**, ohne den Leasingnehmer zuvor über den an-

---

749 OLG Brandenburg 23. 2. 2000, NJW-RR 2001, 277.
750 OLG Karlsruhe 4. 9. 1997 -19 U 83/95, n. v.; OLG Dresden 11. 11. 1998, OLGR 1998, 207; OLG Düsseldorf 9. 2. 1999, OLGR 1999, 333; *Nitsch*, FLF 2001, 75, 76; a. A. *Graf von Westphalen*, Der Leasingvertrag, Kap. J Rn. 92, für den eine Frist von zwei Wochen allemal zu kurz ist.
751 A. A. OLG Stuttgart 29. 5. 2007, OLGR 2007, 969, das 10 Tage für ausreichend erachtete.
752 OLG Brandenburg 23. 2. 2000, NJW-RR 2001, 277.
753 OLG Düsseldorf 30. 3. 2004, OLGR 2004, 311.
754 OLG Celle 18. 12. 1996, NJW-RR 1997, 1008.
755 OLG Brandenburg 23. 2. 2000, NJW-RR 2001, 277; OLG Dresden 11. 11. 1998 NZV 1999, 423; krit. *Nitsch*, NZV 2001, 160, 162.
756 LG Kassel 1. 3. 2005 – 3 O 216/04, n. v.
757 BGH 21. 6. 1985, NJW 1985, 2640; *Palandt/Grüneberg*, § 323 Rn. 14.
758 OLG Düsseldorf,10. 2. 2009, I-24 U 106/08, n. v.
759 Urt. v. 30. 3. 2004, OLGR 2004, 311.
760 SchlHOLG 3. 07. 1998, OLGR 1998, 354; OLG Bremen 17. 2. 2000, DAR 2001, 161, 162.

geblich geringeren Marktwert zu unterrichten.[761] Dadurch wird dem Leasingnehmer die Möglichkeit genommen, das Leasingobjekt zu dem geringeren Wert zu kaufen oder selbst günstiger zu verwerten.

Gelingt es dem Leasinggeber nicht, das Fahrzeug zu dem vom Gutachter geschätzten Preis zu verwerten, muss er im Einzelnen darlegen und beweisen, welche **besonderen Anstrengungen** er unternommen hat, um den Schätzwert zu erzielen.[762] **L697**

Eine **Reparatur** darf der Leasinggeber vor der Verwertung nur vornehmen lassen, wenn sie dem **Leasingnehmer zum Vorteil** gereicht. Dies ist der Fall, wenn sich das Fahrzeug ohne Reparatur nicht verwerten lässt oder die Vornahme der Reparatur einen unvergleichbar höheren Erlös verspricht, als ein Verkauf des Fahrzeugs in nicht repariertem Zustand. Wird kein Mehrerlös erzielt, gehen die Reparaturkosten gleichwohl zu Lasten des Leasingnehmers, wenn der Leasinggeber bei seiner Entscheidung für die Durchführung der Reparatur unverschuldet davon ausgehen durfte, die Reparatur werde einen entsprechend höheren Kaufpreis erbringen.[763] **L698**

Nicht endgültig geklärt ist die Frage, ob der Leasinggeber, der eine dem Käufer günstige Rückkaufverpflichtung des Händlers nicht wahrnimmt, gegen seine Pflicht zur bestmöglichen Verwertung verstößt.[764] Für den Leasingnehmer erweist sich die Durchsetzung einer **Rückkaufverpflichtung** bei Leasingverträgen mit Restwertabsicherung als vorteilhaft, wenn der freie Markt den mit dem Händler vereinbarten Preis nicht hergibt.[765] Nach Ansicht des OLG Frankfurt/M.[766] kann der Leasingnehmer aus der Nichtwahrnehmung einer Rückkaufverpflichtung keine Rechte für sich herleiten, wenn er über deren Bestehen nicht aufgeklärt worden ist. Dahinter steht die Überlegung, dass die **nicht offen gelegte Rückkaufverpflichtung** ausschließlich der Absicherung des Leasinggebers und nicht der Freistellung des Leasingnehmers vom Restwertrisiko dient. Infolgedessen kann der Leasingnehmer weder aus eigenem noch aus abgeleitetem Recht verlangen, dass der Händler das Leasingfahrzeug zum kalkulierten Restwert erwirbt. Aus der Zweckbestimmung der Rückkaufvereinbarung ergibt sich für den Leasinggeber, dass auch er nicht verpflichtet ist, gegenüber dem Händler den Rückkauf durchzusetzen, um den Leasingnehmer vor Nachteilen zu bewahren. Aus diesen Gründen ist es nicht vertretbar, eine dem Leasingnehmer **nicht bekannte Rückkaufvereinbarung** zwischen Leasinggeber und Verkäufer in die allgemeine Pflicht des Leasinggebers zur bestmöglichen Verwertung hinein zu verlagern, da andernfalls allein der zum Rückkauf verpflichtete Dritte das Restwertrisiko tragen würde. **L699**

Das OLG Oldenburg[767] hat sich auf den Standpunkt gestellt, der Leasinggeber sei jedenfalls dann gehalten, die Rückkaufverpflichtung – notfalls im Klagewege – durchzusetzen, wenn der für die Leasinggesellschaft bei Abschluss des Leasingvertrages auftretende Autohändler zu erkennen gegeben hat, dass eine Rückkaufverpflichtung existiert, die ihn verpflichtet, das Leasingfahrzeug zum fest kalkulierten Restwert zurückzunehmen. Der Schutz des Leasingnehmers – so die Begründung – wäre ausgehöhlt, „wenn es dem Leasinggeber freistünde, ob er eine sich letztlich zugunsten des Leasingnehmers auswirkende Vereinbarung durchsetzt oder nicht." **L700**

---

761 LG Halle 20. 9. 2002, DAR 2003, 464.

762 OLG Düsseldorf 9. 2. 1999, NJW-RR 1999, 1661, 1662.

763 BGH 27. 11. 1991, NJW-RR 1992, 378.

764 Bejahend *Beyer*, DRiZ 1999, 234, 240; *Wimmer-Leonhardt* in Martinek/Stoffels/Wimmer-Leonhardt, § 11 Rn. 77; offen gelassen von *Wolf/Eckert/Ball*, Rn. 2005.

765 A. A. *Graf von Westphalen*, Der Leasingvertrag, Kap. J Rn. 110.

766 Urt. v. 21. 3. 1997, WiB 1997, 1107.

767 Urt. v. 2. 4. 1998 – 84 U 48/97, n. v.

L701 Noch einen Schritt weiter geht *Graf von Westphalen*[768], für den die Rückkaufvereinbarung allemal **Schutzwirkung** zugunsten des Leasingnehmers entfaltet, wobei er aber nur den kündbaren Leasingvertrag mit Abschlusszahlung im Blick hat, bei dem der Verwertungserlös lediglich mit 90 % angerechnet wird.

L702 Von der **Durchsetzung der Rückkaufverpflichtung** ist der Leasinggeber befreit, wenn die Maßnahme keinen Erfolg verspricht, etwa weil der Verpflichtete mittlerweile insolvent geworden oder dessen Aufenthaltsort unbekannt ist.

L703 Erfolgt die **Verwertung durch weiteres Verleasen**, steht der Barwert des Folgevertrages einem Verkaufserlös gleich.[769] Im Unterschied zum Verkauf bleibt dem Leasinggeber der Restwert beim weiteren Verleasen erhalten. Er amortisiert ihn mit den Leasingraten und dem vereinbarten Restwert des neuen Leasingvertrages.[770]

L704 Übergibt der Leasingnehmer das Auto direkt an den Leasingnehmer des neuen Leasingvertrages, darf der Leasinggeber nach einem Urteil des OLG Köln[771] entsprechend seinen AGB der Vertragsabrechnung an Stelle des Veräußerungserlöses den von einem vereidigten Sachverständigen ermittelten **Händlereinkaufspreis zu Grunde legen**, wenn der Leasingnehmer von seinem vertraglich vorgesehenen Vorschlagsrecht keinen Gebrauch macht. Die Abrechnung auf der Basis des vom Gutachter ermittelten Händlereinkaufspreises dürfte allerdings nicht zulässig sein, wenn der Leasinggeber dem neuen Leasingvertrag einen höheren als den vom Gutachter geschätzten Verkehrswert zu Grunde gelegt hat.

L705 Unbedenklich ist eine als **Individualabrede** getroffene Verwertungsregelung, die den Leasinggeber berechtigt, das Fahrzeug nach Ablauf des Vertrages an den Kfz-Handel zu veräußern und den dabei erzielten Preis der Vertragsabrechnung zu Grunde zu legen.[772] Der Leasinggeber hat aber auch in diesem Fall die Pflicht, anderen Möglichkeiten zur Erzielung eines höheren Erlöses nachzugehen, vor allem dann, wenn ihm vom Leasingnehmer weitere Interessenten genannt werden.[773] Inwieweit er sich selbst um andere Interessenten bemühen muss, hängt von den Umständen des Einzelfalles ab, insbesondere von der Marktgängigkeit des Leasingobjektes und dem durch die Suche nach den anderen Interessenten voraussichtlich entstehenden Zeit- und Kostenaufwand.

L706 An anderer Stelle (Rdn. L668 ff.) wurde bereits darauf hingewiesen, dass die leasingtypischen Regelungen zur Rückgabe, Verwertung und Abrechnung und die damit zusammenhängenden Ansprüche des Leasinggebers wegen Unter- oder Überschreitung des kalkulierten Restwertes in **Konkurrenz zu Schadensersatzansprüchen** stehen, die darauf beruhen, dass der Leasingnehmer während der Vertragszeit seinen Pflichten in Bezug auf Wartung, Pflege, Instandhaltung und Instandsetzung nicht nachgekommen ist. In diesen Fällen sind die Leasing-AGB daraufhin zu überprüfen, ob die zusätzlichen Schadensersatzansprüche durch die Vertragsgestaltung aufgefangen werden oder diese ergänzen. Die Regelung von Abschn. XVI. Nr. 2 VDA-Muster-Leasing-AGB deutet darauf hin, dass sie **Exklusivcharakter** beansprucht, soweit es um den eingeforderten **Zustand des Leasingfahrzeugs** geht, das einen der vertragsgemäßen Fahrleistung entsprechenden schadensfreien und betriebssicheren Erhaltungszustand aufweisen muss. Außerhalb der Klausel bleibt Raum für Schadensersatzansprüche, die nicht unmittelbar den Zustand des Fahrzeugs betreffen. Darunter fallen z. B. Ansprüche wegen Versäumung von Inspektionen und Wartungsdiensten.[774]

---

768 Der Leasingvertrag, Kap. J Rn. 118.

769 LG Siegen 3. 5. 1991, NJW-RR 1991, 1142; OLG Celle 3. 11. 1993, NJW-RR 1994, 1334, 1336.

770 OLG Celle, 3. 11. 1993, NJW-RR 1994, 1334.

771 Urt. v. 15. 3. 1993, NJW-RR 1993, 1016.

772 OLG Köln 14. 11. 1994, NJW-RR 1995, 817.

773 OLG Köln 14. 11. 1994, NJW-RR 1995, 817.

774 In diesem Sinne AG Bergheim 21. 3. 1996 – 61 C 229/95, n. v.

Die Kosten für eine vor der Verwertung vom Leasinggeber durchgeführte **Reparatur** sind in die Vertragsabrechnung aufzunehmen und gehen zu Lasten des Leasingnehmers (zur Zulässigkeit einer Reparatur durch den Leasinggeber vor Verwertung Rdn. L698). **L707**

Wird durch Verkauf des nicht reparierten Fahrzeugs ein Verwertungserlös erzielt, der über dem vertraglich kalkulierten Restwert liegt, ist der Leasingnehmer daran nicht zu beteiligen, wenn der Vertrag keine Mehrerlösaufteilung vorsieht, sondern lediglich eine Ausgleichspflicht des Leasingnehmers für den umgekehrten Fall statuiert, dass der tatsächlich erzielte Erlös den kalkulierten Restwert unterschreitet. Bei einer solchen Vertragsgestaltung besitzt der Leasinggeber nach Ansicht des OLG Düsseldorf[775] zusätzlich zu dem überschießenden Verwertungserlös einen **Schadensersatzanspruch** in Höhe der Reparaturkosten gegen den Leasingnehmer, der seiner Instandsetzungspflicht nicht nachgekommen ist und das Fahrzeug in einem mangelhaften Zustand abgeliefert hat. Dahinter steht der Gedanke, dass für das Fahrzeug ein dem Instandsetzungsaufwand entsprechender, höherer Verwertungserlös erzielt worden wäre, wenn es der Leasinggeber in einem reparierten Zustand veräußert hätte.

14. Vertragsabrechnung

a) Leasingverträge mit Kilometerabrechnung

Bei dieser Vertragsart werden auf der Grundlage der vereinbarten Vergütungssätze **Mehr-** und **Minderkilometer** abgerechnet. Der vom Leasingnehmer zu leistende Ausgleich betrifft ausschließlich die **in der Vertragszeit überzogene Fahrleistung**, es sei denn, die Klausel enthält auch für die Zeit nach Vertragsablauf eine Vergütungsregelung. Der Verwertungserlös wird nicht abgerechnet, da der Leasinggeber das Verwertungsrisiko beim Vertrag mit Kilometerabrechnung trägt. Aus dem gleichen Grunde hat der Leasingnehmer keinen Anspruch darauf, dass eine unfallbedingte Wertminderung, die der Schädiger an den Leasinggeber gezahlt hat, bei der Abrechnung zu seinen Gunsten berücksichtigt wird. Nach h. M. betrifft der Schaden in Form der Wertminderung das Eigentum und nicht dessen Gebrauchswert, so dass der Leasingnehmer keinen Schaden erleidet.[776] **L708**

Der Abrechnungsposten, um den am häufigsten gestritten wird, besteht in dem vom Leasingnehmer auszugleichenden Minderwert des Fahrzeugs wegen Mängeln, Schäden und Veränderungen des Leasingobjekts (Rdn. L659). **L709**

In der Rechtsprechung[777] und im Schrifttum[778] überwiegt die Auffassung, dass die **Kosten eines Sachverständigengutachtens** im Fall der ordnungsgemäßen Vertragsbeendigung als notwendige Verwertungskosten vom Erlös abzuziehen sind. Die dadurch bewirkte Kostenverlagerung auf den Leasingnehmer wird mit dessen Vollamortisationsversprechen begründet, das über den garantierten Restwert oder den erzielten Verwertungserlös realisiert wird.[779] **L710**

Dieser Begründungsansatz trifft auf den Leasingvertrag mit Kilometerabrechnung nicht zu, da der vom Leasingnehmer auszugleichende Minderwert nicht der Absicherung einer vom Leasingnehmer übernommenen Restwertgarantie dient. Es besteht auch kein allgemeiner Abrechnungsgrundsatz, dass die Schätzkosten zu den Verwertungskosten gehören, die dem Leasingnehmer in Rechnung gestellt werden können.[780] Somit kann die Frage nur da- **L711**

---

775 Urt. v. 6. 11. 2003, DB 2004, 700, 701.
776 *Hohloch*, NZV 1992, 1 ff.
777 BGH 4. 6. 1997, NJW 1997, 3166; OLG Dresden 11. 11. 1998, NJW-RR 1999, 703.
778 *Beckmann*, § 8 Rn. 234, 251 ff.; *Groß*, DAR 1996, 443.
779 BGH 4. 6. 1997, NJW 1997, 3166; OLG Dresden 11. 11. 1998, NJW 1999, 703.
780 *Beckmann*, § 8 Rn. 253; *Engels*, § 9 Rn. 60; zweif. OLG Stuttgart 29. 5. 2007, OLGR 2007, 989, 971; strikt abl. für erlasskonforme Vertragsmodelle *Graf von Westphalen*, Der Leasingvertrag Kap. J Rn. 96.

hin lauten, ob eine Verlagerung der Gutachterkosten auf den Leasingnehmer in Leasing-AGB zuzulassen ist.

L712 In Abschn. XVI. Nr. 3 Abs. 2 S. 2 VDA-Muster-Leasing AGB ist vorgesehen, dass die **Kosten der Begutachtung** je zur Hälfte von den Vertragspartnern zu tragen sind. Zur Einschaltung des Gutachters zwecks Ermittlung der Wertminderung soll es nach Abschn. XVI. Nr. 3 Abs. 2 S. 1 VDA-Muster-Leasing AGB grundsätzlich nur unter der Voraussetzung kommen, dass sich die Parteien **nicht einigen** können. Das Gutachterverfahren dient somit in erster Linie der **Streitschlichtung**. Der Sachverständige soll klären, welche Partei mit ihrer Wertvorstellung richtig liegt. Vor diesem Hintergrund erscheint die Kostenteilung nicht unangemessen, da die Chancen zur Durchsetzung der eigenen Vorstellungen zur Höhe der Wertminderung oder des Wertes gleichmäßig verteilt sind.[781] Sachgerechter wäre allerdings die Verwendung einer Regelung i. S. v. § 14 Nr. 5 AKB, nach der die Kosten genau in dem Verhältnis verteilt werden, in dem der Gutachter die Forderungen bzw. Wertvorstellungen der einen oder anderen Partei bestätigt.

L713 Eine vollständige Verlagerung der Gutachterkosten auf den Leasingnehmer in Leasing-AGB von Kilometerabrechnungsverträgen geht allerdings zu weit.[782] Das Argument, die Ermittlung der Minderung liege in erster Linie im Interesse des Leasingnehmers,[783] ist im Ansatz verfehlt. Nur wenn der Leasingnehmer der Ansicht ist, die vom Leasinggeber geforderte Wertminderung sei zu hoch, wird er an der Einholung eines Gutachtens ein überwiegendes Interesse haben. Auf Seiten des Leasinggebers besteht, spiegelbildlich betrachtet, die gleiche Interessenlage. Wenn er der Meinung ist, dass der Leasingnehmer von einer zu niedrigen Wertminderung ausgeht, liegt das überwiegende Interesse an einer Begutachtung zweifellos bei ihm.

L714 Der Leasingnehmer hat für die Erstellung eines vom Leasinggeber in Auftrag gegebenen Gutachtens keine Vergütung zu zahlen, wenn die Einschaltung des Sachverständigen nicht auf der Grundlage einer entsprechenden Vertragsregelung erfolgt und das Gutachten außerdem fehlerhaft ist. Unter diesen Voraussetzungen muss sich der Leasinggeber das Verschulden des Sachverständigen nach § 278 BGB zurechnen lassen.[784]

b) Leasingverträge mit offenem Restwert

L715 Bei den erlasskonformen Modellen des Leasingvertrages mit Mehrerlösbeteiligung und des kündbaren Leasingvertrages mit Abschlusszahlung erfolgt die vertragsspezifische Abrechnung im Anschluss an die Verwertung. Vorher ist der Ausgleichsanspruch des Leasinggebers **nicht fällig**.[785]

L716 Beim kündbaren Leasingvertrag mit Abschlusszahlung stehen dem Leasinggeber die in den restlichen Leasingraten enthaltenen **Gewinnanteile** nicht zu. Weiterhin ist bei dieser Vertragsart zu beachten, dass bei erlasskonformer Gestaltung der nach Abzug der Kosten verbleibende **Verwertungserlös nur mit 90 %** auf den Vollamortisationsanspruch des Leasinggebers abgerechnet wird. Der aus steuerlichen Gründen auf 90 % geminderte Satz entbindet den Leasinggeber jedoch nicht von der Pflicht zur bestmöglichen Verwertung, da die Höhe der Abschlusszahlung maßgeblich von dem erzielten Erlös abhängt.[786]

L717 Eine **Wertminderung**, die der Leasinggeber wegen einer Beschädigung des Leasingfahrzeugs erhalten hat, ist zu Gunsten des Leasingnehmers in die Abrechnung aufzuneh-

---

781 Zweifelnd *Müller-Sarnowski*, DAR 1004, 608, 612.
782 OLG Düsseldorf 12. 6. 1998, OLGR 1999, 46, 47; a. A. BGH 4. 6. 1997, DB 1664, 1665.
783 BGH 4. 6. 1997, DB 1664, 1665.
784 OLG Stuttgart 29. 5. 2007, OLGR 2007, 969.
785 OLG Hamm 6. 10. 1995, OLGR 1996, 1, 3.
786 *Graf von Westphalen*, Der Leasingvertrag, Kap J Rn. 86.

men. Sie wird dem Netto-Verwertungserlös hinzugerechnet (Abschn. X. Nr. 5 S. 2 VDA-Muster-Leasing-AGB).

Die **notwendigen Verwertungskosten** sind vom Verwertungserlös in Abzug zu bringen. Darunter fallen auch **Reparaturaufwendungen**, die erforderlich waren, um das Fahrzeug überhaupt verwerten zu können oder um einen höheren Preis zu erzielen.[787] L718

Hinsichtlich der **Gutachterkosten** kommt das Vollamortisationsversprechen des Leasingnehmers zum Tragen, das mit der Übernahme einer Restwertgarantie[788] einhergeht. Daraus wird die Schlussfolgerung hergeleitet, die Begutachtung diene dem **Interesse des Leasingnehmers**, weshalb er die Kosten zu tragen habe. Klauseln, die dem Leasingnehmer die Kosten auferlegen, werden daher als gesetzeskonform angesehen.[789] L719

Folgt man dieser Ansicht, ist die in Abschn. XVI. Nr. 3 Abs. 2 S. 2 VDA-Muster-Leasing AGB vorgesehene hälftige Aufteilung der Gutachterkosten zwischen den Vertragsparteien nicht zu beanstanden.

Nach vereinzelt vertretener Gegenmeinung[790] soll es sich bei der Verwertung um ein **Eigengeschäft** des Leasinggebers handeln, das ihm die Chance verschafft, eine Wertsteigerung zu realisieren, weshalb einer Klausel, die dem Leasingnehmer die Gutachterkosten auferlegt, die Wirksamkeit versagt werden müsse.

c) Kfz-Leasingverträge mit Andienungsrecht

aa) Wahlrecht des Leasinggebers

Der Leasingnehmer ist zur Zahlung des vereinbarten Kaufpreises gegen Rechnungserteilung verpflichtet, wenn der Leasinggeber von seinem **Andienungsrecht** rechtzeitig Gebrauch macht. Das Fahrzeug verbleibt im Besitz des Leasingnehmers und geht gegen Zahlung des Kaufpreises in sein Eigentum über. L720

Übt der Leasinggeber das Andienungsrecht nicht aus, übernimmt er selbst die mit der Verwertung des Fahrzeugs zusammenhängenden Risiken und der Leasingnehmer hat das Fahrzeug an ihn herauszugeben. Eine Vertragsabrechnung erübrigt sich, es sei denn, die tatsächliche Laufleistung des Fahrzeugs weicht von der vertraglich vereinbarten ab und die Parteien haben für diesen Fall einen Mehr-und Minderkilometer-Ausgleich vereinbart.

bb) Sachmängelhaftung

Grundsätzlich haftet der Leasinggeber nicht für solche Mängel, die der Leasingnehmer – ob Verbraucher oder Unternehmer – **kannte** oder die ihm infolge **grober Fahrlässigkeit unbekannt** geblieben sind (§ 442 BGB). L721

Gehört der Leasingnehmer nicht dem durch § 13 BGB geschützten Personenkreis an, kann der Leasinggeber die Sachmängelhaftung in den Grenzen von § 444 BGB ausschließen, wenn er ihm das Fahrzeug am Vertragsende zum Kauf andient. So verhält es sich auch, wenn ein Nichtverbraucher-Leasingnehmer das Fahrzeug aufgrund einer im Vertrag eingeräumten Kaufoption oder aufgrund eines im Verwertungsverfahren gefassten Kaufentschlusses vom Leasinggeber erwirbt. Entsprechende Freizeichnungsklauseln in Leasing-AGB sind unbedenklich.[791]

Handelt es sich bei dem Leasingnehmer um einen **Verbraucher**, fällt der Andienungskauf – ebenso wie der Kauf aufgrund einer Kaufoption oder ein Selbstankauf im Zuge der L722

787 BGH 27. 11. 1991, NJW-RR 1992, 378, DAR 1992, 146.
788 BGH 4. 6. 1997, NJW 1997, 3166.
789 *Beckmann*, § 8 Rn. 253 m. w. N.
790 *Graf von Westphalen*, Der Leasingvertrag, Kap. J Rn. 97.
791 *Graf von Westphalen*, Der Leasingvertrag, Kap. J Rn. 130.

Verwertung – unter die Vorschriften des **Verbrauchsgüterkaufs**. In diesen Fällen stellt sich die Frage, ob der Leasinggeber dem Leasingnehmer nach Ablauf des Leasingvertrages dafür einzustehen hat, dass das Fahrzeug frei von Sachmängeln ist. Das Schrifttum ist geteilter Ansicht. Die Unzulässigkeit des Ausschlusses der Sachmängelhaftung wird im wesentlichen damit begründet, der Leasingnehmer wechsle mit der vollständigen Erfüllung des Leasingvertrages in die **Rolle des Käufers**, eine Rückbeziehung des Gefahrübergangs auf den Zeitpunkt der erstmaligen Übergabe sei **verbraucherfeindlich** und außerdem habe der Leasinggeber die freie Entscheidung, ob er das Modell des Leasingvertrages mit Andienungsrecht im Geschäftsverkehr mit Verbrauchern einsetzt und ob er diesen gegenüber von dem Andienungsrecht Gebrauch macht.[792] Selbst eine Freizeichnung des Leasinggebers von der Haftung auf Schadensersatz wird für unzulässig erachtet, weil das Rücktrittsrecht keine ausreichende Kompensation darstelle.[793]

L723 Zur Vermeidung der strikten Sachmängelhaftung gibt es **diverse Lösungsansätze**. Leasinggebern wird empfohlen, die Verjährung für Sachmängelansprüche entsprechend der Praxis im Gebrauchtwagenhandel auf ein Jahr zu verkürzen, den Zustand der Fahrzeuge bei Übergabe genau zu protokollieren,[794] den Andienungskauf mit seinen nachteiligen Rechtsfolgen durch Umformulierung in eine Pflicht des Leasingnehmers zur Zahlung des Restamortisationsbetrages und eine Pflicht des Leasinggebers zur Eigentumsübertragung aufzuspalten,[795] die Sachmängelhaftung durch ausgeklügelte Beschaffenheitsvereinbarungen (Verkauf als Schrottfahrzeug) auszuhebeln oder ganz einfach nur noch an Unternehmer zu verkaufen.[796] Andere Vorschläge gehen dahin, dem Leasinggeber im Falle seiner Inanspruchnahme wegen Mängeln einen ergänzenden leasingtypischen Anspruch auf Vollamortisation einzuräumen,[797] ein Andienungsrecht mit dem gleichzeitigen Erwerb einer Gebrauchtwagengarantie oder einer Garantieversicherung zu verbinden[798] oder den Leasingnehmer zu verpflichten, den Lieferanten vorrangig in Anspruch zu nehmen, soweit die Mängelansprüche noch nicht verjährt sind.[799]

L724 Diese teils unzulässigen, teils zweifelhaften[800] Vorschläge belegen eindrucksvoll, dass die kaufrechtliche Mängelhaftung für das Privatleasing als insgesamt unbefriedigend angesehen wird.[801] Es **befremdet** und passt nicht zum **Regelungsplan** der Parteien, dass der Leasinggeber zweimal hintereinander das Risiko der Sachmängelhaftung übernehmen soll, obwohl sich das Fahrzeug regelmäßig von Beginn an im ausschließlichen Gewahrsam des Leasingnehmers befindet und dem Einflussbereich des Leasinggebers entzogen ist.[802]

L725 Dass die dem Leasingvertrag mit Andienungsrecht zugrunde liegende Konzeption durch die Schuldrechtsreform und die mit ihr einhergehende Verschärfung der Sachmängelhaf-

---

792 *Woitkewitsch* in Graf von Westphalen, Der Leasingvertrag, Kap. L Rn. 94 ff.
793 *Graf von Westphalen*, ZGS 2002, 89 ff.
794 *Woitkewitsch* in Graf von Westphalen, Der Leasingvertrag, Kap. L Rn. 98.
795 *Assies*, BKR 2002, 317, 319.
796 *Beckmann*, § 3 Rn. 232.
797 *Weber*, NJW 2003, 2350; *Schulz*, Finanzierungsleasing unter Verbraucherbeteiligung, S. 204; abl. *Habersack*, BB-Beilage 6/2003, S. 6.
798 *Beckmann* in Martinek/Stoffels/Wimmer-Leonhardt, § 7 Rn. 23, 24 in Anlehnung an BGH 1. 6. 2005, NJW-RR 2005, 1421.
799 *Beckmann* in Martinek/Stoffels/Wimmer-Leonhardt, § 7 Rn. 29.
800 *Schulz*, Finanzierungsleasing unter *Verbraucherbeteiligung*, S. 204.
801 *Beckmann in* Martinek/Stoffels/Wimmer-Leonhardt, § 7 Rn. 25.
802 A. A. *Wolf/Eckert/Ball*, Rn. 2009, die eine zweifache Gewährleistungspflicht negieren, dabei aber nicht berücksichtigen, dass das Fehlschlagen der Nacherfüllung auf den Leasingvertrag durchschlägt.

tung ins Wanken geraten ist, hat der BGH[803] frühzeitig erkannt und dem Leasingnehmer im Wege der ergänzenden Vertragsauslegung die Verpflichtung zum Abschluss einer **Gebrauchtwagengarantie-Versicherung** auferlegt, weil die obligatorische Haftung des Verkäufers und die Wertsteigerung, die das Fahrzeug dadurch erfuhr, für die Parteien bei Abschluss des Leasingvertrages nicht vorauszusehen war. Das Urteil schafft mangels Vergleichbarkeit zwar kein Präjudiz für heutige Fälle,[804] weil den Parteien die Haftungssituation bekannt ist, macht aber gleichwohl deutlich, dass **Anpassungsbedarf** besteht, um den Regelungsplan der Parteien eines Finanzierungsleasingvertrages mit Andienungsrecht wieder ins Lot zu bringen.

Für die Zulassung eines Ausschlusses der Sachmängelhaftung spricht am ehesten die – vom AG Frankfurt/M.[805] in anderem Zusammenhang angestellte – Überlegung, dass der Leasingnehmer während der Vertragszeit zur Instandhaltung des Kraftfahrzeugs verpflichtet ist und es, sofern der Leasinggeber von seinem Andienungsrecht keinen Gebrauch macht, in einem einwandfreien, dem Alter und der Laufleistung entsprechenden Zustand zurückzugeben hat. Weist das Auto am Vertragsende Mängel auf, fallen diese aufgrund der leasingtypischen Vertragsgestaltung in den **Verantwortungsbereich des Leasingnehmers**, wodurch die Sachmängelhaftung des Leasinggebers faktisch aufgehoben wird. Die nach §§ 474 ff. BGB unabdingbaren Sachmängelrechte des Verbraucherleasingnehmers werden durch **deckungsgleiche verschuldensunabhängige Gegenansprüche** des Leasinggebers aus dem Leasingvertrag kompensiert. Diese Ansprüche kann der Leasinggeber dem Begehren des Verbrauchers nach Sachmängelhaftung im Wege der Einrede entgegenhalten, womit die Trennung zwischen Leasingvertrag und Kaufvertrag[806] weitgehend aufgehoben ist. Verkauft er das Fahrzeug an einen beliebigen anderen Verbraucher, kann er im Falle der Inanspruchnahme wegen Sachmängeln beim Leasingnehmer Regress nehmen. **L726**

Hinzu kommt, dass sich der Erwerb der ausgedienten Leasingsache durch den Leasingnehmer vom üblichen Kaufvertrag dadurch unterscheidet, dass der Kaufgegenstand i. d. R. nicht (nochmals) vom Leasinggeber an den Leasingnehmer übergeben wird. Ein Gefahrübergang, wie ihn § 434 Abs. 1 BGB erfordert, findet faktisch nicht ein zweites Mal statt. Der dem Kaufvertrag zurechenbare Gefahrübergang wird in diesen Fällen bereits in dem Augenblick vollzogen, in dem der Verkäufer die Leasingsache an den Leasingnehmer ausliefert und dadurch den Leasingvertrag in Vollzug setzt. Aus Sicht des späteren Kaufs handelt es sich um einen **antizipierten Gefahrübergang**.[807] Aus der zeitlichen Vorverlagerung folgt, dass Ansprüche wegen eines bei Gefahrübergang vorhandenen Sachmangels im Augenblick der Andienung bzw. der Ausübung einer Kaufoption bereits verjährt sind, da die Laufzeit des Leasingvertrages i. d. R. die gesetzliche Verjährungsfrist des § 438 Abs. 1 Nr. 3 BGB überdauert.[808]

---

803 Urt. v. 1. 6. 2005, NJW-RR 2005,1421,1422; dazu *Moseschus*, FLF 2006, 40, 42; *Reinking*, EWiR 2005,813,814.

804 *Schulz*, Finanzierungsleasing unter Verbraucherbeteiligung, S. 203; a. A. *Müller-Sarnowski/Bethäuser* in Ludovisy/Eggert/Burhoff, Praxis des Straßenverkehrsrechts, Teil 5 D Rn. 467.

805 Urt. v. 16. 12. 2003, NJW-RR 2004, 486, bestätigt vom LG Frankfurt/M. Beschl. v. 15. 7. 2004 2/1 S. 7/04 – zit. von *Beckmann* in Martinek/Stoffels/Wimmer-Leonhardt, § 7 Rn. 21.

806 *Weber*, NJW 2003, 2345, 2349.

807 *Palandt/Weidenkaff*, § 446 Rn. 11; MüKo-BGB/*Koch*, Leasing, Rn. 63; § 446 Rn. 11; zweifelnd *Godefroid*, BB, Beilage Heft 27, 2002, S. 2, 9.

808 Ausführlich *Reinking*, ZGS 2000, 229, 234; dagegen *Arnold* in Dauner-Lieb/Konzen/Schmidt, S. 589, 612.

15. Fahrzeugrückkauf durch den Lieferanten

L727 Gegen Risiken der Verwertung, eines Wertverlustes der Leasingsache und einer Zahlungsunfähigkeit des Leasingnehmers sichern sich Leasinggeber ab, indem sie ihre Lieferanten verpflichten, die von ihnen gelieferten Fahrzeuge am regulären Vertragsende – evtl. auch im Falle einer vorzeitigen Beendigung des Leasingvertrages – zum kalkulierten Restwert oder zum Händlereinkaufspreis zurückzukaufen (sog. Buy-back-Verpflichtung).[809]

L728 Aktuell steht die Problematik der Wirksamkeit/Unwirksamkeit formularmäßiger Rückkaufverpflichtungen im Fokus juristischen Interesses.[810] Der Grund hierfür besteht darin, dass in der Wirtschaftskrise zahlreiche Händler aufgeben mussten, weil sie ihre diesbezüglichen Verpflichtungen gegenüber Leasinggesellschaften nicht einlösen konnten. Beizutreten ist der Ansicht, dass die in einem Formularvertrag enthaltene Rückkaufverpflichtung jedenfalls dann gegen § 307 BGB verstößt, wenn der Leasinggeber seine Geschäftsrisiken **einseitig** und **ohne besondere Gegenleistung** auf den Lieferanten abwälzt, mit dem er nicht in planmäßiger und langfristiger Zusammenarbeit verbunden ist.[811]

L729 Die Rückkaufvereinbarung ist nicht als Ausfallgarantie oder Ausfallbürgschaft auszulegen, sondern als **Wiederverkaufsrecht** des Leasinggebers, mit dem er – wirtschaftlich betrachtet – eine Erfüllungsgarantie in Bezug auf die noch ausstehende Gegenleistung aus dem Leasingvertrag anstrebt.[812] Sie begründet die Pflicht des Händlers, das Fahrzeug am Vertragsende zu einem bestimmten Preis zurückzukaufen, ohne dass damit ein Recht zum Rückkauf verbunden ist.[813] Die Vertragsauslegung kann im Einzelfall zu einem gegenteiligen Ergebnis führen,[814] das für Kfz-Leasing aber untypisch wäre. Auch wenn kein Recht zum Ankauf besteht, kann ein zum Schadensersatz verpflichtender Verstoß gegen vertragliche Treuepflichten vorliegen, wenn die Leasinggesellschaft einen Leasingrückläufer nicht an den zum Rückkauf verpflichteten Lieferanten mit noch bestehendem Vertragshändlerstatus sondern an einen anderen Vertragshändler verkauft.[815]

L730 Von der **Haftung für Sachmängel** ist der Leasinggeber nicht kraft Gesetzes befreit.[816] Eine analoge Anwendung der in § 457 Abs. 2 S. 2 BGB vorgesehenen Haftungsfreistellung auf das gesetzlich nicht geregelte Wiederverkaufsrecht scheitert an der erforderlichen Rechtsähnlichkeit. Während für das Wiederverkaufsrecht im Leasingvertrag ausschließlich das Interesse des Leasinggebers an dem Zustandekommen des Vertrags über den Wiederverkauf maßgeblich ist, beruht die Freistellung des Wiederverkäufers gem. § 457 Abs. 2 S. 2 BGB in erster Linie auf der Erwägung, dass es zum Wiederverkauf ausschließlich im Interesse und auf Veranlassung des Wiederkäufers kommt.[817] Einer analogen Anwendung des § 457 Abs. 2 S. 2 BGB auf das im Interesse des Leasinggebers vereinbarte Wiederverkaufsrecht steht außerdem die Vorschrift des § 34 Abs. 4 GewO im Wege, die den gewerbsmäßigen Ankauf beweglicher Sachen mit Gewährung eines Rückkaufrechts untersagt. Im Rahmen der Vertragsautonomie steht es dem Leasinggeber natürlich frei, mit dem

---

809 Zu den Grenzen einer formularmäßigen Risikoabwälzung *Leyens*, MDR 2003, 312; *Beckmann*, DStR 2007, 158.
810 *Graf von Westphalen*, BB 2009, 2378 ff.
811 *Wimmer-Leonhardt* in Martinek/Stoffels/Wimmer-Leonhardt, § 11 Rn. 75; *Leyens*, MDR 2003, 313 ff.
812 BGH 31. 1. 1990, NJW 1990, 2546 ff.
813 BGH 8. 2. 2006, WM 2006, 875, dazu EWiR § 433 BGB1/06, 491 (*Reinking*).
814 *Wimmer-Leonhardt* in Martinek/Stoffels/Wimmer-Leonhardt, § 10 Rn. 72.
815 BGH 8. 2. 2006, WM 2006, 875.
816 BGH 31. 1. 1990, NJW 1990, 2546.
817 BGH 31. 1. 1990, NJW 1990, 2546 ff.; a. A. OLG Frankfurt/M. 6. 10. 1987, NJW 1988, 1923.

Händler eine Haftungsfreistellung für unverschuldete Verschlechterungen und unwesentliche Veränderungen zu vereinbaren.[818]

Die Haftung für Mängel kann in den gesetzlichen Grenzen **abbedungen** werden. Auf den Ausschluss kann sich der Leasinggeber aber nicht berufen, wenn eine Versicherung für die Schäden am Fahrzeug aufzukommen hat.[819]

Bei Leasingverträgen mit Kilometerabrechnung sehen die Vereinbarungen über den Rückkauf manchmal vor, dass der Anspruch auf **Minderwertausgleich** mit dem Rückkauf des Fahrzeugs auf den Händler übergeht, sofern ein bestimmter Schadensumfang nicht überschritten wird. Bei Überschreitung des vertraglich festgelegten Grenzwertes verbleibt der Anspruch bei der Leasinggesellschaft, die den Anspruch im eigenen Namen und für eigene Rechnung geltend macht und dem Händler eine Gutschrift in Höhe der vom Sachverständigen geschätzten Kosten erteilt.[820] **L731**

Der Leasinggeber ist ohne Hinzutreten besonderer Umstände nicht verpflichtet, das Leasingfahrzeug vor der Veräußerung an den Händler auf **Unfallschäden** hin zu untersuchen, die ihm vom Leasingnehmer oder der Kaskoversicherung nicht gemeldet wurden.[821] **L732**

Als Wiederverkäufer hat der Leasinggeber die Pflicht, dem zum Rückkauf verpflichteten Lieferanten das **Eigentum** und den **unmittelbaren Besitz** am Fahrzeug zu verschaffen. Eine in AGB vorgesehene Ersetzung der Übergabe der Sache durch **Abtretung des Herausgabeanspruchs** gegen den Besitzer, die als rechtliche Gestaltungsmöglichkeit in §§ 929, 931 BGB vorgesehen und als solche nicht zu beanstanden ist, verstößt im Zusammenhang mit einer Rückkaufverpflichtung aus einem Leasingvertrag gegen § 307 Abs. 2 Nr. 1 BGB, da sie den Leasinggeber von seiner Verpflichtung freistellt, dem Lieferanten den Besitz an der Leasingsache zu verschaffen.[822] Die unangemessene Benachteiligung wird besonders augenfällig, wenn der Leasinggeber den Standort des Leasingfahrzeugs nicht nennen kann und infolgedessen der Herausgabeanspruch gegen den Leasingnehmer **keinen wirtschaftlichen Wert** hat. Sachliche Gründe für eine Verlagerung des Verlustrisikos auf den Lieferanten sind nicht erkennbar, zumal der Lieferant im Gegensatz zum Leasinggeber nicht die Möglichkeit besitzt, den Einsatz des Leasingfahrzeugs vertraglich zu steuern, den Leasingnehmer im Hinblick darauf zu kontrollieren und eine abredewidrige Benutzung zu unterbinden.[823] Es wird zu Recht darauf hingewiesen,[824] dass sich der Leasinggeber freiwillig auf seine Finanzierungsfunktion gegenüber dem Leasingnehmer einlässt und sich dieses Risiko durch dessen Vollamortisationsversprechen absichern lässt. Folglich kann er nicht erwarten, dass das Verlustrisiko im Falle des Rückkaufs ganz oder teilweise vom Lieferanten getragen wird. Die Unwirksamkeit der Klausel wird nicht dadurch aufgehoben, dass sie dem Leasinggeber aufgibt, alle mit dem Untergang und Verlust der Leasingsache in Zusammenhang stehenden Ersatzansprüche gegen den Schädiger und die Kaskoversicherung an den Lieferanten zu übertragen. Auch durch eine nachträgliche Abtretung der Ansprüche kann die Klausel nicht gerettet werden.[825] Das Risiko, dass der **L733**

818 *Beckmann*, § 3 Rn. 199; *Stoffels* in Martinek/Stoffels/Wimmer-Leonhardt, § 9 Rn. 26.
819 *Leyens*, MDR 2003, 312, 314; *Stoffels* in Martinek/Stoffels/Wimmer-Leonhardt, § 9 Rn. 26.
820 Zu den umsatzsteuerlichen Konsequenzen *Ammerwerth* in Auto/Steuern/Recht 7/2007, S. 9.
821 OLG Nürnberg 14. 1. 1999, NJW-RR 1999, 1208.
822 BGH 19. 3. 2003, ZIP 2003, 1095; OLG Rostock 12. 1. 2005, OLGR 2005, 890; *Graf von Westphalen*, NJW 2004, 1933, 1999; EWiR § 9 AGBG 2/03, 793 (*Reinking*), *Tiedtke/Möllmann*, DB 2004, 915, 918; *Zahn*, DB 2004, 1141, 1142; *Leyens*, BB 2003, 1530; *Schulze-Schröder*, NJW 2003, 3031 ff., die eine generelle Unwirksamkeit der Klausel ablehnen.
823 A. A. *Schulze-Schröder*, NJW 2003, 3031, 3033.
824 *Reinicke/Möllmann*, DB 2004, 915, 918; a. A. i. S. e. Risikobeteiligung *Weber*, NJW 2003, 2348, 2351.
825 OLG Düsseldorf 22. 6. 1983, ZIP 1983, 1092.

Leasingnehmer die Sache veruntreut und die Versicherung nicht eintritt, wird dadurch nicht beseitigt. Der BGH[826] hält durchaus Vertragsgestaltungen für denkbar, die dazu herangezogen werden können, den Lieferanten mit dem Risiko der Unredlichkeit des Leasingnehmers zu belasten, hebt aber unmissverständlich hervor, dass der Kaufvertrag/Wiederkaufvertrag nicht den hierfür geeigneten Vertragstyp darstellt. Das Schrifttum schlägt vor, der Leasinggeber solle sich zusätzlich durch eine **Bürgschaft** des Lieferanten absichern.[827]

L734 Im Zusammenhang mit der Rückkaufverpflichtung wird die Frage eines gutgläubigen Erwerbs virulent, wenn der Leasinggeber das Leasingfahrzeug an die refinanzierende Bank sicherungsübereignet hat. Das OLG Hamburg[828] entschied, dass der Leasingnehmer, dem der Leasinggeber das Fahrzeug am Vertragsende zum Kauf anbietet, als **gutgläubig** anzusehen ist, solange ihm die Sicherungsübereignung nicht offenbart wird und keine anderen Umstände darauf hindeuten, dass der Leasinggeber nicht mehr Eigentümer des Fahrzeugs ist. Auf den Autohändler, der sich zum Rückkauf des Leasingfahrzeugs verpflichtet hat, ist das Urteil nicht übertragbar. Er weiß, dass sich Leasingfirmen refinanzieren und ihre Fahrzeuge regelmäßig der Bank als Sicherheit übereignen und kann deshalb nicht auf den Fortbestand des Eigentums vertrauen. Deshalb sollte er den Kaufpreis grundsätzlich nur Zug um Zug gegen Aushändigung des **Kfz-Briefes** bzw. der **Zulassungsbescheinigung Teil II** begleichen.[829]

L735 Dem **Leasingnehmer** erwachsen aus einer Rückkaufverpflichtung des Lieferanten i. d. R. **keine Rechte** (Rdn. L699) **und Pflichten**. Er kann weder verlangen, dass der Leasinggeber die Vereinbarung offen legt und den Rückkaufpreis am Vertragsende realisiert,[830] noch ist er verpflichtet, dem Lieferanten den Nichterfüllungsschaden zu ersetzen, den dieser dadurch erleidet, dass er ein Rückkaufsrecht wegen einer vorzeitigen, vom Leasingnehmer zu vertretenden Vertragsbeendigung nicht realisieren kann.[831]

L736 Der zum Rückkauf verpflichtete Händler darf schon beim Verkauf des Leasingfahrzeugs in seiner Bilanz eine **gewinnmindernde Verbindlichkeit** einbuchen. Diese muss erst wieder gewinnerhöhend ausgebucht werden, wenn die Verpflichtung zum Rückkauf später tatsächlich ausgeübt wird oder wenn die Rückkaufoption des Leasinggebers verfällt.[832] Es ist erforderlich, das Entgelt für den Neuwagen anhand objektiver Maßstäbe im Verhältnis der Teilwerte auf den Neuwagen und die Rückkaufverpflichtung aufzuteilen. Ist der antizipierte Verlust aus der Verwertung des zurückzunehmenden Fahrzeugs kleiner als der Bruttoerlös aus dem Neuwagenverkauf, ist die Verbindlichkeit in Höhe des geschätzten Verlustes anzusetzen. Der Höhe nach ist die Passivierung auf den Bruttoertrag des Neuwagenverkaufs begrenzt. Wird dieser Wert überschritten, ist handelsrechtlich eine Rückstellung für

826 BGH 19. 3. 2003, ZIP 2003, 1095.

827 *Graf von Westphalen*, BB 2004, 2026; *Stoffels* in Martinek/Stoffels/Wimmer-Leonhardt, § 9 Rn. 24.

828 Urt. v. 19. 2. 1999, OLGR 1999, 241.

829 Zum gutgläubigen Erwerb von Leasinggütern BGH 13. 5. 1996, MDR 1996, 906 (gutgläubiger Erwerb nur bei Vorlage des Kfz-Briefes); LG Schwerin 14. 4. 1998, DB 1999, 278 (bei leasingtypischen Wirtschaftsgütern kann die Eigentumsvermutung nicht mehr ohne weiteres an den Besitz geknüpft werden); OLG Düsseldorf 18. 11. 1998, NJW-RR 1999, 615 (zum guten Glauben an die Verfügungsbefugnis des § 366 Abs. 1 HGB und den Anhaltspunkten für eine Nachforschungspflicht); *Palandt/Bassenge*, § 932 BGB Rn. 13 m. w. N.

830 OLG Frankfurt/M. 21. 3. 1997, FLF 1998, 172; nach zutr. Ansicht des OLG Oldenburg 2. 4. 1998 -14 U 48/97, n. v. bleibt freilich eine Rückkaufvereinbarung dann nicht ohne Auswirkung auf den Leasingvertrag, wenn der Verkäufer bei den Vertragsverhandlungen auf die Existenz der Rückkaufverpflichtung ausdrücklich hingewiesen und dadurch beim Leasingnehmer den Eindruck erweckt hat, er müsse nicht mit einer Nachbelastung rechnen.

831 BGH 14. 7. 2004, NJW 2004, 2823; OLG Celle 22. 5. 1996 OLGR 1996, 181.

832 BFH 11. 10. 2007 – IV R 52/04 –.

drohende Verluste zu bilden.[833] Eine Saldierung von Verlusten aus einzelnen Rücknahmegeschäften mit den zu erwartenden Gewinnen aus anderen Rücknahmegeschäften ist mit Rücksicht auf den Grundsatz der Einzelbewertung unzulässig.[834] Sieht der Vertrag mit der Leasinggesellschaft vor, dass der Autohändler Mehr- und Minderkilometer unmittelbar mit dem Leasingnehmer abrechnet, sind Zahlungen des Leasingnehmers für Mehrkilometer bzw. Zahlungen des Autohändlers für Minderkilometer wie Zahlungen zwischen dem Autohaus und dem Leasinggeber zu betrachten, so dass sich der Kaufpreis, den der Händler an den Leasinggeber zu zahlen hat, entsprechend erhöht oder vermindert.[835]

XIII. Vorzeitige Vertragsbeendigung

Zur vorzeitigen Vertragsbeendigung kann es durch **fristlose Kündigung** der einen oder anderen Vertragspartei, durch **Tod** des Leasingnehmers oder durch einvernehmliche **Ablösevereinbarung** kommen.[836] Beim sog. kündbaren Leasingvertrag mit Abschlusszahlung liegt die vorzeitige Vertragsbeendigung durch Kündigung nach Ablauf der Grundmietzeit in der Natur des Vertrages. **L737**

1. Außerordentliche Vertragskündigung des Leasingnehmers

Zu den **wichtigen Gründen**, die den Leasingnehmer bzw. dessen Erben zur außerordentlichen Vertragskündigung berechtigen, gehören außer den Fällen des **Verlusts, des Untergangs und der erheblichen Beschädigung** des Leasingfahrzeugs (Rdn. L58, L63) vor allem die **Gebrauchsstörung** und der **Tod des Leasingnehmers**. Eine Versagung der Erlaubnis zur Untervermietung des Leasingfahrzeugs berechtigt den Leasingnehmer nicht zur fristlosen Kündigung des Leasingvertrages, da der Leasinggeber ein berechtigtes Interesse daran hat, dass das Fahrzeug in Händen des Leasingnehmers verbleibt und dieser nicht im Wege der Untervermietung als Leasinggeber auf dem Markt in Erscheinung tritt.[837] **L738**

a) Störung des Gebrauchs durch den Leasinggeber

Bei Beeinträchtigung des Gebrauchs- oder Besitzrechts[838] ist die fristlose Kündigung gem. § 543 Abs. 1 und 2 BGB grundsätzlich erst nach erfolglosem **Ablauf einer angemessenen Abhilfefrist** oder nach erfolgloser **Abmahnung** zulässig, wenn nicht eine Ausnahme i. S. v. § 543 Abs. 3 S. 2 BGB vorliegt. **L739**

Nicht klar ist, ob eine Störung des Gebrauchs vorliegt, wenn sich der Leasinggeber weigert, dem Leasingnehmer eine – im Leasingvertrag nicht ausdrücklich verbotene[839] – **Gebrauchsüberlassung an einen Dritten** zu gestatten.[840] Von einer stillschweigenden Abbedingung des § 540 Abs. 1 BGB ist nicht auszugehen. Da sich auch aus der Natur des Leasingvertrages nicht ohne weiteres ergibt, dass eine Gebrauchsüberlassung an Dritte unzulässig ist, rechtfertigt die Verweigerung der Zustimmung grundsätzlich eine fristlose

---

833 *Ammerwerth* in Auto/Steuern/Recht 3/2008, S. 5, 7.

834 BFH 15. 10. 1997, DStR 1998, 480.

835 Steuer- Erfahrungsaustausch 6/2002, S. 6.

836 Der Lieferant, der sich mit dem Leasingnehmer über die Ablösung des Leasingvertrages geeinigt hat und sich anschließend an den Leasinggeber wegen der Ablösung des Leasingvertrages auf eigene Kosten wendet, handelt hierbei als Vertreter des Leasingnehmers – OLG Frankfurt/M. 16. 2. 1988, NJW-RR 1989, 885, 886.

837 *Wolf/Eckert/Ball*, Rn. 1980.

838 *Ehlert* in Bamberger/Roth, § 535 Rn. 81.

839 Nach BGH 4. 7. 1990, ZIP 1990, 1333, 1135 ist eine solche Verbotsklausel zulässig.

840 Bejahend *Graf von Westphalen*, Der Leasingvertrag, Kap. K Rn. 24.

Kündigung des Leasingnehmers. Dafür muss der Leasingnehmer allerdings nachweisen, dass er an der Nutzung des Leasingfahrzeugs durch Dritte ein berechtigtes Interesse hat.

Ein Verstoß gegen die Gebrauchsüberlassungspflicht ist anzunehmen, wenn

- der Leasinggeber das Fahrzeug auf Grund einer (z. B. wegen Verstoßes gegen § 498 BGB) unwirksamen fristlosen Kündigung an sich nimmt und die Herausgabe verweigert,[841]
- der Leasinggeber die Sachgefahr nicht wirksam auf den Leasingnehmer verlagert hat und er seiner Instandsetzungspflicht nicht nachkommt,[842]
- der Leasinggeber sich von der Vermieterhaftung für Sachmängel nicht wirksam freigezeichnet hat und sich weigert, Fahrzeugmängel zu beseitigen.[843]

L740 In allen diesen Fällen ist der Leasingnehmer berechtigt, die Leasingraten ab dem Zeitpunkt des Eintritts der Gebrauchsstörung einzubehalten. Erklärt er die außerordentliche Kündigung, muss er das Fahrzeug an den Leasinggeber herausgeben.

L741 Zu der Frage, ob eine **Bring- oder Holschuld** anzunehmen ist, gehen die Meinungen auseinander. Verfechter der Holschuld wollen selbst entgegenstehenden AGB die Wirksamkeit versagen,[844] während die andere Seite zu Recht geltend macht, der Leasingnehmer werde durch die Bringschuld nicht benachteiligt, da er das Fahrzeug bei regulärer Vertragsbeendigung ebenfalls beim Leasinggeber oder Lieferanten hätte abliefern müssen.[845]

L742 Der Leasingnehmer besitzt Anspruch darauf, dass ihm der Leasinggeber den nicht verbrauchten Teil einer Sonderzahlung erstattet.[846]

b) Tod des Leasingnehmers

L743 Verstirbt der Leasingnehmer, steht dem **Leasinggeber kein einseitiges Kündigungsrecht** zu, so lange die Erben den Pflichten aus dem Leasingvertrag ordnungsgemäß nachkommen. Unwirksam ist eine Klausel, die den Leasinggeber im Falle des Todes des Leasingnehmers berechtigt, den Leasingvertrag fristlos zu kündigen und Schadensersatz wegen vorzeitiger Vertragsbeendigung zu verlangen.[847] Sie zwingt die Erben zum Schadensersatz, auch wenn sie gewillt sind, den Vertrag fortzusetzen. Einer Entscheidung des OLG Köln[848] zufolge ist eine Klausel zulässig, die beiden Vertragsparteien ein außerordentliches Kündigungsrecht zubilligt.

L744 Nach überwiegend vertretener Auffassung sind die Erben des Leasingnehmers berechtigt, den Leasingvertrag innerhalb einer Überlegungsfrist von einem Monat ab Kenntniserlangung von dem Tod des Leasingnehmers mit der gesetzlichen Frist zu kündigen (§ 580 BGB).[849] Ein Ausschluss des gesetzlichen Kündigungsrechts in AGB wird allgemein für zulässig erachtet.[850] Seinem berechtigten **Amortisationsinteresse** kann der Leasinggeber durch vertragliche Umgestaltung des § 580 BGB in der Weise Geltung verschaffen, dass

---

841 OLG Hamm 14. 2. 1997 OLGR 1997,101; OLG Düsseldorf 20. 2. 1997 OLGR 1997, 89.

842 BGH 6. 3. 1996, zfs 1996, 336; 9. 10. 1996, NZV 1997, 72.

843 BGH 13. 3. 1991, NJW-RR 1991, 1202.

844 *Beckmann*, § 8 Rn. 183 m. w. N.

845 *Berninghaus* in Martinek/Stoffels/Wimmer-Leonhardt, § 35 Rn. 7 und Rn. 8, ähnlich *Graf von Westphalen*, Der Leasingvertrag Kap. J Rn. 6 zum Rücktritt.

846 OLG Düsseldorf 16. 1. 1997, DB 1997, 1071.

847 OLG Düsseldorf 7. 6. 1990, NJW-RR 1990, 1469.

848 Urt. v. 30. 6. 2004 – 13 U 240/03, zitiert von *Beckmann*, § 8 Rn. 116.

849 LG Gießen 11. 4. 1986, NJW 1986, 2116 ff.; *Palandt/Weidenkaff*, vor § 535 Rn. 63; *Reinking* in Reinking/Kessler/Sprenger, § 9 Rn. 15 m. w. N.; a. A. *Staudinger/Stoffels*, Leasing Rn. 349; *Gerken*, DB 1997, 1703, MüKo-BGB/*Koch*, Leasing, Rn. 127.

850 *Berninghaus* in Martinek/Stoffels/Wimmer-Leonhardt, § 43 Rn. 12, 13.

er das Kündigungsrecht der Erben an eine Ausgleichszahlung in Höhe der noch nicht amortisierten Kosten koppelt. Dabei muss er beachten, dass er keinen Anspruch auf die in den Leasingraten enthaltenen **Gewinnanteile** für die Zeit nach der Kündigung besitzt.[851] Die Ansicht, die Erben müssten dem Leasinggeber den Kündigungsschaden ersetzen,[852] kann nicht geteilt werden.

c) Wegfall des Interesses

Dem Leasingnehmer steht kein außerordentliches Kündigungsrecht zur Seite, wenn er etwa wegen Betriebseinstellung keine weitere Verwendungsmöglichkeit für das Fahrzeug hat.[853] Auch eine Vertragsaufhebung wegen Störung der Geschäftsgrundlage kommt nicht in Betracht, da der Leasingnehmer nach dem Vertragszweck das Investitionsrisiko trägt.[854] **L745**

Falls aber die Parteien bei Vertragsschluss übereinstimmend von dem Fortbestand der **Verwendungsmöglichkeit** des Leasingfahrzeugs ausgegangen sind oder der Leasinggeber diesbezügliche Vorstellungen des Leasingnehmers erkannt und unbeanstandet gelassen hat, stellt sich die bislang in der Rechtsprechung und Literatur nicht weiter vertiefte Frage, ob dem Leasingnehmer im Falle des unverschuldeten Interessewegfalls am Leasingfahrzeug (z. B. wegen Krankheit oder Fahruntauglichkeit) nach dem Gebot der gegenseitigen Rücksichtnahme oder allgemein aus Treu und Glauben ein **Anspruch auf vorzeitige Ablösung des Leasingvertrages** gegen angemessene Vorfälligkeitsentschädigung zuzubilligen ist. **L746**

Eine Anlehnung an die höchstrichterliche Rechtsprechung zur vorzeitigen Ablösung eines Festzinskredits wegen anderweitiger Verwertung des beliehenen Objekts[855] erscheint bereits deshalb fraglich, da der Gesetzgeber das von der Rechtsprechung entwickelte Recht der **Vertragsmodifizierung** in § 490 Abs. 2 BGB als Sonderkündigungsrecht kodifiziert und ausdrücklich auf solche Darlehensverträge beschränkt hat, die durch ein Grund- oder Schiffspfandrecht gesichert sind.[856] Die Situation des Leasingnehmers ist mit der eines Darlehensnehmers i. S. v. § 490 Abs. 2 BGB durchaus vergleichbar, wenn er nicht mehr die Möglichkeit besitzt, das Leasingfahrzeug zu nutzen. Er hat unter diesen Umständen ein berechtigtes Interesse daran, das ihm lästig gewordene Fahrzeug vorzeitig zurückzugeben und seine finanziellen Belastungen durch dessen alsbaldige Verwertung zu mindern. Dem Leasinggeber entsteht dadurch kein Nachteil, da seine Kosten inklusive Gewinn in vollem Umfang vom Leasingnehmer zu tragen sind. Es geht – wie bei einem dinglich gesicherten Festzinskredit – eigentlich nicht um eine Vertragsauflösung, sondern um eine Modifizierung des Vertrages ohne Reduzierung des Leistungsinhalts. Durch die Vertragsanpassung wird lediglich die vertragliche, zeitlich begrenzte Erfüllungssperre durch Vorverlegung des Erfüllungszeitpunktes beseitigt.[857] **L747**

Gleichwohl muss dem Leasingnehmer das Recht auf vorzeitige Vertragsauflösung versagt bleiben. Diese Konsequenz folgt aus § 506 BGB, der dieses Recht exklusiv denjenigen Verbraucherleasingnehmern zubilligt, die entweder eine generelle Erwerbsverpflichtung i. S. von Abs. 2 S. 1 Nr. 1 übernommen haben oder von denen der Leasinggeber gem. Abs. 2 S. 1 Nr. 2 den Erwerb der Leasingsache verlangen kann. Verbraucherleasingnehmer von Verträgen mit Restwertabsicherung können ihre Verbindlichkeiten aus dem Leasingvertrag

851 LG Wuppertal 18. 11. 1998, NJW-RR 1999, 493; AG Wedding 27. 4. 2006, NJW-RR 2007, 126, 127.

852 *Weber*, NJW 2005, 2197.

853 BGH 7. 10. 2004, ZIP 2005, 534.

854 OLG Dresden 26. 7. 1995, OLGR 1996, 90.

855 BGH 1. 7. 1997, ZIP 1997, 1641 ff. m. Anm. v. *Köndgen*, ZIP 1997, 1645; zur Berechnung *Grönwoldt/Bleuel*, DB 1997,2062.

856 Krit. *Reiff* in Dauner-Lieb/Heidel/Lepa/Ring, § 490 BGB Rn. 10.

857 BGH 1. 7. 1997, ZIP 1997, 1641 ff.

jedoch nicht jederzeit vorzeitig ganz oder teilweise erfüllen, da § 506 Abs. 2 S. 2 BGB die Anwendung von § 500 Abs. 2 BGB definitiv ausschließt. Das Gleiche gilt für Kilometerleasingverträge zwischen einem Unternehmer und einem Verbraucher, unabhängig davon, ob man diese Vertragsart den Restwertverträgen des § 506 Abs. 2 S. 1 Nr. 3 BGB hinzurechnet oder davon ausgeht, dass die darlehensrechtliche Schutzvorschrift des § 500 Abs. 2 BGB auf diese Vertragsart ohnehin nicht anzuwenden ist. Bleibt dem Verbraucher eines Vertrages mit Restwertabsicherung das Recht der vorzeitigen Vertragserfüllung vorenthalten, muss dies allemal für den weniger schutzwürdigen Unternehmerverkehr gelten.

Da – abgesehen von den geschilderten Ausnahmen für Verbraucherleasingverträge – ein Recht auf vorzeitige Vertragsablösung grundsätzlich nicht besteht, bleibt Leasingnehmern im Falle eines Interessewegfalls nichts anderes übrig, als es auf eine fristlose Kündigung des Leasinggebers ankommen zu lassen, sofort eine Einigung über eine Vertragsbeendigung nicht erzielt werden kann.

2. Außerordentliche Vertragskündigung des Leasinggebers

a) Kündigungsgründe

L748 Abgesehen von den Fällen des Verlusts, Untergangs und der wesentlichen Beschädigung des Leasingfahrzeugs kommen für den **Leasinggeber** als Gründe für eine fristlose Kündigung in Betracht:

- Vertragswidriger Gebrauch des Fahrzeugs,
- Verletzung von Vertragspflichten,
- Vermögensverschlechterung und Zahlungsverzug.

Falls der Leasinggeber im Rahmen der Refinanzierung sämtliche Rechte an eine refinanzierende Bank abgetreten hat, wird ihm empfohlen, sich das Kündigungsrecht vorsorglich rückübertragen zu lassen, um nicht Gefahr zu laufen, dass seine Kündigung als unwirksam angesehen wird, wenn der Leasingnehmer die fehlende Vertretungsmacht beanstandet.[858]

b) Vertragswidriger Gebrauch und Vertragsverletzungen

L749 Die fristlose Kündigung des Leasinggebers wegen vertragswidrigen Gebrauchs gem. § 543 Abs. 2 S. 1 Nr. 2 BGB, die gegenüber der Kündigung nach § 314 BGB Vorrang hat, ist gem. § 543 Abs. 3 S. 1 BGB erst nach erfolglosem Ablauf einer angemessenen **Abhilfefrist** oder nach **erfolgloser Abmahnung** zulässig. Der Fristsetzung oder Abmahnung bedarf es nicht, wenn sie keinen Erfolg versprechen oder durch das Verhalten des Leasingnehmers die Vertrauensgrundlage derart gestört wurde, dass sie durch Fristsetzung oder Abmahnung nicht wieder hergestellt werden kann. Hat etwa der Leasingnehmer das Fahrzeug mehrfach unter Alkoholeinfluss und, ohne im Besitz eines Führerscheins zu sein, benutzt, ist davon auszugehen, dass die Voraussetzungen von § 543 Abs. 3 S. 2 Nr. 1 und 2 BGB erfüllt sind und es einer Abmahnung nicht bedarf.[859]

L750 Eine im Leasingvertrag vorgesehene Abmahnung wird nicht entbehrlich, wenn der Leasingnehmer, der die Raten immer pünktlich gezahlt aber keine sinnvolle Verwendung mehr für den geleasten LKW hat, sich vom Vertrag lossagt und das Fahrzeug beim Lieferanten abstellt.[860]

858 OLG Naumburg 10. 12. 1999, WM 2000, 1710; OLG Celle 2. 12. 1998, ZMR 1999, 237; *Beckmann*, § 8 Rn. 102.
859 OLG Düsseldorf 16. 1. 1997, DB 1997, 1072.
860 OLG Dresden 1. 12. 1999, OLGR 2000, 63.

Rechtfertigt das Verhalten nur eines von mehreren Leasingnehmern eine fristlose Kündigung, ist die Abmahnung an alle zu richten.[861] Die Wirksamkeit der fristlosen Kündigung hängt nicht davon ab, dass die Gründe in der Kündigungserklärung angegeben werden.[862] **L751**

Ein wichtiger Grund für eine fristlose Kündigung des Leasingvertrages liegt nicht vor, wenn **L752**

- der Leasingnehmer die Kfz-Haftpflicht- und Vollkaskoversicherung preisgünstiger mit einer anderen als der im Leasingvertrag vorgesehenen Versicherungsgesellschaft abschließt, da Zweck und Durchführung des Leasingvertrages durch die Wahl einer anderen Versicherung nicht gefährdet werden,[863]
- der Leasingnehmer die Sicherungsbestätigung zum Nachweis des Bestehens der Kfz-Versicherung auf einmalige Anfrage nicht innerhalb einer gesetzten Frist nachweist,[864]
- die Kaskoversicherung den Versicherungsschutz versagt, weil sie den vom Leasingnehmer behaupteten Diebstahl des Fahrzeugs nicht als erwiesen ansieht, ohne dass der Leasinggeber konkret darlegt, aus welchen Gründen dem Leasingnehmer die erleichterte Beweisführung eines versicherten Diebstahls unmöglich ist,
- der Leasingnehmer nach dem Abhandenkommen des Fahrzeugs die Fortzahlung der Leasingraten verweigert, sofern der Leasinggeber die Sach- und Preisgefahr nicht wirksam auf den Leasingnehmer abgewälzt hat und den Beweis schuldig bleibt, dass der Leasingnehmer den Fahrzeugverlust zu vertreten hat.[865]

c) Erhebliche Vermögensverschlechterung

Nach der Rechtsprechung des BGH reicht für eine erhebliche Vermögensverschlechterung eine im Zeitpunkt der Kündigung **drohende Gefahr der Zahlungsunfähigkeit** aus.[866] Für § 543 Abs. 1 BGB ist eine hinreichend konkrete Vermögensgefährdung erforderlich, die es dem Leasinggeber unzumutbar macht, den Leasingvertrag bis zum vertraglich vereinbarten Ende fortzusetzen.[867] **L753**

Unwirksam ist eine **Formularregelung**, die besagt, dass der Leasinggeber zur fristlosen Kündigung des Leasingvertrages berechtigt sein soll, wenn „sonstige Umstände" vorliegen, aus denen sich eine wesentliche Verschlechterung oder eine erhebliche Gefährdung des Vermögens des Leasingnehmers ergibt. Weil ungünstige Umstände nicht zwingend darauf schließen lassen, dass der Leasingnehmer die geschuldeten Leasingraten zum Fälligkeitszeitpunkt nicht aufbringen kann, benachteiligt die Klausel den Leasingnehmer entgegen den Geboten von Treu und Glauben unangemessen und verstößt i. S. v. § 307 Abs. 2 Nr. 1 BGB gegen wesentliche Grundgedanken der gesetzlichen Regelung.[868] **L754**

AGB, die den Leasinggeber zur fristlosen Kündigung berechtigen, wenn gerichtliche oder außergerichtliche **Insolvenzverfahren** über das Vermögen des Leasingnehmers beantragt oder eröffnet werden, scheitern an § 112 InsO, der eine Kündigungssperre ab Beantragung des Insolvenzverfahrens vorsieht.[869] Im kaufmännischen Geschäftsverkehr ist eine

---

861 OLG Düsseldorf 18. 3. 1987, NJW-RR 1987, 1370; *Wolf/Eckert/Ball*, Rn. 927.

862 *Graf von Westphalen*, Der Leasingvertrag, Kap. K Rn. 5 m. w. N.

863 AG Gießen, 44 C 1718/94, der Presse entnommen.

864 OLG Koblenz 8. 1. 2002, OLGR 2002, LS 26.

865 BGH 11. 12. 1991; ZIP 1992, 179 – die gegenteilige aus § 538 BGB hergeleitete Beweislastverteilung betrifft nur diejenigen Fälle, in denen die Mietsache durch Mietgebrauch Schaden erlitten hat.

866 Zuletzt 20. 5. 2003, MDR 2003, 1123 m. krit. Anm. von *Krüger*.

867 *Graf von Westphalen*, Der Leasingvertrag, Kap. K Rn. 20.

868 BGH 8. 10. 1990, ZIP 1990, 1406.

869 OLG Rostock 6. 10. 1998, OLGR 1999, 101; *Engel/Völckers*, Leasing in der Insolvenz, 1999, S. 279 ff.; *Engel* BB, Leasing-Berater, Beil. 6 zu Heft 18/1999, S. 23 ff.

Klausel nicht zu beanstanden, die den Leasinggeber zur fristlosen Kündigung eines Kfz-Leasingvertrages berechtigt, falls in das Vermögen des Leasingnehmers **vollstreckt** wird.[870] Lässt der Leasingnehmer es auf Zwangsvollstreckungsmaßnahmen ankommen, ist dies ein Anzeichen dafür, dass er gerichtlich ausgeurteilte Leistungen nicht freiwillig erfüllen kann.

L755 Im Hinblick auf Verbraucherleasingverträge ist die Anwendung von § 490 Abs. 1 BGB neben § 498 BGB (Rdn. L761) nicht unumstritten. Es überwiegt die Auffassung, dass § 498 BGB wegen seiner besonderen Voraussetzungen **keine Sperrwirkung** entfaltet und die fristlose Kündigung eines Verbraucherleasingvertrages wegen Vermögensverschlechterung nicht voraussetzt, dass die qualifizierten Voraussetzungen des § 498 BGB erfüllt sind.[871] Im Gegensatz zu § 498 BGB ist § 490 Abs. 1 BGB in den Grenzen der §§ 242, 307 BGB unabdingbar.[872]

d) Zahlungsverzug

aa) Kündigung des Leasingvertrages mit einem Nichtverbraucher

L756 Der **Zahlungsverzug** des Leasingnehmers ist der Grund, der am häufigsten dazu führt, dass Kfz-Leasingverträge vorzeitig enden. Das Kündigungsrecht des Leasinggebers besteht unter den Voraussetzungen des § 543 Abs. 2 S. 1 Nr. 3a und b BGB. Das bedeutet, dass der Leasinggeber den Leasingvertrag fristlos kündigen kann, wenn sich der Leasingnehmer mit zwei Leasingraten oder für zwei aufeinander folgende Termine mit einem nicht unerheblichen Teil der Raten in Verzug befindet oder wenn er in einem Zeitraum von mehr als zwei Monaten mit einem Betrag in Verzug ist, der zwei Monatsraten erreicht. Nicht unerheblich ist ein Zahlungsverzug, wenn der Zahlbetrag mehr als eine Monatsrate beträgt.[873] Wiederholt verspätete Ratenzahlungen können ebenfalls ein Grund für eine fristlose Kündigung i. S. v. § 543 Abs. 2 S. 1 Nr. 3 BGB sein.

L757 Da die Regelungen von § 543 Abs. 2 S. 1 Nr. 3a und b BGB nicht zwingend sind, steht es den Parteien frei, die Kündigungsvoraussetzungen vertraglich abzuändern. Wegen der Leitbildfunktion der gesetzlichen Kündigungsvorschriften sind abweichende AGB allerdings nur begrenzt zulässig.[874]

L758 Eine Klausel in einem Kfz-Leasingvertrag, die dem Leasinggeber das Recht der fristlosen Kündigung unter der Voraussetzung zubilligt, dass sich der Leasingnehmer mit zwei aufeinander folgenden Leasingraten in **Rückstand** befindet, verstößt gegen § 307 Abs. 2 Nr. 1 BGB, da sie mit dem wesentlichen Grundgedanken des § 543 Abs. 2 Nr. 3 BGB nicht zu vereinbaren ist.[875] Zahlungsrückstand reicht für eine fristlose Kündigung nicht aus, erforderlich ist vielmehr, dass sich der Leasingnehmer mit der Zahlung in Verzug befindet.

L759 Das Kündigungsrecht des Leasinggebers entfällt nicht, wenn der Leasingnehmer vor Zugang der Kündigung eine von zwei rückständigen Raten entrichtet, und danach die Ratenzahlung endgültig einstellt.[876] Falls der Leasingnehmer bei Vertragsbeginn eine Depotzahlung geleistet hat, die den Zahlungsrückstand überschreitet, muss der Leasinggeber beweisen, dass diese nicht zur Tilgung von Ratenrückständen bestimmt war.[877]

---

870 *Graf von Westphalen*, Der Leasingvertrag, Kap. K Rn. 18.
871 OLG Düsseldorf 17. 11. 2005, OLGR 2006, 362 m. w. N.; *Palandt/Weidenkaff*, § 498 Rn. 1
872 *Mülbert*, WM 2002, 465, 475.
873 BGH 15. 4. 1987, NJW-RR 1987, 903.
874 *Graf von Westphalen*, Der Leasingvertrag, Kap. K Rn. 13, 15.
875 OLG Hamm 20. 12. 1991, NJW-RR 1992, 502.
876 OLG Köln 30. 6. 1995, BB 1996, 80.
877 OLG Dresden 9. 12. 1998 – 8 U 2369/98, n. v.

Unwirksam und in Kfz-Leasingverträgen nicht mehr anzutreffen sind **Verfallklauseln**, die besagen, dass der Leasingnehmer trotz fristloser Kündigung am Vertrag festgehalten wird. Die Unwirksamkeit wird weder durch eine in der Klausel vorgesehene Abzinsung der künftigen Leasingraten noch durch eine Regelung beseitigt, nach der der Leasingnehmer das Fahrzeug mit sofortiger Zahlung aller rückständigen und künftigen Raten wiedererlangen kann. Als nicht wirksam wird auch eine Klausel eingestuft, die dem Leasinggeber bei Zahlungsverzug des Leasingnehmers das Recht zubilligt, zunächst die restlichen Raten fällig zu stellen und sodann nach fruchtloser Anmahnung den Vertrag fristlos zu kündigen.[878] **L760**

bb) Kündigung eines Verbraucher-Leasingvertrages

Bei der Kündigung eines nach § 506 Abs. 2 S. 1 Nr. 1–3 BGB verbraucherdarlehensrechtlich geschützten Kfz-Leasingvertrages ist **§ 498 BGB** zu beachten. Die Anforderungen dieser Norm müssen auch gegenüber denjenigen Verbrauchern erfüllt werden, die der Schuld des Leasingnehmers aus dem Leasingvertrag beigetreten sind oder zusammen mit anderen Personen ein Fahrzeug geleast haben, auch wenn diese selbst nicht unter den Schutz von § 498 BGB fallen.[879] Von § 498 BGB abweichende Vereinbarungen in Verbraucher-Leasingverträgen sind unwirksam (§ 511 BGB). Dem Verbraucher ist es verwehrt, durch die Bestimmung, jede zweite Rate tilgen zu wollen, die Kündigungsvoraussetzungen von § 498 Abs. 1 S. 1 Nr. 1 BGB zu unterlaufen.[880] **L761**

Die fristlose Kündigung des Leasinggebers geht ins Leere, wenn sie zu einem Zeitpunkt erfolgt, in dem das **Widerrufsrecht** des Leasingnehmers noch nicht erloschen ist.[881] **L762**

Nach gefestigter höchstrichterlicher Rechtsprechung ist die sog. **relative Rückstandssumme** des § 498 Abs. 1 S. 1 Nr. 1 BGB in Höhe von 10 % bzw. 5 % bei Verträgen mit einer Laufzeit von mehr als 3 Jahren beim Finanzierungsleasingvertrag allein anhand der rückständigen **Brutto-Leasingraten** zu berechnen.[882] Kalkulierter Restwert und/oder Sonderzahlung sind nicht zu berücksichtigen, da sie zu wesentlich längeren Wartezeiten von 6, 9 oder mehr Monaten führen würden. Wartezeiten in dieser Größenordnung sind aus Sicht des BGH nicht hinnehmbar, da die Gefahr, mit den Forderungen auszufallen, für den Leasinggeber umso größer wird, je länger er mit der Kündigung warten muss und die Leasingsache, die nicht selten die einzige Sicherheit für ihn darstellt, durch den Weitergebrauch zunehmend entwertet wird oder ganz verloren geht. **L763**

Die auf die Brutto-Leasingraten abstellende Rechtsprechung des BGH wird den gesetzlichen Vorgaben nicht gerecht. In § 498 Abs. 1 S. 1 Nr. 1 BGB hat der Gesetzgeber eine Kündigungshürde aufgestellt, die sich am **Teilzahlungspreis** oder am **Nennbetrag** des Darlehens orientiert und keiner zeitlichen Limitierung im Sinne einer prozentualen Anbindung an die Dauer der Darlehensrückzahlung unterliegt. Jeder der beiden gesetzlichen Anknüpfungspunkte schließt den **Restwert** ein, der vom Anschaffungsaufwand des Leasinggebers mitumfasst wird und sich als Finanzierungsaufwand im Leasingvertrag widerspiegelt.[883] Der Restwert wird nicht mit den Bruttoleasingraten getilgt, sondern erst am Vertragsende über die Verwertung des Fahrzeugs und eine vom Leasingnehmer eventuell **L764**

878 MüKo-BGB/*Koch*, Leasing Rn. 134.

879 OLG Hamm 14. 2. 1997 OLGR 1997, 101; OLG Düsseldorf 20. 2. 1997 OLGR 1997, 89; OLG Celle 29. 1. 1997, NJW-RR 1997, 1144; *Woitkewitsch* in Graf von Westphalen, Der Leasingvertrag, Kap. L Rn. 416.

880 *Matusche-Beckmann* in Martinek/Stoffels/Wimmer-Leonhardt, § 52 Rn. 21.

881 BGH 12. 6. 1996, ZIP 1996,1336; OLG Dresden 8. 9. 1999, DAR 1999, 542.

882 BGH 14. 2. 2001, NJW 2001, 1349, 1351; 26. 1. 2005, NJW-RR 2005, 1410.

883 *Groß*, DAR 1996, 438 ff., 447.

zu leistende Schlusszahlung realisiert.[884] Eine an Sinn und Zweck des Verbraucherdarlehensrechts orientierte Korrektur könnte nach Ansicht von *Wolf/Eckert/Ball*[885] darin bestehen, dass eine fiktive Vergleichsrechnung unter Einbezug des Restwertes erstellt wird und die neu berechneten Leasingraten der Ermittlung der relativen Rückstandssumme des § 498 Abs. 1 BGB zugrunde gelegt werden.

Ebenso wie der Restwert gehört eine **Leasing-Vorauszahlung** zum Leasingentgelt und ist als Bezugsgröße im Rahmen von § 498 BGB zu berücksichtigen.[886] Ihre Einbeziehung ist freilich nicht erforderlich, wenn sie – entgegen üblicher Gepflogenheit – keine Mietvorauszahlung darstellt, sondern das Kreditvolumen von vornherein reduziert.[887]

L765 § 498 BGB setzt voraus, dass der Leasinggeber dem Leasingnehmer vor Ausspruch der Kündigung erfolglos eine Zahlungsfrist von (mindestens[888]) zwei Wochen mit der Erklärung gesetzt hat, dass er bei Nichtzahlung innerhalb der Frist die gesamte Restschuld verlange. Durch die **qualifizierte Fristsetzung** soll dem Leasingnehmer eine letzte Chance gegeben werden, den Vertrag noch zu retten. Der Auffassung des XI. Zivilsenats des BGH,[889] der eine qualifizierte Fristsetzung für entbehrlich hält, wenn sich der Darlehensnehmer (einer Immobilienfondsbeteiligung) ernsthaft und endgültig geweigert hat, auf das Darlehen weitere Tilgungsraten zu leisten, kann in Anbetracht der Warnfunktion von § 498 Abs. 1 Nr. 2 BGB und der Unabdingbarkeit der darlehensrechtlichen Verbrauchervorschriften nicht gefolgt werden.[890] Die formalisierten Voraussetzungen der Kündigung lassen insoweit keinen Spielraum und sind ausnahmslos einzuhalten.

L766 In der Kündigungsandrohung ist der rückständige Betrag, von dessen fristgerechter Zahlung der Fortbestand des Kredits abhängen soll, exakt zu beziffern. Der Leasinggeber muss den gesamten vom Leasingnehmer geschuldeten Betrag genau angeben. Bereits **geringfügige Mehrforderungen** (z. B. 140 DM Mahngebühren) führen zur **Unwirksamkeit** der Kündigungsandrohung, sofern es sich nicht nur um „Pfennigbeträge“ oder Berechnungsfehler aufgrund eines offensichtlichen Zahlendrehers handelt.[891] Nicht erforderlich ist, dass auch der Restschuldbetrag nach Ausspruch der Kündigung in der Androhung der Kündigung dargelegt wird.[892]

L767 Das in § 498 S. 2 BGB vorgesehene **Gesprächsangebot** ist keine Wirksamkeitsvoraussetzung für die Kündigung.

L768 Die Kündigung kann der Leasingnehmer nur durch eine **fristgerechte** und **vollständige Tilgung** des rückständigen Betrages abwenden.[893] Eine Zahlung des Leasingnehmers, die den Rückstand bis zum Fristablauf lediglich verringert, ihn jedoch nicht vollständig ausgleicht, reicht nicht aus, um der Kündigung die Grundlage zu entziehen. Durch einen nach-

---

884 *Woitkewitsch* in Graf von Westphalen, Der Leasingvertrag, Kap. L Rn. 428; *Martinek/Oechsler* in Schimansky/Bunte/Lwowski, Bankrechts-Handbuch, § 101 Rn. 104 ff.; so jetzt auch *Wolf/Eckert/Ball*, Rn. 1988; a. A. *Godefroid*, Verbraucherkreditverträge, 3. Aufl. (2008), Teil 5 Rn. 28 m. w. N.; *Soergel/Heintzmann*, vor § 353 Rn. 66.

885 *Wolf/Eckert/Ball*, Rn. 1990.

886 *Woitkewitsch* in Graf von Westphalen, Der Leasingvertrag, Kap. L Rn. 428.

887 *Wolf/Eckert/Ball*, Rn. 1987.

888 *Palandt/Weidenkaff*, § 498 Rn. 3.

889 Urt. v. 5. 12. 2006, NJW-RR 2007, 1202, 1204.

890 OLG Düsseldorf 8. 9. 2008, OLGR 2009, 265; OLG Dresden 29. 7. 1998, OLGR 1998, 425,426; *Staudinger/Kessal-Wulf*, BGB, § 498 Rn. 2o m. w. N.; MüKo/*Schürnbrand*, § 498 Rn. 17; *Bülow/Artz*, Verbraucherkreditrecht, § 498 BGB Rn. 27.

891 BGH 26. 1. 2005, ZIP 2005, 406.

892 OLG Oldenburg 2. 6. 2003, DAR 2003, 460; OLG Nürnberg 27. 4. 2009, OLGR 2009, 497; *Berninghaus* in Martinek/Stoffels/Wimmer-Leonhardt, § 43 Rn. 8.

893 BGH 26. 1. 2005, ZIP 2005, 406.

träglichen Forderungsausgleich verliert die Kündigung nicht ihre Wirksamkeit. Die mietrechtlichen Schutzbestimmungen des § 569 Abs. 3 Nr. 2 und Nr. 3 BGB werden durch die darlehensrechtliche Spezialnorm des § 498 BGB verdrängt.

Der Leasinggeber, der dem Leasingnehmer das Fahrzeug aufgrund einer unwirksamen fristlosen Kündigung entzieht, verliert den Anspruch auf die Leasingraten.[894] Gleiches gilt, wenn er den Leasingnehmer durch eine fristlose Kündigung, die beide irrtümlich für wirksam halten, zur freiwilligen Herausgabe des Fahrzeugs veranlasst.[895] **L769**

Abschn. XIV. (Alternativfassung) VDA-Muster-Leasing-AGB enthält keine Regelungen zur fristlosen Kündigung wegen Zahlungsverzugs, erwähnt aber unter Nr. 2 den Fall der Zahlungseinstellung als Grund für eine Kündigung aus wichtigem Grund, der nicht unter § 498 BGB sondern unter die Kündigung wegen Vermögensverschlechterung fällt. Dadurch wird beim Verbraucher ein völlig falscher Eindruck über die Kündigungsvoraussetzungen erweckt.[896] **L770**

3. Vorübergehende Inbesitznahme des Fahrzeugs ohne Kündigung

Nicht immer haben Leasingfirmen ein Interesse daran, das Vertragsverhältnis durch fristlose Kündigung zu beenden, wenn hierzu die Voraussetzungen formell vorliegen. Die vorzeitige Vertragsbeendigung ist nicht sinnvoll, wenn sich der Leasingnehmer erkennbar nur **vorübergehend** in **finanziellen Schwierigkeiten** befindet. Deshalb darf sich der Leasinggeber in Leasing-AGB das Recht vorbehalten, dem Leasingnehmer den Gebrauch des Fahrzeugs vorübergehend bis zum Ausgleich des **Zahlungsrückstands** zur Sicherung seiner vertraglichen Ansprüche zu entziehen.[897] **L771**

Nicht mit § 307 BGB zu vereinbaren ist eine Klausel, die das Recht des Leasingnehmers auf Wiedereinräumung des Besitzes davon abhängig macht, dass dieser außer den rückständigen Leasingraten die **künftigen Leasingraten** (vorab) begleicht.[898] Stellt der Leasinggeber dennoch aufgrund einer solchen unwirksamen Klausel das Fahrzeug sicher, verliert er für die Zeit der Sicherstellung den Anspruch auf die Leasingraten.[899]

Eine Klausel, die dem Leasinggeber eine vorläufige Sicherstellung wegen Zahlungsverzugs gestattet, ohne dass die Kündigungsvoraussetzungen des § 543 Abs. 2 Nr. 3 BGB erfüllt sind, scheitert an § 307 BGB, da sie den Leasingnehmer unangemessen benachteiligt. Infolge des Gebrauchsentzugs nimmt sie ihm die Chance, durch Weiternutzung des Leasingfahrzeugs die Leasingraten zu erwirtschaften.[900]

Ohne Sicherstellungsklausel im Leasingvertrag macht sich der Leasinggeber schadensersatzpflichtig, wenn er das Leasingfahrzeug wegen Zahlungsverzugs eigenmächtig an sich nimmt.[901] **L772**

---

894 St. Rspr. des BGH seit 28. 10. 1981, MDR 1982, 485; OLG Düsseldorf 8. 9. 2008, OLGR 2009, 265, 267.

895 BGH 28. 6. 2000, NJW 2000, 3133, 3135.

896 *Müller-Sarnowski*, DAR 2004, 608, 611.

897 BGH 1. 3. 1978, WM 1978, 406; *Graf von Westphalen*, Der Leasingvertrag, Kap. K Rn. 29; MüKo-BGB/*Koch*, Leasing Rn. 133.

898 BGH 28. 10. 1981, MDR 1982, 485 ff.

899 *Erman/Jendrek*, Anh. § 535 Rn. 35.

900 *Graf von Westphalen*, Der Leasingvertrag, Kap. K Rn. 31.

901 MüKo-BGB/*Koch*, Leasing Rn. 133.

4. Herausgabe des Fahrzeugs

L773 Mit der fristlosen Kündigung erlischt das Besitzrecht des Leasingnehmers am Fahrzeug. Falls er seiner Herausgabepflicht nicht nachkommt, schuldet er dem Leasinggeber zusätzlich zum Kündigungsschaden (Rdn. L774 ff.) eine Nutzungsvergütung nach § 546a BGB für die Zeit der Vorenthaltung in Höhe der Brutto-Leasingraten.[902] Der Leasinggeber kann die Nutzungsvergütung an Stelle des Schadensersatzanspruchs im Wege der Klageänderung geltend machen.[903]

5. Ersatz des Kündigungsschadens

a) Anspruchsgrundlage

L774 Im Falle einer von ihm **schuldhaft** veranlassten fristlosen Kündigung haftet der Leasingnehmer dem Leasinggeber auf **Schadensersatz.**[904] Bei dem Schadensersatzanspruch des Leasinggebers handelt es sich um einen **Anspruch eigener Art**, der mit dem Wirksamwerden der Kündigung entsteht.[905] Der Leasinggeber ist so zu stellen, wie er bei ordnungsgemäßer Vertragsdurchführung stehen würde.[906] Der Schaden des Leasinggebers besteht hauptsächlich darin, dass die nach dem Vertrag angestrebte und vom Leasingnehmer garantierte Vollamortisation nicht erreicht wird.[907] Der Schadensersatzanspruch ist umsatzsteuerfrei.

Hat der Leasingnehmer die fristlose Kündigung **nicht verschuldet**, ist er aufgrund seines Vollamortisationsversprechens zum Ausgleich der noch nicht amortisierten Kosten des Leasinggebers verpflichtet. Dieser Anspruch ist weitgehend deckungsgleich mit dem Schadensersatzanspruch und unterliegt wie dieser nicht der Umsatzsteuerpflicht (Rdn. L35).

L775 Die Rechtsprechung hat bisher keine endgültige Antwort auf die Frage gegeben, ob ein Leasingnehmer dem Leasinggeber aus dem Gesichtspunkt der Pflichtverletzung auf Schadensersatz haftet, wenn er sich weigert, den Vertrag weiterhin zu erfüllen und der Leasinggeber daraufhin das Fahrzeug zurücknimmt, **ohne** zuvor **eine wirksame Kündigung** auszusprechen. Nach einer Entscheidung des OLG Rostock,[908] der der BGH im Revisionsverfahren nicht entgegen getreten ist,[909] widerspricht eine Ausdehnung der Haftung auf die Folgen des Zahlungsverzugs des Verbrauchers dem Normzweck von § 498 BGB, da diese Vorschrift eine vorhergehende Warnung des Schuldners erfordert. Im Fall einer Bejahung der Haftung hat sich ein darauf gestützter Schadensersatzanspruch in den Grenzen von § 498 BGB zu halten, da der Leasinggeber, der das Leasinggut zurückfordert und zurückerhält, ohne den Leasingvertrag wirksam gekündigt zu haben, nicht besser stehen darf, als er nach wirksamer fristloser Kündigung stünde. Für die Zeit bis zur Rückgabe des Fahrzeugs ist der Vertrag in der Weise abzurechnen, dass der Leasingnehmer dem Leasinggeber den auf die Nutzungszeit entfallenden Anteil des Amortisationsaufwandes zu vergüten hat.

---

902 BGH 8. 3. 1995, DAR 1995, 284, 285; 11. 2. 1987, ZIP 1987, 517; OLG Hamm 5. 6. 1986, ZIP 1986, 1473, 1475.
903 SchlHOLG 8. 5. 1998, OLGR 1998, 237.
904 BGH 4. 4. 1984, NJW 1984, 2687; zur Ausfallhaftung des Lieferanten OLG Nürnberg 19. 5. 1988, NJW-RR 1989, 114 ff.
905 BGH 3. 6. 1992, ZIP 1992, 930.
906 BGH 26. 6. 2002, NJW 2002, 2713.
907 BGH 12. 6. 1985, NJW 1985, 2253; 11. 2. 1987, NJW 1987, 1690; *Berninghaus* in Martinek/Stoffels/Wimmer-Leonhardt, § 39 Rn. 11, 13 m. w. N.
908 Urt. v. 13. 9. 1999, OLGR 2000, 2, 8.
909 Urt. v. 28. 6. 2000, NJW 2000, 3133, 3137.

Hierbei sind der Verkaufserlös anzurechnen und der nicht verbrauchte Teil der Sonderzahlung zugunsten des Leasingnehmers zu berücksichtigen.[910]

b) Pauschalierte Schadensberechnung

L776 Schadenspauschalierungen in Leasingverträgen haben sich nicht bewährt.[911] Keine der sog. kombinierten Verfallklauseln, die den Leasinggeber im Fall des Zahlungsverzugs des Leasingnehmers zur außerordentlichen Vertragskündigung, Rücknahme des Leasingfahrzeugs und Fälligstellung des Restamortisationsschadens berechtigte, passierte die **höchstrichterliche AGB-Kontrolle** unbeanstandet.[912] Selbst die vom BGH[913] am Beispiel eines kündbaren Leasingvertrages mit Abschlusszahlung seinerzeit erteilten Hinweise zur AGB-konformen Klauselgestaltung entsprechen nicht mehr dem aktuellen Stand der Rechtsprechung. Heutzutage gilt, dass außer den bei allen Vertragsmodellen[914] zu berücksichtigenden **Zinsvorteilen** infolge des vorzeitigen Kapitalrückflusses und den ersparten **laufzeitabhängigen Kosten** in Klauseln **kündbarer Leasingverträge**[915] und in **Leasingverträgen mit Verbrauchern** grundsätzlich die Einschränkung zu machen ist, dass dem Leasinggeber ein Anspruch auf **entgangenen Gewinn** nur bis zum nächstmöglichen ordentlichen Kündigungszeitpunkt (Rdn. L779) bzw. nur bis zum Zeitpunkt des Wirksamwerdens der fristlosen Kündigung zuzubilligen ist (Rdn. L797). Da die Anforderung an die Transparenz von Schadenspauschalierungsklauseln wegen der vertragsspezifischen Komplexität der Berechnungsmodalitäten nahezu unerfüllbar sind,[916] kann von einer Schadenspauschalierung in Leasing-AGB daher nur abgeraten werden.

c) Konkrete Schadensberechnung

L777 Erweist sich eine Schadenspauschalierungsklausel als unwirksam oder enthält der Leasingvertrag keine diesbezügliche Regelung, muss der Schaden konkret ermittelt werden.[917] Bezugspunkt für die Berechnung ist der Zeitpunkt des **Wirksamwerdens der Kündigung**. Hat der Leasingnehmer das Fahrzeug nicht sofort zurückgegeben, sind für die Zeit zwischen Kündigung und Rückgabe die Brutto-Leasingraten ungekürzt, also ohne Abzinsung und ohne Abzug für ersparte Verwaltungskosten, als Nutzungsvergütung in die Berechnung aufzunehmen.[918]

---

910 Urt. v. 13. 9. 1999, OLGR 2000, 2,7.

911 S. dazu *Wolf/Eckert/Ball*, Rn. 2032 ff.

912 BGH 5. 4. 1978, BB 1978, 682 ff.; 28. 10. 1981, MDR 1982, 485 ff.; 31. 3. 1982, BB 1982, 1078; 10. 10. 1990, NJW 1991, 221; 22. 11. 1995, WM 1996, 311; 14. 7. 2004, NJW 2004, 2823, 2824; OLG Köln 6. 2. 1995, NJW 1995, 2044; ferner s. *Quittnat*, BB 1979, 1530; *Ziganke*, BB 1982, 706; *Klamroth*, BB 1982, 1949.

913 Urt. v. 12. 6. 1985, ZIP 1985, 868 ff.

914 BGH 10. 10. 1990, NJW 1991, 221; 11. 1. 1995, ZIP 1995, 286, 287; 4. 6. 1996, NJW 1996, 2648, 2651; OLG Köln 9. 2. 1994, ZIP 1995, 46, 49.

915 BGH 19. 3. 1986, ZIP 1986, 576; 10. 10. 1990, NJW 1991, 221; OLG Köln 9. 2.1994, ZIP 1995, 46, 49.

916 *Beckmann*, Finanzierungsleasing, § 8 Rn. 72 m. w. N.; *Schmidt* in Ulmer/Brandner/Hensen, AGB-Recht, Teil 2 (19) Rn. 19 ff.

917 BGH 22. 11. 1995, WM 1996, 311, 315; erfolgt die konkrete Berechnung erst in zweiter Instanz, hat der Leasinggeber die Kosten des Berufungsverfahrens zu tragen, auch wenn er aufgrund der Nachberechnung weitgehend obsiegt, OLG Celle 19. 5. 1999, OLGR 1999, 299.

918 BGH 13. 4. 2005, WM 2005, 1332; 7. 1. 2004, NJW-RR 2004, 558; *Berninghaus* in Martinek/Stoffels/Wimmer-Leonhardt, § 35 Rn. 43; zu dem gleichen Ergebnis gelangt, wer mit *Beckmann*, § 8 Rn. 194 von einem Fortbestand des Leasingvertrages bis zur Rückgabe der Leasingsache ausgeht.

L778 Die Schadensabrechnung muss **nachvollziehbar** sein, andernfalls eine auf sie gestützte Klage unschlüssig ist.[919] Für den Leasinggeber empfiehlt es sich, die einzelnen Abrechnungsschritte darzulegen und sich nicht darauf zu beschränken, die für die Berechnung erforderlichen Daten vorzutragen. Nach einer Entscheidung des LG Frankfurt/M.[920] genügt der Leasinggeber durch die Darlegung der Berechnungsdaten seiner Substantiierungspflicht, wenn sich das rechnerische Ergebnis mit Hilfe eines handelsüblichen Taschenrechners nachvollziehen lässt.

L779 Da sich der zur Kosten- und Gewinndeckung vom Leasingnehmer aufzubringende Betrag in der Summe aller Leasingraten für die vereinbarte Vertragszeit zuzüglich des kalkulierten Restwertes widerspiegelt, besteht der Schaden des Leasinggebers im Fall der vorzeitigen Vertragsbeendigung wegen Zahlungsverzuges des Leasingnehmers in erster Linie in der Summe der jeweils **ausstehenden Leasingraten** zuzüglich des **kalkulierten Restwertes**. Der in den ausstehenden Leasingraten enthaltene **Gewinn** gehört zum Schaden.[921] Für kündbare Leasingverträge mit Abschlusszahlung gilt allerdings die Einschränkung, dass der Leasinggeber die in den ausstehenden Leasingraten enthaltenen Gewinnanteile längstens bis zu dem Zeitpunkt einer nach dem Vertrag zulässigen ordentlichen Kündigung zu beanspruchen hat.[922] Eine **Sonderzahlung** ist Teil des Amortisationsanspruchs des Leasinggebers und folglich bei der konkreten Schadensberechnung nach einer vom Leasingnehmer veranlassten fristlosen Kündigung des Leasingvertrages schadensmindernd zu berücksichtigen.[923]

Zu den Schadenspositionen des Leasinggebers gehören weiterhin

- durch vorzeitige Vertragsbeendigung bedingte **Mehraufwendungen**, z. B. eine ordnungsgemäß und banküblich berechnete[924] **Vorfälligkeitsentschädigung**, die der Leasinggeber der Bank wegen der vorzeitigen Rückführung der Refinanzierungsmittel schuldet,[925]
- **Sicherstellungs**- und **Reparaturaufwendungen**, soweit sie erforderlich sind, um das Fahrzeug überhaupt veräußern zu können oder um einen höheren Verwertungserlös zu erzielen,[926]
- etwaige **Rechtsverfolgungskosten**.

L780 Vom Leasingnehmer nicht – auch nicht anteilig – zu übernehmen sind Kosten für **Wartungs**- und **Inspektionsdienste**, die erst nach der Rückgabe des Fahrzeugs und einer weiteren Fahrleistung vorzunehmen sind.[927] Ob AGB dieses Inhalts der AGB- Kontrolle standhalten, wurde noch nicht geklärt. Einiges spricht dafür, ihnen die Wirksamkeit bereits wegen ihres überraschenden Inhalts nach § 305c BGB zu versagen, da die Arbeiten bei regu-

---

919 OLG Koblenz 21. 11. 1996, OLGR 1997, 137; LG Köln 28. 3. 1996 – 6 O 505/95 – n. v.

920 Urt. v. 17. 9. 1996, NJW-RR 1997, 434.

921 A. A. OLG Koblenz 21. 11. 1996, OLGR 1997,137, das die BGH-Rechtsprechung insoweit allerdings missversteht.

922 BGH 19. 3. 1986, ZIP 1986, 576; 10. 10. 1990, NJW 1991, 221; a. A. OLG Stuttgart 8. 9. 1987, NJW-RR 1988, 501; *Reinking*, ZAP 1991 Fach 4 R, S. 13; krit. *Ebenroth*, JZ 1991, 198, 199.

923 BGH 11. 1. 1995, ZIP 1995, 286 zur Unwirksamkeit einer widersprüchlichen Anrechnungsklausel; LG Köln 4. 3. 1998, ADAJUR-ArchivDok.-Nr. 30467 – Leitsatz veröffentlicht in DAR 2001, Heft 4, IV.

924 Nach AG Mannheim 16. 5. 2003, NJW-RR 2003, 1701 entfällt der Anspruch des Leasinggebers nur dann, wenn die Berechnung greifbare Ungereimtheiten aufweist.

925 BGH 24. 4. 1985, NJW 1985, 1539; 16. 5. 1990, ZIP 1990, 863; OLG Köln 15. 3. 1993, NJW-RR 1993, 1016; OLG Celle 3. 11. 1993, NJW-RR 1994, 1334, 1336; *Graf von Westphalen*, Der Leasingvertrag, Kap. K Rn. 46.

926 BGH 27. 11. 1991, NJW- RR 1992, 378; OLG Dresden, 11. 11. 1998, OLGR 1999, 207.

927 A. A. OLG Stuttgart 6. 2. 1996 – 6 U 112/95 – n. v.

lärem Vertragsablauf vom Leasingnehmer erst zum Zeitpunkt der Fälligkeit hätten vorgenommen werden müssen. Außerdem sind die Voraussetzungen von § 307 Abs. 2. Nr. 1 BGB erfüllt, da die Instandhaltungspflicht des Leasingnehmers nicht über das Vertragsende hinaus andauert.

Die **Abmeldekosten** gehören zu den Ohnehin-Kosten und stellen keinen Schaden des Leasinggebers dar.[928] **L781**

Da es sich bei der Abwicklung eines notleidend gewordenen Leasingvertrages für den Leasinggeber um eine Routineangelegenheit handelt, muss nach Ansicht des OLG Köln[929] der Leasingnehmer bei einem auswärtigen Prozess des Leasinggebers weder dessen **Reisekosten** zu dem auswärtigen Prozessvertreter noch dessen Aufwendungen für die beratende Tätigkeit eines an seinem Betriebssitz ansässigen Anwalts übernehmen. Die **Kosten eines Vorprozesses** gegen den Lieferanten sind vom Leasingnehmer nach § 280 Abs. 1 BGB zu tragen, wenn er die Unterzeichnung der Abnahmebestätigung unberechtigt verweigert und durch diese Pflichtverletzung das Verfahren ausgelöst hat.[930] **L782**

Die Schadenssumme vermindert sich um den nach Abzug der Kosten verbleibenden Verwertungserlös, der dem Leasingnehmer grundsätzlich in voller Höhe gutzuschreiben ist.[931] Leasing-AGB, nach denen der Vorteilsausgleich am Erlös mit 90 % zu berücksichtigen ist, entfalten keine Wirksamkeit. Lediglich beim kündbaren Finanzierungsleasingvertrag mit Abschlusszahlung ist der Verwertungserlös typusbedingt mit nur 90 % auf den Vollamortisationsanspruch des Leasinggebers anzurechnen und eine entsprechende Klausel im Leasingvertrag nicht zu beanstanden.[932] Zu Gunsten des Leasingnehmers sind weiterhin die **Vorteile** zu berücksichtigen, die dem Leasinggeber durch die vorzeitige Vertragsbeendigung erwachsen und die hauptsächlich darin bestehen, dass er auf Grund des vorzeitigen Kapitalrückflusses **Zinsen** und **Verwaltungskosten** einspart. **L783**

d) Abzinsung

Die ausstehenden Leasingraten und der Restwert sind jeweils zum Nettowert auf den Zeitpunkt des durch die fristlose Kündigung vorzeitig markierten Vertragsendes abzuzinsen. Hierbei muss der **Refinanzierungssatz** zu Grunde gelegt werden, der vom Leasinggeber bei der Kalkulation der Leasingraten angewendet worden ist[933] und den dieser im Streitfall darzulegen und zu beweisen hat.[934] Die Festlegung eines mit dem tatsächlichen Refinanzierungszins nicht übereinstimmenden Abzinsungssatzes in AGB benachteiligt den Leasingnehmer unangemessen, wenn der Zinssatz, auf dessen Grundlage die Leasingraten kalkuliert sind, weit darüber liegt.[935] **L784**

Genau genommen setzt eine rechnerisch **exakte Abzinsung** voraus, dass die Leasingraten vor der Abzinsung um die darin enthaltenen Gewinn- und Verwaltungskostenanteile des Leasinggebers bereinigt worden. Dies ist deshalb erforderlich, weil die **Gewinnanteile,** die der Leasinggeber als Schaden zu beanspruchen hat (Rdn. L779), nicht refinanziert und die ersparten **Verwaltungskosten** im Wege des Vorteilsausgleichs gesondert in Abzug gebracht werden. Die ausstehenden Gewinnanteile müssten – streng genommen – mit dem **L785**

928 OLG Düsseldorf 8. 6. 2006- I 24 U 169/05,n. v.
929 Beschl. v. 10. 8. 1989 – 17 W 366/89, n. v.
930 OLG Hamm 23. 9. 1998, NJW-RR 1999, 1729.
931 BGH 26. 6. 2002, NJW 2002, 2713; *Beckmann*, § 8 Rn. 48; *Graf von Westphalen*, Der Leasingvertrag, Kap. K. Rn. 47; a. A. *Berninghaus* in Martinek/Stoffels/Wimmer-Leonhardt, § 39 Rn. 27.
932 BGH 26. 6. 2002, NJW 2002, 2713.
933 BGH 22. 11. 1995 WM 1996, 311; 20.1. 986, WM 1986, 480; 10. 10. 1990, NJW 1991, 221.
934 OLG Celle 30. 8. 1995, OLGR 1996, 96.
935 BGH 29. 1. 1986, WM 1986, 480; *Braxmeier*, Die Rechtsprechung des BGH zu Miete und Pacht einschl. Leasing, WM-Sonderbeilage Nr. 1/88, S. 12.

Wiederanlagezins abgezinst und sodann den mit dem Refinanzierungssatz abgezinsten, um die Verwaltungskosten bereinigten Leasingraten wieder hinzugerechnet werden. Die Praxis verzichtet jedoch auf derartige Verfeinerungen des Abrechnungsverfahrens, indem sie die ungekürzten Leasingraten abzinst und erst anschließend die ersparten Verwaltungskosten und Gewinnanteile in Abzug bringt, wodurch sie dem Leasingnehmer zu einer Aufstockung der Vorteilsanrechnung verhilft.[936]

L786 Die Abzinsung der Schadenssumme mit einem niedrigeren **Anlagezins** kommt als Alternative zur Abzinsung mit dem höheren Refinanzierungszins in Betracht, wenn der Leasinggeber das Refinanzierungsdarlehen anderweitig verwendet und dadurch eine **Vorfälligkeitsentschädigung vermeidet**, die den vom Leasingnehmer zu tragenden Schaden vergrößern und den Abzinsungsvorteil zunichte machen würde.[937] In diesem Falle liegt der durch die Kündigung eintretende Vorteil für den Leasinggeber lediglich darin, dass er den Schadensersatzanspruch vorzeitig erhält und zinsbringend anlegen kann. Gegen eine Abzinsung auf der Basis des Anlagezinses ist auch dann nichts einzuwenden, wenn der Leasinggeber für die Finanzierung des Leasingvertrages **Eigenmittel** eingesetzt hat.

L787 Finanziert der Leasinggeber eine Vielzahl von Leasingverträgen durch einen **Großkredit**, genügt es zur Darlegung der Refinanzierung im Einzelfall, dass sich der Leasingvertrag dem Kredit zeitlich zuordnen lässt.[938] Eine Schätzung durch das Gericht ist mangels greifbarer Anhaltspunkte nicht zulässig.[939]

L788 Die Abzinsung wird nicht dadurch entbehrlich, dass ein **Prozessverfahren** das **reguläre Vertragsende überdauert**, da die ersparten Refinanzierungskosten betragsmäßig nicht mit den Verzugszinsen übereinstimmen und letztere dem Zinseszinsverbot des § 289 BGB unterliegen.[940] Wenn der Leasingnehmer das Fahrzeug allerdings trotz berechtigter fristloser Kündigung des Leasinggebers bis zum regulären Vertragsende behält, besteht faktisch die gleiche Situation, als wäre der Vertrag nicht gekündigt. Das bedeutet, dass der Leasinggeber nach den üblichen Vertragsdaten abrechnen kann und die Abzinsungsproblematik keine Rolle spielt, da dem Leasinggeber keine Vorteile durch vorzeitigen Kapitalrückfluss entstehen.[941]

L789 Für die Abzinsung gibt es **keine allgemein gültige Formel**, da jede Berechnung eines Abzinsungsbetrages nur zu einem Annäherungswert führt, dessen Maßgeblichkeit der Tatrichter wie bei einer Schadensschätzung analog § 287 ZPO zu beurteilen hat.[942] Eine Abzinsung der Leasingraten und des Restwertes nach der Rentenbarwertmethode ist allgemein anerkannt und üblich,[943] da sie im Vergleich zu linearen Berechnungsmodellen zu genaueren Ergebnissen führt.[944]

---

936 So die Vorgehensweise des OLG Celle 7. 4. 1999, OLGR 1999, 225.

937 *Berninghaus* in Martinek/Stoffels/Wimmer-Leonhardt, § 39 Rn. 34, 35.

938 OLG Celle 17. 12. 1997, DAR 1999, 361.

939 BGH 22. 11. 1995 WM 1996, 311; OLG Celle 30. 8. 1995, OLGR 1996, 49; OLG Naumburg 11. 12. 1997, OLGR 1998, 210; a. A. SchlHOLG 21. 11. 1997, OLGR 1998, 41, das den Refinanzierungssatz wegen ungenügenden Sachvortrags der Leasinggesellschaft auf 13,25 % geschätzt hat.

940 *Kranemann*, ZIP 1997, 1404; a. A. OLG Hamm 23. 6. 1987, NJW-RR 1987, 1140; *Beckmann*, § 8 Rn. 140; *Berninghaus* in Martinek/Stoffels/Wimmer-Leonhardt, § 39 Rn. 36.

941 SchlOLG 15. 12. 2000, OLGR 2001, 99, 100.

942 BGH 6. 6. 1984, WM 1984, 1217; 10. 10. 1990, NJW 1991, 221.

943 OLG Karlsruhe 5. 2. 1998, OLGR 1998, 213; OLG Frankfurt/M. 16. 2. 1994, VersR 1995, 53; OLG Naumburg 13. 2. 1997, OLGR 1998, 58; OLG Celle 5. 1. 1994, NJW-RR 1994, 743; OLG Stuttgart 23. 2. 1996 – 6 U 112/95, n. v.; OLG Köln 9. 2. 1994, OLGR 1995, 49 und Urt. v. 18. 7. 1996 – 18 U 30/95, n. v., das allerdings versehentlich die falsche (nachschüssige) Formel verwendet hat.

944 OLG Celle 3. 11. 1993, NJW-RR 1994, 1334, 1336.

Bei der Abzinsung der Leasingraten ist die **vorschüssige Rentenbarwertformel** anzuwenden, wenn die Leasingraten nach dem Inhalt des Vertrages monatlich im Voraus zu zahlen sind, während die **nachschüssige Rentenbarwertformel** von einer nachträglichen Fälligkeit der Leasingraten zum Monatsende ausgeht.

aa) Abzinsung der Leasingraten

Refinanzierungssatz = p **L790**

Restlaufzeit = n

Abzinsungsfaktor $= q = 1 + \frac{p}{1200}$

Rentenbarwertmethode (vorschüssig)

$$\text{Barwert} = \text{Rate} \cdot q \cdot \frac{1}{q^{n-1}} \cdot \frac{q^n - 1}{q - 1}$$

Rentenbarwertmethode (nachschüssig)

$$\text{Barwert} = \text{Rate} \cdot \frac{1}{q^n} \cdot \frac{q^n - 1}{q - 1}$$

bb) Abzinsung des Restwertes

Rentenbarwertmethode

$$\text{Barwert} = \frac{\text{Restwert}}{q^n}$$ **L791**

e) Abzug der ersparten Kosten

Laufzeitabhängige Kosten, die der Leasinggeber im Fall der vorzeitigen Kündigung einspart, sind bei der Abrechnung zu Gunsten des Leasingnehmers zu berücksichtigen. Kostenfaktoren der Leasingkalkulation, die von der vorzeitigen Vertragsbeendigung nicht betroffen sind, muss der Leasinggeber betragsmäßig aufschlüsseln und nachweisen. Er genügt den Beweisanforderungen nicht durch die Angabe der allgemeinen Betriebskosten, da diese auf einer Mischkalkulation beruhen.[945] Legt der Leasinggeber seine Kalkulationsgrundlagen nicht offen, bietet sich für das Gericht die Möglichkeit einer Schätzung nach § 287 ZPO an.[946] **L792**

Zu den Aufwendungen, die bei einer vorzeitigen Vertragsbeendigung wegfallen, gehören in erster Linie die **Kosten** der **Vertragsüberwachung** für die restliche Laufzeit des Vertrages, nicht jedoch die bereits verbrauchten Vertragsüberwachungs- und Vertragsabschlusskosten sowie die ohnehin anfallenden Kosten der Vertragsbeendigung.[947] Der Anteil der Kosten für die Durchführung und Überwachung eines Kraftfahrzeugleasingvertrages für die gesamte Vertragszeit liegt bei 20 %[948] bis 30 %[949] der Verwaltungskosten, die neben dem Gewinn zu den Nichtfinanzierungskosten zählen. Der Angabe des Leasinggebers, die Ersparnis der laufzeitabhängigen Kosten betrage 30 % der restlichen Nichtfinanzierungskosten, kann das Gericht im Wege der Schätzung folgen, sofern der Parteivortrag im Einzelfall keine weitere Sachaufklärung erfordert.[950] **L793**

---

945 OLG Hamburg 20. 10. 1986, NJW-RR 1987, 51 ff.
946 OLG Köln 31. 1. 1990, VersR 1992, 242; OLG Frankfurt/M. 16. 2. 1994, VersR 1995, 53.
947 OLG Hamburg 22. 10. 1986, NJW-RR 1987, 51 ff.; OLG Köln 15. 3. 1993, NJW-RR 1993, 1016, 1017; OLG Celle 3. 11. 1993, NJW-RR 1994, 1334, 1336.
948 OLG Stuttgart 8. 9. 1987, NJW-RR 1988, 501.
949 OLG Köln 9. 2. 1994, ZIP 1995, 46, 48.
950 OLG Celle 7. 4. 1999, OLGR 1999, 225.

Berechnungsbeispiel für die Ermittlung der ersparten laufzeitabhängigen Vertragskosten:

L794

42 Raten · 832,79 €	34.977,18 €
Leasingsonderzahlung	7.407,91 €
kalkulierter Restwert	30.426,19 €
	72.811,28 €
abzüglich Kaufpreis	57.407,91 €
Vertragskosten	15.403,37 €

Aufteilung der Vertragskosten in Finanzierungskosten (FK)

und Nichtfinanzierungskosten (NFK)

$$\text{FK} = \text{KE} \cdot \left(\frac{1+p}{1200}\right)^{n} - \text{KE}$$

KE = Kapitaleinsatz 50.000 € (57.407,91 € – 7.407,91 €)
p = Refinanzierungssatz 4,55 %
N = Vertragslaufzeit 42 Monate

$$\text{FK} = 50\,000 \cdot \left(\frac{1+4{,}55}{1200}\right)^{n} - 50\,000$$

FK = 8.613,90 €
NFK = 6.789,47 € (15.403,37 € – 8.613,90 €)
Nichtfinanzierungskosten (NFK)

Gewinn 50 %[951] von 6.789,47 € = 3.394,70 €

Laufzeitunabhängig:

Verwaltungsaufwand 50 % von 6.789,47 € = 3.394,70 €
Abschlusskosten 50 % = 1.697,35 €
Beendigungskosten 30 %[952] = 1.018,41 €

Laufzeitabhängig:

Überwachungsaufwand 20 % = 678,94 €
Verteilung 1260 Tage (42 Monate)
791 Tage = 446,24 €

nicht verbraucht = 232,70 €

Das einem Fall aus der Praxis entnommene Beispiel macht deutlich, dass die **laufzeitabhängigen Kosten** im Vergleich zum Vertragsvolumen relativ gering sind. In Anbetracht des gebotenen Vorteilsausgleichs erscheint es gleichwohl nicht vertretbar, die Ersparnisse einfach zu ignorieren und dies damit zu begründen, der ordnungsgemäß bediente Leasingvertrag erfordere, da die Verwaltung durch EDV erfolge, keinen nennenswerten Verwaltungsaufwand, während der notleidende Leasingvertrag zu erheblichen Aufwendungen führen könne.[953]

951 Zulässige Schätzung des Gerichts und des Leasinggebers, sofern keine hiervon abweichende Darlegung erfolgt, OLG Stuttgart 8. 9. 1987, NJW-RR 1988, 501, 502; OLG Celle 7. 4. 1999, OLGR 1999, 225, 228.

952 In Abweichung von den in dieser Beispielsrechnung zu Grunde gelegten Werten kann die Aufteilung im Wege der Schätzung z. B. 40 % Abschlussaufwand, 30 % laufzeitunabhängiger Abwicklungsaufwand und 30 % laufzeitabhängiger Überwachungsaufwand betragen – OLG Stuttgart 8. 9. 1987, NJW-RR 1988, 501, 502; OLG Celle 7. 4. 1999, OLGR 1999, 225, 228.

953 So OLG Hamm 28. 6. 1994 – 7 U 53/93 –, teilw. veröffentlicht in NJW-RR 1994, 1467.

Von der Möglichkeit, die ersparten Aufwendungen gem. **§ 287 ZPO zu schätzen**, macht die Rechtsprechung in zunehmendem Maße Gebrauch. Die Schätzungen liegen je nach Vertragsvolumen zwischen 10 €[954] und 25 € monatlich.[955] Wird der Vorteilsausgleich durch eine Kürzung der Leasingraten vor Abzinsung vollzogen, beträgt der geschätzte Wert i. d. R. 3 %.[956] **L795**

f) Verbraucher-Leasingverträge i. S. v. § 505 Abs. 2 S. 1 Nr. 1–3 BGB

Bei der Abrechnung von **Verbraucherleasingverträgen** i. S. v. § 506 Abs. 2 S. 1 Nr. 1–3 BGB ist § 501 BGB zu beachten. Danach dürfen die in den ausstehenden Leasingraten enthaltenen **laufzeitabhängigen Kosten** nicht in die Berechnung der Restschuld aufgenommen werden und es ist eine **gestaffelte Abrechnung** der Zinsen vorzunehmen.[957] Hierzu bedarf es einer finanzmathematisch exakten Rückrechnung,[958] die dem Umstand Rechnung trägt, dass sich der Zinsanteil gegenüber dem Tilgungsanteil mit fortschreitender Laufzeit vermindert.[959] Nicht laufzeitabhängig sind Vermittlungskosten sowie die Kosten einer Restschuld- oder GAP-Versicherung.[960] **L796**

Die Restschuldverminderung beinhaltet bei denjenigen Kfz-Leasingverträgen, die den verbraucherdarlehensrechtlichen Schutzvorschriften unterstehen, auch die in den zum Zeitpunkt der Kündigung ausstehenden Leasingraten enthaltenen laufzeitabhängigen **Gewinnanteile**, die sich in den Gesamtkosten und dem darauf beruhenden, vom Leasinggeber anzugebenden Vomhundertsatz (§ 6 Abs. 3 PAngV) widerspiegeln. Das bedeutet, dass der Verbraucherleasingnehmer dem Leasinggeber somit nur diejenigen Gewinnanteile schuldet, die bis zur Vertragskündigung entstanden sind.[961] **L797**

6. Verwertung des Fahrzeugs

Ebenso wie bei der regulären Vertragsbeendigung hat der Leasinggeber auch bei einer vorzeitigen Beendigung des Leasingvertrages die Pflicht, das Fahrzeug **bestmöglich zu verwerten** (Rdn. L673 ff.). In beiden Fällen sind die Anforderungen die gleichen. **L798**

Höhere Verwertungskosten infolge vorzeitiger Vertragsbeendigung sind auf Nachweis – zusätzlich zu den notwendigen Verwertungskosten, die auch im Fall einer vertragsgemäßen Beendigung des Leasingvertrages entstanden wären – vom Leasingnehmer zu ersetzen.[962] **L799**

Über das Ziel schießt eine Entscheidung des OLG Köln,[963] nach der der Leasinggeber, der die **Abwicklung** des vorzeitig beendeten Leasingvertrages vollständig **einem Dritten übertragen** hat, dem Leasingnehmer die dadurch entstandenen Kosten auferlegen darf, wobei er sich die in den Leasingraten anteilig enthaltenen Abwicklungskosten anrechnen lassen muss. Die Abwicklung des Leasingvertrages fällt sowohl bei der regulären als auch bei der vorzeitigen Vertragsbeendigung in den Aufgabenbereich des Leasinggebers. Überlässt er sie einem Dritten, gehen die Mehrkosten zu seinen Lasten, da für eine Kostenverlagerung **L800**

954 OLG Düsseldorf 8. 6. 2006 – I 24 U 169/05, n. v.
955 OLG Celle 13. 11. 1996, OLGR 1997, 51; OLG Stuttgart 23. 2. 1996 – 6 U 112/95, n. v.; OLG Köln 21. 4. 1994 – 18 U 197/93, n. v.; OLG Düsseldorf 12. 6. 1998, BB 1998, 2179.
956 OLG Köln 18. 7. 1996 – 18 U 30/95, n. v.; OLG Hamm 8. 1. 1997 -30 U 177/96, n. v.; OLG Naumburg 23. 10. 1997 – 7 U 808/97, n. v.
957 BdF 19. 3. 1973, BB 1973, 506; zur Berechnung *Spittler*, Leasing für die Praxis, S. 163.
958 LG Berlin 24. 1. 2005, NJW-RR 2005, 1649.
959 *Peters*, WM 1992, 1997, 1805.
960 *Palandt/Weidenkaff*, § 501 Rn. 3.
961 *Woitkewitsch* in Graf von Westphalen, Der Leasingvertrag, Kap. L Rn. 442; MüKo-BGB/*Koch*, § 498 Rn. 28; *ders.* Leasing, Rn. 58, 132.
962 OLG Celle 3. 11. 1993, NJW-RR 1994, 1334, 1336.
963 Urt. v. 9. 2. 1994, ZIP 1995, 46, 48.

auf den Leasingnehmer die Rechtsgrundlage fehlt. Der Leasingnehmer hat dem Leasinggeber die Mehrkosten nur insoweit zu ersetzen, als diese entweder unbedingt notwendig oder ursächlich auf die vorzeitige, vom Leasingnehmer zu vertretende Vertragsbeendigung zurückzuführen sind, wie z. B. die Kosten für die Abholung und Sicherstellung des vom Leasingnehmer nicht abgelieferten Fahrzeugs.

L801 Falls sich der Händler zum **Rückkauf** des Fahrzeugs für den Fall der **vorzeitigen Beendigung** des Leasingvertrages verpflichtet hat, ist eine wirksame **Kündigung** des Leasingvertrages durch den Leasinggeber Bedingung für das Entstehen der Rückkaufpflicht.[964]

L802 Durch Rückkauf des Fahrzeugs vom Leasinggeber erlangt der Händler keine Ansprüche aus dem Rechtsinstitut der **Schadensliquidation im Drittinteresse** gegen den Leasingnehmer. Zur Begründung von Ansprüchen in der Person des Händlers bedarf es der Abtretung durch den Leasinggeber.[965]

7. Abrechnung

L803 Der um die Verwertungskosten bereinigte **Erlös** ist auf die Schadensersatzforderung des Leasingnehmers **anzurechnen.**[966]

L804 Ein noch nicht realisierter Verwertungserlös ist von der Schadensersatzforderung bei Klageeinreichung nicht abzusetzen, wenn der Leasinggeber trotz entsprechender Verkaufsbemühungen bis dahin eine Verwertung nicht hat vornehmen können.[967] Bei **schwieriger Vermarktungslage** ist es hinnehmbar, dass das andauernde Verwertungsrisiko auf den Leasingnehmer abgewälzt und der Vorteilsausgleich so lange zurückgestellt wird, bis es dem Leasinggeber gelungen ist, die Leasingsache zu verwerten. Wenn jedoch dem Leasinggeber die Verwertung möglich und zumutbar war, z. B. durch einen Verkauf der Leasingsache an den zum Rückkauf verpflichteten Lieferanten, und er diese Chance nicht genutzt hat, ist der Anspruch auf Schadensersatz um den hypothetischen Verwertungserlös zu kürzen.[968]

L805 Eine Anrechnung des Verwertungserlöses auf **rückständige Leasingraten**, die aus der ungekündigten Vertragszeit herrühren, muss der Leasingnehmer nicht gegen sich gelten lassen.[969] Durch die Verpflichtung zur Anrechnung des Verwertungserlöses auf den Kündigungsschaden wird sichergestellt, dass der Leasingnehmer den geldwerten Vorteil erlangt, der darin besteht, dass der Wert der Sache zum Zeitpunkt der früheren Rückgabe den auf das reguläre Vertragsende kalkulierten Restwert übersteigt.

L806 Falls eine Verwertung des Fahrzeugs – etwa infolge einer nicht vom Leasingnehmer zu vertretenden Zerstörung – nicht mehr möglich ist und dieser Umstand nicht in die Risikosphäre des Leasingnehmers fällt, muss der Fahrzeugwert notfalls durch Gutachten festgestellt und zu Gunsten des Leasingnehmers berücksichtigt werden.[970]

L807 Eine Investitionszulage, die der Leasinggeber erhalten hat, ist auf die vom Leasingnehmer zu leistende Ausgleichszahlung nicht anzurechnen, da sie dem Leasinggeber als Inhaber des Anspruchs zusteht.[971]

---

964 BGH 13. 12. 1989, DAR 1990, 96.
965 OLG Düsseldorf 26. 1. 1989, NJW-RR 1989, 884 ff.
966 OLG Köln 15. 3. 1993, NJW-RR 1993, 1017.
967 BGH 24. 4. 1985, 1985, 1539, 1544.
968 OLG Dresden 7. 8. 2000, NJW-RR 2003, 194, 195.
969 OLG Frankfurt/M. 22. 9. 1986, NJW-RR 1987, 372.
970 BGH 8. 3. 1995, DAR 1995, 284, 286.
971 OLG Naumburg 25. 9. 1997, NJW-RR 1998, 1585.

Die Höhe der Anrechnung des erzielten Verwertungserlöses auf die Ausgleichszahlung hängt vom jeweiligen Vertragsmodell und den im Einzelfall getroffenen Vereinbarungen ab. **L808**

Bei einer dem Modell des **kündbaren Leasingvertrages mit Abschlusszahlung** entsprechenden Vertragsgestaltung beträgt der anzurechnende **Erlösanteil 90 %**. Falls sich der Leasinggeber im Vertrag ein Andienungsrecht ohne Nachzahlungspflicht vorbehalten hat, ist der Leasingnehmer allerdings mit 100 % – statt mit nur 90 % – am Verwertungserlös zu beteiligen.[972] **L809**

Eine Anrechnung des nach Abzug der Verwertungskosten verbleibenden Verwertungserlöses zu **100 %** findet beim **Leasingvertrag mit Restwertabrechnung** statt. Eine Klausel, nach der ein Verwertungserlös im Fall der Abrechnung nach vorzeitiger Vertragsbeendigung nur mit 90 % zu berücksichtigen sein soll, lässt sich weder mit der leasingtypischen Interessenlage noch mit steuerlichen Argumenten rechtfertigen und ist wegen unangemessener Benachteiligung des Leasingnehmers unwirksam.[973] Soweit ein höherer Verwertungserlös allein darauf zurückzuführen ist, dass der Vertrag vorzeitig beendet wurde, hat der Leasingnehmer den Unterschiedsbetrag in vollem Umfang zu beanspruchen, da die im Leasingerlass v. 22. 12. 1975[974] vorgesehene Verteilungsquote von 75 % zugunsten des Leasingnehmers und 25 % zugunsten des Leasinggebers ausschließlich den Mehrerlös betrifft, der nach Ablauf der vereinbarten Vertragszeit erzielt wird.[975] **L810**

Beim Leasingvertrag mit **Andienungsrecht** beträgt die Anrechnungsquote **100 % des Kaufpreises**, da bei normalem Vertragsverlauf der Leasingnehmer das Restwertrisiko trägt, wenn der Leasinggeber von seinem Andienungsrecht am Vertragsende Gebrauch macht. **L811**

Entschließt sich der Leasinggeber zur **Eigenverwertung**, übernimmt er damit zwar selbst das Restwertrisiko, für ihn besteht aber im Gegensatz zum Leasingnehmer kein Zwang zur Risikoübernahme. Ein im Wege der Eigenverwertung erzielter Mehrerlös steht dem Leasinggeber zu (Rdn. L592 ff.), wenn nicht der Leasingvertrag eine hiervon abweichende Aufteilung vorsieht.

Falls der Leasinggeber dem Leasingnehmer (leasinguntypisch) eine Kaufoption eingeräumt hat, ist der Mehrerlös dem Leasingnehmer zuzurechnen.[976]

Eine Klausel, die dem Leasingnehmer „90 % des Netto-Verwertungserlöses nach Abzug der Kosten" zubilligt, ist wegen Verstoßes gegen § 307 BGB unwirksam,[977] da sie den Leasinggeber besser stellt, als er bei ordnungsgemäßer Vertragsdurchführung gestanden hätte.

Mit **100 %** ist der Verwertungserlös der Abrechnung eines **nicht erlasskonformen** Leasingvertrages zugrunde zu legen, sofern der Leasingnehmer leasingtypisch das Verwertungsrisiko übernommen hat.[978] **L812**

8. Leasingvertrag mit Kilometerabrechnung

Auch im Falle der vorzeitigen Beendigung eines Leasingvertrages mit Kilometerabrechnung muss sich der Leasinggeber an der ursprünglichen Vertragskalkulation festhalten las- **L813**

972 OLG Celle 3. 11. 1993, NJW-RR 1994, 1334, 1337.
973 BGH 26. 6. 2002, ZIP 2002, 1402.
974 BB 1976, 72; Anhang, Anlage 4.
975 BGH 26. 6. 2002, ZIP 2002, 1402, 1405; gegensätzlich BGH 31. 10. 2007, NJW 2008, 989 zum Leasingvertrag mit Andienungsrecht.
976 OLG Düsseldorf 14. 1. 2003, OLGR 2003, 173.
977 BGH 20. 6. 2002, JW 2002, 2713; KG 13. 12. 2001, KGR 2002, 49 m. w. N.
978 OLG Köln 24. 1. 1990, WM 1990, 1257.

sen. Er darf **nicht auf** eine **Restwertabrechnung umstellen** und auf diese Weise nachträglich das Marktwertrisiko auf den Leasingnehmer verlagern.[979] Wegen ihres überraschenden Inhalts wird eine Umstellungsklausel nicht wirksam in den Vertrag einbezogen,[980] jedenfalls nicht ohne deutlichen Hinweis auf den Abrechnungswechsel im Vertrag.[981]

L814 Der infolge vorzeitiger Vertragsbeendigung **höhere Fahrzeugwert** ist bei der Abrechnung zu Gunsten des Leasingnehmers zu berücksichtigen.[982] Der Vorteilsausgleich kann ausnahmsweise entfallen, wenn die Marktgängigkeit des Fahrzeugs durch ausstehende Reparaturen erheblich beeinträchtigt wird.[983]

Eine konkrete Schadensberechnung anhand der **Mehr- und Minderkilometer**[984] führt nicht zu sachgerechten Ergebnissen, da die Höherwertigkeit des Leasingfahrzeugs nicht allein auf der geringeren Fahrleistung, sondern auch auf dem niedrigeren Fahrzeugalter beruht. Die Regelung, dass der Leasingnehmer eine Gutschrift für Minderkilometer erhält, greift nur bei ordnungsgemäßer Beendigung des Leasingvertrages ein.[985] Die Vergütungssätze für Mehr- und Minderkilometer sind nicht am Wertverlust des Fahrzeugs orientiert und auf das reguläre Vertragsende kalkuliert. Gegen eine Abrechnung auf Kilometerbasis bei vorzeitiger Vertragsbeendigung spricht weiterhin, dass die Kilometerleistung des Fahrzeugs im Zeitpunkt des Wirksamwerdens der fristlosen Kündigung nichts darüber aussagt, welchen Kilometerstand das Fahrzeug im Zeitpunkt des vertraglich vorgesehenen Vertragsendes gehabt hätte, da der Leasingnehmer eines Kilometerleasingvertrages berechtigt ist, das Fahrzeug innerhalb der Vertragslaufzeit während unterschiedlicher Zeiträume unterschiedlich häufig zu nutzen.[986]

L815 Im Rahmen der nach § 249 BGB gebotenen Betrachtung ist die infolge vorzeitiger Vertragsbeendigung entstandene **Vermögenslage** des Leasinggebers mit derjenigen zu **vergleichen**, die im Fall einer regulären Vertragsbeendigung bestehen würde. Gegenüberzustellen sind der – ggf. vom Gutachter zu ermittelnde – Wert des Fahrzeugs zum Zeitpunkt des Wirksamwerdens der außerordentlichen Vertragskündigung bzw. bei Rückgabe[987] und dessen voraussichtlicher Wert zum Zeitpunkt des vertraglich vereinbarten Vertragsendes.[988] Auf den vom Leasinggeber tatsächlich erzielten Wert kommt es nicht an. Zu berücksichtigen ist weiterhin der Zinsvorteil, der dem Leasingnehmer dadurch erwächst, dass ihm der Verwertungserlös vorzeitig zufließt.[989] Bei der Ermittlung des fiktiven Fahrzeugwertes zum vertraglich vereinbarten Endzeitpunkt ist von einer normalen Beanspruchung des Fahrzeugs und der Einhaltung des Kilometerlimits auszugehen.[990] Nicht zulässig wäre

979 BGH 22. 1. 1986, WM 1986,458,461; 12. 6. 1985, WM 1985, 860, 862; LG Berlin 22. 1. 1996, DB 1996, 724.

980 BGH 12. 6. 1985, WM 1985, 860, 862; 14. 7. 2004, NJW 2004, 2823; 9. 5. 2001, NJW 2001, 2165; OLG Schleswig 31. 7. 1997, OLGR 1997, 119; OLG Celle 19. 5. 1999, OLGR 1999, 299; OLG Oldenburg 2. 6. 2003, DAR 2003, 460 ff.; OLG Düsseldorf 22. 11. 2005, OLGR 2006, 348, 349; 29. 6. 2009 – I 24 U 208/08; LG Berlin 22. 1. 1996, DB 1996, 724.

981 OLG Celle 5. 1. 1994, NJW-RR 1994, 743; offen gelassen BGH 11. 1. 1995, ZIP 1995, 286, der nicht Stellung nehmen musste, weil er die Klausel aus anderen Gründen für unwirksam erachtete.

982 BGH 14. 7. 2004, NJW 2004, 2823, 2824.

983 OLG Celle 17. 9. 1997, NJW-RR 1998, 704, 706.

984 Praktiziert vom OLG Schleswig 31. 1. 1997, OLGR 1997,119 und vom OLG Düsseldorf 30. 12. 2008, OLGR 2009, 309.

985 OLG Frankfurt/M. 24. 02. 2000 ADAJUR – Archiv Dok.-Nr. 41813 – Leitsatz in DAR, Heft 4/2001, IV.

986 OLG Celle 5. 1. 1994, NJW-RR 1994, 743.

987 OLG Celle 19. 5. 1999, OLGR 1999, 299.

988 BGH 14. 7. 2004, NJW 2004, 2823, 2824.

989 BGH 14. 7. 2004, NJW 2004, 2823 ff.; *Wolf/Eckert/Ball*, Rn. 2046.

990 OLG Celle 5. 1. 1994, NJW-RR 1994, 743.

es, im Rahmen der Vergleichsbetrachtung auf den vom Leasinggeber **intern kalkulierten Restwert** abzustellen, da er das Verwertungsrisiko trägt und keinen Ausgleichsanspruch gegen den Leasingnehmer besitzt.[991] Außerdem kann nicht davon ausgegangen werden, dass der dem Vertrag zugrunde gelegte Restwert am regulären Vertragsende tatsächlich erzielt wird. Der intern kalkulierte Restwert des Leasingfahrzeugs findet selbst dann keine Berücksichtigung, wenn der Leasinggeber mit dem Lieferanten für den Fall der ordnungsgemäßen Beendigung des Leasingvertrages eine Rückkaufvereinbarung zum kalkulierten Restwert getroffen hat.[992] Andernfalls würde der Leasinggeber als Berechtigter des Schadensersatzanspruchs besser gestellt, als er im Falle einer ordnungsgemäßen Vertragsdurchführung stünde, bei der er – abgesehen von einem Minderwertausgleich – lediglich die Rückgabe des Fahrzeugs zu beanspruchen hätte. Eventuell vorhandene Fahrzeugschäden rechtfertigen keine andere Beurteilung, da sie bei der Ermittlung des realen Fahrzeugwerts im Zeitpunkt der vorzeitigen Fahrzeugrückgabe wertmindernd zu Buche schlagen.[993]

Aufgrund seiner Verpflichtung zur Schadensgeringhaltung darf der Leasinggeber das vorzeitig zurück erhaltene Fahrzeug nicht bis zum Zeitpunkt der ordentlichen Vertragsbeendigung stehen lassen, ohne Anstrengungen hinsichtlich eines möglichen Verkaufs zu unternehmen.[994] **L816**

Der Praxis bereitet die auf dem Vergleich der Vermögenslagen basierende Schadensberechnung Probleme, weil sie einen Wertansatz einschließt, der nur im Wege einer **vorausschauenden Schätzung** bestimmt werden kann. Durch einfaches Abstreiten des vom Gutachter ermittelten hypothetischen Fahrzeugswertes genügt der Leasingnehmer seiner Darlegungspflicht nicht. Erforderlich ist ein substantiiertes Bestreiten, wobei die Bezugnahme auf allgemein zugängliche Marktberichte und Bewertungslisten ausreicht.[995] **L817**

Dem Umstand, dass eine sichere **Prognose der künftigen Marktentwicklung** nicht möglich ist, kann z. B. dadurch Rechnung getragen werden, dass zur Ermittlung des voraussichtlichen Wertes im vertraglich vereinbarten Rückgabezeitpunkt eine Rückdatierung der Erstzulassung vorgenommen wird, um anhand der gesicherten Bewertungsdaten bis zur Vornahme der Vertragsabrechnung eine Wertprognose vorzunehmen.[996]

Da gleichwohl nicht auszuschließen ist, dass die Schätzung am Ende mit der realen Wertentwicklung nicht übereinstimmt, kann der Leasinggeber den Vertrag nur vorläufig abrechnen. Stellt sich nach Ablauf der vereinbarten Vertragszeit dann heraus, dass die Werte voneinander abweichen, sind die erforderlichen Korrekturen in einer Endabrechnung vorzunehmen.[997]

Kein einheitliches Meinungsbild zeichnet sich bei der Beantwortung der Frage ab, ob der Vergleich auf Basis der Händlereinkaufs-[998] oder Händlerverkaufspreise[999] zu erfolgen hat. Die Zugrundelegung der Händlereinkaufspreise ist naheliegend, wenn der Leasinggeber **L818**

---

991 OLG Celle 5. 1. 1994, NJW-RR 1994, 743; BGH 11. 1. 1995, ZIP 1995, 286, 287.

992 BGH 14. 7. 2004, NJW 2004, 2823, 2824.

993 BGH 14. 7. 2004, NJW 2004, 2823, 2824; Groß, DAR 1996, 438,445; entgegen OLG Braunschweig 16. 7. 1998, BB 1998, 2081 (Leitsatz) m. zust. Anm. von *Struppek*.

994 OLG Frankfurt/M. 24. 2. 2000 ADAJUR -Archiv Dok.-Nr. 41813 – Leitsatz in DAR, Heft 4/2001, IV.

995 OLG Celle 19. 5. 1999, OLGR 1999, 299.

996 OLG Celle 17. 12. 1997, OLGR 1998, 47, 48.

997 KG 10. 2. 1997, OLGR 1997, 181; OLG Celle 22. 5. 1996, OLGR 1996, 181; 17. 12. 1997, NJW-RR 1998,706,707.

998 BGH 11. 1. 1995, NJW 1995,954; OLG Celle 5. 1. 1994, NJW-RR 1994,743; OLG Oldenburg, 2. 6. 2003, DAR 2003, 460;

999 BGH 10. 10. 1990, NJW 1991,221; OLG Frankfurt 6. 3. 2006 – 17 U 84/05, n. v.; OLG Düsseldorf 22. 11. 2005, ZMR 2006, 363.

nicht über eine Verkaufsabteilung verfügt. Legt man die Verkaufspreise zugrunde, sind die Verwertungskosten in Abzug zu bringen, die üblicherweise 10 % betragen.[1000]

L819 Eine **Kombination** aus Kilometerabrechnung und Ausgleich der Höherwertigkeit des Fahrzeugs wegen vorzeitiger Rückgabe ist nach einer Entscheidung des OLG Dresden[1001] vorzunehmen, wenn und soweit die vertraglich festgelegte Gesamtlaufleistung des Fahrzeugs zum Zeitpunkt der vorzeitigen Vertragsbeendigung bereits überschritten ist. Der Ausgleich der Mehrkilometer nach Maßgabe des Leasingvertrages muss dann allerdings im Rahmen der Berechnung des Nichterfüllungsschadens berücksichtigt werden, indem bei der Bestimmung des Fahrzeugwertes im Rückgabezeitpunkt nicht die tatsächliche, sondern eine um die gesondert auszugleichenden Mehrkilometer verminderte Laufleistung zugrunde zu legen ist.

L820 Nicht gefolgt werden kann einer Entscheidung des OLG Düsseldorf,[1002] das dem Leasingnehmer sowohl einen Anspruch wegen der Höherwertigkeit des Fahrzeugs als auch wegen der Minderkilometer gegen den Leasinggeber zubilligte, obwohl die Laufleistung des Fahrzeugs zum Zeitpunkt der Rückgabe im vertraglich vereinbarten Limit lag. Da die Kilometerleistung bereits in der Fahrzeugbewertung enthalten ist, führt die zusätzliche Vergütung für Minderkilometer zu einer **Verdoppelung** des Vorteilsausgleichs.

L821 Eine Vereinbarung, die vorsieht, dass der Vertrag nach fristloser Kündigung auf die **verkürzte Laufzeit umgestellt** wird, ermöglicht dem Leasinggeber, bereits vor Ablauf der regulären Vertragszeit eine endgültige Abrechnung zu erstellen. Um dem Transparenzgebot zu genügen, muss sich aus der Klausel ablesen lassen, an welchen Restwert der Leasinggeber bei seiner Kalkulation anknüpft und in welchem Umfang sich das Leasingentgelt durch eine Verkürzung der Vertragsdauer ändert.[1003]

L822 Für den Schaden, der dem Leasinggeber dadurch entsteht, dass er eine mit dem Verkäufer vereinbarte **Rückkaufvereinbarung** nach Ablauf der regulären Vertragsdauer nicht mehr erfüllen kann, ist der Leasingnehmer nicht verantwortlich, da er die Gewähr für die Restwerterwartung des Leasinggebers nur insoweit übernimmt, als diese durch solche Faktoren bestimmt wird, die das Fahrzeug unmittelbar betreffen.[1004] Auch eventuelle Fahrzeugschäden rechtfertigen keine andere Beurteilung, da sie bereits bei der Ermittlung des realen Fahrzeugwertes im Zeitpunkt der vorzeitigen Rückgabe wertmindernd zu berücksichtigen sind.[1005]

Dem Leasinggeber ist es somit verwehrt, der Abrechnung den mit dem Verkäufer vereinbarten Kaufpreis an Stelle des tatsächlichen Fahrzeugwertes zu Grunde zu legen.[1006]

1000 OLG Düsseldorf, Beschl. v. 29. 6. 2009 – I 24 U 208/08 n. v.
1001 Urt. v. 9. 2. 2007, OLGR 2007, 344.
1002 Beschl. v. 29. 6. 2009 – I 24 U 208/08, n. v.
1003 OLG Stuttgart Urt. v. 6. 2. 1996 – 6 U 112/95, n. v.
1004 BGH 14. 7. 2004, DAR 2004, 2823, 2825.
1005 BGH 14. 7. 2004, DAR 2004, 2823, 2825; 11. 1. 1995, NJW 1995, 954, 955; *Groß*, DAR 1996, 438, 445.
1006 KG 10. 2. 1997, OLGR 1997,181, 182; OLG Celle 17. 12. 1997, OLGR 1998, 47, 48.

K. Verjährung

I. Sach- und Rechtsmängelansprüche

Wegen der Verjährung der kaufrechtlichen Sach- und Rechtsmängelansprüche wird auf die Ausführungen zum Autokauf verwiesen (Rdn. 4072 ff.). **L823**

II. Leasingentgelt

Ansprüche des Leasinggebers auf **Leasingentgelt** und **Zinsen** verjähren gem. § 195 BGB in drei Jahren, beginnend mit dem Schluss des Jahres, in dem die Ansprüche entstanden sind (§ 199 Abs. 1 BGB). Die Verjährung dieser Ansprüche ist jedoch bei Verbraucherleasingverträgen i. S. v. § 506 Abs. 2 S. 1 Nr. 1–3 BGB – wegen der von § 367 Abs. 1 BGB abweichenden Anrechnung in § 497 Abs. 3 S. 1 BGB – vom Eintritt des Verzuges an bis zur Titulierung gem. § 197 Abs. 1 Nr. 3–5 BGB gehemmt, längstens auf die Dauer von 10 Jahren seit ihrer Entstehung (§§ 506, 497 Abs. 3 S. 3 BGB). **L824**

Bei titulierten Ansprüchen ist zu unterscheiden zwischen bereits fälligen und künftig fällig werdenden Ansprüchen. Für erstere gilt die 30-jährige Frist des § 197 Abs. 1 Nr. 3 BGB. Sind zukünftig fällig werdende wiederkehrende Ansprüche tituliert, beträgt die Verjährungsfrist gem. § 197 Abs. 2 BGB drei Jahre.

III. Ausgleichsanspruch / Kündigungsschaden

Da der Ausgleichsanspruch beim Vertrag mit Restwertabrechnung als Erfüllungsanspruch und nicht als Ersatzanspruch i. S. d. § 548 BGB zu bewerten ist, unterliegt er sowohl im Fall der **planmäßigen**[1] als auch im Fall der **vorzeitigen Vertragsbeendigung**[2] der dreijährigen Regelverjährung von § 195 BGB.[3] Dies gilt auch dann, wenn der Ausgleichsbetrag darauf beruht, dass der Leasingnehmer das Fahrzeug in einem vertragswidrig schlechten Zustand zurückgegeben hat. **L825**

Obwohl beim Leasingvertrag mit Kilometerabrechnung der Leasinggeber das Restwertrisiko trägt, soweit es die richtige interne Vertragskalkulation und die Marktgängigkeit des Fahrzeugs betrifft, versteht der BGH[4] den **Minderwertausgleich**, den der Leasingnehmer für Mängel, Schäden und Veränderungen des Leasingfahrzeugs zu leisten hat, nicht als Ersatzanspruch iSv § 548 Abs. 1 BGB, sondern als Teil der leasingtypischen Amortisation und unterwirft ihn der für den Erfüllungsanspruch geltenden Verjährung von drei Jahren. Seines Erachtens ist die Haftung des Leasingnehmers für den ordnungsgemäßen Zustand der Sache ein Hinweis darauf, dass auch der Kraftfahrzeugleasingvertrag mit Kilometerabrechnung typischerweise auf Vollamortisation angelegt ist, was sich auch daran zeigt, dass der Anspruch ein Verschulden nicht erfordert. **L826**

---

1 BGH 10. 7. 1996, NJW 1996, 2860; a. A. z. B. OLG Koblenz 12. 4. 1990, WM 1991, 2001, 2005; OLG München 14. 9. 1993, NJW-RR 1994, 738; OLG Hamburg 8. 12. 1995, OLGR 1996, 178; LG Hamburg 20. 9. 1995, WM 1996, 501; krit. *Koos*, DZWir 1998, 119; zu weiteren Einzelfragen *Engel*, DB 1997, 763.

2 BGH 22. 1. 1986, NJW 1986, 1334, 1335; 13. 4. 1994, NJW-RR 1994, 889.

3 *Beckmann*, FLF 2002, 46, 47.

4 Urt. v. 1. 3. 2000, NJW-RR 2000, 1303; Anm. v. *Reinking* in LM H. 7/2000 § 553 N.154; LG Heidelberg 14. 10. 1998, FLF 1999, 32; *Groß*, DAR 1996, 438, 441.

L827 Bei planmäßiger Beendigung des Leasingvertrages wird der Anspruch des Leasinggebers auf Restwertausgleich nach Ansicht des OLG Hamm[5] erst mit der **Verwertung** des Fahrzeugs fällig, da frühestens ab diesem Zeitpunkt feststeht, ob und in welcher Höhe ein vom Leasingnehmer auszugleichender Minderwert verbleibt. Im Fall der vorzeitigen Vertragsbeendigung entsteht der Schadensersatzanspruch mit der **Kündigung** des Leasingvertrages[6] und nicht erst im Zeitpunkt der Rückgabe und Verwertung des Fahrzeugs.[7] Somit läuft die Verjährungsfrist ab dem Schluss des Jahres, in dem die Kündigung erklärt worden ist.

IV. Ausgleich der Mehr- und Minderkilometer

L828 Die vertraglich festgelegte **Vergütung für Mehr- und Minderkilometer** verjährt in der Regelfrist von drei Jahren. Beim Kilometerausgleich geht es um eine nachträgliche Korrektur des Nutzungsentgelts wegen Über- bzw. Unterschreitung der festgelegten Fahrleistung, die eine wesentliche Prämisse für die Bemessung des Leasingentgelts darstellt.[8] Die Vergütungsregelungen für Mehr- und Minderkilometer gehören somit zu den Hauptpflichten im Rahmen der Abwicklung des Leasingvertrages nach seiner Beendigung.[9]

V. Herausgabeanspruch

L829 Der schuldrechtliche Anspruch des Leasinggebers auf **Rückgabe des Leasingfahrzeugs** verjährt in der dreijährigen Regelfrist des § 195 BGB. Stützt der Leasinggeber den Anspruch auf Rückgabe auf sein Eigentumsrecht an dem Leasingfahrzeug, beträgt die Verjährungsfrist 30 Jahre gem. § 197 Abs. 1 Nr. 1 BGB.

VI. Aufwendungsersatz und Anspruch auf Gestattung der Wegnahme

L830 Ansprüche des Leasingnehmers auf **Ersatz von Aufwendungen** und/oder **Gestattung der Wegnahme einer Einrichtung** verjähren gem. § 548 Abs. 2 BGB in 6 Monaten nach der Beendigung des Leasingvertrages.[10]

---

5 Urt. v. 6. 10. 1995, NJW-RR 1996, 502.
6 BGH 3. 6. 1992, ZIP 1992, 930.
7 OLG Hamm 7. 1. 1997, NJW-RR 1997, 1144.
8 *Paul*, BB 1987, 1411, 1412.
9 LG Köln, Urt. v. 9. 2. 1984 – 24 O 186/83, n. v.; *Godefroid/Salm*, BB, Beilage 6 zu Heft 18/1995, S. 21, 23.
10 OLG Frankfurt/M. 5. 1. 1982, BB 1982,1385; *Meyer auf der Heyde*, BB 1987, 489 ff.

Anlage 1

Allgemeine Geschäftsbedingungen für den Verkauf von fabrikneuen Kraftfahrzeugen und Anhängern (NWVB)

Unverbindliche Empfehlung des Zentralverbandes Deutsches Kraftfahrzeuggewerbe e. V. [ZDK], des Verbandes der Automobilindustrie e. V. [VDA] und des Verbandes der internationalen Kraftfahrzeughersteller e. V. [VDIK]

– Neuwagen-Verkaufsbedingungen –
Stand: März 2008

I. Vertragsabschluss/Übertragung von Rechten und Pflichten des Käufers

1. Der Käufer ist an die Bestellung höchstens bis drei Wochen, bei Nutzfahrzeugen bis sechs Wochen gebunden. Diese Frist verkürzt sich auf 10 Tage (bei Nutzfahrzeugen auf 2 Wochen) bei Fahrzeugen, die beim Verkäufer vorhanden sind. Der Kaufvertrag ist abgeschlossen, wenn der Verkäufer die Annahme der Bestellung des näher bezeichneten Kaufgegenstandes innerhalb der jeweils genannten Fristen schriftlich bestätigt oder die Lieferung ausführt. Der Verkäufer ist jedoch verpflichtet, den Besteller unverzüglich zu unterrichten, wenn er die Bestellung nicht annimmt.

2. Übertragungen von Rechten und Pflichten des Käufers aus dem Kaufvertrag bedürfen der schriftlichen Zustimmung des Verkäufers.

II. Preise

(Regelungstexte entfallen)

III. Zahlung

1. Der Kaufpreis und Preise für Nebenleistungen sind bei Übergabe des Kaufgegenstandes und Aushändigung oder Übersendung der Rechnung zur Zahlung fällig.

2. Gegen Ansprüche des Verkäufers kann der Käufer nur dann aufrechnen, wenn die Gegenforderung des Käufers unbestritten ist oder ein rechtskräftiger Titel vorliegt; ein Zurückbehaltungsrecht kann er nur geltend machen, soweit es auf Ansprüchen aus dem Kaufvertrag beruht.

IV. Lieferung und Lieferverzug

1. Liefertermine und Lieferfristen, die verbindlich oder unverbindlich vereinbart werden können, sind schriftlich anzugeben. Lieferfristen beginnen mit Vertragsabschluss.

2. Der Käufer kann 6 Wochen nach Überschreiten eines unverbindlichen Liefertermins oder einer unverbindlichen Lieferfrist den Verkäufer auffordern zu liefern. Diese Frist verkürzt sich auf 10 Tage (bei Nutzfahrzeugen auf 2 Wochen) bei Fahrzeugen, die beim Verkäufer vorhanden sind. Mit dem Zugang der Aufforderung kommt der Verkäufer in Verzug. Hat der Käufer Anspruch auf Ersatz eines Verzugsschadens, beschränkt sich dieser bei leichter Fahrlässigkeit des Verkäufers auf höchstens 5 % des vereinbarten Kaufpreises.

3. Will der Käufer darüber hinaus vom Vertrag zurücktreten und/oder Schadensersatz statt der Leistung verlangen, muss er dem Verkäufer nach Ablauf der betreffenden Frist gemäß Ziffer 2, S. 1 oder 2 dieses Abschnitts eine angemessene Frist zur Lieferung setzen. Hat der Käufer Anspruch auf Schadensersatz statt der Leistung, beschränkt sich der Anspruch bei leichter Fahrlässigkeit auf höchstens 25 % des vereinbarten Kaufpreises. Ist der Käufer eine juristische Person des öffentlichen Rechts, ein öffentlich-rechtliches Sondervermögen oder ein Unternehmer, der bei Abschluss des Vertrages in Ausübung seiner gewerblichen oder selbstständigen beruflichen Tätigkeit handelt, sind Schadensersatzansprüche

statt der Leistung bei leichter Fahrlässigkeit ausgeschlossen. Wird dem Verkäufer, während er in Verzug ist, die Lieferung durch Zufall unmöglich, so haftet er mit den vorstehend vereinbarten Haftungsbegrenzungen. Der Verkäufer haftet nicht, wenn der Schaden auch bei rechtzeitiger Lieferung eingetreten wäre.

4. Wird ein verbindlicher Liefertermin oder eine verbindliche Lieferfrist überschritten, kommt der Verkäufer bereits mit Überschreiten des Liefertermins oder der Lieferfrist in Verzug. Die Rechte des Käufers bestimmen sich dann nach Ziffer 2, S. 4 und Ziffer 3 dieses Abschnitts.

5. Höhere Gewalt oder beim Verkäufer oder dessen Lieferanten eintretende Betriebsstörungen, die den Verkäufer ohne eigenes Verschulden vorübergehend daran hindern, den Kaufgegenstand zum vereinbarten Termin oder innerhalb der vereinbarten Frist zu liefern, verändern die in Ziffern 1 bis 4 dieses Abschnitts genannten Termine und Fristen um die Dauer der durch diese Umstände bedingten Leistungsstörungen. Führen entsprechende Störungen zu einem Leistungsaufschub von mehr als 4 Monaten, kann der Käufer vom Vertrag zurücktreten. Andere Rücktrittsrechte bleiben davon unberührt.

6. Konstruktions- oder Formänderungen, Abweichungen im Farbton sowie Änderungen des Lieferumfangs seitens des Herstellers bleiben während der Lieferzeit vorbehalten, sofern die Änderungen oder Abweichungen unter Berücksichtigung der Interessen des Verkäufers für den Käufer zumutbar sind. Sofern der Verkäufer oder der Hersteller zur Bezeichnung der Bestellung oder des bestellten Kaufgegenstandes Zeichen oder Nummern gebraucht, können allein daraus keine Rechte hergeleitet werden.

V. Abnahme

1. Der Käufer ist verpflichtet, den Kaufgegenstand innerhalb von 14 Tagen ab Zugang der Bereitstellungsanzeige abzunehmen.

2.Im Falle der Nichtabnahme kann der Verkäufer von seinen gesetzlichen Rechten Gebrauch machen.Verlangt der Verkäufer Schadensersatz, so beträgt dieser 15 % des Kaufpreises. Der Schadensersatz ist höher oder niedriger anzusetzen, wenn der Verkäufer einen höheren Schaden nachweist oder der Käufer nachweist, dass ein geringerer oder überhaupt kein Schaden entstanden ist.

VI. Eigentumsvorbehalt

1. Der Kaufgegenstand bleibt bis zum Ausgleich der dem Verkäufer aufgrund des Kaufvertrages zustehenden Forderungen Eigentum des Verkäufers.

Ist der Käufer eine juristische Person des öffentlichen Rechts, ein öffentlich-rechtliches Sondervermögen oder ein Unternehmer, der bei Abschluss des Vertrages in Ausübung seiner gewerblichen oder selbstständigen beruflichen Tätigkeit handelt, bleibt der Eigentumsvorbehalt auch bestehen für Forderungen des Verkäufers gegen den Käufer aus der laufenden Geschäftsbeziehung bis zum Ausgleich von im Zusammenhang mit dem Kauf zustehenden Forderungen.

Auf Verlangen des Käufers ist der Verkäufer zum Verzicht auf den Eigentumsvorbehalt verpflichtet, wenn der Käufer sämtliche mit dem Kaufgegenstand im Zusammenhang stehende Forderungen unanfechtbar erfüllt hat und für die übrigen Forderungen aus den laufenden Geschäftsbeziehungen eine angemessene Sicherung besteht.

Während der Dauer des Eigentumsvorbehalts steht das Recht zum Besitz der Zulassungsbescheinigung Teil II (Fahrzeugbrief) dem Verkäufer zu.

2. Bei Zahlungsverzug des Käufers kann der Verkäufer vom Kaufvertrag zurücktreten. Hat der Verkäufer darüber hinaus Anspruch auf Schadenersatz statt der Leistung und nimmt er den Kaufgegenstand wieder an sich, sind Verkäufer und Käufer sich darüber einig, dass der Verkäufer den gewöhnlichen Verkaufswert des Kaufgegenstandes im Zeitpunkt der Rücknahme vergütet. Auf Wunsch des Käufers, der nur unverzüglich nach Rücknahme des Kaufgegenstandes geäußert werden kann, wird nach Wahl des Käufers ein öffentlich bestellter und vereidigter Sachverständiger, z. B. der Deutschen Automobil Treuhand GmbH (DAT), den gewöhnlichen Verkaufswert ermitteln. Der Käufer trägt sämtliche Kosten der Rücknahme und Verwertung des Kaufgegenstandes. Die Verwertungskosten betragen

ohne Nachweis 5 % des gewöhnlichen Verkaufswertes. Sie sind höher oder niedriger anzusetzen, wenn der Verkäufer höhere oder der Käufer nachweist, dass geringere oder überhaupt keine Kosten entstanden sind.

3. Solange der Eigentumsvorbehalt besteht, darf der Käufer über den Kaufgegenstand weder verfügen noch Dritten vertraglich eine Nutzung einräumen.

VII. Sachmangel

1. Ansprüche des Käufers wegen Sachmängeln verjähren entsprechend den gesetzlichen Bestimmungen in zwei Jahren ab Ablieferung des Kaufgegenstandes.

Hiervon abweichend gilt eine Verjährungsfrist von einem Jahr, wenn der Käufer eine juristische Person des öffentlichen Rechts, ein öffentlich-rechtliches Sondervermögen oder ein Unternehmer ist, der bei Abschluss des Vertrages in Ausübung seiner gewerblichen oder selbstständigen beruflichen Tätigkeit handelt.

Weitergehende Ansprüche bleiben unberührt, soweit der Verkäufer aufgrund Gesetz zwingend haftet oder etwas anderes vereinbart wird, insbesondere im Falle der Übernahme einer Garantie.

Bei arglistigem Verschweigen von Mängeln oder der Übernahme einer Garantie für die Beschaffenheit bleiben weitergehende Ansprüche unberührt.

2. Soll eine Mängelbeseitigung durchgeführt werden gilt Folgendes:

a) Ansprüche auf Mängelbeseitigung kann der Käufer beim Verkäufer oder bei anderen, vom Hersteller/Importeur für die Betreuung des Kaufgegenstandes anerkannten Betrieben geltend machen; im letzteren Fall hat der Käufer den Verkäufer hiervon unverzüglich zu unterrichten, wenn die erste Mängelbeseitigung erfolglos war. Bei mündlichen Anzeigen von Ansprüchen ist dem Käufer eine schriftliche Bestätigung über den Eingang der Anzeige auszuhändigen.

b) Wird der Kaufgegenstand wegen eines Sachmangels betriebsunfähig, hat sich der Käufer an den dem Ort des betriebsunfähigen Kaufgegenstandes nächstgelegenen, vom Hersteller/Importeur für die Betreuung des Kaufgegenstandes anerkannten dienstbereiten Betrieb zu wenden.

c) Für die zur Mängelbeseitigung eingebauten Teile kann der Käufer bis zum Ablauf der Verjährungsfrist des Kaufgegenstandes Sachmängelansprüche aufgrund des Kaufvertrages geltend machen.

d) Ersetzte Teile werden Eigentum des Verkäufers.

3. Durch Eigentumswechsel am Kaufgegenstand werden Mängelbeseitigungsansprüche nicht berührt.

4. Abschnitt VII. Sachmangel gilt nicht für Ansprüche auf Schadenersatz; für diese Ansprüche gilt Abschnitt VIII. Haftung.

VIII. Haftung

1. Hat der Verkäufer aufgrund der gesetzlichen Bestimmungen für einen Schaden aufzukommen, der leicht fahrlässig verursacht wurde, so haftet der Verkäufer beschränkt:

Die Haftung besteht nur bei Verletzung vertragswesentlicher Pflichten, etwa solcher, die der Kaufvertrag dem Verkäufer nach seinem Inhalt und Zweck gerade auferlegen will oder deren Erfüllung die ordnungsgemäße Durchführung des Kaufvertrages überhaupt erst ermöglicht und auf deren Einhaltung der Käufer regelmäßig vertraut und vertrauen darf. Diese Haftung ist auf den bei Vertragsabschluss vorhersehbaren typischen Schaden begrenzt. Soweit der Schaden durch eine vom Käufer für den betreffenden Schadensfall abgeschlossene Versicherung (ausgenommen Summenversicherung) gedeckt ist, haftet der Verkäufer nur für etwaige damit verbundene Nachteile des Käufers, z. B.höhere Versicherungsprämien oder Zinsnachteile bis zur Schadenregulierung durch die Versicherung.

Ist der Käufer eine juristische Person des öffentlichen Rechts, ein öffentlich -rechtliches Sondervermögen oder ein Unternehmer, der bei Abschluss des Kaufvertrages in Ausübung seiner gewerblichen oder selbstständigen beruflichen Tätigkeit handelt, und werden nach Ablauf eines Jahres nach Ablieferung des Kaufgegenstandes Schadenersatzansprüche wegen Sachmängeln geltend gemacht, gilt Folgendes: Die vorstehende Haftungsbeschränkung gilt auch für einen Schaden, der grob fahrlässig verursacht wurde, nicht aber bei grob fahrlässiger Verursachung durch gesetzliche Vertreter oder leitende Angestellte des Verkäufers, ferner nicht für einen grob fahrlässig verursachten Schaden, der durch eine vom Käufer für den betreffenden Schadenfall abgeschlossene Versicherung gedeckt ist.

2. Unabhängig von einem Verschulden des Verkäufers bleibt eine etwaige Haftung des Verkäufers bei arglistigem Verschweigen eines Mangels, aus der Übernahme einer Garantie oder eines Beschaffungsrisikos und nach dem Produkthaftungsgesetz unberührt.

3. Die Haftung wegen Lieferverzuges ist in Abschnitt IV abschließend geregelt.

4. Ausgeschlossen ist die persönliche Haftung der gesetzlichen Vertreter, Erfüllungsgehilfen und Betriebsangehörigen des Verkäufers für von ihnen durch leichte Fahrlässigkeit verursachte Schäden. Für von ihnen mit Ausnahme der gesetzlichen Vertreter und leitenden Angestellten durch grobe Fahrlässigkeit verursachte Schäden gilt die diesbezüglich für den Verkäufer geregelte Haftungsbeschränkung entsprechend.

5. Die Haftungsbeschränkungen dieses Abschnitts gelten nicht bei Verletzung von Leben, Körper oder Gesundheit.

IX. Gerichtsstand

1. Für sämtliche gegenwärtigen und zukünftigen Ansprüche aus der Geschäftsverbindung mit Kaufleuten einschließlich Wechsel- und Scheckforderungen ist ausschließlicher Gerichtsstand der Sitz des Verkäufers.

2. Der gleiche Gerichtsstand gilt, wenn der Käufer keinen allgemeinen Gerichtsstand im Inland hat, nach Vertragsabschluss seinen Wohnsitz oder gewöhnlichen Aufenthaltsort aus dem Inland verlegt oder sein Wohnsitz oder gewöhnlicher Aufenthaltsort zum Zeitpunkt der Klageerhebung nicht bekannt ist. Im Übrigen gilt bei Ansprüchen des Verkäufers gegenüber dem Käufer dessen Wohnsitz als Gerichtsstand.

Anlage 2

Allgemeine Geschäftsbedingungen für den Verkauf gebrauchter Kraftfahrzeuge und Anhänger (GWVB)

(Unverbindliche Empfehlung des Zentralverbandes Deutsches Kraftfahrzeuggewerbe e. V. [ZDK])

– Gebrauchtwagen-Verkaufsbedingungen –
Stand: März 2008

I. Vertragsabschluss/Übertragung von Rechten und Pflichten des Käufers

1. Der Käufer ist an die Bestellung höchstens bis 10 Tage, bei Nutzfahrzeugen bis 2 Wochen gebunden. Der Kaufvertrag ist abgeschlossen, wenn der Verkäufer die Annahme der Bestellung des näher bezeichneten Kaufgegenstandes innerhalb der jeweils genannten Fristen schriftlich bestätigt oder die Lieferung ausführt. Der Verkäufer ist jedoch verpflichtet, den Besteller unverzüglich zu unterrichten, wenn er die Bestellung nicht annimmt.

2. Übertragungen von Rechten und Pflichten des Käufers aus dem Kaufvertrag bedürfen der schriftlichen Zustimmung des Verkäufers.

II. Zahlung

1. Der Kaufpreis und Preise für Nebenleistungen sind bei Übergabe des Kaufgegenstandes und Aushändigung oder Übersendung der Rechnung zur Zahlung fällig.

2. Gegen Ansprüche des Verkäufers kann der Käufer nur dann aufrechnen, wenn die Gegenforderung des Käufers unbestritten ist oder ein rechtskräftiger Titel vorliegt; ein Zurückbehaltungsrecht kann er nur geltend machen, soweit es auf Ansprüchen aus dem Kaufvertrag beruht.

III. Lieferung und Lieferverzug

1. Liefertermine und Lieferfristen, die verbindlich oder unverbindlich vereinbart werden können, sind schriftlich anzugeben. Lieferfristen beginnen mit Vertragsabschluss.

2. Der Käufer kann 10 Tage, bei Nutzfahrzeugen 2 Wochen, nach Überschreiten eines unverbindlichen Liefertermins oder einer unverbindlichen Lieferfrist den Verkäufer auffordern zu liefern. Mit dem Zugang der Aufforderung kommt der Verkäufer in Verzug. Hat der Käufer Anspruch auf Ersatz eines Verzugsschadens, beschränkt sich dieser bei leichter Fahrlässigkeit des Verkäufers auf höchstens 5 % des vereinbarten Kaufpreises.

3. Will der Käufer darüber hinaus vom Vertrag zurücktreten und/oder Schadensersatz statt der Leistung verlangen, muss er dem Verkäufer nach Ablauf der betreffenden Frist gemäß Ziffer 2, S. 1 dieses Abschnitts eine angemessene Frist zur Lieferung setzen. Hat der Käufer Anspruch auf Schadenersatz statt der Leistung, beschränkt sich der Anspruch bei leichter Fahrlässigkeit auf höchstens 10 % des vereinbarten Kaufpreises. Ist der Käufer eine juristische Person des öffentlichen Rechts, ein öffentlich-rechtliches Sondervermögen oder ein Unternehmer, der bei Abschluss des Vertrages in Ausübung seiner gewerblichen oder selbstständigen beruflichen Tätigkeit handelt, sind Schadenersatzansprüche bei leichter Fahrlässigkeit ausgeschlossen. Wird dem Verkäufer, während er in Verzug ist, die Lieferung durch Zufall unmöglich, so haftet er mit den vorstehend vereinbarten Haftungsbegrenzungen. Der Verkäufer haftet nicht, wenn der Schaden auch bei rechtzeitiger Lieferung eingetreten wäre.

4. Wird ein verbindlicher Liefertermin oder eine verbindliche Lieferfrist überschritten, kommt der Verkäufer bereits mit Überschreiten des Liefertermins oder der Lieferfrist in Verzug. Die Rechte des Käufers bestimmen sich dann nach Ziffer 2 S. 3 und Ziffer 3 dieses Abschnitts.

5. Höhere Gewalt oder beim Verkäufer oder dessen Lieferanten eintretende Betriebsstörungen, die den Verkäufer ohne eigenes Verschulden vorübergehend daran hindern, den Kaufgegenstand zum ver-

einbarten Termin oder innerhalb der vereinbarten Frist zu liefern, verändern die in Ziffern 1 bis 4 dieses Abschnitts genannten Termine und Fristen um die Dauer der durch diese Umstände bedingten Leistungsstörungen. Führen entsprechende Störungen zu einem Leistungsaufschub von mehr als 4 Monaten, kann der Käufer vom Vertrag zurücktreten. Andere Rücktrittsrechte bleiben davon unberührt.

IV. Abnahme

1. Der Käufer ist verpflichtet, den Kaufgegenstand innerhalb von 8 Tagen ab Zugang der Bereitstellungsanzeige abzunehmen. Im Falle der Nichtabnahme kann der Verkäufer von seinen gesetzlichen Rechten Gebrauch machen.

2. Verlangt der Verkäufer Schadensersatz, so beträgt dieser 10 % des Kaufpreises. Der Schadenersatz ist höher oder niedriger anzusetzen, wenn der Verkäufer einen höheren Schaden nachweist oder der Käufer nachweist, dass ein geringerer oder überhaupt kein Schaden entstanden ist.

V. Eigentumsvorbehalt

1. Der Kaufgegenstand bleibt bis zum Ausgleich der dem Verkäufer aufgrund des Kaufvertrages zustehenden Forderungen Eigentum des Verkäufers.

Ist der Käufer eine juristische Person des öffentlichen Rechts, ein öffentlich-rechtliches Sondervermögen oder ein Unternehmer, der bei Abschluss des Vertrages in Ausübung seiner gewerblichen oder selbstständigen beruflichen Tätigkeit handelt, bleibt der Eigentumsvorbehalt auch bestehen für Forderungen des Verkäufers gegen den Käufer aus der laufenden Geschäftsbeziehung bis zum Ausgleich von im Zusammenhang mit dem Kauf zustehenden Forderungen.

Auf Verlangen des Käufers ist der Verkäufer zum Verzicht auf den Eigentumsvorbehalt verpflichtet, wenn der Käufer sämtliche mit dem Kaufgegenstand im Zusammenhang stehende Forderungen unanfechtbar erfüllt hat und für die übrigen Forderungen aus den laufenden Geschäftsbeziehungen eine angemessene Sicherung besteht.

Während der Dauer des Eigentumsvorbehalts steht das Recht zum Besitz der Zulassungsbescheinigung Teil II (Fahrzeugbrief) dem Verkäufer zu.

2. Bei Zahlungsverzug des Käufers kann der Verkäufer vom Kaufvertrag zurücktreten.

3. Solange der Eigentumsvorbehalt besteht, darf der Käufer über den Kaufgegenstand weder verfügen noch Dritten vertraglich eine Nutzung einräumen.

VI. Sachmangel

1. Ansprüche des Käufers wegen Sachmängeln verjähren in einem Jahr ab Ablieferung des Kaufgegenstandes an den Kunden.

Ist der Käufer eine juristische Person des öffentlichen Rechts, ein öffentlich-rechtliches Sondervermögen oder ein Unternehmer, der bei Abschluss des Vertrages in Ausübung seiner gewerblichen oder selbstständigen beruflichen Tätigkeit handelt, erfolgt der Verkauf unter Ausschluss jeglicher Sachmängelansprüche.

Weitergehende Ansprüche bleiben unberührt, soweit der Verkäufer aufgrund Gesetz zwingend haftet oder etwas anderes vereinbart wird, insbesonder im Falle der Übernahme einer Garantie.

2. Ansprüche wegen Sachmängeln hat der Käufer beim Verkäufer geltend zu machen. Bei mündlichen Anzeigen von Ansprüchen ist dem Käufer eine schriftliche Bestätigung über den Eingang der Anzeige auszuhändigen.

3. Wird der Kaufgegenstand wegen eines Sachmangels betriebsunfähig, kann sich der Käufer mit vorheriger Zustimmung des Verkäufers an einen anderen Kfz- Meisterbetrieb wenden.

4. Für die im Rahmen einer Mängelbeseitigung eingebauten Teile kann der Käufer bis zum Ablauf

der Verjährungsfrist des Kaufgegenstandes Sachmängelansprüche aufgrund des Kaufvertrages geltend machen.

Ersetzte Teile werden Eigentum des Verkäufers.

5. Abschnitt VI. Sachmangel gilt nicht für Ansprüche auf Schadenersatz; für diese Ansprüche gilt Abschnitt VII. Haftung.

VII. Haftung

1. Hat der Verkäufer aufgrund der gesetzlichen Bestimmungen für einen Schaden aufzukommen, der leicht fahrlässig verursacht wurde, so haftet der Verkäufer beschränkt:

Die Haftung besteht nur bei Verletzung vertragswesentlicher Pflichten, etwa solcher, die der Kaufvertrag dem Verkäufer nach seinem Inhalt und Zweck gerade auferlegen will oder deren Erfüllung die ordnungsgemäße Durchführung des Kaufvertrages überhaupt erst ermöglicht und auf deren Einhaltung der Käufer regelmäßig vertraut und vertrauen darf. Diese Haftung ist auf den bei Vertragsabschluss vorhersehbaren typischen Schaden begrenzt. Soweit der Schaden durch eine vom Käufer für den betreffenden Schadenfall abgeschlossene Versicherung (ausgenommen Summenversicherung) gedeckt ist, haftet der Verkäufer nur für etwaige damit verbundene Nachteile des Käufers z. B. höhere Versicherungsprämien oder Zinsnachteile bis zur Schadensregulierung durch die Versicherung.

2. Unabhängig von einem Verschulden des Verkäufers bleibt eine etwaige Haftung des Verkäufers bei arglistigem Verschweigen eines Mangels, aus der Übernahme einer Garantie oder eines Beschaffungsrisikos und nach dem Produkthaftungsgesetz unberührt.

3. Die Haftung wegen Lieferverzuges ist in Abschnitt III abschließend geregelt.

4. Ausgeschlossen ist die persönliche Haftung der gesetzlichen Vertreter, Erfüllungsgehilfen und Betriebsangehörigen des Verkäufers für von ihnen durch leichte Fahrlässigkeit verursachte Schäden.

5. Die Haftungsbegrenzungen dieses Abschnitts gelten nicht bei Verletzung von Leben, Körper oder Gesundheit.

VIII. Schiedsgutachterverfahren

(Gilt nur für gebrauchte Fahrzeuge mit einem zulässigen Gesamtgewicht von nicht mehr als 3,5t)

1. Führt der Kfz-Betrieb das Zeichen ‚Meisterbetrieb der Kfz-Innung' oder das Basisschild „Mitgliedsbetrieb der Kfz-Innung" oder „Autohandel mit Qualität und Sicherheit", können die Parteien bei Streitigkeiten aus dem Kaufvertrag – mit Ausnahme über den Kaufpreis – die für den Sitz des Verkäufers zuständige Schiedsstelle des Kfz-Gewerbes anrufen. Die Anrufung muss schriftlich und unverzüglich nach Kenntnis des Streitpunktes, spätestens vor Ablauf von 13 Monaten seit Ablieferung des Kaufgegenstandes, erfolgen.

2. Durch die Entscheidung der Schiedsstelle wird der Rechtsweg nicht ausgeschlossen.

3. Durch die Anrufung der Schiedsstelle ist die Verjährung für die Dauer des Verfahrens gehemmt.

4. Das Verfahren vor der Schiedsstelle richtet sich nach deren Geschäfts- und Verfahrensordnung, die den Parteien auf Verlangen von der Schiedsstelle ausgehändigt wird.

5. Die Anrufung der Schiedsstelle ist ausgeschlossen, wenn bereits der Rechtsweg beschritten ist. Wird der Rechtsweg während eines Schiedsstellenverfahrens beschritten, stellt die Schiedsstelle ihre Tätigkeit ein.

6. Für die Inanspruchnahme der Schiedsstelle werden Kosten nicht erhoben.

IX. Gerichtsstand

1. Für sämtliche gegenwärtigen und zukünftigen Ansprüche aus der Geschäftsverbindung mit Kauf-

leuten einschließlich Wechsel- und Scheckforderungen ist ausschließlicher Gerichtsstand der Sitz des Verkäufers.

2. Der gleiche Gerichtsstand gilt, wenn der Käufer keinen allgemeinen Gerichtsstand im Inland hat, nach Vertragsabschluss seinen Wohnsitz oder gewöhnlichen Aufenthaltsort aus dem Inland verlegt oder sein Wohnsitz oder gewöhnlicher Aufenthaltsort zum Zeitpunkt der Klageerhebung nicht bekannt ist. Im Übrigen gilt bei Ansprüchen des Verkäufers gegenüber dem Käufer dessen Wohnsitz als Gerichtsstand.

Anlage 3

Allgemeine Geschäftsbedingungen für das Leasing von Neufahrzeugen zur privaten Nutzung

Bekanntmachung Nr. 170/2003 über die Neufassung der Empfehlung

Vom 12. November 2003[1]

Der Verband der Automobilindustrie e. V. (VDA), Frankfurt/Main, hat am 27. 10. 2003 die nachfolgend wiedergegebene Neufassung der Empfehlung ‚Allgemeine Geschäftsbedingungen für das Leasing von Neufahrzeugen zur privaten Nutzung' nach § 22 Abs. 3 Nr. 2 des Gesetzes gegen Wettbewerbsbeschränkungen beim Bundeskartellamt angemeldet: Unverbindliche Empfehlung des VDA.

I. Vertragsabschluss

1. Der Leasing-Nehmer ist an seinen Leasing-Antrag vier Wochen und bei Nutzfahrzeugen sechs Wochen gebunden. Der Leasing-Vertrag ist abgeschlossen, wenn der Leasing-Geber innerhalb dieser Frist die Annahme des Antrags schriftlich bestätigt. Dies gilt nicht, wenn der Leasing-Nehmer von seinem Widerrufsrecht (siehe Vorderseite) Gebrauch macht.

2. Die Annahmeerklärung des Leasing-Gebers bedarf keiner Unterzeichnung, wenn sie mit Hilfe einer automatischen Einrichtung erstellt wird.

3. Mündliche Nebenabreden bestehen nicht.

II. Leasing-Gegenstand

Konstruktions- oder Formänderungen des Leasing-Gegenstandes – nachstehend Fahrzeug genannt –, Abweichungen im Farbton sowie Änderungen des Lieferumfanges seitens des Herstellers bleiben während der Lieferzeit vorbehalten, sofern die Änderungen oder Abweichungen unter Berücksichtigung der Interessen des Leasing-Gebers für den Leasing-Nehmer zumutbar sind.

III. Beginn der Leasing-Zeit

Die Leasing-Zeit beginnt an dem zwischen dem Lieferanten und dem Leasing-Nehmer vereinbarten Tag der Übergabe. Falls auf Wunsch des Leasing-Nehmers das Fahrzeug vorher zugelassen wird, beginnt die Leasing-Zeit am Tag der Zulassung. Kommt keine Vereinbarung über den Übergabezeitpunkt zustande, beginnt die Leasing-Zeit 14 Tage nach Anzeige der Bereitstellung des Fahrzeuges.

IV. Leasing-Entgelte und sonstige Kosten

1. Die Leasing-Raten, eine vereinbarte Sonderzahlung und eine Mehrkilometerbelastung nach Nummer 3 sind Gegenleistung für die Gebrauchsüberlassung des Fahrzeuges.

2. Eine vereinbarte Sonderzahlung ist zusätzliches Entgelt neben den Leasingraten und dient nicht als Kaution.

3. Nur für Verträge mit Kilometer-Abrechnung: Ist bei Rückgabe des Fahrzeuges nach Ablauf der bei Vertragsabschluss vereinbarten Leasing-Zeit die festgelegte Gesamtkilometer-Laufleistung über- bzw. unterschritten, werden die gefahrenen Mehr- bzw. Minderkilometer dem Leasing-Nehmer zu dem im Leasing-Vertrag genannten Satz nachberechnet bzw. vergütet. Bei der Berechnung von Mehr- und Minderkilometern bleiben 2500 km ausgenommen.

4. Vereinbarte Nebenleistungen wie z. B. Überführung, An- und Abmeldung des Fahrzeuges sowie

1 Veröffentlicht im Bundesanzeiger Nr. 220 vom 25. November 2003, S. 24644.

Aufwendungen für Versicherung und Steuern, soweit sie nicht als Bestandteil der Leasing-Rate ausdrücklich ausgewiesen werden, sind gesondert zu bezahlen.

5. Anpassungsregelung für Leasing-Entgelte

6. Weitere Zahlungsverpflichtungen des Leasing-Nehmers nach diesem Vertrag (z. B. im Fall der Kündigung gemäß Abschnitt XV) bleiben unberührt.

V. Zahlungsfälligkeiten und -modalitäten

1. Die erste Leasing-Rate ist fällig am ...; die weiteren Leasing-Raten sind fällig am ... Eine Sonderzahlung ist – soweit nicht anders vereinbart – zu Beginn der Leasing-Zeit fällig.

2. Die Forderungen auf Ersatz von Überführungs-, An- und Abmeldekosten sowie der vom Leasing-Geber verauslagten Beträge, die nach dem Vertrag vom Leasing-Nehmer zu tragen sind, sind nach Anfall/Verauslagung und Rechnungsstellung fällig.

Alle weiteren Forderungen des Leasing-Gebers sind nach Rechnungsstellung fällig.

3. Zahlungsanweisungen, Schecks und Wechsel werden nur nach besonderer Vereinbarung und nur zahlungshalber angenommen unter Berechnung entstandener Kosten.

4. Gegen die Ansprüche des Leasing-Gebers kann der Leasing-Nehmer nur dann aufrechnen, wenn die Gegenforderung des Leasing-Nehmers unbestritten ist oder ein rechtskräftiger Titel vorliegt; ein Zurückbehaltungsrecht kann der Leasing-Nehmer nur geltend machen, soweit es auf Ansprüchen aus dem Leasing-Vertrag beruht.

VI. Lieferung und Lieferverzug

1. Liefertermine oder Lieferfristen, die verbindlich oder unverbindlich vereinbart werden können, sind schriftlich anzugeben. Lieferfristen beginnen mit Vertragsabschluss.

2. Der Leasing-Nehmer kann 6 Wochen nach Überschreiten eines unverbindlichen Liefertermins oder einer unverbindlichen Lieferfrist den Leasing-Geber auffordern zu liefern. Mit dem Zugang der Aufforderung kommt der Leasing-Geber in Verzug. Hat der Leasing-Nehmer Anspruch auf Ersatz eines Verzugsschadens, beschränkt sich dieser bei leichter Fahrlässigkeit des Leasing-Gebers auf höchstens 5 % des Fahrzeugpreises entsprechend der unverbindlichen Preisempfehlung (einschließlich Umsatzsteuer) des Fahrzeugherstellers zum Zeitpunkt des Vertragsabschlusses. Will der Leasing-Nehmer darüber hinaus vom Vertrag zurücktreten und/oder Schadenersatz statt Leistung verlangen, muss er dem Leasing-Geber nach Ablauf der Sechs-Wochen-Frist gemäß S. 1 eine angemessene Frist zur Lieferung setzen. Hat der Leasing-Nehmer Anspruch auf Schadenersatz statt der Leistung, beschränkt sich dieser Anspruch bei leichter Fahrlässigkeit auf höchstens 25 % des Fahrzeugpreises entsprechend der unverbindlichen Preisempfehlung des Fahrzeugherstellers zum Zeitpunkt des Vertragsabschlusses. Wird dem Leasing-Geber, während er in Verzug ist, die Lieferung durch Zufall unmöglich, so haftet er mit den vorstehend vereinbarten Haftungsbegrenzungen. Diese Haftungsbegrenzungen gelten nicht für Schäden aus der Verletzung des Lebens, des Körpers oder der Gesundheit, die auf einer fahrlässigen Pflichtverletzung des Leasing-Gebers oder einer vorsätzlichen oder fahrlässigen Pflichtverletzung eines gesetzlichen Vertreters oder Erfüllungsgehilfen des Leasing-Gebers beruhen. Der Leasing-Geber haftet nicht, wenn der Schaden auch bei rechtzeitiger Lieferung eingetreten wäre.

3. Wird ein verbindlicher Liefertermin oder eine verbindliche Lieferfrist überschritten, kommt der Leasing-Geber bereits mit Überschreiten des Liefertermins oder der Lieferfrist in Verzug. Die Rechte des Leasing-Nehmers bestimmen sich dann nach Nummer 2 S. 3 bis 5 dieses Abschnittes.

4. Höhere Gewalt oder beim Leasing-Geber oder dessen Lieferanten eintretende Betriebsstörungen, die den Leasing-Geber ohne eigenes Verschulden vorübergehend daran hindern, das Fahrzeug zum vereinbarten Termin oder innerhalb der vereinbarten Frist zu liefern, verändern die in den Nummern 1 bis 3 genannten Termine und Fristen um die Dauer der durch diese Umstände bedingten Leistungsstörungen.

Führen entsprechende Störungen zu einem Leistungsaufschub von mehr als vier Monaten, kann der Leasing-Nehmer vom Vertrag zurücktreten. Andere Rücktrittsrechte bleiben davon unberührt.

VII. Übernahme und Übernahmeverzug

1. Der Leasing-Nehmer ist verpflichtet, das Fahrzeug innerhalb von 14 Tagen nach Zugang der Bereitstellungsanzeige abzunehmen. Im Falle der Nichtabnahme kann der Leasing-Geber von seinen gesetzlichen Rechten Gebrauch machen.

2. Verlangt der Leasing-Geber Schadenersatz, so beträgt dieser 15 % des Fahrzeugpreises entsprechend der unverbindlichen Preisempfehlung (einschließlich Umsatzsteuer) des Fahrzeugherstellers zum Zeitpunkt des Vertragsabschlusses für dieses Fahrzeug. Der Schadenersatz ist höher oder niedriger anzusetzen, wenn der Leasing-Geber einen höheren oder der Leasing-Nehmer einen geringeren Schaden nachweist.

VIII. Eigentumsverhältnisse, Halter des Fahrzeuges und Zulassung

1. Der Leasing-Geber ist Eigentümer des Fahrzeuges. Er ist berechtigt, in Abstimmung mit dem Leasing-Nehmer das Fahrzeug zu besichtigen und auf seinen Zustand zu überprüfen. Der Leasing-Nehmer darf das Fahrzeug weder verkaufen, verpfänden, verschenken, vermieten oder verleihen noch zur Sicherung übereignen. Zur längerfristigen Nutzung darf er das Fahrzeug nur den seinem Haushalt angehörenden Personen überlassen. Eine Verwendung als Taxi, zu Fahrschul- oder sportlichen Zwecken bedarf der vorherigen schriftlichen Zustimmung des Leasing-Gebers.

2. Der Leasing-Nehmer hat das Fahrzeug von Rechten Dritter freizuhalten. Von Ansprüchen Dritter auf das Fahrzeug, Entwendung, Beschädigung und Verlust ist der Leasing-Geber vom Leasing-Nehmer unverzüglich zu benachrichtigen. Der Leasing-Nehmer trägt die Kosten für Maßnahmen zur Abwehr des Zugriffs Dritter, die nicht vom Leasing-Geber verursacht und nicht von Dritten bezahlt worden sind.

3. Nachträgliche Änderungen, zusätzliche Einbauten sowie Lackierungen und Beschriftungen an dem Fahrzeug sind nur zulässig, wenn der Leasing-Geber vorher schriftlich zugestimmt hat. Der Leasing-Nehmer ist jedoch verpflichtet, auf Verlangen des Leasing-Gebers den ursprünglichen Zustand zum Vertragsende auf eigene Kosten wiederherzustellen, es sei denn, der Leasing-Geber hat hierauf verzichtet oder der ursprüngliche Zustand kann nur mit unverhältnismäßig hohem Aufwand wiederhergestellt werden. Der Leasing-Nehmer ist berechtigt, von ihm vorgenommene Einbauten zum Vertragsende unter der Voraussetzung zu entfernen, dass der ursprüngliche Zustand wiederhergestellt wird. Änderungen und Einbauten begründen nur dann einen Anspruch auf Zahlung einer Ablösung gegen den Leasing-Geber, wenn dieser schriftlich zugestimmt hat und durch die Veränderungen eine Wertsteigerung des Fahrzeuges bei Rückgabe noch vorhanden ist.

4. Der Leasing-Nehmer ist Halter des Fahrzeuges. Es wird auf ihn zugelassen. Der Fahrzeugbrief wird vom Leasing-Geber verwahrt. Benötigt der Leasing-Nehmer zur Erlangung behördlicher Genehmigungen den Fahrzeugbrief, wird dieser der Behörde auf sein Verlangen vom Leasing-Geber vorgelegt. Wird der Fahrzeugbrief dem Leasing-Nehmer von Dritten ausgehändigt, ist der Leasing-Nehmer unverzüglich zur Rückgabe an den Leasing-Geber verpflichtet.

IX. Halterpflichten

1. Der Leasing-Nehmer hat alle sich aus dem Betrieb und der Haltung des Fahrzeuges ergebenden gesetzlichen Verpflichtungen, insbesondere die termingerechte Vorführung zu Untersuchungen, zu erfüllen und den Leasing-Geber, soweit er in Anspruch genommen wird, freizustellen.

2. Der Leasing-Nehmer trägt sämtliche Aufwendungen, die mit dem Betrieb und der Haltung des Fahrzeuges verbunden sind, insbesondere Steuern, Versicherungsbeiträge, Wartungs- und Reparaturkosten. Leistet der Leasing-Geber für den Leasing-Nehmer Zahlungen, die nicht aufgrund besonderer Vereinbarung vom Leasing-Geber zu erbringen sind, kann er beim Leasing-Nehmer Rückgriff nehmen.

3. Der Leasing-Nehmer hat dafür zu sorgen, dass das Fahrzeug nach den Vorschriften der Betriebsanleitung des Herstellers behandelt wird. Das Fahrzeug ist im Rahmen des vertraglichen Verwendungszweckes schonend zu behandeln und stets im betriebs- und verkehrssicheren Zustand zu erhalten.

X. Versicherungsschutz und Schadenabwicklung

1. Für die Leasing-Zeit hat der Leasing-Nehmer eine Kraftfahrzeug-Haftpflichtversicherung mit einer pauschalen Deckungssumme von €... und eine Fahrzeugvollversicherung mit einer Selbstbeteiligung von €... abzuschließen. Der Leasing-Nehmer ermächtigt den Leasing-Geber, für sich einen Sicherungsschein über die Fahrzeugvollversicherung zu beantragen und Auskunft über die vorgenannten Versicherungsverhältnisse einzuholen. Hat der Leasing-Nehmer nicht die erforderliche Fahrzeugvollversicherung abgeschlossen, ist der Leasing-Geber nach schriftlicher Mahnung berechtigt, aber nicht verpflichtet, eine entsprechende Versicherung als Vertreter für den Leasing-Nehmer abzuschließen.

2. Im Schadenfall hat der Leasing-Nehmer den Leasing-Geber unverzüglich zu unterrichten; bei voraussichtlichen Reparaturkosten von über € 1500,00 hat die Unterrichtung fernmündlich vor Erteilung des Reparaturauftrags zu erfolgen, soweit dies dem Leasing-Nehmer möglich und zumutbar ist.

Der Leasing-Nehmer hat die notwendigen Reparaturarbeiten unverzüglich im eigenen Namen und auf eigene Rechnung durchführen zu lassen, es sei denn, dass wegen Schwere und Umfang der Schäden Totalschaden anzunehmen ist oder die voraussichtlichen Reparaturkosten 60 % des Wiederbeschaffungswerts des Fahrzeuges übersteigen. Der Leasing-Nehmer hat mit der Durchführung der Reparatur einen vom Hersteller anerkannten Betrieb zu beauftragen. In Notfällen können, falls die Hilfe eines vom Hersteller anerkannten Betriebes nicht oder nur unter unzumutbaren Schwierigkeiten erreichbar ist, Reparaturen in einem anderen Kfz-Reparaturbetrieb, der die Gewähr für sorgfältige handwerksmäßige Arbeit bietet, durchgeführt werden.

3. Der Leasing-Nehmer hat dem Leasing-Geber ferner unverzüglich eine Kopie der an den Versicherer gerichteten Schadenanzeige und der Rechnung über die durchgeführte Reparatur zu übersenden.

4. Der Leasing-Nehmer ist auch über das Vertragsende hinaus – vorbehaltlich eines Widerrufes durch den Leasing-Geber – ermächtigt und verpflichtet, alle fahrzeugbezogenen Ansprüche aus einem Schadenfall in eigenem Namen und auf eigene Kosten geltend zu machen (Prozessstandschaft). Zum Ausgleich des Fahrzeugschadens erlangte Beträge hat der Leasing-Nehmer im Reparaturfall zur Begleichung der Reparaturrechnung zu verwenden. Bei Verlust des Fahrzeuges oder in dem Falle, dass der Leasing-Nehmer gemäß Nummer 2 S. 2 nicht zur Reparatur des Fahrzeuges verpflichtet ist, hat der Leasing-Nehmer die Auszahlung der Entschädigungsleistung an den Leasing-Geber zu verlangen. Erlangte Entschädigungsleistungen sind an den Leasing-Geber abzuführen. Behaltene Entschädigungsleistungen werden im Rahmen der Abrechnung gemäß Abschnitt XV berücksichtigt.

5. Entschädigungsleistungen für Wertminderung sind in jedem Fall an den Leasing-Geber weiterzuleiten. Bei Verträgen mit Gebrauchtwagenabrechnung rechnet der Leasing-Geber erhaltene Wertminderungsbeträge dem aus dem Verkauf des Fahrzeuges erzielten Verkaufserlös (ohne Umsatzsteuer) am Vertragsende zu. Bei Verträgen mit Kilometerabrechnung kann der Leasing-Geber vom Leasing-Nehmer am Vertragsende eine dann noch bestehende schadenbedingte Wertminderung des Fahrzeuges ersetzt verlangen, soweit der Leasing-Geber nicht schon im Rahmen der Schadenabwicklung eine Wertminderungsentschädigung erhalten hat.

6. Bei Totalschaden oder Verlust des Fahrzeuges kann jeder Vertragspartner den Leasing-Vertrag zum Ende eines Vertragsmonats/alternativ: zum Zeitpunkt der Fälligkeit einer Leasing-Rate/kündigen.

Bei schadenbedingten Reparaturkosten von mehr als 60 % des Wiederbeschaffungswertes des Fahrzeuges kann der Leasing-Nehmer innerhalb von 3 Wochen nach Kenntnis dieser Voraussetzungen zum Ende eines Vertragsmonats/alternativ: zum Zeitpunkt der Fälligkeit einer Leasing-Rate/kündigen. Macht der Leasing-Nehmer von diesem Kündigungsrecht keinen Gebrauch, hat er das Fahrzeug gemäß Nummer 2 S. 2 1. Halbsatz unverzüglich reparieren zu lassen. Kündigt der Leasing-Nehmer, ist er berechtigt, bereits vor Vertragsende das Fahrzeug an den ausliefernden Händler zurückzugeben.

Wird im Falle der Entwendung das Fahrzeug vor dem Eintritt der Leistungsverpflichtung des Versicherers wieder aufgefunden, setzt sich der Leasing-Vertrag auf Verlangen eines der Vertragspartner zu den bisherigen Bedingungen fort. In diesem Fall hat der Leasing-Nehmer die zwischenzeitlichen

Leasing-Raten in einer Summe innerhalb einer Woche ab Geltendmachung des Fortsetzungsverlangens nachzuzahlen.

Totalschaden, Verlust oder Beschädigung des Fahrzeuges entbinden nur dann von der Verpflichtung zur Zahlung weiterer Leasing-Raten, wenn der Leasing-Vertrag wirksam aus vorstehenden Gründen gekündigt ist und nicht fortgesetzt wird; die Folgen einer Kündigung sind in Abschnitt XV geregelt.

XI. Haftung

1. Für Untergang, Verlust, Beschädigung und Wertminderung des Fahrzeuges und seiner Ausstattung haftet der Leasing-Nehmer dem Leasing-Geber auch ohne Verschulden, jedoch nicht bei Verschulden des Leasing-Gebers.

2. Für unmittelbare und mittelbare Schäden, die dem Leasing-Nehmer oder anderen Personen durch den Gebrauch des Fahrzeuges, Gebrauchsunterbrechung oder -entzug entstehen, haftet der Leasing-Geber dem Leasing-Nehmer nur bei Verschulden; eine etwaige Ersatzhaftung des Leasing-Gebers für den Hersteller/Importeur nach dem Produkthaftungsgesetz bleibt unberührt.

XII. Wartung und Reparaturen

Fällige Wartungsarbeiten hat der Leasing-Nehmer pünktlich, erforderliche Reparaturen unverzüglich durch einen vom Hersteller anerkannten Betrieb ausführen zu lassen. Das gilt auch für Schäden an der Kilometer-Anzeige. In diesem Fall hat der Leasing-Nehmer dem Leasing-Geber eine Kopie der Reparaturrechnung mit dem Vermerk des alten Kilometerstandes einzureichen.

In Notfällen können, falls die Hilfe eines vom Hersteller anerkannten Betriebes nicht oder nur unter unzumutbaren Schwierigkeiten erreichbar ist, Reparaturen in einem anderen Kfz-Reparaturbetrieb, der die Gewähr für sorgfältige handwerksmäßige Arbeit bietet, durchgeführt werden.

XIII. Sachmangel

1. Der Leasing-Geber tritt – auflösend bedingt durch die Kündigung des Leasing-Vertrages gemäß Abschnitt X Nr. 6 oder Abschnitt XIV – sämtliche Rechte und Ansprüche aus dem Kaufvertrag mit dem Lieferanten wegen Sachmängeln sowie etwaige zusätzliche Garantieansprüche gegen den Hersteller/Importeur/Dritte an den Leasing-Nehmer ab. Die Abtretung umfasst insbesondere nach Maßgabe des Kaufvertrages und der gesetzlichen Bestimmungen das Recht Nacherfüllung zu verlangen, vom Kaufvertrag zurückzutreten, oder den Kaufpreis zu mindern und Schadenersatz oder Ersatz vergeblicher Aufwendungen zu verlangen. Der Leasing-Nehmer nimmt die Abtretung an.

Er ist berechtigt und verpflichtet, die abgetretenen Rechte und Ansprüche im eigenen Namen mit der Maßgabe geltend zu machen, dass im Falle des Rücktrittes vom Kaufvertrag oder der Herabsetzung des Kaufpreises etwaige Zahlungen des Lieferanten, Garantieverpflichteten, Dritten direkt an den Leasing-Geber zu leisten sind.

Ein Verzicht auf diese Ansprüche bedarf der vorherigen Zustimmung des Leasing-Gebers.

Gegen den Leasing-Geber stehen dem Leasing-Nehmer Rechte und Ansprüche wegen Sachmängeln nicht zu.

Der Leasing-Nehmer verpflichtet sich, den Leasing-Geber umfassend und unverzüglich über die Geltendmachung von Rechten und Ansprüchen wegen Sachmängeln zu informieren, um dem Leasing-Geber eine Mitwirkung zu ermöglichen.

2. Verlangt der Leasing-Nehmer Nacherfüllung durch Mangelbeseitigung (Nachbesserung), ist er berechtigt und verpflichtet, diese bei einem vom Hersteller anerkannten Betrieb entsprechend den hierfür maßgeblichen Vorschriften geltend zu machen.

Bei Erfolglosigkeit der ersten Mangelbeseitigung wird der Leasing-Geber den Leasing-Nehmer nach schriftlicher Aufforderung bei der Durchsetzung des Mangelbeseitigungsanspruches unterstützen.

3. Verlangt der Leasing-Nehmer Nacherfüllung durch Lieferung eines mangelfreien Fahrzeuges (Ersatzlieferung) und erkennt der Lieferant diesen Nacherfüllungsanspruch an, wird das dem Leasing-Vertrag zu Grunde liegende Fahrzeug ersetzt durch ein fabrikneues und baugleiches Fahrzeug mit identischer Ausstattung.

Im Hinblick auf die zum Austausch der Fahrzeuge erforderlichen Eigentumsübertragungen wird der Leasing-Nehmer den Leasing-Geber bei Geltendmachung des Anspruches auf Ersatzlieferung hiervon unterrichten.

Die Ersatzlieferung lässt den Bestand des Leasing-Vertrages einschließlich der Zahlungsverpflichtungen unberührt.

4. Erklärt der Leasing-Nehmer auf Grund des Fahrzeugsachmangels den Rücktritt vom Kaufvertrag und ist der Lieferant zur Rückabwicklung bereit oder wurde er hierzu rechtskräftig verurteilt, wird der Leasing-Vertrag wie folgt abgerechnet:

Die Forderung des Leasing-Nehmers umfasst die gezahlten Leasing-Raten und eine etwaige Leasing-Sonderzahlung, jeweils zuzüglich Zinsen in gesetzlicher Höhe, sowie etwaige vom Sachmangelverpflichteten erstattete Nebenkosten. Von dieser Forderung werden die Aufwendungen des Leasing-Gebers für etwaige im Leasing-Vertrag zusätzlich eingeschlossene Dienstleistungen sowie ein Ausgleich für die Zurverfügungstellung des Fahrzeuges und den ersparten Kapitaleinsatz beim Leasing-Nehmer abgesetzt. Darüber hinaus bleibt die Geltendmachung eines Anspruches gemäß Abschnitt XVI Nr. 3 unberührt, soweit der geringere Wert nicht auf dem Sachmangel beruht.

5. Verlangt der Leasing-Nehmer Herabsetzung des Kaufpreises (Minderung) und ist der Lieferant hierzu bereit oder wurde er hierzu rechtskräftig verurteilt, berechnet der Leasing-Geber auf der Grundlage des herabgesetzten Kaufpreises die noch ausstehenden Leasing-Raten – unter Berücksichtigung der bereits gezahlten Leasing-Entgelte – und den Restwert neu.

6. Lehnt der Lieferant einen vom Leasing-Nehmer geltend gemachten Anspruch auf Nacherfüllung, Rückabwicklung des Kaufvertrages oder Minderung des Kaufpreises ab, ist der Leasing-Nehmer zur Zurückbehaltung der erst nach dem Zeitpunkt der Ablehnung fälligen Leasing-Raten berechtigt, wenn er unverzüglich – spätestens jedoch innerhalb von 6 Wochen nach der Ablehnung – Klage erhebt, es sei denn, dass sich der Leasing-Nehmer mit dem Leasing-Geber über eine etwaige Verlängerung der Klagefrist vorher verständigt hat.

Erhebt der Leasing-Nehmer nicht fristgerecht Klage, ist er erst ab dem Tag der Klagerhebung zur Zurückbehaltung der Leasing-Raten berechtigt. Das Zurückbehaltungsrecht entfällt rückwirkend, wenn die Klage des Leasing-Nehmers erfolglos bleibt. Die zurückbehaltenen Leasing-Raten sind unverzüglich in einem Betrag nachzuzahlen. Der Leasing-Nehmer hat dem Leasing-Geber den durch die Zurückbehaltung der Leasing-Raten entstandenen Verzugsschaden zu ersetzen.

7. Das Risiko der Zahlungsunfähigkeit des Lieferanten trägt der Leasing-Geber.

XIV. Kündigung

1. Der Leasing-Vertrag ist während der vereinbarten Leasing-Zeit nicht durch ordentliche Kündigung auflösbar. Unberührt bleiben die Kündigungsrechte nach den Nummern 2 und 3 sowie nach Abschnitt X Nr. 6 (Bei Totalschaden, Verlust oder Beschädigung).

Alternativfassung:

1. Der Leasing-Nehmer kann den Leasing-Vertrag vor Ablauf der vereinbarten Vertragszeit mit einer Frist von 1 Monat zum Ende eines Vertragsmonats kündigen, frühestens jedoch … Monate nach Vertragsbeginn. Unberührt bleiben die Kündigungsrechte nach den Nummern 2 und 3 sowie nach Abschnitt X Nr. 6 (Bei Totalschaden, Verlust oder Beschädigung).

2. Jeder Vertragspartner kann den Vertrag aus wichtigem Grund fristlos kündigen. Der Leasing-Geber kann insbesondere dann fristlos kündigen, wenn der Leasing-Nehmer

– seine Zahlungen einstellt, als Schuldner einen außergerichtlichen Vergleich anbietet, Wechsel und Schecks mangels Deckung zu Protest gehen lässt;

– bei Vertragsabschluss unrichtige Angaben gemacht oder Tatsachen verschwiegen hat und deshalb dem Leasing-Geber die Fortsetzung des Vertrages nicht zuzumuten ist;

– trotz schriftlicher Abmahnung schwerwiegende Verletzungen des Vertrages nicht unterlässt oder bereits eingetretene Folgen solcher Vertragsverletzung nicht unverzüglich beseitigt.

3. Stirbt der Leasing-Nehmer, können seine Erben oder der Leasing-Geber das Vertragsverhältnis zum Ende eines Vertragsmonats/alternativ: zum Zeitpunkt der Fälligkeit einer Leasing-Rate/kündigen.

4. Die Folgen einer Kündigung sind im Abschnitt XV geregelt.

XV. Abrechnung nach Kündigung

XVI. Rückgabe des Fahrzeuges

1. Nach Beendigung des Leasing-Vertrages ist das Fahrzeug mit Schlüsseln und allen überlassenen Unterlagen (z. B. Fahrzeugschein, Kundendienstheft, Ausweise) vom Leasing-Nehmer auf seine Kosten und Gefahr unverzüglich dem ausliefernden Händler zurückzugeben. Gibt der Leasing-Nehmer Schlüssel oder Unterlagen nicht zurück, hat er die Kosten der Ersatzbeschaffung sowie einen sich daraus ergebenden weiteren Schaden zu ersetzen.

2. Bei Rückgabe muss das Fahrzeug in einem dem Alter und der vertragsgemäßen Fahrleistung entsprechenden Erhaltungszustand, frei von Schäden sowie Verkehrs- und betriebssicher sein. Normale Verschleißspuren gelten nicht als Schaden.

Über den Zustand wird bei Rückgabe ein gemeinsames Protokoll angefertigt und von beiden Vertragspartnern oder ihren Bevollmächtigten unterzeichnet.

3. Bei Rückgabe des Fahrzeuges nach Ablauf der bei Vertragsabschluss vereinbarten Leasing-Zeit gilt folgende Regelung: Entspricht das Fahrzeug bei Verträgen mit Kilometerabrechnung nicht dem Zustand gemäß Nummer 2 Absatz 1 und ist das Fahrzeug hierdurch im Wert gemindert, ist der Leasing-Nehmer zum Ausgleich dieses Minderwertes zuzüglich Umsatzsteuer verpflichtet. Eine schadenbedingte Wertminderung (Abschnitt X Nr. 5) bleibt dabei außer Betracht, soweit der Leasing-Geber hierfür bereits eine Entschädigung erhalten hat.

Können sich die Vertragspartner über einen vom Leasing-Nehmer auszugleichenden Minderwert oder – bei Verträgen mit Gebrauchtwagenabrechnung – über den Wert des Fahrzeuges (Händlereinkaufspreis) nicht einigen, werden Minderwert bzw. Wert des Fahrzeuges auf Veranlassung des Leasing-Gebers mit Zustimmung des Leasing-Nehmers durch einen öffentlich bestellten und vereidigten Sachverständigen oder ein unabhängiges Sachverständigenunternehmen ermittelt. Die Kosten tragen die Vertragspartner je zur Hälfte. Durch das Sachverständigengutachten wird der Rechtsweg nicht ausgeschlossen. Kann bei einem Vertrag mit Gebrauchtwagenabrechnung keine Einigung über den Wert des Fahrzeuges erzielt werden, wird dem Leasing-Nehmer die Möglichkeit eingeräumt, innerhalb von zwei Wochen ab Zugang des Sachverständigengutachtens einen Kaufinteressenten zu benennen, der innerhalb dieser Frist das Fahrzeug zu einem über dem Schätzwert zzgl. MwSt. liegenden Kaufpreis bar bezahlt und abnimmt. Bis zum Abschluss des Kaufvertrages bleibt es dem Leasing-Geber unbenommen, das Fahrzeug zu einem höheren als dem vom Kaufinteressenten gebotenen Kaufpreis anderweitig zu veräußern.

4. Wird das Fahrzeug nicht termingemäß zurückgegeben, werden dem Leasing-Nehmer für jeden überschrittenen Tag als Grundbetrag 1/30 der für die Vertragszeit vereinbarten monatlichen Leasing-Rate und die durch die Rückgabeverzögerung verursachten Kosten berechnet. Im Übrigen gelten während dieser Zeit die Pflichten des Leasing-Nehmers aus diesem Vertrag sinngemäß fort.

5. Ein Erwerb des Fahrzeuges vom Leasing-Geber durch den Leasing-Nehmer nach Vertragsablauf ist ausgeschlossen.

XVII. Allgemeine Bestimmungen

1. Gerichtsstand ist das für ... zuständige Gericht, soweit der Leasing-Nehmer und/oder ein Mit-

schuldner nach Vertragsabschluss seinen Wohnsitz oder gewöhnlichen Aufenthaltsort aus dem Inland verlegt oder sein Wohnsitz oder gewöhnlicher Aufenthaltsort zum Zeitpunkt der Klagerhebung nicht bekannt ist.

2. Der Leasing-Nehmer hat einen Wohnsitzwechsel dem Leasing-Geber unverzüglich anzuzeigen.

3. Ansprüche und sonstige Rechte aus dem Leasing-Vertrag können nur mit vorheriger schriftlicher Zustimmung des Leasing-Gebers abgetreten werden.

Diese Bekanntmachung enthält keine Entscheidung über die Vereinbarkeit der Empfehlung mit dem Bürgerlichen Gesetzbuch in der ab dem 1. 1. 2002 geltenden Fassung. Die Befugnis, nach diesem Gesetz sowie auf Grund anderer gesetzlicher Vorschriften die gerichtliche Überprüfung zu verlangen, wird durch diese Bekanntmachung nicht eingeschränkt. Die vorstehende Empfehlung ist unverbindlich. Zu ihrer Durchsetzung darf kein wirtschaftlicher, gesellschaftlicher oder sonstiger Druck angewendet werden.

Anlage 4

Leasingerlass des Bundesministers der Finanzen vom 22. 12. 1975 – IVB2 – S

Betr.: Steuerrechtliche Zurechnung des Leasing-Gegenstandes beim Leasing-Geber.

Unter Bezugnahme auf das Ergebnis der Erörterung mit den obersten Finanzbehörden der Länder hat der Bundesminister der Finanzen zu einem Schreiben des Deutschen Leasing-Verbandes vom 24. 7. 1975 wie folgt Stellung genommen:

1. Gemeinsames Merkmal der in dem Schreiben des Deutschen Leasing-Verbandes dargestellten Vertragsmodelle ist, dass eine unkündbare Grundmietzeit vereinbart wird, die mehr als 40 %, jedoch nicht mehr als 90 % der betriebsgewöhnlichen Nutzungsdauer des Leasing-Gegenstandes beträgt und dass die Anschaffungs- oder Herstellungskosten des Leasing-Gebers sowie alle Nebenkosten einschließlich der Finanzierungskosten des Leasing-Gebers in der Grundmietzeit durch die Leasing-Raten nur zum Teil gedeckt werden. Da mithin Finanzierungs-Leasing im Sinne des BdF-Schreibens über die ertragssteuerrechtliche Behandlung von Leasing-Verträgen über bewegliche Wirtschaftsgüter vom 19. 4. 1971 (BStBl. I S. 264) nicht vorliegt, ist die Frage, wem der Leasing-Gegenstand zuzurechnen ist, nach den allgemeinen Grundsätzen zu entscheiden.

2. Die Prüfung der Zurechnungsfrage hat Folgendes ergeben:

a) Vertragsmodell mit Andienungsrecht des Leasing-Gebers, jedoch ohne Optionsrecht des Leasing-Nehmers

Bei diesem Vertragsmodell hat der Leasing-Geber ein Andienungsrecht. Danach ist der Leasing-Nehmer, sofern ein Verlängerungsvertrag nicht zustande kommt, auf Verlangen des Leasing-Gebers verpflichtet, den Leasing-Gegenstand zu einem Preis zu kaufen, der bereits bei Abschluss des Leasing-Vertrages fest vereinbart wird. Der Leasing-Nehmer hat kein Recht, den Leasing-Gegenstand zu erwerben.

Der Leasing-Nehmer trägt bei dieser Vertragsgestaltung das Risiko der Wertminderung, weil er auf Verlangen des Leasing-Gebers den Leasing-Gegenstand auch dann zum vereinbarten Preis kaufen muss, wenn der Wiederbeschaffungspreis für ein gleichwertiges Wirtschaftsgut geringer als der vereinbarte Preis ist. Der Leasing-Geber hat jedoch die Chance der Wertsteigerung, weil er sein Andienungsrecht nicht ausüben muss, sondern das Wirtschaftsgut zu einem über dem Andienungspreis liegenden Preis verkaufen kann, wenn ein über dem Andienungspreis liegender Preis am Markt erzielt werden kann.

Der Leasing-Nehmer kann unter diesen Umständen nicht als wirtschaftlicher Eigentümer des Leasing-Gegenstandes angesehen werden.

b) Vertragsmodell mit Aufteilung des Mehrerlöses

Nach Ablauf der Grundmietzeit wird der Leasing-Gegenstand durch den Leasing-Geber veräußert. Ist der Veräußerungserlös niedriger als die Differenz zwischen den Gesamtkosten des Leasing-Gebers und den in der Grundmietzeit entrichteten Leasing-Raten (Restamortisation), so muss der Leasing-Nehmer eine Abschlusszahlung in Höhe der Differenz zwischen Restamortisation und Veräußerungserlös zahlen. Ist der Veräußerungserlös hingegen höher als die Restamortisation, so erhält der Leasing-Geber 25 %, der Leasing-Nehmer 75 % des die Restamortisation übersteigenden Teils des Veräußerungserlöses.

Durch die Vereinbarung, dass der Leasing-Geber 25 % des die Restamortisation übersteigenden Teils des Veräußerungserlöses erhält, wird bewirkt, dass der Leasing-Geber noch in einem wirtschaftlich ins Gewicht fallenden Umfang an etwaigen Wertsteigerungen des Leasing-Gegenstandes beteiligt ist. Der Leasing-Gegenstand ist daher dem Leasing-Geber zuzurechnen.

Eine ins Gewicht fallende Beteiligung des Leasing-Gebers an Wertsteigerungen des Leasing-Gegenstandes ist hingegen nicht mehr gegeben, wenn der Leasing-Geber weniger als 25 % des die Restamortisation übersteigenden Teils des Veräußerungserlöses erhält. Der Leasing-Gegenstand ist in solchen Fällen dem Leasing-Nehmer zuzurechnen.

c) Kündbarer Mietvertrag mit Anrechnung des Veräußerungserlöses auf die vom Leasing-Nehmer zu leistende Schlusszahlung

Der Leasing-Nehmer kann den Leasing-Vertrag frühestens nach Ablauf einer Grundmietzeit, die 40 % der betriebsgewöhnlichen Nutzungsdauer beträgt, kündigen. Bei Kündigung ist eine Abschlusszahlung in Höhe durch die Leasing-Raten nicht gedeckten Gesamtkosten des Leasing-Gebers zu entrichten. Auf die Abschlusszahlung werden 90 % des vom Leasing-Geber erzielten Veräußerungserlöses angerechnet. Ist der anzurechnende Teil des Veräußerungserlöses zuzüglich der vom Leasing-Nehmer bis zur Veräußerung entrichteten Leasing-Raten niedriger als die Gesamtkosten des Leasing-Gebers, so muss der Leasing-Nehmer in Höhe der Differenz eine Abschlusszahlung leisten. Ist jedoch der Veräußerungserlös höher als die Differenz zwischen den Gesamtkosten des Leasing-Gebers und den bis zur Veräußerung entrichteten Leasing-Raten, so behält der Leasing-Geber diesen Differenzbetrag in vollem Umfang.

Bei diesem Vertragsmodell kommt eine während der Mietzeit eingetretene Wertsteigerung in vollem Umfang dem Leasing-Geber zugute. Der Leasing-Geber ist daher nicht nur rechtlicher, sondern auch wirtschaftlicher Eigentümer des Leasing-Gegenstandes.

Die vorstehenden Ausführungen gelten nur grundsätzlich, d. h. nur insoweit, wie besondere Regelungen in Einzelverträgen nicht zu einer anderen Beurteilung zwingen.

Stichwortverzeichnis Autokauf[1]

Die Zahlen verweisen auf die Randnummern.

1 Das Stichwortverzeichnis zum Autoleasing ab S. 1303.

[illegible]

Stichwortverzeichnis Autoleasing

Die Zahlen verweisen auf die Randnummern.

Stichwortverzeichnis Autoleasing